中国人口普查
CHINA POPULATION CENSUS

2020

甘肃省人口普查年鉴

（上册）

GANSU POPULATION CENSUS YEARBOOK 2020

(BOOK 1)

甘　　肃　　省　　统　　计　　局
甘肃省第七次全国人口普查领导小组办公室　编

Compiled by
Gansu Provincial Bureau of Statistics
Office of the Leading Group of Gansu Province for the Seventh National Population Census

中国统计出版社
China Statistics Press

图书在版编目（CIP）数据

甘肃省人口普查年鉴. 2020. 上册 / 甘肃省统计局，甘肃省第七次全国人口普查领导小组办公室编. -- 北京 : 中国统计出版社, 2022.8
ISBN 978-7-5037-9920-4

Ⅰ. ①甘… Ⅱ. ①甘… ②甘… Ⅲ. ①人口普查－统计资料－甘肃－2020－年鉴 Ⅳ. ①C924.254.2-54

中国版本图书馆 CIP 数据核字(2022)第 148389 号

甘肃省人口普查年鉴-2020（上册）
Gansu Population Census Yearbook 2020 (Book 1)

作　　者/甘肃省统计局　甘肃省第七次全国人口普查领导小组办公室
责任编辑/郭　栋　佘竞雄
封面设计/李雪燕
出版发行/中国统计出版社有限公司
通信地址/北京市丰台区西三环南路甲 6 号　邮政编码/100073
发行电话/邮购（010）63376909　书店（010）68783171
网　　址/http://www.zgtjcbs.com/
印　　刷/兰州银声印务有限公司
经　　销/新华书店
开　　本/880mm×1230mm　1/16
字　　数/2135 千字
印　　张/68
版　　别/2022 年 8 月第 1 版
版　　次/2022 年 8 月第 1 次印刷
定　　价/1280.00 元（全三册附光盘）

《甘肃省人口普查年鉴—2020》
编委会和编辑工作人员

编　辑　说　明

在以习近平同志为核心的党中央坚强领导下，按照国务院第七次全国人口普查领导小组统一部署，全省各级党委、政府及相关部门精心组织、协同推进，全省30余万名普查工作人员努力拼搏、无私奉献，广大普查对象共同参与、积极配合，甘肃省第七次全国人口普查取得了圆满成功，获得了丰富翔实的资料。为了满足社会各界的需要，现编辑出版《甘肃省人口普查年鉴—2020》。

为便于读者使用本年鉴，现将有关情况说明如下：

一、第七次全国人口普查的普查对象是指普查标准时点在中华人民共和国境内的自然人以及在中华人民共和国境外但未定居的中国公民，不包括在中华人民共和国境内短期停留的境外人员。普查采用按现住地登记的原则，每个人必须在现住地进行登记。普查对象不在户口登记地居住的，户口登记地要登记相应信息。普查登记采用普查员入户询问、当场填报，或由普查对象自主填报等方式进行，普查数据的采集采取普查员使用电子采集设备（PAD或智能手机）登记普查对象信息并联网实时上报，或由普查对象通过互联网自主填报等方式进行。

二、第七次全国人口普查的标准时点是2020年11月1日零时。本年鉴中除出生人口、死亡人口、妇女生育状况为2019年11月1日至2020年10月31日的时期数据外，其余均为2020年11月1日零时的数据。

三、本年鉴数据是按照实际登记人口直接汇总的常住人口口径数据，各项指标的汇总结果未做任何误差校正。本年鉴中人口总量是按全省普查时点的常住人口25019831人编印的。常住人口包括：居住在本乡镇街道且户口在本乡镇街道或户口待定的人；居住在本乡镇街道且离开户口登记地所在的乡镇街道半年以上的人；户口在本乡镇街道且外出不满半年或在境外工作学习的人。

四、第七次全国人口普查根据不同的普查对象和普查内容，具体分为四种普查表。普查短表包括反映人口基本状况的项目，由全部住户（不包括港澳台居民和外籍人员）填报。普查长表包括所有短表项目和人口的经济活动、婚姻生育和住房等情况的项目，在全部住户中抽取 10% 的户（不包括港澳台居民和外籍人员）填报。港澳台居民和外籍人员普查表包括反映人口基本状况的项目，由在境内居住的港澳台居民和外籍人员填报。死亡人口调查表包括死亡人口的基本信息，由 2019 年 11 月 1 日至 2020 年 10 月 31 日期间有死亡人口的户填报。

五、本年鉴分上、中、下三册，共分三个部分：第一部分为全部人口的数据，包括普查表短表、港澳台居民和外籍人员普查表、死亡人口调查表的内容，主要反映人口的基本状况，共分八卷：概要、民族、年龄、教育、家庭、死亡、户口登记状况、住房，共 196 张表；第二部分是普查表长表数据，主要反映人口的各种结构情况，共分九卷：概要、民族、教育、就业、婚姻、生育、迁移和户口登记地、老年人口、住房，共 218 张表；第三部分是附录，主要是普查的有关规定和技术文件等，包括：《全国人口普查条例》《国务院关于开展第七次全国人口普查的通知》《第七次全国人口普查方案》《甘肃省第七次全国人口普查公报》等。

六、由于普查长表调查户抽样方法是按 10% 的比例，在每个普查区的普查短表填报住户中，随机等距抽取长表调查住户并进行登记，因此汇总人口总数以及各类人口结构数据的抽样比会存在差异，请读者使用本年鉴中长表数据推算总体时，对采用的方法予以注意。

七、本次人口普查关于城乡的划分，按照国家统计局《关于统计上划分城乡的规定》执行。

八、本年鉴中部分数据的合计数和部分计算数据因小数取舍而产生的误差，均未作机械调整。

九、本年鉴中空项表示无数字或数字很小。

由于时间仓促，编辑过程中难免出现不妥之处，敬请指正。

编　者

2022 年 8 月

目　录

上　册

第一部分　全部数据资料

第一卷　概要

第二卷 民族

第三卷 年龄

中　册

第一部分　全部数据资料

第八卷　住房

第二部分 长表数据资料

第一卷 概要

第二卷 民族

下　册

第二部分　长表数据资料

第五卷　婚姻

第六卷　生育

第七卷 迁移和户口登记地

第八卷 老年人口

第九卷　住房

附　录

第一部分　全部数据资料

第一卷　概要

1-1 各地区户数、

地区	户数						
				合计			
	合计	家庭户	集体户	小计	男	女	性别比（女=100）
合计	**8769671**	**8422836**	**346835**	**25019831**	**12700948**	**12318883**	**103.10**
兰州市	**1643623**	**1488899**	**154724**	**4359446**	**2239998**	**2119448**	**105.69**
城关区	600246	549816	50430	1484016	753592	730424	103.17
七里河区	274041	252990	21051	712271	370315	341956	108.29
西固区	169669	164016	5653	407010	207508	199502	104.01
安宁区	161330	130623	30707	439566	219857	219709	100.07
红古区	51906	49512	2394	143795	73732	70063	105.24
永登县	105258	101951	3307	285549	145490	140059	103.88
皋兰县	46068	42593	3475	125157	68127	57030	119.46
榆中县	161019	137331	23688	473882	243072	230810	105.31
兰州新区	74086	60067	14019	288200	158305	129895	121.87
嘉峪关市	**128161**	**122353**	**5808**	**312663**	**162360**	**150303**	**108.02**
市辖区	128161	122353	5808	312663	162360	150303	108.02
金昌市	**189377**	**183903**	**5474**	**438026**	**225306**	**212720**	**105.92**
金川区	112319	108077	4242	260385	133937	126448	105.92
永昌县	77058	75826	1232	177641	91369	86272	105.91
白银市	**556071**	**542351**	**13720**	**1512110**	**770844**	**741266**	**103.99**
白银区	139485	134052	5433	337645	172698	164947	104.70
平川区	74122	71620	2502	200869	102817	98052	104.86
靖远县	125432	123319	2113	373050	191208	181842	105.15
会宁县	142932	140620	2312	401581	202129	199452	101.34
景泰县	74100	72740	1360	198965	101992	96973	105.18
天水市	**981676**	**953419**	**28257**	**2984659**	**1499444**	**1485215**	**100.96**
秦州区	231872	219465	12407	656689	330113	326576	101.08
麦积区	179918	173227	6691	556102	284268	271834	104.57
清水县	83693	82348	1345	240597	120934	119663	101.06
秦安县	135200	132347	2853	416337	210421	205916	102.19
甘谷县	161206	159085	2121	506801	251264	255537	98.33
武山县	115629	113765	1864	363727	181665	182062	99.78
张家川回族自治县	74158	73182	976	244406	120779	123627	97.70
武威市	**545270**	**529119**	**16151**	**1464955**	**740306**	**724649**	**102.16**
凉州区	326418	314655	11763	885277	446518	438759	101.77
民勤县	74601	72991	1610	178470	91309	87161	104.76
古浪县	89572	88140	1432	250177	125187	124990	100.16
天祝藏族自治县	54679	53333	1346	151031	77292	73739	104.82
张掖市	**442229**	**428925**	**13304**	**1131016**	**570451**	**560565**	**101.76**
甘州区	203367	196155	7212	519096	261270	257826	101.34
肃南裕固族自治县	11954	11612	342	27762	14523	13239	109.70
民乐县	68038	65930	2108	192476	98207	94269	104.18
临泽县	45153	43852	1301	115946	58395	57551	101.47
高台县	54668	53649	1019	125705	62732	62973	99.62
山丹县	59049	57727	1322	150031	75324	74707	100.83
平凉市	**671361**	**653320**	**18041**	**1848607**	**924766**	**923841**	**100.10**
崆峒区	182211	174535	7676	504265	250802	253463	98.95
泾川县	89367	87429	1938	222210	110175	112035	98.34
灵台县	65724	64544	1180	156224	78858	77366	101.93
崇信县	29272	27697	1575	82138	42525	39613	107.35
庄浪县	107169	105770	1399	335684	165989	169695	97.82
静宁县	130756	128463	2293	365637	183497	182140	100.75
华亭市	66862	64882	1980	182449	92920	89529	103.79

人口数和性别比

单位：人、户

人口数								平均家庭户规模（人/户）
家庭户				集体户				
小计	男	女	性别比（女=100）	小计	男	女	性别比（女=100）	
23345176	**11746896**	**11598280**	**101.28**	**1674655**	**954052**	**720603**	**132.40**	**2.77**
3614873	**1813035**	**1801838**	**100.62**	**744573**	**426963**	**317610**	**134.43**	**2.43**
1246388	621429	624959	99.44	237628	132163	105465	125.31	2.27
613337	306976	306361	100.20	98934	63339	35595	177.94	2.42
386711	193616	193095	100.27	20299	13892	6407	216.83	2.36
317431	157032	160399	97.90	122135	62825	59310	105.93	2.43
131220	65512	65708	99.70	12575	8220	4355	188.75	2.65
269030	135396	133634	101.32	16519	10094	6425	157.11	2.64
105162	53496	51666	103.54	19995	14631	5364	272.76	2.47
369083	188414	180669	104.29	104799	54658	50141	109.01	2.69
176511	91164	85347	106.82	111689	67141	44548	150.72	2.94
294339	**149408**	**144931**	**103.09**	**18324**	**12952**	**5372**	**241.10**	**2.41**
294339	149408	144931	103.09	18324	12952	5372	241.10	2.41
419489	**213201**	**206288**	**103.35**	**18537**	**12105**	**6432**	**188.20**	**2.28**
247064	125291	121773	102.89	13321	8646	4675	184.94	2.29
172425	87910	84515	104.02	5216	3459	1757	196.87	2.27
1453353	**736024**	**717329**	**102.61**	**58757**	**34820**	**23937**	**145.47**	**2.68**
320359	161242	159117	101.34	17286	11456	5830	196.50	2.39
191606	97151	94455	102.85	9263	5666	3597	157.52	2.68
360770	184118	176652	104.23	12280	7090	5190	136.61	2.93
386115	194242	191873	101.23	15466	7887	7579	104.06	2.75
194503	99271	95232	104.24	4462	2721	1741	156.29	2.67
2826475	**1415451**	**1411024**	**100.31**	**158184**	**83993**	**74191**	**113.21**	**2.96**
598283	299919	298364	100.52	58406	30194	28212	107.03	2.73
512920	259474	253446	102.38	43182	24794	18388	134.84	2.96
235224	118034	117190	100.72	5373	2900	2473	117.27	2.86
392451	198299	194152	102.14	23886	12122	11764	103.04	2.97
495566	245658	249908	98.30	11235	5606	5629	99.59	3.12
352432	176172	176260	99.95	11295	5493	5802	94.67	3.10
239599	117895	121704	96.87	4807	2884	1923	149.97	3.27
1383397	**693970**	**689427**	**100.66**	**81558**	**46336**	**35222**	**131.55**	**2.61**
829773	415787	413986	100.44	55504	30731	24773	124.05	2.64
171456	86545	84911	101.92	7014	4764	2250	211.73	2.35
240721	119932	120789	99.29	9456	5255	4201	125.09	2.73
141447	71706	69741	102.82	9584	5586	3998	139.72	2.65
1081205	**544702**	**536503**	**101.53**	**49811**	**25749**	**24062**	**107.01**	**2.52**
492010	249025	242985	102.49	27086	12245	14841	82.51	2.51
26226	13345	12881	103.60	1536	1178	358	329.05	2.26
184211	93353	90858	102.75	8265	4854	3411	142.30	2.79
110217	55282	54935	100.63	5729	3113	2616	119.00	2.51
123075	61256	61819	99.09	2630	1476	1154	127.90	2.29
145466	72441	73025	99.20	4565	2883	1682	171.40	2.52
1778903	**887556**	**891347**	**99.57**	**69704**	**37210**	**32494**	**114.51**	**2.72**
477127	238362	238765	99.83	27138	12440	14698	84.64	2.73
214660	106313	108347	98.12	7550	3862	3688	104.72	2.46
152051	76497	75554	101.25	4173	2361	1812	130.30	2.36
74238	36881	37357	98.73	7900	5644	2256	250.18	2.68
330848	163316	167532	97.48	4836	2673	2163	123.58	3.13
356779	179084	177695	100.78	8858	4413	4445	99.28	2.78
173200	87103	86097	101.17	9249	5817	3432	169.49	2.67

1-1 各地区户数、

地区	户数						
				合计			
	合计	家庭户	集体户	小计	男	女	性别比（女=100）
酒泉市	**409646**	**392739**	**16907**	**1055706**	**544264**	**511442**	**106.42**
肃州区	181906	176856	5050	455611	228955	226656	101.01
金塔县	46300	42597	3703	121766	66197	55569	119.13
瓜州县	46450	44554	1896	129299	67266	62033	108.44
肃北蒙古族自治县	6568	6312	256	15093	9128	5965	153.03
阿克塞哈萨克族自治县	3836	3525	311	10970	6013	4957	121.30
玉门市	51759	48622	3137	137736	73417	64319	114.15
敦煌市	72827	70273	2554	185231	93288	91943	101.46
庆阳市	**784043**	**760620**	**23423**	**2179716**	**1110440**	**1069276**	**103.85**
西峰区	190326	181226	9100	513856	259132	254724	101.73
庆城县	86962	84115	2847	235154	122526	112628	108.79
环　县	104164	101038	3126	304687	159546	145141	109.92
华池县	41300	39867	1433	119346	62310	57036	109.25
合水县	47843	46590	1253	135908	69796	66112	105.57
正宁县	61942	60934	1008	173243	87716	85527	102.56
宁　县	122112	120002	2110	336316	167739	168577	99.50
镇原县	129394	126848	2546	361206	181675	179531	101.19
定西市	**858745**	**846235**	**12510**	**2524097**	**1277650**	**1246447**	**102.50**
安定区	157153	153187	3966	422383	213707	208676	102.41
通渭县	107636	106516	1120	323648	166697	156951	106.21
陇西县	147599	145417	2182	427373	214643	212730	100.90
渭源县	94248	93029	1219	277608	141922	135686	104.60
临洮县	162519	160349	2170	480149	242136	238013	101.73
漳　县	57002	56295	707	167309	84365	82944	101.71
岷　县	132588	131442	1146	425627	214180	211447	101.29
陇南市	**796289**	**781801**	**14488**	**2407272**	**1227642**	**1179630**	**104.07**
武都区	187432	183771	3661	546616	276973	269643	102.72
成　县	81399	78990	2409	241587	121572	120015	101.30
文　县	74411	73118	1293	196906	100725	96181	104.72
宕昌县	78463	77191	1272	254944	130484	124460	104.84
康　县	56189	55611	578	162418	83106	79312	104.78
西和县	107045	105695	1350	351069	178507	172562	103.45
礼　县	128719	126819	1900	424135	218935	205200	106.69
徽　县	67362	65516	1846	189888	96622	93266	103.60
两当县	15269	15090	179	39709	20718	18991	109.09
临夏回族自治州	**558952**	**544803**	**14149**	**2109750**	**1056107**	**1053643**	**100.23**
临夏市	107242	101172	6070	355968	177893	178075	99.90
临夏县	85050	83946	1104	322628	162544	160084	101.54
康乐县	67280	66027	1253	255955	127865	128090	99.82
永靖县	60756	59391	1365	180650	90983	89667	101.47
广河县	60246	59205	1041	260596	129202	131394	98.33
和政县	52509	51827	682	204529	102335	102194	100.14
东乡族自治县	65055	63992	1063	290034	144428	145606	99.19
积石山保安族东乡族撒拉族自治县	60814	59243	1571	239390	120857	118533	101.96
甘南藏族自治州	**204228**	**194349**	**9879**	**691808**	**351370**	**340438**	**103.21**
合作市	30899	26476	4423	112173	56579	55594	101.77
临潭县	38401	37707	694	127387	64212	63175	101.64
卓尼县	27541	26353	1188	95387	48718	46669	104.39
舟曲县	39664	38948	716	125367	63394	61973	102.29
迭部县	17225	16857	368	52192	26598	25594	103.92
玛曲县	17753	16895	858	57076	29659	27417	108.18
碌曲县	10120	9763	357	35871	18086	17785	101.69
夏河县	22625	21350	1275	86355	44124	42231	104.48

人口数和性别比（续）

单位：人、户

人口数								平均家庭户规模（人/户）
家庭户				集体户				
小计	男	女	性别比（女=100）	小计	男	女	性别比（女=100）	
970034	**488679**	**481355**	**101.52**	**85672**	**55585**	**30087**	**184.75**	**2.47**
423578	211144	212434	99.39	32033	17811	14222	125.24	2.40
103569	52094	51475	101.20	18197	14103	4094	344.48	2.43
121455	61823	59632	103.67	7844	5443	2401	226.70	2.73
14291	8558	5733	149.28	802	570	232	245.69	2.26
9465	4852	4613	105.18	1505	1161	344	337.50	2.69
124133	63397	60736	104.38	13603	10020	3583	279.65	2.55
173543	86811	86732	100.09	11688	6477	5211	124.29	2.47
2040604	**1032552**	**1008052**	**102.43**	**139112**	**77888**	**61224**	**127.22**	**2.68**
459927	232236	227691	102.00	53929	26896	27033	99.49	2.54
223147	115180	107967	106.68	12007	7346	4661	157.61	2.65
283701	147060	136641	107.63	20986	12486	8500	146.89	2.81
111391	57193	54198	105.53	7955	5117	2838	180.30	2.79
127741	64827	62914	103.04	8167	4969	3198	155.38	2.74
167721	84575	83146	101.72	5522	3141	2381	131.92	2.75
320578	158500	162078	97.79	15738	9239	6499	142.16	2.67
346398	172981	173417	99.75	14808	8694	6114	142.20	2.73
2464082	**1245311**	**1218771**	**102.18**	**60015**	**32339**	**27676**	**116.85**	**2.91**
400602	203260	197342	103.00	21781	10447	11334	92.17	2.62
318923	163948	154975	105.79	4725	2749	1976	139.12	2.99
421649	211543	210106	100.68	5724	3100	2624	118.14	2.90
270302	137761	132541	103.94	7306	4161	3145	132.31	2.91
468103	235238	232865	101.02	12046	6898	5148	133.99	2.92
163860	82216	81644	100.70	3449	2149	1300	165.31	2.91
420643	211345	209298	100.98	4984	2835	2149	131.92	3.20
2343037	**1191955**	**1151082**	**103.55**	**64235**	**35687**	**28548**	**125.01**	**3.00**
531216	268653	262563	102.32	15400	8320	7080	117.51	2.89
232057	117869	114188	103.22	9530	3703	5827	63.55	2.94
190051	95935	94116	101.93	6855	4790	2065	231.96	2.60
251060	128511	122549	104.86	3884	1973	1911	103.24	3.25
158789	81127	77662	104.46	3629	1979	1650	119.94	2.86
346443	175683	170760	102.88	4626	2824	1802	156.71	3.28
411162	211981	199181	106.43	12973	6954	6019	115.53	3.24
183448	92173	91275	100.98	6440	4449	1991	223.46	2.80
38811	20023	18788	106.57	898	695	203	342.36	2.57
2041775	**1017001**	**1024774**	**99.24**	**67975**	**39106**	**28869**	**135.46**	**3.75**
330972	163568	167404	97.71	24996	14325	10671	134.24	3.27
317856	159718	158138	101.00	4772	2826	1946	145.22	3.79
248073	123350	124723	98.90	7882	4515	3367	134.10	3.76
174639	87521	87118	100.46	6011	3462	2549	135.82	2.94
256877	127276	129601	98.21	3719	1926	1793	107.42	4.34
201578	100749	100829	99.92	2951	1586	1365	116.19	3.89
282647	140122	142525	98.31	7387	4306	3081	139.76	4.42
229133	114697	114436	100.23	10257	6160	4097	150.35	3.87
633610	**318051**	**315559**	**100.79**	**58198**	**33319**	**24879**	**133.92**	**3.26**
85259	42770	42489	100.66	26914	13809	13105	105.37	3.22
123608	61866	61742	100.20	3779	2346	1433	163.71	3.28
88531	44656	43875	101.78	6856	4062	2794	145.38	3.36
120872	60875	59997	101.46	4495	2519	1976	127.48	3.10
50908	25757	25151	102.41	1284	841	443	189.84	3.02
50841	25882	24959	103.70	6235	3777	2458	153.66	3.01
33289	16527	16762	98.60	2582	1559	1023	152.39	3.41
80302	39718	40584	97.87	6053	4406	1647	267.52	3.76

1-1a 各地区户数、

地区	户数			合计			
	合计	家庭户	集体户	小计	男	女	性别比（女=100）
合计	**2731953**	**2551450**	**180503**	**7095181**	**3565095**	**3530086**	**100.99**
兰州市	**1152881**	**1051720**	**101161**	**2889065**	**1463600**	**1425465**	**102.68**
城关区	586183	537330	48853	1443050	731091	711959	102.69
七里河区	224450	209387	15063	561571	287058	274513	104.57
西固区	146526	141521	5005	352451	178830	173621	103.00
安宁区	161330	130623	30707	439566	219857	219709	100.07
红古区	34392	32859	1533	92427	46764	45663	102.41
嘉峪关市	**119308**	**113947**	**5361**	**291577**	**150719**	**140858**	**107.00**
市辖区	119308	113947	5361	291577	150719	140858	107.00
金昌市	**101413**	**97508**	**3905**	**236943**	**121356**	**115587**	**104.99**
金川区	101413	97508	3905	236943	121356	115587	104.99
白银市	**172406**	**165288**	**7118**	**433593**	**219796**	**213797**	**102.81**
白银区	123061	118013	5048	304050	154662	149388	103.53
平川区	48690	46684	2006	127714	64058	63656	100.63
靖远县	655	591	64	1829	1076	753	142.90
天水市	**235363**	**219667**	**15696**	**657701**	**328775**	**328926**	**99.95**
秦州区	146057	135628	10429	382514	189005	193509	97.67
麦积区	89306	84039	5267	275187	139770	135417	103.21
武威市	**142849**	**135050**	**7799**	**393885**	**197344**	**196541**	**100.41**
凉州区	142849	135050	7799	393885	197344	196541	100.41
张掖市	**103604**	**98387**	**5217**	**264779**	**129879**	**134900**	**96.28**
甘州区	103349	98136	5213	264158	129574	134584	96.28
肃南裕固族自治县	255	251	4	621	305	316	96.52
平凉市	**150090**	**141944**	**8146**	**404940**	**198729**	**206211**	**96.37**
崆峒区	120235	113307	6928	323022	158026	164996	95.78
华亭市	29855	28637	1218	81918	40703	41215	98.76
酒泉市	**174058**	**167506**	**6552**	**446133**	**222738**	**223395**	**99.71**
肃州区	121644	117495	4149	307539	153025	154514	99.04
玉门市	18819	17731	1088	49384	25207	24177	104.26
敦煌市	33595	32280	1315	89210	44506	44704	99.56
庆阳市	**122534**	**116873**	**5661**	**310421**	**156052**	**154369**	**101.09**
西峰区	122534	116873	5661	310421	156052	154369	101.09
定西市	**73045**	**70324**	**2721**	**196987**	**95030**	**101957**	**93.21**
安定区	73045	70324	2721	196987	95030	101957	93.21
陇南市	**65816**	**64293**	**1523**	**185428**	**90806**	**94622**	**95.97**
武都区	65323	63812	1511	183867	89971	93896	95.82
康　县	493	481	12	1561	835	726	115.01
临夏回族自治州	**95973**	**90257**	**5716**	**311436**	**154909**	**156527**	**98.97**
临夏市	93503	87922	5581	302668	150597	152071	99.03
临夏县	2470	2335	135	8768	4312	4456	96.77
甘南藏族自治州	**22613**	**18686**	**3927**	**72293**	**35362**	**36931**	**95.75**
合作市	22613	18686	3927	72293	35362	36931	95.75

人口数和性别比（城市）

单位：人、户

人口数								平均家庭户规模（人/户）
家庭户				集体户				
小计	男	女	性别比（女=100）	小计	男	女	性别比（女=100）	
6302326	**3132819**	**3169507**	**98.84**	**792855**	**432276**	**360579**	**119.88**	**2.47**
2443118	**1214101**	**1229017**	**98.79**	**445947**	**249499**	**196448**	**127.01**	**2.32**
1213317	604114	609203	99.16	229733	126977	102756	123.57	2.26
492834	244309	248525	98.30	68737	42749	25988	164.50	2.35
335002	166945	168057	99.34	17449	11885	5564	213.61	2.37
317431	157032	160399	97.90	122135	62825	59310	105.93	2.43
84534	41701	42833	97.36	7893	5063	2830	178.90	2.57
275421	**139458**	**135963**	**102.57**	**16156**	**11261**	**4895**	**230.05**	**2.42**
275421	139458	135963	102.57	16156	11261	4895	230.05	2.42
224901	**113710**	**111191**	**102.27**	**12042**	**7646**	**4396**	**173.93**	**2.31**
224901	113710	111191	102.27	12042	7646	4396	173.93	2.31
411140	**205767**	**205373**	**100.19**	**22453**	**14029**	**8424**	**166.54**	**2.49**
288592	144591	144001	100.41	15458	10071	5387	186.95	2.45
121045	60339	60706	99.40	6669	3719	2950	126.07	2.59
1503	837	666	125.68	326	239	87	274.71	2.54
579430	**288029**	**291401**	**98.84**	**78271**	**40746**	**37525**	**108.58**	**2.64**
338385	167635	170750	98.18	44129	21370	22759	93.90	2.49
241045	120394	120651	99.79	34142	19376	14766	131.22	2.87
358452	**179104**	**179348**	**99.86**	**35433**	**18240**	**17193**	**106.09**	**2.65**
358452	179104	179348	99.86	35433	18240	17193	106.09	2.65
244708	**121712**	**122996**	**98.96**	**20071**	**8167**	**11904**	**68.61**	**2.49**
244102	121415	122687	98.96	20056	8159	11897	68.58	2.49
606	297	309	96.12	15	8	7	114.29	2.41
375223	**185149**	**190074**	**97.41**	**29717**	**13580**	**16137**	**84.15**	**2.64**
298849	147383	151466	97.30	24173	10643	13530	78.66	2.64
76374	37766	38608	97.82	5544	2937	2607	112.66	2.67
407556	**201450**	**206106**	**97.74**	**38577**	**21288**	**17289**	**123.13**	**2.43**
279571	137727	141844	97.10	27968	15298	12670	120.74	2.38
44708	22427	22281	100.66	4676	2780	1896	146.62	2.52
83277	41296	41981	98.37	5933	3210	2723	117.88	2.58
282554	**141144**	**141410**	**99.81**	**27867**	**14908**	**12959**	**115.04**	**2.42**
282554	141144	141410	99.81	27867	14908	12959	115.04	2.42
181881	**89435**	**92446**	**96.74**	**15106**	**5595**	**9511**	**58.83**	**2.59**
181881	89435	92446	96.74	15106	5595	9511	58.83	2.59
179141	**86805**	**92336**	**94.01**	**6287**	**4001**	**2286**	**175.02**	**2.79**
177612	85989	91623	93.85	6255	3982	2273	175.19	2.78
1529	816	713	114.45	32	19	13	146.15	3.18
288549	**142060**	**146489**	**96.98**	**22887**	**12849**	**10038**	**128.00**	**3.20**
280142	137989	142153	97.07	22526	12608	9918	127.12	3.19
8407	4071	4336	93.89	361	241	120	200.83	3.60
50252	**24895**	**25357**	**98.18**	**22041**	**10467**	**11574**	**90.44**	**2.69**
50252	24895	25357	98.18	22041	10467	11574	90.44	2.69

1-1b 各地区户数、

地区	户数			合计			
	合计	家庭户	集体户	小计	男	女	性别比（女=100）
合计	**2041291**	**1925591**	**115700**	**5972151**	**2989421**	**2982730**	**100.22**
兰州市	**238242**	**198705**	**39537**	**733485**	**374956**	**358529**	**104.58**
城关区	8316	7576	740	22570	11736	10834	108.33
七里河区	20340	15944	4396	62831	34896	27935	124.92
西固区	10037	9738	299	21238	10848	10390	104.41
安宁区							
红古区	6838	6443	395	16873	8672	8201	105.74
永登县	49878	47384	2494	138883	69003	69880	98.74
皋兰县	26028	23860	2168	70757	37464	33293	112.53
榆中县	73929	54770	19159	233289	115184	118105	97.53
兰州新区	42876	32990	9886	167044	87153	79891	97.53
嘉峪关市	**1537**	**1467**	**70**	**3680**	**2012**	**1668**	**120.62**
市辖区	1537	1467	70	3680	2012	1668	120.62
金昌市	**41216**	**40446**	**770**	**102068**	**51960**	**50108**	**103.70**
金川区	334	319	15	984	540	444	121.62
永昌县	40882	40127	755	101084	51420	49664	103.54
白银市	**146408**	**141375**	**5033**	**421675**	**210193**	**211482**	**99.39**
白银区	1181	1142	39	2549	1316	1233	106.73
平川区	7417	7104	313	20010	10866	9144	118.83
靖远县	50110	48549	1561	145356	72979	72377	100.83
会宁县	47047	45081	1966	141900	68819	73081	94.17
景泰县	40653	39499	1154	111860	56213	55647	101.02
天水市	**228586**	**219642**	**8944**	**702485**	**349045**	**353440**	**98.76**
秦州区	14509	13902	607	48372	24297	24075	100.92
麦积区	15940	15277	663	46827	23791	23036	103.28
清水县	28470	27406	1064	79146	38999	40147	97.14
秦安县	42008	39396	2612	140593	69711	70882	98.35
甘谷县	61565	59782	1783	183768	90805	92963	97.68
武山县	42627	41031	1596	130600	65212	65388	99.73
张家川回族自治县	23467	22848	619	73179	36230	36949	98.05
武威市	**109604**	**104701**	**4903**	**294812**	**148778**	**146034**	**101.88**
凉州区	29096	27467	1629	73841	37647	36194	104.01
民勤县	28057	26657	1400	71594	36768	34826	105.58
古浪县	27673	26769	904	79337	39740	39597	100.36
天祝藏族自治县	24778	23808	970	70040	34623	35417	97.76
张掖市	**116973**	**112006**	**4967**	**315338**	**157317**	**158021**	**99.55**
甘州区	5542	5345	197	13934	7351	6583	111.67
肃南裕固族自治县	4418	4232	186	10299	5188	5111	101.51
民乐县	30252	28389	1863	89881	45168	44713	101.02
临泽县	20538	19376	1162	54306	27150	27156	99.98
高台县	26540	25901	639	64231	31620	32611	96.96
山丹县	29683	28763	920	82687	40840	41847	97.59
平凉市	**150771**	**144211**	**6560**	**422713**	**206586**	**216127**	**95.59**
崆峒区	3001	2828	173	9377	4682	4695	99.72
泾川县	33634	32017	1617	86982	42179	44803	94.14
灵台县	20291	19472	819	53879	25728	28151	91.39
崇信县	12236	11634	602	35332	17402	17930	97.06
庄浪县	32076	30979	1097	95390	47313	48077	98.41
静宁县	38441	36616	1825	112976	54328	58648	92.63
华亭市	11092	10665	427	28777	14954	13823	108.18

人口数和性别比（镇）

单位：人、户

人口数								平均家庭户规模（人/户）
家庭户				集体户				
小计	男	女	性别比（女=100）	小计	男	女	性别比（女=100）	
5384338	**2664251**	**2720087**	**97.95**	**587813**	**325170**	**262643**	**123.81**	**2.80**
528738	**264279**	**264459**	**99.93**	**204747**	**110677**	**94070**	**117.65**	**2.66**
18911	9645	9266	104.09	3659	2091	1568	133.35	2.50
43966	22352	21614	103.41	18865	12544	6321	198.45	2.76
20155	10152	10003	101.49	1083	696	387	179.84	2.07
15042	7527	7515	100.16	1831	1145	686	166.91	2.33
126763	62265	64498	96.54	12120	6738	5382	125.20	2.68
60926	30364	30562	99.35	9831	7100	2731	259.98	2.55
150643	74850	75793	98.76	82646	40334	42312	95.33	2.75
92332	47124	45208	104.24	74712	40029	34683	115.41	2.80
3352	**1782**	**1570**	**113.50**	**328**	**230**	**98**	**234.69**	**2.28**
3352	1782	1570	113.50	328	230	98	234.69	2.28
99413	**50148**	**49265**	**101.79**	**2655**	**1812**	**843**	**214.95**	**2.46**
927	501	426	117.61	57	39	18	216.67	2.91
98486	49647	48839	101.65	2598	1773	825	214.91	2.45
393946	**195386**	**198560**	**98.40**	**27729**	**14807**	**12922**	**114.59**	**2.79**
2384	1214	1170	103.76	165	102	63	161.90	2.09
18417	9709	8708	111.50	1593	1157	436	265.37	2.59
136488	68363	68125	100.35	8868	4616	4252	108.56	2.81
128303	61968	66335	93.42	13597	6851	6746	101.56	2.85
108354	54132	54222	99.83	3506	2081	1425	146.04	2.74
643845	**319341**	**324504**	**98.41**	**58640**	**29704**	**28936**	**102.65**	**2.93**
45300	22509	22791	98.76	3072	1788	1284	139.25	3.26
42244	21280	20964	101.51	4583	2511	2072	121.19	2.77
74768	36796	37972	96.90	4378	2203	2175	101.29	2.73
117744	58258	59486	97.94	22849	11453	11396	100.50	2.99
173687	85870	87817	97.78	10081	4935	5146	95.90	2.91
120291	60270	60021	100.41	10309	4942	5367	92.08	2.93
69811	34358	35453	96.91	3368	1872	1496	125.13	3.06
270370	**134343**	**136027**	**98.76**	**24442**	**14435**	**10007**	**144.25**	**2.58**
67961	34013	33948	100.19	5880	3634	2246	161.80	2.47
65320	32540	32780	99.27	6274	4228	2046	206.65	2.45
74068	36870	37198	99.12	5269	2870	2399	119.63	2.77
63021	30920	32101	96.32	7019	3703	3316	111.67	2.65
296562	**146506**	**150056**	**97.63**	**18776**	**10811**	**7965**	**135.73**	**2.65**
13445	7015	6430	109.10	489	336	153	219.61	2.52
9700	4852	4848	100.08	599	336	263	127.76	2.29
82429	40844	41585	98.22	7452	4324	3128	138.24	2.90
48982	24271	24711	98.22	5324	2879	2445	117.75	2.53
62850	30863	31987	96.49	1381	757	624	121.31	2.43
79156	38661	40495	95.47	3531	2179	1352	161.17	2.75
396401	**193098**	**203303**	**94.98**	**26312**	**13488**	**12824**	**105.18**	**2.75**
8213	4072	4141	98.33	1164	610	554	110.11	2.90
80376	38939	41437	93.97	6606	3240	3366	96.26	2.51
50996	24320	26676	91.17	2883	1408	1475	95.46	2.62
32527	15896	16631	95.58	2805	1506	1299	115.94	2.80
91681	45443	46238	98.28	3709	1870	1839	101.69	2.96
105684	50817	54867	92.62	7292	3511	3781	92.86	2.89
26924	13611	13313	102.24	1853	1343	510	263.33	2.52

1-1b 各地区户数、

地区	户数						
				合计			
	合计	家庭户	集体户	小计	男	女	性别比（女=100）
酒泉市	**92352**	**84763**	**7589**	**231617**	**124024**	**107593**	**115.27**
肃州区	8233	7970	263	19953	10167	9786	103.89
金塔县	22220	18891	3329	61024	34531	26493	130.34
瓜州县	19780	18710	1070	51674	26477	25197	105.08
肃北蒙古族自治县	4521	4383	138	9932	5179	4753	108.96
阿克塞哈萨克族自治县	3556	3287	269	10231	5445	4786	113.77
玉门市	15358	13489	1869	38160	22221	15939	139.41
敦煌市	18684	18033	651	40643	20004	20639	96.92
庆阳市	**207995**	**197157**	**10838**	**602654**	**303356**	**299298**	**101.36**
西峰区	2671	2525	146	7877	3961	3916	101.15
庆城县	36460	34129	2331	95391	48900	46491	105.18
环　县	35357	33395	1962	110333	56115	54218	103.50
华池县	16517	15632	885	50304	25425	24879	102.19
合水县	18169	17225	944	53877	27049	26828	100.82
正宁县	24937	24168	769	71405	35556	35849	99.18
宁　县	37943	36230	1713	108778	54300	54478	99.67
镇原县	35941	33853	2088	104689	52050	52639	98.88
定西市	**274350**	**267002**	**7348**	**772097**	**379831**	**392266**	**96.83**
安定区	8938	8564	374	25399	13014	12385	105.08
通渭县	30942	29998	944	87686	44191	43495	101.60
陇西县	77022	75085	1937	219132	107924	111208	97.05
渭源县	26986	26067	919	79098	39241	39857	98.45
临洮县	66843	65164	1679	188693	90986	97707	93.12
漳　县	21212	20675	537	56594	27578	29016	95.04
岷　县	42407	41449	958	115495	56897	58598	97.10
陇南市	**230865**	**221743**	**9122**	**685450**	**338578**	**346872**	**97.61**
武都区	19388	18380	1008	59635	29081	30554	95.18
成　县	41572	39354	2218	121129	58960	62169	94.84
文　县	23596	22825	771	63996	31097	32899	94.52
宕昌县	24916	23846	1070	69620	34627	34993	98.95
康　县	16619	16150	469	47735	23408	24327	96.22
西和县	31984	31013	971	97876	49064	48812	100.52
礼　县	38009	36535	1474	128219	65068	63151	103.04
徽　县	27827	26797	1030	79190	38345	40845	93.88
两当县	6954	6843	111	18050	8928	9122	97.87
临夏回族自治州	**130271**	**124404**	**5867**	**463935**	**230688**	**233247**	**98.90**
临夏市	3000	2744	256	12414	6534	5880	111.12
临夏县	11404	10797	607	42439	20981	21458	97.78
康乐县	16639	15647	992	58785	29376	29409	99.89
永靖县	33740	32725	1015	94847	46376	48471	95.68
广河县	21949	21237	712	89677	44567	45110	98.80
和政县	16306	15788	518	56898	28213	28685	98.35
东乡族自治县	12884	12074	810	56506	28347	28159	100.67
积石山保安族东乡族撒拉族自治县	14349	13392	957	52369	26294	26075	100.84
甘南藏族自治州	**72121**	**67969**	**4152**	**220142**	**112097**	**108045**	**103.75**
合作市	704	653	51	3357	1725	1632	105.70
临潭县	15150	14632	518	47804	23645	24159	97.87
卓尼县	10568	9716	852	33274	17012	16262	104.61
舟曲县	13268	12725	543	39991	19789	20202	97.96
迭部县	7573	7291	282	19872	10022	9850	101.75
玛曲县	10544	9768	776	31744	16650	15094	110.31
碌曲县	5442	5176	266	16296	8442	7854	107.49
夏河县	8872	8008	864	27804	14812	12992	114.01

人口数和性别比（镇）（续）

单位：人、户

人口数								平均家庭户规模（人/户）
家庭户				集体户				
小计	男	女	性别比（女=100）	小计	男	女	性别比（女=100）	
199332	**99867**	**99465**	**100.40**	**32285**	**24157**	**8128**	**297.21**	**2.35**
19052	9629	9423	102.19	901	538	363	148.21	2.39
45178	22372	22806	98.10	15846	12159	3687	329.78	2.39
47277	23601	23676	99.68	4397	2876	1521	189.09	2.53
9573	4985	4588	108.65	359	194	165	117.58	2.18
9074	4579	4495	101.87	1157	866	291	297.59	2.76
30111	15615	14496	107.72	8049	6606	1443	457.80	2.23
39067	19086	19981	95.52	1576	918	658	139.51	2.17
538546	**267006**	**271540**	**98.33**	**64108**	**36350**	**27758**	**130.95**	**2.73**
7147	3538	3609	98.03	730	423	307	137.79	2.83
86784	43842	42942	102.10	8607	5058	3549	142.52	2.54
96574	48391	48183	100.43	13759	7724	6035	127.99	2.89
45663	22688	22975	98.75	4641	2737	1904	143.75	2.92
47590	23447	24143	97.12	6287	3602	2685	134.15	2.76
67493	33549	33944	98.84	3912	2007	1905	105.35	2.79
95447	46810	48637	96.24	13331	7490	5841	128.23	2.63
91848	44741	47107	94.98	12841	7309	5532	132.12	2.71
739952	**362537**	**377415**	**96.06**	**32145**	**17294**	**14851**	**116.45**	**2.77**
24226	12291	11935	102.98	1173	723	450	160.67	2.83
83638	41917	41721	100.47	4048	2274	1774	128.18	2.79
214023	105252	108771	96.76	5109	2672	2437	109.64	2.85
73525	36194	37331	96.95	5573	3047	2526	120.63	2.82
178941	85829	93112	92.18	9752	5157	4595	112.23	2.75
54164	26302	27862	94.40	2430	1276	1154	110.57	2.62
111435	54752	56683	96.59	4060	2145	1915	112.01	2.69
644990	**318832**	**326158**	**97.75**	**40460**	**19746**	**20714**	**95.33**	**2.91**
55668	27250	28418	95.89	3967	1831	2136	85.72	3.03
112267	55695	56572	98.45	8862	3265	5597	58.33	2.85
60960	29460	31500	93.52	3036	1637	1399	117.01	2.67
66353	33059	33294	99.29	3267	1568	1699	92.29	2.78
44547	21779	22768	95.66	3188	1629	1559	104.49	2.76
94623	47198	47425	99.52	3253	1866	1387	134.53	3.05
117237	59539	57698	103.19	10982	5529	5453	101.39	3.21
75616	36139	39477	91.54	3574	2206	1368	161.26	2.82
17719	8713	9006	96.75	331	215	116	185.34	2.59
432959	**213104**	**219855**	**96.93**	**30976**	**17584**	**13392**	**131.30**	**3.48**
11187	5671	5516	102.81	1227	863	364	237.09	4.08
40032	19733	20299	97.21	2407	1248	1159	107.68	3.71
52275	25472	26803	95.03	6510	3904	2606	149.81	3.34
90664	44116	46548	94.78	4183	2260	1923	117.52	2.77
87540	43380	44160	98.23	2137	1187	950	124.95	4.12
54483	26899	27584	97.52	2415	1314	1101	119.35	3.45
50779	25078	25701	97.58	5727	3269	2458	132.99	4.21
45999	22755	23244	97.90	6370	3539	2831	125.01	3.43
195932	**98022**	**97910**	**100.11**	**24210**	**14075**	**10135**	**138.88**	**2.88**
3016	1529	1487	102.82	341	196	145	135.17	4.62
45162	22235	22927	96.98	2642	1410	1232	114.45	3.09
27645	13963	13682	102.05	5629	3049	2580	118.18	2.85
36414	17948	18466	97.19	3577	1841	1736	106.05	2.86
18999	9462	9537	99.21	873	560	313	178.91	2.61
26122	13364	12758	104.75	5622	3286	2336	140.67	2.67
14553	7578	6975	108.65	1743	864	879	98.29	2.81
24021	11943	12078	98.88	3783	2869	914	313.89	3.00

1-1c 各地区户数、

地区	户数			合计			
	合计	家庭户	集体户	小计	男	女	性别比（女=100）
合计	**3996427**	**3945795**	**50632**	**11952499**	**6146432**	**5806067**	**105.86**
兰州市	**252500**	**238474**	**14026**	**736896**	**401442**	**335454**	**119.67**
城关区	5747	4910	837	18396	10765	7631	141.07
七里河区	29251	27659	1592	87869	48361	39508	122.41
西固区	13106	12757	349	33321	17830	15491	115.10
安宁区							
红古区	10676	10210	466	34495	18296	16199	112.95
永登县	55380	54567	813	146666	76487	70179	108.99
皋兰县	20040	18733	1307	54400	30663	23737	129.18
榆中县	87090	82561	4529	240593	127888	112705	113.47
兰州新区	31210	27077	4133	121156	71152	50004	142.29
嘉峪关市	**7316**	**6939**	**377**	**17406**	**9629**	**7777**	**123.81**
市辖区	7316	6939	377	17406	9629	7777	123.81
金昌市	**46748**	**45949**	**799**	**99015**	**51990**	**47025**	**110.56**
金川区	10572	10250	322	22458	12041	10417	115.59
永昌县	36176	35699	477	76557	39949	36608	109.13
白银市	**237257**	**235688**	**1569**	**656842**	**340855**	**315987**	**107.87**
白银区	15243	14897	346	31046	16720	14326	116.71
平川区	18015	17832	183	53145	27893	25252	110.46
靖远县	74667	74179	488	225865	117153	108712	107.76
会宁县	95885	95539	346	259681	133310	126371	105.49
景泰县	33447	33241	206	87105	45779	41326	110.78
天水市	**517727**	**514110**	**3617**	**1624473**	**821624**	**802849**	**102.34**
秦州区	71306	69935	1371	225803	116811	108992	107.17
麦积区	74672	73911	761	234088	120707	113381	106.46
清水县	55223	54942	281	161451	81935	79516	103.04
秦安县	93192	92951	241	275744	140710	135034	104.20
甘谷县	99641	99303	338	323033	160459	162574	98.70
武山县	73002	72734	268	233127	116453	116674	99.81
张家川回族自治县	50691	50334	357	171227	84549	86678	97.54
武威市	**292817**	**289368**	**3449**	**776258**	**394184**	**382074**	**103.17**
凉州区	154473	152138	2335	417551	211527	206024	102.67
民勤县	46544	46334	210	106876	54541	52335	104.22
古浪县	61899	61371	528	170840	85447	85393	100.06
天祝藏族自治县	29901	29525	376	80991	42669	38322	111.34
张掖市	**221652**	**218532**	**3120**	**550899**	**283255**	**267644**	**105.83**
甘州区	94476	92674	1802	241004	124345	116659	106.59
肃南裕固族自治县	7281	7129	152	16842	9030	7812	115.59
民乐县	37786	37541	245	102595	53039	49556	107.03
临泽县	24615	24476	139	61640	31245	30395	102.80
高台县	28128	27748	380	61474	31112	30362	102.47
山丹县	29366	28964	402	67344	34484	32860	104.94
平凉市	**370500**	**367165**	**3335**	**1020954**	**519451**	**501503**	**103.58**
崆峒区	58975	58400	575	171866	88094	83772	105.16
泾川县	55733	55412	321	135228	67996	67232	101.14
灵台县	45433	45072	361	102345	53130	49215	107.95
崇信县	17036	16063	973	46806	25123	21683	115.86
庄浪县	75093	74791	302	240294	118676	121618	97.58
静宁县	92315	91847	468	252661	129169	123492	104.60
华亭市	25915	25580	335	71754	37263	34491	108.04

人口数和性别比（乡村）

单位：人、户

人口数								平均家庭户规模（人/户）
家庭户				集体户				
小计	男	女	性别比（女=100）	小计	男	女	性别比（女=100）	
11658512	**5949826**	**5708686**	**104.22**	**293987**	**196606**	**97381**	**201.89**	**2.95**
643017	**334655**	**308362**	**108.53**	**93879**	**66787**	**27092**	**246.52**	**2.70**
14160	7670	6490	118.18	4236	3095	1141	271.25	2.88
76537	40315	36222	111.30	11332	8046	3286	244.86	2.77
31554	16519	15035	109.87	1767	1311	456	287.50	2.47
31644	16284	15360	106.02	2851	2012	839	239.81	3.10
142267	73131	69136	105.78	4399	3356	1043	321.76	2.61
44236	23132	21104	109.61	10164	7531	2633	286.02	2.36
218440	113564	104876	108.28	22153	14324	7829	182.96	2.65
84179	44040	40139	109.72	36977	27112	9865	274.83	3.11
15566	**8168**	**7398**	**110.41**	**1840**	**1461**	**379**	**385.49**	**2.24**
15566	8168	7398	110.41	1840	1461	379	385.49	2.24
95175	**49343**	**45832**	**107.66**	**3840**	**2647**	**1193**	**221.88**	**2.07**
21236	11080	10156	109.10	1222	961	261	368.20	2.07
73939	38263	35676	107.25	2618	1686	932	180.90	2.07
648267	**334871**	**313396**	**106.85**	**8575**	**5984**	**2591**	**230.95**	**2.75**
29383	15437	13946	110.69	1663	1283	380	337.63	1.97
52144	27103	25041	108.23	1001	790	211	374.41	2.92
222779	114918	107861	106.54	3086	2235	851	262.63	3.00
257812	132274	125538	105.37	1869	1036	833	124.37	2.70
86149	45139	41010	110.07	956	640	316	202.53	2.59
1603200	**808081**	**795119**	**101.63**	**21273**	**13543**	**7730**	**175.20**	**3.12**
214598	109775	104823	104.72	11205	7036	4169	168.77	3.07
229631	117800	111831	105.34	4457	2907	1550	187.55	3.11
160456	81238	79218	102.55	995	697	298	233.89	2.92
274707	140041	134666	103.99	1037	669	368	181.79	2.96
321879	159788	162091	98.58	1154	671	483	138.92	3.24
232141	115902	116239	99.71	986	551	435	126.67	3.19
169788	83537	86251	96.85	1439	1012	427	237.00	3.37
754575	**380523**	**374052**	**101.73**	**21683**	**13661**	**8022**	**170.29**	**2.61**
403360	202670	200690	100.99	14191	8857	5334	166.05	2.65
106136	54005	52131	103.59	740	536	204	262.75	2.29
166653	83062	83591	99.37	4187	2385	1802	132.35	2.72
78426	40786	37640	108.36	2565	1883	682	276.10	2.66
539935	**276484**	**263451**	**104.95**	**10964**	**6771**	**4193**	**161.48**	**2.47**
234463	120595	113868	105.91	6541	3750	2791	134.36	2.53
15920	8196	7724	106.11	922	834	88	947.73	2.23
101782	52509	49273	106.57	813	530	283	187.28	2.71
61235	31011	30224	102.60	405	234	171	136.84	2.50
60225	30393	29832	101.88	1249	719	530	135.66	2.17
66310	33780	32530	103.84	1034	704	330	213.33	2.29
1007279	**509309**	**497970**	**102.28**	**13675**	**10142**	**3533**	**287.06**	**2.74**
170065	86907	83158	104.51	1801	1187	614	193.32	2.91
134284	67374	66910	100.69	944	622	322	193.17	2.42
101055	52177	48878	106.75	1290	953	337	282.79	2.24
41711	20985	20726	101.25	5095	4138	957	432.39	2.60
239167	117873	121294	97.18	1127	803	324	247.84	3.20
251095	128267	122828	104.43	1566	902	664	135.84	2.73
69902	35726	34176	104.54	1852	1537	315	487.94	2.73

1-1c 各地区户数、

地区	户数			合计			
	合计	家庭户	集体户	小计	男	女	性别比（女=100）
酒泉市	**143236**	**140470**	**2766**	**377956**	**197502**	**180454**	**109.45**
肃州区	52029	51391	638	128119	65763	62356	105.46
金塔县	24080	23706	374	60742	31666	29076	108.91
瓜州县	26670	25844	826	77625	40789	36836	110.73
肃北蒙古族自治县	2047	1929	118	5161	3949	1212	325.83
阿克塞哈萨克族自治县	280	238	42	739	568	171	332.16
玉门市	17582	17402	180	50192	25989	24203	107.38
敦煌市	20548	19960	588	55378	28778	26600	108.19
庆阳市	**453514**	**446590**	**6924**	**1266641**	**651032**	**615609**	**105.75**
西峰区	65121	61828	3293	195558	99119	96439	102.78
庆城县	50502	49986	516	139763	73626	66137	111.32
环　县	68807	67643	1164	194354	103431	90923	113.76
华池县	24783	24235	548	69042	36885	32157	114.70
合水县	29674	29365	309	82031	42747	39284	108.82
正宁县	37005	36766	239	101838	52160	49678	105.00
宁　县	84169	83772	397	227538	113439	114099	99.42
镇原县	93453	92995	458	256517	129625	126892	102.15
定西市	**511350**	**508909**	**2441**	**1555013**	**802789**	**752224**	**106.72**
安定区	75170	74299	871	199997	105663	94334	112.01
通渭县	76694	76518	176	235962	122506	113456	107.98
陇西县	70577	70332	245	208241	106719	101522	105.12
渭源县	67262	66962	300	198510	102681	95829	107.15
临洮县	95676	95185	491	291456	151150	140306	107.73
漳　县	35790	35620	170	110715	56787	53928	105.30
岷　县	90181	89993	188	310132	157283	152849	102.90
陇南市	**499608**	**495765**	**3843**	**1536394**	**798258**	**738136**	**108.15**
武都区	102721	101579	1142	303114	157921	145193	108.77
成　县	39827	39636	191	120458	62612	57846	108.24
文　县	50815	50293	522	132910	69628	63282	110.03
宕昌县	53547	53345	202	185324	95857	89467	107.14
康　县	39077	38980	97	113122	58863	54259	108.49
西和县	75061	74682	379	253193	129443	123750	104.60
礼　县	90710	90284	426	295916	153867	142049	108.32
徽　县	39535	38719	816	110698	58277	52421	111.17
两当县	8315	8247	68	21659	11790	9869	119.46
临夏回族自治州	**332708**	**330142**	**2566**	**1334379**	**670510**	**663869**	**101.00**
临夏市	10739	10506	233	40886	20762	20124	103.17
临夏县	71176	70814	362	271421	137251	134170	102.30
康乐县	50641	50380	261	197170	98489	98681	99.81
永靖县	27016	26666	350	85803	44607	41196	108.28
广河县	38297	37968	329	170919	84635	86284	98.09
和政县	36203	36039	164	147631	74122	73509	100.83
东乡族自治县	52171	51918	253	233528	116081	117447	98.84
积石山保安族东乡族撒拉族自治县	46465	45851	614	187021	94563	92458	102.28
甘南藏族自治州	**109494**	**107694**	**1800**	**399373**	**203911**	**195462**	**104.32**
合作市	7582	7137	445	36523	19492	17031	114.45
临潭县	23251	23075	176	79583	40567	39016	103.98
卓尼县	16973	16637	336	62113	31706	30407	104.27
舟曲县	26396	26223	173	85376	43605	41771	104.39
迭部县	9652	9566	86	32320	16576	15744	105.28
玛曲县	7209	7127	82	25332	13009	12323	105.57
碌曲县	4678	4587	91	19575	9644	9931	97.11
夏河县	13753	13342	411	58551	29312	29239	100.25

人口数和性别比（乡村）（续）

单位：人、户

人口数								平均家庭户规模（人/户）
家庭户				集体户				
小计	男	女	性别比（女=100）	小计	男	女	性别比（女=100）	
363146	**187362**	**175784**	**106.59**	**14810**	**10140**	**4670**	**217.13**	**2.59**
124955	63788	61167	104.28	3164	1975	1189	166.11	2.43
58391	29722	28669	103.67	2351	1944	407	477.64	2.46
74178	38222	35956	106.30	3447	2567	880	291.70	2.87
4718	3573	1145	312.05	443	376	67	561.19	2.45
391	273	118	231.36	348	295	53	556.60	1.64
49314	25355	23959	105.83	878	634	244	259.84	2.83
51199	26429	24770	106.70	4179	2349	1830	128.36	2.57
1219504	**624402**	**595102**	**104.92**	**47137**	**26630**	**20507**	**129.86**	**2.73**
170226	87554	82672	105.91	25332	11565	13767	84.01	2.75
136363	71338	65025	109.71	3400	2288	1112	205.76	2.73
187127	98669	88458	111.54	7227	4762	2465	193.18	2.77
65728	34505	31223	110.51	3314	2380	934	254.82	2.71
80151	41380	38771	106.73	1880	1367	513	266.47	2.73
100228	51026	49202	103.71	1610	1134	476	238.24	2.73
225131	111690	113441	98.46	2407	1749	658	265.81	2.69
254550	128240	126310	101.53	1967	1385	582	237.97	2.74
1542249	**793339**	**748910**	**105.93**	**12764**	**9450**	**3314**	**285.15**	**3.03**
194495	101534	92961	109.22	5502	4129	1373	300.73	2.62
235285	122031	113254	107.75	677	475	202	235.15	3.07
207626	106291	101335	104.89	615	428	187	228.88	2.95
196777	101567	95210	106.68	1733	1114	619	179.97	2.94
289162	149409	139753	106.91	2294	1741	553	314.83	3.04
109696	55914	53782	103.96	1019	873	146	597.95	3.08
309208	156593	152615	102.61	924	690	234	294.87	3.44
1518906	**786318**	**732588**	**107.33**	**17488**	**11940**	**5548**	**215.21**	**3.06**
297936	155414	142522	109.05	5178	2507	2671	93.86	2.93
119790	62174	57616	107.91	668	438	230	190.43	3.02
129091	66475	62616	106.16	3819	3153	666	473.42	2.57
184707	95452	89255	106.94	617	405	212	191.04	3.46
112713	58532	54181	108.03	409	331	78	424.36	2.89
251820	128485	123335	104.18	1373	958	415	230.84	3.37
293925	152442	141483	107.75	1991	1425	566	251.77	3.26
107832	56034	51798	108.18	2866	2243	623	360.03	2.78
21092	11310	9782	115.62	567	480	87	551.72	2.56
1320267	**661837**	**658430**	**100.52**	**14112**	**8673**	**5439**	**159.46**	**4.00**
39643	19908	19735	100.88	1243	854	389	219.54	3.77
269417	135914	133503	101.81	2004	1337	667	200.45	3.80
195798	97878	97920	99.96	1372	611	761	80.29	3.89
83975	43405	40570	106.99	1828	1202	626	192.01	3.15
169337	83896	85441	98.19	1582	739	843	87.66	4.46
147095	73850	73245	100.83	536	272	264	103.03	4.08
231868	115044	116824	98.48	1660	1037	623	166.45	4.47
183134	91942	91192	100.82	3887	2621	1266	207.03	3.99
387426	**195134**	**192292**	**101.48**	**11947**	**8777**	**3170**	**276.88**	**3.60**
31991	16346	15645	104.48	4532	3146	1386	226.98	4.48
78446	39631	38815	102.10	1137	936	201	465.67	3.40
60886	30693	30193	101.66	1227	1013	214	473.36	3.66
84458	42927	41531	103.36	918	678	240	282.50	3.22
31909	16295	15614	104.36	411	281	130	216.15	3.34
24719	12518	12201	102.60	613	491	122	402.46	3.47
18736	8949	9787	91.44	839	695	144	482.64	4.08
56281	27775	28506	97.44	2270	1537	733	209.69	4.22

1–2 各地区分性别、

地区	人口数			居住本乡、镇、街道，户口在本乡、镇、街道			
	合计	男	女	小计	男	女	小计
合计	**25019831**	**12700948**	**12318883**	**17603083**	**8887928**	**8715155**	**7352465**
兰州市	**4359446**	**2239998**	**2119448**	**1912678**	**955970**	**956708**	**2427019**
城关区	1484016	753592	730424	542216	263972	278244	932951
七里河区	712271	370315	341956	289550	146264	143286	419408
西固区	407010	207508	199502	180989	89775	91214	224625
安宁区	439566	219857	219709	163156	80015	83141	274162
红古区	143795	73732	70063	91924	46686	45238	51417
永登县	285549	145490	140059	209334	106705	102629	75611
皋兰县	125157	68127	57030	75886	38947	36939	49047
榆中县	473882	243072	230810	261780	133072	128708	210971
兰州新区	288200	158305	129895	97843	50534	47309	188827
嘉峪关市	**312663**	**162360**	**150303**	**154936**	**78985**	**75951**	**157045**
市辖区	312663	162360	150303	154936	78985	75951	157045
金昌市	**438026**	**225306**	**212720**	**239400**	**121527**	**117873**	**197367**
金川区	260385	133937	126448	127953	64219	63734	131389
永昌县	177641	91369	86272	111447	57308	54139	65978
白银市	**1512110**	**770844**	**741266**	**1037859**	**529501**	**508358**	**471253**
白银区	337645	172698	164947	182633	91904	90729	154154
平川区	200869	102817	98052	118224	60366	57858	82368
靖远县	373050	191208	181842	300741	154046	146695	71603
会宁县	401581	202129	199452	305337	155767	149570	95513
景泰县	198965	101992	96973	130924	67418	63506	67615
天水市	**2984659**	**1499444**	**1485215**	**2464908**	**1236035**	**1228873**	**514961**
秦州区	656689	330113	326576	440631	221658	218973	214979
麦积区	556102	284268	271834	445211	225042	220169	109987
清水县	240597	120934	119663	197374	99878	97496	42866
秦安县	416337	210421	205916	366251	185334	180917	49502
甘谷县	506801	251264	255537	465529	230403	235126	40501
武山县	363727	181665	182062	335393	167539	167854	27765
张家川回族自治县	244406	120779	123627	214519	106181	108338	29361
武威市	**1464955**	**740306**	**724649**	**1067577**	**536864**	**530713**	**395197**
凉州区	885277	446518	438759	614556	308004	306552	269203
民勤县	178470	91309	87161	135556	68795	66761	42680
古浪县	250177	125187	124990	204907	102363	102544	44965
天祝藏族自治县	151031	77292	73739	112558	57702	54856	38349
张掖市	**1131016**	**570451**	**560565**	**746633**	**378355**	**368278**	**382570**
甘州区	519096	261270	257826	311746	157462	154284	206282
肃南裕固族自治县	27762	14523	13239	19861	10140	9721	7866
民乐县	192476	98207	94269	143868	73783	70085	48367
临泽县	115946	58395	57551	95819	48231	47588	19967
高台县	125705	62732	62973	85646	42962	42684	39888
山丹县	150031	75324	74707	89693	45777	43916	60200
平凉市	**1848607**	**924766**	**923841**	**1365879**	**685377**	**680502**	**478605**
崆峒区	504265	250802	253463	316774	158723	158051	186039
泾川县	222210	110175	112035	183346	91334	92012	38375
灵台县	156224	78858	77366	120053	61022	59031	35948
崇信县	82138	42525	39613	61142	30778	30364	20856
庄浪县	335684	165989	169695	285633	141087	144546	49342
静宁县	365637	183497	182140	275392	139710	135682	89514
华亭市	182449	92920	89529	123539	62723	60816	58531

户口登记状况的人口

单位：人

居住本乡、镇、街道，户口在外乡、镇、街道，离开户口登记地半年以上		居住本乡、镇、街道，户口待定			原住本乡、镇、街道，现在港澳台或国外工作学习		
男	女	小计	男	女	小计	男	女
3779111	**3573354**	**48263**	**23953**	**24310**	**16020**	**9956**	**6064**
1274232	**1152787**	**13880**	**6926**	**6954**	**5869**	**2870**	**2999**
485516	447435	5723	2673	3050	3126	1431	1695
222332	197076	2671	1424	1247	642	295	347
117067	107558	497	237	260	899	429	470
138742	135420	1708	855	853	540	245	295
26815	24602	370	186	184	84	45	39
38405	37206	302	142	160	302	238	64
29040	20007	189	114	75	35	26	9
109392	101579	929	474	455	202	134	68
106923	81904	1491	821	670	39	27	12
83039	**74006**	**326**	**161**	**165**	**356**	**175**	**181**
83039	74006	326	161	165	356	175	181
102989	**94378**	**452**	**239**	**213**	**807**	**551**	**256**
69063	62326	376	194	182	667	461	206
33926	32052	76	45	31	140	90	50
239650	**231603**	**1780**	**912**	**868**	**1218**	**781**	**437**
80370	73784	448	233	215	410	191	219
42290	40078	145	80	65	132	81	51
36742	34861	486	262	224	220	158	62
45918	49595	439	213	226	292	231	61
34330	33285	262	124	138	164	120	44
260758	**254203**	**3508**	**1760**	**1748**	**1282**	**891**	**391**
107890	107089	839	430	409	240	135	105
58681	51306	618	347	271	286	198	88
20870	21996	249	124	125	108	62	46
24735	24767	371	187	184	213	165	48
20427	20074	543	254	289	228	180	48
13821	13944	446	214	232	123	91	32
14334	15027	442	204	238	84	60	24
202163	**193034**	**1306**	**648**	**658**	**875**	**631**	**244**
137634	131569	954	477	477	564	403	161
22355	20325	90	51	39	144	108	36
22656	22309	202	93	109	103	75	28
19518	18831	60	27	33	64	45	19
191140	**191430**	**1262**	**603**	**659**	**551**	**353**	**198**
103300	102982	851	381	470	217	127	90
4360	3506	21	12	9	14	11	3
24280	24087	113	56	57	128	88	40
10064	9903	95	60	35	65	40	25
19664	20224	109	61	48	62	45	17
29472	30728	73	33	40	65	42	23
237274	**241331**	**3146**	**1361**	**1785**	**977**	**754**	**223**
91505	94534	1247	450	797	205	124	81
18538	19837	294	144	150	195	159	36
17708	18240	127	55	72	96	73	23
11662	9194	104	52	52	36	33	3
24486	24856	531	260	271	178	156	22
43395	46119	531	237	294	200	155	45
29980	28551	312	163	149	67	54	13

1–2　各地区分性别、

地区	人口数			居住本乡、镇、街道，户口在本乡、镇、街道			
	合计	男	女	小计	男	女	小计
酒泉市	**1055706**	**544264**	**511442**	**602577**	**302691**	**299886**	**449585**
肃州区	455611	228955	226656	259877	129024	130853	194260
金塔县	121766	66197	55569	79401	39882	39519	42158
瓜州县	129299	67266	62033	81127	41340	39787	47750
肃北蒙古族自治县	15093	9128	5965	8283	4151	4132	6321
阿克塞哈萨克族自治县	10970	6013	4957	6045	3069	2976	4877
玉门市	137736	73417	64319	81273	41472	39801	56094
敦煌市	185231	93288	91943	86571	43753	42818	98125
庆阳市	**2179716**	**1110440**	**1069276**	**1609689**	**816200**	**793489**	**564771**
西峰区	513856	259132	254724	252757	127304	125453	259936
庆城县	235154	122526	112628	171912	88637	83275	62410
环　县	304687	159546	145141	224431	117036	107395	79719
华池县	119346	62310	57036	82404	42838	39566	36452
合水县	135908	69796	66112	108042	55195	52847	27360
正宁县	173243	87716	85527	150515	76199	74316	22342
宁　县	336316	167739	168577	305696	151482	154214	29898
镇原县	361206	181675	179531	313932	157509	156423	46654
定西市	**2524097**	**1277650**	**1246447**	**2076964**	**1058353**	**1018611**	**442980**
安定区	422383	213707	208676	270121	139124	130997	151750
通渭县	323648	166697	156951	299768	154933	144835	23442
陇西县	427373	214643	212730	349185	176219	172966	77263
渭源县	277608	141922	135686	251221	128923	122298	26043
临洮县	480149	242136	238013	384267	195247	189020	95282
漳　县	167309	84365	82944	139612	70848	68764	27280
岷　县	425627	214180	211447	382790	193059	189731	41920
陇南市	**2407272**	**1227642**	**1179630**	**2047359**	**1049138**	**998221**	**353486**
武都区	546616	276973	269643	409581	210391	199190	135762
成　县	241587	121572	120015	198856	101548	97308	41882
文　县	196906	100725	96181	168719	85818	82901	27694
宕昌县	254944	130484	124460	233354	119730	113624	21243
康　县	162418	83106	79312	144594	74473	70121	17498
西和县	351069	178507	172562	319028	161875	157153	30850
礼　县	424135	218935	205200	392207	202572	189635	30571
徽　县	189888	96622	93266	149353	76142	73211	40021
两当县	39709	20718	18991	31667	16589	15078	7965
临夏回族自治州	**2109750**	**1056107**	**1053643**	**1717403**	**857416**	**859987**	**387571**
临夏市	355968	177893	178075	180062	89596	90466	174675
临夏县	322628	162544	160084	291646	146350	145296	30628
康乐县	255955	127865	128090	225759	112709	113050	29478
永靖县	180650	90983	89667	134465	68316	66149	45949
广河县	260596	129202	131394	231504	114473	117031	28214
和政县	204529	102335	102194	183196	91670	91526	20919
东乡族自治县	290034	144428	145606	268069	132618	135451	21658
积石山保安族东乡族撒拉族自治县	239390	120857	118533	202702	101684	101018	36050
甘南藏族自治州	**691808**	**351370**	**340438**	**559221**	**281516**	**277705**	**130055**
合作市	112173	56579	55594	65998	33147	32851	45642
临潭县	127387	64212	63175	112582	56417	56165	14291
卓尼县	95387	48718	46669	86296	43935	42361	8853
舟曲县	125367	63394	61973	106293	54020	52273	18831
迭部县	52192	26598	25594	42353	21173	21180	9758
玛曲县	57076	29659	27417	42622	21723	20899	14036
碌曲县	35871	18086	17785	28761	14190	14571	7041
夏河县	86355	44124	42231	74316	36911	37405	11603

户口登记状况的人口（续）

单位：人

居住本乡、镇、街道，户口在外乡、镇、街道，离开户口登记地半年以上		居住本乡、镇、街道，户口待定			原住本乡、镇、街道，现在港澳台或国外工作学习		
男	女	小计	男	女	小计	男	女
239568	**210017**	**2899**	**1604**	**1295**	**645**	**401**	**244**
99149	95111	1184	607	577	290	175	115
26199	15959	154	76	78	53	40	13
25694	22056	350	175	175	72	57	15
4585	1736	467	383	84	22	9	13
2914	1963	21	14	7	27	16	11
31752	24342	305	144	161	64	49	15
49275	48850	418	205	213	117	55	62
291326	**273445**	**4244**	**2146**	**2098**	**1012**	**768**	**244**
131212	128724	1007	512	495	156	104	52
33432	28978	764	405	359	68	52	16
42218	37501	441	213	228	96	79	17
19207	17245	454	234	220	36	31	5
14341	13019	445	216	229	61	44	17
11311	11031	306	148	158	80	58	22
15824	14074	464	227	237	258	206	52
23781	22873	363	191	172	257	194	63
217003	**225977**	**3370**	**1708**	**1662**	**783**	**586**	**197**
74264	77486	366	215	151	146	104	42
11520	11922	343	172	171	95	72	23
37923	39340	753	371	382	172	130	42
12820	13223	269	121	148	75	58	17
46548	48734	434	220	214	166	121	45
13295	13985	385	198	187	32	24	8
20633	21287	820	411	409	97	77	20
175072	**178414**	**5668**	**2869**	**2799**	**759**	**563**	**196**
65917	69845	1110	540	570	163	125	38
19559	22323	779	413	366	70	52	18
14633	13061	384	190	194	109	84	25
10564	10679	321	170	151	26	20	6
8436	9062	257	144	113	69	53	16
16036	14814	1093	528	565	98	68	30
15654	14917	1247	632	615	110	77	33
20188	19833	419	219	200	95	73	22
4085	3880	58	33	25	19	11	8
196327	**191244**	**4210**	**1959**	**2251**	**566**	**405**	**161**
87658	87017	1112	565	547	119	74	45
16008	14620	286	131	155	68	55	13
14819	14659	637	279	358	81	58	23
22528	23421	142	71	71	94	68	26
14313	13901	827	374	453	51	42	9
10478	10441	377	161	216	37	26	11
11653	10005	266	131	135	41	26	15
18870	17180	563	247	316	75	56	19
68570	**61485**	**2212**	**1057**	**1155**	**320**	**227**	**93**
23155	22487	470	237	233	63	40	23
7563	6728	482	205	277	32	27	5
4666	4187	212	99	113	26	18	8
9256	9575	240	115	125	3	3	
5382	4376	61	29	32	20	14	6
7710	6326	382	196	186	36	30	6
3855	3186	60	33	27	9	8	1
6983	4620	305	143	162	131	87	44

1-2a 各地区分性别、

地区	人口数			居住本乡、镇、街道，户口在本乡、镇、街道			
	合计	男	女	小计	男	女	小计
合计	**7095181**	**3565095**	**3530086**	**3041512**	**1507874**	**1533638**	**4027986**
兰州市	**2889065**	**1463600**	**1425465**	**1099791**	**540252**	**559539**	**1774070**
城关区	1443050	731091	711959	528536	257072	271464	905804
七里河区	561571	287058	274513	214219	106897	107322	344710
西固区	352451	178830	173621	140682	69300	71382	210505
安宁区	439566	219857	219709	163156	80015	83141	274162
红古区	92427	46764	45663	53198	26968	26230	38889
嘉峪关市	**291577**	**150719**	**140858**	**142733**	**72907**	**69826**	**148193**
市辖区	291577	150719	140858	142733	72907	69826	148193
金昌市	**236943**	**121356**	**115587**	**108867**	**54389**	**54478**	**127072**
金川区	236943	121356	115587	108867	54389	54478	127072
白银市	**433593**	**219796**	**213797**	**214742**	**107891**	**106851**	**217803**
白银区	304050	154662	149388	156627	78720	77907	146608
平川区	127714	64058	63656	57717	28952	28765	69817
靖远县	1829	1076	753	398	219	179	1378
天水市	**657701**	**328775**	**328926**	**374387**	**185484**	**188903**	**282393**
秦州区	382514	189005	193509	191451	94541	96910	190374
麦积区	275187	139770	135417	182936	90943	91993	92019
武威市	**393885**	**197344**	**196541**	**179612**	**90938**	**88674**	**213538**
凉州区	393885	197344	196541	179612	90938	88674	213538
张掖市	**264779**	**129879**	**134900**	**107129**	**52451**	**54678**	**156987**
甘州区	264158	129574	134584	106744	52260	54484	156751
肃南裕固族自治县	621	305	316	385	191	194	236
平凉市	**404940**	**198729**	**206211**	**191054**	**94986**	**96068**	**212625**
崆峒区	323022	158026	164996	152400	75275	77125	169514
华亭市	81918	40703	41215	38654	19711	18943	43111
酒泉市	**446133**	**222738**	**223395**	**199372**	**98302**	**101070**	**245383**
肃州区	307539	153025	154514	141866	69572	72294	164670
玉门市	49384	25207	24177	17809	8934	8875	31477
敦煌市	89210	44506	44704	39697	19796	19901	49236
庆阳市	**310421**	**156052**	**154369**	**104276**	**51853**	**52423**	**205452**
西峰区	310421	156052	154369	104276	51853	52423	205452
定西市	**196987**	**95030**	**101957**	**71641**	**35244**	**36397**	**125127**
安定区	196987	95030	101957	71641	35244	36397	125127
陇南市	**185428**	**90806**	**94622**	**77455**	**38803**	**38652**	**107494**
武都区	183867	89971	93896	76075	38067	38008	107318
康　县	1561	835	726	1380	736	644	176
临夏回族自治州	**311436**	**154909**	**156527**	**137507**	**68236**	**69271**	**172852**
临夏市	302668	150597	152071	135655	67268	68387	165956
临夏县	8768	4312	4456	1852	968	884	6896
甘南藏族自治州	**72293**	**35362**	**36931**	**32946**	**16138**	**16808**	**38997**
合作市	72293	35362	36931	32946	16138	16808	38997

户口登记状况的人口（城市）

单位：人

居住本乡、镇、街道，户口在外乡、镇、街道，离开户口登记地半年以上		居住本乡、镇、街道，户口待定			原住本乡、镇、街道，现在港澳台或国外工作学习		
男	女	小计	男	女	小计	男	女
2044714	**1983272**	**17869**	**8679**	**9190**	**7814**	**3828**	**3986**
916088	**857982**	**10081**	**4895**	**5186**	**5123**	**2365**	**2758**
469977	435827	5599	2612	2987	3111	1430	1681
178807	165903	2036	1076	960	606	278	328
108936	101569	446	204	242	818	390	428
138742	135420	1708	855	853	540	245	295
19626	19263	292	148	144	48	22	26
77492	**70701**	**305**	**152**	**153**	**346**	**168**	**178**
77492	70701	305	152	153	346	168	178
66338	**60734**	**359**	**186**	**173**	**645**	**443**	**202**
66338	60734	359	186	173	645	443	202
111379	**106424**	**579**	**304**	**275**	**469**	**222**	**247**
75549	71059	433	221	212	382	172	210
35007	34810	93	49	44	87	50	37
823	555	53	34	19			
142810	**139583**	**697**	**374**	**323**	**224**	**107**	**117**
94124	96250	547	280	267	142	60	82
48686	43333	150	94	56	82	47	35
106017	**107521**	**511**	**265**	**246**	**224**	**124**	**100**
106017	107521	511	265	246	224	124	100
77149	**79838**	**545**	**229**	**316**	**118**	**50**	**68**
77035	79716	545	229	316	118	50	68
114	122						
103274	**109351**	**1135**	**403**	**732**	**126**	**66**	**60**
82363	87151	1001	337	664	107	51	56
20911	22200	134	66	68	19	15	4
123737	**121646**	**1073**	**540**	**533**	**305**	**159**	**146**
82934	81736	784	396	388	219	123	96
16226	15251	86	42	44	12	5	7
24577	24659	203	102	101	74	31	43
103836	**101616**	**642**	**335**	**307**	**51**	**28**	**23**
103836	101616	642	335	307	51	28	23
59655	**65472**	**184**	**116**	**68**	**35**	**15**	**20**
59655	65472	184	116	68	35	15	20
51763	**55731**	**457**	**229**	**228**	**22**	**11**	**11**
51667	55651	452	226	226	22	11	11
96	80	5	3	2			
86126	**86726**	**972**	**485**	**487**	**105**	**62**	**43**
82790	83166	954	478	476	103	61	42
3336	3560	18	7	11	2	1	1
19050	**19947**	**329**	**166**	**163**	**21**	**8**	**13**
19050	19947	329	166	163	21	8	13

1-2b 各地区分性别、

地区	人口数			居住本乡、镇、街道，户口在本乡、镇、街道			
	合计	男	女	小计	男	女	小计
合计	**5972151**	**2989421**	**2982730**	**3637047**	**1821511**	**1815536**	**2322295**
兰州市	**733485**	**374956**	**358529**	**276157**	**138745**	**137412**	**454316**
城关区	22570	11736	10834	5924	2944	2980	16565
七里河区	62831	34896	27935	28232	14925	13307	34118
西固区	21238	10848	10390	16187	8148	8039	4989
安宁区							
红古区	16873	8672	8201	10140	5058	5082	6700
永登县	138883	69003	69880	74218	37417	36801	64430
皋兰县	70757	37464	33293	35618	17947	17671	34983
榆中县	233289	115184	118105	66860	32677	34183	165675
兰州新区	167044	87153	79891	38978	19629	19349	126856
嘉峪关市	**3680**	**2012**	**1668**	**1952**	**970**	**982**	**1722**
市辖区	3680	2012	1668	1952	970	982	1722
金昌市	**102068**	**51960**	**50108**	**51833**	**26603**	**25230**	**50144**
金川区	984	540	444	855	464	391	128
永昌县	101084	51420	49664	50978	26139	24839	50016
白银市	**421675**	**210193**	**211482**	**232587**	**117784**	**114803**	**188386**
白银区	2549	1316	1233	2212	1120	1092	330
平川区	20010	10866	9144	12751	6737	6014	7233
靖远县	145356	72979	72377	95958	48835	47123	49157
会宁县	141900	68819	73081	68187	33916	34271	73499
景泰县	111860	56213	55647	53479	27176	26303	58167
天水市	**702485**	**349045**	**353440**	**530011**	**264655**	**265356**	**171644**
秦州区	48372	24297	24075	44377	22109	22268	3945
麦积区	46827	23791	23036	38916	19642	19274	7829
清水县	79146	38999	40147	45420	23058	22362	33570
秦安县	140593	69711	70882	95920	47754	48166	44570
甘谷县	183768	90805	92963	149161	73645	75516	34455
武山县	130600	65212	65388	106069	53076	52993	24352
张家川回族自治县	73179	36230	36949	50148	25371	24777	22923
武威市	**294812**	**148778**	**146034**	**183011**	**92120**	**90891**	**111478**
凉州区	73841	37647	36194	56775	28307	28468	16955
民勤县	71594	36768	34826	34878	17891	16987	36645
古浪县	79337	39740	39597	49545	25036	24509	29713
天祝藏族自治县	70040	34623	35417	41813	20886	20927	28165
张掖市	**315338**	**157317**	**158021**	**171056**	**86243**	**84813**	**143976**
甘州区	13934	7351	6583	12774	6675	6099	1147
肃南裕固族自治县	10299	5188	5111	6791	3427	3364	3499
民乐县	89881	45168	44713	46090	23355	22735	43717
临泽县	54306	27150	27156	36768	18441	18327	17463
高台县	64231	31620	32611	29454	14763	14691	34709
山丹县	82687	40840	41847	39179	19582	19597	43441
平凉市	**422713**	**206586**	**216127**	**243175**	**121548**	**121627**	**178721**
崆峒区	9377	4682	4695	7754	3832	3922	1608
泾川县	86982	42179	44803	54191	26924	27267	32611
灵台县	53879	25728	28151	26792	13325	13467	27033
崇信县	35332	17402	17930	21107	10746	10361	14145
庄浪县	95390	47313	48077	55135	28146	26989	39991
静宁县	112976	54328	58648	57402	28078	29324	55385
华亭市	28777	14954	13823	20794	10497	10297	7948

户口登记状况的人口（镇）

单位：人

居住本乡、镇、街道，户口在外乡、镇、街道，离开户口登记地半年以上		居住本乡、镇、街道，户口待定			原住本乡、镇、街道，现在港澳台或国外工作学习		
男	女	小计	男	女	小计	男	女
1161078	**1161217**	**10986**	**5614**	**5372**	**1823**	**1218**	**605**
234594	**219722**	**2759**	**1476**	**1283**	**253**	**141**	**112**
8755	7810	70	36	34	11	1	10
19716	14402	467	249	218	14	6	8
2670	2319	10	8	2	52	22	30
3598	3102	20	11	9	13	5	8
31443	32987	149	78	71	86	65	21
19423	15560	147	90	57	9	4	5
82132	83543	695	343	352	59	32	27
66857	59999	1201	661	540	9	6	3
1039	**683**	**4**	**1**	**3**	**2**	**2**	
1039	683	4	1	3	2	2	
25310	**24834**	**40**	**23**	**17**	**51**	**24**	**27**
75	53				1	1	
25235	24781	40	23	17	50	23	27
92032	**96354**	**530**	**258**	**272**	**172**	**119**	**53**
190	140	6	5	1	1	1	
4115	3118	17	9	8	9	5	4
24007	25150	183	97	86	58	40	18
34787	38712	168	78	90	46	38	8
28933	29234	156	69	87	58	35	23
83933	**87711**	**642**	**314**	**328**	**188**	**143**	**45**
2160	1785	41	22	19	9	6	3
4104	3725	50	19	31	32	26	6
15861	17709	145	74	71	11	6	5
21899	22671	64	27	37	39	31	8
17068	17387	105	55	50	47	37	10
12042	12310	142	68	74	37	26	11
10799	12124	95	49	46	13	11	2
56478	**55000**	**190**	**95**	**95**	**133**	**85**	**48**
9276	7679	56	28	28	55	36	19
18841	17804	46	20	26	25	16	9
14657	15056	60	32	28	19	15	4
13704	14461	28	15	13	34	18	16
70909	**73067**	**208**	**116**	**92**	**98**	**49**	**49**
668	479	9	5	4	4	3	1
1756	1743	1		1	8	5	3
21779	21938	38	18	20	36	16	20
8661	8802	59	41	18	16	7	9
16818	17891	50	29	21	18	10	8
21227	22214	51	23	28	16	8	8
84587	**94134**	**687**	**355**	**332**	**130**	**96**	**34**
838	770	5	4	1	10	8	2
15157	17454	140	68	72	40	30	10
12371	14662	41	21	20	13	11	2
6611	7534	74	40	34	6	5	1
19026	20965	241	124	117	23	17	6
26147	29238	163	88	75	26	15	11
4437	3511	23	10	13	12	10	2

1-2b 各地区分性别、

地区	人口数			居住本乡、镇、街道，户口在本乡、镇、街道			
	合计	男	女	小计	男	女	小计
酒泉市	**231617**	**124024**	**107593**	**110290**	**55169**	**55121**	**120795**
肃州区	19953	10167	9786	16507	8333	8174	3388
金塔县	61024	34531	26493	28662	14166	14496	32305
瓜州县	51674	26477	25197	25186	12462	12724	26374
肃北蒙古族自治县	9932	5179	4753	6877	3416	3461	2946
阿克塞哈萨克族自治县	10231	5445	4786	5916	2996	2920	4281
玉门市	38160	22221	15939	21429	10918	10511	16657
敦煌市	40643	20004	20639	5713	2878	2835	34844
庆阳市	**602654**	**303356**	**299298**	**365081**	**183770**	**181311**	**236278**
西峰区	7877	3961	3916	6251	3079	3172	1613
庆城县	95391	48900	46491	44789	22555	22234	50296
环　县	110333	56115	54218	49935	25540	24395	60211
华池县	50304	25425	24879	23467	11975	11492	26681
合水县	53877	27049	26828	31842	15935	15907	21843
正宁县	71405	35556	35849	53009	26727	26282	18267
宁　县	108778	54300	54478	86742	43313	43429	21851
镇原县	104689	52050	52639	69046	34646	34400	35516
定西市	**772097**	**379831**	**392266**	**514968**	**256220**	**258748**	**255752**
安定区	25399	13014	12385	22048	11193	10855	3325
通渭县	87686	44191	43495	67190	34410	32780	20352
陇西县	219132	107924	111208	148494	73597	74897	70204
渭源县	79098	39241	39857	57764	29039	28725	21214
临洮县	188693	90986	97707	102113	49585	52528	86310
漳　县	56594	27578	29016	36083	17991	18092	20422
岷　县	115495	56897	58598	81276	40405	40871	33925
陇南市	**685450**	**338578**	**346872**	**509438**	**254483**	**254955**	**174199**
武都区	59635	29081	30554	49036	23928	25108	10488
成　县	121129	58960	62169	83780	41855	41925	36842
文　县	63996	31097	32899	45485	22411	23074	18332
宕昌县	69620	34627	34993	55169	27626	27543	14409
康　县	47735	23408	24327	34394	17253	17141	13240
西和县	97876	49064	48812	75121	37752	37369	22435
礼　县	128219	65068	63151	107951	55015	52936	19983
徽　县	79190	38345	40845	46748	22754	23994	32200
两当县	18050	8928	9122	11754	5889	5865	6270
临夏回族自治州	**463935**	**230688**	**233247**	**291697**	**144862**	**146835**	**171212**
临夏市	12414	6534	5880	10029	5080	4949	2340
临夏县	42439	20981	21458	27508	13593	13915	14878
康乐县	58785	29376	29409	32399	16101	16298	26232
永靖县	94847	46376	48471	53120	26275	26845	41584
广河县	89677	44567	45110	64694	32065	32629	24651
和政县	56898	28213	28685	38514	19092	19422	18276
东乡族自治县	56506	28347	28159	40841	20170	20671	15607
积石山保安族东乡族撒拉族自治县	52369	26294	26075	24592	12486	12106	27644
甘南藏族自治州	**220142**	**112097**	**108045**	**155791**	**78339**	**77452**	**63672**
合作市	3357	1725	1632	3036	1545	1491	304
临潭县	47804	23645	24159	37232	18412	18820	10328
卓尼县	33274	17012	16262	26303	13393	12910	6901
舟曲县	39991	19789	20202	27236	13676	13560	12660
迭部县	19872	10022	9850	12548	6182	6366	7294
玛曲县	31744	16650	15094	18663	9564	9099	12965
碌曲县	16296	8442	7854	10408	5312	5096	5858
夏河县	27804	14812	12992	20365	10255	10110	7362

户口登记状况的人口（镇）（续）

单位：人

居住本乡、镇、街道，户口在外乡、镇、街道，离开户口登记地半年以上		居住本乡、镇、街道，户口待定			原住本乡、镇、街道，现在港澳台或国外工作学习		
男	女	小计	男	女	小计	男	女
68532	**52263**	**429**	**256**	**173**	**103**	**67**	**36**
1799	1589	53	30	23	5	5	
20336	11969	42	20	22	15	9	6
13950	12424	89	48	41	25	17	8
1676	1270	89	79	10	20	8	12
2428	1853	19	12	7	15	9	6
11265	5392	59	26	33	15	12	3
17078	17766	78	41	37	8	7	1
118887	**117391**	**1107**	**559**	**548**	**188**	**140**	**48**
872	741	8	8		5	2	3
26170	24126	297	167	130	9	8	1
30481	29730	171	82	89	16	12	4
13367	13314	154	82	72	2	1	1
11019	10824	181	88	93	11	7	4
8763	9504	105	49	56	24	17	7
10876	10975	108	49	59	77	62	15
17339	18177	83	34	49	44	31	13
122888	**132864**	**1222**	**619**	**603**	**155**	**104**	**51**
1810	1515	18	9	9	8	2	6
9697	10655	132	76	56	12	8	4
34114	36090	392	180	212	42	33	9
10136	11078	102	54	48	18	12	6
41258	45052	223	114	109	47	29	18
9540	10882	81	42	39	8	5	3
16333	17592	274	144	130	20	15	5
83147	**91052**	**1648**	**838**	**810**	**165**	**110**	**55**
5103	5385	98	39	59	13	11	2
16829	20013	477	256	221	30	20	10
8598	9734	156	75	81	23	13	10
6982	7427	40	17	23	2	2	
6097	7143	84	48	36	17	10	7
11139	11296	298	156	142	22	17	5
9904	10079	251	128	123	34	21	13
15467	16733	224	112	112	18	12	6
3028	3242	20	7	13	6	4	2
85321	**85891**	**899**	**414**	**485**	**127**	**91**	**36**
1433	907	40	17	23	5	4	1
7365	7513	49	20	29	4	3	1
13202	13030	136	58	78	18	15	3
20021	21563	86	40	46	57	40	17
12336	12315	317	155	162	15	11	4
9076	9200	98	40	58	10	5	5
8151	7456	50	21	29	8	5	3
13737	13907	123	63	60	10	8	2
33421	**30251**	**621**	**290**	**331**	**58**	**47**	**11**
171	133	10	4	6	7	5	2
5128	5200	236	98	138	8	7	1
3582	3319	63	32	31	7	5	2
6066	6594	94	46	48	1	1	
3823	3471	25	12	13	5	5	
7028	5937	108	51	57	8	7	1
3111	2747	27	16	11	3	3	
4512	2850	58	31	27	19	14	5

1-2c 各地区分性别、

地区	人口数			居住本乡、镇、街道，户口在本乡、镇、街道			
	合计	男	女	小计	男	女	小计
合计	**11952499**	**6146432**	**5806067**	**10924524**	**5558543**	**5365981**	**1002184**
兰州市	**736896**	**401442**	**335454**	**536730**	**276973**	**259757**	**198633**
城关区	18396	10765	7631	7756	3956	3800	10582
七里河区	87869	48361	39508	47099	24442	22657	40580
西固区	33321	17830	15491	24120	12327	11793	9131
安宁区							
红古区	34495	18296	16199	28586	14660	13926	5828
永登县	146666	76487	70179	135116	69288	65828	11181
皋兰县	54400	30663	23737	40268	21000	19268	14064
榆中县	240593	127888	112705	194920	100395	94525	45296
兰州新区	121156	71152	50004	58865	30905	27960	61971
嘉峪关市	**17406**	**9629**	**7777**	**10251**	**5108**	**5143**	**7130**
市辖区	17406	9629	7777	10251	5108	5143	7130
金昌市	**99015**	**51990**	**47025**	**78700**	**40535**	**38165**	**20151**
金川区	22458	12041	10417	18231	9366	8865	4189
永昌县	76557	39949	36608	60469	31169	29300	15962
白银市	**656842**	**340855**	**315987**	**590530**	**303826**	**286704**	**65064**
白银区	31046	16720	14326	23794	12064	11730	7216
平川区	53145	27893	25252	47756	24677	23079	5318
靖远县	225865	117153	108712	204385	104992	99393	21068
会宁县	259681	133310	126371	237150	121851	115299	22014
景泰县	87105	45779	41326	77445	40242	37203	9448
天水市	**1624473**	**821624**	**802849**	**1560510**	**785896**	**774614**	**60924**
秦州区	225803	116811	108992	204803	105008	99795	20660
麦积区	234088	120707	113381	223359	114457	108902	10139
清水县	161451	81935	79516	151954	76820	75134	9296
秦安县	275744	140710	135034	270331	137580	132751	4932
甘谷县	323033	160459	162574	316368	156758	159610	6046
武山县	233127	116453	116674	229324	114463	114861	3413
张家川回族自治县	171227	84549	86678	164371	80810	83561	6438
武威市	**776258**	**394184**	**382074**	**704954**	**353806**	**351148**	**70181**
凉州区	417551	211527	206024	378169	188759	189410	38710
民勤县	106876	54541	52335	100678	50904	49774	6035
古浪县	170840	85447	85393	155362	77327	78035	15252
天祝藏族自治县	80991	42669	38322	70745	36816	33929	10184
张掖市	**550899**	**283255**	**267644**	**468448**	**239661**	**228787**	**81607**
甘州区	241004	124345	116659	192228	98527	93701	48384
肃南裕固族自治县	16842	9030	7812	12685	6522	6163	4131
民乐县	102595	53039	49556	97778	50428	47350	4650
临泽县	61640	31245	30395	59051	29790	29261	2504
高台县	61474	31112	30362	56192	28199	27993	5179
山丹县	67344	34484	32860	50514	26195	24319	16759
平凉市	**1020954**	**519451**	**501503**	**931650**	**468843**	**462807**	**87259**
崆峒区	171866	88094	83772	156620	79616	77004	14917
泾川县	135228	67996	67232	129155	64410	64745	5764
灵台县	102345	53130	49215	93261	47697	45564	8915
崇信县	46806	25123	21683	40035	20032	20003	6711
庄浪县	240294	118676	121618	230498	112941	117557	9351
静宁县	252661	129169	123492	217990	111632	106358	34129
华亭市	71754	37263	34491	64091	32515	31576	7472

户口登记状况的人口（乡村）

单位：人

居住本乡、镇、街道，户口在外乡、镇、街道，离开户口登记地半年以上		居住本乡、镇、街道，户口待定			原住本乡、镇、街道，现在港澳台或国外工作学习		
男	女	小计	男	女	小计	男	女
573319	**428865**	**19408**	**9660**	**9748**	**6383**	**4910**	**1473**
123550	**75083**	**1040**	**555**	**485**	**493**	**364**	**129**
6784	3798	54	25	29	4		4
23809	16771	168	99	69	22	11	11
5461	3670	41	25	16	29	17	12
3591	2237	58	27	31	23	18	5
6962	4219	153	64	89	216	173	43
9617	4447	42	24	18	26	22	4
27260	18036	234	131	103	143	102	41
40066	21905	290	160	130	30	21	9
4508	**2622**	**17**	**8**	**9**	**8**	**5**	**3**
4508	2622	17	8	9	8	5	3
11341	**8810**	**53**	**30**	**23**	**111**	**84**	**27**
2650	1539	17	8	9	21	17	4
8691	7271	36	22	14	90	67	23
36239	**28825**	**671**	**350**	**321**	**577**	**440**	**137**
4631	2585	9	7	2	27	18	9
3168	2150	35	22	13	36	26	10
11912	9156	250	131	119	162	118	44
11131	10883	271	135	136	246	193	53
5397	4051	106	55	51	106	85	21
34015	**26909**	**2169**	**1072**	**1097**	**870**	**641**	**229**
11606	9054	251	128	123	89	69	20
5891	4248	418	234	184	172	125	47
5009	4287	104	50	54	97	56	41
2836	2096	307	160	147	174	134	40
3359	2687	438	199	239	181	143	38
1779	1634	304	146	158	86	65	21
3535	2903	347	155	192	71	49	22
39668	**30513**	**605**	**288**	**317**	**518**	**422**	**96**
22341	16369	387	184	203	285	243	42
3514	2521	44	31	13	119	92	27
7999	7253	142	61	81	84	60	24
5814	4370	32	12	20	30	27	3
43082	**38525**	**509**	**258**	**251**	**335**	**254**	**81**
25597	22787	297	147	150	95	74	21
2490	1641	20	12	8	6	6	
2501	2149	75	38	37	92	72	20
1403	1101	36	19	17	49	33	16
2846	2333	59	32	27	44	35	9
8245	8514	22	10	12	49	34	15
49413	**37846**	**1324**	**603**	**721**	**721**	**592**	**129**
8304	6613	241	109	132	88	65	23
3381	2383	154	76	78	155	129	26
5337	3578	86	34	52	83	62	21
5051	1660	30	12	18	30	28	2
5460	3891	290	136	154	155	139	16
17248	16881	368	149	219	174	140	34
4632	2840	155	87	68	36	29	7

1–2c 各地区分性别、

地区	人口数			居住本乡、镇、街道，户口在本乡、镇、街道			
	合计	男	女	小计	男	女	小计
酒泉市	**377956**	**197502**	**180454**	**292915**	**149220**	**143695**	**83407**
肃州区	128119	65763	62356	101504	51119	50385	26202
金塔县	60742	31666	29076	50739	25716	25023	9853
瓜州县	77625	40789	36836	55941	28878	27063	21376
肃北蒙古族自治县	5161	3949	1212	1406	735	671	3375
阿克塞哈萨克族自治县	739	568	171	129	73	56	596
玉门市	50192	25989	24203	42035	21620	20415	7960
敦煌市	55378	28778	26600	41161	21079	20082	14045
庆阳市	**1266641**	**651032**	**615609**	**1140332**	**580577**	**559755**	**123041**
西峰区	195558	99119	96439	142230	72372	69858	52871
庆城县	139763	73626	66137	127123	66082	61041	12114
环　县	194354	103431	90923	174496	91496	83000	19508
华池县	69042	36885	32157	58937	30863	28074	9771
合水县	82031	42747	39284	76200	39260	36940	5517
正宁县	101838	52160	49678	97506	49472	48034	4075
宁　县	227538	113439	114099	218954	108169	110785	8047
镇原县	256517	129625	126892	244886	122863	122023	11138
定西市	**1555013**	**802789**	**752224**	**1490355**	**766889**	**723466**	**62101**
安定区	199997	105663	94334	176432	92687	83745	23298
通渭县	235962	122506	113456	232578	120523	112055	3090
陇西县	208241	106719	101522	200691	102622	98069	7059
渭源县	198510	102681	95829	193457	99884	93573	4829
临洮县	291456	151150	140306	282154	145662	136492	8972
漳　县	110715	56787	53928	103529	52857	50672	6858
岷　县	310132	157283	152849	301514	152654	148860	7995
陇南市	**1536394**	**798258**	**738136**	**1460466**	**755852**	**704614**	**71793**
武都区	303114	157921	145193	284470	148396	136074	17956
成　县	120458	62612	57846	115076	59693	55383	5040
文　县	132910	69628	63282	123234	63407	59827	9362
宕昌县	185324	95857	89467	178185	92104	86081	6834
康　县	113122	58863	54259	108820	56484	52336	4082
西和县	253193	129443	123750	243907	124123	119784	8415
礼　县	295916	153867	142049	284256	147557	136699	10588
徽　县	110698	58277	52421	102605	53388	49217	7821
两当县	21659	11790	9869	19913	10700	9213	1695
临夏回族自治州	**1334379**	**670510**	**663869**	**1288199**	**644318**	**643881**	**43507**
临夏市	40886	20762	20124	34378	17248	17130	6379
临夏县	271421	137251	134170	262286	131789	130497	8854
康乐县	197170	98489	98681	193360	96608	96752	3246
永靖县	85803	44607	41196	81345	42041	39304	4365
广河县	170919	84635	86284	166810	82408	84402	3563
和政县	147631	74122	73509	144682	72578	72104	2643
东乡族自治县	233528	116081	117447	227228	112448	114780	6051
积石山保安族东乡族撒拉族自治县	187021	94563	92458	178110	89198	88912	8406
甘南藏族自治州	**399373**	**203911**	**195462**	**370484**	**187039**	**183445**	**27386**
合作市	36523	19492	17031	30016	15464	14552	6341
临潭县	79583	40567	39016	75350	38005	37345	3963
卓尼县	62113	31706	30407	59993	30542	29451	1952
舟曲县	85376	43605	41771	79057	40344	38713	6171
迭部县	32320	16576	15744	29805	14991	14814	2464
玛曲县	25332	13009	12323	23959	12159	11800	1071
碌曲县	19575	9644	9931	18353	8878	9475	1183
夏河县	58551	29312	29239	53951	26656	27295	4241

户口登记状况的人口（乡村）（续）

单位：人

居住本乡、镇、街道，户口在外乡、镇、街道，离开户口登记地半年以上		居住本乡、镇、街道，户口待定			原住本乡、镇、街道，现在港澳台或国外工作学习		
男	女	小计	男	女	小计	男	女
47299	**36108**	**1397**	**808**	**589**	**237**	**175**	**62**
14416	11786	347	181	166	66	47	19
5863	3990	112	56	56	38	31	7
11744	9632	261	127	134	47	40	7
2909	466	378	304	74	2	1	1
486	110	2	2		12	7	5
4261	3699	160	76	84	37	32	5
7620	6425	137	62	75	35	17	18
68603	**54438**	**2495**	**1252**	**1243**	**773**	**600**	**173**
26504	26367	357	169	188	100	74	26
7262	4852	467	238	229	59	44	15
11737	7771	270	131	139	80	67	13
5840	3931	300	152	148	34	30	4
3322	2195	264	128	136	50	37	13
2548	1527	201	99	102	56	41	15
4948	3099	356	178	178	181	144	37
6442	4696	280	157	123	213	163	50
34460	**27641**	**1964**	**973**	**991**	**593**	**467**	**126**
12799	10499	164	90	74	103	87	16
1823	1267	211	96	115	83	64	19
3809	3250	361	191	170	130	97	33
2684	2145	167	67	100	57	46	11
5290	3682	211	106	105	119	92	27
3755	3103	304	156	148	24	19	5
4300	3695	546	267	279	77	62	15
40162	**31631**	**3563**	**1802**	**1761**	**572**	**442**	**130**
9147	8809	560	275	285	128	103	25
2730	2310	302	157	145	40	32	8
6035	3327	228	115	113	86	71	15
3582	3252	281	153	128	24	18	6
2243	1839	168	93	75	52	43	9
4897	3518	795	372	423	76	51	25
5750	4838	996	504	492	76	56	20
4721	3100	195	107	88	77	61	16
1057	638	38	26	12	13	7	6
24880	**18627**	**2339**	**1060**	**1279**	**334**	**252**	**82**
3435	2944	118	70	48	11	9	2
5307	3547	219	104	115	62	51	11
1617	1629	501	221	280	63	43	20
2507	1858	56	31	25	37	28	9
1977	1586	510	219	291	36	31	5
1402	1241	279	121	158	27	21	6
3502	2549	216	110	106	33	21	12
5133	3273	440	184	256	65	48	17
16099	**11287**	**1262**	**601**	**661**	**241**	**172**	**69**
3934	2407	131	67	64	35	27	8
2435	1528	246	107	139	24	20	4
1084	868	149	67	82	19	13	6
3190	2981	146	69	77	2	2	
1559	905	36	17	19	15	9	6
682	389	274	145	129	28	23	5
744	439	33	17	16	6	5	1
2471	1770	247	112	135	112	73	39

1-3 各地区分性别的户口登记地

地区	人口数			本县（市、区）	
	合计	男	女	小计	男
合计	**7352465**	**3779111**	**3573354**	**3864201**	**1883927**
兰州市	**2427019**	**1274232**	**1152787**	**689344**	**335106**
城关区	932951	485516	447435	277239	133873
七里河区	419408	222332	197076	107207	52705
西固区	224625	117067	107558	89776	43413
安宁区	274162	138742	135420	36400	17478
红古区	51417	26815	24602	17745	8581
永登县	75611	38405	37206	54646	26205
皋兰县	49047	29040	20007	16513	7978
榆中县	210971	109392	101579	74304	36965
兰州新区	188827	106923	81904	15514	7908
嘉峪关市	**157045**	**83039**	**74006**	**29716**	**14447**
市辖区	157045	83039	74006	29716	14447
金昌市	**197367**	**102989**	**94378**	**112670**	**56335**
金川区	131389	69063	62326	57093	28524
永昌县	65978	33926	32052	55577	27811
白银市	**471253**	**239650**	**231603**	**299510**	**146849**
白银区	154154	80370	73784	67792	33885
平川区	82368	42290	40078	42330	21464
靖远县	71603	36742	34861	54327	26701
会宁县	95513	45918	49595	83937	39681
景泰县	67615	34330	33285	51124	25118
天水市	**514961**	**260758**	**254203**	**359671**	**175243**
秦州区	214979	107890	107089	147145	72510
麦积区	109987	58681	51306	55022	27679
清水县	42866	20870	21996	35749	16723
秦安县	49502	24735	24767	40639	19348
甘谷县	40501	20427	20074	33102	16233
武山县	27765	13821	13944	22988	11220
张家川回族自治县	29361	14334	15027	25026	11530
武威市	**395197**	**202163**	**193034**	**301295**	**150518**
凉州区	269203	137634	131569	200815	101098
民勤县	42680	22355	20325	34656	17443
古浪县	44965	22656	22309	37322	18176
天祝藏族自治县	38349	19518	18831	28502	13801
张掖市	**382570**	**191140**	**191430**	**292592**	**144271**
甘州区	206282	103300	102982	142611	71642
肃南裕固族自治县	7866	4360	3506	4711	2229
民乐县	48367	24280	24087	41007	20071
临泽县	19967	10064	9903	15458	7625
高台县	39888	19664	20224	34085	16516
山丹县	60200	29472	30728	54720	26188
平凉市	**478605**	**237274**	**241331**	**346535**	**165562**
崆峒区	186039	91505	94534	119559	58351
泾川县	38375	18538	19837	30630	14096
灵台县	35948	17708	18240	28834	13220
崇信县	20856	11662	9194	13855	6758
庄浪县	49342	24486	24856	39419	18681
静宁县	89514	43395	46119	78608	37240
华亭市	58531	29980	28551	35630	17216

在外乡镇街道的人口状况

单位：人

	本省其他县（市、区）			省外		
女	小计	男	女	小计	男	女
1980274	**2722616**	**1434808**	**1287808**	**765648**	**460376**	**305272**
354238	**1358351**	**711118**	**647233**	**379324**	**228008**	**151316**
143366	493758	255392	238366	161954	96251	65703
54502	259957	136785	123172	52244	32842	19402
46363	106070	57029	49041	28779	16625	12154
18922	196430	98032	98398	41332	23232	18100
9164	25370	13487	11883	8302	4747	3555
28441	15010	8308	6702	5955	3892	2063
8535	23941	14536	9405	8593	6526	2067
37339	89859	46520	43339	46808	25907	20901
7606	147956	81029	66927	25357	17986	7371
15269	**101736**	**53779**	**47957**	**25593**	**14813**	**10780**
15269	101736	53779	47957	25593	14813	10780
56335	**68018**	**36844**	**31174**	**16679**	**9810**	**6869**
28569	61862	33389	28473	12434	7150	5284
27766	6156	3455	2701	4245	2660	1585
152661	**144810**	**76985**	**67825**	**26933**	**15816**	**11117**
33907	74261	39224	35037	12101	7261	4840
20866	34983	17895	17088	5055	2931	2124
27626	13333	7670	5663	3943	2371	1572
44256	8931	4878	4053	2645	1359	1286
26006	13302	7318	5984	3189	1894	1295
184428	**121657**	**65184**	**56473**	**33633**	**20331**	**13302**
74635	55620	28052	27568	12214	7328	4886
27343	44578	24626	19952	10387	6376	4011
19026	4224	2290	1934	2893	1857	1036
21291	6097	3730	2367	2766	1657	1109
16869	5346	3094	2252	2053	1100	953
11768	3367	1873	1494	1410	728	682
13496	2425	1519	906	1910	1285	625
150777	**71641**	**38248**	**33393**	**22261**	**13397**	**8864**
99717	52749	27339	25410	15639	9197	6442
17213	5756	3464	2292	2268	1448	820
19146	5474	3152	2322	2169	1328	841
14701	7662	4293	3369	2185	1424	761
148321	**71739**	**36168**	**35571**	**18239**	**10701**	**7538**
70969	51979	25032	26947	11692	6626	5066
2482	2639	1716	923	516	415	101
20936	5604	3197	2407	1756	1012	744
7833	3436	1792	1644	1073	647	426
17569	4441	2398	2043	1362	750	612
28532	3640	2033	1607	1840	1251	589
180973	**101588**	**53421**	**48167**	**30482**	**18291**	**12191**
61208	52622	25244	27378	13858	7910	5948
16534	5321	3018	2303	2424	1424	1000
15614	4252	2549	1703	2862	1939	923
7097	5410	3646	1764	1591	1258	333
20738	7929	4652	3277	1994	1153	841
41368	7746	4530	3216	3160	1625	1535
18414	18308	9782	8526	4593	2982	1611

1-3 各地区分性别的户口登记地

地区	人口数			本县（市、区）	
	合计	男	女	小计	男
酒泉市	**449585**	**239568**	**210017**	**227032**	**113270**
肃州区	194260	99149	95111	114924	57340
金塔县	42158	26199	15959	19960	10374
瓜州县	47750	25694	22056	22924	11518
肃北蒙古族自治县	6321	4585	1736	1096	541
阿克塞哈萨克族自治县	4877	2914	1963	1610	783
玉门市	56094	31752	24342	25164	12800
敦煌市	98125	49275	48850	41354	19914
庆阳市	**564771**	**291326**	**273445**	**323562**	**160768**
西峰区	259936	131212	128724	105507	52428
庆城县	62410	33432	28978	38229	19257
环　县	79719	42218	37501	63740	32117
华池县	36452	19207	17245	27233	13649
合水县	27360	14341	13019	19342	9612
正宁县	22342	11311	11031	16188	7717
宁　县	29898	15824	14074	20714	10167
镇原县	46654	23781	22873	32609	15821
定西市	**442980**	**217003**	**225977**	**328641**	**156387**
安定区	151750	74264	77486	111701	54937
通渭县	23442	11520	11922	18556	8741
陇西县	77263	37923	39340	55398	26450
渭源县	26043	12820	13223	19043	8757
临洮县	95282	46548	48734	70623	33032
漳　县	27280	13295	13985	22375	10240
岷　县	41920	20633	21287	30945	14230
陇南市	**353486**	**175072**	**178414**	**256000**	**121417**
武都区	135762	65917	69845	110047	52161
成　县	41882	19559	22323	23237	10945
文　县	27694	14633	13061	18579	8599
宕昌县	21243	10564	10679	12896	6043
康　县	17498	8436	9062	11944	5327
西和县	30850	16036	14814	20813	10153
礼　县	30571	15654	14917	21659	10599
徽　县	40021	20188	19833	31269	14973
两当县	7965	4085	3880	5556	2617
临夏回族自治州	**387571**	**196327**	**191244**	**236611**	**113927**
临夏市	174675	87658	87017	79270	37778
临夏县	30628	16008	14620	21215	10422
康乐县	29478	14819	14659	23212	10897
永靖县	45949	22528	23421	32898	15663
广河县	28214	14313	13901	21520	10384
和政县	20919	10478	10441	15504	7492
东乡族自治县	21658	11653	10005	15382	7880
积石山保安族东乡族撒拉族自治县	36050	18870	17180	27610	13411
甘南藏族自治州	**130055**	**68570**	**61485**	**61022**	**29827**
合作市	45642	23155	22487	10695	5241
临潭县	14291	7563	6728	8863	4222
卓尼县	8853	4666	4187	4292	1962
舟曲县	18831	9256	9575	14932	6911
迭部县	9758	5382	4376	4897	2445
玛曲县	14036	7710	6326	7577	3764
碌曲县	7041	3855	3186	3599	1830
夏河县	11603	6983	4620	6167	3452

在外乡镇街道的人口状况（续）

单位：人

	本省其他县（市、区）			省外		
女	小计	男	女	小计	男	女
113762	**136175**	**74863**	**61312**	**86378**	**51435**	**34943**
57584	62162	31965	30197	17174	9844	7330
9586	12945	8139	4806	9253	7686	1567
11406	17909	9893	8016	6917	4283	2634
555	3255	2354	901	1970	1690	280
827	2509	1595	914	758	536	222
12364	22454	12755	9699	8476	6197	2279
21440	14941	8162	6779	41830	21199	20631
162794	**198542**	**103997**	**94545**	**42667**	**26561**	**16106**
53079	137998	69141	68857	16431	9643	6788
18972	16291	9042	7249	7890	5133	2757
31623	10860	6743	4117	5119	3358	1761
13584	5977	3543	2434	3242	2015	1227
9730	5667	3162	2505	2351	1567	784
8471	4224	2411	1813	1930	1183	747
10547	6407	3709	2698	2777	1948	829
16788	11118	6246	4872	2927	1714	1213
172254	**90694**	**46283**	**44411**	**23645**	**14333**	**9312**
56764	34565	15986	18579	5484	3341	2143
9815	3422	1965	1457	1464	814	650
28948	16165	8280	7885	5700	3193	2507
10286	5287	3044	2243	1713	1019	694
37591	20587	10917	9670	4072	2599	1473
12135	3303	1917	1386	1602	1138	464
16715	7365	4174	3191	3610	2229	1381
134583	**68447**	**36162**	**32285**	**29039**	**17493**	**11546**
57886	19141	9860	9281	6574	3896	2678
12292	15606	6865	8741	3039	1749	1290
9980	3607	2243	1364	5508	3791	1717
6853	5859	3181	2678	2488	1340	1148
6617	3023	1731	1292	2531	1378	1153
10660	7800	4594	3206	2237	1289	948
11060	6220	3522	2698	2692	1533	1159
16296	5886	3399	2487	2866	1816	1050
2939	1305	767	538	1104	701	403
122684	**130363**	**69416**	**60947**	**20597**	**12984**	**7613**
41492	87132	44700	42432	8273	5180	3093
10793	6787	3839	2948	2626	1747	879
12315	5335	3403	1932	931	519	412
17235	10309	5381	4928	2742	1484	1258
11136	5472	3160	2312	1222	769	453
8012	4471	2444	2027	944	542	402
7502	5486	3259	2227	790	514	276
14199	5371	3230	2141	3069	2229	840
31195	**58855**	**32340**	**26515**	**10178**	**6403**	**3775**
5454	31444	15812	15632	3503	2102	1401
4641	4234	2540	1694	1194	801	393
2330	3781	2127	1654	780	577	203
8021	2868	1763	1105	1031	582	449
2452	3959	2389	1570	902	548	354
3813	5382	3294	2088	1077	652	425
1769	2906	1691	1215	536	334	202
2715	4281	2724	1557	1155	807	348

1-3a 各地区分性别的户口登记地

地区	人口数			本县（市、区）	
	合计	男	女	小计	男
合计	**4027986**	**2044714**	**1983272**	**1826403**	**892251**
兰州市	**1774070**	**916088**	**857982**	**501768**	**242778**
城关区	905804	469977	435827	271162	130833
七里河区	344710	178807	165903	92686	45406
西固区	210505	108936	101569	86118	41650
安宁区	274162	138742	135420	36400	17478
红古区	38889	19626	19263	15402	7411
嘉峪关市	**148193**	**77492**	**70701**	**29027**	**14046**
市辖区	148193	77492	70701	29027	14046
金昌市	**127072**	**66338**	**60734**	**56706**	**28283**
金川区	127072	66338	60734	56706	28283
白银市	**217803**	**111379**	**106424**	**105026**	**52505**
白银区	146608	75549	71059	66273	32996
平川区	69817	35007	34810	38253	19218
靖远县	1378	823	555	500	291
天水市	**282393**	**142810**	**139583**	**183281**	**90345**
秦州区	190374	94124	96250	135809	66611
麦积区	92019	48686	43333	47472	23734
武威市	**213538**	**106017**	**107521**	**169792**	**84290**
凉州区	213538	106017	107521	169792	84290
张掖市	**156987**	**77149**	**79838**	**109051**	**54207**
甘州区	156751	77035	79716	108876	54119
肃南裕固族自治县	236	114	122	175	88
平凉市	**212625**	**103274**	**109351**	**139719**	**67598**
崆峒区	169514	82363	87151	111258	54110
华亭市	43111	20911	22200	28461	13488
酒泉市	**245383**	**123737**	**121646**	**158085**	**77811**
肃州区	164670	82934	81736	102295	50737
玉门市	31477	16226	15251	20696	10279
敦煌市	49236	24577	24659	35094	16795
庆阳市	**205452**	**103836**	**101616**	**93209**	**45941**
西峰区	205452	103836	101616	93209	45941
定西市	**125127**	**59655**	**65472**	**96160**	**46798**
安定区	125127	59655	65472	96160	46798
陇南市	**107494**	**51763**	**55731**	**93376**	**44207**
武都区	107318	51667	55651	93286	44159
康　县	176	96	80	90	48
临夏回族自治州	**172852**	**86126**	**86726**	**81924**	**38946**
临夏市	165956	82790	83166	75795	36020
临夏县	6896	3336	3560	6129	2926
甘南藏族自治州	**38997**	**19050**	**19947**	**9279**	**4496**
合作市	38997	19050	19947	9279	4496

在外乡镇街道的人口状况（城市）

单位：人

	本省其他县（市、区）			省外		
女	小计	男	女	小计	男	女
934152	**1786592**	**911364**	**875228**	**414991**	**241099**	**173892**
258990	**1006413**	**517511**	**488902**	**265889**	**155799**	**110090**
140329	479698	247304	232394	154944	91840	63104
47280	213011	110102	102909	39013	23299	15714
44468	98794	52624	46170	25593	14662	10931
18922	196430	98032	98398	41332	23232	18100
7991	18480	9449	9031	5007	2766	2241
14981	**96332**	**50448**	**45884**	**22834**	**12998**	**9836**
14981	96332	50448	45884	22834	12998	9836
28423	**58938**	**31538**	**27400**	**11428**	**6517**	**4911**
28423	58938	31538	27400	11428	6517	4911
52521	**98283**	**50617**	**47666**	**14494**	**8257**	**6237**
33277	69902	36542	33360	10433	6011	4422
19035	27851	13761	14090	3713	2028	1685
209	530	314	216	348	218	130
92936	**82209**	**42514**	**39695**	**16903**	**9951**	**6952**
69198	45610	22384	23226	8955	5129	3826
23738	36599	20130	16469	7948	4822	3126
85502	**33207**	**15668**	**17539**	**10539**	**6059**	**4480**
85502	33207	15668	17539	10539	6059	4480
54844	**39789**	**18439**	**21350**	**8147**	**4503**	**3644**
54757	39750	18424	21326	8125	4492	3633
87	39	15	24	22	11	11
72121	**59290**	**28081**	**31209**	**13616**	**7595**	**6021**
57148	46813	21854	24959	11443	6399	5044
14973	12477	6227	6250	2173	1196	977
80274	**65422**	**33589**	**31833**	**21876**	**12337**	**9539**
51558	48314	24334	23980	14061	7863	6198
10417	8475	4594	3881	2306	1353	953
18299	8633	4661	3972	5509	3121	2388
47268	**100466**	**51089**	**49377**	**11777**	**6806**	**4971**
47268	100466	51089	49377	11777	6806	4971
49362	**25658**	**10972**	**14686**	**3309**	**1885**	**1424**
49362	25658	10972	14686	3309	1885	1424
49169	**10152**	**5251**	**4901**	**3966**	**2305**	**1661**
49127	10111	5228	4883	3921	2280	1641
42	41	23	18	45	25	20
42978	**83452**	**42559**	**40893**	**7476**	**4621**	**2855**
39775	82836	42232	40604	7325	4538	2787
3203	616	327	289	151	83	68
4783	**26981**	**13088**	**13893**	**2737**	**1466**	**1271**
4783	26981	13088	13893	2737	1466	1271

1-3b 各地区分性别的户口登记地

地区	人口数			本县（市、区）	
	合计	男	女	小计	男
合计	**2322295**	**1161078**	**1161217**	**1630858**	**779302**
兰州市	**454316**	**234594**	**219722**	**155539**	**75404**
城关区	16565	8755	7810	5044	2483
七里河区	34118	19716	14402	7374	3754
西固区	4989	2670	2319	1900	879
安宁区					
红古区	6700	3598	3102	1353	667
永登县	64430	31443	32987	51618	24519
皋兰县	34983	19423	15560	15111	7252
榆中县	165675	82132	83543	61832	30116
兰州新区	126856	66857	59999	11307	5734
嘉峪关市	**1722**	**1039**	**683**	**172**	**108**
市辖区	1722	1039	683	172	108
金昌市	**50144**	**25310**	**24834**	**44043**	**21898**
金川区	128	75	53	10	6
永昌县	50016	25235	24781	44033	21892
白银市	**188386**	**92032**	**96354**	**157622**	**75173**
白银区	330	190	140	51	29
平川区	7233	4115	3118	2309	1255
靖远县	49157	24007	25150	41176	19587
会宁县	73499	34787	38712	67568	31684
景泰县	58167	28933	29234	46518	22618
天水市	**171644**	**83933**	**87711**	**149454**	**71145**
秦州区	3945	2160	1785	1949	995
麦积区	7829	4104	3725	4268	2123
清水县	33570	15861	17709	30550	14223
秦安县	44570	21899	22671	39255	18618
甘谷县	34455	17068	17387	31206	15245
武山县	24352	12042	12310	21347	10391
张家川回族自治县	22923	10799	12124	20879	9550
武威市	**111478**	**56478**	**55000**	**90754**	**44399**
凉州区	16955	9276	7679	9544	4917
民勤县	36645	18841	17804	32060	15938
古浪县	29713	14657	15056	26641	12898
天祝藏族自治县	28165	13704	14461	22509	10646
张掖市	**143976**	**70909**	**73067**	**127179**	**61402**
甘州区	1147	668	479	480	303
肃南裕固族自治县	3499	1756	1743	2632	1199
民乐县	43717	21779	21938	38626	18889
临泽县	17463	8661	8802	14732	7215
高台县	34709	16818	17891	30854	14727
山丹县	43441	21227	22214	39855	19069
平凉市	**178721**	**84587**	**94134**	**157306**	**72550**
崆峒区	1608	838	770	1155	576
泾川县	32611	15157	17454	28308	12771
灵台县	27033	12371	14662	24555	11035
崇信县	14145	6611	7534	11812	5361
庄浪县	39991	19026	20965	36091	16824
静宁县	55385	26147	29238	51350	23981
华亭市	7948	4437	3511	4035	2002

在外乡镇街道的人口状况（镇）

单位：人

	本省其他县（市、区）			省外		
女	小计	男	女	小计	男	女
851556	**491519**	**263169**	**228350**	**199918**	**118607**	**81311**
80135	**226994**	**116710**	**110284**	**71783**	**42480**	**29303**
2561	8383	4455	3928	3138	1817	1321
3620	20290	11399	8891	6454	4563	1891
1021	2246	1278	968	843	513	330
686	3696	2038	1658	1651	893	758
27099	9511	4917	4594	3301	2007	1294
7859	15175	8687	6488	4697	3484	1213
31716	65010	31396	33614	38833	20620	18213
5573	102683	52540	50143	12866	8583	4283
64	**1066**	**636**	**430**	**484**	**295**	**189**
64	1066	636	430	484	295	189
22145	**4226**	**2263**	**1963**	**1875**	**1149**	**726**
4	111	64	47	7	5	2
22141	4115	2199	1916	1868	1144	724
82449	**24856**	**13530**	**11326**	**5908**	**3329**	**2579**
22	179	95	84	100	66	34
1054	4356	2502	1854	568	358	210
21589	6363	3503	2860	1618	917	701
35884	4540	2394	2146	1391	709	682
23900	9418	5036	4382	2231	1279	952
78309	**15312**	**8710**	**6602**	**6878**	**4078**	**2800**
954	1597	909	688	399	256	143
2145	2681	1450	1231	880	531	349
16327	2006	1030	976	1014	608	406
20637	3475	2145	1330	1840	1136	704
15961	2275	1286	989	974	537	437
10956	2073	1154	919	932	497	435
11329	1205	736	469	839	513	326
46355	**16212**	**9295**	**6917**	**4512**	**2784**	**1728**
4627	6302	3713	2589	1109	646	463
16122	2990	1828	1162	1595	1075	520
13743	2205	1245	960	867	514	353
11863	4715	2509	2206	941	549	392
65777	**12378**	**6797**	**5581**	**4419**	**2710**	**1709**
177	514	278	236	153	87	66
1433	735	458	277	132	99	33
19737	3944	2232	1712	1147	658	489
7517	2133	1104	1029	598	342	256
16127	2820	1513	1307	1035	578	457
20786	2232	1212	1020	1354	946	408
84756	**15165**	**8470**	**6695**	**6250**	**3567**	**2683**
579	337	193	144	116	69	47
15537	2892	1601	1291	1411	785	626
13520	1481	796	685	997	540	457
6451	1855	954	901	478	296	182
19267	2967	1680	1287	933	522	411
27369	2635	1449	1186	1400	717	683
2033	2998	1797	1201	915	638	277

1-3b 各地区分性别的户口登记地

地区	人口数			本县（市、区）	
	合计	男	女	小计	男
酒泉市	**120795**	**68532**	**52263**	**42419**	**21596**
肃州区	3388	1799	1589	715	349
金塔县	32305	20336	11969	17846	9135
瓜州县	26374	13950	12424	17530	8754
肃北蒙古族自治县	2946	1676	1270	1044	500
阿克塞哈萨克族自治县	4281	2428	1853	1596	770
玉门市	16657	11265	5392	3232	1887
敦煌市	34844	17078	17766	456	201
庆阳市	**236278**	**118887**	**117391**	**190240**	**92596**
西峰区	1613	872	741	654	329
庆城县	50296	26170	24126	33064	16330
环　县	60211	30481	29730	53570	26484
华池县	26681	13367	13314	22416	10990
合水县	21843	11019	10824	17292	8391
正宁县	18267	8763	9504	14882	6957
宁　县	21851	10876	10975	18289	8803
镇原县	35516	17339	18177	30073	14312
定西市	**255752**	**122888**	**132864**	**202942**	**94346**
安定区	3325	1810	1515	2081	1107
通渭县	20352	9697	10655	17889	8346
陇西县	70204	34114	36090	52998	25207
渭源县	21214	10136	11078	17394	7947
临洮县	86310	41258	45052	67596	31372
漳　县	20422	9540	10882	17838	8024
岷　县	33925	16333	17592	27146	12343
陇南市	**174199**	**83147**	**91052**	**133064**	**61825**
武都区	10488	5103	5385	8172	3880
成　县	36842	16829	20013	21200	9925
文　县	18332	8598	9734	15007	6701
宕昌县	14409	6982	7427	11228	5238
康　县	13240	6097	7143	10356	4490
西和县	22435	11139	11296	18355	8748
礼　县	19983	9904	10079	16654	7994
徽　县	32200	15467	16733	27121	12532
两当县	6270	3028	3242	4971	2317
临夏回族自治州	**171212**	**85321**	**85891**	**139299**	**67096**
临夏市	2340	1433	907	609	312
临夏县	14878	7365	7513	13211	6430
康乐县	26232	13202	13030	21622	10158
永靖县	41584	20021	21563	31182	14781
广河县	24651	12336	12315	20226	9762
和政县	18276	9076	9200	14662	7086
东乡族自治县	15607	8151	7456	13743	6934
积石山保安族东乡族撒拉族自治县	27644	13737	13907	24044	11633
甘南藏族自治州	**63672**	**33421**	**30251**	**40825**	**19764**
合作市	304	171	133	31	20
临潭县	10328	5128	5200	7747	3660
卓尼县	6901	3582	3319	3763	1723
舟曲县	12660	6066	6594	10671	4881
迭部县	7294	3823	3471	4123	1901
玛曲县	12965	7028	5937	7254	3579
碌曲县	5858	3111	2747	3243	1628
夏河县	7362	4512	2850	3993	2372

在外乡镇街道的人口状况（镇）（续）

单位：人

	本省其他县（市、区）			省外		
女	小计	男	女	小计	男	女
20823	**29241**	**17930**	**11311**	**49135**	**29006**	**20129**
366	2311	1228	1083	362	222	140
8711	7107	4938	2169	7352	6263	1089
8776	6131	3429	2702	2713	1767	946
544	1531	900	631	371	276	95
826	2029	1212	817	656	446	210
1345	8452	5301	3151	4973	4077	896
255	1680	922	758	32708	15955	16753
97644	**31262**	**17070**	**14192**	**14776**	**9221**	**5555**
325	837	475	362	122	68	54
16734	11138	5954	5184	6094	3886	2208
27086	4271	2472	1799	2370	1525	845
11426	2850	1575	1275	1415	802	613
8901	3307	1783	1524	1244	845	399
7925	2310	1210	1100	1075	596	479
9486	2528	1428	1100	1034	645	389
15761	4021	2173	1848	1422	854	568
108596	**41395**	**21847**	**19548**	**11415**	**6695**	**4720**
974	994	545	449	250	158	92
9543	1676	927	749	787	424	363
27791	13128	6627	6501	4078	2280	1798
9447	2818	1603	1215	1002	586	416
36224	16153	8354	7799	2561	1532	1029
9814	1912	1099	813	672	417	255
14803	4714	2692	2022	2065	1298	767
71239	**29097**	**14355**	**14742**	**12038**	**6967**	**5071**
4292	1746	906	840	570	317	253
11275	13286	5565	7721	2356	1339	1017
8306	1260	705	555	2065	1192	873
5990	2325	1262	1063	856	482	374
5866	1415	789	626	1469	818	651
9607	2876	1665	1211	1204	726	478
8660	2137	1195	942	1192	715	477
14589	3234	1826	1408	1845	1109	736
2654	818	442	376	481	269	212
72203	**25658**	**14538**	**11120**	**6255**	**3687**	**2568**
297	1398	884	514	333	237	96
6781	1240	687	553	427	248	179
11464	3821	2584	1237	789	460	329
16401	8456	4221	4235	1946	1019	927
10464	3517	1988	1529	908	586	322
7576	2972	1622	1350	642	368	274
6809	1621	1050	571	243	167	76
12411	2633	1502	1131	967	602	365
21061	**18657**	**11018**	**7639**	**4190**	**2639**	**1551**
11	262	144	118	11	7	4
4087	2104	1164	940	477	304	173
2040	2629	1489	1140	509	370	139
5790	1477	887	590	512	298	214
2222	2453	1484	969	718	438	280
3675	4835	2933	1902	876	516	360
1615	2211	1240	971	404	243	161
1621	2686	1677	1009	683	463	220

1-3c 各地区分性别的户口登记地

地区	人口数			本县（市、区）	
	合计	男	女	小计	男
合计	**1002184**	**573319**	**428865**	**406940**	**212374**
兰州市	**198633**	**123550**	**75083**	**32037**	**16924**
城关区	10582	6784	3798	1033	557
七里河区	40580	23809	16771	7147	3545
西固区	9131	5461	3670	1758	884
安宁区					
红古区	5828	3591	2237	990	503
永登县	11181	6962	4219	3028	1686
皋兰县	14064	9617	4447	1402	726
榆中县	45296	27260	18036	12472	6849
兰州新区	61971	40066	21905	4207	2174
嘉峪关市	**7130**	**4508**	**2622**	**517**	**293**
市辖区	7130	4508	2622	517	293
金昌市	**20151**	**11341**	**8810**	**11921**	**6154**
金川区	4189	2650	1539	377	235
永昌县	15962	8691	7271	11544	5919
白银市	**65064**	**36239**	**28825**	**36862**	**19171**
白银区	7216	4631	2585	1468	860
平川区	5318	3168	2150	1768	991
靖远县	21068	11912	9156	12651	6823
会宁县	22014	11131	10883	16369	7997
景泰县	9448	5397	4051	4606	2500
天水市	**60924**	**34015**	**26909**	**26936**	**13753**
秦州区	20660	11606	9054	9387	4904
麦积区	10139	5891	4248	3282	1822
清水县	9296	5009	4287	5199	2500
秦安县	4932	2836	2096	1384	730
甘谷县	6046	3359	2687	1896	988
武山县	3413	1779	1634	1641	829
张家川回族自治县	6438	3535	2903	4147	1980
武威市	**70181**	**39668**	**30513**	**40749**	**21829**
凉州区	38710	22341	16369	21479	11891
民勤县	6035	3514	2521	2596	1505
古浪县	15252	7999	7253	10681	5278
天祝藏族自治县	10184	5814	4370	5993	3155
张掖市	**81607**	**43082**	**38525**	**56362**	**28662**
甘州区	48384	25597	22787	33255	17220
肃南裕固族自治县	4131	2490	1641	1904	942
民乐县	4650	2501	2149	2381	1182
临泽县	2504	1403	1101	726	410
高台县	5179	2846	2333	3231	1789
山丹县	16759	8245	8514	14865	7119
平凉市	**87259**	**49413**	**37846**	**49510**	**25414**
崆峒区	14917	8304	6613	7146	3665
泾川县	5764	3381	2383	2322	1325
灵台县	8915	5337	3578	4279	2185
崇信县	6711	5051	1660	2043	1397
庄浪县	9351	5460	3891	3328	1857
静宁县	34129	17248	16881	27258	13259
华亭市	7472	4632	2840	3134	1726

在外乡镇街道的人口状况（乡村）

单位：人

	本省其他县（市、区）			省外		
女	小计	男	女	小计	男	女
194566	**444505**	**260275**	**184230**	**150739**	**100670**	**50069**
15113	**124944**	**76897**	**48047**	**41652**	**29729**	**11923**
476	5677	3633	2044	3872	2594	1278
3602	26656	15284	11372	6777	4980	1797
874	5030	3127	1903	2343	1450	893
487	3194	2000	1194	1644	1088	556
1342	5499	3391	2108	2654	1885	769
676	8766	5849	2917	3896	3042	854
5623	24849	15124	9725	7975	5287	2688
2033	45273	28489	16784	12491	9403	3088
224	**4338**	**2695**	**1643**	**2275**	**1520**	**755**
224	4338	2695	1643	2275	1520	755
5767	**4854**	**3043**	**1811**	**3376**	**2144**	**1232**
142	2813	1787	1026	999	628	371
5625	2041	1256	785	2377	1516	861
17691	**21671**	**12838**	**8833**	**6531**	**4230**	**2301**
608	4180	2587	1593	1568	1184	384
777	2776	1632	1144	774	545	229
5828	6440	3853	2587	1977	1236	741
8372	4391	2484	1907	1254	650	604
2106	3884	2282	1602	958	615	343
13183	**24136**	**13960**	**10176**	**9852**	**6302**	**3550**
4483	8413	4759	3654	2860	1943	917
1460	5298	3046	2252	1559	1023	536
2699	2218	1260	958	1879	1249	630
654	2622	1585	1037	926	521	405
908	3071	1808	1263	1079	563	516
812	1294	719	575	478	231	247
2167	1220	783	437	1071	772	299
18920	**22222**	**13285**	**8937**	**7210**	**4554**	**2656**
9588	13240	7958	5282	3991	2492	1499
1091	2766	1636	1130	673	373	300
5403	3269	1907	1362	1302	814	488
2838	2947	1784	1163	1244	875	369
27700	**19572**	**10932**	**8640**	**5673**	**3488**	**2185**
16035	11715	6330	5385	3414	2047	1367
962	1865	1243	622	362	305	57
1199	1660	965	695	609	354	255
316	1303	688	615	475	305	170
1442	1621	885	736	327	172	155
7746	1408	821	587	486	305	181
24096	**27133**	**16870**	**10263**	**10616**	**7129**	**3487**
3481	5472	3197	2275	2299	1442	857
997	2429	1417	1012	1013	639	374
2094	2771	1753	1018	1865	1399	466
646	3555	2692	863	1113	962	151
1471	4962	2972	1990	1061	631	430
13999	5111	3081	2030	1760	908	852
1408	2833	1758	1075	1505	1148	357

1-3c 各地区分性别的户口登记地

地区	人口数			本县（市、区）	
	合计	男	女	小计	男
酒泉市	**83407**	**47299**	**36108**	**26528**	**13863**
肃州区	26202	14416	11786	11914	6254
金塔县	9853	5863	3990	2114	1239
瓜州县	21376	11744	9632	5394	2764
肃北蒙古族自治县	3375	2909	466	52	41
阿克塞哈萨克族自治县	596	486	110	14	13
玉门市	7960	4261	3699	1236	634
敦煌市	14045	7620	6425	5804	2918
庆阳市	**123041**	**68603**	**54438**	**40113**	**22231**
西峰区	52871	26504	26367	11644	6158
庆城县	12114	7262	4852	5165	2927
环　县	19508	11737	7771	10170	5633
华池县	9771	5840	3931	4817	2659
合水县	5517	3322	2195	2050	1221
正宁县	4075	2548	1527	1306	760
宁　县	8047	4948	3099	2425	1364
镇原县	11138	6442	4696	2536	1509
定西市	**62101**	**34460**	**27641**	**29539**	**15243**
安定区	23298	12799	10499	13460	7032
通渭县	3090	1823	1267	667	395
陇西县	7059	3809	3250	2400	1243
渭源县	4829	2684	2145	1649	810
临洮县	8972	5290	3682	3027	1660
漳　县	6858	3755	3103	4537	2216
岷　县	7995	4300	3695	3799	1887
陇南市	**71793**	**40162**	**31631**	**29560**	**15385**
武都区	17956	9147	8809	8589	4122
成　县	5040	2730	2310	2037	1020
文　县	9362	6035	3327	3572	1898
宕昌县	6834	3582	3252	1668	805
康　县	4082	2243	1839	1498	789
西和县	8415	4897	3518	2458	1405
礼　县	10588	5750	4838	5005	2605
徽　县	7821	4721	3100	4148	2441
两当县	1695	1057	638	585	300
临夏回族自治州	**43507**	**24880**	**18627**	**15388**	**7885**
临夏市	6379	3435	2944	2866	1446
临夏县	8854	5307	3547	1875	1066
康乐县	3246	1617	1629	1590	739
永靖县	4365	2507	1858	1716	882
广河县	3563	1977	1586	1294	622
和政县	2643	1402	1241	842	406
东乡族自治县	6051	3502	2549	1639	946
积石山保安族东乡族撒拉族自治县	8406	5133	3273	3566	1778
甘南藏族自治州	**27386**	**16099**	**11287**	**10918**	**5567**
合作市	6341	3934	2407	1385	725
临潭县	3963	2435	1528	1116	562
卓尼县	1952	1084	868	529	239
舟曲县	6171	3190	2981	4261	2030
迭部县	2464	1559	905	774	544
玛曲县	1071	682	389	323	185
碌曲县	1183	744	439	356	202
夏河县	4241	2471	1770	2174	1080

在外乡镇街道的人口状况（乡村）（续）

单位：人

	本省其他县（市、区）			省外		
女	小计	男	女	小计	男	女
12665	**41512**	**23344**	**18168**	**15367**	**10092**	**5275**
5660	11537	6403	5134	2751	1759	992
875	5838	3201	2637	1901	1423	478
2630	11778	6464	5314	4204	2516	1688
11	1724	1454	270	1599	1414	185
1	480	383	97	102	90	12
602	5527	2860	2667	1197	767	430
2886	4628	2579	2049	3613	2123	1490
17882	**66814**	**35838**	**30976**	**16114**	**10534**	**5580**
5486	36695	17577	19118	4532	2769	1763
2238	5153	3088	2065	1796	1247	549
4537	6589	4271	2318	2749	1833	916
2158	3127	1968	1159	1827	1213	614
829	2360	1379	981	1107	722	385
546	1914	1201	713	855	587	268
1061	3879	2281	1598	1743	1303	440
1027	7097	4073	3024	1505	860	645
14296	**23641**	**13464**	**10177**	**8921**	**5753**	**3168**
6428	7913	4469	3444	1925	1298	627
272	1746	1038	708	677	390	287
1157	3037	1653	1384	1622	913	709
839	2469	1441	1028	711	433	278
1367	4434	2563	1871	1511	1067	444
2321	1391	818	573	930	721	209
1912	2651	1482	1169	1545	931	614
14175	**29198**	**16556**	**12642**	**13035**	**8221**	**4814**
4467	7284	3726	3558	2083	1299	784
1017	2320	1300	1020	683	410	273
1674	2347	1538	809	3443	2599	844
863	3534	1919	1615	1632	858	774
709	1567	919	648	1017	535	482
1053	4924	2929	1995	1033	563	470
2400	4083	2327	1756	1500	818	682
1707	2652	1573	1079	1021	707	314
285	487	325	162	623	432	191
7503	**21253**	**12319**	**8934**	**6866**	**4676**	**2190**
1420	2898	1584	1314	615	405	210
809	4931	2825	2106	2048	1416	632
851	1514	819	695	142	59	83
834	1853	1160	693	796	465	331
672	1955	1172	783	314	183	131
436	1499	822	677	302	174	128
693	3865	2209	1656	547	347	200
1788	2738	1728	1010	2102	1627	475
5351	**13217**	**8234**	**4983**	**3251**	**2298**	**953**
660	4201	2580	1621	755	629	126
554	2130	1376	754	717	497	220
290	1152	638	514	271	207	64
2231	1391	876	515	519	284	235
230	1506	905	601	184	110	74
138	547	361	186	201	136	65
154	695	451	244	132	91	41
1094	1595	1047	548	472	344	128

1-4 各地区分性别、

地区	合计			汉族			
	合计	男	女	小计	男	女	小计
合计	**25019831**	**12700948**	**12318883**	**22363438**	**11378609**	**10984829**	**11946**
兰州市	**4359446**	**2239998**	**2119448**	**4131756**	**2124920**	**2006836**	**3543**
城关区	1484016	753592	730424	1410589	716161	694428	1291
七里河区	712271	370315	341956	650521	338570	311951	405
西固区	407010	207508	199502	396810	202132	194678	157
安宁区	439566	219857	219709	419975	210291	209684	564
红古区	143795	73732	70063	130065	66737	63328	53
永登县	285549	145490	140059	274770	140460	134310	103
皋兰县	125157	68127	57030	123084	66867	56217	21
榆中县	473882	243072	230810	453766	233729	220037	821
兰州新区	288200	158305	129895	272176	149973	122203	128
嘉峪关市	**312663**	**162360**	**150303**	**304360**	**158036**	**146324**	**208**
市辖区	312663	162360	150303	304360	158036	146324	208
金昌市	**438026**	**225306**	**212720**	**429567**	**220691**	**208876**	**200**
金川区	260385	133937	126448	253450	130135	123315	163
永昌县	177641	91369	86272	176117	90556	85561	37
白银市	**1512110**	**770844**	**741266**	**1483740**	**756245**	**727495**	**249**
白银区	337645	172698	164947	331551	169303	162248	106
平川区	200869	102817	98052	198061	101349	96712	53
靖远县	373050	191208	181842	368204	188776	179428	23
会宁县	401581	202129	199452	389732	196211	193521	10
景泰县	198965	101992	96973	196192	100606	95586	57
天水市	**2984659**	**1499444**	**1485215**	**2786656**	**1402018**	**1384638**	**176**
秦州区	656689	330113	326576	642756	323243	319513	80
麦积区	556102	284268	271834	550234	281269	268965	59
清水县	240597	120934	119663	235836	118507	117329	7
秦安县	416337	210421	205916	414042	209341	204701	17
甘谷县	506801	251264	255537	506043	250971	255072	5
武山县	363727	181665	182062	363333	181483	181850	3
张家川回族自治县	244406	120779	123627	74412	37204	37208	5
武威市	**1464955**	**740306**	**724649**	**1383664**	**699411**	**684253**	**978**
凉州区	885277	446518	438759	870610	438898	431712	212
民勤县	178470	91309	87161	176789	90394	86395	56
古浪县	250177	125187	124990	246503	123481	123022	37
天祝藏族自治县	151031	77292	73739	89762	46638	43124	673
张掖市	**1131016**	**570451**	**560565**	**1100251**	**554954**	**545297**	**637**
甘州区	519096	261270	257826	508971	256407	252564	326
肃南裕固族自治县	27762	14523	13239	12199	6382	5817	231
民乐县	192476	98207	94269	191310	97639	93671	22
临泽县	115946	58395	57551	115180	58051	57129	15
高台县	125705	62732	62973	123783	61790	61993	17
山丹县	150031	75324	74707	148808	74685	74123	26
平凉市	**1848607**	**924766**	**923841**	**1695509**	**847882**	**847627**	**122**
崆峒区	504265	250802	253463	384803	190790	194013	69
泾川县	222210	110175	112035	220423	109305	111118	5
灵台县	156224	78858	77366	149793	75590	74203	9
崇信县	82138	42525	39613	81017	41932	39085	4
庄浪县	335684	165989	169695	334199	165262	168937	8
静宁县	365637	183497	182140	363927	182667	181260	6
华亭市	182449	92920	89529	161347	82336	79011	21

民族的人口

单位：人

蒙古族		回族			藏族		
男	女	小计	男	女	小计	男	女
5923	**6023**	**1342385**	**671003**	**671382**	**519927**	**257019**	**262908**
1717	**1826**	**132564**	**67413**	**65151**	**24824**	**11503**	**13321**
629	662	50497	25605	24892	8017	3961	4056
232	173	33327	17052	16275	2314	1202	1112
71	86	6669	3493	3176	646	356	290
280	284	10083	5077	5006	3598	1603	1995
25	28	11985	6014	5971	312	134	178
63	40	5280	2680	2600	2426	773	1653
15	6	825	503	322	585	309	276
320	501	7999	3941	4058	3158	1315	1843
82	46	5899	3048	2851	3768	1850	1918
106	**102**	**4073**	**2096**	**1977**	**1151**	**583**	**568**
106	102	4073	2096	1977	1151	583	568
103	**97**	**3936**	**2162**	**1774**	**778**	**354**	**424**
90	73	3426	1882	1544	526	241	285
13	24	510	280	230	252	113	139
123	**126**	**22922**	**11721**	**11201**	**1311**	**673**	**638**
53	53	3502	1921	1581	454	254	200
30	23	2337	1208	1129	97	53	44
9	14	4398	2213	2185	122	66	56
6	4	11365	5691	5674	170	77	93
25	32	1320	688	632	468	223	245
72	**104**	**192769**	**94934**	**97835**	**1593**	**713**	**880**
31	49	11564	5665	5899	722	362	360
30	29	4349	2222	2127	486	246	240
3	4	4471	2288	2183	39	14	25
5	12	1953	966	987	143	38	105
	5	380	195	185	123	25	98
	3	219	115	104	56	19	37
3	2	169833	83483	86350	24	9	15
515	**463**	**7368**	**3880**	**3488**	**55081**	**26973**	**28108**
109	103	5018	2659	2359	4239	1901	2338
24	32	468	260	208	123	41	82
15	22	666	338	328	1321	497	824
367	306	1216	623	593	49398	24534	24864
291	**346**	**6461**	**3323**	**3138**	**9389**	**4742**	**4647**
148	178	3562	1808	1754	2158	967	1191
113	118	551	291	260	6572	3501	3071
8	14	506	278	228	289	117	172
6	9	212	98	114	116	45	71
10	7	1037	537	500	143	60	83
6	20	593	311	282	111	52	59
65	**57**	**150140**	**75462**	**74678**	**767**	**363**	**404**
40	29	117986	59277	58709	472	217	255
1	4	1568	774	794	29	17	12
4	5	6253	3183	3070	36	23	13
2	2	1027	540	487	15	11	4
2	6	1160	588	572	89	39	50
3	3	1353	687	666	78	31	47
13	8	20793	10413	10380	48	25	23

1-4 各地区分性别、

地区	合计			汉族			
	合计	男	女	小计	男	女	小计
酒泉市	**1055706**	**544264**	**511442**	**996672**	**514005**	**482667**	**4926**
肃州区	455611	228955	226656	445052	223319	221733	554
金塔县	121766	66197	55569	119849	65140	54709	43
瓜州县	129299	67266	62033	114779	59931	54848	38
肃北蒙古族自治县	15093	9128	5965	10612	6897	3715	3967
阿克塞哈萨克族自治县	10970	6013	4957	7162	4093	3069	13
玉门市	137736	73417	64319	118490	63669	54821	61
敦煌市	185231	93288	91943	180728	90956	89772	250
庆阳市	**2179716**	**1110440**	**1069276**	**2168892**	**1104956**	**1063936**	**131**
西峰区	513856	259132	254724	510280	257365	252915	58
庆城县	235154	122526	112628	234075	121966	112109	21
环　县	304687	159546	145141	303559	158911	144648	14
华池县	119346	62310	57036	118993	62114	56879	6
合水县	135908	69796	66112	135591	69645	65946	14
正宁县	173243	87716	85527	170822	86504	84318	5
宁　县	336316	167739	168577	335634	167425	168209	6
镇原县	361206	181675	179531	359938	181026	178912	7
定西市	**2524097**	**1277650**	**1246447**	**2487129**	**1259060**	**1228069**	**109**
安定区	422383	213707	208676	410248	207504	202744	38
通渭县	323648	166697	156951	322973	166388	156585	10
陇西县	427373	214643	212730	424951	213429	211522	26
渭源县	277608	141922	135686	276113	141212	134901	11
临洮县	480149	242136	238013	476801	240515	236286	9
漳　县	167309	84365	82944	166518	83965	82553	3
岷　县	425627	214180	211447	409525	206047	203478	12
陇南市	**2407272**	**1227642**	**1179630**	**2348857**	**1198666**	**1150191**	**105**
武都区	546616	276973	269643	530108	268818	261290	28
成　县	241587	121572	120015	234508	118085	116423	15
文　县	196906	100725	96181	190676	97588	93088	10
宕昌县	254944	130484	124460	246372	126177	120195	5
康　县	162418	83106	79312	161751	82801	78950	14
西和县	351069	178507	172562	350018	178015	172003	14
礼　县	424135	218935	205200	416245	214960	201285	8
徽　县	189888	96622	93266	180515	92042	88473	8
两当县	39709	20718	18991	38664	20180	18484	3
临夏回族自治州	**2109750**	**1056107**	**1053643**	**791321**	**404754**	**386567**	**284**
临夏市	355968	177893	178075	174196	87769	86427	84
临夏县	322628	162544	160084	173574	89709	83865	52
康乐县	255955	127865	128090	93532	47754	45778	9
永靖县	180650	90983	89667	153784	77816	75968	56
广河县	260596	129202	131394	5483	3121	2362	5
和政县	204529	102335	102194	80775	40997	39778	10
东乡族自治县	290034	144428	145606	21699	11645	10054	7
积石山保安族东乡族撒拉族自治县	239390	120857	118533	88278	45943	42335	61
甘南藏族自治州	**691808**	**351370**	**340438**	**255064**	**133011**	**122053**	**278**
合作市	112173	56579	55594	38873	20587	18286	58
临潭县	127387	64212	63175	82082	42011	40071	27
卓尼县	95387	48718	46669	26279	13436	12843	22
舟曲县	125367	63394	61973	81886	41820	40066	10
迭部县	52192	26598	25594	7810	4557	3253	6
玛曲县	57076	29659	27417	4414	2834	1580	14
碌曲县	35871	18086	17785	3071	1820	1251	8
夏河县	86355	44124	42231	10649	5946	4703	133

民族的人口（续 1）

单位：人

蒙古族		回族			藏族		
男	女	小计	男	女	小计	男	女
2429	**2497**	**14778**	**7666**	**7112**	**5544**	**2724**	**2820**
285	269	3973	2135	1838	1399	647	752
22	21	374	206	168	715	336	379
20	18	5962	3036	2926	2214	1105	1109
1946	2021	115	68	47	252	125	127
11	2	262	135	127	54	42	12
21	40	1562	792	770	530	273	257
124	126	2530	1294	1236	380	196	184
72	**59**	**7528**	**3839**	**3689**	**773**	**382**	**391**
35	23	2334	1134	1200	358	165	193
10	11	712	365	347	82	38	44
9	5	742	432	310	62	35	27
2	4	201	112	89	28	21	7
5	9	146	68	78	18	10	8
5		2270	1141	1129	38	20	18
3	3	359	185	174	54	19	35
3	4	764	402	362	133	74	59
53	**56**	**30235**	**15301**	**14934**	**3643**	**1649**	**1994**
24	14	10769	5469	5300	338	126	212
1	9	437	221	216	74	21	53
14	12	1875	959	916	100	43	57
4	7	1090	566	524	243	75	168
5	4	1170	591	579	1183	502	681
	3	647	324	323	47	23	24
5	7	14247	7171	7076	1658	859	799
58	**47**	**37754**	**18738**	**19016**	**18001**	**8966**	**9035**
19	9	7743	3796	3947	8112	4027	4085
7	8	6555	3236	3319	169	77	92
7	3	546	279	267	5290	2644	2646
2	3	4169	2090	2079	4171	2104	2067
8	6	419	209	210	31	16	15
6	8	655	320	335	107	51	56
4	4	7602	3844	3758	62	24	38
4	4	9088	4458	4630	53	21	32
1	2	977	506	471	6	2	4
158	**126**	**686689**	**341885**	**344804**	**9938**	**3918**	**6020**
48	36	132451	65754	66697	2078	937	1141
27	25	113421	56067	57354	2418	678	1740
6	3	147757	72880	74877	218	79	139
30	26	16823	8413	8410	983	427	556
3	2	142259	71897	70362	42	12	30
4	6	54465	27501	26964	516	173	343
5	2	6591	3188	3403	192	78	114
35	26	72922	36185	36737	3491	1534	1957
161	**117**	**45168**	**22583**	**22585**	**387134**	**193476**	**193658**
27	31	12538	6229	6309	58693	28731	29962
16	11	24224	11997	12227	20702	10035	10667
10	12	568	288	280	67777	34585	33192
6	4	262	141	121	43114	21384	21730
2	4	475	261	214	43769	21701	22068
4	10	1036	624	412	51375	26060	25315
5	3	1518	782	736	31070	15374	15696
91	42	4547	2261	2286	70634	35606	35028

1-4 各地区分性别、

地区	维吾尔族			苗族			彝族	
	小计	男	女	小计	男	女	小计	男
合计	**3073**	**1374**	**1699**	**3913**	**2089**	**1824**	**2973**	**1637**
兰州市	**2312**	**1011**	**1301**	**1928**	**1075**	**853**	**1375**	**784**
城关区	584	269	315	436	234	202	380	227
七里河区	201	105	96	145	90	55	130	105
西固区	60	35	25	54	35	19	19	11
安宁区	307	109	198	182	104	78	117	53
红古区	7	2	5	25	19	6	26	16
永登县	5	2	3	37	21	16	32	20
皋兰县	27	12	15	79	60	19	52	45
榆中县	813	276	537	879	454	425	509	227
兰州新区	308	201	107	91	58	33	110	80
嘉峪关市	**79**	**58**	**21**	**59**	**26**	**33**	**29**	**19**
市辖区	79	58	21	59	26	33	29	19
金昌市	**27**	**14**	**13**	**210**	**114**	**96**	**115**	**74**
金川区	18	12	6	136	70	66	57	42
永昌县	9	2	7	74	44	30	58	32
白银市	**48**	**25**	**23**	**171**	**89**	**82**	**81**	**40**
白银区	20	14	6	83	47	36	37	18
平川区	4	2	2	9	7	2	7	5
靖远县	8	2	6	39	22	17	9	3
会宁县	4	2	2	13	2	11	14	6
景泰县	12	5	7	27	11	16	14	8
天水市	**46**	**15**	**31**	**181**	**82**	**99**	**165**	**56**
秦州区	7	1	6	61	31	30	51	30
麦积区	22	9	13	51	22	29	37	15
清水县	3	3		20	9	11	9	3
秦安县	2		2	19	9	10	10	2
甘谷县	5	2	3	15	2	13	39	2
武山县	2		2	11	6	5	12	
张家川回族自治县	5		5	4	3	1	7	4
武威市	**88**	**38**	**50**	**156**	**77**	**79**	**149**	**79**
凉州区	66	30	36	80	36	44	58	28
民勤县	2	2		18	9	9	14	8
古浪县	8	3	5	20	11	9	27	11
天祝藏族自治县	12	3	9	38	21	17	50	32
张掖市	**74**	**28**	**46**	**143**	**79**	**64**	**72**	**35**
甘州区	41	21	20	63	33	30	49	28
肃南裕固族自治县	1		1	5	4	1	1	
民乐县	4		4	15	7	8	1	
临泽县	13	3	10	7	4	3	8	2
高台县	8	1	7	47	27	20	6	3
山丹县	7	3	4	6	4	2	7	2
平凉市	**29**	**8**	**21**	**119**	**59**	**60**	**80**	**38**
崆峒区	14	6	8	39	22	17	36	21
泾川县	2		2	16	7	9	11	3
灵台县	1		1	14	5	9	5	2
崇信县				5	4	1	8	5
庄浪县	2	1	1	8	2	6	3	
静宁县	7		7	18	4	14	8	1
华亭市	3	1	2	19	15	4	9	6

民族的人口（续 2）

单位：人

	壮族			布依族			朝鲜族		
女	小计	男	女	小计	男	女	小计	男	女
1336	**2720**	**1156**	**1564**	**1163**	**555**	**608**	**528**	**261**	**267**
591	**1781**	**794**	**987**	**583**	**300**	**283**	**309**	**154**	**155**
153	360	152	208	122	62	60	137	70	67
25	142	81	61	45	35	10	53	24	29
8	53	26	27	30	10	20	50	24	26
64	168	85	83	60	33	27	32	16	16
10	16	9	7	12	2	10	3	1	2
12	12	5	7	14	9	5			
7	6	4	2	15	13	2			
282	993	418	575	260	116	144	29	18	11
30	31	14	17	25	20	5	5	1	4
10	**45**	**29**	**16**	**10**	**5**	**5**	**22**	**13**	**9**
10	45	29	16	10	5	5	22	13	9
41	**59**	**30**	**29**	**102**	**44**	**58**	**14**	**9**	**5**
15	41	21	20	93	42	51	13	8	5
26	18	9	9	9	2	7	1	1	
41	**84**	**34**	**50**	**37**	**16**	**21**	**7**	**4**	**3**
19	46	18	28	9	6	3	6	3	3
2	4	2	2	8	4	4	1	1	
6	9	4	5	8	3	5			
8	6		6	5	2	3			
6	19	10	9	7	1	6			
109	**111**	**34**	**77**	**57**	**26**	**31**	**29**	**13**	**16**
21	52	18	34	24	11	13	7	4	3
22	14	5	9	13	7	6	14	5	9
6	12	5	7	10	5	5	4	2	2
8	14	4	10	2		2	1	1	
37	11		11	6	1	5	2		2
12	6	1	5	2	2				
3	2	1	1				1	1	
70	**59**	**33**	**26**	**35**	**21**	**14**	**11**	**7**	**4**
30	38	21	17	15	9	6	7	3	4
6	3	2	1						
16	6	5	1	13	7	6			
18	12	5	7	7	5	2	4	4	
37	**58**	**18**	**40**	**41**	**17**	**24**	**21**	**8**	**13**
21	40	13	27	15	6	9	15	6	9
1	1	1		2	1	1	1		1
1	3		3	4	1	3			
6	3	1	2	2	2				
3	7	3	4	16	7	9	5	2	3
5	4		4	2		2			
42	**66**	**17**	**49**	**35**	**14**	**21**	**9**	**1**	**8**
15	15	6	9	15	9	6	4		4
8	19	4	15	1	1				
3	2		2	4		4			
3	4	1	3	2		2	1		1
3	9	1	8	2		2	1	1	
7	6		6	8	2	6			
3	11	5	6	3	2	1	3		3

1-4 各地区分性别、

地区	维吾尔族			苗族			彝族	
	小计	男	女	小计	男	女	小计	男
酒泉市	**198**	**115**	**83**	**223**	**135**	**88**	**154**	**120**
肃州区	73	44	29	66	36	30	33	20
金塔县	18	6	12	49	40	9	79	71
瓜州县	17	14	3	13	9	4	8	5
肃北蒙古族自治县	8	5	3	2	2		2	1
阿克塞哈萨克族自治县	31	18	13	2	1	1	1	1
玉门市	11	5	6	16	8	8	20	14
敦煌市	40	23	17	75	39	36	11	8
庆阳市	**26**	**15**	**11**	**179**	**89**	**90**	**148**	**69**
西峰区	7	6	1	36	17	19	21	8
庆城县	8	3	5	24	15	9	14	11
环　县	4	2	2	9	5	4	59	28
华池县				4	3	1	8	4
合水县	1		1	26	17	9	5	1
正宁县				13	4	9	14	7
宁　县	2	2		25	9	16	13	5
镇原县	4	2	2	42	19	23	14	5
定西市	**35**	**10**	**25**	**110**	**47**	**63**	**127**	**75**
安定区	4	1	3	20	12	8	24	11
通渭县	4		4	23	9	14	19	11
陇西县	8	4	4	25	5	20	10	1
渭源县	8	3	5	11	6	5	4	1
临洮县	5		5	12	4	8	15	10
漳　县	3	2	1	9	6	3	16	12
岷　县	3		3	10	5	5	39	29
陇南市	**19**	**5**	**14**	**223**	**90**	**133**	**261**	**117**
武都区	5		5	48	28	20	34	11
成　县	5	2	3	11	4	7	9	4
文　县	2	1	1	29	19	10	140	73
宕昌县	2		2	12	5	7	13	6
康　县	2		2	37	6	31	14	7
西和县	1		1	46	16	30	15	3
礼　县	1	1		14	5	9	8	1
徽　县	1	1		20	7	13	17	9
两当县				6		6	11	3
临夏回族自治州	**79**	**29**	**50**	**131**	**81**	**50**	**156**	**96**
临夏市	29	16	13	43	30	13	22	14
临夏县	6	2	4	28	17	11	42	30
康乐县	3		3	10	4	6	5	2
永靖县	4		4	10	4	6	30	17
广河县	18	6	12	5	2	3	2	1
和政县	3		3	7	3	4	1	
东乡族自治县	3	1	2	13	8	5	1	1
积石山保安族东乡族撒拉族自治县	13	4	9	15	13	2	53	31
甘南藏族自治州	**13**	**3**	**10**	**80**	**46**	**34**	**61**	**35**
合作市	5	2	3	37	24	13	26	17
临潭县	7		7	6	1	5	11	9
卓尼县				9	7	2	7	5
舟曲县				9	3	6	9	
迭部县				14	8	6	2	1
玛曲县								
碌曲县				3	2	1		
夏河县	1	1		2	1	1	6	3

民族的人口（续 3）

单位：人

	壮族			布依族			朝鲜族		
女	小计	男	女	小计	男	女	小计	男	女
34	**90**	**48**	**42**	**25**	**15**	**10**	**30**	**19**	**11**
13	36	21	15	11	7	4	11	6	5
8	25	17	8	1	1				
3	4	3	1				3	3	
1	2	2							
				1	1				
6	16	3	13						
3	7	2	5	12	6	6	16	10	6
79	**123**	**35**	**88**	**71**	**29**	**42**	**16**	**6**	**10**
13	42	16	26	22	9	13	9	3	6
3	16	11	5	6	2	4	1	1	
31	2		2	9	4	5			
4	4	2	2						
4	11	1	10	1		1	2	1	1
7	10		10	3		3			
8	27	4	23	9	5	4	4	1	3
9	11	1	10	21	9	12			
52	**59**	**20**	**39**	**30**	**8**	**22**	**8**	**4**	**4**
13	15	7	8	4	2	2	1	1	
8	13	6	7	6	1	5			
9	12	2	10	5	2	3	5	1	4
3	1		1	6		6	1	1	
5	10	4	6	5	2	3			
4	2		2	2		2			
10	6	1	5	2	1	1	1	1	
144	**107**	**31**	**76**	**90**	**36**	**54**	**17**	**9**	**8**
23	13	4	9	11	3	8	3	2	1
5	21	6	15	9	2	7	8	4	4
67	18	6	12	24	16	8	3	2	1
7	3	2	1	3		3	1		1
7	15	4	11	14	6	8			
12	13	1	12	14	3	11			
7	3		3	5	3	2	1	1	
8	19	7	12	9	3	6	1		1
8	2	1	1	1		1			
60	**46**	**22**	**24**	**29**	**17**	**12**	**17**	**5**	**12**
8	17	7	10	8	4	4	12	5	7
12	11	7	4	8	6	2			
3									
13	6	3	3	1		1	3		3
1	1	1		4	2	2			
1	2	1	1	1		1	1		1
	1		1	2	1	1	1		1
22	8	3	5	5	4	1			
26	**32**	**11**	**21**	**18**	**7**	**11**	**18**	**9**	**9**
9	22	7	15	10	4	6	12	8	4
2	1	1		3	1	2	3		3
2	1	1		1		1	1		1
9	5	2	3	2	1	1			
1	1		1	2	1	1	2	1	1
3	2		2						

1-4 各地区分性别、

地区	满族			侗族			瑶族	
	小计	男	女	小计	男	女	小计	男
合计	**14291**	**7510**	**6781**	**1192**	**620**	**572**	**559**	**246**
兰州市	**7867**	**4025**	**3842**	**686**	**370**	**316**	**337**	**164**
城关区	3146	1588	1558	156	77	79	74	34
七里河区	1329	695	634	85	60	25	50	35
西固区	898	479	419	37	21	16	3	2
安宁区	1238	586	652	67	29	38	28	13
红古区	134	69	65	18	10	8	2	2
永登县	378	210	168	7	4	3		
皋兰县	66	45	21	8	6	2	1	1
榆中县	487	237	250	286	149	137	171	73
兰州新区	191	116	75	22	14	8	8	4
嘉峪关市	**812**	**437**	**375**	**15**	**8**	**7**	**13**	**5**
市辖区	812	437	375	15	8	7	13	5
金昌市	**897**	**474**	**423**	**31**	**17**	**14**	**11**	**5**
金川区	746	388	358	23	10	13	11	5
永昌县	151	86	65	8	7	1		
白银市	**818**	**424**	**394**	**39**	**15**	**24**	**15**	**5**
白银区	710	360	350	13	6	7	6	2
平川区	53	32	21	4	1	3	4	2
靖远县	13	7	6	12	3	9	1	
会宁县	11	5	6				1	
景泰县	31	20	11	10	5	5	3	1
天水市	**795**	**427**	**368**	**49**	**22**	**27**	**30**	**9**
秦州区	441	231	210	23	13	10	5	
麦积区	299	163	136	10	5	5	14	4
清水县	17	8	9	4	1	3	7	5
秦安县	10	5	5	7	2	5	1	
甘谷县	7	4	3	4		4	2	
武山县	15	11	4	1	1		1	
张家川回族自治县	6	5	1					
武威市	**863**	**481**	**382**	**38**	**25**	**13**	**18**	**1**
凉州区	569	323	246	27	17	10	14	1
民勤县	16	11	5	3	2	1	1	
古浪县	48	28	20	6	5	1	2	
天祝藏族自治县	230	119	111	2	1	1	1	
张掖市	**308**	**152**	**156**	**34**	**13**	**21**	**15**	**7**
甘州区	217	102	115	20	7	13	12	5
肃南裕固族自治县	9	5	4					
民乐县	9	7	2	6	4	2		
临泽县	12	6	6	6		6		
高台县	13	5	8	2	2		1	1
山丹县	48	27	21				2	1
平凉市	**249**	**138**	**111**	**54**	**24**	**30**	**23**	**7**
崆峒区	139	77	62	22	13	9	5	
泾川县	19	12	7	2		2	4	3
灵台县	4	2	2	10	2	8	1	
崇信县	8	3	5	5	3	2		
庄浪县	2		2	2	1	1	3	
静宁县	18	9	9	10	4	6	6	2
华亭市	59	35	24	3	1	2	4	2

民族的人口（续 4）

单位：人

	白族			土家族			哈尼族		
女	小计	男	女	小计	男	女	小计	男	女
313	**968**	**504**	**464**	**7403**	**3866**	**3537**	**218**	**95**	**123**
173	**423**	**221**	**202**	**3294**	**1799**	**1495**	**110**	**52**	**58**
40	110	60	50	826	460	366	21	10	11
15	47	30	17	287	172	115	14	5	9
1	11	6	5	100	57	43	3	2	1
15	31	17	14	334	164	170	7	4	3
	7	6	1	80	47	33	1	1	
	4	2	2	252	128	124	1	1	
	12	7	5	58	39	19			
98	192	87	105	1158	607	551	50	21	29
4	9	6	3	199	125	74	13	8	5
8	**9**	**5**	**4**	**160**	**86**	**74**	**1**	**1**	
8	9	5	4	160	86	74	1	1	
6	**15**	**6**	**9**	**105**	**65**	**40**	**13**	**7**	**6**
6	10	4	6	80	47	33	10	6	4
	5	2	3	25	18	7	3	1	2
10	**24**	**11**	**13**	**194**	**107**	**87**	**10**	**5**	**5**
4	12	8	4	107	63	44	1	1	
2	2		2	9	2	7			
1	2		2	22	13	9	1		1
1	6	2	4	12	5	7	3	2	1
2	2	1	1	44	24	20	5	2	3
21	**46**	**24**	**22**	**226**	**128**	**98**	**10**	**1**	**9**
5	13	6	7	78	48	30	1		1
10	14	10	4	71	39	32	1	1	
2	5	2	3	34	22	12	2		2
1	2		2	13	4	9	3		3
2	4	2	2	9	4	5	2		2
1	8	4	4	6		6	1		1
				15	11	4			
17	**18**	**5**	**13**	**418**	**180**	**238**	**13**	**9**	**4**
13	8	3	5	215	96	119	3	1	2
1	1	1		8	3	5			
2	6	1	5	38	19	19	2	1	1
1	3		3	157	62	95	8	7	1
8	**18**	**9**	**9**	**297**	**124**	**173**	**4**	**1**	**3**
7	13	8	5	162	72	90	3		3
				10	6	4			
	3	1	2	19	4	15	1	1	
	2		2	35	12	23			
				48	17	31			
1				23	13	10			
16	**16**	**8**	**8**	**123**	**53**	**70**	**8**	**1**	**7**
5	8	5	3	39	20	19	1	1	
1				18	3	15			
1	2	2		10	5	5	1		1
	1		1	9	4	5			
3	2	1	1	10	4	6	3		3
4	2		2	21	10	11	2		2
2	1		1	16	7	9	1		1

1-4 各地区分性别、

地区	满族			侗族			瑶族	
	小计	男	女	小计	男	女	小计	男
酒泉市	**508**	**314**	**194**	**33**	**16**	**17**	**18**	**6**
肃州区	238	143	95	6	4	2	9	1
金塔县	30	25	5	5	3	2	3	2
瓜州县	32	25	7	1		1	5	2
肃北蒙古族自治县	11	7	4					
阿克塞哈萨克族自治县	3	3						
玉门市	33	27	6	4	2	2		
敦煌市	161	84	77	17	7	10	1	1
庆阳市	**183**	**104**	**79**	**58**	**32**	**26**	**18**	**7**
西峰区	104	55	49	12	9	3	10	6
庆城县	16	10	6	9	3	6		
环　县	20	14	6	1	1		2	
华池县	16	12	4	3	2	1	1	1
合水县	8	5	3	1	1		1	
正宁县	2	1	1	3	1	2		
宁　县	9	5	4	5	2	3	3	
镇原县	8	2	6	24	13	11	1	
定西市	**269**	**158**	**111**	**40**	**18**	**22**	**9**	**4**
安定区	118	86	32	7	5	2	2	2
通渭县	11	7	4	2	1	1		
陇西县	103	49	54	9	5	4	5	
渭源县	8	2	6	2	1	1		
临洮县	25	11	14	16	4	12	2	2
漳　县	1	1		3	2	1		
岷　县	3	2	1	1		1		
陇南市	**221**	**129**	**92**	**72**	**33**	**39**	**32**	**15**
武都区	54	32	22	11	4	7	6	3
成　县	53	37	16	8	2	6	2	1
文　县	20	9	11	7	3	4	13	9
宕昌县	6	2	4	1	1		2	1
康　县	13	6	7	12	5	7	8	1
西和县	7	5	2	21	10	11	1	
礼　县	13	9	4	4	4			
徽　县	47	23	24	6	3	3		
两当县	8	6	2	2	1	1		
临夏回族自治州	**334**	**159**	**175**	**27**	**16**	**11**	**17**	**10**
临夏市	152	78	74	10	5	5	10	5
临夏县	7	6	1	5	4	1	2	2
康乐县	6	5	1					
永靖县	134	52	82	2	1	1	2	1
广河县	7	4	3	3	3			
和政县	16	8	8	2	1	1	2	1
东乡族自治县	1	1						
积石山保安族东乡族撒拉族自治县	11	5	6	5	2	3	1	1
甘南藏族自治州	**167**	**88**	**79**	**16**	**11**	**5**	**3**	**1**
合作市	98	49	49	8	5	3	1	
临潭县	18	9	9	3	2	1		
卓尼县	11	7	4	1	1			
舟曲县	11	7	4	1		1		
迭部县	9	4	5	1	1			
玛曲县	3	3						
碌曲县	12	7	5	1	1			
夏河县	5	2	3	1	1		2	1

民族的人口（续 5）

单位：人

女	白族			土家族			哈尼族		
	小计	男	女	小计	男	女	小计	男	女
12	**27**	**15**	**12**	**710**	**417**	**293**	**8**	**3**	**5**
8	12	7	5	95	53	42	5	1	4
1	6	4	2	231	146	85	1	1	
3				117	65	52			
	1	1		28	21	7			
				6	4	2			
	2	1	1	78	47	31	1	1	
	6	2	4	155	81	74	1		1
11	**30**	**15**	**15**	**171**	**89**	**82**	**3**		**3**
4	6	3	3	69	36	33	1		1
	4	3	1	19	14	5	1		1
2	1		1	12	5	7			
1	4	3	1	15	10	5			
	2	1	1	9	6	3			
3	7	1	6	13	4	9			
1	6	4	2	34	14	20	1		1
5	**26**	**9**	**17**	**91**	**41**	**50**	**10**	**4**	**6**
	7	3	4	26	15	11	1		1
	6	1	5	7	2	5	5	3	2
5	3	2	1	26	11	15	3		3
	2		2	11	5	6			
	4	1	3	13	7	6	1	1	
	4	2	2	4		4			
				4	1	3			
17	**23**	**9**	**14**	**178**	**83**	**95**	**17**	**8**	**9**
3	5		5	45	23	22	4	4	
1				20	5	15	1		1
4	4	2	2	24	19	5	4	3	1
1	3	2	1	7	4	3			
7	2	1	1	33	12	21	3		3
1	4	3	1	13	7	6	2		2
	2	1	1	6	4	2	1		1
	3		3	23	7	16	1	1	
				7	2	5	1		1
7	**27**	**15**	**12**	**1253**	**593**	**660**	**11**	**3**	**8**
5	4	4		452	212	240	4	2	2
	6	4	2	67	31	36	1		1
	1	1		5	3	2			
1	5	4	1	420	195	225	2	1	1
	3		3	12	6	6			
1	4		4	61	29	32	2		2
				20	12	8	2		2
	4	2	2	216	105	111			
2	**266**	**152**	**114**	**183**	**101**	**82**			
1	30	16	14	58	32	26			
	9	8	1	54	26	28			
	6	4	2	36	21	15			
	1		1	3		3			
	12	7	5	10	8	2			
	69	40	29	6	3	3			
	46	20	26	7	4	3			
1	93	57	36	9	7	2			

1-4 各地区分性别、

地区	哈萨克族			傣族			黎族	
	小计	男	女	小计	男	女	小计	男
合计	**4249**	**2106**	**2143**	**165**	**54**	**111**	**431**	**200**
兰州市	**583**	**284**	**299**	**60**	**22**	**38**	**266**	**127**
城关区	111	54	57	12	5	7	38	16
七里河区	63	36	27	12	5	7	16	10
西固区	8	4	4				1	
安宁区	61	30	31	4	1	3	40	12
红古区	2	1	1	4		4	3	1
永登县	1		1	1		1		
皋兰县	2	2					3	2
榆中县	234	86	148	21	7	14	154	79
兰州新区	101	71	30	6	4	2	11	7
嘉峪关市	**41**	**26**	**15**	**1**	**1**		**5**	**3**
市辖区	41	26	15	1	1		5	3
金昌市	**4**	**1**	**3**	**3**	**1**	**2**	**12**	**7**
金川区	1		1	2	1	1	10	5
永昌县	3	1	2	1		1	2	2
白银市	**3**	**2**	**1**	**10**	**3**	**7**	**19**	**7**
白银区	2	2		5	3	2	7	4
平川区							3	1
靖远县	1		1	3		3	5	1
会宁县				1		1	2	
景泰县				1		1	2	1
天水市	**7**	**1**	**6**	**16**	**3**	**13**	**11**	**4**
秦州区	1	1					6	3
麦积区				7	3	4	3	
清水县	1		1				1	1
秦安县	2		2					
甘谷县				9		9		
武山县							1	
张家川回族自治县	3		3					
武威市	**22**	**12**	**10**	**4**	**1**	**3**	**8**	**3**
凉州区	17	10	7	1	1		8	3
民勤县								
古浪县	4	1	3	1		1		
天祝藏族自治县	1	1		2		2		
张掖市	**4**		**4**	**12**	**5**	**7**	**12**	**7**
甘州区	2		2	5	2	3	5	3
肃南裕固族自治县	1		1	2	1	1	1	
民乐县							6	4
临泽县	1		1					
高台县								
山丹县				5	2	3		
平凉市	**10**	**2**	**8**	**5**	**1**	**4**	**13**	**6**
崆峒区	3	1	2	2	1	1	8	4
泾川县				1		1	1	
灵台县								
崇信县				1		1	1	
庄浪县	2	1	1					
静宁县	3		3	1		1	3	2
华亭市	2		2					

民族的人口（续 6）

单位：人

女	傈僳族			佤族			畲族		
	小计	男	女	小计	男	女	小计	男	女
231	**144**	**53**	**91**	**94**	**21**	**73**	**243**	**153**	**90**
139	**61**	**28**	**33**	**29**	**12**	**17**	**157**	**95**	**62**
22	22	12	10	6	4	2	50	27	23
6	5	2	3	2		2	7	5	2
1				2		2	19	12	7
28	4	1	3				21	13	8
2	1		1						
	3	2	1				1	1	
1				2	1	1	4	1	3
75	23	8	15	7	2	5	51	32	19
4	3	3		10	5	5	4	4	
2				**1**		**1**	**7**	**4**	**3**
2				1		1	7	4	3
5	**1**		**1**	**2**		**2**	**2**	**2**	
5	1		1				1	1	
				2		2	1	1	
12	**5**	**1**	**4**	**2**	**1**	**1**	**6**	**4**	**2**
3							2	2	
2									
4	1		1	2	1	1	4	2	2
2	1		1						
1	3	1	2						
7	**5**	**1**	**4**	**13**	**1**	**12**	**6**	**2**	**4**
3	1	1		2		2	5	1	4
3	1		1	1		1			
				1	1		1	1	
				1		1			
	2		2	8		8			
1	1		1						
5	**4**	**1**	**3**	**12**	**2**	**10**			
5	4	1	3	8	2	6			
				4		4			
5	**4**	**1**	**3**	**9**		**9**	**4**	**4**	
2	3	1	2	1		1	4	4	
1									
2	1		1	6		6			
				2		2			
7	**6**	**2**	**4**	**3**		**3**	**6**	**4**	**2**
4	1		1	2		2	3	2	1
1	2		2						
1									
1	3	2	1	1		1			
							3	2	1

1-4 各地区分性别、

地区	哈萨克族			傣族			黎族	
	小计	男	女	小计	男	女	小计	男
酒泉市	**3510**	**1751**	**1759**	**10**	**2**	**8**	**22**	**8**
肃州区	94	67	27	7		7	12	5
金塔县							4	1
瓜州县	7	2	5				1	
肃北蒙古族自治县	5	3	2					
阿克塞哈萨克族自治县	3334	1648	1686					
玉门市	4	1	3				2	1
敦煌市	66	30	36	3	2	1	3	1
庆阳市	**4**	**1**	**3**	**8**	**2**	**6**	**9**	**5**
西峰区	1		1	1		1	4	2
庆城县				1		1		
环　县							3	3
华池县								
合水县								
正宁县				1		1		
宁　县	1		1	2	1	1	1	
镇原县	2	1	1	3	1	2	1	
定西市	**8**	**4**	**4**	**13**	**7**	**6**	**5**	**1**
安定区	1	1		4	2	2	1	1
通渭县				2		2	1	
陇西县	2		2	2	2			
渭源县	3	2	1	1		1	2	
临洮县	1		1	4	3	1		
漳　县								
岷　县	1	1					1	
陇南市	**10**	**3**	**7**	**14**	**5**	**9**	**14**	**7**
武都区	1		1	3	1	2	1	
成　县				3	1	2	2	1
文　县	1		1	6	3	3	2	1
宕昌县							2	
康　县	2	1	1					
西和县				1		1	5	3
礼　县	3	1	2				1	1
徽　县				1		1	1	1
两当县	3	1	2					
临夏回族自治州	**36**	**14**	**22**	**7**	**1**	**6**	**30**	**13**
临夏市	4		4				10	5
临夏县	5	3	2				5	1
康乐县	4		4	2		2	2	
永靖县	5	2	3	3		3	4	2
广河县	9	6	3				3	2
和政县	2	1	1	1		1	2	1
东乡族自治县	4	1	3				1	
积石山保安族东乡族撒拉族自治县	3	1	2	1	1		3	2
甘南藏族自治州	**7**	**5**	**2**	**2**		**2**	**5**	**2**
合作市	1	1		2		2	1	
临潭县	2	1	1				2	1
卓尼县	2	2						
舟曲县							1	
迭部县	1		1				1	1
玛曲县	1	1						
碌曲县								
夏河县								

民族的人口（续 7）

单位：人

	傈僳族			佤族			畲族		
女	小计	男	女	小计	男	女	小计	男	女
14	**7**	**3**	**4**	**2**	**1**	**1**	**21**	**15**	**6**
7	1		1	2	1	1	1	1	
3	1	1					9	8	1
1							6	4	2
1	1		1				5	2	3
2	4	2	2						
4	**7**		**7**	**4**	**1**	**3**	**2**	**1**	**1**
2									
							1	1	
	4		4	1		1			
1	2		2	1	1		1		1
1	1		1	2		2			
4	**4**	**2**	**2**	**6**	**2**	**4**	**9**	**3**	**6**
	1	1		1		1	5	1	4
1									
	1	1		2	1	1	3	2	1
2	1		1	2	1	1			
				1		1			
							1		1
1	1		1						
7	**15**	**4**	**11**	**6**	**1**	**5**	**20**	**16**	**4**
1	2		2	1		1	1		1
1	2	1	1	1		1			
1	3	1	2				4	2	2
2				1		1			
	1		1	2	1	1			
2	4	2	2	1		1	13	12	1
	1		1						
	2		2				1	1	
							1	1	
17	**15**	**9**	**6**	**5**		**5**	**2**	**2**	
5	4	2	2	3		3	2	2	
4	6	3	3						
2	2	2		1		1			
2	1	1							
1									
1	1	1							
1									
1	1		1	1		1			
3	**10**	**1**	**9**				**1**	**1**	
1	8	1	7						
1									
1	1		1						
							1	1	
	1		1						

1-4 各地区分性别、

地区	高山族			拉祜族			水族	
	小计	男	女	小计	男	女	小计	男
合计	**33**	**18**	**15**	**59**	**16**	**43**	**176**	**92**
兰州市	**3**	**3**		**18**	**8**	**10**	**76**	**44**
城关区				6	1	5	12	9
七里河区				3	1	2	11	7
西固区								
安宁区							7	3
红古区							3	3
永登县				2		2	2	1
皋兰县								
榆中县	3	3		6	5	1	37	20
兰州新区				1	1		4	1
嘉峪关市							**1**	**1**
市辖区							1	1
金昌市	**12**	**7**	**5**				**1**	**1**
金川区	4	3	1					
永昌县	8	4	4				1	1
白银市	**2**		**2**				**16**	**10**
白银区							11	8
平川区								
靖远县							3	1
会宁县	1		1					
景泰县	1		1				2	1
天水市	**1**		**1**	**8**	**1**	**7**	**4**	**2**
秦州区	1		1	2		2	1	
麦积区				1		1	1	1
清水县				1		1	1	
秦安县								
甘谷县				3		3		
武山县								
张家川回族自治县				1	1		1	1
武威市	**1**	**1**		**3**	**1**	**2**	**5**	**3**
凉州区				3	1	2	2	2
民勤县								
古浪县							3	1
天祝藏族自治县	1	1						
张掖市	**5**	**3**	**2**	**3**		**3**	**10**	**5**
甘州区	5	3	2				9	5
肃南裕固族自治县								
民乐县				1		1		
临泽县							1	
高台县				1		1		
山丹县				1		1		
平凉市	**1**		**1**	**2**	**1**	**1**	**5**	**2**
崆峒区							1	
泾川县							1	1
灵台县								
崇信县								
庄浪县							2	
静宁县							1	1
华亭市	1		1	2	1	1		

民族的人口（续 8）

单位：人

	东乡族			纳西族			景颇族		
女	小计	男	女	小计	男	女	小计	男	女
84	**652119**	**323328**	**328791**	**84**	**38**	**46**	**32**	**14**	**18**
32	**38689**	**20204**	**18485**	**60**	**29**	**31**	**5**	**3**	**2**
3	5414	3061	2353	15	8	7	2	1	1
4	22345	11372	10973	4	3	1	1		1
	1177	637	540	1		1	1	1	
4	1693	899	794	3	2	1			
	822	523	299						
1	1654	822	832						
	220	143	77						
17	823	411	412	33	14	19			
3	4541	2336	2205	4	2	2	1	1	
	902	**482**	**420**						
	902	482	420						
	1561	**938**	**623**	**1**		**1**	**1**	**1**	
	1375	828	547	1		1	1	1	
	186	110	76						
6	**1967**	**1102**	**865**						
3	826	528	298						
	185	100	85						
2	136	70	66						
	188	103	85						
1	632	301	331						
2	**1281**	**662**	**619**	**2**	**1**	**1**	**6**	**2**	**4**
1	621	338	283	1	1				
	315	158	157						
1	84	40	44						
	76	37	39				4	2	2
	97	48	49	1		1			
	38	19	19				2		2
	50	22	28						
2	**6066**	**3479**	**2587**	**1**	**1**		**7**	**3**	**4**
	3600	2157	1443	1	1		4	1	3
	942	542	400						
2	1295	679	616						
	229	101	128				3	2	1
5	**2599**	**1408**	**1191**						
4	1600	847	753						
	56	33	23						
	194	109	85						
1	239	133	106						
	158	86	72						
	352	200	152						
3	**994**	**505**	**489**				**1**		**1**
1	474	242	232						
	70	35	35						
	65	34	31						
	25	17	8				1		1
2	149	72	77						
	132	63	69						
	79	42	37						

1-4 各地区分性别、

地区	高山族			拉祜族			水族	
	小计	男	女	小计	男	女	小计	男
酒泉市	**4**	**1**	**3**	**2**		**2**	**9**	**4**
肃州区				1		1		
金塔县								
瓜州县				1		1		
肃北蒙古族自治县								
阿克塞哈萨克族自治县								
玉门市	3		3				1	1
敦煌市	1	1					8	3
庆阳市				**2**		**2**	**15**	**5**
西峰区							6	4
庆城县							1	
环　县				1		1		
华池县				1		1		
合水县							1	
正宁县								
宁　县							4	1
镇原县							3	
定西市				**1**		**1**	**10**	**6**
安定区							3	1
通渭县				1		1	4	4
陇西县							1	
渭源县								
临洮县							2	1
漳　县								
岷　县								
陇南市				**9**		**9**	**19**	**6**
武都区				1		1		
成　县							1	
文　县				3		3	3	2
宕昌县							3	2
康　县							2	
西和县				3		3	1	1
礼　县				1		1		
徽　县				1		1	9	1
两当县								
临夏回族自治州	**4**	**3**	**1**	**10**	**4**	**6**	**5**	**3**
临夏市				1		1	1	1
临夏县							1	1
康乐县								
永靖县	1	1						
广河县				3	2	1		
和政县	1		1	2	1	1		
东乡族自治县				4	1	3	2	
积石山保安族东乡族撒拉族自治县	2	2					1	1
甘南藏族自治州				**1**	**1**			
合作市				1	1			
临潭县								
卓尼县								
舟曲县								
迭部县								
玛曲县								
碌曲县								
夏河县								

民族的人口（续 9）

单位：人

女	东乡族			纳西族			景颇族		
	小计	男	女	小计	男	女	小计	男	女
5	**24494**	**12488**	**12006**	**1**		**1**	**2**	**1**	**1**
	1681	962	719	1		1	1	1	
	76	41	35				1		1
	5688	2842	2846						
	11	6	5						
	67	36	31						
	16527	8353	8174						
5	444	248	196						
10	**1083**	**563**	**520**	**1**		**1**			
2	371	210	161	1		1			
1	120	61	59						
	154	78	76						
	74	33	41						
1	53	23	30						
	38	19	19						
3	115	57	58						
3	158	82	76						
4	**1897**	**1069**	**828**	**3**		**3**	**2**		**2**
2	645	388	257	2		2			
	37	18	19						
1	156	91	65						
	76	40	36						
1	831	451	380				2		2
	46	28	18						
	106	53	53	1		1			
13	**975**	**502**	**473**	**4**	**2**	**2**			
	314	168	146	1	1				
1	143	74	69	1		1			
1	47	27	20	1		1			
1	144	72	72						
2	29	16	13						
	90	41	49						
	142	66	76	1	1				
8	49	24	25						
	17	14	3						
2	**568015**	**279106**	**288909**	**6**	**2**	**4**	**8**	**4**	**4**
	41933	20850	21083	1		1			
	31532	15288	16244				5	3	2
	14294	7075	7219	1		1			
	4335	2257	2078	4	2	2			
	112514	54033	58481				1		1
	68342	33470	34872				2	1	1
2	261382	129442	131940						
	33683	16691	16992						
	1596	**820**	**776**	**5**	**3**	**2**			
	1117	561	556	3	1	2			
	83	39	44						
	54	31	23						
	37	22	15						
	59	33	26	2	2				
	85	46	39						
	90	47	43						
	71	41	30						

1-4 各地区分性别、

地区	柯尔克孜族			土族			达斡尔族	
	小计	男	女	小计	男	女	小计	男
合计	**119**	**49**	**70**	**33691**	**16643**	**17048**	**118**	**66**
兰州市	**103**	**41**	**62**	**3085**	**1536**	**1549**	**81**	**40**
城关区	6	3	3	733	373	360	42	20
七里河区	7	5	2	285	150	135	9	4
西固区	1		1	112	49	63	2	1
安宁区	20	10	10	519	249	270	8	3
红古区				136	63	73	1	1
永登县	1		1	535	272	263		
皋兰县	1	1		56	33	23	2	1
榆中县	36	8	28	350	162	188	5	3
兰州新区	31	14	17	359	185	174	12	7
嘉峪关市	**1**	**1**		**230**	**122**	**108**	**12**	**11**
市辖区	1	1		230	122	108	12	11
金昌市				**89**	**47**	**42**		
金川区				58	31	27		
永昌县				31	16	15		
白银市				**135**	**66**	**69**		
白银区				57	31	26		
平川区				6	4	2		
靖远县				6	1	5		
会宁县				15	8	7		
景泰县				51	22	29		
天水市				**108**	**51**	**57**	**4**	**3**
秦州区				55	21	34	3	2
麦积区				23	17	6	1	1
清水县				15	9	6		
秦安县				6	1	5		
甘谷县				4	2	2		
武山县				2	1	1		
张家川回族自治县				3		3		
武威市	**7**	**4**	**3**	**9680**	**4977**	**4703**	**3**	**3**
凉州区	2	1	1	311	141	170	2	2
民勤县				18	6	12		
古浪县	2	1	1	155	76	79	1	1
天祝藏族自治县	3	2	1	9196	4754	4442		
张掖市	**1**		**1**	**915**	**445**	**470**	**4**	
甘州区				214	93	121	3	
肃南裕固族自治县	1		1	288	168	120		
民乐县				44	12	32		
临泽县				46	18	28		
高台县				308	145	163		
山丹县				15	9	6	1	
平凉市	**1**	**1**		**84**	**44**	**40**		
崆峒区	1	1		52	25	27		
泾川县				5	2	3		
灵台县				2	1	1		
崇信县				2	1	1		
庄浪县				7	6	1		
静宁县				5	2	3		
华亭市				11	7	4		

民族的人口（续 10）

单位：人

女	仫佬族			羌族			布朗族		
	小计	男	女	小计	男	女	小计	男	女
52	**68**	**31**	**37**	**246**	**125**	**121**	**19**	**10**	**9**
41	**47**	**20**	**27**	**93**	**55**	**38**	**9**	**7**	**2**
22	12	4	8	24	17	7	4	3	1
5				4	2	2			
1				2	1	1			
5	2	1	1	18	10	8	1	1	
				5	5				
				3	2	1			
1				2	1	1			
2	29	11	18	24	11	13	4	3	1
5	4	4		11	6	5			
1				**7**	**3**	**4**			
1				7	3	4			
	3	**2**	**1**	**8**	**4**	**4**	**1**		**1**
	3	2	1	4	2	2	1		1
				4	2	2			
	5	**5**		**3**		**3**			
	4	4		1		1			
	1	1		2		2			
1	**4**	**1**	**3**	**13**	**5**	**8**	**3**	**2**	**1**
1	2	1	1	8	3	5	2	2	
				4	2	2			
	1		1						
	1		1				1		1
				1		1			
	2		**2**	**6**	**3**	**3**			
	2		2	3	1	2			
				2	2				
				1		1			
4	**2**	**1**	**1**	**3**		**3**			
3	1	1		1		1			
	1		1						
				1		1			
				1		1			
1									
	2	**1**	**1**	**3**	**3**		**1**		**1**
				1	1				
	1		1						
							1		1
	1	1							
				1	1				
				1	1				

1-4 各地区分性别、

地区	柯尔克孜族			土族			达斡尔族	
	小计	男	女	小计	男	女	小计	男
酒泉市	**1**	**1**		**1247**	**662**	**585**	**2**	**2**
肃州区				133	69	64	1	1
金塔县				206	110	96		
瓜州县				286	143	143		
肃北蒙古族自治县				52	33	19		
阿克塞哈萨克族自治县	1	1		17	10	7	1	1
玉门市				328	175	153		
敦煌市				225	122	103		
庆阳市				**77**	**35**	**42**		
西峰区				47	20	27		
庆城县				10	5	5		
环　县				3		3		
华池县				2	2			
合水县				1	1			
正宁县				5	3	2		
宁　县				3	1	2		
镇原县				6	3	3		
定西市	**1**		**1**	**78**	**25**	**53**	**3**	**3**
安定区				33	9	24		
通渭县				3		3		
陇西县				17	7	10		
渭源县	1		1	4		4		
临洮县				17	8	9	3	3
漳　县				3		3		
岷　县				1	1			
陇南市				**58**	**26**	**32**		
武都区				17	9	8		
成　县				16	5	11		
文　县				4	2	2		
宕昌县				7	3	4		
康　县				4	1	3		
西和县				4	2	2		
礼　县				4	2	2		
徽　县				2	2			
两当县								
临夏回族自治州	**4**	**1**	**3**	**16865**	**8092**	**8773**	**7**	**3**
临夏市	2		2	1948	897	1051	6	3
临夏县				300	112	188	1	
康乐县				54	30	24		
永靖县				3888	1697	2191		
广河县	1	1		9	5	4		
和政县				91	37	54		
东乡族自治县				61	30	31		
积石山保安族东乡族撒拉族自治县	1		1	10514	5284	5230		
甘南藏族自治州				**1040**	**515**	**525**	**2**	**1**
合作市				248	123	125	1	1
临潭县				126	44	82		
卓尼县				601	312	289	1	
舟曲县				4	2	2		
迭部县				6	4	2		
玛曲县				21	13	8		
碌曲县				10	2	8		
夏河县				24	15	9		

民族的人口（续 11）

单位：人

	仫佬族			羌族			布朗族		
女	小计	男	女	小计	男	女	小计	男	女
				16	**8**	**8**	**2**	**1**	**1**
				6	3	3	2	1	1
				3	1	2			
				3	1	2			
				4	3	1			
	1	**1**		**4**	**3**	**1**	**2**		**2**
				1	1				
				1		1			
				2	2				
							2		2
	1	1							
				12	**5**	**7**			
				7	2	5			
				1	1				
				2	1	1			
				2	1	1			
	2		**2**	**29**	**13**	**16**			
				5		5			
				9	6	3			
	1		1	11	5	6			
	1		1	1	1				
				1		1			
				2	1	1			
4				**35**	**12**	**23**	**1**		**1**
3				18	7	11			
1				2	1	1	1		1
				2	1	1			
				13	3	10			
1				**14**	**11**	**3**			
				3	2	1			
				2	1	1			
1									
				3	2	1			
				1	1				
				5	5				

1-4 各地区分性别、

地区	撒拉族			毛南族			仡佬族	
	小计	男	女	小计	男	女	小计	男
合计	**15807**	**7988**	**7819**	**40**	**19**	**21**	**362**	**214**
兰州市	**566**	**290**	**276**	**26**	**11**	**15**	**241**	**134**
城关区	189	104	85	5	2	3	39	18
七里河区	143	65	78	1		1	38	33
西固区	29	16	13					
安宁区	51	20	31	4	4		23	11
红古区	35	21	14				1	1
永登县	2		2				3	2
皋兰县	4	2	2				4	4
榆中县	78	43	35	16	5	11	131	64
兰州新区	35	19	16				2	1
嘉峪关市	**31**	**17**	**14**				**6**	**3**
市辖区	31	17	14				6	3
金昌市	**18**	**11**	**7**				**7**	**4**
金川区	18	11	7				4	1
永昌县							3	3
白银市	**86**	**51**	**35**				**9**	**7**
白银区	21	14	7				3	3
平川区	4	3	1				2	1
靖远县	4	3	1				2	2
会宁县	9	3	6				1	
景泰县	48	28	20				1	1
天水市	**36**	**17**	**19**	**3**		**3**	**16**	**12**
秦州区	15	7	8				3	1
麦积区	14	6	8	1		1	8	7
清水县	1		1				4	4
秦安县								
甘谷县	3	2	1	2		2	1	
武山县	2	1	1					
张家川回族自治县	1	1						
武威市	**28**	**14**	**14**	**1**	**1**		**7**	**5**
凉州区	21	11	10				3	1
民勤县	2	1	1					
古浪县	1		1	1	1		1	1
天祝藏族自治县	4	2	2				3	3
张掖市	**39**	**18**	**21**				**3**	**1**
甘州区	26	11	15					
肃南裕固族自治县	4	1	3				1	
民乐县	2	2					1	
临泽县								
高台县	7	4	3					
山丹县							1	1
平凉市	**24**	**9**	**15**	**1**	**1**		**11**	**6**
崆峒区	11	1	10				3	2
泾川县	3	2	1				2	1
灵台县				1	1		4	1
崇信县								
庄浪县	6	3	3				1	1
静宁县	2	1	1				1	1
华亭市	2	2						

民族的人口（续 12）

单位：人

	锡伯族			阿昌族			普米族		
女	小计	男	女	小计	男	女	小计	男	女
148	**308**	**151**	**157**	**9**	**3**	**6**	**9**	**3**	**6**
107	**193**	**108**	**85**	**6**	**2**	**4**	**7**	**2**	**5**
21	74	39	35	1		1	1		1
5	34	21	13						
	17	11	6						
12	36	19	17						
1	1	1							
	1		1						
67	21	10	11	4	2	2	6	2	4
1	9	7	2	1		1			
3	**16**	**5**	**11**						
3	16	5	11						
3	**19**	**7**	**12**	**1**	**1**				
3	18	7	11						
	1		1	1	1				
2	**19**	**7**	**12**						
	7	2	5						
1	5	3	2						
	1		1						
1	6	2	4						
4	**15**	**6**	**9**	**1**		**1**			
2	10	4	6						
1	5	2	3						
1				1		1			
2	**3**	**2**	**1**						
2	2	1	1						
	1	1							
2	**3**	**1**	**2**	**1**		**1**			
				1		1			
1									
1									
	3	1	2						
5	**11**	**4**	**7**						
1	4	3	1						
1	2	1	1						
3									
	1		1						
	4		4						

1-4 各地区分性别、

地区	撒拉族			毛南族			仡佬族	
	小计	男	女	小计	男	女	小计	男
酒泉市	**172**	**85**	**87**	**2**	**2**		**5**	**3**
肃州区	14	5	9				3	2
金塔县							1	1
瓜州县	93	48	45				1	
肃北蒙古族自治县				2	2			
阿克塞哈萨克族自治县	12	7	5					
玉门市	9	6	3					
敦煌市	44	19	25					
庆阳市	**37**	**15**	**22**	**3**	**2**	**1**	**17**	**14**
西峰区	11	7	4	3	2	1	3	2
庆城县	5	2	3					
环　县	6	2	4				4	4
华池县	3	2	1					
合水县	1		1				4	4
正宁县	1		1				3	2
宁　县	5	2	3				2	1
镇原县	5		5				1	1
定西市	**22**	**14**	**8**				**9**	**5**
安定区	7	6	1				5	3
通渭县	3	1	2				1	
陇西县	8	5	3					
渭源县	2	1	1					
临洮县	1	1					3	2
漳　县								
岷　县	1		1					
陇南市	**40**	**23**	**17**	**3**	**1**	**2**	**16**	**7**
武都区	17	12	5				6	2
成　县	5	4	1	1	1		2	2
文　县	3		3				2	1
宕昌县	5	3	2					
康　县	4	2	2	1		1	4	2
西和县	2		2	1		1		
礼　县	1		1				1	
徽　县	3	2	1				1	
两当县								
临夏回族自治州	**14402**	**7260**	**7142**	**1**	**1**		**8**	**7**
临夏市	1193	630	563				4	3
临夏县	867	436	431				2	2
康乐县	24	9	15				1	1
永靖县	72	29	43					
广河县	160	78	82					
和政县	146	69	77	1	1			
东乡族自治县	29	7	22					
积石山保安族东乡族撒拉族自治县	11911	6002	5909				1	1
甘南藏族自治州	**306**	**164**	**142**				**7**	**6**
合作市	134	69	65					
临潭县	8	6	2					
卓尼县							5	5
舟曲县	6	4	2					
迭部县	1	1					1	
玛曲县	20	12	8				1	1
碌曲县	11	8	3					
夏河县	126	64	62					

民族的人口（续 13）

单位：人

	锡伯族			阿昌族			普米族		
女	小计	男	女	小计	男	女	小计	男	女
2	**17**	**5**	**12**						
1	9	1	8						
1									
	1		1						
	4	1	3						
	3	3							
3	**1**		**1**						
1									
	1		1						
1									
1									
4	**1**		**1**				**2**	**1**	**1**
2							2	1	1
1	1		1						
1									
9									
4									
1									
2									
1									
1									
1	**7**	**4**	**3**						
1	5	3	2						
	1	1							
	1		1						
1	**3**	**2**	**1**						
	2	2							
	1		1						
1									

1–4 各地区分性别、

地区	塔吉克族			怒族			乌孜别克族	
	小计	男	女	小计	男	女	小计	男
合计	**16**	**7**	**9**	**3**		**3**	**13**	**7**
兰州市	**15**	**7**	**8**	**1**		**1**	**11**	**5**
城关区	1		1				2	1
七里河区	1	1					4	3
西固区								
安宁区	3	2	1				1	
红古区								
永登县	1		1					
皋兰县								
榆中县	7	2	5				4	1
兰州新区	2	2		1		1		
嘉峪关市								
市辖区								
金昌市								
金川区								
永昌县								
白银市								
白银区								
平川区								
靖远县								
会宁县								
景泰县								
天水市	**1**		**1**					
秦州区								
麦积区								
清水县								
秦安县								
甘谷县								
武山县								
张家川回族自治县	1		1					
武威市								
凉州区								
民勤县								
古浪县								
天祝藏族自治县								
张掖市								
甘州区								
肃南裕固族自治县								
民乐县								
临泽县								
高台县								
山丹县								
平凉市								
崆峒区								
泾川县								
灵台县								
崇信县								
庄浪县								
静宁县								
华亭市								

民族的人口（续 14）

单位：人

	俄罗斯族			鄂温克族			德昂族		
女	小计	男	女	小计	男	女	小计	男	女
6	**62**	**25**	**37**	**19**	**10**	**9**	**4**	**2**	**2**
6	**44**	**16**	**28**	**7**	**3**	**4**	**4**	**2**	**2**
1	15	3	12	2	1	1	2	1	1
1	9	3	6				2	1	1
	4	1	3						
1	14	8	6	1		1			
	1		1						
3	1	1		3	1	2			
				1	1				
	3	**2**	**1**	**3**	**3**				
	3	2	1	3	3				
	3	**3**							
	3	3							
	8	**4**	**4**	**3**	**1**	**2**			
	8	4	4	2	1	1			
				1		1			
	1		**1**	**1**	**1**				
				1	1				
	1		1						

1-4 各地区分性别、

地区	塔吉克族			怒族			乌孜别克族	
	小计	男	女	小计	男	女	小计	男
酒泉市							**2**	**2**
肃州区							2	2
金塔县								
瓜州县								
肃北蒙古族自治县								
阿克塞哈萨克族自治县								
玉门市								
敦煌市								
庆阳市								
西峰区								
庆城县								
环　县								
华池县								
合水县								
正宁县								
宁　县								
镇原县								
定西市				**1**		**1**		
安定区				1		1		
通渭县								
陇西县								
渭源县								
临洮县								
漳　县								
岷　县								
陇南市				**1**		**1**		
武都区				1		1		
成　县								
文　县								
宕昌县								
康　县								
西和县								
礼　县								
徽　县								
两当县								
临夏回族自治州								
临夏市								
临夏县								
康乐县								
永靖县								
广河县								
和政县								
东乡族自治县								
积石山保安族东乡族撒拉族自治县								
甘南藏族自治州								
合作市								
临潭县								
卓尼县								
舟曲县								
迭部县								
玛曲县								
碌曲县								
夏河县								

民族的人口（续 15）

单位：人

	俄罗斯族			鄂温克族			德昂族		
女	小计	男	女	小计	男	女	小计	男	女
	1		**1**	**5**	**2**	**3**			
	1		1						
				5	2	3			
	2		**2**						
	1		1						
	1		1						

1-4 各地区分性别、

地区	保安族			裕固族			京族	
	小计	男	女	小计	男	女	小计	男
合计	**20794**	**10251**	**10543**	**13053**	**6496**	**6557**	**6**	**3**
兰州市	**370**	**184**	**186**	**595**	**260**	**335**	**3**	**1**
城关区	110	60	50	272	125	147		
七里河区	90	56	34	59	25	34		
西固区	12	5	7	16	8	8		
安宁区	63	16	47	153	67	86	1	1
红古区	22	13	9	2	2			
永登县	6	3	3	6	1	5		
皋兰县	11	6	5	5	3	2		
榆中县	28	16	12	50	15	35	2	
兰州新区	28	9	19	32	14	18		
嘉峪关市	**32**	**20**	**12**	**314**	**141**	**173**		
市辖区	32	20	12	314	141	173		
金昌市	**21**	**14**	**7**	**140**	**62**	**78**		
金川区	18	11	7	59	30	29		
永昌县	3	3		81	32	49		
白银市	**30**	**15**	**15**	**21**	**10**	**11**		
白银区	13	7	6	14	7	7		
平川区	4	3	1	2	1	1		
靖远县	6	3	3	3	2	1		
会宁县	3	1	2					
景泰县	4	1	3	2		2		
天水市	**50**	**27**	**23**	**46**	**22**	**24**		
秦州区	25	15	10	24	11	13		
麦积区	11	6	5	15	10	5		
清水县	3	1	2	3		3		
秦安县	4	2	2	4	1	3		
甘谷县	4	2	2					
武山县	2	1	1					
张家川回族自治县	1		1					
武威市	**29**	**14**	**15**	**90**	**35**	**55**	**2**	**2**
凉州区	23	12	11	79	32	47		
民勤县	3	1	2	1		1		
古浪县	2	1	1	1	1			
天祝藏族自治县	1		1	9	2	7	2	2
张掖市	**23**	**12**	**11**	**9514**	**4725**	**4789**		
甘州区	15	5	10	1518	654	864		
肃南裕固族自治县	3	2	1	7822	4014	3808		
民乐县	2	2		23	9	14		
临泽县	1	1		46	13	33		
高台县	2	2		92	29	63		
山丹县				13	6	7		
平凉市	**33**	**15**	**18**	**22**	**9**	**13**		
崆峒区	18	8	10	9	3	6		
泾川县				4	3	1		
灵台县	4	1	3					
崇信县	1	1						
庄浪县	5	2	3	3		3		
静宁县	4	2	2	3	2	1		
华亭市	1	1		3	1	2		

民族的人口（续 16）

单位：人

	塔塔尔族			独龙族			鄂伦春族		
女	小计	男	女	小计	男	女	小计	男	女
3	**3**		**3**	**2**	**2**		**6**	**4**	**2**
2	**1**		**1**	**1**	**1**		**3**	**1**	**2**
							1		1
2	1		1	1	1		2	1	1
							1	**1**	
							1	1	
	1		**1**						
	1		1						

1-4 各地区分性别、

地区	保安族			裕固族			京族	
	小计	男	女	小计	男	女	小计	男
酒泉市	**48**	**20**	**28**	**2145**	**1141**	**1004**	**1**	
肃州区	16	7	9	2046	1096	950	1	
金塔县	3	2	1	29	9	20		
瓜州县	14	4	10	9	5	4		
肃北蒙古族自治县				18	7	11		
阿克塞哈萨克族自治县				2	1	1		
玉门市	2		2	22	12	10		
敦煌市	13	7	6	19	11	8		
庆阳市	**53**	**33**	**20**	**19**	**12**	**7**		
西峰区	24	12	12	8	3	5		
庆城县	4	4		1	1			
环　县	7	6	1	5	5			
华池县	2		2					
合水县	1		1	1	1			
正宁县	1	1		1		1		
宁　县	6	3	3	2	2			
镇原县	8	7	1	1		1		
定西市	**29**	**11**	**18**	**28**	**16**	**12**		
安定区	16	6	10	15	9	6		
通渭县				3	1	2		
陇西县	4	2	2	7	3	4		
渭源县	4	1	3					
临洮县	5	2	3	2	2			
漳　县								
岷　县				1	1			
陇南市	**32**	**20**	**12**	**17**	**11**	**6**		
武都区	7	3	4	6	3	3		
成　县	6	5	1	1		1		
文　县	1		1	1	1			
宕昌县	8	6	2	1	1			
康　县	1	1						
西和县	6	3	3	2	1	1		
礼　县	1		1	4	3	1		
徽　县	2	2		2	2			
两当县								
临夏回族自治州	**19829**	**9769**	**10060**	**24**	**11**	**13**		
临夏市	1238	588	650	6	3	3		
临夏县	241	99	142	2	1	1		
康乐县	19	13	6	1	1			
永靖县	62	24	38	8	3	5		
广河县	24	9	15	1		1		
和政县	65	33	32	4	2	2		
东乡族自治县	15	6	9	1		1		
积石山保安族东乡族撒拉族自治县	18165	8997	9168	1	1			
甘南藏族自治州	**215**	**97**	**118**	**78**	**41**	**37**		
合作市	113	47	66	62	31	31		
临潭县	7		7	4	2	2		
卓尼县	2	1	1	1	1			
舟曲县	1	1		2		2		
迭部县				4	2	2		
玛曲县	29	16	13	1	1			
碌曲县	18	9	9					
夏河县	45	23	22	4	4			

民族的人口（续 17）

单位：人

	塔塔尔族			独龙族			鄂伦春族		
女	小计	男	女	小计	男	女	小计	男	女
1							**2**	**2**	
1									
							2	2	
				1	**1**				
				1	1				
	1		**1**						
	1		1						

1-4 各地区分性别、

地区	赫哲族			门巴族			珞巴族	
	小计	男	女	小计	男	女	小计	男
合计	**7**	**4**	**3**	**34**	**9**	**25**	**10**	**3**
兰州市	**3**	**2**	**1**	**9**	**2**	**7**	**5**	**1**
城关区	2	1	1	2		2	2	1
七里河区								
西固区								
安宁区								
红古区				4	1	3		
永登县								
皋兰县								
榆中县	1	1		3	1	2	3	
兰州新区								
嘉峪关市								
市辖区								
金昌市								
金川区								
永昌县								
白银市							**1**	
白银区								
平川区								
靖远县								
会宁县							1	
景泰县								
天水市				**7**	**2**	**5**		
秦州区				1		1		
麦积区								
清水县								
秦安县								
甘谷县				6	2	4		
武山县								
张家川回族自治县								
武威市				**2**	**1**	**1**	**1**	**1**
凉州区								
民勤县								
古浪县							1	1
天祝藏族自治县				2	1	1		
张掖市				**1**		**1**		
甘州区				1		1		
肃南裕固族自治县								
民乐县								
临泽县								
高台县								
山丹县								
平凉市				**5**	**1**	**4**		
崆峒区								
泾川县								
灵台县								
崇信县								
庄浪县				4	1	3		
静宁县				1		1		
华亭市								

民族的人口（续 18）

单位：人

	基诺族			未定族称人口			入籍		
女	小计	男	女	小计	男	女	小计	男	女
7				**449**	**253**	**196**	**28**	**10**	**18**
4				**201**	**100**	**101**	**17**	**6**	**11**
1				38	17	21	4	2	2
				17	10	7	4	2	2
				4	2	2	2		2
				20	9	11	3	1	2
				6	2	4	1	1	
				5	5		1		1
				1	1				
3				107	53	54	2		2
				3	1	2			
				2	**1**	**1**	**1**		**1**
				2	1	1	1		1
				39	**27**	**12**			
				3		3			
				36	27	9			
1				**17**	**12**	**5**	**1**	**1**	
				6	3	3			
				1	1		1	1	
				2	1	1			
1				1	1				
				7	6	1			
				40	**37**	**3**	**1**		**1**
				4	2	2	1		1
				3	3				
				1	1				
				1		1			
				1	1				
				30	30				
				4	**2**	**2**			
				2	2				
				2		2			
				22	**14**	**8**			
				15	10	5			
				3	2	1			
				4	2	2			
				9	**7**	**2**	**3**	**1**	**2**
				3	3		1		1
							1		1
				1	1		1	1	
				1	1				
				2		2			
				2	2				

1-4 各地区分性别、

地区	赫哲族			门巴族			珞巴族	
	小计	男	女	小计	男	女	小计	男
酒泉市				**2**	**2**			
肃州区				2	2			
金塔县								
瓜州县								
肃北蒙古族自治县								
阿克塞哈萨克族自治县								
玉门市								
敦煌市								
庆阳市	**3**	**1**	**2**				**1**	
西峰区	2		2					
庆城县								
环　县							1	
华池县								
合水县								
正宁县								
宁　县								
镇原县	1	1						
定西市								
安定区								
通渭县								
陇西县								
渭源县								
临洮县								
漳　县								
岷　县								
陇南市								
武都区								
成　县								
文　县								
宕昌县								
康　县								
西和县								
礼　县								
徽　县								
两当县								
临夏回族自治州	**1**	**1**		**5**	**1**	**4**	**1**	**1**
临夏市								
临夏县	1	1		2		2		
康乐县				1		1		
永靖县								
广河县								
和政县								
东乡族自治县								
积石山保安族东乡族撒拉族自治县				2	1	1	1	1
甘南藏族自治州				**3**		**3**	**1**	
合作市				3		3		
临潭县								
卓尼县								
舟曲县								
迭部县								
玛曲县								
碌曲县								
夏河县							1	

民族的人口（续 19）

单位：人

	基诺族			未定族称人口			入籍		
女	小计	男	女	小计	男	女	小计	男	女
				8	**5**	**3**			
				1		1			
				4	3	1			
				1	1				
				2	1	1			
1				**12**	**7**	**5**	**1**		**1**
				4	2	2			
				1		1			
1									
				1		1			
							1		1
				6	5	1			
				22	**14**	**8**			
				11	7	4			
				1		1			
				2	1	1			
				1	1				
				6	4	2			
				1	1				
				9	**2**	**7**	**1**		**1**
				1		1	1		1
				3		3			
				1		1			
				3	2	1			
				1		1			
				53	**20**	**33**	**3**	**2**	**1**
				14	7	7	3	2	1
				6	2	4			
				2		2			
				2	1	1			
				25	7	18			
				2	1	1			
				2	2				
1				**11**	**5**	**6**			
				5	1	4			
				3	2	1			
				2	1	1			
				1	1				
1									

1-4a 各地区分性别、

地区	合计			汉族			
	合计	男	女	小计	男	女	小计
合计	**7095181**	**3565095**	**3530086**	**6603323**	**3319621**	**3283702**	**4182**
兰州市	**2889065**	**1463600**	**1425465**	**2723256**	**1379473**	**1343783**	**2351**
城关区	1443050	731091	711959	1371155	694496	676659	1271
七里河区	561571	287058	274513	506516	259084	247432	323
西固区	352451	178830	173621	343190	173957	169233	151
安宁区	439566	219857	219709	419975	210291	209684	564
红古区	92427	46764	45663	82420	41645	40775	42
嘉峪关市	**291577**	**150719**	**140858**	**284289**	**146931**	**137358**	**203**
市辖区	291577	150719	140858	284289	146931	137358	203
金昌市	**236943**	**121356**	**115587**	**230587**	**117879**	**112708**	**155**
金川区	236943	121356	115587	230587	117879	112708	155
白银市	**433593**	**219796**	**213797**	**425983**	**215628**	**210355**	**138**
白银区	304050	154662	149388	298244	151435	146809	98
平川区	127714	64058	63656	125999	63163	62836	40
靖远县	1829	1076	753	1740	1030	710	
天水市	**657701**	**328775**	**328926**	**642242**	**321150**	**321092**	**117**
秦州区	382514	189005	193509	371347	183586	187761	76
麦积区	275187	139770	135417	270895	137564	133331	41
武威市	**393885**	**197344**	**196541**	**387451**	**194020**	**193431**	**141**
凉州区	393885	197344	196541	387451	194020	193431	141
张掖市	**264779**	**129879**	**134900**	**258960**	**127187**	**131773**	**145**
甘州区	264158	129574	134584	258657	127037	131620	142
肃南裕固族自治县	621	305	316	303	150	153	3
平凉市	**404940**	**198729**	**206211**	**344034**	**168688**	**175346**	**79**
崆峒区	323022	158026	164996	268122	130972	137150	59
华亭市	81918	40703	41215	75912	37716	38196	20
酒泉市	**446133**	**222738**	**223395**	**436522**	**217663**	**218859**	**648**
肃州区	307539	153025	154514	301583	149882	151701	524
玉门市	49384	25207	24177	47887	24434	23453	37
敦煌市	89210	44506	44704	87052	43347	43705	87
庆阳市	**310421**	**156052**	**154369**	**308556**	**155105**	**153451**	**49**
西峰区	310421	156052	154369	308556	155105	153451	49
定西市	**196987**	**95030**	**101957**	**193942**	**93639**	**100303**	**21**
安定区	196987	95030	101957	193942	93639	100303	21
陇南市	**185428**	**90806**	**94622**	**179302**	**87789**	**91513**	**14**
武都区	183867	89971	93896	177742	86954	90788	14
康　县	1561	835	726	1560	835	725	
临夏回族自治州	**311436**	**154909**	**156527**	**156442**	**78352**	**78090**	**78**
临夏市	302668	150597	152071	150038	75145	74893	74
临夏县	8768	4312	4456	6404	3207	3197	4
甘南藏族自治州	**72293**	**35362**	**36931**	**31757**	**16117**	**15640**	**43**
合作市	72293	35362	36931	31757	16117	15640	43

民族的人口（城市）

单位：人

蒙古族		回族			藏族		
男	女	小计	男	女	小计	男	女
2084	**2098**	**325668**	**162493**	**163175**	**54168**	**25575**	**28593**
1166	**1185**	**105102**	**53318**	**51784**	**13973**	**6758**	**7215**
616	655	49490	25048	24442	7839	3864	3975
181	142	30664	15608	15056	1745	874	871
69	82	6114	3185	2929	563	317	246
280	284	10083	5077	5006	3598	1603	1995
20	22	8751	4400	4351	228	100	128
102	**101**	**3459**	**1768**	**1691**	**1065**	**548**	**517**
102	101	3459	1768	1691	1065	548	517
85	**70**	**3154**	**1724**	**1430**	**494**	**221**	**273**
85	70	3154	1724	1430	494	221	273
70	**68**	**4805**	**2588**	**2217**	**498**	**274**	**224**
49	49	3347	1837	1510	434	241	193
21	19	1377	709	668	63	33	30
		81	42	39	1		1
50	**67**	**12522**	**6121**	**6401**	**1024**	**507**	**517**
29	47	9317	4502	4815	616	296	320
21	20	3205	1619	1586	408	211	197
72	**69**	**2395**	**1233**	**1162**	**2230**	**1019**	**1211**
72	69	2395	1233	1162	2230	1019	1211
56	**89**	**1878**	**898**	**980**	**1516**	**659**	**857**
54	88	1829	877	952	1461	634	827
2	1	49	21	28	55	25	30
46	**33**	**59563**	**29384**	**30179**	**433**	**190**	**243**
34	25	53728	26482	27246	412	179	233
12	8	5835	2902	2933	21	11	10
326	**322**	**4044**	**2137**	**1907**	**1233**	**594**	**639**
268	256	2084	1099	985	949	432	517
12	25	460	253	207	195	106	89
46	41	1500	785	715	89	56	33
30	**19**	**1348**	**673**	**675**	**78**	**40**	**38**
30	19	1348	673	675	78	40	38
10	**11**	**2391**	**1117**	**1274**	**229**	**65**	**164**
10	11	2391	1117	1274	229	65	164
10	**4**	**5099**	**2470**	**2629**	**745**	**388**	**357**
10	4	5098	2470	2628	745	388	357
		1		1			
46	**32**	**109879**	**54122**	**55757**	**2021**	**914**	**1107**
43	31	107826	53160	54666	1945	889	1056
3	1	2053	962	1091	76	25	51
15	**28**	**10029**	**4940**	**5089**	**28629**	**13398**	**15231**
15	28	10029	4940	5089	28629	13398	15231

1-4a 各地区分性别、

地区	维吾尔族			苗族			彝族	
	小计	男	女	小计	男	女	小计	男
合计	**1420**	**682**	**738**	**1283**	**702**	**581**	**918**	**535**
兰州市	**1083**	**481**	**602**	**745**	**409**	**336**	**573**	**336**
城关区	578	267	311	419	223	196	374	227
七里河区	138	71	67	88	44	44	42	32
西固区	55	33	22	45	29	16	18	11
安宁区	307	109	198	182	104	78	117	53
红古区	5	1	4	11	9	2	22	13
嘉峪关市	**79**	**58**	**21**	**55**	**25**	**30**	**24**	**16**
市辖区	79	58	21	55	25	30	24	16
金昌市	**18**	**12**	**6**	**69**	**35**	**34**	**48**	**38**
金川区	18	12	6	69	35	34	48	38
白银市	**21**	**14**	**7**	**70**	**37**	**33**	**35**	**17**
白银区	19	13	6	63	32	31	33	16
平川区	2	1	1	6	4	2	2	1
靖远县				1	1			
天水市	**22**	**9**	**13**	**69**	**33**	**36**	**52**	**27**
秦州区	6		6	31	14	17	33	18
麦积区	16	9	7	38	19	19	19	9
武威市	**36**	**19**	**17**	**45**	**24**	**21**	**40**	**18**
凉州区	36	19	17	45	24	21	40	18
张掖市	**17**	**8**	**9**	**33**	**23**	**10**	**20**	**12**
甘州区	17	8	9	33	23	10	20	12
肃南裕固族自治县								
平凉市	**8**	**3**	**5**	**36**	**22**	**14**	**25**	**14**
崆峒区	8	3	5	28	17	11	24	13
华亭市				8	5	3	1	1
酒泉市	**98**	**57**	**41**	**48**	**26**	**22**	**32**	**21**
肃州区	65	41	24	34	17	17	25	17
玉门市	7	2	5	5	3	2	4	2
敦煌市	26	14	12	9	6	3	3	2
庆阳市	**5**	**4**	**1**	**24**	**13**	**11**	**11**	**4**
西峰区	5	4	1	24	13	11	11	4
定西市	**1**	**1**		**6**	**1**	**5**	**9**	**4**
安定区	1	1		6	1	5	9	4
陇南市	**2**		**2**	**19**	**13**	**6**	**9**	**5**
武都区	2		2	19	13	6	9	5
康　县								
临夏回族自治州	**28**	**15**	**13**	**38**	**26**	**12**	**20**	**12**
临夏市	28	15	13	38	26	12	20	12
临夏县								
甘南藏族自治州	**2**	**1**	**1**	**26**	**15**	**11**	**20**	**11**
合作市	2	1	1	26	15	11	20	11

民族的人口（城市）（续1）

单位：人

女	壮族			布依族			朝鲜族		
	小计	男	女	小计	男	女	小计	男	女
383	**1012**	**462**	**550**	**345**	**169**	**176**	**398**	**194**	**204**
237	**673**	**312**	**361**	**227**	**111**	**116**	**259**	**127**	**132**
147	349	145	204	114	56	58	133	68	65
10	98	54	44	19	12	7	47	20	27
7	51	25	26	29	10	19	47	23	24
64	168	85	83	60	33	27	32	16	16
9	7	3	4	5		5			
8	**45**	**29**	**16**	**9**	**5**	**4**	**21**	**12**	**9**
8	45	29	16	9	5	4	21	12	9
10	**40**	**21**	**19**	**15**	**8**	**7**	**13**	**8**	**5**
10	40	21	19	15	8	7	13	8	5
18	**47**	**19**	**28**	**7**	**4**	**3**	**7**	**4**	**3**
17	44	17	27	4	3	1	6	3	3
1	3	2	1	3	1	2	1	1	
25	**40**	**13**	**27**	**18**	**10**	**8**	**18**	**7**	**11**
15	37	12	25	10	4	6	6	3	3
10	3	1	2	8	6	2	12	4	8
22	**26**	**16**	**10**	**10**	**5**	**5**	**2**	**1**	**1**
22	26	16	10	10	5	5	2	1	1
8	**25**	**9**	**16**	**7**	**3**	**4**	**13**	**5**	**8**
8	25	9	16	7	3	4	13	5	8
11	**14**	**5**	**9**	**9**	**5**	**4**	**7**		**7**
11	7	2	5	9	5	4	4		4
	7	3	4				3		3
11	**41**	**17**	**24**	**10**	**6**	**4**	**22**	**12**	**10**
8	28	16	12	9	6	3	10	5	5
2	13	1	12						
1				1		1	12	7	5
7	**9**	**2**	**7**	**14**	**5**	**9**	**9**	**3**	**6**
7	9	2	7	14	5	9	9	3	6
5	**4**	**1**	**3**	**2**	**2**		**1**	**1**	
5	4	1	3	2	2		1	1	
4	**9**	**4**	**5**	**4**	**1**	**3**	**3**	**2**	**1**
4	9	4	5	4	1	3	3	2	1
8	**17**	**7**	**10**	**5**	**2**	**3**	**11**	**4**	**7**
8	17	7	10	5	2	3	11	4	7
9	**22**	**7**	**15**	**8**	**2**	**6**	**12**	**8**	**4**
9	22	7	15	8	2	6	12	8	4

1-4a 各地区分性别、

地区	满族			侗族			瑶族	
	小计	男	女	小计	男	女	小计	男
合计	**10862**	**5580**	**5282**	**455**	**239**	**216**	**241**	**111**
兰州市	**6449**	**3251**	**3198**	**305**	**158**	**147**	**144**	**76**
城关区	3080	1553	1527	151	75	76	71	33
七里河区	1195	617	578	44	29	15	42	28
西固区	849	454	395	33	20	13	3	2
安宁区	1238	586	652	67	29	38	28	13
红古区	87	41	46	10	5	5		
嘉峪关市	**795**	**425**	**370**	**15**	**8**	**7**	**13**	**5**
市辖区	795	425	370	15	8	7	13	5
金昌市	**741**	**384**	**357**	**22**	**10**	**12**	**10**	**4**
金川区	741	384	357	22	10	12	10	4
白银市	**758**	**390**	**368**	**11**	**3**	**8**	**8**	**3**
白银区	706	358	348	8	2	6	6	2
平川区	52	32	20	3	1	2	2	1
靖远县								
天水市	**690**	**363**	**327**	**18**	**11**	**7**	**12**	**4**
秦州区	437	227	210	14	9	5	4	
麦积区	253	136	117	4	2	2	8	4
武威市	**385**	**199**	**186**	**14**	**9**	**5**	**9**	**1**
凉州区	385	199	186	14	9	5	9	1
张掖市	**190**	**87**	**103**	**6**	**4**	**2**	**6**	**3**
甘州区	190	87	103	6	4	2	6	3
肃南裕固族自治县								
平凉市	**183**	**100**	**83**	**18**	**10**	**8**	**5**	
崆峒区	130	69	61	15	9	6	3	
华亭市	53	31	22	3	1	2	2	
酒泉市	**240**	**150**	**90**	**16**	**7**	**9**	**9**	**1**
肃州区	208	128	80	6	4	2	9	1
玉门市	5	4	1	1		1		
敦煌市	27	18	9	9	3	6		
庆阳市	**74**	**40**	**34**	**6**	**5**	**1**	**7**	**4**
西峰区	74	40	34	6	5	1	7	4
定西市	**70**	**42**	**28**	**3**	**1**	**2**	**2**	**2**
安定区	70	42	28	3	1	2	2	2
陇南市	**40**	**23**	**17**	**3**	**1**	**2**	**5**	**3**
武都区	40	23	17	3	1	2	5	3
康　县								
临夏回族自治州	**151**	**78**	**73**	**11**	**7**	**4**	**10**	**5**
临夏市	150	77	73	8	4	4	10	5
临夏县	1	1		3	3			
甘南藏族自治州	**96**	**48**	**48**	**7**	**5**	**2**	**1**	
合作市	96	48	48	7	5	2	1	

民族的人口（城市）（续 2）

单位：人

	白族			土家族			哈尼族		
女	小计	男	女	小计	男	女	小计	男	女
130	**304**	**172**	**132**	**2860**	**1517**	**1343**	**68**	**36**	**32**
68	**178**	**101**	**77**	**1493**	**812**	**681**	**42**	**21**	**21**
38	109	60	49	806	446	360	21	10	11
14	23	13	10	205	117	88	10	4	6
1	10	6	4	93	54	39	3	2	1
15	31	17	14	334	164	170	7	4	3
	5	5		55	31	24	1	1	
8	**9**	**5**	**4**	**141**	**72**	**69**	**1**	**1**	
8	9	5	4	141	72	69	1	1	
6	**10**	**4**	**6**	**75**	**45**	**30**	**10**	**6**	**4**
6	10	4	6	75	45	30	10	6	4
5	**13**	**7**	**6**	**108**	**59**	**49**	**1**	**1**	
4	11	7	4	101	58	43	1	1	
1	2		2	7	1	6			
8	**21**	**14**	**7**	**111**	**62**	**49**	**1**		**1**
4	10	5	5	54	32	22	1		1
4	11	9	2	57	30	27			
8	**5**	**2**	**3**	**113**	**53**	**60**	**1**	**1**	
8	5	2	3	113	53	60	1	1	
3	**6**	**4**	**2**	**86**	**47**	**39**	**2**		**2**
3	6	4	2	86	47	39	2		2
5	**7**	**5**	**2**	**42**	**22**	**20**			
3	7	5	2	32	17	15			
2				10	5	5			
8	**12**	**8**	**4**	**119**	**71**	**48**	**1**		**1**
8	10	7	3	61	38	23			
	1		1	17	8	9			
	1	1		41	25	16	1		1
3	**2**		**2**	**40**	**24**	**16**	**1**		**1**
3	2		2	40	24	16	1		1
	3		**3**	**21**	**10**	**11**			
	3		3	21	10	11			
2	**1**		**1**	**21**	**11**	**10**	**4**	**4**	
2	1		1	21	11	10	4	4	
5	**7**	**6**	**1**	**443**	**207**	**236**	**4**	**2**	**2**
5	4	4		434	202	232	4	2	2
	3	2	1	9	5	4			
1	**30**	**16**	**14**	**47**	**22**	**25**			
1	30	16	14	47	22	25			

1-4a 各地区分性别、

地区	哈萨克族			傣族			黎族	
	小计	男	女	小计	男	女	小计	男
合计	**370**	**209**	**161**	**52**	**21**	**31**	**154**	**63**
兰州市	**211**	**106**	**105**	**27**	**9**	**18**	**89**	**33**
城关区	110	53	57	12	5	7	36	15
七里河区	30	18	12	10	3	7	11	6
西固区	8	4	4				1	
安宁区	61	30	31	4	1	3	40	12
红古区	2	1	1	1		1	1	
嘉峪关市	**40**	**26**	**14**	**1**	**1**		**3**	**1**
市辖区	40	26	14	1	1		3	1
金昌市	**1**		**1**	**2**	**1**	**1**	**10**	**5**
金川区	1		1	2	1	1	10	5
永昌县								
白银市	**1**	**1**		**5**	**3**	**2**	**9**	**5**
白银区	1	1		5	3	2	6	4
平川区							3	1
靖远县								
天水市	**1**	**1**		**6**	**3**	**3**	**6**	**3**
秦州区	1	1					6	3
麦积区				6	3	3		
武威市	**4**	**3**	**1**	**1**	**1**		**4**	
凉州区	4	3	1	1	1		4	
张掖市				**1**		**1**	**1**	**1**
甘州区				1		1	1	1
肃南裕固族自治县								
平凉市	**3**		**3**	**1**		**1**	**6**	**4**
崆峒区	2		2	1		1	6	4
华亭市	1		1					
酒泉市	**105**	**72**	**33**	**2**	**2**		**15**	**7**
肃州区	92	66	26				11	5
玉门市							1	1
敦煌市	13	6	7	2	2		3	1
庆阳市	**1**		**1**	**1**		**1**	**1**	
西峰区	1		1	1		1	1	
定西市								
安定区								
陇南市				**3**	**1**	**2**		
武都区				3	1	2		
康　县								
临夏回族自治州	**3**		**3**				**9**	**4**
临夏市	3		3				9	4
临夏县								
甘南藏族自治州				**2**		**2**	**1**	
合作市				2		2	1	

民族的人口（城市）（续3）

单位：人

	傈僳族			佤族			畲族		
女	小计	男	女	小计	男	女	小计	男	女
91	**36**	**10**	**26**	**18**	**4**	**14**	**127**	**72**	**55**
56	**18**	**7**	**11**	**10**	**4**	**6**	**90**	**51**	**39**
21	10	5	5	6	4	2	48	26	22
5	4	1	3	2		2	7	5	2
1				2		2	14	7	7
28	4	1	3				21	13	8
1									
2							**7**	**4**	**3**
2							7	4	3
5	**1**		**1**				**1**	**1**	
5	1		1				1	1	
4							**2**	**2**	
2							2	2	
2									
3				**2**		**2**	**5**	**1**	**4**
3				1		1	5	1	4
				1		1			
4				**1**		**1**			
4				1		1			
							4	**4**	
							4	4	
2				**2**		**2**	**6**	**4**	**2**
2				2		2	3	2	1
							3	2	1
8	**3**		**3**				**5**	**2**	**3**
6							1	1	
	1		1				4	1	3
2	2		2						
1									
1									
							5	**1**	**4**
							5	1	4
	2		**2**						
	2		2						
5	**4**	**2**	**2**	**3**		**3**	**2**	**2**	
5	4	2	2	3		3	2	2	
1	**8**	**1**	**7**						
1	8	1	7						

1-4a 各地区分性别、

地区	高山族			拉祜族			水族	
	小计	男	女	小计	男	女	小计	男
合计	**13**	**5**	**8**	**14**	**4**	**10**	**44**	**29**
兰州市				**9**	**2**	**7**	**21**	**12**
城关区				6	1	5	9	6
七里河区				3	1	2	4	2
西固区								
安宁区							7	3
红古区							1	1
嘉峪关市							**1**	**1**
市辖区							1	1
金昌市	**4**	**3**	**1**					
金川区	4	3	1					
白银市							**11**	**8**
白银区							11	8
平川区								
靖远县								
天水市	**1**		**1**	**1**		**1**	**1**	
秦州区	1		1				1	
麦积区				1		1		
武威市				**2**	**1**	**1**	**2**	**2**
凉州区				2	1	1	2	2
张掖市	**4**	**2**	**2**				**2**	**2**
甘州区	4	2	2				2	2
肃南裕固族自治县								
平凉市	**1**		**1**					
崆峒区								
华亭市	1		1					
酒泉市	**3**		**3**					
肃州区								
玉门市	3		3					
敦煌市								
庆阳市							**3**	**2**
西峰区							3	2
定西市							**2**	**1**
安定区							2	1
陇南市								
武都区								
康　县								
临夏回族自治州				**1**		**1**	**1**	**1**
临夏市				1		1	1	1
临夏县								
甘南藏族自治州				**1**	**1**			
合作市				1	1			

民族的人口（城市）（续4）

单位：人

女	东乡族			纳西族			景颇族		
	小计	男	女	小计	男	女	小计	男	女
15	**74217**	**38370**	**35847**	**31**	**15**	**16**	**6**	**4**	**2**
9	**28356**	**14807**	**13549**	**22**	**12**	**10**	**4**	**2**	**2**
3	5293	3006	2287	15	8	7	2	1	1
2	19748	9948	9800	3	2	1	1		1
	994	538	456	1		1	1	1	
4	1693	899	794	3	2	1			
	628	416	212						
	739	**393**	**346**						
	739	393	346						
	1284	**769**	**515**	**1**		**1**	**1**	**1**	
	1284	769	515	1		1	1	1	
3	**913**	**580**	**333**						
3	780	505	275						
	129	73	56						
	4	2	2						
1	**513**	**288**	**225**	**1**	**1**				
1	373	207	166	1	1				
	140	81	59						
	726	**535**	**191**						
	726	535	191						
	444	**218**	**226**						
	439	217	222						
	5	1	4						
	369	**189**	**180**						
	338	176	162						
	31	13	18						
	1451	**829**	**622**				**1**	**1**	
	516	331	185				1	1	
	678	354	324						
	257	144	113						
1	**155**	**84**	**71**	**1**		**1**			
1	155	84	71	1		1			
1	**225**	**110**	**115**	**1**		**1**			
1	225	110	115	1		1			
	113	**65**	**48**	**1**	**1**				
	113	65	48	1	1				
	37910	**19005**	**18905**	**1**		**1**			
	37727	18912	18815	1		1			
	183	93	90						
	1019	**498**	**521**	**3**	**1**	**2**			
	1019	498	521	3	1	2			

1-4a 各地区分性别、

地区	柯尔克孜族			土族			达斡尔族	
	小计	男	女	小计	男	女	小计	男
合计	**33**	**16**	**17**	**4721**	**2264**	**2457**	**86**	**48**
兰州市	**29**	**14**	**15**	**1640**	**814**	**826**	**59**	**28**
城关区	6	3	3	710	362	348	41	20
七里河区	2	1	1	216	115	101	9	4
西固区	1		1	96	42	54	1	1
安宁区	20	10	10	519	249	270	8	3
红古区				99	46	53		
嘉峪关市	**1**	**1**		**169**	**89**	**80**	**12**	**11**
市辖区	1	1		169	89	80	12	11
金昌市				**57**	**31**	**26**		
金川区				57	31	26		
永昌县								
白银市				**62**	**34**	**28**		
白银区				57	31	26		
平川区				5	3	2		
靖远县								
天水市				**61**	**30**	**31**	**4**	**3**
秦州区				44	16	28	3	2
麦积区				17	14	3	1	1
武威市				**154**	**69**	**85**	**1**	**1**
凉州区				154	69	85	1	1
张掖市				**168**	**84**	**84**	**2**	
甘州区				132	65	67	2	
肃南裕固族自治县				36	19	17		
平凉市	**1**	**1**		**49**	**20**	**29**		
崆峒区	1	1		44	19	25		
华亭市				5	1	4		
酒泉市				**163**	**80**	**83**	**1**	**1**
肃州区				80	38	42	1	1
玉门市				47	20	27		
敦煌市				36	22	14		
庆阳市				**5**	**2**	**3**		
西峰区				5	2	3		
定西市				**20**	**6**	**14**		
安定区				20	6	14		
陇南市				**9**	**5**	**4**		
武都区				9	5	4		
康　县								
临夏回族自治州	**2**		**2**	**1932**	**886**	**1046**	**6**	**3**
临夏市	2		2	1921	885	1036	6	3
临夏县				11	1	10		
甘南藏族自治州								
合作市				232	114	118	1	1

民族的人口（城市）（续5）

单位：人

	仫佬族			羌族			布朗族		
女	小计	男	女	小计	男	女	小计	男	女
38	**20**	**10**	**10**	**104**	**53**	**51**	**7**	**5**	**2**
31	**13**	**5**	**8**	**49**	**31**	**18**	**5**	**4**	**1**
21	11	4	7	24	17	7	4	3	1
5				4	2	2			
				2	1	1			
5	2	1	1	18	10	8	1	1	
				1	1				
1				**7**	**3**	**4**			
1				7	3	4			
	3	**2**	**1**	**2**	**1**	**1**	**1**		**1**
	3	2	1	2	1	1	1		1
	1	**1**		**1**		**1**			
				1		1			
	1	1							
1	**2**	**1**	**1**	**10**	**3**	**7**	**1**	**1**	
1	2	1	1	6	1	5	1	1	
				4	2	2			
				3	**1**	**2**			
				3	1	2			
2	**1**	**1**		**1**		**1**			
2	1	1		1		1			
				1	**1**				
				1	1				
				7	**3**	**4**			
				5	2	3			
				2	1	1			
				1	**1**				
				1	1				
				1		**1**			
				1		1			
3				**18**	**7**	**11**			
3				18	7	11			
				3	2	1			

1-4a 各地区分性别、

地区	撒拉族			毛南族			仡佬族	
	小计	男	女	小计	男	女	小计	男
合计	**1850**	**961**	**889**	**12**	**7**	**5**	**100**	**55**
兰州市	**414**	**205**	**209**	**9**	**5**	**4**	**70**	**36**
城关区	183	100	83	4	1	3	38	18
七里河区	128	58	70	1		1	8	6
西固区	29	16	13					
安宁区	51	20	31	4	4		23	11
红古区	23	11	12				1	1
嘉峪关市	**28**	**16**	**12**				**6**	**3**
市辖区	28	16	12				6	3
金昌市	**18**	**11**	**7**					
金川区	18	11	7					
白银市	**25**	**16**	**9**				**3**	**3**
白银区	20	13	7				2	2
平川区	3	2	1				1	1
靖远县	2	1	1					
天水市	**17**	**8**	**9**				**9**	**6**
秦州区	10	5	5				3	1
麦积区	7	3	4				6	5
武威市	**18**	**9**	**9**					
凉州区	18	9	9					
张掖市	**10**	**3**	**7**					
甘州区	10	3	7					
肃南裕固族自治县								
平凉市	**7**	**1**	**6**				**1**	**1**
崆峒区	7	1	6				1	1
华亭市								
酒泉市	**33**	**15**	**18**				**1**	**1**
肃州区	10	3	7				1	1
玉门市	2	1	1					
敦煌市	21	11	10					
庆阳市	**8**	**4**	**4**	**3**	**2**	**1**		
西峰区	8	4	4	3	2	1		
定西市	**3**	**3**					**1**	
安定区	3	3					1	
陇南市	**11**	**8**	**3**				**5**	**2**
武都区	11	8	3				5	2
康　县								
临夏回族自治州	**1143**	**601**	**542**				**4**	**3**
临夏市	1123	591	532				4	3
临夏县	20	10	10					
甘南藏族自治州	**115**	**61**	**54**					
合作市	115	61	54					

民族的人口（城市）（续 6）

单位：人

女	锡伯族			阿昌族			普米族		
	小计	男	女	小计	男	女	小计	男	女
45	**242**	**120**	**122**	**1**		**1**	**1**		**1**
34	**155**	**85**	**70**	**1**		**1**	**1**		**1**
20	73	38	35	1		1	1		1
2	31	19	12						
	15	9	6						
12	36	19	17						
3	**16**	**5**	**11**						
3	16	5	11						
	18	**7**	**11**						
	18	7	11						
	12	**5**	**7**						
	7	2	5						
	5	3	2						
3	**14**	**6**	**8**						
2	10	4	6						
1	4	2	2						
	2	**1**	**1**						
	2	1	1						
	4	**3**	**1**						
	4	3	1						
	14	**3**	**11**						
	9	1	8						
	4	1	3						
	1	1							
1									
1									
3									
3									
1	**5**	**3**	**2**						
1	5	3	2						
	2	**2**							
	2	2							

1-4a 各地区分性别、

地区	塔吉克族			怒族			乌孜别克族	
	小计	男	女	小计	男	女	小计	男
合计	**5**	**3**	**2**				**5**	**3**
兰州市	**5**	**3**	**2**				**3**	**1**
城关区	1		1				2	1
七里河区	1	1						
西固区								
安宁区	3	2	1				1	
红古区								
嘉峪关市								
市辖区								
金昌市								
金川区								
白银市								
白银区								
平川区								
靖远县								
天水市								
秦州区								
麦积区								
武威市								
凉州区								
张掖市								
甘州区								
肃南裕固族自治县								
平凉市								
崆峒区								
华亭市								
酒泉市							**2**	**2**
肃州区							2	2
玉门市								
敦煌市								
庆阳市								
西峰区								
定西市								
安定区								
陇南市								
武都区								
康　县								
临夏回族自治州								
临夏市								
临夏县								
甘南藏族自治州								
合作市								

民族的人口（城市）（续7）

单位：人

女	俄罗斯族			鄂温克族			德昂族		
	小计	男	女	小计	男	女	小计	男	女
2	**55**	**23**	**32**	**7**	**5**	**2**	**4**	**2**	**2**
2	**40**	**14**	**26**	**3**	**1**	**2**	**4**	**2**	**2**
1	15	3	12	2	1	1	2	1	1
	6	2	4				2	1	1
	4	1	3						
1	14	8	6	1		1			
	1		1						
	3	**2**	**1**	**3**	**3**				
	3	2	1	3	3				
	3	**3**							
	3	3							
	8	**4**	**4**						
	8	4	4						
				1	**1**				
				1	1				
	1		**1**						
	1		1						

1-4a 各地区分性别、

地区	保安族			裕固族			京族	
	小计	男	女	小计	男	女	小计	男
合计	**1761**	**852**	**909**	**3435**	**1624**	**1811**	**1**	**1**
兰州市	**278**	**139**	**139**	**491**	**222**	**269**	**1**	**1**
城关区	110	60	50	271	124	147		
七里河区	79	48	31	53	23	30		
西固区	10	5	5	13	7	6		
安宁区	63	16	47	153	67	86	1	1
红古区	16	10	6	1	1			
嘉峪关市	**29**	**18**	**11**	**287**	**131**	**156**		
市辖区	29	18	11	287	131	156		
金昌市	**17**	**10**	**7**	**59**	**30**	**29**		
金川区	17	10	7	59	30	29		
白银市	**14**	**7**	**7**	**16**	**8**	**8**		
白银区	12	6	6	14	7	7		
平川区	2	1	1	2	1	1		
靖远县								
天水市	**23**	**16**	**7**	**33**	**17**	**16**		
秦州区	15	11	4	20	8	12		
麦积区	8	5	3	13	9	4		
武威市	**18**	**10**	**8**	**44**	**17**	**27**		
凉州区	18	10	8	44	17	27		
张掖市	**10**	**4**	**6**	**1214**	**550**	**664**		
甘州区	10	4	6	1044	463	581		
肃南裕固族自治县				170	87	83		
平凉市	**15**	**6**	**9**	**8**	**2**	**6**		
崆峒区	15	6	9	6	2	4		
华亭市				2		2		
酒泉市	**23**	**13**	**10**	**1205**	**608**	**597**		
肃州区	12	7	5	1190	603	587		
玉门市				10	3	7		
敦煌市	11	6	5	5	2	3		
庆阳市	**7**	**5**	**2**					
西峰区	7	5	2					
定西市	**9**	**4**	**5**	**11**	**6**	**5**		
安定区	9	4	5	11	6	5		
陇南市	**2**		**2**	**1**		**1**		
武都区	2		2	1		1		
康　县								
临夏回族自治州	**1207**	**575**	**632**	**6**	**3**	**3**		
临夏市	1206	575	631	6	3	3		
临夏县	1		1					
甘南藏族自治州	**109**	**45**	**64**	**60**	**30**	**30**		
合作市	109	45	64	60	30	30		

民族的人口（城市）（续8）

单位：人

	塔塔尔族			独龙族			鄂伦春族		
女	小计	男	女	小计	男	女	小计	男	女
							2	**1**	**1**
							1		**1**
							1		1
							1	**1**	
							1	1	

1-4a 各地区分性别、

地区	赫哲族			门巴族			珞巴族	
	小计	男	女	小计	男	女	小计	男
合计	**3**		**3**	**8**	**2**	**6**	**2**	**1**
兰州市	**1**		**1**	**2**		**2**	**2**	**1**
城关区	1		1	2		2	2	1
七里河区								
西固区								
安宁区								
红古区								
嘉峪关市								
市辖区								
金昌市								
金川区								
白银市								
白银区								
平川区								
靖远县								
天水市								
秦州区								
麦积区								
武威市								
凉州区								
张掖市				**1**		**1**		
甘州区				1		1		
肃南裕固族自治县								
平凉市								
崆峒区								
华亭市								
酒泉市				**2**	**2**			
肃州区				2	2			
玉门市								
敦煌市								
庆阳市	**2**		**2**					
西峰区	2		2					
定西市								
安定区								
陇南市								
武都区								
康　县								
临夏回族自治州								
临夏市								
临夏县								
甘南藏族自治州				**3**		**3**		
合作市				3		3		

民族的人口（城市）（续9）

单位：人

	基诺族			未定族称人口			入籍		
女	小计	男	女	小计	男	女	小计	男	女
1				**110**	**53**	**57**	**17**	**8**	**9**
1				**66**	**28**	**38**	**13**	**6**	**7**
1				35	15	20	4	2	2
				6	2	4	3	2	1
				3	1	2	2		2
				20	9	11	3	1	2
				2	1	1	1	1	
				1		**1**			
				1		1			
				2		**2**			
				2		2			
				5	**2**	**3**			
				4	1	3			
				1	1				
				4	**2**	**2**	**1**		**1**
				3	1	2	1		1
				1	1				
				2	**2**				
				2	2				
				6	**5**	**1**			
				6	5	1			
				2	**2**				
				2	2				
				1	**1**				
				1	1				
				5	**3**	**2**			
				5	3	2			
				11	**7**	**4**	**3**	**2**	**1**
				11	7	4	3	2	1
				5	**1**	**4**			
				5	1	4			

1-4b 各地区分性别、

地区	合计			汉族			
	合计	男	女	小计	男	女	小计
合计	**5972151**	**2989421**	**2982730**	**5365674**	**2688519**	**2677155**	**5378**
兰州市	**733485**	**374956**	**358529**	**697455**	**357542**	**339913**	**1030**
城关区	22570	11736	10834	21992	11432	10560	15
七里河区	62831	34896	27935	59990	33254	26736	65
西固区	21238	10848	10390	20931	10701	10230	3
安宁区							
红古区	16873	8672	8201	14433	7458	6975	3
永登县	138883	69003	69880	132732	66005	66727	62
皋兰县	70757	37464	33293	69948	36982	32966	7
榆中县	233289	115184	118105	217203	107896	109307	795
兰州新区	167044	87153	79891	160226	83814	76412	80
嘉峪关市	**3680**	**2012**	**1668**	**3207**	**1759**	**1448**	**2**
市辖区	3680	2012	1668	3207	1759	1448	2
金昌市	**102068**	**51960**	**50108**	**101121**	**51459**	**49662**	**25**
金川区	984	540	444	912	498	414	
永昌县	101084	51420	49664	100209	50961	49248	25
白银市	**421675**	**210193**	**211482**	**414537**	**206663**	**207874**	**52**
白银区	2549	1316	1233	2530	1308	1222	
平川区	20010	10866	9144	19696	10707	8989	1
靖远县	145356	72979	72377	142378	71492	70886	14
会宁县	141900	68819	73081	139117	67472	71645	3
景泰县	111860	56213	55647	110816	55684	55132	34
天水市	**702485**	**349045**	**353440**	**645968**	**321284**	**324684**	**19**
秦州区	48372	24297	24075	48078	24151	23927	1
麦积区	46827	23791	23036	46054	23407	22647	5
清水县	79146	38999	40147	77884	38360	39524	2
秦安县	140593	69711	70882	138735	68801	69934	8
甘谷县	183768	90805	92963	183494	90673	92821	1
武山县	130600	65212	65388	130410	65112	65298	
张家川回族自治县	73179	36230	36949	21313	10780	10533	2
武威市	**294812**	**148778**	**146034**	**263228**	**133291**	**129937**	**382**
凉州区	73841	37647	36194	72354	36827	35527	12
民勤县	71594	36768	34826	70733	36255	34478	28
古浪县	79337	39740	39597	78455	39334	39121	10
天祝藏族自治县	70040	34623	35417	41686	20875	20811	332
张掖市	**315338**	**157317**	**158021**	**306475**	**152855**	**153620**	**101**
甘州区	13934	7351	6583	13641	7196	6445	6
肃南裕固族自治县	10299	5188	5111	4276	2174	2102	55
民乐县	89881	45168	44713	89290	44862	44428	11
临泽县	54306	27150	27156	53965	26991	26974	8
高台县	64231	31620	32611	63501	31264	32237	11
山丹县	82687	40840	41847	81802	40368	41434	10
平凉市	**422713**	**206586**	**216127**	**416964**	**203751**	**213213**	**17**
崆峒区	9377	4682	4695	8974	4496	4478	2
泾川县	86982	42179	44803	86171	41778	44393	3
灵台县	53879	25728	28151	52957	25282	27675	3
崇信县	35332	17402	17930	34864	17172	17692	3
庄浪县	95390	47313	48077	94889	47061	47828	4
静宁县	112976	54328	58648	112034	53871	58163	1
华亭市	28777	14954	13823	27075	14091	12984	1

民族的人口（镇）

单位：人

蒙古族		回族			藏族		
男	女	小计	男	女	小计	男	女
2593	**2785**	**288295**	**144051**	**144244**	**157227**	**77926**	**79301**
447	**583**	**16215**	**8012**	**8203**	**6367**	**2771**	**3596**
8	7	309	159	150	90	45	45
43	22	1152	614	538	270	164	106
1	2	178	83	95	31	15	16
2	1	2190	1080	1110	41	18	23
37	25	4030	2047	1983	1026	384	642
5	2	343	188	155	187	111	76
305	490	5118	2452	2666	2625	1076	1549
46	34	2895	1389	1506	2097	958	1139
1	**1**	**328**	**175**	**153**	**19**	**8**	**11**
1	1	328	175	153	19	8	11
10	**15**	**368**	**200**	**168**	**142**	**65**	**77**
		71	41	30			
10	15	297	159	138	142	65	77
27	**25**	**6116**	**3015**	**3101**	**362**	**171**	**191**
		8	4	4	3	2	1
1		264	131	133	14	7	7
7	7	2816	1407	1409	36	18	18
1	2	2555	1233	1322	119	59	60
18	16	473	240	233	190	85	105
6	**13**	**55922**	**27487**	**28435**	**137**	**50**	**87**
	1	238	117	121	14	8	6
1	4	669	328	341	15	9	6
1	1	1177	602	575	8	2	6
3	5	1738	858	880	49	17	32
	1	170	92	78	21	4	17
		119	66	53	22	9	13
1	1	51811	25424	26387	8	1	7
196	**186**	**1673**	**884**	**789**	**24406**	**11758**	**12648**
8	4	606	328	278	389	214	175
18	10	122	77	45	52	21	31
5	5	271	137	134	390	149	241
165	167	674	342	332	23575	11374	12201
41	**60**	**1386**	**743**	**643**	**2779**	**1378**	**1401**
2	4	89	50	39	14	5	9
23	32	206	116	90	2420	1220	1200
4	7	221	122	99	139	63	76
3	5	104	57	47	75	30	45
7	4	300	154	146	83	40	43
2	8	466	244	222	48	20	28
7	**10**	**5324**	**2623**	**2701**	**74**	**46**	**28**
1	1	373	169	204	6	5	1
1	2	726	354	372	9	8	1
2	1	879	426	453	11	6	5
1	2	426	212	214	5	3	2
1	3	409	211	198	19	11	8
	1	852	415	437	16	9	7
1		1659	836	823	8	4	4

1-4b 各地区分性别、

地区	合计			汉族			
	合计	男	女	小计	男	女	小计
酒泉市	**231617**	**124024**	**107593**	**217661**	**116924**	**100737**	**3401**
肃州区	19953	10167	9786	19483	9938	9545	4
金塔县	61024	34531	26493	60188	34029	26159	24
瓜州县	51674	26477	25197	50240	25703	24537	18
肃北蒙古族自治县	9932	5179	4753	6387	3465	2922	3186
阿克塞哈萨克族自治县	10231	5445	4786	6541	3618	2923	7
玉门市	38160	22221	15939	35583	20844	14739	20
敦煌市	40643	20004	20639	39239	19327	19912	142
庆阳市	**602654**	**303356**	**299298**	**600673**	**302275**	**298398**	**37**
西峰区	7877	3961	3916	7820	3927	3893	
庆城县	95391	48900	46491	94900	48626	46274	11
环　县	110333	56115	54218	110048	55942	54106	9
华池县	50304	25425	24879	50179	25352	24827	3
合水县	53877	27049	26828	53763	26988	26775	9
正宁县	71405	35556	35849	71177	35450	35727	3
宁　县	108778	54300	54478	108591	54222	54369	1
镇原县	104689	52050	52639	104195	51768	52427	1
定西市	**772097**	**379831**	**392266**	**753916**	**370574**	**383342**	**36**
安定区	25399	13014	12385	22343	11433	10910	2
通渭县	87686	44191	43495	87423	44065	43358	4
陇西县	219132	107924	111208	217118	106896	110222	19
渭源县	79098	39241	39857	78649	39006	39643	
临洮县	188693	90986	97707	186822	90048	96774	6
漳　县	56594	27578	29016	55990	27267	28723	
岷　县	115495	56897	58598	105571	51859	53712	5
陇南市	**685450**	**338578**	**346872**	**663547**	**327868**	**335679**	**52**
武都区	59635	29081	30554	58052	28311	29741	5
成　县	121129	58960	62169	115947	56466	59481	11
文　县	63996	31097	32899	62779	30499	32280	6
宕昌县	69620	34627	34993	66437	33059	33378	3
康　县	47735	23408	24327	47410	23256	24154	12
西和县	97876	49064	48812	97377	48819	48558	10
礼　县	128219	65068	63151	125199	63533	61666	2
徽　县	79190	38345	40845	73111	35414	37697	1
两当县	18050	8928	9122	17235	8511	8724	2
临夏回族自治州	**463935**	**230688**	**233247**	**198683**	**99610**	**99073**	**87**
临夏市	12414	6534	5880	2650	1545	1105	1
临夏县	42439	20981	21458	24423	12233	12190	12
康乐县	58785	29376	29409	28325	14445	13880	7
永靖县	94847	46376	48471	83961	41253	42708	41
广河县	89677	44567	45110	3041	1722	1319	3
和政县	56898	28213	28685	33494	16657	16837	5
东乡族自治县	56506	28347	28159	3404	1954	1450	2
积石山保安族东乡族撒拉族自治县	52369	26294	26075	19385	9801	9584	16
甘南藏族自治州	**220142**	**112097**	**108045**	**82239**	**42664**	**39575**	**137**
合作市	3357	1725	1632	367	223	144	
临潭县	47804	23645	24159	23085	11626	11459	14
卓尼县	33274	17012	16262	9425	4916	4509	13
舟曲县	39991	19789	20202	31310	15639	15671	5
迭部县	19872	10022	9850	5426	3066	2360	5
玛曲县	31744	16650	15094	3963	2491	1472	4
碌曲县	16296	8442	7854	2479	1402	1077	6
夏河县	27804	14812	12992	6184	3301	2883	90

民族的人口（镇）（续 1）

单位：人

蒙古族		回族			藏族		
男	女	小计	男	女	小计	男	女
1642	**1759**	**2631**	**1347**	**1284**	**1354**	**691**	**663**
1	3	142	69	73	144	72	72
9	15	150	90	60	294	151	143
9	9	809	437	372	257	137	120
1541	1645	78	39	39	195	93	102
5	2	247	126	121	40	30	10
8	12	685	352	333	211	110	101
69	73	520	234	286	213	98	115
20	**17**	**1326**	**730**	**596**	**122**	**62**	**60**
		36	19	17	7	6	1
6	5	333	188	145	31	11	20
7	2	185	114	71	16	7	9
	3	80	45	35	9	8	1
3	6	46	26	20	4	1	3
3		168	78	90	14	9	5
1		93	44	49	13	3	10
	1	385	216	169	28	17	11
18	**18**	**15542**	**7946**	**7596**	**1833**	**910**	**923**
1	1	3013	1559	1454	6	2	4
	4	180	95	85	21	3	18
12	7	1671	864	807	59	29	30
		335	190	145	56	22	34
3	3	636	349	287	980	452	528
		551	281	270	24	15	9
2	3	9156	4608	4548	687	387	300
29	**23**	**19172**	**9435**	**9737**	**1930**	**890**	**1040**
4	1	979	489	490	545	255	290
5	6	4812	2314	2498	144	63	81
5	1	330	166	164	806	395	411
1	2	2747	1380	1367	355	146	209
7	5	229	115	114	13	7	6
5	5	397	198	199	27	13	14
1	1	2954	1500	1454	14	5	9
	1	5941	2869	3072	24	6	18
1	1	783	404	379	2		2
49	**38**	**140551**	**70533**	**70018**	**2847**	**1333**	**1514**
	1	8844	4560	4284	32	18	14
6	6	16108	7962	8146	334	116	218
4	3	26860	13123	13737	68	39	29
24	17	4265	2091	2174	756	352	404
2	1	55991	28347	27644	22	5	17
2	3	13611	6847	6764	176	68	108
2		2001	1116	885	65	28	37
9	7	12871	6487	6384	1394	707	687
100	**37**	**21741**	**10921**	**10820**	**114855**	**57793**	**57062**
		73	35	38	2910	1465	1445
8	6	14781	7316	7465	9744	4621	5123
4	9	401	205	196	23282	11806	11476
4	1	135	76	59	8498	4048	4450
1	4	290	164	126	14062	6737	7325
3	1	991	596	395	26565	13432	13133
4	2	1399	709	690	12251	6245	6006
76	14	3671	1820	1851	17543	9439	8104

1-4b 各地区分性别、

地区	维吾尔族			苗族			彝族	
	小计	男	女	小计	男	女	小计	男
合计	**1093**	**409**	**684**	**1448**	**791**	**657**	**952**	**482**
兰州市	**916**	**337**	**579**	**994**	**545**	**449**	**580**	**276**
城关区	2		2	8	5	3	4	
七里河区	62	34	28	37	32	5	24	20
西固区				2	2			
安宁区								
红古区	1	1		3	2	1	1	1
永登县	2		2	22	13	9	21	11
皋兰县	14	6	8	26	17	9	15	14
榆中县	790	270	520	848	439	409	477	207
兰州新区	45	26	19	48	35	13	38	23
嘉峪关市								
市辖区								
金昌市	**8**	**2**	**6**	**25**	**16**	**9**	**12**	**8**
金川区							1	1
永昌县	8	2	6	25	16	9	11	7
白银市	**6**	**2**	**4**	**35**	**12**	**23**	**26**	**15**
白银区								
平川区				2	2		2	1
靖远县	2		2	10	4	6	6	3
会宁县	2	1	1	6		6	7	4
景泰县	2	1	1	17	6	11	11	7
天水市	**10**	**4**	**6**	**34**	**22**	**12**	**14**	**3**
秦州区				4	4			
麦积区	2		2	4	3	1	3	2
清水县	3	3		8	3	5	3	1
秦安县	1		1	8	5	3		
甘谷县	3	1	2	3	1	2	4	
武山县				6	5	1	4	
张家川回族自治县	1		1	1	1			
武威市	**14**	**4**	**10**	**24**	**11**	**13**	**38**	**16**
凉州区	11	3	8	1		1		
民勤县				2	2		14	8
古浪县				6	3	3	7	3
天祝藏族自治县	3	1	2	15	6	9	17	5
张掖市	**20**	**7**	**13**	**41**	**25**	**16**	**18**	**7**
甘州区	1	1		3	1	2	4	2
肃南裕固族自治县				2	2			
民乐县	3		3	2	1	1		
临泽县	6	2	4	2	1	1	5	2
高台县	5	1	4	28	17	11	4	2
山丹县	5	3	2	4	3	1	5	1
平凉市	**4**	**1**	**3**	**12**	**3**	**9**	**19**	**10**
崆峒区	1	1					1	
泾川县				3	1	2	2	1
灵台县				4		4		
崇信县							5	3
庄浪县				2	1	1		
静宁县	3		3	2		2	5	1
华亭市				1	1		6	5

民族的人口（镇）（续2）

单位：人

	壮族			布依族			朝鲜族		
女	小计	男	女	小计	男	女	小计	男	女
470	**1301**	**551**	**750**	**375**	**177**	**198**	**89**	**46**	**43**
304	**1060**	**457**	**603**	**279**	**136**	**143**	**43**	**24**	**19**
4	8	6	2	2	2		2	1	1
4	31	20	11	18	17	1	5	4	1
	2	1	1				3	1	2
				1		1	2	1	1
10	5	2	3	10	6	4			
1	4	3	1	6	5	1			
270	981	412	569	237	103	134	26	16	10
15	29	13	16	5	3	2	5	1	4
							1	**1**	
							1	1	
4	**9**	**3**	**6**	**7**	**2**	**5**	**1**	**1**	
4	9	3	6	7	2	5	1	1	
11	**21**	**12**	**9**	**7**	**3**	**4**			
1				2	1	1			
3	2	2		4	2	2			
3	3		3						
4	16	10	6	1		1			
11	**24**	**8**	**16**	**5**	**1**	**4**	**8**	**3**	**5**
	1	1		1		1			
1	3		3	1		1	2	1	1
2	5	2	3	1	1		3	1	2
	5	3	2	2		2			
4	4		4				2		2
4	5	1	4						
	1	1					1	1	
22	**13**	**8**	**5**				**2**	**1**	**1**
	1	1					2	1	1
6									
4	6	5	1						
12	6	2	4						
11	**10**	**3**	**7**	**12**	**7**	**5**	**6**	**2**	**4**
2									
				1	1		1		1
	2		2						
3				1	1				
2	6	3	3	10	5	5	5	2	3
4	2		2						
9	**23**	**7**	**16**	**10**	**5**	**5**			
1	2	1	1	2	1	1			
1	7	2	5	1	1				
	1		1						
2	3	1	2	2		2			
	5	1	4						
4	1		1	4	2	2			
1	4	2	2	1	1				

1-4b 各地区分性别、

地区	维吾尔族			苗族			彝族	
	小计	男	女	小计	男	女	小计	男
酒泉市	**51**	**26**	**25**	**111**	**68**	**43**	**68**	**58**
肃州区				1		1	4	2
金塔县	10	4	6	39	32	7	43	39
瓜州县	5	3	2	9	6	3	4	3
肃北蒙古族自治县	2	1	1					
阿克塞哈萨克族自治县	22	10	12					
玉门市	2	2		8	4	4	12	10
敦煌市	10	6	4	54	26	28	5	4
庆阳市	**14**	**7**	**7**	**44**	**25**	**19**	**57**	**31**
西峰区							1	1
庆城县	7	3	4	7	4	3	8	7
环　县	4	2	2				23	12
华池县				2	2		7	4
合水县	1		1	13	10	3	2	1
正宁县				6	1	5	8	3
宁　县	2	2		10	3	7	3	
镇原县				6	5	1	5	3
定西市	**15**	**8**	**7**	**40**	**21**	**19**	**26**	**13**
安定区				4	4			
通渭县	1		1	10	4	6	11	7
陇西县	6	3	3	12	3	9	6	1
渭源县	4	3	1	6	4	2	3	
临洮县	1		1	4	3	1	4	4
漳　县	3	2	1	1	1		1	
岷　县				3	2	1	1	1
陇南市	**7**	**3**	**4**	**38**	**13**	**25**	**46**	**18**
武都区				5	1	4	6	1
成　县	3	1	2	6	2	4	2	1
文　县	1	1		2	2		9	2
宕昌县				1		1	5	2
康　县	2		2	8	2	6	1	1
西和县				7	3	4	3	2
礼　县	1	1					1	
徽　县				7	3	4	11	8
两当县				2		2	8	1
临夏回族自治州	**21**	**7**	**14**	**26**	**16**	**10**	**38**	**22**
临夏市				2	2			
临夏县	1		1	2	2		4	2
康乐县				8	4	4	3	2
永靖县	2		2	6	3	3	22	14
广河县	15	6	9					
和政县				3		3		
东乡族自治县	3	1	2					
积石山保安族东乡族撒拉族自治县				5	5		9	4
甘南藏族自治州	**7**	**1**	**6**	**24**	**14**	**10**	**10**	**5**
合作市								
临潭县	6		6	2		2	1	1
卓尼县				6	5	1	2	1
舟曲县				5	2	3	1	
迭部县				9	6	3	2	1
玛曲县								
碌曲县				1	1			
夏河县	1	1		1		1	4	2

民族的人口（镇）（续3）

单位：人

	壮族			布依族			朝鲜族		
女	小计	男	女	小计	男	女	小计	男	女
10	**28**	**18**	**10**	**8**	**5**	**3**	**5**	**5**	
2	1	1					1	1	
4	19	14	5	1	1				
1	1	1					2	2	
				1	1				
2	3	2	1						
1	4		4	6	3	3	2	2	
26	**37**	**11**	**26**	**13**	**6**	**7**	**1**		**1**
	1		1						
1	11	9	2						
11				3	2	1			
3	3	1	2						
1	5		5				1		1
5	7		7	2		2			
3	9	1	8	4	3	1			
2	1		1	4	1	3			
13	**19**	**5**	**14**	**9**	**1**	**8**	**4**	**1**	**3**
	3		3						
4	2	1	1	1		1			
5	5	1	4	3	1	2	4	1	3
3				3		3			
	6	2	4						
1	1		1	2		2			
	2	1	1						
28	**36**	**11**	**25**	**18**	**6**	**12**	**12**	**7**	**5**
5	2		2	1		1			
1	10	4	6	6	2	4	7	4	3
7	7	2	5	5	2	3	3	2	1
3									
	3		3	4	1	3			
1	5	1	4	1		1			
1							1	1	
3	9	4	5	1	1		1		1
7									
16	**14**	**6**	**8**	**5**	**4**	**1**	**1**		**1**
				1	1				
2	5	2	3						
1									
8	5	2	3	1		1			
	1	1		2	2				
	1	1					1		1
5	2		2	1	1				
5	**7**	**2**	**5**	**2**	**1**	**1**	**5**	**1**	**4**
							2		2
1				1		1	1		1
1	5	2	3						
1	1		1	1	1		2	1	1
2	1		1						

1-4b 各地区分性别、

地区	满族			侗族			瑶族	
	小计	男	女	小计	男	女	小计	男
合计	**2481**	**1337**	**1144**	**424**	**220**	**204**	**212**	**89**
兰州市	**1221**	**652**	**569**	**325**	**172**	**153**	**178**	**75**
城关区	53	26	27	2		2		
七里河区	115	68	47	18	12	6	3	2
西固区	45	22	23	2	1	1		
安宁区								
红古区	35	21	14					
永登县	347	195	152	4	1	3		
皋兰县	41	26	15	3	3			
榆中县	436	205	231	279	144	135	168	70
兰州新区	149	89	60	17	11	6	7	3
嘉峪关市	**2**	**2**						
市辖区	2	2						
金昌市	**127**	**72**	**55**	**8**	**7**	**1**		
金川区								
永昌县	127	72	55	8	7	1		
白银市	**38**	**20**	**18**	**7**	**4**	**3**	**4**	**1**
白银区	2		2	1		1		
平川区								
靖远县	9	5	4	1		1		
会宁县	4	1	3				1	
景泰县	23	14	9	5	4	1	3	1
天水市	**64**	**42**	**22**	**6**	**2**	**4**	**2**	**1**
秦州区	1	1		1		1		
麦积区	33	21	12				1	
清水县	9	5	4	1	1		1	1
秦安县	5	3	2					
甘谷县	4	2	2	3		3		
武山县	9	8	1	1	1			
张家川回族自治县	3	2	1					
武威市	**208**	**112**	**96**	**3**	**2**	**1**	**1**	
凉州区	14	10	4					
民勤县	14	10	4	1		1		
古浪县	25	13	12	2	2		1	
天祝藏族自治县	155	79	76					
张掖市	**78**	**44**	**34**	**4**		**4**	**1**	**1**
甘州区								
肃南裕固族自治县	8	4	4					
民乐县	9	7	2					
临泽县	11	6	5	4		4		
高台县	11	5	6				1	1
山丹县	39	22	17					
平凉市	**30**	**16**	**14**	**10**	**4**	**6**	**4**	**2**
崆峒区	2	1	1	1		1		
泾川县	16	11	5				2	2
灵台县	2	1	1	4	1	3		
崇信县	3		3	4	2	2		
庄浪县	1		1				2	
静宁县	4	2	2	1	1			
华亭市	2	1	1					

民族的人口（镇）（续4）

单位：人

	白族			土家族			哈尼族		
女	小计	男	女	小计	男	女	小计	男	女
123	**495**	**253**	**242**	**2734**	**1428**	**1306**	**82**	**42**	**40**
103	**216**	**105**	**111**	**1418**	**760**	**658**	**52**	**24**	**28**
	1		1	11	9	2			
1	9	7	2	44	30	14	2	1	1
				2	1	1			
	1	1		13	8	5			
				110	57	53			
	8	6	2	26	16	10			
98	189	86	103	1112	583	529	44	20	24
4	8	5	3	100	56	44	6	3	3
				10	**7**	**3**			
				10	7	3			
	5	**2**	**3**	**12**	**9**	**3**	**2**	**1**	**1**
	5	2	3	12	9	3	2	1	1
3	**4**	**3**	**1**	**43**	**22**	**21**	**6**	**4**	**2**
				1	1				
	1		1	8	3	5			
1	2	2		6	2	4	2	2	
2	1	1		28	16	12	4	2	2
1	**10**	**5**	**5**	**35**	**15**	**20**	**4**	**1**	**3**
	1		1	2		2			
1				4	3	1	1	1	
	4	2	2	9	3	6			
	1		1	5	1	4	2		2
	2	1	1	1	1		1		1
	2	2		3		3			
				11	7	4			
1	**3**		**3**	**131**	**54**	**77**	**8**	**7**	**1**
				27	13	14			
				6	3	3			
1				10	5	5	1	1	
	3		3	88	33	55	7	6	1
	1		**1**	**75**	**29**	**46**	**1**	**1**	
				4	4				
	1		1	8	2	6	1	1	
				18	7	11			
				32	11	21			
				13	5	8			
2	**4**	**2**	**2**	**27**	**14**	**13**	**1**		**1**
				9	3	6			
	2	2		2	2				
	1		1	5	2	3			
2				2	1	1			
	1		1	7	5	2	1		1
				2	1	1			

1-4b 各地区分性别、

地区	满族			侗族			瑶族	
	小计	男	女	小计	男	女	小计	男
酒泉市	**185**	**110**	**75**	**9**	**5**	**4**	**4**	**3**
肃州区	1	1						
金塔县	24	22	2	4	2	2	3	2
瓜州县	9	7	2					
肃北蒙古族自治县	7	3	4					
阿克塞哈萨克族自治县	3	3						
玉门市	21	17	4	1	1			
敦煌市	120	57	63	4	2	2	1	1
庆阳市	**32**	**19**	**13**	**9**	**6**	**3**	**3**	
西峰区								
庆城县	13	7	6					
环　县	8	6	2					
华池县	4	4						
合水县	4	2	2				1	
正宁县				1	1			
宁　县	2		2	1		1	2	
镇原县	1		1	7	5	2		
定西市	**134**	**60**	**74**	**13**	**5**	**8**	**5**	**2**
安定区	2	1	1	1	1			
通渭县	9	5	4	1	1			
陇西县	93	43	50	6	3	3	3	
渭源县	5		5					
临洮县	23	9	14	4		4	2	2
漳　县								
岷　县	2	2		1		1		
陇南市	**143**	**87**	**56**	**25**	**12**	**13**	**5**	**1**
武都区	8	3	5	1		1		
成　县	50	35	15	2	1	1	1	1
文　县	14	8	6	5	3	2		
宕昌县	3	1	2					
康　县	12	6	6	9	5	4	4	
西和县	3	3		3	1	2		
礼　县	7	6	1					
徽　县	39	20	19	3	1	2		
两当县	7	5	2	2	1	1		
临夏回族自治州	**165**	**70**	**95**	**3**	**1**	**2**	**3**	**2**
临夏市								
临夏县								
康乐县	6	5	1					
永靖县	129	50	79	1		1	2	1
广河县	4	2	2					
和政县	14	7	7					
东乡族自治县	1	1						
积石山保安族东乡族撒拉族自治县	11	5	6	2	1	1	1	1
甘南藏族自治州	**54**	**31**	**23**	**2**		**2**	**2**	**1**
合作市				1		1		
临潭县	12	5	7	1		1		
卓尼县	11	7	4					
舟曲县	10	6	4					
迭部县	3	1	2					
玛曲县	3	3						
碌曲县	12	7	5					
夏河县	3	2	1				2	1

民族的人口（镇）（续 5）

单位：人

	白族			土家族			哈尼族		
女	小计	男	女	小计	男	女	小计	男	女
1	**11**	**5**	**6**	**261**	**160**	**101**	**1**	**1**	
	2		2	3	2	1			
1	6	4	2	87	57	30	1	1	
				26	15	11			
				9	5	4			
				3	2	1			
	1	1		36	28	8			
	2		2	97	51	46			
3	**7**	**5**	**2**	**43**	**28**	**15**			
	2	2		14	10	4			
	1		1	6	4	2			
1	2	2		7	6	1			
				3	2	1			
2	1	1		8	3	5			
	1		1	5	3	2			
3	**4**	**1**	**3**	**41**	**19**	**22**	**6**	**3**	**3**
	2	1	1	2	2				
				4		4	3	2	1
3	1		1	19	9	10	2		2
	1		1	4	1	3			
				9	6	3	1	1	
				2		2			
				1	1				
4	**4**	**2**	**2**	**47**	**19**	**28**	**1**		**1**
				2	1	1			
				11	5	6			
				5	2	3			
	1	1		2	1	1			
4	1	1		9	2	7	1		1
				2		2			
				2	2				
	2		2	11	5	6			
				3	1	2			
1	**10**	**3**	**7**	**514**	**247**	**267**			
				9	7	2			
				8	2	6			
1	4	3	1	376	181	195			
	3		3	6	4	2			
	2		2	42	20	22			
				7	4	3			
	1		1	66	29	37			
1	**216**	**120**	**96**	**77**	**45**	**32**			
				1		1			
				27	14	13			
	5	3	2	23	13	10			
	12	7	5	9	7	2			
	67	38	29	6	3	3			
	42	17	25	6	4	2			
1	90	55	35	5	4	1			

1-4b 各地区分性别、

地区	哈萨克族			傣族			黎族	
	小计	男	女	小计	男	女	小计	男
合计	**3618**	**1747**	**1871**	**54**	**18**	**36**	**200**	**102**
兰州市	**287**	**119**	**168**	**26**	**12**	**14**	**167**	**88**
城关区	1	1						
七里河区	29	17	12	2	2		4	3
西固区								
安宁区								
红古区								
永登县				1		1		
皋兰县								
榆中县	232	85	147	19	7	12	152	78
兰州新区	25	16	9	4	3	1	11	7
嘉峪关市								
市辖区								
金昌市	**2**	**1**	**1**				**2**	**2**
金川区								
永昌县	2	1	1				2	2
白银市				**1**		**1**	**5**	**2**
白银区								
平川区								
靖远县				1		1	1	1
会宁县							2	
景泰县							2	1
天水市	**4**		**4**	**1**		**1**	**3**	**1**
秦州区								
麦积区							1	
清水县							1	1
秦安县	2		2					
甘谷县				1		1		
武山县							1	
张家川回族自治县	2		2					
武威市	**8**	**5**	**3**	**3**		**3**		
凉州区	5	4	1					
民勤县								
古浪县	3	1	2	1		1		
天祝藏族自治县				2		2		
张掖市				**4**	**2**	**2**	**2**	**1**
甘州区								
肃南裕固族自治县				2	1	1		
民乐县							2	1
临泽县								
高台县								
山丹县				2	1	1		
平凉市	**1**		**1**	**1**		**1**	**5**	**1**
崆峒区							1	
泾川县				1		1	1	
灵台县								
崇信县							1	
庄浪县								
静宁县							2	1
华亭市	1		1					

民族的人口（镇）（续6）

单位：人

女	傈僳族			佤族			畲族		
	小计	男	女	小计	男	女	小计	男	女
98	**39**	**17**	**22**	**29**	**10**	**19**	**75**	**48**	**27**
79	**25**	**10**	**15**	**18**	**8**	**10**	**60**	**37**	**23**
							1		1
1									
	1		1				1	1	
				2	1	1	4	1	3
74	22	8	14	7	2	5	50	31	19
4	2	2		9	5	4	4	4	
				2		**2**	**1**	**1**	
				2		2	1	1	
3	**4**	**1**	**3**	**1**	**1**		**4**	**2**	**2**
	1		1	1	1		4	2	2
2									
1	3	1	2						
2	**1**		**1**						
1									
1	1		1						
	1	**1**		**1**		**1**			
	1	1		1		1			
1				**4**		**4**			
1				3		3			
				1		1			
4	**1**		**1**						
1									
1	1		1						
1									
1									

1-4b 各地区分性别、

地区	哈萨克族			傣族			黎族	
	小计	男	女	小计	男	女	小计	男
酒泉市	**3292**	**1610**	**1682**	**1**		**1**	**4**	**1**
肃州区								
金塔县							3	1
瓜州县	3		3					
肃北蒙古族自治县	1		1					
阿克塞哈萨克族自治县	3282	1607	1675					
玉门市							1	
敦煌市	6	3	3	1		1		
庆阳市	**1**		**1**	**3**		**3**	**1**	
西峰区								
庆城县				1		1		
环　县								
华池县								
合水县								
正宁县								
宁　县	1		1	1		1	1	
镇原县				1		1		
定西市	**3**	**1**	**2**	**5**	**3**	**2**		
安定区				1		1		
通渭县								
陇西县	1		1					
渭源县				1		1		
临洮县	1		1	3	3			
漳　县								
岷　县	1	1						
陇南市	**3**	**1**	**2**	**4**	**1**	**3**	**2**	**2**
武都区								
成　县				3	1	2		
文　县				1		1	1	1
宕昌县								
康　县								
西和县							1	1
礼　县	2		2					
徽　县								
两当县	1	1						
临夏回族自治州	**15**	**9**	**6**	**5**		**5**	**8**	**3**
临夏市							1	1
临夏县							1	
康乐县	2		2	2		2	1	
永靖县	4	2	2	3		3	3	1
广河县	8	6	2					
和政县							1	1
东乡族自治县	1	1					1	
积石山保安族东乡族撒拉族自治县								
甘南藏族自治州	**2**	**1**	**1**				**1**	**1**
合作市								
临潭县	1	1					1	1
卓尼县								
舟曲县								
迭部县	1		1					
玛曲县								
碌曲县								
夏河县								

民族的人口（镇）（续 7）

单位：人

女	傈僳族			佤族			畲族		
	小计	男	女	小计	男	女	小计	男	女
3	**1**	**1**					**3**	**3**	
2	1	1					1	1	
							2	2	
1									
1									
1									
				1	**1**		**4**	**2**	**2**
				1	1		3	2	1
							1		1
	1		**1**	**1**		**1**	**2**	**2**	
	1		1				1	1	
				1		1			
							1	1	
5	**4**	**4**		**1**		**1**			
1	1	1							
1	1	1		1		1			
2	1	1							
	1	1							
1									
	1		**1**				**1**	**1**	
							1	1	
	1		1						

1-4b 各地区分性别、

地区	高山族			拉祜族			水族	
	小计	男	女	小计	男	女	小计	男
合计	**9**	**7**	**2**	**21**	**7**	**14**	**59**	**29**
兰州市	**2**	**2**		**8**	**6**	**2**	**40**	**21**
城关区								
七里河区							3	2
西固区								
安宁区								
红古区								
永登县				1		1	1	1
皋兰县								
榆中县	2	2		6	5	1	35	18
兰州新区				1	1		1	
嘉峪关市								
市辖区								
金昌市							**1**	**1**
金川区								
永昌县							1	1
白银市	**2**		**2**					
白银区								
平川区								
靖远县								
会宁县	1		1					
景泰县	1		1					
天水市				**5**	**1**	**4**	**1**	**1**
秦州区				2		2		
麦积区								
清水县				1		1		
秦安县								
甘谷县				1		1		
武山县								
张家川回族自治县				1	1		1	1
武威市	**1**	**1**						
凉州区								
民勤县								
古浪县								
天祝藏族自治县	1	1						
张掖市								
甘州区								
肃南裕固族自治县								
民乐县								
临泽县								
高台县								
山丹县								
平凉市								
崆峒区								
泾川县								
灵台县								
崇信县								
庄浪县								
静宁县								
华亭市								

民族的人口（镇）（续8）

单位：人

	东乡族			纳西族			景颇族		
女	小计	男	女	小计	男	女	小计	男	女
30	**113553**	**55736**	**57817**	**45**	**21**	**24**	**9**	**5**	**4**
19	**2886**	**1545**	**1341**	**37**	**17**	**20**	**1**	**1**	
	42	28	14						
1	853	492	361	1	1				
	23	12	11						
	114	58	56						
	272	131	141						
	102	67	35						
17	598	284	314	33	14	19			
1	882	473	409	3	2	1	1	1	
	58	**29**	**29**						
	58	29	29						
	89	**50**	**39**						
	89	50	39						
	341	**188**	**153**						
	5	2	3						
	27	14	13						
	53	28	25						
	47	31	16						
	209	113	96						
	166	**91**	**75**				**4**	**2**	**2**
	24	12	12						
	24	13	11						
	20	8	12						
	24	16	8				4	2	2
	43	26	17						
	13	7	6						
	18	9	9						
	1233	**718**	**515**				**3**	**2**	**1**
	391	227	164						
	614	371	243						
	111	65	46						
	117	55	62				3	2	1
	781	**448**	**333**						
	156	85	71						
	29	19	10						
	151	88	63						
	67	37	30						
	115	63	52						
	263	156	107						
	151	**78**	**73**				**1**		**1**
	12	7	5						
	22	12	10						
	11	6	5						
	5	3	2				1		1
	50	23	27						
	38	19	19						
	13	8	5						

1-4b 各地区分性别、

地区	高山族			拉祜族			水族	
	小计	男	女	小计	男	女	小计	男
酒泉市	**1**	**1**					**8**	**4**
肃州区								
金塔县								
瓜州县								
肃北蒙古族自治县								
阿克塞哈萨克族自治县								
玉门市							1	1
敦煌市	1	1					7	3
庆阳市				**1**		**1**	**1**	
西峰区								
庆城县								
环　县				1		1		
华池县								
合水县							1	
正宁县								
宁　县								
镇原县								
定西市				**1**		**1**		
安定区								
通渭县				1		1		
陇西县								
渭源县								
临洮县								
漳　县								
岷　县								
陇南市				**4**		**4**	**7**	**2**
武都区								
成　县								
文　县				2		2		
宕昌县								
康　县							1	
西和县				2		2	1	1
礼　县								
徽　县							5	1
两当县								
临夏回族自治州	**3**	**3**		**2**		**2**	**1**	
临夏市								
临夏县								
康乐县								
永靖县	1	1						
广河县				1		1		
和政县								
东乡族自治县				1		1	1	
积石山保安族东乡族撒拉族自治县	2	2						
甘南藏族自治州								
合作市								
临潭县								
卓尼县								
舟曲县								
迭部县								
玛曲县								
碌曲县								
夏河县								

民族的人口（镇）（续9）

单位：人

	东乡族			纳西族			景颇族		
女	小计	男	女	小计	男	女	小计	男	女
4	**2005**	**1066**	**939**						
	116	57	59						
	30	16	14						
	212	116	96						
	7	2	5						
	59	29	30						
	1542	821	721						
4	39	25	14						
1	**196**	**110**	**86**						
	10	7	3						
	43	20	23						
	28	19	9						
	17	9	8						
1	13	6	7						
	11	7	4						
	28	13	15						
	46	29	17						
	393	**214**	**179**						
	16	7	9						
	13	8	5						
	80	47	33						
	30	15	15						
	176	95	81						
	18	12	6						
	60	30	30						
5	**273**	**137**	**136**	**2**	**1**	**1**			
	26	14	12						
	83	40	43	1		1			
	12	5	7						
	53	28	25						
1	11	4	7						
	31	15	16						
	32	17	15	1	1				
4	20	11	9						
	5	3	2						
1	**104669**	**50892**	**53777**	**4**	**1**	**3**			
	833	377	456						
	1381	591	790						
	3438	1719	1719	1		1			
	1650	837	813	3	1	2			
	30461	14402	16059						
	9414	4551	4863						
1	50987	25222	25765						
	6505	3193	3312						
	312	**170**	**142**	**2**	**2**				
	4	2	2						
	48	22	26						
	30	15	15						
	10	5	5						
	37	21	16	2	2				
	77	44	33						
	69	38	31						
	37	23	14						

1-4b 各地区分性别、

地区	柯尔克孜族			土族			达斡尔族	
	小计	男	女	小计	男	女	小计	男
合计	**62**	**22**	**40**	**14260**	**6894**	**7366**	**22**	**12**
兰州市	**61**	**21**	**40**	**815**	**393**	**422**	**16**	**8**
城关区				16	7	9	1	
七里河区	5	4	1	46	25	21		
西固区				9	4	5	1	
安宁区								
红古区				18	11	7	1	1
永登县				220	104	116		
皋兰县				8	4	4	1	
榆中县	36	8	28	279	136	143	5	3
兰州新区	20	9	11	219	102	117	7	4
嘉峪关市				**51**	**28**	**23**		
市辖区				51	28	23		
金昌市				**18**	**9**	**9**		
金川区								
永昌县				18	9	9		
白银市				**32**	**15**	**17**		
白银区								
平川区				1	1			
靖远县								
会宁县				12	7	5		
景泰县				19	7	12		
天水市				**12**	**5**	**7**		
秦州区								
麦积区				1	1			
清水县				4	2	2		
秦安县				2	1	1		
甘谷县				2	1	1		
武山县								
张家川回族自治县				3		3		
武威市				**3391**	**1693**	**1698**	**1**	**1**
凉州区				9	5	4	1	1
民勤县				5	2	3		
古浪县				34	15	19		
天祝藏族自治县				3343	1671	1672		
张掖市				**225**	**110**	**115**		
甘州区				14	5	9		
肃南裕固族自治县				111	63	48		
民乐县				16	7	9		
临泽县				16	5	11		
高台县				57	24	33		
山丹县				11	6	5		
平凉市				**8**	**4**	**4**		
崆峒区								
泾川县				2	1	1		
灵台县				1		1		
崇信县				2	1	1		
庄浪县				2	1	1		
静宁县								
华亭市				1	1			

民族的人口（镇）（续 10）

单位：人

女	仫佬族			羌族			布朗族		
	小计	男	女	小计	男	女	小计	男	女
10	**37**	**16**	**21**	**73**	**36**	**37**	**6**	**4**	**2**
8	**33**	**15**	**18**	**34**	**17**	**17**	**4**	**3**	**1**
1									
1									
				3	2	1			
1				1	1				
2	29	11	18	23	10	13	4	3	1
3	4	4		7	4	3			
				4	**2**	**2**			
				4	2	2			
	1		**1**				**2**	**1**	**1**
							1	1	
	1		1						
							1		1
	2		**2**	**2**	**1**	**1**			
	2		2						
				1	1				
				1		1			
	1	**1**							
	1	1							

1-4b 各地区分性别、

地区	柯尔克孜族			土族			达斡尔族	
	小计	男	女	小计	男	女	小计	男
酒泉市				**345**	**182**	**163**	**1**	**1**
肃州区				9	4	5		
金塔县				77	45	32		
瓜州县				59	26	33		
肃北蒙古族自治县				38	22	16		
阿克塞哈萨克族自治县				11	6	5	1	1
玉门市				19	10	9		
敦煌市				132	69	63		
庆阳市				**7**	**6**	**1**		
西峰区				1	1			
庆城县				4	3	1		
环　县								
华池县								
合水县				1	1			
正宁县								
宁　县				1	1			
镇原县								
定西市				**21**	**10**	**11**	**2**	**2**
安定区								
通渭县								
陇西县				12	5	7		
渭源县				1		1		
临洮县				7	4	3	2	2
漳　县								
岷　县				1	1			
陇南市				**24**	**7**	**17**		
武都区								
成　县				13	3	10		
文　县				1		1		
宕昌县				4	2	2		
康　县				3		3		
西和县				1	1			
礼　县				1		1		
徽　县				1	1			
两当县								
临夏回族自治州	**1**	**1**		**9118**	**4344**	**4774**	**1**	
临夏市				4	3	1		
临夏县				48	20	28	1	
康乐县				31	22	9		
永靖县				3524	1523	2001		
广河县	1	1		3	2	1		
和政县				77	29	48		
东乡族自治县				28	16	12		
积石山保安族东乡族撒拉族自治县				5403	2729	2674		
甘南藏族自治州				**193**	**88**	**105**	**1**	
合作市								
临潭县				68	25	43		
卓尼县				70	34	36	1	
舟曲县				3	1	2		
迭部县				5	3	2		
玛曲县				20	12	8		
碌曲县				9	1	8		
夏河县				18	12	6		

民族的人口（镇）（续 11）

单位：人

	仫佬族			羌族			布朗族		
女	小计	男	女	小计	男	女	小计	男	女
				8	**4**	**4**			
				3	1	2			
				1		1			
				4	3	1			
				3	**1**	**2**			
				1		1			
				2	1	1			
				14	**7**	**7**			
				8	5	3			
				4	1	3			
				2	1	1			
1				**4**		**4**			
1									
				4		4			
1				**4**	**4**				
1									
				1	1				
				3	3				

1-4b 各地区分性别、

地区	撒拉族			毛南族			仡佬族	
	小计	男	女	小计	男	女	小计	男
合计	**3675**	**1838**	**1837**	**22**	**8**	**14**	**157**	**85**
兰州市	**126**	**67**	**59**	**16**	**5**	**11**	**136**	**68**
城关区	6	4	2				1	
七里河区	10	4	6				4	3
西固区								
安宁区								
红古区	8	6	2					
永登县							1	1
皋兰县	2	1	1				1	1
榆中县	71	37	34	16	5	11	128	62
兰州新区	29	15	14				1	1
嘉峪关市								
市辖区								
金昌市							**1**	**1**
金川区								
永昌县							1	1
白银市	**6**	**3**	**3**				**1**	**1**
白银区								
平川区								
靖远县							1	1
会宁县	5	2	3					
景泰县	1	1						
天水市	**8**	**4**	**4**	**2**		**2**	**1**	**1**
秦州区								
麦积区	2		2				1	1
清水县								
秦安县								
甘谷县	3	2	1	2		2		
武山县	2	1	1					
张家川回族自治县	1	1						
武威市	**5**	**2**	**3**	**1**	**1**		**2**	**2**
凉州区								
民勤县	1		1					
古浪县				1	1			
天祝藏族自治县	4	2	2				2	2
张掖市	**3**	**1**	**2**				**2**	**1**
甘州区								
肃南裕固族自治县	1		1					
民乐县	1	1					1	
临泽县								
高台县	1		1					
山丹县							1	1
平凉市	**6**	**5**	**1**				**2**	**1**
崆峒区								
泾川县	3	2	1					
灵台县							1	
崇信县								
庄浪县	1	1					1	1
静宁县								
华亭市	2	2						

民族的人口（镇）（续12）

单位：人

女	锡伯族			阿昌族			普米族		
	小计	男	女	小计	男	女	小计	男	女
72	**53**	**29**	**24**	**4**	**2**	**2**	**6**	**2**	**4**
68	**35**	**22**	**13**	**4**	**2**	**2**	**6**	**2**	**4**
1	1	1							
1	2	2							
	2	2							
	1	1							
	1		1						
66	21	10	11	4	2	2	6	2	4
	7	6	1						
	7	**2**	**5**						
	1		1						
	6	2	4						
	1		**1**						
	1		1						
	1	**1**							
	1	1							
1	**3**	**1**	**2**						
1									
	3	1	2						
1	**2**	**1**	**1**						
	2	1	1						
1									

1-4b 各地区分性别、

地区	撒拉族			毛南族			仡佬族	
	小计	男	女	小计	男	女	小计	男
酒泉市	**37**	**18**	**19**					
肃州区								
金塔县								
瓜州县	9	4	5					
肃北蒙古族自治县								
阿克塞哈萨克族自治县	12	7	5					
玉门市								
敦煌市	16	7	9					
庆阳市	**8**	**3**	**5**				**6**	**5**
西峰区								
庆城县	3	2	1					
环　县	1		1					
华池县								
合水县	1		1				3	3
正宁县	1		1				2	1
宁　县	2	1	1				1	1
镇原县								
定西市	**2**		**2**					
安定区								
通渭县	1		1					
陇西县								
渭源县								
临洮县								
漳　县								
岷　县	1		1					
陇南市	**10**	**7**	**3**	**2**	**1**	**1**	**3**	**2**
武都区	2	2					1	
成　县	2	2		1	1		1	1
文　县	1		1					
宕昌县	5	3	2					
康　县				1		1	1	1
西和县								
礼　县								
徽　县								
两当县								
临夏回族自治州	**3322**	**1654**	**1668**	**1**	**1**		**1**	**1**
临夏市	24	18	6					
临夏县	72	29	43					
康乐县	19	6	13					
永靖县	48	21	27					
广河县	92	56	36					
和政县	34	16	18	1	1			
东乡族自治县	4	2	2					
积石山保安族东乡族撒拉族自治县	3029	1506	1523				1	1
甘南藏族自治州	**142**	**74**	**68**				**2**	**2**
合作市								
临潭县	6	5	1					
卓尼县							1	1
舟曲县	6	4	2					
迭部县								
玛曲县	17	10	7				1	1
碌曲县	7	5	2					
夏河县	106	50	56					

民族的人口（镇）（续13）

单位：人

	锡伯族			阿昌族			普米族		
女	小计	男	女	小计	男	女	小计	男	女
	3	**2**	**1**						
	1		1						
	2	2							
1	**1**		**1**						
	1		1						
1									
1									
1									

1-4b 各地区分性别、

地区	塔吉克族			怒族			乌孜别克族	
	小计	男	女	小计	男	女	小计	男
合计	**9**	**2**	**7**				**7**	**3**
兰州市	**8**	**2**	**6**				**7**	**3**
城关区								
七里河区							4	3
西固区								
安宁区								
红古区								
永登县	1		1					
皋兰县								
榆中县	6	1	5				3	
兰州新区	1	1						
嘉峪关市								
市辖区								
金昌市								
金川区								
永昌县								
白银市								
白银区								
平川区								
靖远县								
会宁县								
景泰县								
天水市	**1**		**1**					
秦州区								
麦积区								
清水县								
秦安县								
甘谷县								
武山县								
张家川回族自治县	1		1					
武威市								
凉州区								
民勤县								
古浪县								
天祝藏族自治县								
张掖市								
甘州区								
肃南裕固族自治县								
民乐县								
临泽县								
高台县								
山丹县								
平凉市								
崆峒区								
泾川县								
灵台县								
崇信县								
庄浪县								
静宁县								
华亭市								

民族的人口（镇）（续 14）

单位：人

	俄罗斯族			鄂温克族			德昂族		
女	小计	男	女	小计	男	女	小计	男	女
4	**6**	**1**	**5**	**9**	**3**	**6**			
4	**3**	**1**	**2**	**3**	**1**	**2**			
1	3	1	2						
3				3	1	2			
				1		**1**			
				1		1			
	1		**1**						
	1		1						

1–4b 各地区分性别、

地区	塔吉克族			怒族			乌孜别克族	
	小计	男	女	小计	男	女	小计	男
酒泉市								
肃州区								
金塔县								
瓜州县								
肃北蒙古族自治县								
阿克塞哈萨克族自治县								
玉门市								
敦煌市								
庆阳市								
西峰区								
庆城县								
环　县								
华池县								
合水县								
正宁县								
宁　县								
镇原县								
定西市								
安定区								
通渭县								
陇西县								
渭源县								
临洮县								
漳　县								
岷　县								
陇南市								
武都区								
成　县								
文　县								
宕昌县								
康　县								
西和县								
礼　县								
徽　县								
两当县								
临夏回族自治州								
临夏市								
临夏县								
康乐县								
永靖县								
广河县								
和政县								
东乡族自治县								
积石山保安族东乡族撒拉族自治县								
甘南藏族自治州								
合作市								
临潭县								
卓尼县								
舟曲县								
迭部县								
玛曲县								
碌曲县								
夏河县								

民族的人口（镇）（续 15）

单位：人

	俄罗斯族			鄂温克族			德昂族		
女	小计	男	女	小计	男	女	小计	男	女
				5	**2**	**3**			
				5	2	3			
	2		**2**						
	1		1						
	1		1						

1-4b 各地区分性别、

地区	保安族			裕固族			京族	
	小计	男	女	小计	男	女	小计	男
合计	**3988**	**1965**	**2023**	**3611**	**1748**	**1863**	**2**	
兰州市	**59**	**27**	**32**	**80**	**30**	**50**	**2**	
城关区				1	1			
七里河区	6	5	1	5	2	3		
西固区	1		1	2	1	1		
安宁区								
红古区	5	2	3					
永登县	2	1	1	5	1	4		
皋兰县	3	2	1	3	3			
榆中县	19	10	9	37	11	26	2	
兰州新区	23	7	16	27	11	16		
嘉峪关市	**1**	**1**		**1**	**1**			
市辖区	1	1		1	1			
金昌市	**2**	**2**		**66**	**30**	**36**		
金川区								
永昌县	2	2		66	30	36		
白银市	**3**	**2**	**1**	**2**	**1**	**1**		
白银区								
平川区								
靖远县	3	2	1	2	1	1		
会宁县								
景泰县								
天水市	**6**	**2**	**4**	**2**	**2**			
秦州区	2	1	1	1	1			
麦积区								
清水县	1		1					
秦安县	1		1	1	1			
甘谷县	1	1						
武山县	1		1					
张家川回族自治县								
武威市	**3**	**1**	**2**	**20**	**5**	**15**		
凉州区	1	1		13	3	10		
民勤县	1		1					
古浪县	1		1					
天祝藏族自治县				7	2	5		
张掖市	**4**	**3**	**1**	**3296**	**1604**	**1692**		
甘州区				6	4	2		
肃南裕固族自治县	2	1	1	3181	1560	1621		
民乐县				18	8	10		
临泽县				24	8	16		
高台县	2	2		56	18	38		
山丹县				11	6	5		
平凉市	**5**	**3**	**2**	**3**	**1**	**2**		
崆峒区								
泾川县				1	1			
灵台县	1		1					
崇信县	1	1						
庄浪县	1		1	2		2		
静宁县	2	2						
华亭市								

民族的人口（镇）（续16）

单位：人

	塔塔尔族			独龙族			鄂伦春族		
女	小计	男	女	小计	男	女	小计	男	女
2	**1**		**1**	**1**	**1**		**3**	**2**	**1**
2	**1**		**1**	**1**	**1**		**1**		**1**
2	1		1	1	1		1		1

1-4b 各地区分性别、

地区	保安族			裕固族			京族	
	小计	男	女	小计	男	女	小计	男
酒泉市	**5**	**3**	**2**	**104**	**53**	**51**		
肃州区				42	19	23		
金塔县	1		1	13	7	6		
瓜州县	2	2		7	4	3		
肃北蒙古族自治县				17	6	11		
阿克塞哈萨克族自治县				1		1		
玉门市	1		1	11	9	2		
敦煌市	1	1		13	8	5		
庆阳市	**8**	**5**	**3**					
西峰区	1		1					
庆城县	2	2						
环　县								
华池县								
合水县								
正宁县	1	1						
宁　县	3	1	2					
镇原县	1	1						
定西市	**4**	**1**	**3**	**8**	**4**	**4**		
安定区								
通渭县				1		1		
陇西县	2	1	1	5	2	3		
渭源县								
临洮县	2		2	1	1			
漳　县								
岷　县				1	1			
陇南市	**10**	**5**	**5**	**4**	**2**	**2**		
武都区								
成　县	4	3	1	1		1		
文　县								
宕昌县	2	2		1	1			
康　县								
西和县	3		3	1		1		
礼　县	1		1	1	1			
徽　县								
两当县								
临夏回族自治州	**3788**	**1864**	**1924**	**14**	**8**	**6**		
临夏市	13	2	11					
临夏县	37	14	23	1	1			
康乐县	9	5	4	1	1			
永靖县	32	12	20	6	3	3		
广河县	21	9	12	1		1		
和政县	16	10	6	4	2	2		
东乡族自治县								
积石山保安族东乡族撒拉族自治县	3660	1812	1848	1	1			
甘南藏族自治州	**90**	**46**	**44**	**11**	**7**	**4**		
合作市				1		1		
临潭县	4		4	1		1		
卓尼县				1	1			
舟曲县	1	1		1		1		
迭部县				3	2	1		
玛曲县	29	16	13	1	1			
碌曲县	11	6	5					
夏河县	45	23	22	3	3			

民族的人口（镇）（续 17）

单位：人

	塔塔尔族			独龙族			鄂伦春族		
女	小计	男	女	小计	男	女	小计	男	女
							2	**2**	
							2	2	

1-4b 各地区分性别、

地区	赫哲族			门巴族			珞巴族	
	小计	男	女	小计	男	女	小计	男
合计	**3**	**3**		**9**	**2**	**7**	**3**	
兰州市	**2**	**2**		**6**	**2**	**4**	**3**	
城关区	1	1						
七里河区								
西固区								
安宁区								
红古区				3	1	2		
永登县								
皋兰县								
榆中县	1	1		3	1	2	3	
兰州新区								
嘉峪关市								
市辖区								
金昌市								
金川区								
永昌县								
白银市								
白银区								
平川区								
靖远县								
会宁县								
景泰县								
天水市				**1**		**1**		
秦州区								
麦积区								
清水县								
秦安县								
甘谷县				1		1		
武山县								
张家川回族自治县								
武威市								
凉州区								
民勤县								
古浪县								
天祝藏族自治县								
张掖市								
甘州区								
肃南裕固族自治县								
民乐县								
临泽县								
高台县								
山丹县								
平凉市				**1**		**1**		
崆峒区								
泾川县								
灵台县								
崇信县								
庄浪县								
静宁县				1		1		
华亭市								

民族的人口（镇）（续 18）

单位：人

女	基诺族			未定族称人口			入籍		
	小计	男	女	小计	男	女	小计	男	女
3				**149**	**82**	**67**	**2**		**2**
3				**115**	**63**	**52**	**2**		**2**
				8	8		1		1
				1	1				
				2	2				
				1	1				
3				102	51	51	1		1
				1		1			
				8	**4**	**4**			
				8	4	4			
				2	**1**	**1**			
				1		1			
				1	1				
				6	**3**	**3**			
				2	1	1			
				4	2	2			
				1		**1**			
				1		1			

1-4b 各地区分性别、

地区	赫哲族			门巴族			珞巴族	
	小计	男	女	小计	男	女	小计	男
酒泉市								
肃州区								
金塔县								
瓜州县								
肃北蒙古族自治县								
阿克塞哈萨克族自治县								
玉门市								
敦煌市								
庆阳市	**1**	**1**						
西峰区								
庆城县								
环　县								
华池县								
合水县								
正宁县								
宁　县								
镇原县	1	1						
定西市								
安定区								
通渭县								
陇西县								
渭源县								
临洮县								
漳　县								
岷　县								
陇南市								
武都区								
成　县								
文　县								
宕昌县								
康　县								
西和县								
礼　县								
徽　县								
两当县								
临夏回族自治州				**1**		**1**		
临夏市								
临夏县								
康乐县				1		1		
永靖县								
广河县								
和政县								
东乡族自治县								
积石山保安族东乡族撒拉族自治县								
甘南藏族自治州								
合作市								
临潭县								
卓尼县								
舟曲县								
迭部县								
玛曲县								
碌曲县								
夏河县								

民族的人口（镇）（续19）

单位：人

	基诺族			未定族称人口			入籍		
女	小计	男	女	小计	男	女	小计	男	女
				3	**3**				
				2	2				
				1	1				
				2	**1**	**1**			
				1		1			
				1	1				
				7	**5**	**2**			
				4	3	1			
				3	2	1			
				1		**1**			
				1		1			
				2		**2**			
				1		1			
				1		1			
				2	**2**				
				1	1				
				1	1				

1-4c 各地区分性别、

地区	合计			汉族			
	合计	男	女	小计	男	女	小计
合计	**11952499**	**6146432**	**5806067**	**10394441**	**5370469**	**5023972**	**2386**
兰州市	**736896**	**401442**	**335454**	**711045**	**387905**	**323140**	**162**
城关区	18396	10765	7631	17442	10233	7209	5
七里河区	87869	48361	39508	84015	46232	37783	17
西固区	33321	17830	15491	32689	17474	15215	3
安宁区							
红古区	34495	18296	16199	33212	17634	15578	8
永登县	146666	76487	70179	142038	74455	67583	41
皋兰县	54400	30663	23737	53136	29885	23251	14
榆中县	240593	127888	112705	236563	125833	110730	26
兰州新区	121156	71152	50004	111950	66159	45791	48
嘉峪关市	**17406**	**9629**	**7777**	**16864**	**9346**	**7518**	**3**
市辖区	17406	9629	7777	16864	9346	7518	3
金昌市	**99015**	**51990**	**47025**	**97859**	**51353**	**46506**	**20**
金川区	22458	12041	10417	21951	11758	10193	8
永昌县	76557	39949	36608	75908	39595	36313	12
白银市	**656842**	**340855**	**315987**	**643220**	**333954**	**309266**	**59**
白银区	31046	16720	14326	30777	16560	14217	8
平川区	53145	27893	25252	52366	27479	24887	12
靖远县	225865	117153	108712	224086	116254	107832	9
会宁县	259681	133310	126371	250615	128739	121876	7
景泰县	87105	45779	41326	85376	44922	40454	23
天水市	**1624473**	**821624**	**802849**	**1498446**	**759584**	**738862**	**40**
秦州区	225803	116811	108992	223331	115506	107825	3
麦积区	234088	120707	113381	233285	120298	112987	13
清水县	161451	81935	79516	157952	80147	77805	5
秦安县	275744	140710	135034	275307	140540	134767	9
甘谷县	323033	160459	162574	322549	160298	162251	4
武山县	233127	116453	116674	232923	116371	116552	3
张家川回族自治县	171227	84549	86678	53099	26424	26675	3
武威市	**776258**	**394184**	**382074**	**732985**	**372100**	**360885**	**455**
凉州区	417551	211527	206024	410805	208051	202754	59
民勤县	106876	54541	52335	106056	54139	51917	28
古浪县	170840	85447	85393	168048	84147	83901	27
天祝藏族自治县	80991	42669	38322	48076	25763	22313	341
张掖市	**550899**	**283255**	**267644**	**534816**	**274912**	**259904**	**391**
甘州区	241004	124345	116659	236673	122174	114499	178
肃南裕固族自治县	16842	9030	7812	7620	4058	3562	173
民乐县	102595	53039	49556	102020	52777	49243	11
临泽县	61640	31245	30395	61215	31060	30155	7
高台县	61474	31112	30362	60282	30526	29756	6
山丹县	67344	34484	32860	67006	34317	32689	16
平凉市	**1020954**	**519451**	**501503**	**934511**	**475443**	**459068**	**26**
崆峒区	171866	88094	83772	107707	55322	52385	8
泾川县	135228	67996	67232	134252	67527	66725	2
灵台县	102345	53130	49215	96836	50308	46528	6
崇信县	46806	25123	21683	46153	24760	21393	1
庄浪县	240294	118676	121618	239310	118201	121109	4
静宁县	252661	129169	123492	251893	128796	123097	5
华亭市	71754	37263	34491	58360	30529	27831	

民族的人口（乡村）

单位：人

蒙古族		回族			藏族		
男	女	小计	男	女	小计	男	女
1246	**1140**	**728422**	**364459**	**363963**	**308532**	**153518**	**155014**
104	**58**	**11247**	**6083**	**5164**	**4484**	**1974**	**2510**
5		698	398	300	88	52	36
8	9	1511	830	681	299	164	135
1	2	377	225	152	52	24	28
3	5	1044	534	510	43	16	27
26	15	1250	633	617	1400	389	1011
10	4	482	315	167	398	198	200
15	11	2881	1489	1392	533	239	294
36	12	3004	1659	1345	1671	892	779
3		**286**	**153**	**133**	**67**	**27**	**40**
3		286	153	133	67	27	40
8	**12**	**414**	**238**	**176**	**142**	**68**	**74**
5	3	201	117	84	32	20	12
3	9	213	121	92	110	48	62
26	**33**	**12001**	**6118**	**5883**	**451**	**228**	**223**
4	4	147	80	67	17	11	6
8	4	696	368	328	20	13	7
2	7	1501	764	737	85	48	37
5	2	8810	4458	4352	51	18	33
7	16	847	448	399	278	138	140
16	**24**	**124325**	**61326**	**62999**	**432**	**156**	**276**
2	1	2009	1046	963	92	58	34
8	5	475	275	200	63	26	37
2	3	3294	1686	1608	31	12	19
2	7	215	108	107	94	21	73
	4	210	103	107	102	21	81
	3	100	49	51	34	10	24
2	1	118022	58059	59963	16	8	8
247	**208**	**3300**	**1763**	**1537**	**28445**	**14196**	**14249**
29	30	2017	1098	919	1620	668	952
6	22	346	183	163	71	20	51
10	17	395	201	194	931	348	583
202	139	542	281	261	25823	13160	12663
194	**197**	**3197**	**1682**	**1515**	**5094**	**2705**	**2389**
92	86	1644	881	763	683	328	355
88	85	296	154	142	4097	2256	1841
4	7	285	156	129	150	54	96
3	4	108	41	67	41	15	26
3	3	737	383	354	60	20	40
4	12	127	67	60	63	32	31
12	**14**	**85253**	**43455**	**41798**	**260**	**127**	**133**
5	3	63885	32626	31259	54	33	21
	2	842	420	422	20	9	11
2	4	5374	2757	2617	25	17	8
1		601	328	273	10	8	2
1	3	751	377	374	70	28	42
3	2	501	272	229	62	22	40
		13299	6675	6624	19	10	9

1-4c 各地区分性别、

地区	合计			汉族			
	合计	男	女	小计	男	女	小计
酒泉市	**377956**	**197502**	**180454**	**342489**	**179418**	**163071**	**877**
肃州区	128119	65763	62356	123986	63499	60487	26
金塔县	60742	31666	29076	59661	31111	28550	19
瓜州县	77625	40789	36836	64539	34228	30311	20
肃北蒙古族自治县	5161	3949	1212	4225	3432	793	781
阿克塞哈萨克族自治县	739	568	171	621	475	146	6
玉门市	50192	25989	24203	35020	18391	16629	4
敦煌市	55378	28778	26600	54437	28282	26155	21
庆阳市	**1266641**	**651032**	**615609**	**1259663**	**647576**	**612087**	**45**
西峰区	195558	99119	96439	193904	98333	95571	9
庆城县	139763	73626	66137	139175	73340	65835	10
环　县	194354	103431	90923	193511	102969	90542	5
华池县	69042	36885	32157	68814	36762	32052	3
合水县	82031	42747	39284	81828	42657	39171	5
正宁县	101838	52160	49678	99645	51054	48591	2
宁　县	227538	113439	114099	227043	113203	113840	5
镇原县	256517	129625	126892	255743	129258	126485	6
定西市	**1555013**	**802789**	**752224**	**1539271**	**794847**	**744424**	**52**
安定区	199997	105663	94334	193963	102432	91531	15
通渭县	235962	122506	113456	235550	122323	113227	6
陇西县	208241	106719	101522	207833	106533	101300	7
渭源县	198510	102681	95829	197464	102206	95258	11
临洮县	291456	151150	140306	289979	150467	139512	3
漳　县	110715	56787	53928	110528	56698	53830	3
岷　县	310132	157283	152849	303954	154188	149766	7
陇南市	**1536394**	**798258**	**738136**	**1506008**	**783009**	**722999**	**39**
武都区	303114	157921	145193	294314	153553	140761	9
成　县	120458	62612	57846	118561	61619	56942	4
文　县	132910	69628	63282	127897	67089	60808	4
宕昌县	185324	95857	89467	179935	93118	86817	2
康　县	113122	58863	54259	112781	58710	54071	2
西和县	253193	129443	123750	252641	129196	123445	4
礼　县	295916	153867	142049	291046	151427	139619	6
徽　县	110698	58277	52421	107404	56628	50776	7
两当县	21659	11790	9869	21429	11669	9760	1
临夏回族自治州	**1334379**	**670510**	**663869**	**436196**	**226792**	**209404**	**119**
临夏市	40886	20762	20124	21508	11079	10429	9
临夏县	271421	137251	134170	142747	74269	68478	36
康乐县	197170	98489	98681	65207	33309	31898	2
永靖县	85803	44607	41196	69823	36563	33260	15
广河县	170919	84635	86284	2442	1399	1043	2
和政县	147631	74122	73509	47281	24340	22941	5
东乡族自治县	233528	116081	117447	18295	9691	8604	5
积石山保安族东乡族撒拉族自治县	187021	94563	92458	68893	36142	32751	45
甘南藏族自治州	**399373**	**203911**	**195462**	**141068**	**74230**	**66838**	**98**
合作市	36523	19492	17031	6749	4247	2502	15
临潭县	79583	40567	39016	58997	30385	28612	13
卓尼县	62113	31706	30407	16854	8520	8334	9
舟曲县	85376	43605	41771	50576	26181	24395	5
迭部县	32320	16576	15744	2384	1491	893	1
玛曲县	25332	13009	12323	451	343	108	10
碌曲县	19575	9644	9931	592	418	174	2
夏河县	58551	29312	29239	4465	2645	1820	43

民族的人口（乡村）（续 1）

单位：人

蒙古族		回族			藏族		
男	女	小计	男	女	小计	男	女
461	**416**	**8103**	**4182**	**3921**	**2957**	**1439**	**1518**
16	10	1747	967	780	306	143	163
13	6	224	116	108	421	185	236
11	9	5153	2599	2554	1957	968	989
405	376	37	29	8	57	32	25
6		15	9	6	14	12	2
1	3	417	187	230	124	57	67
9	12	510	275	235	78	42	36
22	**23**	**4854**	**2436**	**2418**	**573**	**280**	**293**
5	4	950	442	508	273	119	154
4	6	379	177	202	51	27	24
2	3	557	318	239	46	28	18
2	1	121	67	54	19	13	6
2	3	100	42	58	14	9	5
2		2102	1063	1039	24	11	13
2	3	266	141	125	41	16	25
3	3	379	186	193	105	57	48
25	**27**	**12302**	**6238**	**6064**	**1581**	**674**	**907**
13	2	5365	2793	2572	103	59	44
1	5	257	126	131	53	18	35
2	5	204	95	109	41	14	27
4	7	755	376	379	187	53	134
2	1	534	242	292	203	50	153
	3	96	43	53	23	8	15
3	4	5091	2563	2528	971	472	499
19	**20**	**13483**	**6833**	**6650**	**15326**	**7688**	**7638**
5	4	1666	837	829	6822	3384	3438
2	2	1743	922	821	25	14	11
2	2	216	113	103	4484	2249	2235
1	1	1422	710	712	3816	1958	1858
1	1	189	94	95	18	9	9
1	3	258	122	136	80	38	42
3	3	4648	2344	2304	48	19	29
4	3	3147	1589	1558	29	15	14
	1	194	102	92	4	2	2
63	**56**	**436259**	**217230**	**219029**	**5070**	**1671**	**3399**
5	4	15781	8034	7747	101	30	71
18	18	95260	47143	48117	2008	537	1471
2		120897	59757	61140	150	40	110
6	9	12558	6322	6236	227	75	152
1	1	86268	43550	42718	20	7	13
2	3	40854	20654	20200	340	105	235
3	2	4590	2072	2518	127	50	77
26	19	60051	29698	30353	2097	827	1270
46	**52**	**13398**	**6722**	**6676**	**243650**	**122285**	**121365**
12	3	2436	1254	1182	27154	13868	13286
8	5	9443	4681	4762	10958	5414	5544
6	3	167	83	84	44495	22779	21716
2	3	127	65	62	34616	17336	17280
1		185	97	88	29707	14964	14743
1	9	45	28	17	24810	12628	12182
1	1	119	73	46	18819	9129	9690
15	28	876	441	435	53091	26167	26924

1-4c 各地区分性别、

地区	维吾尔族			苗族			彝族	
	小计	男	女	小计	男	女	小计	男
合计	**560**	**283**	**277**	**1182**	**596**	**586**	**1103**	**620**
兰州市	**313**	**193**	**120**	**189**	**121**	**68**	**222**	**172**
城关区	4	2	2	9	6	3	2	
七里河区	1		1	20	14	6	64	53
西固区	5	2	3	7	4	3	1	
安宁区								
红古区	1		1	11	8	3	3	2
永登县	3	2	1	15	8	7	11	9
皋兰县	13	6	7	53	43	10	37	31
榆中县	23	6	17	31	15	16	32	20
兰州新区	263	175	88	43	23	20	72	57
嘉峪关市				**4**	**1**	**3**	**5**	**3**
市辖区				4	1	3	5	3
金昌市	**1**		**1**	**116**	**63**	**53**	**55**	**28**
金川区				67	35	32	8	3
永昌县	1		1	49	28	21	47	25
白银市	**21**	**9**	**12**	**66**	**40**	**26**	**20**	**8**
白银区	1	1		20	15	5	4	2
平川区	2	1	1	1	1		3	3
靖远县	6	2	4	28	17	11	3	
会宁县	2	1	1	7	2	5	7	2
景泰县	10	4	6	10	5	5	3	1
天水市	**14**	**2**	**12**	**78**	**27**	**51**	**99**	**26**
秦州区	1	1		26	13	13	18	12
麦积区	4		4	9		9	15	4
清水县				12	6	6	6	2
秦安县	1		1	11	4	7	10	2
甘谷县	2	1	1	12	1	11	35	2
武山县	2		2	5	1	4	8	
张家川回族自治县	4		4	3	2	1	7	4
武威市	**38**	**15**	**23**	**87**	**42**	**45**	**71**	**45**
凉州区	19	8	11	34	12	22	18	10
民勤县	2	2		16	7	9		
古浪县	8	3	5	14	8	6	20	8
天祝藏族自治县	9	2	7	23	15	8	33	27
张掖市	**37**	**13**	**24**	**69**	**31**	**38**	**34**	**16**
甘州区	23	12	11	27	9	18	25	14
肃南裕固族自治县	1		1	3	2	1	1	
民乐县	1		1	13	6	7	1	
临泽县	7	1	6	5	3	2	3	
高台县	3		3	19	10	9	2	1
山丹县	2		2	2	1	1	2	1
平凉市	**17**	**4**	**13**	**71**	**34**	**37**	**36**	**14**
崆峒区	5	2	3	11	5	6	11	8
泾川县	2		2	13	6	7	9	2
灵台县	1		1	10	5	5	5	2
崇信县				5	4	1	3	2
庄浪县	2	1	1	6	1	5	3	
静宁县	4		4	16	4	12	3	
华亭市	3	1	2	10	9	1	2	

民族的人口（乡村）（续2）

单位：人

女	壮族			布依族			朝鲜族		
	小计	男	女	小计	男	女	小计	男	女
483	**407**	**143**	**264**	**443**	**209**	**234**	**41**	**21**	**20**
50	**48**	**25**	**23**	**77**	**53**	**24**	**7**	**3**	**4**
2	3	1	2	6	4	2	2	1	1
11	13	7	6	8	6	2	1		1
1				1		1			
1	9	6	3	6	2	4	1		1
2	7	3	4	4	3	1			
6	2	1	1	9	8	1			
12	12	6	6	23	13	10	3	2	1
15	2	1	1	20	17	3			
2				**1**		**1**			
2				1		1			
27	**10**	**6**	**4**	**80**	**34**	**46**			
5	1		1	78	34	44			
22	9	6	3	2		2			
12	**16**	**3**	**13**	**23**	**9**	**14**			
2	2	1	1	5	3	2			
	1		1	3	2	1			
3	7	2	5	4	1	3			
5	3		3	5	2	3			
2	3		3	6	1	5			
73	**47**	**13**	**34**	**34**	**15**	**19**	**3**	**3**	
6	14	5	9	13	7	6	1	1	
11	8	4	4	4	1	3			
4	7	3	4	9	4	5	1	1	
8	9	1	8				1	1	
33	7		7	6	1	5			
8	1		1	2	2				
3	1		1						
26	**20**	**9**	**11**	**25**	**16**	**9**	**7**	**5**	**2**
8	11	4	7	5	4	1	3	1	2
	3	2	1						
12				13	7	6			
6	6	3	3	7	5	2	4	4	
18	**23**	**6**	**17**	**22**	**7**	**15**	**2**	**1**	**1**
11	15	4	11	8	3	5	2	1	1
1	1	1		1		1			
1	1		1	4	1	3			
3	3	1	2	1	1				
1	1		1	6	2	4			
1	2		2	2		2			
22	**29**	**5**	**24**	**16**	**4**	**12**	**2**	**1**	**1**
3	6	3	3	4	3	1			
7	12	2	10						
3	1		1	4		4			
1	1		1				1		1
3	4		4	2		2	1	1	
3	5		5	4		4			
2				2	1	1			

1-4c 各地区分性别、

地区	维吾尔族			苗族			彝族	
	小计	男	女	小计	男	女	小计	男
酒泉市	**49**	**32**	**17**	**64**	**41**	**23**	**54**	**41**
肃州区	8	3	5	31	19	12	4	1
金塔县	8	2	6	10	8	2	36	32
瓜州县	12	11	1	4	3	1	4	2
肃北蒙古族自治县	6	4	2	2	2		2	1
阿克塞哈萨克族自治县	9	8	1	2	1	1	1	1
玉门市	2	1	1	3	1	2	4	2
敦煌市	4	3	1	12	7	5	3	2
庆阳市	**7**	**4**	**3**	**111**	**51**	**60**	**80**	**34**
西峰区	2	2		12	4	8	9	3
庆城县	1		1	17	11	6	6	4
环　县				9	5	4	36	16
华池县				2	1	1	1	
合水县				13	7	6	3	
正宁县				7	3	4	6	4
宁　县				15	6	9	10	5
镇原县	4	2	2	36	14	22	9	2
定西市	**19**	**1**	**18**	**64**	**25**	**39**	**92**	**58**
安定区	3		3	10	7	3	15	7
通渭县	3		3	13	5	8	8	4
陇西县	2	1	1	13	2	11	4	
渭源县	4		4	5	2	3	1	1
临洮县	4		4	8	1	7	11	6
漳　县				8	5	3	15	12
岷　县	3		3	7	3	4	38	28
陇南市	**10**	**2**	**8**	**166**	**64**	**102**	**206**	**94**
武都区	3		3	24	14	10	19	5
成　县	2	1	1	5	2	3	7	3
文　县	1		1	27	17	10	131	71
宕昌县	2		2	11	5	6	8	4
康　县				29	4	25	13	6
西和县	1		1	39	13	26	12	1
礼　县				14	5	9	7	1
徽　县	1	1		13	4	9	6	1
两当县				4		4	3	2
临夏回族自治州	**30**	**7**	**23**	**67**	**39**	**28**	**98**	**62**
临夏市	1	1		3	2	1	2	2
临夏县	5	2	3	26	15	11	38	28
康乐县	3		3	2		2	2	
永靖县	2		2	4	1	3	8	3
广河县	3		3	5	2	3	2	1
和政县	3		3	4	3	1	1	
东乡族自治县				13	8	5	1	1
积石山保安族东乡族撒拉族自治县	13	4	9	10	8	2	44	27
甘南藏族自治州	**4**	**1**	**3**	**30**	**17**	**13**	**31**	**19**
合作市	3	1	2	11	9	2	6	6
临潭县	1		1	4	1	3	10	8
卓尼县				3	2	1	5	4
舟曲县				4	1	3	8	
迭部县				5	2	3		
玛曲县								
碌曲县				2	1	1		
夏河县				1	1		2	1

民族的人口（乡村）（续3）

单位：人

女	壮族			布依族			朝鲜族		
	小计	男	女	小计	男	女	小计	男	女
13	**21**	**13**	**8**	**7**	**4**	**3**	**3**	**2**	**1**
3	7	4	3	2	1	1			
4	6	3	3						
2	3	2	1				1	1	
1	2	2							
2									
1	3	2	1	5	3	2	2	1	1
46	**77**	**22**	**55**	**44**	**18**	**26**	**6**	**3**	**3**
6	32	14	18	8	4	4			
2	5	2	3	6	2	4	1	1	
20	2		2	6	2	4			
1	1	1							
3	6	1	5	1		1	1	1	
2	3		3	1		1			
5	18	3	15	5	2	3	4	1	3
7	10	1	9	17	8	9			
34	**36**	**14**	**22**	**19**	**5**	**14**	**3**	**2**	**1**
8	8	6	2	2		2			
4	11	5	6	5	1	4			
4	7	1	6	2	1	1	1		1
	1		1	3		3	1	1	
5	4	2	2	5	2	3			
3	1		1						
10	4		4	2	1	1	1	1	
112	**62**	**16**	**46**	**68**	**29**	**39**	**2**		**2**
14	2		2	6	2	4			
4	11	2	9	3		3	1		1
60	11	4	7	19	14	5			
4	3	2	1	3		3	1		1
7	12	4	8	10	5	5			
11	8		8	13	3	10			
6	3		3	5	3	2			
5	10	3	7	8	2	6			
1	2	1	1	1		1			
36	**15**	**9**	**6**	**19**	**11**	**8**	**5**	**1**	**4**
				2	1	1	1	1	
10	6	5	1	8	6	2			
2									
5	1	1					3		3
1				2		2			
1	1		1	1		1			
	1		1	2	1	1	1		1
17	6	3	3	4	3	1			
12	**3**	**2**	**1**	**8**	**4**	**4**	**1**		**1**
				2	2				
2	1	1		3	1	2	1		1
1	1	1							
8				2	1	1			
				1		1			
1	1		1						

1-4c 各地区分性别、

地区	满族			侗族			瑶族	
	小计	男	女	小计	男	女	小计	男
合计	**948**	**593**	**355**	**313**	**161**	**152**	**106**	**46**
兰州市	**197**	**122**	**75**	**56**	**40**	**16**	**15**	**13**
城关区	13	9	4	3	2	1	3	1
七里河区	19	10	9	23	19	4	5	5
西固区	4	3	1	2		2		
安宁区								
红古区	12	7	5	8	5	3	2	2
永登县	31	15	16	3	3			
皋兰县	25	19	6	5	3	2	1	1
榆中县	51	32	19	7	5	2	3	3
兰州新区	42	27	15	5	3	2	1	1
嘉峪关市	**15**	**10**	**5**					
市辖区	15	10	5					
金昌市	**29**	**18**	**11**	**1**		**1**	**1**	**1**
金川区	5	4	1	1		1	1	1
永昌县	24	14	10					
白银市	**22**	**14**	**8**	**21**	**8**	**13**	**3**	**1**
白银区	2	2		4	4			
平川区	1		1	1		1	2	1
靖远县	4	2	2	11	3	8	1	
会宁县	7	4	3					
景泰县	8	6	2	5	1	4		
天水市	**41**	**22**	**19**	**25**	**9**	**16**	**16**	**4**
秦州区	3	3		8	4	4	1	
麦积区	13	6	7	6	3	3	5	
清水县	8	3	5	3		3	6	4
秦安县	5	2	3	7	2	5	1	
甘谷县	3	2	1	1		1	2	
武山县	6	3	3				1	
张家川回族自治县	3	3						
武威市	**270**	**170**	**100**	**21**	**14**	**7**	**8**	
凉州区	170	114	56	13	8	5	5	
民勤县	2	1	1	2	2		1	
古浪县	23	15	8	4	3	1	1	
天祝藏族自治县	75	40	35	2	1	1	1	
张掖市	**40**	**21**	**19**	**24**	**9**	**15**	**8**	**3**
甘州区	27	15	12	14	3	11	6	2
肃南裕固族自治县	1	1						
民乐县				6	4	2		
临泽县	1		1	2		2		
高台县	2		2	2	2			
山丹县	9	5	4				2	1
平凉市	**36**	**22**	**14**	**26**	**10**	**16**	**14**	**5**
崆峒区	7	7		6	4	2	2	
泾川县	3	1	2	2		2	2	1
灵台县	2	1	1	6	1	5	1	
崇信县	5	3	2	1	1			
庄浪县	1		1	2	1	1	1	
静宁县	14	7	7	9	3	6	6	2
华亭市	4	3	1				2	2

民族的人口（乡村）（续4）

单位：人

女	白族			土家族			哈尼族		
	小计	男	女	小计	男	女	小计	男	女
60	**169**	**79**	**90**	**1809**	**921**	**888**	**68**	**17**	**51**
2	**29**	**15**	**14**	**383**	**227**	**156**	**16**	**7**	**9**
2				9	5	4			
	15	10	5	38	25	13	2		2
	1		1	5	2	3			
	1		1	12	8	4			
	4	2	2	142	71	71	1	1	
	4	1	3	32	23	9			
	3	1	2	46	24	22	6	1	5
	1	1		99	69	30	7	5	2
				9	**7**	**2**			
				9	7	2			
				18	**11**	**7**	**1**		**1**
				5	2	3			
				13	9	4	1		1
2	**7**	**1**	**6**	**43**	**26**	**17**	**3**		**3**
	1	1		6	5	1			
1				1		1			
1	1		1	14	10	4	1		1
	4		4	6	3	3	1		1
	1		1	16	8	8	1		1
12	**15**	**5**	**10**	**80**	**51**	**29**	**5**		**5**
1	2	1	1	22	16	6			
5	3	1	2	10	6	4			
2	1		1	25	19	6	2		2
1	1		1	8	3	5	1		1
2	2	1	1	8	3	5	1		1
1	6	2	4	3		3	1		1
				4	4				
8	**10**	**3**	**7**	**174**	**73**	**101**	**4**	**1**	**3**
5	3	1	2	75	30	45	2		2
1	1	1		2		2			
1	6	1	5	28	14	14	1		1
1				69	29	40	1	1	
5	**11**	**5**	**6**	**136**	**48**	**88**	**1**		**1**
4	7	4	3	76	25	51	1		1
				6	2	4			
	2	1	1	11	2	9			
	2		2	17	5	12			
				16	6	10			
1				10	8	2			
9	**5**	**1**	**4**	**54**	**17**	**37**	**7**	**1**	**6**
2	1		1	7	3	4	1	1	
1				9		9			
1				8	3	5	1		1
				4	2	2			
1	2	1	1	8	3	5	3		3
4	1		1	14	5	9	1		1
	1		1	4	1	3	1		1

1-4c 各地区分性别、

地区	满族			侗族			瑶族	
	小计	男	女	小计	男	女	小计	男
酒泉市	**83**	**54**	**29**	**8**	**4**	**4**	**5**	**2**
肃州区	29	14	15					
金塔县	6	3	3	1	1			
瓜州县	23	18	5	1		1	5	2
肃北蒙古族自治县	4	4						
阿克塞哈萨克族自治县								
玉门市	7	6	1	2	1	1		
敦煌市	14	9	5	4	2	2		
庆阳市	**77**	**45**	**32**	**43**	**21**	**22**	**8**	**3**
西峰区	30	15	15	6	4	2	3	2
庆城县	3	3		9	3	6		
环　县	12	8	4	1	1		2	
华池县	12	8	4	3	2	1	1	1
合水县	4	3	1	1	1			
正宁县	2	1	1	2		2		
宁　县	7	5	2	4	2	2	1	
镇原县	7	2	5	17	8	9	1	
定西市	**65**	**56**	**9**	**24**	**12**	**12**	**2**	
安定区	46	43	3	3	3			
通渭县	2	2		1		1		
陇西县	10	6	4	3	2	1	2	
渭源县	3	2	1	2	1	1		
临洮县	2	2		12	4	8		
漳　县	1	1		3	2	1		
岷　县	1		1					
陇南市	**38**	**19**	**19**	**44**	**20**	**24**	**22**	**11**
武都区	6	6		7	3	4	1	
成　县	3	2	1	6	1	5	1	
文　县	6	1	5	2		2	13	9
宕昌县	3	1	2	1	1		2	1
康　县	1		1	3		3	4	1
西和县	4	2	2	18	9	9	1	
礼　县	6	3	3	4	4			
徽　县	8	3	5	3	2	1		
两当县	1	1						
临夏回族自治州	**18**	**11**	**7**	**13**	**8**	**5**	**4**	**3**
临夏市	2	1	1	2	1	1		
临夏县	6	5	1	2	1	1	2	2
康乐县								
永靖县	5	2	3	1	1			
广河县	3	2	1	3	3			
和政县	2	1	1	2	1	1	2	1
东乡族自治县								
积石山保安族东乡族撒拉族自治县				3	1	2		
甘南藏族自治州	**17**	**9**	**8**	**7**	**6**	**1**		
合作市	2	1	1					
临潭县	6	4	2	2	2			
卓尼县				1	1			
舟曲县	1	1		1		1		
迭部县	6	3	3	1	1			
玛曲县								
碌曲县				1	1			
夏河县	2		2	1	1			

民族的人口（乡村）（续5）

单位：人

女	白族			土家族			哈尼族		
	小计	男	女	小计	男	女	小计	男	女
3	**4**	**2**	**2**	**330**	**186**	**144**	**6**	**2**	**4**
				31	13	18	5	1	4
				144	89	55			
3				91	50	41			
	1	1		19	16	3			
				3	2	1			
				25	11	14	1	1	
	3	1	2	17	5	12			
5	**21**	**10**	**11**	**88**	**37**	**51**	**2**		**2**
1	4	3	1	29	12	17			
	2	1	1	5	4	1	1		1
2				6	1	5			
	2	1	1	8	4	4			
	2	1	1	6	4	2			
1	6		6	5	1	4			
1	5	4	1	29	11	18	1		1
2	**19**	**8**	**11**	**29**	**12**	**17**	**4**	**1**	**3**
	2	2		3	3		1		1
	6	1	5	3	2	1	2	1	1
2	2	2		7	2	5	1		1
	1		1	7	4	3			
	4	1	3	4	1	3			
	4	2	2	2		2			
				3		3			
11	**18**	**7**	**11**	**110**	**53**	**57**	**12**	**4**	**8**
1	4		4	22	11	11			
1				9		9	1		1
4	4	2	2	19	17	2	4	3	1
1	2	1	1	5	3	2			
3	1		1	24	10	14	2		2
1	4	3	1	11	7	4	2		2
	2	1	1	4	2	2	1		1
	1		1	12	2	10	1	1	
				4	1	3	1		1
1	**10**	**6**	**4**	**296**	**139**	**157**	**7**	**1**	**6**
				9	3	6			
	3	2	1	50	24	26	1		1
	1	1		5	3	2			
	1	1		44	14	30	2	1	1
				6	2	4			
1	2		2	19	9	10	2		2
				13	8	5	2		2
	3	2	1	150	76	74			
	20	**16**	**4**	**59**	**34**	**25**			
				10	10				
	9	8	1	27	12	15			
	1	1		13	8	5			
	1		1	3		3			
				1	1				
	2	2							
	4	3	1	1		1			
	3	2	1	4	3	1			

1-4c 各地区分性别、

地区	哈萨克族			傣族			黎族	
	小计	男	女	小计	男	女	小计	男
合计	**261**	**150**	**111**	**59**	**15**	**44**	**77**	**35**
兰州市	**85**	**59**	**26**	**7**	**1**	**6**	**10**	**6**
城关区							2	1
七里河区	4	1	3				1	1
西固区								
安宁区								
红古区				3		3	2	1
永登县	1		1					
皋兰县	2	2					3	2
榆中县	2	1	1	2		2	2	1
兰州新区	76	55	21	2	1	1		
嘉峪关市	**1**		**1**				**2**	**2**
市辖区	1		1				2	2
金昌市	**1**		**1**	**1**		**1**		
金川区								
永昌县	1		1	1		1		
白银市	**2**	**1**	**1**	**4**		**4**	**5**	
白银区	1	1					1	
平川区								
靖远县	1		1	2		2	4	
会宁县				1		1		
景泰县				1		1		
天水市	**2**		**2**	**9**		**9**	**2**	
秦州区								
麦积区				1		1	2	
清水县	1		1					
秦安县								
甘谷县				8		8		
武山县								
张家川回族自治县	1		1					
武威市	**10**	**4**	**6**				**4**	**3**
凉州区	8	3	5				4	3
民勤县								
古浪县	1		1					
天祝藏族自治县	1	1						
张掖市	**4**		**4**	**7**	**3**	**4**	**9**	**5**
甘州区	2		2	4	2	2	4	2
肃南裕固族自治县	1		1				1	
民乐县							4	3
临泽县	1		1					
高台县								
山丹县				3	1	2		
平凉市	**6**	**2**	**4**	**3**	**1**	**2**	**2**	**1**
崆峒区	1	1		1	1		1	
泾川县								
灵台县								
崇信县				1		1		
庄浪县	2	1	1					
静宁县	3		3	1		1	1	1
华亭市								

民族的人口（乡村）（续6）

单位：人

女	傈僳族			佤族			畲族		
	小计	男	女	小计	男	女	小计	男	女
42	**69**	**26**	**43**	**47**	**7**	**40**	**41**	**33**	**8**
4	**18**	**11**	**7**	**1**		**1**	**7**	**7**	
1	12	7	5				1	1	
	1	1							
							5	5	
1	1		1						
	2	2							
1									
1	1		1				1	1	
	1	1		1		1			
				1		**1**			
				1		1			
5	**1**		**1**	**1**		**1**			
1									
4				1		1			
	1		1						
2	**4**	**1**	**3**	**11**	**1**	**10**	**1**	**1**	
	1	1		1		1			
2	1		1						
				1	1		1	1	
				1		1			
	2		2	8		8			
1	**3**		**3**	**10**	**2**	**8**			
1	3		3	6	2	4			
				4		4			
4	**4**	**1**	**3**	**5**		**5**			
2	3	1	2	1		1			
1									
1	1		1	3		3			
				1		1			
1	**5**	**2**	**3**	**1**		**1**			
1	1		1						
	1		1						
	3	2	1	1		1			

1-4c 各地区分性别、

地区	哈萨克族			傣族			黎族	
	小计	男	女	小计	男	女	小计	男
酒泉市	**113**	**69**	**44**	**7**		**7**	**3**	
肃州区	2	1	1	7		7	1	
金塔县							1	
瓜州县	4	2	2				1	
肃北蒙古族自治县	4	3	1					
阿克塞哈萨克族自治县	52	41	11					
玉门市	4	1	3					
敦煌市	47	21	26					
庆阳市	**2**	**1**	**1**	**4**	**2**	**2**	**7**	**5**
西峰区							3	2
庆城县								
环　县							3	3
华池县								
合水县								
正宁县				1		1		
宁　县				1	1			
镇原县	2	1	1	2	1	1	1	
定西市	**5**	**3**	**2**	**8**	**4**	**4**	**5**	**1**
安定区	1	1		3	2	1	1	1
通渭县				2		2	1	
陇西县	1		1	2	2			
渭源县	3	2	1				2	
临洮县				1		1		
漳　县								
岷　县							1	
陇南市	**7**	**2**	**5**	**7**	**3**	**4**	**12**	**5**
武都区	1		1				1	
成　县							2	1
文　县	1		1	5	3	2	1	
宕昌县							2	
康　县	2	1	1					
西和县				1		1	4	2
礼　县	1	1					1	1
徽　县				1		1	1	1
两当县	2		2					
临夏回族自治州	**18**	**5**	**13**	**2**	**1**	**1**	**13**	**6**
临夏市	1		1					
临夏县	5	3	2				4	1
康乐县	2		2				1	
永靖县	1		1				1	1
广河县	1		1				3	2
和政县	2	1	1	1		1	1	
东乡族自治县	3		3					
积石山保安族东乡族撒拉族自治县	3	1	2	1	1		3	2
甘南藏族自治州	**5**	**4**	**1**				**3**	**1**
合作市	1	1						
临潭县	1		1				1	
卓尼县	2	2						
舟曲县							1	
迭部县							1	1
玛曲县	1	1						
碌曲县								
夏河县								

民族的人口（乡村）（续7）

单位：人

	傈僳族			佤族			畲族		
女	小计	男	女	小计	男	女	小计	男	女
3	**3**	**2**	**1**	**2**	**1**	**1**	**13**	**10**	**3**
1	1		1	2	1	1			
1							8	7	1
1							4	2	2
							1	1	
	2	2							
2	**7**		**7**	**4**	**1**	**3**	**2**	**1**	**1**
1									
							1	1	
	4		4	1		1			
	2		2	1	1		1		1
1	1		1	2		2			
4	**4**	**2**	**2**	**5**	**1**	**4**			
	1	1		1		1			
1									
	1	1		1		1			
2	1		1	2	1	1			
				1		1			
1	1		1						
7	**12**	**4**	**8**	**5**	**1**	**4**	**18**	**14**	**4**
1				1		1	1		1
1	2	1	1	1		1			
1	2	1	1				3	1	2
2									
	1		1	2	1	1			
2	4	2	2	1		1	12	11	1
	1		1						
	2		2				1	1	
							1	1	
7	**7**	**3**	**4**	**1**		**1**			
3	5	2	3						
1	1	1							
1									
1									
1	1		1	1		1			
2	**1**		**1**						
1									
1	1		1						

1-4c 各地区分性别、

地区	高山族			拉祜族			水族	
	小计	男	女	小计	男	女	小计	男
合计	**11**	**6**	**5**	**24**	**5**	**19**	**73**	**34**
兰州市	**1**	**1**		**1**		**1**	**15**	**11**
城关区							3	3
七里河区							4	3
西固区								
安宁区								
红古区							2	2
永登县				1		1	1	
皋兰县								
榆中县	1	1					2	2
兰州新区							3	1
嘉峪关市								
市辖区								
金昌市	**8**	**4**	**4**					
金川区								
永昌县	8	4	4					
白银市							**5**	**2**
白银区								
平川区								
靖远县							3	1
会宁县								
景泰县							2	1
天水市				**2**		**2**	**2**	**1**
秦州区								
麦积区							1	1
清水县							1	
秦安县								
甘谷县				2		2		
武山县								
张家川回族自治县								
武威市				**1**		**1**	**3**	**1**
凉州区				1		1		
民勤县								
古浪县							3	1
天祝藏族自治县								
张掖市	**1**	**1**		**3**		**3**	**8**	**3**
甘州区	1	1					7	3
肃南裕固族自治县								
民乐县				1		1		
临泽县							1	
高台县				1		1		
山丹县				1		1		
平凉市				**2**	**1**	**1**	**5**	**2**
崆峒区							1	
泾川县							1	1
灵台县								
崇信县								
庄浪县							2	
静宁县							1	1
华亭市				2	1	1		

民族的人口（乡村）（续 8）

单位：人

女	东乡族			纳西族			景颇族		
	小计	男	女	小计	男	女	小计	男	女
39	**464349**	**229222**	**235127**	**8**	**2**	**6**	**17**	**5**	**12**
4	**7447**	**3852**	**3595**	**1**		**1**			
	79	27	52						
1	1744	932	812						
	160	87	73						
	80	49	31						
1	1382	691	691						
	118	76	42						
	225	127	98						
2	3659	1863	1796	1		1			
	105	**60**	**45**						
	105	60	45						
	188	**119**	**69**						
	91	59	32						
	97	60	37						
3	**713**	**334**	**379**						
	41	21	20						
	29	13	16						
2	79	40	39						
	141	72	69						
1	423	188	235						
1	**602**	**283**	**319**	**1**		**1**	**2**		**2**
	224	119	105						
	151	64	87						
1	64	32	32						
	52	21	31						
	54	22	32	1		1			
	25	12	13				2		2
	32	13	19						
2	**4107**	**2226**	**1881**	**1**	**1**		**4**	**1**	**3**
	2483	1395	1088	1	1		4	1	3
	328	171	157						
2	1184	614	570						
	112	46	66						
5	**1374**	**742**	**632**						
4	1005	545	460						
	22	13	9						
	43	21	22						
1	172	96	76						
	43	23	20						
	89	44	45						
3	**474**	**238**	**236**						
1	124	59	65						
	48	23	25						
	54	28	26						
	20	14	6						
2	99	49	50						
	94	44	50						
	35	21	14						

1-4c 各地区分性别、

地区	高山族			拉祜族			水族	
	小计	男	女	小计	男	女	小计	男
酒泉市				**2**		**2**	**1**	
肃州区				1		1		
金塔县								
瓜州县				1		1		
肃北蒙古族自治县								
阿克塞哈萨克族自治县								
玉门市								
敦煌市							1	
庆阳市				**1**		**1**	**11**	**3**
西峰区							3	2
庆城县							1	
环　县								
华池县				1		1		
合水县								
正宁县								
宁　县							4	1
镇原县							3	
定西市							**8**	**5**
安定区							1	
通渭县							4	4
陇西县							1	
渭源县								
临洮县							2	1
漳　县								
岷　县								
陇南市				**5**		**5**	**12**	**4**
武都区				1		1		
成　县							1	
文　县				1		1	3	2
宕昌县							3	2
康　县							1	
西和县				1		1		
礼　县				1		1		
徽　县				1		1	4	
两当县								
临夏回族自治州	**1**		**1**	**7**	**4**	**3**	**3**	**2**
临夏市								
临夏县							1	1
康乐县								
永靖县								
广河县				2	2			
和政县	1		1	2	1	1		
东乡族自治县				3	1	2	1	
积石山保安族东乡族撒拉族自治县							1	1
甘南藏族自治州								
合作市								
临潭县								
卓尼县								
舟曲县								
迭部县								
玛曲县								
碌曲县								
夏河县								

民族的人口（乡村）（续 9）

单位：人

女	东乡族			纳西族			景颇族		
	小计	男	女	小计	男	女	小计	男	女
1	**21038**	**10593**	**10445**	**1**		**1**	**1**		**1**
	1049	574	475	1		1			
	46	25	21				1		1
	5476	2726	2750						
	4	4							
	8	7	1						
	14307	7178	7129						
1	148	79	69						
8	**732**	**369**	**363**						
1	206	119	87						
1	77	41	36						
	126	59	67						
	57	24	33						
	40	17	23						
	27	12	15						
3	87	44	43						
3	112	53	59						
3	**1279**	**745**	**534**	**2**		**2**	**2**		**2**
1	404	271	133	1		1			
	24	10	14						
1	76	44	32						
	46	25	21						
1	655	356	299				2		2
	28	16	12						
	46	23	23	1		1			
8	**589**	**300**	**289**	**1**		**1**			
	175	89	86						
1	60	34	26						
1	35	22	13	1		1			
1	91	44	47						
1	18	12	6						
	59	26	33						
	110	49	61						
4	29	13	16						
	12	11	1						
1	**425436**	**209209**	**216227**	**1**	**1**		**8**	**4**	**4**
	3373	1561	1812						
	29968	14604	15364				5	3	2
	10856	5356	5500						
	2685	1420	1265	1	1				
	82053	39631	42422				1		1
	58928	28919	30009				2	1	1
1	210395	104220	106175						
	27178	13498	13680						
	265	**152**	**113**						
	94	61	33						
	35	17	18						
	24	16	8						
	27	17	10						
	22	12	10						
	8	2	6						
	21	9	12						
	34	18	16						

1-4c 各地区分性别、

地区	柯尔克孜族			土族			达斡尔族	
	小计	男	女	小计	男	女	小计	男
合计	**24**	**11**	**13**	**14710**	**7485**	**7225**	**10**	**6**
兰州市	**13**	**6**	**7**	**630**	**329**	**301**	**6**	**4**
城关区				7	4	3		
七里河区				23	10	13		
西固区				7	3	4		
安宁区								
红古区				19	6	13		
永登县	1		1	315	168	147		
皋兰县	1	1		48	29	19	1	1
榆中县				71	26	45		
兰州新区	11	5	6	140	83	57	5	3
嘉峪关市				**10**	**5**	**5**		
市辖区				10	5	5		
金昌市				**14**	**7**	**7**		
金川区				1		1		
永昌县				13	7	6		
白银市				**41**	**17**	**24**		
白银区								
平川区								
靖远县				6	1	5		
会宁县				3	1	2		
景泰县				32	15	17		
天水市				**35**	**16**	**19**		
秦州区				11	5	6		
麦积区				5	2	3		
清水县				11	7	4		
秦安县				4		4		
甘谷县				2	1	1		
武山县				2	1	1		
张家川回族自治县								
武威市	**7**	**4**	**3**	**6135**	**3215**	**2920**	**1**	**1**
凉州区	2	1	1	148	67	81		
民勤县				13	4	9		
古浪县	2	1	1	121	61	60	1	1
天祝藏族自治县	3	2	1	5853	3083	2770		
张掖市	**1**		**1**	**522**	**251**	**271**	**2**	
甘州区				68	23	45	1	
肃南裕固族自治县	1		1	141	86	55		
民乐县				28	5	23		
临泽县				30	13	17		
高台县				251	121	130		
山丹县				4	3	1	1	
平凉市				**27**	**20**	**7**		
崆峒区				8	6	2		
泾川县				3	1	2		
灵台县				1	1			
崇信县								
庄浪县				5	5			
静宁县				5	2	3		
华亭市				5	5			

民族的人口（乡村）（续 10）

单位：人

	仫佬族			羌族			布朗族		
女	小计	男	女	小计	男	女	小计	男	女
4	**11**	**5**	**6**	**69**	**36**	**33**	**6**	**1**	**5**
2	**1**		**1**	**10**	**7**	**3**			
	1		1						
				4	4				
				1		1			
				1	1				
2				4	2	2			
				2	**1**	**1**			
				2	1	1			
	4	**4**		**2**		**2**			
	4	4							
				2		2			
	1		**1**	**3**	**2**	**1**			
				2	2				
	1		1						
				1		1			
				1	**1**				
				1	1				
2	**1**		**1**	**2**		**2**			
1									
	1		1						
				1		1			
				1		1			
1									
	1		**1**	**2**	**2**		**1**		**1**
	1		1						
							1		1
				1	1				
				1	1				

1-4c 各地区分性别、

地区	柯尔克孜族			土族			达斡尔族	
	小计	男	女	小计	男	女	小计	男
酒泉市	**1**	**1**		**739**	**400**	**339**		
肃州区				44	27	17		
金塔县				129	65	64		
瓜州县				227	117	110		
肃北蒙古族自治县				14	11	3		
阿克塞哈萨克族自治县	1	1		6	4	2		
玉门市				262	145	117		
敦煌市				57	31	26		
庆阳市				**65**	**27**	**38**		
西峰区				41	17	24		
庆城县				6	2	4		
环　县				3		3		
华池县				2	2			
合水县								
正宁县				5	3	2		
宁　县				2		2		
镇原县				6	3	3		
定西市	**1**		**1**	**37**	**9**	**28**	**1**	**1**
安定区				13	3	10		
通渭县				3		3		
陇西县				5	2	3		
渭源县	1		1	3		3		
临洮县				10	4	6	1	1
漳　县				3		3		
岷　县								
陇南市				**25**	**14**	**11**		
武都区				8	4	4		
成　县				3	2	1		
文　县				3	2	1		
宕昌县				3	1	2		
康　县				1	1			
西和县				3	1	2		
礼　县				3	2	1		
徽　县				1	1			
两当县								
临夏回族自治州	**1**		**1**	**5815**	**2862**	**2953**		
临夏市				23	9	14		
临夏县				241	91	150		
康乐县				23	8	15		
永靖县				364	174	190		
广河县				6	3	3		
和政县				14	8	6		
东乡族自治县				33	14	19		
积石山保安族东乡族撒拉族自治县	1		1	5111	2555	2556		
甘南藏族自治州				**615**	**313**	**302**		
合作市				16	9	7		
临潭县				58	19	39		
卓尼县				531	278	253		
舟曲县				1	1			
迭部县				1	1			
玛曲县				1	1			
碌曲县				1	1			
夏河县				6	3	3		

民族的人口（乡村）（续 11）

单位：人

	仫佬族			羌族			布朗族		
女	小计	男	女	小计	男	女	小计	男	女
				1	**1**		**2**	**1**	**1**
				1	1		2	1	1
	1	**1**		**3**	**2**	**1**	**2**		**2**
				1		1			
				2	2				
							2		2
	1	1							
				9	**4**	**5**			
				7	2	5			
				1	1				
				1	1				
	2		**2**	**14**	**6**	**8**			
				4		4			
				1	1				
	1		1	7	4	3			
	1		1	1	1				
				1		1			
				13	**5**	**8**	**1**		**1**
				2	1	1	1		1
				2	1	1			
				9	3	6			
				7	**5**	**2**			
				2	1	1			
				2	1	1			
				1	1				
				2	2				

1-4c 各地区分性别、

地区	撒拉族			毛南族			仡佬族	
	小计	男	女	小计	男	女	小计	男
合计	**10282**	**5189**	**5093**	**6**	**4**	**2**	**105**	**74**
兰州市	**26**	**18**	**8**	**1**	**1**		**35**	**30**
城关区				1	1			
七里河区	5	3	2				26	24
西固区								
安宁区								
红古区	4	4						
永登县	2		2				2	1
皋兰县	2	1	1				3	3
榆中县	7	6	1				3	2
兰州新区	6	4	2				1	
嘉峪关市	**3**	**1**	**2**					
市辖区	3	1	2					
金昌市							**6**	**3**
金川区							4	1
永昌县							2	2
白银市	**55**	**32**	**23**				**5**	**3**
白银区	1	1					1	1
平川区	1	1					1	
靖远县	2	2					1	1
会宁县	4	1	3				1	
景泰县	47	27	20				1	1
天水市	**11**	**5**	**6**	**1**		**1**	**6**	**5**
秦州区	5	2	3					
麦积区	5	3	2	1		1	1	1
清水县	1		1				4	4
秦安县								
甘谷县							1	
武山县								
张家川回族自治县								
武威市	**5**	**3**	**2**				**5**	**3**
凉州区	3	2	1				3	1
民勤县	1	1						
古浪县	1		1				1	1
天祝藏族自治县							1	1
张掖市	**26**	**14**	**12**				**1**	
甘州区	16	8	8					
肃南裕固族自治县	3	1	2				1	
民乐县	1	1						
临泽县								
高台县	6	4	2					
山丹县								
平凉市	**11**	**3**	**8**	**1**	**1**		**8**	**4**
崆峒区	4		4				2	1
泾川县							2	1
灵台县				1	1		3	1
崇信县								
庄浪县	5	2	3					
静宁县	2	1	1				1	1
华亭市								

民族的人口（乡村）（续 12）

单位：人

	锡伯族			阿昌族			普米族		
女	小计	男	女	小计	男	女	小计	男	女
31	**13**	**2**	**11**	**4**	**1**	**3**	**2**	**1**	**1**
5	**3**	**1**	**2**	**1**		**1**			
2	1		1						
1									
1									
1	2	1	1	1		1			
3	**1**		**1**	**1**	**1**				
3									
	1		1	1	1				
2									
1									
1									
1				**1**		**1**			
1				1		1			
2									
2									
1				**1**		**1**			
				1		1			
1									
4	**5**		**5**						
1									
1									
2									
	1		1						
	4		4						

1-4c 各地区分性别、

地区	撒拉族			毛南族			仡佬族	
	小计	男	女	小计	男	女	小计	男
酒泉市	**102**	**52**	**50**	**2**	**2**		**4**	**2**
肃州区	4	2	2				2	1
金塔县							1	1
瓜州县	84	44	40				1	
肃北蒙古族自治县				2	2			
阿克塞哈萨克族自治县								
玉门市	7	5	2					
敦煌市	7	1	6					
庆阳市	**21**	**8**	**13**				**11**	**9**
西峰区	3	3					3	2
庆城县	2		2					
环　县	5	2	3				4	4
华池县	3	2	1					
合水县							1	1
正宁县							1	1
宁　县	3	1	2				1	
镇原县	5		5				1	1
定西市	**17**	**11**	**6**				**8**	**5**
安定区	4	3	1				4	3
通渭县	2	1	1				1	
陇西县	8	5	3					
渭源县	2	1	1					
临洮县	1	1					3	2
漳　县								
岷　县								
陇南市	**19**	**8**	**11**	**1**		**1**	**8**	**3**
武都区	4	2	2					
成　县	3	2	1				1	1
文　县	2		2				2	1
宕昌县								
康　县	4	2	2				3	1
西和县	2		2	1		1		
礼　县	1		1				1	
徽　县	3	2	1				1	
两当县								
临夏回族自治州	**9937**	**5005**	**4932**				**3**	**3**
临夏市	46	21	25					
临夏县	775	397	378				2	2
康乐县	5	3	2				1	1
永靖县	24	8	16					
广河县	68	22	46					
和政县	112	53	59					
东乡族自治县	25	5	20					
积石山保安族东乡族撒拉族自治县	8882	4496	4386					
甘南藏族自治州	**49**	**29**	**20**				**5**	**4**
合作市	19	8	11					
临潭县	2	1	1					
卓尼县							4	4
舟曲县								
迭部县	1	1					1	
玛曲县	3	2	1					
碌曲县	4	3	1					
夏河县	20	14	6					

民族的人口（乡村）（续 13）

单位：人

女	锡伯族			阿昌族			普米族		
	小计	男	女	小计	男	女	小计	男	女
2									
1									
1									
2									
1									
1									
3	**1**		**1**				**2**	**1**	**1**
1							2	1	1
1	1		1						
1									
5									
1									
2									
1									
1									
	2	**1**	**1**						
	1	1							
	1		1						
1	**1**		**1**						
	1		1						
1									

1-4c 各地区分性别、

地区	塔吉克族			怒族			乌孜别克族	
	小计	男	女	小计	男	女	小计	男
合计	**2**	**2**		**3**		**3**	**1**	**1**
兰州市	**2**	**2**		**1**		**1**	**1**	**1**
城关区								
七里河区								
西固区								
安宁区								
红古区								
永登县								
皋兰县								
榆中县	1	1					1	1
兰州新区	1	1		1		1		
嘉峪关市								
市辖区								
金昌市								
金川区								
永昌县								
白银市								
白银区								
平川区								
靖远县								
会宁县								
景泰县								
天水市								
秦州区								
麦积区								
清水县								
秦安县								
甘谷县								
武山县								
张家川回族自治县								
武威市								
凉州区								
民勤县								
古浪县								
天祝藏族自治县								
张掖市								
甘州区								
肃南裕固族自治县								
民乐县								
临泽县								
高台县								
山丹县								
平凉市								
崆峒区								
泾川县								
灵台县								
崇信县								
庄浪县								
静宁县								
华亭市								

民族的人口（乡村）（续 14）

单位：人

	俄罗斯族			鄂温克族			德昂族		
女	小计	男	女	小计	男	女	小计	男	女
	1	**1**		**3**	**2**	**1**			
	1	**1**		**1**	**1**				
	1	1							
				1	1				
				2	**1**	**1**			
				2	1	1			

1-4c 各地区分性别、

地区	塔吉克族			怒族			乌孜别克族	
	小计	男	女	小计	男	女	小计	男
酒泉市								
肃州区								
金塔县								
瓜州县								
肃北蒙古族自治县								
阿克塞哈萨克族自治县								
玉门市								
敦煌市								
庆阳市								
西峰区								
庆城县								
环　县								
华池县								
合水县								
正宁县								
宁　县								
镇原县								
定西市				**1**		**1**		
安定区				1		1		
通渭县								
陇西县								
渭源县								
临洮县								
漳　县								
岷　县								
陇南市				**1**		**1**		
武都区				1		1		
成　县								
文　县								
宕昌县								
康　县								
西和县								
礼　县								
徽　县								
两当县								
临夏回族自治州								
临夏市								
临夏县								
康乐县								
永靖县								
广河县								
和政县								
东乡族自治县								
积石山保安族东乡族撒拉族自治县								
甘南藏族自治州								
合作市								
临潭县								
卓尼县								
舟曲县								
迭部县								
玛曲县								
碌曲县								
夏河县								

民族的人口（乡村）（续 15）

单位：人

	俄罗斯族			鄂温克族			德昂族		
女	小计	男	女	小计	男	女	小计	男	女

1-4c 各地区分性别、

地区	保安族			裕固族			京族	
	小计	男	女	小计	男	女	小计	男
合计	**15045**	**7434**	**7611**	**6007**	**3124**	**2883**	**3**	**2**
兰州市	**33**	**18**	**15**	**24**	**8**	**16**		
城关区								
七里河区	5	3	2	1		1		
西固区	1		1	1		1		
安宁区								
红古区	1	1		1	1			
永登县	4	2	2	1		1		
皋兰县	8	4	4	2		2		
榆中县	9	6	3	13	4	9		
兰州新区	5	2	3	5	3	2		
嘉峪关市	**2**	**1**	**1**	**26**	**9**	**17**		
市辖区	2	1	1	26	9	17		
金昌市	**2**	**2**		**15**	**2**	**13**		
金川区	1	1						
永昌县	1	1		15	2	13		
白银市	**13**	**6**	**7**	**3**	**1**	**2**		
白银区	1	1						
平川区	2	2						
靖远县	3	1	2	1	1			
会宁县	3	1	2					
景泰县	4	1	3	2		2		
天水市	**21**	**9**	**12**	**11**	**3**	**8**		
秦州区	8	3	5	3	2	1		
麦积区	3	1	2	2	1	1		
清水县	2	1	1	3		3		
秦安县	3	2	1	3		3		
甘谷县	3	1	2					
武山县	1	1						
张家川回族自治县	1		1					
武威市	**8**	**3**	**5**	**26**	**13**	**13**	**2**	**2**
凉州区	4	1	3	22	12	10		
民勤县	2	1	1	1		1		
古浪县	1	1		1	1			
天祝藏族自治县	1		1	2		2	2	2
张掖市	**9**	**5**	**4**	**5004**	**2571**	**2433**		
甘州区	5	1	4	468	187	281		
肃南裕固族自治县	1	1		4471	2367	2104		
民乐县	2	2		5	1	4		
临泽县	1	1		22	5	17		
高台县				36	11	25		
山丹县				2		2		
平凉市	**13**	**6**	**7**	**11**	**6**	**5**		
崆峒区	3	2	1	3	1	2		
泾川县				3	2	1		
灵台县	3	1	2					
崇信县								
庄浪县	4	2	2	1		1		
静宁县	2		2	3	2	1		
华亭市	1	1		1	1			

民族的人口（乡村）（续16）

单位：人

	塔塔尔族			独龙族			鄂伦春族		
女	小计	男	女	小计	男	女	小计	男	女
1	**2**		**2**	**1**	**1**		**1**	**1**	
							1	**1**	
							1	1	
	1		**1**						
	1		1						

1-4c 各地区分性别、

地区	保安族			裕固族			京族	
	小计	男	女	小计	男	女	小计	男
酒泉市	**20**	**4**	**16**	**836**	**480**	**356**	**1**	
肃州区	4		4	814	474	340	1	
金塔县	2	2		16	2	14		
瓜州县	12	2	10	2	1	1		
肃北蒙古族自治县				1	1			
阿克塞哈萨克族自治县				1	1			
玉门市	1		1	1		1		
敦煌市	1		1	1	1			
庆阳市	**38**	**23**	**15**	**19**	**12**	**7**		
西峰区	16	7	9	8	3	5		
庆城县	2	2		1	1			
环　县	7	6	1	5	5			
华池县	2		2					
合水县	1		1	1	1			
正宁县				1		1		
宁　县	3	2	1	2	2			
镇原县	7	6	1	1		1		
定西市	**16**	**6**	**10**	**9**	**6**	**3**		
安定区	7	2	5	4	3	1		
通渭县				2	1	1		
陇西县	2	1	1	2	1	1		
渭源县	4	1	3					
临洮县	3	2	1	1	1			
漳　县								
岷　县								
陇南市	**20**	**15**	**5**	**12**	**9**	**3**		
武都区	5	3	2	5	3	2		
成　县	2	2						
文　县	1		1	1	1			
宕昌县	6	4	2					
康　县	1	1						
西和县	3	3		1	1			
礼　县				3	2	1		
徽　县	2	2		2	2			
两当县								
临夏回族自治州	**14834**	**7330**	**7504**	**4**		**4**		
临夏市	19	11	8					
临夏县	203	85	118	1		1		
康乐县	10	8	2					
永靖县	30	12	18	2		2		
广河县	3		3					
和政县	49	23	26					
东乡族自治县	15	6	9	1		1		
积石山保安族东乡族撒拉族自治县	14505	7185	7320					
甘南藏族自治州	**16**	**6**	**10**	**7**	**4**	**3**		
合作市	4	2	2	1	1			
临潭县	3		3	3	2	1		
卓尼县	2	1	1					
舟曲县				1		1		
迭部县				1		1		
玛曲县								
碌曲县	7	3	4					
夏河县				1	1			

民族的人口（乡村）（续 17）

单位：人

	塔塔尔族			独龙族			鄂伦春族		
女	小计	男	女	小计	男	女	小计	男	女
1									
1									
				1	**1**				
				1	1				
	1		**1**						
	1		1						

1-4c 各地区分性别、

地区	赫哲族			门巴族			珞巴族	
	小计	男	女	小计	男	女	小计	男
合计	**1**	**1**		**17**	**5**	**12**	**5**	**2**
兰州市				**1**		**1**		
城关区								
七里河区								
西固区								
安宁区								
红古区				1		1		
永登县								
皋兰县								
榆中县								
兰州新区								
嘉峪关市								
市辖区								
金昌市								
金川区								
永昌县								
白银市							**1**	
白银区								
平川区								
靖远县								
会宁县							1	
景泰县								
天水市				**6**	**2**	**4**		
秦州区				1		1		
麦积区								
清水县								
秦安县								
甘谷县				5	2	3		
武山县								
张家川回族自治县								
武威市				**2**	**1**	**1**	**1**	**1**
凉州区								
民勤县								
古浪县							1	1
天祝藏族自治县				2	1	1		
张掖市								
甘州区								
肃南裕固族自治县								
民乐县								
临泽县								
高台县								
山丹县								
平凉市				**4**	**1**	**3**		
崆峒区								
泾川县								
灵台县								
崇信县								
庄浪县				4	1	3		
静宁县								
华亭市								

民族的人口（乡村）（续 18）

单位：人

	基诺族			未定族称人口			入籍		
女	小计	男	女	小计	男	女	小计	男	女
3				**190**	**118**	**72**	**9**	**2**	**7**
				20	**9**	**11**	**2**		**2**
				3	2	1			
				3		3			
				4	1	3			
				3	3		1		1
				5	2	3	1		1
				2	1	1			
				1	**1**		**1**		**1**
				1	1		1		1
				29	**23**	**6**			
				1		1			
				28	23	5			
1				**10**	**9**	**1**	**1**	**1**	
				2	2				
							1	1	
				1	1				
1				1	1				
				6	5	1			
				36	**35**	**1**			
				1	1				
				2	2				
				1	1				
				1		1			
				1	1				
				30	30				
				2		**2**			
				2		2			
				10	**6**	**4**			
				9	5	4			
				1	1				
				6	**5**	**1**	**3**	**1**	**2**
				1	1		1		1
							1		1
				1	1		1	1	
				1	1				
				1		1			
				2	2				

1-4c 各地区分性别、

地区	赫哲族			门巴族			珞巴族	
	小计	男	女	小计	男	女	小计	男
酒泉市								
肃州区								
金塔县								
瓜州县								
肃北蒙古族自治县								
阿克塞哈萨克族自治县								
玉门市								
敦煌市								
庆阳市							**1**	
西峰区								
庆城县								
环　县							1	
华池县								
合水县								
正宁县								
宁　县								
镇原县								
定西市								
安定区								
通渭县								
陇西县								
渭源县								
临洮县								
漳　县								
岷　县								
陇南市								
武都区								
成　县								
文　县								
宕昌县								
康　县								
西和县								
礼　县								
徽　县								
两当县								
临夏回族自治州	**1**	**1**		**4**	**1**	**3**	**1**	**1**
临夏市								
临夏县	1	1		2		2		
康乐县								
永靖县								
广河县								
和政县								
东乡族自治县								
积石山保安族东乡族撒拉族自治县				2	1	1	1	1
甘南藏族自治州							**1**	
合作市								
临潭县								
卓尼县								
舟曲县								
迭部县								
玛曲县								
碌曲县								
夏河县							1	

民族的人口（乡村）（续 19）

单位：人

	基诺族			未定族称人口			入籍		
女	小计	男	女	小计	男	女	小计	男	女
				4	**1**	**3**			
				1		1			
				2	1	1			
				1		1			
1				**10**	**6**	**4**	**1**		**1**
				4	2	2			
				1		1			
1									
							1		1
				5	4	1			
				10	**6**	**4**			
				2	1	1			
				1		1			
				2	1	1			
				1	1				
				3	2	1			
				1	1				
				8	**2**	**6**	**1**		**1**
				1		1	1		1
				3		3			
				1		1			
				3	2	1			
				40	**13**	**27**			
				3		3			
				6	2	4			
				2		2			
				1	1				
				24	7	17			
				2	1	1			
				2	2				
1				**4**	**2**	**2**			
				3	2	1			
				1		1			
1									

1–5 各地区分年龄、

地区	人口数			0 岁			
	合计	男	女	小计	男	女	小计
合计	**25019831**	**12700948**	**12318883**	**263011**	**136254**	**126757**	**1349008**
兰州市	**4359446**	**2239998**	**2119448**	**37053**	**18992**	**18061**	**191463**
城关区	1484016	753592	730424	11565	5955	5610	62203
七里河区	712271	370315	341956	6435	3301	3134	32361
西固区	407010	207508	199502	3135	1593	1542	16941
安宁区	439566	219857	219709	3687	1886	1801	19371
红古区	143795	73732	70063	1277	629	648	6558
永登县	285549	145490	140059	2478	1253	1225	12035
皋兰县	125157	68127	57030	1176	611	565	5823
榆中县	473882	243072	230810	4265	2197	2068	21871
兰州新区	288200	158305	129895	3035	1567	1468	14300
嘉峪关市	**312663**	**162360**	**150303**	**3319**	**1730**	**1589**	**16979**
市辖区	312663	162360	150303	3319	1730	1589	16979
金昌市	**438026**	**225306**	**212720**	**3349**	**1708**	**1641**	**17376**
金川区	260385	133937	126448	2160	1094	1066	11205
永昌县	177641	91369	86272	1189	614	575	6171
白银市	**1512110**	**770844**	**741266**	**15795**	**8161**	**7634**	**80992**
白银区	337645	172698	164947	3017	1535	1482	17147
平川区	200869	102817	98052	2112	1098	1014	11332
靖远县	373050	191208	181842	4217	2218	1999	20640
会宁县	401581	202129	199452	4466	2274	2192	21319
景泰县	198965	101992	96973	1983	1036	947	10554
天水市	**2984659**	**1499444**	**1485215**	**31521**	**16364**	**15157**	**159698**
秦州区	656689	330113	326576	5895	3077	2818	32449
麦积区	556102	284268	271834	5658	2960	2698	28170
清水县	240597	120934	119663	2829	1481	1348	14234
秦安县	416337	210421	205916	4074	2124	1950	18713
甘谷县	506801	251264	255537	5480	2807	2673	27702
武山县	363727	181665	182062	3801	1992	1809	19852
张家川回族自治县	244406	120779	123627	3784	1923	1861	18578
武威市	**1464955**	**740306**	**724649**	**14011**	**7300**	**6711**	**70737**
凉州区	885277	446518	438759	8991	4698	4293	45697
民勤县	178470	91309	87161	1260	645	615	5934
古浪县	250177	125187	124990	2374	1242	1132	12013
天祝藏族自治县	151031	77292	73739	1386	715	671	7093
张掖市	**1131016**	**570451**	**560565**	**10221**	**5336**	**4885**	**53635**
甘州区	519096	261270	257826	4796	2544	2252	24382
肃南裕固族自治县	27762	14523	13239	230	107	123	1055
民乐县	192476	98207	94269	1710	911	799	9938
临泽县	115946	58395	57551	931	497	434	5226
高台县	125705	62732	62973	1207	606	601	5670
山丹县	150031	75324	74707	1347	671	676	7364
平凉市	**1848607**	**924766**	**923841**	**18961**	**9686**	**9275**	**96149**
崆峒区	504265	250802	253463	5352	2704	2648	26352
泾川县	222210	110175	112035	2264	1180	1084	11920
灵台县	156224	78858	77366	1434	744	690	7791
崇信县	82138	42525	39613	870	460	410	4486
庄浪县	335684	165989	169695	3525	1854	1671	18102
静宁县	365637	183497	182140	3640	1816	1824	18055
华亭市	182449	92920	89529	1876	928	948	9443

性别的人口

单位：人

1-4 岁		5-9 岁			10-14 岁		
男	女	小计	男	女	小计	男	女
699511	**649497**	**1679652**	**876391**	**803261**	**1561872**	**819837**	**742035**
99158	**92305**	**207095**	**108836**	**98259**	**183108**	**97164**	**85944**
32307	29896	67562	35400	32162	58905	31422	27483
16819	15542	33013	17322	15691	29007	15368	13639
8655	8286	18921	9952	8969	17594	9240	8354
10045	9326	18949	10047	8902	15657	8184	7473
3352	3206	7941	4132	3809	7705	4048	3657
6181	5854	16460	8665	7795	17061	9063	7998
3047	2776	6016	3136	2880	5806	3135	2671
11305	10566	23557	12427	11130	21003	11207	9796
7447	6853	14676	7755	6921	10370	5497	4873
8784	**8195**	**15379**	**8083**	**7296**	**14055**	**7363**	**6692**
8784	8195	15379	8083	7296	14055	7363	6692
9033	**8343**	**18446**	**10237**	**8209**	**22758**	**12781**	**9977**
5849	5356	11700	6376	5324	12681	6922	5759
3184	2987	6746	3861	2885	10077	5859	4218
42111	**38881**	**97584**	**51411**	**46173**	**91445**	**48761**	**42684**
8871	8276	17540	9432	8108	16018	8504	7514
5933	5399	14295	7562	6733	12798	6815	5983
10738	9902	25879	13592	12287	25549	13628	11921
11008	10311	27125	13946	13179	25280	13147	12133
5561	4993	12745	6879	5866	11800	6667	5133
82428	**77270**	**214278**	**110690**	**103588**	**214709**	**110253**	**104456**
16686	15763	41281	21253	20028	41114	20981	20133
14507	13663	35588	18420	17168	34941	17939	17002
7372	6862	20147	10414	9733	20535	10497	10038
9700	9013	23938	12324	11614	26029	13475	12554
14332	13370	38751	20296	18455	39971	20699	19272
10212	9640	29074	15083	13991	31375	16254	15121
9619	8959	25499	12900	12599	20744	10408	10336
37185	**33552**	**86858**	**46339**	**40519**	**86869**	**47440**	**39429**
24130	21567	55671	29913	25758	54180	29931	24249
3092	2842	5491	2946	2545	6821	3961	2860
6315	5698	16923	8864	8059	17474	9191	8283
3648	3445	8773	4616	4157	8394	4357	4037
28349	**25286**	**60146**	**33456**	**26690**	**66069**	**37227**	**28842**
12935	11447	25760	14524	11236	27182	15410	11772
549	506	1273	646	627	1224	664	560
5305	4633	12518	7067	5451	15305	8878	6427
2716	2510	5869	3167	2702	6360	3393	2967
2942	2728	5706	3020	2686	6051	3240	2811
3902	3462	9020	5032	3988	9947	5642	4305
49994	**46155**	**122494**	**63835**	**58659**	**124599**	**64889**	**59710**
13686	12666	32276	16766	15510	31283	16196	15087
6150	5770	15084	7873	7211	14116	7468	6648
4171	3620	10100	5308	4792	10978	5918	5060
2356	2130	5600	2943	2657	5296	2792	2504
9470	8632	23944	12481	11463	24504	12731	11773
9316	8739	22596	11848	10748	24913	12836	12077
4845	4598	12894	6616	6278	13509	6948	6561

1-5 各地区分年龄、

地区	人口数			0岁			
	合计	男	女	小计	男	女	小计
酒泉市	**1055706**	**544264**	**511442**	**9194**	**4697**	**4497**	**45237**
肃州区	455611	228955	226656	4028	2053	1975	19700
金塔县	121766	66197	55569	763	393	370	3854
瓜州县	129299	67266	62033	1305	665	640	6326
肃北蒙古族自治县	15093	9128	5965	111	60	51	463
阿克塞哈萨克族自治县	10970	6013	4957	111	48	63	597
玉门市	137736	73417	64319	1325	681	644	6482
敦煌市	185231	93288	91943	1551	797	754	7815
庆阳市	**2179716**	**1110440**	**1069276**	**23598**	**12447**	**11151**	**120252**
西峰区	513856	259132	254724	5546	2908	2638	29426
庆城县	235154	122526	112628	2671	1453	1218	12707
环　县	304687	159546	145141	3384	1770	1614	16848
华池县	119346	62310	57036	1479	804	675	6867
合水县	135908	69796	66112	1605	842	763	7794
正宁县	173243	87716	85527	1846	995	851	9919
宁　县	336316	167739	168577	3507	1816	1691	18150
镇原县	361206	181675	179531	3560	1859	1701	18541
定西市	**2524097**	**1277650**	**1246447**	**27221**	**14274**	**12947**	**148704**
安定区	422383	213707	208676	4845	2552	2293	25401
通渭县	323648	166697	156951	3336	1774	1562	16836
陇西县	427373	214643	212730	4803	2517	2286	26188
渭源县	277608	141922	135686	2761	1449	1312	14692
临洮县	480149	242136	238013	5044	2624	2420	28099
漳　县	167309	84365	82944	1944	1006	938	11496
岷　县	425627	214180	211447	4488	2352	2136	25992
陇南市	**2407272**	**1227642**	**1179630**	**25570**	**13226**	**12344**	**134234**
武都区	546616	276973	269643	6131	3156	2975	32176
成　县	241587	121572	120015	2647	1367	1280	13942
文　县	196906	100725	96181	2105	1097	1008	10346
宕昌县	254944	130484	124460	2377	1161	1216	13265
康　县	162418	83106	79312	1662	879	783	8798
西和县	351069	178507	172562	3957	2049	1908	20365
礼　县	424135	218935	205200	4233	2229	2004	22922
徽　县	189888	96622	93266	2085	1074	1011	10353
两当县	39709	20718	18991	373	214	159	2067
临夏回族自治州	**2109750**	**1056107**	**1053643**	**34524**	**17857**	**16667**	**173758**
临夏市	355968	177893	178075	4611	2375	2236	23532
临夏县	322628	162544	160084	4908	2523	2385	24430
康乐县	255955	127865	128090	4013	2050	1963	20326
永靖县	180650	90983	89667	2090	1115	975	11316
广河县	260596	129202	131394	5364	2806	2558	26470
和政县	204529	102335	102194	3537	1787	1750	17218
东乡族自治县	290034	144428	145606	6254	3273	2981	31975
积石山保安族东乡族撒拉族自治县	239390	120857	118533	3747	1928	1819	18491
甘南藏族自治州	**691808**	**351370**	**340438**	**8674**	**4476**	**4198**	**39794**
合作市	112173	56579	55594	1229	647	582	5830
临潭县	127387	64212	63175	1588	817	771	7527
卓尼县	95387	48718	46669	1153	617	536	4959
舟曲县	125367	63394	61973	1641	829	812	7250
迭部县	52192	26598	25594	559	274	285	2645
玛曲县	57076	29659	27417	895	456	439	4166
碌曲县	35871	18086	17785	468	257	211	2087
夏河县	86355	44124	42231	1141	579	562	5330

性别的人口（续 1）

单位：人

1-4 岁		5-9 岁			10-14 岁		
男	女	小计	男	女	小计	男	女
23514	**21723**	**49674**	**25770**	**23904**	**54352**	**28202**	**26150**
10333	9367	20244	10527	9717	21995	11376	10619
1994	1860	4423	2311	2112	6183	3267	2916
3278	3048	7616	3977	3639	7733	4028	3705
244	219	563	283	280	541	248	293
316	281	652	323	329	633	350	283
3349	3133	7347	3849	3498	7948	4163	3785
4000	3815	8829	4500	4329	9319	4770	4549
63200	**57052**	**170516**	**89965**	**80551**	**160317**	**85226**	**75091**
15584	13842	39123	21305	17818	34453	18729	15724
6762	5945	18137	9550	8587	15837	8477	7360
8959	7889	22402	11827	10575	21098	11378	9720
3589	3278	8888	4667	4221	8676	4695	3981
4048	3746	11340	5897	5443	10187	5406	4781
5145	4774	15267	8040	7227	14298	7531	6767
9458	8692	27372	14073	13299	26426	13671	12755
9655	8886	27987	14606	13381	29342	15339	14003
76960	**71744**	**177489**	**92106**	**85383**	**151610**	**78957**	**72653**
13147	12254	25580	13263	12317	19930	10388	9542
8872	7964	17680	9318	8362	15208	8174	7034
13534	12654	33563	17490	16073	27755	14564	13191
7565	7127	17250	8908	8342	14901	7650	7251
14512	13587	33352	17204	16148	28416	14714	13702
5965	5531	14634	7662	6972	11130	5842	5288
13365	12627	35430	18261	17169	34270	17625	16645
69350	**64884**	**184381**	**94442**	**89939**	**174041**	**89129**	**84912**
16608	15568	43922	22405	21517	38111	19363	18748
7328	6614	18970	9812	9158	17567	9096	8471
5224	5122	12805	6470	6335	11403	5846	5557
6891	6374	18508	9418	9090	18267	9276	8991
4511	4287	11812	6058	5754	10526	5470	5056
10497	9868	29598	15092	14506	30387	15523	14864
11876	11046	33205	17226	15979	33474	17210	16264
5374	4979	13377	6857	6520	12326	6322	6004
1041	1026	2184	1104	1080	1980	1023	957
89268	**84490**	**220210**	**112835**	**107375**	**166829**	**86410**	**80419**
12209	11323	27895	14486	13409	22313	11672	10641
12591	11839	31994	16410	15584	24002	12586	11416
10599	9727	28741	14667	14074	23144	11859	11285
5790	5526	11516	6044	5472	9997	5182	4815
13467	13003	33152	16974	16178	23691	12230	11461
8856	8362	22725	11708	11017	16366	8407	7959
16393	15582	37937	19135	18802	26700	13774	12926
9363	9128	26250	13411	12839	20616	10700	9916
20177	**19617**	**55102**	**28386**	**26716**	**51111**	**26035**	**25076**
2984	2846	7575	3901	3674	6744	3428	3316
3833	3694	10577	5443	5134	9732	4971	4761
2536	2423	7796	3998	3798	7706	3949	3757
3680	3570	9369	4876	4493	8978	4581	4397
1319	1326	3897	1981	1916	3676	1881	1795
2109	2057	5825	3033	2792	5143	2586	2557
1044	1043	3058	1536	1522	2870	1452	1418
2672	2658	7005	3618	3387	6262	3187	3075

1-5 各地区分年龄、

地区	15-19岁			20-24岁			25-29岁	
	小计	男	女	小计	男	女	小计	男
合计	**1323412**	**692101**	**631311**	**1308457**	**663988**	**644469**	**1706571**	**854915**
兰州市	**253210**	**134876**	**118334**	**371860**	**190297**	**181563**	**363229**	**186923**
城关区	62618	34195	28423	114009	55696	58313	143080	71878
七里河区	33907	20304	13603	55550	32131	23419	63352	32360
西固区	18988	11189	7799	19361	11264	8097	26462	13432
安宁区	39034	19803	19231	72884	35315	37569	35174	17518
红古区	4905	2645	2260	4928	2669	2259	9359	4874
永登县	12100	6502	5598	9289	5089	4200	15330	8070
皋兰县	6175	3471	2704	6075	3785	2290	9028	5218
榆中县	37524	17703	19821	55206	26210	28996	30079	15856
兰州新区	37959	19064	18895	34558	18138	16420	31365	17717
嘉峪关市	**12817**	**7408**	**5409**	**13872**	**8207**	**5665**	**26354**	**14322**
市辖区	12817	7408	5409	13872	8207	5665	26354	14322
金昌市	**21100**	**12334**	**8766**	**16998**	**9504**	**7494**	**22766**	**12068**
金川区	12175	6844	5331	11122	6204	4918	15804	8408
永昌县	8925	5490	3435	5876	3300	2576	6962	3660
白银市	**67391**	**36699**	**30692**	**57277**	**30454**	**26823**	**96481**	**49038**
白银区	14794	8155	6639	12764	6974	5790	22946	12053
平川区	8864	4752	4112	6830	3639	3191	12423	6329
靖远县	16492	9083	7409	15424	8344	7080	24194	12409
会宁县	19424	10247	9177	15547	7813	7734	23895	11612
景泰县	7817	4462	3355	6712	3684	3028	13023	6635
天水市	**178982**	**91599**	**87383**	**154521**	**77126**	**77395**	**200029**	**97722**
秦州区	38361	19178	19183	40541	19304	21237	46301	23041
麦积区	30502	16467	14035	26987	14227	12760	38830	19636
清水县	14011	7041	6970	11844	5851	5993	15181	7185
秦安县	25260	12925	12335	21738	11197	10541	27201	13830
甘谷县	32486	16910	15576	23471	11954	11517	34600	16352
武山县	23245	11701	11544	16735	8400	8335	22736	10653
张家川回族自治县	15117	7377	7740	13205	6193	7012	15180	7025
武威市	**76018**	**42418**	**33600**	**60337**	**31309**	**29028**	**85392**	**42722**
凉州区	46526	25910	20616	37707	19229	18478	54234	26922
民勤县	8739	5378	3361	6284	3688	2596	7910	4242
古浪县	14457	7698	6759	11113	5649	5464	13945	6778
天祝藏族自治县	6296	3432	2864	5233	2743	2490	9303	4780
张掖市	**52205**	**28090**	**24115**	**50859**	**25681**	**25178**	**58551**	**28985**
甘州区	24585	12772	11813	30240	14618	15622	30367	15062
肃南裕固族自治县	1007	549	458	1069	575	494	1605	833
民乐县	10557	5937	4620	6004	3196	2808	7581	3772
临泽县	4421	2363	2058	3814	2005	1809	5102	2459
高台县	4340	2312	2028	4130	2188	1942	6126	2973
山丹县	7295	4157	3138	5602	3099	2503	7770	3886
平凉市	**103502**	**52778**	**50724**	**77089**	**37813**	**39276**	**111368**	**54325**
崆峒区	30644	14883	15761	28095	13052	15043	34483	16994
泾川县	11531	6092	5439	8859	4342	4517	11844	5694
灵台县	7403	4016	3387	4985	2650	2335	8369	4040
崇信县	3635	1885	1750	3245	1700	1545	6286	3237
庄浪县	19766	10186	9580	13853	6968	6885	18359	8697
静宁县	21887	11307	10580	11822	5970	5852	19952	9681
华亭市	8636	4409	4227	6230	3131	3099	12075	5982

性别的人口（续 2）

单位：人

	30–34 岁			35–39 岁			40–44 岁		
女	小计	男	女	小计	男	女	小计	男	女
851656	**1992464**	**1000155**	**992309**	**1542995**	**784233**	**758762**	**1452292**	**740749**	**711543**
176306	**406659**	**212872**	**193787**	**300262**	**156932**	**143330**	**266323**	**138861**	**127462**
71202	150328	77981	72347	115763	59224	56539	101851	52492	49359
30992	71029	36933	34096	50053	26334	23719	42981	22331	20650
13030	35431	17964	17467	29298	14728	14570	27375	13590	13785
17656	39803	20141	19662	29096	14670	14426	24456	12276	12180
4485	12737	6521	6216	10262	5355	4907	10352	5504	4848
7260	19344	9998	9346	15391	7977	7414	16021	8240	7781
3810	10459	6011	4448	7665	4390	3275	6974	3978	2996
14223	36877	19545	17332	26308	14134	12174	23497	12569	10928
13648	30651	17778	12873	16426	10120	6306	12816	7881	4935
12032	**34820**	**18452**	**16368**	**22516**	**11388**	**11128**	**22008**	**11161**	**10847**
12032	34820	18452	16368	22516	11388	11128	22008	11161	10847
10698	**34954**	**17790**	**17164**	**28021**	**14192**	**13829**	**28836**	**14326**	**14510**
7396	23402	11951	11451	18098	9325	8773	17980	8971	9009
3302	11552	5839	5713	9923	4867	5056	10856	5355	5501
47443	**116363**	**58262**	**58101**	**95029**	**48166**	**46863**	**85899**	**44026**	**41873**
10893	30932	15755	15177	23899	12220	11679	22440	11450	10990
6094	16626	8230	8396	15195	7559	7636	13903	7321	6582
11785	26457	13511	12946	23783	12313	11470	20110	10711	9399
12283	27458	13276	14182	19247	9443	9804	18661	9136	9525
6388	14890	7490	7400	12905	6631	6274	10785	5408	5377
102307	**212476**	**103344**	**109132**	**182625**	**89308**	**93317**	**167537**	**84686**	**82851**
23260	53060	26226	26834	44056	21560	22496	41265	21177	20088
19194	44036	21780	22256	36175	18118	18057	33667	17572	16095
7996	15879	7755	8124	12593	6198	6395	12547	6402	6145
13371	25059	12591	12468	22096	11175	10921	21350	10856	10494
18248	35336	16500	18836	32489	15344	17145	27537	13160	14377
12083	23766	11003	12763	22767	10812	11955	19510	9639	9871
8155	15340	7489	7851	12449	6101	6348	11661	5880	5781
42670	**102097**	**50031**	**52066**	**84974**	**42347**	**42627**	**78109**	**39740**	**38369**
27312	66830	32618	34212	54696	27146	27550	46808	24041	22767
3668	8083	4137	3946	7221	3588	3633	10303	5161	5142
7167	15630	7539	8091	13440	6634	6806	12095	5994	6101
4523	11554	5737	5817	9617	4979	4638	8903	4544	4359
29566	**89024**	**42425**	**46599**	**71625**	**35310**	**36315**	**67645**	**33145**	**34500**
15305	43984	21275	22709	34248	16948	17300	32118	15891	16227
772	2503	1307	1196	1931	1047	884	2224	1201	1023
3809	13264	6060	7204	11768	5668	6100	11397	5473	5924
2643	8316	3999	4317	6832	3391	3441	6653	3197	3456
3153	9595	4568	5027	7651	3811	3840	7660	3620	4040
3884	11362	5216	6146	9195	4445	4750	7593	3763	3830
57043	**131961**	**63529**	**68432**	**101685**	**49199**	**52486**	**100783**	**48736**	**52047**
17489	40550	19960	20590	31002	15193	15809	29479	14656	14823
6150	13586	6525	7061	9262	4391	4871	9487	4294	5193
4329	9045	4155	4890	7872	3684	4188	8161	3892	4269
3049	6796	3587	3209	4793	2585	2208	4131	2133	1998
9662	22873	10408	12465	17380	8008	9372	18790	8646	10144
10271	23543	11151	12392	18516	8789	9727	19302	9328	9974
6093	15568	7743	7825	12860	6549	6311	11433	5787	5646

1-5 各地区分年龄、

地区	15-19 岁			20-24 岁			25-29 岁	
	小计	男	女	小计	男	女	小计	男
酒泉市	**53651**	**27657**	**25994**	**48644**	**26229**	**22415**	**67826**	**36010**
肃州区	25600	12760	12840	22481	11516	10965	30028	15305
金塔县	6072	3329	2743	5192	3301	1891	6245	3757
瓜州县	6195	3258	2937	5675	2991	2684	8976	4794
肃北蒙古族自治县	396	238	158	700	451	249	1325	827
阿克塞哈萨克族自治县	335	178	157	539	302	237	842	479
玉门市	6452	3400	3052	6379	3583	2796	9178	5062
敦煌市	8601	4494	4107	7678	4085	3593	11232	5786
庆阳市	**107913**	**57225**	**50688**	**85220**	**43456**	**41764**	**136061**	**67926**
西峰区	31136	15895	15241	28472	13315	15157	38250	18389
庆城县	9094	4899	4195	8382	4436	3946	15974	8166
环　县	14862	7965	6897	11973	6336	5637	21679	11156
华池县	5141	2727	2414	4181	2222	1959	7972	3985
合水县	5220	2869	2351	4087	2143	1944	8220	4125
正宁县	6358	3555	2803	5452	3105	2347	9622	4939
宁　县	16427	8762	7665	11014	5880	5134	17093	8781
镇原县	19675	10553	9122	11659	6019	5640	17251	8385
定西市	**119815**	**60886**	**58929**	**107889**	**53648**	**54241**	**169634**	**84076**
安定区	17956	8425	9531	17960	7934	10026	29385	14692
通渭县	16316	8637	7679	18824	9844	8980	23515	12251
陇西县	18643	9799	8844	15456	7891	7565	27041	12985
渭源县	12974	6506	6468	11307	5726	5581	16975	8560
临洮县	20247	10527	9720	16232	8113	8119	31605	15638
漳　县	8819	4482	4337	7971	3977	3994	12294	5965
岷　县	24860	12510	12350	20139	10163	9976	28819	13985
陇南市	**120826**	**61424**	**59402**	**106903**	**52999**	**53904**	**163531**	**79655**
武都区	28479	14494	13985	23658	11748	11910	41591	20133
成　县	13146	6059	7087	11553	4909	6644	16219	7779
文　县	8487	4450	4037	7380	3697	3683	12314	6046
宕昌县	13677	7050	6627	12833	6688	6145	17930	9105
康　县	6517	3305	3212	4822	2294	2528	9533	4469
西和县	19484	10109	9375	18614	9445	9169	23960	11557
礼　县	21754	11205	10549	19902	10198	9704	27576	13466
徽　县	7940	4070	3870	6856	3390	3466	12011	5894
两当县	1342	682	660	1285	630	655	2397	1206
临夏回族自治州	**114710**	**57757**	**56953**	**113598**	**55318**	**58280**	**150701**	**73724**
临夏市	22201	11218	10983	18860	9065	9795	28146	13565
临夏县	15157	7828	7329	15425	7675	7750	22778	11417
康乐县	13143	6858	6285	12806	6248	6558	17402	8392
永靖县	7468	3867	3601	5958	3144	2814	12745	6396
广河县	15360	7513	7847	17972	8568	9404	19448	9476
和政县	10054	5046	5008	8818	4308	4510	15469	7576
东乡族自治县	17661	8568	9093	19623	9459	10164	19119	9234
积石山保安族东乡族撒拉族自治县	13666	6859	6807	14136	6851	7285	15594	7668
甘南藏族自治州	**41272**	**20950**	**20322**	**43390**	**21947**	**21443**	**54648**	**27419**
合作市	10641	5088	5553	12847	5903	6944	9234	4634
临潭县	5476	2800	2676	5918	2930	2988	9119	4369
卓尼县	4759	2459	2300	4320	2313	2007	7017	3552
舟曲县	6519	3304	3215	6474	3253	3221	9778	4719
迭部县	2636	1360	1276	2933	1540	1393	4082	2129
玛曲县	4013	2171	1842	3868	2108	1760	5441	2824
碌曲县	2304	1166	1138	2110	1160	950	3178	1600
夏河县	4924	2602	2322	4920	2740	2180	6799	3592

性别的人口（续 3）

单位：人

女	30–34 岁			35–39 岁			40–44 岁		
	小计	男	女	小计	男	女	小计	男	女
31816	**89208**	**46702**	**42506**	**67377**	**34341**	**33036**	**68793**	**35168**	**33625**
14723	39939	20179	19760	29441	14481	14960	29322	14695	14627
2488	8323	4843	3480	6870	3662	3208	8353	4392	3961
4182	11082	5874	5208	7924	4166	3758	7934	3994	3940
498	1569	971	598	1239	804	435	1335	861	474
363	1160	650	510	1007	556	451	973	544	429
4116	11190	6046	5144	8185	4374	3811	8569	4597	3972
5446	15945	8139	7806	12711	6298	6413	12307	6085	6222
68135	**187044**	**93806**	**93238**	**134771**	**70375**	**64396**	**115148**	**58369**	**56779**
19861	57161	28225	28936	38925	20116	18809	30064	15316	14748
7808	22844	12061	10783	15588	8695	6893	12994	7074	5920
10523	26783	14026	12757	20118	11377	8741	17269	8855	8414
3987	11272	6011	5261	8494	4696	3798	6904	3543	3361
4095	11815	5919	5896	7587	4012	3575	7058	3779	3279
4683	12773	6260	6513	9841	4821	5020	8740	4290	4450
8312	20791	10040	10751	16448	8110	8338	14560	7199	7361
8866	23605	11264	12341	17770	8548	9222	17559	8313	9246
85558	**187042**	**92994**	**94048**	**140905**	**71703**	**69202**	**142377**	**73065**	**69312**
14693	33962	17110	16852	23100	11700	11400	23549	12239	11310
11264	21524	11215	10309	15908	8415	7493	16629	8708	7921
14056	30885	14585	16300	23272	11396	11876	23850	12071	11779
8415	18800	9448	9352	14248	7245	7003	16003	8100	7903
15967	38765	19239	19526	30172	15342	14830	28309	14289	14020
6329	13613	6705	6908	9183	4765	4418	7860	4094	3766
14834	29493	14692	14801	25022	12840	12182	26177	13564	12613
83876	**184704**	**91941**	**92763**	**141314**	**73265**	**68049**	**142361**	**75370**	**66991**
21458	45786	22631	23155	31230	16427	14803	32033	16780	15253
8440	18797	9046	9751	15813	7952	7861	14283	7531	6752
6268	15182	7650	7532	11418	5915	5503	13200	6907	6293
8825	18604	9577	9027	13194	7039	6155	14510	7775	6735
5064	11270	5300	5970	10002	4952	5050	12097	6418	5679
12403	26264	13226	13038	20513	10554	9959	18099	9655	8444
14110	31819	16303	15516	24783	13372	11411	23845	13027	10818
6117	13983	6701	7282	11999	5810	6189	11405	5777	5628
1191	2999	1507	1492	2362	1244	1118	2889	1500	1389
76977	**159215**	**78792**	**80423**	**123845**	**62351**	**61494**	**118596**	**59099**	**59497**
14581	32114	15910	16204	25407	12867	12540	22719	11407	11312
11361	21041	10536	10505	15621	7939	7682	16506	8263	8243
9010	18787	9071	9716	15339	7709	7630	13597	6740	6857
6349	14942	7339	7603	10828	5441	5387	11614	5843	5771
9972	19343	9708	9635	15052	7293	7759	14522	7155	7367
7893	15643	7497	8146	10518	5172	5346	10612	5352	5260
9885	19072	9511	9561	17560	8990	8570	16652	8124	8528
7926	18273	9220	9053	13520	6940	6580	12374	6215	6159
27229	**56897**	**29215**	**27682**	**48046**	**25356**	**22690**	**47877**	**24997**	**22880**
4600	10067	5292	4775	8042	4243	3799	8012	4197	3815
4750	9252	4616	4636	6795	3572	3223	7600	3854	3746
3465	8007	4068	3939	6190	3384	2806	6776	3538	3238
5059	9675	4860	4815	8322	4425	3897	7105	3740	3365
1953	4174	2204	1970	4044	2110	1934	4352	2298	2054
2617	5188	2732	2456	4920	2523	2397	4172	2222	1950
1578	3522	1835	1687	3007	1542	1465	2755	1423	1332
3207	7012	3608	3404	6726	3557	3169	7105	3725	3380

1-5 各地区分年龄、

地区	45-49 岁			50-54 岁			55-59 岁	
	小计	男	女	小计	男	女	小计	男
合计	**2228576**	**1126475**	**1102101**	**2483431**	**1254882**	**1228549**	**1867099**	**949220**
兰州市	**361629**	**189406**	**172223**	**383073**	**198298**	**184775**	**312403**	**158299**
城关区	123591	64149	59442	122700	63093	59607	109335	54722
七里河区	57949	30060	27889	62376	31606	30770	53540	27022
西固区	39047	20145	18902	40939	21016	19923	33269	16755
安宁区	29410	15231	14179	29063	14683	14380	24754	12138
红古区	15083	7964	7119	15480	8109	7371	10929	5390
永登县	26234	13468	12766	33668	17366	16302	24964	12667
皋兰县	11857	6560	5297	13406	7358	6048	9180	4750
榆中县	38569	20203	18366	43276	22429	20847	31925	16521
兰州新区	19889	11626	8263	22165	12638	9527	14507	8334
嘉峪关市	**30469**	**15753**	**14716**	**30345**	**15665**	**14680**	**22095**	**11126**
市辖区	30469	15753	14716	30345	15665	14680	22095	11126
金昌市	**50934**	**25845**	**25089**	**54972**	**28078**	**26894**	**37954**	**19436**
金川区	29363	15090	14273	30443	15628	14815	20696	10758
永昌县	21571	10755	10816	24529	12450	12079	17258	8678
白银市	**142859**	**71370**	**71489**	**160060**	**81257**	**78803**	**117191**	**60832**
白银区	34094	17237	16857	34727	17883	16844	25051	13011
平川区	20479	10372	10107	20377	10476	9901	13725	7161
靖远县	35975	18248	17727	37760	19208	18552	26539	13644
会宁县	33508	16339	17169	44849	22474	22375	35858	18764
景泰县	18803	9174	9629	22347	11216	11131	16018	8252
天水市	**261465**	**130846**	**130619**	**285183**	**142393**	**142790**	**214336**	**107798**
秦州区	58696	30186	28510	61314	31233	30081	45780	23279
麦积区	50500	26078	24422	53516	27313	26203	41187	20817
清水县	20735	10423	10312	22022	10980	11042	18590	9605
秦安县	38301	18644	19657	45921	22667	23254	33334	16538
甘谷县	43468	21152	22316	46205	22719	23486	34099	16581
武山县	31430	15240	16190	34549	17101	17448	25453	13080
张家川回族自治县	18335	9123	9212	21656	10380	11276	15893	7898
武威市	**144831**	**70821**	**74010**	**170156**	**83149**	**87007**	**131485**	**64464**
凉州区	83586	41016	42570	97138	47392	49746	78144	37508
民勤县	22700	11037	11663	27059	12917	14142	19060	9650
古浪县	22601	10713	11888	27790	13536	14254	21119	10513
天祝藏族自治县	15944	8055	7889	18169	9304	8865	13162	6793
张掖市	**111744**	**54643**	**57101**	**137157**	**68100**	**69057**	**99285**	**49945**
甘州区	51131	25245	25886	59618	29634	29984	43597	21622
肃南裕固族自治县	3114	1735	1379	3648	1925	1723	2533	1338
民乐县	17624	8242	9382	23224	11708	11516	17323	8861
临泽县	13099	6345	6754	15414	7522	7892	10993	5638
高台县	12847	6167	6680	17197	8407	8790	12179	6207
山丹县	13929	6909	7020	18056	8904	9152	12660	6279
平凉市	**168616**	**82769**	**85847**	**192332**	**96672**	**95660**	**148031**	**75323**
崆峒区	45458	22934	22524	47011	23907	23104	36847	18450
泾川县	18256	8709	9547	24457	11753	12704	20941	10347
灵台县	14780	7219	7561	17228	8871	8357	14749	7458
崇信县	7326	3799	3527	9118	4722	4396	6922	3597
庄浪县	30787	14460	16327	35326	17539	17787	24633	12637
静宁县	34813	16647	18166	41071	20590	20481	30236	15717
华亭市	17196	9001	8195	18121	9290	8831	13703	7117

性别的人口（续4）

单位：人

	60–64岁			65–69岁			70–74岁		
女	小计	男	女	小计	男	女	小计	男	女
917879	**1113174**	**574822**	**538352**	**1189229**	**594888**	**594341**	**863675**	**420476**	**443199**
154104	**212089**	**107479**	**104610**	**193207**	**95565**	**97642**	**124103**	**59800**	**64303**
54613	73994	37243	36751	62617	31341	31276	36676	17521	19155
26518	36511	18471	18040	31381	15879	15502	19587	9569	10018
16514	23264	11740	11524	20016	9788	10228	13149	6182	6967
12616	16799	8232	8567	15445	7431	8014	9878	4782	5096
5539	6978	3360	3618	7743	3774	3969	5138	2494	2644
12297	18580	9407	9173	18622	8824	9798	13061	6068	6993
4430	6790	3509	3281	7126	3497	3629	5345	2610	2735
15404	20805	11050	9755	23134	11529	11605	16649	8302	8347
6173	8368	4467	3901	7123	3502	3621	4620	2272	2348
10969	**12700**	**6307**	**6393**	**12795**	**5984**	**6811**	**9820**	**4560**	**5260**
10969	12700	6307	6393	12795	5984	6811	9820	4560	5260
18518	**19628**	**9768**	**9860**	**22962**	**10959**	**12003**	**16493**	**7773**	**8720**
9938	10419	5097	5322	12252	5643	6609	9102	4201	4901
8580	9209	4671	4538	10710	5316	5394	7391	3572	3819
56359	**76647**	**39083**	**37564**	**77178**	**37989**	**39189**	**56665**	**27403**	**29262**
12040	16380	8123	8257	15653	7462	8191	11449	5534	5915
6564	9028	4476	4552	9107	4466	4641	5955	2975	2980
12895	19313	9625	9688	18839	8969	9870	14157	6647	7510
17094	20705	11150	9555	23363	12076	11287	17686	8648	9038
7766	11221	5709	5512	10216	5016	5200	7418	3599	3819
106538	**122388**	**63154**	**59234**	**146878**	**73873**	**73005**	**107786**	**53854**	**53932**
22501	27283	14053	13230	29850	14690	15160	21830	10871	10959
20370	26060	13507	12553	27522	13984	13538	18699	9318	9381
8985	10556	5474	5082	12267	6096	6171	8584	4290	4294
16796	18439	9676	8763	24483	12478	12005	17829	9046	8783
17518	18978	9482	9496	24509	12196	12313	18683	9187	9496
12373	12949	6884	6065	17171	8965	8206	13792	6946	6846
7995	8123	4078	4045	11076	5464	5612	8369	4196	4173
67021	**74219**	**38398**	**35821**	**81110**	**40668**	**40442**	**55469**	**26799**	**28670**
40636	43202	21759	21443	47524	23508	24016	30247	14644	15603
9410	9426	4984	4442	12020	6195	5825	9379	4634	4745
10606	13868	7458	6410	13560	6791	6769	10139	4859	5280
6369	7723	4197	3526	8006	4174	3832	5704	2662	3042
49340	**54143**	**28217**	**25926**	**64133**	**31126**	**33007**	**44108**	**21180**	**22928**
21975	23048	11888	11160	27478	13193	14285	18992	9057	9935
1195	1253	670	583	1204	598	606	882	368	514
8462	10009	5533	4476	10569	5307	5262	7291	3486	3805
5355	5880	3110	2770	7672	3854	3818	4920	2519	2401
5972	6352	3295	3057	8164	3969	4195	5726	2846	2880
6381	7601	3721	3880	9046	4205	4841	6297	2904	3393
72708	**85289**	**45191**	**40098**	**99532**	**50093**	**49439**	**74306**	**35973**	**38333**
18397	21174	10897	10277	23805	11476	12329	17500	8278	9222
10594	12457	6699	5758	13937	7105	6832	10711	5037	5674
7291	9002	4760	4242	9323	4708	4615	7158	3441	3717
3325	3539	1810	1729	3959	1933	2026	2875	1395	1480
11996	14464	7627	6837	18700	9423	9277	14438	7083	7355
14519	16099	8901	7198	21393	11152	10241	16254	8107	8147
6586	8554	4497	4057	8415	4296	4119	5370	2632	2738

1-5 各地区分年龄、

地区	45-49岁			50-54岁			55-59岁	
	小计	男	女	小计	男	女	小计	男
酒泉市	**108781**	**56733**	**52048**	**123233**	**63891**	**59342**	**91907**	**46776**
肃州区	44432	22627	21805	50620	25629	24991	39007	19031
金塔县	14105	7858	6247	16142	8854	7288	11541	6022
瓜州县	12918	6620	6298	14941	7647	7294	11355	5992
肃北蒙古族自治县	2018	1339	679	1892	1221	671	1210	732
阿克塞哈萨克族自治县	1162	673	489	1040	600	440	663	361
玉门市	14716	7872	6844	17409	9363	8046	11960	6571
敦煌市	19430	9744	9686	21189	10577	10612	16171	8067
庆阳市	**166781**	**83555**	**83226**	**211634**	**105045**	**106589**	**167496**	**83475**
西峰区	37855	19195	18660	42976	21334	21642	32106	15499
庆城县	19430	9936	9494	24272	12371	11901	18886	9604
环　县	23995	12464	11531	29564	15119	14445	22427	11749
华池县	8028	4183	3845	11555	5760	5795	9901	5103
合水县	10920	5546	5374	14400	7171	7229	11032	5642
正宁县	13746	6623	7123	16709	8149	8560	13975	6800
宁　县	24635	11731	12904	33522	16086	17436	28840	13931
镇原县	28172	13877	14295	38636	19055	19581	30329	15147
定西市	**236259**	**119919**	**116340**	**267678**	**135057**	**132621**	**196826**	**101858**
安定区	39302	20097	19205	44875	22712	22163	34819	18366
通渭县	31539	15672	15867	35536	17970	17566	25597	13288
陇西县	41685	20971	20714	45751	23018	22733	32682	16526
渭源县	28064	14450	13614	33349	17115	16234	24202	13010
临洮县	41596	21298	20298	48914	24312	24602	38913	19836
漳　县	14091	6995	7096	17231	8601	8630	11369	5781
岷　县	39982	20436	19546	42022	21329	20693	29244	15051
陇南市	**225535**	**115380**	**110155**	**243981**	**124905**	**119076**	**164812**	**86764**
武都区	50172	25083	25089	52518	26141	26377	34812	18037
成　县	22888	11843	11045	22799	11638	11161	16279	8515
文　县	20003	10149	9854	21353	11045	10308	14200	7617
宕昌县	24652	12669	11983	28593	14932	13661	17278	9305
康　县	17178	8938	8240	17499	9153	8346	11502	6325
西和县	30376	15205	15171	33253	16555	16698	22749	11702
礼　县	37606	19770	17836	43833	22849	20984	29690	15545
徽　县	18660	9566	9094	19829	10303	9526	14841	7845
两当县	4000	2157	1843	4304	2289	2015	3461	1873
临夏回族自治州	**157780**	**77897**	**79883**	**166747**	**82715**	**84032**	**122818**	**61962**
临夏市	28677	14406	14271	29321	14603	14718	21441	10423
临夏县	27302	13449	13853	29453	14784	14669	20831	10461
康乐县	18614	9036	9578	20065	9950	10115	15931	7973
永靖县	17812	8956	8856	18589	9331	9258	13411	6836
广河县	15343	7353	7990	15502	7417	8085	11800	5874
和政县	15567	7508	8059	17735	8715	9020	13255	7027
东乡族自治县	17046	8411	8635	16776	8221	8555	12476	6246
积石山保安族东乡族撒拉族自治县	17419	8778	8641	19306	9694	9612	13673	7122
甘南藏族自治州	**60893**	**31538**	**29355**	**56880**	**29657**	**27223**	**40460**	**21162**
合作市	8279	4438	3841	7715	4055	3660	5889	3096
临潭县	12346	6203	6143	12779	6618	6161	8946	4705
卓尼县	8932	4716	4216	8552	4518	4034	6035	3067
舟曲县	12351	6217	6134	11245	5793	5452	8004	4261
迭部县	4943	2547	2396	4416	2303	2113	2892	1559
玛曲县	4121	2266	1855	3290	1790	1500	2081	1121
碌曲县	2900	1477	1423	2391	1268	1123	1710	869
夏河县	7021	3674	3347	6492	3312	3180	4903	2484

性别的人口（续5）

单位：人

	60–64 岁			65–69 岁			70–74 岁		
女	小计	男	女	小计	男	女	小计	男	女
45131	**50536**	**25957**	**24579**	**53580**	**27408**	**26172**	**35429**	**17291**	**18138**
19976	21371	10777	10594	23723	11803	11920	15614	7495	8119
5519	6187	3175	3012	7166	3814	3352	5299	2720	2579
5363	5982	3211	2771	5759	3061	2698	3725	1909	1816
478	577	305	272	499	246	253	333	153	180
302	448	219	229	389	204	185	211	107	104
5389	6027	3323	2704	5940	3051	2889	4225	2013	2212
8104	9944	4947	4997	10104	5229	4875	6022	2894	3128
84021	**109065**	**56302**	**52763**	**106081**	**53495**	**52586**	**77364**	**37985**	**39379**
16607	19125	9355	9770	19348	9576	9772	12941	6422	6519
9282	11191	5875	5316	10396	5156	5240	7502	3603	3899
10678	15796	8333	7463	14324	7244	7080	9928	4916	5012
4798	6783	3677	3106	5043	2527	2516	3444	1759	1685
5390	6908	3574	3334	6701	3422	3279	4775	2280	2495
7175	9887	5048	4839	8861	4517	4344	6843	3324	3519
14909	21072	10671	10401	19951	10102	9849	15775	7625	8150
15182	18303	9769	8534	21457	10951	10506	16156	8056	8100
94968	**111454**	**59036**	**52418**	**127506**	**64024**	**63482**	**97563**	**47116**	**50447**
16453	20265	10865	9400	22608	11510	11098	16851	8336	8515
12309	12484	6691	5793	18619	9278	9341	14689	7362	7327
16156	17554	9221	8333	21360	10519	10841	16827	8044	8783
11192	13080	7252	5828	14955	7772	7183	11516	5652	5864
19077	25474	13346	12128	25305	12745	12560	18907	9046	9861
5588	5877	3005	2872	7417	3706	3711	5773	2840	2933
14193	16720	8656	8064	17242	8494	8748	13000	5836	7164
78048	**92121**	**48686**	**43435**	**108496**	**56355**	**52141**	**87260**	**43735**	**43525**
16775	18987	10042	8945	22201	11877	10324	19242	9673	9569
7764	9752	5157	4595	10244	5325	4919	7692	3902	3790
6583	8644	4508	4136	9543	4947	4596	7518	3830	3688
7973	9488	5002	4486	11601	5839	5762	9755	4504	5251
5177	7587	4153	3434	7756	4116	3640	6102	3137	2965
11047	11964	6395	5569	15264	7887	7377	11983	6063	5920
14145	14608	7584	7024	19746	10016	9730	16446	8202	8244
6996	8863	4645	4218	9902	5133	4769	6928	3591	3337
1588	2228	1200	1028	2239	1215	1024	1594	833	761
60856	**72781**	**36950**	**35831**	**72337**	**35903**	**36434**	**58738**	**28467**	**30271**
11018	13435	6666	6769	13150	6616	6534	9307	4511	4796
10370	12923	6516	6407	13944	7024	6920	11272	5469	5803
7958	9261	4893	4368	8263	4100	4163	6756	3297	3459
6575	8668	4458	4210	8709	4171	4538	6393	2993	3400
5926	6235	3088	3147	5955	2893	3062	5826	2789	3037
6228	6500	3390	3110	6888	3475	3413	5640	2781	2859
6230	7373	3568	3805	7149	3420	3729	6886	3317	3569
6551	8386	4371	4015	8279	4204	4075	6658	3310	3348
19298	**20114**	**10294**	**9820**	**23434**	**11446**	**11988**	**18571**	**8540**	**10031**
2793	2642	1364	1278	2491	1216	1275	1897	885	1012
4241	5446	2841	2605	5669	2865	2804	4147	1964	2183
2968	3051	1579	1472	3698	1785	1913	2898	1270	1628
3743	3819	1947	1872	5335	2622	2713	4149	1989	2160
1333	1433	717	716	1748	844	904	1534	682	852
960	823	448	375	956	440	516	864	380	484
841	686	307	379	858	383	475	807	348	459
2419	2214	1091	1123	2679	1291	1388	2275	1022	1253

1-5 各地区分年龄、

地区	75-79岁			80-84岁			85-89岁	
	小计	男	女	小计	男	女	小计	男
合计	**592287**	**282403**	**309884**	**338727**	**156335**	**182392**	**130539**	**58407**
兰州市	**91363**	**39981**	**51382**	**64397**	**28788**	**35609**	**28813**	**13491**
城关区	27972	11577	16395	23423	9934	13489	11958	5565
七里河区	14935	6240	8695	11544	5008	6536	5250	2506
西固区	10802	4259	6543	8644	3851	4793	3506	1712
安宁区	7418	3185	4233	5622	2727	2895	2345	1179
红古区	3573	1571	2002	1966	926	1040	718	349
永登县	8862	4040	4822	4375	1905	2470	1432	601
皋兰县	3663	1813	1850	1761	882	879	686	292
榆中县	11041	5798	5243	5500	2856	2644	2332	1043
兰州新区	3097	1498	1599	1562	699	863	586	244
嘉峪关市	**6595**	**3175**	**3420**	**3942**	**1978**	**1964**	**1417**	**712**
市辖区	6595	3175	3420	3942	1978	1964	1417	712
金昌市	**11287**	**4949**	**6338**	**6640**	**3277**	**3363**	**2069**	**982**
金川区	6229	2681	3548	4003	2084	1919	1236	622
永昌县	5058	2268	2790	2637	1193	1444	833	360
白银市	**42078**	**19411**	**22667**	**24089**	**11324**	**12765**	**9077**	**4190**
白银区	9311	3887	5424	6532	3168	3364	2402	1178
平川区	4209	1915	2294	2445	1150	1295	905	453
靖远县	9860	4681	5179	5403	2510	2893	1973	919
会宁县	13166	6317	6849	6890	3155	3735	2647	1123
景泰县	5532	2611	2921	2819	1341	1478	1150	517
天水市	**69531**	**35381**	**34150**	**39103**	**18947**	**20156**	**16849**	**7539**
秦州区	14337	6987	7350	8426	4011	4415	3695	1746
麦积区	12308	5950	6358	7439	3643	3796	3336	1536
清水县	4804	2411	2393	2286	1050	1236	743	313
秦安县	11988	6268	5720	6685	3272	3413	3032	1306
甘谷县	12187	6501	5686	6909	3402	3507	3177	1389
武山县	8419	4410	4009	4742	2293	2449	1876	800
张家川回族自治县	5488	2854	2634	2616	1276	1340	990	449
武威市	**35817**	**17158**	**18659**	**18346**	**8388**	**9958**	**6738**	**2978**
凉州区	19482	9380	10102	10110	4687	5423	3706	1681
民勤县	5936	2894	3042	3252	1485	1767	1345	575
古浪县	6842	3277	3565	3352	1521	1831	1196	509
天祝藏族自治县	3557	1607	1950	1632	695	937	491	213
张掖市	**25767**	**12583**	**13184**	**10712**	**4824**	**5888**	**3332**	**1508**
甘州区	10851	5457	5394	4843	2255	2588	1560	765
肃南裕固族自治县	600	263	337	274	104	170	111	34
民乐县	4235	1931	2304	1664	679	985	425	167
临泽县	2890	1505	1385	1161	531	630	321	147
高台县	3384	1737	1647	1237	609	628	405	186
山丹县	3807	1690	2117	1533	646	887	510	209
平凉市	**52156**	**25603**	**26553**	**27581**	**12936**	**14645**	**10071**	**4491**
崆峒区	12687	6027	6660	6980	3224	3756	2586	1172
泾川县	7997	3924	4073	4043	1882	2161	1260	622
灵台县	4811	2349	2462	2296	1136	1160	629	279
崇信县	1975	981	994	919	435	484	308	144
庄浪县	9125	4607	4518	4837	2223	2614	1882	792
静宁县	11714	5874	5840	6523	3072	3451	2788	1194
华亭市	3847	1841	2006	1983	964	1019	618	288

性别的人口（续6）

单位：人

女	90–94岁			95–99岁			100岁及以上		
	小计	男	女	小计	男	女	小计	男	女
72132	**27183**	**12332**	**14851**	**5459**	**2337**	**3122**	**718**	**237**	**481**
15322	**6717**	**3330**	**3387**	**1263**	**600**	**663**	**127**	**50**	**77**
6393	3167	1570	1597	636	299	337	63	28	35
2744	1268	624	644	225	122	103	17	5	12
1794	734	385	349	123	63	60	11	5	6
1166	585	321	264	121	57	64	15	6	9
369	135	59	76	21	7	14	7		7
831	220	99	121	17	5	12	5	2	3
394	124	65	59	19	8	11	3	1	2
1289	382	162	220	78	25	53	4	1	3
342	102	45	57	23	14	9	2	2	
705	**318**	**179**	**139**	**44**	**21**	**23**	**4**	**2**	**2**
705	318	179	139	44	21	23	4	2	2
1087	**418**	**224**	**194**	**59**	**40**	**19**	**6**	**2**	**4**
614	273	156	117	41	32	9	1	1	
473	145	68	77	18	8	10	5	1	4
4887	**1641**	**745**	**896**	**328**	**140**	**188**	**41**	**11**	**30**
1224	463	224	239	82	42	40	4		4
452	207	111	96	48	22	26	6	2	4
1054	386	174	212	86	32	54	14	4	10
1524	393	149	244	79	28	51	15	4	11
633	192	87	105	33	16	17	2	1	1
9310	**3854**	**1769**	**2085**	**822**	**341**	**481**	**88**	**29**	**59**
1949	931	466	465	206	101	105	18	7	11
1800	835	436	399	134	55	79	12	5	7
430	171	78	93	39	18	21			
1726	686	264	422	157	58	99	24	7	17
1788	609	253	356	146	47	99	8	1	7
1076	387	158	229	85	34	51	13	5	8
541	235	114	121	55	28	27	13	4	9
3760	**1176**	**563**	**613**	**183**	**81**	**102**	**23**	**8**	**15**
2025	688	352	336	101	50	51	9	3	6
770	218	91	127	27	9	18	2		2
687	198	89	109	43	16	27	5	1	4
278	72	31	41	12	6	6	7	4	3
1824	**556**	**277**	**279**	**93**	**43**	**50**	**6**	**1**	**5**
795	269	149	120	46	25	21	1	1	
77	20	9	11	2	1	1			
258	55	21	34	14	5	9	1		1
174	63	34	29	8	3	5	1		1
219	65	26	39	11	3	8	2		2
301	84	38	46	12	6	6	1		1
5580	**1720**	**758**	**962**	**344**	**159**	**185**	**38**	**14**	**24**
1414	566	276	290	120	66	54	15	5	10
638	168	73	95	28	15	13	2		2
350	84	45	39	24	12	12	2	2	
164	42	20	22	15	10	5	2	1	1
1090	325	123	202	60	21	39	11	5	6
1594	440	172	268	75	28	47	5	1	4
330	95	49	46	22	7	15	1		1

1-5 各地区分年龄、

地区	75-79 岁			80-84 岁			85-89 岁	
	小计	男	女	小计	男	女	小计	男
酒泉市	**21718**	**9892**	**11826**	**11800**	**5665**	**6135**	**3804**	**1851**
肃州区	9756	4288	5468	5872	2831	3041	1959	992
金塔县	3135	1587	1548	1410	689	721	414	181
瓜州县	2295	1080	1215	1102	519	583	360	153
肃北蒙古族自治县	158	86	72	104	39	65	45	16
阿克塞哈萨克族自治县	110	60	50	73	28	45	20	11
玉门市	2703	1266	1437	1247	628	619	348	171
敦煌市	3561	1525	2036	1992	931	1061	658	327
庆阳市	**55905**	**27438**	**28467**	**31324**	**15032**	**16292**	**10814**	**5102**
西峰区	9160	4371	4789	5347	2517	2830	1960	888
庆城县	5275	2591	2684	2831	1296	1535	919	419
环　县	7076	3526	3550	3689	1812	1877	1237	621
华池县	2584	1272	1312	1495	764	731	512	270
合水县	3605	1803	1802	1898	959	939	609	297
正宁县	4954	2489	2465	2975	1506	1469	977	480
宁　县	11384	5459	5925	6562	3067	3495	2229	1058
镇原县	11867	5927	5940	6527	3111	3416	2371	1069
定西市	**62959**	**30388**	**32571**	**35102**	**15369**	**19733**	**13304**	**5172**
安定区	11707	5717	5990	6989	3255	3734	2730	1144
通渭县	10314	5379	4935	6046	2720	3326	2588	982
陇西县	10651	5388	5263	6259	2848	3411	2579	1041
渭源县	7068	3360	3708	3847	1533	2314	1358	531
临洮县	12144	5659	6485	6091	2727	3364	2127	804
漳　县	3687	1768	1919	2001	861	1140	742	283
岷　县	7388	3117	4271	3869	1425	2444	1180	387
陇南市	**60140**	**29678**	**30462**	**32354**	**14974**	**17380**	**11349**	**5042**
武都区	14301	7163	7138	7596	3605	3991	2758	1268
成　县	5052	2484	2568	2692	1264	1428	967	437
文　县	5660	2809	2851	3708	1770	1938	1244	594
宕昌县	5987	2593	3394	3139	1210	1929	1043	379
康　县	4327	2067	2260	2496	1148	1348	750	322
西和县	8087	4147	3940	4166	1981	2185	1524	665
礼　县	10783	5349	5434	5410	2470	2940	1935	831
徽　县	4881	2533	2348	2536	1212	1324	876	433
两当县	1062	533	529	611	314	297	252	113
临夏回族自治州	**43853**	**21190**	**22663**	**25845**	**12019**	**13826**	**9875**	**4335**
临夏市	6714	3117	3597	4048	1879	2169	1653	717
临夏县	8324	4103	4221	4624	2101	2523	1707	712
康乐县	5180	2444	2736	3142	1355	1787	1103	487
永靖县	4738	2337	2401	2659	1237	1422	984	403
广河县	4432	2122	2310	3177	1563	1614	1301	622
和政县	4409	2126	2283	2463	1166	1297	925	371
东乡族自治县	5097	2546	2551	3003	1462	1541	1181	566
积石山保安族东乡族撒拉族自治县	4959	2395	2564	2729	1256	1473	1021	457
甘南藏族自治州	**13118**	**5576**	**7542**	**7492**	**2814**	**4678**	**3027**	**1014**
合作市	1411	578	833	969	363	606	474	186
临潭县	2611	1116	1495	1307	503	804	442	153
卓尼县	2011	852	1159	994	354	640	401	120
舟曲县	2960	1335	1625	1672	700	972	556	186
迭部县	1198	497	701	674	234	440	262	83
玛曲县	638	253	385	401	122	279	188	50
碌曲县	586	233	353	355	131	224	165	45
夏河县	1703	712	991	1120	407	713	539	191

性别的人口（续 7）

单位：人

	90–94 岁			95–99 岁			100 岁及以上		
女	小计	男	女	小计	男	女	小计	男	女
1953	**794**	**427**	**367**	**153**	**76**	**77**	**15**	**7**	**8**
967	397	216	181	78	41	37	4		4
233	75	39	36	13	8	5	1	1	
207	76	39	37	17	8	9	3	2	1
29	12	4	8	3		3			
9	4	3	1	1	1				
177	84	45	39	18	7	11	4	3	1
331	146	81	65	23	11	12	3	1	2
5712	**1918**	**821**	**1097**	**421**	**172**	**249**	**73**	**23**	**50**
1072	373	143	230	98	46	52	11	4	7
500	179	87	92	38	11	27	7	4	3
616	202	100	102	30	13	17	3		3
242	91	40	51	29	15	14	7	1	6
312	112	50	62	32	11	21	3	1	2
497	163	86	77	31	12	19	6	1	5
1171	449	180	269	85	33	52	24	6	18
1302	349	135	214	78	31	47	12	6	6
8132	**2280**	**884**	**1396**	**435**	**147**	**288**	**45**	**11**	**34**
1586	486	219	267	76	35	41	7	1	6
1606	380	118	262	76	28	48	4	1	3
1538	476	201	275	83	32	51	10	2	8
827	216	80	136	39	8	31	3	2	1
1323	359	139	220	71	19	52	7	3	4
459	140	51	89	29	9	20	8	2	6
793	223	76	147	61	16	45	6		6
6307	**2694**	**1058**	**1636**	**578**	**233**	**345**	**87**	**31**	**56**
1490	725	268	457	165	65	100	22	6	16
530	218	97	121	59	27	32	8	4	4
650	310	124	186	71	28	43	12	2	10
664	201	60	141	34	9	25	8	2	6
428	159	77	82	19	12	7	4	2	2
859	368	160	208	81	33	48	13	7	6
1104	457	167	290	95	36	59	13	4	9
443	193	72	121	39	17	22	5	3	2
139	63	33	30	15	6	9	2	1	1
5540	**2324**	**997**	**1327**	**535**	**223**	**312**	**131**	**38**	**93**
936	319	133	186	94	44	50	11	4	7
995	324	132	192	55	22	33	7	3	4
616	269	112	157	62	25	37	11		11
581	187	86	101	23	14	9	3		3
679	472	214	258	127	58	69	52	19	33
554	150	56	94	30	10	20	7	1	6
615	374	167	207	89	34	55	31	9	22
564	229	97	132	55	16	39	9	2	7
2013	**773**	**300**	**473**	**201**	**61**	**140**	**34**	**10**	**24**
288	146	69	77	32	10	22	7	2	5
289	86	33	53	17	4	13	7	2	5
281	103	30	73	27	13	14	2		2
370	131	61	70	28	13	15	6	3	3
179	67	29	38	25	6	19	2	1	1
138	56	20	36	22	5	17	5		5
120	39	8	31	13	2	11	2		2
348	145	50	95	37	8	29	3	2	1

1-5a 各地区分年龄、

地区	人口数			0岁			
	合计	男	女	小计	男	女	小计
合计	**7095181**	**3565095**	**3530086**	**66959**	**34577**	**32382**	**360327**
兰州市	**2889065**	**1463600**	**1425465**	**23324**	**11953**	**11371**	**124064**
城关区	1443050	731091	711959	11132	5730	5402	59955
七里河区	561571	287058	274513	4935	2528	2407	25454
西固区	352451	178830	173621	2730	1386	1344	14962
安宁区	439566	219857	219709	3687	1886	1801	19371
红古区	92427	46764	45663	840	423	417	4322
嘉峪关市	**291577**	**150719**	**140858**	**3228**	**1672**	**1556**	**16368**
市辖区	291577	150719	140858	3228	1672	1556	16368
金昌市	**236943**	**121356**	**115587**	**2062**	**1049**	**1013**	**10693**
金川区	236943	121356	115587	2062	1049	1013	10693
白银市	**433593**	**219796**	**213797**	**4085**	**2099**	**1986**	**23789**
白银区	304050	154662	149388	2763	1409	1354	16061
平川区	127714	64058	63656	1304	682	622	7617
靖远县	1829	1076	753	18	8	10	111
天水市	**657701**	**328775**	**328926**	**5690**	**2984**	**2706**	**32609**
秦州区	382514	189005	193509	2937	1546	1391	18142
麦积区	275187	139770	135417	2753	1438	1315	14467
武威市	**393885**	**197344**	**196541**	**4398**	**2308**	**2090**	**22279**
凉州区	393885	197344	196541	4398	2308	2090	22279
张掖市	**264779**	**129879**	**134900**	**2492**	**1307**	**1185**	**13371**
甘州区	264158	129574	134584	2486	1304	1182	13343
肃南裕固族自治县	621	305	316	6	3	3	28
平凉市	**404940**	**198729**	**206211**	**4399**	**2235**	**2164**	**22806**
崆峒区	323022	158026	164996	3361	1725	1636	17476
华亭市	81918	40703	41215	1038	510	528	5330
酒泉市	**446133**	**222738**	**223395**	**4520**	**2330**	**2190**	**22404**
肃州区	307539	153025	154514	3015	1552	1463	14890
玉门市	49384	25207	24177	577	298	279	2833
敦煌市	89210	44506	44704	928	480	448	4681
庆阳市	**310421**	**156052**	**154369**	**3215**	**1671**	**1544**	**18832**
西峰区	310421	156052	154369	3215	1671	1544	18832
定西市	**196987**	**95030**	**101957**	**2528**	**1340**	**1188**	**14749**
安定区	196987	95030	101957	2528	1340	1188	14749
陇南市	**185428**	**90806**	**94622**	**2308**	**1198**	**1110**	**14122**
武都区	183867	89971	93896	2288	1189	1099	14033
康　县	1561	835	726	20	9	11	89
临夏回族自治州	**311436**	**154909**	**156527**	**3993**	**2052**	**1941**	**20676**
临夏市	302668	150597	152071	3859	1984	1875	19895
临夏县	8768	4312	4456	134	68	66	781
甘南藏族自治州	**72293**	**35362**	**36931**	**717**	**379**	**338**	**3565**
合作市	72293	35362	36931	717	379	338	3565

性别的人口（城市）

单位：人

1-4岁		5-9岁			10-14岁		
男	女	小计	男	女	小计	男	女
187338	**172989**	**398717**	**210179**	**188538**	**358432**	**189920**	**168512**
64313	**59751**	**132213**	**69339**	**62874**	**116274**	**61566**	**54708**
31134	28821	65394	34213	31181	57294	30538	26756
13251	12203	25730	13480	12250	22508	11904	10604
7666	7296	16933	8868	8065	15533	8187	7346
10045	9326	18949	10047	8902	15657	8184	7473
2217	2105	5207	2731	2476	5282	2753	2529
8457	**7911**	**14627**	**7683**	**6944**	**13165**	**6890**	**6275**
8457	7911	14627	7683	6944	13165	6890	6275
5578	**5115**	**11135**	**6048**	**5087**	**11893**	**6456**	**5437**
5578	5115	11135	6048	5087	11893	6456	5437
12360	**11429**	**26447**	**14115**	**12332**	**23512**	**12473**	**11039**
8308	7753	16513	8883	7630	14964	7945	7019
4000	3617	9779	5165	4614	8440	4471	3969
52	59	155	67	88	108	57	51
16746	**15863**	**39587**	**20598**	**18989**	**38060**	**19991**	**18069**
9354	8788	22309	11636	10673	22062	11621	10441
7392	7075	17278	8962	8316	15998	8370	7628
11785	**10494**	**24846**	**13495**	**11351**	**23655**	**13323**	**10332**
11785	10494	24846	13495	11351	23655	13323	10332
7143	**6228**	**14203**	**7895**	**6308**	**14128**	**7836**	**6292**
7128	6215	14166	7876	6290	14097	7820	6277
15	13	37	19	18	31	16	15
11879	**10927**	**26983**	**14066**	**12917**	**25348**	**13125**	**12223**
9169	8307	20377	10636	9741	19100	9949	9151
2710	2620	6606	3430	3176	6248	3176	3072
11655	**10749**	**22520**	**11671**	**10849**	**21810**	**11252**	**10558**
7773	7117	14618	7622	6996	14234	7318	6916
1511	1322	2742	1451	1291	2666	1411	1255
2371	2310	5160	2598	2562	4910	2523	2387
9998	**8834**	**25358**	**13870**	**11488**	**22317**	**12166**	**10151**
9998	8834	25358	13870	11488	22317	12166	10151
7599	**7150**	**14166**	**7385**	**6781**	**10884**	**5614**	**5270**
7599	7150	14166	7385	6781	10884	5614	5270
7318	**6804**	**18199**	**9286**	**8913**	**14571**	**7475**	**7096**
7261	6772	18082	9228	8854	14470	7416	7054
57	32	117	58	59	101	59	42
10694	**9982**	**24156**	**12536**	**11620**	**19214**	**9930**	**9284**
10287	9608	23183	12053	11130	18551	9592	8959
407	374	973	483	490	663	338	325
1813	**1752**	**4277**	**2192**	**2085**	**3601**	**1823**	**1778**
1813	1752	4277	2192	2085	3601	1823	1778

1-5a 各地区分年龄、

地区	15-19 岁			20-24 岁			25-29 岁	
	小计	男	女	小计	男	女	小计	男
合计	**401320**	**210989**	**190331**	**468659**	**230471**	**238188**	**566885**	**278860**
兰州市	**145478**	**79789**	**65689**	**245184**	**123776**	**121408**	**252357**	**126029**
城关区	61519	33504	28015	111581	54312	57269	138430	69305
七里河区	24217	14384	9833	40289	22439	17850	49844	24839
西固区	17286	10262	7024	17289	10063	7226	22894	11344
安宁区	39034	19803	19231	72884	35315	37569	35174	17518
红古区	3422	1836	1586	3141	1647	1494	6015	3023
嘉峪关市	**12288**	**7112**	**5176**	**13058**	**7713**	**5345**	**25302**	**13640**
市辖区	12288	7112	5176	13058	7713	5345	25302	13640
金昌市	**11593**	**6476**	**5117**	**10308**	**5663**	**4645**	**14880**	**7833**
金川区	11593	6476	5117	10308	5663	4645	14880	7833
白银市	**21084**	**11471**	**9613**	**15718**	**8400**	**7318**	**28350**	**14471**
白银区	14115	7724	6391	11664	6293	5371	20906	10854
平川区	6942	3727	3215	3953	2032	1921	7233	3492
靖远县	27	20	7	101	75	26	211	125
天水市	**44726**	**23143**	**21583**	**42347**	**20393**	**21954**	**47241**	**23026**
秦州区	26018	12832	13186	27445	12493	14952	26800	12958
麦积区	18708	10311	8397	14902	7900	7002	20441	10068
武威市	**26856**	**14407**	**12449**	**19433**	**8845**	**10588**	**29590**	**14084**
凉州区	26856	14407	12449	19433	8845	10588	29590	14084
张掖市	**14182**	**6820**	**7362**	**20625**	**9073**	**11552**	**17286**	**8276**
甘州区	14148	6799	7349	20592	9059	11533	17245	8254
肃南裕固族自治县	34	21	13	33	14	19	41	22
平凉市	**27755**	**13085**	**14670**	**20957**	**9065**	**11892**	**30123**	**14081**
崆峒区	22231	10325	11906	18630	7945	10685	24169	11363
华亭市	5524	2760	2764	2327	1120	1207	5954	2718
酒泉市	**25875**	**12929**	**12946**	**23782**	**11745**	**12037**	**34442**	**17156**
肃州区	19258	9435	9823	17136	8422	8714	23188	11512
玉门市	3644	1877	1767	2174	1021	1153	4359	2227
敦煌市	2973	1617	1356	4472	2302	2170	6895	3417
庆阳市	**21672**	**11720**	**9952**	**12297**	**5885**	**6412**	**25205**	**11552**
西峰区	21672	11720	9952	12297	5885	6412	25205	11552
定西市	**12683**	**5497**	**7186**	**10574**	**3985**	**6589**	**15353**	**7057**
安定区	12683	5497	7186	10574	3985	6589	15353	7057
陇南市	**8382**	**4462**	**3920**	**8001**	**3778**	**4223**	**16089**	**7019**
武都区	8350	4438	3912	7939	3749	4190	15973	6961
康　县	32	24	8	62	29	33	116	58
临夏回族自治州	**20256**	**10156**	**10100**	**16227**	**7736**	**8491**	**24609**	**11736**
临夏市	19998	10020	9978	15873	7594	8279	23781	11371
临夏县	258	136	122	354	142	212	828	365
甘南藏族自治州	**8490**	**3922**	**4568**	**10148**	**4414**	**5734**	**6058**	**2900**
合作市	8490	3922	4568	10148	4414	5734	6058	2900

性别的人口（城市）（续 1）

单位：人

	30-34 岁			35-39 岁			40-44 岁		
女	小计	男	女	小计	男	女	小计	男	女
288025	**703629**	**348808**	**354821**	**540000**	**269502**	**270498**	**476100**	**240031**	**236069**
126328	**281185**	**143723**	**137462**	**215796**	**109731**	**106065**	**190081**	**96763**	**93318**
69125	144700	74814	69886	112281	57253	55028	99165	50968	48197
25005	56462	28773	27689	40683	20973	19710	34741	17707	17034
11550	31736	15817	15919	26565	13206	13359	24559	12060	12499
17656	39803	20141	19662	29096	14670	14426	24456	12276	12180
2992	8484	4178	4306	7171	3629	3542	7160	3752	3408
11662	**33349**	**17589**	**15760**	**21407**	**10754**	**10653**	**20591**	**10310**	**10281**
11662	33349	17589	15760	21407	10754	10653	20591	10310	10281
7047	**22241**	**11249**	**10992**	**17212**	**8747**	**8465**	**16993**	**8396**	**8597**
7047	22241	11249	10992	17212	8747	8465	16993	8396	8597
13879	**40406**	**19900**	**20506**	**33575**	**16651**	**16924**	**31269**	**15821**	**15448**
10052	28799	14454	14345	22560	11371	11189	21146	10679	10467
3741	11382	5301	6081	10852	5177	5675	9985	5062	4923
86	225	145	80	163	103	60	138	80	58
24215	**58429**	**27822**	**30607**	**49906**	**23840**	**26066**	**44353**	**22291**	**22062**
13842	33575	15890	17685	29257	13699	15558	26509	13124	13385
10373	24854	11932	12922	20649	10141	10508	17844	9167	8677
15506	**39327**	**18779**	**20548**	**31581**	**15336**	**16245**	**26120**	**13327**	**12793**
15506	39327	18779	20548	31581	15336	16245	26120	13327	12793
9010	**25608**	**11913**	**13695**	**19964**	**9644**	**10320**	**17710**	**8772**	**8938**
8991	25526	11874	13652	19927	9625	10302	17669	8751	8918
19	82	39	43	37	19	18	41	21	20
16042	**39421**	**18975**	**20446**	**30876**	**15265**	**15611**	**25765**	**12750**	**13015**
12806	29875	14317	15558	23224	11368	11856	19914	9836	10078
3236	9546	4658	4888	7652	3897	3755	5851	2914	2937
17286	**46703**	**23340**	**23363**	**34435**	**16948**	**17487**	**31017**	**15467**	**15550**
11676	31572	15773	15799	23583	11576	12007	21741	10796	10945
2132	5517	2755	2762	3733	1930	1803	3262	1650	1612
3478	9614	4812	4802	7119	3442	3677	6014	3021	2993
13653	**39945**	**19038**	**20907**	**27604**	**13867**	**13737**	**21141**	**10536**	**10605**
13653	39945	19038	20907	27604	13867	13737	21141	10536	10605
8296	**20162**	**9466**	**10696**	**14019**	**6757**	**7262**	**13314**	**6605**	**6709**
8296	20162	9466	10696	14019	6757	7262	13314	6605	6709
9070	**21298**	**9578**	**11720**	**15331**	**7665**	**7666**	**12215**	**6197**	**6018**
9012	21158	9509	11649	15237	7616	7621	12078	6115	5963
58	140	69	71	94	49	45	137	82	55
12873	**28838**	**14074**	**14764**	**23128**	**11667**	**11461**	**20492**	**10313**	**10179**
12410	27887	13631	14256	22567	11368	11199	20004	10055	9949
463	951	443	508	561	299	262	488	258	230
3158	**6717**	**3362**	**3355**	**5166**	**2630**	**2536**	**5039**	**2483**	**2556**
3158	6717	3362	3355	5166	2630	2536	5039	2483	2556

1-5a 各地区分年龄、

地区	45-49岁			50-54岁			55-59岁	
	小计	男	女	小计	男	女	小计	男
合计	**615189**	**313547**	**301642**	**612137**	**309487**	**302650**	**483463**	**240803**
兰州市	**238066**	**122681**	**115385**	**240791**	**122548**	**118243**	**208481**	**103792**
城关区	120101	62176	57925	119152	61148	58004	106594	53279
七里河区	45022	22861	22161	48993	24428	24565	43342	21620
西固区	33789	17340	16449	34140	17400	16740	27483	13706
安宁区	29410	15231	14179	29063	14683	14380	24754	12138
红古区	9744	5073	4671	9443	4889	4554	6308	3049
嘉峪关市	**27961**	**14326**	**13635**	**27201**	**13924**	**13277**	**19983**	**9989**
市辖区	27961	14326	13635	27201	13924	13277	19983	9989
金昌市	**26965**	**13773**	**13192**	**26673**	**13701**	**12972**	**17519**	**9141**
金川区	26965	13773	13192	26673	13701	12972	17519	9141
白银市	**44515**	**22245**	**22270**	**42513**	**21595**	**20918**	**29636**	**15374**
白银区	31406	15719	15687	30485	15624	14861	21688	11216
平川区	12906	6400	6506	11868	5880	5988	7870	4108
靖远县	203	126	77	160	91	69	78	50
天水市	**56885**	**29083**	**27802**	**56976**	**29150**	**27826**	**43880**	**21940**
秦州区	33316	16977	16339	32906	16758	16148	25132	12626
麦积区	23569	12106	11463	24070	12392	11678	18748	9314
武威市	**35939**	**18056**	**17883**	**34350**	**17477**	**16873**	**25997**	**12713**
凉州区	35939	18056	17883	34350	17477	16873	25997	12713
张掖市	**23922**	**11936**	**11986**	**24798**	**12249**	**12549**	**18806**	**9124**
甘州区	23863	11908	11955	24728	12219	12509	18753	9099
肃南裕固族自治县	59	28	31	70	30	40	53	25
平凉市	**34887**	**17708**	**17179**	**34238**	**16936**	**17302**	**26539**	**13030**
崆峒区	28111	14141	13970	28066	13958	14108	21875	10824
华亭市	6776	3567	3209	6172	2978	3194	4664	2206
酒泉市	**42322**	**21638**	**20684**	**42775**	**21735**	**21040**	**32259**	**15980**
肃州区	28397	14538	13859	29192	14922	14270	22618	11146
玉门市	4692	2446	2246	4586	2364	2222	3082	1606
敦煌市	9233	4654	4579	8997	4449	4548	6559	3228
庆阳市	**23620**	**11842**	**11778**	**22161**	**10945**	**11216**	**15917**	**7752**
西峰区	23620	11842	11778	22161	10945	11216	15917	7752
定西市	**16357**	**8213**	**8144**	**15831**	**7717**	**8114**	**12450**	**6243**
安定区	16357	8213	8144	15831	7717	8114	12450	6243
陇南市	**14122**	**7015**	**7107**	**14151**	**6751**	**7400**	**9756**	**4771**
武都区	13978	6938	7040	13995	6672	7323	9666	4721
康　县	144	77	67	156	79	77	90	50
临夏回族自治州	**24478**	**12321**	**12157**	**24978**	**12344**	**12634**	**18652**	**9052**
临夏市	23947	12069	11878	24293	12020	12273	18092	8764
临夏县	531	252	279	685	324	361	560	288
甘南藏族自治州	**5150**	**2710**	**2440**	**4701**	**2415**	**2286**	**3588**	**1902**
合作市	5150	2710	2440	4701	2415	2286	3588	1902

性别的人口（城市）（续 2）

单位：人

	60–64 岁			65–69 岁			70–74 岁		
女	小计	男	女	小计	男	女	小计	男	女
242660	**300675**	**149442**	**151233**	**280906**	**138351**	**142555**	**182371**	**86862**	**95509**
104689	**142675**	**71203**	**71472**	**123999**	**61873**	**62126**	**75516**	**36230**	**39286**
53315	72390	36409	35981	61333	30685	30648	35926	17145	18781
21722	29943	14971	14972	25482	12991	12491	15723	7686	8037
13777	19440	9694	9746	16845	8352	8493	10809	5027	5782
12616	16799	8232	8567	15445	7431	8014	9878	4782	5096
3259	4103	1897	2206	4894	2414	2480	3180	1590	1590
9994	**11632**	**5719**	**5913**	**11421**	**5344**	**6077**	**8792**	**4081**	**4711**
9994	11632	5719	5913	11421	5344	6077	8792	4081	4711
8378	**8849**	**4297**	**4552**	**10253**	**4704**	**5549**	**7549**	**3449**	**4100**
8378	8849	4297	4552	10253	4704	5549	7549	3449	4100
14262	**18538**	**9100**	**9438**	**18104**	**8761**	**9343**	**12436**	**6154**	**6282**
10472	13529	6660	6869	12850	6139	6711	9269	4530	4739
3762	4956	2407	2549	5220	2600	2620	3149	1616	1533
28	53	33	20	34	22	12	18	8	10
21940	**26411**	**13412**	**12999**	**26206**	**12979**	**13227**	**18259**	**8916**	**9343**
12506	14838	7524	7314	15094	7353	7741	10960	5353	5607
9434	11573	5888	5685	11112	5626	5486	7299	3563	3736
13284	**14020**	**6833**	**7187**	**14387**	**6928**	**7459**	**9142**	**4127**	**5015**
13284	14020	6833	7187	14387	6928	7459	9142	4127	5015
9682	**10494**	**5145**	**5349**	**10967**	**5184**	**5783**	**7569**	**3486**	**4083**
9654	10476	5136	5340	10950	5175	5775	7545	3475	4070
28	18	9	9	17	9	8	24	11	13
13509	**15718**	**7869**	**7849**	**15207**	**7553**	**7654**	**10222**	**4814**	**5408**
11051	12954	6551	6403	12881	6359	6522	8843	4157	4686
2458	2764	1318	1446	2326	1194	1132	1379	657	722
16279	**17757**	**8729**	**9028**	**17766**	**8700**	**9066**	**11219**	**5054**	**6165**
11472	12427	6062	6365	12539	6084	6455	8050	3603	4447
1476	1642	839	803	1636	787	849	1087	502	585
3331	3688	1828	1860	3591	1829	1762	2082	949	1133
8165	**9446**	**4586**	**4860**	**8893**	**4473**	**4420**	**5333**	**2650**	**2683**
8165	9446	4586	4860	8893	4473	4420	5333	2650	2683
6207	**6903**	**3418**	**3485**	**6666**	**3276**	**3390**	**4397**	**2151**	**2246**
6207	6903	3418	3485	6666	3276	3390	4397	2151	2246
4985	**4770**	**2421**	**2349**	**4343**	**2223**	**2120**	**3341**	**1583**	**1758**
4945	4700	2384	2316	4264	2183	2081	3286	1551	1735
40	70	37	33	79	40	39	55	32	23
9600	**11823**	**5861**	**5962**	**11385**	**5703**	**5682**	**7767**	**3783**	**3984**
9328	11541	5703	5838	11110	5565	5545	7585	3689	3896
272	282	158	124	275	138	137	182	94	88
1686	**1639**	**849**	**790**	**1309**	**650**	**659**	**829**	**384**	**445**
1686	1639	849	790	1309	650	659	829	384	445

1–5a 各地区分年龄、

地区	75–79 岁			80–84 岁			85–89 岁	
	小计	男	女	小计	男	女	小计	男
合计	**132602**	**57286**	**75316**	**94930**	**43470**	**51460**	**40177**	**19227**
兰州市	**57953**	**23913**	**34040**	**46987**	**20594**	**26393**	**21964**	**10468**
城关区	27453	11355	16098	23055	9777	13278	11788	5480
七里河区	12221	4980	7241	10011	4334	5677	4619	2234
西固区	8723	3467	5256	7184	3239	3945	2834	1384
安宁区	7418	3185	4233	5622	2727	2895	2345	1179
红古区	2138	926	1212	1115	517	598	378	191
嘉峪关市	**5908**	**2848**	**3060**	**3658**	**1830**	**1828**	**1305**	**647**
市辖区	5908	2848	3060	3658	1830	1828	1305	647
金昌市	**5255**	**2219**	**3036**	**3521**	**1859**	**1662**	**1066**	**545**
金川区	5255	2219	3036	3521	1859	1662	1066	545
白银市	**9697**	**3988**	**5709**	**6895**	**3302**	**3593**	**2426**	**1208**
白银区	7489	3037	4452	5465	2641	2824	1932	957
平川区	2191	941	1250	1423	657	766	493	251
靖远县	17	10	7	7	4	3	1	
天水市	**12427**	**5836**	**6591**	**8490**	**4038**	**4452**	**3937**	**1888**
秦州区	7263	3432	3831	4908	2326	2582	2285	1094
麦积区	5164	2404	2760	3582	1712	1870	1652	794
武威市	**6582**	**2897**	**3685**	**3763**	**1819**	**1944**	**1309**	**640**
凉州区	6582	2897	3685	3763	1819	1944	1309	640
张掖市	**4871**	**2263**	**2608**	**2654**	**1237**	**1417**	**924**	**461**
甘州区	4863	2260	2603	2653	1236	1417	923	461
肃南裕固族自治县	8	3	5	1	1		1	
平凉市	**7074**	**3253**	**3821**	**4456**	**2050**	**2406**	**1715**	**772**
崆峒区	6136	2771	3365	3862	1744	2118	1516	685
华亭市	938	482	456	594	306	288	199	87
酒泉市	**7473**	**2936**	**4537**	**5032**	**2401**	**2631**	**1614**	**838**
肃州区	5500	2125	3375	3955	1884	2071	1316	699
玉门市	688	275	413	344	197	147	89	46
敦煌市	1285	536	749	733	320	413	209	93
庆阳市	**3904**	**1838**	**2066**	**2414**	**1156**	**1258**	**875**	**402**
西峰区	3904	1838	2066	2414	1156	1258	875	402
定西市	**2952**	**1363**	**1589**	**1935**	**862**	**1073**	**841**	**364**
安定区	2952	1363	1589	1935	862	1073	841	364
陇南市	**2330**	**1105**	**1225**	**1343**	**612**	**731**	**556**	**265**
武都区	2299	1093	1206	1323	602	721	550	262
康　县	31	12	19	20	10	10	6	3
临夏回族自治州	**5607**	**2604**	**3003**	**3363**	**1556**	**1807**	**1424**	**621**
临夏市	5454	2525	2929	3291	1526	1765	1395	614
临夏县	153	79	74	72	30	42	29	7
甘南藏族自治州	**569**	**223**	**346**	**419**	**154**	**265**	**221**	**108**
合作市	569	223	346	419	154	265	221	108

性别的人口（城市）（续 3）

单位：人

	90–94 岁			95–99 岁			100 岁及以上		
女	小计	男	女	小计	男	女	小计	男	女
20950	**9706**	**4972**	**4734**	**1839**	**910**	**929**	**158**	**63**	**95**
11496	**5515**	**2762**	**2753**	**1060**	**512**	**548**	**102**	**42**	**60**
6308	3123	1550	1573	622	289	333	62	27	35
2385	1140	559	581	198	111	87	14	5	9
1450	602	306	296	105	52	53	10	4	6
1166	585	321	264	121	57	64	15	6	9
187	65	26	39	14	3	11	1		1
658	**295**	**173**	**122**	**35**	**16**	**19**	**3**	**2**	**1**
658	295	173	122	35	16	19	3	2	1
521	**250**	**148**	**102**	**33**	**25**	**8**			
521	250	148	102	33	25	8			
1218	**510**	**262**	**248**	**84**	**46**	**38**	**4**		**4**
975	382	186	196	61	33	28	3		3
242	127	76	51	23	13	10	1		1
1	1		1						
2049	**1065**	**589**	**476**	**203**	**104**	**99**	**14**	**6**	**8**
1191	615	333	282	132	71	61	11	5	6
858	450	256	194	71	33	38	3	1	2
669	**279**	**149**	**130**	**30**	**15**	**15**	**2**	**1**	**1**
669	279	149	130	30	15	15	2	1	1
463	**180**	**103**	**77**	**25**	**12**	**13**			
462	180	103	77	25	12	13			
1									
943	**356**	**175**	**181**	**85**	**41**	**44**	**10**	**2**	**8**
831	333	162	171	78	39	39	10	2	8
112	23	13	10	7	2	5			
776	**346**	**202**	**144**	**60**	**31**	**29**	**2**	**1**	**1**
617	259	156	103	51	27	24			
43	27	12	15	4	2	2			
116	60	34	26	5	2	3	2	1	1
473	**207**	**78**	**129**	**61**	**26**	**35**	**4**	**1**	**3**
473	207	78	129	61	26	35	4	1	3
477	**186**	**98**	**88**	**35**	**19**	**16**	**2**	**1**	**1**
477	186	98	88	35	19	16	2	1	1
291	**164**	**66**	**98**	**34**	**16**	**18**	**2**	**2**	
288	162	65	97	34	16	18	2	2	
3	2	1	1						
803	**283**	**127**	**156**	**78**	**40**	**38**	**9**	**3**	**6**
781	275	124	151	78	40	38	9	3	6
22	8	3	5						
113	**70**	**40**	**30**	**16**	**7**	**9**	**4**	**2**	**2**
113	70	40	30	16	7	9	4	2	2

1-5b 各地区分年龄、

地区	人口数			0岁			
	合计	男	女	小计	男	女	小计
合计	**5972151**	**2989421**	**2982730**	**64960**	**33636**	**31324**	**369484**
兰州市	**733485**	**374956**	**358529**	**6801**	**3495**	**3306**	**35218**
城关区	22570	11736	10834	246	128	118	1309
七里河区	62831	34896	27935	660	342	318	2880
西固区	21238	10848	10390	119	59	60	607
安宁区							
红古区	16873	8672	8201	110	57	53	651
永登县	138883	69003	69880	1190	595	595	6388
皋兰县	70757	37464	33293	718	369	349	3933
榆中县	233289	115184	118105	2053	1068	985	11411
兰州新区	167044	87153	79891	1705	877	828	8039
嘉峪关市	**3680**	**2012**	**1668**	**13**	**9**	**4**	**123**
市辖区	3680	2012	1668	13	9	4	123
金昌市	**102068**	**51960**	**50108**	**793**	**407**	**386**	**4386**
金川区	984	540	444	5	1	4	28
永昌县	101084	51420	49664	788	406	382	4358
白银市	**421675**	**210193**	**211482**	**4459**	**2317**	**2142**	**26522**
白银区	2549	1316	1233	28	13	15	89
平川区	20010	10866	9144	175	78	97	1052
靖远县	145356	72979	72377	1597	864	733	8600
会宁县	141900	68819	73081	1499	765	734	9794
景泰县	111860	56213	55647	1160	597	563	6987
天水市	**702485**	**349045**	**353440**	**7596**	**3915**	**3681**	**41941**
秦州区	48372	24297	24075	521	276	245	2690
麦积区	46827	23791	23036	429	221	208	2269
清水县	79146	38999	40147	930	473	457	5179
秦安县	140593	69711	70882	1526	776	750	7651
甘谷县	183768	90805	92963	1942	996	946	11168
武山县	130600	65212	65388	1364	731	633	7812
张家川回族自治县	73179	36230	36949	884	442	442	5172
武威市	**294812**	**148778**	**146034**	**2601**	**1308**	**1293**	**14885**
凉州区	73841	37647	36194	626	309	317	3317
民勤县	71594	36768	34826	575	279	296	3585
古浪县	79337	39740	39597	733	386	347	4250
天祝藏族自治县	70040	34623	35417	667	334	333	3733
张掖市	**315338**	**157317**	**158021**	**3227**	**1670**	**1557**	**18440**
甘州区	13934	7351	6583	116	59	57	567
肃南裕固族自治县	10299	5188	5111	74	37	37	377
民乐县	89881	45168	44713	951	505	446	5839
临泽县	54306	27150	27156	512	270	242	3020
高台县	64231	31620	32611	774	394	380	3950
山丹县	82687	40840	41847	800	405	395	4687
平凉市	**422713**	**206586**	**216127**	**4704**	**2506**	**2198**	**27654**
崆峒区	9377	4682	4695	71	36	35	365
泾川县	86982	42179	44803	978	533	445	5558
灵台县	53879	25728	28151	584	301	283	3655
崇信县	35332	17402	17930	453	244	209	2408
庄浪县	95390	47313	48077	1052	565	487	6396
静宁县	112976	54328	58648	1321	702	619	7932
华亭市	28777	14954	13823	245	125	120	1340

性别的人口（镇）

单位：人

1–4 岁		5–9 岁			10–14 岁		
男	女	小计	男	女	小计	男	女
191843	**177641**	**470802**	**247516**	**223286**	**430925**	**227981**	**202944**
18260	**16958**	**39333**	**20807**	**18526**	**33838**	**17900**	**15938**
702	607	1226	668	558	952	514	438
1491	1389	2701	1435	1266	2412	1262	1150
305	302	631	314	317	714	359	355
327	324	857	430	427	867	456	411
3306	3082	9045	4801	4244	9139	4860	4279
2079	1854	4202	2194	2008	3922	2090	1832
5848	5563	12579	6689	5890	10297	5480	4817
4202	3837	8092	4276	3816	5535	2879	2656
60	**63**	**147**	**84**	**63**	**184**	**105**	**79**
60	63	147	84	63	184	105	79
2260	**2126**	**4722**	**2703**	**2019**	**7083**	**4078**	**3005**
9	19	45	31	14	47	26	21
2251	2107	4677	2672	2005	7036	4052	2984
13877	**12645**	**35418**	**18667**	**16751**	**33263**	**17967**	**15296**
39	50	93	48	45	102	50	52
547	505	1393	707	686	1354	705	649
4530	4070	11193	5963	5230	10876	5872	5004
5088	4706	13730	7053	6677	12770	6726	6044
3673	3314	9009	4896	4113	8161	4614	3547
21696	**20245**	**59096**	**31013**	**28083**	**58083**	**30383**	**27700**
1341	1349	4082	2093	1989	3886	1908	1978
1161	1108	3117	1619	1498	3177	1607	1570
2718	2461	7549	3985	3564	7173	3748	3425
3919	3732	10338	5376	4962	10556	5602	4954
5834	5334	15849	8441	7408	15381	8094	7287
4073	3739	10461	5495	4966	11130	5903	5227
2650	2522	7700	4004	3696	6780	3521	3259
7734	**7151**	**18647**	**10012**	**8635**	**19442**	**10486**	**8956**
1744	1573	4736	2583	2153	4725	2520	2205
1840	1745	3719	1997	1722	4233	2424	1809
2229	2021	5768	3058	2710	6101	3275	2826
1921	1812	4424	2374	2050	4383	2267	2116
9700	**8740**	**20380**	**11244**	**9136**	**23690**	**13292**	**10398**
303	264	584	336	248	775	457	318
209	168	515	265	250	492	259	233
3077	2762	6549	3724	2825	7632	4428	3204
1553	1467	3236	1747	1489	4752	2508	2244
2052	1898	3811	2025	1786	3774	2049	1725
2506	2181	5685	3147	2538	6265	3591	2674
14472	**13182**	**35258**	**18578**	**16680**	**34333**	**18214**	**16119**
201	164	525	268	257	631	312	319
2857	2701	6637	3535	3102	6017	3198	2819
1958	1697	4359	2310	2049	4749	2563	2186
1279	1129	2803	1484	1319	2598	1395	1203
3381	3015	7755	4096	3659	7637	4173	3464
4113	3819	10988	5763	5225	10496	5427	5069
683	657	2191	1122	1069	2205	1146	1059

1-5b 各地区分年龄、

地区	人口数			0岁			
	合计	男	女	小计	男	女	小计
酒泉市	**231617**	**124024**	**107593**	**1823**	**918**	**905**	**9305**
肃州区	19953	10167	9786	145	71	74	580
金塔县	61024	34531	26493	433	222	211	2366
瓜州县	51674	26477	25197	597	298	299	2807
肃北蒙古族自治县	9932	5179	4753	95	52	43	413
阿克塞哈萨克族自治县	10231	5445	4786	108	47	61	590
玉门市	38160	22221	15939	216	101	115	1117
敦煌市	40643	20004	20639	229	127	102	1432
庆阳市	**602654**	**303356**	**299298**	**6530**	**3438**	**3092**	**37954**
西峰区	7877	3961	3916	108	58	50	468
庆城县	95391	48900	46491	1073	587	486	6072
环　县	110333	56115	54218	1177	602	575	7484
华池县	50304	25425	24879	628	335	293	3716
合水县	53877	27049	26828	625	309	316	3525
正宁县	71405	35556	35849	790	417	373	4466
宁　县	108778	54300	54478	1044	557	487	6105
镇原县	104689	52050	52639	1085	573	512	6118
定西市	**772097**	**379831**	**392266**	**9151**	**4734**	**4417**	**57084**
安定区	25399	13014	12385	289	148	141	1595
通渭县	87686	44191	43495	1161	601	560	7241
陇西县	219132	107924	111208	2712	1408	1304	16164
渭源县	79098	39241	39857	932	494	438	5730
临洮县	188693	90986	97707	2198	1126	1072	13816
漳　县	56594	27578	29016	659	333	326	4694
岷　县	115495	56897	58598	1200	624	576	7844
陇南市	**685450**	**338578**	**346872**	**7562**	**3943**	**3619**	**43644**
武都区	59635	29081	30554	533	275	258	3532
成　县	121129	58960	62169	1352	714	638	7490
文　县	63996	31097	32899	831	428	403	4678
宕昌县	69620	34627	34993	725	365	360	4567
康　县	47735	23408	24327	515	265	250	3050
西和县	97876	49064	48812	1098	585	513	5972
礼　县	128219	65068	63151	1349	705	644	8054
徽　县	79190	38345	40845	960	494	466	5175
两当县	18050	8928	9122	199	112	87	1126
临夏回族自治州	**463935**	**230688**	**233247**	**6876**	**3551**	**3325**	**38315**
临夏市	12414	6534	5880	152	74	78	847
临夏县	42439	20981	21458	551	278	273	3225
康乐县	58785	29376	29409	862	423	439	4862
永靖县	94847	46376	48471	1167	614	553	6631
广河县	89677	44567	45110	1568	853	715	8593
和政县	56898	28213	28685	844	415	429	4497
东乡族自治县	56506	28347	28159	1018	516	502	5644
积石山保安族东乡族撒拉族自治县	52369	26294	26075	714	378	336	4016
甘南藏族自治州	**220142**	**112097**	**108045**	**2824**	**1425**	**1399**	**14013**
合作市	3357	1725	1632	52	21	31	191
临潭县	47804	23645	24159	630	308	322	3212
卓尼县	33274	17012	16262	464	251	213	2164
舟曲县	39991	19789	20202	595	292	303	2750
迭部县	19872	10022	9850	248	123	125	1163
玛曲县	31744	16650	15094	334	166	168	1938
碌曲县	16296	8442	7854	197	112	85	995
夏河县	27804	14812	12992	304	152	152	1600

性别的人口（镇）（续 1）

单位：人

1–4 岁		5–9 岁			10–14 岁		
男	女	小计	男	女	小计	男	女
4804	**4501**	**10334**	**5347**	**4987**	**11343**	**5836**	**5507**
298	282	839	435	404	1078	542	536
1217	1149	2351	1219	1132	2807	1438	1369
1490	1317	2811	1470	1341	2647	1405	1242
217	196	509	265	244	478	217	261
313	277	640	319	321	629	347	282
558	559	1496	763	733	1693	876	817
711	721	1688	876	812	2011	1011	1000
20034	**17920**	**55521**	**29264**	**26257**	**51480**	**27431**	**24049**
257	211	791	431	360	661	321	340
3257	2815	8962	4674	4288	7555	4022	3533
4015	3469	10237	5475	4762	9751	5305	4446
1979	1737	4882	2607	2275	4491	2418	2073
1806	1719	5247	2758	2489	4778	2591	2187
2302	2164	7082	3773	3309	6600	3457	3143
3192	2913	9457	4931	4526	8923	4696	4227
3226	2892	8863	4615	4248	8721	4621	4100
29758	**27326**	**67237**	**35250**	**31987**	**53935**	**28387**	**25548**
842	753	2010	1023	987	1419	744	675
3848	3393	7522	3958	3564	6038	3296	2742
8442	7722	20237	10645	9592	15725	8274	7451
2935	2795	6046	3146	2900	5044	2635	2409
7202	6614	16235	8509	7726	12624	6599	6025
2484	2210	5573	2987	2586	4275	2272	2003
4005	3839	9614	4982	4632	8810	4567	4243
22422	**21222**	**57302**	**29491**	**27811**	**52588**	**27304**	**25284**
1817	1715	6111	3117	2994	5538	2819	2719
3946	3544	9802	5125	4677	9005	4655	4350
2350	2328	5456	2755	2701	4390	2273	2117
2350	2217	5264	2663	2601	4906	2476	2430
1525	1525	3744	1849	1895	3083	1592	1491
3049	2923	8316	4383	3933	8395	4431	3964
4169	3885	10789	5632	5157	10288	5438	4850
2652	2523	6633	3362	3271	5965	3081	2884
564	562	1187	605	582	1018	539	479
19688	**18627**	**48742**	**25375**	**23367**	**36412**	**18933**	**17479**
472	375	1184	614	570	1012	596	416
1648	1577	4318	2234	2084	3141	1608	1533
2527	2335	6557	3454	3103	4990	2682	2308
3354	3277	6356	3367	2989	5439	2854	2585
4416	4177	11292	5887	5405	8042	4154	3888
2362	2135	5902	3055	2847	4161	2109	2052
2866	2778	7194	3651	3543	5076	2531	2545
2043	1973	5939	3113	2826	4551	2399	2152
7078	**6935**	**18665**	**9681**	**8984**	**15251**	**7665**	**7586**
93	98	299	158	141	305	152	153
1665	1547	4328	2238	2090	3826	1944	1882
1115	1049	2723	1378	1345	2116	1057	1059
1366	1384	3387	1791	1596	2674	1328	1346
574	589	1421	707	714	1008	497	511
988	950	3116	1639	1477	2590	1257	1333
501	494	1358	703	655	1085	555	530
776	824	2033	1067	966	1647	875	772

1-5b 各地区分年龄、

地区	15-19岁			20-24岁			25-29岁	
	小计	男	女	小计	男	女	小计	男
合计	**426008**	**218320**	**207688**	**293435**	**147410**	**146025**	**401152**	**189072**
兰州市	**77831**	**37950**	**39881**	**91428**	**46255**	**45173**	**57361**	**29712**
城关区	614	365	249	1411	738	673	2574	1298
七里河区	6161	3951	2210	10835	7152	3683	5287	2808
西固区	761	376	385	679	390	289	1102	606
安宁区								
红古区	521	276	245	695	399	296	1130	614
永登县	7745	3999	3746	4256	2214	2042	8149	3972
皋兰县	3493	1886	1607	2574	1554	1020	5472	2934
榆中县	28973	13080	15893	44310	20543	23767	15993	7990
兰州新区	29563	14017	15546	26668	13265	13403	17654	9490
嘉峪关市	**96**	**58**	**38**	**159**	**94**	**65**	**179**	**106**
市辖区	96	58	38	159	94	65	179	106
金昌市	**6253**	**3754**	**2499**	**3048**	**1550**	**1498**	**4374**	**2207**
金川区	29	19	10	40	29	11	37	20
永昌县	6224	3735	2489	3008	1521	1487	4337	2187
白银市	**29051**	**15517**	**13534**	**14169**	**7301**	**6868**	**26422**	**12125**
白银区	52	33	19	65	43	22	124	68
平川区	678	352	326	740	435	305	1446	788
靖远县	10879	5821	5058	5174	2744	2430	8886	4218
会宁县	11664	6048	5616	4541	2158	2383	8554	3538
景泰县	5778	3263	2515	3649	1921	1728	7412	3513
天水市	**51825**	**26363**	**25462**	**30131**	**15081**	**15050**	**47483**	**21819**
秦州区	2083	1066	1017	2189	1092	1097	3532	1666
麦积区	2412	1222	1190	1842	971	871	2986	1500
清水县	6381	3105	3276	3403	1616	1787	5280	2277
秦安县	11773	5987	5786	6267	3169	3098	9761	4601
甘谷县	13394	7164	6230	7674	3954	3720	12778	5844
武山县	10257	5120	5137	5375	2691	2684	8481	3895
张家川回族自治县	5525	2699	2826	3381	1588	1793	4665	2036
武威市	**21587**	**12240**	**9347**	**11242**	**6079**	**5163**	**16537**	**8014**
凉州区	4355	2612	1743	3701	2240	1461	3794	1945
民勤县	6696	4067	2629	2324	1249	1075	3887	1940
古浪县	6475	3419	3056	3082	1549	1533	4537	2062
天祝藏族自治县	4061	2142	1919	2135	1041	1094	4319	2067
张掖市	**19459**	**10723**	**8736**	**10256**	**5249**	**5007**	**16797**	**7868**
甘州区	309	196	113	485	278	207	623	318
肃南裕固族自治县	584	313	271	421	235	186	619	310
民乐县	7814	4347	3467	2404	1198	1206	3942	1851
临泽县	3575	1874	1701	1794	876	918	2946	1343
高台县	2473	1315	1158	2182	1106	1076	3990	1840
山丹县	4704	2678	2026	2970	1556	1414	4677	2206
平凉市	**34495**	**17376**	**17119**	**13296**	**6462**	**6834**	**25430**	**11295**
崆峒区	991	480	511	409	209	200	488	236
泾川县	7284	3667	3617	3162	1503	1659	5002	2191
灵台县	4179	2135	2044	1341	642	699	3116	1292
崇信县	2364	1214	1150	1246	580	666	2843	1270
庄浪县	7714	3937	3777	3200	1606	1594	5301	2454
静宁县	11015	5442	5573	2890	1377	1513	6735	2863
华亭市	948	501	447	1048	545	503	1945	989

性别的人口（镇）（续 2）

单位：人

	30–34 岁			35–39 岁			40–44 岁		
女	小计	男	女	小计	男	女	小计	男	女
212080	**544670**	**255768**	**288902**	**432182**	**212184**	**219998**	**370701**	**185760**	**184941**
27649	**68760**	**35620**	**33140**	**45716**	**24136**	**21580**	**38284**	**20309**	**17975**
1276	3175	1681	1494	1979	1043	936	1524	824	700
2479	5851	3071	2780	3519	1910	1609	2789	1530	1259
496	1202	693	509	939	481	458	1058	533	525
516	1463	794	669	1090	570	520	1129	591	538
4177	11355	5414	5941	9264	4450	4814	9252	4557	4695
2538	6933	3706	3227	5260	2836	2424	4690	2540	2150
8003	20681	10418	10263	14565	7470	7095	11814	6175	5639
8164	18100	9843	8257	9100	5376	3724	6028	3559	2469
73	**213**	**111**	**102**	**190**	**113**	**77**	**261**	**158**	**103**
73	213	111	102	190	113	77	261	158	103
2167	**7865**	**3782**	**4083**	**6888**	**3191**	**3697**	**7713**	**3702**	**4011**
17	63	28	35	41	27	14	33	18	15
2150	7802	3754	4048	6847	3164	3683	7680	3684	3996
14297	**37238**	**16821**	**20417**	**32611**	**15489**	**17122**	**26846**	**13176**	**13670**
56	154	91	63	110	59	51	102	63	39
658	1677	890	787	1468	796	672	1389	824	565
4668	11885	5533	6352	11286	5423	5863	9093	4578	4515
5016	13490	5658	7832	10397	4684	5713	8969	4217	4752
3899	10032	4649	5383	9350	4527	4823	7293	3494	3799
25664	**58593**	**26655**	**31938**	**53321**	**25333**	**27988**	**42371**	**20966**	**21405**
1866	3721	1790	1931	2979	1476	1503	2559	1317	1242
1486	3646	1707	1939	3190	1577	1613	2848	1483	1365
3003	6773	3033	3740	5714	2731	2983	4665	2342	2323
5160	11683	5406	6277	11016	5270	5746	8975	4441	4534
6934	16051	7162	8889	14849	6857	7992	10889	5077	5812
4586	10633	4805	5828	10137	4804	5333	7932	3995	3937
2629	6086	2752	3334	5436	2618	2818	4503	2311	2192
8523	**22434**	**10369**	**12065**	**20435**	**9931**	**10504**	**19148**	**9506**	**9642**
1849	4589	2160	2429	4106	2015	2091	3386	1686	1700
1947	5297	2549	2748	4832	2310	2522	6003	2964	3039
2475	6364	2843	3521	5963	2900	3063	4891	2470	2421
2252	6184	2817	3367	5534	2706	2828	4868	2386	2482
8929	**28480**	**12677**	**15803**	**23286**	**11005**	**12281**	**20604**	**10009**	**10595**
305	962	497	465	805	415	390	804	395	409
309	886	414	472	765	381	384	878	436	442
2091	7610	3266	4344	6736	3059	3677	5937	2885	3052
1603	5052	2331	2721	4045	1981	2064	3560	1727	1833
2150	6785	3057	3728	5197	2514	2683	4738	2286	2452
2471	7185	3112	4073	5738	2655	3083	4687	2280	2407
14135	**38622**	**17019**	**21603**	**28608**	**13265**	**15343**	**24926**	**11736**	**13190**
252	580	288	292	408	200	208	489	239	250
2811	7242	3157	4085	5102	2356	2746	4768	2188	2580
1824	4614	1917	2697	3806	1677	2129	3292	1441	1851
1573	3625	1679	1946	2426	1195	1231	1878	905	973
2847	9319	4155	5164	7376	3447	3929	6450	3106	3344
3872	10950	4646	6304	7593	3405	4188	6300	2933	3367
956	2292	1177	1115	1897	985	912	1749	924	825

1-5b 各地区分年龄、

地区	15-19岁			20-24岁			25-29岁	
	小计	男	女	小计	男	女	小计	男
酒泉市	**11031**	**5879**	**5152**	**9637**	**5786**	**3851**	**14325**	**8067**
肃州区	849	430	419	604	348	256	763	418
金塔县	4303	2328	1975	3127	2039	1088	4069	2512
瓜州县	2988	1534	1454	2245	1114	1131	4090	2046
肃北蒙古族自治县	277	161	116	442	248	194	829	434
阿克塞哈萨克族自治县	313	169	144	506	279	227	756	414
玉门市	851	517	334	1998	1355	643	2377	1511
敦煌市	1450	740	710	715	403	312	1441	732
庆阳市	**41425**	**22263**	**19162**	**19478**	**10027**	**9451**	**38016**	**17418**
西峰区	198	107	91	234	121	113	456	240
庆城县	4774	2518	2256	3153	1607	1546	6959	3175
环　县	8858	4773	4085	4326	2167	2159	8701	4032
华池县	3057	1617	1440	1734	894	840	3716	1557
合水县	3094	1668	1426	1659	842	817	3645	1674
正宁县	3812	2063	1749	2129	1169	960	3968	1894
宁　县	8007	4317	3690	3384	1795	1589	5666	2718
镇原县	9625	5200	4425	2859	1432	1427	4905	2128
定西市	**48470**	**24022**	**24448**	**26736**	**12930**	**13806**	**52268**	**23247**
安定区	538	314	224	707	377	330	1618	775
通渭县	5757	3011	2746	3434	1724	1710	5700	2514
陇西县	11333	5821	5512	7072	3474	3598	14837	6706
渭源县	4999	2432	2567	2632	1278	1354	4979	2186
临洮县	12174	6178	5996	5402	2461	2941	12496	5381
漳　县	4571	2227	2344	2342	1098	1244	4317	1868
岷　县	9098	4039	5059	5147	2518	2629	8321	3817
陇南市	**41327**	**19970**	**21357**	**30090**	**14017**	**16073**	**48046**	**21874**
武都区	4249	2015	2234	2311	1107	1204	4378	1938
成　县	8497	3640	4857	7180	2659	4521	8450	3831
文　县	3263	1636	1627	2227	1120	1107	4023	1724
宕昌县	4220	2042	2178	3391	1669	1722	5034	2347
康　县	3273	1580	1693	1400	648	752	3062	1339
西和县	5835	3057	2778	4780	2395	2385	7312	3390
礼　县	7404	3671	3733	5559	2862	2697	8962	4190
徽　县	3817	1938	1879	2662	1269	1393	5655	2585
两当县	769	391	378	580	288	292	1170	530
临夏回族自治州	**28475**	**14690**	**13785**	**22689**	**10802**	**11887**	**35298**	**16344**
临夏市	598	322	276	784	404	380	1031	527
临夏县	2974	1493	1481	1906	918	988	3159	1485
康乐县	3858	2268	1590	2677	1282	1395	4532	1991
永靖县	5032	2504	2528	2895	1473	1422	6858	3182
广河县	5525	2764	2761	5957	2737	3220	7051	3348
和政县	3289	1661	1628	2172	1031	1141	4699	2123
东乡族自治县	3175	1640	1535	3757	1769	1988	4148	1954
积石山保安族东乡族撒拉族自治县	4024	2038	1986	2541	1188	1353	3820	1734
甘南藏族自治州	**14683**	**7515**	**7168**	**11076**	**5777**	**5299**	**18616**	**8976**
合作市	201	117	84	178	97	81	257	135
临潭县	2794	1423	1371	2157	1050	1107	3694	1639
卓尼县	2221	1114	1107	1394	754	640	2645	1256
舟曲县	3248	1624	1624	1975	928	1047	3137	1370
迭部县	1234	595	639	965	473	492	1738	852
玛曲县	2271	1191	1080	2027	1126	901	3080	1616
碌曲县	1383	675	708	898	497	401	1631	812
夏河县	1331	776	555	1482	852	630	2434	1296

性别的人口（镇）（续3）

单位：人

	30-34岁			35-39岁			40-44岁		
女	小计	男	女	小计	男	女	小计	男	女
6258	**19888**	**10949**	**8939**	**15846**	**8461**	**7385**	**17580**	**9275**	**8305**
345	1052	532	520	833	412	421	1096	555	541
1557	5598	3295	2303	4315	2382	1933	5181	2866	2315
2044	5398	2792	2606	3633	1876	1757	3373	1682	1691
395	1018	530	488	773	417	356	789	412	377
342	1091	588	503	947	508	439	903	483	420
866	2832	1787	1045	2152	1309	843	2579	1568	1011
709	2899	1425	1474	3193	1557	1636	3659	1709	1950
20598	**61868**	**28678**	**33190**	**47220**	**23718**	**23502**	**37485**	**18483**	**19002**
216	845	375	470	518	276	242	431	210	221
3784	12098	5885	6213	8372	4512	3860	6478	3426	3052
4669	12313	5843	6470	9942	5178	4764	7140	3477	3663
2159	6053	2912	3141	4672	2432	2240	3355	1687	1668
1971	5993	2693	3300	4080	2069	2011	3366	1727	1639
2074	6444	2920	3524	5302	2484	2818	4338	2052	2286
2948	8704	3873	4831	7172	3464	3708	6023	2933	3090
2777	9418	4177	5241	7162	3303	3859	6354	2971	3383
29021	**74619**	**33733**	**40886**	**57491**	**27853**	**29638**	**46775**	**23428**	**23347**
843	1936	965	971	1195	633	562	1269	683	586
3186	8709	3848	4861	7167	3533	3634	5451	2855	2596
8131	20744	9325	11419	15985	7640	8345	13575	6775	6800
2793	7397	3294	4103	5892	2942	2950	5000	2495	2505
7115	19535	8617	10918	15058	7073	7985	11667	5663	6004
2449	5948	2677	3271	3849	1844	2005	2656	1300	1356
4504	10350	5007	5343	8345	4188	4157	7157	3657	3500
26172	**62908**	**28861**	**34047**	**50916**	**24512**	**26404**	**44179**	**22272**	**21907**
2440	4605	2070	2535	3242	1592	1650	3498	1753	1745
4619	10875	4965	5910	9173	4447	4726	7555	3805	3750
2299	6364	2801	3563	4722	2150	2572	4596	2210	2386
2687	6146	2946	3200	4858	2429	2429	4479	2299	2180
1723	4187	1826	2361	3581	1656	1925	3778	1863	1915
3922	9454	4400	5054	7811	3795	4016	5654	2952	2702
4772	12178	5798	6380	9848	4972	4876	8079	4307	3772
3070	7464	3309	4155	6386	2849	3537	5125	2423	2702
640	1635	746	889	1295	622	673	1415	660	755
18954	**41374**	**19640**	**21734**	**32367**	**16240**	**16127**	**29215**	**14610**	**14605**
504	999	563	436	608	322	286	653	327	326
1674	3058	1471	1587	2226	1105	1121	2240	1093	1147
2541	5801	2587	3214	4726	2377	2349	3555	1781	1774
3676	8958	4071	4887	6874	3281	3593	7147	3450	3697
3703	7493	3725	3768	5963	2946	3017	5408	2684	2724
2576	5480	2569	2911	3814	1940	1874	3393	1761	1632
2194	4317	2216	2101	3933	2074	1859	3644	1854	1790
2086	5268	2438	2830	4223	2195	2028	3175	1660	1515
9640	**21808**	**10853**	**10955**	**17287**	**8937**	**8350**	**15314**	**8130**	**7184**
122	249	139	110	250	124	126	258	145	113
2055	4335	2032	2303	3072	1563	1509	2909	1466	1443
1389	3813	1864	1949	2525	1351	1174	2210	1185	1025
1767	3712	1742	1970	3000	1514	1486	2310	1187	1123
886	1991	1020	971	1781	870	911	1593	867	726
1464	3070	1623	1447	2770	1446	1324	2389	1306	1083
819	1879	1002	877	1469	781	688	1255	672	583
1138	2759	1431	1328	2420	1288	1132	2390	1302	1088

1-5b 各地区分年龄、

地区	45-49 岁			50-54 岁			55-59 岁	
	小计	男	女	小计	男	女	小计	男
合计	**496542**	**250684**	**245858**	**513686**	**258597**	**255089**	**374208**	**186452**
兰州市	**53911**	**28218**	**25693**	**57218**	**29633**	**27585**	**40677**	**20713**
城关区	1843	987	856	1748	891	857	1399	662
七里河区	4131	2185	1946	4423	2223	2200	3607	1828
西固区	2020	1075	945	2673	1440	1233	2356	1248
安宁区								
红古区	1648	849	799	1879	952	927	1384	707
永登县	13036	6592	6444	14863	7547	7316	10236	5096
皋兰县	6971	3740	3231	6806	3708	3098	4616	2365
榆中县	15260	7809	7451	14912	7548	7364	10336	5131
兰州新区	9002	4981	4021	9914	5324	4590	6743	3676
嘉峪关市	**461**	**260**	**201**	**517**	**287**	**230**	**371**	**184**
市辖区	461	260	201	517	287	230	371	184
金昌市	**13666**	**6749**	**6917**	**13253**	**6897**	**6356**	**7660**	**4033**
金川区	80	46	34	147	73	74	123	67
永昌县	13586	6703	6883	13106	6824	6282	7537	3966
白银市	**36659**	**18226**	**18433**	**35659**	**18007**	**17652**	**24326**	**12335**
白银区	232	117	115	299	165	134	265	131
平川区	2240	1235	1005	2275	1342	933	1349	755
靖远县	13251	6690	6561	11973	6109	5864	8010	4071
会宁县	10253	5057	5196	10774	5230	5544	8110	4028
景泰县	10683	5127	5556	10338	5161	5177	6592	3350
天水市	**55438**	**27822**	**27616**	**56718**	**28186**	**28532**	**43608**	**21265**
秦州区	4321	2178	2143	4577	2299	2278	3343	1650
麦积区	4130	2171	1959	4416	2239	2177	3441	1775
清水县	5828	2862	2966	5788	2842	2946	5136	2497
秦安县	11462	5744	5718	11460	5692	5768	8572	4119
甘谷县	13939	6960	6979	14109	7040	7069	10943	5172
武山县	10589	5255	5334	11015	5512	5503	8147	4110
张家川回族自治县	5169	2652	2517	5353	2562	2791	4026	1942
武威市	**29070**	**14243**	**14827**	**30675**	**15294**	**15381**	**22437**	**11150**
凉州区	6626	3206	3420	8630	4156	4474	7338	3578
民勤县	8594	4276	4318	7425	3728	3697	4829	2510
古浪县	6700	3279	3421	7303	3725	3578	5200	2545
天祝藏族自治县	7150	3482	3668	7317	3685	3632	5070	2517
张掖市	**29443**	**14377**	**15066**	**33515**	**16617**	**16898**	**23198**	**11503**
甘州区	1578	765	813	1962	991	971	1410	731
肃南裕固族自治县	1110	579	531	1234	649	585	858	442
民乐县	7633	3641	3992	9128	4560	4568	6574	3233
临泽县	5356	2683	2673	5272	2626	2646	3720	1909
高台县	6226	3085	3141	6775	3388	3387	4553	2227
山丹县	7540	3624	3916	9144	4403	4741	6083	2961
平凉市	**34696**	**16708**	**17988**	**36036**	**17643**	**18393**	**28073**	**13435**
崆峒区	840	422	418	833	450	383	737	369
泾川县	7237	3480	3757	7920	3806	4114	6566	3051
灵台县	4777	2143	2634	4774	2285	2489	4017	1831
崇信县	2807	1350	1457	3225	1535	1690	2544	1245
庄浪县	7911	3854	4057	7912	3942	3970	5590	2714
静宁县	8215	3911	4304	8380	4044	4336	6488	3094
华亭市	2909	1548	1361	2992	1581	1411	2131	1131

性别的人口（镇）（续 4）

单位：人

	60–64 岁			65–69 岁			70–74 岁		
女	小计	男	女	小计	男	女	小计	男	女
187756	**214770**	**108328**	**106442**	**220356**	**109840**	**110516**	**155701**	**75214**	**80487**
19964	**25683**	**12880**	**12803**	**24180**	**11650**	**12530**	**16023**	**7615**	**8408**
737	899	449	450	713	345	368	373	186	187
1779	2255	1157	1098	2042	1029	1013	1324	666	658
1108	1563	808	755	1360	611	749	1099	535	564
677	883	430	453	857	414	443	602	281	321
5140	7265	3557	3708	7116	3304	3812	4720	2158	2562
2251	3127	1583	1544	3105	1524	1581	2225	1048	1177
5205	5893	2958	2935	5825	2850	2975	3823	1822	2001
3067	3798	1938	1860	3162	1573	1589	1857	919	938
187	**195**	**116**	**79**	**228**	**103**	**125**	**193**	**94**	**99**
187	195	116	79	228	103	125	193	94	99
3627	**3512**	**1684**	**1828**	**3994**	**1892**	**2102**	**2918**	**1291**	**1627**
56	66	27	39	78	48	30	59	32	27
3571	3446	1657	1789	3916	1844	2072	2859	1259	1600
11991	**16273**	**8097**	**8176**	**16296**	**7858**	**8438**	**11394**	**5377**	**6017**
134	235	119	116	230	105	125	133	64	69
594	811	450	361	794	374	420	542	274	268
3939	6147	2953	3194	6247	2886	3361	4460	2040	2420
4082	4536	2316	2220	4837	2470	2367	3458	1665	1793
3242	4544	2259	2285	4188	2023	2165	2801	1334	1467
22343	**24164**	**12345**	**11819**	**28126**	**14258**	**13868**	**20120**	**9992**	**10128**
1693	2005	1079	926	2356	1224	1132	1679	883	796
1666	2487	1303	1184	2371	1215	1156	1780	875	905
2639	2799	1421	1378	2832	1457	1375	1813	918	895
4453	4655	2280	2375	6066	2946	3120	4002	2021	1981
5771	5988	2997	2991	7099	3521	3578	5265	2484	2781
4037	4112	2165	1947	4922	2581	2341	3848	1905	1943
2084	2118	1100	1018	2480	1314	1166	1733	906	827
11287	**12599**	**6437**	**6162**	**13281**	**6692**	**6589**	**8952**	**4255**	**4697**
3760	4004	2072	1932	4073	2060	2013	2505	1222	1283
2319	2148	1054	1094	2833	1410	1423	2082	1007	1075
2655	3437	1800	1637	3340	1703	1637	2345	1111	1234
2553	3010	1511	1499	3035	1519	1516	2020	915	1105
11695	**12257**	**6041**	**6216**	**14092**	**6780**	**7312**	**9267**	**4431**	**4836**
679	714	393	321	1038	548	490	684	379	305
416	367	181	186	386	191	195	287	113	174
3341	3457	1813	1644	3397	1643	1754	2204	1022	1182
1811	1964	960	1004	2423	1200	1223	1545	791	754
2326	2355	1127	1228	2903	1364	1539	1952	911	1041
3122	3400	1567	1833	3945	1834	2111	2595	1215	1380
14638	**15382**	**7706**	**7676**	**16099**	**8116**	**7983**	**11221**	**5384**	**5837**
368	454	233	221	594	283	311	469	221	248
3515	3640	1890	1750	3581	1775	1806	2699	1258	1441
2186	2063	1004	1059	1840	923	917	1242	597	645
1299	1253	625	628	1139	567	572	770	369	401
2876	3173	1560	1613	3532	1822	1710	2350	1174	1176
3394	3453	1683	1770	3960	2003	1957	2746	1292	1454
1000	1346	711	635	1453	743	710	945	473	472

1-5b 各地区分年龄、

地区	45-49 岁			50-54 岁			55-59 岁	
	小计	男	女	小计	男	女	小计	男
酒泉市	**26575**	**14713**	**11862**	**28702**	**15885**	**12817**	**19559**	**10455**
肃州区	2192	1109	1083	2915	1471	1444	2249	1087
金塔县	7420	4548	2872	6997	4322	2675	4161	2283
瓜州县	5011	2593	2418	5532	2829	2703	4047	2116
肃北蒙古族自治县	1111	611	500	1058	578	480	760	406
阿克塞哈萨克族自治县	1034	572	462	907	495	412	594	308
玉门市	4947	2888	2059	6237	3694	2543	3911	2323
敦煌市	4860	2392	2468	5056	2496	2560	3837	1932
庆阳市	**44883**	**22615**	**22268**	**47564**	**23704**	**23860**	**36545**	**18100**
西峰区	573	293	280	771	379	392	571	264
庆城县	7566	3949	3617	7371	3844	3527	5517	2840
环　县	7468	3894	3574	6935	3498	3437	5055	2475
华池县	3158	1643	1515	3393	1635	1758	2786	1361
合水县	4159	2122	2037	4389	2185	2204	3177	1579
正宁县	5660	2719	2941	5995	2940	3055	4527	2217
宁　县	8036	3909	4127	9258	4512	4746	7866	3860
镇原县	8263	4086	4177	9452	4711	4741	7046	3504
定西市	**60076**	**30302**	**29774**	**63464**	**31134**	**32330**	**49958**	**24072**
安定区	2340	1165	1175	2926	1493	1433	2250	1167
通渭县	7005	3595	3410	6810	3420	3390	5019	2487
陇西县	18432	9266	9166	18614	9194	9420	14087	6767
渭源县	6551	3410	3141	7203	3586	3617	5653	2801
临洮县	13056	6470	6586	13923	6585	7338	12406	5764
漳　县	3733	1841	1892	4436	2150	2286	3164	1436
岷　县	8959	4555	4404	9552	4706	4846	7379	3650
陇南市	**59776**	**30035**	**29741**	**60615**	**30444**	**30171**	**41846**	**21040**
武都区	5075	2457	2618	5203	2456	2747	3486	1759
成　县	10673	5472	5201	10037	5055	4982	6931	3511
文　县	5738	2733	3005	5982	3065	2917	3925	1986
宕昌县	6241	3138	3103	6578	3329	3249	4290	2212
康　县	4722	2451	2271	4608	2313	2295	2887	1527
西和县	7933	3935	3998	8259	4142	4117	5791	2839
礼　县	10544	5528	5016	11154	5730	5424	7808	3899
徽　县	7099	3436	3663	7074	3486	3588	5337	2601
两当县	1751	885	866	1720	868	852	1391	706
临夏回族自治州	**33435**	**16610**	**16825**	**33017**	**16126**	**16891**	**24165**	**11967**
临夏市	1092	546	546	1128	590	538	697	358
临夏县	3317	1616	1701	3520	1721	1799	2563	1270
康乐县	3880	1928	1952	3827	1848	1979	3037	1495
永靖县	9037	4457	4580	8462	4135	4327	6020	2978
广河县	5261	2554	2707	5080	2457	2623	3727	1801
和政县	4241	2110	2131	4486	2163	2323	3330	1663
东乡族自治县	3314	1687	1627	3178	1578	1600	2343	1190
积石山保安族东乡族撒拉族自治县	3293	1712	1581	3336	1634	1702	2448	1212
甘南藏族自治州	**18453**	**9806**	**8647**	**16733**	**8740**	**7993**	**11785**	**6200**
合作市	215	118	97	229	120	109	224	116
临潭县	3996	2022	1974	3938	1910	2028	2793	1402
卓尼县	2840	1531	1309	2706	1454	1252	1854	960
舟曲县	3467	1759	1708	2997	1514	1483	2175	1152
迭部县	1751	931	820	1579	825	754	1075	580
玛曲县	2446	1404	1042	1949	1085	864	1309	709
碌曲县	1263	667	596	1054	598	456	672	353
夏河县	2475	1374	1101	2281	1234	1047	1683	928

性别的人口（镇）（续5）

单位：人

	60-64岁			65-69岁			70-74岁		
女	小计	男	女	小计	男	女	小计	男	女
9104	**10333**	**5230**	**5103**	**10904**	**5582**	**5322**	**6977**	**3408**	**3569**
1162	1275	687	588	1566	800	766	1010	513	497
1878	2013	976	1037	2388	1157	1231	1767	884	883
1931	1960	1013	947	1893	951	942	1302	657	645
354	438	208	230	411	194	217	273	122	151
286	433	208	225	380	197	183	209	105	104
1588	1712	1004	708	1524	822	702	1158	513	645
1905	2502	1134	1368	2742	1461	1281	1258	614	644
18445	**22698**	**11483**	**11215**	**20260**	**10237**	**10023**	**14523**	**7200**	**7323**
307	307	144	163	335	171	164	257	134	123
2677	3052	1561	1491	2442	1164	1278	1823	892	931
2580	3566	1773	1793	3069	1530	1539	1916	927	989
1425	1640	857	783	1190	593	597	780	394	386
1598	1809	906	903	1657	841	816	1098	509	589
2310	3006	1517	1489	2499	1243	1256	2049	1009	1040
4006	5443	2709	2734	4959	2543	2416	3724	1886	1838
3542	3875	2016	1859	4109	2152	1957	2876	1449	1427
25886	**28523**	**14297**	**14226**	**29637**	**14722**	**14915**	**21606**	**10305**	**11301**
1083	1309	703	606	1416	730	686	1122	551	571
2532	2391	1264	1127	3161	1670	1491	2217	1144	1073
7320	7669	3862	3807	8374	4021	4353	6144	2819	3325
2852	3015	1607	1408	3220	1673	1547	2280	1155	1125
6642	8424	4029	4395	7966	3853	4113	5697	2698	2999
1728	1608	758	850	1797	892	905	1327	628	699
3729	4107	2074	2033	3703	1883	1820	2819	1310	1509
20806	**22718**	**11646**	**11072**	**23370**	**12099**	**11271**	**17065**	**8393**	**8672**
1727	1794	879	915	2076	1089	987	1785	825	960
3420	4098	2097	2001	3811	1967	1844	2733	1383	1350
1939	2101	1071	1030	1938	1007	931	1479	714	765
2078	2327	1254	1073	2486	1290	1196	1908	878	1030
1360	1755	928	827	1489	799	690	1087	551	536
2952	2977	1542	1435	3305	1719	1586	2303	1127	1176
3909	3817	1941	1876	4693	2438	2255	3516	1780	1736
2736	2966	1475	1491	2816	1399	1417	1775	893	882
685	883	459	424	756	391	365	479	242	237
12198	**14543**	**7313**	**7230**	**13463**	**6649**	**6814**	**10583**	**5115**	**5468**
339	351	179	172	394	205	189	386	193	193
1293	1607	777	830	1656	842	814	1281	629	652
1542	1721	864	857	1468	742	726	995	485	510
3042	3948	1978	1970	3543	1650	1893	2546	1181	1365
1926	2257	1143	1114	1976	979	997	1782	850	932
1667	1805	924	881	1746	869	877	1292	647	645
1153	1373	660	713	1394	702	692	1290	621	669
1236	1481	788	693	1286	660	626	1011	509	502
5585	**5890**	**3053**	**2837**	**6426**	**3202**	**3224**	**4859**	**2354**	**2505**
108	83	36	47	97	46	51	99	46	53
1391	1678	850	828	1714	873	841	1287	655	632
894	946	518	428	972	477	495	702	326	376
1023	1072	552	520	1303	638	665	943	485	458
495	595	294	301	677	351	326	441	199	242
600	550	293	257	612	287	325	511	241	270
319	247	116	131	306	154	152	274	118	156
755	719	394	325	745	376	369	602	284	318

1-5b 各地区分年龄、

地区	75–79 岁			80–84 岁			85–89 岁	
	小计	男	女	小计	男	女	小计	男
合计	**105317**	**50372**	**54945**	**58964**	**27723**	**31241**	**22450**	**10064**
兰州市	**11494**	**5262**	**6232**	**6641**	**3093**	**3548**	**2564**	**1173**
城关区	262	111	151	199	83	116	96	46
七里河区	1039	451	588	635	278	357	234	104
西固区	978	366	612	861	379	482	412	201
安宁区								
红古区	583	260	323	354	179	175	142	72
永登县	3362	1493	1869	1818	784	1034	580	254
皋兰县	1552	739	813	792	406	386	303	131
榆中县	2514	1264	1250	1386	720	666	559	271
兰州新区	1204	578	626	596	264	332	238	94
嘉峪关市	**89**	**46**	**43**	**45**	**19**	**26**	**9**	**4**
市辖区	89	46	43	45	19	26	9	4
金昌市	**2118**	**905**	**1213**	**1296**	**615**	**681**	**429**	**209**
金川区	29	17	12	20	11	9	12	9
永昌县	2089	888	1201	1276	604	672	417	200
白银市	**8310**	**3902**	**4408**	**4615**	**2153**	**2462**	**1749**	**803**
白银区	132	57	75	69	35	34	29	13
平川区	372	195	177	169	79	90	65	32
靖远县	3164	1488	1676	1818	817	1001	662	309
会宁县	2497	1193	1304	1357	631	726	545	240
景泰县	2145	969	1176	1202	591	611	448	209
天水市	**12583**	**6475**	**6108**	**7107**	**3580**	**3527**	**3186**	**1450**
秦州区	1055	559	496	537	279	258	207	100
麦积区	1164	590	574	744	390	354	304	126
清水县	1045	542	503	593	295	298	195	92
秦安县	2498	1258	1240	1333	677	656	721	318
甘谷县	3362	1728	1634	1928	959	969	914	414
武山县	2317	1204	1113	1314	642	672	579	259
张家川回族自治县	1142	594	548	658	338	320	266	141
武威市	**6016**	**2823**	**3193**	**3255**	**1467**	**1788**	**1262**	**568**
凉州区	1659	798	861	1041	448	593	472	196
民勤县	1346	599	747	826	388	438	315	153
古浪县	1706	847	859	797	376	421	278	129
天祝藏族自治县	1305	579	726	591	255	336	197	90
张掖市	**5773**	**2676**	**3097**	**2375**	**1088**	**1287**	**665**	**297**
甘州区	356	201	155	131	75	56	26	11
肃南裕固族自治县	254	108	146	132	46	86	48	15
民乐县	1388	609	779	546	244	302	122	53
临泽县	988	508	480	402	189	213	111	55
高台县	1168	572	596	452	223	229	147	72
山丹县	1619	678	941	712	311	401	211	91
平凉市	**7809**	**3819**	**3990**	**4252**	**2024**	**2228**	**1518**	**703**
崆峒区	297	158	139	125	51	74	63	22
泾川县	2063	1005	1058	1116	520	596	349	177
灵台县	855	390	465	456	239	217	134	64
崇信县	573	287	286	265	120	145	98	51
庄浪县	1504	754	750	844	417	427	312	135
静宁县	1877	901	976	1081	497	584	447	197
华亭市	640	324	316	365	180	185	115	57

性别的人口（镇）（续 6）

单位：人

	90-94 岁			95-99 岁			100 岁及以上		
女	小计	男	女	小计	男	女	小计	男	女
12386	**4752**	**2186**	**2566**	**951**	**426**	**525**	**135**	**45**	**90**
1391	**444**	**238**	**206**	**72**	**35**	**37**	**8**	**2**	**6**
50	20	9	11	7	5	2	1	1	
130	37	20	17	9	3	6			
211	95	62	33	9	7	2			
70	21	11	10	4	3	1	3		3
326	93	48	45	9	1	8	2	1	1
172	55	29	26	7	3	4	1		1
288	84	42	42	20	8	12	1		1
144	39	17	22	7	5	2			
5	**5**	**1**	**4**	**2**		**2**			
5	5	1	4	2		2			
220	**82**	**43**	**39**	**11**	**7**	**4**	**4**	**1**	**3**
3	1	1					1	1	
217	81	42	39	11	7	4	3		3
946	**332**	**156**	**176**	**58**	**22**	**36**	**5**		**5**
16	6	3	3						
33	17	7	10	4	1	3			
353	128	62	66	24	8	16	3		3
305	104	48	56	19	6	13	2		2
239	77	36	41	11	7	4			
1736	**811**	**370**	**441**	**171**	**73**	**98**	**13**	**5**	**8**
107	44	18	26	6	3	3			
178	66	36	30	8	3	5			
103	54	35	19	16	10	6			
403	227	90	137	47	18	29	4	1	3
500	202	94	108	40	12	28	4	1	3
320	142	55	87	32	12	20	1		1
125	76	42	34	22	15	7	4	3	1
694	**260**	**143**	**117**	**40**	**24**	**16**	**7**	**3**	**4**
276	132	81	51	24	15	9	2	1	1
162	44	24	20	1		1			
149	55	28	27	10	6	4	2		2
107	29	10	19	5	3	2	3	2	1
368	**113**	**60**	**53**	**21**	**10**	**11**			
15	3	2	1	2	1	1			
33	11	4	7	1	1				
69	14	9	5	4	1	3			
56	29	17	12	4	2	2			
75	21	12	9	5	1	4			
120	35	16	19	5	4	1			
815	**248**	**99**	**149**	**48**	**26**	**22**	**5**		**5**
41	6	3	3	2	1	1			
172	52	28	24	8	4	4	1		1
70	21	12	9	5	4	1			
47	11	6	5	3	2	1			
177	46	13	33	14	8	6	2		2
250	94	29	65	14	6	8	1		1
58	18	8	10	2	1	1	1		1

1-5b 各地区分年龄、

地区	75-79 岁			80-84 岁			85-89 岁	
	小计	男	女	小计	男	女	小计	男
酒泉市	**4256**	**1865**	**2391**	**2305**	**1132**	**1173**	**737**	**352**
肃州区	567	290	277	254	129	125	68	30
金塔县	1062	506	556	507	261	246	130	64
瓜州县	803	346	457	385	201	184	129	54
肃北蒙古族自治县	122	63	59	85	29	56	37	12
阿克塞哈萨克族自治县	105	57	48	67	26	41	15	7
玉门市	787	346	441	426	211	215	118	56
敦煌市	810	257	553	581	275	306	240	129
庆阳市	**10492**	**5161**	**5331**	**6079**	**2883**	**3196**	**2132**	**1007**
西峰区	196	98	98	109	60	49	41	20
庆城县	1174	573	601	660	284	376	217	98
环　县	1372	692	680	722	328	394	248	110
华池县	584	270	314	326	168	158	115	56
合水县	857	426	431	498	234	264	178	93
正宁县	1459	733	726	920	459	461	298	155
宁　县	2669	1318	1351	1600	749	851	591	276
镇原县	2181	1051	1130	1244	601	643	444	199
定西市	**13500**	**6462**	**7038**	**7692**	**3581**	**4111**	**3100**	**1287**
安定区	765	375	390	466	231	235	194	78
通渭县	1516	799	717	907	431	476	384	154
陇西县	3818	1818	2000	2354	1123	1231	976	415
渭源县	1356	655	701	801	357	444	310	135
临洮县	3453	1608	1845	1740	827	913	665	282
漳　县	892	451	441	491	226	265	203	84
岷　县	1700	756	944	933	386	547	368	139
陇南市	**11717**	**5746**	**5971**	**6523**	**3050**	**3473**	**2472**	**1114**
武都区	1250	667	583	640	293	347	238	118
成　县	1821	901	920	1051	514	537	434	194
文　县	1101	531	570	798	368	430	288	134
宕昌县	1251	543	708	661	284	377	230	89
康　县	798	370	428	534	242	292	146	67
西和县	1535	803	732	745	347	398	304	128
礼　县	2386	1177	1209	1173	561	612	485	214
徽　县	1246	601	645	711	340	371	249	124
两当县	329	153	176	210	101	109	98	46
临夏回族自治州	**7781**	**3761**	**4020**	**4753**	**2220**	**2533**	**1862**	**812**
临夏市	273	131	142	160	80	80	51	29
临夏县	933	453	480	508	234	274	210	93
康乐县	711	333	378	505	215	290	161	70
永靖县	2037	994	1043	1300	600	700	488	201
广河县	1316	618	698	844	401	443	376	174
和政县	961	475	486	537	247	290	207	73
东乡族自治县	875	438	437	523	260	263	225	99
积石山保安族东乡族撒拉族自治县	675	319	356	376	183	193	144	73
甘南藏族自治州	**3379**	**1469**	**1910**	**2026**	**818**	**1208**	**765**	**285**
合作市	82	29	53	60	23	37	16	3
临潭县	810	356	454	435	176	259	135	49
卓尼县	512	221	291	312	129	183	115	50
舟曲县	650	290	360	419	185	234	130	49
迭部县	333	154	179	180	70	110	72	27
玛曲县	405	157	248	221	73	148	105	26
碌曲县	175	76	99	105	35	70	47	15
夏河县	412	186	226	294	127	167	145	66

性别的人口（镇）（续 7）

单位：人

	90–94 岁			95–99 岁			100 岁及以上		
女	小计	男	女	小计	男	女	小计	男	女
385	**129**	**68**	**61**	**26**	**12**	**14**	**2**		**2**
38	14	8	6	3	2	1	1		1
66	25	11	14	4	1	3			
75	18	7	11	4	3	1	1		1
25	11	3	8	3		3			
8	3	2	1	1	1				
62	23	16	7	6	3	3			
111	35	21	14	5	2	3			
1125	**406**	**167**	**239**	**79**	**38**	**41**	**16**	**7**	**9**
21	5	1	4	2	1	1			
119	58	24	34	10	5	5	5	3	2
138	46	17	29	7	4	3			
59	22	7	15	3	2	1	3	1	2
85	31	13	18	10	3	7	2	1	1
143	48	28	20	12	5	7	1		1
315	124	50	74	19	11	8	4	1	3
245	72	27	45	16	7	9	1	1	
1813	**626**	**272**	**354**	**136**	**50**	**86**	**13**	**5**	**8**
116	31	16	15	4	1	3			
230	75	29	46	20	10	10	1		1
561	233	107	126	44	21	23	3	1	2
175	43	22	21	14	2	12	1	1	
383	134	55	79	20	5	15	4	1	3
119	46	15	31	11	5	6	2	2	
229	64	28	36	23	6	17	2		2
1358	**628**	**276**	**352**	**141**	**61**	**80**	**17**	**8**	**9**
120	74	28	46	15	7	8	2		2
240	119	58	61	38	19	19	4	2	2
154	78	35	43	16	6	10	2		2
141	50	21	29	7	2	5	1	1	
79	29	14	15	4	2	2	3	1	2
176	83	40	43	12	4	8	2	1	1
271	105	44	61	27	11	16	1	1	
125	58	20	38	15	6	9	2	2	
52	32	16	16	7	4	3			
1050	**448**	**192**	**256**	**91**	**43**	**48**	**31**	**7**	**24**
22	7	1	6	5		5	2	1	1
117	39	11	28	5	1	4	2	1	1
91	48	19	29	12	5	7			
287	97	45	52	11	7	4	1		1
202	114	52	62	36	20	16	16	4	12
134	36	14	22	3	2	1	3		3
126	71	36	35	8	4	4	6	1	5
71	36	14	22	11	4	7	1		1
480	**220**	**101**	**119**	**55**	**25**	**30**	**14**	**7**	**7**
13	10	7	3	1		1	1		1
86	47	20	27	8	2	6	6	2	4
65	32	13	19	8	8				
81	34	15	19	9	5	4	4	3	1
45	19	9	10	7	3	4	1	1	
79	36	14	22	14	3	11	1		1
32	2		2	1		1			
79	40	23	17	7	4	3	1	1	

1-5c 各地区分年龄、

地区	人口数			0岁			
	合计	男	女	小计	男	女	小计
合计	**11952499**	**6146432**	**5806067**	**131092**	**68041**	**63051**	**619197**
兰州市	**736896**	**401442**	**335454**	**6928**	**3544**	**3384**	**32181**
城关区	18396	10765	7631	187	97	90	939
七里河区	87869	48361	39508	840	431	409	4027
西固区	33321	17830	15491	286	148	138	1372
安宁区							
红古区	34495	18296	16199	327	149	178	1585
永登县	146666	76487	70179	1288	658	630	5647
皋兰县	54400	30663	23737	458	242	216	1890
榆中县	240593	127888	112705	2212	1129	1083	10460
兰州新区	121156	71152	50004	1330	690	640	6261
嘉峪关市	**17406**	**9629**	**7777**	**78**	**49**	**29**	**488**
市辖区	17406	9629	7777	78	49	29	488
金昌市	**99015**	**51990**	**47025**	**494**	**252**	**242**	**2297**
金川区	22458	12041	10417	93	44	49	484
永昌县	76557	39949	36608	401	208	193	1813
白银市	**656842**	**340855**	**315987**	**7251**	**3745**	**3506**	**30681**
白银区	31046	16720	14326	226	113	113	997
平川区	53145	27893	25252	633	338	295	2663
靖远县	225865	117153	108712	2602	1346	1256	11929
会宁县	259681	133310	126371	2967	1509	1458	11525
景泰县	87105	45779	41326	823	439	384	3567
天水市	**1624473**	**821624**	**802849**	**18235**	**9465**	**8770**	**85148**
秦州区	225803	116811	108992	2437	1255	1182	11617
麦积区	234088	120707	113381	2476	1301	1175	11434
清水县	161451	81935	79516	1899	1008	891	9055
秦安县	275744	140710	135034	2548	1348	1200	11062
甘谷县	323033	160459	162574	3538	1811	1727	16534
武山县	233127	116453	116674	2437	1261	1176	12040
张家川回族自治县	171227	84549	86678	2900	1481	1419	13406
武威市	**776258**	**394184**	**382074**	**7012**	**3684**	**3328**	**33573**
凉州区	417551	211527	206024	3967	2081	1886	20101
民勤县	106876	54541	52335	685	366	319	2349
古浪县	170840	85447	85393	1641	856	785	7763
天祝藏族自治县	80991	42669	38322	719	381	338	3360
张掖市	**550899**	**283255**	**267644**	**4502**	**2359**	**2143**	**21824**
甘州区	241004	124345	116659	2194	1181	1013	10472
肃南裕固族自治县	16842	9030	7812	150	67	83	650
民乐县	102595	53039	49556	759	406	353	4099
临泽县	61640	31245	30395	419	227	192	2206
高台县	61474	31112	30362	433	212	221	1720
山丹县	67344	34484	32860	547	266	281	2677
平凉市	**1020954**	**519451**	**501503**	**9858**	**4945**	**4913**	**45689**
崆峒区	171866	88094	83772	1920	943	977	8511
泾川县	135228	67996	67232	1286	647	639	6362
灵台县	102345	53130	49215	850	443	407	4136
崇信县	46806	25123	21683	417	216	201	2078
庄浪县	240294	118676	121618	2473	1289	1184	11706
静宁县	252661	129169	123492	2319	1114	1205	10123
华亭市	71754	37263	34491	593	293	300	2773

性别的人口（乡村）

单位：人

1-4 岁		5-9 岁			10-14 岁		
男	女	小计	男	女	小计	男	女
320330	**298867**	**810133**	**418696**	**391437**	**772515**	**401936**	**370579**
16585	**15596**	**35549**	**18690**	**16859**	**32996**	**17698**	**15298**
471	468	942	519	423	659	370	289
2077	1950	4582	2407	2175	4087	2202	1885
684	688	1357	770	587	1347	694	653
808	777	1877	971	906	1556	839	717
2875	2772	7415	3864	3551	7922	4203	3719
968	922	1814	942	872	1884	1045	839
5457	5003	10978	5738	5240	10706	5727	4979
3245	3016	6584	3479	3105	4835	2618	2217
267	**221**	**605**	**316**	**289**	**706**	**368**	**338**
267	221	605	316	289	706	368	338
1195	**1102**	**2589**	**1486**	**1103**	**3782**	**2247**	**1535**
262	222	520	297	223	741	440	301
933	880	2069	1189	880	3041	1807	1234
15874	**14807**	**35719**	**18629**	**17090**	**34670**	**18321**	**16349**
524	473	934	501	433	952	509	443
1386	1277	3123	1690	1433	3004	1639	1365
6156	5773	14531	7562	6969	14565	7699	6866
5920	5605	13395	6893	6502	12510	6421	6089
1888	1679	3736	1983	1753	3639	2053	1586
43986	**41162**	**115595**	**59079**	**56516**	**118566**	**59879**	**58687**
5991	5626	14890	7524	7366	15166	7452	7714
5954	5480	15193	7839	7354	15766	7962	7804
4654	4401	12598	6429	6169	13362	6749	6613
5781	5281	13600	6948	6652	15473	7873	7600
8498	8036	22902	11855	11047	24590	12605	11985
6139	5901	18613	9588	9025	20245	10351	9894
6969	6437	17799	8896	8903	13964	6887	7077
17666	**15907**	**43365**	**22832**	**20533**	**43772**	**23631**	**20141**
10601	9500	26089	13835	12254	25800	14088	11712
1252	1097	1772	949	823	2588	1537	1051
4086	3677	11155	5806	5349	11373	5916	5457
1727	1633	4349	2242	2107	4011	2090	1921
11506	**10318**	**25563**	**14317**	**11246**	**28251**	**16099**	**12152**
5504	4968	11010	6312	4698	12310	7133	5177
325	325	721	362	359	701	389	312
2228	1871	5969	3343	2626	7673	4450	3223
1163	1043	2633	1420	1213	1608	885	723
890	830	1895	995	900	2277	1191	1086
1396	1281	3335	1885	1450	3682	2051	1631
23643	**22046**	**60253**	**31191**	**29062**	**64918**	**33550**	**31368**
4316	4195	11374	5862	5512	11552	5935	5617
3293	3069	8447	4338	4109	8099	4270	3829
2213	1923	5741	2998	2743	6229	3355	2874
1077	1001	2797	1459	1338	2698	1397	1301
6089	5617	16189	8385	7804	16867	8558	8309
5203	4920	11608	6085	5523	14417	7409	7008
1452	1321	4097	2064	2033	5056	2626	2430

1-5c 各地区分年龄、

地区	人口数			0岁			
	合计	男	女	小计	男	女	小计
酒泉市	**377956**	**197502**	**180454**	**2851**	**1449**	**1402**	**13528**
肃州区	128119	65763	62356	868	430	438	4230
金塔县	60742	31666	29076	330	171	159	1488
瓜州县	77625	40789	36836	708	367	341	3519
肃北蒙古族自治县	5161	3949	1212	16	8	8	50
阿克塞哈萨克族自治县	739	568	171	3	1	2	7
玉门市	50192	25989	24203	532	282	250	2532
敦煌市	55378	28778	26600	394	190	204	1702
庆阳市	**1266641**	**651032**	**615609**	**13853**	**7338**	**6515**	**63466**
西峰区	195558	99119	96439	2223	1179	1044	10126
庆城县	139763	73626	66137	1598	866	732	6635
环　县	194354	103431	90923	2207	1168	1039	9364
华池县	69042	36885	32157	851	469	382	3151
合水县	82031	42747	39284	980	533	447	4269
正宁县	101838	52160	49678	1056	578	478	5453
宁　县	227538	113439	114099	2463	1259	1204	12045
镇原县	256517	129625	126892	2475	1286	1189	12423
定西市	**1555013**	**802789**	**752224**	**15542**	**8200**	**7342**	**76871**
安定区	199997	105663	94334	2028	1064	964	9057
通渭县	235962	122506	113456	2175	1173	1002	9595
陇西县	208241	106719	101522	2091	1109	982	10024
渭源县	198510	102681	95829	1829	955	874	8962
临洮县	291456	151150	140306	2846	1498	1348	14283
漳　县	110715	56787	53928	1285	673	612	6802
岷　县	310132	157283	152849	3288	1728	1560	18148
陇南市	**1536394**	**798258**	**738136**	**15700**	**8085**	**7615**	**76468**
武都区	303114	157921	145193	3310	1692	1618	14611
成　县	120458	62612	57846	1295	653	642	6452
文　县	132910	69628	63282	1274	669	605	5668
宕昌县	185324	95857	89467	1652	796	856	8698
康　县	113122	58863	54259	1127	605	522	5659
西和县	253193	129443	123750	2859	1464	1395	14393
礼　县	295916	153867	142049	2884	1524	1360	14868
徽　县	110698	58277	52421	1125	580	545	5178
两当县	21659	11790	9869	174	102	72	941
临夏回族自治州	**1334379**	**670510**	**663869**	**23655**	**12254**	**11401**	**114767**
临夏市	40886	20762	20124	600	317	283	2790
临夏县	271421	137251	134170	4223	2177	2046	20424
康乐县	197170	98489	98681	3151	1627	1524	15464
永靖县	85803	44607	41196	923	501	422	4685
广河县	170919	84635	86284	3796	1953	1843	17877
和政县	147631	74122	73509	2693	1372	1321	12721
东乡族自治县	233528	116081	117447	5236	2757	2479	26331
积石山保安族东乡族撒拉族自治县	187021	94563	92458	3033	1550	1483	14475
甘南藏族自治州	**399373**	**203911**	**195462**	**5133**	**2672**	**2461**	**22216**
合作市	36523	19492	17031	460	247	213	2074
临潭县	79583	40567	39016	958	509	449	4315
卓尼县	62113	31706	30407	689	366	323	2795
舟曲县	85376	43605	41771	1046	537	509	4500
迭部县	32320	16576	15744	311	151	160	1482
玛曲县	25332	13009	12323	561	290	271	2228
碌曲县	19575	9644	9931	271	145	126	1092
夏河县	58551	29312	29239	837	427	410	3730

性别的人口（乡村）（续1）

单位：人

1-4岁		5-9岁			10-14岁		
男	女	小计	男	女	小计	男	女
7055	**6473**	**16820**	**8752**	**8068**	**21199**	**11114**	**10085**
2262	1968	4787	2470	2317	6683	3516	3167
777	711	2072	1092	980	3376	1829	1547
1788	1731	4805	2507	2298	5086	2623	2463
27	23	54	18	36	63	31	32
3	4	12	4	8	4	3	1
1280	1252	3109	1635	1474	3589	1876	1713
918	784	1981	1026	955	2398	1236	1162
33168	**30298**	**89637**	**46831**	**42806**	**86520**	**45629**	**40891**
5329	4797	12974	7004	5970	11475	6242	5233
3505	3130	9175	4876	4299	8282	4455	3827
4944	4420	12165	6352	5813	11347	6073	5274
1610	1541	4006	2060	1946	4185	2277	1908
2242	2027	6093	3139	2954	5409	2815	2594
2843	2610	8185	4267	3918	7698	4074	3624
6266	5779	17915	9142	8773	17503	8975	8528
6429	5994	19124	9991	9133	20621	10718	9903
39603	**37268**	**96086**	**49471**	**46615**	**86791**	**44956**	**41835**
4706	4351	9404	4855	4549	7627	4030	3597
5024	4571	10158	5360	4798	9170	4878	4292
5092	4932	13326	6845	6481	12030	6290	5740
4630	4332	11204	5762	5442	9857	5015	4842
7310	6973	17117	8695	8422	15792	8115	7677
3481	3321	9061	4675	4386	6855	3570	3285
9360	8788	25816	13279	12537	25460	13058	12402
39610	**36858**	**108880**	**55665**	**53215**	**106882**	**54350**	**52532**
7530	7081	19729	10060	9669	18103	9128	8975
3382	3070	9168	4687	4481	8562	4441	4121
2874	2794	7349	3715	3634	7013	3573	3440
4541	4157	13244	6755	6489	13361	6800	6561
2929	2730	7951	4151	3800	7342	3819	3523
7448	6945	21282	10709	10573	21992	11092	10900
7707	7161	22416	11594	10822	23186	11772	11414
2722	2456	6744	3495	3249	6361	3241	3120
477	464	997	499	498	962	484	478
58886	**55881**	**147312**	**74924**	**72388**	**111203**	**57547**	**53656**
1450	1340	3528	1819	1709	2750	1484	1266
10536	9888	26703	13693	13010	20198	10640	9558
8072	7392	22184	11213	10971	18154	9177	8977
2436	2249	5160	2677	2483	4558	2328	2230
9051	8826	21860	11087	10773	15649	8076	7573
6494	6227	16823	8653	8170	12205	6298	5907
13527	12804	30743	15484	15259	21624	11243	10381
7320	7155	20311	10298	10013	16065	8301	7764
11286	**10930**	**32160**	**16513**	**15647**	**32259**	**16547**	**15712**
1078	996	2999	1551	1448	2838	1453	1385
2168	2147	6249	3205	3044	5906	3027	2879
1421	1374	5073	2620	2453	5590	2892	2698
2314	2186	5982	3085	2897	6304	3253	3051
745	737	2476	1274	1202	2668	1384	1284
1121	1107	2709	1394	1315	2553	1329	1224
543	549	1700	833	867	1785	897	888
1896	1834	4972	2551	2421	4615	2312	2303

1-5c 各地区分年龄、

地区	15-19岁			20-24岁			25-29岁	
	小计	男	女	小计	男	女	小计	男
合计	**496084**	**262792**	**233292**	**546363**	**286107**	**260256**	**738534**	**386983**
兰州市	**29901**	**17137**	**12764**	**35248**	**20266**	**14982**	**53511**	**31182**
城关区	485	326	159	1017	646	371	2076	1275
七里河区	3529	1969	1560	4426	2540	1886	8221	4713
西固区	941	551	390	1393	811	582	2466	1482
安宁区								
红古区	962	533	429	1092	623	469	2214	1237
永登县	4355	2503	1852	5033	2875	2158	7181	4098
皋兰县	2682	1585	1097	3501	2231	1270	3556	2284
榆中县	8551	4623	3928	10896	5667	5229	14086	7866
兰州新区	8396	5047	3349	7890	4873	3017	13711	8227
嘉峪关市	**433**	**238**	**195**	**655**	**400**	**255**	**873**	**576**
市辖区	433	238	195	655	400	255	873	576
金昌市	**3254**	**2104**	**1150**	**3642**	**2291**	**1351**	**3512**	**2028**
金川区	553	349	204	774	512	262	887	555
永昌县	2701	1755	946	2868	1779	1089	2625	1473
白银市	**17256**	**9711**	**7545**	**27390**	**14753**	**12637**	**41709**	**22442**
白银区	627	398	229	1035	638	397	1916	1131
平川区	1244	673	571	2137	1172	965	3744	2049
靖远县	5586	3242	2344	10149	5525	4624	15097	8066
会宁县	7760	4199	3561	11006	5655	5351	15341	8074
景泰县	2039	1199	840	3063	1763	1300	5611	3122
天水市	**82431**	**42093**	**40338**	**82043**	**41652**	**40391**	**105305**	**52877**
秦州区	10260	5280	4980	10907	5719	5188	15969	8417
麦积区	9382	4934	4448	10243	5356	4887	15403	8068
清水县	7630	3936	3694	8441	4235	4206	9901	4908
秦安县	13487	6938	6549	15471	8028	7443	17440	9229
甘谷县	19092	9746	9346	15797	8000	7797	21822	10508
武山县	12988	6581	6407	11360	5709	5651	14255	6758
张家川回族自治县	9592	4678	4914	9824	4605	5219	10515	4989
武威市	**27575**	**15771**	**11804**	**29662**	**16385**	**13277**	**39265**	**20624**
凉州区	15315	8891	6424	14573	8144	6429	20850	10893
民勤县	2043	1311	732	3960	2439	1521	4023	2302
古浪县	7982	4279	3703	8031	4100	3931	9408	4716
天祝藏族自治县	2235	1290	945	3098	1702	1396	4984	2713
张掖市	**18564**	**10547**	**8017**	**19978**	**11359**	**8619**	**24468**	**12841**
甘州区	10128	5777	4351	9163	5281	3882	12499	6490
肃南裕固族自治县	389	215	174	615	326	289	945	501
民乐县	2743	1590	1153	3600	1998	1602	3639	1921
临泽县	846	489	357	2020	1129	891	2156	1116
高台县	1867	997	870	1948	1082	866	2136	1133
山丹县	2591	1479	1112	2632	1543	1089	3093	1680
平凉市	**41252**	**22317**	**18935**	**42836**	**22286**	**20550**	**55815**	**28949**
崆峒区	7422	4078	3344	9056	4898	4158	9826	5395
泾川县	4247	2425	1822	5697	2839	2858	6842	3503
灵台县	3224	1881	1343	3644	2008	1636	5253	2748
崇信县	1271	671	600	1999	1120	879	3443	1967
庄浪县	12052	6249	5803	10653	5362	5291	13058	6243
静宁县	10872	5865	5007	8932	4593	4339	13217	6818
华亭市	2164	1148	1016	2855	1466	1389	4176	2275

性别的人口（乡村）（续2）

单位：人

	30–34岁			35–39岁			40–44岁		
女	小计	男	女	小计	男	女	小计	男	女
351551	**744165**	**395579**	**348586**	**570813**	**302547**	**268266**	**605491**	**314958**	**290533**
22329	**56714**	**33529**	**23185**	**38750**	**23065**	**15685**	**37958**	**21789**	**16169**
801	2453	1486	967	1503	928	575	1162	700	462
3508	8716	5089	3627	5851	3451	2400	5451	3094	2357
984	2493	1454	1039	1794	1041	753	1758	997	761
977	2790	1549	1241	2001	1156	845	2063	1161	902
3083	7989	4584	3405	6127	3527	2600	6769	3683	3086
1272	3526	2305	1221	2405	1554	851	2284	1438	846
6220	16196	9127	7069	11743	6664	5079	11683	6394	5289
5484	12551	7935	4616	7326	4744	2582	6788	4322	2466
297	**1258**	**752**	**506**	**919**	**521**	**398**	**1156**	**693**	**463**
297	1258	752	506	919	521	398	1156	693	463
1484	**4848**	**2759**	**2089**	**3921**	**2254**	**1667**	**4130**	**2228**	**1902**
332	1098	674	424	845	551	294	954	557	397
1152	3750	2085	1665	3076	1703	1373	3176	1671	1505
19267	**38719**	**21541**	**17178**	**28843**	**16026**	**12817**	**27784**	**15029**	**12755**
785	1979	1210	769	1229	790	439	1192	708	484
1695	3567	2039	1528	2875	1586	1289	2529	1435	1094
7031	14347	7833	6514	12334	6787	5547	10879	6053	4826
7267	13968	7618	6350	8850	4759	4091	9692	4919	4773
2489	4858	2841	2017	3555	2104	1451	3492	1914	1578
52428	**95454**	**48867**	**46587**	**79398**	**40135**	**39263**	**80813**	**41429**	**39384**
7552	15764	8546	7218	11820	6385	5435	12197	6736	5461
7335	15536	8141	7395	12336	6400	5936	12975	6922	6053
4993	9106	4722	4384	6879	3467	3412	7882	4060	3822
8211	13376	7185	6191	11080	5905	5175	12375	6415	5960
11314	19285	9338	9947	17640	8487	9153	16648	8083	8565
7497	13133	6198	6935	12630	6008	6622	11578	5644	5934
5526	9254	4737	4517	7013	3483	3530	7158	3569	3589
18641	**40336**	**20883**	**19453**	**32958**	**17080**	**15878**	**32841**	**16907**	**15934**
9957	22914	11679	11235	19009	9795	9214	17302	9028	8274
1721	2786	1588	1198	2389	1278	1111	4300	2197	2103
4692	9266	4696	4570	7477	3734	3743	7204	3524	3680
2271	5370	2920	2450	4083	2273	1810	4035	2158	1877
11627	**34936**	**17835**	**17101**	**28375**	**14661**	**13714**	**29331**	**14364**	**14967**
6009	17496	8904	8592	13516	6908	6608	13645	6745	6900
444	1535	854	681	1129	647	482	1305	744	561
1718	5654	2794	2860	5032	2609	2423	5460	2588	2872
1040	3264	1668	1596	2787	1410	1377	3093	1470	1623
1003	2810	1511	1299	2454	1297	1157	2922	1334	1588
1413	4177	2104	2073	3457	1790	1667	2906	1483	1423
26866	**53918**	**27535**	**26383**	**42201**	**20669**	**21532**	**50092**	**24250**	**25842**
4431	10095	5355	4740	7370	3625	3745	9076	4581	4495
3339	6344	3368	2976	4160	2035	2125	4719	2106	2613
2505	4431	2238	2193	4066	2007	2059	4869	2451	2418
1476	3171	1908	1263	2367	1390	977	2253	1228	1025
6815	13554	6253	7301	10004	4561	5443	12340	5540	6800
6399	12593	6505	6088	10923	5384	5539	13002	6395	6607
1901	3730	1908	1822	3311	1667	1644	3833	1949	1884

1-5c 各地区分年龄、

地区	15-19岁			20-24岁			25-29岁	
	小计	男	女	小计	男	女	小计	男
酒泉市	**16745**	**8849**	**7896**	**15225**	**8698**	**6527**	**19059**	**10787**
肃州区	5493	2895	2598	4741	2746	1995	6077	3375
金塔县	1769	1001	768	2065	1262	803	2176	1245
瓜州县	3207	1724	1483	3430	1877	1553	4886	2748
肃北蒙古族自治县	119	77	42	258	203	55	496	393
阿克塞哈萨克族自治县	22	9	13	33	23	10	86	65
玉门市	1957	1006	951	2207	1207	1000	2442	1324
敦煌市	4178	2137	2041	2491	1380	1111	2896	1637
庆阳市	**44816**	**23242**	**21574**	**53445**	**27544**	**25901**	**72840**	**38956**
西峰区	9266	4068	5198	15941	7309	8632	12589	6597
庆城县	4320	2381	1939	5229	2829	2400	9015	4991
环　县	6004	3192	2812	7647	4169	3478	12978	7124
华池县	2084	1110	974	2447	1328	1119	4256	2428
合水县	2126	1201	925	2428	1301	1127	4575	2451
正宁县	2546	1492	1054	3323	1936	1387	5654	3045
宁　县	8420	4445	3975	7630	4085	3545	11427	6063
镇原县	10050	5353	4697	8800	4587	4213	12346	6257
定西市	**58662**	**31367**	**27295**	**70579**	**36733**	**33846**	**102013**	**53772**
安定区	4735	2614	2121	6679	3572	3107	12414	6860
通渭县	10559	5626	4933	15390	8120	7270	17815	9737
陇西县	7310	3978	3332	8384	4417	3967	12204	6279
渭源县	7975	4074	3901	8675	4448	4227	11996	6374
临洮县	8073	4349	3724	10830	5652	5178	19109	10257
漳　县	4248	2255	1993	5629	2879	2750	7977	4097
岷　县	15762	8471	7291	14992	7645	7347	20498	10168
陇南市	**71117**	**36992**	**34125**	**68812**	**35204**	**33608**	**99396**	**50762**
武都区	15880	8041	7839	13408	6892	6516	21240	11234
成　县	4649	2419	2230	4373	2250	2123	7769	3948
文　县	5224	2814	2410	5153	2577	2576	8291	4322
宕昌县	9457	5008	4449	9442	5019	4423	12896	6758
康　县	3212	1701	1511	3360	1617	1743	6355	3072
西和县	13649	7052	6597	13834	7050	6784	16648	8167
礼　县	14350	7534	6816	14343	7336	7007	18614	9276
徽　县	4123	2132	1991	4194	2121	2073	6356	3309
两当县	573	291	282	705	342	363	1227	676
临夏回族自治州	**65979**	**32911**	**33068**	**74682**	**36780**	**37902**	**90794**	**45644**
临夏市	1605	876	729	2203	1067	1136	3334	1667
临夏县	11925	6199	5726	13165	6615	6550	18791	9567
康乐县	9285	4590	4695	10129	4966	5163	12870	6401
永靖县	2436	1363	1073	3063	1671	1392	5887	3214
广河县	9835	4749	5086	12015	5831	6184	12397	6128
和政县	6765	3385	3380	6646	3277	3369	10770	5453
东乡族自治县	14486	6928	7558	15866	7690	8176	14971	7280
积石山保安族东乡族撒拉族自治县	9642	4821	4821	11595	5663	5932	11774	5934
甘南藏族自治州	**18099**	**9513**	**8586**	**22166**	**11756**	**10410**	**29974**	**15543**
合作市	1950	1049	901	2521	1392	1129	2919	1599
临潭县	2682	1377	1305	3761	1880	1881	5425	2730
卓尼县	2538	1345	1193	2926	1559	1367	4372	2296
舟曲县	3271	1680	1591	4499	2325	2174	6641	3349
迭部县	1402	765	637	1968	1067	901	2344	1277
玛曲县	1742	980	762	1841	982	859	2361	1208
碌曲县	921	491	430	1212	663	549	1547	788
夏河县	3593	1826	1767	3438	1888	1550	4365	2296

性别的人口（乡村）（续3）

单位：人

	30–34岁			35–39岁			40–44岁		
女	小计	男	女	小计	男	女	小计	男	女
8272	**22617**	**12413**	**10204**	**17096**	**8932**	**8164**	**20196**	**10426**	**9770**
2702	7315	3874	3441	5025	2493	2532	6485	3344	3141
931	2725	1548	1177	2555	1280	1275	3172	1526	1646
2138	5684	3082	2602	4291	2290	2001	4561	2312	2249
103	551	441	110	466	387	79	546	449	97
21	69	62	7	60	48	12	70	61	9
1118	2841	1504	1337	2300	1135	1165	2728	1379	1349
1259	3432	1902	1530	2399	1299	1100	2634	1355	1279
33884	**85231**	**46090**	**39141**	**59947**	**32790**	**27157**	**56522**	**29350**	**27172**
5992	16371	8812	7559	10803	5973	4830	8492	4570	3922
4024	10746	6176	4570	7216	4183	3033	6516	3648	2868
5854	14470	8183	6287	10176	6199	3977	10129	5378	4751
1828	5219	3099	2120	3822	2264	1558	3549	1856	1693
2124	5822	3226	2596	3507	1943	1564	3692	2052	1640
2609	6329	3340	2989	4539	2337	2202	4402	2238	2164
5364	12087	6167	5920	9276	4646	4630	8537	4266	4271
6089	14187	7087	7100	10608	5245	5363	11205	5342	5863
48241	**92261**	**49795**	**42466**	**69395**	**37093**	**32302**	**82288**	**43032**	**39256**
5554	11864	6679	5185	7886	4310	3576	8966	4951	4015
8078	12815	7367	5448	8741	4882	3859	11178	5853	5325
5925	10141	5260	4881	7287	3756	3531	10275	5296	4979
5622	11403	6154	5249	8356	4303	4053	11003	5605	5398
8852	19230	10622	8608	15114	8269	6845	16642	8626	8016
3880	7665	4028	3637	5334	2921	2413	5204	2794	2410
10330	19143	9685	9458	16677	8652	8025	19020	9907	9113
48634	**100498**	**53502**	**46996**	**75067**	**41088**	**33979**	**85967**	**46901**	**39066**
10006	20023	11052	8971	12751	7219	5532	16457	8912	7545
3821	7922	4081	3841	6640	3505	3135	6728	3726	3002
3969	8818	4849	3969	6696	3765	2931	8604	4697	3907
6138	12458	6631	5827	8336	4610	3726	10031	5476	4555
3283	6943	3405	3538	6327	3247	3080	8182	4473	3709
8481	16810	8826	7984	12702	6759	5943	12445	6703	5742
9338	19641	10505	9136	14935	8400	6535	15766	8720	7046
3047	6519	3392	3127	5613	2961	2652	6280	3354	2926
551	1364	761	603	1067	622	445	1474	840	634
45150	**89003**	**45078**	**43925**	**68350**	**34444**	**33906**	**68889**	**34176**	**34713**
1667	3228	1716	1512	2232	1177	1055	2062	1025	1037
9224	17032	8622	8410	12834	6535	6299	13778	6912	6866
6469	12986	6484	6502	10613	5332	5281	10042	4959	5083
2673	5984	3268	2716	3954	2160	1794	4467	2393	2074
6269	11850	5983	5867	9089	4347	4742	9114	4471	4643
5317	10163	4928	5235	6704	3232	3472	7219	3591	3628
7691	14755	7295	7460	13627	6916	6711	13008	6270	6738
5840	13005	6782	6223	9297	4745	4552	9199	4555	4644
14431	**28372**	**15000**	**13372**	**25593**	**13789**	**11804**	**27524**	**14384**	**13140**
1320	3101	1791	1310	2626	1489	1137	2715	1569	1146
2695	4917	2584	2333	3723	2009	1714	4691	2388	2303
2076	4194	2204	1990	3665	2033	1632	4566	2353	2213
3292	5963	3118	2845	5322	2911	2411	4795	2553	2242
1067	2183	1184	999	2263	1240	1023	2759	1431	1328
1153	2118	1109	1009	2150	1077	1073	1783	916	867
759	1643	833	810	1538	761	777	1500	751	749
2069	4253	2177	2076	4306	2269	2037	4715	2423	2292

1-5c 各地区分年龄、

地区	45-49 岁			50-54 岁			55-59 岁	
	小计	男	女	小计	男	女	小计	男
合计	**1116845**	**562244**	**554601**	**1357608**	**686798**	**670810**	**1009428**	**521965**
兰州市	**69652**	**38507**	**31145**	**85064**	**46117**	**38947**	**63245**	**33794**
城关区	1647	986	661	1800	1054	746	1342	781
七里河区	8796	5014	3782	8960	4955	4005	6591	3574
西固区	3238	1730	1508	4126	2176	1950	3430	1801
安宁区								
红古区	3691	2042	1649	4158	2268	1890	3237	1634
永登县	13198	6876	6322	18805	9819	8986	14728	7571
皋兰县	4886	2820	2066	6600	3650	2950	4564	2385
榆中县	23309	12394	10915	28364	14881	13483	21589	11390
兰州新区	10887	6645	4242	12251	7314	4937	7764	4658
嘉峪关市	**2047**	**1167**	**880**	**2627**	**1454**	**1173**	**1741**	**953**
市辖区	2047	1167	880	2627	1454	1173	1741	953
金昌市	**10303**	**5323**	**4980**	**15046**	**7480**	**7566**	**12775**	**6262**
金川区	2318	1271	1047	3623	1854	1769	3054	1550
永昌县	7985	4052	3933	11423	5626	5797	9721	4712
白银市	**61685**	**30899**	**30786**	**81888**	**41655**	**40233**	**63229**	**33123**
白银区	2456	1401	1055	3943	2094	1849	3098	1664
平川区	5333	2737	2596	6234	3254	2980	4506	2298
靖远县	22521	11432	11089	25627	13008	12619	18451	9523
会宁县	23255	11282	11973	34075	17244	16831	27748	14736
景泰县	8120	4047	4073	12009	6055	5954	9426	4902
天水市	**149142**	**73941**	**75201**	**171489**	**85057**	**86432**	**126848**	**64593**
秦州区	21059	11031	10028	23831	12176	11655	17305	9003
麦积区	22801	11801	11000	25030	12682	12348	18998	9728
清水县	14907	7561	7346	16234	8138	8096	13454	7108
秦安县	26839	12900	13939	34461	16975	17486	24762	12419
甘谷县	29529	14192	15337	32096	15679	16417	23156	11409
武山县	20841	9985	10856	23534	11589	11945	17306	8970
张家川回族自治县	13166	6471	6695	16303	7818	8485	11867	5956
武威市	**79822**	**38522**	**41300**	**105131**	**50378**	**54753**	**83051**	**40601**
凉州区	41021	19754	21267	54158	25759	28399	44809	21217
民勤县	14106	6761	7345	19634	9189	10445	14231	7140
古浪县	15901	7434	8467	20487	9811	10676	15919	7968
天祝藏族自治县	8794	4573	4221	10852	5619	5233	8092	4276
张掖市	**58379**	**28330**	**30049**	**78844**	**39234**	**39610**	**57281**	**29318**
甘州区	25690	12572	13118	32928	16424	16504	23434	11792
肃南裕固族自治县	1945	1128	817	2344	1246	1098	1622	871
民乐县	9991	4601	5390	14096	7148	6948	10749	5628
临泽县	7743	3662	4081	10142	4896	5246	7273	3729
高台县	6621	3082	3539	10422	5019	5403	7626	3980
山丹县	6389	3285	3104	8912	4501	4411	6577	3318
平凉市	**99033**	**48353**	**50680**	**122058**	**62093**	**59965**	**93419**	**48858**
崆峒区	16507	8371	8136	18112	9499	8613	14235	7257
泾川县	11019	5229	5790	16537	7947	8590	14375	7296
灵台县	10003	5076	4927	12454	6586	5868	10732	5627
崇信县	4519	2449	2070	5893	3187	2706	4378	2352
庄浪县	22876	10606	12270	27414	13597	13817	19043	9923
静宁县	26598	12736	13862	32691	16546	16145	23748	12623
华亭市	7511	3886	3625	8957	4731	4226	6908	3780

性别的人口（乡村）（续4）

单位：人

女	60–64岁 小计	男	女	65–69岁 小计	男	女	70–74岁 小计	男	女
487463	**597729**	**317052**	**280677**	**687967**	**346697**	**341270**	**525603**	**258400**	**267203**
29451	**43731**	**23396**	**20335**	**45028**	**22042**	**22986**	**32564**	**15955**	**16609**
561	705	385	320	571	311	260	377	190	187
3017	4313	2343	1970	3857	1859	1998	2540	1217	1323
1629	2261	1238	1023	1811	825	986	1241	620	621
1603	1992	1033	959	1992	946	1046	1356	623	733
7157	11315	5850	5465	11506	5520	5986	8341	3910	4431
2179	3663	1926	1737	4021	1973	2048	3120	1562	1558
10199	14912	8092	6820	17309	8679	8630	12826	6480	6346
3106	4570	2529	2041	3961	1929	2032	2763	1353	1410
788	**873**	**472**	**401**	**1146**	**537**	**609**	**835**	**385**	**450**
788	873	472	401	1146	537	609	835	385	450
6513	**7267**	**3787**	**3480**	**8715**	**4363**	**4352**	**6026**	**3033**	**2993**
1504	1504	773	731	1921	891	1030	1494	720	774
5009	5763	3014	2749	6794	3472	3322	4532	2313	2219
30106	**41836**	**21886**	**19950**	**42778**	**21370**	**21408**	**32835**	**15872**	**16963**
1434	2616	1344	1272	2573	1218	1355	2047	940	1107
2208	3261	1619	1642	3093	1492	1601	2264	1085	1179
8928	13113	6639	6474	12558	6061	6497	9679	4599	5080
13012	16169	8834	7335	18526	9606	8920	14228	6983	7245
4524	6677	3450	3227	6028	2993	3035	4617	2265	2352
62255	**71813**	**37397**	**34416**	**92546**	**46636**	**45910**	**69407**	**34946**	**34461**
8302	10440	5450	4990	12400	6113	6287	9191	4635	4556
9270	12000	6316	5684	14039	7143	6896	9620	4880	4740
6346	7757	4053	3704	9435	4639	4796	6771	3372	3399
12343	13784	7396	6388	18417	9532	8885	13827	7025	6802
11747	12990	6485	6505	17410	8675	8735	13418	6703	6715
8336	8837	4719	4118	12249	6384	5865	9944	5041	4903
5911	6005	2978	3027	8596	4150	4446	6636	3290	3346
42450	**47600**	**25128**	**22472**	**53442**	**27048**	**26394**	**37375**	**18417**	**18958**
23592	25178	12854	12324	29064	14520	14544	18600	9295	9305
7091	7278	3930	3348	9187	4785	4402	7297	3627	3670
7951	10431	5658	4773	10220	5088	5132	7794	3748	4046
3816	4713	2686	2027	4971	2655	2316	3684	1747	1937
27963	**31392**	**17031**	**14361**	**39074**	**19162**	**19912**	**27272**	**13263**	**14009**
11642	11858	6359	5499	15490	7470	8020	10763	5203	5560
751	868	480	388	801	398	403	571	244	327
5121	6552	3720	2832	7172	3664	3508	5087	2464	2623
3544	3916	2150	1766	5249	2654	2595	3375	1728	1647
3646	3997	2168	1829	5261	2605	2656	3774	1935	1839
3259	4201	2154	2047	5101	2371	2730	3702	1689	2013
44561	**54189**	**29616**	**24573**	**68226**	**34424**	**33802**	**52863**	**25775**	**27088**
6978	7766	4113	3653	10330	4834	5496	8188	3900	4288
7079	8817	4809	4008	10356	5330	5026	8012	3779	4233
5105	6939	3756	3183	7483	3785	3698	5916	2844	3072
2026	2286	1185	1101	2820	1366	1454	2105	1026	1079
9120	11291	6067	5224	15168	7601	7567	12088	5909	6179
11125	12646	7218	5428	17433	9149	8284	13508	6815	6693
3128	4444	2468	1976	4636	2359	2277	3046	1502	1544

1-5c 各地区分年龄、

地区	45-49岁			50-54岁			55-59岁	
	小计	男	女	小计	男	女	小计	男
酒泉市	**39884**	**20382**	**19502**	**51756**	**26271**	**25485**	**40089**	**20341**
肃州区	13843	6980	6863	18513	9236	9277	14140	6798
金塔县	6685	3310	3375	9145	4532	4613	7380	3739
瓜州县	7907	4027	3880	9409	4818	4591	7308	3876
肃北蒙古族自治县	907	728	179	834	643	191	450	326
阿克塞哈萨克族自治县	128	101	27	133	105	28	69	53
玉门市	5077	2538	2539	6586	3305	3281	4967	2642
敦煌市	5337	2698	2639	7136	3632	3504	5775	2907
庆阳市	**98278**	**49098**	**49180**	**141909**	**70396**	**71513**	**115034**	**57623**
西峰区	13662	7060	6602	20044	10010	10034	15618	7483
庆城县	11864	5987	5877	16901	8527	8374	13369	6764
环　县	16527	8570	7957	22629	11621	11008	17372	9274
华池县	4870	2540	2330	8162	4125	4037	7115	3742
合水县	6761	3424	3337	10011	4986	5025	7855	4063
正宁县	8086	3904	4182	10714	5209	5505	9448	4583
宁　县	16599	7822	8777	24264	11574	12690	20974	10071
镇原县	19909	9791	10118	29184	14344	14840	23283	11643
定西市	**159826**	**81404**	**78422**	**188383**	**96206**	**92177**	**134418**	**71543**
安定区	20605	10719	9886	26118	13502	12616	20119	10956
通渭县	24534	12077	12457	28726	14550	14176	20578	10801
陇西县	23253	11705	11548	27137	13824	13313	18595	9759
渭源县	21513	11040	10473	26146	13529	12617	18549	10209
临洮县	28540	14828	13712	34991	17727	17264	26507	14072
漳　县	10358	5154	5204	12795	6451	6344	8205	4345
岷　县	31023	15881	15142	32470	16623	15847	21865	11401
陇南市	**151637**	**78330**	**73307**	**169215**	**87710**	**81505**	**113210**	**60953**
武都区	31119	15688	15431	33320	17013	16307	21660	11557
成　县	12215	6371	5844	12762	6583	6179	9348	5004
文　县	14265	7416	6849	15371	7980	7391	10275	5631
宕昌县	18411	9531	8880	22015	11603	10412	12988	7093
康　县	12312	6410	5902	12735	6761	5974	8525	4748
西和县	22443	11270	11173	24994	12413	12581	16958	8863
礼　县	27062	14242	12820	32679	17119	15560	21882	11646
徽　县	11561	6130	5431	12755	6817	5938	9504	5244
两当县	2249	1272	977	2584	1421	1163	2070	1167
临夏回族自治州	**99867**	**48966**	**50901**	**108752**	**54245**	**54507**	**80001**	**40943**
临夏市	3638	1791	1847	3900	1993	1907	2652	1301
临夏县	23454	11581	11873	25248	12739	12509	17708	8903
康乐县	14734	7108	7626	16238	8102	8136	12894	6478
永靖县	8775	4499	4276	10127	5196	4931	7391	3858
广河县	10082	4799	5283	10422	4960	5462	8073	4073
和政县	11326	5398	5928	13249	6552	6697	9925	5364
东乡族自治县	13732	6724	7008	13598	6643	6955	10133	5056
积石山保安族东乡族撒拉族自治县	14126	7066	7060	15970	8060	7910	11225	5910
甘南藏族自治州	**37290**	**19022**	**18268**	**35446**	**18502**	**16944**	**25087**	**13060**
合作市	2914	1610	1304	2785	1520	1265	2077	1078
临潭县	8350	4181	4169	8841	4708	4133	6153	3303
卓尼县	6092	3185	2907	5846	3064	2782	4181	2107
舟曲县	8884	4458	4426	8248	4279	3969	5829	3109
迭部县	3192	1616	1576	2837	1478	1359	1817	979
玛曲县	1675	862	813	1341	705	636	772	412
碌曲县	1637	810	827	1337	670	667	1038	516
夏河县	4546	2300	2246	4211	2078	2133	3220	1556

性别的人口（乡村）（续5）

单位：人

	60–64岁			65–69岁			70–74岁		
女	小计	男	女	小计	男	女	小计	男	女
19748	**22446**	**11998**	**10448**	**24910**	**13126**	**11784**	**17233**	**8829**	**8404**
7342	7669	4028	3641	9618	4919	4699	6554	3379	3175
3641	4174	2199	1975	4778	2657	2121	3532	1836	1696
3432	4022	2198	1824	3866	2110	1756	2423	1252	1171
124	139	97	42	88	52	36	60	31	29
16	15	11	4	9	7	2	2	2	
2325	2673	1480	1193	2780	1442	1338	1980	998	982
2868	3754	1985	1769	3771	1939	1832	2682	1331	1351
57411	**76921**	**40233**	**36688**	**76928**	**38785**	**38143**	**57508**	**28135**	**29373**
8135	9372	4625	4747	10120	4932	5188	7351	3638	3713
6605	8139	4314	3825	7954	3992	3962	5679	2711	2968
8098	12230	6560	5670	11255	5714	5541	8012	3989	4023
3373	5143	2820	2323	3853	1934	1919	2664	1365	1299
3792	5099	2668	2431	5044	2581	2463	3677	1771	1906
4865	6881	3531	3350	6362	3274	3088	4794	2315	2479
10903	15629	7962	7667	14992	7559	7433	12051	5739	6312
11640	14428	7753	6675	17348	8799	8549	13280	6607	6673
62875	**76028**	**41321**	**34707**	**91203**	**46026**	**45177**	**71560**	**34660**	**36900**
9163	12053	6744	5309	14526	7504	7022	11332	5634	5698
9777	10093	5427	4666	15458	7608	7850	12472	6218	6254
8836	9885	5359	4526	12986	6498	6488	10683	5225	5458
8340	10065	5645	4420	11735	6099	5636	9236	4497	4739
12435	17050	9317	7733	17339	8892	8447	13210	6348	6862
3860	4269	2247	2022	5620	2814	2806	4446	2212	2234
10464	12613	6582	6031	13539	6611	6928	10181	4526	5655
52257	**64633**	**34619**	**30014**	**80783**	**42033**	**38750**	**66854**	**33759**	**33095**
10103	12493	6779	5714	15861	8605	7256	14171	7297	6874
4344	5654	3060	2594	6433	3358	3075	4959	2519	2440
4644	6543	3437	3106	7605	3940	3665	6039	3116	2923
5895	7161	3748	3413	9115	4549	4566	7847	3626	4221
3777	5762	3188	2574	6188	3277	2911	4960	2554	2406
8095	8987	4853	4134	11959	6168	5791	9680	4936	4744
10236	10791	5643	5148	15053	7578	7475	12930	6422	6508
4260	5897	3170	2727	7086	3734	3352	5153	2698	2455
903	1345	741	604	1483	824	659	1115	591	524
39058	**46415**	**23776**	**22639**	**47489**	**23551**	**23938**	**40388**	**19569**	**20819**
1351	1543	784	759	1646	846	800	1336	629	707
8805	11034	5581	5453	12013	6044	5969	9809	4746	5063
6416	7540	4029	3511	6795	3358	3437	5761	2812	2949
3533	4720	2480	2240	5166	2521	2645	3847	1812	2035
4000	3978	1945	2033	3979	1914	2065	4044	1939	2105
4561	4695	2466	2229	5142	2606	2536	4348	2134	2214
5077	6000	2908	3092	5755	2718	3037	5596	2696	2900
5315	6905	3583	3322	6993	3544	3449	5647	2801	2846
12027	**12585**	**6392**	**6193**	**15699**	**7594**	**8105**	**12883**	**5802**	**7081**
999	920	479	441	1085	520	565	969	455	514
2850	3768	1991	1777	3955	1992	1963	2860	1309	1551
2074	2105	1061	1044	2726	1308	1418	2196	944	1252
2720	2747	1395	1352	4032	1984	2048	3206	1504	1702
838	838	423	415	1071	493	578	1093	483	610
360	273	155	118	344	153	191	353	139	214
522	439	191	248	552	229	323	533	230	303
1664	1495	697	798	1934	915	1019	1673	738	935

1-5c 各地区分年龄、

地区	75-79 岁			80-84 岁			85-89 岁	
	小计	男	女	小计	男	女	小计	男
合计	**354368**	**174745**	**179623**	**184833**	**85142**	**99691**	**67912**	**29116**
兰州市	**21916**	**10806**	**11110**	**10769**	**5101**	**5668**	**4285**	**1850**
城关区	257	111	146	169	74	95	74	39
七里河区	1675	809	866	898	396	502	397	168
西固区	1101	426	675	599	233	366	260	127
安宁区								
红古区	852	385	467	497	230	267	198	86
永登县	5500	2547	2953	2557	1121	1436	852	347
皋兰县	2111	1074	1037	969	476	493	383	161
榆中县	8527	4534	3993	4114	2136	1978	1773	772
兰州新区	1893	920	973	966	435	531	348	150
嘉峪关市	**598**	**281**	**317**	**239**	**129**	**110**	**103**	**61**
市辖区	598	281	317	239	129	110	103	61
金昌市	**3914**	**1825**	**2089**	**1823**	**803**	**1020**	**574**	**228**
金川区	945	445	500	462	214	248	158	68
永昌县	2969	1380	1589	1361	589	772	416	160
白银市	**24071**	**11521**	**12550**	**12579**	**5869**	**6710**	**4902**	**2179**
白银区	1690	793	897	998	492	506	441	208
平川区	1646	779	867	853	414	439	347	170
靖远县	6679	3183	3496	3578	1689	1889	1310	610
会宁县	10669	5124	5545	5533	2524	3009	2102	883
景泰县	3387	1642	1745	1617	750	867	702	308
天水市	**44521**	**23070**	**21451**	**23506**	**11329**	**12177**	**9726**	**4201**
秦州区	6019	2996	3023	2981	1406	1575	1203	552
麦积区	5980	2956	3024	3113	1541	1572	1380	616
清水县	3759	1869	1890	1693	755	938	548	221
秦安县	9490	5010	4480	5352	2595	2757	2311	988
甘谷县	8825	4773	4052	4981	2443	2538	2263	975
武山县	6102	3206	2896	3428	1651	1777	1297	541
张家川回族自治县	4346	2260	2086	1958	938	1020	724	308
武威市	**23219**	**11438**	**11781**	**11328**	**5102**	**6226**	**4167**	**1770**
凉州区	11241	5685	5556	5306	2420	2886	1925	845
民勤县	4590	2295	2295	2426	1097	1329	1030	422
古浪县	5136	2430	2706	2555	1145	1410	918	380
天祝藏族自治县	2252	1028	1224	1041	440	601	294	123
张掖市	**15123**	**7644**	**7479**	**5683**	**2499**	**3184**	**1743**	**750**
甘州区	5632	2996	2636	2059	944	1115	611	293
肃南裕固族自治县	338	152	186	141	57	84	62	19
民乐县	2847	1322	1525	1118	435	683	303	114
临泽县	1902	997	905	759	342	417	210	92
高台县	2216	1165	1051	785	386	399	258	114
山丹县	2188	1012	1176	821	335	486	299	118
平凉市	**37273**	**18531**	**18742**	**18873**	**8862**	**10011**	**6838**	**3016**
崆峒区	6254	3098	3156	2993	1429	1564	1007	465
泾川县	5934	2919	3015	2927	1362	1565	911	445
灵台县	3956	1959	1997	1840	897	943	495	215
崇信县	1402	694	708	654	315	339	210	93
庄浪县	7621	3853	3768	3993	1806	2187	1570	657
静宁县	9837	4973	4864	5442	2575	2867	2341	997
华亭市	2269	1035	1234	1024	478	546	304	144

性别的人口（乡村）（续6）

单位：人

	90–94岁			95–99岁			100岁及以上		
女	小计	男	女	小计	男	女	小计	男	女
38796	**12725**	**5174**	**7551**	**2669**	**1001**	**1668**	**425**	**129**	**296**
2435	**758**	**330**	**428**	**131**	**53**	**78**	**17**	**6**	**11**
35	24	11	13	7	5	2			
229	91	45	46	18	8	10	3		3
133	37	17	20	9	4	5	1	1	
112	49	22	27	3	1	2	3		3
505	127	51	76	8	4	4	3	1	2
222	69	36	33	12	5	7	2	1	1
1001	298	120	178	58	17	41	3	1	2
198	63	28	35	16	9	7	2	2	
42	**18**	**5**	**13**	**7**	**5**	**2**	**1**		**1**
42	18	5	13	7	5	2	1		1
346	**86**	**33**	**53**	**15**	**8**	**7**	**2**	**1**	**1**
90	22	7	15	8	7	1			
256	64	26	38	7	1	6	2	1	1
2723	**799**	**327**	**472**	**186**	**72**	**114**	**32**	**11**	**21**
233	75	35	40	21	9	12	1		1
177	63	28	35	21	8	13	5	2	3
700	257	112	145	62	24	38	11	4	7
1219	289	101	188	60	22	38	13	4	9
394	115	51	64	22	9	13	2	1	1
5525	**1978**	**810**	**1168**	**448**	**164**	**284**	**61**	**18**	**43**
651	272	115	157	68	27	41	7	2	5
764	319	144	175	55	19	36	9	4	5
327	117	43	74	23	8	15			
1323	459	174	285	110	40	70	20	6	14
1288	407	159	248	106	35	71	4		4
756	245	103	142	53	22	31	12	5	7
416	159	72	87	33	13	20	9	1	8
2397	**637**	**271**	**366**	**113**	**42**	**71**	**14**	**4**	**10**
1080	277	122	155	47	20	27	5	1	4
608	174	67	107	26	9	17	2		2
538	143	61	82	33	10	23	3	1	2
171	43	21	22	7	3	4	4	2	2
993	**263**	**114**	**149**	**47**	**21**	**26**	**6**	**1**	**5**
318	86	44	42	19	12	7	1	1	
43	9	5	4	1		1			
189	41	12	29	10	4	6	1		1
118	34	17	17	4	1	3	1		1
144	44	14	30	6	2	4	2		2
181	49	22	27	7	2	5	1		1
3822	**1116**	**484**	**632**	**211**	**92**	**119**	**23**	**12**	**11**
542	227	111	116	40	26	14	5	3	2
466	116	45	71	20	11	9	1		1
280	63	33	30	19	8	11	2	2	
117	31	14	17	12	8	4	2	1	1
913	279	110	169	46	13	33	9	5	4
1344	346	143	203	61	22	39	4	1	3
160	54	28	26	13	4	9			

1-5c 各地区分年龄、

地区	75-79岁			80-84岁			85-89岁	
	小计	男	女	小计	男	女	小计	男
酒泉市	**9989**	**5091**	**4898**	**4463**	**2132**	**2331**	**1453**	**661**
肃州区	3689	1873	1816	1663	818	845	575	263
金塔县	2073	1081	992	903	428	475	284	117
瓜州县	1492	734	758	717	318	399	231	99
肃北蒙古族自治县	36	23	13	19	10	9	8	4
阿克塞哈萨克族自治县	5	3	2	6	2	4	5	4
玉门市	1228	645	583	477	220	257	141	69
敦煌市	1466	732	734	678	336	342	209	105
庆阳市	**41509**	**20439**	**21070**	**22831**	**10993**	**11838**	**7807**	**3693**
西峰区	5060	2435	2625	2824	1301	1523	1044	466
庆城县	4101	2018	2083	2171	1012	1159	702	321
环　县	5704	2834	2870	2967	1484	1483	989	511
华池县	2000	1002	998	1169	596	573	397	214
合水县	2748	1377	1371	1400	725	675	431	204
正宁县	3495	1756	1739	2055	1047	1008	679	325
宁　县	8715	4141	4574	4962	2318	2644	1638	782
镇原县	9686	4876	4810	5283	2510	2773	1927	870
定西市	**46507**	**22563**	**23944**	**25475**	**10926**	**14549**	**9363**	**3521**
安定区	7990	3979	4011	4588	2162	2426	1695	702
通渭县	8798	4580	4218	5139	2289	2850	2204	828
陇西县	6833	3570	3263	3905	1725	2180	1603	626
渭源县	5712	2705	3007	3046	1176	1870	1048	396
临洮县	8691	4051	4640	4351	1900	2451	1462	522
漳　县	2795	1317	1478	1510	635	875	539	199
岷　县	5688	2361	3327	2936	1039	1897	812	248
陇南市	**46093**	**22827**	**23266**	**24488**	**11312**	**13176**	**8321**	**3663**
武都区	10752	5403	5349	5633	2710	2923	1970	888
成　县	3231	1583	1648	1641	750	891	533	243
文　县	4559	2278	2281	2910	1402	1508	956	460
宕昌县	4736	2050	2686	2478	926	1552	813	290
康　县	3498	1685	1813	1942	896	1046	598	252
西和县	6552	3344	3208	3421	1634	1787	1220	537
礼　县	8397	4172	4225	4237	1909	2328	1450	617
徽　县	3635	1932	1703	1825	872	953	627	309
两当县	733	380	353	401	213	188	154	67
临夏回族自治州	**30465**	**14825**	**15640**	**17729**	**8243**	**9486**	**6589**	**2902**
临夏市	987	461	526	597	273	324	207	74
临夏县	7238	3571	3667	4044	1837	2207	1468	612
康乐县	4469	2111	2358	2637	1140	1497	942	417
永靖县	2701	1343	1358	1359	637	722	496	202
广河县	3116	1504	1612	2333	1162	1171	925	448
和政县	3448	1651	1797	1926	919	1007	718	298
东乡族自治县	4222	2108	2114	2480	1202	1278	956	467
积石山保安族东乡族撒拉族自治县	4284	2076	2208	2353	1073	1280	877	384
甘南藏族自治州	**9170**	**3884**	**5286**	**5047**	**1842**	**3205**	**2041**	**621**
合作市	760	326	434	490	186	304	237	75
临潭县	1801	760	1041	872	327	545	307	104
卓尼县	1499	631	868	682	225	457	286	70
舟曲县	2310	1045	1265	1253	515	738	426	137
迭部县	865	343	522	494	164	330	190	56
玛曲县	233	96	137	180	49	131	83	24
碌曲县	411	157	254	250	96	154	118	30
夏河县	1291	526	765	826	280	546	394	125

性别的人口（乡村）（续 7）

单位：人

	90–94 岁			95–99 岁			100 岁及以上		
女	小计	男	女	小计	男	女	小计	男	女
792	**319**	**157**	**162**	**67**	**33**	**34**	**11**	**6**	**5**
312	124	52	72	24	12	12	3		3
167	50	28	22	9	7	2	1	1	
132	58	32	26	13	5	8	2	2	
4	1	1							
1	1	1							
72	34	17	17	8	2	6	4	3	1
104	51	26	25	13	7	6	1		1
4114	**1305**	**576**	**729**	**281**	**108**	**173**	**53**	**15**	**38**
578	161	64	97	35	19	16	7	3	4
381	121	63	58	28	6	22	2	1	1
478	156	83	73	23	9	14	3		3
183	69	33	36	26	13	13	4		4
227	81	37	44	22	8	14	1		1
354	115	58	57	19	7	12	5	1	4
856	325	130	195	66	22	44	20	5	15
1057	277	108	169	62	24	38	11	5	6
5842	**1468**	**514**	**954**	**264**	**78**	**186**	**30**	**5**	**25**
993	269	105	164	37	15	22	5		5
1376	305	89	216	56	18	38	3	1	2
977	243	94	149	39	11	28	7	1	6
652	173	58	115	25	6	19	2	1	1
940	225	84	141	51	14	37	3	2	1
340	94	36	58	18	4	14	6		6
564	159	48	111	38	10	28	4		4
4658	**1902**	**716**	**1186**	**403**	**156**	**247**	**68**	**21**	**47**
1082	489	175	314	116	42	74	18	4	14
290	99	39	60	21	8	13	4	2	2
496	232	89	143	55	22	33	10	2	8
523	151	39	112	27	7	20	7	1	6
346	128	62	66	15	10	5	1	1	
683	285	120	165	69	29	40	11	6	5
833	352	123	229	68	25	43	12	3	9
318	135	52	83	24	11	13	3	1	2
87	31	17	14	8	2	6	2	1	1
3687	**1593**	**678**	**915**	**366**	**140**	**226**	**91**	**28**	**63**
133	37	8	29	11	4	7			
856	277	118	159	50	21	29	5	2	3
525	221	93	128	50	20	30	11		11
294	90	41	49	12	7	5	2		2
477	358	162	196	91	38	53	36	15	21
420	114	42	72	27	8	19	4	1	3
489	303	131	172	81	30	51	25	8	17
493	193	83	110	44	12	32	8	2	6
1420	**483**	**159**	**324**	**130**	**29**	**101**	**16**	**1**	**15**
162	66	22	44	15	3	12	2		2
203	39	13	26	9	2	7	1		1
216	71	17	54	19	5	14	2		2
289	97	46	51	19	8	11	2		2
134	48	20	28	18	3	15	1		1
59	20	6	14	8	2	6	4		4
88	37	8	29	12	2	10	2		2
269	105	27	78	30	4	26	2	1	1

1-6 各地区分性别、

地区	3岁及以上人口			未上过学			
	合计	男	女	小计	男	女	小计
合计	**24129001**	**12239650**	**11889351**	**1936220**	**586554**	**1349666**	**1007385**
兰州市	**4232007**	**2174245**	**2057762**	**134647**	**36683**	**97964**	**129132**
城关区	1443425	732594	710831	26550	8265	18285	41865
七里河区	690340	358924	331416	23744	7470	16274	20062
西固区	396031	201901	194130	8997	2559	6438	11449
安宁区	426847	213286	213561	7884	2391	5493	12739
红古区	139449	71532	67917	9189	2251	6938	4469
永登县	277413	141307	136106	24624	5069	19555	9427
皋兰县	121164	66070	55094	4740	1260	3480	4057
榆中县	459178	235461	223717	20142	5153	14989	15002
兰州新区	278160	153170	124990	8777	2265	6512	10062
嘉峪关市	**301430**	**156580**	**144850**	**2633**	**898**	**1735**	**12268**
市辖区	301430	156580	144850	2633	898	1735	12268
金昌市	**426285**	**219281**	**207004**	**20372**	**5196**	**15176**	**13885**
金川区	252864	130051	122813	10797	2737	8060	8779
永昌县	173421	89230	84191	9575	2459	7116	5106
白银市	**1458885**	**743327**	**715558**	**66587**	**17451**	**49136**	**58968**
白银区	326685	167061	159624	7877	2279	5598	11503
平川区	193621	99055	94566	9335	2464	6871	8325
靖远县	359299	184047	175252	19183	4601	14582	15357
会宁县	387101	194729	192372	22450	6004	16446	15930
景泰县	192179	98435	93744	7742	2103	5639	7853
天水市	**2879734**	**1445175**	**1434559**	**252029**	**75586**	**176443**	**119301**
秦州区	635944	319451	316493	37764	11466	26298	24556
麦积区	537356	274544	262812	23656	6948	16708	20803
清水县	231185	116008	115177	25266	7260	18006	10875
秦安县	403532	203817	199715	41601	11531	30070	13519
甘谷县	488787	241975	246812	53127	15737	37390	20406
武山县	350827	175019	175808	32073	10554	21519	15471
张家川回族自治县	232103	114361	117742	38542	12090	26452	13671
武威市	**1417596**	**715455**	**702141**	**98943**	**24419**	**74524**	**50740**
凉州区	854689	430387	424302	45032	11539	33493	33254
民勤县	174222	89107	85115	11630	2682	8948	3392
古浪县	242363	121082	121281	23965	5565	18400	9189
天祝藏族自治县	146322	74879	71443	18316	4633	13683	4905
张掖市	**1095392**	**551725**	**543667**	**53424**	**14566**	**38858**	**39404**
甘州区	502550	252478	250072	22702	6505	16197	17826
肃南裕固族自治县	27042	14161	12881	1390	376	1014	800
民乐县	186262	94899	91363	10925	2648	8277	7347
临泽县	112504	56589	55915	5054	1479	3575	4371
高台县	121683	60680	61003	3866	1215	2651	3988
山丹县	145351	72918	72433	9487	2343	7144	5072
平凉市	**1784888**	**891870**	**893018**	**186359**	**52109**	**134250**	**71609**
崆峒区	486549	241741	244808	36493	10606	25887	19275
泾川县	214410	106174	108236	13140	3196	9944	9254
灵台县	151216	76217	74999	14401	3238	11163	6197
崇信县	79181	40976	38205	6129	1802	4327	3231
庄浪县	323879	159789	164090	28794	8223	20571	13318
静宁县	353565	177333	176232	70767	19999	50768	13376
华亭市	176088	89640	86448	16635	5045	11590	6958

受教育程度的 3 岁及以上人口

单位：人

学前教育		小学			初中		
男	女	小计	男	女	小计	男	女
519296	**488089**	**7457905**	**3541271**	**3916634**	**6861224**	**3839670**	**3021554**
66761	**62371**	**724170**	**343645**	**380525**	**1181965**	**655733**	**526232**
21721	20144	184831	88027	96804	363420	195157	168263
10428	9634	115430	55901	59529	188260	102654	85606
5837	5612	60408	27251	33157	123694	65054	58640
6617	6122	47183	22363	24820	78303	41482	36821
2246	2223	31666	15331	16335	49058	26855	22203
4778	4649	87075	40047	47028	98165	57843	40322
2111	1946	31834	15359	16475	45228	26878	18350
7693	7309	111938	52718	59220	156168	90428	65740
5330	4732	53805	26648	27157	79669	49382	30287
6406	**5862**	**51147**	**21689**	**29458**	**83883**	**42063**	**41820**
6406	5862	51147	21689	29458	83883	42063	41820
7160	**6725**	**103107**	**46065**	**57042**	**130616**	**71358**	**59258**
4667	4112	46030	21264	24766	74865	39580	35285
2493	2613	57077	24801	32276	55751	31778	23973
30547	**28421**	**434371**	**193582**	**240789**	**448779**	**251326**	**197453**
5971	5532	54708	24470	30238	96438	49537	46901
4323	4002	48155	21827	26328	63920	35195	28725
8007	7350	121129	53732	67397	120307	70115	50192
8117	7813	153182	68332	84850	104741	61289	43452
4129	3724	57197	25221	31976	63373	35190	28183
61036	**58265**	**960686**	**458732**	**501954**	**884529**	**486944**	**397585**
12629	11927	186304	90448	95856	186847	100498	86349
10577	10226	160070	73875	86195	188703	102995	85708
5619	5256	88873	42555	46318	63895	36922	26973
7001	6518	126415	58754	67661	137339	78407	58932
10401	10005	175278	83764	91514	147512	80376	67136
7911	7560	133887	64405	69482	105746	57098	48648
6898	6773	89859	44931	44928	54487	30648	23839
26444	**24296**	**418200**	**179721**	**238479**	**456779**	**255538**	**201241**
17407	15847	229584	95591	133993	296160	161784	134376
1736	1656	45277	18267	27010	58398	32050	26348
4772	4417	87765	38291	49474	68008	40865	27143
2529	2376	55574	27572	28002	34213	20839	13374
20775	**18629**	**333256**	**146003**	**187253**	**351196**	**191815**	**159381**
9458	8368	116465	52425	64040	165505	87297	78208
412	388	9793	4538	5255	7051	4113	2938
3957	3390	81272	35728	45544	49366	29876	19490
2193	2178	40035	17205	22830	35371	19235	16136
2087	1901	43829	17653	26176	41494	22974	18520
2668	2404	41862	18454	23408	52409	28320	24089
37109	**34500**	**579011**	**273113**	**305898**	**502724**	**280535**	**222189**
10000	9275	122035	58356	63679	156794	83402	73392
4748	4506	75065	32685	42380	72072	39193	32879
3271	2926	49504	22163	27341	47160	26919	20241
1673	1558	25434	11677	13757	22459	12560	9899
6931	6387	143680	65568	78112	71227	41047	30180
6969	6407	106185	55472	50713	85035	50449	34586
3517	3441	57108	27192	29916	47977	26965	21012

1-6 各地区分性别、

地区	3岁及以上人口			未上过学			
	合计	男	女	小计	男	女	小计
酒泉市	**1024778**	**528201**	**496577**	**50186**	**14681**	**35505**	**34179**
肃州区	442019	221866	220153	20207	5845	14362	14888
金塔县	119124	64813	54311	6889	1928	4961	2968
瓜州县	125012	65034	59978	11597	3429	8168	4868
肃北蒙古族自治县	14741	8954	5787	493	156	337	339
阿克塞哈萨克族自治县	10565	5804	4761	266	95	171	452
玉门市	133374	71156	62218	5142	1605	3537	4721
敦煌市	179943	90574	89369	5592	1623	3969	5943
庆阳市	**2101057**	**1069347**	**1031710**	**131753**	**39817**	**91936**	**95466**
西峰区	494838	249171	245667	13321	4297	9024	23153
庆城县	226740	118032	108708	12355	3962	8393	10109
环　县	293320	153581	139739	30053	9211	20842	12337
华池县	114609	59835	54774	12048	3841	8207	4831
合水县	130669	67094	63575	8910	2814	6096	6431
正宁县	166937	84436	82501	15993	4489	11504	8627
宁　县	324658	161729	162929	20645	5790	14855	15226
镇原县	349286	175469	173817	18428	5413	13015	14752
定西市	**2429337**	**1228501**	**1200836**	**209094**	**60097**	**148997**	**117248**
安定区	405798	205065	200733	31475	7877	23598	18260
通渭县	312489	160828	151661	17922	4674	13248	12424
陇西县	410833	206097	204736	28789	8026	20763	20274
渭源县	268094	136964	131130	21664	6238	15426	11640
临洮县	462437	232935	229502	19649	5229	14420	22372
漳　县	160258	80759	79499	18532	5570	12962	9430
岷　县	409428	205853	203575	71063	22483	48580	22848
陇南市	**2319975**	**1182504**	**1137471**	**358311**	**119001**	**239310**	**106021**
武都区	525765	266223	259542	91740	31117	60623	26986
成　县	232482	116810	115672	16042	5502	10540	11557
文　县	189858	97047	92811	34055	10406	23649	7663
宕昌县	246617	126243	120374	50307	18712	31595	10784
康　县	156657	80147	76510	24511	8334	16177	6738
西和县	337901	171700	166201	53548	15785	37763	15451
礼　县	409479	211325	198154	70140	22773	47367	17691
徽　县	182869	92992	89877	14248	5027	9221	7749
两当县	38347	20017	18330	3720	1345	2375	1402
临夏回族自治州	**1993310**	**996145**	**997165**	**286627**	**97417**	**189210**	**130813**
临夏市	340217	169814	170403	16692	5348	11344	18567
临夏县	306180	154058	152122	39437	13220	26217	18121
康乐县	242654	120937	121717	41048	12641	28407	17207
永靖县	173213	87125	86088	6600	1808	4792	8060
广河县	242600	119916	122684	46419	15530	30889	18559
和政县	192921	96415	96506	46019	16237	29782	11826
东乡族自治县	268532	133312	135220	59041	21823	37218	23769
积石山保安族东乡族撒拉族自治县	226993	114568	112425	31371	10810	20561	14704
甘南藏族自治州	**664327**	**337294**	**327033**	**85255**	**28633**	**56622**	**28351**
合作市	108176	54505	53671	8907	3095	5812	4393
临潭县	122250	61597	60653	11888	3231	8657	5576
卓尼县	91913	46869	45044	8252	2589	5663	3804
舟曲县	120316	60792	59524	22327	7172	15155	5139
迭部县	50391	25712	24679	7007	2282	4725	2020
玛曲县	54164	28179	25985	10183	4208	5975	2158
碌曲县	34417	17341	17076	4622	1619	3003	1574
夏河县	82700	42299	40401	12069	4437	7632	3687

受教育程度的3岁及以上人口（续1）

单位：人

学前教育		小学			初中		
男	女	小计	男	女	小计	男	女
17304	**16875**	**253107**	**116339**	**136768**	**337960**	**185596**	**152364**
7519	7369	92259	40958	51301	135646	71170	64476
1488	1480	37620	17674	19946	44572	26478	18094
2445	2423	40876	19645	21231	36134	21052	15082
181	158	3015	1478	1537	4205	2907	1298
221	231	2362	1176	1186	2549	1481	1068
2368	2353	43267	20285	22982	46482	26809	19673
3082	2861	33708	15123	18585	68372	35699	32673
50010	**45456**	**710740**	**330495**	**380245**	**678751**	**374602**	**304149**
12367	10786	112915	52003	60912	161407	83635	77772
5353	4756	84364	39990	44374	76590	43048	33542
6455	5882	117524	58365	59159	75392	45683	29709
2560	2271	42755	20944	21811	29523	17499	12024
3380	3051	48477	22592	25885	41857	23405	18452
4512	4115	55045	25503	29542	56105	31135	24970
7823	7403	116961	51696	65265	119711	65338	54373
7560	7192	132699	59402	73297	118166	64859	53307
60191	**57057**	**905950**	**426320**	**479630**	**678672**	**393328**	**285344**
9404	8856	125347	59489	65858	111786	64665	47121
6342	6082	122388	52684	69704	85085	52415	32670
10513	9761	151056	69842	81214	118268	66321	51947
5855	5785	104395	48815	55580	80113	47054	33059
11453	10919	174688	79007	95681	148783	83884	64899
4916	4514	63471	31352	32119	42115	24187	17928
11708	11140	164605	85131	79474	92522	54802	37720
54267	**51754**	**801036**	**419555**	**381481**	**626599**	**356912**	**269687**
13843	13143	171688	92160	79528	136378	76647	59731
6075	5482	71120	35008	36112	79495	42895	36600
3785	3878	60005	32188	27817	50989	29972	21017
5556	5228	102062	54664	47398	49911	29390	20521
3453	3285	61223	32289	28934	36123	20668	15455
7850	7601	112497	58109	54388	98854	57199	41655
9012	8679	149800	79299	70501	104889	62038	42851
3971	3778	59967	29312	30655	59255	32070	27185
722	680	12674	6526	6148	10705	6033	4672
66849	**63964**	**881483**	**432615**	**448868**	**401278**	**234481**	**166797**
9624	8943	114251	52351	61900	82160	44971	37189
9294	8827	157347	77022	80325	65022	38970	26052
8840	8367	99481	49977	49504	53487	31075	22412
4150	3910	72483	33503	38980	41602	23722	17880
9410	9149	115043	56641	58402	40685	24571	16114
6080	5746	75576	39122	36454	37016	22185	14831
11985	11784	134170	68147	66023	40217	24342	15875
7466	7238	113132	55852	57280	41089	24645	16444
14437	**13914**	**301641**	**153397**	**148244**	**97493**	**59439**	**38054**
2246	2147	35561	18413	17148	15733	9041	6692
2848	2728	64978	31806	33172	19805	12345	7460
1936	1868	49344	24694	24650	12352	7650	4702
2583	2556	45782	23389	22393	20637	12881	7756
1051	969	20963	10630	10333	6704	4119	2585
1109	1049	24458	12947	11511	7432	4468	2964
793	781	16133	8093	8040	4285	2714	1571
1871	1816	44422	23425	20997	10545	6221	4324

1-6 各地区分性别、

地区	高中			大学专科			
	小计	男	女	小计	男	女	小计
合计	**3236918**	**1824369**	**1412549**	**1931242**	**1037137**	**894105**	**1578442**
兰州市	**815998**	**431255**	**384743**	**555966**	**288351**	**267615**	**606777**
城关区	319165	163347	155818	228712	116429	112283	237105
七里河区	142146	73746	68400	91902	47939	43963	97226
西固区	93392	48503	44889	56304	31198	25106	38899
安宁区	78845	38795	40050	60985	32116	28869	116991
红古区	24073	13625	10448	13649	7333	6316	7078
永登县	36181	21887	14294	12410	6809	5601	9208
皋兰县	17505	10684	6821	11672	6660	5012	5904
榆中县	60488	33696	26792	27034	14227	12807	67358
兰州新区	44203	26972	17231	53298	25640	27658	27008
嘉峪关市	**65190**	**34685**	**30505**	**53562**	**32174**	**21388**	**31349**
市辖区	65190	34685	30505	53562	32174	21388	31349
金昌市	**73293**	**41814**	**31479**	**47736**	**26696**	**21040**	**35207**
金川区	50140	27414	22726	34214	18731	15483	26290
永昌县	23153	14400	8753	13522	7965	5557	8917
白银市	**226864**	**130604**	**96260**	**129402**	**70331**	**59071**	**90571**
白银区	75407	41515	33892	46690	24913	21777	32708
平川区	33200	18993	14207	18540	9984	8556	11820
靖远县	43295	25888	17407	23255	13142	10113	16238
会宁县	45833	26621	19212	26205	14256	11949	18056
景泰县	29129	17587	11542	14712	8036	6676	11749
天水市	**350928**	**195376**	**155552**	**178448**	**97495**	**80953**	**128418**
秦州区	93740	49625	44115	53469	28684	24785	50506
麦积区	78419	44004	34415	42696	23681	19015	22238
清水县	25015	14163	10852	9415	5235	4180	7644
秦安县	48189	28331	19858	20739	11419	9320	15083
甘谷县	52538	29655	22883	24848	13725	11123	14552
武山县	34390	19055	15335	18150	9725	8425	10780
张家川回族自治县	18637	10543	8094	9131	5026	4105	7615
武威市	**207940**	**126364**	**81576**	**111437**	**61675**	**49762**	**70650**
凉州区	132901	78825	54076	72152	39257	32895	43670
民勤县	30141	19821	10320	15479	9155	6324	9522
古浪县	29461	18207	11254	14160	7866	6294	9480
天祝藏族自治县	15437	9511	5926	9646	5397	4249	7978
张掖市	**153686**	**89122**	**64564**	**85379**	**47706**	**37673**	**76130**
甘州区	84527	46466	38061	47425	25648	21777	46034
肃南裕固族自治县	3208	1985	1223	2394	1457	937	2335
民乐县	18975	11900	7075	10439	6154	4285	7715
临泽县	14610	9063	5547	7080	4197	2883	5855
高台县	13571	8294	5277	7745	4537	3208	7003
山丹县	18795	11414	7381	10296	5713	4583	7188
平凉市	**223393**	**130452**	**92941**	**125321**	**67413**	**57908**	**93332**
崆峒区	75471	40931	34540	44086	22203	21883	31118
泾川县	24490	15195	9295	10964	6130	4834	9183
灵台县	18324	11608	6716	8350	4864	3486	7082
崇信县	10811	6852	3959	6280	3706	2574	4734
庄浪县	33305	19574	13731	19062	10421	8641	14141
静宁县	39087	23419	15668	21506	11774	9732	16910
华亭市	21905	12873	9032	15073	8315	6758	10164

受教育程度的 3 岁及以上人口（续 2）

单位：人

大学本科		硕士研究生			博士研究生		
男	女	小计	男	女	小计	男	女
831116	**747326**	**105868**	**51656**	**54212**	**13797**	**8581**	**5216**
310632	**296145**	**72490**	**34357**	**38133**	**10862**	**6828**	**4034**
118761	118344	35523	16906	18617	6254	3981	2273
54369	42857	10317	5593	4724	1253	824	429
20117	18782	2646	1248	1398	242	134	108
58510	58481	20995	9233	11762	2922	1779	1143
3784	3294	254	103	151	13	4	9
4724	4484	295	138	157	28	12	16
3014	2890	207	91	116	17	13	4
31093	36265	971	414	557	77	39	38
16260	10748	1282	631	651	56	42	14
17830	**13519**	**1297**	**776**	**521**	**101**	**59**	**42**
17830	13519	1297	776	521	101	59	42
19802	**15405**	**1943**	**1111**	**832**	**126**	**79**	**47**
14641	11649	1660	958	702	89	59	30
5161	3756	283	153	130	37	20	17
47889	**42682**	**3017**	**1430**	**1587**	**326**	**167**	**159**
17707	15001	1218	604	614	136	65	71
6113	5707	293	139	154	33	17	16
8343	7895	490	199	291	45	20	25
9748	8308	636	319	317	68	43	25
5978	5771	380	169	211	44	22	22
67423	**60995**	**4950**	**2314**	**2636**	**445**	**269**	**176**
24886	25620	2513	1069	1444	245	146	99
12086	10152	718	351	367	53	27	26
4151	3493	196	100	96	6	3	3
8055	7028	599	289	310	48	30	18
8028	6524	461	250	211	65	39	26
6076	4704	307	175	132	23	20	3
4141	3474	156	80	76	5	4	1
39733	**30917**	**2645**	**1393**	**1252**	**262**	**168**	**94**
24917	18753	1785	961	824	151	106	45
5203	4319	336	166	170	47	27	20
5339	4141	299	157	142	36	20	16
4274	3704	225	109	116	28	15	13
40252	**35878**	**2583**	**1293**	**1290**	**334**	**193**	**141**
23636	22398	1820	901	919	246	142	104
1246	1089	69	33	36	2	1	1
4518	3197	199	108	91	24	10	14
3138	2717	115	71	44	13	8	5
3835	3168	163	70	93	24	15	9
3879	3309	217	110	107	25	17	8
49489	**43843**	**2904**	**1502**	**1402**	**235**	**148**	**87**
15624	15494	1161	549	612	116	70	46
4896	4287	226	121	105	16	10	6
4030	3052	185	114	71	13	10	3
2635	2099	93	63	30	10	8	2
7833	6308	331	179	152	21	13	8
8901	8009	652	323	329	47	27	20
5570	4594	256	153	103	12	10	2

1-6 各地区分性别、

地区	高中			大学专科			
	小计	男	女	小计	男	女	小计
酒泉市	**164954**	**93760**	**71194**	**109319**	**60113**	**49206**	**72472**
肃州区	83888	45890	37998	57809	30541	27268	35779
金塔县	12695	8264	4431	9430	6062	3368	4843
瓜州县	15525	9383	6142	9328	5452	3876	6573
肃北蒙古族自治县	2430	1713	717	2174	1396	778	2043
阿克塞哈萨克族自治县	1287	792	495	1825	1120	705	1788
玉门市	17243	10694	6549	9626	5568	4058	6751
敦煌市	31886	17024	14862	19127	9974	9153	14695
庆阳市	**259008**	**152185**	**106823**	**122859**	**67481**	**55378**	**98967**
西峰区	89608	48624	40984	47780	24565	23215	44769
庆城县	24602	15190	9412	10611	6022	4589	7890
环　县	30592	18461	12131	15020	8533	6487	12070
华池县	12783	7890	4893	6773	3914	2859	5755
合水县	13860	8533	5327	6725	3924	2801	4290
正宁县	17100	10796	6304	8592	4904	3688	5314
宁　县	31584	19249	12335	12239	7130	5109	8008
镇原县	38879	23442	15437	15119	8489	6630	10871
定西市	**266064**	**155045**	**111019**	**139866**	**73701**	**66165**	**108918**
安定区	53026	30533	22493	36891	17736	19155	27820
通渭县	38102	23986	14116	21460	12263	9197	14544
陇西县	46827	26887	19940	23869	12771	11098	21081
渭源县	26801	16124	10677	12827	7164	5663	10413
临洮县	57381	33006	24375	20859	10966	9893	18217
漳　县	13997	7865	6132	7152	3911	3241	5472
岷　县	29930	16644	13286	16808	8890	7918	11371
陇南市	**225107**	**125402**	**99705**	**134727**	**71200**	**63527**	**66184**
武都区	51118	27387	23731	28746	14975	13771	18491
成　县	25981	14019	11962	19263	8695	10568	8571
文　县	18699	10803	7896	12339	6704	5635	5988
宕昌县	17312	9519	7793	11396	5910	5486	4746
康　县	14785	8300	6485	8621	4654	3967	4544
西和县	31227	18051	13176	18287	10215	8072	7836
礼　县	38459	21924	16535	21238	12062	9176	7120
徽　县	22761	12730	10031	11780	6247	5533	6914
两当县	4765	2669	2096	3057	1738	1319	1974
临夏回族自治州	**153338**	**89853**	**63485**	**81738**	**42985**	**38753**	**56418**
临夏市	51147	28127	23020	32352	15985	16367	24154
临夏县	17783	10916	6867	5785	3154	2631	2617
康乐县	16433	9726	6707	9301	5279	4022	5601
永靖县	22489	12611	9878	12314	6339	5975	9352
广河县	12006	7787	4219	5202	3091	2111	4611
和政县	11748	7057	4691	6424	3425	2999	4247
东乡族自治县	6942	4470	2472	2854	1617	1237	1513
积石山保安族东乡族撒拉族自治县	14790	9159	5631	7506	4095	3411	4323
甘南藏族自治州	**51155**	**28452**	**22703**	**55482**	**29816**	**25666**	**43049**
合作市	12635	6574	6061	9721	5033	4688	20020
临潭县	7842	4739	3103	7704	4158	3546	4368
卓尼县	6112	3434	2678	7801	4243	3558	4156
舟曲县	9771	5634	4137	11798	6389	5409	4748
迭部县	4396	2517	1879	6303	3490	2813	2913
玛曲县	3470	1851	1619	4253	2367	1886	2123
碌曲县	2570	1349	1221	2703	1435	1268	2427
夏河县	4359	2354	2005	5199	2701	2498	2294

受教育程度的3岁及以上人口（续3）

单位：人

大学本科		硕士研究生			博士研究生		
男	女	小计	男	女	小计	男	女
39015	**33457**	**2406**	**1276**	**1130**	**195**	**117**	**78**
19130	16649	1432	750	682	111	63	48
2862	1981	94	48	46	13	9	4
3566	3007	104	58	46	7	4	3
1107	936	37	13	24	5	3	2
898	890	36	21	15			
3742	3009	134	80	54	8	5	3
7710	6985	569	306	263	51	33	18
52825	**46142**	**3239**	**1766**	**1473**	**274**	**166**	**108**
22652	22117	1769	967	802	116	61	55
4350	3540	200	108	92	19	9	10
6711	5359	300	146	154	32	16	16
3106	2649	134	76	58	7	5	2
2377	1913	106	57	49	13	12	1
2997	2317	144	87	57	17	13	4
4534	3474	244	139	105	40	30	10
6098	4773	342	186	156	30	20	10
58056	**50862**	**3214**	**1584**	**1630**	**311**	**179**	**132**
14787	13033	1082	523	559	111	51	60
8160	6384	517	269	248	47	35	12
11384	9697	618	321	297	51	32	19
5591	4822	213	106	107	28	17	11
9176	9041	449	195	254	39	19	20
2911	2561	76	38	38	13	9	4
6047	5324	259	132	127	22	16	6
35098	**31086**	**1850**	**978**	**872**	**140**	**91**	**49**
9750	8741	572	309	263	46	35	11
4385	4186	428	216	212	25	15	10
3125	2863	113	58	55	7	6	1
2435	2311	93	53	40	6	4	2
2380	2164	107	64	43	5	5	
4382	3454	183	99	84	18	10	8
4131	2989	130	77	53	12	9	3
3545	3369	177	85	92	18	5	13
965	1009	47	17	30	3	2	1
31069	**25349**	**1512**	**813**	**699**	**103**	**63**	**40**
12926	11228	841	450	391	53	32	21
1442	1175	65	38	27	3	2	1
3346	2255	88	49	39	8	4	4
4839	4513	296	145	151	17	8	9
2838	1773	64	39	25	11	9	2
2268	1979	60	37	23	5	4	1
913	600	25	14	11	1	1	
2497	1826	73	41	32	5	3	2
22003	**21046**	**1818**	**1063**	**755**	**83**	**54**	**29**
9404	10616	1152	658	494	54	41	13
2424	1944	86	44	42	3	2	1
2266	1890	88	55	33	4	2	2
2677	2071	108	64	44	6	3	3
1574	1339	81	47	34	4	2	2
1174	949	83	55	28	4		4
1267	1160	102	70	32	1	1	
1217	1077	118	70	48	7	3	4

1-6a 各地区分性别、

地区	3 岁及以上人口			未上过学			
	合计	男	女	小计	男	女	小计
合计	**6860928**	**3443795**	**3417133**	**172606**	**50903**	**121703**	**256636**
兰州市	**2807769**	**1421579**	**1386190**	**62473**	**19045**	**43428**	**81954**
城关区	1404024	710900	693124	25459	7909	17550	40413
七里河区	544505	278184	266321	16755	5309	11446	15678
西固区	342829	173898	168931	6759	1994	4765	10194
安宁区	426847	213286	213561	7884	2391	5493	12739
红古区	89564	45311	44253	5616	1442	4174	2930
嘉峪关市	**280702**	**145138**	**135564**	**2123**	**722**	**1401**	**11762**
市辖区	280702	145138	135564	2123	722	1401	11762
金昌市	**229794**	**117661**	**112133**	**8500**	**2150**	**6350**	**8394**
金川区	229794	117661	112133	8500	2150	6350	8394
白银市	**418683**	**212099**	**206584**	**9561**	**2715**	**6846**	**16458**
白银区	293870	149419	144451	5870	1727	4143	10740
平川区	123053	61639	61414	3636	971	2665	5651
靖远县	1760	1041	719	55	17	38	67
天水市	**637161**	**318205**	**318956**	**14940**	**4661**	**10279**	**24252**
秦州区	371451	183304	188147	9172	2828	6344	13640
麦积区	265710	134901	130809	5768	1833	3935	10612
武威市	**378866**	**189386**	**189480**	**10368**	**2841**	**7527**	**15172**
凉州区	378866	189386	189480	10368	2841	7527	15172
张掖市	**256026**	**125236**	**130790**	**6200**	**1508**	**4692**	**9633**
甘州区	255427	124942	130485	6175	1498	4677	9621
肃南裕固族自治县	599	294	305	25	10	15	12
平凉市	**389903**	**190996**	**198907**	**12059**	**3295**	**8764**	**16623**
崆峒区	311543	152092	159451	8732	2334	6398	12948
华亭市	78360	38904	39456	3327	961	2366	3675
酒泉市	**430875**	**214819**	**216056**	**10338**	**2822**	**7516**	**16461**
肃州区	297334	147712	149622	7340	1867	5473	11051
玉门市	47504	24212	23292	1345	432	913	1987
敦煌市	86037	42895	43142	1653	523	1130	3423
庆阳市	**298806**	**149971**	**148835**	**5148**	**1943**	**3205**	**14879**
西峰区	298806	149971	148835	5148	1943	3205	14879
定西市	**187847**	**90270**	**97577**	**6417**	**1550**	**4867**	**10568**
安定区	187847	90270	97577	6417	1550	4867	10568
陇南市	**177012**	**86482**	**90530**	**9142**	**2822**	**6320**	**11783**
武都区	175510	85677	89833	8980	2776	6204	11709
康　县	1502	805	697	162	46	116	74
临夏回族自治州	**297608**	**147849**	**149759**	**12309**	**3905**	**8404**	**16008**
临夏市	289340	143781	145559	11814	3742	8072	15453
临夏县	8268	4068	4200	495	163	332	555
甘南藏族自治州	**69876**	**34104**	**35772**	**3028**	**924**	**2104**	**2689**
合作市	69876	34104	35772	3028	924	2104	2689

受教育程度的 3 岁及以上人口（城市）

单位：人

学前教育		小学			初中		
男	女	小计	男	女	小计	男	女
133632	**123004**	**1145424**	**522996**	**622428**	**1839813**	**941984**	**897829**
42378	**39576**	**372219**	**175359**	**196860**	**692380**	**366905**	**325475**
20951	19462	177505	84123	93382	349265	186619	162646
8114	7564	80025	37786	42239	135586	71659	63927
5204	4990	48478	21819	26659	100831	52089	48742
6617	6122	47183	22363	24820	78303	41482	36821
1492	1438	19028	9268	9760	28395	15056	13339
6134	**5628**	**44615**	**18737**	**25878**	**74231**	**36297**	**37934**
6134	5628	44615	18737	25878	74231	36297	37934
4466	**3928**	**37628**	**17341**	**20287**	**66225**	**34183**	**32042**
4466	3928	37628	17341	20287	66225	34183	32042
8542	**7916**	**70962**	**31592**	**39370**	**122954**	**62567**	**60387**
5575	5165	45298	20167	25131	84468	42677	41791
2941	2710	25210	11197	14013	37656	19357	18299
26	41	454	228	226	830	533	297
12544	**11708**	**131576**	**60940**	**70636**	**191577**	**96966**	**94611**
7125	6515	73722	34319	39403	102419	51227	51192
5419	5193	57854	26621	31233	89158	45739	43419
8047	**7125**	**65409**	**28471**	**36938**	**108691**	**52836**	**55855**
8047	7125	65409	28471	36938	108691	52836	55855
5209	**4424**	**39009**	**17359**	**21650**	**68282**	**33022**	**35260**
5201	4420	38788	17268	21520	68151	32958	35193
8	4	221	91	130	131	64	67
8677	**7946**	**74006**	**32751**	**41255**	**120626**	**59885**	**60741**
6795	6153	57395	25528	31867	100161	49709	50452
1882	1793	16611	7223	9388	20465	10176	10289
8390	**8071**	**67852**	**29609**	**38243**	**124927**	**62753**	**62174**
5593	5458	45205	19686	25519	80086	39831	40255
1036	951	8862	3868	4994	14326	7496	6830
1761	1662	13785	6055	7730	30515	15426	15089
8028	**6851**	**51605**	**24218**	**27387**	**91730**	**44821**	**46909**
8028	6851	51605	24218	27387	91730	44821	46909
5442	**5126**	**37800**	**16818**	**20982**	**46765**	**23201**	**23564**
5442	5126	37800	16818	20982	46765	23201	23564
6115	**5668**	**44999**	**20994**	**24005**	**50923**	**25278**	**25645**
6071	5638	44385	20658	23727	50480	25018	25462
44	30	614	336	278	443	260	183
8309	**7699**	**93911**	**42252**	**51659**	**70402**	**37847**	**32555**
8023	7430	90166	40563	49603	68621	36886	31735
286	269	3745	1689	2056	1781	961	820
1351	**1338**	**13833**	**6555**	**7278**	**10100**	**5423**	**4677**
1351	1338	13833	6555	7278	10100	5423	4677

1-6a 各地区分性别、

地区	高中			大学专科			
	小计	男	女	小计	男	女	小计
合计	**1453565**	**758613**	**694952**	**992444**	**520117**	**472327**	**903709**
兰州市	**615790**	**314303**	**301487**	**432724**	**224965**	**207759**	**472701**
城关区	312724	159843	152881	224738	114385	110353	232823
七里河区	124136	63639	60497	82953	43327	39626	79859
西固区	83531	42913	40618	53183	29437	23746	37078
安宁区	78845	38795	40050	60985	32116	28869	116991
红古区	16554	9113	7441	10865	5700	5165	5950
嘉峪关市	**63186**	**33362**	**29824**	**52493**	**31487**	**21006**	**30917**
市辖区	63186	33362	29824	52493	31487	21006	30917
金昌市	**48250**	**26026**	**22224**	**33282**	**18135**	**15147**	**25790**
金川区	48250	26026	22224	33282	18135	15147	25790
白银市	**95763**	**52006**	**43757**	**59706**	**31564**	**28142**	**41739**
白银区	69787	37767	32020	44675	23709	20966	31722
平川区	25768	14084	11684	14913	7786	7127	9990
靖远县	208	155	53	118	69	49	27
天水市	**127946**	**66700**	**61246**	**79160**	**42643**	**36517**	**64553**
秦州区	75492	38585	36907	46993	24927	22066	47390
麦积区	52454	28115	24339	32167	17716	14451	17163
武威市	**85746**	**47094**	**38652**	**54910**	**28562**	**26348**	**37038**
凉州区	85746	47094	38652	54910	28562	26348	37038
张掖市	**56488**	**28724**	**27764**	**35387**	**18663**	**16724**	**39250**
甘州区	56402	28672	27730	35314	18617	16697	39200
肃南裕固族自治县	86	52	34	73	46	27	50
平凉市	**77108**	**40822**	**36286**	**51023**	**25962**	**25061**	**37079**
崆峒区	62448	32848	29600	39822	19874	19948	28866
华亭市	14660	7974	6686	11201	6088	5113	8213
酒泉市	**95777**	**50544**	**45233**	**68463**	**35818**	**32645**	**45290**
肃州区	68107	35625	32482	51290	26791	24499	32844
玉门市	9857	5424	4433	6060	3240	2820	4976
敦煌市	17813	9495	8318	11113	5787	5326	7470
庆阳市	**67461**	**35268**	**32193**	**37193**	**19365**	**17828**	**29332**
西峰区	67461	35268	32193	37193	19365	17828	29332
定西市	**34151**	**17981**	**16170**	**28322**	**12775**	**15547**	**22858**
安定区	34151	17981	16170	28322	12775	15547	22858
陇南市	**26182**	**13551**	**12631**	**19424**	**9968**	**9456**	**14079**
武都区	26068	13471	12597	19351	9936	9415	14057
康　县	114	80	34	73	32	41	22
临夏回族自治州	**48561**	**26548**	**22013**	**31719**	**15749**	**15970**	**23821**
临夏市	47815	26111	21704	31186	15460	15726	23415
临夏县	746	437	309	533	289	244	406
甘南藏族自治州	**11156**	**5684**	**5472**	**8638**	**4461**	**4177**	**19262**
合作市	11156	5684	5472	8638	4461	4177	19262

受教育程度的3岁及以上人口（城市）（续）

单位：人

大学本科		硕士研究生			博士研究生		
男	女	小计	男	女	小计	男	女
467520	**436189**	**84750**	**40569**	**44181**	**11981**	**7461**	**4520**
240543	**232158**	**67018**	**31473**	**35545**	**10510**	**6608**	**3902**
116535	116288	34905	16597	18308	6192	3938	2254
43233	36626	8358	4358	4000	1155	759	396
19115	17963	2544	1197	1347	231	130	101
58510	58481	20995	9233	11762	2922	1779	1143
3150	2800	216	88	128	10	2	8
17573	**13344**	**1275**	**767**	**508**	**100**	**59**	**41**
17573	13344	1275	767	508	100	59	41
14358	**11432**	**1637**	**943**	**694**	**88**	**59**	**29**
14358	11432	1637	943	694	88	59	29
22342	**19397**	**1392**	**696**	**696**	**148**	**75**	**73**
17146	14576	1184	588	596	126	63	63
5184	4806	207	107	100	22	12	10
12	15	1	1				
32355	**32198**	**2890**	**1242**	**1648**	**267**	**154**	**113**
23146	24244	2390	1007	1383	233	140	93
9209	7954	500	235	265	34	14	20
20721	**16317**	**1423**	**740**	**683**	**109**	**74**	**35**
20721	16317	1423	740	683	109	74	35
19869	**19381**	**1562**	**762**	**800**	**215**	**120**	**95**
19846	19354	1561	762	799	215	120	95
23	27	1		1			
18911	**18168**	**1269**	**628**	**641**	**110**	**65**	**45**
14445	14421	1069	500	569	102	59	43
4466	3747	200	128	72	8	6	2
23963	**21327**	**1642**	**850**	**792**	**125**	**70**	**55**
17574	15270	1315	692	623	96	53	43
2664	2312	85	49	36	6	3	3
3725	3745	242	109	133	23	14	9
15554	**13778**	**1374**	**732**	**642**	**84**	**42**	**42**
15554	13778	1374	732	642	84	42	42
12047	**10811**	**876**	**418**	**458**	**90**	**38**	**52**
12047	10811	876	418	458	90	38	52
7492	**6587**	**449**	**237**	**212**	**31**	**25**	**6**
7485	6572	449	237	212	31	25	6
7	15						
12766	**11055**	**826**	**442**	**384**	**51**	**31**	**20**
12527	10888	819	438	381	51	31	20
239	167	7	4	3			
9026	**10236**	**1117**	**639**	**478**	**53**	**41**	**12**
9026	10236	1117	639	478	53	41	12

1-6b　各地区分性别、

地区	3岁及以上人口			未上过学			
	合计	男	女	小计	男	女	小计
合计	**5741803**	**2870143**	**2871660**	**298915**	**87702**	**211213**	**286219**
兰州市	**710068**	**362844**	**347224**	**22505**	**5266**	**17239**	**25060**
城关区	21678	11266	10412	495	168	327	853
七里河区	60777	33826	26951	2205	682	1523	1827
西固区	20852	10659	10193	565	116	449	435
安宁区							
红古区	16460	8454	8006	1013	243	770	404
永登县	134787	66913	67874	8112	1512	6600	5079
皋兰县	68192	36124	32068	1615	454	1161	2843
榆中县	225893	111318	114575	5024	1280	3744	7879
兰州新区	161429	84284	77145	3476	811	2665	5740
嘉峪关市	**3606**	**1972**	**1634**	**135**	**36**	**99**	**97**
市辖区	3606	1972	1634	135	36	99	97
金昌市	**99169**	**50500**	**48669**	**3068**	**690**	**2378**	**3257**
金川区	960	534	426	70	24	46	88
永昌县	98209	49966	48243	2998	666	2332	3169
白银市	**405808**	**201947**	**203861**	**10496**	**2932**	**7564**	**21082**
白银区	2484	1288	1196	67	13	54	50
平川区	19387	10565	8822	925	266	659	810
靖远县	139999	70146	69853	4498	1131	3367	6818
会宁县	136258	65915	70343	2500	819	1681	8043
景泰县	107680	54033	53647	2506	703	1803	5361
天水市	**676256**	**335444**	**340812**	**38972**	**12019**	**26953**	**32688**
秦州区	46675	23439	23236	3686	1173	2513	2270
麦积区	45355	23015	22340	1627	523	1104	1641
清水县	75878	37281	38597	4942	1405	3537	4090
秦安县	135684	67219	68465	5792	1614	4178	5967
甘谷县	176909	87210	89699	10169	3351	6818	8499
武山县	125732	62671	63061	5801	1818	3983	6019
张家川回族自治县	70023	34609	35414	6955	2135	4820	4202
武威市	**285436**	**143960**	**141476**	**15201**	**3714**	**11487**	**10610**
凉州区	71700	36530	35170	3668	881	2787	2610
民勤县	69404	35660	33744	2043	574	1469	2199
古浪县	76711	38379	38332	4718	1209	3509	3245
天祝藏族自治县	67621	33391	34230	4772	1050	3722	2556
张掖市	**303634**	**151232**	**152402**	**10767**	**2709**	**8058**	**13243**
甘州区	13552	7144	6408	759	255	504	470
肃南裕固族自治县	10057	5058	4999	386	96	290	314
民乐县	86292	43281	43011	3434	684	2750	4201
临泽县	52413	26182	26231	1209	370	839	2420
高台县	61550	30240	31310	1045	268	777	2749
山丹县	79770	39327	40443	3934	1036	2898	3089
平凉市	**405846**	**197704**	**208142**	**23918**	**6086**	**17832**	**21848**
崆峒区	9146	4553	4593	909	245	664	316
泾川县	83408	40336	43072	3170	784	2386	4228
灵台县	51679	24552	27127	2046	493	1553	2840
崇信县	33786	16588	17198	1634	449	1185	1712
庄浪县	91514	45236	46278	4075	1154	2921	4749
静宁县	108362	51938	56424	9751	2331	7420	6817
华亭市	27951	14501	13450	2333	630	1703	1186

受教育程度的 3 岁及以上人口（镇）

单位：人

学前教育		小学			初中		
男	女	小计	男	女	小计	男	女
148774	**137445**	**1586064**	**727757**	**858307**	**1647078**	**863895**	**783183**
13021	**12039**	**131375**	**61173**	**70202**	**204681**	**112939**	**91742**
459	394	3388	1723	1665	5454	2987	2467
950	877	10859	5291	5568	16234	9029	7205
207	228	3722	1545	2177	8062	4311	3751
187	217	3717	1754	1963	6579	3590	2989
2634	2445	34897	15562	19335	46319	25119	21200
1479	1364	15448	7376	8072	23864	13239	10625
4054	3825	35396	16383	19013	61153	32997	28156
3051	2689	23948	11539	12409	37016	21667	15349
50	**47**	**1185**	**537**	**648**	**1627**	**988**	**639**
50	47	1185	537	648	1627	988	639
1684	**1573**	**25467**	**10648**	**14819**	**33382**	**17797**	**15585**
49	39	288	137	151	382	232	150
1635	1534	25179	10511	14668	33000	17565	15435
11032	**10050**	**106624**	**46650**	**59974**	**121980**	**63148**	**58832**
28	22	705	298	407	961	510	451
409	401	5345	2429	2916	7961	4760	3201
3564	3254	36936	16404	20532	42658	22669	19989
4184	3859	38842	16646	22196	36494	17963	18531
2847	2514	24796	10873	13923	33906	17246	16660
16828	**15860**	**198166**	**93326**	**104840**	**210036**	**107749**	**102287**
1118	1152	18506	8735	9771	16686	9125	7561
807	834	12543	5546	6997	16188	8538	7650
2170	1920	22149	10180	11969	18713	9677	9036
3081	2886	32459	14929	17530	46032	23288	22744
4395	4104	54132	25797	28335	56568	28298	28270
3108	2911	35807	17121	18686	40451	20715	19736
2149	2053	22570	11018	11552	15398	8108	7290
5539	**5071**	**74077**	**31535**	**42542**	**81237**	**43121**	**38116**
1361	1249	20603	8570	12033	25480	13795	11685
1143	1056	12252	5129	7123	18371	9113	9258
1709	1536	21243	9105	12138	20645	11117	9528
1326	1230	19979	8731	11248	16741	9096	7645
7010	**6233**	**84792**	**35982**	**48810**	**97866**	**50272**	**47594**
239	231	5065	2446	2619	5359	2996	2363
165	149	2909	1311	1598	2154	1078	1076
2265	1936	28667	12225	16442	24094	13011	11083
1262	1158	12214	5113	7101	16281	8003	8278
1437	1312	15816	6226	9590	20568	10125	10443
1642	1447	20121	8661	11460	29410	15059	14351
11411	**10437**	**112066**	**49788**	**62278**	**110832**	**55163**	**55669**
160	156	2811	1312	1499	3086	1748	1338
2186	2042	21848	9545	12303	26726	12683	14043
1504	1336	12274	4964	7310	15491	7052	8439
909	803	8268	3618	4650	9137	4532	4605
2492	2257	28839	12575	16264	19872	10267	9605
3573	3244	28063	13037	15026	27596	13806	13790
587	599	9963	4737	5226	8924	5075	3849

1–6b 各地区分性别、

地区	3岁及以上人口			未上过学			
	合计	男	女	小计	男	女	小计
酒泉市	**225412**	**120812**	**104600**	**8559**	**2444**	**6115**	**7064**
肃州区	19514	9940	9574	1815	555	1260	548
金塔县	59495	33753	25742	1719	447	1272	1710
瓜州县	49745	25456	24289	1928	592	1336	2036
肃北蒙古族自治县	9623	5025	4598	310	90	220	302
阿克塞哈萨克族自治县	9834	5239	4595	254	85	169	450
玉门市	37433	21849	15584	1488	415	1073	834
敦煌市	39768	19550	20218	1045	260	785	1184
庆阳市	**579467**	**291227**	**288240**	**21820**	**6806**	**15014**	**31136**
西峰区	7566	3794	3772	168	56	112	428
庆城县	91716	46914	44802	2366	834	1532	4914
环　县	105802	53768	52034	4252	1453	2799	5859
华池县	48018	24223	23795	2322	754	1568	2751
合水县	51655	25929	25726	1741	568	1173	2948
正宁县	68668	34131	34537	4213	1090	3123	3923
宁　县	105118	52393	52725	4161	1195	2966	5175
镇原县	100924	50075	50849	2597	856	1741	5138
定西市	**738371**	**362382**	**375989**	**27370**	**7403**	**19967**	**45710**
安定区	24402	12490	11912	2048	491	1557	1282
通渭县	83527	42014	41513	2151	630	1521	5469
陇西县	209380	102873	106507	5255	1467	3788	12714
渭源县	75643	37434	38209	3178	859	2319	4421
临洮县	180564	86770	93794	4124	1078	3046	11355
漳　县	54042	26271	27771	2326	615	1711	4060
岷　县	110813	54530	56283	8288	2263	6025	6409
陇南市	**658437**	**324671**	**333766**	**48755**	**15426**	**33329**	**34258**
武都区	57637	28034	29603	7682	2415	5267	3467
成　县	116397	56470	59927	3905	1269	2636	6224
文　县	61067	29582	31485	4369	1258	3111	3598
宕昌县	66867	33235	33632	8402	2997	5405	3236
康　县	45843	22461	23382	3231	1031	2200	2329
西和县	94117	47126	46991	6957	1906	5051	4470
礼　县	123300	62543	60757	10748	3480	7268	6156
徽　县	75884	36666	39218	2784	868	1916	4028
两当县	17325	8554	8771	677	202	475	750
临夏回族自治州	**439406**	**218010**	**221396**	**48490**	**15577**	**32913**	**30000**
临夏市	11881	6253	5628	1341	436	905	769
临夏县	40409	19945	20464	4361	1354	3007	2592
康乐县	55745	27822	27923	4477	1073	3404	4115
永靖县	90579	44191	46388	2627	702	1925	4634
广河县	84069	41599	42470	12804	4117	8687	6115
和政县	54002	26722	27280	7158	2294	4864	3594
东乡族自治县	52837	26453	26384	11437	4268	7169	4709
积石山保安族东乡族撒拉族自治县	49884	25025	24859	4285	1333	2952	3472
甘南藏族自治州	**210887**	**107438**	**103449**	**18859**	**6594**	**12265**	**10166**
合作市	3209	1659	1550	385	129	256	148
临潭县	45691	22586	23105	2774	736	2038	2461
卓尼县	31826	16243	15583	1377	426	951	1654
舟曲县	38174	18883	19291	3449	1008	2441	1993
迭部县	19078	9631	9447	1530	460	1070	823
玛曲县	30484	16013	14471	6181	2592	3589	1137
碌曲县	15643	8098	7545	1505	481	1024	779
夏河县	26782	14325	12457	1658	762	896	1171

受教育程度的 3 岁及以上人口（镇）（续 1）

单位：人

学前教育		小学			初中		
男	女	小计	男	女	小计	男	女
3595	**3469**	**53943**	**25679**	**28264**	**76903**	**43087**	**33816**
268	280	6254	2875	3379	7737	4228	3509
884	826	14316	7463	6853	21599	12427	9172
1056	980	11229	4950	6279	14724	7848	6876
163	139	2158	948	1210	2130	1195	935
221	229	2143	1026	1117	2329	1306	1023
394	440	11250	5502	5748	15839	9930	5909
609	575	6593	2915	3678	12545	6153	6392
16443	**14693**	**165993**	**75233**	**90760**	**184424**	**94499**	**89925**
239	189	2601	1181	1420	3072	1526	1546
2595	2319	26138	12168	13970	31332	16174	15158
3122	2737	31484	14428	17056	30020	16001	14019
1508	1243	14524	6701	7823	12750	6670	6080
1550	1398	14209	6433	7776	16023	8056	7967
2048	1875	18486	8530	9956	22280	11282	10998
2697	2478	29514	13108	16406	37588	19159	18429
2684	2454	29037	12684	16353	31359	15631	15728
23845	**21865**	**208294**	**93076**	**115218**	**214315**	**109382**	**104933**
669	613	8771	4082	4689	8077	4650	3427
2871	2598	22780	9917	12863	23011	11811	11200
6670	6044	58026	25600	32426	65427	32925	32502
2260	2161	20366	9166	11200	21798	11192	10606
5891	5464	47428	20548	26880	54423	26810	27613
2178	1882	15718	7139	8579	14511	7202	7309
3306	3103	35205	16624	18581	27068	14792	12276
17555	**16703**	**180804**	**87311**	**93493**	**188107**	**97133**	**90974**
1775	1692	20414	10094	10320	17292	9225	8067
3309	2915	26477	12677	13800	37905	19170	18735
1737	1861	15143	7084	8059	17713	8834	8879
1675	1561	21792	10766	11026	14559	7975	6584
1149	1180	12791	6066	6725	10916	5592	5324
2299	2171	25074	12322	12752	27881	14430	13451
3176	2980	36836	18178	18658	33663	18286	15377
2058	1970	18352	8311	10041	23377	11266	12111
377	373	3925	1813	2112	4801	2355	2446
15513	**14487**	**165370**	**78652**	**86718**	**89455**	**49928**	**39527**
426	343	5844	3007	2837	2974	1848	1126
1343	1249	18721	8994	9727	9085	5130	3955
2173	1942	17619	8316	9303	11967	6347	5620
2373	2261	27078	11789	15289	21807	11443	10364
3115	3000	36935	17640	19295	14307	8531	5776
1890	1704	16817	8157	8660	11424	6272	5152
2373	2336	23542	11963	11579	8784	5222	3562
1820	1652	18814	8786	10028	9107	5135	3972
5248	**4918**	**77908**	**38167**	**39741**	**32233**	**18689**	**13544**
75	73	2019	1091	928	435	258	177
1294	1167	19618	8947	10671	7675	4414	3261
863	791	11388	5360	6028	4349	2495	1854
992	1001	11391	5275	6116	6459	3533	2926
432	391	5383	2607	2776	2671	1496	1175
584	553	10632	5753	4879	4053	2438	1615
398	381	5255	2668	2587	2167	1459	708
610	561	12222	6466	5756	4424	2596	1828

1-6b　各地区分性别、

地区	高中			大学专科			
	小计	男	女	小计	男	女	小计
合计	**910649**	**501487**	**409162**	**534601**	**285196**	**249405**	**465167**
兰州市	**117386**	**64629**	**52757**	**87467**	**42493**	**44974**	**116711**
城关区	4399	2305	2094	2847	1438	1409	3617
七里河区	7679	4138	3541	4793	2464	2329	15213
西固区	5096	2785	2311	1634	941	693	1257
安宁区							
红古区	3094	1722	1372	1149	669	480	482
永登县	24293	13682	10611	8769	4689	4080	7126
皋兰县	12612	7339	5273	6541	3595	2946	5087
榆中县	34418	18110	16308	18777	9529	9248	62477
兰州新区	25795	14548	11247	42957	19168	23789	21452
嘉峪关市	**345**	**219**	**126**	**157**	**109**	**48**	**59**
市辖区	345	219	126	157	109	48	59
金昌市	**16691**	**9816**	**6875**	**10132**	**5825**	**4307**	**6993**
金川区	34	28	6	50	35	15	47
永昌县	16657	9788	6869	10082	5790	4292	6946
白银市	**75137**	**41249**	**33888**	**37876**	**20097**	**17779**	**31850**
白银区	506	322	184	108	67	41	83
平川区	2448	1591	857	1309	792	517	564
靖远县	25205	13851	11354	12667	6761	5906	10989
会宁县	26641	13924	12717	12707	6531	6176	10792
景泰县	20337	11561	8776	11085	5946	5139	9422
天水市	**105825**	**56461**	**49364**	**49192**	**26579**	**22613**	**40428**
秦州区	3256	1977	1279	1450	876	574	795
麦积区	7858	4420	3438	3402	1952	1450	2048
清水县	14238	7411	6827	5805	3196	2609	5834
秦安县	25334	13533	11801	9754	5289	4465	10050
甘谷县	26716	14238	12478	12199	6505	5694	8438
武山县	18873	9811	9062	10876	5700	5176	7719
张家川回族自治县	9550	5071	4479	5706	3061	2645	5544
武威市	**53563**	**31446**	**22117**	**29536**	**16932**	**12604**	**20675**
凉州区	11389	6946	4443	6349	4007	2342	1522
民勤县	17975	10556	7419	9423	5306	4117	6983
古浪县	13868	7996	5872	6917	3789	3128	5959
天祝藏族自治县	10331	5948	4383	6847	3830	3017	6211
张掖市	**48126**	**27929**	**20197**	**26393**	**15069**	**11324**	**21966**
甘州区	1257	832	425	443	267	176	192
肃南裕固族自治县	1474	812	662	1289	762	527	1479
民乐县	13719	8070	5649	7003	4041	2962	5062
临泽县	10306	5826	4480	5156	3010	2146	4747
高台县	9396	5437	3959	6087	3546	2541	5779
山丹县	11974	6952	5022	6415	3443	2972	4707
平凉市	**67115**	**37153**	**29962**	**34643**	**18869**	**15774**	**34663**
崆峒区	1533	829	704	321	172	149	163
泾川县	14036	7955	6081	6720	3647	3073	6564
灵台县	9236	5063	4173	4740	2647	2093	4972
崇信县	5626	3122	2504	3708	2008	1700	3631
庄浪县	15089	8224	6865	8755	4816	3939	9964
静宁县	18461	9915	8546	8821	4647	4174	8559
华亭市	3134	2045	1089	1578	932	646	810

受教育程度的3岁及以上人口（镇）（续2）

单位：人

大学本科		硕士研究生			博士研究生		
男	女	小计	男	女	小计	男	女
248399	**216768**	**12245**	**6395**	**5850**	**865**	**538**	**327**
60646	**56065**	**4616**	**2500**	**2116**	**267**	**177**	**90**
1861	1756	567	283	284	58	42	16
10008	5205	1875	1202	673	92	62	30
714	543	72	36	36	9	4	5
279	203	19	8	11	3	2	1
3618	3508	177	88	89	15	9	6
2556	2531	168	75	93	14	11	3
28636	33841	718	300	418	51	29	22
12974	8478	1020	508	512	25	18	7
33	**26**	**1**		**1**			
33	26	1		1			
3958	**3035**	**156**	**69**	**87**	**23**	**13**	**10**
28	19	1	1				
3930	3016	155	68	87	23	13	10
16491	**15359**	**694**	**308**	**386**	**69**	**40**	**29**
48	35	3	2	1	1		1
311	253	22	6	16	3	1	2
5675	5314	212	81	131	16	10	6
5727	5065	216	106	110	23	15	8
4730	4692	241	113	128	26	14	12
22013	**18415**	**889**	**432**	**457**	**60**	**37**	**23**
423	372	23	9	14	3	3	
1204	844	47	25	22	1		1
3190	2644	106	51	55	1	1	
5349	4701	277	125	152	19	11	8
4535	3903	165	78	87	23	13	10
4299	3420	176	92	84	10	7	3
3013	2531	95	52	43	3	2	1
11404	**9271**	**474**	**235**	**239**	**63**	**34**	**29**
929	593	69	35	34	10	6	4
3759	3224	140	69	71	18	11	7
3396	2563	103	51	52	13	7	6
3320	2891	162	80	82	22	10	12
12030	**9936**	**442**	**210**	**232**	**39**	**21**	**18**
104	88	6	4	2	1	1	
811	668	50	22	28	2	1	1
2933	2129	102	49	53	10	3	7
2549	2198	73	45	28	7	4	3
3152	2627	99	42	57	11	7	4
2481	2226	112	48	64	8	5	3
18826	**15837**	**712**	**375**	**337**	**49**	**33**	**16**
83	80	5	2	3	2	2	
3473	3091	110	60	50	6	3	3
2781	2191	77	46	31	3	2	1
1906	1725	65	40	25	5	4	1
5615	4349	161	85	76	10	8	2
4487	4072	272	129	143	22	13	9
481	329	22	13	9	1	1	

1-6b 各地区分性别、

地区	高中			大学专科			
	小计	男	女	小计	男	女	小计
酒泉市	**33689**	**20084**	**13605**	**25495**	**15074**	**10421**	**19222**
肃州区	2228	1495	733	633	362	271	283
金塔县	8742	5385	3357	7459	4820	2639	3880
瓜州县	9352	5342	4010	5987	3347	2640	4413
肃北蒙古族自治县	1244	752	492	1645	961	684	1797
阿克塞哈萨克族自治县	1186	706	480	1700	1023	677	1736
玉门市	4419	3195	1224	2415	1640	775	1158
敦煌市	6518	3209	3309	5656	2921	2735	5955
庆阳市	**93761**	**53036**	**40725**	**44497**	**24642**	**19855**	**37068**
西峰区	896	560	336	268	157	111	129
庆城县	14303	8208	6095	6871	3765	3106	5666
环　县	18307	10254	8053	8099	4383	3716	7651
华池县	7500	4207	3293	4215	2342	1873	3879
合水县	8609	4818	3791	4762	2684	2078	3289
正宁县	9790	5648	4142	5709	3160	2549	4180
宁　县	16009	9092	6917	7202	4112	3090	5355
镇原县	18347	10249	8098	7371	4039	3332	6919
定西市	**122906**	**65474**	**57432**	**60353**	**31968**	**28385**	**58173**
安定区	2646	1706	940	1009	582	427	547
通渭县	14222	7974	6248	7698	4253	3445	8007
陇西县	33512	18041	15471	17410	9123	8287	16630
渭源县	12146	6580	5566	6765	3677	3088	6856
临洮县	35658	18651	17007	13910	7062	6848	13364
漳　县	8669	4480	4189	4419	2364	2055	4289
岷　县	16053	8042	8011	9142	4907	4235	8480
陇南市	**99566**	**51650**	**47916**	**69466**	**35747**	**33719**	**36478**
武都区	5940	3021	2919	1847	983	864	975
成　县	17896	9034	8862	16084	6967	9117	7481
文　县	9147	4774	4373	6838	3640	3198	4190
宕昌县	8679	4499	4180	6823	3583	3240	3315
康　县	7928	3905	4023	5214	2888	2326	3357
西和县	14482	7859	6623	9807	5290	4517	5335
礼　县	18833	9955	8878	12361	6767	5594	4636
徽　县	13371	6864	6507	8261	4368	3893	5576
两当县	3290	1739	1551	2231	1261	970	1613
临夏回族自治州	**51618**	**28825**	**22793**	**30650**	**16366**	**14284**	**23316**
临夏市	630	376	254	191	85	106	130
临夏县	4315	2416	1899	937	506	431	387
康乐县	6885	3754	3131	6374	3561	2813	4250
永靖县	16339	8667	7672	9618	4861	4757	8202
广河县	6780	4114	2666	3773	2091	1682	3303
和政县	6873	3841	3032	4606	2422	2184	3480
东乡族自治县	2686	1635	1051	1010	576	434	660
积石山保安族东乡族撒拉族自治县	7110	4022	3088	4141	2264	1877	2904
甘南藏族自治州	**24921**	**13516**	**11405**	**28744**	**15426**	**13318**	**17565**
合作市	78	42	36	68	30	38	69
临潭县	4777	2705	2072	4665	2472	2193	3646
卓尼县	4317	2335	1982	5334	2899	2435	3342
舟曲县	5947	3212	2735	5814	3114	2700	3046
迭部县	2792	1498	1294	3603	1930	1673	2225
玛曲县	2817	1464	1353	3635	2051	1584	1956
碌曲县	1911	981	930	2016	1064	952	1925
夏河县	2282	1279	1003	3609	1866	1743	1356

受教育程度的3岁及以上人口（镇）（续3）

单位：人

大学本科		硕士研究生			博士研究生		
男	女	小计	男	女	小计	男	女
10536	**8686**	**512**	**295**	**217**	**25**	**18**	**7**
146	137	14	9	5	2	2	
2292	1588	68	34	34	2	1	1
2279	2134	73	40	33	3	2	1
903	894	33	10	23	4	3	1
851	885	36	21	15			
752	406	29	20	9	1	1	
3313	2642	259	161	98	13	9	4
20144	**16924**	**708**	**382**	**326**	**60**	**42**	**18**
72	57	4	3	1			
3107	2559	115	58	57	11	5	6
4070	3581	122	55	67	8	2	6
1995	1884	76	45	31	1	1	
1775	1514	66	38	28	8	7	1
2318	1862	76	46	30	11	9	2
2963	2392	104	58	46	10	9	1
3844	3075	145	79	66	11	9	2
30640	**27533**	**1134**	**527**	**607**	**116**	**67**	**49**
301	246	16	6	10	6	3	3
4456	3551	167	88	79	22	14	8
8847	7783	377	182	195	29	18	11
3648	3208	100	44	56	13	8	5
6609	6755	279	112	167	23	9	14
2270	2019	42	18	24	8	5	3
4509	3971	153	77	76	15	10	5
19310	**17168**	**949**	**504**	**445**	**54**	**35**	**19**
512	463	19	8	11	1	1	
3826	3655	403	205	198	22	13	9
2215	1975	65	36	29	4	4	
1699	1616	59	39	20	2	2	
1779	1578	74	48	26	3	3	
2955	2380	104	61	43	7	4	3
2665	1971	65	35	30	2	1	1
2866	2710	125	60	65	10	5	5
793	820	35	12	23	3	2	1
12877	**10439**	**481**	**257**	**224**	**26**	**15**	**11**
74	56	2	1	1			
196	191	11	6	5			
2565	1685	55	32	23	3	1	2
4217	3985	261	132	129	13	7	6
1958	1345	46	29	17	6	4	2
1815	1665	48	29	19	2	2	
412	248	9	4	5			
1640	1264	49	24	25	2	1	1
9491	**8074**	**477**	**301**	**176**	**14**	**6**	**8**
31	38	7	3	4			
1979	1667	73	38	35	2	1	1
1823	1519	65	42	23			
1700	1346	72	47	25	3	2	1
1179	1046	50	29	21	1		1
1080	876	70	51	19	3		3
986	939	84	60	24	1	1	
713	643	56	31	25	4	2	2

1-6c 各地区分性别、

地区	3岁及以上人口			未上过学			
	合计	男	女	小计	男	女	小计
合计	**11526270**	**5925712**	**5600558**	**1464699**	**447949**	**1016750**	**464530**
兰州市	**714170**	**389822**	**324348**	**49669**	**12372**	**37297**	**22118**
城关区	17723	10428	7295	596	188	408	599
七里河区	85058	46914	38144	4784	1479	3305	2557
西固区	32350	17344	15006	1673	449	1224	820
安宁区							
红古区	33425	17767	15658	2560	566	1994	1135
永登县	142626	74394	68232	16512	3557	12955	4348
皋兰县	52972	29946	23026	3125	806	2319	1214
榆中县	233285	124143	109142	15118	3873	11245	7123
兰州新区	116731	68886	47845	5301	1454	3847	4322
嘉峪关市	**17122**	**9470**	**7652**	**375**	**140**	**235**	**409**
市辖区	17122	9470	7652	375	140	235	409
金昌市	**97322**	**51120**	**46202**	**8804**	**2356**	**6448**	**2234**
金川区	22110	11856	10254	2227	563	1664	297
永昌县	75212	39264	35948	6577	1793	4784	1937
白银市	**634394**	**329281**	**305113**	**46530**	**11804**	**34726**	**21428**
白银区	30331	16354	13977	1940	539	1401	713
平川区	51181	26851	24330	4774	1227	3547	1864
靖远县	217540	112860	104680	14630	3453	11177	8472
会宁县	250843	128814	122029	19950	5185	14765	7887
景泰县	84499	44402	40097	5236	1400	3836	2492
天水市	**1566317**	**791526**	**774791**	**198117**	**58906**	**139211**	**62361**
秦州区	217818	112708	105110	24906	7465	17441	8646
麦积区	226291	116628	109663	16261	4592	11669	8550
清水县	155307	78727	76580	20324	5855	14469	6785
秦安县	267848	136598	131250	35809	9917	25892	7552
甘谷县	311878	154765	157113	42958	12386	30572	11907
武山县	225095	112348	112747	26272	8736	17536	9452
张家川回族自治县	162080	79752	82328	31587	9955	21632	9469
武威市	**753294**	**382109**	**371185**	**73374**	**17864**	**55510**	**24958**
凉州区	404123	204471	199652	30996	7817	23179	15472
民勤县	104818	53447	51371	9587	2108	7479	1193
古浪县	165652	82703	82949	19247	4356	14891	5944
天祝藏族自治县	78701	41488	37213	13544	3583	9961	2349
张掖市	**535732**	**275257**	**260475**	**36457**	**10349**	**26108**	**16528**
甘州区	233571	120392	113179	15768	4752	11016	7735
肃南裕固族自治县	16386	8809	7577	979	270	709	474
民乐县	99970	51618	48352	7491	1964	5527	3146
临泽县	60091	30407	29684	3845	1109	2736	1951
高台县	60133	30440	29693	2821	947	1874	1239
山丹县	65581	33591	31990	5553	1307	4246	1983
平凉市	**989139**	**503170**	**485969**	**150382**	**42728**	**107654**	**33138**
崆峒区	165860	85096	80764	26852	8027	18825	6011
泾川县	131002	65838	65164	9970	2412	7558	5026
灵台县	99537	51665	47872	12355	2745	9610	3357
崇信县	45395	24388	21007	4495	1353	3142	1519
庄浪县	232365	114553	117812	24719	7069	17650	8569
静宁县	245203	125395	119808	61016	17668	43348	6559
华亭市	69777	36235	33542	10975	3454	7521	2097

受教育程度的 3 岁及以上人口（乡村）

单位：人

学前教育		小学			初中		
男	女	小计	男	女	小计	男	女
236890	**227640**	**4726417**	**2290518**	**2435899**	**3374333**	**2033791**	**1340542**
11362	**10756**	**220576**	**107113**	**113463**	**284904**	**175889**	**109015**
311	288	3938	2181	1757	8701	5551	3150
1364	1193	24546	12824	11722	36440	21966	14474
426	394	8208	3887	4321	14801	8654	6147
567	568	8921	4309	4612	14084	8209	5875
2144	2204	52178	24485	27693	51846	32724	19122
632	582	16386	7983	8403	21364	13639	7725
3639	3484	76542	36335	40207	95015	57431	37584
2279	2043	29857	15109	14748	42653	27715	14938
222	**187**	**5347**	**2415**	**2932**	**8025**	**4778**	**3247**
222	187	5347	2415	2932	8025	4778	3247
1010	**1224**	**40012**	**18076**	**21936**	**31009**	**19378**	**11631**
152	145	8114	3786	4328	8258	5165	3093
858	1079	31898	14290	17608	22751	14213	8538
10973	**10455**	**256785**	**115340**	**141445**	**203845**	**125611**	**78234**
368	345	8705	4005	4700	11009	6350	4659
973	891	17600	8201	9399	18303	11078	7225
4417	4055	83739	37100	46639	76819	46913	29906
3933	3954	114340	51686	62654	68247	43326	24921
1282	1210	32401	14348	18053	29467	17944	11523
31664	**30697**	**630944**	**304466**	**326478**	**482916**	**282229**	**200687**
4386	4260	94076	47394	46682	67742	40146	27596
4351	4199	89673	41708	47965	83357	48718	34639
3449	3336	66724	32375	34349	45182	27245	17937
3920	3632	93956	43825	50131	91307	55119	36188
6006	5901	121146	57967	63179	90944	52078	38866
4803	4649	98080	47284	50796	65295	36383	28912
4749	4720	67289	33913	33376	39089	22540	16549
12858	**12100**	**278714**	**119715**	**158999**	**266851**	**159581**	**107270**
7999	7473	143572	58550	85022	161989	95153	66836
593	600	33025	13138	19887	40027	22937	17090
3063	2881	66522	29186	37336	47363	29748	17615
1203	1146	35595	18841	16754	17472	11743	5729
8556	**7972**	**209455**	**92662**	**116793**	**185048**	**108521**	**76527**
4018	3717	72612	32711	39901	91995	51343	40652
239	235	6663	3136	3527	4766	2971	1795
1692	1454	52605	23503	29102	25272	16865	8407
931	1020	27821	12092	15729	19090	11232	7858
650	589	28013	11427	16586	20926	12849	8077
1026	957	21741	9793	11948	22999	13261	9738
17021	**16117**	**392939**	**190574**	**202365**	**271266**	**165487**	**105779**
3045	2966	61829	31516	30313	53547	31945	21602
2562	2464	53217	23140	30077	45346	26510	18836
1767	1590	37230	17199	20031	31669	19867	11802
764	755	17166	8059	9107	13322	8028	5294
4439	4130	114841	52993	61848	51355	30780	20575
3396	3163	78122	42435	35687	57439	36643	20796
1048	1049	30534	15232	15302	18588	11714	6874

1-6c 各地区分性别、

地区	3岁及以上人口			未上过学			
	合计	男	女	小计	男	女	小计
酒泉市	**368491**	**192570**	**175921**	**31289**	**9415**	**21874**	**10654**
肃州区	125171	64214	60957	11052	3423	7629	3289
金塔县	59629	31060	28569	5170	1481	3689	1258
瓜州县	75267	39578	35689	9669	2837	6832	2832
肃北蒙古族自治县	5118	3929	1189	183	66	117	37
阿克塞哈萨克族自治县	731	565	166	12	10	2	2
玉门市	48437	25095	23342	2309	758	1551	1900
敦煌市	54138	28129	26009	2894	840	2054	1336
庆阳市	**1222784**	**628149**	**594635**	**104785**	**31068**	**73717**	**49451**
西峰区	188466	95406	93060	8005	2298	5707	7846
庆城县	135024	71118	63906	9989	3128	6861	5195
环　县	187518	99813	87705	25801	7758	18043	6478
华池县	66591	35612	30979	9726	3087	6639	2080
合水县	79014	41165	37849	7169	2246	4923	3483
正宁县	98269	50305	47964	11780	3399	8381	4704
宁　县	219540	109336	110204	16484	4595	11889	10051
镇原县	248362	125394	122968	15831	4557	11274	9614
定西市	**1503119**	**775849**	**727270**	**175307**	**51144**	**124163**	**60970**
安定区	193549	102305	91244	23010	5836	17174	6410
通渭县	228962	118814	110148	15771	4044	11727	6955
陇西县	201453	103224	98229	23534	6559	16975	7560
渭源县	192451	99530	92921	18486	5379	13107	7219
临洮县	281873	146165	135708	15525	4151	11374	11017
漳　县	106216	54488	51728	16206	4955	11251	5370
岷　县	298615	151323	147292	62775	20220	42555	16439
陇南市	**1484526**	**771351**	**713175**	**300414**	**100753**	**199661**	**59980**
武都区	292618	152512	140106	75078	25926	49152	11810
成　县	116085	60340	55745	12137	4233	7904	5333
文　县	128791	67465	61326	29686	9148	20538	4065
宕昌县	179750	93008	86742	41905	15715	26190	7548
康　县	109312	56881	52431	21118	7257	13861	4335
西和县	243784	124574	119210	46591	13879	32712	10981
礼　县	286179	148782	137397	59392	19293	40099	11535
徽　县	106985	56326	50659	11464	4159	7305	3721
两当县	21022	11463	9559	3043	1143	1900	652
临夏回族自治州	**1256296**	**630286**	**626010**	**225828**	**77935**	**147893**	**84805**
临夏市	38996	19780	19216	3537	1170	2367	2345
临夏县	257503	130045	127458	34581	11703	22878	14974
康乐县	186909	93115	93794	36571	11568	25003	13092
永靖县	82634	42934	39700	3973	1106	2867	3426
广河县	158531	78317	80214	33615	11413	22202	12444
和政县	138919	69693	69226	38861	13943	24918	8232
东乡族自治县	215695	106859	108836	47604	17555	30049	19060
积石山保安族东乡族撒拉族自治县	177109	89543	87566	27086	9477	17609	11232
甘南藏族自治州	**383564**	**195752**	**187812**	**63368**	**21115**	**42253**	**15496**
合作市	35091	18742	16349	5494	2042	3452	1556
临潭县	76559	39011	37548	9114	2495	6619	3115
卓尼县	60087	30626	29461	6875	2163	4712	2150
舟曲县	82142	41909	40233	18878	6164	12714	3146
迭部县	31313	16081	15232	5477	1822	3655	1197
玛曲县	23680	12166	11514	4002	1616	2386	1021
碌曲县	18774	9243	9531	3117	1138	1979	795
夏河县	55918	27974	27944	10411	3675	6736	2516

受教育程度的3岁及以上人口（乡村）（续1）

单位：人

学前教育		小学			初中		
男	女	小计	男	女	小计	男	女
5319	**5335**	**131312**	**61051**	**70261**	**136130**	**79756**	**56374**
1658	1631	40800	18397	22403	47823	27111	20712
604	654	23304	10211	13093	22973	14051	8922
1389	1443	29647	14695	14952	21410	13204	8206
18	19	857	530	327	2075	1712	363
	2	219	150	69	220	175	45
938	962	23155	10915	12240	16317	9383	6934
712	624	13330	6153	7177	25312	14120	11192
25539	**23912**	**493142**	**231044**	**262098**	**402597**	**235282**	**167315**
4100	3746	58709	26604	32105	66605	37288	29317
2758	2437	58226	27822	30404	45258	26874	18384
3333	3145	86040	43937	42103	45372	29682	15690
1052	1028	28231	14243	13988	16773	10829	5944
1830	1653	34268	16159	18109	25834	15349	10485
2464	2240	36559	16973	19586	33825	19853	13972
5126	4925	87447	38588	48859	82123	46179	35944
4876	4738	103662	46718	56944	86807	49228	37579
30904	**30066**	**659856**	**316426**	**343430**	**417592**	**260745**	**156847**
3293	3117	78776	38589	40187	56944	36814	20130
3471	3484	99608	42767	56841	62074	40604	21470
3843	3717	93030	44242	48788	52841	33396	19445
3595	3624	84029	39649	44380	58315	35862	22453
5562	5455	127260	58459	68801	94360	57074	37286
2738	2632	47753	24213	23540	27604	16985	10619
8402	8037	129400	68507	60893	65454	40010	25444
30597	**29383**	**575233**	**311250**	**263983**	**387569**	**234501**	**153068**
5997	5813	106889	61408	45481	68606	42404	26202
2766	2567	44643	22331	22312	41590	23725	17865
2048	2017	44862	25104	19758	33276	21138	12138
3881	3667	80270	43898	36372	35352	21415	13937
2260	2075	47818	25887	21931	24764	14816	9948
5551	5430	87423	45787	41636	70973	42769	28204
5836	5699	112964	61121	51843	71226	43752	27474
1913	1808	41615	21001	20614	35878	20804	15074
345	307	8749	4713	4036	5904	3678	2226
43027	**41778**	**622202**	**311711**	**310491**	**241421**	**146706**	**94715**
1175	1170	18241	8781	9460	10565	6237	4328
7665	7309	134881	66339	68542	54156	32879	21277
6667	6425	81862	41661	40201	41520	24728	16792
1777	1649	45405	21714	23691	19795	12279	7516
6295	6149	78108	39001	39107	26378	16040	10338
4190	4042	58759	30965	27794	25592	15913	9679
9612	9448	110628	56184	54444	31433	19120	12313
5646	5586	94318	47066	47252	31982	19510	12472
7838	**7658**	**209900**	**108675**	**101225**	**55160**	**35327**	**19833**
820	736	19709	10767	8942	5198	3360	1838
1554	1561	45360	22859	22501	12130	7931	4199
1073	1077	37956	19334	18622	8003	5155	2848
1591	1555	34391	18114	16277	14178	9348	4830
619	578	15580	8023	7557	4033	2623	1410
525	496	13826	7194	6632	3379	2030	1349
395	400	10878	5425	5453	2118	1255	863
1261	1255	32200	16959	15241	6121	3625	2496

1-6c 各地区分性别、

地区	高中			大学专科			
	小计	男	女	小计	男	女	小计
合计	**872704**	**564269**	**308435**	**404197**	**231824**	**172373**	**209566**
兰州市	**82822**	**52323**	**30499**	**35775**	**20893**	**14882**	**17365**
城关区	2042	1199	843	1127	606	521	665
七里河区	10331	5969	4362	4156	2148	2008	2154
西固区	4765	2805	1960	1487	820	667	564
安宁区							
红古区	4425	2790	1635	1635	964	671	646
永登县	11888	8205	3683	3641	2120	1521	2082
皋兰县	4893	3345	1548	5131	3065	2066	817
榆中县	26070	15586	10484	8257	4698	3559	4881
兰州新区	18408	12424	5984	10341	6472	3869	5556
嘉峪关市	**1659**	**1104**	**555**	**912**	**578**	**334**	**373**
市辖区	1659	1104	555	912	578	334	373
金昌市	**8352**	**5972**	**2380**	**4322**	**2736**	**1586**	**2424**
金川区	1856	1360	496	882	561	321	453
永昌县	6496	4612	1884	3440	2175	1265	1971
白银市	**55964**	**37349**	**18615**	**31820**	**18670**	**13150**	**16982**
白银区	5114	3426	1688	1907	1137	770	903
平川区	4984	3318	1666	2318	1406	912	1266
靖远县	17882	11882	6000	10470	6312	4158	5222
会宁县	19192	12697	6495	13498	7725	5773	7264
景泰县	8792	6026	2766	3627	2090	1537	2327
天水市	**117157**	**72215**	**44942**	**50096**	**28273**	**21823**	**23437**
秦州区	14992	9063	5929	5026	2881	2145	2321
麦积区	18107	11469	6638	7127	4013	3114	3027
清水县	10777	6752	4025	3610	2039	1571	1810
秦安县	22855	14798	8057	10985	6130	4855	5033
甘谷县	25822	15417	10405	12649	7220	5429	6114
武山县	15517	9244	6273	7274	4025	3249	3061
张家川回族自治县	9087	5472	3615	3425	1965	1460	2071
武威市	**68631**	**47824**	**20807**	**26991**	**16181**	**10810**	**12937**
凉州区	35766	24785	10981	10893	6688	4205	5110
民勤县	12166	9265	2901	6056	3849	2207	2539
古浪县	15593	10211	5382	7243	4077	3166	3521
天祝藏族自治县	5106	3563	1543	2799	1567	1232	1767
张掖市	**49072**	**32469**	**16603**	**23599**	**13974**	**9625**	**14914**
甘州区	26868	16962	9906	11668	6764	4904	6642
肃南裕固族自治县	1648	1121	527	1032	649	383	806
民乐县	5256	3830	1426	3436	2113	1323	2653
临泽县	4304	3237	1067	1924	1187	737	1108
高台县	4175	2857	1318	1658	991	667	1224
山丹县	6821	4462	2359	3881	2270	1611	2481
平凉市	**79170**	**52477**	**26693**	**39655**	**22582**	**17073**	**21590**
崆峒区	11490	7254	4236	3943	2157	1786	2089
泾川县	10454	7240	3214	4244	2483	1761	2619
灵台县	9088	6545	2543	3610	2217	1393	2110
崇信县	5185	3730	1455	2572	1698	874	1103
庄浪县	18216	11350	6866	10307	5605	4702	4177
静宁县	20626	13504	7122	12685	7127	5558	8351
华亭市	4111	2854	1257	2294	1295	999	1141

受教育程度的 3 岁及以上人口（乡村）（续 2）

单位：人

大学本科		硕士研究生			博士研究生		
男	女	小计	男	女	小计	男	女
115197	**94369**	**8873**	**4692**	**4181**	**951**	**582**	**369**
9443	**7922**	**856**	**384**	**472**	**85**	**43**	**42**
365	300	51	26	25	4	1	3
1128	1026	84	33	51	6	3	3
288	276	30	15	15	2		2
355	291	19	7	12			
1106	976	118	50	68	13	3	10
458	359	39	16	23	3	2	1
2457	2424	253	114	139	26	10	16
3286	2270	262	123	139	31	24	7
224	**149**	**21**	**9**	**12**	**1**		**1**
224	149	21	9	12	1		1
1486	**938**	**150**	**99**	**51**	**15**	**7**	**8**
255	198	22	14	8	1		1
1231	740	128	85	43	14	7	7
9056	**7926**	**931**	**426**	**505**	**109**	**52**	**57**
513	390	31	14	17	9	2	7
618	648	64	26	38	8	4	4
2656	2566	277	117	160	29	10	19
4021	3243	420	213	207	45	28	17
1248	1079	139	56	83	18	8	10
13055	**10382**	**1171**	**640**	**531**	**118**	**78**	**40**
1317	1004	100	53	47	9	3	6
1673	1354	171	91	80	18	13	5
961	849	90	49	41	5	2	3
2706	2327	322	164	158	29	19	10
3493	2621	296	172	124	42	26	16
1777	1284	131	83	48	13	13	
1128	943	61	28	33	2	2	
7608	**5329**	**748**	**418**	**330**	**90**	**60**	**30**
3267	1843	293	186	107	32	26	6
1444	1095	196	97	99	29	16	13
1943	1578	196	106	90	23	13	10
954	813	63	29	34	6	5	1
8353	**6561**	**579**	**321**	**258**	**80**	**52**	**28**
3686	2956	253	135	118	30	21	9
412	394	18	11	7			
1585	1068	97	59	38	14	7	7
589	519	42	26	16	6	4	2
683	541	64	28	36	13	8	5
1398	1083	105	62	43	17	12	5
11752	**9838**	**923**	**499**	**424**	**76**	**50**	**26**
1096	993	87	47	40	12	9	3
1423	1196	116	61	55	10	7	3
1249	861	108	68	40	10	8	2
729	374	28	23	5	5	4	1
2218	1959	170	94	76	11	5	6
4414	3937	380	194	186	25	14	11
623	518	34	12	22	3	3	

1-6c 各地区分性别、

地区	高中			大学专科			
	小计	男	女	小计	男	女	小计
酒泉市	**35488**	**23132**	**12356**	**15361**	**9221**	**6140**	**7960**
肃州区	13553	8770	4783	5886	3388	2498	2652
金塔县	3953	2879	1074	1971	1242	729	963
瓜州县	6173	4041	2132	3341	2105	1236	2160
肃北蒙古族自治县	1186	961	225	529	435	94	246
阿克塞哈萨克族自治县	101	86	15	125	97	28	52
玉门市	2967	2075	892	1151	688	463	617
敦煌市	7555	4320	3235	2358	1266	1092	1270
庆阳市	**97786**	**63881**	**33905**	**41169**	**23474**	**17695**	**32567**
西峰区	21251	12796	8455	10319	5043	5276	15308
庆城县	10299	6982	3317	3740	2257	1483	2224
环　县	12285	8207	4078	6921	4150	2771	4419
华池县	5283	3683	1600	2558	1572	986	1876
合水县	5251	3715	1536	1963	1240	723	1001
正宁县	7310	5148	2162	2883	1744	1139	1134
宁　县	15575	10157	5418	5037	3018	2019	2653
镇原县	20532	13193	7339	7748	4450	3298	3952
定西市	**109007**	**71590**	**37417**	**51191**	**28958**	**22233**	**27887**
安定区	16229	10846	5383	7560	4379	3181	4415
通渭县	23880	16012	7868	13762	8010	5752	6537
陇西县	13315	8846	4469	6459	3648	2811	4451
渭源县	14655	9544	5111	6062	3487	2575	3557
临洮县	21723	14355	7368	6949	3904	3045	4853
漳　县	5328	3385	1943	2733	1547	1186	1183
岷　县	13877	8602	5275	7666	3983	3683	2891
陇南市	**99359**	**60201**	**39158**	**45837**	**25485**	**20352**	**15627**
武都区	19110	10895	8215	7548	4056	3492	3459
成　县	8085	4985	3100	3179	1728	1451	1090
文　县	9552	6029	3523	5501	3064	2437	1798
宕昌县	8633	5020	3613	4573	2327	2246	1431
康　县	6743	4315	2428	3334	1734	1600	1165
西和县	16745	10192	6553	8480	4925	3555	2501
礼　县	19626	11969	7657	8877	5295	3582	2484
徽　县	9390	5866	3524	3519	1879	1640	1338
两当县	1475	930	545	826	477	349	361
临夏回族自治州	**53159**	**34480**	**18679**	**19369**	**10870**	**8499**	**9281**
临夏市	2702	1640	1062	975	440	535	609
临夏县	12722	8063	4659	4315	2359	1956	1824
康乐县	9548	5972	3576	2927	1718	1209	1351
永靖县	6150	3944	2206	2696	1478	1218	1150
广河县	5226	3673	1553	1429	1000	429	1308
和政县	4875	3216	1659	1818	1003	815	767
东乡族自治县	4256	2835	1421	1844	1041	803	853
积石山保安族东乡族撒拉族自治县	7680	5137	2543	3365	1831	1534	1419
甘南藏族自治州	**15078**	**9252**	**5826**	**18100**	**9929**	**8171**	**6222**
合作市	1401	848	553	1015	542	473	689
临潭县	3065	2034	1031	3039	1686	1353	722
卓尼县	1795	1099	696	2467	1344	1123	814
舟曲县	3824	2422	1402	5984	3275	2709	1702
迭部县	1604	1019	585	2700	1560	1140	688
玛曲县	653	387	266	618	316	302	167
碌曲县	659	368	291	687	371	316	502
夏河县	2077	1075	1002	1590	835	755	938

受教育程度的3岁及以上人口（乡村）（续3）

单位：人

大学本科		硕士研究生			博士研究生		
男	女	小计	男	女	小计	男	女
4516	**3444**	**252**	**131**	**121**	**45**	**29**	**16**
1410	1242	103	49	54	13	8	5
570	393	26	14	12	11	8	3
1287	873	31	18	13	4	2	2
204	42	4	3	1	1		1
47	5						
326	291	20	11	9	1	1	
672	598	68	36	32	15	10	5
17127	**15440**	**1157**	**652**	**505**	**130**	**82**	**48**
7026	8282	391	232	159	32	19	13
1243	981	85	50	35	8	4	4
2641	1778	178	91	87	24	14	10
1111	765	58	31	27	6	4	2
602	399	40	19	21	5	5	
679	455	68	41	27	6	4	2
1571	1082	140	81	59	30	21	9
2254	1698	197	107	90	19	11	8
15369	**12518**	**1204**	**639**	**565**	**105**	**74**	**31**
2439	1976	190	99	91	15	10	5
3704	2833	350	181	169	25	21	4
2537	1914	241	139	102	22	14	8
1943	1614	113	62	51	15	9	6
2567	2286	170	83	87	16	10	6
641	542	34	20	14	5	4	1
1538	1353	106	55	51	7	6	1
8296	**7331**	**452**	**237**	**215**	**55**	**31**	**24**
1753	1706	104	64	40	14	9	5
559	531	25	11	14	3	2	1
910	888	48	22	26	3	2	1
736	695	34	14	20	4	2	2
594	571	33	16	17	2	2	
1427	1074	79	38	41	11	6	5
1466	1018	65	42	23	10	8	2
679	659	52	25	27	8		8
172	189	12	5	7			
5426	**3855**	**205**	**114**	**91**	**26**	**17**	**9**
325	284	20	11	9	2	1	1
1007	817	47	28	19	3	2	1
781	570	33	17	16	5	3	2
622	528	35	13	22	4	1	3
880	428	18	10	8	5	5	
453	314	12	8	4	3	2	1
501	352	16	10	6	1	1	
857	562	24	17	7	3	2	1
3486	**2736**	**224**	**123**	**101**	**16**	**7**	**9**
347	342	28	16	12	1		1
445	277	13	6	7	1	1	
443	371	23	13	10	4	2	2
977	725	36	17	19	3	1	2
395	293	31	18	13	3	2	1
94	73	13	4	9	1		1
281	221	18	10	8			
504	434	62	39	23	3	1	2

1-7 各地区分性别的15岁及以上文盲人口

单位：人、%

地区	15岁及以上人口			文盲人口			文盲人口占15岁及以上人口比重		
	合计	男	女	小计	男	女	小计	男	女
合计	**20166288**	**10168955**	**9997333**	**1677613**	**473738**	**1203875**	**8.32**	**4.66**	**12.04**
兰州市	**3740727**	**1915848**	**1824879**	**100029**	**21576**	**78453**	**2.67**	**1.13**	**4.30**
城关区	1283781	648508	635273	15952	3388	12564	1.24	0.52	1.98
七里河区	611455	317505	293950	17132	4392	12740	2.80	1.38	4.33
西固区	350419	178068	172351	6025	1212	4813	1.72	0.68	2.79
安宁区	381902	189695	192207	5357	1035	4322	1.40	0.55	2.25
红古区	120314	61571	58743	7842	1705	6137	6.52	2.77	10.45
永登县	237515	120328	117187	20069	3787	16282	8.45	3.15	13.89
皋兰县	106336	58198	48138	3969	943	3026	3.73	1.62	6.29
榆中县	403186	205936	197250	16314	3526	12788	4.05	1.71	6.48
兰州新区	245819	136039	109780	7369	1588	5781	3.00	1.17	5.27
嘉峪关市	**262931**	**136400**	**126531**	**1284**	**300**	**984**	**0.49**	**0.22**	**0.78**
市辖区	262931	136400	126531	1284	300	984	0.49	0.22	0.78
金昌市	**376097**	**191547**	**184550**	**16365**	**3545**	**12820**	**4.35**	**1.85**	**6.95**
金川区	222639	113696	108943	8914	1840	7074	4.00	1.62	6.49
永昌县	153458	77851	75607	7451	1705	5746	4.86	2.19	7.60
白银市	**1226294**	**620400**	**605894**	**49754**	**10806**	**38948**	**4.06**	**1.74**	**6.43**
白银区	283923	144356	139567	5252	1096	4156	1.85	0.76	2.98
平川区	160332	81409	78923	7155	1526	5629	4.46	1.87	7.13
靖远县	296765	151032	145733	14488	2883	11605	4.88	1.91	7.96
会宁县	323391	161754	161637	16909	3995	12914	5.23	2.47	7.99
景泰县	161883	81849	80034	5950	1306	4644	3.68	1.60	5.80
天水市	**2364453**	**1179709**	**1184744**	**216939**	**60488**	**156451**	**9.18**	**5.13**	**13.21**
秦州区	535950	268116	267834	31536	8713	22823	5.88	3.25	8.52
麦积区	451745	230442	221303	20041	5142	14899	4.44	2.23	6.73
清水县	182852	91170	91682	21681	5851	15830	11.86	6.42	17.27
秦安县	343583	172798	170785	37595	10006	27589	10.94	5.79	16.15
甘谷县	394897	193130	201767	44421	12116	32305	11.25	6.27	16.01
武山县	279625	138124	141501	28387	8900	19487	10.15	6.44	13.77
张家川回族自治县	175801	85929	89872	33278	9760	23518	18.93	11.36	26.17
武威市	**1206480**	**602042**	**604438**	**83715**	**18085**	**65630**	**6.94**	**3.00**	**10.86**
凉州区	720738	357846	362892	38523	8375	30148	5.34	2.34	8.31
民勤县	158964	80665	78299	9873	2016	7857	6.21	2.50	10.03
古浪县	201393	99575	101818	19537	4017	15520	9.70	4.03	15.24
天祝藏族自治县	125385	63956	61429	15782	3677	12105	12.59	5.75	19.71
张掖市	**940945**	**466083**	**474862**	**42655**	**10099**	**32556**	**4.53**	**2.17**	**6.86**
甘州区	436976	215857	221119	18646	4766	13880	4.27	2.21	6.28
肃南裕固族自治县	23980	12557	11423	1056	248	808	4.40	1.97	7.07
民乐县	153005	76046	76959	8900	1899	7001	5.82	2.50	9.10
临泽县	97560	48622	48938	4341	1194	3147	4.45	2.46	6.43
高台县	107071	52924	54147	2723	664	2059	2.54	1.25	3.80
山丹县	122353	60077	62276	6989	1328	5661	5.71	2.21	9.09
平凉市	**1486404**	**736362**	**750042**	**159319**	**41580**	**117739**	**10.72**	**5.65**	**15.70**
崆峒区	409002	201450	207552	31057	8205	22852	7.59	4.07	11.01
泾川县	178826	87504	91322	10759	2347	8412	6.02	2.68	9.21
灵台县	125921	62717	63204	12330	2596	9734	9.79	4.14	15.40
崇信县	65886	33974	31912	5364	1452	3912	8.14	4.27	12.26
庄浪县	265609	129453	136156	20264	5284	14980	7.63	4.08	11.00
静宁县	296433	147681	148752	65242	17637	47605	22.01	11.94	32.00
华亭市	144727	73583	71144	14303	4059	10244	9.88	5.52	14.40

1-7 各地区分性别的15岁及以上文盲人口（续）

单位：人、%

地区	15岁及以上人口			文盲人口			文盲人口占15岁及以上人口比重		
	合计	男	女	小计	男	女	小计	男	女
酒泉市	**897249**	**462081**	**435168**	**41040**	**10919**	**30121**	**4.57**	**2.36**	**6.92**
肃州区	389644	194666	194978	16479	4355	12124	4.23	2.24	6.22
金塔县	106543	58232	48311	5837	1551	4286	5.48	2.66	8.87
瓜州县	106319	55318	51001	9765	2693	7072	9.18	4.87	13.87
肃北蒙古族自治县	13415	8293	5122	426	119	307	3.18	1.43	5.99
阿克塞哈萨克族自治县	8977	4976	4001	267	87	180	2.97	1.75	4.50
玉门市	114634	61375	53259	3821	989	2832	3.33	1.61	5.32
敦煌市	157717	79221	78496	4445	1125	3320	2.82	1.42	4.23
庆阳市	**1705033**	**859602**	**845431**	**106832**	**28219**	**78613**	**6.27**	**3.28**	**9.30**
西峰区	405308	200606	204702	8456	1885	6571	2.09	0.94	3.21
庆城县	185802	96284	89518	10022	2766	7256	5.39	2.87	8.11
环　县	240955	125612	115343	24942	6904	18038	10.35	5.50	15.64
华池县	93436	48555	44881	10470	3072	7398	11.21	6.33	16.48
合水县	104982	53603	51379	7847	2218	5629	7.47	4.14	10.96
正宁县	131913	66005	65908	14003	3646	10357	10.62	5.52	15.71
宁　县	260861	128721	132140	16725	4175	12550	6.41	3.24	9.50
镇原县	281776	140216	141560	14367	3553	10814	5.10	2.53	7.64
定西市	**2019073**	**1015353**	**1003720**	**181689**	**49744**	**131945**	**9.00**	**4.90**	**13.15**
安定区	346627	174357	172270	27324	6141	21183	7.88	3.52	12.30
通渭县	270588	138559	132029	11376	2576	8800	4.20	1.86	6.67
陇西县	335064	166538	168526	23637	6103	17534	7.05	3.66	10.40
渭源县	228004	116350	111654	19750	5427	14323	8.66	4.66	12.83
临洮县	385238	193082	192156	14993	3470	11523	3.89	1.80	6.00
漳　县	128105	63890	64215	16979	4902	12077	13.25	7.67	18.81
岷　县	325447	162577	162870	67630	21125	46505	20.78	12.99	28.55
陇南市	**1889046**	**961495**	**927551**	**329024**	**106716**	**222308**	**17.42**	**11.10**	**23.97**
武都区	426276	215441	210835	85569	28552	57017	20.07	13.25	27.04
成　县	188461	93969	94492	13906	4552	9354	7.38	4.84	9.90
文　县	160247	82088	78159	32060	9652	22408	20.01	11.76	28.67
宕昌县	202527	103738	98789	47587	17486	30101	23.50	16.86	30.47
康　县	129620	66188	63432	22312	7436	14876	17.21	11.23	23.45
西和县	266762	135346	131416	47595	13410	34185	17.84	9.91	26.01
礼　县	330301	170394	159907	64296	20240	44056	19.47	11.88	27.55
徽　县	151747	76995	74752	12452	4240	8212	8.21	5.51	10.99
两当县	33105	17336	15769	3247	1148	2099	9.81	6.62	13.31
临夏回族自治州	**1514429**	**749737**	**764692**	**257037**	**81502**	**175535**	**16.97**	**10.87**	**22.95**
临夏市	277617	137151	140466	14244	3840	10404	5.13	2.80	7.41
临夏县	237294	118434	118860	37541	11879	25662	15.82	10.03	21.59
康乐县	179731	88690	91041	38005	11343	26662	21.15	12.79	29.29
永靖县	145731	72852	72879	5531	1348	4183	3.80	1.85	5.74
广河县	171919	83725	88194	39955	12034	27921	23.24	14.37	31.66
和政县	144683	71577	73106	39457	12996	26461	27.27	18.16	36.20
东乡族自治县	187168	91853	95315	52959	18406	34553	28.29	20.04	36.25
积石山保安族东乡族撒拉族自治县	170286	85455	84831	29345	9656	19689	17.23	11.30	23.21
甘南藏族自治州	**537127**	**272296**	**264831**	**91931**	**30159**	**61772**	**17.12**	**11.08**	**23.33**
合作市	90795	45619	45176	10265	3417	6848	11.31	7.49	15.16
临潭县	97963	49148	48815	11234	2862	8372	11.47	5.82	17.15
卓尼县	73773	37618	36155	9021	2701	6320	12.23	7.18	17.48
舟曲县	98129	49428	48701	22726	7203	15523	23.16	14.57	31.87
迭部县	41415	21143	20272	7986	2585	5401	19.28	12.23	26.64
玛曲县	41047	21475	19572	8087	3183	4904	19.70	14.82	25.06
碌曲县	27388	13797	13591	4766	1653	3113	17.40	11.98	22.90
夏河县	66617	34068	32549	17846	6555	11291	26.79	19.24	34.69

1–7a 各地区分性别的15岁及以上文盲人口（城市）

单位：人、%

地区	15岁及以上人口			文盲人口			文盲人口占15岁及以上人口比重		
	合计	男	女	小计	男	女	小计	男	女
合计	**5910746**	**2943081**	**2967665**	**120917**	**26433**	**94484**	**2.05**	**0.90**	**3.18**
兰州市	**2493190**	**1256429**	**1236761**	**41042**	**8973**	**32069**	**1.65**	**0.71**	**2.59**
城关区	1249275	629476	619799	15170	3201	11969	1.21	0.51	1.93
七里河区	482944	245895	237049	11555	2845	8710	2.39	1.16	3.67
西固区	302293	152723	149570	4250	824	3426	1.41	0.54	2.29
安宁区	381902	189695	192207	5357	1035	4322	1.40	0.55	2.25
红古区	76776	38640	38136	4710	1068	3642	6.13	2.76	9.55
嘉峪关市	**244189**	**126017**	**118172**	**977**	**208**	**769**	**0.40**	**0.17**	**0.65**
市辖区	244189	126017	118172	977	208	769	0.40	0.17	0.65
金昌市	**201160**	**102225**	**98935**	**6695**	**1264**	**5431**	**3.33**	**1.24**	**5.49**
金川区	201160	102225	98935	6695	1264	5431	3.33	1.24	5.49
白银市	**355760**	**178749**	**177011**	**6492**	**1271**	**5221**	**1.82**	**0.71**	**2.95**
白银区	253749	128117	125632	3889	792	3097	1.53	0.62	2.47
平川区	100574	49740	50834	2577	474	2103	2.56	0.95	4.14
靖远县	1437	892	545	26	5	21	1.81	0.56	3.85
天水市	**541755**	**268456**	**273299**	**10034**	**2394**	**7640**	**1.85**	**0.89**	**2.80**
秦州区	317064	154848	162216	5902	1369	4533	1.86	0.88	2.79
麦积区	224691	113608	111083	4132	1025	3107	1.84	0.90	2.80
武威市	**318707**	**156433**	**162274**	**7321**	**1440**	**5881**	**2.30**	**0.92**	**3.62**
凉州区	318707	156433	162274	7321	1440	5881	2.30	0.92	3.62
张掖市	**220585**	**105698**	**114887**	**4371**	**749**	**3622**	**1.98**	**0.71**	**3.15**

1-7a 各地区分性别的15岁及以上文盲人口（城市）（续）

单位：人、%

地区	15岁及以上人口			文盲人口			文盲人口占15岁及以上人口比重		
	合计	男	女	小计	男	女	小计	男	女
甘州区	220066	105446	114620	4357	743	3614	1.98	0.70	3.15
肃南裕固族自治县	519	252	267	14	6	8	2.70	2.38	3.00
平凉市	**325404**	**157424**	**167980**	**8756**	**1750**	**7006**	**2.69**	**1.11**	**4.17**
崆峒区	262708	126547	136161	6513	1299	5214	2.48	1.03	3.83
华亭市	62696	30877	31819	2243	451	1792	3.58	1.46	5.63
酒泉市	**374879**	**185830**	**189049**	**7297**	**1522**	**5775**	**1.95**	**0.82**	**3.05**
肃州区	260782	128760	132022	5271	1048	4223	2.02	0.81	3.20
玉门市	40566	20536	20030	870	202	668	2.14	0.98	3.33
敦煌市	73531	36534	36997	1156	272	884	1.57	0.74	2.39
庆阳市	**240699**	**118347**	**122352**	**2231**	**405**	**1826**	**0.93**	**0.34**	**1.49**
西峰区	240699	118347	122352	2231	405	1826	0.93	0.34	1.49
定西市	**154660**	**73092**	**81568**	**4947**	**910**	**4037**	**3.20**	**1.25**	**4.95**
安定区	154660	73092	81568	4947	910	4037	3.20	1.25	4.95
陇南市	**136228**	**65529**	**70699**	**7410**	**2033**	**5377**	**5.44**	**3.10**	**7.61**
武都区	134994	64877	70117	7260	1988	5272	5.38	3.06	7.52
康　县	1234	652	582	150	45	105	12.16	6.90	18.04
临夏回族自治州	**243397**	**119697**	**123700**	**10304**	**2629**	**7675**	**4.23**	**2.20**	**6.20**
临夏市	237180	116681	120499	9925	2540	7385	4.18	2.18	6.13
临夏县	6217	3016	3201	379	89	290	6.10	2.95	9.06
甘南藏族自治州	**60133**	**29155**	**30978**	**3040**	**885**	**2155**	**5.06**	**3.04**	**6.96**
合作市	60133	29155	30978	3040	885	2155	5.06	3.04	6.96

1-7b 各地区分性别的15岁及以上文盲人口（镇）

单位：人、%

地区	15岁及以上人口			文盲人口			文盲人口占15岁及以上人口比重		
	合计	男	女	小计	男	女	小计	男	女
合计	**4635980**	**2288445**	**2347535**	**243509**	**63812**	**179697**	**5.25**	**2.79**	**7.65**
兰州市	**618295**	**314494**	**303801**	**17758**	**3359**	**14399**	**2.87**	**1.07**	**4.74**
城关区	18837	9724	9113	319	64	255	1.69	0.66	2.80
七里河区	54178	30366	23812	1760	479	1281	3.25	1.58	5.38
西固区	19167	9811	9356	458	87	371	2.39	0.89	3.97
安宁区									
红古区	14388	7402	6986	872	177	695	6.06	2.39	9.95
永登县	113121	55441	57680	6390	1035	5355	5.65	1.87	9.28
皋兰县	57982	30732	27250	1357	324	1033	2.34	1.05	3.79
榆中县	196949	96099	100850	3654	670	2984	1.86	0.70	2.96
兰州新区	143673	74919	68754	2948	523	2425	2.05	0.70	3.53
嘉峪关市	**3213**	**1754**	**1459**	**88**	**18**	**70**	**2.74**	**1.03**	**4.80**
市辖区	3213	1754	1459	88	18	70	2.74	1.03	4.80
金昌市	**85084**	**42512**	**42572**	**2422**	**441**	**1981**	**2.85**	**1.04**	**4.65**
金川区	859	473	386	94	48	46	10.94	10.15	11.92
永昌县	84225	42039	42186	2328	393	1935	2.76	0.93	4.59
白银市	**322013**	**157365**	**164648**	**6475**	**1278**	**5197**	**2.01**	**0.81**	**3.16**
白银区	2237	1166	1071	32	2	30	1.43	0.17	2.80
平川区	16036	8829	7207	646	140	506	4.03	1.59	7.02
靖远县	113090	55750	57340	2822	528	2294	2.50	0.95	4.00
会宁县	104107	49187	54920	1244	296	948	1.19	0.60	1.73
景泰县	86543	42433	44110	1731	312	1419	2.00	0.74	3.22
天水市	**535769**	**262038**	**273731**	**31813**	**8920**	**22893**	**5.94**	**3.40**	**8.36**
秦州区	37193	18679	18514	3235	970	2265	8.70	5.19	12.23
麦积区	37835	19183	18652	1355	391	964	3.58	2.04	5.17
清水县	58315	28075	30240	4025	1052	2973	6.90	3.75	9.83
秦安县	110522	54038	56484	4989	1281	3708	4.51	2.37	6.56
甘谷县	139428	67440	71988	7544	2205	5339	5.41	3.27	7.42
武山县	99833	49010	50823	4829	1364	3465	4.84	2.78	6.82
张家川回族自治县	52643	25613	27030	5836	1657	4179	11.09	6.47	15.46
武威市	**239237**	**119238**	**119999**	**11862**	**2410**	**9452**	**4.96**	**2.02**	**7.88**
凉州区	60437	30491	29946	3163	654	2509	5.23	2.14	8.38
民勤县	59482	30228	29254	1322	248	1074	2.22	0.82	3.67
古浪县	62485	30792	31693	3743	851	2892	5.99	2.76	9.13
天祝藏族自治县	56833	27727	29106	3634	657	2977	6.39	2.37	10.23
张掖市	**249601**	**121411**	**128190**	**7733**	**1435**	**6298**	**3.10**	**1.18**	**4.91**
甘州区	11892	6196	5696	673	198	475	5.66	3.20	8.34
肃南裕固族自治县	8841	4418	4423	301	62	239	3.40	1.40	5.40
民乐县	68910	33434	35476	2562	373	2189	3.72	1.12	6.17
临泽县	42786	21072	21714	1022	279	743	2.39	1.32	3.42
高台县	51922	25100	26822	702	112	590	1.35	0.45	2.20
山丹县	65250	31191	34059	2473	411	2062	3.79	1.32	6.05
平凉市	**320764**	**152816**	**167948**	**19204**	**4252**	**14952**	**5.99**	**2.78**	**8.90**
崆峒区	7785	3865	3920	803	196	607	10.31	5.07	15.48
泾川县	67792	32056	35736	2569	525	2044	3.79	1.64	5.72
灵台县	40532	18596	21936	1407	266	1141	3.47	1.43	5.20
崇信县	27070	13000	14070	1357	314	1043	5.01	2.42	7.41
庄浪县	72550	35098	37452	2654	636	2018	3.66	1.81	5.39
静宁县	82239	38323	43916	8487	1838	6649	10.32	4.80	15.14
华亭市	22796	11878	10918	1927	477	1450	8.45	4.02	13.28

1-7b 各地区分性别的15岁及以上文盲人口（镇）（续）

单位：人、%

地区	15岁及以上人口			文盲人口			文盲人口占15岁及以上人口比重		
	合计	男	女	小计	男	女	小计	男	女
酒泉市	**198812**	**107119**	**91693**	**6904**	**1788**	**5116**	**3.47**	**1.67**	**5.58**
肃州区	17311	8821	8490	1625	473	1152	9.39	5.36	13.57
金塔县	53067	30435	22632	1333	314	1019	2.51	1.03	4.50
瓜州县	42812	21814	20998	1469	413	1056	3.43	1.89	5.03
肃北蒙古族自治县	8437	4428	4009	258	58	200	3.06	1.31	4.99
阿克塞哈萨克族自治县	8264	4419	3845	258	81	177	3.12	1.83	4.60
玉门市	33638	19923	13715	1119	266	853	3.33	1.34	6.22
敦煌市	35283	17279	18004	842	183	659	2.39	1.06	3.66
庆阳市	**451169**	**223189**	**227980**	**16144**	**3994**	**12150**	**3.58**	**1.79**	**5.33**
西峰区	5849	2894	2955	101	24	77	1.73	0.83	2.61
庆城县	71729	36360	35369	1553	378	1175	2.17	1.04	3.32
环　县	81684	40718	40966	2933	760	2173	3.59	1.87	5.30
华池县	36587	18086	18501	1691	442	1249	4.62	2.44	6.75
合水县	39702	19585	20117	1386	371	1015	3.49	1.89	5.05
正宁县	52467	25607	26860	3556	826	2730	6.78	3.23	10.16
宁　县	83249	40924	42325	3265	792	2473	3.92	1.94	5.84
镇原县	79902	39015	40887	1659	401	1258	2.08	1.03	3.08
定西市	**584690**	**281702**	**302988**	**20951**	**4919**	**16032**	**3.58**	**1.75**	**5.29**
安定区	20086	10257	9829	1756	407	1349	8.74	3.97	13.72
通渭县	65724	32488	33236	1280	274	1006	1.95	0.84	3.03
陇西县	164294	79155	85139	3540	761	2779	2.15	0.96	3.26
渭源县	61346	30031	31315	2624	637	1987	4.28	2.12	6.35
临洮县	143820	67550	76270	2262	425	1837	1.57	0.63	2.41
漳　县	41393	19502	21891	2028	473	1555	4.90	2.43	7.10
岷　县	88027	42719	45308	7461	1942	5519	8.48	4.55	12.18
陇南市	**524354**	**255418**	**268936**	**41685**	**12531**	**29154**	**7.95**	**4.91**	**10.84**
武都区	43921	21053	22868	6998	2153	4845	15.93	10.23	21.19
成　县	93480	44520	48960	3058	914	2144	3.27	2.05	4.38
文　县	48641	23291	25350	3934	1111	2823	8.09	4.77	11.14
宕昌县	54158	26773	27385	7605	2669	4936	14.04	9.97	18.02
康　县	37343	18177	19166	2704	808	1896	7.24	4.45	9.89
西和县	74095	36616	37479	5594	1393	4201	7.55	3.80	11.21
礼　县	97739	49124	48615	9073	2750	6323	9.28	5.60	13.01
徽　县	60457	28756	31701	2285	621	1664	3.78	2.16	5.25
两当县	14520	7108	7412	434	112	322	2.99	1.58	4.34
临夏回族自治州	**333590**	**163141**	**170449**	**42069**	**12382**	**29687**	**12.61**	**7.59**	**17.42**
临夏市	9219	4778	4441	1325	406	919	14.37	8.50	20.69
临夏县	31204	15213	15991	3963	1171	2792	12.70	7.70	17.46
康乐县	41514	20290	21224	4009	907	3102	9.66	4.47	14.62
永靖县	75254	36187	39067	1971	406	1565	2.62	1.12	4.01
广河县	60182	29257	30925	10780	3008	7772	17.91	10.28	25.13
和政县	41494	20272	21222	5997	1750	4247	14.45	8.63	20.01
东乡族自治县	37574	18783	18791	10245	3670	6575	27.27	19.54	34.99
积石山保安族东乡族撒拉族自治县	37149	18361	18788	3779	1064	2715	10.17	5.79	14.45
甘南藏族自治州	**169389**	**86248**	**83141**	**18401**	**6085**	**12316**	**10.86**	**7.06**	**14.81**
合作市	2510	1301	1209	576	196	380	22.95	15.07	31.43
临潭县	35808	17490	18318	2422	564	1858	6.76	3.22	10.14
卓尼县	25807	13211	12596	1329	363	966	5.15	2.75	7.67
舟曲县	30585	15012	15573	3465	946	2519	11.33	6.30	16.18
迭部县	16032	8121	7911	1426	383	1043	8.89	4.72	13.18
玛曲县	23766	12600	11166	5418	2207	3211	22.80	17.52	28.76
碌曲县	12661	6571	6090	1429	445	984	11.29	6.77	16.16
夏河县	22220	11942	10278	2336	981	1355	10.51	8.21	13.18

1-7c 各地区分性别的 15 岁及以上文盲人口（乡村）

单位：人、%

地区	15 岁及以上人口			文盲人口			文盲人口占 15 岁及以上人口比重		
	合计	男	女	小计	男	女	小计	男	女
合计	**9619562**	**4937429**	**4682133**	**1313187**	**383493**	**929694**	**13.65**	**7.77**	**19.86**
兰州市	**629242**	**344925**	**284317**	**41229**	**9244**	**31985**	**6.55**	**2.68**	**11.25**
城关区	15669	9308	6361	463	123	340	2.95	1.32	5.35
七里河区	74333	41244	33089	3817	1068	2749	5.14	2.59	8.31
西固区	28959	15534	13425	1317	301	1016	4.55	1.94	7.57
安宁区									
红古区	29150	15529	13621	2260	460	1800	7.75	2.96	13.21
永登县	124394	64887	59507	13679	2752	10927	11.00	4.24	18.36
皋兰县	48354	27466	20888	2612	619	1993	5.40	2.25	9.54
榆中县	206237	109837	96400	12660	2856	9804	6.14	2.60	10.17
兰州新区	102146	61120	41026	4421	1065	3356	4.33	1.74	8.18
嘉峪关市	**15529**	**8629**	**6900**	**219**	**74**	**145**	**1.41**	**0.86**	**2.10**
市辖区	15529	8629	6900	219	74	145	1.41	0.86	2.10
金昌市	**89853**	**46810**	**43043**	**7248**	**1840**	**5408**	**8.07**	**3.93**	**12.56**
金川区	20620	10998	9622	2125	528	1597	10.31	4.80	16.60
永昌县	69233	35812	33421	5123	1312	3811	7.40	3.66	11.40
白银市	**548521**	**284286**	**264235**	**36787**	**8257**	**28530**	**6.71**	**2.90**	**10.80**
白银区	27937	15073	12864	1331	302	1029	4.76	2.00	8.00
平川区	43722	22840	20882	3932	912	3020	8.99	3.99	14.46
靖远县	182238	94390	87848	11640	2350	9290	6.39	2.49	10.58
会宁县	219284	112567	106717	15665	3699	11966	7.14	3.29	11.21
景泰县	75340	39416	35924	4219	994	3225	5.60	2.52	8.98
天水市	**1286929**	**649215**	**637714**	**175092**	**49174**	**125918**	**13.61**	**7.57**	**19.75**
秦州区	181693	94589	87104	22399	6374	16025	12.33	6.74	18.40
麦积区	189219	97651	91568	14554	3726	10828	7.69	3.82	11.83
清水县	124537	63095	61442	17656	4799	12857	14.18	7.61	20.93
秦安县	233061	118760	114301	32606	8725	23881	13.99	7.35	20.89
甘谷县	255469	125690	129779	36877	9911	26966	14.44	7.89	20.78
武山县	179792	89114	90678	23558	7536	16022	13.10	8.46	17.67
张家川回族自治县	123158	60316	62842	27442	8103	19339	22.28	13.43	30.77
武威市	**648536**	**326371**	**322165**	**64532**	**14235**	**50297**	**9.95**	**4.36**	**15.61**
凉州区	341594	170922	170672	28039	6281	21758	8.21	3.67	12.75
民勤县	99482	50437	49045	8551	1768	6783	8.60	3.51	13.83
古浪县	138908	68783	70125	15794	3166	12628	11.37	4.60	18.01
天祝藏族自治县	68552	36229	32323	12148	3020	9128	17.72	8.34	28.24
张掖市	**470759**	**238974**	**231785**	**30551**	**7915**	**22636**	**6.49**	**3.31**	**9.77**
甘州区	205018	104215	100803	13616	3825	9791	6.64	3.67	9.71
肃南裕固族自治县	14620	7887	6733	741	180	561	5.07	2.28	8.33
民乐县	84095	42612	41483	6338	1526	4812	7.54	3.58	11.60
临泽县	54774	27550	27224	3319	915	2404	6.06	3.32	8.83
高台县	55149	27824	27325	2021	552	1469	3.66	1.98	5.38
山丹县	57103	28886	28217	4516	917	3599	7.91	3.17	12.75
平凉市	**840236**	**426122**	**414114**	**131359**	**35578**	**95781**	**15.63**	**8.35**	**23.13**
崆峒区	138509	71038	67471	23741	6710	17031	17.14	9.45	25.24
泾川县	111034	55448	55586	8190	1822	6368	7.38	3.29	11.46
灵台县	85389	44121	41268	10923	2330	8593	12.79	5.28	20.82
崇信县	38816	20974	17842	4007	1138	2869	10.32	5.43	16.08
庄浪县	193059	94355	98704	17610	4648	12962	9.12	4.93	13.13
静宁县	214194	109358	104836	56755	15799	40956	26.50	14.45	39.07
华亭市	59235	30828	28407	10133	3131	7002	17.11	10.16	24.65

1-7c 各地区分性别的15岁及以上文盲人口（乡村）(续)

单位：人、%

地区	15岁及以上人口			文盲人口			文盲人口占15岁及以上人口比重		
	合计	男	女	小计	男	女	小计	男	女
酒泉市	**323558**	**169132**	**154426**	**26839**	**7609**	**19230**	**8.29**	**4.50**	**12.45**
肃州区	111551	57085	54466	9583	2834	6749	8.59	4.96	12.39
金塔县	53476	27797	25679	4504	1237	3267	8.42	4.45	12.72
瓜州县	63507	33504	30003	8296	2280	6016	13.06	6.81	20.05
肃北蒙古族自治县	4978	3865	1113	168	61	107	3.37	1.58	9.61
阿克塞哈萨克族自治县	713	557	156	9	6	3	1.26	1.08	1.92
玉门市	40430	20916	19514	1832	521	1311	4.53	2.49	6.72
敦煌市	48903	25408	23495	2447	670	1777	5.00	2.64	7.56
庆阳市	**1013165**	**518066**	**495099**	**88457**	**23820**	**64637**	**8.73**	**4.60**	**13.06**
西峰区	158760	79365	79395	6124	1456	4668	3.86	1.83	5.88
庆城县	114073	59924	54149	8469	2388	6081	7.42	3.99	11.23
环　县	159271	84894	74377	22009	6144	15865	13.82	7.24	21.33
华池县	56849	30469	26380	8779	2630	6149	15.44	8.63	23.31
合水县	65280	34018	31262	6461	1847	4614	9.90	5.43	14.76
正宁县	79446	40398	39048	10447	2820	7627	13.15	6.98	19.53
宁　县	177612	87797	89815	13460	3383	10077	7.58	3.85	11.22
镇原县	201874	101201	100673	12708	3152	9556	6.30	3.11	9.49
定西市	**1279723**	**660559**	**619164**	**155791**	**43915**	**111876**	**12.17**	**6.65**	**18.07**
安定区	171881	91008	80873	20621	4824	15797	12.00	5.30	19.53
通渭县	204864	106071	98793	10096	2302	7794	4.93	2.17	7.89
陇西县	170770	87383	83387	20097	5342	14755	11.77	6.11	17.69
渭源县	166658	86319	80339	17126	4790	12336	10.28	5.55	15.35
临洮县	241418	125532	115886	12731	3045	9686	5.27	2.43	8.36
漳　县	86712	44388	42324	14951	4429	10522	17.24	9.98	24.86
岷　县	237420	119858	117562	60169	19183	40986	25.34	16.00	34.86
陇南市	**1228464**	**640548**	**587916**	**279929**	**92152**	**187777**	**22.79**	**14.39**	**31.94**
武都区	247361	129511	117850	71311	24411	46900	28.83	18.85	39.80
成　县	94981	49449	45532	10848	3638	7210	11.42	7.36	15.84
文　县	111606	58797	52809	28126	8541	19585	25.20	14.53	37.09
宕昌县	148369	76965	71404	39982	14817	25165	26.95	19.25	35.24
康　县	91043	47359	43684	19458	6583	12875	21.37	13.90	29.47
西和县	192667	98730	93937	42001	12017	29984	21.80	12.17	31.92
礼　县	232562	121270	111292	55223	17490	37733	23.75	14.42	33.90
徽　县	91290	48239	43051	10167	3619	6548	11.14	7.50	15.21
两当县	18585	10228	8357	2813	1036	1777	15.14	10.13	21.26
临夏回族自治州	**937442**	**466899**	**470543**	**204664**	**66491**	**138173**	**21.83**	**14.24**	**29.36**
临夏市	31218	15692	15526	2994	894	2100	9.59	5.70	13.53
临夏县	199873	100205	99668	33199	10619	22580	16.61	10.60	22.66
康乐县	138217	68400	69817	33996	10436	23560	24.60	15.26	33.75
永靖县	70477	36665	33812	3560	942	2618	5.05	2.57	7.74
广河县	111737	54468	57269	29175	9026	20149	26.11	16.57	35.18
和政县	103189	51305	51884	33460	11246	22214	32.43	21.92	42.81
东乡族自治县	149594	73070	76524	42714	14736	27978	28.55	20.17	36.56
积石山保安族东乡族撒拉族自治县	133137	67094	66043	25566	8592	16974	19.20	12.81	25.70
甘南藏族自治州	**307605**	**156893**	**150712**	**70490**	**23189**	**47301**	**22.92**	**14.78**	**31.39**
合作市	28152	15163	12989	6649	2336	4313	23.62	15.41	33.21
临潭县	62155	31658	30497	8812	2298	6514	14.18	7.26	21.36
卓尼县	47966	24407	23559	7692	2338	5354	16.04	9.58	22.73
舟曲县	67544	34416	33128	19261	6257	13004	28.52	18.18	39.25
迭部县	25383	13022	12361	6560	2202	4358	25.84	16.91	35.26
玛曲县	17281	8875	8406	2669	976	1693	15.44	11.00	20.14
碌曲县	14727	7226	7501	3337	1208	2129	22.66	16.72	28.38
夏河县	44397	22126	22271	15510	5574	9936	34.93	25.19	44.61

1-8 各地区

地区	家庭户户数	一人户		二人户		三人
		户数	比重	户数	比重	户数
合计	**8422836**	**1909342**	**22.67**	**2390297**	**28.38**	**1808686**
兰州市	**1488899**	**419715**	**28.19**	**463925**	**31.16**	**331842**
城关区	549816	177980	32.37	172558	31.38	119802
七里河区	252990	72590	28.69	77411	30.60	56887
西固区	164016	44267	26.99	54576	33.27	40359
安宁区	130623	36089	27.63	39586	30.31	31218
红古区	49512	10170	20.54	15771	31.85	12072
永登县	101951	22744	22.31	32373	31.75	22706
皋兰县	42593	11076	26.00	14379	33.76	8484
榆中县	137331	30865	22.47	42856	31.21	28513
兰州新区	60067	13934	23.20	14415	24.00	11801
嘉峪关市	**122353**	**27501**	**22.48**	**43096**	**35.22**	**33461**
市辖区	122353	27501	22.48	43096	35.22	33461
金昌市	**183903**	**46419**	**25.24**	**70950**	**38.58**	**42530**
金川区	108077	27290	25.25	40140	37.14	27145
永昌县	75826	19129	25.23	30810	40.63	15385
白银市	**542351**	**119682**	**22.07**	**169975**	**31.34**	**117213**
白银区	134052	33110	24.70	46800	34.91	31482
平川区	71620	15596	21.78	22111	30.87	15451
靖远县	123319	24221	19.64	34744	28.17	25639
会宁县	140620	31151	22.15	43842	31.18	28775
景泰县	72740	15604	21.45	22478	30.90	15866
天水市	**953419**	**206014**	**21.61**	**237682**	**24.93**	**196252**
秦州区	219465	53702	24.47	60281	27.47	48237
麦积区	173227	34289	19.79	44958	25.95	38557
清水县	82348	19982	24.27	19605	23.81	16699
秦安县	132347	26054	19.69	35093	26.52	27485
甘谷县	159085	32666	20.53	36428	22.90	30996
武山县	113765	23183	20.38	26038	22.89	22593
张家川回族自治县	73182	16138	22.05	15279	20.88	11685
武威市	**529119**	**112346**	**21.23**	**182106**	**34.42**	**112050**
凉州区	314655	66503	21.14	105807	33.63	67358
民勤县	72991	16168	22.15	31027	42.51	14728
古浪县	88140	18473	20.96	28451	32.28	17296
天祝藏族自治县	53333	11202	21.00	16821	31.54	12668
张掖市	**428925**	**94112**	**21.94**	**151825**	**35.40**	**97120**
甘州区	196155	42905	21.87	68889	35.12	46501
肃南裕固族自治县	11612	3365	28.98	4080	35.14	2665
民乐县	65930	12070	18.31	20920	31.73	14575
临泽县	43852	8496	19.37	17065	38.91	10070
高台县	53649	13423	25.02	21766	40.57	11013
山丹县	57727	13853	24.00	19105	33.10	12296
平凉市	**653320**	**148060**	**22.66**	**190846**	**29.21**	**139127**
崆峒区	174535	37397	21.43	50603	28.99	39179
泾川县	87429	24232	27.72	28564	32.67	16730
灵台县	64544	19015	29.46	21214	32.87	12849
崇信县	27697	6861	24.77	7775	28.07	5595
庄浪县	105770	19707	18.63	25300	23.92	21769
静宁县	128463	25362	19.74	39343	30.63	28737
华亭市	64882	15486	23.87	18047	27.82	14268

家庭户规模

单位：户、%

户	四人户		五人户		六人户	
比重	户数	比重	户数	比重	户数	比重
21.47	**1194718**	**14.18**	**593173**	**7.04**	**342791**	**4.07**
22.29	**165977**	**11.15**	**65560**	**4.40**	**29803**	**2.00**
21.79	52396	9.53	17527	3.19	6548	1.19
22.49	27620	10.92	11400	4.51	4743	1.87
24.61	16733	10.20	5370	3.27	1916	1.17
23.90	15086	11.55	5605	4.29	2244	1.72
24.38	6808	13.75	2809	5.67	1460	2.95
22.27	13228	12.97	6491	6.37	3429	3.36
19.92	5323	12.50	2009	4.72	992	2.33
20.76	18801	13.69	9250	6.74	5291	3.85
19.65	9982	16.62	5099	8.49	3180	5.29
27.35	**12962**	**10.59**	**3838**	**3.14**	**1281**	**1.05**
27.35	12962	10.59	3838	3.14	1281	1.05
23.13	**18479**	**10.05**	**3991**	**2.17**	**1323**	**0.72**
25.12	10533	9.75	2170	2.01	684	0.63
20.29	7946	10.48	1821	2.40	639	0.84
21.61	**77291**	**14.25**	**32128**	**5.92**	**17250**	**3.18**
23.48	16437	12.26	4377	3.27	1499	1.12
21.57	11423	15.95	4047	5.65	2069	2.89
20.79	18975	15.39	9959	8.08	6319	5.12
20.46	18866	13.42	9495	6.75	5083	3.61
21.81	11590	15.93	4250	5.84	2280	3.13
20.58	**148048**	**15.53**	**83480**	**8.76**	**51127**	**5.36**
21.98	30265	13.79	14203	6.47	7838	3.57
22.26	27060	15.62	14394	8.31	9210	5.32
20.28	12852	15.61	7336	8.91	4028	4.89
20.77	21079	15.93	11879	8.98	7137	5.39
19.48	25824	16.23	16312	10.25	10412	6.54
19.86	19119	16.81	11554	10.16	7037	6.19
15.97	11849	16.19	7802	10.66	5465	7.47
21.18	**71554**	**13.52**	**30309**	**5.73**	**15781**	**2.98**
21.41	43740	13.90	18429	5.86	9689	3.08
20.18	7776	10.65	2317	3.17	779	1.07
19.62	12850	14.58	6218	7.05	3558	4.04
23.75	7188	13.48	3345	6.27	1755	3.29
22.64	**52453**	**12.23**	**21425**	**5.00**	**9877**	**2.30**
23.71	23545	12.00	9535	4.86	4071	2.08
22.95	1012	8.72	329	2.83	130	1.12
22.11	9879	14.98	4900	7.43	2796	4.24
22.96	5116	11.67	2036	4.64	857	1.95
20.53	5028	9.37	1690	3.15	621	1.16
21.30	7873	13.64	2935	5.08	1402	2.43
21.30	**95266**	**14.58**	**45446**	**6.96**	**24391**	**3.73**
22.45	27726	15.89	11416	6.54	5827	3.34
19.14	10336	11.82	4719	5.40	2110	2.41
19.91	7133	11.05	2930	4.54	1113	1.72
20.20	4129	14.91	1984	7.16	1028	3.71
20.58	16955	16.03	10953	10.36	7413	7.01
22.37	18928	14.73	9132	7.11	4744	3.69
21.99	10059	15.50	4312	6.65	2156	3.32

1-8 各地区

地区	家庭户户数	一人户		二人户		三人
		户数	比重	户数	比重	户数
酒泉市	**392739**	**92847**	**23.64**	**134064**	**34.14**	**95078**
肃州区	176856	44639	25.24	59565	33.68	44566
金塔县	42597	9399	22.06	16593	38.95	9257
瓜州县	44554	8872	19.91	13916	31.23	10670
肃北蒙古族自治县	6312	2039	32.30	1844	29.21	1552
阿克塞哈萨克族自治县	3525	740	20.99	924	26.21	922
玉门市	48622	11476	23.60	16244	33.41	10669
敦煌市	70273	15682	22.32	24978	35.54	17442
庆阳市	**760620**	**187384**	**24.64**	**216039**	**28.40**	**156962**
西峰区	181226	54834	30.26	45749	25.24	36946
庆城县	84115	21167	25.16	23864	28.37	17326
环　县	101038	22854	22.62	28000	27.71	20891
华池县	39867	8302	20.82	11509	28.87	8544
合水县	46590	9855	21.15	13833	29.69	10251
正宁县	60934	13120	21.53	18068	29.65	12820
宁　县	120002	28905	24.09	36896	30.75	23834
镇原县	126848	28347	22.35	38120	30.05	26350
定西市	**846235**	**183143**	**21.64**	**214437**	**25.34**	**177151**
安定区	153187	38576	25.18	45179	29.49	32412
通渭县	106516	21448	20.14	26571	24.95	22656
陇西县	145417	29889	20.55	40079	27.56	29719
渭源县	93029	19649	21.12	23902	25.69	19907
临洮县	160349	32405	20.21	41251	25.73	35713
漳　县	56295	13501	23.98	12943	22.99	11345
岷　县	131442	27675	21.05	24512	18.65	25399
陇南市	**781801**	**162595**	**20.80**	**184634**	**23.62**	**166222**
武都区	183771	40447	22.01	45264	24.63	39884
成　县	78990	17188	21.76	18392	23.28	16886
文　县	73118	17739	24.26	22183	30.34	16101
宕昌县	77191	16047	20.79	14149	18.33	14713
康　县	55611	11911	21.42	14089	25.33	12344
西和县	105695	19484	18.43	20731	19.61	21205
礼　县	126819	21661	17.08	27881	21.98	27033
徽　县	65516	14188	21.66	17564	26.81	14753
两当县	15090	3930	26.04	4381	29.03	3303
临夏回族自治州	**544803**	**70343**	**12.91**	**91903**	**16.87**	**104818**
临夏市	101172	15134	14.96	21476	21.23	23719
临夏县	83946	9992	11.90	13173	15.69	16600
康乐县	66027	8266	12.52	10647	16.13	12325
永靖县	59391	10709	18.03	16284	27.42	14165
广河县	59205	7056	11.92	6414	10.83	8157
和政县	51827	5528	10.67	8062	15.56	9576
东乡族自治县	63992	6174	9.65	6950	10.86	9573
积石山保安族东乡族撒拉族自治县	59243	7484	12.63	8897	15.02	10703
甘南藏族自治州	**194349**	**39181**	**20.16**	**38815**	**19.97**	**38860**
合作市	26476	5847	22.08	5450	20.58	5497
临潭县	37707	6118	16.23	8033	21.30	8089
卓尼县	26353	4871	18.48	5209	19.77	5178
舟曲县	38948	7166	18.40	8760	22.49	8532
迭部县	16857	4701	27.89	3255	19.31	3043
玛曲县	16895	4428	26.21	3378	19.99	3029
碌曲县	9763	2174	22.27	1618	16.57	1756
夏河县	21350	3876	18.15	3112	14.58	3736

家庭户规模（续 1）

单位：户、%

户	四人户		五人户		六人户	
比重	户数	比重	户数	比重	户数	比重
24.21	**45136**	**11.49**	**15741**	**4.01**	**7223**	**1.84**
25.20	19062	10.78	5979	3.38	2381	1.35
21.73	4728	11.10	1688	3.96	749	1.76
23.95	6157	13.82	2676	6.01	1543	3.46
24.59	653	10.35	153	2.42	40	0.63
26.16	688	19.52	162	4.60	75	2.13
21.94	5992	12.32	2319	4.77	1265	2.60
24.82	7856	11.18	2764	3.93	1170	1.66
20.64	**111061**	**14.60**	**51124**	**6.72**	**25556**	**3.36**
20.39	26452	14.60	10264	5.66	4964	2.74
20.60	12473	14.83	5331	6.34	2658	3.16
20.68	15626	15.47	7430	7.35	3966	3.93
21.43	6471	16.23	2893	7.26	1413	3.54
22.00	7166	15.38	3260	7.00	1505	3.23
21.04	9368	15.37	4424	7.26	2110	3.46
19.86	15751	13.13	8261	6.88	4216	3.51
20.77	17754	14.00	9261	7.30	4724	3.72
20.93	**132428**	**15.65**	**73340**	**8.67**	**46169**	**5.46**
21.16	21060	13.75	8992	5.87	4972	3.25
21.27	16914	15.88	9839	9.24	5853	5.49
20.44	23015	15.83	11880	8.17	7141	4.91
21.40	14142	15.20	8511	9.15	5274	5.67
22.27	24702	15.41	14385	8.97	9086	5.67
20.15	8966	15.93	4897	8.70	3147	5.59
19.32	23629	17.98	14836	11.29	10696	8.14
21.26	**130646**	**16.71**	**71917**	**9.20**	**43946**	**5.62**
21.70	30824	16.77	14251	7.75	8673	4.72
21.38	13618	17.24	7193	9.11	3969	5.02
22.02	10246	14.01	3980	5.44	2065	2.82
19.06	13612	17.63	8747	11.33	6620	8.58
22.20	9000	16.18	5017	9.02	2451	4.41
20.06	19190	18.16	12436	11.77	7990	7.56
21.32	22014	17.36	14101	11.12	9025	7.12
22.52	10213	15.59	5234	7.99	2683	4.10
21.89	1929	12.78	958	6.35	470	3.11
19.24	**100588**	**18.46**	**74722**	**13.72**	**55788**	**10.24**
23.44	19209	18.99	10924	10.80	7201	7.12
19.77	15561	18.54	12529	14.93	9600	11.44
18.67	12847	19.46	9715	14.71	7106	10.76
23.85	8950	15.07	4876	8.21	2983	5.02
13.78	11167	18.86	9530	16.10	7553	12.76
18.48	10234	19.75	7797	15.04	6027	11.63
14.96	11568	18.08	10684	16.70	8611	13.46
18.07	11052	18.66	8667	14.63	6707	11.32
19.99	**32829**	**16.89**	**20152**	**10.37**	**13276**	**6.83**
20.76	4085	15.43	2108	7.96	1451	5.48
21.45	6792	18.01	4333	11.49	2936	7.79
19.65	4391	16.66	3001	11.39	2074	7.87
21.91	7012	18.00	3938	10.11	2396	6.15
18.05	2640	15.66	1488	8.83	898	5.33
17.93	2809	16.63	1641	9.71	804	4.76
17.99	1607	16.46	989	10.13	746	7.64
17.50	3493	16.36	2654	12.43	1971	9.23

1-8 各地区家庭户规模（续2）

单位：户、%

地区	七人户		八人户		九人户		十人及以上户	
	户数	比重	户数	比重	户数	比重	户数	比重
合计	**115902**	**1.38**	**38647**	**0.46**	**14782**	**0.18**	**14498**	**0.17**
兰州市	**6837**	**0.46**	**2202**	**0.15**	**1015**	**0.07**	**2023**	**0.14**
城关区	1460	0.27	520	0.09	252	0.05	773	0.14
七里河区	1262	0.50	446	0.18	238	0.09	393	0.16
西固区	384	0.23	158	0.10	67	0.04	186	0.11
安宁区	415	0.32	160	0.12	70	0.05	150	0.11
红古区	283	0.57	79	0.16	24	0.05	36	0.07
永登县	730	0.72	141	0.14	54	0.05	55	0.05
皋兰县	223	0.52	53	0.12	17	0.04	37	0.09
榆中县	1166	0.85	322	0.23	121	0.09	146	0.11
兰州新区	914	1.52	323	0.54	172	0.29	247	0.41
嘉峪关市	**183**	**0.15**	**22**	**0.02**	**8**	**0.01**	**1**	
市辖区	183	0.15	22	0.02	8	0.01	1	
金昌市	**141**	**0.08**	**25**	**0.01**	**9**		**36**	**0.02**
金川区	76	0.07	14	0.01	2		23	0.02
永昌县	65	0.09	11	0.01	7	0.01	13	0.02
白银市	**5682**	**1.05**	**1785**	**0.33**	**582**	**0.11**	**763**	**0.14**
白银区	254	0.19	66	0.05	12	0.01	15	0.01
平川区	624	0.87	174	0.24	56	0.08	69	0.10
靖远县	2347	1.90	697	0.57	218	0.18	200	0.16
会宁县	1952	1.39	739	0.53	269	0.19	448	0.32
景泰县	505	0.69	109	0.15	27	0.04	31	0.04
天水市	**19329**	**2.03**	**6447**	**0.68**	**2506**	**0.26**	**2534**	**0.27**
秦州区	2780	1.27	1020	0.46	463	0.21	676	0.31
麦积区	2976	1.72	935	0.54	391	0.23	457	0.26
清水县	1328	1.61	357	0.43	107	0.13	54	0.07
秦安县	2471	1.87	760	0.57	239	0.18	150	0.11
甘谷县	4141	2.60	1380	0.87	465	0.29	461	0.29
武山县	2803	2.46	853	0.75	275	0.24	310	0.27
张家川回族自治县	2830	3.87	1142	1.56	566	0.77	426	0.58
武威市	**3571**	**0.67**	**797**	**0.15**	**254**	**0.05**	**351**	**0.07**
凉州区	2173	0.69	520	0.17	171	0.05	265	0.08
民勤县	112	0.15	31	0.04	15	0.02	38	0.05
古浪县	989	1.12	202	0.23	64	0.07	39	0.04
天祝藏族自治县	297	0.56	44	0.08	4	0.01	9	0.02
张掖市	**1607**	**0.37**	**300**	**0.07**	**110**	**0.03**	**96**	**0.02**
甘州区	527	0.27	78	0.04	39	0.02	65	0.03
肃南裕固族自治县	20	0.17	7	0.06	3	0.03	1	0.01
民乐县	608	0.92	128	0.19	44	0.07	10	0.02
临泽县	151	0.34	38	0.09	14	0.03	9	0.02
高台县	88	0.16	11	0.02	4	0.01	5	0.01
山丹县	213	0.37	38	0.07	6	0.01	6	0.01
平凉市	**7049**	**1.08**	**1946**	**0.30**	**648**	**0.10**	**541**	**0.08**
崆峒区	1650	0.95	421	0.24	176	0.10	140	0.08
泾川县	527	0.60	143	0.16	40	0.05	28	0.03
灵台县	214	0.33	44	0.07	12	0.02	20	0.03
崇信县	236	0.85	57	0.21	23	0.08	9	0.03
庄浪县	2396	2.27	780	0.74	256	0.24	241	0.23
静宁县	1595	1.24	415	0.32	121	0.09	86	0.07
华亭市	431	0.66	86	0.13	20	0.03	17	0.03

1-8 各地区家庭户规模（续3）

单位：户、%

地区	七人户		八人户		九人户		十人及以上户	
	户数	比重	户数	比重	户数	比重	户数	比重
酒泉市	**1645**	**0.42**	**480**	**0.12**	**199**	**0.05**	**326**	**0.08**
肃州区	388	0.22	100	0.06	35	0.02	141	0.08
金塔县	143	0.34	21	0.05	10	0.02	9	0.02
瓜州县	473	1.06	131	0.29	76	0.17	40	0.09
肃北蒙古族自治县	10	0.16	8	0.13	1	0.02	12	0.19
阿克塞哈萨克族自治县	13	0.37	1	0.03				
玉门市	405	0.83	163	0.34	51	0.10	38	0.08
敦煌市	213	0.30	56	0.08	26	0.04	86	0.12
庆阳市	**8376**	**1.10**	**2436**	**0.32**	**759**	**0.10**	**923**	**0.12**
西峰区	1352	0.75	378	0.21	114	0.06	173	0.10
庆城县	911	1.08	250	0.30	75	0.09	60	0.07
环　县	1431	1.42	416	0.41	144	0.14	280	0.28
华池县	506	1.27	130	0.33	48	0.12	51	0.13
合水县	481	1.03	139	0.30	56	0.12	44	0.09
正宁县	695	1.14	199	0.33	68	0.11	62	0.10
宁　县	1381	1.15	433	0.36	139	0.12	186	0.15
镇原县	1619	1.28	491	0.39	115	0.09	67	0.05
定西市	**13691**	**1.62**	**3813**	**0.45**	**1197**	**0.14**	**866**	**0.10**
安定区	1346	0.88	377	0.25	121	0.08	152	0.10
通渭县	2149	2.02	663	0.62	266	0.25	157	0.15
陇西县	2395	1.65	788	0.54	277	0.19	234	0.16
渭源县	1209	1.30	289	0.31	71	0.08	75	0.08
临洮县	2076	1.29	514	0.32	137	0.09	80	0.05
漳　县	1049	1.86	317	0.56	83	0.15	47	0.08
岷　县	3467	2.64	865	0.66	242	0.18	121	0.09
陇南市	**14689**	**1.88**	**4429**	**0.57**	**1476**	**0.19**	**1247**	**0.16**
武都区	2944	1.60	830	0.45	336	0.18	318	0.17
成　县	1223	1.55	323	0.41	107	0.14	91	0.12
文　县	540	0.74	126	0.17	48	0.07	90	0.12
宕昌县	2316	3.00	692	0.90	192	0.25	103	0.13
康　县	602	1.08	145	0.26	33	0.06	19	0.03
西和县	3160	2.99	1016	0.96	311	0.29	172	0.16
礼　县	3213	2.53	1113	0.88	397	0.31	381	0.30
徽　县	608	0.93	156	0.24	47	0.07	70	0.11
两当县	83	0.55	28	0.19	5	0.03	3	0.02
临夏回族自治州	**26849**	**4.93**	**11192**	**2.05**	**4787**	**0.88**	**3813**	**0.70**
临夏市	2165	2.14	754	0.75	317	0.31	273	0.27
临夏县	4174	4.97	1451	1.73	527	0.63	339	0.40
康乐县	3238	4.90	1187	1.80	433	0.66	263	0.40
永靖县	932	1.57	305	0.51	119	0.20	68	0.11
广河县	4624	7.81	2345	3.96	1143	1.93	1216	2.05
和政县	2837	5.47	1074	2.07	424	0.82	268	0.52
东乡族自治县	5358	8.37	2743	4.29	1309	2.05	1022	1.60
积石山保安族东乡族撒拉族自治县	3521	5.94	1333	2.25	515	0.87	364	0.61
甘南藏族自治州	**6253**	**3.22**	**2773**	**1.43**	**1232**	**0.63**	**978**	**0.50**
合作市	928	3.51	578	2.18	296	1.12	236	0.89
临潭县	965	2.56	281	0.75	75	0.20	85	0.23
卓尼县	911	3.46	414	1.57	200	0.76	104	0.39
舟曲县	836	2.15	222	0.57	57	0.15	29	0.07
迭部县	433	2.57	194	1.15	71	0.42	134	0.79
玛曲县	440	2.60	210	1.24	91	0.54	65	0.38
碌曲县	519	5.32	208	2.13	83	0.85	63	0.65
夏河县	1221	5.72	666	3.12	359	1.68	262	1.23

1-8a 各地区

地区	家庭户户数	一人户		二人户		三人
		户数	比重	户数	比重	户数
合计	**2551450**	**672109**	**26.34**	**778687**	**30.52**	**607120**
兰州市	**1051720**	**315456**	**29.99**	**332976**	**31.66**	**241109**
城关区	537330	174678	32.51	168974	31.45	117226
七里河区	209387	60925	29.10	66618	31.82	47970
西固区	141521	37035	26.17	46993	33.21	36197
安宁区	130623	36089	27.63	39586	30.31	31218
红古区	32859	6729	20.48	10805	32.88	8498
嘉峪关市	**113947**	**25103**	**22.03**	**39776**	**34.91**	**31964**
市辖区	113947	25103	22.03	39776	34.91	31964
金昌市	**97508**	**24095**	**24.71**	**35408**	**36.31**	**25514**
金川区	97508	24095	24.71	35408	36.31	25514
白银市	**165288**	**37904**	**22.93**	**54894**	**33.21**	**39798**
白银区	118013	27396	23.21	40009	33.90	29343
平川区	46684	10312	22.09	14724	31.54	10364
靖远县	591	196	33.16	161	27.24	91
天水市	**219667**	**53825**	**24.50**	**62936**	**28.65**	**51241**
秦州区	135628	35938	26.50	40359	29.76	32157
麦积区	84039	17887	21.28	22577	26.86	19084
武威市	**135050**	**27841**	**20.62**	**40653**	**30.10**	**33700**
凉州区	135050	27841	20.62	40653	30.10	33700
张掖市	**98387**	**22549**	**22.92**	**32087**	**32.61**	**25488**
甘州区	98136	22490	22.92	31999	32.61	25419
肃南裕固族自治县	251	59	23.51	88	35.06	69
平凉市	**141944**	**31632**	**22.28**	**40849**	**28.78**	**33805**
崆峒区	113307	24968	22.04	33383	29.46	27005
华亭市	28637	6664	23.27	7466	26.07	6800
酒泉市	**167506**	**41045**	**24.50**	**53614**	**32.01**	**44881**
肃州区	117495	30357	25.84	37950	32.30	31230
玉门市	17731	3981	22.45	5396	30.43	4870
敦煌市	32280	6707	20.78	10268	31.81	8781
庆阳市	**116873**	**39752**	**34.01**	**27838**	**23.82**	**23433**
西峰区	116873	39752	34.01	27838	23.82	23433
定西市	**70324**	**19190**	**27.29**	**18030**	**25.64**	**15370**
安定区	70324	19190	27.29	18030	25.64	15370
陇南市	**64293**	**14993**	**23.32**	**15086**	**23.46**	**14836**
武都区	63812	14901	23.35	14983	23.48	14739
康　县	481	92	19.13	103	21.41	97
临夏回族自治州	**90257**	**13991**	**15.50**	**19945**	**22.10**	**21530**
临夏市	87922	13709	15.59	19554	22.24	21050
临夏县	2335	282	12.08	391	16.75	480
甘南藏族自治州	**18686**	**4733**	**25.33**	**4595**	**24.59**	**4451**
合作市	18686	4733	25.33	4595	24.59	4451

家庭户规模（城市）

单位：户、%

户	四人户		五人户		六人户	
比重	户数	比重	户数	比重	户数	比重
23.80	**320502**	**12.56**	**108753**	**4.26**	**46512**	**1.82**
22.93	**106673**	**10.14**	**36639**	**3.48**	**13359**	**1.27**
21.82	50818	9.46	16767	3.12	6122	1.14
22.91	21542	10.29	8244	3.94	2874	1.37
25.58	14737	10.41	4506	3.18	1454	1.03
23.90	15086	11.55	5605	4.29	2244	1.72
25.86	4490	13.66	1517	4.62	665	2.02
28.05	**12194**	**10.70**	**3574**	**3.14**	**1154**	**1.01**
28.05	12194	10.70	3574	3.14	1154	1.01
26.17	**9854**	**10.11**	**1970**	**2.02**	**580**	**0.59**
26.17	9854	10.11	1970	2.02	580	0.59
24.08	**23318**	**14.11**	**6439**	**3.90**	**2322**	**1.40**
24.86	15383	13.04	4136	3.50	1420	1.20
22.20	7862	16.84	2271	4.86	883	1.89
15.40	73	12.35	32	5.41	19	3.21
23.33	**30291**	**13.79**	**11701**	**5.33**	**6165**	**2.81**
23.71	17477	12.89	5994	4.42	2433	1.79
22.71	12814	15.25	5707	6.79	3732	4.44
24.95	**21645**	**16.03**	**7173**	**5.31**	**3269**	**2.42**
24.95	21645	16.03	7173	5.31	3269	2.42
25.91	**12175**	**12.37**	**4171**	**4.24**	**1644**	**1.67**
25.90	12152	12.38	4165	4.24	1641	1.67
27.49	23	9.16	6	2.39	3	1.20
23.82	**23280**	**16.40**	**8074**	**5.69**	**3484**	**2.45**
23.83	18143	16.01	6347	5.60	2750	2.43
23.75	5137	17.94	1727	6.03	734	2.56
26.79	**19748**	**11.79**	**5585**	**3.33**	**1986**	**1.19**
26.58	12869	10.95	3526	3.00	1188	1.01
27.47	2492	14.05	675	3.81	261	1.47
27.20	4387	13.59	1384	4.29	537	1.66
20.05	**17381**	**14.87**	**5384**	**4.61**	**2245**	**1.92**
20.05	17381	14.87	5384	4.61	2245	1.92
21.86	**11468**	**16.31**	**3848**	**5.47**	**1893**	**2.69**
21.86	11468	16.31	3848	5.47	1893	2.69
23.08	**12361**	**19.23**	**3956**	**6.15**	**2102**	**3.27**
23.10	12281	19.25	3898	6.11	2065	3.24
20.17	80	16.63	58	12.06	37	7.69
23.85	**17077**	**18.92**	**9193**	**10.19**	**5807**	**6.43**
23.94	16572	18.85	8860	10.08	5573	6.34
20.56	505	21.63	333	14.26	234	10.02
23.82	**3037**	**16.25**	**1046**	**5.60**	**502**	**2.69**
23.82	3037	16.25	1046	5.60	502	2.69

1-8a 各地区家庭户规模（城市）（续1）

单位：户、%

地区	七人户		八人户		九人户		十人及以上户	
	户数	比重	户数	比重	户数	比重	户数	比重
合计	**10390**	**0.41**	**3210**	**0.13**	**1402**	**0.05**	**2765**	**0.11**
兰州市	**2774**	**0.26**	**1031**	**0.10**	**460**	**0.04**	**1243**	**0.12**
城关区	1314	0.24	475	0.09	231	0.04	725	0.13
七里河区	667	0.32	235	0.11	100	0.05	212	0.10
西固区	273	0.19	128	0.09	50	0.04	148	0.10
安宁区	415	0.32	160	0.12	70	0.05	150	0.11
红古区	105	0.32	33	0.10	9	0.03	8	0.02
嘉峪关市	**158**	**0.14**	**19**	**0.02**	**4**		**1**	
市辖区	158	0.14	19	0.02	4		1	
金昌市	**60**	**0.06**	**12**	**0.01**	**2**		**13**	**0.01**
金川区	60	0.06	12	0.01	2		13	0.01
白银市	**445**	**0.27**	**104**	**0.06**	**21**	**0.01**	**43**	**0.03**
白银区	239	0.20	63	0.05	10	0.01	14	0.01
平川区	193	0.41	39	0.08	9	0.02	27	0.06
靖远县	13	2.20	2	0.34	2	0.34	2	0.34
天水市	**1922**	**0.87**	**646**	**0.29**	**344**	**0.16**	**596**	**0.27**
秦州区	693	0.51	207	0.15	117	0.09	253	0.19
麦积区	1229	1.46	439	0.52	227	0.27	343	0.41
武威市	**550**	**0.41**	**102**	**0.08**	**31**	**0.02**	**86**	**0.06**
凉州区	550	0.41	102	0.08	31	0.02	86	0.06
张掖市	**216**	**0.22**	**20**	**0.02**	**13**	**0.01**	**24**	**0.02**

1-8a 各地区家庭户规模（城市）（续 2）

单位：户、%

地区	七人户		八人户		九人户		十人及以上户	
	户数	比重	户数	比重	户数	比重	户数	比重
甘州区	215	0.22	19	0.02	12	0.01	24	0.02
肃南裕固族自治县	1	0.40	1	0.40	1	0.40		
平凉市	**619**	**0.44**	**116**	**0.08**	**52**	**0.04**	**33**	**0.02**
崆峒区	531	0.47	101	0.09	47	0.04	32	0.03
华亭市	88	0.31	15	0.05	5	0.02	1	
酒泉市	**328**	**0.20**	**104**	**0.06**	**36**	**0.02**	**179**	**0.11**
肃州区	192	0.16	60	0.05	18	0.02	105	0.09
玉门市	41	0.23	10	0.06	3	0.02	2	0.01
敦煌市	95	0.29	34	0.11	15	0.05	72	0.22
庆阳市	**509**	**0.44**	**174**	**0.15**	**48**	**0.04**	**109**	**0.09**
西峰区	509	0.44	174	0.15	48	0.04	109	0.09
定西市	**360**	**0.51**	**94**	**0.13**	**24**	**0.03**	**47**	**0.07**
安定区	360	0.51	94	0.13	24	0.03	47	0.07
陇南市	**593**	**0.92**	**155**	**0.24**	**83**	**0.13**	**128**	**0.20**
武都区	584	0.92	152	0.24	82	0.13	127	0.20
康　县	9	1.87	3	0.62	1	0.21	1	0.21
临夏回族自治州	**1676**	**1.86**	**563**	**0.62**	**258**	**0.29**	**217**	**0.24**
临夏市	1592	1.81	548	0.62	252	0.29	212	0.24
临夏县	84	3.60	15	0.64	6	0.26	5	0.21
甘南藏族自治州	**180**	**0.96**	**70**	**0.37**	**26**	**0.14**	**46**	**0.25**
合作市	180	0.96	70	0.37	26	0.14	46	0.25

1-8b 各地区

地区	家庭户户数	一人户		二人户		三人
		户数	比重	户数	比重	户数
合计	**1925591**	**443417**	**23.03**	**501913**	**26.07**	**419881**
兰州市	**198705**	**47759**	**24.04**	**56976**	**28.67**	**43397**
城关区	7576	2205	29.11	2231	29.45	1629
七里河区	15944	3788	23.76	4197	26.32	3609
西固区	9738	3391	34.82	3760	38.61	1625
安宁区						
红古区	6443	1891	29.35	2295	35.62	1206
永登县	47384	10124	21.37	14527	30.66	11030
皋兰县	23860	5992	25.11	7256	30.41	5085
榆中县	54770	11934	21.79	14832	27.08	12718
兰州新区	32990	8434	25.57	7878	23.88	6495
嘉峪关市	**1467**	**441**	**30.06**	**551**	**37.56**	**230**
市辖区	1467	441	30.06	551	37.56	230
金昌市	**40446**	**8156**	**20.17**	**14876**	**36.78**	**10223**
金川区	319	56	17.55	122	38.24	61
永昌县	40127	8100	20.19	14754	36.77	10162
白银市	**141375**	**32686**	**23.12**	**37148**	**26.28**	**30358**
白银区	1142	327	28.63	538	47.11	168
平川区	7104	2108	29.67	1953	27.49	1247
靖远县	48549	11118	22.90	12820	26.41	10093
会宁县	45081	10626	23.57	11296	25.06	9800
景泰县	39499	8507	21.54	10541	26.69	9050
天水市	**219642**	**52329**	**23.82**	**49038**	**22.33**	**44856**
秦州区	13902	2902	20.87	3052	21.95	2593
麦积区	15277	3532	23.12	4151	27.17	3264
清水县	27406	7512	27.41	5932	21.64	5683
秦安县	39396	7403	18.79	9379	23.81	8914
甘谷县	59782	15597	26.09	12763	21.35	11905
武山县	41031	9478	23.10	9402	22.91	8498
张家川回族自治县	22848	5905	25.84	4359	19.08	3999
武威市	**104701**	**23418**	**22.37**	**34708**	**33.15**	**22811**
凉州区	27467	6947	25.29	9968	36.29	5045
民勤县	26657	6089	22.84	9508	35.67	5983
古浪县	26769	5722	21.38	7563	28.25	5794
天祝藏族自治县	23808	4660	19.57	7669	32.21	5989
张掖市	**112006**	**21184**	**18.91**	**36577**	**32.66**	**28039**
甘州区	5345	1110	20.77	2064	38.62	1125
肃南裕固族自治县	4232	1198	28.31	1451	34.29	1022
民乐县	28389	4253	14.98	8239	29.02	7094
临泽县	19376	3903	20.14	6653	34.34	5045
高台县	25901	5680	21.93	9367	36.16	6551
山丹县	28763	5040	17.52	8803	30.61	7202
平凉市	**144211**	**33952**	**23.54**	**37467**	**25.98**	**31750**
崆峒区	2828	600	21.22	754	26.66	599
泾川县	32017	8933	27.90	9205	28.75	6733
灵台县	19472	4302	22.09	5702	29.28	4775
崇信县	11634	2469	21.22	3042	26.15	2588
庄浪县	30979	7170	23.14	6593	21.28	6620
静宁县	36616	7405	20.22	9226	25.20	8279
华亭市	10665	3073	28.81	2945	27.61	2156

家庭户规模（镇）

单位：户、%

户	四人户		五人户		六人户	
比重	户数	比重	户数	比重	户数	比重
21.81	**312961**	**16.25**	**135544**	**7.04**	**74147**	**3.85**
21.84	**29400**	**14.80**	**12333**	**6.21**	**6615**	**3.33**
21.50	866	11.43	355	4.69	167	2.20
22.64	2317	14.53	1107	6.94	637	4.00
16.69	616	6.33	228	2.34	92	0.94
18.72	641	9.95	236	3.66	119	1.85
23.28	6800	14.35	2920	6.16	1553	3.28
21.31	3539	14.83	1245	5.22	574	2.41
23.22	9090	16.60	3677	6.71	1958	3.57
19.69	5531	16.77	2565	7.78	1515	4.59
15.68	**151**	**10.29**	**57**	**3.89**	**31**	**2.11**
15.68	151	10.29	57	3.89	31	2.11
25.28	**5680**	**14.04**	**1117**	**2.76**	**342**	**0.85**
19.12	45	14.11	10	3.13	12	3.76
25.32	5635	14.04	1107	2.76	330	0.82
21.47	**23953**	**16.94**	**9582**	**6.78**	**5046**	**3.57**
14.71	78	6.83	23	2.01	6	0.53
17.55	993	13.98	416	5.86	238	3.35
20.79	8050	16.58	3553	7.32	1966	4.05
21.74	7407	16.43	3209	7.12	1568	3.48
22.91	7425	18.80	2381	6.03	1268	3.21
20.42	**38333**	**17.45**	**18335**	**8.35**	**10470**	**4.77**
18.65	2099	15.10	1508	10.85	957	6.88
21.37	2328	15.24	1108	7.25	636	4.16
20.74	4819	17.58	2146	7.83	993	3.62
22.63	7749	19.67	3311	8.40	1793	4.55
19.91	9646	16.14	4962	8.30	3033	5.07
20.71	7472	18.21	3282	8.00	1822	4.44
17.50	4220	18.47	2018	8.83	1236	5.41
21.79	**14825**	**14.16**	**5417**	**5.17**	**2721**	**2.60**
18.37	3152	11.48	1341	4.88	750	2.73
22.44	3871	14.52	840	3.15	261	0.98
21.64	4447	16.61	1902	7.11	1022	3.82
25.16	3355	14.09	1334	5.60	688	2.89
25.03	**16944**	**15.13**	**6017**	**5.37**	**2687**	**2.40**
21.05	613	11.47	269	5.03	141	2.64
24.15	360	8.51	131	3.10	57	1.35
24.99	5289	18.63	2184	7.69	1060	3.73
26.04	2683	13.85	737	3.80	295	1.52
25.29	3100	11.97	879	3.39	292	1.13
25.04	4899	17.03	1817	6.32	842	2.93
22.02	**23676**	**16.42**	**10251**	**7.11**	**5119**	**3.55**
21.18	397	14.04	271	9.58	140	4.95
21.03	4382	13.69	1727	5.39	755	2.36
24.52	3086	15.85	1126	5.78	405	2.08
22.25	2143	18.42	862	7.41	429	3.69
21.37	5447	17.58	2718	8.77	1678	5.42
22.61	6766	18.48	2913	7.96	1383	3.78
20.22	1455	13.64	634	5.94	329	3.08

1-8b 各地区

地区	家庭户户数	一人户		二人户		三人
		户数	比重	户数	比重	户数
酒泉市	**84763**	**21747**	**25.66**	**30435**	**35.91**	**19573**
肃州区	7970	2045	25.66	2945	36.95	1644
金塔县	18891	4444	23.52	6835	36.18	4510
瓜州县	18710	4125	22.05	6006	32.10	4857
肃北蒙古族自治县	4383	1543	35.20	1258	28.70	1050
阿克塞哈萨克族自治县	3287	587	17.86	887	26.99	889
玉门市	13489	4297	31.86	4926	36.52	2341
敦煌市	18033	4706	26.10	7578	42.02	4282
庆阳市	**197157**	**46639**	**23.66**	**51433**	**26.09**	**43337**
西峰区	2525	540	21.39	679	26.89	546
庆城县	34129	9809	28.74	8807	25.81	7048
环　县	33395	7373	22.08	7595	22.74	7458
华池县	15632	2878	18.41	3750	23.99	3669
合水县	17225	3688	21.41	4399	25.54	4193
正宁县	24168	5237	21.67	6339	26.23	5404
宁　县	36230	9528	26.30	10240	28.26	7523
镇原县	33853	7586	22.41	9624	28.43	7496
定西市	**267002**	**67723**	**25.36**	**63989**	**23.97**	**56445**
安定区	8564	1874	21.88	2525	29.48	1677
通渭县	29998	7449	24.83	6927	23.09	6459
陇西县	75085	16935	22.55	18910	25.18	15823
渭源县	26067	5920	22.71	6562	25.17	5843
临洮县	65164	15258	23.41	16804	25.79	14941
漳　县	20675	6528	31.57	4459	21.57	4086
岷　县	41449	13759	33.20	7802	18.82	7616
陇南市	**221743**	**50452**	**22.75**	**50809**	**22.91**	**49147**
武都区	18380	3895	21.19	4384	23.85	3802
成　县	39354	9551	24.27	8738	22.20	8471
文　县	22825	5354	23.46	6372	27.92	5439
宕昌县	23846	7248	30.40	4464	18.72	4614
康　县	16150	3600	22.29	4171	25.83	3825
西和县	31013	7227	23.30	5877	18.95	6409
礼　县	36535	6483	17.74	7859	21.51	8431
徽　县	26797	5389	20.11	7030	26.23	6513
两当县	6843	1705	24.92	1914	27.97	1643
临夏回族自治州	**124404**	**19452**	**15.64**	**23097**	**18.57**	**25647**
临夏市	2744	242	8.82	352	12.83	493
临夏县	10797	1232	11.41	1795	16.62	2174
康乐县	15647	2486	15.89	2872	18.35	3437
永靖县	32725	6604	20.18	8993	27.48	8355
广河县	21237	2922	13.76	2532	11.92	3199
和政县	15788	2270	14.38	2842	18.00	3457
东乡族自治县	12074	1482	12.27	1415	11.72	1808
积石山保安族东乡族撒拉族自治县	13392	2214	16.53	2296	17.14	2724
甘南藏族自治州	**67969**	**17479**	**25.72**	**14809**	**21.79**	**14068**
合作市	653	67	10.26	79	12.10	74
临潭县	14632	2867	19.59	3188	21.79	3293
卓尼县	9716	2387	24.57	2198	22.62	2167
舟曲县	12725	3031	23.82	2750	21.61	2800
迭部县	7291	2532	34.73	1755	24.07	1315
玛曲县	9768	3115	31.89	2123	21.73	1773
碌曲县	5176	1555	30.04	1069	20.65	950
夏河县	8008	1925	24.04	1647	20.57	1696

家庭户规模（镇）（续 1）

单位：户、%

户	四人户		五人户		六人户	
比重	户数	比重	户数	比重	户数	比重
23.09	**9039**	**10.66**	**2559**	**3.02**	**1089**	**1.28**
20.63	815	10.23	331	4.15	149	1.87
23.87	2286	12.10	575	3.04	200	1.06
25.96	2589	13.84	728	3.89	314	1.68
23.96	392	8.94	87	1.98	35	0.80
27.05	678	20.63	157	4.78	75	2.28
17.35	1167	8.65	429	3.18	233	1.73
23.75	1112	6.17	252	1.40	83	0.46
21.98	**34104**	**17.30**	**13080**	**6.63**	**5824**	**2.95**
21.62	415	16.44	196	7.76	107	4.24
20.65	5623	16.48	1816	5.32	739	2.17
22.33	6676	19.99	2542	7.61	1139	3.41
23.47	3373	21.58	1261	8.07	531	3.40
24.34	3214	18.66	1086	6.30	439	2.55
22.36	4339	17.95	1717	7.10	770	3.19
20.76	5009	13.83	2211	6.10	1100	3.04
22.14	5455	16.11	2251	6.65	999	2.95
21.14	**43585**	**16.32**	**19415**	**7.27**	**11178**	**4.19**
19.58	1207	14.09	649	7.58	413	4.82
21.53	5423	18.08	2098	6.99	1098	3.66
21.07	13092	17.44	5489	7.31	3180	4.24
22.42	4221	16.19	1947	7.47	1173	4.50
22.93	9960	15.28	4857	7.45	2638	4.05
19.76	3213	15.54	1326	6.41	739	3.57
18.37	6469	15.61	3049	7.36	1937	4.67
22.16	**38264**	**17.26**	**17452**	**7.87**	**10090**	**4.55**
20.69	3140	17.08	1491	8.11	965	5.25
21.53	7068	17.96	3066	7.79	1657	4.21
23.83	3559	15.59	1134	4.97	644	2.82
19.35	3836	16.09	1904	7.98	1227	5.15
23.68	2628	16.27	1183	7.33	562	3.48
20.67	5686	18.33	2926	9.43	1872	6.04
23.08	6691	18.31	3453	9.45	2061	5.64
24.30	4698	17.53	1909	7.12	916	3.42
24.01	958	14.00	386	5.64	186	2.72
20.62	**23669**	**19.03**	**14732**	**11.84**	**9975**	**8.02**
17.97	557	20.30	478	17.42	378	13.78
20.14	2189	20.27	1659	15.37	1084	10.04
21.97	3314	21.18	1854	11.85	1090	6.97
25.53	5049	15.43	2165	6.62	1162	3.55
15.06	4258	20.05	3135	14.76	2379	11.20
21.90	3215	20.36	1908	12.09	1348	8.54
14.97	2341	19.39	1910	15.82	1451	12.02
20.34	2746	20.50	1623	12.12	1083	8.09
20.70	**11338**	**16.68**	**5197**	**7.65**	**2960**	**4.35**
11.33	107	16.39	106	16.23	77	11.79
22.51	2640	18.04	1364	9.32	799	5.46
22.30	1661	17.10	675	6.95	381	3.92
22.00	2364	18.58	998	7.84	554	4.35
18.04	937	12.85	351	4.81	176	2.41
18.15	1492	15.27	658	6.74	317	3.25
18.35	833	16.09	345	6.67	218	4.21
21.18	1304	16.28	700	8.74	438	5.47

1-8b 各地区家庭户规模（镇）（续2）

单位：户、%

地区	七人户		八人户		九人户		十人及以上户	
	户数	比重	户数	比重	户数	比重	户数	比重
合计	**22619**	**1.17**	**7489**	**0.39**	**3184**	**0.17**	**4436**	**0.23**
兰州市	**1417**	**0.71**	**383**	**0.19**	**173**	**0.09**	**252**	**0.13**
城关区	59	0.78	21	0.28	10	0.13	33	0.44
七里河区	163	1.02	69	0.43	22	0.14	35	0.22
西固区	17	0.17	4	0.04	2	0.02	3	0.03
安宁区								
红古区	27	0.42	8	0.12	6	0.09	14	0.22
永登县	313	0.66	52	0.11	33	0.07	32	0.07
皋兰县	113	0.47	20	0.08	13	0.05	23	0.10
榆中县	372	0.68	107	0.20	41	0.07	41	0.07
兰州新区	353	1.07	102	0.31	46	0.14	71	0.22
嘉峪关市	**5**	**0.34**			**1**	**0.07**		
市辖区	5	0.34			1	0.07		
金昌市	**32**	**0.08**	**5**	**0.01**	**2**		**13**	**0.03**
金川区	7	2.19					6	1.88
永昌县	25	0.06	5	0.01	2		7	0.02
白银市	**1461**	**1.03**	**517**	**0.37**	**177**	**0.13**	**447**	**0.32**
白银区	2	0.18						
平川区	92	1.30	30	0.42	16	0.23	11	0.15
靖远县	610	1.26	181	0.37	56	0.12	102	0.21
会宁县	498	1.10	257	0.57	96	0.21	324	0.72
景泰县	259	0.66	49	0.12	9	0.02	10	0.03
天水市	**3702**	**1.69**	**1234**	**0.56**	**535**	**0.24**	**810**	**0.37**
秦州区	387	2.78	164	1.18	85	0.61	155	1.11
麦积区	188	1.23	37	0.24	19	0.12	14	0.09
清水县	229	0.84	64	0.23	18	0.07	10	0.04
秦安县	582	1.48	146	0.37	57	0.14	62	0.16
甘谷县	1094	1.83	385	0.64	153	0.26	244	0.41
武山县	638	1.55	176	0.43	58	0.14	205	0.50
张家川回族自治县	584	2.56	262	1.15	145	0.63	120	0.53
武威市	**550**	**0.53**	**122**	**0.12**	**45**	**0.04**	**84**	**0.08**
凉州区	169	0.62	46	0.17	15	0.05	34	0.12
民勤县	44	0.17	14	0.05	12	0.05	35	0.13
古浪县	243	0.91	48	0.18	17	0.06	11	0.04
天祝藏族自治县	94	0.39	14	0.06	1		4	0.02
张掖市	**425**	**0.38**	**89**	**0.08**	**32**	**0.03**	**12**	**0.01**
甘州区	15	0.28	1	0.02	4	0.07	3	0.06
肃南裕固族自治县	8	0.19	4	0.09	1	0.02		
民乐县	204	0.72	45	0.16	19	0.07	2	0.01
临泽县	43	0.22	11	0.06	3	0.02	3	0.02
高台县	26	0.10	2	0.01	2	0.01	2	0.01
山丹县	129	0.45	26	0.09	3	0.01	2	0.01
平凉市	**1333**	**0.92**	**359**	**0.25**	**125**	**0.09**	**179**	**0.12**
崆峒区	44	1.56	12	0.42	3	0.11	8	0.28
泾川县	192	0.60	57	0.18	18	0.06	15	0.05
灵台县	63	0.32	8	0.04	1	0.01	4	0.02
崇信县	72	0.62	14	0.12	13	0.11	2	0.02
庄浪县	449	1.45	152	0.49	56	0.18	96	0.31
静宁县	452	1.23	108	0.29	32	0.09	52	0.14
华亭市	61	0.57	8	0.08	2	0.02	2	0.02

1-8b 各地区家庭户规模（镇）（续3）

单位：户、%

地区	七人户		八人户		九人户		十人及以上户	
	户数	比重	户数	比重	户数	比重	户数	比重
酒泉市	**223**	**0.26**	**49**	**0.06**	**20**	**0.02**	**29**	**0.03**
肃州区	23	0.29	5	0.06	2	0.03	11	0.14
金塔县	34	0.18	3	0.02	1	0.01	3	0.02
瓜州县	62	0.33	18	0.10	9	0.05	2	0.01
肃北蒙古族自治县	7	0.16	5	0.11	1	0.02	5	0.11
阿克塞哈萨克族自治县	13	0.40	1	0.03				
玉门市	67	0.50	15	0.11	7	0.05	7	0.05
敦煌市	17	0.09	2	0.01			1	0.01
庆阳市	**1711**	**0.87**	**473**	**0.24**	**193**	**0.10**	**363**	**0.18**
西峰区	27	1.07	8	0.32	5	0.20	2	0.08
庆城县	203	0.59	43	0.13	18	0.05	23	0.07
环　县	364	1.09	71	0.21	43	0.13	134	0.40
华池县	116	0.74	27	0.17	13	0.08	14	0.09
合水县	127	0.74	40	0.23	14	0.08	25	0.15
正宁县	233	0.96	66	0.27	32	0.13	31	0.13
宁　县	349	0.96	127	0.35	48	0.13	95	0.26
镇原县	292	0.86	91	0.27	20	0.06	39	0.12
定西市	**2984**	**1.12**	**900**	**0.34**	**353**	**0.13**	**430**	**0.16**
安定区	141	1.65	39	0.46	13	0.15	26	0.30
通渭县	336	1.12	115	0.38	48	0.16	45	0.15
陇西县	995	1.33	348	0.46	148	0.20	165	0.22
渭源县	249	0.96	66	0.25	21	0.08	65	0.25
临洮县	512	0.79	123	0.19	40	0.06	31	0.05
漳　县	220	1.06	64	0.31	15	0.07	25	0.12
岷　县	531	1.28	145	0.35	68	0.16	73	0.18
陇南市	**3307**	**1.49**	**1082**	**0.49**	**480**	**0.22**	**660**	**0.30**
武都区	394	2.14	139	0.76	68	0.37	102	0.55
成　县	507	1.29	155	0.39	66	0.17	75	0.19
文　县	175	0.77	48	0.21	31	0.14	69	0.30
宕昌县	394	1.65	108	0.45	33	0.14	18	0.08
康　县	132	0.82	37	0.23	9	0.06	3	0.02
西和县	643	2.07	220	0.71	90	0.29	63	0.20
礼　县	831	2.27	302	0.83	153	0.42	271	0.74
徽　县	197	0.74	60	0.22	27	0.10	58	0.22
两当县	34	0.50	13	0.19	3	0.04	1	0.01
临夏回族自治州	**4291**	**3.45**	**1804**	**1.45**	**862**	**0.69**	**875**	**0.70**
临夏市	151	5.50	50	1.82	23	0.84	20	0.73
临夏县	412	3.82	142	1.32	64	0.59	46	0.43
康乐县	357	2.28	132	0.84	57	0.36	48	0.31
永靖县	264	0.81	81	0.25	28	0.09	24	0.07
广河县	1354	6.38	669	3.15	317	1.49	472	2.22
和政县	478	3.03	166	1.05	67	0.42	37	0.23
东乡族自治县	836	6.92	420	3.48	232	1.92	179	1.48
积石山保安族东乡族撒拉族自治县	439	3.28	144	1.08	74	0.55	49	0.37
甘南藏族自治州	**1178**	**1.73**	**472**	**0.69**	**186**	**0.27**	**282**	**0.41**
合作市	64	9.80	40	6.13	20	3.06	19	2.91
临潭县	288	1.97	92	0.63	41	0.28	60	0.41
卓尼县	125	1.29	64	0.66	29	0.30	29	0.30
舟曲县	173	1.36	37	0.29	7	0.06	11	0.09
迭部县	95	1.30	35	0.48	11	0.15	84	1.15
玛曲县	160	1.64	79	0.81	28	0.29	23	0.24
碌曲县	120	2.32	50	0.97	13	0.25	23	0.44
夏河县	153	1.91	75	0.94	37	0.46	33	0.41

1-8c 各地区

地区	家庭户户数	一人户		二人户		三人
		户数	比重	户数	比重	户数
合计	**3945795**	**793816**	**20.12**	**1109697**	**28.12**	**781685**
兰州市	**238474**	**56500**	**23.69**	**73973**	**31.02**	**47336**
城关区	4910	1097	22.34	1353	27.56	947
七里河区	27659	7877	28.48	6596	23.85	5308
西固区	12757	3841	30.11	3823	29.97	2537
安宁区						
红古区	10210	1550	15.18	2671	26.16	2368
永登县	54567	12620	23.13	17846	32.70	11676
皋兰县	18733	5084	27.14	7123	38.02	3399
榆中县	82561	18931	22.93	28024	33.94	15795
兰州新区	27077	5500	20.31	6537	24.14	5306
嘉峪关市	**6939**	**1957**	**28.20**	**2769**	**39.90**	**1267**
市辖区	6939	1957	28.20	2769	39.90	1267
金昌市	**45949**	**14168**	**30.83**	**20666**	**44.98**	**6793**
金川区	10250	3139	30.62	4610	44.98	1570
永昌县	35699	11029	30.89	16056	44.98	5223
白银市	**235688**	**49092**	**20.83**	**77933**	**33.07**	**47057**
白银区	14897	5387	36.16	6253	41.97	1971
平川区	17832	3176	17.81	5434	30.47	3840
靖远县	74179	12907	17.40	21763	29.34	15455
会宁县	95539	20525	21.48	32546	34.07	18975
景泰县	33241	7097	21.35	11937	35.91	6816
天水市	**514110**	**99860**	**19.42**	**125708**	**24.45**	**100155**
秦州区	69935	14862	21.25	16870	24.12	13487
麦积区	73911	12870	17.41	18230	24.66	16209
清水县	54942	12470	22.70	13673	24.89	11016
秦安县	92951	18651	20.07	25714	27.66	18571
甘谷县	99303	17069	17.19	23665	23.83	19091
武山县	72734	13705	18.84	16636	22.87	14095
张家川回族自治县	50334	10233	20.33	10920	21.70	7686
武威市	**289368**	**61087**	**21.11**	**106745**	**36.89**	**55539**
凉州区	152138	31715	20.85	55186	36.27	28613
民勤县	46334	10079	21.75	21519	46.44	8745
古浪县	61371	12751	20.78	20888	34.04	11502
天祝藏族自治县	29525	6542	22.16	9152	31.00	6679
张掖市	**218532**	**50379**	**23.05**	**83161**	**38.05**	**43593**
甘州区	92674	19305	20.83	34826	37.58	19957
肃南裕固族自治县	7129	2108	29.57	2541	35.64	1574
民乐县	37541	7817	20.82	12681	33.78	7481
临泽县	24476	4593	18.77	10412	42.54	5025
高台县	27748	7743	27.90	12399	44.68	4462
山丹县	28964	8813	30.43	10302	35.57	5094
平凉市	**367165**	**82476**	**22.46**	**112530**	**30.65**	**73572**
崆峒区	58400	11829	20.26	16466	28.20	11575
泾川县	55412	15299	27.61	19359	34.94	9997
灵台县	45072	14713	32.64	15512	34.42	8074
崇信县	16063	4392	27.34	4733	29.47	3007
庄浪县	74791	12537	16.76	18707	25.01	15149
静宁县	91847	17957	19.55	30117	32.79	20458
华亭市	25580	5749	22.47	7636	29.85	5312

家庭户规模（乡村）

单位：户、%

户	四人户		五人户		六人户	
比重	户数	比重	户数	比重	户数	比重
19.81	**561255**	**14.22**	**348876**	**8.84**	**222132**	**5.63**
19.85	**29904**	**12.54**	**16588**	**6.96**	**9829**	**4.12**
19.29	712	14.50	405	8.25	259	5.27
19.19	3761	13.60	2049	7.41	1232	4.45
19.89	1380	10.82	636	4.99	370	2.90
23.19	1677	16.43	1056	10.34	676	6.62
21.40	6428	11.78	3571	6.54	1876	3.44
18.14	1784	9.52	764	4.08	418	2.23
19.13	9711	11.76	5573	6.75	3333	4.04
19.60	4451	16.44	2534	9.36	1665	6.15
18.26	**617**	**8.89**	**207**	**2.98**	**96**	**1.38**
18.26	617	8.89	207	2.98	96	1.38
14.78	**2945**	**6.41**	**904**	**1.97**	**401**	**0.87**
15.32	634	6.19	190	1.85	92	0.90
14.63	2311	6.47	714	2.00	309	0.87
19.97	**30020**	**12.74**	**16107**	**6.83**	**9882**	**4.19**
13.23	976	6.55	218	1.46	73	0.49
21.53	2568	14.40	1360	7.63	948	5.32
20.83	10852	14.63	6374	8.59	4334	5.84
19.86	11459	11.99	6286	6.58	3515	3.68
20.50	4165	12.53	1869	5.62	1012	3.04
19.48	**79424**	**15.45**	**53444**	**10.40**	**34492**	**6.71**
19.29	10689	15.28	6701	9.58	4448	6.36
21.93	11918	16.12	7579	10.25	4842	6.55
20.05	8033	14.62	5190	9.45	3035	5.52
19.98	13330	14.34	8568	9.22	5344	5.75
19.22	16178	16.29	11350	11.43	7379	7.43
19.38	11647	16.01	8272	11.37	5215	7.17
15.27	7629	15.16	5784	11.49	4229	8.40
19.19	**35084**	**12.12**	**17719**	**6.12**	**9791**	**3.38**
18.81	18943	12.45	9915	6.52	5670	3.73
18.87	3905	8.43	1477	3.19	518	1.12
18.74	8403	13.69	4316	7.03	2536	4.13
22.62	3833	12.98	2011	6.81	1067	3.61
19.95	**23334**	**10.68**	**11237**	**5.14**	**5546**	**2.54**
21.53	10780	11.63	5101	5.50	2289	2.47
22.08	629	8.82	192	2.69	70	0.98
19.93	4590	12.23	2716	7.23	1736	4.62
20.53	2433	9.94	1299	5.31	562	2.30
16.08	1928	6.95	811	2.92	329	1.19
17.59	2974	10.27	1118	3.86	560	1.93
20.04	**48310**	**13.16**	**27121**	**7.39**	**15788**	**4.30**
19.82	9186	15.73	4798	8.22	2937	5.03
18.04	5954	10.74	2992	5.40	1355	2.45
17.91	4047	8.98	1804	4.00	708	1.57
18.72	1986	12.36	1122	6.98	599	3.73
20.26	11508	15.39	8235	11.01	5735	7.67
22.27	12162	13.24	6219	6.77	3361	3.66
20.77	3467	13.55	1951	7.63	1093	4.27

1-8c 各地区

地区	家庭户户数	一人户		二人户		三人
		户数	比重	户数	比重	户数
酒泉市	**140470**	**30055**	**21.40**	**50015**	**35.61**	**30624**
肃州区	51391	12237	23.81	18670	36.33	11692
金塔县	23706	4955	20.90	9758	41.16	4747
瓜州县	25844	4747	18.37	7910	30.61	5813
肃北蒙古族自治县	1929	496	25.71	586	30.38	502
阿克塞哈萨克族自治县	238	153	64.29	37	15.55	33
玉门市	17402	3198	18.38	5922	34.03	3458
敦煌市	19960	4269	21.39	7132	35.73	4379
庆阳市	**446590**	**100993**	**22.61**	**136768**	**30.62**	**90192**
西峰区	61828	14542	23.52	17232	27.87	12967
庆城县	49986	11358	22.72	15057	30.12	10278
环　县	67643	15481	22.89	20405	30.17	13433
华池县	24235	5424	22.38	7759	32.02	4875
合水县	29365	6167	21.00	9434	32.13	6058
正宁县	36766	7883	21.44	11729	31.90	7416
宁　县	83772	19377	23.13	26656	31.82	16311
镇原县	92995	20761	22.32	28496	30.64	18854
定西市	**508909**	**96230**	**18.91**	**132418**	**26.02**	**105336**
安定区	74299	17512	23.57	24624	33.14	15365
通渭县	76518	13999	18.30	19644	25.67	16197
陇西县	70332	12954	18.42	21169	30.10	13896
渭源县	66962	13729	20.50	17340	25.90	14064
临洮县	95185	17147	18.01	24447	25.68	20772
漳　县	35620	6973	19.58	8484	23.82	7259
岷　县	89993	13916	15.46	16710	18.57	17783
陇南市	**495765**	**97150**	**19.60**	**118739**	**23.95**	**102239**
武都区	101579	21651	21.31	25897	25.49	21343
成　县	39636	7637	19.27	9654	24.36	8415
文　县	50293	12385	24.63	15811	31.44	10662
宕昌县	53345	8799	16.49	9685	18.16	10099
康　县	38980	8219	21.09	9815	25.18	8422
西和县	74682	12257	16.41	14854	19.89	14796
礼　县	90284	15178	16.81	20022	22.18	18602
徽　县	38719	8799	22.73	10534	27.21	8240
两当县	8247	2225	26.98	2467	29.91	1660
临夏回族自治州	**330142**	**36900**	**11.18**	**48861**	**14.80**	**57641**
临夏市	10506	1183	11.26	1570	14.94	2176
临夏县	70814	8478	11.97	10987	15.52	13946
康乐县	50380	5780	11.47	7775	15.43	8888
永靖县	26666	4105	15.39	7291	27.34	5810
广河县	37968	4134	10.89	3882	10.22	4958
和政县	36039	3258	9.04	5220	14.48	6119
东乡族自治县	51918	4692	9.04	5535	10.66	7765
积石山保安族东乡族撒拉族自治县	45851	5270	11.49	6601	14.40	7979
甘南藏族自治州	**107694**	**16969**	**15.76**	**19411**	**18.02**	**20341**
合作市	7137	1047	14.67	776	10.87	972
临潭县	23075	3251	14.09	4845	21.00	4796
卓尼县	16637	2484	14.93	3011	18.10	3011
舟曲县	26223	4135	15.77	6010	22.92	5732
迭部县	9566	2169	22.67	1500	15.68	1728
玛曲县	7127	1313	18.42	1255	17.61	1256
碌曲县	4587	619	13.49	549	11.97	806
夏河县	13342	1951	14.62	1465	10.98	2040

家庭户规模（乡村）（续 1）

单位：户、%

户	四人户		五人户		六人户	
比重	户数	比重	户数	比重	户数	比重
21.80	**16349**	**11.64**	**7597**	**5.41**	**4148**	**2.95**
22.75	5378	10.46	2122	4.13	1044	2.03
20.02	2442	10.30	1113	4.70	549	2.32
22.49	3568	13.81	1948	7.54	1229	4.76
26.02	261	13.53	66	3.42	5	0.26
13.87	10	4.20	5	2.10		
19.87	2333	13.41	1215	6.98	771	4.43
21.94	2357	11.81	1128	5.65	550	2.76
20.20	**59576**	**13.34**	**32660**	**7.31**	**17487**	**3.92**
20.97	8656	14.00	4684	7.58	2612	4.22
20.56	6850	13.70	3515	7.03	1919	3.84
19.86	8950	13.23	4888	7.23	2827	4.18
20.12	3098	12.78	1632	6.73	882	3.64
20.63	3952	13.46	2174	7.40	1066	3.63
20.17	5029	13.68	2707	7.36	1340	3.64
19.47	10742	12.82	6050	7.22	3116	3.72
20.27	12299	13.23	7010	7.54	3725	4.01
20.70	**77375**	**15.20**	**50077**	**9.84**	**33098**	**6.50**
20.68	8385	11.29	4495	6.05	2666	3.59
21.17	11491	15.02	7741	10.12	4755	6.21
19.76	9923	14.11	6391	9.09	3961	5.63
21.00	9921	14.82	6564	9.80	4101	6.12
21.82	14742	15.49	9528	10.01	6448	6.77
20.38	5753	16.15	3571	10.03	2408	6.76
19.76	17160	19.07	11787	13.10	8759	9.73
20.62	**80021**	**16.14**	**50509**	**10.19**	**31754**	**6.41**
21.01	15403	15.16	8862	8.72	5643	5.56
21.23	6550	16.53	4127	10.41	2312	5.83
21.20	6687	13.30	2846	5.66	1421	2.83
18.93	9776	18.33	6843	12.83	5393	10.11
21.61	6292	16.14	3776	9.69	1852	4.75
19.81	13504	18.08	9510	12.73	6118	8.19
20.60	15323	16.97	10648	11.79	6964	7.71
21.28	5515	14.24	3325	8.59	1767	4.56
20.13	971	11.77	572	6.94	284	3.44
17.46	**59842**	**18.13**	**50797**	**15.39**	**40006**	**12.12**
20.71	2080	19.80	1586	15.10	1250	11.90
19.69	12867	18.17	10537	14.88	8282	11.70
17.64	9533	18.92	7861	15.60	6016	11.94
21.79	3901	14.63	2711	10.17	1821	6.83
13.06	6909	18.20	6395	16.84	5174	13.63
16.98	7019	19.48	5889	16.34	4679	12.98
14.96	9227	17.77	8774	16.90	7160	13.79
17.40	8306	18.12	7044	15.36	5624	12.27
18.89	**18454**	**17.14**	**13909**	**12.92**	**9814**	**9.11**
13.62	941	13.18	956	13.39	872	12.22
20.78	4152	17.99	2969	12.87	2137	9.26
18.10	2730	16.41	2326	13.98	1693	10.18
21.86	4648	17.72	2940	11.21	1842	7.02
18.06	1703	17.80	1137	11.89	722	7.55
17.62	1317	18.48	983	13.79	487	6.83
17.57	774	16.87	644	14.04	528	11.51
15.29	2189	16.41	1954	14.65	1533	11.49

1-8c　各地区家庭户规模（乡村）（续2）

单位：户、%

地区	七人户		八人户		九人户		十人及以上户	
	户数	比重	户数	比重	户数	比重	户数	比重
合计	**82893**	**2.10**	**27948**	**0.71**	**10196**	**0.26**	**7297**	**0.18**
兰州市	**2646**	**1.11**	**788**	**0.33**	**382**	**0.16**	**528**	**0.22**
城关区	87	1.77	24	0.49	11	0.22	15	0.31
七里河区	432	1.56	142	0.51	116	0.42	146	0.53
西固区	94	0.74	26	0.20	15	0.12	35	0.27
安宁区								
红古区	151	1.48	38	0.37	9	0.09	14	0.14
永登县	417	0.76	89	0.16	21	0.04	23	0.04
皋兰县	110	0.59	33	0.18	4	0.02	14	0.07
榆中县	794	0.96	215	0.26	80	0.10	105	0.13
兰州新区	561	2.07	221	0.82	126	0.47	176	0.65
嘉峪关市	**20**	**0.29**	**3**	**0.04**	**3**	**0.04**		
市辖区	20	0.29	3	0.04	3	0.04		
金昌市	**49**	**0.11**	**8**	**0.02**	**5**	**0.01**	**10**	**0.02**
金川区	9	0.09	2	0.02			4	0.04
永昌县	40	0.11	6	0.02	5	0.01	6	0.02
白银市	**3776**	**1.60**	**1164**	**0.49**	**384**	**0.16**	**273**	**0.12**
白银区	13	0.09	3	0.02	2	0.01	1	0.01
平川区	339	1.90	105	0.59	31	0.17	31	0.17
靖远县	1724	2.32	514	0.69	160	0.22	96	0.13
会宁县	1454	1.52	482	0.50	173	0.18	124	0.13
景泰县	246	0.74	60	0.18	18	0.05	21	0.06
天水市	**13705**	**2.67**	**4567**	**0.89**	**1627**	**0.32**	**1128**	**0.22**
秦州区	1700	2.43	649	0.93	261	0.37	268	0.38
麦积区	1559	2.11	459	0.62	145	0.20	100	0.14
清水县	1099	2.00	293	0.53	89	0.16	44	0.08
秦安县	1889	2.03	614	0.66	182	0.20	88	0.09
甘谷县	3047	3.07	995	1.00	312	0.31	217	0.22
武山县	2165	2.98	677	0.93	217	0.30	105	0.14
张家川回族自治县	2246	4.46	880	1.75	421	0.84	306	0.61
武威市	**2471**	**0.85**	**573**	**0.20**	**178**	**0.06**	**181**	**0.06**
凉州区	1454	0.96	372	0.24	125	0.08	145	0.10
民勤县	68	0.15	17	0.04	3	0.01	3	0.01
古浪县	746	1.22	154	0.25	47	0.08	28	0.05
天祝藏族自治县	203	0.69	30	0.10	3	0.01	5	0.02
张掖市	**966**	**0.44**	**191**	**0.09**	**65**	**0.03**	**60**	**0.03**
甘州区	297	0.32	58	0.06	23	0.02	38	0.04
肃南裕固族自治县	11	0.15	2	0.03	1	0.01	1	0.01
民乐县	404	1.08	83	0.22	25	0.07	8	0.02
临泽县	108	0.44	27	0.11	11	0.04	6	0.02
高台县	62	0.22	9	0.03	2	0.01	3	0.01
山丹县	84	0.29	12	0.04	3	0.01	4	0.01
平凉市	**5097**	**1.39**	**1471**	**0.40**	**471**	**0.13**	**329**	**0.09**
崆峒区	1075	1.84	308	0.53	126	0.22	100	0.17
泾川县	335	0.60	86	0.16	22	0.04	13	0.02
灵台县	151	0.34	36	0.08	11	0.02	16	0.04
崇信县	164	1.02	43	0.27	10	0.06	7	0.04
庄浪县	1947	2.60	628	0.84	200	0.27	145	0.19
静宁县	1143	1.24	307	0.33	89	0.10	34	0.04
华亭市	282	1.10	63	0.25	13	0.05	14	0.05

1-8c 各地区家庭户规模（乡村）（续3）

单位：户、%

地区	七人户		八人户		九人户		十人及以上户	
	户数	比重	户数	比重	户数	比重	户数	比重
酒泉市	**1094**	**0.78**	**327**	**0.23**	**143**	**0.10**	**118**	**0.08**
肃州区	173	0.34	35	0.07	15	0.03	25	0.05
金塔县	109	0.46	18	0.08	9	0.04	6	0.03
瓜州县	411	1.59	113	0.44	67	0.26	38	0.15
肃北蒙古族自治县	3	0.16	3	0.16			7	0.36
阿克塞哈萨克族自治县								
玉门市	297	1.71	138	0.79	41	0.24	29	0.17
敦煌市	101	0.51	20	0.10	11	0.06	13	0.07
庆阳市	**6156**	**1.38**	**1789**	**0.40**	**518**	**0.12**	**451**	**0.10**
西峰区	816	1.32	196	0.32	61	0.10	62	0.10
庆城县	708	1.42	207	0.41	57	0.11	37	0.07
环　县	1067	1.58	345	0.51	101	0.15	146	0.22
华池县	390	1.61	103	0.43	35	0.14	37	0.15
合水县	354	1.21	99	0.34	42	0.14	19	0.06
正宁县	462	1.26	133	0.36	36	0.10	31	0.08
宁　县	1032	1.23	306	0.37	91	0.11	91	0.11
镇原县	1327	1.43	400	0.43	95	0.10	28	0.03
定西市	**10347**	**2.03**	**2819**	**0.55**	**820**	**0.16**	**389**	**0.08**
安定区	845	1.14	244	0.33	84	0.11	79	0.11
通渭县	1813	2.37	548	0.72	218	0.28	112	0.15
陇西县	1400	1.99	440	0.63	129	0.18	69	0.10
渭源县	960	1.43	223	0.33	50	0.07	10	0.01
临洮县	1564	1.64	391	0.41	97	0.10	49	0.05
漳　县	829	2.33	253	0.71	68	0.19	22	0.06
岷　县	2936	3.26	720	0.80	174	0.19	48	0.05
陇南市	**10789**	**2.18**	**3192**	**0.64**	**913**	**0.18**	**459**	**0.09**
武都区	1966	1.94	539	0.53	186	0.18	89	0.09
成　县	716	1.81	168	0.42	41	0.10	16	0.04
文　县	365	0.73	78	0.16	17	0.03	21	0.04
宕昌县	1922	3.60	584	1.09	159	0.30	85	0.16
康　县	461	1.18	105	0.27	23	0.06	15	0.04
西和县	2517	3.37	796	1.07	221	0.30	109	0.15
礼　县	2382	2.64	811	0.90	244	0.27	110	0.12
徽　县	411	1.06	96	0.25	20	0.05	12	0.03
两当县	49	0.59	15	0.18	2	0.02	2	0.02
临夏回族自治州	**20882**	**6.33**	**8825**	**2.67**	**3667**	**1.11**	**2721**	**0.82**
临夏市	422	4.02	156	1.48	42	0.40	41	0.39
临夏县	3678	5.19	1294	1.83	457	0.65	288	0.41
康乐县	2881	5.72	1055	2.09	376	0.75	215	0.43
永靖县	668	2.51	224	0.84	91	0.34	44	0.17
广河县	3270	8.61	1676	4.41	826	2.18	744	1.96
和政县	2359	6.55	908	2.52	357	0.99	231	0.64
东乡族自治县	4522	8.71	2323	4.47	1077	2.07	843	1.62
积石山保安族东乡族撒拉族自治县	3082	6.72	1189	2.59	441	0.96	315	0.69
甘南藏族自治州	**4895**	**4.55**	**2231**	**2.07**	**1020**	**0.95**	**650**	**0.60**
合作市	684	9.58	468	6.56	250	3.50	171	2.40
临潭县	677	2.93	189	0.82	34	0.15	25	0.11
卓尼县	786	4.72	350	2.10	171	1.03	75	0.45
舟曲县	663	2.53	185	0.71	50	0.19	18	0.07
迭部县	338	3.53	159	1.66	60	0.63	50	0.52
玛曲县	280	3.93	131	1.84	63	0.88	42	0.59
碌曲县	399	8.70	158	3.44	70	1.53	40	0.87
夏河县	1068	8.00	591	4.43	322	2.41	229	1.72

1-9 各地区家庭户类别

单位：户、%

地区	家庭户户数	一代户		二代户		三代户		四代户		五代及以上户	
		户数	比重	户数	比重	户数	比重	户数	比重	户数	比重
合计	**8422836**	**3798856**	**45.10**	**3218727**	**38.21**	**1332582**	**15.82**	**72554**	**0.86**	**117**	
兰州市	**1488899**	**800182**	**53.74**	**529579**	**35.57**	**154992**	**10.41**	**4146**	**0.28**		
城关区	549816	320924	58.37	186032	33.84	42229	7.68	631	0.11		
七里河区	252990	136820	54.08	90045	35.59	25597	10.12	528	0.21		
西固区	164016	90050	54.90	61699	37.62	12131	7.40	136	0.08		
安宁区	130623	67681	51.81	49555	37.94	13061	10.00	326	0.25		
红古区	49512	22664	45.77	19698	39.78	6930	14.00	220	0.44		
永登县	101951	47355	46.45	37171	36.46	16777	16.46	648	0.64		
皋兰县	42593	22744	53.40	15027	35.28	4668	10.96	154	0.36		
榆中县	137331	65705	47.84	48703	35.46	22087	16.08	836	0.61		
兰州新区	60067	26239	43.68	21649	36.04	11512	19.17	667	1.11		
嘉峪关市	**122353**	**64864**	**53.01**	**48498**	**39.64**	**8904**	**7.28**	**87**	**0.07**		
市辖区	122353	64864	53.01	48498	39.64	8904	7.28	87	0.07		
金昌市	**183903**	**107143**	**58.26**	**67938**	**36.94**	**8742**	**4.75**	**80**	**0.04**		
金川区	108077	61513	56.92	41828	38.70	4701	4.35	35	0.03		
永昌县	75826	45630	60.18	26110	34.43	4041	5.33	45	0.06		
白银市	**542351**	**260397**	**48.01**	**213310**	**39.33**	**65912**	**12.15**	**2730**	**0.50**	**2**	
白银区	134052	72736	54.26	52546	39.20	8636	6.44	133	0.10	1	
平川区	71620	34149	47.68	29782	41.58	7405	10.34	284	0.40		
靖远县	123319	52824	42.84	48533	39.36	20961	17.00	1000	0.81	1	
会宁县	140620	66690	47.43	53299	37.90	19738	14.04	893	0.64		
景泰县	72740	33998	46.74	29150	40.07	9172	12.61	420	0.58		
天水市	**953419**	**382577**	**40.13**	**378023**	**39.65**	**183957**	**19.29**	**8857**	**0.93**	**5**	
秦州区	219465	99809	45.48	85785	39.09	32395	14.76	1474	0.67	2	
麦积区	173227	69361	40.04	69326	40.02	33240	19.19	1300	0.75		
清水县	82348	33572	40.77	32212	39.12	15783	19.17	781	0.95		
秦安县	132347	52186	39.43	52357	39.56	26520	20.04	1284	0.97		
甘谷县	159085	57821	36.35	64483	40.53	35223	22.14	1557	0.98	1	
武山县	113765	40849	35.91	46619	40.98	24995	21.97	1302	1.14		
张家川回族自治县	73182	28979	39.60	27241	37.22	15801	21.59	1159	1.58	2	
武威市	**529119**	**269342**	**50.90**	**192716**	**36.42**	**64962**	**12.28**	**2099**	**0.40**		
凉州区	314655	157838	50.16	116907	37.15	38913	12.37	997	0.32		
民勤县	72991	43905	60.15	23698	32.47	5241	7.18	147	0.20		
古浪县	88140	43181	48.99	31803	36.08	12564	14.25	592	0.67		
天祝藏族自治县	53333	24418	45.78	20308	38.08	8244	15.46	363	0.68		
张掖市	**428925**	**222306**	**51.83**	**156083**	**36.39**	**49261**	**11.48**	**1274**	**0.30**	**1**	
甘州区	196155	102322	52.16	72314	36.87	21020	10.72	499	0.25		
肃南裕固族自治县	11612	6727	57.93	4083	35.16	788	6.79	14	0.12		
民乐县	65930	28694	43.52	25217	38.25	11669	17.70	350	0.53		
临泽县	43852	23258	53.04	15439	35.21	5003	11.41	152	0.35		
高台县	53649	32568	60.71	17285	32.22	3714	6.92	82	0.15		
山丹县	57727	28737	49.78	21745	37.67	7067	12.24	177	0.31	1	
平凉市	**653320**	**296169**	**45.33**	**250947**	**38.41**	**101454**	**15.53**	**4747**	**0.73**	**3**	
崆峒区	174535	78481	44.97	71084	40.73	24051	13.78	919	0.53		
泾川县	87429	45115	51.60	30299	34.66	11367	13.00	647	0.74	1	
灵台县	64544	33728	52.26	23350	36.18	7250	11.23	216	0.33		
崇信县	27697	12809	46.25	10085	36.41	4534	16.37	269	0.97		
庄浪县	105770	40079	37.89	39105	36.97	25181	23.81	1404	1.33	1	
静宁县	128463	56159	43.72	51975	40.46	19432	15.13	896	0.70	1	
华亭市	64882	29798	45.93	25049	38.61	9639	14.86	396	0.61		

1-9 各地区家庭户类别（续）

单位：户、%

地区	家庭户户数	一代户		二代户		三代户		四代户		五代及以上户	
		户数	比重	户数	比重	户数	比重	户数	比重	户数	比重
酒泉市	**392739**	**207761**	**52.90**	**146970**	**37.42**	**37044**	**9.43**	**964**	**0.25**		
肃州区	176856	95218	53.84	66677	37.70	14761	8.35	200	0.11		
金塔县	42597	23799	55.87	14473	33.98	4229	9.93	96	0.23		
瓜州县	44554	20757	46.59	17250	38.72	6216	13.95	331	0.74		
肃北蒙古族自治县	6312	4210	66.70	1861	29.48	234	3.71	7	0.11		
阿克塞哈萨克族自治县	3525	1502	42.61	1723	48.88	296	8.40	4	0.11		
玉门市	48622	25209	51.85	18117	37.26	5124	10.54	172	0.35		
敦煌市	70273	37066	52.75	26869	38.24	6184	8.80	154	0.22		
庆阳市	**760620**	**353453**	**46.47**	**294604**	**38.73**	**106477**	**14.00**	**6079**	**0.80**	**7**	
西峰区	181226	89198	49.22	70530	38.92	20590	11.36	908	0.50		
庆城县	84115	40245	47.85	32362	38.47	10792	12.83	716	0.85		
环　县	101038	44991	44.53	40323	39.91	14600	14.45	1121	1.11	3	
华池县	39867	17490	43.87	16551	41.52	5486	13.76	340	0.85		
合水县	46590	20615	44.25	18957	40.69	6653	14.28	365	0.78		
正宁县	60934	26711	43.84	24317	39.91	9481	15.56	424	0.70	1	
宁　县	120002	56415	47.01	44024	36.69	18637	15.53	926	0.77		
镇原县	126848	57788	45.56	47540	37.48	20238	15.95	1279	1.01	3	
定西市	**846235**	**337364**	**39.87**	**325624**	**38.48**	**172842**	**20.42**	**10399**	**1.23**	**6**	
安定区	153187	74923	48.91	56585	36.94	20824	13.59	855	0.56		
通渭县	106516	40093	37.64	42831	40.21	22430	21.06	1162	1.09		
陇西县	145417	60015	41.27	57604	39.61	26702	18.36	1096	0.75		
渭源县	93029	35937	38.63	34693	37.29	20882	22.45	1517	1.63		
临洮县	160349	60659	37.83	61338	38.25	36277	22.62	2074	1.29	1	
漳　县	56295	22262	39.55	22255	39.53	10852	19.28	925	1.64	1	
岷　县	131442	43475	33.08	50318	38.28	34875	26.53	2770	2.11	4	
陇南市	**781801**	**288534**	**36.91**	**312965**	**40.03**	**167180**	**21.38**	**13093**	**1.67**	**29**	
武都区	183771	73109	39.78	75571	41.12	32586	17.73	2503	1.36	2	
成　县	78990	28866	36.54	32276	40.86	16928	21.43	920	1.16		
文　县	73118	33683	46.07	29454	40.28	9450	12.92	530	0.72	1	
宕昌县	77191	25615	33.18	28440	36.84	20939	27.13	2195	2.84	2	
康　县	55611	20375	36.64	21125	37.99	13007	23.39	1101	1.98	3	0.01
西和县	105695	33512	31.71	42691	40.39	27294	25.82	2191	2.07	7	0.01
礼　县	126819	40775	32.15	51547	40.65	31681	24.98	2805	2.21	11	0.01
徽　县	65516	25522	38.96	26259	40.08	12981	19.81	752	1.15	2	
两当县	15090	7077	46.90	5602	37.12	2314	15.33	96	0.64	1	0.01
临夏回族自治州	**544803**	**139907**	**25.68**	**225948**	**41.47**	**166256**	**30.52**	**12681**	**2.33**	**11**	
临夏市	101172	32081	31.71	44271	43.76	23907	23.63	913	0.90		
临夏县	83946	20017	23.85	31063	37.00	30057	35.81	2807	3.34	2	
康乐县	66027	15465	23.42	27311	41.36	21437	32.47	1811	2.74	3	
永靖县	59391	23099	38.89	23890	40.22	11787	19.85	615	1.04		
广河县	59205	11775	19.89	25952	43.83	19923	33.65	1554	2.62	1	
和政县	51827	11434	22.06	20800	40.13	17902	34.54	1690	3.26	1	
东乡族自治县	63992	11989	18.74	29026	45.36	21419	33.47	1557	2.43	1	
积石山保安族东乡族撒拉族自治县	59243	14047	23.71	23635	39.90	19824	33.46	1734	2.93	3	0.01
甘南藏族自治州	**194349**	**68857**	**35.43**	**75522**	**38.86**	**44599**	**22.95**	**5318**	**2.74**	**53**	**0.03**
合作市	26476	10129	38.26	10153	38.35	5166	19.51	1006	3.80	22	0.08
临潭县	37707	12294	32.60	14537	38.55	9968	26.44	907	2.41	1	
卓尼县	26353	8749	33.20	9502	36.06	7094	26.92	1000	3.79	8	0.03
舟曲县	38948	13126	33.70	16991	43.62	8370	21.49	461	1.18		
迭部县	16857	7506	44.53	6034	35.80	3046	18.07	271	1.61		
玛曲县	16895	6894	40.80	7769	45.98	2074	12.28	158	0.94		
碌曲县	9763	3524	36.10	3386	34.68	2422	24.81	426	4.36	5	0.05
夏河县	21350	6635	31.08	7150	33.49	6459	30.25	1089	5.10	17	0.08

1–9a 各地区家庭户类别（城市）

单位：户、%

地区	家庭户户数	一代户		二代户		三代户		四代户		五代及以上户	
		户数	比重	户数	比重	户数	比重	户数	比重	户数	比重
合计	**2551450**	**1305734**	**51.18**	**1007605**	**39.49**	**233566**	**9.15**	**4542**	**0.18**	**3**	
兰州市	**1051720**	**589312**	**56.03**	**375661**	**35.72**	**85378**	**8.12**	**1369**	**0.13**		
城关区	537330	314363	58.50	181843	33.84	40560	7.55	564	0.10		
七里河区	209387	115876	55.34	75202	35.92	18024	8.61	285	0.14		
西固区	141521	76402	53.99	55043	38.89	9973	7.05	103	0.07		
安宁区	130623	67681	51.81	49555	37.94	13061	10.00	326	0.25		
红古区	32859	14990	45.62	14018	42.66	3760	11.44	91	0.28		
嘉峪关市	**113947**	**59449**	**52.17**	**46188**	**40.53**	**8236**	**7.23**	**74**	**0.06**		
市辖区	113947	59449	52.17	46188	40.53	8236	7.23	74	0.06		
金昌市	**97508**	**53865**	**55.24**	**39393**	**40.40**	**4221**	**4.33**	**29**	**0.03**		
金川区	97508	53865	55.24	39393	40.40	4221	4.33	29	0.03		
白银市	**165288**	**83576**	**50.56**	**69801**	**42.23**	**11725**	**7.09**	**185**	**0.11**	**1**	
白银区	118013	60795	51.52	48945	41.47	8149	6.91	123	0.10	1	
平川区	46684	22448	48.08	20650	44.23	3528	7.56	58	0.12		
靖远县	591	333	56.35	206	34.86	48	8.12	4	0.68		
天水市	**219667**	**103094**	**46.93**	**90850**	**41.36**	**25133**	**11.44**	**590**	**0.27**		
秦州区	135628	67132	49.50	55948	41.25	12375	9.12	173	0.13		
麦积区	84039	35962	42.79	34902	41.53	12758	15.18	417	0.50		
武威市	**135050**	**62097**	**45.98**	**58801**	**43.54**	**13931**	**10.32**	**221**	**0.16**		
凉州区	135050	62097	45.98	58801	43.54	13931	10.32	221	0.16		
张掖市	**98387**	**49174**	**49.98**	**40031**	**40.69**	**9004**	**9.15**	**178**	**0.18**		

1-9a 各地区家庭户类别（城市）（续）

单位：户、%

地区	家庭户户数	一代户		二代户		三代户		四代户		五代及以上户	
		户数	比重	户数	比重	户数	比重	户数	比重	户数	比重
甘州区	98136	49057	49.99	39910	40.67	8991	9.16	178	0.18		
肃南裕固族自治县	251	117	46.61	121	48.21	13	5.18				
平凉市	**141944**	**64081**	**45.15**	**61523**	**43.34**	**16039**	**11.30**	**301**	**0.21**		
崆峒区	113307	51496	45.45	49014	43.26	12561	11.09	236	0.21		
华亭市	28637	12585	43.95	12509	43.68	3478	12.15	65	0.23		
酒泉市	**167506**	**84927**	**50.70**	**69678**	**41.60**	**12725**	**7.60**	**176**	**0.11**		
肃州区	117495	61412	52.27	47634	40.54	8359	7.11	90	0.08		
玉门市	17731	8205	46.27	7951	44.84	1556	8.78	19	0.11		
敦煌市	32280	15310	47.43	14093	43.66	2810	8.71	67	0.21		
庆阳市	**116873**	**59784**	**51.15**	**47396**	**40.55**	**9461**	**8.10**	**232**	**0.20**		
西峰区	116873	59784	51.15	47396	40.55	9461	8.10	232	0.20		
定西市	**70324**	**32607**	**46.37**	**29614**	**42.11**	**7955**	**11.31**	**148**	**0.21**		
安定区	70324	32607	46.37	29614	42.11	7955	11.31	148	0.21		
陇南市	**64293**	**26086**	**40.57**	**30138**	**46.88**	**7822**	**12.17**	**246**	**0.38**	**1**	
武都区	63812	25936	40.64	29961	46.95	7677	12.03	237	0.37	1	
康　县	481	150	31.19	177	36.80	145	30.15	9	1.87		
临夏回族自治州	**90257**	**29571**	**32.76**	**40277**	**44.62**	**19721**	**21.85**	**688**	**0.76**		
临夏市	87922	29030	33.02	39221	44.61	19032	21.65	639	0.73		
临夏县	2335	541	23.17	1056	45.22	689	29.51	49	2.10		
甘南藏族自治州	**18686**	**8111**	**43.41**	**8254**	**44.17**	**2215**	**11.85**	**105**	**0.56**	**1**	**0.01**
合作市	18686	8111	43.41	8254	44.17	2215	11.85	105	0.56	1	0.01

1-9b 各地区家庭户类别（镇）

单位：户、%

地区	家庭户户　数	一代户		二代户		三代户		四代户		五代及以上户	
		户数	比重	户数	比重	户数	比重	户数	比重	户数	比重
合计	**1925591**	**814287**	**42.29**	**819893**	**42.58**	**279758**	**14.53**	**11632**	**0.60**	**21**	
兰州市	**198705**	**91968**	**46.28**	**77561**	**39.03**	**28233**	**14.21**	**943**	**0.47**		
城关区	7576	4138	54.62	2650	34.98	763	10.07	25	0.33		
七里河区	15944	7076	44.38	6050	37.95	2726	17.10	92	0.58		
西固区	9738	6511	66.86	2623	26.94	596	6.12	8	0.08		
安宁区											
红古区	6443	3679	57.10	2210	34.30	537	8.33	17	0.26		
永登县	47384	20477	43.22	19276	40.68	7377	15.57	254	0.54		
皋兰县	23860	11414	47.84	9729	40.78	2649	11.10	68	0.28		
榆中县	54770	23469	42.85	23012	42.02	8083	14.76	206	0.38		
兰州新区	32990	15204	46.09	12011	36.41	5502	16.68	273	0.83		
嘉峪关市	**1467**	**916**	**62.44**	**399**	**27.20**	**148**	**10.09**	**4**	**0.27**		
市辖区	1467	916	62.44	399	27.20	148	10.09	4	0.27		
金昌市	**40446**	**20493**	**50.67**	**17683**	**43.72**	**2250**	**5.56**	**20**	**0.05**		
金川区	319	181	56.74	97	30.41	41	12.85				
永昌县	40127	20312	50.62	17586	43.83	2209	5.51	20	0.05		
白银市	**141375**	**61512**	**43.51**	**62169**	**43.97**	**17071**	**12.07**	**623**	**0.44**		
白银区	1142	790	69.18	312	27.32	40	3.50				
平川区	7104	3663	51.56	2615	36.81	775	10.91	51	0.72		
靖远县	48549	20972	43.20	20754	42.75	6572	13.54	251	0.52		
会宁县	45081	19780	43.88	20200	44.81	4955	10.99	146	0.32		
景泰县	39499	16307	41.28	18288	46.30	4729	11.97	175	0.44		
天水市	**219642**	**86563**	**39.41**	**95463**	**43.46**	**36362**	**16.56**	**1252**	**0.57**	**2**	
秦州区	13902	5124	36.86	5065	36.43	3506	25.22	206	1.48	1	0.01
麦积区	15277	6561	42.95	6068	39.72	2584	16.91	64	0.42		
清水县	27406	11670	42.58	11715	42.75	3926	14.33	95	0.35		
秦安县	39396	13818	35.07	18935	48.06	6438	16.34	205	0.52		
甘谷县	59782	23640	39.54	25822	43.19	10020	16.76	300	0.50		
武山县	41031	15968	38.92	18426	44.91	6457	15.74	180	0.44		
张家川回族自治县	22848	9782	42.81	9432	41.28	3431	15.02	202	0.88	1	
武威市	**104701**	**52757**	**50.39**	**40902**	**39.07**	**10721**	**10.24**	**321**	**0.31**		
凉州区	27467	15578	56.72	9030	32.88	2775	10.10	84	0.31		
民勤县	26657	14348	53.82	10922	40.97	1366	5.12	21	0.08		
古浪县	26769	12483	46.63	10774	40.25	3397	12.69	115	0.43		
天祝藏族自治县	23808	10348	43.46	10176	42.74	3183	13.37	101	0.42		
张掖市	**112006**	**50269**	**44.88**	**48154**	**42.99**	**13294**	**11.87**	**289**	**0.26**		
甘州区	5345	2962	55.42	1759	32.91	609	11.39	15	0.28		
肃南裕固族自治县	4232	2292	54.16	1594	37.67	340	8.03	6	0.14		
民乐县	28389	10475	36.90	13106	46.17	4689	16.52	119	0.42		
临泽县	19376	9331	48.16	8254	42.60	1759	9.08	32	0.17		
高台县	25901	13629	52.62	10495	40.52	1758	6.79	19	0.07		
山丹县	28763	11580	40.26	12946	45.01	4139	14.39	98	0.34		
平凉市	**144211**	**60570**	**42.00**	**62364**	**43.24**	**20537**	**14.24**	**740**	**0.51**		
崆峒区	2828	1183	41.83	1017	35.96	601	21.25	27	0.95		
泾川县	32017	15446	48.24	12505	39.06	3898	12.17	168	0.52		
灵台县	19472	7773	39.92	9131	46.89	2530	12.99	38	0.20		
崇信县	11634	4705	40.44	5080	43.67	1800	15.47	49	0.42		
庄浪县	30979	12608	40.70	12905	41.66	5243	16.92	223	0.72		
静宁县	36616	13642	37.26	17753	48.48	5050	13.79	171	0.47		
华亭市	10665	5213	48.88	3973	37.25	1415	13.27	64	0.60		

1-9b 各地区家庭户类别（镇）（续）

单位：户、%

地区	家庭户户数	一代户		二代户		三代户		四代户		五代及以上户	
		户数	比重	户数	比重	户数	比重	户数	比重	户数	比重
酒泉市	**84763**	**47200**	**55.68**	**31350**	**36.99**	**6078**	**7.17**	**135**	**0.16**		
肃州区	7970	4598	57.69	2528	31.72	835	10.48	9	0.11		
金塔县	18891	10323	54.65	7293	38.61	1260	6.67	15	0.08		
瓜州县	18710	8894	47.54	7989	42.70	1776	9.49	51	0.27		
肃北蒙古族自治县	4383	2541	57.97	1638	37.37	198	4.52	6	0.14		
阿克塞哈萨克族自治县	3287	1290	39.25	1703	51.81	290	8.82	4	0.12		
玉门市	13489	8479	62.86	3962	29.37	1012	7.50	36	0.27		
敦煌市	18033	11075	61.42	6237	34.59	707	3.92	14	0.08		
庆阳市	**197157**	**83387**	**42.29**	**89596**	**45.44**	**23202**	**11.77**	**970**	**0.49**	**2**	
西峰区	2525	1034	40.95	1071	42.42	393	15.56	27	1.07		
庆城县	34129	16145	47.31	15018	44.00	2854	8.36	112	0.33		
环　县	33395	12877	38.56	16490	49.38	3850	11.53	178	0.53		
华池县	15632	5501	35.19	8185	52.36	1880	12.03	66	0.42		
合水县	17225	6746	39.16	8519	49.46	1899	11.02	61	0.35		
正宁县	24168	9803	40.56	10971	45.39	3251	13.45	142	0.59	1	
宁　县	36230	16864	46.55	14496	40.01	4677	12.91	193	0.53		
镇原县	33853	14417	42.59	14846	43.85	4398	12.99	191	0.56	1	
定西市	**267002**	**110046**	**41.22**	**112952**	**42.30**	**42351**	**15.86**	**1651**	**0.62**	**2**	
安定区	8564	3832	44.75	3111	36.33	1552	18.12	69	0.81		
通渭县	29998	11739	39.13	14100	47.00	3990	13.30	169	0.56		
陇西县	75085	30312	40.37	33036	44.00	11414	15.20	323	0.43		
渭源县	26067	10077	38.66	11158	42.81	4593	17.62	239	0.92		
临洮县	65164	25902	39.75	27375	42.01	11483	17.62	404	0.62		
漳　县	20675	9426	45.59	8527	41.24	2577	12.46	145	0.70		
岷　县	41449	18758	45.26	15645	37.75	6742	16.27	302	0.73	2	
陇南市	**221743**	**83738**	**37.76**	**97007**	**43.75**	**38933**	**17.56**	**2059**	**0.93**	**6**	
武都区	18380	6812	37.06	8194	44.58	3156	17.17	218	1.19		
成　县	39354	15070	38.29	17121	43.51	6905	17.55	258	0.66		
文　县	22825	9718	42.58	10356	45.37	2639	11.56	111	0.49	1	
宕昌县	23846	10043	42.12	9113	38.22	4411	18.50	279	1.17		
康　县	16150	6184	38.29	6778	41.97	3000	18.58	188	1.16		
西和县	31013	11031	35.57	13439	43.33	6212	20.03	330	1.06	1	
礼　县	36535	12053	32.99	16770	45.90	7211	19.74	497	1.36	4	0.01
徽　县	26797	9763	36.43	12396	46.26	4489	16.75	149	0.56		
两当县	6843	3064	44.78	2840	41.50	910	13.30	29	0.42		
临夏回族自治州	**124404**	**35857**	**28.82**	**56319**	**45.27**	**30377**	**24.42**	**1850**	**1.49**	**1**	
临夏市	2744	502	18.29	1102	40.16	1088	39.65	52	1.90		
临夏县	10797	2479	22.96	4364	40.42	3670	33.99	284	2.63		
康乐县	15647	4322	27.62	7669	49.01	3450	22.05	205	1.31	1	0.01
永靖县	32725	13241	40.46	14331	43.79	4975	15.20	178	0.54		
广河县	21237	4695	22.11	9864	46.45	6249	29.43	429	2.02		
和政县	15788	4372	27.69	7042	44.60	4092	25.92	282	1.79		
东乡族自治县	12074	2437	20.18	5781	47.88	3621	29.99	235	1.95		
积石山保安族东乡族撒拉族自治县	13392	3809	28.44	6166	46.04	3232	24.13	185	1.38		
甘南藏族自治州	**67969**	**29011**	**42.68**	**27974**	**41.16**	**10201**	**15.01**	**775**	**1.14**	**8**	**0.01**
合作市	653	157	24.04	150	22.97	255	39.05	85	13.02	6	0.92
临潭县	14632	5317	36.34	6291	42.99	2833	19.36	191	1.31		
卓尼县	9716	4034	41.52	4063	41.82	1467	15.10	151	1.55	1	0.01
舟曲县	12725	4973	39.08	5674	44.59	1991	15.65	87	0.68		
迭部县	7291	4028	55.25	2633	36.11	613	8.41	17	0.23		
玛曲县	9768	4677	47.88	4134	42.32	902	9.23	55	0.56		
碌曲县	5176	2475	47.82	1864	36.01	745	14.39	92	1.78		
夏河县	8008	3350	41.83	3165	39.52	1395	17.42	97	1.21	1	0.01

1-9c 各地区家庭户类别（乡村）

单位：户、%

地区	家庭户户数	一代户		二代户		三代户		四代户		五代及以上户	
		户数	比重	户数	比重	户数	比重	户数	比重	户数	比重
合计	**3945795**	**1678835**	**42.55**	**1391229**	**35.26**	**819258**	**20.76**	**56380**	**1.43**	**93**	
兰州市	**238474**	**118902**	**49.86**	**76357**	**32.02**	**41381**	**17.35**	**1834**	**0.77**		
城关区	4910	2423	49.35	1539	31.34	906	18.45	42	0.86		
七里河区	27659	13868	50.14	8793	31.79	4847	17.52	151	0.55		
西固区	12757	7137	55.95	4033	31.61	1562	12.24	25	0.20		
安宁区											
红古区	10210	3995	39.13	3470	33.99	2633	25.79	112	1.10		
永登县	54567	26878	49.26	17895	32.79	9400	17.23	394	0.72		
皋兰县	18733	11330	60.48	5298	28.28	2019	10.78	86	0.46		
榆中县	82561	42236	51.16	25691	31.12	14004	16.96	630	0.76		
兰州新区	27077	11035	40.75	9638	35.59	6010	22.20	394	1.46		
嘉峪关市	**6939**	**4499**	**64.84**	**1911**	**27.54**	**520**	**7.49**	**9**	**0.13**		
市辖区	6939	4499	64.84	1911	27.54	520	7.49	9	0.13		
金昌市	**45949**	**32785**	**71.35**	**10862**	**23.64**	**2271**	**4.94**	**31**	**0.07**		
金川区	10250	7467	72.85	2338	22.81	439	4.28	6	0.06		
永昌县	35699	25318	70.92	8524	23.88	1832	5.13	25	0.07		
白银市	**235688**	**115309**	**48.92**	**81340**	**34.51**	**37116**	**15.75**	**1922**	**0.82**	**1**	
白银区	14897	11151	74.85	3289	22.08	447	3.00	10	0.07		
平川区	17832	8038	45.08	6517	36.55	3102	17.40	175	0.98		
靖远县	74179	31519	42.49	27573	37.17	14341	19.33	745	1.00	1	
会宁县	95539	46910	49.10	33099	34.64	14783	15.47	747	0.78		
景泰县	33241	17691	53.22	10862	32.68	4443	13.37	245	0.74		
天水市	**514110**	**192920**	**37.53**	**191710**	**37.29**	**122462**	**23.82**	**7015**	**1.36**	**3**	
秦州区	69935	27553	39.40	24772	35.42	16514	23.61	1095	1.57	1	
麦积区	73911	26838	36.31	28356	38.37	17898	24.22	819	1.11		
清水县	54942	21902	39.86	20497	37.31	11857	21.58	686	1.25		
秦安县	92951	38368	41.28	33422	35.96	20082	21.60	1079	1.16		
甘谷县	99303	34181	34.42	38661	38.93	25203	25.38	1257	1.27	1	
武山县	72734	24881	34.21	28193	38.76	18538	25.49	1122	1.54		
张家川回族自治县	50334	19197	38.14	17809	35.38	12370	24.58	957	1.90	1	
武威市	**289368**	**154488**	**53.39**	**93013**	**32.14**	**40310**	**13.93**	**1557**	**0.54**		
凉州区	152138	80163	52.69	49076	32.26	22207	14.60	692	0.45		
民勤县	46334	29557	63.79	12776	27.57	3875	8.36	126	0.27		
古浪县	61371	30698	50.02	21029	34.27	9167	14.94	477	0.78		
天祝藏族自治县	29525	14070	47.65	10132	34.32	5061	17.14	262	0.89		
张掖市	**218532**	**122863**	**56.22**	**67898**	**31.07**	**26963**	**12.34**	**807**	**0.37**	**1**	
甘州区	92674	50303	54.28	30645	33.07	11420	12.32	306	0.33		
肃南裕固族自治县	7129	4318	60.57	2368	33.22	435	6.10	8	0.11		
民乐县	37541	18219	48.53	12111	32.26	6980	18.59	231	0.62		
临泽县	24476	13927	56.90	7185	29.36	3244	13.25	120	0.49		
高台县	27748	18939	68.25	6790	24.47	1956	7.05	63	0.23		
山丹县	28964	17157	59.24	8799	30.38	2928	10.11	79	0.27	1	
平凉市	**367165**	**171518**	**46.71**	**127060**	**34.61**	**64878**	**17.67**	**3706**	**1.01**	**3**	
崆峒区	58400	25802	44.18	21053	36.05	10889	18.65	656	1.12		
泾川县	55412	29669	53.54	17794	32.11	7469	13.48	479	0.86	1	
灵台县	45072	25955	57.59	14219	31.55	4720	10.47	178	0.39		
崇信县	16063	8104	50.45	5005	31.16	2734	17.02	220	1.37		
庄浪县	74791	27471	36.73	26200	35.03	19938	26.66	1181	1.58	1	
静宁县	91847	42517	46.29	34222	37.26	14382	15.66	725	0.79	1	
华亭市	25580	12000	46.91	8567	33.49	4746	18.55	267	1.04		

1-9c 各地区家庭户类别（乡村）（续）

单位：户、%

地区	家庭户户数	一代户		二代户		三代户		四代户		五代及以上户	
		户数	比重	户数	比重	户数	比重	户数	比重	户数	比重
酒泉市	**140470**	**75634**	**53.84**	**45942**	**32.71**	**18241**	**12.99**	**653**	**0.46**		
肃州区	51391	29208	56.83	16515	32.14	5567	10.83	101	0.20		
金塔县	23706	13476	56.85	7180	30.29	2969	12.52	81	0.34		
瓜州县	25844	11863	45.90	9261	35.83	4440	17.18	280	1.08		
肃北蒙古族自治县	1929	1669	86.52	223	11.56	36	1.87	1	0.05		
阿克塞哈萨克族自治县	238	212	89.08	20	8.40	6	2.52				
玉门市	17402	8525	48.99	6204	35.65	2556	14.69	117	0.67		
敦煌市	19960	10681	53.51	6539	32.76	2667	13.36	73	0.37		
庆阳市	**446590**	**210282**	**47.09**	**157612**	**35.29**	**73814**	**16.53**	**4877**	**1.09**	**5**	
西峰区	61828	28380	45.90	22063	35.68	10736	17.36	649	1.05		
庆城县	49986	24100	48.21	17344	34.70	7938	15.88	604	1.21		
环　县	67643	32114	47.48	23833	35.23	10750	15.89	943	1.39	3	
华池县	24235	11989	49.47	8366	34.52	3606	14.88	274	1.13		
合水县	29365	13869	47.23	10438	35.55	4754	16.19	304	1.04		
正宁县	36766	16908	45.99	13346	36.30	6230	16.95	282	0.77		
宁　县	83772	39551	47.21	29528	35.25	13960	16.66	733	0.87		
镇原县	92995	43371	46.64	32694	35.16	15840	17.03	1088	1.17	2	
定西市	**508909**	**194711**	**38.26**	**183058**	**35.97**	**122536**	**24.08**	**8600**	**1.69**	**4**	
安定区	74299	38484	51.80	23860	32.11	11317	15.23	638	0.86		
通渭县	76518	28354	37.06	28731	37.55	18440	24.10	993	1.30		
陇西县	70332	29703	42.23	24568	34.93	15288	21.74	773	1.10		
渭源县	66962	25860	38.62	23535	35.15	16289	24.33	1278	1.91		
临洮县	95185	34757	36.52	33963	35.68	24794	26.05	1670	1.75	1	
漳　县	35620	12836	36.04	13728	38.54	8275	23.23	780	2.19	1	
岷　县	89993	24717	27.47	34673	38.53	28133	31.26	2468	2.74	2	
陇南市	**495765**	**178710**	**36.05**	**185820**	**37.48**	**120425**	**24.29**	**10788**	**2.18**	**22**	
武都区	101579	40361	39.73	37416	36.83	21753	21.41	2048	2.02	1	
成　县	39636	13796	34.81	15155	38.24	10023	25.29	662	1.67		
文　县	50293	23965	47.65	19098	37.97	6811	13.54	419	0.83		
宕昌县	53345	15572	29.19	19327	36.23	16528	30.98	1916	3.59	2	
康　县	38980	14041	36.02	14170	36.35	9862	25.30	904	2.32	3	0.01
西和县	74682	22481	30.10	29252	39.17	21082	28.23	1861	2.49	6	0.01
礼　县	90284	28722	31.81	34777	38.52	24470	27.10	2308	2.56	7	0.01
徽　县	38719	15759	40.70	13863	35.80	8492	21.93	603	1.56	2	0.01
两当县	8247	4013	48.66	2762	33.49	1404	17.02	67	0.81	1	0.01
临夏回族自治州	**330142**	**74479**	**22.56**	**129352**	**39.18**	**116158**	**35.18**	**10143**	**3.07**	**10**	
临夏市	10506	2549	24.26	3948	37.58	3787	36.05	222	2.11		
临夏县	70814	16997	24.00	25643	36.21	25698	36.29	2474	3.49	2	
康乐县	50380	11143	22.12	19642	38.99	17987	35.70	1606	3.19	2	
永靖县	26666	9858	36.97	9559	35.85	6812	25.55	437	1.64		
广河县	37968	7080	18.65	16088	42.37	13674	36.01	1125	2.96	1	
和政县	36039	7062	19.60	13758	38.18	13810	38.32	1408	3.91	1	
东乡族自治县	51918	9552	18.40	23245	44.77	17798	34.28	1322	2.55	1	
积石山保安族东乡族撒拉族自治县	45851	10238	22.33	17469	38.10	16592	36.19	1549	3.38	3	0.01
甘南藏族自治州	**107694**	**31735**	**29.47**	**39294**	**36.49**	**32183**	**29.88**	**4438**	**4.12**	**44**	**0.04**
合作市	7137	1861	26.08	1749	24.51	2696	37.77	816	11.43	15	0.21
临潭县	23075	6977	30.24	8246	35.74	7135	30.92	716	3.10	1	
卓尼县	16637	4715	28.34	5439	32.69	5627	33.82	849	5.10	7	0.04
舟曲县	26223	8153	31.09	11317	43.16	6379	24.33	374	1.43		
迭部县	9566	3478	36.36	3401	35.55	2433	25.43	254	2.66		
玛曲县	7127	2217	31.11	3635	51.00	1172	16.44	103	1.45		
碌曲县	4587	1049	22.87	1522	33.18	1677	36.56	334	7.28	5	0.11
夏河县	13342	3285	24.62	3985	29.87	5064	37.96	992	7.44	16	0.12

1-10 各地区分性别、月份的

地区	出生人口			2019年11月			
	合计	男	女	小计	男	女	小计
合计	**263513**	**136530**	**126983**	**28714**	**14727**	**13987**	**26082**
兰州市	**37099**	**19024**	**18075**	**4202**	**2140**	**2062**	**3858**
城关区	11577	5963	5614	1323	683	640	1246
七里河区	6445	3307	3138	750	375	375	666
西固区	3140	1598	1542	364	177	187	331
安宁区	3691	1890	1801	444	225	219	433
红古区	1278	630	648	149	66	83	113
永登县	2484	1257	1227	271	153	118	237
皋兰县	1178	612	566	120	66	54	126
榆中县	4271	2200	2071	449	231	218	420
兰州新区	3035	1567	1468	332	164	168	286
嘉峪关市	**3321**	**1730**	**1591**	**360**	**167**	**193**	**336**
市辖区	3321	1730	1591	360	167	193	336
金昌市	**3355**	**1709**	**1646**	**367**	**189**	**178**	**364**
金川区	2162	1094	1068	241	123	118	234
永昌县	1193	615	578	126	66	60	130
白银市	**15836**	**8185**	**7651**	**1680**	**886**	**794**	**1514**
白银区	3022	1538	1484	328	187	141	293
平川区	2120	1102	1018	225	125	100	199
靖远县	4227	2225	2002	439	233	206	398
会宁县	4476	2279	2197	468	226	242	421
景泰县	1991	1041	950	220	115	105	203
天水市	**31554**	**16388**	**15166**	**3513**	**1809**	**1704**	**3107**
秦州区	5908	3087	2821	685	352	333	580
麦积区	5659	2961	2698	653	336	317	580
清水县	2829	1481	1348	337	175	162	271
秦安县	4075	2125	1950	424	236	188	406
甘谷县	5483	2810	2673	632	316	316	540
武山县	3806	1995	1811	434	219	215	366
张家川回族自治县	3794	1929	1865	348	175	173	364
武威市	**14065**	**7332**	**6733**	**1648**	**827**	**821**	**1373**
凉州区	9018	4714	4304	1082	562	520	875
民勤县	1269	651	618	146	69	77	133
古浪县	2387	1251	1136	274	134	140	226
天祝藏族自治县	1391	716	675	146	62	84	139
张掖市	**10239**	**5345**	**4894**	**1115**	**538**	**577**	**1024**
甘州区	4806	2548	2258	497	246	251	468
肃南裕固族自治县	230	107	123	13	7	6	19
民乐县	1712	912	800	223	110	113	157
临泽县	933	497	436	81	35	46	109
高台县	1209	608	601	126	61	65	133
山丹县	1349	673	676	175	79	96	138
平凉市	**18991**	**9702**	**9289**	**2086**	**1050**	**1036**	**1909**
崆峒区	5360	2708	2652	580	291	289	520
泾川县	2267	1182	1085	240	126	114	249
灵台县	1437	746	691	165	87	78	149
崇信县	870	460	410	93	49	44	85
庄浪县	3528	1856	1672	419	219	200	329
静宁县	3648	1820	1828	402	186	216	368
华亭市	1881	930	951	187	92	95	209

出生人口（2019.11.1–2020.10.31）

单位：人

2019年12月		2020年1月			2020年2月		
男	女	小计	男	女	小计	男	女
13501	**12581**	**24641**	**12796**	**11845**	**21409**	**11059**	**10350**
1985	**1873**	**3541**	**1813**	**1728**	**3020**	**1532**	**1488**
635	611	1096	601	495	944	476	468
341	325	620	318	302	534	279	255
177	154	312	149	163	257	139	118
230	203	376	189	187	310	167	143
60	53	125	65	60	111	50	61
127	110	202	97	105	194	87	107
54	72	114	50	64	94	45	49
215	205	406	201	205	364	182	182
146	140	290	143	147	212	107	105
185	**151**	**298**	**168**	**130**	**268**	**148**	**120**
185	151	298	168	130	268	148	120
181	**183**	**356**	**189**	**167**	**294**	**151**	**143**
118	116	215	113	102	189	99	90
63	67	141	76	65	105	52	53
798	**716**	**1471**	**758**	**713**	**1265**	**667**	**598**
147	146	301	142	159	234	116	118
111	88	191	107	84	184	101	83
211	187	374	207	167	348	188	160
225	196	399	185	214	346	186	160
104	99	206	117	89	153	76	77
1635	**1472**	**2919**	**1520**	**1399**	**2561**	**1306**	**1255**
302	278	542	292	250	507	265	242
317	263	527	299	228	461	231	230
154	117	266	136	130	248	117	131
214	192	394	211	183	329	172	157
268	272	510	256	254	424	208	216
200	166	332	170	162	304	162	142
180	184	348	156	192	288	151	137
705	**668**	**1266**	**671**	**595**	**1113**	**571**	**542**
460	415	830	438	392	713	365	348
58	75	92	48	44	107	60	47
113	113	208	112	96	191	101	90
74	65	136	73	63	102	45	57
532	**492**	**937**	**488**	**449**	**803**	**428**	**375**
263	205	491	258	233	366	200	166
10	9	18	9	9	17	6	11
80	77	136	79	57	134	75	59
52	57	84	39	45	80	41	39
60	73	91	43	48	106	59	47
67	71	117	60	57	100	47	53
985	**924**	**1799**	**934**	**865**	**1564**	**769**	**795**
260	260	533	265	268	452	226	226
136	113	220	115	105	171	85	86
87	62	129	70	59	116	50	66
46	39	85	50	35	74	37	37
177	152	327	175	152	294	153	141
180	188	323	165	158	286	139	147
99	110	182	94	88	171	79	92

1-10 各地区分性别、月份的

地区	出生人口			2019年11月			
	合计	男	女	小计	男	女	小计
酒泉市	**9212**	**4708**	**4504**	**947**	**461**	**486**	**939**
肃州区	4036	2059	1977	426	211	215	421
金塔县	764	393	371	69	36	33	67
瓜州县	1307	666	641	129	63	66	128
肃北蒙古族自治县	111	60	51	11	5	6	10
阿克塞哈萨克族自治县	111	48	63	10	5	5	11
玉门市	1329	683	646	137	57	80	139
敦煌市	1554	799	755	165	84	81	163
庆阳市	**23635**	**12468**	**11167**	**2581**	**1340**	**1241**	**2272**
西峰区	5561	2918	2643	639	340	299	563
庆城县	2672	1454	1218	280	149	131	235
环　县	3387	1771	1616	353	199	154	284
华池县	1482	807	675	132	66	66	128
合水县	1608	844	764	175	94	81	153
正宁县	1851	995	856	188	100	88	187
宁　县	3510	1818	1692	404	198	206	368
镇原县	3564	1861	1703	410	194	216	354
定西市	**27251**	**14288**	**12963**	**2918**	**1525**	**1393**	**2665**
安定区	4851	2554	2297	510	278	232	477
通渭县	3338	1775	1563	387	202	185	338
陇西县	4807	2520	2287	515	265	250	488
渭源县	2765	1451	1314	271	139	132	239
临洮县	5049	2626	2423	511	276	235	521
漳　县	1945	1006	939	200	94	106	201
岷　县	4496	2356	2140	524	271	253	401
陇南市	**25597**	**13237**	**12360**	**2928**	**1534**	**1394**	**2491**
武都区	6143	3161	2982	702	385	317	592
成　县	2649	1369	1280	302	145	157	260
文　县	2106	1097	1009	244	127	117	214
宕昌县	2377	1161	1216	282	144	138	247
康　县	1666	881	785	192	93	99	157
西和县	3959	2049	1910	445	245	200	358
礼　县	4236	2229	2007	504	266	238	413
徽　县	2088	1076	1012	225	109	116	205
两当县	373	214	159	32	20	12	45
临夏回族自治州	**34645**	**17917**	**16728**	**3495**	**1799**	**1696**	**3409**
临夏市	4627	2382	2245	464	228	236	432
临夏县	4928	2533	2395	481	249	232	489
康乐县	4026	2054	1972	447	219	228	366
永靖县	2093	1118	975	193	100	93	226
广河县	5375	2813	2562	532	284	248	515
和政县	3546	1791	1755	323	155	168	326
东乡族自治县	6284	3286	2998	665	359	306	669
积石山保安族东乡族撒拉族自治县	3766	1940	1826	390	205	185	386
甘南藏族自治州	**8713**	**4497**	**4216**	**874**	**462**	**412**	**821**
合作市	1234	650	584	109	57	52	131
临潭县	1593	819	774	181	94	87	147
卓尼县	1159	619	540	122	61	61	98
舟曲县	1644	832	812	187	99	88	161
迭部县	562	276	286	54	27	27	50
玛曲县	903	460	443	88	51	37	84
碌曲县	469	258	211	40	22	18	36
夏河县	1149	583	566	93	51	42	114

出生人口（2019.11.1–2020.10.31）（续 1）

单位：人

2019年12月		2020年1月			2020年2月		
男	女	小计	男	女	小计	男	女
475	**464**	**841**	**443**	**398**	**783**	**393**	**390**
212	209	352	181	171	346	182	164
31	36	72	38	34	54	25	29
70	58	106	60	46	105	44	61
7	3	14	11	3	8	5	3
5	6	10	3	7	12	6	6
70	69	127	62	65	116	60	56
80	83	160	88	72	142	71	71
1208	**1064**	**2265**	**1191**	**1074**	**2002**	**1051**	**951**
293	270	536	280	256	469	242	227
128	107	243	127	116	237	136	101
153	131	342	162	180	284	148	136
78	50	139	79	60	132	73	59
85	68	131	68	63	128	68	60
100	87	183	100	83	159	90	69
198	170	348	187	161	303	152	151
173	181	343	188	155	290	142	148
1388	**1277**	**2510**	**1326**	**1184**	**2300**	**1189**	**1111**
238	239	432	232	200	416	216	200
175	163	280	155	125	286	146	140
248	240	479	243	236	384	191	193
129	110	248	123	125	240	125	115
268	253	493	254	239	434	233	201
108	93	171	89	82	166	83	83
222	179	407	230	177	374	195	179
1285	**1206**	**2267**	**1149**	**1118**	**2056**	**1079**	**977**
301	291	554	277	277	487	253	234
132	128	249	117	132	200	103	97
118	96	184	103	81	146	78	68
125	122	203	94	109	210	106	104
83	74	134	72	62	140	70	70
189	169	325	169	156	320	163	157
208	205	401	205	196	350	185	165
101	104	182	93	89	168	97	71
28	17	35	19	16	35	24	11
1720	**1689**	**3374**	**1754**	**1620**	**2728**	**1439**	**1289**
213	219	443	238	205	359	203	156
239	250	488	246	242	353	173	180
189	177	393	217	176	324	167	157
128	98	194	111	83	176	90	86
288	227	523	276	247	436	231	205
151	175	342	179	163	290	153	137
322	347	646	320	326	513	274	239
190	196	345	167	178	277	148	129
419	**402**	**797**	**392**	**405**	**652**	**336**	**316**
72	59	114	57	57	91	47	44
64	83	166	84	82	134	69	65
55	43	100	55	45	84	47	37
87	74	138	69	69	100	51	49
28	22	52	22	30	45	23	22
43	41	75	37	38	78	33	45
22	14	42	19	23	42	24	18
48	66	110	49	61	78	42	36

1–10 各地区分性别、月份的

地区	2020年3月			2020年4月			
	小计	男	女	小计	男	女	小计
合计	**22208**	**11434**	**10774**	**20900**	**10843**	**10057**	**20099**
兰州市	**3173**	**1633**	**1540**	**3016**	**1591**	**1425**	**2858**
城关区	977	498	479	915	478	437	906
七里河区	562	287	275	519	281	238	478
西固区	241	126	115	257	137	120	221
安宁区	314	165	149	289	151	138	273
红古区	101	46	55	103	53	50	104
永登县	195	88	107	217	117	100	221
皋兰县	116	65	51	103	54	49	87
榆中县	393	204	189	350	190	160	331
兰州新区	274	154	120	263	130	133	237
嘉峪关市	**312**	**164**	**148**	**275**	**149**	**126**	**239**
市辖区	312	164	148	275	149	126	239
金昌市	**257**	**123**	**134**	**227**	**128**	**99**	**230**
金川区	171	76	95	138	79	59	155
永昌县	86	47	39	89	49	40	75
白银市	**1309**	**667**	**642**	**1256**	**633**	**623**	**1243**
白银区	261	129	132	244	129	115	226
平川区	180	84	96	158	76	82	177
靖远县	335	174	161	348	175	173	344
会宁县	348	180	168	353	168	185	353
景泰县	185	100	85	153	85	68	143
天水市	**2608**	**1334**	**1274**	**2440**	**1233**	**1207**	**2407**
秦州区	539	273	266	483	248	235	464
麦积区	462	255	207	455	228	227	426
清水县	229	109	120	221	119	102	210
秦安县	298	149	149	324	175	149	293
甘谷县	429	226	203	407	188	219	411
武山县	299	144	155	271	139	132	286
张家川回族自治县	352	178	174	279	136	143	317
武威市	**1139**	**602**	**537**	**1037**	**549**	**488**	**1005**
凉州区	718	374	344	655	355	300	655
民勤县	102	55	47	96	46	50	79
古浪县	204	105	99	189	100	89	163
天祝藏族自治县	115	68	47	97	48	49	108
张掖市	**860**	**451**	**409**	**806**	**418**	**388**	**728**
甘州区	413	211	202	386	201	185	378
肃南裕固族自治县	27	13	14	15	6	9	16
民乐县	133	69	64	140	80	60	105
临泽县	82	54	28	66	32	34	63
高台县	98	49	49	103	58	45	85
山丹县	107	55	52	96	41	55	81
平凉市	**1653**	**846**	**807**	**1470**	**765**	**705**	**1344**
崆峒区	476	236	240	421	217	204	384
泾川县	183	83	100	194	99	95	147
灵台县	130	72	58	103	53	50	97
崇信县	93	47	46	65	33	32	71
庄浪县	321	177	144	279	152	127	239
静宁县	288	148	140	294	150	144	264
华亭市	162	83	79	114	61	53	142

出生人口（2019.11.1–2020.10.31）（续 2）

单位：人

2020年5月		2020年6月			2020年7月		
男	女	小计	男	女	小计	男	女
10422	**9677**	**19819**	**10222**	**9597**	**19829**	**10355**	**9474**
1455	**1403**	**2869**	**1488**	**1381**	**2888**	**1491**	**1397**
455	451	943	491	452	863	447	416
222	256	506	264	242	510	264	246
116	105	261	135	126	231	113	118
147	126	280	144	136	285	148	137
54	50	102	55	47	102	43	59
107	114	174	92	82	212	111	101
49	38	65	39	26	101	53	48
176	155	314	154	160	345	182	163
129	108	224	114	110	239	130	109
124	**115**	**270**	**137**	**133**	**250**	**125**	**125**
124	115	270	137	133	250	125	125
111	**119**	**257**	**131**	**126**	**254**	**118**	**136**
78	77	167	82	85	155	70	85
33	42	90	49	41	99	48	51
640	**603**	**1218**	**628**	**590**	**1223**	**643**	**580**
123	103	241	113	128	244	127	117
93	84	164	82	82	158	81	77
175	169	342	178	164	325	176	149
175	178	331	181	150	346	178	168
74	69	140	74	66	150	81	69
1270	**1137**	**2475**	**1261**	**1214**	**2310**	**1197**	**1113**
243	221	497	240	257	449	243	206
230	196	420	217	203	409	180	229
119	91	213	105	108	203	108	95
142	151	301	156	145	290	145	145
216	195	388	208	180	360	198	162
152	134	300	165	135	281	150	131
168	149	356	170	186	318	173	145
542	**463**	**1038**	**545**	**493**	**986**	**504**	**482**
358	297	662	346	316	644	315	329
39	40	100	50	50	91	55	36
85	78	182	99	83	165	96	69
60	48	94	50	44	86	38	48
378	**350**	**751**	**390**	**361**	**747**	**391**	**356**
201	177	375	203	172	364	192	172
8	8	13	4	9	15	4	11
52	53	132	71	61	110	61	49
36	27	68	37	31	65	36	29
39	46	78	32	46	90	46	44
42	39	85	43	42	103	52	51
659	**685**	**1408**	**716**	**692**	**1392**	**738**	**654**
188	196	418	208	210	391	212	179
85	62	170	90	80	179	100	79
55	42	106	55	51	109	56	53
32	39	67	36	31	68	42	26
115	124	241	121	120	230	119	111
121	143	268	145	123	273	134	139
63	79	138	61	77	142	75	67

1-10 各地区分性别、月份的

地区	2020年3月			2020年4月			
	小计	男	女	小计	男	女	小计
酒泉市	**814**	**433**	**381**	**674**	**341**	**333**	**670**
肃州区	358	187	171	272	142	130	285
金塔县	68	34	34	64	35	29	70
瓜州县	107	58	49	112	53	59	95
肃北蒙古族自治县	7	2	5	10	4	6	5
阿克塞哈萨克族自治县	13	5	8	6	1	5	7
玉门市	126	76	50	89	47	42	90
敦煌市	135	71	64	121	59	62	118
庆阳市	**1876**	**990**	**886**	**1820**	**943**	**877**	**1802**
西峰区	439	229	210	429	240	189	395
庆城县	227	121	106	193	101	92	205
环　县	274	141	133	273	140	133	270
华池县	114	64	50	110	61	49	115
合水县	131	73	58	130	65	65	118
正宁县	138	72	66	129	71	58	154
宁　县	273	131	142	258	121	137	277
镇原县	280	159	121	298	144	154	268
定西市	**2209**	**1147**	**1062**	**2180**	**1126**	**1054**	**2079**
安定区	395	210	185	387	199	188	380
通渭县	294	154	140	276	148	128	264
陇西县	394	213	181	394	212	182	347
渭源县	230	122	108	218	107	111	223
临洮县	398	194	204	421	214	207	412
漳　县	149	77	72	154	86	68	160
岷　县	349	177	172	330	160	170	293
陇南市	**2192**	**1124**	**1068**	**2010**	**1029**	**981**	**1872**
武都区	499	270	229	445	228	217	421
成　县	227	111	116	232	136	96	198
文　县	147	74	73	159	79	80	153
宕昌县	233	95	138	179	92	87	187
康　县	144	74	70	136	79	57	99
西和县	341	184	157	335	163	172	307
礼　县	356	186	170	347	166	181	336
徽　县	203	105	98	154	78	76	143
两当县	42	25	17	23	8	15	28
临夏回族自治州	**3078**	**1566**	**1512**	**2958**	**1554**	**1404**	**2919**
临夏市	387	192	195	350	190	160	387
临夏县	442	243	199	396	212	184	391
康乐县	358	163	195	343	188	155	333
永靖县	173	100	73	170	77	93	160
广河县	451	214	237	458	237	221	469
和政县	311	163	148	345	166	179	307
东乡族自治县	616	311	305	571	307	264	578
积石山保安族东乡族撒拉族自治县	340	180	160	325	177	148	294
甘南藏族自治州	**728**	**354**	**374**	**731**	**384**	**347**	**703**
合作市	110	50	60	118	58	60	94
临潭县	116	59	57	121	68	53	108
卓尼县	94	59	35	119	67	52	93
舟曲县	121	48	73	101	49	52	133
迭部县	50	19	31	44	24	20	46
玛曲县	72	35	37	91	45	46	90
碌曲县	49	25	24	48	28	20	48
夏河县	116	59	57	89	45	44	91

出生人口（2019.11.1–2020.10.31）（续 3）

单位：人

2020 年 5 月		2020 年 6 月			2020 年 7 月		
男	女	小计	男	女	小计	男	女
356	**314**	**631**	**314**	**317**	**721**	**362**	**359**
153	132	265	133	132	314	154	160
43	27	62	27	35	67	30	37
40	55	97	51	46	98	49	49
5	0	8	4	4	13	8	5
4	3	9	4	5	12	5	7
42	48	87	45	42	104	60	44
69	49	103	50	53	113	56	57
988	**814**	**1742**	**883**	**859**	**1869**	**979**	**890**
224	171	414	206	208	414	219	195
111	94	191	108	83	227	119	108
143	127	285	138	147	277	134	143
67	48	112	46	66	132	75	57
58	60	115	62	53	103	58	45
86	68	123	68	55	148	77	71
158	119	261	135	126	271	137	134
141	127	241	120	121	297	160	137
1076	**1003**	**2099**	**1131**	**968**	**1993**	**1064**	**929**
201	179	383	219	164	368	195	173
148	116	282	148	134	254	128	126
166	181	350	199	151	336	183	153
125	98	230	114	116	192	110	82
202	210	377	195	182	378	207	171
79	81	139	78	61	150	67	83
155	138	338	178	160	315	174	141
961	**911**	**1883**	**969**	**914**	**1854**	**981**	**873**
203	218	425	206	219	433	225	208
107	91	161	83	78	205	115	90
80	73	155	80	75	140	68	72
89	98	188	103	85	168	77	91
56	43	134	69	65	128	62	66
152	155	333	181	152	285	146	139
189	147	304	148	156	293	172	121
71	72	149	77	72	173	99	74
14	14	34	22	12	29	17	12
1497	**1422**	**2563**	**1297**	**1266**	**2664**	**1391**	**1273**
201	186	372	194	178	384	195	189
192	199	358	171	187	370	194	176
171	162	294	143	151	268	134	134
82	78	159	75	84	160	97	63
239	230	398	217	181	464	237	227
161	146	268	137	131	238	119	119
295	283	443	236	207	496	278	218
156	138	271	124	147	284	137	147
365	**338**	**615**	**332**	**283**	**678**	**371**	**307**
53	41	92	52	40	84	46	38
59	49	98	51	47	122	70	52
47	46	78	38	40	99	49	50
66	67	104	62	42	115	55	60
25	21	41	23	18	59	29	30
46	44	74	41	33	75	47	28
26	22	27	12	15	41	27	14
43	48	101	53	48	83	48	35

1-10 各地区分性别、月份的出生人口（2019.11.1-2020.10.31）（续4）

单位：人

地区	2020年8月			2020年9月			2020年10月		
	小计	男	女	小计	男	女	小计	男	女
合计	**19773**	**10417**	**9356**	**19304**	**9999**	**9305**	**20735**	**10755**	**9980**
兰州市	**2759**	**1426**	**1333**	**2589**	**1334**	**1255**	**2326**	**1136**	**1190**
城关区	866	429	437	833	431	402	665	339	326
七里河区	475	241	234	465	251	214	360	184	176
西固区	239	117	122	223	119	104	203	93	110
安宁区	276	137	139	217	99	118	194	88	106
红古区	104	61	43	88	44	44	76	33	43
永登县	181	83	98	176	91	85	204	104	100
皋兰县	96	58	38	76	35	41	80	44	36
榆中县	294	176	118	290	142	148	315	147	168
兰州新区	228	124	104	221	122	99	229	104	125
嘉峪关市	**255**	**143**	**112**	**224**	**105**	**119**	**234**	**115**	**119**
市辖区	255	143	112	224	105	119	234	115	119
金昌市	**227**	**115**	**112**	**246**	**137**	**109**	**276**	**136**	**140**
金川区	160	84	76	158	88	70	179	84	95
永昌县	67	31	36	88	49	39	97	52	45
白银市	**1178**	**578**	**600**	**1229**	**639**	**590**	**1250**	**648**	**602**
白银区	216	90	126	201	109	92	233	126	107
平川区	163	79	84	167	89	78	154	74	80
靖远县	332	167	165	330	174	156	312	167	145
会宁县	328	177	151	361	181	180	422	217	205
景泰县	139	65	74	170	86	84	129	64	65
天水市	**2402**	**1292**	**1110**	**2324**	**1233**	**1091**	**2488**	**1298**	**1190**
秦州区	460	245	215	385	221	164	317	163	154
麦积区	420	227	193	425	225	200	421	216	205
清水县	187	104	83	217	113	104	227	122	105
秦安县	292	146	146	309	156	153	415	223	192
甘谷县	446	245	201	410	209	201	526	272	254
武山县	292	162	130	312	163	149	329	169	160
张家川回族自治县	305	163	142	266	146	120	253	133	120
武威市	**1050**	**555**	**495**	**1153**	**582**	**571**	**1257**	**679**	**578**
凉州区	635	324	311	719	368	351	830	449	381
民勤县	103	61	42	114	56	58	106	54	52
古浪县	182	100	82	203	98	105	200	108	92
天祝藏族自治县	130	70	60	117	60	57	121	68	53
张掖市	**725**	**398**	**327**	**790**	**422**	**368**	**953**	**511**	**442**
甘州区	334	188	146	351	178	173	383	207	176
肃南裕固族自治县	18	9	9	23	13	10	36	18	18
民乐县	128	69	59	127	72	55	187	94	93
临泽县	78	44	34	78	43	35	79	48	31
高台县	82	44	38	92	47	45	125	70	55
山丹县	85	44	41	119	69	50	143	74	69
平凉市	**1361**	**728**	**633**	**1389**	**674**	**715**	**1616**	**838**	**778**
崆峒区	380	202	178	383	193	190	422	210	212
泾川县	146	84	62	156	76	80	212	103	109
灵台县	101	46	55	110	54	56	122	61	61
崇信县	58	32	26	58	29	29	53	27	26
庄浪县	258	147	111	284	140	144	307	161	146
静宁县	283	147	136	250	116	134	349	189	160
华亭市	135	70	65	148	66	82	151	87	64

1-10 各地区分性别、月份的出生人口（2019.11.1-2020.10.31）（续5）

单位：人

地区	2020年8月			2020年9月			2020年10月		
	小计	男	女	小计	男	女	小计	男	女
酒泉市	**691**	**366**	**325**	**689**	**350**	**339**	**812**	**414**	**398**
肃州区	305	155	150	309	167	142	383	182	201
金塔县	63	40	23	54	25	29	54	29	25
瓜州县	103	59	44	97	45	52	130	74	56
肃北蒙古族自治县	9	5	4	9	1	8	7	3	4
阿克塞哈萨克族自治县	3	2	1	9	1	8	9	7	2
玉门市	104	49	55	94	48	46	116	67	49
敦煌市	104	56	48	117	63	54	113	52	61
庆阳市	**1774**	**972**	**802**	**1788**	**940**	**848**	**1844**	**983**	**861**
西峰区	418	210	208	435	228	207	410	207	203
庆城县	196	112	84	226	120	106	212	122	90
环　县	235	139	96	254	133	121	256	141	115
华池县	122	68	54	110	61	49	136	69	67
合水县	135	68	67	133	69	64	156	76	80
正宁县	161	89	72	136	67	69	145	75	70
宁　县	243	135	108	237	122	115	267	144	123
镇原县	264	151	113	257	140	117	262	149	113
定西市	**2021**	**1066**	**955**	**2103**	**1113**	**990**	**2174**	**1137**	**1037**
安定区	351	183	168	387	196	191	365	187	178
通渭县	229	125	104	249	138	111	199	108	91
陇西县	335	181	154	367	196	171	418	223	195
渭源县	212	111	101	234	126	108	228	120	108
临洮县	368	191	177	349	185	164	387	207	180
漳　县	137	73	64	144	72	72	174	100	74
岷　县	389	202	187	373	200	173	403	192	211
陇南市	**1926**	**1012**	**914**	**1814**	**940**	**874**	**2304**	**1174**	**1130**
武都区	526	284	242	476	234	242	583	295	288
成　县	194	108	86	186	93	93	235	119	116
文　县	155	76	79	182	102	80	227	112	115
宕昌县	175	84	91	154	78	76	151	74	77
康　县	131	67	64	111	62	49	160	94	66
西和县	281	144	137	264	140	124	365	173	192
礼　县	298	166	132	274	149	125	360	189	171
徽　县	142	69	73	148	72	76	196	105	91
两当县	24	14	10	19	10	9	27	13	14
临夏回族自治州	**2700**	**1409**	**1291**	**2298**	**1195**	**1103**	**2459**	**1296**	**1163**
临夏市	365	196	169	323	157	166	361	175	186
临夏县	402	205	197	359	201	158	399	208	191
康乐县	306	165	141	291	145	146	303	153	150
永靖县	172	89	83	137	79	58	173	90	83
广河县	423	222	201	351	177	174	355	191	164
和政县	270	139	131	244	119	125	282	149	133
东乡族自治县	468	243	225	329	183	146	290	158	132
积石山保安族东乡族撒拉族自治县	294	150	144	264	134	130	296	172	124
甘南藏族自治州	**704**	**357**	**347**	**668**	**335**	**333**	**742**	**390**	**352**
合作市	93	51	42	102	55	47	96	52	44
临潭县	132	71	61	127	64	63	141	66	75
卓尼县	93	45	48	77	42	35	102	54	48
舟曲县	158	83	75	143	71	72	183	92	91
迭部县	48	19	29	40	19	21	33	18	15
玛曲县	54	27	27	65	29	36	57	26	31
碌曲县	37	20	17	29	15	14	30	18	12
夏河县	89	41	48	85	40	45	100	64	36

1-10a　各地区分性别、月份的

地区	出生人口			2019年11月			
	合计	男	女	小计	男	女	小计
合计	**67045**	**34626**	**32419**	**7693**	**3906**	**3787**	**7028**
兰州市	**23347**	**11970**	**11377**	**2717**	**1372**	**1345**	**2510**
城关区	11143	5737	5406	1270	654	616	1196
七里河区	4940	2531	2409	578	290	288	522
西固区	2733	1389	1344	328	158	170	282
安宁区	3691	1890	1801	444	225	219	433
红古区	840	423	417	97	45	52	77
嘉峪关市	**3229**	**1672**	**1557**	**343**	**155**	**188**	**332**
市辖区	3229	1672	1557	343	155	188	332
金昌市	**2064**	**1049**	**1015**	**231**	**118**	**113**	**226**
金川区	2064	1049	1015	231	118	113	226
白银市	**4093**	**2104**	**1989**	**450**	**258**	**192**	**411**
白银区	2768	1412	1356	301	173	128	277
平川区	1307	684	623	148	84	64	130
靖远县	18	8	10	1	1		4
天水市	**5692**	**2986**	**2706**	**696**	**356**	**340**	**621**
秦州区	2939	1548	1391	366	188	178	326
麦积区	2753	1438	1315	330	168	162	295
武威市	**4403**	**2310**	**2093**	**533**	**267**	**266**	**426**
凉州区	4403	2310	2093	533	267	266	426
张掖市	**2497**	**1309**	**1188**	**272**	**123**	**149**	**262**
甘州区	2491	1306	1185	272	123	149	262
肃南裕固族自治县	6	3	3				
平凉市	**4407**	**2239**	**2168**	**482**	**239**	**243**	**466**
崆峒区	3367	1728	1639	371	186	185	344
华亭市	1040	511	529	111	53	58	122
酒泉市	**4530**	**2337**	**2193**	**529**	**248**	**281**	**483**
肃州区	3023	1558	1465	351	172	179	324
玉门市	579	299	280	63	23	40	55
敦煌市	928	480	448	115	53	62	104
庆阳市	**3220**	**1673**	**1547**	**423**	**237**	**186**	**354**
西峰区	3220	1673	1547	423	237	186	354
定西市	**2531**	**1342**	**1189**	**282**	**153**	**129**	**266**
安定区	2531	1342	1189	282	153	129	266
陇南市	**2309**	**1198**	**1111**	**274**	**148**	**126**	**225**
武都区	2289	1189	1100	270	145	125	224
康　县	20	9	11	4	3	1	1
临夏回族自治州	**4006**	**2058**	**1948**	**403**	**198**	**205**	**368**
临夏市	3872	1990	1882	386	190	196	356
临夏县	134	68	66	17	8	9	12
甘南藏族自治州	**717**	**379**	**338**	**58**	**34**	**24**	**78**
合作市	717	379	338	58	34	24	78

出生人口（2019.11.1–2020.10.31）（城市）

单位：人

2019年12月		2020年1月			2020年2月		
男	女	小计	男	女	小计	男	女
3657	**3371**	**6408**	**3393**	**3015**	**5480**	**2842**	**2638**
1301	**1209**	**2252**	**1180**	**1072**	**1928**	**998**	**930**
607	589	1053	581	472	914	458	456
271	251	474	241	233	405	213	192
150	132	269	130	139	221	123	98
230	203	376	189	187	310	167	143
43	34	80	39	41	78	37	41
183	**149**	**290**	**163**	**127**	**263**	**143**	**120**
183	149	290	163	127	263	143	120
114	**112**	**199**	**105**	**94**	**182**	**94**	**88**
114	112	199	105	94	182	94	88
211	**200**	**391**	**198**	**193**	**333**	**170**	**163**
138	139	270	132	138	215	106	109
72	58	121	66	55	114	61	53
1	3				4	3	1
336	**285**	**536**	**301**	**235**	**472**	**233**	**239**
174	152	273	146	127	256	133	123
162	133	263	155	108	216	100	116
222	**204**	**408**	**227**	**181**	**342**	**194**	**148**
222	204	408	227	181	342	194	148
146	**116**	**265**	**135**	**130**	**190**	**96**	**94**
146	116	265	135	130	190	96	94
238	**228**	**433**	**218**	**215**	**360**	**171**	**189**
181	163	332	167	165	276	134	142
57	65	101	51	50	84	37	47
253	**230**	**389**	**211**	**178**	**381**	**197**	**184**
168	156	242	129	113	253	130	123
29	26	56	31	25	48	28	20
56	48	91	51	40	80	39	41
185	**169**	**317**	**155**	**162**	**270**	**136**	**134**
185	169	317	155	162	270	136	134
133	**133**	**235**	**128**	**107**	**223**	**126**	**97**
133	133	235	128	107	223	126	97
113	**112**	**241**	**129**	**112**	**178**	**88**	**90**
113	111	241	129	112	175	88	87
	1				3		3
179	**189**	**387**	**212**	**175**	**307**	**169**	**138**
173	183	376	204	172	300	168	132
6	6	11	8	3	7	1	6
43	**35**	**65**	**31**	**34**	**51**	**27**	**24**
43	35	65	31	34	51	27	24

1-10a 各地区分性别、月份的

地区	2020年3月			2020年4月			
	小计	男	女	小计	男	女	小计
合计	**5665**	**2882**	**2783**	**5161**	**2726**	**2435**	**4972**
兰州市	**1973**	**1008**	**965**	**1854**	**981**	**873**	**1766**
城关区	939	481	458	873	459	414	885
七里河区	440	218	222	404	217	187	349
西固区	208	109	99	223	120	103	192
安宁区	314	165	149	289	151	138	273
红古区	72	35	37	65	34	31	67
嘉峪关市	**301**	**157**	**144**	**261**	**139**	**122**	**230**
市辖区	301	157	144	261	139	122	230
金昌市	**166**	**75**	**91**	**133**	**79**	**54**	**152**
金川区	166	75	91	133	79	54	152
白银市	**344**	**168**	**176**	**321**	**164**	**157**	**319**
白银区	234	117	117	219	111	108	206
平川区	108	51	57	101	52	49	111
靖远县	2		2	1	1		2
天水市	**502**	**254**	**248**	**456**	**227**	**229**	**404**
秦州区	280	132	148	236	116	120	213
麦积区	222	122	100	220	111	109	191
武威市	**360**	**185**	**175**	**323**	**173**	**150**	**316**
凉州区	360	185	175	323	173	150	316
张掖市	**202**	**110**	**92**	**197**	**98**	**99**	**192**
甘州区	197	107	90	197	98	99	192
肃南裕固族自治县	5	3	2				
平凉市	**389**	**196**	**193**	**316**	**172**	**144**	**309**
崆峒区	296	148	148	253	137	116	226
华亭市	93	48	45	63	35	28	83
酒泉市	**394**	**207**	**187**	**303**	**149**	**154**	**336**
肃州区	262	137	125	194	99	95	220
玉门市	45	22	23	36	15	21	41
敦煌市	87	48	39	73	35	38	75
庆阳市	**235**	**117**	**118**	**239**	**135**	**104**	**218**
西峰区	235	117	118	239	135	104	218
定西市	**205**	**105**	**100**	**198**	**108**	**90**	**182**
安定区	205	105	100	198	108	90	182
陇南市	**190**	**105**	**85**	**175**	**92**	**83**	**155**
武都区	190	105	85	175	92	83	153
康　县							2
临夏回族自治州	**338**	**167**	**171**	**311**	**172**	**139**	**329**
临夏市	325	159	166	303	168	135	320
临夏县	13	8	5	8	4	4	9
甘南藏族自治州	**66**	**28**	**38**	**74**	**37**	**37**	**64**
合作市	66	28	38	74	37	37	64

出生人口（2019.11.1–2020.10.31）（城市）（续 1）

单位：人

2020年5月		2020年6月			2020年7月		
男	女	小计	男	女	小计	男	女
2565	**2407**	**5244**	**2691**	**2553**	**5016**	**2558**	**2458**
893	**873**	**1875**	**968**	**907**	**1775**	**903**	**872**
444	441	908	472	436	835	433	402
164	185	387	200	187	385	192	193
102	90	228	115	113	202	98	104
147	126	280	144	136	285	148	137
36	31	72	37	35	68	32	36
118	**112**	**266**	**136**	**130**	**242**	**121**	**121**
118	112	266	136	130	242	121	121
76	**76**	**160**	**80**	**80**	**148**	**67**	**81**
76	76	160	80	80	148	67	81
172	**147**	**326**	**154**	**172**	**324**	**166**	**158**
111	95	228	107	121	226	119	107
59	52	98	47	51	98	47	51
2							
215	**189**	**455**	**229**	**226**	**420**	**209**	**211**
114	99	250	125	125	219	121	98
101	90	205	104	101	201	88	113
165	**151**	**343**	**188**	**155**	**295**	**135**	**160**
165	151	343	188	155	295	135	160
105	**87**	**199**	**108**	**91**	**180**	**98**	**82**
105	87	198	108	90	180	98	82
		1		1			
142	**167**	**344**	**167**	**177**	**329**	**182**	**147**
107	119	267	132	135	254	141	113
35	48	77	35	42	75	41	34
190	**146**	**300**	**147**	**153**	**333**	**175**	**158**
126	94	197	95	102	221	113	108
16	25	41	23	18	50	30	20
48	27	62	29	33	62	32	30
117	**101**	**217**	**117**	**100**	**243**	**126**	**117**
117	101	217	117	100	243	126	117
90	**92**	**208**	**122**	**86**	**193**	**101**	**92**
90	92	208	122	86	193	101	92
76	**79**	**173**	**83**	**90**	**167**	**84**	**83**
75	78	171	83	88	167	84	83
1	1	2		2			
172	**157**	**321**	**160**	**161**	**325**	**171**	**154**
167	153	308	156	152	318	165	153
5	4	13	4	9	7	6	1
34	**30**	**57**	**32**	**25**	**42**	**20**	**22**
34	30	57	32	25	42	20	22

1–10a 各地区分性别、月份的出生人口（2019.11.1–2020.10.31）（城市）（续2）

单位：人

地区	2020年8月			2020年9月			2020年10月		
	小计	男	女	小计	男	女	小计	男	女
合计	**5033**	**2598**	**2435**	**4762**	**2491**	**2271**	**4583**	**2317**	**2266**
兰州市	**1751**	**871**	**880**	**1622**	**846**	**776**	**1324**	**649**	**675**
城关区	834	410	424	797	412	385	639	326	313
七里河区	361	181	180	356	204	152	279	140	139
西固区	210	102	108	200	104	96	170	78	92
安宁区	276	137	139	217	99	118	194	88	106
红古区	70	41	29	52	27	25	42	17	25
嘉峪关市	**253**	**142**	**111**	**221**	**105**	**116**	**227**	**110**	**117**
市辖区	253	142	111	221	105	116	227	110	117
金昌市	**153**	**81**	**72**	**150**	**84**	**66**	**164**	**76**	**88**
金川区	153	81	72	150	84	66	164	76	88
白银市	**291**	**127**	**164**	**281**	**156**	**125**	**302**	**160**	**142**
白银区	193	79	114	185	101	84	214	118	96
平川区	96	48	48	94	55	39	88	42	46
靖远县	2		2	2		2			
天水市	**456**	**252**	**204**	**362**	**208**	**154**	**312**	**166**	**146**
秦州区	233	133	100	168	99	69	119	67	52
麦积区	223	119	104	194	109	85	193	99	94
武威市	**324**	**157**	**167**	**332**	**175**	**157**	**401**	**222**	**179**
凉州区	324	157	167	332	175	157	401	222	179
张掖市	**167**	**93**	**74**	**196**	**99**	**97**	**175**	**98**	**77**

1-10a 各地区分性别、月份的出生人口（2019.11.1-2020.10.31）（城市）（续3）

单位：人

地区	2020年8月			2020年9月			2020年10月		
	小计	男	女	小计	男	女	小计	男	女
甘州区	167	93	74	196	99	97	175	98	77
肃南裕固族自治县									
平凉市	**311**	**172**	**139**	**322**	**162**	**160**	**346**	**180**	**166**
崆峒区	233	133	100	245	126	119	270	136	134
华亭市	78	39	39	77	36	41	76	44	32
酒泉市	**339**	**176**	**163**	**338**	**189**	**149**	**405**	**195**	**210**
肃州区	245	126	119	227	130	97	287	133	154
玉门市	40	22	18	45	26	19	59	34	25
敦煌市	54	28	26	66	33	33	59	28	31
庆阳市	**241**	**119**	**122**	**240**	**120**	**120**	**223**	**109**	**114**
西峰区	241	119	122	240	120	120	223	109	114
定西市	**188**	**101**	**87**	**193**	**95**	**98**	**158**	**80**	**78**
安定区	188	101	87	193	95	98	158	80	78
陇南市	**194**	**110**	**84**	**153**	**74**	**79**	**184**	**96**	**88**
武都区	192	108	84	151	73	78	180	94	86
康　县	2	2		2	1	1	4	2	2
临夏回族自治州	**311**	**166**	**145**	**293**	**144**	**149**	**313**	**148**	**165**
临夏市	300	161	139	279	138	141	301	141	160
临夏县	11	5	6	14	6	8	12	7	5
甘南藏族自治州	**54**	**31**	**23**	**59**	**34**	**25**	**49**	**28**	**21**
合作市	54	31	23	59	34	25	49	28	21

1-10b 各地区分性别、月份的

地区	出生人口			2019年11月			
	合计	男	女	小计	男	女	小计
合计	**65055**	**33695**	**31360**	**7245**	**3739**	**3506**	**6812**
兰州市	**6812**	**3505**	**3307**	**737**	**394**	**343**	**746**
城关区	247	129	118	28	12	16	33
七里河区	661	343	318	78	38	40	70
西固区	121	61	60	11	6	5	19
安宁区							
红古区	111	58	53	11	7	4	10
永登县	1192	597	595	126	70	56	119
皋兰县	720	370	350	74	43	31	86
榆中县	2055	1070	985	226	120	106	241
兰州新区	1705	877	828	183	98	85	168
嘉峪关市	**14**	**9**	**5**	**3**	**1**	**2**	**1**
市辖区	14	9	5	3	1	2	1
金昌市	**794**	**407**	**387**	**74**	**40**	**34**	**96**
金川区	5	1	4				
永昌县	789	406	383	74	40	34	96
白银市	**4466**	**2322**	**2144**	**515**	**254**	**261**	**486**
白银区	28	13	15	4	2	2	1
平川区	176	78	98	19	8	11	13
靖远县	1600	866	734	167	84	83	170
会宁县	1501	767	734	188	87	101	169
景泰县	1161	598	563	137	73	64	133
天水市	**7606**	**3921**	**3685**	**856**	**443**	**413**	**775**
秦州区	525	279	246	64	34	30	47
麦积区	429	221	208	44	22	22	46
清水县	930	473	457	118	58	60	86
秦安县	1526	776	750	169	89	80	155
甘谷县	1943	997	946	224	116	108	210
武山县	1366	732	634	149	80	69	141
张家川回族自治县	887	443	444	88	44	44	90
武威市	**2621**	**1318**	**1303**	**323**	**145**	**178**	**285**
凉州区	634	314	320	96	45	51	76
民勤县	578	281	297	69	30	39	71
古浪县	739	389	350	81	40	41	72
天祝藏族自治县	670	334	336	77	30	47	66
张掖市	**3230**	**1671**	**1559**	**396**	**188**	**208**	**373**
甘州区	116	59	57	16	6	10	12
肃南裕固族自治县	74	37	37	3	2	1	13
民乐县	951	505	446	138	69	69	96
临泽县	514	270	244	47	19	28	69
高台县	775	395	380	79	41	38	97
山丹县	800	405	395	113	51	62	86
平凉市	**4710**	**2511**	**2199**	**537**	**303**	**234**	**519**
崆峒区	72	37	35	10	7	3	9
泾川县	980	535	445	93	58	35	113
灵台县	585	301	284	67	43	24	66
崇信县	453	244	209	49	27	22	47
庄浪县	1052	565	487	134	67	67	121
静宁县	1323	704	619	159	85	74	140
华亭市	245	125	120	25	16	9	23

出生人口（2019.11.1–2020.10.31）（镇）

单位：人

2019年12月		2020年1月			2020年2月		
男	女	小计	男	女	小计	男	女
3554	**3258**	**6355**	**3238**	**3117**	**5449**	**2779**	**2670**
379	**367**	**673**	**314**	**359**	**554**	**283**	**271**
20	13	23	9	14	19	12	7
33	37	58	28	30	52	27	25
9	10	20	6	14	8	2	6
4	6	12	7	5	6	3	3
63	56	104	50	54	107	47	60
36	50	74	29	45	57	30	27
130	111	220	112	108	175	94	81
84	84	162	73	89	130	68	62
1		**3**	**3**				
1		3	3				
49	**47**	**101**	**53**	**48**	**69**	**33**	**36**
		3		3	1	1	
49	47	98	53	45	68	32	36
254	**232**	**469**	**254**	**215**	**372**	**204**	**168**
1		3	1	2	3		3
8	5	13	8	5	14	6	8
91	79	152	91	61	135	79	56
88	81	165	74	91	124	73	51
66	67	136	80	56	96	46	50
407	**368**	**735**	**359**	**376**	**636**	**331**	**305**
27	20	53	22	31	55	32	23
21	25	45	22	23	37	20	17
52	34	82	44	38	76	34	42
81	74	137	65	72	124	62	62
103	107	201	101	100	160	84	76
80	61	126	68	58	115	64	51
43	47	91	37	54	69	35	34
145	**140**	**246**	**121**	**125**	**203**	**104**	**99**
45	31	62	32	30	47	21	26
26	45	46	25	21	44	23	21
36	36	71	36	35	64	39	25
38	28	67	28	39	48	21	27
185	**188**	**254**	**126**	**128**	**258**	**130**	**128**
9	3	5	2	3	3	1	2
8	5	4	2	2	6	2	4
53	43	74	41	33	81	46	35
38	31	39	13	26	46	22	24
41	56	63	29	34	67	32	35
36	50	69	39	30	55	27	28
282	**237**	**449**	**236**	**213**	**415**	**222**	**193**
3	6	5	3	2	6	5	1
64	49	90	53	37	91	49	42
43	23	54	22	32	54	23	31
29	18	44	26	18	33	14	19
68	53	107	56	51	97	53	44
65	75	122	63	59	111	64	47
10	13	27	13	14	23	14	9

1-10b 各地区分性别、月份的

地区	出生人口			2019年11月			
	合计	男	女	小计	男	女	小计
酒泉市	**1824**	**919**	**905**	**177**	**89**	**88**	**170**
肃州区	145	71	74	7	3	4	17
金塔县	433	222	211	37	16	21	43
瓜州县	598	299	299	64	33	31	52
肃北蒙古族自治县	95	52	43	11	5	6	9
阿克塞哈萨克族自治县	108	47	61	10	5	5	11
玉门市	216	101	115	19	8	11	19
敦煌市	229	127	102	29	19	10	19
庆阳市	**6535**	**3441**	**3094**	**763**	**398**	**365**	**705**
西峰区	109	59	50	12	4	8	8
庆城县	1073	587	486	122	61	61	115
环　县	1177	602	575	132	74	58	127
华池县	628	335	293	61	30	31	57
合水县	626	310	316	85	44	41	76
正宁县	792	417	375	87	48	39	75
宁　县	1045	558	487	128	67	61	129
镇原县	1085	573	512	136	70	66	118
定西市	**9158**	**4738**	**4420**	**973**	**518**	**455**	**959**
安定区	290	148	142	27	17	10	33
通渭县	1161	601	560	136	73	63	129
陇西县	2714	1410	1304	295	151	144	300
渭源县	932	494	438	87	52	35	89
临洮县	2200	1127	1073	228	122	106	235
漳　县	659	333	326	65	30	35	72
岷　县	1202	625	577	135	73	62	101
陇南市	**7566**	**3945**	**3621**	**917**	**464**	**453**	**740**
武都区	533	275	258	73	39	34	53
成　县	1353	715	638	150	69	81	118
文　县	831	428	403	98	49	49	78
宕昌县	725	365	360	93	46	47	68
康　县	515	265	250	61	24	37	51
西和县	1099	585	514	127	79	48	97
礼　县	1350	705	645	186	97	89	163
徽　县	961	495	466	107	48	59	93
两当县	199	112	87	22	13	9	19
临夏回族自治州	**6886**	**3558**	**3328**	**696**	**352**	**344**	**693**
临夏市	152	74	78	16	8	8	7
临夏县	553	279	274	50	22	28	59
康乐县	863	423	440	92	43	49	79
永靖县	1170	617	553	104	50	54	124
广河县	1570	855	715	149	82	67	164
和政县	845	415	430	92	49	43	63
东乡族自治县	1018	516	502	111	52	59	128
积石山保安族东乡族撒拉族自治县	715	379	336	82	46	36	69
甘南藏族自治州	**2833**	**1430**	**1403**	**278**	**150**	**128**	**264**
合作市	52	21	31	7	2	5	5
临潭县	631	309	322	70	37	33	65
卓尼县	466	252	214	44	24	20	36
舟曲县	596	293	303	70	34	36	61
迭部县	248	123	125	18	11	7	16
玛曲县	338	168	170	32	20	12	37
碌曲县	197	112	85	12	8	4	13
夏河县	305	152	153	25	14	11	31

出生人口（2019.11.1–2020.10.31）（镇）（续 1）

单位：人

2019 年 12 月		2020 年 1 月			2020 年 2 月		
男	女	小计	男	女	小计	男	女
80	**90**	**199**	**100**	**99**	**151**	**69**	**82**
5	12	17	5	12	13	9	4
20	23	50	27	23	28	9	19
29	23	58	30	28	49	18	31
7	2	13	10	3	6	3	3
5	6	10	3	7	12	6	6
8	11	24	8	16	14	8	6
6	13	27	17	10	29	16	13
398	**307**	**666**	**340**	**326**	**556**	**282**	**274**
4	4	11	5	6	8	2	6
69	46	109	56	53	97	55	42
69	58	136	57	79	101	59	42
33	24	63	37	26	63	33	30
41	35	47	24	23	46	20	26
43	32	74	34	40	66	33	33
75	54	118	69	49	90	37	53
64	54	108	58	50	85	43	42
479	**480**	**878**	**457**	**421**	**777**	**379**	**398**
11	22	26	15	11	20	9	11
62	67	103	50	53	97	52	45
152	148	257	127	130	217	107	110
47	42	92	44	48	85	41	44
113	122	221	117	104	188	89	99
39	33	69	36	33	61	28	33
55	46	110	68	42	109	53	56
402	**338**	**691**	**350**	**341**	**634**	**323**	**311**
28	25	36	18	18	43	23	20
69	49	133	57	76	97	48	49
40	38	69	41	28	52	27	25
40	28	65	34	31	68	38	30
27	24	51	27	24	60	29	31
55	42	85	48	37	92	42	50
82	81	147	78	69	123	59	64
51	42	85	38	47	79	42	37
10	9	20	9	11	20	15	5
359	**334**	**713**	**380**	**333**	**595**	**305**	**290**
2	5	13	8	5	10	5	5
31	28	64	34	30	49	25	24
39	40	90	50	40	62	27	35
72	52	123	73	50	112	59	53
98	66	152	73	79	136	70	66
24	39	91	52	39	78	40	38
58	70	112	57	55	98	52	46
35	34	68	33	35	50	27	23
134	**130**	**278**	**145**	**133**	**229**	**114**	**115**
1	4	4	2	2	3	2	1
27	38	68	38	30	62	27	35
25	11	41	25	16	28	13	15
29	32	62	32	30	37	24	13
11	5	24	9	15	20	9	11
18	19	28	12	16	28	10	18
7	6	20	10	10	21	15	6
16	15	31	17	14	30	14	16

1-10b 各地区分性别、月份的

地区	2020年3月			2020年4月			
	小计	男	女	小计	男	女	小计
合计	**5472**	**2878**	**2594**	**5091**	**2595**	**2496**	**4947**
兰州市	**597**	**310**	**287**	**537**	**277**	**260**	**548**
城关区	22	12	10	22	8	14	12
七里河区	46	28	18	44	24	20	54
西固区	12	7	5	8	6	2	12
安宁区							
红古区	8	1	7	12	7	5	11
永登县	90	38	52	100	53	47	108
皋兰县	68	35	33	54	28	26	54
榆中县	195	99	96	152	79	73	157
兰州新区	156	90	66	145	72	73	140
嘉峪关市	**2**	**2**		**1**	**1**		
市辖区	2	2		1	1		
金昌市	**58**	**31**	**27**	**53**	**28**	**25**	**52**
金川区	1		1				
永昌县	57	31	26	53	28	25	52
白银市	**366**	**194**	**172**	**331**	**171**	**160**	**346**
白银区	2	2		2	1	1	5
平川区	19	5	14	11	4	7	15
靖远县	133	80	53	116	63	53	138
会宁县	101	51	50	123	57	66	107
景泰县	111	56	55	79	46	33	81
天水市	**624**	**338**	**286**	**579**	**281**	**298**	**599**
秦州区	52	34	18	34	20	14	51
麦积区	34	17	17	37	20	17	30
清水县	86	40	46	78	43	35	58
秦安县	108	54	54	111	56	55	124
甘谷县	149	89	60	149	55	94	160
武山县	110	61	49	98	55	43	107
张家川回族自治县	85	43	42	72	32	40	69
武威市	**200**	**114**	**86**	**200**	**95**	**105**	**196**
凉州区	42	22	20	48	24	24	48
民勤县	42	26	16	50	22	28	42
古浪县	58	27	31	61	33	28	50
天祝藏族自治县	58	39	19	41	16	25	56
张掖市	**265**	**143**	**122**	**250**	**138**	**112**	**213**
甘州区	15	6	9	10	7	3	11
肃南裕固族自治县	7	3	4	7	2	5	5
民乐县	77	39	38	81	47	34	57
临泽县	42	28	14	35	18	17	34
高台县	61	32	29	68	40	28	52
山丹县	63	35	28	49	24	25	54
平凉市	**414**	**226**	**188**	**350**	**185**	**165**	**349**
崆峒区	7	4	3	12	3	9	3
泾川县	76	39	37	78	43	35	68
灵台县	59	29	30	38	21	17	40
崇信县	50	27	23	36	19	17	32
庄浪县	98	59	39	75	40	35	83
静宁县	101	58	43	95	51	44	100
华亭市	23	10	13	16	8	8	23

出生人口（2019.11.1–2020.10.31）（镇）（续2）

单位：人

2020年5月		2020年6月			2020年7月		
男	女	小计	男	女	小计	男	女
2555	**2392**	**4815**	**2478**	**2337**	**4894**	**2570**	**2324**
282	**266**	**481**	**253**	**228**	**518**	**272**	**246**
5	7	19	12	7	17	7	10
26	28	56	27	29	61	33	28
5	7	3	2	1	7	6	1
5	6	8	6	2	11	6	5
51	57	80	41	39	93	53	40
31	23	37	26	11	59	30	29
85	72	153	78	75	142	70	72
74	66	125	61	64	128	67	61
		1		**1**	**1**		**1**
		1		1	1		1
27	**25**	**61**	**31**	**30**	**64**	**33**	**31**
27	25	61	31	30	64	33	31
174	**172**	**328**	**174**	**154**	**341**	**182**	**159**
4	1	2		2	2	1	1
5	10	13	8	5	15	7	8
66	72	125	68	57	124	69	55
56	51	106	57	49	116	64	52
43	38	82	41	41	84	41	43
312	**287**	**577**	**283**	**294**	**562**	**296**	**266**
29	22	36	19	17	39	19	20
17	13	35	19	16	28	15	13
26	32	65	27	38	78	33	45
62	62	118	55	63	105	55	50
89	71	138	70	68	135	82	53
50	57	106	53	53	105	51	54
39	30	79	40	39	72	41	31
107	**89**	**185**	**86**	**99**	**173**	**89**	**84**
25	23	38	18	20	47	21	26
24	18	42	15	27	42	25	17
28	22	62	33	29	44	26	18
30	26	43	20	23	40	17	23
114	**99**	**204**	**100**	**104**	**226**	**117**	**109**
4	7	8	4	4	9	6	3
3	2	3	1	2	7	4	3
30	27	62	30	32	52	28	24
20	14	40	23	17	34	19	15
26	26	52	22	30	58	31	27
31	23	39	20	19	66	29	37
181	**168**	**317**	**162**	**155**	**327**	**173**	**154**
1	2	5	2	3	4	1	3
43	25	77	41	36	72	37	35
21	19	39	20	19	38	20	18
16	16	45	21	24	33	21	12
43	40	53	24	29	66	36	30
47	53	85	47	38	97	50	47
10	13	13	7	6	17	8	9

1-10b 各地区分性别、月份的

地区	2020年3月			2020年4月			
	小计	男	女	小计	男	女	小计
酒泉市	**166**	**85**	**81**	**127**	**59**	**68**	**127**
肃州区	16	5	11	9	6	3	8
金塔县	39	20	19	35	20	15	39
瓜州县	51	29	22	37	15	22	36
肃北蒙古族自治县	6	1	5	8	3	5	4
阿克塞哈萨克族自治县	13	5	8	6	1	5	7
玉门市	25	17	8	18	9	9	17
敦煌市	16	8	8	14	5	9	16
庆阳市	**497**	**250**	**247**	**512**	**261**	**251**	**468**
西峰区	9	5	4	11	7	4	4
庆城县	89	46	43	71	37	34	78
环　县	93	37	56	99	49	50	84
华池县	35	16	19	46	27	19	47
合水县	46	25	21	55	24	31	44
正宁县	60	33	27	58	31	27	68
宁　县	79	36	43	74	36	38	71
镇原县	86	52	34	98	50	48	72
定西市	**785**	**409**	**376**	**752**	**384**	**368**	**685**
安定区	29	13	16	28	15	13	26
通渭县	101	43	58	96	52	44	80
陇西县	229	133	96	230	127	103	184
渭源县	85	51	34	70	32	38	70
临洮县	162	78	84	174	91	83	199
漳　县	49	27	22	51	26	25	49
岷　县	130	64	66	103	41	62	77
陇南市	**661**	**349**	**312**	**623**	**326**	**297**	**585**
武都区	41	24	17	44	18	26	38
成　县	130	68	62	138	87	51	114
文　县	69	36	33	62	35	27	68
宕昌县	65	27	38	63	32	31	59
康　县	47	26	21	33	21	12	32
西和县	93	52	41	89	42	47	84
礼　县	106	54	52	104	50	54	101
徽　县	91	51	40	75	36	39	76
两当县	19	11	8	15	5	10	13
临夏回族自治州	**616**	**320**	**296**	**538**	**273**	**265**	**536**
临夏市	12	7	5	8	3	5	18
临夏县	46	17	29	35	18	17	38
康乐县	77	37	40	68	38	30	69
永靖县	91	56	35	86	36	50	88
广河县	132	70	62	111	56	55	134
和政县	83	37	46	76	37	39	62
东乡族自治县	106	57	49	91	49	42	75
积石山保安族东乡族撒拉族自治县	69	39	30	63	36	27	52
甘南藏族自治州	**221**	**107**	**114**	**238**	**116**	**122**	**243**
合作市	5	2	3	4	2	2	2
临潭县	44	24	20	44	24	20	53
卓尼县	40	20	20	55	30	25	46
舟曲县	40	14	26	37	14	23	46
迭部县	24	12	12	18	8	10	24
玛曲县	25	14	11	38	18	20	29
碌曲县	17	10	7	21	14	7	24
夏河县	26	11	15	21	6	15	19

出生人口（2019.11.1–2020.10.31）（镇）（续3）

单位：人

2020年5月		2020年6月			2020年7月		
男	女	小计	男	女	小计	男	女
64	**63**	**140**	**76**	**64**	**149**	**76**	**73**
3	5	14	11	3	12	6	6
25	14	31	14	17	37	16	21
13	23	47	23	24	50	27	23
4		7	4	3	10	7	3
4	3	9	4	5	12	5	7
7	10	15	7	8	14	6	8
8	8	17	13	4	14	9	5
260	**208**	**495**	**260**	**235**	**518**	**272**	**246**
2	2	11	8	3	13	7	6
40	38	74	48	26	95	47	48
46	38	97	44	53	81	36	45
31	16	64	31	33	54	28	26
20	24	42	25	17	40	21	19
39	29	58	30	28	63	34	29
45	26	84	44	40	77	47	30
37	35	65	30	35	95	52	43
338	**347**	**722**	**373**	**349**	**679**	**350**	**329**
13	13	18	8	10	24	13	11
45	35	100	52	48	96	47	49
90	94	213	113	100	185	102	83
33	37	85	39	46	76	40	36
93	106	170	95	75	165	81	84
22	27	42	22	20	50	23	27
42	35	94	44	50	83	44	39
303	**282**	**580**	**305**	**275**	**583**	**317**	**266**
22	16	41	24	17	34	16	18
65	49	92	47	45	102	62	40
34	34	60	25	35	52	22	30
29	30	64	32	32	52	22	30
16	16	32	19	13	47	21	26
41	43	106	54	52	102	54	48
55	46	91	49	42	102	61	41
37	39	69	38	31	80	51	29
4	9	25	17	8	12	8	4
283	**253**	**529**	**272**	**257**	**518**	**267**	**251**
10	8	18	11	7	15	6	9
21	17	40	20	20	34	14	20
35	34	73	32	41	50	21	29
42	46	84	42	42	88	55	33
69	65	118	63	55	134	74	60
35	27	60	31	29	55	28	27
35	40	71	42	29	87	47	40
36	16	65	31	34	55	22	33
110	**133**	**195**	**103**	**92**	**235**	**126**	**109**
	2	3	3		8	3	5
29	24	34	14	20	43	24	19
24	22	31	17	14	47	21	26
15	31	40	24	16	38	20	18
10	14	23	13	10	32	15	17
13	16	25	14	11	29	18	11
12	12	12	4	8	11	7	4
7	12	27	14	13	27	18	9

1-10b 各地区分性别、月份的出生人口（2019.11.1-2020.10.31）（镇）(续4)

单位：人

地区	2020年8月			2020年9月			2020年10月		
	小计	男	女	小计	男	女	小计	男	女
合计	**4804**	**2547**	**2257**	**4478**	**2320**	**2158**	**4693**	**2442**	**2251**
兰州市	**494**	**280**	**214**	**463**	**239**	**224**	**464**	**222**	**242**
城关区	18	13	5	20	11	9	14	8	6
七里河区	52	32	20	55	26	29	35	21	14
西固区	7	5	2	8	4	4	6	3	3
安宁区									
红古区	8	3	5	4	3	1	10	6	4
永登县	86	39	47	81	44	37	98	48	50
皋兰县	57	32	25	53	24	29	47	26	21
榆中县	141	82	59	125	65	60	128	56	72
兰州新区	125	74	51	117	62	55	126	54	72
嘉峪关市				**1**		**1**	**1**	**1**	
市辖区				1		1	1	1	
金昌市	**47**	**20**	**27**	**62**	**30**	**32**	**57**	**32**	**25**
金川区									
永昌县	47	20	27	62	30	32	57	32	25
白银市	**304**	**151**	**153**	**315**	**156**	**159**	**293**	**154**	**139**
白银区	1		1				3	1	2
平川区	12	7	5	18	3	15	14	9	5
靖远县	123	56	67	107	53	54	110	66	44
会宁县	98	55	43	93	51	42	111	54	57
景泰县	70	33	37	97	49	48	55	24	31
天水市	**584**	**302**	**282**	**520**	**276**	**244**	**559**	**293**	**266**
秦州区	39	15	24	31	17	14	24	11	13
麦积区	33	17	16	29	12	17	31	19	12
清水县	64	38	26	78	43	35	61	35	26
秦安县	120	59	61	111	64	47	144	74	70
甘谷县	166	86	80	113	52	61	138	70	68
武山县	111	65	46	93	50	43	105	55	50
张家川回族自治县	51	22	29	65	38	27	56	29	27
武威市	**199**	**109**	**90**	**204**	**94**	**110**	**207**	**109**	**98**
凉州区	41	20	21	39	16	23	50	25	25
民勤县	41	25	16	45	19	26	44	21	23
古浪县	55	31	24	64	29	35	57	31	26
天祝藏族自治县	62	33	29	56	30	26	56	32	24
张掖市	**240**	**126**	**114**	**248**	**144**	**104**	**303**	**160**	**143**
甘州区	10	5	5	10	6	4	7	3	4
肃南裕固族自治县	4	1	3	7	5	2	8	4	4
民乐县	68	36	32	67	39	28	98	47	51
临泽县	50	25	25	43	23	20	35	22	13
高台县	53	28	25	50	28	22	75	45	30
山丹县	55	31	24	71	43	28	80	39	41
平凉市	**344**	**185**	**159**	**315**	**158**	**157**	**374**	**198**	**176**
崆峒区	5	5		2	2		4	1	3
泾川县	71	40	31	67	30	37	84	38	46
灵台县	43	21	22	41	19	22	46	19	27
崇信县	27	13	14	31	17	14	26	14	12
庄浪县	70	42	28	73	32	41	75	45	30
静宁县	109	53	56	81	47	34	123	74	49
华亭市	19	11	8	20	11	9	16	7	9

1-10b 各地区分性别、月份的出生人口（2019.11.1-2020.10.31）（镇）（续5）

单位：人

地区	2020年8月			2020年9月			2020年10月		
	小计	男	女	小计	男	女	小计	男	女
酒泉市	**144**	**88**	**56**	**138**	**63**	**75**	**136**	**70**	**66**
肃州区	12	7	5	8	4	4	12	7	5
金塔县	35	25	10	30	15	15	29	15	14
瓜州县	51	33	18	50	24	26	53	25	28
肃北蒙古族自治县	8	5	3	7	1	6	6	2	4
阿克塞哈萨克族自治县	3	2	1	7	1	6	8	6	2
玉门市	20	8	12	18	8	10	13	7	6
敦煌市	15	8	7	18	10	8	15	8	7
庆阳市	**490**	**269**	**221**	**447**	**238**	**209**	**418**	**213**	**205**
西峰区	7	4	3	8	6	2	7	5	2
庆城县	75	39	36	79	44	35	69	45	24
环　县	85	54	31	70	40	30	72	37	35
华池县	46	28	18	43	22	21	49	19	30
合水县	51	25	26	47	21	26	47	20	27
正宁县	87	46	41	49	22	27	47	24	23
宁　县	65	37	28	65	35	30	65	30	35
镇原县	74	36	38	86	48	38	62	33	29
定西市	**657**	**350**	**307**	**673**	**360**	**313**	**618**	**341**	**277**
安定区	24	15	9	20	11	9	15	8	7
通渭县	74	39	35	88	50	38	61	36	25
陇西县	184	94	90	203	105	98	217	109	108
渭源县	57	32	25	75	43	32	61	40	21
临洮县	156	91	65	156	80	76	146	77	69
漳　县	54	28	26	43	18	25	54	34	20
岷　县	108	51	57	88	53	35	64	37	27
陇南市	**534**	**287**	**247**	**467**	**250**	**217**	**551**	**269**	**282**
武都区	50	26	24	29	13	16	51	24	27
成　县	83	43	40	101	51	50	95	49	46
文　县	62	33	29	68	40	28	93	46	47
宕昌县	56	32	24	37	18	19	35	15	20
康　县	39	21	18	24	14	10	38	20	18
西和县	69	43	26	73	36	37	82	39	43
礼　县	84	41	43	68	41	27	75	38	37
徽　县	79	39	40	60	32	28	67	32	35
两当县	12	9	3	7	5	2	15	6	9
临夏回族自治州	**539**	**264**	**275**	**435**	**216**	**219**	**478**	**267**	**211**
临夏市	16	8	8	6	2	4	13	4	9
临夏县	53	32	21	44	22	22	41	23	18
康乐县	77	40	37	61	27	34	65	34	31
永靖县	99	47	52	79	42	37	92	43	49
广河县	127	73	54	100	57	43	113	70	43
和政县	65	27	38	53	21	32	67	34	33
东乡族自治县	50	17	33	48	24	24	41	26	15
积石山保安族东乡族撒拉族自治县	52	20	32	44	21	23	46	33	13
甘南藏族自治州	**228**	**116**	**112**	**190**	**96**	**94**	**234**	**113**	**121**
合作市	2		2	3	2	1	6	2	4
临潭县	49	23	26	35	16	19	64	26	38
卓尼县	38	20	18	27	16	11	33	17	16
舟曲县	56	33	23	49	24	25	60	30	30
迭部县	17	7	10	15	9	6	17	9	8
玛曲县	26	14	12	26	12	14	15	5	10
碌曲县	13	7	6	16	9	7	17	9	8
夏河县	27	12	15	19	8	11	22	15	7

1-10c 各地区分性别、月份的

地区	出生人口			2019 年 11 月			
	合计	男	女	小计	男	女	小计
合计	**131413**	**68209**	**63204**	**13776**	**7082**	**6694**	**12242**
兰州市	**6940**	**3549**	**3391**	**748**	**374**	**374**	**602**
城关区	187	97	90	25	17	8	17
七里河区	844	433	411	94	47	47	74
西固区	286	148	138	25	13	12	30
安宁区							
红古区	327	149	178	41	14	27	26
永登县	1292	660	632	145	83	62	118
皋兰县	458	242	216	46	23	23	40
榆中县	2216	1130	1086	223	111	112	179
兰州新区	1330	690	640	149	66	83	118
嘉峪关市	**78**	**49**	**29**	**14**	**11**	**3**	**3**
市辖区	78	49	29	14	11	3	3
金昌市	**497**	**253**	**244**	**62**	**31**	**31**	**42**
金川区	93	44	49	10	5	5	8
永昌县	404	209	195	52	26	26	34
白银市	**7277**	**3759**	**3518**	**715**	**374**	**341**	**617**
白银区	226	113	113	23	12	11	15
平川区	637	340	297	58	33	25	56
靖远县	2609	1351	1258	271	148	123	224
会宁县	2975	1512	1463	280	139	141	252
景泰县	830	443	387	83	42	41	70
天水市	**18256**	**9481**	**8775**	**1961**	**1010**	**951**	**1711**
秦州区	2444	1260	1184	255	130	125	207
麦积区	2477	1302	1175	279	146	133	239
清水县	1899	1008	891	219	117	102	185
秦安县	2549	1349	1200	255	147	108	251
甘谷县	3540	1813	1727	408	200	208	330
武山县	2440	1263	1177	285	139	146	225
张家川回族自治县	2907	1486	1421	260	131	129	274
武威市	**7041**	**3704**	**3337**	**792**	**415**	**377**	**662**
凉州区	3981	2090	1891	453	250	203	373
民勤县	691	370	321	77	39	38	62
古浪县	1648	862	786	193	94	99	154
天祝藏族自治县	721	382	339	69	32	37	73
张掖市	**4512**	**2365**	**2147**	**447**	**227**	**220**	**389**
甘州区	2199	1183	1016	209	117	92	194
肃南裕固族自治县	150	67	83	10	5	5	6
民乐县	761	407	354	85	41	44	61
临泽县	419	227	192	34	16	18	40
高台县	434	213	221	47	20	27	36
山丹县	549	268	281	62	28	34	52
平凉市	**9874**	**4952**	**4922**	**1067**	**508**	**559**	**924**
崆峒区	1921	943	978	199	98	101	167
泾川县	1287	647	640	147	68	79	136
灵台县	852	445	407	98	44	54	83
崇信县	417	216	201	44	22	22	38
庄浪县	2476	1291	1185	285	152	133	208
静宁县	2325	1116	1209	243	101	142	228
华亭市	596	294	302	51	23	28	64

出生人口（2019.11.1-2020.10.31）（乡村）

单位：人

2019年12月		2020年1月			2020年2月		
男	女	小计	男	女	小计	男	女
6290	**5952**	**11878**	**6165**	**5713**	**10480**	**5438**	**5042**
305	**297**	**616**	**319**	**297**	**538**	**251**	**287**
8	9	20	11	9	11	6	5
37	37	88	49	39	77	39	38
18	12	23	13	10	28	14	14
13	13	33	19	14	27	10	17
64	54	98	47	51	87	40	47
18	22	40	21	19	37	15	22
85	94	186	89	97	189	88	101
62	56	128	70	58	82	39	43
1	**2**	**5**	**2**	**3**	**5**	**5**	
1	2	5	2	3	5	5	
18	**24**	**56**	**31**	**25**	**43**	**24**	**19**
4	4	13	8	5	6	4	2
14	20	43	23	20	37	20	17
333	**284**	**611**	**306**	**305**	**560**	**293**	**267**
8	7	28	9	19	16	10	6
31	25	57	33	24	56	34	22
119	105	222	116	106	209	106	103
137	115	234	111	123	222	113	109
38	32	70	37	33	57	30	27
892	**819**	**1648**	**860**	**788**	**1453**	**742**	**711**
101	106	216	124	92	196	100	96
134	105	219	122	97	208	111	97
102	83	184	92	92	172	83	89
133	118	257	146	111	205	110	95
165	165	309	155	154	264	124	140
120	105	206	102	104	189	98	91
137	137	257	119	138	219	116	103
338	**324**	**612**	**323**	**289**	**568**	**273**	**295**
193	180	360	179	181	324	150	174
32	30	46	23	23	63	37	26
77	77	137	76	61	127	62	65
36	37	69	45	24	54	24	30
201	**188**	**418**	**227**	**191**	**355**	**202**	**153**
108	86	221	121	100	173	103	70
2	4	14	7	7	11	4	7
27	34	62	38	24	53	29	24
14	26	45	26	19	34	19	15
19	17	28	14	14	39	27	12
31	21	48	21	27	45	20	25
465	**459**	**917**	**480**	**437**	**789**	**376**	**413**
76	91	196	95	101	170	87	83
72	64	130	62	68	80	36	44
44	39	75	48	27	62	27	35
17	21	41	24	17	41	23	18
109	99	220	119	101	197	100	97
115	113	201	102	99	175	75	100
32	32	54	30	24	64	28	36

1-10c 各地区分性别、月份的

地区	出生人口			2019年11月			
	合计	男	女	小计	男	女	小计
酒泉市	**2858**	**1452**	**1406**	**241**	**124**	**117**	**286**
肃州区	868	430	438	68	36	32	80
金塔县	331	171	160	32	20	12	24
瓜州县	709	367	342	65	30	35	76
肃北蒙古族自治县	16	8	8				1
阿克塞哈萨克族自治县	3	1	2				
玉门市	534	283	251	55	26	29	65
敦煌市	397	192	205	21	12	9	40
庆阳市	**13880**	**7354**	**6526**	**1395**	**705**	**690**	**1213**
西峰区	2232	1186	1046	204	99	105	201
庆城县	1599	867	732	158	88	70	120
环　县	2210	1169	1041	221	125	96	157
华池县	854	472	382	71	36	35	71
合水县	982	534	448	90	50	40	77
正宁县	1059	578	481	101	52	49	112
宁　县	2465	1260	1205	276	131	145	239
镇原县	2479	1288	1191	274	124	150	236
定西市	**15562**	**8208**	**7354**	**1663**	**854**	**809**	**1440**
安定区	2030	1064	966	201	108	93	178
通渭县	2177	1174	1003	251	129	122	209
陇西县	2093	1110	983	220	114	106	188
渭源县	1833	957	876	184	87	97	150
临洮县	2849	1499	1350	283	154	129	286
漳　县	1286	673	613	135	64	71	129
岷　县	3294	1731	1563	389	198	191	300
陇南市	**15722**	**8094**	**7628**	**1737**	**922**	**815**	**1526**
武都区	3321	1697	1624	359	201	158	315
成　县	1296	654	642	152	76	76	142
文　县	1275	669	606	146	78	68	136
宕昌县	1652	796	856	189	98	91	179
康　县	1131	607	524	127	66	61	105
西和县	2860	1464	1396	318	166	152	261
礼　县	2886	1524	1362	318	169	149	250
徽　县	1127	581	546	118	61	57	112
两当县	174	102	72	10	7	3	26
临夏回族自治州	**23753**	**12301**	**11452**	**2396**	**1249**	**1147**	**2348**
临夏市	603	318	285	62	30	32	69
临夏县	4241	2186	2055	414	219	195	418
康乐县	3163	1631	1532	355	176	179	287
永靖县	923	501	422	89	50	39	102
广河县	3805	1958	1847	383	202	181	351
和政县	2701	1376	1325	231	106	125	263
东乡族自治县	5266	2770	2496	554	307	247	541
积石山保安族东乡族撒拉族自治县	3051	1561	1490	308	159	149	317
甘南藏族自治州	**5163**	**2688**	**2475**	**538**	**278**	**260**	**479**
合作市	465	250	215	44	21	23	48
临潭县	962	510	452	111	57	54	82
卓尼县	693	367	326	78	37	41	62
舟曲县	1048	539	509	117	65	52	100
迭部县	314	153	161	36	16	20	34
玛曲县	565	292	273	56	31	25	47
碌曲县	272	146	126	28	14	14	23
夏河县	844	431	413	68	37	31	83

出生人口（2019.11.1–2020.10.31）（乡村）（续 1）

单位：人

2019年12月		2020年1月			2020年2月		
男	女	小计	男	女	小计	男	女
142	**144**	**253**	**132**	**121**	**251**	**127**	**124**
39	41	93	47	46	80	43	37
11	13	22	11	11	26	16	10
41	35	48	30	18	56	26	30
	1	1	1		2	2	
33	32	47	23	24	54	24	30
18	22	42	20	22	33	16	17
625	**588**	**1282**	**696**	**586**	**1176**	**633**	**543**
104	97	208	120	88	191	104	87
59	61	134	71	63	140	81	59
84	73	206	105	101	183	89	94
45	26	76	42	34	69	40	29
44	33	84	44	40	82	48	34
57	55	109	66	43	93	57	36
123	116	230	118	112	213	115	98
109	127	235	130	105	205	99	106
776	**664**	**1397**	**741**	**656**	**1300**	**684**	**616**
94	84	171	89	82	173	81	92
113	96	177	105	72	189	94	95
96	92	222	116	106	167	84	83
82	68	156	79	77	155	84	71
155	131	272	137	135	246	144	102
69	60	102	53	49	105	55	50
167	133	297	162	135	265	142	123
770	**756**	**1335**	**670**	**665**	**1244**	**668**	**576**
160	155	277	130	147	269	142	127
63	79	116	60	56	103	55	48
78	58	115	62	53	94	51	43
85	94	138	60	78	142	68	74
56	49	83	45	38	77	41	36
134	127	240	121	119	228	121	107
126	124	254	127	127	227	126	101
50	62	97	55	42	89	55	34
18	8	15	10	5	15	9	6
1182	**1166**	**2274**	**1162**	**1112**	**1826**	**965**	**861**
38	31	54	26	28	49	30	19
202	216	413	204	209	297	147	150
150	137	303	167	136	262	140	122
56	46	71	38	33	64	31	33
190	161	371	203	168	300	161	139
127	136	251	127	124	212	113	99
264	277	534	263	271	415	222	193
155	162	277	134	143	227	121	106
242	**237**	**454**	**216**	**238**	**372**	**195**	**177**
28	20	45	24	21	37	18	19
37	45	98	46	52	72	42	30
30	32	59	30	29	56	34	22
58	42	76	37	39	63	27	36
17	17	28	13	15	25	14	11
25	22	47	25	22	50	23	27
15	8	22	9	13	21	9	12
32	51	79	32	47	48	28	20

1-10c 各地区分性别、月份的

地区	2020年3月			2020年4月			
	小计	男	女	小计	男	女	小计
合计	**11071**	**5674**	**5397**	**10648**	**5522**	**5126**	**10180**
兰州市	**603**	**315**	**288**	**625**	**333**	**292**	**544**
城关区	16	5	11	20	11	9	9
七里河区	76	41	35	71	40	31	75
西固区	21	10	11	26	11	15	17
安宁区							
红古区	21	10	11	26	12	14	26
永登县	105	50	55	117	64	53	113
皋兰县	48	30	18	49	26	23	33
榆中县	198	105	93	198	111	87	174
兰州新区	118	64	54	118	58	60	97
嘉峪关市	**9**	**5**	**4**	**13**	**9**	**4**	**9**
市辖区	9	5	4	13	9	4	9
金昌市	**33**	**17**	**16**	**41**	**21**	**20**	**26**
金川区	4	1	3	5		5	3
永昌县	29	16	13	36	21	15	23
白银市	**599**	**305**	**294**	**604**	**298**	**306**	**578**
白银区	25	10	15	23	17	6	15
平川区	53	28	25	46	20	26	51
靖远县	200	94	106	231	111	120	204
会宁县	247	129	118	230	111	119	246
景泰县	74	44	30	74	39	35	62
天水市	**1482**	**742**	**740**	**1405**	**725**	**680**	**1404**
秦州区	207	107	100	213	112	101	200
麦积区	206	116	90	198	97	101	205
清水县	143	69	74	143	76	67	152
秦安县	190	95	95	213	119	94	169
甘谷县	280	137	143	258	133	125	251
武山县	189	83	106	173	84	89	179
张家川回族自治县	267	135	132	207	104	103	248
武威市	**579**	**303**	**276**	**514**	**281**	**233**	**493**
凉州区	316	167	149	284	158	126	291
民勤县	60	29	31	46	24	22	37
古浪县	146	78	68	128	67	61	113
天祝藏族自治县	57	29	28	56	32	24	52
张掖市	**393**	**198**	**195**	**359**	**182**	**177**	**323**
甘州区	201	98	103	179	96	83	175
肃南裕固族自治县	15	7	8	8	4	4	11
民乐县	56	30	26	59	33	26	48
临泽县	40	26	14	31	14	17	29
高台县	37	17	20	35	18	17	33
山丹县	44	20	24	47	17	30	27
平凉市	**850**	**424**	**426**	**804**	**408**	**396**	**686**
崆峒区	173	84	89	156	77	79	155
泾川县	107	44	63	116	56	60	79
灵台县	71	43	28	65	32	33	57
崇信县	43	20	23	29	14	15	39
庄浪县	223	118	105	204	112	92	156
静宁县	187	90	97	199	99	100	164
华亭市	46	25	21	35	18	17	36

出生人口（2019.11.1–2020.10.31）（乡村）（续2）

单位：人

2020年5月		2020年6月			2020年7月		
男	女	小计	男	女	小计	男	女
5302	**4878**	**9760**	**5053**	**4707**	**9919**	**5227**	**4692**
280	**264**	**513**	**267**	**246**	**595**	**316**	**279**
6	3	16	7	9	11	7	4
32	43	63	37	26	64	39	25
9	8	30	18	12	22	9	13
13	13	22	12	10	23	5	18
56	57	94	51	43	119	58	61
18	15	28	13	15	42	23	19
91	83	161	76	85	203	112	91
55	42	99	53	46	111	63	48
6	**3**	**3**	**1**	**2**	**7**	**4**	**3**
6	3	3	1	2	7	4	3
8	**18**	**36**	**20**	**16**	**42**	**18**	**24**
2	1	7	2	5	7	3	4
6	17	29	18	11	35	15	20
294	**284**	**564**	**300**	**264**	**558**	**295**	**263**
8	7	11	6	5	16	7	9
29	22	53	27	26	45	27	18
107	97	217	110	107	201	107	94
119	127	225	124	101	230	114	116
31	31	58	33	25	66	40	26
743	**661**	**1443**	**749**	**694**	**1328**	**692**	**636**
100	100	211	96	115	191	103	88
112	93	180	94	86	180	77	103
93	59	148	78	70	125	75	50
80	89	183	101	82	185	90	95
127	124	250	138	112	225	116	109
102	77	194	112	82	176	99	77
129	119	277	130	147	246	132	114
270	**223**	**510**	**271**	**239**	**518**	**280**	**238**
168	123	281	140	141	302	159	143
15	22	58	35	23	49	30	19
57	56	120	66	54	121	70	51
30	22	51	30	21	46	21	25
159	**164**	**348**	**182**	**166**	**341**	**176**	**165**
92	83	169	91	78	175	88	87
5	6	9	3	6	8		8
22	26	70	41	29	58	33	25
16	13	28	14	14	31	17	14
13	20	26	10	16	32	15	17
11	16	46	23	23	37	23	14
336	**350**	**747**	**387**	**360**	**736**	**383**	**353**
80	75	146	74	72	133	70	63
42	37	93	49	44	107	63	44
34	23	67	35	32	71	36	35
16	23	22	15	7	35	21	14
72	84	188	97	91	164	83	81
74	90	183	98	85	176	84	92
18	18	48	19	29	50	26	24

1-10c 各地区分性别、月份的

地区	2020年3月			2020年4月			
	小计	男	女	小计	男	女	小计
酒泉市	**254**	**141**	**113**	**244**	**133**	**111**	**207**
肃州区	80	45	35	69	37	32	57
金塔县	29	14	15	29	15	14	31
瓜州县	56	29	27	75	38	37	59
肃北蒙古族自治县	1	1		2	1	1	1
阿克塞哈萨克族自治县							
玉门市	56	37	19	35	23	12	32
敦煌市	32	15	17	34	19	15	27
庆阳市	**1144**	**623**	**521**	**1069**	**547**	**522**	**1116**
西峰区	195	107	88	179	98	81	173
庆城县	138	75	63	122	64	58	127
环　县	181	104	77	174	91	83	186
华池县	79	48	31	64	34	30	68
合水县	85	48	37	75	41	34	74
正宁县	78	39	39	71	40	31	86
宁　县	194	95	99	184	85	99	206
镇原县	194	107	87	200	94	106	196
定西市	**1219**	**633**	**586**	**1230**	**634**	**596**	**1212**
安定区	161	92	69	161	76	85	172
通渭县	193	111	82	180	96	84	184
陇西县	165	80	85	164	85	79	163
渭源县	145	71	74	148	75	73	153
临洮县	236	116	120	247	123	124	213
漳　县	100	50	50	103	60	43	111
岷　县	219	113	106	227	119	108	216
陇南市	**1341**	**670**	**671**	**1212**	**611**	**601**	**1132**
武都区	268	141	127	226	118	108	230
成　县	97	43	54	94	49	45	84
文　县	78	38	40	97	44	53	85
宕昌县	168	68	100	116	60	56	128
康　县	97	48	49	103	58	45	65
西和县	248	132	116	246	121	125	223
礼　县	250	132	118	243	116	127	235
徽　县	112	54	58	79	42	37	67
两当县	23	14	9	8	3	5	15
临夏回族自治州	**2124**	**1079**	**1045**	**2109**	**1109**	**1000**	**2054**
临夏市	50	26	24	39	19	20	49
临夏县	383	218	165	353	190	163	344
康乐县	281	126	155	275	150	125	264
永靖县	82	44	38	84	41	43	72
广河县	319	144	175	347	181	166	335
和政县	228	126	102	269	129	140	245
东乡族自治县	510	254	256	480	258	222	503
积石山保安族东乡族撒拉族自治县	271	141	130	262	141	121	242
甘南藏族自治州	**441**	**219**	**222**	**419**	**231**	**188**	**396**
合作市	39	20	19	40	19	21	28
临潭县	72	35	37	77	44	33	55
卓尼县	54	39	15	64	37	27	47
舟曲县	81	34	47	64	35	29	87
迭部县	26	7	19	26	16	10	22
玛曲县	47	21	26	53	27	26	61
碌曲县	32	15	17	27	14	13	24
夏河县	90	48	42	68	39	29	72

出生人口（2019.11.1–2020.10.31）（乡村）（续3）

单位：人

2020年5月		2020年6月			2020年7月		
男	女	小计	男	女	小计	男	女
102	**105**	**191**	**91**	**100**	**239**	**111**	**128**
24	33	54	27	27	81	35	46
18	13	31	13	18	30	14	16
27	32	50	28	22	48	22	26
1		1		1	3	1	2
19	13	31	15	16	40	24	16
13	14	24	8	16	37	15	22
611	**505**	**1030**	**506**	**524**	**1108**	**581**	**527**
105	68	186	81	105	158	86	72
71	56	117	60	57	132	72	60
97	89	188	94	94	196	98	98
36	32	48	15	33	78	47	31
38	36	73	37	36	63	37	26
47	39	65	38	27	85	43	42
113	93	177	91	86	194	90	104
104	92	176	90	86	202	108	94
648	**564**	**1169**	**636**	**533**	**1121**	**613**	**508**
98	74	157	89	68	151	81	70
103	81	182	96	86	158	81	77
76	87	137	86	51	151	81	70
92	61	145	75	70	116	70	46
109	104	207	100	107	213	126	87
57	54	97	56	41	100	44	56
113	103	244	134	110	232	130	102
582	**550**	**1130**	**581**	**549**	**1104**	**580**	**524**
106	124	213	99	114	232	125	107
42	42	69	36	33	103	53	50
46	39	95	55	40	88	46	42
60	68	124	71	53	116	55	61
39	26	100	50	50	81	41	40
111	112	227	127	100	183	92	91
134	101	213	99	114	191	111	80
34	33	80	39	41	93	48	45
10	5	9	5	4	17	9	8
1042	**1012**	**1713**	**865**	**848**	**1821**	**953**	**868**
24	25	46	27	19	51	24	27
166	178	305	147	158	329	174	155
136	128	221	111	110	218	113	105
40	32	75	33	42	72	42	30
170	165	280	154	126	330	163	167
126	119	208	106	102	183	91	92
260	243	372	194	178	409	231	178
120	122	206	93	113	229	115	114
221	**175**	**363**	**197**	**166**	**401**	**225**	**176**
19	9	32	17	15	34	23	11
30	25	64	37	27	79	46	33
23	24	47	21	26	52	28	24
51	36	64	38	26	77	35	42
15	7	18	10	8	27	14	13
33	28	49	27	22	46	29	17
14	10	15	8	7	30	20	10
36	36	74	39	35	56	30	26

1-10c 各地区分性别、月份的出生人口（2019.11.1-2020.10.31）（乡村）（续4）

单位：人

地区	2020年8月			2020年9月			2020年10月		
	小计	男	女	小计	男	女	小计	男	女
合计	**9936**	**5272**	**4664**	**10064**	**5188**	**4876**	**11459**	**5996**	**5463**
兰州市	**514**	**275**	**239**	**504**	**249**	**255**	**538**	**265**	**273**
城关区	14	6	8	16	8	8	12	5	7
七里河区	62	28	34	54	21	33	46	23	23
西固区	22	10	12	15	11	4	27	12	15
安宁区									
红古区	26	17	9	32	14	18	24	10	14
永登县	95	44	51	95	47	48	106	56	50
皋兰县	39	26	13	23	11	12	33	18	15
榆中县	153	94	59	165	77	88	187	91	96
兰州新区	103	50	53	104	60	44	103	50	53
嘉峪关市	**2**	**1**	**1**	**2**		**2**	**6**	**4**	**2**
市辖区	2	1	1	2		2	6	4	2
金昌市	**27**	**14**	**13**	**34**	**23**	**11**	**55**	**28**	**27**
金川区	7	3	4	8	4	4	15	8	7
永昌县	20	11	9	26	19	7	40	20	20
白银市	**583**	**300**	**283**	**633**	**327**	**306**	**655**	**334**	**321**
白银区	22	11	11	16	8	8	16	7	9
平川区	55	24	31	55	31	24	52	23	29
靖远县	207	111	96	221	121	100	202	101	101
会宁县	230	122	108	268	130	138	311	163	148
景泰县	69	32	37	73	37	36	74	40	34
天水市	**1362**	**738**	**624**	**1442**	**749**	**693**	**1617**	**839**	**778**
秦州区	188	97	91	186	105	81	174	85	89
麦积区	164	91	73	202	104	98	197	98	99
清水县	123	66	57	139	70	69	166	87	79
秦安县	172	87	85	198	92	106	271	149	122
甘谷县	280	159	121	297	157	140	388	202	186
武山县	181	97	84	219	113	106	224	114	110
张家川回族自治县	254	141	113	201	108	93	197	104	93
武威市	**527**	**289**	**238**	**617**	**313**	**304**	**649**	**348**	**301**
凉州区	270	147	123	348	177	171	379	202	177
民勤县	62	36	26	69	37	32	62	33	29
古浪县	127	69	58	139	69	70	143	77	66
天祝藏族自治县	68	37	31	61	30	31	65	36	29
张掖市	**318**	**179**	**139**	**346**	**179**	**167**	**475**	**253**	**222**
甘州区	157	90	67	145	73	72	201	106	95
肃南裕固族自治县	14	8	6	16	8	8	28	14	14
民乐县	60	33	27	60	33	27	89	47	42
临泽县	28	19	9	35	20	15	44	26	18
高台县	29	16	13	42	19	23	50	25	25
山丹县	30	13	17	48	26	22	63	35	28
平凉市	**706**	**371**	**335**	**752**	**354**	**398**	**896**	**460**	**436**
崆峒区	142	64	78	136	65	71	148	73	75
泾川县	75	44	31	89	46	43	128	65	63
灵台县	58	25	33	69	35	34	76	42	34
崇信县	31	19	12	27	12	15	27	13	14
庄浪县	188	105	83	211	108	103	232	116	116
静宁县	174	94	80	169	69	100	226	115	111
华亭市	38	20	18	51	19	32	59	36	23

1-10c 各地区分性别、月份的出生人口（2019.11.1-2020.10.31）（乡村）（续5）

单位：人

地区	2020年8月			2020年9月			2020年10月		
	小计	男	女	小计	男	女	小计	男	女
酒泉市	**208**	**102**	**106**	**213**	**98**	**115**	**271**	**149**	**122**
肃州区	48	22	26	74	33	41	84	42	42
金塔县	28	15	13	24	10	14	25	14	11
瓜州县	52	26	26	47	21	26	77	49	28
肃北蒙古族自治县	1		1	2		2	1	1	
阿克塞哈萨克族自治县				2		2	1	1	
玉门市	44	19	25	31	14	17	44	26	18
敦煌市	35	20	15	33	20	13	39	16	23
庆阳市	**1043**	**584**	**459**	**1101**	**582**	**519**	**1203**	**661**	**542**
西峰区	170	87	83	187	102	85	180	93	87
庆城县	121	73	48	147	76	71	143	77	66
环　县	150	85	65	184	93	91	184	104	80
华池县	76	40	36	67	39	28	87	50	37
合水县	84	43	41	86	48	38	109	56	53
正宁县	74	43	31	87	45	42	98	51	47
宁　县	178	98	80	172	87	85	202	114	88
镇原县	190	115	75	171	92	79	200	116	84
定西市	**1176**	**615**	**561**	**1237**	**658**	**579**	**1398**	**716**	**682**
安定区	139	67	72	174	90	84	192	99	93
通渭县	155	86	69	161	88	73	138	72	66
陇西县	151	87	64	164	91	73	201	114	87
渭源县	155	79	76	159	83	76	167	80	87
临洮县	212	100	112	193	105	88	241	130	111
漳　县	83	45	38	101	54	47	120	66	54
岷　县	281	151	130	285	147	138	339	155	184
陇南市	**1198**	**615**	**583**	**1194**	**616**	**578**	**1569**	**809**	**760**
武都区	284	150	134	296	148	148	352	177	175
成　县	111	65	46	85	42	43	140	70	70
文　县	93	43	50	114	62	52	134	66	68
宕昌县	119	52	67	117	60	57	116	59	57
康　县	90	44	46	85	47	38	118	72	46
西和县	212	101	111	191	104	87	283	134	149
礼　县	214	125	89	206	108	98	285	151	134
徽　县	63	30	33	88	40	48	129	73	56
两当县	12	5	7	12	5	7	12	7	5
临夏回族自治州	**1850**	**979**	**871**	**1570**	**835**	**735**	**1668**	**881**	**787**
临夏市	49	27	22	38	17	21	47	30	17
临夏县	338	168	170	301	173	128	346	178	168
康乐县	229	125	104	230	118	112	238	119	119
永靖县	73	42	31	58	37	21	81	47	34
广河县	296	149	147	251	120	131	242	121	121
和政县	205	112	93	191	98	93	215	115	100
东乡族自治县	418	226	192	281	159	122	249	132	117
积石山保安族东乡族撒拉族自治县	242	130	112	220	113	107	250	139	111
甘南藏族自治州	**422**	**210**	**212**	**419**	**205**	**214**	**459**	**249**	**210**
合作市	37	20	17	40	19	21	41	22	19
临潭县	83	48	35	92	48	44	77	40	37
卓尼县	55	25	30	50	26	24	69	37	32
舟曲县	102	50	52	94	47	47	123	62	61
迭部县	31	12	19	25	10	15	16	9	7
玛曲县	28	13	15	39	17	22	42	21	21
碌曲县	24	13	11	13	6	7	13	9	4
夏河县	62	29	33	66	32	34	78	49	29

1-11 各地区分性别、月份的

地区	死亡人口			2019年11月			
	合计	男	女	小计	男	女	小计
合计	**154468**	**87869**	**66599**	**12368**	**7124**	**5244**	**11237**
兰州市	**19070**	**11061**	**8009**	**1540**	**905**	**635**	**1522**
城关区	5182	2986	2196	437	266	171	406
七里河区	2782	1635	1147	223	124	99	238
西固区	2043	1217	826	143	88	55	174
安宁区	971	570	401	79	52	27	105
红古区	960	591	369	79	57	22	80
永登县	2673	1536	1137	188	107	81	184
皋兰县	759	415	344	73	37	36	62
榆中县	2854	1623	1231	241	131	110	203
兰州新区	846	488	358	77	43	34	70
嘉峪关市	**1380**	**848**	**532**	**107**	**57**	**50**	**113**
市辖区	1380	848	532	107	57	50	113
金昌市	**3054**	**1803**	**1251**	**250**	**138**	**112**	**265**
金川区	1291	799	492	93	55	38	113
永昌县	1763	1004	759	157	83	74	152
白银市	**10122**	**5660**	**4462**	**891**	**522**	**369**	**781**
白银区	1843	1052	791	145	77	68	137
平川区	1082	683	399	86	58	28	90
靖远县	2390	1271	1119	238	129	109	183
会宁县	3488	1925	1563	300	177	123	280
景泰县	1319	729	590	122	81	41	91
天水市	**16697**	**9580**	**7117**	**1231**	**730**	**501**	**1040**
秦州区	2876	1658	1218	221	128	93	187
麦积区	2565	1512	1053	155	94	61	160
清水县	1376	783	593	98	52	46	85
秦安县	3103	1715	1388	198	119	79	194
甘谷县	2986	1723	1263	230	142	88	182
武山县	1947	1139	808	168	102	66	118
张家川回族自治县	1844	1050	794	161	93	68	114
武威市	**12202**	**6718**	**5484**	**1104**	**600**	**504**	**930**
凉州区	6561	3659	2902	616	356	260	484
民勤县	2062	1100	962	180	90	90	187
古浪县	2323	1230	1093	214	102	112	182
天祝藏族自治县	1256	729	527	94	52	42	77
张掖市	**8069**	**4601**	**3468**	**666**	**377**	**289**	**545**
甘州区	3274	1893	1381	267	150	117	240
肃南裕固族自治县	237	129	108	22	12	10	12
民乐县	1389	768	621	120	70	50	88
临泽县	830	484	346	64	40	24	66
高台县	1144	660	484	98	59	39	83
山丹县	1195	667	528	95	46	49	56
平凉市	**13062**	**7495**	**5567**	**894**	**531**	**363**	**883**
崆峒区	2703	1556	1147	161	98	63	168
泾川县	2071	1149	922	155	97	58	165
灵台县	1487	880	607	92	54	38	92
崇信县	577	322	255	49	27	22	42
庄浪县	2281	1317	964	138	73	65	143
静宁县	2783	1585	1198	193	119	74	175
华亭市	1160	686	474	106	63	43	98

死亡人口（2019.11.1–2020.10.31）

单位：人

2019年12月		2020年1月			2020年2月		
男	女	小计	男	女	小计	男	女
6378	**4859**	**11680**	**6549**	**5131**	**12950**	**7160**	**5790**
849	**673**	**1598**	**921**	**677**	**1567**	**907**	**660**
232	174	455	263	192	414	253	161
154	84	233	141	92	253	149	104
100	74	169	101	68	164	82	82
54	51	77	46	31	75	38	37
43	37	92	54	38	70	43	27
93	91	189	105	84	219	126	93
35	27	60	34	26	55	34	21
104	99	250	140	110	245	143	102
34	36	73	37	36	72	39	33
70	**43**	**130**	**78**	**52**	**98**	**60**	**38**
70	43	130	78	52	98	60	38
158	**107**	**238**	**141**	**97**	**252**	**134**	**118**
63	50	98	62	36	98	58	40
95	57	140	79	61	154	76	78
454	**327**	**794**	**441**	**353**	**767**	**418**	**349**
80	57	177	101	76	152	89	63
65	25	86	51	35	72	48	24
108	75	182	93	89	162	77	85
153	127	234	136	98	287	156	131
48	43	115	60	55	94	48	46
616	**424**	**1002**	**574**	**428**	**1298**	**753**	**545**
112	75	182	100	82	231	130	101
91	69	150	89	61	199	122	77
54	31	94	55	39	101	53	48
105	89	155	89	66	258	146	112
113	69	180	100	80	232	137	95
75	43	136	75	61	157	97	60
66	48	105	66	39	120	68	52
485	**445**	**986**	**563**	**423**	**981**	**514**	**467**
249	235	518	305	213	492	266	226
98	89	160	85	75	198	94	104
94	88	195	105	90	192	102	90
44	33	113	68	45	99	52	47
340	**205**	**598**	**317**	**281**	**655**	**338**	**317**
150	90	257	133	124	243	132	111
9	3	19	6	13	22	11	11
49	39	84	44	40	144	78	66
41	25	58	32	26	59	25	34
55	28	98	53	45	100	51	49
36	20	82	49	33	87	41	46
495	**388**	**1053**	**617**	**436**	**1211**	**678**	**533**
95	73	232	137	95	281	161	120
91	74	158	82	76	198	96	102
61	31	150	96	54	138	78	60
21	21	37	23	14	50	29	21
79	64	129	72	57	182	103	79
88	87	238	133	105	254	141	113
60	38	109	74	35	108	70	38

1-11 各地区分性别、月份的

地区	死亡人口			2019年11月			
	合计	男	女	小计	男	女	小计
酒泉市	**6135**	**3609**	**2526**	**467**	**272**	**195**	**415**
肃州区	2566	1516	1050	204	120	84	180
金塔县	1032	595	437	86	43	43	75
瓜州县	777	463	314	53	34	19	46
肃北蒙古族自治县	74	45	29	6	3	3	7
阿克塞哈萨克族自治县	51	36	15	7	4	3	4
玉门市	786	461	325	63	38	25	59
敦煌市	849	493	356	48	30	18	44
庆阳市	**13318**	**7437**	**5881**	**971**	**529**	**442**	**871**
西峰区	1876	1024	852	146	63	83	121
庆城县	1434	837	597	109	66	43	92
环　县	1760	1039	721	97	54	43	97
华池县	798	471	327	74	44	30	60
合水县	912	528	384	81	49	32	88
正宁县	1425	791	634	115	77	38	118
宁　县	2357	1240	1117	166	77	89	126
镇原县	2756	1507	1249	183	99	84	169
定西市	**17516**	**9830**	**7686**	**1477**	**853**	**624**	**1235**
安定区	2646	1480	1166	217	114	103	184
通渭县	2138	1167	971	181	111	70	127
陇西县	3302	1890	1412	303	174	129	235
渭源县	2439	1315	1124	206	119	87	205
临洮县	3263	1870	1393	262	156	106	232
漳　县	1252	717	535	110	71	39	96
岷　县	2476	1391	1085	198	108	90	156
陇南市	**17689**	**10277**	**7412**	**1460**	**851**	**609**	**1353**
武都区	3791	2335	1456	321	192	129	316
成　县	2048	1164	884	186	107	79	167
文　县	1248	716	532	90	48	42	89
宕昌县	2134	1174	960	189	112	77	181
康　县	1535	894	641	93	52	41	126
西和县	2582	1492	1090	220	126	94	209
礼　县	2436	1391	1045	157	94	63	123
徽　县	1580	909	671	183	107	76	121
两当县	335	202	133	21	13	8	21
临夏回族自治州	**12157**	**6776**	**5381**	**1040**	**599**	**441**	**1011**
临夏市	1442	788	654	131	63	68	107
临夏县	2512	1419	1093	184	106	78	197
康乐县	1874	1027	847	163	95	68	198
永靖县	1292	779	513	120	76	44	131
广河县	976	518	458	76	33	43	72
和政县	1225	700	525	99	62	37	91
东乡族自治县	1386	751	635	117	78	39	104
积石山保安族东乡族撒拉族自治县	1450	794	656	150	86	64	111
甘南藏族自治州	**3997**	**2174**	**1823**	**270**	**160**	**110**	**273**
合作市	307	166	141	22	16	6	17
临潭县	797	446	351	45	29	16	45
卓尼县	598	314	284	34	18	16	33
舟曲县	834	453	381	61	35	26	58
迭部县	377	205	172	30	20	10	28
玛曲县	322	174	148	32	15	17	29
碌曲县	164	83	81	11	7	4	9
夏河县	598	333	265	35	20	15	54

死亡人口（2019.11.1–2020.10.31）（续 1）

单位：人

2019年12月		2020年1月			2020年2月		
男	女	小计	男	女	小计	男	女
239	**176**	**521**	**293**	**228**	**451**	**267**	**184**
96	84	188	114	74	165	108	57
53	22	93	50	43	73	41	32
25	21	73	44	29	76	34	42
6	1	1	1		2	1	1
3	1	6	5	1	3		3
35	24	72	32	40	60	38	22
21	23	88	47	41	72	45	27
475	**396**	**961**	**532**	**429**	**1234**	**656**	**578**
60	61	159	88	71	175	82	93
53	39	91	47	44	117	65	52
47	50	113	70	43	170	99	71
35	25	66	40	26	95	51	44
53	35	72	47	25	79	43	36
71	47	91	53	38	144	75	69
71	55	120	59	61	184	91	93
85	84	249	128	121	270	150	120
702	**533**	**1346**	**747**	**599**	**1567**	**868**	**699**
105	79	209	101	108	218	108	110
74	53	135	76	59	159	91	68
136	99	273	169	104	315	181	134
111	94	189	96	93	243	125	118
134	98	265	149	116	290	159	131
51	45	72	49	23	112	70	42
91	65	203	107	96	230	134	96
787	**566**	**1230**	**714**	**516**	**1509**	**842**	**667**
205	111	230	131	99	290	174	116
88	79	182	99	83	225	123	102
54	35	66	39	27	90	50	40
97	84	170	100	70	201	95	106
75	51	131	80	51	141	84	57
126	83	167	99	68	210	119	91
62	61	140	71	69	194	106	88
63	58	118	77	41	141	82	59
17	4	26	18	8	17	9	8
562	**449**	**913**	**446**	**467**	**1089**	**596**	**493**
61	46	110	52	58	96	62	34
125	72	201	113	88	245	127	118
106	92	160	67	93	150	82	68
80	51	96	45	51	109	54	55
40	32	67	31	36	88	46	42
51	40	90	52	38	135	71	64
45	59	98	48	50	122	57	65
54	57	91	38	53	144	97	47
146	**127**	**310**	**165**	**145**	**271**	**129**	**142**
10	7	28	14	14	18	12	6
27	18	75	44	31	57	30	27
21	12	49	24	25	42	18	24
32	26	69	39	30	60	26	34
12	16	17	7	10	29	11	18
15	14	21	15	6	16	8	8
4	5	16	4	12	13	8	5
25	29	35	18	17	36	16	20

1-11 各地区分性别、月份的

地区	2020年3月			2020年4月			
	小计	男	女	小计	男	女	小计
合计	**14412**	**8078**	**6334**	**13000**	**7346**	**5654**	**13987**
兰州市	**1628**	**965**	**663**	**1590**	**909**	**681**	**1747**
城关区	469	291	178	437	237	200	463
七里河区	218	130	88	226	129	97	240
西固区	192	111	81	158	88	70	155
安宁区	64	43	21	89	47	42	94
红古区	86	49	37	73	50	23	103
永登县	227	132	95	216	136	80	257
皋兰县	67	33	34	64	38	26	74
榆中县	247	150	97	249	137	112	269
兰州新区	58	26	32	78	47	31	92
嘉峪关市	**112**	**71**	**41**	**109**	**67**	**42**	**112**
市辖区	112	71	41	109	67	42	112
金昌市	**282**	**143**	**139**	**255**	**140**	**115**	**264**
金川区	97	45	52	106	60	46	113
永昌县	185	98	87	149	80	69	151
白银市	**951**	**508**	**443**	**923**	**489**	**434**	**898**
白银区	164	84	80	172	92	80	144
平川区	95	59	36	92	59	33	104
靖远县	210	119	91	207	109	98	206
会宁县	373	189	184	333	162	171	325
景泰县	109	57	52	119	67	52	119
天水市	**1530**	**855**	**675**	**1404**	**815**	**589**	**1508**
秦州区	243	130	113	236	127	109	259
麦积区	223	141	82	241	131	110	242
清水县	128	79	49	117	68	49	123
秦安县	325	172	153	261	165	96	291
甘谷县	276	150	126	237	147	90	260
武山县	147	85	62	147	87	60	171
张家川回族自治县	188	98	90	165	90	75	162
武威市	**1101**	**576**	**525**	**944**	**520**	**424**	**1275**
凉州区	564	308	256	472	269	203	732
民勤县	209	101	108	172	93	79	183
古浪县	215	101	114	203	100	103	226
天祝藏族自治县	113	66	47	97	58	39	134
张掖市	**746**	**436**	**310**	**666**	**392**	**274**	**722**
甘州区	308	183	125	263	165	98	297
肃南裕固族自治县	20	13	7	24	13	11	16
民乐县	136	78	58	118	58	60	140
临泽县	62	43	19	73	42	31	72
高台县	112	59	53	94	58	36	75
山丹县	108	60	48	94	56	38	122
平凉市	**1278**	**722**	**556**	**1092**	**610**	**482**	**1088**
崆峒区	264	145	119	233	128	105	222
泾川县	189	105	84	170	88	82	165
灵台县	153	81	72	129	70	59	104
崇信县	57	37	20	48	24	24	40
庄浪县	243	149	94	198	121	77	204
静宁县	273	152	121	242	148	94	241
华亭市	99	53	46	72	31	41	112

死亡人口（2019.11.1–2020.10.31）（续2）

单位：人

2020年5月		2020年6月			2020年7月		
男	女	小计	男	女	小计	男	女
7970	**6017**	**11923**	**6802**	**5121**	**11290**	**6460**	**4830**
1009	**738**	**1523**	**885**	**638**	**1451**	**853**	**598**
264	199	390	223	167	415	220	195
131	109	230	127	103	226	136	90
96	59	183	115	68	153	90	63
55	39	73	44	29	74	47	27
57	46	76	55	21	54	38	16
157	100	251	136	115	221	127	94
40	34	53	25	28	54	31	23
148	121	213	129	84	194	123	71
61	31	54	31	23	60	41	19
63	**49**	**109**	**73**	**36**	**95**	**59**	**36**
63	49	109	73	36	95	59	36
171	**93**	**227**	**140**	**87**	**236**	**156**	**80**
71	42	99	65	34	106	81	25
100	51	128	75	53	130	75	55
502	**396**	**806**	**454**	**352**	**721**	**416**	**305**
81	63	143	87	56	134	78	56
67	37	94	55	39	64	36	28
106	100	180	98	82	178	103	75
175	150	289	167	122	231	133	98
73	46	100	47	53	114	66	48
877	**631**	**1286**	**705**	**581**	**1282**	**699**	**583**
157	102	232	137	95	239	143	96
146	96	187	105	82	188	105	83
68	55	88	52	36	105	56	49
156	135	243	131	112	216	112	104
145	115	225	118	107	244	126	118
107	64	169	87	82	151	82	69
98	64	142	75	67	139	75	64
694	**581**	**943**	**542**	**401**	**912**	**515**	**397**
384	348	501	276	225	534	306	228
103	80	136	79	57	117	69	48
118	108	197	119	78	178	99	79
89	45	109	68	41	83	41	42
410	**312**	**630**	**356**	**274**	**619**	**342**	**277**
157	140	242	144	98	267	152	115
9	7	18	11	7	9	3	6
80	60	101	57	44	83	45	38
45	27	64	34	30	61	34	27
39	36	90	53	37	98	57	41
80	42	115	57	58	101	51	50
630	**458**	**1013**	**576**	**437**	**910**	**535**	**375**
131	91	202	116	86	203	127	76
93	72	154	76	78	153	79	74
58	46	116	75	41	103	68	35
19	21	40	23	17	30	16	14
118	86	191	106	85	158	91	67
141	100	229	129	100	189	105	84
70	42	81	51	30	74	49	25

1-11 各地区分性别、月份的

地区	2020年3月			2020年4月			
	小计	男	女	小计	男	女	小计
酒泉市	**579**	**352**	**227**	**509**	**299**	**210**	**522**
肃州区	228	132	96	201	113	88	233
金塔县	117	73	44	92	55	37	83
瓜州县	70	44	26	77	48	29	66
肃北蒙古族自治县	9	3	6	10	7	3	5
阿克塞哈萨克族自治县	5	5		2	1	1	3
玉门市	66	43	23	52	31	21	61
敦煌市	84	52	32	75	44	31	71
庆阳市	**1276**	**676**	**600**	**1167**	**657**	**510**	**1240**
西峰区	173	91	82	147	76	71	176
庆城县	154	73	81	151	96	55	112
环　县	152	94	58	156	85	71	198
华池县	79	42	37	61	35	26	73
合水县	73	41	32	63	35	28	75
正宁县	154	79	75	131	68	63	143
宁　县	216	107	109	205	118	87	211
镇原县	275	149	126	253	144	109	252
定西市	**1636**	**894**	**742**	**1497**	**830**	**667**	**1633**
安定区	221	129	92	217	125	92	274
通渭县	193	103	90	197	96	101	188
陇西县	306	169	137	269	146	123	306
渭源县	249	135	114	204	116	88	226
临洮县	289	159	130	267	155	112	297
漳　县	117	65	52	114	61	53	110
岷　县	261	134	127	229	131	98	232
陇南市	**1648**	**962**	**686**	**1379**	**797**	**582**	**1584**
武都区	389	245	144	321	191	130	295
成　县	194	116	78	155	94	61	164
文　县	105	60	45	83	42	41	113
宕昌县	209	117	92	179	99	80	183
康　县	119	67	52	110	57	53	138
西和县	246	140	106	191	115	76	340
礼　县	210	124	86	202	122	80	223
徽　县	151	77	74	106	60	46	105
两当县	25	16	9	32	17	15	23
临夏回族自治州	**1243**	**699**	**544**	**1090**	**620**	**470**	**1045**
临夏市	131	70	61	117	63	54	118
临夏县	250	142	108	232	124	108	214
康乐县	197	108	89	177	99	78	170
永靖县	102	67	35	124	86	38	108
广河县	126	66	60	87	57	30	88
和政县	132	74	58	109	60	49	92
东乡族自治县	139	82	57	106	59	47	125
积石山保安族东乡族撒拉族自治县	166	90	76	138	72	66	130
甘南藏族自治州	**402**	**219**	**183**	**375**	**201**	**174**	**349**
合作市	30	15	15	31	19	12	21
临潭县	90	57	33	81	40	41	74
卓尼县	71	31	40	77	40	37	52
舟曲县	72	36	36	66	37	29	69
迭部县	32	18	14	25	15	10	34
玛曲县	39	20	19	24	15	9	28
碌曲县	14	10	4	14	3	11	17
夏河县	54	32	22	57	32	25	54

死亡人口（2019.11.1–2020.10.31）（续 3）

单位：人

2020 年 5 月		2020 年 6 月			2020 年 7 月		
男	女	小计	男	女	小计	男	女
323	**199**	**495**	**285**	**210**	**481**	**268**	**213**
149	84	213	125	88	206	116	90
45	38	78	44	34	72	37	35
41	25	70	39	31	68	46	22
2	3	4	2	2	1	1	
3		5	5		1		1
41	20	58	27	31	57	31	26
42	29	67	43	24	76	37	39
706	**534**	**1040**	**600**	**440**	**989**	**563**	**426**
101	75	136	83	53	154	79	75
66	46	119	77	42	105	63	42
113	85	137	86	51	162	102	60
49	24	68	44	24	59	36	23
44	31	75	42	33	69	39	30
83	60	93	52	41	93	58	35
115	96	196	90	106	142	80	62
135	117	216	126	90	205	106	99
933	**700**	**1355**	**772**	**583**	**1277**	**723**	**554**
175	99	239	128	111	202	104	98
95	93	170	103	67	188	102	86
178	128	254	137	117	226	139	87
137	89	178	96	82	167	80	87
162	135	243	148	95	242	147	95
51	59	100	60	40	94	56	38
135	97	171	100	71	158	95	63
902	**682**	**1279**	**742**	**537**	**1173**	**673**	**500**
176	119	280	175	105	226	138	88
89	75	127	69	58	141	77	64
63	50	94	61	33	99	56	43
101	82	165	96	69	132	70	62
76	62	114	63	51	124	74	50
191	149	174	88	86	154	92	62
127	96	189	113	76	184	104	80
64	41	108	59	49	91	48	43
15	8	28	18	10	22	14	8
555	**490**	**929**	**505**	**424**	**812**	**479**	**333**
67	51	115	60	55	102	63	39
105	109	199	106	93	186	105	81
89	81	134	79	55	118	70	48
62	46	104	62	42	85	51	34
46	42	67	33	34	68	42	26
51	41	82	48	34	95	56	39
69	56	126	63	63	78	43	35
66	64	102	54	48	80	49	31
195	**154**	**288**	**167**	**121**	**332**	**179**	**153**
10	11	27	14	13	16	9	7
37	37	52	25	27	52	26	26
35	17	47	31	16	50	23	27
42	27	65	41	24	78	41	37
21	13	31	17	14	31	20	11
13	15	14	7	7	30	17	13
9	8	8	6	2	17	9	8
28	26	44	26	18	58	34	24

1-11 各地区分性别、月份的死亡人口（2019.11.1-2020.10.31）（续4）

单位：人

地区	2020年8月			2020年9月			2020年10月		
	小计	男	女	小计	男	女	小计	男	女
合计	**12138**	**7049**	**5089**	**12455**	**7240**	**5215**	**17028**	**9713**	**7315**
兰州市	**1526**	**917**	**609**	**1518**	**886**	**632**	**1860**	**1055**	**805**
城关区	424	244	180	411	240	171	461	253	208
七里河区	224	144	80	193	111	82	278	159	119
西固区	163	105	58	188	117	71	201	124	77
安宁区	83	52	31	72	42	30	86	50	36
红古区	72	45	27	84	58	26	91	42	49
永登县	228	132	96	197	109	88	296	176	120
皋兰县	57	28	29	56	27	29	84	53	31
榆中县	220	132	88	233	132	101	290	154	136
兰州新区	55	35	20	84	50	34	73	44	29
嘉峪关市	**138**	**85**	**53**	**110**	**72**	**38**	**147**	**93**	**54**
市辖区	138	85	53	110	72	38	147	93	54
金昌市	**246**	**159**	**87**	**243**	**148**	**95**	**296**	**175**	**121**
金川区	100	69	31	124	81	43	144	89	55
永昌县	146	90	56	119	67	52	152	86	66
白银市	**780**	**434**	**346**	**806**	**446**	**360**	**1004**	**576**	**428**
白银区	153	89	64	161	91	70	161	103	58
平川区	82	48	34	94	51	43	123	86	37
靖远县	178	87	91	195	107	88	271	135	136
会宁县	254	149	105	258	149	109	324	179	145
景泰县	113	61	52	98	48	50	125	73	52
天水市	**1398**	**799**	**599**	**1532**	**885**	**647**	**2186**	**1272**	**914**
秦州区	248	135	113	253	148	105	345	211	134
麦积区	216	128	88	230	131	99	374	229	145
清水县	122	68	54	145	80	65	170	98	72
秦安县	249	136	113	296	164	132	417	220	197
甘谷县	260	149	111	264	163	101	396	233	163
武山县	167	102	65	180	102	78	236	138	98
张家川回族自治县	136	81	55	164	97	67	248	143	105
武威市	**910**	**528**	**382**	**948**	**555**	**393**	**1168**	**626**	**542**
凉州区	476	296	180	523	296	227	649	348	301
民勤县	163	86	77	160	106	54	197	96	101
古浪县	161	89	72	167	94	73	193	107	86
天祝藏族自治县	110	57	53	98	59	39	129	75	54
张掖市	**642**	**381**	**261**	**677**	**393**	**284**	**903**	**519**	**384**
甘州区	262	155	107	274	169	105	354	203	151
肃南裕固族自治县	17	8	9	24	15	9	34	19	15
民乐县	94	56	38	126	69	57	155	84	71
临泽县	74	46	28	78	44	34	99	58	41
高台县	77	50	27	86	52	34	133	74	59
山丹县	118	66	52	89	44	45	128	81	47
平凉市	**1045**	**603**	**442**	**1054**	**614**	**440**	**1541**	**884**	**657**
崆峒区	236	134	102	216	112	104	285	172	113
泾川县	157	95	62	158	104	54	249	143	106
灵台县	114	74	40	118	69	49	178	96	82
崇信县	46	25	21	59	33	26	79	45	34
庄浪县	181	99	82	222	122	100	292	184	108
静宁县	227	131	96	211	130	81	311	168	143
华亭市	84	45	39	70	44	26	147	76	71

1-11 各地区分性别、月份的死亡人口（2019.11.1-2020.10.31）（续5）

单位：人

地区	2020年8月			2020年9月			2020年10月		
	小计	男	女	小计	男	女	小计	男	女
酒泉市	**509**	**290**	**219**	**515**	**313**	**202**	**671**	**408**	**263**
肃州区	227	116	111	216	134	82	305	193	112
金塔县	82	55	27	67	39	28	114	60	54
瓜州县	48	28	20	57	32	25	73	48	25
肃北蒙古族自治县	9	5	4	5	3	2	15	11	4
阿克塞哈萨克族自治县	7	4	3	5	5		3	1	2
玉门市	67	42	25	88	49	39	83	54	29
敦煌市	69	40	29	77	51	26	78	41	37
庆阳市	**1032**	**602**	**430**	**1053**	**611**	**442**	**1484**	**830**	**654**
西峰区	138	86	52	174	111	63	177	104	73
庆城县	115	61	54	98	58	40	171	112	59
环　县	143	95	48	142	82	60	193	112	81
华池县	61	40	21	42	23	19	60	32	28
合水县	70	43	27	69	38	31	98	54	44
正宁县	99	52	47	102	52	50	142	71	71
宁　县	204	113	91	220	121	99	367	198	169
镇原县	202	112	90	206	126	80	276	147	129
定西市	**1264**	**717**	**547**	**1334**	**761**	**573**	**1895**	**1030**	**865**
安定区	185	101	84	220	133	87	260	157	103
通渭县	163	91	72	165	84	81	272	141	131
陇西县	233	139	94	259	152	107	323	170	153
渭源县	164	85	79	164	79	85	244	136	108
临洮县	259	158	101	250	147	103	367	196	171
漳　县	89	45	44	96	58	38	142	80	62
岷　县	171	98	73	180	108	72	287	150	137
陇南市	**1452**	**854**	**598**	**1454**	**861**	**593**	**2168**	**1292**	**876**
武都区	321	200	121	305	202	103	497	306	191
成　县	138	81	57	150	83	67	219	138	81
文　县	105	59	46	109	64	45	205	120	85
宕昌县	182	106	76	147	84	63	196	97	99
康　县	130	80	50	123	73	50	186	113	73
西和县	205	115	90	186	113	73	280	168	112
礼　县	219	122	97	251	134	117	344	212	132
徽　县	122	77	45	152	92	60	182	103	79
两当县	30	14	16	31	16	15	59	35	24
临夏回族自治州	**899**	**514**	**385**	**866**	**510**	**356**	**1220**	**691**	**529**
临夏市	115	66	49	135	74	61	165	87	78
临夏县	191	109	82	161	101	60	252	156	96
康乐县	132	73	59	116	65	51	159	94	65
永靖县	103	71	32	97	66	31	113	59	54
广河县	70	31	39	49	25	24	118	68	50
和政县	80	49	31	96	58	38	124	68	56
东乡族自治县	120	64	56	100	57	43	151	86	65
积石山保安族东乡族撒拉族自治县	88	51	37	112	64	48	138	73	65
甘南藏族自治州	**297**	**166**	**131**	**345**	**185**	**160**	**485**	**262**	**223**
合作市	28	14	14	23	10	13	46	23	23
临潭县	61	33	28	73	39	34	92	59	33
卓尼县	33	21	12	48	22	26	62	30	32
舟曲县	58	28	30	68	35	33	110	61	49
迭部县	35	19	16	45	27	18	40	18	22
玛曲县	26	15	11	31	21	10	32	13	19
碌曲县	7	4	3	20	12	8	18	7	11
夏河县	49	32	17	37	19	18	85	51	34

1-11a 各地区分性别、月份的

地区	死亡人口			2019年11月			
	合计	男	女	小计	男	女	小计
合计	**24976**	**14847**	**10129**	**2042**	**1204**	**838**	**1972**
兰州市	**10248**	**6033**	**4215**	**859**	**531**	**328**	**878**
城关区	5118	2943	2175	435	265	170	400
七里河区	1999	1189	810	169	96	73	193
西固区	1522	907	615	112	68	44	121
安宁区	971	570	401	79	52	27	105
红古区	568	378	190	54	44	10	46
兰州新区	52	34	18	10	6	4	7
嘉峪关市	**1220**	**758**	**462**	**93**	**49**	**44**	**99**
市辖区	1220	758	462	93	49	44	99
金昌市	**1075**	**662**	**413**	**79**	**49**	**30**	**92**
金川区	1075	662	413	79	49	30	92
白银市	**1983**	**1212**	**771**	**163**	**96**	**67**	**161**
白银区	1447	844	603	120	67	53	116
平川区	535	367	168	43	29	14	45
靖远县	1	1					
天水市	**1787**	**1089**	**698**	**132**	**78**	**54**	**115**
秦州区	922	552	370	86	52	34	55
麦积区	865	537	328	46	26	20	60
武威市	**1708**	**1007**	**701**	**164**	**88**	**76**	**131**
凉州区	1708	1007	701	164	88	76	131
张掖市	**1051**	**639**	**412**	**77**	**46**	**31**	**73**
甘州区	1051	639	412	77	46	31	73
肃南裕固族自治县							
平凉市	**1396**	**816**	**580**	**105**	**60**	**45**	**92**
崆峒区	1183	697	486	80	47	33	71
华亭市	213	119	94	25	13	12	21
酒泉市	**1615**	**943**	**672**	**122**	**74**	**48**	**109**
肃州区	1228	713	515	98	58	40	88
玉门市	133	77	56	14	9	5	7
敦煌市	254	153	101	10	7	3	14
庆阳市	**485**	**288**	**197**	**34**	**16**	**18**	**29**
西峰区	485	288	197	34	16	18	29
定西市	**458**	**290**	**168**	**26**	**13**	**13**	**40**
安定区	458	290	168	26	13	13	40
陇南市	**641**	**381**	**260**	**68**	**43**	**25**	**56**
武都区	615	368	247	65	41	24	53
康　县	26	13	13	3	2	1	3
临夏回族自治州	**1172**	**649**	**523**	**106**	**50**	**56**	**88**
临夏市	1165	645	520	106	50	56	88
临夏县	7	4	3				
甘南藏族自治州	**137**	**80**	**57**	**14**	**11**	**3**	**9**
合作市	137	80	57	14	11	3	9

死亡人口（2019.11.1–2020.10.31）（城市）

单位：人

2019年12月		2020年1月			2020年2月		
男	女	小计	男	女	小计	男	女
1185	787	2074	1232	842	1963	1187	776
516	362	880	523	357	829	481	348
227	173	443	258	185	406	246	160
124	69	174	107	67	176	101	75
72	49	121	70	51	121	63	58
54	51	77	46	31	75	38	37
29	17	58	37	21	46	30	16
5	2	7	5	2	4	2	2
62	37	115	71	44	89	57	32
62	37	115	71	44	89	57	32
52	40	78	46	32	84	53	31
52	40	78	46	32	84	53	31
107	54	184	113	71	158	104	54
68	48	142	84	58	121	76	45
39	6	41	28	13	37	28	9
		1	1				
71	44	131	80	51	145	94	51
35	20	75	44	31	68	39	29
36	24	56	36	20	77	55	22
83	48	130	89	41	112	61	51
83	48	130	89	41	112	61	51
41	32	82	46	36	85	45	40
41	32	82	46	36	85	45	40
51	41	119	77	42	135	80	55
39	32	108	68	40	111	63	48
12	9	11	9	2	24	17	7
57	52	135	69	66	106	74	32
46	42	96	48	48	72	48	24
4	3	14	5	9	9	6	3
7	7	25	16	9	25	20	5
17	12	33	21	12	42	24	18
17	12	33	21	12	42	24	18
29	11	40	24	16	42	26	16
29	11	40	24	16	42	26	16
39	17	46	23	23	42	27	15
37	16	46	23	23	40	25	15
2	1				2	2	
55	33	90	44	46	82	51	31
55	33	90	44	46	81	51	30
					1		1
5	4	11	6	5	12	10	2
5	4	11	6	5	12	10	2

1-11a 各地区分性别、月份的

地区	2020年3月			2020年4月			
	小计	男	女	小计	男	女	小计
合计	**2177**	**1272**	**905**	**2025**	**1161**	**864**	**2121**
兰州市	**899**	**547**	**352**	**851**	**476**	**375**	**891**
城关区	463	286	177	431	234	197	459
七里河区	154	92	62	163	92	71	173
西固区	153	87	66	123	70	53	108
安宁区	64	43	21	89	47	42	94
红古区	61	36	25	40	31	9	55
兰州新区	4	3	1	1		1	2
嘉峪关市	**97**	**64**	**33**	**92**	**59**	**33**	**94**
市辖区	97	64	33	92	59	33	94
金昌市	**78**	**34**	**44**	**91**	**50**	**41**	**97**
金川区	78	34	44	91	50	41	97
白银市	**169**	**94**	**75**	**190**	**107**	**83**	**160**
白银区	122	63	59	137	74	63	107
平川区	47	31	16	53	33	20	53
靖远县							
天水市	**163**	**96**	**67**	**145**	**85**	**60**	**148**
秦州区	80	42	38	66	40	26	80
麦积区	83	54	29	79	45	34	68
武威市	**152**	**78**	**74**	**108**	**64**	**44**	**156**
凉州区	152	78	74	108	64	44	156
张掖市	**89**	**60**	**29**	**84**	**60**	**24**	**91**
甘州区	89	60	29	84	60	24	91
肃南裕固族自治县							
平凉市	**130**	**70**	**60**	**115**	**64**	**51**	**98**
崆峒区	113	62	51	104	60	44	80
华亭市	17	8	9	11	4	7	18
酒泉市	**145**	**84**	**61**	**123**	**78**	**45**	**136**
肃州区	105	59	46	97	61	36	111
玉门市	9	6	3	6	3	3	9
敦煌市	31	19	12	20	14	6	16
庆阳市	**44**	**25**	**19**	**36**	**17**	**19**	**43**
西峰区	44	25	19	36	17	19	43
定西市	**29**	**16**	**13**	**33**	**20**	**13**	**50**
安定区	29	16	13	33	20	13	50
陇南市	**59**	**40**	**19**	**60**	**23**	**37**	**59**
武都区	59	40	19	57	22	35	56
康　县				3	1	2	3
临夏回族自治州	**112**	**57**	**55**	**88**	**51**	**37**	**91**
临夏市	112	57	55	88	51	37	91
临夏县							
甘南藏族自治州	**11**	**7**	**4**	**9**	**7**	**2**	**7**
合作市	11	7	4	9	7	2	7

死亡人口（2019.11.1–2020.10.31）（城市）（续1）

单位：人

2020年5月		2020年6月			2020年7月		
男	女	小计	男	女	小计	男	女
1239	**882**	**1949**	**1164**	**785**	**1956**	**1169**	**787**
510	**381**	**805**	**477**	**328**	**804**	**461**	**343**
261	198	385	219	166	412	219	193
94	79	161	88	73	172	106	66
71	37	133	86	47	114	67	47
55	39	73	44	29	74	47	27
29	26	52	40	12	28	19	9
	2	1		1	4	3	1
51	**43**	**97**	**65**	**32**	**87**	**54**	**33**
51	43	97	65	32	87	54	33
59	**38**	**87**	**58**	**29**	**90**	**72**	**18**
59	38	87	58	29	90	72	18
103	**57**	**168**	**104**	**64**	**127**	**78**	**49**
63	44	117	71	46	99	59	40
40	13	51	33	18	28	19	9
93	**55**	**129**	**73**	**56**	**141**	**86**	**55**
49	31	66	37	29	77	48	29
44	24	63	36	27	64	38	26
82	**74**	**133**	**75**	**58**	**156**	**102**	**54**
82	74	133	75	58	156	102	54
45	**46**	**73**	**51**	**22**	**89**	**55**	**34**
45	46	73	51	22	89	55	34
60	**38**	**102**	**60**	**42**	**104**	**63**	**41**
48	32	89	53	36	97	59	38
12	6	13	7	6	7	4	3
86	**50**	**128**	**78**	**50**	**139**	**70**	**69**
70	41	102	60	42	106	59	47
6	3	8	4	4	7	4	3
10	6	18	14	4	26	7	19
26	**17**	**47**	**26**	**21**	**46**	**23**	**23**
26	17	47	26	21	46	23	23
39	**11**	**39**	**24**	**15**	**42**	**25**	**17**
39	11	39	24	15	42	25	17
31	**28**	**34**	**16**	**18**	**34**	**21**	**13**
31	25	33	15	18	33	20	13
	3	1	1		1	1	
53	**38**	**96**	**49**	**47**	**89**	**53**	**36**
53	38	95	48	47	88	53	35
		1	1		1		1
1	**6**	**11**	**8**	**3**	**8**	**6**	**2**
1	6	11	8	3	8	6	2

1-11a 各地区分性别、月份的死亡人口（2019.11.1-2020.10.31）（城市）（续2）

单位：人

地区	2020年8月			2020年9月			2020年10月		
	小计	男	女	小计	男	女	小计	男	女
合计	**2082**	**1272**	**810**	**2107**	**1277**	**830**	**2508**	**1485**	**1023**
兰州市	**814**	**492**	**322**	**800**	**481**	**319**	**938**	**538**	**400**
城关区	420	241	179	407	237	170	457	250	207
七里河区	155	101	54	123	75	48	186	113	73
西固区	115	69	46	146	90	56	155	94	61
安宁区	83	52	31	72	42	30	86	50	36
红古区	36	24	12	45	33	12	47	26	21
皋兰县	2	2		2	1	1	3	1	2
兰州新区	3	3		5	3	2	4	4	
嘉峪关市	**124**	**81**	**43**	**101**	**64**	**37**	**132**	**81**	**51**
市辖区	124	81	43	101	64	37	132	81	51
金昌市	**76**	**50**	**26**	**106**	**69**	**37**	**117**	**70**	**47**
金川区	76	50	26	106	69	37	117	70	47
白银市	**155**	**97**	**58**	**166**	**90**	**76**	**182**	**119**	**63**
白银区	120	74	46	113	62	51	133	83	50
平川区	35	23	12	53	28	25	49	36	13
靖远县									
天水市	**152**	**93**	**59**	**175**	**108**	**67**	**211**	**132**	**79**
秦州区	75	43	32	89	57	32	105	66	39
麦积区	77	50	27	86	51	35	106	66	40
武威市	**154**	**96**	**58**	**138**	**91**	**47**	**174**	**98**	**76**
凉州区	154	96	58	138	91	47	174	98	76

1-11a 各地区分性别、月份的死亡人口（2019.11.1-2020.10.31）（城市）（续3）

单位：人

地区	2020年8月			2020年9月			2020年10月		
	小计	男	女	小计	男	女	小计	男	女
张掖市	**97**	**61**	**36**	**94**	**66**	**28**	**117**	**63**	**54**
甘州区	97	61	36	94	66	28	117	63	54
肃南裕固族自治县									
平凉市	**126**	**72**	**54**	**121**	**61**	**60**	**149**	**98**	**51**
崆峒区	102	62	40	101	51	50	127	85	42
华亭市	24	10	14	20	10	10	22	13	9
酒泉市	**158**	**84**	**74**	**144**	**87**	**57**	**170**	**102**	**68**
肃州区	118	61	57	101	62	39	134	81	53
玉门市	18	10	8	14	7	7	18	13	5
敦煌市	22	13	9	29	18	11	18	8	10
庆阳市	**43**	**34**	**9**	**37**	**25**	**12**	**51**	**34**	**17**
西峰区	43	34	9	37	25	12	51	34	17
定西市	**30**	**19**	**11**	**44**	**25**	**19**	**43**	**30**	**13**
安定区	30	19	11	44	25	19	43	30	13
陇南市	**45**	**30**	**15**	**61**	**45**	**16**	**77**	**43**	**34**
武都区	41	29	12	58	44	14	74	41	33
康　县	4	1	3	3	1	2	3	2	1
临夏回族自治州	**91**	**55**	**36**	**110**	**61**	**49**	**129**	**70**	**59**
临夏市	90	54	36	110	61	49	126	68	58
临夏县	1	1					3	2	1
甘南藏族自治州	**17**	**8**	**9**	**10**	**4**	**6**	**18**	**7**	**11**
合作市	17	8	9	10	4	6	18	7	11

1-11b 各地区分性别、月份的

地区	死亡人口			2019年11月			
	合计	男	女	小计	男	女	小计
合计	**29149**	**16867**	**12282**	**2345**	**1380**	**965**	**2080**
兰州市	**2611**	**1531**	**1080**	**206**	**117**	**89**	**211**
城关区	21	17	4				2
七里河区	273	155	118	17	9	8	22
西固区	300	180	120	17	12	5	29
安宁区							
红古区	155	85	70	12	7	5	13
永登县	664	393	271	48	27	21	43
皋兰县	291	163	128	28	13	15	23
榆中县	592	337	255	53	31	22	56
兰州新区	315	201	114	31	18	13	23
嘉峪关市	**60**	**35**	**25**	**2**		**2**	**5**
市辖区	60	35	25	2		2	5
金昌市	**794**	**466**	**328**	**72**	**40**	**32**	**63**
金川区	15	9	6				1
永昌县	779	457	322	72	40	32	62
白银市	**1830**	**1035**	**795**	**153**	**88**	**65**	**128**
白银区	39	21	18	1		1	1
平川区	155	99	56	10	5	5	13
靖远县	791	428	363	81	47	34	60
会宁县	508	297	211	35	24	11	34
景泰县	337	190	147	26	12	14	20
天水市	**3469**	**2031**	**1438**	**258**	**155**	**103**	**212**
秦州区	419	246	173	30	17	13	25
麦积区	258	158	100	15	9	6	18
清水县	345	211	134	26	14	12	19
秦安县	533	307	226	44	26	18	32
甘谷县	972	556	416	74	47	27	66
武山县	510	306	204	34	21	13	27
张家川回族自治县	432	247	185	35	21	14	25
武威市	**2620**	**1480**	**1140**	**226**	**132**	**94**	**213**
凉州区	1205	690	515	99	69	30	104
民勤县	414	219	195	42	19	23	35
古浪县	632	357	275	60	30	30	53
天祝藏族自治县	369	214	155	25	14	11	21
张掖市	**1679**	**971**	**708**	**142**	**81**	**61**	**104**
甘州区	122	66	56	7	2	5	4
肃南裕固族自治县	80	44	36	5	4	1	
民乐县	415	228	187	40	20	20	29
临泽县	231	143	88	17	11	6	20
高台县	361	218	143	29	21	8	23
山丹县	470	272	198	44	23	21	28
平凉市	**2415**	**1416**	**999**	**144**	**87**	**57**	**181**
崆峒区	169	100	69	9	6	3	13
泾川县	611	352	259	45	26	19	57
灵台县	336	192	144	10	6	4	27
崇信县	126	77	49	12	7	5	8
庄浪县	473	276	197	22	14	8	31
静宁县	465	270	195	22	14	8	28
华亭市	235	149	86	24	14	10	17

死亡人口（2019.11.1–2020.10.31）（镇）

单位：人

2019年12月		2020年1月			2020年2月		
男	女	小计	男	女	小计	男	女
1213	**867**	**2164**	**1236**	**928**	**2336**	**1274**	**1062**
111	**100**	**197**	**124**	**73**	**204**	**112**	**92**
1	1	2	1	1	3	3	
12	10	19	11	8	37	24	13
16	13	27	18	9	21	6	15
8	5	9	5	4	8	6	2
24	19	44	27	17	43	22	21
9	14	27	20	7	21	11	10
29	27	51	30	21	44	24	20
12	11	18	12	6	27	16	11
2	**3**	**4**	**1**	**3**	**4**	**2**	**2**
2	3	4	1	3	4	2	2
43	**20**	**47**	**26**	**21**	**71**	**41**	**30**
1		1	1		2		2
42	20	46	25	21	69	41	28
81	**47**	**127**	**64**	**63**	**115**	**59**	**56**
	1	3	1	2	3	2	1
11	2	9	3	6	9	6	3
34	26	51	21	30	52	23	29
23	11	34	20	14	28	17	11
13	7	30	19	11	23	11	12
138	**74**	**209**	**118**	**91**	**251**	**143**	**108**
20	5	25	14	11	36	22	14
14	4	13	6	7	14	9	5
11	8	26	15	11	19	8	11
16	16	23	16	7	53	32	21
43	23	61	31	30	73	37	36
17	10	40	22	18	30	18	12
17	8	21	14	7	26	17	9
117	**96**	**212**	**127**	**85**	**208**	**102**	**106**
52	52	95	62	33	92	47	45
22	13	22	9	13	44	18	26
30	23	53	33	20	45	28	17
13	8	42	23	19	27	9	18
66	**38**	**129**	**70**	**59**	**129**	**65**	**64**
	4	15	7	8	6	4	2
		10	3	7	8	5	3
17	12	27	13	14	38	20	18
15	5	17	9	8	11	3	8
14	9	27	18	9	32	17	15
20	8	33	20	13	34	16	18
101	**80**	**224**	**137**	**87**	**212**	**119**	**93**
6	7	12	9	3	22	14	8
30	27	65	34	31	58	32	26
17	10	33	21	12	29	14	15
4	4	7	6	1	10	6	4
18	13	23	14	9	31	17	14
13	15	61	35	26	47	26	21
13	4	23	18	5	15	10	5

1-11b 各地区分性别、月份的

地区	死亡人口			2019年11月			
	合计	男	女	小计	男	女	小计
酒泉市	**1229**	**760**	**469**	**90**	**55**	**35**	**83**
肃州区	171	111	60	10	6	4	10
金塔县	293	177	116	25	13	12	16
瓜州县	268	170	98	20	13	7	16
肃北蒙古族自治县	46	29	17	5	2	3	5
阿克塞哈萨克族自治县	34	25	9	5	3	2	3
玉门市	294	169	125	16	9	7	26
敦煌市	123	79	44	9	9		7
庆阳市	**2283**	**1321**	**962**	**182**	**105**	**77**	**151**
西峰区	35	19	16				4
庆城县	203	131	72	14	7	7	9
环　县	226	141	85	8	6	2	10
华池县	133	90	43	11	7	4	10
合水县	232	134	98	22	13	9	24
正宁县	563	317	246	61	37	24	41
宁　县	575	310	265	42	20	22	34
镇原县	316	179	137	24	15	9	19
定西市	**3611**	**2079**	**1532**	**325**	**190**	**135**	**264**
安定区	188	104	84	21	10	11	12
通渭县	333	173	160	26	15	11	23
陇西县	1135	660	475	98	59	39	74
渭源县	481	271	210	43	28	15	56
临洮县	835	492	343	64	37	27	55
漳　县	227	135	92	29	21	8	12
岷　县	412	244	168	44	20	24	32
陇南市	**3659**	**2107**	**1552**	**315**	**187**	**128**	**263**
武都区	467	294	173	31	17	14	34
成　县	729	404	325	75	43	32	58
文　县	297	179	118	24	13	11	23
宕昌县	468	254	214	48	29	19	40
康　县	223	137	86	12	9	3	16
西和县	504	300	204	55	37	18	34
礼　县	510	293	217	33	20	13	23
徽　县	371	190	181	28	13	15	28
两当县	90	56	34	9	6	3	7
临夏回族自治州	**1911**	**1073**	**838**	**161**	**101**	**60**	**143**
临夏市	48	22	26	8	5	3	4
临夏县	238	143	95	19	13	6	19
康乐县	301	168	133	27	18	9	25
永靖县	497	297	200	49	33	16	40
广河县	243	128	115	21	11	10	19
和政县	222	131	91	12	9	3	13
东乡族自治县	195	99	96	11	5	6	11
积石山保安族东乡族撒拉族自治县	167	85	82	14	7	7	12
甘南藏族自治州	**978**	**562**	**416**	**69**	**42**	**27**	**59**
合作市	26	13	13	1	1		1
临潭县	202	127	75	10	5	5	14
卓尼县	174	93	81	13	8	5	10
舟曲县	193	107	86	16	10	6	12
迭部县	75	46	29	6	4	2	11
玛曲县	83	54	29	7	5	2	1
碌曲县	53	30	23	3	3		
夏河县	172	92	80	13	6	7	10

死亡人口（2019.11.1–2020.10.31）（镇）（续 1）

单位：人

2019年12月		2020年1月			2020年2月		
男	女	小计	男	女	小计	男	女
53	**30**	**110**	**66**	**44**	**97**	**53**	**44**
6	4	14	11	3	24	15	9
12	4	24	13	11	14	8	6
12	4	25	17	8	20	7	13
5		1	1		1	1	
2	1	3	2	1	1		1
12	14	29	13	16	30	18	12
4	3	14	9	5	7	4	3
82	**69**	**172**	**99**	**73**	**213**	**118**	**95**
2	2	3	2	1	2		2
5	4	16	11	5	20	14	6
5	5	18	9	9	26	14	12
6	4	8	5	3	7	4	3
15	9	23	17	6	24	12	12
25	16	46	26	20	57	31	26
18	16	33	18	15	48	25	23
6	13	25	11	14	29	18	11
147	**117**	**273**	**151**	**122**	**290**	**167**	**123**
4	8	15	6	9	8	2	6
10	13	26	16	10	24	15	9
41	33	94	53	41	105	63	42
28	28	25	12	13	45	22	23
33	22	62	32	30	57	33	24
5	7	10	8	2	17	9	8
26	6	41	24	17	34	23	11
158	**105**	**246**	**143**	**103**	**321**	**171**	**150**
22	12	25	14	11	42	26	16
31	27	62	31	31	76	34	42
15	8	15	12	3	22	12	10
23	17	30	17	13	45	22	23
14	2	19	13	6	18	11	7
20	14	34	19	15	44	23	21
13	10	30	19	11	38	23	15
15	13	27	15	12	36	20	16
5	2	4	3	1			
84	**59**	**153**	**72**	**81**	**156**	**91**	**65**
1	3	5	2	3	3	3	
13	6	26	16	10	18	11	7
17	8	23	10	13	22	14	8
24	16	36	13	23	40	21	19
13	6	9	2	7	23	12	11
8	5	14	8	6	15	10	5
2	9	24	14	10	20	9	11
6	6	16	7	9	15	11	4
30	**29**	**61**	**38**	**23**	**65**	**31**	**34**
	1	1		1			
7	7	7	5	2	13	9	4
8	2	11	8	3	13	5	8
5	7	16	9	7	17	6	11
5	6	2	1	1	5	1	4
	1	6	6		7	4	3
		3	1	2	4	3	1
5	5	15	8	7	6	3	3

1-11b 各地区分性别、月份的

地区	2020年3月			2020年4月			
	小计	男	女	小计	男	女	小计
合计	**2642**	**1482**	**1160**	**2414**	**1397**	**1017**	**2538**
兰州市	**218**	**119**	**99**	**206**	**130**	**76**	**249**
城关区	3	3		2	2		2
七里河区	18	9	9	21	13	8	26
西固区	24	13	11	18	11	7	24
安宁区							
红古区	10	5	5	11	6	5	21
永登县	67	34	33	49	30	19	52
皋兰县	24	15	9	23	16	7	31
榆中县	51	30	21	50	27	23	54
兰州新区	21	10	11	32	25	7	39
嘉峪关市	**6**	**2**	**4**	**7**	**3**	**4**	**9**
市辖区	6	2	4	7	3	4	9
金昌市	**67**	**32**	**35**	**73**	**42**	**31**	**56**
金川区							
永昌县	67	32	35	73	42	31	56
白银市	**161**	**88**	**73**	**175**	**93**	**82**	**140**
白银区	7	3	4	4	2	2	2
平川区	12	8	4	14	10	4	13
靖远县	61	38	23	68	36	32	52
会宁县	52	25	27	56	26	30	49
景泰县	29	14	15	33	19	14	24
天水市	**303**	**177**	**126**	**279**	**166**	**113**	**311**
秦州区	35	21	14	34	14	20	35
麦积区	15	9	6	16	13	3	23
清水县	24	19	5	33	20	13	28
秦安县	61	35	26	36	25	11	45
甘谷县	89	49	40	80	50	30	86
武山县	36	22	14	42	27	15	50
张家川回族自治县	43	22	21	38	17	21	44
武威市	**240**	**130**	**110**	**209**	**116**	**93**	**258**
凉州区	110	57	53	86	52	34	121
民勤县	47	26	21	31	14	17	29
古浪县	63	33	30	61	31	30	57
天祝藏族自治县	20	14	6	31	19	12	51
张掖市	**148**	**87**	**61**	**122**	**72**	**50**	**138**
甘州区	13	4	9	8	4	4	13
肃南裕固族自治县	8	4	4	9	5	4	6
民乐县	38	25	13	27	15	12	33
临泽县	17	12	5	16	10	6	25
高台县	37	22	15	31	20	11	21
山丹县	35	20	15	31	18	13	40
平凉市	**244**	**144**	**100**	**188**	**108**	**80**	**182**
崆峒区	20	9	11	14	10	4	13
泾川县	50	30	20	38	23	15	44
灵台县	36	18	18	32	13	19	25
崇信县	15	14	1	12	8	4	6
庄浪县	51	31	20	38	21	17	28
静宁县	51	30	21	33	21	12	47
华亭市	21	12	9	21	12	9	19

死亡人口（2019.11.1–2020.10.31）（镇）（续2）

单位：人

2020年5月		2020年6月			2020年7月		
男	女	小计	男	女	小计	男	女
1490	**1048**	**2288**	**1355**	**933**	**2176**	**1263**	**913**
151	**98**	**209**	**124**	**85**	**198**	**122**	**76**
2					1		1
17	9	23	14	9	19	9	10
12	12	36	23	13	21	13	8
11	10	11	7	4	12	7	5
33	19	58	32	26	61	35	26
15	16	20	9	11	25	17	8
32	22	44	26	18	32	21	11
29	10	17	13	4	27	20	7
6	**3**	**3**	**3**		**4**	**3**	**1**
6	3	3	3		4	3	1
33	**23**	**62**	**42**	**20**	**63**	**40**	**23**
					2	1	1
33	23	62	42	20	61	39	22
89	**51**	**150**	**82**	**68**	**164**	**95**	**69**
1	1	3	3		2		2
9	4	13	9	4	10	3	7
34	18	69	35	34	68	36	32
31	18	38	21	17	44	29	15
14	10	27	14	13	40	27	13
183	**128**	**299**	**172**	**127**	**269**	**155**	**114**
22	13	36	25	11	39	26	13
11	12	23	15	8	20	14	6
14	14	20	13	7	22	15	7
29	16	48	24	24	41	23	18
51	35	71	40	31	77	40	37
34	16	54	27	27	31	16	15
22	22	47	28	19	39	21	18
152	**106**	**195**	**113**	**82**	**185**	**103**	**82**
69	52	93	51	42	82	50	32
17	12	29	16	13	25	15	10
33	24	43	29	14	53	24	29
33	18	30	17	13	25	14	11
86	**52**	**149**	**81**	**68**	**142**	**72**	**70**
7	6	9	6	3	13	8	5
3	3	6	3	3	2		2
20	13	33	19	14	30	17	13
17	8	20	11	9	22	12	10
10	11	32	19	13	32	15	17
29	11	49	23	26	43	20	23
107	**75**	**184**	**107**	**77**	**175**	**106**	**69**
10	3	14	8	6	10	7	3
24	20	45	25	20	49	26	23
11	14	27	19	8	21	16	5
3	3	8	6	2	5	2	3
19	9	42	20	22	40	24	16
28	19	32	19	13	35	22	13
12	7	16	10	6	15	9	6

1-11b 各地区分性别、月份的

地区	2020年3月			2020年4月			
	小计	男	女	小计	男	女	小计
酒泉市	**115**	**68**	**47**	**103**	**65**	**38**	**115**
肃州区	9	2	7	15	10	5	19
金塔县	37	23	14	28	18	10	29
瓜州县	28	15	13	33	21	12	21
肃北蒙古族自治县	6	2	4	4	2	2	3
阿克塞哈萨克族自治县	4	4					3
玉门市	22	16	6	15	10	5	23
敦煌市	9	6	3	8	4	4	17
庆阳市	**224**	**113**	**111**	**223**	**131**	**92**	**196**
西峰区	3	1	2	8	3	5	
庆城县	30	16	14	21	11	10	14
环　县	17	6	11	24	18	6	21
华池县	24	15	9	17	12	5	10
合水县	14	6	8	12	7	5	15
正宁县	59	31	28	55	30	25	56
宁　县	51	27	24	50	30	20	52
镇原县	26	11	15	36	20	16	28
定西市	**324**	**190**	**134**	**287**	**162**	**125**	**311**
安定区	19	14	5	22	14	8	13
通渭县	25	14	11	30	10	20	26
陇西县	100	64	36	85	41	44	100
渭源县	49	31	18	39	24	15	41
临洮县	72	36	36	62	41	21	78
漳　县	16	12	4	13	7	6	22
岷　县	43	19	24	36	25	11	31
陇南市	**315**	**172**	**143**	**271**	**151**	**120**	**304**
武都区	53	33	20	42	24	18	40
成　县	69	42	27	47	28	19	67
文　县	23	16	7	18	7	11	20
宕昌县	35	17	18	34	13	21	36
康　县	20	7	13	16	10	6	17
西和县	34	17	17	36	19	17	51
礼　县	41	21	20	45	30	15	42
徽　县	32	13	19	27	16	11	29
两当县	8	6	2	6	4	2	2
临夏回族自治州	**176**	**100**	**76**	**183**	**102**	**81**	**176**
临夏市	4	1	3	4	2	2	4
临夏县	14	8	6	20	15	5	23
康乐县	34	17	17	32	17	15	28
永靖县	36	22	14	49	33	16	39
广河县	27	18	9	21	12	9	23
和政县	20	12	8	25	14	11	22
东乡族自治县	28	16	12	15	4	11	26
积石山保安族东乡族撒拉族自治县	13	6	7	17	5	12	11
甘南藏族自治州	**101**	**60**	**41**	**88**	**56**	**32**	**93**
合作市	4	2	2	3	3		3
临潭县	28	20	8	15	13	2	15
卓尼县	21	9	12	21	11	10	17
舟曲县	14	8	6	14	11	3	22
迭部县	4	3	1	5	4	1	7
玛曲县	7	5	2	7	5	2	6
碌曲县	4	1	3	7	2	5	5
夏河县	19	12	7	16	7	9	18

死亡人口（2019.11.1-2020.10.31）（镇）（续3）

单位：人

2020年5月		2020年6月			2020年7月		
男	女	小计	男	女	小计	男	女
74	**41**	**86**	**54**	**32**	**98**	**54**	**44**
13	6	5	5		15	9	6
18	11	20	12	8	27	14	13
15	6	25	15	10	18	12	6
2	1	2	1	1	1	1	
3		3	3		1		1
13	10	16	7	9	24	10	14
10	7	15	11	4	12	8	4
118	**78**	**157**	**97**	**60**	**144**	**98**	**46**
		4	2	2	3	3	
12	2	14	12	2	19	13	6
13	8	14	12	2	15	10	5
8	2	14	11	3	7	5	2
7	8	15	9	6	18	12	6
33	23	34	21	13	35	24	11
29	23	35	15	20	21	12	9
16	12	27	15	12	26	19	7
182	**129**	**284**	**169**	**115**	**283**	**159**	**124**
6	7	25	15	10	12	7	5
15	11	25	14	11	36	19	17
59	41	105	57	48	79	41	38
27	14	39	25	14	33	16	17
40	38	53	36	17	84	55	29
13	9	17	7	10	17	10	7
22	9	20	15	5	22	11	11
173	**131**	**282**	**178**	**104**	**249**	**140**	**109**
28	12	40	28	12	24	14	10
35	32	41	20	21	42	23	19
9	11	25	17	8	25	16	9
19	17	40	28	12	37	17	20
10	7	18	12	6	17	10	7
31	20	36	24	12	37	22	15
21	21	54	35	19	39	25	14
19	10	20	8	12	23	10	13
1	1	8	6	2	5	3	2
90	**86**	**166**	**95**	**71**	**123**	**70**	**53**
2	2	3	1	2	4	2	2
12	11	23	13	10	16	8	8
14	14	31	15	16	19	11	8
22	17	45	26	19	29	16	13
9	14	18	10	8	16	10	6
11	11	19	12	7	23	14	9
17	9	15	9	6	9	5	4
3	8	12	9	3	7	4	3
46	**47**	**62**	**38**	**24**	**79**	**46**	**33**
2	1	4	2	2	2		2
5	10	9	4	5	11	6	5
8	9	11	7	4	14	7	7
12	10	15	12	3	16	9	7
6	1	3	1	2	7	4	3
4	2	5	2	3	9	7	2
2	3	5	5		6	4	2
7	11	10	5	5	14	9	5

1-11b 各地区分性别、月份的死亡人口（2019.11.1-2020.10.31）（镇）（续4）

单位：人

地区	2020年8月			2020年9月			2020年10月		
	小计	男	女	小计	男	女	小计	男	女
合计	**2301**	**1408**	**893**	**2444**	**1431**	**1013**	**3421**	**1938**	**1483**
兰州市	**228**	**146**	**82**	**210**	**127**	**83**	**275**	**148**	**127**
城关区	2	2		1	1		3	2	1
七里河区	26	17	9	13	8	5	32	12	20
西固区	30	22	8	24	16	8	29	18	11
安宁区									
红古区	13	6	7	16	12	4	19	5	14
永登县	65	44	21	57	31	26	77	54	23
皋兰县	16	9	7	24	13	11	29	16	13
榆中县	53	32	21	45	27	18	59	28	31
兰州新区	23	14	9	30	19	11	27	13	14
嘉峪关市	**5**	**3**	**2**	**5**	**5**		**6**	**5**	**1**
市辖区	5	3	2	5	5		6	5	1
金昌市	**79**	**51**	**28**	**63**	**39**	**24**	**78**	**37**	**41**
金川区	2	2		2	1	1	5	3	2
永昌县	77	49	28	61	38	23	73	34	39
白银市	**159**	**91**	**68**	**154**	**89**	**65**	**204**	**116**	**88**
白银区	3	3		7	3	4	3	3	
平川区	11	9	2	18	9	9	23	17	6
靖远县	77	39	38	59	38	21	93	47	46
会宁县	37	20	17	45	28	17	56	33	23
景泰县	31	20	11	25	11	14	29	16	13
天水市	**300**	**179**	**121**	**302**	**172**	**130**	**476**	**273**	**203**
秦州区	45	26	19	26	11	15	53	28	25
麦积区	21	13	8	24	16	8	56	29	27
清水县	28	16	12	42	26	16	58	40	18
秦安县	37	22	15	47	26	21	66	33	33
甘谷县	91	48	43	75	44	31	129	76	53
武山县	46	30	16	53	34	19	67	38	29
张家川回族自治县	32	24	8	35	15	20	47	29	18
武威市	**197**	**115**	**82**	**220**	**131**	**89**	**257**	**142**	**115**
凉州区	84	51	33	108	59	49	131	71	60
民勤县	41	20	21	28	22	6	41	21	20
古浪县	45	29	16	49	27	22	50	30	20
天祝藏族自治县	27	15	12	35	23	12	35	20	15
张掖市	**127**	**82**	**45**	**147**	**89**	**58**	**202**	**120**	**82**
甘州区	10	8	2	10	7	3	14	9	5
肃南裕固族自治县	6	3	3	10	7	3	10	7	3
民乐县	24	12	12	45	22	23	51	28	23
临泽县	21	17	4	23	14	9	22	12	10
高台县	25	16	9	27	19	8	45	27	18
山丹县	41	26	15	32	20	12	60	37	23
平凉市	**197**	**119**	**78**	**193**	**112**	**81**	**291**	**169**	**122**
崆峒区	14	5	9	7	3	4	21	13	8
泾川县	57	35	22	38	26	12	65	41	24
灵台县	21	16	5	32	19	13	43	22	21
崇信县	11	5	6	19	10	9	13	6	7
庄浪县	41	27	14	59	30	29	67	41	26
静宁县	42	23	19	26	18	8	41	21	20
华亭市	11	8	3	12	6	6	41	25	16

1-11b 各地区分性别、月份的死亡人口（2019.11.1-2020.10.31）（镇）（续5）

单位：人

地区	2020年8月			2020年9月			2020年10月		
	小计	男	女	小计	男	女	小计	男	女
酒泉市	**90**	**60**	**30**	**114**	**73**	**41**	**128**	**85**	**43**
肃州区	12	7	5	16	11	5	22	16	6
金塔县	22	14	8	18	12	6	33	20	13
瓜州县	16	10	6	27	17	10	19	16	3
肃北蒙古族自治县	6	4	2	3	2	1	9	6	3
阿克塞哈萨克族自治县	5	4	1	3	3		3	1	2
玉门市	25	18	7	39	23	16	29	20	9
敦煌市	4	3	1	8	5	3	13	6	7
庆阳市	**164**	**97**	**67**	**179**	**102**	**77**	**278**	**161**	**117**
西峰区	4	4		1	1		3	1	2
庆城县	10	6	4	13	6	7	23	18	5
环　县	15	11	4	28	20	8	30	17	13
华池县	8	6	2	8	5	3	9	6	3
合水县	16	10	6	18	8	10	31	18	13
正宁县	32	14	18	39	19	20	48	26	22
宁　县	56	33	23	51	28	23	102	55	47
镇原县	23	13	10	21	15	6	32	20	12
定西市	**241**	**154**	**87**	**309**	**180**	**129**	**420**	**228**	**192**
安定区	7	3	4	19	14	5	15	9	6
通渭县	21	12	9	24	9	15	47	24	23
陇西县	81	57	24	106	61	45	108	64	44
渭源县	29	17	12	35	14	21	47	27	20
临洮县	57	40	17	79	53	26	112	56	56
漳　县	18	10	8	14	9	5	42	24	18
岷　县	28	15	13	32	20	12	49	24	25
陇南市	**304**	**184**	**120**	**314**	**182**	**132**	**475**	**268**	**207**
武都区	47	31	16	37	21	16	52	36	16
成　县	50	33	17	56	34	22	86	50	36
文　县	20	13	7	30	20	10	52	29	23
宕昌县	39	24	15	39	23	16	45	22	23
康　县	15	10	5	19	13	6	36	18	18
西和县	43	23	20	40	27	13	60	38	22
礼　县	49	29	20	50	20	30	66	37	29
徽　县	33	17	16	36	21	15	52	23	29
两当县	8	4	4	7	3	4	26	15	11
临夏回族自治州	**137**	**80**	**57**	**140**	**77**	**63**	**197**	**111**	**86**
临夏市	2	1	1				7	2	5
临夏县	16	8	8	19	9	10	25	17	8
康乐县	21	15	6	19	9	10	20	11	9
永靖县	42	29	13	45	33	12	47	25	22
广河县	18	5	13	17	6	11	31	20	11
和政县	14	6	8	14	9	5	31	18	13
东乡族自治县	9	4	5	15	6	9	12	8	4
积石山保安族东乡族撒拉族自治县	15	12	3	11	5	6	24	10	14
甘南藏族自治州	**73**	**47**	**26**	**94**	**53**	**41**	**134**	**75**	**59**
合作市	2	1	1	1		1	4	2	2
临潭县	16	7	9	26	19	7	38	27	11
卓尼县	13	8	5	13	6	7	17	8	9
舟曲县	12	8	4	16	6	10	23	11	12
迭部县	7	4	3	8	7	1	10	6	4
玛曲县	7	6	1	10	6	4	11	4	7
碌曲县	3	3		6	3	3	7	3	4
夏河县	13	10	3	14	6	8	24	14	10

1-11c 各地区分性别、月份的

地区	死亡人口			2019年11月			
	合计	男	女	小计	男	女	小计
合计	**100343**	**56155**	**44188**	**7981**	**4540**	**3441**	**7185**
兰州市	**6211**	**3497**	**2714**	**475**	**257**	**218**	**433**
城关区	43	26	17	2	1	1	4
七里河区	510	291	219	37	19	18	23
西固区	221	130	91	14	8	6	24
安宁区							
红古区	237	128	109	13	6	7	21
永登县	2009	1143	866	140	80	60	141
皋兰县	450	240	210	45	24	21	33
榆中县	2262	1286	976	188	100	88	147
兰州新区	479	253	226	36	19	17	40
嘉峪关市	**100**	**55**	**45**	**12**	**8**	**4**	**9**
市辖区	100	55	45	12	8	4	9
金昌市	**1185**	**675**	**510**	**99**	**49**	**50**	**110**
金川区	201	128	73	14	6	8	20
永昌县	984	547	437	85	43	42	90
白银市	**6309**	**3413**	**2896**	**575**	**338**	**237**	**492**
白银区	357	187	170	24	10	14	20
平川区	392	217	175	33	24	9	32
靖远县	1598	842	756	157	82	75	123
会宁县	2980	1628	1352	265	153	112	246
景泰县	982	539	443	96	69	27	71
天水市	**11441**	**6460**	**4981**	**841**	**497**	**344**	**713**
秦州区	1535	860	675	105	59	46	107
麦积区	1442	817	625	94	59	35	82
清水县	1031	572	459	72	38	34	66
秦安县	2570	1408	1162	154	93	61	162
甘谷县	2014	1167	847	156	95	61	116
武山县	1437	833	604	134	81	53	91
张家川回族自治县	1412	803	609	126	72	54	89
武威市	**7874**	**4231**	**3643**	**714**	**380**	**334**	**586**
凉州区	3648	1962	1686	353	199	154	249
民勤县	1648	881	767	138	71	67	152
古浪县	1691	873	818	154	72	82	129
天祝藏族自治县	887	515	372	69	38	31	56
张掖市	**5339**	**2991**	**2348**	**447**	**250**	**197**	**368**
甘州区	2101	1188	913	183	102	81	163
肃南裕固族自治县	157	85	72	17	8	9	12
民乐县	974	540	434	80	50	30	59
临泽县	599	341	258	47	29	18	46
高台县	783	442	341	69	38	31	60
山丹县	725	395	330	51	23	28	28
平凉市	**9251**	**5263**	**3988**	**645**	**384**	**261**	**610**
崆峒区	1351	759	592	72	45	27	84
泾川县	1460	797	663	110	71	39	108
灵台县	1151	688	463	82	48	34	65
崇信县	451	245	206	37	20	17	34
庄浪县	1808	1041	767	116	59	57	112
静宁县	2318	1315	1003	171	105	66	147
华亭市	712	418	294	57	36	21	60

死亡人口（2019.11.1–2020.10.31）（乡村）

单位：人

2019年12月		2020年1月			2020年2月		
男	女	小计	男	女	小计	男	女
3980	**3205**	**7442**	**4081**	**3361**	**8651**	**4699**	**3952**
222	**211**	**521**	**274**	**247**	**534**	**314**	**220**
4		10	4	6	5	4	1
18	5	40	23	17	40	24	16
12	12	21	13	8	22	13	9
6	15	25	12	13	16	7	9
69	72	145	78	67	176	104	72
21	12	33	14	19	33	22	11
75	72	199	110	89	201	119	82
17	23	48	20	28	41	21	20
6	**3**	**11**	**6**	**5**	**5**	**1**	**4**
6	3	11	6	5	5	1	4
63	**47**	**113**	**69**	**44**	**97**	**40**	**57**
10	10	19	15	4	12	5	7
53	37	94	54	40	85	35	50
266	**226**	**483**	**264**	**219**	**494**	**255**	**239**
12	8	32	16	16	28	11	17
15	17	36	20	16	26	14	12
74	49	130	71	59	110	54	56
130	116	200	116	84	259	139	120
35	36	85	41	44	71	37	34
407	**306**	**662**	**376**	**286**	**902**	**516**	**386**
57	50	82	42	40	127	69	58
41	41	81	47	34	108	58	50
43	23	68	40	28	82	45	37
89	73	132	73	59	205	114	91
70	46	119	69	50	159	100	59
58	33	96	53	43	127	79	48
49	40	84	52	32	94	51	43
285	**301**	**644**	**347**	**297**	**661**	**351**	**310**
114	135	293	154	139	288	158	130
76	76	138	76	62	154	76	78
64	65	142	72	70	147	74	73
31	25	71	45	26	72	43	29
233	**135**	**387**	**201**	**186**	**441**	**228**	**213**
109	54	160	80	80	152	83	69
9	3	9	3	6	14	6	8
32	27	57	31	26	106	58	48
26	20	41	23	18	48	22	26
41	19	71	35	36	68	34	34
16	12	49	29	20	53	25	28
343	**267**	**710**	**403**	**307**	**864**	**479**	**385**
50	34	112	60	52	148	84	64
61	47	93	48	45	140	64	76
44	21	117	75	42	109	64	45
17	17	30	17	13	40	23	17
61	51	106	58	48	151	86	65
75	72	177	98	79	207	115	92
35	25	75	47	28	69	43	26

1-11c 各地区分性别、月份的

地区	死亡人口			2019年11月			
	合计	男	女	小计	男	女	小计
酒泉市	**3291**	**1906**	**1385**	**255**	**143**	**112**	**223**
肃州区	1167	692	475	96	56	40	82
金塔县	739	418	321	61	30	31	59
瓜州县	509	293	216	33	21	12	30
肃北蒙古族自治县	28	16	12	1	1		2
阿克塞哈萨克族自治县	17	11	6	2	1	1	1
玉门市	359	215	144	33	20	13	26
敦煌市	472	261	211	29	14	15	23
庆阳市	**10550**	**5828**	**4722**	**755**	**408**	**347**	**691**
西峰区	1356	717	639	112	47	65	88
庆城县	1231	706	525	95	59	36	83
环　县	1534	898	636	89	48	41	87
华池县	665	381	284	63	37	26	50
合水县	680	394	286	59	36	23	64
正宁县	862	474	388	54	40	14	77
宁　县	1782	930	852	124	57	67	92
镇原县	2440	1328	1112	159	84	75	150
定西市	**13447**	**7461**	**5986**	**1126**	**650**	**476**	**931**
安定区	2000	1086	914	170	91	79	132
通渭县	1805	994	811	155	96	59	104
陇西县	2167	1230	937	205	115	90	161
渭源县	1958	1044	914	163	91	72	149
临洮县	2428	1378	1050	198	119	79	177
漳　县	1025	582	443	81	50	31	84
岷　县	2064	1147	917	154	88	66	124
陇南市	**13389**	**7789**	**5600**	**1077**	**621**	**456**	**1034**
武都区	2709	1673	1036	225	134	91	229
成　县	1319	760	559	111	64	47	109
文　县	951	537	414	66	35	31	66
宕昌县	1666	920	746	141	83	58	141
康　县	1286	744	542	78	41	37	107
西和县	2078	1192	886	165	89	76	175
礼　县	1926	1098	828	124	74	50	100
徽　县	1209	719	490	155	94	61	93
两当县	245	146	99	12	7	5	14
临夏回族自治州	**9074**	**5054**	**4020**	**773**	**448**	**325**	**780**
临夏市	229	121	108	17	8	9	15
临夏县	2267	1272	995	165	93	72	178
康乐县	1573	859	714	136	77	59	173
永靖县	795	482	313	71	43	28	91
广河县	733	390	343	55	22	33	53
和政县	1003	569	434	87	53	34	78
东乡族自治县	1191	652	539	106	73	33	93
积石山保安族东乡族撒拉族自治县	1283	709	574	136	79	57	99
甘南藏族自治州	**2882**	**1532**	**1350**	**187**	**107**	**80**	**205**
合作市	144	73	71	7	4	3	7
临潭县	595	319	276	35	24	11	31
卓尼县	424	221	203	21	10	11	23
舟曲县	641	346	295	45	25	20	46
迭部县	302	159	143	24	16	8	17
玛曲县	239	120	119	25	10	15	28
碌曲县	111	53	58	8	4	4	9
夏河县	426	241	185	22	14	8	44

死亡人口（2019.11.1–2020.10.31）（乡村）（续 1）

单位：人

2019 年 12 月		2020 年 1 月			2020 年 2 月		
男	女	小计	男	女	小计	男	女
129	**94**	**276**	**158**	**118**	**248**	**140**	**108**
44	38	78	55	23	69	45	24
41	18	69	37	32	59	33	26
13	17	48	27	21	56	27	29
1	1				1		1
1		3	3		2		2
19	7	29	14	15	21	14	7
10	13	49	22	27	40	21	19
376	**315**	**756**	**412**	**344**	**979**	**514**	**465**
41	47	123	65	58	131	58	73
48	35	75	36	39	97	51	46
42	45	95	61	34	144	85	59
29	21	58	35	23	88	47	41
38	26	49	30	19	55	31	24
46	31	45	27	18	87	44	43
53	39	87	41	46	136	66	70
79	71	224	117	107	241	132	109
526	**405**	**1033**	**572**	**461**	**1235**	**675**	**560**
72	60	154	71	83	168	80	88
64	40	109	60	49	135	76	59
95	66	179	116	63	210	118	92
83	66	164	84	80	198	103	95
101	76	203	117	86	233	126	107
46	38	62	41	21	95	61	34
65	59	162	83	79	196	111	85
590	**444**	**938**	**548**	**390**	**1146**	**644**	**502**
146	83	159	94	65	208	123	85
57	52	120	68	52	149	89	60
39	27	51	27	24	68	38	30
74	67	140	83	57	156	73	83
59	48	112	67	45	121	71	50
106	69	133	80	53	166	96	70
49	51	110	52	58	156	83	73
48	45	91	62	29	105	62	43
12	2	22	15	7	17	9	8
423	**357**	**670**	**330**	**340**	**851**	**454**	**397**
5	10	15	6	9	12	8	4
112	66	175	97	78	226	116	110
89	84	137	57	80	128	68	60
56	35	60	32	28	69	33	36
27	26	58	29	29	65	34	31
43	35	76	44	32	120	61	59
43	50	74	34	40	102	48	54
48	51	75	31	44	129	86	43
111	**94**	**238**	**121**	**117**	**194**	**88**	**106**
5	2	16	8	8	6	2	4
20	11	68	39	29	44	21	23
13	10	38	16	22	29	13	16
27	19	53	30	23	43	20	23
7	10	15	6	9	24	10	14
15	13	15	9	6	9	4	5
4	5	13	3	10	9	5	4
20	24	20	10	10	30	13	17

1-11c　各地区分性别、月份的

地区	2020年3月			2020年4月			
	小计	男	女	小计	男	女	小计
合计	**9593**	**5324**	**4269**	**8561**	**4788**	**3773**	**9328**
兰州市	**511**	**299**	**212**	**533**	**303**	**230**	**607**
城关区	3	2	1	4	1	3	2
七里河区	46	29	17	42	24	18	41
西固区	15	11	4	17	7	10	23
安宁区							
红古区	15	8	7	22	13	9	27
永登县	160	98	62	167	106	61	205
皋兰县	43	18	25	37	20	17	43
榆中县	196	120	76	199	110	89	215
兰州新区	33	13	20	45	22	23	51
嘉峪关市	**9**	**5**	**4**	**10**	**5**	**5**	**9**
市辖区	9	5	4	10	5	5	9
金昌市	**137**	**77**	**60**	**91**	**48**	**43**	**111**
金川区	19	11	8	15	10	5	16
永昌县	118	66	52	76	38	38	95
白银市	**621**	**326**	**295**	**558**	**289**	**269**	**598**
白银区	35	18	17	31	16	15	35
平川区	36	20	16	25	16	9	38
靖远县	149	81	68	139	73	66	154
会宁县	321	164	157	277	136	141	276
景泰县	80	43	37	86	48	38	95
天水市	**1064**	**582**	**482**	**980**	**564**	**416**	**1049**
秦州区	128	67	61	136	73	63	144
麦积区	125	78	47	146	73	73	151
清水县	104	60	44	84	48	36	95
秦安县	264	137	127	225	140	85	246
甘谷县	187	101	86	157	97	60	174
武山县	111	63	48	105	60	45	121
张家川回族自治县	145	76	69	127	73	54	118
武威市	**709**	**368**	**341**	**627**	**340**	**287**	**861**
凉州区	302	173	129	278	153	125	455
民勤县	162	75	87	141	79	62	154
古浪县	152	68	84	142	69	73	169
天祝藏族自治县	93	52	41	66	39	27	83
张掖市	**509**	**289**	**220**	**460**	**260**	**200**	**493**
甘州区	206	119	87	171	101	70	193
肃南裕固族自治县	12	9	3	15	8	7	10
民乐县	98	53	45	91	43	48	107
临泽县	45	31	14	57	32	25	47
高台县	75	37	38	63	38	25	54
山丹县	73	40	33	63	38	25	82
平凉市	**904**	**508**	**396**	**789**	**438**	**351**	**808**
崆峒区	131	74	57	115	58	57	129
泾川县	139	75	64	132	65	67	121
灵台县	117	63	54	97	57	40	79
崇信县	42	23	19	36	16	20	34
庄浪县	192	118	74	160	100	60	176
静宁县	222	122	100	209	127	82	194
华亭市	61	33	28	40	15	25	75

死亡人口（2019.11.1–2020.10.31）（乡村）（续 2）

单位：人

2020 年 5 月		2020 年 6 月			2020 年 7 月		
男	女	小计	男	女	小计	男	女
5241	**4087**	**7686**	**4283**	**3403**	**7158**	**4028**	**3130**
348	**259**	**509**	**284**	**225**	**449**	**270**	**179**
1	1	5	4	1	2	1	1
20	21	46	25	21	35	21	14
13	10	14	6	8	18	10	8
17	10	13	8	5	14	12	2
124	81	193	104	89	160	92	68
25	18	33	16	17	29	14	15
116	99	169	103	66	162	102	60
32	19	36	18	18	29	18	11
6	**3**	**9**	**5**	**4**	**4**	**2**	**2**
6	3	9	5	4	4	2	2
79	**32**	**78**	**40**	**38**	**83**	**44**	**39**
12	4	12	7	5	14	8	6
67	28	66	33	33	69	36	33
310	**288**	**488**	**268**	**220**	**430**	**243**	**187**
17	18	23	13	10	33	19	14
18	20	30	13	17	26	14	12
72	82	111	63	48	110	67	43
144	132	251	146	105	187	104	83
59	36	73	33	40	74	39	35
601	**448**	**858**	**460**	**398**	**872**	**458**	**414**
86	58	130	75	55	123	69	54
91	60	101	54	47	104	53	51
54	41	68	39	29	83	41	42
127	119	195	107	88	175	89	86
94	80	154	78	76	167	86	81
73	48	115	60	55	120	66	54
76	42	95	47	48	100	54	46
460	**401**	**615**	**354**	**261**	**571**	**310**	**261**
233	222	275	150	125	296	154	142
86	68	107	63	44	92	54	38
85	84	154	90	64	125	75	50
56	27	79	51	28	58	27	31
279	**214**	**408**	**224**	**184**	**388**	**215**	**173**
105	88	160	87	73	165	89	76
6	4	12	8	4	7	3	4
60	47	68	38	30	53	28	25
28	19	44	23	21	39	22	17
29	25	58	34	24	66	42	24
51	31	66	34	32	58	31	27
463	**345**	**727**	**409**	**318**	**631**	**366**	**265**
73	56	99	55	44	96	61	35
69	52	109	51	58	104	53	51
47	32	89	56	33	82	52	30
16	18	32	17	15	25	14	11
99	77	149	86	63	118	67	51
113	81	197	110	87	154	83	71
46	29	52	34	18	52	36	16

1-11c 各地区分性别、月份的

地区	2020 年 3 月			2020 年 4 月			
	小计	男	女	小计	男	女	小计
酒泉市	**319**	**200**	**119**	**283**	**156**	**127**	**271**
肃州区	114	71	43	89	42	47	103
金塔县	80	50	30	64	37	27	54
瓜州县	42	29	13	44	27	17	45
肃北蒙古族自治县	3	1	2	6	5	1	2
阿克塞哈萨克族自治县	1	1		2	1	1	
玉门市	35	21	14	31	18	13	29
敦煌市	44	27	17	47	26	21	38
庆阳市	**1008**	**538**	**470**	**908**	**509**	**399**	**1001**
西峰区	126	65	61	103	56	47	133
庆城县	124	57	67	130	85	45	98
环　县	135	88	47	132	67	65	177
华池县	55	27	28	44	23	21	63
合水县	59	35	24	51	28	23	60
正宁县	95	48	47	76	38	38	87
宁　县	165	80	85	155	88	67	159
镇原县	249	138	111	217	124	93	224
定西市	**1283**	**688**	**595**	**1177**	**648**	**529**	**1272**
安定区	173	99	74	162	91	71	211
通渭县	168	89	79	167	86	81	162
陇西县	206	105	101	184	105	79	206
渭源县	200	104	96	165	92	73	185
临洮县	217	123	94	205	114	91	219
漳　县	101	53	48	101	54	47	88
岷　县	218	115	103	193	106	87	201
陇南市	**1274**	**750**	**524**	**1048**	**623**	**425**	**1221**
武都区	277	172	105	222	145	77	199
成　县	125	74	51	108	66	42	97
文　县	82	44	38	65	35	30	93
宕昌县	174	100	74	145	86	59	147
康　县	99	60	39	91	46	45	118
西和县	212	123	89	155	96	59	289
礼　县	169	103	66	157	92	65	181
徽　县	119	64	55	79	44	35	76
两当县	17	10	7	26	13	13	21
临夏回族自治州	**955**	**542**	**413**	**819**	**467**	**352**	**778**
临夏市	15	12	3	25	10	15	23
临夏县	236	134	102	212	109	103	191
康乐县	163	91	72	145	82	63	142
永靖县	66	45	21	75	53	22	69
广河县	99	48	51	66	45	21	65
和政县	112	62	50	84	46	38	70
东乡族自治县	111	66	45	91	55	36	99
积石山保安族东乡族撒拉族自治县	153	84	69	121	67	54	119
甘南藏族自治州	**290**	**152**	**138**	**278**	**138**	**140**	**249**
合作市	15	6	9	19	9	10	11
临潭县	62	37	25	66	27	39	59
卓尼县	50	22	28	56	29	27	35
舟曲县	58	28	30	52	26	26	47
迭部县	28	15	13	20	11	9	27
玛曲县	32	15	17	17	10	7	22
碌曲县	10	9	1	7	1	6	12
夏河县	35	20	15	41	25	16	36

死亡人口（2019.11.1–2020.10.31）（乡村）（续3）

单位：人

2020年5月		2020年6月			2020年7月		
男	女	小计	男	女	小计	男	女
163	**108**	**281**	**153**	**128**	**244**	**144**	**100**
66	37	106	60	46	85	48	37
27	27	58	32	26	45	23	22
26	19	45	24	21	50	34	16
	2	2	1	1			
		2	2				
22	7	34	16	18	26	17	9
22	16	34	18	16	38	22	16
562	**439**	**836**	**477**	**359**	**799**	**442**	**357**
75	58	85	55	30	105	53	52
54	44	105	65	40	86	50	36
100	77	123	74	49	147	92	55
41	22	54	33	21	52	31	21
37	23	60	33	27	51	27	24
50	37	59	31	28	58	34	24
86	73	161	75	86	121	68	53
119	105	189	111	78	179	87	92
712	**560**	**1032**	**579**	**453**	**952**	**539**	**413**
130	81	175	89	86	148	72	76
80	82	145	89	56	152	83	69
119	87	149	80	69	147	98	49
110	75	139	71	68	134	64	70
122	97	190	112	78	158	92	66
38	50	83	53	30	77	46	31
113	88	151	85	66	136	84	52
698	**523**	**963**	**548**	**415**	**890**	**512**	**378**
117	82	207	132	75	169	104	65
54	43	86	49	37	99	54	45
54	39	69	44	25	74	40	34
82	65	125	68	57	95	53	42
66	52	95	50	45	106	63	43
160	129	138	64	74	117	70	47
106	75	135	78	57	145	79	66
45	31	88	51	37	68	38	30
14	7	20	12	8	17	11	6
412	**366**	**667**	**361**	**306**	**600**	**356**	**244**
12	11	17	11	6	10	8	2
93	98	175	92	83	169	97	72
75	67	103	64	39	99	59	40
40	29	59	36	23	56	35	21
37	28	49	23	26	52	32	20
40	30	63	36	27	72	42	30
52	47	111	54	57	69	38	31
63	56	90	45	45	73	45	28
148	**101**	**215**	**121**	**94**	**245**	**127**	**118**
7	4	12	4	8	6	3	3
32	27	43	21	22	41	20	21
27	8	36	24	12	36	16	20
30	17	50	29	21	62	32	30
15	12	28	16	12	24	16	8
9	13	9	5	4	21	10	11
7	5	3	1	2	11	5	6
21	15	34	21	13	44	25	19

1-11c 各地区分性别、月份的死亡人口（2019.11.1-2020.10.31）（乡村）（续4）

单位：人

地区	2020年8月			2020年9月			2020年10月		
	小计	男	女	小计	男	女	小计	男	女
合计	**7755**	**4369**	**3386**	**7904**	**4532**	**3372**	**11099**	**6290**	**4809**
兰州市	**484**	**279**	**205**	**508**	**278**	**230**	**647**	**369**	**278**
城关区	2	1	1	3	2	1	1	1	
七里河区	43	26	17	57	28	29	60	34	26
西固区	18	14	4	18	11	7	17	12	5
安宁区									
红古区	23	15	8	23	13	10	25	11	14
永登县	163	88	75	140	78	62	219	122	97
皋兰县	39	17	22	30	13	17	52	36	16
榆中县	167	100	67	188	105	83	231	126	105
兰州新区	29	18	11	49	28	21	42	27	15
嘉峪关市	**9**	**1**	**8**	**4**	**3**	**1**	**9**	**7**	**2**
市辖区	9	1	8	4	3	1	9	7	2
金昌市	**91**	**58**	**33**	**74**	**40**	**34**	**101**	**68**	**33**
金川区	22	17	5	16	11	5	22	16	6
永昌县	69	41	28	58	29	29	79	52	27
白银市	**466**	**246**	**220**	**486**	**267**	**219**	**618**	**341**	**277**
白银区	30	12	18	41	26	15	25	17	8
平川区	36	16	20	23	14	9	51	33	18
靖远县	101	48	53	136	69	67	178	88	90
会宁县	217	129	88	213	121	92	268	146	122
景泰县	82	41	41	73	37	36	96	57	39
天水市	**946**	**527**	**419**	**1055**	**605**	**450**	**1499**	**867**	**632**
秦州区	128	66	62	138	80	58	187	117	70
麦积区	118	65	53	120	64	56	212	134	78
清水县	94	52	42	103	54	49	112	58	54
秦安县	212	114	98	249	138	111	351	187	164
甘谷县	169	101	68	189	119	70	267	157	110
武山县	121	72	49	127	68	59	169	100	69
张家川回族自治县	104	57	47	129	82	47	201	114	87
武威市	**559**	**317**	**242**	**590**	**333**	**257**	**737**	**386**	**351**
凉州区	238	149	89	277	146	131	344	179	165
民勤县	122	66	56	132	84	48	156	75	81
古浪县	116	60	56	118	67	51	143	77	66
天祝藏族自治县	83	42	41	63	36	27	94	55	39
张掖市	**418**	**238**	**180**	**436**	**238**	**198**	**584**	**336**	**248**
甘州区	155	86	69	170	96	74	223	131	92
肃南裕固族自治县	11	5	6	14	8	6	24	12	12
民乐县	70	44	26	81	47	34	104	56	48
临泽县	53	29	24	55	30	25	77	46	31
高台县	52	34	18	59	33	26	88	47	41
山丹县	77	40	37	57	24	33	68	44	24
平凉市	**722**	**412**	**310**	**740**	**441**	**299**	**1101**	**617**	**484**
崆峒区	120	67	53	108	58	50	137	74	63
泾川县	100	60	40	120	78	42	184	102	82
灵台县	93	58	35	86	50	36	135	74	61
崇信县	35	20	15	40	23	17	66	39	27
庄浪县	140	72	68	163	92	71	225	143	82
静宁县	185	108	77	185	112	73	270	147	123
华亭市	49	27	22	38	28	10	84	38	46

1-11c 各地区分性别、月份的死亡人口（2019.11.1-2020.10.31）（乡村）（续5）

单位：人

地区	2020年8月			2020年9月			2020年10月		
	小计	男	女	小计	男	女	小计	男	女
酒泉市	**261**	**146**	**115**	**257**	**153**	**104**	**373**	**221**	**152**
肃州区	97	48	49	99	61	38	149	96	53
金塔县	60	41	19	49	27	22	81	40	41
瓜州县	32	18	14	30	15	15	54	32	22
肃北蒙古族自治县	3	1	2	2	1	1	6	5	1
阿克塞哈萨克族自治县	2		2	2	2				
玉门市	24	14	10	35	19	16	36	21	15
敦煌市	43	24	19	40	28	12	47	27	20
庆阳市	**825**	**471**	**354**	**837**	**484**	**353**	**1155**	**635**	**520**
西峰区	91	48	43	136	85	51	123	69	54
庆城县	105	55	50	85	52	33	148	94	54
环　县	128	84	44	114	62	52	163	95	68
华池县	53	34	19	34	18	16	51	26	25
合水县	54	33	21	51	30	21	67	36	31
正宁县	67	38	29	63	33	30	94	45	49
宁　县	148	80	68	169	93	76	265	143	122
镇原县	179	99	80	185	111	74	244	127	117
定西市	**993**	**544**	**449**	**981**	**556**	**425**	**1432**	**772**	**660**
安定区	148	79	69	157	94	63	202	118	84
通渭县	142	79	63	141	75	66	225	117	108
陇西县	152	82	70	153	91	62	215	106	109
渭源县	135	68	67	129	65	64	197	109	88
临洮县	202	118	84	171	94	77	255	140	115
漳　县	71	35	36	82	49	33	100	56	44
岷　县	143	83	60	148	88	60	238	126	112
陇南市	**1103**	**640**	**463**	**1079**	**634**	**445**	**1616**	**981**	**635**
武都区	233	140	93	210	137	73	371	229	142
成　县	88	48	40	94	49	45	133	88	45
文　县	85	46	39	79	44	35	153	91	62
宕昌县	143	82	61	108	61	47	151	75	76
康　县	111	69	42	101	59	42	147	93	54
西和县	162	92	70	146	86	60	220	130	90
礼　县	170	93	77	201	114	87	278	175	103
徽　县	89	60	29	116	71	45	130	80	50
两当县	22	10	12	24	13	11	33	20	13
临夏回族自治州	**671**	**379**	**292**	**616**	**372**	**244**	**894**	**510**	**384**
临夏市	23	11	12	25	13	12	32	17	15
临夏县	174	100	74	142	92	50	224	137	87
康乐县	111	58	53	97	56	41	139	83	56
永靖县	61	42	19	52	33	19	66	34	32
广河县	52	26	26	32	19	13	87	48	39
和政县	66	43	23	82	49	33	93	50	43
东乡族自治县	111	60	51	85	51	34	139	78	61
积石山保安族东乡族撒拉族自治县	73	39	34	101	59	42	114	63	51
甘南藏族自治州	**207**	**111**	**96**	**241**	**128**	**113**	**333**	**180**	**153**
合作市	9	5	4	12	6	6	24	14	10
临潭县	45	26	19	47	20	27	54	32	22
卓尼县	20	13	7	35	16	19	45	22	23
舟曲县	46	20	26	52	29	23	87	50	37
迭部县	28	15	13	37	20	17	30	12	18
玛曲县	19	9	10	21	15	6	21	9	12
碌曲县	4	1	3	14	9	5	11	4	7
夏河县	36	22	14	23	13	10	61	37	24

1-12 各地区家庭户的住房间数和面积

地区	家庭户户数（户）	家庭户人数（人）	平均每户住房建筑面积（平方米/户）	平均每户住房间数（间/户）	人均住房建筑面积（平方米/人）	人均住房间数（间/人）
合计	**7936539**	**22421260**	**96.48**	**3.78**	**34.15**	**1.34**
兰州市	**1419860**	**3480994**	**86.74**	**2.63**	**35.38**	**1.07**
城关区	530355	1209452	75.07	2.11	32.92	0.92
七里河区	239708	588413	83.05	2.44	33.83	1.00
西固区	159739	379180	84.12	2.38	35.44	1.00
安宁区	122531	301646	95.00	2.43	38.59	0.99
红古区	48168	128298	103.66	2.72	38.92	1.02
永登县	97275	260008	89.67	4.04	33.55	1.51
皋兰县	39569	99652	96.06	4.09	38.14	1.62
榆中县	130291	354879	109.31	3.63	40.13	1.33
兰州新区	52224	159466	126.46	3.76	41.41	1.23
嘉峪关市	**117725**	**286337**	**98.00**	**2.43**	**40.29**	**1.00**
市辖区	117725	286337	98.00	2.43	40.29	1.00
金昌市	**177705**	**408616**	**87.22**	**2.60**	**37.93**	**1.13**
金川区	104272	240435	88.22	2.46	38.26	1.07
永昌县	73433	168181	85.80	2.80	37.46	1.22
白银市	**502260**	**1377924**	**92.59**	**3.11**	**33.75**	**1.13**
白银区	128380	310134	83.68	2.32	34.64	0.96
平川区	64856	179070	94.34	3.23	34.17	1.17
靖远县	112061	339698	96.89	3.14	31.96	1.03
会宁县	131559	367991	89.19	3.19	31.89	1.14
景泰县	65404	181031	107.82	4.30	38.96	1.55
天水市	**906337**	**2734591**	**98.53**	**4.00**	**32.66**	**1.33**
秦州区	209906	578783	89.27	3.70	32.38	1.34
麦积区	165328	495799	109.75	4.40	36.60	1.47
清水县	76138	222947	95.83	4.62	32.73	1.58
秦安县	127603	385086	95.83	3.83	31.75	1.27
甘谷县	151898	481487	104.39	3.99	32.93	1.26
武山县	106369	337929	96.52	3.60	30.38	1.13
张家川回族自治县	69095	232560	98.02	4.23	29.12	1.26
武威市	**501280**	**1331480**	**93.37**	**4.24**	**35.15**	**1.60**
凉州区	302616	806177	89.20	4.00	33.48	1.50
民勤县	69317	165165	115.46	5.14	48.46	2.16
古浪县	80972	227506	95.81	4.79	34.10	1.70
天祝藏族自治县	48375	132632	83.74	3.52	30.54	1.28
张掖市	**411659**	**1050820**	**99.86**	**3.16**	**39.12**	**1.24**
甘州区	188963	478263	95.90	2.89	37.89	1.14
肃南裕固族自治县	10455	24580	94.63	2.71	40.25	1.15
民乐县	63312	179253	110.81	3.47	39.14	1.23
临泽县	42286	107451	107.11	3.49	42.15	1.37
高台县	51347	120030	92.71	3.33	39.66	1.43
山丹县	55296	141243	102.90	3.40	40.29	1.33
平凉市	**611204**	**1704202**	**93.04**	**3.50**	**33.37**	**1.26**
崆峒区	164171	458603	94.57	3.06	33.85	1.10
泾川县	80110	202557	97.30	4.44	38.48	1.76
灵台县	60385	144379	81.48	4.13	34.08	1.73
崇信县	25511	70371	104.60	4.29	37.92	1.56
庄浪县	101027	322141	91.45	3.22	28.68	1.01
静宁县	120992	341952	90.39	2.99	31.98	1.06
华亭市	59008	164199	97.96	4.02	35.20	1.45

1-12 各地区家庭户的住房间数和面积（续）

地区	家庭户户数（户）	家庭户人数（人）	平均每户住房建筑面积（平方米/户）	平均每户住房间数（间/户）	人均住房建筑面积（平方米/人）	人均住房间数（间/人）
酒泉市	**372076**	**929598**	**103.09**	**3.19**	**41.26**	**1.28**
肃州区	169765	408970	92.75	3.18	38.50	1.32
金塔县	40252	99730	133.96	3.53	54.07	1.42
瓜州县	41787	115709	103.47	3.12	37.37	1.13
肃北蒙古族自治县	4766	11178	84.10	2.97	35.86	1.27
阿克塞哈萨克族自治县	3150	8815	117.42	3.05	41.96	1.09
玉门市	44796	117129	99.33	2.95	37.99	1.13
敦煌市	67560	168067	113.60	3.24	45.66	1.30
庆阳市	**698231**	**1921504**	**95.61**	**4.24**	**34.74**	**1.54**
西峰区	164436	430666	97.37	3.31	37.18	1.26
庆城县	74643	205175	89.20	4.01	32.45	1.46
环　县	91061	265099	90.03	3.57	30.93	1.23
华池县	36739	105081	92.49	3.72	32.34	1.30
合水县	42484	119574	88.31	3.51	31.38	1.25
正宁县	56087	158297	109.97	5.23	38.96	1.85
宁　县	112551	305502	99.61	5.73	36.70	2.11
镇原县	120230	332110	94.50	4.75	34.21	1.72
定西市	**788947**	**2365488**	**93.96**	**3.72**	**31.34**	**1.24**
安定区	139547	378185	92.53	2.88	34.14	1.06
通渭县	102179	311698	84.03	2.86	27.55	0.94
陇西县	135145	403238	101.20	3.01	33.92	1.01
渭源县	88740	262919	84.53	3.90	28.53	1.32
临洮县	151582	452947	92.00	4.47	30.79	1.50
漳　县	52674	157380	93.19	3.45	31.19	1.15
岷　县	119080	399121	105.77	5.29	31.56	1.58
陇南市	**734115**	**2248426**	**108.06**	**5.46**	**35.28**	**1.78**
武都区	173853	512843	105.14	4.58	35.64	1.55
成　县	74119	223845	94.45	4.22	31.28	1.40
文　县	68889	182088	109.29	4.62	41.35	1.75
宕昌县	70068	237876	107.42	5.93	31.64	1.75
康　县	53424	154955	114.21	4.27	39.37	1.47
西和县	98887	332840	115.35	7.81	34.27	2.32
礼　县	119033	390492	116.55	7.41	35.53	2.26
徽　县	62147	176930	99.89	3.76	35.09	1.32
两当县	13695	36557	102.31	3.84	38.33	1.44
临夏回族自治州	**516396**	**1979274**	**109.37**	**5.74**	**28.53**	**1.50**
临夏市	96608	321659	112.43	3.68	33.77	1.10
临夏县	79827	308995	112.40	7.69	29.04	1.99
康乐县	63494	242665	105.06	5.71	27.49	1.49
永靖县	57425	171055	103.87	4.21	34.87	1.41
广河县	54720	247123	115.24	5.84	25.52	1.29
和政县	49206	195968	107.39	6.31	26.97	1.58
东乡族自治县	59944	271992	104.84	6.67	23.11	1.47
积石山保安族东乡族撒拉族自治县	55172	219817	111.16	6.51	27.90	1.63
甘南藏族自治州	**178744**	**602006**	**111.23**	**4.15**	**33.03**	**1.23**
合作市	24405	81564	116.80	3.35	34.95	1.00
临潭县	34779	117294	111.79	4.41	33.15	1.31
卓尼县	24464	85196	108.94	5.00	31.28	1.44
舟曲县	37364	118223	119.01	4.61	37.61	1.46
迭部县	14434	45089	114.13	3.36	36.53	1.07
玛曲县	15073	47226	72.28	2.29	23.07	0.73
碌曲县	8771	31249	90.78	2.66	25.48	0.75
夏河县	19454	76165	128.40	5.48	32.80	1.40

1-12a 各地区家庭户的住房间数和面积（城市）

地区	家庭户户数（户）	家庭户人数（人）	平均每户住房建筑面积（平方米/户）	平均每户住房间数（间/户）	人均住房建筑面积（平方米/人）	人均住房间数（间/人）
合计	**2434669**	**6097598**	**87.13**	**2.38**	**34.79**	**0.95**
兰州市	**1012658**	**2371401**	**78.96**	**2.17**	**33.72**	**0.93**
城关区	519412	1179899	74.23	2.09	32.68	0.92
七里河区	199394	475591	79.51	2.22	33.33	0.93
西固区	138903	330558	78.49	2.12	32.98	0.89
安宁区	122531	301646	95.00	2.43	38.59	0.99
红古区	32418	83707	92.77	2.34	35.93	0.91
嘉峪关市	**110224**	**269247**	**98.21**	**2.40**	**40.21**	**0.98**
市辖区	110224	269247	98.21	2.40	40.21	0.98
金昌市	**94418**	**219679**	**85.74**	**2.16**	**36.85**	**0.93**
金川区	94418	219679	85.74	2.16	36.85	0.93
白银市	**156775**	**395731**	**85.61**	**2.21**	**33.91**	**0.87**
白银区	113290	280198	84.17	2.18	34.03	0.88
平川区	43356	115161	89.33	2.26	33.63	0.85
靖远县	129	372	100.78	4.15	34.95	1.44
天水市	**209955**	**559868**	**90.76**	**2.80**	**34.04**	**1.05**
秦州区	129903	327608	76.62	2.27	30.38	0.90
麦积区	80052	232260	113.71	3.66	39.19	1.26
武威市	**129620**	**348886**	**93.65**	**2.48**	**34.79**	**0.92**
凉州区	129620	348886	93.65	2.48	34.79	0.92
张掖市	**95172**	**238964**	**95.09**	**2.42**	**37.87**	**0.96**
甘州区	94930	238379	95.09	2.42	37.87	0.96
肃南裕固族自治县	242	585	97.15	2.20	40.19	0.91
平凉市	**133540**	**362810**	**97.48**	**2.45**	**35.88**	**0.90**
崆峒区	107162	289486	98.88	2.47	36.60	0.91
华亭市	26378	73324	91.81	2.36	33.03	0.85
酒泉市	**162898**	**398715**	**91.35**	**2.56**	**37.32**	**1.04**
肃州区	115135	274568	88.85	2.53	37.26	1.06
玉门市	16406	42509	88.57	2.35	34.18	0.91
敦煌市	31357	81638	102.01	2.78	39.18	1.07
庆阳市	**104732**	**262439**	**88.73**	**2.52**	**35.41**	**1.01**
西峰区	104732	262439	88.73	2.52	35.41	1.01
定西市	**61867**	**169976**	**92.29**	**2.27**	**33.59**	**0.83**
安定区	61867	169976	92.29	2.27	33.59	0.83
陇南市	**59401**	**171407**	**90.53**	**2.88**	**31.37**	**1.00**
武都区	58936	169929	89.85	2.87	31.16	0.99
康　县	465	1478	177.37	4.65	55.80	1.46
临夏回族自治州	**86288**	**280843**	**110.96**	**3.16**	**34.09**	**0.97**
临夏市	84076	272678	111.09	3.16	34.25	0.97
临夏县	2212	8165	105.91	3.03	28.69	0.82
甘南藏族自治州	**17121**	**47632**	**101.30**	**2.65**	**36.41**	**0.95**
合作市	17121	47632	101.30	2.65	36.41	0.95

1-12b 各地区家庭户的住房间数和面积（镇）

地区	家庭户户数（户）	家庭户人数（人）	平均每户住房建筑面积（平方米/户）	平均每户住房间数（间/户）	人均住房建筑面积（平方米/人）	人均住房间数（间/人）
合计	**1747353**	**5046152**	**99.24**	**3.39**	**34.36**	**1.17**
兰州市	**185514**	**503702**	**93.71**	**2.80**	**34.51**	**1.03**
城关区	6755	17140	103.23	2.65	40.68	1.04
七里河区	15196	42372	95.74	2.94	34.34	1.05
西固区	9171	19333	90.69	2.84	43.02	1.35
安宁区	0	0	0	0	0	0
红古区	6221	14582	88.93	3.14	37.94	1.34
永登县	45378	123186	85.48	2.94	31.49	1.08
皋兰县	22235	58159	95.48	3.08	36.50	1.18
榆中县	52310	145575	93.96	2.58	33.76	0.93
兰州新区	28248	83355	103.75	2.61	35.16	0.88
嘉峪关市	**1191**	**2786**	**109.06**	**3.07**	**46.62**	**1.31**
市辖区	1191	2786	109.06	3.07	46.62	1.31
金昌市	**39415**	**97596**	**85.58**	**2.20**	**34.56**	**0.89**
金川区	312	875	62.53	4.27	22.30	1.52
永昌县	39103	96721	85.77	2.19	34.67	0.88
白银市	**123681**	**361375**	**95.90**	**2.95**	**32.82**	**1.01**
白银区	1121	2349	74.22	2.50	35.42	1.19
平川区	5131	14742	84.52	4.68	29.42	1.63
靖远县	42671	126592	98.46	2.89	33.19	0.97
会宁县	40105	117751	88.89	2.69	30.27	0.92
景泰县	34653	99941	103.26	3.07	35.80	1.06
天水市	**200771**	**606530**	**104.33**	**3.54**	**34.54**	**1.17**
秦州区	13126	43630	101.64	5.33	30.58	1.60
麦积区	14433	40720	94.25	4.13	33.40	1.46
清水县	23138	66646	95.01	3.07	32.99	1.07
秦安县	37267	113703	118.77	3.53	38.93	1.16
甘谷县	56019	165765	107.06	3.44	36.18	1.16
武山县	35915	109773	101.80	3.47	33.31	1.14
张家川回族自治县	20873	66293	94.60	2.91	29.79	0.92
武威市	**95842**	**253740**	**90.63**	**3.33**	**34.23**	**1.26**
凉州区	25829	64110	81.47	4.02	32.82	1.62
民勤县	24314	61012	102.22	3.06	40.74	1.22
古浪县	23459	68174	94.38	3.52	32.48	1.21
天祝藏族自治县	22240	60444	84.66	2.62	31.15	0.96
张掖市	**107537**	**288854**	**96.67**	**2.74**	**35.99**	**1.02**
甘州区	5029	12803	97.73	3.13	38.39	1.23
肃南裕固族自治县	3757	9108	92.82	2.39	38.29	0.98
民乐县	27318	80276	100.11	2.68	34.07	0.91
临泽县	18738	47969	95.88	2.69	37.45	1.05
高台县	24756	61273	91.77	2.77	37.08	1.12
山丹县	27939	77425	98.50	2.79	35.55	1.01
平凉市	**128272**	**369354**	**95.13**	**3.11**	**33.04**	**1.08**
崆峒区	2576	7753	75.90	3.41	25.22	1.13
泾川县	27698	73195	104.59	3.56	39.58	1.35
灵台县	17873	47871	83.84	2.94	31.30	1.10
崇信县	10802	31113	102.61	3.14	35.62	1.09
庄浪县	28173	87593	102.30	3.04	32.90	0.98
静宁县	31944	97035	88.22	2.60	29.04	0.86
华亭市	9206	24794	87.26	3.99	32.40	1.48

1-12b 各地区家庭户的住房间数和面积（镇）（续）

地区	家庭户户数（户）	家庭户人数（人）	平均每户住房建筑面积（平方米/户）	平均每户住房间数（间/户）	人均住房建筑面积（平方米/人）	人均住房间数（间/人）
酒泉市	**78875**	**189454**	**96.53**	**2.86**	**40.19**	**1.19**
肃州区	7051	17279	101.48	4.28	41.41	1.75
金塔县	17467	43124	102.83	2.61	41.65	1.06
瓜州县	17828	45565	95.87	2.65	37.51	1.04
肃北蒙古族自治县	3640	8504	90.84	3.08	38.88	1.32
阿克塞哈萨克族自治县	3078	8658	118.26	3.07	42.04	1.09
玉门市	12047	27818	89.05	2.59	38.56	1.12
敦煌市	17764	38506	91.52	2.85	42.22	1.31
庆阳市	**175611**	**495894**	**93.46**	**3.67**	**33.10**	**1.30**
西峰区	2079	6182	113.27	5.76	38.09	1.94
庆城县	29193	77401	79.06	2.82	29.82	1.06
环　县	30417	90697	80.30	2.59	26.93	0.87
华池县	14783	43975	88.15	2.82	29.63	0.95
合水县	15059	43216	90.86	3.01	31.66	1.05
正宁县	20763	60865	109.73	4.57	37.43	1.56
宁　县	31483	85919	105.95	5.31	38.82	1.95
镇原县	31834	87639	98.67	3.83	35.84	1.39
定西市	**237750**	**688414**	**100.15**	**3.00**	**34.59**	**1.04**
安定区	7748	22512	96.19	3.51	33.11	1.21
通渭县	27233	78922	95.42	2.74	32.92	0.94
陇西县	67120	200057	113.69	2.91	38.14	0.97
渭源县	24203	69531	86.95	3.10	30.27	1.08
临洮县	59940	170299	96.23	2.84	33.87	1.00
漳　县	18380	49959	83.32	2.71	30.66	1.00
岷　县	33126	97134	103.63	3.64	35.34	1.24
陇南市	**198867**	**600525**	**109.71**	**4.73**	**36.33**	**1.57**
武都区	16961	52887	122.76	5.48	39.37	1.76
成　县	35603	106367	95.17	3.76	31.86	1.26
文　县	20740	57365	108.54	3.75	39.24	1.36
宕昌县	19716	59988	118.07	5.27	38.81	1.73
康　县	15114	42927	107.37	3.48	37.81	1.22
西和县	27208	87846	112.92	6.29	34.98	1.95
礼　县	32277	104097	120.93	6.49	37.50	2.01
徽　县	25394	72934	99.25	3.03	34.56	1.05
两当县	5854	16114	110.90	3.85	40.29	1.40
临夏回族自治州	**114623**	**410126**	**110.13**	**4.36**	**30.78**	**1.22**
临夏市	2617	10841	129.34	8.11	31.22	1.96
临夏县	10288	38735	110.20	6.18	29.27	1.64
康乐县	14376	49178	106.62	3.74	31.17	1.09
永靖县	31757	88931	103.07	3.05	36.81	1.09
广河县	18742	81867	124.06	4.96	28.40	1.14
和政县	14302	51075	106.92	4.64	29.94	1.30
东乡族自治县	10910	47496	113.38	5.58	26.04	1.28
积石山保安族东乡族撒拉族自治县	11631	42003	107.78	3.77	29.85	1.04
甘南藏族自治州	**59404**	**177802**	**103.47**	**3.46**	**34.57**	**1.15**
合作市	643	3000	175.51	5.26	37.62	1.13
临潭县	12521	40682	112.27	4.19	34.55	1.29
卓尼县	8693	25661	104.96	3.62	35.56	1.23
舟曲县	11829	35057	110.02	3.64	37.12	1.23
迭部县	6090	15458	102.99	2.65	40.58	1.04
玛曲县	8124	22886	79.35	2.30	28.17	0.82
碌曲县	4567	13392	86.74	2.40	29.58	0.82
夏河县	6937	21666	107.57	4.22	34.44	1.35

1-12c 各地区家庭户的住房间数和面积（乡村）

地区	家庭户户数（户）	家庭户人数（人）	平均每户住房建筑面积（平方米/户）	平均每户住房间数（间/户）	人均住房建筑面积（平方米/人）	人均住房间数（间/人）
合计	**3754517**	**11277510**	**101.26**	**4.88**	**33.71**	**1.62**
兰州市	**221688**	**605891**	**116.47**	**4.61**	**42.61**	**1.69**
城关区	4188	12413	134.06	3.46	45.23	1.17
七里河区	25118	70450	103.54	3.89	36.92	1.39
西固区	11665	29289	146.00	5.08	58.15	2.02
安宁区						
红古区	9529	30009	150.34	3.71	47.74	1.18
永登县	51897	136822	93.34	5.01	35.40	1.90
皋兰县	17334	41493	96.81	5.39	40.44	2.25
榆中县	77981	209304	119.60	4.34	44.56	1.62
兰州新区	23976	76111	153.21	5.11	48.26	1.61
嘉峪关市	**6310**	**14304**	**92.23**	**2.90**	**40.69**	**1.28**
市辖区	6310	14304	92.23	2.90	40.69	1.28
金昌市	**43872**	**91341**	**91.88**	**3.91**	**44.13**	**1.88**
金川区	9542	19881	113.64	5.39	54.54	2.59
永昌县	34330	71460	85.83	3.49	41.23	1.68
白银市	**221804**	**620818**	**95.68**	**3.83**	**34.19**	**1.37**
白银区	13969	27587	80.51	3.44	40.77	1.74
平川区	16369	49167	110.70	5.34	36.85	1.78
靖远县	69261	212734	95.91	3.29	31.23	1.07
会宁县	91454	250240	89.33	3.40	32.65	1.24
景泰县	30751	81090	112.97	5.70	42.84	2.16
天水市	**495611**	**1568193**	**99.48**	**4.69**	**31.44**	**1.48**
秦州区	66877	207545	111.42	6.15	35.90	1.98
麦积区	70843	222819	108.44	5.28	34.48	1.68
清水县	53000	156301	96.18	5.29	32.61	1.79
秦安县	90336	271383	86.37	3.95	28.75	1.32
甘谷县	95879	315722	102.82	4.32	31.23	1.31
武山县	70454	228156	93.83	3.67	28.97	1.13
张家川回族自治县	48222	166267	99.51	4.80	28.86	1.39
武威市	**275818**	**728854**	**94.19**	**5.38**	**35.64**	**2.04**
凉州区	147167	393181	86.64	5.33	32.43	2.00
民勤县	45003	104153	122.61	6.27	52.98	2.71
古浪县	57513	159332	96.39	5.31	34.79	1.92
天祝藏族自治县	26135	72188	82.95	4.28	30.03	1.55
张掖市	**208950**	**523002**	**103.67**	**3.71**	**41.42**	**1.48**
甘州区	89004	227081	96.67	3.37	37.89	1.32
肃南裕固族自治县	6456	14887	95.58	2.91	41.45	1.26
民乐县	35994	98977	118.93	4.07	43.25	1.48
临泽县	23548	59482	116.04	4.12	45.94	1.63
高台县	26591	58757	93.58	3.86	42.35	1.75
山丹县	27357	63818	107.39	4.02	46.04	1.72
平凉市	**349392**	**972038**	**90.57**	**4.05**	**32.55**	**1.46**
崆峒区	54433	161364	86.96	4.21	29.33	1.42
泾川县	52412	129362	93.45	4.91	37.86	1.99
灵台县	42512	96508	80.48	4.63	35.45	2.04
崇信县	14709	39258	106.07	5.14	39.74	1.93
庄浪县	72854	234548	87.26	3.28	27.10	1.02
静宁县	89048	244917	91.17	3.14	33.15	1.14
华亭市	23424	66081	109.09	5.91	38.67	2.09

1-12c 各地区家庭户的住房间数和面积（乡村）（续）

地区	家庭户户数（户）	家庭户人数（人）	平均每户住房建筑面积（平方米/户）	平均每户住房间数（间/户）	人均住房建筑面积（平方米/人）	人均住房间数（间/人）
酒泉市	**130303**	**341429**	**121.72**	**4.18**	**46.46**	**1.59**
肃州区	47579	117123	100.90	4.58	40.99	1.86
金塔县	22785	56606	157.83	4.23	63.53	1.70
瓜州县	23959	70144	109.13	3.47	37.28	1.19
肃北蒙古族自治县	1126	2674	62.29	2.63	26.23	1.11
阿克塞哈萨克族自治县	72	157	81.21	2.35	37.24	1.08
玉门市	16343	46802	117.71	3.84	41.10	1.34
敦煌市	18439	47923	154.56	4.39	59.47	1.69
庆阳市	**417888**	**1163171**	**98.24**	**4.92**	**35.29**	**1.77**
西峰区	57625	162045	112.49	4.64	40.00	1.65
庆城县	45450	127774	95.72	4.77	34.05	1.70
环　县	60644	174402	94.91	4.07	33.00	1.41
华池县	21956	61106	95.42	4.32	34.29	1.55
合水县	27425	76358	86.90	3.78	31.21	1.36
正宁县	35324	97432	110.11	5.62	39.92	2.04
宁　县	81068	219583	97.14	5.90	35.86	2.18
镇原县	88396	244471	93.00	5.09	33.63	1.84
定西市	**489330**	**1507098**	**91.16**	**4.26**	**29.60**	**1.38**
安定区	69932	185697	92.35	3.34	34.78	1.26
通渭县	74946	232776	79.89	2.91	25.72	0.94
陇西县	68025	203181	88.87	3.11	29.75	1.04
渭源县	64537	193388	83.62	4.20	27.91	1.40
临洮县	91642	282648	89.23	5.54	28.93	1.80
漳　县	34294	107421	98.48	3.84	31.44	1.23
岷　县	85954	301987	106.60	5.93	30.34	1.69
陇南市	**475847**	**1476494**	**109.55**	**6.09**	**35.31**	**1.96**
武都区	97956	290027	111.29	5.45	37.59	1.84
成　县	38516	117478	93.79	4.64	30.75	1.52
文　县	48149	124723	109.61	4.99	42.32	1.93
宕昌县	50352	177888	103.25	6.19	29.22	1.75
康　县	37845	110550	116.16	4.58	39.76	1.57
西和县	71679	244994	116.27	8.38	34.02	2.45
礼　县	86756	286395	114.92	7.75	34.81	2.35
徽　县	36753	103996	100.33	4.27	35.46	1.51
两当县	7841	20443	95.89	3.83	36.78	1.47
临夏回族自治州	**315485**	**1288305**	**108.66**	**6.94**	**26.61**	**1.70**
临夏市	9915	38140	119.32	6.91	31.02	1.80
临夏县	67327	262095	112.95	8.07	29.01	2.07
康乐县	49118	193487	104.60	6.28	26.55	1.60
永靖县	25668	82124	104.87	5.65	32.78	1.77
广河县	35978	165256	110.64	6.29	24.09	1.37
和政县	34904	144893	107.59	6.99	25.92	1.68
东乡族自治县	49034	224496	102.94	6.92	22.48	1.51
积石山保安族东乡族撒拉族自治县	43541	177814	112.06	7.24	27.44	1.77
甘南藏族自治州	**102219**	**376572**	**117.40**	**4.81**	**31.87**	**1.31**
合作市	6641	30932	151.08	4.96	32.44	1.07
临潭县	22258	76612	111.53	4.54	32.40	1.32
卓尼县	15771	59535	111.13	5.76	29.44	1.53
舟曲县	25535	83166	123.18	5.06	37.82	1.55
迭部县	8344	29631	122.25	3.88	34.43	1.09
玛曲县	6949	24340	64.00	2.27	18.27	0.65
碌曲县	4204	17857	95.17	2.93	22.41	0.69
夏河县	12517	54499	139.94	6.18	32.14	1.42

第一部分　全部数据资料

第二卷　民族

2-1 全省各民族人口及比重

单位：人、%

民族	人口数	男	女	各民族人口占总人口的比重
合　计	**25019831**	**12700948**	**12318883**	**100.00**
汉　族	22363438	11378609	10984829	89.38
蒙古族	11946	5923	6023	0.05
回　族	1342385	671003	671382	5.37
藏　族	519927	257019	262908	2.08
维吾尔族	3073	1374	1699	0.01
苗　族	3913	2089	1824	0.02
彝　族	2973	1637	1336	0.01
壮　族	2720	1156	1564	0.01
布依族	1163	555	608	
朝鲜族	528	261	267	
满　族	14291	7510	6781	0.06
侗　族	1192	620	572	
瑶　族	559	246	313	
白　族	968	504	464	
土家族	7403	3866	3537	0.03
哈尼族	218	95	123	
哈萨克族	4249	2106	2143	0.02
傣　族	165	54	111	
黎　族	431	200	231	
傈僳族	144	53	91	
佤　族	94	21	73	
畲　族	243	153	90	
高山族	33	18	15	
拉祜族	59	16	43	
水　族	176	92	84	
东乡族	652119	323328	328791	2.61
纳西族	84	38	46	
景颇族	32	14	18	
柯尔克孜族	119	49	70	
土　族	33691	16643	17048	0.13
达斡尔族	118	66	52	
仫佬族	68	31	37	
羌　族	246	125	121	
布朗族	19	10	9	
撒拉族	15807	7988	7819	0.06
毛南族	40	19	21	
仡佬族	362	214	148	
锡伯族	308	151	157	
阿昌族	9	3	6	
普米族	9	3	6	
塔吉克族	16	7	9	
怒　族	3		3	
乌孜别克族	13	7	6	
俄罗斯族	62	25	37	
鄂温克族	19	10	9	
德昂族	4	2	2	
保安族	20794	10251	10543	0.08
裕固族	13053	6496	6557	0.05
京　族	6	3	3	
塔塔尔族	3		3	
独龙族	2	2		
鄂伦春族	6	4	2	
赫哲族	7	4	3	
门巴族	34	9	25	
珞巴族	10	3	7	
基诺族				
未定族称人口	449	253	196	
入籍	28	10	18	

2-1a 全省各民族人口及比重（城市）

单位：人、%

民族	人口数	男	女	各民族人口占总人口的比重
合　计	**7095181**	**3565095**	**3530086**	**100.00**
汉　族	6603323	3319621	3283702	93.07
蒙古族	4182	2084	2098	0.06
回　族	325668	162493	163175	4.59
藏　族	54168	25575	28593	0.76
维吾尔族	1420	682	738	0.02
苗　族	1283	702	581	0.02
彝　族	918	535	383	0.01
壮　族	1012	462	550	0.01
布依族	345	169	176	
朝鲜族	398	194	204	0.01
满　族	10862	5580	5282	0.15
侗　族	455	239	216	0.01
瑶　族	241	111	130	
白　族	304	172	132	
土家族	2860	1517	1343	0.04
哈尼族	68	36	32	
哈萨克族	370	209	161	0.01
傣　族	52	21	31	
黎　族	154	63	91	
傈僳族	36	10	26	
佤　族	18	4	14	
畲　族	127	72	55	
高山族	13	5	8	
拉祜族	14	4	10	
水　族	44	29	15	
东乡族	74217	38370	35847	1.05
纳西族	31	15	16	
景颇族	6	4	2	
柯尔克孜族	33	16	17	
土　族	4721	2264	2457	0.07
达斡尔族	86	48	38	
仫佬族	20	10	10	
羌　族	104	53	51	
布朗族	7	5	2	
撒拉族	1850	961	889	0.03
毛南族	12	7	5	
仡佬族	100	55	45	
锡伯族	242	120	122	
阿昌族	1		1	
普米族	1		1	
塔吉克族	5	3	2	
怒　族				
乌孜别克族	5	3	2	
俄罗斯族	55	23	32	
鄂温克族	7	5	2	
德昂族	4	2	2	
保安族	1761	852	909	0.02
裕固族	3435	1624	1811	0.05
京　族	1	1		
塔塔尔族				
独龙族				
鄂伦春族	2	1	1	
赫哲族	3		3	
门巴族	8	2	6	
珞巴族	2	1	1	
基诺族				
未定族称人口	110	53	57	
入籍	17	8	9	

2-1b 全省各民族人口及比重（镇）

单位：人、%

民族	人口数	男	女	各民族人口占总人口的比重
合 计	**5972151**	**2989421**	**2982730**	**100.00**
汉 族	5365674	2688519	2677155	89.84
蒙古族	5378	2593	2785	0.09
回 族	288295	144051	144244	4.83
藏 族	157227	77926	79301	2.63
维吾尔族	1093	409	684	0.02
苗 族	1448	791	657	0.02
彝 族	952	482	470	0.02
壮 族	1301	551	750	0.02
布依族	375	177	198	0.01
朝鲜族	89	46	43	
满 族	2481	1337	1144	0.04
侗 族	424	220	204	0.01
瑶 族	212	89	123	
白 族	495	253	242	0.01
土家族	2734	1428	1306	0.05
哈尼族	82	42	40	
哈萨克族	3618	1747	1871	0.06
傣 族	54	18	36	
黎 族	200	102	98	
傈僳族	39	17	22	
佤 族	29	10	19	
畲 族	75	48	27	
高山族	9	7	2	
拉祜族	21	7	14	
水 族	59	29	30	
东乡族	113553	55736	57817	1.90
纳西族	45	21	24	
景颇族	9	5	4	
柯尔克孜族	62	22	40	
土 族	14260	6894	7366	0.24
达斡尔族	22	12	10	
仫佬族	37	16	21	
羌 族	73	36	37	
布朗族	6	4	2	
撒拉族	3675	1838	1837	0.06
毛南族	22	8	14	
仡佬族	157	85	72	
锡伯族	53	29	24	
阿昌族	4	2	2	
普米族	6	2	4	
塔吉克族	9	2	7	
怒 族				
乌孜别克族	7	3	4	
俄罗斯族	6	1	5	
鄂温克族	9	3	6	
德昂族				
保安族	3988	1965	2023	0.07
裕固族	3611	1748	1863	0.06
京 族	2		2	
塔塔尔族	1		1	
独龙族	1	1		
鄂伦春族	3	2	1	
赫哲族	3	3		
门巴族	9	2	7	
珞巴族	3		3	
基诺族				
未定族称人口	149	82	67	
入籍	2		2	

2-1c 全省各民族人口及比重（乡村）

单位：人、%

民族	人口数	男	女	各民族人口占总人口的比重
合 计	**11952499**	**6146432**	**5806067**	**100.00**
汉 族	10394441	5370469	5023972	86.96
蒙古族	2386	1246	1140	0.02
回 族	728422	364459	363963	6.09
藏 族	308532	153518	155014	2.58
维吾尔族	560	283	277	
苗 族	1182	596	586	0.01
彝 族	1103	620	483	0.01
壮 族	407	143	264	
布依族	443	209	234	
朝鲜族	41	21	20	
满 族	948	593	355	0.01
侗 族	313	161	152	
瑶 族	106	46	60	
白 族	169	79	90	
土家族	1809	921	888	0.02
哈尼族	68	17	51	
哈萨克族	261	150	111	
傣 族	59	15	44	
黎 族	77	35	42	
傈僳族	69	26	43	
佤 族	47	7	40	
畲 族	41	33	8	
高山族	11	6	5	
拉祜族	24	5	19	
水 族	73	34	39	
东乡族	464349	229222	235127	3.88
纳西族	8	2	6	
景颇族	17	5	12	
柯尔克孜族	24	11	13	
土 族	14710	7485	7225	0.12
达斡尔族	10	6	4	
仫佬族	11	5	6	
羌 族	69	36	33	
布朗族	6	1	5	
撒拉族	10282	5189	5093	0.09
毛南族	6	4	2	
仡佬族	105	74	31	
锡伯族	13	2	11	
阿昌族	4	1	3	
普米族	2	1	1	
塔吉克族	2	2		
怒 族	3		3	
乌孜别克族	1	1		
俄罗斯族	1	1		
鄂温克族	3	2	1	
德昂族				
保安族	15045	7434	7611	0.13
裕固族	6007	3124	2883	0.05
京 族	3	2	1	
塔塔尔族	2		2	
独龙族	1	1		
鄂伦春族	1	1		
赫哲族	1	1		
门巴族	17	5	12	
珞巴族	5	2	3	
基诺族				
未定族称人口	190	118	72	
入籍	9	2	7	

2-2 全省各民族分年龄、

年龄组	合计			汉族			
	合计	男	女	小计	男	女	小计
合计	**25019831**	**12700948**	**12318883**	**22363438**	**11378609**	**10984829**	**11946**
0–4 岁	1612019	835765	776254	1356359	704584	651775	802
5–9 岁	1679652	876391	803261	1398179	732240	665939	716
10–14 岁	1561872	819837	742035	1335626	703523	632103	608
15–19 岁	1323412	692101	631311	1148653	604420	544233	774
20–24 岁	1308457	663988	644469	1124785	574514	550271	1419
25–29 岁	1706571	854915	851656	1517713	762105	755608	863
30–34 岁	1992464	1000155	992309	1794147	902383	891764	1031
35–39 岁	1542995	784233	758762	1381063	703865	677198	932
40–44 岁	1452292	740749	711543	1297778	664772	633006	851
45–49 岁	2228576	1126475	1102101	2041201	1034355	1006846	982
50–54 岁	2483431	1254882	1228549	2294587	1162223	1132364	934
55–59 岁	1867099	949220	917879	1727950	879940	848010	711
60–64 岁	1113174	574822	538352	1037123	536798	500325	449
65–69 岁	1189229	594888	594341	1108220	555240	552980	365
70–74 岁	863675	420476	443199	796328	388124	408204	241
75–79 岁	592287	282403	309884	543595	259198	284397	106
80–84 岁	338727	156335	182392	311032	143443	167589	105
85–89 岁	130539	58407	72132	119640	53608	66032	42
90–94 岁	27183	12332	14851	24194	11042	13152	14
95–99 岁	5459	2337	3122	4715	2044	2671	1
100 岁及以上	718	237	481	550	188	362	

2-2 全省各民族分年龄、

年龄组	维吾尔族			苗族			彝族	
	小计	男	女	小计	男	女	小计	男
合计	**3073**	**1374**	**1699**	**3913**	**2089**	**1824**	**2973**	**1637**
0–4 岁	63	32	31	203	90	113	108	53
5–9 岁	93	45	48	179	94	85	89	51
10–14 岁	73	40	33	95	47	48	63	28
15–19 岁	418	206	212	310	152	158	251	132
20–24 岁	1538	610	928	1095	597	498	818	449
25–29 岁	218	120	98	337	171	166	360	203
30–34 岁	150	65	85	393	193	200	380	197
35–39 岁	132	56	76	321	180	141	304	168
40–44 岁	96	41	55	260	151	109	238	126
45–49 岁	95	52	43	267	164	103	182	117
50–54 岁	78	51	27	201	114	87	99	63
55–59 岁	49	26	23	119	71	48	48	28
60–64 岁	18	6	12	35	14	21	16	11
65–69 岁	15	6	9	21	11	10	5	4
70–74 岁	25	10	15	28	13	15	5	2
75–79 岁	7	6	1	21	12	9	3	2
80–84 岁	3		3	15	7	8	1	1
85–89 岁	1	1		5	3	2	3	2
90–94 岁	1	1		5	3	2		
95–99 岁				2	1	1		
100 岁及以上				1	1			

性别的人口

单位：人

蒙古族		回族			藏族		
男	女	小计	男	女	小计	男	女
5923	**6023**	**1342385**	**671003**	**671382**	**519927**	**257019**	**262908**
434	368	115296	59427	55869	38892	19808	19084
371	345	131414	67233	64181	45369	23357	22012
312	296	107785	55305	52480	42078	21461	20617
394	380	81112	40715	40397	38431	19429	19002
669	750	84813	41204	43609	37311	18434	18877
436	427	94332	46386	47946	40054	19903	20151
478	553	101348	50181	51167	41969	20833	21136
445	487	77651	38607	39044	36931	18438	18493
444	407	75243	37393	37850	35878	17946	17932
486	496	100855	50103	50752	40124	19857	20267
471	463	106200	52500	53700	37252	18225	19027
356	355	79018	39500	39518	27343	13345	13998
225	224	45117	22716	22401	13252	6528	6724
170	195	48798	24167	24631	15587	7372	8215
111	130	40001	19692	20309	12612	5623	6989
52	54	28859	14100	14759	8929	3749	5180
42	63	16113	7880	8233	5103	1872	3231
21	21	6202	2895	3307	2128	649	1479
6	8	1716	786	930	517	155	362
	1	415	183	232	151	32	119
		97	30	67	16	3	13

性别的人口（续1）

单位：人

	壮族			布依族			朝鲜族		
女	小计	男	女	小计	男	女	小计	男	女
1336	**2720**	**1156**	**1564**	**1163**	**555**	**608**	**528**	**261**	**267**
55	139	83	56	57	29	28	31	16	15
38	116	71	45	57	35	22	40	19	21
35	60	30	30	35	19	16	28	14	14
119	305	124	181	98	34	64	24	13	11
369	1046	439	607	332	159	173	43	25	18
157	156	42	114	123	58	65	29	17	12
183	271	72	199	100	46	54	43	19	24
136	208	84	124	71	33	38	42	18	24
112	116	50	66	72	37	35	36	19	17
65	86	45	41	88	44	44	36	15	21
36	67	41	26	49	20	29	48	24	24
20	63	28	35	37	19	18	37	19	18
5	34	16	18	10	6	4	25	12	13
1	10	7	3	10	6	4	27	15	12
3	11	6	5	6	2	4	9	5	4
1	10	5	5	7	3	4	13	5	8
	14	9	5	4	1	3	11	3	8
1	7	4	3	4	2	2	5	2	3
	1		1	2	1	1	1	1	
				1	1				

2-2 全省各民族分年龄、

年龄组	满族			侗族			瑶族	
	小计	男	女	小计	男	女	小计	男
合计	**14291**	**7510**	**6781**	**1192**	**620**	**572**	**559**	**246**
0–4 岁	1160	584	576	59	28	31	29	13
5–9 岁	941	491	450	65	37	28	41	21
10–14 岁	647	340	307	41	22	19	20	11
15–19 岁	780	395	385	110	58	52	63	28
20–24 岁	1026	534	492	305	157	148	179	74
25–29 岁	818	438	380	107	49	58	47	18
30–34 岁	1420	766	654	107	47	60	55	22
35–39 岁	1077	596	481	80	36	44	35	11
40–44 岁	797	406	391	76	44	32	29	15
45–49 岁	971	517	454	70	46	24	20	13
50–54 岁	1089	563	526	59	33	26	18	8
55–59 岁	1173	607	566	42	26	16	12	7
60–64 岁	847	449	398	16	11	5	4	1
65–69 岁	602	335	267	9	3	6		
70–74 岁	289	156	133	14	7	7	3	2
75–79 岁	227	111	116	13	8	5	2	
80–84 岁	269	134	135	8	3	5	1	1
85–89 岁	122	68	54	9	4	5		
90–94 岁	34	19	15	1		1	1	1
95–99 岁	2	1	1	1	1			
100 岁及以上								

2-2 全省各民族分年龄、

年龄组	哈萨克族			傣族			黎族	
	小计	男	女	小计	男	女	小计	男
合计	**4249**	**2106**	**2143**	**165**	**54**	**111**	**431**	**200**
0–4 岁	295	158	137	16	9	7	20	11
5–9 岁	285	132	153	7	3	4	16	6
10–14 岁	276	159	117	7	3	4	11	4
15–19 岁	482	269	213	14	10	4	56	25
20–24 岁	460	205	255	29	8	21	151	70
25–29 岁	219	108	111	22	4	18	34	16
30–34 岁	397	195	202	22	5	17	21	7
35–39 岁	364	182	182	20	4	16	21	9
40–44 岁	319	156	163	11		11	24	16
45–49 岁	268	131	137	6	1	5	27	13
50–54 岁	260	124	136	4	2	2	18	9
55–59 岁	192	91	101	2	1	1	10	6
60–64 岁	192	87	105	3	2	1	5	1
65–69 岁	113	61	52	2	2		7	3
70–74 岁	67	24	43				3	2
75–79 岁	27	16	11				3	1
80–84 岁	26	6	20				3	1
85–89 岁	6	1	5				1	
90–94 岁								
95–99 岁	1	1						
100 岁及以上								

性别的人口（续 2）

单位：人

女	白族			土家族			哈尼族		
	小计	男	女	小计	男	女	小计	男	女
313	**968**	**504**	**464**	**7403**	**3866**	**3537**	**218**	**95**	**123**
16	40	20	20	594	307	287	11	4	7
20	48	21	27	476	252	224	11	7	4
9	35	20	15	366	205	161	7	5	2
35	104	55	49	634	294	340	11	4	7
105	226	111	115	1500	794	706	43	21	22
29	63	33	30	561	301	260	29	7	22
33	108	54	54	648	341	307	46	17	29
24	102	55	47	553	277	276	35	17	18
14	80	41	39	476	248	228	12	7	5
7	58	35	23	537	318	219	7	2	5
10	31	18	13	440	241	199	3	3	
5	31	17	14	272	126	146	3	1	2
3	10	4	6	107	57	50			
	8	4	4	121	53	68			
1	7	5	2	67	27	40			
2	6	6		26	13	13			
	4	2	2	9	2	7			
	4	3	1	13	8	5			
	2		2	3	2	1			
	1		1						

性别的人口（续 3）

单位：人

女	傈僳族			佤族			畲族		
	小计	男	女	小计	男	女	小计	男	女
231	**144**	**53**	**91**	**94**	**21**	**73**	**243**	**153**	**90**
9	5	1	4	3		3	14	6	8
10	7	4	3	5	2	3	15	4	11
7	3	3		5	3	2	15	10	5
31	18	11	7	5		5	32	20	12
81	37	12	25	18	6	12	47	30	17
18	15	4	11	15	2	13	10	7	3
14	30	10	20	15	2	13	21	12	9
12	15	5	10	11	3	8	23	15	8
8	8	2	6	5	1	4	16	11	5
14	2	1	1	7	1	6	17	15	2
9	1		1	1		1	14	9	5
4				2	1	1	11	9	2
4	2		2				4	2	2
4				1		1	1	1	
1	1		1	1		1	3	2	1
2									
2									
1									

2-2　全省各民族分年龄、

年龄组	高山族			拉祜族			水族	
	小计	男	女	小计	男	女	小计	男
合计	**33**	**18**	**15**	**59**	**16**	**43**	**176**	**92**
0–4 岁	1	1		2		2	8	4
5–9 岁	1		1	4	2	2	6	
10–14 岁	3	2	1	4	2	2	9	5
15–19 岁	1	1		5	1	4	12	8
20–24 岁	3	3		13	6	7	41	22
25–29 岁	1		1	5	1	4	26	12
30–34 岁	3	2	1	8		8	16	5
35–39 岁	6	2	4	8		8	13	9
40–44 岁	3	2	1	3	1	2	13	7
45–49 岁	4	3	1	3		3	9	4
50–54 岁	4	2	2				12	7
55–59 岁	2		2	3	2	1	1	1
60–64 岁							1	1
65–69 岁				1	1		2	1
70–74 岁	1		1				5	4
75–79 岁							2	2
80–84 岁								
85–89 岁								
90–94 岁								
95–99 岁								
100 岁及以上								

2-2　全省各民族分年龄、

年龄组	柯尔克孜族			土族			达斡尔族	
	小计	男	女	小计	男	女	小计	男
合计	**119**	**49**	**70**	**33691**	**16643**	**17048**	**118**	**66**
0–4 岁	5	3	2	3403	1711	1692	13	7
5–9 岁	2	1	1	3188	1672	1516	8	6
10–14 岁	2	1	1	2700	1399	1301	8	6
15–19 岁	36	14	22	2505	1308	1197	15	11
20–24 岁	52	21	31	2499	1227	1272	21	12
25–29 岁	13	5	8	2258	1168	1090	8	5
30–34 岁	2	1	1	2661	1365	1296	6	2
35–39 岁	2	1	1	2317	1172	1145	14	7
40–44 岁	3	1	2	2118	979	1139	4	2
45–49 岁	1		1	2712	1290	1422	5	4
50–54 岁				2463	1136	1327	1	
55–59 岁				1669	755	914	6	2
60–64 岁	1	1		1032	469	563	3	1
65–69 岁				969	457	512	5	
70–74 岁				605	271	334	1	1
75–79 岁				355	162	193		
80–84 岁				173	70	103		
85–89 岁				54	26	28		
90–94 岁				7	4	3		
95–99 岁				2	2			
100 岁及以上				1		1		

性别的人口（续 4）

单位：人

	东乡族			纳西族			景颇族		
女	小计	男	女	小计	男	女	小计	男	女
84	**652119**	**323328**	**328791**	**84**	**38**	**46**	**32**	**14**	**18**
4	88755	45439	43316	4	2	2	2	2	
6	92108	47063	45045	6	5	1	1	1	
4	66355	34286	32069	1		1	7	6	1
4	44490	22122	22368	8	2	6	1		1
19	44902	21826	23076	42	20	22	5	4	1
14	44753	21643	23110	7	3	4	3	1	2
11	43443	21081	22362	3	2	1	5		5
4	37660	18442	19218	2	1	1	5		5
6	34810	16476	18334	1		1			
5	36450	17191	19259	6	2	4	3		3
5	35910	17164	18746	1		1			
	25941	13053	12888	2	1	1			
	13441	6648	6793						
1	12951	6283	6668						
1	12358	5888	6470						
	9319	4616	4703	1		1			
	5469	2690	2779						
	2147	1046	1101						
	646	288	358						
	161	68	93						
	50	15	35						

性别的人口（续 5）

单位：人

	仫佬族			羌族			布朗族		
女	小计	男	女	小计	男	女	小计	男	女
52	**68**	**31**	**37**	**246**	**125**	**121**	**19**	**10**	**9**
6				23	13	10	1		1
2	1		1	12	4	8	1	1	
2				11	5	6			
4	8	5	3	10	2	8			
9	33	12	21	19	8	11	7	6	1
3	3		3	25	12	13	4	1	3
4	4	2	2	28	17	11	3	1	2
7	6	4	2	24	14	10	1	1	
2	3	1	2	22	9	13	1		1
1	3	1	2	29	16	13			
1	6	5	1	20	9	11			
4	1	1		12	9	3	1		1
2				4	3	1			
5				4	3	1			
				2	1	1			
				1		1			

2-2 全省各民族分年龄、

年龄组	撒拉族			毛南族			仡佬族	
	小计	男	女	小计	男	女	小计	男
合计	**15807**	**7988**	**7819**	**40**	**19**	**21**	**362**	**214**
0–4 岁	1992	1041	951				11	7
5–9 岁	2258	1159	1099	1		1	9	4
10–14 岁	1854	983	871				4	2
15–19 岁	1328	685	643	3	1	2	34	15
20–24 岁	1220	618	602	20	7	13	145	72
25–29 岁	1078	535	543	6	4	2	30	17
30–34 岁	1001	498	503	1	1		20	11
35–39 岁	876	434	442	3	1	2	22	15
40–44 岁	796	329	467	1	1		24	17
45–49 岁	893	378	515	3	2	1	27	24
50–54 岁	834	417	417	2	2		19	16
55–59 岁	528	299	229				11	8
60–64 岁	320	184	136				4	4
65–69 岁	286	163	123				1	1
70–74 岁	217	110	107					
75–79 岁	182	85	97				1	1
80–84 岁	88	43	45					
85–89 岁	39	18	21					
90–94 岁	15	8	7					
95–99 岁	2	1	1					
100 岁及以上								

2-2 全省各民族分年龄、

年龄组	塔吉克族			怒族			乌孜别克族	
	小计	男	女	小计	男	女	小计	男
合计	**16**	**7**	**9**	**3**		**3**	**13**	**7**
0–4 岁								
5–9 岁								
10–14 岁							1	1
15–19 岁	8	4	4					
20–24 岁	8	3	5	1		1	9	4
25–29 岁								
30–34 岁				1		1		
35–39 岁				1		1		
40–44 岁							1	1
45–49 岁							2	1
50–54 岁								
55–59 岁								
60–64 岁								
65–69 岁								
70–74 岁								
75–79 岁								
80–84 岁								
85–89 岁								
90–94 岁								
95–99 岁								
100 岁及以上								

性别的人口（续 6）

单位：人

	锡伯族			阿昌族			普米族		
女	小计	男	女	小计	男	女	小计	男	女
148	**308**	**151**	**157**	**9**	**3**	**6**	**9**	**3**	**6**
4	25	9	16						
5	17	8	9				1	1	
2	18	8	10						
19	25	15	10	1	1		1		1
73	29	17	12	4	1	3	6	2	4
13	13	6	7	2	1	1			
9	22	15	7	2		2	1		1
7	22	10	12						
7	24	12	12						
3	26	6	20						
3	23	11	12						
3	18	6	12						
	20	13	7						
	12	4	8						
	5	3	2						
	5	4	1						
	2	2							
	2	2							

性别的人口（续 7）

单位：人

	俄罗斯族			鄂温克族			德昂族		
女	小计	男	女	小计	男	女	小计	男	女
6	**62**	**25**	**37**	**19**	**10**	**9**	**4**	**2**	**2**
	5	3	2						
	4	1	3	2		2			
	5	2	3	2	1	1	1	1	
	4	1	3	4	4		1		1
5	7	3	4	3		3	1	1	
	1		1	3	2	1			
	4	2	2						
	5	1	4	3	1	2	1		1
	6	3	3	2	2				
1	4	1	3						
	4	1	3						
	4	4							
	3	1	2						
	2	1	1						
	1	1							
	2		2						
	1		1						

2-2 全省各民族分年龄、

年龄组	保安族			裕固族			京族	
	小计	男	女	小计	男	女	小计	男
合计	**20794**	**10251**	**10543**	**13053**	**6496**	**6557**	**6**	**3**
0–4 岁	2675	1402	1273	847	400	447	2	2
5–9 岁	3018	1548	1470	822	411	411	1	
10–14 岁	2273	1195	1078	711	359	352		
15–19 岁	1473	738	735	708	353	355	1	1
20–24 岁	1305	568	737	694	339	355	2	
25–29 岁	1382	653	729	777	394	383		
30–34 岁	1343	652	691	1117	527	590		
35–39 岁	1052	506	546	916	490	426		
40–44 岁	1000	448	552	1007	514	493		
45–49 岁	1192	550	642	1267	650	617		
50–54 岁	1275	654	621	1393	709	684		
55–59 岁	770	366	404	994	480	514		
60–64 岁	558	280	278	510	265	245		
65–69 岁	499	233	266	566	272	294		
70–74 岁	419	210	209	330	164	166		
75–79 岁	319	134	185	231	101	130		
80–84 岁	162	71	91	111	51	60		
85–89 岁	58	31	27	43	12	31		
90–94 岁	15	11	4	8	4	4		
95–99 岁	3	1	2	1	1			
100 岁及以上	3		3					

2-2 全省各民族分年龄、

年龄组	赫哲族			门巴族			珞巴族	
	小计	男	女	小计	男	女	小计	男
合计	**7**	**4**	**3**	**34**	**9**	**25**	**10**	**3**
0–4 岁				1	1		1	1
5–9 岁	1		1	4	3	1	1	1
10–14 岁				6	1	5	1	1
15–19 岁	1	1		4	3	1	2	
20–24 岁	1		1	5	1	4	3	
25–29 岁	1	1		3		3	1	
30–34 岁	1		1	2		2		
35–39 岁				5		5	1	
40–44 岁				3		3		
45–49 岁	1	1						
50–54 岁								
55–59 岁	1	1						
60–64 岁				1		1		
65–69 岁								
70–74 岁								
75–79 岁								
80–84 岁								
85–89 岁								
90–94 岁								
95–99 岁								
100 岁及以上								

性别的人口（续8）

单位：人

	塔塔尔族			独龙族			鄂伦春族		
女	小计	男	女	小计	男	女	小计	男	女
3	**3**		**3**	**2**	**2**		**6**	**4**	**2**
							1	1	
1									
							3	1	2
2	1		1	1	1		1	1	
	1		1						
	1		1						
				1	1				
							1	1	

性别的人口（续9）

单位：人

	基诺族			未定族称人口			入籍		
女	小计	男	女	小计	男	女	小计	男	女
7				**449**	**253**	**196**	**28**	**10**	**18**
				42	18	24	4	1	3
				5	3	2	1	1	
				11	7	4	1		1
2				34	16	18	1		1
3				129	60	69	4	1	3
1				41	22	19	2	1	1
				40	24	16	5	2	3
1				37	18	19	1		1
				25	18	7			
				26	18	8	3	1	2
				10	6	4	1	1	
				9	7	2			
				7	6	1			
				8	8		1	1	
				10	10				
				12	10	2	3	1	2
				1	1				
				2	1	1	1		1

2-2a　全省各民族分年龄、

年龄组	合计			汉族			
	合计	男	女	小计	男	女	小计
合计	**7095181**	**3565095**	**3530086**	**6603323**	**3319621**	**3283702**	**4182**
0–4 岁	427286	221915	205371	391932	203716	188216	335
5–9 岁	398717	210179	188538	361300	190851	170449	284
10–14 岁	358432	189920	168512	326134	173238	152896	230
15–19 岁	401320	210989	190331	360840	190414	170426	283
20–24 岁	468659	230471	238188	423980	208949	215031	492
25–29 岁	566885	278860	288025	528708	259943	268765	353
30–34 岁	703629	348808	354821	659992	327105	332887	378
35–39 岁	540000	269502	270498	505404	252346	253058	339
40–44 岁	476100	240031	236069	444371	224327	220044	284
45–49 岁	615189	313547	301642	579094	295422	283672	288
50–54 岁	612137	309487	302650	577966	292475	285491	280
55–59 岁	483463	240803	242660	456997	227912	229085	203
60–64 岁	300675	149442	151233	284356	141224	143132	143
65–69 岁	280906	138351	142555	265475	130627	134848	123
70–74 岁	182371	86862	95509	171538	81663	89875	78
75–79 岁	132602	57286	75316	125241	53896	71345	33
80–84 岁	94930	43470	51460	90534	41435	49099	39
85–89 岁	40177	19227	20950	38380	18420	19960	12
90–94 岁	9706	4972	4734	9223	4745	4478	5
95–99 岁	1839	910	929	1722	856	866	
100 岁及以上	158	63	95	136	57	79	

2-2a　全省各民族分年龄、

年龄组	维吾尔族			苗族			彝族	
	小计	男	女	小计	男	女	小计	男
合计	**1420**	**682**	**738**	**1283**	**702**	**581**	**918**	**535**
0–4 岁	48	26	22	82	28	54	48	28
5–9 岁	56	31	25	73	40	33	34	20
10–14 岁	56	34	22	37	20	17	18	6
15–19 岁	127	72	55	63	30	33	72	41
20–24 岁	584	224	360	252	143	109	212	127
25–29 岁	130	77	53	138	84	54	116	72
30–34 岁	92	48	44	145	77	68	112	67
35–39 岁	79	38	41	122	71	51	100	60
40–44 岁	70	32	38	90	53	37	84	43
45–49 岁	64	34	30	87	54	33	46	27
50–54 岁	49	32	17	84	43	41	35	20
55–59 岁	30	15	15	55	32	23	24	12
60–64 岁	10	4	6	18	8	10	10	8
65–69 岁	8	5	3	7	3	4	1	1
70–74 岁	11	6	5	12	5	7	1	
75–79 岁	4	3	1	11	6	5	1	
80–84 岁	1		1	2	2		1	1
85–89 岁	1	1		1		1	3	2
90–94 岁				2	1	1		
95–99 岁				1	1			
100 岁及以上				1	1			

性别的人口（城市）

单位：人

蒙古族		回族			藏族		
男	女	小计	男	女	小计	男	女
2084	**2098**	**325668**	**162493**	**163175**	**54168**	**25575**	**28593**
174	161	21864	11315	10549	3264	1651	1613
143	141	22941	11797	11144	3430	1762	1668
118	112	20335	10462	9873	2855	1426	1429
152	131	22475	11393	11082	7994	3734	4260
243	249	23967	11879	12088	9352	3991	5361
179	174	24708	12264	12444	4621	2169	2452
172	206	29393	14673	14720	4553	2160	2393
154	185	22159	10887	11272	3648	1763	1885
148	136	21047	10414	10633	3255	1588	1667
147	141	26318	13198	13120	2951	1464	1487
142	138	25663	12836	12827	2521	1165	1356
100	103	19770	9579	10191	2180	1038	1142
68	75	12602	6296	6306	1139	574	565
53	70	12258	6086	6172	1007	494	513
44	34	8783	4196	4587	635	288	347
14	19	6011	2765	3246	394	172	222
22	17	3470	1603	1867	236	87	149
8	4	1399	622	777	103	38	65
3	2	388	177	211	24	9	15
		99	46	53	6	2	4
		18	5	13			

性别的人口（城市）（续 1）

单位：人

	壮族			布依族			朝鲜族		
女	小计	男	女	小计	男	女	小计	男	女
383	**1012**	**462**	**550**	**345**	**169**	**176**	**398**	**194**	**204**
20	77	45	32	16	10	6	24	13	11
14	57	32	25	23	12	11	31	14	17
12	30	16	14	13	8	5	20	11	9
31	70	31	39	24	9	15	14	7	7
85	205	79	126	96	44	52	22	16	6
44	69	26	43	34	15	19	24	14	10
45	110	42	68	23	10	13	31	12	19
40	120	57	63	26	14	12	33	15	18
41	57	23	34	27	15	12	29	15	14
19	56	29	27	19	10	9	29	11	18
15	43	22	21	14	4	10	34	16	18
12	44	18	26	14	8	6	30	15	15
2	30	15	15	6	5	1	20	9	11
	8	6	2	3	3		23	12	11
1	9	5	4	2	1	1	6	3	3
1	8	4	4	2		2	12	5	7
	13	9	4	1		1	10	3	7
1	5	3	2				5	2	3
	1		1	1		1	1	1	
				1	1				

2-2a 全省各民族分年龄、

年龄组	满族			侗族			瑶族	
	小计	男	女	小计	男	女	小计	男
合计	**10862**	**5580**	**5282**	**455**	**239**	**216**	**241**	**111**
0–4 岁	888	450	438	29	14	15	18	8
5–9 岁	744	394	350	34	19	15	24	9
10–14 岁	495	252	243	19	11	8	15	8
15–19 岁	451	227	224	25	12	13	19	10
20–24 岁	607	304	303	71	35	36	35	9
25–29 岁	615	327	288	47	24	23	23	11
30–34 岁	1100	597	503	53	23	30	26	13
35–39 岁	860	457	403	32	16	16	23	10
40–44 岁	604	301	303	32	19	13	18	9
45–49 岁	736	360	376	32	17	15	12	8
50–54 岁	812	386	426	31	21	10	9	4
55–59 岁	946	465	481	19	12	7	11	7
60–64 岁	712	374	338	10	7	3	2	1
65–69 岁	504	283	221	3		3		
70–74 岁	242	131	111	5	3	2	3	2
75–79 岁	172	80	92	5	3	2	1	
80–84 岁	238	118	120	3	1	2	1	1
85–89 岁	105	57	48	4	2	2		
90–94 岁	29	16	13	1		1	1	1
95–99 岁	2	1	1					
100 岁及以上								

2-2a 全省各民族分年龄、

年龄组	哈萨克族			傣族			黎族	
	小计	男	女	小计	男	女	小计	男
合计	**370**	**209**	**161**	**52**	**21**	**31**	**154**	**63**
0–4 岁	8	7	1	5	2	3	10	6
5–9 岁	5	3	2	4	1	3	8	3
10–14 岁	29	17	12	2		2	7	2
15–19 岁	153	99	54	5	5		10	4
20–24 岁	74	31	43	6	2	4	40	13
25–29 岁	25	15	10	7	2	5	18	9
30–34 岁	12	8	4	5	1	4	9	4
35–39 岁	15	7	8	5	2	3	9	4
40–44 岁	11	3	8	5		5	11	6
45–49 岁	13	5	8	2	1	1	10	5
50–54 岁	10	5	5	1	1		10	3
55–59 岁	9	5	4	1	1			
60–64 岁	1	1		2	1	1	2	
65–69 岁	2	2		2	2		4	1
70–74 岁	3	1	2				2	2
75–79 岁							2	
80–84 岁							2	1
85–89 岁								
90–94 岁								
95–99 岁								
100 岁及以上								

性别的人口（城市）（续 2）

单位：人

女	白族 小计	白族 男	白族 女	土家族 小计	土家族 男	土家族 女	哈尼族 小计	哈尼族 男	哈尼族 女
130	**304**	**172**	**132**	**2860**	**1517**	**1343**	**68**	**36**	**32**
10	18	6	12	251	144	107	6	3	3
15	19	11	8	186	96	90	2	2	
7	8	4	4	147	80	67	4	2	2
9	22	8	14	207	107	100	4	2	2
26	47	24	23	471	236	235	12	7	5
12	22	13	9	274	147	127	10	2	8
13	40	25	15	305	165	140	15	10	5
13	34	23	11	232	124	108	6	3	3
9	28	13	15	188	98	90	1	1	
4	18	12	6	198	115	83	4	1	3
5	11	6	5	148	88	60	2	2	
4	15	10	5	112	42	70	2	1	1
1	3	2	1	41	25	16			
	5	3	2	45	24	21			
1	1	1		27	11	16			
1	6	6		14	7	7			
	3	2	1	5	2	3			
	3	3		7	4	3			
				2	2				
	1		1						

性别的人口（城市）（续 3）

单位：人

女	傈僳族 小计	傈僳族 男	傈僳族 女	佤族 小计	佤族 男	佤族 女	畲族 小计	畲族 男	畲族 女
91	**36**	**10**	**26**	**18**	**4**	**14**	**127**	**72**	**55**
4				1		1	11	6	5
5	1		1	1		1	12	2	10
5	1	1					11	8	3
6	4	2	2				7	4	3
27	15	3	12	4	1	3	11	7	4
9	3	1	2	4	1	3	7	4	3
5	8	3	5	3	1	2	13	8	5
5	1		1	2	1	1	16	8	8
5	1		1				11	7	4
5				1		1	10	8	2
7							4	1	3
				1		1	7	5	2
2	2		2				4	2	2
3				1		1	1	1	
							2	1	1
2									
1									

2-2a 全省各民族分年龄、

年龄组	高山族			拉祜族			水族	
	小计	男	女	小计	男	女	小计	男
合计	**13**	**5**	**8**	**14**	**4**	**10**	**44**	**29**
0–4 岁				1		1	3	2
5–9 岁	1		1	2	1	1	1	
10–14 岁	3	2	1	1		1	1	
15–19 岁				1	1			
20–24 岁				3	1	2	8	7
25–29 岁	1		1	2	1	1	5	3
30–34 岁	1		1	3		3	4	1
35–39 岁	1		1	1		1	7	6
40–44 岁	1	1					6	5
45–49 岁							3	2
50–54 岁	4	2	2				6	3
55–59 岁	1		1					
60–64 岁								
65–69 岁								
70–74 岁								
75–79 岁								
80–84 岁								
85–89 岁								
90–94 岁								
95–99 岁								
100 岁及以上								

2-2a 全省各民族分年龄、

年龄组	柯尔克孜族			土族			达斡尔族	
	小计	男	女	小计	男	女	小计	男
合计	**33**	**16**	**17**	**4721**	**2264**	**2457**	**86**	**48**
0–4 岁	2		2	507	246	261	9	5
5–9 岁	1		1	318	148	170	6	5
10–14 岁	2	1	1	281	131	150	7	6
15–19 岁	3	3		593	332	261	13	10
20–24 岁	16	7	9	751	372	379	10	3
25–29 岁	4	3	1	400	184	216	7	4
30–34 岁	2	1	1	439	210	229	5	2
35–39 岁	2	1	1	356	169	187	11	5
40–44 岁				267	122	145	2	1
45–49 岁	1		1	244	122	122	5	4
50–54 岁				223	99	124		
55–59 岁				133	53	80	2	1
60–64 岁				80	32	48	3	1
65–69 岁				68	25	43	5	
70–74 岁				30	10	20	1	1
75–79 岁				14	3	11		
80–84 岁				11	4	7		
85–89 岁				5	1	4		
90–94 岁				1	1			
95–99 岁								
100 岁及以上								

性别的人口（城市）（续4）

单位：人

	东乡族			纳西族			景颇族		
女	小计	男	女	小计	男	女	小计	男	女
15	**74217**	**38370**	**35847**	**31**	**15**	**16**	**6**	**4**	**2**
1	7147	3668	3479	1		1			
1	8469	4453	4016	5	4	1			
1	7112	3770	3342	1		1			
	7013	3848	3165	1		1			
1	6483	3325	3158	10	4	6	4	3	1
2	5927	2990	2937	4	3	1	1	1	
3	6101	3060	3041	1	1				
1	5786	2982	2804	1	1		1		1
1	5096	2554	2542	1		1			
1	4392	2241	2151	3	1	2			
3	3712	1879	1833						
	2534	1321	1213	2	1	1			
	1297	687	610						
	1174	626	548						
	890	440	450						
	595	292	303	1		1			
	323	159	164						
	133	59	74						
	25	14	11						
	6	2	4						
	2		2						

性别的人口（城市）（续5）

单位：人

	仫佬族			羌族			布朗族		
女	小计	男	女	小计	男	女	小计	男	女
38	**20**	**10**	**10**	**104**	**53**	**51**	**7**	**5**	**2**
4				11	8	3			
1				3	1	2			
1				5	2	3			
3				3	1	2			
7	9	4	5	6	3	3	3	3	
3	1		1	15	6	9	1		1
3	1	1		14	7	7	2	1	1
6	3	2	1	12	7	5	1	1	
1	2		2	7	2	5			
1	1		1	13	8	5			
	2	2		7	2	5			
1	1	1		5	4	1			
2									
5				3	2	1			

2-2a 全省各民族分年龄、

年龄组	撒拉族			毛南族			仡佬族	
	小计	男	女	小计	男	女	小计	男
合计	**1850**	**961**	**889**	**12**	**7**	**5**	**100**	**55**
0–4 岁	162	86	76				2	
5–9 岁	160	93	67	1		1	6	2
10–14 岁	160	76	84				1	
15–19 岁	261	141	120	2	1	1	6	4
20–24 岁	204	117	87	4	2	2	31	11
25–29 岁	128	67	61	1	1		11	6
30–34 岁	141	73	68	1	1		8	6
35–39 岁	132	60	72	1		1	9	6
40–44 岁	109	50	59				8	5
45–49 岁	118	46	72	2	2		5	4
50–54 岁	90	48	42				7	6
55–59 岁	61	29	32				4	3
60–64 岁	41	29	12				1	1
65–69 岁	40	26	14				1	1
70–74 岁	15	6	9					
75–79 岁	17	8	9					
80–84 岁	5	3	2					
85–89 岁	5	2	3					
90–94 岁	1	1						
95–99 岁								
100 岁及以上								

2-2a 全省各民族分年龄、

年龄组	塔吉克族			怒族			乌孜别克族	
	小计	男	女	小计	男	女	小计	男
合计	**5**	**3**	**2**				**5**	**3**
0–4 岁								
5–9 岁								
10–14 岁							1	1
15–19 岁	1	1						
20–24 岁	4	2	2				1	
25–29 岁								
30–34 岁								
35–39 岁								
40–44 岁							1	1
45–49 岁							2	1
50–54 岁								
55–59 岁								
60–64 岁								
65–69 岁								
70–74 岁								
75–79 岁								
80–84 岁								
85–89 岁								
90–94 岁								
95–99 岁								
100 岁及以上								

性别的人口（城市）（续6）

单位：人

	锡伯族			阿昌族			普米族		
女	小计	男	女	小计	男	女	小计	男	女
45	**242**	**120**	**122**	**1**		**1**	**1**		**1**
2	20	7	13						
4	13	7	6						
1	13	5	8						
2	15	9	6						
20	14	9	5				1		1
5	11	4	7	1		1			
2	17	11	6						
3	18	10	8						
3	19	11	8						
1	22	5	17						
1	22	11	11						
1	17	6	11						
	17	12	5						
	11	3	8						
	5	3	2						
	5	4	1						
	2	2							
	1	1							

性别的人口（城市）（续7）

单位：人

	俄罗斯族			鄂温克族			德昂族		
女	小计	男	女	小计	男	女	小计	男	女
2	**55**	**23**	**32**	**7**	**5**	**2**	**4**	**2**	**2**
	5	3	2						
	4	1	3						
	5	2	3				1	1	
	3	1	2	3	3		1		1
1	4	1	3	1		1	1	1	
	1		1	2	1	1			
	4	2	2						
	3	1	2	1	1		1		1
	6	3	3						
1	3	1	2						
	4	1	3						
	4	4							
	3	1	2						
	2	1	1						
	1	1							
	2		2						
	1		1						

2-2a 全省各民族分年龄、

年龄组	保安族			裕固族			京族	
	小计	男	女	小计	男	女	小计	男
合计	**1761**	**852**	**909**	**3435**	**1624**	**1811**	**1**	**1**
0–4 岁	154	84	70	312	146	166		
5–9 岁	172	79	93	282	141	141		
10–14 岁	152	81	71	216	117	99		
15–19 岁	264	136	128	257	129	128	1	1
20–24 岁	203	80	123	292	136	156		
25–29 岁	147	63	84	244	118	126		
30–34 岁	113	57	56	339	142	197		
35–39 岁	97	46	51	278	138	140		
40–44 岁	105	54	51	238	102	136		
45–49 岁	112	48	64	265	126	139		
50–54 岁	89	43	46	242	118	124		
55–59 岁	60	30	30	167	72	95		
60–64 岁	25	10	15	95	45	50		
65–69 岁	29	16	13	92	44	48		
70–74 岁	18	13	5	51	25	26		
75–79 岁	11	6	5	39	12	27		
80–84 岁	7	4	3	23	11	12		
85–89 岁	1	1		2	1	1		
90–94 岁	1	1						
95–99 岁				1	1			
100 岁及以上	1		1					

2-2a 全省各民族分年龄、

年龄组	赫哲族			门巴族			珞巴族	
	小计	男	女	小计	男	女	小计	男
合计	**3**		**3**	**8**	**2**	**6**	**2**	**1**
0–4 岁							1	1
5–9 岁	1		1	1		1		
10–14 岁				1		1		
15–19 岁				3	2	1		
20–24 岁	1		1	1		1		
25–29 岁							1	
30–34 岁	1		1					
35–39 岁				1		1		
40–44 岁				1		1		
45–49 岁								
50–54 岁								
55–59 岁								
60–64 岁								
65–69 岁								
70–74 岁								
75–79 岁								
80–84 岁								
85–89 岁								
90–94 岁								
95–99 岁								
100 岁及以上								

性别的人口（城市）（续 8）

单位：人

	塔塔尔族			独龙族			鄂伦春族		
女	小计	男	女	小计	男	女	小计	男	女
							2	**1**	**1**
							2	1	1

性别的人口（城市）（续 9）

单位：人

	基诺族			未定族称人口			入籍		
女	小计	男	女	小计	男	女	小计	男	女
1				**110**	**53**	**57**	**17**	**8**	**9**
				12	6	6	2	1	1
				1	1		1	1	
				2	1	1	1		1
				4	2	2	1		1
				37	12	25	2	1	1
1				13	5	8	1	1	
				12	7	5	2	1	1
				11	6	5	1		1
				7	5	2			
				8	7	1	2	1	1
				1		1	1	1	
				2	1	1			
							1	1	
							1		1
							1		1

2-2b　全省各民族分年龄、

年龄组	合计			汉族			
	合计	男	女	小计	男	女	小计
合计	**5972151**	**2989421**	**2982730**	**5365674**	**2688519**	**2677155**	**5378**
0–4 岁	434444	225479	208965	378202	196727	181475	314
5–9 岁	470802	247516	223286	406483	214157	192326	301
10–14 岁	430925	227981	202944	379759	201644	178115	264
15–19 岁	426008	218320	207688	380720	195720	185000	373
20–24 岁	293435	147410	146025	248968	126159	122809	789
25–29 岁	401152	189072	212080	356617	167984	188633	323
30–34 岁	544670	255768	288902	493431	231046	262385	433
35–39 岁	432182	212184	219998	389519	190932	198587	387
40–44 岁	370701	185760	184941	333224	166953	166271	386
45–49 岁	496542	250684	245858	455928	230360	225568	441
50–54 岁	513686	258597	255089	474971	239820	235151	397
55–59 岁	374208	186452	187756	345543	172401	173142	313
60–64 岁	214770	108328	106442	199121	100543	98578	225
65–69 岁	220356	109840	110516	204094	101820	102274	173
70–74 岁	155701	75214	80487	143089	69135	73954	117
75–79 岁	105317	50372	54945	96602	46232	50370	54
80–84 岁	58964	27723	31241	53894	25381	28513	52
85–89 岁	22450	10064	12386	20412	9185	11227	26
90–94 岁	4752	2186	2566	4186	1924	2262	9
95–99 岁	951	426	525	816	363	453	1
100 岁及以上	135	45	90	95	33	62	

2-2b　全省各民族分年龄、

年龄组	维吾尔族			苗族			彝族	
	小计	男	女	小计	男	女	小计	男
合计	**1093**	**409**	**684**	**1448**	**791**	**657**	**952**	**482**
0–4 岁	10	4	6	44	26	18	25	11
5–9 岁	18	6	12	39	19	20	23	14
10–14 岁	10	2	8	24	11	13	17	10
15–19 岁	145	40	105	205	103	102	112	47
20–24 岁	759	283	476	714	392	322	444	227
25–29 岁	47	25	22	77	45	32	77	39
30–34 岁	21	5	16	98	45	53	75	36
35–39 岁	23	10	13	77	44	33	54	30
40–44 岁	14	6	8	50	31	19	45	19
45–49 岁	10	8	2	48	30	18	49	31
50–54 岁	8	6	2	41	25	16	17	10
55–59 岁	11	6	5	13	11	2	7	5
60–64 岁	3	1	2	4	1	3	3	
65–69 岁	3	1	2	6	4	2	3	2
70–74 岁	6	2	4	3	1	2		
75–79 岁	3	3					1	1
80–84 岁	1		1	3	1	2		
85–89 岁				2	2			
90–94 岁	1	1						
95–99 岁								
100 岁及以上								

性别的人口（镇）

单位：人

蒙古族		回族			藏族		
男	女	小计	男	女	小计	男	女
2593	**2785**	**288295**	**144051**	**144244**	**157227**	**77926**	**79301**
176	138	24831	12797	12034	12704	6426	6278
167	134	29319	15250	14069	14562	7576	6986
129	135	24097	12534	11563	12137	6168	5969
177	196	19478	9727	9751	13275	6678	6597
341	448	18551	8750	9801	10156	5056	5100
154	169	21203	10045	11158	12423	5980	6443
196	237	24165	11734	12431	14949	7284	7665
186	201	19480	9749	9731	12411	6125	6286
202	184	17050	8634	8416	10867	5578	5289
213	228	20323	10228	10095	11281	5764	5517
198	199	20411	9917	10494	10029	4887	5142
155	158	15219	7553	7666	7528	3662	3866
108	117	8551	4369	4182	3739	1794	1945
82	91	9189	4645	4544	4111	1938	2173
48	69	7124	3548	3576	3090	1436	1654
30	24	4916	2425	2491	2106	883	1223
16	36	2832	1409	1423	1223	471	752
12	14	1132	532	600	481	161	320
3	6	323	159	164	118	45	73
	1	76	38	38	33	12	21
		25	8	17	4	2	2

性别的人口（镇）（续1）

单位：人

	壮族			布依族			朝鲜族		
女	小计	男	女	小计	男	女	小计	男	女
470	**1301**	**551**	**750**	**375**	**177**	**198**	**89**	**46**	**43**
14	29	17	12	14	5	9	3	2	1
9	32	23	9	12	10	2	6	2	4
7	12	8	4	7	3	4	5	2	3
65	222	88	134	64	22	42	10	6	4
217	796	344	452	189	94	95	19	9	10
38	39	8	31	15	10	5	2	1	1
39	62	14	48	25	12	13	10	6	4
24	44	14	30	12	2	10	8	3	5
26	23	10	13	10	5	5	5	4	1
18	12	9	3	11	5	6	5	3	2
7	14	10	4	9	5	4	4	2	2
2	8	3	5	4	3	1	5	3	2
3	1		1	1		1	2	1	1
1	1	1		2	1	1	3	2	1
	2	1	1				1		1
	1		1				1		1
	1		1						
	2	1	1						

2-2b 全省各民族分年龄、

年龄组	满族			侗族			瑶族	
	小计	男	女	小计	男	女	小计	男
合计	**2481**	**1337**	**1144**	**424**	**220**	**204**	**212**	**89**
0–4 岁	202	94	108	9	6	3	3	1
5–9 岁	147	74	73	16	8	8	4	4
10–14 岁	106	60	46	10	5	5	3	1
15–19 岁	282	139	143	82	43	39	40	15
20–24 岁	347	184	163	214	114	100	134	59
25–29 岁	130	69	61	26	10	16	7	1
30–34 岁	224	115	109	13	5	8	8	4
35–39 岁	145	89	56	15	5	10	3	
40–44 岁	129	69	60	15	10	5	1	1
45–49 岁	152	94	58	9	6	3	3	2
50–54 岁	176	104	72	4	2	2	5	1
55–59 岁	159	92	67	6	4	2	1	
60–64 岁	103	61	42	3	1	2		
65–69 岁	67	34	33	1		1		
70–74 岁	26	12	14	1	1			
75–79 岁	41	22	19					
80–84 岁	27	14	13					
85–89 岁	13	8	5					
90–94 岁	5	3	2					
95–99 岁								
100 岁及以上								

2-2b 全省各民族分年龄、

年龄组	哈萨克族			傣族			黎族	
	小计	男	女	小计	男	女	小计	男
合计	**3618**	**1747**	**1871**	**54**	**18**	**36**	**200**	**102**
0–4 岁	282	148	134	7	4	3	6	3
5–9 岁	274	126	148	1	1		5	3
10–14 岁	234	135	99	1	1		1	1
15–19 岁	204	89	115	6	5	1	44	21
20–24 岁	364	165	199	18	6	12	108	56
25–29 岁	182	90	92	7		7	12	4
30–34 岁	364	177	187	4		4	7	2
35–39 岁	335	168	167	5	1	4	4	2
40–44 岁	294	143	151	3		3	2	2
45–49 岁	246	121	125	1		1	3	2
50–54 岁	241	114	127				3	3
55–59 岁	175	80	95	1		1	2	1
60–64 岁	190	86	104				1	1
65–69 岁	110	58	52				2	1
70–74 岁	64	23	41					
75–79 岁	27	16	11					
80–84 岁	25	6	19					
85–89 岁	6	1	5					
90–94 岁								
95–99 岁	1	1						
100 岁及以上								

性别的人口（镇）（续 2）

单位：人

	白族			土家族			哈尼族		
女	小计	男	女	小计	男	女	小计	男	女
123	**495**	**253**	**242**	**2734**	**1428**	**1306**	**82**	**42**	**40**
2	15	10	5	192	88	104	2	1	1
	18	4	14	142	76	66	5	3	2
2	21	11	10	116	66	50	1	1	
25	74	41	33	333	136	197	5		5
75	160	79	81	888	490	398	25	13	12
6	24	13	11	143	88	55	8	4	4
4	48	24	24	172	101	71	12	5	7
3	42	19	23	159	77	82	15	10	5
	35	20	15	150	83	67	6	3	3
1	32	21	11	151	84	67	2	1	1
4	12	6	6	127	67	60	1	1	
1	8	4	4	73	37	36			
	4	1	3	33	13	20			
				36	14	22			
	1		1	13	5	8			
				4	2	2			
	1		1						
				2	1	1			

性别的人口（镇）（续 3）

单位：人

	傈僳族			佤族			畲族		
女	小计	男	女	小计	男	女	小计	男	女
98	**39**	**17**	**22**	**29**	**10**	**19**	**75**	**48**	**27**
3	1		1	1		1	1		1
2	1	1					2	1	1
	2	2		1	1		4	2	2
23	11	6	5	2		2	25	16	9
52	15	6	9	9	4	5	31	19	12
8	2		2	4	1	3	1	1	
5	4		4	4	1	3	1		1
2	1	1		3	2	1	2	2	
	1	1		3	1	2	2	1	1
1	1		1	1		1	2	2	
				1		1	4	4	
1									
1									

2-2b　全省各民族分年龄、

年龄组	高山族			拉祜族			水族	
	小计	男	女	小计	男	女	小计	男
合计	**9**	**7**	**2**	**21**	**7**	**14**	**59**	**29**
0–4 岁	1	1					2	
5–9 岁				1		1	1	
10–14 岁							1	
15–19 岁	1	1		2		2	10	6
20–24 岁	2	2		7	5	2	28	14
25–29 岁							6	4
30–34 岁	1	1		3		3	1	
35–39 岁	1		1	2		2	1	1
40–44 岁				2	1	1	3	1
45–49 岁	2	2		2		2	2	
50–54 岁							1	1
55–59 岁				2	1	1	1	1
60–64 岁								
65–69 岁							1	
70–74 岁	1		1					
75–79 岁							1	1
80–84 岁								
85–89 岁								
90–94 岁								
95–99 岁								
100 岁及以上								

2-2b　全省各民族分年龄、

年龄组	柯尔克孜族			土族			达斡尔族	
	小计	男	女	小计	男	女	小计	男
合计	**62**	**22**	**40**	**14260**	**6894**	**7366**	**22**	**12**
0–4 岁				1682	826	856	2	1
5–9 岁				1545	834	711	1	
10–14 岁				1227	629	598	1	
15–19 岁	24	7	17	1188	595	593	2	1
20–24 岁	32	12	20	774	378	396	9	7
25–29 岁	5	2	3	823	402	421		
30–34 岁				1275	617	658		
35–39 岁				1193	608	585	2	2
40–44 岁	1	1		981	461	520	1	
45–49 岁				1099	512	587		
50–54 岁				869	371	498	1	
55–59 岁				594	221	373	3	1
60–64 岁				354	148	206		
65–69 岁				301	132	169		
70–74 岁				172	69	103		
75–79 岁				115	58	57		
80–84 岁				51	24	27		
85–89 岁				15	8	7		
90–94 岁				1		1		
95–99 岁				1	1			
100 岁及以上								

性别的人口（镇）（续 4）

单位：人

	东乡族			纳西族			景颇族		
女	小计	男	女	小计	男	女	小计	男	女
30	**113553**	**55736**	**57817**	**45**	**21**	**24**	**9**	**5**	**4**
2	14728	7527	7201	2	1	1	1	1	
1	16515	8485	8030	1	1				
1	11712	5936	5776				3	3	
4	8016	4071	3945	7	2	5	1		1
14	7895	3686	4209	30	15	15	1	1	
2	8185	3743	4442	3		3	1		1
1	8367	3961	4406	1	1		1		1
	7369	3659	3710						
2	6601	3139	3462						
2	5948	2805	3143	1	1		1		1
	5600	2664	2936						
	4034	1948	2086						
	2184	1069	1115						
1	2024	988	1036						
	1832	853	979						
	1297	625	672						
	774	368	406						
	337	148	189						
	103	49	54						
	22	10	12						
	10	2	8						

性别的人口（镇）（续 5）

单位：人

	仫佬族			羌族			布朗族		
女	小计	男	女	小计	男	女	小计	男	女
10	**37**	**16**	**21**	**73**	**36**	**37**	**6**	**4**	**2**
1				4	2	2			
1	1		1	5	1	4			
1				6	3	3			
1	8	5	3	6	1	5			
2	24	8	16	8	4	4	4	3	1
				5	3	2	1	1	
	2	1	1	7	5	2			
	1	1		2	1	1			
1	1	1		6	2	4	1		1
				7	3	4			
1				7	3	4			
2				6	4	2			
				2	2				
				1	1				
				1	1				

2-2b 全省各民族分年龄、

年龄组	撒拉族			毛南族			仡佬族	
	小计	男	女	小计	男	女	小计	男
合计	**3675**	**1838**	**1837**	**22**	**8**	**14**	**157**	**85**
0-4 岁	422	226	196				2	2
5-9 岁	470	239	231					
10-14 岁	463	239	224				1	1
15-19 岁	369	191	178	1		1	27	10
20-24 岁	280	140	140	16	5	11	100	50
25-29 岁	265	125	140	3	2	1	5	4
30-34 岁	259	106	153				1	
35-39 岁	294	156	138	1		1	5	4
40-44 岁	222	97	125				5	4
45-49 岁	183	80	103				6	6
50-54 岁	165	74	91	1	1		1	1
55-59 岁	103	65	38				3	2
60-64 岁	59	33	26				1	1
65-69 岁	39	25	14					
70-74 岁	25	11	14					
75-79 岁	34	19	15					
80-84 岁	18	10	8					
85-89 岁	3	1	2					
90-94 岁	1		1					
95-99 岁	1	1						
100 岁及以上								

2-2b 全省各民族分年龄、

年龄组	塔吉克族			怒族			乌孜别克族	
	小计	男	女	小计	男	女	小计	男
合计	**9**	**2**	**7**				**7**	**3**
0-4 岁								
5-9 岁								
10-14 岁								
15-19 岁	5	1	4					
20-24 岁	4	1	3				7	3
25-29 岁								
30-34 岁								
35-39 岁								
40-44 岁								
45-49 岁								
50-54 岁								
55-59 岁								
60-64 岁								
65-69 岁								
70-74 岁								
75-79 岁								
80-84 岁								
85-89 岁								
90-94 岁								
95-99 岁								
100 岁及以上								

性别的人口（镇）（续6）

单位：人

	锡伯族			阿昌族			普米族		
女	小计	男	女	小计	男	女	小计	男	女
72	**53**	**29**	**24**	**4**	**2**	**2**	**6**	**2**	**4**
	4	2	2						
	3	1	2						
	3	3							
17	9	6	3	1	1		1		1
50	13	6	7	3	1	2	5	2	3
1	2	2							
1	4	4							
1	2		2						
1	5	1	4						
	3	1	2						
1	1		1						
	2	1	1						
	1	1							
	1	1							

性别的人口（镇）（续7）

单位：人

	俄罗斯族			鄂温克族			德昂族		
女	小计	男	女	小计	男	女	小计	男	女
4	**6**	**1**	**5**	**9**	**3**	**6**			
				2		2			
				1		1			
	1		1	1	1				
4	2	1	1	2		2			
	2		2	1		1			
				2	2				
	1		1						

2-2b 全省各民族分年龄、

年龄组	保安族			裕固族			京族	
	小计	男	女	小计	男	女	小计	男
合计	**3988**	**1965**	**2023**	**3611**	**1748**	**1863**	**2**	
0–4 岁	493	247	246	197	95	102		
5–9 岁	610	313	297	236	117	119		
10–14 岁	467	261	206	204	107	97		
15–19 岁	371	181	190	216	109	107		
20–24 岁	249	94	155	156	78	78	2	
25–29 岁	281	115	166	189	91	98		
30–34 岁	293	126	167	320	132	188		
35–39 岁	294	148	146	260	129	131		
40–44 岁	251	120	131	298	149	149		
45–49 岁	200	104	96	372	183	189		
50–54 岁	195	112	83	368	185	183		
55–59 岁	94	47	47	287	138	149		
60–64 岁	64	36	28	118	58	60		
65–69 岁	42	21	21	146	69	77		
70–74 岁	38	19	19	94	48	46		
75–79 岁	27	13	14	84	40	44		
80–84 岁	16	7	9	46	16	30		
85–89 岁	1		1	16	3	13		
90–94 岁	1	1		4	1	3		
95–99 岁								
100 岁及以上	1		1					

2-2b 全省各民族分年龄、

年龄组	赫哲族			门巴族			珞巴族	
	小计	男	女	小计	男	女	小计	男
合计	**3**	**3**		**9**	**2**	**7**	**3**	
0–4 岁								
5–9 岁								
10–14 岁				2	1	1		
15–19 岁	1	1					1	
20–24 岁				3	1	2	2	
25–29 岁				1		1		
30–34 岁								
35–39 岁				2		2		
40–44 岁								
45–49 岁	1	1						
50–54 岁								
55–59 岁	1	1						
60–64 岁				1		1		
65–69 岁								
70–74 岁								
75–79 岁								
80–84 岁								
85–89 岁								
90–94 岁								
95–99 岁								
100 岁及以上								

性别的人口（镇）（续8）

单位：人

女	塔塔尔族 小计	塔塔尔族 男	塔塔尔族 女	独龙族 小计	独龙族 男	独龙族 女	鄂伦春族 小计	鄂伦春族 男	鄂伦春族 女
2	**1**		**1**	**1**	**1**		**3**	**2**	**1**
							1	1	
							1		1
2	1		1	1	1				
							1	1	

性别的人口（镇）（续9）

单位：人

女	基诺族 小计	基诺族 男	基诺族 女	未定族称人口 小计	未定族称人口 男	未定族称人口 女	入籍 小计	入籍 男	入籍 女
3				**149**	**82**	**67**	**2**		**2**
				5	1	4	1		1
				1		1			
				2	1	1			
1				26	11	15			
2				76	42	34	1		1
				8	6	2			
				5	2	3			
				6	4	2			
				6	5	1			
				3	2	1			
				3	3				
				2	2				
				1		1			
				1	1				
				3	2	1			
				1		1			

2-2c 全省各民族分年龄、

年龄组	合计			汉族			
	合计	男	女	小计	男	女	小计
合计	**11952499**	**6146432**	**5806067**	**10394441**	**5370469**	**5023972**	**2386**
0-4 岁	750289	388371	361918	586225	304141	282084	153
5-9 岁	810133	418696	391437	630396	327232	303164	131
10-14 岁	772515	401936	370579	629733	328641	301092	114
15-19 岁	496084	262792	233292	407093	218286	188807	118
20-24 岁	546363	286107	260256	451837	239406	212431	138
25-29 岁	738534	386983	351551	632388	334178	298210	187
30-34 岁	744165	395579	348586	640724	344232	296492	220
35-39 岁	570813	302547	268266	486140	260587	225553	206
40-44 岁	605491	314958	290533	520183	273492	246691	181
45-49 岁	1116845	562244	554601	1006179	508573	497606	253
50-54 岁	1357608	686798	670810	1241650	629928	611722	257
55-59 岁	1009428	521965	487463	925410	479627	445783	195
60-64 岁	597729	317052	280677	553646	295031	258615	81
65-69 岁	687967	346697	341270	638651	322793	315858	69
70-74 岁	525603	258400	267203	481701	237326	244375	46
75-79 岁	354368	174745	179623	321752	159070	162682	19
80-84 岁	184833	85142	99691	166604	76627	89977	14
85-89 岁	67912	29116	38796	60848	26003	34845	4
90-94 岁	12725	5174	7551	10785	4373	6412	
95-99 岁	2669	1001	1668	2177	825	1352	
100 岁及以上	425	129	296	319	98	221	

2-2c 全省各民族分年龄、

年龄组	维吾尔族			苗族			彝族	
	小计	男	女	小计	男	女	小计	男
合计	**560**	**283**	**277**	**1182**	**596**	**586**	**1103**	**620**
0-4 岁	5	2	3	77	36	41	35	14
5-9 岁	19	8	11	67	35	32	32	17
10-14 岁	7	4	3	34	16	18	28	12
15-19 岁	146	94	52	42	19	23	67	44
20-24 岁	195	103	92	129	62	67	162	95
25-29 岁	41	18	23	122	42	80	167	92
30-34 岁	37	12	25	150	71	79	193	94
35-39 岁	30	8	22	122	65	57	150	78
40-44 岁	12	3	9	120	67	53	109	64
45-49 岁	21	10	11	132	80	52	87	59
50-54 岁	21	13	8	76	46	30	47	33
55-59 岁	8	5	3	51	28	23	17	11
60-64 岁	5	1	4	13	5	8	3	3
65-69 岁	4		4	8	4	4	1	1
70-74 岁	8	2	6	13	7	6	4	2
75-79 岁				10	6	4	1	1
80-84 岁	1		1	10	4	6		
85-89 岁				2	1	1		
90-94 岁				3	2	1		
95-99 岁				1		1		
100 岁及以上								

性别的人口（乡村）

单位：人

蒙古族		回族			藏族		
男	女	小计	男	女	小计	男	女
1246	**1140**	**728422**	**364459**	**363963**	**308532**	**153518**	**155014**
84	69	68601	35315	33286	22924	11731	11193
61	70	79154	40186	38968	27377	14019	13358
65	49	63353	32309	31044	27086	13867	13219
65	53	39159	19595	19564	17162	9017	8145
85	53	42295	20575	21720	17803	9387	8416
103	84	48421	24077	24344	23010	11754	11256
110	110	47790	23774	24016	22467	11389	11078
105	101	36012	17971	18041	20872	10550	10322
94	87	37146	18345	18801	21756	10780	10976
126	127	54214	26677	27537	25892	12629	13263
131	126	60126	29747	30379	24702	12173	12529
101	94	44029	22368	21661	17635	8645	8990
49	32	23964	12051	11913	8374	4160	4214
35	34	27351	13436	13915	10469	4940	5529
19	27	24094	11948	12146	8887	3899	4988
8	11	17932	8910	9022	6429	2694	3735
4	10	9811	4868	4943	3644	1314	2330
1	3	3671	1741	1930	1544	450	1094
		1005	450	555	375	101	274
		240	99	141	112	18	94
		54	17	37	12	1	11

性别的人口（乡村）（续 1）

单位：人

	壮族			布依族			朝鲜族		
女	小计	男	女	小计	男	女	小计	男	女
483	**407**	**143**	**264**	**443**	**209**	**234**	**41**	**21**	**20**
21	33	21	12	27	14	13	4	1	3
15	27	16	11	22	13	9	3	3	
16	18	6	12	15	8	7	3	1	2
23	13	5	8	10	3	7			
67	45	16	29	47	21	26	2		2
75	48	8	40	74	33	41	3	2	1
99	99	16	83	52	24	28	2	1	1
72	44	13	31	33	17	16	1		1
45	36	17	19	35	17	18	2		2
28	18	7	11	58	29	29	2	1	1
14	10	9	1	26	11	15	10	6	4
6	11	7	4	19	8	11	2	1	1
	3	1	2	3	1	2	3	2	1
	1		1	5	2	3	1	1	
2				4	1	3	2	2	
	1	1		5	3	2			
				3	1	2	1		1
				4	2	2			
				1	1				

2-2c 全省各民族分年龄、

年龄组	满族			侗族			瑶族	
	小计	男	女	小计	男	女	小计	男
合计	**948**	**593**	**355**	**313**	**161**	**152**	**106**	**46**
0-4 岁	70	40	30	21	8	13	8	4
5-9 岁	50	23	27	15	10	5	13	8
10-14 岁	46	28	18	12	6	6	2	2
15-19 岁	47	29	18	3	3		4	3
20-24 岁	72	46	26	20	8	12	10	6
25-29 岁	73	42	31	34	15	19	17	6
30-34 岁	96	54	42	41	19	22	21	5
35-39 岁	72	50	22	33	15	18	9	1
40-44 岁	64	36	28	29	15	14	10	5
45-49 岁	83	63	20	29	23	6	5	3
50-54 岁	101	73	28	24	10	14	4	3
55-59 岁	68	50	18	17	10	7		
60-64 岁	32	14	18	3	3		2	
65-69 岁	31	18	13	5	3	2		
70-74 岁	21	13	8	8	3	5		
75-79 岁	14	9	5	8	5	3	1	
80-84 岁	4	2	2	5	2	3		
85-89 岁	4	3	1	5	2	3		
90-94 岁								
95-99 岁				1	1			
100 岁及以上								

2-2c 全省各民族分年龄、

年龄组	哈萨克族			傣族			黎族	
	小计	男	女	小计	男	女	小计	男
合计	**261**	**150**	**111**	**59**	**15**	**44**	**77**	**35**
0-4 岁	5	3	2	4	3	1	4	2
5-9 岁	6	3	3	2	1	1	3	
10-14 岁	13	7	6	4	2	2	3	1
15-19 岁	125	81	44	3		3	2	
20-24 岁	22	9	13	5		5	3	1
25-29 岁	12	3	9	8	2	6	4	3
30-34 岁	21	10	11	13	4	9	5	1
35-39 岁	14	7	7	10	1	9	8	3
40-44 岁	14	10	4	3		3	11	8
45-49 岁	9	5	4	3		3	14	6
50-54 岁	9	5	4	3	1	2	5	3
55-59 岁	8	6	2				8	5
60-64 岁	1		1	1	1		2	
65-69 岁	1	1					1	1
70-74 岁							1	
75-79 岁							1	1
80-84 岁	1		1				1	
85-89 岁							1	
90-94 岁								
95-99 岁								
100 岁及以上								

性别的人口（乡村）（续 2）

单位：人

	白族			土家族			哈尼族		
女	小计	男	女	小计	男	女	小计	男	女
60	**169**	**79**	**90**	**1809**	**921**	**888**	**68**	**17**	**51**
4	7	4	3	151	75	76	3		3
5	11	6	5	148	80	68	4	2	2
	6	5	1	103	59	44	2	2	
1	8	6	2	94	51	43	2	2	
4	19	8	11	141	68	73	6	1	5
11	17	7	10	144	66	78	11	1	10
16	20	5	15	171	75	96	19	2	17
8	26	13	13	162	76	86	14	4	10
5	17	8	9	138	67	71	5	3	2
2	8	2	6	188	119	69	1		1
1	8	6	2	165	86	79			
	8	3	5	87	47	40	1		1
2	3	1	2	33	19	14			
	3	1	2	40	15	25			
	5	4	1	27	11	16			
1				8	4	4			
				4		4			
	1		1	4	3	1			
	2		2	1		1			

性别的人口（乡村）（续 3）

单位：人

	傈僳族			佤族			畲族		
女	小计	男	女	小计	男	女	小计	男	女
42	**69**	**26**	**43**	**47**	**7**	**40**	**41**	**33**	**8**
2	4	1	3	1		1	2		2
3	5	3	2	4	2	2	1	1	
2				4	2	2			
2	3	3		3		3			
2	7	3	4	5	1	4	5	4	1
1	10	3	7	7		7	2	2	
4	18	7	11	8		8	7	4	3
5	13	4	9	6		6	5	5	
3	6	1	5	2		2	3	3	
8	1	1		5	1	4	5	5	
2	1		1				6	4	2
3				1	1		4	4	
2									
1	1		1	1		1	1	1	
1									
1									

2-2c 全省各民族分年龄、

年龄组	高山族			拉祜族			水族	
	小计	男	女	小计	男	女	小计	男
合计	**11**	**6**	**5**	**24**	**5**	**19**	**73**	**34**
0–4 岁				1		1	3	2
5–9 岁				1	1		4	
10–14 岁				3	2	1	7	5
15–19 岁				2		2	2	2
20–24 岁	1	1		3		3	5	1
25–29 岁				3		3	15	5
30–34 岁	1	1		2		2	11	4
35–39 岁	4	2	2	5		5	5	2
40–44 岁	2	1	1	1		1	4	1
45–49 岁	2	1	1	1		1	4	2
50–54 岁							5	3
55–59 岁	1		1	1	1			
60–64 岁							1	1
65–69 岁				1	1		1	1
70–74 岁							5	4
75–79 岁							1	1
80–84 岁								
85–89 岁								
90–94 岁								
95–99 岁								
100 岁及以上								

2-2c 全省各民族分年龄、

年龄组	柯尔克孜族			土族			达斡尔族	
	小计	男	女	小计	男	女	小计	男
合计	**24**	**11**	**13**	**14710**	**7485**	**7225**	**10**	**6**
0–4 岁	3	3		1214	639	575	2	1
5–9 岁	1	1		1325	690	635	1	1
10–14 岁				1192	639	553		
15–19 岁	9	4	5	724	381	343		
20–24 岁	4	2	2	974	477	497	2	2
25–29 岁	4		4	1035	582	453	1	1
30–34 岁				947	538	409	1	
35–39 岁				768	395	373	1	
40–44 岁	2		2	870	396	474	1	1
45–49 岁				1369	656	713		
50–54 岁				1371	666	705		
55–59 岁				942	481	461	1	
60–64 岁	1	1		598	289	309		
65–69 岁				600	300	300		
70–74 岁				403	192	211		
75–79 岁				226	101	125		
80–84 岁				111	42	69		
85–89 岁				34	17	17		
90–94 岁				5	3	2		
95–99 岁				1	1			
100 岁及以上				1		1		

性别的人口（乡村）（续 4）

单位：人

	东乡族			纳西族			景颇族		
女	小计	男	女	小计	男	女	小计	男	女
39	**464349**	**229222**	**235127**	**8**	**2**	**6**	**17**	**5**	**12**
1	66880	34244	32636	1	1		1	1	
4	67124	34125	32999				1	1	
2	47531	24580	22951				4	3	1
	29461	14203	15258						
4	30524	14815	15709	2	1	1			
10	30641	14910	15731				1		1
7	28975	14060	14915	1		1	4		4
3	24505	11801	12704	1		1	4		4
3	23113	10783	12330						
2	26110	12145	13965	2		2	2		2
2	26598	12621	13977	1		1			
	19373	9784	9589						
	9960	4892	5068						
	9753	4669	5084						
1	9636	4595	5041						
	7427	3699	3728						
	4372	2163	2209						
	1677	839	838						
	518	225	293						
	133	56	77						
	38	13	25						

性别的人口（乡村）（续 5）

单位：人

	仫佬族			羌族			布朗族		
女	小计	男	女	小计	男	女	小计	男	女
4	**11**	**5**	**6**	**69**	**36**	**33**	**6**	**1**	**5**
1				8	3	5	1		1
				4	2	2	1	1	
				1		1			
				5	1	4			
	2		2	5	3	2	2		2
1	1		1	7	5	2	1		1
1	2	1	1	10	6	4			
				9	5	4			
	2	1	1	9	5	4			
	4	3	1	6	4	2			
1				1	1		1		1
				2	1	1			
				1		1			
				1		1			

2-2c 全省各民族分年龄、

年龄组	撒拉族			毛南族			仡佬族	
	小计	男	女	小计	男	女	小计	男
合计	**10282**	**5189**	**5093**	**6**	**4**	**2**	**105**	**74**
0–4 岁	1408	729	679				7	5
5–9 岁	1628	827	801				3	2
10–14 岁	1231	668	563				2	1
15–19 岁	698	353	345				1	1
20–24 岁	736	361	375				14	11
25–29 岁	685	343	342	2	1	1	14	7
30–34 岁	601	319	282				11	5
35–39 岁	450	218	232	1	1		8	5
40–44 岁	465	182	283	1	1		11	8
45–49 岁	592	252	340	1		1	16	14
50–54 岁	579	295	284	1	1		11	9
55–59 岁	364	205	159				4	3
60–64 岁	220	122	98				2	2
65–69 岁	207	112	95					
70–74 岁	177	93	84					
75–79 岁	131	58	73				1	1
80–84 岁	65	30	35					
85–89 岁	31	15	16					
90–94 岁	13	7	6					
95–99 岁	1		1					
100 岁及以上								

2-2c 全省各民族分年龄、

年龄组	塔吉克族			怒族			乌孜别克族	
	小计	男	女	小计	男	女	小计	男
合计	**2**	**2**		**3**		**3**	**1**	**1**
0–4 岁								
5–9 岁								
10–14 岁								
15–19 岁	2	2						
20–24 岁				1		1	1	1
25–29 岁								
30–34 岁				1		1		
35–39 岁				1		1		
40–44 岁								
45–49 岁								
50–54 岁								
55–59 岁								
60–64 岁								
65–69 岁								
70–74 岁								
75–79 岁								
80–84 岁								
85–89 岁								
90–94 岁								
95–99 岁								
100 岁及以上								

性别的人口（乡村）（续6）

单位：人

	锡伯族			阿昌族			普米族		
女	小计	男	女	小计	男	女	小计	男	女
31	**13**	**2**	**11**	**4**	**1**	**3**	**2**	**1**	**1**
2	1		1						
1	1		1				1	1	
1	2		2						
	1		1						
3	2	2		1		1			
7				1	1				
6	1		1	2		2	1		1
3	2		2						
3									
2	1		1						
2	1		1						
1									
	1		1						

性别的人口（乡村）（续7）

单位：人

	俄罗斯族			鄂温克族			德昂族		
女	小计	男	女	小计	男	女	小计	男	女
	1	**1**		**3**	**2**	**1**			
				1	1				
	1	1							
				1	1				
				1		1			

2-2c 全省各民族分年龄、

年龄组	保安族			裕固族			京族	
	小计	男	女	小计	男	女	小计	男
合计	**15045**	**7434**	**7611**	**6007**	**3124**	**2883**	**3**	**2**
0–4 岁	2028	1071	957	338	159	179	2	2
5–9 岁	2236	1156	1080	304	153	151	1	
10–14 岁	1654	853	801	291	135	156		
15–19 岁	838	421	417	235	115	120		
20–24 岁	853	394	459	246	125	121		
25–29 岁	954	475	479	344	185	159		
30–34 岁	937	469	468	458	253	205		
35–39 岁	661	312	349	378	223	155		
40–44 岁	644	274	370	471	263	208		
45–49 岁	880	398	482	630	341	289		
50–54 岁	991	499	492	783	406	377		
55–59 岁	616	289	327	540	270	270		
60–64 岁	469	234	235	297	162	135		
65–69 岁	428	196	232	328	159	169		
70–74 岁	363	178	185	185	91	94		
75–79 岁	281	115	166	108	49	59		
80–84 岁	139	60	79	42	24	18		
85–89 岁	56	30	26	25	8	17		
90–94 岁	13	9	4	4	3	1		
95–99 岁	3	1	2					
100 岁及以上	1		1					

2-2c 全省各民族分年龄、

年龄组	赫哲族			门巴族			珞巴族	
	小计	男	女	小计	男	女	小计	男
合计	**1**	**1**		**17**	**5**	**12**	**5**	**2**
0–4 岁				1	1			
5–9 岁				3	3		1	1
10–14 岁				3		3	1	1
15–19 岁				1	1		1	
20–24 岁				1		1	1	
25–29 岁	1	1		2		2		
30–34 岁				2		2		
35–39 岁				2		2	1	
40–44 岁				2		2		
45–49 岁								
50–54 岁								
55–59 岁								
60–64 岁								
65–69 岁								
70–74 岁								
75–79 岁								
80–84 岁								
85–89 岁								
90–94 岁								
95–99 岁								
100 岁及以上								

性别的人口（乡村）（续8）

单位：人

女	塔塔尔族			独龙族			鄂伦春族		
	小计	男	女	小计	男	女	小计	男	女
1	**2**		**2**	**1**	**1**		**1**	**1**	
1									
							1	1	
	1		1						
	1		1						
				1	1				

性别的人口（乡村）（续9）

单位：人

女	基诺族			未定族称人口			入籍		
	小计	男	女	小计	男	女	小计	男	女
3				**190**	**118**	**72**	**9**	**2**	**7**
				25	11	14	1		1
				3	2	1			
				7	5	2			
1				4	3	1			
1				16	6	10	1		1
				20	11	9	1		1
				23	15	8	3	1	2
1				20	8	12			
				12	8	4			
				15	9	6	1		1
				6	3	3			
				5	4	1			
				6	6				
				8	8				
				9	9				
				9	8	1	2	1	1
				1	1				
				1	1				

2-3 全省各民族分性别、

民族	3岁及以上人口			未上过学			
	合计	男	女	小计	男	女	小计
合 计	**24129001**	**12239650**	**11889351**	**1936220**	**586554**	**1349666**	**1007385**
汉 族	21615316	10990718	10624598	1552942	453925	1099017	850265
蒙古族	11496	5684	5812	298	115	183	457
回 族	1278490	637999	640491	191799	64982	126817	72632
藏 族	498122	245879	252243	66556	22382	44174	23079
维吾尔族	3052	1362	1690	45	18	27	50
苗 族	3787	2028	1759	88	30	58	101
彝 族	2910	1606	1304	117	35	82	74
壮 族	2648	1116	1532	25	10	15	84
布依族	1130	538	592	58	24	34	34
朝鲜族	511	254	257	11	7	4	24
满 族	13675	7209	6466	191	75	116	673
侗 族	1158	601	557	29	11	18	33
瑶 族	543	238	305	8	5	3	21
白 族	946	492	454	22	7	15	28
土家族	7082	3689	3393	177	46	131	356
哈尼族	212	94	118	4	2	2	6
哈萨克族	4091	2015	2076	78	33	45	217
傣 族	157	49	108	1		1	9
黎 族	420	193	227	13	4	9	8
傈僳族	142	52	90	3		3	5
佤 族	91	21	70	4	1	3	2
畲 族	235	149	86	3		3	8
高山族	32	17	15	2	1	1	1
拉祜族	57	16	41	6	3	3	1
水 族	171	89	82	2	1	1	6
东乡族	602178	297707	304471	116461	42496	73965	53510
纳西族	81	37	44	2	1	1	1
景颇族	31	13	18				1
柯尔克孜族	118	49	69	1	1		5
土 族	31740	15646	16094	2470	648	1822	2008
达斡尔族	112	64	48	1	1		7
仫佬族	68	31	37	1	1		
羌 族	235	120	115	5	1	4	14
布朗族	19	10	9	1		1	1
撒拉族	14734	7423	7311	1666	606	1060	1302
毛南族	40	19	21				
仡佬族	358	211	147	2	2		6
锡伯族	298	148	150	2	1	1	16
阿昌族	9	3	6	1		1	
普米族	9	3	6				
塔吉克族	16	7	9				
怒 族	3		3				
乌孜别克族	13	7	6				
俄罗斯族	60	23	37	1		1	3
鄂温克族	19	10	9				
德昂族	4	2	2				
保安族	19303	9469	9834	2651	936	1715	1784
裕固族	12576	6272	6304	431	119	312	543
京 族	5	2	3				1
塔塔尔族	3		3				
独龙族	2	2					
鄂伦春族	5	3	2				
赫哲族	7	4	3				
门巴族	33	8	25	4		4	1
珞巴族	9	2	7	1		1	
基诺族							
未定族称人口	412	237	175	34	23	11	6
入籍	27	10	17	3	1	2	2

受教育程度的3岁及以上人口

单位：人

学前教育		小学			初中		
男	女	小计	男	女	小计	男	女
519296	**488089**	**7457905**	**3541271**	**3916634**	**6861224**	**3839670**	**3021554**
439208	411057	6359007	2992212	3366795	6391437	3568717	2822720
244	213	2422	1164	1258	2007	1061	946
37102	35530	539701	270012	269689	280711	160833	119878
11785	11294	223039	111889	111150	69756	40667	29089
21	29	306	154	152	417	219	198
44	57	740	381	359	1013	559	454
41	33	775	455	320	787	482	305
56	28	243	128	115	429	143	286
19	15	221	103	118	279	129	150
14	10	62	26	36	93	41	52
351	322	1643	830	813	2513	1487	1026
15	18	175	93	82	263	133	130
8	13	71	33	38	100	38	62
15	13	199	99	100	256	148	108
177	179	1372	660	712	1505	871	634
5	1	46	15	31	75	37	38
104	113	779	364	415	694	337	357
4	5	31	8	23	53	15	38
4	4	51	21	30	60	27	33
2	3	34	10	24	43	20	23
1	1	34	6	28	37	9	28
4	4	34	18	16	58	44	14
	1	12	7	5	7	2	5
1		21	4	17	14		14
2	4	45	18	27	49	28	21
27148	26362	297741	148744	148997	92962	54864	38098
1		8	4	4	7	3	4
1		15	6	9	10	3	7
4	1	5		5	8	2	6
1027	981	10143	4858	5285	5575	3116	2459
4	3	13	9	4	19	13	6
		2		2	15	7	8
9	5	57	31	26	70	40	30
	1	2	1	1	4	1	3
659	643	6396	3060	3336	3004	1712	1292
		5	2	3	4		4
2	4	34	20	14	90	70	20
6	10	27	9	18	45	24	21
		2		2	1		1
		1	1		1		1
					2	1	1
		1		1	2		2
		1	1				
1	2	5	2	3	12	6	6
		3	1	2	1		1
					1	1	
941	843	8182	3843	4339	3686	2104	1582
260	283	4089	1905	2184	2933	1587	1346
1		1		1			
		1		1	1		1
		1	1				
					2	2	
		1		1	2	2	
1		9	2	7	9	2	7
		2	1	1	1	1	
4	2	93	59	34	94	59	35
	2	2	1	1	7	3	4

2-3 全省各民族分性别、

民族	高中			大学专科			
	小计	男	女	小计	男	女	小计
合　计	**3236918**	**1824369**	**1412549**	**1931242**	**1037137**	**894105**	**1578442**
汉　族	3063093	1727305	1335788	1819788	978070	841718	1466165
蒙古族	1434	745	689	1611	909	702	2909
回　族	97671	55033	42638	48204	25548	22656	45126
藏　族	38603	20190	18413	40557	21025	19532	34371
维吾尔族	387	226	161	343	179	164	1429
苗　族	372	219	153	227	127	100	1175
彝　族	316	190	126	139	84	55	671
壮　族	265	117	148	199	69	130	1346
布依族	131	72	59	40	26	14	348
朝鲜族	95	52	43	76	32	44	123
满　族	2722	1464	1258	2085	1089	996	3287
侗　族	139	75	64	80	47	33	410
瑶　族	58	28	30	31	16	15	241
白　族	101	56	45	50	22	28	268
土家族	870	469	401	670	346	324	1942
哈尼族	25	10	15	15	9	6	39
哈萨克族	596	309	287	799	481	318	896
傣　族	25	9	16	6	1	5	30
黎　族	48	19	29	26	11	15	203
傈僳族	16	7	9	5	2	3	35
佤　族	5	1	4	2	1	1	7
畲　族	36	23	13	13	7	6	77
高山族	4	2	2	3	2	1	2
拉祜族	3		3	1	1		11
水　族	17	12	5	7	3	4	43
东乡族	21554	13132	8422	10086	5726	4360	9560
纳西族	5		5	6	3	3	48
景颇族	1	1		1	1		3
柯尔克孜族	34	15	19	14	6	8	48
土　族	3814	2048	1766	3184	1645	1539	4341
达斡尔族	17	11	6	17	11	6	30
仫佬族	12	8	4	4	3	1	31
羌　族	17	12	5	30	11	19	34
布朗族	3	2	1	2	1	1	5
撒拉族	1157	706	451	632	366	266	553
毛南族	5	4	1				25
仡佬族	25	17	8	21	15	6	174
锡伯族	60	35	25	38	17	21	100
阿昌族				1	1		4
普米族	1		1				6
塔吉克族	4	1	3	3	3		7
怒　族							
乌孜别克族	1	1		1	1		9
俄罗斯族	8	1	7	10	5	5	15
鄂温克族	7	4	3	2	2		5
德昂族				3	1	2	
保安族	1520	868	652	833	437	396	633
裕固族	1601	849	752	1364	768	596	1500
京　族							3
塔塔尔族							1
独龙族							1
鄂伦春族	1	1					2
赫哲族							3
门巴族	2		2	4	2	2	4
珞巴族				1		1	4
基诺族							
未定族称人口	34	20	14	5	4	1	132
入籍	3		3	3	1	2	7

受教育程度的3岁及以上人口（续）

单位：人

大学本科		硕士研究生			博士研究生		
男	女	小计	男	女	小计	男	女
831116	**747326**	**105868**	**51656**	**54212**	**13797**	**8581**	**5216**
774522	691643	99605	48645	50960	13014	8114	4900
1296	1613	299	122	177	59	28	31
23208	21918	2321	1085	1236	325	196	129
16804	17567	2009	1043	966	152	94	58
514	915	49	18	31	26	13	13
634	541	61	27	34	10	7	3
302	369	23	12	11	8	5	3
567	779	48	18	30	9	8	1
157	191	17	7	10	2	1	1
66	57	21	14	7	6	2	4
1667	1620	485	207	278	76	39	37
211	199	26	13	13	3	3	
105	136	9	2	7	4	3	1
131	137	17	10	7	5	4	1
1015	927	160	83	77	30	22	8
16	23	2		2			
367	529	29	18	11	3	2	1
12	18	1		1	1		1
102	101	10	5	5	1		1
11	24	1		1			
2	5						
49	28	5	3	2	1	1	
2		1	1				
7	4						
23	20	2	2				
5421	4139	289	167	122	15	9	6
22	26	3	2	1	1	1	
1	2						
18	30	1	1		2	2	
2210	2131	182	81	101	23	13	10
14	16	7		7	1	1	
11	20	3	1	2			
11	23	7	4	3	1	1	
4	1				1	1	
302	251	19	9	10	5	3	2
12	13	1	1				
84	90	6	1	5			
54	46	9	1	8	1	1	
2	2						
2	4						
2	5						
4	5				1		1
6	9	5	1	4	1	1	
2	3	1	1				
331	302	14	9	5			
741	759	106	38	68	9	5	4
1	2						
	1						
1							
	2						
1	2	1	1				
1	3						
	4						
64	68	13	3	10	1	1	
4	3						

2-3a 全省各民族分性别、

民族	3岁及以上人口			未上过学			
	合计	男	女	小计	男	女	小计
合　计	**6860928**	**3443795**	**3417133**	**172606**	**50903**	**121703**	**256636**
汉　族	6388338	3208225	3180113	145566	41474	104092	234062
蒙古族	4002	1988	2014	48	23	25	195
回　族	313759	156336	157423	17494	5520	11974	13956
藏　族	52364	24658	27706	2146	711	1435	2099
维吾尔族	1404	672	732	23	13	10	35
苗　族	1236	684	552	25	8	17	40
彝　族	890	520	370	37	14	23	25
壮　族	974	440	534	13	5	8	49
布依族	332	161	171	8	4	4	9
朝鲜族	385	188	197	4	3	1	18
满　族	10396	5346	5050	111	49	62	529
侗　族	437	228	209	13	4	9	18
瑶　族	232	107	125	4	3	1	13
白　族	294	168	126	8	3	5	13
土家族	2729	1433	1296	34	11	23	157
哈尼族	66	36	30	3	2	1	4
哈萨克族	363	203	160	1	1		1
傣　族	48	19	29	1		1	2
黎　族	148	59	89	6	1	5	3
傈僳族	36	10	26				
佤　族	17	4	13				1
畲　族	121	68	53	2		2	5
高山族	13	5	8	2	1	1	1
拉祜族	13	4	9				1
水　族	42	28	14	1		1	2
东乡族	70327	36392	33935	6818	2973	3845	4669
纳西族	30	15	15				1
景颇族	6	4	2				
柯尔克孜族	32	16	16				1
土　族	4435	2127	2308	73	23	50	282
达斡尔族	82	47	35				6
仫佬族	20	10	10				
羌　族	99	50	49	2	1	1	7
布朗族	7	5	2				
撒拉族	1761	912	849	57	25	32	105
毛南族	12	7	5				
仡佬族	99	55	44				2
锡伯族	233	117	116	2	1	1	10
阿昌族	1		1				
普米族	1		1				
塔吉克族	5	3	2				
怒　族							
乌孜别克族	5	3	2				
俄罗斯族	53	21	32	1		1	3
鄂温克族	7	5	2				
德昂族	4	2	2				
保安族	1678	811	867	51	18	33	126
裕固族	3258	1543	1715	49	11	38	181
京　族	1	1					
塔塔尔族							
独龙族							
鄂伦春族	2	1	1				
赫哲族	3		3				
门巴族	8	2	6				
珞巴族	1		1				
基诺族							
未定族称人口	102	48	54	2		2	4
入籍	17	8	9	1	1		1

受教育程度的 3 岁及以上人口（城市）

单位：人

学前教育		小学			初中		
男	女	小计	男	女	小计	男	女
133632	**123004**	**1145424**	**522996**	**622428**	**1839813**	**941984**	**897829**
122077	111985	1007565	457329	550236	1726222	880228	845994
96	99	468	225	243	593	305	288
7160	6796	95362	45024	50338	87615	47616	39999
1021	1078	8922	4204	4718	6455	3227	3228
14	21	171	105	66	258	152	106
14	26	214	113	101	342	196	146
13	12	178	117	61	231	158	73
31	18	104	53	51	158	76	82
6	3	53	25	28	85	47	38
10	8	45	19	26	64	28	36
275	254	1142	547	595	1713	977	736
6	12	72	42	30	91	54	37
3	10	37	20	17	44	19	25
6	7	39	23	16	66	44	22
81	76	360	171	189	527	304	223
4		6	1	5	19	12	7
1		24	13	11	56	35	21
	2	8	3	5	16	7	9
2	1	16	5	11	21	10	11
		9	4	5	7	2	5
	1	5	1	4	7	2	5
2	3	19	7	12	34	24	10
	1	3	2	1	3		3
1		3		3	3		3
1	1	12	6	6	8	7	1
2442	2227	28514	14055	14459	13229	7497	5732
1		5	3	2	3	1	2
		1		1	1	1	
	1	3		3	1	1	
139	143	613	256	357	495	222	273
4	2	7	7		11	7	4
		1		1	5	2	3
5	2	20	10	10	22	14	8
					2		2
57	48	440	181	259	377	206	171
		3	1	2			
	2	9	3	6	26	21	5
4	6	20	7	13	33	17	16
		1		1			
					1	1	
		1	1				
1	2	5	2	3	10	5	5
					1	1	
68	58	373	158	215	277	141	136
85	96	547	236	311	652	302	350
					1	1	
		1		1			
		1		1	1		1
2	2	21	16	5	22	12	10
	1	1	1		5	2	3

2-3a 全省各民族分性别、

民族	高中			大学专科			
	小计	男	女	小计	男	女	小计
合 计	**1453565**	**758613**	**694952**	**992444**	**520117**	**472327**	**903709**
汉 族	1382908	721214	661694	949761	498470	451291	851113
蒙古族	643	316	327	678	377	301	1059
回 族	47489	25268	22221	24604	12433	12171	25006
藏 族	8948	4291	4657	8769	4315	4454	13573
维吾尔族	181	96	85	129	71	58	534
苗 族	173	104	69	108	65	43	269
彝 族	142	81	61	72	40	32	175
壮 族	161	82	79	129	49	80	307
布依族	55	30	25	17	8	9	87
朝鲜族	78	42	36	64	27	37	87
满 族	2217	1169	1048	1711	877	834	2458
侗 族	66	33	33	48	26	22	104
瑶 族	37	18	19	24	14	10	61
白 族	50	27	23	30	13	17	69
土家族	443	242	201	393	207	186	639
哈尼族	15	8	7	8	5	3	10
哈萨克族	112	66	46	54	31	23	101
傣 族	9	5	4	2	1	1	8
黎 族	32	11	21	21	8	13	39
傈僳族	3	1	2	3	1	2	13
佤 族	1		1				3
畲 族	25	15	10	11	5	6	19
高山族	1		1	2	1	1	
拉祜族	1		1	1	1		4
水 族	9	7	2	2	1	1	7
东乡族	7703	4409	3294	4075	2143	1932	5083
纳西族	2		2	4	2	2	11
景颇族	1	1		1	1		2
柯尔克孜族	3	3		2	2		20
土 族	707	357	350	689	364	325	1437
达斡尔族	15	11	4	14	9	5	21
仫佬族	5	3	2	2	2		4
羌 族	9	6	3	18	6	12	14
布朗族	2	2		1	1		1
撒拉族	308	184	124	193	112	81	259
毛南族	2	1	1				6
仡佬族	13	9	4	7	5	2	37
锡伯族	53	31	22	33	15	18	72
阿昌族							
普米族							1
塔吉克族	1	1					3
怒 族							
乌孜别克族				1	1		2
俄罗斯族	8	1	7	9	5	4	11
鄂温克族	5	4	1				1
德昂族				3	1	2	
保安族	322	156	166	224	126	98	298
裕固族	596	306	290	520	273	247	640
京 族							1
塔塔尔族							
独龙族							
鄂伦春族							1
赫哲族							2
门巴族	1		1	4	2	2	1
珞巴族							1
基诺族							
未定族称人口	9	2	7	1	1		29
入籍	1		1	2		2	6

受教育程度的3岁及以上人口（城市）（续）

单位：人

大学本科		硕士研究生			博士研究生		
男	女	小计	男	女	小计	男	女
467520	**436189**	**84750**	**40569**	**44181**	**11981**	**7461**	**4520**
442076	409037	79845	38308	41537	11296	7049	4247
508	551	263	112	151	55	26	29
12265	12741	1941	874	1067	292	176	116
6149	7424	1342	666	676	110	74	36
192	342	47	16	31	26	13	13
154	115	55	23	32	10	7	3
81	94	22	11	11	8	5	3
119	188	45	18	27	8	7	1
34	53	16	6	10	2	1	1
45	42	20	13	7	5	1	4
1228	1230	444	187	257	71	37	34
49	55	22	11	11	3	3	
25	36	8	2	6	4	3	1
40	29	14	8	6	5	4	1
321	318	148	76	72	28	20	8
4	6	1		1			
47	54	11	7	4	3	2	1
3	5	1		1	1		1
18	21	9	4	5	1		1
2	11	1		1			
1	2						
11	8	5	3	2	1	1	
		1	1				
2	2						
5	2	1	1				
2742	2341	224	124	100	12	7	5
5	6	3	2	1	1	1	
1	1						
8	12				2	2	
702	735	121	55	66	18	9	9
8	13	7		7	1	1	
2	2	3	1	2			
4	10	6	3	3	1	1	
1					1	1	
136	123	17	8	9	5	3	2
4	2	1	1				
17	20	5		5			
40	32	9	1	8	1	1	
	1						
1	2						
1	1				1		1
5	6	5	1	4	1	1	
	1	1	1				
140	158	7	4	3			
308	332	66	18	48	7	4	3
1							
	1						
	2						
	1						
	1						
11	18	13	3	10	1	1	
4	2						

2-3b 全省各民族分性别、

民族	3岁及以上人口			未上过学			
	合计	男	女	小计	男	女	小计
合　计	**5741803**	**2870143**	**2871660**	**298915**	**87702**	**211213**	**286219**
汉　族	5165969	2584930	2581039	232718	65712	167006	249689
蒙古族	5197	2498	2699	109	33	76	177
回　族	274906	137160	137746	32456	10418	22038	16436
藏　族	150305	74432	75873	14168	4911	9257	7790
维吾尔族	1090	409	681	4	2	2	8
苗　族	1417	772	645	11	2	9	18
彝　族	940	477	463	21	7	14	19
壮　族	1284	543	741	4	2	2	18
布依族	371	175	196	2	1	1	12
朝鲜族	88	46	42	1	1		5
满　族	2369	1290	1079	43	15	28	109
侗　族	420	217	203	3		3	7
瑶　族	211	88	123				3
白　族	487	248	239	11	3	8	10
土家族	2635	1384	1251	50	8	42	112
哈尼族	80	41	39				
哈萨克族	3470	1665	1805	74	31	43	213
傣　族	51	16	35				4
黎　族	198	101	97				4
傈僳族	38	17	21				
佤　族	28	10	18				
畲　族	74	48	26				1
高山族	8	6	2				
拉祜族	21	7	14	3	1	2	
水　族	59	29	30				3
东乡族	105372	51507	53865	18118	6243	11875	9697
纳西族	44	21	23	1	1		
景颇族	8	4	4				
柯尔克孜族	62	22	40				
土　族	13356	6447	6909	556	148	408	1063
达斡尔族	21	11	10				1
仫佬族	37	16	21				
羌　族	72	36	36	1		1	3
布朗族	6	4	2				
撒拉族	3456	1721	1735	251	82	169	290
毛南族	22	8	14				
仡佬族	156	84	72				1
锡伯族	53	29	24				5
阿昌族	4	2	2				
普米族	6	2	4				
塔吉克族	9	2	7				
怒　族							
乌孜别克族	7	3	4				
俄罗斯族	6	1	5				
鄂温克族	9	3	6				
德昂族							
保安族	3713	1833	1880	184	50	134	370
裕固族	3501	1690	1811	119	28	91	150
京　族	2		2				
塔塔尔族	1		1				
独龙族	1	1					
鄂伦春族	2	1	1				
赫哲族	3	3					
门巴族	9	2	7	1		1	
珞巴族	3		3				
基诺族							
未定族称人口	144	81	63	6	3	3	
入籍	2		2				1

受教育程度的 3 岁及以上人口（镇）

单位：人

学前教育		小学			初中		
男	女	小计	男	女	小计	男	女
148774	**137445**	**1586064**	**727757**	**858307**	**1647078**	**863895**	**783183**
129915	119774	1364964	620514	744450	1543115	805159	737956
106	71	1098	521	577	775	408	367
8524	7912	110373	53629	56744	58483	33257	25226
4047	3743	53200	25880	27320	21283	11924	9359
5	3	55	21	34	61	30	31
10	8	129	77	52	223	128	95
12	7	158	94	64	172	101	71
15	3	61	36	25	102	30	72
5	7	28	14	14	52	24	28
3	2	6	1	5	20	9	11
58	51	302	162	140	449	269	180
5	2	34	16	18	50	23	27
1	2	8	6	2	11	2	9
7	3	102	46	56	121	73	48
54	58	402	207	195	401	234	167
		14	7	7	32	19	13
102	111	711	326	385	593	281	312
2	2	5	2	3	9	1	8
2	2	14	8	6	10	5	5
		3	2	1	8	4	4
		5	1	4	17	7	10
1		9	5	4	8	7	1
		1	1		2	1	1
		6	1	5	5		5
1	2	4		4	11	7	4
4933	4764	47499	23059	24440	16867	9748	7119
		1	1		1	1	
		4	2	2	3	2	1
					3	1	2
538	525	3378	1512	1866	2051	1023	1028
	1	4	1	3	4	4	
		1		1	6	5	1
2	1	19	9	10	20	13	7
		1		1	1	1	
156	134	1218	554	664	690	365	325
					3		3
1		2	1	1	14	12	2
2	3	3	2	1	9	7	2
					1		1
					1		1
		2		2	1		1
197	173	1160	544	616	650	342	308
70	80	1070	491	579	709	347	362
					1	1	
					1	1	
		1		1	4	1	3
		9	4	5	25	18	7
	1						

2-3b 全省各民族分性别、

民族	高中			大学专科			
	小计	男	女	小计	男	女	小计
合 计	**910649**	**501487**	**409162**	**534601**	**285196**	**249405**	**465167**
汉 族	854536	470892	383644	489647	261509	228138	419155
蒙古族	532	285	247	764	417	347	1710
回 族	26257	14809	11448	15921	8472	7449	14725
藏 族	17625	9010	8615	20141	10435	9706	15633
维吾尔族	39	13	26	60	28	32	861
苗 族	94	51	43	64	41	23	872
彝 族	64	35	29	23	13	10	482
壮 族	48	16	32	42	14	28	1006
布依族	20	11	9	10	7	3	247
朝鲜族	11	6	5	9	5	4	34
满 族	383	210	173	292	164	128	753
侗 族	22	13	9	12	7	5	290
瑶 族	7	1	6	5	1	4	176
白 族	37	21	16	11	7	4	193
土家族	230	122	108	188	92	96	1240
哈尼族	2	1	1	3	2	1	28
哈萨克族	377	176	201	697	420	277	787
傣 族	10	2	8	1		1	22
黎 族	6	2	4	2	1	1	162
傈僳族	4	2	2	2	1	1	21
佤 族	1		1	1	1		4
畲 族	2	1	1	1	1		53
高山族	2	1	1	1	1		2
拉祜族	1		1				6
水 族	3	2	1	3	2	1	34
东乡族	6727	3931	2796	3639	1988	1651	2793
纳西族	2		2	2	1	1	37
景颇族							1
柯尔克孜族	26	9	17	4	1	3	28
土 族	2002	1021	981	1815	913	902	2437
达斡尔族	2		2	2	1	1	8
仫佬族	2	1	1	2	1	1	26
羌 族	6	4	2	6	3	3	16
布朗族							4
撒拉族	465	267	198	319	172	147	221
毛南族							19
仡佬族	4	3	1	4	3	1	130
锡伯族	6	4	2	2		2	28
阿昌族							4
普米族	1		1				5
塔吉克族	3		3	1	1		4
怒 族							
乌孜别克族							7
俄罗斯族				1		1	4
鄂温克族	1		1	2	2		3
德昂族							
保安族	646	347	299	434	201	233	263
裕固族	439	214	225	467	267	200	521
京 族							2
塔塔尔族							1
独龙族							1
鄂伦春族							1
赫哲族							1
门巴族							3
珞巴族							3
基诺族							
未定族称人口	4	4		1	1		99
入籍							1

受教育程度的3岁及以上人口（镇）（续）

单位：人

大学本科		硕士研究生			博士研究生		
男	女	小计	男	女	小计	男	女
248399	**216768**	**12245**	**6395**	**5850**	**865**	**538**	**327**
224834	194321	11335	5885	5450	810	510	300
720	990	29	6	23	3	2	1
7908	6817	239	137	102	16	6	10
7959	7674	443	256	187	22	10	12
308	553	2	2				
459	413	6	4	2			
214	268	1	1				
429	577	2		2	1	1	
113	134						
19	15	1	1		1	1	
393	360	35	18	17	3	1	2
151	139	2	2				
77	99	1		1			
89	104	2	2				
659	581	10	6	4	2	2	
12	16	1		1			
318	469	18	11	7			
9	13						
83	79						
8	13						
1	3						
33	20						
2							
5	1						
16	18	1	1				
1584	1209	30	20	10	2	1	1
17	20						
	1						
10	18	1	1				
1267	1170	50	22	28	4	3	1
5	3						
9	17						
4	12	1	1				
3	1						
124	97	2	1	1			
8	11						
63	67	1	1				
14	14						
2	2						
2	3						
1	3						
3	4						
1	3						
1	2						
148	115	6	4	2			
260	261	25	12	13	1	1	
	2						
	1						
1							
	1						
1		1	1				
1	2						
	3						
51	48						
	1						

2-3c 全省各民族分性别、

民族	3岁及以上人口			未上过学			
	合计	男	女	小计	男	女	小计
合　计	**11526270**	**5925712**	**5600558**	**1464699**	**447949**	**1016750**	**464530**
汉　族	10061009	5197563	4863446	1174658	346739	827919	366514
蒙古族	2297	1198	1099	141	59	82	85
回　族	689825	344503	345322	141849	49044	92805	42240
藏　族	295453	146789	148664	50242	16760	33482	13190
维吾尔族	558	281	277	18	3	15	7
苗　族	1134	572	562	52	20	32	43
彝　族	1080	609	471	59	14	45	30
壮　族	390	133	257	8	3	5	17
布依族	427	202	225	48	19	29	13
朝鲜族	38	20	18	6	3	3	1
满　族	910	573	337	37	11	26	35
侗　族	301	156	145	13	7	6	8
瑶　族	100	43	57	4	2	2	5
白　族	165	76	89	3	1	2	5
土家族	1718	872	846	93	27	66	87
哈尼族	66	17	49	1		1	2
哈萨克族	258	147	111	3	1	2	3
傣　族	58	14	44				3
黎　族	74	33	41	7	3	4	1
傈僳族	68	25	43	3		3	5
佤　族	46	7	39	4	1	3	1
畲　族	40	33	7	1		1	2
高山族	11	6	5				
拉祜族	23	5	18	3	2	1	
水　族	70	32	38	1	1		1
东乡族	426479	209808	216671	91525	33280	58245	39144
纳西族	7	1	6	1		1	
景颇族	17	5	12				1
柯尔克孜族	24	11	13	1	1		4
土　族	13949	7072	6877	1841	477	1364	663
达斡尔族	9	6	3	1	1		
仫佬族	11	5	6	1	1		
羌　族	64	34	30	2		2	4
布朗族	6	1	5	1		1	1
撒拉族	9517	4790	4727	1358	499	859	907
毛南族	6	4	2				
仡佬族	103	72	31	2	2		3
锡伯族	12	2	10				1
阿昌族	4	1	3	1		1	
普米族	2	1	1				
塔吉克族	2	2					
怒　族	3		3				
乌孜别克族	1	1					
俄罗斯族	1	1					
鄂温克族	3	2	1				
德昂族							
保安族	13912	6825	7087	2416	868	1548	1288
裕固族	5817	3039	2778	263	80	183	212
京　族	2	1	1				1
塔塔尔族	2		2				
独龙族	1	1					
鄂伦春族	1	1					
赫哲族	1	1					
门巴族	16	4	12	3		3	1
珞巴族	5	2	3	1		1	
基诺族							
未定族称人口	166	108	58	26	20	6	2
入籍	8	2	6	2		2	

受教育程度的3岁及以上人口（乡村）

单位：人

学前教育		小学			初中		
男	女	小计	男	女	小计	男	女
236890	**227640**	**4726417**	**2290518**	**2435899**	**3374333**	**2033791**	**1340542**
187216	179298	3986478	1914369	2072109	3122100	1883330	1238770
42	43	856	418	438	639	348	291
21418	20822	333966	171359	162607	134613	79960	54653
6717	6473	160917	81805	79112	42018	25516	16502
2	5	80	28	52	98	37	61
20	23	397	191	206	448	235	213
16	14	439	244	195	384	223	161
10	7	78	39	39	169	37	132
8	5	140	64	76	142	58	84
1		11	6	5	9	4	5
18	17	199	121	78	351	241	110
4	4	69	35	34	122	56	66
4	1	26	7	19	45	17	28
2	3	58	30	28	69	31	38
42	45	610	282	328	577	333	244
1	1	26	7	19	24	6	18
1	2	44	25	19	45	21	24
2	1	18	3	15	28	7	21
	1	21	8	13	29	12	17
2	3	22	4	18	28	14	14
1		24	4	20	13		13
1	1	6	6		16	13	3
		8	4	4	2	1	1
		12	3	9	6		6
	1	29	12	17	30	14	16
19773	19371	221728	111630	110098	62866	37619	25247
		2		2	3	1	2
1		10	4	6	6		6
4		2		2	4		4
350	313	6152	3090	3062	3029	1871	1158
		2	1	1	4	2	2
					4		4
2	2	18	12	6	28	13	15
	1	1	1		1		1
446	461	4738	2325	2413	1937	1141	796
		2	1	1	1		1
1	2	23	16	7	50	37	13
	1	4		4	3		3
		1		1	1		1
		1	1		1		1
		1		1	2		2
					1	1	
		1	1				
676	612	6649	3141	3508	2759	1621	1138
105	107	2472	1178	1294	1572	938	634
1		1		1			
		1		1	1		1
		1	1				
					1	1	
1		7	2	5	4	1	3
		2	1	1	1	1	
2		63	39	24	47	29	18
		1		1	2	1	1

2-3c 全省各民族分性别、

民族	高中			大学专科			
	小计	男	女	小计	男	女	小计
合　计	**872704**	**564269**	**308435**	**404197**	**231824**	**172373**	**209566**
汉　族	825649	535199	290450	380380	218091	162289	195897
蒙古族	259	144	115	169	115	54	140
回　族	23925	14956	8969	7679	4643	3036	5395
藏　族	12030	6889	5141	11647	6275	5372	5165
维吾尔族	167	117	50	154	80	74	34
苗　族	105	64	41	55	21	34	34
彝　族	110	74	36	44	31	13	14
壮　族	56	19	37	28	6	22	33
布依族	56	31	25	13	11	2	14
朝鲜族	6	4	2	3		3	2
满　族	122	85	37	82	48	34	76
侗　族	51	29	22	20	14	6	16
瑶　族	14	9	5	2	1	1	4
白　族	14	8	6	9	2	7	6
土家族	197	105	92	89	47	42	63
哈尼族	8	1	7	4	2	2	1
哈萨克族	107	67	40	48	30	18	8
傣　族	6	2	4	3		3	
黎　族	10	6	4	3	2	1	2
傈僳族	9	4	5				1
佤　族	3	1	2	1		1	
畲　族	9	7	2	1	1		5
高山族	1	1					
拉祜族	1		1				1
水　族	5	3	2	2		2	2
东乡族	7124	4792	2332	2372	1595	777	1684
纳西族	1		1				
景颇族							
柯尔克孜族	5	3	2	8	3	5	
土　族	1105	670	435	680	368	312	467
达斡尔族				1	1		1
仫佬族	5	4	1				1
羌　族	2	2		6	2	4	4
布朗族	1		1	1		1	
撒拉族	384	255	129	120	82	38	73
毛南族	3	3					
仡佬族	8	5	3	10	7	3	7
锡伯族	1		1	3	2	1	
阿昌族				1	1		
普米族							
塔吉克族				2	2		
怒　族							
乌孜别克族	1	1					
俄罗斯族							
鄂温克族	1		1				1
德昂族							
保安族	552	365	187	175	110	65	72
裕固族	566	329	237	377	228	149	339
京　族							
塔塔尔族							
独龙族							
鄂伦春族	1	1					
赫哲族							
门巴族	1		1				
珞巴族				1		1	
基诺族							
未定族称人口	21	14	7	3	2	1	4
入籍	2		2	1	1		

受教育程度的 3 岁及以上人口（乡村）（续）

单位：人

大学本科		硕士研究生			博士研究生		
男	女	小计	男	女	小计	男	女
115197	**94369**	**8873**	**4692**	**4181**	**951**	**582**	**369**
107612	88285	8425	4452	3973	908	555	353
68	72	7	4	3	1		1
3035	2360	141	74	67	17	14	3
2696	2469	224	121	103	20	10	10
14	20						
21	13						
7	7						
19	14	1		1			
10	4	1	1				
2							
46	30	6	2	4	2	1	1
11	5	2		2			
3	1						
2	4	1		1			
35	28	2	1	1			
	1						
2	6						
1	1	1	1				
1							
5							
	1						
2							
1095	589	35	23	12	1	1	
241	226	11	4	7	1	1	
1							
	1						
3	1						
42	31						
4	3						
1							
43	29	1	1				
173	166	15	8	7	1		1
2	2						

2-4 全省各民族按户口登记地、性别

民族	户口				
	合计			省	
				小计	
	合计	男	女	小计	男
合 计	**7352465**	**3779111**	**3573354**	**6586817**	**3318735**
汉 族	6743110	3473848	3269262	6035359	3044045
蒙古族	5714	2833	2881	2765	1331
回 族	316804	158509	158295	293959	146231
藏 族	110179	53323	56856	102509	49946
维吾尔族	2543	1175	1368	305	133
苗 族	3307	1862	1445	251	95
彝 族	2431	1476	955	161	62
壮 族	2027	887	1140	264	120
布依族	989	482	507	68	26
朝鲜族	300	162	138	141	68
满 族	6530	3474	3056	3808	1861
侗 族	989	534	455	94	37
瑶 族	418	200	218	68	34
白 族	763	407	356	92	46
土家族	4855	2666	2189	1521	685
哈尼族	167	81	86	14	5
哈萨克族	1578	790	788	827	402
傣 族	110	42	68	26	8
黎 族	318	149	169	61	25
傈僳族	101	43	58	9	5
佤 族	53	13	40	12	
畲 族	211	139	72	22	7
高山族	16	9	7	5	2
拉祜族	37	11	26	8	
水 族	153	82	71	5	2
东乡族	124605	64080	60525	123691	63586
纳西族	65	30	35	8	1
景颇族	18	8	10	7	3
柯尔克孜族	102	42	60	9	3
土 族	10987	5362	5625	9625	4614
达斡尔族	80	42	38	36	19
仫佬族	56	26	30	1	1
羌 族	177	101	76	21	6
布朗族	12	9	3		
撒拉族	3058	1572	1486	2403	1203
毛南族	39	19	20	2	2
仡佬族	327	199	128	18	8
锡伯族	164	79	85	87	37
阿昌族	8	3	5		
普米族	7	2	5	1	
塔吉克族	14	7	7		
怒 族	3		3		
乌孜别克族	9	4	5	2	
俄罗斯族	36	10	26	25	7
鄂温克族	8	4	4	1	1
德昂族	3	1	2		
保安族	3226	1570	1656	3176	1543
裕固族	5329	2500	2829	5293	2485
京 族	3	1	2		
塔塔尔族	1		1		
独龙族	1	1			
鄂伦春族	6	4	2		
赫哲族	6	4	2	2	
门巴族	22	5	17	2	
珞巴族	8	1	7		
基诺族					
未定族称人口	369	223	146	47	38
入籍	13	5	8	6	2

分的户口登记地在外乡镇街道的人口

单位：人

登记地						
内				省外		
	其中市辖区内人户分离			小计	男	女
女	合计	男	女			
3268082	**2010870**	**987531**	**1023339**	**765648**	**460376**	**305272**
2991314	1936046	951326	984720	707751	429803	277948
1434	777	361	416	2949	1502	1447
147728	63576	30886	32690	22845	12278	10567
52563	3131	1439	1692	7670	3377	4293
172	142	69	73	2238	1042	1196
156	126	57	69	3056	1767	1289
99	60	28	32	2270	1414	856
144	124	62	62	1763	767	996
42	31	16	15	921	456	465
73	102	51	51	159	94	65
1947	2671	1283	1388	2722	1613	1109
57	57	19	38	895	497	398
34	41	25	16	350	166	184
46	29	21	8	671	361	310
836	318	140	178	3334	1981	1353
9				153	76	77
425	30	12	18	751	388	363
18	9	1	8	84	34	50
36	23	11	12	257	124	133
4				92	38	54
12	3		3	41	13	28
15	18	5	13	189	132	57
3	3	1	2	11	7	4
8	2		2	29	11	18
3	1	1		148	80	68
60105	1753	857	896	914	494	420
7	6	1	5	57	29	28
4	2	1	1	11	5	6
6	7	2	5	93	39	54
5011	376	168	208	1362	748	614
17	17	8	9	44	23	21
	1	1		55	25	30
15	9	1	8	156	95	61
				12	9	3
1200	66	30	36	655	369	286
				37	17	20
10	11	6	5	309	191	118
50	57	25	32	77	42	35
				8	3	5
1				6	2	4
				14	7	7
				3		3
2	1		1	7	4	3
18	24	7	17	11	3	8
				7	3	4
				3	1	2
1633	31	21	10	50	27	23
2808	1181	585	596	36	15	21
				3	1	2
				1		1
				1	1	
				6	4	2
2	2		2	4	4	
2				20	5	15
				8	1	7
9	6	4	2	322	185	137
4				7	3	4

2-4a 全省各民族按户口登记地、性别

民族	户口				
	合计			省	
				小计	
	合计	男	女	小计	男
合　计	**4027986**	**2044714**	**1983272**	**3612995**	**1803615**
汉　族	3729063	1895285	1833778	3336272	1666009
蒙古族	2610	1297	1313	1311	619
回　族	181911	90973	90938	171924	85589
藏　族	36324	17027	19297	33754	15848
维吾尔族	1130	554	576	149	73
苗　族	1027	580	447	141	57
彝　族	744	443	301	95	38
壮　族	643	283	360	165	78
布依族	285	134	151	38	15
朝鲜族	226	122	104	124	62
满　族	4669	2386	2283	3196	1547
侗　族	335	174	161	66	28
瑶　族	160	80	80	52	29
白　族	215	120	95	61	36
土家族	1973	1039	934	871	385
哈尼族	54	29	25	7	3
哈萨克族	316	180	136	97	49
傣　族	37	15	22	13	2
黎　族	104	39	65	41	14
傈僳族	28	8	20		
佤　族	11	2	9	3	
畲　族	101	59	42	21	6
高山族	2		2	2	
拉祜族	12	4	8	2	
水　族	40	26	14	1	
东乡族	57222	29613	27609	56834	29414
纳西族	22	10	12	6	1
景颇族	6	4	2	2	1
柯尔克孜族	27	14	13	7	2
土　族	3136	1500	1636	2835	1347
达斡尔族	53	25	28	25	13
仫佬族	15	6	9		
羌　族	80	43	37	12	4
布朗族	7	5	2		
撒拉族	1292	691	601	1045	546
毛南族	12	7	5		
仡佬族	89	51	38	11	5
锡伯族	109	52	57	71	31
阿昌族	1		1		
普米族	1		1		
塔吉克族	4	3	1		
怒　族					
乌孜别克族	2	1	1	1	
俄罗斯族	32	8	24	24	7
鄂温克族	4	2	2		
德昂族	3	1	2		
保安族	1272	608	664	1260	601
裕固族	2466	1158	1308	2446	1151
京　族	1	1			
塔塔尔族					
独龙族					
鄂伦春族	2	1	1		
赫哲族	2		2	2	
门巴族	6	2	4		
珞巴族	2	1	1		
基诺族					
未定族称人口	92	45	47	5	3
入籍	6	3	3	3	2

分的户口登记地在外乡镇街道的人口（城市）

单位：人

登记地						
内				省外		
	其中市辖区内人户分离			小计	男	女
女	小计	男	女			
1809380	**1817883**	**887465**	**930418**	**414991**	**241099**	**173892**
1670263	1750508	854904	895604	392791	229276	163515
692	706	323	383	1299	678	621
86335	57379	27822	29557	9987	5384	4603
17906	2571	1198	1373	2570	1179	1391
76	132	66	66	981	481	500
84	114	51	63	886	523	363
57	55	26	29	649	405	244
87	115	55	60	478	205	273
23	29	14	15	247	119	128
62	101	51	50	102	60	42
1649	2582	1245	1337	1473	839	634
38	51	17	34	269	146	123
23	35	23	12	108	51	57
25	28	21	7	154	84	70
486	287	130	157	1102	654	448
4				47	26	21
48	28	11	17	219	131	88
11	9	1	8	24	13	11
27	22	11	11	63	25	38
				28	8	20
3	2		2	8	2	6
15	18	5	13	80	53	27
2	2		2			
2	2		2	10	4	6
1				39	26	13
27420	1565	752	813	388	199	189
5	5	1	4	16	9	7
1	1	1		4	3	1
5	7	2	5	20	12	8
1488	342	153	189	301	153	148
12	17	8	9	28	12	16
				15	6	9
8	6	1	5	68	39	29
				7	5	2
499	63	29	34	247	145	102
				12	7	5
6	7	5	2	78	46	32
40	54	24	30	38	21	17
				1		1
				1		1
				4	3	1
1	1		1	1	1	
17	24	7	17	8	1	7
				4	2	2
				3	1	2
659	30	20	10	12	7	5
1295	982	487	495	20	7	13
				1	1	
				2	1	1
2	2		2			
				6	2	4
				2	1	1
2	1	1		87	42	45
1				3	1	2

2-4b　全省各民族按户口登记地、性别

民族	户口				
	合计			省	
				小计	
	合计	男	女	小计	男
合　计	**2322295**	**1161078**	**1161217**	**2122377**	**1042471**
汉　族	2111666	1057171	1054495	1933032	949288
蒙古族	2406	1138	1268	1164	565
回　族	87283	42878	44405	80695	39474
藏　族	54089	26386	27703	50809	24865
维吾尔族	980	361	619	129	51
苗　族	1335	739	596	66	22
彝　族	856	458	398	49	19
壮　族	1174	504	670	79	32
布依族	342	164	178	26	9
朝鲜族	55	30	25	13	4
满　族	1324	725	599	491	251
侗　族	388	208	180	13	1
瑶　族	195	83	112	9	2
白　族	458	231	227	22	8
土家族	2066	1116	950	474	222
哈尼族	76	40	36	6	2
哈萨克族	1054	485	569	662	317
傣　族	37	13	24	9	4
黎　族	182	92	90	13	9
傈僳族	36	16	20	9	5
佤　族	26	9	17	7	
畲　族	72	48	24	1	1
高山族	4	3	1	1	
拉祜族	18	7	11	5	
水　族	54	27	27	1	
东乡族	44792	22663	22129	44601	22557
纳西族	39	20	19		
景颇族	7	3	4	4	2
柯尔克孜族	60	21	39	2	1
土　族	6344	3047	3297	5812	2753
达斡尔族	20	12	8	10	5
仫佬族	35	16	19		
羌　族	52	31	21	4	1
布朗族	5	4	1		
撒拉族	1221	618	603	1022	500
毛南族	22	8	14	2	2
仡佬族	150	79	71	4	2
锡伯族	45	25	20	11	6
阿昌族	4	2	2		
普米族	6	2	4	1	
塔吉克族	8	2	6		
怒　族					
乌孜别克族	6	2	4	1	
俄罗斯族	3	1	2	1	
鄂温克族	3	1	2		
德昂族					
保安族	1523	752	771	1509	745
裕固族	1612	751	861	1598	743
京　族	2		2		
塔塔尔族	1		1		
独龙族	1	1			
鄂伦春族	3	2	1		
赫哲族	3	3			
门巴族	9	2	7	2	
珞巴族	3		3		
基诺族					
未定族称人口	138	78	60	6	3
入籍	2		2	2	

分的户口登记地在外乡镇街道的人口（镇）

单位：人

登记地						
内				省外		
	其中市辖区内人户分离			小计	男	女
女	小计	男	女			
1079906	**51913**	**26064**	**25849**	**199918**	**118607**	**81311**
983744	50572	25415	25157	178634	107883	70751
599	20	12	8	1242	573	669
41221	927	456	471	6588	3404	3184
25944	222	102	120	3280	1521	1759
78	5	2	3	851	310	541
44	6	4	2	1269	717	552
30	1	1		807	439	368
47	8	6	2	1095	472	623
17	1	1		316	155	161
9				42	26	16
240	56	23	33	833	474	359
12	2		2	375	207	168
7				186	81	105
14	1		1	436	223	213
252	8	4	4	1592	894	698
4				70	38	32
345	1	1		392	168	224
5				28	9	19
4				169	83	86
4				27	11	16
7				19	9	10
				71	47	24
1				3	3	
5				13	7	6
1				53	27	26
22044	60	29	31	191	106	85
				39	20	19
2				3	1	2
1				58	20	38
3059	10	3	7	532	294	238
5				10	7	3
				35	16	19
3				48	30	18
				5	4	1
522	3	1	2	199	118	81
				20	6	14
2	2		2	146	77	69
5	2	1	1	34	19	15
				4	2	2
1				5	2	3
				8	2	6
1				5	2	3
1				2	1	1
				3	1	2
764				14	7	7
855	3	1	2	14	8	6
				2		2
				1		1
				1	1	
				3	2	1
				3	3	
2				7	2	5
				3		3
3	3	2	1	132	75	57
2						

2-4c 全省各民族按户口登记地、性别

民族	户口				
	合计			省	
				小计	
	合计	男	女	小计	男
合　计	**1002184**	**573319**	**428865**	**851445**	**472649**
汉　族	902381	521392	380989	766055	428748
蒙古族	698	398	300	290	147
回　族	47610	24658	22952	41340	21168
藏　族	19766	9910	9856	17946	9233
维吾尔族	433	260	173	27	9
苗　族	945	543	402	44	16
彝　族	831	575	256	17	5
壮　族	210	100	110	20	10
布依族	362	184	178	4	2
朝鲜族	19	10	9	4	2
满　族	537	363	174	121	63
侗　族	266	152	114	15	8
瑶　族	63	37	26	7	3
白　族	90	56	34	9	2
土家族	816	511	305	176	78
哈尼族	37	12	25	1	
哈萨克族	208	125	83	68	36
傣　族	36	14	22	4	2
黎　族	32	18	14	7	2
傈僳族	37	19	18		
佤　族	16	2	14	2	
畲　族	38	32	6		
高山族	10	6	4	2	2
拉祜族	7		7	1	
水　族	59	29	30	3	2
东乡族	22591	11804	10787	22256	11615
纳西族	4		4	2	
景颇族	5	1	4	1	
柯尔克孜族	15	7	8		
土　族	1507	815	692	978	514
达斡尔族	7	5	2	1	1
仫佬族	6	4	2	1	1
羌　族	45	27	18	5	1
布朗族					
撒拉族	545	263	282	336	157
毛南族	5	4	1		
仡佬族	88	69	19	3	1
锡伯族	10	2	8	5	
阿昌族	3	1	2		
普米族					
塔吉克族	2	2			
怒　族	3		3		
乌孜别克族	1	1			
俄罗斯族	1	1			
鄂温克族	1	1		1	1
德昂族					
保安族	431	210	221	407	197
裕固族	1251	591	660	1249	591
京　族					
塔塔尔族					
独龙族					
鄂伦春族	1	1			
赫哲族	1	1			
门巴族	7	1	6		
珞巴族	3		3		
基诺族					
未定族称人口	139	100	39	36	32
入籍	5	2	3	1	

分的户口登记地在外乡镇街道的人口（乡村）

单位：人

登记地						
内				省外		
	其中市辖区内人户分离			小计	男	女
女	小计	男	女			
378796	**141074**	**74002**	**67072**	**150739**	**100670**	**50069**
337307	134966	71007	63959	136326	92644	43682
143	51	26	25	408	251	157
20172	5270	2608	2662	6270	3490	2780
8713	338	139	199	1820	677	1143
18	5	1	4	406	251	155
28	6	2	4	901	527	374
12	4	1	3	814	570	244
10	1	1		190	90	100
2	1	1		358	182	176
2	1		1	15	8	7
58	33	15	18	416	300	116
7	4	2	2	251	144	107
4	6	2	4	56	34	22
7				81	54	27
98	23	6	17	640	433	207
1				36	12	24
32	1		1	140	89	51
2				32	12	20
5	1		1	25	16	9
				37	19	18
2	1		1	14	2	12
				38	32	6
	1	1		8	4	4
1				6		6
1	1	1		56	27	29
10641	128	76	52	335	189	146
2	1		1	2		2
1	1		1	4	1	3
				15	7	8
464	24	12	12	529	301	228
				6	4	2
	1	1		5	3	2
4	3		3	40	26	14
179				209	106	103
				5	4	1
2	2	1	1	85	68	17
5	1		1	5	2	3
				3	1	2
				2	2	
				3		3
				1	1	
				1	1	
210	1	1		24	13	11
658	196	97	99	2		2
				1	1	
				1	1	
				7	1	6
				3		3
4	2	1	1	103	68	35
1				4	2	2

第一部分　全部数据资料

第三卷　年龄

3–1 全省分年龄、性别的人口

单位：人、%

年龄	人口数			占总人口比重			性别比
	合计	男	女	小计	男	女	
合计	**25019831**	**12700948**	**12318883**	**100.00**	**50.76**	**49.24**	**103.10**
0–4 岁	**1612019**	**835765**	**776254**	**6.44**	**3.34**	**3.10**	**107.67**
0	263011	136254	126757	1.05	0.54	0.51	107.49
1	309934	160175	149759	1.24	0.64	0.60	106.96
2	317885	164869	153016	1.27	0.66	0.61	107.75
3	367150	190486	176664	1.47	0.76	0.71	107.82
4	354039	183981	170058	1.42	0.74	0.68	108.19
5–9 岁	**1679652**	**876391**	**803261**	**6.71**	**3.50**	**3.21**	**109.10**
5	303308	157652	145656	1.21	0.63	0.58	108.24
6	359928	187302	172626	1.44	0.75	0.69	108.50
7	334380	174423	159957	1.34	0.70	0.64	109.04
8	350601	183447	167154	1.40	0.73	0.67	109.75
9	331435	173567	157868	1.32	0.69	0.63	109.94
10–14 岁	**1561872**	**819837**	**742035**	**6.24**	**3.28**	**2.97**	**110.48**
10	329584	172796	156788	1.32	0.69	0.63	110.21
11	323566	169393	154173	1.29	0.68	0.62	109.87
12	315670	165723	149947	1.26	0.66	0.60	110.52
13	305104	160639	144465	1.22	0.64	0.58	111.20
14	287948	151286	136662	1.15	0.60	0.55	110.70
15–19 岁	**1323412**	**692101**	**631311**	**5.29**	**2.77**	**2.52**	**109.63**
15	271250	143104	128146	1.08	0.57	0.51	111.67
16	285276	150109	135167	1.14	0.60	0.54	111.05
17	255404	133599	121805	1.02	0.53	0.49	109.68
18	258489	134688	123801	1.03	0.54	0.49	108.79
19	252993	130601	122392	1.01	0.52	0.49	106.71
20–24 岁	**1308457**	**663988**	**644469**	**5.23**	**2.65**	**2.58**	**103.03**
20	243753	125519	118234	0.97	0.50	0.47	106.16
21	232302	118592	113710	0.93	0.47	0.45	104.29
22	257954	130180	127774	1.03	0.52	0.51	101.88
23	270037	136604	133433	1.08	0.55	0.53	102.38
24	304411	153093	151318	1.22	0.61	0.60	101.17
25–29 岁	**1706571**	**854915**	**851656**	**6.82**	**3.42**	**3.40**	**100.38**
25	350105	176148	173957	1.40	0.70	0.70	101.26
26	327957	164334	163623	1.31	0.66	0.65	100.43
27	347065	172818	174247	1.39	0.69	0.70	99.18
28	338360	168545	169815	1.35	0.67	0.68	99.25
29	343084	173070	170014	1.37	0.69	0.68	101.80

3-1 全省分年龄、性别的人口（续1）

单位：人、%

年龄	人口数			占总人口比重			性别比
	合计	男	女	小计	男	女	
30-34 岁	**1992464**	**1000155**	**992309**	**7.96**	**4.00**	**3.97**	**100.79**
30	432470	216631	215839	1.73	0.87	0.86	100.37
31	417660	209510	208150	1.67	0.84	0.83	100.65
32	379317	190563	188754	1.52	0.76	0.75	100.96
33	403669	202664	201005	1.61	0.81	0.80	100.83
34	359348	180787	178561	1.44	0.72	0.71	101.25
35-39 岁	**1542995**	**784233**	**758762**	**6.17**	**3.13**	**3.03**	**103.36**
35	320107	160820	159287	1.28	0.64	0.64	100.96
36	326296	164733	161563	1.30	0.66	0.65	101.96
37	292145	148350	143795	1.17	0.59	0.57	103.17
38	323697	166361	157336	1.29	0.66	0.63	105.74
39	280750	143969	136781	1.12	0.58	0.55	105.26
40-44 岁	**1452292**	**740749**	**711543**	**5.80**	**2.96**	**2.84**	**104.10**
40	273705	139210	134495	1.09	0.56	0.54	103.51
41	295596	153879	141717	1.18	0.62	0.57	108.58
42	301753	153037	148716	1.21	0.61	0.59	102.91
43	270954	137764	133190	1.08	0.55	0.53	103.43
44	310284	156859	153425	1.24	0.63	0.61	102.24
45-49 岁	**2228576**	**1126475**	**1102101**	**8.91**	**4.50**	**4.40**	**102.21**
45	331628	166027	165601	1.33	0.66	0.66	100.26
46	420296	211826	208470	1.68	0.85	0.83	101.61
47	477911	241901	236010	1.91	0.97	0.94	102.50
48	501723	253857	247866	2.01	1.01	0.99	102.42
49	497018	252864	244154	1.99	1.01	0.98	103.57
50-54 岁	**2483431**	**1254882**	**1228549**	**9.93**	**5.02**	**4.91**	**102.14**
50	541143	269945	271198	2.16	1.08	1.08	99.54
51	495351	250693	244658	1.98	1.00	0.98	102.47
52	533434	269352	264082	2.13	1.08	1.06	102.00
53	429594	218987	210607	1.72	0.88	0.84	103.98
54	483909	245905	238004	1.93	0.98	0.95	103.32
55-59 岁	**1867099**	**949220**	**917879**	**7.46**	**3.79**	**3.67**	**103.41**
55	439779	225682	214097	1.76	0.90	0.86	105.41
56	435155	221999	213156	1.74	0.89	0.85	104.15
57	444467	227780	216687	1.78	0.91	0.87	105.12
58	372889	187943	184946	1.49	0.75	0.74	101.62
59	174809	85816	88993	0.70	0.34	0.36	96.43
60-64 岁	**1113174**	**574822**	**538352**	**4.45**	**2.30**	**2.15**	**106.77**
60	202921	105060	97861	0.81	0.42	0.39	107.36
61	166816	86444	80372	0.67	0.35	0.32	107.55
62	223439	117224	106215	0.89	0.47	0.42	110.36
63	262091	135053	127038	1.05	0.54	0.51	106.31
64	257907	131041	126866	1.03	0.52	0.51	103.29

3-1 全省分年龄、性别的人口（续2）

单位：人、%

年龄	人口数			占总人口比重			性别比
	合计	男	女	小计	男	女	
65-69岁	**1189229**	**594888**	**594341**	**4.75**	**2.38**	**2.38**	**100.09**
65	263276	133743	129533	1.05	0.53	0.52	103.25
66	251305	125526	125779	1.00	0.50	0.50	99.80
67	235308	117864	117444	0.94	0.47	0.47	100.36
68	236240	118045	118195	0.94	0.47	0.47	99.87
69	203100	99710	103390	0.81	0.40	0.41	96.44
70-74岁	**863675**	**420476**	**443199**	**3.45**	**1.68**	**1.77**	**94.87**
70	196648	96933	99715	0.79	0.39	0.40	97.21
71	186921	93283	93638	0.75	0.37	0.37	99.62
72	160539	79124	81415	0.64	0.32	0.33	97.19
73	168376	81079	87297	0.67	0.32	0.35	92.88
74	151191	70057	81134	0.60	0.28	0.32	86.35
75-79岁	**592287**	**282403**	**309884**	**2.37**	**1.13**	**1.24**	**91.13**
75	134470	63339	71131	0.54	0.25	0.28	89.05
76	131783	63798	67985	0.53	0.25	0.27	93.84
77	117959	56521	61438	0.47	0.23	0.25	92.00
78	108969	51659	57310	0.44	0.21	0.23	90.14
79	99106	47086	52020	0.40	0.19	0.21	90.52
80-84岁	**338727**	**156335**	**182392**	**1.35**	**0.62**	**0.73**	**85.71**
80	91877	43378	48499	0.37	0.17	0.19	89.44
81	73035	33445	39590	0.29	0.13	0.16	84.48
82	68888	31697	37191	0.28	0.13	0.15	85.23
83	57243	26181	31062	0.23	0.10	0.12	84.29
84	47684	21634	26050	0.19	0.09	0.10	83.05
85-89岁	**130539**	**58407**	**72132**	**0.52**	**0.23**	**0.29**	**80.97**
85	37882	16754	21128	0.15	0.07	0.08	79.30
86	31539	14187	17352	0.13	0.06	0.07	81.76
87	26995	11976	15019	0.11	0.05	0.06	79.74
88	18874	8469	10405	0.08	0.03	0.04	81.39
89	15249	7021	8228	0.06	0.03	0.03	85.33
90-94岁	**27183**	**12332**	**14851**	**0.11**	**0.05**	**0.06**	**83.04**
90	11101	5101	6000	0.04	0.02	0.02	85.02
91	5256	2407	2849	0.02	0.01	0.01	84.49
92	4731	2058	2673	0.02	0.01	0.01	76.99
93	3479	1561	1918	0.01	0.01	0.01	81.39
94	2616	1205	1411	0.01		0.01	85.40
95-99岁	**5459**	**2337**	**3122**	**0.02**	**0.01**	**0.01**	**74.86**
95	1939	850	1089	0.01			78.05
96	1417	617	800	0.01			77.13
97	945	390	555				70.27
98	649	264	385				68.57
99	509	216	293				73.72
100岁及以上	**718**	**237**	**481**				**49.27**

3-1a 全省分年龄、性别的人口（城市）

单位：人、%

年龄	人口数			占总人口比重			性别比
	合计	男	女	小计	男	女	
合计	**7095181**	**3565095**	**3530086**	**100.00**	**50.25**	**49.75**	**100.99**
0–4 岁	**427286**	**221915**	**205371**	**6.02**	**3.13**	**2.89**	**108.06**
0	66959	34577	32382	0.94	0.49	0.46	106.78
1	84714	43804	40910	1.19	0.62	0.58	107.07
2	82580	42919	39661	1.16	0.60	0.56	108.21
3	98674	51365	47309	1.39	0.72	0.67	108.57
4	94359	49250	45109	1.33	0.69	0.64	109.18
5–9 岁	**398717**	**210179**	**188538**	**5.62**	**2.96**	**2.66**	**111.48**
5	70160	36877	33283	0.99	0.52	0.47	110.80
6	90433	47437	42996	1.27	0.67	0.61	110.33
7	79912	42169	37743	1.13	0.59	0.53	111.73
8	83670	44103	39567	1.18	0.62	0.56	111.46
9	74542	39593	34949	1.05	0.56	0.49	113.29
10–14 岁	**358432**	**189920**	**168512**	**5.05**	**2.68**	**2.38**	**112.70**
10	75706	40155	35551	1.07	0.57	0.50	112.95
11	70655	37462	33193	1.00	0.53	0.47	112.86
12	73542	38758	34784	1.04	0.55	0.49	111.42
13	72159	38416	33743	1.02	0.54	0.48	113.85
14	66370	35129	31241	0.94	0.50	0.44	112.45
15–19 岁	**401320**	**210989**	**190331**	**5.66**	**2.97**	**2.68**	**110.85**
15	72131	38009	34122	1.02	0.54	0.48	111.39
16	81249	43048	38201	1.15	0.61	0.54	112.69
17	74623	39436	35187	1.05	0.56	0.50	112.08
18	82432	43299	39133	1.16	0.61	0.55	110.65
19	90885	47197	43688	1.28	0.67	0.62	108.03
20–24 岁	**468659**	**230471**	**238188**	**6.61**	**3.25**	**3.36**	**96.76**
20	93874	47401	46473	1.32	0.67	0.65	102.00
21	88298	43648	44650	1.24	0.62	0.63	97.76
22	93234	45101	48133	1.31	0.64	0.68	93.70
23	93349	45811	47538	1.32	0.65	0.67	96.37
24	99904	48510	51394	1.41	0.68	0.72	94.39
25–29 岁	**566885**	**278860**	**288025**	**7.99**	**3.93**	**4.06**	**96.82**
25	113329	55628	57701	1.60	0.78	0.81	96.41
26	108938	53449	55489	1.54	0.75	0.78	96.32
27	115239	56254	58985	1.62	0.79	0.83	95.37
28	113479	55781	57698	1.60	0.79	0.81	96.68
29	115900	57748	58152	1.63	0.81	0.82	99.31

3-1a　全省分年龄、性别的人口（城市）（续1）

单位：人、%

年龄	人口数			占总人口比重			性别比
	合计	男	女	小计	男	女	
30-34岁	**703629**	**348808**	**354821**	**9.92**	**4.92**	**5.00**	**98.31**
30	148391	73781	74610	2.09	1.04	1.05	98.89
31	146316	72569	73747	2.06	1.02	1.04	98.40
32	135676	67216	68460	1.91	0.95	0.96	98.18
33	144184	71198	72986	2.03	1.00	1.03	97.55
34	129062	64044	65018	1.82	0.90	0.92	98.50
35-39岁	**540000**	**269502**	**270498**	**7.61**	**3.80**	**3.81**	**99.63**
35	111491	55152	56339	1.57	0.78	0.79	97.89
36	113695	56657	57038	1.60	0.80	0.80	99.33
37	103043	51387	51656	1.45	0.72	0.73	99.48
38	114467	57664	56803	1.61	0.81	0.80	101.52
39	97304	48642	48662	1.37	0.69	0.69	99.96
40-44岁	**476100**	**240031**	**236069**	**6.71**	**3.38**	**3.33**	**101.68**
40	89740	44932	44808	1.26	0.63	0.63	100.28
41	101892	52142	49750	1.44	0.73	0.70	104.81
42	99597	49715	49882	1.40	0.70	0.70	99.67
43	88327	44296	44031	1.24	0.62	0.62	100.60
44	96544	48946	47598	1.36	0.69	0.67	102.83
45-49岁	**615189**	**313547**	**301642**	**8.67**	**4.42**	**4.25**	**103.95**
45	99664	50392	49272	1.40	0.71	0.69	102.27
46	117629	59827	57802	1.66	0.84	0.81	103.50
47	131623	67173	64450	1.86	0.95	0.91	104.22
48	134669	68911	65758	1.90	0.97	0.93	104.79
49	131604	67244	64360	1.85	0.95	0.91	104.48
50-54岁	**612137**	**309487**	**302650**	**8.63**	**4.36**	**4.27**	**102.26**
50	137611	69923	67688	1.94	0.99	0.95	103.30
51	125546	63871	61675	1.77	0.90	0.87	103.56
52	131932	66481	65451	1.86	0.94	0.92	101.57
53	101647	51381	50266	1.43	0.72	0.71	102.22
54	115401	57831	57570	1.63	0.82	0.81	100.45
55-59岁	**483463**	**240803**	**242660**	**6.81**	**3.39**	**3.42**	**99.23**
55	112801	56990	55811	1.59	0.80	0.79	102.11
56	114268	57341	56927	1.61	0.81	0.80	100.73
57	119946	59832	60114	1.69	0.84	0.85	99.53
58	92431	45353	47078	1.30	0.64	0.66	96.34
59	44017	21287	22730	0.62	0.30	0.32	93.65
60-64岁	**300675**	**149442**	**151233**	**4.24**	**2.11**	**2.13**	**98.82**
60	56639	28225	28414	0.80	0.40	0.40	99.33
61	49888	24899	24989	0.70	0.35	0.35	99.64
62	62975	31659	31316	0.89	0.45	0.44	101.10
63	67701	33530	34171	0.95	0.47	0.48	98.12
64	63472	31129	32343	0.89	0.44	0.46	96.25

3-1a 全省分年龄、性别的人口(城市)(续2)

单位：人、%

年龄	人口数			占总人口比重			性别比
	合计	男	女	小计	男	女	
65-69 岁	**280906**	**138351**	**142555**	**3.96**	**1.95**	**2.01**	**97.05**
65	64294	31577	32717	0.91	0.45	0.46	96.52
66	62634	30788	31846	0.88	0.43	0.45	96.68
67	55791	27625	28166	0.79	0.39	0.40	98.08
68	53370	26432	26938	0.75	0.37	0.38	98.12
69	44817	21929	22888	0.63	0.31	0.32	95.81
70-74 岁	**182371**	**86862**	**95509**	**2.57**	**1.22**	**1.35**	**90.95**
70	43766	21260	22506	0.62	0.30	0.32	94.46
71	39470	19209	20261	0.56	0.27	0.29	94.81
72	33549	16173	17376	0.47	0.23	0.24	93.08
73	34305	16136	18169	0.48	0.23	0.26	88.81
74	31281	14084	17197	0.44	0.20	0.24	81.90
75-79 岁	**132602**	**57286**	**75316**	**1.87**	**0.81**	**1.06**	**76.06**
75	28294	12351	15943	0.40	0.17	0.22	77.47
76	28252	12232	16020	0.40	0.17	0.23	76.35
77	25804	11022	14782	0.36	0.16	0.21	74.56
78	25815	10975	14840	0.36	0.15	0.21	73.96
79	24437	10706	13731	0.34	0.15	0.19	77.97
80-84 岁	**94930**	**43470**	**51460**	**1.34**	**0.61**	**0.73**	**84.47**
80	24556	11346	13210	0.35	0.16	0.19	85.89
81	20140	9000	11140	0.28	0.13	0.16	80.79
82	19347	8857	10490	0.27	0.12	0.15	84.43
83	16507	7613	8894	0.23	0.11	0.13	85.60
84	14380	6654	7726	0.20	0.09	0.11	86.12
85-89 岁	**40177**	**19227**	**20950**	**0.57**	**0.27**	**0.30**	**91.78**
85	11662	5381	6281	0.16	0.08	0.09	85.67
86	9732	4626	5106	0.14	0.07	0.07	90.60
87	8191	3957	4234	0.12	0.06	0.06	93.46
88	5866	2862	3004	0.08	0.04	0.04	95.27
89	4726	2401	2325	0.07	0.03	0.03	103.27
90-94 岁	**9706**	**4972**	**4734**	**0.14**	**0.07**	**0.07**	**105.03**
90	3624	1932	1692	0.05	0.03	0.02	114.18
91	2113	1067	1046	0.03	0.02	0.01	102.01
92	1745	841	904	0.02	0.01	0.01	93.03
93	1258	623	635	0.02	0.01	0.01	98.11
94	966	509	457	0.01	0.01	0.01	111.38
95-99 岁	**1839**	**910**	**929**	**0.03**	**0.01**	**0.01**	**97.95**
95	660	338	322	0.01			104.97
96	501	250	251	0.01			99.60
97	309	145	164				88.41
98	217	97	120				80.83
99	152	80	72				111.11
100 岁及以上	**158**	**63**	**95**				**66.32**

3-1b 全省分年龄、性别的人口（镇）

单位：人、%

年龄	人口数			占总人口比重			性别比
	合计	男	女	小计	男	女	
合计	**5972151**	**2989421**	**2982730**	**100.00**	**50.06**	**49.94**	**100.22**
0–4 岁	**434444**	**225479**	**208965**	**7.27**	**3.78**	**3.50**	**107.90**
0	64960	33636	31324	1.09	0.56	0.52	107.38
1	81035	41769	39266	1.36	0.70	0.66	106.37
2	84353	43873	40480	1.41	0.73	0.68	108.38
3	103716	53627	50089	1.74	0.90	0.84	107.06
4	100380	52574	47806	1.68	0.88	0.80	109.97
5–9 岁	**470802**	**247516**	**223286**	**7.88**	**4.14**	**3.74**	**110.85**
5	82383	42948	39435	1.38	0.72	0.66	108.91
6	102015	53550	48465	1.71	0.90	0.81	110.49
7	94775	49884	44891	1.59	0.84	0.75	111.12
8	98917	52208	46709	1.66	0.87	0.78	111.77
9	92712	48926	43786	1.55	0.82	0.73	111.74
10–14 岁	**430925**	**227981**	**202944**	**7.22**	**3.82**	**3.40**	**112.34**
10	91540	48337	43203	1.53	0.81	0.72	111.88
11	88984	47121	41863	1.49	0.79	0.70	112.56
12	86434	45843	40591	1.45	0.77	0.68	112.94
13	83255	44127	39128	1.39	0.74	0.66	112.78
14	80712	42553	38159	1.35	0.71	0.64	111.51
15–19 岁	**426008**	**218320**	**207688**	**7.13**	**3.66**	**3.48**	**105.12**
15	85797	44734	41063	1.44	0.75	0.69	108.94
16	101342	52307	49035	1.70	0.88	0.82	106.67
17	90815	46642	44173	1.52	0.78	0.74	105.59
18	80561	40936	39625	1.35	0.69	0.66	103.31
19	67493	33701	33792	1.13	0.56	0.57	99.73
20–24 岁	**293435**	**147410**	**146025**	**4.91**	**2.47**	**2.45**	**100.95**
20	59779	30163	29616	1.00	0.51	0.50	101.85
21	53915	27498	26417	0.90	0.46	0.44	104.09
22	57520	29205	28315	0.96	0.49	0.47	103.14
23	57271	28641	28630	0.96	0.48	0.48	100.04
24	64950	31903	33047	1.09	0.53	0.55	96.54
25–29 岁	**401152**	**189072**	**212080**	**6.72**	**3.17**	**3.55**	**89.15**
25	77069	37230	39839	1.29	0.62	0.67	93.45
26	73936	35208	38728	1.24	0.59	0.65	90.91
27	81667	37968	43699	1.37	0.64	0.73	86.89
28	82109	37944	44165	1.37	0.64	0.74	85.91
29	86371	40722	45649	1.45	0.68	0.76	89.21

3-1b 全省分年龄、性别的人口（镇）（续1）

单位：人、%

年龄	人口数			占总人口比重			性别比
	合计	男	女	小计	男	女	
30-34 岁	**544670**	**255768**	**288902**	**9.12**	**4.28**	**4.84**	**88.53**
30	113191	52178	61013	1.90	0.87	1.02	85.52
31	112079	52267	59812	1.88	0.88	1.00	87.39
32	104355	49172	55183	1.75	0.82	0.92	89.11
33	113134	53373	59761	1.89	0.89	1.00	89.31
34	101911	48778	53133	1.71	0.82	0.89	91.80
35-39 岁	**432182**	**212184**	**219998**	**7.24**	**3.55**	**3.68**	**96.45**
35	91367	44030	47337	1.53	0.74	0.79	93.01
36	93483	45420	48063	1.57	0.76	0.80	94.50
37	82284	40588	41696	1.38	0.68	0.70	97.34
38	89017	44207	44810	1.49	0.74	0.75	98.65
39	76031	37939	38092	1.27	0.64	0.64	99.60
40-44 岁	**370701**	**185760**	**184941**	**6.21**	**3.11**	**3.10**	**100.44**
40	73708	36585	37123	1.23	0.61	0.62	98.55
41	76899	38764	38135	1.29	0.65	0.64	101.65
42	76879	38294	38585	1.29	0.64	0.65	99.25
43	67122	33767	33355	1.12	0.57	0.56	101.24
44	76093	38350	37743	1.27	0.64	0.63	101.61
45-49 岁	**496542**	**250684**	**245858**	**8.31**	**4.20**	**4.12**	**101.96**
45	78791	39207	39584	1.32	0.66	0.66	99.05
46	97024	48819	48205	1.62	0.82	0.81	101.27
47	106152	53767	52385	1.78	0.90	0.88	102.64
48	108532	55036	53496	1.82	0.92	0.90	102.88
49	106043	53855	52188	1.78	0.90	0.87	103.19
50-54 岁	**513686**	**258597**	**255089**	**8.60**	**4.33**	**4.27**	**101.38**
50	113542	57009	56533	1.90	0.95	0.95	100.84
51	102754	51932	50822	1.72	0.87	0.85	102.18
52	110921	55891	55030	1.86	0.94	0.92	101.56
53	87554	44253	43301	1.47	0.74	0.73	102.20
54	98915	49512	49403	1.66	0.83	0.83	100.22
55-59 岁	**374208**	**186452**	**187756**	**6.27**	**3.12**	**3.14**	**99.31**
55	88313	44461	43852	1.48	0.74	0.73	101.39
56	86905	43671	43234	1.46	0.73	0.72	101.01
57	88882	44487	44395	1.49	0.74	0.74	100.21
58	75777	37347	38430	1.27	0.63	0.64	97.18
59	34331	16486	17845	0.57	0.28	0.30	92.38
60-64 岁	**214770**	**108328**	**106442**	**3.60**	**1.81**	**1.78**	**101.77**
60	39238	19728	19510	0.66	0.33	0.33	101.12
61	32133	16284	15849	0.54	0.27	0.27	102.74
62	43175	22130	21045	0.72	0.37	0.35	105.16
63	50637	25426	25211	0.85	0.43	0.42	100.85
64	49587	24760	24827	0.83	0.41	0.42	99.73

3-1b 全省分年龄、性别的人口（镇）（续 2）

单位：人、%

年龄	人口数			占总人口比重			性别比
	合计	男	女	小计	男	女	
65–69 岁	**220356**	**109840**	**110516**	**3.69**	**1.84**	**1.85**	**99.39**
65	49677	25074	24603	0.83	0.42	0.41	101.91
66	46694	23004	23690	0.78	0.39	0.40	97.10
67	43308	21612	21696	0.73	0.36	0.36	99.61
68	43419	21793	21626	0.73	0.36	0.36	100.77
69	37258	18357	18901	0.62	0.31	0.32	97.12
70–74 岁	**155701**	**75214**	**80487**	**2.61**	**1.26**	**1.35**	**93.45**
70	35740	17597	18143	0.60	0.29	0.30	96.99
71	34149	16945	17204	0.57	0.28	0.29	98.49
72	28810	13932	14878	0.48	0.23	0.25	93.64
73	29807	14219	15588	0.50	0.24	0.26	91.22
74	27195	12521	14674	0.46	0.21	0.25	85.33
75–79 岁	**105317**	**50372**	**54945**	**1.76**	**0.84**	**0.92**	**91.68**
75	24029	11312	12717	0.40	0.19	0.21	88.95
76	23564	11341	12223	0.39	0.19	0.20	92.78
77	20831	10058	10773	0.35	0.17	0.18	93.36
78	19295	9230	10065	0.32	0.15	0.17	91.70
79	17598	8431	9167	0.29	0.14	0.15	91.97
80–84 岁	**58964**	**27723**	**31241**	**0.99**	**0.46**	**0.52**	**88.74**
80	16019	7688	8331	0.27	0.13	0.14	92.28
81	12733	6047	6686	0.21	0.10	0.11	90.44
82	12123	5666	6457	0.20	0.09	0.11	87.75
83	9924	4553	5371	0.17	0.08	0.09	84.77
84	8165	3769	4396	0.14	0.06	0.07	85.74
85–89 岁	**22450**	**10064**	**12386**	**0.38**	**0.17**	**0.21**	**81.25**
85	6465	2862	3603	0.11	0.05	0.06	79.43
86	5423	2469	2954	0.09	0.04	0.05	83.58
87	4676	2069	2607	0.08	0.03	0.04	79.36
88	3257	1439	1818	0.05	0.02	0.03	79.15
89	2629	1225	1404	0.04	0.02	0.02	87.25
90–94 岁	**4752**	**2186**	**2566**	**0.08**	**0.04**	**0.04**	**85.19**
90	1905	876	1029	0.03	0.01	0.02	85.13
91	910	423	487	0.02	0.01	0.01	86.86
92	837	364	473	0.01	0.01	0.01	76.96
93	599	282	317	0.01		0.01	88.96
94	501	241	260	0.01			92.69
95–99 岁	**951**	**426**	**525**	**0.02**	**0.01**	**0.01**	**81.14**
95	317	149	168	0.01			88.69
96	236	114	122				93.44
97	163	67	96				69.79
98	130	49	81				60.49
99	105	47	58				81.03
100 岁及以上	**135**	**45**	**90**				**50.00**

3-1c 全省分年龄、性别的人口（乡村）

单位：人、%

年龄	人口数			占总人口比重			性别比
	合计	男	女	小计	男	女	
合计	**11952499**	**6146432**	**5806067**	**100.00**	**51.42**	**48.58**	**105.86**
0–4 岁	**750289**	**388371**	**361918**	**6.28**	**3.25**	**3.03**	**107.31**
0	131092	68041	63051	1.10	0.57	0.53	107.91
1	144185	74602	69583	1.21	0.62	0.58	107.21
2	150952	78077	72875	1.26	0.65	0.61	107.14
3	164760	85494	79266	1.38	0.72	0.66	107.86
4	159300	82157	77143	1.33	0.69	0.65	106.50
5–9 岁	**810133**	**418696**	**391437**	**6.78**	**3.50**	**3.27**	**106.96**
5	150765	77827	72938	1.26	0.65	0.61	106.70
6	167480	86315	81165	1.40	0.72	0.68	106.35
7	159693	82370	77323	1.34	0.69	0.65	106.53
8	168014	87136	80878	1.41	0.73	0.68	107.74
9	164181	85048	79133	1.37	0.71	0.66	107.47
10–14 岁	**772515**	**401936**	**370579**	**6.46**	**3.36**	**3.10**	**108.46**
10	162338	84304	78034	1.36	0.71	0.65	108.03
11	163927	84810	79117	1.37	0.71	0.66	107.20
12	155694	81122	74572	1.30	0.68	0.62	108.78
13	149690	78096	71594	1.25	0.65	0.60	109.08
14	140866	73604	67262	1.18	0.62	0.56	109.43
15–19 岁	**496084**	**262792**	**233292**	**4.15**	**2.20**	**1.95**	**112.65**
15	113322	60361	52961	0.95	0.51	0.44	113.97
16	102685	54754	47931	0.86	0.46	0.40	114.24
17	89966	47521	42445	0.75	0.40	0.36	111.96
18	95496	50453	45043	0.80	0.42	0.38	112.01
19	94615	49703	44912	0.79	0.42	0.38	110.67
20–24 岁	**546363**	**286107**	**260256**	**4.57**	**2.39**	**2.18**	**109.93**
20	90100	47955	42145	0.75	0.40	0.35	113.79
21	90089	47446	42643	0.75	0.40	0.36	111.26
22	107200	55874	51326	0.90	0.47	0.43	108.86
23	119417	62152	57265	1.00	0.52	0.48	108.53
24	139557	72680	66877	1.17	0.61	0.56	108.68
25–29 岁	**738534**	**386983**	**351551**	**6.18**	**3.24**	**2.94**	**110.08**
25	159707	83290	76417	1.34	0.70	0.64	108.99
26	145083	75677	69406	1.21	0.63	0.58	109.04
27	150159	78596	71563	1.26	0.66	0.60	109.83
28	142772	74820	67952	1.19	0.63	0.57	110.11
29	140813	74600	66213	1.18	0.62	0.55	112.67

3-1c 全省分年龄、性别的人口（乡村）（续1）

单位：人、%

年龄	人口数			占总人口比重			性别比
	合计	男	女	小计	男	女	
30-34岁	**744165**	**395579**	**348586**	**6.23**	**3.31**	**2.92**	**113.48**
30	170888	90672	80216	1.43	0.76	0.67	113.03
31	159265	84674	74591	1.33	0.71	0.62	113.52
32	139286	74175	65111	1.17	0.62	0.54	113.92
33	146351	78093	68258	1.22	0.65	0.57	114.41
34	128375	67965	60410	1.07	0.57	0.51	112.51
35-39岁	**570813**	**302547**	**268266**	**4.78**	**2.53**	**2.24**	**112.78**
35	117249	61638	55611	0.98	0.52	0.47	110.84
36	119118	62656	56462	1.00	0.52	0.47	110.97
37	106818	56375	50443	0.89	0.47	0.42	111.76
38	120213	64490	55723	1.01	0.54	0.47	115.73
39	107415	57388	50027	0.90	0.48	0.42	114.71
40-44岁	**605491**	**314958**	**290533**	**5.07**	**2.64**	**2.43**	**108.41**
40	110257	57693	52564	0.92	0.48	0.44	109.76
41	116805	62973	53832	0.98	0.53	0.45	116.98
42	125277	65028	60249	1.05	0.54	0.50	107.93
43	115505	59701	55804	0.97	0.50	0.47	106.98
44	137647	69563	68084	1.15	0.58	0.57	102.17
45-49岁	**1116845**	**562244**	**554601**	**9.34**	**4.70**	**4.64**	**101.38**
45	153173	76428	76745	1.28	0.64	0.64	99.59
46	205643	103180	102463	1.72	0.86	0.86	100.70
47	240136	120961	119175	2.01	1.01	1.00	101.50
48	258522	129910	128612	2.16	1.09	1.08	101.01
49	259371	131765	127606	2.17	1.10	1.07	103.26
50-54岁	**1357608**	**686798**	**670810**	**11.36**	**5.75**	**5.61**	**102.38**
50	289990	143013	146977	2.43	1.20	1.23	97.30
51	267051	134890	132161	2.23	1.13	1.11	102.06
52	290581	146980	143601	2.43	1.23	1.20	102.35
53	240393	123353	117040	2.01	1.03	0.98	105.39
54	269593	138562	131031	2.26	1.16	1.10	105.75
55-59岁	**1009428**	**521965**	**487463**	**8.45**	**4.37**	**4.08**	**107.08**
55	238665	124231	114434	2.00	1.04	0.96	108.56
56	233982	120987	112995	1.96	1.01	0.95	107.07
57	235639	123461	112178	1.97	1.03	0.94	110.06
58	204681	105243	99438	1.71	0.88	0.83	105.84
59	96461	48043	48418	0.81	0.40	0.41	99.23
60-64岁	**597729**	**317052**	**280677**	**5.00**	**2.65**	**2.35**	**112.96**
60	107044	57107	49937	0.90	0.48	0.42	114.36
61	84795	45261	39534	0.71	0.38	0.33	114.49
62	117289	63435	53854	0.98	0.53	0.45	117.79
63	143753	76097	67656	1.20	0.64	0.57	112.48
64	144848	75152	69696	1.21	0.63	0.58	107.83

3-1c 全省分年龄、性别的人口（乡村）（续2）

单位：人、%

年龄	人口数			占总人口比重			性别比
	合计	男	女	小计	男	女	
65–69 岁	**687967**	**346697**	**341270**	**5.76**	**2.90**	**2.86**	**101.59**
65	149305	77092	72213	1.25	0.64	0.60	106.76
66	141977	71734	70243	1.19	0.60	0.59	102.12
67	136209	68627	67582	1.14	0.57	0.57	101.55
68	139451	69820	69631	1.17	0.58	0.58	100.27
69	121025	59424	61601	1.01	0.50	0.52	96.47
70–74 岁	**525603**	**258400**	**267203**	**4.40**	**2.16**	**2.24**	**96.71**
70	117142	58076	59066	0.98	0.49	0.49	98.32
71	113302	57129	56173	0.95	0.48	0.47	101.70
72	98180	49019	49161	0.82	0.41	0.41	99.71
73	104264	50724	53540	0.87	0.42	0.45	94.74
74	92715	43452	49263	0.78	0.36	0.41	88.20
75–79 岁	**354368**	**174745**	**179623**	**2.96**	**1.46**	**1.50**	**97.28**
75	82147	39676	42471	0.69	0.33	0.36	93.42
76	79967	40225	39742	0.67	0.34	0.33	101.22
77	71324	35441	35883	0.60	0.30	0.30	98.77
78	63859	31454	32405	0.53	0.26	0.27	97.07
79	57071	27949	29122	0.48	0.23	0.24	95.97
80–84 岁	**184833**	**85142**	**99691**	**1.55**	**0.71**	**0.83**	**85.41**
80	51302	24344	26958	0.43	0.20	0.23	90.30
81	40162	18398	21764	0.34	0.15	0.18	84.53
82	37418	17174	20244	0.31	0.14	0.17	84.84
83	30812	14015	16797	0.26	0.12	0.14	83.44
84	25139	11211	13928	0.21	0.09	0.12	80.49
85–89 岁	**67912**	**29116**	**38796**	**0.57**	**0.24**	**0.32**	**75.05**
85	19755	8511	11244	0.17	0.07	0.09	75.69
86	16384	7092	9292	0.14	0.06	0.08	76.32
87	14128	5950	8178	0.12	0.05	0.07	72.76
88	9751	4168	5583	0.08	0.03	0.05	74.66
89	7894	3395	4499	0.07	0.03	0.04	75.46
90–94 岁	**12725**	**5174**	**7551**	**0.11**	**0.04**	**0.06**	**68.52**
90	5572	2293	3279	0.05	0.02	0.03	69.93
91	2233	917	1316	0.02	0.01	0.01	69.68
92	2149	853	1296	0.02	0.01	0.01	65.82
93	1622	656	966	0.01	0.01	0.01	67.91
94	1149	455	694	0.01		0.01	65.56
95–99 岁	**2669**	**1001**	**1668**	**0.02**	**0.01**	**0.01**	**60.01**
95	962	363	599	0.01		0.01	60.60
96	680	253	427	0.01			59.25
97	473	178	295				60.34
98	302	118	184				64.13
99	252	89	163				54.60
100 岁及以上	**425**	**129**	**296**				**43.58**

3-2 各地区人口年龄构成（一）

单位：人、%

地区	人口数				占总人口比重			
	合计	0-14 岁	15-64 岁	65 岁及以上	合计	0-14 岁	15-64 岁	65 岁及以上
合计	**25019831**	**4853543**	**17018471**	**3147817**	**100.00**	**19.40**	**68.02**	**12.58**
兰州市	**4359446**	**618719**	**3230737**	**509990**	**100.00**	**14.19**	**74.11**	**11.70**
城关区	1484016	200235	1117269	166512	100.00	13.49	75.29	11.22
七里河区	712271	100816	527248	84207	100.00	14.15	74.02	11.82
西固区	407010	56591	293434	56985	100.00	13.90	72.10	14.00
安宁区	439566	57664	340473	41429	100.00	13.12	77.46	9.42
红古区	143795	23481	101013	19301	100.00	16.33	70.25	13.42
永登县	285549	48034	190921	46594	100.00	16.82	66.86	16.32
皋兰县	125157	18821	87609	18727	100.00	15.04	70.00	14.96
榆中县	473882	70696	344066	59120	100.00	14.92	72.61	12.48
兰州新区	288200	42381	228704	17115	100.00	14.71	79.36	5.94
嘉峪关市	**312663**	**49732**	**227996**	**34935**	**100.00**	**15.91**	**72.92**	**11.17**
市辖区	312663	49732	227996	34935	100.00	15.91	72.92	11.17
金昌市	**438026**	**61929**	**316163**	**59934**	**100.00**	**14.14**	**72.18**	**13.68**
金川区	260385	37746	189502	33137	100.00	14.50	72.78	12.73
永昌县	177641	24183	126661	26797	100.00	13.61	71.30	15.08
白银市	**1512110**	**285816**	**1015197**	**211097**	**100.00**	**18.90**	**67.14**	**13.96**
白银区	337645	53722	238027	45896	100.00	15.91	70.50	13.59
平川区	200869	40537	137450	22882	100.00	20.18	68.43	11.39
靖远县	373050	76285	246047	50718	100.00	20.45	65.96	13.60
会宁县	401581	78190	259152	64239	100.00	19.47	64.53	16.00
景泰县	198965	37082	134521	27362	100.00	18.64	67.61	13.75
天水市	**2984659**	**620206**	**1979542**	**384911**	**100.00**	**20.78**	**66.32**	**12.90**
秦州区	656689	120739	456657	79293	100.00	18.39	69.54	12.07
麦积区	556102	104357	381460	70285	100.00	18.77	68.60	12.64
清水县	240597	57745	153958	28894	100.00	24.00	63.99	12.01
秦安县	416337	72754	278699	64884	100.00	17.47	66.94	15.58
甘谷县	506801	111904	328669	66228	100.00	22.08	64.85	13.07
武山县	363727	84102	233140	46485	100.00	23.12	64.10	12.78
张家川回族自治县	244406	68605	146959	28842	100.00	28.07	60.13	11.80
武威市	**1464955**	**258475**	**1007618**	**198862**	**100.00**	**17.64**	**68.78**	**13.57**
凉州区	885277	164539	608871	111867	100.00	18.59	68.78	12.64
民勤县	178470	19506	126785	32179	100.00	10.93	71.04	18.03
古浪县	250177	48784	166058	35335	100.00	19.50	66.38	14.12
天祝藏族自治县	151031	25646	105904	19481	100.00	16.98	70.12	12.90
张掖市	**1131016**	**190071**	**792238**	**148707**	**100.00**	**16.81**	**70.05**	**13.15**
甘州区	519096	82120	372936	64040	100.00	15.82	71.84	12.34
肃南裕固族自治县	27762	3782	20887	3093	100.00	13.62	75.24	11.14
民乐县	192476	39471	128751	24254	100.00	20.51	66.89	12.60
临泽县	115946	18386	80524	17036	100.00	15.86	69.45	14.69
高台县	125705	18634	88077	18994	100.00	14.82	70.07	15.11
山丹县	150031	27678	101063	21290	100.00	18.45	67.36	14.19
平凉市	**1848607**	**362203**	**1220656**	**265748**	**100.00**	**19.59**	**66.03**	**14.38**
崆峒区	504265	95263	344743	64259	100.00	18.89	68.37	12.74
泾川县	222210	43384	140680	38146	100.00	19.52	63.31	17.17
灵台县	156224	30303	101594	24327	100.00	19.40	65.03	15.57
崇信县	82138	16252	55791	10095	100.00	19.79	67.92	12.29
庄浪县	335684	70075	216231	49378	100.00	20.88	64.42	14.71
静宁县	365637	69204	237241	59192	100.00	18.93	64.88	16.19
华亭市	182449	37722	124376	20351	100.00	20.68	68.17	11.15

3-2 各地区人口年龄构成（一）（续）

单位：人、%

地区	人口数				占总人口比重			
	合计	0-14 岁	15-64 岁	65 岁及以上	合计	0-14 岁	15-64 岁	65 岁及以上
酒泉市	**1055706**	**158457**	**769956**	**127293**	**100.00**	**15.01**	**72.93**	**12.06**
肃州区	455611	65967	332241	57403	100.00	14.48	72.92	12.60
金塔县	121766	15223	89030	17513	100.00	12.50	73.12	14.38
瓜州县	129299	22980	92982	13337	100.00	17.77	71.91	10.31
肃北蒙古族自治县	15093	1678	12261	1154	100.00	11.12	81.24	7.65
阿克塞哈萨克族自治县	10970	1993	8169	808	100.00	18.17	74.47	7.37
玉门市	137736	23102	100065	14569	100.00	16.77	72.65	10.58
敦煌市	185231	27514	135208	22509	100.00	14.85	72.99	12.15
庆阳市	**2179716**	**474683**	**1421133**	**283900**	**100.00**	**21.78**	**65.20**	**13.02**
西峰区	513856	108548	356070	49238	100.00	21.12	69.29	9.58
庆城县	235154	49352	158655	27147	100.00	20.99	67.47	11.54
环　县	304687	63732	204466	36489	100.00	20.92	67.11	11.98
华池县	119346	25910	80231	13205	100.00	21.71	67.23	11.06
合水县	135908	30926	87247	17735	100.00	22.76	64.20	13.05
正宁县	173243	41330	107103	24810	100.00	23.86	61.82	14.32
宁　县	336316	75455	204402	56459	100.00	22.44	60.78	16.79
镇原县	361206	79430	222959	58817	100.00	21.99	61.73	16.28
定西市	**2524097**	**505024**	**1679879**	**339194**	**100.00**	**20.01**	**66.55**	**13.44**
安定区	422383	75756	285173	61454	100.00	17.94	67.52	14.55
通渭县	323648	53060	217872	52716	100.00	16.39	67.32	16.29
陇西县	427373	92309	276819	58245	100.00	21.60	64.77	13.63
渭源县	277608	49604	189002	39002	100.00	17.87	68.08	14.05
临洮县	480149	94911	320227	65011	100.00	19.77	66.69	13.54
漳　县	167309	39204	108308	19797	100.00	23.43	64.74	11.83
岷　县	425627	100180	282478	42969	100.00	23.54	66.37	10.10
陇南市	**2407272**	**518226**	**1586088**	**302958**	**100.00**	**21.53**	**65.89**	**12.59**
武都区	546616	120340	359266	67010	100.00	22.02	65.73	12.26
成　县	241587	53126	161529	26932	100.00	21.99	66.86	11.15
文　县	196906	36659	132181	28066	100.00	18.62	67.13	14.25
宕昌县	254944	52417	170759	31768	100.00	20.56	66.98	12.46
康　县	162418	32798	108007	21613	100.00	20.19	66.50	13.31
西和县	351069	84307	225276	41486	100.00	24.01	64.17	11.82
礼　县	424135	93834	275416	54885	100.00	22.12	64.94	12.94
徽　县	189888	38141	126387	25360	100.00	20.09	66.56	13.36
两当县	39709	6604	27267	5838	100.00	16.63	68.67	14.70
临夏回族自治州	**2109750**	**595321**	**1300791**	**213638**	**100.00**	**28.22**	**61.66**	**10.13**
临夏市	355968	78351	242321	35296	100.00	22.01	68.07	9.92
临夏县	322628	85334	197037	40257	100.00	26.45	61.07	12.48
康乐县	255955	76224	154945	24786	100.00	29.78	60.54	9.68
永靖县	180650	34919	122035	23696	100.00	19.33	67.55	13.12
广河县	260596	88677	150577	21342	100.00	34.03	57.78	8.19
和政县	204529	59846	124171	20512	100.00	29.26	60.71	10.03
东乡族自治县	290034	102866	163358	23810	100.00	35.47	56.32	8.21
积石山保安族东乡族撒拉族自治县	239390	69104	146347	23939	100.00	28.87	61.13	10.00
甘南藏族自治州	**691808**	**154681**	**470477**	**66650**	**100.00**	**22.36**	**68.01**	**9.63**
合作市	112173	21378	83368	7427	100.00	19.06	74.32	6.62
临潭县	127387	29424	83677	14286	100.00	23.10	65.69	11.21
卓尼县	95387	21614	63639	10134	100.00	22.66	66.72	10.62
舟曲县	125367	27238	83292	14837	100.00	21.73	66.44	11.83
迭部县	52192	10777	35905	5510	100.00	20.65	68.79	10.56
玛曲县	57076	16029	37917	3130	100.00	28.08	66.43	5.48
碌曲县	35871	8483	24563	2825	100.00	23.65	68.48	7.88
夏河县	86355	19738	58116	8501	100.00	22.86	67.30	9.84

3-2a 各地区人口年龄构成（一）（城市）

单位：人、%

地区	人口数				占总人口比重			
	合计	0-14 岁	15-64 岁	65 岁及以上	合计	0-14 岁	15-64 岁	65 岁及以上
合计	**7095181**	**1184435**	**5168057**	**742689**	**100.00**	**16.69**	**72.84**	**10.47**
兰州市	**2889065**	**395875**	**2160094**	**333096**	**100.00**	**13.70**	**74.77**	**11.53**
城关区	1443050	193775	1085913	163362	100.00	13.43	75.25	11.32
七里河区	561571	78627	413536	69408	100.00	14.00	73.64	12.36
西固区	352451	50158	255181	47112	100.00	14.23	72.40	13.37
安宁区	439566	57664	340473	41429	100.00	13.12	77.46	9.42
红古区	92427	15651	64991	11785	100.00	16.93	70.32	12.75
嘉峪关市	**291577**	**47388**	**212772**	**31417**	**100.00**	**16.25**	**72.97**	**10.77**
市辖区	291577	47388	212772	31417	100.00	16.25	72.97	10.77
金昌市	**236943**	**35783**	**173233**	**27927**	**100.00**	**15.10**	**73.11**	**11.79**
金川区	236943	35783	173233	27927	100.00	15.10	73.11	11.79
白银市	**433593**	**77833**	**305604**	**50156**	**100.00**	**17.95**	**70.48**	**11.57**
白银区	304050	50301	216298	37451	100.00	16.54	71.14	12.32
平川区	127714	27140	87947	12627	100.00	21.25	68.86	9.89
靖远县	1829	392	1359	78	100.00	21.43	74.30	4.26
天水市	**657701**	**115946**	**471154**	**70601**	**100.00**	**17.63**	**71.64**	**10.73**
秦州区	382514	65450	275796	41268	100.00	17.11	72.10	10.79
麦积区	275187	50496	195358	29333	100.00	18.35	70.99	10.66
武威市	**393885**	**75178**	**283213**	**35494**	**100.00**	**19.09**	**71.90**	**9.01**
凉州区	393885	75178	283213	35494	100.00	19.09	71.90	9.01
张掖市	**264779**	**44194**	**193395**	**27190**	**100.00**	**16.69**	**73.04**	**10.27**
甘州区	264158	44092	192927	27139	100.00	16.69	73.03	10.27
肃南裕固族自治县	621	102	468	51	100.00	16.43	75.36	8.21
平凉市	**404940**	**79536**	**286279**	**39125**	**100.00**	**19.64**	**70.70**	**9.66**
崆峒区	323022	60314	229049	33659	100.00	18.67	70.91	10.42
华亭市	81918	19222	57230	5466	100.00	23.46	69.86	6.67
酒泉市	**446133**	**71254**	**331367**	**43512**	**100.00**	**15.97**	**74.28**	**9.75**
肃州区	307539	46757	229112	31670	100.00	15.20	74.50	10.30
玉门市	49384	8818	36691	3875	100.00	17.86	74.30	7.85
敦煌市	89210	15679	65564	7967	100.00	17.58	73.49	8.93
庆阳市	**310421**	**69722**	**219008**	**21691**	**100.00**	**22.46**	**70.55**	**6.99**
西峰区	310421	69722	219008	21691	100.00	22.46	70.55	6.99
定西市	**196987**	**42327**	**137646**	**17014**	**100.00**	**21.49**	**69.88**	**8.64**
安定区	196987	42327	137646	17014	100.00	21.49	69.88	8.64
陇南市	**185428**	**49200**	**124115**	**12113**	**100.00**	**26.53**	**66.93**	**6.53**
武都区	183867	48873	123074	11920	100.00	26.58	66.94	6.48
康　县	1561	327	1041	193	100.00	20.95	66.69	12.36
临夏回族自治州	**311436**	**68039**	**213481**	**29916**	**100.00**	**21.85**	**68.55**	**9.61**
临夏市	302668	65488	207983	29197	100.00	21.64	68.72	9.65
临夏县	8768	2551	5498	719	100.00	29.09	62.71	8.20
甘南藏族自治州	**72293**	**12160**	**56696**	**3437**	**100.00**	**16.82**	**78.43**	**4.75**
合作市	72293	12160	56696	3437	100.00	16.82	78.43	4.75

3-2b 各地区人口年龄构成（一）（镇）

单位：人、%

地区	人口数				占总人口比重			
	合计	0-14岁	15-64岁	65岁及以上	合计	0-14岁	15-64岁	65岁及以上
合计	**5972151**	**1336171**	**4067354**	**568626**	**100.00**	**22.37**	**68.11**	**9.52**
兰州市	**733485**	**115190**	**556869**	**61426**	**100.00**	**15.70**	**75.92**	**8.37**
城关区	22570	3733	17166	1671	100.00	16.54	76.06	7.40
七里河区	62831	8653	48858	5320	100.00	13.77	77.76	8.47
西固区	21238	2071	14353	4814	100.00	9.75	67.58	22.67
安宁区								
红古区	16873	2485	11822	2566	100.00	14.73	70.06	15.21
永登县	138883	25762	95421	17700	100.00	18.55	68.71	12.74
皋兰县	70757	12775	49942	8040	100.00	18.05	70.58	11.36
榆中县	233289	36340	182737	14212	100.00	15.58	78.33	6.09
兰州新区	167044	23371	136570	7103	100.00	13.99	81.76	4.25
嘉峪关市	**3680**	**467**	**2642**	**571**	**100.00**	**12.69**	**71.79**	**15.52**
市辖区	3680	467	2642	571	100.00	12.69	71.79	15.52
金昌市	**102068**	**16984**	**74232**	**10852**	**100.00**	**16.64**	**72.73**	**10.63**
金川区	984	125	659	200	100.00	12.70	66.97	20.33
永昌县	101084	16859	73573	10652	100.00	16.68	72.78	10.54
白银市	**421675**	**99662**	**279254**	**42759**	**100.00**	**23.63**	**66.22**	**10.14**
白银区	2549	312	1638	599	100.00	12.24	64.26	23.50
平川区	20010	3974	14073	1963	100.00	19.86	70.33	9.81
靖远县	145356	32266	96584	16506	100.00	22.20	66.45	11.36
会宁县	141900	37793	91288	12819	100.00	26.63	64.33	9.03
景泰县	111860	25317	75671	10872	100.00	22.63	67.65	9.72
天水市	**702485**	**166716**	**463652**	**72117**	**100.00**	**23.73**	**66.00**	**10.27**
秦州区	48372	11179	31309	5884	100.00	23.11	64.73	12.16
麦积区	46827	8992	31398	6437	100.00	19.20	67.05	13.75
清水县	79146	20831	51767	6548	100.00	26.32	65.41	8.27
秦安县	140593	30071	95624	14898	100.00	21.39	68.01	10.60
甘谷县	183768	44340	120614	18814	100.00	24.13	65.63	10.24
武山县	130600	30767	86678	13155	100.00	23.56	66.37	10.07
张家川回族自治县	73179	20536	46262	6381	100.00	28.06	63.22	8.72
武威市	**294812**	**55575**	**206164**	**33073**	**100.00**	**18.85**	**69.93**	**11.22**
凉州区	73841	13404	50529	9908	100.00	18.15	68.43	13.42
民勤县	71594	12112	52035	7447	100.00	16.92	72.68	10.40
古浪县	79337	16852	53952	8533	100.00	21.24	68.00	10.76
天祝藏族自治县	70040	13207	49648	7185	100.00	18.86	70.89	10.26
张掖市	**315338**	**65737**	**217295**	**32306**	**100.00**	**20.85**	**68.91**	**10.24**
甘州区	13934	2042	9652	2240	100.00	14.65	69.27	16.08
肃南裕固族自治县	10299	1458	7722	1119	100.00	14.16	74.98	10.87
民乐县	89881	20971	61235	7675	100.00	23.33	68.13	8.54
临泽县	54306	11520	37284	5502	100.00	21.21	68.66	10.13
高台县	64231	12309	45274	6648	100.00	19.16	70.49	10.35
山丹县	82687	17437	56128	9122	100.00	21.09	67.88	11.03
平凉市	**422713**	**101949**	**279564**	**41200**	**100.00**	**24.12**	**66.14**	**9.75**
崆峒区	9377	1592	6229	1556	100.00	16.98	66.43	16.59
泾川县	86982	19190	57923	9869	100.00	22.06	66.59	11.35
灵台县	53879	13347	35979	4553	100.00	24.77	66.78	8.45
崇信县	35332	8262	24211	2859	100.00	23.38	68.52	8.09
庄浪县	95390	22840	63946	8604	100.00	23.94	67.04	9.02
静宁县	112976	30737	72019	10220	100.00	27.21	63.75	9.05
华亭市	28777	5981	19257	3539	100.00	20.78	66.92	12.30

3-2b 各地区人口年龄构成（一）（镇）（续）

单位：人、%

地区	人口数				占总人口比重			
	合计	0-14 岁	15-64 岁	65 岁及以上	合计	0-14 岁	15-64 岁	65 岁及以上
酒泉市	**231617**	**32805**	**173476**	**25336**	**100.00**	**14.16**	**74.90**	**10.94**
肃州区	19953	2642	13828	3483	100.00	13.24	69.30	17.46
金塔县	61024	7957	47184	5883	100.00	13.04	77.32	9.64
瓜州县	51674	8862	38277	4535	100.00	17.15	74.07	8.78
肃北蒙古族自治县	9932	1495	7495	942	100.00	15.05	75.46	9.48
阿克塞哈萨克族自治县	10231	1967	7484	780	100.00	19.23	73.15	7.62
玉门市	38160	4522	29596	4042	100.00	11.85	77.56	10.59
敦煌市	40643	5360	29612	5671	100.00	13.19	72.86	13.95
庆阳市	**602654**	**151485**	**397182**	**53987**	**100.00**	**25.14**	**65.91**	**8.96**
西峰区	7877	2028	4904	945	100.00	25.75	62.26	12.00
庆城县	95391	23662	65340	6389	100.00	24.81	68.50	6.70
环　县	110333	28649	74304	7380	100.00	25.97	67.35	6.69
华池县	50304	13717	33564	3023	100.00	27.27	66.72	6.01
合水县	53877	14175	35371	4331	100.00	26.31	65.65	8.04
正宁县	71405	18938	45181	7286	100.00	26.52	63.27	10.20
宁　县	108778	25529	69559	13690	100.00	23.47	63.95	12.59
镇原县	104689	24787	68959	10943	100.00	23.68	65.87	10.45
定西市	**772097**	**187407**	**508380**	**76310**	**100.00**	**24.27**	**65.84**	**9.88**
安定区	25399	5313	16088	3998	100.00	20.92	63.34	15.74
通渭县	87686	21962	57443	8281	100.00	25.05	65.51	9.44
陇西县	219132	54838	142348	21946	100.00	25.03	64.96	10.01
渭源县	79098	17752	53321	8025	100.00	22.44	67.41	10.15
临洮县	188693	44873	124141	19679	100.00	23.78	65.79	10.43
漳　县	56594	15201	36624	4769	100.00	26.86	64.71	8.43
岷　县	115495	27468	78415	9612	100.00	23.78	67.89	8.32
陇南市	**685450**	**161096**	**462421**	**61933**	**100.00**	**23.50**	**67.46**	**9.04**
武都区	59635	15714	37841	6080	100.00	26.35	63.45	10.20
成　县	121129	27649	83469	10011	100.00	22.83	68.91	8.26
文　县	63996	15355	42941	5700	100.00	23.99	67.10	8.91
宕昌县	69620	15462	47564	6594	100.00	22.21	68.32	9.47
康　县	47735	10392	33253	4090	100.00	21.77	69.66	8.57
西和县	97876	23781	65806	8289	100.00	24.30	67.23	8.47
礼　县	128219	30480	85353	12386	100.00	23.77	66.57	9.66
徽　县	79190	18733	53585	6872	100.00	23.66	67.67	8.68
两当县	18050	3530	12609	1911	100.00	19.56	69.86	10.59
临夏回族自治州	**463935**	**130345**	**294578**	**39012**	**100.00**	**28.10**	**63.50**	**8.41**
临夏市	12414	3195	7941	1278	100.00	25.74	63.97	10.29
临夏县	42439	11235	26570	4634	100.00	26.47	62.61	10.92
康乐县	58785	17271	37614	3900	100.00	29.38	63.99	6.63
永靖县	94847	19593	65231	10023	100.00	20.66	68.77	10.57
广河县	89677	29495	53722	6460	100.00	32.89	59.91	7.20
和政县	56898	15404	36709	4785	100.00	27.07	64.52	8.41
东乡族自治县	56506	18932	33182	4392	100.00	33.50	58.72	7.77
积石山保安族东乡族撒拉族自治县	52369	15220	33609	3540	100.00	29.06	64.18	6.76
甘南藏族自治州	**220142**	**50753**	**151645**	**17744**	**100.00**	**23.05**	**68.89**	**8.06**
合作市	3357	847	2144	366	100.00	25.23	63.87	10.90
临潭县	47804	11996	31366	4442	100.00	25.09	65.61	9.29
卓尼县	33274	7467	23154	2653	100.00	22.44	69.59	7.97
舟曲县	39991	9406	27093	3492	100.00	23.52	67.75	8.73
迭部县	19872	3840	14302	1730	100.00	19.32	71.97	8.71
玛曲县	31744	7978	21861	1905	100.00	25.13	68.87	6.00
碌曲县	16296	3635	11751	910	100.00	22.31	72.11	5.58
夏河县	27804	5584	19974	2246	100.00	20.08	71.84	8.08

3-2c 各地区人口年龄构成（一）（乡村）

单位：人、%

地区	人口数				占总人口比重			
	合计	0-14 岁	15-64 岁	65 岁及以上	合计	0-14 岁	15-64 岁	65 岁及以上
合计	**11952499**	**2332937**	**7783060**	**1836502**	**100.00**	**19.52**	**65.12**	**15.37**
兰州市	**736896**	**107654**	**513774**	**115468**	**100.00**	**14.61**	**69.72**	**15.67**
城关区	18396	2727	14190	1479	100.00	14.82	77.14	8.04
七里河区	87869	13536	64854	9479	100.00	15.40	73.81	10.79
西固区	33321	4362	23900	5059	100.00	13.09	71.73	15.18
安宁区								
红古区	34495	5345	24200	4950	100.00	15.49	70.16	14.35
永登县	146666	22272	95500	28894	100.00	15.19	65.11	19.70
皋兰县	54400	6046	37667	10687	100.00	11.11	69.24	19.65
榆中县	240593	34356	161329	44908	100.00	14.28	67.05	18.67
兰州新区	121156	19010	92134	10012	100.00	15.69	76.05	8.26
嘉峪关市	**17406**	**1877**	**12582**	**2947**	**100.00**	**10.78**	**72.29**	**16.93**
市辖区	17406	1877	12582	2947	100.00	10.78	72.29	16.93
金昌市	**99015**	**9162**	**68698**	**21155**	**100.00**	**9.25**	**69.38**	**21.37**
金川区	22458	1838	15610	5010	100.00	8.18	69.51	22.31
永昌县	76557	7324	53088	16145	100.00	9.57	69.34	21.09
白银市	**656842**	**108321**	**430339**	**118182**	**100.00**	**16.49**	**65.52**	**17.99**
白银区	31046	3109	20091	7846	100.00	10.01	64.71	25.27
平川区	53145	9423	35430	8292	100.00	17.73	66.67	15.60
靖远县	225865	43627	148104	34134	100.00	19.32	65.57	15.11
会宁县	259681	40397	167864	51420	100.00	15.56	64.64	19.80
景泰县	87105	11765	58850	16490	100.00	13.51	67.56	18.93
天水市	**1624473**	**337544**	**1044736**	**242193**	**100.00**	**20.78**	**64.31**	**14.91**
秦州区	225803	44110	149552	32141	100.00	19.53	66.23	14.23
麦积区	234088	44869	154704	34515	100.00	19.17	66.09	14.74
清水县	161451	36914	102191	22346	100.00	22.86	63.30	13.84
秦安县	275744	42683	183075	49986	100.00	15.48	66.39	18.13
甘谷县	323033	67564	208055	47414	100.00	20.92	64.41	14.68
武山县	233127	53335	146462	33330	100.00	22.88	62.82	14.30
张家川回族自治县	171227	48069	100697	22461	100.00	28.07	58.81	13.12
武威市	**776258**	**127722**	**518241**	**130295**	**100.00**	**16.45**	**66.76**	**16.79**
凉州区	417551	75957	275129	66465	100.00	18.19	65.89	15.92
民勤县	106876	7394	74750	24732	100.00	6.92	69.94	23.14
古浪县	170840	31932	112106	26802	100.00	18.69	65.62	15.69
天祝藏族自治县	80991	12439	56256	12296	100.00	15.36	69.46	15.18
张掖市	**550899**	**80140**	**381548**	**89211**	**100.00**	**14.55**	**69.26**	**16.19**
甘州区	241004	35986	170357	34661	100.00	14.93	70.69	14.38
肃南裕固族自治县	16842	2222	12697	1923	100.00	13.19	75.39	11.42
民乐县	102595	18500	67516	16579	100.00	18.03	65.81	16.16
临泽县	61640	6866	43240	11534	100.00	11.14	70.15	18.71
高台县	61474	6325	42803	12346	100.00	10.29	69.63	20.08
山丹县	67344	10241	44935	12168	100.00	15.21	66.72	18.07
平凉市	**1020954**	**180718**	**654813**	**185423**	**100.00**	**17.70**	**64.14**	**18.16**
崆峒区	171866	33357	109465	29044	100.00	19.41	63.69	16.90
泾川县	135228	24194	82757	28277	100.00	17.89	61.20	20.91
灵台县	102345	16956	65615	19774	100.00	16.57	64.11	19.32
崇信县	46806	7990	31580	7236	100.00	17.07	67.47	15.46
庄浪县	240294	47235	152285	40774	100.00	19.66	63.37	16.97
静宁县	252661	38467	165222	48972	100.00	15.22	65.39	19.38
华亭市	71754	12519	47889	11346	100.00	17.45	66.74	15.81

3-2c 各地区人口年龄构成（一）（乡村）（续）

单位：人、%

地区	人口数				占总人口比重			
	合计	0-14 岁	15-64 岁	65 岁及以上	合计	0-14 岁	15-64 岁	65 岁及以上
酒泉市	**377956**	**54398**	**265113**	**58445**	**100.00**	**14.39**	**70.14**	**15.46**
肃州区	128119	16568	89301	22250	100.00	12.93	69.70	17.37
金塔县	60742	7266	41846	11630	100.00	11.96	68.89	19.15
瓜州县	77625	14118	54705	8802	100.00	18.19	70.47	11.34
肃北蒙古族自治县	5161	183	4766	212	100.00	3.55	92.35	4.11
阿克塞哈萨克族自治县	739	26	685	28	100.00	3.52	92.69	3.79
玉门市	50192	9762	33778	6652	100.00	19.45	67.30	13.25
敦煌市	55378	6475	40032	8871	100.00	11.69	72.29	16.02
庆阳市	**1266641**	**253476**	**804943**	**208222**	**100.00**	**20.01**	**63.55**	**16.44**
西峰区	195558	36798	132158	26602	100.00	18.82	67.58	13.60
庆城县	139763	25690	93315	20758	100.00	18.38	66.77	14.85
环　县	194354	35083	130162	29109	100.00	18.05	66.97	14.98
华池县	69042	12193	46667	10182	100.00	17.66	67.59	14.75
合水县	82031	16751	51876	13404	100.00	20.42	63.24	16.34
正宁县	101838	22392	61922	17524	100.00	21.99	60.80	17.21
宁　县	227538	49926	134843	42769	100.00	21.94	59.26	18.80
镇原县	256517	54643	154000	47874	100.00	21.30	60.04	18.66
定西市	**1555013**	**275290**	**1033853**	**245870**	**100.00**	**17.70**	**66.49**	**15.81**
安定区	199997	28116	131439	40442	100.00	14.06	65.72	20.22
通渭县	235962	31098	160429	44435	100.00	13.18	67.99	18.83
陇西县	208241	37471	134471	36299	100.00	17.99	64.57	17.43
渭源县	198510	31852	135681	30977	100.00	16.05	68.35	15.60
临洮县	291456	50038	196086	45332	100.00	17.17	67.28	15.55
漳　县	110715	24003	71684	15028	100.00	21.68	64.75	13.57
岷　县	310132	72712	204063	33357	100.00	23.45	65.80	10.76
陇南市	**1536394**	**307930**	**999552**	**228912**	**100.00**	**20.04**	**65.06**	**14.90**
武都区	303114	55753	198351	49010	100.00	18.39	65.44	16.17
成　县	120458	25477	78060	16921	100.00	21.15	64.80	14.05
文　县	132910	21304	89240	22366	100.00	16.03	67.14	16.83
宕昌县	185324	36955	123195	25174	100.00	19.94	66.48	13.58
康　县	113122	22079	73713	17330	100.00	19.52	65.16	15.32
西和县	253193	60526	159470	33197	100.00	23.91	62.98	13.11
礼　县	295916	63354	190063	42499	100.00	21.41	64.23	14.36
徽　县	110698	19408	72802	18488	100.00	17.53	65.77	16.70
两当县	21659	3074	14658	3927	100.00	14.19	67.68	18.13
临夏回族自治州	**1334379**	**396937**	**792732**	**144710**	**100.00**	**29.75**	**59.41**	**10.84**
临夏市	40886	9668	26397	4821	100.00	23.65	64.56	11.79
临夏县	271421	71548	164969	34904	100.00	26.36	60.78	12.86
康乐县	197170	58953	117331	20886	100.00	29.90	59.51	10.59
永靖县	85803	15326	56804	13673	100.00	17.86	66.20	15.94
广河县	170919	59182	96855	14882	100.00	34.63	56.67	8.71
和政县	147631	44442	87462	15727	100.00	30.10	59.24	10.65
东乡族自治县	233528	83934	130176	19418	100.00	35.94	55.74	8.32
积石山保安族东乡族撒拉族自治县	187021	53884	112738	20399	100.00	28.81	60.28	10.91
甘南藏族自治州	**399373**	**91768**	**262136**	**45469**	**100.00**	**22.98**	**65.64**	**11.39**
合作市	36523	8371	24528	3624	100.00	22.92	67.16	9.92
临潭县	79583	17428	52311	9844	100.00	21.90	65.73	12.37
卓尼县	62113	14147	40485	7481	100.00	22.78	65.18	12.04
舟曲县	85376	17832	56199	11345	100.00	20.89	65.83	13.29
迭部县	32320	6937	21603	3780	100.00	21.46	66.84	11.70
玛曲县	25332	8051	16056	1225	100.00	31.78	63.38	4.84
碌曲县	19575	4848	12812	1915	100.00	24.77	65.45	9.78
夏河县	58551	14154	38142	6255	100.00	24.17	65.14	10.68

3-3 各地区人口年龄构成（二）

单位：人、%

地区	人口数				占总人口比重			
	合计	0-15 岁	16-59 岁	60 岁及以上	合计	0-15 岁	16-59 岁	60 岁及以上
合计	**25019831**	**5124793**	**15634047**	**4260991**	**100.00**	**20.48**	**62.49**	**17.03**
兰州市	**4359446**	**654772**	**2982595**	**722079**	**100.00**	**15.02**	**68.42**	**16.56**
城关区	1484016	210695	1032815	240506	100.00	14.20	69.60	16.21
七里河区	712271	106155	485398	120718	100.00	14.90	68.15	16.95
西固区	407010	60068	266693	80249	100.00	14.76	65.52	19.72
安宁区	439566	60565	320773	58228	100.00	13.78	72.97	13.25
红古区	143795	24753	92763	26279	100.00	17.21	64.51	18.28
永登县	285549	50900	169475	65174	100.00	17.83	59.35	22.82
皋兰县	125157	19802	79838	25517	100.00	15.82	63.79	20.39
榆中县	473882	75027	318930	79925	100.00	15.83	67.30	16.87
兰州新区	288200	46807	215910	25483	100.00	16.24	74.92	8.84
嘉峪关市	**312663**	**52651**	**212377**	**47635**	**100.00**	**16.84**	**67.93**	**15.24**
市辖区	312663	52651	212377	47635	100.00	16.84	67.93	15.24
金昌市	**438026**	**66782**	**291682**	**79562**	**100.00**	**15.25**	**66.59**	**18.16**
金川区	260385	40394	176435	43556	100.00	15.51	67.76	16.73
永昌县	177641	26388	115247	36006	100.00	14.85	64.88	20.27
白银市	**1512110**	**301195**	**923171**	**287744**	**100.00**	**19.92**	**61.05**	**19.03**
白银区	337645	57021	218348	62276	100.00	16.89	64.67	18.44
平川区	200869	42565	126394	31910	100.00	21.19	62.92	15.89
靖远县	373050	80105	222914	70031	100.00	21.47	59.75	18.77
会宁县	401581	82519	234118	84944	100.00	20.55	58.30	21.15
景泰县	198965	38985	121397	38583	100.00	19.59	61.01	19.39
天水市	**2984659**	**657612**	**1819748**	**507299**	**100.00**	**22.03**	**60.97**	**17.00**
秦州区	656689	128286	421827	106576	100.00	19.54	64.24	16.23
麦积区	556102	110401	349356	96345	100.00	19.85	62.82	17.33
清水县	240597	60921	140226	39450	100.00	25.32	58.28	16.40
秦安县	416337	78050	254964	83323	100.00	18.75	61.24	20.01
甘谷县	506801	118848	302747	85206	100.00	23.45	59.74	16.81
武山县	363727	89223	215070	59434	100.00	24.53	59.13	16.34
张家川回族自治县	244406	71883	135558	36965	100.00	29.41	55.46	15.12
武威市	**1464955**	**275544**	**916330**	**273081**	**100.00**	**18.81**	**62.55**	**18.64**
凉州区	885277	174842	555366	155069	100.00	19.75	62.73	17.52
民勤县	178470	21396	115469	41605	100.00	11.99	64.70	23.31
古浪县	250177	52064	148910	49203	100.00	20.81	59.52	19.67
天祝藏族自治县	151031	27242	96585	27204	100.00	18.04	63.95	18.01
张掖市	**1131016**	**202448**	**725718**	**202850**	**100.00**	**17.90**	**64.17**	**17.94**
甘州区	519096	87284	344724	87088	100.00	16.81	66.41	16.78
肃南裕固族自治县	27762	4045	19371	4346	100.00	14.57	69.78	15.65
民乐县	192476	42373	115840	34263	100.00	22.01	60.18	17.80
临泽县	115946	19562	73468	22916	100.00	16.87	63.36	19.76
高台县	125705	19699	80660	25346	100.00	15.67	64.17	20.16
山丹县	150031	29485	91655	28891	100.00	19.65	61.09	19.26
平凉市	**1848607**	**385043**	**1112527**	**351037**	**100.00**	**20.83**	**60.18**	**18.99**
崆峒区	504265	101020	317812	85433	100.00	20.03	63.02	16.94
泾川县	222210	46068	125539	50603	100.00	20.73	56.50	22.77
灵台县	156224	32047	90848	33329	100.00	20.51	58.15	21.33
崇信县	82138	17186	51318	13634	100.00	20.92	62.48	16.60
庄浪县	335684	74658	197184	63842	100.00	22.24	58.74	19.02
静宁县	365637	74238	216108	75291	100.00	20.30	59.10	20.59
华亭市	182449	39826	113718	28905	100.00	21.83	62.33	15.84

3-3 各地区人口年龄构成（二）（续）

单位：人、%

地区	人口数				占总人口比重			
	合计	0–15 岁	16–59 岁	60 岁及以上	合计	0–15 岁	16–59 岁	60 岁及以上
酒泉市	**1055706**	**169799**	**708078**	**177829**	**100.00**	**16.08**	**67.07**	**16.84**
肃州区	455611	70686	306151	78774	100.00	15.51	67.20	17.29
金塔县	121766	16671	81395	23700	100.00	13.69	66.85	19.46
瓜州县	129299	24475	85505	19319	100.00	18.93	66.13	14.94
肃北蒙古族自治县	15093	1768	11594	1731	100.00	11.71	76.82	11.47
阿克塞哈萨克族自治县	10970	2093	7621	1256	100.00	19.08	69.47	11.45
玉门市	137736	24552	92588	20596	100.00	17.83	67.22	14.95
敦煌市	185231	29554	123224	32453	100.00	15.96	66.52	17.52
庆阳市	**2179716**	**500073**	**1286678**	**392965**	**100.00**	**22.94**	**59.03**	**18.03**
西峰区	513856	115146	330347	68363	100.00	22.41	64.29	13.30
庆城县	235154	51575	145241	38338	100.00	21.93	61.76	16.30
环　县	304687	67208	185194	52285	100.00	22.06	60.78	17.16
华池县	119346	27256	72102	19988	100.00	22.84	60.41	16.75
合水县	135908	32375	78890	24643	100.00	23.82	58.05	18.13
正宁县	173243	43018	95528	34697	100.00	24.83	55.14	20.03
宁　县	336316	79363	179422	77531	100.00	23.60	53.35	23.05
镇原县	361206	84132	199954	77120	100.00	23.29	55.36	21.35
定西市	**2524097**	**530948**	**1542501**	**450648**	**100.00**	**21.04**	**61.11**	**17.85**
安定区	422383	79367	261297	81719	100.00	18.79	61.86	19.35
通渭县	323648	56030	202418	65200	100.00	17.31	62.54	20.15
陇西县	427373	96605	254969	75799	100.00	22.60	59.66	17.74
渭源县	277608	52376	173150	52082	100.00	18.87	62.37	18.76
临洮县	480149	99680	289984	90485	100.00	20.76	60.39	18.85
漳　县	167309	40908	100727	25674	100.00	24.45	60.20	15.35
岷　县	425627	105982	259956	59689	100.00	24.90	61.08	14.02
陇南市	**2407272**	**544896**	**1467297**	**395079**	**100.00**	**22.64**	**60.95**	**16.41**
武都区	546616	126539	334080	85997	100.00	23.15	61.12	15.73
成　县	241587	55800	149103	36684	100.00	23.10	61.72	15.18
文　县	196906	38488	121708	36710	100.00	19.55	61.81	18.64
宕昌县	254944	55192	158496	41256	100.00	21.65	62.17	16.18
康　县	162418	34452	98766	29200	100.00	21.21	60.81	17.98
西和县	351069	88775	208844	53450	100.00	25.29	59.49	15.22
礼　县	424135	98734	255908	69493	100.00	23.28	60.34	16.38
徽　县	189888	40014	115651	34223	100.00	21.07	60.90	18.02
两当县	39709	6902	24741	8066	100.00	17.38	62.31	20.31
临夏回族自治州	**2109750**	**619836**	**1203495**	**286419**	**100.00**	**29.38**	**57.04**	**13.58**
临夏市	355968	82613	224624	48731	100.00	23.21	63.10	13.69
临夏县	322628	88684	180764	53180	100.00	27.49	56.03	16.48
康乐县	255955	79185	142723	34047	100.00	30.94	55.76	13.30
永靖县	180650	36647	111639	32364	100.00	20.29	61.80	17.92
广河县	260596	91849	141170	27577	100.00	35.25	54.17	10.58
和政县	204529	62299	115218	27012	100.00	30.46	56.33	13.21
东乡族自治县	290034	106457	152394	31183	100.00	36.71	52.54	10.75
积石山保安族东乡族撒拉族自治县	239390	72102	134963	32325	100.00	30.12	56.38	13.50
甘南藏族自治州	**691808**	**163194**	**441850**	**86764**	**100.00**	**23.59**	**63.87**	**12.54**
合作市	112173	23004	79100	10069	100.00	20.51	70.52	8.98
临潭县	127387	30694	76961	19732	100.00	24.10	60.42	15.49
卓尼县	95387	22740	59462	13185	100.00	23.84	62.34	13.82
舟曲县	125367	28700	78011	18656	100.00	22.89	62.23	14.88
迭部县	52192	11357	33892	6943	100.00	21.76	64.94	13.30
玛曲县	57076	16935	36188	3953	100.00	29.67	63.40	6.93
碌曲县	35871	8988	23372	3511	100.00	25.06	65.16	9.79
夏河县	86355	20776	54864	10715	100.00	24.06	63.53	12.41

3-3a 各地区人口年龄构成（二）（城市）

单位：人、%

地区	人口数				占总人口比重			
	合计	0-15 岁	16-59 岁	60 岁及以上	合计	0-15 岁	16-59 岁	60 岁及以上
合计	**7095181**	**1256566**	**4795251**	**1043364**	**100.00**	**17.71**	**67.58**	**14.71**
兰州市	**2889065**	**417175**	**1996119**	**475771**	**100.00**	**14.44**	**69.09**	**16.47**
城关区	1443050	203982	1003316	235752	100.00	14.14	69.53	16.34
七里河区	561571	82855	379365	99351	100.00	14.75	67.55	17.69
西固区	352451	53227	232672	66552	100.00	15.10	66.02	18.88
安宁区	439566	60565	320773	58228	100.00	13.78	72.97	13.25
红古区	92427	16546	59993	15888	100.00	17.90	64.91	17.19
嘉峪关市	**291577**	**50171**	**198357**	**43049**	**100.00**	**17.21**	**68.03**	**14.76**
市辖区	291577	50171	198357	43049	100.00	17.21	68.03	14.76
金昌市	**236943**	**38288**	**161879**	**36776**	**100.00**	**16.16**	**68.32**	**15.52**
金川区	236943	38288	161879	36776	100.00	16.16	68.32	15.52
白银市	**433593**	**82603**	**282296**	**68694**	**100.00**	**19.05**	**65.11**	**15.84**
白银区	304050	53454	199616	50980	100.00	17.58	65.65	16.77
平川区	127714	28751	81380	17583	100.00	22.51	63.72	13.77
靖远县	1829	398	1300	131	100.00	21.76	71.08	7.16
天水市	**657701**	**123961**	**436728**	**97012**	**100.00**	**18.85**	**66.40**	**14.75**
秦州区	382514	70182	256226	56106	100.00	18.35	66.98	14.67
麦积区	275187	53779	180502	40906	100.00	19.54	65.59	14.86
武威市	**393885**	**80675**	**263696**	**49514**	**100.00**	**20.48**	**66.95**	**12.57**
凉州区	393885	80675	263696	49514	100.00	20.48	66.95	12.57
张掖市	**264779**	**47098**	**179997**	**37684**	**100.00**	**17.79**	**67.98**	**14.23**
甘州区	264158	46990	179553	37615	100.00	17.79	67.97	14.24
肃南裕固族自治县	621	108	444	69	100.00	17.39	71.50	11.11
平凉市	**404940**	**84734**	**265363**	**54843**	**100.00**	**20.93**	**65.53**	**13.54**
崆峒区	323022	64266	212143	46613	100.00	19.90	65.67	14.43
华亭市	81918	20468	53220	8230	100.00	24.99	64.97	10.05
酒泉市	**446133**	**75982**	**308882**	**61269**	**100.00**	**17.03**	**69.24**	**13.73**
肃州区	307539	49967	213475	44097	100.00	16.25	69.41	14.34
玉门市	49384	9564	34303	5517	100.00	19.37	69.46	11.17
敦煌市	89210	16451	61104	11655	100.00	18.44	68.49	13.06
庆阳市	**310421**	**74863**	**204421**	**31137**	**100.00**	**24.12**	**65.85**	**10.03**
西峰区	310421	74863	204421	31137	100.00	24.12	65.85	10.03
定西市	**196987**	**44701**	**128369**	**23917**	**100.00**	**22.69**	**65.17**	**12.14**
安定区	196987	44701	128369	23917	100.00	22.69	65.17	12.14
陇南市	**185428**	**51176**	**117369**	**16883**	**100.00**	**27.60**	**63.30**	**9.10**
武都区	183867	50841	116406	16620	100.00	27.65	63.31	9.04
康　县	1561	335	963	263	100.00	21.46	61.69	16.85
临夏回族自治州	**311436**	**71820**	**197877**	**41739**	**100.00**	**23.06**	**63.54**	**13.40**
临夏市	302668	69207	192723	40738	100.00	22.87	63.67	13.46
临夏县	8768	2613	5154	1001	100.00	29.80	58.78	11.42
甘南藏族自治州	**72293**	**13319**	**53898**	**5076**	**100.00**	**18.42**	**74.55**	**7.02**
合作市	72293	13319	53898	5076	100.00	18.42	74.55	7.02

3-3b 各地区人口年龄构成(二)(镇)

单位：人、%

地区	人口数				占总人口比重			
	合计	0-15 岁	16-59 岁	60 岁及以上	合计	0-15 岁	16-59 岁	60 岁及以上
合计	**5972151**	**1421968**	**3766787**	**783396**	**100.00**	**23.81**	**63.07**	**13.12**
兰州市	**733485**	**124065**	**522311**	**87109**	**100.00**	**16.91**	**71.21**	**11.88**
城关区	22570	3878	16122	2570	100.00	17.18	71.43	11.39
七里河区	62831	9075	46181	7575	100.00	14.44	73.50	12.06
西固区	21238	2279	12582	6377	100.00	10.73	59.24	30.03
安宁区								
红古区	16873	2614	10810	3449	100.00	15.49	64.07	20.44
永登县	138883	27495	86423	24965	100.00	19.80	62.23	17.98
皋兰县	70757	13502	46088	11167	100.00	19.08	65.14	15.78
榆中县	233289	39102	174082	20105	100.00	16.76	74.62	8.62
兰州新区	167044	26120	130023	10901	100.00	15.64	77.84	6.53
嘉峪关市	**3680**	**493**	**2421**	**766**	**100.00**	**13.40**	**65.79**	**20.82**
市辖区	3680	493	2421	766	100.00	13.40	65.79	20.82
金昌市	**102068**	**18610**	**69094**	**14364**	**100.00**	**18.23**	**67.69**	**14.07**
金川区	984	132	586	266	100.00	13.41	59.55	27.03
永昌县	101084	18478	68508	14098	100.00	18.28	67.77	13.95
白银市	**421675**	**106419**	**256224**	**59032**	**100.00**	**25.24**	**60.76**	**14.00**
白银区	2549	325	1390	834	100.00	12.75	54.53	32.72
平川区	20010	4125	13111	2774	100.00	20.61	65.52	13.86
靖远县	145356	34696	88007	22653	100.00	23.87	60.55	15.58
会宁县	141900	40546	83999	17355	100.00	28.57	59.20	12.23
景泰县	111860	26727	69717	15416	100.00	23.89	62.33	13.78
天水市	**702485**	**177879**	**428325**	**96281**	**100.00**	**25.32**	**60.97**	**13.71**
秦州区	48372	11675	28808	7889	100.00	24.14	59.56	16.31
麦积区	46827	9542	28361	8924	100.00	20.38	60.57	19.06
清水县	79146	22127	47672	9347	100.00	27.96	60.23	11.81
秦安县	140593	32538	88502	19553	100.00	23.14	62.95	13.91
甘谷县	183768	47238	111728	24802	100.00	25.71	60.80	13.50
武山县	130600	33086	80247	17267	100.00	25.33	61.44	13.22
张家川回族自治县	73179	21673	43007	8499	100.00	29.62	58.77	11.61
武威市	**294812**	**60295**	**188845**	**45672**	**100.00**	**20.45**	**64.06**	**15.49**
凉州区	73841	14159	45770	13912	100.00	19.17	61.98	18.84
民勤县	71594	13594	48405	9595	100.00	18.99	67.61	13.40
古浪县	79337	18291	49076	11970	100.00	23.05	61.86	15.09
天祝藏族自治县	70040	14251	45594	10195	100.00	20.35	65.10	14.56
张掖市	**315338**	**70974**	**199801**	**44563**	**100.00**	**22.51**	**63.36**	**14.13**
甘州区	13934	2120	8860	2954	100.00	15.21	63.59	21.20
肃南裕固族自治县	10299	1607	7206	1486	100.00	15.60	69.97	14.43
民乐县	89881	23074	55675	11132	100.00	25.67	61.94	12.39
临泽县	54306	12613	34227	7466	100.00	23.23	63.03	13.75
高台县	64231	12910	42318	9003	100.00	20.10	65.88	14.02
山丹县	82687	18650	51515	12522	100.00	22.55	62.30	15.14
平凉市	**422713**	**109386**	**256745**	**56582**	**100.00**	**25.88**	**60.74**	**13.39**
崆峒区	9377	1746	5621	2010	100.00	18.62	59.94	21.44
泾川县	86982	20683	52790	13509	100.00	23.78	60.69	15.53
灵台县	53879	14406	32857	6616	100.00	26.74	60.98	12.28
崇信县	35332	8821	22399	4112	100.00	24.97	63.40	11.64
庄浪县	95390	24564	59049	11777	100.00	25.75	61.90	12.35
静宁县	112976	32906	66397	13673	100.00	29.13	58.77	12.10
华亭市	28777	6260	17632	4885	100.00	21.75	61.27	16.98

3-3b 各地区人口年龄构成（二）（镇）（续）

单位：人、%

地区	人口数				占总人口比重			
	合计	0-15 岁	16-59 岁	60 岁及以上	合计	0-15 岁	16-59 岁	60 岁及以上
酒泉市	**231617**	**35379**	**160569**	**35669**	**100.00**	**15.27**	**69.33**	**15.40**
肃州区	19953	2856	12339	4758	100.00	14.31	61.84	23.85
金塔县	61024	8876	44252	7896	100.00	14.55	72.52	12.94
瓜州县	51674	9495	35684	6495	100.00	18.37	69.06	12.57
肃北蒙古族自治县	9932	1573	6979	1380	100.00	15.84	70.27	13.89
阿克塞哈萨克族自治县	10231	2065	6953	1213	100.00	20.18	67.96	11.86
玉门市	38160	4746	27660	5754	100.00	12.44	72.48	15.08
敦煌市	40643	5768	26702	8173	100.00	14.19	65.70	20.11
庆阳市	**602654**	**161157**	**364812**	**76685**	**100.00**	**26.74**	**60.53**	**12.72**
西峰区	7877	2096	4529	1252	100.00	26.61	57.50	15.89
庆城县	95391	24781	61169	9441	100.00	25.98	64.12	9.90
环　县	110333	30712	68675	10946	100.00	27.84	62.24	9.92
华池县	50304	14494	31147	4663	100.00	28.81	61.92	9.27
合水县	53877	14928	32809	6140	100.00	27.71	60.90	11.40
正宁县	71405	19970	41143	10292	100.00	27.97	57.62	14.41
宁　县	108778	27319	62326	19133	100.00	25.11	57.30	17.59
镇原县	104689	26857	63014	14818	100.00	25.65	60.19	14.15
定西市	**772097**	**197953**	**469311**	**104833**	**100.00**	**25.64**	**60.78**	**13.58**
安定区	25399	5455	14637	5307	100.00	21.48	57.63	20.89
通渭县	87686	23266	53748	10672	100.00	26.53	61.30	12.17
陇西县	219132	57559	131958	29615	100.00	26.27	60.22	13.51
渭源县	79098	18891	49167	11040	100.00	23.88	62.16	13.96
临洮县	188693	47673	112917	28103	100.00	25.26	59.84	14.89
漳　县	56594	16008	34209	6377	100.00	28.29	60.45	11.27
岷　县	115495	29101	72675	13719	100.00	25.20	62.92	11.88
陇南市	**685450**	**169841**	**430958**	**84651**	**100.00**	**24.78**	**62.87**	**12.35**
武都区	59635	16608	35153	7874	100.00	27.85	58.95	13.20
成　县	121129	29173	77847	14109	100.00	24.08	64.27	11.65
文　县	63996	16077	40118	7801	100.00	25.12	62.69	12.19
宕昌县	69620	16297	44402	8921	100.00	23.41	63.78	12.81
康　县	47735	10994	30896	5845	100.00	23.03	64.72	12.24
西和县	97876	25076	61534	11266	100.00	25.62	62.87	11.51
礼　县	128219	32253	79763	16203	100.00	25.15	62.21	12.64
徽　县	79190	19656	49696	9838	100.00	24.82	62.76	12.42
两当县	18050	3707	11549	2794	100.00	20.54	63.98	15.48
临夏回族自治州	**463935**	**136021**	**274359**	**53555**	**100.00**	**29.32**	**59.14**	**11.54**
临夏市	12414	3344	7441	1629	100.00	26.94	59.94	13.12
临夏县	42439	11753	24445	6241	100.00	27.69	57.60	14.71
康乐县	58785	17973	35191	5621	100.00	30.57	59.86	9.56
永靖县	94847	20758	60118	13971	100.00	21.89	63.38	14.73
广河县	89677	30615	50345	8717	100.00	34.14	56.14	9.72
和政县	56898	16044	34264	6590	100.00	28.20	60.22	11.58
东乡族自治县	56506	19603	31138	5765	100.00	34.69	55.11	10.20
积石山保安族东乡族撒拉族自治县	52369	15931	31417	5021	100.00	30.42	59.99	9.59
甘南藏族自治州	**220142**	**53496**	**143012**	**23634**	**100.00**	**24.30**	**64.96**	**10.74**
合作市	3357	898	2010	449	100.00	26.75	59.87	13.38
临潭县	47804	12583	29101	6120	100.00	26.32	60.88	12.80
卓尼县	33274	7870	21805	3599	100.00	23.65	65.53	10.82
舟曲县	39991	9911	25516	4564	100.00	24.78	63.80	11.41
迭部县	19872	4057	13490	2325	100.00	20.42	67.88	11.70
玛曲县	31744	8429	20860	2455	100.00	26.55	65.71	7.73
碌曲县	16296	3875	11264	1157	100.00	23.78	69.12	7.10
夏河县	27804	5873	18966	2965	100.00	21.12	68.21	10.66

3-3c 各地区人口年龄构成（二）（乡村）

单位：人、%

地区	人口数				占总人口比重			
	合计	0-15 岁	16-59 岁	60 岁及以上	合计	0-15 岁	16-59 岁	60 岁及以上
合计	**11952499**	**2446259**	**7072009**	**2434231**	**100.00**	**20.47**	**59.17**	**20.37**
兰州市	**736896**	**113532**	**464165**	**159199**	**100.00**	**15.41**	**62.99**	**21.60**
城关区	18396	2835	13377	2184	100.00	15.41	72.72	11.87
七里河区	87869	14225	59852	13792	100.00	16.19	68.12	15.70
西固区	33321	4562	21439	7320	100.00	13.69	64.34	21.97
安宁区								
红古区	34495	5593	21960	6942	100.00	16.21	63.66	20.12
永登县	146666	23405	83052	40209	100.00	15.96	56.63	27.42
皋兰县	54400	6300	33750	14350	100.00	11.58	62.04	26.38
榆中县	240593	35925	144848	59820	100.00	14.93	60.20	24.86
兰州新区	121156	20687	85887	14582	100.00	17.07	70.89	12.04
嘉峪关市	**17406**	**1987**	**11599**	**3820**	**100.00**	**11.42**	**66.64**	**21.95**
市辖区	17406	1987	11599	3820	100.00	11.42	66.64	21.95
金昌市	**99015**	**9884**	**60709**	**28422**	**100.00**	**9.98**	**61.31**	**28.70**
金川区	22458	1974	13970	6514	100.00	8.79	62.21	29.01
永昌县	76557	7910	46739	21908	100.00	10.33	61.05	28.62
白银市	**656842**	**112173**	**384651**	**160018**	**100.00**	**17.08**	**58.56**	**24.36**
白银区	31046	3242	17342	10462	100.00	10.44	55.86	33.70
平川区	53145	9689	31903	11553	100.00	18.23	60.03	21.74
靖远县	225865	45011	133607	47247	100.00	19.93	59.15	20.92
会宁县	259681	41973	150119	67589	100.00	16.16	57.81	26.03
景泰县	87105	12258	51680	23167	100.00	14.07	59.33	26.60
天水市	**1624473**	**355772**	**954695**	**314006**	**100.00**	**21.90**	**58.77**	**19.33**
秦州区	225803	46429	136793	42581	100.00	20.56	60.58	18.86
麦积区	234088	47080	140493	46515	100.00	20.11	60.02	19.87
清水县	161451	38794	92554	30103	100.00	24.03	57.33	18.65
秦安县	275744	45512	166462	63770	100.00	16.51	60.37	23.13
甘谷县	323033	71610	191019	60404	100.00	22.17	59.13	18.70
武山县	233127	56137	134823	42167	100.00	24.08	57.83	18.09
张家川回族自治县	171227	50210	92551	28466	100.00	29.32	54.05	16.62
武威市	**776258**	**134574**	**463789**	**177895**	**100.00**	**17.34**	**59.75**	**22.92**
凉州区	417551	80008	245900	91643	100.00	19.16	58.89	21.95
民勤县	106876	7802	67064	32010	100.00	7.30	62.75	29.95
古浪县	170840	33773	99834	37233	100.00	19.77	58.44	21.79
天祝藏族自治县	80991	12991	50991	17009	100.00	16.04	62.96	21.00
张掖市	**550899**	**84376**	**345920**	**120603**	**100.00**	**15.32**	**62.79**	**21.89**
甘州区	241004	38174	156311	46519	100.00	15.84	64.86	19.30
肃南裕固族自治县	16842	2330	11721	2791	100.00	13.83	69.59	16.57
民乐县	102595	19299	60165	23131	100.00	18.81	58.64	22.55
临泽县	61640	6949	39241	15450	100.00	11.27	63.66	25.06
高台县	61474	6789	38342	16343	100.00	11.04	62.37	26.59
山丹县	67344	10835	40140	16369	100.00	16.09	59.60	24.31
平凉市	**1020954**	**190923**	**590419**	**239612**	**100.00**	**18.70**	**57.83**	**23.47**
崆峒区	171866	35008	100048	36810	100.00	20.37	58.21	21.42
泾川县	135228	25385	72749	37094	100.00	18.77	53.80	27.43
灵台县	102345	17641	57991	26713	100.00	17.24	56.66	26.10
崇信县	46806	8365	28919	9522	100.00	17.87	61.78	20.34
庄浪县	240294	50094	138135	52065	100.00	20.85	57.49	21.67
静宁县	252661	41332	149711	61618	100.00	16.36	59.25	24.39
华亭市	71754	13098	42866	15790	100.00	18.25	59.74	22.01

3-3c 各地区人口年龄构成（二）（乡村）（续）

单位：人、%

地区	人口数				占总人口比重			
	合计	0-15 岁	16-59 岁	60 岁及以上	合计	0-15 岁	16-59 岁	60 岁及以上
酒泉市	**377956**	**58438**	**238627**	**80891**	**100.00**	**15.46**	**63.14**	**21.40**
肃州区	128119	17863	80337	29919	100.00	13.94	62.70	23.35
金塔县	60742	7795	37143	15804	100.00	12.83	61.15	26.02
瓜州县	77625	14980	49821	12824	100.00	19.30	64.18	16.52
肃北蒙古族自治县	5161	195	4615	351	100.00	3.78	89.42	6.80
阿克塞哈萨克族自治县	739	28	668	43	100.00	3.79	90.39	5.82
玉门市	50192	10242	30625	9325	100.00	20.41	61.02	18.58
敦煌市	55378	7335	35418	12625	100.00	13.25	63.96	22.80
庆阳市	**1266641**	**264053**	**717445**	**285143**	**100.00**	**20.85**	**56.64**	**22.51**
西峰区	195558	38187	121397	35974	100.00	19.53	62.08	18.40
庆城县	139763	26794	84072	28897	100.00	19.17	60.15	20.68
环　县	194354	36496	116519	41339	100.00	18.78	59.95	21.27
华池县	69042	12762	40955	15325	100.00	18.48	59.32	22.20
合水县	82031	17447	46081	18503	100.00	21.27	56.18	22.56
正宁县	101838	23048	54385	24405	100.00	22.63	53.40	23.96
宁　县	227538	52044	117096	58398	100.00	22.87	51.46	25.67
镇原县	256517	57275	136940	62302	100.00	22.33	53.38	24.29
定西市	**1555013**	**288294**	**944821**	**321898**	**100.00**	**18.54**	**60.76**	**20.70**
安定区	199997	29211	118291	52495	100.00	14.61	59.15	26.25
通渭县	235962	32764	148670	54528	100.00	13.89	63.01	23.11
陇西县	208241	39046	123011	46184	100.00	18.75	59.07	22.18
渭源县	198510	33485	123983	41042	100.00	16.87	62.46	20.68
临洮县	291456	52007	177067	62382	100.00	17.84	60.75	21.40
漳　县	110715	24900	66518	19297	100.00	22.49	60.08	17.43
岷　县	310132	76881	187281	45970	100.00	24.79	60.39	14.82
陇南市	**1536394**	**323879**	**918970**	**293545**	**100.00**	**21.08**	**59.81**	**19.11**
武都区	303114	59090	182521	61503	100.00	19.49	60.22	20.29
成　县	120458	26627	71256	22575	100.00	22.10	59.15	18.74
文　县	132910	22411	81590	28909	100.00	16.86	61.39	21.75
宕昌县	185324	38895	114094	32335	100.00	20.99	61.56	17.45
康　县	113122	23123	66907	23092	100.00	20.44	59.15	20.41
西和县	253193	63699	147310	42184	100.00	25.16	58.18	16.66
礼　县	295916	66481	176145	53290	100.00	22.47	59.53	18.01
徽　县	110698	20358	65955	24385	100.00	18.39	59.58	22.03
两当县	21659	3195	13192	5272	100.00	14.75	60.91	24.34
临夏回族自治州	**1334379**	**411995**	**731259**	**191125**	**100.00**	**30.88**	**54.80**	**14.32**
临夏市	40886	10062	24460	6364	100.00	24.61	59.82	15.57
临夏县	271421	74318	151165	45938	100.00	27.38	55.69	16.92
康乐县	197170	61212	107532	28426	100.00	31.05	54.54	14.42
永靖县	85803	15889	51521	18393	100.00	18.52	60.05	21.44
广河县	170919	61234	90825	18860	100.00	35.83	53.14	11.03
和政县	147631	46255	80954	20422	100.00	31.33	54.84	13.83
东乡族自治县	233528	86854	121256	25418	100.00	37.19	51.92	10.88
积石山保安族东乡族撒拉族自治县	187021	56171	103546	27304	100.00	30.03	55.37	14.60
甘南藏族自治州	**399373**	**96379**	**244940**	**58054**	**100.00**	**24.13**	**61.33**	**14.54**
合作市	36523	8787	23192	4544	100.00	24.06	63.50	12.44
临潭县	79583	18111	47860	13612	100.00	22.76	60.14	17.10
卓尼县	62113	14870	37657	9586	100.00	23.94	60.63	15.43
舟曲县	85376	18789	52495	14092	100.00	22.01	61.49	16.51
迭部县	32320	7300	20402	4618	100.00	22.59	63.13	14.29
玛曲县	25332	8506	15328	1498	100.00	33.58	60.51	5.91
碌曲县	19575	5113	12108	2354	100.00	26.12	61.85	12.03
夏河县	58551	14903	35898	7750	100.00	25.45	61.31	13.24

第一部分　全部数据资料

第四卷　教育

4-1 全省分年龄、性别、

年龄	3岁及以上人口			未上过学			
	合计	男	女	小计	男	女	小计
合计	**24129001**	**12239650**	**11889351**	**1936220**	**586554**	**1349666**	**1007385**
3	367150	190486	176664	110846	57985	52861	256304
4	354039	183981	170058	26815	13741	13074	327224
5–9岁	**1679652**	**876391**	**803261**	**16568**	**8291**	**8277**	**388690**
5	303308	157652	145656	9378	4670	4708	252854
6	359928	187302	172626	3657	1849	1808	113616
7	334380	174423	159957	1309	644	665	12225
8	350601	183447	167154	1185	616	569	6193
9	331435	173567	157868	1039	512	527	3802
10–14岁	**1561872**	**819837**	**742035**	**5323**	**2872**	**2451**	**11441**
10	329584	172796	156788	1054	581	473	2979
11	323566	169393	154173	1213	639	574	2337
12	315670	165723	149947	1274	709	565	1886
13	305104	160639	144465	1063	553	510	1998
14	287948	151286	136662	719	390	329	2241
15–19岁	**1323412**	**692101**	**631311**	**3402**	**1821**	**1581**	**3188**
15	271250	143104	128146	608	346	262	1518
16	285276	150109	135167	608	332	276	777
17	255404	133599	121805	573	328	245	311
18	258489	134688	123801	761	395	366	317
19	252993	130601	122392	852	420	432	265
20–24岁	**1308457**	**663988**	**644469**	**6588**	**2800**	**3788**	**873**
20	243753	125519	118234	1065	524	541	253
21	232302	118592	113710	1089	483	606	152
22	257954	130180	127774	1285	523	762	164
23	270037	136604	133433	1388	551	837	138
24	304411	153093	151318	1761	719	1042	166
25–29岁	**1706571**	**854915**	**851656**	**13068**	**4607**	**8461**	**628**
25	350105	176148	173957	2179	836	1343	189
26	327957	164334	163623	2107	763	1344	118
27	347065	172818	174247	2521	879	1642	88
28	338360	168545	169815	2937	1035	1902	111
29	343084	173070	170014	3324	1094	2230	122
30–34岁	**1992464**	**1000155**	**992309**	**26883**	**8272**	**18611**	**570**
30	432470	216631	215839	4513	1465	3048	133
31	417660	209510	208150	5247	1713	3534	116
32	379317	190563	188754	4941	1528	3413	99
33	403669	202664	201005	6242	1850	4392	114
34	359348	180787	178561	5940	1716	4224	108
35–39岁	**1542995**	**784233**	**758762**	**35665**	**10457**	**25208**	**466**
35	320107	160820	159287	6379	1852	4527	88
36	326296	164733	161563	6699	1936	4763	91
37	292145	148350	143795	6819	1947	4872	89
38	323697	166361	157336	7967	2405	5562	105
39	280750	143969	136781	7801	2317	5484	93
40–44岁	**1452292**	**740749**	**711543**	**58378**	**16227**	**42151**	**565**
40	273705	139210	134495	9241	2640	6601	95
41	295596	153879	141717	9966	3010	6956	96
42	301753	153037	148716	11846	3207	8639	119
43	270954	137764	133190	12118	3416	8702	110
44	310284	156859	153425	15207	3954	11253	145

受教育程度的 3 岁及以上人口

单位：人

学前教育		小学			初中		
男	女	小计	男	女	小计	男	女
519296	**488089**	**7457905**	**3541271**	**3916634**	**6861224**	**3839670**	**3021554**
132501	123803						
170240	156984						
202488	**186202**	**1254430**	**654533**	**599897**	**19929**	**11056**	**8873**
131328	121526	41076	21654	19422			
59955	53661	239029	123485	115544	3626	2013	1613
6237	5988	316790	165276	151514	4056	2266	1790
3037	3156	337673	176721	160952	5536	3065	2471
1931	1871	319862	167397	152465	6711	3712	2999
5689	**5752**	**816783**	**429023**	**387760**	**696169**	**366914**	**329255**
1499	1480	314020	164450	149570	11482	6241	5241
1114	1223	290350	152285	138065	29597	15316	14281
955	931	146880	78318	68562	165485	85679	79806
1007	991	46156	24157	21999	249098	131583	117515
1114	1127	19377	9813	9564	240507	128095	112412
1556	**1632**	**50073**	**24387**	**25686**	**321134**	**180121**	**141013**
764	754	9566	4976	4590	129553	71270	58283
389	388	8620	4462	4158	68044	37602	30442
159	152	9039	4357	4682	43179	24448	18731
153	164	10734	5026	5708	39444	22922	16522
91	174	12114	5566	6548	40914	23879	17035
369	**504**	**86607**	**38767**	**47840**	**318802**	**176312**	**142490**
91	162	13191	5962	7229	44998	26204	18794
54	98	13989	6412	7577	49782	28129	21653
71	93	17542	7804	9738	61844	34218	27626
63	75	18936	8316	10620	72174	39488	32686
90	76	22949	10273	12676	90004	48273	41731
251	**377**	**156307**	**68547**	**87760**	**572895**	**297153**	**275742**
81	108	27768	12555	15213	110750	58855	51895
43	75	27745	12232	15513	107670	56421	51249
31	57	31457	13712	17745	117164	60482	56682
42	69	33634	14529	19105	116256	59334	56922
54	68	35703	15519	20184	121055	62061	58994
223	**347**	**249019**	**107028**	**141991**	**736293**	**373002**	**363291**
51	82	46614	19898	26716	156088	79216	76872
39	77	49559	21637	27922	153266	77558	75708
35	64	47473	20458	27015	139519	70447	69072
53	61	54553	23484	31069	151283	76890	74393
45	63	50820	21551	29269	136137	68891	67246
173	**293**	**266492**	**114858**	**151634**	**614352**	**318752**	**295600**
28	60	50778	21343	29435	123986	62750	61236
43	48	53545	22461	31084	128232	65431	62801
32	57	50157	21541	28616	116738	60585	56153
34	71	57945	25446	32499	131096	69355	61741
36	57	54067	24067	30000	114300	60631	53669
201	**364**	**347255**	**151818**	**195437**	**574564**	**310826**	**263738**
33	62	59382	25780	33602	109448	58067	51381
34	62	64549	29387	35162	118617	64754	53863
47	72	71659	31244	40415	119039	63978	55061
39	71	68551	29885	38666	106592	58206	48386
48	97	83114	35522	47592	120868	65821	55047

4-1 全省分年龄、性别、

年龄	3 岁及以上人口			未上过学			
	合计	男	女	小计	男	女	小计
45-49 岁	**2228576**	**1126475**	**1102101**	**142451**	**38229**	**104222**	**1227**
45	331628	166027	165601	18238	4681	13557	152
46	420296	211826	208470	24873	6339	18534	214
47	477911	241901	236010	29737	7835	21902	237
48	501723	253857	247866	34595	9557	25038	309
49	497018	252864	244154	35008	9817	25191	315
50-54 岁	**2483431**	**1254882**	**1228549**	**206689**	**56735**	**149954**	**2105**
50	541143	269945	271198	42804	11493	31311	403
51	495351	250693	244658	39809	11030	28779	418
52	533434	269352	264082	43892	11948	31944	431
53	429594	218987	210607	37603	10505	27098	392
54	483909	245905	238004	42581	11759	30822	461
55-59 岁	**1867099**	**949220**	**917879**	**180194**	**43923**	**136271**	**1949**
55	439779	225682	214097	38931	10673	28258	357
56	435155	221999	213156	40243	10562	29681	435
57	444467	227780	216687	40612	9613	30999	489
58	372889	187943	184946	38933	8565	30368	453
59	174809	85816	88993	21475	4510	16965	215
60-64 岁	**1113174**	**574822**	**538352**	**179550**	**47741**	**131809**	**2041**
60	202921	105060	97861	24997	6011	18986	267
61	166816	86444	80372	22936	5814	17122	262
62	223439	117224	106215	35429	9914	25515	410
63	262091	135053	127038	46333	12539	33794	521
64	257907	131041	126866	49855	13463	36392	581
65-69 岁	**1189229**	**594888**	**594341**	**279033**	**77050**	**201983**	**3308**
65	263276	133743	129533	54561	14803	39758	650
66	251305	125526	125779	54902	14612	40290	622
67	235308	117864	117444	55364	15180	40184	695
68	236240	118045	118195	59775	16788	42987	690
69	203100	99710	103390	54431	15667	38764	651
70-74 岁	**863675**	**420476**	**443199**	**254973**	**76877**	**178096**	**2832**
70	196648	96933	99715	54853	16416	38437	608
71	186921	93283	93638	54930	17425	37505	604
72	160539	79124	81415	47630	14833	32797	528
73	168376	81079	87297	50755	15072	35683	569
74	151191	70057	81134	46805	13131	33674	523
75-79 岁	**592287**	**282403**	**309884**	**191038**	**59157**	**131881**	**2019**
75	134470	63339	71131	41541	11974	29567	466
76	131783	63798	67985	40730	12562	28168	460
77	117959	56521	61438	38613	12115	26498	418
78	108969	51659	57310	36313	11555	24758	354
79	99106	47086	52020	33841	10951	22890	321
80-84 岁	**338727**	**156335**	**182392**	**128230**	**39462**	**88768**	**1227**
80	91877	43378	48499	32585	10251	22334	296
81	73035	33445	39590	27491	8451	19040	319
82	68888	31697	37191	26608	8223	18385	213
83	57243	26181	31062	22747	6965	15782	210
84	47684	21634	26050	18799	5572	13227	189
85 岁及以上	**163899**	**73313**	**90586**	**70526**	**20307**	**50219**	**728**

受教育程度的3岁及以上人口（续1）

单位：人

学前教育		小学			初中		
男	女	小计	男	女	小计	男	女
390	**837**	**695943**	**298399**	**397544**	**857633**	**481915**	**375718**
47	105	93843	39752	54091	128487	70342	58145
72	142	125675	53793	71882	165017	91400	73617
82	155	148227	63700	84527	186497	104719	81778
102	207	161764	69174	92590	191075	108236	82839
87	228	166434	71980	94454	186557	107218	79339
696	**1409**	**958169**	**419925**	**538244**	**850102**	**495309**	**354793**
120	283	193374	81773	111601	193581	110226	83355
136	282	189508	83305	106203	169990	98386	71604
148	283	208218	91503	116715	179693	104696	74997
144	248	173577	77285	96292	143586	85473	58113
148	313	193492	86059	107433	163252	96528	66724
551	**1398**	**685769**	**294082**	**391687**	**579379**	**351710**	**227669**
114	243	167496	74815	92681	148291	88500	59791
136	299	161250	70301	90949	139996	84685	55311
130	359	156654	67166	89488	138137	84494	53643
118	335	135199	55639	79560	107346	65861	41485
53	162	65170	26161	39009	45609	28170	17439
605	**1436**	**439334**	**203257**	**236077**	**243867**	**161427**	**82440**
87	180	73045	31827	41218	50707	32761	17946
63	199	60746	27292	33454	38445	25137	13308
135	275	86208	40663	45545	49150	32645	16505
145	376	107714	50680	57034	54244	36470	17774
175	406	111621	52795	58826	51321	34414	16907
1016	**2292**	**554045**	**275321**	**278724**	**220787**	**147691**	**73096**
193	457	117908	56963	60945	52011	35008	17003
191	431	114646	55771	58875	49674	32777	16897
206	489	110481	55324	55157	44037	29340	14697
226	464	112780	57520	55260	41556	28075	13481
200	451	98230	49743	48487	33509	22491	11018
964	**1868**	**424340**	**219917**	**204423**	**117528**	**78422**	**39106**
205	403	95468	49121	46347	30340	20364	9976
234	370	91675	48383	43292	25447	17131	8316
189	339	79599	42027	37572	20642	13834	6808
199	370	83875	43380	40495	21406	14367	7039
137	386	73723	37006	36717	19693	12726	6967
682	**1337**	**268664**	**138628**	**130036**	**82846**	**52618**	**30228**
156	310	64075	32808	31267	18659	12004	6655
163	297	61503	32188	29315	18918	12175	6743
138	280	52878	27627	25251	16507	10473	6034
121	233	47472	24259	23213	15381	9543	5838
104	217	42736	21746	20990	13381	8423	4958
427	**800**	**140541**	**70477**	**70064**	**38736**	**25097**	**13639**
103	193	38705	19567	19138	11840	7752	4088
112	207	30371	15137	15234	8338	5255	3083
76	137	28511	14247	14264	7461	4847	2614
67	143	23318	11720	11598	6051	3936	2115
69	120	19636	9806	9830	5046	3307	1739
274	**454**	**64134**	**32304**	**31830**	**16208**	**11345**	**4863**

4-1 全省分年龄、性别、

年龄	高中			大学专科			
	小计	男	女	小计	男	女	小计
合计	**3236918**	**1824369**	**1412549**	**1931242**	**1037137**	**894105**	**1578442**
3							
4							
5–9 岁	**35**	**23**	**12**				
5							
6							
7							
8	14	8	6				
9	21	15	6				
10–14 岁	**31926**	**15235**	**16691**	**167**	**71**	**96**	**59**
10	27	14	13	8	2	6	14
11	58	30	28	6	5	1	5
12	124	49	75	13	8	5	6
13	6753	3331	3422	29	6	23	6
14	24964	11811	13153	111	50	61	28
15–19 岁	**687958**	**355600**	**332358**	**143931**	**74248**	**69683**	**113621**
15	125416	63193	62223	3982	2234	1748	606
16	198386	102661	95725	7429	3939	3490	1412
17	177532	91960	85572	17024	8801	8223	7741
18	121164	63542	57622	46060	23680	22380	39983
19	65460	34244	31216	69436	35594	33842	63879
20–24 岁	**210847**	**115223**	**95624**	**330652**	**162263**	**168389**	**332237**
20	42423	23009	19414	69553	35154	34399	72105
21	35446	19354	16092	61647	30492	31155	69374
22	39605	21609	17996	63472	30909	32563	69999
23	42845	23657	19188	65112	31588	33524	62068
24	50528	27594	22934	70868	34120	36748	58691
25–29 岁	**305041**	**165394**	**139647**	**350392**	**172953**	**177439**	**276184**
25	60390	32941	27449	78653	37822	40831	60556
26	57842	31449	26393	70642	34387	36255	54495
27	63233	34152	29081	71438	34895	36543	55124
28	61514	33014	28500	65850	33055	32795	53150
29	62062	33838	28224	63809	32794	31015	52859
30–34 岁	**336796**	**183550**	**153246**	**324460**	**168922**	**155538**	**295165**
30	77463	41936	35527	76650	39421	37229	65961
31	72257	39109	33148	69842	36306	33536	62402
32	63885	35105	28780	61850	32333	29517	56923
33	66255	36132	30123	62474	32554	29920	58138
34	56936	31268	25668	53644	28308	25336	51741
35–39 岁	**220773**	**121159**	**99614**	**191530**	**103038**	**88492**	**196873**
35	47489	25972	21517	44051	23579	20472	43853
36	46955	25730	21225	42944	23201	19743	44170
37	40608	22281	18327	36161	19560	16601	38272
38	45851	25259	20592	37559	20151	17408	39631
39	39870	21917	17953	30815	16547	14268	30947
40–44 岁	**206311**	**114288**	**92023**	**139579**	**75951**	**63628**	**115726**
40	38541	21271	17270	27955	15197	12758	26630
41	43438	24186	19252	29912	16292	13620	26545
42	43675	24057	19618	29371	15791	13580	24025
43	38234	21046	17188	24885	13465	11420	18910
44	42423	23728	18695	27456	15206	12250	19616

受教育程度的3岁及以上人口（续2）

单位：人

大学本科		硕士研究生			博士研究生		
男	女	小计	男	女	小计	男	女
831116	**747326**	**105868**	**51656**	**54212**	**13797**	**8581**	**5216**
29	**30**	**4**	**4**				
9	5						
4	1						
3	3	2	2				
1	5	1	1				
12	16	1	1				
54313	**59308**	**100**	**54**	**46**	**5**	**1**	**4**
320	286	1	1				
724	688						
3545	4196	5	1	4			
18955	21028	26	15	11			
30769	33110	68	37	31	5	1	4
158861	**173376**	**21298**	**9087**	**12211**	**553**	**306**	**247**
34502	37603	156	66	90	9	7	2
33353	36021	800	304	496	23	11	12
33353	36646	3965	1647	2318	78	46	32
29754	32314	7229	3097	4132	147	90	57
27899	30792	9148	3973	5175	296	152	144
131971	**144213**	**28718**	**12130**	**16588**	**3338**	**1909**	**1429**
28832	31724	9035	3907	5128	585	319	266
25761	28734	6654	2865	3789	684	413	271
26030	29094	5316	2233	3083	724	404	320
25471	27679	4196	1668	2528	712	397	315
25877	26982	3517	1457	2060	633	376	257
148461	**146704**	**20306**	**8913**	**11393**	**2972**	**1784**	**1188**
32515	33446	4370	1743	2627	678	386	292
30937	31465	4335	1838	2497	636	373	263
28502	28421	4064	1805	2259	563	350	213
29478	28660	4031	1875	2156	579	348	231
27029	24712	3506	1652	1854	516	327	189
106811	**90062**	**14494**	**7546**	**6948**	**2350**	**1439**	**911**
23510	20343	3051	1518	1533	432	268	164
24006	20164	3203	1650	1553	457	275	182
20666	17606	2845	1475	1370	456	263	193
21735	17896	2998	1624	1374	545	352	193
16894	14053	2397	1279	1118	460	281	179
65721	**50005**	**8054**	**4575**	**3479**	**1860**	**1142**	**718**
14899	11731	1974	1059	915	439	264	175
14832	11713	1991	1108	883	482	276	206
13556	10469	1638	915	723	381	242	139
10779	8131	1261	747	514	293	181	112
11655	7961	1190	746	444	265	179	86

4-1 全省分年龄、性别、

年龄	高中			大学专科			
	小计	男	女	小计	男	女	小计
45–49岁	**279436**	**160038**	**119398**	**150647**	**84863**	**65784**	**94672**
45	44474	24683	19791	26741	14665	12076	18394
46	53323	30123	23200	30118	17026	13092	19804
47	59841	34205	25636	32201	18239	13962	19722
48	61729	35934	25795	31785	18034	13751	19180
49	60069	35093	24976	29802	16899	12903	17572
50–54岁	**272152**	**161361**	**110791**	**118920**	**71156**	**47764**	**70671**
50	62965	37177	25788	29791	17470	12321	17106
51	55066	32771	22295	24666	14688	9978	14930
52	59252	35035	24217	25641	15293	10348	15301
53	44492	26622	17870	18417	11169	7248	10828
54	50377	29756	20621	20405	12536	7869	12506
55–59岁	**291703**	**173023**	**118680**	**81945**	**52671**	**29274**	**43005**
55	52580	30581	21999	19792	12347	7445	11489
56	61834	35542	26292	19736	12412	7324	10873
57	76309	44711	31598	20689	13272	7417	10737
58	67730	41653	26077	15374	10295	5079	7337
59	33250	20536	12714	6354	4345	2009	2569
60–64岁	**198817**	**126029**	**72788**	**36849**	**26164**	**10685**	**12019**
60	44058	27454	16604	7146	4880	2266	2561
61	36465	22526	13939	5912	4065	1847	1924
62	42087	26476	15611	7590	5451	2139	2415
63	42112	27088	15024	8419	6085	2334	2602
64	34095	22485	11610	7782	5683	2099	2517
65–69岁	**93802**	**65827**	**27975**	**28296**	**20588**	**7708**	**9672**
65	28319	19532	8787	7282	5333	1949	2454
66	22395	15618	6777	6727	4820	1907	2260
67	17266	12317	4949	5496	4035	1461	1921
68	14764	10551	4213	4995	3645	1350	1641
69	11058	7809	3249	3796	2755	1041	1396
70–74岁	**43592**	**29523**	**14069**	**14838**	**10683**	**4155**	**5474**
70	10466	7245	3221	3580	2605	975	1304
71	9768	6764	3004	3348	2472	876	1128
72	8298	5487	2811	2904	2051	853	916
73	8015	5375	2640	2762	1970	792	980
74	7045	4652	2393	2244	1585	659	1146
75–79岁	**32144**	**20478**	**11666**	**9593**	**6691**	**2902**	**5888**
75	6397	4076	2321	2063	1450	613	1247
76	6931	4458	2473	2051	1408	643	1168
77	6536	4114	2422	1889	1290	599	1096
78	6470	4100	2370	1824	1302	522	1137
79	5810	3730	2080	1766	1241	525	1240
80–84岁	**18190**	**12261**	**5929**	**6796**	**4869**	**1927**	**4969**
80	5389	3548	1841	1791	1229	562	1263
81	3923	2604	1319	1482	1078	404	1105
82	3620	2481	1139	1385	993	392	1079
83	2903	1996	907	1164	849	315	843
84	2355	1632	723	974	720	254	679
85岁及以上	**7395**	**5357**	**2038**	**2647**	**2006**	**641**	**2207**

受教育程度的3岁及以上人口（续3）

单位：人

大学本科		硕士研究生			博士研究生		
男	女	小计	男	女	小计	男	女
58210	**36462**	**5366**	**3602**	**1764**	**1201**	**829**	**372**
10986	7408	1046	684	362	253	187	66
12200	7604	1039	716	323	233	157	76
12155	7567	1182	789	393	267	177	90
11966	7214	1048	697	351	238	157	81
10903	6669	1051	716	335	210	151	59
46375	**24296**	**3859**	**2759**	**1100**	**764**	**566**	**198**
10942	6164	942	617	325	177	127	50
9662	5268	787	585	202	177	130	47
10020	5281	837	588	249	169	121	48
7260	3568	596	447	149	103	82	21
8491	4015	697	522	175	138	106	32
30736	**12269**	**2574**	**2064**	**510**	**581**	**460**	**121**
8018	3471	710	539	171	133	95	38
7737	3136	637	508	129	151	116	35
7695	3042	678	560	118	162	139	23
5385	1952	414	341	73	103	86	17
1901	668	135	116	19	32	24	8
9010	**3009**	**592**	**498**	**94**	**105**	**91**	**14**
1920	641	124	106	18	16	14	2
1446	478	110	89	21	16	12	4
1809	606	118	103	15	32	28	4
1928	674	124	99	25	22	19	3
1907	610	116	101	15	19	18	1
7155	**2517**	**253**	**214**	**39**	**33**	**26**	**7**
1835	619	77	65	12	14	11	3
1670	590	70	60	10	9	7	2
1424	497	43	34	9	5	4	1
1207	434	36	30	6	3	3	
1019	377	27	25	2	2	1	1
4006	**1468**	**83**	**71**	**12**	**15**	**13**	**2**
955	349	25	19	6	4	3	1
854	274	16	15	1	5	5	
684	232	18	16	2	4	3	1
704	276	12	10	2	2	2	
809	337	12	11	1			
4073	**1815**	**86**	**71**	**15**	**9**	**5**	**4**
852	395	20	18	2	2	1	1
827	341	21	17	4	1		1
744	352	19	18	1	3	2	1
768	369	16	10	6	2	1	1
882	358	10	8	2	1	1	
3708	**1261**	**32**	**29**	**3**	**6**	**5**	**1**
921	342	8	7	1			
803	302	5	4	1	1	1	
820	259	10	9	1	1	1	
642	201	4	4		3	2	1
522	157	5	5		1	1	
1676	**531**	**49**	**39**	**10**	**5**	**5**	

4-1a 全省分年龄、性别、

年龄	3岁及以上人口			未上过学			
	合计	男	女	小计	男	女	小计
合计	**6860928**	**3443795**	**3417133**	**172606**	**50903**	**121703**	**256636**
3	98674	51365	47309	26601	14125	12476	72073
4	94359	49250	45109	7260	3784	3476	87099
5-9岁	**398717**	**210179**	**188538**	**4938**	**2509**	**2429**	**89776**
5	70160	36877	33283	2860	1415	1445	58770
6	90433	47437	42996	1236	639	597	25821
7	79912	42169	37743	317	174	143	2512
8	83670	44103	39567	318	171	147	1573
9	74542	39593	34949	207	110	97	1100
10-14岁	**358432**	**189920**	**168512**	**1237**	**694**	**543**	**3364**
10	75706	40155	35551	260	145	115	974
11	70655	37462	33193	281	155	126	726
12	73542	38758	34784	301	186	115	536
13	72159	38416	33743	242	135	107	527
14	66370	35129	31241	153	73	80	601
15-19岁	**401320**	**210989**	**190331**	**561**	**313**	**248**	**1127**
15	72131	38009	34122	130	73	57	479
16	81249	43048	38201	115	62	53	236
17	74623	39436	35187	84	48	36	109
18	82432	43299	39133	116	65	51	151
19	90885	47197	43688	116	65	51	152
20-24岁	**468659**	**230471**	**238188**	**838**	**471**	**367**	**437**
20	93874	47401	46473	196	111	85	142
21	88298	43648	44650	130	77	53	86
22	93234	45101	48133	163	84	79	89
23	93349	45811	47538	162	92	70	60
24	99904	48510	51394	187	107	80	60
25-29岁	**566885**	**278860**	**288025**	**1190**	**576**	**614**	**219**
25	113329	55628	57701	222	109	113	75
26	108938	53449	55489	217	106	111	51
27	115239	56254	58985	255	124	131	21
28	113479	55781	57698	229	110	119	31
29	115900	57748	58152	267	127	140	41
30-34岁	**703629**	**348808**	**354821**	**2018**	**881**	**1137**	**138**
30	148391	73781	74610	347	172	175	34
31	146316	72569	73747	370	176	194	20
32	135676	67216	68460	378	164	214	30
33	144184	71198	72986	489	205	284	32
34	129062	64044	65018	434	164	270	22
35-39岁	**540000**	**269502**	**270498**	**2427**	**971**	**1456**	**93**
35	111491	55152	56339	468	185	283	24
36	113695	56657	57038	447	170	277	20
37	103043	51387	51656	437	168	269	14
38	114467	57664	56803	530	242	288	19
39	97304	48642	48662	545	206	339	16
40-44岁	**476100**	**240031**	**236069**	**3460**	**1143**	**2317**	**85**
40	89740	44932	44808	589	194	395	14
41	101892	52142	49750	635	224	411	14
42	99597	49715	49882	671	225	446	18
43	88327	44296	44031	747	241	506	20
44	96544	48946	47598	818	259	559	19

受教育程度的3岁及以上人口（城市）

单位：人

学前教育		小学			初中		
男	女	小计	男	女	小计	男	女
133632	**123004**	**1145424**	**522996**	**622428**	**1839813**	**941984**	**897829**
37240	34833						
45466	41633						
47610	**42166**	**297462**	**156484**	**140978**	**6521**	**3561**	**2960**
30881	27889	8530	4581	3949			
14057	11764	62115	32056	30059	1261	685	576
1310	1202	75731	39938	35793	1352	747	605
796	777	79937	42145	37792	1833	985	848
566	534	71149	37764	33385	2075	1144	931
1750	**1614**	**172165**	**91483**	**80682**	**172864**	**91725**	**81139**
523	451	71140	37674	33466	3306	1799	1507
362	364	62267	32940	29327	7359	3991	3368
279	257	27871	15130	12741	44785	23142	21643
286	241	7415	3880	3535	61927	33057	28870
300	301	3472	1859	1613	55487	29736	25751
533	**594**	**9101**	**4863**	**4238**	**65181**	**37510**	**27671**
251	228	1871	1020	851	27382	15384	11998
122	114	1699	884	815	13905	7875	6030
56	53	1764	934	830	8846	5168	3678
64	87	1862	1029	833	7469	4513	2956
40	112	1905	996	909	7579	4570	3009
163	**274**	**9640**	**5018**	**4622**	**62192**	**34502**	**27690**
38	104	1705	907	798	8521	5102	3419
25	61	1616	856	760	9696	5574	4122
36	53	1890	967	923	11959	6585	5374
31	29	1972	990	982	14393	7864	6529
33	27	2457	1298	1159	17623	9377	8246
98	**121**	**17226**	**8628**	**8598**	**115915**	**59668**	**56247**
37	38	2948	1558	1390	21880	11619	10261
20	31	3009	1520	1489	21670	11335	10335
13	8	3394	1688	1706	23616	12060	11556
12	19	3736	1858	1878	23728	12049	11679
16	25	4139	2004	2135	25021	12605	12416
45	**93**	**28796**	**13078**	**15718**	**175037**	**84894**	**90143**
12	22	5238	2448	2790	33806	16750	17056
5	15	5647	2594	3053	35279	17304	17975
9	21	5516	2494	3022	33339	16092	17247
11	21	6436	2946	3490	37584	18012	19572
8	14	5959	2596	3363	35029	16736	18293
32	**61**	**30181**	**12871**	**17310**	**160920**	**77569**	**83351**
7	17	5903	2500	3403	31701	15017	16684
8	12	6118	2582	3536	32940	15707	17233
2	12	5597	2319	3278	30757	14952	15805
9	10	6562	2847	3715	34882	17018	17864
6	10	6001	2623	3378	30640	14875	15765
33	**52**	**36581**	**15882**	**20699**	**157182**	**77339**	**79843**
3	11	6150	2625	3525	28727	13900	14827
4	10	7096	3186	3910	32943	16667	16276
9	9	7370	3171	4199	32299	15642	16657
6	14	7355	3209	4146	29752	14712	15040
11	8	8610	3691	4919	33461	16418	17043

4-1a 全省分年龄、性别、

年龄	3 岁及以上人口			未上过学			
	合计	男	女	小计	男	女	小计
45-49 岁	**615189**	**313547**	**301642**	**7200**	**2205**	**4995**	**111**
45	99664	50392	49272	910	311	599	10
46	117629	59827	57802	1284	402	882	21
47	131623	67173	64450	1467	445	1022	19
48	134669	68911	65758	1740	505	1235	35
49	131604	67244	64360	1799	542	1257	26
50-54 岁	**612137**	**309487**	**302650**	**10475**	**2921**	**7554**	**198**
50	137611	69923	67688	2090	617	1473	44
51	125546	63871	61675	2030	569	1461	29
52	131932	66481	65451	2233	607	1626	34
53	101647	51381	50266	1944	554	1390	45
54	115401	57831	57570	2178	574	1604	46
55-59 岁	**483463**	**240803**	**242660**	**10450**	**2015**	**8435**	**223**
55	112801	56990	55811	2041	503	1538	37
56	114268	57341	56927	2126	436	1690	49
57	119946	59832	60114	2419	452	1967	59
58	92431	45353	47078	2438	404	2034	52
59	44017	21287	22730	1426	220	1206	26
60-64 岁	**300675**	**149442**	**151233**	**13915**	**2406**	**11509**	**247**
60	56639	28225	28414	1826	300	1526	35
61	49888	24899	24989	1760	319	1441	35
62	62975	31659	31316	2754	494	2260	53
63	67701	33530	34171	3657	614	3043	62
64	63472	31129	32343	3918	679	3239	62
65-69 岁	**280906**	**138351**	**142555**	**22523**	**3982**	**18541**	**367**
65	64294	31577	32717	4520	723	3797	76
66	62634	30788	31846	4596	704	3892	59
67	55791	27625	28166	4453	820	3633	69
68	53370	26432	26938	4727	904	3823	81
69	44817	21929	22888	4227	831	3396	82
70-74 岁	**182371**	**86862**	**95509**	**18133**	**4037**	**14096**	**324**
70	43766	21260	22506	4244	922	3322	56
71	39470	19209	20261	3960	969	2991	68
72	33549	16173	17376	3186	775	2411	69
73	34305	16136	18169	3489	727	2762	77
74	31281	14084	17197	3254	644	2610	54
75-79 岁	**132602**	**57286**	**75316**	**14429**	**2815**	**11614**	**258**
75	28294	12351	15943	2869	519	2350	52
76	28252	12232	16020	3104	637	2467	53
77	25804	11022	14782	2815	556	2259	51
78	25815	10975	14840	2786	537	2249	56
79	24437	10706	13731	2855	566	2289	46
80-84 岁	**94930**	**43470**	**51460**	**13910**	**2771**	**11139**	**292**
80	24556	11346	13210	2986	586	2400	62
81	20140	9000	11140	2872	600	2272	72
82	19347	8857	10490	2991	598	2393	49
83	16507	7613	8894	2680	527	2153	58
84	14380	6654	7726	2381	460	1921	51
85 岁及以上	**51880**	**25172**	**26708**	**11041**	**2284**	**8757**	**205**

受教育程度的3岁及以上人口（城市）（续1）

单位：人

学前教育		小学			初中		
男	女	小计	男	女	小计	男	女
47	**64**	**66420**	**28244**	**38176**	**228325**	**113940**	**114385**
5	5	9527	4088	5439	35187	17388	17799
8	13	12234	5176	7058	43429	21502	21927
9	10	13978	6062	7916	49376	24619	24757
17	18	15015	6349	8666	50581	25286	25295
8	18	15666	6569	9097	49752	25145	24607
72	**126**	**95273**	**38804**	**56469**	**234989**	**117936**	**117053**
16	28	18352	7488	10864	52231	26036	26195
11	18	19540	8098	11442	47823	23989	23834
10	24	20819	8490	12329	50269	25201	25068
22	23	17363	7077	10286	39545	20114	19431
13	33	19199	7651	11548	45121	22596	22525
56	**167**	**69289**	**25553**	**43736**	**154958**	**78300**	**76658**
12	25	16950	6816	10134	42272	21328	20944
12	37	15933	6028	9905	38355	19666	18689
16	43	16067	5967	10100	36372	18521	17851
11	41	13514	4538	8976	26128	12934	13194
5	21	6825	2204	4621	11831	5851	5980
62	**185**	**54759**	**19465**	**35294**	**82845**	**43895**	**38950**
10	25	8306	2939	5367	14815	7624	7191
8	27	7903	2813	5090	12945	6824	6121
19	34	10963	4052	6911	17498	9378	8120
8	54	13447	4719	8728	18612	9969	8643
17	45	14140	4942	9198	18975	10100	8875
106	**261**	**79013**	**30840**	**48173**	**101048**	**55417**	**45631**
30	46	15745	5649	10096	21560	11625	9935
18	41	16331	6121	10210	23252	12741	10511
17	52	15848	6275	9573	20886	11366	9520
17	64	16433	6790	9643	19493	10862	8631
24	58	14656	6005	8651	15857	8823	7034
99	**225**	**69614**	**28658**	**40956**	**53019**	**28703**	**24316**
12	44	15451	6408	9043	14352	7928	6424
17	51	14815	6242	8573	11576	6266	5310
19	50	12879	5392	7487	9289	5065	4224
28	49	13779	5685	8094	9236	5005	4231
23	31	12690	4931	7759	8566	4439	4127
62	**196**	**50230**	**18432**	**31798**	**37334**	**18348**	**18986**
14	38	11096	4168	6928	8025	3984	4041
10	43	10711	4002	6709	8034	3911	4123
14	37	9563	3475	6088	7337	3542	3795
14	42	9619	3409	6210	7314	3539	3775
10	36	9241	3378	5863	6624	3372	3252
77	**215**	**38260**	**15051**	**23209**	**21545**	**12129**	**9416**
17	45	9582	3778	5804	6282	3499	2783
20	52	8058	3047	5011	4615	2484	2131
10	39	7882	3123	4759	4136	2325	1811
15	43	6770	2712	4058	3485	2027	1458
15	36	5968	2391	3577	3027	1794	1233
81	**124**	**21414**	**9642**	**11772**	**9938**	**6548**	**3390**

4-1a 全省分年龄、性别、

年龄	高中			大学专科			
	小计	男	女	小计	男	女	小计
合计	**1453565**	**758613**	**694952**	**992444**	**520117**	**472327**	**903709**
3							
4							
5–9 岁	**20**	**15**	**5**				
5							
6							
7							
8	9	6	3				
9	11	9	2				
10–14 岁	**8712**	**4227**	**4485**	**61**	**26**	**35**	**29**
10	12	7	5	4	1	3	10
11	18	10	8	3	3		1
12	36	15	21	9	5	4	4
13	2035	1055	980	11	2	9	2
14	6611	3140	3471	34	15	19	12
15–19 岁	**209493**	**109974**	**99519**	**63398**	**33958**	**29440**	**52388**
15	40411	20304	20107	1564	823	741	293
16	61762	32364	29398	2949	1425	1524	583
17	53925	28410	25515	6933	3540	3393	2962
18	35242	19104	16138	19727	10527	9200	17851
19	18153	9792	8361	32225	17643	14582	30699
20–24 岁	**74639**	**39321**	**35318**	**131973**	**65537**	**66436**	**172746**
20	13819	7289	6530	31736	16875	14861	37655
21	12726	6669	6057	25550	12853	12697	37946
22	14491	7571	6920	23859	11490	12369	37881
23	15507	8261	7246	24303	11740	12563	31471
24	18096	9531	8565	26525	12579	13946	27793
25–29 岁	**114228**	**60240**	**53988**	**151546**	**73685**	**77861**	**143067**
25	21911	11637	10274	30817	14679	16138	28459
26	21550	11422	10128	29736	14313	15423	27408
27	23719	12537	11182	31150	14956	16194	28759
28	23193	12108	11085	30003	14763	15240	28916
29	23855	12536	11319	29840	14974	14866	29525
30–34 岁	**145230**	**75118**	**70112**	**165949**	**83407**	**82542**	**167474**
30	30815	16155	14660	36833	18536	18297	37316
31	30384	15632	14752	34948	17615	17333	35622
32	28086	14639	13447	31962	16089	15873	32569
33	29792	15244	14548	33219	16615	16604	32838
34	26153	13448	12705	28987	14552	14435	29129
35–39 岁	**108444**	**54766**	**53678**	**108181**	**55047**	**53134**	**115094**
35	21991	11032	10959	23734	12041	11693	24763
36	22410	11345	11065	23521	12010	11511	25109
37	20186	10151	10035	20632	10508	10124	22520
38	23375	11937	11438	22060	11209	10851	23884
39	20482	10301	10181	18234	9279	8955	18818
40–44 岁	**111293**	**56912**	**54381**	**85631**	**43919**	**41712**	**72720**
40	19658	10039	9619	16389	8411	7978	15997
41	23682	12217	11465	18473	9557	8916	16766
42	23746	12075	11671	18412	9320	9092	15220
43	21089	10665	10424	15581	7907	7674	12332
44	23118	11916	11202	16776	8724	8052	12405

受教育程度的3岁及以上人口（城市）（续2）

单位：人

大学本科		硕士研究生			博士研究生		
男	女	小计	男	女	小计	男	女
467520	**436189**	**84750**	**40569**	**44181**	**11981**	**7461**	**4520**
15	**14**						
6	4						
1							
1	3						
1	1						
6	6						
23801	**28587**	**68**	**36**	**32**	**3**	**1**	**2**
153	140	1	1				
316	267						
1280	1682						
7990	9861	14	7	7			
14062	16637	53	28	25	3	1	2
78976	**93770**	**15854**	**6304**	**9550**	**340**	**179**	**161**
17040	20615	95	36	59	5	3	2
17403	20543	539	185	354	9	6	3
17284	20597	2850	1056	1794	52	28	24
14645	16826	5397	2140	3257	84	48	36
12604	15189	6973	2887	4086	190	94	96
66029	**77038**	**21004**	**8505**	**12499**	**2490**	**1431**	**1059**
13043	15416	6639	2734	3905	378	212	166
12440	14968	4805	1994	2811	492	299	193
13036	15723	3771	1527	2244	554	313	241
13406	15510	3087	1172	1915	556	303	253
14104	15421	2702	1078	1624	510	304	206
82839	**84635**	**16420**	**7026**	**9394**	**2567**	**1520**	**1047**
18075	19241	3433	1316	2117	569	317	252
17459	18163	3508	1467	2041	538	317	221
16020	16549	3315	1416	1899	481	293	188
16370	16468	3284	1494	1790	510	301	209
14915	14214	2880	1333	1547	469	292	177
60586	**54508**	**12476**	**6330**	**6146**	**2184**	**1330**	**854**
12916	11847	2503	1205	1298	404	249	155
13230	11879	2723	1357	1366	407	248	159
11808	10712	2473	1238	1235	427	241	186
12665	11219	2641	1404	1237	514	333	181
9967	8851	2136	1126	1010	432	259	173
39634	**33086**	**7352**	**4076**	**3276**	**1796**	**1093**	**703**
8567	7430	1796	943	853	420	250	170
9045	7721	1814	977	837	469	265	204
8225	6995	1493	814	679	368	234	134
6705	5627	1169	679	490	282	172	110
7092	5313	1080	663	417	257	172	85

4-1a 全省分年龄、性别、

年龄	高中			大学专科			
	小计	男	女	小计	男	女	小计
45–49 岁	**150250**	**78200**	**72050**	**93143**	**49166**	**43977**	**63765**
45	24460	12527	11933	16587	8552	8035	11817
46	28299	14545	13754	18282	9705	8577	12924
47	32133	16659	15474	19982	10600	9382	13361
48	33092	17513	15579	19678	10436	9242	13332
49	32266	16956	15310	18614	9873	8741	12331
50–54 岁	**145291**	**75796**	**69495**	**72083**	**39874**	**32209**	**49679**
50	33571	17691	15880	18406	10095	8311	11892
51	29552	15629	13923	15210	8446	6764	10514
52	31575	16390	15185	15404	8470	6934	10692
53	23542	12211	11331	10965	6090	4875	7618
54	27051	13875	13176	12098	6773	5325	8963
55–59 岁	**160837**	**80025**	**80812**	**51981**	**30136**	**21845**	**32833**
55	29836	15048	14788	12319	6987	5332	8587
56	36111	17744	18367	12662	7247	5415	8323
57	42518	20813	21705	13426	7742	5684	8309
58	34778	17522	17256	9445	5621	3824	5590
59	17594	8898	8696	4129	2539	1590	2024
60–64 岁	**113407**	**59529**	**53878**	**25038**	**16389**	**8649**	**9817**
60	24648	12693	11955	4816	3040	1776	2064
61	21363	10987	10376	4181	2696	1485	1580
62	24403	12718	11685	5181	3427	1754	1982
63	23984	12802	11182	5676	3779	1897	2131
64	19009	10329	8680	5184	3447	1737	2060
65–69 岁	**50135**	**28980**	**21155**	**19489**	**13001**	**6488**	**8063**
65	15395	8749	6646	4884	3261	1623	2029
66	11790	6751	5039	4624	3021	1603	1905
67	9106	5382	3724	3802	2588	1214	1584
68	7781	4549	3232	3438	2290	1148	1381
69	6063	3549	2514	2741	1841	900	1164
70–74 岁	**25824**	**14786**	**11038**	**10738**	**7208**	**3530**	**4638**
70	5943	3436	2507	2596	1753	843	1100
71	5725	3358	2367	2392	1664	728	918
72	5143	2902	2241	2184	1439	745	779
73	4885	2775	2110	1990	1319	671	837
74	4128	2315	1813	1576	1033	543	1004
75–79 岁	**18795**	**10071**	**8724**	**6407**	**4098**	**2309**	**5069**
75	3706	1996	1710	1435	932	503	1092
76	3955	2095	1860	1375	875	500	1000
77	3822	2020	1802	1258	781	477	939
78	3848	2046	1802	1190	777	413	988
79	3464	1914	1550	1149	733	416	1050
80–84 岁	**11732**	**7030**	**4702**	**4792**	**3187**	**1605**	**4364**
80	3335	1924	1411	1198	751	447	1103
81	2500	1450	1050	1041	702	339	976
82	2346	1423	923	981	653	328	953
83	1931	1207	724	841	570	271	735
84	1620	1026	594	731	511	220	597
85 岁及以上	**5235**	**3623**	**1612**	**2034**	**1479**	**555**	**1963**

受教育程度的3岁及以上人口（城市）（续3）

单位：人

大学本科		硕士研究生			博士研究生		
男	女	小计	男	女	小计	男	女
37775	**25990**	**4818**	**3174**	**1644**	**1157**	**796**	**361**
6752	5065	926	590	336	240	179	61
7710	5214	929	627	302	227	152	75
7923	5438	1048	687	361	259	169	90
8019	5313	964	633	331	232	153	79
7371	4960	951	637	314	199	143	56
31130	**18549**	**3427**	**2424**	**1003**	**722**	**530**	**192**
7301	4591	853	557	296	172	122	50
6509	4005	679	497	182	169	123	46
6682	4010	749	519	230	157	112	45
4847	2771	532	392	140	93	74	19
5791	3172	614	459	155	131	99	32
22430	**10403**	**2332**	**1845**	**487**	**560**	**443**	**117**
5733	2854	631	472	159	128	91	37
5657	2666	565	441	124	144	110	34
5680	2629	619	506	113	157	135	22
3925	1665	387	315	72	99	83	16
1435	589	130	111	19	32	24	8
7147	**2670**	**546**	**461**	**85**	**101**	**88**	**13**
1509	555	113	96	17	16	14	2
1154	426	105	86	19	16	12	4
1446	536	110	97	13	31	28	3
1532	599	112	90	22	20	17	3
1506	554	106	92	14	18	17	1
5799	**2264**	**237**	**201**	**36**	**31**	**25**	**6**
1469	560	72	61	11	13	10	3
1367	538	68	58	10	9	7	2
1143	441	38	30	8	5	4	1
989	392	33	28	5	3	3	
831	333	26	24	2	1	1	
3299	**1339**	**68**	**61**	**7**	**13**	**11**	**2**
782	318	20	16	4	4	3	1
677	241	12	12		4	4	
564	215	16	14	2	4	3	1
586	251	11	10	1	1	1	
690	314	9	9				
3391	**1678**	**74**	**65**	**9**	**6**	**4**	**2**
720	372	18	17	1	1	1	
686	314	19	16	3	1		1
616	323	18	17	1	1	1	
643	345	12	9	3	2	1	1
726	324	7	6	1	1	1	
3194	**1170**	**29**	**26**	**3**	**6**	**5**	**1**
784	319	8	7	1			
692	284	5	4	1	1	1	
717	236	8	7	1	1	1	
549	186	4	4		3	2	1
452	145	4	4		1	1	
1475	**488**	**45**	**35**	**10**	**5**	**5**	

4-1b 全省分年龄、性别、

年龄	3岁及以上人口			未上过学			
	合计	男	女	小计	男	女	小计
合计	**5741803**	**2870143**	**2871660**	**298915**	**87702**	**211213**	**286219**
3	103716	53627	50089	25983	13506	12477	77733
4	100380	52574	47806	5360	2780	2580	95020
5-9岁	**470802**	**247516**	**223286**	**3304**	**1681**	**1623**	**105482**
5	82383	42948	39435	1800	930	870	70155
6	102015	53550	48465	695	361	334	30265
7	94775	49884	44891	287	137	150	2765
8	98917	52208	46709	281	140	141	1410
9	92712	48926	43786	241	113	128	887
10-14岁	**430925**	**227981**	**202944**	**1304**	**687**	**617**	**3111**
10	91540	48337	43203	273	147	126	710
11	88984	47121	41863	303	142	161	557
12	86434	45843	40591	339	188	151	527
13	83255	44127	39128	229	125	104	649
14	80712	42553	38159	160	85	75	668
15-19岁	**426008**	**218320**	**207688**	**634**	**358**	**276**	**865**
15	85797	44734	41063	127	76	51	433
16	101342	52307	49035	133	77	56	224
17	90815	46642	44173	105	66	39	89
18	80561	40936	39625	123	62	61	70
19	67493	33701	33792	146	77	69	49
20-24岁	**293435**	**147410**	**146025**	**1035**	**462**	**573**	**175**
20	59779	30163	29616	168	94	74	41
21	53915	27498	26417	184	84	100	27
22	57520	29205	28315	199	78	121	26
23	57271	28641	28630	216	87	129	30
24	64950	31903	33047	268	119	149	51
25-29岁	**401152**	**189072**	**212080**	**2096**	**737**	**1359**	**173**
25	77069	37230	39839	379	152	227	58
26	73936	35208	38728	321	109	212	26
27	81667	37968	43699	396	127	269	26
28	82109	37944	44165	485	182	303	33
29	86371	40722	45649	515	167	348	30
30-34岁	**544670**	**255768**	**288902**	**4308**	**1270**	**3038**	**149**
30	113191	52178	61013	716	236	480	32
31	112079	52267	59812	819	243	576	30
32	104355	49172	55183	802	252	550	29
33	113134	53373	59761	1001	272	729	27
34	101911	48778	53133	970	267	703	31
35-39岁	**432182**	**212184**	**219998**	**5597**	**1565**	**4032**	**88**
35	91367	44030	47337	1036	300	736	21
36	93483	45420	48063	1055	260	795	19
37	82284	40588	41696	1124	336	788	13
38	89017	44207	44810	1208	335	873	21
39	76031	37939	38092	1174	334	840	14
40-44岁	**370701**	**185760**	**184941**	**8210**	**2210**	**6000**	**96**
40	73708	36585	37123	1359	353	1006	18
41	76899	38764	38135	1440	424	1016	21
42	76879	38294	38585	1617	437	1180	17
43	67122	33767	33355	1746	475	1271	17
44	76093	38350	37743	2048	521	1527	23

受教育程度的 3 岁及以上人口（镇）

单位：人

学前教育		小学			初中		
男	女	小计	男	女	小计	男	女
148774	**137445**	**1586064**	**727757**	**858307**	**1647078**	**863895**	**783183**
40121	37612						
49794	45226						
55438	**50044**	**356042**	**187020**	**169022**	**5965**	**3373**	**2592**
36534	33621	10428	5484	4944			
16302	13963	70006	36296	33710	1049	591	458
1432	1333	90465	47592	42873	1258	723	535
711	699	95530	50418	45112	1692	937	755
459	428	89613	47230	42383	1966	1122	844
1592	**1519**	**218510**	**115984**	**102526**	**195752**	**104048**	**91704**
353	357	87336	46081	41255	3206	1749	1457
287	270	79745	42357	37388	8351	4321	4030
281	246	36842	19927	16915	48674	25419	23255
326	323	10167	5359	4808	69905	37213	32692
345	323	4420	2260	2160	65616	35346	30270
436	**429**	**10956**	**5640**	**5316**	**69371**	**39144**	**30227**
214	219	2214	1163	1051	31281	17573	13708
116	108	2149	1179	970	15016	8305	6711
47	42	2066	1048	1018	8765	4921	3844
40	30	2254	1134	1120	7349	4272	3077
19	30	2273	1116	1157	6960	4073	2887
89	**86**	**14487**	**6553**	**7934**	**57440**	**30760**	**26680**
25	16	2177	1033	1144	7478	4351	3127
12	15	2332	1097	1235	8581	4861	3720
11	15	2887	1313	1574	11119	5986	5133
11	19	3168	1400	1768	13131	6827	6304
30	21	3923	1710	2213	17131	8735	8396
72	**101**	**28965**	**11979**	**16986**	**124553**	**58838**	**65715**
28	30	4890	2196	2694	22130	10987	11143
8	18	5117	2184	2933	22282	10759	11523
7	19	5964	2435	3529	25379	11912	13467
11	22	6183	2409	3774	26266	12036	14230
18	12	6811	2755	4056	28496	13144	15352
70	**79**	**51374**	**20015**	**31359**	**191987**	**86599**	**105388**
13	19	9111	3552	5559	38277	17067	21210
9	21	10053	4041	6012	39049	17521	21528
14	15	9826	3840	5986	36731	16423	20308
17	10	11496	4419	7077	40927	18618	22309
17	14	10888	4163	6725	37003	16970	20033
36	**52**	**55312**	**21399**	**33913**	**172753**	**81785**	**90968**
9	12	10596	3962	6634	34586	15817	18769
11	8	11355	4245	7110	36162	16737	19425
5	8	10530	4157	6373	33083	15598	17485
5	16	11905	4643	7262	36985	17930	19055
6	8	10926	4392	6534	31937	15703	16234
39	**57**	**67207**	**27215**	**39992**	**156336**	**77731**	**78605**
8	10	11851	4676	7175	30547	14822	15725
9	12	13025	5346	7679	32661	16262	16399
7	10	14058	5717	8341	32377	15952	16425
7	10	12869	5258	7611	28804	14555	14249
8	15	15404	6218	9186	31947	16140	15807

4–1b 全省分年龄、性别、

年龄	3岁及以上人口			未上过学			
	合计	男	女	小计	男	女	小计
45–49岁	**496542**	**250684**	**245858**	**17527**	**4549**	**12978**	**193**
45	78791	39207	39584	2328	566	1762	20
46	97024	48819	48205	3055	785	2270	36
47	106152	53767	52385	3647	934	2713	37
48	108532	55036	53496	4173	1100	3073	49
49	106043	53855	52188	4324	1164	3160	51
50–54岁	**513686**	**258597**	**255089**	**26663**	**6981**	**19682**	**397**
50	113542	57009	56533	5332	1394	3938	76
51	102754	51932	50822	5004	1331	3673	80
52	110921	55891	55030	5707	1513	4194	91
53	87554	44253	43301	4922	1291	3631	65
54	98915	49512	49403	5698	1452	4246	85
55–59岁	**374208**	**186452**	**187756**	**26448**	**5679**	**20769**	**388**
55	88313	44461	43852	5387	1342	4045	65
56	86905	43671	43234	5736	1356	4380	97
57	88882	44487	44395	6010	1264	4746	100
58	75777	37347	38430	5932	1104	4828	88
59	34331	16486	17845	3383	613	2770	38
60–64岁	**214770**	**108328**	**106442**	**29099**	**6787**	**22312**	**409**
60	39238	19728	19510	3970	852	3118	50
61	32133	16284	15849	3887	852	3035	56
62	43175	22130	21045	5730	1439	4291	79
63	50637	25426	25211	7518	1757	5761	116
64	49587	24760	24827	7994	1887	6107	108
65–69岁	**220356**	**109840**	**110516**	**43190**	**10791**	**32399**	**653**
65	49677	25074	24603	8659	2097	6562	141
66	46694	23004	23690	8596	2064	6532	127
67	43308	21612	21696	8576	2080	6496	128
68	43419	21793	21626	9024	2313	6711	127
69	37258	18357	18901	8335	2237	6098	130
70–74岁	**155701**	**75214**	**80487**	**38444**	**10581**	**27863**	**541**
70	35740	17597	18143	8437	2271	6166	118
71	34149	16945	17204	8433	2515	5918	119
72	28810	13932	14878	7181	2041	5140	103
73	29807	14219	15588	7403	1979	5424	109
74	27195	12521	14674	6990	1775	5215	92
75–79岁	**105317**	**50372**	**54945**	**28256**	**8095**	**20161**	**378**
75	24029	11312	12717	6174	1652	4522	77
76	23564	11341	12223	6046	1727	4319	84
77	20831	10058	10773	5631	1624	4007	83
78	19295	9230	10065	5347	1606	3741	69
79	17598	8431	9167	5058	1486	3572	65
80–84岁	**58964**	**27723**	**31241**	**19871**	**5752**	**14119**	**232**
80	16019	7688	8331	4904	1429	3475	52
81	12733	6047	6686	4259	1263	2996	65
82	12123	5666	6457	4166	1204	2962	30
83	9924	4553	5371	3603	1020	2583	51
84	8165	3769	4396	2939	836	2103	34
85岁及以上	**28288**	**12721**	**15567**	**11586**	**3231**	**8355**	**136**

受教育程度的3岁及以上人口（镇）（续1）

单位：人

学前教育		小学			初中		
男	女	小计	男	女	小计	男	女
59	**134**	**120547**	**48755**	**71792**	**210486**	**110162**	**100324**
8	12	17015	6774	10241	33507	16966	16541
10	26	21947	8896	13051	41698	21419	20279
10	27	25391	10272	15119	45636	23925	21711
14	35	27530	11125	16405	45614	24209	21405
17	34	28664	11688	16976	44031	23643	20388
139	**258**	**170796**	**69376**	**101420**	**192126**	**104844**	**87282**
25	51	33287	13155	20132	44902	24106	20796
28	52	33864	13908	19956	38483	20922	17561
30	61	37444	15263	22181	40599	22266	18333
25	40	30899	12689	18210	31996	17743	14253
31	54	35302	14361	20941	36146	19807	16339
106	**282**	**129658**	**49776**	**79882**	**125987**	**70278**	**55709**
18	47	30977	12495	18482	31886	17674	14212
32	65	30280	12008	18272	30443	16968	13475
22	78	29767	11314	18453	30069	16741	13328
23	65	26055	9474	16581	23782	13288	10494
11	27	12579	4485	8094	9807	5607	4200
118	**291**	**87090**	**35546**	**51544**	**50649**	**32156**	**18493**
17	33	14300	5436	8864	10574	6383	4191
15	41	12169	4813	7356	7914	4970	2944
29	50	17403	7251	10152	10094	6455	3639
28	88	21417	8946	12471	11293	7253	4040
29	79	21801	9100	12701	10774	7095	3679
202	**451**	**106985**	**48309**	**58676**	**42152**	**28944**	**13208**
36	105	22973	10017	12956	10109	6831	3278
33	94	22093	9578	12515	9358	6260	3098
41	87	21238	9716	11522	8175	5670	2505
46	81	21670	10115	11555	8023	5631	2392
46	84	19011	8883	10128	6487	4552	1935
196	**345**	**80157**	**38075**	**42082**	**23967**	**16521**	**7446**
39	79	18036	8611	9425	6030	4205	1825
54	65	17631	8552	9079	5174	3630	1544
39	64	15049	7175	7874	4187	2899	1288
43	66	15610	7408	8202	4428	3007	1421
21	71	13831	6329	7502	4148	2780	1368
131	**247**	**50092**	**23803**	**26289**	**17165**	**11352**	**5813**
18	59	11961	5604	6357	3894	2601	1293
34	50	11398	5399	5999	3996	2663	1333
28	55	9838	4786	5052	3407	2249	1158
32	37	8890	4203	4687	3154	2021	1133
19	46	8005	3811	4194	2714	1818	896
81	**151**	**26027**	**12525**	**13502**	**7447**	**5140**	**2307**
18	34	7214	3477	3737	2236	1551	685
21	44	5600	2737	2863	1632	1104	528
13	17	5336	2521	2815	1492	1044	448
14	37	4278	2072	2206	1126	761	365
15	19	3599	1718	1881	961	680	281
55	**81**	**11859**	**5787**	**6072**	**2942**	**2220**	**722**

4-1b 全省分年龄、性别、

年龄	高中			大学专科			
	小计	男	女	小计	男	女	小计
合计	**910649**	**501487**	**409162**	**534601**	**285196**	**249405**	**465167**
3							
4							
5-9 岁	**9**	**4**	**5**				
5							
6							
7							
8	4	2	2				
9	5	2	3				
10-14 岁	**12181**	**5647**	**6534**	**49**	**11**	**38**	**17**
10	9	4	5	2		2	4
11	24	11	13	1	1		3
12	47	24	23	2	1	1	2
13	2295	1104	1191	8		8	2
14	9806	4504	5302	36	9	27	6
15-19 岁	**275291**	**139280**	**136011**	**35536**	**16624**	**18912**	**33344**
15	50685	25137	25548	906	492	414	151
16	81817	41588	40229	1660	866	794	343
17	73397	37439	35958	4173	2097	2076	2219
18	47546	24123	23423	11733	5536	6197	11480
19	21846	10993	10853	17064	7633	9431	19151
20-24 岁	**46582**	**25185**	**21397**	**79331**	**36908**	**42423**	**91816**
20	10498	5599	4899	17008	7476	9532	22386
21	7400	4050	3350	14548	6679	7869	20709
22	8373	4589	3784	15372	7319	8053	19015
23	9083	5001	4082	15322	7384	7938	15466
24	11228	5946	5282	17081	8050	9031	14240
25-29 岁	**76157**	**38620**	**37537**	**91995**	**43291**	**48704**	**73384**
25	14034	7349	6685	19390	9054	10336	15069
26	13758	7073	6685	17820	8317	9503	13748
27	15764	7864	7900	18792	8698	10094	14606
28	16043	7937	8106	17915	8432	9483	14584
29	16558	8397	8161	18078	8790	9288	15377
30-34 岁	**95757**	**49015**	**46742**	**98717**	**48856**	**49861**	**99139**
30	21456	10611	10845	22680	10844	11836	20233
31	20332	10297	10035	20923	10281	10642	20197
32	18190	9531	8659	18905	9395	9510	19205
33	19122	9835	9287	19360	9709	9651	20551
34	16657	8741	7916	16849	8627	8222	18953
35-39 岁	**64678**	**34634**	**30044**	**61247**	**32941**	**28306**	**70724**
35	14067	7424	6643	14367	7562	6805	16227
36	13942	7370	6572	14092	7589	6503	16423
37	11989	6485	5504	11497	6296	5201	13724
38	13222	7149	6073	11673	6281	5392	13683
39	11458	6206	5252	9618	5213	4405	10667
40-44 岁	**57968**	**31853**	**26115**	**42317**	**23696**	**18621**	**37966**
40	11513	6256	5257	8928	4923	4005	9341
41	11952	6599	5353	8998	4995	4003	8651
42	12243	6671	5572	8621	4783	3838	7819
43	10413	5710	4703	7391	4173	3218	5801
44	11847	6617	5230	8379	4822	3557	6354

受教育程度的3岁及以上人口（镇）（续2）

单位：人

大学本科		硕士研究生			博士研究生		
男	女	小计	男	女	小计	男	女
248399	**216768**	**12245**	**6395**	**5850**	**865**	**538**	**327**
11	**6**	**1**	**1**				
3	1						
2	1						
2		1	1				
	2						
4	2						
16833	**16511**	**10**	**5**	**5**	**1**		**1**
79	72						
176	167						
1024	1195	1		1			
5766	5714	6	3	3			
9788	9363	3	2	1	1		1
46136	**45680**	**2492**	**1272**	**1220**	**77**	**45**	**32**
11575	10811	21	8	13	2	2	
10656	10053	130	57	73	4	2	2
9626	9389	519	276	243	10	7	3
7482	7984	831	435	396	24	14	10
6797	7443	991	496	495	37	20	17
33831	**39553**	**3530**	**1545**	**1985**	**299**	**159**	**140**
6943	8126	1051	489	562	68	32	36
6359	7389	799	359	440	65	40	25
6610	7996	680	286	394	60	29	31
6699	7885	538	201	337	62	37	25
7220	8157	462	210	252	44	21	23
48398	**50741**	**2988**	**1386**	**1602**	**251**	**159**	**92**
9567	10666	636	260	376	50	28	22
9578	10619	619	266	353	57	31	26
9380	9825	611	300	311	56	37	19
10175	10376	603	296	307	47	32	15
9698	9255	519	264	255	41	31	10
38769	**31955**	**1670**	**982**	**688**	**113**	**73**	**40**
8700	7527	451	246	205	16	10	6
8947	7476	400	242	158	35	19	16
7501	6223	301	193	108	23	17	6
7676	6007	299	177	122	21	11	10
5945	4722	219	124	95	18	16	2
22588	**15378**	**552**	**389**	**163**	**49**	**39**	**10**
5453	3888	136	83	53	15	11	4
5016	3635	141	105	36	10	8	2
4636	3183	117	84	33	10	7	3
3526	2275	74	56	18	7	7	
3957	2397	84	61	23	7	6	1

4-1b 全省分年龄、性别、

年龄	高中			大学专科			
	小计	男	女	小计	男	女	小计
45-49 岁	**75089**	**42618**	**32471**	**45226**	**26515**	**18711**	**27015**
45	12061	6606	5455	8001	4545	3456	5752
46	14726	8194	6532	9368	5495	3873	6107
47	16218	9251	6967	9626	5673	3953	5487
48	16488	9515	6973	9486	5606	3880	5125
49	15596	9052	6544	8745	5196	3549	4544
50-54 岁	**68286**	**40560**	**27726**	**36646**	**23197**	**13449**	**18406**
50	16386	9631	6755	8887	5468	3419	4597
51	13915	8278	5637	7453	4670	2783	3870
52	14904	8802	6102	8070	5086	2984	4022
53	11009	6622	4387	5779	3728	2051	2823
54	12072	7227	4845	6457	4245	2212	3094
55-59 岁	**60287**	**37233**	**23054**	**22692**	**16262**	**6430**	**8556**
55	11659	7006	4653	5764	3919	1845	2516
56	12710	7733	4977	5447	3783	1664	2132
57	15352	9424	5928	5509	4001	1508	2027
58	14049	8898	5151	4403	3337	1066	1446
59	**6517**	**4172**	**2345**	**1569**	**1222**	**347**	**435**
60-64 岁	**37429**	**25596**	**11833**	**8366**	**6680**	**1686**	**1699**
60	8252	5444	2808	1685	1263	422	402
61	6549	4417	2132	1286	992	294	269
62	7818	5283	2535	1717	1397	320	328
63	8046	5604	2442	1894	1540	354	343
64	6764	4848	1916	1784	1488	296	357
65-69 岁	**20172**	**15602**	**4570**	**5952**	**4941**	**1011**	**1242**
65	5833	4448	1385	1634	1361	273	323
66	4818	3666	1152	1419	1165	254	281
67	3790	2956	834	1144	937	207	256
68	3324	2634	690	1045	884	161	205
69	2407	1898	509	710	594	116	177
70-74 岁	**9262**	**7100**	**2162**	**2710**	**2221**	**489**	**612**
70	2320	1796	524	649	545	104	148
71	2022	1567	455	621	503	118	145
72	1691	1279	412	494	406	88	105
73	1643	1282	361	505	414	91	108
74	1586	1176	410	441	353	88	106
75-79 岁	**6739**	**4878**	**1861**	**2064**	**1603**	**461**	**614**
75	1398	1017	381	402	315	87	121
76	1455	1063	392	458	348	110	126
77	1346	963	383	413	318	95	112
78	1314	955	359	402	316	86	116
79	1226	880	346	389	306	83	139
80-84 岁	**3568**	**2720**	**848**	**1361**	**1112**	**249**	**456**
80	1119	819	300	372	286	86	122
81	780	593	187	298	246	52	99
82	699	552	147	304	252	52	94
83	563	429	134	222	188	34	81
84	407	327	80	165	140	25	60
85 岁及以上	**1194**	**942**	**252**	**392**	**338**	**54**	**177**

受教育程度的3岁及以上人口（镇）（续3）

单位：人

大学本科		硕士研究生			博士研究生		
男	女	小计	男	女	小计	男	女
17660	**9355**	**433**	**346**	**87**	**26**	**20**	**6**
3658	2094	98	78	20	9	6	3
3951	2156	83	66	17	4	3	1
3614	1873	103	81	22	7	7	
3413	1712	65	52	13	2	2	
3024	1520	84	69	15	4	2	2
13213	**5193**	**333**	**258**	**75**	**33**	**29**	**4**
3179	1418	70	46	24	5	5	
2726	1144	79	64	15	6	5	1
2863	1159	75	61	14	9	7	2
2103	720	52	44	8	9	8	1
2342	752	57	43	14	4	4	
6942	**1614**	**180**	**166**	**14**	**12**	**10**	**2**
1954	562	56	51	5	3	2	1
1735	397	56	52	4	4	4	
1678	349	45	40	5	3	3	
1202	244	20	20		2	1	1
373	**62**	**3**	**3**				
1421	**278**	**27**	**22**	**5**	**2**	**2**	
329	73	5	4	1			
223	46	3	2	1			
272	56	6	4	2			
289	54	8	7	1	2	2	
308	49	5	5				
1041	**201**	**9**	**9**		**1**	**1**	
279	44	4	4		1	1	
236	45	2	2				
211	45	1	1				
169	36	1	1				
146	31	1	1				
514	**98**	**7**	**5**	**2**	**1**	**1**	
128	20	2	2				
120	25	3	3		1	1	
93	12						
86	22	1		1			
87	19	1		1			
505	**109**	**9**	**5**	**4**			
104	17	2	1	1			
106	20	1	1				
89	23	1	1				
96	20	3	1	2			
110	29	2	1	1			
391	**65**	**2**	**2**				
108	14						
83	16						
78	16	2	2				
69	12						
53	7						
146	**31**	**2**	**2**				

4-1c 全省分年龄、性别、

年龄	3岁及以上人口			未上过学			
	合计	男	女	小计	男	女	小计
合计	**11526270**	**5925712**	**5600558**	**1464699**	**447949**	**1016750**	**464530**
3	164760	85494	79266	58262	30354	27908	106498
4	159300	82157	77143	14195	7177	7018	145105
5–9岁	**810133**	**418696**	**391437**	**8326**	**4101**	**4225**	**193432**
5	150765	77827	72938	4718	2325	2393	123929
6	167480	86315	81165	1726	849	877	57530
7	159693	82370	77323	705	333	372	6948
8	168014	87136	80878	586	305	281	3210
9	164181	85048	79133	591	289	302	1815
10–14岁	**772515**	**401936**	**370579**	**2782**	**1491**	**1291**	**4966**
10	162338	84304	78034	521	289	232	1295
11	163927	84810	79117	629	342	287	1054
12	155694	81122	74572	634	335	299	823
13	149690	78096	71594	592	293	299	822
14	140866	73604	67262	406	232	174	972
15–19岁	**496084**	**262792**	**233292**	**2207**	**1150**	**1057**	**1196**
15	113322	60361	52961	351	197	154	606
16	102685	54754	47931	360	193	167	317
17	89966	47521	42445	384	214	170	113
18	95496	50453	45043	522	268	254	96
19	94615	49703	44912	590	278	312	64
20–24岁	**546363**	**286107**	**260256**	**4715**	**1867**	**2848**	**261**
20	90100	47955	42145	701	319	382	70
21	90089	47446	42643	775	322	453	39
22	107200	55874	51326	923	361	562	49
23	119417	62152	57265	1010	372	638	48
24	139557	72680	66877	1306	493	813	55
25–29岁	**738534**	**386983**	**351551**	**9782**	**3294**	**6488**	**236**
25	159707	83290	76417	1578	575	1003	56
26	145083	75677	69406	1569	548	1021	41
27	150159	78596	71563	1870	628	1242	41
28	142772	74820	67952	2223	743	1480	47
29	140813	74600	66213	2542	800	1742	51
30–34岁	**744165**	**395579**	**348586**	**20557**	**6121**	**14436**	**283**
30	170888	90672	80216	3450	1057	2393	67
31	159265	84674	74591	4058	1294	2764	66
32	139286	74175	65111	3761	1112	2649	40
33	146351	78093	68258	4752	1373	3379	55
34	128375	67965	60410	4536	1285	3251	55
35–39岁	**570813**	**302547**	**268266**	**27641**	**7921**	**19720**	**285**
35	117249	61638	55611	4875	1367	3508	43
36	119118	62656	56462	5197	1506	3691	52
37	106818	56375	50443	5258	1443	3815	62
38	120213	64490	55723	6229	1828	4401	65
39	107415	57388	50027	6082	1777	4305	63
40–44岁	**605491**	**314958**	**290533**	**46708**	**12874**	**33834**	**384**
40	110257	57693	52564	7293	2093	5200	63
41	116805	62973	53832	7891	2362	5529	61
42	125277	65028	60249	9558	2545	7013	84
43	115505	59701	55804	9625	2700	6925	73
44	137647	69563	68084	12341	3174	9167	103

受教育程度的3岁及以上人口（乡村）

单位：人

学前教育		小学			初中		
男	女	小计	男	女	小计	男	女
236890	**227640**	**4726417**	**2290518**	**2435899**	**3374333**	**2033791**	**1340542**
55140	51358						
74980	70125						
99440	**93992**	**600926**	**311029**	**289897**	**7443**	**4122**	**3321**
63913	60016	22118	11589	10529			
29596	27934	106908	55133	51775	1316	737	579
3495	3453	150594	77746	72848	1446	796	650
1530	1680	162206	84158	78048	2011	1143	868
906	909	159100	82403	76697	2670	1446	1224
2347	**2619**	**426108**	**221556**	**204552**	**327553**	**171141**	**156412**
623	672	155544	80695	74849	4970	2693	2277
465	589	148338	76988	71350	13887	7004	6883
395	428	82167	43261	38906	72026	37118	34908
395	427	28574	14918	13656	117266	61313	55953
469	503	11485	5694	5791	119404	63013	56391
587	**609**	**30016**	**13884**	**16132**	**186582**	**103467**	**83115**
299	307	5481	2793	2688	70890	38313	32577
151	166	4772	2399	2373	39123	21422	17701
56	57	5209	2375	2834	25568	14359	11209
49	47	6618	2863	3755	24626	14137	10489
32	32	7936	3454	4482	26375	15236	11139
117	**144**	**62480**	**27196**	**35284**	**199170**	**111050**	**88120**
28	42	9309	4022	5287	28999	16751	12248
17	22	10041	4459	5582	31505	17694	13811
24	25	12765	5524	7241	38766	21647	17119
21	27	13796	5926	7870	44650	24797	19853
27	28	16569	7265	9304	55250	30161	25089
81	**155**	**110116**	**47940**	**62176**	**332427**	**178647**	**153780**
16	40	19930	8801	11129	66740	36249	30491
15	26	19619	8528	11091	63718	34327	29391
11	30	22099	9589	12510	68169	36510	31659
19	28	23715	10262	13453	66262	35249	31013
20	31	24753	10760	13993	67538	36312	31226
108	**175**	**168849**	**73935**	**94914**	**369269**	**201509**	**167760**
26	41	32265	13898	18367	84005	45399	38606
25	41	33859	15002	18857	78938	42733	36205
12	28	32131	14124	18007	69449	37932	31517
25	30	36621	16119	20502	72772	40260	32512
20	35	33973	14792	19181	64105	35185	28920
105	**180**	**180999**	**80588**	**100411**	**280679**	**159398**	**121281**
12	31	34279	14881	19398	57699	31916	25783
24	28	36072	15634	20438	59130	32987	26143
25	37	34030	15065	18965	52898	30035	22863
20	45	39478	17956	21522	59229	34407	24822
24	39	37140	17052	20088	51723	30053	21670
129	**255**	**243467**	**108721**	**134746**	**261046**	**155756**	**105290**
22	41	41381	18479	22902	50174	29345	20829
21	40	44428	20855	23573	53013	31825	21188
31	53	50231	22356	27875	54363	32384	21979
26	47	48327	21418	26909	48036	28939	19097
29	74	59100	25613	33487	55460	33263	22197

4-1c 全省分年龄、性别、

年龄	3岁及以上人口			未上过学			
	合计	男	女	小计	男	女	小计
45-49岁	**1116845**	**562244**	**554601**	**117724**	**31475**	**86249**	**923**
45	153173	76428	76745	15000	3804	11196	122
46	205643	103180	102463	20534	5152	15382	157
47	240136	120961	119175	24623	6456	18167	181
48	258522	129910	128612	28682	7952	20730	225
49	259371	131765	127606	28885	8111	20774	238
50-54岁	**1357608**	**686798**	**670810**	**169551**	**46833**	**122718**	**1510**
50	289990	143013	146977	35382	9482	25900	283
51	267051	134890	132161	32775	9130	23645	309
52	290581	146980	143601	35952	9828	26124	306
53	240393	123353	117040	30737	8660	22077	282
54	269593	138562	131031	34705	9733	24972	330
55-59岁	**1009428**	**521965**	**487463**	**143296**	**36229**	**107067**	**1338**
55	238665	124231	114434	31503	8828	22675	255
56	233982	120987	112995	32381	8770	23611	289
57	235639	123461	112178	32183	7897	24286	330
58	204681	105243	99438	30563	7057	23506	313
59	96461	48043	48418	16666	3677	12989	151
60-64岁	**597729**	**317052**	**280677**	**136536**	**38548**	**97988**	**1385**
60	107044	57107	49937	19201	4859	14342	182
61	84795	45261	39534	17289	4643	12646	171
62	117289	63435	53854	26945	7981	18964	278
63	143753	76097	67656	35158	10168	24990	343
64	144848	75152	69696	37943	10897	27046	411
65-69岁	**687967**	**346697**	**341270**	**213320**	**62277**	**151043**	**2288**
65	149305	77092	72213	41382	11983	29399	433
66	141977	71734	70243	41710	11844	29866	436
67	136209	68627	67582	42335	12280	30055	498
68	139451	69820	69631	46024	13571	32453	482
69	121025	59424	61601	41869	12599	29270	439
70-74岁	**525603**	**258400**	**267203**	**198396**	**62259**	**136137**	**1967**
70	117142	58076	59066	42172	13223	28949	434
71	113302	57129	56173	42537	13941	28596	417
72	98180	49019	49161	37263	12017	25246	356
73	104264	50724	53540	39863	12366	27497	383
74	92715	43452	49263	36561	10712	25849	377
75-79岁	**354368**	**174745**	**179623**	**148353**	**48247**	**100106**	**1383**
75	82147	39676	42471	32498	9803	22695	337
76	79967	40225	39742	31580	10198	21382	323
77	71324	35441	35883	30167	9935	20232	284
78	63859	31454	32405	28180	9412	18768	229
79	57071	27949	29122	25928	8899	17029	210
80-84岁	**184833**	**85142**	**99691**	**94449**	**30939**	**63510**	**703**
80	51302	24344	26958	24695	8236	16459	182
81	40162	18398	21764	20360	6588	13772	182
82	37418	17174	20244	19451	6421	13030	134
83	30812	14015	16797	16464	5418	11046	101
84	25139	11211	13928	13479	4276	9203	104
85岁及以上	**83731**	**35420**	**48311**	**47899**	**14792**	**33107**	**387**

受教育程度的3岁及以上人口（乡村）（续1）

单位：人

学前教育		小学			初中		
男	女	小计	男	女	小计	男	女
284	**639**	**508976**	**221400**	**287576**	**418822**	**257813**	**161009**
34	88	67301	28890	38411	59793	35988	23805
54	103	91494	39721	51773	79890	48479	31411
63	118	108858	47366	61492	91485	56175	35310
71	154	119219	51700	67519	94880	58741	36139
62	176	122104	53723	68381	92774	58430	34344
485	**1025**	**692100**	**311745**	**380355**	**422987**	**272529**	**150458**
79	204	141735	61130	80605	96448	60084	36364
97	212	136104	61299	74805	83684	53475	30209
108	198	149955	67750	82205	88825	57229	31596
97	185	125315	57519	67796	72045	47616	24429
104	226	138991	64047	74944	81985	54125	27860
389	**949**	**486822**	**218753**	**268069**	**298434**	**203132**	**95302**
84	171	119569	55504	64065	74133	49498	24635
92	197	115037	52265	62772	71198	48051	23147
92	238	110820	49885	60935	71696	49232	22464
84	229	95630	41627	54003	57436	39639	17797
37	114	45766	19472	26294	23971	16712	7259
425	**960**	**297485**	**148246**	**149239**	**110373**	**85376**	**24997**
60	122	50439	23452	26987	25318	18754	6564
40	131	40674	19666	21008	17586	13343	4243
87	191	57842	29360	28482	21558	16812	4746
109	234	72850	37015	35835	24339	19248	5091
129	282	75680	38753	36927	21572	17219	4353
708	**1580**	**368047**	**196172**	**171875**	**77587**	**63330**	**14257**
127	306	79190	41297	37893	20342	16552	3790
140	296	76222	40072	36150	17064	13776	3288
148	350	73395	39333	34062	14976	12304	2672
163	319	74677	40615	34062	14040	11582	2458
130	309	64563	34855	29708	11165	9116	2049
669	**1298**	**274569**	**153184**	**121385**	**40542**	**33198**	**7344**
154	280	61981	34102	27879	9958	8231	1727
163	254	59229	33589	25640	8697	7235	1462
131	225	51671	29460	22211	7166	5870	1296
128	255	54486	30287	24199	7742	6355	1387
93	284	47202	25746	21456	6979	5507	1472
489	**894**	**168342**	**96393**	**71949**	**28347**	**22918**	**5429**
124	213	41018	23036	17982	6740	5419	1321
119	204	39394	22787	16607	6888	5601	1287
96	188	33477	19366	14111	5763	4682	1081
75	154	28963	16647	12316	4913	3983	930
75	135	25490	14557	10933	4043	3233	810
269	**434**	**76254**	**42901**	**33353**	**9744**	**7828**	**1916**
68	114	21909	12312	9597	3322	2702	620
71	111	16713	9353	7360	2091	1667	424
53	81	15293	8603	6690	1833	1478	355
38	63	12270	6936	5334	1440	1148	292
39	65	10069	5697	4372	1058	833	225
138	**249**	**30861**	**16875**	**13986**	**3328**	**2577**	**751**

4-1c 全省分年龄、性别、

年龄	高中			大学专科			
	小计	男	女	小计	男	女	小计
合计	**872704**	**564269**	**308435**	**404197**	**231824**	**172373**	**209566**
3							
4							
5–9 岁	**6**	**4**	**2**				
5							
6							
7							
8	1		1				
9	5	4	1				
10–14 岁	**11033**	**5361**	**5672**	**57**	**34**	**23**	**13**
10	6	3	3	2	1	1	
11	16	9	7	2	1	1	1
12	41	10	31	2	2		
13	2423	1172	1251	10	4	6	2
14	8547	4167	4380	41	26	15	10
15–19 岁	**203174**	**106346**	**96828**	**44997**	**23666**	**21331**	**27889**
15	34320	17752	16568	1512	919	593	162
16	54807	28709	26098	2820	1648	1172	486
17	50210	26111	24099	5918	3164	2754	2560
18	38376	20315	18061	14600	7617	6983	10652
19	25461	13459	12002	20147	10318	9829	14029
20–24 岁	**89626**	**50717**	**38909**	**119348**	**59818**	**59530**	**67675**
20	18106	10121	7985	20809	10803	10006	12064
21	15320	8635	6685	21549	10960	10589	10719
22	16741	9449	7292	24241	12100	12141	13103
23	18255	10395	7860	25487	12464	13023	15131
24	21204	12117	9087	27262	13491	13771	16658
25–29 岁	**114656**	**66534**	**48122**	**106851**	**55977**	**50874**	**59733**
25	24445	13955	10490	28446	14089	14357	17028
26	22534	12954	9580	23086	11757	11329	13339
27	23750	13751	9999	21496	11241	10255	11759
28	22278	12969	9309	17932	9860	8072	9650
29	21649	12905	8744	15891	9030	6861	7957
30–34 岁	**95809**	**59417**	**36392**	**59794**	**36659**	**23135**	**28552**
30	25192	15170	10022	17137	10041	7096	8412
31	21541	13180	8361	13971	8410	5561	6583
32	17609	10935	6674	10983	6849	4134	5149
33	17341	11053	6288	9895	6230	3665	4749
34	14126	9079	5047	7808	5129	2679	3659
35–39 岁	**47651**	**31759**	**15892**	**22102**	**15050**	**7052**	**11055**
35	11431	7516	3915	5950	3976	1974	2863
36	10603	7015	3588	5331	3602	1729	2638
37	8433	5645	2788	4032	2756	1276	2028
38	9254	6173	3081	3826	2661	1165	2064
39	7930	5410	2520	2963	2055	908	1462
40–44 岁	**37050**	**25523**	**11527**	**11631**	**8336**	**3295**	**5040**
40	7370	4976	2394	2638	1863	775	1292
41	7804	5370	2434	2441	1740	701	1128
42	7686	5311	2375	2338	1688	650	986
43	6732	4671	2061	1913	1385	528	777
44	7458	5195	2263	2301	1660	641	857

受教育程度的3岁及以上人口（乡村）（续2）

单位：人

大学本科		硕士研究生			博士研究生		
男	女	小计	男	女	小计	男	女
115197	**94369**	**8873**	**4692**	**4181**	**951**	**582**	**369**
3	**10**	**3**	**3**				
1							
		1	1				
	2	1	1				
2	8	1	1				
13679	**14210**	**22**	**13**	**9**	**1**		**1**
88	74						
232	254						
1241	1319	4	1	3			
5199	5453	6	5	1			
6919	7110	12	7	5	1		1
33749	**33926**	**2952**	**1511**	**1441**	**136**	**82**	**54**
5887	6177	40	22	18	2	2	
5294	5425	131	62	69	10	3	7
6443	6660	596	315	281	16	11	5
7627	7504	1001	522	479	39	28	11
8498	8160	1184	590	594	69	38	31
32111	**27622**	**4184**	**2080**	**2104**	**549**	**319**	**230**
8846	8182	1345	684	661	139	75	64
6962	6377	1050	512	538	127	74	53
6384	5375	865	420	445	110	62	48
5366	4284	571	295	276	94	57	37
4553	3404	353	169	184	79	51	28
17224	**11328**	**898**	**501**	**397**	**154**	**105**	**49**
4873	3539	301	167	134	59	41	18
3900	2683	208	105	103	41	25	16
3102	2047	138	89	49	26	20	6
2933	1816	144	85	59	22	15	7
2416	1243	107	55	52	6	4	2
7456	**3599**	**348**	**234**	**114**	**53**	**36**	**17**
1894	969	97	67	30	12	9	3
1829	809	80	51	29	15	8	7
1357	671	71	44	27	6	5	1
1394	670	58	43	15	10	8	2
982	480	42	29	13	10	6	4
3499	**1541**	**150**	**110**	**40**	**15**	**10**	**5**
879	413	42	33	9	4	3	1
771	357	36	26	10	3	3	
695	291	28	17	11	3	1	2
548	229	18	12	6	4	2	2
606	251	26	22	4	1	1	

4-1c 全省分年龄、性别、

年龄	高中			大学专科			
	小计	男	女	小计	男	女	小计
45-49 岁	**54097**	**39220**	**14877**	**12278**	**9182**	**3096**	**3892**
45	7953	5550	2403	2153	1568	585	825
46	10298	7384	2914	2468	1826	642	773
47	11490	8295	3195	2593	1966	627	874
48	12149	8906	3243	2621	1992	629	723
49	12207	9085	3122	2443	1830	613	697
50-54 岁	**58575**	**45005**	**13570**	**10191**	**8085**	**2106**	**2586**
50	13008	9855	3153	2498	1907	591	617
51	11599	8864	2735	2003	1572	431	546
52	12773	9843	2930	2167	1737	430	587
53	9941	7789	2152	1673	1351	322	387
54	11254	8654	2600	1850	1518	332	449
55-59 岁	**70579**	**55765**	**14814**	**7272**	**6273**	**999**	**1616**
55	11085	8527	2558	1709	1441	268	386
56	13013	10065	2948	1627	1382	245	418
57	18439	14474	3965	1754	1529	225	401
58	18903	15233	3670	1526	1337	189	301
59	9139	7466	1673	656	584	72	110
60-64 岁	**47981**	**40904**	**7077**	**3445**	**3095**	**350**	**503**
60	11158	9317	1841	645	577	68	95
61	8553	7122	1431	445	377	68	75
62	9866	8475	1391	692	627	65	105
63	10082	8682	1400	849	766	83	128
64	8322	7308	1014	814	748	66	100
65-69 岁	**23495**	**21245**	**2250**	**2855**	**2646**	**209**	**367**
65	7091	6335	756	764	711	53	102
66	5787	5201	586	684	634	50	74
67	4370	3979	391	550	510	40	81
68	3659	3368	291	512	471	41	55
69	2588	2362	226	345	320	25	55
70-74 岁	**8506**	**7637**	**869**	**1390**	**1254**	**136**	**224**
70	2203	2013	190	335	307	28	56
71	2021	1839	182	335	305	30	65
72	1464	1306	158	226	206	20	32
73	1487	1318	169	267	237	30	35
74	1331	1161	170	227	199	28	36
75-79 岁	**6610**	**5529**	**1081**	**1122**	**990**	**132**	**205**
75	1293	1063	230	226	203	23	34
76	1521	1300	221	218	185	33	42
77	1368	1131	237	218	191	27	45
78	1308	1099	209	232	209	23	33
79	1120	936	184	228	202	26	51
80-84 岁	**2890**	**2511**	**379**	**643**	**570**	**73**	**149**
80	935	805	130	221	192	29	38
81	643	561	82	143	130	13	30
82	575	506	69	100	88	12	32
83	409	360	49	101	91	10	27
84	328	279	49	78	69	9	22
85 岁及以上	**966**	**792**	**174**	**221**	**189**	**32**	**67**

受教育程度的3岁及以上人口（乡村）（续3）

单位：人

大学本科		硕士研究生			博士研究生		
男	女	小计	男	女	小计	男	女
2775	**1117**	**115**	**82**	**33**	**18**	**13**	**5**
576	249	22	16	6	4	2	2
539	234	27	23	4	2	2	
618	256	31	21	10	1	1	
534	189	19	12	7	4	2	2
508	189	16	10	6	7	6	1
2032	**554**	**99**	**77**	**22**	**9**	**7**	**2**
462	155	19	14	5			
427	119	29	24	5	2	2	
475	112	13	8	5	3	2	1
310	77	12	11	1	1		1
358	91	26	20	6	3	3	
1364	**252**	**62**	**53**	**9**	**9**	**7**	**2**
331	55	23	16	7	2	2	
345	73	16	15	1	3	2	1
337	64	14	14		2	1	1
258	43	7	6	1	2	2	
93	17	2	2				
442	**61**	**19**	**15**	**4**	**2**	**1**	**1**
82	13	6	6				
69	6	2	1	1			
91	14	2	2		1		1
107	21	4	2	2			
93	7	5	4	1	1	1	
315	**52**	**7**	**4**	**3**	**1**		**1**
87	15	1		1			
67	7						
70	11	4	3	1			
49	6	2	1	1			
42	13				1		1
193	**31**	**8**	**5**	**3**	**1**	**1**	
45	11	3	1	2			
57	8	1		1			
27	5	2	2				
32	3				1	1	
32	4	2	2				
177	**28**	**3**	**1**	**2**	**3**	**1**	**2**
28	6				1		1
35	7	1		1			
39	6				2	1	1
29	4	1		1			
46	5	1	1				
123	**26**	**1**	**1**				
29	9						
28	2						
25	7						
24	3						
17	5	1	1				
55	**12**	**2**	**2**				

4-2 各地区分性别、

地区	15岁及以上人口			未上过学			
	合计	男	女	小计	男	女	小计
合计	**20166288**	**10168955**	**9997333**	**1776668**	**503665**	**1273003**	**23726**
兰州市	**3740727**	**1915848**	**1824879**	**110033**	**23888**	**86145**	**2769**
城关区	1283781	648508	635273	18374	4039	14335	755
七里河区	611455	317505	293950	18126	4603	13523	374
西固区	350419	178068	172351	6680	1318	5362	214
安宁区	381902	189695	192207	5515	1135	4380	210
红古区	120314	61571	58743	8350	1810	6540	109
永登县	237515	120328	117187	23464	4500	18964	401
皋兰县	106336	58198	48138	4285	1020	3265	100
榆中县	403186	205936	197250	17610	3804	13806	431
兰州新区	245819	136039	109780	7629	1659	5970	175
嘉峪关市	**262931**	**136400**	**126531**	**1759**	**415**	**1344**	**168**
市辖区	262931	136400	126531	1759	415	1344	168
金昌市	**376097**	**191547**	**184550**	**18314**	**4126**	**14188**	**1444**
金川区	222639	113696	108943	9300	1970	7330	297
永昌县	153458	77851	75607	9014	2156	6858	1147
白银市	**1226294**	**620400**	**605894**	**58695**	**13359**	**45336**	**1381**
白银区	283923	144356	139567	6027	1336	4691	189
平川区	160332	81409	78923	8175	1843	6332	182
靖远县	296765	151032	145733	17294	3637	13657	268
会宁县	323391	161754	161637	20498	4991	15507	587
景泰县	161883	81849	80034	6701	1552	5149	155
天水市	**2364453**	**1179709**	**1184744**	**232722**	**65613**	**167109**	**2697**
秦州区	535950	268116	267834	33919	9480	24439	477
麦积区	451745	230442	221303	21040	5561	15479	490
清水县	182852	91170	91682	23726	6474	17252	244
秦安县	343583	172798	170785	39484	10438	29046	358
甘谷县	394897	193130	201767	48948	13580	35368	660
武山县	279625	138124	141501	30349	9652	20697	339
张家川回族自治县	175801	85929	89872	35256	10428	24828	129
武威市	**1206480**	**602042**	**604438**	**90196**	**19766**	**70430**	**1140**
凉州区	720738	357846	362892	39820	8734	31086	590
民勤县	158964	80665	78299	10688	2190	8498	191
古浪县	201393	99575	101818	22462	4781	17681	252
天祝藏族自治县	125385	63956	61429	17226	4061	13165	107
张掖市	**940945**	**466083**	**474862**	**48250**	**11780**	**36470**	**2294**
甘州区	436976	215857	221119	20617	5363	15254	941
肃南裕固族自治县	23980	12557	11423	1279	321	958	10
民乐县	153005	76046	76959	10094	2208	7886	235
临泽县	97560	48622	48938	4719	1307	3412	606
高台县	107071	52924	54147	3527	1038	2489	143
山丹县	122353	60077	62276	8014	1543	6471	359
平凉市	**1486404**	**736362**	**750042**	**175538**	**46529**	**129009**	**1344**
崆峒区	409002	201450	207552	33358	8967	24391	326
泾川县	178826	87504	91322	11983	2571	9412	239
灵台县	125921	62717	63204	13642	2848	10794	156
崇信县	65886	33974	31912	5705	1572	4133	99
庄浪县	265609	129453	136156	26862	7255	19607	231
静宁县	296433	147681	148752	68916	19049	49867	172
华亭市	144727	73583	71144	15072	4267	10805	121

受教育程度的 15 岁及以上人口

单位：人

学前教育		小学			初中		
男	女	小计	男	女	小计	男	女
8378	**15348**	**5386692**	**2457715**	**2928977**	**6145126**	**3461700**	**2683426**
1052	**1717**	**481361**	**215288**	**266073**	**1088389**	**606092**	**482297**
291	464	106631	46685	59946	332641	178775	153866
179	195	77151	35632	41519	173510	94900	78610
77	137	37812	15407	22405	114573	60225	54348
84	126	25437	10848	14589	70284	37327	32957
36	73	21930	10226	11704	44966	24701	20265
138	263	65854	28788	37066	89906	53439	36467
40	60	24592	11501	13091	42167	25230	16937
138	293	84097	37961	46136	145467	84713	60754
69	106	37857	18240	19617	74875	46782	28093
60	**108**	**33259**	**12328**	**20931**	**76511**	**38208**	**38303**
60	108	33259	12328	20931	76511	38208	38303
483	**961**	**79698**	**33023**	**46675**	**118819**	**64674**	**54145**
117	180	32110	13691	18419	68755	36234	32521
366	781	47588	19332	28256	50064	28440	21624
442	**939**	**314548**	**130295**	**184253**	**404109**	**227151**	**176958**
77	112	33787	13229	20558	88222	45135	43087
45	137	30963	12744	18219	57486	31720	25766
84	184	87968	36315	51653	108453	63672	44781
186	401	119906	51152	68754	92612	54901	37711
50	105	41924	16855	25069	57336	31723	25613
1049	**1648**	**687406**	**318045**	**369361**	**783262**	**434491**	**348771**
201	276	134406	64059	70347	167647	90425	77222
197	293	115424	50869	64555	171457	94039	77418
106	138	63313	29470	33843	53763	31704	22059
149	209	95333	42706	52627	124326	71669	52657
218	442	125088	57487	67601	128771	70680	58091
139	200	94721	44108	50613	91271	49518	41753
39	90	59121	29346	29775	46027	26456	19571
346	**794**	**310793**	**121984**	**188809**	**413953**	**231829**	**182124**
174	416	161901	58886	103015	269346	146757	122589
53	138	38212	14358	23854	54558	29806	24752
76	176	66105	26943	39162	59679	36426	23253
43	64	44575	21797	22778	30370	18840	11530
723	**1571**	**256374**	**102925**	**153449**	**317382**	**172858**	**144524**
309	632	84626	34446	50180	151231	79195	72036
4	6	8245	3717	4528	6450	3799	2651
67	168	63979	25824	38155	41937	25563	16374
208	398	32845	13332	19513	31823	17355	14468
48	95	36555	13771	22784	38457	21373	17084
87	272	30124	11835	18289	47484	25573	21911
439	**905**	**423275**	**192014**	**231261**	**443233**	**249424**	**193809**
120	206	82204	37643	44561	141783	75646	66137
62	177	56536	23019	33517	65416	35604	29812
40	116	36433	15237	21196	41954	24068	17886
38	61	18332	7949	10383	19916	11197	8719
69	162	112196	49241	62955	60021	35144	24877
62	110	77002	40269	36733	72464	44015	28449
48	73	40572	18656	21916	41679	23750	17929

4-2 各地区分性别、

地区	15岁及以上人口			未上过学			
	合计	男	女	小计	男	女	小计
酒泉市	**897249**	**462081**	**435168**	**45459**	**12223**	**33236**	**1935**
肃州区	389644	194666	194978	18419	4896	13523	1022
金塔县	106543	58232	48311	6410	1695	4715	293
瓜州县	106319	55318	51001	10783	3029	7754	263
肃北蒙古族自治县	13415	8293	5122	437	127	310	15
阿克塞哈萨克族自治县	8977	4976	4001	221	66	155	
玉门市	114634	61375	53259	4324	1169	3155	168
敦煌市	157717	79221	78496	4865	1241	3624	174
庆阳市	**1705033**	**859602**	**845431**	**115658**	**31133**	**84525**	**1929**
西峰区	405308	200606	204702	9660	2287	7373	446
庆城县	185802	96284	89518	10545	2988	7557	186
环　县	240955	125612	115343	27247	7694	19553	342
华池县	93436	48555	44881	11010	3289	7721	68
合水县	104982	53603	51379	7987	2306	5681	120
正宁县	131913	66005	65908	14994	3956	11038	234
宁　县	260861	128721	132140	18418	4629	13789	284
镇原县	281776	140216	141560	15797	3984	11813	249
定西市	**2019073**	**1015353**	**1003720**	**198034**	**54399**	**143635**	**2516**
安定区	346627	174357	172270	29602	6903	22699	215
通渭县	270588	138559	132029	16641	3973	12668	504
陇西县	335064	166538	168526	26884	7075	19809	235
渭源县	228004	116350	111654	20715	5760	14955	400
临洮县	385238	193082	192156	17699	4215	13484	479
漳　县	128105	63890	64215	17588	5081	12507	131
岷　县	325447	162577	162870	68905	21392	47513	552
陇南市	**1889046**	**961495**	**927551**	**344957**	**112129**	**232828**	**2121**
武都区	426276	215441	210835	89376	29905	59471	458
成　县	188461	93969	94492	14702	4798	9904	256
文　县	160247	82088	78159	33303	10035	23268	156
宕昌县	202527	103738	98789	48500	17786	30714	149
康　县	129620	66188	63432	23704	7924	15780	122
西和县	266762	135346	131416	51051	14517	36534	332
礼　县	330301	170394	159907	67569	21448	46121	488
徽　县	151747	76995	74752	13203	4457	8746	144
两当县	33105	17336	15769	3549	1259	2290	16
临夏回族自治州	**1514429**	**749737**	**764692**	**258093**	**82891**	**175202**	**1544**
临夏市	277617	137151	140466	14308	4066	10242	187
临夏县	237294	118434	118860	35592	11301	24291	200
康乐县	179731	88690	91041	39170	11714	27456	158
永靖县	145731	72852	72879	5711	1355	4356	59
广河县	171919	83725	88194	40269	12432	27837	223
和政县	144683	71577	73106	41316	13820	27496	204
东乡族自治县	187168	91853	95315	53105	18800	34305	298
积石山保安族东乡族撒拉族自治县	170286	85455	84831	28622	9403	19219	215
甘南藏族自治州	**537127**	**272296**	**264831**	**78960**	**25414**	**53546**	**444**
合作市	90795	45619	45176	8173	2716	5457	62
临潭县	97963	49148	48815	10996	2757	8239	14
卓尼县	73773	37618	36155	7721	2330	5391	49
舟曲县	98129	49428	48701	21667	6829	14838	64
迭部县	41415	21143	20272	6632	2091	4541	68
玛曲县	41047	21475	19572	8381	3307	5074	45
碌曲县	27388	13797	13591	4399	1506	2893	30
夏河县	66617	34068	32549	10991	3878	7113	112

受教育程度的15岁及以上人口（续1）

单位：人

学前教育		小学			初中		
男	女	小计	男	女	小计	男	女
607	**1328**	**190426**	**83694**	**106732**	**310916**	**171683**	**139233**
285	737	67102	27830	39272	124423	65454	58969
98	195	31422	14415	17007	41441	24827	16614
98	165	31349	14606	16743	32505	19176	13329
5	10	2367	1164	1203	3921	2770	1151
		1628	791	837	2201	1293	908
45	123	33517	15137	18380	42972	24988	17984
76	98	23041	9751	13290	63453	33175	30278
680	**1249**	**496465**	**216924**	**279541**	**609668**	**337921**	**271747**
135	311	65877	26403	39474	146016	75275	70741
77	109	61876	28061	33815	70087	39582	30505
117	225	89238	43271	45967	66622	40917	25705
31	37	31392	14874	16518	25668	15446	10222
47	73	34492	15294	19198	37521	21118	16403
94	140	35597	15218	20379	50142	28044	22098
92	192	81968	33609	48359	108495	59507	48988
87	162	96025	40194	55831	105117	58032	47085
855	**1661**	**693620**	**315718**	**377902**	**610210**	**357553**	**252657**
93	122	96614	44579	52035	102055	59496	42559
127	377	101706	41637	60069	77724	48438	29286
83	152	110865	48870	61995	105328	59459	45869
135	265	84007	38230	45777	73075	43442	29633
147	332	134956	58547	76409	135717	77082	58635
61	70	46386	22311	24075	37430	21774	15656
209	343	119086	61544	57542	78881	47862	31019
849	**1272**	**565526**	**298583**	**266943**	**552014**	**318703**	**233311**
199	259	117967	64801	53166	120172	68369	51803
100	156	47797	22916	24881	71666	38931	32735
59	97	43875	23966	19909	46066	27471	18595
67	82	77769	42286	35483	42902	25819	17083
40	82	46501	24662	21839	31342	18206	13136
116	216	72994	37890	35104	85719	50408	35311
214	274	105558	56296	49262	90549	54604	35945
47	97	43060	20600	22460	53857	29360	24497
7	9	10005	5166	4839	9741	5535	4206
595	**949**	**623534**	**300189**	**323345**	**339969**	**202113**	**137856**
67	120	82504	35763	46741	72501	39929	32572
89	111	119141	57261	61880	56255	34300	21955
61	97	64715	32227	32488	44584	26443	18141
20	39	58593	26258	32335	37089	21369	15720
79	144	77616	37505	40111	32150	20050	12100
70	134	49523	25848	23675	31259	19101	12158
111	187	89392	45496	43896	33121	20473	12648
98	117	82050	39831	42219	33010	20448	12562
198	**246**	**230407**	**116705**	**113702**	**76691**	**49000**	**27691**
20	42	26346	13697	12649	12894	7590	5304
7	7	51452	24803	26649	15629	10265	5364
19	30	38802	19270	19532	9147	6038	3109
22	42	33630	17107	16523	16531	10784	5747
46	22	16031	8142	7889	5056	3264	1792
18	27	16836	8995	7841	5919	3748	2171
13	17	12129	6060	6069	3089	2122	967
53	59	35181	18631	16550	8426	5189	3237

4-2 各地区分性别、

地区	高中			大学专科			
	小计	男	女	小计	男	女	小计
合计	**3204957**	**1809111**	**1395846**	**1931075**	**1037066**	**894009**	**1578383**
兰州市	**812178**	**429397**	**382781**	**555891**	**288326**	**267565**	**606754**
城关区	317817	162653	155164	228688	116419	112269	237098
七里河区	141610	73474	68136	91892	47934	43958	97222
西固区	93052	48345	44707	56301	31197	25104	38899
安宁区	78577	38670	39907	60979	32113	28866	116983
红古区	23965	13574	10391	13649	7333	6316	7078
永登县	35949	21780	14169	12410	6809	5601	9208
皋兰县	17395	10629	6766	11669	6660	5009	5904
榆中县	60146	33548	26598	27031	14227	12804	67356
兰州新区	43667	26724	16943	53272	25634	27638	27006
嘉峪关市	**64928**	**34551**	**30377**	**53560**	**32174**	**21386**	**31348**
市辖区	64928	34551	30377	53560	32174	21386	31348
金昌市	**72810**	**41553**	**31257**	**47736**	**26696**	**21040**	**35207**
金川区	49924	27295	22629	34214	18731	15483	26290
永昌县	22886	14258	8628	13522	7965	5557	8917
白银市	**224265**	**129347**	**94918**	**129390**	**70325**	**59065**	**90563**
白银区	74953	41293	33660	46684	24911	21773	32707
平川区	32841	18805	14036	18539	9983	8556	11820
靖远县	42755	25621	17134	23254	13141	10113	16238
会宁县	44824	26158	18666	26205	14256	11949	18055
景泰县	28892	17470	11422	14708	8034	6674	11743
天水市	**346114**	**193016**	**153098**	**178445**	**97494**	**80951**	**128413**
秦州区	92770	49168	43602	53469	28684	24785	50504
麦积区	77629	43631	33998	42696	23681	19015	22238
清水县	24545	13927	10618	9415	5235	4180	7644
秦安县	47613	28043	19570	20739	11419	9320	15083
甘谷县	51506	29124	22382	24848	13725	11123	14551
武山县	33687	18713	14974	18149	9724	8425	10779
张家川回族自治县	18364	10410	7954	9129	5026	4103	7614
武威市	**205417**	**125157**	**80260**	**111426**	**61667**	**49759**	**70648**
凉州区	131333	78061	53272	72144	39251	32893	43668
民勤县	29932	19708	10224	15478	9154	6324	9522
古浪县	28921	17967	10954	14159	7866	6293	9480
天祝藏族自治县	15231	9421	5810	9645	5396	4249	7978
张掖市	**152225**	**88358**	**63867**	**85377**	**47704**	**37673**	**76128**
甘州区	84039	46219	37820	47424	25647	21777	46032
肃南裕固族自治县	3196	1979	1217	2394	1457	937	2335
民乐县	18384	11595	6789	10438	6153	4285	7715
临泽县	14504	9006	5498	7080	4197	2883	5855
高台县	13454	8237	5217	7745	4537	3208	7003
山丹县	18648	11322	7326	10296	5713	4583	7188
平凉市	**221242**	**129412**	**91830**	**125307**	**67408**	**57899**	**93327**
崆峒区	74857	40631	34226	44080	22201	21879	31117
泾川县	24266	15093	9173	10963	6129	4834	9181
灵台县	18110	11508	6602	8346	4862	3484	7082
崇信县	10717	6806	3911	6280	3706	2574	4734
庄浪县	32748	19298	13450	19059	10421	8638	14140
静宁县	38766	23262	15504	21506	11774	9732	16909
华亭市	21778	12814	8964	15073	8315	6758	10164

受教育程度的15岁及以上人口（续2）

单位：人

大学本科		硕士研究生			博士研究生		
男	女	小计	男	女	小计	男	女
831087	**747296**	**105864**	**51652**	**54212**	**13797**	**8581**	**5216**
310620	**296134**	**72490**	**34357**	**38133**	**10862**	**6828**	**4034**
118759	118339	35523	16906	18617	6254	3981	2273
54366	42856	10317	5593	4724	1253	824	429
20117	18782	2646	1248	1398	242	134	108
58506	58477	20995	9233	11762	2922	1779	1143
3784	3294	254	103	151	13	4	9
4724	4484	295	138	157	28	12	16
3014	2890	207	91	116	17	13	4
31092	36264	971	414	557	77	39	38
16258	10748	1282	631	651	56	42	14
17829	**13519**	**1297**	**776**	**521**	**101**	**59**	**42**
17829	13519	1297	776	521	101	59	42
19802	**15405**	**1943**	**1111**	**832**	**126**	**79**	**47**
14641	11649	1660	958	702	89	59	30
5161	3756	283	153	130	37	20	17
47884	**42679**	**3017**	**1430**	**1587**	**326**	**167**	**159**
17706	15001	1218	604	614	136	65	71
6113	5707	293	139	154	33	17	16
8343	7895	490	199	291	45	20	25
9748	8307	636	319	317	68	43	25
5974	5769	380	169	211	44	22	22
67419	**60994**	**4949**	**2313**	**2636**	**445**	**269**	**176**
24884	25620	2513	1069	1444	245	146	99
12086	10152	718	351	367	53	27	26
4151	3493	196	100	96	6	3	3
8055	7028	599	289	310	48	30	18
8028	6523	460	249	211	65	39	26
6075	4704	307	175	132	23	20	3
4140	3474	156	80	76	5	4	1
39732	**30916**	**2645**	**1393**	**1252**	**262**	**168**	**94**
24916	18752	1785	961	824	151	106	45
5203	4319	336	166	170	47	27	20
5339	4141	299	157	142	36	20	16
4274	3704	225	109	116	28	15	13
40251	**35877**	**2581**	**1291**	**1290**	**334**	**193**	**141**
23635	22397	1820	901	919	246	142	104
1246	1089	69	33	36	2	1	1
4518	3197	199	108	91	24	10	14
3138	2717	115	71	44	13	8	5
3835	3168	163	70	93	24	15	9
3879	3309	215	108	107	25	17	8
49487	**43840**	**2903**	**1501**	**1402**	**235**	**148**	**87**
15623	15494	1161	549	612	116	70	46
4895	4286	226	121	105	16	10	6
4030	3052	185	114	71	13	10	3
2635	2099	93	63	30	10	8	2
7833	6307	331	179	152	21	13	8
8901	8008	651	322	329	47	27	20
5570	4594	256	153	103	12	10	2

4-2 各地区分性别、

地区	高中			大学专科			
	小计	男	女	小计	男	女	小计
酒泉市	**164130**	**93357**	**70773**	**109310**	**60109**	**49201**	**72472**
肃州区	83550	45719	37831	57806	30539	27267	35779
金塔县	12598	8216	4382	9429	6062	3367	4843
瓜州县	15408	9329	6079	9327	5452	3875	6573
肃北蒙古族自治县	2418	1708	710	2172	1396	776	2043
阿克塞哈萨克族自治县	1279	788	491	1824	1119	705	1788
玉门市	17134	10641	6493	9626	5568	4058	6751
敦煌市	31743	16956	14787	19126	9973	9153	14695
庆阳市	**255982**	**150710**	**105272**	**122854**	**67477**	**55377**	**98964**
西峰区	88879	48262	40617	47779	24564	23215	44766
庆城县	24390	15088	9302	10609	6021	4588	7890
环　县	30085	18208	11877	15019	8532	6487	12070
华池县	12629	7814	4815	6773	3914	2859	5755
合水县	13728	8468	5260	6725	3924	2801	4290
正宁县	16879	10692	6187	8592	4904	3688	5314
宁　县	31166	19052	12114	12238	7129	5109	8008
镇原县	38226	23126	15100	15119	8489	6630	10871
定西市	**262391**	**153310**	**109081**	**139862**	**73700**	**66162**	**108915**
安定区	52237	30189	22048	36891	17736	19155	27820
通渭县	37445	23657	13788	21460	12263	9197	14544
陇西县	46136	26543	19593	23867	12771	11096	21080
渭源县	26326	15905	10421	12827	7164	5663	10413
临洮县	56826	32737	24089	20858	10965	9893	18215
漳　县	13857	7794	6063	7152	3911	3241	5472
岷　县	29564	16485	13079	16807	8890	7917	11371
陇南市	**221554**	**123874**	**97680**	**134703**	**71190**	**63513**	**66181**
武都区	50448	27098	23350	28746	14975	13771	18491
成　县	25757	13914	11843	19259	8694	10565	8571
文　县	18401	10664	7737	12339	6704	5635	5987
宕昌县	16968	9379	7589	11395	5909	5486	4745
康　县	14675	8254	6421	8620	4653	3967	4544
西和县	30351	17712	12639	18279	10212	8067	7835
礼　县	37645	21555	16090	21230	12060	9170	7120
徽　县	22596	12651	9945	11778	6245	5533	6914
两当县	4713	2647	2066	3057	1738	1319	1974
临夏回族自治州	**151523**	**89023**	**62500**	**81734**	**42982**	**38752**	**56417**
临夏市	50717	27933	22784	32352	15985	16367	24154
临夏县	17636	10847	6789	5785	3154	2631	2617
康乐县	16109	9569	6540	9299	5278	4021	5600
永靖县	22300	12519	9781	12314	6339	5975	9352
广河县	11773	7682	4091	5202	3091	2111	4611
和政县	11645	7004	4641	6424	3425	2999	4247
东乡族自治县	6860	4429	2431	2853	1616	1237	1513
积石山保安族东乡族撒拉族自治县	14483	9040	5443	7505	4094	3411	4323
甘南藏族自治州	**50198**	**28046**	**22152**	**55480**	**29814**	**25666**	**43046**
合作市	12376	6461	5915	9721	5033	4688	20017
临潭县	7711	4688	3023	7704	4158	3546	4368
卓尼县	6005	3395	2610	7801	4243	3558	4156
舟曲县	9578	5554	4024	11797	6388	5409	4748
迭部县	4327	2487	1840	6303	3490	2813	2913
玛曲县	3404	1812	1592	4252	2366	1886	2123
碌曲县	2508	1323	1185	2703	1435	1268	2427
夏河县	4289	2326	1963	5199	2701	2498	2294

受教育程度的15岁及以上人口（续3）

单位：人

大学本科		硕士研究生			博士研究生		
男	女	小计	男	女	小计	男	女
39015	**33457**	**2406**	**1276**	**1130**	**195**	**117**	**78**
19130	16649	1432	750	682	111	63	48
2862	1981	94	48	46	13	9	4
3566	3007	104	58	46	7	4	3
1107	936	37	13	24	5	3	2
898	890	36	21	15			
3742	3009	134	80	54	8	5	3
7710	6985	569	306	263	51	33	18
52825	**46139**	**3239**	**1766**	**1473**	**274**	**166**	**108**
22652	22114	1769	967	802	116	61	55
4350	3540	200	108	92	19	9	10
6711	5359	300	146	154	32	16	16
3106	2649	134	76	58	7	5	2
2377	1913	106	57	49	13	12	1
2997	2317	144	87	57	17	13	4
4534	3474	244	139	105	40	30	10
6098	4773	342	186	156	30	20	10
58055	**50860**	**3214**	**1584**	**1630**	**311**	**179**	**132**
14787	13033	1082	523	559	111	51	60
8160	6384	517	269	248	47	35	12
11384	9696	618	321	297	51	32	19
5591	4822	213	106	107	28	17	11
9175	9040	449	195	254	39	19	20
2911	2561	76	38	38	13	9	4
6047	5324	259	132	127	22	16	6
35098	**31083**	**1850**	**978**	**872**	**140**	**91**	**49**
9750	8741	572	309	263	46	35	11
4385	4186	428	216	212	25	15	10
3125	2862	113	58	55	7	6	1
2435	2310	93	53	40	6	4	2
2380	2164	107	64	43	5	5	
4382	3453	183	99	84	18	10	8
4131	2989	130	77	53	12	9	3
3545	3369	177	85	92	18	5	13
965	1009	47	17	30	3	2	1
31068	**25349**	**1512**	**813**	**699**	**103**	**63**	**40**
12926	11228	841	450	391	53	32	21
1442	1175	65	38	27	3	2	1
3345	2255	88	49	39	8	4	4
4839	4513	296	145	151	17	8	9
2838	1773	64	39	25	11	9	2
2268	1979	60	37	23	5	4	1
913	600	25	14	11	1	1	
2497	1826	73	41	32	5	3	2
22002	**21044**	**1818**	**1063**	**755**	**83**	**54**	**29**
9403	10614	1152	658	494	54	41	13
2424	1944	86	44	42	3	2	1
2266	1890	88	55	33	4	2	2
2677	2071	108	64	44	6	3	3
1574	1339	81	47	34	4	2	2
1174	949	83	55	28	4		4
1267	1160	102	70	32	1	1	
1217	1077	118	70	48	7	3	4

4–2a 各地区分性别、

地区	15 岁及以上人口			未上过学			
	合计	男	女	小计	男	女	小计
合计	**5910746**	**2943081**	**2967665**	**132570**	**29791**	**102779**	**4324**
兰州市	**2493190**	**1256429**	**1236761**	**45113**	**10009**	**35104**	**1456**
城关区	1249275	629476	619799	17560	3832	13728	728
七里河区	482944	245895	237049	12262	2995	9267	271
西固区	302293	152723	149570	4722	898	3824	173
安宁区	381902	189695	192207	5515	1135	4380	210
红古区	76776	38640	38136	5054	1149	3905	74
嘉峪关市	**244189**	**126017**	**118172**	**1315**	**274**	**1041**	**110**
市辖区	244189	126017	118172	1315	274	1041	110
金昌市	**201160**	**102225**	**98935**	**7088**	**1420**	**5668**	**190**
金川区	201160	102225	98935	7088	1420	5668	190
白银市	**355760**	**178749**	**177011**	**7041**	**1408**	**5633**	**218**
白银区	253749	128117	125632	4122	832	3290	126
平川区	100574	49740	50834	2884	569	2315	92
靖远县	1437	892	545	35	7	28	
天水市	**541755**	**268456**	**273299**	**11537**	**2856**	**8681**	**515**
秦州区	317064	154848	162216	6934	1641	5293	257
麦积区	224691	113608	111083	4603	1215	3388	258
武威市	**318707**	**156433**	**162274**	**8113**	**1617**	**6496**	**124**
凉州区	318707	156433	162274	8113	1617	6496	124
张掖市	**220585**	**105698**	**114887**	**5123**	**916**	**4207**	**221**
甘州区	220066	105446	114620	5104	909	4195	221
肃南裕固族自治县	519	252	267	19	7	12	
平凉市	**325404**	**157424**	**167980**	**9336**	**1881**	**7455**	**242**
崆峒区	262708	126547	136161	6941	1386	5555	196
华亭市	62696	30877	31819	2395	495	1900	46
酒泉市	**374879**	**185830**	**189049**	**8440**	**1798**	**6642**	**707**
肃州区	260782	128760	132022	6183	1253	4930	602
玉门市	40566	20536	20030	1032	253	779	50
敦煌市	73531	36534	36997	1225	292	933	55
庆阳市	**240699**	**118347**	**122352**	**2818**	**669**	**2149**	**173**
西峰区	240699	118347	122352	2818	669	2149	173
定西市	**154660**	**73092**	**81568**	**5409**	**1024**	**4385**	**76**
安定区	154660	73092	81568	5409	1024	4385	76
陇南市	**136228**	**65529**	**70699**	**8290**	**2363**	**5927**	**100**
武都区	134994	64877	70117	8131	2318	5813	100
康　县	1234	652	582	159	45	114	
临夏回族自治州	**243397**	**119697**	**123700**	**10258**	**2793**	**7465**	**143**
临夏市	237180	116681	120499	9890	2704	7186	138
临夏县	6217	3016	3201	368	89	279	5
甘南藏族自治州	**60133**	**29155**	**30978**	**2689**	**763**	**1926**	**49**
合作市	60133	29155	30978	2689	763	1926	49

受教育程度的15岁及以上人口（城市）

单位：人

学前教育		小学			初中		
男	女	小计	男	女	小计	男	女
1566	**2758**	**675797**	**275029**	**400768**	**1660428**	**846698**	**813730**
585	**871**	**218353**	**94162**	**124191**	**632004**	**335028**	**296976**
281	447	101668	44074	57594	319282	170681	148601
126	145	50340	22078	28262	124072	65617	58455
68	105	28344	11297	17047	92802	47820	44982
84	126	25437	10848	14589	70284	37327	32957
26	48	12564	5865	6699	25564	13583	11981
32	**78**	**27697**	**9890**	**17807**	**67349**	**32701**	**34648**
32	78	27697	9890	17807	67349	32701	34648
65	**125**	**24523**	**10255**	**14268**	**60517**	**31076**	**29441**
65	125	24523	10255	14268	60517	31076	29441
75	**143**	**39500**	**14793**	**24707**	**110985**	**56154**	**54831**
53	73	25660	9624	16036	76785	38545	38240
22	70	13581	5030	8551	33411	17100	16311
		259	139	120	789	509	280
228	**287**	**83512**	**36036**	**47476**	**172511**	**86772**	**85739**
107	150	46697	20346	26351	91395	45279	46116
121	137	36815	15690	21125	81116	41493	39623
42	**82**	**35423**	**12025**	**23398**	**96643**	**45948**	**50695**
42	82	35423	12025	23398	96643	45948	50695
73	**148**	**21853**	**7835**	**14018**	**60759**	**28876**	**31883**
73	148	21679	7768	13911	60643	28819	31824
		174	67	107	116	57	59
94	**148**	**41307**	**15660**	**25647**	**108447**	**53645**	**54802**
77	119	32793	12613	20180	90917	44961	45956
17	29	8514	3047	5467	17530	8684	8846
166	**541**	**41101**	**15814**	**25287**	**113738**	**57008**	**56730**
128	474	27783	10645	17138	72828	36134	36694
11	39	5612	2143	3469	12956	6779	6177
27	28	7706	3026	4680	27954	14095	13859
72	**101**	**21404**	**7729**	**13675**	**81445**	**39211**	**42234**
72	101	21404	7729	13675	81445	39211	42234
32	**44**	**22167**	**8718**	**13449**	**41255**	**20288**	**20967**
32	44	22167	8718	13449	41255	20288	20967
36	**64**	**23566**	**10099**	**13467**	**44335**	**21871**	**22464**
36	64	23096	9849	13247	43938	21633	22305
		470	250	220	397	238	159
51	**92**	**66445**	**27969**	**38476**	**61988**	**33534**	**28454**
48	90	63792	26842	36950	60483	32704	27779
3	2	2653	1127	1526	1505	830	675
15	**34**	**8946**	**4044**	**4902**	**8452**	**4586**	**3866**
15	34	8946	4044	4902	8452	4586	3866

4-2a 各地区分性别、

地区	高中			大学专科			
	小计	男	女	小计	男	女	小计
合计	**1444833**	**754371**	**690462**	**992383**	**520091**	**472292**	**903680**
兰州市	**613369**	**313082**	**300287**	**432683**	**224947**	**207736**	**472684**
城关区	311409	159165	152244	224714	114375	110339	232817
七里河区	123686	63409	60277	82944	43322	39622	79856
西固区	83218	42761	40457	53181	29437	23744	37078
安宁区	78577	38670	39907	60979	32113	28866	116983
红古区	16479	9077	7402	10865	5700	5165	5950
嘉峪关市	**62936**	**33235**	**29701**	**52491**	**31487**	**21004**	**30916**
市辖区	62936	33235	29701	52491	31487	21004	30916
金昌市	**48045**	**25914**	**22131**	**33282**	**18135**	**15147**	**25790**
金川区	48045	25914	22131	33282	18135	15147	25790
白银市	**95039**	**51646**	**43393**	**59699**	**31561**	**28138**	**41738**
白银区	69356	37560	31796	44669	23707	20962	31721
平川区	25475	13931	11544	14912	7785	7127	9990
靖远县	208	155	53	118	69	49	27
天水市	**126812**	**66172**	**60640**	**79160**	**42643**	**36517**	**64551**
秦州区	74777	38257	36520	46993	24927	22066	47388
麦积区	52035	27915	24120	32167	17716	14451	17163
武威市	**84928**	**46706**	**38222**	**54908**	**28561**	**26347**	**37036**
凉州区	84928	46706	38222	54908	28561	26347	37036
张掖市	**56218**	**28586**	**27632**	**35386**	**18662**	**16724**	**39248**
甘州区	56132	28534	27598	35313	18616	16697	39198
肃南裕固族自治县	86	52	34	73	46	27	50
平凉市	**76596**	**40579**	**36017**	**51018**	**25961**	**25057**	**37079**
崆峒区	62007	32633	29374	39817	19873	19944	28866
华亭市	14589	7946	6643	11201	6088	5113	8213
酒泉市	**95376**	**50345**	**45031**	**68460**	**35816**	**32644**	**45290**
肃州区	67843	35491	32352	51288	26790	24498	32844
玉门市	9789	5394	4395	6060	3240	2820	4976
敦煌市	17744	9460	8284	11112	5786	5326	7470
庆阳市	**66877**	**34973**	**31904**	**37193**	**19365**	**17828**	**29331**
西峰区	66877	34973	31904	37193	19365	17828	29331
定西市	**33607**	**17752**	**15855**	**28322**	**12775**	**15547**	**22858**
安定区	33607	17752	15855	28322	12775	15547	22858
陇南市	**25954**	**13438**	**12516**	**19424**	**9968**	**9456**	**14079**
武都区	25841	13358	12483	19351	9936	9415	14057
康　县	113	80	33	73	32	41	22
临夏回族自治州	**48146**	**26362**	**21784**	**31719**	**15749**	**15970**	**23821**
临夏市	47406	25927	21479	31186	15460	15726	23415
临夏县	740	435	305	533	289	244	406
甘南藏族自治州	**10930**	**5581**	**5349**	**8638**	**4461**	**4177**	**19259**
合作市	10930	5581	5349	8638	4461	4177	19259

受教育程度的15岁及以上人口（城市）（续）

单位：人

大学本科		硕士研究生			博士研究生		
男	女	小计	男	女	小计	男	女
467505	**436175**	**84750**	**40569**	**44181**	**11981**	**7461**	**4520**
240535	**232149**	**67018**	**31473**	**35545**	**10510**	**6608**	**3902**
116533	116284	34905	16597	18308	6192	3938	2254
43231	36625	8358	4358	4000	1155	759	396
19115	17963	2544	1197	1347	231	130	101
58506	58477	20995	9233	11762	2922	1779	1143
3150	2800	216	88	128	10	2	8
17572	**13344**	**1275**	**767**	**508**	**100**	**59**	**41**
17572	13344	1275	767	508	100	59	41
14358	**11432**	**1637**	**943**	**694**	**88**	**59**	**29**
14358	11432	1637	943	694	88	59	29
22341	**19397**	**1392**	**696**	**696**	**148**	**75**	**73**
17145	14576	1184	588	596	126	63	63
5184	4806	207	107	100	22	12	10
12	15	1	1				
32353	**32198**	**2890**	**1242**	**1648**	**267**	**154**	**113**
23144	24244	2390	1007	1383	233	140	93
9209	7954	500	235	265	34	14	20
20720	**16316**	**1423**	**740**	**683**	**109**	**74**	**35**
20720	16316	1423	740	683	109	74	35
19868	**19380**	**1562**	**762**	**800**	**215**	**120**	**95**
19845	19353	1561	762	799	215	120	95
23	27	1		1			
18911	**18168**	**1269**	**628**	**641**	**110**	**65**	**45**
14445	14421	1069	500	569	102	59	43
4466	3747	200	128	72	8	6	2
23963	**21327**	**1642**	**850**	**792**	**125**	**70**	**55**
17574	15270	1315	692	623	96	53	43
2664	2312	85	49	36	6	3	3
3725	3745	242	109	133	23	14	9
15554	**13777**	**1374**	**732**	**642**	**84**	**42**	**42**
15554	13777	1374	732	642	84	42	42
12047	**10811**	**876**	**418**	**458**	**90**	**38**	**52**
12047	10811	876	418	458	90	38	52
7492	**6587**	**449**	**237**	**212**	**31**	**25**	**6**
7485	6572	449	237	212	31	25	6
7	15						
12766	**11055**	**826**	**442**	**384**	**51**	**31**	**20**
12527	10888	819	438	381	51	31	20
239	167	7	4	3			
9025	**10234**	**1117**	**639**	**478**	**53**	**41**	**12**
9025	10234	1117	639	478	53	41	12

4–2b 各地区分性别、

地区	15 岁及以上人口			未上过学			
	合计	男	女	小计	男	女	小计
合计	**4635980**	**2288445**	**2347535**	**262964**	**69048**	**193916**	**4873**
兰州市	**618295**	**314494**	**303801**	**19321**	**3640**	**15681**	**480**
城关区	18837	9724	9113	317	70	247	15
七里河区	54178	30366	23812	1813	480	1333	24
西固区	19167	9811	9356	516	93	423	12
安宁区							
红古区	14388	7402	6986	907	184	723	11
永登县	113121	55441	57680	7607	1272	6335	177
皋兰县	57982	30732	27250	1377	323	1054	24
榆中县	196949	96099	100850	3851	688	3163	119
兰州新区	143673	74919	68754	2933	530	2403	98
嘉峪关市	**3213**	**1754**	**1459**	**125**	**32**	**93**	**6**
市辖区	3213	1754	1459	125	32	93	6
金昌市	**85084**	**42512**	**42572**	**2729**	**497**	**2232**	**369**
金川区	859	473	386	69	24	45	71
永昌县	84225	42039	42186	2660	473	2187	298
白银市	**322013**	**157365**	**164648**	**8290**	**1790**	**6500**	**299**
白银区	2237	1166	1071	51	8	43	
平川区	16036	8829	7207	786	184	602	30
靖远县	113090	55750	57340	3834	789	3045	118
会宁县	104107	49187	54920	1773	447	1326	119
景泰县	86543	42433	44110	1846	362	1484	32
天水市	**535769**	**262038**	**273731**	**34808**	**9857**	**24951**	**619**
秦州区	37193	18679	18514	3435	1053	2382	19
麦积区	37835	19183	18652	1421	411	1010	30
清水县	58315	28075	30240	4537	1200	3337	68
秦安县	110522	54038	56484	5193	1305	3888	141
甘谷县	139428	67440	71988	8769	2620	6149	166
武山县	99833	49010	50823	5229	1507	3722	172
张家川回族自治县	52643	25613	27030	6224	1761	4463	23
武威市	**239237**	**119238**	**119999**	**13260**	**2705**	**10555**	**206**
凉州区	60437	30491	29946	3318	699	2619	29
民勤县	59482	30228	29254	1464	276	1188	50
古浪县	62485	30792	31693	4211	944	3267	101
天祝藏族自治县	56833	27727	29106	4267	786	3481	26
张掖市	**249601**	**121411**	**128190**	**8852**	**1676**	**7176**	**540**
甘州区	11892	6196	5696	704	225	479	67
肃南裕固族自治县	8841	4418	4423	353	80	273	5
民乐县	68910	33434	35476	2992	460	2532	69
临泽县	42786	21072	21714	1021	275	746	216
高台县	51922	25100	26822	829	150	679	39
山丹县	65250	31191	34059	2953	486	2467	144
平凉市	**320764**	**152816**	**167948**	**21589**	**4859**	**16730**	**302**
崆峒区	7785	3865	3920	878	226	652	16
泾川县	67792	32056	35736	2734	540	2194	116
灵台县	40532	18596	21936	1703	316	1387	26
崇信县	27070	13000	14070	1449	342	1107	38
庄浪县	72550	35098	37452	3526	876	2650	48
静宁县	82239	38323	43916	9162	2023	7139	38
华亭市	22796	11878	10918	2137	536	1601	20

受教育程度的 15 岁及以上人口（镇）

单位：人

学前教育		小学			初中		
男	女	小计	男	女	小计	男	女
1829	**3044**	**1011512**	**424753**	**586759**	**1445361**	**756474**	**688887**
175	**305**	**85190**	**36653**	**48537**	**187726**	**103922**	**83804**
5	10	2029	972	1057	5014	2758	2256
10	14	7707	3604	4103	15036	8423	6613
2	10	2939	1131	1808	7644	4109	3535
3	8	2633	1216	1417	6105	3326	2779
63	114	23314	9368	13946	41779	22705	19074
7	17	10461	4732	5729	21782	12136	9646
54	65	20775	8596	12179	55995	30251	25744
31	67	15332	7034	8298	34371	20214	14157
2	**4**	**983**	**424**	**559**	**1539**	**935**	**604**
2	4	983	424	559	1539	935	604
145	**224**	**18832**	**6840**	**11992**	**29354**	**15451**	**13903**
41	30	220	93	127	367	223	144
104	194	18612	6747	11865	28987	15228	13759
113	**186**	**63656**	**23842**	**39814**	**105462**	**54055**	**51407**
		577	235	342	909	485	424
9	21	3651	1570	2081	7249	4379	2870
38	80	23051	8975	14076	37377	19755	17622
57	62	22309	8088	14221	30250	14621	15629
9	23	14068	4974	9094	29677	14815	14862
263	**356**	**123747**	**54246**	**69501**	**181894**	**92991**	**88903**
12	7	13230	6062	7168	15012	8279	6733
14	16	8533	3462	5071	14590	7740	6850
38	30	12975	5385	7590	15027	7742	7285
61	80	19449	8150	11299	40657	20397	20260
62	104	34020	15078	18942	49347	24521	24826
65	107	22183	9943	12240	34974	17761	17213
11	12	13357	6166	7191	12287	6551	5736
70	**136**	**50621**	**18946**	**31675**	**71556**	**37800**	**33756**
11	18	14719	5386	9333	23162	12533	10629
14	36	7578	2568	5010	16014	7754	8260
39	62	13848	5175	8673	17738	9515	8223
6	20	14476	5817	8659	14642	7998	6644
184	**356**	**58482**	**21260**	**37222**	**85459**	**43389**	**42070**
27	40	4248	1978	2270	4984	2765	2219
2	3	2281	974	1307	1917	959	958
23	46	19862	7136	12726	20510	10920	9590
86	130	8284	3026	5258	13071	6302	6769
12	27	11055	3656	7399	18690	9131	9559
34	110	12752	4490	8262	26287	13312	12975
101	**201**	**68095**	**26505**	**41590**	**94414**	**46477**	**47937**
9	7	2119	963	1156	2775	1589	1186
30	86	13783	5254	8529	23857	11148	12709
10	16	6680	1967	4713	13232	5823	7409
18	20	4753	1759	2994	7847	3828	4019
15	33	19017	7331	11686	16266	8272	7994
10	28	14548	5951	8597	22515	11223	11292
9	11	7195	3280	3915	7922	4594	3328

4-2b 各地区分性别、

地区	15岁及以上人口			未上过学			
	合计	男	女	小计	男	女	小计
酒泉市	**198812**	**107119**	**91693**	**7478**	**1910**	**5568**	**288**
肃州区	17311	8821	8490	1748	521	1227	74
金塔县	53067	30435	22632	1415	298	1117	68
瓜州县	42812	21814	20998	1621	442	1179	56
肃北蒙古族自治县	8437	4428	4009	261	64	197	11
阿克塞哈萨克族自治县	8264	4419	3845	211	58	153	
玉门市	33638	19923	13715	1301	332	969	50
敦煌市	35283	17279	18004	921	195	726	29
庆阳市	**451169**	**223189**	**227980**	**17513**	**4494**	**13019**	**290**
西峰区	5849	2894	2955	122	30	92	5
庆城县	71729	36360	35369	1635	427	1208	39
环　县	81684	40718	40966	3215	853	2362	39
华池县	36587	18086	18501	1815	488	1327	15
合水县	39702	19585	20117	1401	391	1010	27
正宁县	52467	25607	26860	3850	908	2942	55
宁　县	83249	40924	42325	3504	877	2627	89
镇原县	79902	39015	40887	1971	520	1451	21
定西市	**584690**	**281702**	**302988**	**23985**	**5643**	**18342**	**617**
安定区	20086	10257	9829	1945	443	1502	13
通渭县	65724	32488	33236	1679	355	1324	106
陇西县	164294	79155	85139	4263	967	3296	119
渭源县	61346	30031	31315	2906	732	2174	67
临洮县	143820	67550	76270	3363	661	2702	190
漳　县	41393	19502	21891	2062	487	1575	38
岷　县	88027	42719	45308	7767	1998	5769	84
陇南市	**524354**	**255418**	**268936**	**44979**	**13482**	**31497**	**552**
武都区	43921	21053	22868	7402	2267	5135	46
成　县	93480	44520	48960	3349	985	2364	108
文　县	48641	23291	25350	4115	1128	2987	77
宕昌县	54158	26773	27385	7697	2661	5036	38
康　县	37343	18177	19166	3034	927	2107	23
西和县	74095	36616	37479	6340	1593	4747	93
礼　县	97739	49124	48615	10072	3123	6949	114
徽　县	60457	28756	31701	2374	634	1740	48
两当县	14520	7108	7412	596	164	432	5
临夏回族自治州	**333590**	**163141**	**170449**	**43184**	**12901**	**30283**	**198**
临夏市	9219	4778	4441	1253	387	866	6
临夏县	31204	15213	15991	3956	1157	2799	9
康乐县	41514	20290	21224	4180	937	3243	34
永靖县	75254	36187	39067	2115	439	1676	19
广河县	60182	29257	30925	10957	3167	7790	29
和政县	41494	20272	21222	6444	1927	4517	46
东乡族自治县	37574	18783	18791	10472	3796	6676	44
积石山保安族东乡族撒拉族自治县	37149	18361	18788	3807	1091	2716	11
甘南藏族自治州	**169389**	**86248**	**83141**	**16851**	**5562**	**11289**	**107**
合作市	2510	1301	1209	358	112	246	
临潭县	35808	17490	18318	2444	550	1894	7
卓尼县	25807	13211	12596	1203	344	859	10
舟曲县	30585	15012	15573	3258	904	2354	12
迭部县	16032	8121	7911	1343	364	979	35
玛曲县	23766	12600	11166	5430	2208	3222	22
碌曲县	12661	6571	6090	1422	440	982	5
夏河县	22220	11942	10278	1393	640	753	16

受教育程度的15岁及以上人口（镇）（续1）

单位：人

学前教育		小学			初中		
男	女	小计	男	女	小计	男	女
93	**195**	**40991**	**18939**	**22052**	**71302**	**40252**	**31050**
28	46	5163	2309	2854	7175	3952	3223
20	48	11235	5868	5367	20258	11743	8515
14	42	7900	3186	4714	13456	7183	6273
3	8	1573	661	912	1882	1075	807
		1422	646	776	1982	1119	863
15	35	9203	4424	4779	15076	9551	5525
13	16	4495	1845	2650	11473	5629	5844
109	**181**	**96768**	**38626**	**58142**	**161949**	**82408**	**79541**
1	4	1637	679	958	2796	1393	1403
20	19	15211	6432	8779	28015	14407	13608
15	24	18756	7575	11181	25859	13706	12153
5	10	8363	3402	4961	10818	5646	5172
12	15	7682	2967	4715	13954	6939	7015
25	30	9492	3773	5719	19462	9789	9673
22	67	17559	6821	10738	33674	17095	16579
9	12	18068	6977	11091	27371	13433	13938
218	**399**	**130257**	**51997**	**78260**	**188897**	**95983**	**92914**
7	6	6450	2897	3553	7477	4325	3152
33	73	14195	5315	8880	19957	10157	9800
45	74	34641	13279	21362	57827	28885	28942
32	35	13356	5471	7885	19371	9943	9428
55	135	28972	10938	18034	48451	23653	24798
18	20	9508	3781	5727	12450	6125	6325
28	56	23135	10316	12819	23364	12895	10469
213	**339**	**108968**	**50164**	**58804**	**164774**	**84941**	**79833**
20	26	12628	6177	6451	15170	8107	7063
43	65	14602	6489	8113	33704	17044	16660
23	54	8546	3673	4873	15797	7859	7938
16	22	15061	7350	7711	12643	6992	5651
6	17	8233	3771	4462	9532	4873	4659
35	58	14227	6596	7631	24016	12349	11667
50	64	22966	10885	12081	29039	15797	13242
18	30	10210	4151	6059	20587	9841	10746
2	3	2495	1072	1423	4286	2079	2207
78	**120**	**109752**	**49831**	**59921**	**75059**	**42282**	**32777**
3	3	4465	2270	2195	2548	1586	962
4	5	13746	6420	7326	7883	4520	3363
14	20	10046	4327	5719	9820	5162	4658
5	14	19602	7853	11749	19229	10073	9156
12	17	24210	11038	13172	11211	6896	4315
15	31	10265	4836	5429	9786	5413	4373
19	25	15352	7860	7492	7372	4492	2880
6	5	12066	5227	6839	7210	4140	3070
65	**42**	**55170**	**26480**	**28690**	**25976**	**15588**	**10388**
		1634	892	742	298	191	107
4	3	14315	6197	8118	5964	3574	2390
2	8	8161	3744	4417	3442	2043	1399
3	9	7269	3141	4128	5283	2943	2340
29	6	3765	1816	1949	2267	1298	969
11	11	6689	3729	2960	3199	2037	1162
4	1	3616	1817	1799	1724	1236	488
12	4	9721	5144	4577	3799	2266	1533

4-2b 各地区分性别、

地区	高中			大学专科			
	小计	男	女	小计	男	女	小计
合计	**898459**	**495836**	**402623**	**534552**	**285185**	**249367**	**465150**
兰州市	**116550**	**64296**	**52254**	**87440**	**42489**	**44951**	**116705**
城关区	4374	2295	2079	2847	1438	1409	3616
七里河区	7627	4114	3513	4792	2464	2328	15212
西固区	5084	2781	2303	1634	941	693	1257
安宁区							
红古区	3079	1715	1364	1149	669	480	482
永登县	24157	13629	10528	8769	4689	4080	7126
皋兰县	12529	7297	5232	6540	3595	2945	5087
榆中县	34191	18017	16174	18774	9529	9245	62475
兰州新区	25509	14448	11061	42935	19164	23771	21450
嘉峪关市	**343**	**219**	**124**	**157**	**109**	**48**	**59**
市辖区	343	219	124	157	109	48	59
金昌市	**16496**	**9714**	**6782**	**10132**	**5825**	**4307**	**6993**
金川区	34	28	6	50	35	15	47
永昌县	16462	9686	6776	10082	5790	4292	6946
白银市	**73825**	**40633**	**33192**	**37873**	**20096**	**17777**	**31845**
白银区	505	321	184	108	67	41	83
平川区	2422	1577	845	1309	792	517	564
靖远县	24826	13666	11160	12667	6761	5906	10989
会宁县	25918	13595	12323	12707	6531	6176	10792
景泰县	20154	11474	8680	11082	5945	5137	9417
天水市	**104134**	**55621**	**48513**	**49191**	**26579**	**22612**	**40427**
秦州区	3226	1962	1264	1450	876	574	795
麦积区	7763	4375	3388	3402	1952	1450	2048
清水县	13962	7272	6690	5805	3196	2609	5834
秦安县	24982	13351	11631	9754	5289	4465	10050
甘谷县	26301	14028	12273	12199	6505	5694	8438
武山县	18494	9636	8858	10876	5700	5176	7719
张家川回族自治县	9406	4997	4409	5705	3061	2644	5543
武威市	**52847**	**31113**	**21734**	**29535**	**16931**	**12604**	**20675**
凉州区	11259	6885	4374	6349	4007	2342	1522
民勤县	17812	10471	7341	9423	5306	4117	6983
古浪县	13595	7876	5719	6917	3789	3128	5959
天祝藏族自治县	10181	5881	4300	6846	3829	3017	6211
张掖市	**47429**	**27573**	**19856**	**26393**	**15069**	**11324**	**21966**
甘州区	1247	825	422	443	267	176	192
肃南裕固族自治县	1465	807	658	1289	762	527	1479
民乐县	13300	7869	5431	7003	4041	2962	5062
临泽县	10211	5775	4436	5156	3010	2146	4747
高台县	9333	5404	3929	6087	3546	2541	5779
山丹县	11873	6893	4980	6415	3443	2972	4707
平凉市	**66300**	**36772**	**29528**	**34642**	**18869**	**15773**	**34661**
崆峒区	1506	819	687	321	172	149	163
泾川县	13904	7902	6002	6720	3647	3073	6562
灵台县	9099	5004	4095	4740	2647	2093	4972
崇信县	5574	3095	2479	3708	2008	1700	3631
庄浪县	14804	8080	6724	8754	4816	3938	9964
静宁县	18302	9840	8462	8821	4647	4174	8559
华亭市	3111	2032	1079	1578	932	646	810

受教育程度的15岁及以上人口（镇）（续2）

单位：人

大学本科		硕士研究生			博士研究生		
男	女	小计	男	女	小计	男	女
248388	**216762**	**12244**	**6394**	**5850**	**865**	**538**	**327**
60642	**56063**	**4616**	**2500**	**2116**	**267**	**177**	**90**
1861	1755	567	283	284	58	42	16
10007	5205	1875	1202	673	92	62	30
714	543	72	36	36	9	4	5
279	203	19	8	11	3	2	1
3618	3508	177	88	89	15	9	6
2556	2531	168	75	93	14	11	3
28635	33840	718	300	418	51	29	22
12972	8478	1020	508	512	25	18	7
33	**26**	**1**		**1**			
33	26	1		1			
3958	**3035**	**156**	**69**	**87**	**23**	**13**	**10**
28	19	1	1				
3930	3016	155	68	87	23	13	10
16488	**15357**	**694**	**308**	**386**	**69**	**40**	**29**
48	35	3	2	1	1		1
311	253	22	6	16	3	1	2
5675	5314	212	81	131	16	10	6
5727	5065	216	106	110	23	15	8
4727	4690	241	113	128	26	14	12
22012	**18415**	**889**	**432**	**457**	**60**	**37**	**23**
423	372	23	9	14	3	3	
1204	844	47	25	22	1		1
3190	2644	106	51	55	1	1	
5349	4701	277	125	152	19	11	8
4535	3903	165	78	87	23	13	10
4299	3420	176	92	84	10	7	3
3012	2531	95	52	43	3	2	1
11404	**9271**	**474**	**235**	**239**	**63**	**34**	**29**
929	593	69	35	34	10	6	4
3759	3224	140	69	71	18	11	7
3396	2563	103	51	52	13	7	6
3320	2891	162	80	82	22	10	12
12030	**9936**	**441**	**209**	**232**	**39**	**21**	**18**
104	88	6	4	2	1	1	
811	668	50	22	28	2	1	1
2933	2129	102	49	53	10	3	7
2549	2198	73	45	28	7	4	3
3152	2627	99	42	57	11	7	4
2481	2226	111	47	64	8	5	3
18825	**15836**	**712**	**375**	**337**	**49**	**33**	**16**
83	80	5	2	3	2	2	
3472	3090	110	60	50	6	3	3
2781	2191	77	46	31	3	2	1
1906	1725	65	40	25	5	4	1
5615	4349	161	85	76	10	8	2
4487	4072	272	129	143	22	13	9
481	329	22	13	9	1	1	

4-2b　各地区分性别、

地区	高中			大学专科			
	小计	男	女	小计	男	女	小计
酒泉市	**33503**	**20003**	**13500**	**25491**	**15073**	**10418**	**19222**
肃州区	2219	1492	727	633	362	271	283
金塔县	8682	5359	3323	7459	4820	2639	3880
瓜州县	9304	5321	3983	5986	3347	2639	4413
肃北蒙古族自治县	1233	748	485	1643	961	682	1797
阿克塞哈萨克族自治县	1178	702	476	1699	1022	677	1736
玉门市	4405	3188	1217	2415	1640	775	1158
敦煌市	6482	3193	3289	5656	2921	2735	5955
庆阳市	**92317**	**52342**	**39975**	**44496**	**24642**	**19854**	**37068**
西峰区	888	559	329	268	157	111	129
庆城县	14167	8139	6028	6870	3765	3105	5666
环　县	17935	10059	7876	8099	4383	3716	7651
华池县	7405	4162	3243	4215	2342	1873	3879
合水县	8513	4772	3741	4762	2684	2078	3289
正宁县	9632	5579	4053	5709	3160	2549	4180
宁　县	15752	8967	6785	7202	4112	3090	5355
镇原县	18025	10105	7920	7371	4039	3332	6919
定西市	**121159**	**64660**	**56499**	**60353**	**31968**	**28385**	**58172**
安定区	2623	1693	930	1009	582	427	547
通渭县	13893	7817	6076	7698	4253	3445	8007
陇西县	32998	17809	15189	17410	9123	8287	16630
渭源县	11912	6476	5436	6765	3677	3088	6856
临洮县	35269	18452	16817	13910	7062	6848	13363
漳　县	8577	4434	4143	4419	2364	2055	4289
岷　县	15887	7979	7908	9142	4907	4235	8480
陇南市	**98144**	**51025**	**47119**	**69457**	**35744**	**33713**	**36477**
武都区	5833	2978	2855	1847	983	864	975
成　县	17731	8949	8782	16080	6966	9114	7481
文　县	9009	4713	4296	6838	3640	3198	4190
宕昌县	8521	4432	4089	6822	3582	3240	3315
康　县	7873	3882	3991	5214	2888	2326	3357
西和县	14168	7733	6435	9806	5290	4516	5334
礼　县	18487	9802	8685	12358	6766	5592	4636
徽　县	13266	6813	6453	8261	4368	3893	5576
两当县	3256	1723	1533	2231	1261	970	1613
临夏回族自治州	**50926**	**28535**	**22391**	**30649**	**16366**	**14283**	**23315**
临夏市	624	372	252	191	85	106	130
临夏县	4275	2404	1871	937	506	431	387
康乐县	6754	3692	3062	6373	3561	2812	4249
永靖县	16195	8600	7595	9618	4861	4757	8202
广河县	6647	4062	2585	3773	2091	1682	3303
和政县	6817	3813	3004	4606	2422	2184	3480
东乡族自治县	2655	1624	1031	1010	576	434	660
积石山保安族东乡族撒拉族自治县	6959	3968	2991	4141	2264	1877	2904
甘南藏族自治州	**24486**	**13330**	**11156**	**28743**	**15425**	**13318**	**17565**
合作市	76	42	34	68	30	38	69
临潭县	4692	2675	2017	4665	2472	2193	3646
卓尼县	4250	2314	1936	5334	2899	2435	3342
舟曲县	5829	3159	2670	5813	3113	2700	3046
迭部县	2743	1476	1267	3603	1930	1673	2225
玛曲县	2762	1433	1329	3635	2051	1584	1956
碌曲县	1868	963	905	2016	1064	952	1925
夏河县	2266	1268	998	3609	1866	1743	1356

受教育程度的15岁及以上人口（镇）（续3）

单位：人

大学本科		硕士研究生			博士研究生		
男	女	小计	男	女	小计	男	女
10536	**8686**	**512**	**295**	**217**	**25**	**18**	**7**
146	137	14	9	5	2	2	
2292	1588	68	34	34	2	1	1
2279	2134	73	40	33	3	2	1
903	894	33	10	23	4	3	1
851	885	36	21	15			
752	406	29	20	9	1	1	
3313	2642	259	161	98	13	9	4
20144	**16924**	**708**	**382**	**326**	**60**	**42**	**18**
72	57	4	3	1			
3107	2559	115	58	57	11	5	6
4070	3581	122	55	67	8	2	6
1995	1884	76	45	31	1	1	
1775	1514	66	38	28	8	7	1
2318	1862	76	46	30	11	9	2
2963	2392	104	58	46	10	9	1
3844	3075	145	79	66	11	9	2
30639	**27533**	**1134**	**527**	**607**	**116**	**67**	**49**
301	246	16	6	10	6	3	3
4456	3551	167	88	79	22	14	8
8847	7783	377	182	195	29	18	11
3648	3208	100	44	56	13	8	5
6608	6755	279	112	167	23	9	14
2270	2019	42	18	24	8	5	3
4509	3971	153	77	76	15	10	5
19310	**17167**	**949**	**504**	**445**	**54**	**35**	**19**
512	463	19	8	11	1	1	
3826	3655	403	205	198	22	13	9
2215	1975	65	36	29	4	4	
1699	1616	59	39	20	2	2	
1779	1578	74	48	26	3	3	
2955	2379	104	61	43	7	4	3
2665	1971	65	35	30	2	1	1
2866	2710	125	60	65	10	5	5
793	820	35	12	23	3	2	1
12876	**10439**	**481**	**257**	**224**	**26**	**15**	**11**
74	56	2	1	1			
196	191	11	6	5			
2564	1685	55	32	23	3	1	2
4217	3985	261	132	129	13	7	6
1958	1345	46	29	17	6	4	2
1815	1665	48	29	19	2	2	
412	248	9	4	5			
1640	1264	49	24	25	2	1	1
9491	**8074**	**477**	**301**	**176**	**14**	**6**	**8**
31	38	7	3	4			
1979	1667	73	38	35	2	1	1
1823	1519	65	42	23			
1700	1346	72	47	25	3	2	1
1179	1046	50	29	21	1		1
1080	876	70	51	19	3		3
986	939	84	60	24	1	1	
713	643	56	31	25	4	2	2

4–2c 各地区分性别、

地区	15 岁及以上人口			未上过学			
	合计	男	女	小计	男	女	小计
合计	**9619562**	**4937429**	**4682133**	**1381134**	**404826**	**976308**	**14529**
兰州市	**629242**	**344925**	**284317**	**45599**	**10239**	**35360**	**833**
城关区	15669	9308	6361	497	137	360	12
七里河区	74333	41244	33089	4051	1128	2923	79
西固区	28959	15534	13425	1442	327	1115	29
安宁区							
红古区	29150	15529	13621	2389	477	1912	24
永登县	124394	64887	59507	15857	3228	12629	224
皋兰县	48354	27466	20888	2908	697	2211	76
榆中县	206237	109837	96400	13759	3116	10643	312
兰州新区	102146	61120	41026	4696	1129	3567	77
嘉峪关市	**15529**	**8629**	**6900**	**319**	**109**	**210**	**52**
市辖区	15529	8629	6900	319	109	210	52
金昌市	**89853**	**46810**	**43043**	**8497**	**2209**	**6288**	**885**
金川区	20620	10998	9622	2143	526	1617	36
永昌县	69233	35812	33421	6354	1683	4671	849
白银市	**548521**	**284286**	**264235**	**43364**	**10161**	**33203**	**864**
白银区	27937	15073	12864	1854	496	1358	63
平川区	43722	22840	20882	4505	1090	3415	60
靖远县	182238	94390	87848	13425	2841	10584	150
会宁县	219284	112567	106717	18725	4544	14181	468
景泰县	75340	39416	35924	4855	1190	3665	123
天水市	**1286929**	**649215**	**637714**	**186377**	**52900**	**133477**	**1563**
秦州区	181693	94589	87104	23550	6786	16764	201
麦积区	189219	97651	91568	15016	3935	11081	202
清水县	124537	63095	61442	19189	5274	13915	176
秦安县	233061	118760	114301	34291	9133	25158	217
甘谷县	255469	125690	129779	40179	10960	29219	494
武山县	179792	89114	90678	25120	8145	16975	167
张家川回族自治县	123158	60316	62842	29032	8667	20365	106
武威市	**648536**	**326371**	**322165**	**68823**	**15444**	**53379**	**810**
凉州区	341594	170922	170672	28389	6418	21971	437
民勤县	99482	50437	49045	9224	1914	7310	141
古浪县	138908	68783	70125	18251	3837	14414	151
天祝藏族自治县	68552	36229	32323	12959	3275	9684	81
张掖市	**470759**	**238974**	**231785**	**34275**	**9188**	**25087**	**1533**
甘州区	205018	104215	100803	14809	4229	10580	653
肃南裕固族自治县	14620	7887	6733	907	234	673	5
民乐县	84095	42612	41483	7102	1748	5354	166
临泽县	54774	27550	27224	3698	1032	2666	390
高台县	55149	27824	27325	2698	888	1810	104
山丹县	57103	28886	28217	5061	1057	4004	215
平凉市	**840236**	**426122**	**414114**	**144613**	**39789**	**104824**	**800**
崆峒区	138509	71038	67471	25539	7355	18184	114
泾川县	111034	55448	55586	9249	2031	7218	123
灵台县	85389	44121	41268	11939	2532	9407	130
崇信县	38816	20974	17842	4256	1230	3026	61
庄浪县	193059	94355	98704	23336	6379	16957	183
静宁县	214194	109358	104836	59754	17026	42728	134
华亭市	59235	30828	28407	10540	3236	7304	55

受教育程度的15岁及以上人口（乡村）

单位：人

学前教育		小学			初中		
男	女	小计	男	女	小计	男	女
4983	**9546**	**3699383**	**1757933**	**1941450**	**3039337**	**1858528**	**1180809**
292	**541**	**177818**	**84473**	**93345**	**268659**	**167142**	**101517**
5	7	2934	1639	1295	8345	5336	3009
43	36	19104	9950	9154	34402	20860	13542
7	22	6529	2979	3550	14127	8296	5831
7	17	6733	3145	3588	13297	7792	5505
75	149	42540	19420	23120	48127	30734	17393
33	43	14131	6769	7362	20385	13094	7291
84	228	63322	29365	33957	89472	54462	35010
38	39	22525	11206	11319	40504	26568	13936
26	**26**	**4579**	**2014**	**2565**	**7623**	**4572**	**3051**
26	26	4579	2014	2565	7623	4572	3051
273	**612**	**36343**	**15928**	**20415**	**28948**	**18147**	**10801**
11	25	7367	3343	4024	7871	4935	2936
262	587	28976	12585	16391	21077	13212	7865
254	**610**	**211392**	**91660**	**119732**	**187662**	**116942**	**70720**
24	39	7550	3370	4180	10528	6105	4423
14	46	13731	6144	7587	16826	10241	6585
46	104	64658	27201	37457	70287	43408	26879
129	339	97597	43064	54533	62362	40280	22082
41	82	27856	11881	15975	27659	16908	10751
558	**1005**	**480147**	**227763**	**252384**	**428857**	**254728**	**174129**
82	119	74479	37651	36828	61240	36867	24373
62	140	70076	31717	38359	75751	44806	30945
68	108	50338	24085	26253	38736	23962	14774
88	129	75884	34556	41328	83669	51272	32397
156	338	91068	42409	48659	79424	46159	33265
74	93	72538	34165	38373	56297	31757	24540
28	78	45764	23180	22584	33740	19905	13835
234	**576**	**224749**	**91013**	**133736**	**245754**	**148081**	**97673**
121	316	111759	41475	70284	149541	88276	61265
39	102	30634	11790	18844	38544	22052	16492
37	114	52257	21768	30489	41941	26911	15030
37	44	30099	15980	14119	15728	10842	4886
466	**1067**	**176039**	**73830**	**102209**	**171164**	**100593**	**70571**
209	444	58699	24700	33999	85604	47611	37993
2	3	5790	2676	3114	4417	2783	1634
44	122	44117	18688	25429	21427	14643	6784
122	268	24561	10306	14255	18752	11053	7699
36	68	25500	10115	15385	19767	12242	7525
53	162	17372	7345	10027	21197	12261	8936
244	**556**	**313873**	**149849**	**164024**	**240372**	**149302**	**91070**
34	80	47292	24067	23225	48091	29096	18995
32	91	42753	17765	24988	41559	24456	17103
30	100	29753	13270	16483	28722	18245	10477
20	41	13579	6190	7389	12069	7369	4700
54	129	93179	41910	51269	43755	26872	16883
52	82	62454	34318	28136	49949	32792	17157
22	33	24863	12329	12534	16227	10472	5755

4-2c 各地区分性别、

地区	15岁及以上人口			未上过学			
	合计	男	女	小计	男	女	小计
酒泉市	**323558**	**169132**	**154426**	**29541**	**8515**	**21026**	**940**
肃州区	111551	57085	54466	10488	3122	7366	346
金塔县	53476	27797	25679	4995	1397	3598	225
瓜州县	63507	33504	30003	9162	2587	6575	207
肃北蒙古族自治县	4978	3865	1113	176	63	113	4
阿克塞哈萨克族自治县	713	557	156	10	8	2	
玉门市	40430	20916	19514	1991	584	1407	68
敦煌市	48903	25408	23495	2719	754	1965	90
庆阳市	**1013165**	**518066**	**495099**	**95327**	**25970**	**69357**	**1466**
西峰区	158760	79365	79395	6720	1588	5132	268
庆城县	114073	59924	54149	8910	2561	6349	147
环　县	159271	84894	74377	24032	6841	17191	303
华池县	56849	30469	26380	9195	2801	6394	53
合水县	65280	34018	31262	6586	1915	4671	93
正宁县	79446	40398	39048	11144	3048	8096	179
宁　县	177612	87797	89815	14914	3752	11162	195
镇原县	201874	101201	100673	13826	3464	10362	228
定西市	**1279723**	**660559**	**619164**	**168640**	**47732**	**120908**	**1823**
安定区	171881	91008	80873	22248	5436	16812	126
通渭县	204864	106071	98793	14962	3618	11344	398
陇西县	170770	87383	83387	22621	6108	16513	116
渭源县	166658	86319	80339	17809	5028	12781	333
临洮县	241418	125532	115886	14336	3554	10782	289
漳　县	86712	44388	42324	15526	4594	10932	93
岷　县	237420	119858	117562	61138	19394	41744	468
陇南市	**1228464**	**640548**	**587916**	**291688**	**96284**	**195404**	**1469**
武都区	247361	129511	117850	73843	25320	48523	312
成　县	94981	49449	45532	11353	3813	7540	148
文　县	111606	58797	52809	29188	8907	20281	79
宕昌县	148369	76965	71404	40803	15125	25678	111
康　县	91043	47359	43684	20511	6952	13559	99
西和县	192667	98730	93937	44711	12924	31787	239
礼　县	232562	121270	111292	57497	18325	39172	374
徽　县	91290	48239	43051	10829	3823	7006	96
两当县	18585	10228	8357	2953	1095	1858	11
临夏回族自治州	**937442**	**466899**	**470543**	**204651**	**67197**	**137454**	**1203**
临夏市	31218	15692	15526	3165	975	2190	43
临夏县	199873	100205	99668	31268	10055	21213	186
康乐县	138217	68400	69817	34990	10777	24213	124
永靖县	70477	36665	33812	3596	916	2680	40
广河县	111737	54468	57269	29312	9265	20047	194
和政县	103189	51305	51884	34872	11893	22979	158
东乡族自治县	149594	73070	76524	42633	15004	27629	254
积石山保安族东乡族撒拉族自治县	133137	67094	66043	24815	8312	16503	204
甘南藏族自治州	**307605**	**156893**	**150712**	**59420**	**19089**	**40331**	**288**
合作市	28152	15163	12989	5126	1841	3285	13
临潭县	62155	31658	30497	8552	2207	6345	7
卓尼县	47966	24407	23559	6518	1986	4532	39
舟曲县	67544	34416	33128	18409	5925	12484	52
迭部县	25383	13022	12361	5289	1727	3562	33
玛曲县	17281	8875	8406	2951	1099	1852	23
碌曲县	14727	7226	7501	2977	1066	1911	25
夏河县	44397	22126	22271	9598	3238	6360	96

受教育程度的15岁及以上人口（乡村）（续1）

单位：人

学前教育		小学			初中		
男	女	小计	男	女	小计	男	女
348	**592**	**108334**	**48941**	**59393**	**125876**	**74423**	**51453**
129	217	34156	14876	19280	44420	25368	19052
78	147	20187	8547	11640	21183	13084	8099
84	123	23449	11420	12029	19049	11993	7056
2	2	794	503	291	2039	1695	344
		206	145	61	219	174	45
19	49	18702	8570	10132	14940	8658	6282
36	54	10840	4880	5960	24026	13451	10575
499	**967**	**378293**	**170569**	**207724**	**366274**	**216302**	**149972**
62	206	42836	17995	24841	61775	34671	27104
57	90	46665	21629	25036	42072	25175	16897
102	201	70482	35696	34786	40763	27211	13552
26	27	23029	11472	11557	14850	9800	5050
35	58	26810	12327	14483	23567	14179	9388
69	110	26105	11445	14660	30680	18255	12425
70	125	64409	26788	37621	74821	42412	32409
78	150	77957	33217	44740	77746	44599	33147
605	**1218**	**541196**	**255003**	**286193**	**380058**	**241282**	**138776**
54	72	67997	32964	35033	53323	34883	18440
94	304	87511	36322	51189	57767	38281	19486
38	78	76224	35591	40633	47501	30574	16927
103	230	70651	32759	37892	53704	33499	20205
92	197	105984	47609	58375	87266	53429	33837
43	50	36878	18530	18348	24980	15649	9331
181	287	95951	51228	44723	55517	34967	20550
600	**869**	**432992**	**238320**	**194672**	**342905**	**211891**	**131014**
143	169	82243	48775	33468	61064	38629	22435
57	91	33195	16427	16768	37962	21887	16075
36	43	35329	20293	15036	30269	19612	10657
51	60	62708	34936	27772	30259	18827	11432
34	65	37798	20641	17157	21413	13095	8318
81	158	58767	31294	27473	61703	38059	23644
164	210	82592	45411	37181	61510	38807	22703
29	67	32850	16449	16401	33270	19519	13751
5	6	7510	4094	3416	5455	3456	1999
466	**737**	**447337**	**222389**	**224948**	**202922**	**126297**	**76625**
16	27	14247	6651	7596	9470	5639	3831
82	104	102742	49714	53028	46867	28950	17917
47	77	54669	27900	26769	34764	21281	13483
15	25	38991	18405	20586	17860	11296	6564
67	127	53406	26467	26939	20939	13154	7785
55	103	39258	21012	18246	21473	13688	7785
92	162	74040	37636	36404	25749	15981	9768
92	112	69984	34604	35380	25800	16308	9492
118	**170**	**166291**	**86181**	**80110**	**42263**	**28826**	**13437**
5	8	15766	8761	7005	4144	2813	1331
3	4	37137	18606	18531	9665	6691	2974
17	22	30641	15526	15115	5705	3995	1710
19	33	26361	13966	12395	11248	7841	3407
17	16	12266	6326	5940	2789	1966	823
7	16	10147	5266	4881	2720	1711	1009
9	16	8513	4243	4270	1365	886	479
41	55	25460	13487	11973	4627	2923	1704

4-2c 各地区分性别、

地区	高中			大学专科			
	小计	男	女	小计	男	女	小计
合计	**861665**	**558904**	**302761**	**404140**	**231790**	**172350**	**209553**
兰州市	**82259**	**52019**	**30240**	**35768**	**20890**	**14878**	**17365**
城关区	2034	1193	841	1127	606	521	665
七里河区	10297	5951	4346	4156	2148	2008	2154
西固区	4750	2803	1947	1486	819	667	564
安宁区							
红古区	4407	2782	1625	1635	964	671	646
永登县	11792	8151	3641	3641	2120	1521	2082
皋兰县	4866	3332	1534	5129	3065	2064	817
榆中县	25955	15531	10424	8257	4698	3559	4881
兰州新区	18158	12276	5882	10337	6470	3867	5556
嘉峪关市	**1649**	**1097**	**552**	**912**	**578**	**334**	**373**
市辖区	1649	1097	552	912	578	334	373
金昌市	**8269**	**5925**	**2344**	**4322**	**2736**	**1586**	**2424**
金川区	1845	1353	492	882	561	321	453
永昌县	6424	4572	1852	3440	2175	1265	1971
白银市	**55401**	**37068**	**18333**	**31818**	**18668**	**13150**	**16980**
白银区	5092	3412	1680	1907	1137	770	903
平川区	4944	3297	1647	2318	1406	912	1266
靖远县	17721	11800	5921	10469	6311	4158	5222
会宁县	18906	12563	6343	13498	7725	5773	7263
景泰县	8738	5996	2742	3626	2089	1537	2326
天水市	**115168**	**71223**	**43945**	**50094**	**28272**	**21822**	**23435**
秦州区	14767	8949	5818	5026	2881	2145	2321
麦积区	17831	11341	6490	7127	4013	3114	3027
清水县	10583	6655	3928	3610	2039	1571	1810
秦安县	22631	14692	7939	10985	6130	4855	5033
甘谷县	25205	15096	10109	12649	7220	5429	6113
武山县	15193	9077	6116	7273	4024	3249	3060
张家川回族自治县	8958	5413	3545	3424	1965	1459	2071
武威市	**67642**	**47338**	**20304**	**26983**	**16175**	**10808**	**12937**
凉州区	35146	24470	10676	10887	6683	4204	5110
民勤县	12120	9237	2883	6055	3848	2207	2539
古浪县	15326	10091	5235	7242	4077	3165	3521
天祝藏族自治县	5050	3540	1510	2799	1567	1232	1767
张掖市	**48578**	**32199**	**16379**	**23598**	**13973**	**9625**	**14914**
甘州区	26660	16860	9800	11668	6764	4904	6642
肃南裕固族自治县	1645	1120	525	1032	649	383	806
民乐县	5084	3726	1358	3435	2112	1323	2653
临泽县	4293	3231	1062	1924	1187	737	1108
高台县	4121	2833	1288	1658	991	667	1224
山丹县	6775	4429	2346	3881	2270	1611	2481
平凉市	**78346**	**52061**	**26285**	**39647**	**22578**	**17069**	**21587**
崆峒区	11344	7179	4165	3942	2156	1786	2088
泾川县	10362	7191	3171	4243	2482	1761	2619
灵台县	9011	6504	2507	3606	2215	1391	2110
崇信县	5143	3711	1432	2572	1698	874	1103
庄浪县	17944	11218	6726	10305	5605	4700	4176
静宁县	20464	13422	7042	12685	7127	5558	8350
华亭市	4078	2836	1242	2294	1295	999	1141

受教育程度的15岁及以上人口（乡村）（续2）

单位：人

大学本科		硕士研究生			博士研究生		
男	女	小计	男	女	小计	男	女
115194	**94359**	**8870**	**4689**	**4181**	**951**	**582**	**369**
9443	**7922**	**856**	**384**	**472**	**85**	**43**	**42**
365	300	51	26	25	4	1	3
1128	1026	84	33	51	6	3	3
288	276	30	15	15	2		2
355	291	19	7	12			
1106	976	118	50	68	13	3	10
458	359	39	16	23	3	2	1
2457	2424	253	114	139	26	10	16
3286	2270	262	123	139	31	24	7
224	**149**	**21**	**9**	**12**	**1**		**1**
224	149	21	9	12	1		1
1486	**938**	**150**	**99**	**51**	**15**	**7**	**8**
255	198	22	14	8	1		1
1231	740	128	85	43	14	7	7
9055	**7925**	**931**	**426**	**505**	**109**	**52**	**57**
513	390	31	14	17	9	2	7
618	648	64	26	38	8	4	4
2656	2566	277	117	160	29	10	19
4021	3242	420	213	207	45	28	17
1247	1079	139	56	83	18	8	10
13054	**10381**	**1170**	**639**	**531**	**118**	**78**	**40**
1317	1004	100	53	47	9	3	6
1673	1354	171	91	80	18	13	5
961	849	90	49	41	5	2	3
2706	2327	322	164	158	29	19	10
3493	2620	295	171	124	42	26	16
1776	1284	131	83	48	13	13	
1128	943	61	28	33	2	2	
7608	**5329**	**748**	**418**	**330**	**90**	**60**	**30**
3267	1843	293	186	107	32	26	6
1444	1095	196	97	99	29	16	13
1943	1578	196	106	90	23	13	10
954	813	63	29	34	6	5	1
8353	**6561**	**578**	**320**	**258**	**80**	**52**	**28**
3686	2956	253	135	118	30	21	9
412	394	18	11	7			
1585	1068	97	59	38	14	7	7
589	519	42	26	16	6	4	2
683	541	64	28	36	13	8	5
1398	1083	104	61	43	17	12	5
11751	**9836**	**922**	**498**	**424**	**76**	**50**	**26**
1095	993	87	47	40	12	9	3
1423	1196	116	61	55	10	7	3
1249	861	108	68	40	10	8	2
729	374	28	23	5	5	4	1
2218	1958	170	94	76	11	5	6
4414	3936	379	193	186	25	14	11
623	518	34	12	22	3	3	

4-2c 各地区分性别、

地区	高中			大学专科			
	小计	男	女	小计	男	女	小计
酒泉市	**35251**	**23009**	**12242**	**15359**	**9220**	**6139**	**7960**
肃州区	13488	8736	4752	5885	3387	2498	2652
金塔县	3916	2857	1059	1970	1242	728	963
瓜州县	6104	4008	2096	3341	2105	1236	2160
肃北蒙古族自治县	1185	960	225	529	435	94	246
阿克塞哈萨克族自治县	101	86	15	125	97	28	52
玉门市	2940	2059	881	1151	688	463	617
敦煌市	7517	4303	3214	2358	1266	1092	1270
庆阳市	**96788**	**63395**	**33393**	**41165**	**23470**	**17695**	**32565**
西峰区	21114	12730	8384	10318	5042	5276	15306
庆城县	10223	6949	3274	3739	2256	1483	2224
环　县	12150	8149	4001	6920	4149	2771	4419
华池县	5224	3652	1572	2558	1572	986	1876
合水县	5215	3696	1519	1963	1240	723	1001
正宁县	7247	5113	2134	2883	1744	1139	1134
宁　县	15414	10085	5329	5036	3017	2019	2653
镇原县	20201	13021	7180	7748	4450	3298	3952
定西市	**107625**	**70898**	**36727**	**51187**	**28957**	**22230**	**27885**
安定区	16007	10744	5263	7560	4379	3181	4415
通渭县	23552	15840	7712	13762	8010	5752	6537
陇西县	13138	8734	4404	6457	3648	2809	4450
渭源县	14414	9429	4985	6062	3487	2575	3557
临洮县	21557	14285	7272	6948	3903	3045	4852
漳　县	5280	3360	1920	2733	1547	1186	1183
岷　县	13677	8506	5171	7665	3983	3682	2891
陇南市	**97456**	**59411**	**38045**	**45822**	**25478**	**20344**	**15625**
武都区	18774	10762	8012	7548	4056	3492	3459
成　县	8026	4965	3061	3179	1728	1451	1090
文　县	9392	5951	3441	5501	3064	2437	1797
宕昌县	8447	4947	3500	4573	2327	2246	1430
康　县	6689	4292	2397	3333	1733	1600	1165
西和县	16183	9979	6204	8473	4922	3551	2501
礼　县	19158	11753	7405	8872	5294	3578	2484
徽　县	9330	5838	3492	3517	1877	1640	1338
两当县	1457	924	533	826	477	349	361
临夏回族自治州	**52451**	**34126**	**18325**	**19366**	**10867**	**8499**	**9281**
临夏市	2687	1634	1053	975	440	535	609
临夏县	12621	8008	4613	4315	2359	1956	1824
康乐县	9355	5877	3478	2926	1717	1209	1351
永靖县	6105	3919	2186	2696	1478	1218	1150
广河县	5126	3620	1506	1429	1000	429	1308
和政县	4828	3191	1637	1818	1003	815	767
东乡族自治县	4205	2805	1400	1843	1040	803	853
积石山保安族东乡族撒拉族自治县	7524	5072	2452	3364	1830	1534	1419
甘南藏族自治州	**14782**	**9135**	**5647**	**18099**	**9928**	**8171**	**6222**
合作市	1370	838	532	1015	542	473	689
临潭县	3019	2013	1006	3039	1686	1353	722
卓尼县	1755	1081	674	2467	1344	1123	814
舟曲县	3749	2395	1354	5984	3275	2709	1702
迭部县	1584	1011	573	2700	1560	1140	688
玛曲县	642	379	263	617	315	302	167
碌曲县	640	360	280	687	371	316	502
夏河县	2023	1058	965	1590	835	755	938

受教育程度的15岁及以上人口（乡村）（续3）

单位：人

大学本科		硕士研究生			博士研究生		
男	女	小计	男	女	小计	男	女
4516	**3444**	**252**	**131**	**121**	**45**	**29**	**16**
1410	1242	103	49	54	13	8	5
570	393	26	14	12	11	8	3
1287	873	31	18	13	4	2	2
204	42	4	3	1	1		1
47	5						
326	291	20	11	9	1	1	
672	598	68	36	32	15	10	5
17127	**15438**	**1157**	**652**	**505**	**130**	**82**	**48**
7026	8280	391	232	159	32	19	13
1243	981	85	50	35	8	4	4
2641	1778	178	91	87	24	14	10
1111	765	58	31	27	6	4	2
602	399	40	19	21	5	5	
679	455	68	41	27	6	4	2
1571	1082	140	81	59	30	21	9
2254	1698	197	107	90	19	11	8
15369	**12516**	**1204**	**639**	**565**	**105**	**74**	**31**
2439	1976	190	99	91	15	10	5
3704	2833	350	181	169	25	21	4
2537	1913	241	139	102	22	14	8
1943	1614	113	62	51	15	9	6
2567	2285	170	83	87	16	10	6
641	542	34	20	14	5	4	1
1538	1353	106	55	51	7	6	1
8296	**7329**	**452**	**237**	**215**	**55**	**31**	**24**
1753	1706	104	64	40	14	9	5
559	531	25	11	14	3	2	1
910	887	48	22	26	3	2	1
736	694	34	14	20	4	2	2
594	571	33	16	17	2	2	
1427	1074	79	38	41	11	6	5
1466	1018	65	42	23	10	8	2
679	659	52	25	27	8		8
172	189	12	5	7			
5426	**3855**	**205**	**114**	**91**	**26**	**17**	**9**
325	284	20	11	9	2	1	1
1007	817	47	28	19	3	2	1
781	570	33	17	16	5	3	2
622	528	35	13	22	4	1	3
880	428	18	10	8	5	5	
453	314	12	8	4	3	2	1
501	352	16	10	6	1	1	
857	562	24	17	7	3	2	1
3486	**2736**	**224**	**123**	**101**	**16**	**7**	**9**
347	342	28	16	12	1		1
445	277	13	6	7	1	1	
443	371	23	13	10	4	2	2
977	725	36	17	19	3	1	2
395	293	31	18	13	3	2	1
94	73	13	4	9	1		1
281	221	18	10	8			
504	434	62	39	23	3	1	2

4-3 各地区分性别、

地区	16-59周岁人口			未上过学			
	合计	男	女	小计	男	女	小计
合计	**15634047**	**7923614**	**7710433**	**672710**	**182725**	**489985**	**10053**
兰州市	**2982595**	**1547537**	**1435058**	**27390**	**8268**	**19122**	**1225**
城关区	1032815	527755	505060	5921	1854	4067	366
七里河区	485398	256220	229178	6125	2006	4119	209
西固区	266693	138235	128458	1476	524	952	91
安宁区	320773	160262	160511	1434	436	998	118
红古区	92763	48360	44403	1752	535	1217	43
永登县	169475	87817	81658	4028	904	3124	138
皋兰县	79838	45010	34828	707	284	423	34
榆中县	318930	162861	156069	3541	1027	2514	142
兰州新区	215910	121017	94893	2406	698	1708	84
嘉峪关市	**212377**	**111922**	**100455**	**424**	**131**	**293**	**52**
市辖区	212377	111922	100455	424	131	293	52
金昌市	**291682**	**150809**	**140873**	**3622**	**928**	**2694**	**338**
金川区	176435	91703	84732	1820	583	1237	79
永昌县	115247	59106	56141	1802	345	1457	259
白银市	**923171**	**471938**	**451233**	**12760**	**3213**	**9547**	**431**
白银区	218348	112990	105358	1119	526	593	73
平川区	126394	64745	61649	1743	387	1356	53
靖远县	222914	115401	107513	3731	824	2907	82
会宁县	234118	116911	117207	4911	1106	3805	180
景泰县	121397	61891	59506	1256	370	886	43
天水市	**1819748**	**905617**	**914131**	**77384**	**18125**	**59259**	**1248**
秦州区	421827	211368	210459	11098	2774	8324	240
麦积区	349356	178862	170494	6099	1675	4424	198
清水县	140226	69821	70405	9504	2246	7258	135
秦安县	254964	127669	127295	9355	1689	7666	148
甘谷县	302747	147037	155710	15946	3399	12547	296
武山县	215070	105049	110021	10321	2700	7621	162
张家川回族自治县	135558	65811	69747	15061	3642	11419	69
武威市	**916330**	**457448**	**458882**	**24197**	**4534**	**19663**	**424**
凉州区	555366	275965	279401	9163	1880	7283	204
民勤县	115469	58688	56781	1878	467	1411	47
古浪县	148910	73292	75618	6772	967	5805	106
天祝藏族自治县	96585	49503	47082	6384	1220	5164	67
张掖市	**725718**	**359598**	**366120**	**10324**	**2322**	**8002**	**678**
甘州区	344724	170244	174480	3773	989	2784	275
肃南裕固族自治县	19371	10360	9011	361	110	251	2
民乐县	115840	57325	58515	3370	588	2782	81
临泽县	73468	36305	37163	1001	208	793	207
高台县	80660	39718	40942	372	142	230	31
山丹县	91655	45646	46009	1447	285	1162	82
平凉市	**1112527**	**549113**	**563414**	**57745**	**12092**	**45653**	**593**
崆峒区	317812	157017	160795	11876	3151	8725	181
泾川县	125539	60682	64857	2288	583	1705	60
灵台县	90848	45026	45822	4068	878	3190	65
崇信县	51318	26763	24555	1492	403	1089	36
庄浪县	197184	95175	102009	8804	1681	7123	93
静宁县	216108	106535	109573	24045	4006	20039	95
华亭市	113718	57915	55803	5172	1390	3782	63

受教育程度的 16–59 岁人口

单位：人

学前教育		小学			初中		
男	女	小计	男	女	小计	男	女
3646	**6407**	**3486068**	**1512835**	**1973233**	**5295601**	**2913830**	**2381771**
573	**652**	**258667**	**118162**	**140505**	**873628**	**485758**	**387870**
163	203	57170	27963	29207	255015	139913	115102
124	85	44398	21590	22808	134725	74015	60710
47	44	16373	7301	9072	85495	44909	40586
58	60	11757	5492	6265	51814	27778	24036
18	25	11974	5322	6652	38437	20501	17936
56	82	36008	13947	22061	77916	44317	33599
11	23	10692	5248	5444	36193	21187	15006
59	83	45140	19054	26086	125495	70907	54588
37	47	25155	12245	12910	68538	42231	26307
19	**33**	**12233**	**4391**	**7842**	**61233**	**29631**	**31602**
19	33	12233	4391	7842	61233	29631	31602
122	**216**	**41692**	**15492**	**26200**	**101192**	**53470**	**47722**
32	47	15218	6322	8896	56343	28870	27473
90	169	26474	9170	17304	44849	24600	20249
153	**278**	**159796**	**59897**	**99899**	**342346**	**186500**	**155846**
38	35	11010	4806	6204	66877	33281	33596
16	37	16290	6083	10207	49607	26503	23104
29	53	46508	17055	29453	96415	54942	41473
52	128	66282	24773	41509	79956	45511	34445
18	25	19706	7180	12526	49491	26263	23228
455	**793**	**458426**	**194949**	**263477**	**689806**	**374101**	**315705**
96	144	90143	41315	48828	142979	76170	66809
81	117	67257	28077	39180	148171	79337	68834
59	76	44889	19367	25522	47927	27614	20313
57	91	58759	22045	36714	111012	62163	48849
76	220	86019	35290	50729	116087	62002	54085
64	98	64572	27441	37131	82402	43689	38713
22	47	46787	21414	25373	41228	23126	18102
141	**283**	**175857**	**57200**	**118657**	**362115**	**194237**	**167878**
64	140	84294	23652	60642	235794	123418	112376
15	32	17154	4801	12353	46875	23785	23090
33	73	41677	13933	27744	52309	30633	21676
29	38	32732	14814	17918	27137	16401	10736
185	**493**	**145924**	**50690**	**95234**	**281840**	**148606**	**133234**
76	199	45598	16180	29418	132365	67222	65143
1	1	5571	2452	3119	5924	3430	2494
19	62	41473	14672	26801	38011	22418	15593
62	145	18488	6284	12204	28826	15194	13632
8	23	19633	6135	13498	34774	18595	16179
19	63	15161	4967	10194	41940	21747	20193
182	**411**	**272884**	**112790**	**160094**	**382132**	**207325**	**174807**
71	110	50624	22707	27917	119792	62346	57446
17	43	28915	10125	18790	54755	27647	27108
21	44	21938	7990	13948	35403	19049	16354
13	23	11927	4716	7211	17611	9581	8030
20	73	74036	29337	44699	53627	30524	23103
21	74	57129	25834	31295	64187	37895	26292
19	44	28315	12081	16234	36757	20283	16474

4-3 各地区分性别、

地区	16-59周岁人口			未上过学			
	合计	男	女	小计	男	女	小计
酒泉市	**708078**	**367721**	**340357**	**12628**	**3453**	**9175**	**752**
肃州区	306151	153873	152278	3555	1138	2417	448
金塔县	81395	45243	36152	1449	309	1140	69
瓜州县	85505	44580	40925	5348	1380	3968	127
肃北蒙古族自治县	11594	7386	4208	149	48	101	3
阿克塞哈萨克族自治县	7621	4281	3340	60	26	34	0
玉门市	92588	50106	42482	1499	374	1125	46
敦煌市	123224	62252	60972	568	178	390	59
庆阳市	**1286678**	**649627**	**637051**	**32316**	**8961**	**23355**	**792**
西峰区	330347	163732	166615	2073	734	1339	154
庆城县	145241	76087	69154	2841	894	1947	90
环　县	185194	97190	88004	9837	2658	7179	185
华池县	72102	37542	34560	4267	1217	3050	43
合水县	78890	40412	38478	2169	636	1533	50
正宁县	95528	47615	47913	3840	882	2958	87
宁　县	179422	88435	90987	3957	1108	2849	108
镇原县	199954	98614	101340	3332	832	2500	75
定西市	**1542501**	**779756**	**762745**	**79904**	**21966**	**57938**	**1136**
安定区	261297	131377	129920	7453	1547	5906	97
通渭县	202418	104437	97981	4140	758	3382	112
陇西县	254969	126997	127972	8487	1894	6593	92
渭源县	173150	88817	84333	7332	2047	5285	149
临洮县	289984	146144	143840	4955	1280	3675	224
漳　县	100727	50461	50266	7303	1922	5381	84
岷　县	259956	131523	128433	40234	12518	27716	378
陇南市	**1467297**	**747744**	**719553**	**151624**	**45161**	**106463**	**1150**
武都区	334080	168235	165845	42079	12061	30018	305
成　县	149103	73902	75201	4619	1703	2916	121
文　县	121708	62517	59191	14283	3770	10513	62
宕昌县	158496	82731	75765	25125	9550	15575	97
康　县	98766	50296	48470	9336	2997	6339	55
西和县	208844	105646	103198	21604	4698	16906	170
礼　县	255908	133102	122806	30143	8739	21404	274
徽　县	115651	58374	57277	3420	1280	2140	58
两当县	24741	12941	11800	1015	363	652	8
临夏回族自治州	**1203495**	**596869**	**606626**	**137870**	**39174**	**98696**	**942**
临夏市	224624	111252	113372	5494	1661	3833	98
临夏县	180764	90566	90198	16100	4493	11607	104
康乐县	142723	70507	72216	21204	5473	15731	85
永靖县	111639	56266	55373	1554	375	1179	19
广河县	141170	68668	72502	22177	5522	16655	147
和政县	115218	56952	58266	23868	7251	16617	141
东乡族自治县	152394	74844	77550	31718	9811	21907	226
积石山保安族东乡族撒拉族自治县	134963	67814	67149	15755	4588	11167	122
甘南藏族自治州	**441850**	**227915**	**213935**	**44522**	**14397**	**30125**	**292**
合作市	79100	40142	38958	4532	1547	2985	31
临潭县	76961	39025	37936	5541	1332	4209	9
卓尼县	59462	31066	28396	4028	1214	2814	19
舟曲县	78011	39862	38149	11434	3380	8054	40
迭部县	33892	17741	16151	3322	1016	2306	56
玛曲县	36188	19254	16934	6168	2512	3656	33
碌曲县	23372	12078	11294	3095	1125	1970	21
夏河县	54864	28747	26117	6402	2271	4131	83

受教育程度的 16–59 岁人口（续 1）

单位：人

学前教育		小学			初中		
男	女	小计	男	女	小计	男	女
192	**560**	**105001**	**43341**	**61660**	**268821**	**144851**	**123970**
79	369	32226	11723	20503	106142	54200	51942
16	53	18322	7924	10398	36681	21359	15322
48	79	21811	9507	12304	29016	16769	12247
1	2	1455	762	693	3604	2553	1051
0	0	1004	492	512	1906	1119	787
17	29	21257	9303	11954	38326	21875	16451
31	28	8926	3630	5296	53146	26976	26170
313	**479**	**291396**	**120008**	**171388**	**524578**	**278613**	**245965**
65	89	35825	14561	21264	124657	62165	62492
37	53	40294	17680	22614	62082	34202	27880
64	121	62801	28542	34259	59039	35319	23720
20	23	21938	9709	12229	22589	13168	9421
17	33	21429	9004	12425	32874	17815	15059
38	49	20666	7841	12825	43637	23005	20632
45	63	39660	14725	24935	90041	46280	43761
27	48	48783	17946	30837	89659	46659	43000
419	**717**	**454360**	**194844**	**259516**	**539830**	**308750**	**231080**
43	54	56349	22919	33430	89650	50550	39100
33	79	59403	20726	38677	69902	42539	27363
31	61	69048	27865	41183	93932	51816	42116
56	93	55656	23873	31783	65579	37964	27615
83	141	83184	34949	48235	117144	64870	52274
41	43	34945	16040	18905	33722	19181	14541
132	246	95775	48472	47303	69901	41830	28071
429	**721**	**425932**	**212938**	**212994**	**500180**	**282723**	**217457**
123	182	91932	48054	43878	109438	61112	48326
45	76	30682	14021	16661	64578	34211	30367
25	37	32269	16369	15900	41415	24068	17347
44	53	63369	33776	29593	39033	23221	15812
18	37	35464	17508	17956	28237	15992	12245
43	127	57101	26967	30134	78496	45211	33285
109	165	81922	41185	40737	82358	48774	33584
20	38	26706	11892	14814	48083	25375	22708
2	6	6487	3166	3321	8542	4759	3783
340	**602**	**496487**	**233126**	**263361**	**300950**	**176597**	**124353**
33	65	59040	25351	33689	61990	33364	28626
47	57	90455	42126	48329	50425	30229	20196
34	51	52221	24723	27498	40281	23573	16708
8	11	37270	16444	20826	32571	18248	14323
44	103	69499	32333	37166	28978	18032	10946
50	91	43088	21602	21486	27577	16639	10938
76	150	80203	40045	40158	29599	18395	11204
48	74	64711	30502	34209	29529	18117	11412
123	**169**	**187413**	**95007**	**92406**	**66950**	**42668**	**24282**
10	21	21913	11507	10406	11401	6711	4690
3	6	39224	18558	20666	13662	8821	4841
2	17	30713	15520	15193	7728	5110	2618
10	30	27284	13450	13834	14524	9434	5090
37	19	13183	6700	6483	4355	2804	1551
12	21	15201	8148	7053	5284	3386	1898
10	11	10156	5169	4987	2663	1855	808
39	44	29739	15955	13784	7333	4547	2786

4-3 各地区分性别、

地区	高中			大学专科			
	小计	男	女	小计	男	女	小计
合计	**2685601**	**1486443**	**1199158**	**1828074**	**963831**	**864243**	**1537548**
兰州市	**645309**	**340099**	**305210**	**512680**	**261233**	**251447**	**581331**
城关区	246974	127342	119632	205030	102229	102801	221218
七里河区	110173	56932	53241	84544	43287	41257	93745
西固区	70783	36574	34209	52363	28571	23792	37245
安宁区	62505	30489	32016	56148	29175	26973	113285
红古区	20286	11321	8965	13061	6888	6173	6944
永登县	30105	17472	12633	11861	6349	5512	9096
皋兰县	14912	8911	6001	11261	6326	4935	5817
榆中县	50747	27311	23436	25758	13199	12559	67065
兰州新区	38824	23747	15077	52654	25209	27445	26916
嘉峪关市	**54738**	**28818**	**25920**	**51632**	**30813**	**20819**	**30679**
市辖区	54738	28818	25920	51632	30813	20819	30679
金昌市	**62673**	**35318**	**27355**	**45715**	**25158**	**20557**	**34400**
金川区	43049	23272	19777	32620	17558	15062	25575
永昌县	19624	12046	7578	13095	7600	5495	8825
白银市	**192218**	**108432**	**83786**	**123445**	**65678**	**57767**	**88849**
白银区	62309	33821	28488	43849	22898	20951	31767
平川区	28837	16144	12693	17880	9474	8406	11661
靖远县	37065	21613	15452	22529	12528	10001	16049
会宁县	39003	22133	16870	25259	13424	11835	17825
景泰县	25004	14721	10283	13928	7354	6574	11547
天水市	**293527**	**159998**	**133529**	**168617**	**90331**	**78286**	**125400**
秦州区	76637	40238	36399	49268	25991	23277	48738
麦积区	64756	35659	29097	40444	22041	18403	21668
清水县	21005	11465	9540	9033	4907	4126	7531
秦安县	40570	23090	17480	19635	10451	9184	14845
甘谷县	45393	24991	20402	24080	13086	10994	14405
武山县	29152	15781	13371	17457	9189	8268	10675
张家川回族自治县	16014	8774	7240	8700	4666	4034	7538
武威市	**174364**	**103018**	**71346**	**106960**	**57983**	**48977**	**69521**
凉州区	112117	64902	47215	69103	36822	32281	42767
民勤县	24776	15627	9149	14924	8677	6247	9434
古浪县	24572	14802	9770	13744	7484	6260	9396
天祝藏族自治县	12899	7687	5212	9189	5000	4189	7924
张掖市	**127750**	**72336**	**55414**	**81265**	**44617**	**36648**	**75051**
甘州区	70826	38121	32705	44645	23663	20982	45197
肃南裕固族自治县	2811	1709	1102	2307	1387	920	2324
民乐县	14827	9110	5717	10182	5918	4264	7673
临泽县	12196	7397	4799	6807	3976	2831	5816
高台县	11313	6707	4606	7417	4268	3149	6935
山丹县	15777	9292	6485	9907	5405	4502	7106
平凉市	**184735**	**104047**	**80688**	**119371**	**62685**	**56686**	**91950**
崆峒区	62448	32895	29553	41311	20236	21075	30321
泾川县	19763	11694	8069	10427	5668	4759	9090
灵台县	14263	8526	5737	7895	4464	3431	7019
崇信县	9337	5819	3518	6104	3549	2555	4708
庄浪县	27913	15891	12022	18379	9834	8545	13981
静宁县	32523	18640	13883	20679	11030	9649	16752
华亭市	18488	10582	7906	14576	7904	6672	10079

受教育程度的 16–59 岁人口（续 2）

单位：人

大学本科		硕士研究生			博士研究生		
男	女	小计	男	女	小计	男	女
801139	**736409**	**104768**	**50729**	**54039**	**13624**	**8436**	**5188**
293090	**288241**	**71648**	**33650**	**37998**	**10717**	**6704**	**4013**
107948	113270	34958	16437	18521	6163	3906	2257
51929	41816	10237	5523	4714	1242	814	428
18947	18298	2626	1229	1397	241	133	108
55998	57287	20832	9095	11737	2880	1741	1139
3669	3275	253	102	151	13	4	9
4622	4474	295	138	157	28	12	16
2941	2876	205	89	116	17	13	4
30855	36210	965	410	555	77	39	38
16181	10735	1277	627	650	56	42	14
17296	**13383**	**1285**	**764**	**521**	**101**	**59**	**42**
17296	13383	1285	764	521	101	59	42
19149	**15251**	**1924**	**1093**	**831**	**126**	**79**	**47**
14066	11509	1642	941	701	89	59	30
5083	3742	282	152	130	37	20	17
46484	**42365**	**3003**	**1417**	**1586**	**323**	**164**	**159**
16961	14806	1211	597	614	133	62	71
5985	5676	290	136	154	33	17	16
8191	7858	490	199	291	45	20	25
9551	8274	634	318	316	68	43	25
5796	5751	378	167	211	44	22	22
65121	**60279**	**4901**	**2271**	**2630**	**439**	**266**	**173**
23597	25141	2483	1043	1440	241	144	97
11622	10046	710	343	367	53	27	26
4060	3471	196	100	96	6	3	3
7861	6984	592	283	309	48	30	18
7907	6498	458	248	210	63	38	25
5991	4684	306	174	132	23	20	3
4083	3455	156	80	76	5	4	1
38786	**30735**	**2631**	**1382**	**1249**	**261**	**167**	**94**
24170	18597	1774	952	822	150	105	45
5124	4310	334	165	169	47	27	20
5264	4132	298	156	142	36	20	16
4228	3696	225	109	116	28	15	13
39382	**35669**	**2555**	**1269**	**1286**	**331**	**191**	**140**
22968	22229	1801	884	917	244	141	103
1237	1087	69	33	36	2	1	1
4482	3191	199	108	91	24	10	14
3106	2710	115	71	44	12	7	5
3779	3156	161	69	92	24	15	9
3810	3296	210	104	106	25	17	8
48359	**43591**	**2887**	**1489**	**1398**	**230**	**144**	**86**
15006	15315	1147	538	609	112	67	45
4818	4272	225	120	105	16	10	6
3974	3045	184	114	70	13	10	3
2611	2097	93	63	30	10	8	2
7697	6284	331	179	152	20	12	8
8760	7992	651	322	329	47	27	20
5493	4586	256	153	103	12	10	2

4-3 各地区分性别、

地区	高中			大学专科			
	小计	男	女	小计	男	女	小计
酒泉市	**141733**	**79380**	**62353**	**105049**	**56881**	**48168**	**71521**
肃州区	71900	38678	33222	55195	28618	26577	35158
金塔县	10806	6918	3888	9160	5827	3333	4803
瓜州县	13480	8038	5442	9079	5245	3834	6533
肃北蒙古族自治县	2220	1569	651	2101	1348	753	2021
阿克塞哈萨克族自治县	1108	682	426	1741	1060	681	1768
玉门市	15198	9350	5848	9406	5386	4020	6714
敦煌市	27021	14145	12876	18367	9397	8970	14524
庆阳市	**218636**	**124669**	**93967**	**117810**	**63398**	**54412**	**97671**
西峰区	76655	40622	36033	45200	22614	22586	43926
庆城县	21577	13081	8496	10315	5778	4537	7825
环　县	26351	15575	10776	14684	8237	6447	11966
华池县	10796	6499	4297	6596	3761	2835	5732
合水县	11541	6832	4709	6451	3688	2763	4257
正宁县	13685	8249	5436	8201	4563	3638	5252
宁　县	25678	14928	10750	11767	6717	5050	7929
镇原县	32353	18883	13470	14596	8040	6556	10784
定西市	**222523**	**126207**	**96316**	**133847**	**68998**	**64849**	**107395**
安定区	44070	24934	19136	35184	16434	18750	27313
通渭县	33071	20351	12720	20819	11688	9131	14407
陇西县	38926	21757	17169	22950	12072	10878	20869
渭源县	21699	12619	9080	12216	6659	5557	10279
临洮县	46573	25851	20722	19571	10012	9559	17846
漳　县	12285	6663	5622	6878	3700	3178	5421
岷　县	25899	14032	11867	16229	8433	7796	11260
陇南市	**192203**	**104361**	**87842**	**128995**	**66746**	**62249**	**65232**
武都区	44238	23168	21070	27302	13879	13423	18171
成　县	21904	11383	10521	18348	8065	10283	8402
文　县	15749	8822	6927	11884	6325	5559	5926
宕昌县	15038	8068	6970	11043	5622	5421	4692
康　县	12802	7019	5783	8261	4356	3905	4499
西和县	26029	14738	11291	17527	9601	7926	7717
礼　县	33464	18654	14810	20573	11502	9071	7032
徽　县	19197	10449	8748	11154	5778	5376	6839
两当县	3782	2060	1722	2903	1618	1285	1954
临夏回族自治州	**131302**	**75656**	**55646**	**78596**	**40602**	**37994**	**55746**
临夏市	42637	22976	19661	30737	14811	15926	23743
临夏县	15427	9213	6214	5600	3003	2597	2587
康乐县	14214	8260	5954	9050	5070	3980	5572
永靖县	18931	10375	8556	11747	5920	5827	9236
广河县	10640	6893	3747	5072	2983	2089	4582
和政县	10021	5843	4178	6235	3278	2957	4223
东乡族自治县	6338	4039	2299	2785	1560	1225	1499
积石山保安族东乡族撒拉族自治县	13094	8057	5037	7370	3977	3393	4304
甘南藏族自治州	**43890**	**24104**	**19786**	**54092**	**28708**	**25384**	**42802**
合作市	10736	5575	5161	9382	4780	4602	19904
临潭县	6557	3855	2702	7534	4006	3528	4345
卓尼县	5120	2817	2303	7635	4106	3529	4127
舟曲县	8388	4730	3658	11519	6149	5370	4709
迭部县	3840	2204	1636	6158	3375	2783	2895
玛曲县	3152	1676	1476	4149	2298	1851	2115
碌曲县	2259	1197	1062	2655	1389	1266	2420
夏河县	3838	2050	1788	5060	2605	2455	2287

受教育程度的16–59岁人口（续3）

单位：人

大学本科		硕士研究生			博士研究生		
男	女	小计	男	女	小计	男	女
38254	**33267**	**2380**	**1254**	**1126**	**193**	**115**	**78**
18638	16520	1418	738	680	109	61	48
2834	1969	92	47	45	13	9	4
3531	3002	104	58	46	7	4	3
1090	931	36	12	24	5	3	2
883	885	34	19	15	0	0	0
3716	2998	134	80	54	8	5	3
7562	6962	562	300	262	51	33	18
51760	**45911**	**3207**	**1741**	**1466**	**272**	**164**	**108**
21966	21960	1743	946	797	114	59	55
4300	3525	198	106	92	19	9	10
6633	5333	299	146	153	32	16	16
3087	2645	134	76	58	7	5	2
2351	1906	106	57	49	13	12	1
2938	2314	143	86	57	17	13	4
4464	3465	242	138	104	40	30	10
6021	4763	342	186	156	30	20	10
56824	**50571**	**3197**	**1570**	**1627**	**309**	**178**	**131**
14385	12928	1072	515	557	109	50	59
8038	6369	517	269	248	47	35	12
11213	9656	614	317	297	51	32	19
5476	4803	212	106	106	28	17	11
8886	8960	448	194	254	39	19	20
2867	2554	76	38	38	13	9	4
5959	5301	258	131	127	22	16	6
34324	**30908**	**1843**	**973**	**870**	**138**	**89**	**49**
9497	8674	569	306	263	46	35	11
4245	4157	426	216	210	23	13	10
3074	2852	113	58	55	7	6	1
2393	2299	93	53	40	6	4	2
2337	2162	107	64	43	5	5	0
4280	3437	182	98	84	18	10	8
4053	2979	130	77	53	12	9	3
3491	3348	176	84	92	18	5	13
954	1000	47	17	30	3	2	1
30507	**25239**	**1500**	**804**	**696**	**102**	**63**	**39**
12582	11161	832	442	390	53	32	21
1416	1171	63	37	26	3	2	1
3321	2251	88	49	39	8	4	4
4743	4493	295	145	150	16	8	8
2813	1769	64	39	25	11	9	2
2248	1975	60	37	23	5	4	1
903	596	25	14	11	1	1	0
2481	1823	73	41	32	5	3	2
21803	**20999**	**1807**	**1052**	**755**	**82**	**53**	**29**
9318	10586	1147	653	494	54	41	13
2404	1941	86	44	42	3	2	1
2240	1887	88	55	33	4	2	2
2643	2066	108	64	44	5	2	3
1558	1337	79	45	34	4	2	2
1168	947	82	54	28	4	0	4
1262	1158	102	70	32	1	1	0
1210	1077	115	67	48	7	3	4

4–3a 各地区分性别、

地区	16–59周岁人口			未上过学			
	合计	男	女	小计	男	女	小计
合计	**4795251**	**2404489**	**2390762**	**38489**	**11423**	**27066**	**2152**
兰州市	**1996119**	**1017425**	**978694**	**13869**	**4404**	**9465**	**731**
城关区	1003316	511229	492087	5674	1778	3896	354
七里河区	379365	195756	183609	4502	1439	3063	147
西固区	232672	119574	113098	1121	375	746	84
安宁区	320773	160262	160511	1434	436	998	118
红古区	59993	30604	29389	1138	376	762	28
嘉峪关市	**198357**	**103872**	**94485**	**304**	**87**	**217**	**45**
市辖区	198357	103872	94485	304	87	217	45
金昌市	**161879**	**83600**	**78279**	**1479**	**472**	**1007**	**60**
金川区	161879	83600	78279	1479	472	1007	60
白银市	**282296**	**143399**	**138897**	**1445**	**538**	**907**	**100**
白银区	199616	102271	97345	897	430	467	65
平川区	81380	40317	41063	534	104	430	35
靖远县	1300	811	489	14	4	10	
天水市	**436728**	**216608**	**220120**	**3436**	**923**	**2513**	**254**
秦州区	256226	124978	131248	2335	605	1730	134
麦积区	180502	91630	88872	1101	318	783	120
武威市	**263696**	**130014**	**133682**	**1546**	**504**	**1042**	**63**
凉州区	263696	130014	133682	1546	504	1042	63
张掖市	**179997**	**86254**	**93743**	**740**	**198**	**542**	**85**
甘州区	179553	86038	93515	734	196	538	85
肃南裕固族自治县	444	216	228	6	2	4	
平凉市	**265363**	**128227**	**137136**	**2824**	**664**	**2160**	**136**
崆峒区	212143	102055	110088	2117	524	1593	109
华亭市	53220	26172	27048	707	140	567	27
酒泉市	**308882**	**154556**	**154326**	**1376**	**465**	**911**	**371**
肃州区	213475	106547	106928	918	337	581	331
玉门市	34303	17495	16808	284	70	214	12
敦煌市	61104	30514	30590	174	58	116	28
庆阳市	**204421**	**100392**	**104029**	**765**	**293**	**472**	**87**
西峰区	204421	100392	104029	765	293	472	87
定西市	**128369**	**60339**	**68030**	**1359**	**254**	**1105**	**47**
安定区	128369	60339	68030	1359	254	1105	47
陇南市	**117369**	**56185**	**61184**	**3958**	**1012**	**2946**	**65**
武都区	116406	55676	60730	3906	998	2908	65
康　县	963	509	454	52	14	38	
临夏回族自治州	**197877**	**97444**	**100433**	**3896**	**1189**	**2707**	**86**
临夏市	192723	94972	97751	3730	1150	2580	82
临夏县	5154	2472	2682	166	39	127	4
甘南藏族自治州	**53898**	**26174**	**27724**	**1492**	**420**	**1072**	**22**
合作市	53898	26174	27724	1492	420	1072	22

受教育程度的16–59岁人口（城市）

单位：人

学前教育		小学			初中		
男	女	小计	男	女	小计	男	女
828	**1324**	**360636**	**151921**	**208715**	**1327317**	**666274**	**661043**
355	**376**	**112232**	**52981**	**59251**	**475236**	**254735**	**220501**
157	197	53876	26150	27726	243052	132637	110415
84	63	27395	12840	14555	90773	48196	42577
43	41	12358	5420	6938	68080	35083	32997
58	60	11757	5492	6265	51814	27778	24036
13	15	6846	3079	3767	21517	11041	10476
15	**30**	**9727**	**3305**	**6422**	**53069**	**24780**	**28289**
15	30	9727	3305	6422	53069	24780	28289
20	**40**	**11378**	**4793**	**6585**	**49043**	**24461**	**24582**
20	40	11378	4793	6585	49043	24461	24582
45	**55**	**15035**	**5893**	**9142**	**87030**	**42629**	**44401**
35	30	8518	3665	4853	58524	28564	29960
10	25	6328	2131	4197	27750	13579	14171
		189	97	92	756	486	270
110	**144**	**48965**	**21145**	**27820**	**140856**	**69503**	**71353**
55	79	28995	12689	16306	72726	35334	37392
55	65	19970	8456	11514	68130	34169	33961
24	**39**	**16208**	**5163**	**11045**	**82768**	**37738**	**45030**
24	39	16208	5163	11045	82768	37738	45030
29	**56**	**9915**	**3316**	**6599**	**49410**	**22522**	**26888**
29	56	9790	3270	6520	49301	22471	26830
		125	46	79	109	51	58
57	**79**	**22802**	**8566**	**14236**	**89985**	**43173**	**46812**
47	62	17258	6774	10484	74659	35883	38776
10	17	5544	1792	3752	15326	7290	8036
50	**321**	**17639**	**6877**	**10762**	**95503**	**46555**	**48948**
31	300	11225	4313	6912	60140	28890	31250
2	10	3073	1123	1950	11452	5844	5608
17	11	3341	1441	1900	23911	11821	12090
41	**46**	**11747**	**4582**	**7165**	**69148**	**32506**	**36642**
41	46	11747	4582	7165	69148	32506	36642
23	**24**	**13265**	**4971**	**8294**	**35467**	**16759**	**18708**
23	24	13265	4971	8294	35467	16759	18708
23	**42**	**18207**	**7729**	**10478**	**39876**	**19251**	**20625**
23	42	17855	7550	10305	39512	19043	20469
		352	179	173	364	208	156
29	**57**	**46594**	**19440**	**27154**	**52517**	**27683**	**24834**
26	56	44530	18594	25936	51149	26957	24192
3	1	2064	846	1218	1368	726	642
7	**15**	**6922**	**3160**	**3762**	**7409**	**3979**	**3430**
7	15	6922	3160	3762	7409	3979	3430

4-3a 各地区分性别、

地区	高中			大学专科			
	小计	男	女	小计	男	女	小计
合计	**1179294**	**610048**	**569246**	**922321**	**473906**	**448415**	**869473**
兰州市	**476079**	**243213**	**232866**	**393134**	**200661**	**192473**	**448279**
城关区	241501	124334	117167	201313	100343	100970	217102
七里河区	94821	48446	46375	75832	38849	36983	76471
西固区	63275	32360	30915	49427	26936	22491	35573
安宁区	62505	30489	32016	56148	29175	26973	113285
红古区	13977	7584	6393	10414	5358	5056	5848
嘉峪关市	**53016**	**27691**	**25325**	**50585**	**30140**	**20445**	**30248**
市辖区	53016	27691	25325	50585	30140	20445	30248
金昌市	**41418**	**22096**	**19322**	**31716**	**16987**	**14729**	**25077**
金川区	41418	22096	19322	31716	16987	14729	25077
白银市	**80153**	**42892**	**37261**	**56341**	**29156**	**27185**	**40665**
白银区	57642	30796	26846	41881	21733	20148	30789
平川区	22315	11953	10362	14343	7355	6988	9849
靖远县	196	143	53	117	68	49	27
天水市	**104151**	**53789**	**50362**	**73567**	**39029**	**34538**	**62382**
秦州区	60737	30827	29910	43048	22457	20591	45660
麦积区	43414	22962	20452	30519	16572	13947	16722
武威市	**73086**	**39250**	**33836**	**52307**	**26504**	**25803**	**36197**
凉州区	73086	39250	33836	52307	26504	25803	36197
张掖市	**46713**	**23163**	**23550**	**32902**	**16908**	**15994**	**38473**
甘州区	46630	23112	23518	32832	16865	15967	38423
肃南裕固族自治县	83	51	32	70	43	27	50
平凉市	**64035**	**33062**	**30973**	**47981**	**23777**	**24204**	**36237**
崆峒区	51581	26430	25151	37168	18005	19163	28096
华亭市	12454	6632	5822	10813	5772	5041	8141
酒泉市	**82452**	**42914**	**39538**	**65232**	**33416**	**31816**	**44562**
肃州区	58435	30198	28237	48789	24950	23839	32242
玉门市	8549	4659	3890	5892	3101	2791	4950
敦煌市	15468	8057	7411	10551	5365	5186	7370
庆阳市	**57720**	**29606**	**28114**	**34923**	**17656**	**17267**	**28592**
西峰区	57720	29606	28114	34923	17656	17267	28592
定西市	**27965**	**14474**	**13491**	**26904**	**11716**	**15188**	**22406**
安定区	27965	14474	13491	26904	11716	15188	22406
陇南市	**22690**	**11487**	**11203**	**18298**	**9153**	**9145**	**13798**
武都区	22588	11417	11171	18227	9122	9105	13776
康　县	102	70	32	71	31	40	22
临夏回族自治州	**40398**	**21639**	**18759**	**30113**	**14584**	**15529**	**23405**
临夏市	39759	21287	18472	29602	14312	15290	23010
临夏县	639	352	287	511	272	239	395
甘南藏族自治州	**9418**	**4772**	**4646**	**8318**	**4219**	**4099**	**19152**
合作市	9418	4772	4646	8318	4219	4099	19152

受教育程度的 16–59 岁人口（城市）（续）

单位：人

大学本科		硕士研究生			博士研究生		
男	女	小计	男	女	小计	男	女
443047	**426426**	**83750**	**39719**	**44031**	**11819**	**7323**	**4496**
223812	**224467**	**66194**	**30780**	**35414**	**10365**	**6484**	**3881**
105837	111265	34343	16130	18213	6101	3863	2238
40863	35608	8280	4290	3990	1144	749	395
18050	17523	2524	1178	1346	230	129	101
55998	57287	20832	9095	11737	2880	1741	1139
3064	2784	215	87	128	10	2	8
17040	**13208**	**1263**	**755**	**508**	**100**	**59**	**41**
17040	13208	1263	755	508	100	59	41
13785	**11292**	**1620**	**927**	**693**	**88**	**59**	**29**
13785	11292	1620	927	693	88	59	29
21488	**19177**	**1382**	**686**	**696**	**145**	**72**	**73**
16407	14382	1177	581	596	123	60	63
5069	4780	204	104	100	22	12	10
12	15	1	1				
30748	**31634**	**2853**	**1209**	**1644**	**264**	**152**	**112**
21891	23769	2361	982	1379	230	138	92
8857	7865	492	227	265	34	14	20
20026	**16171**	**1413**	**732**	**681**	**108**	**73**	**35**
20026	16171	1413	732	681	108	73	35
19252	**19221**	**1545**	**747**	**798**	**214**	**119**	**95**
19229	19194	1544	747	797	214	119	95
23	27	1		1			
18248	**17989**	**1257**	**618**	**639**	**106**	**62**	**44**
13846	14250	1057	490	567	98	56	42
4402	3739	200	128	72	8	6	2
23377	**21185**	**1624**	**834**	**790**	**123**	**68**	**55**
17097	15145	1301	680	621	94	51	43
2644	2306	85	49	36	6	3	3
3636	3734	238	105	133	23	14	9
14950	**13642**	**1357**	**718**	**639**	**82**	**40**	**42**
14950	13642	1357	718	639	82	40	42
11693	**10713**	**867**	**411**	**456**	**89**	**38**	**51**
11693	10713	867	411	456	89	38	51
7271	**6527**	**446**	**234**	**212**	**31**	**25**	**6**
7264	6512	446	234	212	31	25	6
7	15						
12415	**10990**	**817**	**434**	**383**	**51**	**31**	**20**
12185	10825	810	430	380	51	31	20
230	165	7	4	3			
8942	**10210**	**1112**	**634**	**478**	**53**	**41**	**12**
8942	10210	1112	634	478	53	41	12

4-3b 各地区分性别、

地区	16-59 周岁人口			未上过学			
	合计	男	女	小计	男	女	小计
合计	**3766787**	**1859513**	**1907274**	**92391**	**23735**	**68656**	**2091**
兰州市	**522311**	**268044**	**254267**	**4022**	**1018**	**3004**	**237**
城关区	16122	8407	7715	121	36	85	7
七里河区	46181	26435	19746	398	131	267	11
西固区	12582	6733	5849	59	30	29	1
安宁区							
红古区	10810	5684	5126	233	47	186	2
永登县	86423	42918	43505	1168	254	914	69
皋兰县	46088	24898	21190	308	122	186	15
榆中县	174082	84735	89347	908	197	711	72
兰州新区	130023	68234	61789	827	201	626	60
嘉峪关市	**2421**	**1358**	**1063**	**62**	**20**	**42**	**1**
市辖区	2421	1358	1063	62	20	42	1
金昌市	**69094**	**34932**	**34162**	**582**	**119**	**463**	**95**
金川区	586	323	263	13	5	8	12
永昌县	68508	34609	33899	569	114	455	83
白银市	**256224**	**125482**	**130742**	**1716**	**511**	**1205**	**107**
白银区	1390	763	627	11	2	9	
平川区	13111	7332	5779	182	53	129	5
靖远县	88007	43900	44107	650	195	455	39
会宁县	83999	39247	44752	482	133	349	49
景泰县	69717	34240	35477	391	128	263	14
天水市	**428325**	**207641**	**220684**	**10003**	**2373**	**7630**	**312**
秦州区	28808	14275	14533	969	237	732	8
麦积区	28361	14354	14007	335	104	231	12
清水县	47672	22655	25017	1696	354	1342	45
秦安县	88502	43128	45374	930	212	718	67
甘谷县	111728	53665	58063	2035	525	1510	82
武山县	80247	39012	41235	1434	363	1071	84
张家川回族自治县	43007	20552	22455	2604	578	2026	14
武威市	**188845**	**94218**	**94627**	**3458**	**596**	**2862**	**92**
凉州区	45770	23156	22614	742	119	623	10
民勤县	48405	24748	23657	287	100	187	18
古浪县	49076	24036	25040	1133	176	957	50
天祝藏族自治县	45594	22278	23316	1296	201	1095	14
张掖市	**199801**	**97229**	**102572**	**2140**	**345**	**1795**	**174**
甘州区	8860	4534	4326	144	45	99	13
肃南裕固族自治县	7206	3677	3529	81	24	57	1
民乐县	55675	26931	28744	1062	125	937	23
临泽县	34227	16785	17442	277	50	227	92
高台县	42318	20506	21812	41	13	28	7
山丹县	51515	24796	26719	535	88	447	38
平凉市	**256745**	**121090**	**135655**	**6147**	**1053**	**5094**	**111**
崆峒区	5621	2810	2811	185	46	139	5
泾川县	52790	24636	28154	465	112	353	37
灵台县	32857	14810	18047	497	84	413	15
崇信县	22399	10676	11723	400	85	315	8
庄浪县	59049	28315	30734	1114	175	939	16
静宁县	66397	30605	35792	2850	405	2445	24
华亭市	17632	9238	8394	636	146	490	6

受教育程度的 16–59 岁人口（镇）

单位：人

学前教育		小学			初中		
男	女	小计	男	女	小计	男	女
832	**1259**	**647088**	**259545**	**387543**	**1269758**	**642568**	**627190**
98	**139**	**48890**	**20984**	**27906**	**163999**	**88800**	**75199**
4	3	1429	730	699	4204	2311	1893
6	5	4643	2206	2437	12927	7104	5823
	1	736	315	421	5424	2896	2528
1	1	1328	585	743	5110	2736	2374
27	42	12689	4648	8041	36296	18849	17447
3	12	4935	2536	2399	18650	10190	8460
35	37	12874	5267	7607	49989	26526	23463
22	38	10256	4697	5559	31399	18188	13211
1		**485**	**206**	**279**	**1361**	**808**	**553**
1		485	206	279	1361	808	553
39	**56**	**11040**	**3651**	**7389**	**26373**	**13431**	**12942**
8	4	103	27	76	330	195	135
31	52	10937	3624	7313	26043	13236	12807
49	**58**	**31049**	**10736**	**20313**	**91299**	**44868**	**46431**
		150	63	87	641	337	304
1	4	2164	846	1318	6707	3958	2749
19	20	10341	3706	6635	32378	16455	15923
23	26	12031	3960	8071	25911	11862	14049
6	8	6363	2161	4202	25662	12256	13406
133	**179**	**79237**	**31872**	**47365**	**160903**	**79674**	**81229**
4	4	9148	3832	5316	13739	7379	6360
4	8	4327	1691	2636	12278	6248	6030
27	18	9361	3551	5810	13278	6622	6656
32	35	10922	4139	6783	35801	17402	18399
30	52	21329	8613	12716	44060	21204	22856
27	57	13640	5599	8041	30997	15296	15701
9	5	10510	4447	6063	10750	5523	5227
36	**56**	**29080**	**9503**	**19577**	**62009**	**31091**	**30918**
5	5	7757	2207	5550	20108	10395	9713
7	11	3039	1002	2037	13642	6145	7497
20	30	8391	2669	5722	15255	7731	7524
4	10	9893	3625	6268	13004	6820	6184
58	**116**	**33560**	**10716**	**22844**	**76709**	**37385**	**39324**
4	9	2362	952	1410	4613	2468	2145
	1	1421	610	811	1705	832	873
7	16	13117	4139	8978	18663	9519	9144
35	57	4205	1356	2849	11456	5270	6186
2	5	5808	1696	4112	16901	7911	8990
10	28	6647	1963	4684	23371	11385	11986
37	**74**	**44082**	**15308**	**28774**	**82773**	**38705**	**44068**
4	1	1198	483	715	2466	1358	1108
11	26	7434	2559	4875	20386	8855	11531
10	5	4090	1036	3054	11470	4686	6784
2	6	3156	1058	2098	6929	3242	3687
3	13	12584	4456	8128	14468	7047	7421
7	17	10668	3675	6993	20028	9556	10472
	6	4952	2041	2911	7026	3961	3065

4-3b 各地区分性别、

地区	16-59周岁人口			未上过学			
	合计	男	女	小计	男	女	小计
酒泉市	**160569**	**88151**	**72418**	**1821**	**462**	**1359**	**84**
肃州区	12339	6267	6072	387	102	285	22
金塔县	44252	26101	18151	315	76	239	17
瓜州县	35684	18264	17420	555	142	413	19
肃北蒙古族自治县	6979	3748	3231	59	20	39	
阿克塞哈萨克族自治县	6953	3754	3199	55	21	34	
玉门市	27660	16824	10836	383	79	304	15
敦煌市	26702	13193	13509	67	22	45	11
庆阳市	**364812**	**179843**	**184969**	**4397**	**1159**	**3238**	**133**
西峰区	4529	2228	2301	9	3	6	3
庆城县	61169	31186	29983	428	120	308	20
环　县	68675	34225	34450	1058	255	803	26
华池县	31147	15340	15807	715	189	526	8
合水县	32809	16145	16664	375	102	273	16
正宁县	41143	19914	21229	843	186	657	24
宁　县	62326	30402	31924	645	188	457	25
镇原县	63014	30403	32611	324	116	208	11
定西市	**469311**	**225377**	**243934**	**8388**	**1995**	**6393**	**300**
安定区	14637	7488	7149	384	74	310	7
通渭县	53748	26328	27420	449	85	364	37
陇西县	131958	63567	68391	1023	230	793	49
渭源县	49167	23883	25284	832	209	623	29
临洮县	112917	52773	60144	879	185	694	94
漳　县	34209	16019	18190	671	148	523	19
岷　县	72675	35319	37356	4150	1064	3086	65
陇南市	**430958**	**208485**	**222473**	**17731**	**5004**	**12727**	**243**
武都区	35153	16685	18468	3323	843	2480	30
成　县	77847	36601	41246	958	323	635	46
文　县	40118	19062	21056	1620	384	1236	21
宕昌县	44402	22010	22392	3797	1334	2463	27
康　县	30896	14887	16009	1138	336	802	7
西和县	61534	30190	31344	2319	495	1824	35
礼　县	79763	40017	39746	3813	1052	2761	58
徽　县	49696	23423	26273	623	199	424	16
两当县	11549	5610	5939	140	38	102	3
临夏回族自治州	**274359**	**134104**	**140255**	**22245**	**5757**	**16488**	**122**
临夏市	7441	3879	3562	536	134	402	3
临夏县	24445	11906	12539	1632	401	1231	4
康乐县	35191	17227	17964	2099	400	1699	19
永靖县	60118	28961	31157	609	131	478	10
广河县	50345	24423	25922	5846	1332	4514	19
和政县	34264	16691	17573	3237	876	2361	28
东乡族自治县	31138	15578	15560	6294	2010	4284	32
积石山保安族东乡族撒拉族自治县	31417	15439	15978	1992	473	1519	7
甘南藏族自治州	**143012**	**73559**	**69453**	**9679**	**3323**	**6356**	**80**
合作市	2010	1081	929	162	54	108	
临潭县	29101	14222	14879	1087	214	873	4
卓尼县	21805	11273	10532	579	167	412	7
舟曲县	25516	12537	12979	1447	357	1090	9
迭部县	13490	6908	6582	599	145	454	27
玛曲县	20860	11270	9590	3982	1658	2324	18
碌曲县	11264	5947	5317	967	315	652	5
夏河县	18966	10321	8645	856	413	443	10

受教育程度的16–59岁人口（镇）（续1）

单位：人

学前教育		小学			初中		
男	女	小计	男	女	小计	男	女
29	**55**	**23235**	**10906**	**12329**	**61924**	**34299**	**27625**
6	16	2762	1026	1736	6414	3429	2985
3	14	7013	4061	2952	18113	10352	7761
5	14	4676	1785	2891	11903	6179	5724
		853	378	475	1627	910	717
		823	363	460	1698	954	744
8	7	5949	2857	3092	13701	8588	5113
7	4	1159	436	723	8468	3887	4581
60	**73**	**58716**	**22355**	**36361**	**142122**	**69137**	**72985**
	3	932	384	548	2428	1151	1277
11	9	10396	4407	5989	25290	12754	12536
9	17	13200	5164	8036	23159	11931	11228
4	4	6261	2452	3809	9788	4967	4821
6	10	4893	1843	3050	12292	5905	6387
12	12	5518	1947	3571	17222	8142	9080
12	13	8013	2836	5177	28150	13327	14823
6	5	9503	3322	6181	23793	10960	12833
112	**188**	**79531**	**30189**	**49342**	**163635**	**80373**	**83262**
2	5	3762	1438	2324	6666	3693	2973
15	22	8299	2723	5576	17628	8589	9039
17	32	19219	6930	12289	50475	24394	26081
15	14	8202	3133	5069	17064	8431	8633
32	62	16395	6093	10302	40659	19167	21492
9	10	6511	2414	4097	10884	5164	5720
22	43	17143	7458	9685	20259	10935	9324
78	**165**	**77251**	**33649**	**43602**	**147340**	**73884**	**73456**
13	17	9869	4534	5335	13968	7271	6697
14	32	8497	3665	4832	30081	14808	15273
5	16	6102	2438	3664	13922	6702	7220
9	18	11904	5661	6243	11320	6147	5173
2	5	6026	2583	3443	8523	4212	4311
8	27	10301	4332	5969	21785	10882	10903
22	36	16681	7394	9287	26119	13917	12202
5	11	6318	2389	3929	18075	8298	9777
	3	1553	653	900	3547	1647	1900
54	**68**	**87808**	**38733**	**49075**	**66597**	**36656**	**29941**
2	1	3681	1812	1869	2340	1445	895
2	2	10559	4737	5822	7155	3995	3160
10	9	7893	3176	4717	8822	4502	4320
4	6	12217	4881	7336	16330	8220	8110
8	11	21427	9353	12074	10093	6146	3947
12	16	8464	3795	4669	8661	4661	4000
12	20	13903	6974	6929	6748	4088	2660
4	3	9664	4005	5659	6448	3599	2849
48	**32**	**43124**	**20737**	**22387**	**22714**	**13457**	**9257**
		1389	768	621	252	160	92
1	3	10508	4355	6153	5192	3018	2174
1	6	6070	2835	3235	2911	1693	1218
3	6	5603	2298	3305	4631	2521	2110
23	4	2755	1336	1419	1950	1090	860
8	10	5871	3306	2565	2890	1868	1022
4	1	3084	1562	1522	1548	1119	429
8	2	7844	4277	3567	3340	1988	1352

4-3b　各地区分性别、

地区	高中			大学专科			
	小计	男	女	小计	男	女	小计
合计	**769410**	**413861**	**355549**	**512801**	**267798**	**245003**	**460199**
兰州市	**99732**	**54065**	**45667**	**84689**	**40425**	**44264**	**115870**
城关区	3667	1957	1710	2617	1297	1320	3455
七里河区	6418	3396	3022	4663	2365	2298	15154
西固区	3680	1996	1684	1482	840	642	1119
安宁区							
红古区	2588	1433	1155	1071	617	454	456
永登县	20593	11150	9443	8378	4354	4024	7038
皋兰县	10797	6162	4635	6192	3309	2883	5010
榆中县	29385	15141	14244	17843	8794	9049	62245
兰州新区	22604	12830	9774	42443	18849	23594	21393
嘉峪关市	**299**	**184**	**115**	**153**	**106**	**47**	**59**
市辖区	299	184	115	153	106	47	59
金昌市	**14161**	**8222**	**5939**	**9757**	**5505**	**4252**	**6908**
金川区	31	25	6	49	34	15	47
永昌县	14130	8197	5933	9708	5471	4237	6861
白银市	**63861**	**34334**	**29527**	**36086**	**18579**	**17507**	**31345**
白银区	394	245	149	107	66	41	83
平川区	2189	1397	792	1281	765	516	558
靖远县	21332	11494	9838	12197	6381	5816	10842
会宁县	22546	11537	11009	12112	6024	6088	10630
景泰县	17400	9661	7739	10389	5343	5046	9232
天水市	**90307**	**46927**	**43380**	**46807**	**24684**	**22123**	**39815**
秦州区	2815	1638	1177	1328	769	559	775
麦积区	6331	3462	2869	3071	1693	1378	1959
清水县	11903	5964	5939	5540	2971	2569	5742
秦安县	21435	11176	10259	9193	4833	4360	9864
甘谷县	23784	12466	11318	11893	6268	5625	8358
武山县	15891	8067	7824	10379	5330	5049	7637
张家川回族自治县	8148	4154	3994	5403	2820	2583	5480
武威市	**45038**	**25761**	**19277**	**28183**	**15755**	**12428**	**20449**
凉州区	9419	5632	3787	6174	3861	2313	1481
民勤县	15395	8815	6580	8957	4905	4052	6910
古浪县	11612	6518	5094	6625	3525	3100	5894
天祝藏族自治县	8612	4796	3816	6427	3464	2963	6164
张掖市	**39648**	**22451**	**17197**	**25328**	**14189**	**11139**	**21765**
甘州区	1109	712	397	421	245	176	191
肃南裕固族自治县	1253	675	578	1223	709	514	1470
民乐县	10852	6322	4530	6813	3860	2953	5033
临泽县	8478	4677	3801	4926	2828	2098	4713
高台县	7935	4425	3510	5800	3313	2487	5717
山丹县	10021	5640	4381	6145	3234	2911	4641
平凉市	**55696**	**29722**	**25974**	**32891**	**17363**	**15528**	**34286**
崆峒区	1286	668	618	312	164	148	162
泾川县	11526	6298	5228	6329	3321	3008	6498
灵台县	7335	3815	3520	4436	2385	2051	4934
崇信县	4660	2477	2183	3567	1882	1685	3609
庄浪县	12573	6625	5948	8291	4415	3876	9833
静宁县	15662	8130	7532	8425	4304	4121	8446
华亭市	2654	1709	945	1531	892	639	804

受教育程度的 16–59 岁人口（镇）（续 2）

单位：人

大学本科		硕士研究生			博士研究生		
男	女	小计	男	女	小计	男	女
244291	**215908**	**12188**	**6349**	**5839**	**861**	**534**	**327**
59986	**55884**	**4605**	**2491**	**2114**	**267**	**177**	**90**
1749	1706	564	281	283	58	42	16
9963	5191	1875	1202	673	92	62	30
616	503	72	36	36	9	4	5
255	201	19	8	11	3	2	1
3539	3499	177	88	89	15	9	6
2491	2519	167	74	93	14	11	3
28449	33796	715	297	418	51	29	22
12924	8469	1016	505	511	25	18	7
33	**26**	**1**		**1**			
33	26	1		1			
3884	**3024**	**155**	**68**	**87**	**23**	**13**	**10**
28	19	1	1				
3856	3005	154	67	87	23	13	10
16059	**15286**	**692**	**306**	**386**	**69**	**40**	**29**
48	35	3	2	1	1		1
305	253	22	6	16	3	1	2
5559	5283	212	81	131	16	10	6
5588	5042	215	105	110	23	15	8
4559	4673	240	112	128	26	14	12
21516	**18299**	**881**	**425**	**456**	**60**	**37**	**23**
404	371	23	9	14	3	3	
1127	832	47	25	22	1		1
3114	2628	106	51	55	1	1	
5203	4661	271	120	151	19	11	8
4469	3889	164	77	87	23	13	10
4232	3405	175	91	84	10	7	3
2967	2513	95	52	43	3	2	1
11208	**9241**	**473**	**234**	**239**	**63**	**34**	**29**
896	585	69	35	34	10	6	4
3695	3215	139	68	71	18	11	7
3339	2555	103	51	52	13	7	6
3278	2886	162	80	82	22	10	12
11858	**9907**	**438**	**206**	**232**	**39**	**21**	**18**
103	88	6	4	2	1	1	
804	666	50	22	28	2	1	1
2907	2126	102	49	53	10	3	7
2520	2193	73	45	28	7	4	3
3098	2619	98	41	57	11	7	4
2426	2215	109	45	64	8	5	3
18496	**15790**	**711**	**374**	**337**	**48**	**32**	**16**
83	79	5	2	3	2	2	
3418	3080	109	59	50	6	3	3
2746	2188	77	46	31	3	2	1
1886	1723	65	40	25	5	4	1
5502	4331	161	85	76	9	7	2
4386	4060	272	129	143	22	13	9
475	329	22	13	9	1	1	

4-3b 各地区分性别、

地区	高中			大学专科			
	小计	男	女	小计	男	女	小计
酒泉市	**29210**	**17307**	**11903**	**24717**	**14440**	**10277**	**19048**
肃州区	1840	1199	641	618	350	268	280
金塔县	7650	4688	2962	7230	4617	2613	3846
瓜州县	8270	4672	3598	5800	3186	2614	4385
肃北蒙古族自治县	1051	623	428	1575	916	659	1777
阿克塞哈萨克族自治县	1011	598	413	1616	963	653	1716
玉门市	4048	2909	1139	2381	1612	769	1153
敦煌市	5340	2618	2722	5497	2796	2701	5891
庆阳市	**78974**	**43503**	**35471**	**42939**	**23310**	**19629**	**36768**
西峰区	773	472	301	254	145	109	126
庆城县	12610	7150	5460	6675	3606	3069	5626
环　县	15658	8610	7048	7874	4186	3688	7571
华池县	6343	3467	2876	4091	2232	1859	3864
合水县	7314	3954	3360	4576	2532	2044	3269
正宁县	7885	4376	3509	5430	2922	2508	4135
宁　县	13129	7165	5964	6943	3883	3060	5308
镇原县	15262	8309	6953	7096	3804	3292	6869
定西市	**101759**	**52652**	**49107**	**57148**	**29539**	**27609**	**57305**
安定区	2274	1422	852	983	557	426	539
通渭县	11891	6507	5384	7353	3946	3407	7902
陇西县	27718	14569	13149	16639	8545	8094	16433
渭源县	9791	5114	4677	6374	3364	3010	6762
临洮县	28665	14483	14182	12883	6337	6546	13041
漳　县	7624	3824	3800	4201	2201	2000	4249
岷　县	13796	6733	7063	8715	4589	4126	8379
陇南市	**84931**	**42938**	**41993**	**66494**	**33507**	**32987**	**35971**
武都区	5198	2589	2609	1778	921	857	967
成　县	15176	7395	7781	15340	6483	8857	7328
文　县	7723	3935	3788	6524	3388	3136	4137
宕昌县	7431	3753	3678	6586	3397	3189	3276
康　县	6860	3290	3570	4945	2669	2276	3320
西和县	12289	6520	5769	9432	4995	4437	5263
礼　县	16473	8534	7939	11982	6455	5527	4570
徽　县	11211	5609	5602	7803	4037	3766	5516
两当县	2570	1313	1257	2104	1162	942	1594
临夏回族自治州	**44314**	**24324**	**19990**	**29627**	**15579**	**14048**	**23142**
临夏市	563	330	233	186	81	105	130
临夏县	3791	2088	1703	910	484	426	385
康乐县	5858	3124	2734	6211	3433	2778	4231
永靖县	13472	6964	6508	9109	4491	4618	8098
广河县	5943	3592	2351	3679	2018	1661	3286
和政县	5902	3208	2694	4464	2311	2153	3458
东乡族自治县	2505	1523	982	990	557	433	657
积石山保安族东乡族撒拉族自治县	6280	3495	2785	4078	2204	1874	2897
甘南藏族自治州	**21480**	**11471**	**10009**	**27982**	**14817**	**13165**	**17468**
合作市	65	35	30	66	30	36	69
临潭县	4039	2246	1793	4565	2383	2182	3631
卓尼县	3648	1940	1708	5206	2793	2413	3319
舟曲县	5100	2677	2423	5634	2957	2677	3018
迭部县	2415	1285	1130	3485	1836	1649	2209
玛曲县	2538	1318	1220	3539	1988	1551	1950
碌曲县	1667	866	801	1986	1036	950	1922
夏河县	2008	1104	904	3501	1794	1707	1350

受教育程度的16–59岁人口（镇）（续3）

单位：人

大学本科		硕士研究生			博士研究生		
男	女	小计	男	女	小计	男	女
10400	**8648**	**505**	**290**	**215**	**25**	**18**	**7**
144	136	14	9	5	2	2	
2270	1576	66	33	33	2	1	1
2253	2132	73	40	33	3	2	1
888	889	33	10	23	4	3	1
836	880	34	19	15			
750	403	29	20	9	1	1	
3259	2632	256	159	97	13	9	4
19898	**16870**	**703**	**379**	**324**	**60**	**42**	**18**
70	56	4	3	1			
3077	2549	113	56	57	11	5	6
4013	3558	121	55	66	8	2	6
1983	1881	76	45	31	1	1	
1758	1511	66	38	28	8	7	1
2275	1860	75	45	30	11	9	2
2924	2384	103	58	45	10	9	1
3798	3071	145	79	66	11	9	2
29928	**27377**	**1129**	**522**	**607**	**116**	**67**	**49**
293	246	16	6	10	6	3	3
4361	3541	167	88	79	22	14	8
8686	7747	373	178	195	29	18	11
3565	3197	100	44	56	13	8	5
6356	6685	278	111	167	23	9	14
2236	2013	42	18	24	8	5	3
4431	3948	153	77	76	15	10	5
18890	**17081**	**945**	**502**	**443**	**52**	**33**	**19**
505	462	19	8	11	1	1	
3697	3631	401	205	196	20	11	9
2170	1967	65	36	29	4	4	
1668	1608	59	39	20	2	2	
1744	1576	74	48	26	3	3	
2894	2369	103	60	43	7	4	3
2607	1963	65	35	30	2	1	1
2822	2694	124	59	65	10	5	5
783	811	35	12	23	3	2	1
12730	**10412**	**478**	**256**	**222**	**26**	**15**	**11**
74	56	2	1	1			
194	191	9	5	4			
2549	1682	55	32	23	3	1	2
4131	3967	260	132	128	13	7	6
1941	1345	46	29	17	6	4	2
1797	1661	48	29	19	2	2	
410	247	9	4	5			
1634	1263	49	24	25	2	1	1
9405	**8063**	**472**	**296**	**176**	**13**	**5**	**8**
31	38	7	3	4			
1966	1665	73	38	35	2	1	1
1802	1517	65	42	23			
1676	1342	72	47	25	2	1	1
1165	1044	49	28	21	1		1
1074	876	69	50	19	3		3
984	938	84	60	24	1	1	
707	643	53	28	25	4	2	2

4-3c 各地区分性别、

地区	16-59周岁人口			未上过学			
	合计	男	女	小计	男	女	小计
合计	**7072009**	**3659612**	**3412397**	**541830**	**147567**	**394263**	**5810**
兰州市	**464165**	**262068**	**202097**	**9499**	**2846**	**6653**	**257**
城关区	13377	8119	5258	126	40	86	5
七里河区	59852	34029	25823	1225	436	789	51
西固区	21439	11928	9511	296	119	177	6
安宁区							
红古区	21960	12072	9888	381	112	269	13
永登县	83052	44899	38153	2860	650	2210	69
皋兰县	33750	20112	13638	399	162	237	19
榆中县	144848	78126	66722	2633	830	1803	70
兰州新区	85887	52783	33104	1579	497	1082	24
嘉峪关市	**11599**	**6692**	**4907**	**58**	**24**	**34**	**6**
市辖区	11599	6692	4907	58	24	34	6
金昌市	**60709**	**32277**	**28432**	**1561**	**337**	**1224**	**183**
金川区	13970	7780	6190	328	106	222	7
永昌县	46739	24497	22242	1233	231	1002	176
白银市	**384651**	**203057**	**181594**	**9599**	**2164**	**7435**	**224**
白银区	17342	9956	7386	211	94	117	8
平川区	31903	17096	14807	1027	230	797	13
靖远县	133607	70690	62917	3067	625	2442	43
会宁县	150119	77664	72455	4429	973	3456	131
景泰县	51680	27651	24029	865	242	623	29
天水市	**954695**	**481368**	**473327**	**63945**	**14829**	**49116**	**682**
秦州区	136793	72115	64678	7794	1932	5862	98
麦积区	140493	72878	67615	4663	1253	3410	66
清水县	92554	47166	45388	7808	1892	5916	90
秦安县	166462	84541	81921	8425	1477	6948	81
甘谷县	191019	93372	97647	13911	2874	11037	214
武山县	134823	66037	68786	8887	2337	6550	78
张家川回族自治县	92551	45259	47292	12457	3064	9393	55
武威市	**463789**	**233216**	**230573**	**19193**	**3434**	**15759**	**269**
凉州区	245900	122795	123105	6875	1257	5618	131
民勤县	67064	33940	33124	1591	367	1224	29
古浪县	99834	49256	50578	5639	791	4848	56
天祝藏族自治县	50991	27225	23766	5088	1019	4069	53
张掖市	**345920**	**176115**	**169805**	**7444**	**1779**	**5665**	**419**
甘州区	156311	79672	76639	2895	748	2147	177
肃南裕固族自治县	11721	6467	5254	274	84	190	1
民乐县	60165	30394	29771	2308	463	1845	58
临泽县	39241	19520	19721	724	158	566	115
高台县	38342	19212	19130	331	129	202	24
山丹县	40140	20850	19290	912	197	715	44
平凉市	**590419**	**299796**	**290623**	**48774**	**10375**	**38399**	**346**
崆峒区	100048	52152	47896	9574	2581	6993	67
泾川县	72749	36046	36703	1823	471	1352	23
灵台县	57991	30216	27775	3571	794	2777	50
崇信县	28919	16087	12832	1092	318	774	28
庄浪县	138135	66860	71275	7690	1506	6184	77
静宁县	149711	75930	73781	21195	3601	17594	71
华亭市	42866	22505	20361	3829	1104	2725	30

受教育程度的16–59岁人口（乡村）

单位：人

学前教育		小学			初中		
男	女	小计	男	女	小计	男	女
1986	**3824**	**2478344**	**1101369**	**1376975**	**2698526**	**1604988**	**1093538**
120	**137**	**97545**	**44197**	**53348**	**234393**	**142223**	**92170**
2	3	1865	1083	782	7759	4965	2794
34	17	12360	6544	5816	31025	18715	12310
4	2	3279	1566	1713	11991	6930	5061
4	9	3800	1658	2142	11810	6724	5086
29	40	23319	9299	14020	41620	25468	16152
8	11	5757	2712	3045	17543	10997	6546
24	46	32266	13787	18479	75506	44381	31125
15	9	14899	7548	7351	37139	24043	13096
3	**3**	**2021**	**880**	**1141**	**6803**	**4043**	**2760**
3	3	2021	880	1141	6803	4043	2760
63	**120**	**19274**	**7048**	**12226**	**25776**	**15578**	**10198**
4	3	3737	1502	2235	6970	4214	2756
59	117	15537	5546	9991	18806	11364	7442
59	**165**	**113712**	**43268**	**70444**	**164017**	**99003**	**65014**
3	5	2342	1078	1264	7712	4380	3332
5	8	7798	3106	4692	15150	8966	6184
10	33	35978	13252	22726	63281	38001	25280
29	102	54251	20813	33438	54045	33649	20396
12	17	13343	5019	8324	23829	14007	9822
212	**470**	**330224**	**141932**	**188292**	**388047**	**224924**	**163123**
37	61	52000	24794	27206	56514	33457	23057
22	44	42960	17930	25030	67763	38920	28843
32	58	35528	15816	19712	34649	20992	13657
25	56	47837	17906	29931	75211	44761	30450
46	168	64690	26677	38013	72027	40798	31229
37	41	50932	21842	29090	51405	28393	23012
13	42	36277	16967	19310	30478	17603	12875
81	**188**	**130569**	**42534**	**88035**	**217338**	**125408**	**91930**
35	96	60329	16282	44047	132918	75285	57633
8	21	14115	3799	10316	33233	17640	15593
13	43	33286	11264	22022	37054	22902	14152
25	28	22839	11189	11650	14133	9581	4552
98	**321**	**102449**	**36658**	**65791**	**155721**	**88699**	**67022**
43	134	33446	11958	21488	78451	42283	36168
1		4025	1796	2229	4110	2547	1563
12	46	28356	10533	17823	19348	12899	6449
27	88	14283	4928	9355	17370	9924	7446
6	18	13825	4439	9386	17873	10684	7189
9	35	8514	3004	5510	18569	10362	8207
88	**258**	**206000**	**88916**	**117084**	**209374**	**125447**	**83927**
20	47	32168	15450	16718	42667	25105	17562
6	17	21481	7566	13915	34369	18792	15577
11	39	17848	6954	10894	23933	14363	9570
11	17	8771	3658	5113	10682	6339	4343
17	60	61452	24881	36571	39159	23477	15682
14	57	46461	22159	24302	44159	28339	15820
9	21	17819	8248	9571	14405	9032	5373

4-3c 各地区分性别、

地区	16-59周岁人口			未上过学			
	合计	男	女	小计	男	女	小计
酒泉市	**238627**	**125014**	**113613**	**9431**	**2526**	**6905**	**297**
肃州区	80337	41059	39278	2250	699	1551	95
金塔县	37143	19142	18001	1134	233	901	52
瓜州县	49821	26316	23505	4793	1238	3555	108
肃北蒙古族自治县	4615	3638	977	90	28	62	3
阿克塞哈萨克族自治县	668	527	141	5	5		
玉门市	30625	15787	14838	832	225	607	19
敦煌市	35418	18545	16873	327	98	229	20
庆阳市	**717445**	**369392**	**348053**	**27154**	**7509**	**19645**	**572**
西峰区	121397	61112	60285	1299	438	861	64
庆城县	84072	44901	39171	2413	774	1639	70
环　县	116519	62965	53554	8779	2403	6376	159
华池县	40955	22202	18753	3552	1028	2524	35
合水县	46081	24267	21814	1794	534	1260	34
正宁县	54385	27701	26684	2997	696	2301	63
宁　县	117096	58033	59063	3312	920	2392	83
镇原县	136940	68211	68729	3008	716	2292	64
定西市	**944821**	**494040**	**450781**	**70157**	**19717**	**50440**	**789**
安定区	118291	63550	54741	5710	1219	4491	43
通渭县	148670	78109	70561	3691	673	3018	75
陇西县	123011	63430	59581	7464	1664	5800	43
渭源县	123983	64934	59049	6500	1838	4662	120
临洮县	177067	93371	83696	4076	1095	2981	130
漳　县	66518	34442	32076	6632	1774	4858	65
岷　县	187281	96204	91077	36084	11454	24630	313
陇南市	**918970**	**483074**	**435896**	**129935**	**39145**	**90790**	**842**
武都区	182521	95874	86647	34850	10220	24630	210
成　县	71256	37301	33955	3661	1380	2281	75
文　县	81590	43455	38135	12663	3386	9277	41
宕昌县	114094	60721	53373	21328	8216	13112	70
康　县	66907	34900	32007	8146	2647	5499	48
西和县	147310	75456	71854	19285	4203	15082	135
礼　县	176145	93085	83060	26330	7687	18643	216
徽　县	65955	34951	31004	2797	1081	1716	42
两当县	13192	7331	5861	875	325	550	5
临夏回族自治州	**731259**	**365321**	**365938**	**111729**	**32228**	**79501**	**734**
临夏市	24460	12401	12059	1228	377	851	13
临夏县	151165	76188	74977	14302	4053	10249	96
康乐县	107532	53280	54252	19105	5073	14032	66
永靖县	51521	27305	24216	945	244	701	9
广河县	90825	44245	46580	16331	4190	12141	128
和政县	80954	40261	40693	20631	6375	14256	113
东乡族自治县	121256	59266	61990	25424	7801	17623	194
积石山保安族东乡族撒拉族自治县	103546	52375	51171	13763	4115	9648	115
甘南藏族自治州	**244940**	**128182**	**116758**	**33351**	**10654**	**22697**	**190**
合作市	23192	12887	10305	2878	1073	1805	9
临潭县	47860	24803	23057	4454	1118	3336	5
卓尼县	37657	19793	17864	3449	1047	2402	12
舟曲县	52495	27325	25170	9987	3023	6964	31
迭部县	20402	10833	9569	2723	871	1852	29
玛曲县	15328	7984	7344	2186	854	1332	15
碌曲县	12108	6131	5977	2128	810	1318	16
夏河县	35898	18426	17472	5546	1858	3688	73

受教育程度的 16–59 岁人口（乡村）（续 1）

单位：人

学前教育		小学			初中		
男	女	小计	男	女	小计	男	女
113	**184**	**64127**	**25558**	**38569**	**111394**	**63997**	**47397**
42	53	18239	6384	11855	39588	21881	17707
13	39	11309	3863	7446	18568	11007	7561
43	65	17135	7722	9413	17113	10590	6523
1	2	602	384	218	1977	1643	334
		181	129	52	208	165	43
7	12	12235	5323	6912	13173	7443	5730
7	13	4426	1753	2673	20767	11268	9499
212	**360**	**220933**	**93071**	**127862**	**313308**	**176970**	**136338**
24	40	23146	9595	13551	53081	28508	24573
26	44	29898	13273	16625	36792	21448	15344
55	104	49601	23378	26223	35880	23388	12492
16	19	15677	7257	8420	12801	8201	4600
11	23	16536	7161	9375	20582	11910	8672
26	37	15148	5894	9254	26415	14863	11552
33	50	31647	11889	19758	61891	32953	28938
21	43	39280	14624	24656	65866	35699	30167
284	**505**	**361564**	**159684**	**201880**	**340728**	**211618**	**129110**
18	25	39322	16510	22812	47517	30098	17419
18	57	51104	18003	33101	52274	33950	18324
14	29	49829	20935	28894	43457	27422	16035
41	79	47454	20740	26714	48515	29533	18982
51	79	66789	28856	37933	76485	45703	30782
32	33	28434	13626	14808	22838	14017	8821
110	203	78632	41014	37618	49642	30895	18747
328	**514**	**330474**	**171560**	**158914**	**312964**	**189588**	**123376**
87	123	64208	35970	28238	55958	34798	21160
31	44	22185	10356	11829	34497	19403	15094
20	21	26167	13931	12236	27493	17366	10127
35	35	51465	28115	23350	27713	17074	10639
16	32	29086	14746	14340	19350	11572	7778
35	100	46800	22635	24165	56711	34329	22382
87	129	65241	33791	31450	56239	34857	21382
15	27	20388	9503	10885	30008	17077	12931
2	3	4934	2513	2421	4995	3112	1883
257	**477**	**362085**	**174953**	**187132**	**181836**	**112258**	**69578**
5	8	10829	4945	5884	8501	4962	3539
42	54	77832	36543	41289	41902	25508	16394
24	42	44328	21547	22781	31459	19071	12388
4	5	25053	11563	13490	16241	10028	6213
36	92	48072	22980	25092	18885	11886	6999
38	75	34624	17807	16817	18916	11978	6938
64	130	66300	33071	33229	22851	14307	8544
44	71	55047	26497	28550	23081	14518	8563
68	**122**	**137367**	**71110**	**66257**	**36827**	**25232**	**11595**
3	6	13602	7579	6023	3740	2572	1168
2	3	28716	14203	14513	8470	5803	2667
1	11	24643	12685	11958	4817	3417	1400
7	24	21681	11152	10529	9893	6913	2980
14	15	10428	5364	5064	2405	1714	691
4	11	9330	4842	4488	2394	1518	876
6	10	7072	3607	3465	1115	736	379
31	42	21895	11678	10217	3993	2559	1434

4-3c 各地区分性别、

地区	高中			大学专科			
	小计	男	女	小计	男	女	小计
合计	**736897**	**462534**	**274363**	**392952**	**222127**	**170825**	**207876**
兰州市	**69498**	**42821**	**26677**	**34857**	**20147**	**14710**	**17182**
城关区	1806	1051	755	1100	589	511	661
七里河区	8934	5090	3844	4049	2073	1976	2120
西固区	3828	2218	1610	1454	795	659	553
安宁区							
红古区	3721	2304	1417	1576	913	663	640
永登县	9512	6322	3190	3483	1995	1488	2058
皋兰县	4115	2749	1366	5069	3017	2052	807
榆中县	21362	12170	9192	7915	4405	3510	4820
兰州新区	16220	10917	5303	10211	6360	3851	5523
嘉峪关市	**1423**	**943**	**480**	**894**	**567**	**327**	**372**
市辖区	1423	943	480	894	567	327	372
金昌市	**7094**	**5000**	**2094**	**4242**	**2666**	**1576**	**2415**
金川区	1600	1151	449	855	537	318	451
永昌县	5494	3849	1645	3387	2129	1258	1964
白银市	**48204**	**31206**	**16998**	**31018**	**17943**	**13075**	**16839**
白银区	4273	2780	1493	1861	1099	762	895
平川区	4333	2794	1539	2256	1354	902	1254
靖远县	15537	9976	5561	10215	6079	4136	5180
会宁县	16457	10596	5861	13147	7400	5747	7195
景泰县	7604	5060	2544	3539	2011	1528	2315
天水市	**99069**	**59282**	**39787**	**48243**	**26618**	**21625**	**23203**
秦州区	13085	7773	5312	4892	2765	2127	2303
麦积区	15011	9235	5776	6854	3776	3078	2987
清水县	9102	5501	3601	3493	1936	1557	1789
秦安县	19135	11914	7221	10442	5618	4824	4981
甘谷县	21609	12525	9084	12187	6818	5369	6047
武山县	13261	7714	5547	7078	3859	3219	3038
张家川回族自治县	7866	4620	3246	3297	1846	1451	2058
武威市	**56240**	**38007**	**18233**	**26470**	**15724**	**10746**	**12875**
凉州区	29612	20020	9592	10622	6457	4165	5089
民勤县	9381	6812	2569	5967	3772	2195	2524
古浪县	12960	8284	4676	7119	3959	3160	3502
天祝藏族自治县	4287	2891	1396	2762	1536	1226	1760
张掖市	**41389**	**26722**	**14667**	**23035**	**13520**	**9515**	**14813**
甘州区	23087	14297	8790	11392	6553	4839	6583
肃南裕固族自治县	1475	983	492	1014	635	379	804
民乐县	3975	2788	1187	3369	2058	1311	2640
临泽县	3718	2720	998	1881	1148	733	1103
高台县	3378	2282	1096	1617	955	662	1218
山丹县	5756	3652	2104	3762	2171	1591	2465
平凉市	**65004**	**41263**	**23741**	**38499**	**21545**	**16954**	**21427**
崆峒区	9581	5797	3784	3831	2067	1764	2063
泾川县	8237	5396	2841	4098	2347	1751	2592
灵台县	6928	4711	2217	3459	2079	1380	2085
崇信县	4677	3342	1335	2537	1667	870	1099
庄浪县	15340	9266	6074	10088	5419	4669	4148
静宁县	16861	10510	6351	12254	6726	5528	8306
华亭市	3380	2241	1139	2232	1240	992	1134

受教育程度的16–59岁人口（乡村）（续2）

单位：人

大学本科		硕士研究生			博士研究生		
男	女	小计	男	女	小计	男	女
113801	**94075**	**8830**	**4661**	**4169**	**944**	**579**	**365**
9292	**7890**	**849**	**379**	**470**	**85**	**43**	**42**
362	299	51	26	25	4	1	3
1103	1017	82	31	51	6	3	3
281	272	30	15	15	2		2
350	290	19	7	12			
1083	975	118	50	68	13	3	10
450	357	38	15	23	3	2	1
2406	2414	250	113	137	26	10	16
3257	2266	261	122	139	31	24	7
223	**149**	**21**	**9**	**12**	**1**		**1**
223	149	21	9	12	1		1
1480	**935**	**149**	**98**	**51**	**15**	**7**	**8**
253	198	21	13	8	1		1
1227	737	128	85	43	14	7	7
8937	**7902**	**929**	**425**	**504**	**109**	**52**	**57**
506	389	31	14	17	9	2	7
611	643	64	26	38	8	4	4
2620	2560	277	117	160	29	10	19
3963	3232	419	213	206	45	28	17
1237	1078	138	55	83	18	8	10
12857	**10346**	**1167**	**637**	**530**	**115**	**77**	**38**
1302	1001	99	52	47	8	3	5
1638	1349	171	91	80	18	13	5
946	843	90	49	41	5	2	3
2658	2323	321	163	158	29	19	10
3438	2609	294	171	123	40	25	15
1759	1279	131	83	48	13	13	
1116	942	61	28	33	2	2	
7552	**5323**	**745**	**416**	**329**	**90**	**60**	**30**
3248	1841	292	185	107	32	26	6
1429	1095	195	97	98	29	16	13
1925	1577	195	105	90	23	13	10
950	810	63	29	34	6	5	1
8272	**6541**	**572**	**316**	**256**	**78**	**51**	**27**
3636	2947	251	133	118	29	21	8
410	394	18	11	7			
1575	1065	97	59	38	14	7	7
586	517	42	26	16	5	3	2
681	537	63	28	35	13	8	5
1384	1081	101	59	42	17	12	5
11615	**9812**	**919**	**497**	**422**	**76**	**50**	**26**
1077	986	85	46	39	12	9	3
1400	1192	116	61	55	10	7	3
1228	857	107	68	39	10	8	2
725	374	28	23	5	5	4	1
2195	1953	170	94	76	11	5	6
4374	3932	379	193	186	25	14	11
616	518	34	12	22	3	3	

4-3c 各地区分性别、

地区	高中			大学专科			
	小计	男	女	小计	男	女	小计
酒泉市	**30071**	**19159**	**10912**	**15100**	**9025**	**6075**	**7911**
肃州区	11625	7281	4344	5788	3318	2470	2636
金塔县	3156	2230	926	1930	1210	720	957
瓜州县	5210	3366	1844	3279	2059	1220	2148
肃北蒙古族自治县	1169	946	223	526	432	94	244
阿克塞哈萨克族自治县	97	84	13	125	97	28	52
玉门市	2601	1782	819	1133	673	460	611
敦煌市	6213	3470	2743	2319	1236	1083	1263
庆阳市	**81942**	**51560**	**30382**	**39948**	**22432**	**17516**	**32311**
西峰区	18162	10544	7618	10023	4813	5210	15208
庆城县	8967	5931	3036	3640	2172	1468	2199
环　县	10693	6965	3728	6810	4051	2759	4395
华池县	4453	3032	1421	2505	1529	976	1868
合水县	4227	2878	1349	1875	1156	719	988
正宁县	5800	3873	1927	2771	1641	1130	1117
宁　县	12549	7763	4786	4824	2834	1990	2621
镇原县	17091	10574	6517	7500	4236	3264	3915
定西市	**92799**	**59081**	**33718**	**49795**	**27743**	**22052**	**27684**
安定区	13831	9038	4793	7297	4161	3136	4368
通渭县	21180	13844	7336	13466	7742	5724	6505
陇西县	11208	7188	4020	6311	3527	2784	4436
渭源县	11908	7505	4403	5842	3295	2547	3517
临洮县	17908	11368	6540	6688	3675	3013	4805
漳　县	4661	2839	1822	2677	1499	1178	1172
岷　县	12103	7299	4804	7514	3844	3670	2881
陇南市	**84582**	**49936**	**34646**	**44203**	**24086**	**20117**	**15463**
武都区	16452	9162	7290	7297	3836	3461	3428
成　县	6728	3988	2740	3008	1582	1426	1074
文　县	8026	4887	3139	5360	2937	2423	1789
宕昌县	7607	4315	3292	4457	2225	2232	1416
康　县	5840	3659	2181	3245	1656	1589	1157
西和县	13740	8218	5522	8095	4606	3489	2454
礼　县	16991	10120	6871	8591	5047	3544	2462
徽　县	7986	4840	3146	3351	1741	1610	1323
两当县	1212	747	465	799	456	343	360
临夏回族自治州	**46590**	**29693**	**16897**	**18856**	**10439**	**8417**	**9199**
临夏市	2315	1359	956	949	418	531	603
临夏县	10997	6773	4224	4179	2247	1932	1807
康乐县	8356	5136	3220	2839	1637	1202	1341
永靖县	5459	3411	2048	2638	1429	1209	1138
广河县	4697	3301	1396	1393	965	428	1296
和政县	4119	2635	1484	1771	967	804	765
东乡族自治县	3833	2516	1317	1795	1003	792	842
积石山保安族东乡族撒拉族自治县	6814	4562	2252	3292	1773	1519	1407
甘南藏族自治州	**12992**	**7861**	**5131**	**17792**	**9672**	**8120**	**6182**
合作市	1253	768	485	998	531	467	683
临潭县	2518	1609	909	2969	1623	1346	714
卓尼县	1472	877	595	2429	1313	1116	808
舟曲县	3288	2053	1235	5885	3192	2693	1691
迭部县	1425	919	506	2673	1539	1134	686
玛曲县	614	358	256	610	310	300	165
碌曲县	592	331	261	669	353	316	498
夏河县	1830	946	884	1559	811	748	937

受教育程度的16–59岁人口（乡村）（续3）

单位：人

大学本科		硕士研究生			博士研究生		
男	女	小计	男	女	小计	男	女
4477	**3434**	**251**	**130**	**121**	**45**	**29**	**16**
1397	1239	103	49	54	13	8	5
564	393	26	14	12	11	8	3
1278	870	31	18	13	4	2	2
202	42	3	2	1	1		1
47	5						
322	289	20	11	9	1	1	
667	596	68	36	32	15	10	5
16912	**15399**	**1147**	**644**	**503**	**130**	**82**	**48**
6946	8262	382	225	157	32	19	13
1223	976	85	50	35	8	4	4
2620	1775	178	91	87	24	14	10
1104	764	58	31	27	6	4	2
593	395	40	19	21	5	5	
663	454	68	41	27	6	4	2
1540	1081	139	80	59	30	21	9
2223	1692	197	107	90	19	11	8
15203	**12481**	**1201**	**637**	**564**	**104**	**73**	**31**
2399	1969	189	98	91	14	9	5
3677	2828	350	181	169	25	21	4
2527	1909	241	139	102	22	14	8
1911	1606	112	62	50	15	9	6
2530	2275	170	83	87	16	10	6
631	541	34	20	14	5	4	1
1528	1353	105	54	51	7	6	1
8163	**7300**	**452**	**237**	**215**	**55**	**31**	**24**
1728	1700	104	64	40	14	9	5
548	526	25	11	14	3	2	1
904	885	48	22	26	3	2	1
725	691	34	14	20	4	2	2
586	571	33	16	17	2	2	
1386	1068	79	38	41	11	6	5
1446	1016	65	42	23	10	8	2
669	654	52	25	27	8		8
171	189	12	5	7			
5362	**3837**	**205**	**114**	**91**	**25**	**17**	**8**
323	280	20	11	9	2	1	1
992	815	47	28	19	3	2	1
772	569	33	17	16	5	3	2
612	526	35	13	22	3	1	2
872	424	18	10	8	5	5	
451	314	12	8	4	3	2	1
493	349	16	10	6	1	1	
847	560	24	17	7	3	2	1
3456	**2726**	**223**	**122**	**101**	**16**	**7**	**9**
345	338	28	16	12	1		1
438	276	13	6	7	1	1	
438	370	23	13	10	4	2	2
967	724	36	17	19	3	1	2
393	293	30	17	13	3	2	1
94	71	13	4	9	1		1
278	220	18	10	8			
503	434	62	39	23	3	1	2

4–4 各地区分性别、

地区	25岁及以上人口			未上过学			
	合计	男	女	小计	男	女	小计
合计	**17534419**	**8812866**	**8721553**	**1766678**	**499044**	**1267634**	**19665**
兰州市	**3115657**	**1590675**	**1524982**	**109028**	**23330**	**85698**	**2055**
城关区	1107154	558617	548537	18084	3873	14211	509
七里河区	521998	265070	256928	17891	4494	13397	265
西固区	312070	155615	156455	6588	1255	5333	144
安宁区	269984	134577	135407	5438	1096	4342	134
红古区	110481	56257	54224	8310	1791	6519	90
永登县	216126	108737	107389	23370	4445	18925	352
皋兰县	94086	50942	43144	4262	1008	3254	87
榆中县	310456	162023	148433	17513	3746	13767	350
兰州新区	173302	98837	74465	7572	1622	5950	124
嘉峪关市	**236242**	**120785**	**115457**	**1740**	**400**	**1340**	**128**
市辖区	236242	120785	115457	1740	400	1340	128
金昌市	**337999**	**169709**	**168290**	**18213**	**4062**	**14151**	**1414**
金川区	199342	100648	98694	9232	1927	7305	278
永昌县	138657	69061	69596	8981	2135	6846	1136
白银市	**1101626**	**553247**	**548379**	**58315**	**13123**	**45192**	**1174**
白银区	256365	129227	127138	5952	1281	4671	137
平川区	144638	73018	71620	8136	1822	6314	155
靖远县	264849	133605	131244	17192	3577	13615	232
会宁县	288420	143694	144726	20403	4937	15466	512
景泰县	147354	73703	73651	6632	1506	5126	138
天水市	**2030950**	**1010984**	**1019966**	**231568**	**65001**	**166567**	**2183**
秦州区	457048	229634	227414	33694	9348	24346	343
麦积区	394256	199748	194508	20895	5473	15422	401
清水县	156997	78278	78719	23596	6414	17182	196
秦安县	296585	148676	147909	39331	10358	28973	302
甘谷县	338940	164266	174674	48746	13473	35273	569
武山县	239645	118023	121622	30189	9566	20623	282
张家川回族自治县	147479	72359	75120	35117	10369	24748	90
武威市	**1070125**	**528315**	**541810**	**89786**	**19534**	**70252**	**1002**
凉州区	636505	312707	323798	39611	8610	31001	493
民勤县	143941	71599	72342	10627	2157	8470	178
古浪县	175823	86228	89595	22379	4740	17639	231
天祝藏族自治县	113856	57781	56075	17169	4027	13142	100
张掖市	**837881**	**412312**	**425569**	**48066**	**11676**	**36390**	**2176**
甘州区	382151	188467	193684	20529	5312	15217	868
肃南裕固族自治县	21904	11433	10471	1275	320	955	9
民乐县	136444	66913	69531	10070	2192	7878	222
临泽县	89325	44254	45071	4693	1296	3397	597
高台县	98601	48424	50177	3513	1030	2483	134
山丹县	109456	52821	56635	7986	1526	6460	346
平凉市	**1305813**	**645771**	**660042**	**174938**	**46210**	**128728**	**1136**
崆峒区	350263	173515	176748	33181	8869	24312	214
泾川县	158436	77070	81366	11914	2529	9385	224
灵台县	113533	56051	57482	13590	2822	10768	142
崇信县	59006	30389	28617	5674	1552	4122	96
庄浪县	231990	112299	119691	26775	7209	19566	214
静宁县	262724	130404	132320	68779	18979	49800	160
华亭市	129861	66043	63818	15025	4250	10775	86

受教育程度的25岁及以上人口

单位：人

学前教育		小学			初中		
男	女	小计	男	女	小计	男	女
6453	**13212**	**5250012**	**2394561**	**2855451**	**5505190**	**3105267**	**2399923**
655	**1400**	**469696**	**208699**	**260997**	**1003047**	**553517**	**449530**
164	345	102859	44481	58378	303101	161285	141816
114	151	74487	34254	40233	158028	85304	72724
34	110	36958	14933	22025	108465	56496	51969
40	94	24755	10445	14310	65831	34621	31210
25	65	21544	10018	11526	42706	23405	19301
111	241	65044	28361	36683	83810	49728	34082
31	56	24316	11326	12990	39839	23642	16197
91	259	83191	37410	45781	134623	77687	56936
45	79	36542	17471	19071	66644	41349	25295
41	**87**	**32880**	**12124**	**20756**	**73182**	**36350**	**36832**
41	87	32880	12124	20756	73182	36350	36832
464	**950**	**78894**	**32564**	**46330**	**112920**	**61041**	**51879**
103	175	31594	13407	18187	64451	33570	30881
361	775	47300	19157	28143	48469	27471	20998
334	**840**	**311598**	**128765**	**182833**	**383105**	**215013**	**168092**
50	87	33308	12941	20367	84902	43132	41770
31	124	30599	12577	18022	54925	30250	24675
65	167	87222	35919	51303	101764	59704	42060
144	368	118919	50668	68251	86813	51840	34973
44	94	41550	16660	24890	54701	30087	24614
793	**1390**	**671592**	**310490**	**361102**	**680742**	**380325**	**300417**
125	218	131368	62475	68893	147079	79512	67567
150	251	113524	49826	63698	154465	84642	69823
86	110	61610	28708	32902	44607	26872	17735
120	182	94139	42106	52033	109962	63773	46189
179	390	121947	56008	65939	112929	62412	50517
113	169	92965	43306	49659	78494	43051	35443
20	70	56039	28061	27978	33206	20063	13143
277	**725**	**307341**	**120165**	**187176**	**388264**	**217393**	**170871**
123	370	160051	57891	102160	252271	137194	115077
49	129	37969	14210	23759	53407	29077	24330
66	165	65337	26593	38744	54863	33787	21076
39	61	43984	21471	22513	27723	17335	10388
664	**1512**	**254561**	**101989**	**152572**	**301389**	**163569**	**137820**
278	590	83900	34075	49825	143688	74632	69056
3	6	8192	3691	4501	6101	3588	2513
57	165	63558	25605	37953	39375	24212	15163
206	391	32675	13239	19436	30599	16708	13891
43	91	36370	13684	22686	36931	20514	16417
77	269	29866	11695	18171	44695	23915	20780
328	**808**	**417603**	**189200**	**228403**	**400739**	**226737**	**174002**
61	153	79704	36330	43374	126784	67303	59481
53	171	55996	22763	33233	59233	32632	26601
32	110	36151	15088	21063	39223	22527	16696
37	59	18119	7830	10289	18388	10400	7988
61	153	111132	48783	62349	52521	31247	21274
56	104	76522	40029	36493	66357	40739	25618
28	58	39979	18377	21602	38233	21889	16344

4-4 各地区分性别、

地区	25岁及以上人口			未上过学			
	合计	男	女	小计	男	女	小计
酒泉市	**794954**	**408195**	**386759**	**45209**	**12102**	**33107**	**1504**
肃州区	341563	170390	171173	18306	4835	13471	692
金塔县	95279	51602	43677	6383	1684	4699	279
瓜州县	94449	49069	45380	10723	3007	7716	247
肃北蒙古族自治县	12319	7604	4715	435	125	310	14
阿克塞哈萨克族自治县	8103	4496	3607	219	65	154	
玉门市	101803	54392	47411	4297	1156	3141	147
敦煌市	141438	70642	70796	4846	1230	3616	125
庆阳市	**1511900**	**758921**	**752979**	**115035**	**30784**	**84251**	**1523**
西峰区	345700	171396	174304	9553	2231	7322	326
庆城县	168326	86949	81377	10479	2947	7532	143
环　县	214120	111311	102809	27118	7622	19496	286
华池县	84114	43606	40508	10957	3258	7699	56
合水县	95675	48591	47084	7948	2286	5662	88
正宁县	120103	59345	60758	14934	3925	11009	199
宁　县	233420	114079	119341	18350	4593	13757	213
镇原县	250442	123644	126798	15696	3922	11774	212
定西市	**1791369**	**900819**	**890550**	**197194**	**53941**	**143253**	**2188**
安定区	310711	157998	152713	29503	6848	22655	171
通渭县	235448	120078	115370	16556	3924	12632	473
陇西县	300965	148848	152117	26779	7014	19765	195
渭源县	203723	104118	99605	20642	5718	14924	364
临洮县	348759	174442	174317	17604	4163	13441	397
漳　县	111315	55431	55884	17491	5030	12461	103
岷　县	280448	139904	140544	68619	21244	47375	485
陇南市	**1661317**	**847072**	**814245**	**343887**	**111547**	**232340**	**1700**
武都区	374139	189199	184940	89186	29798	59388	312
成　县	163762	83001	80761	14653	4772	9881	206
文　县	144380	73941	70439	33208	9985	23223	130
宕昌县	176017	90000	86017	48301	17674	30627	103
康　县	118281	60589	57692	23652	7896	15756	118
西和县	228664	115792	112872	50866	14425	36441	280
礼　县	288645	148991	139654	67328	21318	46010	417
徽　县	136951	69535	67416	13154	4426	8728	119
两当县	30478	16024	14454	3539	1253	2286	15
临夏回族自治州	**1286121**	**636662**	**649459**	**255499**	**82279**	**173220**	**1111**
临夏市	236556	116868	119688	14205	4017	10188	96
临夏县	206712	102931	103781	35409	11247	24162	149
康乐县	153782	75584	78198	38963	11653	27310	119
永靖县	132305	65841	66464	5677	1340	4337	51
广河县	138587	67644	70943	39814	12340	27474	156
和政县	125811	62223	63588	40983	13735	27248	160
东乡族自治县	149884	73826	76058	52155	18619	33536	202
积石山保安族东乡族撒拉族自治县	142484	71745	70739	28293	9328	18965	178
甘南藏族自治州	**452465**	**229399**	**223066**	**78200**	**25055**	**53145**	**371**
合作市	67307	34628	32679	8074	2659	5415	50
临潭县	86569	43418	43151	10944	2727	8217	7
卓尼县	64694	32846	31848	7667	2313	5354	43
舟曲县	85136	42871	42265	21585	6798	14787	55
迭部县	35846	18243	17603	6589	2072	4517	65
玛曲县	33166	17196	15970	8157	3196	4961	31
碌曲县	22974	11471	11503	4346	1490	2856	28
夏河县	56773	28726	28047	10838	3800	7038	92

受教育程度的25岁及以上人口（续1）

单位：人

学前教育		小学			初中		
男	女	小计	男	女	小计	男	女
514	**990**	**186692**	**81801**	**104891**	**287850**	**158038**	**129812**
241	451	66123	27296	38827	116150	60657	55493
94	185	31042	14174	16868	37457	22361	15096
94	153	30558	14279	16279	29185	17251	11934
4	10	2345	1149	1196	3756	2661	1095
		1614	784	830	2053	1204	849
34	113	32280	14545	17735	39680	23061	16619
47	78	22730	9574	13156	59569	30843	28726
470	**1053**	**489556**	**213397**	**276159**	**554293**	**307848**	**246445**
80	246	64599	25687	38912	131927	67620	64307
59	84	60675	27432	33243	63713	36085	27628
89	197	88003	42682	45321	59210	36966	22244
25	31	30897	14659	16238	23277	14158	9119
28	60	34019	15060	18959	34383	19380	15003
72	127	35150	14974	20176	46121	25651	20470
54	159	80995	33126	47869	98890	54320	44570
63	149	95218	39777	55441	96772	53668	43104
692	**1496**	**683947**	**311091**	**372856**	**547276**	**323335**	**223941**
70	101	95870	44186	51684	96808	56618	40190
108	365	100787	41187	59600	70479	44548	25931
60	135	109958	48441	61517	97582	55372	42210
115	249	83163	37852	45311	65555	39384	26171
109	288	133537	57860	75677	124888	71267	53621
49	54	45172	21745	23427	31492	18551	12941
181	304	115460	59820	55640	60472	37595	22877
644	**1056**	**553185**	**292433**	**260752**	**466464**	**271700**	**194764**
130	182	115334	63469	51865	99305	56873	42432
75	131	47279	22652	24627	63873	34663	29210
44	86	43431	23734	19697	41000	24621	16379
42	61	74530	40574	33956	31391	19254	12137
37	81	46149	24487	21662	27901	16304	11597
97	183	71147	37041	34106	69879	41904	27975
177	240	102710	54947	47763	74840	46184	28656
35	84	42658	20391	22267	49203	26728	22475
7	8	9947	5138	4809	9072	5169	3903
409	**702**	**573580**	**281341**	**292239**	**249815**	**153452**	**96363**
26	70	78922	34249	44673	60830	33893	26937
64	85	112781	54849	57932	42693	26784	15909
42	77	61563	31175	30388	33324	20751	12573
15	36	57678	25897	31781	34093	19586	14507
58	98	67181	33911	33270	18085	12510	5575
51	109	45416	24305	21111	23023	14568	8455
76	126	74609	39662	34947	15975	10915	5060
77	101	75430	37293	38137	21792	14445	7347
168	**203**	**218887**	**110502**	**108385**	**56104**	**36949**	**19155**
16	34	24376	12611	11765	9981	5871	4110
3	4	50023	24234	25789	11908	8208	3700
17	26	37516	18592	18924	6640	4582	2058
19	36	32724	16681	16043	13293	8918	4375
45	20	15610	7927	7683	3909	2537	1372
13	18	14828	7814	7014	3389	2240	1149
11	17	11481	5691	5790	1819	1307	512
44	48	32329	16952	15377	5165	3286	1879

4-4 各地区分性别、

地区	高中			大学专科			
	小计	男	女	小计	男	女	小计
合计	**2306152**	**1338288**	**967864**	**1456492**	**800555**	**655937**	**1132525**
兰州市	**657518**	**348740**	**308778**	**415780**	**215597**	**200183**	**390721**
城关区	271667	137685	133982	184645	93338	91307	190883
七里河区	121535	62567	58968	76953	39997	36956	63332
西固区	80607	41547	39060	42947	22372	20575	33719
安宁区	58103	29205	28898	45296	22599	22697	52954
红古区	20064	11431	8633	11700	6303	5397	5845
永登县	26703	16921	9782	9576	5373	4203	7031
皋兰县	13483	8457	5026	6943	3830	3113	4962
榆中县	39208	23784	15424	19022	10543	8479	15707
兰州新区	26148	17143	9005	18698	11242	7456	16288
嘉峪关市	**54756**	**28770**	**25986**	**45196**	**26667**	**18529**	**27123**
市辖区	54756	28770	25986	45196	26667	18529	27123
金昌市	**55379**	**31320**	**24059**	**40099**	**22485**	**17614**	**29275**
金川区	39866	21587	18279	29644	16299	13345	22691
永昌县	15513	9733	5780	10455	6186	4269	6584
白银市	**168424**	**98898**	**69526**	**104854**	**57388**	**47466**	**71653**
白银区	63305	34764	28541	39692	21158	18534	27926
平川区	25060	14559	10501	15961	8606	7355	9561
靖远县	28666	17946	10720	17455	10013	7442	11969
会宁县	29014	17842	11172	19402	10887	8515	12911
景泰县	22379	13787	8592	12344	6724	5620	9286
天水市	**225379**	**131908**	**93471**	**125660**	**70040**	**55620**	**89669**
秦州区	69144	37260	31884	40887	21806	19081	32273
麦积区	58164	33485	24679	28689	16032	12657	17523
清水县	14555	9053	5502	6573	3829	2744	5719
秦安县	28383	18304	10079	13428	7944	5484	10606
甘谷县	27860	16951	10909	16779	9540	7239	9759
武山县	17203	10390	6813	12372	6910	5462	7890
张家川回族自治县	10070	6465	3605	6932	3979	2953	5899
武威市	**147082**	**92507**	**54575**	**78371**	**45127**	**33244**	**55922**
凉州区	96681	58611	38070	49914	28616	21298	35834
民勤县	22790	15263	7527	11672	6816	4856	7022
古浪县	16994	11677	5317	9151	5364	3787	6643
天祝藏族自治县	10617	6956	3661	7634	4331	3303	6423
张掖市	**109551**	**65202**	**44349**	**67674**	**38781**	**28893**	**52003**
甘州区	63815	35622	28193	38130	21224	16906	29384
肃南裕固族自治县	2426	1564	862	1952	1193	759	1887
民乐县	9828	6722	3106	7957	4836	3121	5287
临泽县	10621	6897	3724	5589	3388	2201	4463
高台县	9708	6220	3488	6290	3800	2490	5514
山丹县	13153	8177	4976	7756	4340	3416	5468
平凉市	**144576**	**89645**	**54931**	**92567**	**52434**	**40133**	**71737**
崆峒区	54649	30388	24261	31916	17491	14425	22680
泾川县	15538	10244	5294	8112	4770	3342	7265
灵台县	12265	8372	3893	6472	3894	2578	5558
崇信县	7707	5217	2490	4931	3001	1930	4006
庄浪县	17955	11684	6271	12417	7070	5347	10734
静宁县	21470	14377	7093	15902	8975	6927	12988
华亭市	14992	9363	5629	12817	7233	5584	8506

受教育程度的25岁及以上人口（续2）

单位：人

大学本科		硕士研究生			博士研究生		
男	女	小计	男	女	小计	男	女
617913	**514612**	**84466**	**42511**	**41955**	**13239**	**8274**	**4965**
205484	**185237**	**57203**	**27962**	**29241**	**10609**	**6691**	**3918**
99402	91481	29304	14500	14804	6102	3889	2213
33199	30133	8280	4330	3950	1227	811	416
17687	16032	2414	1163	1251	228	128	100
28071	24883	14593	6738	7855	2880	1762	1118
3188	2657	210	93	117	12	3	9
3685	3346	216	103	113	24	10	14
2555	2407	179	82	97	15	11	4
8387	7320	773	337	436	69	38	31
9310	6978	1234	616	618	52	39	13
15673	**11450**	**1145**	**706**	**439**	**92**	**54**	**38**
15673	11450	1145	706	439	92	54	38
16716	**12559**	**1685**	**981**	**704**	**120**	**76**	**44**
12812	9879	1501	886	615	85	57	28
3904	2680	184	95	89	35	19	16
38505	**33148**	**2233**	**1084**	**1149**	**270**	**137**	**133**
15324	12602	1031	524	507	112	53	59
5058	4503	214	102	112	27	13	14
6235	5734	309	129	180	40	17	23
7147	5764	395	196	199	51	33	18
4741	4545	284	133	151	40	21	19
50347	**39322**	**3758**	**1839**	**1919**	**399**	**241**	**158**
18026	14247	2029	942	1087	231	140	91
9843	7680	554	276	278	41	21	20
3246	2473	136	68	68	5	2	3
5854	4752	391	192	199	43	25	18
5496	4263	295	173	122	56	34	22
4542	3348	229	127	102	21	18	3
3340	2559	124	61	63	2	1	1
32050	**23872**	**2124**	**1110**	**1014**	**233**	**152**	**81**
20748	15086	1513	817	696	137	97	40
3894	3128	235	110	125	41	23	18
3890	2753	193	92	101	32	19	13
3518	2905	183	91	92	23	13	10
29140	**22863**	**2154**	**1115**	**1039**	**307**	**176**	**131**
16385	12999	1604	808	796	233	131	102
1041	846	60	32	28	2	1	1
3205	2082	130	75	55	17	9	8
2459	2004	75	53	22	13	8	5
3065	2449	121	56	65	20	12	8
2985	2483	164	91	73	22	15	7
39870	**31867**	**2308**	**1214**	**1094**	**209**	**133**	**76**
12517	10163	1034	495	539	101	61	40
3994	3271	141	77	64	13	8	5
3230	2328	121	77	44	11	9	2
2293	1713	75	51	24	10	8	2
6107	4627	223	126	97	19	12	7
6970	6018	501	253	248	45	26	19
4759	3747	213	135	78	10	9	1

4-4 各地区分性别、

地区	高中			大学专科			
	小计	男	女	小计	男	女	小计
酒泉市	**125930**	**73394**	**52536**	**85496**	**48012**	**37484**	**59998**
肃州区	65335	36472	28863	43879	23901	19978	29729
金塔县	9421	6526	2895	7047	4561	2486	3565
瓜州县	11104	7033	4071	7224	4368	2856	5316
肃北蒙古族自治县	2077	1476	601	1875	1215	660	1781
阿克塞哈萨克族自治县	1058	655	403	1544	954	590	1585
玉门市	12401	8025	4376	7528	4415	3113	5356
敦煌市	24534	13207	11327	16399	8598	7801	12666
庆阳市	**178509**	**109137**	**69372**	**97423**	**55219**	**42204**	**72643**
西峰区	68857	37751	31106	39374	21091	18283	29340
庆城县	17945	11593	6352	8671	5074	3597	6533
环　县	18362	11845	6517	11172	6511	4661	9729
华池县	8569	5630	2939	5577	3278	2299	4673
合水县	9890	6407	3483	5647	3368	2279	3597
正宁县	12224	8066	4158	6929	4047	2882	4425
宁　县	19525	12830	6695	9168	5526	3642	6090
镇原县	23137	15015	8122	10885	6324	4561	8256
定西市	**174657**	**108682**	**65975**	**99607**	**55867**	**43740**	**83769**
安定区	39171	23439	15732	25053	13788	11265	23125
通渭县	23334	16105	7229	13460	8207	5253	9963
陇西县	31363	18775	12588	18642	10179	8463	15963
渭源县	16853	11230	5623	9366	5466	3900	7607
临洮县	41236	24590	16646	16797	9034	7763	13907
漳　县	7679	4801	2878	5018	2876	2142	4293
岷　县	15021	9742	5279	11271	6317	4954	8911
陇南市	**141477**	**84572**	**56905**	**100093**	**56081**	**44012**	**52826**
武都区	30999	17758	13241	23356	12605	10751	15092
成　县	18210	10455	7755	11896	6329	5567	7221
文　县	12310	7528	4782	9462	5387	4075	4748
宕昌县	9630	5853	3777	8433	4630	3803	3552
康　县	9934	5931	4003	6774	3847	2927	3662
西和县	17772	11316	6456	12551	7367	5184	6019
礼　县	22397	13925	8472	15647	9238	6409	5207
徽　县	16560	9684	6876	9382	5172	4210	5717
两当县	3665	2122	1543	2592	1506	1086	1608
临夏回族自治州	**96551**	**58912**	**37639**	**61948**	**33788**	**28160**	**46162**
临夏市	35230	19409	15821	25202	13227	11975	21227
临夏县	10500	6987	3513	3461	1997	1464	1667
康乐县	9168	5929	3239	6692	3804	2888	3881
永靖县	16214	9332	6882	10275	5329	4946	8040
广河县	5858	4157	1701	4015	2449	1566	3410
和政县	7532	4797	2735	5109	2813	2296	3530
东乡族自治县	4053	2798	1255	1829	1096	733	1041
积石山保安族东乡族撒拉族自治县	7996	5503	2493	5365	3073	2292	3366
甘南藏族自治州	**26363**	**16601**	**9762**	**41724**	**23069**	**18655**	**29024**
合作市	6026	3455	2571	7819	4126	3693	9810
临潭县	4400	3033	1367	5502	3077	2425	3711
卓尼县	3236	2023	1213	6029	3332	2697	3482
舟曲县	5136	3397	1739	8319	4713	3606	3925
迭部县	2582	1639	943	4508	2564	1944	2506
玛曲县	1584	968	616	3321	1909	1412	1773
碌曲县	1050	666	384	2127	1168	959	2028
夏河县	2349	1420	929	4099	2180	1919	1789

受教育程度的25岁及以上人口（续3）

单位：人

大学本科		硕士研究生			博士研究生		
男	女	小计	男	女	小计	男	女
33057	**26941**	**2093**	**1163**	**930**	**182**	**114**	**68**
16248	13481	1242	678	564	107	62	45
2157	1408	74	38	36	11	7	4
2982	2334	86	51	35	6	4	2
959	822	31	12	19	5	3	2
814	771	30	20	10			
3080	2276	108	71	37	6	5	1
6817	5849	522	293	229	47	33	14
40434	**32209**	**2675**	**1482**	**1193**	**243**	**150**	**93**
15977	13363	1616	899	717	108	60	48
3664	2869	149	87	62	18	8	10
5478	4251	216	106	110	24	12	12
2532	2141	101	61	40	7	5	2
2000	1597	91	51	40	12	11	1
2536	1889	104	61	43	17	13	4
3513	2577	155	92	63	34	25	9
4734	3522	243	125	118	23	16	7
45821	**37948**	**2455**	**1232**	**1223**	**276**	**158**	**118**
12553	10572	906	447	459	104	49	55
5783	4180	356	187	169	40	29	11
8747	7216	440	231	209	43	29	14
4260	3347	148	78	70	25	15	10
7242	6665	356	159	197	37	18	19
2342	1951	57	31	26	10	6	4
4894	4017	192	99	93	17	12	5
29157	**23669**	**1560**	**854**	**706**	**125**	**84**	**41**
8255	6837	513	279	234	42	32	10
3834	3387	400	206	194	24	15	9
2589	2159	85	47	38	6	6	
1921	1631	72	49	23	5	3	2
2026	1636	87	57	30	4	4	
3551	2468	136	82	54	14	9	5
3143	2064	87	50	37	12	9	3
3026	2691	141	68	73	17	5	12
812	796	39	16	23	1	1	
25675	**20487**	**1360**	**750**	**610**	**95**	**56**	**39**
11582	9645	795	437	358	49	28	21
974	693	50	28	22	2	1	1
2188	1693	65	39	26	7	3	4
4203	3837	261	131	130	16	8	8
2175	1235	58	36	22	10	8	2
1915	1615	53	35	18	5	4	1
648	393	19	11	8	1	1	
1990	1376	59	33	26	5	3	2
15984	**13040**	**1713**	**1019**	**694**	**79**	**52**	**27**
5204	4606	1119	646	473	52	40	12
2093	1618	73	42	31	1	1	
1937	1545	77	48	29	4	2	2
2283	1642	93	59	34	6	3	3
1413	1093	73	44	29	4	2	2
1001	772	79	55	24	4		4
1071	957	94	66	28	1	1	
982	807	105	59	46	7	3	4

4-4a　各地区分性别、

地区	25 岁及以上人口			未上过学			
	合计	男	女	小计	男	女	小计
合计	**5040767**	**2501621**	**2539146**	**131171**	**29007**	**102164**	**2760**
兰州市	**2102528**	**1052864**	**1049664**	**44480**	**9666**	**34814**	**963**
城关区	1076175	541660	534515	17290	3681	13609	483
七里河区	418438	209072	209366	12072	2905	9167	179
西固区	267718	132398	135320	4650	849	3801	106
安宁区	269984	134577	135407	5438	1096	4342	134
红古区	70213	35157	35056	5030	1135	3895	61
嘉峪关市	**218843**	**111192**	**107651**	**1300**	**262**	**1038**	**70**
市辖区	218843	111192	107651	1300	262	1038	70
金昌市	**179259**	**90086**	**89173**	**7032**	**1387**	**5645**	**172**
金川区	179259	90086	89173	7032	1387	5645	172
白银市	**318958**	**158878**	**160080**	**6957**	**1350**	**5607**	**147**
白银区	227970	114100	113870	4054	781	3273	76
平川区	89679	43981	45698	2871	563	2308	71
靖远县	1309	797	512	32	6	26	
天水市	**454682**	**224920**	**229762**	**11399**	**2775**	**8624**	**371**
秦州区	263601	129523	134078	6840	1586	5254	167
麦积区	191081	95397	95684	4559	1189	3370	204
武威市	**272418**	**133181**	**139237**	**8042**	**1572**	**6470**	**69**
凉州区	272418	133181	139237	8042	1572	6470	69
张掖市	**185778**	**89805**	**95973**	**5101**	**904**	**4197**	**172**
甘州区	185326	89588	95738	5083	897	4186	172
肃南裕固族自治县	452	217	235	18	7	11	
平凉市	**276692**	**135274**	**141418**	**9272**	**1846**	**7426**	**125**
崆峒区	221847	108277	113570	6891	1356	5535	102
华亭市	54845	26997	27848	2381	490	1891	23
酒泉市	**325222**	**161156**	**164066**	**8372**	**1762**	**6610**	**367**
肃州区	224388	110903	113485	6134	1228	4906	294
玉门市	34748	17638	17110	1025	250	775	43
敦煌市	66086	32615	33471	1213	284	929	30
庆阳市	**206730**	**100742**	**105988**	**2763**	**643**	**2120**	**93**
西峰区	206730	100742	105988	2763	643	2120	93
定西市	**131403**	**63610**	**67793**	**5373**	**1008**	**4365**	**44**
安定区	131403	63610	67793	5373	1008	4365	44
陇南市	**119845**	**57289**	**62556**	**8253**	**2338**	**5915**	**57**
武都区	118705	56690	62015	8094	2293	5801	57
康　县	1140	599	541	159	45	114	
临夏回族自治州	**206914**	**101805**	**105109**	**10181**	**2756**	**7425**	**65**
临夏市	201309	99067	102242	9814	2667	7147	63
临夏县	5605	2738	2867	367	89	278	2
甘南藏族自治州	**41495**	**20819**	**20676**	**2646**	**738**	**1908**	**45**
合作市	41495	20819	20676	2646	738	1908	45

受教育程度的25岁及以上人口（城市）

单位：人

学前教育		小学			初中		
男	女	小计	男	女	小计	男	女
870	**1890**	**657056**	**265148**	**391908**	**1533055**	**774686**	**758369**
313	**650**	**210936**	**90051**	**120885**	**582618**	**305468**	**277150**
155	328	98045	41958	56087	290975	154024	136951
71	108	48259	21055	27204	113726	59140	54586
28	78	27593	10881	16712	87827	44823	43004
40	94	24755	10445	14310	65831	34621	31210
19	42	12284	5712	6572	24259	12860	11399
13	**57**	**27373**	**9717**	**17656**	**64368**	**31077**	**33291**
13	57	27373	9717	17656	64368	31077	33291
52	**120**	**24064**	**10007**	**14057**	**56592**	**28675**	**27917**
52	120	24064	10007	14057	56592	28675	27917
38	**109**	**38806**	**14411**	**24395**	**106551**	**53543**	**53008**
27	49	25222	9362	15860	73806	36763	37043
11	60	13330	4913	8417	32023	16324	15699
		254	136	118	722	456	266
149	**222**	**81176**	**34760**	**46416**	**157579**	**78754**	**78825**
55	112	45352	19635	25717	83597	41192	42405
94	110	35824	15125	20699	73982	37562	36420
17	**52**	**34936**	**11752**	**23184**	**90689**	**42643**	**48046**
17	52	34936	11752	23184	90689	42643	48046
49	**123**	**21561**	**7680**	**13881**	**57954**	**27217**	**30737**
49	123	21390	7614	13776	57848	27164	30684
		171	66	105	106	53	53
31	**94**	**40214**	**15097**	**25117**	**100380**	**49352**	**51028**
28	74	31861	12125	19736	83862	41199	42663
3	20	8353	2972	5381	16518	8153	8365
115	**252**	**40314**	**15377**	**24937**	**106231**	**52731**	**53500**
95	199	27275	10374	16901	67853	33312	34541
9	34	5507	2083	3424	12238	6370	5868
11	19	7532	2920	4612	26140	13049	13091
28	**65**	**20750**	**7368**	**13382**	**71796**	**34120**	**37676**
28	65	20750	7368	13382	71796	34120	37676
15	**29**	**21862**	**8554**	**13308**	**39214**	**19241**	**19973**
15	29	21862	8554	13308	39214	19241	19973
19	**38**	**22868**	**9740**	**13128**	**39228**	**19175**	**20053**
19	38	22402	9491	12911	38870	18967	19903
		466	249	217	358	208	150
17	**48**	**63616**	**26774**	**36842**	**52557**	**28769**	**23788**
16	47	61054	25684	35370	51285	28056	23229
1	1	2562	1090	1472	1272	713	559
14	**31**	**8580**	**3860**	**4720**	**7298**	**3921**	**3377**
14	31	8580	3860	4720	7298	3921	3377

4-4a 各地区分性别、

地区	高中			大学专科			
	小计	男	女	小计	男	女	小计
合计	**1160701**	**605076**	**555625**	**797012**	**420596**	**376416**	**678546**
兰州市	**517715**	**262871**	**254844**	**346416**	**176437**	**169979**	**336083**
城关区	266332	134806	131526	181273	91614	89659	187026
七里河区	107401	54556	52845	69722	36194	33528	58724
西固区	72111	36693	35418	40534	20985	19549	32349
安宁区	58103	29205	28898	45296	22599	22697	52954
红古区	13768	7611	6157	9591	5045	4546	5030
嘉峪关市	**53178**	**27696**	**25482**	**44491**	**26183**	**18308**	**26846**
市辖区	53178	27696	25482	44491	26183	18308	26846
金昌市	**38295**	**20430**	**17865**	**29091**	**15938**	**13153**	**22441**
金川区	38295	20430	17865	29091	15938	13153	22441
白银市	**77848**	**42156**	**35692**	**51559**	**27252**	**24307**	**35797**
白银区	58341	31453	26888	38080	20194	17886	27279
平川区	19324	10570	8754	13386	7004	6382	8494
靖远县	183	133	50	93	54	39	24
天水市	**98821**	**51737**	**47084**	**58269**	**30862**	**27407**	**44452**
秦州区	58460	30007	28453	36696	19170	17526	30325
麦积区	40361	21730	18631	21573	11692	9881	14127
武威市	**63747**	**34936**	**28811**	**41107**	**22971**	**18136**	**32448**
凉州区	63747	34936	28811	41107	22971	18136	32448
张掖市	**45113**	**23253**	**21860**	**29744**	**16232**	**13512**	**24514**
甘州区	45056	23219	21837	29683	16192	13491	24476
肃南裕固族自治县	57	34	23	61	40	21	38
平凉市	**56307**	**30448**	**25859**	**40129**	**21868**	**18261**	**29004**
崆峒区	46705	24964	21741	29753	16169	13584	21601
华亭市	9602	5484	4118	10376	5699	4677	7403
酒泉市	**75545**	**40290**	**35255**	**54322**	**29171**	**25151**	**38504**
肃州区	54032	28602	25430	39617	21355	18262	27930
玉门市	6336	3641	2695	5195	2844	2351	4328
敦煌市	15177	8047	7130	9510	4972	4538	6246
庆阳市	**51014**	**26475**	**24539**	**33359**	**17574**	**15785**	**25612**
西峰区	51014	26475	24539	33359	17574	15785	25612
定西市	**24745**	**13390**	**11355**	**19292**	**10292**	**9000**	**20013**
安定区	24745	13390	11355	19292	10292	9000	20013
陇南市	**19555**	**10145**	**9410**	**17104**	**8929**	**8175**	**12329**
武都区	19460	10077	9383	17057	8906	8151	12314
康　县	95	68	27	47	23	24	15
临夏回族自治州	**33610**	**18377**	**15233**	**24978**	**13135**	**11843**	**21077**
临夏市	33038	18020	15018	24521	12877	11644	20711
临夏县	572	357	215	457	258	199	366
甘南藏族自治州	**5208**	**2872**	**2336**	**7151**	**3752**	**3399**	**9426**
合作市	5208	2872	2336	7151	3752	3399	9426

受教育程度的25岁及以上人口（城市）（续）

单位：人

大学本科		硕士研究生			博士研究生		
男	女	小计	男	女	小计	男	女
364728	**313818**	**68828**	**34229**	**34599**	**11638**	**7281**	**4357**
175736	**160347**	**53034**	**25839**	**27195**	**10283**	**6483**	**3800**
97375	89651	28710	14201	14509	6041	3846	2195
30708	28016	7220	3694	3526	1135	749	386
16891	15458	2331	1124	1207	217	124	93
28071	24883	14593	6738	7855	2880	1762	1118
2691	2339	180	82	98	10	2	8
15492	**11354**	**1126**	**698**	**428**	**91**	**54**	**37**
15492	11354	1126	698	428	91	54	37
12662	**9779**	**1488**	**878**	**610**	**84**	**57**	**27**
12662	9779	1488	878	610	84	57	27
19464	**16333**	**1172**	**603**	**569**	**121**	**61**	**60**
14954	12325	1009	515	494	103	51	52
4499	3995	162	87	75	18	10	8
11	13	1	1				
24633	**19819**	**2368**	**1103**	**1265**	**247**	**147**	**100**
16845	13480	1944	898	1046	220	135	85
7788	6339	424	205	219	27	12	15
18547	**13901**	**1278**	**674**	**604**	**102**	**69**	**33**
18547	13901	1278	674	604	102	69	33
13647	**10867**	**1412**	**709**	**703**	**207**	**114**	**93**
13630	10846	1411	709	702	207	114	93
17	21	1		1			
15988	**13016**	**1165**	**586**	**579**	**96**	**58**	**38**
11918	9683	982	465	517	90	53	37
4070	3333	183	121	62	6	5	1
20853	**17651**	**1450**	**788**	**662**	**117**	**69**	**48**
15245	12685	1161	640	521	92	52	40
2393	1935	72	45	27	4	3	1
3215	3031	217	103	114	21	14	7
13802	**11810**	**1265**	**691**	**574**	**78**	**41**	**37**
13802	11810	1265	691	574	78	41	37
10699	**9314**	**777**	**375**	**402**	**83**	**36**	**47**
10699	9314	777	375	402	83	36	47
6694	**5635**	**421**	**225**	**196**	**30**	**24**	**6**
6688	5626	421	225	196	30	24	6
6	9						
11519	**9558**	**782**	**430**	**352**	**48**	**28**	**20**
11293	9418	775	426	349	48	28	20
226	140	7	4	3			
4992	**4434**	**1090**	**630**	**460**	**51**	**40**	**11**
4992	4434	1090	630	460	51	40	11

4-4b 各地区分性别、

地区	25岁及以上人口			未上过学			
	合计	男	女	小计	男	女	小计
合计	**3916537**	**1922715**	**1993822**	**261295**	**68228**	**193067**	**3833**
兰州市	**449036**	**230289**	**218747**	**19213**	**3576**	**15637**	**339**
城关区	16812	8621	8191	302	59	243	15
七里河区	37182	19263	17919	1799	475	1324	20
西固区	17727	9045	8682	515	93	422	11
安宁区							
红古区	13172	6727	6445	902	184	718	7
永登县	101120	49228	51892	7584	1255	6329	150
皋兰县	51915	27292	24623	1373	319	1054	16
榆中县	123666	62476	61190	3822	670	3152	59
兰州新区	87442	47637	39805	2916	521	2395	61
嘉峪关市	**2958**	**1602**	**1356**	**124**	**32**	**92**	**6**
市辖区	2958	1602	1356	124	32	92	6
金昌市	**75783**	**37208**	**38575**	**2717**	**490**	**2227**	**365**
金川区	790	425	365	69	24	45	71
永昌县	74993	36783	38210	2648	466	2182	294
白银市	**278793**	**134547**	**144246**	**8203**	**1736**	**6467**	**208**
白银区	2120	1090	1030	51	8	43	
平川区	14618	8042	6576	781	181	600	25
靖远县	97037	47185	49852	3808	772	3036	98
会宁县	87902	40981	46921	1756	440	1316	65
景泰县	77116	37249	39867	1807	335	1472	20
天水市	**453813**	**220594**	**233219**	**34578**	**9736**	**24842**	**466**
秦州区	32921	16521	16400	3419	1043	2376	6
麦积区	33581	16990	16591	1413	406	1007	24
清水县	48531	23354	25177	4504	1179	3325	57
秦安县	92482	44882	47600	5164	1291	3873	107
甘谷县	118360	56322	62038	8714	2590	6124	122
武山县	84201	41199	43002	5175	1481	3694	144
张家川回族自治县	43737	21326	22411	6189	1746	4443	6
武威市	**206408**	**100919**	**105489**	**13191**	**2666**	**10525**	**170**
凉州区	52381	25639	26742	3301	690	2611	22
民勤县	50462	24912	25550	1445	267	1178	39
古浪县	52928	25824	27104	4193	933	3260	88
天祝藏族自治县	50637	24544	26093	4252	776	3476	21
张掖市	**219886**	**105439**	**114447**	**8808**	**1650**	**7158**	**516**
甘州区	11098	5722	5376	703	224	479	67
肃南裕固族自治县	7836	3870	3966	352	80	272	4
民乐县	58692	27889	30803	2982	454	2528	61
临泽县	37417	18322	19095	1009	268	741	210
高台县	47267	22679	24588	823	146	677	35
山丹县	57576	26957	30619	2939	478	2461	139
平凉市	**272973**	**128978**	**143995**	**21525**	**4828**	**16697**	**271**
崆峒区	6385	3176	3209	876	225	651	14
泾川县	57346	26886	30460	2717	531	2186	110
灵台县	35012	15819	19193	1697	312	1385	18
崇信县	23460	11206	12254	1442	339	1103	36
庄浪县	61636	29555	32081	3519	873	2646	41
静宁县	68334	31504	36830	9143	2016	7127	33
华亭市	20800	10832	9968	2131	532	1599	19

受教育程度的25岁及以上人口（镇）

单位：人

学前教育		小学			初中		
男	女	小计	男	女	小计	男	女
1304	**2529**	**986069**	**412560**	**573509**	**1318550**	**686570**	**631980**
100	**239**	**83578**	**35701**	**47877**	**172721**	**94538**	**78183**
5	10	1933	916	1017	4548	2476	2072
6	14	7564	3519	4045	13808	7696	6112
1	10	2918	1120	1798	7408	3962	3446
1	6	2591	1194	1397	5747	3123	2624
50	100	23015	9210	13805	39339	21265	18074
3	13	10304	4633	5671	20591	11357	9234
18	41	20384	8380	12004	51268	27272	23996
16	45	14869	6729	8140	30012	17387	12625
2	**4**	**964**	**416**	**548**	**1482**	**899**	**583**
2	4	964	416	548	1482	899	583
143	**222**	**18713**	**6774**	**11939**	**28527**	**14970**	**13557**
41	30	217	92	125	353	215	138
102	192	18496	6682	11814	28174	14755	13419
64	**144**	**62838**	**23409**	**39429**	**99848**	**50863**	**48985**
		574	233	341	893	473	420
7	18	3621	1557	2064	6977	4221	2756
28	70	22838	8859	13979	35383	18590	16793
25	40	21918	7872	14046	28288	13593	14695
4	16	13887	4888	8999	28307	13986	14321
189	**277**	**120540**	**52663**	**67877**	**162301**	**82613**	**79688**
4	2	12990	5956	7034	12764	7111	5653
12	12	8435	3412	5023	13585	7171	6414
32	25	12588	5200	7388	13328	6880	6448
43	64	19056	7938	11118	36970	18415	18555
43	79	33114	14632	18482	44323	21814	22509
52	92	21678	9691	11987	31514	15929	15585
3	3	12679	5834	6845	9817	5293	4524
56	**114**	**49898**	**18543**	**31355**	**67330**	**35419**	**31911**
6	16	14516	5266	9250	21861	11795	10066
12	27	7469	2499	4970	15406	7397	8009
34	54	13652	5073	8579	16458	8798	7660
4	17	14261	5705	8556	13605	7429	6176
168	**348**	**57985**	**21007**	**36978**	**81111**	**40971**	**40140**
27	40	4214	1963	2251	4746	2616	2130
1	3	2264	963	1301	1806	888	918
17	44	19712	7064	12648	19372	10323	9049
84	126	8205	2982	5223	12430	5973	6457
9	26	10974	3620	7354	17992	8748	9244
30	109	12616	4415	8201	24765	12423	12342
84	**187**	**67282**	**26096**	**41186**	**86994**	**42811**	**44183**
7	7	2101	955	1146	2545	1457	1088
27	83	13600	5153	8447	21446	10182	11264
4	14	6612	1932	4680	12552	5461	7091
17	19	4681	1721	2960	7390	3589	3801
12	29	18760	7203	11557	14755	7456	7299
9	24	14423	5891	8532	20914	10370	10544
8	11	7105	3241	3864	7392	4296	3096

4-4b 各地区分性别、

地区	25岁及以上人口			未上过学			
	合计	男	女	小计	男	女	小计
酒泉市	**178144**	**95454**	**82690**	**7445**	**1891**	**5554**	**246**
肃州区	15858	8043	7815	1744	518	1226	70
金塔县	45637	26068	19569	1408	295	1113	60
瓜州县	37579	19166	18413	1610	437	1173	48
肃北蒙古族自治县	7718	4019	3699	259	62	197	11
阿克塞哈萨克族自治县	7445	3971	3474	209	57	152	
玉门市	30789	18051	12738	1296	328	968	41
敦煌市	33118	16136	16982	919	194	725	16
庆阳市	**390266**	**190899**	**199367**	**17412**	**4434**	**12978**	**185**
西峰区	5417	2666	2751	122	30	92	4
庆城县	63802	32235	31567	1621	419	1202	20
环　县	68500	33778	34722	3192	842	2350	19
华池县	31796	15575	16221	1804	482	1322	8
合水县	34949	17075	17874	1392	387	1005	14
正宁县	46526	22375	24151	3836	898	2938	31
宁　县	71858	34812	37046	3491	868	2623	73
镇原县	67418	32383	35035	1954	508	1446	16
定西市	**509484**	**244750**	**264734**	**23863**	**5575**	**18288**	**442**
安定区	18841	9566	9275	1942	443	1499	11
通渭县	56533	27753	28780	1671	350	1321	96
陇西县	145889	69860	76029	4239	955	3284	89
渭源县	53715	26321	27394	2892	725	2167	53
临洮县	126244	58911	67333	3343	650	2693	127
漳　县	34480	16177	18303	2048	479	1569	17
岷　县	73782	36162	37620	7728	1973	5755	49
陇南市	**452937**	**221431**	**231506**	**44790**	**13369**	**31421**	**421**
武都区	37361	17931	19430	7386	2257	5129	15
成　县	77803	38221	39582	3334	978	2356	87
文　县	43151	20535	22616	4101	1119	2982	75
宕昌县	46547	23062	23485	7658	2641	5017	26
康　县	32670	15949	16721	3025	921	2104	21
西和县	63480	31164	32316	6316	1578	4738	77
礼　县	84776	42591	42185	10020	3092	6928	76
徽　县	53978	25549	28429	2356	620	1736	40
两当县	13171	6429	6742	594	163	431	4
临夏回族自治州	**282426**	**137649**	**144777**	**42790**	**12794**	**29996**	**119**
临夏市	7837	4052	3785	1247	386	861	
临夏县	26324	12802	13522	3933	1147	2786	5
康乐县	34979	16740	18239	4168	931	3237	28
永靖县	67327	32210	35117	2095	428	1667	13
广河县	48700	23756	24944	10856	3145	7711	13
和政县	36033	17580	18453	6404	1914	4490	33
东乡族自治县	30642	15374	15268	10314	3760	6554	21
积石山保安族东乡族撒拉族自治县	30584	15135	15449	3773	1083	2690	6
甘南藏族自治州	**143630**	**72956**	**70674**	**16636**	**5451**	**11185**	**79**
合作市	2131	1087	1044	355	110	245	
临潭县	30857	15017	15840	2426	539	1887	4
卓尼县	22192	11343	10849	1194	341	853	7
舟曲县	25362	12460	12902	3244	901	2343	7
迭部县	13833	7053	6780	1338	360	978	32
玛曲县	19468	10283	9185	5310	2142	3168	18
碌曲县	10380	5399	4981	1407	436	971	4
夏河县	19407	10314	9093	1362	622	740	7

受教育程度的25岁及以上人口（镇）（续1）

单位：人

学前教育		小学			初中		
男	女	小计	男	女	小计	男	女
73	**173**	**40241**	**18484**	**21757**	**65939**	**37003**	**28936**
27	43	5112	2281	2831	6723	3697	3026
17	43	10988	5696	5292	17614	10142	7472
12	36	7773	3121	4652	12636	6706	5930
3	8	1559	650	909	1778	1017	761
		1410	640	770	1846	1035	811
10	31	8957	4279	4678	14271	9023	5248
4	12	4442	1817	2625	11071	5383	5688
53	**132**	**94947**	**37717**	**57230**	**149599**	**75753**	**73846**
1	3	1600	659	941	2625	1294	1331
12	8	14758	6208	8550	25877	13259	12618
5	14	18336	7361	10975	23419	12465	10954
3	5	8184	3329	4855	9993	5211	4782
3	11	7513	2890	4623	12974	6404	6570
12	19	9348	3695	5653	18072	8993	9079
13	60	17349	6717	10632	31117	15665	15452
4	12	17859	6858	11001	25522	12462	13060
134	**308**	**127897**	**50839**	**77058**	**174239**	**88204**	**86035**
7	4	6406	2878	3528	7132	4130	3002
27	69	13937	5174	8763	18506	9367	9139
27	62	34188	13060	21128	54563	27155	27408
24	29	13232	5415	7817	18070	9268	8802
27	100	28632	10757	17875	44934	21852	23082
8	9	9195	3640	5555	11038	5399	5639
14	35	22307	9915	12392	19996	11033	8963
147	**274**	**106567**	**48937**	**57630**	**147371**	**75516**	**71855**
5	10	12282	6009	6273	12891	6892	5999
35	52	14383	6371	8012	30611	15395	15216
22	53	8458	3624	4834	14428	7130	7298
9	17	14371	7007	7364	10514	5814	4700
4	17	8182	3745	4437	8877	4499	4378
26	51	13959	6469	7490	21206	10819	10387
31	45	22386	10571	11815	25521	13889	11632
13	27	10073	4079	5994	19238	9102	10136
2	2	2473	1062	1411	4085	1976	2109
41	**78**	**101958**	**47036**	**54922**	**60034**	**34364**	**25670**
		4196	2152	2044	1824	1159	665
1	4	13175	6223	6952	6301	3674	2627
12	16	9667	4204	5463	8386	4513	3873
2	11	19310	7739	11571	18034	9393	8641
6	7	21366	10088	11278	7245	4832	2413
9	24	9676	4612	5064	8347	4630	3717
8	13	13297	7069	6228	4287	2815	1472
3	3	11271	4949	6322	5610	3348	2262
50	**29**	**52661**	**24938**	**27723**	**21054**	**12646**	**8408**
		1537	829	708	128	89	39
2	2	13927	6046	7881	4873	2979	1894
1	6	7949	3623	4326	2997	1792	1205
1	6	7121	3059	4062	4694	2601	2093
28	4	3682	1773	1909	1997	1136	861
9	9	6000	3255	2745	2125	1390	735
3	1	3445	1706	1739	1214	868	346
6	1	9000	4647	4353	3026	1791	1235

4–4b 各地区分性别、

地区	高中			大学专科			
	小计	男	女	小计	男	女	小计
合计	**576586**	**331371**	**245215**	**419685**	**231653**	**188032**	**339990**
兰州市	**79219**	**45519**	**33700**	**47672**	**26171**	**21501**	**42566**
城关区	3669	1911	1758	2467	1235	1232	3274
七里河区	5938	3180	2758	4026	2127	1899	2954
西固区	4447	2456	1991	1372	790	582	989
安宁区							
红古区	2634	1442	1192	928	555	373	346
永登县	17492	10268	7224	7460	4058	3402	5927
皋兰县	9391	5597	3794	5606	3046	2560	4465
榆中县	21099	11793	9306	13604	7335	6269	12799
兰州新区	14549	8872	5677	12209	7025	5184	11812
嘉峪关市	**255**	**167**	**88**	**98**	**69**	**29**	**28**
市辖区	255	167	88	98	69	29	28
金昌市	**10968**	**6396**	**4572**	**8601**	**4998**	**3603**	**5763**
金川区	24	19	5	33	21	12	23
永昌县	10944	6377	4567	8568	4977	3591	5740
白银市	**47878**	**27031**	**20847**	**32636**	**17337**	**15299**	**26609**
白银区	463	296	167	85	49	36	50
平川区	1802	1245	557	1037	634	403	357
靖远县	14900	8459	6441	10647	5661	4986	9195
会宁县	15548	8335	7213	11054	5729	5325	9101
景泰县	15165	8696	6469	9813	5264	4549	7906
天水市	**62168**	**34673**	**27495**	**39584**	**21777**	**17807**	**33416**
秦州区	2101	1380	721	1063	700	363	562
麦积区	5659	3346	2313	2755	1611	1144	1671
清水县	8351	4625	3726	4658	2615	2043	4952
秦安县	14637	8121	6516	7891	4396	3495	8426
甘谷县	15777	8488	7289	9586	5116	4470	6592
武山县	10369	5677	4692	8752	4653	4099	6406
张家川回族自治县	5274	3036	2238	4879	2686	2193	4807
武威市	**35120**	**21194**	**13926**	**22876**	**13076**	**9800**	**17419**
凉州区	8754	5438	3316	2830	1779	1051	1038
民勤县	11799	6782	5017	8308	4665	3643	5882
古浪县	7771	4837	2934	5643	3175	2468	5042
天祝藏族自治县	6796	4137	2659	6095	3457	2638	5457
张掖市	**30317**	**18188**	**12129**	**22406**	**13004**	**9402**	**18368**
甘州区	981	653	328	287	185	102	97
肃南裕固族自治县	977	556	421	1116	650	466	1271
民乐县	6225	3926	2299	6079	3573	2506	4181
临泽县	6977	4087	2890	4503	2673	1830	4023
高台县	7065	4208	2857	5316	3164	2152	4971
山丹县	8092	4758	3334	5105	2759	2346	3825
平凉市	**36412**	**21660**	**14752**	**29459**	**16388**	**13071**	**30414**
崆峒区	565	366	199	190	114	76	88
泾川县	7966	4685	3281	5623	3142	2481	5797
灵台县	5364	3145	2219	4261	2411	1850	4449
崇信县	3477	2021	1456	3170	1751	1419	3204
庄浪县	8214	4772	3442	7384	4141	3243	8828
静宁县	8429	5020	3409	7644	4098	3546	7491
华亭市	2397	1651	746	1187	731	456	557

受教育程度的25岁及以上人口（镇）（续2）

单位：人

大学本科		硕士研究生			博士研究生		
男	女	小计	男	女	小计	男	女
185419	**154571**	**9742**	**5117**	**4625**	**787**	**493**	**294**
22708	**19858**	**3473**	**1806**	**1667**	**255**	**170**	**85**
1704	1570	546	273	273	58	42	16
1596	1358	986	605	381	87	59	28
591	398	58	28	30	9	4	5
221	125	15	6	9	2	1	1
3044	2883	140	70	70	13	8	5
2255	2210	156	72	84	13	10	3
6727	6072	582	252	330	49	29	20
6570	5242	990	500	490	24	17	7
17	**11**	**1**		**1**			
17	11	1		1			
3376	**2387**	**106**	**48**	**58**	**23**	**13**	**10**
13	10						
3363	2377	106	48	58	23	13	10
13847	**12762**	**516**	**229**	**287**	**57**	**31**	**26**
29	21	3	2	1	1		1
192	165	16	5	11	2		2
4751	4444	154	57	97	14	8	6
4904	4197	154	73	81	18	10	8
3971	3935	189	92	97	22	13	9
18553	**14863**	**707**	**357**	**350**	**53**	**33**	**20**
319	243	13	5	8	3	3	
1009	662	38	23	15	1		1
2779	2173	92	43	49	1	1	
4568	3858	213	100	113	18	10	8
3567	3025	113	60	53	19	12	7
3629	2777	153	80	73	10	7	3
2682	2125	85	46	39	1		1
9764	**7655**	**352**	**172**	**180**	**52**	**29**	**23**
635	403	51	25	26	8	5	3
3233	2649	99	48	51	15	9	6
2936	2106	69	31	38	12	7	5
2960	2497	133	68	65	17	8	9
10256	**8112**	**340**	**176**	**164**	**35**	**19**	**16**
52	45	2	1	1	1	1	
710	561	44	21	23	2	1	1
2490	1691	72	39	33	8	3	5
2214	1809	53	37	16	7	4	3
2741	2230	81	37	44	10	6	4
2049	1776	88	41	47	7	4	3
16770	**13644**	**571**	**310**	**261**	**45**	**31**	**14**
48	40	4	2	2	2	2	
3117	2680	82	46	36	5	3	2
2515	1934	56	37	19	3	2	1
1728	1476	55	36	19	5	4	1
5021	3807	127	70	57	8	7	1
3974	3517	236	114	122	21	12	9
367	190	11	5	6	1	1	

4-4b 各地区分性别、

地区	高中			大学专科			
	小计	男	女	小计	男	女	小计
酒泉市	**26020**	**16018**	**10002**	**21308**	**12558**	**8750**	**16454**
肃州区	1656	1192	464	392	239	153	147
金塔县	6487	4254	2233	5947	3798	2149	3073
瓜州县	6689	3978	2711	5020	2883	2137	3734
肃北蒙古族自治县	1049	633	416	1434	844	590	1597
阿克塞哈萨克族自治县	971	578	393	1440	869	571	1539
玉门市	3791	2751	1040	1665	1129	536	745
敦煌市	5377	2632	2745	5410	2796	2614	5619
庆阳市	**56596**	**33260**	**23336**	**38464**	**21552**	**16912**	**32436**
西峰区	760	498	262	202	122	80	101
庆城县	10255	6076	4179	6107	3394	2713	5059
环　县	10112	5868	4244	6692	3649	3043	6621
华池县	4692	2725	1967	3689	2053	1636	3361
合水县	5874	3369	2505	4217	2412	1805	2897
正宁县	6475	3871	2604	5004	2802	2202	3691
宁　县	9055	5398	3657	6137	3557	2580	4551
镇原县	9373	5455	3918	6416	3563	2853	6155
定西市	**80232**	**44739**	**35493**	**51949**	**27936**	**24013**	**49846**
安定区	2180	1420	760	768	453	315	387
通渭县	8747	5156	3591	6462	3650	2812	6958
陇西县	23361	12905	10456	15185	8061	7124	13939
渭源县	7526	4348	3178	5903	3259	2644	5958
临洮县	24878	13207	11671	12534	6426	6108	11532
漳　县	4820	2645	2175	3636	1998	1638	3689
岷　县	8720	5058	3662	7461	4089	3372	7383
陇南市	**66838**	**36188**	**30650**	**54852**	**29829**	**25023**	**31213**
武都区	2685	1598	1087	1386	777	609	704
成　县	12562	6640	5922	9864	5123	4741	6558
文　县	6520	3466	3054	5903	3189	2714	3609
宕昌县	5482	3037	2445	5690	3062	2628	2752
康　县	4940	2524	2416	4607	2596	2011	2953
西和县	9389	5277	4112	7869	4314	3555	4571
礼　县	12590	7008	5582	10362	5765	4597	3773
徽　县	10060	5240	4820	7164	3864	3300	4926
两当县	2610	1398	1212	2007	1139	868	1367
临夏回族自治州	**31462**	**18456**	**13006**	**25830**	**13867**	**11963**	**19772**
临夏市	370	239	131	109	60	49	89
临夏县	2020	1253	767	618	356	262	262
康乐县	4450	2580	1870	5007	2704	2303	3222
永靖县	11589	6281	5308	8636	4404	4232	7400
广河县	3496	2313	1183	3072	1745	1327	2603
和政县	4399	2589	1810	4015	2149	1866	3114
东乡族自治县	1504	982	522	720	424	296	491
积石山保安族东乡族撒拉族自治县	3634	2219	1415	3653	2025	1628	2591
甘南藏族自治州	**13101**	**7882**	**5219**	**23950**	**13091**	**10859**	**15686**
合作市	31	19	12	37	19	18	37
临潭县	2515	1578	937	3781	2039	1742	3265
卓尼县	2285	1341	944	4660	2534	2126	3041
舟曲县	2825	1703	1122	4697	2604	2093	2707
迭部县	1661	964	697	3017	1648	1369	2055
玛曲县	1323	797	526	2948	1703	1245	1672
碌曲县	782	506	276	1712	921	791	1732
夏河县	1679	974	705	3098	1623	1475	1177

受教育程度的25岁及以上人口（镇）（续3）

单位：人

大学本科		硕士研究生			博士研究生		
男	女	小计	男	女	小计	男	女
9130	**7324**	**466**	**279**	**187**	**25**	**18**	**7**
80	67	12	7	5	2	2	
1835	1238	58	30	28	2	1	1
1990	1744	66	37	29	3	2	1
798	799	27	9	18	4	3	1
772	767	30	20	10			
512	233	22	18	4	1	1	
3143	2476	251	158	93	13	9	4
17778	**14658**	**571**	**313**	**258**	**56**	**39**	**17**
60	41	3	2	1			
2812	2247	94	50	44	11	5	6
3539	3082	102	47	55	7	2	5
1732	1629	64	39	25	1	1	
1568	1329	60	35	25	8	7	1
2060	1631	58	35	23	11	9	2
2543	2008	76	43	33	9	8	1
3464	2691	114	62	52	9	7	2
26827	**23019**	**915**	**439**	**476**	**101**	**57**	**44**
229	158	9	3	6	6	3	3
3944	3014	135	72	63	21	13	8
7532	6407	301	150	151	24	15	9
3243	2715	70	32	38	11	7	4
5881	5651	243	103	140	21	8	13
1991	1698	31	14	17	6	3	3
4007	3376	126	65	61	12	8	4
16955	**14258**	**837**	**457**	**380**	**48**	**33**	**15**
388	316	11	4	7	1	1	
3467	3091	383	199	184	21	13	8
1949	1660	53	32	21	4	4	
1454	1298	52	36	16	2	2	
1614	1339	63	44	19	2	2	
2622	1949	87	55	32	6	4	2
2210	1563	46	24	22	2	1	1
2574	2352	112	52	60	9	5	4
677	690	30	11	19	1	1	
10838	**8934**	**436**	**238**	**198**	**25**	**15**	**10**
55	34	2	1	1			
143	119	10	5	5			
1767	1455	48	28	20	3	1	2
3835	3565	238	121	117	12	7	5
1594	1009	43	29	14	6	4	2
1647	1467	43	28	15	2	2	
312	179	8	4	4			
1485	1106	44	22	22	2	1	1
8600	**7086**	**451**	**293**	**158**	**12**	**5**	**7**
18	19	6	3	3			
1796	1469	66	38	28			
1673	1368	59	38	21			
1544	1163	64	45	19	3	2	1
1115	940	50	29	21	1		1
936	736	69	51	18	3		3
898	834	83	60	23	1	1	
620	557	54	29	25	4	2	2

4–4c 各地区分性别、

地区	25岁及以上人口			未上过学			
	合计	男	女	小计	男	女	小计
合计	**8577115**	**4388530**	**4188585**	**1374212**	**401809**	**972403**	**13072**
兰州市	**564093**	**307522**	**256571**	**45335**	**10088**	**35247**	**753**
城关区	14167	8336	5831	492	133	359	11
七里河区	66378	36735	29643	4020	1114	2906	66
西固区	26625	14172	12453	1423	313	1110	27
安宁区							
红古区	27096	14373	12723	2378	472	1906	22
永登县	115006	59509	55497	15786	3190	12596	202
皋兰县	42171	23650	18521	2889	689	2200	71
榆中县	186790	99547	87243	13691	3076	10615	291
兰州新区	85860	51200	34660	4656	1101	3555	63
嘉峪关市	**14441**	**7991**	**6450**	**316**	**106**	**210**	**52**
市辖区	14441	7991	6450	316	106	210	52
金昌市	**82957**	**42415**	**40542**	**8464**	**2185**	**6279**	**877**
金川区	19293	10137	9156	2131	516	1615	35
永昌县	63664	32278	31386	6333	1669	4664	842
白银市	**503875**	**259822**	**244053**	**43155**	**10037**	**33118**	**819**
白银区	26275	14037	12238	1847	492	1355	61
平川区	40341	20995	19346	4484	1078	3406	59
靖远县	166503	85623	80880	13352	2799	10553	134
会宁县	200518	102713	97805	18647	4497	14150	447
景泰县	70238	36454	33784	4825	1171	3654	118
天水市	**1122455**	**565470**	**556985**	**185591**	**52490**	**133101**	**1346**
秦州区	160526	83590	76936	23435	6719	16716	170
麦积区	169594	87361	82233	14923	3878	11045	173
清水县	108466	54924	53542	19092	5235	13857	139
秦安县	204103	103794	100309	34167	9067	25100	195
甘谷县	220580	107944	112636	40032	10883	29149	447
武山县	155444	76824	78620	25014	8085	16929	138
张家川回族自治县	103742	51033	52709	28928	8623	20305	84
武威市	**591299**	**294215**	**297084**	**68553**	**15296**	**53257**	**763**
凉州区	311706	153887	157819	28268	6348	21920	402
民勤县	93479	46687	46792	9182	1890	7292	139
古浪县	122895	60404	62491	18186	3807	14379	143
天祝藏族自治县	63219	33237	29982	12917	3251	9666	79
张掖市	**432217**	**217068**	**215149**	**34157**	**9122**	**25035**	**1488**
甘州区	185727	93157	92570	14743	4191	10552	629
肃南裕固族自治县	13616	7346	6270	905	233	672	5
民乐县	77752	39024	38728	7088	1738	5350	161
临泽县	51908	25932	25976	3684	1028	2656	387
高台县	51334	25745	25589	2690	884	1806	99
山丹县	51880	25864	26016	5047	1048	3999	207
平凉市	**756148**	**381519**	**374629**	**144141**	**39536**	**104605**	**740**
崆峒区	122031	62062	59969	25414	7288	18126	98
泾川县	101090	50184	50906	9197	1998	7199	114
灵台县	78521	40232	38289	11893	2510	9383	124
崇信县	35546	19183	16363	4232	1213	3019	60
庄浪县	170354	82744	87610	23256	6336	16920	173
静宁县	194390	98900	95490	59636	16963	42673	127
华亭市	54216	28214	26002	10513	3228	7285	44

受教育程度的25岁及以上人口（乡村）

单位：人

学前教育		小学			初中		
男	女	小计	男	女	小计	男	女
4279	**8793**	**3606887**	**1716853**	**1890034**	**2653585**	**1644011**	**1009574**
242	**511**	**175182**	**82947**	**92235**	**247708**	**153511**	**94197**
4	7	2881	1607	1274	7578	4785	2793
37	29	18664	9680	8984	30494	18468	12026
5	22	6447	2932	3515	13230	7711	5519
5	17	6669	3112	3557	12700	7422	5278
61	141	42029	19151	22878	44471	28463	16008
28	43	14012	6693	7319	19248	12285	6963
73	218	62807	29030	33777	83355	50415	32940
29	34	21673	10742	10931	36632	23962	12670
26	**26**	**4543**	**1991**	**2552**	**7332**	**4374**	**2958**
26	26	4543	1991	2552	7332	4374	2958
269	**608**	**36117**	**15783**	**20334**	**27801**	**17396**	**10405**
10	25	7313	3308	4005	7506	4680	2826
259	583	28804	12475	16329	20295	12716	7579
232	**587**	**209954**	**90945**	**119009**	**176706**	**110607**	**66099**
23	38	7512	3346	4166	10203	5896	4307
13	46	13648	6107	7541	15925	9705	6220
37	97	64130	26924	37206	65659	40658	25001
119	328	97001	42796	54205	58525	38247	20278
40	78	27663	11772	15891	26394	16101	10293
455	**891**	**469876**	**223067**	**246809**	**360862**	**218958**	**141904**
66	104	73026	36884	36142	50718	31209	19509
44	129	69265	31289	37976	66898	39909	26989
54	85	49022	23508	25514	31279	19992	11287
77	118	75083	34168	40915	72992	45358	27634
136	311	88833	41376	47457	68606	40598	28008
61	77	71287	33615	37672	46980	27122	19858
17	67	43360	22227	21133	23389	14770	8619
204	**559**	**222507**	**89870**	**132637**	**230245**	**139331**	**90914**
100	302	110599	40873	69726	139721	82756	56965
37	102	30500	11711	18789	38001	21680	16321
32	111	51685	21520	30165	38405	24989	13416
35	44	29723	15766	13957	14118	9906	4212
447	**1041**	**175015**	**73302**	**101713**	**162324**	**95381**	**66943**
202	427	58296	24498	33798	81094	44852	36242
2	3	5757	2662	3095	4189	2647	1542
40	121	43846	18541	25305	20003	13889	6114
122	265	24470	10257	14213	18169	10735	7434
34	65	25396	10064	15332	18939	11766	7173
47	160	17250	7280	9970	19930	11492	8438
213	**527**	**310107**	**148007**	**162100**	**213365**	**134574**	**78791**
26	72	45742	23250	22492	40377	24647	15730
26	88	42396	17610	24786	37787	22450	15337
28	96	29539	13156	16383	26671	17066	9605
20	40	13438	6109	7329	10998	6811	4187
49	124	92372	41580	50792	37766	23791	13975
47	80	62099	34138	27961	45443	30369	15074
17	27	24521	12164	12357	14323	9440	4883

4–4c 各地区分性别、

地区	25 岁及以上人口			未上过学			
	合计	男	女	小计	男	女	小计
酒泉市	**291588**	**151585**	**140003**	**29392**	**8449**	**20943**	**891**
肃州区	101317	51444	49873	10428	3089	7339	328
金塔县	49642	25534	24108	4975	1389	3586	219
瓜州县	56870	29903	26967	9113	2570	6543	199
肃北蒙古族自治县	4601	3585	1016	176	63	113	3
阿克塞哈萨克族自治县	658	525	133	10	8	2	
玉门市	36266	18703	17563	1976	578	1398	63
敦煌市	42234	21891	20343	2714	752	1962	79
庆阳市	**914904**	**467280**	**447624**	**94860**	**25707**	**69153**	**1245**
西峰区	133553	67988	65565	6668	1558	5110	229
庆城县	104524	54714	49810	8858	2528	6330	123
环　县	145620	77533	68087	23926	6780	17146	267
华池县	52318	28031	24287	9153	2776	6377	48
合水县	60726	31516	29210	6556	1899	4657	74
正宁县	73577	36970	36607	11098	3027	8071	168
宁　县	161562	79267	82295	14859	3725	11134	140
镇原县	183024	91261	91763	13742	3414	10328	196
定西市	**1150482**	**592459**	**558023**	**167958**	**47358**	**120600**	**1702**
安定区	160467	84822	75645	22188	5397	16791	116
通渭县	178915	92325	86590	14885	3574	11311	377
陇西县	155076	78988	76088	22540	6059	16481	106
渭源县	150008	77797	72211	17750	4993	12757	311
临洮县	222515	115531	106984	14261	3513	10748	270
漳　县	76835	39254	37581	15443	4551	10892	86
岷　县	206666	103742	102924	60891	19271	41620	436
陇南市	**1088535**	**568352**	**520183**	**290844**	**95840**	**195004**	**1222**
武都区	218073	114578	103495	73706	25248	48458	240
成　县	85959	44780	41179	11319	3794	7525	119
文　县	101229	53406	47823	29107	8866	20241	55
宕昌县	129470	66938	62532	40643	15033	25610	77
康　县	84471	44041	40430	20468	6930	13538	97
西和县	165184	84628	80556	44550	12847	31703	203
礼　县	203869	106400	97469	57308	18226	39082	341
徽　县	82973	43986	38987	10798	3806	6992	79
两当县	17307	9595	7712	2945	1090	1855	11
临夏回族自治州	**796781**	**397208**	**399573**	**202528**	**66729**	**135799**	**927**
临夏市	27410	13749	13661	3144	964	2180	33
临夏县	174783	87391	87392	31109	10011	21098	142
康乐县	118803	58844	59959	34795	10722	24073	91
永靖县	64978	33631	31347	3582	912	2670	38
广河县	89887	43888	45999	28958	9195	19763	143
和政县	89778	44643	45135	34579	11821	22758	127
东乡族自治县	119242	58452	60790	41841	14859	26982	181
积石山保安族东乡族撒拉族自治县	111900	56610	55290	24520	8245	16275	172
甘南藏族自治州	**267340**	**135624**	**131716**	**58918**	**18866**	**40052**	**247**
合作市	23681	12722	10959	5073	1811	3262	5
临潭县	55712	28401	27311	8518	2188	6330	3
卓尼县	42502	21503	20999	6473	1972	4501	36
舟曲县	59774	30411	29363	18341	5897	12444	48
迭部县	22013	11190	10823	5251	1712	3539	33
玛曲县	13698	6913	6785	2847	1054	1793	13
碌曲县	12594	6072	6522	2939	1054	1885	24
夏河县	37366	18412	18954	9476	3178	6298	85

受教育程度的25岁及以上人口（乡村）（续1）

单位：人

学前教育		小学			初中		
男	女	小计	男	女	小计	男	女
326	**565**	**106137**	**47940**	**58197**	**115680**	**68304**	**47376**
119	209	33736	14641	19095	41574	23648	17926
77	142	20054	8478	11576	19843	12219	7624
82	117	22785	11158	11627	16549	10545	6004
1	2	786	499	287	1978	1644	334
		204	144	60	207	169	38
15	48	17816	8183	9633	13171	7668	5503
32	47	10756	4837	5919	22358	12411	9947
389	**856**	**373859**	**168312**	**205547**	**332898**	**197975**	**134923**
51	178	42249	17660	24589	57506	32206	25300
47	76	45917	21224	24693	37836	22826	15010
84	183	69667	35321	34346	35791	24501	11290
22	26	22713	11330	11383	13284	8947	4337
25	49	26506	12170	14336	21409	12976	8433
60	108	25802	11279	14523	28049	16658	11391
41	99	63646	26409	37237	67773	38655	29118
59	137	77359	32919	44440	71250	41206	30044
543	**1159**	**534188**	**251698**	**282490**	**333823**	**215890**	**117933**
48	68	67602	32754	34848	50462	33247	17215
81	296	86850	36013	50837	51973	35181	16792
33	73	75770	35381	40389	43019	28217	14802
91	220	69931	32437	37494	47485	30116	17369
82	188	104905	47103	57802	79954	49415	30539
41	45	35977	18105	17872	20454	13152	7302
167	269	93153	49905	43248	40476	26562	13914
478	**744**	**423750**	**233756**	**189994**	**279865**	**177009**	**102856**
106	134	80650	47969	32681	47544	31014	16530
40	79	32896	16281	16615	33262	19268	13994
22	33	34973	20110	14863	26572	17491	9081
33	44	60159	33567	26592	20877	13440	7437
33	64	37501	20493	17008	18666	11597	7069
71	132	57188	30572	26616	48673	31085	17588
146	195	80324	44376	35948	49319	32295	17024
22	57	32585	16312	16273	29965	17626	12339
5	6	7474	4076	3398	4987	3193	1794
351	**576**	**408006**	**207531**	**200475**	**137224**	**90319**	**46905**
10	23	13672	6413	7259	7721	4678	3043
62	80	97044	47536	49508	35120	22397	12723
30	61	51896	26971	24925	24938	16238	8700
13	25	38368	18158	20210	16059	10193	5866
52	91	45815	23823	21992	10840	7678	3162
42	85	35740	19693	16047	14676	9938	4738
68	113	61312	32593	28719	11688	8100	3588
74	98	64159	32344	31815	16182	11097	5085
104	**143**	**157646**	**81704**	**75942**	**27752**	**20382**	**7370**
2	3	14259	7922	6337	2555	1861	694
1	2	36096	18188	17908	7035	5229	1806
16	20	29567	14969	14598	3643	2790	853
18	30	25603	13622	11981	8599	6317	2282
17	16	11928	6154	5774	1912	1401	511
4	9	8828	4559	4269	1264	850	414
8	16	8036	3985	4051	605	439	166
38	47	23329	12305	11024	2139	1495	644

4-4c 各地区分性别、

地区	高中			大学专科			
	小计	男	女	小计	男	女	小计
合计	**568865**	**401841**	**167024**	**239795**	**148306**	**91489**	**113989**
兰州市	**60584**	**40350**	**20234**	**21692**	**12989**	**8703**	**12072**
城关区	1666	968	698	905	489	416	583
七里河区	8196	4831	3365	3205	1676	1529	1654
西固区	4049	2398	1651	1041	597	444	381
安宁区							
红古区	3662	2378	1284	1181	703	478	469
永登县	9211	6653	2558	2116	1315	801	1104
皋兰县	4092	2860	1232	1337	784	553	497
榆中县	18109	11991	6118	5418	3208	2210	2908
兰州新区	11599	8271	3328	6489	4217	2272	4476
嘉峪关市	**1323**	**907**	**416**	**607**	**415**	**192**	**249**
市辖区	1323	907	416	607	415	192	249
金昌市	**6116**	**4494**	**1622**	**2407**	**1549**	**858**	**1071**
金川区	1547	1138	409	520	340	180	227
永昌县	4569	3356	1213	1887	1209	678	844
白银市	**42698**	**29711**	**12987**	**20659**	**12799**	**7860**	**9247**
白银区	4501	3015	1486	1527	915	612	597
平川区	3934	2744	1190	1538	968	570	710
靖远县	13583	9354	4229	6715	4298	2417	2750
会宁县	13466	9507	3959	8348	5158	3190	3810
景泰县	7214	5091	2123	2531	1460	1071	1380
天水市	**64390**	**45498**	**18892**	**27807**	**17401**	**10406**	**11801**
秦州区	8583	5873	2710	3128	1936	1192	1386
麦积区	12144	8409	3735	4361	2729	1632	1725
清水县	6204	4428	1776	1915	1214	701	767
秦安县	13746	10183	3563	5537	3548	1989	2180
甘谷县	12083	8463	3620	7193	4424	2769	3167
武山县	6834	4713	2121	3620	2257	1363	1484
张家川回族自治县	4796	3429	1367	2053	1293	760	1092
武威市	**48215**	**36377**	**11838**	**14388**	**9080**	**5308**	**6055**
凉州区	24180	18237	5943	5977	3866	2111	2348
民勤县	10991	8481	2510	3364	2151	1213	1140
古浪县	9223	6840	2383	3508	2189	1319	1601
天祝藏族自治县	3821	2819	1002	1539	874	665	966
张掖市	**34121**	**23761**	**10360**	**15524**	**9545**	**5979**	**9121**
甘州区	17778	11750	6028	8160	4847	3313	4811
肃南裕固族自治县	1392	974	418	775	503	272	578
民乐县	3603	2796	807	1878	1263	615	1106
临泽县	3644	2810	834	1086	715	371	440
高台县	2643	2012	631	974	636	338	543
山丹县	5061	3419	1642	2651	1581	1070	1643
平凉市	**51857**	**37537**	**14320**	**22979**	**14178**	**8801**	**12319**
崆峒区	7379	5058	2321	1973	1208	765	991
泾川县	7572	5559	2013	2489	1628	861	1468
灵台县	6901	5227	1674	2211	1483	728	1109
崇信县	4230	3196	1034	1761	1250	511	802
庄浪县	9741	6912	2829	5033	2929	2104	1906
静宁县	13041	9357	3684	8258	4877	3381	5497
华亭市	2993	2228	765	1254	803	451	546

受教育程度的25岁及以上人口（乡村）（续2）

单位：人

大学本科		硕士研究生			博士研究生		
男	女	小计	男	女	小计	男	女
67766	**46223**	**5896**	**3165**	**2731**	**814**	**500**	**314**
7040	**5032**	**696**	**317**	**379**	**71**	**38**	**33**
323	260	48	26	22	3	1	2
895	759	74	31	43	5	3	2
205	176	25	11	14	2		2
276	193	15	5	10			
641	463	76	33	43	11	2	9
300	197	23	10	13	2	1	1
1660	1248	191	85	106	20	9	11
2740	1736	244	116	128	28	22	6
164	**85**	**18**	**8**	**10**	**1**		**1**
164	85	18	8	10	1		1
678	**393**	**91**	**55**	**36**	**13**	**6**	**7**
137	90	13	8	5	1		1
541	303	78	47	31	12	6	6
5194	**4053**	**545**	**252**	**293**	**92**	**45**	**47**
341	256	19	7	12	8	2	6
367	343	36	10	26	7	3	4
1473	1277	154	71	83	26	9	17
2243	1567	241	123	118	33	23	10
770	610	95	41	54	18	8	10
7161	**4640**	**683**	**379**	**304**	**99**	**61**	**38**
862	524	72	39	33	8	2	6
1046	679	92	48	44	13	9	4
467	300	44	25	19	4	1	3
1286	894	178	92	86	25	15	10
1929	1238	182	113	69	37	22	15
913	571	76	47	29	11	11	
658	434	39	15	24	1	1	
3739	**2316**	**494**	**264**	**230**	**79**	**54**	**25**
1566	782	184	118	66	27	23	4
661	479	136	62	74	26	14	12
954	647	124	61	63	20	12	8
558	408	50	23	27	6	5	1
5237	**3884**	**402**	**230**	**172**	**65**	**43**	**22**
2703	2108	191	98	93	25	16	9
314	264	15	11	4			
715	391	58	36	22	9	6	3
245	195	22	16	6	6	4	2
324	219	40	19	21	10	6	4
936	707	76	50	26	15	11	4
7112	**5207**	**572**	**318**	**254**	**68**	**44**	**24**
551	440	48	28	20	9	6	3
877	591	59	31	28	8	5	3
715	394	65	40	25	8	7	1
565	237	20	15	5	5	4	1
1086	820	96	56	40	11	5	6
2996	2501	265	139	126	24	14	10
322	224	19	9	10	3	3	

4-4c 各地区分性别、

地区	高中			大学专科			
	小计	男	女	小计	男	女	小计
酒泉市	**24365**	**17086**	**7279**	**9866**	**6283**	**3583**	**5040**
肃州区	9647	6678	2969	3870	2307	1563	1652
金塔县	2934	2272	662	1100	763	337	492
瓜州县	4415	3055	1360	2204	1485	719	1582
肃北蒙古族自治县	1028	843	185	441	371	70	184
阿克塞哈萨克族自治县	87	77	10	104	85	19	46
玉门市	2274	1633	641	668	442	226	283
敦煌市	3980	2528	1452	1479	830	649	801
庆阳市	**70899**	**49402**	**21497**	**25600**	**16093**	**9507**	**14595**
西峰区	17083	10778	6305	5813	3395	2418	3627
庆城县	7690	5517	2173	2564	1680	884	1474
环　县	8250	5977	2273	4480	2862	1618	3108
华池县	3877	2905	972	1888	1225	663	1312
合水县	4016	3038	978	1430	956	474	700
正宁县	5749	4195	1554	1925	1245	680	734
宁　县	10470	7432	3038	3031	1969	1062	1539
镇原县	13764	9560	4204	4469	2761	1708	2101
定西市	**69680**	**50553**	**19127**	**28366**	**17639**	**10727**	**13910**
安定区	12246	8629	3617	4993	3043	1950	2725
通渭县	14587	10949	3638	6998	4557	2441	3005
陇西县	8002	5870	2132	3457	2118	1339	2024
渭源县	9327	6882	2445	3463	2207	1256	1649
临洮县	16358	11383	4975	4263	2608	1655	2375
漳　县	2859	2156	703	1382	878	504	604
岷　县	6301	4684	1617	3810	2228	1582	1528
陇南市	**55084**	**38239**	**16845**	**28137**	**17323**	**10814**	**9284**
武都区	8854	6083	2771	4913	2922	1991	2074
成　县	5648	3815	1833	2032	1206	826	663
文　县	5790	4062	1728	3559	2198	1361	1139
宕昌县	4148	2816	1332	2743	1568	1175	800
康　县	4899	3339	1560	2120	1228	892	694
西和县	8383	6039	2344	4682	3053	1629	1448
礼　县	9807	6917	2890	5285	3473	1812	1434
徽　县	6500	4444	2056	2218	1308	910	791
两当县	1055	724	331	585	367	218	241
临夏回族自治州	**31479**	**22079**	**9400**	**11140**	**6786**	**4354**	**5313**
临夏市	1822	1150	672	572	290	282	427
临夏县	7908	5377	2531	2386	1383	1003	1039
康乐县	4718	3349	1369	1685	1100	585	659
永靖县	4625	3051	1574	1639	925	714	640
广河县	2362	1844	518	943	704	239	807
和政县	3133	2208	925	1094	664	430	416
东乡族自治县	2549	1816	733	1109	672	437	550
积石山保安族东乡族撒拉族自治县	4362	3284	1078	1712	1048	664	775
甘南藏族自治州	**8054**	**5847**	**2207**	**10623**	**6226**	**4397**	**3912**
合作市	787	564	223	631	355	276	347
临潭县	1885	1455	430	1721	1038	683	446
卓尼县	951	682	269	1369	798	571	441
舟曲县	2311	1694	617	3622	2109	1513	1218
迭部县	921	675	246	1491	916	575	451
玛曲县	261	171	90	373	206	167	101
碌曲县	268	160	108	415	247	168	296
夏河县	670	446	224	1001	557	444	612

受教育程度的25岁及以上人口（乡村）（续3）

单位：人

大学本科		硕士研究生			博士研究生		
男	女	小计	男	女	小计	男	女
3074	**1966**	**177**	**96**	**81**	**40**	**27**	**13**
923	729	69	31	38	13	8	5
322	170	16	8	8	9	6	3
992	590	20	14	6	3	2	1
161	23	4	3	1	1		1
42	4						
175	108	14	8	6	1	1	
459	342	54	32	22	13	10	3
8854	**5741**	**839**	**478**	**361**	**109**	**70**	**39**
2115	1512	348	206	142	30	19	11
852	622	55	37	18	7	3	4
1939	1169	114	59	55	17	10	7
800	512	37	22	15	6	4	2
432	268	31	16	15	4	4	
476	258	46	26	20	6	4	2
970	569	79	49	30	25	17	8
1270	831	129	63	66	14	9	5
8295	**5615**	**763**	**418**	**345**	**92**	**65**	**27**
1625	1100	120	69	51	15	10	5
1839	1166	221	115	106	19	16	3
1215	809	139	81	58	19	14	5
1017	632	78	46	32	14	8	6
1361	1014	113	56	57	16	10	6
351	253	26	17	9	4	3	1
887	641	66	34	32	5	4	1
5508	**3776**	**302**	**172**	**130**	**47**	**27**	**20**
1179	895	81	50	31	11	7	4
367	296	17	7	10	3	2	1
640	499	32	15	17	2	2	
467	333	20	13	7	3	1	2
406	288	24	13	11	2	2	
929	519	49	27	22	8	5	3
933	501	41	26	15	10	8	2
452	339	29	16	13	8		8
135	106	9	5	4			
3318	**1995**	**142**	**82**	**60**	**22**	**13**	**9**
234	193	18	10	8	1		1
605	434	33	19	14	2	1	1
421	238	17	11	6	4	2	2
368	272	23	10	13	4	1	3
581	226	15	7	8	4	4	
268	148	10	7	3	3	2	1
336	214	11	7	4	1	1	
505	270	15	11	4	3	2	1
2392	**1520**	**172**	**96**	**76**	**16**	**7**	**9**
194	153	23	13	10	1		1
297	149	7	4	3	1	1	
264	177	18	10	8	4	2	2
739	479	29	14	15	3	1	2
298	153	23	15	8	3	2	1
65	36	10	4	6	1		1
173	123	11	6	5			
362	250	51	30	21	3	1	2

4-5 全省分年龄、性别的15岁及以上文盲人口

单位：人、%

年龄	15岁及以上人口			文盲人口			文盲人口占15岁及以上人口比重		
	合计	男	女	小计	男	女	小计	男	女
合计	**20166288**	**10168955**	**9997333**	**1677613**	**473738**	**1203875**	**8.32**	**4.66**	**12.04**
15–19岁	**1323412**	**692101**	**631311**	**3714**	**1911**	**1803**	**0.28**	**0.28**	**0.29**
15	271250	143104	128146	846	437	409	0.31	0.31	0.32
16	285276	150109	135167	663	348	315	0.23	0.23	0.23
17	255404	133599	121805	605	333	272	0.24	0.25	0.22
18	258489	134688	123801	753	388	365	0.29	0.29	0.29
19	252993	130601	122392	847	405	442	0.33	0.31	0.36
20–24岁	**1308457**	**663988**	**644469**	**6680**	**2715**	**3965**	**0.51**	**0.41**	**0.62**
20	243753	125519	118234	1099	499	600	0.45	0.40	0.51
21	232302	118592	113710	1121	476	645	0.48	0.40	0.57
22	257954	130180	127774	1316	527	789	0.51	0.40	0.62
23	270037	136604	133433	1395	527	868	0.52	0.39	0.65
24	304411	153093	151318	1749	686	1063	0.57	0.45	0.70
25–29岁	**1706571**	**854915**	**851656**	**13170**	**4468**	**8702**	**0.77**	**0.52**	**1.02**
25	350105	176148	173957	2209	819	1390	0.63	0.46	0.80
26	327957	164334	163623	2155	750	1405	0.66	0.46	0.86
27	347065	172818	174247	2509	862	1647	0.72	0.50	0.95
28	338360	168545	169815	2989	1003	1986	0.88	0.60	1.17
29	343084	173070	170014	3308	1034	2274	0.96	0.60	1.34
30–34岁	**1992464**	**1000155**	**992309**	**27280**	**8134**	**19146**	**1.37**	**0.81**	**1.93**
30	432470	216631	215839	4577	1429	3148	1.06	0.66	1.46
31	417660	209510	208150	5320	1680	3640	1.27	0.80	1.75
32	379317	190563	188754	5032	1502	3530	1.33	0.79	1.87
33	403669	202664	201005	6320	1799	4521	1.57	0.89	2.25
34	359348	180787	178561	6031	1724	4307	1.68	0.95	2.41
35–39岁	**1542995**	**784233**	**758762**	**36499**	**10606**	**25893**	**2.37**	**1.35**	**3.41**
35	320107	160820	159287	6440	1837	4603	2.01	1.14	2.89
36	326296	164733	161563	6895	1958	4937	2.11	1.19	3.06
37	292145	148350	143795	6981	1983	4998	2.39	1.34	3.48
38	323697	166361	157336	8179	2451	5728	2.53	1.47	3.64
39	280750	143969	136781	8004	2377	5627	2.85	1.65	4.11
40–44岁	**1452292**	**740749**	**711543**	**59228**	**16545**	**42683**	**4.08**	**2.23**	**6.00**
40	273705	139210	134495	9388	2685	6703	3.43	1.93	4.98
41	295596	153879	141717	10228	3111	7117	3.46	2.02	5.02
42	301753	153037	148716	12057	3296	8761	4.00	2.15	5.89
43	270954	137764	133190	12217	3426	8791	4.51	2.49	6.60
44	310284	156859	153425	15338	4027	11311	4.94	2.57	7.37
45–49岁	**2228576**	**1126475**	**1102101**	**140389**	**37800**	**102589**	**6.30**	**3.36**	**9.31**
45	331628	166027	165601	18283	4708	13575	5.51	2.84	8.20
46	420296	211826	208470	24570	6287	18283	5.85	2.97	8.77
47	477911	241901	236010	29294	7754	21540	6.13	3.21	9.13
48	501723	253857	247866	33993	9373	24620	6.78	3.69	9.93
49	497018	252864	244154	34249	9678	24571	6.89	3.83	10.06

4-5 全省分年龄、性别的 15 岁及以上文盲人口（续）

单位：人、%

年龄	15 岁及以上人口			文盲人口			文盲人口占 15 岁及以上人口比重		
	合计	男	女	小计	男	女	小计	男	女
50–54 岁	**2483431**	**1254882**	**1228549**	**201421**	**55198**	**146223**	**8.11**	**4.40**	**11.90**
50	541143	269945	271198	41696	11150	30546	7.71	4.13	11.26
51	495351	250693	244658	38911	10775	28136	7.86	4.30	11.50
52	533434	269352	264082	42786	11657	31129	8.02	4.33	11.79
53	429594	218987	210607	36703	10215	26488	8.54	4.66	12.58
54	483909	245905	238004	41325	11401	29924	8.54	4.64	12.57
55–59 岁	**1867099**	**949220**	**917879**	**173590**	**42483**	**131107**	**9.30**	**4.48**	**14.28**
55	439779	225682	214097	37872	10405	27467	8.61	4.61	12.83
56	435155	221999	213156	38991	10274	28717	8.96	4.63	13.47
57	444467	227780	216687	38876	9217	29659	8.75	4.05	13.69
58	372889	187943	184946	37220	8238	28982	9.98	4.38	15.67
59	174809	85816	88993	20631	4349	16282	11.80	5.07	18.30
60–64 岁	**1113174**	**574822**	**538352**	**168244**	**44599**	**123645**	**15.11**	**7.76**	**22.97**
60	202921	105060	97861	23639	5669	17970	11.65	5.40	18.36
61	166816	86444	80372	21678	5462	16216	13.00	6.32	20.18
62	223439	117224	106215	33248	9295	23953	14.88	7.93	22.55
63	262091	135053	127038	43338	11729	31609	16.54	8.68	24.88
64	257907	131041	126866	46341	12444	33897	17.97	9.50	26.72
65–69 岁	**1189229**	**594888**	**594341**	**258488**	**71297**	**187191**	**21.74**	**11.98**	**31.50**
65	263276	133743	129533	50635	13707	36928	19.23	10.25	28.51
66	251305	125526	125779	51025	13561	37464	20.30	10.80	29.79
67	235308	117864	117444	51368	14041	37327	21.83	11.91	31.78
68	236240	118045	118195	55162	15544	39618	23.35	13.17	33.52
69	203100	99710	103390	50298	14444	35854	24.77	14.49	34.68
70–74 岁	**863675**	**420476**	**443199**	**234349**	**70436**	**163913**	**27.13**	**16.75**	**36.98**
70	196648	96933	99715	50528	15069	35459	25.69	15.55	35.56
71	186921	93283	93638	50351	15967	34384	26.94	17.12	36.72
72	160539	79124	81415	43786	13505	30281	27.27	17.07	37.19
73	168376	81079	87297	46614	13844	32770	27.68	17.07	37.54
74	151191	70057	81134	43070	12051	31019	28.49	17.20	38.23
75–79 岁	**592287**	**282403**	**309884**	**174448**	**53820**	**120628**	**29.45**	**19.06**	**38.93**
75	134470	63339	71131	38083	11000	27083	28.32	17.37	38.07
76	131783	63798	67985	37074	11347	25727	28.13	17.79	37.84
77	117959	56521	61438	35334	11024	24310	29.95	19.50	39.57
78	108969	51659	57310	33144	10494	22650	30.42	20.31	39.52
79	99106	47086	52020	30813	9955	20858	31.09	21.14	40.10
80–84 岁	**338727**	**156335**	**182392**	**116446**	**35572**	**80874**	**34.38**	**22.75**	**44.34**
80	91877	43378	48499	29775	9312	20463	32.41	21.47	42.19
81	73035	33445	39590	24905	7614	17291	34.10	22.77	43.68
82	68888	31697	37191	24115	7401	16714	35.01	23.35	44.94
83	57243	26181	31062	20699	6266	14433	36.16	23.93	46.47
84	47684	21634	26050	16952	4979	11973	35.55	23.01	45.96
85 岁及以上	**163899**	**73313**	**90586**	**63667**	**18154**	**45513**	**38.85**	**24.76**	**50.24**

4-5a 全省分年龄、性别的 15 岁及以上文盲人口（城市）

单位：人、%

年龄	15 岁及以上人口			文盲人口			文盲人口占 15 岁及以上人口比重		
	合计	男	女	小计	男	女	小计	男	女
合计	**5910746**	**2943081**	**2967665**	**120917**	**26433**	**94484**	**2.05**	**0.90**	**3.18**
15–19 岁	**401320**	**210989**	**190331**	**613**	**326**	**287**	**0.15**	**0.15**	**0.15**
15	72131	38009	34122	184	90	94	0.26	0.24	0.28
16	81249	43048	38201	134	72	62	0.16	0.17	0.16
17	74623	39436	35187	88	49	39	0.12	0.12	0.11
18	82432	43299	39133	108	61	47	0.13	0.14	0.12
19	90885	47197	43688	99	54	45	0.11	0.11	0.10
20–24 岁	**468659**	**230471**	**238188**	**731**	**400**	**331**	**0.16**	**0.17**	**0.14**
20	93874	47401	46473	175	99	76	0.19	0.21	0.16
21	88298	43648	44650	116	64	52	0.13	0.15	0.12
22	93234	45101	48133	149	78	71	0.16	0.17	0.15
23	93349	45811	47538	134	71	63	0.14	0.15	0.13
24	99904	48510	51394	157	88	69	0.16	0.18	0.13
25–29 岁	**566885**	**278860**	**288025**	**952**	**451**	**501**	**0.17**	**0.16**	**0.17**
25	113329	55628	57701	187	92	95	0.17	0.17	0.16
26	108938	53449	55489	183	85	98	0.17	0.16	0.18
27	115239	56254	58985	191	92	99	0.17	0.16	0.17
28	113479	55781	57698	171	83	88	0.15	0.15	0.15
29	115900	57748	58152	220	99	121	0.19	0.17	0.21
30–34 岁	**703629**	**348808**	**354821**	**1701**	**677**	**1024**	**0.24**	**0.19**	**0.29**
30	148391	73781	74610	287	129	158	0.19	0.17	0.21
31	146316	72569	73747	322	140	182	0.22	0.19	0.25
32	135676	67216	68460	323	127	196	0.24	0.19	0.29
33	144184	71198	72986	390	142	248	0.27	0.20	0.34
34	129062	64044	65018	379	139	240	0.29	0.22	0.37
35–39 岁	**540000**	**269502**	**270498**	**2190**	**821**	**1369**	**0.41**	**0.30**	**0.51**
35	111491	55152	56339	408	150	258	0.37	0.27	0.46
36	113695	56657	57038	410	152	258	0.36	0.27	0.45
37	103043	51387	51656	387	138	249	0.38	0.27	0.48
38	114467	57664	56803	487	206	281	0.43	0.36	0.49
39	97304	48642	48662	498	175	323	0.51	0.36	0.66
40–44 岁	**476100**	**240031**	**236069**	**3227**	**1041**	**2186**	**0.68**	**0.43**	**0.93**
40	89740	44932	44808	549	173	376	0.61	0.39	0.84
41	101892	52142	49750	607	206	401	0.60	0.40	0.81
42	99597	49715	49882	620	204	416	0.62	0.41	0.83
43	88327	44296	44031	700	218	482	0.79	0.49	1.09
44	96544	48946	47598	751	240	511	0.78	0.49	1.07
45–49 岁	**615189**	**313547**	**301642**	**6619**	**1955**	**4664**	**1.08**	**0.62**	**1.55**
45	99664	50392	49272	850	269	581	0.85	0.53	1.18
46	117629	59827	57802	1182	357	825	1.00	0.60	1.43
47	131623	67173	64450	1356	409	947	1.03	0.61	1.47
48	134669	68911	65758	1558	441	1117	1.16	0.64	1.70
49	131604	67244	64360	1673	479	1194	1.27	0.71	1.86

4-5a 全省分年龄、性别的15岁及以上文盲人口（城市）（续）

单位：人、%

年龄	15岁及以上人口			文盲人口			文盲人口占15岁及以上人口比重		
	合计	男	女	小计	男	女	小计	男	女
50-54岁	**612137**	**309487**	**302650**	**9869**	**2620**	**7249**	**1.61**	**0.85**	**2.40**
50	137611	69923	67688	1919	529	1390	1.39	0.76	2.05
51	125546	63871	61675	1913	508	1405	1.52	0.80	2.28
52	131932	66481	65451	2115	558	1557	1.60	0.84	2.38
53	101647	51381	50266	1842	500	1342	1.81	0.97	2.67
54	115401	57831	57570	2080	525	1555	1.80	0.91	2.70
55-59岁	**483463**	**240803**	**242660**	**9812**	**1796**	**8016**	**2.03**	**0.75**	**3.30**
55	112801	56990	55811	1923	451	1472	1.70	0.79	2.64
56	114268	57341	56927	2050	398	1652	1.79	0.69	2.90
57	119946	59832	60114	2260	393	1867	1.88	0.66	3.11
58	92431	45353	47078	2259	358	1901	2.44	0.79	4.04
59	44017	21287	22730	1320	196	1124	3.00	0.92	4.95
60-64岁	**300675**	**149442**	**151233**	**12779**	**2140**	**10639**	**4.25**	**1.43**	**7.03**
60	56639	28225	28414	1682	267	1415	2.97	0.95	4.98
61	49888	24899	24989	1633	283	1350	3.27	1.14	5.40
62	62975	31659	31316	2497	445	2052	3.97	1.41	6.55
63	67701	33530	34171	3388	558	2830	5.00	1.66	8.28
64	63472	31129	32343	3579	587	2992	5.64	1.89	9.25
65-69岁	**280906**	**138351**	**142555**	**20577**	**3546**	**17031**	**7.33**	**2.56**	**11.95**
65	64294	31577	32717	4152	639	3513	6.46	2.02	10.74
66	62634	30788	31846	4194	637	3557	6.70	2.07	11.17
67	55791	27625	28166	4103	747	3356	7.35	2.70	11.92
68	53370	26432	26938	4280	782	3498	8.02	2.96	12.99
69	44817	21929	22888	3848	741	3107	8.59	3.38	13.57
70-74岁	**182371**	**86862**	**95509**	**16484**	**3625**	**12859**	**9.04**	**4.17**	**13.46**
70	43766	21260	22506	3850	819	3031	8.80	3.85	13.47
71	39470	19209	20261	3563	873	2690	9.03	4.54	13.28
72	33549	16173	17376	2950	699	2251	8.79	4.32	12.95
73	34305	16136	18169	3165	657	2508	9.23	4.07	13.80
74	31281	14084	17197	2956	577	2379	9.45	4.10	13.83
75-79岁	**132602**	**57286**	**75316**	**13087**	**2561**	**10526**	**9.87**	**4.47**	**13.98**
75	28294	12351	15943	2611	481	2130	9.23	3.89	13.36
76	28252	12232	16020	2804	577	2227	9.92	4.72	13.90
77	25804	11022	14782	2549	488	2061	9.88	4.43	13.94
78	25815	10975	14840	2588	515	2073	10.03	4.69	13.97
79	24437	10706	13731	2535	500	2035	10.37	4.67	14.82
80-84岁	**94930**	**43470**	**51460**	**12490**	**2456**	**10034**	**13.16**	**5.65**	**19.50**
80	24556	11346	13210	2710	537	2173	11.04	4.73	16.45
81	20140	9000	11140	2559	524	2035	12.71	5.82	18.27
82	19347	8857	10490	2673	526	2147	13.82	5.94	20.47
83	16507	7613	8894	2424	459	1965	14.68	6.03	22.09
84	14380	6654	7726	2124	410	1714	14.77	6.16	22.18
85岁及以上	**51880**	**25172**	**26708**	**9786**	**2018**	**7768**	**18.86**	**8.02**	**29.08**

4-5b 全省分年龄、性别的15岁及以上文盲人口（镇）

单位：人、%

年龄	15岁及以上人口			文盲人口			文盲人口占15岁及以上人口比重		
	合计	男	女	小计	男	女	小计	男	女
合计	**4635980**	**2288445**	**2347535**	**243509**	**63812**	**179697**	**5.25**	**2.79**	**7.65**
15-19岁	**426008**	**218320**	**207688**	**679**	**369**	**310**	**0.16**	**0.17**	**0.15**
15	85797	44734	41063	192	98	94	0.22	0.22	0.23
16	101342	52307	49035	122	69	53	0.12	0.13	0.11
17	90815	46642	44173	110	71	39	0.12	0.15	0.09
18	80561	40936	39625	111	55	56	0.14	0.13	0.14
19	67493	33701	33792	144	76	68	0.21	0.23	0.20
20-24岁	**293435**	**147410**	**146025**	**940**	**392**	**548**	**0.32**	**0.27**	**0.38**
20	59779	30163	29616	144	73	71	0.24	0.24	0.24
21	53915	27498	26417	176	76	100	0.33	0.28	0.38
22	57520	29205	28315	176	61	115	0.31	0.21	0.41
23	57271	28641	28630	201	85	116	0.35	0.30	0.41
24	64950	31903	33047	243	97	146	0.37	0.30	0.44
25-29岁	**401152**	**189072**	**212080**	**1967**	**656**	**1311**	**0.49**	**0.35**	**0.62**
25	77069	37230	39839	347	133	214	0.45	0.36	0.54
26	73936	35208	38728	318	106	212	0.43	0.30	0.55
27	81667	37968	43699	371	119	252	0.45	0.31	0.58
28	82109	37944	44165	436	147	289	0.53	0.39	0.65
29	86371	40722	45649	495	151	344	0.57	0.37	0.75
30-34岁	**544670**	**255768**	**288902**	**4166**	**1169**	**2997**	**0.76**	**0.46**	**1.04**
30	113191	52178	61013	683	206	477	0.60	0.39	0.78
31	112079	52267	59812	776	218	558	0.69	0.42	0.93
32	104355	49172	55183	777	236	541	0.74	0.48	0.98
33	113134	53373	59761	973	248	725	0.86	0.46	1.21
34	101911	48778	53133	957	261	696	0.94	0.54	1.31
35-39岁	**432182**	**212184**	**219998**	**5499**	**1520**	**3979**	**1.27**	**0.72**	**1.81**
35	91367	44030	47337	977	274	703	1.07	0.62	1.49
36	93483	45420	48063	1042	245	797	1.11	0.54	1.66
37	82284	40588	41696	1096	325	771	1.33	0.80	1.85
38	89017	44207	44810	1179	323	856	1.32	0.73	1.91
39	76031	37939	38092	1205	353	852	1.58	0.93	2.24
40-44岁	**370701**	**185760**	**184941**	**8140**	**2199**	**5941**	**2.20**	**1.18**	**3.21**
40	73708	36585	37123	1333	325	1008	1.81	0.89	2.72
41	76899	38764	38135	1457	433	1024	1.89	1.12	2.69
42	76879	38294	38585	1640	456	1184	2.13	1.19	3.07
43	67122	33767	33355	1703	465	1238	2.54	1.38	3.71
44	76093	38350	37743	2007	520	1487	2.64	1.36	3.94
45-49岁	**496542**	**250684**	**245858**	**17026**	**4441**	**12585**	**3.43**	**1.77**	**5.12**
45	78791	39207	39584	2296	560	1736	2.91	1.43	4.39
46	97024	48819	48205	2982	755	2227	3.07	1.55	4.62
47	106152	53767	52385	3562	909	2653	3.36	1.69	5.06
48	108532	55036	53496	4036	1090	2946	3.72	1.98	5.51
49	106043	53855	52188	4150	1127	3023	3.91	2.09	5.79

4-5b 全省分年龄、性别的15岁及以上文盲人口（镇）(续)

单位：人、%

年龄	15岁及以上人口			文盲人口			文盲人口占15岁及以上人口比重		
	合计	男	女	小计	男	女	小计	男	女
50–54岁	**513686**	**258597**	**255089**	**25747**	**6787**	**18960**	**5.01**	**2.62**	**7.43**
50	113542	57009	56533	5117	1331	3786	4.51	2.33	6.70
51	102754	51932	50822	4860	1310	3550	4.73	2.52	6.99
52	110921	55891	55030	5505	1495	4010	4.96	2.67	7.29
53	87554	44253	43301	4782	1258	3524	5.46	2.84	8.14
54	98915	49512	49403	5483	1393	4090	5.54	2.81	8.28
55–59岁	**374208**	**186452**	**187756**	**25078**	**5499**	**19579**	**6.70**	**2.95**	**10.43**
55	88313	44461	43852	5219	1303	3916	5.91	2.93	8.93
56	86905	43671	43234	5416	1319	4097	6.23	3.02	9.48
57	88882	44487	44395	5640	1202	4438	6.35	2.70	10.00
58	75777	37347	38430	5606	1085	4521	7.40	2.91	11.76
59	34331	16486	17845	3197	590	2607	9.31	3.58	14.61
60–64岁	**214770**	**108328**	**106442**	**26811**	**6221**	**20590**	**12.48**	**5.74**	**19.34**
60	39238	19728	19510	3720	792	2928	9.48	4.01	15.01
61	32133	16284	15849	3644	787	2857	11.34	4.83	18.03
62	43175	22130	21045	5265	1309	3956	12.19	5.92	18.80
63	50637	25426	25211	6887	1614	5273	13.60	6.35	20.92
64	49587	24760	24827	7295	1719	5576	14.71	6.94	22.46
65–69岁	**220356**	**109840**	**110516**	**39318**	**9801**	**29517**	**17.84**	**8.92**	**26.71**
65	49677	25074	24603	7871	1909	5962	15.84	7.61	24.23
66	46694	23004	23690	7901	1841	6060	16.92	8.00	25.58
67	43308	21612	21696	7747	1869	5878	17.89	8.65	27.09
68	43419	21793	21626	8240	2135	6105	18.98	9.80	28.23
69	37258	18357	18901	7559	2047	5512	20.29	11.15	29.16
70–74岁	**155701**	**75214**	**80487**	**34752**	**9574**	**25178**	**22.32**	**12.73**	**31.28**
70	35740	17597	18143	7582	2046	5536	21.21	11.63	30.51
71	34149	16945	17204	7567	2245	5322	22.16	13.25	30.93
72	28810	13932	14878	6513	1858	4655	22.61	13.34	31.29
73	29807	14219	15588	6728	1801	4927	22.57	12.67	31.61
74	27195	12521	14674	6362	1624	4738	23.39	12.97	32.29
75–79岁	**105317**	**50372**	**54945**	**25324**	**7269**	**18055**	**24.05**	**14.43**	**32.86**
75	24029	11312	12717	5522	1481	4041	22.98	13.09	31.78
76	23564	11341	12223	5411	1551	3860	22.96	13.68	31.58
77	20831	10058	10773	5071	1486	3585	24.34	14.77	33.28
78	19295	9230	10065	4806	1448	3358	24.91	15.69	33.36
79	17598	8431	9167	4514	1303	3211	25.65	15.45	35.03
80–84岁	**58964**	**27723**	**31241**	**17772**	**5104**	**12668**	**30.14**	**18.41**	**40.55**
80	16019	7688	8331	4386	1266	3120	27.38	16.47	37.45
81	12733	6047	6686	3782	1134	2648	29.70	18.75	39.61
82	12123	5666	6457	3745	1084	2661	30.89	19.13	41.21
83	9924	4553	5371	3216	879	2337	32.41	19.31	43.51
84	8165	3769	4396	2643	741	1902	32.37	19.66	43.27
85岁及以上	**28288**	**12721**	**15567**	**10290**	**2811**	**7479**	**36.38**	**22.10**	**48.04**

4-5c　全省分年龄、性别的 15 岁及以上文盲人口（乡村）

单位：人、%

年龄	15 岁及以上人口			文盲人口			文盲人口占 15 岁及以上人口比重		
	合计	男	女	小计	男	女	小计	男	女
合计	**9619562**	**4937429**	**4682133**	**1313187**	**383493**	**929694**	**13.65**	**7.77**	**19.86**
15-19 岁	**496084**	**262792**	**233292**	**2422**	**1216**	**1206**	**0.49**	**0.46**	**0.52**
15	113322	60361	52961	470	249	221	0.41	0.41	0.42
16	102685	54754	47931	407	207	200	0.40	0.38	0.42
17	89966	47521	42445	407	213	194	0.45	0.45	0.46
18	95496	50453	45043	534	272	262	0.56	0.54	0.58
19	94615	49703	44912	604	275	329	0.64	0.55	0.73
20-24 岁	**546363**	**286107**	**260256**	**5009**	**1923**	**3086**	**0.92**	**0.67**	**1.19**
20	90100	47955	42145	780	327	453	0.87	0.68	1.07
21	90089	47446	42643	829	336	493	0.92	0.71	1.16
22	107200	55874	51326	991	388	603	0.92	0.69	1.17
23	119417	62152	57265	1060	371	689	0.89	0.60	1.20
24	139557	72680	66877	1349	501	848	0.97	0.69	1.27
25-29 岁	**738534**	**386983**	**351551**	**10251**	**3361**	**6890**	**1.39**	**0.87**	**1.96**
25	159707	83290	76417	1675	594	1081	1.05	0.71	1.41
26	145083	75677	69406	1654	559	1095	1.14	0.74	1.58
27	150159	78596	71563	1947	651	1296	1.30	0.83	1.81
28	142772	74820	67952	2382	773	1609	1.67	1.03	2.37
29	140813	74600	66213	2593	784	1809	1.84	1.05	2.73
30-34 岁	**744165**	**395579**	**348586**	**21413**	**6288**	**15125**	**2.88**	**1.59**	**4.34**
30	170888	90672	80216	3607	1094	2513	2.11	1.21	3.13
31	159265	84674	74591	4222	1322	2900	2.65	1.56	3.89
32	139286	74175	65111	3932	1139	2793	2.82	1.54	4.29
33	146351	78093	68258	4957	1409	3548	3.39	1.80	5.20
34	128375	67965	60410	4695	1324	3371	3.66	1.95	5.58
35-39 岁	**570813**	**302547**	**268266**	**28810**	**8265**	**20545**	**5.05**	**2.73**	**7.66**
35	117249	61638	55611	5055	1413	3642	4.31	2.29	6.55
36	119118	62656	56462	5443	1561	3882	4.57	2.49	6.88
37	106818	56375	50443	5498	1520	3978	5.15	2.70	7.89
38	120213	64490	55723	6513	1922	4591	5.42	2.98	8.24
39	107415	57388	50027	6301	1849	4452	5.87	3.22	8.90
40-44 岁	**605491**	**314958**	**290533**	**47861**	**13305**	**34556**	**7.90**	**4.22**	**11.89**
40	110257	57693	52564	7506	2187	5319	6.81	3.79	10.12
41	116805	62973	53832	8164	2472	5692	6.99	3.93	10.57
42	125277	65028	60249	9797	2636	7161	7.82	4.05	11.89
43	115505	59701	55804	9814	2743	7071	8.50	4.59	12.67
44	137647	69563	68084	12580	3267	9313	9.14	4.70	13.68
45-49 岁	**1116845**	**562244**	**554601**	**116744**	**31404**	**85340**	**10.45**	**5.59**	**15.39**
45	153173	76428	76745	15137	3879	11258	9.88	5.08	14.67
46	205643	103180	102463	20406	5175	15231	9.92	5.02	14.86
47	240136	120961	119175	24376	6436	17940	10.15	5.32	15.05
48	258522	129910	128612	28399	7842	20557	10.99	6.04	15.98
49	259371	131765	127606	28426	8072	20354	10.96	6.13	15.95

4-5c 全省分年龄、性别的 15 岁及以上文盲人口（乡村）（续）

单位：人、%

年龄	15 岁及以上人口			文盲人口			文盲人口占 15 岁及以上人口比重		
	合计	男	女	小计	男	女	小计	男	女
50–54 岁	**1357608**	**686798**	**670810**	**165805**	**45791**	**120014**	**12.21**	**6.67**	**17.89**
50	289990	143013	146977	34660	9290	25370	11.95	6.50	17.26
51	267051	134890	132161	32138	8957	23181	12.03	6.64	17.54
52	290581	146980	143601	35166	9604	25562	12.10	6.53	17.80
53	240393	123353	117040	30079	8457	21622	12.51	6.86	18.47
54	269593	138562	131031	33762	9483	24279	12.52	6.84	18.53
55–59 岁	**1009428**	**521965**	**487463**	**138700**	**35188**	**103512**	**13.74**	**6.74**	**21.23**
55	238665	124231	114434	30730	8651	22079	12.88	6.96	19.29
56	233982	120987	112995	31525	8557	22968	13.47	7.07	20.33
57	235639	123461	112178	30976	7622	23354	13.15	6.17	20.82
58	204681	105243	99438	29355	6795	22560	14.34	6.46	22.69
59	96461	48043	48418	16114	3563	12551	16.71	7.42	25.92
60–64 岁	**597729**	**317052**	**280677**	**128654**	**36238**	**92416**	**21.52**	**11.43**	**32.93**
60	107044	57107	49937	18237	4610	13627	17.04	8.07	27.29
61	84795	45261	39534	16401	4392	12009	19.34	9.70	30.38
62	117289	63435	53854	25486	7541	17945	21.73	11.89	33.32
63	143753	76097	67656	33063	9557	23506	23.00	12.56	34.74
64	144848	75152	69696	35467	10138	25329	24.49	13.49	36.34
65–69 岁	**687967**	**346697**	**341270**	**198593**	**57950**	**140643**	**28.87**	**16.71**	**41.21**
65	149305	77092	72213	38612	11159	27453	25.86	14.47	38.02
66	141977	71734	70243	38930	11083	27847	27.42	15.45	39.64
67	136209	68627	67582	39518	11425	28093	29.01	16.65	41.57
68	139451	69820	69631	42642	12627	30015	30.58	18.09	43.11
69	121025	59424	61601	38891	11656	27235	32.13	19.61	44.21
70–74 岁	**525603**	**258400**	**267203**	**183113**	**57237**	**125876**	**34.84**	**22.15**	**47.11**
70	117142	58076	59066	39096	12204	26892	33.37	21.01	45.53
71	113302	57129	56173	39221	12849	26372	34.62	22.49	46.95
72	98180	49019	49161	34323	10948	23375	34.96	22.33	47.55
73	104264	50724	53540	36721	11386	25335	35.22	22.45	47.32
74	92715	43452	49263	33752	9850	23902	36.40	22.67	48.52
75–79 岁	**354368**	**174745**	**179623**	**136037**	**43990**	**92047**	**38.39**	**25.17**	**51.24**
75	82147	39676	42471	29950	9038	20912	36.46	22.78	49.24
76	79967	40225	39742	28859	9219	19640	36.09	22.92	49.42
77	71324	35441	35883	27714	9050	18664	38.86	25.54	52.01
78	63859	31454	32405	25750	8531	17219	40.32	27.12	53.14
79	57071	27949	29122	23764	8152	15612	41.64	29.17	53.61
80–84 岁	**184833**	**85142**	**99691**	**86184**	**28012**	**58172**	**46.63**	**32.90**	**58.35**
80	51302	24344	26958	22679	7509	15170	44.21	30.85	56.27
81	40162	18398	21764	18564	5956	12608	46.22	32.37	57.93
82	37418	17174	20244	17697	5791	11906	47.30	33.72	58.81
83	30812	14015	16797	15059	4928	10131	48.87	35.16	60.31
84	25139	11211	13928	12185	3828	8357	48.47	34.15	60.00
85 岁及以上	**83731**	**35420**	**48311**	**43591**	**13325**	**30266**	**52.06**	**37.62**	**62.65**

第一部分　全部数据资料

第五卷　家庭

5-1　全省不同规模的家庭户类别

单位：户

家庭户规模	家庭户户数	一代户	二代户	三代户	四代户	五代及以上户
合计	**8422836**	**3798856**	**3218727**	**1332582**	**72554**	**117**
一人户	1909342	1909342				
二人户	2390297	1767609	622688			
三人户	1808686	74811	1634743	99132		
四人户	1194718	22455	791862	377452	2949	
五人户	593173	9532	131537	438571	13529	4
六人户	342791	4538	27205	289385	21649	14
七人户	115902	2555	6781	86771	19777	18
八人户	38647	1833	2086	25365	9335	28
九人户	14782	1241	729	9457	3331	24
十人及以上户	14498	4940	1096	6449	1984	29

5-1a　全省不同规模的家庭户类别（城市）

单位：户

家庭户规模	家庭户户数	一代户	二代户	三代户	四代户	五代及以上户
合计	**2551450**	**1305734**	**1007605**	**233566**	**4542**	**3**
一人户	672109	672109				
二人户	778687	593580	185107			
三人户	607120	21406	563361	22353		
四人户	320502	8409	229996	81708	389	
五人户	108753	4526	24321	78793	1113	
六人户	46512	1915	3507	39670	1419	1
七人户	10390	988	768	7624	1010	
八人户	3210	636	249	1947	377	1
九人户	1402	387	98	788	129	
十人及以上户	2765	1778	198	683	105	1

5-1b 全省不同规模的家庭户类别（镇）

单位：户

家庭户规模	家庭户户数	一代户	二代户	三代户	四代户	五代及以上户
合计	**1925591**	**814287**	**819893**	**279758**	**11632**	**21**
一人户	443417	443417				
二人户	501913	345572	156341			
三人户	419881	11600	387710	20571		
四人户	312961	4955	231343	76222	441	
五人户	135544	2908	35090	95430	2115	1
六人户	74147	1598	6569	62376	3601	3
七人户	22619	965	1558	16850	3243	3
八人户	7489	799	521	4797	1369	3
九人户	3184	517	245	1913	505	4
十人及以上户	4436	1956	516	1599	358	7

5-1c 全省不同规模的家庭户类别（乡村）

单位：户

家庭户规模	家庭户户数	一代户	二代户	三代户	四代户	五代及以上户
合计	**3945795**	**1678835**	**1391229**	**819258**	**56380**	**93**
一人户	793816	793816				
二人户	1109697	828457	281240			
三人户	781685	41805	683672	56208		
四人户	561255	9091	330523	219522	2119	
五人户	348876	2098	72126	264348	10301	3
六人户	222132	1025	17129	187339	16629	10
七人户	82893	602	4455	62297	15524	15
八人户	27948	398	1316	18621	7589	24
九人户	10196	337	386	6756	2697	20
十人及以上户	7297	1206	382	4167	1521	21

5-2 各地区分年龄、

地区	户数			14岁以下			
	合计	男	女	小计	男	女	小计
合计	**1909342**	**1055214**	**854128**	**86802**	**47001**	**39801**	**60036**
兰州市	**419715**	**231049**	**188666**	**10219**	**5439**	**4780**	**8533**
城关区	177980	98695	79285	3619	1935	1684	3304
七里河区	72590	39792	32798	1454	724	730	1529
西固区	44267	23339	20928	938	501	437	699
安宁区	36089	19120	16969	936	502	434	841
红古区	10170	5239	4931	173	91	82	111
永登县	22744	12291	10453	912	501	411	647
皋兰县	11076	5954	5122	526	284	242	338
榆中县	30865	18273	12592	966	525	441	720
兰州新区	13934	8346	5588	695	376	319	344
嘉峪关市	**27501**	**16123**	**11378**	**300**	**160**	**140**	**397**
市辖区	27501	16123	11378	300	160	140	397
金昌市	**46419**	**24088**	**22331**	**1013**	**575**	**438**	**1211**
金川区	27290	14368	12922	416	234	182	482
永昌县	19129	9720	9409	597	341	256	729
白银市	**119682**	**65509**	**54173**	**5529**	**2936**	**2593**	**4158**
白银区	33110	17440	15670	741	372	369	508
平川区	15596	8550	7046	537	296	241	504
靖远县	24221	13205	11016	1483	832	651	1719
会宁县	31151	17718	13433	1856	958	898	916
景泰县	15604	8596	7008	912	478	434	511
天水市	**206014**	**113334**	**92680**	**10468**	**5565**	**4903**	**8177**
秦州区	53702	28672	25030	2139	1129	1010	1850
麦积区	34289	18975	15314	1284	708	576	805
清水县	19982	11483	8499	1372	715	657	761
秦安县	26054	14695	11359	1065	558	507	785
甘谷县	32666	17665	15001	1871	1050	821	1702
武山县	23183	13303	9880	1167	609	558	745
张家川回族自治县	16138	8541	7597	1570	796	774	1529
武威市	**112346**	**57882**	**54464**	**5670**	**3271**	**2399**	**3045**
凉州区	66503	33169	33334	3279	1930	1349	1652
民勤县	16168	8490	7678	579	320	259	395
古浪县	18473	9625	8848	1219	683	536	704
天祝藏族自治县	11202	6598	4604	593	338	255	294
张掖市	**94112**	**49286**	**44826**	**3711**	**2086**	**1625**	**2197**
甘州区	42905	22155	20750	1433	809	624	866
肃南裕固族自治县	3365	1943	1422	121	65	56	74
民乐县	12070	6611	5459	619	363	256	345
临泽县	8496	4424	4072	312	171	141	170
高台县	13423	6893	6530	580	306	274	309
山丹县	13853	7260	6593	646	372	274	433
平凉市	**148060**	**82200**	**65860**	**7446**	**3952**	**3494**	**4929**
崆峒区	37397	19418	17979	1922	955	967	1042
泾川县	24232	12980	11252	1487	830	657	733
灵台县	19015	11113	7902	899	477	422	535
崇信县	6861	3831	3030	363	210	153	158
庄浪县	19707	10906	8801	1081	582	499	1056
静宁县	25362	14944	10418	961	523	438	1002
华亭市	15486	9008	6478	733	375	358	403

性别的一人户

单位：户

15—19 岁		20-24 岁			25-29 岁		
男	女	小计	男	女	小计	男	女
33202	**26834**	**109174**	**62517**	**46657**	**173187**	**104329**	**68858**
4996	**3537**	**31120**	**17063**	**14057**	**55195**	**32698**	**22497**
1898	1406	16018	8420	7598	27960	16096	11864
930	599	5159	2754	2405	9730	5841	3889
424	275	2237	1371	866	3720	2349	1371
468	373	2790	1593	1197	4873	2931	1942
65	46	331	202	129	763	495	268
374	273	986	573	413	1399	840	559
204	134	567	322	245	949	548	401
422	298	1884	1135	749	2943	1906	1037
211	133	1148	693	455	2858	1692	1166
219	**178**	**1632**	**1226**	**406**	**3684**	**3052**	**632**
219	178	1632	1226	406	3684	3052	632
780	**431**	**2765**	**1811**	**954**	**3461**	**2473**	**988**
305	177	1615	1107	508	2392	1766	626
475	254	1150	704	446	1069	707	362
2183	**1975**	**6052**	**3527**	**2525**	**10206**	**6208**	**3998**
302	206	1483	932	551	3246	2200	1046
303	201	854	519	335	1374	880	494
759	960	1455	825	630	1865	1104	761
502	414	1509	819	690	2355	1241	1114
317	194	751	432	319	1366	783	583
4384	**3793**	**10634**	**6109**	**4525**	**15147**	**8735**	**6412**
963	887	3145	1750	1395	4779	2781	1998
467	338	1463	857	606	2506	1574	932
433	328	1212	697	515	1464	810	654
425	360	1276	756	520	1577	887	690
920	782	1317	784	533	2268	1269	999
413	332	1071	633	438	1511	865	646
763	766	1150	632	518	1042	549	493
1818	**1227**	**5921**	**3510**	**2411**	**8288**	**5123**	**3165**
984	668	3279	1969	1310	5366	3401	1965
254	141	834	501	333	921	527	394
399	305	1241	719	522	1149	676	473
181	113	567	321	246	852	519	333
1238	**959**	**5481**	**3430**	**2051**	**7200**	**4723**	**2477**
470	396	2587	1626	961	3857	2540	1317
40	34	269	171	98	316	199	117
193	152	652	401	251	679	432	247
94	76	431	258	173	582	386	196
179	130	724	437	287	881	593	288
262	171	818	537	281	885	573	312
2750	**2179**	**7885**	**4430**	**3455**	**11236**	**6585**	**4651**
599	443	2453	1388	1065	3610	2145	1465
412	321	1173	623	550	1478	793	685
288	247	785	485	300	1052	636	416
87	71	313	178	135	569	334	235
567	489	950	551	399	1133	654	479
569	433	1312	693	619	1908	1097	811
228	175	899	512	387	1486	926	560

5-2 各地区分年龄、

地区	户数			14 岁以下			
	合计	男	女	小计	男	女	小计
酒泉市	**92847**	**49390**	**43457**	**2849**	**1518**	**1331**	**2145**
肃州区	44639	23142	21497	1270	691	579	925
金塔县	9399	4833	4566	387	216	171	290
瓜州县	8872	5134	3738	297	171	126	247
肃北蒙古族自治县	2039	1248	791	56	21	35	36
阿克塞哈萨克族自治县	740	443	297	13	7	6	27
玉门市	11476	6611	4865	329	156	173	304
敦煌市	15682	7979	7703	497	256	241	316
庆阳市	**187384**	**102001**	**85383**	**12877**	**7166**	**5711**	**6088**
西峰区	54834	28734	26100	3472	1948	1524	1562
庆城县	21167	12249	8918	1246	701	545	516
环　县	22854	13863	8991	1513	822	691	1293
华池县	8302	4778	3524	529	288	241	239
合水县	9855	5503	4352	716	407	309	235
正宁县	13120	6980	6140	1075	588	487	337
宁　县	28905	14773	14132	2344	1307	1037	1140
镇原县	28347	15121	13226	1982	1105	877	766
定西市	**183143**	**104653**	**78490**	**9433**	**5084**	**4349**	**9406**
安定区	38576	21984	16592	1834	1003	831	885
通渭县	21448	12576	8872	1012	534	478	822
陇西县	29889	16445	13444	1392	741	651	1189
渭源县	19649	12011	7638	986	521	465	957
临洮县	32405	18550	13855	1556	867	689	805
漳　县	13501	7479	6022	963	521	442	1735
岷　县	27675	15608	12067	1690	897	793	3013
陇南市	**162595**	**96558**	**66037**	**9683**	**5131**	**4552**	**5666**
武都区	40447	23263	17184	2536	1291	1245	1456
成　县	17188	10251	6937	933	525	408	541
文　县	17739	9890	7849	973	498	475	549
宕昌县	16047	9338	6709	1392	726	666	561
康　县	11911	7612	4299	508	279	229	218
西和县	19484	11793	7691	1423	769	654	1094
礼　县	21661	13462	8199	1158	641	517	768
徽　县	14188	8525	5663	621	320	301	372
两当县	3930	2424	1506	139	82	57	107
临夏回族自治州	**70343**	**39760**	**30583**	**5769**	**3125**	**2644**	**2778**
临夏市	15134	7745	7389	598	316	282	397
临夏县	9992	5913	4079	961	531	430	402
康乐县	8266	4890	3376	699	385	314	368
永靖县	10709	5687	5022	355	201	154	253
广河县	7056	4098	2958	855	458	397	394
和政县	5528	3386	2142	532	289	243	230
东乡族自治县	6174	3497	2677	1129	595	534	393
积石山保安族东乡族撒拉族自治县	7484	4544	2940	640	350	290	341
甘南藏族自治州	**39181**	**23381**	**15800**	**1835**	**993**	**842**	**1306**
合作市	5847	3535	2312	114	57	57	143
临潭县	6118	3498	2620	384	199	185	259
卓尼县	4871	2897	1974	139	79	60	101
舟曲县	7166	4030	3136	418	229	189	237
迭部县	4701	2870	1831	124	67	57	105
玛曲县	4428	2840	1588	274	155	119	238
碌曲县	2174	1310	864	90	43	47	56
夏河县	3876	2401	1475	292	164	128	167

性别的一人户（续1）

单位：户

15—19岁		20-24岁			25-29岁		
男	女	小计	男	女	小计	男	女
1128	**1017**	**5678**	**3283**	**2395**	**8538**	**5583**	**2955**
475	450	3061	1767	1294	4669	3101	1568
156	134	527	311	216	531	326	205
124	123	503	287	216	727	479	248
23	13	102	61	41	228	147	81
11	16	41	22	19	74	46	28
178	126	646	370	276	956	610	346
161	155	798	465	333	1353	874	479
3493	**2595**	**9367**	**5179**	**4188**	**15088**	**8638**	**6450**
885	677	3601	1789	1812	6526	3505	3021
316	200	1038	581	457	1783	1013	770
683	610	1250	722	528	2217	1351	866
136	103	379	238	141	638	385	253
147	88	346	208	138	599	364	235
208	129	507	321	186	700	418	282
680	460	1162	721	441	1335	840	495
438	328	1084	599	485	1290	762	528
4555	**4851**	**8522**	**4688**	**3834**	**13707**	**7940**	**5767**
510	375	1834	1036	798	3644	2152	1492
483	339	888	458	430	1365	825	540
672	517	1602	906	696	2193	1274	919
484	473	642	379	263	1072	627	445
450	355	1347	714	633	2415	1368	1047
844	891	685	357	328	971	517	454
1112	1901	1524	838	686	2047	1177	870
3130	**2536**	**7378**	**4191**	**3187**	**11594**	**6627**	**4967**
810	646	2214	1261	953	3768	2150	1618
282	259	879	442	437	1247	681	566
288	261	624	357	267	1043	572	471
308	253	669	358	311	1141	582	559
135	83	371	179	192	651	381	270
593	501	928	572	356	1232	770	462
436	332	927	584	343	1308	828	480
217	155	642	359	283	930	513	417
61	46	124	79	45	274	150	124
1707	**1071**	**4283**	**2609**	**1674**	**5664**	**3442**	**2222**
241	156	1030	581	449	1657	971	686
266	136	479	326	153	571	360	211
219	149	448	280	168	546	318	228
138	115	491	281	210	952	585	367
246	148	609	369	240	596	363	233
152	78	322	196	126	453	293	160
243	150	396	258	138	363	235	128
202	139	508	318	190	526	317	209
821	**485**	**2456**	**1461**	**995**	**4179**	**2502**	**1677**
86	57	472	240	232	871	516	355
143	116	362	212	150	530	309	221
70	31	198	118	80	406	234	172
132	105	446	247	199	652	348	304
57	48	220	125	95	446	278	168
176	62	362	260	102	531	363	168
35	21	180	118	62	354	210	144
122	45	216	141	75	389	244	145

5-2 各地区分年龄、

地区	30-34 岁			35-39 岁			40-44 岁	
	小计	男	女	小计	男	女	小计	男
合计	**160910**	**103393**	**57517**	**104680**	**67553**	**37127**	**104642**	**63164**
兰州市	**46559**	**30275**	**16284**	**28033**	**18301**	**9732**	**25179**	**15599**
城关区	22025	14131	7894	13302	8733	4569	11417	7347
七里河区	8350	5473	2877	5032	3306	1726	4372	2640
西固区	3567	2433	1134	2473	1646	827	2557	1582
安宁区	4412	2850	1562	2604	1607	997	2266	1267
红古区	923	616	307	571	373	198	672	367
永登县	1359	864	495	902	568	334	1086	655
皋兰县	973	596	377	576	368	208	510	322
榆中县	2756	1962	794	1576	1043	533	1482	900
兰州新区	2194	1350	844	997	657	340	817	519
嘉峪关市	**3055**	**2492**	**563**	**1482**	**1059**	**423**	**1538**	**927**
市辖区	3055	2492	563	1482	1059	423	1538	927
金昌市	**3175**	**2314**	**861**	**1940**	**1367**	**573**	**2137**	**1331**
金川区	2080	1554	526	1303	918	385	1430	891
永昌县	1095	760	335	637	449	188	707	440
白银市	**9834**	**6424**	**3410**	**6293**	**4147**	**2146**	**6442**	**3811**
白银区	3073	2161	912	1710	1152	558	1746	1024
平川区	1284	860	424	917	598	319	1027	617
靖远县	1758	1140	618	1313	887	426	1299	799
会宁县	2443	1499	944	1419	881	538	1536	895
景泰县	1276	764	512	934	629	305	834	476
天水市	**15430**	**9268**	**6162**	**11015**	**6769**	**4246**	**10955**	**6551**
秦州区	4579	2726	1853	3152	1863	1289	3314	1960
麦积区	2567	1600	967	1734	1152	582	1760	1103
清水县	1510	946	564	911	601	310	1005	615
秦安县	1613	987	626	1128	725	403	1075	668
甘谷县	2654	1501	1153	2069	1202	867	1804	1063
武山县	1439	915	524	1222	751	471	1207	676
张家川回族自治县	1068	593	475	799	475	324	790	466
武威市	**6909**	**4515**	**2394**	**4706**	**2981**	**1725**	**4920**	**2849**
凉州区	4380	2909	1471	2898	1815	1083	2837	1628
民勤县	718	461	257	494	309	185	652	354
古浪县	980	605	375	772	477	295	813	471
天祝藏族自治县	831	540	291	542	380	162	618	396
张掖市	**6458**	**4240**	**2218**	**4380**	**2721**	**1659**	**4596**	**2540**
甘州区	3326	2175	1151	2118	1246	872	2120	1171
肃南裕固族自治县	298	209	89	195	137	58	253	185
民乐县	633	412	221	462	294	168	545	271
临泽县	492	313	179	379	225	154	382	191
高台县	838	582	256	572	377	195	687	359
山丹县	871	549	322	654	442	212	609	363
平凉市	**10092**	**6502**	**3590**	**6554**	**4312**	**2242**	**6993**	**4152**
崆峒区	3031	1917	1114	1870	1150	720	1912	1126
泾川县	1500	901	599	939	626	313	946	523
灵台县	811	555	256	670	496	174	929	643
崇信县	552	345	207	357	231	126	322	182
庄浪县	1264	784	480	788	506	282	780	412
静宁县	1553	1060	493	958	643	315	1169	718
华亭市	1381	940	441	972	660	312	935	548

性别的一人户（续 2）

单位：户

	45–49 岁			50–54 岁			55–59 岁		
女	小计	男	女	小计	男	女	小计	男	女
41478	**178787**	**102866**	**75921**	**209037**	**122213**	**86824**	**176394**	**103677**	**72717**
9580	**38023**	**22190**	**15833**	**41432**	**24254**	**17178**	**35858**	**20122**	**15736**
4070	15636	9309	6327	15884	9505	6379	14291	7878	6413
1732	6474	3773	2701	6954	3956	2998	6420	3572	2848
975	4345	2536	1809	5061	2904	2157	4444	2415	2029
999	3288	1752	1536	3310	1735	1575	2873	1426	1447
305	1146	590	556	1400	765	635	975	487	488
431	2191	1280	911	3038	1821	1217	2393	1492	901
188	965	571	394	998	598	400	798	479	319
582	2799	1618	1181	3540	2151	1389	2859	1849	1010
298	1179	761	418	1247	819	428	805	524	281
611	**2743**	**1547**	**1196**	**3017**	**1689**	**1328**	**2347**	**1294**	**1053**
611	2743	1547	1196	3017	1689	1328	2347	1294	1053
806	**4530**	**2570**	**1960**	**5424**	**3001**	**2423**	**4340**	**2334**	**2006**
539	2890	1620	1270	3349	1801	1548	2463	1318	1145
267	1640	950	690	2075	1200	875	1877	1016	861
2631	**11699**	**6283**	**5416**	**13200**	**7480**	**5720**	**11404**	**6946**	**4458**
722	3329	1778	1551	3632	1944	1688	2976	1661	1315
410	1807	962	845	1810	1026	784	1314	762	552
500	2291	1261	1030	2417	1352	1065	1970	1196	774
641	2731	1481	1250	3556	2089	1467	3620	2396	1224
358	1541	801	740	1785	1069	716	1524	931	593
4404	**19746**	**11524**	**8222**	**22119**	**12950**	**9169**	**18651**	**10890**	**7761**
1354	5323	3108	2215	5542	3186	2356	4558	2586	1972
657	3440	2057	1383	3915	2306	1609	3297	1921	1376
390	2049	1242	807	2303	1421	882	1855	1180	675
407	2211	1355	856	2777	1664	1113	2562	1498	1064
741	3156	1710	1446	3451	1866	1585	2870	1573	1297
531	2379	1369	1010	2709	1650	1059	2323	1440	883
324	1188	683	505	1422	857	565	1186	692	494
2071	**10086**	**5227**	**4859**	**12391**	**6548**	**5843**	**11491**	**6374**	**5117**
1209	5691	2899	2792	6926	3542	3384	6569	3445	3124
298	1445	729	716	1919	1026	893	2019	1227	792
342	1552	777	775	2045	1044	1001	1821	997	824
222	1398	822	576	1501	936	565	1082	705	377
2056	**8157**	**4342**	**3815**	**10762**	**5898**	**4864**	**9217**	**5155**	**4062**
949	3538	1928	1610	4424	2418	2006	3948	2045	1903
68	347	233	114	381	234	147	298	177	121
274	1082	496	586	1678	967	711	1487	937	550
191	772	390	382	1003	528	475	884	524	360
328	1153	592	561	1543	810	733	1232	685	547
246	1265	703	562	1733	941	792	1368	787	581
2841	**13694**	**7651**	**6043**	**16717**	**9780**	**6937**	**15239**	**9308**	**5931**
786	3264	1847	1417	3565	1995	1570	3232	1709	1523
423	2097	1084	1013	2774	1596	1178	2768	1671	1097
286	1998	1215	783	2524	1568	956	2228	1467	761
140	661	379	282	864	505	359	789	502	287
368	1832	925	907	2352	1336	1016	1888	1171	717
451	2255	1248	1007	3023	1804	1219	2925	1890	1035
387	1587	953	634	1615	976	639	1409	898	511

5-2 各地区分年龄、

地区	30-34 岁			35-39 岁			40-44 岁	
	小计	男	女	小计	男	女	小计	男
酒泉市	**7820**	**5432**	**2388**	**4551**	**2917**	**1634**	**5027**	**2993**
肃州区	4140	2889	1251	2217	1363	854	2370	1422
金塔县	538	352	186	316	191	125	416	212
瓜州县	691	496	195	434	315	119	498	327
肃北蒙古族自治县	197	137	60	139	107	32	165	120
阿克塞哈萨克族自治县	92	60	32	54	36	18	69	47
玉门市	803	568	235	527	356	171	614	386
敦煌市	1359	930	429	864	549	315	895	479
庆阳市	**16940**	**10252**	**6688**	**11225**	**7090**	**4135**	**10319**	**5735**
西峰区	7332	4091	3241	4484	2553	1931	3560	1888
庆城县	2236	1449	787	1516	1088	428	1489	900
环　县	2369	1569	800	1656	1179	477	1323	773
华池县	727	484	243	522	364	158	507	272
合水县	726	492	234	460	301	159	477	296
正宁县	774	456	318	577	344	233	611	347
宁　县	1353	807	546	1097	691	406	1187	664
镇原县	1423	904	519	913	570	343	1165	595
定西市	**13449**	**8203**	**5246**	**8784**	**5443**	**3341**	**9309**	**5670**
安定区	3265	2056	1209	1853	1136	717	1926	1161
通渭县	1430	910	520	980	669	311	1007	668
陇西县	1857	1115	742	1140	701	439	1355	770
渭源县	1242	761	481	736	464	272	886	582
临洮县	2741	1610	1131	1958	1197	761	1950	1145
漳　县	963	577	386	691	413	278	684	417
岷　县	1951	1174	777	1426	863	563	1501	927
陇南市	**11865**	**7543**	**4322**	**8602**	**5791**	**2811**	**9576**	**6297**
武都区	3433	2129	1304	2170	1429	741	2320	1419
成　县	1204	776	428	1017	679	338	1108	755
文　县	1214	806	408	865	602	263	1110	705
宕昌县	1306	744	562	867	550	317	851	556
康　县	674	465	209	577	431	146	825	560
西和县	1465	921	544	1101	710	391	1136	761
礼　县	1420	971	449	1157	826	331	1230	878
徽　县	884	561	323	692	454	238	742	496
两当县	265	170	95	156	110	46	254	167
临夏回族自治州	**5578**	**3457**	**2121**	**4128**	**2621**	**1507**	**4345**	**2557**
临夏市	1505	907	598	1025	594	431	988	521
临夏县	521	361	160	393	277	116	434	283
康乐县	620	369	251	541	358	183	525	318
永靖县	773	467	306	499	282	217	650	347
广河县	701	415	286	526	327	199	493	291
和政县	397	255	142	295	203	92	388	256
东乡族自治县	450	286	164	340	251	89	384	251
积石山保安族东乡族撒拉族自治县	611	397	214	509	329	180	483	290
甘南藏族自治州	**3746**	**2476**	**1270**	**2987**	**2034**	**953**	**3306**	**2152**
合作市	786	522	264	534	376	158	546	370
临潭县	395	246	149	227	140	87	355	206
卓尼县	432	264	168	315	213	102	440	291
舟曲县	558	377	181	452	306	146	439	260
迭部县	459	312	147	404	279	125	450	318
玛曲县	456	324	132	460	310	150	462	316
碌曲县	270	180	90	202	141	61	208	125
夏河县	390	251	139	393	269	124	406	266

性别的一人户（续 3）

单位：户

女	45-49 岁 小计	45-49 岁 男	45-49 岁 女	50-54 岁 小计	50-54 岁 男	50-54 岁 女	55-59 岁 小计	55-59 岁 男	55-59 岁 女
2034	**8927**	**4986**	**3941**	**10803**	**6173**	**4630**	**9003**	**4815**	**4188**
948	3955	2146	1809	4743	2576	2167	3914	1953	1961
204	827	430	397	1076	604	472	1075	567	508
171	871	540	331	1042	661	381	955	552	403
45	251	177	74	267	186	81	193	122	71
22	104	69	35	83	61	22	55	37	18
228	1287	798	489	1599	1006	593	1264	798	466
416	1632	826	806	1993	1079	914	1547	786	761
4584	**15958**	**8731**	**7227**	**20279**	**11494**	**8785**	**16768**	**9847**	**6921**
1672	4690	2496	2194	5075	2725	2350	3643	1953	1690
589	2109	1252	857	2323	1438	885	1903	1177	726
550	1827	1151	676	2291	1500	791	2048	1342	706
235	677	373	304	952	550	402	897	545	352
181	859	514	345	1216	689	527	1003	602	401
264	1058	529	529	1350	750	600	1200	680	520
523	2192	1100	1092	3280	1704	1576	2900	1613	1287
570	2546	1316	1230	3792	2138	1654	3174	1935	1239
3639	**17688**	**10863**	**6825**	**21665**	**13401**	**8264**	**18255**	**11541**	**6714**
765	3755	2198	1557	4560	2721	1839	3775	2321	1454
339	1945	1253	692	2356	1489	867	2199	1355	844
585	2898	1697	1201	3575	2089	1486	3039	1840	1199
304	2019	1352	667	2620	1807	813	2317	1593	724
805	3275	1946	1329	3921	2363	1558	3321	2148	1173
267	1175	693	482	1396	836	560	1098	658	440
574	2621	1724	897	3237	2096	1141	2506	1626	880
3279	**16748**	**10507**	**6241**	**19504**	**12457**	**7047**	**14954**	**9714**	**5240**
901	3574	2128	1446	4284	2553	1731	3369	2124	1245
353	1924	1225	699	2037	1344	693	1457	935	522
405	1749	1034	715	1888	1071	817	1520	909	611
295	1628	1047	581	2089	1409	680	1545	1026	519
265	1412	936	476	1541	1047	494	1325	977	348
375	2051	1254	797	2366	1494	872	1621	1023	598
352	2366	1587	779	3073	2064	1009	2188	1417	771
246	1591	998	593	1813	1171	642	1486	1014	472
87	453	298	155	413	304	109	443	289	154
1788	**6558**	**3804**	**2754**	**7462**	**4335**	**3127**	**5738**	**3385**	**2353**
467	1377	707	670	1467	739	728	1192	586	606
151	987	633	354	1177	728	449	907	553	354
207	819	449	370	988	612	376	793	524	269
303	1125	599	526	1369	751	618	1005	561	444
202	591	363	228	537	296	241	414	261	153
132	546	348	198	577	378	199	473	319	154
133	427	258	169	507	295	212	378	210	168
193	686	447	239	840	536	304	576	371	205
1154	**4230**	**2641**	**1589**	**4262**	**2753**	**1509**	**3129**	**1952**	**1177**
176	576	327	249	623	401	222	421	270	151
149	659	408	251	786	510	276	578	374	204
149	584	403	181	639	414	225	482	279	203
179	764	421	343	708	433	275	648	402	246
132	568	377	191	549	347	202	406	239	167
146	457	324	133	368	258	110	217	139	78
83	231	132	99	216	152	64	106	65	41
140	391	249	142	373	238	135	271	184	87

5-2 各地区分年龄、性别的一人户（续4）

单位：户

地区	60-64岁			65岁及以上		
	小计	男	女	小计	男	女
合计	**113286**	**63798**	**49488**	**432407**	**181501**	**250906**
兰州市	**22909**	**12023**	**10886**	**76655**	**28089**	**48566**
城关区	8557	4368	4189	25967	9075	16892
七里河区	4085	2010	2075	13031	4813	8218
西固区	2984	1486	1498	11242	3692	7550
安宁区	1676	783	893	6220	2206	4014
红古区	620	288	332	2485	900	1585
永登县	1711	1017	694	6120	2306	3814
皋兰县	761	455	306	3115	1207	1908
榆中县	2058	1340	718	7282	3422	3860
兰州新区	457	276	181	1193	468	725
嘉峪关市	**1294**	**638**	**656**	**6012**	**1820**	**4192**
市辖区	1294	638	656	6012	1820	4192
金昌市	**2548**	**1229**	**1319**	**13875**	**4303**	**9572**
金川区	1377	615	762	7493	2239	5254
永昌县	1171	614	557	6382	2064	4318
白银市	**7931**	**4520**	**3411**	**26934**	**11044**	**15890**
白银区	2001	1019	982	8665	2895	5770
平川区	934	488	446	3234	1239	1995
靖远县	1637	894	743	5014	2156	2858
会宁县	2310	1511	799	6900	3446	3454
景泰县	1049	608	441	3121	1308	1813
天水市	**12192**	**6808**	**5384**	**51480**	**23781**	**27699**
秦州区	2765	1449	1316	12556	5171	7385
麦积区	2303	1279	1024	9215	3951	5264
清水县	1250	743	507	4290	2080	2210
秦安县	1932	1133	799	8053	4039	4014
甘谷县	1863	994	869	7641	3733	3908
武山县	1333	824	509	6077	3158	2919
张家川回族自治县	746	386	360	3648	1649	1999
武威市	**7408**	**3935**	**3473**	**31511**	**11731**	**19780**
凉州区	4168	1976	2192	19458	6671	12787
民勤县	1194	709	485	4998	2073	2925
古浪县	1346	798	548	4831	1979	2852
天祝藏族自治县	700	452	248	2224	1008	1216
张掖市	**5832**	**3148**	**2684**	**26121**	**9765**	**16356**
甘州区	2547	1285	1262	12141	4442	7699
肃南裕固族自治县	158	89	69	655	204	451
民乐县	897	600	297	2991	1245	1746
临泽县	605	325	280	2484	1019	1465
高台县	778	402	376	4126	1571	2555
山丹县	847	447	400	3724	1284	2440
平凉市	**9808**	**5997**	**3811**	**37467**	**16781**	**20686**
崆峒区	2022	1056	966	9474	3531	5943
泾川县	1692	1099	593	6645	2822	3823
灵台县	1492	976	516	5092	2307	2785
崇信县	441	254	187	1472	624	848
庄浪县	1359	816	543	5224	2602	2622
静宁县	1852	1236	616	6444	3463	2981
华亭市	950	560	390	3116	1432	1684

5-2 各地区分年龄、性别的一人户（续5）

单位：户

地区	60-64岁			65岁及以上		
	小计	男	女	小计	男	女
酒泉市	**5268**	**2788**	**2480**	**22238**	**7774**	**14464**
肃州区	2320	1163	1157	11055	3596	7459
金塔县	650	376	274	2766	1092	1674
瓜州县	583	337	246	2024	845	1179
肃北蒙古族自治县	95	47	48	310	100	210
阿克塞哈萨克族自治县	41	19	22	87	28	59
玉门市	628	405	223	2519	980	1539
敦煌市	951	441	510	3477	1133	2344
庆阳市	**11395**	**6477**	**4918**	**41080**	**17899**	**23181**
西峰区	2170	1148	1022	8719	3753	4966
庆城县	1164	659	505	3844	1675	2169
环　县	1552	982	570	3515	1789	1726
华池县	619	374	245	1616	769	847
合水县	712	391	321	2506	1092	1414
正宁县	1029	573	456	3902	1766	2136
宁　县	2179	1145	1034	8736	3501	5235
镇原县	1970	1205	765	8242	3554	4688
定西市	**11754**	**7240**	**4514**	**41171**	**20025**	**21146**
安定区	2413	1453	960	8832	4237	4595
通渭县	1417	830	587	6027	3102	2925
陇西县	1863	1083	780	7786	3557	4229
渭源县	1470	984	486	4702	2457	2245
临洮县	2354	1498	856	6762	3244	3518
漳　县	634	382	252	2506	1264	1242
岷　县	1603	1010	593	4556	2164	2392
陇南市	**9407**	**5889**	**3518**	**37618**	**19281**	**18337**
武都区	2159	1323	836	9164	4646	4518
成　县	1018	641	377	3823	1966	1857
文　县	1086	658	428	5118	2390	2728
宕昌县	874	559	315	3124	1473	1651
康　县	931	637	294	2878	1585	1293
西和县	989	629	360	4078	2297	1781
礼　县	1181	679	502	4885	2551	2334
徽　县	886	579	307	3529	1843	1686
两当县	283	184	99	1019	530	489
临夏回族自治州	**3892**	**2188**	**1704**	**14148**	**6530**	**7618**
临夏市	797	392	405	3101	1190	1911
临夏县	660	366	294	2500	1229	1271
康乐县	520	331	189	1399	727	672
永靖县	724	419	305	2513	1056	1457
广河县	280	169	111	1060	540	520
和政县	271	167	104	1044	530	514
东乡族自治县	241	105	136	1166	510	656
积石山保安族东乡族撒拉族自治县	399	239	160	1365	748	617
甘南藏族自治州	**1648**	**918**	**730**	**6097**	**2678**	**3419**
合作市	186	104	82	575	266	309
临潭县	382	223	159	1201	528	673
卓尼县	260	153	107	875	379	496
舟曲县	356	198	158	1488	677	811
迭部县	202	107	95	768	364	404
玛曲县	102	52	50	501	163	338
碌曲县	40	18	22	221	91	130
夏河县	120	63	57	468	210	258

5-2a 各地区分年龄、

地区	户数			14岁以下			
	合计	男	女	小计	男	女	小计
合计	**672109**	**357565**	**314544**	**17518**	**9359**	**8159**	**14245**
兰州市	**315456**	**170890**	**144566**	**6408**	**3394**	**3014**	**6024**
城关区	174678	96608	78070	3542	1899	1643	3253
七里河区	60925	32461	28464	1094	553	541	1301
西固区	37035	19357	17678	744	390	354	560
安宁区	36089	19120	16969	936	502	434	841
红古区	6729	3344	3385	92	50	42	69
嘉峪关市	**25103**	**14650**	**10453**	**259**	**139**	**120**	**363**
市辖区	25103	14650	10453	259	139	120	363
金昌市	**24095**	**12734**	**11361**	**288**	**170**	**118**	**390**
金川区	24095	12734	11361	288	170	118	390
白银市	**37904**	**19719**	**18185**	**735**	**370**	**365**	**712**
白银区	27396	14173	13223	456	223	233	380
平川区	10312	5375	4937	278	146	132	331
靖远县	196	171	25	1	1		1
天水市	**53825**	**28036**	**25789**	**1682**	**896**	**786**	**1659**
秦州区	35938	18428	17510	1161	620	541	1223
麦积区	17887	9608	8279	521	276	245	436
武威市	**27841**	**14369**	**13472**	**882**	**526**	**356**	**602**
凉州区	27841	14369	13472	882	526	356	602
张掖市	**22549**	**11305**	**11244**	**468**	**254**	**214**	**407**
甘州区	22490	11277	11213	466	253	213	406
肃南裕固族自治县	59	28	31	2	1	1	1
平凉市	**31632**	**16426**	**15206**	**1155**	**568**	**587**	**672**
崆峒区	24968	12673	12295	864	424	440	513
华亭市	6664	3753	2911	291	144	147	159
酒泉市	**41045**	**21161**	**19884**	**808**	**412**	**396**	**780**
肃州区	30357	15490	14867	524	276	248	553
玉门市	3981	2256	1725	86	38	48	105
敦煌市	6707	3415	3292	198	98	100	122
庆阳市	**39752**	**20406**	**19346**	**2299**	**1295**	**1004**	**1189**
西峰区	39752	20406	19346	2299	1295	1004	1189
定西市	**19190**	**10360**	**8830**	**1046**	**585**	**461**	**468**
安定区	19190	10360	8830	1046	585	461	468
陇南市	**14993**	**7708**	**7285**	**910**	**461**	**449**	**520**
武都区	14901	7643	7258	907	459	448	520
康　县	92	65	27	3	2	1	
临夏回族自治州	**13991**	**7112**	**6879**	**495**	**251**	**244**	**357**
临夏市	13709	6963	6746	485	246	239	353
临夏县	282	149	133	10	5	5	4
甘南藏族自治州	**4733**	**2689**	**2044**	**83**	**38**	**45**	**102**
合作市	4733	2689	2044	83	38	45	102

性别的一人户（城市）

单位：户

15—19岁		20–24岁			25–29岁		
男	女	小计	男	女	小计	男	女
8052	**6193**	**48042**	**26586**	**21456**	**87226**	**52674**	**34552**
3496	**2528**	**24932**	**13356**	**11576**	**44060**	**25722**	**18338**
1862	1391	15733	8253	7480	27323	15684	11639
778	523	4263	2215	2048	8091	4733	3358
346	214	1938	1166	772	3222	2020	1202
468	373	2790	1593	1197	4873	2931	1942
42	27	208	129	79	551	354	197
197	**166**	**1544**	**1166**	**378**	**3527**	**2937**	**590**
197	166	1544	1166	378	3527	2937	590
251	**139**	**1464**	**1009**	**455**	**2236**	**1661**	**575**
251	139	1464	1009	455	2236	1661	575
427	**285**	**1714**	**1052**	**662**	**3764**	**2513**	**1251**
221	159	1190	724	466	2815	1885	930
205	126	512	316	196	915	596	319
1		12	12		34	32	2
839	**820**	**3040**	**1681**	**1359**	**5350**	**3169**	**2181**
585	638	2173	1177	996	3700	2149	1551
254	182	867	504	363	1650	1020	630
344	**258**	**1708**	**960**	**748**	**3675**	**2281**	**1394**
344	258	1708	960	748	3675	2281	1394
213	**194**	**1710**	**1045**	**665**	**2627**	**1702**	**925**
212	194	1706	1043	663	2622	1699	923
1		4	2	2	5	3	2
377	**295**	**2097**	**1123**	**974**	**3900**	**2285**	**1615**
292	221	1635	862	773	2963	1726	1237
85	74	462	261	201	937	559	378
416	**364**	**3192**	**1807**	**1385**	**5330**	**3475**	**1855**
286	267	2404	1346	1058	3875	2544	1331
64	41	278	156	122	596	368	228
66	56	510	305	205	859	563	296
658	**531**	**2983**	**1396**	**1587**	**5631**	**2911**	**2720**
658	531	2983	1396	1587	5631	2911	2720
270	**198**	**1031**	**584**	**447**	**2500**	**1428**	**1072**
270	198	1031	584	447	2500	1428	1072
299	**221**	**1294**	**677**	**617**	**2244**	**1212**	**1032**
299	221	1293	676	617	2237	1205	1032
		1	1		7	7	
211	**146**	**934**	**545**	**389**	**1589**	**921**	**668**
210	143	913	530	383	1536	899	637
1	3	21	15	6	53	22	31
54	**48**	**399**	**185**	**214**	**793**	**457**	**336**
54	48	399	185	214	793	457	336

5-2a 各地区分年龄、

地区	30-34岁			35-39岁			40-44岁	
	小计	男	女	小计	男	女	小计	男
合计	**75528**	**48481**	**27047**	**45633**	**28539**	**17094**	**41911**	**24402**
兰州市	**36580**	**23573**	**13007**	**22389**	**14552**	**7837**	**19763**	**12216**
城关区	21464	13744	7720	12990	8508	4482	11180	7189
七里河区	6886	4412	2474	4214	2736	1478	3638	2152
西固区	3149	2125	1024	2165	1437	728	2212	1361
安宁区	4412	2850	1562	2604	1607	997	2266	1267
红古区	669	442	227	416	264	152	467	247
嘉峪关市	**2894**	**2354**	**540**	**1372**	**967**	**405**	**1366**	**789**
市辖区	2894	2354	540	1372	967	405	1366	789
金昌市	**1936**	**1443**	**493**	**1160**	**806**	**354**	**1291**	**788**
金川区	1936	1443	493	1160	806	354	1291	788
白银市	**3560**	**2429**	**1131**	**2139**	**1376**	**763**	**2229**	**1255**
白银区	2643	1822	821	1465	956	509	1507	852
平川区	886	577	309	645	394	251	708	392
靖远县	31	30	1	29	26	3	14	11
天水市	**5140**	**3047**	**2093**	**3479**	**2025**	**1454**	**3400**	**1892**
秦州区	3443	2008	1435	2362	1321	1041	2352	1293
麦积区	1697	1039	658	1117	704	413	1048	599
武威市	**3047**	**2006**	**1041**	**1767**	**1063**	**704**	**1603**	**888**
凉州区	3047	2006	1041	1767	1063	704	1603	888
张掖市	**2258**	**1415**	**843**	**1419**	**797**	**622**	**1352**	**684**
甘州区	2248	1408	840	1417	795	622	1350	683
肃南裕固族自治县	10	7	3	2	2		2	1
平凉市	**3233**	**2063**	**1170**	**2124**	**1300**	**824**	**1934**	**1085**
崆峒区	2378	1490	888	1529	921	608	1417	806
华亭市	855	573	282	595	379	216	517	279
酒泉市	**4533**	**3131**	**1402**	**2435**	**1464**	**971**	**2436**	**1366**
肃州区	3357	2331	1026	1777	1068	709	1801	1025
玉门市	442	313	129	224	154	70	214	136
敦煌市	734	487	247	434	242	192	421	205
庆阳市	**6173**	**3301**	**2872**	**3595**	**1985**	**1610**	**2863**	**1446**
西峰区	6173	3301	2872	3595	1985	1610	2863	1446
定西市	**2237**	**1374**	**863**	**1247**	**730**	**517**	**1241**	**693**
安定区	2237	1374	863	1247	730	517	1241	693
陇南市	**1832**	**1059**	**773**	**1129**	**640**	**489**	**1099**	**564**
武都区	1828	1057	771	1127	639	488	1089	557
康　县	4	2	2	2	1	1	10	7
临夏回族自治州	**1442**	**867**	**575**	**963**	**555**	**408**	**937**	**494**
临夏市	1403	846	557	950	549	401	914	480
临夏县	39	21	18	13	6	7	23	14
甘南藏族自治州	**663**	**419**	**244**	**415**	**279**	**136**	**397**	**242**
合作市	663	419	244	415	279	136	397	242

性别的一人户（城市）（续 1）

单位：户

	45–49 岁			50–54 岁			55–59 岁		
女	小计	男	女	小计	男	女	小计	男	女
17509	**63284**	**34527**	**28757**	**66130**	**36069**	**30061**	**54895**	**29182**	**25713**
7547	**28410**	**16272**	**12138**	**29894**	**17064**	**12830**	**26720**	**14346**	**12374**
3991	15341	9100	6241	15619	9327	6292	14082	7746	6336
1486	5328	2986	2342	5777	3166	2611	5492	2944	2548
851	3690	2077	1613	4271	2376	1895	3684	1966	1718
999	3288	1752	1536	3310	1735	1575	2873	1426	1447
220	763	357	406	917	460	457	589	264	325
577	**2468**	**1346**	**1122**	**2688**	**1454**	**1234**	**2118**	**1137**	**981**
577	2468	1346	1122	2688	1454	1234	2118	1137	981
503	**2638**	**1420**	**1218**	**3046**	**1608**	**1438**	**2158**	**1161**	**997**
503	2638	1420	1218	3046	1608	1438	2158	1161	997
974	**4198**	**2118**	**2080**	**4350**	**2238**	**2112**	**3382**	**1830**	**1552**
655	2891	1478	1413	3109	1598	1511	2544	1366	1178
316	1284	625	659	1220	624	596	822	449	373
3	23	15	8	21	16	5	16	15	1
1508	**5338**	**2958**	**2380**	**5408**	**2972**	**2436**	**4440**	**2395**	**2045**
1059	3581	1944	1637	3544	1915	1629	2878	1552	1326
449	1757	1014	743	1864	1057	807	1562	843	719
715	**2630**	**1322**	**1308**	**2654**	**1397**	**1257**	**2141**	**1101**	**1040**
715	2630	1322	1308	2654	1397	1257	2141	1101	1040
668	**2045**	**1039**	**1006**	**2298**	**1148**	**1150**	**1876**	**921**	**955**
667	2042	1038	1004	2294	1147	1147	1869	917	952
1	3	1	2	4	1	3	7	4	3
849	**3025**	**1644**	**1381**	**2943**	**1525**	**1418**	**2543**	**1315**	**1228**
611	2362	1277	1085	2401	1247	1154	2099	1055	1044
238	663	367	296	542	278	264	444	260	184
1070	**3945**	**2011**	**1934**	**4287**	**2217**	**2070**	**3284**	**1649**	**1635**
776	2849	1436	1413	3110	1585	1525	2436	1209	1227
78	406	229	177	447	275	172	310	185	125
216	690	346	344	730	357	373	538	255	283
1417	**3567**	**1809**	**1758**	**3438**	**1754**	**1684**	**2338**	**1240**	**1098**
1417	3567	1809	1758	3438	1754	1684	2338	1240	1098
548	**1993**	**1052**	**941**	**2045**	**1097**	**948**	**1548**	**834**	**714**
548	1993	1052	941	2045	1097	948	1548	834	714
535	**1282**	**645**	**637**	**1227**	**631**	**596**	**896**	**492**	**404**
532	1274	639	635	1215	622	593	884	484	400
3	8	6	2	12	9	3	12	8	4
443	**1277**	**643**	**634**	**1352**	**668**	**684**	**1094**	**539**	**555**
434	1248	632	616	1329	658	671	1078	529	549
9	29	11	18	23	10	13	16	10	6
155	**468**	**248**	**220**	**500**	**296**	**204**	**357**	**222**	**135**
155	468	248	220	500	296	204	357	222	135

5-2a 各地区分年龄、性别的一人户（城市）（续2）

单位：户

地区	60-64岁			65岁及以上		
	小计	男	女	小计	男	女
合计	**32717**	**16087**	**16630**	**124980**	**43607**	**81373**
兰州市	**16449**	**8122**	**8327**	**53827**	**18777**	**35050**
城关区	8457	4319	4138	25694	8977	16717
七里河区	3505	1693	1812	11336	4093	7243
西固区	2437	1163	1274	8963	2930	6033
安宁区	1676	783	893	6220	2206	4014
红古区	374	164	210	1614	571	1043
嘉峪关市	**1157**	**558**	**599**	**5347**	**1606**	**3741**
市辖区	1157	558	599	5347	1606	3741
金昌市	**1185**	**527**	**658**	**6303**	**1890**	**4413**
金川区	1185	527	658	6303	1890	4413
白银市	**2188**	**1080**	**1108**	**8933**	**3031**	**5902**
白银区	1628	795	833	6768	2253	4515
平川区	552	278	274	2159	773	1386
靖远县	8	7	1	6	5	1
天水市	**2672**	**1351**	**1321**	**12217**	**4811**	**7406**
秦州区	1645	827	818	7876	3037	4839
麦积区	1027	524	503	4341	1774	2567
武威市	**1236**	**592**	**644**	**5896**	**1889**	**4007**
凉州区	1236	592	644	5896	1889	4007
张掖市	**1116**	**515**	**601**	**4973**	**1572**	**3401**

5-2a 各地区分年龄、性别的一人户（城市）（续3）

单位：户

地区	60-64 岁			65 岁及以上		
	小计	男	女	小计	男	女
甘州区	1113	515	598	4957	1567	3390
肃南裕固族自治县	3		3	16	5	11
平凉市	**1502**	**763**	**739**	**6504**	**2378**	**4126**
崆峒区	1267	639	628	5540	1934	3606
华亭市	235	124	111	964	444	520
酒泉市	**1804**	**854**	**950**	**8211**	**2359**	**5852**
肃州区	1328	609	719	6343	1775	4568
玉门市	168	103	65	705	235	470
敦煌市	308	142	166	1163	349	814
庆阳市	**1238**	**648**	**590**	**4438**	**1963**	**2475**
西峰区	1238	648	590	4438	1963	2475
定西市	**817**	**431**	**386**	**3017**	**1282**	**1735**
安定区	817	431	386	3017	1282	1735
陇南市	**471**	**217**	**254**	**2089**	**811**	**1278**
武都区	462	211	251	2065	795	1270
康　县	9	6	3	24	16	8
临夏回族自治州	**736**	**353**	**383**	**2815**	**1065**	**1750**
临夏市	722	344	378	2778	1040	1738
临夏县	14	9	5	37	25	12
甘南藏族自治州	**146**	**76**	**70**	**410**	**173**	**237**
合作市	146	76	70	410	173	237

5-2b 各地区分年龄、

地区	户数			14 岁以下			
	合计	男	女	小计	男	女	小计
合计	**443417**	**238346**	**205071**	**23998**	**12814**	**11184**	**20905**
兰州市	**47759**	**26500**	**21259**	**1383**	**752**	**631**	**1083**
城关区	2205	1309	896	39	18	21	32
七里河区	3788	2200	1588	100	52	48	51
西固区	3391	1786	1605	50	26	24	50
安宁区							
红古区	1891	992	899	29	14	15	21
永登县	10124	5216	4908	311	172	139	263
皋兰县	5992	3102	2890	222	115	107	174
榆中县	11934	6806	5128	301	169	132	343
兰州新区	8434	5089	3345	331	186	145	149
嘉峪关市	**441**	**289**	**152**	**10**	**5**	**5**	**8**
市辖区	441	289	152	10	5	5	8
金昌市	**8156**	**3987**	**4169**	**133**	**79**	**54**	**173**
金川区	56	29	27	2		2	2
永昌县	8100	3958	4142	131	79	52	171
白银市	**32686**	**17259**	**15427**	**2015**	**1061**	**954**	**1884**
白银区	327	157	170	16	6	10	3
平川区	2108	1384	724	45	22	23	51
靖远县	11118	5609	5509	657	359	298	1276
会宁县	10626	5678	4948	816	425	391	253
景泰县	8507	4431	4076	481	249	232	301
天水市	**52329**	**28297**	**24032**	**3341**	**1720**	**1621**	**3163**
秦州区	2902	1645	1257	167	84	83	118
麦积区	3532	1989	1543	112	60	52	56
清水县	7512	4076	3436	671	324	347	296
秦安县	7403	4032	3371	297	155	142	262
甘谷县	15597	8239	7358	959	522	437	1238
武山县	9478	5346	4132	477	237	240	311
张家川回族自治县	5905	2970	2935	658	338	320	882
武威市	**23418**	**12169**	**11249**	**1007**	**577**	**430**	**658**
凉州区	6947	3517	3430	263	167	96	124
民勤县	6089	3118	2971	229	125	104	191
古浪县	5722	2985	2737	347	187	160	253
天祝藏族自治县	4660	2549	2111	168	98	70	90
张掖市	**21184**	**10683**	**10501**	**844**	**452**	**392**	**507**
甘州区	1110	618	492	52	28	24	22
肃南裕固族自治县	1198	673	525	31	14	17	17
民乐县	4253	2130	2123	202	110	92	107
临泽县	3903	1986	1917	130	66	64	120
高台县	5680	2899	2781	232	119	113	116
山丹县	5040	2377	2663	197	115	82	125
平凉市	**33952**	**18533**	**15419**	**1843**	**1006**	**837**	**1701**
崆峒区	600	307	293	36	15	21	15
泾川县	8933	4591	4342	518	276	242	286
灵台县	4302	2298	2004	180	96	84	147
崇信县	2469	1341	1128	105	60	45	48
庄浪县	7170	4027	3143	537	301	236	665
静宁县	7405	4043	3362	380	209	171	475
华亭市	3073	1926	1147	87	49	38	65

性别的一人户（镇）

单位：户

15—19岁		20-24岁			25-29岁		
男	女	小计	男	女	小计	男	女
10707	**10198**	**24578**	**13406**	**11172**	**42744**	**23967**	**18777**
655	**428**	**3164**	**1823**	**1341**	**6608**	**3980**	**2628**
22	10	222	121	101	462	274	188
24	27	187	107	80	511	340	171
28	22	105	71	34	203	135	68
13	8	56	33	23	116	77	39
158	105	430	223	207	768	432	336
106	68	349	200	149	650	359	291
211	132	1091	641	450	1869	1166	703
93	56	724	427	297	2029	1197	832
7	**1**	**13**	**8**	**5**	**22**	**16**	**6**
7	1	13	8	5	22	16	6
106	**67**	**315**	**196**	**119**	**515**	**353**	**162**
1	1				1	1	
105	66	315	196	119	514	352	162
861	**1023**	**1654**	**859**	**795**	**3232**	**1647**	**1585**
2	1	12	9	3	13	9	4
25	26	114	76	38	241	145	96
499	777	648	343	305	969	514	455
145	108	456	198	258	1090	479	611
190	111	424	233	191	919	500	419
1618	**1545**	**2661**	**1436**	**1225**	**4325**	**2299**	**2026**
62	56	168	101	67	188	94	94
34	22	178	109	69	274	181	93
166	130	506	261	245	740	381	359
130	132	366	210	156	631	337	294
655	583	622	327	295	1239	639	600
163	148	441	248	193	801	441	360
408	474	380	180	200	452	226	226
378	**280**	**1377**	**790**	**587**	**1922**	**1144**	**778**
72	52	334	226	108	489	319	170
117	74	391	210	181	510	297	213
141	112	429	245	184	500	281	219
48	42	223	109	114	423	247	176
296	**211**	**1326**	**815**	**511**	**1919**	**1250**	**669**
12	10	34	21	13	32	21	11
9	8	141	101	40	152	94	58
60	47	210	121	89	336	205	131
61	59	266	150	116	427	288	139
69	47	411	257	154	606	418	188
85	40	264	165	99	366	224	142
930	**771**	**1949**	**1009**	**940**	**3322**	**1760**	**1562**
7	8	25	20	5	38	21	17
157	129	499	247	252	761	370	391
77	70	160	85	75	372	195	177
23	25	151	76	75	321	180	141
349	316	347	185	162	617	321	296
271	204	600	295	305	967	502	465
46	19	167	101	66	246	171	75

5-2b 各地区分年龄、

地区	户数			14 岁以下			
	合计	男	女	小计	男	女	小计
酒泉市	**21747**	**11412**	**10335**	**641**	**329**	**312**	**479**
肃州区	2045	1053	992	114	58	56	50
金塔县	4444	2197	2247	199	108	91	152
瓜州县	4125	2253	1872	76	46	30	93
肃北蒙古族自治县	1543	908	635	37	16	21	23
阿克塞哈萨克族自治县	587	310	277	9	6	3	16
玉门市	4297	2509	1788	96	40	56	91
敦煌市	4706	2182	2524	110	55	55	54
庆阳市	**46639**	**25200**	**21439**	**2922**	**1631**	**1291**	**1530**
西峰区	540	290	250	30	15	15	10
庆城县	9809	5701	4108	518	303	215	240
环　县	7373	4147	3226	458	240	218	297
华池县	2878	1555	1323	124	72	52	52
合水县	3688	1964	1724	279	161	118	101
正宁县	5237	2817	2420	443	245	198	139
宁　县	9528	4856	4672	704	378	326	529
镇原县	7586	3870	3716	366	217	149	162
定西市	**67723**	**35531**	**32192**	**4217**	**2235**	**1982**	**6300**
安定区	1874	1130	744	94	53	41	28
通渭县	7449	4271	3178	618	326	292	529
陇西县	16935	8817	8118	838	442	396	870
渭源县	5920	3302	2618	373	208	165	436
临洮县	15258	7817	7441	893	493	400	414
漳　县	6528	3293	3235	509	259	250	1499
岷　县	13759	6901	6858	892	454	438	2524
陇南市	**50452**	**27804**	**22648**	**3689**	**1972**	**1717**	**2143**
武都区	3895	2151	1744	276	144	132	157
成　县	9551	5387	4164	556	316	240	375
文　县	5354	2721	2633	359	179	180	141
宕昌县	7248	3830	3418	933	489	444	317
康　县	3600	2073	1527	137	80	57	63
西和县	7227	3973	3254	714	356	358	689
礼　县	6483	3843	2640	368	215	153	164
徽　县	5389	2870	2519	286	155	131	177
两当县	1705	956	749	60	38	22	60
临夏回族自治州	**19452**	**10520**	**8932**	**1214**	**622**	**592**	**653**
临夏市	242	144	98	31	19	12	10
临夏县	1232	694	538	103	56	47	57
康乐县	2486	1351	1135	153	74	79	93
永靖县	6604	3246	3358	142	79	63	134
广河县	2922	1658	1264	288	147	141	136
和政县	2270	1309	961	137	74	63	70
东乡族自治县	1482	864	618	222	104	118	82
积石山保安族东乡族撒拉族自治县	2214	1254	960	138	69	69	71
甘南藏族自治州	**17479**	**10162**	**7317**	**739**	**373**	**366**	**623**
合作市	67	47	20	5	3	2	6
临潭县	2867	1541	1326	210	98	112	164
卓尼县	2387	1385	1002	49	23	26	36
舟曲县	3031	1649	1382	167	91	76	129
迭部县	2532	1392	1140	64	32	32	67
玛曲县	3115	2016	1099	98	54	44	146
碌曲县	1555	983	572	40	21	19	35
夏河县	1925	1149	776	106	51	55	40

性别的一人户（镇）（续1）

单位：户

15—19岁		20–24岁			25–29岁		
男	女	小计	男	女	小计	男	女
255	**224**	**1061**	**600**	**461**	**1652**	**1071**	**581**
21	29	83	52	31	64	42	22
79	73	319	185	134	345	217	128
48	45	266	139	127	506	340	166
16	7	89	51	38	200	128	72
7	9	36	20	16	65	38	27
52	39	197	118	79	244	162	82
32	22	71	35	36	228	144	84
927	**603**	**2203**	**1216**	**987**	**4122**	**2291**	**1831**
6	4	20	12	8	22	13	9
140	100	507	286	221	990	558	432
184	113	470	243	227	1054	594	460
33	19	179	111	68	344	192	152
64	37	161	94	67	331	178	153
83	56	218	131	87	361	208	153
314	215	368	209	159	549	311	238
103	59	280	130	150	471	237	234
2807	**3493**	**3710**	**1876**	**1834**	**6238**	**3371**	**2867**
20	8	71	46	25	144	84	60
330	199	332	165	167	648	361	287
490	380	1043	572	471	1580	875	705
212	224	226	121	105	464	250	214
227	187	801	373	428	1546	819	727
707	792	364	174	190	567	272	295
821	1703	873	425	448	1289	710	579
1121	**1022**	**2645**	**1353**	**1292**	**4629**	**2388**	**2241**
88	69	167	107	60	334	178	156
186	189	661	307	354	972	505	467
80	61	289	156	133	502	245	257
161	156	338	168	170	624	275	349
44	19	175	71	104	366	181	185
336	353	354	186	168	588	324	264
95	69	280	158	122	525	307	218
99	78	313	160	153	537	278	259
32	28	68	40	28	181	95	86
367	**286**	**1273**	**698**	**575**	**2018**	**1136**	**882**
8	2	11	4	7	15	13	2
36	21	72	47	25	80	40	40
54	39	164	87	77	274	131	143
65	69	324	174	150	716	428	288
76	60	259	141	118	274	145	129
44	26	172	94	78	285	169	116
51	31	83	50	33	109	64	45
33	38	188	101	87	265	146	119
379	**244**	**1227**	**727**	**500**	**2220**	**1261**	**959**
4	2	4	4		4	3	1
91	73	230	143	87	371	201	170
19	17	106	56	50	270	146	124
76	53	272	142	130	405	195	210
31	36	115	51	64	273	154	119
117	29	253	173	80	397	272	125
19	16	142	96	46	285	165	120
22	18	105	62	43	215	125	90

5-2b 各地区分年龄、

地区	30-34岁			35-39岁			40-44岁	
	小计	男	女	小计	男	女	小计	男
合计	**42767**	**25306**	**17461**	**28744**	**17143**	**11601**	**28317**	**15658**
兰州市	**5891**	**3757**	**2134**	**3121**	**1944**	**1177**	**2877**	**1636**
城关区	389	254	135	210	147	63	159	103
七里河区	512	372	140	269	167	102	216	137
西固区	183	140	43	123	79	44	150	99
安宁区								
红古区	134	95	39	85	58	27	120	68
永登县	752	440	312	536	303	233	624	327
皋兰县	641	372	269	364	217	147	347	194
榆中县	1655	1108	547	867	524	343	763	389
兰州新区	1625	976	649	667	449	218	498	319
嘉峪关市	**29**	**22**	**7**	**28**	**25**	**3**	**45**	**40**
市辖区	29	22	7	28	25	3	45	40
金昌市	**618**	**427**	**191**	**307**	**199**	**108**	**410**	**220**
金川区	1	1		1	1		1	1
永昌县	617	426	191	306	198	108	409	219
白银市	**3388**	**1921**	**1467**	**2201**	**1288**	**913**	**2141**	**1136**
白银区	16	13	3	13	12	1	8	7
平川区	187	133	54	148	112	36	183	134
靖远县	948	539	409	657	373	284	669	352
会宁县	1362	750	612	769	423	346	750	392
景泰县	875	486	389	614	368	246	531	251
天水市	**4710**	**2594**	**2116**	**3622**	**2046**	**1576**	**3123**	**1803**
秦州区	236	128	108	157	104	53	162	110
麦积区	228	140	88	204	132	72	169	116
清水县	694	396	298	491	297	194	473	266
秦安县	665	390	275	502	288	214	421	242
甘谷县	1607	815	792	1233	640	593	953	536
武山县	812	490	322	667	407	260	581	327
张家川回族自治县	468	235	233	368	178	190	364	206
武威市	**1635**	**1002**	**633**	**1135**	**687**	**448**	**1233**	**671**
凉州区	301	192	109	272	162	110	280	152
民勤县	431	272	159	236	141	95	328	152
古浪县	460	257	203	353	204	149	298	177
天祝藏族自治县	443	281	162	274	180	94	327	190
张掖市	**1697**	**1058**	**639**	**1105**	**628**	**477**	**1239**	**577**
甘州区	46	35	11	30	19	11	44	27
肃南裕固族自治县	125	87	38	64	44	20	95	62
民乐县	293	176	117	223	112	111	264	103
临泽县	345	217	128	231	128	103	212	92
高台县	522	349	173	310	190	120	387	181
山丹县	366	194	172	247	135	112	237	112
平凉市	**3267**	**1970**	**1297**	**1952**	**1205**	**747**	**1895**	**1011**
崆峒区	35	23	12	27	18	9	31	16
泾川县	832	461	371	534	319	215	500	256
灵台县	283	167	116	200	129	71	283	153
崇信县	264	161	103	128	80	48	136	72
庄浪县	894	524	370	529	320	209	383	199
静宁县	723	458	265	351	204	147	364	184
华亭市	236	176	60	183	135	48	198	131

性别的一人户（镇）（续 2）

单位：户

女	45–49 岁			50–54 岁			55–59 岁		
	小计	男	女	小计	男	女	小计	男	女
12659	**44316**	**23869**	**20447**	**46371**	**26262**	**20109**	**36302**	**21295**	**15007**
1241	**4695**	**2632**	**2063**	**4927**	**2876**	**2051**	**3663**	**2206**	**1457**
56	183	124	59	154	99	55	121	67	54
79	359	223	136	362	220	142	331	205	126
51	273	182	91	381	251	130	379	220	159
52	189	109	80	251	150	101	212	111	101
297	1185	630	555	1362	758	604	963	599	364
153	587	307	280	533	296	237	416	235	181
374	1212	623	589	1186	647	539	819	483	336
179	707	434	273	698	455	243	422	286	136
5	**63**	**45**	**18**	**63**	**46**	**17**	**39**	**24**	**15**
5	63	45	18	63	46	17	39	24	15
190	**862**	**437**	**425**	**1020**	**555**	**465**	**783**	**410**	**373**
	3	3		8	4	4	5	1	4
190	859	434	425	1012	551	461	778	409	369
1005	**3346**	**1682**	**1664**	**3287**	**1844**	**1443**	**2525**	**1547**	**978**
1	31	21	10	21	11	10	27	15	12
49	257	179	78	296	222	74	180	124	56
317	1090	565	525	971	519	452	724	429	295
358	985	485	500	1053	572	481	907	576	331
280	983	432	551	946	520	426	687	403	284
1320	**4986**	**2812**	**2174**	**5007**	**2872**	**2135**	**4210**	**2390**	**1820**
52	297	197	100	301	175	126	224	127	97
53	379	219	160	385	227	158	340	203	137
207	750	397	353	724	417	307	585	325	260
179	703	404	299	710	412	298	606	350	256
417	1468	818	650	1487	833	654	1240	668	572
254	966	554	412	959	570	389	879	546	333
158	423	223	200	441	238	203	336	171	165
562	**2482**	**1223**	**1259**	**2629**	**1372**	**1257**	**2288**	**1338**	**950**
128	594	309	285	807	397	410	819	481	338
176	678	306	372	643	335	308	562	337	225
121	526	262	264	572	305	267	490	268	222
137	684	346	338	607	335	272	417	252	165
662	**2117**	**973**	**1144**	**2482**	**1249**	**1233**	**1920**	**1105**	**815**
17	98	60	38	91	61	30	113	65	48
33	113	63	50	128	76	52	82	51	31
161	468	179	289	592	315	277	436	272	164
120	373	189	184	398	202	196	358	202	156
206	566	265	301	612	308	304	435	244	191
125	499	217	282	661	287	374	496	271	225
884	**3391**	**1679**	**1712**	**3511**	**1997**	**1514**	**2921**	**1771**	**1150**
15	49	23	26	55	32	23	55	35	20
244	941	467	474	944	520	424	863	484	379
130	522	231	291	559	310	249	445	276	169
64	226	115	111	278	151	127	231	140	91
184	637	322	315	630	369	261	463	274	189
180	664	311	353	711	397	314	608	393	215
67	352	210	142	334	218	116	256	169	87

5-2b 各地区分年龄、

地区	30-34 岁			35-39 岁			40-44 岁	
	小计	男	女	小计	男	女	小计	男
酒泉市	**1715**	**1182**	**533**	**1111**	**749**	**362**	**1273**	**729**
肃州区	88	53	35	67	38	29	82	48
金塔县	391	252	139	192	116	76	237	110
瓜州县	407	300	107	222	148	74	235	148
肃北蒙古族自治县	149	100	49	105	79	26	108	77
阿克塞哈萨克族自治县	78	46	32	41	24	17	50	28
玉门市	229	167	62	211	141	70	262	158
敦煌市	373	264	109	273	203	70	299	160
庆阳市	**4764**	**2739**	**2025**	**3400**	**2044**	**1356**	**3424**	**1735**
西峰区	40	24	16	31	17	14	21	15
庆城县	1287	778	509	848	582	266	887	499
环　县	988	585	403	685	428	257	530	245
华池县	335	217	118	211	122	89	273	116
合水县	356	205	151	252	145	107	232	124
正宁县	442	228	214	341	188	153	336	173
宁　县	698	372	326	600	332	268	597	311
镇原县	618	330	288	432	230	202	548	252
定西市	**6318**	**3448**	**2870**	**4228**	**2351**	**1877**	**3959**	**2153**
安定区	145	85	60	86	55	31	104	70
通渭县	743	411	332	472	289	183	443	262
陇西县	1437	830	607	877	511	366	925	485
渭源县	589	312	277	353	198	155	343	205
临洮县	1737	909	828	1241	658	583	1076	542
漳　县	524	263	261	364	184	180	309	167
岷　县	1143	638	505	835	456	379	759	422
陇南市	**4890**	**2855**	**2035**	**3631**	**2222**	**1409**	**3632**	**2139**
武都区	300	176	124	219	139	80	293	188
成　县	871	528	343	694	422	272	726	458
文　县	484	276	208	330	203	127	435	217
宕昌县	790	427	363	535	314	221	467	269
康　县	378	236	142	260	175	85	295	148
西和县	735	402	333	602	334	268	509	316
礼　县	701	441	260	565	382	183	456	298
徽　县	478	280	198	335	195	140	325	174
两当县	153	89	64	91	58	33	126	71
临夏回族自治州	**1925**	**1096**	**829**	**1439**	**826**	**613**	**1554**	**863**
临夏市	12	10	2	6	2	4	8	5
临夏县	77	53	24	59	39	20	75	45
康乐县	265	126	139	210	119	91	215	126
永靖县	591	340	251	382	196	186	476	220
广河县	324	179	145	258	153	105	260	155
和政县	238	137	101	141	86	55	186	115
东乡族自治县	134	89	45	130	88	42	140	91
积石山保安族东乡族撒拉族自治县	284	162	122	253	143	110	194	106
甘南藏族自治州	**1920**	**1235**	**685**	**1464**	**929**	**535**	**1512**	**945**
合作市	6	5	1	5	5		5	4
临潭县	284	169	115	145	84	61	183	105
卓尼县	303	182	121	187	118	69	185	121
舟曲县	284	184	100	224	134	90	204	106
迭部县	289	183	106	217	124	93	235	146
玛曲县	331	234	97	331	223	108	343	232
碌曲县	214	144	70	162	113	49	161	104
夏河县	209	134	75	193	128	65	196	127

性别的一人户（镇）（续 3）

单位：户

	45-49 岁			50-54 岁			55-59 岁		
女	小计	男	女	小计	男	女	小计	男	女
544	**2369**	**1323**	**1046**	**2787**	**1616**	**1171**	**2278**	**1237**	**1041**
34	159	105	54	257	157	100	229	127	102
127	410	222	188	428	236	192	400	192	208
87	381	213	168	424	227	197	385	202	183
31	182	123	59	183	129	54	137	85	52
22	75	41	34	57	36	21	41	24	17
104	572	362	210	723	464	259	547	366	181
139	590	257	333	715	367	348	539	241	298
1689	**4672**	**2382**	**2290**	**4960**	**2794**	**2166**	**3843**	**2286**	**1557**
6	41	23	18	69	41	28	45	27	18
388	1163	665	498	1040	646	394	773	499	274
285	607	328	279	580	334	246	480	293	187
157	293	131	162	303	162	141	244	143	101
108	360	185	175	416	209	207	308	173	135
163	480	220	260	528	295	233	382	229	153
286	845	415	430	1010	553	457	833	458	375
296	883	415	468	1014	554	460	778	464	314
1806	**6221**	**3452**	**2769**	**6642**	**3731**	**2911**	**5355**	**3131**	**2224**
34	194	125	69	250	159	91	224	147	77
181	757	439	318	736	429	307	587	368	219
440	1656	913	743	1779	971	808	1431	804	627
138	586	353	233	646	392	254	571	367	204
534	1516	742	774	1557	823	734	1230	701	529
142	450	255	195	504	282	222	388	196	192
337	1062	625	437	1170	675	495	924	548	376
1493	**5384**	**3095**	**2289**	**5347**	**3166**	**2181**	**3804**	**2261**	**1543**
105	388	230	158	418	226	192	310	178	132
268	1041	626	415	983	609	374	663	404	259
218	579	300	279	542	286	256	400	228	172
198	722	401	321	752	436	316	509	290	219
147	443	265	178	403	247	156	319	222	97
193	732	419	313	666	392	274	464	274	190
158	655	411	244	789	490	299	517	303	214
151	615	324	291	630	361	269	452	263	189
55	209	119	90	164	119	45	170	99	71
691	**1901**	**1026**	**875**	**1962**	**1060**	**902**	**1416**	**818**	**598**
3	18	15	3	20	9	11	16	7	9
30	136	69	67	120	72	48	106	55	51
89	246	122	124	232	131	101	182	117	65
256	698	311	387	820	400	420	563	297	266
105	268	172	96	216	115	101	162	104	58
71	230	139	91	220	125	95	173	108	65
49	109	73	36	121	78	43	95	56	39
88	196	125	71	213	130	83	119	74	45
567	**1827**	**1108**	**719**	**1747**	**1084**	**663**	**1257**	**771**	**486**
1	5	5		6	5	1	6	4	2
78	266	142	124	270	143	127	196	114	82
64	263	174	89	293	184	109	228	139	89
98	312	160	152	255	150	105	217	135	82
89	272	162	110	265	155	110	216	115	101
111	346	243	103	299	210	89	171	113	58
57	154	97	57	166	121	45	69	47	22
69	209	125	84	193	116	77	154	104	50

5-2b 各地区分年龄、性别的一人户（镇）（续4）

单位：户

地区	60-64岁			65岁及以上		
	小计	男	女	小计	男	女
合计	**21975**	**12331**	**9644**	**82400**	**35588**	**46812**
兰州市	**2160**	**1175**	**985**	**8187**	**3064**	**5123**
城关区	56	26	30	178	54	124
七里河区	197	94	103	693	259	434
西固区	260	145	115	1234	410	824
安宁区						
红古区	137	63	74	541	201	340
永登县	576	319	257	2354	855	1499
皋兰县	341	185	156	1368	516	852
榆中县	416	243	173	1412	602	810
兰州新区	177	100	77	407	167	240
嘉峪关市	**32**	**23**	**9**	**89**	**28**	**61**
市辖区	32	23	9	89	28	61
金昌市	**402**	**189**	**213**	**2618**	**816**	**1802**
金川区	6	1	5	26	15	11
永昌县	396	188	208	2592	801	1791
白银市	**1678**	**998**	**680**	**5335**	**2415**	**2920**
白银区	25	16	9	142	36	106
平川区	113	72	41	293	140	153
靖远县	569	306	263	1940	811	1129
会宁县	527	353	174	1658	880	778
景泰县	444	251	193	1302	548	754
天水市	**2614**	**1473**	**1141**	**10567**	**5234**	**5333**
秦州区	171	105	66	713	358	355
麦积区	287	171	116	920	397	523
清水县	344	192	152	1238	654	584
秦安县	450	246	204	1790	868	922
甘谷县	716	384	332	2835	1402	1433
武山县	452	275	177	2132	1088	1044
张家川回族自治县	194	100	94	939	467	472
武威市	**1366**	**772**	**594**	**5686**	**2215**	**3471**
凉州区	493	264	229	2171	776	1395
民勤县	311	180	131	1579	646	933
古浪县	335	195	140	1159	463	696
天祝藏族自治县	227	133	94	777	330	447
张掖市	**1130**	**554**	**576**	**4898**	**1726**	**3172**
甘州区	105	57	48	443	212	231
肃南裕固族自治县	33	16	17	217	56	161
民乐县	249	144	105	873	333	540
临泽县	184	86	98	859	305	554
高台县	252	106	146	1231	393	838
山丹县	307	145	162	1275	427	848
平凉市	**1811**	**1106**	**705**	**6389**	**3089**	**3300**
崆峒区	46	22	24	188	75	113
泾川县	488	306	182	1767	728	1039
灵台县	238	144	94	913	435	478
崇信县	138	87	51	443	196	247
庄浪县	349	216	133	1119	647	472
静宁县	351	212	139	1211	607	604
华亭市	201	119	82	748	401	347

5-2b 各地区分年龄、性别的一人户（镇）（续5）

单位：户

地区	60-64岁			65岁及以上		
	小计	男	女	小计	男	女
酒泉市	**1235**	**619**	**616**	**5146**	**1702**	**3444**
肃州区	155	92	63	697	260	437
金塔县	222	119	103	1149	361	788
瓜州县	209	107	102	921	335	586
肃北蒙古族自治县	69	28	41	261	76	185
阿克塞哈萨克族自治县	36	14	22	83	26	57
玉门市	231	150	81	894	329	565
敦煌市	313	109	204	1141	315	826
庆阳市	**2504**	**1390**	**1114**	**8295**	**3765**	**4530**
西峰区	28	14	14	183	83	100
庆城县	374	205	169	1182	540	642
环　县	358	213	145	866	460	406
华池县	157	96	61	363	160	203
合水县	203	107	96	689	319	370
正宁县	346	204	142	1221	613	608
宁　县	606	297	309	2189	906	1283
镇原县	432	254	178	1602	684	918
定西市	**3203**	**1819**	**1384**	**11332**	**5157**	**6175**
安定区	118	70	48	416	216	200
通渭县	298	186	112	1286	705	581
陇西县	857	449	408	3642	1475	2167
渭源县	355	207	148	978	477	501
临洮县	802	466	336	2445	1064	1381
漳　县	202	112	90	848	422	426
岷　县	571	329	242	1717	798	919
陇南市	**2229**	**1300**	**929**	**8429**	**3932**	**4497**
武都区	185	101	84	848	396	452
成　县	432	251	181	1577	775	802
文　县	220	126	94	1073	425	648
宕昌县	280	166	114	981	434	547
康　县	185	118	67	576	286	290
西和县	298	169	129	876	465	411
礼　县	294	165	129	1169	578	591
徽　县	248	153	95	993	428	565
两当县	87	51	36	336	145	191
临夏回族自治州	**957**	**560**	**397**	**3140**	**1448**	**1692**
临夏市	20	13	7	75	39	36
临夏县	80	46	34	267	136	131
康乐县	135	83	52	317	181	136
永靖县	372	204	168	1386	532	854
广河县	125	81	44	352	190	162
和政县	93	63	30	325	155	170
东乡族自治县	56	29	27	201	91	110
积石山保安族东乡族撒拉族自治县	76	41	35	217	124	93
甘南藏族自治州	**654**	**353**	**301**	**2289**	**997**	**1292**
合作市	2	1	1	13	4	9
临潭县	142	79	63	406	172	234
卓尼县	114	63	51	353	160	193
舟曲县	122	70	52	440	206	234
迭部县	117	60	57	402	179	223
玛曲县	76	35	41	324	110	214
碌曲县	20	9	11	107	47	60
夏河县	61	36	25	244	119	125

5-2c 各地区分年龄、

地区	户数			14岁以下			
	合计	男	女	小计	男	女	小计
合计	**793816**	**459303**	**334513**	**45286**	**24828**	**20458**	**24886**
兰州市	**56500**	**33659**	**22841**	**2428**	**1293**	**1135**	**1426**
城关区	1097	778	319	38	18	20	19
七里河区	7877	5131	2746	260	119	141	177
西固区	3841	2196	1645	144	85	59	89
安宁区							
红古区	1550	903	647	52	27	25	21
永登县	12620	7075	5545	601	329	272	384
皋兰县	5084	2852	2232	304	169	135	164
榆中县	18931	11467	7464	665	356	309	377
兰州新区	5500	3257	2243	364	190	174	195
嘉峪关市	**1957**	**1184**	**773**	**31**	**16**	**15**	**26**
市辖区	1957	1184	773	31	16	15	26
金昌市	**14168**	**7367**	**6801**	**592**	**326**	**266**	**648**
金川区	3139	1605	1534	126	64	62	90
永昌县	11029	5762	5267	466	262	204	558
白银市	**49092**	**28531**	**20561**	**2779**	**1505**	**1274**	**1562**
白银区	5387	3110	2277	269	143	126	125
平川区	3176	1791	1385	214	128	86	122
靖远县	12907	7425	5482	825	472	353	442
会宁县	20525	12040	8485	1040	533	507	663
景泰县	7097	4165	2932	431	229	202	210
天水市	**99860**	**57001**	**42859**	**5445**	**2949**	**2496**	**3355**
秦州区	14862	8599	6263	811	425	386	509
麦积区	12870	7378	5492	651	372	279	313
清水县	12470	7407	5063	701	391	310	465
秦安县	18651	10663	7988	768	403	365	523
甘谷县	17069	9426	7643	912	528	384	464
武山县	13705	7957	5748	690	372	318	434
张家川回族自治县	10233	5571	4662	912	458	454	647
武威市	**61087**	**31344**	**29743**	**3781**	**2168**	**1613**	**1785**
凉州区	31715	15283	16432	2134	1237	897	926
民勤县	10079	5372	4707	350	195	155	204
古浪县	12751	6640	6111	872	496	376	451
天祝藏族自治县	6542	4049	2493	425	240	185	204
张掖市	**50379**	**27298**	**23081**	**2399**	**1380**	**1019**	**1283**
甘州区	19305	10260	9045	915	528	387	438
肃南裕固族自治县	2108	1242	866	88	50	38	56
民乐县	7817	4481	3336	417	253	164	238
临泽县	4593	2438	2155	182	105	77	50
高台县	7743	3994	3749	348	187	161	193
山丹县	8813	4883	3930	449	257	192	308
平凉市	**82476**	**47241**	**35235**	**4448**	**2378**	**2070**	**2556**
崆峒区	11829	6438	5391	1022	516	506	514
泾川县	15299	8389	6910	969	554	415	447
灵台县	14713	8815	5898	719	381	338	388
崇信县	4392	2490	1902	258	150	108	110
庄浪县	12537	6879	5658	544	281	263	391
静宁县	17957	10901	7056	581	314	267	527
华亭市	5749	3329	2420	355	182	173	179

性别的一人户（乡村）

单位：户

15—19岁		20-24岁			25-29岁		
男	女	小计	男	女	小计	男	女
14443	**10443**	**36554**	**22525**	**14029**	**43217**	**27688**	**15529**
845	**581**	**3024**	**1884**	**1140**	**4527**	**2996**	**1531**
14	5	63	46	17	175	138	37
128	49	709	432	277	1128	768	360
50	39	194	134	60	295	194	101
10	11	67	40	27	96	64	32
216	168	556	350	206	631	408	223
98	66	218	122	96	299	189	110
211	166	793	494	299	1074	740	334
118	77	424	266	158	829	495	334
15	**11**	**75**	**52**	**23**	**135**	**99**	**36**
15	11	75	52	23	135	99	36
423	**225**	**986**	**606**	**380**	**710**	**459**	**251**
53	37	151	98	53	155	104	51
370	188	835	508	327	555	355	200
895	**667**	**2684**	**1616**	**1068**	**3210**	**2048**	**1162**
79	46	281	199	82	418	306	112
73	49	228	127	101	218	139	79
259	183	795	470	325	862	558	304
357	306	1053	621	432	1265	762	503
127	83	327	199	128	447	283	164
1927	**1428**	**4933**	**2992**	**1941**	**5472**	**3267**	**2205**
316	193	804	472	332	891	538	353
179	134	418	244	174	582	373	209
267	198	706	436	270	724	429	295
295	228	910	546	364	946	550	396
265	199	695	457	238	1029	630	399
250	184	630	385	245	710	424	286
355	292	770	452	318	590	323	267
1096	**689**	**2836**	**1760**	**1076**	**2691**	**1698**	**993**
568	358	1237	783	454	1202	801	401
137	67	443	291	152	411	230	181
258	193	812	474	338	649	395	254
133	71	344	212	132	429	272	157
729	**554**	**2445**	**1570**	**875**	**2654**	**1771**	**883**
246	192	847	562	285	1203	820	383
30	26	124	68	56	159	102	57
133	105	442	280	162	343	227	116
33	17	165	108	57	155	98	57
110	83	313	180	133	275	175	100
177	131	554	372	182	519	349	170
1443	**1113**	**3839**	**2298**	**1541**	**4014**	**2540**	**1474**
300	214	793	506	287	609	398	211
255	192	674	376	298	717	423	294
211	177	625	400	225	680	441	239
64	46	162	102	60	248	154	94
218	173	603	366	237	516	333	183
298	229	712	398	314	941	595	346
97	82	270	150	120	303	196	107

5-2c 各地区分年龄、

地区	户数			14岁以下			
	合计	男	女	小计	男	女	小计
酒泉市	**30055**	**16817**	**13238**	**1400**	**777**	**623**	**886**
肃州区	12237	6599	5638	632	357	275	322
金塔县	4955	2636	2319	188	108	80	138
瓜州县	4747	2881	1866	221	125	96	154
肃北蒙古族自治县	496	340	156	19	5	14	13
阿克塞哈萨克族自治县	153	133	20	4	1	3	11
玉门市	3198	1846	1352	147	78	69	108
敦煌市	4269	2382	1887	189	103	86	140
庆阳市	**100993**	**56395**	**44598**	**7656**	**4240**	**3416**	**3369**
西峰区	14542	8038	6504	1143	638	505	363
庆城县	11358	6548	4810	728	398	330	276
环　县	15481	9716	5765	1055	582	473	996
华池县	5424	3223	2201	405	216	189	187
合水县	6167	3539	2628	437	246	191	134
正宁县	7883	4163	3720	632	343	289	198
宁　县	19377	9917	9460	1640	929	711	611
镇原县	20761	11251	9510	1616	888	728	604
定西市	**96230**	**58762**	**37468**	**4170**	**2264**	**1906**	**2638**
安定区	17512	10494	7018	694	365	329	389
通渭县	13999	8305	5694	394	208	186	293
陇西县	12954	7628	5326	554	299	255	319
渭源县	13729	8709	5020	613	313	300	521
临洮县	17147	10733	6414	663	374	289	391
漳　县	6973	4186	2787	454	262	192	236
岷　县	13916	8707	5209	798	443	355	489
陇南市	**97150**	**61046**	**36104**	**5084**	**2698**	**2386**	**3003**
武都区	21651	13469	8182	1353	688	665	779
成　县	7637	4864	2773	377	209	168	166
文　县	12385	7169	5216	614	319	295	408
宕昌县	8799	5508	3291	459	237	222	244
康　县	8219	5474	2745	368	197	171	155
西和县	12257	7820	4437	709	413	296	405
礼　县	15178	9619	5559	790	426	364	604
徽　县	8799	5655	3144	335	165	170	195
两当县	2225	1468	757	79	44	35	47
临夏回族自治州	**36900**	**22128**	**14772**	**4060**	**2252**	**1808**	**1768**
临夏市	1183	638	545	82	51	31	34
临夏县	8478	5070	3408	848	470	378	341
康乐县	5780	3539	2241	546	311	235	275
永靖县	4105	2441	1664	213	122	91	119
广河县	4134	2440	1694	567	311	256	258
和政县	3258	2077	1181	395	215	180	160
东乡族自治县	4692	2633	2059	907	491	416	311
积石山保安族东乡族撒拉族自治县	5270	3290	1980	502	281	221	270
甘南藏族自治州	**16969**	**10530**	**6439**	**1013**	**582**	**431**	**581**
合作市	1047	799	248	26	16	10	35
临潭县	3251	1957	1294	174	101	73	95
卓尼县	2484	1512	972	90	56	34	65
舟曲县	4135	2381	1754	251	138	113	108
迭部县	2169	1478	691	60	35	25	38
玛曲县	1313	824	489	176	101	75	92
碌曲县	619	327	292	50	22	28	21
夏河县	1951	1252	699	186	113	73	127

性别的一人户（乡村）（续1）

单位：户

15—19岁		20–24岁			25–29岁		
男	女	小计	男	女	小计	男	女
457	**429**	**1425**	**876**	**549**	**1556**	**1037**	**519**
168	154	574	369	205	730	515	215
77	61	208	126	82	186	109	77
76	78	237	148	89	221	139	82
7	6	13	10	3	28	19	9
4	7	5	2	3	9	8	1
62	46	171	96	75	116	80	36
63	77	217	125	92	266	167	99
1908	**1461**	**4181**	**2567**	**1614**	**5335**	**3436**	**1899**
221	142	598	381	217	873	581	292
176	100	531	295	236	793	455	338
499	497	780	479	301	1163	757	406
103	84	200	127	73	294	193	101
83	51	185	114	71	268	186	82
125	73	289	190	99	339	210	129
366	245	794	512	282	786	529	257
335	269	804	469	335	819	525	294
1478	**1160**	**3781**	**2228**	**1553**	**4969**	**3141**	**1828**
220	169	732	406	326	1000	640	360
153	140	556	293	263	717	464	253
182	137	559	334	225	613	399	214
272	249	416	258	158	608	377	231
223	168	546	341	205	869	549	320
137	99	321	183	138	404	245	159
291	198	651	413	238	758	467	291
1710	**1293**	**3439**	**2161**	**1278**	**4721**	**3027**	**1694**
423	356	754	478	276	1197	767	430
96	70	218	135	83	275	176	99
208	200	335	201	134	541	327	214
147	97	331	190	141	517	307	210
91	64	195	107	88	278	193	85
257	148	574	386	188	644	446	198
341	263	647	426	221	783	521	262
118	77	329	199	130	393	235	158
29	18	56	39	17	93	55	38
1129	**639**	**2076**	**1366**	**710**	**2057**	**1385**	**672**
23	11	106	47	59	106	59	47
229	112	386	264	122	438	298	140
165	110	284	193	91	272	187	85
73	46	167	107	60	236	157	79
170	88	350	228	122	322	218	104
108	52	150	102	48	168	124	44
192	119	313	208	105	254	171	83
169	101	320	217	103	261	171	90
388	**193**	**830**	**549**	**281**	**1166**	**784**	**382**
28	7	69	51	18	74	56	18
52	43	132	69	63	159	108	51
51	14	92	62	30	136	88	48
56	52	174	105	69	247	153	94
26	12	105	74	31	173	124	49
59	33	109	87	22	134	91	43
16	5	38	22	16	69	45	24
100	27	111	79	32	174	119	55

5-2c 各地区分年龄、

地区	30-34 岁			35-39 岁			40-44 岁	
	小计	男	女	小计	男	女	小计	男
合计	**42615**	**29606**	**13009**	**30303**	**21871**	**8432**	**34414**	**23104**
兰州市	**4088**	**2945**	**1143**	**2523**	**1805**	**718**	**2539**	**1747**
城关区	172	133	39	102	78	24	78	55
七里河区	952	689	263	549	403	146	518	351
西固区	235	168	67	185	130	55	195	122
安宁区								
红古区	120	79	41	70	51	19	85	52
永登县	607	424	183	366	265	101	462	328
皋兰县	332	224	108	212	151	61	163	128
榆中县	1101	854	247	709	519	190	719	511
兰州新区	569	374	195	330	208	122	319	200
嘉峪关市	**132**	**116**	**16**	**82**	**67**	**15**	**127**	**98**
市辖区	132	116	16	82	67	15	127	98
金昌市	**621**	**444**	**177**	**473**	**362**	**111**	**436**	**323**
金川区	143	110	33	142	111	31	138	102
永昌县	478	334	144	331	251	80	298	221
白银市	**2886**	**2074**	**812**	**1953**	**1483**	**470**	**2072**	**1420**
白银区	414	326	88	232	184	48	231	165
平川区	211	150	61	124	92	32	136	91
靖远县	779	571	208	627	488	139	616	436
会宁县	1081	749	332	650	458	192	786	503
景泰县	401	278	123	320	261	59	303	225
天水市	**5580**	**3627**	**1953**	**3914**	**2698**	**1216**	**4432**	**2856**
秦州区	900	590	310	633	438	195	800	557
麦积区	642	421	221	413	316	97	543	388
清水县	816	550	266	420	304	116	532	349
秦安县	948	597	351	626	437	189	654	426
甘谷县	1047	686	361	836	562	274	851	527
武山县	627	425	202	555	344	211	626	349
张家川回族自治县	600	358	242	431	297	134	426	260
武威市	**2227**	**1507**	**720**	**1804**	**1231**	**573**	**2084**	**1290**
凉州区	1032	711	321	859	590	269	954	588
民勤县	287	189	98	258	168	90	324	202
古浪县	520	348	172	419	273	146	515	294
天祝藏族自治县	388	259	129	268	200	68	291	206
张掖市	**2503**	**1767**	**736**	**1856**	**1296**	**560**	**2005**	**1279**
甘州区	1032	732	300	671	432	239	726	461
肃南裕固族自治县	163	115	48	129	91	38	156	122
民乐县	340	236	104	239	182	57	281	168
临泽县	147	96	51	148	97	51	170	99
高台县	316	233	83	262	187	75	300	178
山丹县	505	355	150	407	307	100	372	251
平凉市	**3592**	**2469**	**1123**	**2478**	**1807**	**671**	**3164**	**2056**
崆峒区	618	404	214	314	211	103	464	304
泾川县	668	440	228	405	307	98	446	267
灵台县	528	388	140	470	367	103	646	490
崇信县	288	184	104	229	151	78	186	110
庄浪县	370	260	110	259	186	73	397	213
静宁县	830	602	228	607	439	168	805	534
华亭市	290	191	99	194	146	48	220	138

性别的一人户（乡村）（续2）

单位：户

	45–49岁			50–54岁			55–59岁		
女	小计	男	女	小计	男	女	小计	男	女
11310	**71187**	**44470**	**26717**	**96536**	**59882**	**36654**	**85197**	**53200**	**31997**
792	**4918**	**3286**	**1632**	**6611**	**4314**	**2297**	**5475**	**3570**	**1905**
23	112	85	27	111	79	32	88	65	23
167	787	564	223	815	570	245	597	423	174
73	382	277	105	409	277	132	381	229	152
33	194	124	70	232	155	77	174	112	62
134	1006	650	356	1676	1063	613	1430	893	537
35	378	264	114	465	302	163	382	244	138
208	1587	995	592	2354	1504	850	2040	1366	674
119	472	327	145	549	364	185	383	238	145
29	**212**	**156**	**56**	**266**	**189**	**77**	**190**	**133**	**57**
29	212	156	56	266	189	77	190	133	57
113	**1030**	**713**	**317**	**1358**	**838**	**520**	**1399**	**763**	**636**
36	249	197	52	295	189	106	300	156	144
77	781	516	265	1063	649	414	1099	607	492
652	**4155**	**2483**	**1672**	**5563**	**3398**	**2165**	**5497**	**3569**	**1928**
66	407	279	128	502	335	167	405	280	125
45	266	158	108	294	180	114	312	189	123
180	1178	681	497	1425	817	608	1230	752	478
283	1746	996	750	2503	1517	986	2713	1820	893
78	558	369	189	839	549	290	837	528	309
1576	**9422**	**5754**	**3668**	**11704**	**7106**	**4598**	**10001**	**6105**	**3896**
243	1445	967	478	1697	1096	601	1456	907	549
155	1304	824	480	1666	1022	644	1395	875	520
183	1299	845	454	1579	1004	575	1270	855	415
228	1508	951	557	2067	1252	815	1956	1148	808
324	1688	892	796	1964	1033	931	1630	905	725
277	1413	815	598	1750	1080	670	1444	894	550
166	765	460	305	981	619	362	850	521	329
794	**4974**	**2682**	**2292**	**7108**	**3779**	**3329**	**7062**	**3935**	**3127**
366	2467	1268	1199	3465	1748	1717	3609	1863	1746
122	767	423	344	1276	691	585	1457	890	567
221	1026	515	511	1473	739	734	1331	729	602
85	714	476	238	894	601	293	665	453	212
726	**3995**	**2330**	**1665**	**5982**	**3501**	**2481**	**5421**	**3129**	**2292**
265	1398	830	568	2039	1210	829	1966	1063	903
34	231	169	62	249	157	92	209	122	87
113	614	317	297	1086	652	434	1051	665	386
71	399	201	198	605	326	279	526	322	204
122	587	327	260	931	502	429	797	441	356
121	766	486	280	1072	654	418	872	516	356
1108	**7278**	**4328**	**2950**	**10263**	**6258**	**4005**	**9775**	**6222**	**3553**
160	853	547	306	1109	716	393	1078	619	459
179	1156	617	539	1830	1076	754	1905	1187	718
156	1476	984	492	1965	1258	707	1783	1191	592
76	435	264	171	586	354	232	558	362	196
184	1195	603	592	1722	967	755	1425	897	528
271	1591	937	654	2312	1407	905	2317	1497	820
82	572	376	196	739	480	259	709	469	240

5-2c 各地区分年龄、

地区	30-34 岁			35-39 岁			40-44 岁	
	小计	男	女	小计	男	女	小计	男
酒泉市	**1572**	**1119**	**453**	**1005**	**704**	**301**	**1318**	**898**
肃州区	695	505	190	373	257	116	487	349
金塔县	147	100	47	124	75	49	179	102
瓜州县	284	196	88	212	167	45	263	179
肃北蒙古族自治县	48	37	11	34	28	6	57	43
阿克塞哈萨克族自治县	14	14		13	12	1	19	19
玉门市	132	88	44	92	61	31	138	92
敦煌市	252	179	73	157	104	53	175	114
庆阳市	**6003**	**4212**	**1791**	**4230**	**3061**	**1169**	**4032**	**2554**
西峰区	1119	766	353	858	551	307	676	427
庆城县	949	671	278	668	506	162	602	401
环　县	1381	984	397	971	751	220	793	528
华池县	392	267	125	311	242	69	234	156
合水县	370	287	83	208	156	52	245	172
正宁县	332	228	104	236	156	80	275	174
宁　县	655	435	220	497	359	138	590	353
镇原县	805	574	231	481	340	141	617	343
定西市	**4894**	**3381**	**1513**	**3309**	**2362**	**947**	**4109**	**2824**
安定区	883	597	286	520	351	169	581	398
通渭县	687	499	188	508	380	128	564	406
陇西县	420	285	135	263	190	73	430	285
渭源县	653	449	204	383	266	117	543	377
临洮县	1004	701	303	717	539	178	874	603
漳　县	439	314	125	327	229	98	375	250
岷　县	808	536	272	591	407	184	742	505
陇南市	**5143**	**3629**	**1514**	**3842**	**2929**	**913**	**4845**	**3594**
武都区	1305	896	409	824	651	173	938	674
成　县	333	248	85	323	257	66	382	297
文　县	730	530	200	535	399	136	675	488
宕昌县	516	317	199	332	236	96	384	287
康　县	292	227	65	315	255	60	520	405
西和县	730	519	211	499	376	123	627	445
礼　县	719	530	189	592	444	148	774	580
徽　县	406	281	125	357	259	98	417	322
两当县	112	81	31	65	52	13	128	96
临夏回族自治州	**2211**	**1494**	**717**	**1726**	**1240**	**486**	**1854**	**1200**
临夏市	90	51	39	69	43	26	66	36
临夏县	405	287	118	321	232	89	336	224
康乐县	355	243	112	331	239	92	310	192
永靖县	182	127	55	117	86	31	174	127
广河县	377	236	141	268	174	94	233	136
和政县	159	118	41	154	117	37	202	141
东乡族自治县	316	197	119	210	163	47	244	160
积石山保安族东乡族撒拉族自治县	327	235	92	256	186	70	289	184
甘南藏族自治州	**1163**	**822**	**341**	**1108**	**826**	**282**	**1397**	**965**
合作市	117	98	19	114	92	22	144	124
临潭县	111	77	34	82	56	26	172	101
卓尼县	129	82	47	128	95	33	255	170
舟曲县	274	193	81	228	172	56	235	154
迭部县	170	129	41	187	155	32	215	172
玛曲县	125	90	35	129	87	42	119	84
碌曲县	56	36	20	40	28	12	47	21
夏河县	181	117	64	200	141	59	210	139

性别的一人户（乡村）（续3）

单位：户

女	45–49岁			50–54岁			55–59岁		
	小计	男	女	小计	男	女	小计	男	女
420	**2613**	**1652**	**961**	**3729**	**2340**	**1389**	**3441**	**1929**	**1512**
138	947	605	342	1376	834	542	1249	617	632
77	417	208	209	648	368	280	675	375	300
84	490	327	163	618	434	184	570	350	220
14	69	54	15	84	57	27	56	37	19
	29	28	1	26	25	1	14	13	1
46	309	207	102	429	267	162	407	247	160
61	352	223	129	548	355	193	470	290	180
1478	**7719**	**4540**	**3179**	**11881**	**6946**	**4935**	**10587**	**6321**	**4266**
249	1082	664	418	1568	930	638	1260	686	574
201	946	587	359	1283	792	491	1130	678	452
265	1220	823	397	1711	1166	545	1568	1049	519
78	384	242	142	649	388	261	653	402	251
73	499	329	170	800	480	320	695	429	266
101	578	309	269	822	455	367	818	451	367
237	1347	685	662	2270	1151	1119	2067	1155	912
274	1663	901	762	2778	1584	1194	2396	1471	925
1285	**9474**	**6359**	**3115**	**12978**	**8573**	**4405**	**11352**	**7576**	**3776**
183	1568	1021	547	2265	1465	800	2003	1340	663
158	1188	814	374	1620	1060	560	1612	987	625
145	1242	784	458	1796	1118	678	1608	1036	572
166	1433	999	434	1974	1415	559	1746	1226	520
271	1759	1204	555	2364	1540	824	2091	1447	644
125	725	438	287	892	554	338	710	462	248
237	1559	1099	460	2067	1421	646	1582	1078	504
1251	**10082**	**6767**	**3315**	**12930**	**8660**	**4270**	**10254**	**6961**	**3293**
264	1912	1259	653	2651	1705	946	2175	1462	713
85	883	599	284	1054	735	319	794	531	263
187	1170	734	436	1346	785	561	1120	681	439
97	906	646	260	1337	973	364	1036	736	300
115	961	665	296	1126	791	335	994	747	247
182	1319	835	484	1700	1102	598	1157	749	408
194	1711	1176	535	2284	1574	710	1671	1114	557
95	976	674	302	1183	810	373	1034	751	283
32	244	179	65	249	185	64	273	190	83
654	**3380**	**2135**	**1245**	**4148**	**2607**	**1541**	**3228**	**2028**	**1200**
30	111	60	51	118	72	46	98	50	48
112	822	553	269	1034	646	388	785	488	297
118	573	327	246	756	481	275	611	407	204
47	427	288	139	549	351	198	442	264	178
97	323	191	132	321	181	140	252	157	95
61	316	209	107	357	253	104	300	211	89
84	318	185	133	386	217	169	283	154	129
105	490	322	168	627	406	221	457	297	160
432	**1935**	**1285**	**650**	**2015**	**1373**	**642**	**1515**	**959**	**556**
20	103	74	29	117	100	17	58	44	14
71	393	266	127	516	367	149	382	260	122
85	321	229	92	346	230	116	254	140	114
81	452	261	191	453	283	170	431	267	164
43	296	215	81	284	192	92	190	124	66
35	111	81	30	69	48	21	46	26	20
26	77	35	42	50	31	19	37	18	19
71	182	124	58	180	122	58	117	80	37

5-2c 各地区分年龄、性别的一人户（乡村）（续4）

单位：户

地区	60-64岁			65岁及以上		
	小计	男	女	小计	男	女
合计	**58594**	**35380**	**23214**	**225027**	**102306**	**122721**
兰州市	**4300**	**2726**	**1574**	**14641**	**6248**	**8393**
城关区	44	23	21	95	44	51
七里河区	383	223	160	1002	461	541
西固区	287	178	109	1045	352	693
安宁区						
红古区	109	61	48	330	128	202
永登县	1135	698	437	3766	1451	2315
皋兰县	420	270	150	1747	691	1056
榆中县	1642	1097	545	5870	2820	3050
兰州新区	280	176	104	786	301	485
嘉峪关市	**105**	**57**	**48**	**576**	**186**	**390**
市辖区	105	57	48	576	186	390
金昌市	**961**	**513**	**448**	**4954**	**1597**	**3357**
金川区	186	87	99	1164	334	830
永昌县	775	426	349	3790	1263	2527
白银市	**4065**	**2442**	**1623**	**12666**	**5598**	**7068**
白银区	348	208	140	1755	606	1149
平川区	269	138	131	782	326	456
靖远县	1060	581	479	3068	1340	1728
会宁县	1783	1158	625	5242	2566	2676
景泰县	605	357	248	1819	760	1059
天水市	**6906**	**3984**	**2922**	**28696**	**13736**	**14960**
秦州区	949	517	432	3967	1776	2191
麦积区	989	584	405	3954	1780	2174
清水县	906	551	355	3052	1426	1626
秦安县	1482	887	595	6263	3171	3092
甘谷县	1147	610	537	4806	2331	2475
武山县	881	549	332	3945	2070	1875
张家川回族自治县	552	286	266	2709	1182	1527
武威市	**4806**	**2571**	**2235**	**19929**	**7627**	**12302**
凉州区	2439	1120	1319	11391	4006	7385
民勤县	883	529	354	3419	1427	1992
古浪县	1011	603	408	3672	1516	2156
天祝藏族自治县	473	319	154	1447	678	769
张掖市	**3586**	**2079**	**1507**	**16250**	**6467**	**9783**
甘州区	1329	713	616	6741	2663	4078
肃南裕固族自治县	122	73	49	422	143	279
民乐县	648	456	192	2118	912	1206
临泽县	421	239	182	1625	714	911
高台县	526	296	230	2895	1178	1717
山丹县	540	302	238	2449	857	1592
平凉市	**6495**	**4128**	**2367**	**24574**	**11314**	**13260**
崆峒区	709	395	314	3746	1522	2224
泾川县	1204	793	411	4878	2094	2784
灵台县	1254	832	422	4179	1872	2307
崇信县	303	167	136	1029	428	601
庄浪县	1010	600	410	4105	1955	2150
静宁县	1501	1024	477	5233	2856	2377
华亭市	514	317	197	1404	587	817

5-2c 各地区分年龄、性别的一人户（乡村）（续5）

单位：户

地区	60-64岁			65岁及以上		
	小计	男	女	小计	男	女
酒泉市	**2229**	**1315**	**914**	**8881**	**3713**	**5168**
肃州区	837	462	375	4015	1561	2454
金塔县	428	257	171	1617	731	886
瓜州县	374	230	144	1103	510	593
肃北蒙古族自治县	26	19	7	49	24	25
阿克塞哈萨克族自治县	5	5		4	2	2
玉门市	229	152	77	920	416	504
敦煌市	330	190	140	1173	469	704
庆阳市	**7653**	**4439**	**3214**	**28347**	**12171**	**16176**
西峰区	904	486	418	4098	1707	2391
庆城县	790	454	336	2662	1135	1527
环　县	1194	769	425	2649	1329	1320
华池县	462	278	184	1253	609	644
合水县	509	284	225	1817	773	1044
正宁县	683	369	314	2681	1153	1528
宁　县	1573	848	725	6547	2595	3952
镇原县	1538	951	587	6640	2870	3770
定西市	**7734**	**4990**	**2744**	**26822**	**13586**	**13236**
安定区	1478	952	526	5399	2739	2660
通渭县	1119	644	475	4741	2397	2344
陇西县	1006	634	372	4144	2082	2062
渭源县	1115	777	338	3724	1980	1744
临洮县	1552	1032	520	4317	2180	2137
漳　县	432	270	162	1658	842	816
岷　县	1032	681	351	2839	1366	1473
陇南市	**6707**	**4372**	**2335**	**27100**	**14538**	**12562**
武都区	1512	1011	501	6251	3455	2796
成　县	586	390	196	2246	1191	1055
文　县	866	532	334	4045	1965	2080
宕昌县	594	393	201	2143	1039	1104
康　县	737	513	224	2278	1283	995
西和县	691	460	231	3202	1832	1370
礼　县	887	514	373	3716	1973	1743
徽　县	638	426	212	2536	1415	1121
两当县	196	133	63	683	385	298
临夏回族自治州	**2199**	**1275**	**924**	**8193**	**4017**	**4176**
临夏市	55	35	20	248	111	137
临夏县	566	311	255	2196	1068	1128
康乐县	385	248	137	1082	546	536
永靖县	352	215	137	1127	524	603
广河县	155	88	67	708	350	358
和政县	178	104	74	719	375	344
东乡族自治县	185	76	109	965	419	546
积石山保安族东乡族撒拉族自治县	323	198	125	1148	624	524
甘南藏族自治州	**848**	**489**	**359**	**3398**	**1508**	**1890**
合作市	38	27	11	152	89	63
临潭县	240	144	96	795	356	439
卓尼县	146	90	56	522	219	303
舟曲县	234	128	106	1048	471	577
迭部县	85	47	38	366	185	181
玛曲县	26	17	9	177	53	124
碌曲县	20	9	11	114	44	70
夏河县	59	27	32	224	91	133

5-3 各地区家庭户中民族混合户户数

单位：户、%

地区	家庭户户 数	单一民族户		二个民族户		三个民族户		四个及四个以上民族户	
		户数	占家庭户比重	户数	占家庭户比重	户数	占家庭户比重	户数	占家庭户比重
合计	**8422836**	**8265160**	**98.13**	**154415**	**1.83**	**3143**	**0.04**	**118**	
兰州市	**1488899**	**1465865**	**98.45**	**22512**	**1.51**	**479**	**0.03**	**43**	
城关区	549816	540766	98.35	8856	1.61	178	0.03	16	
七里河区	252990	248019	98.04	4865	1.92	99	0.04	7	
西固区	164016	162295	98.95	1691	1.03	27	0.02	3	
安宁区	130623	128307	98.23	2277	1.74	35	0.03	4	
红古区	49512	48720	98.40	777	1.57	15	0.03		
永登县	101951	99768	97.86	2152	2.11	31	0.03		
皋兰县	42593	42391	99.53	189	0.44	12	0.03	1	
榆中县	137331	136476	99.38	824	0.60	23	0.02	8	0.01
兰州新区	60067	59123	98.43	881	1.47	59	0.10	4	0.01
嘉峪关市	**122353**	**120649**	**98.61**	**1688**	**1.38**	**16**	**0.01**		
市辖区	122353	120649	98.61	1688	1.38	16	0.01		
金昌市	**183903**	**182398**	**99.18**	**1496**	**0.81**	**7**		**2**	
金川区	108077	106935	98.94	1134	1.05	7	0.01	1	
永昌县	75826	75463	99.52	362	0.48			1	
白银市	**542351**	**539604**	**99.49**	**2676**	**0.49**	**69**	**0.01**	**2**	
白银区	134052	133033	99.24	1000	0.75	19	0.01		
平川区	71620	71339	99.61	278	0.39	3			
靖远县	123319	122923	99.68	377	0.31	17	0.01	2	
会宁县	140620	140147	99.66	472	0.34	1			
景泰县	72740	72162	99.21	549	0.75	29	0.04		
天水市	**953419**	**949332**	**99.57**	**4011**	**0.42**	**76**	**0.01**		
秦州区	219465	218059	99.36	1363	0.62	43	0.02		
麦积区	173227	172285	99.46	921	0.53	21	0.01		
清水县	82348	82028	99.61	309	0.38	11	0.01		
秦安县	132347	132108	99.82	239	0.18				
甘谷县	159085	158690	99.75	394	0.25	1			
武山县	113765	113629	99.88	136	0.12				
张家川回族自治县	73182	72533	99.11	649	0.89				
武威市	**529119**	**512817**	**96.92**	**15968**	**3.02**	**332**	**0.06**	**2**	
凉州区	314655	312221	99.23	2402	0.76	31	0.01	1	
民勤县	72991	72796	99.73	193	0.26	2			
古浪县	88140	87240	98.98	895	1.02	5	0.01		
天祝藏族自治县	53333	40560	76.05	12478	23.40	294	0.55	1	
张掖市	**428925**	**423479**	**98.73**	**5365**	**1.25**	**80**	**0.02**	**1**	
甘州区	196155	194151	98.98	1981	1.01	23	0.01		
肃南裕固族自治县	11612	9269	79.82	2304	19.84	38	0.33	1	0.01
民乐县	65930	65564	99.44	361	0.55	5	0.01		
临泽县	43852	43612	99.45	238	0.54	2			
高台县	53649	53355	99.45	287	0.53	7	0.01		
山丹县	57727	57528	99.66	194	0.34	5	0.01		
平凉市	**653320**	**649759**	**99.45**	**3466**	**0.53**	**94**	**0.01**	**1**	
崆峒区	174535	172946	99.09	1553	0.89	35	0.02	1	
泾川县	87429	87182	99.72	246	0.28	1			
灵台县	64544	64251	99.55	284	0.44	9	0.01		
崇信县	27697	27581	99.58	110	0.40	6	0.02		
庄浪县	105770	105338	99.59	415	0.39	17	0.02		
静宁县	128463	128070	99.69	374	0.29	19	0.01		
华亭市	64882	64391	99.24	484	0.75	7	0.01		

5-3 各地区家庭户中民族混合户户数（续）

单位：户、%

地区	家庭户户数	单一民族户		二个民族户		三个民族户		四个及四个以上民族户	
		户数	占家庭户比重	户数	占家庭户比重	户数	占家庭户比重	户数	占家庭户比重
酒泉市	**392739**	**386829**	**98.50**	**5802**	**1.48**	**105**	**0.03**	**3**	
肃州区	176856	174510	98.67	2313	1.31	33	0.02		
金塔县	42597	42138	98.92	453	1.06	6	0.01		
瓜州县	44554	43370	97.34	1158	2.60	26	0.06		
肃北蒙古族自治县	6312	5931	93.96	373	5.91	8	0.13		
阿克塞哈萨克族自治县	3525	3423	97.11	101	2.87	1	0.03		
玉门市	48622	48097	98.92	508	1.04	15	0.03	2	
敦煌市	70273	69360	98.70	896	1.28	16	0.02	1	
庆阳市	**760620**	**757972**	**99.65**	**2504**	**0.33**	**141**	**0.02**	**3**	
西峰区	181226	180740	99.73	462	0.25	22	0.01	2	
庆城县	84115	83748	99.56	345	0.41	22	0.03		
环　县	101038	100625	99.59	398	0.39	15	0.01		
华池县	39867	39720	99.63	136	0.34	11	0.03		
合水县	46590	46434	99.67	145	0.31	11	0.02		
正宁县	60934	60763	99.72	167	0.27	4	0.01		
宁　县	120002	119658	99.71	330	0.27	14	0.01		
镇原县	126848	126284	99.56	521	0.41	42	0.03	1	
定西市	**846235**	**843025**	**99.62**	**3168**	**0.37**	**42**			
安定区	153187	152476	99.54	681	0.44	30	0.02		
通渭县	106516	106298	99.80	218	0.20				
陇西县	145417	144910	99.65	507	0.35				
渭源县	93029	92831	99.79	198	0.21				
临洮县	160349	159569	99.51	772	0.48	8			
漳　县	56295	56170	99.78	124	0.22	1			
岷　县	131442	130771	99.49	668	0.51	3			
陇南市	**781801**	**775979**	**99.26**	**5692**	**0.73**	**129**	**0.02**	**1**	
武都区	183771	182102	99.09	1626	0.88	43	0.02		
成　县	78990	78464	99.33	508	0.64	18	0.02		
文　县	73118	72313	98.90	796	1.09	9	0.01		
宕昌县	77191	76423	99.01	747	0.97	20	0.03	1	
康　县	55611	55330	99.49	280	0.50	1			
西和县	105695	105256	99.58	420	0.40	19	0.02		
礼　县	126819	126215	99.52	591	0.47	13	0.01		
徽　县	65516	64909	99.07	601	0.92	6	0.01		
两当县	15090	14967	99.18	123	0.82				
临夏回族自治州	**544803**	**479753**	**88.06**	**63625**	**11.68**	**1383**	**0.25**	**42**	**0.01**
临夏市	101172	91105	90.05	9891	9.78	168	0.17	8	0.01
临夏县	83946	76970	91.69	6856	8.17	117	0.14	3	
康乐县	66027	62745	95.03	3267	4.95	15	0.02		
永靖县	59391	55840	94.02	3516	5.92	35	0.06		
广河县	59205	44131	74.54	15012	25.36	62	0.10		
和政县	51827	44567	85.99	7197	13.89	63	0.12		
东乡族自治县	63992	61342	95.86	2595	4.06	53	0.08	2	
积石山保安族东乡族撒拉族自治县	59243	43053	72.67	15291	25.81	870	1.47	29	0.05
甘南藏族自治州	**194349**	**177699**	**91.43**	**16442**	**8.46**	**190**	**0.10**	**18**	**0.01**
合作市	26476	23492	88.73	2948	11.13	30	0.11	6	0.02
临潭县	37707	32144	85.25	5489	14.56	70	0.19	4	0.01
卓尼县	26353	21529	81.69	4807	18.24	16	0.06	1	
舟曲县	38948	37982	97.52	964	2.48	2	0.01		
迭部县	16857	16206	96.14	621	3.68	24	0.14	6	0.04
玛曲县	16895	16531	97.85	358	2.12	6	0.04		
碌曲县	9763	9392	96.20	359	3.68	11	0.11	1	0.01
夏河县	21350	20423	95.66	896	4.20	31	0.15		

5-3a 各地区家庭户中民族混合户户数（城市）

单位：户、%

地区	家庭户户　数	单一民族户		二个民族户		三个民族户		四个及四个以上民族户	
		户数	占家庭户比重	户数	占家庭户比重	户数	占家庭户比重	户数	占家庭户比重
合计	**2551450**	**2510738**	**98.40**	**40137**	**1.57**	**536**	**0.02**	**39**	
兰州市	**1051720**	**1034125**	**98.33**	**17271**	**1.64**	**298**	**0.03**	**26**	
城关区	537330	528530	98.36	8613	1.60	172	0.03	15	
七里河区	209387	205000	97.90	4315	2.06	68	0.03	4	
西固区	141521	139957	98.89	1541	1.09	20	0.01	3	
安宁区	130623	128307	98.23	2277	1.74	35	0.03	4	
红古区	32859	32331	98.39	525	1.60	3	0.01		
嘉峪关市	**113947**	**112377**	**98.62**	**1559**	**1.37**	**11**	**0.01**		
市辖区	113947	112377	98.62	1559	1.37	11	0.01		
金昌市	**97508**	**96458**	**98.92**	**1047**	**1.07**	**3**			
金川区	97508	96458	98.92	1047	1.07	3			
白银市	**165288**	**164187**	**99.33**	**1093**	**0.66**	**8**			
白银区	118013	117077	99.21	928	0.79	8	0.01		
平川区	46684	46523	99.66	161	0.34				
靖远县	591	587	99.32	4	0.68				
天水市	**219667**	**218231**	**99.35**	**1429**	**0.65**	**7**			
秦州区	135628	134668	99.29	955	0.70	5			
麦积区	84039	83563	99.43	474	0.56	2			
武威市	**135050**	**133888**	**99.14**	**1149**	**0.85**	**12**	**0.01**	**1**	
凉州区	135050	133888	99.14	1149	0.85	12	0.01	1	
张掖市	**98387**	**97240**	**98.83**	**1138**	**1.16**	**8**	**0.01**	**1**	
甘州区	98136	97049	98.89	1081	1.10	6	0.01		
肃南裕固族自治县	251	191	76.10	57	22.71	2	0.80	1	0.40
平凉市	**141944**	**140649**	**99.09**	**1294**	**0.91**	**1**			
崆峒区	113307	112246	99.06	1060	0.94	1			
华亭市	28637	28403	99.18	234	0.82				
酒泉市	**167506**	**165811**	**98.99**	**1683**	**1.00**	**12**	**0.01**		
肃州区	117495	116186	98.89	1302	1.11	7	0.01		
玉门市	17731	17572	99.10	157	0.89	2	0.01		
敦煌市	32280	32053	99.30	224	0.69	3	0.01		
庆阳市	**116873**	**116707**	**99.86**	**161**	**0.14**	**4**		**1**	
西峰区	116873	116707	99.86	161	0.14	4		1	
定西市	**70324**	**70141**	**99.74**	**182**	**0.26**	**1**			
安定区	70324	70141	99.74	182	0.26	1			
陇南市	**64293**	**63526**	**98.81**	**762**	**1.19**	**5**	**0.01**		
武都区	63812	63045	98.80	762	1.19	5	0.01		
康　县	481	481	100.00						
临夏回族自治州	**90257**	**81316**	**90.09**	**8786**	**9.73**	**149**	**0.17**	**6**	**0.01**
临夏市	87922	79104	89.97	8664	9.85	148	0.17	6	0.01
临夏县	2335	2212	94.73	122	5.22	1	0.04		
甘南藏族自治州	**18686**	**16082**	**86.06**	**2583**	**13.82**	**17**	**0.09**	**4**	**0.02**
合作市	18686	16082	86.06	2583	13.82	17	0.09	4	0.02

5-3b 各地区家庭户中民族混合户户数（镇）

单位：户、%

地区	家庭户户数	单一民族户		二个民族户		三个民族户		四个及四个以上民族户	
		户数	占家庭户比重	户数	占家庭户比重	户数	占家庭户比重	户数	占家庭户比重
合计	**1925591**	**1886492**	**97.97**	**38396**	**1.99**	**665**	**0.03**	**38**	
兰州市	**198705**	**196562**	**98.92**	**2094**	**1.05**	**36**	**0.02**	**13**	**0.01**
城关区	7576	7427	98.03	147	1.94	1	0.01	1	0.01
七里河区	15944	15772	98.92	162	1.02	9	0.06	1	0.01
西固区	9738	9694	99.55	44	0.45				
安宁区									
红古区	6443	6331	98.26	110	1.71	2	0.03		
永登县	47384	46528	98.19	850	1.79	6	0.01		
皋兰县	23860	23795	99.73	65	0.27				
榆中县	54770	54436	99.39	317	0.58	9	0.02	8	0.01
兰州新区	32990	32579	98.75	399	1.21	9	0.03	3	0.01
嘉峪关市	**1467**	**1425**	**97.14**	**40**	**2.73**	**2**	**0.14**		
市辖区	1467	1425	97.14	40	2.73	2	0.14		
金昌市	**40446**	**40231**	**99.47**	**215**	**0.53**				
金川区	319	311	97.49	8	2.51				
永昌县	40127	39920	99.48	207	0.52				
白银市	**141375**	**140937**	**99.69**	**436**	**0.31**	**2**			
白银区	1142	1142	100.00						
平川区	7104	7099	99.93	5	0.07				
靖远县	48549	48439	99.77	110	0.23				
会宁县	45081	44939	99.69	141	0.31	1			
景泰县	39499	39318	99.54	180	0.46	1			
天水市	**219642**	**219024**	**99.72**	**616**	**0.28**	**2**			
秦州区	13902	13881	99.85	19	0.14	2	0.01		
麦积区	15277	15230	99.69	47	0.31				
清水县	27406	27342	99.77	64	0.23				
秦安县	39396	39303	99.76	93	0.24				
甘谷县	59782	59740	99.93	42	0.07				
武山县	41031	40995	99.91	36	0.09				
张家川回族自治县	22848	22533	98.62	315	1.38				
武威市	**104701**	**98107**	**93.70**	**6472**	**6.18**	**121**	**0.12**	**1**	
凉州区	27467	27334	99.52	129	0.47	4	0.01		
民勤县	26657	26599	99.78	58	0.22				
古浪县	26769	26586	99.32	182	0.68	1			
天祝藏族自治县	23808	17588	73.87	6103	25.63	116	0.49	1	
张掖市	**112006**	**110550**	**98.70**	**1430**	**1.28**	**26**	**0.02**		
甘州区	5345	5316	99.46	29	0.54				
肃南裕固族自治县	4232	3249	76.77	967	22.85	16	0.38		
民乐县	28389	28295	99.67	92	0.32	2	0.01		
临泽县	19376	19284	99.53	92	0.47				
高台县	25901	25750	99.42	146	0.56	5	0.02		
山丹县	28763	28656	99.63	104	0.36	3	0.01		
平凉市	**144211**	**143951**	**99.82**	**259**	**0.18**	**1**			
崆峒区	2828	2813	99.47	15	0.53				
泾川县	32017	31971	99.86	46	0.14				
灵台县	19472	19437	99.82	35	0.18				
崇信县	11634	11600	99.71	34	0.29				
庄浪县	30979	30941	99.88	38	0.12				
静宁县	36616	36574	99.89	41	0.11	1			
华亭市	10665	10615	99.53	50	0.47				

5-3b 各地区家庭户中民族混合户户数（镇）（续）

单位：户、%

地区	家庭户户数	单一民族户		二个民族户		三个民族户		四个及四个以上民族户	
		户数	占家庭户比重	户数	占家庭户比重	户数	占家庭户比重	户数	占家庭户比重
酒泉市	**84763**	**83459**	**98.46**	**1296**	**1.53**	**8**	**0.01**		
肃州区	7970	7868	98.72	102	1.28				
金塔县	18891	18789	99.46	101	0.53	1	0.01		
瓜州县	18710	18556	99.18	152	0.81	2	0.01		
肃北蒙古族自治县	4383	4118	93.95	262	5.98	3	0.07		
阿克塞哈萨克族自治县	3287	3201	97.38	86	2.62				
玉门市	13489	13367	99.10	121	0.90	1	0.01		
敦煌市	18033	17560	97.38	472	2.62	1	0.01		
庆阳市	**197157**	**196984**	**99.91**	**173**	**0.09**				
西峰区	2525	2524	99.96	1	0.04				
庆城县	34129	34088	99.88	41	0.12				
环　县	33395	33371	99.93	24	0.07				
华池县	15632	15621	99.93	11	0.07				
合水县	17225	17205	99.88	20	0.12				
正宁县	24168	24142	99.89	26	0.11				
宁　县	36230	36196	99.91	34	0.09				
镇原县	33853	33837	99.95	16	0.05				
定西市	**267002**	**266117**	**99.67**	**879**	**0.33**	**6**			
安定区	8564	8527	99.57	37	0.43				
通渭县	29998	29954	99.85	44	0.15				
陇西县	75085	74853	99.69	232	0.31				
渭源县	26067	26022	99.83	45	0.17				
临洮县	65164	64856	99.53	302	0.46	6	0.01		
漳　县	20675	20642	99.84	33	0.16				
岷　县	41449	41263	99.55	186	0.45				
陇南市	**221743**	**220139**	**99.28**	**1599**	**0.72**	**5**			
武都区	18380	18240	99.24	138	0.75	2	0.01		
成　县	39354	39086	99.32	268	0.68				
文　县	22825	22543	98.76	281	1.23	1			
宕昌县	23846	23668	99.25	178	0.75				
康　县	16150	16061	99.45	89	0.55				
西和县	31013	30974	99.87	39	0.13				
礼　县	36535	36362	99.53	173	0.47				
徽　县	26797	26452	98.71	343	1.28	2	0.01		
两当县	6843	6753	98.68	90	1.32				
临夏回族自治州	**124404**	**107699**	**86.57**	**16335**	**13.13**	**358**	**0.29**	**12**	**0.01**
临夏市	2744	2480	90.38	260	9.48	4	0.15		
临夏县	10797	10156	94.06	632	5.85	6	0.06	3	0.03
康乐县	15647	14579	93.17	1062	6.79	6	0.04		
永靖县	32725	30146	92.12	2555	7.81	24	0.07		
广河县	21237	16112	75.87	5099	24.01	26	0.12		
和政县	15788	14083	89.20	1682	10.65	23	0.15		
东乡族自治县	12074	11384	94.29	674	5.58	15	0.12	1	0.01
积石山保安族东乡族撒拉族自治县	13392	8759	65.40	4371	32.64	254	1.90	8	0.06
甘南藏族自治州	**67969**	**61307**	**90.20**	**6552**	**9.64**	**98**	**0.14**	**12**	**0.02**
合作市	653	633	96.94	20	3.06				
临潭县	14632	12036	82.26	2539	17.35	53	0.36	4	0.03
卓尼县	9716	7729	79.55	1981	20.39	5	0.05	1	0.01
舟曲县	12725	12301	96.67	423	3.32	1	0.01		
迭部县	7291	6840	93.81	434	5.95	11	0.15	6	0.08
玛曲县	9768	9476	97.01	287	2.94	5	0.05		
碌曲县	5176	4862	93.93	308	5.95	5	0.10	1	0.02
夏河县	8008	7430	92.78	560	6.99	18	0.22		

5-3c 各地区家庭户中民族混合户户数（乡村）

单位：户、%

地区	家庭户户 数	单一民族户		二个民族户		三个民族户		四个及四个以上民族户	
		户数	占家庭户比重	户数	占家庭户比重	户数	占家庭户比重	户数	占家庭户比重
合计	**3945795**	**3867930**	**98.03**	**75882**	**1.92**	**1942**	**0.05**	**41**	
兰州市	**238474**	**235178**	**98.62**	**3147**	**1.32**	**145**	**0.06**	**4**	
城关区	4910	4809	97.94	96	1.96	5	0.10		
七里河区	27659	27247	98.51	388	1.40	22	0.08	2	0.01
西固区	12757	12644	99.11	106	0.83	7	0.05		
安宁区									
红古区	10210	10058	98.51	142	1.39	10	0.10		
永登县	54567	53240	97.57	1302	2.39	25	0.05		
皋兰县	18733	18596	99.27	124	0.66	12	0.06	1	0.01
榆中县	82561	82040	99.37	507	0.61	14	0.02		
兰州新区	27077	26544	98.03	482	1.78	50	0.18	1	
嘉峪关市	**6939**	**6847**	**98.67**	**89**	**1.28**	**3**	**0.04**		
市辖区	6939	6847	98.67	89	1.28	3	0.04		
金昌市	**45949**	**45709**	**99.48**	**234**	**0.51**	**4**	**0.01**	**2**	
金川区	10250	10166	99.18	79	0.77	4	0.04	1	0.01
永昌县	35699	35543	99.56	155	0.43			1	
白银市	**235688**	**234480**	**99.49**	**1147**	**0.49**	**59**	**0.03**	**2**	
白银区	14897	14814	99.44	72	0.48	11	0.07		
平川区	17832	17717	99.36	112	0.63	3	0.02		
靖远县	74179	73897	99.62	263	0.35	17	0.02	2	
会宁县	95539	95208	99.65	331	0.35				
景泰县	33241	32844	98.81	369	1.11	28	0.08		
天水市	**514110**	**512077**	**99.60**	**1966**	**0.38**	**67**	**0.01**		
秦州区	69935	69510	99.39	389	0.56	36	0.05		
麦积区	73911	73492	99.43	400	0.54	19	0.03		
清水县	54942	54686	99.53	245	0.45	11	0.02		
秦安县	92951	92805	99.84	146	0.16				
甘谷县	99303	98950	99.64	352	0.35	1			
武山县	72734	72634	99.86	100	0.14				
张家川回族自治县	50334	50000	99.34	334	0.66				
武威市	**289368**	**280822**	**97.05**	**8347**	**2.88**	**199**	**0.07**		
凉州区	152138	150999	99.25	1124	0.74	15	0.01		
民勤县	46334	46197	99.70	135	0.29	2			
古浪县	61371	60654	98.83	713	1.16	4	0.01		
天祝藏族自治县	29525	22972	77.81	6375	21.59	178	0.60		
张掖市	**218532**	**215689**	**98.70**	**2797**	**1.28**	**46**	**0.02**		
甘州区	92674	91786	99.04	871	0.94	17	0.02		
肃南裕固族自治县	7129	5829	81.76	1280	17.95	20	0.28		
民乐县	37541	37269	99.28	269	0.72	3	0.01		
临泽县	24476	24328	99.40	146	0.60	2	0.01		
高台县	27748	27605	99.48	141	0.51	2	0.01		
山丹县	28964	28872	99.68	90	0.31	2	0.01		
平凉市	**367165**	**365159**	**99.45**	**1913**	**0.52**	**92**	**0.03**	**1**	
崆峒区	58400	57887	99.12	478	0.82	34	0.06	1	
泾川县	55412	55211	99.64	200	0.36	1			
灵台县	45072	44814	99.43	249	0.55	9	0.02		
崇信县	16063	15981	99.49	76	0.47	6	0.04		
庄浪县	74791	74397	99.47	377	0.50	17	0.02		
静宁县	91847	91496	99.62	333	0.36	18	0.02		
华亭市	25580	25373	99.19	200	0.78	7	0.03		

5-3c 各地区家庭户中民族混合户户数（乡村）（续）

单位：户、%

地区	家庭户户数	单一民族户		二个民族户		三个民族户		四个及四个以上民族户	
		户数	占家庭户比重	户数	占家庭户比重	户数	占家庭户比重	户数	占家庭户比重
酒泉市	**140470**	**137559**	**97.93**	**2823**	**2.01**	**85**	**0.06**	**3**	
肃州区	51391	50456	98.18	909	1.77	26	0.05		
金塔县	23706	23349	98.49	352	1.48	5	0.02		
瓜州县	25844	24814	96.01	1006	3.89	24	0.09		
肃北蒙古族自治县	1929	1813	93.99	111	5.75	5	0.26		
阿克塞哈萨克族自治县	238	222	93.28	15	6.30	1	0.42		
玉门市	17402	17158	98.60	230	1.32	12	0.07	2	0.01
敦煌市	19960	19747	98.93	200	1.00	12	0.06	1	0.01
庆阳市	**446590**	**444281**	**99.48**	**2170**	**0.49**	**137**	**0.03**	**2**	
西峰区	61828	61509	99.48	300	0.49	18	0.03	1	
庆城县	49986	49660	99.35	304	0.61	22	0.04		
环　县	67643	67254	99.42	374	0.55	15	0.02		
华池县	24235	24099	99.44	125	0.52	11	0.05		
合水县	29365	29229	99.54	125	0.43	11	0.04		
正宁县	36766	36621	99.61	141	0.38	4	0.01		
宁　县	83772	83462	99.63	296	0.35	14	0.02		
镇原县	92995	92447	99.41	505	0.54	42	0.05	1	
定西市	**508909**	**506767**	**99.58**	**2107**	**0.41**	**35**	**0.01**		
安定区	74299	73808	99.34	462	0.62	29	0.04		
通渭县	76518	76344	99.77	174	0.23				
陇西县	70332	70057	99.61	275	0.39				
渭源县	66962	66809	99.77	153	0.23				
临洮县	95185	94713	99.50	470	0.49	2			
漳　县	35620	35528	99.74	91	0.26	1			
岷　县	89993	89508	99.46	482	0.54	3			
陇南市	**495765**	**492314**	**99.30**	**3331**	**0.67**	**119**	**0.02**	**1**	
武都区	101579	100817	99.25	726	0.71	36	0.04		
成　县	39636	39378	99.35	240	0.61	18	0.05		
文　县	50293	49770	98.96	515	1.02	8	0.02		
宕昌县	53345	52755	98.89	569	1.07	20	0.04	1	
康　县	38980	38788	99.51	191	0.49	1			
西和县	74682	74282	99.46	381	0.51	19	0.03		
礼　县	90284	89853	99.52	418	0.46	13	0.01		
徽　县	38719	38457	99.32	258	0.67	4	0.01		
两当县	8247	8214	99.60	33	0.40				
临夏回族自治州	**330142**	**290738**	**88.06**	**38504**	**11.66**	**876**	**0.27**	**24**	**0.01**
临夏市	10506	9521	90.62	967	9.20	16	0.15	2	0.02
临夏县	70814	64602	91.23	6102	8.62	110	0.16		
康乐县	50380	48166	95.61	2205	4.38	9	0.02		
永靖县	26666	25694	96.35	961	3.60	11	0.04		
广河县	37968	28019	73.80	9913	26.11	36	0.09		
和政县	36039	30484	84.59	5515	15.30	40	0.11		
东乡族自治县	51918	49958	96.22	1921	3.70	38	0.07	1	
积石山保安族东乡族撒拉族自治县	45851	34294	74.79	10920	23.82	616	1.34	21	0.05
甘南藏族自治州	**107694**	**100310**	**93.14**	**7307**	**6.78**	**75**	**0.07**	**2**	
合作市	7137	6777	94.96	345	4.83	13	0.18	2	0.03
临潭县	23075	20108	87.14	2950	12.78	17	0.07		
卓尼县	16637	13800	82.95	2826	16.99	11	0.07		
舟曲县	26223	25681	97.93	541	2.06	1			
迭部县	9566	9366	97.91	187	1.95	13	0.14		
玛曲县	7127	7055	98.99	71	1.00	1	0.01		
碌曲县	4587	4530	98.76	51	1.11	6	0.13		
夏河县	13342	12993	97.38	336	2.52	13	0.10		

5-4 各地区有60岁及以上人口的家庭户户数

单位：户

地区	户数	有一个60岁及以上人口的户				有二个60岁及以上人口的户				有三个60岁及以上人口的户
		小计	独自居住	只与未成年人口共同居住	其他	小计	只有一对60岁及以上夫妇居住	只有一对60岁及以上夫妇与未成年人口共同居住	其他	
合计	**2946888**	**1755246**	**545693**	**37258**	**1172295**	**1172517**	**558135**	**53914**	**560468**	**19125**
兰州市	**472521**	**265234**	**99564**	**4132**	**161538**	**203877**	**115258**	**8383**	**80236**	**3410**
城关区	153271	85397	34524	1166	49707	66553	39385	2404	24764	1321
七里河区	79524	45658	17116	520	28022	33251	19023	1085	13143	615
西固区	54435	30563	14226	370	15967	23519	15859	711	6949	353
安宁区	37039	19970	7896	267	11807	16825	9792	574	6459	244
红古区	17278	9702	3105	138	6459	7496	3807	275	3414	80
永登县	44271	25265	7831	766	16668	18766	8776	1489	8501	240
皋兰县	16805	9065	3876	171	5018	7649	5018	366	2265	91
榆中县	53789	30631	9340	564	20727	22797	10924	1098	10775	361
兰州新区	16109	8983	1650	170	7163	7021	2674	381	3966	105
嘉峪关市	**31642**	**17110**	**7306**	**192**	**9612**	**14428**	**10354**	**590**	**3484**	**104**
市辖区	31642	17110	7306	192	9612	14428	10354	590	3484	104
金昌市	**54246**	**30584**	**16423**	**272**	**13889**	**23531**	**19067**	**515**	**3949**	**131**
金川区	29100	15814	8870	136	6808	13203	10719	288	2196	83
永昌县	25146	14770	7553	136	7081	10328	8348	227	1753	48
白银市	**190760**	**100503**	**34865**	**1837**	**63801**	**88552**	**47384**	**3380**	**37788**	**1705**
白银区	41321	22005	10666	238	11101	19049	13774	528	4747	267
平川区	20974	11065	4168	155	6742	9740	5672	335	3733	169
靖远县	46014	23355	6651	375	16329	22202	9684	886	11632	457
会宁县	57062	31065	9210	865	20990	25381	11531	1178	12672	616
景泰县	25389	13013	4170	204	8639	12180	6723	453	5004	196
天水市	**353539**	**215436**	**63672**	**4403**	**147361**	**135857**	**54446**	**6059**	**75352**	**2246**
秦州区	73151	44096	15321	819	27956	28546	14087	905	13554	509
麦积区	64807	38235	11518	570	26147	26134	11417	1038	13679	438
清水县	29100	19212	5540	559	13113	9780	3765	672	5343	108
秦安县	57770	34794	9985	494	24315	22578	9069	844	12665	398
甘谷县	60236	36850	9504	708	26638	23003	7145	1001	14857	383
武山县	42516	26582	7410	647	18525	15727	5170	683	9874	207
张家川回族自治县	25959	15667	4394	606	10667	10089	3793	916	5380	203
武威市	**189319**	**111813**	**38919**	**2423**	**70471**	**76621**	**45598**	**3590**	**27433**	**885**
凉州区	107898	64148	23626	1476	39046	43302	26756	2161	14385	448
民勤县	28885	16837	6192	317	10328	11874	7723	338	3813	174
古浪县	33710	19283	6177	349	12757	14225	7811	692	5722	202
天祝藏族自治县	18826	11545	2924	281	8340	7220	3308	399	3513	61
张掖市	**143632**	**87768**	**31953**	**1643**	**54172**	**55325**	**34259**	**2524**	**18542**	**539**
甘州区	62199	38464	14688	476	23300	23513	15586	800	7127	222
肃南裕固族自治县	3120	2001	813	29	1159	1104	727	37	340	15
民乐县	24458	15161	3888	459	10814	9179	3981	778	4420	118
临泽县	16185	9896	3089	112	6695	6243	3558	223	2462	46
高台县	17856	10632	4904	135	5593	7169	5326	234	1609	55
山丹县	19814	11614	4571	432	6611	8117	5081	452	2584	83
平凉市	**246790**	**148140**	**47275**	**3580**	**97285**	**97168**	**47624**	**4674**	**44870**	**1482**
崆峒区	58027	32975	11496	620	20859	24683	13916	1155	9612	369
泾川县	35946	21863	8337	660	12866	13881	7819	997	5065	202
灵台县	24353	15742	6584	595	8563	8510	5245	506	2759	101
崇信县	9578	5953	1913	127	3913	3574	1754	180	1640	51
庄浪县	45387	27617	6583	508	20526	17510	5612	824	11074	260
静宁县	52881	31164	8296	867	22001	21337	9228	701	11408	380
华亭市	20618	12826	4066	203	8557	7673	4050	311	3312	119

5-4 各地区有60岁及以上人口的家庭户户数（续）

单位：户

地区	户数	有一个60岁及以上人口的户				有二个60岁及以上人口的户				有三个60岁及以上人口的户
		小计	独自居住	只与未成年人口共同居住	其他	小计	只有一对60岁及以上夫妇居住	只有一对60岁及以上夫妇与未成年人口共同居住	其他	
酒泉市	**122592**	**73248**	**27506**	**843**	**44899**	**48870**	**31277**	**1664**	**15929**	**474**
肃州区	54397	32815	13375	359	19081	21366	14241	766	6359	216
金塔县	16537	9921	3416	126	6379	6550	4160	256	2134	66
瓜州县	13819	8649	2607	103	5939	5127	2697	183	2247	43
肃北蒙古族自治县	1233	807	405	9	393	423	302	8	113	3
阿克塞哈萨克族自治县	849	510	128	2	380	337	201	2	134	2
玉门市	14331	8741	3147	113	5481	5543	3391	200	1952	47
敦煌市	21426	11805	4428	131	7246	9524	6285	249	2990	97
庆阳市	**269178**	**156532**	**52475**	**4657**	**99400**	**110455**	**54948**	**7284**	**48223**	**2191**
西峰区	46796	28267	10889	786	16592	18231	9298	1071	7862	298
庆城县	26419	15543	5008	335	10200	10640	5722	460	4458	236
环　县	35423	20189	5067	584	14538	14792	5998	511	8283	442
华池县	13350	7425	2235	189	5001	5734	3041	240	2453	191
合水县	16780	9569	3218	298	6053	7095	3935	470	2690	116
正宁县	23880	13616	4931	481	8204	10117	5214	926	3977	147
宁　县	52911	30231	10915	1125	18191	22349	11239	2144	8966	331
镇原县	53619	31692	10212	859	20621	21497	10501	1462	9534	430
定西市	**320910**	**197417**	**52925**	**4943**	**139549**	**121596**	**44186**	**5132**	**72278**	**1897**
安定区	55909	31782	11245	580	19957	23742	12374	719	10649	385
通渭县	45931	27616	7444	488	19684	18002	6188	474	11340	313
陇西县	53190	31431	9649	679	21103	21442	8878	1065	11499	317
渭源县	37796	24469	6172	442	17855	13103	4031	363	8709	224
临洮县	65041	40470	9116	1249	30105	24179	7341	1374	15464	392
漳　县	18555	11868	3140	472	8256	6578	1976	339	4263	109
岷　县	44488	29781	6159	1033	22589	14550	3398	798	10354	157
陇南市	**288285**	**187799**	**47025**	**4222**	**136552**	**98375**	**32619**	**4201**	**61555**	**2111**
武都区	62788	40720	11323	1154	28243	21625	8410	818	12397	443
成　县	27250	18293	4841	427	13025	8797	3099	375	5323	160
文　县	26307	16380	6204	301	9875	9722	5439	256	4027	205
宕昌县	30098	19641	3998	337	15306	10299	2239	373	7687	158
康　县	22321	15733	3809	291	11633	6411	1886	269	4256	177
西和县	38833	25122	5067	611	19444	13433	3116	780	9537	278
礼　县	49891	32031	6066	792	25173	17408	4038	930	12440	452
徽　县	24883	16043	4415	257	11371	8638	3462	340	4836	202
两当县	5914	3836	1302	52	2482	2042	930	60	1052	36
临夏回族自治州	**200284**	**120332**	**18040**	**3047**	**99245**	**78627**	**16801**	**4997**	**56829**	**1325**
临夏市	33350	20105	3898	303	15904	13027	4484	528	8015	218
临夏县	37657	22688	3160	592	18936	14740	2582	1151	11007	229
康乐县	24462	15481	1919	638	12924	8811	1474	712	6625	170
永靖县	22542	13284	3237	226	9821	9139	3465	385	5289	119
广河县	18855	10547	1340	317	8890	8133	1020	509	6604	175
和政县	19268	11903	1315	300	10288	7249	1184	505	5560	116
东乡族自治县	21355	12298	1407	295	10596	8910	1326	587	6997	147
积石山保安族东乡族撒拉族自治县	22795	14026	1764	376	11886	8618	1266	620	6732	151
甘南藏族自治州	**63190**	**43330**	**7745**	**1064**	**34521**	**19235**	**4314**	**921**	**14000**	**625**
合作市	6692	4566	761	78	3727	2022	410	64	1548	104
临潭县	14459	9549	1583	285	7681	4812	1236	327	3249	98
卓尼县	9623	6633	1135	147	5351	2900	591	149	2160	90
舟曲县	13608	8845	1844	271	6730	4679	1313	202	3164	84
迭部县	5381	4084	970	73	3041	1212	266	35	911	85
玛曲县	2935	2265	603	93	1569	647	163	71	413	23
碌曲县	2683	1955	261	16	1678	710	89	11	610	18
夏河县	7809	5433	588	101	4744	2253	246	62	1945	123

5-4a 各地区有 60 岁及以上人口的家庭户户数（城市）

单位：户

地区	户数	有一个 60 岁及以上人口的户				有二个 60 岁及以上人口的户				有三个60岁及以上人口的户
		小计	独自居住	只与未成年人口共同居住	其他	小计	只有一对60岁及以上夫妇居住	只有一对60岁及以上夫妇与未成年人口共同居住	其他	
合计	**690056**	**391515**	**157697**	**5776**	**228042**	**294075**	**181399**	**10389**	**102287**	**4466**
兰州市	**307838**	**171468**	**70276**	**2259**	**98933**	**133973**	**81337**	**4660**	**47976**	**2397**
城关区	150426	83905	34151	1157	48597	65222	38769	2375	24078	1299
七里河区	64959	36695	14841	421	21433	27745	16850	919	9976	519
西固区	44985	25048	11400	322	13326	19632	13311	597	5724	305
安宁区	37039	19970	7896	267	11807	16825	9792	574	6459	244
红古区	10429	5850	1988	92	3770	4549	2615	195	1739	30
嘉峪关市	**28493**	**15221**	**6504**	**169**	**8548**	**13170**	**9507**	**558**	**3105**	**102**
市辖区	28493	15221	6504	169	8548	13170	9507	558	3105	102
金昌市	**24496**	**13262**	**7488**	**121**	**5653**	**11166**	**9057**	**265**	**1844**	**68**
金川区	24496	13262	7488	121	5653	11166	9057	265	1844	68
白银市	**45775**	**24964**	**11121**	**306**	**13537**	**20544**	**13996**	**688**	**5860**	**267**
白银区	34081	18592	8396	212	9984	15281	10497	491	4293	208
平川区	11624	6329	2711	91	3527	5236	3490	196	1550	59
靖远县	70	43	14	3	26	27	9	1	17	
天水市	**63744**	**36836**	**14889**	**550**	**21397**	**26444**	**15045**	**618**	**10781**	**464**
秦州区	37592	21881	9521	360	12000	15448	9422	341	5685	263
麦积区	26152	14955	5368	190	9397	10996	5623	277	5096	201
武威市	**33726**	**19237**	**7132**	**287**	**11818**	**14333**	**8972**	**611**	**4750**	**156**
凉州区	33726	19237	7132	287	11818	14333	8972	611	4750	156
张掖市	**26184**	**15246**	**6089**	**243**	**8914**	**10806**	**7239**	**485**	**3082**	**132**
甘州区	26129	15203	6070	241	8892	10794	7231	483	3080	132
肃南裕固族自治县	55	43	19	2	22	12	8	2	2	
平凉市	**37091**	**21182**	**8006**	**357**	**12819**	**15704**	**9824**	**615**	**5265**	**205**
崆峒区	31271	17639	6807	299	10533	13452	8482	504	4466	180
华亭市	5820	3543	1199	58	2286	2252	1342	111	799	25
酒泉市	**41199**	**24059**	**10015**	**278**	**13766**	**16939**	**11516**	**594**	**4829**	**201**
肃州区	29846	17473	7671	197	9605	12230	8404	444	3382	143
玉门市	3779	2279	873	34	1372	1489	1010	59	420	11
敦煌市	7574	4307	1471	47	2789	3220	2102	91	1027	47
庆阳市	**21119**	**13100**	**5676**	**377**	**7047**	**7902**	**4305**	**374**	**3223**	**117**
西峰区	21119	13100	5676	377	7047	7902	4305	374	3223	117
定西市	**16416**	**9608**	**3834**	**228**	**5546**	**6715**	**3906**	**243**	**2566**	**93**
安定区	16416	9608	3834	228	5546	6715	3906	243	2566	93
陇南市	**12246**	**7880**	**2560**	**282**	**5038**	**4310**	**2214**	**177**	**1919**	**56**
武都区	12040	7726	2527	279	4920	4260	2203	175	1882	54
康　县	206	154	33	3	118	50	11	2	37	2
临夏回族自治州	**28493**	**17115**	**3551**	**262**	**13302**	**11183**	**4146**	**457**	**6580**	**195**
临夏市	27801	16679	3500	245	12934	10932	4108	431	6393	190
临夏县	692	436	51	17	368	251	38	26	187	5
甘南藏族自治州	**3236**	**2337**	**556**	**57**	**1724**	**886**	**335**	**44**	**507**	**13**
合作市	3236	2337	556	57	1724	886	335	44	507	13

5-4b 各地区有60岁及以上人口的家庭户户数（镇）

单位：户

地区	户数	有一个60岁及以上人口的户				有二个60岁及以上人口的户				有三个60岁及以上人口的户
		小计	独自居住	只与未成年人口共同居住	其他	小计	只有一对60岁及以上夫妇居住	只有一对60岁及以上夫妇与未成年人口共同居住	其他	
合计	**537793**	**329245**	**104375**	**10840**	**214030**	**205013**	**94989**	**11683**	**98341**	**3535**
兰州市	**56954**	**32854**	**10347**	**826**	**21681**	**23761**	**11990**	**1388**	**10383**	**339**
城关区	1506	789	234	5	550	699	383	11	305	18
七里河区	5097	3168	890	35	2243	1905	863	63	979	24
西固区	4361	2464	1494	16	954	1880	1413	47	420	17
安宁区										
红古区	2295	1365	678	32	655	919	616	20	283	11
永登县	16576	9612	2930	353	6329	6856	3159	587	3110	108
皋兰县	7332	4114	1709	93	2312	3173	1967	193	1013	45
榆中县	13045	7562	1828	219	5515	5413	2432	301	2680	70
兰州新区	6742	3780	584	73	3123	2916	1157	166	1593	46
嘉峪关市	**525**	**315**	**121**	**5**	**189**	**209**	**128**	**6**	**75**	**1**
市辖区	525	315	121	5	189	209	128	6	75	1
金昌市	**9974**	**5936**	**3020**	**65**	**2851**	**4015**	**3212**	**137**	**666**	**23**
金川区	154	78	32	1	45	74	39		35	2
永昌县	9820	5858	2988	64	2806	3941	3173	137	631	21
白银市	**38772**	**21302**	**7013**	**726**	**13563**	**17050**	**8216**	**890**	**7944**	**420**
白银区	528	246	167	3	76	278	248	3	27	4
平川区	1836	1059	406	15	638	763	389	24	350	14
靖远县	14784	7637	2509	162	4966	6991	3249	328	3414	156
会宁县	11521	6982	2185	425	4372	4375	1867	342	2166	164
景泰县	10103	5378	1746	121	3511	4643	2463	193	1987	82
天水市	**65870**	**41565**	**13181**	**1127**	**27257**	**23806**	**9045**	**1162**	**13599**	**499**
秦州区	5343	3385	884	93	2408	1921	600	86	1235	37
麦积区	5794	3335	1207	66	2062	2422	1145	108	1169	37
清水县	6872	4688	1582	187	2919	2155	890	171	1094	29
秦安县	12408	7415	2240	165	5010	4906	1986	158	2762	87
甘谷县	17449	11259	3551	297	7411	6041	1959	276	3806	149
武山县	12080	7666	2584	169	4913	4339	1723	167	2449	75
张家川回族自治县	5924	3817	1133	150	2534	2022	742	196	1084	85
武威市	**30974**	**18349**	**7052**	**486**	**10811**	**12442**	**7464**	**658**	**4320**	**183**
凉州区	9810	6052	2664	127	3261	3710	2427	198	1085	48
民勤县	6572	3888	1890	91	1907	2624	1919	80	625	60
古浪县	7886	4470	1494	109	2867	3363	1765	195	1403	53
天祝藏族自治县	6706	3939	1004	159	2776	2745	1353	185	1207	22
张掖市	**30557**	**18241**	**6028**	**589**	**11624**	**12206**	**7326**	**793**	**4087**	**110**
甘州区	1974	1252	548	7	697	711	471	17	223	11
肃南裕固族自治县	1007	615	250	11	354	384	232	15	137	8
民乐县	7860	4804	1122	211	3471	3039	1435	307	1297	17
临泽县	5033	2966	1043	48	1875	2053	1330	92	631	14
高台县	6253	3604	1483	81	2040	2625	1938	118	569	24
山丹县	8430	5000	1582	231	3187	3394	1920	244	1230	36
平凉市	**40083**	**25025**	**8200**	**1224**	**15601**	**14830**	**7059**	**993**	**6778**	**228**
崆峒区	1309	737	234	12	491	561	231	48	282	11
泾川县	9638	6073	2255	270	3548	3514	1997	254	1263	51
灵台县	4817	3213	1151	239	1823	1583	899	142	542	21
崇信县	2849	1792	581	43	1168	1046	549	53	444	11
庄浪县	8349	5170	1468	148	3554	3133	1062	203	1868	46
静宁县	9627	5799	1562	452	3785	3755	1631	239	1885	73
华亭市	3494	2241	949	60	1232	1238	690	54	494	15

5-4b 各地区有60岁及以上人口的家庭户户数（镇）(续)

单位：户

地区	户数	有一个60岁及以上人口的户				有二个60岁及以上人口的户				有三个60岁及以上人口的户
		小计	独自居住	只与未成年人口共同居住	其他	小计	只有一对60岁及以上夫妇居住	只有一对60岁及以上夫妇与未成年人口共同居住	其他	
酒泉市	**24344**	**14553**	**6381**	**181**	**7991**	**9723**	**6952**	**271**	**2500**	**68**
肃州区	3282	2029	852	20	1157	1243	806	35	402	10
金塔县	5355	3144	1371	43	1730	2192	1661	73	458	19
瓜州县	4571	2848	1130	38	1680	1713	1145	51	517	10
肃北蒙古族自治县	961	602	330	7	265	356	259	8	89	3
阿克塞哈萨克族自治县	815	481	119	2	360	332	197	2	133	2
玉门市	4010	2611	1125	34	1452	1385	912	46	427	14
敦煌市	5350	2838	1454	37	1347	2502	1972	56	474	10
庆阳市	**51100**	**30501**	**10799**	**1184**	**18518**	**20216**	**10151**	**1546**	**8519**	**383**
西峰区	860	550	211	25	314	306	137	30	139	4
庆城县	6418	3964	1556	119	2289	2414	1393	121	900	40
环　县	7254	4324	1224	178	2922	2852	1185	138	1529	78
华池县	3020	1804	520	81	1203	1195	626	74	495	21
合水县	4145	2538	892	120	1526	1583	857	137	589	24
正宁县	7028	4059	1567	155	2337	2929	1464	276	1189	40
宁　县	12474	7323	2795	297	4231	5053	2511	486	2056	98
镇原县	9901	5939	2034	209	3696	3884	1978	284	1622	78
定西市	**74322**	**46720**	**14535**	**2104**	**30081**	**27147**	**10827**	**1654**	**14666**	**455**
安定区	3490	1918	534	109	1275	1533	638	67	828	39
通渭县	7524	4903	1584	168	3151	2573	1011	83	1479	48
陇西县	20793	12535	4499	393	7643	8125	3834	476	3815	133
渭源县	7693	5006	1333	201	3472	2637	920	112	1605	50
临洮县	20038	12334	3247	765	8322	7589	2780	657	4152	115
漳　县	4550	3002	1050	158	1794	1513	550	88	875	35
岷　县	10234	7022	2288	310	4424	3177	1094	171	1912	35
陇南市	**60612**	**39754**	**10658**	**1203**	**27893**	**20394**	**7392**	**864**	**12138**	**464**
武都区	5631	3676	1033	252	2391	1899	763	73	1063	56
成　县	10308	6808	2009	165	4634	3454	1330	119	2005	46
文　县	5606	3567	1293	108	2166	2002	1068	67	867	37
宕昌县	6443	4387	1261	83	3043	2029	618	86	1325	27
康　县	4446	3144	761	62	2321	1272	494	49	729	30
西和县	8015	5234	1174	156	3904	2731	692	134	1905	50
礼　县	11080	7175	1463	234	5478	3741	940	212	2589	164
徽　县	7063	4492	1241	115	3136	2526	1123	103	1300	45
两当县	2020	1271	423	28	820	740	364	21	355	9
临夏回族自治州	**36898**	**22504**	**4097**	**709**	**17698**	**14181**	**3641**	**988**	**9552**	**213**
临夏市	1079	671	95	12	564	406	73	23	310	2
临夏县	4343	2599	347	91	2161	1718	325	153	1240	26
康乐县	3945	2611	452	137	2022	1315	307	113	895	19
永靖县	9747	5858	1758	135	3965	3842	1790	205	1847	47
广河县	6061	3546	477	82	2987	2460	325	149	1986	55
和政县	4602	2851	418	82	2351	1726	404	131	1191	25
东乡族自治县	3705	2172	257	62	1853	1507	209	102	1196	26
积石山保安族东乡族撒拉族自治县	3416	2196	293	108	1795	1207	208	112	887	13
甘南藏族自治州	**16808**	**11626**	**2943**	**411**	**8272**	**5033**	**1586**	**333**	**3114**	**149**
合作市	299	191	15	1	175	99	7	2	90	9
临潭县	4369	2853	548	132	2173	1481	427	119	935	35
卓尼县	2451	1710	467	43	1200	719	251	55	413	22
舟曲县	3313	2172	562	101	1509	1128	414	54	660	13
迭部县	1706	1256	519	17	720	415	177	14	224	35
玛曲县	1713	1291	400	75	816	408	124	63	221	14
碌曲县	868	633	127	4	502	232	52	6	174	3
夏河县	2089	1520	305	38	1177	551	134	20	397	18

5-4c 各地区有60岁及以上人口的家庭户户数（乡村）

单位：户

地区	户数	有一个60岁及以上人口的户				有二个60岁及以上人口的户				有三个60岁及以上人口的户
		小计	独自居住	只与未成年人口共同居住	其他	小计	只有一对60岁及以上夫妇居住	只有一对60岁及以上夫妇与未成年人口共同居住	其他	
合计	**1719039**	**1034486**	**283621**	**20642**	**730223**	**673429**	**281747**	**31842**	**359840**	**11124**
兰州市	**107729**	**60912**	**18941**	**1047**	**40924**	**46143**	**21931**	**2335**	**21877**	**674**
城关区	1339	703	139	4	560	632	233	18	381	4
七里河区	9468	5795	1385	64	4346	3601	1310	103	2188	72
西固区	5089	3051	1332	32	1687	2007	1135	67	805	31
安宁区										
红古区	4554	2487	439	14	2034	2028	576	60	1392	39
永登县	27695	15653	4901	413	10339	11910	5617	902	5391	132
皋兰县	9473	4951	2167	78	2706	4476	3051	173	1252	46
榆中县	40744	23069	7512	345	15212	17384	8492	797	8095	291
兰州新区	9367	5203	1066	97	4040	4105	1517	215	2373	59
嘉峪关市	**2624**	**1574**	**681**	**18**	**875**	**1049**	**719**	**26**	**304**	**1**
市辖区	2624	1574	681	18	875	1049	719	26	304	1
金昌市	**19776**	**11386**	**5915**	**86**	**5385**	**8350**	**6798**	**113**	**1439**	**40**
金川区	4450	2474	1350	14	1110	1963	1623	23	317	13
永昌县	15326	8912	4565	72	4275	6387	5175	90	1122	27
白银市	**106213**	**54237**	**16731**	**805**	**36701**	**50958**	**25172**	**1802**	**23984**	**1018**
白银区	6712	3167	2103	23	1041	3490	3029	34	427	55
平川区	7514	3677	1051	49	2577	3741	1793	115	1833	96
靖远县	31160	15675	4128	210	11337	15184	6426	557	8201	301
会宁县	45541	24083	7025	440	16618	21006	9664	836	10506	452
景泰县	15286	7635	2424	83	5128	7537	4260	260	3017	114
天水市	**223925**	**137035**	**35602**	**2726**	**98707**	**85607**	**30356**	**4279**	**50972**	**1283**
秦州区	30216	18830	4916	366	13548	11177	4065	478	6634	209
麦积区	32861	19945	4943	314	14688	12716	4649	653	7414	200
清水县	22228	14524	3958	372	10194	7625	2875	501	4249	79
秦安县	45362	27379	7745	329	19305	17672	7083	686	9903	311
甘谷县	42787	25591	5953	411	19227	16962	5186	725	11051	234
武山县	30436	18916	4826	478	13612	11388	3447	516	7425	132
张家川回族自治县	20035	11850	3261	456	8133	8067	3051	720	4296	118
武威市	**124619**	**74227**	**24735**	**1650**	**47842**	**49846**	**29162**	**2321**	**18363**	**546**
凉州区	64362	38859	13830	1062	23967	25259	15357	1352	8550	244
民勤县	22313	12949	4302	226	8421	9250	5804	258	3188	114
古浪县	25824	14813	4683	240	9890	10862	6046	497	4319	149
天祝藏族自治县	12120	7606	1920	122	5564	4475	1955	214	2306	39
张掖市	**86891**	**54281**	**19836**	**811**	**33634**	**32313**	**19694**	**1246**	**11373**	**297**
甘州区	34096	22009	8070	228	13711	12008	7884	300	3824	79
肃南裕固族自治县	2058	1343	544	16	783	708	487	20	201	7
民乐县	16598	10357	2766	248	7343	6140	2546	471	3123	101
临泽县	11152	6930	2046	64	4820	4190	2228	131	1831	32
高台县	11603	7028	3421	54	3553	4544	3388	116	1040	31
山丹县	11384	6614	2989	201	3424	4723	3161	208	1354	47
平凉市	**169616**	**101933**	**31069**	**1999**	**68865**	**66634**	**30741**	**3066**	**32827**	**1049**
崆峒区	25447	14599	4455	309	9835	10670	5203	603	4864	178
泾川县	26308	15790	6082	390	9318	10367	5822	743	3802	151
灵台县	19536	12529	5433	356	6740	6927	4346	364	2217	80
崇信县	6729	4161	1332	84	2745	2528	1205	127	1196	40
庄浪县	37038	22447	5115	360	16972	14377	4550	621	9206	214
静宁县	43254	25365	6734	415	18216	17582	7597	462	9523	307
华亭市	11304	7042	1918	85	5039	4183	2018	146	2019	79

5-4c 各地区有60岁及以上人口的家庭户户数（乡村）（续）

单位：户

地区	户数	有一个60岁及以上人口的户				有二个60岁及以上人口的户				有三个60岁及以上人口的户
		小计	独自居住	只与未成年人口共同居住	其他	小计	只有一对60岁及以上夫妇居住	只有一对60岁及以上夫妇与未成年人口共同居住	其他	
酒泉市	**57049**	**34636**	**11110**	**384**	**23142**	**22208**	**12809**	**799**	**8600**	**205**
肃州区	21269	13313	4852	142	8319	7893	5031	287	2575	63
金塔县	11182	6777	2045	83	4649	4358	2499	183	1676	47
瓜州县	9248	5801	1477	65	4259	3414	1552	132	1730	33
肃北蒙古族自治县	272	205	75	2	128	67	43		24	
阿克塞哈萨克族自治县	34	29	9		20	5	4		1	
玉门市	6542	3851	1149	45	2657	2669	1469	95	1105	22
敦煌市	8502	4660	1503	47	3110	3802	2211	102	1489	40
庆阳市	**196959**	**112931**	**36000**	**3096**	**73835**	**82337**	**40492**	**5364**	**36481**	**1691**
西峰区	24817	14617	5002	384	9231	10023	4856	667	4500	177
庆城县	20001	11579	3452	216	7911	8226	4329	339	3558	196
环　县	28169	15865	3843	406	11616	11940	4813	373	6754	364
华池县	10330	5621	1715	108	3798	4539	2415	166	1958	170
合水县	12635	7031	2326	178	4527	5512	3078	333	2101	92
正宁县	16852	9557	3364	326	5867	7188	3750	650	2788	107
宁　县	40437	22908	8120	828	13960	17296	8728	1658	6910	233
镇原县	43718	25753	8178	650	16925	17613	8523	1178	7912	352
定西市	**230172**	**141089**	**34556**	**2611**	**103922**	**87734**	**29453**	**3235**	**55046**	**1349**
安定区	36003	20256	6877	243	13136	15494	7830	409	7255	253
通渭县	38407	22713	5860	320	16533	15429	5177	391	9861	265
陇西县	32397	18896	5150	286	13460	13317	5044	589	7684	184
渭源县	30103	19463	4839	241	14383	10466	3111	251	7104	174
临洮县	45003	28136	5869	484	21783	16590	4561	717	11312	277
漳　县	14005	8866	2090	314	6462	5065	1426	251	3388	74
岷　县	34254	22759	3871	723	18165	11373	2304	627	8442	122
陇南市	**215427**	**140165**	**33807**	**2737**	**103621**	**73671**	**23013**	**3160**	**47498**	**1591**
武都区	45117	29318	7763	623	20932	15466	5444	570	9452	333
成　县	16942	11485	2832	262	8391	5343	1769	256	3318	114
文　县	20701	12813	4911	193	7709	7720	4371	189	3160	168
宕昌县	23655	15254	2737	254	12263	8270	1621	287	6362	131
康　县	17669	12435	3015	226	9194	5089	1381	218	3490	145
西和县	30818	19888	3893	455	15540	10702	2424	646	7632	228
礼　县	38811	24856	4603	558	19695	13667	3098	718	9851	288
徽　县	17820	11551	3174	142	8235	6112	2339	237	3536	157
两当县	3894	2565	879	24	1662	1302	566	39	697	27
临夏回族自治州	**134893**	**80713**	**10392**	**2076**	**68245**	**53263**	**9014**	**3552**	**40697**	**917**
临夏市	4470	2755	303	46	2406	1689	303	74	1312	26
临夏县	32622	19653	2762	484	16407	12771	2219	972	9580	198
康乐县	20517	12870	1467	501	10902	7496	1167	599	5730	151
永靖县	12795	7426	1479	91	5856	5297	1675	180	3442	72
广河县	12794	7001	863	235	5903	5673	695	360	4618	120
和政县	14666	9052	897	218	7937	5523	780	374	4369	91
东乡族自治县	17650	10126	1150	233	8743	7403	1117	485	5801	121
积石山保安族东乡族撒拉族自治县	19379	11830	1471	268	10091	7411	1058	508	5845	138
甘南藏族自治州	**43146**	**29367**	**4246**	**596**	**24525**	**13316**	**2393**	**544**	**10379**	**463**
合作市	3157	2038	190	20	1828	1037	68	18	951	82
临潭县	10090	6696	1035	153	5508	3331	809	208	2314	63
卓尼县	7172	4923	668	104	4151	2181	340	94	1747	68
舟曲县	10295	6673	1282	170	5221	3551	899	148	2504	71
迭部县	3675	2828	451	56	2321	797	89	21	687	50
玛曲县	1222	974	203	18	753	239	39	8	192	9
碌曲县	1815	1322	134	12	1176	478	37	5	436	15
夏河县	5720	3913	283	63	3567	1702	112	42	1548	105

5-5 各地区有65岁及以上人口的家庭户户数

单位：户

地区	户数	有一个65岁及以上人口的户				有二个65岁及以上人口的户				有三个65岁及以上人口的户
		小计	独自居住	只与未成年人口共同居住	其他	小计	只有一对65岁及以上夫妇居住	只有一对65岁及以上夫妇与未成年人口共同居住	其他	
合计	**2284082**	**1501327**	**432407**	**23910**	**1045010**	**775756**	**373451**	**24649**	**377656**	**6999**
兰州市	**350814**	**220339**	**76655**	**2572**	**141112**	**129375**	**76122**	**3787**	**49466**	**1100**
城关区	111401	69539	25967	742	42830	41443	25506	1113	14824	419
七里河区	58146	37317	13031	335	23951	20620	12280	524	7816	209
西固区	40490	25247	11242	242	13763	15136	10721	311	4104	107
安宁区	27448	16528	6220	166	10142	10835	6750	286	3799	85
红古区	13400	8537	2485	88	5964	4841	2550	117	2174	22
永登县	33504	21630	6120	432	15078	11801	5674	612	5515	73
皋兰县	13068	7936	3115	105	4716	5107	3483	168	1456	25
榆中县	41752	26210	7282	354	18574	15408	7534	514	7360	134
兰州新区	11605	7395	1193	108	6094	4184	1624	142	2418	26
嘉峪关市	**24172**	**14497**	**6012**	**129**	**8356**	**9644**	**7192**	**286**	**2166**	**31**
市辖区	24172	14497	6012	129	8356	9644	7192	286	2166	31
金昌市	**42735**	**26693**	**13875**	**177**	**12641**	**15977**	**13216**	**228**	**2533**	**65**
金川区	23061	13785	7493	85	6207	9233	7687	133	1413	43
永昌县	19674	12908	6382	92	6434	6744	5529	95	1120	22
白银市	**146735**	**86568**	**26934**	**1125**	**58509**	**59579**	**31954**	**1571**	**26054**	**588**
白银区	31825	18825	8665	140	10020	12919	9667	266	2986	81
平川区	15896	9580	3234	104	6242	6257	3708	147	2402	59
靖远县	35188	20427	5014	237	15176	14624	6340	407	7877	137
会宁县	44843	26660	6900	534	19226	17927	7900	562	9465	256
景泰县	18983	11076	3121	110	7845	7852	4339	189	3324	55
天水市	**280527**	**186909**	**51480**	**2974**	**132455**	**92635**	**37698**	**2939**	**51998**	**983**
秦州区	57110	37812	12556	527	24729	19082	9814	436	8832	216
麦积区	49742	32705	9215	369	23121	16855	7686	465	8704	182
清水县	22305	16021	4290	339	11392	6246	2414	290	3542	38
秦安县	46924	30830	8053	332	22445	15922	6271	394	9257	172
甘谷县	48760	32340	7641	489	24210	16254	5064	532	10658	166
武山县	34536	23228	6077	480	16671	11224	3712	361	7151	84
张家川回族自治县	21150	13973	3648	438	9887	7052	2737	461	3854	125
武威市	**145346**	**96086**	**31511**	**1567**	**63008**	**48919**	**29289**	**1416**	**18214**	**341**
凉州区	82390	55229	19458	940	34831	26993	17052	844	9097	168
民勤县	23411	15098	4998	254	9846	8235	5075	154	3006	78
古浪县	25440	16248	4831	199	11218	9118	5030	269	3819	74
天祝藏族自治县	14105	9511	2224	174	7113	4573	2132	149	2292	21
张掖市	**110386**	**74479**	**26121**	**1040**	**47318**	**35679**	**22565**	**1087**	**12027**	**228**
甘州区	48040	32851	12141	306	20404	15091	10251	344	4496	98
肃南裕固族自治县	2315	1616	655	18	943	693	472	19	202	6
民乐县	18127	12325	2991	275	9059	5753	2555	334	2864	49
临泽县	12604	8509	2484	74	5951	4078	2262	93	1723	17
高台县	14032	9261	4126	84	5051	4743	3607	94	1042	28
山丹县	15268	9917	3724	283	5910	5321	3418	203	1700	30
平凉市	**194450**	**126687**	**37467**	**2205**	**87015**	**67220**	**33183**	**2132**	**31905**	**543**
崆峒区	45582	28527	9474	402	18651	16906	9804	596	6506	149
泾川县	28239	18657	6645	370	11642	9516	5575	411	3530	66
灵台县	18489	12870	5092	315	7463	5589	3586	201	1802	30
崇信县	7427	5063	1472	77	3514	2345	1175	78	1092	19
庄浪县	36550	24142	5224	325	18593	12309	3945	402	7962	99
静宁县	42851	26857	6444	605	19808	15862	6554	325	8983	132
华亭市	15312	10571	3116	111	7344	4693	2544	119	2030	48

5-5 各地区有65岁及以上人口的家庭户户数（续）

单位：户

地区	户数	有一个65岁及以上人口的户				有二个65岁及以上人口的户				有三个65岁及以上人口的户
		小计	独自居住	只与未成年人口共同居住	其他	小计	只有一对65岁及以上夫妇居住	只有一对65岁及以上夫妇与未成年人口共同居住	其他	
酒泉市	**92751**	**62131**	**22238**	**544**	**39349**	**30437**	**19734**	**652**	**10051**	**183**
肃州区	41799	28146	11055	236	16855	13557	9214	309	4034	96
金塔县	12988	8815	2766	91	5958	4144	2577	99	1468	29
瓜州县	10089	7023	2024	63	4936	3055	1591	75	1389	11
肃北蒙古族自治县	874	639	310	8	321	233	175	4	54	2
阿克塞哈萨克族自治县	580	400	87	2	311	180	112	1	67	
玉门市	10668	7161	2519	71	4571	3497	2165	75	1257	10
敦煌市	15753	9947	3477	73	6397	5771	3900	89	1782	35
庆阳市	**205128**	**133150**	**41080**	**2839**	**89231**	**71325**	**36257**	**3219**	**31849**	**653**
西峰区	35727	24141	8719	493	14929	11478	6124	493	4861	108
庆城县	19835	13059	3844	219	8996	6719	3699	184	2836	57
环　县	26277	16927	3515	343	13069	9229	3410	201	5618	121
华池县	9297	5801	1616	95	4090	3454	1805	99	1550	42
合水县	12682	8049	2506	160	5383	4591	2629	210	1752	42
正宁县	18018	11544	3902	285	7357	6431	3568	388	2475	43
宁　县	40559	25982	8736	694	16552	14477	7638	935	5904	100
镇原县	42733	27647	8242	550	18855	14946	7384	709	6853	140
定西市	**251934**	**168343**	**41171**	**3120**	**124052**	**82912**	**30212**	**2335**	**50365**	**679**
安定区	43786	27028	8832	364	17832	16617	8642	318	7657	141
通渭县	38405	24720	6027	301	18392	13545	4450	266	8829	140
陇西县	42538	27354	7786	443	19125	15062	6234	493	8335	122
渭源县	29463	20596	4702	266	15628	8778	2675	150	5953	89
临洮县	49145	33704	6762	714	26228	15333	4666	603	10064	108
漳　县	14932	10318	2506	293	7519	4574	1368	168	3038	40
岷　县	33665	24623	4556	739	19328	9003	2177	337	6489	39
陇南市	**231611**	**164106**	**37618**	**2855**	**123633**	**66656**	**22041**	**2087**	**42528**	**849**
武都区	50989	35632	9164	811	25657	15164	5861	437	8866	193
成　县	21087	15533	3823	278	11432	5498	1984	176	3338	56
文　县	21170	14520	5118	204	9198	6575	3723	120	2732	75
宕昌县	24376	17402	3124	243	14035	6919	1494	188	5237	55
康　县	17362	13252	2878	188	10186	4049	1193	117	2739	61
西和县	31525	22154	4078	399	17677	9267	2187	388	6692	104
礼　县	41054	28414	4885	557	22972	12429	2819	498	9112	211
徽　县	19523	13947	3529	147	10271	5499	2205	143	3151	77
两当县	4525	3252	1019	28	2205	1256	575	20	661	17
临夏回族自治州	**156854**	**104062**	**14148**	**2035**	**87879**	**52340**	**11122**	**2477**	**38741**	**452**
临夏市	25517	17281	3101	199	13981	8153	2907	244	5002	83
临夏县	30012	20062	2500	399	17163	9879	1684	570	7625	71
康乐县	18687	12940	1399	400	11141	5690	930	333	4427	57
永靖县	17365	11368	2513	138	8717	5962	2255	178	3529	35
广河县	15188	9272	1060	238	7974	5848	750	305	4793	68
和政县	15291	10331	1044	204	9083	4917	783	232	3902	43
东乡族自治县	17082	10854	1166	214	9474	6185	955	323	4907	43
积石山保安族东乡族撒拉族自治县	17712	11954	1365	243	10346	5706	858	292	4556	52
甘南藏族自治州	**50639**	**37277**	**6097**	**728**	**30452**	**13058**	**2866**	**433**	**9759**	**304**
合作市	5170	3803	575	55	3173	1315	238	33	1044	52
临潭县	10996	7956	1201	171	6584	2998	782	133	2083	42
卓尼县	7744	5775	875	104	4796	1927	386	70	1471	42
舟曲县	11224	7815	1488	182	6145	3370	928	105	2337	39
迭部县	4413	3497	768	55	2674	866	179	20	667	50
玛曲县	2395	1918	501	72	1345	462	126	44	292	15
碌曲县	2238	1719	221	9	1489	511	62	2	447	8
夏河县	6459	4794	468	80	4246	1609	165	26	1418	56

5-5a 各地区有 65 岁及以上人口的家庭户户数（城市）

单位：户

地区	户数	有一个 65 岁及以上人口的户				有二个 65 岁及以上人口的户				有三个 65 岁及以上人口的户
		小计	独自居住	只与未成年人口共同居住	其他	小计	只有一对 65 岁及以上夫妇居住	只有一对 65 岁及以上夫妇与未成年人口共同居住	其他	
合计	**515133**	**325510**	**124980**	**3619**	**196911**	**188013**	**121725**	**4842**	**61446**	**1610**
兰州市	**225802**	**140671**	**53827**	**1447**	**85397**	**84360**	**53559**	**2182**	**28619**	**771**
城关区	109384	68317	25694	739	41884	40653	25123	1100	14430	414
七里河区	47472	30017	11336	271	18410	17281	10913	445	5923	174
西固区	33352	20635	8963	212	11460	12626	8987	262	3377	91
安宁区	27448	16528	6220	166	10142	10835	6750	286	3799	85
红古区	8146	5174	1614	59	3501	2965	1786	89	1090	7
嘉峪关市	**21649**	**12867**	**5347**	**114**	**7406**	**8752**	**6588**	**275**	**1889**	**30**
市辖区	21649	12867	5347	114	7406	8752	6588	275	1889	30
金昌市	**19325**	**11445**	**6303**	**75**	**5067**	**7844**	**6555**	**124**	**1165**	**36**
金川区	19325	11445	6303	75	5067	7844	6555	124	1165	36
白银市	**34965**	**21180**	**8933**	**191**	**12056**	**13692**	**9720**	**335**	**3637**	**93**
白银区	26122	15730	6768	130	8832	10328	7377	249	2702	64
平川区	8799	5421	2159	59	3203	3349	2337	86	926	29
靖远县	44	29	6	2	21	15	6		9	
天水市	**48602**	**30954**	**12217**	**346**	**18391**	**17429**	**10488**	**290**	**6651**	**219**
秦州区	28902	18334	7876	222	10236	10449	6700	172	3577	119
麦积区	19700	12620	4341	124	8155	6980	3788	118	3074	100
武威市	**25533**	**16402**	**5896**	**174**	**10332**	**9082**	**6009**	**285**	**2788**	**49**
凉州区	25533	16402	5896	174	10332	9082	6009	285	2788	49
张掖市	**19880**	**12964**	**4973**	**150**	**7841**	**6855**	**4827**	**211**	**1817**	**61**
甘州区	19837	12928	4957	149	7822	6848	4822	211	1815	61
肃南裕固族自治县	43	36	16	1	19	7	5		2	
平凉市	**27769**	**17640**	**6504**	**205**	**10931**	**10049**	**6605**	**293**	**3151**	**80**
崆峒区	23669	14826	5540	173	9113	8769	5783	254	2732	74
华亭市	4100	2814	964	32	1818	1280	822	39	419	6
酒泉市	**30814**	**20089**	**8211**	**167**	**11711**	**10640**	**7598**	**236**	**2806**	**85**
肃州区	22592	14748	6343	121	8284	7776	5567	186	2023	68
玉门市	2797	1844	705	17	1122	951	696	20	235	2
敦煌市	5425	3497	1163	29	2305	1913	1335	30	548	15
庆阳市	**15520**	**10699**	**4438**	**227**	**6034**	**4767**	**2765**	**183**	**1819**	**54**
西峰区	15520	10699	4438	227	6034	4767	2765	183	1819	54
定西市	**12244**	**7837**	**3017**	**152**	**4668**	**4376**	**2674**	**102**	**1600**	**31**
安定区	12244	7837	3017	152	4668	4376	2674	102	1600	31
陇南市	**9195**	**6430**	**2089**	**168**	**4173**	**2741**	**1469**	**87**	**1185**	**24**
武都区	9040	6311	2065	168	4078	2705	1459	86	1160	24
康　县	155	119	24		95	36	10	1	25	
临夏回族自治州	**21582**	**14582**	**2815**	**166**	**11601**	**6929**	**2682**	**216**	**4031**	**71**
临夏市	21065	14232	2778	157	11297	6762	2656	204	3902	71
临夏县	517	350	37	9	304	167	26	12	129	
甘南藏族自治州	**2253**	**1750**	**410**	**37**	**1303**	**497**	**186**	**23**	**288**	**6**
合作市	2253	1750	410	37	1303	497	186	23	288	6

5-5b 各地区有 65 岁及以上人口的家庭户户数（镇）

单位：户

地区	户数	有一个 65 岁及以上人口的户				有二个 65 岁及以上人口的户				有三个 65 岁及以上人口的户
		小计	独自居住	只与未成年人口共同居住	其他	小计	只有一对 65 岁及以上夫妇居住	只有一对 65 岁及以上夫妇与未成年人口共同居住	其他	
合计	**408865**	**275079**	**82400**	**6592**	**186087**	**132351**	**64030**	**5344**	**62977**	**1435**
兰州市	**42321**	**27208**	**8187**	**479**	**18542**	**15007**	**8105**	**598**	**6304**	**106**
城关区	1038	622	178	2	442	412	233	4	175	4
七里河区	3730	2553	693	22	1838	1167	562	33	572	10
西固区	3406	2092	1234	12	846	1307	994	25	288	7
安宁区										
红古区	1786	1174	541	23	610	606	412	8	186	6
永登县	12447	8157	2354	201	5602	4257	2103	244	1910	33
皋兰县	5576	3472	1368	49	2055	2091	1387	84	620	13
榆中县	9666	6102	1412	125	4565	3543	1722	135	1686	21
兰州新区	4672	3036	407	45	2584	1624	692	65	867	12
嘉峪关市	**403**	**256**	**89**	**3**	**164**	**147**	**91**	**1**	**55**	
市辖区	403	256	89	3	164	147	91	1	55	
金昌市	**7906**	**5233**	**2618**	**46**	**2569**	**2660**	**2224**	**62**	**374**	**13**
金川区	131	88	26	1	61	41	19		22	2
永昌县	7775	5145	2592	45	2508	2619	2205	62	352	11
白银市	**29416**	**17992**	**5335**	**438**	**12219**	**11263**	**5624**	**419**	**5220**	**161**
白银区	403	224	142	2	80	177	165	2	10	2
平川区	1359	873	293	9	571	481	244	12	225	5
靖远县	11360	6682	1940	102	4640	4626	2206	157	2263	52
会宁县	8789	5713	1658	255	3800	3002	1347	162	1493	74
景泰县	7505	4500	1302	70	3128	2977	1662	86	1229	28
天水市	**51417**	**35264**	**10567**	**730**	**23967**	**15899**	**6296**	**560**	**9043**	**254**
秦州区	4168	2914	713	59	2142	1240	384	43	813	14
麦积区	4364	2783	920	41	1822	1562	778	58	726	19
清水县	5042	3759	1238	107	2414	1273	565	67	641	10
秦安县	9846	6450	1790	107	4553	3356	1423	70	1863	40
甘谷县	13756	9510	2835	202	6473	4172	1416	144	2612	74
武山县	9588	6566	2132	121	4313	2986	1220	87	1679	36
张家川回族自治县	4653	3282	939	93	2250	1310	510	91	709	61
武威市	**23603**	**15621**	**5686**	**305**	**9630**	**7892**	**4931**	**257**	**2704**	**90**
凉州区	7408	5164	2171	79	2914	2219	1478	65	676	25
民勤县	5320	3432	1579	58	1795	1853	1388	40	425	35
古浪县	5897	3746	1159	64	2523	2127	1171	75	881	24
天祝藏族自治县	4978	3279	777	104	2398	1693	894	77	722	6
张掖市	**23145**	**15318**	**4898**	**364**	**10056**	**7772**	**4918**	**349**	**2505**	**55**
甘州区	1544	1065	443	5	617	474	322	10	142	5
肃南裕固族自治县	790	532	217	8	307	254	164	8	82	4
民乐县	5668	3802	873	124	2805	1857	957	124	776	9
临泽县	3895	2582	859	30	1693	1308	860	43	405	5
高台县	4842	3115	1231	54	1830	1712	1320	54	338	15
山丹县	6406	4222	1275	143	2804	2167	1295	110	762	17
平凉市	**30310**	**20411**	**6389**	**729**	**13293**	**9817**	**4938**	**445**	**4434**	**82**
崆峒区	1055	663	188	8	467	388	158	22	208	4
泾川县	7283	4899	1767	143	2989	2364	1437	103	824	20
灵台县	3411	2404	913	118	1373	1003	630	62	311	4
崇信县	2062	1422	443	22	957	636	364	22	250	4
庄浪县	6398	4367	1119	91	3157	2014	711	100	1203	17
静宁县	7449	4805	1211	318	3276	2617	1169	115	1333	27
华亭市	2652	1851	748	29	1074	795	469	21	305	6

5-5b 各地区有 65 岁及以上人口的家庭户户数（镇）(续)

单位：户

地区	户数	有一个 65 岁及以上人口的户				有二个 65 岁及以上人口的户				有三个 65 岁及以上人口的户
		小计	独自居住	只与未成年人口共同居住	其他	小计	只有一对 65 岁及以上夫妇居住	只有一对 65 岁及以上夫妇与未成年人口共同居住	其他	
酒泉市	**18312**	**12257**	**5146**	**121**	**6990**	**6028**	**4415**	**104**	**1509**	**27**
肃州区	2507	1715	697	14	1004	789	512	8	269	3
金塔县	4215	2781	1149	32	1600	1421	1097	29	295	13
瓜州县	3366	2319	921	25	1373	1043	722	19	302	4
肃北蒙古族自治县	702	502	261	6	235	198	151	4	43	2
阿克塞哈萨克族自治县	555	376	83	2	291	179	111	1	67	
玉门市	2965	2096	894	23	1179	867	580	20	267	2
敦煌市	4002	2468	1141	19	1308	1531	1242	23	266	3
庆阳市	**37843**	**25097**	**8295**	**665**	**16137**	**12628**	**6733**	**657**	**5238**	**118**
西峰区	686	485	183	17	285	200	98	11	91	1
庆城县	4621	3152	1182	68	1902	1462	893	41	528	7
环　县	5176	3441	866	97	2478	1707	717	64	926	28
华池县	1998	1286	363	36	887	708	378	36	294	4
合水县	3062	2064	689	60	1315	984	584	57	343	14
正宁县	5234	3365	1221	91	2053	1858	1048	117	693	11
宁　县	9395	6221	2189	170	3862	3146	1647	210	1289	28
镇原县	7671	5083	1602	126	3355	2563	1368	121	1074	25
定西市	**56385**	**38468**	**11332**	**1259**	**25877**	**17750**	**7490**	**813**	**9447**	**167**
安定区	2742	1640	416	62	1162	1084	454	27	603	18
通渭县	6045	4197	1286	110	2801	1826	702	47	1077	22
陇西县	16043	10529	3642	254	6633	5460	2719	242	2499	54
渭源县	5795	4079	978	117	2984	1699	607	53	1039	17
临洮县	14725	9979	2445	439	7095	4709	1894	320	2495	37
漳　县	3552	2515	848	96	1571	1027	391	53	583	10
岷　县	7483	5529	1717	181	3631	1945	723	71	1151	9
陇南市	**46633**	**33516**	**8429**	**749**	**24338**	**12909**	**4763**	**406**	**7740**	**208**
武都区	4567	3236	848	176	2212	1303	533	40	730	28
成　县	7705	5609	1577	103	3929	2081	852	55	1174	15
文　县	4314	3025	1073	64	1888	1276	707	27	542	13
宕昌县	5008	3692	981	51	2660	1301	381	43	877	15
康　县	3289	2545	576	35	1934	735	284	19	432	9
西和县	6157	4378	876	87	3415	1762	443	71	1248	17
礼　县	8892	6284	1169	163	4952	2521	643	106	1772	87
徽　县	5239	3717	993	55	2669	1504	711	40	753	18
两当县	1462	1030	336	15	679	426	209	5	212	6
临夏回族自治州	**28136**	**18855**	**3140**	**434**	**15281**	**9212**	**2415**	**510**	**6287**	**69**
临夏市	879	602	75	9	518	276	52	9	215	1
临夏县	3396	2254	267	55	1932	1138	217	81	840	4
康乐县	2873	2085	317	83	1685	780	184	53	543	8
永靖县	7348	4885	1386	74	3425	2450	1183	97	1170	13
广河县	4702	3023	352	56	2615	1657	214	93	1350	22
和政县	3497	2393	325	51	2017	1099	265	61	773	5
东乡族自治县	2955	1904	201	44	1659	1038	154	60	824	13
积石山保安族东乡族撒拉族自治县	2486	1709	217	62	1430	774	146	56	572	3
甘南藏族自治州	**13035**	**9583**	**2289**	**270**	**7024**	**3367**	**1087**	**163**	**2117**	**85**
合作市	254	178	13	1	164	70	4		66	6
临潭县	3293	2323	406	77	1840	951	284	57	610	19
卓尼县	1855	1374	353	30	991	467	161	26	280	14
舟曲县	2619	1830	440	62	1328	783	302	28	453	6
迭部县	1312	1013	402	11	600	278	118	7	153	21
玛曲县	1370	1075	324	56	695	284	93	38	153	11
碌曲县	700	530	107	2	421	169	39	1	129	1
夏河县	1632	1260	244	31	985	365	86	6	273	7

5-5c 各地区有 65 岁及以上人口的家庭户户数（乡村）

单位：户

地区	户数	有一个 65 岁及以上人口的户				有二个 65 岁及以上人口的户				有三个 65 岁及以上人口的户
		小计	独自居住	只与未成年人口共同居住	其他	小计	只有一对 65 岁及以上夫妇居住	只有一对 65 岁及以上夫妇与未成年人口共同居住	其他	
合计	**1360084**	**900738**	**225027**	**13699**	**662012**	**455392**	**187696**	**14463**	**253233**	**3954**
兰州市	**82691**	**52460**	**14641**	**646**	**37173**	**30008**	**14458**	**1007**	**14543**	**223**
城关区	979	600	95	1	504	378	150	9	219	1
七里河区	6944	4747	1002	42	3703	2172	805	46	1321	25
西固区	3732	2520	1045	18	1457	1203	740	24	439	9
安宁区										
红古区	3468	2189	330	6	1853	1270	352	20	898	9
永登县	21057	13473	3766	231	9476	7544	3571	368	3605	40
皋兰县	7492	4464	1747	56	2661	3016	2096	84	836	12
榆中县	32086	20108	5870	229	14009	11865	5812	379	5674	113
兰州新区	6933	4359	786	63	3510	2560	932	77	1551	14
嘉峪关市	**2120**	**1374**	**576**	**12**	**786**	**745**	**513**	**10**	**222**	**1**
市辖区	2120	1374	576	12	786	745	513	10	222	1
金昌市	**15504**	**10015**	**4954**	**56**	**5005**	**5473**	**4437**	**42**	**994**	**16**
金川区	3605	2252	1164	9	1079	1348	1113	9	226	5
永昌县	11899	7763	3790	47	3926	4125	3324	33	768	11
白银市	**82354**	**47396**	**12666**	**496**	**34234**	**34624**	**16610**	**817**	**17197**	**334**
白银区	5300	2871	1755	8	1108	2414	2125	15	274	15
平川区	5738	3286	782	36	2468	2427	1127	49	1251	25
靖远县	23784	13716	3068	133	10515	9983	4128	250	5605	85
会宁县	36054	20947	5242	279	15426	14925	6553	400	7972	182
景泰县	11478	6576	1819	40	4717	4875	2677	103	2095	27
天水市	**180508**	**120691**	**28696**	**1898**	**90097**	**59307**	**20914**	**2089**	**36304**	**510**
秦州区	24040	16564	3967	246	12351	7393	2730	221	4442	83
麦积区	25678	17302	3954	204	13144	8313	3120	289	4904	63
清水县	17263	12262	3052	232	8978	4973	1849	223	2901	28
秦安县	37078	24380	6263	225	17892	12566	4848	324	7394	132
甘谷县	35004	22830	4806	287	17737	12082	3648	388	8046	92
武山县	24948	16662	3945	359	12358	8238	2492	274	5472	48
张家川回族自治县	16497	10691	2709	345	7637	5742	2227	370	3145	64
武威市	**96210**	**64063**	**19929**	**1088**	**43046**	**31945**	**18349**	**874**	**12722**	**202**
凉州区	49449	33663	11391	687	21585	15692	9565	494	5633	94
民勤县	18091	11666	3419	196	8051	6382	3687	114	2581	43
古浪县	19543	12502	3672	135	8695	6991	3859	194	2938	50
天祝藏族自治县	9127	6232	1447	70	4715	2880	1238	72	1570	15
张掖市	**67361**	**46197**	**16250**	**526**	**29421**	**21052**	**12820**	**527**	**7705**	**112**
甘州区	26659	18858	6741	152	11965	7769	5107	123	2539	32
肃南裕固族自治县	1482	1048	422	9	617	432	303	11	118	2
民乐县	12459	8523	2118	151	6254	3896	1598	210	2088	40
临泽县	8709	5927	1625	44	4258	2770	1402	50	1318	12
高台县	9190	6146	2895	30	3221	3031	2287	40	704	13
山丹县	8862	5695	2449	140	3106	3154	2123	93	938	13
平凉市	**136371**	**88636**	**24574**	**1271**	**62791**	**47354**	**21640**	**1394**	**24320**	**381**
崆峒区	20858	13038	3746	221	9071	7749	3863	320	3566	71
泾川县	20956	13758	4878	227	8653	7152	4138	308	2706	46
灵台县	15078	10466	4179	197	6090	4586	2956	139	1491	26
崇信县	5365	3641	1029	55	2557	1709	811	56	842	15
庄浪县	30152	19775	4105	234	15436	10295	3234	302	6759	82
静宁县	35402	22052	5233	287	16532	13245	5385	210	7650	105
华亭市	8560	5906	1404	50	4452	2618	1253	59	1306	36

5-5c 各地区有65岁及以上人口的家庭户户数（乡村）（续）

单位：户

地区	户数	有一个65岁及以上人口的户				有二个65岁及以上人口的户				有三个65岁及以上人口的户
		小计	独自居住	只与未成年人口共同居住	其他	小计	只有一对65岁及以上夫妇居住	只有一对65岁及以上夫妇与未成年人口共同居住	其他	
酒泉市	**43625**	**29785**	**8881**	**256**	**20648**	**13769**	**7721**	**312**	**5736**	**71**
肃州区	16700	11683	4015	101	7567	4992	3135	115	1742	25
金塔县	8773	6034	1617	59	4358	2723	1480	70	1173	16
瓜州县	6723	4704	1103	38	3563	2012	869	56	1087	7
肃北蒙古族自治县	172	137	49	2	86	35	24		11	
阿克塞哈萨克族自治县	25	24	4		20	1	1			
玉门市	4906	3221	920	31	2270	1679	889	35	755	6
敦煌市	6326	3982	1173	25	2784	2327	1323	36	968	17
庆阳市	**151765**	**97354**	**28347**	**1947**	**67060**	**53930**	**26759**	**2379**	**24792**	**481**
西峰区	19521	12957	4098	249	8610	6511	3261	299	2951	53
庆城县	15214	9907	2662	151	7094	5257	2806	143	2308	50
环　县	21101	13486	2649	246	10591	7522	2693	137	4692	93
华池县	7299	4515	1253	59	3203	2746	1427	63	1256	38
合水县	9620	5985	1817	100	4068	3607	2045	153	1409	28
正宁县	12784	8179	2681	194	5304	4573	2520	271	1782	32
宁　县	31164	19761	6547	524	12690	11331	5991	725	4615	72
镇原县	35062	22564	6640	424	15500	12383	6016	588	5779	115
定西市	**183305**	**122038**	**26822**	**1709**	**93507**	**60786**	**20048**	**1420**	**39318**	**481**
安定区	28800	17551	5399	150	12002	11157	5514	189	5454	92
通渭县	32360	20523	4741	191	15591	11719	3748	219	7752	118
陇西县	26495	16825	4144	189	12492	9602	3515	251	5836	68
渭源县	23668	16517	3724	149	12644	7079	2068	97	4914	72
临洮县	34420	23725	4317	275	19133	10624	2772	283	7569	71
漳　县	11380	7803	1658	197	5948	3547	977	115	2455	30
岷　县	26182	19094	2839	558	15697	7058	1454	266	5338	30
陇南市	**175783**	**124160**	**27100**	**1938**	**95122**	**51006**	**15809**	**1594**	**33603**	**617**
武都区	37382	26085	6251	467	19367	11156	3869	311	6976	141
成　县	13382	9924	2246	175	7503	3417	1132	121	2164	41
文　县	16856	11495	4045	140	7310	5299	3016	93	2190	62
宕昌县	19368	13710	2143	192	11375	5618	1113	145	4360	40
康　县	13918	10588	2278	153	8157	3278	899	97	2282	52
西和县	25368	17776	3202	312	14262	7505	1744	317	5444	87
礼　县	32162	22130	3716	394	18020	9908	2176	392	7340	124
徽　县	14284	10230	2536	92	7602	3995	1494	103	2398	59
两当县	3063	2222	683	13	1526	830	366	15	449	11
临夏回族自治州	**107136**	**70625**	**8193**	**1435**	**60997**	**36199**	**6025**	**1751**	**28423**	**312**
临夏市	3573	2447	248	33	2166	1115	199	31	885	11
临夏县	26099	17458	2196	335	14927	8574	1441	477	6656	67
康乐县	15814	10855	1082	317	9456	4910	746	280	3884	49
永靖县	10017	6483	1127	64	5292	3512	1072	81	2359	22
广河县	10486	6249	708	182	5359	4191	536	212	3443	46
和政县	11794	7938	719	153	7066	3818	518	171	3129	38
东乡族自治县	14127	8950	965	170	7815	5147	801	263	4083	30
积石山保安族东乡族撒拉族自治县	15226	10245	1148	181	8916	4932	712	236	3984	49
甘南藏族自治州	**35351**	**25944**	**3398**	**421**	**22125**	**9194**	**1593**	**247**	**7354**	**213**
合作市	2663	1875	152	17	1706	748	48	10	690	40
临潭县	7703	5633	795	94	4744	2047	498	76	1473	23
卓尼县	5889	4401	522	74	3805	1460	225	44	1191	28
舟曲县	8605	5985	1048	120	4817	2587	626	77	1884	33
迭部县	3101	2484	366	44	2074	588	61	13	514	29
玛曲县	1025	843	177	16	650	178	33	6	139	4
碌曲县	1538	1189	114	7	1068	342	23	1	318	7
夏河县	4827	3534	224	49	3261	1244	79	20	1145	49

5-6 各地区有 80 岁及以上人口的家庭户户数

单位：户

地区	户数	有一个 80 岁及以上人口的户				有二个 80 岁及以上人口的户				有三个 80 岁及以上人口的户
		小计	独自居住	只与未成年人口共同居住	其他	小计	只有一对 80 岁及以上夫妇居住	只有一对 80 岁及以上夫妇与未成年人口共同居住	其他	
合计	**441935**	**398834**	**94334**	**2172**	**302328**	**42949**	**20587**	**313**	**22049**	**152**
兰州市	**83241**	**72496**	**22455**	**267**	**49774**	**10703**	**6785**	**42**	**3876**	**42**
城关区	30889	26281	8787	95	17399	4592	2987	14	1591	16
七里河区	15036	13086	4168	48	8870	1935	1201	11	723	15
西固区	11184	9638	3837	38	5763	1541	1164	6	371	5
安宁区	6758	5729	2046	20	3663	1024	710	3	311	5
红古区	2413	2168	534	6	1628	244	137		107	1
永登县	5415	5010	1005	15	3990	405	167	3	235	
皋兰县	2286	2096	622	10	1464	190	122		68	
榆中县	7343	6716	1277	21	5418	627	260	4	363	
兰州新区	1917	1772	179	14	1579	145	37	1	107	
嘉峪关市	**4802**	**4183**	**1606**	**5**	**2572**	**615**	**486**	**2**	**127**	**4**
市辖区	4802	4183	1606	5	2572	615	486	2	127	4
金昌市	**8162**	**7370**	**3419**	**9**	**3942**	**788**	**667**	**2**	**119**	**4**
金川区	4837	4279	1948	3	2328	556	476	2	78	2
永昌县	3325	3091	1471	6	1614	232	191		41	2
白银市	**30791**	**27187**	**6450**	**90**	**20647**	**3596**	**1786**	**15**	**1795**	**8**
白银区	8159	7058	2808	14	4236	1100	858	1	241	1
平川区	3133	2774	784	11	1979	359	204	2	153	
靖远县	6979	6229	1030	18	5181	746	238	3	505	4
会宁县	8776	7786	1242	37	6507	987	308	9	670	3
景泰县	3744	3340	586	10	2744	404	178		226	
天水市	**53563**	**48619**	**11099**	**305**	**37215**	**4906**	**2168**	**30**	**2708**	**38**
秦州区	11604	10432	3288	61	7083	1163	752	4	407	9
麦积区	9845	8833	2358	23	6452	1003	587	1	415	9
清水县	3011	2848	612	21	2215	162	60	1	101	1
秦安县	9340	8457	1482	19	6956	880	279	5	596	3
甘谷县	9753	8855	1584	52	7219	891	229	12	650	7
武山县	6450	5887	1200	57	4630	561	180	3	378	2
张家川回族自治县	3560	3307	575	72	2660	246	81	4	161	7
武威市	**24025**	**22309**	**6356**	**90**	**15863**	**1709**	**994**	**9**	**706**	**7**
凉州区	13300	12398	4110	42	8246	901	605	7	289	1
民勤县	4373	3979	1039	22	2918	392	193		199	2
古浪县	4373	4052	894	18	3140	319	159	2	158	2
天祝藏族自治县	1979	1880	313	8	1559	97	37		60	2
张掖市	**13391**	**12574**	**3887**	**95**	**8592**	**812**	**521**	**1**	**290**	**5**
甘州区	6150	5744	1961	34	3749	405	289	1	115	1
肃南裕固族自治县	369	346	105		241	23	11		12	
民乐县	2018	1924	383	13	1528	94	47		47	
临泽县	1402	1332	315	3	1014	69	36		33	1
高台县	1587	1490	583	7	900	96	61		35	1
山丹县	1865	1738	540	38	1160	125	77		48	2
平凉市	**35937**	**32673**	**7320**	**130**	**25223**	**3260**	**1452**	**20**	**1788**	**4**
崆峒区	9149	8283	2423	39	5821	865	523	5	337	1
泾川县	5012	4583	1222	18	3343	428	228	2	198	1
灵台县	2826	2653	829	4	1820	173	116	1	56	
崇信县	1150	1064	238	4	822	86	42	1	43	
庄浪县	6484	5922	852	22	5048	561	155	3	403	1
静宁县	8796	7804	1167	34	6603	991	293	7	691	1
华亭市	2520	2364	589	9	1766	156	95	1	60	

5-6 各地区有80岁及以上人口的家庭户户数（续）

单位：户

地区	户数	有一个80岁及以上人口的户				有二个80岁及以上人口的户				有三个80岁及以上人口的户
		小计	独自居住	只与未成年人口共同居住	其他	小计	只有一对80岁及以上夫妇居住	只有一对80岁及以上夫妇与未成年人口共同居住	其他	
酒泉市	**14589**	**13525**	**4458**	**37**	**9030**	**1058**	**680**	**3**	**375**	**6**
肃州区	7198	6642	2591	15	4036	551	396	2	153	5
金塔县	1729	1620	368	8	1244	109	46		63	
瓜州县	1429	1338	303	3	1032	91	36		55	
肃北蒙古族自治县	152	146	73	1	72	6	6			
阿克塞哈萨克族自治县	88	82	13		69	6	5		1	
玉门市	1520	1411	405	6	1000	109	52		57	
敦煌市	2473	2286	705	4	1577	186	139	1	46	1
庆阳市	**39284**	**35364**	**8363**	**257**	**26744**	**3911**	**1799**	**52**	**2060**	**9**
西峰区	6770	6131	1920	46	4165	637	350	13	274	2
庆城县	3577	3267	660	21	2586	309	156	1	152	1
环　县	4608	4181	545	29	3607	423	107	3	313	4
华池县	1809	1594	304	7	1283	215	89	1	125	
合水县	2336	2105	472	13	1620	229	116	2	111	2
正宁县	3682	3275	898	25	2352	407	232	4	171	
宁　县	8198	7329	1894	63	5372	869	434	17	418	
镇原县	8304	7482	1670	53	5759	822	315	11	496	
定西市	**46495**	**42413**	**7851**	**277**	**34285**	**4079**	**1413**	**27**	**2639**	**3**
安定区	9144	8161	2003	40	6118	983	450	5	528	
通渭县	8212	7410	1155	26	6229	802	221	8	573	
陇西县	8481	7626	1704	21	5901	853	352	6	495	2
渭源县	4973	4616	769	17	3830	356	82		274	1
临洮县	8031	7469	1068	39	6362	562	170	4	388	
漳　县	2640	2407	424	12	1971	233	57	2	174	
岷　县	5014	4724	728	122	3874	290	81	2	207	
陇南市	**43233**	**40034**	**6886**	**277**	**32871**	**3189**	**1038**	**34**	**2117**	**10**
武都区	10288	9424	1879	83	7462	861	322	16	523	3
成　县	3669	3460	762	27	2671	209	76	2	131	
文　县	4807	4322	1203	30	3089	485	260		225	
宕昌县	4090	3798	507	23	3268	292	69	5	218	
康　县	3227	3046	442	18	2586	181	52		129	
西和县	5658	5260	582	33	4645	397	74	4	319	1
礼　县	7200	6687	724	51	5912	507	87	4	416	6
徽　县	3408	3205	589	8	2608	203	74	3	126	
两当县	886	832	198	4	630	54	24		30	
临夏回族自治州	**34271**	**30612**	**3026**	**267**	**27319**	**3654**	**684**	**68**	**2902**	**5**
临夏市	5291	4821	745	16	4060	467	164	4	299	3
临夏县	6143	5615	439	46	5130	528	69	4	455	
康乐县	4124	3725	226	42	3457	398	57	10	331	1
永靖县	3475	3139	600	10	2529	336	142	1	193	
广河县	4372	3660	290	69	3301	712	89	17	606	
和政县	3244	2957	198	22	2737	287	42	6	239	
东乡族自治县	4037	3493	303	41	3149	544	73	18	453	
积石山保安族东乡族撒拉族自治县	3585	3202	225	21	2956	382	48	8	326	1
甘南藏族自治州	**10151**	**9475**	**1158**	**66**	**8251**	**669**	**114**	**8**	**547**	**7**
合作市	1233	1126	137	2	987	106	14	1	91	1
临潭县	1701	1593	176	13	1404	105	21	2	82	3
卓尼县	1348	1283	155	11	1117	65	14	2	49	
舟曲县	2189	2032	254	17	1761	157	33	1	123	
迭部县	948	882	143	8	731	65	15	1	49	1
玛曲县	569	544	131	7	406	25	4		21	
碌曲县	532	506	47		459	26	4		22	
夏河县	1631	1509	115	8	1386	120	9	1	110	2

5-6a 各地区有 80 岁及以上人口的家庭户户数（城市）

单位：户

地区	户数	有一个 80 岁及以上人口的户				有二个 80 岁及以上人口的户				有三个 80 岁及以上人口的户
		小计	独自居住	只与未成年人口共同居住	其他	小计	只有一对 80 岁及以上夫妇居住	只有一对 80 岁及以上夫妇与未成年人口共同居住	其他	
合计	**121562**	**105729**	**37891**	**374**	**67464**	**15761**	**10859**	**68**	**4834**	**72**
兰州市	**60795**	**51923**	**17974**	**193**	**33756**	**8834**	**5875**	**33**	**2926**	**38**
城关区	30434	25874	8711	94	17069	4544	2959	14	1571	16
七里河区	13056	11209	3853	40	7316	1834	1160	10	664	13
西固区	9215	7917	3045	33	4839	1294	967	6	321	4
安宁区	6758	5729	2046	20	3663	1024	710	3	311	5
红古区	1332	1194	319	6	869	138	79		59	
嘉峪关市	**4437**	**3843**	**1515**	**4**	**2324**	**590**	**464**	**2**	**124**	**4**
市辖区	4437	3843	1515	4	2324	590	464	2	124	4
金昌市	**4222**	**3707**	**1698**	**3**	**2006**	**513**	**447**	**2**	**64**	**2**
金川区	4222	3707	1698	3	2006	513	447	2	64	2
白银市	**8500**	**7342**	**2829**	**20**	**4493**	**1157**	**869**	**3**	**285**	**1**
白银区	6745	5827	2237	14	3576	917	697	1	219	1
平川区	1750	1511	592	6	913	239	172	2	65	
靖远县	5	4			4	1			1	
天水市	**11241**	**9734**	**3874**	**41**	**5819**	**1492**	**1098**	**3**	**391**	**15**
秦州区	6771	5856	2471	32	3353	908	680	3	225	7
麦积区	4470	3878	1403	9	2466	584	418		166	8
武威市	**4804**	**4363**	**1524**	**15**	**2824**	**440**	**329**	**5**	**106**	**1**
凉州区	4804	4363	1524	15	2824	440	329	5	106	1
张掖市	**3360**	**3034**	**1134**	**11**	**1889**	**325**	**245**	**1**	**79**	**1**
甘州区	3358	3032	1134	11	1887	325	245	1	79	1
肃南裕固族自治县	2	2			2					
平凉市	**5833**	**5206**	**1858**	**18**	**3330**	**626**	**441**	**3**	**182**	**1**
崆峒区	5080	4511	1610	15	2886	568	397	3	168	1
华亭市	753	695	248	3	444	58	44		14	
酒泉市	**6017**	**5436**	**2179**	**13**	**3244**	**577**	**427**	**3**	**147**	**4**
肃州区	4745	4261	1816	9	2436	481	361	2	118	3
玉门市	405	367	121	2	244	38	23		15	
敦煌市	867	808	242	2	564	58	43	1	14	1
庆阳市	**2952**	**2638**	**1085**	**21**	**1532**	**312**	**190**	**6**	**116**	**2**
西峰区	2952	2638	1085	21	1532	312	190	6	116	2
定西市	**2621**	**2320**	**843**	**12**	**1465**	**301**	**204**	**2**	**95**	
安定区	2621	2320	843	12	1465	301	204	2	95	
陇南市	**1896**	**1724**	**586**	**11**	**1127**	**172**	**106**	**1**	**65**	
武都区	1872	1702	583	11	1108	170	106	1	63	
康　县	24	22	3		19	2			2	
临夏回族自治州	**4442**	**4053**	**698**	**12**	**3343**	**386**	**150**	**3**	**233**	**3**
临夏市	4345	3960	694	12	3254	382	150	3	229	3
临夏县	97	93	4		89	4			4	
甘南藏族自治州	**442**	**406**	**94**		**312**	**36**	**14**	**1**	**21**	
合作市	442	406	94		312	36	14	1	21	

5-6b 各地区有 80 岁及以上人口的家庭户户数（镇）

单位：户

地区	户数	有一个 80 岁及以上人口的户				有二个 80 岁及以上人口的户				有三个 80 岁及以上人口的户
		小计	独自居住	只与未成年人口共同居住	其他	小计	只有一对 80 岁及以上夫妇居住	只有一对 80 岁及以上夫妇与未成年人口共同居住	其他	
合计	**75060**	**68251**	**17709**	**376**	**50166**	**6760**	**3423**	**64**	**3273**	**49**
兰州市	**8092**	**7295**	**1999**	**21**	**5275**	**796**	**516**	**4**	**276**	**1**
城关区	231	199	48		151	32	22		10	
七里河区	727	678	167	1	510	49	27	1	21	
西固区	1164	983	526	2	455	180	152		28	1
安宁区										
红古区	427	369	164		205	58	46		12	
永登县	2148	1981	491	7	1483	167	91	1	75	
皋兰县	974	878	253	5	620	96	76		20	
榆中县	1717	1556	294	3	1259	161	92	2	67	
兰州新区	704	651	56	3	592	53	10		43	
嘉峪关市	**47**	**45**	**15**	**1**	**29**	**2**	**1**		**1**	
市辖区	47	45	15	1	29	2	1		1	
金昌市	**1613**	**1469**	**718**	**4**	**747**	**142**	**128**		**14**	**2**
金川区	27	24	6		18	3	1		2	
永昌县	1586	1445	712	4	729	139	127		12	2
白银市	**5733**	**5096**	**1082**	**22**	**3992**	**631**	**293**	**4**	**334**	**6**
白银区	84	73	32		41	11	11			
平川区	216	200	38		162	16	4		12	
靖远县	2293	2038	442	5	1591	251	111	2	138	4
会宁县	1607	1429	315	13	1101	176	75	2	99	2
景泰县	1533	1356	255	4	1097	177	92		85	
天水市	**9546**	**8707**	**2309**	**54**	**6344**	**825**	**355**	**3**	**467**	**14**
秦州区	667	632	138	4	490	35	9		26	
麦积区	909	808	244	2	562	101	61		40	
清水县	765	717	237	6	474	47	30		17	1
秦安县	1804	1620	370	4	1246	182	84		98	2
甘谷县	2706	2469	666	18	1785	232	85	2	145	5
武山县	1821	1655	461	13	1181	164	62		102	2
张家川回族自治县	874	806	193	7	606	64	24	1	39	4
武威市	**4217**	**3869**	**1425**	**15**	**2429**	**346**	**240**	**1**	**105**	**2**
凉州区	1496	1377	660	5	712	119	94		25	
民勤县	1036	931	416	2	513	104	76		28	1
古浪县	982	893	216	4	673	88	51	1	36	1
天祝藏族自治县	703	668	133	4	531	35	19		16	
张掖市	**2708**	**2533**	**739**	**9**	**1785**	**172**	**129**		**43**	**3**
甘州区	121	113	41		72	8	5		3	
肃南裕固族自治县	165	153	53		100	12	5		7	
民乐县	627	593	111	3	479	34	27		7	
临泽县	441	411	135	2	274	29	25		4	1
高台县	567	529	190	1	338	37	30		7	1
山丹县	787	734	209	3	522	52	37		15	1
平凉市	**5372**	**4875**	**1217**	**28**	**3630**	**495**	**258**	**6**	**231**	**2**
崆峒区	159	145	30	1	114	14	3		11	
泾川县	1352	1230	360	6	864	121	80		41	1
灵台县	551	506	174		332	45	32	1	12	
崇信县	311	282	73		209	29	19		10	
庄浪县	1082	982	192	7	783	99	40	2	57	1
静宁县	1462	1303	235	13	1055	159	71	3	85	
华亭市	455	427	153	1	273	28	13		15	

5-6b 各地区有80岁及以上人口的家庭户户数（镇）（续）

单位：户

地区	户数	有一个80岁及以上人口的户				有二个80岁及以上人口的户				有三个80岁及以上人口的户
		小计	独自居住	只与未成年人口共同居住	其他	小计	只有一对80岁及以上夫妇居住	只有一对80岁及以上夫妇与未成年人口共同居住	其他	
酒泉市	**2789**	**2594**	**987**	**6**	**1601**	**195**	**150**		**45**	
肃州区	290	283	110		173	7	3		4	
金塔县	573	542	184	2	356	31	23		8	
瓜州县	487	463	153		310	24	13		11	
肃北蒙古族自治县	124	118	65	1	52	6	6			
阿克塞哈萨克族自治县	76	70	11		59	6	5		1	
玉门市	499	467	174	2	291	32	24		8	
敦煌市	740	651	290	1	360	89	76		13	
庆阳市	**7204**	**6465**	**1772**	**47**	**4646**	**734**	**391**	**16**	**327**	**5**
西峰区	134	122	48	2	72	12	5		7	
庆城县	807	716	208	5	503	91	62	1	28	
环　县	852	760	141	8	611	88	37	1	50	4
华池县	336	300	61	2	237	36	18		18	
合水县	597	539	155	2	382	57	36	1	20	1
正宁县	1120	999	325	9	665	121	76	3	42	
宁　县	1874	1673	498	11	1164	201	102	6	93	
镇原县	1484	1356	336	8	1012	128	55	4	69	
定西市	**10255**	**9318**	**2410**	**56**	**6852**	**935**	**452**	**11**	**472**	**2**
安定区	603	539	81	6	452	64	15	1	48	
通渭县	1209	1091	269	6	816	118	47	2	69	
陇西县	3202	2853	917	8	1928	347	212	3	132	2
渭源县	971	892	158	5	729	79	26		53	
临洮县	2345	2164	430	19	1715	181	86	4	91	
漳　县	645	579	171	5	403	66	26		40	
岷　县	1280	1200	384	7	809	80	40	1	39	
陇南市	**8735**	**8092**	**1824**	**50**	**6218**	**636**	**256**	**6**	**374**	**7**
武都区	864	794	183	10	601	69	26	2	41	1
成　县	1490	1387	403	11	973	103	49	1	53	
文　县	1066	976	304	9	663	90	51		39	
宕昌县	854	788	192	3	593	66	25	1	40	
康　县	653	604	101		503	49	20		29	
西和县	1015	943	150	5	788	72	21		51	
礼　县	1517	1408	179	11	1218	103	21	1	81	6
徽　县	954	895	221	1	673	59	33	1	25	
两当县	322	297	91		206	25	10		15	
临夏回族自治州	**6177**	**5497**	**755**	**47**	**4695**	**680**	**195**	**12**	**473**	
临夏市	180	163	11		152	17	5		12	
临夏县	680	621	45	7	569	59	10	2	47	
康乐县	604	537	42	10	485	67	13	1	53	
永靖县	1681	1495	424	5	1066	186	112	1	73	
广河县	1206	1045	94	9	942	161	18	3	140	
和政县	695	641	68	4	569	54	15		39	
东乡族自治县	666	575	35	10	530	91	16	4	71	
积石山保安族东乡族撒拉族自治县	465	420	36	2	382	45	6	1	38	
甘南藏族自治州	**2572**	**2396**	**457**	**16**	**1923**	**171**	**59**	**1**	**111**	**5**
合作市	74	68	5		63	6			6	
临潭县	543	497	61	2	434	43	10		33	3
卓尼县	353	332	66		266	21	11	1	9	
舟曲县	531	492	106	4	382	39	16		23	
迭部县	245	223	66	1	156	21	10		11	1
玛曲县	295	285	77	5	203	10	3		7	
碌曲县	138	132	16		116	6	2		4	
夏河县	393	367	60	4	303	25	7		18	1

5-6c 各地区有 80 岁及以上人口的家庭户户数（乡村）

单位：户

地区	户数	有一个 80 岁及以上人口的户				有二个 80 岁及以上人口的户				有三个 80 岁及以上人口的户
		小计	独自居住	只与未成年人口共同居住	其他	小计	只有一对 80 岁及以上夫妇居住	只有一对 80 岁及以上夫妇与未成年人口共同居住	其他	
合计	**245313**	**224854**	**38734**	**1422**	**184698**	**20428**	**6305**	**181**	**13942**	**31**
兰州市	**14354**	**13278**	**2482**	**53**	**10743**	**1073**	**394**	**5**	**674**	**3**
城关区	224	208	28	1	179	16	6		10	
七里河区	1253	1199	148	7	1044	52	14		38	2
西固区	805	738	266	3	469	67	45		22	
安宁区										
红古区	654	605	51		554	48	12		36	1
永登县	3267	3029	514	8	2507	238	76	2	160	
皋兰县	1312	1218	369	5	844	94	46		48	
榆中县	5626	5160	983	18	4159	466	168	2	296	
兰州新区	1213	1121	123	11	987	92	27	1	64	
嘉峪关市	**318**	**295**	**76**		**219**	**23**	**21**		**2**	
市辖区	318	295	76		219	23	21		2	
金昌市	**2327**	**2194**	**1003**	**2**	**1189**	**133**	**92**		**41**	
金川区	588	548	244		304	40	28		12	
永昌县	1739	1646	759	2	885	93	64		29	
白银市	**16558**	**14749**	**2539**	**48**	**12162**	**1808**	**624**	**8**	**1176**	**1**
白银区	1330	1158	539		619	172	150		22	
平川区	1167	1063	154	5	904	104	28		76	
靖远县	4681	4187	588	13	3586	494	127	1	366	
会宁县	7169	6357	927	24	5406	811	233	7	571	1
景泰县	2211	1984	331	6	1647	227	86		141	
天水市	**32776**	**30178**	**4916**	**210**	**25052**	**2589**	**715**	**24**	**1850**	**9**
秦州区	4166	3944	679	25	3240	220	63	1	156	2
麦积区	4466	4147	711	12	3424	318	108	1	209	1
清水县	2246	2131	375	15	1741	115	30	1	84	
秦安县	7536	6837	1112	15	5710	698	195	5	498	1
甘谷县	7047	6386	918	34	5434	659	144	10	505	2
武山县	4629	4232	739	44	3449	397	118	3	276	
张家川回族自治县	2686	2501	382	65	2054	182	57	3	122	3
武威市	**15004**	**14077**	**3407**	**60**	**10610**	**923**	**425**	**3**	**495**	**4**
凉州区	7000	6658	1926	22	4710	342	182	2	158	
民勤县	3337	3048	623	20	2405	288	117		171	1
古浪县	3391	3159	678	14	2467	231	108	1	122	1
天祝藏族自治县	1276	1212	180	4	1028	62	18		44	2
张掖市	**7323**	**7007**	**2014**	**75**	**4918**	**315**	**147**		**168**	**1**
甘州区	2671	2599	786	23	1790	72	39		33	
肃南裕固族自治县	202	191	52		139	11	6		5	
民乐县	1391	1331	272	10	1049	60	20		40	
临泽县	961	921	180	1	740	40	11		29	
高台县	1020	961	393	6	562	59	31		28	
山丹县	1078	1004	331	35	638	73	40		33	1
平凉市	**24732**	**22592**	**4245**	**84**	**18263**	**2139**	**753**	**11**	**1375**	**1**
崆峒区	3910	3627	783	23	2821	283	123	2	158	
泾川县	3660	3353	862	12	2479	307	148	2	157	
灵台县	2275	2147	655	4	1488	128	84		44	
崇信县	839	782	165	4	613	57	23	1	33	
庄浪县	5402	4940	660	15	4265	462	115	1	346	
静宁县	7334	6501	932	21	5548	832	222	4	606	1
华亭市	1312	1242	188	5	1049	70	38	1	31	

5-6c 各地区有80岁及以上人口的家庭户户数（乡村）（续）

单位：户

地区	户数	有一个80岁及以上人口的户				有二个80岁及以上人口的户				有三个80岁及以上人口的户
		小计	独自居住	只与未成年人口共同居住	其他	小计	只有一对80岁及以上夫妇居住	只有一对80岁及以上夫妇与未成年人口共同居住	其他	
酒泉市	**5783**	**5495**	**1292**	**18**	**4185**	**286**	**103**		**183**	**2**
肃州区	2163	2098	665	6	1427	63	32		31	2
金塔县	1156	1078	184	6	888	78	23		55	
瓜州县	942	875	150	3	722	67	23		44	
肃北蒙古族自治县	28	28	8		20					
阿克塞哈萨克族自治县	12	12	2		10					
玉门市	616	577	110	2	465	39	5		34	
敦煌市	866	827	173	1	653	39	20		19	
庆阳市	**29128**	**26261**	**5506**	**189**	**20566**	**2865**	**1218**	**30**	**1617**	**2**
西峰区	3684	3371	787	23	2561	313	155	7	151	
庆城县	2770	2551	452	16	2083	218	94		124	1
环　县	3756	3421	404	21	2996	335	70	2	263	
华池县	1473	1294	243	5	1046	179	71	1	107	
合水县	1739	1566	317	11	1238	172	80	1	91	1
正宁县	2562	2276	573	16	1687	286	156	1	129	
宁　县	6324	5656	1396	52	4208	668	332	11	325	
镇原县	6820	6126	1334	45	4747	694	260	7	427	
定西市	**33619**	**30775**	**4598**	**209**	**25968**	**2843**	**757**	**14**	**2072**	**1**
安定区	5920	5302	1079	22	4201	618	231	2	385	
通渭县	7003	6319	886	20	5413	684	174	6	504	
陇西县	5279	4773	787	13	3973	506	140	3	363	
渭源县	4002	3724	611	12	3101	277	56		221	1
临洮县	5686	5305	638	20	4647	381	84		297	
漳　县	1995	1828	253	7	1568	167	31	2	134	
岷　县	3734	3524	344	115	3065	210	41	1	168	
陇南市	**32602**	**30218**	**4476**	**216**	**25526**	**2381**	**676**	**27**	**1678**	**3**
武都区	7552	6928	1113	62	5753	622	190	13	419	2
成　县	2179	2073	359	16	1698	106	27	1	78	
文　县	3741	3346	899	21	2426	395	209		186	
宕昌县	3236	3010	315	20	2675	226	44	4	178	
康　县	2550	2420	338	18	2064	130	32		98	
西和县	4643	4317	432	28	3857	325	53	4	268	1
礼　县	5683	5279	545	40	4694	404	66	3	335	
徽　县	2454	2310	368	7	1935	144	41	2	101	
两当县	564	535	107	4	424	29	14		15	
临夏回族自治州	**23652**	**21062**	**1573**	**208**	**19281**	**2588**	**339**	**53**	**2196**	**2**
临夏市	766	698	40	4	654	68	9	1	58	
临夏县	5366	4901	390	39	4472	465	59	2	404	
康乐县	3520	3188	184	32	2972	331	44	9	278	1
永靖县	1794	1644	176	5	1463	150	30		120	
广河县	3166	2615	196	60	2359	551	71	14	466	
和政县	2549	2316	130	18	2168	233	27	6	200	
东乡族自治县	3371	2918	268	31	2619	453	57	14	382	
积石山保安族东乡族撒拉族自治县	3120	2782	189	19	2574	337	42	7	288	1
甘南藏族自治州	**7137**	**6673**	**607**	**50**	**6016**	**462**	**41**	**6**	**415**	**2**
合作市	717	652	38	2	612	64			64	1
临潭县	1158	1096	115	11	970	62	11	2	49	
卓尼县	995	951	89	11	851	44	3	1	40	
舟曲县	1658	1540	148	13	1379	118	17	1	100	
迭部县	703	659	77	7	575	44	5	1	38	
玛曲县	274	259	54	2	203	15	1		14	
碌曲县	394	374	31		343	20	2		18	
夏河县	1238	1142	55	4	1083	95	2	1	92	1

第一部分　全部数据资料

第六卷　死亡

6-1 各地区分年龄、性别的

地区	死亡人口			0岁			
	合计	男	女	小计	男	女	小计
合计	**154468**	**87869**	**66599**	**637**	**352**	**285**	**527**
兰州市	**19070**	**11061**	**8009**	**61**	**40**	**21**	**43**
城关区	5182	2986	2196	15	10	5	5
七里河区	2782	1635	1147	12	8	4	3
西固区	2043	1217	826	8	7	1	2
安宁区	971	570	401	4	4		3
红古区	960	591	369	1	1		2
永登县	2673	1536	1137	6	4	2	6
皋兰县	759	415	344	2	1	1	3
榆中县	2854	1623	1231	10	5	5	10
兰州新区	846	488	358	3		3	9
嘉峪关市	**1380**	**848**	**532**	**2**		**2**	**5**
市辖区	1380	848	532	2		2	5
金昌市	**3054**	**1803**	**1251**	**7**	**2**	**5**	**12**
金川区	1291	799	492	3	1	2	4
永昌县	1763	1004	759	4	1	3	8
白银市	**10122**	**5660**	**4462**	**49**	**27**	**22**	**25**
白银区	1843	1052	791	7	3	4	3
平川区	1082	683	399	8	4	4	2
靖远县	2390	1271	1119	11	7	4	5
会宁县	3488	1925	1563	14	7	7	14
景泰县	1319	729	590	9	6	3	1
天水市	**16697**	**9580**	**7117**	**45**	**32**	**13**	**36**
秦州区	2876	1658	1218	16	12	4	6
麦积区	2565	1512	1053	1	1		2
清水县	1376	783	593	1	1		2
秦安县	3103	1715	1388	3	1	2	5
甘谷县	2986	1723	1263	5	5		5
武山县	1947	1139	808	5	3	2	7
张家川回族自治县	1844	1050	794	14	9	5	9
武威市	**12202**	**6718**	**5484**	**63**	**40**	**23**	**23**
凉州区	6561	3659	2902	33	21	12	14
民勤县	2062	1100	962	10	7	3	3
古浪县	2323	1230	1093	14	10	4	4
天祝藏族自治县	1256	729	527	6	2	4	2
张掖市	**8069**	**4601**	**3468**	**22**	**12**	**10**	**13**
甘州区	3274	1893	1381	13	6	7	2
肃南裕固族自治县	237	129	108				1
民乐县	1389	768	621	2	1	1	4
临泽县	830	484	346	2		2	2
高台县	1144	660	484	2	2		2
山丹县	1195	667	528	3	3		2
平凉市	**13062**	**7495**	**5567**	**34**	**17**	**17**	**36**
崆峒区	2703	1556	1147	9	4	5	6
泾川县	2071	1149	922	4	3	1	9
灵台县	1487	880	607	3	2	1	8
崇信县	577	322	255				
庄浪县	2281	1317	964	3	2	1	2
静宁县	2783	1585	1198	10	4	6	10
华亭市	1160	686	474	5	2	3	1

死亡人口（2019.11.1–2020.10.31）

单位：人

1–4岁		5–9岁			10–14岁		
男	女	小计	男	女	小计	男	女
301	**226**	**366**	**209**	**157**	**353**	**215**	**138**
25	**18**	**24**	**16**	**8**	**25**	**16**	**9**
2	3	2	1	1	8	2	6
3		5	4	1	3	3	
2					2	2	
3		1	1				
2		1	1		1	1	
2	4	4	2	2	5	2	3
2	1	2		2	1	1	
6	4	6	4	2	4	4	
3	6	3	3		1	1	
5		**2**	**1**	**1**	**2**	**2**	
5		2	1	1	2	2	
8	**4**	**2**	**2**		**4**	**3**	**1**
1	3	1	1		1	1	
7	1	1	1		3	2	1
17	**8**	**23**	**12**	**11**	**17**	**15**	**2**
2	1	3	1	2	2	2	
2		2	2		1	1	
3	2	6	2	4	7	7	
10	4	9	6	3	5	4	1
	1	3	1	2	2	1	1
23	**13**	**31**	**18**	**13**	**37**	**18**	**19**
2	4	3		3	3	1	2
2					8	6	2
2					4	3	1
3	2	2	2		3	1	2
3	2	9	6	3	6	2	4
6	1	7	4	3	5	2	3
5	4	10	6	4	8	3	5
13	**10**	**22**	**9**	**13**	**22**	**14**	**8**
8	6	17	9	8	15	11	4
1	2	1		1	1	1	
3	1	4		4	4		4
1	1				2	2	
5	**8**	**13**	**5**	**8**	**13**	**6**	**7**
1	1	5	3	2	5	3	2
	1				1		1
1	3	3	1	2	1		1
1	1	2	1	1	1		1
2		2		2	3	1	2
	2	1		1	2	2	
23	**13**	**22**	**11**	**11**	**26**	**15**	**11**
5	1	2		2	10	6	4
6	3	4	4		3	1	2
5	3	3	1	2	2		2
	2	6	3	3	4	2	2
6	4	5	3	2	5	4	1
1		2		2	2	2	

6-1 各地区分年龄、性别的

地区	死亡人口			0岁			
	合计	男	女	小计	男	女	小计
酒泉市	**6135**	**3609**	**2526**	**25**	**13**	**12**	**19**
肃州区	2566	1516	1050	11	7	4	4
金塔县	1032	595	437	2	1	1	5
瓜州县	777	463	314	5	1	4	3
肃北蒙古族自治县	74	45	29				
阿克塞哈萨克族自治县	51	36	15				
玉门市	786	461	325	4	2	2	5
敦煌市	849	493	356	3	2	1	2
庆阳市	**13318**	**7437**	**5881**	**48**	**28**	**20**	**41**
西峰区	1876	1024	852	18	11	7	6
庆城县	1434	837	597	2	1	1	4
环　县	1760	1039	721	5	3	2	9
华池县	798	471	327	4	4		2
合水县	912	528	384	3	2	1	
正宁县	1425	791	634	6	1	5	9
宁　县	2357	1240	1117	4	3	1	5
镇原县	2756	1507	1249	6	3	3	6
定西市	**17516**	**9830**	**7686**	**41**	**22**	**19**	**53**
安定区	2646	1480	1166	9	4	5	12
通渭县	2138	1167	971	3	2	1	3
陇西县	3302	1890	1412	4	3	1	11
渭源县	2439	1315	1124	5	3	2	7
临洮县	3263	1870	1393	6	2	4	8
漳　县	1252	717	535	1		1	4
岷　县	2476	1391	1085	13	8	5	8
陇南市	**17689**	**10277**	**7412**	**38**	**16**	**22**	**40**
武都区	3791	2335	1456	15	6	9	14
成　县	2048	1164	884	3	3		4
文　县	1248	716	532	2	1	1	2
宕昌县	2134	1174	960	5	1	4	3
康　县	1535	894	641	4	2	2	3
西和县	2582	1492	1090	2		2	6
礼　县	2436	1391	1045	3		3	6
徽　县	1580	909	671	4	3	1	2
两当县	335	202	133				
临夏回族自治州	**12157**	**6776**	**5381**	**154**	**78**	**76**	**143**
临夏市	1442	788	654	16	7	9	6
临夏县	2512	1419	1093	29	15	14	18
康乐县	1874	1027	847	14	5	9	16
永靖县	1292	779	513	3	3		8
广河县	976	518	458	13	9	4	27
和政县	1225	700	525	12	5	7	12
东乡族自治县	1386	751	635	39	15	24	34
积石山保安族东乡族撒拉族自治县	1450	794	656	28	19	9	22
甘南藏族自治州	**3997**	**2174**	**1823**	**48**	**25**	**23**	**38**
合作市	307	166	141	6	4	2	3
临潭县	797	446	351	5	2	3	5
卓尼县	598	314	284	8	3	5	4
舟曲县	834	453	381	3	3		3
迭部县	377	205	172	4	2	2	4
玛曲县	322	174	148	9	4	5	11
碌曲县	164	83	81	1	1		3
夏河县	598	333	265	12	6	6	5

死亡人口（2019.11.1–2020.10.31）（续 1）

单位：人

1–4 岁		5–9 岁			10–14 岁		
男	女	小计	男	女	小计	男	女
10	**9**	**11**	**8**	**3**	**13**	**9**	**4**
1	3	3	1	2	5	4	1
3	2	3	3		1	1	
1	2				5	2	3
		1	1				
4	1	4	3	1	1	1	
1	1				1	1	
30	**11**	**31**	**25**	**6**	**26**	**18**	**8**
5	1	3	2	1	5	4	1
3	1	4	4		6	3	3
7	2	8	6	2	1	1	
1	1	4	4				
		2	1	1	1	1	
7	2	2	1	1	6	4	2
4	1	4	4		6	5	1
3	3	4	3	1	1		1
31	**22**	**32**	**14**	**18**	**32**	**16**	**16**
5	7	10	2	8	1		1
2	1	4	1	3	1	1	
8	3	3	2	1	7	4	3
3	4	2	1	1	3	2	1
7	1	5	3	2	9	3	6
2	2	5	2	3	4	3	1
4	4	3	3		7	3	4
23	**17**	**31**	**22**	**9**	**35**	**22**	**13**
10	4	13	8	5	8	5	3
	4	1	1		1		1
1	1				4	4	
2	1	2	1	1	6	3	3
2	1	3	3				
4	2	4	4		5	1	4
2	4	6	4	2	4	4	
2		2	1	1	7	5	2
73	**70**	**106**	**59**	**47**	**84**	**53**	**31**
3	3	10	5	5	9	4	5
10	8	8	4	4	6	5	1
5	11	10	5	5	5	5	
5	3	3	2	1	6	2	4
17	10	17	9	8	13	8	5
3	9	7	5	2	4	2	2
16	18	38	19	19	29	18	11
14	8	13	10	3	12	9	3
15	**23**	**16**	**7**	**9**	**17**	**8**	**9**
2	1				2		2
2	3	2	1	1	1	1	
2	2	3	1	2	3	2	1
	3	4	2	2	3	3	
1	3						
5	6	3	1	2	5	1	4
2	1	2	1	1	2	1	1
1	4	2	1	1	1		1

6-1 各地区分年龄、性别的

地区	15-19岁			20-24岁			25-29岁	
	小计	男	女	小计	男	女	小计	男
合计	**475**	**320**	**155**	**691**	**464**	**227**	**1010**	**727**
兰州市	**41**	**30**	**11**	**50**	**33**	**17**	**59**	**38**
城关区	9	7	2	3	2	1	9	5
七里河区	6	6		8	7	1	2	2
西固区	2	2		6	3	3	4	2
安宁区	2	1	1	6	3	3	2	1
红古区	1	1		3	1	2	3	1
永登县	5	3	2	7	4	3	16	13
皋兰县	2	1	1	1		1	6	2
榆中县	13	9	4	11	8	3	12	9
兰州新区	1		1	5	5		5	3
嘉峪关市				**2**	**2**		**5**	**2**
市辖区				2	2		5	2
金昌市	**9**	**9**		**6**	**4**	**2**	**7**	**7**
金川区	4	4		3	2	1	3	3
永昌县	5	5		3	2	1	4	4
白银市	**22**	**15**	**7**	**34**	**28**	**6**	**77**	**59**
白银区	4	4		5	3	2	3	3
平川区				3	2	1	7	4
靖远县	6	5	1	15	14	1	30	24
会宁县	8	4	4	5	5		25	18
景泰县	4	2	2	6	4	2	12	10
天水市	**50**	**29**	**21**	**109**	**80**	**29**	**126**	**91**
秦州区	3	2	1	9	7	2	25	17
麦积区	4	3	1	20	15	5	20	15
清水县	4	2	2	10	8	2	6	4
秦安县	6	4	2	20	13	7	20	14
甘谷县	16	10	6	16	12	4	18	14
武山县	6	1	5	15	9	6	16	10
张家川回族自治县	11	7	4	19	16	3	21	17
武威市	**26**	**20**	**6**	**39**	**24**	**15**	**75**	**55**
凉州区	12	8	4	19	13	6	42	29
民勤县	6	6		5	3	2	11	9
古浪县	7	5	2	12	7	5	12	11
天祝藏族自治县	1	1		3	1	2	10	6
张掖市	**19**	**15**	**4**	**17**	**12**	**5**	**36**	**27**
甘州区	5	4	1	12	7	5	9	9
肃南裕固族自治县				1	1			
民乐县	6	4	2	2	2		8	4
临泽县	4	4		1	1		5	4
高台县	2	1	1				1	1
山丹县	2	2		1	1		13	9
平凉市	**34**	**25**	**9**	**49**	**32**	**17**	**89**	**61**
崆峒区	12	7	5	9	7	2	11	8
泾川县	3	3		13	8	5	17	11
灵台县	3	3		3		3	12	8
崇信县				1	1		1	1
庄浪县	7	5	2	10	8	2	14	11
静宁县	6	4	2	9	5	4	23	13
华亭市	3	3		4	3	1	11	9

死亡人口（2019.11.1–2020.10.31）（续 2）

单位：人

	30–34 岁			35–39 岁			40–44 岁		
女	小计	男	女	小计	男	女	小计	男	女
283	**1321**	**936**	**385**	**1406**	**971**	**435**	**1960**	**1407**	**553**
21	**114**	**72**	**42**	**149**	**98**	**51**	**183**	**127**	**56**
4	19	9	10	35	21	14	51	34	17
	20	11	9	20	14	6	20	16	4
2	10	9	1	10	5	5	17	9	8
1	9	4	5	8	5	3	6	4	2
2	3	1	2	5	4	1	15	13	2
3	24	18	6	37	25	12	35	27	8
4	4	3	1	7	4	3	5	3	2
3	21	15	6	21	16	5	24	17	7
2	4	2	2	6	4	2	10	4	6
3	**15**	**9**	**6**	**11**	**10**	**1**	**28**	**22**	**6**
3	15	9	6	11	10	1	28	22	6
	21	**17**	**4**	**32**	**20**	**12**	**40**	**30**	**10**
	8	6	2	11	8	3	16	11	5
	13	11	2	21	12	9	24	19	5
18	**99**	**73**	**26**	**95**	**63**	**32**	**94**	**65**	**29**
	12	6	6	13	6	7	16	9	7
3	6	5	1	8	4	4	14	9	5
6	28	21	7	31	20	11	26	16	10
7	34	28	6	25	18	7	28	24	4
2	19	13	6	18	15	3	10	7	3
35	**123**	**93**	**30**	**169**	**116**	**53**	**248**	**179**	**69**
8	18	15	3	22	11	11	42	30	12
5	24	20	4	26	18	8	39	31	8
2	10	10		13	9	4	22	17	5
6	22	17	5	26	20	6	29	17	12
4	17	9	8	34	23	11	45	38	7
6	15	9	6	26	21	5	47	33	14
4	17	13	4	22	14	8	24	13	11
20	**91**	**55**	**36**	**86**	**65**	**21**	**124**	**90**	**34**
13	57	34	23	51	39	12	63	46	17
2	9	7	2	4	4		18	12	6
1	12	7	5	20	12	8	22	14	8
4	13	7	6	11	10	1	21	18	3
9	**59**	**51**	**8**	**68**	**41**	**27**	**104**	**66**	**38**
	18	16	2	18	10	8	46	30	16
	3	3		3		3	6	3	3
4	11	10	1	13	8	5	17	12	5
1	9	4	5	9	7	2	9	7	2
	10	10		12	7	5	16	7	9
4	8	8		13	9	4	10	7	3
28	**103**	**73**	**30**	**106**	**74**	**32**	**132**	**97**	**35**
3	22	18	4	23	17	6	34	24	10
6	21	14	7	15	10	5	15	11	4
4	12	7	5	1	1		12	10	2
	8	7	1	3	3		10	9	1
3	18	13	5	20	15	5	28	22	6
10	15	10	5	31	18	13	19	10	9
2	7	4	3	13	10	3	14	11	3

6-1 各地区分年龄、性别的

地区	15-19岁			20-24岁			25-29岁	
	小计	男	女	小计	男	女	小计	男
酒泉市	**15**	**9**	**6**	**32**	**22**	**10**	**44**	**35**
肃州区	5	3	2	12	7	5	16	14
金塔县	3	2	1	6	4	2	12	10
瓜州县	2	2		6	5	1	3	2
肃北蒙古族自治县				1	1			
阿克塞哈萨克族自治县	1		1	2	2			
玉门市	2	2		3	2	1	5	2
敦煌市	2		2	2	1	1	8	7
庆阳市	**49**	**34**	**15**	**62**	**46**	**16**	**94**	**67**
西峰区	6	4	2	7	5	2	9	6
庆城县	9	7	2	10	7	3	15	11
环　县	9	8	1	12	10	2	17	15
华池县	2	2		7	4	3	3	2
合水县	5	2	3	3	2	1	8	6
正宁县	4	4		4	4		12	8
宁　县	7	3	4	10	7	3	10	7
镇原县	7	4	3	9	7	2	20	12
定西市	**44**	**31**	**13**	**90**	**62**	**28**	**119**	**83**
安定区	6	6		10	9	1	23	19
通渭县	4	2	2	11	9	2	12	7
陇西县	6	3	3	19	15	4	22	17
渭源县	7	4	3	6	4	2	10	8
临洮县	3	2	1	17	10	7	21	16
漳　县	8	7	1	11	7	4	12	10
岷　县	10	7	3	16	8	8	19	6
陇南市	**62**	**40**	**22**	**77**	**46**	**31**	**108**	**75**
武都区	11	8	3	16	8	8	20	14
成　县	10	8	2	7	3	4	11	8
文　县	4	3	1	12	9	3	10	6
宕昌县	9	4	5	7	5	2	14	9
康　县	5	2	3	3	1	2	7	6
西和县	12	5	7	11	9	2	18	14
礼　县	5	4	1	14	7	7	21	14
徽　县	5	5		7	4	3	3	1
两当县	1	1					4	3
临夏回族自治州	**80**	**46**	**34**	**95**	**58**	**37**	**131**	**98**
临夏市	7	1	6	4	3	1	9	8
临夏县	16	10	6	18	11	7	34	25
康乐县	3	3		12	8	4	14	9
永靖县	5	4	1	7	4	3	8	6
广河县	10	6	4	10	4	6	17	12
和政县	7	5	2	13	10	3	20	17
东乡族自治县	18	6	12	18	10	8	18	14
积石山保安族东乡族撒拉族自治县	14	11	3	13	8	5	11	7
甘南藏族自治州	**24**	**17**	**7**	**29**	**15**	**14**	**40**	**29**
合作市	3	2	1	3	2	1	2	2
临潭县	1	1		1		1	4	3
卓尼县	1	1		6	5	1	4	2
舟曲县	4	2	2	5	1	4	12	8
迭部县	2	1	1	3	2	1	3	2
玛曲县	9	8	1	4	3	1	7	6
碌曲县	1		1	2	1	1	3	2
夏河县	3	2	1	5	1	4	5	4

死亡人口（2019.11.1–2020.10.31）（续 3）

单位：人

女	30–34 岁			35–39 岁			40–44 岁		
	小计	男	女	小计	男	女	小计	男	女
9	**47**	**37**	**10**	**61**	**43**	**18**	**84**	**61**	**23**
2	26	17	9	24	18	6	37	31	6
2	4	3	1	7	5	2	14	13	1
1	7	7		11	7	4	15	9	6
	1	1		2	1	1	5	4	1
	1	1		1	1				
3	2	2		11	7	4	5	2	3
1	6	6		5	4	1	8	2	6
27	**160**	**107**	**53**	**127**	**95**	**32**	**157**	**116**	**41**
3	22	14	8	16	10	6	16	13	3
4	23	18	5	13	11	2	15	12	3
2	27	15	12	23	18	5	25	19	6
1	12	7	5	12	10	2	12	11	1
2	17	14	3	10	10		8	5	3
4	21	12	9	12	8	4	15	9	6
3	20	16	4	18	15	3	32	24	8
8	18	11	7	23	13	10	34	23	11
36	**143**	**109**	**34**	**133**	**100**	**33**	**210**	**160**	**50**
4	24	17	7	15	13	2	29	19	10
5	19	16	3	13	9	4	28	22	6
5	20	16	4	21	13	8	32	27	5
2	18	16	2	14	10	4	29	19	10
5	31	21	10	30	24	6	36	28	8
2	12	8	4	16	12	4	15	14	1
13	19	15	4	24	19	5	41	31	10
33	**152**	**106**	**46**	**167**	**124**	**43**	**285**	**211**	**74**
6	33	22	11	42	28	14	75	59	16
3	8	5	3	14	12	2	30	19	11
4	13	9	4	19	13	6	26	21	5
5	15	10	5	20	15	5	39	33	6
1	12	11	1	12	8	4	30	22	8
4	23	14	9	24	21	3	40	25	15
7	32	24	8	27	18	9	28	23	5
2	10	7	3	5	5		13	5	8
1	6	4	2	4	4		4	4	
33	**150**	**103**	**47**	**155**	**99**	**56**	**191**	**124**	**67**
1	14	10	4	15	6	9	15	14	1
9	27	14	13	34	23	11	34	23	11
5	30	25	5	26	19	7	21	15	6
2	15	7	8	16	11	5	15	9	6
5	15	9	6	18	11	7	22	10	12
3	9	8	1	9	7	2	19	13	6
4	18	15	3	28	15	13	43	26	17
4	22	15	7	9	7	2	22	14	8
11	**44**	**31**	**13**	**47**	**23**	**24**	**80**	**59**	**21**
	3	3		3	1	2	8	5	3
1	6	4	2	9	2	7	8	5	3
2	4	3	1	5	4	1	7	5	2
4	12	9	3	8	7	1	23	19	4
1	7	6	1	6	4	2	9	5	4
1	6	2	4	10	3	7	9	7	2
1				1		1	1	1	
1	6	4	2	5	2	3	15	12	3

6-1 各地区分年龄、性别的

地区	45-49 岁			50-54 岁			55-59 岁	
	小计	男	女	小计	男	女	小计	男
合计	**4753**	**3326**	**1427**	**7701**	**5033**	**2668**	**8392**	**5577**
兰州市	**475**	**336**	**139**	**775**	**549**	**226**	**991**	**700**
城关区	88	64	24	161	119	42	267	185
七里河区	64	46	18	116	77	39	151	117
西固区	57	41	16	96	77	19	107	74
安宁区	22	12	10	35	26	9	53	36
红古区	31	22	9	51	38	13	54	39
永登县	72	54	18	142	93	49	132	91
皋兰县	21	12	9	23	13	10	34	19
榆中县	94	67	27	107	76	31	137	101
兰州新区	26	18	8	44	30	14	56	38
嘉峪关市	**46**	**29**	**17**	**44**	**27**	**17**	**70**	**48**
市辖区	46	29	17	44	27	17	70	48
金昌市	**98**	**68**	**30**	**166**	**106**	**60**	**156**	**115**
金川区	46	30	16	80	54	26	60	51
永昌县	52	38	14	86	52	34	96	64
白银市	**277**	**187**	**90**	**439**	**286**	**153**	**471**	**309**
白银区	54	37	17	63	49	14	79	53
平川区	44	33	11	57	36	21	64	45
靖远县	62	40	22	102	56	46	94	61
会宁县	74	47	27	150	96	54	184	118
景泰县	43	30	13	67	49	18	50	32
天水市	**570**	**409**	**161**	**886**	**571**	**315**	**944**	**625**
秦州区	104	73	31	163	107	56	164	108
麦积区	106	78	28	134	86	48	180	120
清水县	54	42	12	88	62	26	106	72
秦安县	86	64	22	163	108	55	138	88
甘谷县	91	64	27	118	75	43	144	95
武山县	67	41	26	115	73	42	110	78
张家川回族自治县	62	47	15	105	60	45	102	64
武威市	**335**	**228**	**107**	**592**	**352**	**240**	**725**	**475**
凉州区	189	126	63	303	181	122	429	283
民勤县	63	42	21	97	55	42	95	56
古浪县	44	31	13	114	62	52	122	80
天祝藏族自治县	39	29	10	78	54	24	79	56
张掖市	**239**	**159**	**80**	**452**	**296**	**156**	**471**	**305**
甘州区	99	67	32	187	137	50	185	118
肃南裕固族自治县	6	5	1	13	9	4	10	9
民乐县	44	21	23	83	49	34	90	55
临泽县	25	19	6	37	18	19	54	32
高台县	29	25	4	62	39	23	66	51
山丹县	36	22	14	70	44	26	66	40
平凉市	**401**	**282**	**119**	**688**	**461**	**227**	**740**	**500**
崆峒区	91	70	21	151	103	48	149	97
泾川县	59	45	14	105	65	40	106	66
灵台县	50	35	15	94	68	26	101	68
崇信县	10	4	6	34	24	10	32	24
庄浪县	79	50	29	113	70	43	121	85
静宁县	77	52	25	145	103	42	136	89
华亭市	35	26	9	46	28	18	95	71

死亡人口（2019.11.1–2020.10.31）（续 4）

单位：人

	60–64 岁			65–69 岁			70–74 岁		
女	小计	男	女	小计	男	女	小计	男	女
2815	**9836**	**6487**	**3349**	**16413**	**9977**	**6436**	**21989**	**12665**	**9324**
291	**1278**	**910**	**368**	**1874**	**1203**	**671**	**2271**	**1339**	**932**
82	356	257	99	458	336	122	464	283	181
34	167	128	39	276	175	101	288	175	113
33	134	94	40	154	99	55	211	132	79
17	70	50	20	93	65	28	86	50	36
15	60	37	23	110	74	36	161	107	54
41	193	136	57	312	186	126	425	235	190
15	44	34	10	77	45	32	105	62	43
36	194	134	60	303	165	138	403	217	186
18	60	40	20	91	58	33	128	78	50
22	**85**	**60**	**25**	**174**	**106**	**68**	**188**	**107**	**81**
22	85	60	25	174	106	68	188	107	81
41	**176**	**120**	**56**	**311**	**203**	**108**	**468**	**251**	**217**
9	77	48	29	131	87	44	198	103	95
32	99	72	27	180	116	64	270	148	122
162	**607**	**411**	**196**	**914**	**515**	**399**	**1249**	**709**	**540**
26	118	80	38	160	95	65	189	111	78
19	89	65	24	116	73	43	144	100	44
33	138	83	55	224	115	109	316	182	134
66	186	134	52	288	174	114	436	225	211
18	76	49	27	126	58	68	164	91	73
319	**1043**	**649**	**394**	**1826**	**1091**	**735**	**2404**	**1385**	**1019**
56	186	99	87	326	208	118	417	233	184
60	190	133	57	291	164	127	367	208	159
34	105	71	34	193	99	94	244	133	111
50	184	114	70	314	184	130	409	247	162
49	179	105	74	285	174	111	425	249	176
32	100	62	38	224	151	73	269	158	111
38	99	65	34	193	111	82	273	157	116
250	**774**	**517**	**257**	**1366**	**830**	**536**	**1870**	**1018**	**852**
146	418	263	155	769	476	293	1024	550	474
39	99	65	34	191	118	73	317	180	137
42	165	120	45	223	114	109	350	193	157
23	92	69	23	183	122	61	179	95	84
166	**588**	**400**	**188**	**1134**	**678**	**456**	**1474**	**859**	**615**
67	210	134	76	481	267	214	584	338	246
1	14	11	3	18	10	8	38	22	16
35	135	93	42	197	127	70	248	134	114
22	72	52	20	125	80	45	168	94	74
15	75	51	24	135	83	52	219	138	81
26	82	59	23	178	111	67	217	133	84
240	**790**	**535**	**255**	**1405**	**859**	**546**	**1853**	**1055**	**798**
52	167	105	62	279	174	105	356	185	171
40	134	88	46	229	119	110	296	162	134
33	97	69	28	160	102	58	242	141	101
8	39	30	9	63	34	29	98	54	44
36	135	85	50	238	158	80	369	222	147
47	130	92	38	287	177	110	337	194	143
24	88	66	22	149	95	54	155	97	58

6-1 各地区分年龄、性别的

地区	45-49岁			50-54岁			55-59岁	
	小计	男	女	小计	男	女	小计	男
酒泉市	**216**	**158**	**58**	**309**	**207**	**102**	**377**	**269**
肃州区	88	61	27	133	91	42	163	115
金塔县	28	23	5	40	21	19	52	37
瓜州县	32	24	8	33	28	5	62	46
肃北蒙古族自治县	5	4	1	3	2	1		
阿克塞哈萨克族自治县	2	2		5	5		4	4
玉门市	26	21	5	54	34	20	37	28
敦煌市	35	23	12	41	26	15	59	39
庆阳市	**375**	**243**	**132**	**659**	**406**	**253**	**756**	**463**
西峰区	58	38	20	85	46	39	105	66
庆城县	53	36	17	82	55	27	89	57
环　县	53	35	18	92	57	35	89	54
华池县	22	14	8	31	21	10	68	38
合水县	27	18	9	57	38	19	43	30
正宁县	32	21	11	56	35	21	90	56
宁　县	67	40	27	134	85	49	135	90
镇原县	63	41	22	122	69	53	137	72
定西市	**553**	**385**	**168**	**877**	**593**	**284**	**905**	**592**
安定区	84	54	30	128	85	43	101	70
通渭县	66	43	23	87	54	33	86	54
陇西县	104	76	28	160	114	46	181	112
渭源县	79	52	27	122	82	40	141	88
临洮县	93	65	28	156	110	46	191	131
漳　县	32	28	4	62	45	17	53	34
岷　县	95	67	28	162	103	59	152	103
陇南市	**622**	**466**	**156**	**1006**	**659**	**347**	**947**	**640**
武都区	148	114	34	238	171	67	167	119
成　县	68	45	23	110	69	41	137	99
文　县	51	40	11	71	40	31	63	37
宕昌县	68	49	19	125	80	45	92	64
康　县	41	29	12	96	60	36	89	60
西和县	83	71	12	146	97	49	140	97
礼　县	96	65	31	131	93	38	139	91
徽　县	54	42	12	70	38	32	102	60
两当县	13	11	2	19	11	8	18	13
临夏回族自治州	**396**	**270**	**126**	**613**	**386**	**227**	**623**	**395**
临夏市	54	33	21	78	41	37	83	54
临夏县	90	63	27	132	91	41	99	66
康乐县	66	47	19	81	48	33	107	59
永靖县	36	25	11	78	51	27	75	53
广河县	21	15	6	51	33	18	38	24
和政县	48	33	15	58	36	22	80	52
东乡族自治县	36	24	12	55	37	18	68	41
积石山保安族东乡族撒拉族自治县	45	30	15	80	49	31	73	46
甘南藏族自治州	**150**	**106**	**44**	**195**	**134**	**61**	**216**	**141**
合作市	9	5	4	15	8	7	13	7
临潭县	23	15	8	42	30	12	41	26
卓尼县	18	13	5	29	20	9	37	23
舟曲县	39	30	9	44	32	12	43	33
迭部县	18	15	3	18	13	5	22	17
玛曲县	6	3	3	17	9	8	16	10
碌曲县	4	3	1	7	7		15	8
夏河县	33	22	11	23	15	8	29	17

死亡人口（2019.11.1–2020.10.31）（续 5）

单位：人

	60–64 岁			65–69 岁			70–74 岁		
女	小计	男	女	小计	男	女	小计	男	女
108	**470**	**304**	**166**	**836**	**512**	**324**	**980**	**559**	**421**
48	179	116	63	337	215	122	392	226	166
15	81	46	35	155	97	58	176	96	80
16	62	40	22	103	64	39	111	72	39
	5	3	2	4	2	2	12	10	2
	4	2	2	12	9	3	6	4	2
9	61	44	17	107	64	43	142	76	66
20	78	53	25	118	61	57	141	75	66
293	**926**	**567**	**359**	**1335**	**804**	**531**	**1851**	**1035**	**816**
39	123	74	49	189	119	70	254	148	106
32	101	68	33	159	88	71	214	117	97
35	130	83	47	185	109	76	249	140	109
30	55	31	24	81	47	34	107	68	39
13	77	52	25	97	59	38	110	55	55
34	99	63	36	122	75	47	208	104	104
45	173	96	77	223	131	92	318	171	147
65	168	100	68	279	176	103	391	232	159
313	**1093**	**727**	**366**	**1831**	**1125**	**706**	**2577**	**1525**	**1052**
31	154	108	46	231	139	92	334	210	124
32	81	49	32	192	104	88	270	156	114
69	172	121	51	314	200	114	445	270	175
53	165	102	63	266	163	103	407	227	180
60	251	170	81	376	242	134	487	297	190
19	79	58	21	133	81	52	213	125	88
49	191	119	72	319	196	123	421	240	181
307	**1098**	**705**	**393**	**1961**	**1186**	**775**	**2658**	**1573**	**1085**
48	245	168	77	328	226	102	473	290	183
38	158	95	63	240	133	107	351	209	142
26	76	48	28	108	67	41	159	106	53
28	136	94	42	255	154	101	388	213	175
29	95	55	40	203	129	74	221	130	91
43	148	87	61	320	176	144	389	237	152
48	104	74	30	279	167	112	386	208	178
42	109	62	47	188	110	78	242	151	91
5	27	22	5	40	24	16	49	29	20
228	**706**	**443**	**263**	**1052**	**608**	**444**	**1566**	**900**	**666**
29	101	62	39	151	93	58	184	106	78
33	157	96	61	195	115	80	344	208	136
48	106	62	44	163	92	71	258	139	119
22	73	57	16	124	76	48	157	92	65
14	55	31	24	65	30	35	85	43	42
28	58	41	17	107	67	40	175	112	63
27	62	42	20	116	56	60	181	105	76
27	94	52	42	131	79	52	182	95	87
75	**202**	**139**	**63**	**394**	**257**	**137**	**580**	**350**	**230**
6	20	13	7	26	18	8	38	23	15
15	54	35	19	111	77	34	145	88	57
14	34	29	5	63	42	21	84	49	35
10	40	23	17	79	47	32	112	70	42
5	11	7	4	29	15	14	49	25	24
6	7	6	1	20	16	4	40	29	11
7	8	7	1	14	10	4	14	7	7
12	28	19	9	52	32	20	98	59	39

6-1 各地区分年龄、性别的

地区	75-79岁			80-84岁			85-89岁	
	小计	男	女	小计	男	女	小计	男
合计	**27818**	**15197**	**12621**	**27011**	**13590**	**13421**	**16332**	**7703**
兰州市	**3103**	**1704**	**1399**	**3737**	**1899**	**1838**	**2707**	**1390**
城关区	751	385	366	1073	525	548	953	511
七里河区	423	230	193	566	288	278	426	226
西固区	291	153	138	461	245	216	328	183
安宁区	154	90	64	204	107	97	145	79
红古区	169	98	71	181	95	86	88	50
永登县	510	284	226	446	220	226	241	112
皋兰县	137	79	58	147	71	76	100	46
榆中县	512	295	217	513	281	232	346	143
兰州新区	156	90	66	146	67	79	80	40
嘉峪关市	**243**	**159**	**84**	**259**	**144**	**115**	**148**	**84**
市辖区	243	159	84	259	144	115	148	84
金昌市	**583**	**350**	**233**	**600**	**311**	**289**	**258**	**132**
金川区	221	131	90	266	178	88	111	60
永昌县	362	219	143	334	133	201	147	72
白银市	**1892**	**1025**	**867**	**2020**	**1042**	**978**	**1320**	**626**
白银区	331	176	155	431	242	189	257	124
平川区	202	122	80	162	88	74	119	64
靖远县	423	219	204	473	233	240	295	122
会宁县	694	381	313	698	350	348	479	231
景泰县	242	127	115	256	129	127	170	85
天水市	**2795**	**1571**	**1224**	**2696**	**1429**	**1267**	**1846**	**884**
秦州区	496	276	220	462	239	223	287	150
麦积区	372	202	170	402	219	183	265	138
清水县	252	127	125	164	83	81	78	32
秦安县	538	306	232	534	270	264	444	193
甘谷县	513	312	201	540	300	240	386	181
武山县	319	185	134	327	177	150	194	92
张家川回族自治县	305	163	142	267	141	126	192	98
武威市	**2380**	**1221**	**1159**	**2078**	**984**	**1094**	**1208**	**561**
凉州区	1272	660	612	1061	514	547	615	302
民勤县	387	201	186	405	192	213	268	110
古浪县	464	230	234	432	195	237	241	115
天祝藏族自治县	257	130	127	180	83	97	84	34
张掖市	**1652**	**904**	**748**	**1077**	**489**	**588**	**508**	**216**
甘州区	689	400	289	450	205	245	207	111
肃南裕固族自治县	52	29	23	36	13	23	24	8
民乐县	301	155	146	152	67	85	59	19
临泽县	153	84	69	93	50	43	47	20
高台县	228	123	105	186	89	97	87	26
山丹县	229	113	116	160	65	95	84	32
平凉市	**2509**	**1366**	**1143**	**2348**	**1177**	**1171**	**1336**	**673**
崆峒区	525	291	234	465	245	220	276	145
泾川县	414	221	193	395	203	192	195	96
灵台县	280	157	123	266	122	144	120	71
崇信县	115	46	69	112	57	55	40	20
庄浪县	424	233	191	372	186	186	250	123
静宁县	517	296	221	551	278	273	371	180
华亭市	234	122	112	187	86	101	84	38

死亡人口（2019.11.1–2020.10.31）（续 6）

单位：人

	90–94 岁			95–99 岁			100 岁及以上		
女	小计	男	女	小计	男	女	小计	男	女
8629	**4251**	**1945**	**2306**	**1069**	**400**	**669**	**157**	**67**	**90**
1317	**873**	**424**	**449**	**210**	**95**	**115**	**27**	**17**	**10**
442	354	182	172	91	40	51	10	6	4
200	156	75	81	45	20	25	5	4	1
145	119	66	53	21	10	11	3	2	1
66	53	20	33	13	7	6	2	2	
38	18	4	14	2	1	1			
129	41	16	25	13	9	4	1		1
54	29	13	16	9	4	5			
203	93	45	48	14	3	11	6	3	3
40	10	3	7	2	1	1			
64	**41**	**28**	**13**	**9**	**2**	**7**	**1**	**1**	
64	41	28	13	9	2	7	1	1	
126	**77**	**39**	**38**	**20**	**6**	**14**	**1**		**1**
51	38	15	23	8	4	4	1		1
75	39	24	15	12	2	10			
694	**317**	**141**	**176**	**70**	**27**	**43**	**11**	**8**	**3**
133	71	34	37	19	9	10	3	3	
55	29	19	10	4	4		1	1	
173	76	37	39	19	3	16	3	1	2
248	110	37	73	20	7	13	2	1	1
85	31	14	17	8	4	4	2	2	
962	**511**	**219**	**292**	**170**	**54**	**116**	**32**	**14**	**18**
137	94	55	39	27	11	16	3	2	1
127	88	43	45	21	7	14	5	3	2
46	16	5	11	4	1	3			
251	110	38	72	40	9	31	7	2	5
205	95	34	61	38	12	26	1		1
102	43	15	28	17	5	12	13	4	9
94	65	29	36	23	9	14	3	3	
647	**254**	**131**	**123**	**42**	**13**	**29**	**7**	**3**	**4**
313	129	73	56	25	10	15	4	3	1
158	68	31	37	3		3	1		1
126	43	18	25	12	3	9	2		2
50	14	9	5	2		2			
292	**92**	**49**	**43**	**16**	**6**	**10**	**2**		**2**
96	42	25	17	6	2	4	1		1
16	10	5	5	1	1				
40	10	4	6	3	1	2			
27	10	5	5	2	1	1			
61	5	3	2	2	1	1			
52	15	7	8	2		2	1		1
663	**273**	**129**	**144**	**75**	**26**	**49**	**13**	**4**	**9**
131	78	35	43	23	9	14	5	1	4
99	26	10	16	4	1	3	4	2	2
49	14	8	6	4	2	2			
20	9	7	2	2	1	1			
127	51	20	31	13	3	10	4	1	3
191	78	38	40	21	9	12			
46	17	11	6	8	1	7			

6-1 各地区分年龄、性别的

地区	75-79岁			80-84岁			85-89岁	
	小计	男	女	小计	男	女	小计	男
酒泉市	**1079**	**581**	**498**	**946**	**494**	**452**	**445**	**207**
肃州区	447	225	222	422	225	197	204	105
金塔县	185	103	82	151	75	76	82	38
瓜州县	144	80	64	110	43	67	51	22
肃北蒙古族自治县	12	6	6	13	9	4	9	1
阿克塞哈萨克族自治县	3	2	1	6	2	4	4	2
玉门市	154	86	68	107	59	48	42	14
敦煌市	134	79	55	137	81	56	53	25
庆阳市	**2456**	**1284**	**1172**	**2406**	**1210**	**1196**	**1370**	**664**
西峰区	328	176	152	355	166	189	210	95
庆城县	242	132	110	230	115	115	128	67
环　县	357	195	162	291	160	131	149	85
华池县	151	83	68	124	70	54	71	38
合水县	182	97	85	159	83	76	83	45
正宁县	282	149	133	261	137	124	142	70
宁　县	426	194	232	406	184	222	280	127
镇原县	488	258	230	580	295	285	307	137
定西市	**3103**	**1729**	**1374**	**3229**	**1544**	**1685**	**1953**	**797**
安定区	481	265	216	558	260	298	354	161
通渭县	370	213	157	465	244	221	337	141
陇西县	571	320	251	663	334	329	435	187
渭源县	441	240	201	433	201	232	222	72
临洮县	576	322	254	560	260	300	327	129
漳　县	237	141	96	197	83	114	120	46
岷　县	427	228	199	353	162	191	158	61
陇南市	**3286**	**1854**	**1432**	**2840**	**1495**	**1345**	**1586**	**745**
武都区	711	424	287	643	354	289	390	208
成　县	368	199	169	323	172	151	153	64
文　县	213	112	101	229	117	112	116	56
宕昌县	405	222	183	319	137	182	169	67
康　县	307	164	143	236	142	94	127	54
西和县	491	285	206	375	191	184	248	114
礼　县	447	253	194	395	196	199	230	115
徽　县	290	167	123	263	157	106	127	55
两当县	54	28	26	57	29	28	26	12
临夏回族自治州	**2056**	**1085**	**971**	**2149**	**1105**	**1044**	**1264**	**592**
临夏市	222	108	114	251	128	123	158	78
临夏县	474	270	204	447	222	225	292	122
康乐县	335	187	148	350	173	177	166	79
永靖县	227	131	96	240	138	102	159	86
广河县	128	61	67	187	98	89	127	66
和政县	232	121	111	210	100	110	113	47
东乡族自治县	191	86	105	217	113	104	113	56
积石山保安族东乡族撒拉族自治县	247	121	126	247	133	114	136	58
甘南藏族自治州	**681**	**364**	**317**	**626**	**267**	**359**	**383**	**132**
合作市	57	29	28	49	26	23	28	8
临潭县	139	81	58	121	52	69	68	17
卓尼县	107	57	50	92	32	60	66	17
舟曲县	151	70	81	148	58	90	68	26
迭部县	68	37	31	63	24	39	38	21
玛曲县	30	18	12	46	22	24	30	14
碌曲县	20	8	12	32	14	18	22	7
夏河县	109	64	45	75	39	36	63	22

死亡人口（2019.11.1–2020.10.31）（续 7）

单位：人

	90–94 岁			95–99 岁			100 岁及以上		
女	小计	男	女	小计	男	女	小计	男	女
238	**111**	**62**	**49**	**14**	**9**	**5**	**1**		**1**
99	50	28	22	7	6	1	1		1
44	25	14	11						
29	11	8	3	1		1			
8				1		1			
2									
28	13	8	5	1		1			
28	12	4	8	4	3	1			
706	**295**	**147**	**148**	**82**	**41**	**41**	**12**	**7**	**5**
115	49	17	32	11	5	6	1		1
61	21	17	4	11	6	5	3	2	1
64	26	16	10	2	2		1	1	
33	21	9	12	9	7	2			
38	16	6	10	4	2	2			
72	28	16	12	13	6	7	1	1	
153	55	25	30	19	7	12	5	2	3
170	79	41	38	13	6	7	1	1	
1156	**394**	**156**	**238**	**90**	**25**	**65**	**14**	**4**	**10**
193	65	24	41	15	9	6	2	1	1
196	69	36	33	16	2	14	1		1
248	92	42	50	18	6	12	2		2
150	47	15	32	12	2	10	3	1	2
198	64	25	39	15	3	12	1		1
74	29	10	19	7	1	6	2		2
97	28	4	24	7	2	5	3	2	1
841	**548**	**224**	**324**	**126**	**41**	**85**	**16**	**4**	**12**
182	160	75	85	38	18	20	3		3
89	41	16	25	9	3	6	1	1	
60	52	17	35	15	6	9	3	3	
102	43	10	33	11	1	10	3		3
73	36	13	23	5	1	4			
134	72	34	38	22	6	16	3		3
115	71	28	43	9	1	8	3		3
72	62	24	38	15	5	10			
14	11	7	4	2		2			
672	**321**	**151**	**170**	**107**	**45**	**62**	**15**	**5**	**10**
80	42	20	22	13	4	9			
170	49	20	29	8	6	2	1		1
87	64	32	32	24	8	16	3	2	1
73	31	13	18	6	4	2			
61	38	14	24	16	7	9	3	1	2
66	27	15	12	4	1	3	1		1
57	42	25	17	18	10	8	4	2	2
78	28	12	16	18	5	13	3		3
251	**144**	**45**	**99**	**38**	**10**	**28**	**5**		**5**
20	16	7	9	3	1	2			
51	10	4	6				1		1
49	15	2	13	8	2	6			
42	30	10	20	2		2	1		1
17	17	7	10	6	1	5			
16	25	4	21	11	3	8	1		1
15	8	3	5	3		3	1		1
41	23	8	15	5	3	2	1		1

6–1a 各地区分年龄、性别的

地区	死亡人口			0岁			
	合计	男	女	小计	男	女	小计
合计	**24976**	**14847**	**10129**	**104**	**60**	**44**	**51**
兰州市	**10248**	**6033**	**4215**	**30**	**22**	**8**	**12**
城关区	5118	2943	2175	14	9	5	4
七里河区	1999	1189	810	6	4	2	3
西固区	1522	907	615	6	5	1	1
安宁区	971	570	401	4	4		3
红古区	568	378	190				
皋兰县	18	12	6				
兰州新区	52	34	18				1
嘉峪关市	**1220**	**758**	**462**	**1**		**1**	**4**
市辖区	1220	758	462	1		1	4
金昌市	**1075**	**662**	**413**	**3**	**1**	**2**	**4**
金川区	1075	662	413	3	1	2	4
白银市	**1983**	**1212**	**771**	**9**	**5**	**4**	**3**
白银区	1447	844	603	6	3	3	3
平川区	535	367	168	3	2	1	
靖远县	1	1					
天水市	**1787**	**1089**	**698**	**3**	**3**		**2**
秦州区	922	552	370	3	3		1
麦积区	865	537	328				1
武威市	**1708**	**1007**	**701**	**7**	**4**	**3**	**3**
凉州区	1708	1007	701	7	4	3	3
张掖市	**1051**	**639**	**412**	**5**	**2**	**3**	
甘州区	1051	639	412	5	2	3	
肃南裕固族自治县							
平凉市	**1396**	**816**	**580**	**8**	**4**	**4**	**3**
崆峒区	1183	697	486	6	3	3	2
华亭市	213	119	94	2	1	1	1
酒泉市	**1615**	**943**	**672**	**13**	**8**	**5**	**5**
肃州区	1228	713	515	11	7	4	2
玉门市	133	77	56	2	1	1	2
敦煌市	254	153	101				1
庆阳市	**485**	**288**	**197**	**6**	**2**	**4**	**1**
西峰区	485	288	197	6	2	4	1
定西市	**458**	**290**	**168**	**4**	**2**	**2**	**5**
安定区	458	290	168	4	2	2	5
陇南市	**641**	**381**	**260**	**1**		**1**	**4**
武都区	615	368	247	1		1	3
康　县	26	13	13				1
临夏回族自治州	**1172**	**649**	**523**	**13**	**6**	**7**	**5**
临夏市	1165	645	520	13	6	7	5
临夏县	7	4	3				
甘南藏族自治州	**137**	**80**	**57**	**1**	**1**		
合作市	137	80	57	1	1		

死亡人口（2019.11.1–2020.10.31）（城市）

单位：人

1–4岁		5–9岁			10–14岁		
男	女	小计	男	女	小计	男	女
32	**19**	**30**	**14**	**16**	**38**	**22**	**16**
10	**2**	**4**	**3**	**1**	**11**	**5**	**6**
2	2	2	1	1	8	2	6
3		1	1		1	1	
1					2	2	
3		1	1				
1							
4		**2**	**1**	**1**	**1**	**1**	
4		2	1	1	1	1	
1	**3**	**1**	**1**		**1**	**1**	
1	3	1	1		1	1	
2	**1**	**3**	**1**	**2**	**2**	**2**	
2	1	2		2	2	2	
		1	1				
1	**1**						
	1						
1							
2	**1**	**6**	**3**	**3**	**2**	**1**	**1**
2	1	6	3	3	2	1	1
		2	**1**	**1**	**1**		**1**
		2	1	1	1		1
2	**1**	**1**		**1**	**6**	**4**	**2**
1	1	1		1	4	2	2
1					2	2	
3	**2**	**3**	**2**	**1**	**2**	**2**	
1	1	2	1	1	1	1	
2		1	1				
	1				1	1	
1					**1**	**1**	
1					1	1	
	5	**1**		**1**	**1**		**1**
	5	1		1	1		1
4					**1**	**1**	
3					1	1	
1							
2	**3**	**7**	**2**	**5**	**8**	**4**	**4**
2	3	7	2	5	8	4	4
					1		**1**
					1		1

6–1a 各地区分年龄、性别的

地区	15–19 岁			20–24 岁			25–29 岁	
	小计	男	女	小计	男	女	小计	男
合计	**47**	**37**	**10**	**56**	**40**	**16**	**71**	**47**
兰州市	**15**	**13**	**2**	**18**	**12**	**6**	**14**	**7**
城关区	7	6	1	3	2	1	9	5
七里河区	5	5		4	4			
西固区				3	2	1	1	1
安宁区	2	1	1	6	3	3	2	1
红古区				2	1	1	2	
皋兰县	1	1						
嘉峪关市				**1**	**1**		**5**	**2**
市辖区				1	1		5	2
金昌市	**3**	**3**		**1**	**1**		**3**	**3**
金川区	3	3		1	1		3	3
白银市	**4**	**4**		**7**	**5**	**2**	**3**	**2**
白银区	4	4		5	3	2	2	2
平川区				2	2		1	
靖远县								
天水市	**2**	**2**		**8**	**7**	**1**	**8**	**4**
秦州区				1	1		3	1
麦积区	2	2		7	6	1	5	3
武威市	**3**	**3**		**2**	**1**	**1**	**9**	**6**
凉州区	3	3		2	1	1	9	6
张掖市	**1**	**1**					**4**	**4**
甘州区	1	1					4	4
肃南裕固族自治县								
平凉市	**3**	**3**		**3**	**3**		**1**	**1**
崆峒区	3	3		2	2			
华亭市				1	1		1	1
酒泉市	**5**	**4**	**1**	**6**	**3**	**3**	**10**	**8**
肃州区	3	3		5	3	2	6	5
玉门市	1	1					1	1
敦煌市	1		1	1		1	3	2
庆阳市							**2**	**1**
西峰区							2	1
定西市	**2**	**2**		**2**	**2**		**2**	**1**
安定区	2	2		2	2		2	1
陇南市	**1**	**1**		**3**	**2**	**1**	**2**	**1**
武都区	1	1		3	2	1	2	1
康　县								
临夏回族自治州	**7**	**1**	**6**	**3**	**2**	**1**	**8**	**7**
临夏市	7	1	6	3	2	1	8	7
临夏县								
甘南藏族自治州	**1**		**1**	**2**	**1**	**1**		
合作市	1		1	2	1	1		

死亡人口（2019.11.1–2020.10.31）（城市）（续1）

单位：人

	30–34岁			35–39岁			40–44岁		
女	小计	男	女	小计	男	女	小计	男	女
24	**135**	**82**	**53**	**192**	**125**	**67**	**287**	**211**	**76**
7	**38**	**19**	**19**	**72**	**45**	**27**	**93**	**64**	**29**
4	19	9	10	35	21	14	49	32	17
	7	3	4	15	10	5	12	10	2
	2	2		9	4	5	14	8	6
1	9	4	5	8	5	3	6	4	2
2				3	3		12	10	2
3	**13**	**7**	**6**	**9**	**8**	**1**	**25**	**19**	**6**
3	13	7	6	9	8	1	25	19	6
	5	**3**	**2**	**11**	**8**	**3**	**11**	**8**	**3**
	5	3	2	11	8	3	11	8	3
1	**10**	**6**	**4**	**12**	**7**	**5**	**21**	**13**	**8**
	8	4	4	10	6	4	14	8	6
1	2	2		2	1	1	7	5	2
4	**8**	**7**	**1**	**13**	**9**	**4**	**24**	**20**	**4**
2	2	2		6	4	2	12	9	3
2	6	5	1	7	5	2	12	11	1
3	**12**	**5**	**7**	**6**	**3**	**3**	**19**	**12**	**7**
3	12	5	7	6	3	3	19	12	7
	3	**2**	**1**	**5**	**2**	**3**	**16**	**11**	**5**
	3	2	1	5	2	3	16	11	5
	7	**6**	**1**	**17**	**13**	**4**	**15**	**13**	**2**
	6	5	1	12	10	2	12	10	2
	1	1		5	3	2	3	3	
2	**14**	**10**	**4**	**17**	**12**	**5**	**20**	**16**	**4**
1	11	7	4	14	10	4	18	15	3
	1	1		2	1	1			
1	2	2		1	1		2	1	1
1	**5**	**2**	**3**	**4**	**3**	**1**	**6**	**6**	
1	5	2	3	4	3	1	6	6	
1	**1**	**1**		**7**	**7**		**7**	**5**	**2**
1	1	1		7	7		7	5	2
1	**3**	**2**	**1**	**6**	**3**	**3**	**9**	**7**	**2**
1	3	2	1	6	3	3	7	6	1
							2	1	1
1	**13**	**9**	**4**	**12**	**5**	**7**	**14**	**13**	**1**
1	13	9	4	12	5	7	14	13	1
	3	**3**		**1**		**1**	**7**	**4**	**3**
	3	3		1		1	7	4	3

6–1a 各地区分年龄、性别的

地区	45–49 岁			50–54 岁			55–59 岁	
	小计	男	女	小计	男	女	小计	男
合计	**694**	**480**	**214**	**1085**	**762**	**323**	**1337**	**928**
兰州市	**206**	**145**	**61**	**371**	**279**	**92**	**522**	**361**
城关区	85	61	24	157	116	41	260	179
七里河区	35	25	10	77	51	26	91	68
西固区	40	30	10	69	57	12	79	52
安宁区	22	12	10	35	26	9	53	36
红古区	22	16	6	29	25	4	33	23
皋兰县	1		1	1	1			
兰州新区	1	1		3	3		6	3
嘉峪关市	**39**	**24**	**15**	**39**	**24**	**15**	**57**	**41**
市辖区	39	24	15	39	24	15	57	41
金昌市	**39**	**25**	**14**	**64**	**43**	**21**	**49**	**41**
金川区	39	25	14	64	43	21	49	41
白银市	**60**	**40**	**20**	**80**	**58**	**22**	**102**	**73**
白银区	42	27	15	49	40	9	64	44
平川区	18	13	5	31	18	13	38	29
靖远县								
天水市	**61**	**40**	**21**	**83**	**62**	**21**	**126**	**81**
秦州区	28	18	10	47	36	11	51	27
麦积区	33	22	11	36	26	10	75	54
武威市	**57**	**40**	**17**	**91**	**59**	**32**	**106**	**75**
凉州区	57	40	17	91	59	32	106	75
张掖市	**31**	**25**	**6**	**59**	**46**	**13**	**52**	**34**
甘州区	31	25	6	59	46	13	52	34
肃南裕固族自治县								
平凉市	**26**	**21**	**5**	**69**	**47**	**22**	**84**	**57**
崆峒区	25	20	5	60	44	16	68	46
华亭市	1	1		9	3	6	16	11
酒泉市	**68**	**48**	**20**	**81**	**53**	**28**	**94**	**66**
肃州区	46	33	13	56	36	20	66	45
玉门市	7	4	3	10	6	4	10	6
敦煌市	15	11	4	15	11	4	18	15
庆阳市	**15**	**12**	**3**	**30**	**19**	**11**	**23**	**15**
西峰区	15	12	3	30	19	11	23	15
定西市	**20**	**13**	**7**	**26**	**18**	**8**	**17**	**13**
安定区	20	13	7	26	18	8	17	13
陇南市	**25**	**19**	**6**	**35**	**23**	**12**	**25**	**18**
武都区	24	19	5	34	23	11	24	17
康　县	1		1	1		1	1	1
临夏回族自治州	**43**	**26**	**17**	**53**	**29**	**24**	**73**	**49**
临夏市	43	26	17	52	28	24	72	48
临夏县				1	1		1	1
甘南藏族自治州	**4**	**2**	**2**	**4**	**2**	**2**	**7**	**4**
合作市	4	2	2	4	2	2	7	4

死亡人口（2019.11.1–2020.10.31）（城市）（续 2）

单位：人

女	60–64 岁 小计	60–64 岁 男	60–64 岁 女	65–69 岁 小计	65–69 岁 男	65–69 岁 女	70–74 岁 小计	70–74 岁 男	70–74 岁 女
409	**1628**	**1135**	**493**	**2480**	**1657**	**823**	**2908**	**1750**	**1158**
161	**677**	**488**	**189**	**912**	**644**	**268**	**1006**	**636**	**370**
81	350	253	97	450	330	120	456	279	177
23	118	89	29	182	123	59	179	114	65
27	97	69	28	110	71	39	168	107	61
17	70	50	20	93	65	28	86	50	36
10	37	24	13	70	51	19	109	80	29
	2	2		4	2	2	3	2	1
3	3	1	2	3	2	1	5	4	1
16	**74**	**53**	**21**	**142**	**92**	**50**	**157**	**89**	**68**
16	74	53	21	142	92	50	157	89	68
8	**62**	**34**	**28**	**108**	**73**	**35**	**165**	**86**	**79**
8	62	34	28	108	73	35	165	86	79
29	**137**	**100**	**37**	**188**	**117**	**71**	**230**	**152**	**78**
20	95	64	31	119	64	55	156	96	60
9	42	36	6	69	53	16	73	55	18
							1	1	
45	**126**	**86**	**40**	**197**	**121**	**76**	**251**	**146**	**105**
24	58	39	19	98	64	34	124	70	54
21	68	47	21	99	57	42	127	76	51
31	**90**	**62**	**28**	**179**	**115**	**64**	**233**	**130**	**103**
31	90	62	28	179	115	64	233	130	103
18	**58**	**46**	**12**	**124**	**83**	**41**	**156**	**85**	**71**
18	58	46	12	124	83	41	156	85	71
27	**83**	**56**	**27**	**163**	**108**	**55**	**163**	**90**	**73**
22	69	45	24	131	84	47	142	81	61
5	14	11	3	32	24	8	21	9	12
28	**115**	**78**	**37**	**170**	**107**	**63**	**202**	**116**	**86**
21	84	58	26	130	84	46	148	86	62
4	6	2	4	13	8	5	21	13	8
3	25	18	7	27	15	12	33	17	16
8	**31**	**19**	**12**	**58**	**39**	**19**	**58**	**36**	**22**
8	31	19	12	58	39	19	58	36	22
4	**29**	**21**	**8**	**43**	**36**	**7**	**52**	**38**	**14**
4	29	21	8	43	36	7	52	38	14
7	**47**	**32**	**15**	**62**	**37**	**25**	**69**	**44**	**25**
7	46	31	15	58	36	22	63	40	23
	1	1		4	1	3	6	4	2
24	**83**	**50**	**33**	**120**	**72**	**48**	**144**	**89**	**55**
24	83	50	33	120	72	48	141	88	53
							3	1	2
3	**16**	**10**	**6**	**14**	**13**	**1**	**22**	**13**	**9**
3	16	10	6	14	13	1	22	13	9

6–1a 各地区分年龄、性别的

地区	75–79 岁			80–84 岁			85–89 岁	
	小计	男	女	小计	男	女	小计	男
合计	**4091**	**2260**	**1831**	**4900**	**2645**	**2255**	**3394**	**1834**
兰州市	**1495**	**807**	**688**	**2163**	**1096**	**1067**	**1760**	**969**
城关区	742	381	361	1065	520	545	952	510
七里河区	277	157	120	443	232	211	354	196
西固区	213	112	101	342	178	164	256	147
安宁区	154	90	64	204	107	97	145	79
红古区	98	57	41	97	57	40	44	29
皋兰县	2	1	1	2	1	1	2	2
兰州新区	9	9		10	1	9	7	6
嘉峪关市	**223**	**148**	**75**	**239**	**133**	**106**	**139**	**81**
市辖区	223	148	75	239	133	106	139	81
金昌市	**190**	**110**	**80**	**221**	**150**	**71**	**94**	**54**
金川区	190	110	80	221	150	71	94	54
白银市	**361**	**208**	**153**	**421**	**245**	**176**	**247**	**126**
白银区	264	146	118	339	195	144	193	97
平川区	97	62	35	82	50	32	54	29
靖远县								
天水市	**270**	**169**	**101**	**318**	**174**	**144**	**203**	**106**
秦州区	154	99	55	178	90	88	108	58
麦积区	116	70	46	140	84	56	95	48
武威市	**331**	**174**	**157**	**312**	**184**	**128**	**173**	**91**
凉州区	331	174	157	312	184	128	173	91
张掖市	**214**	**124**	**90**	**191**	**95**	**96**	**95**	**58**
甘州区	214	124	90	191	95	96	95	58
肃南裕固族自治县								
平凉市	**271**	**143**	**128**	**245**	**134**	**111**	**168**	**87**
崆峒区	233	126	107	212	119	93	141	73
华亭市	38	17	21	33	15	18	27	14
酒泉市	**266**	**126**	**140**	**317**	**177**	**140**	**157**	**72**
肃州区	213	99	114	241	131	110	130	62
玉门市	23	10	13	24	15	9	6	3
敦煌市	30	17	13	52	31	21	21	7
庆阳市	**85**	**47**	**38**	**75**	**45**	**30**	**60**	**29**
西峰区	85	47	38	75	45	30	60	29
定西市	**79**	**47**	**32**	**79**	**41**	**38**	**59**	**34**
安定区	79	47	32	79	41	38	59	34
陇南市	**106**	**59**	**47**	**102**	**55**	**47**	**92**	**54**
武都区	101	56	45	100	54	46	90	54
康　县	5	3	2	2	1	1	2	
临夏回族自治州	**180**	**87**	**93**	**198**	**105**	**93**	**138**	**70**
临夏市	180	87	93	197	104	93	137	70
临夏县				1	1		1	
甘南藏族自治州	**20**	**11**	**9**	**19**	**11**	**8**	**9**	**3**
合作市	20	11	9	19	11	8	9	3

死亡人口（2019.11.1–2020.10.31）（城市）（续 3）

单位：人

	90–94 岁			95–99 岁			100 岁及以上		
女	小计	男	女	小计	男	女	小计	男	女
1560	**1128**	**578**	**550**	**286**	**128**	**158**	**34**	**20**	**14**
791	**645**	**320**	**325**	**165**	**74**	**91**	**19**	**14**	**5**
442	350	179	171	91	40	51	10	6	4
158	143	71	72	42	18	24	4	4	
109	90	49	41	17	8	9	3	2	1
66	53	20	33	13	7	6	2	2	
15	8	1	7	2	1	1			
1	1		1						
58	**40**	**27**	**13**	**9**	**2**	**7**	**1**	**1**	
58	40	27	13	9	2	7	1	1	
40	**32**	**13**	**19**	**7**	**3**	**4**	**1**		**1**
40	32	13	19	7	3	4	1		1
121	**67**	**36**	**31**	**14**	**8**	**6**	**2**	**2**	
96	55	28	27	13	7	6	2	2	
25	12	8	4	1	1				
97	**67**	**42**	**25**	**13**	**7**	**6**	**4**	**2**	**2**
50	40	25	15	6	5	1	2	1	1
47	27	17	10	7	2	5	2	1	1
82	**54**	**33**	**21**	**12**	**4**	**8**	**1**		**1**
82	54	33	21	12	4	8	1		1
37	**27**	**18**	**9**	**6**	**2**	**4**	**1**		**1**
37	27	18	9	6	2	4	1		1
81	**39**	**17**	**22**	**19**	**7**	**12**	**2**		**2**
68	37	16	21	15	7	8	2		2
13	2	1	1	4		4			
85	**44**	**26**	**18**	**6**	**6**				
68	37	22	15	4	4				
3	3	2	1						
14	4	2	2	2	2				
31	**19**	**8**	**11**	**5**	**3**	**2**	**1**		**1**
31	19	8	11	5	3	2	1		1
25	**16**	**6**	**10**	**5**	**2**	**3**	**1**	**1**	
25	16	6	10	5	2	3	1	1	
38	**36**	**13**	**23**	**11**	**6**	**5**	**1**		**1**
36	36	13	23	11	6	5	1		1
2									
68	**37**	**17**	**20**	**13**	**4**	**9**			
67	37	17	20	13	4	9			
1									
6	**5**	**2**	**3**	**1**		**1**			
6	5	2	3	1		1			

6-1b 各地区分年龄、性别的

地区	死亡人口			0岁			
	合计	男	女	小计	男	女	小计
合计	**29149**	**16867**	**12282**	**123**	**77**	**46**	**84**
兰州市	**2611**	**1531**	**1080**	**15**	**12**	**3**	**6**
城关区	21	17	4	1	1		
七里河区	273	155	118	2	2		
西固区	300	180	120	2	2		
安宁区							
红古区	155	85	70	1	1		1
永登县	664	393	271	2	2		
皋兰县	291	163	128	2	1	1	
榆中县	592	337	255	4	3	1	1
兰州新区	315	201	114	1		1	4
嘉峪关市	**60**	**35**	**25**	**1**		**1**	
市辖区	60	35	25	1		1	
金昌市	**794**	**466**	**328**	**1**		**1**	**3**
金川区	15	9	6				
永昌县	779	457	322	1		1	3
白银市	**1830**	**1035**	**795**	**9**	**6**	**3**	**3**
白银区	39	21	18				
平川区	155	99	56	1		1	1
靖远县	791	428	363	3	2	1	1
会宁县	508	297	211	4	3	1	1
景泰县	337	190	147	1	1		
天水市	**3469**	**2031**	**1438**	**14**	**9**	**5**	**5**
秦州区	419	246	173	5	4	1	
麦积区	258	158	100				
清水县	345	211	134				
秦安县	533	307	226	1		1	
甘谷县	972	556	416	3	3		1
武山县	510	306	204	2	1	1	1
张家川回族自治县	432	247	185	3	1	2	3
武威市	**2620**	**1480**	**1140**	**24**	**14**	**10**	**5**
凉州区	1205	690	515	10	7	3	3
民勤县	414	219	195	4	3	1	1
古浪县	632	357	275	6	3	3	1
天祝藏族自治县	369	214	155	4	1	3	
张掖市	**1679**	**971**	**708**	**3**	**1**	**2**	**3**
甘州区	122	66	56				
肃南裕固族自治县	80	44	36				
民乐县	415	228	187				3
临泽县	231	143	88	2		2	
高台县	361	218	143	1	1		
山丹县	470	272	198				
平凉市	**2415**	**1416**	**999**	**6**	**5**	**1**	**10**
崆峒区	169	100	69	1	1		
泾川县	611	352	259	2	2		3
灵台县	336	192	144	1		1	4
崇信县	126	77	49				
庄浪县	473	276	197				
静宁县	465	270	195	2	2		3
华亭市	235	149	86				

死亡人口（2019.11.1–2020.10.31）（镇）

单位：人

1–4 岁		5–9 岁			10–14 岁		
男	女	小计	男	女	小计	男	女
46	**38**	**73**	**36**	**37**	**63**	**39**	**24**
1	**5**	**8**	**5**	**3**	**1**	**1**	
		1		1			
1		1	1				
		1		1			
	1	2	1	1	1	1	
	4	3	3				
3		**1**	**1**		**1**	**1**	
3		1	1		1	1	
3		**5**	**3**	**2**	**2**	**2**	
1		1	1				
1		3	1	2	2	2	
1		1	1				
4	**1**	**10**	**5**	**5**	**9**	**8**	**1**
		2		2	1	1	
					1	1	
					2	2	
1		3	2	1	1		1
1		2	2		2	2	
2	1	3	1	2	2	2	
3	**2**	**5**	**1**	**4**	**5**	**2**	**3**
2	1	4	1	3	3	2	1
	1						
1		1		1	2		2
1	**2**	**2**		**2**	**2**		**2**
1	2	1		1			
					1		1
		1		1	1		1
7	**3**	**4**	**2**	**2**	**8**	**6**	**2**
					1	1	
1	2	1	1		2	1	1
4		1		1	1		1
		1	1		1	1	
2	1				3	3	
		1		1			

6-1b 各地区分年龄、性别的

地区	死亡人口			0岁			
	合计	男	女	小计	男	女	小计
酒泉市	**1229**	**760**	**469**	**2**	**1**	**1**	**4**
肃州区	171	111	60				
金塔县	293	177	116				2
瓜州县	268	170	98	2	1	1	1
肃北蒙古族自治县	46	29	17				
阿克塞哈萨克族自治县	34	25	9				
玉门市	294	169	125				
敦煌市	123	79	44				1
庆阳市	**2283**	**1321**	**962**	**6**	**4**	**2**	**4**
西峰区	35	19	16	1	1		
庆城县	203	131	72				1
环　县	226	141	85				
华池县	133	90	43				
合水县	232	134	98	1	1		
正宁县	563	317	246	3	1	2	3
宁　县	575	310	265	1	1		
镇原县	316	179	137				
定西市	**3611**	**2079**	**1532**	**12**	**7**	**5**	**7**
安定区	188	104	84	1		1	1
通渭县	333	173	160				
陇西县	1135	660	475	2	2		1
渭源县	481	271	210				3
临洮县	835	492	343	3	1	2	1
漳　县	227	135	92				1
岷　县	412	244	168	6	4	2	
陇南市	**3659**	**2107**	**1552**	**7**	**3**	**4**	**4**
武都区	467	294	173				
成　县	729	404	325	1	1		
文　县	297	179	118	1	1		
宕昌县	468	254	214	2		2	2
康　县	223	137	86				1
西和县	504	300	204	1		1	
礼　县	510	293	217	1		1	1
徽　县	371	190	181	1	1		
两当县	90	56	34				
临夏回族自治州	**1911**	**1073**	**838**	**13**	**9**	**4**	**17**
临夏市	48	22	26				
临夏县	238	143	95	3	2	1	3
康乐县	301	168	133	1		1	3
永靖县	497	297	200	3	3		4
广河县	243	128	115	2	2		3
和政县	222	131	91	1		1	
东乡族自治县	195	99	96	1		1	2
积石山保安族东乡族撒拉族自治县	167	85	82	2	2		2
甘南藏族自治州	**978**	**562**	**416**	**10**	**6**	**4**	**13**
合作市	26	13	13				
临潭县	202	127	75	1	1		4
卓尼县	174	93	81	3	2	1	3
舟曲县	193	107	86	1	1		1
迭部县	75	46	29				1
玛曲县	83	54	29	4	2	2	1
碌曲县	53	30	23				
夏河县	172	92	80	1		1	3

死亡人口（2019.11.1–2020.10.31）（镇）（续1）

单位：人

1–4岁		5–9岁			10–14岁		
男	女	小计	男	女	小计	男	女
2	**2**	**2**	**1**	**1**	**2**	**2**	
		1		1	1	1	
1	1						
	1				1	1	
		1	1				
1							
4		**1**	**1**		**5**	**4**	**1**
1					2	2	
					1	1	
		1	1				
3					2	1	1
4	**3**	**9**	**5**	**4**	**7**	**4**	**3**
1		2	1	1			
		2	1	1			
1					5	3	2
1	2				1	1	
1		2	1	1	1		1
	1	2	1	1			
		1	1				
3	**1**	**4**	**2**	**2**	**8**	**3**	**5**
		2		2	1		1
		1	1		1		1
					1	1	
2					3	2	1
1							
					2		2
	1	1	1				
9	**8**	**20**	**8**	**12**	**11**	**5**	**6**
2	1						
	3	2		2	1	1	
3	1	1		1	3	1	2
1	2	4	2	2	2		2
		2	2				
1	1	10	3	7	5	3	2
2		1	1				
2	**11**	**2**	**2**		**2**	**1**	**1**
1	3						
1	2						
	1	1	1		1	1	
	1						
	1				1		1
		1	1				
	3						

6-1b 各地区分年龄、性别的

地区	15-19 岁			20-24 岁			25-29 岁	
	小计	男	女	小计	男	女	小计	男
合计	**87**	**54**	**33**	**120**	**90**	**30**	**196**	**140**
兰州市	**8**	**4**	**4**	**10**	**7**	**3**	**14**	**9**
城关区	1	1						
七里河区				1	1			
西固区	2	2		2	1	1	3	1
安宁区								
红古区								
永登县	1		1	1		1	3	3
皋兰县	1		1				2	1
榆中县	3	1	2	3	2	1	5	3
兰州新区				3	3		1	1
嘉峪关市				**1**	**1**			
市辖区				1	1			
金昌市	**2**	**2**		**1**	**1**		**1**	**1**
金川区	1	1		1	1			
永昌县	1	1					1	1
白银市	**2**	**2**		**5**	**5**		**19**	**16**
白银区							1	1
平川区							3	2
靖远县				3	3		10	9
会宁县							4	3
景泰县	2	2		2	2		1	1
天水市	**12**	**6**	**6**	**23**	**19**	**4**	**29**	**20**
秦州区	2	1	1	1	1		9	6
麦积区	1	1		2	2		3	2
清水县	1	1		3	3			
秦安县	1	1		1	1		3	3
甘谷县	3	1	2	6	5	1	8	5
武山县	4	1	3	3	1	2	2	1
张家川回族自治县				7	6	1	4	3
武威市	**6**	**3**	**3**	**3**	**3**		**15**	**12**
凉州区	2		2	1	1		8	5
民勤县	2	2		1	1		1	1
古浪县	2	1	1	1	1		5	5
天祝藏族自治县							1	1
张掖市	**4**	**4**		**3**	**3**		**13**	**9**
甘州区	1	1		1	1			
肃南裕固族自治县				1	1			
民乐县	2	2		1	1		4	1
临泽县							3	3
高台县							1	1
山丹县	1	1					5	4
平凉市	**4**	**3**	**1**	**8**	**6**	**2**	**15**	**11**
崆峒区							1	1
泾川县	1	1		4	3	1	6	4
灵台县							1	1
崇信县								
庄浪县	1		1	3	3		1	1
静宁县	1	1		1		1	4	2
华亭市	1	1					2	2

死亡人口（2019.11.1–2020.10.31）（镇）（续2）

单位：人

	30–34岁			35–39岁			40–44岁		
女	小计	男	女	小计	男	女	小计	男	女
56	**257**	**191**	**66**	**311**	**218**	**93**	**425**	**311**	**114**
5	**16**	**12**	**4**	**26**	**21**	**5**	**25**	**15**	**10**
	2	1	1	2	2		1	1	
2	4	4		1	1		1		1
				1		1	2	2	
	6	5	1	11	9	2	8	4	4
1	2	2		4	2	2	2	1	1
2				6	6		6	4	2
	2		2	1	1		5	3	2
	1	**1**		**1**	**1**				
	1	1		1	1				
	7	**6**	**1**	**10**	**6**	**4**	**17**	**14**	**3**
							1	1	
	7	6	1	10	6	4	16	13	3
3	**21**	**14**	**7**	**18**	**10**	**8**	**20**	**15**	**5**
1	1	1		1		1	2	1	1
1	9	6	3	9	4	5	8	6	2
1	4	3	1	3	1	2	7	7	
	7	4	3	5	5		3	1	2
9	**26**	**22**	**4**	**44**	**31**	**13**	**73**	**53**	**20**
3	4	3	1	2		2	12	9	3
1	4	4		6	3	3	6	3	3
	4	4		3	3		8	6	2
	3	3		4	3	1	5	4	1
3	4	3	1	15	10	5	16	14	2
1	3	2	1	7	7		13	11	2
1	4	3	1	7	5	2	13	6	7
3	**14**	**10**	**4**	**18**	**15**	**3**	**34**	**30**	**4**
3	7	7		10	7	3	13	12	1
	1		1				6	4	2
				6	6		6	6	
	6	3	3	2	2		9	8	1
4	**13**	**10**	**3**	**21**	**11**	**10**	**26**	**14**	**12**
	1	1					1	1	
				1		1	3	1	2
3	2	1	1	5	2	3	5	2	3
	3	1	2	1	1		2	2	
	4	4		6	3	3	9	3	6
1	3	3		8	5	3	6	5	1
4	**18**	**12**	**6**	**25**	**17**	**8**	**26**	**20**	**6**
	1	1					2	1	1
2	5	3	2	5	3	2	2	2	
	3	1	2						
	3	3		2	2		3	3	
	2	2		6	4	2	10	8	2
2	4	2	2	12	8	4	6	3	3
							3	3	

6–1b 各地区分年龄、性别的

地区	15–19 岁			20–24 岁			25–29 岁	
	小计	男	女	小计	男	女	小计	男
酒泉市	**5**	**3**	**2**	**6**	**5**	**1**	**6**	**4**
肃州区							1	1
金塔县	1	1		1		1	4	3
瓜州县	1	1		1	1			
肃北蒙古族自治县				1	1			
阿克塞哈萨克族自治县	1		1	1	1			
玉门市	1	1		1	1		1	
敦煌市	1		1	1	1			
庆阳市	**6**	**4**	**2**	**15**	**11**	**4**	**17**	**14**
西峰区							1	
庆城县	4	4		3	1	2	2	2
环　县							3	3
华池县				3	2	1		
合水县	1		1	2	1	1	2	2
正宁县				3	3		5	4
宁　县	1		1	4	4		3	3
镇原县							1	
定西市	**8**	**5**	**3**	**14**	**12**	**2**	**19**	**13**
安定区							3	3
通渭县	1		1				3	
陇西县	2	1	1	3	3		3	2
渭源县				1	1		2	2
临洮县	2	1	1	3	3		4	4
漳　县	2	2		3	2	1	3	2
岷　县	1	1		4	3	1	1	
陇南市	**11**	**8**	**3**	**8**	**4**	**4**	**24**	**17**
武都区	1	1					5	4
成　县	2	2		1		1	6	5
文　县	2	2		2	1	1	3	1
宕昌县	1	1		1		1	3	2
康　县	1	1					1	1
西和县	3		3	1	1		1	1
礼　县	1	1		2	2		1	1
徽　县				1		1	2	
两当县							2	2
临夏回族自治州	**12**	**5**	**7**	**13**	**8**	**5**	**14**	**8**
临夏市				1	1		1	1
临夏县	2	2		1		1	3	1
康乐县				1	1		1	
永靖县	1	1		1		1	1	1
广河县	4	2	2	3	1	2	3	2
和政县				2	2		3	3
东乡族自治县	4		4	4	3	1	1	
积石山保安族东乡族撒拉族自治县	1		1				1	
甘南藏族自治州	**7**	**5**	**2**	**10**	**5**	**5**	**10**	**6**
合作市								
临潭县				1		1	1	1
卓尼县				2	2			
舟曲县	2	1	1	1		1	4	1
迭部县				1	1		1	1
玛曲县	4	4		1	1		1	1
碌曲县	1		1					
夏河县				4	1	3	3	2

死亡人口（2019.11.1–2020.10.31）（镇）（续3）

单位：人

	30–34岁			35–39岁			40–44岁		
女	小计	男	女	小计	男	女	小计	男	女
2	**7**	**6**	**1**	**14**	**11**	**3**	**19**	**15**	**4**
	3	2	1	2	2				
1							7	7	
	2	2		6	4	2	6	5	1
	1	1					2	1	1
	1	1		1	1				
1				4	3	1	1	1	
				1	1		3	1	2
3	**33**	**22**	**11**	**22**	**16**	**6**	**32**	**21**	**11**
1	2	2							
	2	1	1	2	2		2	2	
	5	4	1	1	1		6	3	3
							2	2	
	4	3	1	2	2		5	2	3
1	10	4	6	5	4	1	4	2	2
	8	6	2	7	4	3	7	6	1
1	2	2		5	3	2	6	4	2
6	**38**	**27**	**11**	**38**	**28**	**10**	**50**	**39**	**11**
	4	3	1	1	1		1	1	
3	5	4	1	2	1	1	9	6	3
1	8	4	4	11	7	4	12	11	1
	4	4		4	3	1	4	3	1
	10	8	2	14	11	3	9	8	1
1	1	1		1	1		3	3	
1	6	3	3	5	4	1	12	7	5
7	**34**	**29**	**5**	**36**	**26**	**10**	**52**	**42**	**10**
1	7	5	2	7	5	2	9	7	2
1	4	3	1	5	5		9	7	2
2	1	1		6	3	3	7	7	
1	3	3		4	2	2	10	10	
	4	4		1		1	3	3	
	4	3	1	7	7		8	5	3
	5	4	1	4	2	2	3	3	
2	2	2					3		3
	4	4		2	2				
6	**22**	**15**	**7**	**27**	**20**	**7**	**29**	**17**	**12**
2	5	3	2	4	2	2	2	2	
1	3	3		4	4		2	2	
	4	1	3	8	4	4	7	5	2
1	5	4	1	4	3	1	6	2	4
				2	2		2	1	1
1	4	4		4	4		7	3	4
1	1		1	1	1		3	2	1
4	**7**	**5**	**2**	**11**	**5**	**6**	**22**	**16**	**6**
				4		4	1	1	
	1	1		1	1		3	2	1
3	1	1					5	4	1
	2	2					3	1	2
	3	1	2	3	2	1	4	4	
1				3	2	1	6	4	2

6-1b 各地区分年龄、性别的

地区	45-49 岁			50-54 岁			55-59 岁	
	小计	男	女	小计	男	女	小计	男
合计	**933**	**679**	**254**	**1478**	**978**	**500**	**1658**	**1125**
兰州市	**75**	**48**	**27**	**108**	**74**	**34**	**156**	**115**
城关区				1		1	2	2
七里河区	8	5	3	13	9	4	23	19
西固区	12	6	6	13	9	4	14	13
安宁区								
红古区	6	4	2	5	3	2	10	7
永登县	17	13	4	30	23	7	35	25
皋兰县	9	5	4	9	6	3	14	9
榆中县	19	13	6	22	13	9	31	21
兰州新区	4	2	2	15	11	4	27	19
嘉峪关市	**1**	**1**		**2**	**2**		**5**	**3**
市辖区	1	1		2	2		5	3
金昌市	**28**	**21**	**7**	**41**	**26**	**15**	**52**	**31**
金川区				1	1			
永昌县	28	21	7	40	25	15	52	31
白银市	**56**	**39**	**17**	**95**	**61**	**34**	**85**	**56**
白银区	1		1	3	2	1	2	2
平川区	8	6	2	10	8	2	8	5
靖远县	24	17	7	35	19	16	34	24
会宁县	11	7	4	24	16	8	24	14
景泰县	12	9	3	23	16	7	17	11
天水市	**118**	**101**	**17**	**194**	**141**	**53**	**165**	**114**
秦州区	17	14	3	25	19	6	26	19
麦积区	12	11	1	16	10	6	26	15
清水县	14	11	3	29	22	7	21	14
秦安县	17	16	1	27	21	6	18	13
甘谷县	24	22	2	41	27	14	34	26
武山县	17	13	4	32	25	7	22	16
张家川回族自治县	17	14	3	24	17	7	18	11
武威市	**82**	**60**	**22**	**122**	**69**	**53**	**161**	**109**
凉州区	35	26	9	54	31	23	77	53
民勤县	22	14	8	24	14	10	16	9
古浪县	15	12	3	24	10	14	37	26
天祝藏族自治县	10	8	2	20	14	6	31	21
张掖市	**56**	**39**	**17**	**88**	**57**	**31**	**87**	**54**
甘州区	2		2	4	2	2	6	5
肃南裕固族自治县	2	2		5	2	3	3	3
民乐县	17	11	6	21	15	6	23	11
临泽县	6	4	2	7	4	3	13	10
高台县	13	12	1	19	15	4	21	15
山丹县	16	10	6	32	19	13	21	10
平凉市	**71**	**53**	**18**	**136**	**82**	**54**	**146**	**102**
崆峒区	10	9	1	15	9	6	11	6
泾川县	17	16	1	26	15	11	30	18
灵台县	4	3	1	27	15	12	23	14
崇信县	4	3	1	9	7	2	10	8
庄浪县	17	10	7	24	14	10	33	24
静宁县	12	5	7	28	17	11	21	15
华亭市	7	7		7	5	2	18	17

死亡人口（2019.11.1–2020.10.31）（镇）（续 4）

单位：人

	60–64 岁			65–69 岁			70–74 岁		
女	小计	男	女	小计	男	女	小计	男	女
533	**1900**	**1282**	**618**	**3110**	**1902**	**1208**	**4205**	**2471**	**1734**
41	**164**	**117**	**47**	**275**	**158**	**117**	**368**	**214**	**154**
	2	2		2	2		5	3	2
4	18	14	4	27	15	12	37	23	14
1	16	10	6	18	11	7	28	15	13
3	7	5	2	18	11	7	13	5	8
10	50	36	14	83	47	36	103	61	42
5	16	13	3	26	15	11	40	23	17
10	31	19	12	62	26	36	90	52	38
8	24	18	6	39	31	8	52	32	20
2	**5**	**3**	**2**	**11**	**3**	**8**	**15**	**10**	**5**
2	5	3	2	11	3	8	15	10	5
21	**40**	**29**	**11**	**70**	**42**	**28**	**107**	**61**	**46**
				3	1	2	4	2	2
21	40	29	11	67	41	26	103	59	44
29	**109**	**73**	**36**	**168**	**88**	**80**	**210**	**126**	**84**
	4	4		4	4		5	2	3
3	16	10	6	14	8	6	25	19	6
10	47	29	18	74	39	35	81	48	33
10	23	18	5	42	24	18	68	40	28
6	19	12	7	34	13	21	31	17	14
51	**201**	**125**	**76**	**398**	**242**	**156**	**496**	**286**	**210**
7	23	10	13	44	29	15	64	34	30
11	18	14	4	34	19	15	30	15	15
7	25	18	7	39	24	15	56	32	24
5	30	25	5	65	40	25	67	41	26
8	62	27	35	116	70	46	153	89	64
6	24	15	9	56	34	22	73	42	31
7	19	16	3	44	26	18	53	33	20
52	**175**	**107**	**68**	**280**	**174**	**106**	**396**	**225**	**171**
24	86	47	39	137	95	42	182	104	78
7	20	13	7	36	19	17	58	31	27
11	43	30	13	64	32	32	95	58	37
10	26	17	9	43	28	15	61	32	29
33	**133**	**93**	**40**	**216**	**136**	**80**	**305**	**188**	**117**
1	13	7	6	19	9	10	25	16	9
	3	3		2	2		11	7	4
12	45	29	16	50	31	19	76	40	36
3	28	21	7	25	16	9	47	30	17
6	18	14	4	44	28	16	66	44	22
11	26	19	7	76	50	26	80	51	29
44	**155**	**107**	**48**	**266**	**169**	**97**	**355**	**214**	**141**
5	9	7	2	12	9	3	32	16	16
12	42	29	13	76	43	33	86	50	36
9	24	18	6	36	21	15	56	38	18
2	8	8		9	7	2	18	10	8
9	28	14	14	49	36	13	78	47	31
6	27	22	5	54	32	22	49	27	22
1	17	9	8	30	21	9	36	26	10

6-1b 各地区分年龄、性别的

地区	45-49岁			50-54岁			55-59岁	
	小计	男	女	小计	男	女	小计	男
酒泉市	**44**	**32**	**12**	**60**	**42**	**18**	**72**	**55**
肃州区	5	4	1	12	8	4	11	6
金塔县	4	4		11	9	2	12	9
瓜州县	14	10	4	7	5	2	24	21
肃北蒙古族自治县	2	1	1	2	1	1		
阿克塞哈萨克族自治县	1	1		4	4		3	3
玉门市	12	10	2	21	12	9	11	9
敦煌市	6	2	4	3	3		11	7
庆阳市	**60**	**35**	**25**	**97**	**60**	**37**	**139**	**90**
西峰区	2	1	1				3	2
庆城县	11	8	3	13	8	5	19	12
环　县	6	3	3	10	8	2	10	5
华池县	4	2	2	6	6		16	9
合水县	4	2	2	12	5	7	10	9
正宁县	14	8	6	18	10	8	37	26
宁　县	16	9	7	32	20	12	26	21
镇原县	3	2	1	6	3	3	18	6
定西市	**118**	**87**	**31**	**164**	**119**	**45**	**213**	**141**
安定区	7	7		12	7	5	8	4
通渭县	11	8	3	11	7	4	19	11
陇西县	32	22	10	56	42	14	70	51
渭源县	20	11	9	18	13	5	34	19
临洮县	24	19	5	38	27	11	53	35
漳　县	9	8	1	6	6		8	7
岷　县	15	12	3	23	17	6	21	14
陇南市	**135**	**102**	**33**	**226**	**150**	**76**	**219**	**145**
武都区	19	14	5	30	22	8	25	20
成　县	23	15	8	40	24	16	44	30
文　县	12	11	1	26	17	9	12	8
宕昌县	17	12	5	24	14	10	16	10
康　县	8	5	3	20	14	6	14	8
西和县	14	10	4	30	24	6	38	26
礼　县	22	16	6	26	16	10	35	23
徽　县	16	15	1	24	14	10	28	16
两当县	4	4		6	5	1	7	4
临夏回族自治州	**52**	**34**	**18**	**87**	**53**	**34**	**101**	**70**
临夏市	2	2		2	1	1	5	4
临夏县	7	6	1	10	5	5	5	4
康乐县	9	6	3	11	7	4	11	7
永靖县	12	10	2	29	20	9	31	23
广河县	2	1	1	10	6	4	8	6
和政县	10	4	6	5	5		15	11
东乡族自治县	4	2	2	12	7	5	12	7
积石山保安族东乡族撒拉族自治县	6	3	3	8	2	6	14	8
甘南藏族自治州	**37**	**27**	**10**	**58**	**42**	**16**	**57**	**40**
合作市	1	1		3	2	1		
临潭县	5	4	1	10	7	3	11	8
卓尼县	5	4	1	10	7	3	14	9
舟曲县	12	8	4	13	9	4	9	8
迭部县	4	2	2	3	3		6	6
玛曲县	2	2		6	4	2	4	3
碌曲县	3	2	1	3	3		4	2
夏河县	5	4	1	10	7	3	9	4

死亡人口（2019.11.1–2020.10.31）（镇）（续5）

单位：人

	60–64岁			65–69岁			70–74岁		
女	小计	男	女	小计	男	女	小计	男	女
17	**99**	**67**	**32**	**170**	**113**	**57**	**188**	**110**	**78**
5	15	10	5	31	25	6	30	23	7
3	23	11	12	45	27	18	41	22	19
3	21	14	7	30	18	12	39	24	15
	2	1	1	3	2	1	9	8	1
	3	2	1	7	6	1	4	2	2
2	23	19	4	36	23	13	51	21	30
4	12	10	2	18	12	6	14	10	4
49	**168**	**117**	**51**	**220**	**138**	**82**	**309**	**180**	**129**
1	1		1	5	4	1	6	5	1
7	17	13	4	20	11	9	26	16	10
5	14	11	3	31	20	11	31	21	10
7	10	7	3	13	10	3	17	12	5
1	18	13	5	24	14	10	26	14	12
11	42	26	16	50	31	19	86	46	40
5	41	28	13	56	34	22	67	39	28
12	25	19	6	21	14	7	50	27	23
72	**238**	**166**	**72**	**356**	**222**	**134**	**552**	**333**	**219**
4	11	9	2	19	8	11	20	12	8
8	10	5	5	27	17	10	46	23	23
19	74	55	19	102	70	32	158	100	58
15	24	13	11	59	34	25	80	48	32
18	76	55	21	92	55	37	143	93	50
1	17	12	5	18	14	4	39	21	18
7	26	17	9	39	24	15	66	36	30
74	**242**	**156**	**86**	**412**	**244**	**168**	**539**	**320**	**219**
5	30	21	9	43	33	10	55	35	20
14	62	37	25	87	50	37	132	70	62
4	15	10	5	30	20	10	33	25	8
6	30	20	10	56	33	23	72	42	30
6	15	9	6	28	15	13	31	17	14
12	31	21	10	65	35	30	83	58	25
12	23	16	7	61	34	27	75	43	32
12	30	17	13	37	20	17	45	24	21
3	6	5	1	5	4	1	13	6	7
31	**125**	**87**	**38**	**180**	**112**	**68**	**236**	**124**	**112**
1	3	2	1	4	2	2	11	1	10
1	17	14	3	21	15	6	30	15	15
4	17	8	9	30	21	9	41	22	19
8	34	28	6	51	33	18	53	28	25
2	18	14	4	18	7	11	23	8	15
4	12	9	3	29	22	7	27	19	8
5	4	2	2	16	6	10	23	14	9
6	20	10	10	11	6	5	28	17	11
17	**46**	**35**	**11**	**88**	**61**	**27**	**129**	**80**	**49**
	1	1					2	1	1
3	12	8	4	29	22	7	26	16	10
5	9	8	1	18	11	7	23	12	11
1	8	7	1	18	12	6	27	16	11
	2	2		7	5	2	7	4	3
1				4	3	1	9	8	1
2	4	4		2	2		4	2	2
5	10	5	5	10	6	4	31	21	10

6-1b 各地区分年龄、性别的

地区	75-79 岁			80-84 岁			85-89 岁	
	小计	男	女	小计	男	女	小计	男
合计	**5190**	**2887**	**2303**	**4873**	**2474**	**2399**	**3021**	**1415**
兰州市	**453**	**271**	**182**	**493**	**267**	**226**	**292**	**136**
城关区	4	4		2	1	1		
七里河区	54	25	29	45	21	24	33	14
西固区	43	22	21	69	40	29	48	26
安宁区								
红古区	25	15	10	44	23	21	16	7
永登县	112	63	49	120	64	56	65	32
皋兰县	44	29	15	67	34	33	39	18
榆中县	113	78	35	95	58	37	68	24
兰州新区	58	35	23	51	26	25	23	15
嘉峪关市	**7**	**4**	**3**	**7**	**5**	**2**	**3**	**1**
市辖区	7	4	3	7	5	2	3	1
金昌市	**168**	**104**	**64**	**158**	**73**	**85**	**64**	**33**
金川区	1		1	3	2	1		
永昌县	167	104	63	155	71	84	64	33
白银市	**336**	**180**	**156**	**357**	**183**	**174**	**229**	**115**
白银区	5	2	3	7	2	5	2	1
平川区	29	15	14	13	9	4	16	8
靖远县	148	75	73	175	92	83	97	37
会宁县	98	61	37	97	49	48	64	37
景泰县	56	27	29	65	31	34	50	32
天水市	**559**	**326**	**233**	**515**	**272**	**243**	**399**	**183**
秦州区	64	33	31	56	33	23	44	21
麦积区	28	18	10	35	19	16	19	12
清水县	64	31	33	46	25	21	26	11
秦安县	97	62	35	77	33	44	87	35
甘谷县	166	109	57	147	76	71	123	52
武山县	76	42	34	91	52	39	50	28
张家川回族自治县	64	31	33	63	34	29	50	24
武威市	**499**	**267**	**232**	**455**	**210**	**245**	**242**	**123**
凉州区	225	123	102	193	84	109	119	61
民勤县	73	36	37	84	45	39	48	20
古浪县	124	68	56	124	53	71	55	34
天祝藏族自治县	77	40	37	54	28	26	20	8
张掖市	**349**	**190**	**159**	**213**	**96**	**117**	**114**	**49**
甘州区	28	12	16	16	6	10	4	4
肃南裕固族自治县	23	11	12	15	5	10	6	2
民乐县	85	51	34	46	21	25	25	8
临泽县	45	27	18	23	13	10	22	10
高台县	81	43	38	49	22	27	24	11
山丹县	87	46	41	64	29	35	33	14
平凉市	**441**	**237**	**204**	**402**	**199**	**203**	**249**	**127**
崆峒区	25	14	11	23	11	12	20	10
泾川县	123	68	55	111	58	53	58	29
灵台县	68	37	31	57	20	37	23	16
崇信县	29	7	22	24	15	9	5	2
庄浪县	78	40	38	62	31	31	58	32
静宁县	69	43	26	86	44	42	68	32
华亭市	49	28	21	39	20	19	17	6

死亡人口（2019.11.1–2020.10.31）（镇）（续 6）

单位：人

	90–94 岁			95–99 岁			100 岁及以上		
女	小计	男	女	小计	男	女	小计	男	女
1606	**801**	**356**	**445**	**195**	**74**	**121**	**46**	**22**	**24**
156	**84**	**37**	**47**	**11**	**6**	**5**	**3**	**1**	**2**
	1	1							
19	3	2	1	2	1	1	1		1
22	22	15	7	2	2				
9	5		5						
33	15	4	11	2	2				
21	11	3	8	2	1	1			
44	25	11	14	3		3	2	1	1
8	2	1	1						
2									
2									
31	**16**	**10**	**6**	**6**	**1**	**5**			
31	16	10	6	6	1	5			
114	**59**	**28**	**31**	**21**	**9**	**12**	**1**	**1**	
1	3	1	2	2		2			
8	4	3	1	1	1		1	1	
60	21	13	8	7	1	6			
27	25	8	17	8	4	4			
18	6	3	3	3	3				
216	**124**	**48**	**76**	**42**	**10**	**32**	**13**	**6**	**7**
23	13	7	6	5	2	3			
7	13	7	6	2	1	1	2	1	1
15	3	3		1	1				
52	23	6	17	6		6	1		1
71	39	13	26	7	1	6			
22	11	5	6	11	2	9	8	3	5
26	22	7	15	10	3	7	2	2	
119	**67**	**37**	**30**	**9**	**4**	**5**	**3**	**2**	**1**
58	31	18	13	3	2	1	2	2	
28	17	7	10						
21	15	9	6	5	2	3	1		1
12	4	3	1	1		1			
65	**25**	**15**	**10**	**3**	**1**	**2**			
	1	1							
4	4	4		1	1				
17	3	1	2	1		1			
12	3	1	2						
13	2	2		1		1			
19	12	6	6						
122	**54**	**27**	**27**	**12**	**7**	**5**	**4**	**3**	**1**
10	4	2	2	1	1		1	1	
29	9	4	5	1		1	1	1	
7	4	3	1	3	1	2			
3	2	2							
26	17	6	11	2	1	1	2	1	1
36	12	7	5	3	3				
11	6	3	3	2	1	1			

6-1b 各地区分年龄、性别的

地区	75-79 岁			80-84 岁			85-89 岁	
	小计	男	女	小计	男	女	小计	男
酒泉市	**225**	**130**	**95**	**182**	**102**	**80**	**95**	**43**
肃州区	22	11	11	21	9	12	11	7
金塔县	57	30	27	49	31	18	26	16
瓜州县	49	30	19	41	20	21	17	8
肃北蒙古族自治县	9	5	4	8	6	2	6	1
阿克塞哈萨克族自治县	3	2	1	4	2	2	1	
玉门市	65	38	27	39	23	16	23	5
敦煌市	20	14	6	20	11	9	11	6
庆阳市	**440**	**242**	**198**	**384**	**198**	**186**	**245**	**119**
西峰区	5	3	2	4		4	4	1
庆城县	36	25	11	18	5	13	18	12
环　县	42	25	17	39	20	19	21	11
华池县	30	20	10	16	9	7	10	7
合水县	60	34	26	35	19	16	20	11
正宁县	113	59	54	89	50	39	59	27
宁　县	95	42	53	108	54	54	81	30
镇原县	59	34	25	75	41	34	32	20
定西市	**613**	**329**	**284**	**615**	**312**	**303**	**425**	**175**
安定区	32	18	14	34	14	20	30	14
通渭县	45	25	20	72	35	37	56	24
陇西县	188	89	99	215	115	100	148	61
渭源县	98	54	44	74	39	35	43	20
临洮县	137	76	61	117	59	58	81	26
漳　县	42	24	18	33	16	17	28	11
岷　县	71	43	28	70	34	36	39	19
陇南市	**617**	**340**	**277**	**571**	**306**	**265**	**353**	**158**
武都区	80	53	27	70	38	32	56	27
成　县	123	65	58	105	55	50	57	23
文　县	42	18	24	50	30	20	34	16
宕昌县	86	43	43	74	36	38	51	22
康　县	43	28	15	31	24	7	16	6
西和县	89	50	39	66	31	35	48	24
礼　县	77	50	27	98	51	47	53	24
徽　县	65	27	38	56	32	24	33	13
两当县	12	6	6	21	9	12	5	3
临夏回族自治州	**313**	**170**	**143**	**359**	**175**	**184**	**206**	**108**
临夏市	4	3	1	9	2	7	5	2
临夏县	51	30	21	37	21	16	32	17
康乐县	55	36	19	59	27	32	33	15
永靖县	77	43	34	97	48	49	64	37
广河县	32	16	16	51	28	23	31	17
和政县	39	21	18	44	19	25	22	9
东乡族自治县	27	8	19	30	16	14	13	8
积石山保安族东乡族撒拉族自治县	28	13	15	32	14	18	6	3
甘南藏族自治州	**170**	**97**	**73**	**162**	**76**	**86**	**105**	**45**
合作市	7	4	3	4	2	2	4	1
临潭县	44	31	13	34	18	16	18	9
卓尼县	28	14	14	25	11	14	27	8
舟曲县	35	19	16	35	12	23	15	6
迭部县	14	7	7	14	6	8	6	5
玛曲县	8	6	2	12	5	7	8	6
碌曲县	8	3	5	14	8	6	6	3
夏河县	26	13	13	24	14	10	21	7

死亡人口（2019.11.1–2020.10.31）（镇）（续7）

单位：人

	90–94岁			95–99岁			100岁及以上		
女	小计	男	女	小计	男	女	小计	男	女
52	**25**	**15**	**10**	**1**	**1**		**1**		**1**
4	3	1	2	1	1		1		1
10	10	6	4						
9	6	5	1						
5									
1									
18	5	3	2						
5	1		1						
126	**61**	**29**	**32**	**15**	**10**	**5**	**4**	**2**	**2**
3	1		1						
6	5	5					2	1	1
10	5	4	1	1	1				
3	4	2	2	2	2				
9	4		4	1	1				
32	14	7	7	5	4	1	1	1	
51	17	7	10	4	2	2	1		1
12	11	4	7	2		2			
250	**88**	**41**	**47**	**20**	**7**	**13**	**7**	**3**	**4**
16	1	1					1		1
32	13	6	7	1		1			
87	36	19	17	8	2	6	1		1
23	10	3	7	1	1		1	1	
55	19	8	11	6	1	5			
17	7	3	4	2	1	1	2		2
20	2	1	1	2	2		2	2	
195	**122**	**41**	**81**	**30**	**6**	**24**	**5**	**2**	**3**
29	24	9	15	3		3			
34	20	9	11	5	1	4	1	1	
18	11	3	8	8	3	5	1	1	
29	8		8	3		3	2		2
10	6	1	5						
24	12	4	8	1		1			
29	16	5	11	4	1	3	1		1
20	22	8	14	6	1	5			
2	3	2	1						
98	**51**	**24**	**27**	**19**	**10**	**9**	**4**	**2**	**2**
3	1	1							
15	4	1	3	1	1				
18	9	5	4	7	2	5	1	1	
27	12	5	7	4	3	1			
14	9	3	6	4	3	1	1		1
13	5	2	3	1		1	1		1
5	9	6	3	2	1	1	1	1	
3	2	1	1						
60	**25**	**4**	**21**	**6**	**2**	**4**	**1**		**1**
3	4	1	3						
9							1		1
19	2		2						
9	4		4						
1	4	1	3						
2	6	1	5	2	1	1			
3	1		1	2		2			
14	4	1	3	2	1	1			

6-1c 各地区分年龄、性别的

地区	死亡人口			0岁			
	合计	男	女	小计	男	女	小计
合计	**100343**	**56155**	**44188**	**410**	**215**	**195**	**392**
兰州市	**6211**	**3497**	**2714**	**16**	**6**	**10**	**25**
城关区	43	26	17				1
七里河区	510	291	219	4	2	2	
西固区	221	130	91				1
安宁区							
红古区	237	128	109				1
永登县	2009	1143	866	4	2	2	6
皋兰县	450	240	210				3
榆中县	2262	1286	976	6	2	4	9
兰州新区	479	253	226	2		2	4
嘉峪关市	**100**	**55**	**45**				**1**
市辖区	100	55	45				1
金昌市	**1185**	**675**	**510**	**3**	**1**	**2**	**5**
金川区	201	128	73				
永昌县	984	547	437	3	1	2	5
白银市	**6309**	**3413**	**2896**	**31**	**16**	**15**	**19**
白银区	357	187	170	1		1	
平川区	392	217	175	4	2	2	1
靖远县	1598	842	756	8	5	3	4
会宁县	2980	1628	1352	10	4	6	13
景泰县	982	539	443	8	5	3	1
天水市	**11441**	**6460**	**4981**	**28**	**20**	**8**	**29**
秦州区	1535	860	675	8	5	3	5
麦积区	1442	817	625	1	1		1
清水县	1031	572	459	1	1		2
秦安县	2570	1408	1162	2	1	1	5
甘谷县	2014	1167	847	2	2		4
武山县	1437	833	604	3	2	1	6
张家川回族自治县	1412	803	609	11	8	3	6
武威市	**7874**	**4231**	**3643**	**32**	**22**	**10**	**15**
凉州区	3648	1962	1686	16	10	6	8
民勤县	1648	881	767	6	4	2	2
古浪县	1691	873	818	8	7	1	3
天祝藏族自治县	887	515	372	2	1	1	2
张掖市	**5339**	**2991**	**2348**	**14**	**9**	**5**	**10**
甘州区	2101	1188	913	8	4	4	2
肃南裕固族自治县	157	85	72				1
民乐县	974	540	434	2	1	1	1
临泽县	599	341	258				2
高台县	783	442	341	1	1		2
山丹县	725	395	330	3	3		2
平凉市	**9251**	**5263**	**3988**	**20**	**8**	**12**	**23**
崆峒区	1351	759	592	2		2	4
泾川县	1460	797	663	2	1	1	6
灵台县	1151	688	463	2	2		4
崇信县	451	245	206				
庄浪县	1808	1041	767	3	2	1	2
静宁县	2318	1315	1003	8	2	6	7
华亭市	712	418	294	3	1	2	

死亡人口（2019.11.1–2020.10.31）（乡村）

单位：人

1–4岁		5–9岁			10–14岁		
男	女	小计	男	女	小计	男	女
223	**169**	**263**	**159**	**104**	**252**	**154**	**98**
14	**11**	**12**	**8**	**4**	**13**	**10**	**3**
	1						
		3	3		2	2	
1							
1					1	1	
2	4	4	2	2	5	2	3
2	1	1		1	1	1	
6	3	4	3	1	3	3	
2	2				1	1	
1					**1**	**1**	
1					1	1	
4	**1**				**2**	**1**	**1**
4	1				2	1	1
12	**7**	**15**	**8**	**7**	**13**	**11**	**2**
		1	1				
1					1	1	
2	2	3	1	2	5	5	
9	4	8	5	3	5	4	1
	1	3	1	2	2	1	1
18	**11**	**21**	**13**	**8**	**28**	**10**	**18**
2	3	1		1	2		2
1					7	5	2
2					2	1	1
3	2	2	2		3	1	2
2	2	6	4	2	5	2	3
5	1	5	2	3	3		3
3	3	7	5	2	6	1	5
8	**7**	**11**	**5**	**6**	**15**	**11**	**4**
4	4	7	5	2	10	8	2
1	1	1		1	1	1	
2	1	3		3	2		2
1	1				2	2	
4	**6**	**9**	**4**	**5**	**10**	**6**	**4**
1	1	3	2	1	4	3	1
	1				1		1
	1	2	1	1	1		1
1	1	2	1	1			
2		1		1	2	1	1
	2	1		1	2	2	
14	**9**	**17**	**9**	**8**	**12**	**5**	**7**
4		1		1	5	3	2
5	1	3	3		1		1
1	3	2	1	1	1		1
	2	5	2	3	3	1	2
4	3	5	3	2	2	1	1
		1		1			

6-1c 各地区分年龄、性别的

地区	死亡人口			0岁			
	合计	男	女	小计	男	女	小计
酒泉市	**3291**	**1906**	**1385**	**10**	**4**	**6**	**10**
肃州区	1167	692	475				2
金塔县	739	418	321	2	1	1	3
瓜州县	509	293	216	3		3	2
肃北蒙古族自治县	28	16	12				
阿克塞哈萨克族自治县	17	11	6				
玉门市	359	215	144	2	1	1	3
敦煌市	472	261	211	3	2	1	
庆阳市	**10550**	**5828**	**4722**	**36**	**22**	**14**	**36**
西峰区	1356	717	639	11	8	3	5
庆城县	1231	706	525	2	1	1	3
环　县	1534	898	636	5	3	2	9
华池县	665	381	284	4	4		2
合水县	680	394	286	2	1	1	
正宁县	862	474	388	3		3	6
宁　县	1782	930	852	3	2	1	5
镇原县	2440	1328	1112	6	3	3	6
定西市	**13447**	**7461**	**5986**	**25**	**13**	**12**	**41**
安定区	2000	1086	914	4	2	2	6
通渭县	1805	994	811	3	2	1	3
陇西县	2167	1230	937	2	1	1	10
渭源县	1958	1044	914	5	3	2	4
临洮县	2428	1378	1050	3	1	2	7
漳　县	1025	582	443	1		1	3
岷　县	2064	1147	917	7	4	3	8
陇南市	**13389**	**7789**	**5600**	**30**	**13**	**17**	**32**
武都区	2709	1673	1036	14	6	8	11
成　县	1319	760	559	2	2		4
文　县	951	537	414	1		1	2
宕昌县	1666	920	746	3	1	2	1
康　县	1286	744	542	4	2	2	1
西和县	2078	1192	886	1		1	6
礼　县	1926	1098	828	2		2	5
徽　县	1209	719	490	3	2	1	2
两当县	245	146	99				
临夏回族自治州	**9074**	**5054**	**4020**	**128**	**63**	**65**	**121**
临夏市	229	121	108	3	1	2	1
临夏县	2267	1272	995	26	13	13	15
康乐县	1573	859	714	13	5	8	13
永靖县	795	482	313				4
广河县	733	390	343	11	7	4	24
和政县	1003	569	434	11	5	6	12
东乡族自治县	1191	652	539	38	15	23	32
积石山保安族东乡族撒拉族自治县	1283	709	574	26	17	9	20
甘南藏族自治州	**2882**	**1532**	**1350**	**37**	**18**	**19**	**25**
合作市	144	73	71	5	3	2	3
临潭县	595	319	276	4	1	3	1
卓尼县	424	221	203	5	1	4	1
舟曲县	641	346	295	2	2		2
迭部县	302	159	143	4	2	2	3
玛曲县	239	120	119	5	2	3	10
碌曲县	111	53	58	1	1		3
夏河县	426	241	185	11	6	5	2

死亡人口（2019.11.1–2020.10.31）（乡村）（续 1）

单位：人

1–4 岁		5–9 岁			10–14 岁		
男	女	小计	男	女	小计	男	女
5	**5**	**6**	**5**	**1**	**9**	**5**	**4**
	2				3	2	1
2	1	3	3		1	1	
1	1				4	1	3
2	1	3	2	1	1	1	
25	**11**	**30**	**24**	**6**	**20**	**13**	**7**
4	1	3	2	1	4	3	1
2	1	4	4		4	1	3
7	2	8	6	2			
1	1	4	4				
		1		1	1	1	
4	2	2	1	1	4	3	1
4	1	4	4		6	5	1
3	3	4	3	1	1		1
27	**14**	**22**	**9**	**13**	**24**	**12**	**12**
4	2	7	1	6			
2	1	2		2	1	1	
7	3	3	2	1	2	1	1
2	2	2	1	1	2	1	1
6	1	3	2	1	8	3	5
2	1	3	1	2	4	3	1
4	4	2	2		7	3	4
16	**16**	**27**	**20**	**7**	**26**	**18**	**8**
7	4	11	8	3	6	4	2
	4						
1	1				3	3	
	1	2	1	1	3	1	2
	1	3	3				
4	2	4	4		3	1	2
2	3	5	3	2	4	4	
2		2	1	1	7	5	2
62	**59**	**79**	**49**	**30**	**65**	**44**	**21**
1		3	3		1		1
8	7	8	4	4	6	5	1
5	8	8	5	3	4	4	
2	2	2	2		3	1	2
16	8	13	7	6	11	8	3
3	9	5	3	2	4	2	2
15	17	28	16	12	24	15	9
12	8	12	9	3	12	9	3
13	**12**	**14**	**5**	**9**	**14**	**7**	**7**
2	1				1		1
1		2	1	1	1	1	
1		3	1	2	3	2	1
	2	3	1	2	2	2	
1	2						
5	5	3	1	2	4	1	3
2	1	1		1	2	1	1
1	1	2	1	1	1		1

6-1c 各地区分年龄、性别的

地区	15-19 岁			20-24 岁			25-29 岁	
	小计	男	女	小计	男	女	小计	男
合计	**341**	**229**	**112**	**515**	**334**	**181**	**743**	**540**
兰州市	**18**	**13**	**5**	**22**	**14**	**8**	**31**	**22**
城关区	1		1					
七里河区	1	1		3	2	1	2	2
西固区				1		1		
安宁区								
红古区	1	1		1		1	1	1
永登县	4	3	1	6	4	2	13	10
皋兰县				1		1	4	1
榆中县	10	8	2	8	6	2	7	6
兰州新区	1		1	2	2		4	2
嘉峪关市								
市辖区								
金昌市	**4**	**4**		**4**	**2**	**2**	**3**	**3**
金川区				1		1		
永昌县	4	4		3	2	1	3	3
白银市	**16**	**9**	**7**	**22**	**18**	**4**	**55**	**41**
白银区								
平川区				1		1	3	2
靖远县	6	5	1	12	11	1	20	15
会宁县	8	4	4	5	5		21	15
景泰县	2		2	4	2	2	11	9
天水市	**36**	**21**	**15**	**78**	**54**	**24**	**89**	**67**
秦州区	1	1		7	5	2	13	10
麦积区	1		1	11	7	4	12	10
清水县	3	1	2	7	5	2	6	4
秦安县	5	3	2	19	12	7	17	11
甘谷县	13	9	4	10	7	3	10	9
武山县	2		2	12	8	4	14	9
张家川回族自治县	11	7	4	12	10	2	17	14
武威市	**17**	**14**	**3**	**34**	**20**	**14**	**51**	**37**
凉州区	7	5	2	16	11	5	25	18
民勤县	4	4		4	2	2	10	8
古浪县	5	4	1	11	6	5	7	6
天祝藏族自治县	1	1		3	1	2	9	5
张掖市	**14**	**10**	**4**	**14**	**9**	**5**	**19**	**14**
甘州区	3	2	1	11	6	5	5	5
肃南裕固族自治县								
民乐县	4	2	2	1	1		4	3
临泽县	4	4		1	1		2	1
高台县	2	1	1					
山丹县	1	1		1	1		8	5
平凉市	**27**	**19**	**8**	**38**	**23**	**15**	**73**	**49**
崆峒区	9	4	5	7	5	2	10	7
泾川县	2	2		9	5	4	11	7
灵台县	3	3		3		3	11	7
崇信县				1	1		1	1
庄浪县	6	5	1	7	5	2	13	10
静宁县	5	3	2	8	5	3	19	11
华亭市	2	2		3	2	1	8	6

死亡人口（2019.11.1–2020.10.31）（乡村）（续 2）

单位：人

	30–34 岁			35–39 岁			40–44 岁		
女	小计	男	女	小计	男	女	小计	男	女
203	**929**	**663**	**266**	**903**	**628**	**275**	**1248**	**885**	**363**
9	**60**	**41**	**19**	**51**	**32**	**19**	**65**	**48**	**17**
							2	2	
	11	7	4	3	2	1	7	5	2
	4	3	1				2	1	1
	3	1	2	1	1		1	1	
3	18	13	5	26	16	10	27	23	4
3	2	1	1	3	2	1	3	2	1
1	21	15	6	15	10	5	18	13	5
2	1	1		3	1	2	5	1	4
	1	**1**		**1**	**1**		**3**	**3**	
	1	1		1	1		3	3	
	9	**8**	**1**	**11**	**6**	**5**	**12**	**8**	**4**
	3	3					4	2	2
	6	5	1	11	6	5	8	6	2
14	**68**	**53**	**15**	**65**	**46**	**19**	**53**	**37**	**16**
	4	2	2	3		3	2	1	1
1	3	2	1	5	3	2	5	3	2
5	19	15	4	22	16	6	18	10	8
6	30	25	5	22	17	5	21	17	4
2	12	9	3	13	10	3	7	6	1
22	**89**	**64**	**25**	**112**	**76**	**36**	**151**	**106**	**45**
3	12	10	2	14	7	7	18	12	6
2	14	11	3	13	10	3	21	17	4
2	6	6		10	6	4	14	11	3
6	19	14	5	22	17	5	24	13	11
1	13	6	7	19	13	6	29	24	5
5	12	7	5	19	14	5	34	22	12
3	13	10	3	15	9	6	11	7	4
14	**65**	**40**	**25**	**62**	**47**	**15**	**71**	**48**	**23**
7	38	22	16	35	29	6	31	22	9
2	8	7	1	4	4		12	8	4
1	12	7	5	14	6	8	16	8	8
4	7	4	3	9	8	1	12	10	2
5	**43**	**39**	**4**	**42**	**28**	**14**	**62**	**41**	**21**
	14	13	1	13	8	5	29	18	11
	3	3		2		2	3	2	1
1	9	9		8	6	2	12	10	2
1	6	3	3	8	6	2	7	5	2
	6	6		6	4	2	7	4	3
3	5	5		5	4	1	4	2	2
24	**78**	**55**	**23**	**64**	**44**	**20**	**91**	**64**	**27**
3	15	12	3	11	7	4	20	13	7
4	16	11	5	10	7	3	13	9	4
4	9	6	3	1	1		12	10	2
	5	4	1	1	1		7	6	1
3	16	11	5	14	11	3	18	14	4
8	11	8	3	19	10	9	13	7	6
2	6	3	3	8	7	1	8	5	3

6-1c 各地区分年龄、性别的

地区	15-19 岁			20-24 岁			25-29 岁	
	小计	男	女	小计	男	女	小计	男
酒泉市	**5**	**2**	**3**	**20**	**14**	**6**	**28**	**23**
肃州区	2		2	7	4	3	9	8
金塔县	2	1	1	5	4	1	8	7
瓜州县	1	1		5	4	1	3	2
肃北蒙古族自治县								
阿克塞哈萨克族自治县				1	1			
玉门市				2	1	1	3	1
敦煌市							5	5
庆阳市	**43**	**30**	**13**	**47**	**35**	**12**	**75**	**52**
西峰区	6	4	2	7	5	2	6	5
庆城县	5	3	2	7	6	1	13	9
环　县	9	8	1	12	10	2	14	12
华池县	2	2		4	2	2	3	2
合水县	4	2	2	1	1		6	4
正宁县	4	4		1	1		7	4
宁　县	6	3	3	6	3	3	7	4
镇原县	7	4	3	9	7	2	19	12
定西市	**34**	**24**	**10**	**74**	**48**	**26**	**98**	**69**
安定区	4	4		8	7	1	18	15
通渭县	3	2	1	11	9	2	9	7
陇西县	4	2	2	16	12	4	19	15
渭源县	7	4	3	5	3	2	8	6
临洮县	1	1		14	7	7	17	12
漳　县	6	5	1	8	5	3	9	8
岷　县	9	6	3	12	5	7	18	6
陇南市	**50**	**31**	**19**	**66**	**40**	**26**	**82**	**57**
武都区	9	6	3	13	6	7	13	9
成　县	8	6	2	6	3	3	5	3
文　县	2	1	1	10	8	2	7	5
宕昌县	8	3	5	6	5	1	11	7
康　县	4	1	3	3	1	2	6	5
西和县	9	5	4	10	8	2	17	13
礼　县	4	3	1	12	5	7	20	13
徽　县	5	5		6	4	2	1	1
两当县	1	1					2	1
临夏回族自治州	**61**	**40**	**21**	**79**	**48**	**31**	**109**	**83**
临夏市								
临夏县	14	8	6	17	11	6	31	24
康乐县	3	3		11	7	4	13	9
永靖县	4	3	1	6	4	2	7	5
广河县	6	4	2	7	3	4	14	10
和政县	7	5	2	11	8	3	17	14
东乡族自治县	14	6	8	14	7	7	17	14
积石山保安族东乡族撒拉族自治县	13	11	2	13	8	5	10	7
甘南藏族自治州	**16**	**12**	**4**	**17**	**9**	**8**	**30**	**23**
合作市	2	2		1	1		2	2
临潭县	1	1					3	2
卓尼县	1	1		4	3	1	4	2
舟曲县	2	1	1	4	1	3	8	7
迭部县	2	1	1	2	1	1	2	1
玛曲县	5	4	1	3	2	1	6	5
碌曲县				2	1	1	3	2
夏河县	3	2	1	1		1	2	2

死亡人口（2019.11.1–2020.10.31）（乡村）（续 3）

单位：人

	30–34 岁			35–39 岁			40–44 岁		
女	小计	男	女	小计	男	女	小计	男	女
5	**26**	**21**	**5**	**30**	**20**	**10**	**45**	**30**	**15**
1	12	8	4	8	6	2	19	16	3
1	4	3	1	7	5	2	7	6	1
1	5	5		5	3	2	9	4	5
				2	1	1	3	3	
2	1	1		5	3	2	4	1	3
	4	4		3	2	1	3		3
23	**122**	**83**	**39**	**101**	**76**	**25**	**119**	**89**	**30**
1	15	10	5	12	7	5	10	7	3
4	21	17	4	11	9	2	13	10	3
2	22	11	11	22	17	5	19	16	3
1	12	7	5	12	10	2	10	9	1
2	13	11	2	8	8		3	3	
3	11	8	3	7	4	3	11	7	4
3	12	10	2	11	11		25	18	7
7	16	9	7	18	10	8	28	19	9
29	**104**	**81**	**23**	**88**	**65**	**23**	**153**	**116**	**37**
3	19	13	6	7	5	2	21	13	8
2	14	12	2	11	8	3	19	16	3
4	12	12		10	6	4	20	16	4
2	14	12	2	10	7	3	25	16	9
5	21	13	8	16	13	3	27	20	7
1	11	7	4	15	11	4	12	11	1
12	13	12	1	19	15	4	29	24	5
25	**115**	**75**	**40**	**125**	**95**	**30**	**224**	**162**	**62**
4	23	15	8	29	20	9	59	46	13
2	4	2	2	9	7	2	21	12	9
2	12	8	4	13	10	3	19	14	5
4	12	7	5	16	13	3	29	23	6
1	8	7	1	11	8	3	25	18	7
4	19	11	8	17	14	3	32	20	12
7	27	20	7	23	16	7	25	20	5
	8	5	3	5	5		10	5	5
1	2		2	2	2		4	4	
26	**115**	**79**	**36**	**116**	**74**	**42**	**148**	**94**	**54**
	1	1		3	1	2	1	1	
7	22	11	11	30	21	9	32	21	11
4	27	22	5	22	15	7	19	13	6
2	11	6	5	8	7	1	8	4	4
4	10	5	5	14	8	6	16	8	8
3	9	8	1	7	5	2	17	12	5
3	14	11	3	24	11	13	36	23	13
3	21	15	6	8	6	2	19	12	7
7	**34**	**23**	**11**	**35**	**18**	**17**	**51**	**39**	**12**
				2	1	1	1	1	
1	6	4	2	5	2	3	7	4	3
2	3	2	1	4	3	1	4	3	1
1	11	8	3	8	7	1	18	15	3
1	5	4	1	6	4	2	6	4	2
1	3	1	2	7	1	6	5	3	2
1				1		1	1	1	
	6	4	2	2		2	9	8	1

6-1c 各地区分年龄、性别的

地区	45-49岁			50-54岁			55-59岁	
	小计	男	女	小计	男	女	小计	男
合计	**3126**	**2167**	**959**	**5138**	**3293**	**1845**	**5397**	**3524**
兰州市	**194**	**143**	**51**	**296**	**196**	**100**	**313**	**224**
城关区	3	3		3	3		5	4
七里河区	21	16	5	26	17	9	37	30
西固区	5	5		14	11	3	14	9
安宁区								
红古区	3	2	1	17	10	7	11	9
永登县	55	41	14	112	70	42	97	66
皋兰县	11	7	4	13	6	7	20	10
榆中县	75	54	21	85	63	22	106	80
兰州新区	21	15	6	26	16	10	23	16
嘉峪关市	**6**	**4**	**2**	**3**	**1**	**2**	**8**	**4**
市辖区	6	4	2	3	1	2	8	4
金昌市	**31**	**22**	**9**	**61**	**37**	**24**	**55**	**43**
金川区	7	5	2	15	10	5	11	10
永昌县	24	17	7	46	27	19	44	33
白银市	**161**	**108**	**53**	**264**	**167**	**97**	**284**	**180**
白银区	11	10	1	11	7	4	13	7
平川区	18	14	4	16	10	6	18	11
靖远县	38	23	15	67	37	30	60	37
会宁县	63	40	23	126	80	46	160	104
景泰县	31	21	10	44	33	11	33	21
天水市	**391**	**268**	**123**	**609**	**368**	**241**	**653**	**430**
秦州区	59	41	18	91	52	39	87	62
麦积区	61	45	16	82	50	32	79	51
清水县	40	31	9	59	40	19	85	58
秦安县	69	48	21	136	87	49	120	75
甘谷县	67	42	25	77	48	29	110	69
武山县	50	28	22	83	48	35	88	62
张家川回族自治县	45	33	12	81	43	38	84	53
武威市	**196**	**128**	**68**	**379**	**224**	**155**	**458**	**291**
凉州区	97	60	37	158	91	67	246	155
民勤县	41	28	13	73	41	32	79	47
古浪县	29	19	10	90	52	38	85	54
天祝藏族自治县	29	21	8	58	40	18	48	35
张掖市	**152**	**95**	**57**	**305**	**193**	**112**	**332**	**217**
甘州区	66	42	24	124	89	35	127	79
肃南裕固族自治县	4	3	1	8	7	1	7	6
民乐县	27	10	17	62	34	28	67	44
临泽县	19	15	4	30	14	16	41	22
高台县	16	13	3	43	24	19	45	36
山丹县	20	12	8	38	25	13	45	30
平凉市	**304**	**208**	**96**	**483**	**332**	**151**	**510**	**341**
崆峒区	56	41	15	76	50	26	70	45
泾川县	42	29	13	79	50	29	76	48
灵台县	46	32	14	67	53	14	78	54
崇信县	6	1	5	25	17	8	22	16
庄浪县	62	40	22	89	56	33	88	61
静宁县	65	47	18	117	86	31	115	74
华亭市	27	18	9	30	20	10	61	43

死亡人口（2019.11.1–2020.10.31）（乡村）（续 4）

单位：人

女	60–64 岁			65–69 岁			70–74 岁		
	小计	男	女	小计	男	女	小计	男	女
1873	**6308**	**4070**	**2238**	**10823**	**6418**	**4405**	**14876**	**8444**	**6432**
89	**437**	**305**	**132**	**687**	**401**	**286**	**897**	**489**	**408**
1	4	2	2	6	4	2	3	1	2
7	31	25	6	67	37	30	72	38	34
5	21	15	6	26	17	9	15	10	5
2	16	8	8	22	12	10	39	22	17
31	143	100	43	229	139	90	322	174	148
10	26	19	7	47	28	19	62	37	25
26	163	115	48	241	139	102	313	165	148
7	33	21	12	49	25	24	71	42	29
4	**6**	**4**	**2**	**21**	**11**	**10**	**16**	**8**	**8**
4	6	4	2	21	11	10	16	8	8
12	**74**	**57**	**17**	**133**	**88**	**45**	**196**	**104**	**92**
1	15	14	1	20	13	7	29	15	14
11	59	43	16	113	75	38	167	89	78
104	**361**	**238**	**123**	**558**	**310**	**248**	**809**	**431**	**378**
6	19	12	7	37	27	10	28	13	15
7	31	19	12	33	12	21	46	26	20
23	91	54	37	150	76	74	234	133	101
56	163	116	47	246	150	96	368	185	183
12	57	37	20	92	45	47	133	74	59
223	**716**	**438**	**278**	**1231**	**728**	**503**	**1657**	**953**	**704**
25	105	50	55	184	115	69	229	129	100
28	104	72	32	158	88	70	210	117	93
27	80	53	27	154	75	79	188	101	87
45	154	89	65	249	144	105	342	206	136
41	117	78	39	169	104	65	272	160	112
26	76	47	29	168	117	51	196	116	80
31	80	49	31	149	85	64	220	124	96
167	**509**	**348**	**161**	**907**	**541**	**366**	**1241**	**663**	**578**
91	242	154	88	453	266	187	609	316	293
32	79	52	27	155	99	56	259	149	110
31	122	90	32	159	82	77	255	135	120
13	66	52	14	140	94	46	118	63	55
115	**397**	**261**	**136**	**794**	**459**	**335**	**1013**	**586**	**427**
48	139	81	58	338	175	163	403	237	166
1	11	8	3	16	8	8	27	15	12
23	90	64	26	147	96	51	172	94	78
19	44	31	13	100	64	36	121	64	57
9	57	37	20	91	55	36	153	94	59
15	56	40	16	102	61	41	137	82	55
169	**552**	**372**	**180**	**976**	**582**	**394**	**1335**	**751**	**584**
25	89	53	36	136	81	55	182	88	94
28	92	59	33	153	76	77	210	112	98
24	73	51	22	124	81	43	186	103	83
6	31	22	9	54	27	27	80	44	36
27	107	71	36	189	122	67	291	175	116
41	103	70	33	233	145	88	288	167	121
18	57	46	11	87	50	37	98	62	36

6-1c 各地区分年龄、性别的

地区	45-49岁			50-54岁			55-59岁	
	小计	男	女	小计	男	女	小计	男
酒泉市	**104**	**78**	**26**	**168**	**112**	**56**	**211**	**148**
肃州区	37	24	13	65	47	18	86	64
金塔县	24	19	5	29	12	17	40	28
瓜州县	18	14	4	26	23	3	38	25
肃北蒙古族自治县	3	3		1	1			
阿克塞哈萨克族自治县	1	1		1	1		1	1
玉门市	7	7		23	16	7	16	13
敦煌市	14	10	4	23	12	11	30	17
庆阳市	**300**	**196**	**104**	**532**	**327**	**205**	**594**	**358**
西峰区	41	25	16	55	27	28	79	49
庆城县	42	28	14	69	47	22	70	45
环　县	47	32	15	82	49	33	79	49
华池县	18	12	6	25	15	10	52	29
合水县	23	16	7	45	33	12	33	21
正宁县	18	13	5	38	25	13	53	30
宁　县	51	31	20	102	65	37	109	69
镇原县	60	39	21	116	66	50	119	66
定西市	**415**	**285**	**130**	**687**	**456**	**231**	**675**	**438**
安定区	57	34	23	90	60	30	76	53
通渭县	55	35	20	76	47	29	67	43
陇西县	72	54	18	104	72	32	111	61
渭源县	59	41	18	104	69	35	107	69
临洮县	69	46	23	118	83	35	138	96
漳　县	23	20	3	56	39	17	45	27
岷　县	80	55	25	139	86	53	131	89
陇南市	**462**	**345**	**117**	**745**	**486**	**259**	**703**	**477**
武都区	105	81	24	174	126	48	118	82
成　县	45	30	15	70	45	25	93	69
文　县	39	29	10	45	23	22	51	29
宕昌县	51	37	14	101	66	35	76	54
康　县	32	24	8	75	46	29	74	51
西和县	69	61	8	116	73	43	102	71
礼　县	74	49	25	105	77	28	104	68
徽　县	38	27	11	46	24	22	74	44
两当县	9	7	2	13	6	7	11	9
临夏回族自治州	**301**	**210**	**91**	**473**	**304**	**169**	**449**	**276**
临夏市	9	5	4	24	12	12	6	2
临夏县	83	57	26	121	85	36	93	61
康乐县	57	41	16	70	41	29	96	52
永靖县	24	15	9	49	31	18	44	30
广河县	19	14	5	41	27	14	30	18
和政县	38	29	9	53	31	22	65	41
东乡族自治县	32	22	10	43	30	13	56	34
积石山保安族东乡族撒拉族自治县	39	27	12	72	47	25	59	38
甘南藏族自治州	**109**	**77**	**32**	**133**	**90**	**43**	**152**	**97**
合作市	4	2	2	8	4	4	6	3
临潭县	18	11	7	32	23	9	30	18
卓尼县	13	9	4	19	13	6	23	14
舟曲县	27	22	5	31	23	8	34	25
迭部县	14	13	1	15	10	5	16	11
玛曲县	4	1	3	11	5	6	12	7
碌曲县	1	1		4	4		11	6
夏河县	28	18	10	13	8	5	20	13

死亡人口（2019.11.1–2020.10.31）（乡村）（续5）

单位：人

	60–64 岁			65–69 岁			70–74 岁		
女	小计	男	女	小计	男	女	小计	男	女
63	**256**	**159**	**97**	**496**	**292**	**204**	**590**	**333**	**257**
22	80	48	32	176	106	70	214	117	97
12	58	35	23	110	70	40	135	74	61
13	41	26	15	73	46	27	72	48	24
	3	2	1	1		1	3	2	1
	1		1	5	3	2	2	2	
3	32	23	9	58	33	25	70	42	28
13	41	25	16	73	34	39	94	48	46
236	**727**	**431**	**296**	**1057**	**627**	**430**	**1484**	**819**	**665**
30	91	55	36	126	76	50	190	107	83
25	84	55	29	139	77	62	188	101	87
30	116	72	44	154	89	65	218	119	99
23	45	24	21	68	37	31	90	56	34
12	59	39	20	73	45	28	84	41	43
23	57	37	20	72	44	28	122	58	64
40	132	68	64	167	97	70	251	132	119
53	143	81	62	258	162	96	341	205	136
237	**826**	**540**	**286**	**1432**	**867**	**565**	**1973**	**1154**	**819**
23	114	78	36	169	95	74	262	160	102
24	71	44	27	165	87	78	224	133	91
50	98	66	32	212	130	82	287	170	117
38	141	89	52	207	129	78	327	179	148
42	175	115	60	284	187	97	344	204	140
18	62	46	16	115	67	48	174	104	70
42	165	102	63	280	172	108	355	204	151
226	**809**	**517**	**292**	**1487**	**905**	**582**	**2050**	**1209**	**841**
36	169	116	53	227	157	70	355	215	140
24	96	58	38	153	83	70	219	139	80
22	61	38	23	78	47	31	126	81	45
22	106	74	32	199	121	78	316	171	145
23	79	45	34	171	113	58	184	109	75
31	117	66	51	255	141	114	306	179	127
36	81	58	23	218	133	85	311	165	146
30	79	45	34	151	90	61	197	127	70
2	21	17	4	35	20	15	36	23	13
173	**498**	**306**	**192**	**752**	**424**	**328**	**1186**	**687**	**499**
4	15	10	5	27	19	8	32	17	15
32	140	82	58	174	100	74	311	192	119
44	89	54	35	133	71	62	217	117	100
14	39	29	10	73	43	30	104	64	40
12	37	17	20	47	23	24	62	35	27
24	46	32	14	78	45	33	148	93	55
22	58	40	18	100	50	50	158	91	67
21	74	42	32	120	73	47	154	78	76
55	**140**	**94**	**46**	**292**	**183**	**109**	**429**	**257**	**172**
3	3	2	1	12	5	7	14	9	5
12	42	27	15	82	55	27	119	72	47
9	25	21	4	45	31	14	61	37	24
9	32	16	16	61	35	26	85	54	31
5	9	5	4	22	10	12	42	21	21
5	7	6	1	16	13	3	31	21	10
5	4	3	1	12	8	4	10	5	5
7	18	14	4	42	26	16	67	38	29

6-1c 各地区分年龄、性别的

地区	75-79岁			80-84岁			85-89岁	
	小计	男	女	小计	男	女	小计	男
合计	**18537**	**10050**	**8487**	**17238**	**8471**	**8767**	**9917**	**4454**
兰州市	**1155**	**626**	**529**	**1081**	**536**	**545**	**655**	**285**
城关区	5		5	6	4	2	1	1
七里河区	92	48	44	78	35	43	39	16
西固区	35	19	16	50	27	23	24	10
安宁区								
红古区	46	26	20	40	15	25	28	14
永登县	398	221	177	326	156	170	176	80
皋兰县	91	49	42	78	36	42	59	26
榆中县	399	217	182	418	223	195	278	119
兰州新区	89	46	43	85	40	45	50	19
嘉峪关市	**13**	**7**	**6**	**13**	**6**	**7**	**6**	**2**
市辖区	13	7	6	13	6	7	6	2
金昌市	**225**	**136**	**89**	**221**	**88**	**133**	**100**	**45**
金川区	30	21	9	42	26	16	17	6
永昌县	195	115	80	179	62	117	83	39
白银市	**1195**	**637**	**558**	**1242**	**614**	**628**	**844**	**385**
白银区	62	28	34	85	45	40	62	26
平川区	76	45	31	67	29	38	49	27
靖远县	275	144	131	298	141	157	198	85
会宁县	596	320	276	601	301	300	415	194
景泰县	186	100	86	191	98	93	120	53
天水市	**1966**	**1076**	**890**	**1863**	**983**	**880**	**1244**	**595**
秦州区	278	144	134	228	116	112	135	71
麦积区	228	114	114	227	116	111	151	78
清水县	188	96	92	118	58	60	52	21
秦安县	441	244	197	457	237	220	357	158
甘谷县	347	203	144	393	224	169	263	129
武山县	243	143	100	236	125	111	144	64
张家川回族自治县	241	132	109	204	107	97	142	74
武威市	**1550**	**780**	**770**	**1311**	**590**	**721**	**793**	**347**
凉州区	716	363	353	556	246	310	323	150
民勤县	314	165	149	321	147	174	220	90
古浪县	340	162	178	308	142	166	186	81
天祝藏族自治县	180	90	90	126	55	71	64	26
张掖市	**1089**	**590**	**499**	**673**	**298**	**375**	**299**	**109**
甘州区	447	264	183	243	104	139	108	49
肃南裕固族自治县	29	18	11	21	8	13	18	6
民乐县	216	104	112	106	46	60	34	11
临泽县	108	57	51	70	37	33	25	10
高台县	147	80	67	137	67	70	63	15
山丹县	142	67	75	96	36	60	51	18
平凉市	**1797**	**986**	**811**	**1701**	**844**	**857**	**919**	**459**
崆峒区	267	151	116	230	115	115	115	62
泾川县	291	153	138	284	145	139	137	67
灵台县	212	120	92	209	102	107	97	55
崇信县	86	39	47	88	42	46	35	18
庄浪县	346	193	153	310	155	155	192	91
静宁县	448	253	195	465	234	231	303	148
华亭市	147	77	70	115	51	64	40	18

死亡人口（2019.11.1–2020.10.31）（乡村）（续6）

单位：人

女	90–94岁			95–99岁			100岁及以上		
	小计	男	女	小计	男	女	小计	男	女
5463	**2322**	**1011**	**1311**	**588**	**198**	**390**	**77**	**25**	**52**
370	**144**	**67**	**77**	**34**	**15**	**19**	**5**	**2**	**3**
	3	2	1						
23	10	2	8	1	1				
14	7	2	5	2		2			
14	5	3	2						
96	26	12	14	11	7	4	1		1
33	18	10	8	7	3	4			
159	68	34	34	11	3	8	4	2	2
31	7	2	5	2	1	1			
4	**1**	**1**							
4	1	1							
55	**29**	**16**	**13**	**7**	**2**	**5**			
11	6	2	4	1	1				
44	23	14	9	6	1	5			
459	**191**	**77**	**114**	**35**	**10**	**25**	**8**	**5**	**3**
36	13	5	8	4	2	2	1	1	
22	13	8	5	2	2				
113	55	24	31	12	2	10	3	1	2
221	85	29	56	12	3	9	2	1	1
67	25	11	14	5	1	4	2	2	
649	**320**	**129**	**191**	**115**	**37**	**78**	**15**	**6**	**9**
64	41	23	18	16	4	12	1	1	
73	48	19	29	12	4	8	1	1	
31	13	2	11	3		3			
199	87	32	55	34	9	25	6	2	4
134	56	21	35	31	11	20	1		1
80	32	10	22	6	3	3	5	1	4
68	43	22	21	13	6	7	1	1	
446	**133**	**61**	**72**	**21**	**5**	**16**	**3**	**1**	**2**
173	44	22	22	10	4	6	1	1	
130	51	24	27	3		3	1		1
105	28	9	19	7	1	6	1		1
38	10	6	4	1		1			
190	**40**	**16**	**24**	**7**	**3**	**4**	**1**		**1**
59	14	6	8						
12	6	1	5						
23	7	3	4	2	1	1			
15	7	4	3	2	1	1			
48	3	1	2	1	1				
33	3	1	2	2		2	1		1
460	**180**	**85**	**95**	**44**	**12**	**32**	**7**	**1**	**6**
53	37	17	20	7	1	6	2		2
70	17	6	11	3	1	2	3	1	2
42	10	5	5	1	1				
17	7	5	2	2	1	1			
101	34	14	20	11	2	9	2		2
155	66	31	35	18	6	12			
22	9	7	2	2		2			

6-1c 各地区分年龄、性别的

地区	75-79岁			80-84岁			85-89岁	
	小计	男	女	小计	男	女	小计	男
酒泉市	**588**	**325**	**263**	**447**	**215**	**232**	**193**	**92**
肃州区	212	115	97	160	85	75	63	36
金塔县	128	73	55	102	44	58	56	22
瓜州县	95	50	45	69	23	46	34	14
肃北蒙古族自治县	3	1	2	5	3	2	3	
阿克塞哈萨克族自治县				2		2	3	2
玉门市	66	38	28	44	21	23	13	6
敦煌市	84	48	36	65	39	26	21	12
庆阳市	**1931**	**995**	**936**	**1947**	**967**	**980**	**1065**	**516**
西峰区	238	126	112	276	121	155	146	65
庆城县	206	107	99	212	110	102	110	55
环　县	315	170	145	252	140	112	128	74
华池县	121	63	58	108	61	47	61	31
合水县	122	63	59	124	64	60	63	34
正宁县	169	90	79	172	87	85	83	43
宁　县	331	152	179	298	130	168	199	97
镇原县	429	224	205	505	254	251	275	117
定西市	**2411**	**1353**	**1058**	**2535**	**1191**	**1344**	**1469**	**588**
安定区	370	200	170	445	205	240	265	113
通渭县	325	188	137	393	209	184	281	117
陇西县	383	231	152	448	219	229	287	126
渭源县	343	186	157	359	162	197	179	52
临洮县	439	246	193	443	201	242	246	103
漳　县	195	117	78	164	67	97	92	35
岷　县	356	185	171	283	128	155	119	42
陇南市	**2563**	**1455**	**1108**	**2167**	**1134**	**1033**	**1141**	**533**
武都区	530	315	215	473	262	211	244	127
成　县	245	134	111	218	117	101	96	41
文　县	171	94	77	179	87	92	82	40
宕昌县	319	179	140	245	101	144	118	45
康　县	259	133	126	203	117	86	109	48
西和县	402	235	167	309	160	149	200	90
礼　县	370	203	167	297	145	152	177	91
徽　县	225	140	85	207	125	82	94	42
两当县	42	22	20	36	20	16	21	9
临夏回族自治州	**1563**	**828**	**735**	**1592**	**825**	**767**	**920**	**414**
临夏市	38	18	20	45	22	23	16	6
临夏县	423	240	183	409	200	209	259	105
康乐县	280	151	129	291	146	145	133	64
永靖县	150	88	62	143	90	53	95	49
广河县	96	45	51	136	70	66	96	49
和政县	193	100	93	166	81	85	91	38
东乡族自治县	164	78	86	187	97	90	100	48
积石山保安族东乡族撒拉族自治县	219	108	111	215	119	96	130	55
甘南藏族自治州	**491**	**256**	**235**	**445**	**180**	**265**	**269**	**84**
合作市	30	14	16	26	13	13	15	4
临潭县	95	50	45	87	34	53	50	8
卓尼县	79	43	36	67	21	46	39	9
舟曲县	116	51	65	113	46	67	53	20
迭部县	54	30	24	49	18	31	32	16
玛曲县	22	12	10	34	17	17	22	8
碌曲县	12	5	7	18	6	12	16	4
夏河县	83	51	32	51	25	26	42	15

死亡人口（2019.11.1–2020.10.31）（乡村）（续 7）

单位：人

	90–94 岁			95–99 岁			100 岁及以上		
女	小计	男	女	小计	男	女	小计	男	女
101	**42**	**21**	**21**	**7**	**2**	**5**			
27	10	5	5	2	1	1			
34	15	8	7						
20	5	3	2	1		1			
3				1		1			
1									
7	5	3	2	1		1			
9	7	2	5	2	1	1			
549	**215**	**110**	**105**	**62**	**28**	**34**	**7**	**5**	**2**
81	29	9	20	6	2	4			
55	16	12	4	11	6	5	1	1	
54	21	12	9	1	1		1	1	
30	17	7	10	7	5	2			
29	12	6	6	3	1	2			
40	14	9	5	8	2	6			
102	38	18	20	15	5	10	4	2	2
158	68	37	31	11	6	5	1	1	
881	**290**	**109**	**181**	**65**	**16**	**49**	**6**		**6**
152	48	17	31	10	7	3			
164	56	30	26	15	2	13	1		1
161	56	23	33	10	4	6	1		1
127	37	12	25	11	1	10	2		2
143	45	17	28	9	2	7	1		1
57	22	7	15	5		5			
77	26	3	23	5		5	1		1
608	**390**	**170**	**220**	**85**	**29**	**56**	**10**	**2**	**8**
117	100	53	47	24	12	12	2		2
55	21	7	14	4	2	2			
42	41	14	27	7	3	4	2	2	
73	35	10	25	8	1	7	1		1
61	30	12	18	5	1	4			
110	60	30	30	21	6	15	3		3
86	55	23	32	5		5	2		2
52	40	16	24	9	4	5			
12	8	5	3	2		2			
506	**233**	**110**	**123**	**75**	**31**	**44**	**11**	**3**	**8**
10	4	2	2						
154	45	19	26	7	5	2	1		1
69	55	27	28	17	6	11	2	1	1
46	19	8	11	2	1	1			
47	29	11	18	12	4	8	2	1	1
53	22	13	9	3	1	2			
52	33	19	14	16	9	7	3	1	2
75	26	11	15	18	5	13	3		3
185	**114**	**39**	**75**	**31**	**8**	**23**	**4**		**4**
11	7	4	3	2	1	1			
42	10	4	6						
30	13	2	11	8	2	6			
33	26	10	16	2		2	1		1
16	13	6	7	6	1	5			
14	19	3	16	9	2	7	1		1
12	7	3	4	1		1	1		1
27	19	7	12	3	2	1	1		1

6-2 各地区分性别、受教育程度的

地区	3岁及以上死亡人口			未上过学			
	合计	男	女	小计	男	女	小计
合计	**153522**	**87339**	**66183**	**56152**	**22528**	**33624**	**573**
兰州市	**18984**	**11004**	**7980**	**3876**	**1194**	**2682**	**85**
城关区	5165	2975	2190	449	106	343	17
七里河区	2768	1625	1143	459	145	314	6
西固区	2034	1209	825	240	57	183	2
安宁区	964	563	401	118	35	83	1
红古区	957	588	369	305	120	185	17
永登县	2664	1530	1134	1055	346	709	15
皋兰县	755	413	342	221	64	157	5
榆中县	2838	1615	1223	787	236	551	14
兰州新区	839	486	353	242	85	157	8
嘉峪关市	**1376**	**846**	**530**	**64**	**22**	**42**	**5**
市辖区	1376	846	530	64	22	42	5
金昌市	**3042**	**1797**	**1245**	**647**	**236**	**411**	**35**
金川区	1286	797	489	216	80	136	9
永昌县	1756	1000	756	431	156	275	26
白银市	**10059**	**5623**	**4436**	**2719**	**939**	**1780**	**36**
白银区	1834	1048	786	258	74	184	2
平川区	1073	678	395	272	108	164	4
靖远县	2377	1263	1114	750	246	504	3
会宁县	3465	1911	1554	1111	399	712	22
景泰县	1310	723	587	328	112	216	5
天水市	**16629**	**9533**	**7096**	**7203**	**2988**	**4215**	**37**
秦州区	2854	1644	1210	982	396	586	8
麦积区	2562	1509	1053	623	224	399	4
清水县	1375	782	593	570	220	350	
秦安县	3096	1711	1385	1533	586	947	7
甘谷县	2980	1718	1262	1475	642	833	7
武山县	1936	1131	805	842	369	473	4
张家川回族自治县	1826	1038	788	1178	551	627	7
武威市	**12123**	**6668**	**5455**	**4213**	**1472**	**2741**	**31**
凉州区	6518	3632	2886	1890	678	1212	12
民勤县	2050	1092	958	719	207	512	6
古浪县	2307	1218	1089	989	343	646	13
天祝藏族自治县	1248	726	522	615	244	371	
张掖市	**8041**	**4587**	**3454**	**1836**	**626**	**1210**	**39**
甘州区	3260	1887	1373	749	267	482	14
肃南裕固族自治县	236	129	107	67	25	42	
民乐县	1386	767	619	343	124	219	5
临泽县	827	483	344	181	62	119	11
高台县	1141	657	484	170	56	114	5
山丹县	1191	664	527	326	92	234	4
平凉市	**13007**	**7464**	**5543**	**5483**	**2229**	**3254**	**35**
崆峒区	2691	1550	1141	995	382	613	6
泾川县	2059	1140	919	499	152	347	4
灵台县	1480	876	604	506	164	342	8
崇信县	577	322	255	213	77	136	6
庄浪县	2277	1315	962	849	370	479	6
静宁县	2769	1578	1191	1907	871	1036	1
华亭市	1154	683	471	514	213	301	4

3 岁及以上死亡人口（2019.11.1–2020.10.31）

单位：人

学前教育		小学			初中		
男	女	小计	男	女	小计	男	女
256	**317**	**66708**	**40684**	**26024**	**20717**	**16369**	**4348**
37	**48**	**7396**	**4176**	**3220**	**4526**	**3305**	**1221**
3	14	1696	778	918	1472	986	486
4	2	1095	611	484	744	533	211
1	1	774	412	362	640	455	185
	1	317	163	154	282	189	93
11	6	388	264	124	179	141	38
6	9	1008	673	335	454	390	64
3	2	371	220	151	119	95	24
5	9	1314	783	531	523	429	94
4	4	433	272	161	113	87	26
3	**2**	**683**	**355**	**328**	**397**	**294**	**103**
3	2	683	355	328	397	294	103
17	**18**	**1547**	**916**	**631**	**543**	**405**	**138**
5	4	559	330	229	314	229	85
12	14	988	586	402	229	176	53
18	**18**	**5109**	**2933**	**2176**	**1550**	**1207**	**343**
1	1	755	384	371	534	367	167
2	2	476	309	167	235	188	47
2	1	1221	688	533	294	240	54
9	13	1945	1161	784	297	260	37
4	1	712	391	321	190	152	38
16	**21**	**6612**	**4261**	**2351**	**2046**	**1666**	**380**
3	5	1218	750	468	430	325	105
	4	1277	744	533	483	395	88
		609	390	219	149	134	15
5	2	1107	741	366	347	285	62
5	2	1096	735	361	313	263	50
2	2	827	553	274	198	159	39
1	6	478	348	130	126	105	21
10	**21**	**5665**	**3356**	**2309**	**1573**	**1291**	**282**
7	5	3228	1812	1416	995	813	182
	6	942	567	375	269	220	49
3	10	1008	623	385	219	180	39
		487	354	133	90	78	12
15	**24**	**4468**	**2566**	**1902**	**1241**	**998**	**243**
3	11	1644	941	703	609	475	134
		128	70	58	26	23	3
1	4	853	483	370	145	127	18
6	5	494	298	196	97	77	20
4	1	759	429	330	164	133	31
1	3	590	345	245	200	163	37
14	**21**	**5252**	**3352**	**1900**	**1617**	**1345**	**272**
4	2	945	565	380	534	429	105
1	3	1142	642	500	335	276	59
4	4	652	439	213	230	195	35
2	4	269	165	104	62	54	8
2	4	1224	763	461	140	127	13
	1	578	474	104	190	157	33
1	3	442	304	138	126	107	19

6-2 各地区分性别、受教育程度的

地区	3岁及以上死亡人口			未上过学			
	合计	男	女	小计	男	女	小计
酒泉市	**6098**	**3591**	**2507**	**1589**	**588**	**1001**	**35**
肃州区	2552	1508	1044	678	250	428	9
金塔县	1028	593	435	287	100	187	10
瓜州县	769	461	308	247	99	148	2
肃北蒙古族自治县	74	45	29	20	7	13	1
阿克塞哈萨克族自治县	51	36	15	6	4	2	
玉门市	780	458	322	127	53	74	8
敦煌市	844	490	354	224	75	149	5
庆阳市	**13244**	**7391**	**5853**	**4257**	**1627**	**2630**	**59**
西峰区	1853	1009	844	378	109	269	12
庆城县	1431	835	596	460	189	271	4
环　县	1749	1031	718	784	333	451	9
华池县	793	466	327	379	174	205	3
合水县	909	526	383	292	112	180	3
正宁县	1413	786	627	575	222	353	8
宁　县	2351	1236	1115	701	236	465	3
镇原县	2745	1502	1243	688	252	436	17
定西市	**17443**	**9790**	**7653**	**6474**	**2550**	**3924**	**69**
安定区	2632	1474	1158	1034	388	646	7
通渭县	2132	1163	969	633	230	403	15
陇西县	3291	1882	1409	1205	505	700	4
渭源县	2427	1309	1118	853	310	543	20
临洮县	3252	1863	1389	812	280	532	13
漳　县	1249	716	533	644	268	376	6
岷　县	2460	1383	1077	1293	569	724	4
陇南市	**17633**	**10250**	**7383**	**9897**	**4533**	**5364**	**33**
武都区	3771	2326	1445	2218	1123	1095	8
成　县	2044	1161	883	798	296	502	5
文　县	1246	715	531	674	273	401	2
宕昌县	2128	1172	956	1493	714	779	4
康　县	1530	892	638	841	371	470	2
西和县	2576	1489	1087	1575	705	870	7
礼　县	2429	1389	1040	1485	685	800	3
徽　县	1574	904	670	662	299	363	1
两当县	335	202	133	151	67	84	1
临夏回族自治州	**11918**	**6655**	**5263**	**6013**	**2721**	**3292**	**66**
临夏市	1422	779	643	382	154	228	4
临夏县	2473	1398	1075	1102	497	605	16
康乐县	1849	1019	830	1125	490	635	5
永靖县	1283	773	510	238	99	139	4
广河县	947	499	448	683	307	376	10
和政县	1207	694	513	869	410	459	3
东乡族自治县	1327	726	601	935	462	473	16
积石山保安族东乡族撒拉族自治县	1410	767	643	679	302	377	8
甘南藏族自治州	**3925**	**2140**	**1785**	**1881**	**803**	**1078**	**8**
合作市	299	161	138	137	58	79	1
临潭县	789	443	346	273	98	175	1
卓尼县	588	310	278	187	66	121	
舟曲县	830	450	380	527	228	299	1
迭部县	370	202	168	211	100	111	1
玛曲县	303	166	137	194	94	100	
碌曲县	162	82	80	71	28	43	
夏河县	584	326	258	281	131	150	4

3 岁及以上死亡人口（2019.11.1–2020.10.31）（续 1）

单位：人

学前教育		小学			初中		
男	女	小计	男	女	小计	男	女
15	**20**	**2837**	**1702**	**1135**	**1129**	**873**	**256**
3	6	1106	667	439	486	364	122
5	5	519	312	207	161	132	29
1	1	370	239	131	105	87	18
1		28	18	10	13	9	4
		25	16	9	8	6	2
4	4	462	256	206	151	121	30
1	4	327	194	133	205	154	51
27	**32**	**6599**	**3861**	**2738**	**1810**	**1439**	**371**
6	6	925	487	438	372	274	98
3	1	711	430	281	191	156	35
5	4	746	518	228	169	141	28
2	1	305	202	103	77	62	15
2	1	455	275	180	126	107	19
3	5	569	348	221	199	161	38
2	1	1221	649	572	356	290	66
4	13	1667	952	715	320	248	72
22	**47**	**8489**	**5188**	**3301**	**1794**	**1486**	**308**
1	6	1180	741	439	290	237	53
4	11	1237	715	522	190	163	27
1	3	1588	960	628	370	306	64
7	13	1254	744	510	231	187	44
3	10	1831	1083	748	450	372	78
3	3	452	315	137	111	97	14
3	1	947	630	317	152	124	28
18	**15**	**5617**	**3961**	**1656**	**1537**	**1284**	**253**
4	4	1107	834	273	299	252	47
5		903	582	321	236	193	43
	2	368	269	99	150	128	22
2	2	533	374	159	74	64	10
2		528	390	138	115	89	26
4	3	687	510	177	242	215	27
1	2	707	505	202	184	155	29
	1	650	405	245	203	160	43
	1	134	92	42	34	28	6
43	**23**	**4734**	**2994**	**1740**	**774**	**628**	**146**
2	2	708	386	322	195	132	63
8	8	1168	736	432	150	124	26
3	2	570	397	173	103	90	13
3	1	864	530	334	132	103	29
9	1	218	155	63	25	21	4
3		234	187	47	69	66	3
9	7	319	202	117	45	42	3
6	2	653	401	252	55	50	5
1	**7**	**1700**	**1063**	**637**	**180**	**148**	**32**
	1	112	64	48	17	15	2
	1	450	287	163	38	33	5
		353	202	151	30	26	4
	1	234	169	65	35	30	5
	1	128	76	52	17	14	3
		89	59	30	14	7	7
		84	50	34	6	4	2
1	3	250	156	94	23	19	4

6-2　各地区分性别、受教育程度的

地区	高中			大学专科			
	小计	男	女	小计	男	女	小计
合计	**6627**	**5331**	**1296**	**1820**	**1439**	**381**	**898**
兰州市	**2085**	**1531**	**554**	**552**	**402**	**150**	**450**
城关区	945	665	280	310	221	89	268
七里河区	341	243	98	76	53	23	47
西固区	290	213	77	46	35	11	41
安宁区	146	105	41	29	17	12	67
红古区	46	38	8	15	12	3	7
永登县	104	91	13	23	21	2	5
皋兰县	28	23	5	9	7	2	2
榆中县	152	121	31	36	31	5	11
兰州新区	33	32	1	8	5	3	2
嘉峪关市	**166**	**122**	**44**	**45**	**36**	**9**	**16**
市辖区	166	122	44	45	36	9	16
金昌市	**194**	**154**	**40**	**40**	**34**	**6**	**36**
金川区	131	103	28	29	23	6	28
永昌县	63	51	12	11	11		8
白银市	**446**	**363**	**83**	**144**	**115**	**29**	**55**
白银区	204	159	45	56	41	15	25
平川区	60	50	10	20	15	5	6
靖远县	76	61	15	21	17	4	12
会宁县	51	46	5	35	32	3	4
景泰县	55	47	8	12	10	2	8
天水市	**552**	**450**	**102**	**124**	**108**	**16**	**54**
秦州区	157	123	34	36	29	7	22
麦积区	127	102	25	31	29	2	17
清水县	37	30	7	8	7	1	2
秦安县	83	76	7	16	15	1	3
甘谷县	71	57	14	16	14	2	2
武山县	50	38	12	11	9	2	4
张家川回族自治县	27	24	3	6	5	1	4
武威市	**467**	**399**	**68**	**129**	**106**	**23**	**45**
凉州区	285	235	50	78	65	13	30
民勤县	89	79	10	18	14	4	7
古浪县	56	51	5	17	14	3	5
天祝藏族自治县	37	34	3	16	13	3	3
张掖市	**329**	**278**	**51**	**95**	**80**	**15**	**33**
甘州区	182	152	30	44	34	10	18
肃南裕固族自治县	9	7	2	4	3	1	2
民乐县	24	23	1	10	7	3	6
临泽县	32	28	4	10	10		2
高台县	32	26	6	10	9	1	1
山丹县	50	42	8	17	17		4
平凉市	**452**	**393**	**59**	**134**	**106**	**28**	**33**
崆峒区	152	123	29	46	36	10	13
泾川县	64	58	6	13	10	3	1
灵台县	69	62	7	15	12	3	
崇信县	19	17	2	8	7	1	
庄浪县	36	35	1	17	14	3	5
静宁县	59	51	8	23	18	5	11
华亭市	53	47	6	12	9	3	3

3岁及以上死亡人口（2019.11.1–2020.10.31）（续2）

单位：人

大学本科		硕士研究生			博士研究生		
男	女	小计	男	女	小计	男	女
709	**189**	**23**	**21**	**2**	**4**	**2**	**2**
347	**103**	**10**	**10**		**4**	**2**	**2**
210	58	6	6		2		2
36	11						
35	6	1	1				
50	17	2	2		2	2	
2	5						
3	2						
1	1						
9	2	1	1				
1	1						
14	**2**						
14	2						
35	**1**						
27	1						
8							
48	**7**						
22	3						
6							
9	3						
4							
7	1						
43	**11**	**1**	**1**				
17	5	1	1				
15	2						
1	1						
3							
2							
1	3						
4							
34	**11**						
22	8						
5	2						
4	1						
3							
24	**9**						
15	3						
1	1						
2	4						
2							
	1						
4							
25	**8**	**1**		**1**			
11	2						
1		1		1			
4	1						
7	4						
2	1						

6–2　各地区分性别、受教育程度的

地区	高中			大学专科			
	小计	男	女	小计	男	女	小计
酒泉市	**353**	**286**	**67**	**118**	**97**	**21**	**34**
肃州区	198	159	39	57	51	6	16
金塔县	34	29	5	14	12	2	3
瓜州县	31	25	6	11	8	3	3
肃北蒙古族自治县	3	3		5	3	2	4
阿克塞哈萨克族自治县	4	3	1	5	4	1	2
玉门市	23	17	6	8	7	1	1
敦煌市	60	50	10	18	12	6	5
庆阳市	**380**	**324**	**56**	**111**	**90**	**21**	**26**
西峰区	112	90	22	46	36	10	8
庆城县	50	45	5	11	10	1	4
环　县	28	24	4	11	9	2	2
华池县	21	19	2	7	7		1
合水县	29	26	3	4	4		
正宁县	44	36	8	16	14	2	2
宁　县	60	50	10	5	4	1	5
镇原县	36	34	2	11	6	5	4
定西市	**456**	**405**	**51**	**117**	**99**	**18**	**40**
安定区	76	69	7	33	27	6	9
通渭县	44	41	3	12	9	3	1
陇西县	94	84	10	22	19	3	8
渭源县	59	51	8	5	5		5
临洮县	111	93	18	24	22	2	10
漳　县	25	24	1	8	7	1	3
岷　县	47	43	4	13	10	3	4
陇南市	**419**	**357**	**62**	**98**	**73**	**25**	**32**
武都区	102	88	14	24	14	10	13
成　县	85	74	11	13	8	5	4
文　县	36	32	4	12	10	2	4
宕昌县	18	14	4	5	4	1	1
康　县	38	34	4	6	6		
西和县	49	41	8	14	12	2	2
礼　县	41	35	6	8	7	1	1
徽　县	42	31	11	10	6	4	6
两当县	8	8		6	6		1
临夏回族自治州	**246**	**201**	**45**	**60**	**53**	**7**	**25**
临夏市	97	74	23	25	22	3	11
临夏县	30	27	3	5	4	1	2
康乐县	37	32	5	7	6	1	2
永靖县	27	24	3	14	13	1	4
广河县	7	5	2	2	1	1	2
和政县	29	26	3	2	2		1
东乡族自治县	10	9	1	1	1		1
积石山保安族东乡族撒拉族自治县	9	4	5	4	4		2
甘南藏族自治州	**82**	**68**	**14**	**53**	**40**	**13**	**19**
合作市	13	10	3	10	7	3	8
临潭县	19	18	1	4	3	1	4
卓尼县	12	10	2	4	4		2
舟曲县	12	8	4	18	13	5	3
迭部县	5	5		6	5	1	1
玛曲县	4	4		2	2		
碌曲县	1		1				
夏河县	16	13	3	9	6	3	1

3岁及以上死亡人口（2019.11.1-2020.10.31）（续3）

单位：人

大学本科		硕士研究生			博士研究生		
男	女	小计	男	女	小计	男	女
28	**6**	**3**	**2**	**1**			
13	3	2	1	1			
3							
2	1						
4							
2		1	1				
	1						
4	1						
21	**5**	**2**	**2**				
7	1						
2	2						
1	1						
	1						
2							
5							
4		2	2				
36	**4**	**4**	**4**				
8	1	3	3				
1							
7	1						
5							
9	1	1	1				
2	1						
4							
24	**8**						
11	2						
3	1						
3	1						
	1						
2							
1							
3	3						
1							
15	**10**						
9	2						
2							
1	1						
1	3						
1	1						
	1						
1							
	2						
15	**4**	**2**	**2**				
6	2	1	1				
4							
2							
2	1						
1		1	1				
	1						

6-2a 各地区分性别、受教育程度的

地区	3岁及以上死亡人口			未上过学			
	合计	男	女	小计	男	女	小计
合计	**24844**	**14769**	**10075**	**3609**	**1213**	**2396**	**81**
兰州市	**10210**	**6004**	**4206**	**1114**	**327**	**787**	**39**
城关区	5102	2933	2169	435	98	337	17
七里河区	1991	1183	808	233	74	159	2
西固区	1515	901	614	139	31	108	2
安宁区	964	563	401	118	35	83	1
红古区	568	378	190	168	79	89	16
皋兰县	18	12	6	9	4	5	
兰州新区	52	34	18	12	6	6	1
嘉峪关市	**1218**	**757**	**461**	**42**	**14**	**28**	**5**
市辖区	1218	757	461	42	14	28	5
金昌市	**1070**	**660**	**410**	**136**	**44**	**92**	**5**
金川区	1070	660	410	136	44	92	5
白银市	**1972**	**1206**	**766**	**230**	**67**	**163**	**1**
白银区	1439	840	599	150	38	112	1
平川区	532	365	167	80	29	51	
靖远县	1	1					
天水市	**1782**	**1085**	**697**	**280**	**111**	**169**	**6**
秦州区	918	549	369	135	52	83	6
麦积区	864	536	328	145	59	86	
武威市	**1699**	**1001**	**698**	**367**	**147**	**220**	**3**
凉州区	1699	1001	698	367	147	220	3
张掖市	**1046**	**637**	**409**	**143**	**46**	**97**	**2**
甘州区	1046	637	409	143	46	97	2
肃南裕固族自治县							
平凉市	**1385**	**810**	**575**	**274**	**70**	**204**	**5**
崆峒区	1175	693	482	202	51	151	2
华亭市	210	117	93	72	19	53	3
酒泉市	**1600**	**934**	**666**	**306**	**95**	**211**	**8**
肃州区	1216	705	511	237	70	167	6
玉门市	131	76	55	19	11	8	2
敦煌市	253	153	100	50	14	36	
庆阳市	**479**	**286**	**193**	**62**	**20**	**42**	
西峰区	479	286	193	62	20	42	
定西市	**452**	**288**	**164**	**103**	**43**	**60**	**2**
安定区	452	288	164	103	43	60	2
陇南市	**640**	**381**	**259**	**231**	**101**	**130**	**1**
武都区	614	368	246	215	97	118	1
康　县	26	13	13	16	4	12	
临夏回族自治州	**1155**	**641**	**514**	**276**	**110**	**166**	**3**
临夏市	1148	637	511	274	110	164	3
临夏县	7	4	3	2		2	
甘南藏族自治州	**136**	**79**	**57**	**45**	**18**	**27**	**1**
合作市	136	79	57	45	18	27	1

3岁及以上死亡人口（2019.11.1–2020.10.31）（城市）

单位：人

学前教育		小学			初中		
男	女	小计	男	女	小计	男	女
30	**51**	**9639**	**5093**	**4546**	**6585**	**4707**	**1878**
16	**23**	**3524**	**1767**	**1757**	**2961**	**2033**	**928**
3	14	1670	764	906	1459	975	484
1	1	713	369	344	610	428	182
1	1	545	273	272	500	352	148
	1	317	163	154	282	189	93
10	6	237	169	68	104	83	21
		8	7	1	1	1	
1		34	22	12	5	5	
3	**2**	**590**	**307**	**283**	**361**	**267**	**94**
3	2	590	307	283	361	267	94
3	**2**	**467**	**264**	**203**	**279**	**200**	**79**
3	2	467	264	203	279	200	79
1		**775**	**420**	**355**	**626**	**451**	**175**
1		552	268	284	468	325	143
		223	152	71	158	126	32
2	**4**	**744**	**407**	**337**	**466**	**339**	**127**
2	4	346	184	162	249	171	78
		398	223	175	217	168	49
	3	**745**	**398**	**347**	**326**	**253**	**73**
	3	745	398	347	326	253	73
	2	**441**	**241**	**200**	**278**	**205**	**73**
	2	441	241	200	278	205	73
1	**4**	**498**	**255**	**243**	**398**	**316**	**82**
	2	431	213	218	363	288	75
1	2	67	42	25	35	28	7
2	**6**	**634**	**339**	**295**	**361**	**265**	**96**
1	5	485	263	222	265	191	74
1	1	66	32	34	30	21	9
		83	44	39	66	53	13
		190	**98**	**92**	**130**	**93**	**37**
		190	98	92	130	93	37
	2	**193**	**123**	**70**	**95**	**71**	**24**
	2	193	123	70	95	71	24
1		**223**	**136**	**87**	**111**	**84**	**27**
1		216	129	87	108	82	26
		7	7		3	2	1
1	**2**	**569**	**311**	**258**	**180**	**119**	**61**
1	2	564	307	257	180	119	61
		5	4	1			
	1	**46**	**27**	**19**	**13**	**11**	**2**
	1	46	27	19	13	11	2

6-2a 各地区分性别、受教育程度的

地区	高中			大学专科			
	小计	男	女	小计	男	女	小计
合计	**3296**	**2464**	**832**	**985**	**747**	**238**	**632**
兰州市	**1678**	**1197**	**481**	**465**	**331**	**134**	**417**
城关区	939	660	279	310	221	89	265
七里河区	315	226	89	74	52	22	44
西固区	250	180	70	41	31	10	37
安宁区	146	105	41	29	17	12	67
红古区	28	26	2	11	10	1	4
嘉峪关市	**161**	**118**	**43**	**45**	**36**	**9**	**14**
市辖区	161	118	43	45	36	9	14
金昌市	**127**	**100**	**27**	**29**	**23**	**6**	**27**
金川区	127	100	27	29	23	6	27
白银市	**235**	**185**	**50**	**74**	**54**	**20**	**31**
白银区	187	145	42	56	41	15	25
平川区	47	39	8	18	13	5	6
靖远县	1	1					
天水市	**200**	**153**	**47**	**52**	**46**	**6**	**34**
秦州区	129	97	32	32	27	5	21
麦积区	71	56	15	20	19	1	13
武威市	**169**	**132**	**37**	**61**	**51**	**10**	**28**
凉州区	169	132	37	61	51	10	28
张掖市	**133**	**108**	**25**	**37**	**28**	**9**	**12**
甘州区	133	108	25	37	28	9	12
肃南裕固族自治县							
平凉市	**145**	**116**	**29**	**51**	**41**	**10**	**14**
崆峒区	123	97	26	42	34	8	12
华亭市	22	19	3	9	7	2	2
酒泉市	**202**	**160**	**42**	**71**	**59**	**12**	**16**
肃州区	157	124	33	50	44	6	14
玉门市	9	7	2	5	4	1	
敦煌市	36	29	7	16	11	5	2
庆阳市	**57**	**42**	**15**	**34**	**28**	**6**	**6**
西峰区	57	42	15	34	28	6	6
定西市	**32**	**29**	**3**	**19**	**14**	**5**	**6**
安定区	32	29	3	19	14	5	6
陇南市	**54**	**46**	**8**	**12**	**7**	**5**	**8**
武都区	54	46	8	12	7	5	8
康　县							
临夏回族自治州	**91**	**69**	**22**	**25**	**22**	**3**	**11**
临夏市	91	69	22	25	22	3	11
临夏县							
甘南藏族自治州	**12**	**9**	**3**	**10**	**7**	**3**	**8**
合作市	12	9	3	10	7	3	8

3岁及以上死亡人口（2019.11.1–2020.10.31）（城市）（续）

单位：人

大学本科		硕士研究生			博士研究生		
男	女	小计	男	女	小计	男	女
501	**131**	**13**	**12**	**1**	**4**	**2**	**2**
323	**94**	**8**	**8**		**4**	**2**	**2**
207	58	5	5		2		2
33	11						
32	5	1	1				
50	17	2	2		2	2	
1	3						
12	**2**						
12	2						
26	**1**						
26	1						
28	**3**						
22	3						
6							
27	**7**						
16	5						
11	2						
20	**8**						
20	8						
9	**3**						
9	3						
11	**3**						
10	2						
1	1						
13	**3**	**2**	**1**	**1**			
11	3	2	1	1			
2							
5	**1**						
5	1						
6		**2**	**2**				
6		2	2				
6	**2**						
6	2						
9	**2**						
9	2						
6	**2**	**1**	**1**				
6	2	1	1				

6-2b 各地区分性别、受教育程度的

地区	3岁及以上死亡人口			未上过学			
	合计	男	女	小计	男	女	小计
合计	**28983**	**16769**	**12214**	**9390**	**3640**	**5750**	**103**
兰州市	**2592**	**1518**	**1074**	**676**	**215**	**461**	**10**
城关区	20	16	4	3	2	1	
七里河区	271	153	118	87	29	58	
西固区	298	178	120	47	14	33	
安宁区							
红古区	153	83	70	53	16	37	1
永登县	662	391	271	195	54	141	3
皋兰县	289	162	127	75	23	52	1
榆中县	587	334	253	124	33	91	2
兰州新区	312	201	111	92	44	48	3
嘉峪关市	**59**	**35**	**24**	**5**	**3**	**2**	
市辖区	59	35	24	5	3	2	
金昌市	**793**	**466**	**327**	**148**	**60**	**88**	**6**
金川区	15	9	6	5	3	2	2
永昌县	778	457	321	143	57	86	4
白银市	**1820**	**1028**	**792**	**426**	**154**	**272**	**10**
白银区	39	21	18	2	1	1	
平川区	154	99	55	46	19	27	3
靖远县	787	425	362	223	76	147	
会宁县	504	294	210	106	36	70	5
景泰县	336	189	147	49	22	27	2
天水市	**3452**	**2019**	**1433**	**1379**	**554**	**825**	**4**
秦州区	414	242	172	166	63	103	
麦积区	258	158	100	47	16	31	1
清水县	345	211	134	112	47	65	
秦安县	532	307	225	218	80	138	1
甘谷县	969	553	416	439	189	250	1
武山县	507	304	203	162	66	96	
张家川回族自治县	427	244	183	235	93	142	1
武威市	**2593**	**1465**	**1128**	**866**	**301**	**565**	**13**
凉州区	1193	682	511	341	125	216	7
民勤县	409	216	193	123	37	86	
古浪县	626	354	272	264	92	172	6
天祝藏族自治县	365	213	152	138	47	91	
张掖市	**1675**	**970**	**705**	**367**	**133**	**234**	**8**
甘州区	122	66	56	36	19	17	2
肃南裕固族自治县	80	44	36	18	8	10	
民乐县	414	228	186	98	37	61	1
临泽县	229	143	86	47	18	29	4
高台县	360	217	143	49	14	35	
山丹县	470	272	198	119	37	82	1
平凉市	**2406**	**1409**	**997**	**859**	**315**	**544**	**11**
崆峒区	168	99	69	74	28	46	
泾川县	607	349	258	145	36	109	2
灵台县	334	191	143	109	30	79	2
崇信县	126	77	49	36	10	26	4
庄浪县	473	276	197	151	63	88	3
静宁县	463	268	195	247	107	140	
华亭市	235	149	86	97	41	56	

3 岁及以上死亡人口（2019.11.1–2020.10.31）（镇）

单位：人

学前教育		小学			初中		
男	女	小计	男	女	小计	男	女
52	**51**	**13109**	**7879**	**5230**	**4288**	**3449**	**839**
6	**4**	**1098**	**657**	**441**	**540**	**424**	**116**
		7	4	3	4	4	
		120	75	45	47	36	11
		133	75	58	85	62	23
1		52	33	19	36	27	9
2	1	267	169	98	136	115	21
	1	129	72	57	54	42	12
1	1	240	131	109	132	99	33
2	1	150	98	52	46	39	7
		36	**18**	**18**	**14**	**11**	**3**
		36	18	18	14	11	3
2	**4**	**431**	**245**	**186**	**148**	**107**	**41**
	2	4	2	2	2	2	
2	2	427	243	184	146	105	41
6	**4**	**945**	**510**	**435**	**279**	**224**	**55**
		22	8	14	10	7	3
2	1	67	47	20	28	23	5
		384	204	180	118	98	20
2	3	288	165	123	65	53	12
2		184	86	98	58	43	15
2	**2**	**1405**	**924**	**481**	**473**	**389**	**84**
		183	124	59	55	46	9
	1	119	70	49	58	47	11
		168	111	57	42	35	7
1		196	129	67	82	66	16
1		381	245	136	107	87	20
		227	146	81	85	70	15
	1	131	99	32	44	38	6
8	**5**	**1195**	**712**	**483**	**351**	**297**	**54**
6	1	623	359	264	166	144	22
		180	95	85	67	52	15
2	4	240	157	83	81	70	11
		152	101	51	37	31	6
2	**6**	**872**	**491**	**381**	**292**	**228**	**64**
	2	68	33	35	11	9	2
		38	16	22	13	12	1
	1	240	132	108	57	46	11
2	2	127	83	44	31	22	9
		200	115	85	84	66	18
	1	199	112	87	96	73	23
6	**5**	**1028**	**661**	**367**	**330**	**279**	**51**
		65	44	21	22	20	2
1	1	318	194	124	107	89	18
2		128	79	49	62	51	11
2	2	53	36	17	15	14	1
1	2	242	144	98	47	41	6
		121	88	33	51	41	10
		101	76	25	26	23	3

6-2b 各地区分性别、受教育程度的

地区	3岁及以上死亡人口			未上过学			
	合计	男	女	小计	男	女	小计
酒泉市	**1224**	**758**	**466**	**262**	**96**	**166**	**6**
肃州区	171	111	60	61	27	34	1
金塔县	292	177	115	56	24	32	2
瓜州县	265	169	96	48	13	35	
肃北蒙古族自治县	46	29	17	13	5	8	1
阿克塞哈萨克族自治县	34	25	9	3	2	1	
玉门市	294	169	125	54	17	37	2
敦煌市	122	78	44	27	8	19	
庆阳市	**2274**	**1314**	**960**	**678**	**265**	**413**	**2**
西峰区	34	18	16	5		5	
庆城县	202	130	72	42	19	23	
环　县	226	141	85	62	26	36	
华池县	133	90	43	38	17	21	
合水县	231	133	98	65	26	39	
正宁县	558	314	244	234	94	140	1
宁　县	574	309	265	151	49	102	1
镇原县	316	179	137	81	34	47	
定西市	**3593**	**2069**	**1524**	**832**	**291**	**541**	**6**
安定区	187	104	83	74	27	47	
通渭县	333	173	160	69	19	50	2
陇西县	1132	657	475	229	77	152	2
渭源县	478	270	208	107	43	64	
临洮县	831	490	341	129	34	95	1
漳　县	226	135	91	76	26	50	1
岷　县	406	240	166	148	65	83	
陇南市	**3650**	**2103**	**1547**	**1638**	**701**	**937**	**10**
武都区	467	294	173	261	129	132	1
成　县	728	403	325	223	79	144	2
文　县	296	178	118	115	40	75	1
宕昌县	465	253	212	310	147	163	1
康　县	223	137	86	100	45	55	1
西和县	503	300	203	231	98	133	
礼　县	508	293	215	259	111	148	3
徽　县	370	189	181	104	37	67	1
两当县	90	56	34	35	15	20	
临夏回族自治州	**1888**	**1059**	**829**	**914**	**404**	**510**	**10**
临夏市	48	22	26	26	6	20	
临夏县	232	139	93	97	50	47	
康乐县	297	168	129	169	69	100	1
永靖县	491	292	199	73	27	46	3
广河县	240	125	115	175	80	95	1
和政县	221	131	90	152	69	83	1
东乡族自治县	194	99	95	136	65	71	2
积石山保安族东乡族撒拉族自治县	165	83	82	86	38	48	2
甘南藏族自治州	**964**	**556**	**408**	**340**	**148**	**192**	**7**
合作市	26	13	13	13	6	7	
临潭县	199	126	73	52	24	28	1
卓尼县	170	91	79	46	14	32	
舟曲县	192	106	86	98	40	58	1
迭部县	75	46	29	24	12	12	1
玛曲县	78	52	26	44	23	21	
碌曲县	53	30	23	27	13	14	
夏河县	171	92	79	36	16	20	4

3 岁及以上死亡人口（2019.11.1–2020.10.31）（镇）（续 1）

单位：人

学前教育		小学			初中		
男	女	小计	男	女	小计	男	女
4	**2**	**608**	**372**	**236**	**229**	**187**	**42**
1		74	54	20	23	18	5
2		156	84	72	48	42	6
		137	91	46	49	40	9
1		13	9	4	9	6	3
		15	10	5	5	4	1
	2	165	90	75	63	53	10
		48	34	14	32	24	8
	2	**1067**	**618**	**449**	**372**	**295**	**77**
		18	10	8	9	6	3
		99	58	41	37	32	5
		114	78	36	35	23	12
		61	42	19	21	18	3
		109	59	50	48	39	9
	1	198	120	78	86	69	17
	1	281	146	135	107	87	20
		187	105	82	29	21	8
3	**3**	**1946**	**1110**	**836**	**565**	**454**	**111**
		77	47	30	23	18	5
2		197	97	100	47	40	7
	2	637	364	273	198	158	40
		282	156	126	64	51	13
1		461	258	203	159	128	31
	1	102	67	35	30	26	4
		190	121	69	44	33	11
5	**5**	**1309**	**847**	**462**	**453**	**356**	**97**
	1	143	114	29	41	33	8
2		336	191	145	105	82	23
	1	100	72	28	50	41	9
1		122	80	42	21	16	5
1		76	53	23	25	19	6
		176	121	55	66	56	10
1	2	163	114	49	60	47	13
	1	168	87	81	67	48	19
		25	15	10	18	14	4
7	**3**	**705**	**432**	**273**	**168**	**142**	**26**
		17	11	6	3	3	
		112	70	42	15	12	3
	1	81	60	21	28	26	2
2	1	297	171	126	83	64	19
1		53	37	16	7	6	1
1		38	31	7	14	14	
1	1	43	20	23	11	11	
2		64	32	32	7	6	1
1	**6**	**464**	**282**	**182**	**74**	**56**	**18**
		13	7	6			
	1	119	80	39	11	7	4
		97	53	44	16	13	3
	1	63	43	20	13	10	3
	1	31	17	14	8	6	2
		27	23	4	3	2	1
		22	15	7	4	2	2
1	3	92	44	48	19	16	3

6-2b 各地区分性别、受教育程度的

地区	高中			大学专科			
	小计	男	女	小计	男	女	小计
合计	**1449**	**1210**	**239**	**482**	**404**	**78**	**156**
兰州市	**183**	**145**	**38**	**62**	**52**	**10**	**21**
城关区	3	3					2
七里河区	13	9	4	1	1		3
西固区	25	21	4	4	3	1	4
安宁区							
红古区	8	4	4	2	1	1	1
永登县	45	38	7	14	12	2	2
皋兰县	21	17	4	8	7	1	1
榆中县	53	39	14	29	25	4	6
兰州新区	15	14	1	4	3	1	2
嘉峪关市	**3**	**2**	**1**				**1**
市辖区	3	2	1				1
金昌市	**44**	**36**	**8**	**10**	**10**		**6**
金川区	1	1					1
永昌县	43	35	8	10	10		5
白银市	**105**	**84**	**21**	**40**	**36**	**4**	**15**
白银区	5	5					
平川区	8	6	2	2	2		
靖远县	44	32	12	11	9	2	7
会宁县	23	21	2	16	16		1
景泰县	25	20	5	11	9	2	7
天水市	**148**	**115**	**33**	**32**	**26**	**6**	**11**
秦州区	7	7		2	1	1	1
麦积区	25	18	7	7	6	1	1
清水县	19	15	4	4	3	1	
秦安县	28	24	4	5	5		2
甘谷县	35	26	9	5	4	1	1
武山县	23	16	7	7	5	2	3
张家川回族自治县	11	9	2	2	2		3
武威市	**126**	**110**	**16**	**33**	**29**	**4**	**9**
凉州区	49	42	7	7	6	1	
民勤县	30	25	5	5	4	1	4
古浪县	24	22	2	8	8		3
天祝藏族自治县	23	21	2	13	11	2	2
张掖市	**88**	**76**	**12**	**39**	**35**	**4**	**9**
甘州区	4	4					1
肃南裕固族自治县	5	4	1	4	3	1	2
民乐县	10	9	1	6	4	2	2
临泽县	12	10	2	6	6		2
高台县	17	14	3	9	8	1	1
山丹县	40	35	5	14	14		1
平凉市	**112**	**98**	**14**	**52**	**40**	**12**	**13**
崆峒区	6	6		1	1		
泾川县	23	21	2	10	7	3	1
灵台县	23	22	1	10	7	3	
崇信县	12	10	2	6	5	1	
庄浪县	15	14	1	13	11	2	2
静宁县	24	18	6	11	8	3	9
华亭市	9	7	2	1	1		1

3 岁及以上死亡人口（2019.11.1–2020.10.31）（镇）（续 2）

单位：人

大学本科		硕士研究生			博士研究生		
男	女	小计	男	女	小计	男	女
130	**26**	**6**	**5**	**1**			
17	**4**	**2**	**2**				
2		1	1				
3							
3	1						
1							
1	1						
1							
5	1	1	1				
1	1						
1							
1							
6							
1							
5							
14	**1**						
6	1						
1							
7							
9	**2**						
1							
1							
2							
1							
1	2						
3							
8	**1**						
3	1						
3							
2							
5	**4**						
1							
1	1						
	2						
2							
	1						
1							
10	**3**	**1**		**1**			
1		1		1			
2							
6	3						
1							

6-2b 各地区分性别、受教育程度的

地区	高中			大学专科			
	小计	男	女	小计	男	女	小计
酒泉市	**69**	**59**	**10**	**33**	**25**	**8**	**16**
肃州区	10	9	1	1	1		1
金塔县	16	13	3	11	9	2	3
瓜州县	22	19	3	6	4	2	3
肃北蒙古族自治县	1	1		5	3	2	4
阿克塞哈萨克族自治县	3	2	1	5	4	1	2
玉门市	7	6	1	3	3		
敦煌市	10	9	1	2	1	1	3
庆阳市	**112**	**97**	**15**	**34**	**30**	**4**	**9**
西峰区	2	2					
庆城县	17	15	2	5	4	1	2
环　县	11	10	1	4	4		
华池县	8	8		5	5		
合水县	7	7		2	2		
正宁县	26	20	6	12	10	2	1
宁　县	27	21	6	2	1	1	5
镇原县	14	14		4	4		1
定西市	**172**	**147**	**25**	**52**	**45**	**7**	**19**
安定区	8	7	1	3	3		1
通渭县	15	13	2	2	1	1	1
陇西县	47	43	4	14	11	3	5
渭源县	18	13	5	3	3		4
临洮县	58	47	11	17	16	1	6
漳　县	11	11		5	4	1	1
岷　县	15	13	2	8	7	1	1
陇南市	**176**	**145**	**31**	**51**	**40**	**11**	**13**
武都区	17	14	3	3	3		1
成　县	49	40	9	9	6	3	4
文　县	17	14	3	11	9	2	2
宕昌县	10	8	2	1	1		
康　县	17	15	2	4	4		
西和县	21	17	4	7	6	1	2
礼　县	19	17	2	4	3	1	
徽　县	19	13	6	7	3	4	4
两当县	7	7		5	5		
临夏回族自治州	**65**	**55**	**10**	**19**	**16**	**3**	**7**
临夏市	2	2					
临夏县	8	7	1				
康乐县	12	9	3	4	3	1	2
永靖县	20	17	3	11	10	1	4
广河县	3	1	2	1		1	
和政县	15	15		1	1		
东乡族自治县	1	1					1
积石山保安族东乡族撒拉族自治县	4	3	1	2	2		
甘南藏族自治州	**46**	**41**	**5**	**25**	**20**	**5**	**7**
合作市							
临潭县	13	12	1				3
卓尼县	6	6		4	4		1
舟曲县	8	6	2	7	5	2	2
迭部县	4	4		5	5		1
玛曲县	3	3		1	1		
碌曲县							
夏河县	12	10	2	8	5	3	

3岁及以上死亡人口（2019.11.1–2020.10.31）（镇）（续3）

单位：人

大学本科		硕士研究生			博士研究生		
男	女	小计	男	女	小计	男	女
14	**2**	**1**	**1**				
1							
3							
2	1						
4							
2		1	1				
2	1						
9							
2							
1							
5							
1							
18	**1**	**1**	**1**				
1		1	1				
1							
4	1						
4							
6							
1							
1							
9	**4**						
1							
3	1						
2							
2							
1	3						
3	**4**						
1	1						
1	3						
1							
7		**1**	**1**				
3							
1							
2							
1		1	1				

6-2c 各地区分性别、受教育程度的

地区	3岁及以上死亡人口			未上过学			
	合计	男	女	小计	男	女	小计
合计	**99695**	**55801**	**43894**	**43153**	**17675**	**25478**	**389**
兰州市	**6182**	**3482**	**2700**	**2086**	**652**	**1434**	**36**
城关区	43	26	17	11	6	5	
七里河区	506	289	217	139	42	97	4
西固区	221	130	91	54	12	42	
安宁区							
红古区	236	127	109	84	25	59	
永登县	2002	1139	863	860	292	568	12
皋兰县	448	239	209	137	37	100	4
榆中县	2251	1281	970	663	203	460	12
兰州新区	475	251	224	138	35	103	4
嘉峪关市	**99**	**54**	**45**	**17**	**5**	**12**	
市辖区	99	54	45	17	5	12	
金昌市	**1179**	**671**	**508**	**363**	**132**	**231**	**24**
金川区	201	128	73	75	33	42	2
永昌县	978	543	435	288	99	189	22
白银市	**6267**	**3389**	**2878**	**2063**	**718**	**1345**	**25**
白银区	356	187	169	106	35	71	1
平川区	387	214	173	146	60	86	1
靖远县	1589	837	752	527	170	357	3
会宁县	2961	1617	1344	1005	363	642	17
景泰县	974	534	440	279	90	189	3
天水市	**11395**	**6429**	**4966**	**5544**	**2323**	**3221**	**27**
秦州区	1522	853	669	681	281	400	2
麦积区	1440	815	625	431	149	282	3
清水县	1030	571	459	458	173	285	
秦安县	2564	1404	1160	1315	506	809	6
甘谷县	2011	1165	846	1036	453	583	6
武山县	1429	827	602	680	303	377	4
张家川回族自治县	1399	794	605	943	458	485	6
武威市	**7831**	**4202**	**3629**	**2980**	**1024**	**1956**	**15**
凉州区	3626	1949	1677	1182	406	776	2
民勤县	1641	876	765	596	170	426	6
古浪县	1681	864	817	725	251	474	7
天祝藏族自治县	883	513	370	477	197	280	
张掖市	**5320**	**2980**	**2340**	**1326**	**447**	**879**	**29**
甘州区	2092	1184	908	570	202	368	10
肃南裕固族自治县	156	85	71	49	17	32	
民乐县	972	539	433	245	87	158	4
临泽县	598	340	258	134	44	90	7
高台县	781	440	341	121	42	79	5
山丹县	721	392	329	207	55	152	3
平凉市	**9216**	**5245**	**3971**	**4350**	**1844**	**2506**	**19**
崆峒区	1348	758	590	719	303	416	4
泾川县	1452	791	661	354	116	238	2
灵台县	1146	685	461	397	134	263	6
崇信县	451	245	206	177	67	110	2
庄浪县	1804	1039	765	698	307	391	3
静宁县	2306	1310	996	1660	764	896	1
华亭市	709	417	292	345	153	192	1

3岁及以上死亡人口（2019.11.1–2020.10.31）（乡村）

单位：人

学前教育		小学			初中		
男	女	小计	男	女	小计	男	女
174	**215**	**43960**	**27712**	**16248**	**9844**	**8213**	**1631**
15	**21**	**2774**	**1752**	**1022**	**1025**	**848**	**177**
		19	10	9	9	7	2
3	1	262	167	95	87	69	18
		96	64	32	55	41	14
		99	62	37	39	31	8
4	8	741	504	237	318	275	43
3	1	234	141	93	64	52	12
4	8	1074	652	422	391	330	61
1	3	249	152	97	62	43	19
		57	**30**	**27**	**22**	**16**	**6**
		57	30	27	22	16	6
12	**12**	**649**	**407**	**242**	**116**	**98**	**18**
2		88	64	24	33	27	6
10	12	561	343	218	83	71	12
11	**14**	**3389**	**2003**	**1386**	**645**	**532**	**113**
	1	181	108	73	56	35	21
	1	186	110	76	49	39	10
2	1	837	484	353	176	142	34
7	10	1657	996	661	232	207	25
2	1	528	305	223	132	109	23
12	**15**	**4463**	**2930**	**1533**	**1107**	**938**	**169**
1	1	689	442	247	126	108	18
	3	760	451	309	208	180	28
		441	279	162	107	99	8
4	2	911	612	299	265	219	46
4	2	715	490	225	206	176	30
2	2	600	407	193	113	89	24
1	5	347	249	98	82	67	15
2	**13**	**3725**	**2246**	**1479**	**896**	**741**	**155**
1	1	1860	1055	805	503	416	87
	6	762	472	290	202	168	34
1	6	768	466	302	138	110	28
		335	253	82	53	47	6
13	**16**	**3155**	**1834**	**1321**	**671**	**565**	**106**
3	7	1135	667	468	320	261	59
		90	54	36	13	11	2
1	3	613	351	262	88	81	7
4	3	367	215	152	66	55	11
4	1	559	314	245	80	67	13
1	2	391	233	158	104	90	14
7	**12**	**3726**	**2436**	**1290**	**889**	**750**	**139**
4		449	308	141	149	121	28
	2	824	448	376	228	187	41
2	4	524	360	164	168	144	24
	2	216	129	87	47	40	7
1	2	982	619	363	93	86	7
	1	457	386	71	139	116	23
	1	274	186	88	65	56	9

6-2c 各地区分性别、受教育程度的

地区	3岁及以上死亡人口			未上过学			
	合计	男	女	小计	男	女	小计
酒泉市	**3274**	**1899**	**1375**	**1021**	**397**	**624**	**21**
肃州区	1165	692	473	380	153	227	2
金塔县	736	416	320	231	76	155	8
瓜州县	504	292	212	199	86	113	2
肃北蒙古族自治县	28	16	12	7	2	5	
阿克塞哈萨克族自治县	17	11	6	3	2	1	
玉门市	355	213	142	54	25	29	4
敦煌市	469	259	210	147	53	94	5
庆阳市	**10491**	**5791**	**4700**	**3517**	**1342**	**2175**	**57**
西峰区	1340	705	635	311	89	222	12
庆城县	1229	705	524	418	170	248	4
环　县	1523	890	633	722	307	415	9
华池县	660	376	284	341	157	184	3
合水县	678	393	285	227	86	141	3
正宁县	855	472	383	341	128	213	7
宁　县	1777	927	850	550	187	363	2
镇原县	2429	1323	1106	607	218	389	17
定西市	**13398**	**7433**	**5965**	**5539**	**2216**	**3323**	**61**
安定区	1993	1082	911	857	318	539	5
通渭县	1799	990	809	564	211	353	13
陇西县	2159	1225	934	976	428	548	2
渭源县	1949	1039	910	746	267	479	20
临洮县	2421	1373	1048	683	246	437	12
漳　县	1023	581	442	568	242	326	5
岷　县	2054	1143	911	1145	504	641	4
陇南市	**13343**	**7766**	**5577**	**8028**	**3731**	**4297**	**22**
武都区	2690	1664	1026	1742	897	845	6
成　县	1316	758	558	575	217	358	3
文　县	950	537	413	559	233	326	1
宕昌县	1663	919	744	1183	567	616	3
康　县	1281	742	539	725	322	403	1
西和县	2073	1189	884	1344	607	737	7
礼　县	1921	1096	825	1226	574	652	
徽　县	1204	715	489	558	262	296	
两当县	245	146	99	116	52	64	1
临夏回族自治州	**8875**	**4955**	**3920**	**4823**	**2207**	**2616**	**53**
临夏市	226	120	106	82	38	44	1
临夏县	2234	1255	979	1003	447	556	16
康乐县	1552	851	701	956	421	535	4
永靖县	792	481	311	165	72	93	1
广河县	707	374	333	508	227	281	9
和政县	986	563	423	717	341	376	2
东乡族自治县	1133	627	506	799	397	402	14
积石山保安族东乡族撒拉族自治县	1245	684	561	593	264	329	6
甘南藏族自治州	**2825**	**1505**	**1320**	**1496**	**637**	**859**	
合作市	137	69	68	79	34	45	
临潭县	590	317	273	221	74	147	
卓尼县	418	219	199	141	52	89	
舟曲县	638	344	294	429	188	241	
迭部县	295	156	139	187	88	99	
玛曲县	225	114	111	150	71	79	
碌曲县	109	52	57	44	15	29	
夏河县	413	234	179	245	115	130	

3 岁及以上死亡人口（2019.11.1–2020.10.31）（乡村）（续 1）

单位：人

学前教育		小学			初中		
男	女	小计	男	女	小计	男	女
9	**12**	**1595**	**991**	**604**	**539**	**421**	**118**
1	1	547	350	197	198	155	43
3	5	363	228	135	113	90	23
1	1	233	148	85	56	47	9
		15	9	6	4	3	1
		10	6	4	3	2	1
3	1	231	134	97	58	47	11
1	4	196	116	80	107	77	30
27	**30**	**5342**	**3145**	**2197**	**1308**	**1051**	**257**
6	6	717	379	338	233	175	58
3	1	612	372	240	154	124	30
5	4	632	440	192	134	118	16
2	1	244	160	84	56	44	12
2	1	346	216	130	78	68	10
3	4	371	228	143	113	92	21
2		940	503	437	249	203	46
4	13	1480	847	633	291	227	64
19	**42**	**6350**	**3955**	**2395**	**1134**	**961**	**173**
1	4	910	571	339	172	148	24
2	11	1040	618	422	143	123	20
1	1	951	596	355	172	148	24
7	13	972	588	384	167	136	31
2	10	1370	825	545	291	244	47
3	2	350	248	102	81	71	10
3	1	757	509	248	108	91	17
12	**10**	**4085**	**2978**	**1107**	**973**	**844**	**129**
3	3	748	591	157	150	137	13
3		567	391	176	131	111	20
	1	268	197	71	100	87	13
1	2	411	294	117	53	48	5
1		445	330	115	87	68	19
4	3	511	389	122	176	159	17
		544	391	153	124	108	16
		482	318	164	136	112	24
	1	109	77	32	16	14	2
35	**18**	**3460**	**2251**	**1209**	**426**	**367**	**59**
1		127	68	59	12	10	2
8	8	1051	662	389	135	112	23
3	1	489	337	152	75	64	11
1		567	359	208	49	39	10
8	1	165	118	47	18	15	3
2		196	156	40	55	52	3
8	6	276	182	94	34	31	3
4	2	589	369	220	48	44	4
		1190	**754**	**436**	**93**	**81**	**12**
		53	30	23	4	4	
		331	207	124	27	26	1
		256	149	107	14	13	1
		171	126	45	22	20	2
		97	59	38	9	8	1
		62	36	26	11	5	6
		62	35	27	2	2	
		158	112	46	4	3	1

6-2c 各地区分性别、受教育程度的

地区	高中			大学专科			
	小计	男	女	小计	男	女	小计
合计	**1882**	**1657**	**225**	**353**	**288**	**65**	**110**
兰州市	**224**	**189**	**35**	**25**	**19**	**6**	**12**
城关区	3	2	1				1
七里河区	13	8	5	1		1	
西固区	15	12	3	1	1		
安宁区							
红古区	10	8	2	2	1	1	2
永登县	59	53	6	9	9		3
皋兰县	7	6	1	1		1	1
榆中县	99	82	17	7	6	1	5
兰州新区	18	18		4	2	2	
嘉峪关市	**2**	**2**					**1**
市辖区	2	2					1
金昌市	**23**	**18**	**5**	**1**	**1**		**3**
金川区	3	2	1				
永昌县	20	16	4	1	1		3
白银市	**106**	**94**	**12**	**30**	**25**	**5**	**9**
白银区	12	9	3				
平川区	5	5					
靖远县	31	28	3	10	8	2	5
会宁县	28	25	3	19	16	3	3
景泰县	30	27	3	1	1		1
天水市	**204**	**182**	**22**	**40**	**36**	**4**	**9**
秦州区	21	19	2	2	1	1	
麦积区	31	28	3	4	4		3
清水县	18	15	3	4	4		2
秦安县	55	52	3	11	10	1	1
甘谷县	36	31	5	11	10	1	1
武山县	27	22	5	4	4		1
张家川回族自治县	16	15	1	4	3	1	1
武威市	**172**	**157**	**15**	**35**	**26**	**9**	**8**
凉州区	67	61	6	10	8	2	2
民勤县	59	54	5	13	10	3	3
古浪县	32	29	3	9	6	3	2
天祝藏族自治县	14	13	1	3	2	1	1
张掖市	**108**	**94**	**14**	**19**	**17**	**2**	**12**
甘州区	45	40	5	7	6	1	5
肃南裕固族自治县	4	3	1				
民乐县	14	14		4	3	1	4
临泽县	20	18	2	4	4		
高台县	15	12	3	1	1		
山丹县	10	7	3	3	3		3
平凉市	**195**	**179**	**16**	**31**	**25**	**6**	**6**
崆峒区	23	20	3	3	1	2	1
泾川县	41	37	4	3	3		
灵台县	46	40	6	5	5		
崇信县	7	7		2	2		
庄浪县	21	21		4	3	1	3
静宁县	35	33	2	12	10	2	2
华亭市	22	21	1	2	1	1	

3岁及以上死亡人口（2019.11.1–2020.10.31）（乡村）（续2）

单位：人

大学本科		硕士研究生			博士研究生		
男	女	小计	男	女	小计	男	女
78	**32**	**4**	**4**				
7	**5**						
1							
	2						
2	1						
	1						
4	1						
1							
1							
3							
3							
6	**3**						
3	2						
3							
	1						
7	**2**	**1**	**1**				
		1	1				
3							
1	1						
1							
1							
	1						
1							
6	**2**						
2							
2	1						
1	1						
1							
10	**2**						
5							
2	2						
3							
4	**2**						
1							
2	1						
1	1						

6-2c 各地区分性别、受教育程度的

地区	高中			大学专科			
	小计	男	女	小计	男	女	小计
酒泉市	**82**	**67**	**15**	**14**	**13**	**1**	**2**
肃州区	31	26	5	6	6		1
金塔县	18	16	2	3	3		
瓜州县	9	6	3	5	4	1	
肃北蒙古族自治县	2	2					
阿克塞哈萨克族自治县	1	1					
玉门市	7	4	3				1
敦煌市	14	12	2				
庆阳市	**211**	**185**	**26**	**43**	**32**	**11**	**11**
西峰区	53	46	7	12	8	4	2
庆城县	33	30	3	6	6		2
环　县	17	14	3	7	5	2	2
华池县	13	11	2	2	2		1
合水县	22	19	3	2	2		
正宁县	18	16	2	4	4		1
宁　县	33	29	4	3	3		
镇原县	22	20	2	7	2	5	3
定西市	**252**	**229**	**23**	**46**	**40**	**6**	**15**
安定区	36	33	3	11	10	1	2
通渭县	29	28	1	10	8	2	
陇西县	47	41	6	8	8		3
渭源县	41	38	3	2	2		1
临洮县	53	46	7	7	6	1	4
漳　县	14	13	1	3	3		2
岷　县	32	30	2	5	3	2	3
陇南市	**189**	**166**	**23**	**35**	**26**	**9**	**11**
武都区	31	28	3	9	4	5	4
成　县	36	34	2	4	2	2	
文　县	19	18	1	1	1		2
宕昌县	8	6	2	4	3	1	1
康　县	21	19	2	2	2		
西和县	28	24	4	7	6	1	
礼　县	22	18	4	4	4		1
徽　县	23	18	5	3	3		2
两当县	1	1		1	1		1
临夏回族自治州	**90**	**77**	**13**	**16**	**15**	**1**	**7**
临夏市	4	3	1				
临夏县	22	20	2	5	4	1	2
康乐县	25	23	2	3	3		
永靖县	7	7		3	3		
广河县	4	4		1	1		2
和政县	14	11	3	1	1		1
东乡族自治县	9	8	1	1	1		
积石山保安族东乡族撒拉族自治县	5	1	4	2	2		2
甘南藏族自治州	**24**	**18**	**6**	**18**	**13**	**5**	**4**
合作市	1	1					
临潭县	6	6		4	3	1	1
卓尼县	6	4	2				1
舟曲县	4	2	2	11	8	3	1
迭部县	1	1		1		1	
玛曲县	1	1		1	1		
碌曲县	1		1				
夏河县	4	3	1	1	1		1

3 岁及以上死亡人口（2019.11.1–2020.10.31）（乡村）（续 3）

单位：人

大学本科		硕士研究生			博士研究生		
男	女	小计	男	女	小计	男	女
1	1						
1							
	1						
7	4	2	2				
2							
	2						
1	1						
	1						
1							
3		2	2				
12	3	1	1				
1	1						
3							
1							
3	1	1	1				
1	1						
3							
9	2						
4							
1	1						
	1						
1							
2							
1							
3	4						
2							
1	1						
	1						
	2						
2	2						
1							
1							
	1						
	1						

6–3 各地区分性别、婚姻状况的

地区	15岁及以上死亡人口			未婚			
	合计	男	女	小计	男	女	小计
合计	**152585**	**86792**	**65793**	**6265**	**5485**	**780**	**83696**
兰州市	**18917**	**10964**	**7953**	**483**	**411**	**72**	**10838**
城关区	5152	2971	2181	96	74	22	2943
七里河区	2759	1617	1142	70	68	2	1529
西固区	2031	1206	825	40	34	6	1204
安宁区	963	562	401	18	12	6	614
红古区	955	586	369	28	20	8	567
永登县	2652	1526	1126	71	62	9	1476
皋兰县	751	411	340	19	13	6	426
榆中县	2824	1604	1220	120	109	11	1567
兰州新区	830	481	349	21	19	2	512
嘉峪关市	**1369**	**840**	**529**	**20**	**17**	**3**	**821**
市辖区	1369	840	529	20	17	3	821
金昌市	**3029**	**1788**	**1241**	**62**	**58**	**4**	**1760**
金川区	1282	795	487	22	21	1	844
永昌县	1747	993	754	40	37	3	916
白银市	**10008**	**5589**	**4419**	**292**	**243**	**49**	**5754**
白银区	1828	1044	784	36	31	5	1040
平川区	1069	674	395	24	18	6	664
靖远县	2361	1252	1109	73	59	14	1390
会宁县	3446	1898	1548	125	107	18	1893
景泰县	1304	721	583	34	28	6	767
天水市	**16548**	**9489**	**7059**	**735**	**639**	**96**	**9202**
秦州区	2848	1643	1205	109	95	14	1627
麦积区	2554	1503	1051	131	116	15	1445
清水县	1369	777	592	56	50	6	777
秦安县	3090	1708	1382	127	114	13	1668
甘谷县	2961	1707	1254	122	104	18	1635
武山县	1923	1124	799	108	91	17	1047
张家川回族自治县	1803	1027	776	82	69	13	1003
武威市	**12072**	**6642**	**5430**	**447**	**396**	**51**	**6577**
凉州区	6482	3610	2872	277	242	35	3583
民勤县	2047	1091	956	61	55	6	1107
古浪县	2297	1217	1080	63	54	9	1194
天祝藏族自治县	1246	724	522	46	45	1	693
张掖市	**8008**	**4573**	**3435**	**270**	**243**	**27**	**4503**
甘州区	3249	1880	1369	104	96	8	1780
肃南裕固族自治县	235	129	106	5	5		123
民乐县	1379	765	614	68	56	12	766
临泽县	823	482	341	37	36	1	482
高台县	1135	655	480	29	25	4	644
山丹县	1187	662	525	27	25	2	708
平凉市	**12944**	**7429**	**5515**	**491**	**449**	**42**	**7183**
崆峒区	2676	1541	1135	70	58	12	1549
泾川县	2051	1135	916	60	54	6	1122
灵台县	1471	872	599	67	63	4	784
崇信县	577	322	255	19	18	1	306
庄浪县	2266	1310	956	120	113	7	1303
静宁县	2753	1568	1185	106	96	10	1517
华亭市	1150	681	469	49	47	2	602

15 岁及以上死亡人口（2019.11.1–2020.10.31）

单位：人

有配偶		离婚			丧偶		
男	女	小计	男	女	小计	男	女
56162	**27534**	**1905**	**1545**	**360**	**60719**	**23600**	**37119**
7610	**3228**	**416**	**329**	**87**	**7180**	**2614**	**4566**
2076	867	148	112	36	1965	709	1256
1097	432	71	57	14	1089	395	694
877	327	59	43	16	728	252	476
424	190	24	21	3	307	105	202
400	167	16	14	2	344	152	192
1038	438	33	29	4	1072	397	675
293	133	11	8	3	295	97	198
1050	517	45	38	7	1092	407	685
355	157	9	7	2	288	100	188
591	**230**	**32**	**22**	**10**	**496**	**210**	**286**
591	230	32	22	10	496	210	286
1248	**512**	**25**	**20**	**5**	**1182**	**462**	**720**
594	250	9	7	2	407	173	234
654	262	16	13	3	775	289	486
3824	**1930**	**112**	**84**	**28**	**3850**	**1438**	**2412**
724	316	41	28	13	711	261	450
491	173	16	12	4	365	153	212
889	501	13	11	2	885	293	592
1224	669	18	16	2	1410	551	859
496	271	24	17	7	479	180	299
6097	**3105**	**148**	**124**	**24**	**6463**	**2629**	**3834**
1071	556	36	28	8	1076	449	627
971	474	34	28	6	944	388	556
519	258	14	12	2	522	196	326
1075	593	12	11	1	1283	508	775
1093	542	19	17	2	1185	493	692
706	341	15	14	1	753	313	440
662	341	18	14	4	700	282	418
4394	**2183**	**87**	**73**	**14**	**4961**	**1779**	**3182**
2427	1156	47	38	9	2575	903	1672
719	388	7	6	1	872	311	561
780	414	15	12	3	1025	371	654
468	225	18	17	1	489	194	295
3144	**1359**	**95**	**78**	**17**	**3140**	**1108**	**2032**
1258	522	45	38	7	1320	488	832
89	34	7	6	1	100	29	71
516	250	8	8		537	185	352
325	157	9	6	3	295	115	180
469	175	14	10	4	448	151	297
487	221	12	10	2	440	140	300
4775	**2408**	**160**	**144**	**16**	**5110**	**2061**	**3049**
1048	501	49	41	8	1008	394	614
734	388	34	32	2	835	315	520
536	248	18	17	1	602	256	346
203	103	7	7		245	94	151
846	457	16	16		827	335	492
988	529	18	16	2	1112	468	644
420	182	18	15	3	481	199	282

6-3 各地区分性别、婚姻状况的

地区	15 岁及以上死亡人口			未婚			
	合计	男	女	小计	男	女	小计
酒泉市	**6067**	**3569**	**2498**	**213**	**189**	**24**	**3507**
肃州区	2543	1503	1040	78	68	10	1509
金塔县	1021	587	434	49	45	4	564
瓜州县	764	459	305	32	31	1	423
肃北蒙古族自治县	73	44	29	4	4		41
阿克塞哈萨克族自治县	51	36	15	4	3	1	29
玉门市	772	451	321	33	28	5	431
敦煌市	843	489	354	13	10	3	510
庆阳市	**13172**	**7336**	**5836**	**377**	**324**	**53**	**7302**
西峰区	1844	1002	842	39	30	9	1033
庆城县	1418	826	592	47	43	4	820
环　县	1737	1022	715	65	58	7	1024
华池县	788	462	326	21	16	5	460
合水县	906	524	382	27	24	3	525
正宁县	1402	778	624	42	39	3	759
宁　县	2338	1224	1114	60	51	9	1265
镇原县	2739	1498	1241	76	63	13	1416
定西市	**17358**	**9747**	**7611**	**937**	**850**	**87**	**9129**
安定区	2614	1469	1145	130	125	5	1450
通渭县	2127	1161	966	102	90	12	1121
陇西县	3277	1873	1404	191	170	21	1722
渭源县	2422	1306	1116	157	147	10	1197
临洮县	3235	1855	1380	125	119	6	1819
漳　县	1238	710	528	71	63	8	590
岷　县	2445	1373	1072	161	136	25	1230
陇南市	**17545**	**10194**	**7351**	**1202**	**1093**	**109**	**9058**
武都区	3741	2306	1435	264	245	19	2032
成　县	2039	1160	879	129	120	9	1066
文　县	1240	710	530	73	66	7	706
宕昌县	2118	1167	951	146	132	14	1002
康　县	1525	887	638	142	133	9	746
西和县	2565	1483	1082	141	123	18	1361
礼　县	2417	1381	1036	150	127	23	1227
徽　县	1565	898	667	118	110	8	769
两当县	335	202	133	39	37	2	149
临夏回族自治州	**11670**	**6513**	**5157**	**430**	**332**	**98**	**6184**
临夏市	1401	769	632	31	21	10	780
临夏县	2451	1385	1066	105	84	21	1268
康乐县	1829	1007	822	60	57	3	942
永靖县	1272	767	505	40	34	6	672
广河县	906	475	431	31	19	12	497
和政县	1190	685	505	54	41	13	621
东乡族自治县	1246	683	563	49	29	20	681
积石山保安族东乡族撒拉族自治县	1375	742	633	60	47	13	723
甘南藏族自治州	**3878**	**2119**	**1759**	**306**	**241**	**65**	**1878**
合作市	296	160	136	14	11	3	170
临潭县	784	440	344	36	31	5	413
卓尼县	580	306	274	34	25	9	280
舟曲县	821	445	376	69	58	11	419
迭部县	369	202	167	44	31	13	159
玛曲县	294	163	131	57	44	13	93
碌曲县	156	78	78	9	7	2	71
夏河县	578	325	253	43	34	9	273

15 岁及以上死亡人口（2019.11.1–2020.10.31）（续）

单位：人

有配偶		离婚			丧偶		
男	女	小计	男	女	小计	男	女
2444	**1063**	**114**	**96**	**18**	**2233**	**840**	**1393**
1059	450	48	36	12	908	340	568
392	172	11	10	1	397	140	257
294	129	10	9	1	299	125	174
32	9	2	2		26	6	20
23	6	2	2		16	8	8
299	132	20	19	1	288	105	183
345	165	21	18	3	299	116	183
4656	**2646**	**144**	**123**	**21**	**5349**	**2233**	**3116**
670	363	26	19	7	746	283	463
539	281	21	20	1	530	224	306
640	384	14	12	2	634	312	322
293	167	8	7	1	299	146	153
342	183	11	10	1	343	148	195
483	276	15	14	1	586	242	344
789	476	32	27	5	981	357	624
900	516	17	14	3	1230	521	709
6096	**3033**	**187**	**157**	**30**	**7105**	**2644**	**4461**
926	524	33	30	3	1001	388	613
751	370	10	9	1	894	311	583
1171	551	36	29	7	1328	503	825
761	436	27	23	4	1041	375	666
1267	552	36	27	9	1255	442	813
409	181	9	8	1	568	230	338
811	419	36	31	5	1018	395	623
5940	**3118**	**185**	**157**	**28**	**7100**	**3004**	**4096**
1388	644	34	29	5	1411	644	767
677	389	37	34	3	807	329	478
467	239	12	9	3	449	168	281
649	353	20	17	3	950	369	581
473	273	17	11	6	620	270	350
899	462	24	22	2	1039	439	600
803	424	18	15	3	1022	436	586
484	285	21	18	3	657	286	371
100	49	2	2		145	63	82
4059	**2125**	**149**	**111**	**38**	**4907**	**2011**	**2896**
509	271	27	14	13	563	225	338
859	409	29	24	5	1049	418	631
608	334	14	12	2	813	330	483
482	190	22	17	5	538	234	304
297	200	13	9	4	365	150	215
415	206	12	12		503	217	286
434	247	19	12	7	497	208	289
455	268	13	11	2	579	229	350
1284	**594**	**51**	**27**	**24**	**1643**	**567**	**1076**
114	56	7	3	4	105	32	73
287	126	6	6		329	116	213
196	84	3	3		263	82	181
273	146	3	1	2	330	113	217
106	53	4	3	1	162	62	100
64	29	11	3	8	133	52	81
48	23	2	1	1	74	22	52
196	77	15	7	8	247	88	159

6–3a 各地区分性别、婚姻状况的

地区	15岁及以上死亡人口			未婚			
	合计	男	女	小计	男	女	小计
合计	**24753**	**14719**	**10034**	**500**	**412**	**88**	**14642**
兰州市	**10191**	**5993**	**4198**	**182**	**146**	**36**	**5912**
城关区	5090	2929	2161	92	71	21	2900
七里河区	1988	1180	808	33	32	1	1102
西固区	1513	899	614	19	16	3	900
安宁区	963	562	401	18	12	6	614
红古区	568	378	190	18	13	5	354
皋兰县	18	12	6	1	1		12
兰州新区	51	33	18	1	1		30
嘉峪关市	**1212**	**752**	**460**	**14**	**11**	**3**	**725**
市辖区	1212	752	460	14	11	3	725
金昌市	**1066**	**658**	**408**	**12**	**12**		**721**
金川区	1066	658	408	12	12		721
白银市	**1966**	**1202**	**764**	**32**	**27**	**5**	**1184**
白银区	1434	837	597	25	21	4	827
平川区	531	364	167	7	6	1	356
靖远县	1	1					1
天水市	**1782**	**1085**	**697**	**50**	**44**	**6**	**1092**
秦州区	918	549	369	20	17	3	553
麦积区	864	536	328	30	27	3	539
武威市	**1690**	**997**	**693**	**73**	**65**	**8**	**971**
凉州区	1690	997	693	73	65	8	971
张掖市	**1043**	**636**	**407**	**16**	**14**	**2**	**587**
甘州区	1043	636	407	16	14	2	587
肃南裕固族自治县							
平凉市	**1378**	**806**	**572**	**21**	**19**	**2**	**828**
崆峒区	1170	691	479	18	16	2	714
华亭市	208	115	93	3	3		114
酒泉市	**1592**	**928**	**664**	**33**	**26**	**7**	**949**
肃州区	1212	703	509	27	22	5	725
玉门市	128	73	55	3	3		73
敦煌市	252	152	100	3	1	2	151
庆阳市	**477**	**284**	**193**	**7**	**4**	**3**	**286**
西峰区	477	284	193	7	4	3	286
定西市	**447**	**288**	**159**	**17**	**15**	**2**	**289**
安定区	447	288	159	17	15	2	289
陇南市	**635**	**376**	**259**	**13**	**11**	**2**	**364**
武都区	610	364	246	12	10	2	351
康　县	25	12	13	1	1		13
临夏回族自治州	**1139**	**635**	**504**	**25**	**15**	**10**	**640**
临夏市	1132	631	501	25	15	10	635
临夏县	7	4	3				5
甘南藏族自治州	**135**	**79**	**56**	**5**	**3**	**2**	**94**
合作市	135	79	56	5	3	2	94

15岁及以上死亡人口（2019.11.1–2020.10.31）（城市）

单位：人

有配偶		离婚			丧偶		
男	女	小计	男	女	小计	男	女
10369	**4273**	**562**	**417**	**145**	**9049**	**3521**	**5528**
4208	**1704**	**286**	**220**	**66**	**3811**	**1419**	**2392**
2044	856	146	110	36	1952	704	1248
801	301	55	43	12	798	304	494
652	248	49	36	13	545	195	350
424	190	24	21	3	307	105	202
256	98	11	9	2	185	100	85
8	4				5	3	2
23	7	1	1		19	8	11
531	**194**	**29**	**19**	**10**	**444**	**191**	**253**
531	194	29	19	10	444	191	253
501	**220**	**8**	**6**	**2**	**325**	**139**	**186**
501	220	8	6	2	325	139	186
861	**323**	**48**	**33**	**15**	**702**	**281**	**421**
580	247	38	26	12	544	210	334
280	76	10	7	3	158	71	87
1							
760	**332**	**34**	**25**	**9**	**606**	**256**	**350**
386	167	18	13	5	327	133	194
374	165	16	12	4	279	123	156
661	**310**	**15**	**13**	**2**	**631**	**258**	**373**
661	310	15	13	2	631	258	373
451	**136**	**20**	**14**	**6**	**420**	**157**	**263**
451	136	20	14	6	420	157	263
586	**242**	**26**	**20**	**6**	**503**	**181**	**322**
508	206	25	20	5	413	147	266
78	36	1		1	90	34	56
655	**294**	**46**	**37**	**9**	**564**	**210**	**354**
505	220	30	21	9	430	155	275
46	27	5	5		47	19	28
104	47	11	11		87	36	51
195	**91**	**8**	**7**	**1**	**176**	**78**	**98**
195	91	8	7	1	176	78	98
212	**77**	**9**	**6**	**3**	**132**	**55**	**77**
212	77	9	6	3	132	55	77
261	**103**	**6**	**5**	**1**	**252**	**99**	**153**
253	98	6	5	1	241	96	145
8	5				11	3	8
421	**219**	**22**	**10**	**12**	**452**	**189**	**263**
418	217	22	10	12	450	188	262
3	2				2	1	1
66	**28**	**5**	**2**	**3**	**31**	**8**	**23**
66	28	5	2	3	31	8	23

6-3b 各地区分性别、婚姻状况的

地区	15岁及以上死亡人口			未婚			
	合计	男	女	小计	男	女	小计
合计	**28806**	**16669**	**12137**	**1080**	**918**	**162**	**16297**
兰州市	**2581**	**1512**	**1069**	**69**	**59**	**10**	**1528**
城关区	20	16	4	1	1		17
七里河区	270	153	117	9	9		141
西固区	298	178	120	14	12	2	178
安宁区							
红古区	152	82	70	1	1		87
永登县	662	391	271	7	5	2	387
皋兰县	288	162	126	7	5	2	177
榆中县	584	332	252	20	16	4	333
兰州新区	307	198	109	10	10		208
嘉峪关市	**59**	**35**	**24**	**3**	**3**		**37**
市辖区	59	35	24	3	3		37
金昌市	**788**	**461**	**327**	**19**	**17**	**2**	**435**
金川区	15	9	6	2	2		9
永昌县	773	452	321	17	15	2	426
白银市	**1811**	**1021**	**790**	**52**	**40**	**12**	**1061**
白银区	39	21	18	1	1		25
平川区	152	97	55	5	3	2	101
靖远县	782	422	360	23	17	6	442
会宁县	502	292	210	16	12	4	297
景泰县	336	189	147	7	7		196
天水市	**3431**	**2005**	**1426**	**158**	**132**	**26**	**1941**
秦州区	411	241	170	23	15	8	235
麦积区	257	157	100	14	12	2	159
清水县	343	209	134	12	12		218
秦安县	532	307	225	24	23	1	275
甘谷县	964	550	414	45	37	8	519
武山县	503	300	203	24	18	6	291
张家川回族自治县	421	241	180	16	15	1	244
武威市	**2581**	**1460**	**1121**	**73**	**60**	**13**	**1440**
凉州区	1185	678	507	48	38	10	648
民勤县	409	216	193	7	5	2	233
古浪县	622	353	269	15	14	1	337
天祝藏族自治县	365	213	152	3	3		222
张掖市	**1669**	**969**	**700**	**60**	**52**	**8**	**1019**
甘州区	122	66	56	10	10		69
肃南裕固族自治县	80	44	36	1	1		48
民乐县	411	227	184	24	17	7	228
临泽县	228	143	85	11	11		137
高台县	358	217	141	5	5		241
山丹县	470	272	198	9	8	1	296
平凉市	**2387**	**1396**	**991**	**76**	**68**	**8**	**1398**
崆峒区	167	98	69	7	7		94
泾川县	603	347	256	23	20	3	346
灵台县	329	188	141	10	10		186
崇信县	126	77	49	6	6		72
庄浪县	471	274	197	17	15	2	298
静宁县	457	263	194	9	6	3	272
华亭市	234	149	85	4	4		130

15岁及以上死亡人口（2019.11.1–2020.10.31）（镇）

单位：人

有配偶		离婚			丧偶		
男	女	小计	男	女	小计	男	女
11233	**5064**	**340**	**284**	**56**	**11089**	**4234**	**6855**
1087	**441**	**39**	**34**	**5**	**945**	**332**	**613**
14	3				2	1	1
100	41	7	7		113	37	76
133	45	4	2	2	102	31	71
59	28	3	3		61	19	42
281	106	8	7	1	260	98	162
123	54	5	4	1	99	30	69
224	109	10	9	1	221	83	138
153	55	2	2		87	33	54
26	**11**	**1**	**1**		**18**	**5**	**13**
26	11	1	1		18	5	13
312	**123**	**12**	**9**	**3**	**322**	**123**	**199**
6	3				4	1	3
306	120	12	9	3	318	122	196
698	**363**	**23**	**18**	**5**	**675**	**265**	**410**
17	8	1	1		12	2	10
71	30	2	2		44	21	23
292	150	6	5	1	311	108	203
200	97	2	1	1	187	79	108
118	78	12	9	3	121	55	66
1342	**599**	**29**	**23**	**6**	**1303**	**508**	**795**
159	76	2	2		151	65	86
113	46	3	2	1	81	30	51
153	65	5	3	2	108	41	67
195	80	3	2	1	230	87	143
350	169	6	5	1	394	158	236
207	84	5	5		183	70	113
165	79	5	4	1	156	57	99
998	**442**	**29**	**25**	**4**	**1039**	**377**	**662**
460	188	17	14	3	472	166	306
148	85	2	1	1	167	62	105
235	102	6	6		264	98	166
155	67	4	4		136	51	85
710	**309**	**17**	**13**	**4**	**573**	**194**	**379**
44	25	2	2		41	10	31
31	17	3	3		28	9	19
152	76	1	1		158	57	101
98	39	2	2		78	32	46
175	66	5	1	4	107	36	71
210	86	4	4		161	50	111
933	**465**	**26**	**25**	**1**	**887**	**370**	**517**
60	34	3	3		63	28	35
234	112	8	8		226	85	141
123	63	3	3		130	52	78
50	22	2	2		46	19	27
189	109	3	3		153	67	86
175	97	4	4		172	78	94
102	28	3	2	1	97	41	56

6-3b 各地区分性别、婚姻状况的

地区	15岁及以上死亡人口			未婚			
	合计	男	女	小计	男	女	小计
酒泉市	**1219**	**754**	**465**	**56**	**50**	**6**	**692**
肃州区	169	110	59	9	9		99
金塔县	291	176	115	15	13	2	164
瓜州县	264	168	96	9	9		152
肃北蒙古族自治县	45	28	17	2	2		27
阿克塞哈萨克族自治县	34	25	9	3	2	1	22
玉门市	294	169	125	16	14	2	151
敦煌市	122	78	44	2	1	1	77
庆阳市	**2267**	**1308**	**959**	**56**	**50**	**6**	**1313**
西峰区	34	18	16	2	1	1	19
庆城县	200	128	72	5	5		133
环　县	225	140	85	6	6		133
华池县	133	90	43	6	5	1	88
合水县	230	132	98	7	6	1	141
正宁县	555	312	243	9	9		323
宁　县	574	309	265	17	14	3	306
镇原县	316	179	137	4	4		170
定西市	**3576**	**2059**	**1517**	**144**	**122**	**22**	**1981**
安定区	184	102	82	7	7		113
通渭县	331	172	159	12	6	6	189
陇西县	1127	654	473	40	34	6	618
渭源县	477	269	208	20	20		251
临洮县	828	489	339	26	25	1	519
漳　县	224	134	90	9	6	3	101
岷　县	405	239	166	30	24	6	190
陇南市	**3636**	**2096**	**1540**	**193**	**171**	**22**	**1991**
武都区	464	294	170	28	26	2	266
成　县	726	402	324	34	31	3	406
文　县	295	177	118	12	9	3	172
宕昌县	461	250	211	27	23	4	234
康　县	222	136	86	13	13		133
西和县	501	300	201	26	24	2	276
礼　县	507	292	215	21	17	4	274
徽　县	370	189	181	20	16	4	192
两当县	90	56	34	12	12		38
临夏回族自治州	**1850**	**1042**	**808**	**51**	**32**	**19**	**975**
临夏市	48	22	26	1	1		26
临夏县	232	139	93	7	5	2	123
康乐县	294	167	127	7	6	1	130
永靖县	486	290	196	5	2	3	268
广河县	232	123	109	10	6	4	121
和政县	219	129	90	5	4	1	120
东乡族自治县	177	92	85	13	7	6	85
积石山保安族东乡族撒拉族自治县	162	80	82	3	1	2	102
甘南藏族自治州	**951**	**551**	**400**	**70**	**62**	**8**	**486**
合作市	26	13	13				16
临潭县	197	125	72	7	7		108
卓尼县	168	90	78	6	5	1	97
舟曲县	189	104	85	15	12	3	105
迭部县	74	46	28	7	6	1	37
玛曲县	77	52	25	22	22		24
碌曲县	52	29	23	3	2	1	21
夏河县	168	92	76	10	8	2	78

15岁及以上死亡人口（2019.11.1–2020.10.31）（镇）（续）

单位：人

有配偶		离婚			丧偶		
男	女	小计	男	女	小计	男	女
510	**182**	**24**	**21**	**3**	**447**	**173**	**274**
75	24	2	2		59	24	35
118	46	2	1	1	110	44	66
114	38	5	4	1	98	41	57
21	6	1	1		15	4	11
18	4	1	1		8	4	4
107	44	11	10	1	116	38	78
57	20	2	2		41	18	23
879	**434**	**25**	**19**	**6**	**873**	**360**	**513**
13	6				13	4	9
98	35	6	5	1	56	20	36
92	41				86	42	44
67	21	1	1		38	17	21
95	46	2	2		80	29	51
208	115	4	3	1	219	92	127
204	102	9	7	2	242	84	158
102	68	3	1	2	139	72	67
1370	**611**	**44**	**38**	**6**	**1407**	**529**	**878**
74	39	1	1		63	20	43
126	63	3	3		127	37	90
440	178	11	11		458	169	289
157	94	6	4	2	200	88	112
368	151	11	8	3	272	88	184
75	26	2	2		112	51	61
130	60	10	9	1	175	76	99
1341	**650**	**32**	**25**	**7**	**1420**	**559**	**861**
189	77	5	4	1	165	75	90
263	143	9	8	1	277	100	177
130	42	3	2	1	108	36	72
147	87	6	6		194	74	120
84	49	1		1	75	39	36
196	80	3	3		196	77	119
189	85	2	1	1	210	85	125
114	78	3	1	2	155	58	97
29	9				40	15	25
675	**300**	**27**	**22**	**5**	**797**	**313**	**484**
14	12				21	7	14
89	34	2	2		100	43	57
98	32	3	2	1	154	61	93
201	67	7	7		206	80	126
80	41	7	6	1	94	31	63
85	35	1	1		93	39	54
53	32	4	2	2	75	30	45
55	47	3	2	1	54	22	32
352	**134**	**12**	**11**	**1**	**383**	**126**	**257**
11	5				10	2	8
82	26	3	3		79	33	46
66	31				65	19	46
74	31	1	1		68	17	51
29	8	1	1		29	10	19
18	6	3	2	1	28	10	18
17	4				28	10	18
55	23	4	4		76	25	51

6-3c 各地区分性别、婚姻状况的

地区	15 岁及以上死亡人口			未婚			
	合计	男	女	小计	男	女	小计
合计	**99026**	**55404**	**43622**	**4685**	**4155**	**530**	**52757**
兰州市	**6145**	**3459**	**2686**	**232**	**206**	**26**	**3398**
城关区	42	26	16	3	2	1	26
七里河区	501	284	217	28	27	1	286
西固区	220	129	91	7	6	1	126
安宁区							
红古区	235	126	109	9	6	3	126
永登县	1990	1135	855	64	57	7	1089
皋兰县	445	237	208	11	7	4	237
榆中县	2240	1272	968	100	93	7	1234
兰州新区	472	250	222	10	8	2	274
嘉峪关市	**98**	**53**	**45**	**3**	**3**		**59**
市辖区	98	53	45	3	3		59
金昌市	**1175**	**669**	**506**	**31**	**29**	**2**	**604**
金川区	201	128	73	8	7	1	114
永昌县	974	541	433	23	22	1	490
白银市	**6231**	**3366**	**2865**	**208**	**176**	**32**	**3509**
白银区	355	186	169	10	9	1	188
平川区	386	213	173	12	9	3	207
靖远县	1578	829	749	50	42	8	947
会宁县	2944	1606	1338	109	95	14	1596
景泰县	968	532	436	27	21	6	571
天水市	**11335**	**6399**	**4936**	**527**	**463**	**64**	**6169**
秦州区	1519	853	666	66	63	3	839
麦积区	1433	810	623	87	77	10	747
清水县	1026	568	458	44	38	6	559
秦安县	2558	1401	1157	103	91	12	1393
甘谷县	1997	1157	840	77	67	10	1116
武山县	1420	824	596	84	73	11	756
张家川回族自治县	1382	786	596	66	54	12	759
武威市	**7801**	**4185**	**3616**	**301**	**271**	**30**	**4166**
凉州区	3607	1935	1672	156	139	17	1964
民勤县	1638	875	763	54	50	4	874
古浪县	1675	864	811	48	40	8	857
天祝藏族自治县	881	511	370	43	42	1	471
张掖市	**5296**	**2968**	**2328**	**194**	**177**	**17**	**2897**
甘州区	2084	1178	906	78	72	6	1124
肃南裕固族自治县	155	85	70	4	4		75
民乐县	968	538	430	44	39	5	538
临泽县	595	339	256	26	25	1	345
高台县	777	438	339	24	20	4	403
山丹县	717	390	327	18	17	1	412
平凉市	**9179**	**5227**	**3952**	**394**	**362**	**32**	**4957**
崆峒区	1339	752	587	45	35	10	741
泾川县	1448	788	660	37	34	3	776
灵台县	1142	684	458	57	53	4	598
崇信县	451	245	206	13	12	1	234
庄浪县	1795	1036	759	103	98	5	1005
静宁县	2296	1305	991	97	90	7	1245
华亭市	708	417	291	42	40	2	358

15 岁及以上死亡人口（2019.11.1–2020.10.31）（乡村）

单位：人

有配偶		离婚			丧偶		
男	女	小计	男	女	小计	男	女
34560	**18197**	**1003**	**844**	**159**	**40581**	**15845**	**24736**
2315	**1083**	**91**	**75**	**16**	**2424**	**863**	**1561**
18	8	2	2		11	4	7
196	90	9	7	2	178	54	124
92	34	6	5	1	81	26	55
85	41	2	2		98	33	65
757	332	25	22	3	812	299	513
162	75	6	4	2	191	64	127
826	408	35	29	6	871	324	547
179	95	6	4	2	182	59	123
34	**25**	**2**	**2**		**34**	**14**	**20**
34	25	2	2		34	14	20
435	**169**	**5**	**5**		**535**	**200**	**335**
87	27	1	1		78	33	45
348	142	4	4		457	167	290
2265	**1244**	**41**	**33**	**8**	**2473**	**892**	**1581**
127	61	2	1	1	155	49	106
140	67	4	3	1	163	61	102
596	351	7	6	1	574	185	389
1024	572	16	15	1	1223	472	751
378	193	12	8	4	358	125	233
3995	**2174**	**85**	**76**	**9**	**4554**	**1865**	**2689**
526	313	16	13	3	598	251	347
484	263	15	14	1	584	235	349
366	193	9	9		414	155	259
880	513	9	9		1053	421	632
743	373	13	12	1	791	335	456
499	257	10	9	1	570	243	327
497	262	13	10	3	544	225	319
2735	**1431**	**43**	**35**	**8**	**3291**	**1144**	**2147**
1306	658	15	11	4	1472	479	993
571	303	5	5		705	249	456
545	312	9	6	3	761	273	488
313	158	14	13	1	353	143	210
1983	**914**	**58**	**51**	**7**	**2147**	**757**	**1390**
763	361	23	22	1	859	321	538
58	17	4	3	1	72	20	52
364	174	7	7		379	128	251
227	118	7	4	3	217	83	134
294	109	9	9		341	115	226
277	135	8	6	2	279	90	189
3256	**1701**	**108**	**99**	**9**	**3720**	**1510**	**2210**
480	261	21	18	3	532	219	313
500	276	26	24	2	609	230	379
413	185	15	14	1	472	204	268
153	81	5	5		199	75	124
657	348	13	13		674	268	406
813	432	14	12	2	940	390	550
240	118	14	13	1	294	124	170

6-3c 各地区分性别、婚姻状况的

地区	15岁及以上死亡人口			未婚			
	合计	男	女	小计	男	女	小计
酒泉市	**3256**	**1887**	**1369**	**124**	**113**	**11**	**1866**
肃州区	1162	690	472	42	37	5	685
金塔县	730	411	319	34	32	2	400
瓜州县	500	291	209	23	22	1	271
肃北蒙古族自治县	28	16	12	2	2		14
阿克塞哈萨克族自治县	17	11	6	1	1		7
玉门市	350	209	141	14	11	3	207
敦煌市	469	259	210	8	8		282
庆阳市	**10428**	**5744**	**4684**	**314**	**270**	**44**	**5703**
西峰区	1333	700	633	30	25	5	728
庆城县	1218	698	520	42	38	4	687
环　县	1512	882	630	59	52	7	891
华池县	655	372	283	15	11	4	372
合水县	676	392	284	20	18	2	384
正宁县	847	466	381	33	30	3	436
宁　县	1764	915	849	43	37	6	959
镇原县	2423	1319	1104	72	59	13	1246
定西市	**13335**	**7400**	**5935**	**776**	**713**	**63**	**6859**
安定区	1983	1079	904	106	103	3	1048
通渭县	1796	989	807	90	84	6	932
陇西县	2150	1219	931	151	136	15	1104
渭源县	1945	1037	908	137	127	10	946
临洮县	2407	1366	1041	99	94	5	1300
漳　县	1014	576	438	62	57	5	489
岷　县	2040	1134	906	131	112	19	1040
陇南市	**13274**	**7722**	**5552**	**996**	**911**	**85**	**6703**
武都区	2667	1648	1019	224	209	15	1415
成　县	1313	758	555	95	89	6	660
文　县	945	533	412	61	57	4	534
宕昌县	1657	917	740	119	109	10	768
康　县	1278	739	539	128	119	9	600
西和县	2064	1183	881	115	99	16	1085
礼　县	1910	1089	821	129	110	19	953
徽　县	1195	709	486	98	94	4	577
两当县	245	146	99	27	25	2	111
临夏回族自治州	**8681**	**4836**	**3845**	**354**	**285**	**69**	**4569**
临夏市	221	116	105	5	5		119
临夏县	2212	1242	970	98	79	19	1140
康乐县	1535	840	695	53	51	2	812
永靖县	786	477	309	35	32	3	404
广河县	674	352	322	21	13	8	376
和政县	971	556	415	49	37	12	501
东乡族自治县	1069	591	478	36	22	14	596
积石山保安族东乡族撒拉族自治县	1213	662	551	57	46	11	621
甘南藏族自治州	**2792**	**1489**	**1303**	**231**	**176**	**55**	**1298**
合作市	135	68	67	9	8	1	60
临潭县	587	315	272	29	24	5	305
卓尼县	412	216	196	28	20	8	183
舟曲县	632	341	291	54	46	8	314
迭部县	295	156	139	37	25	12	122
玛曲县	217	111	106	35	22	13	69
碌曲县	104	49	55	6	5	1	50
夏河县	410	233	177	33	26	7	195

15岁及以上死亡人口（2019.11.1–2020.10.31）（乡村）（续）

单位：人

有配偶		离婚			丧偶		
男	女	小计	男	女	小计	男	女
1279	**587**	**44**	**38**	**6**	**1222**	**457**	**765**
479	206	16	13	3	419	161	258
274	126	9	9		287	96	191
180	91	5	5		201	84	117
11	3	1	1		11	2	9
5	2	1	1		8	4	4
146	61	4	4		125	48	77
184	98	8	5	3	171	62	109
3582	**2121**	**111**	**97**	**14**	**4300**	**1795**	**2505**
462	266	18	12	6	557	201	356
441	246	15	15		474	204	270
548	343	14	12	2	548	270	278
226	146	7	6	1	261	129	132
247	137	9	8	1	263	119	144
275	161	11	11		367	150	217
585	374	23	20	3	739	273	466
798	448	14	13	1	1091	449	642
4514	**2345**	**134**	**113**	**21**	**5566**	**2060**	**3506**
640	408	23	23		806	313	493
625	307	7	6	1	767	274	493
731	373	25	18	7	870	334	536
604	342	21	19	2	841	287	554
899	401	25	19	6	983	354	629
334	155	7	6	1	456	179	277
681	359	26	22	4	843	319	524
4338	**2365**	**147**	**127**	**20**	**5428**	**2346**	**3082**
946	469	23	20	3	1005	473	532
414	246	28	26	2	530	229	301
337	197	9	7	2	341	132	209
502	266	14	11	3	756	295	461
381	219	16	11	5	534	228	306
703	382	21	19	2	843	362	481
614	339	16	14	2	812	351	461
370	207	18	17	1	502	228	274
71	40	2	2		105	48	57
2963	**1606**	**100**	**79**	**21**	**3658**	**1509**	**2149**
77	42	5	4	1	92	30	62
767	373	27	22	5	947	374	573
510	302	11	10	1	659	269	390
281	123	15	10	5	332	154	178
217	159	6	3	3	271	119	152
330	171	11	11		410	178	232
381	215	15	10	5	422	178	244
400	221	10	9	1	525	207	318
866	**432**	**34**	**14**	**20**	**1229**	**433**	**796**
37	23	2	1	1	64	22	42
205	100	3	3		250	83	167
130	53	3	3		198	63	135
199	115	2		2	262	96	166
77	45	3	2	1	133	52	81
46	23	8	1	7	105	42	63
31	19	2	1	1	46	12	34
141	54	11	3	8	171	63	108

6-4 全省分年龄、性别的死亡人口状况（2019.11.1-2020.10.31）

单位：人、‰

年龄	平均人口			死亡人口			死亡率		
	合计	男	女	小计	男	女	小计	男	女
合计	**24979093**	**12684012**	**12295081**	**154468**	**87869**	**66599**	**6.18**	**6.93**	**5.42**
0-4 岁	**1627138**	**843734**	**783404**	**1164**	**653**	**511**	**0.72**	**0.77**	**0.65**
0	293704	151816	141888	637	352	285	2.17	2.32	2.01
1	310466	160654	149812	185	105	80	0.60	0.65	0.53
2	341060	176845	164215	124	73	51	0.36	0.41	0.31
3	380011	197248	182763	121	66	55	0.32	0.33	0.30
4	301897	157171	144726	97	57	40	0.32	0.36	0.28
5-9 岁	**1711120**	**893507**	**817613**	**366**	**209**	**157**	**0.21**	**0.23**	**0.19**
5	351827	182949	168878	94	51	43	0.27	0.28	0.25
6	342737	178724	164013	81	43	38	0.24	0.24	0.23
7	347198	181211	165987	73	41	32	0.21	0.23	0.19
8	332149	174025	158124	63	34	29	0.19	0.20	0.18
9	337209	176598	160611	55	40	15	0.16	0.23	0.09
10-14 岁	**1532685**	**804740**	**727945**	**353**	**215**	**138**	**0.23**	**0.27**	**0.19**
10	328052	171956	156096	61	41	20	0.19	0.24	0.13
11	313710	164230	149480	75	50	25	0.24	0.30	0.17
12	317042	166796	150246	71	46	25	0.22	0.28	0.17
13	298920	157008	141912	73	38	35	0.24	0.24	0.25
14	274961	144750	130211	73	40	33	0.27	0.28	0.25
15-19 岁	**1307285**	**682378**	**624907**	**475**	**320**	**155**	**0.36**	**0.47**	**0.25**
15	281833	148954	132879	88	61	27	0.31	0.41	0.20
16	261974	137416	124558	81	57	24	0.31	0.41	0.19
17	266897	139259	127638	116	79	37	0.43	0.57	0.29
18	254134	131671	122463	90	59	31	0.35	0.45	0.25
19	242447	125078	117369	100	64	36	0.41	0.51	0.31
20-24 岁	**1370194**	**693820**	**676374**	**691**	**464**	**227**	**0.50**	**0.67**	**0.34**
20	241025	123723	117302	109	81	28	0.45	0.65	0.24
21	246701	125158	121543	113	82	31	0.46	0.66	0.26
22	257379	129588	127791	114	72	42	0.44	0.56	0.33
23	291311	147407	143904	152	93	59	0.52	0.63	0.41
24	333778	167944	165834	203	136	67	0.61	0.81	0.40
25-29 岁	**1728864**	**866140**	**862724**	**1010**	**727**	**283**	**0.58**	**0.84**	**0.33**
25	335523	168521	167002	174	125	49	0.52	0.74	0.29
26	331213	165142	166071	170	124	46	0.51	0.75	0.28
27	340738	169871	170867	210	147	63	0.62	0.87	0.37
28	340702	171131	169571	232	171	61	0.68	1.00	0.36
29	380688	191475	189213	224	160	64	0.59	0.84	0.34

6-4 全省分年龄、性别的死亡人口状况（2019.11.1-2020.10.31）（续 1）

单位：人、‰

年龄	平均人口			死亡人口			死亡率		
	合计	男	女	小计	男	女	小计	男	女
30-34 岁	**1949290**	**978363**	**970927**	**1321**	**936**	**385**	**0.68**	**0.96**	**0.40**
30	440946	220538	220408	289	220	69	0.66	1.00	0.31
31	397743	200161	197582	239	178	61	0.60	0.89	0.31
32	399350	200448	198902	268	181	87	0.67	0.90	0.44
33	376342	188864	187478	255	173	82	0.68	0.92	0.44
34	334909	168352	166557	270	184	86	0.81	1.09	0.52
35-39 岁	**1519820**	**773758**	**746062**	**1406**	**971**	**435**	**0.93**	**1.25**	**0.58**
35	331105	166731	164374	264	182	82	0.80	1.09	0.50
36	302521	152934	149587	281	193	88	0.93	1.26	0.59
37	299245	153364	145881	276	190	86	0.92	1.24	0.59
38	314088	161308	152780	303	215	88	0.96	1.33	0.58
39	272861	139421	133440	282	191	91	1.03	1.37	0.68
40-44 岁	**1475133**	**750764**	**724369**	**1960**	**1407**	**553**	**1.33**	**1.87**	**0.76**
40	285478	147304	138174	314	226	88	1.10	1.53	0.64
41	302241	154993	147248	389	289	100	1.29	1.86	0.68
42	280118	141922	138196	373	264	109	1.33	1.86	0.79
43	294724	149745	144979	411	294	117	1.39	1.96	0.81
44	312572	156800	155772	473	334	139	1.51	2.13	0.89
45-49 岁	**2337192**	**1181215**	**1155977**	**4753**	**3326**	**1427**	**2.03**	**2.82**	**1.23**
45	369042	183604	185438	642	448	194	1.74	2.44	1.05
46	458693	232224	226469	861	603	258	1.88	2.60	1.14
47	493738	250558	243180	1016	707	309	2.06	2.82	1.27
48	499715	254061	245654	1000	709	291	2.00	2.79	1.18
49	516004	260768	255236	1234	859	375	2.39	3.29	1.47
50-54 岁	**2436321**	**1232559**	**1203762**	**7701**	**5033**	**2668**	**3.16**	**4.08**	**2.22**
50	514542	257162	257380	1400	928	472	2.72	3.61	1.83
51	545358	276490	268868	1514	1003	511	2.78	3.63	1.90
52	460695	232882	227813	1486	965	521	3.23	4.14	2.29
53	457591	231898	225693	1589	1026	563	3.47	4.42	2.49
54	458135	234127	224008	1712	1111	601	3.74	4.75	2.68
55-59 岁	**1759005**	**896869**	**862136**	**8392**	**5577**	**2815**	**4.77**	**6.22**	**3.27**
55	447016	229087	217929	1835	1278	557	4.10	5.58	2.56
56	438083	224763	213320	1969	1320	649	4.49	5.87	3.04
57	439589	226690	212899	2100	1370	730	4.78	6.04	3.43
58	254319	125864	128455	1415	922	493	5.56	7.33	3.84
59	179998	90465	89533	1073	687	386	5.96	7.59	4.31
60-64 岁	**1150606**	**593695**	**556911**	**9836**	**6487**	**3349**	**8.55**	**10.93**	**6.01**
60	186085	96422	89663	1260	874	386	6.77	9.06	4.31
61	191177	99565	91612	1507	1036	471	7.88	10.41	5.14
62	254326	132660	121666	2024	1323	701	7.96	9.97	5.76
63	256250	131113	125137	2375	1583	792	9.27	12.07	6.33
64	262768	133935	128833	2670	1671	999	10.16	12.48	7.75

6-4 全省分年龄、性别的死亡人口状况（2019.11.1-2020.10.31）（续2）

单位：人、‰

年龄	平均人口			死亡人口			死亡率		
	合计	男	女	小计	男	女	小计	男	女
65-69岁	**1161671**	**580324**	**581347**	**16413**	**9977**	**6436**	**14.13**	**17.19**	**11.07**
65	256533	128835	127698	2869	1839	1030	11.18	14.27	8.07
66	248712	125394	123318	3054	1865	1189	12.28	14.87	9.64
67	238287	119645	118642	3306	2021	1285	13.87	16.89	10.83
68	217742	107618	110124	3509	2089	1420	16.12	19.41	12.89
69	200397	98832	101565	3675	2163	1512	18.34	21.89	14.89
70-74岁	**846779**	**411648**	**435131**	**21989**	**12665**	**9324**	**25.97**	**30.77**	**21.43**
70	203889	101753	102136	3942	2400	1542	19.33	23.59	15.10
71	167135	82532	84603	3959	2383	1576	23.69	28.87	18.63
72	166075	81959	84116	4298	2504	1794	25.88	30.55	21.33
73	163026	77252	85774	4841	2668	2173	29.69	34.54	25.33
74	146654	68152	78502	4949	2710	2239	33.75	39.76	28.52
75-79岁	**585252**	**280798**	**304454**	**27818**	**15197**	**12621**	**47.53**	**54.12**	**41.45**
75	135511	64792	70719	5204	2851	2353	38.40	44.00	33.27
76	128646	62629	66017	5555	3087	2468	43.18	49.29	37.38
77	118186	56754	61432	5660	3116	2544	47.89	54.90	41.41
78	106465	50631	55834	5656	3069	2587	53.13	60.62	46.33
79	96444	45992	50452	5743	3074	2669	59.55	66.84	52.90
80-84岁	**326439**	**150305**	**176134**	**27011**	**13590**	**13421**	**82.74**	**90.42**	**76.20**
80	86865	40689	46176	5839	3048	2791	67.22	74.91	60.44
81	74781	34275	40506	5565	2848	2717	74.42	83.09	67.08
82	65496	30271	35225	5779	2925	2854	88.23	96.63	81.02
83	53680	24355	29325	5152	2545	2607	95.98	104.50	88.90
84	45617	20715	24902	4676	2224	2452	102.51	107.36	98.47
85-89岁	**125344**	**56497**	**68847**	**16332**	**7703**	**8629**	**130.30**	**136.34**	**125.34**
85	36948	16407	20541	4176	1969	2207	113.02	120.01	107.44
86	31425	14322	17103	4033	1976	2057	128.34	137.97	120.27
87	23549	10483	13066	3223	1485	1738	136.86	141.66	133.02
88	18031	8211	9820	2591	1180	1411	143.70	143.71	143.69
89	15391	7074	8317	2309	1093	1216	150.02	154.51	146.21
90-94岁	**23294**	**10561**	**12733**	**4251**	**1945**	**2306**	**182.49**	**184.17**	**181.10**
90	7645	3577	4068	1346	646	700	176.06	180.60	172.07
91	5313	2382	2931	965	422	543	181.63	177.16	185.26
92	4444	1967	2477	795	379	416	178.89	192.68	167.95
93	3377	1521	1856	633	282	351	187.44	185.40	189.12
94	2515	1114	1401	512	216	296	203.58	193.90	211.28
95-99岁	**4998**	**2107**	**2891**	**1069**	**400**	**669**	**213.89**	**189.84**	**231.41**
95	1798	813	985	389	172	217	216.35	211.56	220.30
96	1331	549	782	257	83	174	193.09	151.18	222.51
97	824	322	502	200	66	134	242.72	204.97	266.93
98	631	258	373	130	45	85	206.02	174.42	227.88
99	414	165	249	93	34	59	224.64	206.06	236.95
100岁及以上	**663**	**230**	**433**	**157**	**67**	**90**	**236.80**	**291.30**	**207.85**

6-4a 全省分年龄、性别的死亡人口状况（2019.11.1-2020.10.31）（城市）

单位：人、‰

年龄	平均人口			死亡人口			死亡率		
	合计	男	女	小计	男	女	小计	男	女
合计	**7078294**	**3557481**	**3520813**	**24976**	**14847**	**10129**	**3.53**	**4.17**	**2.88**
0-4 岁	**427825**	**222511**	**205314**	**155**	**92**	**63**	**0.36**	**0.41**	**0.31**
0	79802	41309	38493	104	60	44	1.30	1.45	1.14
1	81796	42457	39339	16	8	8	0.20	0.19	0.20
2	88374	45933	42441	12	10	2	0.14	0.22	0.05
3	106332	55250	51082	15	7	8	0.14	0.13	0.16
4	71521	37562	33959	8	7	1	0.11	0.19	0.03
5-9 岁	**407127**	**215077**	**192050**	**30**	**14**	**16**	**0.07**	**0.07**	**0.08**
5	87468	46001	41467	9	2	7	0.10	0.04	0.17
6	82891	43573	39318	5	2	3	0.06	0.05	0.08
7	83430	44110	39320	4	2	2	0.05	0.05	0.05
8	76233	40329	35904	4	1	3	0.05	0.02	0.08
9	77105	41064	36041	8	7	1	0.10	0.17	0.03
10-14 岁	**354663**	**187533**	**167130**	**38**	**22**	**16**	**0.11**	**0.12**	**0.10**
10	72670	38376	34294	7	5	2	0.10	0.13	0.06
11	70760	37358	33402	6	4	2	0.08	0.11	0.06
12	75001	39603	35398	8	6	2	0.11	0.15	0.06
13	68209	36293	31916	11	5	6	0.16	0.14	0.19
14	68023	35903	32120	6	2	4	0.09	0.06	0.12
15-19 岁	**412940**	**216393**	**196547**	**47**	**37**	**10**	**0.11**	**0.17**	**0.05**
15	79139	41889	37250	10	9	1	0.13	0.21	0.03
16	74085	39250	34835	7	5	2	0.09	0.13	0.06
17	82101	43181	38920	17	13	4	0.21	0.30	0.10
18	85794	44960	40834	7	6	1	0.08	0.13	0.02
19	91821	47113	44708	6	4	2	0.07	0.08	0.04
20-24 岁	**481175**	**235677**	**245498**	**56**	**40**	**16**	**0.12**	**0.17**	**0.07**
20	92183	45983	46200	10	6	4	0.11	0.13	0.09
21	91609	44563	47046	9	9		0.10	0.20	0.00
22	91327	44588	46739	9	7	2	0.10	0.16	0.04
23	97370	47432	49938	14	9	5	0.14	0.19	0.10
24	108686	53111	55575	14	9	5	0.13	0.17	0.09
25-29 岁	**579276**	**285397**	**293879**	**71**	**47**	**24**	**0.12**	**0.16**	**0.08**
25	110318	54235	56083	10	6	4	0.09	0.11	0.07
26	110105	53787	56318	11	10	1	0.10	0.19	0.02
27	114123	55989	58134	13	11	2	0.11	0.20	0.03
28	113828	56384	57444	24	13	11	0.21	0.23	0.19
29	130902	65002	65900	13	7	6	0.10	0.11	0.09

6-4a 全省分年龄、性别的死亡人口状况（2019.11.1-2020.10.31）（城市）（续1）

单位：人、‰

年龄	平均人口			死亡人口			死亡率		
	合计	男	女	小计	男	女	小计	男	女
30-34岁	**688517**	**341213**	**347304**	**135**	**82**	**53**	**0.20**	**0.24**	**0.15**
30	151940	75417	76523	24	20	4	0.16	0.27	0.05
31	140604	69808	70796	29	18	11	0.21	0.26	0.16
32	142126	70269	71857	25	19	6	0.18	0.27	0.08
33	135669	67125	68544	24	12	12	0.18	0.18	0.18
34	118178	58594	59584	33	13	20	0.28	0.22	0.34
35-39岁	**529420**	**264405**	**265015**	**192**	**125**	**67**	**0.36**	**0.47**	**0.25**
35	115258	57033	58225	22	15	7	0.19	0.26	0.12
36	106138	52949	53189	37	20	17	0.35	0.38	0.32
37	106243	53565	52678	41	27	14	0.39	0.50	0.27
38	110267	55133	55134	50	39	11	0.45	0.71	0.20
39	91514	45725	45789	42	24	18	0.46	0.52	0.39
40-44岁	**479397**	**242091**	**237306**	**287**	**211**	**76**	**0.60**	**0.87**	**0.32**
40	95204	48412	46792	48	31	17	0.50	0.64	0.36
41	102447	51757	50690	56	47	9	0.55	0.91	0.18
42	92160	45903	46257	64	47	17	0.69	1.02	0.37
43	93677	47518	46159	61	43	18	0.65	0.90	0.39
44	95909	48501	47408	58	43	15	0.60	0.89	0.32
45-49岁	**635334**	**323946**	**311388**	**694**	**480**	**214**	**1.09**	**1.48**	**0.69**
45	107134	54003	53131	92	62	30	0.86	1.15	0.56
46	126187	64360	61827	145	99	46	1.15	1.54	0.74
47	134546	68810	65736	147	102	45	1.09	1.48	0.68
48	133686	68453	65233	128	92	36	0.96	1.34	0.55
49	133781	68320	65461	182	125	57	1.36	1.83	0.87
50-54岁	**598797**	**302457**	**296340**	**1085**	**762**	**323**	**1.81**	**2.52**	**1.09**
50	129797	65771	64026	182	131	51	1.40	1.99	0.80
51	136194	69252	66942	211	152	59	1.55	2.19	0.88
52	111949	56355	55594	209	139	70	1.87	2.47	1.26
53	107982	54309	53673	235	174	61	2.18	3.20	1.14
54	112875	56770	56105	248	166	82	2.20	2.92	1.46
55-59岁	**455564**	**226725**	**228839**	**1337**	**928**	**409**	**2.93**	**4.09**	**1.79**
55	114962	57979	56983	298	203	95	2.59	3.50	1.67
56	117955	59117	58838	323	221	102	2.74	3.74	1.73
57	112340	55855	56485	333	234	99	2.96	4.19	1.75
58	62018	30129	31889	210	150	60	3.39	4.98	1.88
59	48289	23645	24644	173	120	53	3.58	5.08	2.15
60-64岁	**307306**	**152729**	**154577**	**1628**	**1135**	**493**	**5.30**	**7.43**	**3.19**
60	55695	27815	27880	236	170	66	4.24	6.11	2.37
61	55612	27863	27749	269	201	68	4.84	7.21	2.45
62	67771	33896	33875	329	225	104	4.85	6.64	3.07
63	64551	31849	32702	378	264	114	5.86	8.29	3.49
64	63677	31306	32371	416	275	141	6.53	8.78	4.36

6-4a 全省分年龄、性别的死亡人口状况（2019.11.1-2020.10.31）（城市）（续2）

单位：人、‰

年龄	平均人口			死亡人口			死亡率		
	合计	男	女	小计	男	女	小计	男	女
65-69岁	**271963**	**134099**	**137864**	**2480**	**1657**	**823**	**9.12**	**12.36**	**5.97**
65	63756	31440	32316	464	333	131	7.28	10.59	4.05
66	60532	29799	30733	465	314	151	7.68	10.54	4.91
67	54796	27289	27507	491	320	171	8.96	11.73	6.22
68	48486	23867	24619	517	347	170	10.66	14.54	6.91
69	44393	21704	22689	543	343	200	12.23	15.80	8.81
70-74岁	**176705**	**83651**	**93054**	**2908**	**1750**	**1158**	**16.46**	**20.92**	**12.44**
70	43767	21402	22365	536	347	189	12.25	16.21	8.45
71	35178	17018	18160	523	331	192	14.87	19.45	10.57
72	34120	16498	17622	588	358	230	17.23	21.70	13.05
73	33351	15376	17975	602	363	239	18.05	23.61	13.30
74	30289	13357	16932	659	351	308	21.76	26.28	18.19
75-79岁	**132792**	**57962**	**74830**	**4091**	**2260**	**1831**	**30.81**	**38.99**	**24.47**
75	28931	12541	16390	734	387	347	25.37	30.86	21.17
76	26932	11636	15296	756	388	368	28.07	33.34	24.06
77	26848	11587	15261	779	427	352	29.02	36.85	23.07
78	25265	10865	14400	866	485	381	34.28	44.64	26.46
79	24816	11333	13483	956	573	383	38.52	50.56	28.41
80-84岁	**91288**	**41967**	**49321**	**4900**	**2645**	**2255**	**53.68**	**63.03**	**45.72**
80	23262	10663	12599	1028	557	471	44.19	52.24	37.38
81	20310	9206	11104	955	531	424	47.02	57.68	38.18
82	18437	8463	9974	1060	602	458	57.49	71.13	45.92
83	15654	7276	8378	962	511	451	61.45	70.23	53.83
84	13625	6359	7266	895	444	451	65.69	69.82	62.07
85-89岁	**37841**	**18414**	**19427**	**3394**	**1834**	**1560**	**89.69**	**99.60**	**80.30**
85	11121	5136	5985	851	441	410	76.52	85.86	68.50
86	9533	4708	4825	846	469	377	88.74	99.62	78.13
87	7087	3411	3676	691	375	316	97.50	109.94	85.96
88	5460	2755	2705	537	277	260	98.35	100.54	96.12
89	4640	2404	2236	469	272	197	101.08	113.14	88.10
90-94岁	**8572**	**4359**	**4213**	**1128**	**578**	**550**	**131.59**	**132.60**	**130.55**
90	2925	1545	1380	369	197	172	126.15	127.51	124.64
91	2041	994	1047	260	118	142	127.39	118.71	135.63
92	1527	760	767	217	120	97	142.11	157.89	126.47
93	1215	621	594	149	80	69	122.63	128.82	116.16
94	864	439	425	133	63	70	153.94	143.51	164.71
95-99岁	**1648**	**813**	**835**	**286**	**128**	**158**	**173.54**	**157.44**	**189.22**
95	630	331	299	107	57	50	169.84	172.21	167.22
96	426	200	226	69	26	43	161.97	130.00	190.27
97	277	133	144	56	23	33	202.17	172.93	229.17
98	198	90	108	33	13	20	166.67	144.44	185.19
99	117	59	58	21	9	12	179.49	152.54	206.90
100岁及以上	**144**	**62**	**82**	**34**	**20**	**14**	**236.11**	**322.58**	**170.73**

6-4b 全省分年龄、性别的死亡人口状况（2019.11.1-2020.10.31）（镇）

单位：人、‰

年龄	平均人口			死亡人口			死亡率		
	合计	男	女	小计	男	女	小计	男	女
合计	**5958688**	**2983394**	**2975294**	**29149**	**16867**	**12282**	**4.89**	**5.65**	**4.13**
0-4 岁	**441878**	**229347**	**212531**	**207**	**123**	**84**	**0.47**	**0.54**	**0.40**
0	75433	38878	36555	123	77	46	1.63	1.98	1.26
1	81786	42336	39450	29	17	12	0.35	0.40	0.30
2	92781	48161	44620	14	4	10	0.15	0.08	0.22
3	108774	56443	52331	24	14	10	0.22	0.25	0.19
4	83104	43529	39575	17	11	6	0.20	0.25	0.15
5-9 岁	**481115**	**253160**	**227955**	**73**	**36**	**37**	**0.15**	**0.14**	**0.16**
5	98125	51348	46777	20	8	12	0.20	0.16	0.26
6	97663	51414	46249	15	7	8	0.15	0.14	0.17
7	98162	51604	46558	17	8	9	0.17	0.16	0.19
8	92839	49117	43722	14	8	6	0.15	0.16	0.14
9	94326	49677	44649	7	5	2	0.07	0.10	0.04
10-14 岁	**426208**	**225351**	**200857**	**63**	**39**	**24**	**0.15**	**0.17**	**0.12**
10	90528	47955	42573	10	8	2	0.11	0.17	0.05
11	85881	45449	40432	13	9	4	0.15	0.20	0.10
12	86114	45905	40209	14	10	4	0.16	0.22	0.10
13	82695	43559	39136	8	5	3	0.10	0.11	0.08
14	80990	42483	38507	18	7	11	0.22	0.16	0.29
15-19 岁	**414233**	**211451**	**202782**	**87**	**54**	**33**	**0.21**	**0.26**	**0.16**
15	95365	49466	45899	13	10	3	0.14	0.20	0.07
16	94972	48841	46131	16	10	6	0.17	0.20	0.13
17	89255	45727	43528	24	14	10	0.27	0.31	0.23
18	73008	36631	36377	19	12	7	0.26	0.33	0.19
19	61633	30786	30847	15	8	7	0.24	0.26	0.23
20-24 岁	**303496**	**151936**	**151560**	**120**	**90**	**30**	**0.40**	**0.59**	**0.20**
20	57622	29319	28303	17	15	2	0.30	0.51	0.07
21	56289	28821	27468	25	20	5	0.44	0.69	0.18
22	55602	27919	27683	16	12	4	0.29	0.43	0.14
23	61755	30680	31075	27	17	10	0.44	0.55	0.32
24	72228	35197	37031	35	26	9	0.48	0.74	0.24
25-29 岁	**414439**	**194601**	**219838**	**196**	**140**	**56**	**0.47**	**0.72**	**0.25**
25	74640	35793	38847	36	29	7	0.48	0.81	0.18
26	76468	35891	40577	37	27	10	0.48	0.75	0.25
27	81130	37540	43590	41	26	15	0.51	0.69	0.34
28	84604	39782	44822	42	31	11	0.50	0.78	0.25
29	97597	45595	52002	40	27	13	0.41	0.59	0.25

6-4b 全省分年龄、性别的死亡人口状况（2019.11.1-2020.10.31）（镇）（续1）

单位：人、‰

年龄	平均人口			死亡人口			死亡率		
	合计	男	女	小计	男	女	小计	男	女
30-34 岁	**537548**	**252998**	**284550**	**257**	**191**	**66**	**0.48**	**0.75**	**0.23**
30	116646	53680	62966	48	35	13	0.41	0.65	0.21
31	108342	51022	57320	47	39	8	0.43	0.76	0.14
32	111130	52264	58866	57	42	15	0.51	0.80	0.25
33	105548	49942	55606	51	38	13	0.48	0.76	0.23
34	95882	46090	49792	54	37	17	0.56	0.80	0.34
35-39 岁	**423774**	**208833**	**214941**	**311**	**218**	**93**	**0.73**	**1.04**	**0.43**
35	94727	45966	48761	60	43	17	0.63	0.94	0.35
36	86046	42066	43980	71	48	23	0.83	1.14	0.52
37	83247	41322	41925	59	43	16	0.71	1.04	0.38
38	85603	42612	42991	70	48	22	0.82	1.13	0.51
39	74151	36867	37284	51	36	15	0.69	0.98	0.40
40-44 岁	**371841**	**186332**	**185509**	**425**	**311**	**114**	**1.14**	**1.67**	**0.61**
40	75461	37917	37544	71	55	16	0.94	1.45	0.43
41	77871	38901	38970	93	76	17	1.19	1.95	0.44
42	70170	35076	35094	66	45	21	0.94	1.28	0.60
43	72960	36809	36151	88	60	28	1.21	1.63	0.77
44	75379	37629	37750	107	75	32	1.42	1.99	0.85
45-49 岁	**514823**	**260062**	**254761**	**933**	**679**	**254**	**1.81**	**2.61**	**1.00**
45	86467	43001	43466	148	111	37	1.71	2.58	0.85
46	103795	52420	51375	157	114	43	1.51	2.17	0.84
47	108735	55218	53517	202	148	54	1.86	2.68	1.01
48	106748	54305	52443	189	140	49	1.77	2.58	0.93
49	109078	55118	53960	237	166	71	2.17	3.01	1.32
50-54 岁	**501907**	**252456**	**249451**	**1478**	**978**	**500**	**2.94**	**3.87**	**2.00**
50	107586	54222	53364	258	172	86	2.40	3.17	1.61
51	113846	57369	56477	284	202	82	2.49	3.52	1.45
52	94101	47454	46647	272	173	99	2.89	3.65	2.12
53	93354	46741	46613	298	198	100	3.19	4.24	2.15
54	93020	46670	46350	366	233	133	3.93	4.99	2.87
55-59 岁	**351469**	**175514**	**175955**	**1658**	**1125**	**533**	**4.72**	**6.41**	**3.03**
55	89405	45072	44333	372	266	106	4.16	5.90	2.39
56	87288	43822	43466	394	265	129	4.51	6.05	2.97
57	88984	44913	44071	414	284	130	4.65	6.32	2.95
58	51070	24715	26355	277	175	102	5.42	7.08	3.87
59	34722	16992	17730	201	135	66	5.79	7.94	3.72
60-64 岁	**221316**	**112002**	**109314**	**1900**	**1282**	**618**	**8.59**	**11.45**	**5.65**
60	35783	18203	17580	262	184	78	7.32	10.11	4.44
61	36858	18705	18153	268	192	76	7.27	10.26	4.19
62	49341	25152	24189	379	246	133	7.68	9.78	5.50
63	49565	24845	24720	485	324	161	9.79	13.04	6.51
64	49769	25097	24672	506	336	170	10.17	13.39	6.89

6-4b 全省分年龄、性别的死亡人口状况（2019.11.1-2020.10.31）（镇）（续2）

单位：人、‰

年龄	平均人口			死亡人口			死亡率		
	合计	男	女	小计	男	女	小计	男	女
65-69岁	**214481**	**106786**	**107695**	**3110**	**1902**	**1208**	**14.50**	**17.81**	**11.22**
65	48144	23829	24315	526	342	184	10.93	14.35	7.57
66	45933	23024	22909	593	352	241	12.91	15.29	10.52
67	43734	21999	21735	662	415	247	15.14	18.86	11.36
68	40053	19932	20121	655	402	253	16.35	20.17	12.57
69	36617	18002	18615	674	391	283	18.41	21.72	15.20
70-74岁	**152547**	**73618**	**78929**	**4205**	**2471**	**1734**	**27.57**	**33.57**	**21.97**
70	37170	18537	18633	739	460	279	19.88	24.82	14.97
71	30276	14772	15504	779	488	291	25.73	33.04	18.77
72	29555	14300	15255	827	474	353	27.98	33.15	23.14
73	29151	13729	15422	919	510	409	31.53	37.15	26.52
74	26395	12280	14115	941	539	402	35.65	43.89	28.48
75-79岁	**104001**	**50160**	**53841**	**5190**	**2887**	**2303**	**49.90**	**57.56**	**42.77**
75	24299	11620	12679	1018	547	471	41.89	47.07	37.15
76	22712	11119	11593	1036	612	424	45.61	55.04	36.57
77	20999	10115	10884	1068	612	456	50.86	60.50	41.90
78	18976	9101	9875	1040	577	463	54.81	63.40	46.89
79	17015	8205	8810	1028	539	489	60.42	65.69	55.51
80-84岁	**56765**	**26634**	**30131**	**4873**	**2474**	**2399**	**85.85**	**92.89**	**79.62**
80	15005	7233	7772	1043	585	458	69.51	80.88	58.93
81	13252	6199	7053	974	471	503	73.50	75.98	71.32
82	11345	5311	6034	1067	525	542	94.05	98.85	89.82
83	9321	4316	5005	910	461	449	97.63	106.81	89.71
84	7842	3575	4267	879	432	447	112.09	120.84	104.76
85-89岁	**21733**	**9862**	**11871**	**3021**	**1415**	**1606**	**139.01**	**143.48**	**135.29**
85	6327	2855	3472	719	330	389	113.64	115.59	112.04
86	5477	2465	3012	763	369	394	139.31	149.70	130.81
87	4144	1867	2277	594	273	321	143.34	146.22	140.97
88	3106	1432	1674	501	235	266	161.30	164.11	158.90
89	2679	1243	1436	444	208	236	165.73	167.34	164.35
90-94岁	**4099**	**1870**	**2229**	**801**	**356**	**445**	**195.41**	**190.37**	**199.64**
90	1328	592	736	265	120	145	199.55	202.70	197.01
91	899	416	483	180	81	99	200.22	194.71	204.97
92	805	361	444	138	67	71	171.43	185.60	159.91
93	610	280	330	117	51	66	191.80	182.14	200.00
94	457	221	236	101	37	64	221.01	167.42	271.19
95-99岁	**887**	**373**	**514**	**195**	**74**	**121**	**219.84**	**198.39**	**235.41**
95	287	133	154	70	32	38	243.90	240.60	246.75
96	234	100	134	48	16	32	205.13	160.00	238.81
97	160	54	106	39	11	28	243.75	203.70	264.15
98	115	52	63	24	9	15	208.70	173.08	238.10
99	91	34	57	14	6	8	153.85	176.47	140.35
100岁及以上	**128**	**48**	**80**	**46**	**22**	**24**	**359.38**	**458.33**	**300.00**

6-4c 全省分年龄、性别的死亡人口状况（2019.11.1–2020.10.31）（乡村）

单位：人、‰

年龄	平均人口			死亡人口			死亡率		
	合计	男	女	小计	男	女	小计	男	女
合计	**11942111**	**6143137**	**5798974**	**100343**	**56155**	**44188**	**8.40**	**9.14**	**7.62**
0–4 岁	**757435**	**391876**	**365559**	**802**	**438**	**364**	**1.06**	**1.12**	**1.00**
0	138469	71629	66840	410	215	195	2.96	3.00	2.92
1	146884	75861	71023	140	80	60	0.95	1.05	0.84
2	159905	82751	77154	98	59	39	0.61	0.71	0.51
3	164905	85555	79350	82	45	37	0.50	0.53	0.47
4	147272	76080	71192	72	39	33	0.49	0.51	0.46
5–9 岁	**822878**	**425270**	**397608**	**263**	**159**	**104**	**0.32**	**0.37**	**0.26**
5	166234	85600	80634	65	41	24	0.39	0.48	0.30
6	162183	83737	78446	61	34	27	0.38	0.41	0.34
7	165606	85497	80109	52	31	21	0.31	0.36	0.26
8	163077	84579	78498	45	25	20	0.28	0.30	0.25
9	165778	85857	79921	40	28	12	0.24	0.33	0.15
10–14 岁	**751814**	**391856**	**359958**	**252**	**154**	**98**	**0.34**	**0.39**	**0.27**
10	164854	85625	79229	44	28	16	0.27	0.33	0.20
11	157069	81423	75646	56	37	19	0.36	0.45	0.25
12	155927	81288	74639	49	30	19	0.31	0.37	0.25
13	148016	77156	70860	54	28	26	0.36	0.36	0.37
14	125948	66364	59584	49	31	18	0.39	0.47	0.30
15–19 岁	**480112**	**254534**	**225578**	**341**	**229**	**112**	**0.71**	**0.90**	**0.50**
15	107329	57599	49730	65	42	23	0.61	0.73	0.46
16	92917	49325	43592	58	42	16	0.62	0.85	0.37
17	95541	50351	45190	75	52	23	0.79	1.03	0.51
18	95332	50080	45252	64	41	23	0.67	0.82	0.51
19	88993	47179	41814	79	52	27	0.89	1.10	0.65
20–24 岁	**585523**	**306207**	**279316**	**515**	**334**	**181**	**0.88**	**1.09**	**0.65**
20	91220	48421	42799	82	60	22	0.90	1.24	0.51
21	98803	51774	47029	79	53	26	0.80	1.02	0.55
22	110450	57081	53369	89	53	36	0.81	0.93	0.67
23	132186	69295	62891	111	67	44	0.84	0.97	0.70
24	152864	79636	73228	154	101	53	1.01	1.27	0.72
25–29 岁	**735149**	**386142**	**349007**	**743**	**540**	**203**	**1.01**	**1.40**	**0.58**
25	150565	78493	72072	128	90	38	0.85	1.15	0.53
26	144640	75464	69176	122	87	35	0.84	1.15	0.51
27	145485	76342	69143	156	110	46	1.07	1.44	0.67
28	142270	74965	67305	166	127	39	1.17	1.69	0.58
29	152189	80878	71311	171	126	45	1.12	1.56	0.63

6-4c 全省分年龄、性别的死亡人口状况（2019.11.1-2020.10.31）（乡村）（续1）

单位：人、‰

年龄	平均人口			死亡人口			死亡率		
	合计	男	女	小计	男	女	小计	男	女
30-34岁	**723225**	**384152**	**339073**	**929**	**663**	**266**	**1.28**	**1.73**	**0.78**
30	172360	91441	80919	217	165	52	1.26	1.80	0.64
31	148797	79331	69466	163	121	42	1.10	1.53	0.60
32	146094	77915	68179	186	120	66	1.27	1.54	0.97
33	135125	71797	63328	180	123	57	1.33	1.71	0.90
34	120849	63668	57181	183	134	49	1.51	2.10	0.86
35-39岁	**566626**	**300520**	**266106**	**903**	**628**	**275**	**1.59**	**2.09**	**1.03**
35	121120	63732	57388	182	124	58	1.50	1.95	1.01
36	110337	57919	52418	173	125	48	1.57	2.16	0.92
37	109755	58477	51278	176	120	56	1.60	2.05	1.09
38	118218	63563	54655	183	128	55	1.55	2.01	1.01
39	107196	56829	50367	189	131	58	1.76	2.31	1.15
40-44岁	**623895**	**322341**	**301554**	**1248**	**885**	**363**	**2.00**	**2.75**	**1.20**
40	114813	60975	53838	195	140	55	1.70	2.30	1.02
41	121923	64335	57588	240	166	74	1.97	2.58	1.28
42	117788	60943	56845	243	172	71	2.06	2.82	1.25
43	128087	65418	62669	262	191	71	2.05	2.92	1.13
44	141284	70670	70614	308	216	92	2.18	3.06	1.30
45-49岁	**1187035**	**597207**	**589828**	**3126**	**2167**	**959**	**2.63**	**3.63**	**1.63**
45	175441	86600	88841	402	275	127	2.29	3.18	1.43
46	228711	115444	113267	559	390	169	2.44	3.38	1.49
47	250457	126530	123927	667	457	210	2.66	3.61	1.69
48	259281	131303	127978	683	477	206	2.63	3.63	1.61
49	273145	137330	135815	815	568	247	2.98	4.14	1.82
50-54岁	**1335617**	**677646**	**657971**	**5138**	**3293**	**1845**	**3.85**	**4.86**	**2.80**
50	277159	137169	139990	960	625	335	3.46	4.56	2.39
51	295318	149869	145449	1019	649	370	3.45	4.33	2.54
52	254645	129073	125572	1005	653	352	3.95	5.06	2.80
53	256255	130848	125407	1056	654	402	4.12	5.00	3.21
54	252240	130687	121553	1098	712	386	4.35	5.45	3.18
55-59岁	**951972**	**494630**	**457342**	**5397**	**3524**	**1873**	**5.67**	**7.12**	**4.10**
55	242649	126036	116613	1165	809	356	4.80	6.42	3.05
56	232840	121824	111016	1252	834	418	5.38	6.85	3.77
57	238265	125922	112343	1353	852	501	5.68	6.77	4.46
58	141231	71020	70211	928	597	331	6.57	8.41	4.71
59	96987	49828	47159	699	432	267	7.21	8.67	5.66
60-64岁	**621984**	**328964**	**293020**	**6308**	**4070**	**2238**	**10.14**	**12.37**	**7.64**
60	94607	50404	44203	762	520	242	8.05	10.32	5.47
61	98707	52997	45710	970	643	327	9.83	12.13	7.15
62	137214	73612	63602	1316	852	464	9.59	11.57	7.30
63	142134	74419	67715	1512	995	517	10.64	13.37	7.63
64	149322	77532	71790	1748	1060	688	11.71	13.67	9.58

6-4c 全省分年龄、性别的死亡人口状况（2019.11.1-2020.10.31）（乡村）（续2）

单位：人、‰

年龄	平均人口			死亡人口			死亡率		
	合计	男	女	小计	男	女	小计	男	女
65-69岁	**675227**	**339439**	**335788**	**10823**	**6418**	**4405**	**16.03**	**18.91**	**13.12**
65	144633	73566	71067	1879	1164	715	12.99	15.82	10.06
66	142247	72571	69676	1996	1199	797	14.03	16.52	11.44
67	139757	70357	69400	2153	1286	867	15.41	18.28	12.49
68	129203	63819	65384	2337	1340	997	18.09	21.00	15.25
69	119387	59126	60261	2458	1429	1029	20.59	24.17	17.08
70-74岁	**517527**	**254379**	**263148**	**14876**	**8444**	**6432**	**28.74**	**33.19**	**24.44**
70	122952	61814	61138	2667	1593	1074	21.69	25.77	17.57
71	101681	50742	50939	2657	1564	1093	26.13	30.82	21.46
72	102400	51161	51239	2883	1672	1211	28.15	32.68	23.63
73	100524	48147	52377	3320	1795	1525	33.03	37.28	29.12
74	89970	42515	47455	3349	1820	1529	37.22	42.81	32.22
75-79岁	**348459**	**172676**	**175783**	**18537**	**10050**	**8487**	**53.20**	**58.20**	**48.28**
75	82281	40631	41650	3452	1917	1535	41.95	47.18	36.85
76	79002	39874	39128	3763	2087	1676	47.63	52.34	42.83
77	70339	35052	35287	3813	2077	1736	54.21	59.25	49.20
78	62224	30665	31559	3750	2007	1743	60.27	65.45	55.23
79	54613	26454	28159	3759	1962	1797	68.83	74.17	63.82
80-84岁	**178386**	**81704**	**96682**	**17238**	**8471**	**8767**	**96.63**	**103.68**	**90.68**
80	48598	22793	25805	3768	1906	1862	77.53	83.62	72.16
81	41219	18870	22349	3636	1846	1790	88.21	97.83	80.09
82	35714	16497	19217	3652	1798	1854	102.26	108.99	96.48
83	28705	12763	15942	3280	1573	1707	114.27	123.25	107.08
84	24150	10781	13369	2902	1348	1554	120.17	125.03	116.24
85-89岁	**65770**	**28221**	**37549**	**9917**	**4454**	**5463**	**150.78**	**157.83**	**145.49**
85	19500	8416	11084	2606	1198	1408	133.64	142.35	127.03
86	16415	7149	9266	2424	1138	1286	147.67	159.18	138.79
87	12318	5205	7113	1938	837	1101	157.33	160.81	154.79
88	9465	4024	5441	1553	668	885	164.08	166.00	162.65
89	8072	3427	4645	1396	613	783	172.94	178.87	168.57
90-94岁	**10623**	**4332**	**6291**	**2322**	**1011**	**1311**	**218.58**	**233.38**	**208.39**
90	3392	1440	1952	712	329	383	209.91	228.47	196.21
91	2373	972	1401	525	223	302	221.24	229.42	215.56
92	2112	846	1266	440	192	248	208.33	226.95	195.89
93	1552	620	932	367	151	216	236.47	243.55	231.76
94	1194	454	740	278	116	162	232.83	255.51	218.92
95-99岁	**2463**	**921**	**1542**	**588**	**198**	**390**	**238.73**	**214.98**	**252.92**
95	881	349	532	212	83	129	240.64	237.82	242.48
96	671	249	422	140	41	99	208.64	164.66	234.60
97	387	135	252	105	32	73	271.32	237.04	289.68
98	318	116	202	73	23	50	229.56	198.28	247.52
99	206	72	134	58	19	39	281.55	263.89	291.04
100岁及以上	**391**	**120**	**271**	**77**	**25**	**52**	**196.93**	**208.33**	**191.88**

第一部分　全部数据资料

第七卷　户口登记状况

7-1 全省按现住地、户口登记地、性别分的

现住地	合计			户口			
				省			
				合计			
	合计	男	女	小计	男	女	小计
合计	**7352465**	**3779111**	**3573354**	**6586817**	**3318735**	**3268082**	**2010870**
兰州市	**2427019**	**1274232**	**1152787**	**2047695**	**1046224**	**1001471**	**686267**
城关区	932951	485516	447435	770997	389265	381732	315932
七里河区	419408	222332	197076	367164	189490	177674	160957
西固区	224625	117067	107558	195846	100442	95404	108358
安宁区	274162	138742	135420	232830	115510	117320	81236
红古区	51417	26815	24602	43115	22068	21047	19784
永登县	75611	38405	37206	69656	34513	35143	
皋兰县	49047	29040	20007	40454	22514	17940	
榆中县	210971	109392	101579	164163	83485	80678	
兰州新区	188827	106923	81904	163470	88937	74533	
嘉峪关市	**157045**	**83039**	**74006**	**131452**	**68226**	**63226**	**29716**
市辖区	157045	83039	74006	131452	68226	63226	29716
金昌市	**197367**	**102989**	**94378**	**180688**	**93179**	**87509**	**57093**
金川区	131389	69063	62326	118955	61913	57042	57093
永昌县	65978	33926	32052	61733	31266	30467	
白银市	**471253**	**239650**	**231603**	**444320**	**223834**	**220486**	**113302**
白银区	154154	80370	73784	142053	73109	68944	70218
平川区	82368	42290	40078	77313	39359	37954	43084
靖远县	71603	36742	34861	67660	34371	33289	
会宁县	95513	45918	49595	92868	44559	48309	
景泰县	67615	34330	33285	64426	32436	31990	
天水市	**514961**	**260758**	**254203**	**481328**	**240427**	**240901**	**219328**
秦州区	214979	107890	107089	202765	100562	102203	154540
麦积区	109987	58681	51306	99600	52305	47295	64788
清水县	42866	20870	21996	39973	19013	20960	
秦安县	49502	24735	24767	46736	23078	23658	
甘谷县	40501	20427	20074	38448	19327	19121	
武山县	27765	13821	13944	26355	13093	13262	
张家川回族自治县	29361	14334	15027	27451	13049	14402	
武威市	**395197**	**202163**	**193034**	**372936**	**188766**	**184170**	**200815**
凉州区	269203	137634	131569	253564	128437	125127	200815
民勤县	42680	22355	20325	40412	20907	19505	
古浪县	44965	22656	22309	42796	21328	21468	
天祝藏族自治县	38349	19518	18831	36164	18094	18070	
张掖市	**382570**	**191140**	**191430**	**364331**	**180439**	**183892**	**142611**
甘州区	206282	103300	102982	194590	96674	97916	142611
肃南裕固族自治县	7866	4360	3506	7350	3945	3405	
民乐县	48367	24280	24087	46611	23268	23343	
临泽县	19967	10064	9903	18894	9417	9477	
高台县	39888	19664	20224	38526	18914	19612	
山丹县	60200	29472	30728	58360	28221	30139	
平凉市	**478605**	**237274**	**241331**	**448123**	**218983**	**229140**	**119559**
崆峒区	186039	91505	94534	172181	83595	88586	119559
泾川县	38375	18538	19837	35951	17114	18837	
灵台县	35948	17708	18240	33086	15769	17317	
崇信县	20856	11662	9194	19265	10404	8861	
庄浪县	49342	24486	24856	47348	23333	24015	
静宁县	89514	43395	46119	86354	41770	44584	
华亭市	58531	29980	28551	53938	26998	26940	

户口登记地在外乡镇街道的人口

单位：人

登记地							
省内					省外		
市辖区内人户分离		省内流动人口			小计	男	女
男	女	小计	男	女			
987531	1023339	4575947	2331204	2244743	765648	460376	305272
330477	355790	1361428	715747	645681	379324	228008	151316
151649	164283	455065	237616	217449	161954	96251	65703
78356	82601	206207	111134	95073	52244	32842	19402
51988	56370	87488	48454	39034	28779	16625	12154
38780	42456	151594	76730	74864	41332	23232	18100
9704	10080	23331	12364	10967	8302	4747	3555
		69656	34513	35143	5955	3892	2063
		40454	22514	17940	8593	6526	2067
		164163	83485	80678	46808	25907	20901
		163470	88937	74533	25357	17986	7371
14447	15269	101736	53779	47957	25593	14813	10780
14447	15269	101736	53779	47957	25593	14813	10780
28524	28569	123595	64655	58940	16679	9810	6869
28524	28569	61862	33389	28473	12434	7150	5284
		61733	31266	30467	4245	2660	1585
57045	56257	331018	166789	164229	26933	15816	11117
35140	35078	71835	37969	33866	12101	7261	4840
21905	21179	34229	17454	16775	5055	2931	2124
		67660	34371	33289	3943	2371	1572
		92868	44559	48309	2645	1359	1286
		64426	32436	31990	3189	1894	1295
109081	110247	262000	131346	130654	33633	20331	13302
76346	78194	48225	24216	24009	12214	7328	4886
32735	32053	34812	19570	15242	10387	6376	4011
		39973	19013	20960	2893	1857	1036
		46736	23078	23658	2766	1657	1109
		38448	19327	19121	2053	1100	953
		26355	13093	13262	1410	728	682
		27451	13049	14402	1910	1285	625
101098	99717	172121	87668	84453	22261	13397	8864
101098	99717	52749	27339	25410	15639	9197	6442
		40412	20907	19505	2268	1448	820
		42796	21328	21468	2169	1328	841
		36164	18094	18070	2185	1424	761
71642	70969	221720	108797	112923	18239	10701	7538
71642	70969	51979	25032	26947	11692	6626	5066
		7350	3945	3405	516	415	101
		46611	23268	23343	1756	1012	744
		18894	9417	9477	1073	647	426
		38526	18914	19612	1362	750	612
		58360	28221	30139	1840	1251	589
58351	61208	328564	160632	167932	30482	18291	12191
58351	61208	52622	25244	27378	13858	7910	5948
		35951	17114	18837	2424	1424	1000
		33086	15769	17317	2862	1939	923
		19265	10404	8861	1591	1258	333
		47348	23333	24015	1994	1153	841
		86354	41770	44584	3160	1625	1535
		53938	26998	26940	4593	2982	1611

7-1 全省按现住地、户口登记地、性别分的

现住地	户口						
	合计			省			
				合计			
	合计	男	女	小计	男	女	小计
酒泉市	**449585**	**239568**	**210017**	**363207**	**188133**	**175074**	**114924**
肃州区	194260	99149	95111	177086	89305	87781	114924
金塔县	42158	26199	15959	32905	18513	14392	
瓜州县	47750	25694	22056	40833	21411	19422	
肃北蒙古族自治县	6321	4585	1736	4351	2895	1456	
阿克塞哈萨克族自治县	4877	2914	1963	4119	2378	1741	
玉门市	56094	31752	24342	47618	25555	22063	
敦煌市	98125	49275	48850	56295	28076	28219	
庆阳市	**564771**	**291326**	**273445**	**522104**	**264765**	**257339**	**105507**
西峰区	259936	131212	128724	243505	121569	121936	105507
庆城县	62410	33432	28978	54520	28299	26221	
环　县	79719	42218	37501	74600	38860	35740	
华池县	36452	19207	17245	33210	17192	16018	
合水县	27360	14341	13019	25009	12774	12235	
正宁县	22342	11311	11031	20412	10128	10284	
宁　县	29898	15824	14074	27121	13876	13245	
镇原县	46654	23781	22873	43727	22067	21660	
定西市	**442980**	**217003**	**225977**	**419335**	**202670**	**216665**	**111701**
安定区	151750	74264	77486	146266	70923	75343	111701
通渭县	23442	11520	11922	21978	10706	11272	
陇西县	77263	37923	39340	71563	34730	36833	
渭源县	26043	12820	13223	24330	11801	12529	
临洮县	95282	46548	48734	91210	43949	47261	
漳　县	27280	13295	13985	25678	12157	13521	
岷　县	41920	20633	21287	38310	18404	19906	
陇南市	**353486**	**175072**	**178414**	**324447**	**157579**	**166868**	**110047**
武都区	135762	65917	69845	129188	62021	67167	110047
成　县	41882	19559	22323	38843	17810	21033	
文　县	27694	14633	13061	22186	10842	11344	
宕昌县	21243	10564	10679	18755	9224	9531	
康　县	17498	8436	9062	14967	7058	7909	
西和县	30850	16036	14814	28613	14747	13866	
礼　县	30571	15654	14917	27879	14121	13758	
徽　县	40021	20188	19833	37155	18372	18783	
两当县	7965	4085	3880	6861	3384	3477	
临夏回族自治州	**387571**	**196327**	**191244**	**366974**	**183343**	**183631**	
临夏市	174675	87658	87017	166402	82478	83924	
临夏县	30628	16008	14620	28002	14261	13741	
康乐县	29478	14819	14659	28547	14300	14247	
永靖县	45949	22528	23421	43207	21044	22163	
广河县	28214	14313	13901	26992	13544	13448	
和政县	20919	10478	10441	19975	9936	10039	
东乡族自治县	21658	11653	10005	20868	11139	9729	
积石山保安族东乡族撒拉族自治县	36050	18870	17180	32981	16641	16340	
甘南藏族自治州	**130055**	**68570**	**61485**	**119877**	**62167**	**57710**	
合作市	45642	23155	22487	42139	21053	21086	
临潭县	14291	7563	6728	13097	6762	6335	
卓尼县	8853	4666	4187	8073	4089	3984	
舟曲县	18831	9256	9575	17800	8674	9126	
迭部县	9758	5382	4376	8856	4834	4022	
玛曲县	14036	7710	6326	12959	7058	5901	
碌曲县	7041	3855	3186	6505	3521	2984	
夏河县	11603	6983	4620	10448	6176	4272	

户口登记地在外乡镇街道的人口（续）

单位：人

登记地							
内					省外		
市辖区内人户分离		省内流动人口			小计	男	女
男	女	小计	男	女			
57340	**57584**	**248283**	**130793**	**117490**	**86378**	**51435**	**34943**
57340	57584	62162	31965	30197	17174	9844	7330
		32905	18513	14392	9253	7686	1567
		40833	21411	19422	6917	4283	2634
		4351	2895	1456	1970	1690	280
		4119	2378	1741	758	536	222
		47618	25555	22063	8476	6197	2279
		56295	28076	28219	41830	21199	20631
52428	**53079**	**416597**	**212337**	**204260**	**42667**	**26561**	**16106**
52428	53079	137998	69141	68857	16431	9643	6788
		54520	28299	26221	7890	5133	2757
		74600	38860	35740	5119	3358	1761
		33210	17192	16018	3242	2015	1227
		25009	12774	12235	2351	1567	784
		20412	10128	10284	1930	1183	747
		27121	13876	13245	2777	1948	829
		43727	22067	21660	2927	1714	1213
54937	**56764**	**307634**	**147733**	**159901**	**23645**	**14333**	**9312**
54937	56764	34565	15986	18579	5484	3341	2143
		21978	10706	11272	1464	814	650
		71563	34730	36833	5700	3193	2507
		24330	11801	12529	1713	1019	694
		91210	43949	47261	4072	2599	1473
		25678	12157	13521	1602	1138	464
		38310	18404	19906	3610	2229	1381
52161	**57886**	**214400**	**105418**	**108982**	**29039**	**17493**	**11546**
52161	57886	19141	9860	9281	6574	3896	2678
		38843	17810	21033	3039	1749	1290
		22186	10842	11344	5508	3791	1717
		18755	9224	9531	2488	1340	1148
		14967	7058	7909	2531	1378	1153
		28613	14747	13866	2237	1289	948
		27879	14121	13758	2692	1533	1159
		37155	18372	18783	2866	1816	1050
		6861	3384	3477	1104	701	403
		366974	**183343**	**183631**	**20597**	**12984**	**7613**
		166402	82478	83924	8273	5180	3093
		28002	14261	13741	2626	1747	879
		28547	14300	14247	931	519	412
		43207	21044	22163	2742	1484	1258
		26992	13544	13448	1222	769	453
		19975	9936	10039	944	542	402
		20868	11139	9729	790	514	276
		32981	16641	16340	3069	2229	840
		119877	**62167**	**57710**	**10178**	**6403**	**3775**
		42139	21053	21086	3503	2102	1401
		13097	6762	6335	1194	801	393
		8073	4089	3984	780	577	203
		17800	8674	9126	1031	582	449
		8856	4834	4022	902	548	354
		12959	7058	5901	1077	652	425
		6505	3521	2984	536	334	202
		10448	6176	4272	1155	807	348

7-1a 全省按现住地、户口登记地、性别分的

现住地	户口						
	合计			省			
				合计			
	合计	男	女	小计	男	女	小计
合计	**4027986**	**2044714**	**1983272**	**3612995**	**1803615**	**1809380**	**1817883**
兰州市	**1774070**	**916088**	**857982**	**1508181**	**760289**	**747892**	**651741**
城关区	905804	469977	435827	750860	378137	372723	309069
七里河区	344710	178807	165903	305697	155508	150189	140992
西固区	210505	108936	101569	184912	94274	90638	103791
安宁区	274162	138742	135420	232830	115510	117320	81236
红古区	38889	19626	19263	33882	16860	17022	16653
嘉峪关市	**148193**	**77492**	**70701**	**125359**	**64494**	**60865**	**29027**
市辖区	148193	77492	70701	125359	64494	60865	29027
金昌市	**127072**	**66338**	**60734**	**115644**	**59821**	**55823**	**56706**
金川区	127072	66338	60734	115644	59821	55823	56706
白银市	**217803**	**111379**	**106424**	**203309**	**103122**	**100187**	**107435**
白银区	146608	75549	71059	136175	69538	66637	68580
平川区	69817	35007	34810	66104	32979	33125	38855
靖远县	1378	823	555	1030	605	425	
天水市	**282393**	**142810**	**139583**	**265490**	**132859**	**132631**	**198098**
秦州区	190374	94124	96250	181419	88995	92424	142159
麦积区	92019	48686	43333	84071	43864	40207	55939
武威市	**213538**	**106017**	**107521**	**202999**	**99958**	**103041**	**169792**
凉州区	213538	106017	107521	202999	99958	103041	169792
张掖市	**156987**	**77149**	**79838**	**148840**	**72646**	**76194**	**108876**
甘州区	156751	77035	79716	148626	72543	76083	108876
肃南裕固族自治县	236	114	122	214	103	111	
平凉市	**212625**	**103274**	**109351**	**199009**	**95679**	**103330**	**111258**
崆峒区	169514	82363	87151	158071	75964	82107	111258
华亭市	43111	20911	22200	40938	19715	21223	
酒泉市	**245383**	**123737**	**121646**	**223507**	**111400**	**112107**	**102295**
肃州区	164670	82934	81736	150609	75071	75538	102295
玉门市	31477	16226	15251	29171	14873	14298	
敦煌市	49236	24577	24659	43727	21456	22271	
庆阳市	**205452**	**103836**	**101616**	**193675**	**97030**	**96645**	**93209**
西峰区	205452	103836	101616	193675	97030	96645	93209
定西市	**125127**	**59655**	**65472**	**121818**	**57770**	**64048**	**96160**
安定区	125127	59655	65472	121818	57770	64048	96160
陇南市	**107494**	**51763**	**55731**	**103528**	**49458**	**54070**	**93286**
武都区	107318	51667	55651	103397	49387	54010	93286
康　县	176	96	80	131	71	60	
临夏回族自治州	**172852**	**86126**	**86726**	**165376**	**81505**	**83871**	
临夏市	165956	82790	83166	158631	78252	80379	
临夏县	6896	3336	3560	6745	3253	3492	
甘南藏族自治州	**38997**	**19050**	**19947**	**36260**	**17584**	**18676**	
合作市	38997	19050	19947	36260	17584	18676	

户口登记地在外乡镇街道的人口（城市）

单位：人

登记地							
内					省外		
市辖区内人户分离		省内流动人口			小计	男	女
男	女	小计	男	女			
887465	**930418**	**1795112**	**916150**	**878962**	**414991**	**241099**	**173892**
313298	**338443**	**856440**	**446991**	**409449**	**265889**	**155799**	**110090**
148260	160809	441791	229877	211914	154944	91840	63104
68440	72552	164705	87068	77637	39013	23299	15714
49756	54035	81121	44518	36603	25593	14662	10931
38780	42456	151594	76730	74864	41332	23232	18100
8062	8591	17229	8798	8431	5007	2766	2241
14046	**14981**	**96332**	**50448**	**45884**	**22834**	**12998**	**9836**
14046	14981	96332	50448	45884	22834	12998	9836
28283	**28423**	**58938**	**31538**	**27400**	**11428**	**6517**	**4911**
28283	28423	58938	31538	27400	11428	6517	4911
53736	**53699**	**95874**	**49386**	**46488**	**14494**	**8257**	**6237**
34176	34404	67595	35362	32233	10433	6011	4422
19560	19295	27249	13419	13830	3713	2028	1685
		1030	605	425	348	218	130
97948	**100150**	**67392**	**34911**	**32481**	**16903**	**9951**	**6952**
69852	72307	39260	19143	20117	8955	5129	3826
28096	27843	28132	15768	12364	7948	4822	3126
84290	**85502**	**33207**	**15668**	**17539**	**10539**	**6059**	**4480**
84290	85502	33207	15668	17539	10539	6059	4480
54119	**54757**	**39964**	**18527**	**21437**	**8147**	**4503**	**3644**
54119	54757	39750	18424	21326	8125	4492	3633
		214	103	111	22	11	11
54110	**57148**	**87751**	**41569**	**46182**	**13616**	**7595**	**6021**
54110	57148	46813	21854	24959	11443	6399	5044
		40938	19715	21223	2173	1196	977
50737	**51558**	**121212**	**60663**	**60549**	**21876**	**12337**	**9539**
50737	51558	48314	24334	23980	14061	7863	6198
		29171	14873	14298	2306	1353	953
		43727	21456	22271	5509	3121	2388
45941	**47268**	**100466**	**51089**	**49377**	**11777**	**6806**	**4971**
45941	47268	100466	51089	49377	11777	6806	4971
46798	**49362**	**25658**	**10972**	**14686**	**3309**	**1885**	**1424**
46798	49362	25658	10972	14686	3309	1885	1424
44159	**49127**	**10242**	**5299**	**4943**	**3966**	**2305**	**1661**
44159	49127	10111	5228	4883	3921	2280	1641
		131	71	60	45	25	20
		165376	**81505**	**83871**	**7476**	**4621**	**2855**
		158631	78252	80379	7325	4538	2787
		6745	3253	3492	151	83	68
		36260	**17584**	**18676**	**2737**	**1466**	**1271**
		36260	17584	18676	2737	1466	1271

7-1b 全省按现住地、户口登记地、性别分的

现住地	合计			户口 省 合计			户口 省
	合计	男	女	小计	男	女	小计
合计	**2322295**	**1161078**	**1161217**	**2122377**	**1042471**	**1079906**	**51913**
兰州市	**454316**	**234594**	**219722**	**382533**	**192114**	**190419**	**19435**
城关区	16565	8755	7810	13427	6938	6489	5628
七里河区	34118	19716	14402	27664	15153	12511	9897
西固区	4989	2670	2319	4146	2157	1989	2324
安宁区							
红古区	6700	3598	3102	5049	2705	2344	1586
永登县	64430	31443	32987	61129	29436	31693	
皋兰县	34983	19423	15560	30286	15939	14347	
榆中县	165675	82132	83543	126842	61512	65330	
兰州新区	126856	66857	59999	113990	58274	55716	
嘉峪关市	**1722**	**1039**	**683**	**1238**	**744**	**494**	**172**
市辖区	1722	1039	683	1238	744	494	172
金昌市	**50144**	**25310**	**24834**	**48269**	**24161**	**24108**	**10**
金川区	128	75	53	121	70	51	10
永昌县	50016	25235	24781	48148	24091	24057	
白银市	**188386**	**92032**	**96354**	**182478**	**88703**	**93775**	**2398**
白银区	330	190	140	230	124	106	52
平川区	7233	4115	3118	6665	3757	2908	2346
靖远县	49157	24007	25150	47539	23090	24449	
会宁县	73499	34787	38712	72108	34078	38030	
景泰县	58167	28933	29234	55936	27654	28282	
天水市	**171644**	**83933**	**87711**	**164766**	**79855**	**84911**	**7097**
秦州区	3945	2160	1785	3546	1904	1642	2064
麦积区	7829	4104	3725	6949	3573	3376	5033
清水县	33570	15861	17709	32556	15253	17303	
秦安县	44570	21899	22671	42730	20763	21967	
甘谷县	34455	17068	17387	33481	16531	16950	
武山县	24352	12042	12310	23420	11545	11875	
张家川回族自治县	22923	10799	12124	22084	10286	11798	
武威市	**111478**	**56478**	**55000**	**106966**	**53694**	**53272**	**9544**
凉州区	16955	9276	7679	15846	8630	7216	9544
民勤县	36645	18841	17804	35050	17766	17284	
古浪县	29713	14657	15056	28846	14143	14703	
天祝藏族自治县	28165	13704	14461	27224	13155	14069	
张掖市	**143976**	**70909**	**73067**	**139557**	**68199**	**71358**	**480**
甘州区	1147	668	479	994	581	413	480
肃南裕固族自治县	3499	1756	1743	3367	1657	1710	
民乐县	43717	21779	21938	42570	21121	21449	
临泽县	17463	8661	8802	16865	8319	8546	
高台县	34709	16818	17891	33674	16240	17434	
山丹县	43441	21227	22214	42087	20281	21806	
平凉市	**178721**	**84587**	**94134**	**172471**	**81020**	**91451**	**1155**
崆峒区	1608	838	770	1492	769	723	1155
泾川县	32611	15157	17454	31200	14372	16828	
灵台县	27033	12371	14662	26036	11831	14205	
崇信县	14145	6611	7534	13667	6315	7352	
庄浪县	39991	19026	20965	39058	18504	20554	
静宁县	55385	26147	29238	53985	25430	28555	
华亭市	7948	4437	3511	7033	3799	3234	

户口登记地在外乡镇街道的人口（镇）

单位：人

登记地							
内					省外		
市辖区内人户分离		省内流动人口			小计	男	女
男	女	小计	男	女			
26064	**25849**	**2070464**	**1016407**	**1054057**	**199918**	**118607**	**81311**
9599	**9836**	**363098**	**182515**	**180583**	**71783**	**42480**	**29303**
2727	2901	7799	4211	3588	3138	1817	1321
4980	4917	17767	10173	7594	6454	4563	1891
1087	1237	1822	1070	752	843	513	330
805	781	3463	1900	1563	1651	893	758
		61129	29436	31693	3301	2007	1294
		30286	15939	14347	4697	3484	1213
		126842	61512	65330	38833	20620	18213
		113990	58274	55716	12866	8583	4283
108	**64**	**1066**	**636**	**430**	**484**	**295**	**189**
108	64	1066	636	430	484	295	189
6	**4**	**48259**	**24155**	**24104**	**1875**	**1149**	**726**
6	4	111	64	47	7	5	2
		48148	24091	24057	1868	1144	724
1306	**1092**	**180080**	**87397**	**92683**	**5908**	**3329**	**2579**
30	22	178	94	84	100	66	34
1276	1070	4319	2481	1838	568	358	210
		47539	23090	24449	1618	917	701
		72108	34078	38030	1391	709	682
		55936	27654	28282	2231	1279	952
3584	**3513**	**157669**	**76271**	**81398**	**6878**	**4078**	**2800**
1058	1006	1482	846	636	399	256	143
2526	2507	1916	1047	869	880	531	349
		32556	15253	17303	1014	608	406
		42730	20763	21967	1840	1136	704
		33481	16531	16950	974	537	437
		23420	11545	11875	932	497	435
		22084	10286	11798	839	513	326
4917	**4627**	**97422**	**48777**	**48645**	**4512**	**2784**	**1728**
4917	4627	6302	3713	2589	1109	646	463
		35050	17766	17284	1595	1075	520
		28846	14143	14703	867	514	353
		27224	13155	14069	941	549	392
303	**177**	**139077**	**67896**	**71181**	**4419**	**2710**	**1709**
303	177	514	278	236	153	87	66
		3367	1657	1710	132	99	33
		42570	21121	21449	1147	658	489
		16865	8319	8546	598	342	256
		33674	16240	17434	1035	578	457
		42087	20281	21806	1354	946	408
576	**579**	**171316**	**80444**	**90872**	**6250**	**3567**	**2683**
576	579	337	193	144	116	69	47
		31200	14372	16828	1411	785	626
		26036	11831	14205	997	540	457
		13667	6315	7352	478	296	182
		39058	18504	20554	933	522	411
		53985	25430	28555	1400	717	683
		7033	3799	3234	915	638	277

7-1b 全省按现住地、户口登记地、性别分的

现住地	合计			户口 省 合计			
	合计	男	女	小计	男	女	小计
酒泉市	**120795**	**68532**	**52263**	**71660**	**39526**	**32134**	**715**
肃州区	3388	1799	1589	3026	1577	1449	715
金塔县	32305	20336	11969	24953	14073	10880	
瓜州县	26374	13950	12424	23661	12183	11478	
肃北蒙古族自治县	2946	1676	1270	2575	1400	1175	
阿克塞哈萨克族自治县	4281	2428	1853	3625	1982	1643	
玉门市	16657	11265	5392	11684	7188	4496	
敦煌市	34844	17078	17766	2136	1123	1013	
庆阳市	**236278**	**118887**	**117391**	**221502**	**109666**	**111836**	**654**
西峰区	1613	872	741	1491	804	687	654
庆城县	50296	26170	24126	44202	22284	21918	
环　县	60211	30481	29730	57841	28956	28885	
华池县	26681	13367	13314	25266	12565	12701	
合水县	21843	11019	10824	20599	10174	10425	
正宁县	18267	8763	9504	17192	8167	9025	
宁　县	21851	10876	10975	20817	10231	10586	
镇原县	35516	17339	18177	34094	16485	17609	
定西市	**255752**	**122888**	**132864**	**244337**	**116193**	**128144**	**2081**
安定区	3325	1810	1515	3075	1652	1423	2081
通渭县	20352	9697	10655	19565	9273	10292	
陇西县	70204	34114	36090	66126	31834	34292	
渭源县	21214	10136	11078	20212	9550	10662	
临洮县	86310	41258	45052	83749	39726	44023	
漳　县	20422	9540	10882	19750	9123	10627	
岷　县	33925	16333	17592	31860	15035	16825	
陇南市	**174199**	**83147**	**91052**	**162161**	**76180**	**85981**	**8172**
武都区	10488	5103	5385	9918	4786	5132	8172
成　县	36842	16829	20013	34486	15490	18996	
文　县	18332	8598	9734	16267	7406	8861	
宕昌县	14409	6982	7427	13553	6500	7053	
康　县	13240	6097	7143	11771	5279	6492	
西和县	22435	11139	11296	21231	10413	10818	
礼　县	19983	9904	10079	18791	9189	9602	
徽　县	32200	15467	16733	30355	14358	15997	
两当县	6270	3028	3242	5789	2759	3030	
临夏回族自治州	**171212**	**85321**	**85891**	**164957**	**81634**	**83323**	
临夏市	2340	1433	907	2007	1196	811	
临夏县	14878	7365	7513	14451	7117	7334	
康乐县	26232	13202	13030	25443	12742	12701	
永靖县	41584	20021	21563	39638	19002	20636	
广河县	24651	12336	12315	23743	11750	11993	
和政县	18276	9076	9200	17634	8708	8926	
东乡族自治县	15607	8151	7456	15364	7984	7380	
积石山保安族东乡族撒拉族自治县	27644	13737	13907	26677	13135	13542	
甘南藏族自治州	**63672**	**33421**	**30251**	**59482**	**30782**	**28700**	
合作市	304	171	133	293	164	129	
临潭县	10328	5128	5200	9851	4824	5027	
卓尼县	6901	3582	3319	6392	3212	3180	
舟曲县	12660	6066	6594	12148	5768	6380	
迭部县	7294	3823	3471	6576	3385	3191	
玛曲县	12965	7028	5937	12089	6512	5577	
碌曲县	5858	3111	2747	5454	2868	2586	
夏河县	7362	4512	2850	6679	4049	2630	

户口登记地在外乡镇街道的人口（镇）（续）

单位：人

登记地							
内					省外		
市辖区内人户分离		省内流动人口			小计	男	女
男	女	小计	男	女			
349	**366**	**70945**	**39177**	**31768**	**49135**	**29006**	**20129**
349	366	2311	1228	1083	362	222	140
		24953	14073	10880	7352	6263	1089
		23661	12183	11478	2713	1767	946
		2575	1400	1175	371	276	95
		3625	1982	1643	656	446	210
		11684	7188	4496	4973	4077	896
		2136	1123	1013	32708	15955	16753
329	**325**	**220848**	**109337**	**111511**	**14776**	**9221**	**5555**
329	325	837	475	362	122	68	54
		44202	22284	21918	6094	3886	2208
		57841	28956	28885	2370	1525	845
		25266	12565	12701	1415	802	613
		20599	10174	10425	1244	845	399
		17192	8167	9025	1075	596	479
		20817	10231	10586	1034	645	389
		34094	16485	17609	1422	854	568
1107	**974**	**242256**	**115086**	**127170**	**11415**	**6695**	**4720**
1107	974	994	545	449	250	158	92
		19565	9273	10292	787	424	363
		66126	31834	34292	4078	2280	1798
		20212	9550	10662	1002	586	416
		83749	39726	44023	2561	1532	1029
		19750	9123	10627	672	417	255
		31860	15035	16825	2065	1298	767
3880	**4292**	**153989**	**72300**	**81689**	**12038**	**6967**	**5071**
3880	4292	1746	906	840	570	317	253
		34486	15490	18996	2356	1339	1017
		16267	7406	8861	2065	1192	873
		13553	6500	7053	856	482	374
		11771	5279	6492	1469	818	651
		21231	10413	10818	1204	726	478
		18791	9189	9602	1192	715	477
		30355	14358	15997	1845	1109	736
		5789	2759	3030	481	269	212
		164957	**81634**	**83323**	**6255**	**3687**	**2568**
		2007	1196	811	333	237	96
		14451	7117	7334	427	248	179
		25443	12742	12701	789	460	329
		39638	19002	20636	1946	1019	927
		23743	11750	11993	908	586	322
		17634	8708	8926	642	368	274
		15364	7984	7380	243	167	76
		26677	13135	13542	967	602	365
		59482	**30782**	**28700**	**4190**	**2639**	**1551**
		293	164	129	11	7	4
		9851	4824	5027	477	304	173
		6392	3212	3180	509	370	139
		12148	5768	6380	512	298	214
		6576	3385	3191	718	438	280
		12089	6512	5577	876	516	360
		5454	2868	2586	404	243	161
		6679	4049	2630	683	463	220

7-1c 全省按现住地、户口登记地、性别分的

现住地	户口						
	合计			省			
				合计			
	合计	男	女	小计	男	女	小计
合计	**1002184**	**573319**	**428865**	**851445**	**472649**	**378796**	**141074**
兰州市	**198633**	**123550**	**75083**	**156981**	**93821**	**63160**	**15091**
城关区	10582	6784	3798	6710	4190	2520	1235
七里河区	40580	23809	16771	33803	18829	14974	10068
西固区	9131	5461	3670	6788	4011	2777	2243
安宁区							
红古区	5828	3591	2237	4184	2503	1681	1545
永登县	11181	6962	4219	8527	5077	3450	
皋兰县	14064	9617	4447	10168	6575	3593	
榆中县	45296	27260	18036	37321	21973	15348	
兰州新区	61971	40066	21905	49480	30663	18817	
嘉峪关市	**7130**	**4508**	**2622**	**4855**	**2988**	**1867**	**517**
市辖区	7130	4508	2622	4855	2988	1867	517
金昌市	**20151**	**11341**	**8810**	**16775**	**9197**	**7578**	**377**
金川区	4189	2650	1539	3190	2022	1168	377
永昌县	15962	8691	7271	13585	7175	6410	
白银市	**65064**	**36239**	**28825**	**58533**	**32009**	**26524**	**3469**
白银区	7216	4631	2585	5648	3447	2201	1586
平川区	5318	3168	2150	4544	2623	1921	1883
靖远县	21068	11912	9156	19091	10676	8415	
会宁县	22014	11131	10883	20760	10481	10279	
景泰县	9448	5397	4051	8490	4782	3708	
天水市	**60924**	**34015**	**26909**	**51072**	**27713**	**23359**	**14133**
秦州区	20660	11606	9054	17800	9663	8137	10317
麦积区	10139	5891	4248	8580	4868	3712	3816
清水县	9296	5009	4287	7417	3760	3657	
秦安县	4932	2836	2096	4006	2315	1691	
甘谷县	6046	3359	2687	4967	2796	2171	
武山县	3413	1779	1634	2935	1548	1387	
张家川回族自治县	6438	3535	2903	5367	2763	2604	
武威市	**70181**	**39668**	**30513**	**62971**	**35114**	**27857**	**21479**
凉州区	38710	22341	16369	34719	19849	14870	21479
民勤县	6035	3514	2521	5362	3141	2221	
古浪县	15252	7999	7253	13950	7185	6765	
天祝藏族自治县	10184	5814	4370	8940	4939	4001	
张掖市	**81607**	**43082**	**38525**	**75934**	**39594**	**36340**	**33255**
甘州区	48384	25597	22787	44970	23550	21420	33255
肃南裕固族自治县	4131	2490	1641	3769	2185	1584	
民乐县	4650	2501	2149	4041	2147	1894	
临泽县	2504	1403	1101	2029	1098	931	
高台县	5179	2846	2333	4852	2674	2178	
山丹县	16759	8245	8514	16273	7940	8333	
平凉市	**87259**	**49413**	**37846**	**76643**	**42284**	**34359**	**7146**
崆峒区	14917	8304	6613	12618	6862	5756	7146
泾川县	5764	3381	2383	4751	2742	2009	
灵台县	8915	5337	3578	7050	3938	3112	
崇信县	6711	5051	1660	5598	4089	1509	
庄浪县	9351	5460	3891	8290	4829	3461	
静宁县	34129	17248	16881	32369	16340	16029	
华亭市	7472	4632	2840	5967	3484	2483	

户口登记地在外乡镇街道的人口（乡村）

单位：人

登记地							
内					省外		
市辖区内人户分离		省内流动人口			小计	男	女
男	女	小计	男	女			
74002	**67072**	**710371**	**398647**	**311724**	**150739**	**100670**	**50069**
7580	**7511**	**141890**	**86241**	**55649**	**41652**	**29729**	**11923**
662	573	5475	3528	1947	3872	2594	1278
4936	5132	23735	13893	9842	6777	4980	1797
1145	1098	4545	2866	1679	2343	1450	893
837	708	2639	1666	973	1644	1088	556
		8527	5077	3450	2654	1885	769
		10168	6575	3593	3896	3042	854
		37321	21973	15348	7975	5287	2688
		49480	30663	18817	12491	9403	3088
293	**224**	**4338**	**2695**	**1643**	**2275**	**1520**	**755**
293	224	4338	2695	1643	2275	1520	755
235	**142**	**16398**	**8962**	**7436**	**3376**	**2144**	**1232**
235	142	2813	1787	1026	999	628	371
		13585	7175	6410	2377	1516	861
2003	**1466**	**55064**	**30006**	**25058**	**6531**	**4230**	**2301**
934	652	4062	2513	1549	1568	1184	384
1069	814	2661	1554	1107	774	545	229
		19091	10676	8415	1977	1236	741
		20760	10481	10279	1254	650	604
		8490	4782	3708	958	615	343
7549	**6584**	**36939**	**20164**	**16775**	**9852**	**6302**	**3550**
5436	4881	7483	4227	3256	2860	1943	917
2113	1703	4764	2755	2009	1559	1023	536
		7417	3760	3657	1879	1249	630
		4006	2315	1691	926	521	405
		4967	2796	2171	1079	563	516
		2935	1548	1387	478	231	247
		5367	2763	2604	1071	772	299
11891	**9588**	**41492**	**23223**	**18269**	**7210**	**4554**	**2656**
11891	9588	13240	7958	5282	3991	2492	1499
		5362	3141	2221	673	373	300
		13950	7185	6765	1302	814	488
		8940	4939	4001	1244	875	369
17220	**16035**	**42679**	**22374**	**20305**	**5673**	**3488**	**2185**
17220	16035	11715	6330	5385	3414	2047	1367
		3769	2185	1584	362	305	57
		4041	2147	1894	609	354	255
		2029	1098	931	475	305	170
		4852	2674	2178	327	172	155
		16273	7940	8333	486	305	181
3665	**3481**	**69497**	**38619**	**30878**	**10616**	**7129**	**3487**
3665	3481	5472	3197	2275	2299	1442	857
		4751	2742	2009	1013	639	374
		7050	3938	3112	1865	1399	466
		5598	4089	1509	1113	962	151
		8290	4829	3461	1061	631	430
		32369	16340	16029	1760	908	852
		5967	3484	2483	1505	1148	357

7-1c 全省按现住地、户口登记地、性别分的

现住地	户口						
	合计			省			
				合计			
	合计	男	女	小计	男	女	小计
酒泉市	**83407**	**47299**	**36108**	**68040**	**37207**	**30833**	**11914**
肃州区	26202	14416	11786	23451	12657	10794	11914
金塔县	9853	5863	3990	7952	4440	3512	
瓜州县	21376	11744	9632	17172	9228	7944	
肃北蒙古族自治县	3375	2909	466	1776	1495	281	
阿克塞哈萨克族自治县	596	486	110	494	396	98	
玉门市	7960	4261	3699	6763	3494	3269	
敦煌市	14045	7620	6425	10432	5497	4935	
庆阳市	**123041**	**68603**	**54438**	**106927**	**58069**	**48858**	**11644**
西峰区	52871	26504	26367	48339	23735	24604	11644
庆城县	12114	7262	4852	10318	6015	4303	
环　县	19508	11737	7771	16759	9904	6855	
华池县	9771	5840	3931	7944	4627	3317	
合水县	5517	3322	2195	4410	2600	1810	
正宁县	4075	2548	1527	3220	1961	1259	
宁　县	8047	4948	3099	6304	3645	2659	
镇原县	11138	6442	4696	9633	5582	4051	
定西市	**62101**	**34460**	**27641**	**53180**	**28707**	**24473**	**13460**
安定区	23298	12799	10499	21373	11501	9872	13460
通渭县	3090	1823	1267	2413	1433	980	
陇西县	7059	3809	3250	5437	2896	2541	
渭源县	4829	2684	2145	4118	2251	1867	
临洮县	8972	5290	3682	7461	4223	3238	
漳　县	6858	3755	3103	5928	3034	2894	
岷　县	7995	4300	3695	6450	3369	3081	
陇南市	**71793**	**40162**	**31631**	**58758**	**31941**	**26817**	**8589**
武都区	17956	9147	8809	15873	7848	8025	8589
成　县	5040	2730	2310	4357	2320	2037	
文　县	9362	6035	3327	5919	3436	2483	
宕昌县	6834	3582	3252	5202	2724	2478	
康　县	4082	2243	1839	3065	1708	1357	
西和县	8415	4897	3518	7382	4334	3048	
礼　县	10588	5750	4838	9088	4932	4156	
徽　县	7821	4721	3100	6800	4014	2786	
两当县	1695	1057	638	1072	625	447	
临夏回族自治州	**43507**	**24880**	**18627**	**36641**	**20204**	**16437**	
临夏市	6379	3435	2944	5764	3030	2734	
临夏县	8854	5307	3547	6806	3891	2915	
康乐县	3246	1617	1629	3104	1558	1546	
永靖县	4365	2507	1858	3569	2042	1527	
广河县	3563	1977	1586	3249	1794	1455	
和政县	2643	1402	1241	2341	1228	1113	
东乡族自治县	6051	3502	2549	5504	3155	2349	
积石山保安族东乡族撒拉族自治县	8406	5133	3273	6304	3506	2798	
甘南藏族自治州	**27386**	**16099**	**11287**	**24135**	**13801**	**10334**	
合作市	6341	3934	2407	5586	3305	2281	
临潭县	3963	2435	1528	3246	1938	1308	
卓尼县	1952	1084	868	1681	877	804	
舟曲县	6171	3190	2981	5652	2906	2746	
迭部县	2464	1559	905	2280	1449	831	
玛曲县	1071	682	389	870	546	324	
碌曲县	1183	744	439	1051	653	398	
夏河县	4241	2471	1770	3769	2127	1642	

户口登记地在外乡镇街道的人口（乡村）（续）

单位：人

登记地							
内					省外		
市辖区内人户分离		省内流动人口			小计	男	女
男	女	小计	男	女			
6254	**5660**	**56126**	**30953**	**25173**	**15367**	**10092**	**5275**
6254	5660	11537	6403	5134	2751	1759	992
		7952	4440	3512	1901	1423	478
		17172	9228	7944	4204	2516	1688
		1776	1495	281	1599	1414	185
		494	396	98	102	90	12
		6763	3494	3269	1197	767	430
		10432	5497	4935	3613	2123	1490
6158	**5486**	**95283**	**51911**	**43372**	**16114**	**10534**	**5580**
6158	5486	36695	17577	19118	4532	2769	1763
		10318	6015	4303	1796	1247	549
		16759	9904	6855	2749	1833	916
		7944	4627	3317	1827	1213	614
		4410	2600	1810	1107	722	385
		3220	1961	1259	855	587	268
		6304	3645	2659	1743	1303	440
		9633	5582	4051	1505	860	645
7032	**6428**	**39720**	**21675**	**18045**	**8921**	**5753**	**3168**
7032	6428	7913	4469	3444	1925	1298	627
		2413	1433	980	677	390	287
		5437	2896	2541	1622	913	709
		4118	2251	1867	711	433	278
		7461	4223	3238	1511	1067	444
		5928	3034	2894	930	721	209
		6450	3369	3081	1545	931	614
4122	**4467**	**50169**	**27819**	**22350**	**13035**	**8221**	**4814**
4122	4467	7284	3726	3558	2083	1299	784
		4357	2320	2037	683	410	273
		5919	3436	2483	3443	2599	844
		5202	2724	2478	1632	858	774
		3065	1708	1357	1017	535	482
		7382	4334	3048	1033	563	470
		9088	4932	4156	1500	818	682
		6800	4014	2786	1021	707	314
		1072	625	447	623	432	191
		36641	**20204**	**16437**	**6866**	**4676**	**2190**
		5764	3030	2734	615	405	210
		6806	3891	2915	2048	1416	632
		3104	1558	1546	142	59	83
		3569	2042	1527	796	465	331
		3249	1794	1455	314	183	131
		2341	1228	1113	302	174	128
		5504	3155	2349	547	347	200
		6304	3506	2798	2102	1627	475
		24135	**13801**	**10334**	**3251**	**2298**	**953**
		5586	3305	2281	755	629	126
		3246	1938	1308	717	497	220
		1681	877	804	271	207	64
		5652	2906	2746	519	284	235
		2280	1449	831	184	110	74
		870	546	324	201	136	65
		1051	653	398	132	91	41
		3769	2127	1642	472	344	128

7-2 全省按户口登记地、年龄、性别分的

年龄	合计			户口 省			
	合计			合计			
	合计	男	女	小计	男	女	小计
合计	**7352465**	**3779111**	**3573354**	**6586817**	**3318735**	**3268082**	**2010870**
0–4 岁	**413072**	**215562**	**197510**	**382787**	**199597**	**183190**	**124976**
0	52254	27103	25151	49242	25498	23744	16504
1	80808	41875	38933	74938	38793	36145	24883
2	81736	42655	39081	75162	39221	35941	24450
3	99009	51588	47421	91607	47648	43959	29912
4	99265	52341	46924	91838	48437	43401	29227
5–9 岁	**460108**	**244917**	**215191**	**425965**	**226540**	**199425**	**123757**
5	81117	42811	38306	74945	39551	35394	21944
6	99791	52845	46946	92653	49053	43600	27677
7	92323	49468	42855	85512	45747	39765	24492
8	96864	51575	45289	89621	47673	41948	26015
9	90013	48218	41795	83234	44516	38718	23629
10–14 岁	**427415**	**228143**	**199272**	**396133**	**211128**	**185005**	**114939**
10	90259	48241	42018	83603	44608	38995	24156
11	86724	46398	40326	80123	42822	37301	22406
12	85833	45845	39988	79335	42320	37015	23378
13	83526	44708	38818	77598	41433	36165	23255
14	81073	42951	38122	75474	39945	35529	21744
15–19 岁	**611598**	**314114**	**297484**	**570058**	**290605**	**279453**	**125805**
15	101005	52584	48421	95898	49749	46149	27354
16	134262	69960	64302	128624	66749	61875	34486
17	126946	66147	60799	121336	62853	58483	29308
18	120304	61393	58911	111634	56520	55114	20329
19	129081	64030	65051	112566	54734	57832	14328
20–24 岁	**581135**	**285550**	**295585**	**495979**	**235568**	**260411**	**86599**
20	129427	63601	65826	108580	51736	56844	13383
21	114892	56205	58687	95584	45018	50566	13613
22	111735	54946	56789	95133	45196	49937	16554
23	107398	53167	54231	93043	44491	48552	19390
24	117683	57631	60052	103639	49127	54512	23659
25–29 岁	**686014**	**337572**	**348442**	**617008**	**295838**	**321170**	**162856**
25	136883	67232	69651	122556	58534	64022	29589
26	130526	63820	66706	117614	55904	61710	30500
27	139936	68173	71763	126324	59986	66338	33437
28	137801	67818	69983	124087	59549	64538	34031
29	140868	70529	70339	126427	61865	64562	35299

户口登记地在外乡镇街道的人口

单位：人

登记地							
内					省外		
市辖区内人户分离		省内流动人口			小计	男	女
男	女	小计	男	女			
987531	**1023339**	**4575947**	**2331204**	**2244743**	**765648**	**460376**	**305272**
65166	**59810**	**257811**	**134431**	**123380**	**30285**	**15965**	**14320**
8578	7926	32738	16920	15818	3012	1605	1407
12881	12002	50055	25912	24143	5870	3082	2788
12811	11639	50712	26410	24302	6574	3434	3140
15564	14348	61695	32084	29611	7402	3940	3462
15332	13895	62611	33105	29506	7427	3904	3523
65871	**57886**	**302208**	**160669**	**141539**	**34143**	**18377**	**15766**
11685	10259	53001	27866	25135	6172	3260	2912
14570	13107	64976	34483	30493	7138	3792	3346
13127	11365	61020	32620	28400	6811	3721	3090
13854	12161	63606	33819	29787	7243	3902	3341
12635	10994	59605	31881	27724	6779	3702	3077
61234	**53705**	**281194**	**149894**	**131300**	**31282**	**17015**	**14267**
12839	11317	59447	31769	27678	6656	3633	3023
11984	10422	57717	30838	26879	6601	3576	3025
12406	10972	55957	29914	26043	6498	3525	2973
12531	10724	54343	28902	25441	5928	3275	2653
11474	10270	53730	28471	25259	5599	3006	2593
65871	**59934**	**444253**	**224734**	**219519**	**41540**	**23509**	**18031**
14095	13259	68544	35654	32890	5107	2835	2272
17977	16509	94138	48772	45366	5638	3211	2427
15489	13819	92028	47364	44664	5610	3294	2316
10811	9518	91305	45709	45596	8670	4873	3797
7499	6829	98238	47235	51003	16515	9296	7219
41540	**45059**	**409380**	**194028**	**215352**	**85156**	**49982**	**35174**
6803	6580	95197	44933	50264	20847	11865	8982
6687	6926	81971	38331	43640	19308	11187	8121
8006	8548	78579	37190	41389	16602	9750	6852
9122	10268	73653	35369	38284	14355	8676	5679
10922	12737	79980	38205	41775	14044	8504	5540
75101	**87755**	**454152**	**220737**	**233415**	**69006**	**41734**	**27272**
13782	15807	92967	44752	48215	14327	8698	5629
14027	16473	87114	41877	45237	12912	7916	4996
15335	18102	92887	44651	48236	13612	8187	5425
15602	18429	90056	43947	46109	13714	8269	5445
16355	18944	91128	45510	45618	14441	8664	5777

7-2 全省按户口登记地、年龄、性别分的

年龄	户口						
	合计			省			
				合计			
	合计	男	女	小计	男	女	小计
30-34岁	**811583**	**408940**	**402643**	**725041**	**356768**	**368273**	**224289**
30	178293	88994	89299	160030	78015	82015	47233
31	171853	86068	85785	154167	75590	78577	47135
32	154940	78105	76835	138330	68111	70219	43711
33	163525	82658	80867	145460	71672	73788	45595
34	142972	73115	69857	127054	63380	63674	40615
35-39岁	**569011**	**295509**	**273502**	**502553**	**254465**	**248088**	**165268**
35	122290	62535	59755	108746	54293	54453	34233
36	122264	63139	59125	108853	54827	54026	34805
37	107986	56471	51515	95186	48485	46701	31708
38	117081	61259	55822	102927	52470	50457	35001
39	99390	52105	47285	86841	44390	42451	29521
40-44岁	**469929**	**248613**	**221316**	**405977**	**208549**	**197428**	**140888**
40	92676	48528	44148	80928	41222	39706	27032
41	99654	53302	46352	86520	45015	41505	30754
42	97154	50839	46315	84617	43109	41508	29436
43	86234	45601	40633	73848	37780	36068	26017
44	94211	50343	43868	80064	41423	38641	27649
45-49岁	**586129**	**315196**	**270933**	**503849**	**262443**	**241406**	**179261**
45	96642	51246	45396	81851	41805	40046	28748
46	114956	61722	53234	98615	51307	47308	34287
47	125665	67802	57863	108877	57010	51867	38910
48	126905	68360	58545	109795	57531	52264	39042
49	121961	66066	55895	104711	54790	49921	38274
50-54岁	**563858**	**297507**	**266351**	**487402**	**247459**	**239943**	**173913**
50	128352	68305	60047	110652	56833	53819	39829
51	115070	61233	53837	99030	50746	48284	35953
52	121037	63791	57246	104389	52893	51496	37196
53	94434	49668	44766	81755	41306	40449	28420
54	104965	54510	50455	91576	45681	45895	32515
55-59岁	**407029**	**206225**	**200804**	**361079**	**176627**	**184452**	**134011**
55	96392	49863	46529	84585	42189	42396	31219
56	95140	48240	46900	84314	41267	43047	31945
57	98010	50070	47940	86600	42582	44018	33261
58	79914	39718	40196	71747	34531	37216	25572
59	37573	18334	19239	33833	16058	17775	12014
60-64岁	**230675**	**116408**	**114267**	**211028**	**105019**	**106009**	**78527**
60	44492	22711	21781	40428	20276	20152	15404
61	36714	18575	18139	33352	16577	16775	13100
62	46783	23948	22835	42628	21533	21095	16026
63	52469	26409	26060	48184	23944	24240	17500
64	50217	24765	25452	46436	22689	23747	16497

户口登记地在外乡镇街道的人口（续1）

单位：人

登记地							
内					省外		
市辖区内人户分离		省内流动人口			小计	男	女
男	女	小计	男	女			
104311	**119978**	**500752**	**252457**	**248295**	**86542**	**52172**	**34370**
21859	25374	112797	56156	56641	18263	10979	7284
21844	25291	107032	53746	53286	17686	10478	7208
20406	23305	94619	47705	46914	16610	9994	6616
21140	24455	99865	50532	49333	18065	10986	7079
19062	21553	86439	44318	42121	15918	9735	6183
78578	**86690**	**337285**	**175887**	**161398**	**66458**	**41044**	**25414**
16085	18148	74513	38208	36305	13544	8242	5302
16463	18342	74048	38364	35684	13411	8312	5099
15124	16584	63478	33361	30117	12800	7986	4814
16704	18297	67926	35766	32160	14154	8789	5365
14202	15319	57320	30188	27132	12549	7715	4834
68327	**72561**	**265089**	**140222**	**124867**	**63952**	**40064**	**23888**
13084	13948	53896	28138	25758	11748	7306	4442
15132	15622	55766	29883	25883	13134	8287	4847
14114	15322	55181	28995	26186	12537	7730	4807
12502	13515	47831	25278	22553	12386	7821	4565
13495	14154	52415	27928	24487	14147	8920	5227
88403	**90858**	**324588**	**174040**	**150548**	**82280**	**52753**	**29527**
13926	14822	53103	27879	25224	14791	9441	5350
16796	17491	64328	34511	29817	16341	10415	5926
19174	19736	69967	37836	32131	16788	10792	5996
19450	19592	70753	38081	32672	17110	10829	6281
19057	19217	66437	35733	30704	17250	11276	5974
85524	**88389**	**313489**	**161935**	**151554**	**76456**	**50048**	**26408**
19612	20217	70823	37221	33602	17700	11472	6228
17763	18190	63077	32983	30094	16040	10487	5553
18205	18991	67193	34688	32505	16648	10898	5750
14038	14382	53335	27268	26067	12679	8362	4317
15906	16609	59061	29775	29286	13389	8829	4560
65388	**68623**	**227068**	**111239**	**115829**	**45950**	**29598**	**16352**
15444	15775	53366	26745	26621	11807	7674	4133
15588	16357	52369	25679	26690	10826	6973	3853
16261	17000	53339	26321	27018	11410	7488	3922
12357	13215	46175	22174	24001	8167	5187	2980
5738	6276	21819	10320	11499	3740	2276	1464
38858	**39669**	**132501**	**66161**	**66340**	**19647**	**11389**	**8258**
7670	7734	25024	12606	12418	4064	2435	1629
6440	6660	20252	10137	10115	3362	1998	1364
8043	7983	26602	13490	13112	4155	2415	1740
8657	8843	30684	15287	15397	4285	2465	1820
8048	8449	29939	14641	15298	3781	2076	1705

7–2 全省按户口登记地、年龄、性别分的

年龄	户口						
	合计			省			
				合计			
	合计	男	女	小计	男	女	小计
65–69 岁	**216364**	**109583**	**106781**	**200828**	**101128**	**99700**	**70522**
65	50296	25253	25043	46541	23184	23357	16520
66	47284	23708	23576	43581	21658	21923	15698
67	42799	21934	20865	39764	20290	19474	13959
68	41279	21120	20159	38452	19598	18854	13111
69	34706	17568	17138	32490	16398	16092	11234
70–74 岁	**138782**	**69967**	**68815**	**130780**	**65898**	**64882**	**43818**
70	33268	17062	16206	31260	16025	15235	10675
71	30623	15906	14717	28733	14923	13810	9534
72	25468	13000	12468	23945	12224	11721	8128
73	26060	12902	13158	24682	12208	12474	8070
74	23363	11097	12266	22160	10518	11642	7411
75–79 岁	**92586**	**44001**	**48585**	**87940**	**42022**	**45918**	**30418**
75	21151	9945	11206	20126	9527	10599	6656
76	20794	10013	10781	19802	9596	10206	6713
77	18131	8665	9466	17278	8287	8991	5930
78	17121	8056	9065	16202	7672	8530	5805
79	15389	7322	8067	14532	6940	7592	5314
80–84 岁	**55971**	**26489**	**29482**	**52973**	**25073**	**27900**	**19916**
80	14902	7195	7707	14075	6814	7261	5233
81	12020	5564	6456	11437	5296	6141	4317
82	11227	5298	5929	10638	5001	5637	3949
83	9633	4520	5113	9120	4286	4834	3465
84	8189	3912	4277	7703	3676	4027	2952
85–89 岁	**23665**	**11157**	**12508**	**22368**	**10560**	**11808**	**8519**
85	6584	3026	3558	6227	2860	3367	2428
86	5668	2656	3012	5371	2519	2852	2094
87	4976	2320	2656	4686	2186	2500	1760
88	3498	1675	1823	3306	1584	1722	1217
89	2939	1480	1459	2778	1411	1367	1020
90–94 岁	**5896**	**2859**	**3037**	**5532**	**2695**	**2837**	**2134**
90	2218	1096	1122	2089	1038	1051	793
91	1180	544	636	1108	505	603	439
92	1055	497	558	992	474	518	386
93	782	386	396	718	354	364	271
94	661	336	325	625	324	301	245
95–99 岁	**1422**	**698**	**724**	**1341**	**667**	**674**	**412**
95	494	254	240	465	243	222	150
96	352	168	184	332	162	170	111
97	237	106	131	227	102	125	72
98	193	94	99	178	87	91	45
99	146	76	70	139	73	66	34
100 岁及以上	**223**	**101**	**122**	**196**	**86**	**110**	**42**

户口登记地在外乡镇街道的人口（续2）

单位：人

登记地							
内					省外		
市辖区内人户分离		省内流动人口			小计	男	女
男	女	小计	男	女			
34706	**35816**	**130306**	**66422**	**63884**	**15536**	**8455**	**7081**
8132	8388	30021	15052	14969	3755	2069	1686
7741	7957	27883	13917	13966	3703	2050	1653
6972	6987	25805	13318	12487	3035	1644	1391
6490	6621	25341	13108	12233	2827	1522	1305
5371	5863	21256	11027	10229	2216	1170	1046
20953	**22865**	**86962**	**44945**	**42017**	**8002**	**4069**	**3933**
5208	5467	20585	10817	9768	2008	1037	971
4710	4824	19199	10213	8986	1890	983	907
3945	4183	15817	8279	7538	1523	776	747
3806	4264	16612	8402	8210	1378	694	684
3284	4127	14749	7234	7515	1203	579	624
13646	**16772**	**57522**	**28376**	**29146**	**4646**	**1979**	**2667**
3034	3622	13470	6493	6977	1025	418	607
3051	3662	13089	6545	6544	992	417	575
2623	3307	11348	5664	5684	853	378	475
2545	3260	10397	5127	5270	919	384	535
2393	2921	9218	4547	4671	857	382	475
8946	**10970**	**33057**	**16127**	**16930**	**2998**	**1416**	**1582**
2411	2822	8842	4403	4439	827	381	446
1883	2434	7120	3413	3707	583	268	315
1775	2174	6689	3226	3463	589	297	292
1530	1935	5655	2756	2899	513	234	279
1347	1605	4751	2329	2422	486	236	250
3865	**4654**	**13849**	**6695**	**7154**	**1297**	**597**	**700**
1081	1347	3799	1779	2020	357	166	191
934	1160	3277	1585	1692	297	137	160
780	980	2926	1406	1520	290	134	156
566	651	2089	1018	1071	192	91	101
504	516	1758	907	851	161	69	92
1037	**1097**	**3398**	**1658**	**1740**	**364**	**164**	**200**
402	391	1296	636	660	129	58	71
207	232	669	298	371	72	39	33
175	211	606	299	307	63	23	40
124	147	447	230	217	64	32	32
129	116	380	195	185	36	12	24
189	**223**	**929**	**478**	**451**	**81**	**31**	**50**
74	76	315	169	146	29	11	18
44	67	221	118	103	20	6	14
28	44	155	74	81	10	4	6
23	22	133	64	69	15	7	8
20	14	105	53	52	7	3	4
17	**25**	**154**	**69**	**85**	**27**	**15**	**12**

7-2a 全省按户口登记地、年龄、性别分的

年龄	合计			户口 省			
	合计	男	女	合计			
				小计	男	女	小计
合计	**4027986**	**2044714**	**1983272**	**3612995**	**1803615**	**1809380**	**1817883**
0-4岁	**217277**	**113429**	**103848**	**200496**	**104565**	**95931**	**113333**
0	28676	14842	13834	27001	13973	13028	14983
1	43214	22398	20816	40087	20745	19342	22498
2	42943	22381	20562	39368	20492	18876	22152
3	51526	26911	24615	47359	24710	22649	27111
4	50918	26897	24021	46681	24645	22036	26589
5-9岁	**221952**	**118320**	**103632**	**201691**	**107334**	**94357**	**111676**
5	39575	20947	18628	35994	19045	16949	19874
6	48798	25823	22975	44606	23584	21022	24999
7	44268	23806	20462	40190	21546	18644	22086
8	46673	24859	21814	42329	22498	19831	23432
9	42638	22885	19753	38572	20661	17911	21285
10-14岁	**204650**	**110059**	**94591**	**185228**	**99285**	**85943**	**103777**
10	43269	23321	19948	39215	21081	18134	21903
11	40995	22089	18906	36933	19837	17096	20229
12	41478	22140	19338	37460	19920	17540	21131
13	40593	21979	18614	36841	19858	16983	21004
14	38315	20530	17785	34779	18589	16190	19510
15-19岁	**287479**	**151684**	**135795**	**265484**	**139066**	**126418**	**105437**
15	44968	23881	21087	41841	22116	19725	23592
16	56661	30295	26366	53303	28408	24895	28409
17	53916	28844	25072	50794	26999	23795	23597
18	58615	30864	27751	54142	28280	25862	17269
19	73319	37800	35519	65404	33263	32141	12570
20-24岁	**359130**	**175057**	**184073**	**313574**	**148697**	**164877**	**77294**
20	77383	38694	38689	67629	33111	34518	11922
21	70734	34460	36274	61404	28978	32426	12234
22	69904	33691	36213	61034	28627	32407	14918
23	67972	33040	34932	59285	27952	31333	17276
24	73137	35172	37965	64222	30029	34193	20944
25-29岁	**408211**	**200477**	**207734**	**368069**	**176808**	**191261**	**145739**
25	83697	40790	42907	74848	35577	39271	26253
26	79244	38668	40576	71540	34016	37524	27188
27	83583	40632	42951	75723	36021	39702	29890
28	80649	39783	40866	72873	35178	37695	30560
29	81038	40604	40434	73085	36016	37069	31848

户口登记地在外乡镇街道的人口（城市）

单位：人

登记地							
内					省外		
市辖区内人户分离		省内流动人口			小计	男	女
男	女	小计	男	女			
887465	**930418**	**1795112**	**916150**	**878962**	**414991**	**241099**	**173892**
59190	**54143**	**87163**	**45375**	**41788**	**16781**	**8864**	**7917**
7790	7193	12018	6183	5835	1675	869	806
11661	10837	17589	9084	8505	3127	1653	1474
11592	10560	17216	8900	8316	3575	1889	1686
14155	12956	20248	10555	9693	4167	2201	1966
13992	12597	20092	10653	9439	4237	2252	1985
59350	**52326**	**90015**	**47984**	**42031**	**20261**	**10986**	**9275**
10589	9285	16120	8456	7664	3581	1902	1679
13120	11879	19607	10464	9143	4192	2239	1953
11815	10271	18104	9731	8373	4078	2260	1818
12463	10969	18897	10035	8862	4344	2361	1983
11363	9922	17287	9298	7989	4066	2224	1842
55551	**48226**	**81451**	**43734**	**37717**	**19422**	**10774**	**8648**
11689	10214	17312	9392	7920	4054	2240	1814
10869	9360	16704	8968	7736	4062	2252	1810
11264	9867	16329	8656	7673	4018	2220	1798
11343	9661	15837	8515	7322	3752	2121	1631
10386	9124	15269	8203	7066	3536	1941	1595
55729	**49708**	**160047**	**83337**	**76710**	**21995**	**12618**	**9377**
12237	11355	18249	9879	8370	3127	1765	1362
14937	13472	24894	13471	11423	3358	1887	1471
12625	10972	27197	14374	12823	3122	1845	1277
9243	8026	36873	19037	17836	4473	2584	1889
6687	5883	52834	26576	26258	7915	4537	3378
37174	**40120**	**236280**	**111523**	**124757**	**45556**	**26360**	**19196**
6087	5835	55707	27024	28683	9754	5583	4171
6041	6193	49170	22937	26233	9330	5482	3848
7216	7702	46116	21411	24705	8870	5064	3806
8165	9111	42009	19787	22222	8687	5088	3599
9665	11279	43278	20364	22914	8915	5143	3772
66960	**78779**	**222330**	**109848**	**112482**	**40142**	**23669**	**16473**
12202	14051	48595	23375	25220	8849	5213	3636
12447	14741	44352	21569	22783	7704	4652	3052
13648	16242	45833	22373	23460	7860	4611	3249
13960	16600	42313	21218	21095	7776	4605	3171
14703	17145	41237	21313	19924	7953	4588	3365

7-2a 全省按户口登记地、年龄、性别分的

年龄	户口						
	合计			省			
	合计	男	女	合计			
				小计	男	女	小计
30–34 岁	**458953**	**231142**	**227811**	**411624**	**203594**	**208030**	**203618**
30	101559	51047	50512	91454	45108	46346	42619
31	97288	48783	48505	87692	43326	44366	42623
32	87637	44095	43542	78630	38894	39736	39700
33	91716	46155	45561	81835	40337	41498	41524
34	80753	41062	39691	72013	35929	36084	37152
35–39 岁	**319448**	**164443**	**155005**	**282571**	**142471**	**140100**	**151643**
35	68501	34795	33706	60997	30411	30586	31298
36	68122	34944	33178	60667	30485	30182	31907
37	60728	31359	29369	53658	27097	26561	29122
38	66186	34378	31808	58218	29601	28617	32158
39	55911	28967	26944	49031	24877	24154	27158
40–44 岁	**262580**	**136821**	**125759**	**228697**	**116300**	**112397**	**129443**
40	51340	26622	24718	45006	22802	22204	24815
41	56604	30105	26499	49480	25711	23769	28265
42	54346	27881	26465	47552	23833	23719	27013
43	48172	24888	23284	41778	20983	20795	23922
44	52118	27325	24793	44881	22971	21910	25428
45–49 岁	**324885**	**170030**	**154855**	**283451**	**144767**	**138684**	**163598**
45	53575	27881	25694	46096	23262	22834	26360
46	63109	33034	30075	55007	28162	26845	31250
47	69642	36454	33188	61162	31302	29860	35540
48	70478	36864	33614	61779	31623	30156	35601
49	68081	35797	32284	59407	30418	28989	34847
50–54 岁	**312170**	**159083**	**153087**	**273692**	**135412**	**138280**	**158425**
50	71002	36652	34350	62006	31153	30853	36306
51	64314	33138	31176	56186	28126	28060	32801
52	66671	33866	32805	58380	28734	29646	33906
53	52045	26367	25678	45755	22488	23267	25891
54	58138	29060	29078	51365	24911	26454	29521
55–59 岁	**231726**	**113493**	**118233**	**208041**	**99416**	**108625**	**123068**
55	54650	27369	27281	48596	23675	24921	28620
56	54452	26763	27689	48951	23483	25468	29331
57	56946	27986	28960	51134	24490	26644	30649
58	44669	21414	23255	40382	18942	21440	23417
59	21009	9961	11048	18978	8826	10152	11051
60–64 岁	**134043**	**65922**	**68121**	**122978**	**59855**	**63123**	**72146**
60	25635	12668	12967	23449	11466	11983	14175
61	22127	10907	11220	20194	9826	10368	12122
62	27599	13788	13811	25305	12527	12778	14766
63	30248	14871	15377	27725	13471	14254	16026
64	28434	13688	14746	26305	12565	13740	15057

户口登记地在外乡镇街道的人口（城市）（续1）

单位：人

登记地							
内					省外		
市辖区内人户分离		省内流动人口			小计	男	女
男	女	小计	男	女			
94262	**109356**	**208006**	**109332**	**98674**	**47329**	**27548**	**19781**
19663	22956	48835	25445	23390	10105	5939	4166
19635	22988	45069	23691	21378	9596	5457	4139
18464	21236	38930	20430	18500	9007	5201	3806
19150	22374	40311	21187	19124	9881	5818	4063
17350	19802	34861	18579	16282	8740	5133	3607
71717	**79926**	**130928**	**70754**	**60174**	**36877**	**21972**	**14905**
14643	16655	29699	15768	13931	7504	4384	3120
15030	16877	28760	15455	13305	7455	4459	2996
13828	15294	24536	13269	11267	7070	4262	2808
15258	16900	26060	14343	11717	7968	4777	3191
12958	14200	21873	11919	9954	6880	4090	2790
62251	**67192**	**99254**	**54049**	**45205**	**33883**	**20521**	**13362**
11906	12909	20191	10896	9295	6334	3820	2514
13803	14462	21215	11908	9307	7124	4394	2730
12853	14160	20539	10980	9559	6794	4048	2746
11370	12552	17856	9613	8243	6394	3905	2489
12319	13109	19453	10652	8801	7237	4354	2883
80003	**83595**	**119853**	**64764**	**55089**	**41434**	**25263**	**16171**
12696	13664	19736	10566	9170	7479	4619	2860
15159	16091	23757	13003	10754	8102	4872	3230
17332	18208	25622	13970	11652	8480	5152	3328
17612	17989	26178	14011	12167	8699	5241	3458
17204	17643	24560	13214	11346	8674	5379	3295
77315	**81110**	**115267**	**58097**	**57170**	**38478**	**23671**	**14807**
17763	18543	25700	13390	12310	8996	5499	3497
16112	16689	23385	12014	11371	8128	5012	3116
16460	17446	24474	12274	12200	8291	5132	3159
12658	13233	19864	9830	10034	6290	3879	2411
14322	15199	21844	10589	11255	6773	4149	2624
59452	**63616**	**84973**	**39964**	**45009**	**23685**	**14077**	**9608**
14045	14575	19976	9630	10346	6054	3694	2360
14169	15162	19620	9314	10306	5501	3280	2221
14835	15814	20485	9655	10830	5812	3496	2316
11175	12242	16965	7767	9198	4287	2472	1815
5228	5823	7927	3598	4329	2031	1135	896
35220	**36926**	**50832**	**24635**	**26197**	**11065**	**6067**	**4998**
6954	7221	9274	4512	4762	2186	1202	984
5911	6211	8072	3915	4157	1933	1081	852
7320	7446	10539	5207	5332	2294	1261	1033
7820	8206	11699	5651	6048	2523	1400	1123
7215	7842	11248	5350	5898	2129	1123	1006

7-2a 全省按户口登记地、年龄、性别分的

年龄	户口						
	合计			省			
				合计			
	合计	男	女	小计	男	女	小计
65-69 岁	**119305**	**58233**	**61072**	**110618**	**53784**	**56834**	**63827**
65	28403	13885	14518	26222	12744	13478	15018
66	26652	12982	13670	24586	11902	12684	14231
67	23559	11606	11953	21878	10754	11124	12608
68	22171	10794	11377	20636	10025	10611	11838
69	18520	8966	9554	17296	8359	8937	10132
70-74 岁	**71536**	**33858**	**37678**	**67133**	**31787**	**35346**	**39254**
70	17501	8411	9090	16372	7880	8492	9556
71	15793	7728	8065	14749	7228	7521	8582
72	13142	6285	6857	12321	5900	6421	7289
73	13211	6177	7034	12438	5809	6629	7182
74	11889	5257	6632	11253	4970	6283	6645
75-79 岁	**47945**	**21328**	**26617**	**45427**	**20249**	**25178**	**27334**
75	10723	4712	6011	10182	4477	5705	5934
76	10631	4724	5907	10091	4502	5589	6014
77	9379	4195	5184	8910	3991	4919	5343
78	9042	3993	5049	8542	3787	4755	5223
79	8170	3704	4466	7702	3492	4210	4820
80-84 岁	**30263**	**13812**	**16451**	**28699**	**13096**	**15603**	**18182**
80	8073	3757	4316	7627	3556	4071	4758
81	6491	2890	3601	6174	2745	3429	3936
82	6097	2779	3318	5792	2629	3163	3618
83	5210	2349	2861	4962	2238	2724	3189
84	4392	2037	2355	4144	1928	2216	2681
85-89 岁	**12656**	**5734**	**6922**	**11971**	**5436**	**6535**	**7755**
85	3593	1599	1994	3407	1521	1886	2205
86	3085	1391	1694	2929	1317	1612	1916
87	2619	1169	1450	2468	1110	1358	1591
88	1814	836	978	1712	783	929	1111
89	1545	739	806	1455	705	750	932
90-94 岁	**3047**	**1454**	**1593**	**2872**	**1380**	**1492**	**1932**
90	1142	573	569	1079	547	532	724
91	635	288	347	604	273	331	401
92	553	251	302	520	239	281	351
93	390	180	210	358	166	192	243
94	327	162	165	311	155	156	213
95-99 岁	**655**	**308**	**347**	**614**	**290**	**324**	**367**
95	235	123	112	218	116	102	136
96	172	72	100	163	69	94	101
97	108	42	66	103	39	64	61
98	83	40	43	78	38	40	43
99	57	31	26	52	28	24	26
100 岁及以上	**75**	**27**	**48**	**65**	**23**	**42**	**35**

户口登记地在外乡镇街道的人口（城市）（续 2）

单位：人

登记地							
内					省外		
市辖区内人户分离		省内流动人口			小计	男	女
男	女	小计	男	女			
30646	**33181**	**46791**	**23138**	**23653**	**8687**	**4449**	**4238**
7228	7790	11204	5516	5688	2181	1141	1040
6866	7365	10355	5036	5319	2066	1080	986
6139	6469	9270	4615	4655	1681	852	829
5707	6131	8798	4318	4480	1535	769	766
4706	5426	7164	3653	3511	1224	607	617
18109	**21145**	**27879**	**13678**	**14201**	**4403**	**2071**	**2332**
4465	5091	6816	3415	3401	1129	531	598
4099	4483	6167	3129	3038	1044	500	544
3413	3876	5032	2487	2545	821	385	436
3296	3886	5256	2513	2743	773	368	405
2836	3809	4608	2134	2474	636	287	349
11867	**15467**	**18093**	**8382**	**9711**	**2518**	**1079**	**1439**
2601	3333	4248	1876	2372	541	235	306
2641	3373	4077	1861	2216	540	222	318
2302	3041	3567	1689	1878	469	204	265
2214	3009	3319	1573	1746	500	206	294
2109	2711	2882	1383	1499	468	212	256
8073	**10109**	**10517**	**5023**	**5494**	**1564**	**716**	**848**
2161	2597	2869	1395	1474	446	201	245
1688	2248	2238	1057	1181	317	145	172
1604	2014	2174	1025	1149	305	150	155
1399	1790	1773	839	934	248	111	137
1221	1460	1463	707	756	248	109	139
3486	**4269**	**4216**	**1950**	**2266**	**685**	**298**	**387**
966	1239	1202	555	647	186	78	108
845	1071	1013	472	541	156	74	82
700	891	877	410	467	151	59	92
513	598	601	270	331	102	53	49
462	470	523	243	280	90	34	56
930	**1002**	**940**	**450**	**490**	**175**	**74**	**101**
374	350	355	173	182	63	26	37
186	215	203	87	116	31	15	16
154	197	169	85	84	33	12	21
110	133	115	56	59	32	14	18
106	107	98	49	49	16	7	9
167	**200**	**247**	**123**	**124**	**41**	**18**	**23**
68	68	82	48	34	17	7	10
39	62	62	30	32	9	3	6
22	39	42	17	25	5	3	2
22	21	35	16	19	5	2	3
16	10	26	12	14	5	3	2
13	**22**	**30**	**10**	**20**	**10**	**4**	**6**

7-2b 全省按户口登记地、年龄、性别分的

年龄	户口						
	合计			省			
				合计			
	合计	男	女	小计	男	女	小计
合计	**2322295**	**1161078**	**1161217**	**2122377**	**1042471**	**1079906**	**51913**
0-4 岁	**146110**	**76363**	**69747**	**138335**	**72251**	**66084**	**3035**
0	17742	9222	8520	16954	8784	8170	338
1	27434	14221	13213	25908	13420	12488	569
2	28141	14757	13384	26530	13930	12600	606
3	35904	18671	17233	33987	17649	16338	775
4	36889	19492	17397	34956	18468	16488	747
5-9 岁	**183736**	**97969**	**85767**	**175276**	**93436**	**81840**	**3653**
5	31683	16712	14971	30096	15867	14229	600
6	39344	20870	18474	37531	19906	17625	795
7	37235	19958	17277	35583	19067	16516	702
8	38792	20720	18072	37042	19809	17233	816
9	36682	19709	16973	35024	18787	16237	740
10-14 岁	**174525**	**92964**	**81561**	**167165**	**89101**	**78064**	**3528**
10	36684	19589	17095	35071	18731	16340	679
11	35648	19064	16584	34125	18259	15866	719
12	34709	18727	15982	33162	17927	15235	709
13	33760	17905	15855	32371	17168	15203	702
14	33724	17679	16045	32436	17016	15420	719
15-19 岁	**258326**	**128901**	**129425**	**243567**	**120957**	**122610**	**5666**
15	44830	22788	22042	43545	22132	21413	1064
16	62065	31517	30548	60562	30705	29857	1716
17	57959	29471	28488	56381	28593	27788	1452
18	49572	24415	25157	46396	22720	23676	870
19	43900	20710	23190	36683	16807	19876	564
20-24 岁	**154283**	**75657**	**78626**	**124919**	**58618**	**66301**	**2146**
20	39485	18802	20683	30107	13569	16538	416
21	32350	15883	16467	24176	11353	12823	332
22	28807	14522	14285	23207	11209	11998	379
23	25434	12719	12715	21983	10558	11425	449
24	28207	13731	14476	25446	11929	13517	570
25-29 岁	**181466**	**85261**	**96205**	**167073**	**76435**	**90638**	**3969**
25	34157	16255	17902	31358	14485	16873	727
26	33099	15576	17523	30507	13937	16570	745
27	36767	17009	19758	34015	15344	18671	782
28	37710	17528	20182	34749	15743	19006	892
29	39733	18893	20840	36444	16926	19518	823

户口登记地在外乡镇街道的人口（镇）

单位：人

登记地							
内					省外		
市辖区内人户分离		省内流动人口			小计	男	女
男	女	小计	男	女			
26064	**25849**	**2070464**	**1016407**	**1054057**	**199918**	**118607**	**81311**
1537	**1498**	**135300**	**70714**	**64586**	**7775**	**4112**	**3663**
168	170	16616	8616	8000	788	438	350
293	276	25339	13127	12212	1526	801	725
325	281	25924	13605	12319	1611	827	784
379	396	33212	17270	15942	1917	1022	895
372	375	34209	18096	16113	1933	1024	909
1902	**1751**	**171623**	**91534**	**80089**	**8460**	**4533**	**3927**
315	285	29496	15552	13944	1587	845	742
416	379	36736	19490	17246	1813	964	849
361	341	34881	18706	16175	1652	891	761
418	398	36226	19391	16835	1750	911	839
392	348	34284	18395	15889	1658	922	736
1750	**1778**	**163637**	**87351**	**76286**	**7360**	**3863**	**3497**
341	338	34392	18390	16002	1613	858	755
369	350	33406	17890	15516	1523	805	718
356	353	32453	17571	14882	1547	800	747
354	348	31669	16814	14855	1389	737	652
330	389	31717	16686	15031	1288	663	625
2892	**2774**	**237901**	**118065**	**119836**	**14759**	**7944**	**6815**
559	505	42481	21573	20908	1285	656	629
863	853	58846	29842	29004	1503	812	691
752	700	54929	27841	27088	1578	878	700
449	421	45526	22271	23255	3176	1695	1481
269	295	36119	16538	19581	7217	3903	3314
1070	**1076**	**122773**	**57548**	**65225**	**29364**	**17039**	**12325**
223	193	29691	13346	16345	9378	5233	4145
170	162	23844	11183	12661	8174	4530	3644
184	195	22828	11025	11803	5600	3313	2287
215	234	21534	10343	11191	3451	2161	1290
278	292	24876	11651	13225	2761	1802	959
1799	**2170**	**163104**	**74636**	**88468**	**14393**	**8826**	**5567**
323	404	30631	14162	16469	2799	1770	1029
339	406	29762	13598	16164	2592	1639	953
365	417	33233	14979	18254	2752	1665	1087
387	505	33857	15356	18501	2961	1785	1176
385	438	35621	16541	19080	3289	1967	1322

7-2b 全省按户口登记地、年龄、性别分的

年龄	户口						
	合计			省			
				合计			
	合计	男	女	小计	男	女	小计
30-34 岁	**242581**	**115802**	**126779**	**221914**	**103460**	**118454**	**5400**
30	51687	24173	27514	47491	21695	25796	1152
31	50835	24106	26729	46584	21569	25015	1114
32	46231	22140	24091	42204	19718	22486	1065
33	50042	24095	25947	45642	21448	24194	1109
34	43786	21288	22498	39993	19030	20963	960
35-39 岁	**178062**	**88778**	**89284**	**161834**	**78908**	**82926**	**3879**
35	38245	18633	19612	34917	16613	18304	821
36	38811	19121	19690	35533	17133	18400	836
37	33657	17082	16575	30525	15174	15351	726
38	36313	18218	18095	32966	16163	16803	825
39	31036	15724	15312	27893	13825	14068	671
40-44 岁	**142100**	**72610**	**69490**	**126184**	**62858**	**63326**	**3248**
40	29097	14656	14441	26178	12890	13288	639
41	29853	15222	14631	26691	13294	13397	676
42	29304	14886	14418	26197	13012	13185	678
43	25729	13257	12472	22590	11346	11244	624
44	28117	14589	13528	24528	12316	12212	631
45-49 岁	**169035**	**88377**	**80658**	**148328**	**75183**	**73145**	**4119**
45	28373	14504	13869	24647	12185	12462	659
46	33732	17611	16121	29625	14976	14649	822
47	36075	18958	17117	31832	16224	15608	869
48	36416	19094	17322	32106	16431	15675	911
49	34439	18210	16229	30118	15367	14751	858
50-54 岁	**161729**	**82485**	**79244**	**142319**	**69828**	**72491**	**3934**
50	36682	18903	17779	32229	16045	16184	926
51	32372	16651	15721	28308	14006	14302	818
52	34897	17935	16962	30588	15123	15465	847
53	27393	13910	13483	24113	11746	12367	624
54	30385	15086	15299	27081	12908	14173	719
55-59 岁	**115681**	**55430**	**60251**	**104166**	**47998**	**56168**	**3047**
55	27168	13332	13836	24213	11448	12765	681
56	26621	12743	13878	23824	10928	12896	728
57	26939	13088	13851	24045	11190	12855	739
58	23771	11126	12645	21790	9838	11952	618
59	11182	5141	6041	10294	4594	5700	281
60-64 岁	**65408**	**31122**	**34286**	**60583**	**28476**	**32107**	**1792**
60	12708	6203	6505	11670	5575	6095	369
61	9880	4749	5131	9076	4291	4785	293
62	12895	6196	6699	11876	5632	6244	399
63	15083	7098	7985	14092	6576	7516	378
64	14842	6876	7966	13869	6402	7467	353

户口登记地在外乡镇街道的人口（镇）（续1）

单位：人

登记地							
省内					省外		
市辖区内人户分离		省内流动人口			小计	男	女
男	女	小计	男	女			
2512	**2888**	**216514**	**100948**	**115566**	**20667**	**12342**	**8325**
520	632	46339	21175	25164	4196	2478	1718
504	610	45470	21065	24405	4251	2537	1714
488	577	41139	19230	21909	4027	2422	1605
533	576	44533	20915	23618	4400	2647	1753
467	493	39033	18563	20470	3793	2258	1535
1889	**1990**	**157955**	**77019**	**80936**	**16228**	**9870**	**6358**
384	437	34096	16229	17867	3328	2020	1308
412	424	34697	16721	17976	3278	1988	1290
348	378	29799	14826	14973	3132	1908	1224
403	422	32141	15760	16381	3347	2055	1292
342	329	27222	13483	13739	3143	1899	1244
1692	**1556**	**122936**	**61166**	**61770**	**15916**	**9752**	**6164**
320	319	25539	12570	12969	2919	1766	1153
360	316	26015	12934	13081	3162	1928	1234
343	335	25519	12669	12850	3107	1874	1233
339	285	21966	11007	10959	3139	1911	1228
330	301	23897	11986	11911	3589	2273	1316
2106	**2013**	**144209**	**73077**	**71132**	**20707**	**13194**	**7513**
323	336	23988	11862	12126	3726	2319	1407
419	403	28803	14557	14246	4107	2635	1472
443	426	30963	15781	15182	4243	2734	1509
474	437	31195	15957	15238	4310	2663	1647
447	411	29260	14920	14340	4321	2843	1478
1972	**1962**	**138385**	**67856**	**70529**	**19410**	**12657**	**6753**
467	459	31303	15578	15725	4453	2858	1595
415	403	27490	13591	13899	4064	2645	1419
421	426	29741	14702	15039	4309	2812	1497
319	305	23489	11427	12062	3280	2164	1116
350	369	26362	12558	13804	3304	2178	1126
1588	**1459**	**101119**	**46410**	**54709**	**11515**	**7432**	**4083**
358	323	23532	11090	12442	2955	1884	1071
366	362	23096	10562	12534	2797	1815	982
382	357	23306	10808	12498	2894	1898	996
340	278	21172	9498	11674	1981	1288	693
142	139	10013	4452	5561	888	547	341
960	**832**	**58791**	**27516**	**31275**	**4825**	**2646**	**2179**
209	160	11301	5366	5935	1038	628	410
144	149	8783	4147	4636	804	458	346
226	173	11477	5406	6071	1019	564	455
194	184	13714	6382	7332	991	522	469
187	166	13516	6215	7301	973	474	499

7-2b 全省按户口登记地、年龄、性别分的

年龄	合计			户口 省			
	合计	男	女	合计 小计	男	女	小计
65-69 岁	**63224**	**29833**	**33391**	**59049**	**27512**	**31537**	**1744**
65	14874	7007	7867	13952	6518	7434	393
66	13597	6333	7264	12547	5745	6802	383
67	12428	5952	6476	11613	5478	6135	366
68	12186	5819	6367	11377	5360	6017	320
69	10139	4722	5417	9560	4411	5149	282
70-74 岁	**40369**	**18869**	**21500**	**38396**	**17818**	**20578**	**1142**
70	9654	4614	5040	9133	4326	4807	264
71	8983	4348	4635	8525	4094	4431	238
72	7371	3509	3862	6988	3303	3685	204
73	7568	3418	4150	7259	3259	4000	239
74	6793	2980	3813	6491	2836	3655	197
75-79 岁	**25682**	**11590**	**14092**	**24588**	**11206**	**13382**	**810**
75	6047	2669	3378	5808	2592	3216	182
76	5854	2645	3209	5623	2564	3059	166
77	5027	2314	2713	4842	2240	2602	148
78	4585	2057	2528	4361	1980	2381	167
79	4169	1905	2264	3954	1830	2124	147
80-84 岁	**13682**	**6256**	**7426**	**12822**	**5838**	**6984**	**501**
80	3766	1742	2024	3549	1645	1904	121
81	2946	1339	1607	2781	1263	1518	112
82	2745	1254	1491	2575	1165	1410	98
83	2316	1020	1296	2160	954	1206	85
84	1909	901	1008	1757	811	946	85
85-89 岁	**5037**	**2241**	**2796**	**4704**	**2073**	**2631**	**231**
85	1451	646	805	1350	595	755	66
86	1220	536	684	1139	494	645	52
87	1064	464	600	996	426	570	49
88	730	329	401	684	307	377	36
89	572	266	306	535	251	284	28
90-94 岁	**1014**	**454**	**560**	**931**	**409**	**522**	**57**
90	426	185	241	396	167	229	22
91	193	83	110	179	73	106	11
92	174	74	100	160	68	92	11
93	116	68	48	101	59	42	8
94	105	44	61	95	42	53	5
95-99 岁	**205**	**99**	**106**	**190**	**93**	**97**	**11**
95	62	27	35	58	25	33	2
96	46	29	17	42	28	14	3
97	34	19	15	32	18	14	2
98	33	11	22	29	9	20	2
99	30	13	17	29	13	16	2
100 岁及以上	**40**	**17**	**23**	**34**	**13**	**21**	**1**

户口登记地在外乡镇街道的人口（镇）（续2）

单位：人

登记地							
内					省外		
市辖区内人户分离		省内流动人口			小计	男	女
男	女	小计	男	女			
974	**770**	**57305**	**26538**	**30767**	**4175**	**2321**	**1854**
209	184	13559	6309	7250	922	489	433
219	164	12164	5526	6638	1050	588	462
206	160	11247	5272	5975	815	474	341
174	146	11057	5186	5871	809	459	350
166	116	9278	4245	5033	579	311	268
657	**485**	**37254**	**17161**	**20093**	**1973**	**1051**	**922**
159	105	8869	4167	4702	521	288	233
145	93	8287	3949	4338	458	254	204
120	84	6784	3183	3601	383	206	177
128	111	7020	3131	3889	309	159	150
105	92	6294	2731	3563	302	144	158
403	**407**	**23778**	**10803**	**12975**	**1094**	**384**	**710**
97	85	5626	2495	3131	239	77	162
79	87	5457	2485	2972	231	81	150
61	87	4694	2179	2515	185	74	111
87	80	4194	1893	2301	224	77	147
79	68	3807	1751	2056	215	75	140
227	**274**	**12321**	**5611**	**6710**	**860**	**418**	**442**
51	70	3428	1594	1834	217	97	120
59	53	2669	1204	1465	165	76	89
41	57	2477	1124	1353	170	89	81
33	52	2075	921	1154	156	66	90
43	42	1672	768	904	152	90	62
100	**131**	**4473**	**1973**	**2500**	**333**	**168**	**165**
32	34	1284	563	721	101	51	50
23	29	1087	471	616	81	42	39
20	29	947	406	541	68	38	30
18	18	648	289	359	46	22	24
7	21	507	244	263	37	15	22
26	**31**	**874**	**383**	**491**	**83**	**45**	**38**
6	16	374	161	213	30	18	12
7	4	168	66	102	14	10	4
4	7	149	64	85	14	6	8
5	3	93	54	39	15	9	6
4	1	90	38	52	10	2	8
7	**4**	**179**	**86**	**93**	**15**	**6**	**9**
1	1	56	24	32	4	2	2
2	1	39	26	13	4	1	3
1	1	30	17	13	2	1	1
1	1	27	8	19	4	2	2
2		27	11	16	1		1
1		**33**	**12**	**21**	**6**	**4**	**2**

7-2c 全省按户口登记地、年龄、性别分的

年龄	合计			户口 省			
	合计	男	女	合计 小计	男	女	小计
合计	**1002184**	**573319**	**428865**	**851445**	**472649**	**378796**	**141074**
0–4 岁	**49685**	**25770**	**23915**	**43956**	**22781**	**21175**	**8608**
0	5836	3039	2797	5287	2741	2546	1183
1	10160	5256	4904	8943	4628	4315	1816
2	10652	5517	5135	9264	4799	4465	1692
3	11579	6006	5573	10261	5289	4972	2026
4	11458	5952	5506	10201	5324	4877	1891
5–9 岁	**54420**	**28628**	**25792**	**48998**	**25770**	**23228**	**8428**
5	9859	5152	4707	8855	4639	4216	1470
6	11649	6152	5497	10516	5563	4953	1883
7	10820	5704	5116	9739	5134	4605	1704
8	11399	5996	5403	10250	5366	4884	1767
9	10693	5624	5069	9638	5068	4570	1604
10–14 岁	**48240**	**25120**	**23120**	**43740**	**22742**	**20998**	**7634**
10	10306	5331	4975	9317	4796	4521	1574
11	10081	5245	4836	9065	4726	4339	1458
12	9646	4978	4668	8713	4473	4240	1538
13	9173	4824	4349	8386	4407	3979	1549
14	9034	4742	4292	8259	4340	3919	1515
15–19 岁	**65793**	**33529**	**32264**	**61007**	**30582**	**30425**	**14702**
15	11207	5915	5292	10512	5501	5011	2698
16	15536	8148	7388	14759	7636	7123	4361
17	15071	7832	7239	14161	7261	6900	4259
18	12117	6114	6003	11096	5520	5576	2190
19	11862	5520	6342	10479	4664	5815	1194
20–24 岁	**67722**	**34836**	**32886**	**57486**	**28253**	**29233**	**7159**
20	12559	6105	6454	10844	5056	5788	1045
21	11808	5862	5946	10004	4687	5317	1047
22	13024	6733	6291	10892	5360	5532	1257
23	13992	7408	6584	11775	5981	5794	1665
24	16339	8728	7611	13971	7169	6802	2145
25–29 岁	**96337**	**51834**	**44503**	**81866**	**42595**	**39271**	**13148**
25	19029	10187	8842	16350	8472	7878	2609
26	18183	9576	8607	15567	7951	7616	2567
27	19586	10532	9054	16586	8621	7965	2765
28	19442	10507	8935	16465	8628	7837	2579
29	20097	11032	9065	16898	8923	7975	2628

户口登记地在外乡镇街道的人口（乡村）

单位：人

登记地							
内					省外		
市辖区内人户分离		省内流动人口			小计	男	女
男	女	小计	男	女			
74002	**67072**	**710371**	**398647**	**311724**	**150739**	**100670**	**50069**
4439	**4169**	**35348**	**18342**	**17006**	**5729**	**2989**	**2740**
620	563	4104	2121	1983	549	298	251
927	889	7127	3701	3426	1217	628	589
894	798	7572	3905	3667	1388	718	670
1030	996	8235	4259	3976	1318	717	601
968	923	8310	4356	3954	1257	628	629
4619	**3809**	**40570**	**21151**	**19419**	**5422**	**2858**	**2564**
781	689	7385	3858	3527	1004	513	491
1034	849	8633	4529	4104	1133	589	544
951	753	8035	4183	3852	1081	570	511
973	794	8483	4393	4090	1149	630	519
880	724	8034	4188	3846	1055	556	499
3933	**3701**	**36106**	**18809**	**17297**	**4500**	**2378**	**2122**
809	765	7743	3987	3756	989	535	454
746	712	7607	3980	3627	1016	519	497
786	752	7175	3687	3488	933	505	428
834	715	6837	3573	3264	787	417	370
758	757	6744	3582	3162	775	402	373
7250	**7452**	**46305**	**23332**	**22973**	**4786**	**2947**	**1839**
1299	1399	7814	4202	3612	695	414	281
2177	2184	10398	5459	4939	777	512	265
2112	2147	9902	5149	4753	910	571	339
1119	1071	8906	4401	4505	1021	594	427
543	651	9285	4121	5164	1383	856	527
3296	**3863**	**50327**	**24957**	**25370**	**10236**	**6583**	**3653**
493	552	9799	4563	5236	1715	1049	666
476	571	8957	4211	4746	1804	1175	629
606	651	9635	4754	4881	2132	1373	759
742	923	10110	5239	4871	2217	1427	790
979	1166	11826	6190	5636	2368	1559	809
6342	**6806**	**68718**	**36253**	**32465**	**14471**	**9239**	**5232**
1257	1352	13741	7215	6526	2679	1715	964
1241	1326	13000	6710	6290	2616	1625	991
1322	1443	13821	7299	6522	3000	1911	1089
1255	1324	13886	7373	6513	2977	1879	1098
1267	1361	14270	7656	6614	3199	2109	1090

7-2c 全省按户口登记地、年龄、性别分的

年龄	户口						
	合计			省			
	合计	男	女	合计			
				小计	男	女	小计
30-34岁	**110049**	**61996**	**48053**	**91503**	**49714**	**41789**	**15271**
30	25047	13774	11273	21085	11212	9873	3462
31	23730	13179	10551	19891	10695	9196	3398
32	21072	11870	9202	17496	9499	7997	2946
33	21767	12408	9359	17983	9887	8096	2962
34	18433	10765	7668	15048	8421	6627	2503
35-39岁	**71501**	**42288**	**29213**	**58148**	**33086**	**25062**	**9746**
35	15544	9107	6437	12832	7269	5563	2114
36	15331	9074	6257	12653	7209	5444	2062
37	13601	8030	5571	11003	6214	4789	1860
38	14582	8663	5919	11743	6706	5037	2018
39	12443	7414	5029	9917	5688	4229	1692
40-44岁	**65249**	**39182**	**26067**	**51096**	**29391**	**21705**	**8197**
40	12239	7250	4989	9744	5530	4214	1578
41	13197	7975	5222	10349	6010	4339	1813
42	13504	8072	5432	10868	6264	4604	1745
43	12333	7456	4877	9480	5451	4029	1471
44	13976	8429	5547	10655	6136	4519	1590
45-49岁	**92209**	**56789**	**35420**	**72070**	**42493**	**29577**	**11544**
45	14694	8861	5833	11108	6358	4750	1729
46	18115	11077	7038	13983	8169	5814	2215
47	19948	12390	7558	15883	9484	6399	2501
48	20011	12402	7609	15910	9477	6433	2530
49	19441	12059	7382	15186	9005	6181	2569
50-54岁	**89959**	**55939**	**34020**	**71391**	**42219**	**29172**	**11554**
50	20668	12750	7918	16417	9635	6782	2597
51	18384	11444	6940	14536	8614	5922	2334
52	19469	11990	7479	15421	9036	6385	2443
53	14996	9391	5605	11887	7072	4815	1905
54	16442	10364	6078	13130	7862	5268	2275
55-59岁	**59622**	**37302**	**22320**	**48872**	**29213**	**19659**	**7896**
55	14574	9162	5412	11776	7066	4710	1918
56	14067	8734	5333	11539	6856	4683	1886
57	14125	8996	5129	11421	6902	4519	1873
58	11474	7178	4296	9575	5751	3824	1537
59	5382	3232	2150	4561	2638	1923	682
60-64岁	**31224**	**19364**	**11860**	**27467**	**16688**	**10779**	**4589**
60	6149	3840	2309	5309	3235	2074	860
61	4707	2919	1788	4082	2460	1622	685
62	6289	3964	2325	5447	3374	2073	861
63	7138	4440	2698	6367	3897	2470	1096
64	6941	4201	2740	6262	3722	2540	1087

户口登记地在外乡镇街道的人口（乡村）（续1）

单位：人

登记地 省内 市辖区内人户分离 男	女	省内流动人口 小计	男	女	省外 小计	男	女
7537	**7734**	**76232**	**42177**	**34055**	**18546**	**12282**	**6264**
1676	1786	17623	9536	8087	3962	2562	1400
1705	1693	16493	8990	7503	3839	2484	1355
1454	1492	14550	8045	6505	3576	2371	1205
1457	1505	15021	8430	6591	3784	2521	1263
1245	1258	12545	7176	5369	3385	2344	1041
4972	**4774**	**48402**	**28114**	**20288**	**13353**	**9202**	**4151**
1058	1056	10718	6211	4507	2712	1838	874
1021	1041	10591	6188	4403	2678	1865	813
948	912	9143	5266	3877	2598	1816	782
1043	975	9725	5663	4062	2839	1957	882
902	790	8225	4786	3439	2526	1726	800
4384	**3813**	**42899**	**25007**	**17892**	**14153**	**9791**	**4362**
858	720	8166	4672	3494	2495	1720	775
969	844	8536	5041	3495	2848	1965	883
918	827	9123	5346	3777	2636	1808	828
793	678	8009	4658	3351	2853	2005	848
846	744	9065	5290	3775	3321	2293	1028
6294	**5250**	**60526**	**36199**	**24327**	**20139**	**14296**	**5843**
907	822	9379	5451	3928	3586	2503	1083
1218	997	11768	6951	4817	4132	2908	1224
1399	1102	13382	8085	5297	4065	2906	1159
1364	1166	13380	8113	5267	4101	2925	1176
1406	1163	12617	7599	5018	4255	3054	1201
6237	**5317**	**59837**	**35982**	**23855**	**18568**	**13720**	**4848**
1382	1215	13820	8253	5567	4251	3115	1136
1236	1098	12202	7378	4824	3848	2830	1018
1324	1119	12978	7712	5266	4048	2954	1094
1061	844	9982	6011	3971	3109	2319	790
1234	1041	10855	6628	4227	3312	2502	810
4348	**3548**	**40976**	**24865**	**16111**	**10750**	**8089**	**2661**
1041	877	9858	6025	3833	2798	2096	702
1053	833	9653	5803	3850	2528	1878	650
1044	829	9548	5858	3690	2704	2094	610
842	695	8038	4909	3129	1899	1427	472
368	314	3879	2270	1609	821	594	227
2678	**1911**	**22878**	**14010**	**8868**	**3757**	**2676**	**1081**
507	353	4449	2728	1721	840	605	235
385	300	3397	2075	1322	625	459	166
497	364	4586	2877	1709	842	590	252
643	453	5271	3254	2017	771	543	228
646	441	5175	3076	2099	679	479	200

7-2c 全省按户口登记地、年龄、性别分的

年龄	合计			户口			
				省			
				合计			
	合计	男	女	小计	男	女	小计
65-69 岁	**33835**	**21517**	**12318**	**31161**	**19832**	**11329**	**4951**
65	7019	4361	2658	6367	3922	2445	1109
66	7035	4393	2642	6448	4011	2437	1084
67	6812	4376	2436	6273	4058	2215	985
68	6922	4507	2415	6439	4213	2226	953
69	6047	3880	2167	5634	3628	2006	820
70-74 岁	**26877**	**17240**	**9637**	**25251**	**16293**	**8958**	**3422**
70	6113	4037	2076	5755	3819	1936	855
71	5847	3830	2017	5459	3601	1858	714
72	4955	3206	1749	4636	3021	1615	635
73	5281	3307	1974	4985	3140	1845	649
74	4681	2860	1821	4416	2712	1704	569
75-79 岁	**18959**	**11083**	**7876**	**17925**	**10567**	**7358**	**2274**
75	4381	2564	1817	4136	2458	1678	540
76	4309	2644	1665	4088	2530	1558	533
77	3725	2156	1569	3526	2056	1470	439
78	3494	2006	1488	3299	1905	1394	415
79	3050	1713	1337	2876	1618	1258	347
80-84 岁	**12026**	**6421**	**5605**	**11452**	**6139**	**5313**	**1233**
80	3063	1696	1367	2899	1613	1286	354
81	2583	1335	1248	2482	1288	1194	269
82	2385	1265	1120	2271	1207	1064	233
83	2107	1151	956	1998	1094	904	191
84	1888	974	914	1802	937	865	186
85-89 岁	**5972**	**3182**	**2790**	**5693**	**3051**	**2642**	**533**
85	1540	781	759	1470	744	726	157
86	1363	729	634	1303	708	595	126
87	1293	687	606	1222	650	572	120
88	954	510	444	910	494	416	70
89	822	475	347	788	455	333	60
90-94 岁	**1835**	**951**	**884**	**1729**	**906**	**823**	**145**
90	650	338	312	614	324	290	47
91	352	173	179	325	159	166	27
92	328	172	156	312	167	145	24
93	276	138	138	259	129	130	20
94	229	130	99	219	127	92	27
95-99 岁	**562**	**291**	**271**	**537**	**284**	**253**	**34**
95	197	104	93	189	102	87	12
96	134	67	67	127	65	62	7
97	95	45	50	92	45	47	9
98	77	43	34	71	40	31	
99	59	32	27	58	32	26	6
100 岁及以上	**108**	**57**	**51**	**97**	**50**	**47**	**6**

户口登记地在外乡镇街道的人口（乡村）（续2）

单位：人

登记地							
内					省外		
市辖区内人户分离		省内流动人口			小计	男	女
男	女	小计	男	女			
3086	**1865**	**26210**	**16746**	**9464**	**2674**	**1685**	**989**
695	414	5258	3227	2031	652	439	213
656	428	5364	3355	2009	587	382	205
627	358	5288	3431	1857	539	318	221
609	344	5486	3604	1882	483	294	189
499	321	4814	3129	1685	413	252	161
2187	**1235**	**21829**	**14106**	**7723**	**1626**	**947**	**679**
584	271	4900	3235	1665	358	218	140
466	248	4745	3135	1610	388	229	159
412	223	4001	2609	1392	319	185	134
382	267	4336	2758	1578	296	167	129
343	226	3847	2369	1478	265	148	117
1376	**898**	**15651**	**9191**	**6460**	**1034**	**516**	**518**
336	204	3596	2122	1474	245	106	139
331	202	3555	2199	1356	221	114	107
260	179	3087	1796	1291	199	100	99
244	171	2884	1661	1223	195	101	94
205	142	2529	1413	1116	174	95	79
646	**587**	**10219**	**5493**	**4726**	**574**	**282**	**292**
199	155	2545	1414	1131	164	83	81
136	133	2213	1152	1061	101	47	54
130	103	2038	1077	961	114	58	56
98	93	1807	996	811	109	57	52
83	103	1616	854	762	86	37	49
279	**254**	**5160**	**2772**	**2388**	**279**	**131**	**148**
83	74	1313	661	652	70	37	33
66	60	1177	642	535	60	21	39
60	60	1102	590	512	71	37	34
35	35	840	459	381	44	16	28
35	25	728	420	308	34	20	14
81	**64**	**1584**	**825**	**759**	**106**	**45**	**61**
22	25	567	302	265	36	14	22
14	13	298	145	153	27	14	13
17	7	288	150	138	16	5	11
9	11	239	120	119	17	9	8
19	8	192	108	84	10	3	7
15	**19**	**503**	**269**	**234**	**25**	**7**	**18**
5	7	177	97	80	8	2	6
3	4	120	62	58	7	2	5
5	4	83	40	43	3		3
		71	40	31	6	3	3
2	4	52	30	22	1		1
3	**3**	**91**	**47**	**44**	**11**	**7**	**4**

7-3 全省按现住地、性别分的

现住地	合计			户			口	
				北京市			天津市	
	小计	男	女	小计	男	女	小计	男
合计	**765648**	**460376**	**305272**	**3245**	**1900**	**1345**	**3300**	**1926**
兰州市	**379324**	**228008**	**151316**	**1688**	**982**	**706**	**1809**	**1052**
城关区	161954	96251	65703	849	484	365	559	320
七里河区	52244	32842	19402	229	132	97	284	190
西固区	28779	16625	12154	127	68	59	71	39
安宁区	41332	23232	18100	260	158	102	441	245
红古区	8302	4747	3555	12	5	7	18	13
永登县	5955	3892	2063	12	6	6	12	9
皋兰县	8593	6526	2067	18	13	5	19	9
榆中县	46808	25907	20901	120	70	50	341	187
兰州新区	25357	17986	7371	61	46	15	64	40
嘉峪关市	**25593**	**14813**	**10780**	**76**	**51**	**25**	**89**	**52**
市辖区	25593	14813	10780	76	51	25	89	52
金昌市	**16679**	**9810**	**6869**	**58**	**23**	**35**	**71**	**39**
金川区	12434	7150	5284	45	18	27	59	32
永昌县	4245	2660	1585	13	5	8	12	7
白银市	**26933**	**15816**	**11117**	**163**	**94**	**69**	**149**	**80**
白银区	12101	7261	4840	87	47	40	68	41
平川区	5055	2931	2124	13	7	6	24	12
靖远县	3943	2371	1572	15	10	5	22	11
会宁县	2645	1359	1286	29	17	12	16	8
景泰县	3189	1894	1295	19	13	6	19	8
天水市	**33633**	**20331**	**13302**	**270**	**160**	**110**	**217**	**113**
秦州区	12214	7328	4886	104	56	48	74	27
麦积区	10387	6376	4011	70	42	28	36	21
清水县	2893	1857	1036	20	14	6	14	10
秦安县	2766	1657	1109	27	17	10	26	18
甘谷县	2053	1100	953	21	11	10	33	19
武山县	1410	728	682	10	5	5	24	13
张家川回族自治县	1910	1285	625	18	15	3	10	5
武威市	**22261**	**13397**	**8864**	**83**	**40**	**43**	**100**	**54**
凉州区	15639	9197	6442	67	31	36	64	35
民勤县	2268	1448	820	7	3	4	11	6
古浪县	2169	1328	841	6	5	1	11	5
天祝藏族自治县	2185	1424	761	3	1	2	14	8
张掖市	**18239**	**10701**	**7538**	**84**	**45**	**39**	**67**	**38**
甘州区	11692	6626	5066	55	28	27	38	20
肃南裕固族自治县	516	415	101					
民乐县	1756	1012	744	8	3	5	6	4
临泽县	1073	647	426	6	5	1	5	4
高台县	1362	750	612	6	5	1	8	3
山丹县	1840	1251	589	9	4	5	10	7
平凉市	**30482**	**18291**	**12191**	**131**	**85**	**46**	**153**	**82**
崆峒区	13858	7910	5948	56	29	27	67	35
泾川县	2424	1424	1000	17	14	3	18	7
灵台县	2862	1939	923	11	8	3	11	6
崇信县	1591	1258	333	3	3		10	6
庄浪县	1994	1153	841	17	10	7	11	9
静宁县	3160	1625	1535	12	9	3	10	2
华亭市	4593	2982	1611	15	12	3	26	17

户口登记地在外省的人口

单位：人

登记地									
	河北省			山西省			内蒙古自治区		
女	小计	男	女	小计	男	女	小计	男	女
1374	**34697**	**20935**	**13762**	**15256**	**9336**	**5920**	**11257**	**6297**	**4960**
757	**19739**	**11680**	**8059**	**8422**	**4888**	**3534**	**5148**	**2695**	**2453**
239	7295	4203	3092	2775	1489	1286	1730	917	813
94	2954	1815	1139	1242	801	441	623	373	250
32	1803	1045	758	433	248	185	246	138	108
196	2705	1457	1248	1881	975	906	928	482	446
5	194	137	57	97	55	42	51	32	19
3	289	216	73	121	87	34	92	50	42
10	420	322	98	179	146	33	41	30	11
154	2660	1527	1133	1074	654	420	1082	451	631
24	1419	958	461	620	433	187	355	222	133
37	**1346**	**774**	**572**	**1087**	**725**	**362**	**641**	**393**	**248**
37	1346	774	572	1087	725	362	641	393	248
32	**703**	**422**	**281**	**220**	**137**	**83**	**481**	**245**	**236**
27	539	313	226	164	95	69	402	201	201
5	164	109	55	56	42	14	79	44	35
69	**1024**	**601**	**423**	**430**	**294**	**136**	**469**	**249**	**220**
27	515	305	210	170	110	60	195	112	83
12	188	114	74	90	53	37	55	33	22
11	107	66	41	107	86	21	40	20	20
8	82	43	39	13	9	4	42	15	27
11	132	73	59	50	36	14	137	69	68
104	**1580**	**911**	**669**	**877**	**508**	**369**	**339**	**188**	**151**
47	489	262	227	387	198	189	114	59	55
15	683	414	269	259	169	90	92	54	38
4	124	70	54	58	35	23	27	17	10
8	99	52	47	72	41	31	31	15	16
14	60	32	28	31	19	12	27	16	11
11	63	36	27	25	11	14	29	16	13
5	62	45	17	45	35	10	19	11	8
46	**1162**	**716**	**446**	**390**	**266**	**124**	**821**	**430**	**391**
29	915	528	387	252	165	87	414	230	184
5	127	102	25	19	13	6	312	159	153
6	56	38	18	75	56	19	70	30	40
6	64	48	16	44	32	12	25	11	14
29	**1206**	**713**	**493**	**371**	**236**	**135**	**324**	**191**	**133**
18	958	544	414	213	124	89	194	117	77
	7	5	2	14	13	1	11	8	3
2	65	43	22	27	13	14	23	11	12
1	44	37	7	24	16	8	29	14	15
5	57	35	22	31	21	10	37	21	16
3	75	49	26	62	49	13	30	20	10
71	**1354**	**789**	**565**	**487**	**310**	**177**	**341**	**191**	**150**
32	717	390	327	200	124	76	149	96	53
11	132	71	61	76	44	32	17	8	9
5	84	57	27	31	22	9	20	12	8
4	39	28	11	33	27	6	19	14	5
2	106	71	35	22	13	9	29	11	18
8	101	55	46	43	24	19	70	26	44
9	175	117	58	82	56	26	37	24	13

7-3 全省按现住地、性别分的

现住地	合计			户口				
				北京市			天津市	
	小计	男	女	小计	男	女	小计	男
酒泉市	**86378**	**51435**	**34943**	**139**	**81**	**58**	**207**	**135**
肃州区	17174	9844	7330	89	51	38	85	46
金塔县	9253	7686	1567	9	8	1	25	21
瓜州县	6917	4283	2634	5	3	2	8	7
肃北蒙古族自治县	1970	1690	280	2	1	1	1	1
阿克塞哈萨克族自治县	758	536	222	1	1		2	2
玉门市	8476	6197	2279	3	2	1	24	19
敦煌市	41830	21199	20631	30	15	15	62	39
庆阳市	**42667**	**26561**	**16106**	**149**	**86**	**63**	**163**	**102**
西峰区	16431	9643	6788	53	21	32	59	38
庆城县	7890	5133	2757	21	17	4	14	7
环　县	5119	3358	1761	9	6	3	13	7
华池县	3242	2015	1227	2	2		2	1
合水县	2351	1567	784	5	3	2	17	12
正宁县	1930	1183	747	8	4	4	11	9
宁　县	2777	1948	829	12	7	5	13	7
镇原县	2927	1714	1213	39	26	13	34	21
定西市	**23645**	**14333**	**9312**	**113**	**77**	**36**	**85**	**54**
安定区	5484	3341	2143	38	29	9	15	10
通渭县	1464	814	650	15	10	5	6	4
陇西县	5700	3193	2507	21	11	10	32	22
渭源县	1713	1019	694	12	8	4	7	2
临洮县	4072	2599	1473	12	9	3	14	8
漳　县	1602	1138	464	2	2		5	3
岷　县	3610	2229	1381	13	8	5	6	5
陇南市	**29039**	**17493**	**11546**	**233**	**138**	**95**	**110**	**69**
武都区	6574	3896	2678	22	9	13	21	14
成　县	3039	1749	1290	17	9	8	23	17
文　县	5508	3791	1717	8	6	2	9	6
宕昌县	2488	1340	1148	4	4		3	3
康　县	2531	1378	1153	2	1	1	3	2
西和县	2237	1289	948	14	8	6	21	12
礼　县	2692	1533	1159	146	87	59	23	10
徽　县	2866	1816	1050	17	12	5	7	5
两当县	1104	701	403	3	2	1		
临夏回族自治州	**20597**	**12984**	**7613**	**49**	**32**	**17**	**34**	**25**
临夏市	8273	5180	3093	22	13	9	17	10
临夏县	2626	1747	879	3	1	2	4	4
康乐县	931	519	412					
永靖县	2742	1484	1258	3	2	1	1	1
广河县	1222	769	453	1		1		
和政县	944	542	402	2	2		1	1
东乡族自治县	790	514	276	4	3	1	3	2
积石山保安族东乡族撒拉族自治县	3069	2229	840	14	11	3	8	7
甘南藏族自治州	**10178**	**6403**	**3775**	**9**	**6**	**3**	**46**	**31**
合作市	3503	2102	1401	3	1	2	8	5
临潭县	1194	801	393				5	4
卓尼县	780	577	203				7	7
舟曲县	1031	582	449	2	2		7	7
迭部县	902	548	354	1	1		7	1
玛曲县	1077	652	425				4	3
碌曲县	536	334	202					
夏河县	1155	807	348	3	2	1	8	4

户口登记地在外省的人口（续1）

单位：人

	登		记		地					
	河北省			山西省			内蒙古自治区			
女	小计	男	女	小计	男	女	小计	男	女	
72	**2460**	**1640**	**820**	**1140**	**838**	**302**	**892**	**547**	**345**	
39	1156	675	481	351	222	129	358	184	174	
4	310	275	35	138	126	12	195	114	81	
1	172	129	43	99	73	26	60	42	18	
	73	70	3	68	63	5	100	85	15	
	16	11	5	14	12	2	3	2	1	
5	332	239	93	301	252	49	104	73	31	
23	401	241	160	169	90	79	72	47	25	
61	**1709**	**1157**	**552**	**711**	**417**	**294**	**359**	**209**	**150**	
21	683	411	272	304	148	156	115	66	49	
7	303	205	98	63	38	25	55	27	28	
6	152	109	43	85	62	23	77	49	28	
1	79	57	22	15	7	8	16	11	5	
5	58	41	17	28	12	16	27	13	14	
2	51	33	18	33	26	7	21	19	2	
6	277	229	48	110	84	26	26	16	10	
13	106	72	34	73	40	33	22	8	14	
31	**1016**	**646**	**370**	**410**	**250**	**160**	**516**	**299**	**217**	
5	282	186	96	101	67	34	196	116	80	
2	59	35	24	20	10	10	49	21	28	
10	317	180	137	95	47	48	80	34	46	
5	75	49	26	35	19	16	27	18	9	
6	149	98	51	107	71	36	50	26	24	
2	31	26	5	7	4	3	15	9	6	
1	103	72	31	45	32	13	99	75	24	
41	**802**	**498**	**304**	**398**	**241**	**157**	**224**	**140**	**84**	
7	221	136	85	82	45	37	65	46	19	
6	140	98	42	84	62	22	30	13	17	
3	107	78	29	44	33	11	22	16	6	
	49	31	18	20	13	7	20	14	6	
1	59	38	21	43	27	16	11	8	3	
9	57	29	28	52	27	25	12	6	6	
13	76	35	41	34	19	15	42	24	18	
2	73	45	28	29	10	19	22	13	9	
	20	8	12	10	5	5				
9	**443**	**280**	**163**	**241**	**182**	**59**	**595**	**456**	**139**	
7	192	120	72	72	52	20	358	287	71	
	40	28	12	51	37	14	123	91	32	
	23	16	7	2	1	1	5	4	1	
	69	34	35	26	13	13	28	14	14	
	44	28	16	6	5	1	18	15	3	
	30	19	11	8	5	3	19	12	7	
1	7	6	1	8	8		14	11	3	
1	38	29	9	68	61	7	30	22	8	
15	**153**	**108**	**45**	**72**	**44**	**28**	**107**	**64**	**43**	
3	60	44	16	28	12	16	33	17	16	
1	19	16	3	7	5	2	16	12	4	
	24	17	7	3	2	1	4	4		
	12	6	6	4	1	3	9	4	5	
6	2		2	3	1	2	3	2	1	
1	8	4	4	8	7	1	5	5		
	2	1	1	7	5	2	2	1	1	
4	26	20	6	12	11	1	35	19	16	

7-3 全省按现住地、性别分的

现住地	户口							
	辽宁省			吉林省			黑龙江省	
	小计	男	女	小计	男	女	小计	男
合计	**7960**	**4790**	**3170**	**6105**	**3680**	**2425**	**7713**	**4488**
兰州市	**4457**	**2556**	**1901**	**3476**	**2037**	**1439**	**4392**	**2527**
城关区	1563	910	653	1132	644	488	1572	871
七里河区	605	373	232	555	348	207	739	483
西固区	304	170	134	222	136	86	313	187
安宁区	727	385	342	624	369	255	708	397
红古区	49	30	19	40	21	19	50	31
永登县	65	52	13	59	46	13	38	20
皋兰县	59	46	13	81	57	24	76	50
榆中县	814	398	416	618	311	307	647	326
兰州新区	271	192	79	145	105	40	249	162
嘉峪关市	**632**	**384**	**248**	**309**	**178**	**131**	**705**	**399**
市辖区	632	384	248	309	178	131	705	399
金昌市	**262**	**151**	**111**	**124**	**80**	**44**	**210**	**108**
金川区	244	141	103	97	61	36	183	93
永昌县	18	10	8	27	19	8	27	15
白银市	**320**	**176**	**144**	**214**	**117**	**97**	**191**	**105**
白银区	196	102	94	141	81	60	104	53
平川区	44	27	17	22	12	10	34	20
靖远县	27	21	6	15	7	8	20	10
会宁县	32	14	18	18	8	10	11	5
景泰县	21	12	9	18	9	9	22	17
天水市	**314**	**183**	**131**	**254**	**145**	**109**	**280**	**155**
秦州区	107	54	53	117	64	53	105	63
麦积区	91	50	41	59	30	29	109	63
清水县	31	15	16	24	15	9	12	6
秦安县	15	8	7	18	14	4	21	9
甘谷县	15	11	4	17	10	7	14	4
武山县	11	5	6	8	4	4	11	4
张家川回族自治县	44	40	4	11	8	3	8	6
武威市	**199**	**143**	**56**	**129**	**74**	**55**	**206**	**133**
凉州区	125	84	41	99	53	46	143	87
民勤县	34	29	5	11	7	4	23	16
古浪县	24	19	5	13	11	2	13	8
天祝藏族自治县	16	11	5	6	3	3	27	22
张掖市	**221**	**122**	**99**	**241**	**145**	**96**	**254**	**136**
甘州区	173	89	84	196	122	74	203	105
肃南裕固族自治县	1	1		1		1		
民乐县	10	6	4	15	5	10	10	6
临泽县	13	10	3	9	7	2	6	4
高台县	12	8	4	7	4	3	11	5
山丹县	12	8	4	13	7	6	24	16
平凉市	**155**	**99**	**56**	**116**	**72**	**44**	**131**	**75**
崆峒区	64	37	27	59	38	21	55	26
泾川县	6	3	3	6	3	3	9	5
灵台县	12	8	4	10	5	5	15	10
崇信县	6	5	1	8	6	2	6	5
庄浪县	13	8	5	12	8	4	9	4
静宁县	13	6	7	10	4	6	11	6
华亭市	41	32	9	11	8	3	26	19

户口登记地在外省的人口（续2）

单位：人

登 记 地									
	上海市			江苏省			浙江省		
女	小计	男	女	小计	男	女	小计	男	女
3225	**2073**	**1138**	**935**	**34326**	**23110**	**11216**	**25988**	**15823**	**10165**
1865	**1349**	**721**	**628**	**20324**	**13788**	**6536**	**15087**	**9056**	**6031**
701	582	298	284	11878	8095	3783	9093	5285	3808
256	248	143	105	2122	1431	691	1530	963	567
126	190	97	93	1305	810	495	681	414	267
311	213	110	103	1474	959	515	1016	627	389
19	17	10	7	234	151	83	193	112	81
18	11	6	5	249	156	93	200	135	65
26	2	1	1	155	113	42	194	135	59
321	67	46	21	1559	997	562	1652	1004	648
87	19	10	9	1348	1076	272	528	381	147
306	**56**	**28**	**28**	**981**	**591**	**390**	**769**	**472**	**297**
306	56	28	28	981	591	390	769	472	297
102	**26**	**11**	**15**	**1199**	**793**	**406**	**469**	**272**	**197**
90	22	8	14	804	534	270	366	210	156
12	4	3	1	395	259	136	103	62	41
86	**94**	**46**	**48**	**1111**	**665**	**446**	**692**	**423**	**269**
51	65	32	33	484	301	183	298	181	117
14	6	2	4	156	95	61	113	69	44
10	8	4	4	160	93	67	84	51	33
6	4	1	3	154	80	74	90	51	39
5	11	7	4	157	96	61	107	71	36
125	**153**	**90**	**63**	**1574**	**988**	**586**	**1442**	**898**	**544**
42	54	32	22	568	363	205	531	325	206
46	49	25	24	426	280	146	517	309	208
6	23	16	7	125	72	53	104	78	26
12	4	4		125	74	51	127	74	53
10	16	9	7	200	123	77	53	35	18
7	5	2	3	97	57	40	60	36	24
2	2	2		33	19	14	50	41	9
73	**47**	**30**	**17**	**906**	**626**	**280**	**773**	**481**	**292**
56	36	21	15	625	424	201	604	369	235
7	10	8	2	163	129	34	87	58	29
5				80	51	29	45	28	17
5	1	1		38	22	16	37	26	11
118	**44**	**26**	**18**	**859**	**620**	**239**	**700**	**421**	**279**
98	31	19	12	415	267	148	454	269	185
	1		1	14	13	1	37	30	7
4				56	34	22	66	38	28
2	5	3	2	44	30	14	55	31	24
6	3	1	2	65	43	22	31	18	13
8	4	3	1	265	233	32	57	35	22
56	**59**	**31**	**28**	**1430**	**1058**	**372**	**992**	**602**	**390**
29	37	16	21	501	301	200	481	289	192
4	1	1		77	42	35	91	60	31
5	3	2	1	75	53	22	45	28	17
1	1	1		485	470	15	32	20	12
5	4	2	2	56	37	19	86	47	39
5	4	2	2	112	68	44	131	78	53
7	9	7	2	124	87	37	126	80	46

7-3 全省按现住地、性别分的

现住地	户口							
	辽宁省			吉林省			黑龙江省	
	小计	男	女	小计	男	女	小计	男
酒泉市	**547**	**383**	**164**	**425**	**290**	**135**	**600**	**410**
肃州区	182	102	80	127	69	58	179	106
金塔县	100	87	13	81	67	14	173	142
瓜州县	61	45	16	56	40	16	35	25
肃北蒙古族自治县	25	22	3	29	23	6	25	19
阿克塞哈萨克族自治县	6	4	2	3	2	1	3	1
玉门市	103	81	22	56	44	12	93	66
敦煌市	70	42	28	73	45	28	92	51
庆阳市	**389**	**293**	**96**	**341**	**249**	**92**	**317**	**178**
西峰区	143	91	52	88	51	37	199	99
庆城县	64	49	15	62	43	19	43	31
环　县	30	23	7	46	37	9	26	18
华池县	16	14	2	42	39	3	3	2
合水县	29	25	4	59	46	13	6	5
正宁县	30	25	5	10	8	2	17	11
宁　县	69	63	6	25	21	4	13	6
镇原县	8	3	5	9	4	5	10	6
定西市	**140**	**96**	**44**	**168**	**108**	**60**	**121**	**73**
安定区	51	36	15	62	44	18	45	24
通渭县	14	9	5	15	11	4	6	4
陇西县	25	13	12	31	15	16	33	18
渭源县	7	6	1	11	6	5	6	5
临洮县	22	13	9	14	9	5	16	11
漳　县	15	15		13	9	4	8	4
岷　县	6	4	2	22	14	8	7	7
陇南市	**110**	**68**	**42**	**108**	**65**	**43**	**143**	**93**
武都区	34	21	13	25	16	9	51	39
成　县	18	10	8	14	9	5	15	5
文　县	10	9	1	19	11	8	25	16
宕昌县	7	5	2	7	6	1	1	
康　县	6	3	3	8	4	4	9	5
西和县	9	5	4	8	2	6	5	4
礼　县	7	3	4	15	9	6	10	7
徽　县	17	12	5	9	5	4	24	15
两当县	2		2	3	3		3	2
临夏回族自治州	**149**	**112**	**37**	**138**	**89**	**49**	**105**	**62**
临夏市	32	20	12	62	41	21	38	20
临夏县	11	9	2	10	7	3	4	1
康乐县	1	1		6	3	3	1	1
永靖县	22	10	12	11	4	7	35	21
广河县	5	3	2	13	7	6		
和政县	8	4	4				3	
东乡族自治县	4	3	1	8	5	3	3	3
积石山保安族东乡族撒拉族自治县	66	62	4	28	22	6	21	16
甘南藏族自治州	**65**	**24**	**41**	**62**	**31**	**31**	**58**	**34**
合作市	48	12	36	50	24	26	32	14
临潭县	7	5	2	1	1		9	8
卓尼县	1	1		2	1	1	2	1
舟曲县	2	1	1	1	1		2	1
迭部县	1	1		3	1	2	4	2
玛曲县							1	1
碌曲县				5	3	2		
夏河县	6	4	2				8	7

户口登记地在外省的人口（续3）

单位：人

登记地									
	上海市			江苏省			浙江省		
女	小计	男	女	小计	男	女	小计	男	女
190	**76**	**46**	**30**	**2018**	**1486**	**532**	**1343**	**856**	**487**
73	35	15	20	552	338	214	638	375	263
31	2	2		362	308	54	139	112	27
10	2	2		158	126	32	99	72	27
6				21	17	4	31	27	4
2	1		1	31	28	3	7	5	2
27	25	21	4	525	432	93	171	118	53
41	11	6	5	369	237	132	258	147	111
139	**55**	**37**	**18**	**885**	**596**	**289**	**1018**	**635**	**383**
100	23	14	9	377	252	125	487	302	185
12	9	7	2	115	73	42	107	59	48
8	3	2	1	94	71	23	105	67	38
1	1	1		42	23	19	43	23	20
1	1	1		54	40	14	29	21	8
6	12	8	4	92	61	31	62	38	24
7	6	4	2	78	54	24	60	42	18
4				33	22	11	125	83	42
48	**37**	**22**	**15**	**1094**	**665**	**429**	**872**	**526**	**346**
21	9	5	4	277	168	109	220	129	91
2				46	29	17	36	24	12
15	8	4	4	228	131	97	233	132	101
1	1	1		106	64	42	83	50	33
5	14	10	4	234	148	86	153	98	55
4	2		2	64	41	23	33	19	14
	3	2	1	139	84	55	114	74	40
50	**44**	**27**	**17**	**928**	**559**	**369**	**1027**	**658**	**369**
12	10	7	3	259	167	92	219	142	77
10	7	6	1	154	85	69	201	130	71
9	4	3	1	73	48	25	60	41	19
1	4	1	3	63	40	23	64	40	24
4	1		1	74	44	30	54	31	23
1	9	6	3	109	63	46	181	118	63
3	5	2	3	75	45	30	138	90	48
9	4	2	2	105	57	48	87	51	36
1				16	10	6	23	15	8
43	**28**	**19**	**9**	**817**	**544**	**273**	**521**	**321**	**200**
18	10	6	4	383	258	125	277	176	101
3	1	1		82	60	22	50	32	18
				62	36	26	43	25	18
14	8	6	2	92	57	35	76	46	30
	6	4	2	55	37	18	15	10	5
3				55	34	21	31	17	14
	2	1	1	28	18	10	10	5	5
5	1	1		60	44	16	19	10	9
24	**5**	**4**	**1**	**200**	**131**	**69**	**283**	**202**	**81**
18	1	1		49	33	16	111	76	35
1	2	2		13	11	2	51	43	8
1	1	1		24	16	8	14	12	2
1	1		1	20	11	9	21	12	9
2				23	14	9	24	15	9
				42	29	13	21	15	6
				9	6	3	18	14	4
1				20	11	9	23	15	8

7-3　全省按现住地、性别分的

现住地	户口							
	安徽省			福建省			江西省	
	小计	男	女	小计	男	女	小计	男
合计	**27758**	**17183**	**10575**	**18796**	**11809**	**6987**	**11065**	**6710**
兰州市	**15413**	**9750**	**5663**	**11189**	**6857**	**4332**	**6631**	**4068**
城关区	7692	4815	2877	4083	2454	1629	3182	1951
七里河区	1990	1296	694	1325	832	493	1254	775
西固区	1273	761	512	2857	1652	1205	346	192
安宁区	1364	841	523	927	564	363	668	383
红古区	144	92	52	64	41	23	73	41
永登县	243	157	86	105	76	29	57	39
皋兰县	136	101	35	436	352	84	114	88
榆中县	1842	1160	682	1029	636	393	700	449
兰州新区	729	527	202	363	250	113	237	150
嘉峪关市	**1078**	**626**	**452**	**333**	**216**	**117**	**145**	**90**
市辖区	1078	626	452	333	216	117	145	90
金昌市	**523**	**320**	**203**	**226**	**133**	**93**	**120**	**76**
金川区	461	283	178	165	97	68	94	57
永昌县	62	37	25	61	36	25	26	19
白银市	**1068**	**632**	**436**	**469**	**302**	**167**	**397**	**224**
白银区	555	327	228	258	151	107	252	141
平川区	170	98	72	46	33	13	41	22
靖远县	81	56	25	69	46	23	39	25
会宁县	79	43	36	39	27	12	24	10
景泰县	183	108	75	57	45	12	41	26
天水市	**1021**	**557**	**464**	**965**	**582**	**383**	**659**	**395**
秦州区	340	183	157	307	186	121	265	153
麦积区	432	251	181	497	288	209	222	140
清水县	44	20	24	63	47	16	40	22
秦安县	79	42	37	37	16	21	28	16
甘谷县	24	11	13	21	12	9	28	19
武山县	60	27	33	19	14	5	50	31
张家川回族自治县	42	23	19	21	19	2	26	14
武威市	**933**	**575**	**358**	**552**	**355**	**197**	**324**	**192**
凉州区	730	435	295	460	284	176	253	144
民勤县	71	51	20	16	12	4	19	10
古浪县	45	31	14	31	21	10	17	12
天祝藏族自治县	87	58	29	45	38	7	35	26
张掖市	**1062**	**607**	**455**	**599**	**396**	**203**	**242**	**145**
甘州区	790	446	344	444	275	169	182	112
肃南裕固族自治县	4	3	1	30	27	3	5	3
民乐县	55	32	23	19	12	7	20	11
临泽县	52	28	24	13	9	4	1	
高台县	76	41	35	17	14	3	11	8
山丹县	85	57	28	76	59	17	23	11
平凉市	**940**	**598**	**342**	**643**	**419**	**224**	**342**	**194**
崆峒区	483	261	222	395	237	158	131	77
泾川县	61	36	25	46	37	9	64	32
灵台县	100	86	14	33	23	10	22	13
崇信县	99	90	9	21	19	2	7	4
庄浪县	38	24	14	50	30	20	41	21
静宁县	65	38	27	25	15	10	38	23
华亭市	94	63	31	73	58	15	39	24

户口登记地在外省的人口（续 4）

单位：人

登记地									
	山东省			河南省			湖北省		
女	小计	男	女	小计	男	女	小计	男	女
4355	**28990**	**18232**	**10758**	**122386**	**74381**	**48005**	**34595**	**21659**	**12936**
2563	**17284**	**10535**	**6749**	**72680**	**43387**	**29293**	**19591**	**12443**	**7148**
1231	6778	4129	2649	34804	20217	14587	9316	5809	3507
479	2702	1727	975	9676	6021	3655	2671	1726	945
154	1342	761	581	6950	3959	2991	1883	1147	736
285	2680	1469	1211	6634	3739	2895	1913	1220	693
32	247	161	86	1497	949	548	165	103	62
18	224	167	57	899	646	253	200	132	68
26	250	183	67	1434	1099	335	400	298	102
251	1986	1197	789	6725	3938	2787	1928	1192	736
87	1075	741	334	4061	2819	1242	1115	816	299
55	**677**	**389**	**288**	**6791**	**3846**	**2945**	**634**	**281**	**353**
55	677	389	288	6791	3846	2945	634	281	353
44	**706**	**434**	**272**	**3767**	**2162**	**1605**	**585**	**396**	**189**
37	551	338	213	3368	1915	1453	399	252	147
7	155	96	59	399	247	152	186	144	42
173	**1237**	**832**	**405**	**4482**	**2710**	**1772**	**1520**	**939**	**581**
111	559	333	226	2420	1461	959	1011	641	370
19	257	197	60	938	537	401	150	95	55
14	185	135	50	467	291	176	148	90	58
14	66	43	23	229	141	88	89	45	44
15	170	124	46	428	280	148	122	68	54
264	**980**	**564**	**416**	**4675**	**2872**	**1803**	**1333**	**875**	**458**
112	375	213	162	1659	1000	659	534	359	175
82	334	194	140	1487	918	569	389	262	127
18	85	54	31	496	325	171	71	37	34
12	79	49	30	324	203	121	90	61	29
9	33	19	14	255	142	113	55	26	29
19	43	16	27	239	140	99	65	29	36
12	31	19	12	215	144	71	129	101	28
132	**863**	**560**	**303**	**3251**	**2055**	**1196**	**644**	**380**	**264**
109	610	363	247	2496	1518	978	501	300	201
9	136	120	16	282	190	92	31	15	16
5	65	48	17	226	150	76	49	26	23
9	52	29	23	247	197	50	63	39	24
97	**978**	**619**	**359**	**2075**	**1241**	**834**	**713**	**396**	**317**
70	775	479	296	1406	833	573	497	268	229
2	17	13	4	44	34	10	17	16	1
9	29	16	13	142	93	49	47	24	23
1	32	28	4	129	72	57	40	21	19
3	62	37	25	156	80	76	54	27	27
12	63	46	17	198	129	69	58	40	18
148	**988**	**759**	**229**	**2758**	**1716**	**1042**	**1394**	**793**	**601**
54	290	177	113	1333	785	548	829	448	381
32	37	18	19	287	180	107	65	31	34
9	375	341	34	227	145	82	115	71	44
3	52	45	7	123	86	37	43	23	20
20	44	31	13	169	101	68	42	25	17
15	45	27	18	179	101	78	92	42	50
15	145	120	25	440	318	122	208	153	55

7-3 全省按现住地、性别分的

现住地	户口							
	安徽省			福建省			江西省	
	小计	男	女	小计	男	女	小计	男
酒泉市	**2203**	**1414**	**789**	**1257**	**859**	**398**	**376**	**232**
肃州区	964	572	392	599	348	251	137	71
金塔县	310	277	33	173	144	29	50	37
瓜州县	145	87	58	141	112	29	35	22
肃北蒙古族自治县	23	19	4	49	45	4	2	2
阿克塞哈萨克族自治县	9	8	1	2	1	1	6	4
玉门市	269	171	98	82	61	21	49	38
敦煌市	483	280	203	211	148	63	97	58
庆阳市	**1013**	**618**	**395**	**750**	**481**	**269**	**442**	**260**
西峰区	524	316	208	476	278	198	257	154
庆城县	109	67	42	57	41	16	43	26
环　县	121	76	45	58	42	16	27	12
华池县	56	34	22	10	7	3	8	5
合水县	49	31	18	14	11	3	14	11
正宁县	58	37	21	18	13	5	16	8
宁　县	61	40	21	16	7	9	36	22
镇原县	35	17	18	101	82	19	41	22
定西市	**895**	**527**	**368**	**854**	**535**	**319**	**514**	**312**
安定区	171	107	64	250	152	98	89	60
通渭县	45	25	20	40	28	12	28	15
陇西县	289	148	141	320	182	138	148	95
渭源县	91	55	36	31	19	12	31	20
临洮县	133	88	45	126	87	39	94	56
漳　县	33	23	10	45	36	9	46	24
岷　县	133	81	52	42	31	11	78	42
陇南市	**772**	**439**	**333**	**635**	**440**	**195**	**533**	**322**
武都区	252	136	116	211	121	90	115	73
成　县	84	46	38	51	32	19	72	41
文　县	72	53	19	115	87	28	135	101
宕昌县	61	38	23	27	19	8	41	22
康　县	68	38	30	49	35	14	42	20
西和县	60	30	30	83	63	20	40	19
礼　县	50	22	28	75	61	14	26	14
徽　县	113	69	44	18	17	1	47	24
两当县	12	7	5	6	5	1	15	8
临夏回族自治州	**595**	**369**	**226**	**261**	**183**	**78**	**199**	**121**
临夏市	349	213	136	90	59	31	99	57
临夏县	22	17	5	23	20	3	4	2
康乐县	19	9	10	23	11	12	18	12
永靖县	82	52	30	33	21	12	17	9
广河县	27	18	9	14	8	6	10	6
和政县	65	37	28	16	13	3	14	7
东乡族自治县	7	6	1	19	15	4	9	8
积石山保安族东乡族撒拉族自治县	24	17	7	43	36	7	28	20
甘南藏族自治州	**242**	**151**	**91**	**63**	**51**	**12**	**141**	**79**
合作市	69	46	23	15	11	4	45	23
临潭县	24	13	11	14	12	2	6	3
卓尼县	17	11	6	14	14		23	12
舟曲县	68	35	33	11	7	4	22	12
迭部县	24	16	8	4	4		4	2
玛曲县	8	5	3				20	14
碌曲县	9	7	2				9	6
夏河县	23	18	5	5	3	2	12	7

户口登记地在外省的人口（续5）

单位：人

登记地									
	山东省			河南省			湖北省		
女	小计	男	女	小计	男	女	小计	男	女
144	**2102**	**1384**	**718**	**9044**	**6012**	**3032**	**1425**	**929**	**496**
66	878	535	343	2971	1705	1266	483	286	197
13	273	229	44	1590	1412	178	279	238	41
13	210	129	81	658	421	237	161	101	60
	79	68	11	218	191	27	66	57	9
2	23	19	4	132	89	43	27	17	10
11	249	179	70	1435	992	443	155	120	35
39	390	225	165	2040	1202	838	254	110	144
182	**1064**	**754**	**310**	**4088**	**2682**	**1406**	**1332**	**828**	**504**
103	434	263	171	2019	1210	809	630	373	257
17	125	98	27	501	356	145	205	144	61
15	169	135	34	374	281	93	90	49	41
3	45	39	6	153	106	47	63	49	14
3	47	33	14	198	140	58	40	28	12
8	76	52	24	220	141	79	81	45	36
14	133	109	24	378	297	81	115	81	34
19	35	25	10	245	151	94	108	59	49
202	**686**	**435**	**251**	**2759**	**1762**	**997**	**1150**	**698**	**452**
29	167	109	58	721	463	258	203	129	74
13	21	9	12	162	103	59	74	45	29
53	154	86	68	705	399	306	192	93	99
11	35	18	17	128	84	44	137	84	53
38	211	150	61	565	390	175	267	173	94
22	32	26	6	162	133	29	76	56	20
36	66	37	29	316	190	126	201	118	83
211	**685**	**447**	**238**	**2586**	**1618**	**968**	**1638**	**988**	**650**
42	201	124	77	689	424	265	526	287	239
31	79	48	31	349	207	142	184	103	81
34	77	55	22	398	322	76	308	248	60
19	33	22	11	161	91	70	77	46	31
22	35	22	13	216	102	114	138	75	63
21	76	52	24	201	115	86	159	89	70
12	77	50	27	201	122	79	106	61	45
23	70	53	17	306	194	112	110	64	46
7	37	21	16	65	41	24	30	15	15
78	**492**	**350**	**142**	**2245**	**1525**	**720**	**1888**	**1248**	**640**
42	173	111	62	1061	687	374	568	364	204
2	55	40	15	238	178	60	267	172	95
6	29	20	9	92	52	40	96	54	42
8	93	64	29	285	173	112	163	98	65
4	29	24	5	153	97	56	135	80	55
7	12	9	3	68	45	23	141	87	54
1	19	16	3	64	51	13	45	31	14
8	82	66	16	284	242	42	473	362	111
62	**248**	**170**	**78**	**1185**	**793**	**392**	**748**	**465**	**283**
22	169	119	50	522	330	192	312	197	115
3	8	7	1	117	96	21	80	51	29
11	8	6	2	94	68	26	102	67	35
10	10	5	5	122	82	40	44	21	23
2	14	6	8	124	74	50	82	49	33
6	12	6	6	67	46	21	35	18	17
3	11	6	5	46	31	15	43	28	15
5	16	15	1	93	66	27	50	34	16

7-3 全省按现住地、性别分的

现住地	户口							
	湖南省			广东省			广西壮族自治区	
	小计	男	女	小计	男	女	小计	男
合计	**16477**	**9753**	**6724**	**8877**	**5050**	**3827**	**4350**	**2149**
兰州市	**9198**	**5433**	**3765**	**5856**	**3401**	**2455**	**2951**	**1467**
城关区	4182	2456	1726	3304	1923	1381	666	349
七里河区	1115	681	434	676	392	284	276	166
西固区	318	174	144	398	212	186	73	42
安宁区	1117	632	485	590	323	267	350	185
红古区	81	53	28	37	22	15	29	23
永登县	101	58	43	33	19	14	22	12
皋兰县	143	109	34	33	22	11	30	22
榆中县	1633	921	712	613	368	245	1403	598
兰州新区	508	349	159	172	120	52	102	70
嘉峪关市	**275**	**153**	**122**	**182**	**91**	**91**	**74**	**46**
市辖区	275	153	122	182	91	91	74	46
金昌市	**329**	**220**	**109**	**191**	**100**	**91**	**84**	**48**
金川区	285	193	92	132	68	64	62	34
永昌县	44	27	17	59	32	27	22	14
白银市	**613**	**338**	**275**	**317**	**173**	**144**	**124**	**55**
白银区	258	158	100	156	79	77	47	26
平川区	85	43	42	45	27	18	16	6
靖远县	138	70	68	38	23	15	26	9
会宁县	76	38	38	33	19	14	28	10
景泰县	56	29	27	45	25	20	7	4
天水市	**733**	**442**	**291**	**542**	**264**	**278**	**210**	**88**
秦州区	248	147	101	191	83	108	73	28
麦积区	300	184	116	127	64	63	57	25
清水县	22	12	10	28	16	12	19	13
秦安县	52	32	20	21	15	6	28	11
甘谷县	32	17	15	120	59	61	13	5
武山县	51	30	21	31	11	20	13	1
张家川回族自治县	28	20	8	24	16	8	7	5
武威市	**413**	**232**	**181**	**179**	**103**	**76**	**69**	**39**
凉州区	246	124	122	118	63	55	54	31
民勤县	53	35	18	28	20	8	3	1
古浪县	55	32	23	20	12	8	8	5
天祝藏族自治县	59	41	18	13	8	5	4	2
张掖市	**476**	**260**	**216**	**169**	**88**	**81**	**64**	**37**
甘州区	250	134	116	117	55	62	38	16
肃南裕固族自治县	4	4					11	11
民乐县	44	26	18	23	14	9	6	3
临泽县	24	8	16	10	8	2	2	2
高台县	76	42	34	5	3	2	2	2
山丹县	78	46	32	14	8	6	5	3
平凉市	**564**	**310**	**254**	**192**	**108**	**84**	**84**	**28**
崆峒区	232	126	106	92	58	34	36	13
泾川县	58	39	19	26	18	8	15	4
灵台县	51	25	26	6	5	1	3	1
崇信县	16	7	9				2	1
庄浪县	71	37	34	27	8	19	8	2
静宁县	95	46	49	26	12	14	11	4
华亭市	41	30	11	15	7	8	9	3

户口登记地在外省的人口（续6）

单位：人

登记地									
	海南省			重庆市			四川省		
女	小计	男	女	小计	男	女	小计	男	女
2201	**1664**	**807**	**857**	**17093**	**11011**	**6082**	**79369**	**51867**	**27502**
1484	**1249**	**619**	**630**	**8801**	**5652**	**3149**	**38205**	**24751**	**13454**
317	304	130	174	3498	2148	1350	14460	9031	5429
110	173	105	68	1235	860	375	6106	4085	2021
31	33	21	12	484	292	192	2612	1526	1086
165	284	120	164	844	517	327	3633	2234	1399
6	8	2	6	99	68	31	734	501	233
10	6	5	1	169	134	35	752	558	194
8				199	146	53	1881	1440	441
805	419	220	199	1246	689	557	3992	2383	1609
32	22	16	6	1027	798	229	4035	2993	1042
28	**20**	**8**	**12**	**644**	**366**	**278**	**1804**	**1083**	**721**
28	20	8	12	644	366	278	1804	1083	721
36	**12**	**8**	**4**	**312**	**171**	**141**	**1456**	**892**	**564**
28	9	5	4	246	128	118	1094	648	446
8	3	3		66	43	23	362	244	118
69	**40**	**14**	**26**	**644**	**402**	**242**	**2505**	**1584**	**921**
21	15	6	9	386	247	139	1136	719	417
10	3		3	95	57	38	502	302	200
17	12	4	8	68	46	22	353	241	112
18	3	1	2	34	18	16	202	114	88
3	7	3	4	61	34	27	312	208	104
122	**70**	**38**	**32**	**1007**	**673**	**334**	**3792**	**2540**	**1252**
45	51	30	21	446	304	142	1493	987	506
32	9	5	4	224	146	78	1029	673	356
6	3	2	1	145	99	46	381	268	113
17	3		3	65	44	21	332	233	99
8	2	1	1	38	19	19	202	111	91
12	2		2	21	9	12	94	55	39
2				68	52	16	261	213	48
30	**42**	**18**	**24**	**345**	**218**	**127**	**2255**	**1497**	**758**
23	36	17	19	247	152	95	1684	1087	597
2	2		2	22	13	9	180	125	55
3	1	1		41	29	12	224	153	71
2	3		3	35	24	11	167	132	35
27	**21**	**11**	**10**	**301**	**169**	**132**	**1271**	**771**	**500**
22	18	9	9	175	88	87	778	455	323
	1	1		4	3	1	46	39	7
3				42	28	14	137	95	42
				18	12	6	99	61	38
	2	1	1	18	5	13	77	35	42
2				44	33	11	134	86	48
56	**48**	**17**	**31**	**522**	**316**	**206**	**2975**	**1976**	**999**
23	29	9	20	231	135	96	1576	1037	539
11	5	1	4	41	25	16	145	104	41
2	1		1	56	33	23	205	147	58
1				24	16	8	91	62	29
6	2	1	1	36	25	11	205	129	76
7	8	3	5	41	21	20	278	172	106
6	3	3		93	61	32	475	325	150

7-3 全省按现住地、性别分的

现住地	户口							
	湖南省			广东省			广西壮族自治区	
	小计	男	女	小计	男	女	小计	男
酒泉市	**855**	**602**	**253**	**269**	**170**	**99**	**138**	**89**
肃州区	224	121	103	165	96	69	55	34
金塔县	194	174	20	19	17	2	38	28
瓜州县	86	46	40	12	6	6	6	4
肃北蒙古族自治县	10	10		2	2		7	7
阿克塞哈萨克族自治县	17	13	4				3	3
玉门市	178	155	23	36	28	8	15	6
敦煌市	146	83	63	35	21	14	14	7
庆阳市	**917**	**514**	**403**	**280**	**160**	**120**	**220**	**105**
西峰区	404	243	161	120	65	55	134	74
庆城县	89	48	41	12	9	3	16	11
环　县	113	64	49	11	5	6	6	
华池县	62	37	25	10	5	5	3	1
合水县	39	19	20	15	8	7	9	2
正宁县	45	24	21	20	10	10	7	2
宁　县	79	41	38	56	38	18	27	10
镇原县	86	38	48	36	20	16	18	5
定西市	**707**	**404**	**303**	**216**	**116**	**100**	**98**	**49**
安定区	113	72	41	59	31	28	13	7
通渭县	36	16	20	13	5	8	16	8
陇西县	238	134	104	64	31	33	35	14
渭源县	67	35	32	11	7	4	4	1
临洮县	110	62	48	34	22	12	14	10
漳　县	66	46	20	6	4	2	9	7
岷　县	77	39	38	29	16	13	7	2
陇南市	**666**	**379**	**287**	**252**	**130**	**122**	**144**	**55**
武都区	176	89	87	68	30	38	25	7
成　县	56	30	26	40	24	16	17	5
文　县	157	118	39	24	13	11	35	18
宕昌县	25	11	14	8	3	5	4	4
康　县	51	21	30	44	20	24	23	6
西和县	34	19	15	33	18	15	14	6
礼　县	95	51	44	15	10	5	6	1
徽　县	62	35	27	18	10	8	17	6
两当县	10	5	5	2	2		3	2
临夏回族自治州	**379**	**242**	**137**	**211**	**137**	**74**	**56**	**26**
临夏市	133	86	47	51	29	22	27	13
临夏县	31	20	11	20	14	6	5	4
康乐县	31	14	17	16	7	9	6	1
永靖县	39	23	16	29	18	11	3	
广河县	9	3	6	16	10	6	1	
和政县	28	13	15	8	3	5		
东乡族自治县	2	1	1	20	14	6	5	2
积石山保安族东乡族撒拉族自治县	106	82	24	51	42	9	9	6
甘南藏族自治州	**352**	**224**	**128**	**21**	**9**	**12**	**34**	**17**
合作市	196	142	54	3		3	29	12
临潭县	18	7	11	3	3		3	3
卓尼县	18	10	8	1		1	1	1
舟曲县	16	9	7	1	1		1	1
迭部县	13	8	5					
玛曲县	51	26	25					
碌曲县	23	12	11	6	3	3		
夏河县	17	10	7	7	2	5		

户口登记地在外省的人口（续7）

单位：人

登记地									
	海南省			重庆市			四川省		
女	小计	男	女	小计	男	女	小计	男	女
49	**59**	**28**	**31**	**1869**	**1328**	**541**	**7927**	**5633**	**2294**
21	29	18	11	594	370	224	1793	1053	740
10	5	1	4	432	354	78	2018	1698	320
2	2		2	88	67	21	359	239	120
	2	1	1	160	138	22	238	194	44
				7	6	1	113	84	29
9	11	4	7	304	229	75	1698	1364	334
7	10	4	6	284	164	120	1708	1001	707
115	**33**	**15**	**18**	**758**	**464**	**294**	**2856**	**1883**	**973**
60	18	8	10	314	188	126	1489	955	534
5				130	86	44	375	261	114
6				82	54	28	235	161	74
2	1		1	23	13	10	116	80	36
7	2	1	1	47	29	18	87	55	32
5	4	1	3	52	33	19	131	83	48
17	3	2	1	50	34	16	145	97	48
13	5	3	2	60	27	33	278	191	87
49	**22**	**8**	**14**	**512**	**337**	**175**	**3206**	**2113**	**1093**
6	9	3	6	117	71	46	621	397	224
8	3		3	32	25	7	120	72	48
21	3	2	1	73	42	31	927	541	386
3	1		1	19	12	7	134	85	49
4	4	2	2	99	58	41	496	342	154
2				46	38	8	242	197	45
5	2	1	1	126	91	35	666	479	187
89	**32**	**17**	**15**	**843**	**527**	**316**	**6111**	**3852**	**2259**
18	7	2	5	259	165	94	1412	881	531
12	5	2	3	109	60	49	520	318	202
17	7	4	3	181	123	58	2259	1427	832
				31	24	7	171	104	67
17	4	2	2	82	45	37	468	274	194
8				42	25	17	244	151	93
5	2	2		50	29	21	315	199	116
11	7	5	2	75	49	26	607	427	180
1				14	7	7	115	71	44
30	**12**	**6**	**6**	**384**	**273**	**111**	**2982**	**2026**	**956**
14	6	3	3	145	97	48	1388	886	502
1	1		1	70	53	17	493	385	108
5	1		1	7	5	2	206	128	78
3	1	1		28	19	9	261	165	96
1				12	10	2	137	85	52
				12	8	4	112	81	31
3				26	16	10	49	35	14
3	3	2	1	84	65	19	336	261	75
17	**4**		**4**	**151**	**115**	**36**	**2024**	**1266**	**758**
17	1		1	36	28	8	497	276	221
	2		2	28	19	9	181	121	60
	1		1	17	14	3	131	98	33
				19	13	6	176	120	56
				16	10	6	354	222	132
				2	1	1	396	232	164
				7	6	1	192	120	72
				26	24	2	97	77	20

7-3 全省按现住地、性别分的

现住地	户口									
	贵州省			云南省			西藏自治区			
	小计	男	女	小计	男	女	小计	男	女	小计
合计	**16924**	**9989**	**6935**	**8426**	**4752**	**3674**	**4573**	**1795**	**2778**	**97645**
兰州市	**8105**	**4832**	**3273**	**4016**	**2187**	**1829**	**2020**	**769**	**1251**	**37943**
城关区	2096	1228	868	1011	561	450	435	194	241	16634
七里河区	901	594	307	474	327	147	82	39	43	6372
西固区	253	136	117	75	39	36	33	20	13	2453
安宁区	831	470	361	335	169	166	375	155	220	4724
红古区	270	157	113	89	50	39	19	7	12	419
永登县	283	180	103	164	110	54	222	16	206	536
皋兰县	548	452	96	108	63	45	11	5	6	1029
榆中县	2368	1202	1166	1477	673	804	708	289	419	2963
兰州新区	555	413	142	283	195	88	135	44	91	2813
嘉峪关市	**177**	**112**	**65**	**72**	**46**	**26**	**27**	**14**	**13**	**4208**
市辖区	177	112	65	72	46	26	27	14	13	4208
金昌市	**852**	**497**	**355**	**800**	**432**	**368**	**23**	**11**	**12**	**1932**
金川区	352	186	166	146	80	66	18	9	9	1459
永昌县	500	311	189	654	352	302	5	2	3	473
白银市	**757**	**415**	**342**	**252**	**149**	**103**	**143**	**65**	**78**	**2929**
白银区	242	158	84	110	63	47	60	32	28	1356
平川区	68	43	25	38	25	13	11	3	8	732
靖远县	218	112	106	58	40	18	13	7	6	418
会宁县	65	27	38	22	8	14	36	11	25	188
景泰县	164	75	89	24	13	11	23	12	11	235
天水市	**683**	**375**	**308**	**365**	**185**	**180**	**317**	**158**	**159**	**6158**
秦州区	278	161	117	150	85	65	115	63	52	2368
麦积区	158	85	73	77	41	36	44	26	18	2012
清水县	76	45	31	25	15	10	10	6	4	607
秦安县	50	28	22	24	10	14	60	27	33	395
甘谷县	50	14	36	31	7	24	70	28	42	303
武山县	39	18	21	27	4	23	16	6	10	162
张家川回族自治县	32	24	8	31	23	8	2	2		311
武威市	**679**	**435**	**244**	**262**	**159**	**103**	**531**	**219**	**312**	**2128**
凉州区	388	242	146	143	77	66	349	157	192	1583
民勤县	49	28	21	19	11	8	41	20	21	118
古浪县	117	84	33	51	26	25	41	12	29	188
天祝藏族自治县	125	81	44	49	45	4	100	30	70	239
张掖市	**530**	**272**	**258**	**204**	**110**	**94**	**209**	**69**	**140**	**1852**
甘州区	279	142	137	135	72	63	143	37	106	1154
肃南裕固族自治县	11	8	3	4	3	1	3	1	2	132
民乐县	67	31	36	8	6	2	30	16	14	169
临泽县	57	31	26	39	23	16	3		3	122
高台县	95	50	45	9	2	7	23	13	10	106
山丹县	21	10	11	9	4	5	7	2	5	169
平凉市	**581**	**324**	**257**	**166**	**82**	**84**	**101**	**47**	**54**	**7576**
崆峒区	159	92	67	91	49	42	34	17	17	2941
泾川县	88	47	41	18	10	8	2	1	1	795
灵台县	92	55	37	10	4	6	4	2	2	1075
崇信县	17	9	8	3		3	1	1		384
庄浪县	40	22	18	10	2	8	30	14	16	300
静宁县	102	43	59	12	4	8	22	5	17	332
华亭市	83	56	27	22	13	9	8	7	1	1749

户口登记地在外省的人口（续8）

单位：人

登记地										
陕西省		青海省			宁夏回族自治区			新疆维吾尔自治区		
男	女	小计	男	女	小计	男	女	小计	男	女
60558	**37087**	**64099**	**32472**	**31627**	**22395**	**12609**	**9786**	**28246**	**14167**	**14079**
23069	**14874**	**15005**	**7757**	**7248**	**8713**	**4856**	**3857**	**8583**	**4193**	**4390**
9711	6923	4046	2095	1951	3508	2007	1501	2927	1527	1400
3931	2441	1889	989	900	1178	725	453	1018	519	499
1444	1009	802	393	409	538	317	221	361	185	176
2608	2116	1051	516	535	1040	488	552	995	435	560
247	172	3114	1506	1608	155	80	75	103	47	56
401	135	487	240	247	97	63	34	207	96	111
834	195	291	180	111	214	161	53	92	49	43
1755	1208	1914	921	993	1344	611	733	1884	734	1150
2138	675	1411	917	494	639	404	235	996	601	395
2372	**1836**	**659**	**420**	**239**	**345**	**208**	**137**	**757**	**399**	**358**
2372	1836	659	420	239	345	208	137	757	399	358
1138	**794**	**326**	**173**	**153**	**214**	**126**	**88**	**398**	**192**	**206**
794	665	252	136	116	161	96	65	255	125	130
344	129	74	37	37	53	30	23	143	67	76
1745	**1184**	**605**	**342**	**263**	**2539**	**1352**	**1187**	**1435**	**693**	**742**
801	555	252	148	104	510	298	212	195	107	88
437	295	96	55	41	871	444	427	146	63	83
280	138	61	33	28	695	366	329	251	118	133
98	90	83	44	39	269	130	139	589	281	308
129	106	113	62	51	194	114	80	254	124	130
3854	**2304**	**731**	**412**	**319**	**731**	**416**	**315**	**1361**	**702**	**659**
1471	897	222	136	86	212	125	87	237	111	126
1250	762	250	153	97	158	104	54	190	110	80
414	193	50	23	27	40	24	16	126	67	59
261	134	105	45	60	106	65	41	323	173	150
164	139	50	26	24	44	27	17	195	104	91
78	84	31	14	17	18	8	10	86	48	38
216	95	23	15	8	153	63	90	204	89	115
1396	**732**	**1230**	**585**	**645**	**603**	**366**	**237**	**2142**	**1020**	**1122**
968	615	655	332	323	422	251	171	1320	625	695
77	41	160	61	99	56	37	19	178	92	86
149	39	79	31	48	100	62	38	418	193	225
202	37	336	161	175	25	16	9	226	110	116
1178	**674**	**1562**	**816**	**746**	**368**	**218**	**150**	**1172**	**605**	**567**
673	481	803	424	379	216	120	96	562	284	278
120	12	70	43	27	6	4	2	21	12	9
111	58	392	195	197	45	37	8	195	99	96
78	44	69	40	29	25	15	10	98	50	48
68	38	133	63	70	33	19	14	139	76	63
128	41	95	51	44	43	23	20	157	84	73
4508	**3068**	**571**	**303**	**268**	**3688**	**1907**	**1781**	**1000**	**492**	**508**
1682	1259	337	172	165	1945	1003	942	308	151	157
462	333	28	21	7	148	80	68	45	20	25
668	407	17	9	8	108	76	32	45	24	21
275	109	11	7	4	39	24	15	16	4	12
196	104	72	34	38	262	139	123	182	92	90
174	158	68	30	38	853	405	448	351	180	171
1051	698	38	30	8	333	180	153	53	21	32

7-3 全国按现住地、性别分的

现住地	户							口		
	贵州省			云南省			西藏自治区			
	小计	男	女	小计	男	女	小计	男	女	小计
酒泉市	**862**	**607**	**255**	**519**	**399**	**120**	**257**	**94**	**163**	**5542**
肃州区	198	124	74	74	44	30	186	76	110	1918
金塔县	290	236	54	239	203	36	14	2	12	1002
瓜州县	54	34	20	71	56	15	23	5	18	428
肃北蒙古族自治县	14	9	5	9	8	1	2	1	1	497
阿克塞哈萨克族自治县	7	5	2	1	1		2	1	1	56
玉门市	136	102	34	83	67	16	5	1	4	883
敦煌市	163	97	66	42	20	22	25	8	17	758
庆阳市	**1126**	**598**	**528**	**309**	**148**	**161**	**51**	**32**	**19**	**17768**
西峰区	324	182	142	91	38	53	26	16	10	5909
庆城县	183	99	84	33	19	14	3	3		4850
环　县	73	40	33	89	45	44	10	6	4	1579
华池县	20	11	9	7	4	3				2241
合水县	37	25	12	12	3	9	1	1		1349
正宁县	57	19	38	24	11	13	1	1		682
宁　县	98	46	52	35	20	15	2	1	1	609
镇原县	334	176	158	18	8	10	8	4	4	549
定西市	**504**	**299**	**205**	**285**	**177**	**108**	**177**	**71**	**106**	**2698**
安定区	115	71	44	47	21	26	60	30	30	728
通渭县	52	29	23	26	16	10	19	5	14	127
陇西县	84	32	52	43	17	26	28	14	14	736
渭源县	46	28	18	18	6	12	6	2	4	240
临洮县	96	65	31	74	60	14	54	15	39	374
漳　县	76	55	21	50	43	7	5	3	2	200
岷　县	35	19	16	27	14	13	5	2	3	293
陇南市	**1071**	**559**	**512**	**355**	**168**	**187**	**38**	**20**	**18**	**4724**
武都区	118	57	61	65	25	40	10	3	7	870
成　县	59	28	31	23	3	20	10	6	4	454
文　县	204	152	52	135	95	40	7	5	2	574
宕昌县	83	30	53	8	3	5				74
康　县	70	32	38	33	9	24	1	1		812
西和县	305	146	159	20	4	16	4	3	1	261
礼　县	105	49	56	20	4	16	1		1	244
徽　县	113	60	53	37	20	17	5	2	3	770
两当县	14	5	9	14	5	9				665
临夏回族自治州	**587**	**382**	**205**	**349**	**234**	**115**	**343**	**88**	**255**	**1404**
临夏市	190	112	78	59	35	24	64	18	46	588
临夏县	97	65	32	56	37	19	142	29	113	210
康乐县	23	10	13	14	7	7	19	9	10	42
永靖县	38	21	17	130	97	33	22	8	14	149
广河县	27	17	10	17	6	11	16	9	7	30
和政县	15	9	6	11	3	8	9	2	7	69
东乡族自治县	51	37	14	10	6	4	8	1	7	60
积石山保安族东乡族撒拉族自治县	146	111	35	52	43	9	63	12	51	256
甘南藏族自治州	**410**	**282**	**128**	**472**	**276**	**196**	**336**	**138**	**198**	**783**
合作市	89	63	26	142	72	70	246	107	139	331
临潭县	124	89	35	15	9	6	5	2	3	90
卓尼县	71	58	13	58	51	7	13	3	10	72
舟曲县	19	10	9	11	1	10	11	2	9	73
迭部县	63	31	32	16	11	5	9	2	7	61
玛曲县	13	9	4	74	42	32	10	7	3	45
碌曲县	11	5	6	55	26	29	2		2	25
夏河县	20	17	3	101	64	37	40	15	25	86

户口登记地在外省的人口（续 9）

单位：人

登记地										
陕西省		青海省			宁夏回族自治区			新疆维吾尔自治区		
男	女	小计	男	女	小计	男	女	小计	男	女
3857	**1685**	**37826**	**18731**	**19095**	**916**	**568**	**348**	**3085**	**1787**	**1298**
1046	872	503	273	230	289	178	111	1362	711	651
902	100	514	296	218	132	99	33	147	77	70
324	104	2770	1446	1324	199	114	85	714	506	208
446	51	169	125	44	23	20	3	25	19	6
42	14	83	63	20	9	5	4	174	107	67
681	202	710	402	308	115	72	43	326	178	148
416	342	33077	16126	16951	149	80	69	337	189	148
11012	**6756**	**317**	**170**	**147**	**2752**	**1622**	**1130**	**495**	**256**	**239**
3389	2520	152	71	81	415	235	180	164	92	72
3106	1744	27	21	6	226	152	74	50	30	20
1068	511	31	20	11	1336	810	526	75	39	36
1341	900	11	8	3	133	86	47	19	9	10
904	445	8	5	3	44	31	13	26	11	15
419	263	23	10	13	37	15	22	31	17	14
446	163	40	23	17	149	76	73	56	25	31
339	210	25	12	13	412	217	195	74	33	41
1801	**897**	**608**	**303**	**305**	**490**	**285**	**205**	**2692**	**1285**	**1407**
446	282	180	90	90	119	67	52	406	201	205
71	56	81	46	35	69	38	31	234	101	133
479	257	118	55	63	112	62	50	328	160	168
167	73	55	29	26	48	28	20	241	111	130
260	114	131	56	75	98	66	32	307	136	171
154	46	10	6	4	13	9	4	290	146	144
224	69	33	21	12	31	15	16	886	430	456
3050	**1674**	**281**	**146**	**135**	**228**	**125**	**103**	**3318**	**1655**	**1663**
527	343	69	42	27	45	27	18	447	234	213
254	200	55	20	35	56	31	25	113	47	66
479	95	16	11	5	20	13	7	403	200	203
48	26	29	12	17	18	8	10	1395	698	697
453	359	18	8	10	20	9	11	87	43	44
174	87	25	13	12	14	8	6	145	74	71
161	83	32	19	13	17	9	8	684	338	346
500	270	30	18	12	32	17	15	35	19	16
454	211	7	3	4	6	3	3	9	2	7
972	**432**	**3252**	**1639**	**1613**	**705**	**495**	**210**	**1133**	**546**	**587**
367	221	1045	591	454	371	266	105	403	183	220
179	31	330	158	172	75	49	26	108	54	54
22	20	69	30	39	14	6	8	63	35	28
78	71	908	384	524	28	14	14	62	31	31
19	11	102	55	47	155	122	33	169	91	78
38	31	101	42	59	22	12	10	84	39	45
50	10	136	78	58	19	10	9	150	72	78
219	37	561	301	260	21	16	5	94	41	53
606	**177**	**1126**	**675**	**451**	**103**	**65**	**38**	**675**	**342**	**333**
252	79	286	142	144	61	29	32	31	14	17
79	11	49	29	20	11	10	1	286	141	145
63	9	35	20	15	9	9		13	10	3
40	33	18	10	8	4	2	2	324	165	159
42	19	41	30	11	2	2		4	1	3
38	7	247	140	107	2	1	1	6	3	3
20	5	42	24	18	9	9		3	1	2
72	14	408	280	128	5	3	2	8	7	1

7–3a 全省按现住地、性别分的

现住地	合计			户口				
				北京市			天津市	
	小计	男	女	小计	男	女	小计	男
合计	**414991**	**241099**	**173892**	**2121**	**1182**	**939**	**1901**	**1071**
兰州市	**265889**	**155799**	**110090**	**1436**	**821**	**615**	**1252**	**714**
城关区	154944	91840	63104	842	482	360	539	308
七里河区	39013	23299	15714	206	114	92	193	118
西固区	25593	14662	10931	118	63	55	66	35
安宁区	41332	23232	18100	260	158	102	441	245
红古区	5007	2766	2241	10	4	6	13	8
嘉峪关市	**22834**	**12998**	**9836**	**73**	**49**	**24**	**89**	**52**
市辖区	22834	12998	9836	73	49	24	89	52
金昌市	**11428**	**6517**	**4911**	**44**	**18**	**26**	**57**	**30**
金川区	11428	6517	4911	44	18	26	57	30
白银市	**14494**	**8257**	**6237**	**97**	**51**	**46**	**83**	**49**
白银区	10433	6011	4422	85	45	40	66	39
平川区	3713	2028	1685	12	6	6	17	10
靖远县	348	218	130					
天水市	**16903**	**9951**	**6952**	**115**	**61**	**54**	**76**	**32**
秦州区	8955	5129	3826	79	43	36	57	22
麦积区	7948	4822	3126	36	18	18	19	10
武威市	**10539**	**6059**	**4480**	**55**	**25**	**30**	**52**	**26**
凉州区	10539	6059	4480	55	25	30	52	26
张掖市	**8147**	**4503**	**3644**	**44**	**20**	**24**	**31**	**16**
甘州区	8125	4492	3633	44	20	24	31	16
肃南裕固族自治县	22	11	11					
平凉市	**13616**	**7595**	**6021**	**59**	**31**	**28**	**61**	**35**
崆峒区	11443	6399	5044	50	25	25	52	27
华亭市	2173	1196	977	9	6	3	9	8
酒泉市	**21876**	**12337**	**9539**	**105**	**59**	**46**	**124**	**70**
肃州区	14061	7863	6198	83	46	37	77	41
玉门市	2306	1353	953	2	1	1	10	8
敦煌市	5509	3121	2388	20	12	8	37	21
庆阳市	**11777**	**6806**	**4971**	**35**	**14**	**21**	**32**	**21**
西峰区	11777	6806	4971	35	14	21	32	21
定西市	**3309**	**1885**	**1424**	**25**	**18**	**7**	**9**	**6**
安定区	3309	1885	1424	25	18	7	9	6
陇南市	**3966**	**2305**	**1661**	**8**	**2**	**6**	**12**	**6**
武都区	3921	2280	1641	8	2	6	12	6
康　县	45	25	20					
临夏回族自治州	**7476**	**4621**	**2855**	**22**	**12**	**10**	**15**	**9**
临夏市	7325	4538	2787	21	12	9	15	9
临夏县	151	83	68	1		1		
甘南藏族自治州	**2737**	**1466**	**1271**	**3**	**1**	**2**	**8**	**5**
合作市	2737	1466	1271	3	1	2	8	5

户口登记地在外省的人口（城市）

单位：人

登记地									
	河北省			山西省			内蒙古自治区		
女	小计	男	女	小计	男	女	小计	男	女
830	**21195**	**12013**	**9182**	**8933**	**4989**	**3944**	**6224**	**3474**	**2750**
538	**13571**	**7724**	**5847**	**5887**	**3184**	**2703**	**3375**	**1805**	**1570**
231	6989	4025	2964	2694	1439	1255	1684	884	800
75	2206	1289	917	861	522	339	506	297	209
31	1559	880	679	376	208	168	224	121	103
196	2705	1457	1248	1881	975	906	928	482	446
5	112	73	39	75	40	35	33	21	12
37	**1217**	**680**	**537**	**882**	**557**	**325**	**603**	**369**	**234**
37	1217	680	537	882	557	325	603	369	234
27	**498**	**285**	**213**	**155**	**89**	**66**	**393**	**196**	**197**
27	498	285	213	155	89	66	393	196	197
34	**601**	**343**	**258**	**214**	**131**	**83**	**214**	**124**	**90**
27	439	251	188	132	83	49	169	98	71
7	134	72	62	67	37	30	44	25	19
	28	20	8	15	11	4	1	1	
44	**920**	**526**	**394**	**487**	**257**	**230**	**153**	**86**	**67**
35	355	180	175	292	138	154	92	48	44
9	565	346	219	195	119	76	61	38	23
26	**654**	**355**	**299**	**180**	**112**	**68**	**277**	**145**	**132**
26	654	355	299	180	112	68	277	145	132
15	**718**	**392**	**326**	**144**	**87**	**57**	**152**	**88**	**64**
15	718	392	326	143	86	57	152	88	64
				1	1				
26	**699**	**374**	**325**	**212**	**122**	**90**	**111**	**66**	**45**
25	624	331	293	171	99	72	98	59	39
1	75	43	32	41	23	18	13	7	6
54	**1307**	**743**	**564**	**392**	**234**	**158**	**391**	**206**	**185**
36	967	549	418	292	182	110	315	159	156
2	118	65	53	27	15	12	43	26	17
16	222	129	93	73	37	36	33	21	12
11	**497**	**287**	**210**	**187**	**99**	**88**	**85**	**48**	**37**
11	497	287	210	187	99	88	85	48	37
3	**146**	**81**	**65**	**65**	**39**	**26**	**96**	**52**	**44**
3	146	81	65	65	39	26	96	52	44
6	**149**	**86**	**63**	**41**	**24**	**17**	**32**	**23**	**9**
6	144	83	61	41	24	17	32	23	9
	5	3	2						
6	**173**	**106**	**67**	**62**	**43**	**19**	**317**	**255**	**62**
6	170	103	67	61	43	18	310	251	59
	3	3		1		1	7	4	3
3	**45**	**31**	**14**	**25**	**11**	**14**	**25**	**11**	**14**
3	45	31	14	25	11	14	25	11	14

7–3a 全省按现住地、性别分的

现住地	户口							
	辽宁省			吉林省			黑龙江省	
	小计	男	女	小计	男	女	小计	男
合计	**4869**	**2758**	**2111**	**3627**	**2083**	**1544**	**4914**	**2751**
兰州市	**3001**	**1708**	**1293**	**2316**	**1339**	**977**	**3046**	**1728**
城关区	1510	876	634	1105	627	478	1519	843
七里河区	450	267	183	366	216	150	517	307
西固区	284	162	122	204	121	83	283	169
安宁区	727	385	342	624	369	255	708	397
红古区	30	18	12	17	6	11	19	12
嘉峪关市	**541**	**325**	**216**	**286**	**164**	**122**	**643**	**359**
市辖区	541	325	216	286	164	122	643	359
金昌市	**235**	**137**	**98**	**87**	**55**	**32**	**180**	**90**
金川区	235	137	98	87	55	32	180	90
白银市	**208**	**107**	**101**	**146**	**78**	**68**	**117**	**60**
白银区	176	89	87	128	69	59	90	45
平川区	32	18	14	18	9	9	23	13
靖远县							4	2
天水市	**167**	**87**	**80**	**145**	**75**	**70**	**180**	**103**
秦州区	98	48	50	96	50	46	95	57
麦积区	69	39	30	49	25	24	85	46
武威市	**82**	**49**	**33**	**71**	**34**	**37**	**90**	**52**
凉州区	82	49	33	71	34	37	90	52
张掖市	**144**	**70**	**74**	**142**	**84**	**58**	**170**	**84**
甘州区	144	70	74	142	84	58	170	84
肃南裕固族自治县								
平凉市	**63**	**37**	**26**	**55**	**35**	**20**	**61**	**30**
崆峒区	57	32	25	50	32	18	50	23
华亭市	6	5	1	5	3	2	11	7
酒泉市	**215**	**121**	**94**	**163**	**91**	**72**	**210**	**122**
肃州区	146	77	69	111	57	54	156	89
玉门市	38	25	13	14	11	3	29	16
敦煌市	31	19	12	38	23	15	25	17
庆阳市	**84**	**54**	**30**	**53**	**30**	**23**	**87**	**54**
西峰区	84	54	30	53	30	23	87	54
定西市	**36**	**24**	**12**	**38**	**25**	**13**	**30**	**15**
安定区	36	24	12	38	25	13	30	15
陇南市	**20**	**12**	**8**	**17**	**11**	**6**	**35**	**24**
武都区	20	12	8	17	11	6	35	24
康　县								
临夏回族自治州	**26**	**16**	**10**	**61**	**40**	**21**	**36**	**18**
临夏市	26	16	10	61	40	21	36	18
临夏县								
甘南藏族自治州	**47**	**11**	**36**	**47**	**22**	**25**	**29**	**12**
合作市	47	11	36	47	22	25	29	12

户口登记地在外省的人口（城市）（续1）

单位：人

登	记	地							
	上海市			江苏省			浙江省		
女	小计	男	女	小计	男	女	小计	男	女
2163	**1632**	**850**	**782**	**21748**	**14311**	**7437**	**17435**	**10327**	**7108**
1318	**1221**	**638**	**583**	**15889**	**10655**	**5234**	**11773**	**6907**	**4866**
676	576	295	281	11495	7844	3651	8769	5080	3689
210	235	133	102	1566	1018	548	1237	744	493
114	185	95	90	1211	742	469	632	386	246
311	213	110	103	1474	959	515	1016	627	389
7	12	5	7	143	92	51	119	70	49
284	**55**	**27**	**28**	**891**	**526**	**365**	**724**	**441**	**283**
284	55	27	28	891	526	365	724	441	283
90	**22**	**8**	**14**	**753**	**500**	**253**	**354**	**204**	**150**
90	22	8	14	753	500	253	354	204	150
57	**71**	**34**	**37**	**555**	**334**	**221**	**377**	**221**	**156**
45	65	32	33	412	248	164	271	161	110
10	6	2	4	131	79	52	94	54	40
2				12	7	5	12	6	6
77	**74**	**39**	**35**	**723**	**457**	**266**	**915**	**550**	**365**
38	45	26	19	418	265	153	483	294	189
39	29	13	16	305	192	113	432	256	176
38	**26**	**16**	**10**	**434**	**281**	**153**	**516**	**324**	**192**
38	26	16	10	434	281	153	516	324	192
86	**29**	**18**	**11**	**286**	**180**	**106**	**349**	**206**	**143**
86	29	18	11	286	180	106	349	206	143
31	**37**	**16**	**21**	**492**	**292**	**200**	**487**	**289**	**198**
27	32	13	19	432	256	176	395	235	160
4	5	3	2	60	36	24	92	54	38
88	**52**	**27**	**25**	**718**	**439**	**279**	**856**	**499**	**357**
67	34	15	19	458	275	183	587	343	244
13	10	7	3	89	56	33	86	49	37
8	8	5	3	171	108	63	183	107	76
33	**19**	**12**	**7**	**292**	**189**	**103**	**428**	**264**	**164**
33	19	12	7	292	189	103	428	264	164
15	**7**	**3**	**4**	**165**	**100**	**65**	**165**	**99**	**66**
15	7	3	4	165	100	65	165	99	66
11	**9**	**6**	**3**	**149**	**91**	**58**	**159**	**105**	**54**
11	9	6	3	147	89	58	159	105	54
				2	2				
18	**9**	**5**	**4**	**361**	**240**	**121**	**251**	**163**	**88**
18	9	5	4	356	238	118	249	162	87
				5	2	3	2	1	1
17	**1**	**1**		**40**	**27**	**13**	**81**	**55**	**26**
17	1	1		40	27	13	81	55	26

7–3a 全省按现住地、性别分的

现住地	户口							
	安徽省			福建省			江西省	
	小计	男	女	小计	男	女	小计	男
合计	**18063**	**10936**	**7127**	**12685**	**7566**	**5119**	**7062**	**4176**
兰州市	**11490**	**7140**	**4350**	**8776**	**5228**	**3548**	**4897**	**2907**
城关区	7375	4613	2762	3929	2369	1560	2769	1679
七里河区	1487	929	558	1137	694	443	1088	640
西固区	1155	687	468	2747	1573	1174	329	180
安宁区	1364	841	523	927	564	363	668	383
红古区	109	70	39	36	28	8	43	25
嘉峪关市	**995**	**575**	**420**	**316**	**201**	**115**	**144**	**90**
市辖区	995	575	420	316	201	115	144	90
金昌市	**456**	**280**	**176**	**161**	**94**	**67**	**93**	**56**
金川区	456	280	176	161	94	67	93	56
白银市	**596**	**336**	**260**	**282**	**167**	**115**	**279**	**154**
白银区	457	257	200	238	136	102	248	138
平川区	135	77	58	40	29	11	30	15
靖远县	4	2	2	4	2	2	1	1
天水市	**682**	**380**	**302**	**715**	**417**	**298**	**437**	**266**
秦州区	301	160	141	265	159	106	245	141
麦积区	381	220	161	450	258	192	192	125
武威市	**529**	**313**	**216**	**381**	**240**	**141**	**216**	**123**
凉州区	529	313	216	381	240	141	216	123
张掖市	**562**	**309**	**253**	**363**	**221**	**142**	**131**	**80**
甘州区	562	309	253	363	221	142	131	80
肃南裕固族自治县								
平凉市	**452**	**248**	**204**	**388**	**234**	**154**	**152**	**89**
崆峒区	406	223	183	356	213	143	123	73
华亭市	46	25	21	32	21	11	29	16
酒泉市	**1194**	**698**	**496**	**562**	**334**	**228**	**212**	**113**
肃州区	819	485	334	393	223	170	126	64
玉门市	126	70	56	41	28	13	23	14
敦煌市	249	143	106	128	83	45	63	35
庆阳市	**421**	**256**	**165**	**287**	**169**	**118**	**188**	**105**
西峰区	421	256	165	287	169	118	188	105
定西市	**105**	**56**	**49**	**188**	**103**	**85**	**82**	**55**
安定区	105	56	49	188	103	85	82	55
陇南市	**194**	**106**	**88**	**170**	**95**	**75**	**95**	**63**
武都区	192	105	87	170	95	75	95	63
康　县	2	1	1					
临夏回族自治州	**322**	**197**	**125**	**82**	**53**	**29**	**93**	**53**
临夏市	321	196	125	82	53	29	91	53
临夏县	1	1					2	
甘南藏族自治州	**65**	**42**	**23**	**14**	**10**	**4**	**43**	**22**
合作市	65	42	23	14	10	4	43	22

户口登记地在外省的人口（城市）（续2）

单位：人

登记地									
	山东省			河南省			湖北省		
女	小计	男	女	小计	男	女	小计	男	女
2886	**17776**	**10489**	**7287**	**78959**	**45638**	**33321**	**21129**	**12819**	**8310**
1990	**12607**	**7444**	**5163**	**53593**	**31024**	**22569**	**14560**	**9081**	**5479**
1090	6437	3911	2526	32789	18979	13810	8867	5519	3348
448	2107	1288	819	7342	4399	2943	2064	1297	767
149	1249	699	550	5972	3383	2589	1636	994	642
285	2680	1469	1211	6634	3739	2895	1913	1220	693
18	134	77	57	856	524	332	80	51	29
54	**613**	**347**	**266**	**5591**	**3121**	**2470**	**568**	**237**	**331**
54	613	347	266	5591	3121	2470	568	237	331
37	**532**	**326**	**206**	**3153**	**1771**	**1382**	**381**	**237**	**144**
37	532	326	206	3153	1771	1382	381	237	144
125	**614**	**369**	**245**	**2879**	**1671**	**1208**	**1044**	**641**	**403**
110	462	270	192	2032	1190	842	928	565	363
15	133	87	46	750	421	329	108	70	38
	19	12	7	97	60	37	8	6	2
171	**531**	**297**	**234**	**2366**	**1415**	**951**	**531**	**336**	**195**
104	277	150	127	1136	660	476	248	156	92
67	254	147	107	1230	755	475	283	180	103
93	**432**	**254**	**178**	**1663**	**985**	**678**	**373**	**217**	**156**
93	432	254	178	1663	985	678	373	217	156
51	**479**	**284**	**195**	**967**	**548**	**419**	**400**	**216**	**184**
51	479	284	195	965	546	419	398	214	184
				2	2		2	2	
63	**281**	**169**	**112**	**1289**	**745**	**544**	**838**	**457**	**381**
50	251	153	98	1095	623	472	758	410	348
13	30	16	14	194	122	72	80	47	33
99	**965**	**569**	**396**	**3826**	**2152**	**1674**	**600**	**334**	**266**
62	706	425	281	2217	1224	993	419	253	166
9	91	55	36	513	302	211	56	29	27
28	168	89	79	1096	626	470	125	52	73
83	**267**	**161**	**106**	**1518**	**897**	**621**	**481**	**270**	**211**
83	267	161	106	1518	897	621	481	270	211
27	**100**	**59**	**41**	**452**	**275**	**177**	**115**	**68**	**47**
27	100	59	41	452	275	177	115	68	47
32	**115**	**71**	**44**	**372**	**226**	**146**	**440**	**234**	**206**
32	115	71	44	372	226	146	435	232	203
							5	2	3
40	**158**	**99**	**59**	**928**	**598**	**330**	**537**	**337**	**200**
38	155	96	59	922	595	327	490	313	177
2	3	3		6	3	3	47	24	23
21	**82**	**40**	**42**	**362**	**210**	**152**	**261**	**154**	**107**
21	82	40	42	362	210	152	261	154	107

7-3a 全省按现住地、性别分的

现住地	户口							
	湖南省			广东省			广西壮族自治区	
	小计	男	女	小计	男	女	小计	男
合计	**9215**	**5284**	**3931**	**6152**	**3442**	**2710**	**1787**	**927**
兰州市	**6285**	**3627**	**2658**	**4763**	**2717**	**2046**	**1248**	**665**
城关区	3968	2310	1658	3227	1883	1344	649	339
七里河区	845	489	356	563	305	258	180	103
西固区	304	164	140	369	198	171	64	36
安宁区	1117	632	485	590	323	267	350	185
红古区	51	32	19	14	8	6	5	2
嘉峪关市	**263**	**148**	**115**	**175**	**88**	**87**	**70**	**42**
市辖区	263	148	115	175	88	87	70	42
金昌市	**267**	**178**	**89**	**119**	**62**	**57**	**57**	**31**
金川区	267	178	89	119	62	57	57	31
白银市	**298**	**166**	**132**	**193**	**101**	**92**	**51**	**23**
白银区	227	130	97	154	77	77	37	18
平川区	66	33	33	39	24	15	13	5
靖远县	5	3	2				1	
天水市	**388**	**215**	**173**	**225**	**105**	**120**	**81**	**29**
秦州区	164	89	75	146	68	78	48	14
麦积区	224	126	98	79	37	42	33	15
武威市	**169**	**84**	**85**	**95**	**50**	**45**	**42**	**22**
凉州区	169	84	85	95	50	45	42	22
张掖市	**193**	**97**	**96**	**96**	**44**	**52**	**24**	**10**
甘州区	193	97	96	96	44	52	24	10
肃南裕固族自治县								
平凉市	**230**	**126**	**104**	**90**	**57**	**33**	**32**	**9**
崆峒区	212	114	98	83	53	30	29	9
华亭市	18	12	6	7	4	3	3	
酒泉市	**343**	**191**	**152**	**188**	**108**	**80**	**63**	**34**
肃州区	204	106	98	144	81	63	41	26
玉门市	28	21	7	15	10	5	11	2
敦煌市	111	64	47	29	17	12	11	6
庆阳市	**335**	**200**	**135**	**81**	**43**	**38**	**48**	**30**
西峰区	335	200	135	81	43	38	48	30
定西市	**72**	**43**	**29**	**37**	**19**	**18**	**5**	**3**
安定区	72	43	29	37	19	18	5	3
陇南市	**131**	**63**	**68**	**40**	**22**	**18**	**12**	**5**
武都区	131	63	68	38	21	17	12	5
康　县				2	1	1		
临夏回族自治州	**129**	**82**	**47**	**47**	**26**	**21**	**25**	**12**
临夏市	123	78	45	47	26	21	25	12
临夏县	6	4	2					
甘南藏族自治州	**112**	**64**	**48**	**3**		**3**	**29**	**12**
合作市	112	64	48	3		3	29	12

户口登记地在外省的人口（城市）（续3）

单位：人

登 记 地									
	海南省			重庆市			四川省		
女	小计	男	女	小计	男	女	小计	男	女
860	**960**	**430**	**530**	**8820**	**5343**	**3477**	**39611**	**24261**	**15350**
583	**708**	**313**	**395**	**5475**	**3373**	**2102**	**23947**	**14845**	**9102**
310	300	129	171	3402	2082	1320	13770	8599	5171
77	86	43	43	747	479	268	4086	2557	1529
28	32	20	12	429	259	170	2103	1222	881
165	284	120	164	844	517	327	3633	2234	1399
3	6	1	5	53	36	17	355	233	122
28	**19**	**7**	**12**	**548**	**298**	**250**	**1656**	**972**	**684**
28	19	7	12	548	298	250	1656	972	684
26	**9**	**5**	**4**	**223**	**117**	**106**	**945**	**543**	**402**
26	9	5	4	223	117	106	945	543	402
28	**15**	**5**	**10**	**383**	**228**	**155**	**1281**	**745**	**536**
19	14	5	9	327	195	132	928	553	375
8	1		1	56	33	23	324	171	153
1							29	21	8
52	**55**	**33**	**22**	**473**	**309**	**164**	**1827**	**1147**	**680**
34	50	29	21	335	227	108	994	609	385
18	5	4	1	138	82	56	833	538	295
20	**27**	**11**	**16**	**179**	**108**	**71**	**1131**	**697**	**434**
20	27	11	16	179	108	71	1131	697	434
14	**16**	**7**	**9**	**130**	**66**	**64**	**574**	**321**	**253**
14	16	7	9	130	66	64	573	321	252
							1		1
23	**28**	**9**	**19**	**224**	**128**	**96**	**1435**	**913**	**522**
20	27	8	19	195	110	85	1261	818	443
3	1	1		29	18	11	174	95	79
29	**45**	**25**	**20**	**565**	**333**	**232**	**2789**	**1618**	**1171**
15	27	17	10	424	250	174	1534	884	650
9	9	4	5	61	37	24	303	183	120
5	9	4	5	80	46	34	952	551	401
18	**16**	**8**	**8**	**253**	**151**	**102**	**1201**	**779**	**422**
18	16	8	8	253	151	102	1201	779	422
2	**9**	**3**	**6**	**61**	**31**	**30**	**296**	**167**	**129**
2	9	3	6	61	31	30	296	167	129
7	**6**	**1**	**5**	**147**	**93**	**54**	**846**	**503**	**343**
7	6	1	5	147	93	54	844	502	342
							2	1	1
13	**6**	**3**	**3**	**133**	**90**	**43**	**1231**	**770**	**461**
13	6	3	3	131	88	43	1214	760	454
				2	2		17	10	7
17	**1**		**1**	**26**	**18**	**8**	**452**	**241**	**211**
17	1		1	26	18	8	452	241	211

7-3a 全省按现住地、性别分的

现住地	户口								
	贵州省			云南省			西藏自治区		
	小计	男	女	小计	男	女	小计	男	女
合计	**5177**	**3001**	**2176**	**2578**	**1398**	**1180**	**2239**	**989**	**1250**
兰州市	**3576**	**2073**	**1503**	**1647**	**913**	**734**	**911**	**399**	**512**
城关区	1997	1160	837	954	522	432	422	186	236
七里河区	438	262	176	261	171	90	74	35	39
西固区	192	106	86	65	34	31	29	18	11
安宁区	831	470	361	335	169	166	375	155	220
红古区	118	75	43	32	17	15	11	5	6
嘉峪关市	**143**	**93**	**50**	**59**	**38**	**21**	**27**	**14**	**13**
市辖区	143	93	50	59	38	21	27	14	13
金昌市	**142**	**76**	**66**	**54**	**28**	**26**	**17**	**9**	**8**
金川区	142	76	66	54	28	26	17	9	8
白银市	**161**	**88**	**73**	**102**	**52**	**50**	**69**	**35**	**34**
白银区	125	67	58	84	44	40	59	32	27
平川区	35	21	14	17	8	9	10	3	7
靖远县	1		1	1		1			
天水市	**226**	**126**	**100**	**162**	**95**	**67**	**145**	**81**	**64**
秦州区	141	75	66	107	61	46	106	59	47
麦积区	85	51	34	55	34	21	39	22	17
武威市	**152**	**98**	**54**	**80**	**44**	**36**	**313**	**150**	**163**
凉州区	152	98	54	80	44	36	313	150	163
张掖市	**96**	**48**	**48**	**61**	**37**	**24**	**132**	**33**	**99**
甘州区	96	48	48	61	37	24	132	33	99
肃南裕固族自治县									
平凉市	**94**	**49**	**45**	**76**	**36**	**40**	**39**	**22**	**17**
崆峒区	76	41	35	68	32	36	33	17	16
华亭市	18	8	10	8	4	4	6	5	1
酒泉市	**159**	**91**	**68**	**79**	**40**	**39**	**201**	**82**	**119**
肃州区	106	64	42	49	25	24	180	75	105
玉门市	12	5	7	7	5	2			
敦煌市	41	22	19	23	10	13	21	7	14
庆阳市	**164**	**96**	**68**	**38**	**13**	**25**	**22**	**14**	**8**
西峰区	164	96	68	38	13	25	22	14	8
定西市	**24**	**15**	**9**	**19**	**7**	**12**	**53**	**26**	**27**
安定区	24	15	9	19	7	12	53	26	27
陇南市	**28**	**14**	**14**	**31**	**15**	**16**	**5**	**2**	**3**
武都区	26	13	13	31	15	16	5	2	3
康　县	2	1	1						
临夏回族自治州	**152**	**91**	**61**	**54**	**32**	**22**	**63**	**18**	**45**
临夏市	147	87	60	53	31	22	56	15	41
临夏县	5	4	1	1	1		7	3	4
甘南藏族自治州	**60**	**43**	**17**	**116**	**48**	**68**	**242**	**104**	**138**
合作市	60	43	17	116	48	68	242	104	138

户口登记地在外省的人口（城市）（续4）

单位：人

登记地											
陕西省			青海省			宁夏回族自治区			新疆维吾尔自治区		
小计	男	女	小计	男	女	小计	男	女	小计	男	女
52328	**29783**	**22545**	**14785**	**7667**	**7118**	**10906**	**6032**	**4874**	**10160**	**5109**	**5051**
28298	**16320**	**11978**	**9250**	**4634**	**4616**	**6002**	**3321**	**2681**	**5089**	**2552**	**2537**
16106	9365	6741	3953	2030	1923	3443	1962	1481	2865	1500	1365
4940	2889	2051	1494	752	742	904	529	375	827	413	414
2267	1315	952	694	343	351	489	279	210	326	170	156
4724	2608	2116	1051	516	535	1040	488	552	995	435	560
261	143	118	2058	993	1065	126	63	63	76	34	42
4020	**2242**	**1778**	**588**	**374**	**214**	**316**	**186**	**130**	**719**	**376**	**343**
4020	2242	1778	588	374	214	316	186	130	719	376	343
1412	**755**	**657**	**234**	**125**	**109**	**150**	**90**	**60**	**245**	**122**	**123**
1412	755	657	234	125	109	150	90	60	245	122	123
1837	**1037**	**800**	**292**	**158**	**134**	**1140**	**603**	**537**	**295**	**146**	**149**
1200	678	522	219	121	98	470	271	199	191	104	87
601	335	266	71	35	36	606	295	311	100	41	59
36	24	12	2	2		64	37	27	4	1	3
3114	**1858**	**1256**	**377**	**233**	**144**	**310**	**186**	**124**	**303**	**150**	**153**
1756	1018	738	166	102	64	172	97	75	188	84	104
1358	840	518	211	131	80	138	89	49	115	66	49
1067	**627**	**440**	**464**	**232**	**232**	**216**	**115**	**101**	**573**	**270**	**303**
1067	627	440	464	232	232	216	115	101	573	270	303
829	**463**	**366**	**375**	**208**	**167**	**137**	**76**	**61**	**373**	**190**	**183**
829	463	366	362	203	159	137	76	61	370	189	181
			13	5	8				3	1	2
3516	**1907**	**1609**	**313**	**156**	**157**	**1546**	**794**	**752**	**256**	**120**	**136**
2554	1413	1141	297	145	152	1378	701	677	230	111	119
962	494	468	16	11	5	168	93	75	26	9	17
2263	**1233**	**1030**	**1427**	**775**	**652**	**341**	**197**	**144**	**1521**	**799**	**722**
1673	888	785	365	189	176	215	129	86	1193	622	571
261	160	101	118	61	57	44	25	19	121	63	58
329	185	144	944	525	419	82	43	39	207	114	93
4211	**2298**	**1913**	**93**	**43**	**50**	**254**	**144**	**110**	**100**	**57**	**43**
4211	2298	1913	93	43	50	254	144	110	100	57	43
526	**302**	**224**	**129**	**66**	**63**	**66**	**32**	**34**	**188**	**93**	**95**
526	302	224	129	66	63	66	32	34	188	93	95
536	**314**	**222**	**39**	**21**	**18**	**20**	**12**	**8**	**108**	**55**	**53**
511	300	211	39	21	18	20	12	8	108	55	53
25	14	11									
512	**312**	**200**	**955**	**524**	**431**	**351**	**249**	**102**	**365**	**168**	**197**
504	306	198	931	513	418	350	249	101	363	167	196
8	6	2	24	11	13	1		1	2	1	1
187	**115**	**72**	**249**	**118**	**131**	**57**	**27**	**30**	**25**	**11**	**14**
187	115	72	249	118	131	57	27	30	25	11	14

7-3b 全省按现住地、性别分的

现住地	合计			户口				
				北京市			天津市	
	小计	男	女	小计	男	女	小计	男
合计	**199918**	**118607**	**81311**	**646**	**398**	**248**	**940**	**568**
兰州市	**71783**	**42480**	**29303**	**193**	**119**	**74**	**495**	**296**
城关区	3138	1817	1321	5	2	3	19	12
七里河区	6454	4563	1891	18	13	5	83	66
西固区	843	513	330	6	4	2	3	2
安宁区								
红古区	1651	893	758	2	1	1	1	1
永登县	3301	2007	1294	9	5	4	7	5
皋兰县	4697	3484	1213	16	11	5	15	6
榆中县	38833	20620	18213	106	58	48	330	179
兰州新区	12866	8583	4283	31	25	6	37	25
嘉峪关市	**484**	**295**	**189**					
市辖区	484	295	189					
金昌市	**1875**	**1149**	**726**	**9**	**3**	**6**	**9**	**6**
金川区	7	5	2					
永昌县	1868	1144	724	9	3	6	9	6
白银市	**5908**	**3329**	**2579**	**45**	**27**	**18**	**35**	**15**
白银区	100	66	34					
平川区	568	358	210	1	1		2	
靖远县	1618	917	701	9	5	4	9	5
会宁县	1391	709	682	18	9	9	10	5
景泰县	2231	1279	952	17	12	5	14	5
天水市	**6878**	**4078**	**2800**	**52**	**30**	**22**	**73**	**44**
秦州区	399	256	143	7	4	3	2	1
麦积区	880	531	349	11	6	5	7	4
清水县	1014	608	406	8	5	3	7	4
秦安县	1840	1136	704	12	8	4	14	10
甘谷县	974	537	437	8	3	5	17	12
武山县	932	497	435	5	3	2	18	9
张家川回族自治县	839	513	326	1	1		8	4
武威市	**4512**	**2784**	**1728**	**17**	**11**	**6**	**16**	**10**
凉州区	1109	646	463	7	5	2		
民勤县	1595	1075	520	6	2	4	8	4
古浪县	867	514	353	3	3		6	4
天祝藏族自治县	941	549	392	1	1		2	2
张掖市	**4419**	**2710**	**1709**	**20**	**13**	**7**	**14**	**8**
甘州区	153	87	66					
肃南裕固族自治县	132	99	33					
民乐县	1147	658	489	3	2	1	1	1
临泽县	598	342	256	4	4		3	2
高台县	1035	578	457	4	3	1	3	1
山丹县	1354	946	408	9	4	5	7	4
平凉市	**6250**	**3567**	**2683**	**29**	**21**	**8**	**52**	**26**
崆峒区	116	69	47				1	
泾川县	1411	785	626	4	3	1	13	4
灵台县	997	540	457	7	5	2	8	5
崇信县	478	296	182	3	3		5	4
庄浪县	933	522	411	8	4	4	5	3
静宁县	1400	717	683	3	2	1	5	1
华亭市	915	638	277	4	4		15	9

户口登记地在外省的人口（镇）

单位：人

登记地									
	河北省			山西省			内蒙古自治区		
女	小计	男	女	小计	男	女	小计	男	女
372	**7326**	**4567**	**2759**	**3341**	**2209**	**1132**	**2975**	**1519**	**1456**
199	**3912**	**2363**	**1549**	**1611**	**1015**	**596**	**1441**	**666**	**775**
7	170	96	74	49	27	22	28	19	9
17	428	292	136	253	184	69	72	47	25
1	47	29	18	11	10	1	7	5	2
	17	9	8	9	6	3	12	7	5
2	95	64	31	57	43	14	58	33	25
9	201	156	45	58	44	14	30	23	7
151	2129	1189	940	820	462	358	1027	414	613
12	825	528	297	354	239	115	207	118	89
	36	**23**	**13**	**13**	**9**	**4**	**6**	**3**	**3**
	36	23	13	13	9	4	6	3	3
3	**89**	**55**	**34**	**17**	**11**	**6**	**63**	**33**	**30**
3	89	55	34	17	11	6	63	33	30
20	**223**	**119**	**104**	**68**	**40**	**28**	**139**	**71**	**68**
	3	2	1	16	12	4	14	7	7
2	16	11	5	5	2	3	4	3	1
4	41	21	20	21	11	10	13	5	8
5	47	22	25	5	2	3	13	5	8
9	116	63	53	21	13	8	95	51	44
29	**257**	**142**	**115**	**168**	**105**	**63**	**84**	**44**	**40**
1	10	5	5	5	3	2	2		2
3	56	33	23	19	14	5	6	3	3
3	36	20	16	24	13	11	10	8	2
4	68	35	33	55	32	23	21	8	13
5	28	13	15	16	8	8	19	12	7
9	31	17	14	14	6	8	15	8	7
4	28	19	9	35	29	6	11	5	6
6	**192**	**143**	**49**	**83**	**62**	**21**	**300**	**147**	**153**
	45	25	20	20	18	2	42	28	14
4	96	83	13	12	9	3	206	101	105
2	28	18	10	31	22	9	36	12	24
	23	17	6	20	13	7	16	6	10
6	**181**	**122**	**59**	**125**	**90**	**35**	**88**	**48**	**40**
	2		2	2	1	1	1	1	
	4	2	2	8	8		6	4	2
	50	36	14	20	8	12	17	8	9
1	19	16	3	11	8	3	15	6	9
2	50	31	19	31	21	10	33	19	14
3	56	37	19	53	44	9	16	10	6
26	**277**	**156**	**121**	**115**	**73**	**42**	**70**	**32**	**38**
1	8	5	3	2	1	1	3	2	1
9	86	41	45	53	31	22	8	2	6
3	23	11	12	9	6	3	9	5	4
1	21	15	6	7	6	1	10	7	3
2	63	41	22	10	7	3	13	4	9
4	37	18	19	19	10	9	20	7	13
6	39	25	14	15	12	3	7	5	2

7-3b 全省按现住地、性别分的

现住地	合计			户口				
				北京市			天津市	
	小计	男	女	小计	男	女	小计	男
酒泉市	**49135**	**29006**	**20129**	**21**	**13**	**8**	**53**	**40**
肃州区	362	222	140	1	1		4	2
金塔县	7352	6263	1089	9	8	1	12	8
瓜州县	2713	1767	946	1		1	6	5
肃北蒙古族自治县	371	276	95				1	1
阿克塞哈萨克族自治县	656	446	210	1	1		2	2
玉门市	4973	4077	896	1	1		11	9
敦煌市	32708	15955	16753	8	2	6	17	13
庆阳市	**14776**	**9221**	**5555**	**50**	**32**	**18**	**55**	**36**
西峰区	122	68	54				3	2
庆城县	6094	3886	2208	17	15	2	9	5
环　县	2370	1525	845	4	3	1	9	5
华池县	1415	802	613	1	1		1	1
合水县	1244	845	399	5	3	2	9	8
正宁县	1075	596	479	4	1	3	8	6
宁　县	1034	645	389	4	2	2	4	1
镇原县	1422	854	568	15	7	8	12	8
定西市	**11415**	**6695**	**4720**	**44**	**27**	**17**	**43**	**28**
安定区	250	158	92	2	2			
通渭县	787	424	363	6	3	3	1	1
陇西县	4078	2280	1798	16	9	7	26	18
渭源县	1002	586	416	7	4	3	3	1
临洮县	2561	1532	1029	8	6	2	6	3
漳　县	672	417	255	1	1		4	2
岷　县	2065	1298	767	4	2	2	3	3
陇南市	**12038**	**6967**	**5071**	**146**	**85**	**61**	**59**	**35**
武都区	570	317	253	8	4	4	7	6
成　县	2356	1339	1017	6	1	5	19	13
文　县	2065	1192	873	6	4	2	3	2
宕昌县	856	482	374	1	1		2	2
康　县	1469	818	651	2	1	1	2	1
西和县	1204	726	478	9	4	5	13	7
礼　县	1192	715	477	105	63	42	9	2
徽　县	1845	1109	736	8	6	2	4	2
两当县	481	269	212	1	1			
临夏回族自治州	**6255**	**3687**	**2568**	**15**	**12**	**3**	**9**	**8**
临夏市	333	237	96				1	1
临夏县	427	248	179					
康乐县	789	460	329					
永靖县	1946	1019	927	3	2	1		
广河县	908	586	322					
和政县	642	368	274	2	2		1	1
东乡族自治县	243	167	76				2	2
积石山保安族东乡族撒拉族自治县	967	602	365	10	8	2	5	4
甘南藏族自治州	**4190**	**2639**	**1551**	**5**	**5**		**27**	**16**
合作市	11	7	4					
临潭县	477	304	173					
卓尼县	509	370	139				2	2
舟曲县	512	298	214	2	2		6	6
迭部县	718	438	280	1	1		7	1
玛曲县	876	516	360				4	3
碌曲县	404	243	161					
夏河县	683	463	220	2	2		8	4

户口登记地在外省的人口（镇）（续1）

单位：人

登记地									
	河北省			山西省			内蒙古自治区		
女	小计	男	女	小计	男	女	小计	男	女
13	**638**	**505**	**133**	**454**	**386**	**68**	**266**	**175**	**91**
2	33	19	14	11	5	6	2	1	1
4	220	198	22	115	106	9	126	70	56
1	95	68	27	32	19	13	31	18	13
	14	12	2	11	9	2	43	37	6
	16	11	5	12	10	2	3	2	1
2	191	159	32	265	231	34	50	39	11
4	69	38	31	8	6	2	11	8	3
19	**501**	**332**	**169**	**207**	**127**	**80**	**121**	**71**	**50**
1	4	4		4		4	2	1	1
4	228	147	81	42	27	15	32	16	16
4	66	42	24	49	39	10	40	26	14
	27	17	10	4	1	3	7	4	3
1	43	30	13	11	6	5	14	8	6
2	24	14	10	16	10	6	6	5	1
3	57	41	16	35	21	14	8	5	3
4	52	37	15	46	23	23	12	6	6
15	**505**	**295**	**210**	**212**	**117**	**95**	**184**	**98**	**86**
	14	8	6	1		1	25	14	11
	34	18	16	13	5	8	21	11	10
8	220	116	104	77	40	37	52	20	32
2	41	23	18	28	12	16	8	4	4
3	114	71	43	65	41	24	26	11	15
2	15	11	4	3	2	1	7	4	3
	67	48	19	25	17	8	45	34	11
24	**318**	**193**	**125**	**166**	**101**	**65**	**74**	**39**	**35**
1	12	7	5	5	5		4	2	2
6	114	81	33	51	34	17	22	9	13
1	22	13	9	8	4	4	9	5	4
	30	18	12	15	8	7	6	5	1
1	30	18	12	25	17	8	3	2	1
6	30	16	14	22	15	7	6	3	3
7	28	15	13	11	6	5	21	12	9
2	40	21	19	20	8	12	3	1	2
	12	4	8	9	4	5			
1	**157**	**95**	**62**	**78**	**58**	**20**	**95**	**64**	**31**
	5	3	2	2	2		14	9	5
	4	3	1	18	11	7	19	12	7
	20	14	6	1	1		3	3	
	48	22	26	18	10	8	10	5	5
	32	22	10	3	2	1	11	9	2
	29	18	11	4	3	1	13	9	4
	4	3	1	7	7		10	9	1
1	15	10	5	25	22	3	15	8	7
11	**40**	**24**	**16**	**24**	**15**	**9**	**44**	**28**	**16**
	11	8	3	2	1	1	5	4	1
	9	3	6						
	4	3	1	3	1	2	5	4	1
6	2		2	3	1	2	2	1	1
1	5	3	2	5	4	1	5	5	
	2	1	1	6	4	2	2	1	1
4	7	6	1	5	4	1	25	13	12

7-3b 全省按现住地、性别分的

现住地	户						口	
	辽宁省			吉林省			黑龙江省	
	小计	男	女	小计	男	女	小计	男
合计	**1828**	**1120**	**708**	**1510**	**911**	**599**	**1733**	**1038**
兰州市	**1108**	**596**	**512**	**928**	**523**	**405**	**1001**	**551**
城关区	17	9	8	17	11	6	40	19
七里河区	120	83	37	150	105	45	138	105
西固区	14	6	8	7	7		18	10
安宁区								
红古区	8	5	3	10	3	7	10	6
永登县	42	32	10	33	22	11	26	12
皋兰县	25	18	7	34	23	11	39	26
榆中县	748	354	394	588	296	292	593	296
兰州新区	134	89	45	89	56	33	137	77
嘉峪关市	**27**	**18**	**9**	**2**	**2**		**5**	**4**
市辖区	27	18	9	2	2		5	4
金昌市	**10**	**7**	**3**	**12**	**10**	**2**	**18**	**12**
金川区								
永昌县	10	7	3	12	10	2	18	12
白银市	**41**	**25**	**16**	**35**	**19**	**16**	**41**	**23**
白银区	1	1		3	2	1	6	3
平川区				2	1	1	6	3
靖远县	11	10	1	7	4	3	8	3
会宁县	15	6	9	9	5	4	8	3
景泰县	14	8	6	14	7	7	13	11
天水市	**49**	**30**	**19**	**35**	**20**	**15**	**52**	**29**
秦州区	1	1					1	
麦积区	3	2	1	4	2	2	12	11
清水县	13	6	7				7	2
秦安县	12	7	5	11	8	3	13	8
甘谷县	9	6	3	12	7	5	9	3
武山县	8	5	3	5	2	3	8	4
张家川回族自治县	3	3		3	1	2	2	1
武威市	**63**	**51**	**12**	**33**	**22**	**11**	**58**	**44**
凉州区	19	17	2	18	13	5	23	17
民勤县	31	26	5	7	4	3	11	8
古浪县	11	7	4	5	4	1	5	3
天祝藏族自治县	2	1	1	3	1	2	19	16
张掖市	**32**	**21**	**11**	**35**	**18**	**17**	**35**	**23**
甘州区								
肃南裕固族自治县	1	1						
民乐县	6	3	3	12	3	9	6	4
临泽县	10	8	2	4	4		6	4
高台县	7	5	2	7	4	3	9	5
山丹县	8	4	4	12	7	5	14	10
平凉市	**33**	**20**	**13**	**19**	**11**	**8**	**25**	**14**
崆峒区	1		1					
泾川县	3	2	1	5	3	2	6	4
灵台县	3	2	1	5	3	2		
崇信县				4	2	2	2	2
庄浪县	7	4	3	3	1	2	6	2
静宁县	6	3	3	1	1		6	3
华亭市	13	9	4	1	1		5	3

户口登记地在外省的人口（镇）（续2）

单位：人

登记地									
	上海市			江苏省			浙江省		
女	小计	男	女	小计	男	女	小计	男	女
695	**306**	**201**	**105**	**6922**	**4669**	**2253**	**5546**	**3478**	**2068**
450	**106**	**70**	**36**	**2743**	**1851**	**892**	**2304**	**1459**	**845**
21	6	3	3	135	79	56	168	104	64
33	10	9	1	324	246	78	195	145	50
8	5	2	3	22	17	5	6	4	2
4	1	1		50	31	19	22	13	9
14	5	3	2	184	118	66	112	67	45
13	2	1	1	86	61	25	144	100	44
297	61	43	18	1321	840	481	1309	785	524
60	16	8	8	621	459	162	348	241	107
1				**13**	**8**	**5**	**8**	**4**	**4**
1				13	8	5	8	4	4
6	**4**	**3**	**1**	**224**	**147**	**77**	**64**	**35**	**29**
6	4	3	1	224	147	77	64	35	29
18	**16**	**9**	**7**	**284**	**163**	**121**	**224**	**138**	**86**
3				5	2	3	5	3	2
3				7	4	3	7	4	3
5	4	3	1	84	51	33	56	35	21
5	2		2	68	35	33	70	38	32
2	10	6	4	120	71	49	86	58	28
23	**44**	**28**	**16**	**360**	**216**	**144**	**254**	**161**	**93**
1	4	3	1	12	8	4	5	3	2
1	9	6	3	49	32	17	14	10	4
5	13	8	5	37	20	17	44	30	14
5	3	3		83	50	33	108	65	43
6	11	6	5	90	54	36	25	16	9
4	4	2	2	69	40	29	42	25	17
1				20	12	8	16	12	4
14	**17**	**13**	**4**	**248**	**177**	**71**	**143**	**86**	**57**
6	6	4	2	51	31	20	20	10	10
3	10	8	2	144	115	29	77	50	27
2				30	17	13	30	19	11
3	1	1		23	14	9	16	7	9
12	**10**	**5**	**5**	**326**	**261**	**65**	**169**	**103**	**66**
				2	2		7	4	3
	1		1	9	9		2	1	1
2				34	21	13	53	31	22
2	2	1	1	22	15	7	37	22	15
4	3	1	2	62	42	20	29	17	12
4	4	3	1	197	172	25	41	28	13
11	**6**	**3**	**3**	**215**	**144**	**71**	**267**	**159**	**108**
	1		1	3	2	1	7	6	1
2	1	1		53	29	24	50	35	15
	1		1	29	20	9	26	14	12
				22	17	5	19	12	7
4	1	1		17	11	6	63	33	30
3	1		1	54	32	22	93	52	41
2	1	1		37	33	4	9	7	2

7–3b 全省按现住地、性别分的

现住地	户						口	
	辽宁省			吉林省			黑龙江省	
	小计	男	女	小计	男	女	小计	男
酒泉市	**216**	**175**	**41**	**157**	**119**	**38**	**291**	**214**
肃州区	9	5	4	4	3	1	3	2
金塔县	87	74	13	77	64	13	154	126
瓜州县	32	27	5	26	18	8	18	13
肃北蒙古族自治县	1	1		1	1		4	1
阿克塞哈萨克族自治县	6	4	2	3	2	1	3	1
玉门市	60	52	8	35	28	7	59	47
敦煌市	21	12	9	11	3	8	50	24
庆阳市	**118**	**91**	**27**	**112**	**87**	**25**	**63**	**41**
西峰区								
庆城县	59	45	14	52	36	16	33	25
环　县	9	7	2	25	22	3	7	4
华池县	4	3	1	23	21	2	3	2
合水县	27	25	2	4	3	1	4	4
正宁县	6	3	3	1	1		4	
宁　县	11	8	3	5	3	2	5	2
镇原县	2		2	2	1	1	7	4
定西市	**61**	**42**	**19**	**74**	**44**	**30**	**54**	**32**
安定区	3	3		1	1			
通渭县	3	3		10	7	3	6	4
陇西县	19	11	8	17	7	10	31	18
渭源县	6	5	1	10	5	5	3	2
临洮县	21	12	9	11	8	3	8	5
漳　县	5	5		3	2	1	4	1
岷　县	4	3	1	22	14	8	2	2
陇南市	**40**	**24**	**16**	**37**	**20**	**17**	**51**	**27**
武都区	2	1	1	1		1		
成　县	15	8	7	12	8	4	14	5
文　县	1	1		3	2	1	11	5
宕昌县	1	1		2	1	1	1	
康　县	2	1	1	2	1	1	4	2
西和县	3	2	1	3	1	2	2	2
礼　县	5	3	2	7	3	4	6	5
徽　县	11	7	4	7	4	3	12	7
两当县							1	1
临夏回族自治州	**28**	**19**	**9**	**24**	**13**	**11**	**25**	**15**
临夏市								
临夏县	2	1	1					
康乐县				4	3	1	1	1
永靖县	14	8	6	4		4	16	9
广河县	4	2	2	9	6	3		
和政县	3	3					3	
东乡族自治县	3	3		5	3	2	2	2
积石山保安族东乡族撒拉族自治县	2	2		2	1	1	3	3
甘南藏族自治州	**2**	**1**	**1**	**7**	**3**	**4**	**14**	**9**
合作市								
临潭县	1	1					1	
卓尼县				1		1	1	
舟曲县	1		1	1	1		1	1
迭部县				3	1	2	3	1
玛曲县							1	1
碌曲县				2	1	1		
夏河县							7	6

户口登记地在外省的人口（镇）（续 3）

单位：人

登记地									
	上海市			江苏省			浙江省		
女	小计	男	女	小计	男	女	小计	男	女
77	**19**	**15**	**4**	**801**	**667**	**134**	**279**	**208**	**71**
1				6	4	2	6	4	2
28				220	187	33	105	82	23
5	1	1		51	37	14	57	37	20
3				17	13	4	4	3	1
2	1		1	29	26	3	7	5	2
12	15	14	1	413	360	53	71	61	10
26	2		2	65	40	25	29	16	13
22	**21**	**15**	**6**	**267**	**164**	**103**	**410**	**258**	**152**
	1	1		2	2		4	3	1
8	5	4	1	76	47	29	76	40	36
3	2	1	1	30	19	11	84	53	31
1				20	9	11	39	22	17
	1	1		41	28	13	25	19	6
4	9	6	3	35	19	16	47	27	20
3	3	2	1	42	28	14	45	32	13
3				21	12	9	90	62	28
22	**24**	**15**	**9**	**607**	**365**	**242**	**533**	**319**	**214**
				14	6	8	10	6	4
2				28	18	10	28	18	10
13	7	4	3	187	111	76	176	95	81
1	1	1		82	49	33	68	40	28
3	12	8	4	157	96	61	123	80	43
3	1		1	34	18	16	29	16	13
	3	2	1	105	67	38	99	64	35
24	**25**	**16**	**9**	**435**	**260**	**175**	**592**	**365**	**227**
	1	1		27	17	10	7	5	2
9	5	4	1	108	61	47	159	99	60
6	2	1	1	34	23	11	28	19	9
1	2	1	1	32	21	11	44	25	19
2	1		1	39	24	15	32	20	12
	7	5	2	78	48	30	127	80	47
1	4	2	2	40	25	15	103	64	39
5	3	2	1	70	36	34	75	42	33
				7	5	2	17	11	6
10	**12**	**8**	**4**	**283**	**172**	**111**	**196**	**111**	**85**
				2	2		15	7	8
				19	9	10	18	10	8
				54	33	21	43	25	18
7	8	6	2	84	50	34	65	39	26
	4	2	2	40	28	12	7	4	3
3				37	22	15	22	12	10
				21	12	9	10	5	5
				26	16	10	16	9	7
5	**2**	**1**	**1**	**116**	**74**	**42**	**103**	**72**	**31**
				1	1				
1	1	1		7	5	2	21	17	4
1				17	12	5	7	5	2
	1		1	16	9	7	20	11	9
2				20	12	8	19	13	6
				40	27	13	20	14	6
				7	5	2	8	6	2
1				8	3	5	8	6	2

7-3b 全省按现住地、性别分的

现住地	户口							
	安徽省			福建省			江西省	
	小计	男	女	小计	男	女	小计	男
合计	**6012**	**3804**	**2208**	**3439**	**2273**	**1166**	**2746**	**1684**
兰州市	**2615**	**1696**	**919**	**1723**	**1130**	**593**	**1085**	**713**
城关区	165	97	68	112	62	50	29	18
七里河区	273	199	74	107	86	21	138	113
西固区	43	28	15	20	15	5	9	6
安宁区								
红古区	28	17	11	25	12	13	29	15
永登县	154	89	65	61	37	24	31	20
皋兰县	64	46	18	273	212	61	40	31
榆中县	1459	920	539	922	565	357	644	407
兰州新区	429	300	129	203	141	62	165	103
嘉峪关市	**22**	**13**	**9**	**4**	**4**			
市辖区	22	13	9	4	4			
金昌市	**50**	**30**	**20**	**41**	**20**	**21**	**25**	**18**
金川区	2	1	1					
永昌县	48	29	19	41	20	21	25	18
白银市	**269**	**160**	**109**	**71**	**45**	**26**	**96**	**55**
白银区	13	9	4					
平川区	18	11	7				4	3
靖远县	28	19	9	23	10	13	29	17
会宁县	56	32	24	12	7	5	23	10
景泰县	154	89	65	36	28	8	40	25
天水市	**192**	**100**	**92**	**112**	**68**	**44**	**159**	**94**
秦州区	3	1	2	7	5	2	2	2
麦积区	12	8	4	15	10	5	5	2
清水县	28	15	13	31	21	10	37	19
秦安县	54	29	25	28	11	17	25	14
甘谷县	15	9	6	11	6	5	18	14
武山县	51	23	28	12	9	3	48	30
张家川回族自治县	29	15	14	8	6	2	24	13
武威市	**200**	**131**	**69**	**58**	**37**	**21**	**52**	**33**
凉州区	40	22	18	27	14	13	4	3
民勤县	63	46	17	9	8	1	18	10
古浪县	32	22	10	12	6	6	10	8
天祝藏族自治县	65	41	24	10	9	1	20	12
张掖市	**222**	**127**	**95**	**91**	**73**	**18**	**56**	**30**
甘州区	3	1	2	1	1			
肃南裕固族自治县	1	1		2	2		4	2
民乐县	50	27	23	17	11	6	20	11
临泽县	36	18	18	3	2	1	1	
高台县	70	37	33	14	11	3	10	7
山丹县	62	43	19	54	46	8	21	10
平凉市	**180**	**104**	**76**	**106**	**72**	**34**	**153**	**83**
崆峒区	5	3	2	4	4			
泾川县	52	29	23	10	7	3	60	30
灵台县	18	11	7	9	4	5	13	7
崇信县	17	9	8	9	9		7	4
庄浪县	22	14	8	35	20	15	38	20
静宁县	49	27	22	20	12	8	31	19
华亭市	17	11	6	19	16	3	4	3

户口登记地在外省的人口（镇）（续4）

单位：人

登记地									
	山东省			河南省			湖北省		
女	小计	男	女	小计	男	女	小计	男	女
1062	**6028**	**3889**	**2139**	**22639**	**14397**	**8242**	**8030**	**4918**	**3112**
372	**3143**	**1926**	**1217**	**10710**	**6530**	**4180**	**3016**	**1905**	**1111**
11	147	90	57	1093	623	470	160	99	61
25	353	240	113	1015	680	335	159	119	40
3	42	26	16	224	131	93	38	21	17
14	54	31	23	318	193	125	64	37	27
11	89	59	30	504	326	178	158	96	62
9	136	90	46	717	567	150	242	176	66
237	1724	1007	717	4836	2731	2105	1536	895	641
62	598	383	215	2003	1279	724	659	462	197
	20	**15**	**5**	**211**	**117**	**94**	**34**	**22**	**12**
	20	15	5	211	117	94	34	22	12
7	**99**	**64**	**35**	**221**	**129**	**92**	**53**	**35**	**18**
				1	1				
7	99	64	35	220	128	92	53	35	18
41	**284**	**190**	**94**	**786**	**479**	**307**	**321**	**170**	**151**
	5	4	1	15	11	4			
1	67	59	8	107	61	46	24	12	12
12	47	22	25	227	136	91	128	75	53
13	37	18	19	123	78	45	72	36	36
15	128	87	41	314	193	121	97	47	50
65	**163**	**83**	**80**	**1169**	**724**	**445**	**294**	**177**	**117**
	5	3	2	138	84	54	8	4	4
3	24	12	12	94	58	36	30	22	8
18	21	9	12	162	99	63	40	19	21
11	53	28	25	250	158	92	75	56	19
4	14	9	5	194	114	80	34	17	17
18	31	13	18	185	114	71	55	27	28
11	15	9	6	146	97	49	52	32	20
19	**214**	**162**	**52**	**571**	**362**	**209**	**130**	**66**	**64**
1	44	26	18	149	91	58	32	15	17
8	117	106	11	222	153	69	23	14	9
2	20	12	8	124	73	51	32	16	16
8	33	18	15	76	45	31	43	21	22
26	**156**	**104**	**52**	**462**	**269**	**193**	**163**	**92**	**71**
	13	7	6	25	16	9	1	1	
2	9	8	1	14	10	4	3	2	1
9	18	9	9	96	64	32	26	12	14
1	18	15	3	80	39	41	30	17	13
3	49	28	21	119	62	57	54	27	27
11	49	37	12	128	78	50	49	33	16
70	**149**	**100**	**49**	**614**	**383**	**231**	**290**	**157**	**133**
	2	1	1	7	3	4	3	2	1
30	22	11	11	191	110	81	59	27	32
6	37	28	9	88	50	38	80	48	32
3	14	10	4	58	37	21	33	16	17
18	22	15	7	95	55	40	24	13	11
12	24	14	10	81	48	33	68	35	33
1	28	21	7	94	80	14	23	16	7

7-3b 全省按现住地、性别分的

现住地	户口							
	安徽省			福建省			江西省	
	小计	男	女	小计	男	女	小计	男
酒泉市	**613**	**473**	**140**	**208**	**158**	**50**	**101**	**73**
肃州区	18	12	6	4	4		1	
金塔县	283	255	28	43	30	13	30	22
瓜州县	87	52	35	118	94	24	24	15
肃北蒙古族自治县	8	5	3	3	2	1		
阿克塞哈萨克族自治县	9	8	1	2	1	1	6	4
玉门市	138	98	40	23	18	5	25	23
敦煌市	70	43	27	15	9	6	15	9
庆阳市	**348**	**207**	**141**	**206**	**150**	**56**	**176**	**104**
西峰区	4	2	2	2	2		7	4
庆城县	92	56	36	41	30	11	39	23
环　县	91	57	34	33	20	13	25	12
华池县	43	27	16	10	7	3	8	5
合水县	36	24	12	13	10	3	13	11
正宁县	24	9	15	14	9	5	15	7
宁　县	30	18	12	12	4	8	30	20
镇原县	28	14	14	81	68	13	39	22
定西市	**570**	**326**	**244**	**471**	**285**	**186**	**387**	**227**
安定区	3	3		7	6	1	4	4
通渭县	31	18	13	27	19	8	26	13
陇西县	231	116	115	286	165	121	132	82
渭源县	63	38	25	28	17	11	24	15
临洮县	109	71	38	79	47	32	89	51
漳　县	21	13	8	12	9	3	45	24
岷　县	112	67	45	32	22	10	67	38
陇南市	**387**	**232**	**155**	**222**	**148**	**74**	**282**	**154**
武都区	7	3	4	5	3	2	4	2
成　县	72	40	32	37	22	15	62	37
文　县	40	28	12	49	29	20	34	17
宕昌县	58	37	21	15	10	5	38	20
康　县	45	27	18	37	26	11	33	18
西和县	36	23	13	29	16	13	36	18
礼　县	33	17	16	38	31	7	23	13
徽　县	88	52	36	8	8		42	23
两当县	8	5	3	4	3	1	10	6
临夏回族自治州	**203**	**122**	**81**	**91**	**56**	**35**	**84**	**50**
临夏市	7	4	3	2	1	1	1	
临夏县	1		1	1	1			
康乐县	17	9	8	19	9	10	17	11
永靖县	74	46	28	19	11	8	17	9
广河县	26	18	8	13	7	6	9	5
和政县	61	33	28	11	9	2	13	6
东乡族自治县	3	3		7	5	2	6	5
积石山保安族东乡族撒拉族自治县	14	9	5	19	13	6	21	14
甘南藏族自治州	**141**	**83**	**58**	**35**	**27**	**8**	**90**	**50**
合作市								
临潭县	23	13	10	10	8	2	6	3
卓尼县	13	9	4	14	14		20	9
舟曲县	65	34	31	7	3	4	20	10
迭部县	20	15	5				3	1
玛曲县	7	4	3				20	14
碌曲县	6	4	2				9	6
夏河县	7	4	3	4	2	2	12	7

户口登记地在外省的人口（镇）（续5）

单位：人

登	记	地							
	山东省			河南省			湖北省		
女	小计	男	女	小计	男	女	小计	男	女
28	**621**	**467**	**154**	**2855**	**2280**	**575**	**543**	**416**	**127**
1	31	22	9	86	51	35	1		1
8	210	177	33	1316	1197	119	245	212	33
9	134	83	51	373	242	131	112	73	39
	12	8	4	21	13	8	8	4	4
2	19	16	3	124	83	41	27	17	10
2	139	113	26	697	541	156	90	86	4
6	76	48	28	238	153	85	60	24	36
72	**332**	**245**	**87**	**1221**	**797**	**424**	**512**	**328**	**184**
3	8	4	4	11	8	3			
16	89	70	19	371	257	114	186	131	55
13	90	76	14	196	134	62	65	35	30
3	10	5	5	86	50	36	25	17	8
2	37	26	11	125	90	35	32	23	9
8	41	24	17	134	77	57	69	42	27
10	32	23	9	144	92	52	66	43	23
17	25	17	8	154	89	65	69	37	32
160	**343**	**214**	**129**	**1491**	**890**	**601**	**800**	**464**	**336**
	5	3	2	15	10	5	5	4	1
13	11	4	7	114	70	44	69	41	28
50	129	75	54	568	315	253	181	89	92
9	17	10	7	98	61	37	116	72	44
38	120	81	39	347	210	137	225	136	89
21	30	25	5	76	55	21	51	35	16
29	31	16	15	273	169	104	153	87	66
128	**264**	**160**	**104**	**1170**	**694**	**476**	**758**	**435**	**323**
2	22	11	11	89	55	34	30	18	12
25	61	38	23	276	168	108	172	99	73
17	26	17	9	111	72	39	72	42	30
18	17	11	6	80	47	33	71	42	29
15	22	13	9	118	56	62	107	60	47
18	31	22	9	147	89	58	139	80	59
10	32	18	14	113	71	42	72	42	30
19	31	20	11	207	119	88	75	42	33
4	22	10	12	29	17	12	20	10	10
34	**186**	**128**	**58**	**711**	**456**	**255**	**764**	**445**	**319**
1	2	2		53	38	15	45	28	17
	20	10	10	43	29	14	76	45	31
6	28	19	9	77	46	31	93	51	42
8	69	45	24	230	137	93	135	78	57
4	25	21	4	124	78	46	107	62	45
7	7	6	1	55	35	20	114	64	50
1	11	9	2	23	14	9	27	16	11
7	24	16	8	106	79	27	167	101	66
40	**54**	**31**	**23**	**447**	**287**	**160**	**352**	**206**	**146**
	1	1		2	1	1			
3	4	3	1	49	38	11	70	46	24
11	6	4	2	58	40	18	78	49	29
10	8	5	3	81	52	29	34	16	18
2	11	3	8	114	67	47	76	45	31
6	10	5	5	49	29	20	34	17	17
3	9	5	4	43	28	15	30	16	14
5	5	5		51	32	19	30	17	13

7-3b 全省按现住地、性别分的

现住地	户	口						
	湖南省			广东省			广西壮族自治区	
	小计	男	女	小计	男	女	小计	男
合计	**5125**	**3007**	**2118**	**1639**	**990**	**649**	**1860**	**839**
兰州市	**2193**	**1284**	**909**	**890**	**554**	**336**	**1538**	**676**
城关区	67	43	24	67	33	34	8	3
七里河区	190	142	48	96	76	20	73	46
西固区	7	6	1	14	7	7	6	3
安宁区								
红古区	13	8	5	10	6	4	3	2
永登县	70	36	34	24	13	11	15	8
皋兰县	80	62	18	26	16	10	8	3
榆中县	1526	849	677	565	340	225	1369	577
兰州新区	240	138	102	88	63	25	56	34
嘉峪关市	**1**	**1**		**2**	**1**	**1**	**2**	**2**
市辖区	1	1		2	1	1	2	2
金昌市	**23**	**14**	**9**	**27**	**14**	**13**	**10**	**5**
金川区								
永昌县	23	14	9	27	14	13	10	5
白银市	**240**	**123**	**117**	**67**	**35**	**32**	**32**	**13**
白银区								
平川区	5	3	2	1	1		1	
靖远县	113	58	55	15	6	9	10	4
会宁县	68	35	33	14	9	5	15	5
景泰县	54	27	27	37	19	18	6	4
天水市	**153**	**94**	**59**	**124**	**64**	**60**	**44**	**25**
秦州区	3	2	1				3	1
麦积区	23	14	9	16	9	7	10	6
清水县	18	9	9	11	5	6	3	3
秦安县	41	28	13	16	10	6	13	8
甘谷县	21	11	10	49	26	23	6	3
武山县	40	25	15	18	8	10	4	
张家川回族自治县	7	5	2	14	6	8	5	4
武威市	**144**	**87**	**57**	**32**	**20**	**12**	**10**	**5**
凉州区	21	11	10	6	4	2	1	
民勤县	47	32	15	9	6	3	2	1
古浪县	38	23	15	9	5	4	4	3
天祝藏族自治县	38	21	17	8	5	3	3	1
张掖市	**231**	**133**	**98**	**36**	**23**	**13**	**10**	**6**
甘州区	12	9	3					
肃南裕固族自治县	4	4					1	1
民乐县	43	26	17	15	10	5	5	3
临泽县	22	7	15	7	5	2		
高台县	75	42	33	3	1	2	2	2
山丹县	75	45	30	11	7	4	2	
平凉市	**246**	**124**	**122**	**45**	**26**	**19**	**16**	**4**
崆峒区	4	2	2				1	1
泾川县	47	30	17	14	11	3	6	1
灵台县	41	18	23	3	3			
崇信县	12	4	8					
庄浪县	54	28	26	9	3	6	4	1
静宁县	82	38	44	13	7	6	1	
华亭市	6	4	2	6	2	4	4	1

户口登记地在外省的人口（镇）（续6）

单位：人

登	记	地							
	海南省			重庆市			四川省		
女	小计	男	女	小计	男	女	小计	男	女
1021	**601**	**328**	**273**	**4506**	**2924**	**1582**	**20417**	**13697**	**6720**
862	**514**	**289**	**225**	**2055**	**1308**	**747**	**6950**	**4516**	**2434**
5	3	1	2	42	30	12	177	93	84
27	85	61	24	128	83	45	572	417	155
3	1	1		22	15	7	80	45	35
1				18	10	8	188	115	73
7	4	3	1	94	72	22	445	306	139
5				139	97	42	1128	850	278
792	405	211	194	1070	577	493	2730	1531	1199
22	16	12	4	542	424	118	1630	1159	471
				7	**3**	**4**	**15**	**10**	**5**
				7	3	4	15	10	5
5	**1**	**1**		**38**	**24**	**14**	**133**	**84**	**49**
							1	1	
5	1	1		38	24	14	132	83	49
19	**13**	**5**	**8**	**119**	**64**	**55**	**568**	**355**	**213**
	1	1					4	4	
1				15	6	9	86	57	29
6	3	1	2	28	16	12	142	89	53
10	2		2	20	11	9	140	80	60
2	7	3	4	56	31	25	196	125	71
19	**8**	**4**	**4**	**175**	**114**	**61**	**689**	**470**	**219**
2				3	2	1	47	33	14
4	2	1	1	31	24	7	64	47	17
	3	2	1	49	32	17	133	84	49
5	1		1	46	31	15	254	182	72
3	1	1		17	8	9	61	35	26
4	1		1	8	3	5	49	28	21
1				21	14	7	81	61	20
5	**6**	**3**	**3**	**59**	**37**	**22**	**389**	**258**	**131**
1	3	2	1	14	10	4	106	59	47
1	1		1	14	7	7	139	101	38
1	1	1		14	8	6	89	64	25
2	1		1	17	12	5	55	34	21
4				**91**	**59**	**32**	**359**	**222**	**137**
				4	1	3	7	3	4
							18	14	4
2				35	25	10	99	71	28
				9	6	3	60	33	27
				14	3	11	66	29	37
2				29	24	5	109	72	37
12	**10**	**4**	**6**	**140**	**82**	**58**	**450**	**293**	**157**
				4	3	1	11	7	4
5	3	1	2	36	22	14	59	38	21
				26	12	14	44	26	18
				11	5	6	50	36	14
3	2	1	1	14	10	4	69	39	30
1	5	2	3	19	7	12	98	55	43
3				30	23	7	119	92	27

7-3b 全省按现住地、性别分的

现住地	户口							
	湖南省			广东省			广西壮族自治区	
	小计	男	女	小计	男	女	小计	男
酒泉市	**425**	**354**	**71**	**49**	**37**	**12**	**44**	**36**
肃州区	4	2	2	2	1	1	2	2
金塔县	186	168	18	17	15	2	33	26
瓜州县	72	41	31	7	3	4	3	2
肃北蒙古族自治县				1	1			
阿克塞哈萨克族自治县	17	13	4				3	3
玉门市	136	124	12	19	16	3	3	3
敦煌市	10	6	4	3	1	2		
庆阳市	**399**	**213**	**186**	**70**	**41**	**29**	**37**	**15**
西峰区	9	5	4	4	2	2		
庆城县	79	44	35	7	5	2	8	7
环　县	69	41	28	3	2	1	2	
华池县	55	32	23	8	3	5	1	
合水县	31	16	15	7	4	3	6	2
正宁县	36	21	15	15	8	7	1	
宁　县	51	24	27	12	8	4	10	2
镇原县	69	30	39	14	9	5	9	4
定西市	**416**	**235**	**181**	**104**	**56**	**48**	**49**	**23**
安定区	9	6	3	1		1	1	
通渭县	31	14	17	5	2	3	5	3
陇西县	128	74	54	49	25	24	27	11
渭源县	45	25	20	7	5	2	2	1
临洮县	89	48	41	27	17	10	7	5
漳　县	54	36	18	4	3	1	3	2
岷　县	60	32	28	11	4	7	4	1
陇南市	**345**	**176**	**169**	**110**	**64**	**46**	**54**	**22**
武都区	31	16	15	14	7	7	2	
成　县	47	27	20	20	9	11	9	4
文　县	54	25	29	15	9	6	11	3
宕昌县	23	11	12	3	2	1	1	1
康　县	31	15	16	16	10	6	12	3
西和县	30	17	13	22	15	7	5	4
礼　县	82	42	40	9	6	3	3	1
徽　县	39	19	20	9	4	5	10	5
两当县	8	4	4	2	2		1	1
临夏回族自治州	**166**	**95**	**71**	**74**	**50**	**24**	**12**	**5**
临夏市	9	7	2	2	1	1		
临夏县	13	9	4	5	3	2		
康乐县	31	14	17	11	7	4	5	1
永靖县	38	22	16	19	14	5	2	
广河县	8	3	5	14	9	5		
和政县	23	10	13	3	1	2		
东乡族自治县	1	1		3	2	1	1	1
积石山保安族东乡族撒拉族自治县	43	29	14	17	13	4	4	3
甘南藏族自治州	**143**	**74**	**69**	**9**	**5**	**4**	**2**	**2**
合作市								
临潭县	17	7	10	2	2			
卓尼县	17	9	8				1	1
舟曲县	16	9	7	1	1		1	1
迭部县	12	7	5					
玛曲县	48	25	23					
碌曲县	22	12	10	4	2	2		
夏河县	11	5	6	2		2		

户口登记地在外省的人口（镇）（续 7）

单位：人

登记地									
	海南省			重庆市			四川省		
女	小计	男	女	小计	男	女	小计	男	女
8	**8**	**1**	**7**	**730**	**564**	**166**	**3864**	**3138**	**726**
	1		1	8	6	2	19	14	5
7	5	1	4	331	274	57	1852	1576	276
1	2		2	51	37	14	213	144	69
				10	8	2	74	59	15
				5	4	1	98	72	26
				219	177	42	1316	1124	192
				106	58	48	292	149	143
22	**6**	**2**	**4**	**287**	**176**	**111**	**815**	**546**	**269**
				1		1	2	2	
1				97	67	30	255	173	82
2				38	24	14	114	76	38
1	1		1	13	6	7	64	40	24
4				34	21	13	53	36	17
1	1		1	39	23	16	85	50	35
8	1	1		24	13	11	38	24	14
5	3	1	2	41	22	19	204	145	59
26	**9**	**5**	**4**	**257**	**162**	**95**	**1360**	**863**	**497**
1				9	7	2	32	23	9
2				13	8	5	36	19	17
16	2	2		58	33	25	467	264	203
1	1		1	12	8	4	78	50	28
2	4	2	2	75	44	31	275	176	99
1				21	17	4	57	35	22
3	2	1	1	69	45	24	415	296	119
32	**22**	**14**	**8**	**410**	**236**	**174**	**3029**	**1797**	**1232**
2	1	1		29	13	16	141	77	64
5	4	2	2	79	44	35	428	257	171
8	6	3	3	102	59	43	1123	612	511
				20	15	5	76	40	36
9	4	2	2	50	28	22	345	198	147
1				33	18	15	165	113	52
2	1	1		35	20	15	188	116	72
5	6	5	1	58	37	21	494	347	147
				4	2	2	69	37	32
7	**2**		**2**	**86**	**59**	**27**	**727**	**465**	**262**
							61	41	20
	1		1	8	5	3	41	32	9
4	1		1	7	5	2	187	118	69
2				27	19	8	178	99	79
				8	6	2	94	58	36
				10	6	4	63	45	18
				4	3	1	13	11	2
1				22	15	7	90	61	29
	2		**2**	**52**	**36**	**16**	**1069**	**680**	**389**
	1		1	12	7	5	78	45	33
	1		1	6	5	1	87	64	23
				10	6	4	100	69	31
				14	9	5	283	177	106
				2	1	1	328	192	136
				4	4		152	98	54
				4	4		41	35	6

7-3b 全省按现住地、性别分的

现住地	户口								
	贵州省			云南省			西藏自治区		
	小计	男	女	小计	男	女	小计	男	女
合计	**4590**	**2704**	**1886**	**2927**	**1572**	**1355**	**1500**	**622**	**878**
兰州市	**2928**	**1640**	**1288**	**1788**	**884**	**904**	**905**	**350**	**555**
城关区	26	15	11	6	5	1	10	6	4
七里河区	203	152	51	120	85	35	5	3	2
西固区	19	10	9				4	2	2
安宁区									
红古区	27	13	14	1		1	3	1	2
永登县	130	84	46	61	34	27	65	8	57
皋兰县	156	132	24	44	23	21	8	5	3
榆中县	2099	1035	1064	1394	631	763	702	285	417
兰州新区	268	199	69	162	106	56	108	40	68
嘉峪关市	**4**	**2**	**2**	**2**		**2**			
市辖区	4	2	2	2		2			
金昌市	**118**	**85**	**33**	**55**	**31**	**24**	**4**	**1**	**3**
金川区	1	1		1	1				
永昌县	117	84	33	54	30	24	4	1	3
白银市	**126**	**69**	**57**	**43**	**20**	**23**	**53**	**21**	**32**
白银区	3	1	2						
平川区	8	7	1	3	2	1			
靖远县	47	29	18	13	7	6	8	4	4
会宁县	28	13	15	14	7	7	27	9	18
景泰县	40	19	21	13	4	9	18	8	10
天水市	**123**	**62**	**61**	**41**	**16**	**25**	**92**	**42**	**50**
秦州区	12	7	5	1	1		2	1	1
麦积区	16	7	9	4	2	2	3	3	
清水县	25	12	13	6	3	3	3	1	2
秦安县	23	11	12	7	3	4	40	18	22
甘谷县	15	5	10	8	3	5	31	14	17
武山县	21	10	11	11	2	9	13	5	8
张家川回族自治县	11	10	1	4	2	2			
武威市	**109**	**68**	**41**	**63**	**34**	**29**	**94**	**44**	**50**
凉州区	13	8	5	7	2	5	3		3
民勤县	14	9	5	18	11	7	28	14	14
古浪县	50	32	18	21	8	13	15	6	9
天祝藏族自治县	32	19	13	17	13	4	48	24	24
张掖市	**100**	**50**	**50**	**19**	**9**	**10**	**49**	**25**	**24**
甘州区	8	4	4	2	1	1			
肃南裕固族自治县	4	3	1	1	1				
民乐县	16	7	9	5	3	2	21	11	10
临泽县	15	4	11	2		2	2		2
高台县	46	26	20	7	2	5	20	12	8
山丹县	11	6	5	2	2		6	2	4
平凉市	**69**	**42**	**27**	**18**	**11**	**7**	**35**	**18**	**17**
崆峒区	3		3						
泾川县	10	7	3	1	1		1		1
灵台县	11	5	6	2	1	1	4	2	2
崇信县	9	5	4						
庄浪县	3	2	1	2		2	22	12	10
静宁县	16	10	6	4	1	3	7	3	4
华亭市	17	13	4	9	8	1	1	1	

户口登记地在外省的人口（镇）（续8）

单位：人

登	记	地									
陕西省			青海省			宁夏回族自治区			新疆维吾尔自治区		
小计	男	女	小计	男	女	小计	男	女	小计	男	女
23018	**14576**	**8442**	**39483**	**19452**	**20031**	**5322**	**2903**	**2419**	**6963**	**3350**	**3613**
5884	**3746**	**2138**	**3575**	**1783**	**1792**	**1917**	**972**	**945**	**2512**	**1069**	**1443**
263	159	104	47	28	19	28	16	12	34	15	19
767	526	241	114	69	45	120	88	32	145	83	62
88	61	27	53	24	29	18	11	7	9	5	4
61	34	27	647	305	342	9	6	3	11	5	6
310	213	97	275	112	163	59	33	26	124	54	70
621	479	142	199	114	85	109	85	24	57	27	30
2262	1212	1050	1617	749	868	1208	528	680	1733	654	1079
1512	1062	450	623	382	241	366	205	161	399	226	173
28	**23**	**5**	**12**	**7**	**5**	**1**		**1**	**9**	**4**	**5**
28	23	5	12	7	5	1		1	9	4	5
305	**205**	**100**	**38**	**16**	**22**	**34**	**16**	**18**	**81**	**35**	**46**
						1		1			
305	205	100	38	16	22	33	16	17	81	35	46
541	**310**	**231**	**156**	**78**	**78**	**549**	**275**	**274**	**423**	**213**	**210**
3	1	2	1	1		1	1		1	1	
37	24	13	8	8		113	64	49	21	11	10
198	125	73	24	9	15	213	104	109	59	33	26
119	65	54	51	23	28	106	48	58	199	93	106
184	95	89	72	37	35	116	58	58	143	75	68
1176	**706**	**470**	**177**	**88**	**89**	**191**	**106**	**85**	**368**	**192**	**176**
87	65	22	5	2	3	1	1		23	14	9
287	150	137	19	10	9	9	6	3	26	17	9
170	112	58	21	15	6	12	8	4	42	24	18
274	184	90	69	29	40	58	38	20	113	64	49
124	66	58	25	13	12	25	14	11	61	29	32
103	49	54	26	11	15	11	6	5	26	13	13
131	80	51	12	8	4	75	33	42	77	31	46
362	**246**	**116**	**338**	**162**	**176**	**89**	**49**	**40**	**422**	**214**	**208**
145	89	56	50	25	25	32	15	17	161	82	79
69	44	25	80	40	40	29	18	11	85	45	40
67	50	17	26	12	14	20	12	8	98	44	54
81	63	18	182	85	97	8	4	4	78	43	35
432	**290**	**142**	**465**	**234**	**231**	**90**	**63**	**27**	**352**	**189**	**163**
9	5	4	44	22	22	4	4		6	4	2
16	12	4	17	10	7	4	2	2	3	2	1
111	71	40	243	113	130	23	19	4	102	48	54
78	45	33	38	24	14	16	12	4	48	25	23
87	56	31	60	29	31	18	10	8	83	45	38
131	101	30	63	36	27	25	16	9	110	65	45
1705	**945**	**760**	**95**	**50**	**45**	**606**	**297**	**309**	**215**	**113**	**102**
28	19	9	2	2		14	5	9	2	1	1
461	254	207	16	12	4	63	30	33	18	9	9
460	231	229	5	3	2	21	11	10	15	9	6
138	83	55	5	2	3	15	6	9	7	2	5
141	84	57	33	15	18	93	48	45	55	31	24
156	74	82	30	12	18	343	167	176	108	57	51
321	200	121	4	4		57	30	27	10	4	6

7–3b 全省按现住地、性别分的

现住地	户				口				
	贵州省			云南省			西藏自治区		
	小计	男	女	小计	男	女	小计	男	女
酒泉市	**378**	**308**	**70**	**307**	**253**	**54**	**22**	**7**	**15**
肃州区	10	5	5				1		1
金塔县	205	174	31	169	143	26	8	2	6
瓜州县	24	18	6	57	46	11	5	3	2
肃北蒙古族自治县	3	1	2	1	1		2	1	1
阿克塞哈萨克族自治县	3	3					2	1	1
玉门市	110	91	19	73	60	13	3		3
敦煌市	23	16	7	7	3	4	1		1
庆阳市	**181**	**103**	**78**	**95**	**48**	**47**	**20**	**14**	**6**
西峰区	3	2	1						
庆城县	50	28	22	22	13	9	2	2	
环　县	7	2	5	34	17	17	8	5	3
华池县	3	2	1	4	3	1			
合水县	20	16	4	7	2	5	1	1	
正宁县	21	5	16	14	8	6	1	1	
宁　县	29	17	12	8	2	6	1	1	
镇原县	48	31	17	6	3	3	7	4	3
定西市	**133**	**79**	**54**	**92**	**45**	**47**	**83**	**31**	**52**
安定区	13	9	4	1		1	1	1	
通渭县	14	9	5	16	8	8	12	2	10
陇西县	31	13	18	27	11	16	23	12	11
渭源县	17	11	6	10	3	7	3	1	2
临洮县	29	19	10	17	12	5	38	12	26
漳　县	8	4	4	3		3	4	2	2
岷　县	21	14	7	18	11	7	2	1	1
陇南市	**164**	**83**	**81**	**68**	**25**	**43**	**22**	**15**	**7**
武都区	6	1	5	3	1	2			
成　县	20	8	12	11	1	10	10	6	4
文　县	23	18	5	9	6	3	6	4	2
宕昌县	15	4	11	5	2	3			
康　县	11	6	5	7	1	6	1	1	
西和县	45	26	19	7	2	5	2	2	
礼　县	16	9	7	5	1	4	1		1
徽　县	21	8	13	13	7	6	2	2	
两当县	7	3	4	8	4	4			
临夏回族自治州	**70**	**47**	**23**	**48**	**24**	**24**	**80**	**36**	**44**
临夏市	16	12	4				2	1	1
临夏县	10	6	4	5	3	2	22	7	15
康乐县	6	2	4	8	4	4	10	6	4
永靖县	9	5	4	13	5	8	16	7	9
广河县	6	4	2	12	5	7	10	5	5
和政县	1	1		2	1	1	2		2
东乡族自治县	4	3	1	3	3		1		1
积石山保安族东乡族撒拉族自治县	18	14	4	5	3	2	17	10	7
甘南藏族自治州	**87**	**66**	**21**	**288**	**172**	**116**	**41**	**18**	**23**
合作市	2	1	1				1	1	
临潭县	13	11	2	4		4	1		1
卓尼县	49	41	8	49	43	6			
舟曲县	3	3		7	1	6	4		4
迭部县	10	6	4	16	11	5	5	2	3
玛曲县	7	3	4	72	40	32	8	5	3
碌曲县	1		1	51	23	28	1		1
夏河县	2	1	1	89	54	35	21	10	11

户口登记地在外省的人口（镇）（续 9）

单位：人

登记地											
陕西省			青海省			宁夏回族自治区			新疆维吾尔自治区		
小计	男	女	小计	男	女	小计	男	女	小计	男	女
1954	**1595**	**359**	**32370**	**15826**	**16544**	**243**	**158**	**85**	**605**	**345**	**260**
42	28	14	8	6	2	16	10	6	29	13	16
909	821	88	238	152	86	78	60	18	69	35	34
237	190	47	583	317	266	62	34	28	199	130	69
43	37	6	75	49	26	7	4	3	7	5	2
53	40	13	58	39	19	8	4	4	139	74	65
457	379	78	194	129	65	48	34	14	112	60	52
213	100	113	31214	15134	16080	24	12	12	50	28	22
6933	**4278**	**2655**	**86**	**46**	**40**	**992**	**584**	**408**	**135**	**70**	**65**
23	13	10	3	1	2	19	9	10	6	1	5
3917	2431	1486	19	15	4	161	108	53	30	19	11
732	479	253	18	9	9	483	295	188	37	20	17
897	499	398	3	2	1	48	20	28	7	3	4
610	404	206	3	1	2	22	18	4	10	5	5
362	200	162	8	3	5	22	8	14	13	9	4
224	160	64	20	10	10	64	30	34	19	8	11
168	92	76	12	5	7	173	96	77	13	5	8
1230	**762**	**468**	**261**	**131**	**130**	**248**	**140**	**108**	**770**	**375**	**395**
16	11	5	4	2	2	15	12	3	39	17	22
83	41	42	28	17	11	40	20	20	76	28	48
597	380	217	86	42	44	83	46	37	145	76	69
109	66	43	28	15	13	16	7	9	71	35	36
212	126	86	83	34	49	65	38	27	120	62	58
63	36	27	7	5	2	9	7	2	98	47	51
150	102	48	25	16	9	20	10	10	221	110	111
1940	**1132**	**808**	**126**	**57**	**69**	**131**	**72**	**59**	**591**	**286**	**305**
68	34	34	2	2		7	4	3	35	21	14
347	183	164	46	16	30	47	26	21	83	29	54
170	127	43	5	3	2	7	4	3	75	35	40
41	28	13	18	8	10	6	1	5	233	120	113
434	240	194	13	5	8	16	9	7	25	13	12
107	62	45	13	6	7	11	7	4	46	23	23
109	78	31	13	8	5	9	5	4	71	36	35
431	243	188	16	9	7	24	15	9	18	8	10
233	137	96				4	1	3	5	1	4
305	**178**	**127**	**1168**	**563**	**605**	**215**	**158**	**57**	**341**	**175**	**166**
27	24	3	52	44	8	6	5	1	9	5	4
12	9	3	67	33	34	10	7	3	12	3	9
36	19	17	51	26	25	12	6	6	47	27	20
134	69	65	638	273	365	22	11	11	36	18	18
18	10	8	72	46	26	135	109	26	117	65	52
49	27	22	48	23	25	12	6	6	54	25	29
3	3		28	19	9	8	6	2	33	17	16
26	17	9	212	99	113	10	8	2	33	15	18
223	**160**	**63**	**616**	**411**	**205**	**16**	**13**	**3**	**139**	**70**	**69**
1	1		3	1	2						
29	25	4	27	18	9	5	4	1	77	37	40
49	44	5	19	11	8	1	1		4	4	
38	19	19	11	7	4	1	1		45	23	22
54	36	18	34	25	9	2	2		4	1	3
10	5	5	195	117	78	2	1	1	4	1	3
14	10	4	28	14	14	2	2		1	1	
28	20	8	299	218	81	3	2	1	4	3	1

7-3c 全省按现住地、性别分的

现住地	合计			户口				
				北京市			天津市	
	小计	男	女	小计	男	女	小计	男
合计	**150739**	**100670**	**50069**	**478**	**320**	**158**	**459**	**287**
兰州市	**41652**	**29729**	**11923**	**59**	**42**	**17**	**62**	**42**
城关区	3872	2594	1278	2		2	1	
七里河区	6777	4980	1797	5	5		8	6
西固区	2343	1450	893	3	1	2	2	2
安宁区								
红古区	1644	1088	556				4	4
永登县	2654	1885	769	3	1	2	5	4
皋兰县	3896	3042	854	2	2		4	3
榆中县	7975	5287	2688	14	12	2	11	8
兰州新区	12491	9403	3088	30	21	9	27	15
嘉峪关市	**2275**	**1520**	**755**	**3**	**2**	**1**		
市辖区	2275	1520	755	3	2	1		
金昌市	**3376**	**2144**	**1232**	**5**	**2**	**3**	**5**	**3**
金川区	999	628	371	1		1	2	2
永昌县	2377	1516	861	4	2	2	3	1
白银市	**6531**	**4230**	**2301**	**21**	**16**	**5**	**31**	**16**
白银区	1568	1184	384	2	2		2	2
平川区	774	545	229				5	2
靖远县	1977	1236	741	6	5	1	13	6
会宁县	1254	650	604	11	8	3	6	3
景泰县	958	615	343	2	1	1	5	3
天水市	**9852**	**6302**	**3550**	**103**	**69**	**34**	**68**	**37**
秦州区	2860	1943	917	18	9	9	15	4
麦积区	1559	1023	536	23	18	5	10	7
清水县	1879	1249	630	12	9	3	7	6
秦安县	926	521	405	15	9	6	12	8
甘谷县	1079	563	516	13	8	5	16	7
武山县	478	231	247	5	2	3	6	4
张家川回族自治县	1071	772	299	17	14	3	2	1
武威市	**7210**	**4554**	**2656**	**11**	**4**	**7**	**32**	**18**
凉州区	3991	2492	1499	5	1	4	12	9
民勤县	673	373	300	1	1		3	2
古浪县	1302	814	488	3	2	1	5	1
天祝藏族自治县	1244	875	369	2		2	12	6
张掖市	**5673**	**3488**	**2185**	**20**	**12**	**8**	**22**	**14**
甘州区	3414	2047	1367	11	8	3	7	4
肃南裕固族自治县	362	305	57					
民乐县	609	354	255	5	1	4	5	3
临泽县	475	305	170	2	1	1	2	2
高台县	327	172	155	2	2		5	2
山丹县	486	305	181				3	3
平凉市	**10616**	**7129**	**3487**	**43**	**33**	**10**	**40**	**21**
崆峒区	2299	1442	857	6	4	2	14	8
泾川县	1013	639	374	13	11	2	5	3
灵台县	1865	1399	466	4	3	1	3	1
崇信县	1113	962	151				5	2
庄浪县	1061	631	430	9	6	3	6	6
静宁县	1760	908	852	9	7	2	5	1
华亭市	1505	1148	357	2	2		2	

户口登记地在外省的人口（乡村）

单位：人

登记地									
	河北省			山西省			内蒙古自治区		
女	小计	男	女	小计	男	女	小计	男	女
172	**6176**	**4355**	**1821**	**2982**	**2138**	**844**	**2058**	**1304**	**754**
20	**2256**	**1593**	**663**	**924**	**689**	**235**	**332**	**224**	**108**
1	136	82	54	32	23	9	18	14	4
2	320	234	86	128	95	33	45	29	16
	197	136	61	46	30	16	15	12	3
	65	55	10	13	9	4	6	4	2
1	194	152	42	64	44	20	34	17	17
1	219	166	53	121	102	19	11	7	4
3	531	338	193	254	192	62	55	37	18
12	594	430	164	266	194	72	148	104	44
	93	**71**	**22**	**192**	**159**	**33**	**32**	**21**	**11**
	93	71	22	192	159	33	32	21	11
2	**116**	**82**	**34**	**48**	**37**	**11**	**25**	**16**	**9**
	41	28	13	9	6	3	9	5	4
2	75	54	21	39	31	8	16	11	5
15	**200**	**139**	**61**	**148**	**123**	**25**	**116**	**54**	**62**
	73	52	21	22	15	7	12	7	5
3	38	31	7	18	14	4	7	5	2
7	38	25	13	71	64	7	26	14	12
3	35	21	14	8	7	1	29	10	19
2	16	10	6	29	23	6	42	18	24
31	**403**	**243**	**160**	**222**	**146**	**76**	**102**	**58**	**44**
11	124	77	47	90	57	33	20	11	9
3	62	35	27	45	36	9	25	13	12
1	88	50	38	34	22	12	17	9	8
4	31	17	14	17	9	8	10	7	3
9	32	19	13	15	11	4	8	4	4
2	32	19	13	11	5	6	14	8	6
1	34	26	8	10	6	4	8	6	2
14	**316**	**218**	**98**	**127**	**92**	**35**	**244**	**138**	**106**
3	216	148	68	52	35	17	95	57	38
1	31	19	12	7	4	3	106	58	48
4	28	20	8	44	34	10	34	18	16
6	41	31	10	24	19	5	9	5	4
8	**307**	**199**	**108**	**102**	**59**	**43**	**84**	**55**	**29**
3	238	152	86	68	37	31	41	28	13
	3	3		5	4	1	5	4	1
2	15	7	8	7	5	2	6	3	3
	25	21	4	13	8	5	14	8	6
3	7	4	3				4	2	2
	19	12	7	9	5	4	14	10	4
19	**378**	**259**	**119**	**160**	**115**	**45**	**160**	**93**	**67**
6	85	54	31	27	24	3	48	35	13
2	46	30	16	23	13	10	9	6	3
2	61	46	15	22	16	6	11	7	4
3	18	13	5	26	21	5	9	7	2
	43	30	13	12	6	6	16	7	9
4	64	37	27	24	14	10	50	19	31
2	61	49	12	26	21	5	17	12	5

7-3c 全省按现住地、性别分的

现住地	合计			户口				
				北京市			天津市	
	小计	男	女	小计	男	女	小计	男
酒泉市	**15367**	**10092**	**5275**	**13**	**9**	**4**	**30**	**25**
肃州区	2751	1759	992	5	4	1	4	3
金塔县	1901	1423	478				13	13
瓜州县	4204	2516	1688	4	3	1	2	2
肃北蒙古族自治县	1599	1414	185	2	1	1		
阿克塞哈萨克族自治县	102	90	12					
玉门市	1197	767	430				3	2
敦煌市	3613	2123	1490	2	1	1	8	5
庆阳市	**16114**	**10534**	**5580**	**64**	**40**	**24**	**76**	**45**
西峰区	4532	2769	1763	18	7	11	24	15
庆城县	1796	1247	549	4	2	2	5	2
环　县	2749	1833	916	5	3	2	4	2
华池县	1827	1213	614	1	1		1	
合水县	1107	722	385				8	4
正宁县	855	587	268	4	3	1	3	3
宁　县	1743	1303	440	8	5	3	9	6
镇原县	1505	860	645	24	19	5	22	13
定西市	**8921**	**5753**	**3168**	**44**	**32**	**12**	**33**	**20**
安定区	1925	1298	627	11	9	2	6	4
通渭县	677	390	287	9	7	2	5	3
陇西县	1622	913	709	5	2	3	6	4
渭源县	711	433	278	5	4	1	4	1
临洮县	1511	1067	444	4	3	1	8	5
漳　县	930	721	209	1	1		1	1
岷　县	1545	931	614	9	6	3	3	2
陇南市	**13035**	**8221**	**4814**	**79**	**51**	**28**	**39**	**28**
武都区	2083	1299	784	6	3	3	2	2
成　县	683	410	273	11	8	3	4	4
文　县	3443	2599	844	2	2		6	4
宕昌县	1632	858	774	3	3		1	1
康　县	1017	535	482				1	1
西和县	1033	563	470	5	4	1	8	5
礼　县	1500	818	682	41	24	17	14	8
徽　县	1021	707	314	9	6	3	3	3
两当县	623	432	191	2	1	1		
临夏回族自治州	**6866**	**4676**	**2190**	**12**	**8**	**4**	**10**	**8**
临夏市	615	405	210	1	1		1	
临夏县	2048	1416	632	2	1	1	4	4
康乐县	142	59	83					
永靖县	796	465	331				1	1
广河县	314	183	131	1		1		
和政县	302	174	128					
东乡族自治县	547	347	200	4	3	1	1	
积石山保安族东乡族撒拉族自治县	2102	1627	475	4	3	1	3	3
甘南藏族自治州	**3251**	**2298**	**953**	**1**		**1**	**11**	**10**
合作市	755	629	126					
临潭县	717	497	220				5	4
卓尼县	271	207	64				5	5
舟曲县	519	284	235				1	1
迭部县	184	110	74					
玛曲县	201	136	65					
碌曲县	132	91	41					
夏河县	472	344	128	1		1		

户口登记地在外省的人口（乡村）（续 1）

单位：人

登记地									
	河北省			山西省			内蒙古自治区		
女	小计	男	女	小计	男	女	小计	男	女
5	**515**	**392**	**123**	**294**	**218**	**76**	**235**	**166**	**69**
1	156	107	49	48	35	13	41	24	17
	90	77	13	23	20	3	69	44	25
	77	61	16	67	54	13	29	24	5
	59	58	1	57	54	3	57	48	9
				2	2				
1	23	15	8	9	6	3	11	8	3
3	110	74	36	88	47	41	28	18	10
31	**711**	**538**	**173**	**317**	**191**	**126**	**153**	**90**	**63**
9	182	120	62	113	49	64	28	17	11
3	75	58	17	21	11	10	23	11	12
2	86	67	19	36	23	13	37	23	14
1	52	40	12	11	6	5	9	7	2
4	15	11	4	17	6	11	13	5	8
	27	19	8	17	16	1	15	14	1
3	220	188	32	75	63	12	18	11	7
9	54	35	19	27	17	10	10	2	8
13	**365**	**270**	**95**	**133**	**94**	**39**	**236**	**149**	**87**
2	122	97	25	35	28	7	75	50	25
2	25	17	8	7	5	2	28	10	18
2	97	64	33	18	7	11	28	14	14
3	34	26	8	7	7		19	14	5
3	35	27	8	42	30	12	24	15	9
	16	15	1	4	2	2	8	5	3
1	36	24	12	20	15	5	54	41	13
11	**335**	**219**	**116**	**191**	**116**	**75**	**118**	**78**	**40**
	65	46	19	36	16	20	29	21	8
	26	17	9	33	28	5	8	4	4
2	85	65	20	36	29	7	13	11	2
	19	13	6	5	5		14	9	5
	24	17	7	18	10	8	8	6	2
3	27	13	14	30	12	18	6	3	3
6	48	20	28	23	13	10	21	12	9
	33	24	9	9	2	7	19	12	7
	8	4	4	1	1				
2	**113**	**79**	**34**	**101**	**81**	**20**	**183**	**137**	**46**
1	17	14	3	9	7	2	34	27	7
	33	22	11	32	26	6	97	75	22
	3	2	1	1		1	2	1	1
	21	12	9	8	3	5	18	9	9
	12	6	6	3	3		7	6	1
	1	1		4	2	2	6	3	3
1	3	3		1	1		4	2	2
	23	19	4	43	39	4	15	14	1
1	**68**	**53**	**15**	**23**	**18**	**5**	**38**	**25**	**13**
	15	13	2	3	1	2	8	6	2
1	8	8		5	4	1	11	8	3
	15	14	1	3	2	1	4	4	
	8	3	5	1		1	4		4
							1	1	
	3	1	2	3	3				
				1	1				
	19	14	5	7	7		10	6	4

7-3c 全省按现住地、性别分的

现住地	户					口		
	辽宁省			吉林省			黑龙江省	
	小计	男	女	小计	男	女	小计	男
合计	**1263**	**912**	**351**	**968**	**686**	**282**	**1066**	**699**
兰州市	**348**	**252**	**96**	**232**	**175**	**57**	**345**	**248**
城关区	36	25	11	10	6	4	13	9
七里河区	35	23	12	39	27	12	84	71
西固区	6	2	4	11	8	3	12	8
安宁区								
红古区	11	7	4	13	12	1	21	13
永登县	23	20	3	26	24	2	12	8
皋兰县	34	28	6	47	34	13	37	24
榆中县	66	44	22	30	15	15	54	30
兰州新区	137	103	34	56	49	7	112	85
嘉峪关市	**64**	**41**	**23**	**21**	**12**	**9**	**57**	**36**
市辖区	64	41	23	21	12	9	57	36
金昌市	**17**	**7**	**10**	**25**	**15**	**10**	**12**	**6**
金川区	9	4	5	10	6	4	3	3
永昌县	8	3	5	15	9	6	9	3
白银市	**71**	**44**	**27**	**33**	**20**	**13**	**33**	**22**
白银区	19	12	7	10	10		8	5
平川区	12	9	3	2	2		5	4
靖远县	16	11	5	8	3	5	8	5
会宁县	17	8	9	9	3	6	3	2
景泰县	7	4	3	4	2	2	9	6
天水市	**98**	**66**	**32**	**74**	**50**	**24**	**48**	**23**
秦州区	8	5	3	21	14	7	9	6
麦积区	19	9	10	6	3	3	12	6
清水县	18	9	9	24	15	9	5	4
秦安县	3	1	2	7	6	1	8	1
甘谷县	6	5	1	5	3	2	5	1
武山县	3		3	3	2	1	3	
张家川回族自治县	41	37	4	8	7	1	6	5
武威市	**54**	**43**	**11**	**25**	**18**	**7**	**58**	**37**
凉州区	24	18	6	10	6	4	30	18
民勤县	3	3		4	3	1	12	8
古浪县	13	12	1	8	7	1	8	5
天祝藏族自治县	14	10	4	3	2	1	8	6
张掖市	**45**	**31**	**14**	**64**	**43**	**21**	**49**	**29**
甘州区	29	19	10	54	38	16	33	21
肃南裕固族自治县				1		1		
民乐县	4	3	1	3	2	1	4	2
临泽县	3	2	1	5	3	2		
高台县	5	3	2				2	
山丹县	4	4		1		1	10	6
平凉市	**59**	**42**	**17**	**42**	**26**	**16**	**45**	**31**
崆峒区	6	5	1	9	6	3	5	3
泾川县	3	1	2	1		1	3	1
灵台县	9	6	3	5	2	3	15	10
崇信县	6	5	1	4	4		4	3
庄浪县	6	4	2	9	7	2	3	2
静宁县	7	3	4	9	3	6	5	3
华亭市	22	18	4	5	4	1	10	9

户口登记地在外省的人口（乡村）（续2）

单位：人

登记地									
	上海市			江苏省			浙江省		
女	小计	男	女	小计	男	女	小计	男	女
367	**135**	**87**	**48**	**5656**	**4130**	**1526**	**3007**	**2018**	**989**
97	**22**	**13**	**9**	**1692**	**1282**	**410**	**1010**	**690**	**320**
4				248	172	76	156	101	55
13	3	1	2	232	167	65	98	74	24
4				72	51	21	43	24	19
8	4	4		41	28	13	52	29	23
4	6	3	3	65	38	27	88	68	20
13				69	52	17	50	35	15
24	6	3	3	238	157	81	343	219	124
27	3	2	1	727	617	110	180	140	40
21	**1**	**1**		**77**	**57**	**20**	**37**	**27**	**10**
21	1	1		77	57	20	37	27	10
6				**222**	**146**	**76**	**51**	**33**	**18**
				51	34	17	12	6	6
6				171	112	59	39	27	12
11	**7**	**3**	**4**	**272**	**168**	**104**	**91**	**64**	**27**
3				67	51	16	22	17	5
1				18	12	6	12	11	1
3	4	1	3	64	35	29	16	10	6
1	2	1	1	86	45	41	20	13	7
3	1	1		37	25	12	21	13	8
25	**35**	**23**	**12**	**491**	**315**	**176**	**273**	**187**	**86**
3	5	3	2	138	90	48	43	28	15
6	11	6	5	72	56	16	71	43	28
1	10	8	2	88	52	36	60	48	12
7	1	1		42	24	18	19	9	10
4	5	3	2	110	69	41	28	19	9
3	1		1	28	17	11	18	11	7
1	2	2		13	7	6	34	29	5
21	**4**	**1**	**3**	**224**	**168**	**56**	**114**	**71**	**43**
12	4	1	3	140	112	28	68	35	33
4				19	14	5	10	8	2
3				50	34	16	15	9	6
2				15	8	7	21	19	2
20	**5**	**3**	**2**	**247**	**179**	**68**	**182**	**112**	**70**
12	2	1	1	127	85	42	98	59	39
				5	4	1	35	29	6
2				22	13	9	13	7	6
	3	2	1	22	15	7	18	9	9
2				3	1	2	2	1	1
4				68	61	7	16	7	9
14	**16**	**12**	**4**	**723**	**622**	**101**	**238**	**154**	**84**
2	4	3	1	66	43	23	79	48	31
2				24	13	11	41	25	16
5	2	2		46	33	13	19	14	5
1	1	1		463	453	10	13	8	5
1	3	1	2	39	26	13	23	14	9
2	3	2	1	58	36	22	38	26	12
1	3	3		27	18	9	25	19	6

7-3c 全省按现住地、性别分的

现住地	户					口		
	辽宁省			吉林省			黑龙江省	
	小计	男	女	小计	男	女	小计	男
酒泉市	**116**	**87**	**29**	**105**	**80**	**25**	**99**	**74**
肃州区	27	20	7	12	9	3	20	15
金塔县	13	13		4	3	1	19	16
瓜州县	29	18	11	30	22	8	17	12
肃北蒙古族自治县	24	21	3	28	22	6	21	18
阿克塞哈萨克族自治县								
玉门市	5	4	1	7	5	2	5	3
敦煌市	18	11	7	24	19	5	17	10
庆阳市	**187**	**148**	**39**	**176**	**132**	**44**	**167**	**83**
西峰区	59	37	22	35	21	14	112	45
庆城县	5	4	1	10	7	3	10	6
环　县	21	16	5	21	15	6	19	14
华池县	12	11	1	19	18	1		
合水县	2		2	55	43	12	2	1
正宁县	24	22	2	9	7	2	13	11
宁　县	58	55	3	20	18	2	8	4
镇原县	6	3	3	7	3	4	3	2
定西市	**43**	**30**	**13**	**56**	**39**	**17**	**37**	**26**
安定区	12	9	3	23	18	5	15	9
通渭县	11	6	5	5	4	1		
陇西县	6	2	4	14	8	6	2	
渭源县	1	1		1	1		3	3
临洮县	1	1		3	1	2	8	6
漳　县	10	10		10	7	3	4	3
岷　县	2	1	1				5	5
陇南市	**50**	**32**	**18**	**54**	**34**	**20**	**57**	**42**
武都区	12	8	4	7	5	2	16	15
成　县	3	2	1	2	1	1	1	
文　县	9	8	1	16	9	7	14	11
宕昌县	6	4	2	5	5			
康　县	4	2	2	6	3	3	5	3
西和县	6	3	3	5	1	4	3	2
礼　县	2		2	8	6	2	4	2
徽　县	6	5	1	2	1	1	12	8
两当县	2		2	3	3		2	1
临夏回族自治州	**95**	**77**	**18**	**53**	**36**	**17**	**44**	**29**
临夏市	6	4	2	1	1		2	2
临夏县	9	8	1	10	7	3	4	1
康乐县	1	1		2		2		
永靖县	8	2	6	7	4	3	19	12
广河县	1	1		4	1	3		
和政县	5	1	4					
东乡族自治县	1		1	3	2	1	1	1
积石山保安族东乡族撒拉族自治县	64	60	4	26	21	5	18	13
甘南藏族自治州	**16**	**12**	**4**	**8**	**6**	**2**	**15**	**13**
合作市	1	1		3	2	1	3	2
临潭县	6	4	2	1	1		8	8
卓尼县	1	1		1	1		1	1
舟曲县	1	1					1	
迭部县	1	1					1	1
玛曲县								
碌曲县				3	2	1		
夏河县	6	4	2				1	1

户口登记地在外省的人口（乡村）（续3）

单位：人

登记地									
	上海市			江苏省			浙江省		
女	小计	男	女	小计	男	女	小计	男	女
25	**5**	**4**	**1**	**499**	**380**	**119**	**208**	**149**	**59**
5	1		1	88	59	29	45	28	17
3	2	2		142	121	21	34	30	4
5	1	1		107	89	18	42	35	7
3				4	4		27	24	3
				2	2				
2				23	16	7	14	8	6
7	1	1		133	89	44	46	24	22
84	**15**	**10**	**5**	**326**	**243**	**83**	**180**	**113**	**67**
67	3	1	2	83	61	22	55	35	20
4	4	3	1	39	26	13	31	19	12
5	1	1		64	52	12	21	14	7
	1	1		22	14	8	4	1	3
1				13	12	1	4	2	2
2	3	2	1	57	42	15	15	11	4
4	3	2	1	36	26	10	15	10	5
1				12	10	2	35	21	14
11	**6**	**4**	**2**	**322**	**200**	**122**	**174**	**108**	**66**
6	2	2		98	62	36	45	24	21
				18	11	7	8	6	2
2	1		1	41	20	21	57	37	20
				24	15	9	15	10	5
2	2	2		77	52	25	30	18	12
1	1		1	30	23	7	4	3	1
				34	17	17	15	10	5
15	**10**	**5**	**5**	**344**	**208**	**136**	**276**	**188**	**88**
1				85	61	24	53	32	21
1	2	2		46	24	22	42	31	11
3	2	2		39	25	14	32	22	10
	2		2	31	19	12	20	15	5
2				33	18	15	22	11	11
1	2	1	1	31	15	16	54	38	16
2	1		1	35	20	15	35	26	9
4	1		1	35	21	14	12	9	3
1				9	5	4	6	4	2
15	**7**	**6**	**1**	**173**	**132**	**41**	**74**	**47**	**27**
	1	1		25	18	7	13	7	6
3	1	1		58	49	9	30	21	9
				8	3	5			
7				8	7	1	11	7	4
	2	2		15	9	6	8	6	2
				18	12	6	9	5	4
	2	1	1	7	6	1			
5	1	1		34	28	6	3	1	2
2	**2**	**2**		**44**	**30**	**14**	**99**	**75**	**24**
1				8	5	3	30	21	9
	1	1		6	6		30	26	4
	1	1		7	4	3	7	7	
1				4	2	2	1	1	
				3	2	1	5	2	3
				2	2		1	1	
				2	1	1	10	8	2
				12	8	4	15	9	6

7-3c 全省按现住地、性别分的

现住地	户					口		
	安徽省			福建省			江西省	
	小计	男	女	小计	男	女	小计	男
合计	**3683**	**2443**	**1240**	**2672**	**1970**	**702**	**1257**	**850**
兰州市	**1308**	**914**	**394**	**690**	**499**	**191**	**649**	**448**
城关区	152	105	47	42	23	19	384	254
七里河区	230	168	62	81	52	29	28	22
西固区	75	46	29	90	64	26	8	6
安宁区								
红古区	7	5	2	3	1	2	1	1
永登县	89	68	21	44	39	5	26	19
皋兰县	72	55	17	163	140	23	74	57
榆中县	383	240	143	107	71	36	56	42
兰州新区	300	227	73	160	109	51	72	47
嘉峪关市	**61**	**38**	**23**	**13**	**11**	**2**	**1**	
市辖区	61	38	23	13	11	2	1	
金昌市	**17**	**10**	**7**	**24**	**19**	**5**	**2**	**2**
金川区	3	2	1	4	3	1	1	1
永昌县	14	8	6	20	16	4	1	1
白银市	**203**	**136**	**67**	**116**	**90**	**26**	**22**	**15**
白银区	85	61	24	20	15	5	4	3
平川区	17	10	7	6	4	2	7	4
靖远县	49	35	14	42	34	8	9	7
会宁县	23	11	12	27	20	7	1	
景泰县	29	19	10	21	17	4	1	1
天水市	**147**	**77**	**70**	**138**	**97**	**41**	**63**	**35**
秦州区	36	22	14	35	22	13	18	10
麦积区	39	23	16	32	20	12	25	13
清水县	16	5	11	32	26	6	3	3
秦安县	25	13	12	9	5	4	3	2
甘谷县	9	2	7	10	6	4	10	5
武山县	9	4	5	7	5	2	2	1
张家川回族自治县	13	8	5	13	13		2	1
武威市	**204**	**131**	**73**	**113**	**78**	**35**	**56**	**36**
凉州区	161	100	61	52	30	22	33	18
民勤县	8	5	3	7	4	3	1	
古浪县	13	9	4	19	15	4	7	4
天祝藏族自治县	22	17	5	35	29	6	15	14
张掖市	**278**	**171**	**107**	**145**	**102**	**43**	**55**	**35**
甘州区	225	136	89	80	53	27	51	32
肃南裕固族自治县	3	2	1	28	25	3	1	1
民乐县	5	5		2	1	1		
临泽县	16	10	6	10	7	3		
高台县	6	4	2	3	3		1	1
山丹县	23	14	9	22	13	9	2	1
平凉市	**308**	**246**	**62**	**149**	**113**	**36**	**37**	**22**
崆峒区	72	35	37	35	20	15	8	4
泾川县	9	7	2	36	30	6	4	2
灵台县	82	75	7	24	19	5	9	6
崇信县	82	81	1	12	10	2		
庄浪县	16	10	6	15	10	5	3	1
静宁县	16	11	5	5	3	2	7	4
华亭市	31	27	4	22	21	1	6	5

户口登记地在外省的人口（乡村）（续4）

单位：人

登	记	地							
	山东省			河南省			湖北省		
女	小计	男	女	小计	男	女	小计	男	女
407	**5186**	**3854**	**1332**	**20788**	**14346**	**6442**	**5436**	**3922**	**1514**
201	**1534**	**1165**	**369**	**8377**	**5833**	**2544**	**2015**	**1457**	**558**
130	194	128	66	922	615	307	289	191	98
6	242	199	43	1319	942	377	448	310	138
2	51	36	15	754	445	309	209	132	77
	59	53	6	323	232	91	21	15	6
7	135	108	27	395	320	75	42	36	6
17	114	93	21	717	532	185	158	122	36
14	262	190	72	1889	1207	682	392	297	95
25	477	358	119	2058	1540	518	456	354	102
1	**44**	**27**	**17**	**989**	**608**	**381**	**32**	**22**	**10**
1	44	27	17	989	608	381	32	22	10
	75	**44**	**31**	**393**	**262**	**131**	**151**	**124**	**27**
	19	12	7	214	143	71	18	15	3
	56	32	24	179	119	60	133	109	24
7	**339**	**273**	**66**	**817**	**560**	**257**	**155**	**128**	**27**
1	92	59	33	373	260	113	83	76	7
3	57	51	6	81	55	26	18	13	5
2	119	101	18	143	95	48	12	9	3
1	29	25	4	106	63	43	17	9	8
	42	37	5	114	87	27	25	21	4
28	**286**	**184**	**102**	**1140**	**733**	**407**	**508**	**362**	**146**
8	93	60	33	385	256	129	278	199	79
12	56	35	21	163	105	58	76	60	16
	64	45	19	334	226	108	31	18	13
1	26	21	5	74	45	29	15	5	10
5	19	10	9	61	28	33	21	9	12
1	12	3	9	54	26	28	10	2	8
1	16	10	6	69	47	22	77	69	8
20	**217**	**144**	**73**	**1017**	**708**	**309**	**141**	**97**	**44**
15	134	83	51	684	442	242	96	68	28
1	19	14	5	60	37	23	8	1	7
3	45	36	9	102	77	25	17	10	7
1	19	11	8	171	152	19	20	18	2
20	**343**	**231**	**112**	**646**	**424**	**222**	**150**	**88**	**62**
19	283	188	95	416	271	145	98	53	45
	8	5	3	28	22	6	12	12	
	11	7	4	46	29	17	21	12	9
	14	13	1	49	33	16	10	4	6
	13	9	4	37	18	19			
1	14	9	5	70	51	19	9	7	2
15	**558**	**490**	**68**	**855**	**588**	**267**	**266**	**179**	**87**
4	37	23	14	231	159	72	68	36	32
2	15	7	8	96	70	26	6	4	2
3	338	313	25	139	95	44	35	23	12
	38	35	3	65	49	16	10	7	3
2	22	16	6	74	46	28	18	12	6
3	21	13	8	98	53	45	24	7	17
1	87	83	4	152	116	36	105	90	15

7-3c 全省按现住地、性别分的

现住地	户口							
	安徽省			福建省			江西省	
	小计	男	女	小计	男	女	小计	男
酒泉市	**396**	**243**	**153**	**487**	**367**	**120**	**63**	**46**
肃州区	127	75	52	202	121	81	10	7
金塔县	27	22	5	130	114	16	20	15
瓜州县	58	35	23	23	18	5	11	7
肃北蒙古族自治县	15	14	1	46	43	3	2	2
阿克塞哈萨克族自治县								
玉门市	5	3	2	18	15	3	1	1
敦煌市	164	94	70	68	56	12	19	14
庆阳市	**244**	**155**	**89**	**257**	**162**	**95**	**78**	**51**
西峰区	99	58	41	187	107	80	62	45
庆城县	17	11	6	16	11	5	4	3
环　县	30	19	11	25	22	3	2	
华池县	13	7	6					
合水县	13	7	6	1	1		1	
正宁县	34	28	6	4	4		1	1
宁　县	31	22	9	4	3	1	6	2
镇原县	7	3	4	20	14	6	2	
定西市	**220**	**145**	**75**	**195**	**147**	**48**	**45**	**30**
安定区	63	48	15	55	43	12	3	1
通渭县	14	7	7	13	9	4	2	2
陇西县	58	32	26	34	17	17	16	13
渭源县	28	17	11	3	2	1	7	5
临洮县	24	17	7	47	40	7	5	5
漳　县	12	10	2	33	27	6	1	
岷　县	21	14	7	10	9	1	11	4
陇南市	**191**	**101**	**90**	**243**	**197**	**46**	**156**	**105**
武都区	53	28	25	36	23	13	16	8
成　县	12	6	6	14	10	4	10	4
文　县	32	25	7	66	58	8	101	84
宕昌县	3	1	2	12	9	3	3	2
康　县	21	10	11	12	9	3	9	2
西和县	24	7	17	54	47	7	4	1
礼　县	17	5	12	37	30	7	3	1
徽　县	25	17	8	10	9	1	5	1
两当县	4	2	2	2	2		5	2
临夏回族自治州	**70**	**50**	**20**	**88**	**74**	**14**	**22**	**18**
临夏市	21	13	8	6	5	1	7	4
临夏县	20	16	4	22	19	3	2	2
康乐县	2		2	4	2	2	1	1
永靖县	8	6	2	14	10	4		
广河县	1		1	1	1		1	1
和政县	4	4		5	4	1	1	1
东乡族自治县	4	3	1	12	10	2	3	3
积石山保安族东乡族撒拉族自治县	10	8	2	24	23	1	7	6
甘南藏族自治州	**36**	**26**	**10**	**14**	**14**		**8**	**7**
合作市	4	4		1	1		2	1
临潭县	1		1	4	4			
卓尼县	4	2	2				3	3
舟曲县	3	1	2	4	4		2	2
迭部县	4	1	3	4	4		1	1
玛曲县	1	1						
碌曲县	3	3						
夏河县	16	14	2	1	1			

户口登记地在外省的人口（乡村）（续5）

单位：人

登记地									
	山东省			河南省			湖北省		
女	小计	男	女	小计	男	女	小计	男	女
17	**516**	**348**	**168**	**2363**	**1580**	**783**	**282**	**179**	**103**
3	141	88	53	668	430	238	63	33	30
5	63	52	11	274	215	59	34	26	8
4	76	46	30	285	179	106	49	28	21
	67	60	7	197	178	19	58	53	5
	4	3	1	8	6	2			
	19	11	8	225	149	76	9	5	4
5	146	88	58	706	423	283	69	34	35
27	**465**	**348**	**117**	**1349**	**988**	**361**	**339**	**230**	**109**
17	159	98	61	490	305	185	149	103	46
1	36	28	8	130	99	31	19	13	6
2	79	59	20	178	147	31	25	14	11
	35	34	1	67	56	11	38	32	6
1	10	7	3	73	50	23	8	5	3
	35	28	7	86	64	22	12	3	9
4	101	86	15	234	205	29	49	38	11
2	10	8	2	91	62	29	39	22	17
15	**243**	**162**	**81**	**816**	**597**	**219**	**235**	**166**	**69**
2	62	47	15	254	178	76	83	57	26
	10	5	5	48	33	15	5	4	1
3	25	11	14	137	84	53	11	4	7
2	18	8	10	30	23	7	21	12	9
	91	69	22	218	180	38	42	37	5
1	2	1	1	86	78	8	25	21	4
7	35	21	14	43	21	22	48	31	17
51	**306**	**216**	**90**	**1044**	**698**	**346**	**440**	**319**	**121**
8	64	42	22	228	143	85	61	37	24
6	18	10	8	73	39	34	12	4	8
17	51	38	13	287	250	37	236	206	30
1	16	11	5	81	44	37	6	4	2
7	13	9	4	98	46	52	26	13	13
3	45	30	15	54	26	28	20	9	11
2	45	32	13	88	51	37	34	19	15
4	39	33	6	99	75	24	35	22	13
3	15	11	4	36	24	12	10	5	5
4	**148**	**123**	**25**	**606**	**471**	**135**	**587**	**466**	**121**
3	16	13	3	86	54	32	33	23	10
	32	27	5	189	146	43	144	103	41
	1	1		15	6	9	3	3	
	24	19	5	55	36	19	28	20	8
	4	3	1	29	19	10	28	18	10
	5	3	2	13	10	3	27	23	4
	8	7	1	41	37	4	18	15	3
1	58	50	8	178	163	15	306	261	45
1	**112**	**99**	**13**	**376**	**296**	**80**	**135**	**105**	**30**
1	86	78	8	158	119	39	51	43	8
	4	4		68	58	10	10	5	5
	2	2		36	28	8	24	18	6
	2		2	41	30	11	10	5	5
	3	3		10	7	3	6	4	2
	2	1	1	18	17	1	1	1	
	2	1	1	3	3		13	12	1
	11	10	1	42	34	8	20	17	3

7-3c 全省按现住地、性别分的

现住地	户口							
	湖南省			广东省			广西壮族自治区	
	小计	男	女	小计	男	女	小计	男
合计	**2137**	**1462**	**675**	**1086**	**618**	**468**	**703**	**383**
兰州市	**720**	**522**	**198**	**203**	**130**	**73**	**165**	**126**
城关区	147	103	44	10	7	3	9	7
七里河区	80	50	30	17	11	6	23	17
西固区	7	4	3	15	7	8	3	3
安宁区								
红古区	17	13	4	13	8	5	21	19
永登县	31	22	9	9	6	3	7	4
皋兰县	63	47	16	7	6	1	22	19
榆中县	107	72	35	48	28	20	34	21
兰州新区	268	211	57	84	57	27	46	36
嘉峪关市	**11**	**4**	**7**	**5**	**2**	**3**	**2**	**2**
市辖区	11	4	7	5	2	3	2	2
金昌市	**39**	**28**	**11**	**45**	**24**	**21**	**17**	**12**
金川区	18	15	3	13	6	7	5	3
永昌县	21	13	8	32	18	14	12	9
白银市	**75**	**49**	**26**	**57**	**37**	**20**	**41**	**19**
白银区	31	28	3	2	2		10	8
平川区	14	7	7	5	2	3	2	1
靖远县	20	9	11	23	17	6	15	5
会宁县	8	3	5	19	10	9	13	5
景泰县	2	2		8	6	2	1	
天水市	**192**	**133**	**59**	**193**	**95**	**98**	**85**	**34**
秦州区	81	56	25	45	15	30	22	13
麦积区	53	44	9	32	18	14	14	4
清水县	4	3	1	17	11	6	16	10
秦安县	11	4	7	5	5		15	3
甘谷县	11	6	5	71	33	38	7	2
武山县	11	5	6	13	3	10	9	1
张家川回族自治县	21	15	6	10	10		2	1
武威市	**100**	**61**	**39**	**52**	**33**	**19**	**17**	**12**
凉州区	56	29	27	17	9	8	11	9
民勤县	6	3	3	19	14	5	1	
古浪县	17	9	8	11	7	4	4	2
天祝藏族自治县	21	20	1	5	3	2	1	1
张掖市	**52**	**30**	**22**	**37**	**21**	**16**	**30**	**21**
甘州区	45	28	17	21	11	10	14	6
肃南裕固族自治县							10	10
民乐县	1		1	8	4	4	1	
临泽县	2	1	1	3	3		2	2
高台县	1		1	2	2			
山丹县	3	1	2	3	1	2	3	3
平凉市	**88**	**60**	**28**	**57**	**25**	**32**	**36**	**15**
崆峒区	16	10	6	9	5	4	6	3
泾川县	11	9	2	12	7	5	9	3
灵台县	10	7	3	3	2	1	3	1
崇信县	4	3	1				2	1
庄浪县	17	9	8	18	5	13	4	1
静宁县	13	8	5	13	5	8	10	4
华亭市	17	14	3	2	1	1	2	2

户口登记地在外省的人口（乡村）（续6）

单位：人

登记地									
	海南省			重庆市			四川省		
女	小计	男	女	小计	男	女	小计	男	女
320	**103**	**49**	**54**	**3767**	**2744**	**1023**	**19341**	**13909**	**5432**
39	**27**	**17**	**10**	**1271**	**971**	**300**	**7308**	**5390**	**1918**
2	1		1	54	36	18	513	339	174
6	2	1	1	360	298	62	1448	1111	337
				33	18	15	429	259	170
2	2	1	1	28	22	6	191	153	38
3	2	2		75	62	13	307	252	55
3				60	49	11	753	590	163
13	14	9	5	176	112	64	1262	852	410
10	6	4	2	485	374	111	2405	1834	571
	1	**1**		**89**	**65**	**24**	**133**	**101**	**32**
	1	1		89	65	24	133	101	32
5	**2**	**2**		**51**	**30**	**21**	**378**	**265**	**113**
2				23	11	12	148	104	44
3	2	2		28	19	9	230	161	69
22	**12**	**4**	**8**	**142**	**110**	**32**	**656**	**484**	**172**
2				59	52	7	204	162	42
1	2		2	24	18	6	92	74	18
10	9	3	6	40	30	10	182	131	51
8	1	1		14	7	7	62	34	28
1				5	3	2	116	83	33
51	**7**	**1**	**6**	**359**	**250**	**109**	**1276**	**923**	**353**
9	1	1		108	75	33	452	345	107
10	2		2	55	40	15	132	88	44
6				96	67	29	248	184	64
12	2		2	19	13	6	78	51	27
5	1		1	21	11	10	141	76	65
8	1		1	13	6	7	45	27	18
1				47	38	9	180	152	28
5	**9**	**4**	**5**	**107**	**73**	**34**	**735**	**542**	**193**
2	6	4	2	54	34	20	447	331	116
1	1		1	8	6	2	41	24	17
2				27	21	6	135	89	46
	2		2	18	12	6	112	98	14
9	**5**	**4**	**1**	**80**	**44**	**36**	**338**	**228**	**110**
8	2	2		41	21	20	198	131	67
	1	1		4	3	1	27	25	2
1				7	3	4	38	24	14
				9	6	3	39	28	11
	2	1	1	4	2	2	11	6	5
				15	9	6	25	14	11
21	**10**	**4**	**6**	**158**	**106**	**52**	**1090**	**770**	**320**
3	2	1	1	32	22	10	304	212	92
6	2		2	5	3	2	86	66	20
2	1		1	30	21	9	161	121	40
1				13	11	2	41	26	15
3				22	15	7	136	90	46
6	3	1	2	22	14	8	180	117	63
	2	2		34	20	14	182	138	44

7-3c 全省按现住地、性别分的

现住地	户口							
	湖南省			广东省			广西壮族自治区	
	小计	男	女	小计	男	女	小计	男
酒泉市	**87**	**57**	**30**	**32**	**25**	**7**	**31**	**19**
肃州区	16	13	3	19	14	5	12	6
金塔县	8	6	2	2	2		5	2
瓜州县	14	5	9	5	3	2	3	2
肃北蒙古族自治县	10	10		1	1		7	7
阿克塞哈萨克族自治县								
玉门市	14	10	4	2	2		1	1
敦煌市	25	13	12	3	3		3	1
庆阳市	**183**	**101**	**82**	**129**	**76**	**53**	**135**	**60**
西峰区	60	38	22	35	20	15	86	44
庆城县	10	4	6	5	4	1	8	4
环　县	44	23	21	8	3	5	4	
华池县	7	5	2	2	2		2	1
合水县	8	3	5	8	4	4	3	
正宁县	9	3	6	5	2	3	6	2
宁　县	28	17	11	44	30	14	17	8
镇原县	17	8	9	22	11	11	9	1
定西市	**219**	**126**	**93**	**75**	**41**	**34**	**44**	**23**
安定区	32	23	9	21	12	9	7	4
通渭县	5	2	3	8	3	5	11	5
陇西县	110	60	50	15	6	9	8	3
渭源县	22	10	12	4	2	2	2	
临洮县	21	14	7	7	5	2	7	5
漳　县	12	10	2	2	1	1	6	5
岷　县	17	7	10	18	12	6	3	1
陇南市	**190**	**140**	**50**	**102**	**44**	**58**	**78**	**28**
武都区	14	10	4	16	2	14	11	2
成　县	9	3	6	20	15	5	8	1
文　县	103	93	10	9	4	5	24	15
宕昌县	2		2	5	1	4	3	3
康　县	20	6	14	26	9	17	11	3
西和县	4	2	2	11	3	8	9	2
礼　县	13	9	4	6	4	2	3	
徽　县	23	16	7	9	6	3	7	1
两当县	2	1	1				2	1
临夏回族自治州	**84**	**65**	**19**	**90**	**61**	**29**	**19**	**9**
临夏市	1	1		2	2		2	1
临夏县	12	7	5	15	11	4	5	4
康乐县				5		5	1	
永靖县	1	1		10	4	6	1	
广河县	1		1	2	1	1	1	
和政县	5	3	2	5	2	3		
东乡族自治县	1		1	17	12	5	4	1
积石山保安族东乡族撒拉族自治县	63	53	10	34	29	5	5	3
甘南藏族自治州	**97**	**86**	**11**	**9**	**4**	**5**	**3**	**3**
合作市	84	78	6					
临潭县	1		1	1	1		3	3
卓尼县	1	1		1		1		
舟曲县								
迭部县	1	1						
玛曲县	3	1	2					
碌曲县	1		1	2	1	1		
夏河县	6	5	1	5	2	3		

户口登记地在外省的人口（乡村）（续7）

单位：人

登记地									
	海南省			重庆市			四川省		
女	小计	男	女	小计	男	女	小计	男	女
12	**6**	**2**	**4**	**574**	**431**	**143**	**1274**	**877**	**397**
6	1	1		162	114	48	240	155	85
3				101	80	21	166	122	44
1				37	30	7	146	95	51
	2	1	1	150	130	20	164	135	29
				2	2		15	12	3
	2		2	24	15	9	79	57	22
2	1		1	98	60	38	464	301	163
75	**11**	**5**	**6**	**218**	**137**	**81**	**840**	**558**	**282**
42	2		2	60	37	23	286	174	112
4				33	19	14	120	88	32
4				44	30	14	121	85	36
1				10	7	3	52	40	12
3	2	1	1	13	8	5	34	19	15
4	3	1	2	13	10	3	46	33	13
9	2	1	1	26	21	5	107	73	34
8	2	2		19	5	14	74	46	28
21	**4**		**4**	**194**	**144**	**50**	**1550**	**1083**	**467**
3				47	33	14	293	207	86
6	3		3	19	17	2	84	53	31
5	1		1	15	9	6	460	277	183
2				7	4	3	56	35	21
2				24	14	10	221	166	55
1				25	21	4	185	162	23
2				57	46	11	251	183	68
50	**4**	**2**	**2**	**286**	**198**	**88**	**2236**	**1552**	**684**
9				83	59	24	427	302	125
7	1		1	30	16	14	92	61	31
9	1	1		79	64	15	1136	815	321
				11	9	2	95	64	31
8				32	17	15	121	75	46
7				9	7	2	79	38	41
3	1	1		15	9	6	127	83	44
6	1		1	17	12	5	113	80	33
1				10	5	5	46	34	12
10	**4**	**3**	**1**	**165**	**124**	**41**	**1024**	**791**	**233**
1				14	9	5	113	85	28
1				60	46	14	435	343	92
1							19	10	9
1	1	1		1		1	83	66	17
1				4	4		43	27	16
				2	2		49	36	13
3				22	13	9	36	24	12
2	3	2	1	62	50	12	246	200	46
	1		**1**	**73**	**61**	**12**	**503**	**345**	**158**
				10	10		45	35	10
	1		1	16	12	4	103	76	27
				11	9	2	44	34	10
				9	7	2	76	51	25
				2	1	1	71	45	26
							68	40	28
				3	2	1	40	22	18
				22	20	2	19341	13909	5432

7-3c 全省按现住地、性别分的

现住地	户口								
	贵州省			云南省			西藏自治区		
	小计	男	女	小计	男	女	小计	男	女
合计	**7157**	**4284**	**2873**	**2921**	**1782**	**1139**	**834**	**184**	**650**
兰州市	**1601**	**1119**	**482**	**581**	**390**	**191**	**204**	**20**	**184**
城关区	73	53	20	51	34	17	3	2	1
七里河区	260	180	80	93	71	22	3	1	2
西固区	42	20	22	10	5	5			
安宁区									
红古区	125	69	56	56	33	23	5	1	4
永登县	153	96	57	103	76	27	157	8	149
皋兰县	392	320	72	64	40	24	3		3
榆中县	269	167	102	83	42	41	6	4	2
兰州新区	287	214	73	121	89	32	27	4	23
嘉峪关市	**30**	**17**	**13**	**11**	**8**	**3**			
市辖区	30	17	13	11	8	3			
金昌市	**592**	**336**	**256**	**691**	**373**	**318**	**2**	**1**	**1**
金川区	209	109	100	91	51	40	1		1
永昌县	383	227	156	600	322	278	1	1	
白银市	**470**	**258**	**212**	**107**	**77**	**30**	**21**	**9**	**12**
白银区	114	90	24	26	19	7	1		1
平川区	25	15	10	18	15	3	1		1
靖远县	170	83	87	44	33	11	5	3	2
会宁县	37	14	23	8	1	7	9	2	7
景泰县	124	56	68	11	9	2	5	4	1
天水市	**334**	**187**	**147**	**162**	**74**	**88**	**80**	**35**	**45**
秦州区	125	79	46	42	23	19	7	3	4
麦积区	57	27	30	18	5	13	2	1	1
清水县	51	33	18	19	12	7	7	5	2
秦安县	27	17	10	17	7	10	20	9	11
甘谷县	35	9	26	23	4	19	39	14	25
武山县	18	8	10	16	2	14	3	1	2
张家川回族自治县	21	14	7	27	21	6	2	2	
武威市	**418**	**269**	**149**	**119**	**81**	**38**	**124**	**25**	**99**
凉州区	223	136	87	56	31	25	33	7	26
民勤县	35	19	16	1		1	13	6	7
古浪县	67	52	15	30	18	12	26	6	20
天祝藏族自治县	93	62	31	32	32		52	6	46
张掖市	**334**	**174**	**160**	**124**	**64**	**60**	**28**	**11**	**17**
甘州区	175	90	85	72	34	38	11	4	7
肃南裕固族自治县	7	5	2	3	2	1	3	1	2
民乐县	51	24	27	3	3		9	5	4
临泽县	42	27	15	37	23	14	1		1
高台县	49	24	25	2		2	3	1	2
山丹县	10	4	6	7	2	5	1		1
平凉市	**418**	**233**	**185**	**72**	**35**	**37**	**27**	**7**	**20**
崆峒区	80	51	29	23	17	6	1		1
泾川县	78	40	38	17	9	8	1	1	
灵台县	81	50	31	8	3	5			
崇信县	8	4	4	3		3	1	1	
庄浪县	37	20	17	8	2	6	8	2	6
静宁县	86	33	53	8	3	5	15	2	13
华亭市	48	35	13	5	1	4	1	1	

户口登记地在外省的人口（乡村）（续8）

单位：人

登	记	地									
陕西省			青海省			宁夏回族自治区			新疆维吾尔自治区		
小计	男	女	小计	男	女	小计	男	女	小计	男	女
22299	**16199**	**6100**	**9831**	**5353**	**4478**	**6167**	**3674**	**2493**	**11123**	**5708**	**5415**
3761	**3003**	**758**	**2180**	**1340**	**840**	**794**	**563**	**231**	**982**	**572**	**410**
265	187	78	46	37	9	37	29	8	28	12	16
665	516	149	281	168	113	154	108	46	46	23	23
98	68	30	55	26	29	31	27	4	26	10	16
97	70	27	409	208	201	20	11	9	16	8	8
226	188	38	212	128	84	38	30	8	83	42	41
408	355	53	92	66	26	105	76	29	35	22	13
701	543	158	297	172	125	136	83	53	151	80	71
1301	1076	225	788	535	253	273	199	74	597	375	222
160	**107**	**53**	**59**	**39**	**20**	**28**	**22**	**6**	**29**	**19**	**10**
160	107	53	59	39	20	28	22	6	29	19	10
215	**178**	**37**	**54**	**32**	**22**	**30**	**20**	**10**	**72**	**35**	**37**
47	39	8	18	11	7	10	6	4	10	3	7
168	139	29	36	21	15	20	14	6	62	32	30
551	**398**	**153**	**157**	**106**	**51**	**850**	**474**	**376**	**717**	**334**	**383**
153	122	31	32	26	6	39	26	13	3	2	1
94	78	16	17	12	5	152	85	67	25	11	14
184	131	53	35	22	13	418	225	193	188	84	104
69	33	36	32	21	11	163	82	81	390	188	202
51	34	17	41	25	16	78	56	22	111	49	62
1868	**1290**	**578**	**177**	**91**	**86**	**230**	**124**	**106**	**690**	**360**	**330**
525	388	137	51	32	19	39	27	12	26	13	13
367	260	107	20	12	8	11	9	2	49	27	22
437	302	135	29	8	21	28	16	12	84	43	41
121	77	44	36	16	20	48	27	21	210	109	101
179	98	81	25	13	12	19	13	6	134	75	59
59	29	30	5	3	2	7	2	5	60	35	25
180	136	44	11	7	4	78	30	48	127	58	69
699	**523**	**176**	**428**	**191**	**237**	**298**	**202**	**96**	**1147**	**536**	**611**
371	252	119	141	75	66	174	121	53	586	273	313
49	33	16	80	21	59	27	19	8	93	47	46
121	99	22	53	19	34	80	50	30	320	149	171
158	139	19	154	76	78	17	12	5	148	67	81
591	**425**	**166**	**722**	**374**	**348**	**141**	**79**	**62**	**447**	**226**	**221**
316	205	111	397	199	198	75	40	35	186	91	95
116	108	8	40	28	12	2	2		15	9	6
58	40	18	149	82	67	22	18	4	93	51	42
44	33	11	31	16	15	9	3	6	50	25	25
19	12	7	73	34	39	15	9	6	56	31	25
38	27	11	32	15	17	18	7	11	47	19	28
2355	**1656**	**699**	**163**	**97**	**66**	**1536**	**816**	**720**	**529**	**259**	**270**
359	250	109	38	25	13	553	297	256	76	39	37
334	208	126	12	9	3	85	50	35	27	11	16
615	437	178	12	6	6	87	65	22	30	15	15
246	192	54	6	5	1	24	18	6	9	2	7
159	112	47	39	19	20	169	91	78	127	61	66
176	100	76	38	18	20	510	238	272	243	123	120
466	357	109	18	15	3	108	57	51	17	8	9

7-3c 全省按现住地、性别分的

现住地	户口								
	贵州省			云南省			西藏自治区		
	小计	男	女	小计	男	女	小计	男	女
酒泉市	**325**	**208**	**117**	**133**	**106**	**27**	**34**	**5**	**29**
肃州区	82	55	27	25	19	6	5	1	4
金塔县	85	62	23	70	60	10	6		6
瓜州县	30	16	14	14	10	4	18	2	16
肃北蒙古族自治县	11	8	3	8	7	1			
阿克塞哈萨克族自治县	4	2	2	1	1				
玉门市	14	6	8	3	2	1	2	1	1
敦煌市	99	59	40	12	7	5	3	1	2
庆阳市	**781**	**399**	**382**	**176**	**87**	**89**	**9**	**4**	**5**
西峰区	157	84	73	53	25	28	4	2	2
庆城县	133	71	62	11	6	5	1	1	
环　县	66	38	28	55	28	27	2	1	1
华池县	17	9	8	3	1	2			
合水县	17	9	8	5	1	4			
正宁县	36	14	22	10	3	7			
宁　县	69	29	40	27	18	9	1		1
镇原县	286	145	141	12	5	7	1		1
定西市	**347**	**205**	**142**	**174**	**125**	**49**	**41**	**14**	**27**
安定区	78	47	31	27	14	13	6	3	3
通渭县	38	20	18	10	8	2	7	3	4
陇西县	53	19	34	16	6	10	5	2	3
渭源县	29	17	12	8	3	5	3	1	2
临洮县	67	46	21	57	48	9	16	3	13
漳　县	68	51	17	47	43	4	1	1	
岷　县	14	5	9	9	3	6	3	1	2
陇南市	**879**	**462**	**417**	**256**	**128**	**128**	**11**	**3**	**8**
武都区	86	43	43	31	9	22	5	1	4
成　县	39	20	19	12	2	10			
文　县	181	134	47	126	89	37	1	1	
宕昌县	68	26	42	3	1	2			
康　县	57	25	32	26	8	18			
西和县	260	120	140	13	2	11	2	1	1
礼　县	89	40	49	15	3	12			
徽　县	92	52	40	24	13	11	3		3
两当县	7	2	5	6	1	5			
临夏回族自治州	**365**	**244**	**121**	**247**	**178**	**69**	**200**	**34**	**166**
临夏市	27	13	14	6	4	2	6	2	4
临夏县	82	55	27	50	33	17	113	19	94
康乐县	17	8	9	6	3	3	9	3	6
永靖县	29	16	13	117	92	25	6	1	5
广河县	21	13	8	5	1	4	6	4	2
和政县	14	8	6	9	2	7	7	2	5
东乡族自治县	47	34	13	7	3	4	7	1	6
积石山保安族东乡族撒拉族自治县	128	97	31	47	40	7	46	2	44
甘南藏族自治州	**263**	**173**	**90**	**68**	**56**	**12**	**53**	**16**	**37**
合作市	27	19	8	26	24	2	3	2	1
临潭县	111	78	33	11	9	2	4	2	2
卓尼县	22	17	5	9	8	1	13	3	10
舟曲县	16	7	9	4		4	7	2	5
迭部县	53	25	28				4		4
玛曲县	6	6		2	2		2	2	
碌曲县	10	5	5	4	3	1	1		1
夏河县	7157	4284	2873	2921	1782	1139	834	184	650

户口登记地在外省的人口（乡村）（续9）

单位：人

登记地											
陕西省			青海省			宁夏回族自治区			新疆维吾尔自治区		
小计	男	女	小计	男	女	小计	男	女	小计	男	女
1325	**1029**	**296**	**4029**	**2130**	**1899**	**332**	**213**	**119**	**959**	**643**	**316**
203	130	73	130	78	52	58	39	19	140	76	64
93	81	12	276	144	132	54	39	15	78	42	36
191	134	57	2187	1129	1058	137	80	57	515	376	139
454	409	45	94	76	18	16	16		18	14	4
3	2	1	25	24	1	1	1		35	33	2
165	142	23	398	212	186	23	13	10	93	55	38
216	131	85	919	467	452	43	25	18	80	47	33
6624	**4436**	**2188**	**138**	**81**	**57**	**1506**	**894**	**612**	**260**	**129**	**131**
1675	1078	597	56	27	29	142	82	60	58	34	24
933	675	258	8	6	2	65	44	21	20	11	9
847	589	258	13	11	2	853	515	338	38	19	19
1344	842	502	8	6	2	85	66	19	12	6	6
739	500	239	5	4	1	22	13	9	16	6	10
320	219	101	15	7	8	15	7	8	18	8	10
385	286	99	20	13	7	85	46	39	37	17	20
381	247	134	13	7	6	239	121	118	61	28	33
942	**737**	**205**	**218**	**106**	**112**	**176**	**113**	**63**	**1734**	**817**	**917**
186	133	53	47	22	25	38	23	15	179	91	88
44	30	14	53	29	24	29	18	11	158	73	85
139	99	40	32	13	19	29	16	13	183	84	99
131	101	30	27	14	13	32	21	11	170	76	94
162	134	28	48	22	26	33	28	5	187	74	113
137	118	19	3	1	2	4	2	2	192	99	93
143	122	21	8	5	3	11	5	6	665	320	345
2248	**1604**	**644**	**116**	**68**	**48**	**77**	**41**	**36**	**2619**	**1314**	**1305**
291	193	98	28	19	9	18	11	7	304	158	146
107	71	36	9	4	5	9	5	4	30	18	12
404	352	52	11	8	3	13	9	4	328	165	163
33	20	13	11	4	7	12	7	5	1162	578	584
353	199	154	5	3	2	4		4	62	30	32
154	112	42	12	7	5	3	1	2	99	51	48
135	83	52	19	11	8	8	4	4	613	302	311
339	257	82	14	9	5	8	2	6	17	11	6
432	317	115	7	3	4	2	2		4	1	3
587	**482**	**105**	**1129**	**552**	**577**	**139**	**88**	**51**	**427**	**203**	**224**
57	37	20	62	34	28	15	12	3	31	11	20
190	164	26	239	114	125	64	42	22	94	50	44
6	3	3	18	4	14	2		2	16	8	8
15	9	6	270	111	159	6	3	3	26	13	13
12	9	3	30	9	21	20	13	7	52	26	26
20	11	9	53	19	34	10	6	4	30	14	16
57	47	10	108	59	49	11	4	7	117	55	62
230	202	28	349	202	147	11	8	3	61	26	35
373	**331**	**42**	**261**	**146**	**115**	**30**	**25**	**5**	**511**	**261**	**250**
143	136	7	34	23	11	4	2	2	6	3	3
61	54	7	22	11	11	6	6		209	104	105
23	19	4	16	9	7	8	8		9	6	3
35	21	14	7	3	4	3	1	2	279	142	137
7	6	1	7	5	2						
35	33	2	52	23	29				2	2	
11	10	1	14	10	4	7	7		2		2
22299	16199	6100	109	62	47	2	1	1	4	4	

7-4 全省按现住地、离开户口登记地时间分的户口登记地在外乡镇街道的人口

单位：人

现住地	离开户口登记地时间							
	合计							
	合计	半年以上，不满一年	一年以上，不满二年	二年以上，不满三年	三年以上，不满四年	四年以上，不满五年	五年以上，不满十年	十年以上
合计	**7352465**	**1899556**	**1126867**	**977049**	**785695**	**500889**	**1123898**	**938511**
兰州市	**2427019**	**564082**	**374512**	**326866**	**290071**	**167537**	**371914**	**332037**
城关区	932951	193622	135949	122951	107856	68770	149481	154322
七里河区	419408	93667	54254	53690	46973	30771	70713	69340
西固区	224625	34990	29406	25208	24825	19566	55794	34836
安宁区	274162	63620	48985	40554	37520	18034	35961	29488
红古区	51417	9525	5862	6402	7063	4460	9191	8914
永登县	75611	13572	9204	9779	8987	6416	14237	13416
皋兰县	49047	16758	8503	6491	5252	2924	6302	2817
榆中县	210971	63376	41819	34857	31655	10200	16429	12635
兰州新区	188827	74952	40530	26934	19940	6396	13806	6269
嘉峪关市	**157045**	**22292**	**18493**	**18782**	**15431**	**12873**	**35679**	**33495**
市辖区	157045	22292	18493	18782	15431	12873	35679	33495
金昌市	**197367**	**27075**	**21226**	**16463**	**17138**	**14900**	**51978**	**48587**
金川区	131389	19457	16684	11045	10841	9161	34066	30135
永昌县	65978	7618	4542	5418	6297	5739	17912	18452
白银市	**471253**	**126183**	**70746**	**61071**	**49085**	**33642**	**71847**	**58679**
白银区	154154	33185	23016	24504	20497	13785	24484	14683
平川区	82368	17885	11353	11053	8677	5845	15674	11881
靖远县	71603	20874	13439	8876	5750	4147	9592	8925
会宁县	95513	40370	15887	9456	7941	4625	9421	7813
景泰县	67615	13869	7051	7182	6220	5240	12676	15377
天水市	**514961**	**175926**	**89003**	**72392**	**47433**	**29411**	**56017**	**44779**
秦州区	214979	64909	39559	32996	21772	13533	23841	18369
麦积区	109987	35167	21679	16674	10148	5761	11721	8837
清水县	42866	11668	7178	6044	3402	2724	7289	4561
秦安县	49502	15576	7726	6769	5107	3016	4998	6310
甘谷县	40501	20631	5931	4183	2915	1640	2603	2598
武山县	27765	15665	2858	2403	1646	1139	2295	1759
张家川回族自治县	29361	12310	4072	3323	2443	1598	3270	2345
武威市	**395197**	**104312**	**67544**	**59630**	**43846**	**27315**	**53196**	**39354**
凉州区	269203	70922	46871	41086	29393	18864	35878	26189
民勤县	42680	9260	5312	6252	5480	3617	7270	5489
古浪县	44965	14330	7774	6567	4530	2626	5421	3717
天祝藏族自治县	38349	9800	7587	5725	4443	2208	4627	3959
张掖市	**382570**	**72829**	**49739**	**50388**	**46638**	**36218**	**80134**	**46624**
甘州区	206282	35930	28595	28097	27586	19513	38321	28240
肃南裕固族自治县	7866	1497	725	622	602	450	1874	2096
民乐县	48367	11249	7884	8709	5349	4458	8927	1791
临泽县	19967	4915	2832	2652	2316	1605	3309	2338
高台县	39888	8174	4822	5242	4477	3543	9517	4113
山丹县	60200	11064	4881	5066	6308	6649	18186	8046
平凉市	**478605**	**111930**	**79202**	**71018**	**54912**	**32307**	**69060**	**60176**
崆峒区	186039	38234	34135	32070	21624	13036	26294	20646
泾川县	38375	9322	7123	6038	3637	1901	4651	5703
灵台县	35948	8261	6157	5837	4648	2852	4375	3818
崇信县	20856	5428	2928	2377	2140	1470	3575	2938
庄浪县	49342	17265	7153	5131	5131	3258	4939	6465
静宁县	89514	22478	12721	12383	10562	5806	13115	12449
华亭市	58531	10942	8985	7182	7170	3984	12111	8157

7-4 全省按现住地、离开户口登记地时间分的户口登记地在外乡镇街道的人口（续1）

单位：人

现住地	离开户口登记地时间							
	合计							
	合计	半年以上，不满一年	一年以上，不满二年	二年以上，不满三年	三年以上，不满四年	四年以上，不满五年	五年以上，不满十年	十年以上
酒泉市	**449585**	**93417**	**58392**	**49952**	**42116**	**31625**	**77940**	**96143**
肃州区	194260	40640	30237	24419	20936	14997	34191	28840
金塔县	42158	16202	5654	4065	3085	2440	6031	4681
瓜州县	47750	8590	4911	4672	4131	3834	10423	11189
肃北蒙古族自治县	6321	2308	597	626	888	344	682	876
阿克塞哈萨克族自治县	4877	1047	511	373	356	287	638	1665
玉门市	56094	12777	7516	6316	5017	3815	11055	9598
敦煌市	98125	11853	8966	9481	7703	5908	14920	39294
庆阳市	**564771**	**187221**	**84004**	**73488**	**54641**	**33686**	**72773**	**58958**
西峰区	259936	69637	41282	37204	29132	17829	36774	28078
庆城县	62410	15533	8894	8041	6652	4206	10142	8942
环　县	79719	40353	9832	8268	5276	3460	7482	5048
华池县	36452	10065	5151	4161	3371	2380	5981	5343
合水县	27360	10124	5035	3592	2249	1236	2785	2339
正宁县	22342	8301	3371	2868	1934	1026	2321	2521
宁　县	29898	13061	4215	4304	2453	1374	2182	2309
镇原县	46654	20147	6224	5050	3574	2175	5106	4378
定西市	**442980**	**141144**	**68935**	**58285**	**43611**	**28080**	**63499**	**39426**
安定区	151750	37260	23662	21200	16821	11151	25169	16487
通渭县	23442	13549	2773	1864	1357	801	1860	1238
陇西县	77263	24075	10942	9764	8085	5348	11753	7296
渭源县	26043	13230	3646	2459	1541	1115	2206	1846
临洮县	95282	27221	14730	14449	10703	6376	14294	7509
漳　县	27280	13869	3967	2628	1921	1217	2417	1261
岷　县	41920	11940	9215	5921	3183	2072	5800	3789
陇南市	**353486**	**116459**	**57324**	**47454**	**32182**	**21164**	**46278**	**32625**
武都区	135762	42780	22730	20428	12405	9189	19375	8855
成　县	41882	9427	8527	6111	4417	2480	5644	5276
文　县	27694	13973	2950	2054	1656	1003	3348	2710
宕昌县	21243	4703	4101	2828	2264	1365	3703	2279
康　县	17498	5239	2771	2358	1573	1078	2278	2201
西和县	30850	10502	4115	4331	2816	1915	3172	3999
礼　县	30571	16486	5177	2809	1586	886	1921	1706
徽　县	40021	11487	5876	5515	4690	2742	5678	4033
两当县	7965	1862	1077	1020	775	506	1159	1566
临夏回族自治州	**387571**	**107444**	**70394**	**55257**	**38159**	**25393**	**57048**	**33876**
临夏市	174675	38761	28679	26168	18454	12663	30670	19280
临夏县	30628	9764	5305	6101	3772	1265	2344	2077
康乐县	29478	10156	5314	3924	2807	1799	3973	1505
永靖县	45949	9466	6048	6693	5687	4129	9006	4920
广河县	28214	9558	7868	3303	1652	1430	2843	1560
和政县	20919	5416	3881	2963	2290	1619	3401	1349
东乡族自治县	21658	10863	6354	1434	749	456	789	1013
积石山保安族东乡族撒拉族自治县	36050	13460	6945	4671	2748	2032	4022	2172
甘南藏族自治州	**130055**	**49242**	**17353**	**16003**	**10432**	**6738**	**16535**	**13752**
合作市	45642	14563	7582	6886	4571	2520	5807	3713
临潭县	14291	5070	1598	1415	1158	918	2390	1742
卓尼县	8853	4932	1009	770	563	379	661	539
舟曲县	18831	8931	2359	2256	1100	758	2265	1162
迭部县	9758	5426	1271	914	485	250	547	865
玛曲县	14036	3575	1222	1915	1393	1040	2441	2450
碌曲县	7041	1794	748	684	511	430	1384	1490
夏河县	11603	4951	1564	1163	651	443	1040	1791

7-4 全省按现住地、离开户口登记地时间分的户口登记地在外乡镇街道的人口（续2）

单位：人

现住地	离开户口登记地时间							
	省内							
	小计	半年以上，不满一年	一年以上，不满二年	二年以上，不满三年	三年以上，不满四年	四年以上，不满五年	五年以上，不满十年	十年以上
合计	**6586817**	**1711445**	**1013482**	**885528**	**708340**	**457017**	**1018445**	**792560**
兰州市	**2047695**	**482776**	**314682**	**275298**	**243771**	**143770**	**318149**	**269249**
城关区	770997	166044	113698	102659	89989	56826	122081	119700
七里河区	367164	82726	47587	47216	41073	27487	62614	58461
西固区	195846	31132	25636	22078	21755	17125	49369	28751
安宁区	232830	55559	40911	33989	31458	15529	30797	24587
红古区	43115	7788	5030	5502	6256	3884	7831	6824
永登县	69656	11416	8505	9133	8346	6007	13574	12675
皋兰县	40454	11820	7358	5624	4822	2601	5797	2432
榆中县	164163	54445	30421	24568	21730	8671	13913	10415
兰州新区	163470	61846	35536	24529	18342	5640	12173	5404
嘉峪关市	**131452**	**17955**	**15371**	**15838**	**12997**	**11000**	**30143**	**28148**
市辖区	131452	17955	15371	15838	12997	11000	30143	28148
金昌市	**180688**	**22721**	**19225**	**15031**	**15876**	**14095**	**49478**	**44262**
金川区	118955	17069	15137	9905	9845	8531	32031	26437
永昌县	61733	5652	4088	5126	6031	5564	17447	17825
白银市	**444320**	**119071**	**66687**	**57856**	**46590**	**31805**	**67961**	**54350**
白银区	142053	30370	21324	22969	19230	12819	22621	12720
平川区	77313	16643	10718	10291	8223	5509	14924	11005
靖远县	67660	19614	12664	8502	5433	3980	9107	8360
会宁县	92868	39520	15353	9190	7731	4459	9092	7523
景泰县	64426	12924	6628	6904	5973	5038	12217	14742
天水市	**481328**	**164286**	**83178**	**68435**	**44267**	**27773**	**52408**	**40981**
秦州区	202765	61018	37270	31436	20712	12957	22512	16860
麦积区	99600	32091	19675	15232	9000	5221	10571	7810
清水县	39973	10419	6732	5840	3222	2578	6994	4188
秦安县	46736	14653	7399	6467	4626	2865	4743	5983
甘谷县	38448	19819	5568	3979	2776	1538	2399	2369
武山县	26355	15125	2627	2279	1539	1059	2131	1595
张家川回族自治县	27451	11161	3907	3202	2392	1555	3058	2176
武威市	**372936**	**96719**	**63603**	**56916**	**41902**	**26188**	**50728**	**36880**
凉州区	253564	65767	44217	39099	27925	18038	34061	24457
民勤县	40412	8557	4882	6034	5281	3495	7005	5158
古浪县	42796	13444	7389	6261	4390	2549	5238	3525
天祝藏族自治县	36164	8951	7115	5522	4306	2106	4424	3740
张掖市	**364331**	**68318**	**46983**	**48137**	**44826**	**35064**	**77414**	**43589**
甘州区	194590	33575	26838	26605	26325	18723	36511	26013
肃南裕固族自治县	7350	1356	629	553	546	430	1807	2029
民乐县	46611	10684	7496	8488	5242	4384	8696	1621
临泽县	18894	4559	2657	2545	2221	1538	3189	2185
高台县	38526	7857	4671	4993	4316	3455	9304	3930
山丹县	58360	10287	4692	4953	6176	6534	17907	7811
平凉市	**448123**	**103531**	**74513**	**67575**	**52207**	**30592**	**64490**	**55215**
崆峒区	172181	34981	31911	30225	20274	12185	24147	18458
泾川县	35951	8637	6741	5785	3444	1761	4292	5291
灵台县	33086	7059	5749	5557	4439	2714	4069	3499
崇信县	19265	5050	2754	2245	2050	1380	3212	2574
庄浪县	47348	16580	6851	4957	4969	3146	4700	6145
静宁县	86354	21665	12256	12094	10235	5637	12628	11839
华亭市	53938	9559	8251	6712	6796	3769	11442	7409

7-4 全省按现住地、离开户口登记地时间分的户口登记地在外乡镇街道的人口（续3）

单位：人

现住地	离开户口登记地时间							
	省内							
	小计	半年以上，不满一年	一年以上，不满二年	二年以上，不满三年	三年以上，不满四年	四年以上，不满五年	五年以上，不满十年	十年以上
酒泉市	**363207**	**76503**	**50893**	**44240**	**37611**	**28246**	**68044**	**57670**
肃州区	177086	37596	27640	22197	19210	13835	31404	25204
金塔县	32905	9981	4438	3672	2899	2283	5531	4101
瓜州县	40833	7218	4350	4163	3793	3441	9107	8761
肃北蒙古族自治县	4351	1446	407	410	603	243	501	741
阿克塞哈萨克族自治县	4119	849	393	297	291	242	510	1537
玉门市	47618	9189	6348	5551	4639	3532	10009	8350
敦煌市	56295	10224	7317	7950	6176	4670	10982	8976
庆阳市	**522104**	**175354**	**77627**	**67814**	**50346**	**31239**	**66886**	**52838**
西峰区	243505	66291	38425	34467	27216	16797	34299	26010
庆城县	54520	13849	7975	7196	5686	3719	8912	7183
环　县	74600	38484	9192	7682	4774	3139	6757	4572
华池县	33210	9136	4844	3865	3131	2229	5452	4553
合水县	25009	9152	4705	3354	2126	1138	2501	2033
正宁县	20412	7701	3050	2482	1790	921	2152	2316
宁　县	27121	11598	3703	4077	2279	1284	2037	2143
镇原县	43727	19143	5733	4691	3344	2012	4776	4028
定西市	**419335**	**132589**	**64666**	**55841**	**41715**	**26858**	**60577**	**37089**
安定区	146266	35442	22674	20563	16393	10842	24499	15853
通渭县	21978	12847	2548	1748	1289	733	1707	1106
陇西县	71563	22550	9915	9054	7489	5019	10908	6628
渭源县	24330	12388	3432	2277	1435	1025	2059	1714
临洮县	91210	25630	14171	14002	10331	6185	13776	7115
漳　县	25678	12989	3762	2528	1800	1151	2271	1177
岷　县	38310	10743	8164	5669	2978	1903	5357	3496
陇南市	**324447**	**106542**	**52633**	**44356**	**29982**	**19738**	**42573**	**28623**
武都区	129188	40888	21672	19619	11784	8774	18394	8057
成　县	38843	8701	8057	5768	4113	2299	5215	4690
文　县	22186	11154	2070	1750	1427	845	2843	2097
宕昌县	18755	4031	3595	2435	2088	1267	3335	2004
康　县	14967	4432	2432	2135	1396	962	1905	1705
西和县	28613	9798	3780	3997	2638	1791	2928	3681
礼　县	27879	15149	4702	2540	1441	798	1721	1528
徽　县	37155	10771	5420	5227	4420	2557	5235	3525
两当县	6861	1618	905	885	675	445	997	1336
临夏回族自治州	**366974**	**99455**	**67414**	**53264**	**36698**	**24374**	**54444**	**31325**
临夏市	166402	36132	27330	25223	17789	12174	29528	18226
临夏县	28002	8294	5096	5893	3633	1191	2101	1794
康乐县	28547	9910	5111	3807	2733	1766	3861	1359
永靖县	43207	8826	5745	6397	5421	3937	8475	4406
广河县	26992	9251	7569	3179	1565	1352	2684	1392
和政县	19975	5132	3744	2873	2203	1579	3238	1206
东乡族自治县	20868	10411	6261	1388	720	430	731	927
积石山保安族东乡族撒拉族自治县	32981	11499	6558	4504	2634	1945	3826	2015
甘南藏族自治州	**119877**	**45625**	**16007**	**14927**	**9552**	**6275**	**15150**	**12341**
合作市	42139	13461	7071	6415	4132	2368	5367	3325
临潭县	13097	4568	1463	1333	1074	862	2195	1602
卓尼县	8073	4484	928	698	521	341	609	492
舟曲县	17800	8687	2227	2142	1019	703	2041	981
迭部县	8856	4992	1107	841	438	231	496	751
玛曲县	12959	3327	1079	1799	1301	969	2234	2250
碌曲县	6505	1651	675	630	483	409	1295	1362
夏河县	10448	4455	1457	1069	584	392	913	1578

7-4 全省按现住地、离开户口登记地时间分的户口登记地在外乡镇街道的人口(续4)

单位：人

现住地	离开户口登记地时间							
	省外							
	小计	半年以上，不满一年	一年以上，不满二年	二年以上，不满三年	三年以上，不满四年	四年以上，不满五年	五年以上，不满十年	十年以上
合计	**765648**	**188111**	**113385**	**91521**	**77355**	**43872**	**105453**	**145951**
兰州市	**379324**	**81306**	**59830**	**51568**	**46300**	**23767**	**53765**	**62788**
城关区	161954	27578	22251	20292	17867	11944	27400	34622
七里河区	52244	10941	6667	6474	5900	3284	8099	10879
西固区	28779	3858	3770	3130	3070	2441	6425	6085
安宁区	41332	8061	8074	6565	6062	2505	5164	4901
红古区	8302	1737	832	900	807	576	1360	2090
永登县	5955	2156	699	646	641	409	663	741
皋兰县	8593	4938	1145	867	430	323	505	385
榆中县	46808	8931	11398	10289	9925	1529	2516	2220
兰州新区	25357	13106	4994	2405	1598	756	1633	865
嘉峪关市	**25593**	**4337**	**3122**	**2944**	**2434**	**1873**	**5536**	**5347**
市辖区	25593	4337	3122	2944	2434	1873	5536	5347
金昌市	**16679**	**4354**	**2001**	**1432**	**1262**	**805**	**2500**	**4325**
金川区	12434	2388	1547	1140	996	630	2035	3698
永昌县	4245	1966	454	292	266	175	465	627
白银市	**26933**	**7112**	**4059**	**3215**	**2495**	**1837**	**3886**	**4329**
白银区	12101	2815	1692	1535	1267	966	1863	1963
平川区	5055	1242	635	762	454	336	750	876
靖远县	3943	1260	775	374	317	167	485	565
会宁县	2645	850	534	266	210	166	329	290
景泰县	3189	945	423	278	247	202	459	635
天水市	**33633**	**11640**	**5825**	**3957**	**3166**	**1638**	**3609**	**3798**
秦州区	12214	3891	2289	1560	1060	576	1329	1509
麦积区	10387	3076	2004	1442	1148	540	1150	1027
清水县	2893	1249	446	204	180	146	295	373
秦安县	2766	923	327	302	481	151	255	327
甘谷县	2053	812	363	204	139	102	204	229
武山县	1410	540	231	124	107	80	164	164
张家川回族自治县	1910	1149	165	121	51	43	212	169
武威市	**22261**	**7593**	**3941**	**2714**	**1944**	**1127**	**2468**	**2474**
凉州区	15639	5155	2654	1987	1468	826	1817	1732
民勤县	2268	703	430	218	199	122	265	331
古浪县	2169	886	385	306	140	77	183	192
天祝藏族自治县	2185	849	472	203	137	102	203	219
张掖市	**18239**	**4511**	**2756**	**2251**	**1812**	**1154**	**2720**	**3035**
甘州区	11692	2355	1757	1492	1261	790	1810	2227
肃南裕固族自治县	516	141	96	69	56	20	67	67
民乐县	1756	565	388	221	107	74	231	170
临泽县	1073	356	175	107	95	67	120	153
高台县	1362	317	151	249	161	88	213	183
山丹县	1840	777	189	113	132	115	279	235
平凉市	**30482**	**8399**	**4689**	**3443**	**2705**	**1715**	**4570**	**4961**
崆峒区	13858	3253	2224	1845	1350	851	2147	2188
泾川县	2424	685	382	253	193	140	359	412
灵台县	2862	1202	408	280	209	138	306	319
崇信县	1591	378	174	132	90	90	363	364
庄浪县	1994	685	302	174	162	112	239	320
静宁县	3160	813	465	289	327	169	487	610
华亭市	4593	1383	734	470	374	215	669	748

7–4 全省按现住地、离开户口登记地时间分的户口登记地在外乡镇街道的人口（续5）

单位：人

现住地	离开户口登记地时间							
	省外							
	小计	半年以上，不满一年	一年以上，不满二年	二年以上，不满三年	三年以上，不满四年	四年以上，不满五年	五年以上，不满十年	十年以上
酒泉市	**86378**	**16914**	**7499**	**5712**	**4505**	**3379**	**9896**	**38473**
肃州区	17174	3044	2597	2222	1726	1162	2787	3636
金塔县	9253	6221	1216	393	186	157	500	580
瓜州县	6917	1372	561	509	338	393	1316	2428
肃北蒙古族自治县	1970	862	190	216	285	101	181	135
阿克塞哈萨克族自治县	758	198	118	76	65	45	128	128
玉门市	8476	3588	1168	765	378	283	1046	1248
敦煌市	41830	1629	1649	1531	1527	1238	3938	30318
庆阳市	**42667**	**11867**	**6377**	**5674**	**4295**	**2447**	**5887**	**6120**
西峰区	16431	3346	2857	2737	1916	1032	2475	2068
庆城县	7890	1684	919	845	966	487	1230	1759
环　县	5119	1869	640	586	502	321	725	476
华池县	3242	929	307	296	240	151	529	790
合水县	2351	972	330	238	123	98	284	306
正宁县	1930	600	321	386	144	105	169	205
宁　县	2777	1463	512	227	174	90	145	166
镇原县	2927	1004	491	359	230	163	330	350
定西市	**23645**	**8555**	**4269**	**2444**	**1896**	**1222**	**2922**	**2337**
安定区	5484	1818	988	637	428	309	670	634
通渭县	1464	702	225	116	68	68	153	132
陇西县	5700	1525	1027	710	596	329	845	668
渭源县	1713	842	214	182	106	90	147	132
临洮县	4072	1591	559	447	372	191	518	394
漳　县	1602	880	205	100	121	66	146	84
岷　县	3610	1197	1051	252	205	169	443	293
陇南市	**29039**	**9917**	**4691**	**3098**	**2200**	**1426**	**3705**	**4002**
武都区	6574	1892	1058	809	621	415	981	798
成　县	3039	726	470	343	304	181	429	586
文　县	5508	2819	880	304	229	158	505	613
宕昌县	2488	672	506	393	176	98	368	275
康　县	2531	807	339	223	177	116	373	496
西和县	2237	704	335	334	178	124	244	318
礼　县	2692	1337	475	269	145	88	200	178
徽　县	2866	716	456	288	270	185	443	508
两当县	1104	244	172	135	100	61	162	230
临夏回族自治州	**20597**	**7989**	**2980**	**1993**	**1461**	**1019**	**2604**	**2551**
临夏市	8273	2629	1349	945	665	489	1142	1054
临夏县	2626	1470	209	208	139	74	243	283
康乐县	931	246	203	117	74	33	112	146
永靖县	2742	640	303	296	266	192	531	514
广河县	1222	307	299	124	87	78	159	168
和政县	944	284	137	90	87	40	163	143
东乡族自治县	790	452	93	46	29	26	58	86
积石山保安族东乡族撒拉族自治县	3069	1961	387	167	114	87	196	157
甘南藏族自治州	**10178**	**3617**	**1346**	**1076**	**880**	**463**	**1385**	**1411**
合作市	3503	1102	511	471	439	152	440	388
临潭县	1194	502	135	82	84	56	195	140
卓尼县	780	448	81	72	42	38	52	47
舟曲县	1031	244	132	114	81	55	224	181
迭部县	902	434	164	73	47	19	51	114
玛曲县	1077	248	143	116	92	71	207	200
碌曲县	536	143	73	54	28	21	89	128
夏河县	1155	496	107	94	67	51	127	213

7-4a 全省按现住地、离开户口登记地时间分的户口登记地在外乡镇街道的人口（城市）

单位：人

现住地	离开户口登记地时间							
	合计							
	合计	半年以上，不满一年	一年以上，不满二年	二年以上，不满三年	三年以上，不满四年	四年以上，不满五年	五年以上，不满十年	十年以上
合计	**4027986**	**838735**	**612232**	**555796**	**462906**	**306329**	**690070**	**561918**
兰州市	**1774070**	**360721**	**254966**	**230971**	**209168**	**132983**	**303815**	**281446**
城关区	905804	185289	132496	119430	104990	67021	145710	150868
七里河区	344710	73681	42247	42557	37429	25493	60825	62478
西固区	210505	31745	27124	23472	23272	18723	53931	32238
安宁区	274162	63620	48985	40554	37520	18034	35961	29488
红古区	38889	6386	4114	4958	5957	3712	7388	6374
嘉峪关市	**148193**	**19634**	**17435**	**17767**	**14717**	**12336**	**34123**	**32181**
市辖区	148193	19634	17435	17767	14717	12336	34123	32181
金昌市	**127072**	**17696**	**16216**	**10671**	**10581**	**9001**	**33583**	**29324**
金川区	127072	17696	16216	10671	10581	9001	33583	29324
白银市	**217803**	**45289**	**31478**	**33350**	**27512**	**18697**	**38095**	**23382**
白银区	146608	31162	21452	23407	19473	13425	23908	13781
平川区	69817	13802	9888	9792	7913	5188	13895	9339
靖远县	1378	325	138	151	126	84	292	262
天水市	**282393**	**78366**	**55995**	**46080**	**29547**	**17620**	**31646**	**23139**
秦州区	190374	49269	37360	31551	20758	12879	22083	16474
麦积区	92019	29097	18635	14529	8789	4741	9563	6665
武威市	**213538**	**46680**	**36647**	**34057**	**25691**	**16655**	**31863**	**21945**
凉州区	213538	46680	36647	34057	25691	16655	31863	21945
张掖市	**156987**	**24208**	**21305**	**20284**	**20097**	**14875**	**30846**	**25372**
甘州区	156751	24140	21280	20252	20070	14865	30807	25337
肃南裕固族自治县	236	68	25	32	27	10	39	35
平凉市	**212625**	**40378**	**38208**	**35260**	**26019**	**15267**	**33792**	**23701**
崆峒区	169514	33585	31832	29772	20210	12104	24186	17825
华亭市	43111	6793	6376	5488	5809	3163	9606	5876
酒泉市	**245383**	**47227**	**36487**	**31919**	**27272**	**20305**	**46074**	**36099**
肃州区	164670	33633	26618	21109	17956	13055	28526	23773
玉门市	31477	5420	4165	3887	3423	2680	6868	5034
敦煌市	49236	8174	5704	6923	5893	4570	10680	7292
庆阳市	**205452**	**51174**	**29618**	**27154**	**23345**	**15774**	**33203**	**25184**
西峰区	205452	51174	29618	27154	23345	15774	33203	25184
定西市	**125127**	**29064**	**19813**	**18405**	**14817**	**9760**	**20949**	**12319**
安定区	125127	29064	19813	18405	14817	9760	20949	12319
陇南市	**107494**	**30197**	**18681**	**16912**	**10859**	**8048**	**16636**	**6161**
武都区	107318	30161	18649	16885	10840	8035	16609	6139
康　县	176	36	32	27	19	13	27	22
临夏回族自治州	**172852**	**37695**	**28151**	**26440**	**18944**	**12791**	**30428**	**18403**
临夏市	165956	35706	26997	24888	17738	12348	29924	18355
临夏县	6896	1989	1154	1552	1206	443	504	48
甘南藏族自治州	**38997**	**10406**	**7232**	**6526**	**4337**	**2217**	**5017**	**3262**
合作市	38997	10406	7232	6526	4337	2217	5017	3262

7-4a 全省按现住地、离开户口登记地时间分的户口登记地在外乡镇街道的人口（城市）（续1）

单位：人

现住地	离开户口登记地时间							
	省内							
	小计	半年以上，不满一年	一年以上，不满二年	二年以上，不满三年	三年以上，不满四年	四年以上，不满五年	五年以上，不满十年	十年以上
合计	**3612995**	**764502**	**551465**	**502638**	**416385**	**276727**	**620198**	**481080**
兰州市	**1508181**	**315191**	**216943**	**197243**	**178299**	**113696**	**259001**	**227808**
城关区	750860	159465	110967	99995	87844	55517	119447	117625
七里河区	305697	66529	37695	38190	33023	22819	54124	53317
西固区	184912	28449	23740	20652	20518	16499	48068	26986
安宁区	232830	55559	40911	33989	31458	15529	30797	24587
红古区	33882	5189	3630	4417	5456	3332	6565	5293
嘉峪关市	**125359**	**16170**	**14552**	**15063**	**12505**	**10615**	**29147**	**27307**
市辖区	125359	16170	14552	15063	12505	10615	29147	27307
金昌市	**115644**	**15919**	**14749**	**9590**	**9624**	**8402**	**31622**	**25738**
金川区	115644	15919	14749	9590	9624	8402	31622	25738
白银市	**203309**	**42328**	**29608**	**31407**	**25965**	**17511**	**35678**	**20812**
白银区	136175	29011	20089	22049	18347	12534	22172	11973
平川区	66104	13099	9421	9230	7530	4905	13279	8640
靖远县	1030	218	98	128	88	72	227	199
天水市	**265490**	**74533**	**52640**	**43472**	**27607**	**16666**	**29568**	**21004**
秦州区	181419	47480	35565	30144	19804	12386	20910	15130
麦积区	84071	27053	17075	13328	7803	4280	8658	5874
武威市	**202999**	**44054**	**34861**	**32604**	**24532**	**15963**	**30395**	**20590**
凉州区	202999	44054	34861	32604	24532	15963	30395	20590
张掖市	**148840**	**23075**	**20120**	**19198**	**19168**	**14258**	**29446**	**23575**
甘州区	148626	23014	20102	19168	19144	14248	29408	23542
肃南裕固族自治县	214	61	18	30	24	10	38	33
平凉市	**199009**	**37574**	**36046**	**33416**	**24580**	**14389**	**31525**	**21479**
崆峒区	158071	31108	29974	28194	19014	11381	22357	16043
华亭市	40938	6466	6072	5222	5566	3008	9168	5436
酒泉市	**223507**	**43864**	**33370**	**29195**	**25010**	**18622**	**42137**	**31309**
肃州区	150609	31468	24395	19262	16515	12055	26223	20691
玉门市	29171	4898	3866	3711	3280	2528	6442	4446
敦煌市	43727	7498	5109	6222	5215	4039	9472	6172
庆阳市	**193675**	**48843**	**27716**	**25453**	**21953**	**14941**	**31262**	**23507**
西峰区	193675	48843	27716	25453	21953	14941	31262	23507
定西市	**121818**	**28238**	**19236**	**17968**	**14503**	**9511**	**20459**	**11903**
安定区	121818	28238	19236	17968	14503	9511	20459	11903
陇南市	**103528**	**29336**	**17973**	**16377**	**10423**	**7767**	**15957**	**5695**
武都区	103397	29309	17949	16357	10407	7759	15936	5680
康　县	131	27	24	20	16	8	21	15
临夏回族自治州	**165376**	**35431**	**26916**	**25580**	**18305**	**12313**	**29378**	**17453**
临夏市	158631	33489	25784	24049	17132	11880	28886	17411
临夏县	6745	1942	1132	1531	1173	433	492	42
甘南藏族自治州	**36260**	**9946**	**6735**	**6072**	**3911**	**2073**	**4623**	**2900**
合作市	36260	9946	6735	6072	3911	2073	4623	2900

7-4a 全省按现住地、离开户口登记地时间分的户口登记地在外乡镇街道的人口（城市）（续2）

单位：人

现住地	离开户口登记地时间							
	省外							
	小计	半年以上，不满一年	一年以上，不满二年	二年以上，不满三年	三年以上，不满四年	四年以上，不满五年	五年以上，不满十年	十年以上
合计	**414991**	**74233**	**60767**	**53158**	**46521**	**29602**	**69872**	**80838**
兰州市	**265889**	**45530**	**38023**	**33728**	**30869**	**19287**	**44814**	**53638**
城关区	154944	25824	21529	19435	17146	11504	26263	33243
七里河区	39013	7152	4552	4367	4406	2674	6701	9161
西固区	25593	3296	3384	2820	2754	2224	5863	5252
安宁区	41332	8061	8074	6565	6062	2505	5164	4901
红古区	5007	1197	484	541	501	380	823	1081
嘉峪关市	**22834**	**3464**	**2883**	**2704**	**2212**	**1721**	**4976**	**4874**
市辖区	22834	3464	2883	2704	2212	1721	4976	4874
金昌市	**11428**	**1777**	**1467**	**1081**	**957**	**599**	**1961**	**3586**
金川区	11428	1777	1467	1081	957	599	1961	3586
白银市	**14494**	**2961**	**1870**	**1943**	**1547**	**1186**	**2417**	**2570**
白银区	10433	2151	1363	1358	1126	891	1736	1808
平川区	3713	703	467	562	383	283	616	699
靖远县	348	107	40	23	38	12	65	63
天水市	**16903**	**3833**	**3355**	**2608**	**1940**	**954**	**2078**	**2135**
秦州区	8955	1789	1795	1407	954	493	1173	1344
麦积区	7948	2044	1560	1201	986	461	905	791
武威市	**10539**	**2626**	**1786**	**1453**	**1159**	**692**	**1468**	**1355**
凉州区	10539	2626	1786	1453	1159	692	1468	1355
张掖市	**8147**	**1133**	**1185**	**1086**	**929**	**617**	**1400**	**1797**

7-4a 全省按现住地、离开户口登记地时间分的户口登记地在外乡镇街道的人口（城市）（续3）

单位：人

现住地	离开户口登记地时间							
	省外							
	小计	半年以上，不满一年	一年以上，不满二年	二年以上，不满三年	三年以上，不满四年	四年以上，不满五年	五年以上，不满十年	十年以上
甘州区	8125	1126	1178	1084	926	617	1399	1795
肃南裕固族自治县	22	7	7	2	3		1	2
平凉市	**13616**	**2804**	**2162**	**1844**	**1439**	**878**	**2267**	**2222**
崆峒区	11443	2477	1858	1578	1196	723	1829	1782
华亭市	2173	327	304	266	243	155	438	440
酒泉市	**21876**	**3363**	**3117**	**2724**	**2262**	**1683**	**3937**	**4790**
肃州区	14061	2165	2223	1847	1441	1000	2303	3082
玉门市	2306	522	299	176	143	152	426	588
敦煌市	5509	676	595	701	678	531	1208	1120
庆阳市	**11777**	**2331**	**1902**	**1701**	**1392**	**833**	**1941**	**1677**
西峰区	11777	2331	1902	1701	1392	833	1941	1677
定西市	**3309**	**826**	**577**	**437**	**314**	**249**	**490**	**416**
安定区	3309	826	577	437	314	249	490	416
陇南市	**3966**	**861**	**708**	**535**	**436**	**281**	**679**	**466**
武都区	3921	852	700	528	433	276	673	459
康　县	45	9	8	7	3	5	6	7
临夏回族自治州	**7476**	**2264**	**1235**	**860**	**639**	**478**	**1050**	**950**
临夏市	7325	2217	1213	839	606	468	1038	944
临夏县	151	47	22	21	33	10	12	6
甘南藏族自治州	**2737**	**460**	**497**	**454**	**426**	**144**	**394**	**362**
合作市	2737	460	497	454	426	144	394	362

7–4b 全省按现住地、离开户口登记地时间分的户口登记地在外乡镇街道的人口（镇）

单位：人

现住地	离开户口登记地时间							
	合计							
	合计	半年以上，不满一年	一年以上，不满二年	二年以上，不满三年	三年以上，不满四年	四年以上，不满五年	五年以上，不满十年	十年以上
合计	**2322295**	**698054**	**368333**	**309015**	**243385**	**146011**	**311302**	**246195**
兰州市	**454316**	**121368**	**88523**	**72238**	**64772**	**25861**	**49123**	**32431**
城关区	16565	4176	1954	2209	1978	1237	2536	2475
七里河区	34118	7372	6952	6179	4803	2216	4365	2231
西固区	4989	1455	837	497	552	334	619	695
安宁区								
红古区	6700	1516	1018	835	600	414	1119	1198
永登县	64430	8921	7770	8870	8280	5852	13032	11705
皋兰县	34983	10630	5008	5051	4379	2370	5466	2079
榆中县	165675	41338	35151	30609	28202	8640	12728	9007
兰州新区	126856	45960	29833	17988	15978	4798	9258	3041
嘉峪关市	**1722**	**471**	**83**	**168**	**114**	**86**	**278**	**522**
市辖区	1722	471	83	168	114	86	278	522
金昌市	**50144**	**4736**	**3214**	**4027**	**5068**	**4613**	**14165**	**14321**
金川区	128	55	8	5	7	3	16	34
永昌县	50016	4681	3206	4022	5061	4610	14149	14287
白银市	**188386**	**61573**	**27029**	**21045**	**16888**	**12106**	**25327**	**24418**
白银区	330	66	103	20	14	19	29	79
平川区	7233	2758	851	698	481	412	926	1107
靖远县	49157	15805	8249	7152	4372	3122	6157	4300
会宁县	73499	32720	12049	6816	6337	3647	6599	5331
景泰县	58167	10224	5777	6359	5684	4906	11616	13601
天水市	**171644**	**66852**	**25887**	**21161**	**14536**	**9708**	**18666**	**14834**
秦州区	3945	2679	336	254	137	94	218	227
麦积区	7829	2195	1650	1051	575	605	945	808
清水县	33570	7218	5946	4934	2904	2368	6483	3717
秦安县	44570	13753	7164	6328	4775	2809	4392	5349
甘谷县	34455	18103	5209	3640	2590	1386	1948	1579
武山县	24352	14378	2364	2041	1330	991	1922	1326
张家川回族自治县	22923	8526	3218	2913	2225	1455	2758	1828
武威市	**111478**	**27748**	**19137**	**17987**	**12750**	**7764**	**15902**	**10190**
凉州区	16955	5621	3506	2662	1401	834	1561	1370
民勤县	36645	7570	4674	5758	5066	3356	6558	3663
古浪县	29713	7681	4874	5308	3675	2044	4009	2122
天祝藏族自治县	28165	6876	6083	4259	2608	1530	3774	3035
张掖市	**143976**	**29908**	**18003**	**19402**	**16818**	**14491**	**32510**	**12844**
甘州区	1147	329	222	116	79	65	149	187
肃南裕固族自治县	3499	573	300	303	310	248	765	1000
民乐县	43717	10082	7157	7962	4985	4160	8205	1166
临泽县	17463	4187	2430	2400	2140	1465	2998	1843
高台县	34709	6450	4111	4688	4192	3285	8940	3043
山丹县	43441	8287	3783	3933	5112	5268	11453	5605
平凉市	**178721**	**44651**	**28970**	**26009**	**22056**	**12407**	**23747**	**20881**
崆峒区	1608	983	115	104	53	49	158	146
泾川县	32611	7234	6408	5527	3279	1645	3946	4572
灵台县	27033	4613	4905	4956	4016	2433	3517	2593
崇信县	14145	2975	2190	1866	1768	1160	2482	1704
庄浪县	39991	14064	6012	4217	4353	2804	3909	4632
静宁县	55385	12971	8220	8483	7750	3849	8107	6005
华亭市	7948	1811	1120	856	837	467	1628	1229

7-4b 全省按现住地、离开户口登记地时间分的户口登记地在外乡镇街道的人口（镇）（续 1）

单位：人

现住地	离开户口登记地时间							
	合计							
	合计	半年以上，不满一年	一年以上，不满二年	二年以上，不满三年	三年以上，不满四年	四年以上，不满五年	五年以上，不满十年	十年以上
酒泉市	**120795**	**28781**	**12373**	**9556**	**7626**	**6311**	**15594**	**40554**
肃州区	3388	953	280	266	201	140	377	1171
金塔县	32305	13643	4755	3317	2485	1898	4165	2042
瓜州县	26374	5630	3201	3089	2653	2560	5472	3769
肃北蒙古族自治县	2946	911	210	255	304	237	447	582
阿克塞哈萨克族自治县	4281	690	458	358	341	257	597	1580
玉门市	16657	6112	2517	1628	922	659	2272	2547
敦煌市	34844	842	952	643	720	560	2264	28863
庆阳市	**236278**	**90043**	**34019**	**29453**	**20488**	**12635**	**27933**	**21707**
西峰区	1613	613	375	220	152	95	82	76
庆城县	50296	10674	7199	6752	5653	3637	8752	7629
环　县	60211	31197	7631	6598	3911	2579	5316	2979
华池县	26681	6384	4104	3322	2694	1840	4650	3687
合水县	21843	7991	4127	2967	1864	1022	2218	1654
正宁县	18267	6802	2883	2349	1585	779	1848	2021
宁　县	21851	9461	3092	3591	1942	1084	1430	1251
镇原县	35516	16921	4608	3654	2687	1599	3637	2410
定西市	**255752**	**87411**	**40429**	**33822**	**24676**	**15567**	**35072**	**18775**
安定区	3325	1388	314	266	210	133	512	502
通渭县	20352	12137	2404	1632	1218	699	1524	738
陇西县	70204	21848	9718	8887	7595	5054	10876	6226
渭源县	21214	10996	3079	1954	1208	876	1810	1291
临洮县	86310	22950	13583	13750	10219	6012	13422	6374
漳　县	20422	9492	3256	2260	1616	1048	2048	702
岷　县	33925	8600	8075	5073	2610	1745	4880	2942
陇南市	**174199**	**58833**	**27226**	**22222**	**16599**	**10098**	**22078**	**17143**
武都区	10488	6193	744	699	495	406	985	966
成　县	36842	7800	7818	5535	4017	2243	5005	4424
文　县	18332	9255	1710	1430	1200	679	2415	1643
宕昌县	14409	2600	2893	1876	1728	1022	2889	1401
康　县	13240	3460	2261	2009	1296	907	1733	1574
西和县	22435	7980	3036	3277	2145	1486	2182	2329
礼　县	19983	11998	3070	1810	970	556	954	625
徽　县	32200	8135	4841	4764	4119	2392	4975	2974
两当县	6270	1412	853	822	629	407	940	1207
临夏回族自治州	**171212**	**50922**	**36427**	**24438**	**16360**	**10951**	**22200**	**9914**
临夏市	2340	965	245	190	204	132	281	323
临夏县	14878	4111	3231	3756	1958	442	835	545
康乐县	26232	8764	4809	3580	2599	1662	3658	1160
永靖县	41584	7537	5535	6325	5424	3957	8544	4262
广河县	24651	7838	7470	2998	1433	1303	2490	1119
和政县	18276	4410	3527	2717	2101	1463	3024	1034
东乡族自治县	15607	8166	5577	878	343	240	206	197
积石山保安族东乡族撒拉族自治县	27644	9131	6033	3994	2298	1752	3162	1274
甘南藏族自治州	**63672**	**24757**	**7013**	**7487**	**4634**	**3413**	**8707**	**7661**
合作市	304	230	12	11	6	4	23	18
临潭县	10328	3316	1179	1136	932	770	1865	1130
卓尼县	6901	3846	806	630	449	314	514	342
舟曲县	12660	5695	1622	1819	715	504	1680	625
迭部县	7294	4350	969	720	354	153	300	448
玛曲县	12965	3104	1061	1813	1301	973	2350	2363
碌曲县	5858	1396	558	537	431	372	1237	1327
夏河县	7362	2820	806	821	446	323	738	1408

7-4b 全省按现住地、离开户口登记地时间分的户口登记地在外乡镇街道的人口（镇）（续2）

单位：人

现住地	离开户口登记地时间							
	省内							
	小计	半年以上，不满一年	一年以上，不满二年	二年以上，不满三年	三年以上，不满四年	四年以上，不满五年	五年以上，不满十年	十年以上
合计	**2122377**	**649179**	**337497**	**284906**	**222358**	**137632**	**291435**	**199370**
兰州市	**382533**	**104998**	**72456**	**58366**	**52236**	**23063**	**43956**	**27458**
城关区	13427	3632	1673	1915	1641	1022	1993	1551
七里河区	27664	6199	5490	4575	3819	1962	3803	1816
西固区	4146	1272	708	415	495	292	465	499
安宁区								
红古区	5049	1295	839	628	427	304	800	756
永登县	61129	8449	7359	8350	7722	5504	12544	11201
皋兰县	30286	7725	4507	4661	4167	2231	5180	1815
榆中县	126842	35886	25006	21176	19101	7462	10917	7294
兰州新区	113990	40540	26874	16646	14864	4286	8254	2526
嘉峪关市	**1238**	**365**	**65**	**130**	**73**	**62**	**183**	**360**
市辖区	1238	365	65	130	73	62	183	360
金昌市	**48269**	**4287**	**3028**	**3829**	**4882**	**4500**	**13844**	**13899**
金川区	121	53	7	4	6	3	16	32
永昌县	48148	4234	3021	3825	4876	4497	13828	13867
白银市	**182478**	**59908**	**26126**	**20502**	**16361**	**11740**	**24432**	**23409**
白银区	230	49	35	19	13	18	25	71
平川区	6665	2483	783	659	450	395	857	1038
靖远县	47539	15360	8048	6951	4194	3035	5908	4043
会宁县	72108	32335	11746	6703	6211	3539	6395	5179
景泰县	55936	9681	5514	6170	5493	4753	11247	13078
天水市	**164766**	**64173**	**24952**	**20468**	**13767**	**9347**	**17965**	**14094**
秦州区	3546	2379	306	236	130	84	202	209
麦积区	6949	1942	1456	943	499	563	830	716
清水县	32556	6871	5823	4849	2820	2294	6355	3544
秦安县	42730	13232	6957	6097	4351	2701	4239	5153
甘谷县	33481	17737	5035	3527	2512	1340	1844	1486
武山县	23420	13983	2238	1969	1262	933	1811	1224
张家川回族自治县	22084	8029	3137	2847	2193	1432	2684	1762
武威市	**106966**	**26413**	**18300**	**17379**	**12330**	**7511**	**15398**	**9635**
凉州区	15846	5258	3283	2527	1317	776	1449	1236
民勤县	35050	7066	4357	5593	4900	3271	6368	3495
古浪县	28846	7474	4726	5105	3594	2000	3934	2013
天祝藏族自治县	27224	6615	5934	4154	2519	1464	3647	2891
张掖市	**139557**	**28520**	**17346**	**18868**	**16409**	**14226**	**31860**	**12328**
甘州区	994	272	189	108	72	59	132	162
肃南裕固族自治县	3367	542	289	294	291	236	740	975
民乐县	42570	9746	6882	7815	4901	4103	8044	1079
临泽县	16865	4029	2362	2335	2078	1414	2908	1739
高台县	33674	6241	3982	4468	4048	3222	8764	2949
山丹县	42087	7690	3642	3848	5019	5192	11272	5424
平凉市	**172471**	**43124**	**28016**	**25315**	**21436**	**11988**	**22756**	**19836**
崆峒区	1492	942	96	86	45	43	143	137
泾川县	31200	6931	6197	5354	3152	1542	3700	4324
灵台县	26036	4411	4738	4812	3907	2358	3372	2438
崇信县	13667	2838	2133	1804	1718	1109	2425	1640
庄浪县	39058	13813	5876	4121	4268	2730	3779	4471
静宁县	53985	12704	8012	8354	7561	3759	7839	5756
华亭市	7033	1485	964	784	785	447	1498	1070

7-4b 全省按现住地、离开户口登记地时间分的户口登记地在外乡镇街道的人口（镇）（续3）

单位：人

现住地	离开户口登记地时间							
	省内							
	小计	半年以上，不满一年	一年以上，不满二年	二年以上，不满三年	三年以上，不满四年	四年以上，不满五年	五年以上，不满十年	十年以上
酒泉市	**71660**	**18959**	**9438**	**7952**	**6571**	**5459**	**12446**	**10835**
肃州区	3026	848	227	229	172	116	337	1097
金塔县	24953	8296	3744	3060	2385	1808	3900	1760
瓜州县	23661	4786	2943	2831	2532	2393	5030	3146
肃北蒙古族自治县	2575	794	169	223	268	207	401	513
阿克塞哈萨克族自治县	3625	541	347	284	276	223	482	1472
玉门市	11684	3348	1752	1128	766	590	1969	2131
敦煌市	2136	346	256	197	172	122	327	716
庆阳市	**221502**	**86360**	**32201**	**27689**	**18946**	**11685**	**25657**	**18964**
西峰区	1491	583	338	207	132	88	75	68
庆城县	44202	9624	6579	6117	4864	3244	7727	6047
环　县	57841	30465	7323	6275	3665	2400	4922	2791
华池县	25266	6173	3996	3155	2562	1744	4346	3290
合水县	20599	7582	3964	2837	1798	955	2032	1431
正宁县	17192	6465	2697	2179	1509	726	1745	1871
宁　县	20817	9031	2914	3452	1863	1025	1355	1177
镇原县	34094	16437	4390	3467	2553	1503	3455	2289
定西市	**244337**	**84094**	**38165**	**32615**	**23580**	**14862**	**33410**	**17611**
安定区	3075	1278	290	223	196	123	487	478
通渭县	19565	11763	2267	1561	1181	659	1446	688
陇西县	66126	20869	9019	8424	7118	4766	10181	5749
渭源县	20212	10493	2972	1865	1150	815	1709	1208
临洮县	83749	22279	13221	13392	9904	5851	13014	6088
漳　县	19750	9241	3169	2197	1536	1012	1945	650
岷　县	31860	8171	7227	4953	2495	1636	4628	2750
陇南市	**162161**	**55207**	**25596**	**21014**	**15618**	**9424**	**20311**	**14991**
武都区	9918	5961	657	647	475	376	921	881
成　县	34486	7354	7477	5248	3746	2081	4632	3948
文　县	16267	8378	1448	1306	1096	611	2153	1275
宕昌县	13553	2390	2796	1773	1651	974	2704	1265
康　县	11771	3065	2084	1873	1189	832	1496	1232
西和县	21231	7629	2853	3128	2029	1406	2021	2165
礼　县	18791	11347	2885	1671	903	520	893	572
徽　县	30355	7778	4594	4589	3928	2239	4627	2600
两当县	5789	1305	802	779	601	385	864	1053
临夏回族自治州	**164957**	**49306**	**35334**	**23719**	**15801**	**10570**	**21185**	**9042**
临夏市	2007	781	214	174	181	123	239	295
临夏县	14451	3949	3182	3695	1924	419	773	509
康乐县	25443	8565	4629	3477	2530	1636	3567	1039
永靖县	39638	7262	5308	6087	5207	3807	8108	3859
广河县	23743	7677	7209	2893	1368	1232	2362	1002
和政县	17634	4253	3429	2650	2035	1432	2898	937
东乡族自治县	15364	8016	5553	859	333	228	189	186
积石山保安族东乡族撒拉族自治县	26677	8803	5810	3884	2223	1693	3049	1215
甘南藏族自治州	**59482**	**23465**	**6474**	**7060**	**4348**	**3195**	**8032**	**6908**
合作市	293	224	12	10	6	3	22	16
临潭县	9851	3195	1122	1094	883	740	1763	1054
卓尼县	6392	3565	753	577	424	285	476	312
舟曲县	12148	5600	1555	1748	687	463	1558	537
迭部县	6576	3985	838	655	320	140	262	376
玛曲县	12089	2956	951	1713	1216	916	2160	2177
碌曲县	5454	1319	503	504	407	354	1156	1211
夏河县	6679	2621	740	759	405	294	635	1225

7-4b 全省按现住地、离开户口登记地时间分的户口登记地在外乡镇街道的人口（镇）（续4）

单位：人

现住地	离开户口登记地时间							
	省外							
	小计	半年以上，不满一年	一年以上，不满二年	二年以上，不满三年	三年以上，不满四年	四年以上，不满五年	五年以上，不满十年	十年以上
合计	**199918**	**48875**	**30836**	**24109**	**21027**	**8379**	**19867**	**46825**
兰州市	**71783**	**16370**	**16067**	**13872**	**12536**	**2798**	**5167**	**4973**
城关区	3138	544	281	294	337	215	543	924
七里河区	6454	1173	1462	1604	984	254	562	415
西固区	843	183	129	82	57	42	154	196
安宁区								
红古区	1651	221	179	207	173	110	319	442
永登县	3301	472	411	520	558	348	488	504
皋兰县	4697	2905	501	390	212	139	286	264
榆中县	38833	5452	10145	9433	9101	1178	1811	1713
兰州新区	12866	5420	2959	1342	1114	512	1004	515
嘉峪关市	**484**	**106**	**18**	**38**	**41**	**24**	**95**	**162**
市辖区	484	106	18	38	41	24	95	162
金昌市	**1875**	**449**	**186**	**198**	**186**	**113**	**321**	**422**
金川区	7	2	1	1	1			2
永昌县	1868	447	185	197	185	113	321	420
白银市	**5908**	**1665**	**903**	**543**	**527**	**366**	**895**	**1009**
白银区	100	17	68	1	1	1	4	8
平川区	568	275	68	39	31	17	69	69
靖远县	1618	445	201	201	178	87	249	257
会宁县	1391	385	303	113	126	108	204	152
景泰县	2231	543	263	189	191	153	369	523
天水市	**6878**	**2679**	**935**	**693**	**769**	**361**	**701**	**740**
秦州区	399	300	30	18	7	10	16	18
麦积区	880	253	194	108	76	42	115	92
清水县	1014	347	123	85	84	74	128	173
秦安县	1840	521	207	231	424	108	153	196
甘谷县	974	366	174	113	78	46	104	93
武山县	932	395	126	72	68	58	111	102
张家川回族自治县	839	497	81	66	32	23	74	66
武威市	**4512**	**1335**	**837**	**608**	**420**	**253**	**504**	**555**
凉州区	1109	363	223	135	84	58	112	134
民勤县	1595	504	317	165	166	85	190	168
古浪县	867	207	148	203	81	44	75	109
天祝藏族自治县	941	261	149	105	89	66	127	144
张掖市	**4419**	**1388**	**657**	**534**	**409**	**265**	**650**	**516**
甘州区	153	57	33	8	7	6	17	25
肃南裕固族自治县	132	31	11	9	19	12	25	25
民乐县	1147	336	275	147	84	57	161	87
临泽县	598	158	68	65	62	51	90	104
高台县	1035	209	129	220	144	63	176	94
山丹县	1354	597	141	85	93	76	181	181
平凉市	**6250**	**1527**	**954**	**694**	**620**	**419**	**991**	**1045**
崆峒区	116	41	19	18	8	6	15	9
泾川县	1411	303	211	173	127	103	246	248
灵台县	997	202	167	144	109	75	145	155
崇信县	478	137	57	62	50	51	57	64
庄浪县	933	251	136	96	85	74	130	161
静宁县	1400	267	208	129	189	90	268	249
华亭市	915	326	156	72	52	20	130	159

7-4b 全省按现住地、离开户口登记地时间分的户口登记地在外乡镇街道的人口（镇）（续5）

单位：人

现住地	离开户口登记地时间							
	省外							
	小计	半年以上，不满一年	一年以上，不满二年	二年以上，不满三年	三年以上，不满四年	四年以上，不满五年	五年以上，不满十年	十年以上
酒泉市	**49135**	**9822**	**2935**	**1604**	**1055**	**852**	**3148**	**29719**
肃州区	362	105	53	37	29	24	40	74
金塔县	7352	5347	1011	257	100	90	265	282
瓜州县	2713	844	258	258	121	167	442	623
肃北蒙古族自治县	371	117	41	32	36	30	46	69
阿克塞哈萨克族自治县	656	149	111	74	65	34	115	108
玉门市	4973	2764	765	500	156	69	303	416
敦煌市	32708	496	696	446	548	438	1937	28147
庆阳市	**14776**	**3683**	**1818**	**1764**	**1542**	**950**	**2276**	**2743**
西峰区	122	30	37	13	20	7	7	8
庆城县	6094	1050	620	635	789	393	1025	1582
环　县	2370	732	308	323	246	179	394	188
华池县	1415	211	108	167	132	96	304	397
合水县	1244	409	163	130	66	67	186	223
正宁县	1075	337	186	170	76	53	103	150
宁　县	1034	430	178	139	79	59	75	74
镇原县	1422	484	218	187	134	96	182	121
定西市	**11415**	**3317**	**2264**	**1207**	**1096**	**705**	**1662**	**1164**
安定区	250	110	24	43	14	10	25	24
通渭县	787	374	137	71	37	40	78	50
陇西县	4078	979	699	463	477	288	695	477
渭源县	1002	503	107	89	58	61	101	83
临洮县	2561	671	362	358	315	161	408	286
漳　县	672	251	87	63	80	36	103	52
岷　县	2065	429	848	120	115	109	252	192
陇南市	**12038**	**3626**	**1630**	**1208**	**981**	**674**	**1767**	**2152**
武都区	570	232	87	52	20	30	64	85
成　县	2356	446	341	287	271	162	373	476
文　县	2065	877	262	124	104	68	262	368
宕昌县	856	210	97	103	77	48	185	136
康　县	1469	395	177	136	107	75	237	342
西和县	1204	351	183	149	116	80	161	164
礼　县	1192	651	185	139	67	36	61	53
徽　县	1845	357	247	175	191	153	348	374
两当县	481	107	51	43	28	22	76	154
临夏回族自治州	**6255**	**1616**	**1093**	**719**	**559**	**381**	**1015**	**872**
临夏市	333	184	31	16	23	9	42	28
临夏县	427	162	49	61	34	23	62	36
康乐县	789	199	180	103	69	26	91	121
永靖县	1946	275	227	238	217	150	436	403
广河县	908	161	261	105	65	71	128	117
和政县	642	157	98	67	66	31	126	97
东乡族自治县	243	150	24	19	10	12	17	11
积石山保安族东乡族撒拉族自治县	967	328	223	110	75	59	113	59
甘南藏族自治州	**4190**	**1292**	**539**	**427**	**286**	**218**	**675**	**753**
合作市	11	6		1		1	1	2
临潭县	477	121	57	42	49	30	102	76
卓尼县	509	281	53	53	25	29	38	30
舟曲县	512	95	67	71	28	41	122	88
迭部县	718	365	131	65	34	13	38	72
玛曲县	876	148	110	100	85	57	190	186
碌曲县	404	77	55	33	24	18	81	116
夏河县	683	199	66	62	41	29	103	183

7-4c 全省按现住地、离开户口登记地时间分的户口登记地在外乡镇街道的人口（乡村）

单位：人

现住地	离开户口登记地时间							
	合计							
	合计	半年以上，不满一年	一年以上，不满二年	二年以上，不满三年	三年以上，不满四年	四年以上，不满五年	五年以上，不满十年	十年以上
合计	**1002184**	**362767**	**146302**	**112238**	**79404**	**48549**	**122526**	**130398**
兰州市	**198633**	**81993**	**31023**	**23657**	**16131**	**8693**	**18976**	**18160**
城关区	10582	4157	1499	1312	888	512	1235	979
七里河区	40580	12614	5055	4954	4741	3062	5523	4631
西固区	9131	1790	1445	1239	1001	509	1244	1903
安宁区								
红古区	5828	1623	730	609	506	334	684	1342
永登县	11181	4651	1434	909	707	564	1205	1711
皋兰县	14064	6128	3495	1440	873	554	836	738
榆中县	45296	22038	6668	4248	3453	1560	3701	3628
兰州新区	61971	28992	10697	8946	3962	1598	4548	3228
嘉峪关市	**7130**	**2187**	**975**	**847**	**600**	**451**	**1278**	**792**
市辖区	7130	2187	975	847	600	451	1278	792
金昌市	**20151**	**4643**	**1796**	**1765**	**1489**	**1286**	**4230**	**4942**
金川区	4189	1706	460	369	253	157	467	777
永昌县	15962	2937	1336	1396	1236	1129	3763	4165
白银市	**65064**	**19321**	**12239**	**6676**	**4685**	**2839**	**8425**	**10879**
白银区	7216	1957	1461	1077	1010	341	547	823
平川区	5318	1325	614	563	283	245	853	1435
靖远县	21068	4744	5052	1573	1252	941	3143	4363
会宁县	22014	7650	3838	2640	1604	978	2822	2482
景泰县	9448	3645	1274	823	536	334	1060	1776
天水市	**60924**	**30708**	**7121**	**5151**	**3350**	**2083**	**5705**	**6806**
秦州区	20660	12961	1863	1191	877	560	1540	1668
麦积区	10139	3875	1394	1094	784	415	1213	1364
清水县	9296	4450	1232	1110	498	356	806	844
秦安县	4932	1823	562	441	332	207	606	961
甘谷县	6046	2528	722	543	325	254	655	1019
武山县	3413	1287	494	362	316	148	373	433
张家川回族自治县	6438	3784	854	410	218	143	512	517
武威市	**70181**	**29884**	**11760**	**7586**	**5405**	**2896**	**5431**	**7219**
凉州区	38710	18621	6718	4367	2301	1375	2454	2874
民勤县	6035	1690	638	494	414	261	712	1826
古浪县	15252	6649	2900	1259	855	582	1412	1595
天祝藏族自治县	10184	2924	1504	1466	1835	678	853	924
张掖市	**81607**	**18713**	**10431**	**10702**	**9723**	**6852**	**16778**	**8408**
甘州区	48384	11461	7093	7729	7437	4583	7365	2716
肃南裕固族自治县	4131	856	400	287	265	192	1070	1061
民乐县	4650	1167	727	747	364	298	722	625
临泽县	2504	728	402	252	176	140	311	495
高台县	5179	1724	711	554	285	258	577	1070
山丹县	16759	2777	1098	1133	1196	1381	6733	2441
平凉市	**87259**	**26901**	**12024**	**9749**	**6837**	**4633**	**11521**	**15594**
崆峒区	14917	3666	2188	2194	1361	883	1950	2675
泾川县	5764	2088	715	511	358	256	705	1131
灵台县	8915	3648	1252	881	632	419	858	1225
崇信县	6711	2453	738	511	372	310	1093	1234
庄浪县	9351	3201	1141	914	778	454	1030	1833
静宁县	34129	9507	4501	3900	2812	1957	5008	6444
华亭市	7472	2338	1489	838	524	354	877	1052

7-4c 全省按现住地、离开户口登记地时间分的户口登记地在外乡镇街道的人口（乡村）（续1）

单位：人

现住地	离开户口登记地时间							
	合计							
	合计	半年以上，不满一年	一年以上，不满二年	二年以上，不满三年	三年以上，不满四年	四年以上，不满五年	五年以上，不满十年	十年以上
酒泉市	**83407**	**17409**	**9532**	**8477**	**7218**	**5009**	**16272**	**19490**
肃州区	26202	6054	3339	3044	2779	1802	5288	3896
金塔县	9853	2559	899	748	600	542	1866	2639
瓜州县	21376	2960	1710	1583	1478	1274	4951	7420
肃北蒙古族自治县	3375	1397	387	371	584	107	235	294
阿克塞哈萨克族自治县	596	357	53	15	15	30	41	85
玉门市	7960	1245	834	801	672	476	1915	2017
敦煌市	14045	2837	2310	1915	1090	778	1976	3139
庆阳市	**123041**	**46004**	**20367**	**16881**	**10808**	**5277**	**11637**	**12067**
西峰区	52871	17850	11289	9830	5635	1960	3489	2818
庆城县	12114	4859	1695	1289	999	569	1390	1313
环　县	19508	9156	2201	1670	1365	881	2166	2069
华池县	9771	3681	1047	839	677	540	1331	1656
合水县	5517	2133	908	625	385	214	567	685
正宁县	4075	1499	488	519	349	247	473	500
宁　县	8047	3600	1123	713	511	290	752	1058
镇原县	11138	3226	1616	1396	887	576	1469	1968
定西市	**62101**	**24669**	**8693**	**6058**	**4118**	**2753**	**7478**	**8332**
安定区	23298	6808	3535	2529	1794	1258	3708	3666
通渭县	3090	1412	369	232	139	102	336	500
陇西县	7059	2227	1224	877	490	294	877	1070
渭源县	4829	2234	567	505	333	239	396	555
临洮县	8972	4271	1147	699	484	364	872	1135
漳　县	6858	4377	711	368	305	169	369	559
岷　县	7995	3340	1140	848	573	327	920	847
陇南市	**71793**	**27429**	**11417**	**8320**	**4724**	**3018**	**7564**	**9321**
武都区	17956	6426	3337	2844	1070	748	1781	1750
成　县	5040	1627	709	576	400	237	639	852
文　县	9362	4718	1240	624	456	324	933	1067
宕昌县	6834	2103	1208	952	536	343	814	878
康　县	4082	1743	478	322	258	158	518	605
西和县	8415	2522	1079	1054	671	429	990	1670
礼　县	10588	4488	2107	999	616	330	967	1081
徽　县	7821	3352	1035	751	571	350	703	1059
两当县	1695	450	224	198	146	99	219	359
临夏回族自治州	**43507**	**18827**	**5816**	**4379**	**2855**	**1651**	**4420**	**5559**
临夏市	6379	2090	1437	1090	512	183	465	602
临夏县	8854	3664	920	793	608	380	1005	1484
康乐县	3246	1392	505	344	208	137	315	345
永靖县	4365	1929	513	368	263	172	462	658
广河县	3563	1720	398	305	219	127	353	441
和政县	2643	1006	354	246	189	156	377	315
东乡族自治县	6051	2697	777	556	406	216	583	816
积石山保安族东乡族撒拉族自治县	8406	4329	912	677	450	280	860	898
甘南藏族自治州	**27386**	**14079**	**3108**	**1990**	**1461**	**1108**	**2811**	**2829**
合作市	6341	3927	338	349	228	299	767	433
临潭县	3963	1754	419	279	226	148	525	612
卓尼县	1952	1086	203	140	114	65	147	197
舟曲县	6171	3236	737	437	385	254	585	537
迭部县	2464	1076	302	194	131	97	247	417
玛曲县	1071	471	161	102	92	67	91	87
碌曲县	1183	398	190	147	80	58	147	163
夏河县	4241	2131	758	342	205	120	302	383

7-4c 全省按现住地、离开户口登记地时间分的户口登记地在外乡镇街道的人口（乡村）（续2）

单位：人

现住地	离开户口登记地时间							
	省内							
	小计	半年以上，不满一年	一年以上，不满二年	二年以上，不满三年	三年以上，不满四年	四年以上，不满五年	五年以上，不满十年	十年以上
合计	**851445**	**297764**	**124520**	**97984**	**69597**	**42658**	**106812**	**112110**
兰州市	**156981**	**62587**	**25283**	**19689**	**13236**	**7011**	**15192**	**13983**
城关区	6710	2947	1058	749	504	287	641	524
七里河区	33803	9998	4402	4451	4231	2706	4687	3328
西固区	6788	1411	1188	1011	742	334	836	1266
安宁区								
红古区	4184	1304	561	457	373	248	466	775
永登县	8527	2967	1146	783	624	503	1030	1474
皋兰县	10168	4095	2851	963	655	370	617	617
榆中县	37321	18559	5415	3392	2629	1209	2996	3121
兰州新区	49480	21306	8662	7883	3478	1354	3919	2878
嘉峪关市	**4855**	**1420**	**754**	**645**	**419**	**323**	**813**	**481**
市辖区	4855	1420	754	645	419	323	813	481
金昌市	**16775**	**2515**	**1448**	**1612**	**1370**	**1193**	**4012**	**4625**
金川区	3190	1097	381	311	215	126	393	667
永昌县	13585	1418	1067	1301	1155	1067	3619	3958
白银市	**58533**	**16835**	**10953**	**5947**	**4264**	**2554**	**7851**	**10129**
白银区	5648	1310	1200	901	870	267	424	676
平川区	4544	1061	514	402	243	209	788	1327
靖远县	19091	4036	4518	1423	1151	873	2972	4118
会宁县	20760	7185	3607	2487	1520	920	2697	2344
景泰县	8490	3243	1114	734	480	285	970	1664
天水市	**51072**	**25580**	**5586**	**4495**	**2893**	**1760**	**4875**	**5883**
秦州区	17800	11159	1399	1056	778	487	1400	1521
麦积区	8580	3096	1144	961	698	378	1083	1220
清水县	7417	3548	909	991	402	284	639	644
秦安县	4006	1421	442	370	275	164	504	830
甘谷县	4967	2082	533	452	264	198	555	883
武山县	2935	1142	389	310	277	126	320	371
张家川回族自治县	5367	3132	770	355	199	123	374	414
武威市	**62971**	**26252**	**10442**	**6933**	**5040**	**2714**	**4935**	**6655**
凉州区	34719	16455	6073	3968	2076	1299	2217	2631
民勤县	5362	1491	525	441	381	224	637	1663
古浪县	13950	5970	2663	1156	796	549	1304	1512
天祝藏族自治县	8940	2336	1181	1368	1787	642	777	849
张掖市	**75934**	**16723**	**9517**	**10071**	**9249**	**6580**	**16108**	**7686**
甘州区	44970	10289	6547	7329	7109	4416	6971	2309
肃南裕固族自治县	3769	753	322	229	231	184	1029	1021
民乐县	4041	938	614	673	341	281	652	542
临泽县	2029	530	295	210	143	124	281	446
高台县	4852	1616	689	525	268	233	540	981
山丹县	16273	2597	1050	1105	1157	1342	6635	2387
平凉市	**76643**	**22833**	**10451**	**8844**	**6191**	**4215**	**10209**	**13900**
崆峒区	12618	2931	1841	1945	1215	761	1647	2278
泾川县	4751	1706	544	431	292	219	592	967
灵台县	7050	2648	1011	745	532	356	697	1061
崇信县	5598	2212	621	441	332	271	787	934
庄浪县	8290	2767	975	836	701	416	921	1674
静宁县	32369	8961	4244	3740	2674	1878	4789	6083
华亭市	5967	1608	1215	706	445	314	776	903

7-4c 全省按现住地、离开户口登记地时间分的户口登记地在外乡镇街道的人口（乡村）(续3)

单位：人

现住地	离开户口登记地时间							
	省内							
	小计	半年以上，不满一年	一年以上，不满二年	二年以上，不满三年	三年以上，不满四年	四年以上，不满五年	五年以上，不满十年	十年以上
酒泉市	**68040**	**13680**	**8085**	**7093**	**6030**	**4165**	**13461**	**15526**
肃州区	23451	5280	3018	2706	2523	1664	4844	3416
金塔县	7952	1685	694	612	514	475	1631	2341
瓜州县	17172	2432	1407	1332	1261	1048	4077	5615
肃北蒙古族自治县	1776	652	238	187	335	36	100	228
阿克塞哈萨克族自治县	494	308	46	13	15	19	28	65
玉门市	6763	943	730	712	593	414	1598	1773
敦煌市	10432	2380	1952	1531	789	509	1183	2088
庆阳市	**106927**	**40151**	**17710**	**14672**	**9447**	**4613**	**9967**	**10367**
西峰区	48339	16865	10371	8807	5131	1768	2962	2435
庆城县	10318	4225	1396	1079	822	475	1185	1136
环　县	16759	8019	1869	1407	1109	739	1835	1781
华池县	7944	2963	848	710	569	485	1106	1263
合水县	4410	1570	741	517	328	183	469	602
正宁县	3220	1236	353	303	281	195	407	445
宁　县	6304	2567	789	625	416	259	682	966
镇原县	9633	2706	1343	1224	791	509	1321	1739
定西市	**53180**	**20257**	**7265**	**5258**	**3632**	**2485**	**6708**	**7575**
安定区	21373	5926	3148	2372	1694	1208	3553	3472
通渭县	2413	1084	281	187	108	74	261	418
陇西县	5437	1681	896	630	371	253	727	879
渭源县	4118	1895	460	412	285	210	350	506
临洮县	7461	3351	950	610	427	334	762	1027
漳　县	5928	3748	593	331	264	139	326	527
岷　县	6450	2572	937	716	483	267	729	746
陇南市	**58758**	**21999**	**9064**	**6965**	**3941**	**2547**	**6305**	**7937**
武都区	15873	5618	3066	2615	902	639	1537	1496
成　县	4357	1347	580	520	367	218	583	742
文　县	5919	2776	622	444	331	234	690	822
宕昌县	5202	1641	799	662	437	293	631	739
康　县	3065	1340	324	242	191	122	388	458
西和县	7382	2169	927	869	609	385	907	1516
礼　县	9088	3802	1817	869	538	278	828	956
徽　县	6800	2993	826	638	492	318	608	925
两当县	1072	313	103	106	74	60	133	283
临夏回族自治州	**36641**	**14718**	**5164**	**3965**	**2592**	**1491**	**3881**	**4830**
临夏市	5764	1862	1332	1000	476	171	403	520
临夏县	6806	2403	782	667	536	339	836	1243
康乐县	3104	1345	482	330	203	130	294	320
永靖县	3569	1564	437	310	214	130	367	547
广河县	3249	1574	360	286	197	120	322	390
和政县	2341	879	315	223	168	147	340	269
东乡族自治县	5504	2395	708	529	387	202	542	741
积石山保安族东乡族撒拉族自治县	6304	2696	748	620	411	252	777	800
甘南藏族自治州	**24135**	**12214**	**2798**	**1795**	**1293**	**1007**	**2495**	**2533**
合作市	5586	3291	324	333	215	292	722	409
临潭县	3246	1373	341	239	191	122	432	548
卓尼县	1681	919	175	121	97	56	133	180
舟曲县	5652	3087	672	394	332	240	483	444
迭部县	2280	1007	269	186	118	91	234	375
玛曲县	870	371	128	86	85	53	74	73
碌曲县	1051	332	172	126	76	55	139	151
夏河县	3769	1834	717	310	179	98	278	353

7-4c 全省按现住地、离开户口登记地时间分的户口登记地在外乡镇街道的人口（乡村）（续4）

单位：人

现住地	离开户口登记地时间							
	省外							
	小计	半年以上，不满一年	一年以上，不满二年	二年以上，不满三年	三年以上，不满四年	四年以上，不满五年	五年以上，不满十年	十年以上
合计	**150739**	**65003**	**21782**	**14254**	**9807**	**5891**	**15714**	**18288**
兰州市	**41652**	**19406**	**5740**	**3968**	**2895**	**1682**	**3784**	**4177**
城关区	3872	1210	441	563	384	225	594	455
七里河区	6777	2616	653	503	510	356	836	1303
西固区	2343	379	257	228	259	175	408	637
安宁区								
红古区	1644	319	169	152	133	86	218	567
永登县	2654	1684	288	126	83	61	175	237
皋兰县	3896	2033	644	477	218	184	219	121
榆中县	7975	3479	1253	856	824	351	705	507
兰州新区	12491	7686	2035	1063	484	244	629	350
嘉峪关市	**2275**	**767**	**221**	**202**	**181**	**128**	**465**	**311**
市辖区	2275	767	221	202	181	128	465	311
金昌市	**3376**	**2128**	**348**	**153**	**119**	**93**	**218**	**317**
金川区	999	609	79	58	38	31	74	110
永昌县	2377	1519	269	95	81	62	144	207
白银市	**6531**	**2486**	**1286**	**729**	**421**	**285**	**574**	**750**
白银区	1568	647	261	176	140	74	123	147
平川区	774	264	100	161	40	36	65	108
靖远县	1977	708	534	150	101	68	171	245
会宁县	1254	465	231	153	84	58	125	138
景泰县	958	402	160	89	56	49	90	112
天水市	**9852**	**5128**	**1535**	**656**	**457**	**323**	**830**	**923**
秦州区	2860	1802	464	135	99	73	140	147
麦积区	1559	779	250	133	86	37	130	144
清水县	1879	902	323	119	96	72	167	200
秦安县	926	402	120	71	57	43	102	131
甘谷县	1079	446	189	91	61	56	100	136
武山县	478	145	105	52	39	22	53	62
张家川回族自治县	1071	652	84	55	19	20	138	103
武威市	**7210**	**3632**	**1318**	**653**	**365**	**182**	**496**	**564**
凉州区	3991	2166	645	399	225	76	237	243
民勤县	673	199	113	53	33	37	75	163
古浪县	1302	679	237	103	59	33	108	83
天祝藏族自治县	1244	588	323	98	48	36	76	75
张掖市	**5673**	**1990**	**914**	**631**	**474**	**272**	**670**	**722**
甘州区	3414	1172	546	400	328	167	394	407
肃南裕固族自治县	362	103	78	58	34	8	41	40
民乐县	609	229	113	74	23	17	70	83
临泽县	475	198	107	42	33	16	30	49
高台县	327	108	22	29	17	25	37	89
山丹县	486	180	48	28	39	39	98	54
平凉市	**10616**	**4068**	**1573**	**905**	**646**	**418**	**1312**	**1694**
崆峒区	2299	735	347	249	146	122	303	397
泾川县	1013	382	171	80	66	37	113	164
灵台县	1865	1000	241	136	100	63	161	164
崇信县	1113	241	117	70	40	39	306	300
庄浪县	1061	434	166	78	77	38	109	159
静宁县	1760	546	257	160	138	79	219	361
华亭市	1505	730	274	132	79	40	101	149

7-4c 全省按现住地、离开户口登记地时间分的户口登记地在外乡镇街道的人口（乡村）（续5）

单位：人

现住地	离开户口登记地时间							
	省外							
	小计	半年以上，不满一年	一年以上，不满二年	二年以上，不满三年	三年以上，不满四年	四年以上，不满五年	五年以上，不满十年	十年以上
酒泉市	**15367**	**3729**	**1447**	**1384**	**1188**	**844**	**2811**	**3964**
肃州区	2751	774	321	338	256	138	444	480
金塔县	1901	874	205	136	86	67	235	298
瓜州县	4204	528	303	251	217	226	874	1805
肃北蒙古族自治县	1599	745	149	184	249	71	135	66
阿克塞哈萨克族自治县	102	49	7	2		11	13	20
玉门市	1197	302	104	89	79	62	317	244
敦煌市	3613	457	358	384	301	269	793	1051
庆阳市	**16114**	**5853**	**2657**	**2209**	**1361**	**664**	**1670**	**1700**
西峰区	4532	985	918	1023	504	192	527	383
庆城县	1796	634	299	210	177	94	205	177
环　县	2749	1137	332	263	256	142	331	288
华池县	1827	718	199	129	108	55	225	393
合水县	1107	563	167	108	57	31	98	83
正宁县	855	263	135	216	68	52	66	55
宁　县	1743	1033	334	88	95	31	70	92
镇原县	1505	520	273	172	96	67	148	229
定西市	**8921**	**4412**	**1428**	**800**	**486**	**268**	**770**	**757**
安定区	1925	882	387	157	100	50	155	194
通渭县	677	328	88	45	31	28	75	82
陇西县	1622	546	328	247	119	41	150	191
渭源县	711	339	107	93	48	29	46	49
临洮县	1511	920	197	89	57	30	110	108
漳　县	930	629	118	37	41	30	43	32
岷　县	1545	768	203	132	90	60	191	101
陇南市	**13035**	**5430**	**2353**	**1355**	**783**	**471**	**1259**	**1384**
武都区	2083	808	271	229	168	109	244	254
成　县	683	280	129	56	33	19	56	110
文　县	3443	1942	618	180	125	90	243	245
宕昌县	1632	462	409	290	99	50	183	139
康　县	1017	403	154	80	67	36	130	147
西和县	1033	353	152	185	62	44	83	154
礼　县	1500	686	290	130	78	52	139	125
徽　县	1021	359	209	113	79	32	95	134
两当县	623	137	121	92	72	39	86	76
临夏回族自治州	**6866**	**4109**	**652**	**414**	**263**	**160**	**539**	**729**
临夏市	615	228	105	90	36	12	62	82
临夏县	2048	1261	138	126	72	41	169	241
康乐县	142	47	23	14	5	7	21	25
永靖县	796	365	76	58	49	42	95	111
广河县	314	146	38	19	22	7	31	51
和政县	302	127	39	23	21	9	37	46
东乡族自治县	547	302	69	27	19	14	41	75
积石山保安族东乡族撒拉族自治县	2102	1633	164	57	39	28	83	98
甘南藏族自治州	**3251**	**1865**	**310**	**195**	**168**	**101**	**316**	**296**
合作市	755	636	14	16	13	7	45	24
临潭县	717	381	78	40	35	26	93	64
卓尼县	271	167	28	19	17	9	14	17
舟曲县	519	149	65	43	53	14	102	93
迭部县	184	69	33	8	13	6	13	42
玛曲县	201	100	33	16	7	14	17	14
碌曲县	132	66	18	21	4	3	8	12
夏河县	472	297	41	32	26	22	24	30

7-5 全省按户口登记地、性别、受教育程度分的

受教育程度	合计			省	
	合计	男	女	小计	男
合计	**7137667**	**3667478**	**3470189**	**6387475**	**3215223**
未上过学	222584	66838	155746	208763	61980
学前教育	275572	144581	130991	255147	133776
小学	1474664	692875	781789	1344178	620557
初中	2057770	1109021	948749	1787953	937013
高中	1403458	766363	637095	1278615	686975
大学专科	875959	461880	414079	804338	417009
大学本科	764264	394948	369316	662283	335837
硕士研究生	57190	27129	30061	41819	19444
博士研究生	6206	3843	2363	4379	2632

7-5a 全省按户口登记地、性别、受教育程度分的

受教育程度	合计			省	
	合计	男	女	小计	男
合计	**3913153**	**1985093**	**1928060**	**3506539**	**1748405**
未上过学	94940	27147	67793	88757	25067
学前教育	138632	72825	65807	127096	66707
小学	654663	301963	352700	591217	268771
初中	1087947	573790	514157	945215	486520
高中	802321	428961	373360	728528	383789
大学专科	572081	297811	274270	530292	272329
大学本科	506455	255732	250723	454609	226007
硕士研究生	50297	23266	27031	36709	16736
博士研究生	5817	3598	2219	4116	2479

户口登记地在外乡镇街道的人口

单位：人

内				省 外		
女	其中市辖区内人户分离			小计	男	女
	小计	男	女			
3172252	**1945033**	**953261**	**991772**	**750192**	**452255**	**297937**
146783	47255	13583	33672	13821	4858	8963
121371	79546	41718	37828	20425	10805	9620
723621	329509	149652	179857	130486	72318	58168
850940	541589	268048	273541	269817	172008	97809
591640	436910	223550	213360	124843	79388	45455
387329	259032	130242	128790	71621	44871	26750
326446	227042	114460	112582	101981	59111	42870
22375	21084	10160	10924	15371	7685	7686
1747	3066	1848	1218	1827	1211	616

户口登记地在外乡镇街道的人口（城市）

单位：人

内				省 外		
女	其中市辖区内人户分离			小计	男	女
	小计	男	女			
1758134	**1758250**	**856422**	**901828**	**406614**	**236688**	**169926**
63690	40591	11111	29480	6183	2080	4103
60389	72118	37904	34214	11536	6118	5418
322446	288726	129402	159324	63446	33192	30254
458695	479834	235281	244553	142732	87270	55462
344739	394561	200752	193809	73793	45172	28621
257963	243044	121708	121336	41789	25482	16307
228602	216172	108760	107412	51846	29725	22121
19973	20214	9710	10504	13588	6530	7058
1637	2990	1794	1196	1701	1119	582

7-5b 全省按户口登记地、性别、受教育程度分的

受教育程度	合计			省	
	合计	男	女	小计	男
合计	**2248978**	**1122878**	**1126100**	**2052985**	**1006337**
未上过学	81559	22728	58831	78755	21762
学前教育	105106	55323	49783	99623	52387
小学	564426	255034	309392	531860	236768
初中	640635	333066	307569	578286	293813
高中	435222	235017	200205	405715	216662
大学专科	217369	112333	105036	198532	100812
大学本科	198926	106135	92791	156085	81943
硕士研究生	5469	3069	2400	3944	2077
博士研究生	266	173	93	185	113

7-5c 全省按户口登记地、性别、受教育程度分的

受教育程度	合计			省	
	合计	男	女	小计	男
合计	**975536**	**559507**	**416029**	**827951**	**460481**
未上过学	46085	16963	29122	41251	15151
学前教育	31834	16433	15401	28428	14682
小学	255575	135878	119697	221101	115018
初中	329188	202165	127023	264452	156680
高中	165915	102385	63530	144372	86524
大学专科	86509	51736	34773	75514	43868
大学本科	58883	33081	25802	51589	27887
硕士研究生	1424	794	630	1166	631
博士研究生	123	72	51	78	40

户口登记地在外乡镇街道的人口（镇）

单位：人

内				省外		
女	其中市辖区内人户分离			小计	男	女
	小计	男	女			
1046648	**50400**	**25278**	**25122**	**195993**	**116541**	**79452**
56993	1602	557	1045	2804	966	1838
47236	2102	1051	1051	5483	2936	2547
295092	10542	5025	5517	32566	18266	14300
284473	14752	7483	7269	62349	39253	23096
189053	11944	6187	5757	29507	18355	11152
97720	4596	2428	2168	18837	11521	7316
74142	4300	2242	2058	42841	24192	18649
1867	505	264	241	1525	992	533
72	57	41	16	81	60	21

户口登记地在外乡镇街道的人口（乡村）

单位：人

内				省外		
女	其中市辖区内人户分离			小计	男	女
	小计	男	女			
367470	**136383**	**71561**	**64822**	**147585**	**99026**	**48559**
26100	5062	1915	3147	4834	1812	3022
13746	5326	2763	2563	3406	1751	1655
106083	30241	15225	15016	34474	20860	13614
107772	47003	25284	21719	64736	45485	19251
57848	30405	16611	13794	21543	15861	5682
31646	11392	6106	5286	10995	7868	3127
23702	6570	3458	3112	7294	5194	2100
535	365	186	179	258	163	95
38	19	13	6	45	32	13

7-6 全省按现住地、受教育程度、性别分的

现住地	合计			未上过学			
	合计	男	女	小计	男	女	小计
合计	**6387475**	**3215223**	**3172252**	**208763**	**61980**	**146783**	**255147**
兰州市	**1997101**	**1020204**	**976897**	**49253**	**14453**	**34800**	**54041**
城关区	753781	380384	373397	14091	4351	9740	19089
七里河区	356488	183956	172532	12101	3941	8160	9994
西固区	190443	97712	92731	4092	1268	2824	5873
安宁区	228194	113080	115114	4205	1205	3000	4871
红古区	41948	21480	20468	2641	643	1998	1175
永登县	67620	33495	34125	3896	727	3169	2621
皋兰县	39250	21920	17330	840	256	584	1408
榆中县	159663	81165	78498	3960	1126	2834	4733
兰州新区	159714	87012	72702	3427	936	2491	4277
嘉峪关市	**127189**	**66057**	**61132**	**1309**	**429**	**880**	**4932**
市辖区	127189	66057	61132	1309	429	880	4932
金昌市	**175337**	**90427**	**84910**	**6534**	**1651**	**4883**	**6397**
金川区	115190	59949	55241	4262	1164	3098	4616
永昌县	60147	30478	29669	2272	487	1785	1781
白银市	**429455**	**216097**	**213358**	**10892**	**3184**	**7708**	**20496**
白银区	137214	70632	66582	2743	808	1935	5717
平川区	74731	38002	36729	2455	663	1792	3357
靖远县	65632	33311	32321	2188	612	1576	2906
会宁县	89641	42876	46765	1587	555	1032	5354
景泰县	62237	31276	30961	1919	546	1373	3162
天水市	**468414**	**233772**	**234642**	**14866**	**4524**	**10342**	**18924**
秦州区	197834	97998	99836	4926	1477	3449	7236
麦积区	96911	50940	45971	1625	620	1005	3617
清水县	38763	18355	20408	2204	599	1605	2009
秦安县	45543	22481	23062	1548	444	1104	1812
甘谷县	37227	18700	18527	1322	463	859	1725
武山县	25618	12728	12890	805	274	531	1049
张家川回族自治县	26518	12570	13948	2436	647	1789	1476
武威市	**361283**	**182633**	**178650**	**15033**	**4500**	**10533**	**13060**
凉州区	245274	124031	121243	7536	2308	5228	9098
民勤县	39217	20293	18924	1717	582	1135	1165
古浪县	41699	20755	20944	2482	757	1725	1543
天祝藏族自治县	35093	17554	17539	3298	853	2445	1254
张掖市	**351331**	**173577**	**177754**	**11361**	**2964**	**8397**	**14297**
甘州区	187822	93070	94752	4788	1285	3503	7363
肃南裕固族自治县	7188	3868	3320	327	91	236	226
民乐县	45058	22450	22608	1575	273	1302	1879
临泽县	18169	9021	9148	324	109	215	791
高台县	36929	18109	18820	971	400	571	1655
山丹县	56165	27059	29106	3376	806	2570	2383
平凉市	**433043**	**211102**	**221941**	**18209**	**4739**	**13470**	**20147**
崆峒区	166380	80565	85815	5806	1646	4160	6871
泾川县	34708	16474	18234	1082	264	818	1560
灵台县	31935	15135	16800	1217	306	911	1632
崇信县	18755	10153	8602	652	151	501	653
庄浪县	45802	22490	23312	1022	334	688	2134
静宁县	83289	40155	43134	5826	1316	4510	4966
华亭市	52174	26130	26044	2604	722	1882	2331

户口登记地在本省其他乡镇街道的人口

单位：人

学前教育		小学			初中		
男	女	小计	男	女	小计	男	女
133776	**121371**	**1344178**	**620557**	**723621**	**1787953**	**937013**	**850940**
28314	**25727**	**279025**	**133956**	**145069**	**514805**	**282952**	**231853**
10028	9061	91165	43909	47256	191515	103339	88176
5212	4782	55979	27126	28853	91376	49604	41772
3045	2828	28205	13019	15186	57468	30303	27165
2562	2309	21556	10225	11331	37182	19753	17429
590	585	9494	4505	4989	14466	7837	6629
1375	1246	17619	7862	9757	23429	12677	10752
731	677	7910	3990	3920	13516	7959	5557
2479	2254	25674	12229	13445	49721	29107	20614
2292	1985	21423	11091	10332	36132	22373	13759
2596	**2336**	**22694**	**9430**	**13264**	**36766**	**18679**	**18087**
2596	2336	22694	9430	13264	36766	18679	18087
3415	**2982**	**40019**	**17813**	**22206**	**56442**	**30459**	**25983**
2492	2124	20848	9836	11012	35040	18576	16464
923	858	19171	7977	11194	21402	11883	9519
10675	**9821**	**102092**	**45888**	**56204**	**130815**	**67894**	**62921**
2975	2742	23377	10642	12735	39690	20633	19057
1743	1614	17839	7985	9854	25228	13454	11774
1498	1408	17794	8286	9508	19683	10634	9049
2799	2555	26152	11257	14895	24530	11972	12558
1660	1502	16930	7718	9212	21684	11201	10483
9892	**9032**	**110448**	**51926**	**58522**	**133702**	**67892**	**65810**
3781	3455	43617	20764	22853	55181	28300	26881
1857	1760	18439	8778	9661	28901	15069	13832
1068	941	12573	5526	7047	10149	5084	5065
955	857	10704	4942	5762	14615	7239	7376
918	807	9547	4679	4868	10885	5258	5627
545	504	6485	3076	3409	7744	3782	3962
768	708	9083	4161	4922	6227	3160	3067
6866	**6194**	**77910**	**35352**	**42558**	**104817**	**53832**	**50985**
4794	4304	46028	20928	25100	72557	36710	35847
614	551	8236	3622	4614	11453	5736	5717
812	731	12104	5421	6683	11096	5923	5173
646	608	11542	5381	6161	9711	5463	4248
7664	**6633**	**80742**	**35230**	**45512**	**109479**	**55362**	**54117**
3978	3385	31477	14391	17086	52546	26213	26333
115	111	1976	891	1085	1894	1142	752
1027	852	15626	6610	9016	13537	7287	6250
435	356	4945	2128	2817	6011	2857	3154
862	793	10181	4116	6065	13697	6852	6845
1247	1136	16537	7094	9443	21794	11011	10783
10599	**9548**	**102676**	**45507**	**57169**	**129413**	**64619**	**64794**
3641	3230	33288	15038	18250	53948	27335	26613
816	744	7840	3361	4479	10675	4686	5989
827	805	7693	3131	4562	9782	4559	5223
371	282	4209	1847	2362	5123	2723	2400
1113	1021	13670	5872	7798	10470	5293	5177
2658	2308	22352	10370	11982	23360	11634	11726
1173	1158	13624	5888	7736	16055	8389	7666

7-6 全省按现住地、受教育程度、性别分的

现住地	合计			未上过学			
	合计	男	女	小计	男	女	小计
酒泉市	**351973**	**182296**	**169677**	**12314**	**3823**	**8491**	**13374**
肃州区	171132	86203	84929	5095	1560	3535	6974
金塔县	32160	18135	14025	1375	391	984	970
瓜州县	39628	20768	18860	2542	761	1781	1536
肃北蒙古族自治县	4286	2864	1422	127	47	80	56
阿克塞哈萨克族自治县	4019	2334	1685	130	44	86	103
玉门市	46177	24783	21394	1827	592	1235	1725
敦煌市	54571	27209	27362	1218	428	790	2010
庆阳市	**505594**	**256068**	**249526**	**11058**	**4035**	**7023**	**25177**
西峰区	235921	117581	118340	3708	1407	2301	11287
庆城县	52615	27235	25380	1047	418	629	2908
环　县	72156	37591	34565	2263	813	1450	3700
华池县	32032	16579	15453	1496	528	968	1639
合水县	24225	12378	11847	552	174	378	1338
正宁县	19747	9791	9956	576	149	427	1204
宁　县	26449	13535	12914	518	189	329	1107
镇原县	42449	21378	21071	898	357	541	1994
定西市	**403966**	**194624**	**209342**	**13283**	**3432**	**9851**	**23542**
安定区	140736	67987	72749	5454	1277	4177	7039
通渭县	21231	10307	10924	401	126	275	1196
陇西县	68619	33211	35408	1487	415	1072	4436
渭源县	23552	11378	12174	596	140	456	1287
临洮县	87891	42236	45655	2037	510	1527	5708
漳　县	24890	11741	13149	922	267	655	2023
岷　县	37047	17764	19283	2386	697	1689	1853
陇南市	**313415**	**151885**	**161530**	**13418**	**4090**	**9328**	**17357**
武都区	124161	59436	64725	5910	1706	4204	8345
成　县	37661	17196	20465	651	218	433	1855
文　县	21368	10433	10935	1045	265	780	1199
宕昌县	18247	8967	9280	1460	504	956	769
康　县	14451	6791	7660	583	174	409	780
西和县	27850	14339	13511	1217	367	850	1184
礼　县	27231	13775	13456	1412	491	921	1132
徽　县	35805	17675	18130	906	296	610	1789
两当县	6641	3273	3368	234	69	165	304
临夏回族自治州	**352426**	**175828**	**176598**	**23345**	**7275**	**16070**	**19474**
临夏市	160288	79358	80930	6427	1872	4555	7604
临夏县	26854	13672	13182	2017	618	1399	1574
康乐县	27517	13761	13756	2411	526	1885	1764
永靖县	41424	20119	21305	1249	344	905	2115
广河县	25617	12804	12813	3304	1047	2257	1689
和政县	19155	9516	9639	1908	587	1321	1174
东乡族自治县	19839	10582	9257	3891	1629	2262	1573
积石山保安族东乡族撒拉族自治县	31732	16016	15716	2138	652	1486	1981
甘南藏族自治州	**116948**	**60653**	**56295**	**7888**	**2881**	**5007**	**3929**
合作市	41338	20640	20698	1685	534	1151	993
临潭县	12705	6536	6169	570	167	403	632
卓尼县	7903	3998	3905	313	93	220	254
舟曲县	17152	8344	8808	972	221	751	892
迭部县	8708	4756	3952	637	191	446	170
玛曲县	12539	6845	5694	2905	1305	1600	438
碌曲县	6354	3446	2908	334	118	216	238
夏河县	10249	6088	4161	472	252	220	312

户口登记地在本省其他乡镇街道的人口（续1）

单位：人

学前教育		小学			初中		
男	女	小计	男	女	小计	男	女
6882	**6492**	**71579**	**33129**	**38450**	**111349**	**60063**	**51286**
3553	3421	28833	12868	15965	49267	25622	23645
500	470	8456	4291	4165	12704	7417	5287
804	732	10250	4809	5441	11790	6462	5328
30	26	838	430	408	1403	1050	353
55	48	1148	581	567	1193	741	452
872	853	12458	5918	6540	14463	8192	6271
1068	942	9596	4232	5364	20529	10579	9950
13459	**11718**	**113732**	**53466**	**60266**	**159337**	**80726**	**78611**
6146	5141	40974	19642	21332	74693	37042	37651
1508	1400	14381	6800	7581	19097	9968	9129
1978	1722	20974	9821	11153	21184	11371	9813
879	760	9907	4562	5345	9558	5186	4372
693	645	6572	2999	3573	7928	4077	3851
615	589	4651	2159	2492	5902	2792	3110
614	493	5778	2764	3014	7961	3922	4039
1026	968	10495	4719	5776	13014	6368	6646
12277	**11265**	**106872**	**46916**	**59956**	**112410**	**56398**	**56012**
3654	3385	32560	14633	17927	38462	20051	18411
637	559	5787	2387	3400	6037	2944	3093
2338	2098	19810	8423	11387	19881	9801	10080
634	653	5795	2519	3276	6833	3278	3555
2983	2725	24427	10462	13965	26124	12705	13419
1087	936	7687	3435	4252	6987	3271	3716
944	909	10806	5057	5749	8086	4348	3738
8959	**8398**	**80778**	**37963**	**42815**	**90867**	**44483**	**46384**
4292	4053	33811	15562	18249	36762	18004	18758
956	899	7238	3421	3817	11132	5360	5772
570	629	5795	2827	2968	6569	3198	3371
418	351	5348	2526	2822	3893	2063	1830
384	396	3570	1617	1953	3381	1595	1786
625	559	6565	3411	3154	7892	3882	4010
613	519	8196	3976	4220	7539	3845	3694
942	847	8575	3834	4741	11680	5577	6103
159	145	1680	789	891	2019	959	1060
10164	**9310**	**122268**	**56952**	**65316**	**79328**	**42947**	**36381**
3970	3634	49336	22106	27230	37855	20297	17558
837	737	11277	5456	5821	6178	3477	2701
930	834	9789	4583	5206	5919	3067	2852
1119	996	13176	5826	7350	11313	5868	5445
879	810	11641	5661	5980	4185	2399	1786
625	549	6109	2931	3178	4143	2233	1910
799	774	8359	4529	3830	3366	1982	1384
1005	976	12581	5860	6721	6369	3624	2745
2014	**1915**	**33343**	**17029**	**16314**	**18423**	**10707**	**7716**
491	502	8557	4405	4152	5961	3384	2577
339	293	4754	2241	2513	2467	1445	1022
132	122	2593	1171	1422	1131	635	496
456	436	4646	2074	2572	2940	1492	1448
87	83	2227	1120	1107	1345	821	524
226	212	3958	2180	1778	1808	1099	709
121	117	1886	970	916	1119	788	331
162	150	4722	2868	1854	1652	1043	609

7-6 全省按现住地、受教育程度、性别分的

现住地	高中			大学专科			
	小计	男	女	小计	男	女	小计
合计	**1278615**	**686975**	**591640**	**804338**	**417009**	**387329**	**662283**
兰州市	**407793**	**213438**	**194355**	**325868**	**166553**	**159315**	**329453**
城关区	163861	84438	79423	131747	66060	65687	124494
七里河区	71888	37096	34792	53401	27334	26067	56393
西固区	42789	22325	20464	32158	18092	14066	18689
安宁区	42640	20744	21896	36326	19705	16621	70389
红古区	7713	4461	3252	4198	2229	1969	2191
永登县	12758	7189	5569	4063	2151	1912	3173
皋兰县	6688	4001	2687	6397	3681	2716	2377
榆中县	30608	16139	14469	13274	6803	6471	31324
兰州新区	28848	17045	11803	44304	20498	23806	20423
嘉峪关市	**25881**	**14180**	**11701**	**23912**	**14165**	**9747**	**11187**
市辖区	25881	14180	11701	23912	14165	9747	11187
金昌市	**32425**	**18792**	**13633**	**20079**	**10992**	**9087**	**12812**
金川区	23076	13010	10066	15987	8680	7307	10777
永昌县	9349	5782	3567	4092	2312	1780	2035
白银市	**92201**	**50666**	**41535**	**45508**	**23643**	**21865**	**26766**
白银区	31153	17549	13604	21343	11143	10200	12738
平川区	15127	8575	6552	6961	3694	3267	3709
靖远县	14729	7839	6890	5222	2830	2392	3058
会宁县	19888	10277	9611	7421	3647	3774	4646
景泰县	11304	6426	4878	4561	2329	2232	2615
天水市	**95443**	**50125**	**45318**	**51617**	**28380**	**23237**	**42215**
秦州区	37411	19481	17930	22778	12351	10427	25829
麦积区	21198	11621	9577	16537	9402	7135	6442
清水县	8521	4316	4205	1939	1023	916	1342
秦安县	11011	5701	5310	2939	1613	1326	2862
甘谷县	7828	4143	3685	3159	1710	1449	2695
武山县	5267	2713	2554	2571	1382	1189	1671
张家川回族自治县	4207	2150	2057	1694	899	795	1374
武威市	**82467**	**46609**	**35858**	**45470**	**23405**	**22065**	**21805**
凉州区	55987	31353	24634	36553	18508	18045	16883
民勤县	10983	6637	4346	4018	2240	1778	1612
古浪县	9950	5387	4563	2656	1443	1213	1845
天祝藏族自治县	5547	3232	2315	2243	1214	1029	1465
张掖市	**66850**	**36617**	**30233**	**35536**	**19059**	**16477**	**32271**
甘州区	40726	21323	19403	24606	12870	11736	25638
肃南裕固族自治县	1217	717	500	740	478	262	791
民乐县	8364	4855	3509	2653	1585	1068	1401
临泽县	3484	2035	1449	1589	915	674	1015
高台县	6017	3461	2556	2776	1542	1234	1614
山丹县	7042	4226	2816	3172	1669	1503	1812
平凉市	**88103**	**47843**	**40260**	**43382**	**22077**	**21305**	**30466**
崆峒区	32214	17135	15079	20684	9665	11019	13206
泾川县	7687	4264	3423	2916	1545	1371	2914
灵台县	6797	3692	3105	2507	1341	1166	2281
崇信县	4468	2854	1614	2242	1399	843	1384
庄浪县	10325	5406	4919	4172	2217	1955	3969
静宁县	16646	8816	7830	5996	3124	2872	4028
华亭市	9966	5676	4290	4865	2786	2079	2684

户口登记地在本省其他乡镇街道的人口（续2）

单位：人

大学本科		硕士研究生			博士研究生		
男	女	小计	男	女	小计	男	女
335837	**326446**	**41819**	**19444**	**22375**	**4379**	**2632**	**1747**
163254	**166199**	**33020**	**14946**	**18074**	**3843**	**2338**	**1505**
59743	64751	15522	7099	8423	2297	1417	880
30782	25611	4935	2588	2347	421	273	148
9105	9584	1077	504	573	92	51	41
34224	36165	10043	4094	5949	982	568	414
1187	1004	69	27	42	1	1	
1488	1685	58	26	32	3		3
1250	1127	106	46	60	8	6	2
13139	18185	349	135	214	20	8	12
12336	8087	861	427	434	19	14	5
6259	**4928**	**485**	**304**	**181**	**23**	**15**	**8**
6259	4928	485	304	181	23	15	8
6939	**5873**	**598**	**348**	**250**	**31**	**18**	**13**
5849	4928	561	330	231	23	12	11
1090	945	37	18	19	8	6	2
13812	**12954**	**642**	**314**	**328**	**43**	**21**	**22**
6657	6081	418	208	210	35	17	18
1864	1845	54	23	31	1	1	
1590	1468	51	22	29	1		1
2338	2308	60	30	30	3	1	2
1363	1252	59	31	28	3	2	1
20513	**21702**	**1121**	**476**	**645**	**78**	**44**	**34**
11496	14333	793	312	481	63	36	27
3521	2921	146	69	77	6	3	3
729	613	26	10	16			
1562	1300	48	23	25	4	2	2
1493	1202	61	33	28	5	3	2
942	729	26	14	12			
770	604	21	15	6			
11691	**10114**	**675**	**348**	**327**	**46**	**30**	**16**
9091	7792	593	311	282	39	28	11
849	763	31	12	19	2	1	1
1001	844	22	11	11	1		1
750	715	29	14	15	4	1	3
16320	**15951**	**722**	**326**	**396**	**73**	**35**	**38**
12704	12934	608	273	335	70	33	37
426	365	17	8	9			
803	598	23	10	13			
535	480	10	7	3			
868	746	17	8	9	1		1
984	828	47	20	27	2	2	
15407	**15059**	**603**	**291**	**312**	**44**	**20**	**24**
5946	7260	331	144	187	32	15	17
1520	1394	33	17	16	1	1	
1264	1017	26	15	11			
791	593	24	17	7			
2232	1737	39	22	17	1	1	
2181	1847	109	55	54	6	1	5
1473	1211	41	21	20	4	2	2

7-6 全省按现住地、受教育程度、性别分的

现住地	高中			大学专科			
	小计	男	女	小计	男	女	小计
酒泉市	**69771**	**39132**	**30639**	**47762**	**25627**	**22135**	**25157**
肃州区	36536	19858	16678	29666	15111	14555	14301
金塔县	4117	2574	1543	3121	2103	1018	1396
瓜州县	7158	4224	2934	3780	2248	1532	2546
肃北蒙古族自治县	883	688	195	593	405	188	380
阿克塞哈萨克族自治县	530	353	177	542	369	173	367
玉门市	8346	4955	3391	4499	2630	1869	2808
敦煌市	12201	6480	5721	5561	2761	2800	3359
庆阳市	**104368**	**56962**	**47406**	**47245**	**24716**	**22529**	**43569**
西峰区	51004	26832	24172	26502	13114	13388	26884
庆城县	8704	5018	3686	3668	2077	1591	2765
环　县	14097	7972	6125	5403	3067	2336	4474
华池县	5169	3028	2141	2306	1323	983	1923
合水县	4562	2583	1979	1952	1116	836	1300
正宁县	4079	2229	1850	1759	942	817	1562
宁　县	6971	3771	3200	2390	1316	1074	1702
镇原县	9782	5529	4253	3265	1761	1504	2959
定西市	**78466**	**40984**	**37482**	**39518**	**18750**	**20768**	**29161**
安定区	24507	13263	11244	19943	8380	11563	12325
通渭县	4657	2488	2169	1498	779	719	1638
陇西县	12549	6597	5952	5669	3039	2630	4712
渭源县	5177	2707	2470	2057	1108	949	1779
临洮县	19012	10167	8845	5902	3081	2821	4598
漳　县	4771	2350	2421	1407	751	656	1086
岷　县	7793	3412	4381	3042	1612	1430	3023
陇南市	**58139**	**29617**	**28522**	**33547**	**16306**	**17241**	**18772**
武都区	20660	10316	10344	10437	5203	5234	7983
成　县	7186	3532	3654	7623	2689	4934	1876
文　县	3587	1869	1718	1934	1003	931	1224
宕昌县	3591	1771	1820	2089	1104	985	1077
康　县	3693	1773	1920	1467	736	731	957
西和县	5614	3030	2584	3310	1812	1498	2029
礼　县	5570	2849	2721	2289	1324	965	1069
徽　县	7053	3848	3205	3700	2041	1659	2045
两当县	1185	629	556	698	394	304	512
临夏回族自治州	**55559**	**30884**	**24675**	**30878**	**15616**	**15262**	**20971**
临夏市	28002	15576	12426	18277	8691	9586	12323
临夏县	3804	2138	1666	1289	752	537	700
康乐县	3486	1925	1561	2495	1520	975	1645
永靖县	8115	4261	3854	3278	1594	1684	2126
广河县	2499	1447	1052	1193	709	484	1089
和政县	3164	1720	1444	1493	816	677	1156
东乡族自治县	1310	837	473	755	435	320	577
积石山保安族东乡族撒拉族自治县	5179	2980	2199	2098	1099	999	1355
甘南藏族自治州	**21149**	**11126**	**10023**	**14016**	**7720**	**6296**	**17678**
合作市	7628	3922	3706	4360	2309	2051	11804
临潭县	2088	1121	967	1262	676	586	918
卓尼县	2164	1133	1031	926	528	398	510
舟曲县	3794	1957	1837	2429	1292	1137	1437
迭部县	1849	1046	803	1532	901	631	921
玛曲县	997	573	424	1593	942	651	814
碌曲县	1189	582	607	843	459	384	710
夏河县	1440	792	648	1071	613	458	564

户口登记地在本省其他乡镇街道的人口（续3）

单位：人

大学本科		硕士研究生			博士研究生		
男	女	小计	男	女	小计	男	女
13292	**11865**	**641**	**332**	**309**	**26**	**16**	**10**
7395	6906	445	227	218	15	9	6
849	547	21	10	11			
1443	1103	26	17	9			
211	169	4	2	2	2	1	1
187	180	6	4	2			
1592	1216	51	32	19			
1615	1744	88	40	48	9	6	3
22103	**21466**	**1044**	**563**	**481**	**64**	**38**	**26**
12931	13953	821	439	382	48	28	20
1421	1344	41	22	19	4	3	1
2537	1937	60	32	28	1		1
1054	869	33	19	14	1		1
722	578	17	11	6	4	3	1
896	666	13	8	5	1	1	
946	756	22	13	9			
1596	1363	37	19	18	5	3	2
15520	**13641**	**664**	**327**	**337**	**50**	**20**	**30**
6503	5822	413	213	200	33	13	20
937	701	16	9	7	1		1
2568	2144	72	30	42	3		3
976	803	27	16	11	1		1
2297	2301	76	29	47	7	2	5
577	509	6	2	4	1	1	
1662	1361	54	28	26	4	4	
10176	**8596**	**509**	**271**	**238**	**28**	**20**	**8**
4214	3769	241	129	112	12	10	2
972	904	95	44	51	5	4	1
690	534	15	11	4			
574	503	18	6	12	2	1	1
498	459	19	13	6	1	1	
1190	839	37	21	16	2	1	1
660	409	23	16	7	1	1	
1109	936	52	26	26	5	2	3
269	243	9	5	4			
11679	**9292**	**582**	**298**	**284**	**21**	**13**	**8**
6606	5717	447	230	217	17	10	7
388	312	15	6	9			
1205	440	8	5	3			
1085	1041	50	21	29	2	1	1
651	438	16	10	6	1	1	
600	556	8	4	4			
366	211	7	4	3	1	1	
778	577	31	18	13			
8872	**8806**	**513**	**300**	**213**	**9**	**4**	**5**
5405	6399	343	186	157	7	4	3
538	380	14	9	5			
297	213	12	9	3			
828	609	41	24	17	1		1
571	350	26	19	7	1		1
500	314	26	20	6			
385	325	35	23	12			
348	216	16	10	6			

7-6a 全省按现住地、受教育程度、性别分的

现住地	合计			未上过学			
	合计	男	女	小计	男	女	小计
合计	**3506539**	**1748405**	**1758134**	**88757**	**25067**	**63690**	**127096**
兰州市	**1471991**	**741648**	**730343**	**34229**	**10369**	**23860**	**38097**
城关区	734212	369559	364653	13689	4212	9477	18455
七里河区	296872	150946	145926	10362	3311	7051	8306
西固区	179761	91668	88093	3763	1147	2616	5559
安宁区	228194	113080	115114	4205	1205	3000	4871
红古区	32952	16395	16557	2210	494	1716	906
嘉峪关市	**121201**	**62383**	**58818**	**1153**	**372**	**781**	**4763**
市辖区	121201	62383	58818	1153	372	781	4763
金昌市	**111926**	**57876**	**54050**	**4034**	**1074**	**2960**	**4530**
金川区	111926	57876	54050	4034	1074	2960	4530
白银市	**196314**	**99506**	**96808**	**4478**	**1197**	**3281**	**8546**
白银区	131484	67139	64345	2494	695	1799	5539
平川区	63839	31779	32060	1954	495	1459	2970
靖远县	991	588	403	30	7	23	37
天水市	**258671**	**129333**	**129338**	**5357**	**1583**	**3774**	**9675**
秦州区	176844	86611	90233	4196	1184	3012	6597
麦积区	81827	42722	39105	1161	399	762	3078
武威市	**196014**	**96255**	**99759**	**5151**	**1180**	**3971**	**7420**
凉州区	196014	96255	99759	5151	1180	3971	7420
张掖市	**143925**	**70019**	**73906**	**3390**	**791**	**2599**	**5496**
甘州区	143718	69918	73800	3385	789	2596	5489
肃南裕固族自治县	207	101	106	5	2	3	7
平凉市	**192302**	**92217**	**100085**	**6621**	**1747**	**4874**	**8260**
崆峒区	152751	73173	79578	4709	1264	3445	6542
华亭市	39551	19044	20507	1912	483	1429	1718
酒泉市	**216006**	**107482**	**108524**	**4857**	**1346**	**3511**	**8794**
肃州区	145620	72462	73158	3167	792	2375	5838
玉门市	28142	14309	13833	930	306	624	1246
敦煌市	42244	20711	21533	760	248	512	1710
庆阳市	**187264**	**93662**	**93602**	**2934**	**1110**	**1824**	**9661**
西峰区	187264	93662	93602	2934	1110	1824	9661
定西市	**116960**	**55194**	**61766**	**4531**	**983**	**3548**	**6074**
安定区	116960	55194	61766	4531	983	3548	6074
陇南市	**99243**	**47263**	**51980**	**4456**	**1165**	**3291**	**7180**
武都区	99117	47194	51923	4450	1163	3287	7176
康　县	126	69	57	6	2	4	4
临夏回族自治州	**159171**	**78349**	**80822**	**6260**	**1763**	**4497**	**7729**
临夏市	152784	75270	77514	5897	1667	4230	7277
临夏县	6387	3079	3308	363	96	267	452
甘南藏族自治州	**35551**	**17218**	**18333**	**1306**	**387**	**919**	**871**
合作市	35551	17218	18333	1306	387	919	871

户口登记地在本省其他乡镇街道的人口（城市）

单位：人

学前教育		小学			初中		
男	女	小计	男	女	小计	男	女
66707	**60389**	**591217**	**268771**	**322446**	**945215**	**486520**	**458695**
19920	**18177**	**188764**	**89615**	**99149**	**358196**	**190809**	**167387**
9685	8770	88190	42263	45927	185503	99656	85847
4321	3985	45494	21775	23719	71503	38004	33499
2887	2672	26029	11881	14148	52925	27547	25378
2562	2309	21556	10225	11331	37182	19753	17429
465	441	7495	3471	4024	11083	5849	5234
2502	**2261**	**20974**	**8549**	**12425**	**34167**	**16978**	**17189**
2502	2261	20974	8549	12425	34167	16978	17189
2444	**2086**	**19714**	**9174**	**10540**	**33873**	**17752**	**16121**
2444	2086	19714	9174	10540	33873	17752	16121
4457	**4089**	**37399**	**16691**	**20708**	**58939**	**30352**	**28587**
2884	2655	22148	9985	12163	37801	19424	18377
1559	1411	14998	6580	8418	20687	10639	10048
14	23	253	126	127	451	289	162
5032	**4643**	**52439**	**24523**	**27916**	**72378**	**36860**	**35518**
3440	3157	37397	17453	19944	48168	24361	23807
1592	1486	15042	7070	7972	24210	12499	11711
3946	**3474**	**33417**	**14085**	**19332**	**56053**	**27424**	**28629**
3946	3474	33417	14085	19332	56053	27424	28629
2989	**2507**	**22546**	**9969**	**12577**	**39926**	**19553**	**20373**
2984	2505	22491	9945	12546	39885	19534	20351
5	2	55	24	31	41	19	22
4323	**3937**	**39289**	**16980**	**22309**	**61262**	**30629**	**30633**
3458	3084	29651	13064	16587	49309	24706	24603
865	853	9638	3916	5722	11953	5923	6030
4502	**4292**	**34785**	**15038**	**19747**	**66542**	**33887**	**32655**
2955	2883	22049	9493	12556	41384	21117	20267
649	597	5584	2476	3108	8607	4495	4112
898	812	7152	3069	4083	16551	8275	8276
5280	**4381**	**32979**	**15547**	**17432**	**61767**	**29929**	**31838**
5280	4381	32979	15547	17432	61767	29929	31838
3157	**2917**	**25541**	**11202**	**14339**	**30146**	**15303**	**14843**
3157	2917	25541	11202	14339	30146	15303	14843
3720	**3460**	**27622**	**12518**	**15104**	**30083**	**14658**	**15425**
3718	3458	27589	12501	15088	30037	14632	15405
2	2	33	17	16	46	26	20
4003	**3726**	**49659**	**21967**	**27692**	**37222**	**19817**	**17405**
3774	3503	46579	20576	26003	35782	19047	16735
229	223	3080	1391	1689	1440	770	670
432	**439**	**6089**	**2913**	**3176**	**4661**	**2569**	**2092**
432	439	6089	2913	3176	4661	2569	2092

7-6a 全省按现住地、受教育程度、性别分的

现住地	高中			大学专科			
	小计	男	女	小计	男	女	小计
合计	**728528**	**383789**	**344739**	**530292**	**272329**	**257963**	**454609**
兰州市	**311953**	**159648**	**152305**	**248364**	**128413**	**119951**	**258339**
城关区	160110	82397	77713	129232	64755	64477	121632
七里河区	62580	31998	30582	48005	24545	23460	46217
西固区	40672	21128	19544	31382	17652	13730	18277
安宁区	42640	20744	21896	36326	19705	16621	70389
红古区	5951	3381	2570	3419	1756	1663	1824
嘉峪关市	**25140**	**13652**	**11488**	**23464**	**13856**	**9608**	**11037**
市辖区	25140	13652	11488	23464	13856	9608	11037
金昌市	**22704**	**12735**	**9969**	**15775**	**8543**	**7232**	**10714**
金川区	22704	12735	9969	15775	8543	7232	10714
白银市	**43628**	**24345**	**19283**	**26965**	**14021**	**12944**	**15857**
白银区	29938	16700	13238	20661	10735	9926	12453
平川区	13570	7549	6021	6223	3238	2985	3386
靖远县	120	96	24	81	48	33	18
天水市	**50730**	**26742**	**23988**	**36595**	**20180**	**16415**	**30516**
秦州区	32912	17069	15843	21600	11671	9929	25129
麦积区	17818	9673	8145	14995	8509	6486	5387
武威市	**46050**	**25568**	**20482**	**31394**	**15223**	**16171**	**15923**
凉州区	46050	25568	20482	31394	15223	16171	15923
张掖市	**30401**	**15667**	**14734**	**19493**	**10046**	**9447**	**22113**
甘州区	30366	15651	14715	19459	10027	9432	22083
肃南裕固族自治县	35	16	19	34	19	15	30
平凉市	**37884**	**20195**	**17689**	**23700**	**11335**	**12365**	**14889**
崆峒区	29762	15737	14025	19766	9145	10621	12657
华亭市	8122	4458	3664	3934	2190	1744	2232
酒泉市	**47518**	**25589**	**21929**	**34812**	**17546**	**17266**	**18150**
肃州区	32629	17503	15126	26924	13555	13369	13190
玉门市	6380	3506	2874	3205	1700	1505	2152
敦煌市	8509	4580	3929	4683	2291	2392	2808
庆阳市	**43377**	**22712**	**20665**	**20819**	**10797**	**10022**	**15102**
西峰区	43377	22712	20665	20819	10797	10022	15102
定西市	**20748**	**11010**	**9738**	**18245**	**7412**	**10833**	**11241**
安定区	20748	11010	9738	18245	7412	10833	11241
陇南市	**13682**	**6982**	**6700**	**8847**	**4357**	**4490**	**7141**
武都区	13658	6963	6695	8841	4356	4485	7134
康　县	24	19	5	6	1	5	7
临夏回族自治州	**27742**	**15453**	**12289**	**17998**	**8598**	**9400**	**12103**
临夏市	27210	15135	12075	17686	8437	9249	11900
临夏县	532	318	214	312	161	151	203
甘南藏族自治州	**6971**	**3491**	**3480**	**3821**	**2002**	**1819**	**11484**
合作市	6971	3491	3480	3821	2002	1819	11484

户口登记地在本省其他乡镇街道的人口（城市）（续）

单位：人

大学本科		硕士研究生			博士研究生		
男	女	小计	男	女	小计	男	女
226007	**228602**	**36709**	**16736**	**19973**	**4116**	**2479**	**1637**
127112	**131227**	**30336**	**13506**	**16830**	**3713**	**2256**	**1457**
58290	63342	15139	6907	8232	2262	1394	868
24766	21451	4028	1983	2045	377	243	134
8878	9399	1062	497	565	92	51	41
34224	36165	10043	4094	5949	982	568	414
954	870	64	25	39			
6160	**4877**	**480**	**299**	**181**	**23**	**15**	**8**
6160	4877	480	299	181	23	15	8
5814	**4900**	**559**	**328**	**231**	**23**	**12**	**11**
5814	4900	559	328	231	23	12	11
8194	**7663**	**466**	**231**	**235**	**36**	**18**	**18**
6491	5962	415	208	207	35	17	18
1696	1690	50	22	28	1	1	
7	11	1	1				
14007	**16509**	**914**	**368**	**546**	**67**	**38**	**29**
11089	14040	783	308	475	62	36	26
2918	2469	131	60	71	5	2	3
8504	**7419**	**569**	**298**	**271**	**37**	**27**	**10**
8504	7419	569	298	271	37	27	10
10752	**11361**	**499**	**223**	**276**	**61**	**29**	**32**
10736	11347	499	223	276	61	29	32
16	14						
6830	**8059**	**362**	**161**	**201**	**35**	**17**	**18**
5643	7014	324	141	183	31	15	16
1187	1045	38	20	18	4	2	2
9292	**8858**	**529**	**270**	**259**	**19**	**12**	**7**
6819	6371	424	219	205	15	9	6
1154	998	38	23	15			
1319	1489	67	28	39	4	3	1
7954	**7148**	**590**	**314**	**276**	**35**	**19**	**16**
7954	7148	590	314	276	35	19	16
5907	**5334**	**401**	**207**	**194**	**33**	**13**	**20**
5907	5334	401	207	194	33	13	20
3739	**3402**	**222**	**115**	**107**	**10**	**9**	**1**
3737	3397	222	115	107	10	9	1
2	5						
6507	**5596**	**441**	**231**	**210**	**17**	**10**	**7**
6396	5504	436	228	208	17	10	7
111	92	5	3	2			
5235	**6249**	**341**	**185**	**156**	**7**	**4**	**3**
5235	6249	341	185	156	7	4	3

7-6b 全省按现住地、受教育程度、性别分的

现住地	合计			未上过学			
	合计	男	女	小计	男	女	小计
合计	**2052985**	**1006337**	**1046648**	**78755**	**21762**	**56993**	**99623**
兰州市	**371761**	**186597**	**185164**	**10351**	**2384**	**7967**	**12110**
城关区	13030	6722	6308	284	96	188	479
七里河区	26864	14739	12125	660	225	435	722
西固区	4048	2109	1939	113	36	77	145
安宁区							
红古区	4905	2631	2274	237	72	165	143
永登县	59331	28548	30783	3491	579	2912	2385
皋兰县	29218	15409	13809	649	181	468	1222
榆中县	123128	59589	63539	2941	721	2220	3978
兰州新区	111237	56850	54387	1976	474	1502	3036
嘉峪关市	**1215**	**732**	**483**	**83**	**27**	**56**	**43**
市辖区	1215	732	483	83	27	56	43
金昌市	**46968**	**23511**	**23457**	**1642**	**332**	**1310**	**1459**
金川区	117	70	47	12	4	8	22
永昌县	46851	23441	23410	1630	328	1302	1437
白银市	**176426**	**85538**	**90888**	**3724**	**1105**	**2619**	**9728**
白银区	226	123	103	11	3	8	8
平川区	6496	3680	2816	195	71	124	275
靖远县	46153	22363	23790	1130	289	841	2216
会宁县	69653	32793	36860	935	342	593	4262
景泰县	53898	26579	27319	1453	400	1053	2967
天水市	**159945**	**77359**	**82586**	**7401**	**2064**	**5337**	**7408**
秦州区	3482	1869	1613	139	66	73	111
麦积区	6743	3467	3276	103	41	62	228
清水县	31575	14720	16855	2041	534	1507	1590
秦安县	41631	20215	21416	1334	336	998	1745
甘谷县	32391	15961	16430	1023	347	676	1573
武山县	22764	11214	11550	680	220	460	944
张家川回族自治县	21359	9913	11446	2081	520	1561	1217
武威市	**104017**	**52184**	**51833**	**5105**	**1303**	**3802**	**3662**
凉州区	15495	8444	7051	335	107	228	531
民勤县	34046	17255	16791	1133	303	830	1024
古浪县	28064	13743	14321	1453	440	1013	1137
天祝藏族自治县	26412	12742	13670	2184	453	1731	970
张掖市	**134249**	**65414**	**68835**	**4594**	**1031**	**3563**	**5862**
甘州区	969	567	402	41	21	20	47
肃南裕固族自治县	3299	1619	1680	177	41	136	108
民乐县	41131	20370	20761	1325	206	1119	1742
临泽县	16181	7944	8237	232	73	159	735
高台县	32193	15491	16702	574	130	444	1544
山丹县	40476	19423	21053	2245	560	1685	1686
平凉市	**166293**	**77744**	**88549**	**6736**	**1435**	**5301**	**8925**
崆峒区	1477	761	716	54	24	30	13
泾川县	30037	13775	16262	874	189	685	1461
灵台县	25063	11293	13770	813	205	608	1341
崇信县	13228	6097	7131	548	104	444	582
庄浪县	37641	17738	19903	692	186	506	1932
静宁县	52041	24401	27640	3421	630	2791	3226
华亭市	6806	3679	3127	334	97	237	370

户口登记地在本省其他乡镇街道的人口（镇）

单位：人

学前教育		小学			初中		
男	女	小计	男	女	小计	男	女
52387	**47236**	**531860**	**236768**	**295092**	**578286**	**293813**	**284473**
6366	**5744**	**60825**	**28120**	**32705**	**97182**	**53517**	**43665**
258	221	1776	915	861	2902	1565	1337
373	349	3369	1652	1717	5513	2981	2532
62	83	697	320	377	1518	862	656
63	80	1130	554	576	2018	1111	907
1256	1129	15349	6638	8711	20240	10647	9593
635	587	6487	3142	3345	10159	5558	4601
2071	1907	19554	8808	10746	34290	18900	15390
1648	1388	12463	6091	6372	20542	11893	8649
21	**22**	**399**	**212**	**187**	**455**	**306**	**149**
21	22	399	212	187	455	306	149
762	**697**	**14522**	**5887**	**8635**	**16714**	**9120**	**7594**
14	8	54	31	23	18	12	6
748	689	14468	5856	8612	16696	9108	7588
5063	**4665**	**46820**	**20458**	**26362**	**54080**	**26944**	**27136**
3	5	65	33	32	69	38	31
129	146	1614	761	853	2913	1782	1131
1124	1092	10949	4874	6075	13379	6650	6729
2238	2024	19965	8474	11491	18706	8913	9793
1569	1398	14227	6316	7911	19013	9561	9452
3916	**3492**	**42752**	**19407**	**23345**	**45210**	**22158**	**23052**
57	54	988	496	492	1357	763	594
106	122	1264	597	667	1774	907	867
851	739	9796	4196	5600	7845	3894	3951
924	821	9601	4276	5325	13230	6449	6781
839	734	8179	3923	4256	9394	4439	4955
496	448	5736	2690	3046	6889	3348	3541
643	574	7188	3229	3959	4721	2358	2363
1911	**1751**	**26180**	**11354**	**14826**	**29285**	**14954**	**14331**
269	262	3202	1535	1667	4270	2146	2124
548	476	6596	2720	3876	9974	4814	5160
600	537	7809	3343	4466	7672	3978	3694
494	476	8573	3756	4817	7369	4016	3353
3143	**2719**	**40702**	**16930**	**23772**	**47130**	**23820**	**23310**
28	19	396	248	148	273	153	120
52	56	897	392	505	767	370	397
961	781	14216	5918	8298	12446	6668	5778
410	325	4338	1813	2525	5456	2539	2917
812	732	8810	3466	5344	12313	6064	6249
880	806	12045	5093	6952	15875	8026	7849
4693	**4232**	**42934**	**17964**	**24970**	**45647**	**21136**	**24511**
6	7	184	102	82	248	146	102
770	691	6750	2786	3964	9417	3917	5500
674	667	5626	2076	3550	7652	3299	4353
329	253	3430	1369	2061	3941	1869	2072
1011	921	11484	4647	6837	8252	3956	4296
1722	1504	13412	6006	7406	14052	6789	7263
181	189	2048	978	1070	2085	1160	925

7-6b 全省按现住地、受教育程度、性别分的

现住地	合计			未上过学			
	合计	男	女	小计	男	女	小计
酒泉市	**69781**	**38565**	**31216**	**2490**	**775**	**1715**	**2262**
肃州区	2939	1533	1406	285	84	201	113
金塔县	24361	13778	10583	613	168	445	748
瓜州县	22853	11753	11100	801	262	539	969
肃北蒙古族自治县	2514	1369	1145	91	28	63	51
阿克塞哈萨克族自治县	3525	1938	1587	122	38	84	103
玉门市	11483	7085	4398	491	161	330	232
敦煌市	2106	1109	997	87	34	53	46
庆阳市	**214122**	**105766**	**108356**	**5163**	**1727**	**3436**	**11842**
西峰区	1441	780	661	34	17	17	85
庆城县	42578	21384	21194	732	279	453	2516
环　县	55840	27913	27927	1660	559	1101	3012
华池县	24287	12048	12239	1190	391	799	1392
合水县	19926	9832	10094	354	110	244	1174
正宁县	16630	7886	8744	457	111	346	1083
宁　县	20328	9988	10340	251	85	166	909
镇原县	33092	15935	17157	485	175	310	1671
定西市	**235309**	**111487**	**123822**	**6277**	**1541**	**4736**	**15377**
安定区	2985	1606	1379	103	32	71	155
通渭县	18885	8905	9980	315	95	220	1131
陇西县	63336	30381	32955	1253	316	937	4227
渭源县	19544	9188	10356	486	98	388	1126
临洮县	80632	38112	42520	1795	422	1373	5440
漳　县	19154	8804	10350	629	145	484	1688
岷　县	30773	14491	16282	1696	433	1263	1610
陇南市	**157221**	**73609**	**83612**	**5645**	**1599**	**4046**	**8262**
武都区	9680	4660	5020	622	204	418	582
成　县	33496	14979	18517	481	136	345	1681
文　县	15638	7082	8556	694	151	543	1037
宕昌县	13135	6279	6856	1121	380	741	542
康　县	11400	5092	6308	355	81	274	654
西和县	20671	10116	10555	787	171	616	1029
礼　县	18390	8971	9419	761	241	520	892
徽　县	29210	13762	15448	648	187	461	1566
两当县	5601	2668	2933	176	48	128	279
临夏回族自治州	**157770**	**77876**	**79894**	**14372**	**4473**	**9899**	**10425**
临夏市	1963	1173	790	136	59	77	102
临夏县	13838	6799	7039	1265	382	883	948
康乐县	24528	12266	12262	2100	431	1669	1592
永靖县	37913	18108	19805	1086	266	820	2042
广河县	22494	11077	11417	2968	912	2056	1573
和政县	16893	8322	8571	1624	477	1147	1084
东乡族自治县	14501	7517	6984	3485	1464	2021	1377
积石山保安族东乡族撒拉族自治县	25640	12614	13026	1708	482	1226	1707
甘南藏族自治州	**57908**	**29955**	**27953**	**5172**	**1966**	**3206**	**2258**
合作市	290	162	128	19	8	11	4
临潭县	9552	4652	4900	388	101	287	518
卓尼县	6266	3143	3123	159	33	126	217
舟曲县	11773	5574	6199	600	116	484	541
迭部县	6470	3326	3144	556	153	403	135
玛曲县	11688	6310	5378	2868	1284	1584	432
碌曲县	5325	2801	2524	278	91	187	214
夏河县	6544	3987	2557	304	180	124	197

户口登记地在本省其他乡镇街道的人口（镇）（续 1）

单位：人

学前教育		小学			初中		
男	女	小计	男	女	小计	男	女
1184	**1078**	**17104**	**8362**	**8742**	**24703**	**14088**	**10615**
57	56	948	470	478	960	547	413
389	359	5614	2877	2737	9966	5658	4308
523	446	4775	2096	2679	7166	3729	3437
29	22	661	300	361	672	418	254
55	48	1027	500	527	1054	626	428
105	127	3572	1874	1698	4172	2720	1452
26	20	507	245	262	713	390	323
6263	**5579**	**58348**	**26125**	**32223**	**67254**	**33033**	**34221**
53	32	445	224	221	539	280	259
1310	1206	11901	5481	6420	15591	7863	7728
1603	1409	16422	7360	9062	16536	8522	8014
769	623	7788	3527	4261	7207	3712	3495
616	558	5486	2434	3052	6387	3119	3268
546	537	3959	1771	2188	4871	2145	2726
511	398	4193	1921	2272	5898	2686	3212
855	816	8154	3407	4747	10225	4706	5519
8077	**7300**	**65037**	**27486**	**37551**	**64546**	**31162**	**33384**
85	70	893	432	461	956	547	409
603	528	5156	2032	3124	5219	2454	2765
2234	1993	18022	7534	10488	18142	8821	9321
550	576	4703	1991	2712	5488	2575	2913
2861	2579	22225	9273	12952	23637	11258	12379
915	773	5591	2387	3204	4791	2162	2629
829	781	8447	3837	4610	6313	3345	2968
4304	**3958**	**38650**	**17584**	**21066**	**44024**	**20609**	**23415**
298	284	3037	1396	1641	2679	1352	1327
880	801	6180	2874	3306	9603	4563	5040
493	544	4121	1874	2247	4806	2115	2691
287	255	3649	1669	1980	2564	1362	1202
318	336	2637	1088	1549	2477	1091	1386
550	479	4895	2387	2508	5751	2638	3113
497	395	5639	2641	2998	5037	2485	2552
835	731	7077	3027	4050	9425	4239	5186
146	133	1415	628	787	1682	764	918
5487	**4938**	**59172**	**27717**	**31455**	**33141**	**17878**	**15263**
70	32	885	534	351	532	350	182
519	429	5978	2872	3106	2895	1573	1322
846	746	8592	3961	4631	5159	2703	2456
1078	964	11645	4955	6690	10402	5314	5088
810	763	10332	4967	5365	3500	1991	1509
586	498	5274	2494	2780	3569	1912	1657
695	682	6428	3414	3014	2168	1281	887
883	824	10038	4520	5518	4916	2754	2162
1197	**1061**	**18415**	**9162**	**9253**	**8915**	**5088**	**3827**
	4	99	57	42	88	50	38
289	229	3514	1529	1985	1640	881	759
115	102	1943	860	1083	802	439	363
284	257	2908	1230	1678	1824	867	957
67	68	1720	818	902	935	555	380
222	210	3536	1912	1624	1670	1011	659
114	100	1540	768	772	850	597	253
106	91	3155	1988	1167	1106	688	418

7-6b 全省按现住地、受教育程度、性别分的

现住地	高中			大学专科			
	小计	男	女	小计	男	女	小计
合计	**405715**	**216662**	**189053**	**198532**	**100812**	**97720**	**156085**
兰州市	**66020**	**35800**	**30220**	**59725**	**27425**	**32300**	**63054**
城关区	2876	1507	1369	1900	973	927	2427
七里河区	4018	2106	1912	2811	1455	1356	8862
西固区	1015	524	491	309	167	142	240
安宁区							
红古区	890	538	352	325	191	134	156
永登县	11523	6338	5185	3503	1795	1708	2789
皋兰县	5637	3254	2383	2787	1480	1307	2165
榆中县	21837	11518	10319	10614	5184	5430	29607
兰州新区	18224	10015	8209	37476	16180	21296	16808
嘉峪关市	**157**	**109**	**48**	**65**	**49**	**16**	**13**
市辖区	157	109	48	65	49	16	13
金昌市	**7401**	**4534**	**2867**	**3418**	**1923**	**1495**	**1776**
金川区	8	7	1	2	2		1
永昌县	7393	4527	2866	3416	1921	1495	1775
白银市	**39833**	**20854**	**18979**	**13641**	**6777**	**6864**	**8463**
白银区	41	28	13	18	11	7	14
平川区	943	599	344	409	255	154	146
靖远县	12398	6332	6066	3673	1871	1802	2374
会宁县	16322	8213	8109	5667	2717	2950	3749
景泰县	10129	5682	4447	3874	1923	1951	2180
天水市	**35885**	**18328**	**17557**	**11554**	**6175**	**5379**	**9556**
秦州区	477	249	228	220	137	83	189
麦积区	2039	1090	949	765	415	350	566
清水县	7542	3787	3755	1611	841	770	1125
秦安县	10440	5355	5085	2539	1386	1153	2692
甘谷县	7076	3678	3398	2676	1398	1278	2411
武山县	4773	2416	2357	2319	1241	1078	1398
张家川回族自治县	3538	1753	1785	1424	757	667	1175
武威市	**24302**	**14007**	**10295**	**10914**	**6266**	**4648**	**4485**
凉州区	3052	1783	1269	3655	2335	1320	431
民勤县	10152	6055	4097	3649	2026	1623	1490
古浪县	6584	3591	2993	1906	997	909	1484
天祝藏族自治县	4514	2578	1936	1704	908	796	1080
张掖市	**21834**	**12671**	**9163**	**8735**	**4891**	**3844**	**5298**
甘州区	115	70	45	62	31	31	35
肃南裕固族自治县	639	342	297	313	204	109	388
民乐县	7865	4546	3319	2310	1367	943	1206
临泽县	3158	1839	1319	1372	790	582	882
高台县	4982	2849	2133	2483	1371	1112	1471
山丹县	5075	3025	2050	2195	1128	1067	1316
平凉市	**37052**	**19265**	**17787**	**13304**	**6884**	**6420**	**11518**
崆峒区	839	412	427	74	36	38	64
泾川县	7019	3782	3237	2232	1137	1095	2256
灵台县	5704	2959	2745	2016	1046	970	1893
崇信县	2570	1321	1249	1257	659	598	884
庄浪县	8416	4235	4181	3336	1709	1627	3494
静宁县	11377	5826	5551	3846	1961	1885	2629
华亭市	1127	730	397	543	336	207	298

户口登记地在本省其他乡镇街道的人口（镇）（续2）

单位：人

大学本科		硕士研究生			博士研究生		
男	女	小计	男	女	小计	男	女
81943	**74142**	**3944**	**2077**	**1867**	**185**	**113**	**72**
31615	**31439**	**2382**	**1298**	**1084**	**112**	**72**	**40**
1209	1218	352	176	176	34	23	11
5331	3531	868	587	281	41	29	12
133	107	11	5	6			
99	57	5	2	3	1	1	
1273	1516	49	22	27	2		2
1108	1057	104	45	59	8	6	2
12267	17340	291	113	178	16	7	9
10195	6613	702	348	354	10	6	4
8	**5**						
8	5						
935	**841**	**29**	**13**	**16**	**7**	**5**	**2**
	1						
935	840	29	13	16	7	5	2
4277	**4186**	**131**	**58**	**73**	**6**	**2**	**4**
7	7						
83	63	1		1			
1211	1163	33	12	21	1		1
1876	1873	45	20	25	2		2
1100	1080	52	26	26	3	2	1
5223	**4333**	**171**	**84**	**87**	**8**	**4**	**4**
101	88	1		1			
308	258	4	3	1			
607	518	25	10	15			
1466	1226	46	21	25	4	2	2
1307	1104	55	28	27	4	2	2
790	608	25	13	12			
644	531	15	9	6			
2350	**2135**	**76**	**37**	**39**	**8**	**2**	**6**
259	172	17	9	8	2	1	1
778	712	26	10	16	2	1	1
786	698	18	8	10	1		1
527	553	15	10	5	3		3
2889	**2409**	**92**	**37**	**55**	**2**	**2**	
16	19						
214	174	10	4	6			
695	511	21	9	12			
475	407	8	5	3			
792	679	16	7	9			
697	619	37	12	25	2	2	
6281	**5237**	**171**	**84**	**87**	**6**	**2**	**4**
35	29	1		1			
1182	1074	28	12	16			
1023	870	18	11	7			
436	448	16	10	6			
1975	1519	34	18	16	1	1	
1433	1196	73	33	40	5	1	4
197	101	1		1			

7-6b 全省按现住地、受教育程度、性别分的

现住地	高中			大学专科			
	小计	男	女	小计	男	女	小计
酒泉市	**11468**	**7051**	**4417**	**7540**	**4762**	**2778**	**4157**
肃州区	394	244	150	169	93	76	69
金塔县	3432	2094	1338	2758	1854	904	1212
瓜州县	5006	2890	2116	2550	1426	1124	1570
肃北蒙古族自治县	343	216	127	384	228	156	307
阿克塞哈萨克族自治县	444	278	166	443	289	154	326
玉门市	1498	1126	372	1021	754	267	488
敦煌市	351	203	148	215	118	97	185
庆阳市	**44584**	**24294**	**20290**	**14950**	**7929**	**7021**	**11818**
西峰区	211	127	84	86	56	30	41
庆城县	7177	4000	3177	2663	1440	1223	1964
环　县	11614	6367	5247	3792	2004	1788	2771
华池县	4067	2260	1807	1464	779	685	1162
合水县	3944	2145	1799	1508	813	695	1055
正宁县	3535	1865	1670	1408	715	693	1305
宁　县	5958	3108	2850	1806	967	839	1295
镇原县	8078	4422	3656	2223	1155	1068	2225
定西市	**50338**	**25480**	**24858**	**17739**	**9294**	**8445**	**15762**
安定区	489	301	188	210	112	98	179
通渭县	4258	2212	2046	1280	641	639	1515
陇西县	11820	6161	5659	5308	2843	2465	4494
渭源县	4521	2294	2227	1678	872	806	1525
临洮县	17773	9378	8395	5393	2779	2614	4291
漳　县	4261	2049	2212	1210	630	580	980
岷　县	7216	3085	4131	2660	1417	1243	2778
陇南市	**32372**	**15870**	**16502**	**19326**	**8821**	**10505**	**8709**
武都区	2049	1033	1016	464	239	225	246
成　县	6552	3131	3421	7221	2473	4748	1682
文　县	2656	1282	1374	1380	659	721	935
宕昌县	2866	1340	1526	1591	831	760	788
康　县	3252	1505	1747	1214	590	624	796
西和县	4376	2263	2113	2357	1248	1109	1449
礼　县	3886	1881	2005	1501	833	668	659
徽　县	5687	2886	2801	3034	1633	1401	1724
两当县	1048	549	499	564	315	249	430
临夏回族自治州	**23303**	**12586**	**10717**	**10096**	**5473**	**4623**	**7151**
临夏市	150	88	62	96	40	56	61
临夏县	2256	1188	1068	332	183	149	162
康乐县	3179	1728	1451	2343	1437	906	1557
永靖县	7647	3987	3660	3058	1483	1575	1983
广河县	2135	1219	916	989	574	415	982
和政县	2935	1565	1370	1329	727	602	1070
东乡族自治县	543	345	198	257	149	108	239
积石山保安族东乡族撒拉族自治县	4458	2466	1992	1692	880	812	1097
甘南藏族自治州	**11166**	**5813**	**5353**	**7525**	**4143**	**3382**	**4325**
合作市	25	16	9	26	16	10	28
临潭县	1719	885	834	979	516	463	780
卓尼县	1956	1011	945	751	434	317	428
舟曲县	3265	1639	1626	1792	943	849	819
迭部县	1457	777	680	1087	602	485	565
玛曲县	933	534	399	1470	869	601	755
碌曲县	1080	510	570	701	369	332	628
夏河县	731	441	290	719	394	325	322

户口登记地在本省其他乡镇街道的人口（镇）（续 3）

单位：人

大学本科		硕士研究生			博士研究生		
男	女	小计	男	女	小计	男	女
2311	**1846**	**56**	**31**	**25**	**1**	**1**	
38	31	1		1			
729	483	18	9	9			
818	752	16	9	7			
147	160	4	2	2	1	1	
148	178	6	4	2			
338	150	9	7	2			
93	92	2		2			
6306	**5512**	**153**	**81**	**72**	**10**	**8**	**2**
23	18						
993	971	32	16	16	2	2	
1484	1287	33	14	19			
600	562	17	10	7			
582	473	14	10	4	4	3	1
725	580	11	7	4	1	1	
700	595	18	10	8			
1199	1026	28	14	14	3	2	1
8349	**7413**	**219**	**92**	**127**	**14**	**6**	**8**
97	82						
862	653	10	6	4	1		1
2445	2049	67	27	40	3		3
801	724	17	7	10			
2112	2179	72	27	45	6	2	4
515	465	4	1	3			
1517	1261	49	24	25	4	4	
4697	**4012**	**224**	**118**	**106**	**9**	**7**	**2**
137	109				1	1	
876	806	92	43	49	4	3	1
501	434	9	7	2			
405	383	14	5	9			
409	387	15	10	5			
841	608	27	18	9			
383	276	14	9	5	1	1	
930	794	46	23	23	3	2	1
215	215	7	3	4			
4207	**2944**	**108**	**53**	**55**	**2**	**2**	
32	29	1		1			
82	80	2		2			
1156	401	6	4	2			
1003	980	49	21	28	1	1	
594	388	14	9	5	1	1	
557	513	8	4	4			
166	73	4	3	1			
617	480	24	12	12			
2495	**1830**	**132**	**91**	**41**			
14	14	1	1				
442	338	14	9	5			
244	184	10	7	3			
479	340	24	16	8			
344	221	15	10	5			
458	297	24	20	4			
330	298	34	22	12			
184	138	10	6	4			

7-6c 全省按现住地、受教育程度、性别分的

现住地	合计			未上过学			
	合计	男	女	小计	男	女	小计
合计	**827951**	**460481**	**367470**	**41251**	**15151**	**26100**	**28428**
兰州市	**153349**	**91959**	**61390**	**4673**	**1700**	**2973**	**3834**
城关区	6539	4103	2436	118	43	75	155
七里河区	32752	18271	14481	1079	405	674	966
西固区	6634	3935	2699	216	85	131	169
安宁区							
红古区	4091	2454	1637	194	77	117	126
永登县	8289	4947	3342	405	148	257	236
皋兰县	10032	6511	3521	191	75	116	186
榆中县	36535	21576	14959	1019	405	614	755
兰州新区	48477	30162	18315	1451	462	989	1241
嘉峪关市	**4773**	**2942**	**1831**	**73**	**30**	**43**	**126**
市辖区	4773	2942	1831	73	30	43	126
金昌市	**16443**	**9040**	**7403**	**858**	**245**	**613**	**408**
金川区	3147	2003	1144	216	86	130	64
永昌县	13296	7037	6259	642	159	483	344
白银市	**56715**	**31053**	**25662**	**2690**	**882**	**1808**	**2222**
白银区	5504	3370	2134	238	110	128	170
平川区	4396	2543	1853	306	97	209	112
靖远县	18488	10360	8128	1028	316	712	653
会宁县	19988	10083	9905	652	213	439	1092
景泰县	8339	4697	3642	466	146	320	195
天水市	**49798**	**27080**	**22718**	**2108**	**877**	**1231**	**1841**
秦州区	17508	9518	7990	591	227	364	528
麦积区	8341	4751	3590	361	180	181	311
清水县	7188	3635	3553	163	65	98	419
秦安县	3912	2266	1646	214	108	106	67
甘谷县	4836	2739	2097	299	116	183	152
武山县	2854	1514	1340	125	54	71	105
张家川回族自治县	5159	2657	2502	355	127	228	259
武威市	**61252**	**34194**	**27058**	**4777**	**2017**	**2760**	**1978**
凉州区	33765	19332	14433	2050	1021	1029	1147
民勤县	5171	3038	2133	584	279	305	141
古浪县	13635	7012	6623	1029	317	712	406
天祝藏族自治县	8681	4812	3869	1114	400	714	284
张掖市	**73157**	**38144**	**35013**	**3377**	**1142**	**2235**	**2939**
甘州区	43135	22585	20550	1362	475	887	1827
肃南裕固族自治县	3682	2148	1534	145	48	97	111
民乐县	3927	2080	1847	250	67	183	137
临泽县	1988	1077	911	92	36	56	56
高台县	4736	2618	2118	397	270	127	111
山丹县	15689	7636	8053	1131	246	885	697
平凉市	**74448**	**41141**	**33307**	**4852**	**1557**	**3295**	**2962**
崆峒区	12152	6631	5521	1043	358	685	316
泾川县	4671	2699	1972	208	75	133	99
灵台县	6872	3842	3030	404	101	303	291
崇信县	5527	4056	1471	104	47	57	71
庄浪县	8161	4752	3409	330	148	182	202
静宁县	31248	15754	15494	2405	686	1719	1740
华亭市	5817	3407	2410	358	142	216	243

户口登记地在本省其他乡镇街道的人口（乡村）

单位：人

学前教育		小学			初中		
男	女	小计	男	女	小计	男	女
14682	**13746**	**221101**	**115018**	**106083**	**264452**	**156680**	**107772**
2028	**1806**	**29436**	**16221**	**13215**	**59427**	**38626**	**20801**
85	70	1199	731	468	3110	2118	992
518	448	7116	3699	3417	14360	8619	5741
96	73	1479	818	661	3025	1894	1131
62	64	869	480	389	1365	877	488
119	117	2270	1224	1046	3189	2030	1159
96	90	1423	848	575	3357	2401	956
408	347	6120	3421	2699	15431	10207	5224
644	597	8960	5000	3960	15590	10480	5110
73	**53**	**1321**	**669**	**652**	**2144**	**1395**	**749**
73	53	1321	669	652	2144	1395	749
209	**199**	**5783**	**2752**	**3031**	**5855**	**3587**	**2268**
34	30	1080	631	449	1149	812	337
175	169	4703	2121	2582	4706	2775	1931
1155	**1067**	**17873**	**8739**	**9134**	**17796**	**10598**	**7198**
88	82	1164	624	540	1820	1171	649
55	57	1227	644	583	1628	1033	595
360	293	6592	3286	3306	5853	3695	2158
561	531	6187	2783	3404	5824	3059	2765
91	104	2703	1402	1301	2671	1640	1031
944	**897**	**15257**	**7996**	**7261**	**16114**	**8874**	**7240**
284	244	5232	2815	2417	5656	3176	2480
159	152	2133	1111	1022	2917	1663	1254
217	202	2777	1330	1447	2304	1190	1114
31	36	1103	666	437	1385	790	595
79	73	1368	756	612	1491	819	672
49	56	749	386	363	855	434	421
125	134	1895	932	963	1506	802	704
1009	**969**	**18313**	**9913**	**8400**	**19479**	**11454**	**8025**
579	568	9409	5308	4101	12234	7140	5094
66	75	1640	902	738	1479	922	557
212	194	4295	2078	2217	3424	1945	1479
152	132	2969	1625	1344	2342	1447	895
1532	**1407**	**17494**	**8331**	**9163**	**22423**	**11989**	**10434**
966	861	8590	4198	4392	12388	6526	5862
58	53	1024	475	549	1086	753	333
66	71	1410	692	718	1091	619	472
25	31	607	315	292	555	318	237
50	61	1371	650	721	1384	788	596
367	330	4492	2001	2491	5919	2985	2934
1583	**1379**	**20453**	**10563**	**9890**	**22504**	**12854**	**9650**
177	139	3453	1872	1581	4391	2483	1908
46	53	1090	575	515	1258	769	489
153	138	2067	1055	1012	2130	1260	870
42	29	779	478	301	1182	854	328
102	100	2186	1225	961	2218	1337	881
936	804	8940	4364	4576	9308	4845	4463
127	116	1938	994	944	2017	1306	711

7-6c 全省按现住地、受教育程度、性别分的

现住地	合计			未上过学			
	合计	男	女	小计	男	女	小计
酒泉市	**66186**	**36249**	**29937**	**4967**	**1702**	**3265**	**2318**
肃州区	22573	12208	10365	1643	684	959	1023
金塔县	7799	4357	3442	762	223	539	222
瓜州县	16775	9015	7760	1741	499	1242	567
肃北蒙古族自治县	1772	1495	277	36	19	17	5
阿克塞哈萨克族自治县	494	396	98	8	6	2	
玉门市	6552	3389	3163	406	125	281	247
敦煌市	10221	5389	4832	371	146	225	254
庆阳市	**104208**	**56640**	**47568**	**2961**	**1198**	**1763**	**3674**
西峰区	47216	23139	24077	740	280	460	1541
庆城县	10037	5851	4186	315	139	176	392
环　县	16316	9678	6638	603	254	349	688
华池县	7745	4531	3214	306	137	169	247
合水县	4299	2546	1753	198	64	134	164
正宁县	3117	1905	1212	119	38	81	121
宁　县	6121	3547	2574	267	104	163	198
镇原县	9357	5443	3914	413	182	231	323
定西市	**51697**	**27943**	**23754**	**2475**	**908**	**1567**	**2091**
安定区	20791	11187	9604	820	262	558	810
通渭县	2346	1402	944	86	31	55	65
陇西县	5283	2830	2453	234	99	135	209
渭源县	4008	2190	1818	110	42	68	161
临洮县	7259	4124	3135	242	88	154	268
漳　县	5736	2937	2799	293	122	171	335
岷　县	6274	3273	3001	690	264	426	243
陇南市	**56951**	**31013**	**25938**	**3317**	**1326**	**1991**	**1915**
武都区	15364	7582	7782	838	339	499	587
成　县	4165	2217	1948	170	82	88	174
文　县	5730	3351	2379	351	114	237	162
宕昌县	5112	2688	2424	339	124	215	227
康　县	2925	1630	1295	222	91	131	122
西和县	7179	4223	2956	430	196	234	155
礼　县	8841	4804	4037	651	250	401	240
徽　县	6595	3913	2682	258	109	149	223
两当县	1040	605	435	58	21	37	25
临夏回族自治州	**35485**	**19603**	**15882**	**2713**	**1039**	**1674**	**1320**
临夏市	5541	2915	2626	394	146	248	225
临夏县	6629	3794	2835	389	140	249	174
康乐县	2989	1495	1494	311	95	216	172
永靖县	3511	2011	1500	163	78	85	73
广河县	3123	1727	1396	336	135	201	116
和政县	2262	1194	1068	284	110	174	90
东乡族自治县	5338	3065	2273	406	165	241	196
积石山保安族东乡族撒拉族自治县	6092	3402	2690	430	170	260	274
甘南藏族自治州	**23489**	**13480**	**10009**	**1410**	**528**	**882**	**800**
合作市	5497	3260	2237	360	139	221	118
临潭县	3153	1884	1269	182	66	116	114
卓尼县	1637	855	782	154	60	94	37
舟曲县	5379	2770	2609	372	105	267	351
迭部县	2238	1430	808	81	38	43	35
玛曲县	851	535	316	37	21	16	6
碌曲县	1029	645	384	56	27	29	24
夏河县	3705	2101	1604	168	72	96	115

户口登记地在本省其他乡镇街道的人口（乡村）（续1）

单位：人

学前教育		小学			初中		
男	女	小计	男	女	小计	男	女
1196	**1122**	**19690**	**9729**	**9961**	**20104**	**12088**	**8016**
541	482	5836	2905	2931	6923	3958	2965
111	111	2842	1414	1428	2738	1759	979
281	286	5475	2713	2762	4624	2733	1891
1	4	177	130	47	731	632	99
		121	81	40	139	115	24
118	129	3302	1568	1734	1684	977	707
144	110	1937	918	1019	3265	1914	1351
1916	**1758**	**22405**	**11794**	**10611**	**30316**	**17764**	**12552**
813	728	7550	3871	3679	12387	6833	5554
198	194	2480	1319	1161	3506	2105	1401
375	313	4552	2461	2091	4648	2849	1799
110	137	2119	1035	1084	2351	1474	877
77	87	1086	565	521	1541	958	583
69	52	692	388	304	1031	647	384
103	95	1585	843	742	2063	1236	827
171	152	2341	1312	1029	2789	1662	1127
1043	**1048**	**16294**	**8228**	**8066**	**17718**	**9933**	**7785**
412	398	6126	2999	3127	7360	4201	3159
34	31	631	355	276	818	490	328
104	105	1788	889	899	1739	980	759
84	77	1092	528	564	1345	703	642
122	146	2202	1189	1013	2487	1447	1040
172	163	2096	1048	1048	2196	1109	1087
115	128	2359	1220	1139	1773	1003	770
935	**980**	**14506**	**7861**	**6645**	**16760**	**9216**	**7544**
276	311	3185	1665	1520	4046	2020	2026
76	98	1058	547	511	1529	797	732
77	85	1674	953	721	1763	1083	680
131	96	1699	857	842	1329	701	628
64	58	900	512	388	858	478	380
75	80	1670	1024	646	2141	1244	897
116	124	2557	1335	1222	2502	1360	1142
107	116	1498	807	691	2255	1338	917
13	12	265	161	104	337	195	142
674	**646**	**13437**	**7268**	**6169**	**8965**	**5252**	**3713**
126	99	1872	996	876	1541	900	641
89	85	2219	1193	1026	1843	1134	709
84	88	1197	622	575	760	364	396
41	32	1531	871	660	911	554	357
69	47	1309	694	615	685	408	277
39	51	835	437	398	574	321	253
104	92	1931	1115	816	1198	701	497
122	152	2543	1340	1203	1453	870	583
385	**415**	**8839**	**4954**	**3885**	**4847**	**3050**	**1797**
59	59	2369	1435	934	1212	765	447
50	64	1240	712	528	827	564	263
17	20	650	311	339	329	196	133
172	179	1738	844	894	1116	625	491
20	15	507	302	205	410	266	144
4	2	422	268	154	138	88	50
7	17	346	202	144	269	191	78
56	59	1567	880	687	546	355	191

7-6c 全省按现住地、受教育程度、性别分的

现住地	高中			大学专科			
	小计	男	女	小计	男	女	小计
合计	**144372**	**86524**	**57848**	**75514**	**43868**	**31646**	**51589**
兰州市	**29820**	**17990**	**11830**	**17779**	**10715**	**7064**	**8060**
城关区	875	534	341	615	332	283	435
七里河区	5290	2992	2298	2585	1334	1251	1314
西固区	1102	673	429	467	273	194	172
安宁区							
红古区	872	542	330	454	282	172	211
永登县	1235	851	384	560	356	204	384
皋兰县	1051	747	304	3610	2201	1409	212
榆中县	8771	4621	4150	2660	1619	1041	1717
兰州新区	10624	7030	3594	6828	4318	2510	3615
嘉峪关市	**584**	**419**	**165**	**383**	**260**	**123**	**137**
市辖区	584	419	165	383	260	123	137
金昌市	**2320**	**1523**	**797**	**886**	**526**	**360**	**322**
金川区	364	268	96	210	135	75	62
永昌县	1956	1255	701	676	391	285	260
白银市	**8740**	**5467**	**3273**	**4902**	**2845**	**2057**	**2446**
白银区	1174	821	353	664	397	267	271
平川区	614	427	187	329	201	128	177
靖远县	2211	1411	800	1468	911	557	666
会宁县	3566	2064	1502	1754	930	824	897
景泰县	1175	744	431	687	406	281	435
天水市	**8828**	**5055**	**3773**	**3468**	**2025**	**1443**	**2143**
秦州区	4022	2163	1859	958	543	415	511
麦积区	1341	858	483	777	478	299	489
清水县	979	529	450	328	182	146	217
秦安县	571	346	225	400	227	173	170
甘谷县	752	465	287	483	312	171	284
武山县	494	297	197	252	141	111	273
张家川回族自治县	669	397	272	270	142	128	199
武威市	**12115**	**7034**	**5081**	**3162**	**1916**	**1246**	**1397**
凉州区	6885	4002	2883	1504	950	554	529
民勤县	831	582	249	369	214	155	122
古浪县	3366	1796	1570	750	446	304	361
天祝藏族自治县	1033	654	379	539	306	233	385
张掖市	**14615**	**8279**	**6336**	**7308**	**4122**	**3186**	**4860**
甘州区	10245	5602	4643	5085	2812	2273	3520
肃南裕固族自治县	543	359	184	393	255	138	373
民乐县	499	309	190	343	218	125	195
临泽县	326	196	130	217	125	92	133
高台县	1035	612	423	293	171	122	143
山丹县	1967	1201	766	977	541	436	496
平凉市	**13167**	**8383**	**4784**	**6378**	**3858**	**2520**	**4059**
崆峒区	1613	986	627	844	484	360	485
泾川县	668	482	186	684	408	276	658
灵台县	1093	733	360	491	295	196	388
崇信县	1898	1533	365	985	740	245	500
庄浪县	1909	1171	738	836	508	328	475
静宁县	5269	2990	2279	2150	1163	987	1399
华亭市	717	488	229	388	260	128	154

户口登记地在本省其他乡镇街道的人口（乡村）（续2）

单位：人

大学本科		硕士研究生			博士研究生		
男	女	小计	男	女	小计	男	女
27887	**23702**	**1166**	**631**	**535**	**78**	**40**	**38**
4527	**3533**	**302**	**142**	**160**	**18**	**10**	**8**
244	191	31	16	15	1		1
685	629	39	18	21	3	1	2
94	78	4	2	2			
134	77						
215	169	9	4	5	1		1
142	70	2	1	1			
872	845	58	22	36	4	1	3
2141	1474	159	79	80	9	8	1
91	**46**	**5**	**5**				
91	46	5	5				
190	**132**	**10**	**7**	**3**	**1**	**1**	
35	27	2	2				
155	105	8	5	3	1	1	
1341	**1105**	**45**	**25**	**20**	**1**	**1**	
159	112	3		3			
85	92	3	1	2			
372	294	17	9	8			
462	435	15	10	5	1	1	
263	172	7	5	2			
1283	**860**	**36**	**24**	**12**	**3**	**2**	**1**
306	205	9	4	5	1		1
295	194	11	6	5	1	1	
122	95	1		1			
96	74	2	2				
186	98	6	5	1	1	1	
152	121	1	1				
126	73	6	6				
837	**560**	**30**	**13**	**17**	**1**	**1**	
328	201	7	4	3			
71	51	5	2	3			
215	146	4	3	1			
223	162	14	4	10	1	1	
2679	**2181**	**131**	**66**	**65**	**10**	**4**	**6**
1952	1568	109	50	59	9	4	5
196	177	7	4	3			
108	87	2	1	1			
60	73	2	2				
76	67	1	1		1		1
287	209	10	8	2			
2296	**1763**	**70**	**46**	**24**	**3**	**1**	**2**
268	217	6	3	3	1		1
338	320	5	5		1	1	
241	147	8	4	4			
355	145	8	7	1			
257	218	5	4	1			
748	651	36	22	14	1		1
89	65	2	1	1			

7-6c　全省按现住地、受教育程度、性别分的

现住地	高中			大学专科			
	小计	男	女	小计	男	女	小计
酒泉市	**10785**	**6492**	**4293**	**5410**	**3319**	**2091**	**2850**
肃州区	3513	2111	1402	2573	1463	1110	1042
金塔县	685	480	205	363	249	114	184
瓜州县	2152	1334	818	1230	822	408	976
肃北蒙古族自治县	540	472	68	209	177	32	73
阿克塞哈萨克族自治县	86	75	11	99	80	19	41
玉门市	468	323	145	273	176	97	168
敦煌市	3341	1697	1644	663	352	311	366
庆阳市	**16407**	**9956**	**6451**	**11476**	**5990**	**5486**	**16649**
西峰区	7416	3993	3423	5597	2261	3336	11741
庆城县	1527	1018	509	1005	637	368	801
环　县	2483	1605	878	1611	1063	548	1703
华池县	1102	768	334	842	544	298	761
合水县	618	438	180	444	303	141	245
正宁县	544	364	180	351	227	124	257
宁　县	1013	663	350	584	349	235	407
镇原县	1704	1107	597	1042	606	436	734
定西市	**7380**	**4494**	**2886**	**3534**	**2044**	**1490**	**2158**
安定区	3270	1952	1318	1488	856	632	905
通渭县	399	276	123	218	138	80	123
陇西县	729	436	293	361	196	165	218
渭源县	656	413	243	379	236	143	254
临洮县	1239	789	450	509	302	207	307
漳　县	510	301	209	197	121	76	106
岷　县	577	327	250	382	195	187	245
陇南市	**12085**	**6765**	**5320**	**5374**	**3128**	**2246**	**2922**
武都区	4953	2320	2633	1132	608	524	603
成　县	634	401	233	402	216	186	194
文　县	931	587	344	554	344	210	289
宕昌县	725	431	294	498	273	225	289
康　县	417	249	168	247	145	102	154
西和县	1238	767	471	953	564	389	580
礼　县	1684	968	716	788	491	297	410
徽　县	1366	962	404	666	408	258	321
两当县	137	80	57	134	79	55	82
临夏回族自治州	**4514**	**2845**	**1669**	**2784**	**1545**	**1239**	**1717**
临夏市	642	353	289	495	214	281	362
临夏县	1016	632	384	645	408	237	335
康乐县	307	197	110	152	83	69	88
永靖县	468	274	194	220	111	109	143
广河县	364	228	136	204	135	69	107
和政县	229	155	74	164	89	75	86
东乡族自治县	767	492	275	498	286	212	338
积石山保安族东乡族撒拉族自治县	721	514	207	406	219	187	258
甘南藏族自治州	**3012**	**1822**	**1190**	**2670**	**1575**	**1095**	**1869**
合作市	632	415	217	513	291	222	292
临潭县	369	236	133	283	160	123	138
卓尼县	208	122	86	175	94	81	82
舟曲县	529	318	211	637	349	288	618
迭部县	392	269	123	445	299	146	356
玛曲县	64	39	25	123	73	50	59
碌曲县	109	72	37	142	90	52	82
夏河县	709	351	358	352	219	133	242

户口登记地在本省其他乡镇街道的人口（乡村）（续3）

单位：人

大学本科		硕士研究生			博士研究生		
男	女	小计	男	女	小计	男	女
1689	**1161**	**56**	**31**	**25**	**6**	**3**	**3**
538	504	20	8	12			
120	64	3	1	2			
625	351	10	8	2			
64	9				1		1
39	2						
100	68	4	2	2			
203	163	19	12	7	5	3	2
7843	**8806**	**301**	**168**	**133**	**19**	**11**	**8**
4954	6787	231	125	106	13	9	4
428	373	9	6	3	2	1	1
1053	650	27	18	9	1		1
454	307	16	9	7	1		1
140	105	3	1	2			
171	86	2	1	1			
246	161	4	3	1			
397	337	9	5	4	2	1	1
1264	**894**	**44**	**28**	**16**	**3**	**1**	**2**
499	406	12	6	6			
75	48	6	3	3			
123	95	5	3	2			
175	79	10	9	1	1		1
185	122	4	2	2	1		1
62	44	2	1	1	1	1	
145	100	5	4	1			
1740	**1182**	**63**	**38**	**25**	**9**	**4**	**5**
340	263	19	14	5	1		1
96	98	3	1	2	1	1	
189	100	6	4	2			
169	120	4	1	3	2	1	1
87	67	4	3	1	1	1	
349	231	10	3	7	2	1	1
277	133	9	7	2			
179	142	6	3	3	2		2
54	28	2	2				
965	**752**	**33**	**14**	**19**	**2**	**1**	**1**
178	184	10	2	8			
195	140	8	3	5			
49	39	2	1	1			
82	61	1		1	1		1
57	50	2	1	1			
43	43						
200	138	3	1	2	1	1	
161	97	7	6	1			
1142	**727**	**40**	**24**	**16**	**2**		**2**
156	136	1		1			
96	42						
53	29	2	2				
349	269	17	8	9	1		1
227	129	11	9	2	1		1
42	17	2		2			
55	27	1	1				
164	78	6	4	2			

7-7 全省按现住地、受教育程度、性别分的

现住地	合计			未上过学			
	合计	男	女	小计	男	女	小计
合计	**750192**	**452255**	**297937**	**13821**	**4858**	**8963**	**20425**
兰州市	**373061**	**224682**	**148379**	**5023**	**1765**	**3258**	**8515**
城关区	159035	94688	64347	2192	755	1437	4064
七里河区	51341	32387	18954	839	292	547	1114
西固区	28135	16287	11848	496	187	309	914
安宁区	40850	22972	17878	417	132	285	670
红古区	8089	4635	3454	316	114	202	205
永登县	5834	3830	2004	141	36	105	157
皋兰县	8492	6474	2018	129	69	60	125
榆中县	46253	25585	20668	274	98	176	845
兰州新区	25032	17824	7208	219	82	137	421
嘉峪关市	**25021**	**14499**	**10522**	**216**	**74**	**142**	**833**
市辖区	25021	14499	10522	216	74	142	833
金昌市	**16353**	**9633**	**6720**	**386**	**121**	**265**	**485**
金川区	12196	7017	5179	343	103	240	389
永昌县	4157	2616	1541	43	18	25	96
白银市	**26072**	**15364**	**10708**	**531**	**190**	**341**	**1011**
白银区	11804	7102	4702	221	74	147	371
平川区	4909	2859	2050	94	34	60	182
靖远县	3792	2282	1510	92	34	58	169
会宁县	2499	1289	1210	55	20	35	156
景泰县	3068	1832	1236	69	28	41	133
天水市	**32858**	**19894**	**12964**	**561**	**222**	**339**	**938**
秦州区	11992	7207	4785	183	75	108	268
麦积区	10128	6214	3914	100	50	50	330
清水县	2828	1825	1003	45	18	27	87
秦安县	2680	1613	1067	69	25	44	108
甘谷县	1986	1060	926	56	15	41	56
武山县	1371	709	662	33	13	20	51
张家川回族自治县	1873	1266	607	75	26	49	38
武威市	**21512**	**13020**	**8492**	**514**	**168**	**346**	**830**
凉州区	15160	8965	6195	317	102	215	575
民勤县	2182	1405	777	48	18	30	55
古浪县	2063	1269	794	68	30	38	109
天祝藏族自治县	2107	1381	726	81	18	63	91
张掖市	**17756**	**10459**	**7297**	**375**	**143**	**232**	**698**
甘州区	11409	6484	4925	242	89	153	447
肃南裕固族自治县	511	413	98	7	3	4	9
民乐县	1685	977	708	59	26	33	67
临泽县	1035	628	407	13	5	8	41
高台县	1313	723	590	24	9	15	79
山丹县	1803	1234	569	30	11	19	55
平凉市	**29613**	**17865**	**11748**	**732**	**262**	**470**	**935**
崆峒区	13500	7732	5768	285	80	205	426
泾川县	2339	1382	957	46	19	27	80
灵台县	2778	1904	874	72	27	45	72
崇信县	1569	1248	321	14	5	9	29
庄浪县	1930	1119	811	45	23	22	77
静宁县	2993	1542	1451	176	74	102	147
华亭市	4504	2938	1566	94	34	60	104

户口登记地在外省的人口

单位：人

学前教育		小学			初中		
男	女	小计	男	女	小计	男	女
10805	**9620**	**130486**	**72318**	**58168**	**269817**	**172008**	**97809**
4491	**4024**	**53452**	**29702**	**23750**	**127693**	**82598**	**45095**
2142	1922	23894	12853	11041	58705	36821	21884
591	523	7668	4363	3305	17699	11408	6291
490	424	5276	2696	2580	12134	7339	4795
354	316	3628	1907	1721	8458	5464	2994
100	105	1919	984	935	3406	2111	1295
84	73	1126	616	510	2735	1869	866
74	51	1545	1101	444	4409	3512	897
448	397	4106	2328	1778	10367	6809	3558
208	213	4290	2854	1436	9780	7265	2515
448	**385**	**4718**	**2291**	**2427**	**9902**	**5791**	**4111**
448	385	4718	2291	2427	9902	5791	4111
258	**227**	**3717**	**2005**	**1712**	**6914**	**4286**	**2628**
208	181	2548	1361	1187	5085	3038	2047
50	46	1169	644	525	1829	1248	581
543	**468**	**5236**	**2809**	**2427**	**10346**	**6364**	**3982**
209	162	2058	1110	948	4660	2888	1772
85	97	1027	539	488	2072	1276	796
83	86	925	515	410	1498	961	537
90	66	557	267	290	867	445	422
76	57	669	378	291	1249	794	455
489	**449**	**6410**	**3755**	**2655**	**12466**	**7897**	**4569**
142	126	2258	1376	882	4087	2720	1367
185	145	1711	969	742	3898	2384	1514
40	47	689	424	265	1329	905	424
58	50	591	345	246	958	579	379
26	30	449	225	224	834	460	374
21	30	245	119	126	558	288	270
17	21	467	297	170	802	561	241
433	**397**	**4377**	**2380**	**1997**	**8104**	**5156**	**2948**
302	273	3075	1696	1379	5873	3666	2207
30	25	362	184	178	821	566	255
53	56	403	201	202	671	409	262
48	43	537	299	238	739	515	224
385	**313**	**3663**	**1899**	**1764**	**6240**	**3915**	**2325**
248	199	2229	1156	1073	3812	2270	1542
5	4	108	71	37	233	202	31
29	38	456	246	210	554	336	218
24	17	282	152	130	357	228	129
45	34	330	143	187	489	291	198
34	21	258	131	127	795	588	207
502	**433**	**5837**	**3109**	**2728**	**11957**	**7504**	**4453**
245	181	2601	1343	1258	5394	3245	2149
38	42	441	216	225	1038	616	422
39	33	551	338	213	1201	826	375
16	13	169	97	72	646	525	121
39	38	469	239	230	742	450	292
74	73	692	352	340	1180	638	542
51	53	914	524	390	1756	1204	552

7-7 全省按现住地、受教育程度、性别分的

现住地	合计			未上过学			
	合计	男	女	小计	男	女	小计
酒泉市	**84740**	**50555**	**34185**	**1958**	**588**	**1370**	**2388**
肃州区	16754	9606	7148	337	101	236	588
金塔县	9207	7663	1544	91	36	55	54
瓜州县	6798	4223	2575	630	196	434	201
肃北蒙古族自治县	1966	1689	277	20	10	10	3
阿克塞哈萨克族自治县	742	525	217	15	10	5	14
玉门市	8367	6132	2235	147	41	106	142
敦煌市	40906	20717	20189	718	194	524	1386
庆阳市	**41732**	**26093**	**15639**	**614**	**269**	**345**	**1228**
西峰区	16047	9459	6588	184	74	110	582
庆城县	7759	5067	2692	71	30	41	181
环　县	5023	3301	1722	89	46	43	124
华池县	3199	1996	1203	109	51	58	61
合水县	2311	1541	770	39	19	20	45
正宁县	1866	1153	713	40	18	22	60
宁　县	2694	1906	788	41	14	27	69
镇原县	2833	1670	1163	41	17	24	106
定西市	**22982**	**13990**	**8992**	**531**	**181**	**350**	**873**
安定区	5317	3250	2067	76	25	51	187
通渭县	1394	784	610	32	8	24	66
陇西县	5512	3093	2419	62	24	38	260
渭源县	1665	997	668	26	5	21	64
临洮县	3969	2548	1421	51	12	39	144
漳　县	1576	1124	452	49	18	31	32
岷　县	3549	2194	1355	235	89	146	120
陇南市	**28320**	**17103**	**11217**	**1306**	**493**	**813**	**971**
武都区	6400	3806	2594	200	60	140	252
成　县	2975	1712	1263	36	10	26	143
文　县	5405	3736	1669	248	118	130	119
宕昌县	2439	1317	1122	395	147	248	85
康　县	2447	1334	1113	84	27	57	123
西和县	2170	1248	922	80	36	44	57
礼　县	2631	1496	1135	182	59	123	90
徽　县	2780	1766	1014	52	28	24	76
两当县	1073	688	385	29	8	21	26
临夏回族自治州	**20159**	**12768**	**7391**	**608**	**191**	**417**	**551**
临夏市	8081	5081	3000	178	61	117	231
临夏县	2593	1733	860	92	22	70	47
康乐县	900	508	392	19	7	12	42
永靖县	2663	1441	1222	63	13	50	96
广河县	1188	754	434	49	17	32	41
和政县	920	528	392	56	15	41	31
东乡族自治县	784	514	270	44	17	27	13
积石山保安族东乡族撒拉族自治县	3030	2209	821	107	39	68	50
甘南藏族自治州	**10013**	**6330**	**3683**	**466**	**191**	**275**	**169**
合作市	3459	2084	1375	60	29	31	47
临潭县	1178	790	388	71	18	53	22
卓尼县	766	567	199	16	12	4	16
舟曲县	1002	572	430	115	45	70	31
迭部县	895	547	348	29	8	21	20
玛曲县	1052	643	409	132	61	71	18
碌曲县	526	329	197	23	6	17	4
夏河县	1135	798	337	20	12	8	11

户口登记地在外省的人口（续1）

单位：人

学前教育		小学			初中		
男	女	小计	男	女	小计	男	女
1238	**1150**	**16411**	**9248**	**7163**	**30353**	**19130**	**11223**
307	281	3024	1581	1443	6234	3732	2502
28	26	2850	2288	562	3519	2968	551
108	93	2160	1173	987	2292	1601	691
2	1	226	174	52	1046	923	123
6	8	192	131	61	236	170	66
71	71	1568	985	583	4073	3125	948
716	670	6391	2916	3475	12953	6611	6342
657	**571**	**6292**	**3462**	**2830**	**14534**	**9304**	**5230**
311	271	2192	1173	1019	5716	3532	2184
109	72	1071	603	468	2312	1505	807
62	62	952	529	423	1728	1155	573
33	28	650	368	282	860	575	285
18	27	257	140	117	717	501	216
35	25	291	148	143	878	571	307
32	37	294	170	124	1150	790	360
57	49	585	331	254	1173	675	498
473	**400**	**5127**	**2858**	**2269**	**8792**	**5455**	**3337**
95	92	945	518	427	1922	1204	718
42	24	358	194	164	550	309	241
131	129	1252	627	625	2309	1302	1007
35	29	357	188	169	634	379	255
82	62	809	463	346	1596	1069	527
23	9	356	225	131	654	485	169
65	55	1050	643	407	1127	707	420
519	**452**	**6873**	**4009**	**2864**	**11254**	**6900**	**4354**
124	128	1277	710	567	2627	1567	1060
87	56	534	304	230	1358	797	561
67	52	1436	997	439	1948	1350	598
46	39	847	433	414	728	457	271
68	55	681	382	299	1036	562	474
29	28	437	235	202	994	575	419
35	55	798	449	349	906	509	397
46	30	625	349	276	1219	787	432
17	9	238	150	88	438	296	142
282	**269**	**5558**	**3072**	**2486**	**7953**	**5345**	**2608**
123	108	2005	1105	900	3538	2353	1185
22	25	855	505	350	1109	826	283
21	21	209	101	108	385	223	162
45	51	730	327	403	901	538	363
18	23	348	183	165	403	259	144
20	11	236	117	119	357	216	141
10	3	303	174	129	268	194	74
23	27	872	560	312	992	736	256
87	**82**	**2815**	**1719**	**1096**	**3309**	**2363**	**946**
26	21	560	338	222	1168	854	314
11	11	399	230	169	426	343	83
10	6	259	195	64	264	186	78
15	16	285	136	149	319	203	116
8	12	218	136	82	312	198	114
13	5	386	228	158	298	195	103
	4	204	125	79	186	128	58
4	7	504	331	173	336	256	80

7-7 全省按现住地、受教育程度、性别分的

现住地	高中			大学专科			
	小计	男	女	小计	男	女	小计
合计	**124843**	**79388**	**45455**	**71621**	**44871**	**26750**	**101981**
兰州市	**61103**	**38644**	**22459**	**32342**	**20231**	**12111**	**69718**
城关区	30121	18922	11199	15811	9899	5912	16338
七里河区	8283	5226	3057	4709	2886	1823	9161
西固区	5121	3075	2046	2441	1472	969	1614
安宁区	5342	3051	2291	3123	1905	1218	14277
红古区	1186	705	481	645	378	267	389
永登县	1130	844	286	320	226	94	220
皋兰县	1389	1069	320	611	451	160	272
榆中县	4136	2508	1628	1574	934	640	24786
兰州新区	4395	3244	1151	3108	2080	1028	2661
嘉峪关市	**4087**	**2474**	**1613**	**3354**	**2205**	**1149**	**1773**
市辖区	4087	2474	1613	3354	2205	1149	1773
金昌市	**2711**	**1696**	**1015**	**1181**	**680**	**501**	**845**
金川区	2140	1325	815	895	503	392	694
永昌县	571	371	200	286	177	109	151
白银市	**4661**	**2906**	**1755**	**2493**	**1440**	**1053**	**1693**
白银区	2303	1493	810	1209	713	496	918
平川区	863	522	341	439	249	190	227
靖远县	570	357	213	337	204	133	193
会宁县	431	233	198	267	145	122	157
景泰县	494	301	193	241	129	112	198
天水市	**5605**	**3493**	**2112**	**3271**	**2068**	**1203**	**3210**
秦州区	1871	1136	735	1140	697	443	1857
麦积区	2083	1320	763	1254	833	421	719
清水县	386	258	128	164	91	73	117
秦安县	475	289	186	241	162	79	226
甘谷县	266	151	115	202	111	91	117
武山县	259	151	108	150	79	71	71
张家川回族自治县	265	188	77	120	95	25	103
武威市	**4022**	**2589**	**1433**	**2186**	**1353**	**833**	**1394**
凉州区	2766	1691	1075	1512	885	627	974
民勤县	514	360	154	248	160	88	126
古浪县	437	305	132	264	190	74	109
天祝藏族自治县	305	233	72	162	118	44	185
张掖市	**3100**	**1919**	**1181**	**1722**	**1092**	**630**	**1858**
甘州区	2046	1205	841	1093	669	424	1461
肃南裕固族自治县	77	70	7	44	37	7	32
民乐县	249	156	93	167	100	67	123
临泽县	164	104	60	106	75	31	70
高台县	192	108	84	128	83	45	67
山丹县	372	276	96	184	128	56	105
平凉市	**4855**	**3177**	**1678**	**3026**	**1910**	**1116**	**2165**
崆峒区	2279	1384	895	1421	841	580	1039
泾川县	353	250	103	231	143	88	141
灵台县	425	319	106	274	217	57	175
崇信县	284	246	38	228	189	39	193
庄浪县	325	196	129	160	98	62	109
静宁县	427	233	194	226	101	125	139
华亭市	762	549	213	486	321	165	369

户口登记地在外省的人口（续 2）

单位：人

大学本科		硕士研究生			博士研究生		
男	女	小计	男	女	小计	男	女
59111	**42870**	**15371**	**7685**	**7686**	**1827**	**1211**	**616**
39423	**30295**	**13549**	**6732**	**6817**	**1666**	**1096**	**570**
9273	7065	6624	3177	3447	1286	846	440
6308	2853	1751	1231	520	117	82	35
966	648	130	59	71	9	3	6
7918	6359	4715	2104	2611	220	137	83
234	155	20	8	12	3	1	2
150	70	4	4		1	1	
191	81	11	6	5	1	1	
12385	12401	160	71	89	5	4	1
1998	663	134	72	62	24	21	3
1134	**639**	**125**	**72**	**53**	**13**	**10**	**3**
1134	639	125	72	53	13	10	3
513	**332**	**108**	**69**	**39**	**6**	**5**	**1**
411	283	96	63	33	6	5	1
102	49	12	6	6			
1057	**636**	**91**	**47**	**44**	**10**	**8**	**2**
579	339	56	29	27	8	7	1
152	75	5	2	3			
124	69	8	4	4			
85	72	8	3	5	1	1	
117	81	14	9	5	1		1
1847	**1363**	**373**	**106**	**267**	**24**	**17**	**7**
975	882	311	73	238	17	13	4
460	259	31	12	19	2	1	1
82	35	10	7	3	1		1
147	79	11	7	4	1	1	
68	49	5	3	2	1	1	
35	36	3	2	1	1	1	
80	23	2	2		1		1
895	**499**	**78**	**39**	**39**	**7**	**7**	
589	385	62	28	34	6	6	
83	43	7	3	4	1	1	
79	30	2	2				
144	41	7	6	1			
1057	**801**	**88**	**41**	**47**	**12**	**8**	**4**
810	651	70	31	39	9	6	3
25	7	1		1			
78	45	9	6	3	1		1
39	31	2	1	1			
41	26	4	3	1			
64	41	2		2	2	2	
1344	**821**	**95**	**47**	**48**	**11**	**10**	**1**
570	469	49	19	30	6	5	1
94	47	9	6	3			
134	41	6	2	4	2	2	
164	29	4	4		2	2	
72	37	3	2	1			
67	72	5	2	3	1	1	
243	126	19	12	7			

7-7 全省按现住地、受教育程度、性别分的

现住地	高中			大学专科			
	小计	男	女	小计	男	女	小计
酒泉市	**14110**	**8558**	**5552**	**10080**	**6131**	**3949**	**9003**
肃州区	3077	1851	1226	1873	1098	775	1520
金塔县	1146	1017	129	1010	892	118	527
瓜州县	837	618	219	400	314	86	275
肃北蒙古族自治县	368	320	48	223	195	28	75
阿克塞哈萨克族自治县	118	87	31	102	75	27	65
玉门市	1371	1089	282	595	469	126	452
敦煌市	7193	3576	3617	5877	3088	2789	6089
庆阳市	**7911**	**5372**	**2539**	**5357**	**3412**	**1945**	**5541**
西峰区	2897	1790	1107	1670	954	716	2677
庆城县	1639	1165	474	1420	933	487	1024
环　县	948	698	250	563	388	175	590
华池县	568	377	191	566	355	211	371
合水县	447	339	108	409	268	141	373
正宁县	301	195	106	169	101	68	121
宁　县	627	499	128	329	262	67	179
镇原县	484	309	175	231	151	80	206
定西市	**3930**	**2555**	**1375**	**2193**	**1440**	**753**	**1453**
安定区	909	588	321	720	458	262	526
通渭县	214	127	87	98	53	45	69
陇西县	839	501	338	498	306	192	280
渭源县	304	189	115	167	124	43	105
临洮县	821	556	265	325	221	104	211
漳　县	299	233	66	113	84	29	70
岷　县	544	361	183	272	194	78	192
陇南市	**4155**	**2722**	**1433**	**2510**	**1634**	**876**	**1189**
武都区	988	654	334	673	441	232	362
成　县	484	308	176	288	131	157	122
文　县	755	538	217	632	481	151	261
宕昌县	221	132	89	107	64	43	50
康　县	283	156	127	156	89	67	82
西和县	366	229	137	154	95	59	79
礼　县	384	252	132	172	113	59	97
徽　县	513	351	162	195	134	61	92
两当县	161	102	59	133	86	47	44
临夏回族自治州	**3358**	**2422**	**936**	**1192**	**783**	**409**	**888**
临夏市	1260	860	400	503	330	173	341
临夏县	272	195	77	134	89	45	81
康乐县	144	92	52	59	39	20	39
永靖县	478	283	195	243	141	102	145
广河县	254	221	33	48	28	20	42
和政县	128	84	44	66	41	25	39
东乡族自治县	92	65	27	34	30	4	30
积石山保安族东乡族撒拉族自治县	730	622	108	105	85	20	171
甘南藏族自治州	**1235**	**861**	**374**	**714**	**492**	**222**	**1251**
合作市	398	279	119	211	143	68	976
临潭县	143	101	42	70	50	20	46
卓尼县	96	70	26	72	59	13	43
舟曲县	152	108	44	66	41	25	30
迭部县	164	105	59	98	62	36	53
玛曲县	94	66	28	77	46	31	42
碌曲县	56	38	18	27	18	9	25
夏河县	132	94	38	93	73	20	36

户口登记地在外省的人口（续 3）

单位：人

大学本科		硕士研究生			博士研究生		
男	女	小计	男	女	小计	男	女
5391	**3612**	**406**	**249**	**157**	**31**	**22**	**9**
882	638	91	47	44	10	7	3
425	102	9	8	1	1	1	
211	64	3	2	1			
62	13	5	3	2			
46	19						
339	113	17	12	5	2	1	1
3426	2663	281	177	104	18	13	5
3464	**2077**	**241**	**147**	**94**	**14**	**6**	**8**
1546	1131	123	76	47	6	3	3
702	322	36	19	17	5	1	4
404	186	27	18	9	2	1	1
229	142	14	8	6			
241	132	23	14	9	1	1	
80	41	6	5	1			
134	45	5	5				
128	78	7	2	5			
983	**470**	**68**	**37**	**31**	**15**	**8**	**7**
343	183	28	17	11	4	2	2
48	21	6	3	3	1		1
193	87	10	8	2	2	1	1
72	33	4	3	1	4	2	2
140	71	11	4	7	1	1	
55	15	1		1	2	1	1
132	60	8	2	6	1	1	
784	**405**	**56**	**39**	**17**	**6**	**3**	**3**
236	126	19	13	6	2	1	1
68	54	9	7	2	1		1
182	79	6	3	3			
34	16	6	4	2			
48	34	2	2				
48	31	3	1	2			
78	19	1	1		1		1
64	28	8	7	1			
26	18	2	1	1	2	2	
636	**252**	**46**	**32**	**14**	**5**	**5**	
229	112	20	15	5	5	5	
72	9	3	2	1			
24	15	3	1	2			
91	54	7	3	4			
26	16	3	2	1			
28	11	7	7				
24	6						
142	29	3	2	1			
583	**668**	**47**	**28**	**19**	**7**	**6**	**1**
392	584	34	19	15	5	4	1
36	10	1	1				
35	8						
21	9	3	2	1	1	1	
30	23	1		1			
30	12	5	4	1			
13	12				1	1	
26	10	3	2	1			

7-7a 全省按现住地、受教育程度、性别分的

现住地	合计			未上过学			
	合计	男	女	小计	男	女	小计
合计	**406614**	**236688**	**169926**	**6183**	**2080**	**4103**	**11536**
兰州市	**261152**	**153291**	**107861**	**3865**	**1338**	**2527**	**6438**
城关区	152193	90366	61827	2087	721	1366	3842
七里河区	38224	22907	15317	732	241	491	954
西固区	25028	14360	10668	434	166	268	834
安宁区	40850	22972	17878	417	132	285	670
红古区	4857	2686	2171	195	78	117	138
嘉峪关市	**22305**	**12709**	**9596**	**188**	**62**	**126**	**771**
市辖区	22305	12709	9596	188	62	126	771
金昌市	**11210**	**6392**	**4818**	**277**	**73**	**204**	**378**
金川区	11210	6392	4818	277	73	204	378
白银市	**14094**	**8049**	**6045**	**264**	**86**	**178**	**509**
白银区	10160	5865	4295	193	63	130	342
平川区	3599	1973	1626	64	22	42	151
靖远县	335	211	124	7	1	6	16
天水市	**16543**	**9747**	**6796**	**186**	**68**	**118**	**482**
秦州区	8788	5043	3745	116	35	81	217
麦积区	7755	4704	3051	70	33	37	265
武威市	**10251**	**5918**	**4333**	**190**	**52**	**138**	**370**
凉州区	10251	5918	4333	190	52	138	370
张掖市	**7960**	**4414**	**3546**	**130**	**40**	**90**	**325**
甘州区	7939	4404	3535	128	40	88	325
肃南裕固族自治县	21	10	11	2		2	
平凉市	**13247**	**7413**	**5834**	**239**	**69**	**170**	**438**
崆峒区	11138	6251	4887	197	54	143	380
华亭市	2109	1162	947	42	15	27	58
酒泉市	**21339**	**12036**	**9303**	**400**	**124**	**276**	**795**
肃州区	13725	7673	6052	267	71	196	482
玉门市	2243	1312	931	40	9	31	83
敦煌市	5371	3051	2320	93	44	49	230
庆阳市	**11477**	**6668**	**4809**	**135**	**58**	**77**	**453**
西峰区	11477	6668	4809	135	58	77	453
定西市	**3192**	**1823**	**1369**	**48**	**17**	**31**	**135**
安定区	3192	1823	1369	48	17	31	135
陇南市	**3847**	**2247**	**1600**	**52**	**15**	**37**	**184**
武都区	3804	2224	1580	52	15	37	179
康　县	43	23	20				5
临夏回族自治州	**7302**	**4531**	**2771**	**162**	**57**	**105**	**217**
临夏市	7153	4449	2704	158	56	102	213
临夏县	149	82	67	4	1	3	4
甘南藏族自治州	**2695**	**1450**	**1245**	**47**	**21**	**26**	**41**
合作市	2695	1450	1245	47	21	26	41

户口登记地在外省的人口（城市）

单位：人

学前教育		小学			初中		
男	女	小计	男	女	小计	男	女
6118	**5418**	**63446**	**33192**	**30254**	**142732**	**87270**	**55462**
3392	**3046**	**37695**	**19953**	**17742**	**89043**	**55322**	**33721**
2027	1815	22597	12126	10471	55357	34551	20806
498	456	5714	3010	2704	12850	7903	4947
446	388	4618	2335	2283	10525	6304	4221
354	316	3628	1907	1721	8458	5464	2994
67	71	1138	575	563	1853	1100	753
415	**356**	**4104**	**1945**	**2159**	**8300**	**4692**	**3608**
415	356	4104	1945	2159	8300	4692	3608
201	**177**	**2200**	**1150**	**1050**	**4654**	**2747**	**1907**
201	177	2200	1150	1050	4654	2747	1907
267	**242**	**2558**	**1304**	**1254**	**5484**	**3238**	**2246**
193	149	1750	909	841	3915	2308	1607
67	84	714	346	368	1418	820	598
7	9	94	49	45	151	110	41
262	**220**	**2483**	**1356**	**1127**	**5422**	**3415**	**2007**
113	104	1207	657	550	2563	1674	889
149	116	1276	699	577	2859	1741	1118
196	**174**	**1849**	**996**	**853**	**3715**	**2254**	**1461**
196	174	1849	996	853	3715	2254	1461
187	**138**	**1323**	**662**	**661**	**2399**	**1374**	**1025**
187	138	1316	659	657	2393	1373	1020
		7	3	4	6	1	5
251	**187**	**2384**	**1197**	**1187**	**4990**	**2900**	**2090**
219	161	1992	1008	984	4292	2518	1774
32	26	392	189	203	698	382	316
419	**376**	**3924**	**2020**	**1904**	**7983**	**4677**	**3306**
250	232	2339	1200	1139	4863	2835	2028
43	40	529	280	249	888	530	358
126	104	1056	540	516	2232	1312	920
238	**215**	**1558**	**821**	**737**	**4371**	**2680**	**1691**
238	215	1558	821	737	4371	2680	1691
66	**69**	**507**	**259**	**248**	**985**	**559**	**426**
66	69	507	259	248	985	559	426
84	**100**	**661**	**340**	**321**	**1543**	**900**	**643**
81	98	652	336	316	1522	889	633
3	2	9	4	5	21	11	10
118	**99**	**1794**	**974**	**820**	**3123**	**2046**	**1077**
115	98	1758	958	800	3060	2006	1054
3	1	36	16	20	63	40	23
22	**19**	**406**	**215**	**191**	**720**	**466**	**254**
22	19	406	215	191	720	466	254

7-7a 全省按现住地、受教育程度、性别分的

现住地	高中			大学专科			
	小计	男	女	小计	男	女	小计
合计	**73793**	**45172**	**28621**	**41789**	**25482**	**16307**	**51846**
兰州市	**46725**	**28718**	**18007**	**25589**	**15780**	**9809**	**37673**
城关区	29004	18216	10788	15421	9660	5761	16026
七里河区	7001	4280	2721	4257	2571	1686	5539
西固区	4631	2748	1883	2314	1381	933	1538
安宁区	5342	3051	2291	3123	1905	1218	14277
红古区	747	423	324	474	263	211	293
嘉峪关市	**3808**	**2276**	**1532**	**3271**	**2140**	**1131**	**1726**
市辖区	3808	2276	1532	3271	2140	1131	1726
金昌市	**2058**	**1270**	**788**	**862**	**483**	**379**	**680**
金川区	2058	1270	788	862	483	379	680
白银市	**2698**	**1647**	**1051**	**1455**	**815**	**640**	**1059**
白银区	1942	1199	743	1096	631	465	859
平川区	716	420	296	339	173	166	193
靖远县	40	28	12	20	11	9	7
天水市	**3265**	**2018**	**1247**	**2035**	**1284**	**751**	**2322**
秦州区	1563	944	619	1024	622	402	1772
麦积区	1702	1074	628	1011	662	349	550
武威市	**2164**	**1316**	**848**	**1101**	**604**	**497**	**800**
凉州区	2164	1316	848	1101	604	497	800
张掖市	**1529**	**883**	**646**	**861**	**521**	**340**	**1323**
甘州区	1528	882	646	857	517	340	1322
肃南裕固族自治县	1	1		4	4		1
平凉市	**2359**	**1400**	**959**	**1547**	**887**	**660**	**1222**
崆峒区	1960	1156	804	1284	742	542	982
华亭市	399	244	155	263	145	118	240
酒泉市	**4043**	**2384**	**1659**	**2224**	**1278**	**946**	**1855**
肃州区	2630	1542	1088	1670	941	729	1390
玉门市	374	234	140	169	111	58	151
敦煌市	1039	608	431	385	226	159	314
庆阳市	**2374**	**1449**	**925**	**1273**	**699**	**574**	**1229**
西峰区	2374	1449	925	1273	699	574	1229
定西市	**583**	**355**	**228**	**499**	**301**	**198**	**406**
安定区	583	355	228	499	301	198	406
陇南市	**697**	**455**	**242**	**415**	**260**	**155**	**275**
武都区	689	450	239	415	260	155	275
康　县	8	5	3				
临夏回族自治州	**1187**	**799**	**388**	**476**	**307**	**169**	**317**
临夏市	1161	785	376	469	305	164	310
临夏县	26	14	12	7	2	5	7
甘南藏族自治州	**303**	**202**	**101**	**181**	**123**	**58**	**959**
合作市	303	202	101	181	123	58	959

户口登记地在外省的人口（城市）（续）

单位：人

大学本科		硕士研究生			博士研究生		
男	女	小计	男	女	小计	男	女
29725	**22121**	**13588**	**6530**	**7058**	**1701**	**1119**	**582**
21696	**15977**	**12518**	**6046**	**6472**	**1606**	**1046**	**560**
9069	6957	6580	3155	3425	1279	841	438
3616	1923	1081	723	358	96	65	31
921	617	126	57	69	8	2	6
7918	6359	4715	2104	2611	220	137	83
172	121	16	7	9	3	1	2
1097	**629**	**124**	**72**	**52**	**13**	**10**	**3**
1097	629	124	72	52	13	10	3
401	**279**	**95**	**62**	**33**	**6**	**5**	**1**
401	279	95	62	33	6	5	1
654	**405**	**59**	**31**	**28**	**8**	**7**	**1**
526	333	55	29	26	8	7	1
123	70	4	2	2			
5	2						
1251	**1071**	**331**	**80**	**251**	**17**	**13**	**4**
914	858	310	72	238	16	12	4
337	213	21	8	13	1	1	
468	**332**	**57**	**27**	**30**	**5**	**5**	
468	332	57	27	30	5	5	
716	**607**	**61**	**25**	**36**	**9**	**6**	**3**
715	607	61	25	36	9	6	3
1							
676	**546**	**62**	**28**	**34**	**6**	**5**	**1**
533	449	45	16	29	6	5	1
143	97	17	12	5			
1071	**784**	**103**	**55**	**48**	**12**	**8**	**4**
790	600	75	38	37	9	6	3
101	50	8	4	4	1		1
180	134	20	13	7	2	2	
677	**552**	**81**	**44**	**37**	**3**	**2**	**1**
677	552	81	44	37	3	2	1
249	**157**	**25**	**15**	**10**	**4**	**2**	**2**
249	157	25	15	10	4	2	2
180	**95**	**18**	**12**	**6**	**2**	**1**	**1**
180	95	18	12	6	2	1	1
210	**107**	**21**	**15**	**6**	**5**	**5**	
205	105	19	14	5	5	5	
5	2	2	1	1			
379	**580**	**33**	**18**	**15**	**5**	**4**	**1**
379	580	33	18	15	5	4	1

7-7b 全省按现住地、受教育程度、性别分的

现住地	合计			未上过学			
	合计	男	女	小计	男	女	小计
合计	**195993**	**116541**	**79452**	**2804**	**966**	**1838**	**5483**
兰州市	**70877**	**41989**	**28888**	**655**	**224**	**431**	**1330**
城关区	3060	1774	1286	59	16	43	109
七里河区	6413	4539	1874	45	15	30	55
西固区	820	503	317	11	3	8	22
安宁区							
红古区	1612	870	742	70	19	51	39
永登县	3225	1974	1251	64	24	40	107
皋兰县	4638	3449	1189	97	51	46	81
榆中县	38445	20398	18047	192	60	132	645
兰州新区	12664	8482	4182	117	36	81	272
嘉峪关市	**473**	**288**	**185**	**11**	**2**	**9**	**12**
市辖区	473	288	185	11	2	9	12
金昌市	**1821**	**1125**	**696**	**21**	**8**	**13**	**66**
金川区	7	5	2				
永昌县	1814	1120	694	21	8	13	66
白银市	**5692**	**3214**	**2478**	**92**	**39**	**53**	**291**
白银区	100	66	34				3
平川区	556	352	204	7	4	3	14
靖远县	1557	883	674	28	13	15	81
会宁县	1331	677	654	11	6	5	87
景泰县	2148	1236	912	46	16	30	106
天水市	**6694**	**3982**	**2712**	**110**	**38**	**72**	**235**
秦州区	391	252	139	8	4	4	9
麦积区	855	514	341	6	2	4	23
清水县	987	596	391	15	4	11	39
秦安县	1791	1110	681	25	10	15	75
甘谷县	944	521	423	19	8	11	30
武山县	907	486	421	7	3	4	38
张家川回族自治县	819	503	316	30	7	23	21
武威市	**4367**	**2712**	**1655**	**90**	**28**	**62**	**170**
凉州区	1071	627	444	22	10	12	50
民勤县	1572	1067	505	13	5	8	34
古浪县	829	493	336	25	10	15	40
天祝藏族自治县	895	525	370	30	3	27	46
张掖市	**4272**	**2638**	**1634**	**73**	**27**	**46**	**195**
甘州区	147	84	63	3	1	2	4
肃南裕固族自治县	131	99	32	2	2		4
民乐县	1093	634	459	34	14	20	52
临泽县	570	328	242	5		5	28
高台县	1004	562	442	9	4	5	68
山丹县	1327	931	396	20	6	14	39
平凉市	**6048**	**3461**	**2587**	**109**	**46**	**63**	**286**
崆峒区	114	68	46	2		2	2
泾川县	1358	756	602	19	9	10	58
灵台县	951	519	432	15	8	7	46
崇信县	465	289	176	9	3	6	18
庄浪县	902	503	399	9	3	6	49
静宁县	1352	691	661	38	17	21	84
华亭市	906	635	271	17	6	11	29

户口登记地在外省的人口（镇）

单位：人

学前教育		小学			初中		
男	女	小计	男	女	小计	男	女
2936	**2547**	**32566**	**18266**	**14300**	**62349**	**39253**	**23096**
687	**643**	**8198**	**4802**	**3396**	**17540**	**11706**	**5834**
55	54	615	320	295	1121	684	437
27	28	459	277	182	1090	718	372
11	11	155	78	77	381	240	141
19	20	427	201	226	729	434	295
57	50	640	369	271	1460	917	543
46	35	1002	710	292	2073	1631	442
346	299	2865	1595	1270	6231	3920	2311
126	146	2035	1252	783	4455	3162	1293
7	**5**	**121**	**62**	**59**	**249**	**162**	**87**
7	5	121	62	59	249	162	87
33	**33**	**321**	**163**	**158**	**826**	**564**	**262**
		2	2		4	3	1
33	33	319	161	158	822	561	261
169	**122**	**1177**	**609**	**568**	**2205**	**1301**	**904**
2	1	16	7	9	49	32	17
5	9	139	77	62	314	213	101
49	32	346	173	173	558	332	226
54	33	241	115	126	468	234	234
59	47	435	237	198	816	490	326
118	**117**	**1347**	**759**	**588**	**2486**	**1503**	**983**
5	4	106	61	45	184	124	60
11	12	132	74	58	295	174	121
17	22	210	120	90	383	245	138
39	36	368	230	138	559	348	211
16	14	220	119	101	402	235	167
18	20	136	61	75	346	182	164
12	9	175	94	81	317	195	122
89	**81**	**718**	**360**	**358**	**1481**	**941**	**540**
27	23	194	95	99	297	158	139
23	11	190	98	92	579	417	162
15	25	132	65	67	246	141	105
24	22	202	102	100	359	225	134
105	**90**	**820**	**410**	**410**	**1668**	**1106**	**562**
1	3	31	14	17	82	52	30
3	1	14	5	9	32	27	5
20	32	272	150	122	366	214	152
16	12	141	73	68	181	111	70
39	29	207	90	117	379	219	160
26	13	155	78	77	628	483	145
148	**138**	**1216**	**593**	**623**	**2420**	**1419**	**1001**
2		25	12	13	58	37	21
27	31	237	108	129	608	335	273
26	20	155	74	81	383	201	182
9	9	78	44	34	208	136	72
29	20	188	83	105	303	182	121
46	38	334	158	176	502	264	238
9	20	199	114	85	358	264	94

7-7b 全省按现住地、受教育程度、性别分的

现住地	合计			未上过学			
	合计	男	女	小计	男	女	小计
酒泉市	**48283**	**28554**	**19729**	**717**	**184**	**533**	**1218**
肃州区	352	217	135	10	5	5	15
金塔县	7324	6250	1074	32	12	20	30
瓜州县	2663	1742	921	91	30	61	86
肃北蒙古族自治县	367	275	92	11	5	6	2
阿克塞哈萨克族自治县	640	435	205	13	8	5	13
玉门市	4945	4060	885	41	13	28	40
敦煌市	31992	15575	16417	519	111	408	1032
庆阳市	**14452**	**9048**	**5404**	**170**	**77**	**93**	**416**
西峰区	119	66	53	2		2	4
庆城县	5989	3835	2154	49	19	30	160
环　县	2314	1489	825	29	16	13	62
华池县	1388	788	600	40	19	21	40
合水县	1219	828	391	8	6	2	25
正宁县	1045	583	462	16	4	12	38
宁　县	1000	629	371	17	9	8	32
镇原县	1378	830	548	9	4	5	55
定西市	**11077**	**6525**	**4552**	**121**	**46**	**75**	**508**
安定区	242	155	87	4	1	3	6
通渭县	755	412	343	8	4	4	42
陇西县	3941	2210	1731	28	10	18	215
渭源县	976	574	402	6	2	4	43
临洮县	2487	1494	993	30	8	22	111
漳　县	655	406	249	7	2	5	20
岷　县	2021	1274	747	38	19	19	71
陇南市	**11740**	**6797**	**4943**	**236**	**96**	**140**	**435**
武都区	560	311	249	22	8	14	5
成　县	2308	1311	997	22	7	15	117
文　县	2008	1162	846	37	17	20	69
宕昌县	835	471	364	47	19	28	23
康　县	1431	797	634	29	10	19	70
西和县	1171	705	466	26	12	14	39
礼　县	1170	703	467	16	5	11	31
徽　县	1785	1072	713	25	16	9	64
两当县	472	265	207	12	2	10	17
临夏回族自治州	**6082**	**3602**	**2480**	**184**	**60**	**124**	**231**
临夏市	328	235	93	6	4	2	5
临夏县	417	243	174	20	4	16	18
康乐县	763	450	313	11	4	7	36
永靖县	1878	983	895	42	13	29	77
广河县	884	575	309	29	9	20	33
和政县	625	358	267	33	11	22	25
东乡族自治县	242	167	75	11	5	6	6
积石山保安族东乡族撒拉族自治县	945	591	354	32	10	22	31
甘南藏族自治州	**4115**	**2606**	**1509**	**215**	**91**	**124**	**90**
合作市	11	7	4	1		1	
临潭县	471	300	171	22	5	17	15
卓尼县	502	365	137	10	8	2	14
舟曲县	499	295	204	18	8	10	21
迭部县	714	437	277	23	7	16	12
玛曲县	853	508	345	121	55	66	16
碌曲县	396	239	157	11	2	9	3
夏河县	669	455	214	9	6	3	9

户口登记地在外省的人口（镇）（续 1）

单位：人

学前教育		小学			初中		
男	女	小计	男	女	小计	男	女
627	**591**	**8515**	**4954**	**3561**	**16075**	**10002**	**6073**
8	7	81	43	38	124	75	49
17	13	2342	1953	389	2686	2330	356
47	39	661	364	297	1146	823	323
2		79	47	32	117	91	26
6	7	137	81	56	204	144	60
15	25	676	513	163	2748	2293	455
532	500	4539	1953	2586	9050	4246	4804
239	**177**	**2364**	**1283**	**1081**	**4818**	**3026**	**1792**
2	2	28	14	14	40	21	19
97	63	826	452	374	1716	1091	625
34	28	431	225	206	720	481	239
23	17	346	196	150	400	232	168
12	13	161	88	73	453	321	132
21	17	161	85	76	440	243	197
17	15	115	56	59	465	283	182
33	22	296	167	129	584	354	230
282	**226**	**2289**	**1256**	**1033**	**4179**	**2437**	**1742**
3	3	53	27	26	113	78	35
24	18	156	81	75	311	163	148
109	106	815	413	402	1534	852	682
25	18	186	104	82	397	240	157
65	46	455	255	200	953	581	372
15	5	166	97	69	209	122	87
41	30	458	279	179	662	401	261
257	**178**	**2575**	**1383**	**1192**	**4692**	**2726**	**1966**
4	1	135	69	66	267	151	116
74	43	410	225	185	983	570	413
44	25	392	207	185	677	374	303
18	5	225	108	117	304	183	121
35	35	351	192	159	605	340	265
21	18	225	122	103	519	316	203
12	19	307	176	131	421	238	183
40	24	431	235	196	750	457	293
9	8	99	49	50	166	97	69
127	**104**	**1546**	**779**	**767**	**2351**	**1471**	**880**
4	1	89	55	34	199	150	49
13	5	128	64	64	162	102	60
19	17	169	84	85	324	198	126
39	38	470	207	263	659	381	278
15	18	232	124	108	291	184	107
15	10	142	70	72	262	158	104
4	2	96	66	30	75	51	24
18	13	220	109	111	379	247	132
48	**42**	**1359**	**853**	**506**	**1359**	**889**	**470**
		1	1		5	4	1
7	8	167	94	73	158	120	38
9	5	186	151	35	165	105	60
11	10	106	51	55	181	103	78
5	7	167	108	59	250	153	97
13	3	276	160	116	247	154	93
	3	140	77	63	154	105	49
3	6	316	211	105	199	145	54

7-7b 全省按现住地、受教育程度、性别分的

现住地	高中			大学专科			
	小计	男	女	小计	男	女	小计
合计	**29507**	**18355**	**11152**	**18837**	**11521**	**7316**	**42841**
兰州市	**7570**	**4802**	**2768**	**3960**	**2420**	**1540**	**30615**
城关区	628	385	243	244	140	104	241
七里河区	373	253	120	236	153	83	3475
西固区	123	81	42	75	56	19	50
安宁区							
红古区	219	120	99	83	51	32	44
永登县	629	415	214	178	104	74	143
皋兰县	831	618	213	327	243	84	216
榆中县	2702	1551	1151	1141	641	500	24515
兰州新区	2065	1379	686	1676	1032	644	1931
嘉峪关市	**55**	**35**	**20**	**16**	**13**	**3**	**9**
市辖区	55	35	20	16	13	3	9
金昌市	**278**	**169**	**109**	**202**	**121**	**81**	**100**
金川区				1		1	
永昌县	278	169	109	201	121	80	100
白银市	**988**	**577**	**411**	**533**	**294**	**239**	**382**
白银区	23	18	5	4	3	1	5
平川区	42	26	16	32	23	9	8
靖远县	281	167	114	165	93	72	94
会宁县	266	140	126	137	66	71	115
景泰县	376	226	150	195	109	86	160
天水市	**1267**	**786**	**481**	**692**	**431**	**261**	**526**
秦州区	60	44	16	15	9	6	9
麦积区	183	112	71	123	81	42	87
清水县	180	110	70	76	41	35	78
秦安县	361	217	144	197	137	60	197
甘谷县	126	70	56	95	45	50	48
武山县	195	120	75	125	71	54	57
张家川回族自治县	162	113	49	61	47	14	50
武威市	**980**	**652**	**328**	**601**	**409**	**192**	**312**
凉州区	201	110	91	220	161	59	84
民勤县	431	310	121	205	137	68	113
古浪县	225	157	68	114	70	44	47
天祝藏族自治县	123	75	48	62	41	21	68
张掖市	**773**	**514**	**259**	**426**	**286**	**140**	**301**
甘州区	18	11	7	7	4	3	2
肃南裕固族自治县	28	25	3	27	20	7	23
民乐县	177	114	63	103	67	36	82
临泽县	109	66	43	61	41	20	43
高台县	165	93	72	114	76	38	58
山丹县	276	205	71	114	78	36	93
平凉市	**997**	**635**	**362**	**550**	**324**	**226**	**448**
崆峒区	15	9	6	5	5		7
泾川县	205	142	63	133	76	57	90
灵台县	180	105	75	89	51	38	77
崇信县	60	37	23	46	27	19	45
庄浪县	183	108	75	86	44	42	81
静宁县	213	117	96	104	53	51	73
华亭市	141	117	24	87	68	19	75

户口登记地在外省的人口（镇）（续2）

单位：人

大学本科		硕士研究生			博士研究生		
男	女	小计	男	女	小计	男	女
24192	**18649**	**1525**	**992**	**533**	**81**	**60**	**21**
16661	**13954**	**965**	**650**	**315**	**44**	**37**	**7**
152	89	37	17	20	6	5	1
2576	899	660	504	156	20	16	4
32	18	2	1	1	1	1	
25	19	1	1				
84	59	3	3		1	1	
144	72	10	5	5	1	1	
12215	12300	149	66	83	5	4	1
1433	498	103	53	50	10	9	1
7	**2**						
7	2						
63	**37**	**7**	**4**	**3**			
63	37	7	4	3			
213	**169**	**23**	**12**	**11**	**1**		**1**
4	1						
4	4						
55	39	4	1	3			
60	55	6	2	4			
90	70	13	9	4	1		1
329	**197**	**29**	**17**	**12**	**2**	**1**	**1**
5	4						
57	30	6	3	3			
55	23	6	4	2			
124	73	9	5	4			
26	22	3	1	2	1	1	
29	28	3	2	1			
33	17	2	2		1		1
225	**87**	**14**	**7**	**7**	**1**	**1**	
66	18	3		3			
74	39	6	2	4	1	1	
35	12						
50	18	5	5				
182	**119**	**15**	**8**	**7**	**1**		**1**
1	1						
17	6	1		1			
51	31	6	4	2	1		1
20	23	2	1	1			
38	20	4	3	1			
55	38	2		2			
283	**165**	**21**	**12**	**9**	**1**	**1**	
3	4						
54	36	8	5	3			
51	26	5	2	3	1	1	
32	13	1	1				
52	29	3	2	1			
34	39	4	2	2			
57	18						

7-7b 全省按现住地、受教育程度、性别分的

现住地	高中			大学专科			
	小计	男	女	小计	男	女	小计
酒泉市	**8005**	**4627**	**3378**	**6862**	**4072**	**2790**	**6600**
肃州区	62	44	18	34	23	11	19
金塔县	895	799	96	879	774	105	451
瓜州县	349	237	112	193	141	52	134
肃北蒙古族自治县	65	55	10	60	50	10	32
阿克塞哈萨克族自治县	113	82	31	99	72	27	61
玉门市	814	709	105	351	298	53	266
敦煌市	5707	2701	3006	5246	2714	2532	5637
庆阳市	**2844**	**1910**	**934**	**2038**	**1315**	**723**	**1714**
西峰区	28	16	12	9	7	2	8
庆城县	1285	874	411	1094	707	387	826
环　县	450	316	134	264	175	89	340
华池县	264	153	111	187	105	82	105
合水县	187	145	42	148	102	46	217
正宁县	168	99	69	128	73	55	91
宁　县	208	146	62	108	79	29	52
镇原县	254	161	93	100	67	33	75
定西市	**2158**	**1336**	**822**	**1067**	**678**	**389**	**711**
安定区	33	24	9	26	17	9	7
通渭县	121	74	47	66	35	31	45
陇西县	681	406	275	411	247	164	245
渭源县	206	119	87	64	37	27	68
临洮县	552	341	211	219	141	78	157
漳　县	132	87	45	78	52	26	40
岷　县	433	285	148	203	149	54	149
陇南市	**1994**	**1242**	**752**	**1151**	**687**	**464**	**628**
武都区	64	41	23	42	26	16	25
成　县	398	256	142	262	116	146	107
文　县	375	219	156	286	192	94	166
宕昌县	130	77	53	65	39	26	38
康　县	189	107	82	110	68	42	76
西和县	205	134	71	106	67	39	49
礼　县	227	157	70	101	65	36	67
徽　县	312	190	122	135	89	46	64
两当县	94	61	33	44	25	19	36
临夏回族自治州	**1048**	**702**	**346**	**397**	**244**	**153**	**305**
临夏市	23	18	5	4	2	2	2
临夏县	55	35	20	23	16	7	11
康乐县	132	87	45	52	36	16	36
永靖县	342	185	157	165	86	79	117
广河县	224	199	25	35	19	16	37
和政县	95	62	33	42	24	18	21
东乡族自治县	31	21	10	16	15	1	7
积石山保安族东乡族撒拉族自治县	146	95	51	60	46	14	74
甘南藏族自治州	**550**	**368**	**182**	**342**	**227**	**115**	**190**
合作市	2	2		1		1	1
临潭县	53	35	18	37	25	12	19
卓尼县	59	37	22	42	36	6	26
舟曲县	97	74	23	50	29	21	23
迭部县	145	93	52	72	46	26	45
玛曲县	81	55	26	69	41	28	38
碌曲县	45	30	15	23	15	8	19
夏河县	68	42	26	48	35	13	19

户口登记地在外省的人口（镇）（续3）

单位：人

大学本科		硕士研究生			博士研究生		
男	女	小计	男	女	小计	男	女
3899	**2701**	**276**	**178**	**98**	**15**	**11**	**4**
14	5	7	5	2			
357	94	8	7	1	1	1	
98	36	3	2	1			
25	7	1		1			
42	19						
211	55	8	7	1	1	1	
3152	2485	249	157	92	13	9	4
1149	**565**	**84**	**48**	**36**	**4**	**1**	**3**
6	2						
580	246	30	15	15	3		3
230	110	18	12	6			
55	50	6	5	1			
142	75	19	11	8	1	1	
56	35	3	2	1			
36	16	3	3				
44	31	5		5			
467	**244**	**37**	**19**	**18**	**7**	**4**	**3**
5	2						
28	17	6	3	3			
164	81	10	8	2	2	1	1
43	25	4	3	1	2	1	1
99	58	9	3	6	1	1	
30	10	1		1	2	1	1
98	51	7	2	5			
386	**242**	**26**	**18**	**8**	**3**	**2**	**1**
12	13						
57	50	8	6	2	1		1
106	60	6	3	3			
25	13	3	2	1			
44	32	1	1				
32	17	2	1	1			
50	17						
41	23	4	4				
19	17	2	1	1	2	2	
207	**98**	**20**	**12**	**8**			
2							
9	2						
21	15	3	1	2			
70	47	6	2	4			
23	14	3	2	1			
13	8	5	5				
5	2						
64	10	3	2	1			
121	**69**	**8**	**7**	**1**	**2**	**2**	
	1						
14	5						
19	7						
16	7	2	2		1	1	
25	20						
26	12	5	4	1			
9	10				1	1	
12	7	1	1				

7-7c 全省按现住地、受教育程度、性别分的

现住地	合计			未上过学			
	合计	男	女	小计	男	女	小计
合计	**147585**	**99026**	**48559**	**4834**	**1812**	**3022**	**3406**
兰州市	**41032**	**29402**	**11630**	**503**	**203**	**300**	**747**
城关区	3782	2548	1234	46	18	28	113
七里河区	6704	4941	1763	62	36	26	105
西固区	2287	1424	863	51	18	33	58
安宁区							
红古区	1620	1079	541	51	17	34	28
永登县	2609	1856	753	77	12	65	50
皋兰县	3854	3025	829	32	18	14	44
榆中县	7808	5187	2621	82	38	44	200
兰州新区	12368	9342	3026	102	46	56	149
嘉峪关市	**2243**	**1502**	**741**	**17**	**10**	**7**	**50**
市辖区	2243	1502	741	17	10	7	50
金昌市	**3322**	**2116**	**1206**	**88**	**40**	**48**	**41**
金川区	979	620	359	66	30	36	11
永昌县	2343	1496	847	22	10	12	30
白银市	**6286**	**4101**	**2185**	**175**	**65**	**110**	**211**
白银区	1544	1171	373	28	11	17	26
平川区	754	534	220	23	8	15	17
靖远县	1900	1188	712	57	20	37	72
会宁县	1168	612	556	44	14	30	69
景泰县	920	596	324	23	12	11	27
天水市	**9621**	**6165**	**3456**	**265**	**116**	**149**	**221**
秦州区	2813	1912	901	59	36	23	42
麦积区	1518	996	522	24	15	9	42
清水县	1841	1229	612	30	14	16	48
秦安县	889	503	386	44	15	29	33
甘谷县	1042	539	503	37	7	30	26
武山县	464	223	241	26	10	16	13
张家川回族自治县	1054	763	291	45	19	26	17
武威市	**6894**	**4390**	**2504**	**234**	**88**	**146**	**290**
凉州区	3838	2420	1418	105	40	65	155
民勤县	610	338	272	35	13	22	21
古浪县	1234	776	458	43	20	23	69
天祝藏族自治县	1212	856	356	51	15	36	45
张掖市	**5524**	**3407**	**2117**	**172**	**76**	**96**	**178**
甘州区	3323	1996	1327	111	48	63	118
肃南裕固族自治县	359	304	55	3	1	2	5
民乐县	592	343	249	25	12	13	15
临泽县	465	300	165	8	5	3	13
高台县	309	161	148	15	5	10	11
山丹县	476	303	173	10	5	5	16
平凉市	**10318**	**6991**	**3327**	**384**	**147**	**237**	**211**
崆峒区	2248	1413	835	86	26	60	44
泾川县	981	626	355	27	10	17	22
灵台县	1827	1385	442	57	19	38	26
崇信县	1104	959	145	5	2	3	11
庄浪县	1028	616	412	36	20	16	28
静宁县	1641	851	790	138	57	81	63
华亭市	1489	1141	348	35	13	22	17

户口登记地在外省的人口（乡村）

单位：人

学前教育		小学			初中		
男	女	小计	男	女	小计	男	女
1751	**1655**	**34474**	**20860**	**13614**	**64736**	**45485**	**19251**
412	**335**	**7559**	**4947**	**2612**	**21110**	**15570**	**5540**
60	53	682	407	275	2227	1586	641
66	39	1495	1076	419	3759	2787	972
33	25	503	283	220	1228	795	433
14	14	354	208	146	824	577	247
27	23	486	247	239	1275	952	323
28	16	543	391	152	2336	1881	455
102	98	1241	733	508	4136	2889	1247
82	67	2255	1602	653	5325	4103	1222
26	**24**	**493**	**284**	**209**	**1353**	**937**	**416**
26	24	493	284	209	1353	937	416
24	**17**	**1196**	**692**	**504**	**1434**	**975**	**459**
7	4	346	209	137	427	288	139
17	13	850	483	367	1007	687	320
107	**104**	**1501**	**896**	**605**	**2657**	**1825**	**832**
14	12	292	194	98	696	548	148
13	4	174	116	58	340	243	97
27	45	485	293	192	789	519	270
36	33	316	152	164	399	211	188
17	10	234	141	93	433	304	129
109	**112**	**2580**	**1640**	**940**	**4558**	**2979**	**1579**
24	18	945	658	287	1340	922	418
25	17	303	196	107	744	469	275
23	25	479	304	175	946	660	286
19	14	223	115	108	399	231	168
10	16	229	106	123	432	225	207
3	10	109	58	51	212	106	106
5	12	292	203	89	485	366	119
148	**142**	**1810**	**1024**	**786**	**2908**	**1961**	**947**
79	76	1032	605	427	1861	1254	607
7	14	172	86	86	242	149	93
38	31	271	136	135	425	268	157
24	21	335	197	138	380	290	90
93	**85**	**1520**	**827**	**693**	**2173**	**1435**	**738**
60	58	882	483	399	1337	845	492
2	3	87	63	24	195	174	21
9	6	184	96	88	188	122	66
8	5	141	79	62	176	117	59
6	5	123	53	70	110	72	38
8	8	103	53	50	167	105	62
103	**108**	**2237**	**1319**	**918**	**4547**	**3185**	**1362**
24	20	584	323	261	1044	690	354
11	11	204	108	96	430	281	149
13	13	396	264	132	818	625	193
7	4	91	53	38	438	389	49
10	18	281	156	125	439	268	171
28	35	358	194	164	678	374	304
10	7	323	221	102	700	558	142

7-7c 全省按现住地、受教育程度、性别分的

现住地	合计			未上过学			
	合计	男	女	小计	男	女	小计
酒泉市	**15118**	**9965**	**5153**	**841**	**280**	**561**	**375**
肃州区	2677	1716	961	60	25	35	91
金塔县	1883	1413	470	59	24	35	24
瓜州县	4135	2481	1654	539	166	373	115
肃北蒙古族自治县	1599	1414	185	9	5	4	1
阿克塞哈萨克族自治县	102	90	12	2	2		1
玉门市	1179	760	419	66	19	47	19
敦煌市	3543	2091	1452	106	39	67	124
庆阳市	**15803**	**10377**	**5426**	**309**	**134**	**175**	**359**
西峰区	4451	2725	1726	47	16	31	125
庆城县	1770	1232	538	22	11	11	21
环　县	2709	1812	897	60	30	30	62
华池县	1811	1208	603	69	32	37	21
合水县	1092	713	379	31	13	18	20
正宁县	821	570	251	24	14	10	22
宁　县	1694	1277	417	24	5	19	37
镇原县	1455	840	615	32	13	19	51
定西市	**8713**	**5642**	**3071**	**362**	**118**	**244**	**230**
安定区	1883	1272	611	24	7	17	46
通渭县	639	372	267	24	4	20	24
陇西县	1571	883	688	34	14	20	45
渭源县	689	423	266	20	3	17	21
临洮县	1482	1054	428	21	4	17	33
漳　县	921	718	203	42	16	26	12
岷　县	1528	920	608	197	70	127	49
陇南市	**12733**	**8059**	**4674**	**1018**	**382**	**636**	**352**
武都区	2036	1271	765	126	37	89	68
成　县	667	401	266	14	3	11	26
文　县	3397	2574	823	211	101	110	50
宕昌县	1604	846	758	348	128	220	62
康　县	973	514	459	55	17	38	48
西和县	999	543	456	54	24	30	18
礼　县	1461	793	668	166	54	112	59
徽　县	995	694	301	27	12	15	12
两当县	601	423	178	17	6	11	9
临夏回族自治州	**6775**	**4635**	**2140**	**262**	**74**	**188**	**103**
临夏市	600	397	203	14	1	13	13
临夏县	2027	1408	619	68	17	51	25
康乐县	137	58	79	8	3	5	6
永靖县	785	458	327	21		21	19
广河县	304	179	125	20	8	12	8
和政县	295	170	125	23	4	19	6
东乡族自治县	542	347	195	33	12	21	7
积石山保安族东乡族撒拉族自治县	2085	1618	467	75	29	46	19
甘南藏族自治州	**3203**	**2274**	**929**	**204**	**79**	**125**	**38**
合作市	753	627	126	12	8	4	6
临潭县	707	490	217	49	13	36	7
卓尼县	264	202	62	6	4	2	2
舟曲县	503	277	226	97	37	60	10
迭部县	181	110	71	6	1	5	8
玛曲县	199	135	64	11	6	5	2
碌曲县	130	90	40	12	4	8	1
夏河县	466	343	123	11	6	5	2

户口登记地在外省的人口（乡村）（续1）

单位：人

学前教育		小学			初中		
男	女	小计	男	女	小计	男	女
192	**183**	**3972**	**2274**	**1698**	**6295**	**4451**	**1844**
49	42	604	338	266	1247	822	425
11	13	508	335	173	833	638	195
61	54	1499	809	690	1146	778	368
	1	147	127	20	929	832	97
	1	55	50	5	32	26	6
13	6	363	192	171	437	302	135
58	66	796	423	373	1671	1053	618
180	**179**	**2370**	**1358**	**1012**	**5345**	**3598**	**1747**
71	54	606	338	268	1305	831	474
12	9	245	151	94	596	414	182
28	34	521	304	217	1008	674	334
10	11	304	172	132	460	343	117
6	14	96	52	44	264	180	84
14	8	130	63	67	438	328	110
15	22	179	114	65	685	507	178
24	27	289	164	125	589	321	268
125	**105**	**2331**	**1343**	**988**	**3628**	**2459**	**1169**
26	20	385	232	153	824	567	257
18	6	202	113	89	239	146	93
22	23	437	214	223	775	450	325
10	11	171	84	87	237	139	98
17	16	354	208	146	643	488	155
8	4	190	128	62	445	363	82
24	25	592	364	228	465	306	159
178	**174**	**3637**	**2286**	**1351**	**5019**	**3274**	**1745**
39	29	490	305	185	838	527	311
13	13	124	79	45	375	227	148
23	27	1044	790	254	1271	976	295
28	34	622	325	297	424	274	150
30	18	321	186	135	410	211	199
8	10	212	113	99	475	259	216
23	36	491	273	218	485	271	214
6	6	194	114	80	469	330	139
8	1	139	101	38	272	199	73
37	**66**	**2218**	**1319**	**899**	**2479**	**1828**	**651**
4	9	158	92	66	279	197	82
6	19	691	425	266	884	684	200
2	4	40	17	23	61	25	36
6	13	260	120	140	242	157	85
3	5	116	59	57	112	75	37
5	1	94	47	47	95	58	37
6	1	207	108	99	193	143	50
5	14	652	451	201	613	489	124
17	**21**	**1050**	**651**	**399**	**1230**	**1008**	**222**
4	2	153	122	31	443	384	59
4	3	232	136	96	268	223	45
1	1	73	44	29	99	81	18
4	6	179	85	94	138	100	38
3	5	51	28	23	62	45	17
	2	110	68	42	51	41	10
	1	64	48	16	32	23	9
1	1	188	120	68	137	111	26

7-7c 全省按现住地、受教育程度、性别分的

现住地	高中			大学专科			
	小计	男	女	小计	男	女	小计
合计	**21543**	**15861**	**5682**	**10995**	**7868**	**3127**	**7294**
兰州市	**6808**	**5124**	**1684**	**2793**	**2031**	**762**	**1430**
城关区	489	321	168	146	99	47	71
七里河区	909	693	216	216	162	54	147
西固区	367	246	121	52	35	17	26
安宁区							
红古区	220	162	58	88	64	24	52
永登县	501	429	72	142	122	20	77
皋兰县	558	451	107	284	208	76	56
榆中县	1434	957	477	433	293	140	271
兰州新区	2330	1865	465	1432	1048	384	730
嘉峪关市	**224**	**163**	**61**	**67**	**52**	**15**	**38**
市辖区	224	163	61	67	52	15	38
金昌市	**375**	**257**	**118**	**117**	**76**	**41**	**65**
金川区	82	55	27	32	20	12	14
永昌县	293	202	91	85	56	29	51
白银市	**975**	**682**	**293**	**505**	**331**	**174**	**252**
白银区	338	276	62	109	79	30	54
平川区	105	76	29	68	53	15	26
靖远县	249	162	87	152	100	52	92
会宁县	165	93	72	130	79	51	42
景泰县	118	75	43	46	20	26	38
天水市	**1073**	**689**	**384**	**544**	**353**	**191**	**362**
秦州区	248	148	100	101	66	35	76
麦积区	198	134	64	120	90	30	82
清水县	206	148	58	88	50	38	39
秦安县	114	72	42	44	25	19	29
甘谷县	140	81	59	107	66	41	69
武山县	64	31	33	25	8	17	14
张家川回族自治县	103	75	28	59	48	11	53
武威市	**878**	**621**	**257**	**484**	**340**	**144**	**282**
凉州区	401	265	136	191	120	71	90
民勤县	83	50	33	43	23	20	13
古浪县	212	148	64	150	120	30	62
天祝藏族自治县	182	158	24	100	77	23	117
张掖市	**798**	**522**	**276**	**435**	**285**	**150**	**234**
甘州区	500	312	188	229	148	81	137
肃南裕固族自治县	48	44	4	13	13		8
民乐县	72	42	30	64	33	31	41
临泽县	55	38	17	45	34	11	27
高台县	27	15	12	14	7	7	9
山丹县	96	71	25	70	50	20	12
平凉市	**1499**	**1142**	**357**	**929**	**699**	**230**	**495**
崆峒区	304	219	85	132	94	38	50
泾川县	148	108	40	98	67	31	51
灵台县	245	214	31	185	166	19	98
崇信县	224	209	15	182	162	20	148
庄浪县	142	88	54	74	54	20	28
静宁县	214	116	98	122	48	74	66
华亭市	222	188	34	136	108	28	54

户口登记地在外省的人口（乡村）（续2）

单位：人

大学本科		硕士研究生			博士研究生		
男	女	小计	男	女	小计	男	女
5194	**2100**	**258**	**163**	**95**	**45**	**32**	**13**
1066	**364**	**66**	**36**	**30**	**16**	**13**	**3**
52	19	7	5	2	1		1
116	31	10	4	6	1	1	
13	13	2	1	1			
37	15	3		3			
66	11	1	1				
47	9	1	1				
170	101	11	5	6			
565	165	31	19	12	14	12	2
30	**8**	**1**		**1**			
30	8	1		1			
49	**16**	**6**	**3**	**3**			
10	4	1	1				
39	12	5	2	3			
190	**62**	**9**	**4**	**5**	**1**	**1**	
49	5	1		1			
25	1	1		1			
64	28	4	3	1			
25	17	2	1	1	1	1	
27	11	1		1			
267	**95**	**13**	**9**	**4**	**5**	**3**	**2**
56	20	1	1		1	1	
66	16	4	1	3	1		1
27	12	4	3	1	1		1
23	6	2	2		1	1	
42	27	2	2				
6	8				1	1	
47	6						
202	**80**	**7**	**5**	**2**	**1**	**1**	
55	35	2	1	1	1	1	
9	4	1	1				
44	18	2	2				
94	23	2	1	1			
159	**75**	**12**	**8**	**4**	**2**	**2**	
94	43	9	6	3			
7	1						
27	14	3	2	1			
19	8						
3	6						
9	3				2	2	
385	**110**	**12**	**7**	**5**	**4**	**4**	
34	16	4	3	1			
40	11	1	1				
83	15	1		1	1	1	
132	16	3	3		2	2	
20	8						
33	33	1		1	1	1	
43	11	2		2			

7-7c 全国按现住地、受教育程度、性别分的

现住地	高中			大学专科			
	小计	男	女	小计	男	女	小计
酒泉市	**2062**	**1547**	**515**	**994**	**781**	**213**	**548**
肃州区	385	265	120	169	134	35	111
金塔县	251	218	33	131	118	13	76
瓜州县	488	381	107	207	173	34	141
肃北蒙古族自治县	303	265	38	163	145	18	43
阿克塞哈萨克族自治县	5	5		3	3		4
玉门市	183	146	37	75	60	15	35
敦煌市	447	267	180	246	148	98	138
庆阳市	**2693**	**2013**	**680**	**2046**	**1398**	**648**	**2598**
西峰区	495	325	170	388	248	140	1440
庆城县	354	291	63	326	226	100	198
环　县	498	382	116	299	213	86	250
华池县	304	224	80	379	250	129	266
合水县	260	194	66	261	166	95	156
正宁县	133	96	37	41	28	13	30
宁　县	419	353	66	221	183	38	127
镇原县	230	148	82	131	84	47	131
定西市	**1189**	**864**	**325**	**627**	**461**	**166**	**336**
安定区	293	209	84	195	140	55	113
通渭县	93	53	40	32	18	14	24
陇西县	158	95	63	87	59	28	35
渭源县	98	70	28	103	87	16	37
临洮县	269	215	54	106	80	26	54
漳　县	167	146	21	35	32	3	30
岷　县	111	76	35	69	45	24	43
陇南市	**1464**	**1025**	**439**	**944**	**687**	**257**	**286**
武都区	235	163	72	216	155	61	62
成　县	86	52	34	26	15	11	15
文　县	380	319	61	346	289	57	95
宕昌县	91	55	36	42	25	17	12
康　县	86	44	42	46	21	25	6
西和县	161	95	66	48	28	20	30
礼　县	157	95	62	71	48	23	30
徽　县	201	161	40	60	45	15	28
两当县	67	41	26	89	61	28	8
临夏回族自治州	**1123**	**921**	**202**	**319**	**232**	**87**	**266**
临夏市	76	57	19	30	23	7	29
临夏县	191	146	45	104	71	33	63
康乐县	12	5	7	7	3	4	3
永靖县	136	98	38	78	55	23	28
广河县	30	22	8	13	9	4	5
和政县	33	22	11	24	17	7	18
东乡族自治县	61	44	17	18	15	3	23
积石山保安族东乡族撒拉族自治县	584	527	57	45	39	6	97
甘南藏族自治州	**382**	**291**	**91**	**191**	**142**	**49**	**102**
合作市	93	75	18	29	20	9	16
临潭县	90	66	24	33	25	8	27
卓尼县	37	33	4	30	23	7	17
舟曲县	55	34	21	16	12	4	7
迭部县	19	12	7	26	16	10	8
玛曲县	13	11	2	8	5	3	4
碌曲县	11	8	3	4	3	1	6
夏河县	64	52	12	45	38	7	17

户口登记地在外省的人口（乡村）（续3）

单位：人

大学本科		硕士研究生			博士研究生		
男	女	小计	男	女	小计	男	女
421	**127**	**27**	**16**	**11**	**4**	**3**	**1**
78	33	9	4	5	1	1	
68	8	1	1				
113	28						
37	6	4	3	1			
4							
27	8	1	1				
94	44	12	7	5	3	2	1
1638	**960**	**76**	**55**	**21**	**7**	**3**	**4**
863	577	42	32	10	3	1	2
122	76	6	4	2	2	1	1
174	76	9	6	3	2	1	1
174	92	8	3	5			
99	57	4	3	1			
24	6	3	3				
98	29	2	2				
84	47	2	2				
267	**69**	**6**	**3**	**3**	**4**	**2**	**2**
89	24	3	2	1			
20	4				1		1
29	6						
29	8				2	1	1
41	13	2	1	1			
25	5						
34	9	1		1	1	1	
218	**68**	**12**	**9**	**3**	**1**		**1**
44	18	1	1				
11	4	1	1				
76	19						
9	3	3	2	1			
4	2	1	1				
16	14	1		1			
28	2	1	1		1		1
23	5	4	3	1			
7	1						
219	**47**	**5**	**5**				
22	7	1	1				
58	5	1	1				
3							
21	7	1	1				
3	2						
15	3	2	2				
19	4						
78	19						
83	**19**	**6**	**3**	**3**			
13	3	1	1				
22	5	1	1				
16	1						
5	2	1		1			
5	3	1		1			
4							
4	2						
14	3	2	1	1			

7-8 全省分年龄、性别、迁移原因的

年龄	合计			工作就业			学习培训	
	合计	男	女	小计	男	女	小计	男
合计	**7352465**	**3779111**	**3573354**	**2157850**	**1314152**	**843698**	**1024796**	**516733**
0-4 岁	**413072**	**215562**	**197510**				**6166**	**3239**
0	52254	27103	25151				150	84
1	80808	41875	38933				341	166
2	81736	42655	39081				517	254
3	99009	51588	47421				2108	1120
4	99265	52341	46924				3050	1615
5-9 岁	**460108**	**244917**	**215191**				**128132**	**69250**
5	81117	42811	38306				2872	1549
6	99791	52845	46946				27713	14814
7	92323	49468	42855				31266	16952
8	96864	51575	45289				33954	18387
9	90013	48218	41795				32327	17548
10-14 岁	**427415**	**228143**	**199272**	**530**	**312**	**218**	**168253**	**90285**
10	90259	48241	42018	86	51	35	32816	17778
11	86724	46398	40326	102	56	46	32700	17675
12	85833	45845	39988	90	55	35	33041	17842
13	83526	44708	38818	114	65	49	33658	18104
14	81073	42951	38122	138	85	53	36038	18886
15-19 岁	**611598**	**314114**	**297484**	**29394**	**18362**	**11032**	**430004**	**215288**
15	101005	52584	48421	1894	1229	665	61950	31367
16	134262	69960	64302	3320	2172	1148	94803	48627
17	126946	66147	60799	5169	3301	1868	91248	46764
18	120304	61393	58911	7748	4828	2920	86329	42737
19	129081	64030	65051	11263	6832	4431	95674	45793
20-24 岁	**581135**	**285550**	**295585**	**177062**	**97019**	**80043**	**252192**	**118223**
20	129427	63601	65826	16585	9640	6945	90888	42686
21	114892	56205	58687	22937	12863	10074	68707	31946
22	111735	54946	56789	34384	18744	15640	47359	22276
23	107398	53167	54231	45098	24584	20514	27728	13001
24	117683	57631	60052	58058	31188	26870	17510	8314
25-29 岁	**686014**	**337572**	**348442**	**366220**	**206810**	**159410**	**27266**	**13771**
25	136883	67232	69651	72607	39726	32881	11632	5636
26	130526	63820	66706	70565	38860	31705	6526	3307
27	139936	68173	71763	75907	42558	33349	4245	2218
28	137801	67818	69983	73079	42016	31063	2904	1554
29	140868	70529	70339	74062	43650	30412	1959	1056

户口登记地在外乡镇街道的人口

单位：人

	随同离开 / 投亲靠友			拆迁 / 搬家			寄挂户口		
女	小计	男	女	小计	男	女	小计	男	女
508063	**875343**	**397064**	**478279**	**1312032**	**675531**	**636501**	**105255**	**60712**	**44543**
2927	**207445**	**108277**	**99168**	**55632**	**28926**	**26706**	**6814**	**3538**	**3276**
66	26393	13647	12746	6930	3610	3320	682	353	329
175	41021	21348	19673	10548	5482	5066	1438	725	713
263	41392	21549	19843	11002	5759	5243	1527	773	754
988	49438	25826	23612	13514	6866	6648	1653	867	786
1435	49201	25907	23294	13638	7209	6429	1514	820	694
58882	**168751**	**89454**	**79297**	**60151**	**31931**	**28220**	**5291**	**2736**	**2555**
1323	39595	20859	18736	11049	5873	5176	1136	578	558
12899	36968	19522	17446	12947	6846	6101	1208	624	584
14314	31049	16698	14351	11946	6303	5643	995	523	472
15567	32022	16874	15148	12469	6667	5802	1053	535	518
14779	29117	15501	13616	11740	6242	5498	899	476	423
77968	**126741**	**67484**	**59257**	**56724**	**30235**	**26489**	**4304**	**2247**	**2057**
15038	28731	15301	13430	11967	6356	5611	975	501	474
15025	26809	14287	12522	11515	6095	5420	894	463	431
15199	25825	13697	12128	11699	6230	5469	856	455	401
15554	24153	12903	11250	11224	6023	5201	831	439	392
17152	21223	11296	9927	10319	5531	4788	748	389	359
214716	**58956**	**31428**	**27528**	**37069**	**20009**	**17060**	**2973**	**1613**	**1360**
30583	16714	8970	7744	8839	4798	4041	586	328	258
46176	15195	8035	7160	8707	4699	4008	614	323	291
44484	11776	6363	5413	7185	3836	3349	604	319	285
43592	8965	4748	4217	6594	3569	3025	602	328	274
49881	6306	3312	2994	5744	3107	2637	567	315	252
133969	**31784**	**15272**	**16512**	**44069**	**23014**	**21055**	**5217**	**2742**	**2475**
48202	5664	2941	2723	5927	3283	2644	653	370	283
36761	5314	2626	2688	6585	3499	3086	794	434	360
25083	6429	3080	3349	8747	4462	4285	1144	608	536
14727	6936	3271	3665	10305	5332	4973	1204	616	588
9196	7441	3354	4087	12505	6438	6067	1422	714	708
13495	**37134**	**14211**	**22923**	**91553**	**46847**	**44706**	**9576**	**4900**	**4676**
5996	8356	3590	4766	15954	8136	7818	1685	850	835
3219	7471	3073	4398	16515	8485	8030	1657	846	811
2027	7480	2767	4713	18553	9370	9183	1879	965	914
1350	6926	2413	4513	19601	9980	9621	2112	1095	1017
903	6901	2368	4533	20930	10876	10054	2243	1144	1099

7-8 全省分年龄、性别、迁移原因的

年龄	合计			工作就业			学习培训	
	合计	男	女	小计	男	女	小计	男
30-34 岁	**811583**	**408940**	**402643**	**404241**	**243130**	**161111**	**5716**	**3127**
30	178293	88994	89299	91564	54360	37204	1853	1039
31	171853	86068	85785	86554	51706	34848	1335	710
32	154940	78105	76835	76581	46322	30259	980	510
33	163525	82658	80867	80228	48438	31790	853	495
34	142972	73115	69857	69314	42304	27010	695	373
35-39 岁	**569011**	**295509**	**273502**	**266279**	**164303**	**101976**	**2391**	**1239**
35	122290	62535	59755	58504	35745	22759	583	303
36	122264	63139	59125	57766	35504	22262	512	269
37	107986	56471	51515	50599	31388	19211	442	234
38	117081	61259	55822	53989	33542	20447	483	241
39	99390	52105	47285	45421	28124	17297	371	192
40-44 岁	**469929**	**248613**	**221316**	**214997**	**132676**	**82321**	**1400**	**652**
40	92676	48528	44148	42431	26209	16222	324	165
41	99654	53302	46352	45443	28599	16844	298	129
42	97154	50839	46315	44147	26974	17173	307	150
43	86234	45601	40633	39330	24029	15301	243	109
44	94211	50343	43868	43646	26865	16781	228	99
45-49 岁	**586129**	**315196**	**270933**	**269159**	**166947**	**102212**	**1242**	**638**
45	96642	51246	45396	44782	27445	17337	232	118
46	114956	61722	53234	53584	33104	20480	267	130
47	125665	67802	57863	57618	35683	21935	269	146
48	126905	68360	58545	58022	35866	22156	249	125
49	121961	66066	55895	55153	34849	20304	225	119
50-54 岁	**563858**	**297507**	**266351**	**223618**	**145143**	**78475**	**814**	**425**
50	128352	68305	60047	55823	35131	20692	227	122
51	115070	61233	53837	47631	30699	16932	155	77
52	121037	63791	57246	47890	31175	16715	171	91
53	94434	49668	44766	35530	23471	12059	131	65
54	104965	54510	50455	36744	24667	12077	130	70
55-59	**407029**	**206225**	**200804**	**117770**	**80080**	**37690**	**461**	**245**
55	96392	49863	46529	31340	21114	10226	117	72
56	95140	48240	46900	28603	19365	9238	119	58
57	98010	50070	47940	27810	19257	8553	101	47
58	79914	39718	40196	20901	14235	6666	78	43
59	37573	18334	19239	9116	6109	3007	46	25
60-64 岁	**230675**	**116408**	**114267**	**40838**	**27892**	**12946**	**241**	**115**
60	44492	22711	21781	9565	6602	2963	52	24
61	36714	18575	18139	6813	4683	2130	44	24
62	46783	23948	22835	8265	5629	2636	50	26
63	52469	26409	26060	8640	5897	2743	44	21
64	50217	24765	25452	7555	5081	2474	51	20
65 岁及以上	**534909**	**264855**	**270054**	**47742**	**31478**	**16264**	**518**	**236**

户口登记地在外乡镇街道的人口（续 1）

单位：人

	随同离开 / 投亲靠友			拆迁 / 搬家			寄挂户口		
女	小计	男	女	小计	男	女	小计	男	女
2589	**35262**	**10036**	**25226**	**138542**	**71079**	**67463**	**13942**	**7375**	**6567**
814	8094	2619	5475	27925	14345	13580	3034	1580	1454
625	7556	2179	5377	28729	14828	13901	2986	1524	1462
470	6642	1807	4835	27130	13954	13176	2635	1364	1271
358	6980	1845	5135	28699	14654	14045	2798	1499	1299
322	5990	1586	4404	26059	13298	12761	2489	1408	1081
1152	**23104**	**5610**	**17494**	**111137**	**57400**	**53737**	**8736**	**4950**	**3786**
280	5113	1267	3846	22632	11634	10998	2044	1167	877
243	5041	1245	3796	23115	11796	11319	2024	1158	866
208	4306	1043	3263	21218	10990	10228	1652	917	735
242	4679	1138	3541	23687	12349	11338	1634	910	724
179	3965	917	3048	20485	10631	9854	1382	798	584
748	**18664**	**4414**	**14250**	**101248**	**52233**	**49015**	**6648**	**3757**	**2891**
159	3759	865	2894	19120	9901	9219	1291	709	582
169	3999	966	3033	21331	11161	10170	1393	800	593
157	3868	887	2981	20890	10672	10218	1431	793	638
134	3363	813	2550	19103	9851	9252	1190	672	518
129	3675	883	2792	20804	10648	10156	1343	783	560
604	**25363**	**5806**	**19557**	**140857**	**71712**	**69145**	**7594**	**4398**	**3196**
114	3855	878	2977	22053	11125	10928	1361	750	611
137	4766	1096	3670	26591	13471	13120	1468	911	557
123	5507	1263	4244	30262	15542	14720	1629	919	710
124	5569	1288	4281	31251	15977	15274	1608	939	669
106	5666	1281	4385	30700	15597	15103	1528	879	649
389	**31060**	**7301**	**23759**	**148361**	**75483**	**72878**	**7051**	**4174**	**2877**
105	6268	1389	4879	33089	16710	16379	1679	986	693
78	6079	1408	4671	30071	15283	14788	1382	816	566
80	6767	1563	5204	31993	16306	15687	1496	855	641
66	5407	1334	4073	25107	12894	12213	1185	707	478
60	6539	1607	4932	28101	14290	13811	1309	810	499
216	**27800**	**7486**	**20314**	**112768**	**57934**	**54834**	**5928**	**3734**	**2194**
45	6136	1565	4571	26792	13790	13002	1326	828	498
61	6261	1658	4603	26748	13700	13048	1373	831	542
54	6802	1859	4943	27401	14129	13272	1413	896	517
35	5772	1558	4214	21702	11166	10536	1243	830	413
21	2829	846	1983	10125	5149	4976	573	349	224
126	**19699**	**6610**	**13089**	**65143**	**33931**	**31212**	**4083**	**2768**	**1315**
28	3367	1079	2288	12974	6764	6210	714	462	252
20	3053	1048	2005	10721	5574	5147	610	394	216
24	3930	1345	2585	13248	7036	6212	846	572	274
23	4607	1564	3043	14433	7485	6948	985	702	283
31	4742	1574	3168	13767	7072	6695	928	638	290
282	**63580**	**23675**	**39905**	**148778**	**74797**	**73981**	**17098**	**11780**	**5318**

7-8 年鉴全国分年龄、性别、迁移原因的

年龄	婚姻嫁娶			照料孙子女			
	小计	男	女	小计	男	女	小计
合计	**229625**	**39956**	**189669**	**198174**	**65887**	**132287**	**298283**
0-4 岁							
0							
1							
2							
3							
4							
5-9 岁							
5							
6							
7							
8							
9							
10-14 岁	**12**	**4**	**8**				
10	1		1				
11	2	2					
12	3	2	1				
13	2		2				
14	4		4				
15-19 岁	**2646**	**77**	**2569**	**5**	**2**	**3**	**411**
15	56	10	46				105
16	148	9	139	3	2	1	103
17	387	13	374				90
18	753	24	729	1		1	54
19	1302	21	1281	1		1	59
20-24 岁	**15015**	**820**	**14195**	**12**	**4**	**8**	**2824**
20	1526	50	1476	1	1		172
21	1761	60	1701	2	1	1	236
22	2592	126	2466	3		3	412
23	3733	216	3517	1	1		664
24	5403	368	5035	5	1	4	1340
25-29 岁	**52253**	**5801**	**46452**	**73**	**12**	**61**	**23081**
25	8112	670	7442	8	1	7	2262
26	9412	889	8523	12	1	11	3085
27	11201	1181	10020	17	4	13	4564
28	11687	1431	10256	18	3	15	5744
29	11841	1630	10211	18	3	15	7426

户口登记地在外乡镇街道的人口（续2）

单位：人

为子女就学		养老/康养			其他		
男	女	小计	男	女	小计	男	女
111372	**186911**	**144580**	**68555**	**76025**	**1006527**	**529149**	**477378**
					137015	**71582**	**65433**
					18099	9409	8690
					27460	14154	13306
					27298	14320	12978
					32296	16909	15387
					31862	16790	15072
					97783	**51546**	**46237**
					26465	13952	12513
					20955	11039	9916
					17067	8992	8075
					17366	9112	8254
					15930	8451	7479
		6	**6**		**70845**	**37570**	**33275**
		1	1		15682	8253	7429
		1	1		14701	7819	6882
					14319	7564	6755
		1	1		13543	7173	6370
		3	3		12600	6761	5839
226	**185**	**5**	**3**	**2**	**50135**	**27106**	**23029**
62	43				10861	5820	5041
64	39	3	2	1	11366	6027	5339
46	44	1		1	10486	5505	4981
27	27	1	1		9257	5131	4126
27	32				8165	4623	3542
566	**2258**	**27**	**21**	**6**	**52933**	**27869**	**25064**
66	106	3	1	2	8008	4563	3445
55	181	6	3	3	8550	4718	3832
88	324	4	4		10661	5558	5103
127	537	6	6		11723	6013	5710
230	1110	8	7	1	13991	7017	6974
5021	**18060**	**42**	**31**	**11**	**78816**	**40168**	**38648**
443	1819	10	9	1	16257	8171	8086
552	2533	13	10	3	15270	7797	7473
918	3646	6	3	3	16084	8189	7895
1276	4468	6	5	1	15724	8045	7679
1832	5594	7	4	3	15481	7966	7515

7-8 全省分年龄、性别、迁移原因的

年龄	婚姻嫁娶			照料孙子女			
	小计	男	女	小计	男	女	小计
30-34 岁	**60848**	**9513**	**51335**	**990**	**247**	**743**	**66382**
30	14838	2068	12770	196	36	160	11546
31	13519	2047	11472	195	53	142	12765
32	11787	1901	9886	190	52	138	12969
33	11397	1891	9506	233	62	171	15105
34	9307	1606	7701	176	44	132	13997
35-39 岁	**30390**	**5539**	**24851**	**853**	**256**	**597**	**65245**
35	7145	1214	5931	179	47	132	13031
36	6699	1222	5477	188	57	131	13956
37	5765	1061	4704	153	46	107	12334
38	6050	1142	4908	182	58	124	13893
39	4731	900	3831	151	48	103	12031
40-44 岁	**18563**	**4200**	**14363**	**1207**	**354**	**853**	**53256**
40	4000	814	3186	169	50	119	11119
41	4185	910	3275	221	79	142	11633
42	3883	867	3016	243	77	166	11293
43	3260	780	2480	248	68	180	9433
44	3235	829	2406	326	80	246	9778
45-49 岁	**17067**	**4718**	**12349**	**6345**	**1291**	**5054**	**44458**
45	3140	779	2361	440	117	323	8997
46	3608	965	2643	756	186	570	9905
47	3487	962	2525	1137	242	895	9784
48	3546	1056	2490	1683	331	1352	8494
49	3286	956	2330	2329	415	1914	7278
50-54 岁	**13274**	**3799**	**9475**	**33090**	**7584**	**25506**	**22323**
50	3335	1011	2324	3755	728	3027	6548
51	2679	736	1943	5237	1175	4062	4981
52	2940	843	2097	7117	1597	5520	4385
53	1999	557	1442	7311	1713	5598	3219
54	2321	652	1669	9670	2371	7299	3190
55-59 岁	**8110**	**2183**	**5927**	**52456**	**14497**	**37959**	**9766**
55	2011	559	1452	10119	2620	7499	2513
56	1978	539	1439	11358	3026	8332	2359
57	1922	489	1433	12775	3562	9213	2196
58	1457	405	1052	12161	3498	8663	1867
59	742	191	551	6043	1791	4252	831
60-64 岁	**4184**	**1116**	**3068**	**40870**	**15437**	**25433**	**4323**
60	783	209	574	7224	2596	4628	909
61	664	179	485	6310	2337	3973	690
62	861	248	613	8183	3118	5065	834
63	992	265	727	9775	3777	5998	959
64	884	215	669	9378	3609	5769	931
65 岁及以上	**7263**	**2186**	**5077**	**62273**	**26203**	**36070**	**6214**

户口登记地在外乡镇街道的人口（续 3）

单位：人

为子女就学		养老 / 康养			其他		
男	女	小计	男	女	小计	男	女
19858	**46524**	**66**	**43**	**23**	**85594**	**44532**	**41062**
2939	8607	14	8	6	19229	10000	9229
3628	9137	10	6	4	18204	9387	8817
3918	9051	18	13	5	16008	8264	7744
4751	10354	12	11	1	17220	9012	8208
4622	9375	12	5	7	14933	7869	7064
23829	**41416**	**85**	**57**	**28**	**60791**	**32326**	**28465**
4361	8670	14	8	6	13045	6789	6256
4972	8984	17	10	7	12946	6906	6040
4566	7768	13	12	1	11504	6214	5290
5271	8622	20	12	8	12464	6596	5868
4659	7372	21	15	6	10832	5821	5011
21538	**31718**	**97**	**62**	**35**	**53849**	**28727**	**25122**
4210	6909	8	4	4	10455	5601	4854
4745	6888	25	19	6	11126	5894	5232
4524	6769	21	15	6	11071	5880	5191
3883	5550	19	9	10	10045	5387	4658
4176	5602	24	15	9	11152	5965	5187
20217	**24241**	**365**	**188**	**177**	**73679**	**39281**	**34398**
3881	5116	47	29	18	11735	6124	5611
4347	5558	45	24	21	13966	7488	6478
4478	5306	67	33	34	15905	8534	7371
3997	4497	99	50	49	16384	8731	7653
3514	3764	107	52	55	15689	8404	7285
10696	**11627**	**9161**	**3551**	**5610**	**75106**	**39351**	**35755**
3101	3447	1053	355	698	16575	8772	7803
2428	2553	1570	606	964	15285	8005	7280
2076	2309	2021	785	1236	16257	8500	7757
1555	1664	1875	720	1155	12670	6652	6018
1536	1654	2642	1085	1557	14319	7422	6897
4483	**5283**	**16325**	**6712**	**9613**	**55645**	**28871**	**26774**
1178	1335	3008	1232	1776	13030	6905	6125
1054	1305	3491	1446	2045	12850	6563	6287
1019	1177	4016	1680	2336	13574	7132	6442
859	1008	3771	1511	2260	10962	5613	5349
373	458	2039	843	1196	5229	2658	2571
2026	**2297**	**19951**	**9729**	**10222**	**31343**	**16784**	**14559**
427	482	2982	1364	1618	5922	3184	2738
346	344	2871	1372	1499	4938	2618	2320
388	446	4027	2023	2004	6539	3563	2976
464	495	4877	2390	2487	7157	3844	3313
401	530	5194	2580	2614	6787	3575	3212
2912	**3302**	**98450**	**48152**	**50298**	**82993**	**43436**	**39557**

7-8a 全省分年龄、性别、迁移原因的

年龄	合计			工作就业			学习培训	
	合计	男	女	小计	男	女	小计	男
合计	**4027986**	**2044714**	**1983272**	**1214691**	**710467**	**504224**	**487204**	**246071**
0-4 岁	**217277**	**113429**	**103848**				**2509**	**1331**
0	28676	14842	13834				71	39
1	43214	22398	20816				158	73
2	42943	22381	20562				229	107
3	51526	26911	24615				837	450
4	50918	26897	24021				1214	662
5-9 岁	**221952**	**118320**	**103632**				**47695**	**25864**
5	39575	20947	18628				1109	586
6	48798	25823	22975				10303	5527
7	44268	23806	20462				11628	6367
8	46673	24859	21814				12738	6890
9	42638	22885	19753				11917	6494
10-14 岁	**204650**	**110059**	**94591**	**307**	**167**	**140**	**63890**	**34570**
10	43269	23321	19948	54	29	25	12392	6745
11	40995	22089	18906	55	28	27	12188	6674
12	41478	22140	19338	51	30	21	12654	6820
13	40593	21979	18614	68	35	33	13037	7144
14	38315	20530	17785	79	45	34	13619	7187
15-19 岁	**287479**	**151684**	**135795**	**18008**	**10868**	**7140**	**184055**	**94841**
15	44968	23881	21087	1078	696	382	23006	11888
16	56661	30295	26366	2010	1313	697	34388	18113
17	53916	28844	25072	3201	1995	1206	33865	17814
18	58615	30864	27751	4731	2834	1897	39030	20041
19	73319	37800	35519	6988	4030	2958	53766	26985
20-24 岁	**359130**	**175057**	**184073**	**109747**	**57042**	**52705**	**159638**	**74670**
20	77383	38694	38689	10405	5687	4718	53964	25995
21	70734	34460	36274	14474	7619	6855	42327	19705
22	69904	33691	36213	21294	10963	10331	30731	14085
23	67972	33040	34932	27911	14505	13406	19517	8880
24	73137	35172	37965	35663	18268	17395	13099	6005
25-29 岁	**408211**	**200477**	**207734**	**219332**	**120121**	**99211**	**21062**	**10415**
25	83697	40790	42907	44313	23340	20973	9097	4305
26	79244	38668	40576	43039	23002	20037	5094	2537
27	83583	40632	42951	45907	24894	21013	3295	1703
28	80649	39783	40866	43220	24333	18887	2158	1132
29	81038	40604	40434	42853	24552	18301	1418	738

户口登记地在外乡镇街道的人口（城市）

单位：人

	随同离开/投亲靠友			拆迁/搬家			寄挂户口		
女	小计	男	女	小计	男	女	小计	男	女
241133	**500014**	**225160**	**274854**	**842416**	**433558**	**408858**	**38981**	**22172**	**16809**
1178	**112172**	**58525**	**53647**	**31760**	**16620**	**15140**	**2755**	**1402**	**1353**
32	14845	7638	7207	3831	2022	1809	305	169	136
85	22426	11659	10767	6010	3123	2887	553	271	282
122	22252	11575	10677	6263	3272	2991	602	295	307
387	26481	13827	12654	7858	4094	3764	685	351	334
552	26168	13826	12342	7798	4109	3689	610	316	294
21831	**93786**	**49946**	**43840**	**32136**	**17002**	**15134**	**1965**	**1026**	**939**
523	20230	10712	9518	5889	3098	2791	428	220	208
4776	20846	11032	9814	7043	3681	3362	455	235	220
5261	17718	9543	8175	6307	3312	2995	372	208	164
5848	18419	9772	8647	6696	3591	3105	368	186	182
5423	16573	8887	7686	6201	3320	2881	342	177	165
29320	**73752**	**39483**	**34269**	**31407**	**16910**	**14497**	**1677**	**889**	**788**
5647	16556	8860	7696	6447	3512	2935	365	198	167
5514	15366	8247	7119	6218	3292	2926	301	151	150
5834	14996	7957	7039	6520	3512	3008	361	198	163
5893	14312	7769	6543	6351	3411	2940	348	175	173
6432	12522	6650	5872	5871	3183	2688	302	167	135
89214	**36929**	**19883**	**17046**	**22403**	**12182**	**10221**	**1240**	**688**	**552**
11118	10219	5483	4736	5300	2888	2412	244	133	111
16275	9475	5071	4404	5243	2839	2404	260	141	119
16051	7240	3975	3265	4361	2356	2005	246	129	117
18989	5819	3130	2689	4055	2197	1858	240	146	94
26781	4176	2224	1952	3444	1902	1542	250	139	111
84968	**21585**	**10604**	**10981**	**27420**	**14381**	**13039**	**2026**	**1054**	**972**
27969	3880	2023	1857	3687	2051	1636	259	156	103
22622	3696	1868	1828	4092	2187	1905	318	181	137
16646	4382	2157	2225	5540	2809	2731	447	244	203
10637	4741	2295	2446	6384	3348	3036	476	242	234
7094	4886	2261	2625	7717	3986	3731	526	231	295
10647	**24043**	**9416**	**14627**	**58238**	**29988**	**28250**	**3789**	**1920**	**1869**
4792	5460	2422	3038	9837	5035	4802	663	316	347
2557	4912	2072	2840	10519	5445	5074	693	351	342
1592	4854	1834	3020	11842	6005	5837	739	372	367
1026	4462	1557	2905	12497	6394	6103	823	438	385
680	4355	1531	2824	13543	7109	6434	871	443	428

7-8a 全省分年龄、性别、迁移原因的

年龄	合计			工作就业			学习培训	
	合计	男	女	小计	男	女	小计	男
30-34 岁	**458953**	**231142**	**227811**	**229878**	**135054**	**94824**	**4045**	**2181**
30	101559	51047	50512	52593	30667	21926	1330	722
31	97288	48783	48505	49447	28830	20617	944	496
32	87637	44095	43542	43446	25623	17823	689	358
33	91716	46155	45561	45164	26589	18575	600	346
34	80753	41062	39691	39228	23345	15883	482	259
35-39 岁	**319448**	**164443**	**155005**	**149538**	**89516**	**60022**	**1572**	**804**
35	68501	34795	33706	32796	19455	13341	386	198
36	68122	34944	33178	32228	19260	12968	340	172
37	60728	31359	29369	28424	17031	11393	302	159
38	66186	34378	31808	30540	18437	12103	327	168
39	55911	28967	26944	25550	15333	10217	217	107
40-44 岁	**262580**	**136821**	**125759**	**117835**	**70473**	**47362**	**875**	**413**
40	51340	26622	24718	23450	14086	9364	216	113
41	56604	30105	26499	25543	15703	9840	189	80
42	54346	27881	26465	24202	14270	9932	187	91
43	48172	24888	23284	21336	12593	8743	146	67
44	52118	27325	24793	23304	13821	9483	137	62
45-49 岁	**324885**	**170030**	**154855**	**143549**	**85227**	**58322**	**765**	**397**
45	53575	27881	25694	24018	14203	9815	153	74
46	63109	33034	30075	28547	16900	11647	162	76
47	69642	36454	33188	30952	18269	12683	171	95
48	70478	36864	33614	30831	18207	12624	139	70
49	68081	35797	32284	29201	17648	11553	140	82
50-54 岁	**312170**	**159083**	**153087**	**116632**	**71643**	**44989**	**476**	**254**
50	71002	36652	34350	29465	17678	11787	139	77
51	64314	33138	31176	25105	15423	9682	94	46
52	66671	33866	32805	24770	15193	9577	96	51
53	52045	26367	25678	18358	11396	6962	68	36
54	58138	29060	29078	18934	11953	6981	79	44
55-59 岁	**231726**	**113493**	**118233**	**62079**	**39756**	**22323**	**259**	**142**
55	54650	27369	27281	16515	10529	5986	71	45
56	54452	26763	27689	15150	9655	5495	65	30
57	56946	27986	28960	14719	9552	5167	56	29
58	44669	21414	23255	10901	6984	3917	41	21
59	21009	9961	11048	4794	3036	1758	26	17
60-64 岁	**134043**	**65922**	**68121**	**22081**	**14376**	**7705**	**123**	**68**
60	25635	12668	12967	5066	3303	1763	28	16
61	22127	10907	11220	3783	2487	1296	24	16
62	27599	13788	13811	4458	2907	1551	24	14
63	30248	14871	15377	4715	3041	1674	22	12
64	28434	13688	14746	4059	2638	1421	25	10
65 岁及以上	**285482**	**134754**	**150728**	**25705**	**16224**	**9481**	**240**	**121**

户口登记地在外乡镇街道的人口（城市）（续1）

单位：人

	随同离开/投亲靠友			拆迁/搬家			寄挂户口		
女	小计	男	女	小计	男	女	小计	男	女
1864	**22113**	**6323**	**15790**	**89643**	**46511**	**43132**	**5062**	**2710**	**2352**
608	5076	1653	3423	18067	9400	8667	1090	582	508
448	4793	1407	3386	18406	9629	8777	1020	534	486
331	4163	1161	3002	17674	9179	8495	899	461	438
254	4353	1148	3205	18521	9604	8917	1029	557	472
223	3728	954	2774	16975	8699	8276	1024	576	448
768	**14175**	**3404**	**10771**	**73073**	**37627**	**35446**	**3585**	**2016**	**1569**
188	3143	783	2360	14729	7619	7110	868	487	381
168	3071	741	2330	15085	7747	7338	851	472	379
143	2643	647	1996	14045	7190	6855	666	370	296
159	2876	672	2204	15702	8095	7607	667	376	291
110	2442	561	1881	13512	6976	6536	533	311	222
462	**11334**	**2608**	**8726**	**67605**	**34723**	**32882**	**2457**	**1354**	**1103**
103	2285	496	1789	12510	6479	6031	455	227	228
109	2403	592	1811	14442	7531	6911	540	310	230
96	2389	523	1866	14014	7108	6906	504	273	231
79	2083	491	1592	12719	6496	6223	447	254	193
75	2174	506	1668	13920	7109	6811	511	290	221
368	**14946**	**3232**	**11714**	**94079**	**47794**	**46285**	**2716**	**1540**	**1176**
79	2290	477	1813	14735	7462	7273	497	266	231
86	2784	599	2185	17577	8899	8678	503	321	182
76	3268	699	2569	20093	10270	9823	566	322	244
69	3258	723	2535	20953	10626	10327	600	324	276
58	3346	734	2612	20721	10537	10184	550	307	243
222	**17826**	**3994**	**13832**	**98679**	**50161**	**48518**	**2681**	**1578**	**1103**
62	3639	755	2884	22053	11140	10913	634	366	268
48	3599	791	2808	20146	10275	9871	548	327	221
45	3850	860	2990	21161	10762	10399	600	333	267
32	3085	730	2355	16543	8490	8053	440	259	181
35	3653	858	2795	18776	9494	9282	459	293	166
117	**15673**	**4132**	**11541**	**76939**	**39433**	**37506**	**2230**	**1374**	**856**
26	3492	904	2588	18237	9357	8880	515	324	191
35	3523	919	2604	18418	9456	8962	526	313	213
27	3911	1056	2855	19132	9816	9316	547	331	216
20	3212	799	2413	14470	7419	7051	441	286	155
9	1535	454	1081	6682	3385	3297	201	120	81
55	**10828**	**3433**	**7395**	**44616**	**23182**	**21434**	**1598**	**1077**	**521**
12	1825	571	1254	8745	4517	4228	279	176	103
8	1764	582	1182	7581	3911	3670	258	161	97
10	2195	693	1502	9256	4905	4351	351	234	117
10	2495	809	1686	9796	5095	4701	361	262	99
15	2549	778	1771	9238	4754	4484	349	244	105
119	**30852**	**10177**	**20675**	**94418**	**47044**	**47374**	**5200**	**3544**	**1656**

7-8a 全省分年龄、性别、迁移原因的

年龄	婚姻嫁娶			照料孙子女			
	小计	男	女	小计	男	女	小计
合计	**135536**	**24124**	**111412**	**103643**	**34735**	**68908**	**109978**
0-4 岁							
0							
1							
2							
3							
4							
5-9 岁							
5							
6							
7							
8							
9							
10-14 岁	**5**	**3**	**2**				
10							
11	2	2					
12	2	1	1				
13							
14	1		1				
15-19 岁	**467**	**35**	**432**	**2**	**1**	**1**	**287**
15	15	6	9				68
16	22	4	18	2	1	1	80
17	63	9	54				65
18	125	8	117				37
19	242	8	234				37
20-24 岁	**6012**	**422**	**5590**	**5**	**2**	**3**	**982**
20	382	19	363	1	1		73
21	512	24	488	1		1	98
22	898	60	838				151
23	1640	118	1522				232
24	2580	201	2379	3	1	2	428
25-29 岁	**30200**	**3907**	**26293**	**34**	**4**	**30**	**7308**
25	4170	408	3762	3		3	709
26	5284	580	4704	5		5	969
27	6518	808	5710	10	3	7	1459
28	7001	962	6039	9	1	8	1819
29	7227	1149	6078	7		7	2352

户口登记地在外乡镇街道的人口（城市）（续2）

单位：人

为子女就学		养老 / 康养			其他		
男	女	小计	男	女	小计	男	女
45103	**64875**	**76604**	**32992**	**43612**	**518919**	**270332**	**248587**
					68081	**35551**	**32530**
					9624	4974	4650
					14067	7272	6795
					13597	7132	6465
					15665	8189	7476
					15128	7984	7144
					46370	24482	21888
					11919	6331	5588
					10151	5348	4803
					8243	4376	3867
					8452	4420	4032
					7605	4007	3598
		4	**4**		**33608**	**18033**	**15575**
		1	1		7454	3976	3478
		1	1		6864	3694	3170
					6894	3622	3272
					6477	3445	3032
		2	2		5919	3296	2623
159	**128**				**24088**	**13027**	**11061**
37	31				5038	2750	2288
51	29				5181	2762	2419
32	33				4875	2534	2341
19	18				4578	2489	2089
20	17				4416	2492	1924
242	**740**	**11**	**9**	**2**	**31704**	**16631**	**15073**
37	36	2		2	4730	2725	2005
29	69	1	1		5215	2846	2369
47	104	2	2		6459	3324	3135
43	189	2	2		7069	3607	3462
86	342	4	4		8231	4129	4102
1776	**5532**	**20**	**14**	**6**	**44185**	**22916**	**21269**
165	544	6	6		9439	4793	4646
192	777	5	3	2	8724	4486	4238
328	1131	5	2	3	8954	4683	4271
452	1367	1	1		8659	4513	4146
639	1713	3	2	1	8409	4441	3968

7-8a　全省分年龄、性别、迁移原因的

年龄	婚姻嫁娶			照料孙子女			
	小计	男	女	小计	男	女	小计
30-34 岁	**39144**	**6688**	**32456**	**418**	**111**	**307**	**23172**
30	9234	1454	7780	74	20	54	3777
31	8621	1445	7176	78	23	55	4360
32	7634	1346	6288	89	21	68	4620
33	7514	1330	6184	104	29	75	5281
34	6141	1113	5028	73	18	55	5134
35-39 岁	**20274**	**3876**	**16398**	**368**	**108**	**260**	**24291**
35	4695	838	3857	82	19	63	4798
36	4490	873	3617	79	24	55	5065
37	3842	744	3098	69	21	48	4599
38	4104	812	3292	73	21	52	5168
39	3143	609	2534	65	23	42	4661
40-44 岁	**11823**	**2607**	**9216**	**492**	**139**	**353**	**21796**
40	2563	521	2042	59	18	41	4333
41	2703	580	2123	89	30	59	4765
42	2500	549	1951	91	31	60	4658
43	2082	479	1603	108	25	83	3989
44	1975	478	1497	145	35	110	4051
45-49 岁	**9843**	**2427**	**7416**	**2934**	**574**	**2360**	**17481**
45	1905	455	1450	190	47	143	3672
46	2051	481	1570	338	82	256	3984
47	1971	452	1519	541	115	426	3801
48	2026	551	1475	745	134	611	3246
49	1890	488	1402	1120	196	924	2778
50-54 岁	**7204**	**1742**	**5462**	**16107**	**3634**	**12473**	**7711**
50	1823	492	1331	1772	340	1432	2308
51	1470	331	1139	2518	566	1952	1790
52	1587	372	1215	3401	741	2660	1464
53	1098	252	846	3625	858	2767	1075
54	1226	295	931	4791	1129	3662	1074
55-59 岁	**4607**	**1051**	**3556**	**27004**	**7259**	**19745**	**3314**
55	1106	264	842	5117	1283	3834	869
56	1112	249	863	5804	1514	4290	814
57	1140	244	896	6724	1821	4903	786
58	823	207	616	6258	1751	4507	586
59	426	87	339	3101	890	2211	259
60-64 岁	**2367**	**565**	**1802**	**22623**	**8589**	**14034**	**1462**
60	454	105	349	3894	1390	2504	293
61	392	99	293	3567	1317	2250	252
62	502	135	367	4570	1789	2781	268
63	543	126	417	5430	2106	3324	332
64	476	100	376	5162	1987	3175	317
65 岁及以上	**3590**	**801**	**2789**	**33656**	**14314**	**19342**	**2174**

户口登记地在外乡镇街道的人口（城市）（续3）

单位：人

为子女就学		养老/康养			其他		
男	女	小计	男	女	小计	男	女
7721	**15451**	**33**	**25**	**8**	**45445**	**23818**	**21627**
1080	2697	7	4	3	10311	5465	4846
1401	2959	2	1	1	9617	5017	4600
1536	3084	12	11	1	8411	4399	4012
1806	3475	8	7	1	9142	4739	4403
1898	3236	4	2	2	7964	4198	3766
9713	**14578**	**50**	**30**	**20**	**32522**	**17349**	**15173**
1748	3050	9	4	5	6995	3644	3351
1972	3093	10	5	5	6903	3678	3225
1861	2738	4	4		6134	3332	2802
2184	2984	12	6	6	6717	3607	3110
1948	2713	15	11	4	5773	3088	2685
9497	**12299**	**52**	**29**	**23**	**28311**	**14978**	**13333**
1805	2528	6	3	3	5463	2874	2589
2125	2640	14	9	5	5916	3145	2771
1992	2666	8	5	3	5793	3039	2754
1701	2288	13	7	6	5249	2775	2474
1874	2177	11	5	6	5890	3145	2745
8679	**8802**	**190**	**76**	**114**	**38382**	**20084**	**18298**
1728	1944	20	9	11	6095	3160	2935
1902	2082	22	9	13	7141	3765	3376
1911	1890	42	16	26	8237	4305	3932
1668	1578	46	18	28	8634	4543	4091
1470	1308	60	24	36	8275	4311	3964
3970	**3741**	**4923**	**1765**	**3158**	**39931**	**20342**	**19589**
1185	1123	521	158	363	8648	4461	4187
921	869	855	304	551	8189	4154	4035
757	707	1049	380	669	8693	4417	4276
559	516	1031	367	664	6722	3420	3302
548	526	1467	556	911	7679	3890	3789
1590	**1724**	**9307**	**3609**	**5698**	**30314**	**15147**	**15167**
422	447	1681	643	1038	7047	3598	3449
381	433	1992	783	1209	7048	3463	3585
383	403	2363	917	1446	7568	3837	3731
290	296	2074	786	1288	5863	2871	2992
114	145	1197	480	717	2788	1378	1410
708	**754**	**11214**	**5071**	**6143**	**17131**	**8853**	**8278**
136	157	1773	764	1009	3278	1690	1588
126	126	1670	755	915	2836	1453	1383
141	127	2325	1090	1235	3650	1880	1770
164	168	2696	1229	1467	3858	2027	1831
141	176	2750	1233	1517	3509	1803	1706
1048	**1126**	**50800**	**22360**	**28440**	**38847**	**19121**	**19726**

7-8b 全省分年龄、性别、迁移原因的

年龄	合计			工作就业			学习培训	
	合计	男	女	小计	男	女	小计	男
合计	**2322295**	**1161078**	**1161217**	**592955**	**357776**	**235179**	**442385**	**222791**
0-4 岁	**146110**	**76363**	**69747**				**2994**	**1563**
0	17742	9222	8520				63	37
1	27434	14221	13213				154	76
2	28141	14757	13384				244	129
3	35904	18671	17233				1039	539
4	36889	19492	17397				1494	782
5-9 岁	**183736**	**97969**	**85767**				**66387**	**35855**
5	31683	16712	14971				1443	787
6	39344	20870	18474				14344	7643
7	37235	19958	17277				16246	8788
8	38792	20720	18072				17571	9501
9	36682	19709	16973				16783	9136
10-14 岁	**174525**	**92964**	**81561**	**172**	**112**	**60**	**86327**	**46170**
10	36684	19589	17095	25	16	9	16933	9164
11	35648	19064	16584	34	19	15	16925	9110
12	34709	18727	15982	28	18	10	16880	9174
13	33760	17905	15855	34	25	9	17126	9111
14	33724	17679	16045	51	34	17	18463	9611
15-19 岁	**258326**	**128901**	**129425**	**6929**	**4416**	**2513**	**201866**	**98320**
15	44830	22788	22042	527	341	186	31745	15792
16	62065	31517	30548	802	508	294	48758	24469
17	57959	29471	28488	1189	769	420	46402	23254
18	49572	24415	25157	1849	1196	653	39663	18881
19	43900	20710	23190	2562	1602	960	35298	15924
20-24 岁	**154283**	**75657**	**78626**	**40936**	**22777**	**18159**	**76445**	**36478**
20	39485	18802	20683	3608	2187	1421	30696	13991
21	32350	15883	16467	4996	2933	2063	21962	10369
22	28807	14522	14285	8015	4476	3539	13687	6883
23	25434	12719	12715	10503	5789	4714	6626	3376
24	28207	13731	14476	13814	7392	6422	3474	1859
25-29 岁	**181466**	**85261**	**96205**	**94067**	**51991**	**42076**	**4979**	**2697**
25	34157	16255	17902	17820	9603	8217	2059	1097
26	33099	15576	17523	17499	9462	8037	1151	624
27	36767	17009	19758	19230	10565	8665	750	403
28	37710	17528	20182	19318	10694	8624	592	326
29	39733	18893	20840	20200	11667	8533	427	247

户口登记地在外乡镇街道的人口（镇）

单位：人

	随同离开/投亲靠友			拆迁/搬家			寄挂户口		
女	小计	男	女	小计	男	女	小计	男	女
219594	**277052**	**124493**	**152559**	**327331**	**166763**	**160568**	**19447**	**10953**	**8494**
1431	**71943**	**37611**	**34332**	**17364**	**8969**	**8395**	**1711**	**904**	**807**
26	8810	4580	4230	2185	1124	1061	201	99	102
78	13757	7162	6595	3245	1706	1539	366	188	178
115	14072	7354	6718	3410	1796	1614	368	184	184
500	17579	9195	8384	4195	2055	2140	392	216	176
712	17725	9320	8405	4329	2288	2041	384	217	167
30532	**57134**	**30161**	**26973**	**20367**	**10867**	**9500**	**1269**	**672**	**597**
656	14912	7834	7078	3771	2040	1731	296	149	147
6701	12307	6494	5813	4264	2277	1987	272	145	127
7458	10088	5395	4693	4146	2192	1954	230	131	99
8070	10230	5348	4882	4186	2246	1940	247	126	121
7647	9597	5090	4507	4000	2112	1888	224	121	103
40157	**40668**	**21678**	**18990**	**18539**	**9825**	**8714**	**1077**	**551**	**526**
7769	9344	5001	4343	4075	2151	1924	242	116	126
7815	8748	4652	4096	3882	2060	1822	248	130	118
7706	8284	4446	3838	3773	1992	1781	221	113	108
8015	7563	3978	3585	3544	1890	1654	183	99	84
8852	6729	3601	3128	3265	1732	1533	183	93	90
103546	**17521**	**9218**	**8303**	**10866**	**5782**	**5084**	**612**	**326**	**286**
15953	5138	2749	2389	2647	1421	1226	144	87	57
24289	4648	2388	2260	2659	1407	1252	146	81	65
23148	3720	1984	1736	2136	1136	1000	119	64	55
20782	2462	1280	1182	1843	993	850	113	56	57
19374	1553	817	736	1581	825	756	90	38	52
39967	**7325**	**3332**	**3993**	**10791**	**5432**	**5359**	**1037**	**533**	**504**
16705	1269	648	621	1452	782	670	110	59	51
11593	1154	544	610	1583	808	775	153	77	76
6804	1479	657	822	2069	1020	1049	213	108	105
3250	1590	698	892	2539	1249	1290	258	118	140
1615	1833	785	1048	3148	1573	1575	303	171	132
2282	**9597**	**3474**	**6123**	**23382**	**11538**	**11844**	**1773**	**904**	**869**
962	2162	873	1289	4169	2041	2128	361	178	183
527	1883	715	1168	4113	2050	2063	317	174	143
347	1877	662	1215	4772	2330	2442	347	163	184
266	1813	623	1190	5032	2478	2554	402	208	194
180	1862	601	1261	5296	2639	2657	346	181	165

7-8b 全省分年龄、性别、迁移原因的

年龄	合计			工作就业			学习培训	
	合计	男	女	小计	男	女	小计	男
30–34岁	**242581**	**115802**	**126779**	**116226**	**68101**	**48125**	**1283**	**714**
30	51687	24173	27514	25707	14769	10938	397	230
31	50835	24106	26729	24702	14387	10315	299	168
32	46231	22140	24091	22089	13053	9036	226	116
33	50042	24095	25947	23568	13888	9680	196	113
34	43786	21288	22498	20160	12004	8156	165	87
35–39岁	**178062**	**88778**	**89284**	**78324**	**47609**	**30715**	**630**	**329**
35	38245	18633	19612	17412	10473	6939	150	83
36	38811	19121	19690	17273	10382	6891	128	73
37	33657	17082	16575	14838	9182	5656	106	54
38	36313	18218	18095	15619	9552	6067	127	56
39	31036	15724	15312	13182	8020	5162	119	63
40–44岁	**142100**	**72610**	**69490**	**62400**	**37813**	**24587**	**402**	**173**
40	29097	14656	14441	12547	7636	4911	83	38
41	29853	15222	14631	12839	7866	4973	92	41
42	29304	14886	14418	12786	7682	5104	91	42
43	25729	13257	12472	11422	6815	4607	64	26
44	28117	14589	13528	12806	7814	4992	72	26
45–49岁	**169035**	**88377**	**80658**	**75638**	**46446**	**29192**	**369**	**182**
45	28373	14504	13869	12777	7673	5104	62	37
46	33732	17611	16121	15211	9303	5908	78	40
47	36075	18958	17117	16022	9883	6139	80	41
48	36416	19094	17322	16251	9927	6324	91	43
49	34439	18210	16229	15377	9660	5717	58	21
50–54岁	**161729**	**82485**	**79244**	**62064**	**40382**	**21682**	**249**	**120**
50	36682	18903	17779	15520	9680	5840	66	34
51	32372	16651	15721	13113	8395	4718	43	22
52	34897	17935	16962	13528	8892	4636	51	23
53	27393	13910	13483	9841	6562	3279	46	18
54	30385	15086	15299	10062	6853	3209	43	23
55–59岁	**115681**	**55430**	**60251**	**31548**	**21641**	**9907**	**154**	**77**
55	27168	13332	13836	8385	5652	2733	34	18
56	26621	12743	13878	7590	5203	2387	43	23
57	26939	13088	13851	7315	5148	2167	34	15
58	23771	11126	12645	5762	3941	1821	28	15
59	11182	5141	6041	2496	1697	799	15	6
60–64岁	**65408**	**31122**	**34286**	**10904**	**7436**	**3468**	**86**	**30**
60	12708	6203	6505	2606	1810	796	20	5
61	9880	4749	5131	1736	1200	536	11	3
62	12895	6196	6699	2183	1462	721	18	8
63	15083	7098	7985	2269	1558	711	18	8
64	14842	6876	7966	2110	1406	704	19	6
65岁及以上	**149253**	**69359**	**79894**	**13747**	**9052**	**4695**	**214**	**83**

户口登记地在外乡镇街道的人口（镇）（续 1）

单位：人

	随同离开 / 投亲靠友			拆迁 / 搬家			寄挂户口		
女	小计	男	女	小计	男	女	小计	男	女
569	**9655**	**2571**	**7084**	**35913**	**17743**	**18170**	**2519**	**1302**	**1217**
167	2203	672	1531	7096	3466	3630	509	265	244
131	2033	535	1498	7470	3699	3771	521	236	285
110	1801	434	1367	6914	3451	3463	460	246	214
83	1961	490	1471	7580	3700	3880	534	284	250
78	1657	440	1217	6853	3427	3426	495	271	224
301	**6724**	**1518**	**5206**	**28835**	**14930**	**13905**	**1815**	**1023**	**792**
67	1484	340	1144	5883	2938	2945	407	230	177
55	1485	333	1152	6142	3055	3087	445	249	196
52	1241	276	965	5446	2886	2560	367	195	172
71	1341	324	1017	6062	3222	2840	335	189	146
56	1173	245	928	5302	2829	2473	261	160	101
229	**5328**	**1121**	**4207**	**24492**	**12726**	**11766**	**1215**	**712**	**503**
45	1099	244	855	4903	2530	2373	270	155	115
51	1188	251	937	5062	2665	2397	252	146	106
49	1068	221	847	5057	2617	2440	274	161	113
38	935	189	746	4585	2411	2174	205	120	85
46	1038	216	822	4885	2503	2382	214	130	84
187	**7308**	**1442**	**5866**	**32884**	**16689**	**16195**	**1567**	**924**	**643**
25	1102	244	858	5162	2570	2592	239	135	104
38	1408	285	1123	6422	3216	3206	276	176	100
39	1573	304	1269	7096	3657	3439	346	185	161
48	1615	307	1308	7248	3750	3498	359	232	127
37	1610	302	1308	6956	3496	3460	347	196	151
129	**9414**	**1950**	**7464**	**34072**	**17186**	**16886**	**1357**	**805**	**552**
32	1863	341	1522	7661	3864	3797	335	202	133
21	1748	367	1381	6710	3309	3401	270	158	112
28	2076	415	1661	7392	3790	3602	260	150	110
28	1624	358	1266	5933	3050	2883	223	129	94
20	2103	469	1634	6376	3173	3203	269	166	103
77	**8733**	**2046**	**6687**	**24257**	**12189**	**12068**	**930**	**575**	**355**
16	1913	411	1502	5773	2931	2842	239	141	98
20	1940	445	1495	5645	2798	2847	228	128	100
19	2099	481	1618	5557	2838	2719	199	132	67
13	1833	454	1379	4992	2504	2488	187	130	57
9	948	255	693	2290	1118	1172	77	44	33
56	**6095**	**1844**	**4251**	**13752**	**7040**	**6712**	**598**	**386**	**212**
15	1060	296	764	2817	1464	1353	107	70	37
8	893	272	621	2071	1067	1004	84	63	21
10	1212	399	813	2671	1407	1264	106	66	40
10	1440	437	1003	3157	1573	1584	152	96	56
13	1490	440	1050	3036	1529	1507	149	91	58
131	**19607**	**6527**	**13080**	**31817**	**15847**	**15970**	**1967**	**1336**	**631**

7-8b　全省分年龄、性别、迁移原因的

年龄	婚姻嫁娶			照料孙子女			
	小计	男	女	小计	男	女	小计
合计	**51521**	**7510**	**44011**	**81543**	**26507**	**55036**	**164266**
0–4 岁							
0							
1							
2							
3							
4							
5–9 岁							
5							
6							
7							
8							
9							
10–14 岁	**2**	**1**	**1**				
10	1		1				
11							
12	1	1					
13							
14							
15–19 岁	**418**	**21**	**397**	**3**	**1**	**2**	**112**
15	8	2	6				34
16	25	3	22	1	1		21
17	63	4	59				23
18	118	7	111	1		1	14
19	204	5	199	1		1	20
20–24 岁	**3429**	**200**	**3229**	**7**	**2**	**5**	**1520**
20	263	9	254				80
21	388	14	374	1	1		111
22	608	30	578	3		3	223
23	851	58	793	1	1		351
24	1319	89	1230	2		2	755
25–29 岁	**12266**	**1197**	**11069**	**31**	**8**	**23**	**13569**
25	1983	150	1833	4	1	3	1324
26	2178	192	1986	5	1	4	1824
27	2638	232	2406	6	1	5	2651
28	2685	307	2378	8	2	6	3381
29	2782	316	2466	8	3	5	4389

户口登记地在外乡镇街道的人口（镇）（续2）

单位：人

为子女就学		养老 / 康养			其他		
男	女	小计	男	女	小计	男	女
58302	105964	46257	21156	25101	319538	164827	154711
					52098	27316	24782
					6483	3382	3101
					9912	5089	4823
					10047	5294	4753
					12699	6666	6033
					12957	6885	6072
					38579	20414	18165
					11261	5902	5359
					8157	4311	3846
					6525	3452	3073
					6558	3499	3059
					6078	3250	2828
		2	2		27738	14625	13113
					6064	3141	2923
					5811	3093	2718
					5522	2983	2539
		1	1		5309	2801	2508
		1	1		5032	2607	2425
63	49	1	1		19998	10753	9245
24	10				4587	2372	2215
12	9	1	1		5004	2647	2357
14	9				4307	2246	2061
7	7				3509	1995	1514
6	14				2591	1493	1098
265	1255	11	8	3	12782	6630	6152
22	58	1	1		2006	1103	903
20	91	3	1	2	1999	1116	883
34	189	1	1		2509	1313	1196
65	286	3	3		2712	1362	1350
124	631	3	2	1	3556	1736	1820
2881	10688	17	15	2	21785	10556	11229
251	1073	3	3		4272	2058	2214
319	1505	7	7		4122	2032	2090
520	2131	1	1		4495	2132	2363
719	2662	4	3	1	4475	2168	2307
1072	3317	2	1	1	4421	2166	2255

7-8b 全省分年龄、性别、迁移原因的

年龄	婚姻嫁娶			照料孙子女			
	小计	男	女	小计	男	女	小计
30-34 岁	**13556**	**1880**	**11676**	**470**	**111**	**359**	**37511**
30	3433	408	3025	95	12	83	6696
31	3029	412	2617	101	25	76	7276
32	2633	375	2258	80	25	55	7230
33	2431	356	2075	104	27	77	8543
34	2030	329	1701	90	22	68	7766
35-39 岁	**6396**	**997**	**5399**	**402**	**121**	**281**	**36247**
35	1599	240	1359	79	20	59	7269
36	1413	226	1187	90	25	65	7840
37	1215	186	1029	70	23	47	6800
38	1195	187	1008	89	32	57	7783
39	974	158	816	74	21	53	6555
40-44 岁	**3775**	**752**	**3023**	**577**	**168**	**409**	**27785**
40	841	146	695	87	24	63	6011
41	848	155	693	113	41	72	6067
42	759	157	602	122	36	86	5880
43	646	139	507	112	34	78	4772
44	681	155	526	143	33	110	5055
45-49 岁	**3619**	**880**	**2739**	**2871**	**571**	**2300**	**23440**
45	653	131	522	210	61	149	4736
46	774	199	575	340	76	264	5119
47	764	182	582	500	106	394	5157
48	753	194	559	793	151	642	4531
49	675	174	501	1028	177	851	3897
50-54 岁	**2998**	**688**	**2310**	**14593**	**3351**	**11242**	**12524**
50	751	182	569	1687	338	1349	3661
51	605	130	475	2312	514	1798	2735
52	650	168	482	3173	725	2448	2463
53	454	102	352	3210	726	2484	1814
54	538	106	432	4211	1048	3163	1851
55-59 岁	**1873**	**404**	**1469**	**22200**	**6226**	**15974**	**5538**
55	459	107	352	4354	1150	3204	1411
56	447	91	356	4807	1290	3517	1331
57	430	88	342	5278	1487	3791	1223
58	366	76	290	5171	1500	3671	1083
59	171	42	129	2590	799	1791	490
60-64 岁	**1047**	**144**	**903**	**15964**	**5942**	**10022**	**2514**
60	177	25	152	2920	1051	1869	537
61	162	21	141	2402	889	1513	380
62	211	30	181	3160	1151	2009	500
63	246	31	215	3802	1448	2354	557
64	251	37	214	3680	1403	2277	540
65 岁及以上	**2142**	**346**	**1796**	**24425**	**10006**	**14419**	**3506**

户口登记地在外乡镇街道的人口（镇）（续3）

单位：人

为子女就学		养老/康养			其他		
男	女	小计	男	女	小计	男	女
10588	**26923**	**26**	**14**	**12**	**25422**	**12778**	**12644**
1601	5095	3	2	1	5548	2748	2800
1947	5329	7	4	3	5397	2693	2704
2070	5160	5	2	3	4793	2368	2425
2585	5958	4	4		5121	2648	2473
2385	5381	7	2	5	4563	2321	2242
12588	**23659**	**24**	**18**	**6**	**18665**	**9645**	**9020**
2315	4954	4	3	1	3958	1991	1967
2676	5164	6	4	2	3989	2098	1891
2410	4390	6	5	1	3568	1865	1703
2759	5024	5	4	1	3757	1893	1864
2428	4127	3	2	1	3393	1798	1595
10739	**17046**	**28**	**21**	**7**	**16098**	**8385**	**7713**
2154	3857	1		1	3255	1729	1526
2330	3737	8	8		3384	1719	1665
2277	3603	7	4	3	3260	1689	1571
1934	2838	3	1	2	2985	1588	1397
2044	3011	9	8	1	3214	1660	1554
10134	**13306**	**122**	**75**	**47**	**21217**	**11034**	**10183**
1930	2806	18	12	6	3414	1711	1703
2137	2982	13	8	5	4091	2171	1920
2230	2927	15	11	4	4522	2359	2163
2038	2493	41	25	16	4734	2427	2307
1799	2098	35	19	16	4456	2366	2090
5795	**6729**	**3369**	**1362**	**2007**	**21089**	**10846**	**10243**
1671	1990	432	156	276	4706	2435	2271
1307	1428	561	220	341	4275	2229	2046
1118	1345	778	306	472	4526	2348	2178
842	972	665	274	391	3583	1849	1734
857	994	933	406	527	3999	1985	2014
2477	**3061**	**5437**	**2230**	**3207**	**15011**	**7565**	**7446**
654	757	1030	425	605	3570	1843	1727
580	751	1130	460	670	3460	1725	1735
548	675	1282	553	729	3522	1798	1724
477	606	1326	525	801	3023	1504	1519
218	272	669	267	402	1436	695	741
1145	**1369**	**6248**	**2983**	**3265**	**8200**	**4172**	**4028**
245	292	929	427	502	1535	810	725
188	192	884	410	474	1257	636	621
219	281	1212	587	625	1622	867	755
268	289	1553	736	817	1889	943	946
225	315	1670	823	847	1897	916	981
1627	**1879**	**30972**	**14427**	**16545**	**20856**	**10108**	**10748**

7-8c　全省分年龄、性别、迁移原因的

年龄	合计			工作就业			学习培训	
	合计	男	女	小计	男	女	小计	男
合计	**1002184**	**573319**	**428865**	**350204**	**245909**	**104295**	**95207**	**47871**
0-4 岁	**49685**	**25770**	**23915**				**663**	**345**
0	5836	3039	2797				16	8
1	10160	5256	4904				29	17
2	10652	5517	5135				44	18
3	11579	6006	5573				232	131
4	11458	5952	5506				342	171
5-9 岁	**54420**	**28628**	**25792**				**14050**	**7531**
5	9859	5152	4707				320	176
6	11649	6152	5497				3066	1644
7	10820	5704	5116				3392	1797
8	11399	5996	5403				3645	1996
9	10693	5624	5069				3627	1918
10-14 岁	**48240**	**25120**	**23120**	**51**	**33**	**18**	**18036**	**9545**
10	10306	5331	4975	7	6	1	3491	1869
11	10081	5245	4836	13	9	4	3587	1891
12	9646	4978	4668	11	7	4	3507	1848
13	9173	4824	4349	12	5	7	3495	1849
14	9034	4742	4292	8	6	2	3956	2088
15-19 岁	**65793**	**33529**	**32264**	**4457**	**3078**	**1379**	**44083**	**22127**
15	11207	5915	5292	289	192	97	7199	3687
16	15536	8148	7388	508	351	157	11657	6045
17	15071	7832	7239	779	537	242	10981	5696
18	12117	6114	6003	1168	798	370	7636	3815
19	11862	5520	6342	1713	1200	513	6610	2884
20-24 岁	**67722**	**34836**	**32886**	**26379**	**17200**	**9179**	**16109**	**7075**
20	12559	6105	6454	2572	1766	806	6228	2700
21	11808	5862	5946	3467	2311	1156	4418	1872
22	13024	6733	6291	5075	3305	1770	2941	1308
23	13992	7408	6584	6684	4290	2394	1585	745
24	16339	8728	7611	8581	5528	3053	937	450
25-29 岁	**96337**	**51834**	**44503**	**52821**	**34698**	**18123**	**1225**	**659**
25	19029	10187	8842	10474	6783	3691	476	234
26	18183	9576	8607	10027	6396	3631	281	146
27	19586	10532	9054	10770	7099	3671	200	112
28	19442	10507	8935	10541	6989	3552	154	96
29	20097	11032	9065	11009	7431	3578	114	71

户口登记地在外乡镇街道的人口（乡村）

单位：人

	随同离开/投亲靠友			拆迁/搬家			寄挂户口		
女	小计	男	女	小计	男	女	小计	男	女
47336	**98277**	**47411**	**50866**	**142285**	**75210**	**67075**	**46827**	**27587**	**19240**
318	**23330**	**12141**	**11189**	**6508**	**3337**	**3171**	**2348**	**1232**	**1116**
8	2738	1429	1309	914	464	450	176	85	91
12	4838	2527	2311	1293	653	640	519	266	253
26	5068	2620	2448	1329	691	638	557	294	263
101	5378	2804	2574	1461	717	744	576	300	276
171	5308	2761	2547	1511	812	699	520	287	233
6519	**17831**	**9347**	**8484**	**7648**	**4062**	**3586**	**2057**	**1038**	**1019**
144	4453	2313	2140	1389	735	654	412	209	203
1422	3815	1996	1819	1640	888	752	481	244	237
1595	3243	1760	1483	1493	799	694	393	184	209
1649	3373	1754	1619	1587	830	757	438	223	215
1709	2947	1524	1423	1539	810	729	333	178	155
8491	**12321**	**6323**	**5998**	**6778**	**3500**	**3278**	**1550**	**807**	**743**
1622	2831	1440	1391	1445	693	752	368	187	181
1696	2695	1388	1307	1415	743	672	345	182	163
1659	2545	1294	1251	1406	726	680	274	144	130
1646	2278	1156	1122	1329	722	607	300	165	135
1868	1972	1045	927	1183	616	567	263	129	134
21956	**4506**	**2327**	**2179**	**3800**	**2045**	**1755**	**1121**	**599**	**522**
3512	1357	738	619	892	489	403	198	108	90
5612	1072	576	496	805	453	352	208	101	107
5285	816	404	412	688	344	344	239	126	113
3821	684	338	346	696	379	317	249	126	123
3726	577	271	306	719	380	339	227	138	89
9034	**2874**	**1336**	**1538**	**5858**	**3201**	**2657**	**2154**	**1155**	**999**
3528	515	270	245	788	450	338	284	155	129
2546	464	214	250	910	504	406	323	176	147
1633	568	266	302	1138	633	505	484	256	228
840	605	278	327	1382	735	647	470	256	214
487	722	308	414	1640	879	761	593	312	281
566	**3494**	**1321**	**2173**	**9933**	**5321**	**4612**	**4014**	**2076**	**1938**
242	734	295	439	1948	1060	888	661	356	305
135	676	286	390	1883	990	893	647	321	326
88	749	271	478	1939	1035	904	793	430	363
58	651	233	418	2072	1108	964	887	449	438
43	684	236	448	2091	1128	963	1026	520	506

7-8c 全省分年龄、性别、迁移原因的

年龄	合计			工作就业			学习培训	
	合计	男	女	小计	男	女	小计	男
30-34岁	**110049**	**61996**	**48053**	**58137**	**39975**	**18162**	**388**	**232**
30	25047	13774	11273	13264	8924	4340	126	87
31	23730	13179	10551	12405	8489	3916	92	46
32	21072	11870	9202	11046	7646	3400	65	36
33	21767	12408	9359	11496	7961	3535	57	36
34	18433	10765	7668	9926	6955	2971	48	27
35-39岁	**71501**	**42288**	**29213**	**38417**	**27178**	**11239**	**189**	**106**
35	15544	9107	6437	8296	5817	2479	47	22
36	15331	9074	6257	8265	5862	2403	44	24
37	13601	8030	5571	7337	5175	2162	34	21
38	14582	8663	5919	7830	5553	2277	29	17
39	12443	7414	5029	6689	4771	1918	35	22
40-44岁	**65249**	**39182**	**26067**	**34762**	**24390**	**10372**	**123**	**66**
40	12239	7250	4989	6434	4487	1947	25	14
41	13197	7975	5222	7061	5030	2031	17	8
42	13504	8072	5432	7159	5022	2137	29	17
43	12333	7456	4877	6572	4621	1951	33	16
44	13976	8429	5547	7536	5230	2306	19	11
45-49岁	**92209**	**56789**	**35420**	**49972**	**35274**	**14698**	**108**	**59**
45	14694	8861	5833	7987	5569	2418	17	7
46	18115	11077	7038	9826	6901	2925	27	14
47	19948	12390	7558	10644	7531	3113	18	10
48	20011	12402	7609	10940	7732	3208	19	12
49	19441	12059	7382	10575	7541	3034	27	16
50-54岁	**89959**	**55939**	**34020**	**44922**	**33118**	**11804**	**89**	**51**
50	20668	12750	7918	10838	7773	3065	22	11
51	18384	11444	6940	9413	6881	2532	18	9
52	19469	11990	7479	9592	7090	2502	24	17
53	14996	9391	5605	7331	5513	1818	17	11
54	16442	10364	6078	7748	5861	1887	8	3
55-59岁	**59622**	**37302**	**22320**	**24143**	**18683**	**5460**	**48**	**26**
55	14574	9162	5412	6440	4933	1507	12	9
56	14067	8734	5333	5863	4507	1356	11	5
57	14125	8996	5129	5776	4557	1219	11	3
58	11474	7178	4296	4238	3310	928	9	7
59	5382	3232	2150	1826	1376	450	5	2
60-64岁	**31224**	**19364**	**11860**	**7853**	**6080**	**1773**	**32**	**17**
60	6149	3840	2309	1893	1489	404	4	3
61	4707	2919	1788	1294	996	298	9	5
62	6289	3964	2325	1624	1260	364	8	4
63	7138	4440	2698	1656	1298	358	4	1
64	6941	4201	2740	1386	1037	349	7	4
65岁及以上	**100174**	**60742**	**39432**	**8290**	**6202**	**2088**	**64**	**32**

户口登记地在外乡镇街道的人口（乡村）（续 1）

单位：人

	随同离开 / 投亲靠友			拆迁 / 搬家			寄挂户口		
女	小计	男	女	小计	男	女	小计	男	女
156	**3494**	**1142**	**2352**	**12986**	**6825**	**6161**	**6361**	**3363**	**2998**
39	815	294	521	2762	1479	1283	1435	733	702
46	730	237	493	2853	1500	1353	1445	754	691
29	678	212	466	2542	1324	1218	1276	657	619
21	666	207	459	2598	1350	1248	1235	658	577
21	605	192	413	2231	1172	1059	970	561	409
83	**2205**	**688**	**1517**	**9229**	**4843**	**4386**	**3336**	**1911**	**1425**
25	486	144	342	2020	1077	943	769	450	319
20	485	171	314	1888	994	894	728	437	291
13	422	120	302	1727	914	813	619	352	267
12	462	142	320	1923	1032	891	632	345	287
13	350	111	239	1671	826	845	588	327	261
57	**2002**	**685**	**1317**	**9151**	**4784**	**4367**	**2976**	**1691**	**1285**
11	375	125	250	1707	892	815	566	327	239
9	408	123	285	1827	965	862	601	344	257
12	411	143	268	1819	947	872	653	359	294
17	345	133	212	1799	944	855	538	298	240
8	463	161	302	1999	1036	963	618	363	255
49	**3109**	**1132**	**1977**	**13894**	**7229**	**6665**	**3311**	**1934**	**1377**
10	463	157	306	2156	1093	1063	625	349	276
13	574	212	362	2592	1356	1236	689	414	275
8	666	260	406	3073	1615	1458	717	412	305
7	696	258	438	3050	1601	1449	649	383	266
11	710	245	465	3023	1564	1459	631	376	255
38	**3820**	**1357**	**2463**	**15610**	**8136**	**7474**	**3013**	**1791**	**1222**
11	766	293	473	3375	1706	1669	710	418	292
9	732	250	482	3215	1699	1516	564	331	233
7	841	288	553	3440	1754	1686	636	372	264
6	698	246	452	2631	1354	1277	522	319	203
5	783	280	503	2949	1623	1326	581	351	230
22	**3394**	**1308**	**2086**	**11572**	**6312**	**5260**	**2768**	**1785**	**983**
3	731	250	481	2782	1502	1280	572	363	209
6	798	294	504	2685	1446	1239	619	390	229
8	792	322	470	2712	1475	1237	667	433	234
2	727	305	422	2240	1243	997	615	414	201
3	346	137	209	1153	646	507	295	185	110
15	**2776**	**1333**	**1443**	**6775**	**3709**	**3066**	**1887**	**1305**	**582**
1	482	212	270	1412	783	629	328	216	112
4	396	194	202	1069	596	473	268	170	98
4	523	253	270	1321	724	597	389	272	117
3	672	318	354	1480	817	663	472	344	128
3	703	356	347	1493	789	704	430	303	127
32	**13121**	**6971**	**6150**	**22543**	**11906**	**10637**	**9931**	**6900**	**3031**

7-8c 全省分年龄、性别、迁移原因的

年龄	婚姻嫁娶			照料孙子女			
	小计	男	女	小计	男	女	小计
合计	**42568**	**8322**	**34246**	**12988**	**4645**	**8343**	**24039**
0–4 岁							
0							
1							
2							
3							
4							
5–9 岁							
5							
6							
7							
8							
9							
10–14 岁	**5**		**5**				
10							
11							
12							
13	2		2				
14	3		3				
15–19 岁	**1761**	**21**	**1740**				**12**
15	33	2	31				3
16	101	2	99				2
17	261		261				2
18	510	9	501				3
19	856	8	848				2
20–24 岁	**5574**	**198**	**5376**				**322**
20	881	22	859				19
21	861	22	839				27
22	1086	36	1050				38
23	1242	40	1202				81
24	1504	78	1426				157
25–29 岁	**9787**	**697**	**9090**	**8**		**8**	**2204**
25	1959	112	1847	1		1	229
26	1950	117	1833	2		2	292
27	2045	141	1904	1		1	454
28	2001	162	1839	1		1	544
29	1832	165	1667	3		3	685

户口登记地在外乡镇街道的人口（乡村）（续2）

单位：人

为子女就学		养老/康养			其他		
男	女	小计	男	女	小计	男	女
7967	**16072**	**21719**	**14407**	**7312**	**168070**	**93990**	**74080**
					16836	**8715**	**8121**
					1992	1053	939
					3481	1793	1688
					3654	1894	1760
					3932	2054	1878
					3777	1921	1856
					12834	**6650**	**6184**
					3285	1719	1566
					2647	1380	1267
					2299	1164	1135
					2356	1193	1163
					2247	1194	1053
					9499	**4912**	**4587**
					2164	1136	1028
					2026	1032	994
					1903	959	944
					1757	927	830
					1649	858	791
4	**8**	**4**	**2**	**2**	**6049**	**3326**	**2723**
1	2				1236	698	538
1	1	2	1	1	1181	618	563
	2	1		1	1304	725	579
1	2	1	1		1170	647	523
1	1				1158	638	520
59	**263**	**5**	**4**	**1**	**8447**	**4608**	**3839**
7	12				1272	735	537
6	21	2	1	1	1336	756	580
7	31	1	1		1693	921	772
19	62	1	1		1942	1044	898
20	137	1	1		2204	1152	1052
364	**1840**	**5**	**2**	**3**	**12846**	**6696**	**6150**
27	202	1		1	2546	1320	1226
41	251	1		1	2424	1279	1145
70	384				2635	1374	1261
105	439	1	1		2590	1364	1226
121	564	2	1	1	2651	1359	1292

7-8c 全省分年龄、性别、迁移原因的

年龄	婚姻嫁娶			照料孙子女			
	小计	男	女	小计	男	女	小计
30-34 岁	**8148**	**945**	**7203**	**102**	**25**	**77**	**5699**
30	2171	206	1965	27	4	23	1073
31	1869	190	1679	16	5	11	1129
32	1520	180	1340	21	6	15	1119
33	1452	205	1247	25	6	19	1281
34	1136	164	972	13	4	9	1097
35-39 岁	**3720**	**666**	**3054**	**83**	**27**	**56**	**4707**
35	851	136	715	18	8	10	964
36	796	123	673	19	8	11	1051
37	708	131	577	14	2	12	935
38	751	143	608	20	5	15	942
39	614	133	481	12	4	8	815
40-44 岁	**2965**	**841**	**2124**	**138**	**47**	**91**	**3675**
40	596	147	449	23	8	15	775
41	634	175	459	19	8	11	801
42	624	161	463	30	10	20	755
43	532	162	370	28	9	19	672
44	579	196	383	38	12	26	672
45-49 岁	**3605**	**1411**	**2194**	**540**	**146**	**394**	**3537**
45	582	193	389	40	9	31	589
46	783	285	498	78	28	50	802
47	752	328	424	96	21	75	826
48	767	311	456	145	46	99	717
49	721	294	427	181	42	139	603
50-54 岁	**3072**	**1369**	**1703**	**2390**	**599**	**1791**	**2088**
50	761	337	424	296	50	246	579
51	604	275	329	407	95	312	456
52	703	303	400	543	131	412	458
53	447	203	244	476	129	347	330
54	557	251	306	668	194	474	265
55-59 岁	**1630**	**728**	**902**	**3252**	**1012**	**2240**	**914**
55	446	188	258	648	187	461	233
56	419	199	220	747	222	525	214
57	352	157	195	773	254	519	187
58	268	122	146	732	247	485	198
59	145	62	83	352	102	250	82
60-64 岁	**770**	**407**	**363**	**2283**	**906**	**1377**	**347**
60	152	79	73	410	155	255	79
61	110	59	51	341	131	210	58
62	148	83	65	453	178	275	66
63	203	108	95	543	223	320	70
64	157	78	79	536	219	317	74
65 岁及以上	**1531**	**1039**	**492**	**4192**	**1883**	**2309**	**534**

户口登记地在外乡镇街道的人口（乡村）（续3）

单位：人

为子女就学		养老/康养			其他		
男	女	小计	男	女	小计	男	女
1549	**4150**	**7**	**4**	**3**	**14727**	**7936**	**6791**
258	815	4	2	2	3370	1787	1583
280	849	1	1		3190	1677	1513
312	807	1		1	2804	1497	1307
360	921				2957	1625	1332
339	758	1	1		2406	1350	1056
1528	**3179**	**11**	**9**	**2**	**9604**	**5332**	**4272**
298	666	1	1		2092	1154	938
324	727	1	1		2054	1130	924
295	640	3	3		1802	1017	785
328	614	3	2	1	1990	1096	894
283	532	3	2	1	1666	935	731
1302	**2373**	**17**	**12**	**5**	**9440**	**5364**	**4076**
251	524	1	1		1737	998	739
290	511	3	2	1	1826	1030	796
255	500	6	6		2018	1152	866
248	424	3	1	2	1811	1024	787
258	414	4	2	2	2048	1160	888
1404	**2133**	**53**	**37**	**16**	**14080**	**8163**	**5917**
223	366	9	8	1	2226	1253	973
308	494	10	7	3	2734	1552	1182
337	489	10	6	4	3146	1870	1276
291	426	12	7	5	3016	1761	1255
245	358	12	9	3	2958	1727	1231
931	**1157**	**869**	**424**	**445**	**14086**	**8163**	**5923**
245	334	100	41	59	3221	1876	1345
200	256	154	82	72	2821	1622	1199
201	257	194	99	95	3038	1735	1303
154	176	179	79	100	2365	1383	982
131	134	242	123	119	2641	1547	1094
416	**498**	**1581**	**873**	**708**	**10320**	**6159**	**4161**
102	131	297	164	133	2413	1464	949
93	121	369	203	166	2342	1375	967
88	99	371	210	161	2484	1497	987
92	106	371	200	171	2076	1238	838
41	41	173	96	77	1005	585	420
173	**174**	**2489**	**1675**	**814**	**6012**	**3759**	**2253**
46	33	280	173	107	1109	684	425
32	26	317	207	110	845	529	316
28	38	490	346	144	1267	816	451
32	38	628	425	203	1410	874	536
35	39	774	524	250	1381	856	525
237	**297**	**16678**	**11365**	**5313**	**23290**	**14207**	**9083**

7-9 全省按现住地、性别、迁移原因分的

现住地	合计			工作就业			
	合计	男	女	小计	男	女	小计
合计	**6586817**	**3318735**	**3268082**	**1756831**	**1035084**	**721747**	**924788**
兰州市	**2047695**	**1046224**	**1001471**	**685944**	**399845**	**286099**	**313258**
城关区	770997	389265	381732	301822	167286	134536	65292
七里河区	367164	189490	177674	118558	67912	50646	36423
西固区	195846	100442	95404	50505	29951	20554	15281
安宁区	232830	115510	117320	54185	31094	23091	75377
红古区	43115	22068	21047	11207	7241	3966	2267
永登县	69656	34513	35143	16549	9970	6579	9801
皋兰县	40454	22514	17940	12621	8919	3702	5474
榆中县	164163	83485	80678	56174	34813	21361	48872
兰州新区	163470	88937	74533	64323	42659	21664	54471
嘉峪关市	**131452**	**68226**	**63226**	**46387**	**30353**	**16034**	**6698**
市辖区	131452	68226	63226	46387	30353	16034	6698
金昌市	**180688**	**93179**	**87509**	**49637**	**30347**	**19290**	**19054**
金川区	118955	61913	57042	37459	22807	14652	9667
永昌县	61733	31266	30467	12178	7540	4638	9387
白银市	**444320**	**223834**	**220486**	**88824**	**54274**	**34550**	**49623**
白银区	142053	73109	68944	37459	22681	14778	10379
平川区	77313	39359	37954	15464	10441	5023	6262
靖远县	67660	34371	33289	9960	6056	3904	8514
会宁县	92868	44559	48309	15569	8737	6832	15324
景泰县	64426	32436	31990	10372	6359	4013	9144
天水市	**481328**	**240427**	**240901**	**104905**	**59555**	**45350**	**84740**
秦州区	202765	100562	102203	49943	27520	22423	38279
麦积区	99600	52305	47295	23064	13785	9279	15806
清水县	39973	19013	20960	3960	2287	1673	7816
秦安县	46736	23078	23658	10708	6242	4466	9342
甘谷县	38448	19327	19121	8667	4808	3859	5959
武山县	26355	13093	13262	4293	2407	1886	2907
张家川回族自治县	27451	13049	14402	4270	2506	1764	4631
武威市	**372936**	**188766**	**184170**	**83740**	**48354**	**35386**	**50221**
凉州区	253564	128437	125127	61784	35249	26535	32165
民勤县	40412	20907	19505	9055	5534	3521	7153
古浪县	42796	21328	21468	5902	3326	2576	6951
天祝藏族自治县	36164	18094	18070	6999	4245	2754	3952
张掖市	**364331**	**180439**	**183892**	**90649**	**51190**	**39459**	**50529**
甘州区	194590	96674	97916	50795	28363	22432	28378
肃南裕固族自治县	7350	3945	3405	2802	1849	953	758
民乐县	46611	23268	23343	10513	5957	4556	8777
临泽县	18894	9417	9477	4995	2994	2001	1683
高台县	38526	18914	19612	8791	4875	3916	3293
山丹县	58360	28221	30139	12753	7152	5601	7640
平凉市	**448123**	**218983**	**229140**	**99543**	**59478**	**40065**	**69928**
崆峒区	172181	83595	88586	33240	19424	13816	20921
泾川县	35951	17114	18837	8274	4605	3669	5532
灵台县	33086	15769	17317	7914	4635	3279	5294
崇信县	19265	10404	8861	6765	4730	2035	2058
庄浪县	47348	23333	24015	12488	6770	5718	9919
静宁县	86354	41770	44584	16748	9860	6888	20326
华亭市	53938	26998	26940	14114	9454	4660	5878

户口登记地在本省其他乡镇街道的人口

单位：人

学习培训		随同离开/投亲靠友			拆迁/搬家		
男	女	小计	男	女	小计	男	女
462727	**462061**	**790416**	**357305**	**433111**	**1271594**	**653271**	**618323**
158346	**154912**	**192903**	**87633**	**105270**	**367620**	**186731**	**180889**
32676	32616	70381	32182	38199	142490	71674	70816
23032	13391	39446	17816	21630	79005	40312	38693
9813	5468	26208	11804	14404	53531	27298	26233
36360	39017	13183	5973	7210	36533	18470	18063
1162	1105	6331	2695	3636	11004	5643	5361
5101	4700	7399	3350	4049	8526	4398	4128
3128	2346	6585	2984	3601	6915	3584	3331
21249	27623	13564	6347	7217	13307	6857	6450
25825	28646	9806	4482	5324	16309	8495	7814
4370	**2328**	**25406**	**10643**	**14763**	**26192**	**13514**	**12678**
4370	2328	25406	10643	14763	26192	13514	12678
10753	**8301**	**28007**	**12650**	**15357**	**32003**	**16873**	**15130**
5143	4524	19313	8912	10401	27365	14315	13050
5610	3777	8694	3738	4956	4638	2558	2080
26047	**23576**	**70502**	**31453**	**39049**	**90159**	**47379**	**42780**
5492	4887	24081	11234	12847	33499	17407	16092
3387	2875	18592	7461	11131	16496	8973	7523
4268	4246	9015	4272	4743	15857	8297	7560
7832	7492	10081	4645	5436	11004	5661	5343
5068	4076	8733	3841	4892	13303	7041	6262
42026	**42714**	**50909**	**23821**	**27088**	**100768**	**51097**	**49671**
17697	20582	17415	8165	9250	46437	23634	22803
8835	6971	10980	4888	6092	18881	9709	9172
3872	3944	5267	2404	2863	10957	5403	5554
4727	4615	7947	3921	4026	5909	3046	2863
3147	2812	4031	1965	2066	5627	2913	2714
1479	1428	2956	1444	1512	7449	3750	3699
2269	2362	2313	1034	1279	5508	2642	2866
26223	**23998**	**49596**	**22477**	**27119**	**81225**	**42150**	**39075**
16438	15727	36440	16709	19731	62328	32600	29728
4250	2903	4299	1827	2472	5349	2682	2667
3469	3482	4857	2276	2581	8141	4169	3972
2066	1886	4000	1665	2335	5407	2699	2708
25582	**24947**	**43754**	**20379**	**23375**	**86149**	**44029**	**42120**
13109	15269	22623	10738	11885	48554	25198	23356
391	367	639	266	373	1040	540	500
4931	3846	6633	3190	3443	8184	4136	4048
958	725	1308	551	757	3792	1951	1841
1796	1497	3397	1535	1862	12988	6381	6607
4397	3243	9154	4099	5055	11591	5823	5768
33328	**36600**	**64324**	**28397**	**35927**	**86532**	**43871**	**42661**
8535	12386	21925	9791	12134	43086	22092	20994
2609	2923	6292	2926	3366	7182	3439	3743
2708	2586	6782	2949	3833	3948	1994	1954
1034	1024	2376	1015	1361	3322	1700	1622
5089	4830	6076	2792	3284	5350	2738	2612
10441	9885	11370	5365	6005	10814	5470	5344
2912	2966	9503	3559	5944	12830	6438	6392

7-9 全省按现住地、性别、迁移原因分的

现住地	合计			工作就业			
	合计	男	女	小计	男	女	小计
酒泉市	**363207**	**188133**	**175074**	**109235**	**68232**	**41003**	**31804**
肃州区	177086	89305	87781	50527	29817	20710	17240
金塔县	32905	18513	14392	10331	7396	2935	2899
瓜州县	40833	21411	19422	11133	7179	3954	2907
肃北蒙古族自治县	4351	2895	1456	2639	2076	563	146
阿克塞哈萨克族自治县	4119	2378	1741	1581	1125	456	70
玉门市	47618	25555	22063	16636	10723	5913	3740
敦煌市	56295	28076	28219	16388	9916	6472	4802
庆阳市	**522104**	**264765**	**257339**	**155655**	**89392**	**66263**	**74484**
西峰区	243505	121569	121936	78852	42866	35986	35807
庆城县	54520	28299	26221	16457	10008	6449	4844
环　县	74600	38860	35740	23813	14572	9241	12010
华池县	33210	17192	16018	9458	6090	3368	4657
合水县	25009	12774	12235	5913	3759	2154	3242
正宁县	20412	10128	10284	5394	3092	2302	3007
宁　县	27121	13876	13245	6419	3707	2712	4513
镇原县	43727	22067	21660	9349	5298	4051	6404
定西市	**419335**	**202670**	**216665**	**80710**	**47425**	**33285**	**63951**
安定区	146266	70923	75343	28509	16968	11541	19068
通渭县	21978	10706	11272	4792	2825	1967	4358
陇西县	71563	34730	36833	13358	7726	5632	8457
渭源县	24330	11801	12529	5811	3385	2426	3372
临洮县	91210	43949	47261	17081	10091	6990	16527
漳　县	25678	12157	13521	3997	2292	1705	6056
岷　县	38310	18404	19906	7162	4138	3024	6113
陇南市	**324447**	**157579**	**166868**	**65494**	**38797**	**26697**	**51116**
武都区	129188	62021	67167	25808	14392	11416	19775
成　县	38843	17810	21033	9589	5744	3845	10081
文　县	22186	10842	11344	4443	2900	1543	3842
宕昌县	18755	9224	9531	3413	1814	1599	2510
康　县	14967	7058	7909	4118	2271	1847	3328
西和县	28613	14747	13866	4347	2739	1608	2709
礼　县	27879	14121	13758	4144	2679	1465	3484
徽　县	37155	18372	18783	8163	5324	2839	4688
两当县	6861	3384	3477	1469	934	535	699
临夏回族自治州	**366974**	**183343**	**183631**	**64212**	**38267**	**25945**	**34820**
临夏市	166402	82478	83924	23425	13787	9638	12926
临夏县	28002	14261	13741	3482	2227	1255	2548
康乐县	28547	14300	14247	7293	4068	3225	4666
永靖县	43207	21044	22163	9881	5779	4102	4994
广河县	26992	13544	13448	4777	2995	1782	1623
和政县	19975	9936	10039	4887	2862	2025	2568
东乡族自治县	20868	11139	9729	2336	1611	725	354
积石山保安族东乡族撒拉族自治县	32981	16641	16340	8131	4938	3193	5141
甘南藏族自治州	**119877**	**62167**	**57710**	**31896**	**19575**	**12321**	**24562**
合作市	42139	21053	21086	8829	5180	3649	12748
临潭县	13097	6762	6335	3047	1970	1077	1899
卓尼县	8073	4089	3984	2170	1352	818	1649
舟曲县	17800	8674	9126	4791	2796	1995	4099
迭部县	8856	4834	4022	3833	2465	1368	1052
玛曲县	12959	7058	5901	4442	2819	1623	1330
碌曲县	6505	3521	2984	2416	1483	933	934
夏河县	10448	6176	4272	2368	1510	858	851

户口登记地在本省其他乡镇街道的人口（续1）

单位：人

学习培训		随同离开/投亲靠友			拆迁/搬家		
男	女	小计	男	女	小计	男	女
15870	**15934**	**49696**	**21289**	**28407**	**83729**	**44374**	**39355**
8379	8861	20078	8827	11251	43785	22886	20899
1550	1349	4601	1971	2630	8975	4844	4131
1526	1381	6548	2954	3594	9928	5283	4645
74	72	139	60	79	404	199	205
42	28	604	257	347	1217	633	584
1923	1817	6249	2744	3505	9243	4937	4306
2376	2426	11477	4476	7001	10177	5592	4585
37313	**37171**	**84326**	**38331**	**45995**	**62812**	**33020**	**29792**
16858	18949	40355	19071	21284	33451	17583	15868
2485	2359	9848	4359	5489	6727	3579	3148
6414	5596	11284	5052	6232	3407	1870	1537
2450	2207	4614	1926	2688	4014	2169	1845
1681	1561	3256	1454	1802	2604	1348	1256
1559	1448	2573	1154	1419	2655	1360	1295
2359	2154	5266	2271	2995	2744	1397	1347
3507	2897	7130	3044	4086	7210	3714	3496
29929	**34022**	**52179**	**24022**	**28157**	**69719**	**36272**	**33447**
7531	11537	20679	9402	11277	35614	18561	17053
2231	2127	2100	974	1126	1447	782	665
4356	4101	11063	5027	6036	12338	6442	5896
1651	1721	2247	1056	1191	1886	977	909
8555	7972	10317	4812	5505	10115	5215	4900
3081	2975	2120	1072	1048	1893	990	903
2524	3589	3653	1679	1974	6426	3305	3121
23923	**27193**	**25666**	**11740**	**13926**	**52419**	**26960**	**25459**
9616	10159	9188	4102	5086	23084	11779	11305
3680	6401	3291	1474	1817	3075	1588	1487
1966	1876	1668	781	887	3276	1654	1622
1077	1433	1553	703	850	5077	2636	2441
1582	1746	1437	674	763	972	464	508
1440	1269	1781	830	951	4658	2481	2177
1704	1780	2635	1270	1365	4114	2219	1895
2484	2204	3344	1544	1800	6886	3452	3434
374	325	769	362	407	1277	687	590
17556	**17264**	**45124**	**20820**	**24304**	**119701**	**60508**	**59193**
6082	6844	19833	9116	10717	66782	34186	32596
1281	1267	1987	933	1054	11164	5544	5620
2571	2095	3718	1775	1943	2767	1364	1403
2629	2365	6941	3214	3727	6620	3309	3311
829	794	5236	2360	2876	10179	5076	5103
1281	1287	2727	1283	1444	3429	1753	1676
187	167	1089	545	544	12072	6039	6033
2696	2445	3593	1594	1999	6688	3237	3451
11461	**13101**	**8024**	**3650**	**4374**	**12566**	**6493**	**6073**
5852	6896	2063	946	1117	5575	2873	2702
899	1000	1223	543	680	1516	793	723
788	861	506	218	288	558	296	262
2023	2076	1726	800	926	1820	927	893
473	579	218	94	124	361	212	149
640	690	962	456	506	1085	555	530
376	558	723	307	416	522	268	254
410	441	603	286	317	1129	569	560

7–9 全省按现住地、性别、迁移原因分的

现住地	寄挂户口			婚姻嫁娶			照料孙子女	
	小计	男	女	小计	男	女	小计	男
合计	**100391**	**58048**	**42343**	**201679**	**34743**	**166936**	**186752**	**61982**
兰州市	**25820**	**14932**	**10888**	**73574**	**13568**	**60006**	**53882**	**18268**
城关区	9127	5224	3903	28251	6053	22198	19019	6499
七里河区	4812	2831	1981	16025	2560	13465	8577	2818
西固区	1989	1166	823	9152	1827	7325	4536	1525
安宁区	4206	2408	1798	7617	1556	6061	6847	2373
红古区	1364	798	566	2110	308	1802	1497	520
永登县	1154	673	481	2725	400	2325	3820	1309
皋兰县	613	364	249	1190	162	1028	1259	465
榆中县	1403	818	585	2940	411	2529	5432	1810
兰州新区	1152	650	502	3564	291	3273	2895	949
嘉峪关市	**1362**	**765**	**597**	**7501**	**552**	**6949**	**4933**	**1598**
市辖区	1362	765	597	7501	552	6949	4933	1598
金昌市	**1569**	**908**	**661**	**6055**	**1073**	**4982**	**5371**	**1872**
金川区	1229	689	540	4124	836	3288	2906	994
永昌县	340	219	121	1931	237	1694	2465	878
白银市	**7417**	**4281**	**3136**	**11056**	**1305**	**9751**	**11379**	**3870**
白银区	1763	985	778	3915	603	3312	4451	1528
平川区	1342	761	581	2303	220	2083	1250	432
靖远县	1740	1054	686	1624	160	1464	1194	422
会宁县	1060	593	467	1384	138	1246	3025	1036
景泰县	1512	888	624	1830	184	1646	1459	452
天水市	**8658**	**4952**	**3706**	**9496**	**1813**	**7683**	**10611**	**3794**
秦州区	3261	1862	1399	3456	770	2686	3390	1136
麦积区	2326	1383	943	2014	378	1636	1543	569
清水县	529	289	240	504	57	447	1970	708
秦安县	571	313	258	1237	240	997	1352	464
甘谷县	837	503	334	949	196	753	782	301
武山县	300	167	133	653	109	544	746	296
张家川回族自治县	834	435	399	683	63	620	828	320
武威市	**4323**	**2527**	**1796**	**9118**	**1231**	**7887**	**10088**	**3562**
凉州区	2026	1202	824	7223	950	6273	6595	2315
民勤县	379	242	137	696	128	568	982	308
古浪县	961	542	419	624	87	537	1030	393
天祝藏族自治县	957	541	416	575	66	509	1481	546
张掖市	**3564**	**2015**	**1549**	**9094**	**1626**	**7468**	**15095**	**5055**
甘州区	1774	998	776	5170	1088	4082	5324	1849
肃南裕固族自治县	123	63	60	231	42	189	126	41
民乐县	700	409	291	551	77	474	3925	1400
临泽县	353	182	171	885	80	805	709	209
高台县	299	172	127	1164	191	973	1038	293
山丹县	315	191	124	1093	148	945	3973	1263
平凉市	**8054**	**4780**	**3274**	**12016**	**1773**	**10243**	**17039**	**5156**
崆峒区	3003	1754	1249	6190	1016	5174	4994	1691
泾川县	789	460	329	856	94	762	1425	329
灵台县	778	484	294	480	69	411	1784	430
崇信县	253	160	93	466	68	398	725	212
庄浪县	1260	757	503	902	99	803	1988	690
静宁县	1241	746	495	1501	198	1303	4201	1258
华亭市	730	419	311	1621	229	1392	1922	546

户口登记地在本省其他乡镇街道的人口（续2）

单位：人

女	为子女就学			养老/康养			其他		
	小计	男	女	小计	男	女	小计	男	女
124770	293024	109466	183558	135935	64524	71411	925407	481585	443822
35614	48374	20106	28268	40035	17472	22563	246285	129323	116962
12520	11262	4860	6402	14847	6246	8601	108506	56565	51941
5759	4116	1722	2394	8578	3725	4853	51624	26762	24862
3011	6941	3068	3873	4326	1826	2500	23377	12164	11213
4474	4944	2140	2804	4407	1905	2502	25531	13231	12300
977	1586	662	924	1021	444	577	4728	2595	2133
2511	8332	3358	4974	2255	1036	1219	9095	4918	4177
794	2236	888	1348	255	133	122	3306	1887	1419
3622	6693	2452	4241	3532	1780	1752	12246	6948	5298
1946	2264	956	1308	814	377	437	7872	4253	3619
3335	787	312	475	1970	849	1121	10216	5270	4946
3335	787	312	475	1970	849	1121	10216	5270	4946
3499	18116	8326	9790	5645	2401	3244	15231	7976	7255
1912	3706	1608	2098	2588	1086	1502	10598	5523	5075
1587	14410	6718	7692	3057	1315	1742	4633	2453	2180
7509	29829	11489	18340	8818	4219	4599	76713	39517	37196
2923	6255	2756	3499	2649	1179	1470	17602	9244	8358
818	3837	1608	2229	1523	752	771	10244	5324	4920
772	3322	1178	2144	1304	714	590	15130	7950	7180
1989	8348	2563	5785	1971	972	999	25102	12382	12720
1007	8067	3384	4683	1371	602	769	8635	4617	4018
6817	26035	8905	17130	6661	3468	3193	78545	40996	37549
2254	8855	3082	5773	2429	1123	1306	29300	15573	13727
974	3170	1246	1924	1230	647	583	20586	10865	9721
1262	3175	1063	2112	494	260	234	5301	2670	2631
888	4789	1547	3242	1057	601	456	3824	1977	1847
481	3078	960	2118	613	382	231	7905	4152	3753
450	1293	497	796	315	193	122	5443	2751	2692
508	1675	510	1165	523	262	261	6186	3008	3178
6526	15668	6115	9553	11620	6133	5487	57337	29994	27343
4280	6918	2872	4046	6091	3143	2948	31994	16959	15035
674	3650	1366	2284	2347	1225	1122	6502	3345	3157
637	2228	810	1418	1730	1012	718	10372	5244	5128
935	2872	1067	1805	1452	753	699	8469	4446	4023
10040	20928	8456	12472	12799	5634	7165	31770	16473	15297
3475	8389	3697	4692	6456	2792	3664	17127	8842	8285
85	411	157	254	503	199	304	717	397	320
2525	4257	1644	2613	1584	697	887	1487	827	660
500	1199	418	781	839	418	421	3131	1656	1475
745	1403	547	856	1056	549	507	5097	2575	2522
2710	5269	1993	3276	2361	979	1382	4211	2176	2035
11883	23845	7728	16117	10263	5479	4784	56579	28993	27586
3303	5267	2339	2928	3137	1451	1686	30418	15502	14916
1096	999	284	715	1067	609	458	3535	1759	1776
1354	2316	499	1817	1205	625	580	2585	1376	1209
513	929	314	615	432	206	226	1939	965	974
1298	2337	673	1664	1500	897	603	5528	2828	2700
2943	9899	2900	6999	2112	1268	844	8142	4264	3878
1376	2098	719	1379	810	423	387	4432	2299	2133

7-9 全省按现住地、性别、迁移原因分的

现住地	寄挂户口			婚姻嫁娶			照料孙子女	
	小计	男	女	小计	男	女	小计	男
酒泉市	**5483**	**3083**	**2400**	**16807**	**3283**	**13524**	**7850**	**2542**
肃州区	2216	1236	980	9365	2035	7330	4279	1350
金塔县	386	211	175	956	191	765	460	140
瓜州县	651	366	285	1605	296	1309	1071	364
肃北蒙古族自治县	97	51	46	80	12	68	41	15
阿克塞哈萨克族自治县	76	43	33	135	17	118	27	9
玉门市	720	429	291	1752	357	1395	1144	383
敦煌市	1337	747	590	2914	375	2539	828	281
庆阳市	**10420**	**6030**	**4390**	**7757**	**766**	**6991**	**8435**	**2412**
西峰区	2509	1450	1059	3541	349	3192	3572	1065
庆城县	1613	970	643	935	107	828	539	144
环　县	1078	630	448	935	53	882	1336	419
华池县	632	362	270	658	34	624	728	184
合水县	396	213	183	516	59	457	544	158
正宁县	473	267	206	360	39	321	546	151
宁　县	932	549	383	345	54	291	372	115
镇原县	2787	1589	1198	467	71	396	798	176
定西市	**5435**	**3104**	**2331**	**12538**	**2474**	**10064**	**19224**	**6512**
安定区	2005	1139	866	3400	525	2875	4651	1578
通渭县	427	258	169	578	81	497	966	296
陇西县	881	479	402	2967	638	2329	2640	852
渭源县	339	204	135	970	229	741	1362	478
临洮县	896	531	365	2869	619	2250	7150	2485
漳　县	357	195	162	427	78	349	1252	368
岷　县	530	298	232	1327	304	1023	1203	455
陇南市	**9568**	**5619**	**3949**	**12253**	**2877**	**9376**	**9330**	**2719**
武都区	2224	1279	945	3317	765	2552	4048	1176
成　县	751	418	333	1884	475	1409	978	268
文　县	549	326	223	1252	332	920	447	106
宕昌县	1192	707	485	581	145	436	332	124
康　县	431	262	169	1205	380	825	554	131
西和县	2283	1395	888	1120	143	977	526	183
礼　县	1294	755	539	705	112	593	679	219
徽　县	747	418	329	1690	427	1263	1599	470
两当县	97	59	38	499	98	401	167	42
临夏回族自治州	**6344**	**3676**	**2668**	**10930**	**1642**	**9288**	**10221**	**3538**
临夏市	2143	1232	911	6157	1007	5150	3565	1288
临夏县	1153	693	460	824	126	698	654	250
康乐县	446	232	214	523	89	434	1459	479
永靖县	432	249	183	1450	232	1218	2117	708
广河县	347	204	143	677	45	632	187	67
和政县	241	126	115	588	72	516	843	280
东乡族自治县	1004	596	408	165	14	151	37	14
积石山保安族东乡族撒拉族自治县	578	344	234	546	57	489	1359	452
甘南藏族自治州	**2374**	**1376**	**998**	**3484**	**760**	**2724**	**3294**	**1084**
合作市	531	311	220	1204	230	974	675	207
临潭县	482	277	205	413	74	339	413	129
卓尼县	226	125	101	297	55	242	546	200
舟曲县	224	127	97	528	82	446	807	267
迭部县	485	285	200	168	37	131	564	184
玛曲县	96	62	34	363	134	229	178	62
碌曲县	130	79	51	227	57	170	36	11
夏河县	200	110	90	284	91	193	75	24

户口登记地在本省其他乡镇街道的人口（续3）

单位：人

女	为子女就学			养老/康养			其他		
	小计	男	女	小计	男	女	小计	男	女
5308	**7448**	**3283**	**4165**	**7885**	**3506**	**4379**	**43270**	**22671**	**20599**
2929	3152	1388	1764	4183	1790	2393	22261	11597	10664
320	428	188	240	727	358	369	3142	1664	1478
707	1583	665	918	1020	488	532	4387	2290	2097
26	73	30	43	125	53	72	607	325	282
18	3	1	2	38	15	23	368	236	132
761	1211	522	689	1123	485	638	5800	3052	2748
547	998	489	509	669	317	352	6705	3507	3198
6023	**22404**	**7534**	**14870**	**8988**	**4754**	**4234**	**86823**	**45213**	**41610**
2507	6192	2194	3998	4084	2006	2078	35142	18127	17015
395	3268	1188	2080	379	172	207	9910	5287	4623
917	5581	1955	3626	1167	502	665	13989	7393	6596
544	2619	937	1682	419	224	195	5411	2816	2595
386	2040	695	1345	529	291	238	5969	3116	2853
395	951	235	716	564	314	250	3889	1957	1932
257	550	108	442	682	522	160	5298	2794	2504
622	1203	222	981	1164	723	441	7215	3723	3492
12712	**34724**	**11962**	**22762**	**8431**	**4237**	**4194**	**72424**	**36733**	**35691**
3073	9727	3735	5992	2823	1375	1448	19790	10109	9681
670	2564	698	1866	411	240	171	4335	2321	2014
1788	5926	2206	3720	1164	569	595	12769	6435	6334
884	2082	671	1411	681	366	315	5580	2784	2796
4665	10130	3294	6836	2877	1426	1451	13248	6921	6327
884	2539	645	1894	233	141	92	6804	3295	3509
748	1756	713	1043	242	120	122	9898	4868	5030
6611	**24283**	**7160**	**17123**	**3645**	**1910**	**1735**	**70673**	**35874**	**34799**
2872	9628	3037	6591	1197	581	616	30919	15294	15625
710	2588	706	1882	581	309	272	6025	3148	2877
341	2310	569	1741	277	140	137	4122	2068	2054
208	682	225	457	111	58	53	3304	1735	1569
423	987	235	752	226	122	104	1709	937	772
343	1786	547	1239	354	234	120	9049	4755	4294
460	2011	612	1399	218	145	73	8595	4406	4189
1129	3854	1114	2740	574	273	301	5610	2866	2744
125	437	115	322	107	48	59	1340	665	675
6683	**16803**	**6799**	**10004**	**7861**	**3823**	**4038**	**50958**	**26714**	**24244**
2277	4854	2266	2588	3416	1567	1849	23301	11947	11354
404	1332	562	770	478	322	156	4380	2323	2057
980	2589	906	1683	772	356	416	4314	2460	1854
1409	4340	1723	2617	1738	791	947	4694	2410	2284
120	523	206	317	198	91	107	3245	1671	1574
563	1247	480	767	532	284	248	2913	1515	1398
23	144	51	93	106	74	32	3561	2008	1553
907	1774	605	1169	621	338	283	4550	2380	2170
2210	**3780**	**1291**	**2489**	**1314**	**639**	**675**	**28583**	**15838**	**12745**
468	807	326	481	381	158	223	9326	4970	4356
284	381	116	265	126	83	43	3597	1878	1719
346	381	136	245	168	83	85	1572	836	736
540	1139	301	838	232	139	93	2434	1212	1222
380	373	117	256	128	53	75	1674	914	760
116	545	227	318	138	55	83	3820	2048	1772
25	68	24	44	71	29	42	1378	887	491
51	86	44	42	70	39	31	4782	3093	1689

7-9a 全省按现住地、性别、迁移原因分的

现住地	合计			工作就业			学习培训	
	合计	男	女	小计	男	女	小计	男
合计	**3612995**	**1803615**	**1809380**	**1014212**	**576939**	**437273**	**433547**	**217172**
兰州市	**1508181**	**760289**	**747892**	**496286**	**277927**	**218359**	**182259**	**95751**
城关区	750860	378137	372723	292268	161367	130901	64521	32246
七里河区	305697	155508	150189	96363	53877	42486	25848	16678
西固区	184912	94274	90638	46021	26870	19151	14674	9525
安宁区	232830	115510	117320	54185	31094	23091	75377	36360
红古区	33882	16860	17022	7449	4719	2730	1839	942
嘉峪关市	**125359**	**64494**	**60865**	**43085**	**27884**	**15201**	**6568**	**4293**
市辖区	125359	64494	60865	43085	27884	15201	6568	4293
金昌市	**115644**	**59821**	**55823**	**35639**	**21538**	**14101**	**9575**	**5088**
金川区	115644	59821	55823	35639	21538	14101	9575	5088
白银市	**203309**	**103122**	**100187**	**47038**	**28782**	**18256**	**15550**	**8305**
白银区	136175	69538	66637	34702	20734	13968	10047	5319
平川区	66104	32979	33125	11709	7607	4102	5479	2972
靖远县	1030	605	425	627	441	186	24	14
天水市	**265490**	**132859**	**132631**	**62010**	**34483**	**27527**	**49965**	**24569**
秦州区	181419	88995	92424	42776	23194	19582	35403	16313
麦积区	84071	43864	40207	19234	11289	7945	14562	8256
武威市	**202999**	**99958**	**103041**	**46666**	**25788**	**20878**	**24520**	**12102**
凉州区	202999	99958	103041	46666	25788	20878	24520	12102
张掖市	**148840**	**72646**	**76194**	**37604**	**20731**	**16873**	**21740**	**9580**
甘州区	148626	72543	76083	37535	20692	16843	21707	9559
肃南裕固族自治县	214	103	111	69	39	30	33	21
平凉市	**199009**	**95679**	**103330**	**41464**	**24560**	**16904**	**24913**	**10542**
崆峒区	158071	75964	82107	31453	18186	13267	19832	7999
华亭市	40938	19715	21223	10011	6374	3637	5081	2543
酒泉市	**223507**	**111400**	**112107**	**64452**	**37709**	**26743**	**21846**	**10722**
肃州区	150609	75071	75538	42367	24550	17817	16278	7868
玉门市	29171	14873	14298	9417	5578	3839	3366	1720
敦煌市	43727	21456	22271	12668	7581	5087	2202	1134
庆阳市	**193675**	**97030**	**96645**	**65635**	**35012**	**30623**	**20917**	**11218**
西峰区	193675	97030	96645	65635	35012	30623	20917	11218
定西市	**121818**	**57770**	**64048**	**21805**	**12711**	**9094**	**17312**	**6594**
安定区	121818	57770	64048	21805	12711	9094	17312	6594
陇南市	**103528**	**49458**	**54070**	**22400**	**12344**	**10056**	**12932**	**6629**
武都区	103397	49387	54010	22360	12317	10043	12928	6626
康　县	131	71	60	40	27	13	4	3
临夏回族自治州	**165376**	**81505**	**83871**	**22496**	**13116**	**9380**	**13020**	**6092**
临夏市	158631	78252	80379	21458	12533	8925	12588	5876
临夏县	6745	3253	3492	1038	583	455	432	216
甘南藏族自治州	**36260**	**17584**	**18676**	**7632**	**4354**	**3278**	**12430**	**5687**
合作市	36260	17584	18676	7632	4354	3278	12430	5687

户口登记地在本省其他乡镇街道的人口（城市）

单位：人

女	随同离开/投亲靠友			拆迁/搬家			寄挂户口		
	小计	男	女	小计	男	女	小计	男	女
216375	**446342**	**199892**	**246450**	**815105**	**418593**	**396512**	**37213**	**21234**	**15979**
86508	**146585**	**66251**	**80334**	**307812**	**155784**	**152028**	**19435**	**11211**	**8224**
32275	69018	31533	37485	138643	69747	68896	8904	5093	3811
9170	34175	15335	18840	70851	36033	34818	3858	2283	1575
5149	25171	11321	13850	51587	26331	25256	1603	919	684
39017	13183	5973	7210	36533	18470	18063	4206	2408	1798
897	5038	2089	2949	10198	5203	4995	864	508	356
2275	**24330**	**10223**	**14107**	**25711**	**13254**	**12457**	**1263**	**720**	**543**
2275	24330	10223	14107	25711	13254	12457	1263	720	543
4487	**19046**	**8777**	**10269**	**27114**	**14168**	**12946**	**1038**	**576**	**462**
4487	19046	8777	10269	27114	14168	12946	1038	576	462
7245	**40430**	**17689**	**22741**	**47877**	**25241**	**22636**	**2164**	**1205**	**959**
4728	23399	10899	12500	32812	17046	15766	1502	842	660
2507	16774	6703	10071	15048	8187	6861	649	353	296
10	257	87	170	17	8	9	13	10	3
25396	**25508**	**11633**	**13875**	**59719**	**30452**	**29267**	**2966**	**1695**	**1271**
19090	16049	7479	8570	43834	22311	21523	1862	1054	808
6306	9459	4154	5305	15885	8141	7744	1104	641	463
12418	**29774**	**13354**	**16420**	**56918**	**29782**	**27136**	**888**	**493**	**395**
12418	29774	13354	16420	56918	29782	27136	888	493	395
12160	**18615**	**8780**	**9835**	**38446**	**19922**	**18524**	**600**	**315**	**285**
12148	18599	8772	9827	38429	19912	18517	597	315	282
12	16	8	8	17	10	7	3		3
14371	**28616**	**12185**	**16431**	**49370**	**25075**	**24295**	**1963**	**1119**	**844**
11833	20949	9357	11592	39419	20138	19281	1670	963	707
2538	7667	2828	4839	9951	4937	5014	293	156	137
11124	**31017**	**13038**	**17979**	**52183**	**27603**	**24580**	**1947**	**1068**	**879**
8410	16935	7401	9534	38202	19937	18265	1149	639	510
1646	3789	1687	2102	5349	2875	2474	253	140	113
1068	10293	3950	6343	8632	4791	3841	545	289	256
9699	**35366**	**16703**	**18663**	**28453**	**14984**	**13469**	**1367**	**778**	**589**
9699	35366	16703	18663	28453	14984	13469	1367	778	589
10718	**17583**	**7914**	**9669**	**31246**	**16246**	**15000**	**748**	**425**	**323**
10718	17583	7914	9669	31246	16246	15000	748	425	323
6303	**7948**	**3507**	**4441**	**18680**	**9467**	**9213**	**635**	**356**	**279**
6302	7936	3501	4435	18673	9465	9208	632	354	278
1	12	6	6	7	2	5	3	2	1
6928	**19783**	**9043**	**10740**	**66544**	**34047**	**32497**	**1854**	**1072**	**782**
6712	19062	8711	10351	64196	32898	31298	1807	1040	767
216	721	332	389	2348	1149	1199	47	32	15
6743	**1741**	**795**	**946**	**5032**	**2568**	**2464**	**345**	**201**	**144**
6743	1741	795	946	5032	2568	2464	345	201	144

7-9a 全省按现住地、性别、迁移原因分的

现住地	婚姻嫁娶			照料孙子女			
	小计	男	女	小计	男	女	小计
合计	**122667**	**21476**	**101191**	**94907**	**31764**	**63143**	**106825**
兰州市	**58536**	**11466**	**47070**	**38833**	**13190**	**25643**	**27756**
城关区	27635	5917	21718	18543	6326	12217	11078
七里河区	13248	2131	11117	7647	2515	5132	3666
西固区	8421	1651	6770	4455	1499	2956	6731
安宁区	7617	1556	6061	6847	2373	4474	4944
红古区	1615	211	1404	1341	477	864	1337
嘉峪关市	**7346**	**525**	**6821**	**4832**	**1569**	**3263**	**770**
市辖区	7346	525	6821	4832	1569	3263	770
金昌市	**4068**	**817**	**3251**	**2884**	**984**	**1900**	**3694**
金川区	4068	817	3251	2884	984	1900	3694
白银市	**5679**	**745**	**4934**	**5593**	**1926**	**3667**	**9603**
白银区	3805	576	3229	4407	1514	2893	6058
平川区	1863	169	1694	1184	412	772	3544
靖远县	11		11	2		2	1
天水市	**4483**	**932**	**3551**	**4589**	**1591**	**2998**	**11422**
秦州区	3029	667	2362	3213	1080	2133	8590
麦积区	1454	265	1189	1376	511	865	2832
武威市	**5773**	**730**	**5043**	**6094**	**2072**	**4022**	**6402**
凉州区	5773	730	5043	6094	2072	4022	6402
张掖市	**3942**	**790**	**3152**	**4146**	**1424**	**2722**	**6483**
甘州区	3932	790	3142	4138	1422	2716	6460
肃南裕固族自治县	10		10	8	2	6	23
平凉市	**6584**	**979**	**5605**	**6718**	**2179**	**4539**	**6830**
崆峒区	5392	856	4536	4918	1663	3255	5191
华亭市	1192	123	1069	1800	516	1284	1639
酒泉市	**11762**	**2376**	**9386**	**5654**	**1822**	**3832**	**5055**
肃州区	8046	1802	6244	3866	1228	2638	2943
玉门市	1334	288	1046	1047	349	698	1151
敦煌市	2382	286	2096	741	245	496	961
庆阳市	**2933**	**234**	**2699**	**3122**	**895**	**2227**	**5428**
西峰区	2933	234	2699	3122	895	2227	5428
定西市	**2613**	**370**	**2243**	**4297**	**1458**	**2839**	**8504**
安定区	2613	370	2243	4297	1458	2839	8504
陇南市	**1954**	**374**	**1580**	**3705**	**1079**	**2626**	**8933**
武都区	1928	365	1563	3704	1079	2625	8930
康　县	26	9	17	1		1	3
临夏回族自治州	**6009**	**959**	**5050**	**3825**	**1393**	**2432**	**5234**
临夏市	5812	940	4872	3520	1278	2242	4791
临夏县	197	19	178	305	115	190	443
甘南藏族自治州	**985**	**179**	**806**	**615**	**182**	**433**	**711**
合作市	985	179	806	615	182	433	711

户口登记地在本省其他乡镇街道的人口（城市）（续）

单位：人

为子女就学		养老 / 康养			其他		
男	女	小计	男	女	小计	男	女
43850	**62975**	**71408**	**30693**	**40715**	**470769**	**242002**	**228767**
12017	**15739**	**31433**	**13320**	**18113**	**199246**	**103372**	**95874**
4778	6300	14631	6157	8474	105619	54973	50646
1543	2123	7369	3159	4210	42672	21954	20718
2990	3741	4204	1768	2436	22045	11400	10645
2140	2804	4407	1905	2502	25531	13231	12300
566	771	822	331	491	3379	1814	1565
307	**463**	**1893**	**813**	**1080**	**9561**	**4906**	**4655**
307	463	1893	813	1080	9561	4906	4655
1605	**2089**	**2529**	**1051**	**1478**	**10057**	**5217**	**4840**
1605	2089	2529	1051	1478	10057	5217	4840
4181	**5422**	**3836**	**1722**	**2114**	**25539**	**13326**	**12213**
2668	3390	2550	1116	1434	16893	8824	8069
1513	2031	1282	605	677	8572	4458	4114
	1	4	1	3	74	44	30
4161	**7261**	**3119**	**1409**	**1710**	**41709**	**21934**	**19775**
3028	5562	2226	995	1231	24437	12874	11563
1133	1699	893	414	479	17272	9060	8212
2710	**3692**	**4633**	**1978**	**2655**	**21331**	**10949**	**10382**
2710	3692	4633	1978	2655	21331	10949	10382
2873	**3610**	**5077**	**2060**	**3017**	**12187**	**6171**	**6016**
2867	3593	5071	2057	3014	12158	6157	6001
6	17	6	3	3	29	14	15
2893	**3937**	**3572**	**1600**	**1972**	**28979**	**14547**	**14432**
2299	2892	2950	1318	1632	26297	13185	13112
594	1045	622	282	340	2682	1362	1320
2276	**2779**	**5027**	**2154**	**2873**	**24564**	**12632**	**11932**
1299	1644	3649	1547	2102	17174	8800	8374
502	649	929	406	523	2536	1328	1208
475	486	449	201	248	4854	2504	2350
1941	**3487**	**3219**	**1386**	**1833**	**27235**	**13879**	**13356**
1941	3487	3219	1386	1833	27235	13879	13356
3339	**5165**	**2397**	**1108**	**1289**	**15313**	**7605**	**7708**
3339	5165	2397	1108	1289	15313	7605	7708
2837	**6096**	**945**	**430**	**515**	**25396**	**12435**	**12961**
2835	6095	944	429	515	25362	12416	12946
2	1	1	1		34	19	15
2429	**2805**	**3362**	**1513**	**1849**	**23249**	**11841**	**11408**
2241	2550	3237	1458	1779	22160	11277	10883
188	255	125	55	70	1089	564	525
281	**430**	**366**	**149**	**217**	**6403**	**3188**	**3215**
281	430	366	149	217	6403	3188	3215

7-9b 全省按现住地、性别、迁移原因分的

现住地	合计			工作就业			学习培训	
	合计	男	女	小计	男	女	小计	男
合计	**2122377**	**1042471**	**1079906**	**487462**	**286052**	**201410**	**402011**	**201113**
兰州市	**382533**	**192114**	**190419**	**112031**	**67563**	**44468**	**112297**	**52701**
城关区	13427	6938	6489	5417	3022	2395	594	330
七里河区	27664	15153	12511	5675	3391	2284	8758	5412
西固区	4146	2157	1989	1178	815	363	369	172
安宁区								
红古区	5049	2705	2344	2006	1261	745	273	139
永登县	61129	29436	31693	13721	7843	5878	9626	5011
皋兰县	30286	15939	14347	8295	5558	2737	2287	1196
榆中县	126842	61512	65330	39209	23023	16186	42408	18368
兰州新区	113990	58274	55716	36530	22650	13880	47982	22073
嘉峪关市	**1238**	**744**	**494**	**716**	**486**	**230**	**42**	**23**
市辖区	1238	744	494	716	486	230	42	23
金昌市	**48269**	**24161**	**24108**	**8810**	**5483**	**3327**	**7014**	**4151**
金川区	121	70	51	5	4	1		
永昌县	48148	24091	24057	8805	5479	3326	7014	4151
白银市	**182478**	**88703**	**93775**	**29917**	**17443**	**12474**	**30725**	**16019**
白银区	230	124	106	83	48	35	6	2
平川区	6665	3757	2908	2762	2081	681	694	367
靖远县	47539	23090	24449	6745	3740	3005	8214	4097
会宁县	72108	34078	38030	11428	6268	5160	12783	6546
景泰县	55936	27654	28282	8899	5306	3593	9028	5007
天水市	**164766**	**79855**	**84911**	**30406**	**17118**	**13288**	**29881**	**14987**
秦州区	3546	1904	1642	1354	746	608	360	161
麦积区	6949	3573	3376	1996	1236	760	971	447
清水县	32556	15253	17303	2653	1496	1157	6687	3263
秦安县	42730	20763	21967	9888	5651	4237	9195	4647
甘谷县	33481	16531	16950	7875	4272	3603	5719	3033
武山县	23420	11545	11875	3684	2042	1642	2588	1307
张家川回族自治县	22084	10286	11798	2956	1675	1281	4361	2129
武威市	**106966**	**53694**	**53272**	**20501**	**11988**	**8513**	**19319**	**10944**
凉州区	15846	8630	7216	4069	2404	1665	4255	2624
民勤县	35050	17766	17284	7721	4680	3041	6997	4158
古浪县	28846	14143	14703	3712	1998	1714	4529	2310
天祝藏族自治县	27224	13155	14069	4999	2906	2093	3538	1852
张掖市	**139557**	**68199**	**71358**	**31568**	**17865**	**13703**	**19081**	**10724**
甘州区	994	581	413	294	178	116	37	18
肃南裕固族自治县	3367	1657	1710	935	578	357	552	281
民乐县	42570	21121	21449	9815	5546	4269	8513	4772
临泽县	16865	8319	8546	4478	2679	1799	1640	940
高台县	33674	16240	17434	7763	4264	3499	2564	1396
山丹县	42087	20281	21806	8283	4620	3663	5775	3317
平凉市	**172471**	**81020**	**91451**	**38750**	**21435**	**17315**	**36076**	**17953**
崆峒区	1492	769	723	206	129	77	773	364
泾川县	31200	14372	16828	6655	3597	3058	5423	2559
灵台县	26036	11831	14205	5997	3266	2731	4627	2311
崇信县	13667	6315	7352	2732	1525	1207	1950	951
庄浪县	39058	18504	20554	10992	5722	5270	9106	4637
静宁县	53985	25430	28555	9816	5484	4332	13524	6821
华亭市	7033	3799	3234	2352	1712	640	673	310

户口登记地在本省其他乡镇街道的人口（镇）

单位：人

女	随同离开/投亲靠友 小计	随同离开/投亲靠友 男	随同离开/投亲靠友 女	拆迁/搬家 小计	拆迁/搬家 男	拆迁/搬家 女	寄挂户口 小计	寄挂户口 男	寄挂户口 女
200898	**259729**	**116587**	**143142**	**321258**	**163388**	**157870**	**18605**	**10472**	**8133**
59596	**32356**	**14768**	**17588**	**45405**	**23234**	**22171**	**2857**	**1624**	**1233**
264	853	421	432	3113	1551	1562	132	81	51
3346	1397	662	735	4920	2570	2350	322	181	141
197	339	144	195	1031	497	534	174	110	64
134	828	365	463	438	241	197	190	111	79
4615	6570	2942	3628	7254	3690	3564	478	267	211
1091	6025	2712	3313	6499	3352	3147	300	183	117
24040	10202	4688	5514	11547	5903	5644	563	302	261
25909	6142	2834	3308	10603	5430	5173	698	389	309
19	**251**	**119**	**132**	**61**	**30**	**31**	**11**	**4**	**7**
19	251	119	132	61	30	31	11	4	7
2863	**7823**	**3315**	**4508**	**3942**	**2190**	**1752**	**126**	**77**	**49**
	14	8	6	4	2	2	3	1	2
2863	7809	3307	4502	3938	2188	1750	123	76	47
14706	**22476**	**9964**	**12512**	**26799**	**13966**	**12833**	**2160**	**1228**	**932**
4	28	11	17	41	21	20	19	15	4
327	1056	368	688	280	146	134	379	226	153
4117	6513	3007	3506	8721	4528	4193	558	320	238
6237	6859	3109	3750	7884	4045	3839	511	262	249
4021	8020	3469	4551	9873	5226	4647	693	405	288
14894	**21734**	**10264**	**11470**	**32926**	**16391**	**16535**	**1672**	**920**	**752**
199	213	103	110	353	184	169	229	146	83
524	994	439	555	1265	653	612	191	129	62
3424	4911	2240	2671	9297	4541	4756	107	58	49
4548	7474	3629	3845	5340	2731	2609	164	92	72
2686	3637	1743	1894	4701	2417	2284	256	151	105
1281	2797	1358	1439	6957	3472	3485	94	44	50
2232	1708	752	956	5013	2393	2620	631	300	331
8375	**11907**	**5136**	**6771**	**16939**	**8455**	**8484**	**962**	**551**	**411**
1631	1764	840	924	2079	1035	1044	187	110	77
2839	3543	1443	2100	4770	2386	2384	126	71	55
2219	3308	1501	1807	5955	2995	2960	229	129	100
1686	3292	1352	1940	4135	2039	2096	420	241	179
8357	**17045**	**7812**	**9233**	**32190**	**16035**	**16155**	**772**	**419**	**353**
19	123	67	56	116	59	57	62	32	30
271	371	150	221	342	189	153	39	20	19
3741	6305	3020	3285	6991	3528	3463	283	160	123
700	1179	481	698	3537	1817	1720	110	51	59
1168	2986	1356	1630	11729	5700	6029	124	68	56
2458	6081	2738	3343	9475	4742	4733	154	88	66
18123	**26646**	**11806**	**14840**	**25871**	**12797**	**13074**	**1375**	**803**	**572**
409	55	28	27	198	104	94	64	34	30
2864	5740	2641	3099	6578	3115	3463	296	165	131
2316	5882	2518	3364	2990	1493	1497	166	103	63
999	2143	898	1245	2978	1505	1473	79	42	37
4469	5272	2335	2937	3853	1932	1921	350	199	151
6703	6559	2998	3561	7823	3896	3927	312	195	117
363	995	388	607	1451	752	699	108	65	43

7-9b 全省按现住地、性别、迁移原因分的

现住地	合计			工作就业			学习培训	
	合计	男	女	小计	男	女	小计	男
酒泉市	**71660**	**39526**	**32134**	**24931**	**16987**	**7944**	**5490**	**2901**
肃州区	3026	1577	1449	697	396	301	124	62
金塔县	24953	14073	10880	8140	5842	2298	2669	1441
瓜州县	23661	12183	11478	6677	4185	2492	2114	1083
肃北蒙古族自治县	2575	1400	1175	1081	712	369	145	74
阿克塞哈萨克族自治县	3625	1982	1643	1267	871	396	68	42
玉门市	11684	7188	4496	6309	4544	1765	254	139
敦煌市	2136	1123	1013	760	437	323	116	60
庆阳市	**221502**	**109666**	**111836**	**58917**	**33959**	**24958**	**35931**	**19057**
西峰区	1491	804	687	493	281	212	163	73
庆城县	44202	22284	21918	13373	7878	5495	4483	2292
环　县	57841	28956	28885	17046	9815	7231	10538	5660
华池县	25266	12565	12701	5968	3670	2298	4066	2153
合水县	20599	10174	10425	4331	2590	1741	3099	1617
正宁县	17192	8167	9025	4501	2443	2058	2952	1529
宁　县	20817	10231	10586	5062	2789	2273	4383	2300
镇原县	34094	16485	17609	8143	4493	3650	6247	3433
定西市	**244337**	**116193**	**128144**	**47043**	**26782**	**20261**	**43293**	**21543**
安定区	3075	1652	1423	903	522	381	279	136
通渭县	19565	9273	10292	4370	2517	1853	4320	2218
陇西县	66126	31834	34292	12499	7174	5325	8304	4265
渭源县	20212	9550	10662	4703	2631	2072	3087	1528
临洮县	83749	39726	44023	15071	8658	6413	16091	8286
漳　县	19750	9123	10627	3395	1844	1551	5427	2753
岷　县	31860	15035	16825	6102	3436	2666	5785	2357
陇南市	**162161**	**76180**	**85981**	**32741**	**18984**	**13757**	**31700**	**14300**
武都区	9918	4786	5132	1373	756	617	2802	1362
成　县	34486	15490	18996	8940	5286	3654	9921	3604
文　县	16267	7406	8861	2908	1669	1239	3402	1707
宕昌县	13553	6500	7053	2870	1496	1374	2248	952
康　县	11771	5279	6492	3658	1905	1753	3242	1543
西和县	21231	10413	10818	3304	1933	1371	2570	1368
礼　县	18791	9189	9602	2538	1567	971	2709	1324
徽　县	30355	14358	15997	5958	3658	2300	4116	2073
两当县	5789	2759	3030	1192	714	478	690	367
临夏回族自治州	**164957**	**81634**	**83323**	**33812**	**19607**	**14205**	**20786**	**10901**
临夏市	2007	1196	811	592	455	137	206	124
临夏县	14451	7117	7334	1290	773	517	1946	969
康乐县	25443	12742	12701	6698	3712	2986	4387	2420
永靖县	39638	19002	20636	8673	4866	3807	4869	2566
广河县	23743	11750	11993	4116	2504	1612	1560	783
和政县	17634	8708	8926	4437	2519	1918	2514	1253
东乡族自治县	15364	7984	7380	1323	872	451	266	140
积石山保安族东乡族撒拉族自治县	26677	13135	13542	6683	3906	2777	5038	2646
甘南藏族自治州	**59482**	**30782**	**28700**	**17319**	**10352**	**6967**	**10376**	**4909**
合作市	293	164	129	59	40	19	27	11
临潭县	9851	4824	5027	2224	1296	928	1849	867
卓尼县	6392	3212	3180	1766	1066	700	1614	773
舟曲县	12148	5768	6380	3178	1774	1404	3395	1668
迭部县	6576	3385	3191	2623	1598	1025	1024	462
玛曲县	12089	6512	5577	4135	2580	1555	1301	622
碌曲县	5454	2868	2586	1966	1186	780	915	372
夏河县	6679	4049	2630	1368	812	556	251	134

户口登记地在本省其他乡镇街道的人口（镇）（续 1）

单位：人

	随同离开 / 投亲靠友			拆迁 / 搬家			寄挂户口		
女	小计	男	女	小计	男	女	小计	男	女
2589	**9650**	**4171**	**5479**	**15627**	**8374**	**7253**	**1088**	**615**	**473**
62	244	105	139	894	455	439	114	68	46
1228	3424	1442	1982	6358	3487	2871	155	82	73
1031	3685	1652	2033	5122	2728	2394	174	100	74
71	121	53	68	317	152	165	66	29	37
26	601	255	346	1176	611	565	57	30	27
115	1439	615	824	1513	808	705	196	124	72
56	136	49	87	247	133	114	326	182	144
16874	**39159**	**16878**	**22281**	**21148**	**11077**	**10071**	**2195**	**1271**	**924**
90	118	62	56	118	63	55	46	30	16
2191	9044	3990	5054	5069	2710	2359	556	317	239
4878	9886	4379	5507	2058	1152	906	200	120	80
1913	3927	1629	2298	3133	1676	1457	313	179	134
1482	2816	1244	1572	1928	1021	907	111	53	58
1423	2327	1019	1308	2071	1042	1029	138	75	63
2083	4556	1882	2674	1633	825	808	211	135	76
2814	6485	2673	3812	5138	2588	2550	620	362	258
21750	**29571**	**13604**	**15967**	**29264**	**15114**	**14150**	**1276**	**689**	**587**
143	373	185	188	469	266	203	105	61	44
2102	1889	827	1062	1071	574	497	133	68	65
4039	10557	4761	5796	11084	5786	5298	393	200	193
1559	1966	901	1065	1448	726	722	45	19	26
7805	9722	4509	5213	9153	4704	4449	325	196	129
2674	1861	943	918	1037	526	511	131	69	62
3428	3203	1478	1725	5002	2532	2470	144	76	68
17400	**14283**	**6491**	**7792**	**23088**	**11809**	**11279**	**2330**	**1314**	**1016**
1440	410	184	226	1970	1026	944	301	170	131
6317	2856	1254	1602	2199	1124	1075	334	174	160
1695	1261	589	672	2037	1011	1026	134	74	60
1296	1432	635	797	3774	1952	1822	329	187	142
1699	1065	489	576	568	258	310	82	48	34
1202	1529	683	846	3301	1739	1562	613	359	254
1385	2085	988	1097	2047	1096	951	274	163	111
2043	2939	1342	1597	6212	3082	3130	231	122	109
323	706	327	379	980	521	459	32	17	15
9885	**21977**	**10085**	**11892**	**43334**	**21497**	**21837**	**1159**	**619**	**540**
82	276	148	128	399	186	213	73	42	31
977	719	313	406	7103	3489	3614	143	88	55
1967	3396	1625	1771	2170	1071	1099	215	100	115
2303	6529	2989	3540	6284	3133	3151	216	121	95
777	4757	2125	2632	9459	4700	4759	92	48	44
1261	2420	1146	1274	2857	1461	1396	65	30	35
126	779	375	404	10504	5260	5244	227	121	106
2392	3101	1364	1737	4558	2197	2361	128	69	59
5467	**4851**	**2174**	**2677**	**4664**	**2419**	**2245**	**622**	**338**	**284**
16	1		1	29	19	10	14	8	6
982	1041	464	577	1060	545	515	162	84	78
841	453	191	262	325	173	152	44	24	20
1727	1109	500	609	923	477	446	53	29	24
562	182	82	100	156	100	56	173	98	75
679	934	439	495	1019	520	499	49	31	18
543	697	297	400	432	225	207	51	26	25
117	434	201	233	720	360	360	76	38	38

7-9b 全省按现住地、性别、迁移原因分的

现住地	婚姻嫁娶			照料孙子女			
	小计	男	女	小计	男	女	小计
合计	**44611**	**6372**	**38239**	**79727**	**25870**	**53857**	**162667**
兰州市	**8447**	**1128**	**7319**	**13194**	**4422**	**8772**	**18770**
城关区	486	115	371	372	130	242	131
七里河区	1063	174	889	546	184	362	278
西固区	270	33	237	30	7	23	134
安宁区							
红古区	174	21	153	111	29	82	225
永登县	2041	289	1752	3774	1288	2486	8299
皋兰县	851	128	723	1204	447	757	2110
榆中县	1647	205	1442	4848	1574	3274	5917
兰州新区	1915	163	1752	2309	763	1546	1676
嘉峪关市	**23**	**5**	**18**	**8**	**3**	**5**	**6**
市辖区	23	5	18	8	3	5	6
金昌市	**1729**	**200**	**1529**	**1979**	**708**	**1271**	**11623**
金川区	1	1					2
永昌县	1728	199	1529	1979	708	1271	11621
白银市	**3434**	**316**	**3118**	**5199**	**1733**	**3466**	**18357**
白银区	9	3	6	1		1	
平川区	189	4	185	48	13	35	248
靖远县	827	94	733	1120	390	730	3257
会宁县	866	83	783	2599	889	1710	6847
景泰县	1543	132	1411	1431	441	990	8005
天水市	**2850**	**451**	**2399**	**5405**	**1958**	**3447**	**13208**
秦州区	37	9	28	49	15	34	35
麦积区	156	18	138	121	38	83	245
清水县	351	27	324	1728	625	1103	2500
秦安县	811	154	657	1319	446	873	4733
甘谷县	648	131	517	741	280	461	3003
武山县	467	84	383	705	273	432	1153
张家川回族自治县	380	28	352	742	281	461	1539
武威市	**1480**	**153**	**1327**	**3162**	**1096**	**2066**	**8138**
凉州区	334	27	307	208	76	132	375
民勤县	501	74	427	947	291	656	3544
古浪县	266	27	239	780	290	490	1949
天祝藏族自治县	379	25	354	1227	439	788	2270
张掖市	**3060**	**377**	**2683**	**8478**	**2766**	**5712**	**11104**
甘州区	51	10	41	10	4	6	4
肃南裕固族自治县	123	22	101	90	30	60	352
民乐县	384	32	352	3789	1356	2433	4170
临泽县	719	43	676	695	203	492	1181
高台县	977	152	825	995	272	723	1341
山丹县	806	118	688	2899	901	1998	4056
平凉市	**2742**	**266**	**2476**	**8661**	**2477**	**6184**	**12576**
崆峒区	28	12	16	3	1	2	2
泾川县	701	55	646	1378	313	1065	965
灵台县	313	19	294	1632	396	1236	1858
崇信县	400	52	348	717	208	509	921
庄浪县	448	22	426	1923	657	1266	2290
静宁县	643	73	570	2913	879	2034	6213
华亭市	209	33	176	95	23	72	327

户口登记地在本省其他乡镇街道的人口（镇）（续 2）

单位：人

为子女就学		养老 / 康养			其他		
男	女	小计	男	女	小计	男	女
57789	**104878**	**44140**	**20182**	**23958**	**302167**	**154646**	**147521**
7451	**11319**	**6344**	**2824**	**3520**	**30832**	**16399**	**14433**
58	73	199	81	118	2130	1149	981
123	155	542	262	280	4163	2194	1969
53	81	54	24	30	567	302	265
82	143	140	79	61	664	377	287
3345	4954	1995	845	1150	7371	3916	3455
872	1238	193	89	104	2522	1402	1120
2213	3704	2713	1224	1489	7788	4012	3776
705	971	508	220	288	5627	3047	2580
2	**4**	**22**	**9**	**13**	**98**	**63**	**35**
2	4	22	9	13	98	63	35
5517	**6106**	**2537**	**1085**	**1452**	**2686**	**1435**	**1251**
1	1	2	1	1	90	52	38
5516	6105	2535	1084	1451	2596	1383	1213
6690	**11667**	**3389**	**1452**	**1937**	**40022**	**19892**	**20130**
		9	5	4	34	19	15
75	173	68	33	35	941	444	497
1154	2103	839	394	445	10745	5366	5379
2102	4745	1344	575	769	20987	10199	10788
3359	4646	1129	445	684	7315	3864	3451
4383	**8825**	**2537**	**1252**	**1285**	**24147**	**12131**	**12016**
9	26	39	30	9	877	501	376
95	150	107	49	58	903	469	434
870	1630	439	217	222	3883	1916	1967
1531	3202	824	393	431	2982	1489	1493
939	2064	461	247	214	6440	3318	3122
460	693	256	141	115	4719	2364	2355
479	1060	411	175	236	4343	2074	2269
2948	**5190**	**4238**	**2054**	**2184**	**20320**	**10369**	**9951**
114	261	301	176	125	2274	1224	1050
1341	2203	1726	707	1019	5175	2615	2560
717	1232	1365	812	553	6753	3364	3389
776	1494	846	359	487	6118	3166	2952
4239	**6865**	**4716**	**2072**	**2644**	**11543**	**5890**	**5653**
2	2	156	131	25	141	80	61
138	214	311	121	190	252	128	124
1619	2551	1450	622	828	870	466	404
413	768	774	368	406	2552	1324	1228
525	816	707	280	427	4488	2227	2261
1542	2514	1318	550	768	3240	1665	1575
3742	**8834**	**4171**	**1969**	**2202**	**15603**	**7772**	**7831**
1	1	45	29	16	118	67	51
279	686	716	328	388	2748	1320	1428
436	1422	927	445	482	1644	844	800
311	610	393	178	215	1354	645	709
659	1631	1053	493	560	3771	1848	1923
1978	4235	972	454	518	5210	2652	2558
78	249	65	42	23	758	396	362

7-9b 全省按现住地、性别、迁移原因分的

现住地	婚姻嫁娶			照料孙子女			
	小计	男	女	小计	男	女	小计
酒泉市	**2383**	**438**	**1945**	**1376**	**443**	**933**	**1677**
肃州区	73	13	60	9		9	5
金塔县	759	152	607	387	114	273	391
瓜州县	1077	209	868	820	274	546	1140
肃北蒙古族自治县	78	11	67	39	14	25	72
阿克塞哈萨克族自治县	135	17	118	27	9	18	3
玉门市	187	29	158	68	20	48	51
敦煌市	74	7	67	26	12	14	15
庆阳市	**2957**	**179**	**2778**	**4514**	**1231**	**3283**	**15119**
西峰区	9	3	6	37	15	22	57
庆城县	709	58	651	493	131	362	3151
环　县	724	39	685	1190	377	813	5018
华池县	493	14	479	666	162	504	2293
合水县	340	19	321	518	149	369	1982
正宁县	263	18	245	521	141	380	944
宁　县	162	14	148	332	98	234	526
镇原县	257	14	243	757	158	599	1148
定西市	**6069**	**1145**	**4924**	**14185**	**4776**	**9409**	**24208**
安定区	76	13	63	41	20	21	148
通渭县	328	45	283	957	291	666	2522
陇西县	2357	484	1873	2612	841	1771	5854
渭源县	455	83	372	1300	447	853	1952
临洮县	1893	346	1547	7072	2460	4612	10024
漳　县	249	34	215	1093	305	788	2161
岷　县	711	140	571	1110	412	698	1547
陇南市	**5258**	**1025**	**4233**	**5170**	**1472**	**3698**	**14206**
武都区	253	55	198	220	56	164	476
成　县	1199	265	934	940	254	686	2534
文　县	659	137	522	413	98	315	2131
宕昌县	281	54	227	312	113	199	531
康　县	530	113	417	528	124	404	969
西和县	601	67	534	489	160	329	1744
礼　县	282	31	251	588	183	405	1739
徽　县	1083	240	843	1522	444	1078	3657
两当县	370	63	307	158	40	118	425
临夏回族自治州	**2751**	**376**	**2375**	**6185**	**2067**	**4118**	**11234**
临夏市	101	21	80	10	4	6	4
临夏县	153	29	124	314	119	195	864
康乐县	293	47	246	1429	471	958	2461
永靖县	1089	190	899	2077	693	1384	4282
广河县	399	25	374	165	54	111	513
和政县	342	42	300	832	278	554	1232
东乡族自治县	36	4	32	19	5	14	135
积石山保安族东乡族撒拉族自治县	338	18	320	1339	443	896	1743
甘南藏族自治州	**1428**	**313**	**1115**	**2211**	**718**	**1493**	**2441**
合作市	12		12	2	1	1	1
临潭县	188	31	157	388	117	271	331
卓尼县	153	22	131	407	137	270	255
舟曲县	311	41	270	605	200	405	817
迭部县	139	23	116	554	179	375	370
玛曲县	261	92	169	176	61	115	545
碌曲县	189	43	146	36	11	25	68
夏河县	175	61	114	43	12	31	54

户口登记地在本省其他乡镇街道的人口（镇）（续3）

单位：人

为子女就学		养老 / 康养			其他		
男	女	小计	男	女	小计	男	女
723	**954**	**1525**	**692**	**833**	**7913**	**4182**	**3731**
1	4	35	15	20	831	462	369
175	216	464	202	262	2206	1136	1070
494	646	701	341	360	2151	1117	1034
29	43	124	52	72	532	274	258
1	2	36	13	23	255	133	122
19	32	129	52	77	1538	838	700
4	11	36	17	19	400	222	178
5013	**10106**	**3569**	**1672**	**1897**	**37993**	**19329**	**18664**
23	34	101	59	42	349	195	154
1143	2008	301	117	184	7023	3648	3375
1783	3235	1069	439	630	10112	5192	4920
835	1458	301	144	157	4106	2103	2003
679	1303	374	168	206	5100	2634	2466
234	710	396	176	220	3079	1490	1589
104	422	265	182	83	3687	1902	1785
212	936	762	387	375	4537	2165	2372
7981	**16227**	**4961**	**2325**	**2636**	**44467**	**22234**	**22233**
44	104	41	26	15	640	379	261
684	1838	276	120	156	3699	1929	1770
2182	3672	1040	464	576	11426	5677	5749
636	1316	577	277	300	4679	2302	2377
3271	6753	2669	1261	1408	11729	6035	5694
545	1616	168	92	76	4228	2012	2216
619	928	190	85	105	8066	3900	4166
4020	**10186**	**1775**	**818**	**957**	**31610**	**15947**	**15663**
143	333	70	31	39	2043	1003	1040
691	1843	485	234	251	5078	2604	2474
516	1615	188	84	104	3134	1521	1613
185	346	83	40	43	1693	886	807
229	740	152	67	85	977	503	474
536	1208	172	88	84	6908	3480	3428
531	1208	101	56	45	6428	3250	3178
1077	2580	439	183	256	4198	2137	2061
112	313	85	35	50	1151	563	588
4258	**6976**	**3663**	**1659**	**2004**	**20056**	**10565**	**9491**
	4	20	12	8	326	204	122
363	501	140	75	65	1779	899	880
870	1591	682	285	397	3712	2141	1571
1710	2572	1583	676	907	4036	2058	1978
202	311	165	62	103	2517	1247	1270
475	757	497	256	241	2438	1248	1190
46	89	25	15	10	2050	1146	904
592	1151	551	278	273	3198	1622	1576
822	**1619**	**693**	**299**	**394**	**14877**	**8438**	**6439**
	1				148	85	63
95	236	63	31	32	2545	1294	1251
104	151	148	66	82	1227	656	571
229	588	132	59	73	1625	791	834
116	254	105	43	62	1250	684	566
227	318	137	54	83	3532	1886	1646
24	44	63	24	39	1037	660	377
27	27	45	22	23	3513	2382	1131

7-9c 全省按现住地、性别、迁移原因分的

现住地	合计			工作就业			学习培训	
	合计	男	女	小计	男	女	小计	男
合计	**851445**	**472649**	**378796**	**255157**	**172093**	**83064**	**89230**	**44442**
兰州市	**156981**	**93821**	**63160**	**77627**	**54355**	**23272**	**18702**	**9894**
城关区	6710	4190	2520	4137	2897	1240	177	100
七里河区	33803	18829	14974	16520	10644	5876	1817	942
西固区	6788	4011	2777	3306	2266	1040	238	116
安宁区								
红古区	4184	2503	1681	1752	1261	491	155	81
永登县	8527	5077	3450	2828	2127	701	175	90
皋兰县	10168	6575	3593	4326	3361	965	3187	1932
榆中县	37321	21973	15348	16965	11790	5175	6464	2881
兰州新区	49480	30663	18817	27793	20009	7784	6489	3752
嘉峪关市	**4855**	**2988**	**1867**	**2586**	**1983**	**603**	**88**	**54**
市辖区	4855	2988	1867	2586	1983	603	88	54
金昌市	**16775**	**9197**	**7578**	**5188**	**3326**	**1862**	**2465**	**1514**
金川区	3190	2022	1168	1815	1265	550	92	55
永昌县	13585	7175	6410	3373	2061	1312	2373	1459
白银市	**58533**	**32009**	**26524**	**11869**	**8049**	**3820**	**3348**	**1723**
白银区	5648	3447	2201	2674	1899	775	326	171
平川区	4544	2623	1921	993	753	240	89	48
靖远县	19091	10676	8415	2588	1875	713	276	157
会宁县	20760	10481	10279	4141	2469	1672	2541	1286
景泰县	8490	4782	3708	1473	1053	420	116	61
天水市	**51072**	**27713**	**23359**	**12489**	**7954**	**4535**	**4894**	**2470**
秦州区	17800	9663	8137	5813	3580	2233	2516	1223
麦积区	8580	4868	3712	1834	1260	574	273	132
清水县	7417	3760	3657	1307	791	516	1129	609
秦安县	4006	2315	1691	820	591	229	147	80
甘谷县	4967	2796	2171	792	536	256	240	114
武山县	2935	1548	1387	609	365	244	319	172
张家川回族自治县	5367	2763	2604	1314	831	483	270	140
武威市	**62971**	**35114**	**27857**	**16573**	**10578**	**5995**	**6382**	**3177**
凉州区	34719	19849	14870	11049	7057	3992	3390	1712
民勤县	5362	3141	2221	1334	854	480	156	92
古浪县	13950	7185	6765	2190	1328	862	2422	1159
天祝藏族自治县	8940	4939	4001	2000	1339	661	414	214
张掖市	**75934**	**39594**	**36340**	**21477**	**12594**	**8883**	**9708**	**5278**
甘州区	44970	23550	21420	12966	7493	5473	6634	3532
肃南裕固族自治县	3769	2185	1584	1798	1232	566	173	89
民乐县	4041	2147	1894	698	411	287	264	159
临泽县	2029	1098	931	517	315	202	43	18
高台县	4852	2674	2178	1028	611	417	729	400
山丹县	16273	7940	8333	4470	2532	1938	1865	1080
平凉市	**76643**	**42284**	**34359**	**19329**	**13483**	**5846**	**8939**	**4833**
崆峒区	12618	6862	5756	1581	1109	472	316	172
泾川县	4751	2742	2009	1619	1008	611	109	50
灵台县	7050	3938	3112	1917	1369	548	667	397
崇信县	5598	4089	1509	4033	3205	828	108	83
庄浪县	8290	4829	3461	1496	1048	448	813	452
静宁县	32369	16340	16029	6932	4376	2556	6802	3620
华亭市	5967	3484	2483	1751	1368	383	124	59

户口登记地在本省其他乡镇街道的人口（乡村）

单位：人

	随同离开 / 投亲靠友			拆迁 / 搬家			寄挂户口		
女	小计	男	女	小计	男	女	小计	男	女
44788	**84345**	**40826**	**43519**	**135231**	**71290**	**63941**	**44573**	**26342**	**18231**
8808	**13962**	**6614**	**7348**	**14403**	**7713**	**6690**	**3528**	**2097**	**1431**
77	510	228	282	734	376	358	91	50	41
875	3874	1819	2055	3234	1709	1525	632	367	265
122	698	339	359	913	470	443	212	137	75
74	465	241	224	368	199	169	310	179	131
85	829	408	421	1272	708	564	676	406	270
1255	560	272	288	416	232	184	313	181	132
3583	3362	1659	1703	1760	954	806	840	516	324
2737	3664	1648	2016	5706	3065	2641	454	261	193
34	**825**	**301**	**524**	**420**	**230**	**190**	**88**	**41**	**47**
34	825	301	524	420	230	190	88	41	47
951	**1138**	**558**	**580**	**947**	**515**	**432**	**405**	**255**	**150**
37	253	127	126	247	145	102	188	112	76
914	885	431	454	700	370	330	217	143	74
1625	**7596**	**3800**	**3796**	**15483**	**8172**	**7311**	**3093**	**1848**	**1245**
155	654	324	330	646	340	306	242	128	114
41	762	390	372	1168	640	528	314	182	132
119	2245	1178	1067	7119	3761	3358	1169	724	445
1255	3222	1536	1686	3120	1616	1504	549	331	218
55	713	372	341	3430	1815	1615	819	483	336
2424	**3667**	**1924**	**1743**	**8123**	**4254**	**3869**	**4020**	**2337**	**1683**
1293	1153	583	570	2250	1139	1111	1170	662	508
141	527	295	232	1731	915	816	1031	613	418
520	356	164	192	1660	862	798	422	231	191
67	473	292	181	569	315	254	407	221	186
126	394	222	172	926	496	430	581	352	229
147	159	86	73	492	278	214	206	123	83
130	605	282	323	495	249	246	203	135	68
3205	**7915**	**3987**	**3928**	**7368**	**3913**	**3455**	**2473**	**1483**	**990**
1678	4902	2515	2387	3331	1783	1548	951	599	352
64	756	384	372	579	296	283	253	171	82
1263	1549	775	774	2186	1174	1012	732	413	319
200	708	313	395	1272	660	612	537	300	237
4430	**8094**	**3787**	**4307**	**15513**	**8072**	**7441**	**2192**	**1281**	**911**
3102	3901	1899	2002	10009	5227	4782	1115	651	464
84	252	108	144	681	341	340	81	43	38
105	328	170	158	1193	608	585	417	249	168
25	129	70	59	255	134	121	243	131	112
329	411	179	232	1259	681	578	175	104	71
785	3073	1361	1712	2116	1081	1035	161	103	58
4106	**9062**	**4406**	**4656**	**11291**	**5999**	**5292**	**4716**	**2858**	**1858**
144	921	406	515	3469	1850	1619	1269	757	512
59	552	285	267	604	324	280	493	295	198
270	900	431	469	958	501	457	612	381	231
25	233	117	116	344	195	149	174	118	56
361	804	457	347	1497	806	691	910	558	352
3182	4811	2367	2444	2991	1574	1417	929	551	378
65	841	343	498	1428	749	679	329	198	131

7-9c 全省按现住地、性别、迁移原因分的

现住地	合计			工作就业			学习培训	
	合计	男	女	小计	男	女	小计	男
酒泉市	**68040**	**37207**	**30833**	**19852**	**13536**	**6316**	**4468**	**2247**
肃州区	23451	12657	10794	7463	4871	2592	838	449
金塔县	7952	4440	3512	2191	1554	637	230	109
瓜州县	17172	9228	7944	4456	2994	1462	793	443
肃北蒙古族自治县	1776	1495	281	1558	1364	194	1	
阿克塞哈萨克族自治县	494	396	98	314	254	60	2	
玉门市	6763	3494	3269	910	601	309	120	64
敦煌市	10432	5497	4935	2960	1898	1062	2484	1182
庆阳市	**106927**	**58069**	**48858**	**31103**	**20421**	**10682**	**17636**	**7038**
西峰区	48339	23735	24604	12724	7573	5151	14727	5567
庆城县	10318	6015	4303	3084	2130	954	361	193
环　县	16759	9904	6855	6767	4757	2010	1472	754
华池县	7944	4627	3317	3490	2420	1070	591	297
合水县	4410	2600	1810	1582	1169	413	143	64
正宁县	3220	1961	1259	893	649	244	55	30
宁　县	6304	3645	2659	1357	918	439	130	59
镇原县	9633	5582	4051	1206	805	401	157	74
定西市	**53180**	**28707**	**24473**	**11862**	**7932**	**3930**	**3346**	**1792**
安定区	21373	11501	9872	5801	3735	2066	1477	801
通渭县	2413	1433	980	422	308	114	38	13
陇西县	5437	2896	2541	859	552	307	153	91
渭源县	4118	2251	1867	1108	754	354	285	123
临洮县	7461	4223	3238	2010	1433	577	436	269
漳　县	5928	3034	2894	602	448	154	629	328
岷　县	6450	3369	3081	1060	702	358	328	167
陇南市	**58758**	**31941**	**26817**	**10353**	**7469**	**2884**	**6484**	**2994**
武都区	15873	7848	8025	2075	1319	756	4045	1628
成　县	4357	2320	2037	649	458	191	160	76
文　县	5919	3436	2483	1535	1231	304	440	259
宕昌县	5202	2724	2478	543	318	225	262	125
康　县	3065	1708	1357	420	339	81	82	36
西和县	7382	4334	3048	1043	806	237	139	72
礼　县	9088	4932	4156	1606	1112	494	775	380
徽　县	6800	4014	2786	2205	1666	539	572	411
两当县	1072	625	447	277	220	57	9	7
临夏回族自治州	**36641**	**20204**	**16437**	**7904**	**5544**	**2360**	**1014**	**563**
临夏市	5764	3030	2734	1375	799	576	132	82
临夏县	6806	3891	2915	1154	871	283	170	96
康乐县	3104	1558	1546	595	356	239	279	151
永靖县	3569	2042	1527	1208	913	295	125	63
广河县	3249	1794	1455	661	491	170	63	46
和政县	2341	1228	1113	450	343	107	54	28
东乡族自治县	5504	3155	2349	1013	739	274	88	47
积石山保安族东乡族撒拉族自治县	6304	3506	2798	1448	1032	416	103	50
甘南藏族自治州	**24135**	**13801**	**10334**	**6945**	**4869**	**2076**	**1756**	**865**
合作市	5586	3305	2281	1138	786	352	291	154
临潭县	3246	1938	1308	823	674	149	50	32
卓尼县	1681	877	804	404	286	118	35	15
舟曲县	5652	2906	2746	1613	1022	591	704	355
迭部县	2280	1449	831	1210	867	343	28	11
玛曲县	870	546	324	307	239	68	29	18
碌曲县	1051	653	398	450	297	153	19	4
夏河县	3769	2127	1642	1000	698	302	600	276

户口登记地在本省其他乡镇街道的人口（乡村）（续1）

单位：人

	随同离开/投亲靠友			拆迁/搬家			寄挂户口		
女	小计	男	女	小计	男	女	小计	男	女
2221	**9029**	**4080**	**4949**	**15919**	**8397**	**7522**	**2448**	**1400**	**1048**
389	2899	1321	1578	4689	2494	2195	953	529	424
121	1177	529	648	2617	1357	1260	231	129	102
350	2863	1302	1561	4806	2555	2251	477	266	211
1	18	7	11	87	47	40	31	22	9
2	3	2	1	41	22	19	19	13	6
56	1021	442	579	2381	1254	1127	271	165	106
1302	1048	477	571	1298	668	630	466	276	190
10598	**9801**	**4750**	**5051**	**13211**	**6959**	**6252**	**6858**	**3981**	**2877**
9160	4871	2306	2565	4880	2536	2344	1096	642	454
168	804	369	435	1658	869	789	1057	653	404
718	1398	673	725	1349	718	631	878	510	368
294	687	297	390	881	493	388	319	183	136
79	440	210	230	676	327	349	285	160	125
25	246	135	111	584	318	266	335	192	143
71	710	389	321	1111	572	539	721	414	307
83	645	371	274	2072	1126	946	2167	1227	940
1554	**5025**	**2504**	**2521**	**9209**	**4912**	**4297**	**3411**	**1990**	**1421**
676	2723	1303	1420	3899	2049	1850	1152	653	499
25	211	147	64	376	208	168	294	190	104
62	506	266	240	1254	656	598	488	279	209
162	281	155	126	438	251	187	294	185	109
167	595	303	292	962	511	451	571	335	236
301	259	129	130	856	464	392	226	126	100
161	450	201	249	1424	773	651	386	222	164
3490	**3435**	**1742**	**1693**	**10651**	**5684**	**4967**	**6603**	**3949**	**2654**
2417	842	417	425	2441	1288	1153	1291	755	536
84	435	220	215	876	464	412	417	244	173
181	407	192	215	1239	643	596	415	252	163
137	121	68	53	1303	684	619	863	520	343
46	360	179	181	397	204	193	346	212	134
67	252	147	105	1357	742	615	1670	1036	634
395	550	282	268	2067	1123	944	1020	592	428
161	405	202	203	674	370	304	516	296	220
2	63	35	28	297	166	131	65	42	23
451	**3364**	**1692**	**1672**	**9823**	**4964**	**4859**	**3331**	**1985**	**1346**
50	495	257	238	2187	1102	1085	263	150	113
74	547	288	259	1713	906	807	963	573	390
128	322	150	172	597	293	304	231	132	99
62	412	225	187	336	176	160	216	128	88
17	479	235	244	720	376	344	255	156	99
26	307	137	170	572	292	280	176	96	80
41	310	170	140	1568	779	789	777	475	302
53	492	230	262	2130	1040	1090	450	275	175
891	**1432**	**681**	**751**	**2870**	**1506**	**1364**	**1407**	**837**	**570**
137	321	151	170	514	286	228	172	102	70
18	182	79	103	456	248	208	320	193	127
20	53	27	26	233	123	110	182	101	81
349	617	300	317	897	450	447	171	98	73
17	36	12	24	205	112	93	312	187	125
11	28	17	11	66	35	31	47	31	16
15	26	10	16	90	43	47	79	53	26
324	169	85	84	409	209	200	124	72	52

7-9c 全省按现住地、性别、迁移原因分的

现住地	婚姻嫁娶			照料孙子女			
	小计	男	女	小计	男	女	小计
合计	**34401**	**6895**	**27506**	**12118**	**4348**	**7770**	**23532**
兰州市	**6591**	**974**	**5617**	**1855**	**656**	**1199**	**1848**
城关区	130	21	109	104	43	61	53
七里河区	1714	255	1459	384	119	265	172
西固区	461	143	318	51	19	32	76
安宁区							
红古区	321	76	245	45	14	31	24
永登县	684	111	573	46	21	25	33
皋兰县	339	34	305	55	18	37	126
榆中县	1293	206	1087	584	236	348	776
兰州新区	1649	128	1521	586	186	400	588
嘉峪关市	**132**	**22**	**110**	**93**	**26**	**67**	**11**
市辖区	132	22	110	93	26	67	11
金昌市	**258**	**56**	**202**	**508**	**180**	**328**	**2799**
金川区	55	18	37	22	10	12	10
永昌县	203	38	165	486	170	316	2789
白银市	**1943**	**244**	**1699**	**587**	**211**	**376**	**1869**
白银区	101	24	77	43	14	29	197
平川区	251	47	204	18	7	11	45
靖远县	786	66	720	72	32	40	64
会宁县	518	55	463	426	147	279	1501
景泰县	287	52	235	28	11	17	62
天水市	**2163**	**430**	**1733**	**617**	**245**	**372**	**1405**
秦州区	390	94	296	128	41	87	230
麦积区	404	95	309	46	20	26	93
清水县	153	30	123	242	83	159	675
秦安县	426	86	340	33	18	15	56
甘谷县	301	65	236	41	21	20	75
武山县	186	25	161	41	23	18	140
张家川回族自治县	303	35	268	86	39	47	136
武威市	**1865**	**348**	**1517**	**832**	**394**	**438**	**1128**
凉州区	1116	193	923	293	167	126	141
民勤县	195	54	141	35	17	18	106
古浪县	358	60	298	250	103	147	279
天祝藏族自治县	196	41	155	254	107	147	602
张掖市	**2092**	**459**	**1633**	**2471**	**865**	**1606**	**3341**
甘州区	1187	288	899	1176	423	753	1925
肃南裕固族自治县	98	20	78	28	9	19	36
民乐县	167	45	122	136	44	92	87
临泽县	166	37	129	14	6	8	18
高台县	187	39	148	43	21	22	62
山丹县	287	30	257	1074	362	712	1213
平凉市	**2690**	**528**	**2162**	**1660**	**500**	**1160**	**4439**
崆峒区	770	148	622	73	27	46	74
泾川县	155	39	116	47	16	31	34
灵台县	167	50	117	152	34	118	458
崇信县	66	16	50	8	4	4	8
庄浪县	454	77	377	65	33	32	47
静宁县	858	125	733	1288	379	909	3686
华亭市	220	73	147	27	7	20	132

户口登记地在本省其他乡镇街道的人口（乡村）（续2）

单位：人

为子女就学		养老/康养			其他		
男	女	小计	男	女	小计	男	女
7827	**15705**	**20387**	**13649**	**6738**	**152471**	**84937**	**67534**
638	**1210**	**2258**	**1328**	**930**	**16207**	**9552**	**6655**
24	29	17	8	9	757	443	314
56	116	667	304	363	4789	2614	2175
25	51	68	34	34	765	462	303
14	10	59	34	25	685	404	281
13	20	260	191	69	1724	1002	722
16	110	62	44	18	784	485	299
239	537	819	556	263	4458	2936	1522
251	337	306	157	149	2245	1206	1039
3	**8**	**55**	**27**	**28**	**557**	**301**	**256**
3	8	55	27	28	557	301	256
1204	**1595**	**579**	**265**	**314**	**2488**	**1324**	**1164**
2	8	57	34	23	451	254	197
1202	1587	522	231	291	2037	1070	967
618	**1251**	**1593**	**1045**	**548**	**11152**	**6299**	**4853**
88	109	90	58	32	675	401	274
20	25	173	114	59	731	422	309
24	40	461	319	142	4311	2540	1771
461	1040	627	397	230	4115	2183	1932
25	37	242	157	85	1320	753	567
361	**1044**	**1005**	**807**	**198**	**12689**	**6931**	**5758**
45	185	164	98	66	3986	2198	1788
18	75	230	184	46	2411	1336	1075
193	482	55	43	12	1418	754	664
16	40	233	208	25	842	488	354
21	54	152	135	17	1465	834	631
37	103	59	52	7	724	387	337
31	105	112	87	25	1843	934	909
457	**671**	**2749**	**2101**	**648**	**15686**	**8676**	**7010**
48	93	1157	989	168	8389	4786	3603
25	81	621	518	103	1327	730	597
93	186	365	200	165	3619	1880	1739
291	311	606	394	212	2351	1280	1071
1344	**1997**	**3006**	**1502**	**1504**	**8040**	**4412**	**3628**
828	1097	1229	604	625	4828	2605	2223
13	23	186	75	111	436	255	181
25	62	134	75	59	617	361	256
5	13	65	50	15	579	332	247
22	40	349	269	80	609	348	261
451	762	1043	429	614	971	511	460
1093	**3346**	**2520**	**1910**	**610**	**11997**	**6674**	**5323**
39	35	142	104	38	4003	2250	1753
5	29	351	281	70	787	439	348
63	395	278	180	98	941	532	409
3	5	39	28	11	585	320	265
14	33	447	404	43	1757	980	777
922	2764	1140	814	326	2932	1612	1320
47	85	123	99	24	992	541	451

7-9c 全省按现住地、性别、迁移原因分的

现住地	婚姻嫁娶			照料孙子女			
	小计	男	女	小计	男	女	小计
酒泉市	**2662**	**469**	**2193**	**820**	**277**	**543**	**716**
肃州区	1246	220	1026	404	122	282	204
金塔县	197	39	158	73	26	47	37
瓜州县	528	87	441	251	90	161	443
肃北蒙古族自治县	2	1	1	2	1	1	1
阿克塞哈萨克族自治县							
玉门市	231	40	191	29	14	15	9
敦煌市	458	82	376	61	24	37	22
庆阳市	**1867**	**353**	**1514**	**799**	**286**	**513**	**1857**
西峰区	599	112	487	413	155	258	707
庆城县	226	49	177	46	13	33	117
环　县	211	14	197	146	42	104	563
华池县	165	20	145	62	22	40	326
合水县	176	40	136	26	9	17	58
正宁县	97	21	76	25	10	15	7
宁　县	183	40	143	40	17	23	24
镇原县	210	57	153	41	18	23	55
定西市	**3856**	**959**	**2897**	**742**	**278**	**464**	**2012**
安定区	711	142	569	313	100	213	1075
通渭县	250	36	214	9	5	4	42
陇西县	610	154	456	28	11	17	72
渭源县	515	146	369	62	31	31	130
临洮县	976	273	703	78	25	53	106
漳　县	178	44	134	159	63	96	378
岷　县	616	164	452	93	43	50	209
陇南市	**5041**	**1478**	**3563**	**455**	**168**	**287**	**1144**
武都区	1136	345	791	124	41	83	222
成　县	685	210	475	38	14	24	54
文　县	593	195	398	34	8	26	179
宕昌县	300	91	209	20	11	9	151
康　县	649	258	391	25	7	18	15
西和县	519	76	443	37	23	14	42
礼　县	423	81	342	91	36	55	272
徽　县	607	187	420	77	26	51	197
两当县	129	35	94	9	2	7	12
临夏回族自治州	**2170**	**307**	**1863**	**211**	**78**	**133**	**335**
临夏市	244	46	198	35	6	29	59
临夏县	474	78	396	35	16	19	25
康乐县	230	42	188	30	8	22	128
永靖县	361	42	319	40	15	25	58
广河县	278	20	258	22	13	9	10
和政县	246	30	216	11	2	9	15
东乡族自治县	129	10	119	18	9	9	9
积石山保安族东乡族撒拉族自治县	208	39	169	20	9	11	31
甘南藏族自治州	**1071**	**268**	**803**	**468**	**184**	**284**	**628**
合作市	207	51	156	58	24	34	95
临潭县	225	43	182	25	12	13	50
卓尼县	144	33	111	139	63	76	126
舟曲县	217	41	176	202	67	135	322
迭部县	29	14	15	10	5	5	3
玛曲县	102	42	60	2	1	1	
碌曲县	38	14	24				
夏河县	109	30	79	32	12	20	32

户口登记地在本省其他乡镇街道的人口（乡村）（续3）

单位：人

为子女就学		养老/康养			其他		
男	女	小计	男	女	小计	男	女
284	**432**	**1333**	**660**	**673**	**10793**	**5857**	**4936**
88	116	499	228	271	4256	2335	1921
13	24	263	156	107	936	528	408
171	272	319	147	172	2236	1173	1063
1		1	1		75	51	24
		2	2		113	103	10
1	8	65	27	38	1726	886	840
10	12	184	99	85	1451	781	670
580	**1277**	**2200**	**1696**	**504**	**21595**	**12005**	**9590**
230	477	764	561	203	7558	4053	3505
45	72	78	55	23	2887	1639	1248
172	391	98	63	35	3877	2201	1676
102	224	118	80	38	1305	713	592
16	42	155	123	32	869	482	387
1	6	168	138	30	810	467	343
4	20	417	340	77	1611	892	719
10	45	402	336	66	2678	1558	1120
642	**1370**	**1073**	**804**	**269**	**12644**	**6894**	**5750**
352	723	385	241	144	3837	2125	1712
14	28	135	120	15	636	392	244
24	48	124	105	19	1343	758	585
35	95	104	89	15	901	482	419
23	83	208	165	43	1519	886	633
100	278	65	49	16	2576	1283	1293
94	115	52	35	17	1832	968	864
303	**841**	**925**	**662**	**263**	**13667**	**7492**	**6175**
59	163	183	121	62	3514	1875	1639
15	39	96	75	21	947	544	403
53	126	89	56	33	988	547	441
40	111	28	18	10	1611	849	762
4	11	73	54	19	698	415	283
11	31	182	146	36	2141	1275	866
81	191	117	89	28	2167	1156	1011
37	160	135	90	45	1412	729	683
3	9	22	13	9	189	102	87
112	**223**	**836**	**651**	**185**	**7653**	**4308**	**3345**
25	34	159	97	62	815	466	349
11	14	213	192	21	1512	860	652
36	92	90	71	19	602	319	283
13	45	155	115	40	658	352	306
4	6	33	29	4	728	424	304
5	10	35	28	7	475	267	208
5	4	81	59	22	1511	862	649
13	18	70	60	10	1352	758	594
188	**440**	**255**	**191**	**64**	**7303**	**4212**	**3091**
45	50	15	9	6	2775	1697	1078
21	29	63	52	11	1052	584	468
32	94	20	17	3	345	180	165
72	250	100	80	20	809	421	388
1	2	23	10	13	424	230	194
		1	1		288	162	126
		8	5	3	341	227	114
17	15	25	17	8	1269	711	558

7-10 全省按现住地、性别、迁移原因分的

现住地	合计			工作就业			学习培训	
	合计	男	女	小计	男	女	小计	男
合计	**765648**	**460376**	**305272**	**401019**	**279068**	**121951**	**100008**	**54006**
兰州市	**379324**	**228008**	**151316**	**189347**	**129953**	**59394**	**77888**	**42397**
城关区	161954	96251	65703	87172	57576	29596	18157	9884
七里河区	52244	32842	19402	26644	18378	8266	9098	6487
西固区	28779	16625	12154	13688	9122	4566	1448	835
安宁区	41332	23232	18100	14321	9841	4480	18329	9302
红古区	8302	4747	3555	4037	2865	1172	365	202
永登县	5955	3892	2063	3536	2725	811	227	121
皋兰县	8593	6526	2067	6951	5610	1341	337	198
榆中县	46808	25907	20901	14561	9796	4765	26558	13214
兰州新区	25357	17986	7371	18437	14040	4397	3369	2154
嘉峪关市	**25593**	**14813**	**10780**	**13230**	**9295**	**3935**	**714**	**426**
市辖区	25593	14813	10780	13230	9295	3935	714	426
金昌市	**16679**	**9810**	**6869**	**10139**	**6730**	**3409**	**853**	**471**
金川区	12434	7150	5284	7260	4750	2510	639	347
永昌县	4245	2660	1585	2879	1980	899	214	124
白银市	**26933**	**15816**	**11117**	**11947**	**8591**	**3356**	**1364**	**726**
白银区	12101	7261	4840	6284	4390	1894	625	342
平川区	5055	2931	2124	2028	1504	524	224	117
靖远县	3943	2371	1572	1655	1308	347	110	49
会宁县	2645	1359	1286	575	378	197	183	99
景泰县	3189	1894	1295	1405	1011	394	222	119
天水市	**33633**	**20331**	**13302**	**17261**	**12345**	**4916**	**2686**	**1303**
秦州区	12214	7328	4886	6179	4351	1828	1738	743
麦积区	10387	6376	4011	5403	3826	1577	556	331
清水县	2893	1857	1036	1684	1307	377	79	53
秦安县	2766	1657	1109	1314	925	389	94	51
甘谷县	2053	1100	953	877	579	298	118	73
武山县	1410	728	682	534	341	193	57	24
张家川回族自治县	1910	1285	625	1270	1016	254	44	28
武威市	**22261**	**13397**	**8864**	**11163**	**8010**	**3153**	**938**	**497**
凉州区	15639	9197	6442	7846	5408	2438	678	364
民勤县	2268	1448	820	1190	933	257	134	68
古浪县	2169	1328	841	945	726	219	53	26
天祝藏族自治县	2185	1424	761	1182	943	239	73	39
张掖市	**18239**	**10701**	**7538**	**9189**	**6308**	**2881**	**1860**	**969**
甘州区	11692	6626	5066	5708	3709	1999	1488	775
肃南裕固族自治县	516	415	101	327	289	38	13	4
民乐县	1756	1012	744	922	655	267	140	70
临泽县	1073	647	426	545	378	167	62	36
高台县	1362	750	612	543	349	194	70	35
山丹县	1840	1251	589	1144	928	216	87	49
平凉市	**30482**	**18291**	**12191**	**15489**	**11259**	**4230**	**1842**	**979**
崆峒区	13858	7910	5948	6256	4235	2021	1069	558
泾川县	2424	1424	1000	1315	922	393	85	46
灵台县	2862	1939	923	1899	1505	394	91	56
崇信县	1591	1258	333	1248	1099	149	45	33
庄浪县	1994	1153	841	959	688	271	125	61
静宁县	3160	1625	1535	1173	756	417	235	118
华亭市	4593	2982	1611	2639	2054	585	192	107

户口登记地在外省的人口

单位：人

女	随同离开／投亲靠友			拆迁／搬家			寄挂户口		
	小计	男	女	小计	男	女	小计	男	女
46002	**84927**	**39759**	**45168**	**40438**	**22260**	**18178**	**4864**	**2664**	**2200**
35491	**37443**	**18049**	**19394**	**16567**	**9087**	**7480**	**1290**	**722**	**568**
8273	18815	9095	9720	7712	4215	3497	566	308	258
2611	5034	2397	2637	3113	1695	1418	190	109	81
613	5151	2447	2704	2429	1343	1086	118	63	55
9027	2561	1218	1343	1265	691	574	144	80	64
163	1097	485	612	822	427	395	81	50	31
106	420	199	221	151	88	63	62	36	26
139	444	201	243	201	112	89	22	13	9
13344	2691	1401	1290	570	326	244	35	25	10
1215	1230	606	624	304	190	114	72	38	34
288	**5660**	**2436**	**3224**	**1674**	**909**	**765**	**126**	**60**	**66**
288	5660	2436	3224	1674	909	765	126	60	66
382	**2379**	**1069**	**1310**	**828**	**439**	**389**	**154**	**83**	**71**
292	2062	928	1134	671	352	319	92	47	45
90	317	141	176	157	87	70	62	36	26
638	**4279**	**1986**	**2293**	**1846**	**1043**	**803**	**451**	**246**	**205**
283	1882	907	975	795	450	345	84	44	40
107	1067	441	626	389	235	154	90	43	47
61	591	271	320	277	150	127	104	61	43
84	362	172	190	155	83	72	107	66	41
103	377	195	182	230	125	105	66	32	34
1383	**3619**	**1814**	**1805**	**2409**	**1353**	**1056**	**400**	**229**	**171**
995	952	467	485	878	480	398	118	69	49
225	1378	692	686	776	448	328	53	29	24
26	284	121	163	216	125	91	38	25	13
43	518	293	225	218	124	94	59	36	23
45	190	103	87	104	62	42	73	38	35
33	164	83	81	125	74	51	34	17	17
16	133	55	78	92	40	52	25	15	10
441	**3039**	**1386**	**1653**	**1714**	**922**	**792**	**256**	**154**	**102**
314	2355	1078	1277	1412	762	650	92	56	36
66	201	94	107	88	49	39	57	29	28
27	284	127	157	110	64	46	77	52	25
34	199	87	112	104	47	57	30	17	13
891	**2350**	**1140**	**1210**	**1314**	**743**	**571**	**120**	**65**	**55**
713	1573	757	816	843	479	364	49	25	24
9	22	8	14	9	6	3	4	3	1
70	239	122	117	68	30	38	30	17	13
26	96	49	47	64	41	23	13	8	5
35	243	118	125	240	139	101	16	7	9
38	177	86	91	90	48	42	8	5	3
863	**3879**	**1759**	**2120**	**1998**	**1083**	**915**	**360**	**185**	**175**
511	1727	790	937	1058	586	472	93	40	53
39	373	154	219	161	97	64	36	20	16
35	312	137	175	79	46	33	38	18	20
12	116	49	67	34	20	14	6	3	3
64	275	136	139	82	45	37	44	26	18
117	505	249	256	226	119	107	102	52	50
85	571	244	327	358	170	188	41	26	15

7-10 全省按现住地、性别、迁移原因分的

现住地	合计			工作就业			学习培训	
	合计	男	女	小计	男	女	小计	男
酒泉市	**86378**	**51435**	**34943**	**54800**	**36975**	**17825**	**5019**	**2599**
肃州区	17174	9844	7330	7941	5238	2703	1127	581
金塔县	9253	7686	1567	8087	7104	983	70	34
瓜州县	6917	4283	2634	3204	2468	736	194	112
肃北蒙古族自治县	1970	1690	280	1830	1617	213	5	2
阿克塞哈萨克族自治县	758	536	222	530	418	112	14	3
玉门市	8476	6197	2279	6196	5064	1132	236	132
敦煌市	41830	21199	20631	27012	15066	11946	3373	1735
庆阳市	**42667**	**26561**	**16106**	**24799**	**17705**	**7094**	**2435**	**1294**
西峰区	16431	9643	6788	7604	5089	2515	1638	878
庆城县	7890	5133	2757	5618	4039	1579	185	98
环　县	5119	3358	1761	3334	2505	829	202	101
华池县	3242	2015	1227	2150	1500	650	115	48
合水县	2351	1567	784	1701	1242	459	46	28
正宁县	1930	1183	747	1094	796	298	86	44
宁　县	2777	1948	829	1876	1533	343	52	34
镇原县	2927	1714	1213	1422	1001	421	111	63
定西市	**23645**	**14333**	**9312**	**12030**	**8702**	**3328**	**1000**	**559**
安定区	5484	3341	2143	2911	2129	782	250	141
通渭县	1464	814	650	586	420	166	61	29
陇西县	5700	3193	2507	2500	1695	805	249	124
渭源县	1713	1019	694	807	568	239	80	49
临洮县	4072	2599	1473	2365	1766	599	213	136
漳　县	1602	1138	464	1030	847	183	54	23
岷　县	3610	2229	1381	1831	1277	554	93	57
陇南市	**29039**	**17493**	**11546**	**14526**	**10653**	**3873**	**1173**	**587**
武都区	6574	3896	2678	3354	2367	987	298	166
成　县	3039	1749	1290	1507	1040	467	258	98
文　县	5508	3791	1717	3516	2850	666	142	76
宕昌县	2488	1340	1148	776	497	279	104	51
康　县	2531	1378	1153	1050	716	334	117	61
西和县	2237	1289	948	1030	723	307	50	25
礼　县	2692	1533	1159	1211	841	370	62	33
徽　县	2866	1816	1050	1454	1119	335	118	65
两当县	1104	701	403	628	500	128	24	12
临夏回族自治州	**20597**	**12984**	**7613**	**11610**	**8520**	**3090**	**1114**	**727**
临夏市	8273	5180	3093	4236	2972	1264	596	374
临夏县	2626	1747	879	1671	1312	359	64	37
康乐县	931	519	412	547	352	195	36	23
永靖县	2742	1484	1258	1280	851	429	134	76
广河县	1222	769	453	533	364	169	171	155
和政县	944	542	402	523	366	157	32	15
东乡族自治县	790	514	276	519	402	117	13	8
积石山保安族东乡族撒拉族自治县	3069	2229	840	2301	1901	400	68	39
甘南藏族自治州	**10178**	**6403**	**3775**	**5489**	**4022**	**1467**	**1122**	**472**
合作市	3503	2102	1401	1727	1280	447	927	362
临潭县	1194	801	393	612	483	129	18	11
卓尼县	780	577	203	595	482	113	12	6
舟曲县	1031	582	449	414	301	113	46	21
迭部县	902	548	354	591	385	206	32	20
玛曲县	1077	652	425	677	442	235	35	19
碌曲县	536	334	202	330	240	90	15	6
夏河县	1155	807	348	543	409	134	37	27

户口登记地在外省的人口（续1）

单位：人

	随同离开/投亲靠友			拆迁/搬家			寄挂户口		
女	小计	男	女	小计	男	女	小计	男	女
2420	**9411**	**4128**	**5283**	**4918**	**2657**	**2261**	**273**	**133**	**140**
546	2404	1159	1245	1905	1034	871	108	50	58
36	256	113	143	301	150	151	17	9	8
82	1184	547	637	1440	776	664	31	13	18
3	25	9	16	25	14	11	5	3	2
11	85	39	46	41	27	14	1		1
104	613	288	325	488	270	218	32	15	17
1638	4844	1973	2871	718	386	332	79	43	36
1141	**4600**	**2078**	**2522**	**2198**	**1262**	**936**	**385**	**212**	**173**
760	2169	1011	1158	1329	774	555	94	48	46
87	667	273	394	233	127	106	65	34	31
101	433	196	237	154	79	75	44	26	18
67	276	92	184	147	91	56	9	4	5
18	153	74	79	74	42	32	9	7	2
42	201	95	106	74	49	25	20	11	9
18	294	141	153	41	19	22	48	26	22
48	407	196	211	146	81	65	96	56	40
441	**2738**	**1325**	**1413**	**1518**	**831**	**687**	**347**	**193**	**154**
109	648	313	335	419	221	198	78	37	41
32	185	91	94	78	46	32	48	30	18
125	896	426	470	393	219	174	62	36	26
31	180	88	92	78	39	39	30	17	13
77	386	191	195	177	95	82	34	24	10
31	100	39	61	62	36	26	32	19	13
36	343	177	166	311	175	136	63	30	33
586	**2928**	**1379**	**1549**	**1728**	**972**	**756**	**426**	**228**	**198**
132	643	291	352	410	213	197	61	31	30
160	309	153	156	84	50	34	13	6	7
66	366	188	178	219	122	97	52	29	23
53	344	156	188	341	202	139	53	22	31
56	375	183	192	87	51	36	27	17	10
25	182	88	94	133	69	64	85	53	32
29	301	132	169	191	113	78	88	40	48
53	290	134	156	223	128	95	42	28	14
12	118	54	64	40	24	16	5	2	3
387	**2061**	**958**	**1103**	**1355**	**759**	**596**	**166**	**95**	**71**
222	880	421	459	812	462	350	65	38	27
27	173	80	93	100	61	39	21	13	8
13	112	44	68	19	8	11	11	8	3
58	422	196	226	185	95	90	21	13	8
16	156	67	89	108	61	47	13	9	4
17	130	65	65	31	16	15	5	4	1
5	56	24	32	40	22	18	13	5	8
29	132	61	71	60	34	26	17	5	12
650	**541**	**252**	**289**	**371**	**200**	**171**	**110**	**59**	**51**
565	162	86	76	78	43	35	14	8	6
7	104	52	52	66	32	34	26	18	8
6	35	19	16	3	2	1	5	2	3
25	106	42	64	116	67	49	28	14	14
12	24	8	16	28	14	14	16	9	7
16	44	21	23	31	16	15	9	4	5
9	30	7	23	9	3	6	1		1
10	36	17	19	40	23	17	11	4	7

7-10 全省按现住地、性别、迁移原因分的

现住地	婚姻嫁娶			照料孙子女			
	小计	男	女	小计	男	女	小计
合计	**27946**	**5213**	**22733**	**11422**	**3905**	**7517**	**5259**
兰州市	**8743**	**1793**	**6950**	**6723**	**2334**	**4389**	**2208**
城关区	3491	816	2675	3484	1220	2264	824
七里河区	1552	298	1254	966	322	644	203
西固区	928	179	749	603	202	401	561
安宁区	830	196	634	872	299	573	217
红古区	699	99	600	94	28	66	68
永登县	428	47	381	48	20	28	55
皋兰县	105	32	73	33	8	25	24
榆中县	343	76	267	404	161	243	199
兰州新区	367	50	317	219	74	145	57
嘉峪关市	**951**	**72**	**879**	**780**	**252**	**528**	**82**
市辖区	951	72	879	780	252	528	82
金昌市	**526**	**75**	**451**	**251**	**82**	**169**	**130**
金川区	390	56	334	231	78	153	110
永昌县	136	19	117	20	4	16	20
白银市	**1310**	**143**	**1167**	**340**	**106**	**234**	**396**
白银区	410	49	361	228	71	157	155
平川区	256	31	225	35	10	25	59
靖远县	272	29	243	12	1	11	27
会宁县	191	15	176	27	9	18	92
景泰县	181	19	162	38	15	23	63
天水市	**1870**	**291**	**1579**	**382**	**167**	**215**	**281**
秦州区	447	104	343	124	45	79	102
麦积区	471	94	377	132	62	70	82
清水县	228	28	200	31	13	18	21
秦安县	190	18	172	35	25	10	31
甘谷县	237	18	219	31	13	18	24
武山县	176	17	159	13	4	9	9
张家川回族自治县	121	12	109	16	5	11	12
武威市	**1044**	**124**	**920**	**242**	**66**	**176**	**184**
凉州区	655	79	576	201	55	146	113
民勤县	117	20	97	13	2	11	30
古浪县	127	8	119	13	5	8	17
天祝藏族自治县	145	17	128	15	4	11	24
张掖市	**815**	**143**	**672**	**257**	**91**	**166**	**232**
甘州区	463	91	372	180	66	114	143
肃南裕固族自治县	12	3	9	3	1	2	1
民乐县	102	11	91	27	7	20	36
临泽县	72	8	64	14	6	8	11
高台县	61	9	52	14	4	10	17
山丹县	105	21	84	19	7	12	24
平凉市	**1903**	**318**	**1585**	**433**	**146**	**287**	**323**
崆峒区	849	177	672	236	81	155	141
泾川县	149	22	127	21	6	15	14
灵台县	125	14	111	30	8	22	29
崇信县	66	7	59	5	2	3	2
庄浪县	182	15	167	19	6	13	18
静宁县	323	43	280	38	15	23	90
华亭市	209	40	169	84	28	56	29

户口登记地在外省的人口（续2）

单位：人

为子女就学		养老/康养			其他		
男	女	小计	男	女	小计	男	女
1906	**3353**	**8645**	**4031**	**4614**	**81120**	**47564**	**33556**
933	**1275**	**3257**	**1424**	**1833**	**35858**	**21316**	**14542**
349	475	1472	620	852	20261	12168	8093
87	116	663	290	373	4781	2779	2002
256	305	342	150	192	3511	2028	1483
90	127	377	169	208	2416	1346	1070
28	40	99	42	57	940	521	419
14	41	49	28	21	979	614	365
10	14	14	7	7	462	335	127
83	116	190	98	92	1257	727	530
16	41	51	20	31	1251	798	453
25	**57**	**327**	**144**	**183**	**2049**	**1194**	**855**
25	57	327	144	183	2049	1194	855
41	**89**	**263**	**118**	**145**	**1156**	**702**	**454**
35	75	209	93	116	770	464	306
6	14	54	25	29	386	238	148
128	**268**	**280**	**134**	**146**	**4720**	**2713**	**2007**
67	88	145	63	82	1493	878	615
13	46	50	26	24	857	511	346
9	18	25	12	13	870	481	389
21	71	32	21	11	921	495	426
18	45	28	12	16	579	348	231
96	**185**	**397**	**196**	**201**	**4328**	**2537**	**1791**
36	66	171	80	91	1505	953	552
36	46	112	49	63	1424	809	615
3	18	7	3	4	305	179	126
8	23	59	36	23	248	141	107
6	18	28	19	9	371	189	182
	9	8	5	3	290	163	127
7	5	12	4	8	185	103	82
54	**130**	**366**	**188**	**178**	**3315**	**1996**	**1319**
36	77	292	148	144	1995	1211	784
4	26	43	27	16	395	222	173
5	12	22	7	15	521	308	213
9	15	9	6	3	404	255	149
74	**158**	**316**	**150**	**166**	**1786**	**1018**	**768**
48	95	231	109	122	1014	567	447
	1	3	2	1	122	99	23
9	27	20	9	11	172	82	90
4	7	8	3	5	188	114	74
4	13	26	13	13	132	72	60
9	15	28	14	14	158	84	74
106	**217**	**593**	**330**	**263**	**3662**	**2126**	**1536**
56	85	322	154	168	2107	1233	874
5	9	46	30	16	224	122	102
12	17	35	20	15	224	123	101
1	1	6	4	2	63	40	23
5	13	75	56	19	215	115	100
20	70	68	45	23	400	208	192
7	22	41	21	20	429	285	144

7-10 全省按现住地、性别、迁移原因分的

现住地	婚姻嫁娶			照料孙子女			
	小计	男	女	小计	男	女	小计
酒泉市	**3048**	**307**	**2741**	**895**	**303**	**592**	**240**
肃州区	619	128	491	463	159	304	89
金塔县	86	22	64	35	13	22	3
瓜州县	169	17	152	49	18	31	16
肃北蒙古族自治县	22	6	16	7	3	4	
阿克塞哈萨克族自治县	25	7	18	3	1	2	1
玉门市	171	30	141	40	14	26	37
敦煌市	1956	97	1859	298	95	203	94
庆阳市	**1472**	**205**	**1267**	**287**	**95**	**192**	**349**
西峰区	440	68	372	181	59	122	123
庆城县	128	22	106	30	9	21	59
环　县	190	23	167	19	5	14	73
华池县	120	21	99	14	4	10	38
合水县	111	19	92	7	3	4	15
正宁县	127	17	110	7	2	5	16
宁　县	149	13	136	14	5	9	9
镇原县	207	22	185	15	8	7	16
定西市	**1491**	**283**	**1208**	**269**	**87**	**182**	**324**
安定区	314	47	267	75	23	52	84
通渭县	131	8	123	11	3	8	28
陇西县	459	79	380	55	15	40	93
渭源县	144	29	115	14	4	10	16
临洮县	255	70	185	54	16	38	68
漳　县	59	7	52	11	2	9	4
岷　县	129	43	86	49	24	25	31
陇南市	**2722**	**830**	**1892**	**329**	**101**	**228**	**305**
武都区	549	208	341	71	14	57	86
成　县	332	123	209	46	14	32	26
文　县	410	110	300	48	16	32	55
宕昌县	123	49	74	49	20	29	10
康　县	451	137	314	34	10	24	39
西和县	218	34	184	14	3	11	17
礼　县	200	30	170	26	6	20	14
徽　县	299	102	197	36	16	20	47
两当县	140	37	103	5	2	3	11
临夏回族自治州	**1526**	**458**	**1068**	**163**	**53**	**110**	**159**
临夏市	508	255	253	82	22	60	42
临夏县	292	71	221	4	2	2	18
康乐县	67	9	58	14	7	7	7
永靖县	266	59	207	38	12	26	68
广河县	65	17	48	4	1	3	5
和政县	111	24	87	10	4	6	6
东乡族自治县	51	6	45	1	1		
积石山保安族东乡族撒拉族自治县	166	17	149	10	4	6	13
甘南藏族自治州	**525**	**171**	**354**	**71**	**22**	**49**	**46**
合作市	91	29	62	28	8	20	19
临潭县	74	20	54	13	5	8	3
卓尼县	35	10	25	6	2	4	2
舟曲县	100	18	82	13	4	9	14
迭部县	52	20	32	4	1	3	3
玛曲县	87	37	50	3		3	2
碌曲县	28	11	17				
夏河县	58	26	32	4	2	2	3

户口登记地在外省的人口（续3）

单位：人

为子女就学		养老/康养			其他		
男	女	小计	男	女	小计	男	女
86	**154**	**1417**	**595**	**822**	**6357**	**3652**	**2705**
28	61	368	161	207	2150	1306	844
1	2	20	7	13	378	233	145
4	12	46	20	26	584	308	276
					51	36	15
	1	2	1	1	56	40	16
13	24	48	20	28	615	351	264
40	54	933	386	547	2523	1378	1145
98	**251**	**450**	**266**	**184**	**5692**	**3346**	**2346**
39	84	190	103	87	2663	1574	1089
18	41	67	32	35	838	481	357
23	50	31	16	15	639	384	255
10	28	14	7	7	359	238	121
5	10	8	4	4	227	143	84
2	14	23	12	11	282	155	127
1	8	59	45	14	235	131	104
	16	58	47	11	449	240	209
100	**224**	**293**	**157**	**136**	**3635**	**2096**	**1539**
25	59	68	34	34	637	371	266
6	22	23	12	11	313	169	144
30	63	65	43	22	928	526	402
2	14	13	8	5	351	215	136
23	45	73	37	36	447	241	206
1	3	6	2	4	244	162	82
13	18	45	21	24	715	412	303
92	**213**	**389**	**185**	**204**	**4513**	**2466**	**2047**
25	61	57	26	31	1045	555	490
6	20	30	12	18	434	247	187
18	37	84	38	46	616	344	272
4	6	87	39	48	601	300	301
13	26	27	12	15	324	178	146
6	11	31	24	7	477	264	213
3	11	38	19	19	561	316	245
15	32	27	12	15	330	197	133
2	9	8	3	5	125	65	60
56	**103**	**246**	**117**	**129**	**2197**	**1241**	**956**
17	25	70	28	42	982	591	391
5	13	9	6	3	274	160	114
3	4	11	4	7	107	61	46
25	43	94	48	46	234	109	125
2	3	12	6	6	155	87	68
1	5	22	12	10	74	35	39
		8	3	5	89	43	46
3	10	20	10	10	282	155	127
17	**29**	**51**	**27**	**24**	**1852**	**1161**	**691**
9	10	8	4	4	449	273	176
1	2	13	7	6	265	172	93
	2	5	3	2	82	51	31
4	10	8	5	3	186	106	80
1	2	11	5	6	141	85	56
1	1				189	112	77
		2		2	121	67	54
1	2	4	3	1	419	295	124

7-10a 全省按现住地、性别、迁移原因分的

现住地	合计			工作就业			学习培训	
	合计	男	女	小计	男	女	小计	男
合计	**414991**	**241099**	**173892**	**200479**	**133528**	**66951**	**53657**	**28899**
兰州市	**265889**	**155799**	**110090**	**130195**	**86446**	**43749**	**42492**	**23189**
城关区	154944	91840	63104	82276	54255	28021	17764	9668
七里河区	39013	23299	15714	19852	13174	6678	4794	3295
西固区	25593	14662	10931	11664	7725	3939	1341	769
安宁区	41332	23232	18100	14321	9841	4480	18329	9302
红古区	5007	2766	2241	2082	1451	631	264	155
嘉峪关市	**22834**	**12998**	**9836**	**11507**	**7933**	**3574**	**676**	**401**
市辖区	22834	12998	9836	11507	7933	3574	676	401
金昌市	**11428**	**6517**	**4911**	**6491**	**4237**	**2254**	**622**	**336**
金川区	11428	6517	4911	6491	4237	2254	622	336
白银市	**14494**	**8257**	**6237**	**6439**	**4357**	**2082**	**773**	**420**
白银区	10433	6011	4422	4974	3323	1651	580	324
平川区	3713	2028	1685	1220	852	368	183	95
靖远县	348	218	130	245	182	63	10	1
天水市	**16903**	**9951**	**6952**	**7654**	**5256**	**2398**	**2144**	**983**
秦州区	8955	5129	3826	3741	2554	1187	1645	687
麦积区	7948	4822	3126	3913	2702	1211	499	296
武威市	**10539**	**6059**	**4480**	**4946**	**3269**	**1677**	**492**	**270**
凉州区	10539	6059	4480	4946	3269	1677	492	270
张掖市	**8147**	**4503**	**3644**	**3566**	**2254**	**1312**	**1332**	**692**
甘州区	8125	4492	3633	3554	2246	1308	1328	691
肃南裕固族自治县	22	11	11	12	8	4	4	1
平凉市	**13616**	**7595**	**6021**	**5964**	**3979**	**1985**	**1117**	**574**
崆峒区	11443	6399	5044	5041	3360	1681	969	493
华亭市	2173	1196	977	923	619	304	148	81
酒泉市	**21876**	**12337**	**9539**	**9811**	**6414**	**3397**	**1538**	**793**
肃州区	14061	7863	6198	6184	4000	2184	1031	524
玉门市	2306	1353	953	1192	818	374	176	94
敦煌市	5509	3121	2388	2435	1596	839	331	175
庆阳市	**11777**	**6806**	**4971**	**5592**	**3639**	**1953**	**578**	**305**
西峰区	11777	6806	4971	5592	3639	1953	578	305
定西市	**3309**	**1885**	**1424**	**1465**	**1013**	**452**	**199**	**111**
安定区	3309	1885	1424	1465	1013	452	199	111
陇南市	**3966**	**2305**	**1661**	**2005**	**1379**	**626**	**195**	**109**
武都区	3921	2280	1641	1986	1365	621	195	109
康　县	45	25	20	19	14	5		
临夏回族自治州	**7476**	**4621**	**2855**	**3714**	**2597**	**1117**	**579**	**358**
临夏市	7325	4538	2787	3637	2546	1091	574	355
临夏县	151	83	68	77	51	26	5	3
甘南藏族自治州	**2737**	**1466**	**1271**	**1130**	**755**	**375**	**920**	**358**
合作市	2737	1466	1271	1130	755	375	920	358

户口登记地在外省的人口（城市）

单位：人

	随同离开/投亲靠友			拆迁/搬家			寄挂户口		
女	小计	男	女	小计	男	女	小计	男	女
24758	**53672**	**25268**	**28404**	**27311**	**14965**	**12346**	**1768**	**938**	**830**
19303	**30515**	**14624**	**15891**	**14576**	**7941**	**6635**	**958**	**524**	**434**
8096	18100	8739	9361	7540	4123	3417	551	298	253
1499	4483	2112	2371	2787	1504	1283	141	78	63
572	4683	2248	2435	2358	1304	1054	86	45	41
9027	2561	1218	1343	1265	691	574	144	80	64
109	688	307	381	626	319	307	36	23	13
275	**4973**	**2174**	**2799**	**1630**	**884**	**746**	**115**	**56**	**59**
275	4973	2174	2799	1630	884	746	115	56	59
286	**1983**	**897**	**1086**	**646**	**335**	**311**	**80**	**40**	**40**
286	1983	897	1086	646	335	311	80	40	40
353	**2694**	**1216**	**1478**	**1118**	**645**	**473**	**95**	**51**	**44**
256	1715	827	888	775	441	334	60	35	25
88	905	363	542	342	204	138	34	16	18
9	74	26	48	1		1	1		1
1161	**1897**	**932**	**965**	**1480**	**821**	**659**	**107**	**70**	**37**
958	728	344	384	813	444	369	84	56	28
203	1169	588	581	667	377	290	23	14	9
222	**1626**	**765**	**861**	**1177**	**648**	**529**	**34**	**18**	**16**
222	1626	765	861	1177	648	529	34	18	16
640	**1148**	**560**	**588**	**651**	**368**	**283**	**26**	**13**	**13**
637	1148	560	588	651	368	283	26	13	13
3									
543	**1871**	**848**	**1023**	**1176**	**630**	**546**	**81**	**37**	**44**
476	1500	689	811	922	510	412	57	21	36
67	371	159	212	254	120	134	24	16	8
745	**3516**	**1631**	**1885**	**2334**	**1283**	**1051**	**125**	**54**	**71**
507	1985	947	1038	1733	937	796	82	32	50
82	309	141	168	174	97	77	11	5	6
156	1222	543	679	427	249	178	32	17	15
273	**1654**	**778**	**876**	**1040**	**600**	**440**	**46**	**25**	**21**
273	1654	778	876	1040	600	440	46	25	21
88	**468**	**226**	**242**	**340**	**177**	**163**	**22**	**7**	**15**
88	468	226	242	340	177	163	22	7	15
86	**402**	**172**	**230**	**291**	**154**	**137**	**22**	**10**	**12**
86	393	167	226	290	153	137	22	10	12
	9	5	4	1	1				
221	**796**	**382**	**414**	**795**	**448**	**347**	**50**	**30**	**20**
219	787	378	409	779	441	338	49	30	19
2	9	4	5	16	7	9	1		1
562	**129**	**63**	**66**	**57**	**31**	**26**	**7**	**3**	**4**
562	129	63	66	57	31	26	7	3	4

7-10a 全省按现住地、性别、迁移原因分的

现住地	婚姻嫁娶			照料孙子女			
	小计	男	女	小计	男	女	小计
合计	**12869**	**2648**	**10221**	**8736**	**2971**	**5765**	**3153**
兰州市	**6845**	**1431**	**5414**	**5782**	**1987**	**3795**	**1792**
城关区	3409	803	2606	3363	1176	2187	803
七里河区	1338	238	1100	890	294	596	175
西固区	824	141	683	580	196	384	540
安宁区	830	196	634	872	299	573	217
红古区	444	53	391	77	22	55	57
嘉峪关市	**915**	**68**	**847**	**769**	**248**	**521**	**77**
市辖区	915	68	847	769	248	521	77
金昌市	**369**	**56**	**313**	**230**	**78**	**152**	**107**
金川区	369	56	313	230	78	152	107
白银市	**588**	**66**	**522**	**254**	**80**	**174**	**198**
白银区	399	47	352	224	71	153	150
平川区	187	19	168	30	9	21	48
靖远县	2		2				
天水市	**566**	**142**	**424**	**212**	**95**	**117**	**167**
秦州区	314	85	229	108	41	67	98
麦积区	252	57	195	104	54	50	69
武威市	**414**	**64**	**350**	**171**	**45**	**126**	**97**
凉州区	414	64	350	171	45	126	97
张掖市	**313**	**67**	**246**	**143**	**52**	**91**	**113**
甘州区	313	67	246	142	52	90	113
肃南裕固族自治县				1		1	
平凉市	**758**	**152**	**606**	**297**	**104**	**193**	**153**
崆峒区	642	128	514	223	77	146	132
华亭市	116	24	92	74	27	47	21
酒泉市	**821**	**186**	**635**	**532**	**186**	**346**	**145**
肃州区	541	116	425	435	154	281	79
玉门市	82	17	65	32	11	21	31
敦煌市	198	53	145	65	21	44	35
庆阳市	**338**	**54**	**284**	**122**	**38**	**84**	**103**
西峰区	338	54	284	122	38	84	103
定西市	**201**	**38**	**163**	**65**	**19**	**46**	**70**
安定区	201	38	163	65	19	46	70
陇南市	**204**	**76**	**128**	**52**	**9**	**43**	**67**
武都区	194	73	121	50	9	41	67
康　县	10	3	7	2		2	
临夏回族自治州	**458**	**224**	**234**	**80**	**22**	**58**	**45**
临夏市	448	222	226	80	22	58	42
临夏县	10	2	8				3
甘南藏族自治州	**79**	**24**	**55**	**27**	**8**	**19**	**19**
合作市	79	24	55	27	8	19	19

户口登记地在外省的人口（城市）（续）

单位：人

为子女就学		养老 / 康养			其他		
男	女	小计	男	女	小计	男	女
1253	**1900**	**5196**	**2299**	**2897**	**48150**	**28330**	**19820**
772	**1020**	**2813**	**1205**	**1608**	**29921**	**17680**	**12241**
339	464	1448	611	837	19690	11828	7862
73	102	617	269	348	3936	2262	1674
245	295	319	135	184	3198	1854	1344
90	127	377	169	208	2416	1346	1070
25	32	52	21	31	681	390	291
24	**53**	**312**	**139**	**173**	**1860**	**1071**	**789**
24	53	312	139	173	1860	1071	789
34	**73**	**203**	**89**	**114**	**697**	**415**	**282**
34	73	203	89	114	697	415	282
74	**124**	**184**	**84**	**100**	**2151**	**1264**	**887**
64	86	142	62	80	1414	817	597
10	38	42	22	20	722	438	284
					15	9	6
68	**99**	**247**	**108**	**139**	**2429**	**1476**	**953**
36	62	158	72	86	1266	810	456
32	37	89	36	53	1163	666	497
33	**64**	**238**	**122**	**116**	**1344**	**825**	**519**
33	64	238	122	116	1344	825	519
38	**75**	**196**	**93**	**103**	**659**	**366**	**293**
38	75	196	93	103	654	364	290
					5	2	3
60	**93**	**322**	**154**	**168**	**1877**	**1057**	**820**
54	78	295	141	154	1662	926	736
6	15	27	13	14	215	131	84
51	**94**	**401**	**176**	**225**	**2653**	**1563**	**1090**
23	56	343	151	192	1648	979	669
11	20	29	11	18	270	148	122
17	18	29	14	15	735	436	299
30	**73**	**137**	**68**	**69**	**2167**	**1269**	**898**
30	73	137	68	69	2167	1269	898
22	**48**	**52**	**24**	**28**	**427**	**248**	**179**
22	48	52	24	28	427	248	179
20	**47**	**17**	**7**	**10**	**711**	**369**	**342**
20	47	17	7	10	707	367	340
					4	2	2
18	**27**	**66**	**26**	**40**	**893**	**516**	**377**
17	25	65	26	39	864	501	363
1	2	1		1	29	15	14
9	**10**	**8**	**4**	**4**	**361**	**211**	**150**
9	10	8	4	4	361	211	150

7-10b 全省按现住地、性别、迁移原因分的

现住地	合计			工作就业			学习培训	
	合计	男	女	小计	男	女	小计	男
合计	**199918**	**118607**	**81311**	**105493**	**71724**	**33769**	**40374**	**21678**
兰州市	**71783**	**42480**	**29303**	**26954**	**18736**	**8218**	**33169**	**17871**
城关区	3138	1817	1321	1889	1196	693	272	145
七里河区	6454	4563	1891	1439	1017	422	4103	3077
西固区	843	513	330	444	327	117	27	20
安宁区								
红古区	1651	893	758	889	566	323	68	35
永登县	3301	2007	1294	1635	1126	509	191	100
皋兰县	4697	3484	1213	3612	2897	715	180	93
榆中县	38833	20620	18213	8850	5679	3171	25940	12896
兰州新区	12866	8583	4283	8196	5928	2268	2388	1505
嘉峪关市	**484**	**295**	**189**	**304**	**208**	**96**	**7**	**3**
市辖区	484	295	189	304	208	96	7	3
金昌市	**1875**	**1149**	**726**	**1064**	**780**	**284**	**114**	**68**
金川区	7	5	2	2	1	1		
永昌县	1868	1144	724	1062	779	283	114	68
白银市	**5908**	**3329**	**2579**	**2170**	**1481**	**689**	**416**	**224**
白银区	100	66	34	80	57	23	6	2
平川区	568	358	210	339	261	78	21	11
靖远县	1618	917	701	547	381	166	63	29
会宁县	1391	709	682	272	155	117	118	67
景泰县	2231	1279	952	932	627	305	208	115
天水市	**6878**	**4078**	**2800**	**3585**	**2486**	**1099**	**274**	**158**
秦州区	399	256	143	272	193	79	9	5
麦积区	880	531	349	508	346	162	28	18
清水县	1014	608	406	470	358	112	30	20
秦安县	1840	1136	704	991	686	305	69	38
甘谷县	974	537	437	453	304	149	65	38
武山县	932	497	435	373	229	144	39	18
张家川回族自治县	839	513	326	518	370	148	34	21
武威市	**4512**	**2784**	**1728**	**2217**	**1636**	**581**	**242**	**123**
凉州区	1109	646	463	549	400	149	50	24
民勤县	1595	1075	520	958	765	193	111	56
古浪县	867	514	353	304	208	96	25	11
天祝藏族自治县	941	549	392	406	263	143	56	32
张掖市	**4419**	**2710**	**1709**	**2396**	**1767**	**629**	**296**	**152**
甘州区	153	87	66	83	56	27	5	2
肃南裕固族自治县	132	99	33	90	80	10	7	2
民乐县	1147	658	489	631	442	189	108	52
临泽县	598	342	256	268	177	91	47	27
高台县	1035	578	457	459	297	162	56	28
山丹县	1354	946	408	865	715	150	73	41
平凉市	**6250**	**3567**	**2683**	**3260**	**2210**	**1050**	**386**	**198**
崆峒区	116	69	47	64	44	20	8	6
泾川县	1411	785	626	761	492	269	47	28
灵台县	997	540	457	527	341	186	52	27
崇信县	478	296	182	284	216	68	14	7
庄浪县	933	522	411	478	310	168	88	43
静宁县	1400	717	683	573	340	233	152	73
华亭市	915	638	277	573	467	106	25	14

户口登记地在外省的人口（镇）

单位：人

	随同离开 / 投亲靠友			拆迁 / 搬家			寄挂户口		
女	小计	男	女	小计	男	女	小计	男	女
18696	**17323**	**7906**	**9417**	**6073**	**3375**	**2698**	**842**	**481**	**361**
15298	**3944**	**1941**	**2003**	**1391**	**785**	**606**	**152**	**92**	**60**
127	308	146	162	112	63	49	6	3	3
1026	162	76	86	194	111	83	18	12	6
7	117	45	72	23	11	12	21	11	10
33	267	114	153	119	67	52	9	7	2
91	291	146	145	88	51	37	30	18	12
87	268	120	148	170	90	80	11	9	2
13044	1744	906	838	509	289	220	14	9	5
883	787	388	399	176	103	73	43	23	20
4	**129**	**59**	**70**	**6**	**4**	**2**	**3**		**3**
4	129	59	70	6	4	2	3		3
46	**222**	**94**	**128**	**101**	**57**	**44**	**33**	**16**	**17**
46	222	94	128	101	57	44	33	16	17
192	**795**	**380**	**415**	**305**	**176**	**129**	**112**	**62**	**50**
4	10	5	5				1		1
10	63	23	40	11	8	3	35	18	17
34	288	139	149	101	58	43	26	17	9
51	154	75	79	46	25	21	28	15	13
93	280	138	142	147	85	62	22	12	10
116	**927**	**486**	**441**	**561**	**315**	**246**	**55**	**28**	**27**
4	36	18	18	9	4	5	4	1	3
10	94	50	44	55	31	24	5	3	2
10	134	57	77	124	73	51	5	3	2
31	369	216	153	154	85	69	11	5	6
27	103	52	51	59	35	24	16	9	7
21	118	62	56	98	57	41	11	6	5
13	73	31	42	62	30	32	3	1	2
119	**446**	**189**	**257**	**238**	**123**	**115**	**84**	**51**	**33**
26	111	46	65	90	41	49	14	7	7
55	94	43	51	54	31	23	23	8	15
14	111	46	65	49	31	18	39	31	8
24	130	54	76	45	20	25	8	5	3
144	**598**	**293**	**305**	**306**	**175**	**131**	**33**	**20**	**13**
3	20	7	13	2	2		2	2	
5	11	5	6	1	1		4	3	1
56	181	90	91	36	17	19	10	5	5
20	64	34	30	41	26	15	6	4	2
28	191	94	97	157	92	65	7	3	4
32	131	63	68	69	37	32	4	3	1
188	**951**	**424**	**527**	**395**	**206**	**189**	**51**	**26**	**25**
2	9	2	7	5	3	2	1		1
19	244	104	140	110	64	46	11	4	7
25	186	83	103	27	12	15	6	4	2
7	80	35	45	20	11	9	2	1	1
45	132	65	67	54	25	29	9	5	4
79	225	110	115	113	60	53	17	10	7
11	75	25	50	66	31	35	5	2	3

7-10b 全省按现住地、性别、迁移原因分的

现住地	合计			工作就业			学习培训	
	合计	男	女	小计	男	女	小计	男
酒泉市	**49135**	**29006**	**20129**	**36370**	**23891**	**12479**	**3063**	**1573**
肃州区	362	222	140	141	98	43	9	6
金塔县	7352	6263	1089	6742	5972	770	44	20
瓜州县	2713	1767	946	1581	1215	366	95	55
肃北蒙古族自治县	371	276	95	257	219	38	4	2
阿克塞哈萨克族自治县	656	446	210	443	342	101	14	3
玉门市	4973	4077	896	4444	3800	644	39	25
敦煌市	32708	15955	16753	22762	12245	10517	2858	1462
庆阳市	**14776**	**9221**	**5555**	**9490**	**6682**	**2808**	**605**	**306**
西峰区	122	68	54	60	41	19	6	2
庆城县	6094	3886	2208	4331	3053	1278	162	80
环　县	2370	1525	845	1449	1063	386	144	69
华池县	1415	802	613	787	510	277	81	36
合水县	1244	845	399	863	634	229	35	21
正宁县	1075	596	479	580	369	211	56	28
宁　县	1034	645	389	625	451	174	36	24
镇原县	1422	854	568	795	561	234	85	46
定西市	**11415**	**6695**	**4720**	**5495**	**3709**	**1786**	**589**	**329**
安定区	250	158	92	170	124	46	5	4
通渭县	787	424	363	320	219	101	46	24
陇西县	4078	2280	1798	1763	1179	584	198	103
渭源县	1002	586	416	432	278	154	68	42
临洮县	2561	1532	1029	1355	924	431	169	102
漳　县	672	417	255	350	244	106	46	18
岷　县	2065	1298	767	1105	741	364	57	36
陇南市	**12038**	**6967**	**5071**	**6272**	**4166**	**2106**	**681**	**319**
武都区	570	317	253	337	217	120	33	16
成　县	2356	1339	1017	1189	790	399	242	91
文　县	2065	1192	873	1140	761	379	93	47
宕昌县	856	482	374	421	259	162	34	19
康　县	1469	818	651	748	482	266	96	48
西和县	1204	726	478	668	438	230	37	18
礼　县	1192	715	477	695	461	234	25	12
徽　县	1845	1109	736	865	607	258	103	59
两当县	481	269	212	209	151	58	18	9
临夏回族自治州	**6255**	**3687**	**2568**	**3375**	**2246**	**1129**	**404**	**285**
临夏市	333	237	96	214	153	61	3	3
临夏县	427	248	179	245	167	78	12	4
康乐县	789	460	329	512	325	187	33	21
永靖县	1946	1019	927	803	499	304	115	66
广河县	908	586	322	388	260	128	166	153
和政县	642	368	274	388	253	135	23	10
东乡族自治县	243	167	76	181	135	46	8	6
积石山保安族东乡族撒拉族自治县	967	602	365	644	454	190	44	22
甘南藏族自治州	**4190**	**2639**	**1551**	**2541**	**1726**	**815**	**128**	**69**
合作市	11	7	4	5	4	1		
临潭县	477	304	173	256	184	72	6	3
卓尼县	509	370	139	395	312	83	6	2
舟曲县	512	298	214	273	187	86	27	14
迭部县	718	438	280	503	322	181	22	14
玛曲县	876	516	360	590	363	227	33	18
碌曲县	404	243	161	249	175	74	12	4
夏河县	683	463	220	270	179	91	22	14

户口登记地在外省的人口（镇）（续1）

单位：人

	随同离开/投亲靠友			拆迁/搬家			寄挂户口		
女	小计	男	女	小计	男	女	小计	男	女
1490	**3947**	**1566**	**2381**	**729**	**374**	**355**	**42**	**20**	**22**
3	40	16	24	26	15	11	2	1	1
24	136	54	82	124	63	61	2	1	1
40	324	141	183	292	164	128	10	3	7
2	25	9	16	16	9	7	5	3	2
11	84	38	46	32	19	13	1		1
14	129	63	66	99	50	49	6	3	3
1396	3209	1245	1964	140	54	86	16	9	7
299	**1622**	**697**	**925**	**395**	**226**	**169**	**69**	**39**	**30**
4	10	3	7	4	2	2	2	2	
82	580	233	347	172	95	77	24	14	10
75	248	121	127	47	25	22	6	3	3
45	175	56	119	74	44	30	5	3	2
14	85	44	41	14	8	6	2	2	
28	124	52	72	43	30	13	8	3	5
12	164	78	86	17	7	10	9	5	4
39	236	110	126	24	15	9	13	7	6
260	**1489**	**730**	**759**	**637**	**367**	**270**	**76**	**45**	**31**
1	28	14	14	3	2	1	4	1	3
22	91	42	49	17	13	4	15	9	6
95	714	332	382	334	189	145	22	13	9
26	109	58	51	24	12	12	7	3	4
67	272	144	128	110	60	50	14	9	5
28	51	21	30	22	12	10	9	8	1
21	224	119	105	127	79	48	5	2	3
362	**1190**	**567**	**623**	**577**	**333**	**244**	**81**	**49**	**32**
17	26	14	12	8	4	4	4	3	1
151	243	121	122	62	35	27	3	1	2
46	159	77	82	101	56	45	6	4	2
15	94	49	45	80	51	29	22	9	13
48	189	84	105	45	24	21	2	2	
19	93	46	47	40	26	14	14	11	3
13	108	52	56	35	19	16	15	7	8
44	218	99	119	182	103	79	11	10	1
9	60	25	35	24	15	9	4	2	2
119	**809**	**369**	**440**	**335**	**185**	**150**	**20**	**15**	**5**
	30	15	15	14	8	6	5	5	
8	37	17	20	21	11	10			
12	101	41	60	11	6	5	2	1	1
49	344	159	185	170	92	78	7	6	1
13	119	52	67	81	46	35	2	1	1
13	90	45	45	17	10	7	2	1	1
2	20	8	12	8	4	4	2	1	1
22	68	32	36	13	8	5			
59	**254**	**111**	**143**	**97**	**49**	**48**	**31**	**18**	**13**
				3		3	1	1	
3	44	21	23	23	10	13	11	8	3
4	31	17	14	1		1	1	1	
13	64	25	39	14	8	6	4	3	1
8	18	8	10	8	4	4	3	1	2
15	42	20	22	15	9	6	7	2	5
8	27	6	21	3	2	1	1		1
8	28	14	14	30	16	14	3	2	1

7-10b 全省按现住地、性别、迁移原因分的

现住地	婚姻嫁娶			照料孙子女			
	小计	男	女	小计	男	女	小计
合计	**6910**	**1138**	**5772**	**1816**	**637**	**1179**	**1599**
兰州市	**980**	**193**	**787**	**740**	**272**	**468**	**354**
城关区	63	8	55	93	34	59	16
七里河区	106	31	75	43	16	27	19
西固区	46	9	37	11	3	8	10
安宁区							
红古区	108	14	94	14	5	9	11
永登县	176	28	148	42	16	26	53
皋兰县	71	22	49	29	7	22	23
榆中县	207	49	158	340	133	207	188
兰州新区	203	32	171	168	58	110	34
嘉峪关市	**6**	**1**	**5**				
市辖区	6	1	5				
金昌市	**103**	**15**	**88**	**12**	**2**	**10**	**15**
金川区	1		1				
永昌县	102	15	87	12	2	10	15
白银市	**328**	**41**	**287**	**46**	**15**	**31**	**153**
白银区							
平川区	23	3	20	2		2	4
靖远县	106	16	90	5		5	24
会宁县	73	7	66	10	3	7	64
景泰县	126	15	111	29	12	17	61
天水市	**407**	**52**	**355**	**89**	**48**	**41**	**78**
秦州区	13	2	11	2		2	
麦积区	37	3	34	18	8	10	7
清水县	84	10	74	12	5	7	18
秦安县	74	9	65	28	22	6	22
甘谷县	81	11	70	18	9	9	17
武山县	78	12	66	6	3	3	5
张家川回族自治县	40	5	35	5	1	4	9
武威市	**188**	**24**	**164**	**37**	**11**	**26**	**60**
凉州区	63	3	60	10	4	6	2
民勤县	44	7	37	12	2	10	26
古浪县	37	4	33	8	3	5	12
天祝藏族自治县	44	10	34	7	2	5	20
张掖市	**210**	**34**	**176**	**59**	**20**	**39**	**76**
甘州区	10	1	9				
肃南裕固族自治县	7	3	4	2	1	1	1
民乐县	43	4	39	22	6	16	33
临泽县	43	7	36	12	5	7	8
高台县	39	6	33	10	3	7	15
山丹县	68	13	55	13	5	8	19
平凉市	**331**	**35**	**296**	**73**	**22**	**51**	**114**
崆峒区	9	2	7	1		1	3
泾川县	72	6	66	16	4	12	13
灵台县	48	3	45	16	4	12	19
崇信县	41	4	37	2	1	1	2
庄浪县	45	7	38	10	4	6	11
静宁县	79	10	69	23	9	14	63
华亭市	37	3	34	5		5	3

户口登记地在外省的人口（镇）（续2）

单位：人

为子女就学		养老/康养			其他		
男	女	小计	男	女	小计	男	女
513	**1086**	**2117**	**974**	**1143**	**17371**	**10181**	**7190**
141	**213**	**340**	**161**	**179**	**3759**	**2288**	**1471**
7	9	23	8	15	356	207	149
12	7	23	9	14	347	202	145
6	4	21	13	8	123	68	55
3	8	35	16	19	131	66	65
14	39	40	22	18	755	486	269
10	13	11	5	6	322	231	91
80	108	152	75	77	889	504	385
9	25	35	13	22	836	524	312
		2	**1**	**1**	**27**	**19**	**8**
		2	1	1	27	19	8
3	**12**	**45**	**20**	**25**	**166**	**94**	**72**
					4	4	
3	12	45	20	25	162	90	72
42	**111**	**49**	**23**	**26**	**1534**	**885**	**649**
					3	2	1
1	3	2	1	1	68	32	36
9	15	14	7	7	444	261	183
15	49	13	8	5	613	339	274
17	44	20	7	13	406	251	155
22	**56**	**50**	**26**	**24**	**852**	**457**	**395**
					54	33	21
3	4	15	7	8	113	62	51
3	15	2	1	1	135	78	57
6	16	18	10	8	104	59	45
5	12	6	5	1	156	69	87
	5	2	1	1	202	109	93
5	4	7	2	5	88	47	41
16	**44**	**75**	**37**	**38**	**925**	**574**	**351**
	2	24	9	15	196	112	84
3	23	29	18	11	244	142	102
5	7	16	6	10	266	169	97
8	12	6	4	2	219	151	68
23	**53**	**47**	**22**	**25**	**398**	**204**	**194**
					31	17	14
	1				9	4	5
9	24	18	8	10	65	25	40
3	5	4	1	3	105	58	47
2	13	18	9	9	83	44	39
9	10	7	4	3	105	56	49
32	**82**	**84**	**53**	**31**	**605**	**361**	**244**
1	2	2		2	14	11	3
4	9	24	16	8	113	63	50
7	12	11	6	5	105	53	52
1	1	4	2	2	29	18	11
3	8	22	16	6	84	44	40
16	47	19	12	7	136	77	59
	3	2	1	1	124	95	29

7-10b 全省按现住地、性别、迁移原因分的

现住地	婚姻嫁娶			照料孙子女			
	小计	男	女	小计	男	女	小计
酒泉市	**1894**	**64**	**1830**	**278**	**89**	**189**	**61**
肃州区	13	2	11	8	1	7	1
金塔县	47	14	33	25	8	17	1
瓜州县	56	8	48	30	11	19	8
肃北蒙古族自治县	17	3	14	7	3	4	
阿克塞哈萨克族自治县	25	7	18	3	1	2	1
玉门市	50	8	42	1		1	2
敦煌市	1686	22	1664	204	65	139	48
庆阳市	**439**	**69**	**370**	**70**	**22**	**48**	**154**
西峰区	1		1				3
庆城县	76	13	63	23	6	17	54
环　县	90	20	70	9	2	7	36
华池县	55	10	45	10	2	8	21
合水县	49	12	37	7	3	4	14
正宁县	59	5	54	6	2	4	11
宁　县	50	4	46	8	4	4	2
镇原县	59	5	54	7	3	4	13
定西市	**624**	**165**	**459**	**145**	**50**	**95**	**208**
安定区	15	1	14	1	1		2
通渭县	64	7	57	5	2	3	26
陇西县	270	63	207	47	13	34	90
渭源县	54	15	39	10	4	6	14
临洮县	154	53	101	51	16	35	68
漳　县	29	7	22	6	2	4	2
岷　县	38	19	19	25	12	13	6
陇南市	**851**	**278**	**573**	**170**	**55**	**115**	**200**
武都区	45	13	32	4		4	10
成　县	169	67	102	43	14	29	25
文　县	135	35	100	33	11	22	48
宕昌县	42	12	30	15	5	10	2
康　县	131	41	90	23	7	16	36
西和县	43	10	33	9	2	7	17
礼　县	50	14	36	8	1	7	8
徽　县	156	59	97	34	15	19	44
两当县	80	27	53	1		1	10
临夏回族自治州	**349**	**92**	**257**	**70**	**24**	**46**	**109**
临夏市	17	12	5	1		1	
临夏县	40	9	31				11
康乐县	20	6	14	14	7	7	7
永靖县	151	37	114	35	10	25	68
广河县	35	10	25	4	1	3	4
和政县	41	13	28	7	2	5	6
东乡族自治县	6	2	4				
积石山保安族东乡族撒拉族自治县	39	3	36	9	4	5	13
甘南藏族自治州	**200**	**75**	**125**	**27**	**7**	**20**	**17**
合作市							
临潭县	25	7	18	3	1	2	1
卓尼县	10	4	6	4	1	3	
舟曲县	37	10	27	9	2	7	9
迭部县	39	15	24	4	1	3	3
玛曲县	44	20	24	3		3	2
碌曲县	22	9	13				
夏河县	23	10	13	4	2	2	2

户口登记地在外省的人口（镇）（续3）

单位：人

为子女就学		养老/康养			其他		
男	女	小计	男	女	小计	男	女
25	**36**	**893**	**366**	**527**	**1858**	**1038**	**820**
1		3	1	2	119	81	38
	1	10	5	5	221	126	95
2	6	16	6	10	301	162	139
					40	28	12
	1	2	1	1	51	35	16
1	1	11	6	5	192	121	71
21	27	851	347	504	934	485	449
43	**111**	**115**	**59**	**56**	**1817**	**1078**	**739**
2	1	3	1	2	33	15	18
16	38	51	23	28	621	353	268
13	23	21	10	11	320	199	121
5	16	2	1	1	205	135	70
5	9	2		2	173	116	57
2	9	9	5	4	179	100	79
	2	16	12	4	107	60	47
	13	11	7	4	179	100	79
60	**148**	**121**	**67**	**54**	**2031**	**1173**	**858**
	2	1		1	21	11	10
4	22	6	3	3	197	101	96
30	60	44	29	15	596	329	267
2	12	5	3	2	279	169	110
23	45	58	29	29	310	172	138
	2				157	105	52
1	5	7	3	4	471	286	185
61	**139**	**134**	**59**	**75**	**1882**	**1080**	**802**
3	7	9	2	7	94	45	49
6	19	26	10	16	354	204	150
16	32	35	17	18	315	168	147
	2	18	7	11	128	71	57
12	24	12	6	6	187	112	75
6	11	7	5	2	276	164	112
1	7	3	2	1	245	146	99
15	29	17	8	9	215	134	81
2	8	7	2	5	68	36	32
38	**71**	**134**	**68**	**66**	**650**	**365**	**285**
					49	41	8
4	7	3	3		58	33	25
3	4	8	2	6	81	48	33
25	43	89	46	43	164	79	85
2	2	9	4	5	100	57	43
1	5	15	8	7	53	25	28
					18	11	7
3	10	10	5	5	127	71	56
7	**10**	**28**	**12**	**16**	**867**	**565**	**302**
					2	2	
	1	5	3	2	103	67	36
		2		2	59	33	26
4	5	6	3	3	69	42	27
1	2	10	4	6	108	68	40
1	1				140	83	57
		2		2	88	47	41
1	1	3	2	1	298	223	75

7-10c 全省按现住地、性别、迁移原因分的

现住地	合计			工作就业			学习培训	
	合计	男	女	小计	男	女	小计	男
合计	**150739**	**100670**	**50069**	**95047**	**73816**	**21231**	**5977**	**3429**
兰州市	**41652**	**29729**	**11923**	**32198**	**24771**	**7427**	**2227**	**1337**
城关区	3872	2594	1278	3007	2125	882	121	71
七里河区	6777	4980	1797	5353	4187	1166	201	115
西固区	2343	1450	893	1580	1070	510	80	46
安宁区								
红古区	1644	1088	556	1066	848	218	33	12
永登县	2654	1885	769	1901	1599	302	36	21
皋兰县	3896	3042	854	3339	2713	626	157	105
榆中县	7975	5287	2688	5711	4117	1594	618	318
兰州新区	12491	9403	3088	10241	8112	2129	981	649
嘉峪关市	**2275**	**1520**	**755**	**1419**	**1154**	**265**	**31**	**22**
市辖区	2275	1520	755	1419	1154	265	31	22
金昌市	**3376**	**2144**	**1232**	**2584**	**1713**	**871**	**117**	**67**
金川区	999	628	371	767	512	255	17	11
永昌县	2377	1516	861	1817	1201	616	100	56
白银市	**6531**	**4230**	**2301**	**3338**	**2753**	**585**	**175**	**82**
白银区	1568	1184	384	1230	1010	220	39	16
平川区	774	545	229	469	391	78	20	11
靖远县	1977	1236	741	863	745	118	37	19
会宁县	1254	650	604	303	223	80	65	32
景泰县	958	615	343	473	384	89	14	4
天水市	**9852**	**6302**	**3550**	**6022**	**4603**	**1419**	**268**	**162**
秦州区	2860	1943	917	2166	1604	562	84	51
麦积区	1559	1023	536	982	778	204	29	17
清水县	1879	1249	630	1214	949	265	49	33
秦安县	926	521	405	323	239	84	25	13
甘谷县	1079	563	516	424	275	149	53	35
武山县	478	231	247	161	112	49	18	6
张家川回族自治县	1071	772	299	752	646	106	10	7
武威市	**7210**	**4554**	**2656**	**4000**	**3105**	**895**	**204**	**104**
凉州区	3991	2492	1499	2351	1739	612	136	70
民勤县	673	373	300	232	168	64	23	12
古浪县	1302	814	488	641	518	123	28	15
天祝藏族自治县	1244	875	369	776	680	96	17	7
张掖市	**5673**	**3488**	**2185**	**3227**	**2287**	**940**	**232**	**125**
甘州区	3414	2047	1367	2071	1407	664	155	82
肃南裕固族自治县	362	305	57	225	201	24	2	1
民乐县	609	354	255	291	213	78	32	18
临泽县	475	305	170	277	201	76	15	9
高台县	327	172	155	84	52	32	14	7
山丹县	486	305	181	279	213	66	14	8
平凉市	**10616**	**7129**	**3487**	**6265**	**5070**	**1195**	**339**	**207**
崆峒区	2299	1442	857	1151	831	320	92	59
泾川县	1013	639	374	554	430	124	38	18
灵台县	1865	1399	466	1372	1164	208	39	29
崇信县	1113	962	151	964	883	81	31	26
庄浪县	1061	631	430	481	378	103	37	18
静宁县	1760	908	852	600	416	184	83	45
华亭市	1505	1148	357	1143	968	175	19	12

户口登记地在外省的人口（乡村）

单位：人

	随同离开 / 投亲靠友			拆迁 / 搬家			寄挂户口		
女	小计	男	女	小计	男	女	小计	男	女
2548	**13932**	**6585**	**7347**	**7054**	**3920**	**3134**	**2254**	**1245**	**1009**
890	**2984**	**1484**	**1500**	**600**	**361**	**239**	**180**	**106**	**74**
50	407	210	197	60	29	31	9	7	2
86	389	209	180	132	80	52	31	19	12
34	351	154	197	48	28	20	11	7	4
21	142	64	78	77	41	36	36	20	16
15	129	53	76	63	37	26	32	18	14
52	176	81	95	31	22	9	11	4	7
300	947	495	452	61	37	24	21	16	5
332	443	218	225	128	87	41	29	15	14
9	**558**	**203**	**355**	**38**	**21**	**17**	**8**	**4**	**4**
9	558	203	355	38	21	17	8	4	4
50	**174**	**78**	**96**	**81**	**47**	**34**	**41**	**27**	**14**
6	79	31	48	25	17	8	12	7	5
44	95	47	48	56	30	26	29	20	9
93	**790**	**390**	**400**	**423**	**222**	**201**	**244**	**133**	**111**
23	157	75	82	20	9	11	23	9	14
9	99	55	44	36	23	13	21	9	12
18	229	106	123	175	92	83	77	44	33
33	208	97	111	109	58	51	79	51	28
10	97	57	40	83	40	43	44	20	24
106	**795**	**396**	**399**	**368**	**217**	**151**	**238**	**131**	**107**
33	188	105	83	56	32	24	30	12	18
12	115	54	61	54	40	14	25	12	13
16	150	64	86	92	52	40	33	22	11
12	149	77	72	64	39	25	48	31	17
18	87	51	36	45	27	18	57	29	28
12	46	21	25	27	17	10	23	11	12
3	60	24	36	30	10	20	22	14	8
100	**967**	**432**	**535**	**299**	**151**	**148**	**138**	**85**	**53**
66	618	267	351	145	73	72	44	31	13
11	107	51	56	34	18	16	34	21	13
13	173	81	92	61	33	28	38	21	17
10	69	33	36	59	27	32	22	12	10
107	**604**	**287**	**317**	**357**	**200**	**157**	**61**	**32**	**29**
73	405	190	215	190	109	81	21	10	11
1	11	3	8	8	5	3			
14	58	32	26	32	13	19	20	12	8
6	32	15	17	23	15	8	7	4	3
7	52	24	28	83	47	36	9	4	5
6	46	23	23	21	11	10	4	2	2
132	**1057**	**487**	**570**	**427**	**247**	**180**	**228**	**122**	**106**
33	218	99	119	131	73	58	35	19	16
20	129	50	79	51	33	18	25	16	9
10	126	54	72	52	34	18	32	14	18
5	36	14	22	14	9	5	4	2	2
19	143	71	72	28	20	8	35	21	14
38	280	139	141	113	59	54	85	42	43
7	125	60	65	38	19	19	12	8	4

7-10c 全省按现住地、性别、迁移原因分的

现住地	合计			工作就业			学习培训	
	合计	男	女	小计	男	女	小计	男
酒泉市	**15367**	**10092**	**5275**	**8619**	**6670**	**1949**	**418**	**233**
肃州区	2751	1759	992	1616	1140	476	87	51
金塔县	1901	1423	478	1345	1132	213	26	14
瓜州县	4204	2516	1688	1623	1253	370	99	57
肃北蒙古族自治县	1599	1414	185	1573	1398	175	1	
阿克塞哈萨克族自治县	102	90	12	87	76	11		
玉门市	1197	767	430	560	446	114	21	13
敦煌市	3613	2123	1490	1815	1225	590	184	98
庆阳市	**16114**	**10534**	**5580**	**9717**	**7384**	**2333**	**1252**	**683**
西峰区	4532	2769	1763	1952	1409	543	1054	571
庆城县	1796	1247	549	1287	986	301	23	18
环　县	2749	1833	916	1885	1442	443	58	32
华池县	1827	1213	614	1363	990	373	34	12
合水县	1107	722	385	838	608	230	11	7
正宁县	855	587	268	514	427	87	30	16
宁　县	1743	1303	440	1251	1082	169	16	10
镇原县	1505	860	645	627	440	187	26	17
定西市	**8921**	**5753**	**3168**	**5070**	**3980**	**1090**	**212**	**119**
安定区	1925	1298	627	1276	992	284	46	26
通渭县	677	390	287	266	201	65	15	5
陇西县	1622	913	709	737	516	221	51	21
渭源县	711	433	278	375	290	85	12	7
临洮县	1511	1067	444	1010	842	168	44	34
漳　县	930	721	209	680	603	77	8	5
岷　县	1545	931	614	726	536	190	36	21
陇南市	**13035**	**8221**	**4814**	**6249**	**5108**	**1141**	**297**	**159**
武都区	2083	1299	784	1031	785	246	70	41
成　县	683	410	273	318	250	68	16	7
文　县	3443	2599	844	2376	2089	287	49	29
宕昌县	1632	858	774	355	238	117	70	32
康　县	1017	535	482	283	220	63	21	13
西和县	1033	563	470	362	285	77	13	7
礼　县	1500	818	682	516	380	136	37	21
徽　县	1021	707	314	589	512	77	15	6
两当县	623	432	191	419	349	70	6	3
临夏回族自治州	**6866**	**4676**	**2190**	**4521**	**3677**	**844**	**131**	**84**
临夏市	615	405	210	385	273	112	19	16
临夏县	2048	1416	632	1349	1094	255	47	30
康乐县	142	59	83	35	27	8	3	2
永靖县	796	465	331	477	352	125	19	10
广河县	314	183	131	145	104	41	5	2
和政县	302	174	128	135	113	22	9	5
东乡族自治县	547	347	200	338	267	71	5	2
积石山保安族东乡族撒拉族自治县	2102	1627	475	1657	1447	210	24	17
甘南藏族自治州	**3251**	**2298**	**953**	**1818**	**1541**	**277**	**74**	**45**
合作市	755	629	126	592	521	71	7	4
临潭县	717	497	220	356	299	57	12	8
卓尼县	271	207	64	200	170	30	6	4
舟曲县	519	284	235	141	114	27	19	7
迭部县	184	110	74	88	63	25	10	6
玛曲县	201	136	65	87	79	8	2	1
碌曲县	132	91	41	81	65	16	3	2
夏河县	472	344	128	273	230	43	15	13

户口登记地在外省的人口（乡村）（续1）

单位：人

	随同离开/投亲靠友			拆迁/搬家			寄挂户口		
女	小计	男	女	小计	男	女	小计	男	女
185	**1948**	**931**	**1017**	**1855**	**1000**	**855**	**106**	**59**	**47**
36	379	196	183	146	82	64	24	17	7
12	120	59	61	177	87	90	15	8	7
42	860	406	454	1148	612	536	21	10	11
1				9	5	4			
	1	1		9	8	1			
8	175	84	91	215	123	92	15	7	8
86	413	185	228	151	83	68	31	17	14
569	**1324**	**603**	**721**	**763**	**436**	**327**	**270**	**148**	**122**
483	505	230	275	285	172	113	46	21	25
5	87	40	47	61	32	29	41	20	21
26	185	75	110	107	54	53	38	23	15
22	101	36	65	73	47	26	4	1	3
4	68	30	38	60	34	26	7	5	2
14	77	43	34	31	19	12	12	8	4
6	130	63	67	24	12	12	39	21	18
9	171	86	85	122	66	56	83	49	34
93	**781**	**369**	**412**	**541**	**287**	**254**	**249**	**141**	**108**
20	152	73	79	76	42	34	52	29	23
10	94	49	45	61	33	28	33	21	12
30	182	94	88	59	30	29	40	23	17
5	71	30	41	54	27	27	23	14	9
10	114	47	67	67	35	32	20	15	5
3	49	18	31	40	24	16	23	11	12
15	119	58	61	184	96	88	58	28	30
138	**1336**	**640**	**696**	**860**	**485**	**375**	**323**	**169**	**154**
29	224	110	114	112	56	56	35	18	17
9	66	32	34	22	15	7	10	5	5
20	207	111	96	118	66	52	46	25	21
38	250	107	143	261	151	110	31	13	18
8	177	94	83	41	26	15	25	15	10
6	89	42	47	93	43	50	71	42	29
16	193	80	113	156	94	62	73	33	40
9	72	35	37	41	25	16	31	18	13
3	58	29	29	16	9	7	1		1
47	**456**	**207**	**249**	**225**	**126**	**99**	**96**	**50**	**46**
3	63	28	35	19	13	6	11	3	8
17	127	59	68	63	43	20	20	13	7
1	11	3	8	8	2	6	9	7	2
9	78	37	41	15	3	12	14	7	7
3	37	15	22	27	15	12	11	8	3
4	40	20	20	14	6	8	3	3	
3	36	16	20	32	18	14	11	4	7
7	64	29	35	47	26	21	17	5	12
29	**158**	**78**	**80**	**217**	**120**	**97**	**72**	**38**	**34**
3	33	23	10	18	12	6	6	4	2
4	60	31	29	43	22	21	15	10	5
2	4	2	2	2	2		4	1	3
12	42	17	25	102	59	43	24	11	13
4	6		6	20	10	10	13	8	5
1	2	1	1	16	7	9	2	2	
1	3	1	2	6	1	5			
2	8	3	5	10	7	3	8	2	6

7-10c 全省按现住地、性别、迁移原因分的

现住地	婚姻嫁娶			照料孙子女			
	小计	男	女	小计	男	女	小计
合计	**8167**	**1427**	**6740**	**870**	**297**	**573**	**507**
兰州市	**918**	**169**	**749**	**201**	**75**	**126**	**62**
城关区	19	5	14	28	10	18	5
七里河区	108	29	79	33	12	21	9
西固区	58	29	29	12	3	9	11
安宁区							
红古区	147	32	115	3	1	2	
永登县	252	19	233	6	4	2	2
皋兰县	34	10	24	4	1	3	1
榆中县	136	27	109	64	28	36	11
兰州新区	164	18	146	51	16	35	23
嘉峪关市	**30**	**3**	**27**	**11**	**4**	**7**	**5**
市辖区	30	3	27	11	4	7	5
金昌市	**54**	**4**	**50**	**9**	**2**	**7**	**8**
金川区	20		20	1		1	3
永昌县	34	4	30	8	2	6	5
白银市	**394**	**36**	**358**	**40**	**11**	**29**	**45**
白银区	11	2	9	4		4	5
平川区	46	9	37	3	1	2	7
靖远县	164	13	151	7	1	6	3
会宁县	118	8	110	17	6	11	28
景泰县	55	4	51	9	3	6	2
天水市	**897**	**97**	**800**	**81**	**24**	**57**	**36**
秦州区	120	17	103	14	4	10	4
麦积区	182	34	148	10		10	6
清水县	144	18	126	19	8	11	3
秦安县	116	9	107	7	3	4	9
甘谷县	156	7	149	13	4	9	7
武山县	98	5	93	7	1	6	4
张家川回族自治县	81	7	74	11	4	7	3
武威市	**442**	**36**	**406**	**34**	**10**	**24**	**27**
凉州区	178	12	166	20	6	14	14
民勤县	73	13	60	1		1	4
古浪县	90	4	86	5	2	3	5
天祝藏族自治县	101	7	94	8	2	6	4
张掖市	**292**	**42**	**250**	**55**	**19**	**36**	**43**
甘州区	140	23	117	38	14	24	30
肃南裕固族自治县	5		5				
民乐县	59	7	52	5	1	4	3
临泽县	29	1	28	2	1	1	3
高台县	22	3	19	4	1	3	2
山丹县	37	8	29	6	2	4	5
平凉市	**814**	**131**	**683**	**63**	**20**	**43**	**56**
崆峒区	198	47	151	12	4	8	6
泾川县	77	16	61	5	2	3	1
灵台县	77	11	66	14	4	10	10
崇信县	25	3	22	3	1	2	
庄浪县	137	8	129	9	2	7	7
静宁县	244	33	211	15	6	9	27
华亭市	56	13	43	5	1	4	5

户口登记地在外省的人口（乡村）（续 2）

单位：人

为子女就学		养老 / 康养			其他		
男	女	小计	男	女	小计	男	女
140	**367**	**1332**	**758**	**574**	**15599**	**9053**	**6546**
20	**42**	**104**	**58**	**46**	**2178**	**1348**	**830**
3	2	1	1		215	133	82
2	7	23	12	11	498	315	183
5	6	2	2		190	106	84
		12	5	7	128	65	63
	2	9	6	3	224	128	96
	1	3	2	1	140	104	36
3	8	38	23	15	368	223	145
7	16	16	7	9	415	274	141
1	**4**	**13**	**4**	**9**	**162**	**104**	**58**
1	4	13	4	9	162	104	58
4	**4**	**15**	**9**	**6**	**293**	**193**	**100**
1	2	6	4	2	69	45	24
3	2	9	5	4	224	148	76
12	**33**	**47**	**27**	**20**	**1035**	**564**	**471**
3	2	3	1	2	76	59	17
2	5	6	3	3	67	41	26
	3	11	5	6	411	211	200
6	22	19	13	6	308	156	152
1	1	8	5	3	173	97	76
6	**30**	**100**	**62**	**38**	**1047**	**604**	**443**
	4	13	8	5	185	110	75
1	5	8	6	2	148	81	67
	3	5	2	3	170	101	69
2	7	41	26	15	144	82	62
1	6	22	14	8	215	120	95
	4	6	4	2	88	54	34
2	1	5	2	3	97	56	41
5	**22**	**53**	**29**	**24**	**1046**	**597**	**449**
3	11	30	17	13	455	274	181
1	3	14	9	5	151	80	71
	5	6	1	5	255	139	116
1	3	3	2	1	185	104	81
13	**30**	**73**	**35**	**38**	**729**	**448**	**281**
10	20	35	16	19	329	186	143
		3	2	1	108	93	15
	3	2	1	1	107	57	50
1	2	4	2	2	83	56	27
2		8	4	4	49	28	21
	5	21	10	11	53	28	25
14	**42**	**187**	**123**	**64**	**1180**	**708**	**472**
1	5	25	13	12	431	296	135
1		22	14	8	111	59	52
5	5	24	14	10	119	70	49
		2	2		34	22	12
2	5	53	40	13	131	71	60
4	23	49	33	16	264	131	133
1	4	12	7	5	90	59	31

7-10c 全省按现住地、性别、迁移原因分的

现住地	婚姻嫁娶			照料孙子女			
	小计	男	女	小计	男	女	小计
酒泉市	**333**	**57**	**276**	**85**	**28**	**57**	**34**
肃州区	65	10	55	20	4	16	9
金塔县	39	8	31	10	5	5	2
瓜州县	113	9	104	19	7	12	8
肃北蒙古族自治县	5	3	2				
阿克塞哈萨克族自治县							
玉门市	39	5	34	7	3	4	4
敦煌市	72	22	50	29	9	20	11
庆阳市	**695**	**82**	**613**	**95**	**35**	**60**	**92**
西峰区	101	14	87	59	21	38	17
庆城县	52	9	43	7	3	4	5
环　县	100	3	97	10	3	7	37
华池县	65	11	54	4	2	2	17
合水县	62	7	55				1
正宁县	68	12	56	1		1	5
宁　县	99	9	90	6	1	5	7
镇原县	148	17	131	8	5	3	3
定西市	**666**	**80**	**586**	**59**	**18**	**41**	**46**
安定区	98	8	90	9	3	6	12
通渭县	67	1	66	6	1	5	2
陇西县	189	16	173	8	2	6	3
渭源县	90	14	76	4		4	2
临洮县	101	17	84	3		3	
漳　县	30		30	5		5	2
岷　县	91	24	67	24	12	12	25
陇南市	**1667**	**476**	**1191**	**107**	**37**	**70**	**38**
武都区	310	122	188	17	5	12	9
成　县	163	56	107	3		3	1
文　县	275	75	200	15	5	10	7
宕昌县	81	37	44	34	15	19	8
康　县	310	93	217	9	3	6	3
西和县	175	24	151	5	1	4	
礼　县	150	16	134	18	5	13	6
徽　县	143	43	100	2	1	1	3
两当县	60	10	50	4	2	2	1
临夏回族自治州	**719**	**142**	**577**	**13**	**7**	**6**	**5**
临夏市	43	21	22	1		1	
临夏县	242	60	182	4	2	2	4
康乐县	47	3	44				
永靖县	115	22	93	3	2	1	
广河县	30	7	23				1
和政县	70	11	59	3	2	1	
东乡族自治县	45	4	41	1	1		
积石山保安族东乡族撒拉族自治县	127	14	113	1		1	
甘南藏族自治州	**246**	**72**	**174**	**17**	**7**	**10**	**10**
合作市	12	5	7	1		1	
临潭县	49	13	36	10	4	6	2
卓尼县	25	6	19	2	1	1	2
舟曲县	63	8	55	4	2	2	5
迭部县	13	5	8				
玛曲县	43	17	26				
碌曲县	6	2	4				
夏河县	35	16	19				1

户口登记地在外省的人口（乡村）（续3）

单位：人

为子女就学		养老/康养			其他		
男	女	小计	男	女	小计	男	女
10	**24**	**123**	**53**	**70**	**1846**	**1051**	**795**
4	5	22	9	13	383	246	137
1	1	10	2	8	157	107	50
2	6	30	14	16	283	146	137
					11	8	3
					5	5	
1	3	8	3	5	153	82	71
2	9	53	25	28	854	457	397
25	**67**	**198**	**139**	**59**	**1708**	**999**	**709**
7	10	50	34	16	463	290	173
2	3	16	9	7	217	128	89
10	27	10	6	4	319	185	134
5	12	12	6	6	154	103	51
	1	6	4	2	54	27	27
	5	14	7	7	103	55	48
1	6	43	33	10	128	71	57
	3	47	40	7	270	140	130
18	**28**	**120**	**66**	**54**	**1177**	**675**	**502**
3	9	15	10	5	189	112	77
2		17	9	8	116	68	48
	3	21	14	7	332	197	135
	2	8	5	3	72	46	26
		15	8	7	137	69	68
1	1	6	2	4	87	57	30
12	13	38	18	20	244	126	118
11	**27**	**238**	**119**	**119**	**1920**	**1017**	**903**
2	7	31	17	14	244	143	101
	1	4	2	2	80	43	37
2	5	49	21	28	301	176	125
4	4	69	32	37	473	229	244
1	2	15	6	9	133	64	69
		24	19	5	201	100	101
2	4	35	17	18	316	170	146
	3	10	4	6	115	63	52
	1	1	1		57	29	28
	5	**46**	**23**	**23**	**654**	**360**	**294**
		5	2	3	69	49	20
	4	5	3	2	187	112	75
		3	2	1	26	13	13
		5	2	3	70	30	40
	1	3	2	1	55	30	25
		7	4	3	21	10	11
		8	3	5	71	32	39
		10	5	5	155	84	71
1	**9**	**15**	**11**	**4**	**624**	**385**	**239**
					86	60	26
1	1	8	4	4	162	105	57
	2	3	3		23	18	5
	5	2	2		117	64	53
		1	1		33	17	16
					49	29	20
					33	20	13
	1	1	1		121	72	49

中国人口普查
CHINA POPULATION CENSUS

2020

甘肃省人口普查年鉴

（中册）

GANSU POPULATION CENSUS YEARBOOK 2020

(BOOK 2)

甘　肃　省　统　计　局
甘肃省第七次全国人口普查领导小组办公室　编

Compiled by
Gansu Provincial Bureau of Statistics
Office of the Leading Group of Gansu Province for the Seventh National Population Census

中国统计出版社
China Statistics Press

图书在版编目（CIP）数据

甘肃省人口普查年鉴. 2020. 中册 / 甘肃省统计局, 甘肃省第七次全国人口普查领导小组办公室编. -- 北京 : 中国统计出版社, 2022.8
ISBN 978-7-5037-9920-4

Ⅰ. ①甘… Ⅱ. ①甘… ②甘… Ⅲ. ①人口普查－统计资料－甘肃－2020－年鉴 Ⅳ. ①C924.254.2-54

中国版本图书馆 CIP 数据核字(2022)第 148390 号

甘肃省人口普查年鉴-2020（中册）
Gansu Population Census Yearbook 2020 (Book 2)

作　　者/甘肃省统计局　甘肃省第七次全国人口普查领导小组办公室
责任编辑/郭　栋　佘竞雄
封面设计/李雪燕
出版发行/中国统计出版社有限公司
通信地址/北京市丰台区西三环南路甲 6 号　邮政编码/100073
发行电话/邮购（010）63376909　书店（010）68783171
网　　址/http://www.zgtjcbs.com/
印　　刷/兰州银声印务有限公司
经　　销/新华书店
开　　本/880mm×1230mm　1/16
字　　数/1910 千字
印　　张/60.75
版　　别/2022 年 8 月第 1 版
版　　次/2022 年 8 月第 1 次印刷
定　　价/1280.00 元（全三册附光盘）

目　录

中　册

第一部分　全部数据资料

第二部分　长表数据资料

第二卷 民族

第三卷 教育

第四卷 就业

第一部分　全部数据资料

第八卷　住房

8-1 各地区按住房间数

地区	家庭户户数	住房			
		一间	二间	三间	四间
合计	**7936539**	**658281**	**2303759**	**2037652**	**749175**
兰州市	**1419860**	**209869**	**744857**	**274356**	**60397**
城关区	530355	118654	286720	99993	15719
七里河区	239708	31502	145838	40875	8298
西固区	159739	16334	115797	17097	2560
安宁区	122531	14795	71068	28660	4057
红古区	48168	3399	27035	11479	2994
永登县	97275	5856	28053	18517	8940
皋兰县	39569	2729	10400	9409	2714
榆中县	130291	13580	37093	38109	11816
兰州新区	52224	3020	22853	10217	3299
嘉峪关市	**117725**	**4586**	**65227**	**43465**	**2851**
市辖区	117725	4586	65227	43465	2851
金昌市	**177705**	**22471**	**96688**	**37111**	**6704**
金川区	104272	12067	62628	22855	2020
永昌县	73433	10404	34060	14256	4684
白银市	**502260**	**42199**	**169133**	**159135**	**63042**
白银区	128380	9257	86213	25469	3064
平川区	64856	7058	26322	15855	5330
靖远县	112061	7666	18388	52597	24297
会宁县	131559	13633	28346	44767	24388
景泰县	65404	4585	9864	20447	5963
天水市	**906337**	**61874**	**222302**	**210157**	**117927**
秦州区	209906	30883	78874	29685	10352
麦积区	165328	7109	47413	27617	18698
清水县	76138	2801	12446	15822	8120
秦安县	127603	5178	25326	40992	20771
甘谷县	151898	7248	29427	44722	24291
武山县	106369	4270	16903	35377	25746
张家川回族自治县	69095	4385	11913	15942	9949
武威市	**501280**	**20173**	**126460**	**133294**	**43333**
凉州区	302616	12765	92152	79350	25654
民勤县	69317	2371	9056	19592	6601
古浪县	80972	2577	10189	19342	7761
天祝藏族自治县	48375	2460	15063	15010	3317
张掖市	**411659**	**21021**	**141518**	**155351**	**34329**
甘州区	188963	10228	76907	73315	10415
肃南裕固族自治县	10455	635	5042	3318	667
民乐县	63312	2751	16278	22480	10079
临泽县	42286	2200	13956	12001	4830
高台县	51347	2082	11428	24800	4426
山丹县	55296	3125	17907	19437	3912
平凉市	**611204**	**51841**	**156121**	**194771**	**67366**
崆峒区	164171	11812	65548	48952	12955
泾川县	80110	5446	13666	18150	9161
灵台县	60385	5638	10558	13594	6242
崇信县	25511	1408	4767	6280	1907
庄浪县	101027	5326	21754	45951	14355
静宁县	120992	15986	24424	48220	18949
华亭市	59008	6225	15404	13624	3797

分的家庭户户数

单位：户

间	数				
五间	六间	七间	八间	九间	十间及以上
636413	**462850**	**325457**	**305594**	**134246**	**323112**
44027	**23787**	**18889**	**15858**	**6145**	**21675**
5170	1606	612	648	169	1064
4570	2220	1149	1562	517	3177
1822	1363	660	985	401	2720
1342	398	165	387	95	1564
1193	402	363	303	123	877
11737	8282	6172	5279	1955	2484
4049	3014	3336	1914	626	1378
10540	4633	4819	2843	1398	5460
3604	1869	1613	1937	861	2951
1102	**258**	**107**	**78**	**16**	**35**
1102	258	107	78	16	35
4407	**3356**	**1899**	**1945**	**631**	**2493**
846	646	369	708	276	1857
3561	2710	1530	1237	355	636
31857	**9986**	**10366**	**5696**	**3464**	**7382**
2147	462	1104	235	178	251
2515	780	2332	506	341	3817
6244	1488	522	311	133	415
13408	4148	1241	843	206	579
7543	3108	5167	3801	2606	2320
106698	**61952**	**43710**	**35982**	**13132**	**32603**
17194	9674	8438	10803	2809	11194
20688	12994	8190	9559	3206	9854
11138	9588	8012	4396	1662	2153
14993	8292	5058	3146	1399	2448
17861	9109	7953	4048	2617	4622
15121	5828	1613	891	196	424
9703	6467	4446	3139	1243	1908
54648	**39720**	**21547**	**22972**	**9012**	**30121**
22838	24306	10908	13874	5723	15046
6403	7145	3815	4230	1411	8693
19049	6129	5368	3329	1472	5756
6358	2140	1456	1539	406	626
22839	**12955**	**7727**	**8197**	**2908**	**4814**
6537	4402	2572	2016	866	1705
374	198	88	65	22	46
5428	1500	1108	2315	557	816
3464	2173	1090	1230	521	821
3624	2117	1201	977	314	378
3412	2565	1668	1594	628	1048
49189	**40379**	**20401**	**14154**	**8043**	**8939**
10216	6096	3578	2460	859	1695
9049	9004	5476	4072	3389	2697
6905	9311	3493	2111	1599	934
3002	3816	2323	1141	467	400
7047	3975	1183	850	228	358
7898	3584	881	626	128	296
5072	4593	3467	2894	1373	2559

8-1 各地区按住房间数

地区	家庭户户数	住房			
		一间	二间	三间	四间
酒泉市	**372076**	**21042**	**115868**	**142759**	**35354**
肃州区	169765	9195	61796	59825	12476
金塔县	40252	1446	10774	14701	5362
瓜州县	41787	3340	10329	16759	5589
肃北蒙古族自治县	4766	633	1489	1343	651
阿克塞哈萨克族自治县	3150	56	853	1548	483
玉门市	44796	3545	15086	15345	5279
敦煌市	67560	2827	15541	33238	5514
庆阳市	**698231**	**70705**	**85993**	**199740**	**70121**
西峰区	164436	32415	26086	61347	15395
庆城县	74643	7837	11500	20764	7049
环　县	91061	13184	12708	28344	10091
华池县	36739	4585	4130	12042	4283
合水县	42484	3826	7968	14583	5044
正宁县	56087	1628	4116	13085	6016
宁　县	112551	2665	6809	18764	10772
镇原县	120230	4565	12676	30811	11471
定西市	**788947**	**71544**	**189877**	**221928**	**99491**
安定区	139547	17475	46984	41061	20688
通渭县	102179	11443	28323	42312	12464
陇西县	135145	9555	39521	53957	19734
渭源县	88740	8640	18329	22562	11423
临洮县	151582	11141	33399	28904	9286
漳　县	52674	7110	9387	13958	10314
岷　县	119080	6180	13934	19174	15582
陇南市	**734115**	**37863**	**74917**	**140383**	**90550**
武都区	173853	15056	27592	39274	20319
成　县	74119	5425	8292	17433	18262
文　县	68889	3685	8114	15657	11567
宕昌县	70068	1347	4172	11290	8224
康　县	53424	2794	6458	17114	8195
西和县	98887	2704	3903	7727	3314
礼　县	119033	1607	3313	8553	6366
徽　县	62147	4701	11533	18414	11217
两当县	13695	544	1540	4921	3086
临夏回族自治州	**516396**	**9219**	**75094**	**82666**	**37488**
临夏市	96608	3259	36891	30132	6057
临夏县	79827	357	2103	5933	2511
康乐县	63494	872	6576	7772	5968
永靖县	57425	2718	15017	14235	4319
广河县	54720	541	3737	8100	7142
和政县	49206	565	4342	5522	2985
东乡族自治县	59944	236	1882	3630	4584
积石山保安族东乡族撒拉族自治县	55172	671	4546	7342	3922
甘南藏族自治州	**178744**	**13874**	**39704**	**42536**	**20222**
合作市	24405	2292	8436	6788	2208
临潭县	34779	1332	5650	9014	3277
卓尼县	24464	1195	3068	3780	1178
舟曲县	37364	2170	6663	8379	6586
迭部县	14434	1289	4367	4320	1614
玛曲县	15073	3871	6141	3377	998
碌曲县	8771	1338	2943	2787	1134
夏河县	19454	387	2436	4091	3227

分的家庭户户数（续）

单位：户

间数					
五间	六间	七间	八间	九间	十间及以上
23965	**14983**	**6954**	**5186**	**2237**	**3728**
8818	7187	3573	3243	1443	2209
2789	1975	1166	905	331	803
3164	1459	565	313	127	142
368	124	73	38	15	32
116	47	10	16	13	8
3264	1373	589	194	73	48
5446	2818	978	477	235	486
79861	**77652**	**38381**	**35627**	**16592**	**23559**
9427	6023	3360	4347	1377	4659
10554	7181	2981	3889	1087	1801
13005	7537	2588	2142	649	813
5666	3223	1318	863	290	339
5787	3067	1128	570	218	293
7364	7223	6086	5848	1528	3193
11562	22867	12041	12240	5690	9141
16496	20531	8879	5728	5753	3320
67369	**38483**	**44016**	**23549**	**10286**	**22404**
7436	3034	736	880	192	1061
3972	1918	433	502	275	537
6467	3190	696	909	215	901
10157	5735	4843	2849	1311	2891
19670	7632	26914	5072	2992	6572
6171	3112	905	772	387	558
13496	13862	9489	12565	4914	9884
76172	**77642**	**40319**	**72752**	**27855**	**95662**
18263	17611	8890	10527	4222	12099
7521	7272	3693	3378	676	2167
9729	8420	2720	4004	1137	3856
6222	14168	5491	7694	3869	7591
3952	8143	1510	2540	1020	1698
8640	5433	6458	16375	9110	35223
15142	10141	8782	25994	7194	31941
5237	5053	2471	1998	553	970
1466	1401	304	242	74	117
51760	**50679**	**61961**	**55497**	**31307**	**60725**
3506	3367	2717	3398	1880	5401
5768	7242	13581	11995	10005	20332
9136	10090	7735	7781	2773	4791
6267	2323	6584	1951	1427	2584
7582	6913	6909	5760	2959	5077
4680	6890	7473	7450	3657	5642
9142	8845	11005	9042	4585	6993
5679	5009	5957	8120	4021	9905
22519	**11018**	**9180**	**8101**	**2618**	**8972**
1673	1056	553	475	199	725
7278	2234	2678	1197	733	1386
6628	1598	4270	812	753	1182
2641	3038	353	4189	244	3101
1099	700	353	279	172	241
345	152	99	39	22	29
375	134	34	17	1	8
2480	2106	840	1093	494	2300

8-1a 各地区按住房间数

地区	家庭户户数	住房			
		一间	二间	三间	四间
合计	**2434669**	**322575**	**1328001**	**630966**	**72943**
兰州市	**1012658**	**172280**	**615705**	**181078**	**24937**
城关区	519412	116438	283044	97492	14431
七里河区	199394	25016	131480	33620	5192
西固区	138903	13873	108441	13923	846
安宁区	122531	14795	71068	28660	4057
红古区	32418	2158	21672	7383	411
嘉峪关市	**110224**	**3722**	**62358**	**41720**	**1995**
市辖区	110224	3722	62358	41720	1995
金昌市	**94418**	**10787**	**60664**	**21553**	**889**
金川区	94418	10787	60664	21553	889
白银市	**156775**	**12647**	**106618**	**34425**	**1613**
白银区	113290	6735	82323	22558	970
平川区	43356	5909	24265	11813	635
靖远县	129	3	30	54	8
天水市	**209955**	**33263**	**110899**	**34101**	**9008**
秦州区	129903	28293	72605	20126	3525
麦积区	80052	4970	38294	13975	5483
武威市	**129620**	**6291**	**68476**	**48585**	**3791**
凉州区	129620	6291	68476	48585	3791
张掖市	**95172**	**5444**	**52191**	**33249**	**2544**
甘州区	94930	5434	51995	33224	2537
肃南裕固族自治县	242	10	196	25	7
平凉市	**133540**	**13243**	**68594**	**44133**	**3438**
崆峒区	107162	8962	56667	35052	3093
酒泉市	**162898**	**10374**	**68686**	**74267**	**5832**
肃州区	115135	7075	52940	47376	4956
玉门市	16406	1616	7843	6728	147
敦煌市	31357	1683	7903	20163	729
庆阳市	**104732**	**28543**	**18950**	**46709**	**6605**
西峰区	104732	28543	18950	46709	6605
定西市	**61867**	**10990**	**33314**	**14664**	**1327**
安定区	61867	10990	33314	14664	1327
陇南市	**59401**	**9559**	**17716**	**20709**	**4703**
武都区	58936	9538	17643	20582	4609
康　县	465	21	73	127	94
临夏回族自治州	**86288**	**3274**	**36060**	**30363**	**5599**
临夏市	84076	3177	35791	28841	5357
临夏县	2212	97	269	1522	242
甘南藏族自治州	**17121**	**2158**	**7770**	**5410**	**662**
合作市	17121	2158	7770	5410	662

分的家庭户户数（城市）

单位：户

间		数			
五间	六间	七间	八间	九间	十间及以上
29681	**14657**	**6688**	**7936**	**3067**	**18155**
8370	**2726**	**1180**	**1452**	**469**	**4461**
4628	1407	524	506	141	801
1921	608	235	239	101	982
319	219	98	204	77	903
1342	398	165	387	95	1564
160	94	158	116	55	211
352	**43**	**16**	**7**	**1**	**10**
352	43	16	7	1	10
240	**110**	**32**	**36**	**15**	**92**
240	110	32	36	15	92
734	**239**	**113**	**73**	**32**	**281**
457	103	57	15	14	58
267	132	53	56	14	212
10	4	3	2	4	11
5676	**3712**	**1874**	**3004**	**1291**	**7127**
1554	816	472	625	215	1672
4122	2896	1402	2379	1076	5455
1507	**379**	**92**	**110**	**29**	**360**
1507	379	92	110	29	360
830	**362**	**426**	**16**	**19**	**91**
829	362	425	14	19	91
1		1	2		
1590	**982**	**318**	**360**	**105**	**777**
1328	764	258	309	90	639
2216	**971**	**203**	**109**	**43**	**197**
1815	758	105	22	7	81
44	15	6	5	1	1
357	198	92	82	35	115
1680	**784**	**250**	**253**	**64**	**894**
1680	784	250	253	64	894
582	**237**	**81**	**135**	**57**	**480**
582	237	81	135	57	480
2878	**1669**	**549**	**646**	**142**	**830**
2853	1628	541	620	135	787
25	41	8	26	7	43
2658	**2241**	**1440**	**1611**	**735**	**2307**
2620	2240	1439	1569	735	2307
38	1	1	42		
368	**202**	**114**	**124**	**65**	**248**
368	202	114	124	65	248

8–1b 各地区按住房间数

地区	家庭户户数	住房 一间	住房 二间	住房 三间	住房 四间
合计	**1747353**	**180720**	**527327**	**569373**	**135188**
兰州市	**185514**	**20736**	**93051**	**46227**	**6892**
城关区	6755	1230	3092	1681	376
七里河区	15196	1356	8568	3015	650
西固区	9171	687	5730	1450	392
安宁区					
红古区	6221	927	4125	388	85
永登县	45378	4679	22813	8417	2335
皋兰县	22235	1974	8940	7528	655
榆中县	52310	8057	23391	16411	1500
兰州新区	28248	1826	16392	7337	899
嘉峪关市	**1191**	**208**	**310**	**285**	**83**
市辖区	1191	208	310	285	83
金昌市	**39415**	**4816**	**25088**	**8242**	**479**
金川区	312	7	45	49	87
永昌县	39103	4809	25043	8193	392
白银市	**123681**	**18420**	**31005**	**49512**	**11067**
白银区	1121	216	355	368	159
平川区	5131	876	919	956	438
靖远县	42671	4807	10280	18473	5829
会宁县	40105	8369	11878	13315	2818
景泰县	34653	4152	7573	16400	1823
天水市	**200771**	**13049**	**53937**	**63523**	**24467**
秦州区	13126	645	1347	1850	1619
麦积区	14433	1041	4389	1584	1651
清水县	23138	775	8621	9654	1168
秦安县	37267	2030	9893	12942	4406
甘谷县	56019	4320	15137	17104	7808
武山县	35915	1260	7502	14082	6032
张家川回族自治县	20873	2978	7048	6307	1783
武威市	**95842**	**5825**	**30676**	**36497**	**4907**
凉州区	25829	1494	8870	4674	2210
民勤县	24314	1471	5618	13743	886
古浪县	23459	1105	5872	9500	1291
天祝藏族自治县	22240	1755	10316	8580	520
张掖市	**107537**	**5993**	**42370**	**48967**	**4170**
甘州区	5029	321	1519	2035	403
肃南裕固族自治县	3757	216	2114	1274	100
民乐县	27318	1432	10516	13148	1044
临泽县	18738	1401	9689	4933	1068
高台县	24756	1029	7079	15361	439
山丹县	27939	1594	11453	12216	1116
平凉市	**128272**	**16741**	**32564**	**51284**	**9209**
崆峒区	2576	238	726	704	339
泾川县	27698	2606	7688	9332	2034
灵台县	17873	2159	6512	5639	1081
崇信县	10802	965	3762	3938	300
庄浪县	28173	2085	5368	15917	2334
静宁县	31944	7323	6542	14054	2213
华亭市	9206	1365	1966	1700	908

分的家庭户户数（镇）

单位：户

间		数			
五间	六间	七间	八间	九间	十间及以上
100902	**73392**	**40587**	**46384**	**17864**	**55616**
5245	**3460**	**2575**	**2661**	**1045**	**3622**
139	42	12	39	14	130
356	252	139	200	77	583
213	150	88	107	66	288
79	60	15	61	10	471
2255	1555	1131	1211	425	557
701	623	666	548	151	449
919	412	339	289	162	830
583	366	185	206	140	314
271	**10**	**8**	**7**		**9**
271	10	8	7		9
336	**184**	**118**	**78**	**29**	**45**
61	41	12	6	1	3
275	143	106	72	28	42
6383	**2196**	**1628**	**1060**	**532**	**1878**
17	2	1	1		2
322	163	276	95	81	1005
2048	677	158	190	59	150
1844	748	303	368	70	392
2152	606	890	406	322	329
18506	**11119**	**5530**	**5061**	**1647**	**3932**
2608	1473	874	1336	244	1130
2083	1416	776	755	276	462
919	659	653	361	138	190
3017	2200	883	857	281	758
4834	2855	1534	1032	532	863
3845	1859	453	451	101	330
1200	657	357	269	75	199
6825	**3970**	**1912**	**2130**	**864**	**2236**
2225	2139	895	1388	580	1354
965	766	275	277	68	245
3033	919	659	399	192	489
602	146	83	66	24	148
2528	**1459**	**531**	**708**	**186**	**625**
219	397	37	41	11	46
33	14	2	1	1	2
688	192	63	192	12	31
671	415	202	202	63	94
393	151	90	124	35	55
524	290	137	148	64	397
6007	**5297**	**2409**	**1994**	**823**	**1944**
239	164	67	52	22	25
1561	1578	837	767	363	932
763	935	306	208	134	136
556	525	309	232	68	147
1086	750	198	218	43	174
793	508	198	150	41	122
1009	837	494	367	152	408

8-1b 各地区按住房间数

地区	家庭户户数	住房			
		一间	二间	三间	四间
酒泉市	**78875**	**5172**	**27528**	**33733**	**5763**
肃州区	7051	322	1259	1474	1180
金塔县	17467	722	7879	7577	722
瓜州县	17828	1830	5513	8935	748
肃北蒙古族自治县	3640	351	1094	1164	545
阿克塞哈萨克族自治县	3078	39	834	1517	479
玉门市	12047	1533	4961	3523	1351
敦煌市	17764	375	5988	9543	738
庆阳市	**175611**	**25361**	**28694**	**67012**	**10182**
西峰区	2079	179	191	304	225
庆城县	29193	5935	7495	10579	1544
环　县	30417	8758	5811	11823	1379
华池县	14783	3436	1817	7116	863
合水县	15059	2069	3324	6854	917
正宁县	20763	1133	1998	8188	1716
宁　县	31483	1370	2366	9224	1938
镇原县	31834	2481	5692	12924	1600
定西市	**237750**	**34036**	**83697**	**66953**	**20621**
安定区	7748	813	985	2362	2117
通渭县	27233	5564	8155	8557	2520
陇西县	67120	5657	27156	21628	5845
渭源县	24203	3730	7852	7069	1839
临洮县	59940	8698	26787	13653	2871
漳　县	18380	4939	4589	4693	1972
岷　县	33126	4635	8173	8991	3457
陇南市	**198867**	**18895**	**29713**	**49522**	**23485**
武都区	16961	2490	2021	2308	1778
成　县	35603	4818	6555	8782	6326
文　县	20740	2666	3807	6565	2521
宕昌县	19716	579	2197	5565	2262
康　县	15114	1660	2933	5696	1899
西和县	27208	2399	2815	4510	1442
礼　县	32277	1025	1867	4021	3467
徽　县	25394	2984	6758	10092	2543
两当县	5854	274	760	1983	1247
临夏回族自治州	**114623**	**4632**	**31834**	**31041**	**8079**
临夏市	2617	5	35	103	138
临夏县	10288	167	1256	2277	426
康乐县	14376	583	5074	4104	884
永靖县	31757	2431	14047	9853	1090
广河县	18742	313	2706	5039	2573
和政县	14302	461	3828	3749	764
东乡族自治县	10910	171	1247	1800	1336
积石山保安族东乡族撒拉族自治县	11631	501	3641	4116	868
甘南藏族自治州	**59404**	**6836**	**16860**	**16575**	**5784**
合作市	643	5	11	86	175
临潭县	12521	686	2686	3260	1167
卓尼县	8693	897	2335	2460	352
舟曲县	11829	1285	3182	3495	1507
迭部县	6090	844	2461	1968	366
玛曲县	8124	2084	3353	1768	481
碌曲县	4567	796	1782	1569	302
夏河县	6937	239	1050	1969	1434

分的家庭户户数（镇）（续）

单位：户

间	数				
五间	六间	七间	八间	九间	十间及以上
3246	**1722**	**758**	**451**	**193**	**309**
1018	859	378	279	106	176
221	226	61	25	3	31
484	184	80	32	12	10
280	76	50	34	14	32
115	47	10	16	13	8
495	101	59	15	3	6
633	229	120	50	42	46
11061	**11537**	**6006**	**6281**	**3287**	**6190**
216	160	196	231	102	275
1487	947	421	376	155	254
1199	598	241	274	88	246
720	378	150	153	38	112
662	635	146	281	64	107
1736	1639	1221	1390	357	1385
2422	4572	2237	2884	1457	3013
2619	2608	1394	692	1026	798
11363	**7863**	**3878**	**3648**	**1230**	**4461**
774	397	99	99	26	76
1038	630	143	206	64	356
2648	1907	510	763	173	833
1257	832	505	359	150	610
2615	1500	1684	794	321	1017
1103	610	157	124	49	144
1928	1987	780	1303	447	1425
16479	**15675**	**6233**	**14550**	**4175**	**20140**
1580	1874	703	1177	544	2486
2840	2413	923	1384	234	1328
1544	1371	323	796	262	885
1512	2245	830	1649	559	2318
694	1130	204	426	127	345
2533	1559	1080	3102	1115	6653
4033	3565	1759	5562	1204	5774
1072	928	319	335	95	268
671	590	92	119	35	83
7202	**6577**	**7100**	**6299**	**3391**	**8468**
196	333	271	453	290	793
604	636	1111	1097	831	1883
956	939	519	567	192	558
1224	384	1300	365	311	752
1672	1581	1451	1256	596	1555
766	1008	985	1045	495	1201
1343	1247	1139	1068	479	1080
441	449	324	448	197	646
5450	**2323**	**1901**	**1456**	**462**	**1757**
113	124	60	31	12	26
2010	744	787	430	219	532
1244	229	748	137	96	195
548	511	58	619	32	592
183	122	60	28	12	46
236	88	44	31	12	27
75	24	7	6		6
1041	481	137	174	79	333

8-1c 各地区按住房间数

地区	家庭户户数	住房			
		一间	二间	三间	四间
合计	**3754517**	**154986**	**448431**	**837313**	**541044**
兰州市	**221688**	**16853**	**36101**	**47051**	**28568**
城关区	4188	986	584	820	912
七里河区	25118	5130	5790	4240	2456
西固区	11665	1774	1626	1724	1322
安宁区					
红古区	9529	314	1238	3708	2498
永登县	51897	1177	5240	10100	6605
皋兰县	17334	755	1460	1881	2059
榆中县	77981	5523	13702	21698	10316
兰州新区	23976	1194	6461	2880	2400
嘉峪关市	**6310**	**656**	**2559**	**1460**	**773**
市辖区	6310	656	2559	1460	773
金昌市	**43872**	**6868**	**10936**	**7316**	**5336**
金川区	9542	1273	1919	1253	1044
永昌县	34330	5595	9017	6063	4292
白银市	**221804**	**11132**	**31510**	**75198**	**50362**
白银区	13969	2306	3535	2543	1935
平川区	16369	273	1138	3086	4257
靖远县	69261	2856	8078	34070	18460
会宁县	91454	5264	16468	31452	21570
景泰县	30751	433	2291	4047	4140
天水市	**495611**	**15562**	**57466**	**112533**	**84452**
秦州区	66877	1945	4922	7709	5208
麦积区	70843	1098	4730	12058	11564
清水县	53000	2026	3825	6168	6952
秦安县	90336	3148	15433	28050	16365
甘谷县	95879	2928	14290	27618	16483
武山县	70454	3010	9401	21295	19714
张家川回族自治县	48222	1407	4865	9635	8166
武威市	**275818**	**8057**	**27308**	**48212**	**34635**
凉州区	147167	4980	14806	26091	19653
民勤县	45003	900	3438	5849	5715
古浪县	57513	1472	4317	9842	6470
天祝藏族自治县	26135	705	4747	6430	2797
张掖市	**208950**	**9584**	**46957**	**73135**	**27615**
甘州区	89004	4473	23393	38056	7475
肃南裕固族自治县	6456	409	2732	2019	560
民乐县	35994	1319	5762	9332	9035
临泽县	23548	799	4267	7068	3762
高台县	26591	1053	4349	9439	3987
山丹县	27357	1531	6454	7221	2796
平凉市	**349392**	**21857**	**54963**	**99354**	**54719**
崆峒区	54433	2612	8155	13196	9523
泾川县	52412	2840	5978	8818	7127
灵台县	42512	3479	4046	7955	5161
崇信县	14709	443	1005	2342	1607
庄浪县	72854	3241	16386	30034	12021
静宁县	89048	8663	17882	34166	16736
华亭市	23424	579	1511	2843	2544

分的家庭户户数（乡村）

单位：户

间	数				
五间	六间	七间	八间	九间	十间及以上
505830	**374801**	**278182**	**251274**	**113315**	**249341**
30412	**17601**	**15134**	**11745**	**4631**	**13592**
403	157	76	103	14	133
2293	1360	775	1123	339	1612
1290	994	474	674	258	1529
954	248	190	126	58	195
9482	6727	5041	4068	1530	1927
3348	2391	2670	1366	475	929
9621	4221	4480	2554	1236	4630
3021	1503	1428	1731	721	2637
479	**205**	**83**	**64**	**15**	**16**
479	205	83	64	15	16
3831	**3062**	**1749**	**1831**	**587**	**2356**
545	495	325	666	260	1762
3286	2567	1424	1165	327	594
24740	**7551**	**8625**	**4563**	**2900**	**5223**
1673	357	1046	219	164	191
1926	485	2003	355	246	2600
4186	807	361	119	70	254
11564	3400	938	475	136	187
5391	2502	4277	3395	2284	1991
82516	**47121**	**36306**	**27917**	**10194**	**21544**
13032	7385	7092	8842	2350	8392
14483	8682	6012	6425	1854	3937
10219	8929	7359	4035	1524	1963
11976	6092	4175	2289	1118	1690
13027	6254	6419	3016	2085	3759
11276	3969	1160	440	95	94
8503	5810	4089	2870	1168	1709
46316	**35371**	**19543**	**20732**	**8119**	**27525**
19106	21788	9921	12376	5114	13332
5438	6379	3540	3953	1343	8448
16016	5210	4709	2930	1280	5267
5756	1994	1373	1473	382	478
19481	**11134**	**6770**	**7473**	**2703**	**4098**
5489	3643	2110	1961	836	1568
340	184	85	62	21	44
4740	1308	1045	2123	545	785
2793	1758	888	1028	458	727
3231	1966	1111	853	279	323
2888	2275	1531	1446	564	651
41592	**34100**	**17674**	**11800**	**7115**	**6218**
8649	5168	3253	2099	747	1031
7488	7426	4639	3305	3026	1765
6142	8376	3187	1903	1465	798
2446	3291	2014	909	399	253
5961	3225	985	632	185	184
7105	3076	683	476	87	174
3801	3538	2913	2476	1206	2013

8-1c 各地区按住房间数

地区	家庭户户数	住房			
		一间	二间	三间	四间
酒泉市	**130303**	**5496**	**19654**	**34759**	**23759**
肃州区	47579	1798	7597	10975	6340
金塔县	22785	724	2895	7124	4640
瓜州县	23959	1510	4816	7824	4841
肃北蒙古族自治县	1126	282	395	179	106
阿克塞哈萨克族自治县	72	17	19	31	4
玉门市	16343	396	2282	5094	3781
敦煌市	18439	769	1650	3532	4047
庆阳市	**417888**	**16801**	**38349**	**86019**	**53334**
西峰区	57625	3693	6945	14334	8565
庆城县	45450	1902	4005	10185	5505
环　县	60644	4426	6897	16521	8712
华池县	21956	1149	2313	4926	3420
合水县	27425	1757	4644	7729	4127
正宁县	35324	495	2118	4897	4300
宁　县	81068	1295	4443	9540	8834
镇原县	88396	2084	6984	17887	9871
定西市	**489330**	**26518**	**72866**	**140311**	**77543**
安定区	69932	5672	12685	24035	17244
通渭县	74946	5879	20168	33755	9944
陇西县	68025	3898	12365	32329	13889
渭源县	64537	4910	10477	15493	9584
临洮县	91642	2443	6612	15251	6415
漳　县	34294	2171	4798	9265	8342
岷　县	85954	1545	5761	10183	12125
陇南市	**475847**	**9409**	**27488**	**70152**	**62362**
武都区	97956	3028	7928	16384	13932
成　县	38516	607	1737	8651	11936
文　县	48149	1019	4307	9092	9046
宕昌县	50352	768	1975	5725	5962
康　县	37845	1113	3452	11291	6202
西和县	71679	305	1088	3217	1872
礼　县	86756	582	1446	4532	2899
徽　县	36753	1717	4775	8322	8674
两当县	7841	270	780	2938	1839
临夏回族自治州	**315485**	**1313**	**7200**	**21262**	**23810**
临夏市	9915	77	1065	1188	562
临夏县	67327	93	578	2134	1843
康乐县	49118	289	1502	3668	5084
永靖县	25668	287	970	4382	3229
广河县	35978	228	1031	3061	4569
和政县	34904	104	514	1773	2221
东乡族自治县	49034	65	635	1830	3248
积石山保安族东乡族撒拉族自治县	43541	170	905	3226	3054
甘南藏族自治州	**102219**	**4880**	**15074**	**20551**	**13776**
合作市	6641	129	655	1292	1371
临潭县	22258	646	2964	5754	2110
卓尼县	15771	298	733	1320	826
舟曲县	25535	885	3481	4884	5079
迭部县	8344	445	1906	2352	1248
玛曲县	6949	1787	2788	1609	517
碌曲县	4204	542	1161	1218	832
夏河县	12517	148	1386	2122	1793

分的家庭户户数（乡村）（续）

单位：户

间数					
五间	六间	七间	八间	九间	十间及以上
18503	**12290**	**5993**	**4626**	**2001**	**3222**
5985	5570	3090	2942	1330	1952
2568	1749	1105	880	328	772
2680	1275	485	281	115	132
88	48	23	4	1	
1					
2725	1257	524	174	69	41
4456	2391	766	345	158	325
67120	**65331**	**32125**	**29093**	**13241**	**16475**
7531	5079	2914	3863	1211	3490
9067	6234	2560	3513	932	1547
11806	6939	2347	1868	561	567
4946	2845	1168	710	252	227
5125	2432	982	289	154	186
5628	5584	4865	4458	1171	1808
9140	18295	9804	9356	4233	6128
13877	17923	7485	5036	4727	2522
55424	**30383**	**40057**	**19766**	**8999**	**17463**
6080	2400	556	646	109	505
2934	1288	290	296	211	181
3819	1283	186	146	42	68
8900	4903	4338	2490	1161	2281
17055	6132	25230	4278	2671	5555
5068	2502	748	648	338	414
11568	11875	8709	11262	4467	8459
56815	**60298**	**33537**	**57556**	**23538**	**74692**
13830	14109	7646	8730	3543	8826
4681	4859	2770	1994	442	839
8185	7049	2397	3208	875	2971
4710	11923	4661	6045	3310	5273
3233	6972	1298	2088	886	1310
6107	3874	5378	13273	7995	28570
11109	6576	7023	20432	5990	26167
4165	4125	2152	1663	458	702
795	811	212	123	39	34
41900	**41861**	**53421**	**47587**	**27181**	**49950**
690	794	1007	1376	855	2301
5126	6605	12469	10856	9174	18449
8180	9151	7216	7214	2581	4233
5043	1939	5284	1586	1116	1832
5910	5332	5458	4504	2363	3522
3914	5882	6488	6405	3162	4441
7799	7598	9866	7974	4106	5913
5238	4560	5633	7672	3824	9259
16701	**8493**	**7165**	**6521**	**2091**	**6967**
1192	730	379	320	122	451
5268	1490	1891	767	514	854
5384	1369	3522	675	657	987
2093	2527	295	3570	212	2509
916	578	293	251	160	195
109	64	55	8	10	2
300	110	27	11	1	2
1439	1625	703	919	415	1967

8-2 各地区按人均住房

地区	家庭户户数	人均住房			
		8及以下	9—12	13—16	17—19
合计	**7936539**	**158252**	**274909**	**511420**	**348971**
兰州市	**1419860**	**46014**	**85935**	**93387**	**62919**
城关区	530355	27530	51493	42781	24798
七里河区	239708	6213	13369	16670	12108
西固区	159739	2563	6428	9717	7745
安宁区	122531	2070	4335	5578	4545
红古区	48168	151	561	1591	1941
永登县	97275	2030	3176	6206	4173
皋兰县	39569	616	892	1802	1249
榆中县	130291	4434	4856	7043	3895
兰州新区	52224	407	825	1999	2465
嘉峪关市	**117725**	**500**	**970**	**2307**	**3418**
市辖区	117725	500	970	2307	3418
金昌市	**177705**	**3772**	**4668**	**8004**	**6507**
金川区	104272	1351	2171	4455	4558
永昌县	73433	2421	2497	3549	1949
白银市	**502260**	**9850**	**15627**	**30387**	**21730**
白银区	128380	885	3111	6403	6998
平川区	64856	645	2148	3732	2756
靖远县	112061	1829	3563	7875	4377
会宁县	131559	5064	5257	9934	5758
景泰县	65404	1427	1548	2443	1841
天水市	**906337**	**17588**	**31399**	**66925**	**47395**
秦州区	209906	10454	12057	16597	11371
麦积区	165328	1781	4109	9012	7616
清水县	76138	1056	2427	5366	4066
秦安县	127603	653	3055	11161	7423
甘谷县	151898	1576	4354	10242	6713
武山县	106369	695	2424	7735	6184
张家川回族自治县	69095	1373	2973	6812	4022
武威市	**501280**	**5218**	**17362**	**29845**	**22536**
凉州区	302616	2874	12365	18044	15674
民勤县	69317	596	1093	2236	841
古浪县	80972	691	2007	5710	3441
天祝藏族自治县	48375	1057	1897	3855	2580
张掖市	**411659**	**2282**	**6157**	**13664**	**12800**
甘州区	188963	1254	3185	6948	6758
肃南裕固族自治县	10455	49	149	287	274
民乐县	63312	232	783	2216	2035
临泽县	42286	180	546	1042	840
高台县	51347	222	691	1344	1032
山丹县	55296	345	803	1827	1861
平凉市	**611204**	**15080**	**20704**	**43605**	**24913**
崆峒区	164171	2972	6354	11522	7019
泾川县	80110	868	1906	4533	2000
灵台县	60385	1905	2053	4193	1999
崇信县	25511	161	408	958	870
庄浪县	101027	885	3118	10994	6370
静宁县	120992	6559	5066	7971	4194
华亭市	59008	1730	1799	3434	2461

建筑面积分的家庭户户数

单位：户

建筑面积（平方米）					
20—29	30—39	40—49	50—59	60—69	70 及以上
1796405	**1465452**	**1071705**	**604784**	**519121**	**1185520**
285775	**236056**	**200894**	**107766**	**75999**	**225115**
99484	79900	66141	39809	25938	72481
51200	41359	34846	16542	11579	35822
36708	29861	24101	12665	7680	22271
24583	19419	20524	10512	6645	24320
10114	9755	8505	4043	2641	8866
21152	18151	14874	6475	6673	14365
7473	7716	6284	3114	2905	7518
25010	21308	17304	10789	9048	26604
10051	8587	8315	3817	2890	12868
22708	**24555**	**20864**	**10640**	**8842**	**22921**
22708	24555	20864	10640	8842	22921
35597	**35015**	**27097**	**17376**	**13022**	**26647**
20526	21047	15528	11862	8298	14476
15071	13968	11569	5514	4724	12171
114009	**94730**	**69097**	**42061**	**35899**	**68870**
30724	27095	16375	10453	8428	17908
14810	11928	10768	5680	4587	7802
26311	21100	15223	10127	7496	14160
30200	22850	16811	9681	8512	17492
11964	11757	9920	6120	6876	11508
217554	**161072**	**112055**	**63555**	**55299**	**133495**
44264	33389	24122	15029	12078	30545
37095	30307	23805	11930	11106	28567
17612	13352	9022	5191	4945	13101
33934	23787	15992	8467	7398	15733
36502	28278	19066	11737	9950	23480
30019	20279	13229	6897	6099	12808
18128	11680	6819	4304	3723	9261
109975	**96785**	**68031**	**42059**	**33094**	**76375**
69709	60956	42030	22258	17911	40795
8646	11300	9414	8657	7229	19305
18997	14951	10723	7501	5321	11630
12623	9578	5864	3643	2633	4645
81469	**80603**	**67886**	**41407**	**29506**	**75885**
39127	38118	31392	17817	12409	31955
2244	1731	2030	981	642	2068
12987	11905	9743	6240	4817	12354
7366	7583	7305	4643	4203	8578
8714	10987	8770	6940	3807	8840
11031	10279	8646	4786	3628	12090
137941	**115337**	**82722**	**43935**	**41514**	**85453**
36273	31788	22332	13021	9622	23268
15578	14954	11815	5913	7510	15033
12859	11544	8876	3646	4203	9107
5232	4813	4127	1939	2232	4771
27964	18686	11680	5379	5758	10193
27215	21785	16050	9168	7964	15020
12820	11767	7842	4869	4225	8061

8-2 各地区按人均住房

地区	家庭户户数	人均住房			
		8及以下	9—12	13—16	17—19
酒泉市	**372076**	**2543**	**7676**	**10931**	**11057**
肃州区	169765	1024	4780	5801	5558
金塔县	40252	151	377	665	692
瓜州县	41787	387	767	1348	1266
肃北蒙古族自治县	4766	273	255	182	149
阿克塞哈萨克族自治县	3150	9	24	106	124
玉门市	44796	274	689	1486	1324
敦煌市	67560	425	784	1343	1944
庆阳市	**698231**	**21898**	**23111**	**47268**	**24500**
西峰区	164436	8571	7775	12518	5452
庆城县	74643	2680	3014	6452	3005
环　县	91061	5008	4189	7092	3391
华池县	36739	1935	1395	2046	1017
合水县	42484	1357	1834	3113	1622
正宁县	56087	575	1154	2078	1663
宁　县	112551	828	1756	6665	3963
镇原县	120230	944	1994	7304	4387
定西市	**788947**	**14417**	**24442**	**64503**	**37966**
安定区	139547	3313	4129	8690	5713
通渭县	102179	2029	2936	12427	6829
陇西县	135145	1134	3366	9354	5442
渭源县	88740	1637	3554	8858	4313
临洮县	151582	3365	5618	12382	8284
漳　县	52674	1741	2099	3942	2218
岷　县	119080	1198	2740	8850	5167
陇南市	**734115**	**12506**	**17088**	**38777**	**21994**
武都区	173853	6491	6404	10743	4276
成　县	74119	1249	2752	5954	1449
文　县	68889	993	1072	2049	812
宕昌县	70068	292	1153	4560	3778
康　县	53424	316	816	2146	1203
西和县	98887	1058	1888	4811	4217
礼　县	119033	686	1288	4537	4779
徽　县	62147	1367	1581	3479	1058
两当县	13695	54	134	498	422
临夏回族自治州	**516396**	**3408**	**13850**	**49562**	**41198**
临夏市	96608	732	2295	4956	4421
临夏县	79827	80	744	5929	6625
康乐县	63494	579	2179	6871	5281
永靖县	57425	252	889	2659	2569
广河县	54720	693	2858	7336	5412
和政县	49206	315	1273	5156	4924
东乡族自治县	59944	234	2047	11880	7905
积石山保安族东乡族撒拉族自治县	55172	523	1565	4775	4061
甘南藏族自治州	**178744**	**3176**	**5920**	**12255**	**10038**
合作市	24405	708	959	1414	1174
临潭县	34779	330	931	2242	2474
卓尼县	24464	51	341	1713	1750
舟曲县	37364	526	531	1479	1299
迭部县	14434	122	440	575	550
玛曲县	15073	1085	1642	2259	832
碌曲县	8771	226	586	1037	778
夏河县	19454	128	490	1536	1181

建筑面积分的家庭户户数（续）

单位：户

建筑面积（平方米）					
20—29	30—39	40—49	50—59	60—69	70 及以上
69333	**70820**	**56133**	**38124**	**30470**	**74989**
33115	33243	26730	17552	12828	29134
5503	6106	5831	3170	3657	14100
8705	8509	6804	4371	3104	6526
911	782	756	473	244	741
560	638	489	337	254	609
9462	8579	6933	4621	4309	7119
11077	12963	8590	7600	6074	16760
150102	**129448**	**90725**	**48657**	**54666**	**107856**
31068	26544	18988	11062	12016	30442
16964	13375	8987	5037	5745	9384
21955	16376	10094	5912	6403	10641
8870	6641	4404	2900	2891	4640
10287	7886	5383	3348	2889	4765
11019	10472	8315	5043	4932	10836
22229	22973	17171	7571	9361	20034
27710	25181	17383	7784	10429	17114
209562	**148218**	**99345**	**51538**	**43550**	**95406**
33418	25195	19344	11309	8309	20127
30497	18179	10653	5002	4971	8656
34776	25606	18716	9589	8421	18741
26433	17125	10043	4742	4496	7539
38204	28015	19076	10177	7099	19362
13500	9779	6404	3374	3189	6428
32734	24319	15109	7345	7065	14553
168953	**141634**	**102833**	**52817**	**62227**	**115286**
36307	31059	23201	12747	14328	28297
21808	12093	10729	3818	5845	8422
12057	12799	11087	6482	7616	13922
19732	14487	9261	3847	4552	8406
11155	10404	7889	4157	5901	9437
23177	21071	13014	7467	7407	14777
27485	25940	16086	8992	9404	19836
14364	11036	9391	4270	5828	9773
2868	2745	2175	1037	1346	2416
151373	**97435**	**52639**	**32383**	**23646**	**50902**
24111	20986	12228	8940	5271	12668
25856	16400	8868	4615	3491	7219
19062	11461	6039	3253	2768	6001
12950	12147	7522	5968	3999	8470
16931	8692	4141	2461	1896	4300
15357	9463	4557	2378	2149	3634
19359	7669	3478	1842	1612	3918
17747	10617	5806	2926	2460	4692
42054	**33744**	**21384**	**12466**	**11387**	**26320**
5256	4529	3016	1985	1562	3802
8229	7300	4026	2290	1848	5109
6865	4819	2603	2069	1197	3056
7880	7423	5710	2289	3221	7006
3126	2933	1853	1280	1122	2433
3354	2112	1166	628	666	1329
2437	1328	830	424	364	761
4907	3300	2180	1501	1407	2824

8-2a　各地区按人均住房

地区	家庭户户数	人均住房			
		8及以下	9—12	13—16	17—19
合计	**2434669**	**68552**	**116008**	**141467**	**110533**
兰州市	**1012658**	**35496**	**71009**	**70600**	**48426**
城关区	519412	26651	50732	42125	24574
七里河区	199394	4580	10216	13074	10532
西固区	138903	2133	5488	8871	7281
安宁区	122531	2070	4335	5578	4545
红古区	32418	62	238	952	1494
嘉峪关市	**110224**	**340**	**674**	**1977**	**3143**
市辖区	110224	340	674	1977	3143
金昌市	**94418**	**1162**	**1795**	**3913**	**4478**
金川区	94418	1162	1795	3913	4478
白银市	**156775**	**1147**	**3888**	**8165**	**8860**
白银区	113290	710	2484	5686	6783
平川区	43356	436	1399	2469	2072
靖远县	129	1	5	10	5
天水市	**209955**	**10630**	**11643**	**14213**	**10660**
秦州区	129903	9200	9272	10593	7174
麦积区	80052	1430	2371	3620	3486
武威市	**129620**	**504**	**2443**	**5827**	**6018**
凉州区	129620	504	2443	5827	6018
张掖市	**95172**	**543**	**1155**	**2729**	**3596**
甘州区	94930	542	1153	2726	3590
肃南裕固族自治县	242	1	2	3	6
平凉市	**133540**	**2182**	**3486**	**6480**	**5914**
崆峒区	107162	1334	2593	4921	4590
华亭市	26378	848	893	1559	1324
酒泉市	**162898**	**1209**	**4630**	**5493**	**6174**
肃州区	115135	766	3874	4050	4573
玉门市	16406	147	271	584	597
敦煌市	31357	296	485	859	1004
庆阳市	**104732**	**7332**	**6128**	**8052**	**3704**
西峰区	104732	7332	6128	8052	3704
定西市	**61867**	**2094**	**2272**	**3615**	**3408**
安定区	61867	2094	2272	3615	3408
陇南市	**59401**	**4674**	**4079**	**5372**	**1674**
武都区	58936	4674	4076	5362	1669
康　县	465		3	10	5
临夏回族自治州	**86288**	**649**	**2038**	**4257**	**3928**
临夏市	84076	647	1992	4021	3728
临夏县	2212	2	46	236	200
甘南藏族自治州	**17121**	**590**	**768**	**774**	**550**
合作市	17121	590	768	774	550

建筑面积分的家庭户户数（城市）

单位：户

建筑面积（平方米）					
20—29	30—39	40—49	50—59	60—69	70 及以上
518215	**442609**	**344254**	**203928**	**134179**	**354924**
207235	**166393**	**143557**	**76819**	**48457**	**144666**
98095	78241	64968	38665	25239	70122
43091	35146	30400	13808	9529	29018
33984	26850	21204	11151	5732	16209
24583	19419	20524	10512	6645	24320
7482	6737	6461	2683	1312	4997
21533	**23390**	**20063**	**9878**	**7850**	**21376**
21533	23390	20063	9878	7850	21376
19417	**19845**	**14396**	**11071**	**7120**	**11221**
19417	19845	14396	11071	7120	11221
38742	**32455**	**21805**	**12379**	**9799**	**19535**
28184	24354	14100	8824	7265	14900
10521	8087	7683	3549	2528	4612
37	14	22	6	6	23
44327	**34435**	**26287**	**15817**	**11694**	**30249**
27876	19566	14626	9704	6465	15427
16451	14869	11661	6113	5229	14822
31708	**26339**	**18786**	**13590**	**6037**	**18368**
31708	26339	18786	13590	6037	18368
20530	**19597**	**16205**	**8404**	**6163**	**16250**
20455	19588	16136	8395	6154	16191
75	9	69	9	9	59
29682	**26778**	**19486**	**12441**	**7794**	**19297**
23234	21318	16001	10073	6262	16836
6448	5460	3485	2368	1532	2461
33771	**34215**	**24394**	**17386**	**9887**	**25739**
23396	23715	17063	12244	7278	18176
4273	3721	2753	1448	599	2013
6102	6779	4578	3694	2010	5550
20291	**16145**	**11462**	**6863**	**6983**	**17772**
20291	16145	11462	6863	6983	17772
14364	**10778**	**8034**	**5472**	**3065**	**8765**
14364	10778	8034	5472	3065	8765
12297	**9779**	**6511**	**4023**	**3491**	**7501**
12256	9730	6442	3977	3434	7316
41	49	69	46	57	185
20909	**19096**	**10955**	**8246**	**4743**	**11467**
20273	18620	10726	8108	4685	11276
636	476	229	138	58	191
3409	**3364**	**2313**	**1539**	**1096**	**2718**
3409	3364	2313	1539	1096	2718

8-2b 各地区按人均住房

地区	家庭户户数	人均住房			
		8及以下	9—12	13—16	17—19
合计	**1747353**	**55273**	**62710**	**99577**	**72379**
兰州市	**185514**	**6405**	**7287**	**10747**	**8839**
城关区	6755	376	385	344	168
七里河区	15196	537	779	1029	870
西固区	9171	46	190	420	327
安宁区					
红古区	6221	67	237	415	332
永登县	45378	1720	2101	2980	2365
皋兰县	22235	368	539	1018	887
榆中县	52310	3129	2693	3394	2092
兰州新区	28248	162	363	1147	1798
嘉峪关市	**1191**	**36**	**47**	**71**	**30**
市辖区	1191	36	47	71	30
金昌市	**39415**	**1072**	**885**	**1548**	**1437**
金川区	312	10	29	51	10
永昌县	39103	1062	856	1497	1427
白银市	**123681**	**6583**	**6021**	**7449**	**5219**
白银区	1121	8	40	71	21
平川区	5131	140	469	499	254
靖远县	42671	1337	1734	2714	1632
会宁县	40105	3728	2474	2732	2053
景泰县	34653	1370	1304	1433	1259
天水市	**200771**	**3194**	**5802**	**11664**	**9134**
秦州区	13126	430	606	1251	740
麦积区	14433	109	316	844	911
清水县	23138	291	698	1233	1491
秦安县	37267	368	1082	1900	1530
甘谷县	56019	714	1246	2739	1749
武山县	35915	324	678	1909	1711
张家川回族自治县	20873	958	1176	1788	1002
武威市	**95842**	**1948**	**3638**	**5778**	**3950**
凉州区	25829	234	891	1451	1326
民勤县	24314	386	654	1007	431
古浪县	23459	421	1017	1794	1172
天祝藏族自治县	22240	907	1076	1526	1021
张掖市	**107537**	**609**	**1603**	**3586**	**3974**
甘州区	5029	48	108	188	197
肃南裕固族自治县	3757	15	44	87	93
民乐县	27318	103	351	988	1278
临泽县	18738	66	210	502	597
高台县	24756	121	396	700	585
山丹县	27939	256	494	1121	1224
平凉市	**128272**	**6330**	**5285**	**7934**	**5219**
崆峒区	2576	219	348	309	76
泾川县	27698	376	609	1136	897
灵台县	17873	853	811	1234	793
崇信县	10802	145	294	492	491
庄浪县	28173	461	806	1848	1271
静宁县	31944	3674	1978	2184	1344
华亭市	9206	602	439	731	347

建筑面积分的家庭户户数（镇）

单位：户

建筑面积（平方米）					
20—29	30—39	40—49	50—59	60—69	70及以上
394450	**327409**	**224066**	**143648**	**108692**	**259149**
39805	**34164**	**26597**	**12850**	**9105**	**29715**
953	1178	783	818	302	1448
3239	2885	1748	945	648	2516
1413	1788	1743	515	924	1805
1348	1386	589	327	336	1184
10470	8309	6691	2885	2257	5600
4489	4482	3474	1694	1383	3901
11565	8782	6794	3658	2380	7823
6328	5354	4775	2008	875	5438
171	**125**	**110**	**126**	**102**	**373**
171	125	110	126	102	373
9225	**9117**	**6856**	**2796**	**1749**	**4730**
78	73	15	4	24	18
9147	9044	6841	2792	1725	4712
26450	**21694**	**15278**	**10501**	**8542**	**15944**
243	211	166	142	62	157
1098	816	681	339	348	487
9449	7939	5598	3919	2843	5506
8645	6164	3914	3209	2149	5037
7015	6564	4919	2892	3140	4757
47998	**36118**	**23997**	**16619**	**12355**	**33890**
3002	2140	1299	808	763	2087
3756	2418	2203	955	787	2134
5722	4069	2419	1990	954	4271
8421	6470	4631	3524	2483	6858
12300	10684	7050	5150	4004	10383
9097	7062	4566	2704	2482	5382
5700	3275	1829	1488	882	2775
21714	**19103**	**11249**	**9991**	**6045**	**12426**
5665	5970	3206	1915	1761	3410
4637	4475	3098	3397	2043	4186
5775	4336	2523	2458	1248	2715
5637	4322	2422	2221	993	2115
25129	**23659**	**17346**	**11377**	**5385**	**14869**
989	999	723	581	307	889
845	735	826	358	147	607
7134	6063	4295	2653	1348	3105
4300	3975	3277	1900	1173	2738
5038	6013	3874	3462	1176	3391
6823	5874	4351	2423	1234	4139
29282	**23523**	**15705**	**9380**	**8189**	**17425**
485	376	258	119	125	261
5590	5193	3794	2496	2221	5386
4442	3492	2221	1356	803	1868
2419	2182	1616	825	756	1582
7008	5469	3520	1842	2041	3907
7459	5106	3297	2032	1620	3250
1879	1705	999	710	623	1171

8-2b 各地区按人均住房

地区	家庭户户数	人均住房			
		8及以下	9—12	13—16	17—19
酒泉市	**78875**	**390**	**1008**	**1967**	**2521**
肃州区	7051	38	124	268	114
金塔县	17467	40	109	288	478
瓜州县	17828	169	298	451	543
肃北蒙古族自治县	3640	20	94	122	130
阿克塞哈萨克族自治县	3078	6	22	102	123
玉门市	12047	90	289	486	333
敦煌市	17764	27	72	250	800
庆阳市	**175611**	**10367**	**7880**	**10908**	**6713**
西峰区	2079	112	84	222	58
庆城县	29193	2216	1888	2594	1289
环　县	30417	3877	2585	2587	1344
华池县	14783	1561	833	777	573
合水县	15059	1033	717	972	553
正宁县	20763	414	608	685	621
宁　县	31483	544	502	1597	982
镇原县	31834	610	663	1474	1293
定西市	**237750**	**9316**	**10415**	**15368**	**9897**
安定区	7748	223	267	583	224
通渭县	27233	1822	1467	1992	1358
陇西县	67120	931	1698	3438	2397
渭源县	24203	1140	1501	1934	1226
临洮县	59940	2810	2694	3382	2875
漳　县	18380	1470	1643	1818	720
岷　县	33126	920	1145	2221	1097
陇南市	**198867**	**6356**	**6982**	**10239**	**5050**
武都区	16961	1245	830	747	385
成　县	35603	1096	1964	2807	762
文　县	20740	882	812	948	332
宕昌县	19716	161	316	748	525
康　县	15114	217	410	784	371
西和县	27208	920	1036	1563	802
礼　县	32277	612	584	1148	1050
徽　县	25394	1174	925	1268	702
两当县	5854	49	105	226	121
临夏回族自治州	**114623**	**1435**	**3805**	**8636**	**7658**
临夏市	2617	12	64	167	115
临夏县	10288	22	184	717	802
康乐县	14376	333	610	1208	968
永靖县	31757	194	478	1248	1357
广河县	18742	231	905	1773	1515
和政县	14302	258	454	1128	1120
东乡族自治县	10910	85	441	1510	1111
积石山保安族东乡族撒拉族自治县	11631	300	669	885	670
甘南藏族自治州	**59404**	**1232**	**2052**	**3682**	**2738**
合作市	643		4	42	54
临潭县	12521	263	324	705	609
卓尼县	8693	24	162	445	358
舟曲县	11829	319	252	715	510
迭部县	6090	92	330	225	162
玛曲县	8124	369	635	902	416
碌曲县	4567	122	247	360	331
夏河县	6937	43	98	288	298

建筑面积分的家庭户户数（镇）（续）

单位：户

建筑面积（平方米）					
20—29	30—39	40—49	50—59	60—69	70 及以上
15898	**16367**	**11878**	**8270**	**6305**	**14271**
1221	1188	1227	691	722	1458
3711	3786	3135	1273	1010	3637
3907	3854	3087	2013	832	2674
724	688	657	433	191	581
546	627	468	336	245	603
2373	2196	1524	1520	1514	1722
3416	4028	1780	2004	1791	3596
37951	**31521**	**20543**	**13777**	**12374**	**23577**
349	290	228	138	191	407
6451	4744	2779	2227	1983	3022
7054	4524	2659	1680	1478	2629
3556	2491	1502	1067	923	1500
3489	2629	1801	1253	1015	1597
4386	4061	2994	1989	1675	3330
5714	6252	4426	2611	2606	6249
6952	6530	4154	2812	2503	4843
53762	**41870**	**27945**	**19293**	**13154**	**36730**
1916	1273	1002	638	444	1178
6276	4402	2610	2083	1529	3694
15545	12583	8438	6199	4461	11430
5992	4292	2588	1625	1132	2773
12923	10715	7491	5126	2734	9190
3801	2863	1772	1185	928	2180
7309	5742	4044	2437	1926	6285
43116	**36707**	**27269**	**15070**	**15715**	**32363**
2997	2553	2051	1197	1450	3506
9995	5629	5061	2009	2399	3881
3608	3753	3116	1736	1715	3838
3849	3885	2945	1455	1786	4046
3279	2868	2228	1272	1275	2410
6099	5351	3177	2229	1791	4240
6670	6697	4301	2767	2634	5814
5569	4840	3385	1933	2016	3582
1050	1131	1005	472	649	1046
30554	**22082**	**12473**	**8698**	**6060**	**13222**
792	571	294	197	120	285
3242	2221	1108	557	478	957
3610	2575	1524	1094	705	1749
6671	6714	4223	3536	2353	4983
5350	3532	1782	1083	751	1820
3999	2830	1375	1021	833	1284
3684	1513	737	459	326	1044
3206	2126	1430	751	494	1100
13395	**11359**	**6820**	**4900**	**3612**	**9614**
157	114	69	35	24	144
2937	2563	1565	944	716	1895
2046	1777	976	1053	475	1377
2584	2273	1440	829	766	2141
1054	1133	733	612	414	1335
1792	1368	658	474	428	1082
1189	758	497	289	208	566
1636	1373	882	664	581	1074

8-2c 各地区按人均住房

地区	家庭户户数	人均住房			
		8及以下	9—12	13—16	17—19
合计	**3754517**	**34427**	**96191**	**270376**	**166059**
兰州市	**221688**	**4113**	**7639**	**12040**	**5654**
城关区	4188	503	376	312	56
七里河区	25118	1096	2374	2567	706
西固区	11665	384	750	426	137
安宁区					
红古区	9529	22	86	224	115
永登县	51897	310	1075	3226	1808
皋兰县	17334	248	353	784	362
榆中县	77981	1305	2163	3649	1803
兰州新区	23976	245	462	852	667
嘉峪关市	**6310**	**124**	**249**	**259**	**245**
市辖区	6310	124	249	259	245
金昌市	**43872**	**1538**	**1988**	**2543**	**592**
金川区	9542	179	347	491	70
永昌县	34330	1359	1641	2052	522
白银市	**221804**	**2120**	**5718**	**14773**	**7651**
白银区	13969	167	587	646	194
平川区	16369	69	280	764	430
靖远县	69261	491	1824	5151	2740
会宁县	91454	1336	2783	7202	3705
景泰县	30751	57	244	1010	582
天水市	**495611**	**3764**	**13954**	**41048**	**27601**
秦州区	66877	824	2179	4753	3457
麦积区	70843	242	1422	4548	3219
清水县	53000	765	1729	4133	2575
秦安县	90336	285	1973	9261	5893
甘谷县	95879	862	3108	7503	4964
武山县	70454	371	1746	5826	4473
张家川回族自治县	48222	415	1797	5024	3020
武威市	**275818**	**2766**	**11281**	**18240**	**12568**
凉州区	147167	2136	9031	10766	8330
民勤县	45003	210	439	1229	410
古浪县	57513	270	990	3916	2269
天祝藏族自治县	26135	150	821	2329	1559
张掖市	**208950**	**1130**	**3399**	**7349**	**5230**
甘州区	89004	664	1924	4034	2971
肃南裕固族自治县	6456	33	103	197	175
民乐县	35994	129	432	1228	757
临泽县	23548	114	336	540	243
高台县	26591	101	295	644	447
山丹县	27357	89	309	706	637
平凉市	**349392**	**6568**	**11933**	**29191**	**13780**
崆峒区	54433	1419	3413	6292	2353
泾川县	52412	492	1297	3397	1103
灵台县	42512	1052	1242	2959	1206
崇信县	14709	16	114	466	379
庄浪县	72854	424	2312	9146	5099
静宁县	89048	2885	3088	5787	2850
华亭市	23424	280	467	1144	790

建筑面积分的家庭户户数（乡村）

单位：户

建筑面积（平方米）					
20—29	30—39	40—49	50—59	60—69	70 及以上
883740	**695434**	**503385**	**257208**	**276250**	**571447**
38735	**35499**	**30740**	**18097**	**18437**	**50734**
436	481	390	326	397	911
4870	3328	2698	1789	1402	4288
1311	1223	1154	999	1024	4257
1284	1632	1455	1033	993	2685
10682	9842	8183	3590	4416	8765
2984	3234	2810	1420	1522	3617
13445	12526	10510	7131	6668	18781
3723	3233	3540	1809	2015	7430
1004	**1040**	**691**	**636**	**890**	**1172**
1004	1040	691	636	890	1172
6955	**6053**	**5845**	**3509**	**4153**	**10696**
1031	1129	1117	787	1154	3237
5924	4924	4728	2722	2999	7459
48817	**40581**	**32014**	**19181**	**17558**	**33391**
2297	2530	2109	1487	1101	2851
3191	3025	2404	1792	1711	2703
16825	13147	9603	6202	4647	8631
21555	16686	12897	6472	6363	12455
4949	5193	5001	3228	3736	6751
125229	**90519**	**61771**	**31119**	**31250**	**69356**
13386	11683	8197	4517	4850	13031
16888	13020	9941	4862	5090	11611
11890	9283	6603	3201	3991	8830
25513	17317	11361	4943	4915	8875
24202	17594	12016	6587	5946	13097
20922	13217	8663	4193	3617	7426
12428	8405	4990	2816	2841	6486
56553	**51343**	**37996**	**18478**	**21012**	**45581**
32336	28647	20038	6753	10113	19017
4009	6825	6316	5260	5186	15119
13222	10615	8200	5043	4073	8915
6986	5256	3442	1422	1640	2530
35810	**37347**	**34335**	**21626**	**17958**	**44766**
17683	17531	14533	8841	5948	14875
1324	987	1135	614	486	1402
5853	5842	5448	3587	3469	9249
3066	3608	4028	2743	3030	5840
3676	4974	4896	3478	2631	5449
4208	4405	4295	2363	2394	7951
78977	**65036**	**47531**	**22114**	**25531**	**48731**
12554	10094	6073	2829	3235	6171
9988	9761	8021	3417	5289	9647
8417	8052	6655	2290	3400	7239
2813	2631	2511	1114	1476	3189
20956	13217	8160	3537	3717	6286
19756	16679	12753	7136	6344	11770
4493	4602	3358	1791	2070	4429

8-2c 各地区按人均住房

地区	家庭户户数	人均住房			
		8及以下	9—12	13—16	17—19
酒泉市	**130303**	**944**	**2038**	**3471**	**2362**
肃州区	47579	220	782	1483	871
金塔县	22785	111	268	377	214
瓜州县	23959	218	469	897	723
肃北蒙古族自治县	1126	253	161	60	19
阿克塞哈萨克族自治县	72	3	2	4	1
玉门市	16343	37	129	416	394
敦煌市	18439	102	227	234	140
庆阳市	**417888**	**4199**	**9103**	**28308**	**14083**
西峰区	57625	1127	1563	4244	1690
庆城县	45450	464	1126	3858	1716
环　县	60644	1131	1604	4505	2047
华池县	21956	374	562	1269	444
合水县	27425	324	1117	2141	1069
正宁县	35324	161	546	1393	1042
宁　县	81068	284	1254	5068	2981
镇原县	88396	334	1331	5830	3094
定西市	**489330**	**3007**	**11755**	**45520**	**24661**
安定区	69932	996	1590	4492	2081
通渭县	74946	207	1469	10435	5471
陇西县	68025	203	1668	5916	3045
渭源县	64537	497	2053	6924	3087
临洮县	91642	555	2924	9000	5409
漳　县	34294	271	456	2124	1498
岷　县	85954	278	1595	6629	4070
陇南市	**475847**	**1476**	**6027**	**23166**	**15270**
武都区	97956	572	1498	4634	2222
成　县	38516	153	788	3147	687
文　县	48149	111	260	1101	480
宕昌县	50352	131	837	3812	3253
康　县	37845	99	403	1352	827
西和县	71679	138	852	3248	3415
礼　县	86756	74	704	3389	3729
徽　县	36753	193	656	2211	356
两当县	7841	5	29	272	301
临夏回族自治州	**315485**	**1324**	**8007**	**36669**	**29612**
临夏市	9915	73	239	768	578
临夏县	67327	56	514	4976	5623
康乐县	49118	246	1569	5663	4313
永靖县	25668	58	411	1411	1212
广河县	35978	462	1953	5563	3897
和政县	34904	57	819	4028	3804
东乡族自治县	49034	149	1606	10370	6794
积石山保安族东乡族撒拉族自治县	43541	223	896	3890	3391
甘南藏族自治州	**102219**	**1354**	**3100**	**7799**	**6750**
合作市	6641	118	187	598	570
临潭县	22258	67	607	1537	1865
卓尼县	15771	27	179	1268	1392
舟曲县	25535	207	279	764	789
迭部县	8344	30	110	350	388
玛曲县	6949	716	1007	1357	416
碌曲县	4204	104	339	677	447
夏河县	12517	85	392	1248	883

建筑面积分的家庭户户数（乡村）（续）

单位：户

建筑面积（平方米）					
20—29	30—39	40—49	50—59	60—69	70 及以上
19664	**20238**	**19861**	**12468**	**14278**	**34979**
8498	8340	8440	4617	4828	9500
1792	2320	2696	1897	2647	10463
4798	4655	3717	2358	2272	3852
187	94	99	40	53	160
14	11	21	1	9	6
2816	2662	2656	1653	2196	3384
1559	2156	2232	1902	2273	7614
91860	**81782**	**58720**	**28017**	**35309**	**66507**
10428	10109	7298	4061	4842	12263
10513	8631	6208	2810	3762	6362
14901	11852	7435	4232	4925	8012
5314	4150	2902	1833	1968	3140
6798	5257	3582	2095	1874	3168
6633	6411	5321	3054	3257	7506
16515	16721	12745	4960	6755	13785
20758	18651	13229	4972	7926	12271
141436	**95570**	**63366**	**26773**	**27331**	**49911**
17138	13144	10308	5199	4800	10184
24221	13777	8043	2919	3442	4962
19231	13023	10278	3390	3960	7311
20441	12833	7455	3117	3364	4766
25281	17300	11585	5051	4365	10172
9699	6916	4632	2189	2261	4248
25425	18577	11065	4908	5139	8268
113540	**95148**	**69053**	**33724**	**43021**	**75422**
21054	18776	14708	7573	9444	17475
11813	6464	5668	1809	3446	4541
8449	9046	7971	4746	5901	10084
15883	10602	6316	2392	2766	4360
7835	7487	5592	2839	4569	6842
17078	15720	9837	5238	5616	10537
20815	19243	11785	6225	6770	14022
8795	6196	6006	2337	3812	6191
1818	1614	1170	565	697	1370
99910	**56257**	**29211**	**15439**	**12843**	**26213**
3046	1795	1208	635	466	1107
21978	13703	7531	3920	2955	6071
15452	8886	4515	2159	2063	4252
6279	5433	3299	2432	1646	3487
11581	5160	2359	1378	1145	2480
11358	6633	3182	1357	1316	2350
15675	6156	2741	1383	1286	2874
14541	8491	4376	2175	1966	3592
25250	**19021**	**12251**	**6027**	**6679**	**13988**
1690	1051	634	411	442	940
5292	4737	2461	1346	1132	3214
4819	3042	1627	1016	722	1679
5296	5150	4270	1460	2455	4865
2072	1800	1120	668	708	1098
1562	744	508	154	238	247
1248	570	333	135	156	195
3271	1927	1298	837	826	1750

8–3 各地区按家庭户类别和

地区	家庭户户数	一代户				
		小计	一间	二间	三间	四间
合计	**7936539**	**3412001**	**470840**	**1149128**	**836675**	**274418**
兰州市	**1419860**	**743740**	**168637**	**376344**	**122005**	**24215**
城关区	530355	304891	99416	148850	46707	6622
七里河区	239708	125711	24992	74676	18287	3126
西固区	159739	86484	13139	61048	7877	1093
安宁区	122531	61464	11495	34722	12247	1702
红古区	48168	21607	2373	13028	4422	788
永登县	97275	43362	3648	12703	8240	3732
皋兰县	39569	20208	1667	4875	4520	1571
榆中县	130291	59764	9611	17039	16043	4611
兰州新区	52224	20249	2296	9403	3662	970
嘉峪关市	**117725**	**61149**	**3797**	**34705**	**20463**	**1334**
市辖区	117725	61149	3797	34705	20463	1334
金昌市	**177705**	**101947**	**16127**	**53397**	**18161**	**4351**
金川区	104272	58360	9061	34394	10869	1135
永昌县	73433	43587	7066	19003	7292	3216
白银市	**502260**	**229174**	**26544**	**84540**	**65943**	**23985**
白银区	128380	68004	7169	43879	12028	1819
平川区	64856	28972	4317	12616	6328	2061
靖远县	112061	44216	4991	8739	20182	7592
会宁县	131559	59855	7863	15225	19796	9667
景泰县	65404	28127	2204	4081	7609	2846
天水市	**906337**	**346394**	**42200**	**107243**	**77392**	**35842**
秦州区	209906	92160	19167	36927	12750	3909
麦积区	165328	63057	5082	23150	11048	6254
清水县	76138	29190	1761	5875	6274	3100
秦安县	127603	48295	3815	12893	15183	6408
甘谷县	151898	52264	5732	14215	14303	6228
武山县	106369	35738	3520	8482	11865	6705
张家川回族自治县	69095	25690	3123	5701	5969	3238
武威市	**501280**	**246563**	**14567**	**67417**	**59839**	**21835**
凉州区	302616	147847	9735	48522	34981	12855
民勤县	69317	40716	1538	5777	10417	4051
古浪县	80972	37583	1821	6271	8730	3608
天祝藏族自治县	48375	20417	1473	6847	5711	1321
张掖市	**411659**	**207640**	**16210**	**74722**	**67907**	**17386**
甘州区	188963	96227	8151	41068	32244	5338
肃南裕固族自治县	10455	5663	499	2894	1588	323
民乐县	63312	26641	1821	7486	8121	4348
临泽县	42286	21899	1651	7331	5878	2461
高台县	51347	30429	1734	7450	12684	2774
山丹县	55296	26781	2354	8493	7392	2142
平凉市	**611204**	**261865**	**33329**	**74569**	**75806**	**25554**
崆峒区	164171	69967	8924	29804	18909	4478
泾川县	80110	39196	4096	7800	8833	4433
灵台县	60385	30525	3356	5253	7038	3285
崇信县	25511	10950	897	2183	2662	932
庄浪县	101027	35922	4221	10665	14014	3702
静宁县	120992	50599	7706	12440	19097	6982
华亭市	59008	24706	4129	6424	5253	1742

住房间数分的家庭户户数

单位：户

	二代户					
五间及以上	小计	一间	二间	三间	四间	五间及以上
680940	**3131664**	**175369**	**952227**	**875123**	**299224**	**829721**
52539	**518828**	**38112**	**300945**	**111514**	**23118**	**45139**
3296	183011	17910	114587	40892	6261	3361
4630	88212	5907	57582	16732	3354	4637
3327	61092	3015	47053	7075	1059	2890
1298	47937	3004	29151	12572	1811	1399
996	19447	950	11464	4809	1099	1125
15039	36586	2039	11792	6746	3209	12800
7575	14578	990	4480	3693	863	4552
12460	47793	3679	15385	14875	4108	9746
3918	20172	618	9451	4120	1354	4629
850	**47672**	**739**	**26364**	**18842**	**1179**	**548**
850	47672	739	26364	18842	1179	548
9911	**67001**	**5986**	**38883**	**16518**	**1868**	**3746**
2901	41222	2838	25606	10621	738	1419
7010	25779	3148	13277	5897	1130	2327
28162	**205244**	**14851**	**72304**	**68809**	**24361**	**24919**
3109	51677	1966	36571	11075	1023	1042
3650	28308	2569	11817	7615	2192	4115
2712	46168	2535	8235	22394	9653	3351
7304	51267	5528	10851	17988	9260	7640
11387	27824	2253	4830	9737	2233	8771
83717	**368570**	**18087**	**94170**	**92768**	**49461**	**114084**
19407	84133	10731	34523	12396	4096	22387
17523	67940	1853	20213	12056	8108	25710
12180	30537	938	5063	6826	3423	14287
9996	51622	1297	10356	17767	8446	13756
11786	63068	1405	12170	20133	10476	18884
5166	44710	686	6883	16889	11018	9234
7659	26560	1177	4962	6701	3894	9826
82905	**188278**	**5247**	**49595**	**56543**	**15677**	**61216**
41754	115107	2791	36727	34370	9336	31883
18933	23260	816	2954	8034	1995	9461
17153	30390	704	3391	7822	3077	15396
5065	19521	936	6523	6317	1269	4476
31415	**153820**	**4382**	**54637**	**65093**	**11217**	**18491**
9426	71346	1906	29400	30501	3587	5952
359	3995	128	1882	1389	258	338
4865	24735	831	6810	9771	3414	3909
4578	15265	502	5667	4606	1531	2959
5787	17135	324	3506	9952	1192	2161
6400	21344	691	7372	8874	1235	3172
52607	**243785**	**17654**	**66097**	**82303**	**25892**	**51839**
7852	69446	2706	29539	22129	5394	9678
14034	29019	1241	4862	7047	3377	12492
11593	22455	2205	4256	5039	2308	8647
4276	9810	455	1998	2572	690	4095
3320	38557	1016	8371	19225	5376	4569
4374	50167	8021	9804	20133	7254	4955
7158	24331	2010	7267	6158	1493	7403

8-3 各地区按家庭户类别和

地区	家庭户户数	一代户				
		小计	一间	二间	三间	四间
酒泉市	**372076**	**190606**	**17422**	**65134**	**65521**	**15689**
肃州区	169765	89294	7934	34127	28090	5878
金塔县	40252	21772	1205	6475	7186	2625
瓜州县	41787	18590	2700	5477	6742	1897
肃北蒙古族自治县	4766	2748	518	964	629	314
阿克塞哈萨克族自治县	3150	1192	47	433	510	138
玉门市	44796	22129	2734	8417	6546	2188
敦煌市	67560	34881	2284	9241	15818	2649
庆阳市	**698231**	**304277**	**45823**	**45907**	**87863**	**28786**
西峰区	164436	75280	22820	11874	24814	5843
庆城县	74643	32819	4918	6401	9383	2756
环　县	91061	37056	7225	6217	11413	3718
华池县	36739	15082	2185	2191	4687	1749
合水县	42484	17524	2250	4115	5605	1743
正宁县	56087	23219	911	2449	5773	2652
宁　县	112551	50762	2067	4799	10498	5572
镇原县	120230	52535	3447	7861	15690	4753
定西市	**788947**	**292115**	**46537**	**84267**	**79372**	**30121**
安定区	139547	63076	10704	20828	18284	8433
通渭县	102179	36683	7448	12496	12312	2679
陇西县	135145	52223	6642	18600	18791	5370
渭源县	88740	32700	6154	8541	7521	3226
临洮县	151582	53748	6452	13475	9904	2948
漳　县	52674	19555	5002	4447	4740	2758
岷　县	119080	34130	4135	5880	7820	4707
陇南市	**734115**	**251415**	**24229**	**36808**	**60110**	**31405**
武都区	173853	65109	9228	12803	15631	7243
成　县	74119	24953	3627	3603	7338	5424
文　县	68889	30310	2344	4905	7939	5093
宕昌县	70068	19958	1166	2591	5216	2687
康　县	53424	18583	2165	3330	6698	2200
西和县	98887	28072	1571	1880	3617	1362
礼　县	119033	35385	991	1805	4297	2365
徽　县	62147	23060	2730	4935	7027	3884
两当县	13695	5985	407	956	2347	1147
临夏回族自治州	**516396**	**118995**	**5945**	**28197**	**23635**	**9078**
临夏市	96608	28525	2193	13628	7573	1261
临夏县	79827	16664	238	875	2098	949
康乐县	63494	13708	492	2043	2248	1587
永靖县	57425	21528	1733	6636	5327	1334
广河县	54720	8837	357	1289	1737	1291
和政县	49206	9536	380	1453	1541	773
东乡族自治县	59944	9164	131	646	1183	1025
积石山保安族东乡族撒拉族自治县	55172	11033	421	1627	1928	858
甘南藏族自治州	**178744**	**56121**	**9473**	**15878**	**12658**	**4837**
合作市	24405	8419	1731	3458	2215	506
临潭县	34779	10158	986	2223	2490	739
卓尼县	24464	7134	904	1287	1316	361
舟曲县	37364	11791	1547	2716	2495	1691
迭部县	14434	5258	1084	2018	1309	328
玛曲县	15073	5480	2102	2022	956	232
碌曲县	8771	2755	821	1093	630	153
夏河县	19454	5126	298	1061	1247	827

住房间数分的家庭户户数（续 1 ）

单位：户

	二代户					
五间及以上	小计	一间	二间	三间	四间	五间及以上
26840	**143900**	**3407**	**44333**	**62734**	**13636**	**19790**
13265	65672	1184	24096	26102	5062	9228
4281	14186	221	3792	5908	1807	2458
1774	16722	610	4184	7640	2162	2126
323	1788	107	483	635	300	263
64	1671	9	385	904	266	107
2244	17459	756	5734	6855	2030	2084
4889	26402	520	5659	14690	2009	3524
95898	**282655**	**23915**	**34573**	**88993**	**29387**	**105787**
9929	67913	9228	12424	29233	6398	10630
9361	30490	2830	4484	9217	3081	10878
8483	38502	5722	5454	12964	4294	10068
4270	15897	2317	1669	5689	1844	4378
3811	18037	1478	3244	6740	2150	4425
11434	23097	694	1498	5971	2549	12385
27826	42400	578	1793	7057	4238	28734
20784	46319	1068	4007	12122	4833	24289
51818	**315296**	**23214**	**83009**	**92927**	**38833**	**77313**
4827	54988	6161	20509	16135	7502	4681
1748	41982	3604	12505	18498	4567	2808
2820	55458	2785	17185	23566	7495	4427
7258	33785	2345	7613	9468	4456	9903
20969	59724	4402	14796	11494	3545	25487
2608	21453	2025	4140	6458	4283	4547
11588	47906	1892	6261	7308	6985	25460
98863	**303709**	**13001**	**31793**	**60653**	**39894**	**158368**
20204	73848	5590	12593	17862	8812	28991
4961	31398	1693	3929	7668	8461	9647
10029	28676	1307	2902	6498	4997	12972
8298	27381	167	1368	4835	3913	17098
4190	20773	582	2563	7119	3281	7228
19642	41474	1097	1674	3280	1427	33996
25927	49399	584	1304	3460	3173	40878
4484	25440	1849	4950	7926	4543	6172
1128	5320	132	510	2005	1287	1386
52140	**219891**	**2982**	**36844**	**37994**	**16762**	**125309**
3870	43438	962	18211	14014	2471	7780
12504	30440	96	926	2130	1066	26222
7338	26673	354	3449	3627	2714	16529
6498	23531	914	6765	6342	1550	7960
4163	24731	169	2008	4269	3476	14809
5389	20230	175	2224	2525	1425	13881
6179	28055	93	967	1739	2473	22783
6199	22793	219	2294	3348	1587	15345
13275	**73015**	**3792**	**18680**	**19432**	**7939**	**23172**
509	9829	502	4115	3249	709	1254
3720	13850	327	2552	3610	1224	6137
3266	9262	252	1413	1738	377	5482
3342	16757	604	3320	4273	2872	5688
519	5874	180	1821	2000	673	1200
168	7396	1531	3349	1705	498	313
58	3214	340	1218	1176	345	135
1693	6833	56	892	1681	1241	2963

8-3　各地区按家庭户类别和

地区	三代户					
	小计	一间	二间	三间	四间	五间及以上
合计	**1320618**	**11880**	**199164**	**314964**	**166076**	**628534**
兰州市	**153193**	**3077**	**66585**	**39802**	**12547**	**31182**
城关区	41830	1310	23073	12192	2742	2513
七里河区	25266	594	13368	5735	1769	3800
西固区	12028	179	7627	2113	400	1709
安宁区	12809	292	7079	3728	525	1185
红古区	6895	73	2508	2178	1054	1082
永登县	16679	169	3492	3389	1916	7713
皋兰县	4629	71	1027	1170	273	2088
榆中县	21903	287	4581	6975	2953	7107
兰州新区	11154	102	3830	2322	915	3985
嘉峪关市	**8820**	**50**	**4129**	**4121**	**330**	**190**
市辖区	8820	50	4129	4121	330	190
金昌市	**8677**	**356**	**4382**	**2409**	**477**	**1053**
金川区	4655	167	2611	1356	145	376
永昌县	4022	189	1771	1053	332	677
白银市	**65130**	**793**	**12111**	**23596**	**13933**	**14697**
白银区	8565	121	5696	2310	216	222
平川区	7292	170	1867	1868	1021	2366
靖远县	20687	138	1390	9670	6652	2837
会宁县	19550	239	2233	6747	5195	5136
景泰县	9036	125	925	3001	849	4136
天水市	**182548**	**1569**	**20536**	**38632**	**31108**	**90703**
秦州区	32143	979	7318	4397	2241	17208
麦积区	33036	172	3998	4379	4170	20317
清水县	15631	101	1484	2628	1537	9881
秦安县	26408	63	2052	7763	5621	10909
甘谷县	35013	109	2991	9962	7238	14713
武山县	24630	62	1494	6388	7662	9024
张家川回族自治县	15687	83	1199	3115	2639	8651
武威市	**64366**	**357**	**9334**	**16495**	**5629**	**32551**
凉州区	38675	239	6841	9808	3364	18423
民勤县	5196	17	323	1123	536	3197
古浪县	12414	51	518	2691	1040	8114
天祝藏族自治县	8081	50	1652	2873	689	2817
张掖市	**48931**	**423**	**11964**	**21808**	**5526**	**9210**
甘州区	20893	168	6342	10297	1445	2641
肃南裕固族自治县	783	8	265	333	82	95
民乐县	11588	98	1953	4468	2234	2835
临泽县	4970	46	946	1474	804	1700
高台县	3703	24	469	2130	439	641
山丹县	6994	79	1989	3106	522	1298
平凉市	**100827**	**850**	**15227**	**35378**	**15020**	**34352**
崆峒区	23848	178	6120	7703	2929	6918
泾川县	11250	107	983	2199	1286	6675
灵台县	7191	77	1045	1495	631	3943
崇信县	4483	55	580	1017	272	2559
庄浪县	25146	89	2664	12133	4903	5357
静宁县	19333	259	2147	8664	4465	3798
华亭市	9576	85	1688	2167	534	5102

住房间数分的家庭户户数（续 2）

单位：户

四代户					
小计	一间	二间	三间	四间	五间及以上
72140	**192**	**3235**	**10882**	**9449**	**48382**
4099	**43**	**983**	**1035**	**517**	**1521**
623	18	210	202	94	99
519	9	212	121	49	128
135	1	69	32	8	25
321	4	116	113	19	69
219	3	35	70	53	58
648		66	142	83	357
154	1	18	26	7	102
831	3	88	216	144	380
649	4	169	113	60	303
84		**29**	**39**	**8**	**8**
84		29	39	8	8
80	**2**	**26**	**23**	**8**	**21**
35	1	17	9	2	6
45	1	9	14	6	15
2710	**11**	**177**	**787**	**762**	**973**
133	1	66	56	6	4
284	2	22	44	56	160
989	2	24	351	399	213
887	3	37	236	266	345
417	3	28	100	35	251
8820	**18**	**353**	**1363**	**1516**	**5570**
1468	6	106	141	106	1109
1295	2	52	134	166	941
780	1	24	94	60	601
1278	3	25	279	296	675
1552	2	51	324	349	826
1291	2	44	235	361	649
1156	2	51	156	178	769
2073	**2**	**114**	**417**	**192**	**1348**
987		62	191	99	635
145		2	18	19	106
585	1	9	99	36	440
356	1	41	109	38	167
1267	**6**	**195**	**542**	**200**	**324**
497	3	97	273	45	79
14		1	8	4	1
348	1	29	120	83	115
152	1	12	43	34	62
80		3	34	21	22
176	1	53	64	13	45
4724	**8**	**228**	**1283**	**900**	**2305**
910	4	85	211	154	456
644	2	21	71	65	485
214		4	22	18	170
268	1	6	29	13	219
1401		54	578	374	395
892		33	326	248	285
395	1	25	46	28	295

8-3 各地区按家庭户类别和

地区	三代户					
	小计	一间	二间	三间	四间	五间及以上
酒泉市	**36615**	**211**	**6341**	**14242**	**5795**	**10026**
肃州区	14603	77	3546	5567	1507	3906
金塔县	4199	20	504	1574	900	1201
瓜州县	6146	30	659	2312	1430	1715
肃北蒙古族自治县	223	8	42	76	36	61
阿克塞哈萨克族自治县	283		35	131	79	38
玉门市	5037	54	926	1893	1014	1150
敦煌市	6124	22	629	2689	829	1955
庆阳市	**105258**	**954**	**5404**	**22248**	**11358**	**65294**
西峰区	20341	362	1770	7152	2998	8059
庆城县	10624	89	603	2096	1152	6684
环　县	14388	233	1013	3808	1952	7382
华池县	5423	83	266	1619	647	2808
合水县	6561	96	596	2160	1082	2627
正宁县	9349	22	164	1312	793	7058
宁　县	18472	19	211	1179	942	16121
镇原县	20100	50	781	2922	1792	14555
定西市	**171195**	**1763**	**22178**	**47588**	**28622**	**71044**
安定区	20634	601	5558	6429	4516	3530
通渭县	22353	386	3252	11001	4876	2838
陇西县	26377	127	3682	11264	6473	4831
渭源县	20744	137	2125	5295	3476	9711
临洮县	36046	280	5022	7165	2607	20972
漳　县	10747	81	782	2619	3042	4223
岷　县	34294	151	1757	3815	3632	24939
陇南市	**165924**	**624**	**6202**	**18859**	**18223**	**122016**
武都区	32395	235	2158	5555	4010	20437
成　县	16849	105	751	2358	4215	9420
文　县	9374	33	304	1200	1417	6420
宕昌县	20558	14	208	1188	1532	17616
康　县	12965	47	549	3143	2493	6733
西和县	27151	32	344	802	504	25469
礼　县	31444	32	200	749	777	29686
徽　县	12894	121	1616	3311	2644	5202
两当县	2294	5	72	553	631	1033
临夏回族自治州	**164880**	**286**	**9861**	**20149**	**10928**	**123656**
临夏市	23736	103	4958	8283	2221	8171
临夏县	29917	22	291	1576	468	27560
康乐县	21303	24	1061	1794	1573	16851
永靖县	11755	71	1598	2489	1349	6248
广河县	19613	15	425	1987	2226	14960
和政县	17753	10	654	1386	733	14970
东乡族自治县	21181	10	260	675	1017	19219
积石山保安族东乡族撒拉族自治县	19622	31	614	1959	1341	15677
甘南藏族自治州	**44254**	**567**	**4910**	**9637**	**6580**	**22560**
合作市	5131	59	842	1233	800	2197
临潭县	9865	19	849	2693	1149	5155
卓尼县	7061	38	354	649	360	5660
舟曲县	8356	19	621	1561	1930	4225
迭部县	3031	25	509	942	558	997
玛曲县	2040	223	729	658	242	188
碌曲县	2375	157	574	861	523	260
夏河县	6395	27	432	1040	1018	3878

住房间数分的家庭户户数（续 3）

单位：户

四代户					
小计	一间	二间	三间	四间	五间及以上
955	**2**	**60**	**262**	**234**	**397**
196		27	66	29	74
95		3	33	30	29
329		9	65	100	155
7			3	1	3
4			3		1
171	1	9	51	47	63
153	1	12	41	27	72
6034	**13**	**108**	**636**	**590**	**4687**
902	5	18	148	156	575
710		12	68	60	570
1112	4	24	159	127	798
337		4	47	43	243
362	2	13	78	69	200
421	1	5	29	22	364
917	1	6	30	20	860
1273		26	77	93	1077
10335	**30**	**423**	**2041**	**1915**	**5926**
849	9	89	213	237	301
1161	5	70	501	342	243
1087	1	54	336	396	300
1511	4	50	278	265	914
2063	7	106	341	186	1423
918	2	18	141	231	526
2746	2	36	231	258	2219
13038	**9**	**114**	**758**	**1027**	**11130**
2499	3	38	225	253	1980
919		9	69	162	679
528	1	3	20	60	444
2169		5	51	92	2021
1100		16	153	221	710
2183	4	5	28	21	2125
2794		4	47	51	2692
751	1	32	149	146	423
95		2	16	21	56
12619	**6**	**192**	**888**	**718**	**10815**
909	1	94	262	104	448
2804	1	11	129	28	2635
1807	2	23	103	94	1585
611		18	77	86	430
1538		15	107	149	1267
1686		11	70	54	1551
1543	2	9	33	69	1430
1721		11	107	134	1469
5302	**42**	**233**	**808**	**862**	**3357**
1004		21	91	192	700
905		26	221	165	493
999	1	14	77	79	828
460		6	50	93	311
271		19	69	55	128
157	15	41	58	26	17
422	20	58	119	112	113
1084	6	48	123	140	767

8-3　各地区按家庭户类别和住房间数分的家庭户户数（续4）

单位：户

地区	五代及以上户					
	小计	一间	二间	三间	四间	五间及以上
合计	**116**		**5**	**8**	**8**	**95**
兰州市						
城关区						
七里河区						
西固区						
安宁区						
红古区						
永登县						
皋兰县						
榆中县						
兰州新区						
嘉峪关市						
市辖区						
金昌市						
金川区						
永昌县						
白银市	**2**		**1**		**1**	
白银区	1		1			
平川区						
靖远县	1				1	
会宁县						
景泰县						
天水市	**5**			**2**		**3**
秦州区	2			1		1
麦积区						
清水县						
秦安县						
甘谷县	1					1
武山县						
张家川回族自治县	2			1		1
武威市						
凉州区						
民勤县						
古浪县						
天祝藏族自治县						
张掖市	**1**			**1**		
甘州区						
肃南裕固族自治县						
民乐县						
临泽县						
高台县						
山丹县	1			1		
平凉市	**3**			**1**		**2**
崆峒区						
泾川县	1					1
灵台县						
崇信县						
庄浪县	1			1		
静宁县	1					1
华亭市						

8–3 各地区按家庭户类别和住房间数分的家庭户户数（续 5）

单位：户

地区	五代及以上户					
	小计	一间	二间	三间	四间	五间及以上
酒泉市						
肃州区						
金塔县						
瓜州县						
肃北蒙古族自治县						
阿克塞哈萨克族自治县						
玉门市						
敦煌市						
庆阳市	**7**		**1**			**6**
西峰区						
庆城县						
环　县	3					3
华池县						
合水县						
正宁县	1					1
宁　县						
镇原县	3		1			2
定西市	**6**					**6**
安定区						
通渭县						
陇西县						
渭源县						
临洮县	1					1
漳　县	1					1
岷　县	4					4
陇南市	**29**			**3**	**1**	**25**
武都区	2			1	1	
成　县						
文　县	1					1
宕昌县	2					2
康　县	3			1		2
西和县	7					7
礼　县	11					11
徽　县	2			1		1
两当县	1					1
临夏回族自治州	**11**				**2**	**9**
临夏市						
临夏县	2					2
康乐县	3					3
永靖县						
广河县	1					1
和政县	1					1
东乡族自治县	1					1
积石山保安族东乡族撒拉族自治县	3				2	1
甘南藏族自治州	**52**		**3**	**1**	**4**	**44**
合作市	22				1	21
临潭县	1					1
卓尼县	8				1	7
舟曲县						
迭部县						
玛曲县						
碌曲县	5			1	1	3
夏河县	16		3		1	12

8-3a 各地区按家庭户类别和

地区	家庭户户数	一代户				
		小计	一间	二间	三间	四间
合计	**2434669**	**1210008**	**243628**	**655213**	**260859**	**27251**
兰州市	**1012658**	**557163**	**141042**	**316306**	**82505**	**10606**
城关区	519412	299451	97542	147015	45632	6282
七里河区	199394	107318	19471	68518	15680	2197
西固区	138903	74241	11054	56111	6073	298
安宁区	122531	61464	11495	34722	12247	1702
红古区	32418	14689	1480	9940	2873	127
嘉峪关市	**110224**	**56441**	**3047**	**32854**	**19460**	**862**
市辖区	110224	56441	3047	32854	19460	862
金昌市	**94418**	**51367**	**7934**	**32867**	**9911**	**396**
金川区	94418	51367	7934	32867	9911	396
白银市	**156775**	**76873**	**8539**	**52628**	**14468**	**664**
白银区	113290	56911	4955	41170	10039	431
平川区	43356	19899	3581	11437	4413	230
靖远县	129	63	3	21	16	3
天水市	**209955**	**95659**	**21003**	**52120**	**14289**	**3181**
秦州区	129903	62782	17580	33763	8662	1299
麦积区	80052	32877	3423	18357	5627	1882
武威市	**129620**	**57419**	**4246**	**32301**	**18440**	**1443**
凉州区	129620	57419	4246	32301	18440	1443
张掖市	**95172**	**46519**	**4096**	**26759**	**13851**	**1103**
甘州区	94930	46402	4088	26666	13838	1101
肃南裕固族自治县	242	117	8	93	13	2
平凉市	**133540**	**57032**	**9571**	**29527**	**15708**	**1104**
崆峒区	107162	46422	6580	25045	12861	996
华亭市	26378	10610	2991	4482	2847	108
酒泉市	**162898**	**81213**	**8520**	**36413**	**32510**	**2314**
肃州区	115135	59453	6057	28611	21669	2002
玉门市	16406	7206	1142	3629	2355	61
敦煌市	31357	14554	1321	4173	8486	251
庆阳市	**104732**	**49617**	**19962**	**7848**	**18226**	**2474**
西峰区	104732	49617	19962	7848	18226	2474
定西市	**61867**	**25096**	**5864**	**12781**	**5450**	**447**
安定区	61867	25096	5864	12781	5450	447
陇南市	**59401**	**22251**	**5981**	**6539**	**6710**	**1331**
武都区	58936	22111	5964	6499	6668	1309
康　县	465	140	17	40	42	22
临夏回族自治州	**86288**	**26516**	**2187**	**13193**	**7577**	**1161**
临夏市	84076	26057	2124	13128	7312	1118
临夏县	2212	459	63	65	265	43
甘南藏族自治州	**17121**	**6842**	**1636**	**3077**	**1754**	**165**
合作市	17121	6842	1636	3077	1754	165

住房间数分的家庭户户数（城市）

单位：户

	二代户					
五间及以上	小计	一间	二间	三间	四间	五间及以上
23057	**988694**	**73364**	**563604**	**287701**	**32186**	**31839**
6704	**369532**	**28919**	**248168**	**75333**	**10261**	**6851**
2980	179151	17587	113091	39799	5715	2959
1452	73915	5040	51392	13742	2165	1576
705	54638	2666	44968	5977	396	631
1298	47937	3004	29151	12572	1811	1399
269	13891	622	9566	3243	174	286
218	**45530**	**631**	**25481**	**18319**	**930**	**169**
218	45530	631	25481	18319	930	169
259	**38841**	**2692**	**25207**	**10317**	**408**	**217**
259	38841	2692	25207	10317	408	217
574	**68138**	**3843**	**46551**	**16355**	**745**	**644**
316	48168	1666	35500	10264	441	297
238	19923	2177	11042	6062	301	341
20	47		9	29	3	6
5066	**88843**	**11182**	**49080**	**15556**	**4055**	**8970**
1478	54732	9767	32357	8997	1518	2093
3588	34111	1415	16723	6559	2537	6877
989	**58124**	**1884**	**30244**	**23247**	**1702**	**1047**
989	58124	1884	30244	23247	1702	1047
710	**39517**	**1247**	**21333**	**15038**	**1106**	**793**
709	39405	1246	21239	15029	1101	790
1	112	1	94	9	5	3
1122	**60288**	**3458**	**32301**	**21242**	**1585**	**1702**
940	48044	2231	26300	16706	1416	1391
182	12244	1227	6001	4536	169	311
1456	**68862**	**1741**	**28121**	**34553**	**2779**	**1668**
1114	47276	959	21207	21406	2411	1293
19	7643	439	3591	3519	56	38
323	13943	343	3323	9628	312	337
1107	**45595**	**8263**	**9766**	**23157**	**2989**	**1420**
1107	45595	8263	9766	23157	2989	1420
554	**28758**	**4629**	**16018**	**6828**	**636**	**647**
554	28758	4629	16018	6828	636	647
1690	**29170**	**3421**	**9526**	**10766**	**2347**	**3110**
1671	28997	3417	9497	10713	2312	3058
19	173	4	29	53	35	52
2398	**39511**	**984**	**17866**	**14169**	**2318**	**4174**
2375	38494	952	17712	13476	2212	4142
23	1017	32	154	693	106	32
210	**7985**	**470**	**3942**	**2821**	**325**	**427**
210	7985	470	3942	2821	325	427

8-3a 各地区按家庭户类别和

地区	三代户					
	小计	一间	二间	三间	四间	五间及以上
合计	**231461**	**5521**	**107955**	**80776**	**13048**	**24161**
兰州市	**84610**	**2287**	**50665**	**22785**	**3951**	**4922**
城关区	40254	1291	22736	11865	2362	2000
七里河区	17879	499	11418	4120	812	1030
西固区	9921	152	7295	1843	149	482
安宁区	12809	292	7079	3728	525	1185
红古区	3747	53	2137	1229	103	225
嘉峪关市	**8180**	**44**	**3995**	**3903**	**198**	**40**
市辖区	8180	44	3995	3903	198	40
金昌市	**4181**	**160**	**2573**	**1316**	**83**	**49**
金川区	4181	160	2573	1316	83	49
白银市	**11582**	**262**	**7353**	**3520**	**200**	**247**
白银区	8087	113	5586	2200	97	91
平川区	3476	149	1767	1311	101	148
靖远县	19			9	2	8
天水市	**24868**	**1071**	**9595**	**4193**	**1725**	**8284**
秦州区	12220	941	6418	2444	690	1727
麦积区	12648	130	3177	1749	1035	6557
武威市	**13857**	**161**	**5876**	**6765**	**626**	**429**
凉州区	13857	161	5876	6765	626	429
张掖市	**8959**	**101**	**4045**	**4257**	**325**	**231**
甘州区	8946	100	4036	4254	325	231
肃南裕固族自治县	13	1	9	3		
平凉市	**15921**	**210**	**6683**	**7039**	**727**	**1262**
崆峒区	12462	148	5261	5369	663	1021
华亭市	3459	62	1422	1670	64	241
酒泉市	**12650**	**111**	**4115**	**7112**	**717**	**595**
肃州区	8318	59	3099	4254	530	376
玉门市	1538	34	619	841	29	15
敦煌市	2794	18	397	2017	158	204
庆阳市	**9291**	**313**	**1325**	**5254**	**1093**	**1306**
西峰区	9291	313	1325	5254	1093	1306
定西市	**7865**	**489**	**4447**	**2335**	**235**	**359**
安定区	7865	489	4447	2335	235	359
陇南市	**7733**	**157**	**1634**	**3159**	**985**	**1798**
武都区	7590	157	1630	3128	950	1725
康　县	143		4	31	35	73
临夏回族自治州	**19575**	**103**	**4909**	**8328**	**2024**	**4211**
临夏市	18888	101	4859	7805	1938	4185
临夏县	687	2	50	523	86	26
甘南藏族自治州	**2189**	**52**	**740**	**810**	**159**	**428**
合作市	2189	52	740	810	159	428

住房间数分的家庭户户数（城市）（续1）

单位：户

四代户					
小计	一间	二间	三间	四间	五间及以上
4503	**62**	**1228**	**1629**	**458**	**1126**
1353	**32**	**566**	**455**	**119**	**181**
556	18	202	196	72	68
282	6	152	78	18	28
103	1	67	30	3	2
321	4	116	113	19	69
91	3	29	38	7	14
73		**28**	**38**	**5**	**2**
73		28	38	5	2
29	**1**	**17**	**9**	**2**	
29	1	17	9	2	
181	**3**	**85**	**82**	**4**	**7**
123	1	66	55	1	
58	2	19	27	3	7
585	**7**	**104**	**63**	**47**	**364**
169	5	67	23	18	56
416	2	37	40	29	308
220		**55**	**133**	**20**	**12**
220		55	133	20	12
177		**54**	**103**	**10**	**10**
177		54	103	10	10
299	**4**	**83**	**144**	**22**	**46**
234	3	61	116	18	36
65	1	22	28	4	10
173	**2**	**37**	**92**	**22**	**20**
88		23	47	13	5
19	1	4	13	1	
66	1	10	32	8	15
229	**5**	**11**	**72**	**49**	**92**
229	5	11	72	49	92
148	**8**	**68**	**51**	**9**	**12**
148	8	68	51	9	12
246		**17**	**73**	**40**	**116**
237		17	72	38	110
9			1	2	6
686		**92**	**289**	**96**	**209**
637		92	248	89	208
49			41	7	1
104		**11**	**25**	**13**	**55**
104		11	25	13	55

8-3a 各地区按家庭户类别和住房间数分的家庭户户数（城市）（续2）

单位：户

地区	五代及以上户					
	小计	一间	二间	三间	四间	五间及以上
合计	**3**		**1**	**1**	**1**	
兰州市						
城关区						
七里河区						
西固区						
安宁区						
红古区						
嘉峪关市						
市辖区						
金昌市						
金川区						
白银市	**1**		**1**			
白银区	1		1			
平川区						
靖远县						
天水市						
秦州区						
麦积区						
武威市						
凉州区						
张掖市						

8-3a 各地区按家庭户类别和住房间数分的家庭户户数（城市）（续3）

单位：户

地区	五代及以上户					
	小计	一间	二间	三间	四间	五间及以上
甘州区						
肃南裕固族自治县						
平凉市						
崆峒区						
华亭市						
酒泉市						
肃州区						
玉门市						
敦煌市						
庆阳市						
西峰区						
定西市						
安定区						
陇南市	**1**			**1**		
武都区	1			1		
康　县						
临夏回族自治州						
临夏市						
临夏县						
甘南藏族自治州	**1**				**1**	
合作市	1				1	

8-3b 各地区按家庭户类别和

地区	家庭户户数	一代户					
		小计	一间	二间	三间	四间
合计	**1747353**	**683916**	**105301**	**232313**	**204307**	**44476**
兰州市	**185514**	**81566**	**13740**	**40843**	**17676**	**2513**
城关区	6755	3551	1030	1558	726	136
七里河区	15196	6545	1067	3787	1142	172
西固区	9171	6007	577	3940	928	185
安宁区						
红古区	6221	3514	628	2435	222	24
永登县	45378	18806	2654	9516	3153	847
皋兰县	22235	10063	1113	3828	3247	349
榆中县	52310	21545	5322	9025	5617	526
兰州新区	28248	11535	1349	6754	2641	274
嘉峪关市	**1191**	**710**	**180**	**192**	**154**	**40**
市辖区	1191	710	180	192	154	40
金昌市	**39415**	**19638**	**2923**	**12730**	**3189**	**243**
金川区	312	175	7	29	25	47
永昌县	39103	19463	2916	12701	3164	196
白银市	**123681**	**48444**	**9260**	**12552**	**17892**	**3789**
白银区	1121	774	177	258	236	86
平川区	5131	2205	511	442	458	155
靖远县	42671	16503	2807	4242	6803	1783
会宁县	40105	16289	3916	4937	4998	1043
景泰县	34653	12673	1849	2673	5397	722
天水市	**200771**	**73521**	**8669**	**24340**	**21775**	**6985**
秦州区	13126	4509	282	653	695	606
麦积区	14433	5937	746	2268	729	538
清水县	23138	8885	452	3765	3466	374
秦安县	37267	12294	1015	3899	4187	1296
甘谷县	56019	21011	3379	7561	5539	1884
武山县	35915	12606	842	3336	4895	1784
张家川回族自治县	20873	8279	1953	2858	2264	503
武威市	**95842**	**45868**	**3593**	**16553**	**15446**	**2359**
凉州区	25829	14434	1238	6021	2239	1135
民勤县	24314	12389	829	3179	6361	493
古浪县	23459	9955	569	2999	3700	537
天祝藏族自治县	22240	9090	957	4354	3146	194
张掖市	**107537**	**46701**	**4104**	**19469**	**18342**	**1875**
甘州区	5029	2718	250	852	1019	193
肃南裕固族自治县	3757	1854	151	1149	513	25
民乐县	27318	9731	834	4197	3825	405
临泽县	18738	8795	986	4479	2071	532
高台县	24756	12607	829	4075	6901	239
山丹县	27939	10996	1054	4717	4013	481
平凉市	**128272**	**48630**	**8251**	**13500**	**17013**	**3411**
崆峒区	2576	982	171	289	217	123
泾川县	27698	12138	1648	3586	3749	929
灵台县	17873	6809	1095	2327	1892	462
崇信县	10802	4040	521	1448	1273	124
庄浪县	28173	10210	1333	2501	5106	613
静宁县	31944	10464	2759	2357	4021	743
华亭市	9206	3987	724	992	755	417

住房间数分的家庭户户数（镇）

单位：户

	二代户					
五间及以上	小计	一间	二间	三间	四间	五间及以上
97519	**777540**	**71590**	**241059**	**273413**	**58393**	**133085**
6794	**75244**	**6423**	**39891**	**19701**	**2664**	**6565**
101	2466	184	1260	756	170	96
377	5888	245	3577	1243	253	570
377	2572	99	1537	440	144	352
205	2159	288	1427	128	47	269
2636	18982	1870	10172	3461	858	2621
1526	9473	797	4144	3211	238	1083
1055	22563	2541	10957	7514	580	971
517	11141	399	6817	2948	374	603
144	**345**	**28**	**102**	**86**	**22**	**107**
144	345	28	102	86	22	107
553	**17520**	**1797**	**10963**	**4388**	**188**	**184**
67	97		12	19	26	40
486	17423	1797	10951	4369	162	144
4951	**57908**	**8742**	**15548**	**23764**	**4624**	**5230**
17	307	38	88	117	60	4
639	2139	348	438	385	187	781
868	19449	1906	5228	8652	2414	1249
1395	18830	4273	5683	6212	1197	1465
2032	17183	2177	4111	8398	766	1731
11752	**90405**	**4156**	**24821**	**31697**	**11070**	**18661**
2273	4926	351	463	707	605	2800
1656	5868	277	1796	641	731	2423
828	10339	301	3753	4527	555	1203
1897	18429	984	5278	6835	1964	3368
2648	24851	905	6564	8622	3729	5031
1749	16957	381	3523	7459	2746	2848
701	9035	957	3444	2906	740	988
7917	**39137**	**2136**	**11986**	**16661**	**1890**	**6464**
3801	8595	236	2532	1983	818	3026
1527	10571	632	2231	6565	324	819
2150	10057	501	2468	4307	534	2247
439	9914	767	4755	3806	214	372
2911	**47393**	**1726**	**18849**	**23422**	**1467**	**1929**
404	1707	63	529	747	140	228
16	1558	63	845	592	36	22
470	12831	541	5003	6552	354	381
727	8164	389	4523	2340	372	540
563	10384	193	2689	7131	152	219
731	12749	477	5260	6060	413	539
6455	**58633**	**8152**	**15281**	**24532**	**3689**	**6979**
182	974	59	322	250	124	219
2226	11575	892	3385	4219	788	2291
1033	8533	1031	3257	2724	509	1012
674	4934	408	1790	1875	117	744
657	12513	698	2346	7678	946	845
584	16337	4441	3379	7057	836	624
1099	3767	623	802	729	369	1244

8-3b 各地区按家庭户类别和

地区	家庭户户数	一代户				
		小计	一间	二间	三间	四间
酒泉市	**78875**	**42411**	**4224**	**16458**	**16048**	**2533**
肃州区	7051	3917	270	819	817	581
金塔县	17467	9108	604	4495	3369	346
瓜州县	17828	8264	1504	2729	3507	260
肃北蒙古族自治县	3640	1861	250	609	522	249
阿克塞哈萨克族自治县	3078	1139	30	416	495	135
玉门市	12047	7224	1245	3339	1745	590
敦煌市	17764	10898	321	4051	5593	372
庆阳市	**175611**	**68675**	**13160**	**12277**	**23813**	**3942**
西峰区	2079	782	84	90	98	97
庆城县	29193	12724	3422	3539	3945	563
环　县	30417	10813	4309	1977	3399	385
华池县	14783	4932	1388	686	2085	270
合水县	15059	5200	927	1279	2157	250
正宁县	20763	7531	558	916	2847	688
宁　县	31483	13536	881	1208	4148	1036
镇原县	31834	13157	1591	2582	5134	653
定西市	**237750**	**88515**	**19527**	**32776**	**21954**	**6002**
安定区	7748	3275	464	539	994	789
通渭县	27233	9734	2917	3044	2560	622
陇西县	67120	24456	3215	11586	6634	1531
渭源县	24203	8923	2139	2927	2175	482
临洮县	59940	21853	4599	9759	4129	934
漳　县	18380	7811	3287	1970	1539	536
岷　县	33126	12463	2906	2951	3923	1108
陇南市	**198867**	**66989**	**10247**	**12295**	**17891**	**7491**
武都区	16961	5788	800	1018	1015	622
成　县	35603	12164	3098	2506	3128	1686
文　县	20740	8112	1443	1579	2529	942
宕昌县	19716	6708	420	1160	2256	871
康　县	15114	5395	1103	1234	1914	498
西和县	27208	8198	1335	1107	1443	477
礼　县	32277	9478	463	746	1437	1160
徽　县	25394	8813	1430	2548	3326	787
两当县	5854	2333	155	397	843	448
临夏回族自治州	**114623**	**29808**	**2686**	**11121**	**7837**	**1631**
临夏市	2617	423	3	15	39	32
临夏县	10288	2184	89	383	423	126
康乐县	14376	3596	253	1302	982	237
永靖县	31757	12514	1512	6039	3467	324
广河县	18742	3214	183	781	940	380
和政县	14302	3415	294	1183	805	196
东乡族自治县	10910	1775	76	270	414	215
积石山保安族东乡族撒拉族自治县	11631	2687	276	1148	767	121
甘南藏族自治州	**59404**	**22440**	**4737**	**7207**	**5277**	**1662**
合作市	643	148	2	8	43	57
临潭县	12521	3906	423	1006	940	309
卓尼县	8693	3222	622	965	808	116
舟曲县	11829	4224	923	1284	1040	376
迭部县	6090	2959	738	1241	721	116
玛曲县	8124	3426	1221	1368	593	127
碌曲县	4567	1985	600	815	453	84
夏河县	6937	2570	208	520	679	477

住房间数分的家庭户户数（镇）（续1）

单位：户

	二代户					
五间及以上	小计	一间	二间	三间	四间	五间及以上
3148	**30362**	**896**	**9878**	**14914**	**2349**	**2325**
1430	2320	49	374	511	465	921
294	7096	111	3016	3523	264	182
264	7762	311	2435	4402	304	310
231	1581	93	447	569	266	206
63	1658	9	383	893	266	107
305	3793	271	1416	1373	503	230
561	6152	52	1807	3643	281	369
15483	**83329**	**11760**	**14066**	**34685**	**4717**	**18101**
413	887	94	96	165	96	436
1255	13611	2436	3482	5419	710	1564
743	15647	4259	3180	6437	708	1063
503	7919	1976	963	3873	447	660
587	7946	1104	1784	3780	458	820
2522	9953	556	984	4390	807	3216
6263	13209	481	1050	4361	760	6557
3197	14157	854	2527	6260	731	3785
8256	**106236**	**13849**	**40572**	**31258**	**8465**	**12092**
489	2878	339	350	913	796	480
591	13400	2538	4341	4484	1068	969
1490	31195	2361	13043	10946	2374	2471
1200	10536	1529	3803	3185	766	1253
2432	26336	3899	12628	5861	1117	2831
479	7920	1594	2250	2402	830	844
1575	13971	1589	4157	3467	1514	3244
19065	**91571**	**8274**	**14681**	**24621**	**11135**	**32860**
2333	7850	1637	874	998	777	3564
1746	16347	1625	3446	4378	3117	3781
1619	9912	1192	1998	3346	1133	2243
2001	8518	146	912	2690	1032	3738
646	6545	516	1415	2665	787	1162
3836	12554	1033	1469	2498	693	6861
5672	15256	530	991	2162	1908	9665
722	11989	1481	3267	4961	1108	1172
490	2600	114	309	923	580	674
6533	**53237**	**1776**	**16356**	**15429**	**3591**	**16085**
334	1065	2	19	47	65	932
1163	4175	59	659	958	182	2317
822	7207	309	2897	2135	393	1473
1172	14109	850	6441	4660	432	1726
930	9039	118	1574	2723	1253	3371
937	6626	158	2046	1860	337	2225
800	5357	84	754	901	562	3056
375	5659	196	1966	2145	367	985
3557	**26220**	**1875**	**8065**	**8255**	**2522**	**5503**
38	149	3	3	21	32	90
1228	5679	254	1373	1482	472	2098
711	3881	237	1195	1327	134	988
601	5536	353	1575	1885	715	1008
143	2510	101	1061	996	160	192
117	3775	745	1679	881	251	219
33	1772	156	744	732	109	31
686	2918	26	435	931	649	877

8-3b 各地区按家庭户类别和

地区	三代户					
	小计	一间	二间	三间	四间	五间及以上
合计	**274403**	**3777**	**52945**	**88980**	**30803**	**97898**
兰州市	**27775**	**566**	**12000**	**8566**	**1636**	**5007**
城关区	713	16	268	195	68	166
七里河区	2673	42	1158	609	219	645
西固区	584	11	251	82	62	178
安宁区						
红古区	532	11	260	36	14	211
永登县	7336	155	3064	1727	596	1794
皋兰县	2631	63	952	1048	65	503
榆中县	7998	192	3344	3204	375	883
兰州新区	5308	76	2703	1665	237	627
嘉峪关市	**133**		**15**	**45**	**21**	**52**
市辖区	133		15	45	21	52
金昌市	**2237**	**96**	**1386**	**657**	**47**	**51**
金川区	40		4	5	14	17
永昌县	2197	96	1382	652	33	34
白银市	**16715**	**412**	**2856**	**7634**	**2529**	**3284**
白银区	40	1	9	15	13	2
平川区	736	17	38	109	89	483
靖远县	6470	92	801	2931	1552	1094
会宁县	4844	179	1240	2050	555	820
景泰县	4625	123	768	2529	320	885
天水市	**35609**	**216**	**4678**	**9819**	**6219**	**14677**
秦州区	3484	11	222	431	395	2425
麦积区	2564	18	323	210	373	1640
清水县	3819	22	1088	1630	235	844
秦安县	6344	29	709	1882	1108	2616
甘谷县	9861	35	996	2874	2127	3829
武山县	6178	35	626	1702	1471	2344
张家川回族自治县	3359	66	714	1090	510	979
武威市	**10522**	**96**	**2104**	**4287**	**643**	**3392**
凉州区	2718	20	316	442	255	1685
民勤县	1335	10	207	805	68	245
古浪县	3334	35	401	1462	213	1223
天祝藏族自治县	3135	31	1180	1578	107	239
张掖市	**13158**	**161**	**3985**	**7068**	**789**	**1155**
甘州区	589	8	135	265	67	114
肃南裕固族自治县	339	2	120	165	37	15
民乐县	4639	57	1298	2700	270	314
临泽县	1747	25	683	514	155	370
高台县	1747	7	314	1318	45	63
山丹县	4097	62	1435	2106	215	279
平凉市	**20273**	**336**	**3731**	**9470**	**1997**	**4739**
崆峒区	594	8	111	229	83	163
泾川县	3817	65	704	1325	306	1417
灵台县	2493	33	924	1008	109	419
崇信县	1779	35	520	770	57	397
庄浪县	5228	54	510	3033	726	905
静宁县	4973	123	793	2896	598	563
华亭市	1389	18	169	209	118	875

住房间数分的家庭户户数（镇）（续2）

单位：户

四代户					
小计	一间	二间	三间	四间	五间及以上
11474	**52**	**1009**	**2671**	**1515**	**6227**
929	**7**	**317**	**284**	**79**	**242**
25		6	4	2	13
90	2	46	21	6	15
8		2		1	5
16		3	2		11
254		61	76	34	83
68	1	16	22	3	26
204	2	65	76	19	42
264	2	118	83	14	47
3		**1**			**2**
3		1			2
20		**9**	**8**	**1**	**2**
20		9	8	1	2
614	**6**	**49**	**222**	**125**	**212**
51		1	4	7	39
249	2	9	87	80	71
142	1	18	55	23	45
172	3	21	76	15	57
1234	**8**	**98**	**230**	**193**	**705**
206	1	9	16	13	167
64		2	4	9	49
95		15	31	4	45
200	2	7	38	38	115
296	1	16	69	68	142
174	2	17	26	31	98
199	2	32	46	30	89
315		**33**	**103**	**15**	**164**
82		1	10	2	69
19		1	12	1	5
113		4	31	7	71
101		27	50	5	19
285	**2**	**67**	**135**	**39**	**42**
15		3	4	3	5
6			4	2	
117		18	71	15	13
32	1	4	8	9	10
18		1	11	3	3
97	1	41	37	7	11
736	**2**	**52**	**269**	**112**	**301**
26		4	8	9	5
168	1	13	39	11	104
38		4	15	1	18
49	1	4	20	2	22
222		11	100	49	62
170		13	80	36	41
63		3	7	4	49

8-3b　各地区按家庭户类别和

地区	三代户					
	小计	一间	二间	三间	四间	五间及以上
酒泉市	**5968**	**52**	**1179**	**2724**	**853**	**1160**
肃州区	805	3	65	146	133	458
金塔县	1248	7	366	675	109	91
瓜州县	1752	15	344	1013	172	208
肃北蒙古族自治县	192	8	38	70	29	47
阿克塞哈萨克族自治县	277		35	126	78	38
玉门市	994	17	202	390	248	137
敦煌市	700	2	129	304	84	181
庆阳市	**22651**	**437**	**2303**	**8305**	**1459**	**10147**
西峰区	383	1	5	40	29	308
庆城县	2749	77	466	1186	261	759
环　县	3780	187	641	1914	266	772
华池县	1866	72	166	1130	140	358
合水县	1853	38	258	895	201	461
正宁县	3139	18	95	935	215	1876
宁　县	4551	8	106	702	140	3595
镇原县	4330	36	566	1503	207	2018
定西市	**41370**	**652**	**10185**	**13316**	**5845**	**11372**
安定区	1526	10	95	438	517	466
通渭县	3931	108	760	1461	782	820
陇西县	11152	81	2504	3969	1856	2742
渭源县	4508	61	1097	1625	559	1166
临洮县	11354	197	4318	3547	774	2518
漳　县	2505	57	364	726	566	792
岷　县	6394	138	1047	1550	791	2868
陇南市	**38264**	**371**	**2704**	**6807**	**4659**	**23723**
武都区	3106	53	126	274	361	2292
成　县	6835	95	600	1250	1476	3414
文　县	2605	30	228	679	429	1239
宕昌县	4222	13	124	596	346	3143
康　县	2986	41	276	1074	576	1019
西和县	6129	30	237	556	265	5041
礼　县	7046	32	127	407	378	6102
徽　县	4443	72	934	1758	616	1063
两当县	892	5	52	213	212	410
临夏回族自治州	**29758**	**166**	**4273**	**7412**	**2652**	**15255**
临夏市	1077		1	16	39	1021
临夏县	3645	18	206	827	110	2484
康乐县	3370	20	858	939	230	1323
永靖县	4960	69	1549	1682	316	1344
广河县	6069	12	337	1301	877	3542
和政县	3983	9	589	1035	216	2134
东乡族自治县	3546	9	216	464	515	2342
积石山保安族东乡族撒拉族自治县	3108	29	517	1148	349	1065
甘南藏族自治州	**9970**	**216**	**1546**	**2870**	**1454**	**3884**
合作市	255			19	63	173
临潭县	2747	9	298	781	356	1303
卓尼县	1439	37	173	309	88	832
舟曲县	1982	9	321	557	393	702
迭部县	604	5	159	246	85	109
玛曲县	868	115	294	271	89	99
碌曲县	721	36	211	344	89	41
夏河县	1354	5	90	343	291	625

住房间数分的家庭户户数（镇）（续 3 ）

单位：户

四代户					
小计	一间	二间	三间	四间	五间及以上
134		**13**	**47**	**28**	**46**
9		1		1	7
15		2	10	3	
50		5	13	12	20
6			3	1	2
4			3		1
36		4	15	10	7
14		1	3	1	9
954	**4**	**47**	**209**	**64**	**630**
27			1	3	23
109		8	29	10	62
177	3	13	73	20	68
66		2	28	6	30
60		3	22	8	27
139	1	3	16	6	113
187		2	13	2	170
189		16	27	9	137
1627	**8**	**164**	**425**	**309**	**721**
69		1	17	15	36
168	1	10	52	48	57
317		23	79	84	131
236	1	25	84	32	94
397	3	82	116	46	150
144	1	5	26	40	72
296	2	18	51	44	181
2037	**3**	**33**	**203**	**200**	**1598**
217		3	21	18	175
257		3	26	47	181
110	1	2	11	17	79
268		1	23	13	231
188		8	43	38	99
326	1	2	13	7	303
493		3	15	21	454
149	1	9	47	32	60
29		2	4	7	16
1819	**4**	**84**	**363**	**205**	**1163**
52			1	2	49
284	1	8	69	8	198
202	1	17	48	24	112
174		18	44	18	94
420		14	75	63	268
278		10	49	15	204
232	2	7	21	44	158
177		10	56	31	80
767	**8**	**42**	**173**	**145**	**399**
85			3	22	60
189		9	57	30	93
150	1	2	16	14	117
87		2	13	23	49
17			5	5	7
55	3	12	23	14	3
89	4	12	40	20	13
95		5	16	17	57

8-3b 各地区按家庭户类别和住房间数分的家庭户户数（镇）(续4)

单位：户

地区	五代及以上户					
	小计	一间	二间	三间	四间	五间及以上
合计	**20**		**1**	**2**	**1**	**16**
兰州市						
城关区						
七里河区						
西固区						
安宁区						
红古区						
永登县						
皋兰县						
榆中县						
兰州新区						
嘉峪关市						
市辖区						
金昌市						
金川区						
永昌县						
白银市						
白银区						
平川区						
靖远县						
会宁县						
景泰县						
天水市	**2**			**2**		
秦州区	1			1		
麦积区						
清水县						
秦安县						
甘谷县						
武山县						
张家川回族自治县	1			1		
武威市						
凉州区						
民勤县						
古浪县						
天祝藏族自治县						
张掖市						
甘州区						
肃南裕固族自治县						
民乐县						
临泽县						
高台县						
山丹县						
平凉市						
崆峒区						
泾川县						
灵台县						
崇信县						
庄浪县						
静宁县						
华亭市						

8-3b 各地区按家庭户类别和住房间数分的家庭户户数（镇）（续5）

单位：户

地区	五代及以上户					
	小计	一间	二间	三间	四间	五间及以上
酒泉市						
肃州区						
金塔县						
瓜州县						
肃北蒙古族自治县						
阿克塞哈萨克族自治县						
玉门市						
敦煌市						
庆阳市	**2**		**1**		**1**	
西峰区						
庆城县						
环　县						
华池县						
合水县						
正宁县	1				1	
宁　县						
镇原县	1		1			
定西市	**2**				**2**	
安定区						
通渭县						
陇西县						
渭源县						
临洮县						
漳　县						
岷　县	2				2	
陇南市	**6**				**6**	
武都区						
成　县						
文　县	1				1	
宕昌县						
康　县						
西和县	1				1	
礼　县	4				4	
徽　县						
两当县						
临夏回族自治州	**1**				**1**	
临夏市						
临夏县						
康乐县	1				1	
永靖县						
广河县						
和政县						
东乡族自治县						
积石山保安族东乡族撒拉族自治县						
甘南藏族自治州	**7**			**1**	**6**	
合作市	6			1	5	
临潭县						
卓尼县	1				1	
舟曲县						
迭部县						
玛曲县						
碌曲县						
夏河县						

8-3c 各地区按家庭户类别和

地区	家庭户户数	一代户				
		小计	一间	二间	三间	四间
合计	**3754517**	**1518077**	**121911**	**261602**	**371509**	**202691**
兰州市	**221688**	**105011**	**13855**	**19195**	**21824**	**11096**
城关区	4188	1889	844	277	349	204
七里河区	25118	11848	4454	2371	1465	757
西固区	11665	6236	1508	997	876	610
安宁区						
红古区	9529	3404	265	653	1327	637
永登县	51897	24556	994	3187	5087	2885
皋兰县	17334	10145	554	1047	1273	1222
榆中县	77981	38219	4289	8014	10426	4085
兰州新区	23976	8714	947	2649	1021	696
嘉峪关市	**6310**	**3998**	**570**	**1659**	**849**	**432**
市辖区	6310	3998	570	1659	849	432
金昌市	**43872**	**30942**	**5270**	**7800**	**5061**	**3712**
金川区	9542	6818	1120	1498	933	692
永昌县	34330	24124	4150	6302	4128	3020
白银市	**221804**	**103857**	**8745**	**19360**	**33583**	**19532**
白银区	13969	10319	2037	2451	1753	1302
平川区	16369	6868	225	737	1457	1676
靖远县	69261	27650	2181	4476	13363	5806
会宁县	91454	43566	3947	10288	14798	8624
景泰县	30751	15454	355	1408	2212	2124
天水市	**495611**	**177214**	**12528**	**30783**	**41328**	**25676**
秦州区	66877	24869	1305	2511	3393	2004
麦积区	70843	24243	913	2525	4692	3834
清水县	53000	20305	1309	2110	2808	2726
秦安县	90336	36001	2800	8994	10996	5112
甘谷县	95879	31253	2353	6654	8764	4344
武山县	70454	23132	2678	5146	6970	4921
张家川回族自治县	48222	17411	1170	2843	3705	2735
武威市	**275818**	**143276**	**6728**	**18563**	**25953**	**18033**
凉州区	147167	75994	4251	10200	14302	10277
民勤县	45003	28327	709	2598	4056	3558
古浪县	57513	27628	1252	3272	5030	3071
天祝藏族自治县	26135	11327	516	2493	2565	1127
张掖市	**208950**	**114420**	**8010**	**28494**	**35714**	**14408**
甘州区	89004	47107	3813	13550	17387	4044
肃南裕固族自治县	6456	3692	340	1652	1062	296
民乐县	35994	16910	987	3289	4296	3943
临泽县	23548	13104	665	2852	3807	1929
高台县	26591	17822	905	3375	5783	2535
山丹县	27357	15785	1300	3776	3379	1661
平凉市	**349392**	**156203**	**15507**	**31542**	**43085**	**21039**
崆峒区	54433	22563	2173	4470	5831	3359
泾川县	52412	27058	2448	4214	5084	3504
灵台县	42512	23716	2261	2926	5146	2823
崇信县	14709	6910	376	735	1389	808
庄浪县	72854	25712	2888	8164	8908	3089
静宁县	89048	40135	4947	10083	15076	6239
华亭市	23424	10109	414	950	1651	1217

住房间数分的家庭户户数（乡村）

单位：户

	二代户					
五间及以上	小计	一间	二间	三间	四间	五间及以上
560364	**1365430**	**30415**	**147564**	**314009**	**208645**	**664797**
39041	**74052**	**2770**	**12886**	**16480**	**10193**	**31723**
215	1394	139	236	337	376	306
2801	8409	622	2613	1747	936	2491
2245	3882	250	548	658	519	1907
522	3397	40	471	1438	878	570
12403	17604	169	1620	3285	2351	10179
6049	5105	193	336	482	625	3469
11405	25230	1138	4428	7361	3528	8775
3401	9031	219	2634	1172	980	4026
488	**1797**	**80**	**781**	**437**	**227**	**272**
488	1797	80	781	437	227	272
9099	**10640**	**1497**	**2713**	**1813**	**1272**	**3345**
2575	2284	146	387	285	304	1162
6524	8356	1351	2326	1528	968	2183
22637	**79198**	**2266**	**10205**	**28690**	**18992**	**19045**
2776	3202	262	983	694	522	741
2773	6246	44	337	1168	1704	2993
1824	26672	629	2998	13713	7236	2096
5909	32437	1255	5168	11776	8063	6175
9355	10641	76	719	1339	1467	7040
66899	**189322**	**2749**	**20269**	**45515**	**34336**	**86453**
15656	24475	613	1703	2692	1973	17494
12279	27961	161	1694	4856	4840	16410
11352	20198	637	1310	2299	2868	13084
8099	33193	313	5078	10932	6482	10388
9138	38217	500	5606	11511	6747	13853
3417	27753	305	3360	9430	8272	6386
6958	17525	220	1518	3795	3154	8838
73999	**91017**	**1227**	**7365**	**16635**	**12085**	**53705**
36964	48388	671	3951	9140	6816	27810
17406	12689	184	723	1469	1671	8642
15003	20333	203	923	3515	2543	13149
4626	9607	169	1768	2511	1055	4104
27794	**66910**	**1409**	**14455**	**26633**	**8644**	**15769**
8313	30234	597	7632	14725	2346	4934
342	2325	64	943	788	217	313
4395	11904	290	1807	3219	3060	3528
3851	7101	113	1144	2266	1159	2419
5224	6751	131	817	2821	1040	1942
5669	8595	214	2112	2814	822	2633
45030	**124864**	**6044**	**18515**	**36529**	**20618**	**43158**
6730	20428	416	2917	5173	3854	8068
11808	17444	349	1477	2828	2589	10201
10560	13922	1174	999	2315	1799	7635
3602	4876	47	208	697	573	3351
2663	26044	318	6025	11547	4430	3724
3790	33830	3580	6425	13076	6418	4331
5877	8320	160	464	893	955	5848

8-3c 各地区按家庭户类别和

地区	家庭户户数	一代户				
		小计	一间	二间	三间	四间
酒泉市	**130303**	**66982**	**4678**	**12263**	**16963**	**10842**
肃州区	47579	25924	1607	4697	5604	3295
金塔县	22785	12664	601	1980	3817	2279
瓜州县	23959	10326	1196	2748	3235	1637
肃北蒙古族自治县	1126	887	268	355	107	65
阿克塞哈萨克族自治县	72	53	17	17	15	3
玉门市	16343	7699	347	1449	2446	1537
敦煌市	18439	9429	642	1017	1739	2026
庆阳市	**417888**	**185985**	**12701**	**25782**	**45824**	**22370**
西峰区	57625	24881	2774	3936	6490	3272
庆城县	45450	20095	1496	2862	5438	2193
环　县	60644	26243	2916	4240	8014	3333
华池县	21956	10150	797	1505	2602	1479
合水县	27425	12324	1323	2836	3448	1493
正宁县	35324	15688	353	1533	2926	1964
宁　县	81068	37226	1186	3591	6350	4536
镇原县	88396	39378	1856	5279	10556	4100
定西市	**489330**	**178504**	**21146**	**38710**	**51968**	**23672**
安定区	69932	34705	4376	7508	11840	7197
通渭县	74946	26949	4531	9452	9752	2057
陇西县	68025	27767	3427	7014	12157	3839
渭源县	64537	23777	4015	5614	5346	2744
临洮县	91642	31895	1853	3716	5775	2014
漳　县	34294	11744	1715	2477	3201	2222
岷　县	85954	21667	1229	2929	3897	3599
陇南市	**475847**	**162175**	**8001**	**17974**	**35509**	**22583**
武都区	97956	37210	2464	5286	7948	5312
成　县	38516	12789	529	1097	4210	3738
文　县	48149	22198	901	3326	5410	4151
宕昌县	50352	13250	746	1431	2960	1816
康　县	37845	13048	1045	2056	4742	1680
西和县	71679	19874	236	773	2174	885
礼　县	86756	25907	528	1059	2860	1205
徽　县	36753	14247	1300	2387	3701	3097
两当县	7841	3652	252	559	1504	699
临夏回族自治州	**315485**	**62671**	**1072**	**3883**	**8221**	**6286**
临夏市	9915	2045	66	485	222	111
临夏县	67327	14021	86	427	1410	780
康乐县	49118	10112	239	741	1266	1350
永靖县	25668	9014	221	597	1860	1010
广河县	35978	5623	174	508	797	911
和政县	34904	6121	86	270	736	577
东乡族自治县	49034	7389	55	376	769	810
积石山保安族东乡族撒拉族自治县	43541	8346	145	479	1161	737
甘南藏族自治州	**102219**	**26839**	**3100**	**5594**	**5627**	**3010**
合作市	6641	1429	93	373	418	284
临潭县	22258	6252	563	1217	1550	430
卓尼县	15771	3912	282	322	508	245
舟曲县	25535	7567	624	1432	1455	1315
迭部县	8344	2299	346	777	588	212
玛曲县	6949	2054	881	654	363	105
碌曲县	4204	770	221	278	177	69
夏河县	12517	2556	90	541	568	350

住房间数分的家庭户户数（乡村）（续1）

单位：户

	二代户					
五间及以上	小计	一间	二间	三间	四间	五间及以上
22236	**44676**	**770**	**6334**	**13267**	**8508**	**15797**
10721	16076	176	2515	4185	2186	7014
3987	7090	110	776	2385	1543	2276
1510	8960	299	1749	3238	1858	1816
92	207	14	36	66	34	57
1	13		2	11		
1920	6023	46	727	1963	1471	1816
4005	6307	125	529	1419	1416	2818
79308	**153731**	**3892**	**10741**	**31151**	**21681**	**86266**
8409	21431	871	2562	5911	3313	8774
8106	16879	394	1002	3798	2371	9314
7740	22855	1463	2274	6527	3586	9005
3767	7978	341	706	1816	1397	3718
3224	10091	374	1460	2960	1692	3605
8912	13144	138	514	1581	1742	9169
21563	29191	97	743	2696	3478	22177
17587	32162	214	1480	5862	4102	20504
43008	**180302**	**4736**	**26419**	**54841**	**29732**	**64574**
3784	23352	1193	4141	8394	6070	3554
1157	28582	1066	8164	14014	3499	1839
1330	24263	424	4142	12620	5121	1956
6058	23249	816	3810	6283	3690	8650
18537	33388	503	2168	5633	2428	22656
2129	13533	431	1890	4056	3453	3703
10013	33935	303	2104	3841	5471	22216
78108	**182968**	**1306**	**7586**	**25266**	**26412**	**122398**
16200	37001	536	2222	6151	5723	22369
3215	15051	68	483	3290	5344	5866
8410	18764	115	904	3152	3864	10729
6297	18863	21	456	2145	2881	13360
3525	14055	62	1119	4401	2459	6014
15806	28920	64	205	782	734	27135
20255	34143	54	313	1298	1265	31213
3762	13451	368	1683	2965	3435	5000
638	2720	18	201	1082	707	712
43209	**127143**	**222**	**2622**	**8396**	**10853**	**105050**
1161	3879	8	480	491	194	2706
11318	25248	5	113	479	778	23873
6516	19466	45	552	1492	2321	15056
5326	9422	64	324	1682	1118	6234
3233	15692	51	434	1546	2223	11438
4452	13604	17	178	665	1088	11656
5379	22698	9	213	838	1911	19727
5824	17134	23	328	1203	1220	14360
9508	**38810**	**1447**	**6673**	**8356**	**5092**	**17242**
261	1695	29	170	407	352	737
2492	8171	73	1179	2128	752	4039
2555	5381	15	218	411	243	4494
2741	11221	251	1745	2388	2157	4680
376	3364	79	760	1004	513	1008
51	3621	786	1670	824	247	94
25	1442	184	474	444	236	104
1007	3915	30	457	750	592	2086

8-3c 各地区按家庭户类别和

地区	三代户					
	小计	一间	二间	三间	四间	五间及以上
合计	**814754**	**2582**	**38264**	**145208**	**122225**	**506475**
兰州市	**40808**	**224**	**3920**	**8451**	**6960**	**21253**
城关区	863	3	69	132	312	347
七里河区	4714	53	792	1006	738	2125
西固区	1523	16	81	188	189	1049
安宁区						
红古区	2616	9	111	913	937	646
永登县	9343	14	428	1662	1320	5919
皋兰县	1998	8	75	122	208	1585
榆中县	13905	95	1237	3771	2578	6224
兰州新区	5846	26	1127	657	678	3358
嘉峪关市	**507**	**6**	**119**	**173**	**111**	**98**
市辖区	507	6	119	173	111	98
金昌市	**2259**	**100**	**423**	**436**	**347**	**953**
金川区	434	7	34	35	48	310
永昌县	1825	93	389	401	299	643
白银市	**36833**	**119**	**1902**	**12442**	**11204**	**11166**
白银区	438	7	101	95	106	129
平川区	3080	4	62	448	831	1735
靖远县	14198	46	589	6730	5098	1735
会宁县	14706	60	993	4697	4640	4316
景泰县	4411	2	157	472	529	3251
天水市	**122071**	**282**	**6263**	**24620**	**23164**	**67742**
秦州区	16439	27	678	1522	1156	13056
麦积区	17824	24	498	2420	2762	12120
清水县	11812	79	396	998	1302	9037
秦安县	20064	34	1343	5881	4513	8293
甘谷县	25152	74	1995	7088	5111	10884
武山县	18452	27	868	4686	6191	6680
张家川回族自治县	12328	17	485	2025	2129	7672
武威市	**39987**	**100**	**1354**	**5443**	**4360**	**28730**
凉州区	22100	58	649	2601	2483	16309
民勤县	3861	7	116	318	468	2952
古浪县	9080	16	117	1229	827	6891
天祝藏族自治县	4946	19	472	1295	582	2578
张掖市	**26814**	**161**	**3934**	**10483**	**4412**	**7824**
甘州区	11358	60	2171	5778	1053	2296
肃南裕固族自治县	431	5	136	165	45	80
民乐县	6949	41	655	1768	1964	2521
临泽县	3223	21	263	960	649	1330
高台县	1956	17	155	812	394	578
山丹县	2897	17	554	1000	307	1019
平凉市	**64633**	**304**	**4813**	**18869**	**12296**	**28351**
崆峒区	10792	22	748	2105	2183	5734
泾川县	7433	42	279	874	980	5258
灵台县	4698	44	121	487	522	3524
崇信县	2704	20	60	247	215	2162
庄浪县	19918	35	2154	9100	4177	4452
静宁县	14360	136	1354	5768	3867	3235
华亭市	4728	5	97	288	352	3986

住房间数分的家庭户户数（乡村）（续 2）

单位：户

四代户					
小计	一间	二间	三间	四间	五间及以上
56163	**78**	**998**	**6582**	**7476**	**41029**
1817	**4**	**100**	**296**	**319**	**1098**
42		2	2	20	18
147	1	14	22	25	85
24			2	4	18
112		3	30	46	33
394		5	66	49	274
86		2	4	4	76
627	1	23	140	125	338
385	2	51	30	46	256
8			**1**	**3**	**4**
8			1	3	4
31	**1**		**6**	**5**	**19**
6					6
25	1		6	5	13
1915	**2**	**43**	**483**	**633**	**754**
10			1	5	4
175		2	13	46	114
740		15	264	319	142
745	2	19	181	243	300
245		7	24	20	194
7001	**3**	**151**	**1070**	**1276**	**4501**
1093		30	102	75	886
815		13	90	128	584
685	1	9	63	56	556
1078	1	18	241	258	560
1256	1	35	255	281	684
1117		27	209	330	551
957		19	110	148	680
1538	**2**	**26**	**181**	**157**	**1172**
685		6	48	77	554
126		1	6	18	101
472	1	5	68	29	369
255	1	14	59	33	148
805	**4**	**74**	**304**	**151**	**272**
305	3	40	166	32	64
8		1	4	2	1
231	1	11	49	68	102
120		8	35	25	52
62		2	23	18	19
79		12	27	6	34
3689	**2**	**93**	**870**	**766**	**1958**
650	1	20	87	127	415
476	1	8	32	54	381
176			7	17	152
219		2	9	11	197
1179		43	478	325	333
722		20	246	212	244
267			11	20	236

8-3c 各地区按家庭户类别和

地区	三代户					
	小计	一间	二间	三间	四间	五间及以上
酒泉市	**17997**	**48**	**1047**	**4406**	**4225**	**8271**
肃州区	5480	15	382	1167	844	3072
金塔县	2951	13	138	899	791	1110
瓜州县	4394	15	315	1299	1258	1507
肃北蒙古族自治县	31		4	6	7	14
阿克塞哈萨克族自治县	6			5	1	
玉门市	2505	3	105	662	737	998
敦煌市	2630	2	103	368	587	1570
庆阳市	**73316**	**204**	**1776**	**8689**	**8806**	**53841**
西峰区	10667	48	440	1858	1876	6445
庆城县	7875	12	137	910	891	5925
环　县	10608	46	372	1894	1686	6610
华池县	3557	11	100	489	507	2450
合水县	4708	58	338	1265	881	2166
正宁县	6210	4	69	377	578	5182
宁　县	13921	11	105	477	802	12526
镇原县	15770	14	215	1419	1585	12537
定西市	**121960**	**622**	**7546**	**31937**	**22542**	**59313**
安定区	11243	102	1016	3656	3764	2705
通渭县	18422	278	2492	9540	4094	2018
陇西县	15225	46	1178	7295	4617	2089
渭源县	16236	76	1028	3670	2917	8545
临洮县	24692	83	704	3618	1833	18454
漳　县	8242	24	418	1893	2476	3431
岷　县	27900	13	710	2265	2841	22071
陇南市	**119927**	**96**	**1864**	**8893**	**12579**	**96495**
武都区	21699	25	402	2153	2699	16420
成　县	10014	10	151	1108	2739	6006
文　县	6769	3	76	521	988	5181
宕昌县	16336	1	84	592	1186	14473
康　县	9836	6	269	2038	1882	5641
西和县	21022	2	107	246	239	20428
礼　县	24398		73	342	399	23584
徽　县	8451	49	682	1553	2028	4139
两当县	1402		20	340	419	623
临夏回族自治州	**115547**	**17**	**679**	**4409**	**6252**	**104190**
临夏市	3771	2	98	462	244	2965
临夏县	25585	2	35	226	272	25050
康乐县	17933	4	203	855	1343	15528
永靖县	6795	2	49	807	1033	4904
广河县	13544	3	88	686	1349	11418
和政县	13770	1	65	351	517	12836
东乡族自治县	17635	1	44	211	502	16877
积石山保安族东乡族撒拉族自治县	16514	2	97	811	992	14612
甘南藏族自治州	**32095**	**299**	**2624**	**5957**	**4967**	**18248**
合作市	2687	7	102	404	578	1596
临潭县	7118	10	551	1912	793	3852
卓尼县	5622	1	181	340	272	4828
舟曲县	6374	10	300	1004	1537	3523
迭部县	2427	20	350	696	473	888
玛曲县	1172	108	435	387	153	89
碌曲县	1654	121	363	517	434	219
夏河县	5041	22	342	697	727	3253

住房间数分的家庭户户数（乡村）（续3）

单位：户

四代户					
小计	一间	二间	三间	四间	五间及以上
648		**10**	**123**	**184**	**331**
99		3	19	15	62
80		1	23	27	29
279		4	52	88	135
1					1
116		1	23	36	56
73		1	6	18	48
4851	**4**	**50**	**355**	**477**	**3965**
646		7	75	104	460
601		4	39	50	508
935	1	11	86	107	730
271		2	19	37	213
302	2	10	56	61	173
282		2	13	16	251
730	1	4	17	18	690
1084		10	50	84	940
8560	**14**	**191**	**1565**	**1597**	**5193**
632	1	20	145	213	253
993	4	60	449	294	186
770	1	31	257	312	169
1275	3	25	194	233	820
1666	4	24	225	140	1273
774	1	13	115	191	454
2450		18	180	214	2038
10755	**6**	**64**	**482**	**787**	**9416**
2045	3	18	132	197	1695
662		6	43	115	498
418		1	9	43	365
1901		4	28	79	1790
903		8	109	181	605
1857	3	3	15	14	1822
2301		1	32	30	2238
602		23	102	114	363
66			12	14	40
10114	**2**	**16**	**236**	**417**	**9443**
220	1	2	13	13	191
2471		3	19	13	2436
1605	1	6	55	70	1473
437			33	68	336
1118		1	32	86	999
1408		1	21	39	1347
1311		2	12	25	1272
1544		1	51	103	1389
4431	**34**	**180**	**610**	**704**	**2903**
815		10	63	157	585
716		17	164	135	400
849		12	61	65	711
373		4	37	70	262
254		19	64	50	121
102	12	29	35	12	14
333	16	46	79	92	100
989	6	43	107	123	710

8-3c 各地区按家庭户类别和住房间数分的家庭户户数（乡村）（续4）

单位：户

地区	五代及以上户					
	小计	一间	二间	三间	四间	五间及以上
合计	**93**		**3**	**5**	**7**	**78**
兰州市						
城关区						
七里河区						
西固区						
安宁区						
红古区						
永登县						
皋兰县						
榆中县						
兰州新区						
嘉峪关市						
市辖区						
金昌市						
金川区						
永昌县						
白银市	**1**				**1**	
白银区						
平川区						
靖远县	1				1	
会宁县						
景泰县						
天水市	**3**					**3**
秦州区	1					1
麦积区						
清水县						
秦安县						
甘谷县	1					1
武山县						
张家川回族自治县	1					1
武威市						
凉州区						
民勤县						
古浪县						
天祝藏族自治县						
张掖市	**1**			**1**		
甘州区						
肃南裕固族自治县						
民乐县						
临泽县						
高台县						
山丹县	1			1		
平凉市	**3**			**1**		**2**
崆峒区						
泾川县	1					1
灵台县						
崇信县						
庄浪县	1			1		
静宁县	1					1
华亭市						

8-3c 各地区按家庭户类别和住房间数分的家庭户户数（乡村）（续5）

单位：户

地区	五代及以上户					
	小计	一间	二间	三间	四间	五间及以上
酒泉市						
肃州区						
金塔县						
瓜州县						
肃北蒙古族自治县						
阿克塞哈萨克族自治县						
玉门市						
敦煌市						
庆阳市	**5**					**5**
西峰区						
庆城县						
环　县	3					3
华池县						
合水县						
正宁县						
宁　县						
镇原县	2					2
定西市	**4**					**4**
安定区						
通渭县						
陇西县						
渭源县						
临洮县	1					1
漳　县	1					1
岷　县	2					2
陇南市	**22**			**2**	**1**	**19**
武都区	1				1	
成　县						
文　县						
宕昌县	2					2
康　县	3			1		2
西和县	6					6
礼　县	7					7
徽　县	2			1		1
两当县	1					1
临夏回族自治州	**10**				**2**	**8**
临夏市						
临夏县	2					2
康乐县	2					2
永靖县						
广河县	1					1
和政县	1					1
东乡族自治县	1					1
积石山保安族东乡族撒拉族自治县	3				2	1
甘南藏族自治州	**44**		**3**	**1**	**3**	**37**
合作市	15					15
临潭县	1					1
卓尼县	7				1	6
舟曲县						
迭部县						
玛曲县						
碌曲县	5			1	1	3
夏河县	16		3		1	12

8-4　全省按户主的受教育程度分的家庭户住房状况

受教育程度	户数（户）	人口数（人）	平均每户住房间数（间/户）	人均住房建筑面积（平方米/人）	人均住房间数（间/人）
合计	**7080356**	**20638293**	**3.69**	**32.89**	**1.27**
未上过学	427038	1249881	4.36	31.11	1.49
学前教育	8100	18419	3.39	36.80	1.49
小学	2029860	6343111	4.40	31.19	1.41
初中	2417363	7239692	3.81	31.90	1.27
高中	1045006	2770860	3.01	34.61	1.13
大学专科	614612	1581070	2.58	37.28	1.00
大学本科	500135	1334671	2.55	38.58	0.95
硕士研究生	32700	85522	2.53	41.07	0.97
博士研究生	5542	15067	2.59	40.57	0.95

8-4a　全省按户主的受教育程度分的家庭户住房状况（城市）

受教育程度	户数（户）	人口数（人）	平均每户住房间数（间/户）	人均住房建筑面积（平方米/人）	人均住房间数（间/人）
合计	**2308480**	**5865605**	**2.37**	**34.23**	**0.93**
未上过学	43482	101754	2.58	34.11	1.10
学前教育	1852	3513	2.27	39.49	1.19
小学	263363	691068	2.62	31.77	1.00
初中	694625	1811304	2.32	30.36	0.89
高中	549170	1353223	2.27	34.25	0.92
大学专科	390018	969496	2.33	37.52	0.94
大学本科	332042	846065	2.44	39.99	0.96
硕士研究生	28663	74833	2.50	41.16	0.96
博士研究生	5265	14349	2.59	40.68	0.95

8-4b 全省按户主的受教育程度分的家庭户住房状况（镇）

受教育程度	户数（户）	人口数（人）	平均每户住房间数（间/户）	人均住房建筑面积（平方米/人）	人均住房间数（间/人）
合计	**1612297**	**4758114**	**3.33**	**33.43**	**1.13**
未上过学	69678	204180	3.89	32.22	1.33
学前教育	2211	4445	2.75	39.73	1.37
小学	374691	1145480	3.80	32.21	1.24
初中	570169	1732843	3.44	32.09	1.13
高中	261909	724452	2.99	34.84	1.08
大学专科	178721	490420	2.78	36.95	1.01
大学本科	151302	446459	2.72	35.91	0.92
硕士研究生	3399	9240	2.71	39.68	1.00
博士研究生	217	595	2.53	38.26	0.92

8-4c 全省按户主的受教育程度分的家庭户住房状况（村）

受教育程度	户数（户）	人口数（人）	平均每户住房间数（间/户）	人均住房建筑面积（平方米/人）	人均住房间数（间/人）
合计	**3159579**	**10014574**	**4.84**	**31.85**	**1.53**
未上过学	313878	943947	4.71	30.55	1.57
学前教育	4037	10461	4.27	34.64	1.65
小学	1391806	4506563	4.90	30.84	1.51
初中	1152569	3695545	4.89	32.56	1.53
高中	233927	693185	4.75	35.08	1.60
大学专科	45873	121154	3.90	36.70	1.48
大学本科	16791	42147	3.17	38.71	1.26
硕士研究生	638	1449	3.12	45.25	1.37
博士研究生	60	123	3.05	39.68	1.49

8-5 全省按户主受教育程度、

受教育程度	户数	人均住房		
		8及以下	9—12	13—16
合计	**7080356**	**155283**	**266453**	**492295**
未上过学	427038	7667	14688	35967
学前教育	8100	171	385	524
小学	2029860	42940	74129	167753
初中	2417363	77539	116045	185457
高中	1045006	19736	40626	63772
大学专科	614612	5618	14534	24732
大学本科	500135	1568	5704	13145
硕士研究生	32700	36	287	792
博士研究生	5542	8	55	153

8-5a 全省按户主受教育程度、

受教育程度	户数	人均住房		
		8及以下	9—12	13—16
合计	**2308480**	**67762**	**113952**	**137920**
未上过学	43482	2004	2496	3006
学前教育	1852	63	106	134
小学	263363	14777	18479	20203
初中	694625	36135	54396	56679
高中	549170	10433	24060	32574
大学专科	390018	3304	10027	15630
大学本科	332042	1014	4076	8851
硕士研究生	28663	26	258	709
博士研究生	5265	6	54	134

人均住房建筑面积分的家庭户户数

单位：户

建筑面积（平方米）					
17—19	20—29	30—39	40—49	50—59	60 及以上
333263	**1688058**	**1343645**	**954687**	**533405**	**1313267**
20929	103938	76118	53502	28047	86182
275	1543	1247	969	717	2269
105479	508970	372144	260205	141329	356911
119295	596864	444475	309594	171251	396843
47037	236548	197385	149281	87753	202868
22919	129280	128752	94144	55731	138902
16128	104059	115318	80485	45062	118666
1016	5877	7030	5511	2996	9155
185	979	1176	996	519	1471

人均住房建筑面积分的家庭户户数（城市）

单位：户

建筑面积（平方米）					
17—19	20—29	30—39	40—49	50—59	60 及以上
107430	**502190**	**425906**	**326414**	**190519**	**436387**
1831	8025	5731	5159	4481	10749
55	259	241	226	169	599
13154	55215	38455	32046	22105	48929
38625	166205	116008	83757	48382	94438
27204	124266	104106	81228	46419	98880
15227	80229	81017	61720	34860	88004
10252	61996	73085	56395	30987	85386
904	5070	6137	4930	2621	8008
178	925	1126	953	495	1394

8-5b　全省按户主受教育程度、

受教育程度	户数	人均住房		
		8及以下	9—12	13—16
合计	**1612297**	**54348**	**60897**	**96301**
未上过学	69678	3131	3372	5207
学前教育	2211	58	111	130
小学	374691	15890	16739	27124
初中	570169	26459	26287	38950
高中	261909	6507	9772	15001
大学专科	178721	1818	3227	6291
大学本科	151302	477	1363	3523
硕士研究生	3399	8	25	61
博士研究生	217		1	14

8-5c　全省按户主受教育程度、

受教育程度	户数	人均住房		
		8及以下	9—12	13—16
合计	**3159579**	**33173**	**91604**	**258074**
未上过学	313878	2532	8820	27754
学前教育	4037	50	168	260
小学	1391806	12273	38911	120426
初中	1152569	14945	35362	89828
高中	233927	2796	6794	16197
大学专科	45873	496	1280	2811
大学本科	16791	77	265	771
硕士研究生	638	2	4	22
博士研究生	60	2		5

人均住房建筑面积分的家庭户户数（镇）

单位：户

建筑面积（平方米）					
17—19	20—29	30—39	40—49	50—59	60及以上
70033	**377933**	**308495**	**206578**	**131141**	**306571**
3175	15266	10669	7837	4989	16032
60	413	266	191	222	760
17563	85950	63515	45620	29095	73195
26805	138843	104955	69172	42838	95860
10761	59248	49785	35062	23424	52349
6181	39093	39434	26400	17427	38850
5381	38356	39042	21779	12820	28561
100	721	787	483	309	905
7	43	42	34	17	59

人均住房建筑面积分的家庭户户数（乡村）

单位：户

建筑面积（平方米）					
17—19	20—29	30—39	40—49	50—59	60及以上
155800	**807935**	**609244**	**421695**	**211745**	**570309**
15923	80647	59718	40506	18577	59401
160	871	740	552	326	910
74762	367805	270174	182539	90129	234787
53865	291816	223512	156665	80031	206545
9072	53034	43494	32991	17910	51639
1511	9958	8301	6024	3444	12048
495	3707	3191	2311	1255	4719
12	86	106	98	66	242
	11	8	9	7	18

第二部分　长表数据资料

第一卷　概要

1-1 各地区户数、

地区	户数			合计			
	合计	家庭户	集体户	小计	男	女	性别比（女=100）
合计	**802135**	**786909**	**15226**	**2372848**	**1192587**	**1180261**	**101.04**
兰州市	**149859**	**142290**	**7569**	**404421**	**205378**	**199043**	**103.18**
城关区	55070	53235	1835	134530	67445	67085	100.54
七里河区	25108	24182	926	65897	33857	32040	105.67
西固区	15630	15485	145	39007	19544	19463	100.42
安宁区	13679	11865	1814	38825	19162	19663	97.45
红古区	4890	4843	47	13570	6867	6703	102.45
永登县	10192	10038	154	28546	14487	14059	103.04
皋兰县	4146	3941	205	11488	6166	5322	115.86
榆中县	14478	13059	1419	43495	22080	21415	103.11
兰州新区	6666	5642	1024	29063	15770	13293	118.63
嘉峪关市	**12244**	**11919**	**325**	**30029**	**15585**	**14444**	**107.90**
市辖区	12244	11919	325	30029	15585	14444	107.90
金昌市	**17614**	**17407**	**207**	**41797**	**21179**	**20618**	**102.72**
金川区	10462	10304	158	24541	12442	12099	102.83
永昌县	7152	7103	49	17256	8737	8519	102.56
白银市	**50097**	**49719**	**378**	**140152**	**70610**	**69542**	**101.54**
白银区	12999	12854	145	31717	15935	15782	100.97
平川区	6848	6756	92	19211	9713	9498	102.26
靖远县	11162	11090	72	34637	17647	16990	103.87
会宁县	12434	12387	47	35649	17657	17992	98.14
景泰县	6654	6632	22	18938	9658	9280	104.07
天水市	**88443**	**87430**	**1013**	**277027**	**137365**	**139662**	**98.36**
秦州区	19317	18834	483	56228	27742	28486	97.39
麦积区	16515	16296	219	50736	25498	25238	101.03
清水县	7220	7167	53	22093	10935	11158	98.00
秦安县	13132	13024	108	42020	21037	20983	100.26
甘谷县	15053	14967	86	49058	24129	24929	96.79
武山县	10894	10862	32	34788	17317	17471	99.12
张家川回族自治县	6312	6280	32	22104	10707	11397	93.95
武威市	**50371**	**49758**	**613**	**140423**	**70345**	**70078**	**100.38**
凉州区	30495	30054	441	85374	42687	42687	100.00
民勤县	6815	6744	71	16916	8620	8296	103.91
古浪县	7956	7903	53	23667	11734	11933	98.33
天祝藏族自治县	5105	5057	48	14466	7304	7162	101.98
张掖市	**41480**	**40777**	**703**	**111354**	**55645**	**55709**	**99.89**
甘州区	18824	18423	401	49961	24973	24988	99.94
肃南裕固族自治县	1229	1204	25	3058	1595	1463	109.02
民乐县	6253	6145	108	18753	9401	9352	100.52
临泽县	4298	4212	86	11354	5660	5694	99.40
高台县	5184	5136	48	12482	6164	6318	97.56
山丹县	5692	5657	35	15746	7852	7894	99.47
平凉市	**61517**	**60627**	**890**	**177047**	**87587**	**89460**	**97.91**
崆峒区	16796	16490	306	49396	24363	25033	97.32
泾川县	8086	7971	115	20567	10015	10552	94.91
灵台县	6013	5946	67	14752	7279	7473	97.40
崇信县	2771	2650	121	8065	4240	3825	110.85
庄浪县	9790	9775	15	31772	15364	16408	93.64
静宁县	12034	11893	141	34856	17346	17510	99.06
华亭市	6027	5902	125	17639	8980	8659	103.71

人口数和性别比

单位：人、户

人口数								平均家庭户规模（人/户）
家庭户				集体户				
小计	男	女	性别比（女=100）	小计	男	女	性别比（女=100）	
2282521	**1140577**	**1141944**	**99.88**	**90327**	**52010**	**38317**	**135.74**	**2.90**
363099	**181559**	**181540**	**100.01**	**41322**	**23819**	**17503**	**136.09**	**2.55**
127194	63222	63972	98.83	7336	4223	3113	135.66	**2.39**
61104	30574	30530	100.14	4793	3283	1510	217.42	**2.53**
38198	18932	19266	98.27	809	612	197	310.66	**2.47**
30329	14954	15375	97.26	8496	4208	4288	98.13	**2.56**
13243	6627	6616	100.17	327	240	87	275.86	**2.73**
27852	13979	13873	100.76	694	508	186	273.12	**2.77**
10080	5097	4983	102.29	1408	1069	339	315.34	**2.56**
36658	18616	18042	103.18	6837	3464	3373	102.70	**2.81**
18441	9558	8883	107.60	10622	6212	4410	140.86	**3.27**
28879	**14689**	**14190**	**103.52**	**1150**	**896**	**254**	**352.76**	**2.42**
28879	14689	14190	103.52	1150	896	254	352.76	**2.42**
40767	**20504**	**20263**	**101.19**	**1030**	**675**	**355**	**190.14**	**2.34**
23939	12045	11894	101.27	602	397	205	193.66	**2.32**
16828	8459	8369	101.08	428	278	150	185.33	**2.37**
137963	**69310**	**68653**	**100.96**	**2189**	**1300**	**889**	**146.23**	**2.77**
31222	15611	15611	100.00	495	324	171	189.47	**2.43**
18804	9436	9368	100.73	407	277	130	213.08	**2.78**
34062	17304	16758	103.26	575	343	232	147.84	**3.07**
35103	17393	17710	98.21	546	264	282	93.62	**2.83**
18772	9566	9206	103.91	166	92	74	124.32	**2.83**
270236	**133901**	**136335**	**98.21**	**6791**	**3464**	**3327**	**104.12**	**3.09**
53397	26441	26956	98.09	2831	1301	1530	85.03	**2.84**
49094	24570	24524	100.19	1642	928	714	129.97	**3.01**
21775	10764	11011	97.76	318	171	147	116.33	**3.04**
41121	20582	20539	100.21	899	455	444	102.48	**3.16**
48357	23789	24568	96.83	701	340	361	94.18	**3.23**
34608	17215	17393	98.98	180	102	78	130.77	**3.19**
21884	10540	11344	92.91	220	167	53	315.09	**3.48**
136223	**67858**	**68365**	**99.26**	**4200**	**2487**	**1713**	**145.18**	**2.74**
82659	41175	41484	99.26	2715	1512	1203	125.69	**2.75**
16408	8257	8151	101.30	508	363	145	250.34	**2.43**
23004	11328	11676	97.02	663	406	257	157.98	**2.91**
14152	7098	7054	100.62	314	206	108	190.74	**2.80**
107654	**53766**	**53888**	**99.77**	**3700**	**1879**	**1821**	**103.19**	**2.64**
47903	24074	23829	101.03	2058	899	1159	77.57	**2.60**
2881	1446	1435	100.77	177	149	28	532.14	**2.39**
18125	9056	9069	99.86	628	345	283	121.91	**2.95**
10896	5421	5475	99.01	458	239	219	109.13	**2.59**
12290	6045	6245	96.80	192	119	73	163.01	**2.39**
15559	7724	7835	98.58	187	128	59	216.95	**2.75**
172106	**84915**	**87191**	**97.39**	**4941**	**2672**	**2269**	**117.76**	**2.84**
47817	23760	24057	98.77	1579	603	976	61.78	**2.90**
19888	9655	10233	94.35	679	360	319	112.85	**2.50**
14416	7087	7329	96.70	336	192	144	133.33	**2.42**
7282	3621	3661	98.91	783	619	164	377.44	**2.75**
31670	15299	16371	93.45	102	65	37	175.68	**3.24**
34189	17033	17156	99.28	667	313	354	88.42	**2.87**
16844	8460	8384	100.91	795	520	275	189.09	**2.85**

1-1 各地区户数、

地区	户数			合计			
	合计	家庭户	集体户	小计	男	女	性别比（女=100）
酒泉市	**37566**	**37046**	**520**	**98180**	**50007**	**48173**	**103.81**
肃州区	16923	16776	147	42689	21298	21391	99.57
金塔县	3964	3882	82	10222	5256	4966	105.84
瓜州县	4325	4211	114	12656	6585	6071	108.47
肃北蒙古族自治县	607	595	12	1512	941	571	164.80
阿克塞哈萨克族自治县	356	337	19	1002	540	462	116.88
玉门市	4489	4397	92	12330	6472	5858	110.48
敦煌市	6902	6848	54	17769	8915	8854	100.69
庆阳市	**68913**	**67988**	**925**	**193429**	**97267**	**96162**	**101.15**
西峰区	16229	15905	324	45556	22850	22706	100.63
庆城县	7549	7411	138	20671	10602	10069	105.29
环　县	9044	8938	106	26076	13483	12593	107.07
华池县	3754	3685	69	11344	5866	5478	107.08
合水县	4338	4289	49	12459	6331	6128	103.31
正宁县	5482	5433	49	15201	7558	7643	98.89
宁　县	10782	10686	96	29507	14386	15121	95.14
镇原县	11735	11641	94	32615	16191	16424	98.58
定西市	**79778**	**79383**	**395**	**255721**	**129075**	**126646**	**101.92**
安定区	14244	14144	100	40270	20411	19859	102.78
通渭县	11109	11054	55	40669	21104	19565	107.87
陇西县	13400	13335	65	41200	20617	20583	100.17
渭源县	8861	8820	41	28126	14330	13796	103.87
临洮县	15088	15003	85	48145	23983	24162	99.26
漳　县	5037	5013	24	15725	7867	7858	100.11
岷　县	12039	12014	25	41586	20763	20823	99.71
陇南市	**72355**	**71758**	**597**	**225568**	**113873**	**111695**	**101.95**
武都区	17105	16955	150	52482	26341	26141	100.77
成　县	7429	7320	109	23238	11562	11676	99.02
文　县	6772	6703	69	18535	9343	9192	101.64
宕昌县	6650	6589	61	23397	12012	11385	105.51
康　县	5277	5253	24	15510	7858	7652	102.69
西和县	9937	9914	23	33127	16516	16611	99.43
礼　县	11606	11560	46	37260	19080	18180	104.95
徽　县	6140	6031	109	18019	9103	8916	102.10
两当县	1439	1433	6	4000	2058	1942	105.97
临夏回族自治州	**52821**	**52271**	**550**	**210796**	**104987**	**105809**	**99.22**
临夏市	10115	9878	237	35333	17643	17690	99.73
临夏县	8168	8117	51	32484	16300	16184	100.72
康乐县	6496	6454	42	25702	12599	13103	96.15
永靖县	5836	5781	55	18407	9171	9236	99.30
广河县	5390	5352	38	25674	12794	12880	99.33
和政县	4961	4927	34	20492	10164	10328	98.41
东乡族自治县	6052	6033	19	28531	14164	14367	98.59
积石山保安族东乡族撒拉族自治县	5803	5729	74	24173	12152	12021	101.09
甘南藏族自治州	**19077**	**18536**	**541**	**66904**	**33684**	**33220**	**101.40**
合作市	2794	2576	218	10115	5051	5064	99.74
临潭县	3466	3433	33	12027	6033	5994	100.65
卓尼县	2678	2592	86	9665	4912	4753	103.35
舟曲县	3824	3781	43	12886	6435	6451	99.75
迭部县	1675	1661	14	5193	2600	2593	100.27
玛曲县	1608	1561	47	5229	2698	2531	106.60
碌曲县	923	907	16	3389	1690	1699	99.47
夏河县	2109	2025	84	8400	4265	4135	103.14

人口数和性别比（续）

单位：人、户

人口数								平均家庭户规模（人/户）
家庭户				集体户				
小计	男	女	性别比（女=100）	小计	男	女	性别比（女=100）	
94328	**47636**	**46692**	**102.02**	**3852**	**2371**	**1481**	**160.09**	**2.55**
41171	20534	20637	99.50	1518	764	754	101.33	**2.45**
9774	4947	4827	102.49	448	309	139	222.30	**2.52**
11979	6100	5879	103.76	677	485	192	252.60	**2.84**
1475	912	563	161.99	37	29	8	362.50	**2.48**
884	438	446	98.21	118	102	16	637.50	**2.62**
11755	6062	5693	106.48	575	410	165	248.48	**2.67**
17290	8643	8647	99.95	479	272	207	131.40	2.52
186349	**93045**	**93304**	**99.72**	**7080**	**4222**	**2858**	**147.73**	2.74
43020	21581	21439	100.66	2536	1269	1267	100.16	2.70
20050	10156	9894	102.65	621	446	175	254.86	2.71
25327	12985	12342	105.21	749	498	251	198.41	2.83
10798	5471	5327	102.70	546	395	151	261.59	2.93
12118	6101	6017	101.40	341	230	111	207.21	2.83
14813	7301	7512	97.19	388	257	131	196.18	2.73
28337	13688	14649	93.44	1170	698	472	147.88	2.65
31886	15762	16124	97.75	729	429	300	143.00	2.74
252639	**127194**	**125445**	**101.39**	**3082**	**1881**	**1201**	**156.62**	3.18
39629	20014	19615	102.03	641	397	244	162.70	2.80
40190	20821	19369	107.50	479	283	196	144.39	3.64
40947	20489	20458	100.15	253	128	125	102.40	3.07
27736	14113	13623	103.60	390	217	173	125.43	3.14
47255	23439	23816	98.42	890	544	346	157.23	3.15
15551	7733	7818	98.91	174	134	40	335.00	3.10
41331	20585	20746	99.22	255	178	77	231.17	3.44
222038	**111844**	**110194**	**101.50**	**3530**	**2029**	**1501**	**135.18**	3.09
51588	25911	25677	100.91	894	430	464	92.67	3.04
22658	11362	11296	100.58	580	200	380	52.63	3.10
18016	8969	9047	99.14	519	374	145	257.93	2.69
23177	11912	11265	105.74	220	100	120	83.33	3.52
15253	7710	7543	102.21	257	148	109	135.78	2.90
32993	16421	16572	99.09	134	95	39	243.59	3.33
36875	18841	18034	104.47	385	239	146	163.70	3.19
17553	8724	8829	98.81	466	379	87	435.63	2.91
3925	1994	1931	103.26	75	64	11	581.82	2.74
207168	**102893**	**104275**	**98.67**	**3628**	**2094**	**1534**	**136.51**	3.96
34036	16914	17122	98.79	1297	729	568	128.35	3.45
32059	16014	16045	99.81	425	286	139	205.76	3.95
25478	12496	12982	96.26	224	103	121	85.12	3.95
18023	8971	9052	99.11	384	200	184	108.70	3.12
25464	12682	12782	99.22	210	112	98	114.29	4.76
20250	10023	10227	98.01	242	141	101	139.60	4.11
28337	14033	14304	98.11	194	131	63	207.94	4.70
23521	11760	11761	99.99	652	392	260	150.77	4.11
63072	**31463**	**31609**	**99.54**	**3832**	**2221**	**1611**	**137.86**	3.40
8689	4397	4292	102.45	1426	654	772	84.72	3.37
11722	5839	5883	99.25	305	194	111	174.77	3.41
9022	4527	4495	100.71	643	385	258	149.22	3.48
12407	6155	6252	98.45	479	280	199	140.70	3.28
5091	2513	2578	97.48	102	87	15	580.00	3.07
4873	2482	2391	103.81	356	216	140	154.29	3.12
3273	1617	1656	97.64	116	73	43	169.77	3.61
7995	3933	4062	96.82	405	332	73	454.79	3.95

1-1a 各地区户数、

地区	户数			合计			
	合计	家庭户	集体户	小计	男	女	性别比（女=100）
合计	**247371**	**240018**	**7353**	**652969**	**325010**	**327959**	**99.10**
兰州市	**104626**	**100414**	**4212**	**263224**	**131406**	**131818**	**99.69**
城关区	53782	52038	1744	130837	65424	65413	100.02
七里河区	20559	20035	524	51535	25969	25566	101.58
西固区	13378	13270	108	33423	16607	16816	98.76
安宁区	13679	11865	1814	38825	19162	19663	97.45
红古区	3228	3206	22	8604	4244	4360	97.34
嘉峪关市	**11407**	**11110**	**297**	**27953**	**14452**	**13501**	**107.04**
市辖区	11407	11110	297	27953	14452	13501	107.04
金昌市	**9408**	**9263**	**145**	**22009**	**11116**	**10893**	**102.05**
金川区	9408	9263	145	22009	11116	10893	102.05
白银市	**15979**	**15773**	**206**	**40528**	**20233**	**20295**	**99.69**
白银区	11488	11354	134	28499	14255	14244	100.08
平川区	4432	4361	71	11830	5868	5962	98.42
靖远县	59	58	1	199	110	89	123.60
天水市	**20250**	**19615**	**635**	**58352**	**28840**	**29512**	**97.72**
秦州区	11994	11538	456	32992	16118	16874	95.52
麦积区	8256	8077	179	25360	12722	12638	100.66
武威市	**12928**	**12637**	**291**	**36473**	**18185**	**18288**	**99.44**
凉州区	12928	12637	291	36473	18185	18288	99.44
张掖市	**9516**	**9231**	**285**	**25003**	**12190**	**12813**	**95.14**
甘州区	9491	9206	285	24934	12157	12777	95.15
肃南裕固族自治县	25	25		69	33	36	91.67
平凉市	**13817**	**13440**	**377**	**39023**	**19120**	**19903**	**96.07**
崆峒区	11162	10867	295	31390	15295	16095	95.03
华亭市	2655	2573	82	7633	3825	3808	100.45
酒泉市	**16151**	**15961**	**190**	**41284**	**20521**	**20763**	**98.83**
肃州区	11375	11256	119	28667	14147	14520	97.43
玉门市	1683	1629	54	4565	2369	2196	107.88
敦煌市	3093	3076	17	8052	4005	4047	98.96
庆阳市	**10082**	**9925**	**157**	**26856**	**13424**	**13432**	**99.94**
西峰区	10082	9925	157	26856	13424	13432	99.94
定西市	**6427**	**6358**	**69**	**17884**	**8801**	**9083**	**96.90**
安定区	6427	6358	69	17884	8801	9083	96.90
陇南市	**5747**	**5687**	**60**	**17180**	**8319**	**8861**	**93.88**
武都区	5702	5643	59	17024	8236	8788	93.72
康　县	45	44	1	156	83	73	113.70
临夏回族自治州	**8997**	**8769**	**228**	**30715**	**15236**	**15479**	**98.43**
临夏市	8773	8550	223	29875	14812	15063	98.33
临夏县	224	219	5	840	424	416	101.92
甘南藏族自治州	**2036**	**1835**	**201**	**6485**	**3167**	**3318**	**95.45**
合作市	2036	1835	201	6485	3167	3318	95.45

人口数和性别比（城市）

单位：人、户

人口数								平均家庭户规模（人/户）
家庭户				集体户				
小计	男	女	性别比（女=100）	小计	男	女	性别比（女=100）	
616899	**305928**	**310971**	**98.38**	**36070**	**19082**	**16988**	**112.33**	**2.57**
244476	**121073**	**123403**	**98.11**	**18748**	**10333**	**8415**	**122.79**	**2.43**
123845	61476	62369	98.57	6992	3948	3044	129.70	2.38
48966	24291	24675	98.44	2569	1678	891	188.33	2.44
32849	16174	16675	97.00	574	433	141	307.09	2.48
30329	14954	15375	97.26	8496	4208	4288	98.13	2.56
8487	4178	4309	96.96	117	66	51	129.41	2.65
26972	**13693**	**13279**	**103.12**	**981**	**759**	**222**	**341.89**	**2.43**
26972	13693	13279	103.12	981	759	222	341.89	2.43
21475	**10776**	**10699**	**100.72**	**534**	**340**	**194**	**175.26**	**2.32**
21475	10776	10699	100.72	534	340	194	175.26	2.32
39850	**19827**	**20023**	**99.02**	**678**	**406**	**272**	**149.26**	**2.53**
28065	13980	14085	99.25	434	275	159	172.96	2.47
11591	5741	5850	98.14	239	127	112	113.39	2.66
194	106	88	120.45	5	4	1	400.00	3.34
54502	**26992**	**27510**	**98.12**	**3850**	**1848**	**2002**	**92.31**	**2.78**
30540	15070	15470	97.41	2452	1048	1404	74.64	2.65
23962	11922	12040	99.02	1398	800	598	133.78	2.97
34636	**17239**	**17397**	**99.09**	**1837**	**946**	**891**	**106.17**	**2.74**
34636	17239	17397	99.09	1837	946	891	106.17	2.74
23540	**11620**	**11920**	**97.48**	**1463**	**570**	**893**	**63.83**	**2.55**
23471	11587	11884	97.50	1463	570	893	63.83	2.55
69	33	36	91.67					2.76
37131	**18363**	**18768**	**97.84**	**1892**	**757**	**1135**	**66.70**	**2.76**
29967	14779	15188	97.31	1423	516	907	56.89	2.76
7164	3584	3580	100.11	469	241	228	105.70	2.78
39558	**19638**	**19920**	**98.58**	**1726**	**883**	**843**	**104.74**	**2.48**
27271	13461	13810	97.47	1396	686	710	96.62	2.42
4297	2204	2093	105.30	268	165	103	160.19	2.64
7990	3973	4017	98.90	62	32	30	106.67	2.60
25723	**12783**	**12940**	**98.79**	**1133**	**641**	**492**	**130.28**	2.59
25723	12783	12940	98.79	1133	641	492	130.28	2.59
17502	**8616**	**8886**	**96.96**	**382**	**185**	**197**	**93.91**	2.75
17502	8616	8886	96.96	382	185	197	93.91	2.75
16882	**8150**	**8732**	**93.33**	**298**	**169**	**129**	**131.01**	2.97
16728	8069	8659	93.19	296	167	129	129.46	2.96
154	81	73	110.96	2	2			3.50
29462	**14546**	**14916**	**97.52**	**1253**	**690**	**563**	**122.56**	3.36
28680	14166	14514	97.60	1195	646	549	117.67	3.35
782	380	402	94.53	58	44	14	314.29	3.57
5190	**2612**	**2578**	**101.32**	**1295**	**555**	**740**	**75.00**	2.83
5190	2612	2578	101.32	1295	555	740	75.00	2.83

1-1b 各地区户数、

地区	户数						
				合计			
	合计	家庭户	集体户	小计	男	女	性别比（女=100）
合计	**182041**	**176713**	**5328**	**556813**	**276667**	**280146**	**98.76**
兰州市	**21572**	**19036**	**2536**	**68650**	**34736**	**33914**	**102.42**
城关区	762	744	18	1933	982	951	103.26
七里河区	1874	1572	302	5971	3294	2677	123.05
西固区	998	984	14	2267	1160	1107	104.79
安宁区							
红古区	639	634	5	1560	793	767	103.39
永登县	4853	4755	98	13654	6778	6876	98.57
皋兰县	2353	2231	122	6596	3437	3159	108.80
榆中县	6367	5114	1253	20374	9900	10474	94.52
兰州新区	3726	3002	724	16295	8392	7903	106.19
嘉峪关市	**149**	**144**	**5**	**394**	**210**	**184**	**114.13**
市辖区	149	144	5	394	210	184	114.13
金昌市	**3933**	**3911**	**22**	**9970**	**5007**	**4963**	**100.89**
金川区	30	29	1	92	50	42	119.05
永昌县	3903	3882	21	9878	4957	4921	100.73
白银市	**12259**	**12144**	**115**	**37097**	**18444**	**18653**	**98.88**
白银区	113	113		244	122	122	100.00
平川区	728	717	11	2000	1054	946	111.42
靖远县	4171	4118	53	12805	6457	6348	101.72
会宁县	3714	3675	39	11661	5589	6072	92.05
景泰县	3533	3521	12	10387	5222	5165	101.10
天水市	**20505**	**20229**	**276**	**65610**	**32464**	**33146**	**97.94**
秦州区	1247	1246	1	4373	2112	2261	93.41
麦积区	1473	1460	13	4362	2169	2193	98.91
清水县	2329	2281	48	7145	3505	3640	96.29
秦安县	4093	3992	101	13384	6586	6798	96.88
甘谷县	5601	5518	83	17957	8869	9088	97.59
武山县	4032	4011	21	12475	6286	6189	101.57
张家川回族自治县	1730	1721	9	5914	2937	2977	98.66
武威市	**9699**	**9505**	**194**	**27071**	**13549**	**13522**	**100.20**
凉州区	2739	2674	65	7165	3627	3538	102.52
民勤县	2339	2273	66	6170	3178	2992	106.22
古浪县	2278	2249	29	7228	3568	3660	97.49
天祝藏族自治县	2343	2309	34	6508	3176	3332	95.32
张掖市	**10994**	**10747**	**247**	**30516**	**15183**	**15333**	**99.02**
甘州区	535	529	6	1405	735	670	109.70
肃南裕固族自治县	452	443	9	1074	542	532	101.88
民乐县	2846	2743	103	8658	4324	4334	99.77
临泽县	1934	1852	82	5214	2614	2600	100.54
高台县	2435	2412	23	6039	2960	3079	96.14
山丹县	2792	2768	24	8126	4008	4118	97.33
平凉市	**13250**	**12918**	**332**	**39432**	**19233**	**20199**	**95.22**
崆峒区	259	253	6	903	430	473	90.91
泾川县	2958	2863	95	8124	3934	4190	93.89
灵台县	1905	1851	54	5240	2504	2736	91.52
崇信县	1125	1094	31	3355	1666	1689	98.64
庄浪县	2661	2650	11	8560	4204	4356	96.51
静宁县	3333	3225	108	10393	4979	5414	91.97
华亭市	1009	982	27	2857	1516	1341	113.05

人口数和性别比（镇）

单位：人、户

人口数								平均家庭户规模（人/户）
家庭户				集体户				
小计	男	女	性别比（女=100）	小计	男	女	性别比（女=100）	
522421	**258044**	**264377**	**97.60**	**34392**	**18623**	**15769**	**118.10**	**2.96**
53019	**26571**	**26448**	**100.47**	**15631**	**8165**	**7466**	**109.36**	**2.79**
1877	951	926	102.70	56	31	25	124.00	**2.52**
4541	2301	2240	102.72	1430	993	437	227.23	**2.89**
2183	1098	1085	101.20	84	62	22	281.82	**2.22**
1528	771	757	101.85	32	22	10	220.00	**2.41**
13310	6580	6730	97.77	344	198	146	135.62	**2.80**
6032	2993	3039	98.49	564	444	120	370.00	**2.70**
14614	7254	7360	98.56	5760	2646	3114	84.97	**2.86**
8934	4623	4311	107.24	7361	3769	3592	104.93	**2.98**
351	**174**	**177**	**98.31**	**43**	**36**	**7**	**514.29**	**2.44**
351	174	177	98.31	43	36	7	514.29	**2.44**
9803	**4895**	**4908**	**99.74**	**167**	**112**	**55**	**203.64**	**2.51**
87	48	39	123.08	5	2	3	66.67	**3.00**
9716	4847	4869	99.55	162	110	52	211.54	**2.50**
36123	**17952**	**18171**	**98.79**	**974**	**492**	**482**	**102.07**	**2.97**
244	122	122	100.00					**2.16**
1932	991	941	105.31	68	63	5	1260.00	**2.69**
12414	6265	6149	101.89	391	192	199	96.48	**3.01**
11226	5393	5833	92.46	435	196	239	82.01	**3.05**
10307	5181	5126	101.07	80	41	39	105.13	**2.93**
63495	**31404**	**32091**	**97.86**	**2115**	**1060**	**1055**	**100.47**	**3.14**
4370	2110	2260	93.36	3	2	1	200.00	**3.51**
4250	2116	2134	99.16	112	53	59	89.83	**2.91**
6872	3370	3502	96.23	273	135	138	97.83	**3.01**
12506	6148	6358	96.70	878	438	440	99.55	**3.13**
17305	8555	8750	97.77	652	314	338	92.90	**3.14**
12363	6236	6127	101.78	112	50	62	80.65	**3.08**
5829	2869	2960	96.93	85	68	17	400.00	**3.39**
25818	**12741**	**13077**	**97.43**	**1253**	**808**	**445**	**181.57**	**2.72**
6893	3426	3467	98.82	272	201	71	283.10	**2.58**
5715	2859	2856	100.11	455	319	136	234.56	**2.51**
6856	3354	3502	95.77	372	214	158	135.44	**3.05**
6354	3102	3252	95.39	154	74	80	92.50	**2.75**
29203	**14452**	**14751**	**97.97**	**1313**	**731**	**582**	**125.60**	**2.72**
1378	716	662	108.16	27	19	8	237.50	**2.60**
1040	525	515	101.94	34	17	17	100.00	**2.35**
8081	4009	4072	98.45	577	315	262	120.23	**2.95**
4772	2383	2389	99.75	442	231	211	109.48	**2.58**
5950	2908	3042	95.60	89	52	37	140.54	**2.47**
7982	3911	4071	96.07	144	97	47	206.38	**2.88**
37616	**18300**	**19316**	**94.74**	**1816**	**933**	**883**	**105.66**	**2.91**
799	388	411	94.40	104	42	62	67.74	**3.16**
7563	3660	3903	93.77	561	274	287	95.47	**2.64**
4988	2387	2601	91.77	252	117	135	86.67	**2.69**
3204	1570	1634	96.08	151	96	55	174.55	**2.93**
8493	4170	4323	96.46	67	34	33	103.03	**3.20**
9895	4762	5133	92.77	498	217	281	77.22	**3.07**
2674	1363	1311	103.97	183	153	30	510.00	**2.72**

1-1b 各地区户数、

地区	户数			合计			
	合计	家庭户	集体户	小计	男	女	性别比（女=100）
酒泉市	**8177**	**8018**	**159**	**20480**	**10570**	**9910**	**106.66**
肃州区	750	750		1870	954	916	104.15
金塔县	1743	1693	50	4437	2237	2200	101.68
瓜州县	1811	1751	60	4942	2574	2368	108.70
肃北蒙古族自治县	408	406	2	936	500	436	114.68
阿克塞哈萨克族自治县	332	318	14	920	473	447	105.82
玉门市	1229	1201	28	3117	1722	1395	123.44
敦煌市	1904	1899	5	4258	2110	2148	98.23
庆阳市	**18413**	**17977**	**436**	**53647**	**26812**	**26835**	**99.91**
西峰区	253	253		700	357	343	104.08
庆城县	3107	2998	109	8351	4268	4083	104.53
环　县	3123	3063	60	9457	4787	4670	102.51
华池县	1506	1476	30	4677	2361	2316	101.94
合水县	1571	1536	35	4665	2304	2361	97.59
正宁县	2228	2192	36	6663	3284	3379	97.19
宁　县	3282	3198	84	9560	4686	4874	96.14
镇原县	3343	3261	82	9574	4765	4809	99.09
定西市	**24332**	**24082**	**250**	**74699**	**36585**	**38114**	**95.99**
安定区	815	806	9	2561	1288	1273	101.18
通渭县	3112	3064	48	9699	4917	4782	102.82
陇西县	6738	6676	62	20757	10170	10587	96.06
渭源县	2505	2475	30	7710	3799	3911	97.14
临洮县	5834	5766	68	17739	8464	9275	91.26
漳　县	1813	1797	16	5284	2587	2697	95.92
岷　县	3515	3498	17	10949	5360	5589	95.90
陇南市	**20347**	**20011**	**336**	**64107**	**31468**	**32639**	**96.41**
武都区	1786	1754	32	5722	2756	2966	92.92
成　县	3596	3493	103	11394	5452	5942	91.75
文　县	2043	2009	34	5927	2857	3070	93.06
宕昌县	1968	1908	60	6479	3241	3238	100.09
康　县	1514	1498	16	4492	2204	2288	96.33
西和县	2837	2828	9	9244	4579	4665	98.16
礼　县	3457	3429	28	11539	5831	5708	102.15
徽　县	2525	2474	51	7591	3693	3898	94.74
两当县	621	618	3	1719	855	864	98.96
临夏回族自治州	**11803**	**11614**	**189**	**44074**	**21766**	**22308**	**97.57**
临夏市	287	283	4	1224	649	575	112.87
临夏县	1036	1014	22	3991	2009	1982	101.36
康乐县	1542	1513	29	5399	2585	2814	91.86
永靖县	3183	3151	32	9245	4463	4782	93.33
广河县	1776	1755	21	8219	4121	4098	100.56
和政县	1509	1481	28	5644	2787	2857	97.55
东乡族自治县	1182	1169	13	5439	2707	2732	99.08
积石山保安族东乡族撒拉族自治县	1288	1248	40	4913	2445	2468	99.07
甘南藏族自治州	**6608**	**6377**	**231**	**21066**	**10640**	**10426**	**102.05**
合作市	66	66		331	167	164	101.83
临潭县	1245	1225	20	4200	2074	2126	97.55
卓尼县	1051	989	62	3520	1767	1753	100.80
舟曲县	1243	1210	33	4041	1983	2058	96.36
迭部县	748	739	9	1965	976	989	98.69
玛曲县	939	897	42	2831	1484	1347	110.17
碌曲县	507	498	9	1571	804	767	104.82
夏河县	809	753	56	2607	1385	1222	113.34

人口数和性别比（镇）（续）

单位：人、户

人口数								平均家庭户规模（人/户）
家庭户				集体户				
小计	男	女	性别比（女=100）	小计	男	女	性别比（女=100）	
19515	**9881**	**9634**	**102.56**	**965**	**689**	**276**	**249.64**	**2.43**
1870	954	916	104.15					2.49
4187	2094	2093	100.05	250	143	107	133.64	2.47
4563	2302	2261	101.81	379	272	107	254.21	2.61
933	497	436	113.99	3	3			2.30
857	416	441	94.33	63	57	6	950.00	2.69
2878	1536	1342	114.46	239	186	53	350.94	2.40
4227	2082	2145	97.06	31	28	3	933.33	2.23
50542	**24974**	**25568**	**97.68**	**3105**	**1838**	**1267**	**145.07**	2.81
700	357	343	104.08					2.77
7936	3980	3956	100.61	415	288	127	226.77	2.65
9038	4530	4508	100.49	419	257	162	158.64	2.95
4488	2226	2262	98.41	189	135	54	250.00	3.04
4467	2193	2274	96.44	198	111	87	127.59	2.91
6423	3161	3262	96.90	240	123	117	105.13	2.93
8542	4110	4432	92.73	1018	576	442	130.32	2.67
8948	4417	4531	97.48	626	348	278	125.18	2.74
72798	**35526**	**37272**	**95.32**	**1901**	**1059**	**842**	**125.77**	3.02
2489	1233	1256	98.17	72	55	17	323.53	3.09
9305	4688	4617	101.54	394	229	165	138.79	3.04
20511	10049	10462	96.05	246	121	125	96.80	3.07
7441	3654	3787	96.49	269	145	124	116.94	3.01
17047	8096	8951	90.45	692	368	324	113.58	2.96
5219	2545	2674	95.18	65	42	23	182.61	2.90
10786	5261	5525	95.22	163	99	64	154.69	3.08
62252	**30624**	**31628**	**96.83**	**1855**	**844**	**1011**	**83.48**	3.11
5531	2691	2840	94.75	191	65	126	51.59	3.15
10847	5283	5564	94.95	547	169	378	44.71	3.11
5777	2785	2992	93.08	150	72	78	92.31	2.88
6264	3145	3119	100.83	215	96	119	80.67	3.28
4285	2102	2183	96.29	207	102	105	97.14	2.86
9210	4566	4644	98.32	34	13	21	61.90	3.26
11298	5712	5586	102.26	241	119	122	97.54	3.29
7339	3501	3838	91.22	252	192	60	320.00	2.97
1701	839	862	97.33	18	16	2	800.00	2.75
42662	**21023**	**21639**	**97.15**	**1412**	**743**	**669**	**111.06**	3.67
1174	611	563	108.53	50	38	12	316.67	4.15
3852	1937	1915	101.15	139	72	67	107.46	3.80
5242	2508	2734	91.73	157	77	80	96.25	3.46
9011	4363	4648	93.87	234	100	134	74.63	2.86
8098	4045	4053	99.80	121	76	45	168.89	4.61
5436	2672	2764	96.67	208	115	93	123.66	3.67
5291	2614	2677	97.65	148	93	55	169.09	4.53
4558	2273	2285	99.47	355	172	183	93.99	3.65
19224	**9527**	**9697**	**98.25**	**1842**	**1113**	**729**	**152.67**	3.01
331	167	164	101.83					5.02
4013	1976	2037	97.01	187	98	89	110.11	3.28
2964	1464	1500	97.60	556	303	253	119.76	3.00
3649	1761	1888	93.27	392	222	170	130.59	3.02
1903	922	981	93.99	62	54	8	675.00	2.58
2504	1290	1214	106.26	327	194	133	145.86	2.79
1503	773	730	105.89	68	31	37	83.78	3.02
2357	1174	1183	99.24	250	211	39	541.03	3.13

1-1c 各地区户数、

地区	户数			合计			
	合计	家庭户	集体户	小计	男	女	性别比（女=100）
合计	**372723**	**370178**	**2545**	**1163066**	**590910**	**572156**	**103.28**
兰州市	**23661**	**22840**	**821**	**72547**	**39236**	**33311**	**117.79**
城关区	526	453	73	1760	1039	721	144.11
七里河区	2675	2575	100	8391	4594	3797	120.99
西固区	1254	1231	23	3317	1777	1540	115.39
安宁区							
红古区	1023	1003	20	3406	1830	1576	116.12
永登县	5339	5283	56	14892	7709	7183	107.32
皋兰县	1793	1710	83	4892	2729	2163	126.17
榆中县	8111	7945	166	23121	12180	10941	111.32
兰州新区	2940	2640	300	12768	7378	5390	136.88
嘉峪关市	**688**	**665**	**23**	**1682**	**923**	**759**	**121.61**
市辖区	688	665	23	1682	923	759	121.61
金昌市	**4273**	**4233**	**40**	**9818**	**5056**	**4762**	**106.17**
金川区	1024	1012	12	2440	1276	1164	109.62
永昌县	3249	3221	28	7378	3780	3598	105.06
白银市	**21859**	**21802**	**57**	**62527**	**31933**	**30594**	**104.38**
白银区	1398	1387	11	2974	1558	1416	110.03
平川区	1688	1678	10	5381	2791	2590	107.76
靖远县	6932	6914	18	21633	11080	10553	104.99
会宁县	8720	8712	8	23988	12068	11920	101.24
景泰县	3121	3111	10	8551	4436	4115	107.80
天水市	**47688**	**47586**	**102**	**153065**	**76061**	**77004**	**98.78**
秦州区	6076	6050	26	18863	9512	9351	101.72
麦积区	6786	6759	27	21014	10607	10407	101.92
清水县	4891	4886	5	14948	7430	7518	98.83
秦安县	9039	9032	7	28636	14451	14185	101.88
甘谷县	9452	9449	3	31101	15260	15841	96.33
武山县	6862	6851	11	22313	11031	11282	97.78
张家川回族自治县	4582	4559	23	16190	7770	8420	92.28
武威市	**27744**	**27616**	**128**	**76879**	**38611**	**38268**	**100.90**
凉州区	14828	14743	85	41736	20875	20861	100.07
民勤县	4476	4471	5	10746	5442	5304	102.60
古浪县	5678	5654	24	16439	8166	8273	98.71
天祝藏族自治县	2762	2748	14	7958	4128	3830	107.78
张掖市	**20970**	**20799**	**171**	**55835**	**28272**	**27563**	**102.57**
甘州区	8798	8688	110	23622	12081	11541	104.68
肃南裕固族自治县	752	736	16	1915	1020	895	113.97
民乐县	3407	3402	5	10095	5077	5018	101.18
临泽县	2364	2360	4	6140	3046	3094	98.45
高台县	2749	2724	25	6443	3204	3239	98.92
山丹县	2900	2889	11	7620	3844	3776	101.80
平凉市	**34450**	**34269**	**181**	**98592**	**49234**	**49358**	**99.75**
崆峒区	5375	5370	5	17103	8638	8465	102.04
泾川县	5128	5108	20	12443	6081	6362	95.58
灵台县	4108	4095	13	9512	4775	4737	100.80
崇信县	1646	1556	90	4710	2574	2136	120.51
庄浪县	7129	7125	4	23212	11160	12052	92.60
静宁县	8701	8668	33	24463	12367	12096	102.24
华亭市	2363	2347	16	7149	3639	3510	103.68

人口数和性别比（乡村）

单位：人、户

人口数								平均家庭户规模（人/户）
家庭户				集体户				
小计	男	女	性别比（女=100）	小计	男	女	性别比（女=100）	
1143201	**576605**	**566596**	**101.77**	**19865**	**14305**	**5560**	**257.28**	**3.09**
65604	**33915**	**31689**	**107.02**	**6943**	**5321**	**1622**	**328.05**	**2.87**
1472	795	677	117.43	288	244	44	554.55	3.25
7597	3982	3615	110.15	794	612	182	336.26	2.95
3166	1660	1506	110.23	151	117	34	344.12	2.57
3228	1678	1550	108.26	178	152	26	584.62	3.22
14542	7399	7143	103.58	350	310	40	775.00	2.75
4048	2104	1944	108.23	844	625	219	285.39	2.37
22044	11362	10682	106.37	1077	818	259	315.83	2.77
9507	4935	4572	107.94	3261	2443	818	298.66	3.60
1556	**822**	**734**	**111.99**	**126**	**101**	**25**	**404.00**	**2.34**
1556	822	734	111.99	126	101	25	404.00	2.34
9489	**4833**	**4656**	**103.80**	**329**	**223**	**106**	**210.38**	**2.24**
2377	1221	1156	105.62	63	55	8	687.50	2.35
7112	3612	3500	103.20	266	168	98	171.43	2.21
61990	**31531**	**30459**	**103.52**	**537**	**402**	**135**	**297.78**	**2.84**
2913	1509	1404	107.48	61	49	12	408.33	2.10
5281	2704	2577	104.93	100	87	13	669.23	3.15
21454	10933	10521	103.92	179	147	32	459.38	3.10
23877	12000	11877	101.04	111	68	43	158.14	2.74
8465	4385	4080	107.48	86	51	35	145.71	2.72
152239	**75505**	**76734**	**98.40**	**826**	**556**	**270**	**205.93**	**3.20**
18487	9261	9226	100.38	376	251	125	200.80	3.06
20882	10532	10350	101.76	132	75	57	131.58	3.09
14903	7394	7509	98.47	45	36	9	400.00	3.05
28615	14434	14181	101.78	21	17	4	425.00	3.17
31052	15234	15818	96.31	49	26	23	113.04	3.29
22245	10979	11266	97.45	68	52	16	325.00	3.25
16055	7671	8384	91.50	135	99	36	275.00	3.52
75769	**37878**	**37891**	**99.97**	**1110**	**733**	**377**	**194.43**	**2.74**
41130	20510	20620	99.47	606	365	241	151.45	2.79
10693	5398	5295	101.95	53	44	9	488.89	2.39
16148	7974	8174	97.55	291	192	99	193.94	2.86
7798	3996	3802	105.10	160	132	28	471.43	2.84
54911	**27694**	**27217**	**101.75**	**924**	**578**	**346**	**167.05**	**2.64**
23054	11771	11283	104.33	568	310	258	120.16	2.65
1772	888	884	100.45	143	132	11	1200.00	2.41
10044	5047	4997	101.00	51	30	21	142.86	2.95
6124	3038	3086	98.44	16	8	8	100.00	2.59
6340	3137	3203	97.94	103	67	36	186.11	2.33
7577	3813	3764	101.30	43	31	12	258.33	2.62
97359	**48252**	**49107**	**98.26**	**1233**	**982**	**251**	**391.24**	**2.84**
17051	8593	8458	101.60	52	45	7	642.86	3.18
12325	5995	6330	94.71	118	86	32	268.75	2.41
9428	4700	4728	99.41	84	75	9	833.33	2.30
4078	2051	2027	101.18	632	523	109	479.82	2.62
23177	11129	12048	92.37	35	31	4	775.00	3.25
24294	12271	12023	102.06	169	96	73	131.51	2.80
7006	3513	3493	100.57	143	126	17	741.18	2.99

1-1c 各地区户数、

<table>
<tr><th rowspan="3">地区</th><th colspan="3">户数</th><th colspan="4"></th></tr>
<tr><th rowspan="2">合计</th><th rowspan="2">家庭户</th><th rowspan="2">集体户</th><th colspan="4">合计</th></tr>
<tr><th>小计</th><th>男</th><th>女</th><th>性别比（女=100）</th></tr>
<tr><td>酒泉市</td><td>13238</td><td>13067</td><td>171</td><td>36416</td><td>18916</td><td>17500</td><td>108.09</td></tr>
<tr><td>肃州区</td><td>4798</td><td>4770</td><td>28</td><td>12152</td><td>6197</td><td>5955</td><td>104.06</td></tr>
<tr><td>金塔县</td><td>2221</td><td>2189</td><td>32</td><td>5785</td><td>3019</td><td>2766</td><td>109.15</td></tr>
<tr><td>瓜州县</td><td>2514</td><td>2460</td><td>54</td><td>7714</td><td>4011</td><td>3703</td><td>108.32</td></tr>
<tr><td>肃北蒙古族自治县</td><td>199</td><td>189</td><td>10</td><td>576</td><td>441</td><td>135</td><td>326.67</td></tr>
<tr><td>阿克塞哈萨克族自治县</td><td>24</td><td>19</td><td>5</td><td>82</td><td>67</td><td>15</td><td>446.67</td></tr>
<tr><td>玉门市</td><td>1577</td><td>1567</td><td>10</td><td>4648</td><td>2381</td><td>2267</td><td>105.03</td></tr>
<tr><td>敦煌市</td><td>1905</td><td>1873</td><td>32</td><td>5459</td><td>2800</td><td>2659</td><td>105.30</td></tr>
<tr><td>庆阳市</td><td>40418</td><td>40086</td><td>332</td><td>112926</td><td>57031</td><td>55895</td><td>102.03</td></tr>
<tr><td>西峰区</td><td>5894</td><td>5727</td><td>167</td><td>18000</td><td>9069</td><td>8931</td><td>101.55</td></tr>
<tr><td>庆城县</td><td>4442</td><td>4413</td><td>29</td><td>12320</td><td>6334</td><td>5986</td><td>105.81</td></tr>
<tr><td>环　县</td><td>5921</td><td>5875</td><td>46</td><td>16619</td><td>8696</td><td>7923</td><td>109.76</td></tr>
<tr><td>华池县</td><td>2248</td><td>2209</td><td>39</td><td>6667</td><td>3505</td><td>3162</td><td>110.85</td></tr>
<tr><td>合水县</td><td>2767</td><td>2753</td><td>14</td><td>7794</td><td>4027</td><td>3767</td><td>106.90</td></tr>
<tr><td>正宁县</td><td>3254</td><td>3241</td><td>13</td><td>8538</td><td>4274</td><td>4264</td><td>100.23</td></tr>
<tr><td>宁　县</td><td>7500</td><td>7488</td><td>12</td><td>19947</td><td>9700</td><td>10247</td><td>94.66</td></tr>
<tr><td>镇原县</td><td>8392</td><td>8380</td><td>12</td><td>23041</td><td>11426</td><td>11615</td><td>98.37</td></tr>
<tr><td>定西市</td><td>49019</td><td>48943</td><td>76</td><td>163138</td><td>83689</td><td>79449</td><td>105.34</td></tr>
<tr><td>安定区</td><td>7002</td><td>6980</td><td>22</td><td>19825</td><td>10322</td><td>9503</td><td>108.62</td></tr>
<tr><td>通渭县</td><td>7997</td><td>7990</td><td>7</td><td>30970</td><td>16187</td><td>14783</td><td>109.50</td></tr>
<tr><td>陇西县</td><td>6662</td><td>6659</td><td>3</td><td>20443</td><td>10447</td><td>9996</td><td>104.51</td></tr>
<tr><td>渭源县</td><td>6356</td><td>6345</td><td>11</td><td>20416</td><td>10531</td><td>9885</td><td>106.54</td></tr>
<tr><td>临洮县</td><td>9254</td><td>9237</td><td>17</td><td>30406</td><td>15519</td><td>14887</td><td>104.25</td></tr>
<tr><td>漳　县</td><td>3224</td><td>3216</td><td>8</td><td>10441</td><td>5280</td><td>5161</td><td>102.31</td></tr>
<tr><td>岷　县</td><td>8524</td><td>8516</td><td>8</td><td>30637</td><td>15403</td><td>15234</td><td>101.11</td></tr>
<tr><td>陇南市</td><td>46261</td><td>46060</td><td>201</td><td>144281</td><td>74086</td><td>70195</td><td>105.54</td></tr>
<tr><td>武都区</td><td>9617</td><td>9558</td><td>59</td><td>29736</td><td>15349</td><td>14387</td><td>106.69</td></tr>
<tr><td>成　县</td><td>3833</td><td>3827</td><td>6</td><td>11844</td><td>6110</td><td>5734</td><td>106.56</td></tr>
<tr><td>文　县</td><td>4729</td><td>4694</td><td>35</td><td>12608</td><td>6486</td><td>6122</td><td>105.95</td></tr>
<tr><td>宕昌县</td><td>4682</td><td>4681</td><td>1</td><td>16918</td><td>8771</td><td>8147</td><td>107.66</td></tr>
<tr><td>康　县</td><td>3718</td><td>3711</td><td>7</td><td>10862</td><td>5571</td><td>5291</td><td>105.29</td></tr>
<tr><td>西和县</td><td>7100</td><td>7086</td><td>14</td><td>23883</td><td>11937</td><td>11946</td><td>99.92</td></tr>
<tr><td>礼　县</td><td>8149</td><td>8131</td><td>18</td><td>25721</td><td>13249</td><td>12472</td><td>106.23</td></tr>
<tr><td>徽　县</td><td>3615</td><td>3557</td><td>58</td><td>10428</td><td>5410</td><td>5018</td><td>107.81</td></tr>
<tr><td>两当县</td><td>818</td><td>815</td><td>3</td><td>2281</td><td>1203</td><td>1078</td><td>111.60</td></tr>
<tr><td>临夏回族自治州</td><td>32021</td><td>31888</td><td>133</td><td>136007</td><td>67985</td><td>68022</td><td>99.95</td></tr>
<tr><td>临夏市</td><td>1055</td><td>1045</td><td>10</td><td>4234</td><td>2182</td><td>2052</td><td>106.34</td></tr>
<tr><td>临夏县</td><td>6908</td><td>6884</td><td>24</td><td>27653</td><td>13867</td><td>13786</td><td>100.59</td></tr>
<tr><td>康乐县</td><td>4954</td><td>4941</td><td>13</td><td>20303</td><td>10014</td><td>10289</td><td>97.33</td></tr>
<tr><td>永靖县</td><td>2653</td><td>2630</td><td>23</td><td>9162</td><td>4708</td><td>4454</td><td>105.70</td></tr>
<tr><td>广河县</td><td>3614</td><td>3597</td><td>17</td><td>17455</td><td>8673</td><td>8782</td><td>98.76</td></tr>
<tr><td>和政县</td><td>3452</td><td>3446</td><td>6</td><td>14848</td><td>7377</td><td>7471</td><td>98.74</td></tr>
<tr><td>东乡族自治县</td><td>4870</td><td>4864</td><td>6</td><td>23092</td><td>11457</td><td>11635</td><td>98.47</td></tr>
<tr><td>积石山保安族东乡族撒拉族自治县</td><td>4515</td><td>4481</td><td>34</td><td>19260</td><td>9707</td><td>9553</td><td>101.61</td></tr>
<tr><td>甘南藏族自治州</td><td>10433</td><td>10324</td><td>109</td><td>39353</td><td>19877</td><td>19476</td><td>102.06</td></tr>
<tr><td>合作市</td><td>692</td><td>675</td><td>17</td><td>3299</td><td>1717</td><td>1582</td><td>108.53</td></tr>
<tr><td>临潭县</td><td>2221</td><td>2208</td><td>13</td><td>7827</td><td>3959</td><td>3868</td><td>102.35</td></tr>
<tr><td>卓尼县</td><td>1627</td><td>1603</td><td>24</td><td>6145</td><td>3145</td><td>3000</td><td>104.83</td></tr>
<tr><td>舟曲县</td><td>2581</td><td>2571</td><td>10</td><td>8845</td><td>4452</td><td>4393</td><td>101.34</td></tr>
<tr><td>迭部县</td><td>927</td><td>922</td><td>5</td><td>3228</td><td>1624</td><td>1604</td><td>101.25</td></tr>
<tr><td>玛曲县</td><td>669</td><td>664</td><td>5</td><td>2398</td><td>1214</td><td>1184</td><td>102.53</td></tr>
<tr><td>碌曲县</td><td>416</td><td>409</td><td>7</td><td>1818</td><td>886</td><td>932</td><td>95.06</td></tr>
<tr><td>夏河县</td><td>1300</td><td>1272</td><td>28</td><td>5793</td><td>2880</td><td>2913</td><td>98.87</td></tr>
</table>

人口数和性别比（乡村）（续）

单位：人、户

人口数								平均家庭户规模（人/户）
家庭户				集体户				
小计	男	女	性别比（女=100）	小计	男	女	性别比（女=100）	
35255	**18117**	**17138**	**105.71**	**1161**	**799**	**362**	**220.72**	**2.70**
12030	6119	5911	103.52	122	78	44	177.27	2.52
5587	2853	2734	104.35	198	166	32	518.75	2.55
7416	3798	3618	104.98	298	213	85	250.59	3.01
542	415	127	326.77	34	26	8	325.00	2.87
27	22	5	440.00	55	45	10	450.00	1.42
4580	2322	2258	102.83	68	59	9	655.56	2.92
5073	2588	2485	104.14	386	212	174	121.84	2.71
110084	**55288**	**54796**	**100.90**	**2842**	**1743**	**1099**	**158.60**	2.75
16597	8441	8156	103.49	1403	628	775	81.03	2.90
12114	6176	5938	104.01	206	158	48	329.17	2.75
16289	8455	7834	107.93	330	241	89	270.79	2.77
6310	3245	3065	105.87	357	260	97	268.04	2.86
7651	3908	3743	104.41	143	119	24	495.83	2.78
8390	4140	4250	97.41	148	134	14	957.14	2.59
19795	9578	10217	93.75	152	122	30	406.67	2.64
22938	11345	11593	97.86	103	81	22	368.18	2.74
162339	**83052**	**79287**	**104.75**	**799**	**637**	**162**	**393.21**	3.32
19638	10165	9473	107.30	187	157	30	523.33	2.81
30885	16133	14752	109.36	85	54	31	174.19	3.87
20436	10440	9996	104.44	7	7			3.07
20295	10459	9836	106.33	121	72	49	146.94	3.20
30208	15343	14865	103.22	198	176	22	800.00	3.27
10332	5188	5144	100.86	109	92	17	541.18	3.21
30545	15324	15221	100.68	92	79	13	607.69	3.59
142904	**73070**	**69834**	**104.63**	**1377**	**1016**	**361**	**281.44**	3.10
29329	15151	14178	106.86	407	198	209	94.74	3.07
11811	6079	5732	106.05	33	31	2	1550.00	3.09
12239	6184	6055	102.13	369	302	67	450.75	2.61
16913	8767	8146	107.62	5	4	1	400.00	3.61
10814	5527	5287	104.54	48	44	4	1100.00	2.91
23783	11855	11928	99.39	100	82	18	455.56	3.36
25577	13129	12448	105.47	144	120	24	500.00	3.15
10214	5223	4991	104.65	214	187	27	692.59	2.87
2224	1155	1069	108.04	57	48	9	533.33	2.73
135044	**67324**	**67720**	**99.42**	**963**	**661**	**302**	**218.87**	4.23
4182	2137	2045	104.50	52	45	7	642.86	4.00
27425	13697	13728	99.77	228	170	58	293.10	3.98
20236	9988	10248	97.46	67	26	41	63.41	4.10
9012	4608	4404	104.63	150	100	50	200.00	3.43
17366	8637	8729	98.95	89	36	53	67.92	4.83
14814	7351	7463	98.50	34	26	8	325.00	4.30
23046	11419	11627	98.21	46	38	8	475.00	4.74
18963	9487	9476	100.12	297	220	77	285.71	4.23
38658	**19324**	**19334**	**99.95**	**695**	**553**	**142**	**389.44**	3.74
3168	1618	1550	104.39	131	99	32	309.38	4.69
7709	3863	3846	100.44	118	96	22	436.36	3.49
6058	3063	2995	102.27	87	82	5	1640.00	3.78
8758	4394	4364	100.69	87	58	29	200.00	3.41
3188	1591	1597	99.62	40	33	7	471.43	3.46
2369	1192	1177	101.27	29	22	7	314.29	3.57
1770	844	926	91.14	48	42	6	700.00	4.33
5638	2759	2879	95.83	155	121	34	355.88	4.43

1-2 各地区分性别、

地区	人口数			居住本乡、镇、街道，户口在本乡、镇、街道			
	合计	男	女	小计	男	女	小计
合计	**2372848**	**1192587**	**1180261**	**1774232**	**888447**	**885785**	**593881**
兰州市	**404421**	**205378**	**199043**	**203540**	**101694**	**101846**	**199589**
城关区	134530	67445	67085	59609	29031	30578	74286
七里河区	65897	33857	32040	30798	15597	15201	34890
西固区	39007	19544	19463	19650	9764	9886	19276
安宁区	38825	19162	19663	16591	8171	8420	22106
红古区	13570	6867	6703	9476	4786	4690	4062
永登县	28546	14487	14059	22046	11167	10879	6460
皋兰县	11488	6166	5322	7400	3780	3620	4065
榆中县	43495	22080	21415	27002	13667	13335	16442
兰州新区	29063	15770	13293	10968	5731	5237	18002
嘉峪关市	**30029**	**15585**	**14444**	**15499**	**7934**	**7565**	**14483**
市辖区	30029	15585	14444	15499	7934	7565	14483
金昌市	**41797**	**21179**	**20618**	**24103**	**12022**	**12081**	**17597**
金川区	24541	12442	12099	12958	6406	6552	11495
永昌县	17256	8737	8519	11145	5616	5529	6102
白银市	**140152**	**70610**	**69542**	**102623**	**51790**	**50833**	**37321**
白银区	31717	15935	15782	18780	9327	9453	12890
平川区	19211	9713	9498	12267	6203	6064	6921
靖远县	34637	17647	16990	29488	15027	14461	5101
会宁县	35649	17657	17992	29042	14539	14503	6544
景泰县	18938	9658	9280	13046	6694	6352	5865
天水市	**277027**	**137365**	**139662**	**241456**	**119614**	**121842**	**35196**
秦州区	56228	27742	28486	41129	20316	20813	15009
麦积区	50736	25498	25238	43166	21583	21583	7534
清水县	22093	10935	11158	19222	9556	9666	2846
秦安县	42020	21037	20983	38541	19316	19225	3414
甘谷县	49058	24129	24929	46346	22768	23578	2646
武山县	34788	17317	17471	33155	16515	16640	1583
张家川回族自治县	22104	10707	11397	19897	9560	10337	2164
武威市	**140423**	**70345**	**70078**	**109578**	**54650**	**54928**	**30653**
凉州区	85374	42687	42687	64267	31966	32301	20984
民勤县	16916	8620	8296	13692	6907	6785	3198
古浪县	23667	11734	11933	20341	10065	10276	3302
天祝藏族自治县	14466	7304	7162	11278	5712	5566	3169
张掖市	**111354**	**55645**	**55709**	**77668**	**39063**	**38605**	**33543**
甘州区	49961	24973	24988	31800	16025	15775	18073
肃南裕固族自治县	3058	1595	1463	2302	1159	1143	755
民乐县	18753	9401	9352	14603	7344	7259	4131
临泽县	11354	5660	5694	9754	4881	4873	1580
高台县	12482	6164	6318	9060	4493	4567	3410
山丹县	15746	7852	7894	10149	5161	4988	5594
平凉市	**177047**	**87587**	**89460**	**135763**	**67195**	**68568**	**40973**
崆峒区	49396	24363	25033	32651	16227	16424	16653
泾川县	20567	10015	10552	17257	8369	8888	3272
灵台县	14752	7279	7473	11585	5696	5889	3151
崇信县	8065	4240	3825	6106	3092	3014	1948
庄浪县	31772	15364	16408	28344	13708	14636	3376
静宁县	34856	17346	17510	27406	13772	13634	7383
华亭市	17639	8980	8659	12414	6331	6083	5190

户口登记状况的人口

单位：人

居住本乡、镇、街道，户口在外乡、镇、街道，离开户口登记地半年以上		居住本乡、镇、街道，户口待定			原住本乡、镇、街道，现在港澳台或国外工作学习		
男	女	小计	男	女	小计	男	女
301600	**292281**	**3390**	**1674**	**1716**	**1345**	**866**	**479**
103048	**96541**	**859**	**415**	**444**	**433**	**221**	**212**
38127	36159	399	179	220	236	108	128
18150	16740	156	84	72	53	26	27
9738	9538	28	14	14	53	28	25
10936	11170	88	35	53	40	20	20
2064	1998	20	8	12	12	9	3
3296	3164	22	8	14	18	16	2
2377	1688	21	8	13	2	1	1
8379	8063	35	23	12	16	11	5
9981	8021	90	56	34	3	2	1
7629	**6854**	**25**	**11**	**14**	**22**	**11**	**11**
7629	6854	25	11	14	22	11	11
9085	**8512**	**21**	**15**	**6**	**76**	**57**	**19**
5971	5524	19	13	6	69	52	17
3114	2988	2	2		7	5	2
18700	**18621**	**115**	**57**	**58**	**93**	**63**	**30**
6582	6308	26	14	12	21	12	9
3496	3425	13	6	7	10	8	2
2591	2510	34	18	16	14	11	3
3084	3460	26	11	15	37	23	14
2947	2918	16	8	8	11	9	2
17538	**17658**	**254**	**128**	**126**	**121**	**85**	**36**
7375	7634	64	32	32	26	19	7
3891	3643	16	9	7	20	15	5
1364	1482	11	8	3	14	7	7
1681	1733	47	25	22	18	15	3
1320	1326	39	21	18	27	20	7
778	805	40	17	23	10	7	3
1129	1035	37	16	21	6	2	4
15583	**15070**	**99**	**48**	**51**	**93**	**64**	**29**
10653	10331	70	32	38	53	36	17
1692	1506	9	6	3	17	15	2
1657	1645	12	5	7	12	7	5
1581	1588	8	5	3	11	6	5
16506	**17037**	**109**	**54**	**55**	**34**	**22**	**12**
8900	9173	74	41	33	14	7	7
435	320	1	1				
2046	2085	13	5	8	6	6	
769	811	12	5	7	8	5	3
1666	1744	7	2	5	5	3	2
2690	2904	2		2	1	1	
20216	**20757**	**228**	**108**	**120**	**83**	**68**	**15**
8092	8561	76	34	42	16	10	6
1623	1649	17	4	13	21	19	2
1574	1577	14	7	7	2	2	
1142	806	5		5	6	6	
1622	1754	36	19	17	16	15	1
3539	3844	51	23	28	16	12	4
2624	2566	29	21	8	6	4	2

1-2 各地区分性别、

地区	人口数			居住本乡、镇、街道，户口在本乡、镇、街道			
	合计	男	女	小计	男	女	小计
酒泉市	**98180**	**50007**	**48173**	**60279**	**30224**	**30055**	**37681**
肃州区	42689	21298	21391	26114	12919	13195	16489
金塔县	10222	5256	4966	7589	3828	3761	2618
瓜州县	12656	6585	6071	8389	4258	4131	4232
肃北蒙古族自治县	1512	941	571	846	427	419	649
阿克塞哈萨克族自治县	1002	540	462	577	285	292	425
玉门市	12330	6472	5858	7959	4084	3875	4338
敦煌市	17769	8915	8854	8805	4423	4382	8930
庆阳市	**193429**	**97267**	**96162**	**151582**	**75700**	**75882**	**41451**
西峰区	45556	22850	22706	25508	12785	12723	19969
庆城县	20671	10602	10069	16086	8170	7916	4522
环　县	26076	13483	12593	20671	10637	10034	5363
华池县	11344	5866	5478	8149	4164	3985	3163
合水县	12459	6331	6128	10449	5276	5173	1980
正宁县	15201	7558	7643	13481	6627	6854	1684
宁　县	29507	14386	15121	27782	13441	14341	1675
镇原县	32615	16191	16424	29456	14600	14856	3095
定西市	**255721**	**129075**	**126646**	**220137**	**111560**	**108577**	**35282**
安定区	40270	20411	19859	28038	14317	13721	12199
通渭县	40669	21104	19565	38729	20149	18580	1902
陇西县	41200	20617	20583	34774	17486	17288	6367
渭源县	28126	14330	13796	26021	13318	12703	2092
临洮县	48145	23983	24162	40178	20090	20088	7931
漳　县	15725	7867	7858	14001	7001	7000	1691
岷　县	41586	20763	20823	38396	19199	19197	3100
陇南市	**225568**	**113873**	**111695**	**198090**	**100300**	**97790**	**26942**
武都区	52482	26341	26141	41394	21038	20356	10986
成　县	23238	11562	11676	19923	10024	9899	3251
文　县	18535	9343	9192	16442	8228	8214	2042
宕昌县	23397	12012	11385	21914	11282	10632	1468
康　县	15510	7858	7652	14058	7163	6895	1429
西和县	33127	16516	16611	31123	15455	15668	1906
礼　县	37260	19080	18180	35255	18045	17210	1878
徽　县	18019	9103	8916	14641	7346	7295	3333
两当县	4000	2058	1942	3340	1719	1621	649
临夏回族自治州	**210796**	**104987**	**105809**	**176974**	**88198**	**88776**	**33392**
临夏市	35333	17643	17690	18842	9395	9447	16385
临夏县	32484	16300	16184	30260	15149	15111	2195
康乐县	25702	12599	13103	23433	11537	11896	2189
永靖县	18407	9171	9236	14361	7283	7078	4026
广河县	25674	12794	12880	23320	11620	11700	2277
和政县	20492	10164	10328	18560	9223	9337	1894
东乡族自治县	28531	14164	14367	27055	13383	13672	1453
积石山保安族东乡族撒拉族自治县	24173	12152	12021	21143	10608	10535	2973
甘南藏族自治州	**66904**	**33684**	**33220**	**56940**	**28503**	**28437**	**9778**
合作市	10115	5051	5064	6563	3323	3240	3520
临潭县	12027	6033	5994	10932	5455	5477	1063
卓尼县	9665	4912	4753	8989	4540	4449	659
舟曲县	12886	6435	6451	11341	5670	5671	1527
迭部县	5193	2600	2593	4540	2250	2290	647
玛曲县	5229	2698	2531	4165	2125	2040	1028
碌曲县	3389	1690	1699	2854	1392	1462	525
夏河县	8400	4265	4135	7556	3748	3808	809

户口登记状况的人口（续）

单位：人

居住本乡、镇、街道，户口在外乡、镇、街道，离开户口登记地半年以上		居住本乡、镇、街道，户口待定			原住本乡、镇、街道，现在港澳台或国外工作学习		
男	女	小计	男	女	小计	男	女
19656	**18025**	**154**	**84**	**70**	**66**	**43**	**23**
8332	8157	51	27	24	35	20	15
1420	1198	9	4	5	6	4	2
2304	1928	29	17	12	6	6	
499	150	13	12	1	4	3	1
255	170						
2368	1970	25	13	12	8	7	1
4478	4452	27	11	16	7	3	4
21365	**20086**	**314**	**143**	**171**	**82**	**59**	**23**
10021	9948	69	37	32	10	7	3
2400	2122	57	28	29	6	4	2
2824	2539	32	14	18	10	8	2
1688	1475	30	13	17	2	1	1
1042	938	27	10	17	3	3	
910	774	27	13	14	9	8	1
920	755	34	13	21	16	12	4
1560	1535	38	15	23	26	16	10
17345	**17937**	**241**	**126**	**115**	**61**	**44**	**17**
6068	6131	18	12	6	15	14	1
932	970	26	15	11	12	8	4
3101	3266	47	19	28	12	11	1
1005	1087	7	4	3	6	3	3
3876	4055	26	13	13	10	4	6
848	843	32	18	14	1		1
1515	1585	85	45	40	5	4	1
13263	**13679**	**444**	**239**	**205**	**92**	**71**	**21**
5248	5738	84	41	43	18	14	4
1503	1748	55	28	27	9	7	2
1085	957	37	19	18	14	11	3
722	746	13	6	7	2	2	
679	750	15	9	6	8	7	1
1006	900	85	46	39	13	9	4
958	920	117	70	47	10	7	3
1728	1605	31	17	14	14	12	2
334	315	7	3	4	4	2	2
16570	**16822**	**377**	**179**	**198**	**53**	**40**	**13**
8185	8200	93	54	39	13	9	4
1132	1063	24	14	10	5	5	
1029	1160	72	28	44	8	5	3
1876	2150	13	7	6	7	5	2
1136	1141	69	31	38	8	7	1
924	970	33	14	19	5	3	2
770	683	22	10	12	1	1	
1518	1455	51	21	30	6	5	1
5096	**4682**	**150**	**67**	**83**	**36**	**18**	**18**
1715	1805	22	8	14	10	5	5
558	505	29	18	11	3	2	1
362	297	13	9	4	4	1	3
759	768	17	5	12	1	1	
347	300	4	1	3	2	2	
556	472	35	17	18	1		1
294	231	10	4	6			
505	304	20	5	15	15	7	8

1-2a　各地区分性别、

地区	人口数			居住本乡、镇、街道，户口在本乡、镇、街道			
	合计	男	女	小计	男	女	小计
合计	652969	325010	327959	314467	155405	159062	336769
兰州市	263224	131406	131818	118229	58096	60133	143973
城关区	130837	65424	65413	58137	28296	29841	72072
七里河区	51535	25969	25566	22780	11387	11393	28583
西固区	33423	16607	16816	15256	7517	7739	18095
安宁区	38825	19162	19663	16591	8171	8420	22106
红古区	8604	4244	4360	5465	2725	2740	3117
嘉峪关市	27953	14452	13501	14198	7270	6928	13708
市辖区	27953	14452	13501	14198	7270	6928	13708
金昌市	22009	11116	10893	10713	5263	5450	11213
金川区	22009	11116	10893	10713	5263	5450	11213
白银市	40528	20233	20295	21973	10909	11064	18496
白银区	28499	14255	14244	16008	7923	8085	12447
平川区	11830	5868	5962	5908	2955	2953	5907
靖远县	199	110	89	57	31	26	142
天水市	58352	28840	29512	37449	18483	18966	20839
秦州区	32992	16118	16874	18730	9184	9546	14212
麦积区	25360	12722	12638	18719	9299	9420	6627
武威市	36473	18185	18288	18473	9243	9230	17951
凉州区	36473	18185	18288	18473	9243	9230	17951
张掖市	25003	12190	12813	10788	5307	5481	14177
甘州区	24934	12157	12777	10749	5287	5462	14147
肃南裕固族自治县	69	33	36	39	20	19	30
平凉市	39023	19120	19903	19512	9689	9823	19439
崆峒区	31390	15295	16095	15793	7743	8050	15534
华亭市	7633	3825	3808	3719	1946	1773	3905
酒泉市	41284	20521	20763	20097	9840	10257	21091
肃州区	28667	14147	14520	14276	6944	7332	14325
玉门市	4565	2369	2196	1807	921	886	2752
敦煌市	8052	4005	4047	4014	1975	2039	4014
庆阳市	26856	13424	13432	10414	5159	5255	16395
西峰区	26856	13424	13432	10414	5159	5255	16395
定西市	17884	8801	9083	7370	3657	3713	10502
安定区	17884	8801	9083	7370	3657	3713	10502
陇南市	17180	8319	8861	7767	3819	3948	9372
武都区	17024	8236	8788	7625	3746	3879	9358
康　县	156	83	73	142	73	69	14
临夏回族自治州	30715	15236	15479	14280	7067	7213	16349
临夏市	29875	14812	15063	14034	6922	7112	15756
临夏县	840	424	416	246	145	101	593
甘南藏族自治州	6485	3167	3318	3204	1603	1601	3264
合作市	6485	3167	3318	3204	1603	1601	3264

户口登记状况的人口（城市）

单位：人

居住本乡、镇、街道，户口在外乡、镇、街道，离开户口登记地半年以上		居住本乡、镇、街道，户口待定			原住本乡、镇、街道，现在港澳台或国外工作学习		
男	女	小计	男	女	小计	男	女
168740	**168029**	**1106**	**542**	**564**	**627**	**323**	**304**
72830	**71143**	**641**	**298**	**343**	**381**	**182**	**199**
36841	35231	393	179	214	235	108	127
14490	14093	120	67	53	52	25	27
9053	9042	23	11	12	49	26	23
10936	11170	88	35	53	40	20	20
1510	1607	17	6	11	5	3	2
7160	**6548**	**25**	**11**	**14**	**22**	**11**	**11**
7160	6548	25	11	14	22	11	11
5791	**5422**	**15**	**11**	**4**	**68**	**51**	**17**
5791	5422	15	11	4	68	51	17
9289	**9207**	**30**	**17**	**13**	**29**	**18**	**11**
6308	6139	24	13	11	20	11	9
2902	3005	6	4	2	9	7	2
79	63						
10324	**10515**	**40**	**19**	**21**	**24**	**14**	**10**
6908	7304	34	17	17	16	9	7
3416	3211	6	2	4	8	5	3
8917	**9034**	**25**	**13**	**12**	**24**	**12**	**12**
8917	9034	25	13	12	24	12	12
6861	**7316**	**28**	**19**	**9**	**10**	**3**	**7**
6848	7299	28	19	9	10	3	7
13	17						
9397	**10042**	**59**	**28**	**31**	**13**	**6**	**7**
7523	8011	54	25	29	9	4	5
1874	2031	5	3	2	4	2	2
10638	**10453**	**59**	**26**	**33**	**37**	**17**	**20**
7170	7155	36	18	18	30	15	15
1446	1306	5	2	3	1		1
2022	1992	18	6	12	6	2	4
8241	**8154**	**44**	**23**	**21**	**3**	**1**	**2**
8241	8154	44	23	21	3	1	2
5135	**5367**	**9**	**6**	**3**	**3**	**3**	
5135	5367	9	6	3	3	3	
4478	4894	38	21	17	3	1	2
4468	4890	38	21	17	3	1	2
10	4						
8121	8228	80	45	35	6	3	3
7843	7913	79	44	35	6	3	3
278	315	1	1				
1558	1706	13	5	8	4	1	3
1558	1706	13	5	8	4	1	3

1-2b 各地区分性别、

地区	人口数			居住本乡、镇、街道，户口在本乡、镇、街道			
	合计	男	女	小计	男	女	小计
合计	**556813**	**276667**	**280146**	**366134**	**182313**	**183821**	**189818**
兰州市	**68650**	**34736**	**33914**	**28632**	**14437**	**14195**	**39851**
城关区	1933	982	951	610	293	317	1319
七里河区	5971	3294	2677	2942	1563	1379	3013
西固区	2267	1160	1107	1836	928	908	427
安宁区							
红古区	1560	793	767	1008	505	503	548
永登县	13654	6778	6876	8029	4056	3973	5608
皋兰县	6596	3437	3159	3620	1809	1811	2957
榆中县	20374	9900	10474	6793	3331	3462	13555
兰州新区	16295	8392	7903	3794	1952	1842	12424
嘉峪关市	**394**	**210**	**184**	**213**	**102**	**111**	**181**
市辖区	394	210	184	213	102	111	181
金昌市	**9970**	**5007**	**4963**	**5249**	**2645**	**2604**	**4719**
金川区	92	50	42	88	48	40	4
永昌县	9878	4957	4921	5161	2597	2564	4715
白银市	**37097**	**18444**	**18653**	**22634**	**11437**	**11197**	**14423**
白银区	244	122	122	230	112	118	14
平川区	2000	1054	946	1403	716	687	596
靖远县	12805	6457	6348	9289	4755	4534	3499
会宁县	11661	5589	6072	6536	3207	3329	5113
景泰县	10387	5222	5165	5176	2647	2529	5201
天水市	**65610**	**32464**	**33146**	**53789**	**26687**	**27102**	**11770**
秦州区	4373	2112	2261	4312	2080	2232	56
麦积区	4362	2169	2193	3794	1890	1904	566
清水县	7145	3505	3640	4739	2363	2376	2400
秦安县	13384	6586	6798	10215	5044	5171	3162
甘谷县	17957	8869	9088	15532	7664	7868	2412
武山县	12475	6286	6189	11109	5621	5488	1352
张家川回族自治县	5914	2937	2977	4088	2025	2063	1822
武威市	**27071**	**13549**	**13522**	**18143**	**9021**	**9122**	**8902**
凉州区	7165	3627	3538	5976	2958	3018	1179
民勤县	6170	3178	2992	3367	1730	1637	2798
古浪县	7228	3568	3660	4734	2326	2408	2490
天祝藏族自治县	6508	3176	3332	4066	2007	2059	2435
张掖市	**30516**	**15183**	**15333**	**17709**	**8946**	**8763**	**12787**
甘州区	1405	735	670	1314	683	631	88
肃南裕固族自治县	1074	542	532	753	376	377	321
民乐县	8658	4324	4334	4782	2411	2371	3869
临泽县	5214	2614	2600	3767	1915	1852	1445
高台县	6039	2960	3079	3020	1509	1511	3013
山丹县	8126	4008	4118	4073	2052	2021	4051
平凉市	**39432**	**19233**	**20199**	**23814**	**11813**	**12001**	**15549**
崆峒区	903	430	473	757	372	385	146
泾川县	8124	3934	4190	5240	2560	2680	2872
灵台县	5240	2504	2736	2684	1303	1381	2549
崇信县	3355	1666	1689	2040	1036	1004	1311
庄浪县	8560	4204	4356	5527	2789	2738	3011
静宁县	10393	4979	5414	5455	2657	2798	4919
华亭市	2857	1516	1341	2111	1096	1015	741

户口登记状况的人口（镇）

单位：人

居住本乡、镇、街道，户口在外乡、镇、街道，离开户口登记地半年以上		居住本乡、镇、街道，户口待定			原住本乡、镇、街道，现在港澳台或国外工作学习		
男	女	小计	男	女	小计	男	女
93882	**95936**	**712**	**378**	**334**	**149**	**94**	**55**
20204	**19647**	**150**	**85**	**65**	**17**	**10**	**7**
689	630	3		3	1		1
1722	1291	16	9	7			
231	196	1		1	3	1	2
285	263	2	1	1	2	2	
2713	2895	13	5	8	4	4	
1621	1336	17	6	11	2	1	1
6551	7004	23	17	6	3	1	2
6392	6032	75	47	28	2	1	1
108	**73**						
108	73						
2361	**2358**	**1**	**1**		**1**		**1**
2	2						
2359	2356	1	1		1		1
6981	**7442**	**33**	**21**	**12**	**7**	**5**	**2**
10	4						
337	259	1	1				
1687	1812	15	13	2	2	2	
2376	2737	10	5	5	2	1	1
2571	2630	7	2	5	3	2	1
5750	**6020**	**37**	**19**	**18**	**14**	**8**	**6**
29	27	5	3	2			
278	288	1		1	1	1	
1139	1261	3	2	1	3	1	2
1539	1623	7	3	4			
1196	1216	6	4	2	7	5	2
659	693	12	5	7	2	1	1
910	912	3	2	1	1		1
4514	**4388**	**9**	**5**	**4**	**17**	**9**	**8**
663	516	3	2	1	7	4	3
1445	1353	3	1	2	2	2	
1239	1251	2	2		2	1	1
1167	1268	1		1	6	2	4
6228	**6559**	**13**	**4**	**9**	**7**	**5**	**2**
50	38	3	2	1			
166	155						
1909	1960	5	2	3	2	2	
699	746	1		1	1		1
1449	1564	3		3	3	2	1
1955	2096	1		1	1	1	
7381	**8168**	**59**	**31**	**28**	**10**	**8**	**2**
58	88						
1369	1503	9	3	6	3	2	1
1198	1351	7	3	4			
628	683	2		2	2	2	
1400	1611	19	12	7	3	3	
2310	2609	17	11	6	2	1	1
418	323	5	2	3			

1-2b 各地区分性别、

地区	人口数			居住本乡、镇、街道，户口在本乡、镇、街道			
	合计	男	女	小计	男	女	小计
酒泉市	**20480**	**10570**	**9910**	**10840**	**5498**	**5342**	**9612**
肃州区	1870	954	916	1650	843	807	218
金塔县	4437	2237	2200	2666	1328	1338	1769
瓜州县	4942	2574	2368	2587	1301	1286	2348
肃北蒙古族自治县	936	500	436	669	334	335	256
阿克塞哈萨克族自治县	920	473	447	568	279	289	352
玉门市	3117	1722	1395	2169	1128	1041	943
敦煌市	4258	2110	2148	531	285	246	3726
庆阳市	**53647**	**26812**	**26835**	**35808**	**17820**	**17988**	**17749**
西峰区	700	357	343	596	298	298	104
庆城县	8351	4268	4083	4408	2225	2183	3928
环　县	9457	4787	4670	5170	2627	2543	4272
华池县	4677	2361	2316	2303	1167	1136	2366
合水县	4665	2304	2361	3065	1510	1555	1589
正宁县	6663	3284	3379	5228	2558	2670	1421
宁　县	9560	4686	4874	8201	3992	4209	1343
镇原县	9574	4765	4809	6837	3443	3394	2726
定西市	**74699**	**36585**	**38114**	**53504**	**26378**	**27126**	**21106**
安定区	2561	1288	1273	2332	1156	1176	226
通渭县	9699	4917	4782	7919	4046	3873	1771
陇西县	20757	10170	10587	14735	7252	7483	5997
渭源县	7710	3799	3911	5934	2949	2985	1772
临洮县	17739	8464	9275	10296	4899	5397	7431
漳　县	5284	2587	2697	3907	1942	1965	1369
岷　县	10949	5360	5589	8381	4134	4247	2540
陇南市	**64107**	**31468**	**32639**	**50322**	**24828**	**25494**	**13646**
武都区	5722	2756	2966	5046	2426	2620	671
成　县	11394	5452	5942	8382	4078	4304	2985
文　县	5927	2857	3070	4561	2213	2348	1343
宕昌县	6479	3241	3238	5272	2645	2627	1206
康　县	4492	2204	2288	3341	1676	1665	1142
西和县	9244	4579	4665	7623	3761	3862	1594
礼　县	11539	5831	5708	10173	5148	5025	1340
徽　县	7591	3693	3898	4739	2283	2456	2837
两当县	1719	855	864	1185	598	587	528
临夏回族自治州	**44074**	**21766**	**22308**	**29378**	**14678**	**14700**	**14611**
临夏市	1224	649	575	1055	551	504	165
临夏县	3991	2009	1982	2823	1426	1397	1165
康乐县	5399	2585	2814	3357	1629	1728	2025
永靖县	9245	4463	4782	5503	2746	2757	3732
广河县	8219	4121	4098	6108	3070	3038	2086
和政县	5644	2787	2857	3890	1939	1951	1745
东乡族自治县	5439	2707	2732	4140	2035	2105	1295
积石山保安族东乡族撒拉族自治县	4913	2445	2468	2502	1282	1220	2398
甘南藏族自治州	**21066**	**10640**	**10426**	**16099**	**8023**	**8076**	**4912**
合作市	331	167	164	328	167	161	1
临潭县	4200	2074	2126	3379	1665	1714	810
卓尼县	3520	1767	1753	2962	1466	1496	551
舟曲县	4041	1983	2058	3009	1479	1530	1023
迭部县	1965	976	989	1404	691	713	559
玛曲县	2831	1484	1347	1851	954	897	968
碌曲县	1571	804	767	1113	564	549	452
夏河县	2607	1385	1222	2053	1037	1016	548

户口登记状况的人口（镇）（续）

单位：人

居住本乡、镇、街道，户口在外乡、镇、街道，离开户口登记地半年以上		居住本乡、镇、街道，户口待定			原住本乡、镇、街道，现在港澳台或国外工作学习		
男	女	小计	男	女	小计	男	女
5054	**4558**	**18**	**10**	**8**	**10**	**8**	**2**
110	108	1		1	1	1	
908	861	1	1		1		1
1269	1079	6	3	3	1	1	
157	99	7	6	1	4	3	1
194	158						
591	352	2		2	3	3	
1825	1901	1		1			
8944	**8805**	**69**	**35**	**34**	**21**	**13**	**8**
59	45						
2034	1894	14	8	6	1	1	
2152	2120	11	5	6	4	3	1
1188	1178	7	5	2	1	1	
789	800	11	5	6			
717	704	9	5	4	5	4	1
688	655	13	5	8	3	1	2
1317	1409	4	2	2	7	3	4
10159	**10947**	**79**	**42**	**37**	**10**	**6**	**4**
130	96	1	1		2	1	1
866	905	8	5	3	1		1
2904	3093	20	9	11	5	5	
848	924	4	2	2			
3560	3871	11	5	6	1		1
639	730	7	6	1	1		1
1212	1328	28	14	14			
6564	**7082**	**123**	**65**	**58**	**16**	**11**	**5**
329	342	5	1	4			
1358	1627	24	14	10	3	2	1
630	713	19	11	8	4	3	1
596	610	1		1			
522	620	7	4	3	2	2	
805	789	26	13	13	1		1
668	672	23	13	10	3	2	1
1400	1437	13	8	5	2	2	
256	272	5	1	4	1		1
7044	**7567**	**73**	**38**	**35**	**12**	**6**	**6**
95	70	1	1		3	2	1
581	584	3	2	1			
949	1076	16	7	9	1		1
1712	2020	7	4	3	3	1	2
1038	1048	22	11	11	3	2	1
843	902	7	4	3	2	1	1
670	625	4	2	2			
1156	1242	13	7	6			
2590	**2322**	**48**	**22**	**26**	**7**	**5**	**2**
	1	2		2			
402	408	11	7	4			
297	254	4	3	1	3	1	2
501	522	9	3	6			
283	276				2	2	
525	443	12	5	7			
238	214	6	2	4			
344	204	4	2	2	2	2	

1–2c 各地区分性别、

地区	人口数			居住本乡、镇、街道，户口在本乡、镇、街道			
	合计	男	女	小计	男	女	小计
合计	**1163066**	**590910**	**572156**	**1093631**	**550729**	**542902**	**67294**
兰州市	**72547**	**39236**	**33311**	**56679**	**29161**	**27518**	**15765**
城关区	1760	1039	721	862	442	420	895
七里河区	8391	4594	3797	5076	2647	2429	3294
西固区	3317	1777	1540	2558	1319	1239	754
安宁区							
红古区	3406	1830	1576	3003	1556	1447	397
永登县	14892	7709	7183	14017	7111	6906	852
皋兰县	4892	2729	2163	3780	1971	1809	1108
榆中县	23121	12180	10941	20209	10336	9873	2887
兰州新区	12768	7378	5390	7174	3779	3395	5578
嘉峪关市	**1682**	**923**	**759**	**1088**	**562**	**526**	**594**
市辖区	1682	923	759	1088	562	526	594
金昌市	**9818**	**5056**	**4762**	**8141**	**4114**	**4027**	**1665**
金川区	2440	1276	1164	2157	1095	1062	278
永昌县	7378	3780	3598	5984	3019	2965	1387
白银市	**62527**	**31933**	**30594**	**58016**	**29444**	**28572**	**4402**
白银区	2974	1558	1416	2542	1292	1250	429
平川区	5381	2791	2590	4956	2532	2424	418
靖远县	21633	11080	10553	20142	10241	9901	1460
会宁县	23988	12068	11920	22506	11332	11174	1431
景泰县	8551	4436	4115	7870	4047	3823	664
天水市	**153065**	**76061**	**77004**	**150218**	**74444**	**75774**	**2587**
秦州区	18863	9512	9351	18087	9052	9035	741
麦积区	21014	10607	10407	20653	10394	10259	341
清水县	14948	7430	7518	14483	7193	7290	446
秦安县	28636	14451	14185	28326	14272	14054	252
甘谷县	31101	15260	15841	30814	15104	15710	234
武山县	22313	11031	11282	22046	10894	11152	231
张家川回族自治县	16190	7770	8420	15809	7535	8274	342
武威市	**76879**	**38611**	**38268**	**72962**	**36386**	**36576**	**3800**
凉州区	41736	20875	20861	39818	19765	20053	1854
民勤县	10746	5442	5304	10325	5177	5148	400
古浪县	16439	8166	8273	15607	7739	7868	812
天祝藏族自治县	7958	4128	3830	7212	3705	3507	734
张掖市	**55835**	**28272**	**27563**	**49171**	**24810**	**24361**	**6579**
甘州区	23622	12081	11541	19737	10055	9682	3838
肃南裕固族自治县	1915	1020	895	1510	763	747	404
民乐县	10095	5077	5018	9821	4933	4888	262
临泽县	6140	3046	3094	5987	2966	3021	135
高台县	6443	3204	3239	6040	2984	3056	397
山丹县	7620	3844	3776	6076	3109	2967	1543
平凉市	**98592**	**49234**	**49358**	**92437**	**45693**	**46744**	**5985**
崆峒区	17103	8638	8465	16101	8112	7989	973
泾川县	12443	6081	6362	12017	5809	6208	400
灵台县	9512	4775	4737	8901	4393	4508	602
崇信县	4710	2574	2136	4066	2056	2010	637
庄浪县	23212	11160	12052	22817	10919	11898	365
静宁县	24463	12367	12096	21951	11115	10836	2464
华亭市	7149	3639	3510	6584	3289	3295	544

户口登记状况的人口（乡村）

单位：人

居住本乡、镇、街道，户口在外乡、镇、街道，离开户口登记地半年以上		居住本乡、镇、街道，户口待定			原住本乡、镇、街道，现在港澳台或国外工作学习		
男	女	小计	男	女	小计	男	女
38978	**28316**	**1572**	**754**	**818**	**569**	**449**	**120**
10014	**5751**	**68**	**32**	**36**	**35**	**29**	**6**
597	298	3		3			
1938	1356	20	8	12	1	1	
454	300	4	3	1	1	1	
269	128	1	1		5	4	1
583	269	9	3	6	14	12	2
756	352	4	2	2			
1828	1059	12	6	6	13	10	3
3589	1989	15	9	6	1	1	
361	**233**						
361	233						
933	**732**	**5**	**3**	**2**	**7**	**6**	**1**
178	100	4	2	2	1	1	
755	632	1	1		6	5	1
2430	**1972**	**52**	**19**	**33**	**57**	**40**	**17**
264	165	2	1	1	1	1	
257	161	6	1	5	1	1	
825	635	19	5	14	12	9	3
708	723	16	6	10	35	22	13
376	288	9	6	3	8	7	1
1464	**1123**	**177**	**90**	**87**	**83**	**63**	**20**
438	303	25	12	13	10	10	
197	144	9	7	2	11	9	2
225	221	8	6	2	11	6	5
142	110	40	22	18	18	15	3
124	110	33	17	16	20	15	5
119	112	28	12	16	8	6	2
219	123	34	14	20	5	2	3
2152	**1648**	**65**	**30**	**35**	**52**	**43**	**9**
1073	781	42	17	25	22	20	2
247	153	6	5	1	15	13	2
418	394	10	3	7	10	6	4
414	320	7	5	2	5	4	1
3417	**3162**	**68**	**31**	**37**	**17**	**14**	**3**
2002	1836	43	20	23	4	4	
256	148	1	1				
137	125	8	3	5	4	4	
70	65	11	5	6	7	5	2
217	180	4	2	2	2	1	1
735	808	1		1			
3438	**2547**	**110**	**49**	**61**	**60**	**54**	**6**
511	462	22	9	13	7	6	1
254	146	8	1	7	18	17	1
376	226	7	4	3	2	2	
514	123	3		3	4	4	
222	143	17	7	10	13	12	1
1229	1235	34	12	22	14	11	3
332	212	19	16	3	2	2	

1-2c　各地区分性别、

地区	人口数			居住本乡、镇、街道，户口在本乡、镇、街道			
	合计	男	女	小计	男	女	小计
酒泉市	**36416**	**18916**	**17500**	**29342**	**14886**	**14456**	**6978**
肃州区	12152	6197	5955	10188	5132	5056	1946
金塔县	5785	3019	2766	4923	2500	2423	849
瓜州县	7714	4011	3703	5802	2957	2845	1884
肃北蒙古族自治县	576	441	135	177	93	84	393
阿克塞哈萨克族自治县	82	67	15	9	6	3	73
玉门市	4648	2381	2267	3983	2035	1948	643
敦煌市	5459	2800	2659	4260	2163	2097	1190
庆阳市	**112926**	**57031**	**55895**	**105360**	**52721**	**52639**	**7307**
西峰区	18000	9069	8931	14498	7328	7170	3470
庆城县	12320	6334	5986	11678	5945	5733	594
环　县	16619	8696	7923	15501	8010	7491	1091
华池县	6667	3505	3162	5846	2997	2849	797
合水县	7794	4027	3767	7384	3766	3618	391
正宁县	8538	4274	4264	8253	4069	4184	263
宁　县	19947	9700	10247	19581	9449	10132	332
镇原县	23041	11426	11615	22619	11157	11462	369
定西市	**163138**	**83689**	**79449**	**159263**	**81525**	**77738**	**3674**
安定区	19825	10322	9503	18336	9504	8832	1471
通渭县	30970	16187	14783	30810	16103	14707	131
陇西县	20443	10447	9996	20039	10234	9805	370
渭源县	20416	10531	9885	20087	10369	9718	320
临洮县	30406	15519	14887	29882	15191	14691	500
漳　县	10441	5280	5161	10094	5059	5035	322
岷　县	30637	15403	15234	30015	15065	14950	560
陇南市	**144281**	**74086**	**70195**	**140001**	**71653**	**68348**	**3924**
武都区	29736	15349	14387	28723	14866	13857	957
成　县	11844	6110	5734	11541	5946	5595	266
文　县	12608	6486	6122	11881	6015	5866	699
宕昌县	16918	8771	8147	16642	8637	8005	262
康　县	10862	5571	5291	10575	5414	5161	273
西和县	23883	11937	11946	23500	11694	11806	312
礼　县	25721	13249	12472	25082	12897	12185	538
徽　县	10428	5410	5018	9902	5063	4839	496
两当县	2281	1203	1078	2155	1121	1034	121
临夏回族自治州	**136007**	**67985**	**68022**	**133316**	**66453**	**66863**	**2432**
临夏市	4234	2182	2052	3753	1922	1831	464
临夏县	27653	13867	13786	27191	13578	13613	437
康乐县	20303	10014	10289	20076	9908	10168	164
永靖县	9162	4708	4454	8858	4537	4321	294
广河县	17455	8673	8782	17212	8550	8662	191
和政县	14848	7377	7471	14670	7284	7386	149
东乡族自治县	23092	11457	11635	22915	11348	11567	158
积石山保安族东乡族撒拉族自治县	19260	9707	9553	18641	9326	9315	575
甘南藏族自治州	**39353**	**19877**	**19476**	**37637**	**18877**	**18760**	**1602**
合作市	3299	1717	1582	3031	1553	1478	255
临潭县	7827	3959	3868	7553	3790	3763	253
卓尼县	6145	3145	3000	6027	3074	2953	108
舟曲县	8845	4452	4393	8332	4191	4141	504
迭部县	3228	1624	1604	3136	1559	1577	88
玛曲县	2398	1214	1184	2314	1171	1143	60
碌曲县	1818	886	932	1741	828	913	73
夏河县	5793	2880	2913	5503	2711	2792	261

户口登记状况的人口（乡村）（续）

单位：人

居住本乡、镇、街道，户口在外乡、镇、街道，离开户口登记地半年以上		居住本乡、镇、街道，户口待定			原住本乡、镇、街道，现在港澳台或国外工作学习		
男	女	小计	男	女	小计	男	女
3964	**3014**	**77**	**48**	**29**	**19**	**18**	**1**
1052	894	14	9	5	4	4	
512	337	8	3	5	5	4	1
1035	849	23	14	9	5	5	
342	51	6	6				
61	12						
331	312	18	11	7	4	4	
631	559	8	5	3	1	1	
4180	**3127**	**201**	**85**	**116**	**58**	**45**	**13**
1721	1749	25	14	11	7	6	1
366	228	43	20	23	5	3	2
672	419	21	9	12	6	5	1
500	297	23	8	15	1		1
253	138	16	5	11	3	3	
193	70	18	8	10	4	4	
232	100	21	8	13	13	11	2
243	126	34	13	21	19	13	6
2051	**1623**	**153**	**78**	**75**	**48**	**35**	**13**
803	668	8	5	3	10	10	
66	65	18	10	8	11	8	3
197	173	27	10	17	7	6	1
157	163	3	2	1	6	3	3
316	184	15	8	7	9	4	5
209	113	25	12	13			
303	257	57	31	26	5	4	1
2221	**1703**	**283**	**153**	**130**	**73**	**59**	**14**
451	506	41	19	22	15	13	2
145	121	31	14	17	6	5	1
455	244	18	8	10	10	8	2
126	136	12	6	6	2	2	
147	126	8	5	3	6	5	1
201	111	59	33	26	12	9	3
290	248	94	57	37	7	5	2
328	168	18	9	9	12	10	2
78	43	2	2		3	2	1
1405	**1027**	**224**	**96**	**128**	**35**	**31**	**4**
247	217	13	9	4	4	4	
273	164	20	11	9	5	5	
80	84	56	21	35	7	5	2
164	130	6	3	3	4	4	
98	93	47	20	27	5	5	
81	68	26	10	16	3	2	1
100	58	18	8	10	1	1	
362	213	38	14	24	6	5	1
948	**654**	**89**	**40**	**49**	**25**	**12**	**13**
157	98	7	3	4	6	4	2
156	97	18	11	7	3	2	1
65	43	9	6	3	1		1
258	246	8	2	6	1	1	
64	24	4	1	3			
31	29	23	12	11	1		1
56	17	4	2	2			
161	100	16	3	13	13	5	8

1-3 各地区分年龄、

地区	人口数			0岁			
	合计	男	女	小计	男	女	小计
合计	**2372848**	**1192587**	**1180261**	**24605**	**12733**	**11872**	**128925**
兰州市	**404421**	**205378**	**199043**	**3177**	**1660**	**1517**	**17854**
城关区	134530	67445	67085	962	507	455	5692
七里河区	65897	33857	32040	489	262	227	2925
西固区	39007	19544	19463	232	120	112	1678
安宁区	38825	19162	19663	293	154	139	1729
红古区	13570	6867	6703	107	57	50	625
永登县	28546	14487	14059	291	151	140	1227
皋兰县	11488	6166	5322	127	52	75	560
榆中县	43495	22080	21415	426	242	184	2049
兰州新区	29063	15770	13293	250	115	135	1369
嘉峪关市	**30029**	**15585**	**14444**	**278**	**152**	**126**	**1708**
市辖区	30029	15585	14444	278	152	126	1708
金昌市	**41797**	**21179**	**20618**	**322**	**156**	**166**	**1680**
金川区	24541	12442	12099	180	90	90	1065
永昌县	17256	8737	8519	142	66	76	615
白银市	**140152**	**70610**	**69542**	**1515**	**797**	**718**	**7753**
白银区	31717	15935	15782	266	135	131	1634
平川区	19211	9713	9498	197	102	95	1110
靖远县	34637	17647	16990	449	243	206	1962
会宁县	35649	17657	17992	382	198	184	1993
景泰县	18938	9658	9280	221	119	102	1054
天水市	**277027**	**137365**	**139662**	**2986**	**1541**	**1445**	**14809**
秦州区	56228	27742	28486	508	262	246	2798
麦积区	50736	25498	25238	510	249	261	2535
清水县	22093	10935	11158	280	143	137	1331
秦安县	42020	21037	20983	429	227	202	1925
甘谷县	49058	24129	24929	509	275	234	2609
武山县	34788	17317	17471	370	185	185	1959
张家川回族自治县	22104	10707	11397	380	200	180	1652
武威市	**140423**	**70345**	**70078**	**1422**	**724**	**698**	**6787**
凉州区	85374	42687	42687	866	450	416	4386
民勤县	16916	8620	8296	161	81	80	553
古浪县	23667	11734	11933	235	119	116	1171
天祝藏族自治县	14466	7304	7162	160	74	86	677
张掖市	**111354**	**55645**	**55709**	**991**	**514**	**477**	**5412**
甘州区	49961	24973	24988	436	230	206	2391
肃南裕固族自治县	3058	1595	1463	19	7	12	139
民乐县	18753	9401	9352	176	101	75	969
临泽县	11354	5660	5694	90	45	45	539
高台县	12482	6164	6318	113	54	59	580
山丹县	15746	7852	7894	157	77	80	794
平凉市	**177047**	**87587**	**89460**	**1807**	**885**	**922**	**9362**
崆峒区	49396	24363	25033	473	219	254	2622
泾川县	20567	10015	10552	249	130	119	1175
灵台县	14752	7279	7473	134	70	64	738
崇信县	8065	4240	3825	88	43	45	406
庄浪县	31772	15364	16408	305	158	147	1812
静宁县	34856	17346	17510	369	188	181	1741
华亭市	17639	8980	8659	189	77	112	868

性别的人口

单位：人

1–4岁		5–9岁			10–14岁		
男	女	小计	男	女	小计	男	女
66875	**62050**	**161252**	**84115**	**77137**	**147999**	**77716**	**70283**
9282	**8572**	**19716**	**10421**	**9295**	**17296**	**9117**	**8179**
2971	2721	6409	3378	3031	5462	2892	2570
1505	1420	3021	1615	1406	2728	1443	1285
883	795	1923	956	967	1663	866	797
898	831	1671	891	780	1413	717	696
301	324	711	381	330	762	391	371
634	593	1700	899	801	1740	933	807
285	275	568	297	271	549	307	242
1076	973	2234	1190	1044	1977	1038	939
729	640	1479	814	665	1002	530	472
869	**839**	**1485**	**784**	**701**	**1336**	**703**	**633**
869	839	1485	784	701	1336	703	633
884	**796**	**1723**	**948**	**775**	**2272**	**1243**	**1029**
558	507	1099	598	501	1260	662	598
326	289	624	350	274	1012	581	431
4017	**3736**	**8949**	**4712**	**4237**	**8407**	**4414**	**3993**
830	804	1618	864	754	1517	790	727
566	544	1362	696	666	1221	634	587
1028	934	2400	1304	1096	2386	1256	1130
1028	965	2389	1219	1170	2167	1085	1082
565	489	1180	629	551	1116	649	467
7535	**7274**	**19709**	**10192**	**9517**	**19660**	**10118**	**9542**
1435	1363	3528	1834	1694	3563	1810	1753
1295	1240	3200	1695	1505	3161	1577	1584
688	643	1886	995	891	1842	937	905
960	965	2406	1229	1177	2578	1345	1233
1311	1298	3667	1861	1806	3672	1938	1734
997	962	2664	1410	1254	2920	1569	1351
849	803	2358	1168	1190	1924	942	982
3558	**3229**	**8379**	**4479**	**3900**	**8256**	**4576**	**3680**
2303	2083	5399	2931	2468	5239	2925	2314
298	255	507	277	230	622	375	247
609	562	1606	831	775	1609	865	744
348	329	867	440	427	786	411	375
2843	**2569**	**6071**	**3325**	**2746**	**6636**	**3709**	**2927**
1268	1123	2511	1385	1126	2612	1463	1149
69	70	135	68	67	144	78	66
489	480	1257	718	539	1505	871	634
278	261	597	303	294	682	357	325
303	277	598	285	313	597	335	262
436	358	973	566	407	1096	605	491
4868	**4494**	**11974**	**6228**	**5746**	**12141**	**6306**	**5835**
1362	1260	3137	1600	1537	3177	1633	1544
605	570	1440	763	677	1314	691	623
400	338	970	479	491	1058	569	489
211	195	514	276	238	477	269	208
945	867	2387	1228	1159	2461	1273	1188
888	853	2273	1220	1053	2376	1215	1161
457	411	1253	662	591	1278	656	622

1-3　各地区分年龄、

地区	人口数			0岁			
	合计	男	女	小计	男	女	小计
酒泉市	**98180**	**50007**	**48173**	**829**	**444**	**385**	**4210**
肃州区	42689	21298	21391	362	190	172	1807
金塔县	10222	5256	4966	65	38	27	365
瓜州县	12656	6585	6071	111	69	42	609
肃北蒙古族自治县	1512	941	571	15	9	6	53
阿克塞哈萨克族自治县	1002	540	462	10	1	9	49
玉门市	12330	6472	5858	127	64	63	609
敦煌市	17769	8915	8854	139	73	66	718
庆阳市	**193429**	**97267**	**96162**	**2176**	**1156**	**1020**	**10687**
西峰区	45556	22850	22706	455	243	212	2579
庆城县	20671	10602	10069	255	135	120	1069
环　县	26076	13483	12593	310	162	148	1417
华池县	11344	5866	5478	125	63	62	645
合水县	12459	6331	6128	164	78	86	702
正宁县	15201	7558	7643	173	108	65	866
宁　县	29507	14386	15121	354	185	169	1658
镇原县	32615	16191	16424	340	182	158	1751
定西市	**255721**	**129075**	**126646**	**2605**	**1342**	**1263**	**14990**
安定区	40270	20411	19859	432	206	226	2470
通渭县	40669	21104	19565	369	190	179	2092
陇西县	41200	20617	20583	439	219	220	2535
渭源县	28126	14330	13796	261	148	113	1557
临洮县	48145	23983	24162	515	272	243	2791
漳　县	15725	7867	7858	174	92	82	997
岷　县	41586	20763	20823	415	215	200	2548
陇南市	**225568**	**113873**	**111695**	**2352**	**1198**	**1154**	**12680**
武都区	52482	26341	26141	587	303	284	3115
成　县	23238	11562	11676	248	126	122	1409
文　县	18535	9343	9192	179	93	86	1031
宕昌县	23397	12012	11385	219	105	114	1204
康　县	15510	7858	7652	152	80	72	816
西和县	33127	16516	16611	398	217	181	1947
礼　县	37260	19080	18180	338	173	165	1957
徽　县	18019	9103	8916	193	77	116	978
两当县	4000	2058	1942	38	24	14	223
临夏回族自治州	**210796**	**104987**	**105809**	**3349**	**1750**	**1599**	**17090**
临夏市	35333	17643	17690	419	214	205	2321
临夏县	32484	16300	16184	476	251	225	2392
康乐县	25702	12599	13103	392	197	195	2033
永靖县	18407	9171	9236	204	118	86	1193
广河县	25674	12794	12880	506	272	234	2509
和政县	20492	10164	10328	341	177	164	1731
东乡族自治县	28531	14164	14367	612	325	287	3104
积石山保安族东乡族撒拉族自治县	24173	12152	12021	399	196	203	1807
甘南藏族自治州	**66904**	**33684**	**33220**	**796**	**414**	**382**	**3903**
合作市	10115	5051	5064	105	57	48	593
临潭县	12027	6033	5994	158	96	62	700
卓尼县	9665	4912	4753	115	66	49	530
舟曲县	12886	6435	6451	152	65	87	761
迭部县	5193	2600	2593	44	19	25	227
玛曲县	5229	2698	2531	71	36	35	355
碌曲县	3389	1690	1699	48	24	24	217
夏河县	8400	4265	4135	103	51	52	520

性别的人口（续 1）

单位：人

1-4 岁		5-9 岁			10-14 岁		
男	女	小计	男	女	小计	男	女
2220	**1990**	**4698**	**2459**	**2239**	**5046**	**2605**	**2441**
967	840	1887	1000	887	2080	1068	1012
193	172	426	225	201	557	311	246
319	290	756	397	359	716	367	349
25	28	52	29	23	50	29	21
25	24	44	21	23	58	27	31
327	282	720	383	337	707	370	337
364	354	813	404	409	878	433	445
5679	**5008**	**15126**	**7952**	**7174**	**13992**	**7383**	**6609**
1367	1212	3459	1873	1586	3039	1661	1378
567	502	1561	815	746	1295	688	607
764	653	1808	941	867	1618	840	778
338	307	872	458	414	786	406	380
354	348	1043	543	500	980	526	454
454	412	1343	732	611	1213	618	595
895	763	2452	1263	1189	2404	1204	1200
940	811	2588	1327	1261	2657	1440	1217
7757	**7233**	**18209**	**9394**	**8815**	**15111**	**7896**	**7215**
1244	1226	2477	1299	1178	1931	1013	918
1113	979	2266	1200	1066	1864	1030	834
1320	1215	3299	1733	1566	2657	1367	1290
810	747	1786	880	906	1530	768	762
1429	1362	3478	1794	1684	2817	1481	1336
521	476	1349	695	654	1076	573	503
1320	1228	3554	1793	1761	3236	1664	1572
6527	**6153**	**17716**	**9079**	**8637**	**16310**	**8437**	**7873**
1596	1519	4261	2140	2121	3624	1891	1733
732	677	1941	981	960	1728	894	834
496	535	1226	629	597	1062	551	511
639	565	1658	867	791	1658	881	777
412	404	1197	615	582	1022	537	485
986	961	2969	1506	1463	2901	1462	1439
1042	915	2900	1535	1365	2921	1496	1425
507	471	1324	686	638	1178	617	561
117	106	240	120	120	216	108	108
8794	**8296**	**22074**	**11344**	**10730**	**16791**	**8822**	**7969**
1236	1085	2733	1440	1293	2245	1174	1071
1224	1168	3197	1637	1560	2436	1299	1137
1080	953	2984	1507	1477	2404	1257	1147
603	590	1210	631	579	997	498	499
1292	1217	3287	1671	1616	2324	1238	1086
865	866	2275	1159	1116	1632	861	771
1581	1523	3741	1942	1799	2666	1384	1282
913	894	2647	1357	1290	2087	1111	976
2042	**1861**	**5423**	**2798**	**2625**	**4745**	**2387**	**2358**
320	273	716	384	332	604	310	294
388	312	992	503	489	872	438	434
274	256	860	447	413	751	379	372
373	388	961	481	480	876	446	430
126	101	357	184	173	351	169	182
198	157	521	255	266	433	227	206
102	115	293	162	131	265	128	137
261	259	723	382	341	593	290	303

1-3 各地区分年龄、

地区	15-19岁			20-24岁			25-29岁	
	小计	男	女	小计	男	女	小计	男
合计	**128532**	**66353**	**62179**	**116031**	**56829**	**59202**	**150240**	**73167**
兰州市	**22482**	**11806**	**10676**	**31485**	**15815**	**15670**	**30861**	**15463**
城关区	5356	2948	2408	8606	4244	4362	11644	5698
七里河区	3014	1699	1315	4795	2725	2070	5470	2713
西固区	1675	940	735	1505	831	674	2399	1202
安宁区	2855	1461	1394	6395	3019	3376	2873	1417
红古区	515	275	240	411	212	199	873	447
永登县	1223	659	564	844	449	395	1397	723
皋兰县	482	253	229	483	291	192	734	404
榆中县	3119	1480	1639	4853	2242	2611	2461	1227
兰州新区	4243	2091	2152	3593	1802	1791	3010	1632
嘉峪关市	**1226**	**722**	**504**	**1191**	**702**	**489**	**2524**	**1370**
市辖区	1226	722	504	1191	702	489	2524	1370
金昌市	**2030**	**1164**	**866**	**1387**	**759**	**628**	**1986**	**1021**
金川区	1117	611	506	959	530	429	1383	720
永昌县	913	553	360	428	229	199	603	301
白银市	**6267**	**3274**	**2993**	**4693**	**2346**	**2347**	**7930**	**3896**
白银区	1349	743	606	1037	550	487	2000	997
平川区	806	405	401	603	304	299	1116	562
靖远县	1537	814	723	1211	615	596	2014	988
会宁县	1839	898	941	1214	580	634	1680	779
景泰县	736	414	322	628	297	331	1120	570
天水市	**16919**	**8544**	**8375**	**13905**	**6628**	**7277**	**17091**	**8086**
秦州区	3321	1643	1678	3191	1432	1759	3409	1616
麦积区	3000	1558	1442	2157	1082	1075	3164	1546
清水县	1360	693	667	1003	477	526	1304	577
秦安县	2611	1328	1283	2280	1114	1166	2720	1355
甘谷县	3074	1631	1443	2432	1187	1245	3152	1475
武山县	2178	1050	1128	1699	838	861	2101	961
张家川回族自治县	1375	641	734	1143	498	645	1241	556
武威市	**7514**	**4182**	**3332**	**5111**	**2584**	**2527**	**7590**	**3683**
凉州区	4401	2431	1970	3199	1603	1596	5056	2440
民勤县	899	556	343	429	256	173	567	295
古浪县	1529	835	694	964	472	492	1196	572
天祝藏族自治县	685	360	325	519	253	266	771	376
张掖市	**5612**	**2931**	**2681**	**4589**	**2258**	**2331**	**5437**	**2677**
甘州区	2578	1312	1266	2710	1290	1420	2779	1369
肃南裕固族自治县	136	73	63	118	61	57	157	78
民乐县	1154	592	562	517	253	264	673	342
临泽县	469	254	215	321	167	154	456	205
高台县	487	255	232	339	184	155	588	294
山丹县	788	445	343	584	303	281	784	389
平凉市	**10452**	**5256**	**5196**	**6375**	**2922**	**3453**	**9598**	**4437**
崆峒区	3205	1492	1713	2511	1101	1410	3313	1612
泾川县	1143	570	573	560	258	302	882	361
灵台县	775	400	375	368	161	207	666	291
崇信县	419	228	191	287	136	151	578	301
庄浪县	1781	936	845	1138	534	604	1547	664
静宁县	2106	1097	1009	971	467	504	1559	722
华亭市	1023	533	490	540	265	275	1053	486

性别的人口（续 2）

单位：人

	30-34 岁			35-39 岁			40-44 岁		
女	小计	男	女	小计	男	女	小计	男	女
77073	**185727**	**91313**	**94414**	**147188**	**74042**	**73146**	**138961**	**70387**	**68574**
15398	**37716**	**19306**	**18410**	**28657**	**14755**	**13902**	**25453**	**13084**	**12369**
5946	13601	6855	6746	11052	5536	5516	9708	4901	4807
2757	6610	3390	3220	4651	2428	2223	4143	2111	2032
1197	3396	1685	1711	2951	1453	1498	2586	1268	1318
1456	3582	1772	1810	2664	1303	1361	2365	1166	1199
426	1188	616	572	930	476	454	957	499	458
674	1919	942	977	1617	848	769	1571	813	758
330	981	548	433	726	426	300	650	377	273
1234	3320	1698	1622	2441	1302	1139	2209	1186	1023
1378	3119	1800	1319	1625	983	642	1264	763	501
1154	**3434**	**1793**	**1641**	**2197**	**1125**	**1072**	**2124**	**1059**	**1065**
1154	3434	1793	1641	2197	1125	1072	2124	1059	1065
965	**3292**	**1641**	**1651**	**2604**	**1290**	**1314**	**2798**	**1389**	**1409**
663	2175	1092	1083	1667	834	833	1717	855	862
302	1117	549	568	937	456	481	1081	534	547
4034	**10518**	**5122**	**5396**	**8716**	**4441**	**4275**	**8050**	**4089**	**3961**
1003	2853	1390	1463	2203	1114	1089	2097	1061	1036
554	1636	806	830	1443	742	701	1295	668	627
1026	2403	1217	1186	2228	1169	1059	1911	1019	892
901	2225	1011	1214	1599	789	810	1700	806	894
550	1401	698	703	1243	627	616	1047	535	512
9005	**19057**	**9051**	**10006**	**16804**	**8049**	**8755**	**15628**	**7840**	**7788**
1793	4442	2085	2357	3807	1847	1960	3494	1731	1763
1618	3916	1867	2049	3254	1558	1696	3112	1649	1463
727	1352	603	749	1112	536	576	1162	570	592
1365	2604	1303	1301	2237	1122	1115	2221	1142	1079
1677	3329	1554	1775	3204	1502	1702	2718	1309	1409
1140	2197	1048	1149	2154	1001	1153	1849	899	950
685	1217	591	626	1036	483	553	1072	540	532
3907	**9679**	**4712**	**4967**	**8200**	**4017**	**4183**	**7596**	**3803**	**3793**
2616	6460	3088	3372	5299	2586	2713	4586	2323	2263
272	758	404	354	735	352	383	1051	527	524
624	1399	681	718	1251	624	627	1097	513	584
395	1062	539	523	915	455	460	862	440	422
2760	**8757**	**4078**	**4679**	**7112**	**3452**	**3660**	**6818**	**3340**	**3478**
1410	4164	1960	2204	3311	1634	1677	3150	1558	1592
79	306	152	154	226	123	103	259	148	111
331	1289	579	710	1153	527	626	1171	574	597
251	834	405	429	682	332	350	646	307	339
294	958	445	513	758	367	391	814	384	430
395	1206	537	669	982	469	513	778	369	409
5161	**12372**	**5859**	**6513**	**9978**	**4814**	**5164**	**9746**	**4691**	**5055**
1701	3973	1953	2020	3200	1569	1631	2822	1410	1412
521	1200	549	651	856	409	447	833	390	443
375	793	339	454	699	324	375	799	361	438
277	677	360	317	506	289	217	454	253	201
883	1950	854	1096	1655	726	929	1808	802	1006
837	2256	1016	1240	1810	846	964	1878	917	961
567	1523	788	735	1252	651	601	1152	558	594

1-3 各地区分年龄、

地区	15-19岁			20-24岁			25-29岁	
	小计	男	女	小计	男	女	小计	男
酒泉市	**5021**	**2571**	**2450**	**3886**	**1952**	**1934**	**5845**	**3002**
肃州区	2258	1138	1120	1879	921	958	2681	1325
金塔县	560	306	254	240	132	108	357	196
瓜州县	641	337	304	509	250	259	843	436
肃北蒙古族自治县	50	26	24	66	41	25	128	80
阿克塞哈萨克族自治县	37	17	20	37	18	19	65	38
玉门市	652	350	302	470	241	229	740	395
敦煌市	823	397	426	685	349	336	1031	532
庆阳市	**9813**	**5143**	**4670**	**6459**	**3078**	**3381**	**9976**	**4671**
西峰区	2739	1423	1316	2375	1084	1291	3010	1399
庆城县	813	425	388	605	306	299	1242	580
环　县	1204	634	570	928	455	473	1649	815
华池县	449	248	201	378	186	192	684	326
合水县	492	254	238	304	161	143	611	317
正宁县	684	363	321	348	174	174	602	282
宁　县	1543	793	750	674	310	364	1044	454
镇原县	1889	1003	886	847	402	445	1134	498
定西市	**13016**	**6613**	**6403**	**11659**	**5753**	**5906**	**17348**	**8474**
安定区	1594	822	772	1205	598	607	2603	1269
通渭县	2300	1144	1156	3169	1622	1547	3809	2017
陇西县	1795	920	875	1471	733	738	2329	1083
渭源县	1500	754	746	1300	636	664	1773	881
临洮县	2316	1197	1119	1717	816	901	3088	1460
漳　县	864	427	437	810	411	399	1027	474
岷　县	2647	1349	1298	1987	937	1050	2719	1290
陇南市	**11727**	**5842**	**5885**	**9628**	**4577**	**5051**	**14240**	**6756**
武都区	2842	1425	1417	2238	1047	1191	3843	1792
成　县	1287	599	688	946	392	554	1460	656
文　县	837	431	406	689	320	369	1050	504
宕昌县	1331	694	637	1296	651	645	1614	829
康　县	760	375	385	449	211	238	774	357
西和县	1865	927	938	1650	802	848	2027	940
礼　县	1930	941	989	1630	806	824	2166	1055
徽　县	734	384	350	598	291	307	1110	525
两当县	141	66	75	132	57	75	196	98
临夏回族自治州	**12219**	**6142**	**6077**	**11543**	**5452**	**6091**	**14855**	**7217**
临夏市	2257	1190	1067	1846	865	981	2802	1334
临夏县	1636	833	803	1556	757	799	2288	1127
康乐县	1210	568	642	1294	607	687	1703	810
永靖县	893	446	447	620	326	294	1260	634
广河县	1639	800	839	1854	873	981	1906	945
和政县	1093	558	535	891	400	491	1519	738
东乡族自治县	1888	947	941	1993	929	1064	1830	887
积石山保安族东乡族撒拉族自治县	1603	800	803	1489	695	794	1547	742
甘南藏族自治州	**4234**	**2163**	**2071**	**4120**	**2003**	**2117**	**4959**	**2414**
合作市	897	425	472	1112	499	613	765	362
临潭县	585	288	297	525	255	270	798	373
卓尼县	504	279	225	460	237	223	657	321
舟曲县	851	449	402	687	329	358	931	441
迭部县	363	181	182	292	139	153	402	191
玛曲县	368	189	179	375	193	182	460	224
碌曲县	205	101	104	173	101	72	306	149
夏河县	461	251	210	496	250	246	640	353

性别的人口（续 3）

单位：人

女	30–34 岁 小计	30–34 岁 男	30–34 岁 女	35–39 岁 小计	35–39 岁 男	35–39 岁 女	40–44 岁 小计	40–44 岁 男	40–44 岁 女
2843	**8183**	**4221**	**3962**	**6344**	**3200**	**3144**	**6396**	**3202**	**3194**
1356	3755	1874	1881	2882	1380	1502	2774	1377	1397
161	623	325	298	500	237	263	704	337	367
407	1131	612	519	768	402	366	776	379	397
48	151	100	51	135	92	43	130	80	50
27	101	62	39	94	49	45	105	66	39
345	1010	517	493	748	422	326	713	363	350
499	1412	731	681	1217	618	599	1194	600	594
5305	**15399**	**7435**	**7964**	**11874**	**6085**	**5789**	**10361**	**5218**	**5143**
1611	4873	2351	2522	3562	1798	1764	2752	1417	1335
662	1890	958	932	1403	782	621	1177	638	539
834	2221	1153	1068	1752	962	790	1530	809	721
358	1089	571	518	836	467	369	676	346	330
294	989	458	531	673	366	307	647	328	319
320	904	419	485	755	340	415	801	400	401
590	1553	675	878	1306	652	654	1244	563	681
636	1880	850	1030	1587	718	869	1534	717	817
8874	**19240**	**9589**	**9651**	**14551**	**7362**	**7189**	**14331**	**7475**	**6856**
1334	3258	1582	1676	2266	1140	1126	2289	1211	1078
1792	3239	1793	1446	2169	1162	1007	2140	1179	961
1246	2940	1382	1558	2232	1093	1139	2367	1214	1153
892	1947	974	973	1447	715	732	1541	801	740
1628	3750	1812	1938	3061	1528	1533	2740	1404	1336
553	1214	578	636	882	461	421	769	404	365
1429	2892	1468	1424	2494	1263	1231	2485	1262	1223
7484	**16791**	**8049**	**8742**	**13254**	**6843**	**6411**	**13159**	**6950**	**6209**
2051	4410	2123	2287	3117	1624	1493	3030	1622	1408
804	1779	819	960	1536	781	755	1294	700	594
546	1370	651	719	1089	571	518	1257	641	616
785	1669	868	801	1252	682	570	1309	692	617
417	983	436	547	938	450	488	1153	593	560
1087	2332	1127	1205	1834	915	919	1591	823	768
1111	2612	1273	1339	2086	1149	937	2135	1172	963
585	1342	616	726	1170	541	629	1100	569	531
98	294	136	158	232	130	102	290	138	152
7638	**15722**	**7670**	**8052**	**12218**	**6127**	**6091**	**11875**	**5846**	**6029**
1468	3125	1552	1573	2525	1285	1240	2271	1130	1141
1161	2040	1013	1027	1505	783	722	1647	805	842
893	1869	840	1029	1574	786	788	1343	655	688
626	1500	722	778	1147	550	597	1222	608	614
961	1946	971	975	1455	721	734	1425	716	709
781	1585	747	838	981	475	506	1057	526	531
943	1818	881	937	1704	853	851	1663	791	872
805	1839	944	895	1327	674	653	1247	615	632
2545	**5567**	**2787**	**2780**	**4679**	**2482**	**2197**	**4626**	**2401**	**2225**
403	947	480	467	717	357	360	725	366	359
425	840	414	426	682	357	325	748	375	373
336	840	402	438	610	326	284	654	340	314
490	1021	487	534	823	455	368	734	389	345
211	429	232	197	385	211	174	431	232	199
236	487	264	223	469	244	225	422	230	192
157	322	164	158	299	153	146	273	141	132
287	681	344	337	694	379	315	639	328	311

1-3 各地区分年龄、

地区	45-49岁			50-54岁			55-59岁	
	小计	男	女	小计	男	女	小计	男
合计	**212701**	**106882**	**105819**	**238822**	**119595**	**119227**	**181142**	**91277**
兰州市	**34069**	**17670**	**16399**	**36158**	**18619**	**17539**	**30008**	**14999**
城关区	11440	5870	5570	11406	5772	5634	10299	5073
七里河区	5396	2789	2607	5791	2932	2859	5266	2630
西固区	3689	1882	1807	4007	2025	1982	3289	1630
安宁区	2801	1470	1331	2658	1339	1319	2225	1056
红古区	1520	771	749	1442	755	687	1026	491
永登县	2671	1335	1336	3356	1741	1615	2541	1299
皋兰县	1059	585	474	1247	674	573	873	443
榆中县	3543	1829	1714	4075	2121	1954	3012	1523
兰州新区	1950	1139	811	2176	1260	916	1477	854
嘉峪关市	**2928**	**1537**	**1391**	**2920**	**1490**	**1430**	**2135**	**1091**
市辖区	2928	1537	1391	2920	1490	1430	2135	1091
金昌市	**5038**	**2471**	**2567**	**5265**	**2714**	**2551**	**3688**	**1859**
金川区	2865	1436	1429	2848	1465	1383	1955	1015
永昌县	2173	1035	1138	2417	1249	1168	1733	844
白银市	**13563**	**6826**	**6737**	**15157**	**7578**	**7579**	**11202**	**5781**
白银区	3303	1655	1648	3339	1673	1666	2407	1240
平川区	2032	1051	981	1960	1006	954	1366	707
靖远县	3429	1735	1694	3555	1808	1747	2561	1309
会宁县	2993	1506	1487	4129	2015	2114	3391	1772
景泰县	1806	879	927	2174	1076	1098	1477	753
天水市	**24269**	**11949**	**12320**	**26912**	**13340**	**13572**	**20740**	**10250**
秦州区	4969	2504	2465	5316	2666	2650	4237	2102
麦积区	4610	2356	2254	4952	2486	2466	3884	1930
清水县	1963	956	1007	2087	1018	1069	1731	873
秦安县	3725	1813	1912	4629	2264	2365	3364	1667
甘谷县	4285	2047	2238	4509	2247	2262	3457	1630
武山县	3042	1442	1600	3414	1702	1712	2530	1299
张家川回族自治县	1675	831	844	2005	957	1048	1537	749
武威市	**13922**	**6771**	**7151**	**16775**	**8101**	**8674**	**12856**	**6202**
凉州区	8110	3954	4156	9594	4635	4959	7717	3657
民勤县	2147	1051	1096	2697	1258	1439	1832	918
古浪县	2106	979	1127	2731	1301	1430	2065	1003
天祝藏族自治县	1559	787	772	1753	907	846	1242	624
张掖市	**10962**	**5330**	**5632**	**13549**	**6664**	**6885**	**9843**	**4957**
甘州区	4903	2403	2500	5755	2835	2920	4333	2152
肃南裕固族自治县	325	185	140	376	199	177	259	142
民乐县	1725	800	925	2251	1112	1139	1634	837
临泽县	1268	607	661	1557	740	817	1093	583
高台县	1262	603	659	1756	853	903	1215	602
山丹县	1479	732	747	1854	925	929	1309	641
平凉市	**16139**	**7906**	**8233**	**18696**	**9293**	**9403**	**14347**	**7260**
崆峒区	4433	2214	2219	4755	2428	2327	3540	1753
泾川县	1676	788	888	2268	1057	1211	2058	1024
灵台县	1369	666	703	1648	837	811	1418	699
崇信县	688	362	326	914	477	437	695	359
庄浪县	2919	1357	1562	3458	1654	1804	2343	1204
静宁县	3397	1638	1759	3888	1944	1944	2977	1521
华亭市	1657	881	776	1765	896	869	1316	700

性别的人口（续 4）

单位：人

	60–64 岁			65–69 岁			70–74 岁		
女	小计	男	女	小计	男	女	小计	男	女
89865	**108538**	**55687**	**52851**	**116007**	**57351**	**58656**	**83240**	**40129**	**43111**
15009	**20719**	**10379**	**10340**	**19020**	**9273**	**9747**	**12020**	**5845**	**6175**
5226	7150	3527	3623	6143	3038	3105	3521	1662	1859
2636	3582	1809	1773	3061	1531	1530	1912	964	948
1659	2397	1218	1179	2006	971	1035	1293	597	696
1169	1581	761	820	1399	667	732	911	430	481
535	659	309	350	786	390	396	491	242	249
1242	1871	918	953	1917	905	1012	1255	598	657
430	688	355	333	690	344	346	510	267	243
1489	1950	1035	915	2303	1081	1222	1649	849	800
623	841	447	394	715	346	369	478	236	242
1044	**1229**	**601**	**628**	**1236**	**581**	**655**	**960**	**439**	**521**
1044	1229	601	628	1236	581	655	960	439	521
1829	**1888**	**928**	**960**	**2283**	**1061**	**1222**	**1606**	**746**	**860**
940	981	455	526	1265	562	703	915	429	486
889	907	473	434	1018	499	519	691	317	374
5421	**7401**	**3728**	**3673**	**7637**	**3792**	**3845**	**5293**	**2503**	**2790**
1167	1513	753	760	1572	762	810	1160	545	615
659	891	429	462	897	433	464	540	256	284
1252	1909	942	967	1822	860	962	1290	599	691
1619	1957	1020	937	2313	1219	1094	1628	781	847
724	1131	584	547	1033	518	515	675	322	353
10490	**11771**	**6142**	**5629**	**14239**	**7068**	**7171**	**10320**	**5100**	**5220**
2135	2489	1302	1187	2778	1359	1419	1988	974	1014
1954	2606	1357	1249	2682	1355	1327	1767	880	887
858	1005	526	479	1145	561	584	824	417	407
1697	1801	963	838	2473	1215	1258	1767	889	878
1827	1883	965	918	2384	1167	1217	1865	872	993
1231	1201	631	570	1686	888	798	1350	685	665
788	786	398	388	1091	523	568	759	383	376
6654	**7354**	**3758**	**3596**	**7783**	**3932**	**3851**	**5239**	**2487**	**2752**
4060	4272	2153	2119	4578	2254	2324	2929	1386	1543
914	950	483	467	1149	612	537	867	419	448
1062	1379	722	657	1314	681	633	932	446	486
618	753	400	353	742	385	357	511	236	275
4886	**5153**	**2676**	**2477**	**6296**	**3012**	**3284**	**4345**	**2053**	**2292**
2181	2152	1119	1033	2689	1308	1381	1838	867	971
117	137	69	68	121	59	62	105	40	65
797	908	475	433	1097	536	561	702	345	357
510	538	293	245	730	338	392	475	258	217
613	627	333	294	737	352	385	539	249	290
668	791	387	404	922	419	503	686	294	392
7087	**8368**	**4425**	**3943**	**9816**	**4844**	**4972**	**7206**	**3416**	**3790**
1787	2173	1128	1045	2343	1158	1185	1660	758	902
1034	1101	582	519	1422	688	734	1079	505	574
719	893	474	419	972	490	482	699	345	354
336	339	171	168	417	208	209	298	152	146
1139	1395	721	674	1793	860	933	1439	686	753
1456	1626	917	709	2044	1033	1011	1523	731	792
616	841	432	409	825	407	418	508	239	269

1-3　各地区分年龄、

地区	45-49 岁			50-54 岁			55-59 岁	
	小计	男	女	小计	男	女	小计	男
酒泉市	**10373**	**5291**	**5082**	**11759**	**6049**	**5710**	**8883**	**4483**
肃州区	4365	2206	2159	4835	2487	2348	3671	1766
金塔县	1170	580	590	1380	704	676	1027	519
瓜州县	1310	676	634	1543	793	750	1174	641
肃北蒙古族自治县	225	161	64	185	123	62	119	63
阿克塞哈萨克族自治县	110	66	44	113	62	51	63	37
玉门市	1319	680	639	1544	790	754	1147	623
敦煌市	1874	922	952	2159	1090	1069	1682	834
庆阳市	**15242**	**7680**	**7562**	**19600**	**9617**	**9983**	**15645**	**7794**
西峰区	3515	1807	1708	3916	1947	1969	2950	1400
庆城县	1725	909	816	2309	1143	1166	1766	914
环　县	2152	1123	1029	2671	1338	1333	2058	1096
华池县	787	416	371	1173	581	592	952	487
合水县	1028	533	495	1315	614	701	1094	588
正宁县	1289	617	672	1591	754	837	1294	644
宁　县	2167	1031	1136	3039	1464	1575	2693	1280
镇原县	2579	1244	1335	3586	1776	1810	2838	1385
定西市	**23489**	**11854**	**11635**	**26908**	**13456**	**13452**	**19712**	**10197**
安定区	3879	1976	1903	4474	2240	2234	3463	1833
通渭县	3547	1780	1767	4030	2013	2017	2862	1471
陇西县	4033	2034	1999	4457	2240	2217	3253	1670
渭源县	2780	1448	1332	3299	1689	1610	2373	1269
临洮县	4011	1979	2032	4899	2400	2499	3905	1971
漳　县	1380	680	700	1640	808	832	1026	502
岷　县	3859	1957	1902	4109	2066	2043	2830	1481
陇南市	**21219**	**10776**	**10443**	**23090**	**11751**	**11339**	**15775**	**8213**
武都区	4797	2346	2451	5091	2532	2559	3354	1712
成　县	2146	1114	1032	2269	1145	1124	1652	852
文　县	1840	916	924	2028	1049	979	1360	704
宕昌县	2303	1170	1133	2599	1392	1207	1559	818
康　县	1660	859	801	1665	859	806	1114	603
西和县	2947	1481	1466	3146	1518	1628	2263	1157
礼　县	3403	1806	1597	3961	2055	1906	2731	1429
徽　县	1707	854	853	1905	978	927	1418	763
两当县	416	230	186	426	223	203	324	175
临夏回族自治州	**15703**	**7815**	**7888**	**16475**	**8081**	**8394**	**12264**	**6100**
临夏市	2796	1385	1411	2950	1472	1478	2127	1021
临夏县	2871	1439	1432	2915	1439	1476	2104	1046
康乐县	1869	910	959	1996	962	1034	1611	803
永靖县	1785	930	855	1798	887	911	1318	655
广河县	1487	710	777	1516	730	786	1137	562
和政县	1540	752	788	1808	879	929	1326	691
东乡族自治县	1628	802	826	1595	773	822	1273	631
积石山保安族东乡族撒拉族自治县	1727	887	840	1897	939	958	1368	691
甘南藏族自治州	**5785**	**3006**	**2779**	**5558**	**2842**	**2716**	**4044**	**2091**
合作市	766	423	343	734	375	359	563	299
临潭县	1155	583	572	1184	593	591	887	469
卓尼县	862	452	410	891	464	427	629	320
舟曲县	1223	609	614	1150	592	558	828	439
迭部县	442	232	210	448	224	224	297	151
玛曲县	392	222	170	298	153	145	210	113
碌曲县	272	133	139	220	121	99	165	74
夏河县	673	352	321	633	320	313	465	226

性别的人口（续 5）

单位：人

	60–64 岁			65–69 岁			70–74 岁		
女	小计	男	女	小计	男	女	小计	男	女
4400	**4902**	**2503**	**2399**	**5139**	**2610**	**2529**	**3291**	**1634**	**1657**
1905	2082	1050	1032	2282	1113	1169	1466	693	773
508	619	311	308	679	364	315	485	251	234
533	567	303	264	534	253	281	361	205	156
56	56	31	25	49	27	22	28	19	9
26	45	14	31	33	18	15	19	10	9
524	558	301	257	561	319	242	345	157	188
848	975	493	482	1001	516	485	587	299	288
7851	**10380**	**5283**	**5097**	**10028**	**5003**	**5025**	**7432**	**3602**	**3830**
1550	1779	859	920	1775	878	897	1244	611	633
852	1048	545	503	995	480	515	710	337	373
962	1474	758	716	1255	636	619	966	474	492
465	631	335	296	483	234	249	332	164	168
506	695	356	339	653	331	322	463	220	243
650	931	470	461	861	431	430	672	311	361
1413	2096	1042	1054	1885	964	921	1506	705	801
1453	1726	918	808	2121	1049	1072	1539	780	759
9515	**11187**	**5916**	**5271**	**12628**	**6289**	**6339**	**9569**	**4579**	**4990**
1630	1945	1054	891	2216	1102	1114	1644	812	832
1391	1405	756	649	1971	981	990	1478	732	746
1583	1714	915	799	2028	990	1038	1697	782	915
1104	1285	695	590	1456	766	690	1072	524	548
1934	2632	1384	1248	2525	1241	1284	1831	879	952
524	541	270	271	783	396	387	561	282	279
1349	1665	842	823	1649	813	836	1286	568	718
7562	**8820**	**4583**	**4237**	**10297**	**5277**	**5020**	**8310**	**4105**	**4205**
1642	1762	913	849	2155	1155	1000	1820	889	931
800	983	505	478	978	495	483	725	378	347
656	861	441	420	881	449	432	712	379	333
741	852	428	424	1054	518	536	881	394	487
511	723	412	311	757	409	348	585	300	285
1106	1160	609	551	1514	770	744	1223	608	615
1302	1410	714	696	1752	861	891	1548	732	816
655	823	437	386	956	483	473	675	344	331
149	246	124	122	250	137	113	141	81	60
6164	**7365**	**3743**	**3622**	**7280**	**3516**	**3764**	**5881**	**2819**	**3062**
1106	1370	664	706	1362	680	682	968	465	503
1058	1368	704	664	1405	678	727	1126	540	586
808	931	468	463	841	399	442	649	325	324
663	901	468	433	891	408	483	645	299	346
575	581	293	288	580	271	309	584	277	307
635	627	323	304	687	347	340	593	280	313
642	714	355	359	680	316	364	669	309	360
677	873	468	405	834	417	417	647	324	323
1953	**2001**	**1022**	**979**	**2325**	**1093**	**1232**	**1768**	**801**	**967**
264	250	127	123	221	101	120	153	72	81
418	539	283	256	544	263	281	382	178	204
309	298	160	138	345	163	182	299	132	167
389	388	205	183	579	266	313	390	188	202
146	134	69	65	184	81	103	175	73	102
97	76	41	35	95	41	54	74	27	47
91	73	34	39	75	39	36	83	31	52
239	243	103	140	282	139	143	212	100	112

1-3 各地区分年龄、

地区	75-79岁			80-84岁			85-89岁	
	小计	男	女	小计	男	女	小计	男
合计	**56826**	**27029**	**29797**	**31716**	**14689**	**17027**	**11685**	**5241**
兰州市	**8701**	**3750**	**4951**	**5921**	**2677**	**3244**	**2487**	**1158**
城关区	2630	1072	1558	2126	892	1234	1034	469
七里河区	1442	599	843	1058	456	602	421	189
西固区	1095	430	665	833	394	439	318	158
安宁区	638	261	377	507	242	265	209	107
红古区	340	146	194	166	78	88	50	26
永登县	847	386	461	404	188	216	134	61
皋兰县	338	151	187	154	81	73	56	21
榆中县	1096	576	520	529	270	259	217	105
兰州新区	275	129	146	144	76	68	48	22
嘉峪关市	**618**	**306**	**312**	**366**	**191**	**175**	**111**	**57**
市辖区	618	306	312	366	191	175	111	57
金昌市	**1083**	**481**	**602**	**621**	**304**	**317**	**190**	**98**
金川区	573	257	316	377	190	187	111	65
永昌县	510	224	286	244	114	130	79	33
白银市	**3923**	**1794**	**2129**	**2187**	**1041**	**1146**	**815**	**380**
白银区	928	368	560	636	330	306	227	108
平川区	393	185	208	233	106	127	85	40
靖远县	893	431	462	484	224	260	162	75
会宁县	1179	564	615	606	273	333	230	101
景泰县	530	246	284	228	108	120	111	56
天水市	**6624**	**3338**	**3286**	**3663**	**1756**	**1907**	**1536**	**678**
秦州区	1299	619	680	716	345	371	315	148
麦积区	1150	559	591	693	320	373	302	138
清水县	427	210	217	209	114	95	57	32
秦安县	1177	618	559	680	328	352	301	122
甘谷县	1273	673	600	674	337	337	278	121
武山县	801	415	386	449	204	245	189	79
张家川回族自治县	497	244	253	242	108	134	94	38
武威市	**3507**	**1669**	**1838**	**1731**	**803**	**928**	**597**	**251**
凉州区	1933	946	987	962	458	504	311	130
民勤县	559	268	291	293	131	162	125	54
古浪县	660	300	360	306	137	169	95	35
天祝藏族自治县	355	155	200	170	77	93	66	32
张掖市	**2470**	**1246**	**1224**	**970**	**416**	**554**	**281**	**137**
甘州区	1063	551	512	437	188	249	132	70
肃南裕固族自治县	64	32	32	24	10	14	4	
民乐县	386	172	214	145	59	86	32	15
临泽县	235	132	103	105	39	66	31	15
高台县	341	173	168	125	67	58	42	23
山丹县	381	186	195	134	53	81	40	14
平凉市	**4978**	**2473**	**2505**	**2615**	**1216**	**1399**	**896**	**406**
崆峒区	1155	550	605	627	282	345	231	113
泾川县	776	391	385	404	190	214	113	59
灵台县	472	235	237	217	109	108	56	26
崇信县	191	92	99	90	38	52	25	14
庄浪县	899	454	445	465	221	244	178	72
静宁县	1136	577	559	618	283	335	249	101
华亭市	349	174	175	194	93	101	44	21

性别的人口（续 6）

单位：人

	90–94 岁			95–99 岁			100 岁及以上		
女	小计	男	女	小计	男	女	小计	男	女
6444	**2251**	**1002**	**1249**	**408**	**164**	**244**	**52**	**11**	**41**
1329	**531**	**261**	**270**	**82**	**36**	**46**	**8**	**2**	**6**
565	246	120	126	37	18	19	6	2	4
232	106	58	48	15	9	6	1		1
160	62	31	31	9	4	5	1		1
102	47	28	19	9	3	6			
24	8	4	4	3		3			
73	20	5	15	1		1			
35	11	4	7	2	1	1			
112	28	10	18	4		4			
26	3	1	2	2	1	1			
54	**20**	**12**	**8**	**3**	**1**	**2**			
54	20	12	8	3	1	2			
92	**36**	**19**	**17**	**4**	**3**	**1**	**1**		**1**
46	26	15	11	3	3				
46	10	4	6	1		1	1		1
435	**139**	**62**	**77**	**33**	**16**	**17**	**4**	**1**	**3**
119	44	19	25	14	8	6			
45	18	12	6	6	3	3	1		1
87	26	10	16	5	1	4			
129	28	10	18	5	3	2	2		2
55	23	11	12	3	1	2	1	1	
858	**322**	**142**	**180**	**55**	**16**	**39**	**8**	**2**	**6**
167	53	26	27	6	1	5	1	1	
164	71	39	32	8	2	6	2		2
25	11	7	4	2	2				
179	76	30	46	14	2	12	2	1	1
157	67	22	45	16	5	11	1		1
110	26	10	16	8	4	4	1		1
56	18	8	10	1		1	1		1
346	**106**	**42**	**64**	**17**	**11**	**6**	**2**		**2**
181	67	27	40	9	7	2	1		1
71	12	5	7	2		2	1		1
60	19	7	12	3	2	1			
34	8	3	5	3	2	1			
144	**44**	**26**	**18**	**6**	**1**	**5**			
62	16	11	5	1		1			
4	4	2	2						
17	6	4	2	3		3			
16	6	2	4						
19	5	3	2	1		1			
26	7	4	3	1	1				
490	**141**	**69**	**72**	**38**	**13**	**25**	**2**		**2**
118	41	24	17	5	4	1			
54	14	3	11	4	2	2			
30	5	3	2	3	1	2			
11	1	1		1		1			
106	28	12	16	10	3	7	1		1
148	44	22	22	14	3	11	1		1
23	8	4	4	1		1			

1-3 各地区分年龄、

地区	75-79岁			80-84岁			85-89岁	
	小计	男	女	小计	男	女	小计	男
酒泉市	**2003**	**894**	**1109**	**1019**	**488**	**531**	**295**	**146**
肃州区	934	408	526	513	246	267	152	79
金塔县	295	147	148	126	61	65	37	16
瓜州县	183	83	100	87	48	39	26	9
肃北蒙古族自治县	9	3	6	7	2	5	3	1
阿克塞哈萨克族自治县	11	7	4	7	1	6	1	1
玉门市	228	105	123	95	45	50	32	16
敦煌市	343	141	202	184	85	99	44	24
庆阳市	**5218**	**2569**	**2649**	**2858**	**1363**	**1495**	**981**	**479**
西峰区	843	411	432	499	239	260	157	66
庆城县	452	221	231	260	111	149	80	36
环　县	656	328	328	283	133	150	108	54
华池县	261	132	129	137	79	58	41	26
合水县	344	175	169	193	95	98	55	28
正宁县	480	245	235	283	141	142	98	47
宁　县	1050	488	562	577	286	291	211	115
镇原县	1132	569	563	626	279	347	231	107
定西市	**6206**	**3002**	**3204**	**3473**	**1541**	**1932**	**1274**	**514**
安定区	1171	574	597	679	313	366	240	112
通渭县	1041	536	505	609	282	327	273	93
陇西县	1035	530	505	618	273	345	249	103
渭源县	702	355	347	381	162	219	113	45
临洮县	1212	548	664	618	283	335	211	96
漳　县	360	177	183	177	79	98	83	33
岷　县	685	282	403	391	149	242	105	32
陇南市	**5858**	**2874**	**2984**	**3043**	**1477**	**1566**	**1009**	**444**
武都区	1389	707	682	735	373	362	233	124
成　县	503	244	259	249	112	137	87	29
文　县	561	282	279	351	176	175	114	46
宕昌县	547	253	294	282	96	186	89	31
康　县	457	199	258	218	115	103	68	26
西和县	802	403	399	392	187	205	130	60
礼　县	1030	490	540	517	260	257	175	68
徽　县	463	247	216	239	125	114	90	51
两当县	106	49	57	60	33	27	23	9
临夏回族自治州	**4341**	**2072**	**2269**	**2535**	**1146**	**1389**	**943**	**420**
临夏市	658	294	364	370	164	206	156	67
临夏县	828	420	408	485	222	263	180	73
康乐县	522	235	287	323	128	195	117	50
永靖县	460	219	241	248	118	130	90	43
广河县	449	212	237	308	156	152	120	57
和政县	450	225	225	243	108	135	100	46
东乡族自治县	503	243	260	286	134	152	110	51
积石山保安族东乡族撒拉族自治县	471	224	247	272	116	156	70	33
甘南藏族自治州	**1296**	**561**	**735**	**714**	**270**	**444**	**270**	**73**
合作市	134	64	70	70	21	49	29	4
临潭县	255	107	148	133	59	74	40	10
卓尼县	210	85	125	92	42	50	50	17
舟曲县	290	134	156	169	63	106	54	14
迭部县	124	53	71	72	25	47	27	7
玛曲县	62	23	39	38	13	25	13	3
碌曲县	50	21	29	30	7	23	15	3
夏河县	171	74	97	110	40	70	42	15

性别的人口（续7）

单位：人

	90–94岁			95–99岁			100岁及以上		
女	小计	男	女	小计	男	女	小计	男	女
149	**54**	**33**	**21**	**4**		**4**			
73	21	10	11	3		3			
21	7	3	4						
17	10	6	4	1		1			
2	1		1						
16	5	4	1						
20	10	10							
502	**156**	**65**	**91**	**24**	**12**	**12**	**2**		**2**
91	26	12	14	9	4	5			
44	15	11	4	1	1				
54	15	7	8	1	1				
15	5	2	3	2	1	1			
27	12	4	8	2	2				
51	11	7	4	2	1	1			
96	45	16	29	4	1	3	2		2
124	27	6	21	3	1	2			
760	**174**	**62**	**112**	**37**	**9**	**28**	**4**	**1**	**3**
128	28	8	20	6	3	3			
180	32	9	23	4	1	3			
146	44	16	28	6		6	2		2
68	17	8	9	6	2	4			
115	21	6	15	6	2	4	1	1	
50	9	4	5	2		2	1		1
73	23	11	12	7	1	6			
565	**230**	**86**	**144**	**53**	**27**	**26**	**7**	**2**	**5**
109	66	21	45	10	5	5	3	1	2
58	14	7	7	4	1	3			
68	30	11	19	5	2	3	2	1	1
58	17	3	14	4	1	3			
42	15	8	7	4	2	2			
70	26	12	14	10	6	4			
107	44	16	28	13	7	6	1		1
39	13	6	7	2	2		1		1
14	5	2	3	1	1				
523	**225**	**93**	**132**	**38**	**15**	**23**	**10**	**3**	**7**
89	26	10	16	5	1	4	1		1
107	23	8	15	5	2	3	1		1
67	31	11	20	5	1	4	1		1
47	24	8	16	1		1			
63	49	21	28	8	4	4	4	2	2
54	12	6	6	1	1				
59	42	24	18	10	5	5	2	1	1
37	18	5	13	3	1	2	1		1
197	**73**	**30**	**43**	**14**	**4**	**10**	**4**		**4**
25	13	4	9	1	1				
30	7	1	6				1		1
33	4	3	1	4	3	1			
40	15	10	5	2		2	1		1
20	8	1	7	1		1			
10	5	2	3	3		3	2		2
12	4	2	2	1		1			
27	17	7	10	2		2			

1-3a 各地区分年龄、

地区	人口数			0岁			
	合计	男	女	小计	男	女	小计
合计	**652969**	**325010**	**327959**	**5237**	**2709**	**2528**	**33119**
兰州市	**263224**	**131406**	**131818**	**1835**	**972**	**863**	**11423**
城关区	130837	65424	65413	926	487	439	5484
七里河区	51535	25969	25566	362	198	164	2293
西固区	33423	16607	16816	185	97	88	1492
安宁区	38825	19162	19663	293	154	139	1729
红古区	8604	4244	4360	69	36	33	425
嘉峪关市	**27953**	**14452**	**13501**	**264**	**144**	**120**	**1640**
市辖区	27953	14452	13501	264	144	120	1640
金昌市	**22009**	**11116**	**10893**	**152**	**78**	**74**	**988**
金川区	22009	11116	10893	152	78	74	988
白银市	**40528**	**20233**	**20295**	**347**	**185**	**162**	**2244**
白银区	28499	14255	14244	238	126	112	1524
平川区	11830	5868	5962	107	58	49	704
靖远县	199	110	89	2	1	1	16
天水市	**58352**	**28840**	**29512**	**444**	**216**	**228**	**2808**
秦州区	32992	16118	16874	197	97	100	1492
麦积区	25360	12722	12638	247	119	128	1316
武威市	**36473**	**18185**	**18288**	**341**	**170**	**171**	**2021**
凉州区	36473	18185	18288	341	170	171	2021
张掖市	**25003**	**12190**	**12813**	**183**	**93**	**90**	**1272**
甘州区	24934	12157	12777	183	93	90	1264
肃南裕固族自治县	69	33	36				8
平凉市	**39023**	**19120**	**19903**	**323**	**145**	**178**	**2188**
崆峒区	31390	15295	16095	240	111	129	1713
华亭市	7633	3825	3808	83	34	49	475
酒泉市	**41284**	**20521**	**20763**	**352**	**186**	**166**	**2020**
肃州区	28667	14147	14520	238	125	113	1349
玉门市	4565	2369	2196	39	22	17	254
敦煌市	8052	4005	4047	75	39	36	417
庆阳市	**26856**	**13424**	**13432**	**220**	**120**	**100**	**1576**
西峰区	26856	13424	13432	220	120	100	1576
定西市	**17884**	**8801**	**9083**	**162**	**83**	**79**	**1335**
安定区	17884	8801	9083	162	83	79	1335
陇南市	**17180**	**8319**	**8861**	**197**	**103**	**94**	**1241**
武都区	17024	8236	8788	193	101	92	1231
康　县	156	83	73	4	2	2	10
临夏回族自治州	**30715**	**15236**	**15479**	**354**	**181**	**173**	**1996**
临夏市	29875	14812	15063	343	176	167	1932
临夏县	840	424	416	11	5	6	64
甘南藏族自治州	**6485**	**3167**	**3318**	**63**	**33**	**30**	**367**
合作市	6485	3167	3318	63	33	30	367

性别的人口（城市）

单位：人

1–4 岁		5–9 岁			10–14 岁		
男	女	小计	男	女	小计	男	女
17244	**15875**	**36818**	**19432**	**17386**	**33117**	**17395**	**15722**
5927	**5496**	**12408**	**6531**	**5877**	**10744**	**5611**	**5133**
2857	2627	6203	3263	2940	5310	2810	2500
1191	1102	2352	1264	1088	2072	1089	983
780	712	1717	852	865	1437	751	686
898	831	1671	891	780	1413	717	696
201	224	465	261	204	512	244	268
836	**804**	**1413**	**747**	**666**	**1254**	**658**	**596**
836	804	1413	747	666	1254	658	596
517	**471**	**1021**	**551**	**470**	**1155**	**601**	**554**
517	471	1021	551	470	1155	601	554
1140	**1104**	**2410**	**1263**	**1147**	**2189**	**1126**	**1063**
773	751	1511	805	706	1422	736	686
356	348	872	448	424	758	385	373
11	5	27	10	17	9	5	4
1471	**1337**	**3340**	**1744**	**1596**	**3313**	**1734**	**1579**
787	705	1833	952	881	1873	1000	873
684	632	1507	792	715	1440	734	706
1047	**974**	**2293**	**1253**	**1040**	**2182**	**1238**	**944**
1047	974	2293	1253	1040	2182	1238	944
672	**600**	**1327**	**707**	**620**	**1355**	**747**	**608**
668	596	1322	706	616	1352	745	607
4	4	5	1	4	3	2	1
1170	**1018**	**2546**	**1336**	**1210**	**2476**	**1248**	**1228**
915	798	1937	1005	932	1913	962	951
255	220	609	331	278	563	286	277
1084	**936**	**2072**	**1109**	**963**	**1988**	**1024**	**964**
728	621	1346	719	627	1319	682	637
144	110	271	157	114	241	132	109
212	205	455	233	222	428	210	218
825	**751**	**2181**	**1199**	**982**	**1904**	**1043**	**861**
825	751	2181	1199	982	1904	1043	861
661	**674**	**1333**	**705**	**628**	**1012**	**533**	**479**
661	674	1333	705	628	1012	533	479
640	**601**	**1697**	**843**	**854**	**1319**	**678**	**641**
635	596	1685	834	851	1311	674	637
5	5	12	9	3	8	4	4
1047	**949**	**2370**	**1227**	**1143**	**1923**	**1005**	**918**
1014	918	2284	1190	1094	1851	964	887
33	31	86	37	49	72	41	31
207	**160**	**407**	**217**	**190**	**303**	**149**	**154**
207	160	407	217	190	303	149	154

1–3a 各地区分年龄、

地区	15–19岁			20–24岁			25–29岁	
	小计	男	女	小计	男	女	小计	男
合计	**35052**	**18344**	**16708**	**38888**	**18801**	**20087**	**49118**	**23580**
兰州市	**12000**	**6505**	**5495**	**19674**	**9785**	**9889**	**21019**	**10194**
城关区	5242	2882	2360	8428	4137	4291	11258	5479
七里河区	2108	1161	947	3326	1794	1532	4301	2057
西固区	1458	825	633	1278	707	571	2052	992
安宁区	2855	1461	1394	6395	3019	3376	2873	1417
红古区	337	176	161	247	128	119	535	249
嘉峪关市	**1161**	**685**	**476**	**1119**	**657**	**462**	**2427**	**1315**
市辖区	1161	685	476	1119	657	462	2427	1315
金昌市	**1039**	**565**	**474**	**885**	**485**	**400**	**1307**	**678**
金川区	1039	565	474	885	485	400	1307	678
白银市	**1901**	**1017**	**884**	**1331**	**688**	**643**	**2496**	**1201**
白银区	1284	705	579	953	497	456	1851	903
平川区	615	310	305	368	184	184	622	285
靖远县	2	2		10	7	3	23	13
天水市	**3993**	**2026**	**1967**	**3612**	**1652**	**1960**	**3921**	**1885**
秦州区	2250	1102	1148	2373	1040	1333	2120	1013
麦积区	1743	924	819	1239	612	627	1801	872
武威市	**2282**	**1236**	**1046**	**1643**	**733**	**910**	**2624**	**1223**
凉州区	2282	1236	1046	1643	733	910	2624	1223
张掖市	**1308**	**616**	**692**	**1891**	**845**	**1046**	**1564**	**741**
甘州区	1304	613	691	1885	842	1043	1559	737
肃南裕固族自治县	4	3	1	6	3	3	5	4
平凉市	**2651**	**1223**	**1428**	**1857**	**780**	**1077**	**2859**	**1302**
崆峒区	2099	939	1160	1666	692	974	2330	1076
华亭市	552	284	268	191	88	103	529	226
酒泉市	**2279**	**1132**	**1147**	**2062**	**978**	**1084**	**3200**	**1559**
肃州区	1671	810	861	1479	701	778	2175	1046
玉门市	362	193	169	189	88	101	380	192
敦煌市	246	129	117	394	189	205	645	321
庆阳市	**1890**	**1016**	**874**	**991**	**458**	**533**	**2013**	**902**
西峰区	1890	1016	874	991	458	533	2013	902
定西市	**992**	**495**	**497**	**579**	**283**	**296**	**1359**	**632**
安定区	992	495	497	579	283	296	1359	632
陇南市	**861**	**443**	**418**	**758**	**335**	**423**	**1427**	**606**
武都区	856	440	416	753	330	423	1408	595
康　县	5	3	2	5	5		19	11
临夏回族自治州	**2015**	**1064**	**951**	**1582**	**724**	**858**	**2385**	**1111**
临夏市	1988	1052	936	1544	709	835	2317	1075
临夏县	27	12	15	38	15	23	68	36
甘南藏族自治州	**680**	**321**	**359**	**904**	**398**	**506**	**517**	**231**
合作市	680	321	359	904	398	506	517	231

性别的人口（城市）（续 1）

单位：人

	30–34 岁			35–39 岁			40–44 岁		
女	小计	男	女	小计	男	女	小计	男	女
25538	**65196**	**31786**	**33410**	**50998**	**25125**	**25873**	**44999**	**22438**	**22561**
10825	**25682**	**12791**	**12891**	**20448**	**10188**	**10260**	**18103**	**9046**	**9057**
5779	13086	6554	6532	10731	5362	5369	9450	4767	4683
2244	5192	2609	2583	3762	1918	1844	3339	1675	1664
1060	3033	1465	1568	2652	1295	1357	2301	1114	1187
1456	3582	1772	1810	2664	1303	1361	2365	1166	1199
286	789	391	398	639	310	329	648	324	324
1112	**3281**	**1707**	**1574**	**2060**	**1043**	**1017**	**1982**	**981**	**1001**
1112	3281	1707	1574	2060	1043	1017	1982	981	1001
629	**2018**	**1004**	**1014**	**1557**	**774**	**783**	**1607**	**787**	**820**
629	2018	1004	1014	1557	774	783	1607	787	820
1295	**3806**	**1838**	**1968**	**3068**	**1534**	**1534**	**2915**	**1456**	**1459**
948	2670	1288	1382	2067	1037	1030	1986	991	995
337	1108	535	573	984	489	495	918	456	462
10	28	15	13	17	8	9	11	9	2
2036	**5288**	**2499**	**2789**	**4490**	**2112**	**2378**	**3973**	**1976**	**1997**
1107	2973	1389	1584	2596	1237	1359	2327	1110	1217
929	2315	1110	1205	1894	875	1019	1646	866	780
1401	**3692**	**1731**	**1961**	**2954**	**1414**	**1540**	**2507**	**1284**	**1223**
1401	3692	1731	1961	2954	1414	1540	2507	1284	1223
823	**2431**	**1103**	**1328**	**1945**	**939**	**1006**	**1735**	**856**	**879**
822	2423	1100	1323	1944	939	1005	1732	854	878
1	8	3	5	1		1	3	2	1
1557	**3856**	**1892**	**1964**	**3090**	**1528**	**1562**	**2470**	**1205**	**1265**
1254	2963	1438	1525	2354	1146	1208	1889	928	961
303	893	454	439	736	382	354	581	277	304
1641	**4319**	**2144**	**2175**	**3263**	**1601**	**1662**	**2906**	**1428**	**1478**
1129	2979	1479	1500	2270	1078	1192	2057	1002	1055
188	546	264	282	342	193	149	298	147	151
324	794	401	393	651	330	321	551	279	272
1111	**3414**	**1614**	**1800**	**2514**	**1226**	**1288**	**1876**	**946**	**930**
1111	3414	1614	1800	2514	1226	1288	1876	946	930
727	**1969**	**905**	**1064**	**1362**	**667**	**695**	**1280**	**640**	**640**
727	1969	905	1064	1362	667	695	1280	640	640
821	**1951**	**850**	**1101**	**1485**	**712**	**773**	**1148**	**605**	**543**
813	1938	846	1092	1479	709	770	1135	598	537
8	13	4	9	6	3	3	13	7	6
1274	**2837**	**1392**	**1445**	**2292**	**1156**	**1136**	**2052**	**1013**	**1039**
1242	2750	1348	1402	2241	1130	1111	1996	989	1007
32	87	44	43	51	26	25	56	24	32
286	**652**	**316**	**336**	**470**	**231**	**239**	**445**	**215**	**230**
286	652	316	336	470	231	239	445	215	230

1-3a　各地区分年龄、

地区	45-49 岁			50-54 岁			55-59 岁	
	小计	男	女	小计	男	女	小计	男
合计	**57653**	**29180**	**28473**	**57548**	**28889**	**28659**	**46007**	**22778**
兰州市	**22191**	**11309**	**10882**	**22365**	**11269**	**11096**	**19852**	**9708**
城关区	11124	5686	5438	11073	5595	5478	10087	4972
七里河区	4192	2093	2099	4454	2227	2227	4259	2106
西固区	3120	1579	1541	3297	1654	1643	2713	1313
安宁区	2801	1470	1331	2658	1339	1319	2225	1056
红古区	954	481	473	883	454	429	568	261
嘉峪关市	**2679**	**1394**	**1285**	**2638**	**1334**	**1304**	**1925**	**977**
市辖区	2679	1394	1285	2638	1334	1304	1925	977
金昌市	**2626**	**1315**	**1311**	**2449**	**1253**	**1196**	**1655**	**863**
金川区	2626	1315	1311	2449	1253	1196	1655	863
白银市	**4268**	**2118**	**2150**	**4041**	**2010**	**2031**	**2873**	**1500**
白银区	3016	1494	1522	2913	1455	1458	2111	1095
平川区	1235	615	620	1114	548	566	757	403
靖远县	17	9	8	14	7	7	5	2
天水市	**5010**	**2529**	**2481**	**5051**	**2573**	**2478**	**4074**	**2016**
秦州区	2836	1412	1424	2838	1443	1395	2314	1142
麦积区	2174	1117	1057	2213	1130	1083	1760	874
武威市	**3384**	**1697**	**1687**	**3312**	**1676**	**1636**	**2509**	**1237**
凉州区	3384	1697	1687	3312	1676	1636	2509	1237
张掖市	**2213**	**1104**	**1109**	**2388**	**1163**	**1225**	**1815**	**884**
甘州区	2205	1099	1106	2379	1159	1220	1813	884
肃南裕固族自治县	8	5	3	9	4	5	2	
平凉市	**3401**	**1741**	**1660**	**3395**	**1684**	**1711**	**2550**	**1281**
崆峒区	2747	1391	1356	2819	1405	1414	2102	1057
华亭市	654	350	304	576	279	297	448	224
酒泉市	**4011**	**2028**	**1983**	**4045**	**2064**	**1981**	**3085**	**1519**
肃州区	2765	1417	1348	2735	1396	1339	2132	1036
玉门市	406	200	206	430	222	208	304	170
敦煌市	840	411	429	880	446	434	649	313
庆阳市	**2165**	**1080**	**1085**	**1951**	**979**	**972**	**1397**	**660**
西峰区	2165	1080	1085	1951	979	972	1397	660
定西市	**1561**	**792**	**769**	**1588**	**755**	**833**	**1201**	**614**
安定区	1561	792	769	1588	755	833	1201	614
陇南市	**1280**	**617**	**663**	**1349**	**648**	**701**	**886**	**453**
武都区	1273	612	661	1329	638	691	873	447
康　县	7	5	2	20	10	10	13	6
临夏回族自治州	**2372**	**1186**	**1186**	**2525**	**1260**	**1265**	**1862**	**893**
临夏市	2315	1152	1163	2462	1226	1236	1810	865
临夏县	57	34	23	63	34	29	52	28
甘南藏族自治州	**492**	**270**	**222**	**451**	**221**	**230**	**323**	**173**
合作市	492	270	222	451	221	230	323	173

性别的人口（城市）（续2）

单位：人

	60-64岁			65-69岁			70-74岁		
女	小计	男	女	小计	男	女	小计	男	女
23229	**28884**	**14260**	**14624**	**27044**	**13256**	**13788**	**17372**	**8169**	**9203**
10144	**13946**	**6886**	**7060**	**12025**	**5945**	**6080**	**7216**	**3445**	**3771**
5115	6980	3441	3539	6004	2969	3035	3458	1629	1829
2153	2956	1482	1474	2455	1235	1220	1499	755	744
1400	2034	1028	1006	1678	827	851	1046	480	566
1169	1581	761	820	1399	667	732	911	430	481
307	395	174	221	489	247	242	302	151	151
948	**1120**	**535**	**585**	**1100**	**518**	**582**	**854**	**394**	**460**
948	1120	535	585	1100	518	582	854	394	460
792	**809**	**367**	**442**	**1057**	**472**	**585**	**753**	**348**	**405**
792	809	367	442	1057	472	585	753	348	405
1373	**1741**	**860**	**881**	**1758**	**847**	**911**	**1198**	**572**	**626**
1016	1257	628	629	1250	604	646	922	430	492
354	474	225	249	506	242	264	275	141	134
3	10	7	3	2	1	1	1	1	
2058	**2430**	**1248**	**1182**	**2487**	**1235**	**1252**	**1734**	**802**	**932**
1172	1269	648	621	1343	652	691	1011	457	554
886	1161	600	561	1144	583	561	723	345	378
1272	**1359**	**657**	**702**	**1348**	**649**	**699**	**882**	**400**	**482**
1272	1359	657	702	1348	649	699	882	400	482
931	**968**	**495**	**473**	**1062**	**512**	**550**	**741**	**332**	**409**
929	966	495	471	1062	512	550	737	331	406
2	2		2				4	1	3
1269	**1560**	**772**	**788**	**1505**	**750**	**755**	**959**	**449**	**510**
1045	1323	663	660	1290	649	641	831	385	446
224	237	109	128	215	101	114	128	64	64
1566	**1701**	**844**	**857**	**1638**	**779**	**859**	**1021**	**463**	**558**
1096	1202	598	604	1185	543	642	756	340	416
134	170	86	84	153	81	72	80	33	47
336	329	160	169	300	155	145	185	90	95
737	**871**	**420**	**451**	**782**	**405**	**377**	**463**	**232**	**231**
737	871	420	451	782	405	377	463	232	231
587	**619**	**310**	**309**	**607**	**303**	**304**	**372**	**174**	**198**
587	619	310	309	607	303	304	372	174	198
433	**419**	**208**	**211**	**420**	**221**	**199**	**314**	**140**	**174**
426	413	205	208	416	218	198	308	138	170
7	6	3	3	4	3	1	6	2	4
969	**1199**	**586**	**613**	**1149**	**574**	**575**	**794**	**384**	**410**
945	1164	566	598	1123	560	563	771	373	398
24	35	20	15	26	14	12	23	11	12
150	**142**	**72**	**70**	**106**	**46**	**60**	**71**	**34**	**37**
150	142	72	70	106	46	60	71	34	37

1–3a 各地区分年龄、

地区	75–79 岁			80–84 岁			85–89 岁	
	小计	男	女	小计	男	女	小计	男
合计	**12687**	**5410**	**7277**	**8824**	**4087**	**4737**	**3515**	**1666**
兰州市	**5516**	**2224**	**3292**	**4352**	**1906**	**2446**	**1899**	**899**
城关区	2586	1055	1531	2097	879	1218	1023	462
七里河区	1183	471	712	935	400	535	383	180
西固区	895	345	550	715	338	377	255	135
安宁区	638	261	377	507	242	265	209	107
红古区	214	92	122	98	47	51	29	15
嘉峪关市	**566**	**280**	**286**	**343**	**181**	**162**	**105**	**53**
市辖区	566	280	286	343	181	162	105	53
金昌市	**481**	**212**	**269**	**328**	**177**	**151**	**94**	**52**
金川区	481	212	269	328	177	151	94	52
白银市	**958**	**378**	**580**	**689**	**357**	**332**	**236**	**111**
白银区	747	287	460	548	293	255	184	86
平川区	209	90	119	138	63	75	52	25
靖远县	2	1	1	3	1	2		
天水市	**1172**	**536**	**636**	**798**	**381**	**417**	**334**	**159**
秦州区	680	314	366	436	209	227	192	92
麦积区	492	222	270	362	172	190	142	67
武威市	**666**	**312**	**354**	**331**	**168**	**163**	**113**	**47**
凉州区	666	312	354	331	168	163	113	47
张掖市	**481**	**233**	**248**	**226**	**93**	**133**	**87**	**46**
甘州区	480	232	248	226	93	133	87	46
肃南裕固族自治县	1	1						
平凉市	**685**	**308**	**377**	**449**	**203**	**246**	**164**	**80**
崆峒区	597	262	335	394	176	218	147	73
华亭市	88	46	42	55	27	28	17	7
酒泉市	**719**	**277**	**442**	**448**	**217**	**231**	**134**	**71**
肃州区	539	212	327	346	169	177	109	58
玉门市	60	22	38	28	15	13	11	7
敦煌市	120	43	77	74	33	41	14	6
庆阳市	**342**	**159**	**183**	**220**	**107**	**113**	**66**	**26**
西峰区	342	159	183	220	107	113	66	26
定西市	**273**	**120**	**153**	**180**	**81**	**99**	**90**	**44**
安定区	273	120	153	180	81	99	90	44
陇南市	**232**	**117**	**115**	**132**	**73**	**59**	**46**	**20**
武都区	230	117	113	131	72	59	45	20
康　县	2		2	1	1		1	
临夏回族自治州	**546**	**232**	**314**	**298**	**134**	**164**	**136**	**56**
临夏市	531	224	307	293	132	161	133	56
临夏县	15	8	7	5	2	3	3	
甘南藏族自治州	**50**	**22**	**28**	**30**	**9**	**21**	**11**	**2**
合作市	50	22	28	30	9	21	11	2

性别的人口（城市）（续3）

单位：人

	90-94 岁			95-99 岁			100 岁及以上		
女	小计	男	女	小计	男	女	小计	男	女
1849	**763**	**399**	**364**	**121**	**60**	**61**	**9**	**2**	**7**
1000	**447**	**230**	**217**	**72**	**34**	**38**	**7**	**1**	**6**
561	245	119	126	37	18	19	5	1	4
203	97	55	42	14	9	5	1		1
120	55	26	29	9	4	5	1		1
102	47	28	19	9	3	6			
14	3	2	1	3		3			
52	**19**	**12**	**7**	**3**	**1**	**2**			
52	19	12	7	3	1	2			
42	**25**	**14**	**11**	**3**	**3**				
42	25	14	11	3	3				
125	**45**	**23**	**22**	**14**	**9**	**5**			
98	35	16	19	10	6	4			
27	10	7	3	4	3	1			
175	**71**	**43**	**28**	**8**	**2**	**6**	**1**	**1**	
100	35	20	15	3	1	2	1	1	
75	36	23	13	5	1	4			
66	**28**	**12**	**16**	**2**	**1**	**1**			
66	28	12	16	2	1	1			
41	**11**	**9**	**2**						
41	11	9	2						
84	**33**	**19**	**14**	**6**	**4**	**2**			
74	31	18	13	5	4	1			
10	2	1	1	1		1			
63	**19**	**14**	**5**	**2**		**2**			
51	13	8	5	2		2			
4	1	1							
8	5	5							
40	**15**	**5**	**10**	**5**	**2**	**3**			
40	15	5	10	5	2	3			
46	**8**	**2**	**6**	**2**	**2**				
46	8	2	6	2	2				
26	**17**	**6**	**11**	**1**	**1**				
25	16	6	10	1	1				
1	1		1						
80	**24**	**10**	**14**	**3**	**1**	**2**	**1**		**1**
77	23	10	13	3	1	2	1		1
3	1		1						
9	**1**		**1**						
9	1		1						

1-3b 各地区分年龄、

地区	人口数			0岁			
	合计	男	女	小计	男	女	小计
合计	**556813**	**276667**	**280146**	**5540**	**2890**	**2650**	**34292**
兰州市	**68650**	**34736**	**33914**	**553**	**287**	**266**	**3210**
城关区	1933	982	951	17	8	9	126
七里河区	5971	3294	2677	56	32	24	272
西固区	2267	1160	1107	12	7	5	61
安宁区							
红古区	1560	793	767	8	3	5	52
永登县	13654	6778	6876	118	59	59	621
皋兰县	6596	3437	3159	64	28	36	392
榆中县	20374	9900	10474	156	94	62	992
兰州新区	16295	8392	7903	122	56	66	694
嘉峪关市	**394**	**210**	**184**	**3**	**2**	**1**	**10**
市辖区	394	210	184	3	2	1	10
金昌市	**9970**	**5007**	**4963**	**66**	**36**	**30**	**416**
金川区	92	50	42				4
永昌县	9878	4957	4921	66	36	30	412
白银市	**37097**	**18444**	**18653**	**383**	**200**	**183**	**2398**
白银区	244	122	122	2		2	8
平川区	2000	1054	946	14	4	10	114
靖远县	12805	6457	6348	152	86	66	798
会宁县	11661	5589	6072	117	58	59	841
景泰县	10387	5222	5165	98	52	46	637
天水市	**65610**	**32464**	**33146**	**647**	**328**	**319**	**3866**
秦州区	4373	2112	2261	48	27	21	266
麦积区	4362	2169	2193	40	17	23	213
清水县	7145	3505	3640	77	39	38	477
秦安县	13384	6586	6798	137	69	68	697
甘谷县	17957	8869	9088	166	89	77	1033
武山县	12475	6286	6189	119	58	61	766
张家川回族自治县	5914	2937	2977	60	29	31	414
武威市	**27071**	**13549**	**13522**	**244**	**110**	**134**	**1419**
凉州区	7165	3627	3538	59	27	32	333
民勤县	6170	3178	2992	53	21	32	316
古浪县	7228	3568	3660	62	27	35	416
天祝藏族自治县	6508	3176	3332	70	35	35	354
张掖市	**30516**	**15183**	**15333**	**262**	**134**	**128**	**1781**
甘州区	1405	735	670	18	9	9	59
肃南裕固族自治县	1074	542	532	4	1	3	42
民乐县	8658	4324	4334	76	43	33	545
临泽县	5214	2614	2600	40	18	22	311
高台县	6039	2960	3079	54	26	28	366
山丹县	8126	4008	4118	70	37	33	458
平凉市	**39432**	**19233**	**20199**	**409**	**219**	**190**	**2604**
崆峒区	903	430	473	4	2	2	36
泾川县	8124	3934	4190	91	52	39	528
灵台县	5240	2504	2736	39	18	21	338
崇信县	3355	1666	1689	44	22	22	223
庄浪县	8560	4204	4356	83	44	39	623
静宁县	10393	4979	5414	120	64	56	733
华亭市	2857	1516	1341	28	17	11	123

性别的人口（镇）

单位：人

1-4 岁		5-9 岁			10-14 岁		
男	女	小计	男	女	小计	男	女
17751	**16541**	**43539**	**22800**	**20739**	**39736**	**21103**	**18633**
1666	**1544**	**3650**	**1917**	**1733**	**3209**	**1689**	**1520**
71	55	104	54	50	91	49	42
130	142	241	127	114	240	131	109
33	28	47	17	30	81	42	39
22	30	75	36	39	93	52	41
324	297	936	484	452	909	468	441
202	190	403	212	191	371	205	166
510	482	1101	581	520	917	475	442
374	320	743	406	337	507	267	240
4	**6**	**11**	**5**	**6**	**21**	**13**	**8**
4	6	11	5	6	21	13	8
227	**189**	**417**	**235**	**182**	**726**	**411**	**315**
3	1	5	5		4	2	2
224	188	412	230	182	722	409	313
1254	**1144**	**2972**	**1591**	**1381**	**2852**	**1499**	**1353**
3	5	16	9	7	10	3	7
55	59	138	66	72	141	67	74
424	374	910	517	393	958	503	455
431	410	1120	572	548	982	485	497
341	296	788	427	361	761	441	320
1967	**1899**	**5356**	**2866**	**2490**	**5347**	**2867**	**2480**
133	133	403	214	189	435	218	217
103	110	314	177	137	287	149	138
260	217	650	362	288	665	342	323
328	369	981	522	459	944	515	429
538	495	1464	771	693	1480	791	689
381	385	938	501	437	1008	565	443
224	190	606	319	287	528	287	241
748	**671**	**1727**	**915**	**812**	**1738**	**962**	**776**
178	155	459	253	206	440	238	202
165	151	324	179	145	345	212	133
229	187	513	260	253	549	301	248
176	178	431	223	208	404	211	193
944	**837**	**1953**	**1068**	**885**	**2310**	**1313**	**997**
31	28	65	39	26	85	46	39
23	19	46	21	25	57	30	27
278	267	603	352	251	746	441	305
158	153	315	170	145	459	248	211
191	175	365	168	197	347	197	150
263	195	559	318	241	616	351	265
1338	**1266**	**3342**	**1768**	**1574**	**3246**	**1726**	**1520**
21	15	53	22	31	68	36	32
268	260	587	328	259	568	310	258
180	158	421	208	213	438	243	195
116	107	260	141	119	225	133	92
314	309	727	380	347	734	379	355
368	365	1073	572	501	986	502	484
71	52	221	117	104	227	123	104

1-3b 各地区分年龄、

<table>
<tr><th rowspan="2">地区</th><th colspan="3">人口数</th><th colspan="3">0 岁</th><th></th></tr>
<tr><th>合计</th><th>男</th><th>女</th><th>小计</th><th>男</th><th>女</th><th>小计</th></tr>
<tr><td>**酒泉市**</td><td>**20480**</td><td>**10570**</td><td>**9910**</td><td>**145**</td><td>**81**</td><td>**64**</td><td>**814**</td></tr>
<tr><td>肃州区</td><td>1870</td><td>954</td><td>916</td><td>18</td><td>10</td><td>8</td><td>51</td></tr>
<tr><td>金塔县</td><td>4437</td><td>2237</td><td>2200</td><td>23</td><td>15</td><td>8</td><td>191</td></tr>
<tr><td>瓜州县</td><td>4942</td><td>2574</td><td>2368</td><td>46</td><td>28</td><td>18</td><td>238</td></tr>
<tr><td>肃北蒙古族自治县</td><td>936</td><td>500</td><td>436</td><td>10</td><td>7</td><td>3</td><td>42</td></tr>
<tr><td>阿克塞哈萨克族自治县</td><td>920</td><td>473</td><td>447</td><td>10</td><td>1</td><td>9</td><td>48</td></tr>
<tr><td>玉门市</td><td>3117</td><td>1722</td><td>1395</td><td>21</td><td>9</td><td>12</td><td>105</td></tr>
<tr><td>敦煌市</td><td>4258</td><td>2110</td><td>2148</td><td>17</td><td>11</td><td>6</td><td>139</td></tr>
<tr><td>**庆阳市**</td><td>**53647**</td><td>**26812**</td><td>**26835**</td><td>**528**</td><td>**275**</td><td>**253**</td><td>**3355**</td></tr>
<tr><td>西峰区</td><td>700</td><td>357</td><td>343</td><td>10</td><td>4</td><td>6</td><td>42</td></tr>
<tr><td>庆城县</td><td>8351</td><td>4268</td><td>4083</td><td>68</td><td>36</td><td>32</td><td>491</td></tr>
<tr><td>环　县</td><td>9457</td><td>4787</td><td>4670</td><td>82</td><td>40</td><td>42</td><td>610</td></tr>
<tr><td>华池县</td><td>4677</td><td>2361</td><td>2316</td><td>45</td><td>20</td><td>25</td><td>328</td></tr>
<tr><td>合水县</td><td>4665</td><td>2304</td><td>2361</td><td>64</td><td>26</td><td>38</td><td>313</td></tr>
<tr><td>正宁县</td><td>6663</td><td>3284</td><td>3379</td><td>66</td><td>42</td><td>24</td><td>408</td></tr>
<tr><td>宁　县</td><td>9560</td><td>4686</td><td>4874</td><td>102</td><td>55</td><td>47</td><td>557</td></tr>
<tr><td>镇原县</td><td>9574</td><td>4765</td><td>4809</td><td>91</td><td>52</td><td>39</td><td>606</td></tr>
<tr><td>**定西市**</td><td>**74699**</td><td>**36585**</td><td>**38114**</td><td>**798**</td><td>**418**</td><td>**380**</td><td>**5503**</td></tr>
<tr><td>安定区</td><td>2561</td><td>1288</td><td>1273</td><td>26</td><td>9</td><td>17</td><td>197</td></tr>
<tr><td>通渭县</td><td>9699</td><td>4917</td><td>4782</td><td>134</td><td>72</td><td>62</td><td>773</td></tr>
<tr><td>陇西县</td><td>20757</td><td>10170</td><td>10587</td><td>203</td><td>102</td><td>101</td><td>1512</td></tr>
<tr><td>渭源县</td><td>7710</td><td>3799</td><td>3911</td><td>79</td><td>40</td><td>39</td><td>546</td></tr>
<tr><td>临洮县</td><td>17739</td><td>8464</td><td>9275</td><td>187</td><td>106</td><td>81</td><td>1285</td></tr>
<tr><td>漳　县</td><td>5284</td><td>2587</td><td>2697</td><td>56</td><td>29</td><td>27</td><td>417</td></tr>
<tr><td>岷　县</td><td>10949</td><td>5360</td><td>5589</td><td>113</td><td>60</td><td>53</td><td>773</td></tr>
<tr><td>**陇南市**</td><td>**64107**</td><td>**31468**</td><td>**32639**</td><td>**644**</td><td>**340**</td><td>**304**</td><td>**4018**</td></tr>
<tr><td>武都区</td><td>5722</td><td>2756</td><td>2966</td><td>53</td><td>31</td><td>22</td><td>331</td></tr>
<tr><td>成　县</td><td>11394</td><td>5452</td><td>5942</td><td>119</td><td>64</td><td>55</td><td>735</td></tr>
<tr><td>文　县</td><td>5927</td><td>2857</td><td>3070</td><td>66</td><td>35</td><td>31</td><td>453</td></tr>
<tr><td>宕昌县</td><td>6479</td><td>3241</td><td>3238</td><td>55</td><td>29</td><td>26</td><td>410</td></tr>
<tr><td>康　县</td><td>4492</td><td>2204</td><td>2288</td><td>41</td><td>17</td><td>24</td><td>285</td></tr>
<tr><td>西和县</td><td>9244</td><td>4579</td><td>4665</td><td>112</td><td>66</td><td>46</td><td>531</td></tr>
<tr><td>礼　县</td><td>11539</td><td>5831</td><td>5708</td><td>101</td><td>55</td><td>46</td><td>666</td></tr>
<tr><td>徽　县</td><td>7591</td><td>3693</td><td>3898</td><td>83</td><td>33</td><td>50</td><td>498</td></tr>
<tr><td>两当县</td><td>1719</td><td>855</td><td>864</td><td>14</td><td>10</td><td>4</td><td>109</td></tr>
<tr><td>**临夏回族自治州**</td><td>**44074**</td><td>**21766**</td><td>**22308**</td><td>**602**</td><td>**333**</td><td>**269**</td><td>**3588**</td></tr>
<tr><td>临夏市</td><td>1224</td><td>649</td><td>575</td><td>18</td><td>8</td><td>10</td><td>90</td></tr>
<tr><td>临夏县</td><td>3991</td><td>2009</td><td>1982</td><td>45</td><td>26</td><td>19</td><td>284</td></tr>
<tr><td>康乐县</td><td>5399</td><td>2585</td><td>2814</td><td>77</td><td>35</td><td>42</td><td>460</td></tr>
<tr><td>永靖县</td><td>9245</td><td>4463</td><td>4782</td><td>93</td><td>63</td><td>30</td><td>649</td></tr>
<tr><td>广河县</td><td>8219</td><td>4121</td><td>4098</td><td>126</td><td>71</td><td>55</td><td>754</td></tr>
<tr><td>和政县</td><td>5644</td><td>2787</td><td>2857</td><td>69</td><td>35</td><td>34</td><td>428</td></tr>
<tr><td>东乡族自治县</td><td>5439</td><td>2707</td><td>2732</td><td>104</td><td>61</td><td>43</td><td>516</td></tr>
<tr><td>积石山保安族东乡族撒拉族自治县</td><td>4913</td><td>2445</td><td>2468</td><td>70</td><td>34</td><td>36</td><td>407</td></tr>
<tr><td>**甘南藏族自治州**</td><td>**21066**</td><td>**10640**</td><td>**10426**</td><td>**256**</td><td>**127**</td><td>**129**</td><td>**1310**</td></tr>
<tr><td>合作市</td><td>331</td><td>167</td><td>164</td><td>8</td><td>3</td><td>5</td><td>18</td></tr>
<tr><td>临潭县</td><td>4200</td><td>2074</td><td>2126</td><td>45</td><td>22</td><td>23</td><td>282</td></tr>
<tr><td>卓尼县</td><td>3520</td><td>1767</td><td>1753</td><td>46</td><td>26</td><td>20</td><td>216</td></tr>
<tr><td>舟曲县</td><td>4041</td><td>1983</td><td>2058</td><td>55</td><td>22</td><td>33</td><td>292</td></tr>
<tr><td>迭部县</td><td>1965</td><td>976</td><td>989</td><td>20</td><td>8</td><td>12</td><td>93</td></tr>
<tr><td>玛曲县</td><td>2831</td><td>1484</td><td>1347</td><td>28</td><td>16</td><td>12</td><td>151</td></tr>
<tr><td>碌曲县</td><td>1571</td><td>804</td><td>767</td><td>25</td><td>13</td><td>12</td><td>118</td></tr>
<tr><td>夏河县</td><td>2607</td><td>1385</td><td>1222</td><td>29</td><td>17</td><td>12</td><td>140</td></tr>
</table>

性别的人口（镇）（续1）

单位：人

1-4岁		5-9岁			10-14岁		
男	女	小计	男	女	小计	男	女
424	**390**	**956**	**476**	**480**	**1053**	**543**	**510**
25	26	89	45	44	109	56	53
100	91	218	110	108	233	128	105
123	115	278	147	131	229	117	112
20	22	50	27	23	41	23	18
24	24	44	21	23	58	27	31
57	48	139	70	69	167	93	74
75	64	138	56	82	216	99	117
1801	**1554**	**4910**	**2545**	**2365**	**4403**	**2316**	**2087**
21	21	77	43	34	50	23	27
260	231	764	392	372	607	326	281
335	275	870	449	421	775	395	380
186	142	480	251	229	400	201	199
156	157	432	213	219	412	242	170
207	201	677	374	303	571	283	288
293	264	818	426	392	796	423	373
343	263	792	397	395	792	423	369
2854	**2649**	**6441**	**3352**	**3089**	**5100**	**2687**	**2413**
111	86	193	101	92	144	74	70
422	351	731	389	342	576	323	253
794	718	1981	1048	933	1465	753	712
279	267	590	300	290	505	254	251
636	649	1566	803	763	1185	622	563
215	202	473	256	217	426	230	196
397	376	907	455	452	799	431	368
2007	**2011**	**5452**	**2776**	**2676**	**4876**	**2565**	**2311**
165	166	583	280	303	492	256	236
374	361	949	461	488	839	421	418
208	245	523	280	243	392	215	177
217	193	474	235	239	465	245	220
144	141	369	180	189	290	158	132
239	292	832	432	400	806	438	368
346	320	961	503	458	927	486	441
255	243	650	345	305	561	293	268
59	50	111	60	51	104	53	51
1864	**1724**	**4559**	**2348**	**2211**	**3428**	**1817**	**1611**
56	34	98	53	45	103	63	40
148	136	376	203	173	294	157	137
249	211	621	313	308	453	252	201
312	337	614	317	297	529	266	263
384	370	1018	529	489	731	388	343
224	204	587	309	278	387	192	195
271	245	705	358	347	500	261	239
220	187	540	266	274	431	238	193
653	**657**	**1793**	**938**	**855**	**1427**	**695**	**732**
12	6	29	12	17	43	21	22
162	120	382	199	183	328	164	164
104	112	317	161	156	209	92	117
132	160	308	162	146	261	126	135
45	48	144	68	76	92	37	55
74	77	259	137	122	222	117	105
58	60	151	84	67	115	60	55
66	74	203	115	88	157	78	79

1-3b 各地区分年龄、

地区	15-19岁			20-24岁			25-29岁	
	小计	男	女	小计	男	女	小计	男
合计	**39499**	**20086**	**19413**	**27428**	**13351**	**14077**	**35585**	**16414**
兰州市	**7428**	**3599**	**3829**	**8866**	**4364**	**4502**	**4956**	**2508**
城关区	60	34	26	96	43	53	195	97
七里河区	532	336	196	1076	711	365	473	250
西固区	104	55	49	85	39	46	114	72
安宁区								
红古区	58	34	24	51	28	23	86	43
永登县	736	386	350	414	218	196	725	358
皋兰县	309	152	157	194	119	75	462	227
榆中县	2300	1036	1264	4142	1878	2264	1294	609
兰州新区	3329	1566	1763	2808	1328	1480	1607	852
嘉峪关市	**11**	**7**	**4**	**19**	**9**	**10**	**17**	**9**
市辖区	11	7	4	19	9	10	17	9
金昌市	**643**	**381**	**262**	**275**	**132**	**143**	**413**	**209**
金川区	3	3		5	2	3	2	
永昌县	640	378	262	270	130	140	411	209
白银市	**2490**	**1311**	**1179**	**1245**	**619**	**626**	**2236**	**1030**
白银区	3		3				10	6
平川区	45	22	23	64	35	29	137	79
靖远县	951	515	436	414	220	194	723	328
会宁县	946	473	473	408	199	209	684	286
景泰县	545	301	244	359	165	194	682	331
天水市	**4558**	**2294**	**2264**	**2996**	**1477**	**1519**	**4347**	**1983**
秦州区	206	98	108	155	74	81	249	99
麦积区	268	131	137	154	83	71	236	101
清水县	552	256	296	299	143	156	466	195
秦安县	1057	523	534	644	322	322	962	454
甘谷县	1261	683	578	833	412	421	1268	584
武山县	779	386	393	606	302	304	814	399
张家川回族自治县	435	217	218	305	141	164	352	151
武威市	**1984**	**1140**	**844**	**937**	**503**	**434**	**1410**	**678**
凉州区	392	250	142	326	209	117	394	194
民勤县	607	365	242	150	76	74	275	148
古浪县	605	327	278	263	129	134	402	177
天祝藏族自治县	380	198	182	198	89	109	339	159
张掖市	**1928**	**1033**	**895**	**961**	**483**	**478**	**1572**	**750**
甘州区	43	28	15	43	23	20	63	30
肃南裕固族自治县	64	35	29	43	26	17	58	30
民乐县	760	394	366	231	111	120	364	187
临泽县	359	193	166	179	84	95	276	112
高台县	237	127	110	167	93	74	371	187
山丹县	465	256	209	298	146	152	440	204
平凉市	**3189**	**1627**	**1562**	**1081**	**503**	**578**	**2227**	**953**
崆峒区	143	63	80	25	9	16	38	16
泾川县	678	338	340	241	108	133	447	179
灵台县	424	218	206	145	64	81	302	126
崇信县	245	129	116	109	43	66	275	120
庄浪县	591	322	269	230	116	114	467	203
静宁县	965	470	495	239	113	126	513	215
华亭市	143	87	56	92	50	42	185	94

性别的人口（镇）（续 2）

单位：人

	30–34 岁			35–39 岁			40–44 岁		
女	小计	男	女	小计	男	女	小计	男	女
19171	**50750**	**23541**	**27209**	**40789**	**20007**	**20782**	**34956**	**17462**	**17494**
2448	**6431**	**3241**	**3190**	**4290**	**2276**	**2014**	**3512**	**1822**	**1690**
98	264	143	121	179	90	89	135	61	74
223	586	304	282	370	209	161	257	135	122
42	127	77	50	97	42	55	107	52	55
43	140	79	61	106	51	55	110	62	48
367	1125	514	611	967	476	491	882	439	443
235	665	351	314	478	262	216	433	235	198
685	1788	846	942	1250	649	601	1017	502	515
755	1736	927	809	843	497	346	571	336	235
8	**20**	**11**	**9**	**28**	**16**	**12**	**24**	**14**	**10**
8	20	11	9	28	16	12	24	14	10
204	**794**	**372**	**422**	**624**	**285**	**339**	**729**	**345**	**384**
2	6	2	4	7	5	2	3	2	1
202	788	370	418	617	280	337	726	343	383
1206	**3268**	**1472**	**1796**	**2845**	**1359**	**1486**	**2444**	**1191**	**1253**
4	14	9	5	11	5	6	8	4	4
58	161	78	83	162	94	68	135	75	60
395	1003	473	530	981	469	512	840	422	418
398	1142	463	679	821	378	443	756	346	410
351	948	449	499	870	413	457	705	344	361
2364	**5421**	**2475**	**2946**	**5057**	**2393**	**2664**	**4114**	**2071**	**2043**
150	318	132	186	293	137	156	206	103	103
135	311	137	174	263	131	132	302	156	146
271	605	257	348	544	252	292	450	229	221
508	1157	528	629	1025	492	533	890	446	444
684	1560	715	845	1511	704	807	1078	530	548
415	1040	501	539	998	483	515	773	390	383
201	430	205	225	423	194	229	415	217	198
732	**2042**	**939**	**1103**	**1948**	**925**	**1023**	**1778**	**880**	**898**
200	429	192	237	382	181	201	328	165	163
127	501	250	251	477	220	257	546	270	276
225	550	241	309	540	266	274	436	215	221
180	562	256	306	549	258	291	468	230	238
822	**2839**	**1265**	**1574**	**2282**	**1062**	**1220**	**2027**	**996**	**1031**
33	86	43	43	83	42	41	85	41	44
28	106	43	63	90	45	45	97	57	40
177	754	332	422	653	283	370	581	293	288
164	527	258	269	398	198	200	319	153	166
184	643	271	372	496	238	258	486	239	247
236	723	318	405	562	256	306	459	213	246
1274	**3653**	**1563**	**2090**	**2805**	**1322**	**1483**	**2356**	**1148**	**1208**
22	61	27	34	49	22	27	36	20	16
268	725	310	415	477	220	257	426	211	215
176	444	176	268	369	167	202	334	154	180
155	329	156	173	236	119	117	184	94	90
264	773	346	427	740	350	390	602	285	317
298	1061	421	640	739	334	405	598	292	306
91	260	127	133	195	110	85	176	92	84

1-3b 各地区分年龄、

地区	15-19岁			20-24岁			25-29岁	
	小计	男	女	小计	男	女	小计	男
酒泉市	**1070**	**566**	**504**	**586**	**312**	**274**	**1045**	**529**
肃州区	68	36	32	46	27	19	43	28
金塔县	396	209	187	115	63	52	177	82
瓜州县	291	161	130	204	94	110	379	178
肃北蒙古族自治县	34	18	16	41	24	17	89	47
阿克塞哈萨克族自治县	35	15	20	33	14	19	60	34
玉门市	100	55	45	92	56	36	154	86
敦煌市	146	72	74	55	34	21	143	74
庆阳市	**3542**	**1916**	**1626**	**1589**	**782**	**807**	**3154**	**1393**
西峰区	21	12	9	10	6	4	30	17
庆城县	392	209	183	227	113	114	620	264
环　县	688	370	318	379	181	198	708	321
华池县	246	145	101	157	77	80	362	155
合水县	257	131	126	126	64	62	300	144
正宁县	416	221	195	176	94	82	327	147
宁　县	729	391	338	260	119	141	397	167
镇原县	793	437	356	254	128	126	410	178
定西市	**4744**	**2355**	**2389**	**2793**	**1317**	**1476**	**5013**	**2145**
安定区	65	35	30	64	29	35	162	73
通渭县	649	332	317	499	243	256	764	350
陇西县	1048	521	527	691	340	351	1356	590
渭源县	544	264	280	292	138	154	477	213
临洮县	1161	584	577	494	215	279	1125	453
漳　县	398	186	212	246	125	121	382	156
岷　县	879	433	446	507	227	280	747	310
陇南市	**3744**	**1775**	**1969**	**2757**	**1256**	**1501**	**4349**	**1971**
武都区	383	165	218	218	102	116	432	189
成　县	791	355	436	571	222	349	788	325
文　县	264	120	144	194	83	111	355	160
宕昌县	404	202	202	353	162	191	451	218
康　县	327	165	162	135	64	71	229	97
西和县	531	259	272	478	247	231	652	311
礼　县	656	313	343	503	248	255	789	374
徽　县	311	159	152	241	105	136	560	250
两当县	77	37	40	64	23	41	93	47
临夏回族自治州	**2695**	**1321**	**1374**	**2306**	**1070**	**1236**	**3234**	**1516**
临夏市	68	36	32	69	37	32	116	62
临夏县	262	136	126	191	91	100	286	134
康乐县	214	90	124	243	98	145	419	189
永靖县	558	252	306	291	149	142	597	274
广河县	524	264	260	606	278	328	631	318
和政县	343	183	160	227	99	128	446	197
东乡族自治县	345	176	169	406	183	223	392	178
积石山保安族东乡族撒拉族自治县	381	184	197	273	135	138	347	164
甘南藏族自治州	**1473**	**761**	**712**	**1017**	**524**	**493**	**1612**	**740**
合作市	23	13	10	15	8	7	17	9
临潭县	268	116	152	168	79	89	284	121
卓尼县	225	122	103	167	93	74	242	101
舟曲县	356	190	166	197	91	106	287	120
迭部县	146	72	74	89	47	42	173	76
玛曲县	225	117	108	194	101	93	238	120
碌曲县	108	50	58	59	35	24	155	76
夏河县	122	81	41	128	70	58	216	117

性别的人口（镇）（续3）

单位：人

女	30–34岁			35–39岁			40–44岁		
	小计	男	女	小计	男	女	小计	男	女
516	**1694**	**894**	**800**	**1420**	**716**	**704**	**1556**	**801**	**755**
15	116	55	61	89	47	42	103	52	51
95	374	181	193	286	125	161	381	186	195
201	532	282	250	371	196	175	309	158	151
42	90	48	42	76	42	34	74	40	34
26	95	56	39	89	45	44	94	55	39
68	203	117	86	189	111	78	182	104	78
69	284	155	129	320	150	170	413	206	207
1761	**5454**	**2509**	**2945**	**4275**	**2148**	**2127**	**3490**	**1718**	**1772**
13	71	35	36	52	30	22	32	17	15
356	1035	507	528	759	406	353	602	309	293
387	1077	524	553	890	456	434	677	353	324
207	598	296	302	450	236	214	324	167	157
156	496	204	292	357	193	164	301	141	160
180	554	246	308	484	223	261	420	207	213
230	756	312	444	615	311	304	549	248	301
232	867	385	482	668	293	375	585	276	309
2868	**7220**	**3289**	**3931**	**5582**	**2720**	**2862**	**4525**	**2244**	**2281**
89	202	99	103	121	67	54	118	60	58
414	978	451	527	749	377	372	600	312	288
766	2014	914	1100	1474	714	760	1349	653	696
264	732	323	409	570	286	284	455	223	232
672	1755	780	975	1445	662	783	1058	532	526
226	532	238	294	400	195	205	273	143	130
437	1007	484	523	823	419	404	672	321	351
2378	**5863**	**2639**	**3224**	**4870**	**2371**	**2499**	**4048**	**2052**	**1996**
243	473	212	261	332	165	167	317	161	156
463	999	436	563	892	442	450	655	348	307
195	548	235	313	439	210	229	440	206	234
233	609	304	305	477	238	239	410	209	201
132	405	163	242	341	161	180	368	177	191
341	841	369	472	753	365	388	491	254	237
415	1080	506	574	869	454	415	732	396	336
310	750	343	407	643	274	369	506	245	261
46	158	71	87	124	62	62	129	56	73
1718	**3911**	**1836**	**2075**	**3062**	**1511**	**1551**	**2869**	**1399**	**1470**
54	79	46	33	57	27	30	63	28	35
152	282	136	146	203	106	97	206	96	110
230	548	230	318	454	231	223	338	163	175
323	846	394	452	705	317	388	744	348	396
313	701	353	348	556	283	273	493	252	241
249	562	266	296	338	163	175	333	182	151
214	416	199	217	346	175	171	350	169	181
183	477	212	265	403	209	194	342	161	181
872	**2140**	**1036**	**1104**	**1701**	**903**	**798**	**1484**	**781**	**703**
8	30	18	12	32	14	18	15	9	6
163	388	192	196	292	149	143	285	142	143
141	444	205	239	267	136	131	220	114	106
167	371	156	215	303	162	141	246	129	117
97	200	112	88	171	90	81	158	83	75
118	264	136	128	248	134	114	235	128	107
79	178	86	92	149	78	71	120	64	56
99	265	131	134	239	140	99	205	112	93

1-3b 各地区分年龄、

地区	45-49 岁			50-54 岁			55-59 岁	
	小计	男	女	小计	男	女	小计	男
合计	**46643**	**23533**	**23110**	**48864**	**24296**	**24568**	**35383**	**17535**
兰州市	**5015**	**2618**	**2397**	**5351**	**2780**	**2571**	**3809**	**1927**
城关区	163	94	69	163	82	81	91	35
七里河区	347	193	154	422	205	217	338	168
西固区	239	129	110	289	152	137	248	136
安宁区								
红古区	175	91	84	156	72	84	134	65
永登县	1300	630	670	1454	752	702	1002	501
皋兰县	656	362	294	677	359	318	424	216
榆中县	1351	679	672	1291	669	622	925	451
兰州新区	784	440	344	899	489	410	647	355
嘉峪关市	**59**	**36**	**23**	**56**	**29**	**27**	**51**	**29**
市辖区	59	36	23	56	29	27	51	29
金昌市	**1395**	**661**	**734**	**1312**	**683**	**629**	**775**	**402**
金川区	9	4	5	7	4	3	12	6
永昌县	1386	657	729	1305	679	626	763	396
白银市	**3335**	**1703**	**1632**	**3326**	**1658**	**1668**	**2124**	**1085**
白银区	22	15	7	32	14	18	16	9
平川区	228	129	99	256	151	105	133	72
靖远县	1257	643	614	1078	539	539	686	359
会宁县	843	448	395	955	455	500	684	337
景泰县	985	468	517	1005	499	506	605	308
天水市	**5281**	**2623**	**2658**	**5332**	**2645**	**2687**	**4145**	**1950**
秦州区	355	175	180	407	196	211	303	140
麦积区	383	195	188	408	202	206	339	159
清水县	558	271	287	540	260	280	452	212
秦安县	1065	541	524	1107	533	574	807	400
甘谷县	1404	701	703	1334	680	654	1095	481
武山县	1090	526	564	1076	552	524	808	406
张家川回族自治县	426	214	212	460	222	238	341	152
武威市	**2628**	**1266**	**1362**	**2927**	**1409**	**1518**	**2092**	**1039**
凉州区	657	312	345	878	427	451	714	340
民勤县	738	360	378	651	318	333	388	200
古浪县	554	254	300	710	338	372	520	257
天祝藏族自治县	679	340	339	688	326	362	470	242
张掖市	**2875**	**1402**	**1473**	**3315**	**1636**	**1679**	**2295**	**1132**
甘州区	177	86	91	181	96	85	159	77
肃南裕固族自治县	101	51	50	130	69	61	89	47
民乐县	755	351	404	911	446	465	633	316
临泽县	517	254	263	537	274	263	340	175
高台县	579	288	291	652	321	331	452	217
山丹县	746	372	374	904	430	474	622	300
平凉市	**3250**	**1598**	**1652**	**3304**	**1602**	**1702**	**2647**	**1248**
崆峒区	78	32	46	77	42	35	74	35
泾川县	687	326	361	751	359	392	622	290
灵台县	466	202	264	483	240	243	379	186
崇信县	261	123	138	309	144	165	264	134
庄浪县	695	364	331	669	325	344	526	242
静宁县	774	392	382	743	350	393	599	274
华亭市	289	159	130	272	142	130	183	87

性别的人口（镇）（续 4）

单位：人

	60–64 岁			65–69 岁			70–74 岁		
女	小计	男	女	小计	男	女	小计	男	女
17848	**20698**	**10401**	**10297**	**20915**	**10284**	**10631**	**14733**	**7010**	**7723**
1882	**2511**	**1244**	**1267**	**2373**	**1135**	**1238**	**1580**	**762**	**818**
56	111	57	54	69	31	38	30	15	15
170	222	105	117	226	114	112	154	76	78
112	150	73	77	165	77	88	117	58	59
69	90	44	46	80	44	36	54	27	27
501	751	350	401	734	352	382	443	209	234
208	305	146	159	297	142	155	224	112	112
474	518	281	237	513	230	283	388	187	201
292	364	188	176	289	145	144	170	78	92
22	**21**	**10**	**11**	**18**	**8**	**10**	**15**	**6**	**9**
22	21	10	11	18	8	10	15	6	9
373	**322**	**160**	**162**	**357**	**165**	**192**	**288**	**116**	**172**
6	8	1	7	11	8	3	4	2	2
367	314	159	155	346	157	189	284	114	170
1039	**1527**	**739**	**788**	**1416**	**693**	**723**	**1023**	**472**	**551**
7	28	13	15	23	14	9	18	8	10
61	83	39	44	81	37	44	49	24	25
327	607	285	322	560	263	297	409	186	223
347	374	185	189	387	191	196	283	134	149
297	435	217	218	365	188	177	264	120	144
2195	**2357**	**1206**	**1151**	**2673**	**1335**	**1338**	**1887**	**918**	**969**
163	196	97	99	234	119	115	147	74	73
180	253	130	123	206	105	101	156	85	71
240	275	146	129	235	126	109	147	73	74
407	436	218	218	584	273	311	394	192	202
614	616	318	298	685	328	357	534	231	303
402	388	199	189	502	269	233	361	177	184
189	193	98	95	227	115	112	148	86	62
1053	**1227**	**616**	**611**	**1216**	**614**	**602**	**793**	**373**	**420**
374	404	205	199	396	200	196	245	112	133
188	190	91	99	240	118	122	175	85	90
263	347	180	167	305	162	143	213	97	116
228	286	140	146	275	134	141	160	79	81
1163	**1144**	**584**	**560**	**1267**	**600**	**667**	**872**	**391**	**481**
82	59	37	22	101	51	50	58	35	23
42	38	19	19	33	16	17	28	10	18
317	308	153	155	329	158	171	202	94	108
165	175	93	82	204	96	108	137	73	64
235	221	118	103	232	115	117	182	63	119
322	343	164	179	368	164	204	265	116	149
1399	**1411**	**725**	**686**	**1590**	**777**	**813**	**1088**	**511**	**577**
39	42	22	20	44	23	21	42	20	22
332	307	162	145	369	171	198	261	117	144
193	203	102	101	196	103	93	123	60	63
130	110	55	55	119	61	58	75	37	38
284	290	133	157	345	174	171	231	115	116
325	326	178	148	372	172	200	257	117	140
96	133	73	60	145	73	72	99	45	54

1-3b 各地区分年龄、

地区	45-49岁			50-54岁			55-59岁	
	小计	男	女	小计	男	女	小计	男
酒泉市	**2344**	**1216**	**1128**	**2529**	**1321**	**1208**	**1879**	**993**
肃州区	193	90	103	298	159	139	214	103
金塔县	500	253	247	481	256	225	330	170
瓜州县	527	278	249	548	287	261	409	224
肃北蒙古族自治县	106	60	46	81	44	37	73	33
阿克塞哈萨克族自治县	94	56	38	89	44	45	57	31
玉门市	432	239	193	476	255	221	351	200
敦煌市	492	240	252	556	276	280	445	232
庆阳市	**3984**	**2052**	**1932**	**4531**	**2229**	**2302**	**3344**	**1671**
西峰区	48	26	22	83	41	42	58	27
庆城县	680	382	298	765	390	375	513	277
环　县	630	333	297	613	310	303	427	220
华池县	286	148	138	368	173	195	247	116
合水县	364	189	175	367	164	203	318	169
正宁县	547	264	283	599	285	314	414	200
宁　县	660	330	330	846	407	439	721	344
镇原县	769	380	389	890	459	431	646	318
定西市	**5778**	**2898**	**2880**	**6360**	**3111**	**3249**	**4788**	**2326**
安定区	219	109	110	311	158	153	233	118
通渭县	734	371	363	827	411	416	549	266
陇西县	1750	879	871	1848	926	922	1312	642
渭源县	615	316	299	700	355	345	546	265
临洮县	1254	611	643	1300	611	689	1196	562
漳　县	354	172	182	426	203	223	290	138
岷　县	852	440	412	948	447	501	662	335
陇南市	**5665**	**2873**	**2792**	**5841**	**2880**	**2961**	**4026**	**2049**
武都区	508	260	248	532	234	298	342	177
成　县	990	491	499	1018	501	517	678	349
文　县	555	263	292	591	293	298	379	189
宕昌县	560	280	280	592	312	280	395	191
康　县	457	236	221	424	217	207	274	144
西和县	789	410	379	797	378	419	585	290
礼　县	945	501	444	1063	539	524	737	383
徽　县	679	335	344	670	336	334	512	258
两当县	182	97	85	154	70	84	124	68
临夏回族自治州	**3293**	**1647**	**1646**	**3089**	**1496**	**1593**	**2226**	**1066**
临夏市	106	51	55	103	49	54	73	40
临夏县	358	183	175	356	174	182	218	109
康乐县	389	180	209	362	166	196	297	146
永靖县	882	456	426	804	388	416	575	288
广河县	483	237	246	458	223	235	312	134
和政县	450	220	230	463	225	238	343	160
东乡族自治县	309	158	151	282	143	139	214	105
积石山保安族东乡族撒拉族自治县	316	162	154	261	128	133	194	84
甘南藏族自治州	**1741**	**940**	**801**	**1591**	**817**	**774**	**1182**	**618**
合作市	16	11	5	14	4	10	25	12
临潭县	328	169	159	335	153	182	280	145
卓尼县	277	155	122	294	149	145	194	105
舟曲县	373	187	186	296	166	130	222	121
迭部县	184	99	85	150	74	76	111	55
玛曲县	222	144	78	178	91	87	132	71
碌曲县	121	60	61	101	59	42	66	33
夏河县	220	115	105	223	121	102	152	76

性别的人口（镇）（续 5）

单位：人

女	60–64 岁			65–69 岁			70–74 岁		
	小计	男	女	小计	男	女	小计	男	女
886	**1011**	**504**	**507**	**1049**	**539**	**510**	**671**	**345**	**326**
111	109	63	46	145	72	73	93	44	49
160	196	93	103	212	100	112	164	86	78
185	188	99	89	169	80	89	116	66	50
40	46	24	22	40	21	19	27	18	9
26	45	14	31	32	18	14	18	9	9
151	145	82	63	148	87	61	105	46	59
213	282	129	153	303	161	142	148	76	72
1673	**2155**	**1063**	**1092**	**1894**	**946**	**948**	**1363**	**647**	**716**
31	25	13	12	28	13	15	22	8	14
236	292	146	146	198	90	108	179	86	93
207	349	168	181	287	142	145	184	91	93
131	138	73	65	103	46	57	64	30	34
149	178	90	88	148	74	74	97	42	55
214	276	134	142	269	135	134	204	86	118
377	524	258	266	454	234	220	343	161	182
328	373	181	192	407	212	195	270	143	127
2462	**2750**	**1411**	**1339**	**2855**	**1381**	**1474**	**2050**	**968**	**1082**
115	111	62	49	142	69	73	109	51	58
283	272	147	125	343	186	157	230	123	107
670	708	370	338	779	356	423	565	246	319
281	277	150	127	311	154	157	224	115	109
634	832	408	424	771	351	420	531	254	277
152	160	74	86	172	97	75	128	53	75
327	390	200	190	337	168	169	263	126	137
1977	**2208**	**1083**	**1125**	**2187**	**1111**	**1076**	**1622**	**791**	**831**
165	164	73	91	191	100	91	175	86	89
329	431	196	235	355	179	176	261	135	126
190	207	95	112	179	102	77	133	65	68
204	211	109	102	223	111	112	185	88	97
130	147	72	75	149	85	64	113	54	59
295	299	160	139	316	160	156	218	97	121
354	373	185	188	411	200	211	332	156	176
254	285	148	137	266	123	143	168	89	79
56	91	45	46	97	51	46	37	21	16
1160	**1423**	**720**	**703**	**1358**	**660**	**698**	**1029**	**492**	**537**
33	44	21	23	54	28	26	39	22	17
109	155	82	73	161	75	86	126	61	65
151	165	76	89	142	69	73	90	45	45
287	398	190	208	358	163	195	235	108	127
178	201	108	93	197	92	105	181	85	96
183	179	91	88	190	101	89	122	62	60
109	123	63	60	131	61	70	134	62	72
110	158	89	69	125	71	54	102	47	55
564	**631**	**336**	**295**	**662**	**320**	**342**	**452**	**218**	**234**
13	15	6	9	13	6	7	5	3	2
135	163	92	71	157	75	82	94	46	48
89	118	70	48	95	50	45	81	40	41
101	111	59	52	153	66	87	95	48	47
56	54	29	25	65	30	35	52	25	27
61	53	25	28	68	33	35	41	18	23
33	26	13	13	20	10	10	30	12	18
76	91	42	49	91	50	41	54	26	28

1-3b 各地区分年龄、

地区	75-79岁			80-84岁			85-89岁	
	小计	男	女	小计	男	女	小计	男
合计	**9738**	**4612**	**5126**	**5312**	**2519**	**2793**	**1937**	**856**
兰州市	**1047**	**483**	**564**	**597**	**295**	**302**	**227**	**105**
城关区	17	8	9	16	6	10	5	3
七里河区	87	39	48	50	23	27	17	4
西固区	93	40	53	79	37	42	47	18
安宁区								
红古区	50	17	33	32	16	16	10	7
永登县	310	152	158	166	77	89	51	25
皋兰县	143	57	86	70	38	32	23	9
榆中县	238	119	119	132	66	66	57	36
兰州新区	109	51	58	52	32	20	17	3
嘉峪关市	**2**		**2**	**6**	**1**	**5**	**1**	**1**
市辖区	2		2	6	1	5	1	1
金昌市	**226**	**94**	**132**	**138**	**69**	**69**	**45**	**21**
金川区				2	1	1		
永昌县	226	94	132	136	68	68	45	21
白银市	**685**	**322**	**363**	**362**	**166**	**196**	**137**	**67**
白银区	18	8	10	3	1	2	2	1
平川区	29	14	15	22	9	13	7	3
靖远县	270	130	140	147	64	83	51	27
会宁县	168	85	83	112	50	62	28	9
景泰县	200	85	115	78	42	36	49	27
天水市	**1203**	**588**	**615**	**662**	**327**	**335**	**270**	**118**
秦州区	96	46	50	48	27	21	6	3
麦积区	121	62	59	69	29	40	31	13
清水县	91	46	45	46	25	21	13	9
秦安县	246	113	133	140	71	69	73	33
甘谷县	346	171	175	193	99	94	72	33
武山县	213	108	105	123	58	65	60	21
张家川回族自治县	90	42	48	43	18	25	15	6
武威市	**533**	**239**	**294**	**287**	**134**	**153**	**112**	**47**
凉州区	156	71	85	108	48	60	50	18
民勤县	105	50	55	63	36	27	21	12
古浪县	158	71	87	60	28	32	19	7
天祝藏族自治县	114	47	67	56	22	34	22	10
张掖市	**544**	**258**	**286**	**222**	**99**	**123**	**53**	**24**
甘州区	27	16	11	12	4	8	1	1
肃南裕固族自治县	31	14	17	13	4	9	1	
民乐县	137	56	81	56	28	28	9	4
临泽县	80	42	38	34	13	21	7	2
高台县	123	62	61	47	26	21	17	12
山丹县	146	68	78	60	24	36	18	5
平凉市	**700**	**358**	**342**	**379**	**174**	**205**	**125**	**60**
崆峒区	23	15	8	5	1	4	4	2
泾川县	209	109	100	112	56	56	33	18
灵台县	86	36	50	35	14	21	12	4
崇信县	54	24	30	25	11	14	8	4
庄浪县	130	68	62	73	32	41	23	10
静宁县	157	85	72	90	35	55	39	19
华亭市	41	21	20	39	25	14	6	3

性别的人口（镇）（续6）

单位：人

	90–94岁			95–99岁			100岁及以上		
女	小计	男	女	小计	男	女	小计	男	女
1081	**401**	**188**	**213**	**67**	**26**	**41**	**8**	**2**	**6**
122	**30**	**16**	**14**	**4**	**1**	**3**	**1**	**1**	
2							1	1	
13	5	2	3						
29	5	4	1						
3									
26	9	4	5	1		1			
14	5	3	2	1		1			
21	4	2	2						
14	2	1	1	2	1	1			
	1		**1**						
	1		1						
24	**7**	**3**	**4**	**1**		**1**	**1**		**1**
24	7	3	4	1		1	1		1
70	**24**	**11**	**13**	**4**	**2**	**2**	**1**		**1**
1									
4	1	1							
24	8	3	5	2	1	1			
19	9	4	5				1		1
22	6	3	3	2	1	1			
152	**74**	**30**	**44**	**17**	**3**	**14**			
3	1		1	1		1			
18	8	4	4						
4	3	2	1						
40	31	12	19	7	1	6			
39	20	10	10	4		4			
39	8	2	6	5	2	3			
9	3		3						
65	**26**	**10**	**16**	**3**	**2**	**1**			
32	14	6	8	1	1				
9	5	2	3						
12	5	2	3	1		1			
12	2		2	1	1				
29	**11**	**8**	**3**	**3**	**1**	**2**			
1	3	1	2						
5	4	4		1		1			
5									
5	1	1		1		1			
13	3	2	1	1	1				
65	**21**	**11**	**10**	**4**	**2**	**2**	**1**		**1**
2	1		1						
15	5	2	3						
8	2	2		1	1				
4									
13	5	1	4	2	1	1	1		1
20	8	6	2	1		1			
3									

1-3b 各地区分年龄、

地区	75-79岁			80-84岁			85-89岁	
	小计	男	女	小计	男	女	小计	男
酒泉市	**400**	**175**	**225**	**196**	**100**	**96**	**50**	**28**
肃州区	61	31	30	17	9	8	6	2
金塔县	105	51	54	45	23	22	9	5
瓜州县	61	25	36	35	23	12	8	5
肃北蒙古族自治县	7	2	5	6	1	5	2	1
阿克塞哈萨克族自治县	11	7	4	7	1	6	1	1
玉门市	66	29	37	34	21	13	6	4
敦煌市	89	30	59	52	22	30	18	10
庆阳市	**930**	**454**	**476**	**531**	**249**	**282**	**180**	**81**
西峰区	22	12	10	15	7	8	3	2
庆城县	85	44	41	57	23	34	13	4
环　县	132	66	66	53	21	32	23	10
华池县	44	18	26	32	21	11	5	2
合水县	75	35	40	40	15	25	18	12
正宁县	145	78	67	76	40	36	30	15
宁　县	236	109	127	142	71	71	45	22
镇原县	191	92	99	116	51	65	43	14
定西市	**1323**	**601**	**722**	**730**	**354**	**376**	**284**	**125**
安定区	83	37	46	45	19	26	12	6
通渭县	151	80	71	82	36	46	49	21
陇西县	363	169	194	225	106	119	90	37
渭源县	148	72	76	70	39	31	23	9
临洮县	341	146	195	181	92	89	68	35
漳　县	90	44	46	44	26	18	12	5
岷　县	147	53	94	83	36	47	30	12
陇南市	**1093**	**539**	**554**	**583**	**279**	**304**	**209**	**89**
武都区	111	58	53	51	23	28	23	15
成　县	195	95	100	88	43	45	31	11
文　县	91	43	48	75	36	39	33	14
宕昌县	110	54	56	71	29	42	21	7
康　县	78	40	38	46	23	23	13	6
西和县	131	64	67	60	30	30	17	8
礼　县	235	114	121	116	57	59	34	12
徽　县	112	56	56	66	33	33	29	13
两当县	30	15	15	10	5	5	8	3
临夏回族自治州	**733**	**370**	**363**	**440**	**201**	**239**	**170**	**71**
临夏市	26	14	12	12	5	7	4	3
临夏县	100	57	43	63	28	35	22	6
康乐县	67	27	40	45	20	25	9	3
永靖县	185	91	94	126	61	65	43	22
广河县	125	61	64	66	33	33	39	18
和政县	99	49	50	53	20	33	23	8
东乡族自治县	83	48	35	52	20	32	19	8
积石山保安族东乡族撒拉族自治县	48	23	25	23	14	9	11	3
甘南藏族自治州	**319**	**131**	**188**	**179**	**71**	**108**	**74**	**19**
合作市	6	2	4	5	3	2		
临潭县	63	26	37	40	18	22	14	3
卓尼县	59	21	38	31	12	19	13	7
舟曲县	64	27	37	35	14	21	13	2
迭部县	37	17	20	20	8	12	5	1
玛曲县	39	13	26	21	7	14	9	1
碌曲县	14	9	5	8	2	6	7	2
夏河县	37	16	21	19	7	12	13	3

性别的人口（镇）（续 7）

单位：人

	90-94 岁			95-99 岁			100 岁及以上		
女	小计	男	女	小计	男	女	小计	男	女
22	**12**	**7**	**5**						
4	2		2						
4	1	1							
3	4	3	1						
1	1		1						
2	2	1	1						
8	2	2							
99	**31**	**15**	**16**	**4**	**2**	**2**			
1	1		1						
9	4	4							
13	3	2	1						
3									
6	2		2						
15	2	2		2	1	1			
23	9	5	4	1		1			
29	10	2	8	1	1				
159	**52**	**27**	**25**	**10**	**2**	**8**			
6	4	1	3						
28	7	4	3	2	1	1			
53	20	10	10	4		4			
14	4	3	1	2	1	1			
33	4	1	3						
7	5	2	3						
18	8	6	2	2		2			
120	**44**	**17**	**27**	**6**	**4**	**2**	**2**	**1**	**1**
8	9	3	6	1	1		1		1
20	8	4	4	1		1			
19	9	4	5				1	1	
14	3	1	2						
7	1	1							
9	5	2	3						
22	6	1	5	3	2	1			
16	1		1						
5	2	1	1	1	1				
99	**51**	**24**	**27**	**7**	**4**	**3**	**1**		**1**
1	1		1	1		1			
16	3	1	2						
6	5	3	2	1		1			
21	13	4	9						
21	14	9	5	2	1	1	1		1
15	1		1	1	1				
11	10	6	4	2	2				
8	4	1	3						
55	**17**	**9**	**8**	**4**	**3**	**1**	**1**		**1**
	2	1	1						
11	3	1	2				1		1
6	2	1	1	3	3				
11	3	3							
4	1		1						
8	3	1	2	1		1			
5									
10	3	2	1						

1-3c 各地区分年龄、

地区	人口数			0岁			
	合计	男	女	小计	男	女	小计
合计	**1163066**	**590910**	**572156**	**13828**	**7134**	**6694**	**61514**
兰州市	**72547**	**39236**	**33311**	**789**	**401**	**388**	**3221**
城关区	1760	1039	721	19	12	7	82
七里河区	8391	4594	3797	71	32	39	360
西固区	3317	1777	1540	35	16	19	125
安宁区							
红古区	3406	1830	1576	30	18	12	148
永登县	14892	7709	7183	173	92	81	606
皋兰县	4892	2729	2163	63	24	39	168
榆中县	23121	12180	10941	270	148	122	1057
兰州新区	12768	7378	5390	128	59	69	675
嘉峪关市	**1682**	**923**	**759**	**11**	**6**	**5**	**58**
市辖区	1682	923	759	11	6	5	58
金昌市	**9818**	**5056**	**4762**	**104**	**42**	**62**	**276**
金川区	2440	1276	1164	28	12	16	73
永昌县	7378	3780	3598	76	30	46	203
白银市	**62527**	**31933**	**30594**	**785**	**412**	**373**	**3111**
白银区	2974	1558	1416	26	9	17	102
平川区	5381	2791	2590	76	40	36	292
靖远县	21633	11080	10553	295	156	139	1148
会宁县	23988	12068	11920	265	140	125	1152
景泰县	8551	4436	4115	123	67	56	417
天水市	**153065**	**76061**	**77004**	**1895**	**997**	**898**	**8135**
秦州区	18863	9512	9351	263	138	125	1040
麦积区	21014	10607	10407	223	113	110	1006
清水县	14948	7430	7518	203	104	99	854
秦安县	28636	14451	14185	292	158	134	1228
甘谷县	31101	15260	15841	343	186	157	1576
武山县	22313	11031	11282	251	127	124	1193
张家川回族自治县	16190	7770	8420	320	171	149	1238
武威市	**76879**	**38611**	**38268**	**837**	**444**	**393**	**3347**
凉州区	41736	20875	20861	466	253	213	2032
民勤县	10746	5442	5304	108	60	48	237
古浪县	16439	8166	8273	173	92	81	755
天祝藏族自治县	7958	4128	3830	90	39	51	323
张掖市	**55835**	**28272**	**27563**	**546**	**287**	**259**	**2359**
甘州区	23622	12081	11541	235	128	107	1068
肃南裕固族自治县	1915	1020	895	15	6	9	89
民乐县	10095	5077	5018	100	58	42	424
临泽县	6140	3046	3094	50	27	23	228
高台县	6443	3204	3239	59	28	31	214
山丹县	7620	3844	3776	87	40	47	336
平凉市	**98592**	**49234**	**49358**	**1075**	**521**	**554**	**4570**
崆峒区	17103	8638	8465	229	106	123	873
泾川县	12443	6081	6362	158	78	80	647
灵台县	9512	4775	4737	95	52	43	400
崇信县	4710	2574	2136	44	21	23	183
庄浪县	23212	11160	12052	222	114	108	1189
静宁县	24463	12367	12096	249	124	125	1008
华亭市	7149	3639	3510	78	26	52	270

性别的人口（乡村）

单位：人

1-4 岁		5-9 岁			10-14 岁		
男	女	小计	男	女	小计	男	女
31880	**29634**	**80895**	**41883**	**39012**	**75146**	**39218**	**35928**
1689	**1532**	**3658**	**1973**	**1685**	**3343**	**1817**	**1526**
43	39	102	61	41	61	33	28
184	176	428	224	204	416	223	193
70	55	159	87	72	145	73	72
78	70	171	84	87	157	95	62
310	296	764	415	349	831	465	366
83	85	165	85	80	178	102	76
566	491	1133	609	524	1060	563	497
355	320	736	408	328	495	263	232
29	**29**	**61**	**32**	**29**	**61**	**32**	**29**
29	29	61	32	29	61	32	29
140	**136**	**285**	**162**	**123**	**391**	**231**	**160**
38	35	73	42	31	101	59	42
102	101	212	120	92	290	172	118
1623	**1488**	**3567**	**1858**	**1709**	**3366**	**1789**	**1577**
54	48	91	50	41	85	51	34
155	137	352	182	170	322	182	140
593	555	1463	777	686	1419	748	671
597	555	1269	647	622	1185	600	585
224	193	392	202	190	355	208	147
4097	**4038**	**11013**	**5582**	**5431**	**11000**	**5517**	**5483**
515	525	1292	668	624	1255	592	663
508	498	1379	726	653	1434	694	740
428	426	1236	633	603	1177	595	582
632	596	1425	707	718	1634	830	804
773	803	2203	1090	1113	2192	1147	1045
616	577	1726	909	817	1912	1004	908
625	613	1752	849	903	1396	655	741
1763	**1584**	**4359**	**2311**	**2048**	**4336**	**2376**	**1960**
1078	954	2647	1425	1222	2617	1449	1168
133	104	183	98	85	277	163	114
380	375	1093	571	522	1060	564	496
172	151	436	217	219	382	200	182
1227	**1132**	**2791**	**1550**	**1241**	**2971**	**1649**	**1322**
569	499	1124	640	484	1175	672	503
42	47	84	46	38	84	46	38
211	213	654	366	288	759	430	329
120	108	282	133	149	223	109	114
112	102	233	117	116	250	138	112
173	163	414	248	166	480	254	226
2360	**2210**	**6086**	**3124**	**2962**	**6419**	**3332**	**3087**
426	447	1147	573	574	1196	635	561
337	310	853	435	418	746	381	365
220	180	549	271	278	620	326	294
95	88	254	135	119	252	136	116
631	558	1660	848	812	1727	894	833
520	488	1200	648	552	1390	713	677
131	139	423	214	209	488	247	241

1-3c 各地区分年龄、

地区	人口数			0岁			
	合计	男	女	小计	男	女	小计
酒泉市	**36416**	**18916**	**17500**	**332**	**177**	**155**	**1376**
肃州区	12152	6197	5955	106	55	51	407
金塔县	5785	3019	2766	42	23	19	174
瓜州县	7714	4011	3703	65	41	24	371
肃北蒙古族自治县	576	441	135	5	2	3	11
阿克塞哈萨克族自治县	82	67	15				1
玉门市	4648	2381	2267	67	33	34	250
敦煌市	5459	2800	2659	47	23	24	162
庆阳市	**112926**	**57031**	**55895**	**1428**	**761**	**667**	**5756**
西峰区	18000	9069	8931	225	119	106	961
庆城县	12320	6334	5986	187	99	88	578
环　县	16619	8696	7923	228	122	106	807
华池县	6667	3505	3162	80	43	37	317
合水县	7794	4027	3767	100	52	48	389
正宁县	8538	4274	4264	107	66	41	458
宁　县	19947	9700	10247	252	130	122	1101
镇原县	23041	11426	11615	249	130	119	1145
定西市	**163138**	**83689**	**79449**	**1645**	**841**	**804**	**8152**
安定区	19825	10322	9503	244	114	130	938
通渭县	30970	16187	14783	235	118	117	1319
陇西县	20443	10447	9996	236	117	119	1023
渭源县	20416	10531	9885	182	108	74	1011
临洮县	30406	15519	14887	328	166	162	1506
漳　县	10441	5280	5161	118	63	55	580
岷　县	30637	15403	15234	302	155	147	1775
陇南市	**144281**	**74086**	**70195**	**1511**	**755**	**756**	**7421**
武都区	29736	15349	14387	341	171	170	1553
成　县	11844	6110	5734	129	62	67	674
文　县	12608	6486	6122	113	58	55	578
宕昌县	16918	8771	8147	164	76	88	794
康　县	10862	5571	5291	107	61	46	521
西和县	23883	11937	11946	286	151	135	1416
礼　县	25721	13249	12472	237	118	119	1291
徽　县	10428	5410	5018	110	44	66	480
两当县	2281	1203	1078	24	14	10	114
临夏回族自治州	**136007**	**67985**	**68022**	**2393**	**1236**	**1157**	**11506**
临夏市	4234	2182	2052	58	30	28	299
临夏县	27653	13867	13786	420	220	200	2044
康乐县	20303	10014	10289	315	162	153	1573
永靖县	9162	4708	4454	111	55	56	544
广河县	17455	8673	8782	380	201	179	1755
和政县	14848	7377	7471	272	142	130	1303
东乡族自治县	23092	11457	11635	508	264	244	2588
积石山保安族东乡族撒拉族自治县	19260	9707	9553	329	162	167	1400
甘南藏族自治州	**39353**	**19877**	**19476**	**477**	**254**	**223**	**2226**
合作市	3299	1717	1582	34	21	13	208
临潭县	7827	3959	3868	113	74	39	418
卓尼县	6145	3145	3000	69	40	29	314
舟曲县	8845	4452	4393	97	43	54	469
迭部县	3228	1624	1604	24	11	13	134
玛曲县	2398	1214	1184	43	20	23	204
碌曲县	1818	886	932	23	11	12	99
夏河县	5793	2880	2913	74	34	40	380

性别的人口（乡村）（续1）

单位：人

1–4岁		5–9岁			10–14岁		
男	女	小计	男	女	小计	男	女
712	**664**	**1670**	**874**	**796**	**2005**	**1038**	**967**
214	193	452	236	216	652	330	322
93	81	208	115	93	324	183	141
196	175	478	250	228	487	250	237
5	6	2	2		9	6	3
1							
126	124	310	156	154	299	145	154
77	85	220	115	105	234	124	110
3053	**2703**	**8035**	**4208**	**3827**	**7685**	**4024**	**3661**
521	440	1201	631	570	1085	595	490
307	271	797	423	374	688	362	326
429	378	938	492	446	843	445	398
152	165	392	207	185	386	205	181
198	191	611	330	281	568	284	284
247	211	666	358	308	642	335	307
602	499	1634	837	797	1608	781	827
597	548	1796	930	866	1865	1017	848
4242	**3910**	**10435**	**5337**	**5098**	**8999**	**4676**	**4323**
472	466	951	493	458	775	406	369
691	628	1535	811	724	1288	707	581
526	497	1318	685	633	1192	614	578
531	480	1196	580	616	1025	514	511
793	713	1912	991	921	1632	859	773
306	274	876	439	437	650	343	307
923	852	2647	1338	1309	2437	1233	1204
3880	**3541**	**10567**	**5460**	**5107**	**10115**	**5194**	**4921**
796	757	1993	1026	967	1821	961	860
358	316	992	520	472	889	473	416
288	290	703	349	354	670	336	334
422	372	1184	632	552	1193	636	557
263	258	816	426	390	724	375	349
747	669	2137	1074	1063	2095	1024	1071
696	595	1939	1032	907	1994	1010	984
252	228	674	341	333	617	324	293
58	56	129	60	69	112	55	57
5883	**5623**	**15145**	**7769**	**7376**	**11440**	**6000**	**5440**
166	133	351	197	154	291	147	144
1043	1001	2735	1397	1338	2070	1101	969
831	742	2363	1194	1169	1951	1005	946
291	253	596	314	282	468	232	236
908	847	2269	1142	1127	1593	850	743
641	662	1688	850	838	1245	669	576
1310	1278	3036	1584	1452	2166	1123	1043
693	707	2107	1091	1016	1656	873	783
1182	**1044**	**3223**	**1643**	**1580**	**3015**	**1543**	**1472**
101	107	280	155	125	258	140	118
226	192	610	304	306	544	274	270
170	144	543	286	257	542	287	255
241	228	653	319	334	615	320	295
81	53	213	116	97	259	132	127
124	80	262	118	144	211	110	101
44	55	142	78	64	150	68	82
195	185	520	267	253	436	212	224

1-3c 各地区分年龄、

地区	15-19岁			20-24岁			25-29岁	
	小计	男	女	小计	男	女	小计	男
合计	**53981**	**27923**	**26058**	**49715**	**24677**	**25038**	**65537**	**33173**
兰州市	**3054**	**1702**	**1352**	**2945**	**1666**	**1279**	**4886**	**2761**
城关区	54	32	22	82	64	18	191	122
七里河区	374	202	172	393	220	173	696	406
西固区	113	60	53	142	85	57	233	138
安宁区								
红古区	120	65	55	113	56	57	252	155
永登县	487	273	214	430	231	199	672	365
皋兰县	173	101	72	289	172	117	272	177
榆中县	819	444	375	711	364	347	1167	618
兰州新区	914	525	389	785	474	311	1403	780
嘉峪关市	**54**	**30**	**24**	**53**	**36**	**17**	**80**	**46**
市辖区	54	30	24	53	36	17	80	46
金昌市	**348**	**218**	**130**	**227**	**142**	**85**	**266**	**134**
金川区	75	43	32	69	43	26	74	42
永昌县	273	175	98	158	99	59	192	92
白银市	**1876**	**946**	**930**	**2117**	**1039**	**1078**	**3198**	**1665**
白银区	62	38	24	84	53	31	139	88
平川区	146	73	73	171	85	86	357	198
靖远县	584	297	287	787	388	399	1268	647
会宁县	893	425	468	806	381	425	996	493
景泰县	191	113	78	269	132	137	438	239
天水市	**8368**	**4224**	**4144**	**7297**	**3499**	**3798**	**8823**	**4218**
秦州区	865	443	422	663	318	345	1040	504
麦积区	989	503	486	764	387	377	1127	573
清水县	808	437	371	704	334	370	838	382
秦安县	1554	805	749	1636	792	844	1758	901
甘谷县	1813	948	865	1599	775	824	1884	891
武山县	1399	664	735	1093	536	557	1287	562
张家川回族自治县	940	424	516	838	357	481	889	405
武威市	**3248**	**1806**	**1442**	**2531**	**1348**	**1183**	**3556**	**1782**
凉州区	1727	945	782	1230	661	569	2038	1023
民勤县	292	191	101	279	180	99	292	147
古浪县	924	508	416	701	343	358	794	395
天祝藏族自治县	305	162	143	321	164	157	432	217
张掖市	**2376**	**1282**	**1094**	**1737**	**930**	**807**	**2301**	**1186**
甘州区	1231	671	560	782	425	357	1157	602
肃南裕固族自治县	68	35	33	69	32	37	94	44
民乐县	394	198	196	286	142	144	309	155
临泽县	110	61	49	142	83	59	180	93
高台县	250	128	122	172	91	81	217	107
山丹县	323	189	134	286	157	129	344	185
平凉市	**4612**	**2406**	**2206**	**3437**	**1639**	**1798**	**4512**	**2182**
崆峒区	963	490	473	820	400	420	945	520
泾川县	465	232	233	319	150	169	435	182
灵台县	351	182	169	223	97	126	364	165
崇信县	174	99	75	178	93	85	303	181
庄浪县	1190	614	576	908	418	490	1080	461
静宁县	1141	627	514	732	354	378	1046	507
华亭市	328	162	166	257	127	130	339	166

性别的人口（乡村）（续2）

单位：人

	30–34 岁			35–39 岁			40–44 岁		
女	小计	男	女	小计	男	女	小计	男	女
32364	**69781**	**35986**	**33795**	**55401**	**28910**	**26491**	**59006**	**30487**	**28519**
2125	**5603**	**3274**	**2329**	**3919**	**2291**	**1628**	**3838**	**2216**	**1622**
69	251	158	93	142	84	58	123	73	50
290	832	477	355	519	301	218	547	301	246
95	236	143	93	202	116	86	178	102	76
97	259	146	113	185	115	70	199	113	86
307	794	428	366	650	372	278	689	374	315
95	316	197	119	248	164	84	217	142	75
549	1532	852	680	1191	653	538	1192	684	508
623	1383	873	510	782	486	296	693	427	266
34	**133**	**75**	**58**	**109**	**66**	**43**	**118**	**64**	**54**
34	133	75	58	109	66	43	118	64	54
132	**480**	**265**	**215**	**423**	**231**	**192**	**462**	**257**	**205**
32	151	86	65	103	55	48	107	66	41
100	329	179	150	320	176	144	355	191	164
1533	**3444**	**1812**	**1632**	**2803**	**1548**	**1255**	**2691**	**1442**	**1249**
51	169	93	76	125	72	53	103	66	37
159	367	193	174	297	159	138	242	137	105
621	1372	729	643	1230	692	538	1060	588	472
503	1083	548	535	778	411	367	944	460	484
199	453	249	204	373	214	159	342	191	151
4605	**8348**	**4077**	**4271**	**7257**	**3544**	**3713**	**7541**	**3793**	**3748**
536	1151	564	587	918	473	445	961	518	443
554	1290	620	670	1097	552	545	1164	627	537
456	747	346	401	568	284	284	712	341	371
857	1447	775	672	1212	630	582	1331	696	635
993	1769	839	930	1693	798	895	1640	779	861
725	1157	547	610	1156	518	638	1076	509	567
484	787	386	401	613	289	324	657	323	334
1774	**3945**	**2042**	**1903**	**3298**	**1678**	**1620**	**3311**	**1639**	**1672**
1015	2339	1165	1174	1963	991	972	1751	874	877
145	257	154	103	258	132	126	505	257	248
399	849	440	409	711	358	353	661	298	363
215	500	283	217	366	197	169	394	210	184
1115	**3487**	**1710**	**1777**	**2885**	**1451**	**1434**	**3056**	**1488**	**1568**
555	1655	817	838	1284	653	631	1333	663	670
50	192	106	86	135	78	57	159	89	70
154	535	247	288	500	244	256	590	281	309
87	307	147	160	284	134	150	327	154	173
110	315	174	141	262	129	133	328	145	183
159	483	219	264	420	213	207	319	156	163
2330	**4863**	**2404**	**2459**	**4083**	**1964**	**2119**	**4920**	**2338**	**2582**
425	949	488	461	797	401	396	897	462	435
253	475	239	236	379	189	190	407	179	228
199	349	163	186	330	157	173	465	207	258
122	348	204	144	270	170	100	270	159	111
619	1177	508	669	915	376	539	1206	517	689
539	1195	595	600	1071	512	559	1280	625	655
173	370	207	163	321	159	162	395	189	206

1-3c 各地区分年龄、

地区	15-19岁			20-24岁			25-29岁	
	小计	男	女	小计	男	女	小计	男
酒泉市	**1672**	**873**	**799**	**1238**	**662**	**576**	**1600**	**914**
肃州区	519	292	227	354	193	161	463	251
金塔县	164	97	67	125	69	56	180	114
瓜州县	350	176	174	305	156	149	464	258
肃北蒙古族自治县	16	8	8	25	17	8	39	33
阿克塞哈萨克族自治县	2	2		4	4		5	4
玉门市	190	102	88	189	97	92	206	117
敦煌市	431	196	235	236	126	110	243	137
庆阳市	**4381**	**2211**	**2170**	**3879**	**1838**	**2041**	**4809**	**2376**
西峰区	828	395	433	1374	620	754	967	480
庆城县	421	216	205	378	193	185	622	316
环　县	516	264	252	549	274	275	941	494
华池县	203	103	100	221	109	112	322	171
合水县	235	123	112	178	97	81	311	173
正宁县	268	142	126	172	80	92	275	135
宁　县	814	402	412	414	191	223	647	287
镇原县	1096	566	530	593	274	319	724	320
定西市	**7280**	**3763**	**3517**	**8287**	**4153**	**4134**	**10976**	**5697**
安定区	537	292	245	562	286	276	1082	564
通渭县	1651	812	839	2670	1379	1291	3045	1667
陇西县	747	399	348	780	393	387	973	493
渭源县	956	490	466	1008	498	510	1296	668
临洮县	1155	613	542	1223	601	622	1963	1007
漳　县	466	241	225	564	286	278	645	318
岷　县	1768	916	852	1480	710	770	1972	980
陇南市	**7122**	**3624**	**3498**	**6113**	**2986**	**3127**	**8464**	**4179**
武都区	1603	820	783	1267	615	652	2003	1008
成　县	496	244	252	375	170	205	672	331
文　县	573	311	262	495	237	258	695	344
宕昌县	927	492	435	943	489	454	1163	611
康　县	428	207	221	309	142	167	526	249
西和县	1334	668	666	1172	555	617	1375	629
礼　县	1274	628	646	1127	558	569	1377	681
徽　县	423	225	198	357	186	171	550	275
两当县	64	29	35	68	34	34	103	51
临夏回族自治州	**7509**	**3757**	**3752**	**7655**	**3658**	**3997**	**9236**	**4590**
临夏市	201	102	99	233	119	114	369	197
临夏县	1347	685	662	1327	651	676	1934	957
康乐县	996	478	518	1051	509	542	1284	621
永靖县	335	194	141	329	177	152	663	360
广河县	1115	536	579	1248	595	653	1275	627
和政县	750	375	375	664	301	363	1073	541
东乡族自治县	1543	771	772	1587	746	841	1438	709
积石山保安族东乡族撒拉族自治县	1222	616	606	1216	560	656	1200	578
甘南藏族自治州	**2081**	**1081**	**1000**	**2199**	**1081**	**1118**	**2830**	**1443**
合作市	194	91	103	193	93	100	231	122
临潭县	317	172	145	357	176	181	514	252
卓尼县	279	157	122	293	144	149	415	220
舟曲县	495	259	236	490	238	252	644	321
迭部县	217	109	108	203	92	111	229	115
玛曲县	143	72	71	181	92	89	222	104
碌曲县	97	51	46	114	66	48	151	73
夏河县	339	170	169	368	180	188	424	236

性别的人口（乡村）（续3）

单位：人

女	30–34岁 小计	30–34岁 男	30–34岁 女	35–39岁 小计	35–39岁 男	35–39岁 女	40–44岁 小计	40–44岁 男	40–44岁 女
686	**2170**	**1183**	**987**	**1661**	**883**	**778**	**1934**	**973**	**961**
212	660	340	320	523	255	268	614	323	291
66	249	144	105	214	112	102	323	151	172
206	599	330	269	397	206	191	467	221	246
6	61	52	9	59	50	9	56	40	16
1	6	6		5	4	1	11	11	
89	261	136	125	217	118	99	233	112	121
106	334	175	159	246	138	108	230	115	115
2433	**6531**	**3312**	**3219**	**5085**	**2711**	**2374**	**4995**	**2554**	**2441**
487	1388	702	686	996	542	454	844	454	390
306	855	451	404	644	376	268	575	329	246
447	1144	629	515	862	506	356	853	456	397
151	491	275	216	386	231	155	352	179	173
138	493	254	239	316	173	143	346	187	159
140	350	173	177	271	117	154	381	193	188
360	797	363	434	691	341	350	695	315	380
404	1013	465	548	919	425	494	949	441	508
5279	**10051**	**5395**	**4656**	**7607**	**3975**	**3632**	**8526**	**4591**	**3935**
518	1087	578	509	783	406	377	891	511	380
1378	2261	1342	919	1420	785	635	1540	867	673
480	926	468	458	758	379	379	1018	561	457
628	1215	651	564	877	429	448	1086	578	508
956	1995	1032	963	1616	866	750	1682	872	810
327	682	340	342	482	266	216	496	261	235
992	1885	984	901	1671	844	827	1813	941	872
4285	**8977**	**4560**	**4417**	**6899**	**3760**	**3139**	**7963**	**4293**	**3670**
995	1999	1065	934	1306	750	556	1578	863	715
341	780	383	397	644	339	305	639	352	287
351	822	416	406	650	361	289	817	435	382
552	1060	564	496	775	444	331	899	483	416
277	565	269	296	591	286	305	772	409	363
746	1491	758	733	1081	550	531	1100	569	531
696	1532	767	765	1217	695	522	1403	776	627
275	592	273	319	527	267	260	594	324	270
52	136	65	71	108	68	40	161	82	79
4646	**8974**	**4442**	**4532**	**6864**	**3460**	**3404**	**6954**	**3434**	**3520**
172	296	158	138	227	128	99	212	113	99
977	1671	833	838	1251	651	600	1385	685	700
663	1321	610	711	1120	555	565	1005	492	513
303	654	328	326	442	233	209	478	260	218
648	1245	618	627	899	438	461	932	464	468
532	1023	481	542	643	312	331	724	344	380
729	1402	682	720	1358	678	680	1313	622	691
622	1362	732	630	924	465	459	905	454	451
1387	**2775**	**1435**	**1340**	**2508**	**1348**	**1160**	**2697**	**1405**	**1292**
109	265	146	119	215	112	103	265	142	123
262	452	222	230	390	208	182	463	233	230
195	396	197	199	343	190	153	434	226	208
323	650	331	319	520	293	227	488	260	228
114	229	120	109	214	121	93	273	149	124
118	223	128	95	221	110	111	187	102	85
78	144	78	66	150	75	75	153	77	76
188	416	213	203	455	239	216	434	216	218

1-3c 各地区分年龄、

地区	45-49 岁			50-54 岁			55-59 岁	
	小计	男	女	小计	男	女	小计	男
合计	**108405**	**54169**	**54236**	**132410**	**66410**	**66000**	**99752**	**50964**
兰州市	**6863**	**3743**	**3120**	**8442**	**4570**	**3872**	**6347**	**3364**
城关区	153	90	63	170	95	75	121	66
七里河区	857	503	354	915	500	415	669	356
西固区	330	174	156	421	219	202	328	181
安宁区								
红古区	391	199	192	403	229	174	324	165
永登县	1371	705	666	1902	989	913	1539	798
皋兰县	403	223	180	570	315	255	449	227
榆中县	2192	1150	1042	2784	1452	1332	2087	1072
兰州新区	1166	699	467	1277	771	506	830	499
嘉峪关市	**190**	**107**	**83**	**226**	**127**	**99**	**159**	**85**
市辖区	190	107	83	226	127	99	159	85
金昌市	**1017**	**495**	**522**	**1504**	**778**	**726**	**1258**	**594**
金川区	230	117	113	392	208	184	288	146
永昌县	787	378	409	1112	570	542	970	448
白银市	**5960**	**3005**	**2955**	**7790**	**3910**	**3880**	**6205**	**3196**
白银区	265	146	119	394	204	190	280	136
平川区	569	307	262	590	307	283	476	232
靖远县	2155	1083	1072	2463	1262	1201	1870	948
会宁县	2150	1058	1092	3174	1560	1614	2707	1435
景泰县	821	411	410	1169	577	592	872	445
天水市	**13978**	**6797**	**7181**	**16529**	**8122**	**8407**	**12521**	**6284**
秦州区	1778	917	861	2071	1027	1044	1620	820
麦积区	2053	1044	1009	2331	1154	1177	1785	897
清水县	1405	685	720	1547	758	789	1279	661
秦安县	2660	1272	1388	3522	1731	1791	2557	1267
甘谷县	2881	1346	1535	3175	1567	1608	2362	1149
武山县	1952	916	1036	2338	1150	1188	1722	893
张家川回族自治县	1249	617	632	1545	735	810	1196	597
武威市	**7910**	**3808**	**4102**	**10536**	**5016**	**5520**	**8255**	**3926**
凉州区	4069	1945	2124	5404	2532	2872	4494	2080
民勤县	1409	691	718	2046	940	1106	1444	718
古浪县	1552	725	827	2021	963	1058	1545	746
天祝藏族自治县	880	447	433	1065	581	484	772	382
张掖市	**5874**	**2824**	**3050**	**7846**	**3865**	**3981**	**5733**	**2941**
甘州区	2521	1218	1303	3195	1580	1615	2361	1191
肃南裕固族自治县	216	129	87	237	126	111	168	95
民乐县	970	449	521	1340	666	674	1001	521
临泽县	751	353	398	1020	466	554	753	408
高台县	683	315	368	1104	532	572	763	385
山丹县	733	360	373	950	495	455	687	341
平凉市	**9488**	**4567**	**4921**	**11997**	**6007**	**5990**	**9150**	**4731**
崆峒区	1608	791	817	1859	981	878	1364	661
泾川县	989	462	527	1517	698	819	1436	734
灵台县	903	464	439	1165	597	568	1039	513
崇信县	427	239	188	605	333	272	431	225
庄浪县	2224	993	1231	2789	1329	1460	1817	962
静宁县	2623	1246	1377	3145	1594	1551	2378	1247
华亭市	714	372	342	917	475	442	685	389

性别的人口（乡村）（续4）

单位：人

	60–64岁			65–69岁			70–74岁		
女	小计	男	女	小计	男	女	小计	男	女
48788	**58956**	**31026**	**27930**	**68048**	**33811**	**34237**	**51135**	**24950**	**26185**
2983	**4262**	**2249**	**2013**	**4622**	**2193**	**2429**	**3224**	**1638**	**1586**
55	59	29	30	70	38	32	33	18	15
313	404	222	182	380	182	198	259	133	126
147	213	117	96	163	67	96	130	59	71
159	174	91	83	217	99	118	135	64	71
741	1120	568	552	1183	553	630	812	389	423
222	383	209	174	393	202	191	286	155	131
1015	1432	754	678	1790	851	939	1261	662	599
331	477	259	218	426	201	225	308	158	150
74	**88**	**56**	**32**	**118**	**55**	**63**	**91**	**39**	**52**
74	88	56	32	118	55	63	91	39	52
664	**757**	**401**	**356**	**869**	**424**	**445**	**565**	**282**	**283**
142	164	87	77	197	82	115	158	79	79
522	593	314	279	672	342	330	407	203	204
3009	**4133**	**2129**	**2004**	**4463**	**2252**	**2211**	**3072**	**1459**	**1613**
144	228	112	116	299	144	155	220	107	113
244	334	165	169	310	154	156	216	91	125
922	1292	650	642	1260	596	664	880	412	468
1272	1583	835	748	1926	1028	898	1345	647	698
427	696	367	329	668	330	338	411	202	209
6237	**6984**	**3688**	**3296**	**9079**	**4498**	**4581**	**6699**	**3380**	**3319**
800	1024	557	467	1201	588	613	830	443	387
888	1192	627	565	1332	667	665	888	450	438
618	730	380	350	910	435	475	677	344	333
1290	1365	745	620	1889	942	947	1373	697	676
1213	1267	647	620	1699	839	860	1331	641	690
829	813	432	381	1184	619	565	989	508	481
599	593	300	293	864	408	456	611	297	314
4329	**4768**	**2485**	**2283**	**5219**	**2669**	**2550**	**3564**	**1714**	**1850**
2414	2509	1291	1218	2834	1405	1429	1802	874	928
726	760	392	368	909	494	415	692	334	358
799	1032	542	490	1009	519	490	719	349	370
390	467	260	207	467	251	216	351	157	194
2792	**3041**	**1597**	**1444**	**3967**	**1900**	**2067**	**2732**	**1330**	**1402**
1170	1127	587	540	1526	745	781	1043	501	542
73	97	50	47	88	43	45	73	29	44
480	600	322	278	768	378	390	500	251	249
345	363	200	163	526	242	284	338	185	153
378	406	215	191	505	237	268	357	186	171
346	448	223	225	554	255	299	421	178	243
4419	**5397**	**2928**	**2469**	**6721**	**3317**	**3404**	**5159**	**2456**	**2703**
703	808	443	365	1009	486	523	787	353	434
702	794	420	374	1053	517	536	818	388	430
526	690	372	318	776	387	389	576	285	291
206	229	116	113	298	147	151	223	115	108
855	1105	588	517	1448	686	762	1208	571	637
1131	1300	739	561	1672	861	811	1266	614	652
296	471	250	221	465	233	232	281	130	151

1-3c 各地区分年龄、

地区	45-49 岁			50-54 岁			55-59 岁	
	小计	男	女	小计	男	女	小计	男
酒泉市	**4018**	**2047**	**1971**	**5185**	**2664**	**2521**	**3919**	**1971**
肃州区	1407	699	708	1802	932	870	1325	627
金塔县	670	327	343	899	448	451	697	349
瓜州县	783	398	385	995	506	489	765	417
肃北蒙古族自治县	119	101	18	104	79	25	46	30
阿克塞哈萨克族自治县	16	10	6	24	18	6	6	6
玉门市	481	241	240	638	313	325	492	253
敦煌市	542	271	271	723	368	355	588	289
庆阳市	**9093**	**4548**	**4545**	**13118**	**6409**	**6709**	**10904**	**5463**
西峰区	1302	701	601	1882	927	955	1495	713
庆城县	1045	527	518	1544	753	791	1253	637
环　县	1522	790	732	2058	1028	1030	1631	876
华池县	501	268	233	805	408	397	705	371
合水县	664	344	320	948	450	498	776	419
正宁县	742	353	389	992	469	523	880	444
宁　县	1507	701	806	2193	1057	1136	1972	936
镇原县	1810	864	946	2696	1317	1379	2192	1067
定西市	**16150**	**8164**	**7986**	**18960**	**9590**	**9370**	**13723**	**7257**
安定区	2099	1075	1024	2575	1327	1248	2029	1101
通渭县	2813	1409	1404	3203	1602	1601	2313	1205
陇西县	2283	1155	1128	2609	1314	1295	1941	1028
渭源县	2165	1132	1033	2599	1334	1265	1827	1004
临洮县	2757	1368	1389	3599	1789	1810	2709	1409
漳　县	1026	508	518	1214	605	609	736	364
岷　县	3007	1517	1490	3161	1619	1542	2168	1146
陇南市	**14274**	**7286**	**6988**	**15900**	**8223**	**7677**	**10863**	**5711**
武都区	3016	1474	1542	3230	1660	1570	2139	1088
成　县	1156	623	533	1251	644	607	974	503
文　县	1285	653	632	1437	756	681	981	515
宕昌县	1743	890	853	2007	1080	927	1164	627
康　县	1196	618	578	1221	632	589	827	453
西和县	2158	1071	1087	2349	1140	1209	1678	867
礼　县	2458	1305	1153	2898	1516	1382	1994	1046
徽　县	1028	519	509	1235	642	593	906	505
两当县	234	133	101	272	153	119	200	107
临夏回族自治州	**10038**	**4982**	**5056**	**10861**	**5325**	**5536**	**8176**	**4141**
临夏市	375	182	193	385	197	188	244	116
临夏县	2456	1222	1234	2496	1231	1265	1834	909
康乐县	1480	730	750	1634	796	838	1314	657
永靖县	903	474	429	994	499	495	743	367
广河县	1004	473	531	1058	507	551	825	428
和政县	1090	532	558	1345	654	691	983	531
东乡族自治县	1319	644	675	1313	630	683	1059	526
积石山保安族东乡族撒拉族自治县	1411	725	686	1636	811	825	1174	607
甘南藏族自治州	**3552**	**1796**	**1756**	**3516**	**1804**	**1712**	**2539**	**1300**
合作市	258	142	116	269	150	119	215	114
临潭县	827	414	413	849	440	409	607	324
卓尼县	585	297	288	597	315	282	435	215
舟曲县	850	422	428	854	426	428	606	318
迭部县	258	133	125	298	150	148	186	96
玛曲县	170	78	92	120	62	58	78	42
碌曲县	151	73	78	119	62	57	99	41
夏河县	453	237	216	410	199	211	313	150

性别的人口（乡村）（续 5）

单位：人

	60-64 岁			65-69 岁			70-74 岁		
女	小计	男	女	小计	男	女	小计	男	女
1948	**2190**	**1155**	**1035**	**2452**	**1292**	**1160**	**1599**	**826**	**773**
698	771	389	382	952	498	454	617	309	308
348	423	218	205	467	264	203	321	165	156
348	379	204	175	365	173	192	245	139	106
16	10	7	3	9	6	3	1	1	
				1		1	1	1	
239	243	133	110	260	151	109	160	78	82
299	364	204	160	398	200	198	254	133	121
5441	**7354**	**3800**	**3554**	**7352**	**3652**	**3700**	**5606**	**2723**	**2883**
782	883	426	457	965	460	505	759	371	388
616	756	399	357	797	390	407	531	251	280
755	1125	590	535	968	494	474	782	383	399
334	493	262	231	380	188	192	268	134	134
357	517	266	251	505	257	248	366	178	188
436	655	336	319	592	296	296	468	225	243
1036	1572	784	788	1431	730	701	1163	544	619
1125	1353	737	616	1714	837	877	1269	637	632
6466	**7818**	**4195**	**3623**	**9166**	**4605**	**4561**	**7147**	**3437**	**3710**
928	1215	682	533	1467	730	737	1163	587	576
1108	1133	609	524	1628	795	833	1248	609	639
913	1006	545	461	1249	634	615	1132	536	596
823	1008	545	463	1145	612	533	848	409	439
1300	1800	976	824	1754	890	864	1300	625	675
372	381	196	185	611	299	312	433	229	204
1022	1275	642	633	1312	645	667	1023	442	581
5152	**6193**	**3292**	**2901**	**7690**	**3945**	**3745**	**6374**	**3174**	**3200**
1051	1185	635	550	1548	837	711	1337	665	672
471	552	309	243	623	316	307	464	243	221
466	654	346	308	702	347	355	579	314	265
537	641	319	322	831	407	424	696	306	390
374	570	337	233	604	321	283	466	244	222
811	861	449	412	1198	610	588	1005	511	494
948	1037	529	508	1341	661	680	1216	576	640
401	538	289	249	690	360	330	507	255	252
93	155	79	76	153	86	67	104	60	44
4035	**4743**	**2437**	**2306**	**4773**	**2282**	**2491**	**4058**	**1943**	**2115**
128	162	77	85	185	92	93	158	70	88
925	1178	602	576	1218	589	629	977	468	509
657	766	392	374	699	330	369	559	280	279
376	503	278	225	533	245	288	410	191	219
397	380	185	195	383	179	204	403	192	211
452	448	232	216	497	246	251	471	218	253
533	591	292	299	549	255	294	535	247	288
567	715	379	336	709	346	363	545	277	268
1239	**1228**	**614**	**614**	**1557**	**727**	**830**	**1245**	**549**	**696**
101	93	49	44	102	49	53	77	35	42
283	376	191	185	387	188	199	288	132	156
220	180	90	90	250	113	137	218	92	126
288	277	146	131	426	200	226	295	140	155
90	80	40	40	119	51	68	123	48	75
36	23	16	7	27	8	19	33	9	24
58	47	21	26	55	29	26	53	19	34
163	152	61	91	191	89	102	158	74	84

1-3c 各地区分年龄、

地区	75-79 岁			80-84 岁			85-89 岁	
	小计	男	女	小计	男	女	小计	男
合计	**34401**	**17007**	**17394**	**17580**	**8083**	**9497**	**6233**	**2719**
兰州市	**2138**	**1043**	**1095**	**972**	**476**	**496**	**361**	**154**
城关区	27	9	18	13	7	6	6	4
七里河区	172	89	83	73	33	40	21	5
西固区	107	45	62	39	19	20	16	5
安宁区								
红古区	76	37	39	36	15	21	11	4
永登县	537	234	303	238	111	127	83	36
皋兰县	195	94	101	84	43	41	33	12
榆中县	858	457	401	397	204	193	160	69
兰州新区	166	78	88	92	44	48	31	19
嘉峪关市	**50**	**26**	**24**	**17**	**9**	**8**	**5**	**3**
市辖区	50	26	24	17	9	8	5	3
金昌市	**376**	**175**	**201**	**155**	**58**	**97**	**51**	**25**
金川区	92	45	47	47	12	35	17	13
永昌县	284	130	154	108	46	62	34	12
白银市	**2280**	**1094**	**1186**	**1136**	**518**	**618**	**442**	**202**
白银区	163	73	90	85	36	49	41	21
平川区	155	81	74	73	34	39	26	12
靖远县	621	300	321	334	159	175	111	48
会宁县	1011	479	532	494	223	271	202	92
景泰县	330	161	169	150	66	84	62	29
天水市	**4249**	**2214**	**2035**	**2203**	**1048**	**1155**	**932**	**401**
秦州区	523	259	264	232	109	123	117	53
麦积区	537	275	262	262	119	143	129	58
清水县	336	164	172	163	89	74	44	23
秦安县	931	505	426	540	257	283	228	89
甘谷县	927	502	425	481	238	243	206	88
武山县	588	307	281	326	146	180	129	58
张家川回族自治县	407	202	205	199	90	109	79	32
武威市	**2308**	**1118**	**1190**	**1113**	**501**	**612**	**372**	**157**
凉州区	1111	563	548	523	242	281	148	65
民勤县	454	218	236	230	95	135	104	42
古浪县	502	229	273	246	109	137	76	28
天祝藏族自治县	241	108	133	114	55	59	44	22
张掖市	**1445**	**755**	**690**	**522**	**224**	**298**	**141**	**67**
甘州区	556	303	253	199	91	108	44	23
肃南裕固族自治县	32	17	15	11	6	5	3	
民乐县	249	116	133	89	31	58	23	11
临泽县	155	90	65	71	26	45	24	13
高台县	218	111	107	78	41	37	25	11
山丹县	235	118	117	74	29	45	22	9
平凉市	**3593**	**1807**	**1786**	**1787**	**839**	**948**	**607**	**266**
崆峒区	535	273	262	228	105	123	80	38
泾川县	567	282	285	292	134	158	80	41
灵台县	386	199	187	182	95	87	44	22
崇信县	137	68	69	65	27	38	17	10
庄浪县	769	386	383	392	189	203	155	62
静宁县	979	492	487	528	248	280	210	82
华亭市	220	107	113	100	41	59	21	11

性别的人口（乡村）（续6）

单位：人

	90-94岁			95-99岁			100岁及以上		
女	小计	男	女	小计	男	女	小计	男	女
3514	**1087**	**415**	**672**	**220**	**78**	**142**	**35**	**7**	**28**
207	**54**	**15**	**39**	**6**	**1**	**5**			
2	1	1							
16	4	1	3	1		1			
11	2	1	1						
7	5	2	3						
47	11	1	10						
21	6	1	5	1	1				
91	24	8	16	4		4			
12	1		1						
2									
2									
26	**4**	**2**	**2**						
4	1	1							
22	3	1	2						
240	**70**	**28**	**42**	**15**	**5**	**10**	**3**	**1**	**2**
20	9	3	6	4	2	2			
14	7	4	3	2		2	1		1
63	18	7	11	3		3			
110	19	6	13	5	3	2	1		1
33	17	8	9	1		1	1	1	
531	**177**	**69**	**108**	**30**	**11**	**19**	**7**	**1**	**6**
64	17	6	11	2		2			
71	27	12	15	3	1	2	2		2
21	8	5	3	2	2				
139	45	18	27	7	1	6	2	1	1
118	47	12	35	12	5	7	1		1
71	18	8	10	3	2	1	1		1
47	15	8	7	1		1	1		1
215	**52**	**20**	**32**	**12**	**8**	**4**	**2**		**2**
83	25	9	16	6	5	1	1		1
62	7	3	4	2		2	1		1
48	14	5	9	2	2				
22	6	3	3	2	1	1			
74	**22**	**9**	**13**	**3**		**3**			
21	5	2	3	1		1			
3	1	1							
12	2		2	2		2			
11	6	2	4						
14	4	2	2						
13	4	2	2						
341	**87**	**39**	**48**	**28**	**7**	**21**	**1**		**1**
42	9	6	3						
39	9	1	8	4	2	2			
22	3	1	2	2		2			
7	1	1		1		1			
93	23	11	12	8	2	6			
128	36	16	20	13	3	10	1		1
10	6	3	3						

1-3c 各地区分年龄、

地区	75-79岁			80-84岁			85-89岁	
	小计	男	女	小计	男	女	小计	男
酒泉市	**884**	**442**	**442**	**375**	**171**	**204**	**111**	**47**
肃州区	334	165	169	150	68	82	37	19
金塔县	190	96	94	81	38	43	28	11
瓜州县	122	58	64	52	25	27	18	4
肃北蒙古族自治县	2	1	1	1	1		1	
阿克塞哈萨克族自治县								
玉门市	102	54	48	33	9	24	15	5
敦煌市	134	68	66	58	30	28	12	8
庆阳市	**3946**	**1956**	**1990**	**2107**	**1007**	**1100**	**735**	**372**
西峰区	479	240	239	264	125	139	88	38
庆城县	367	177	190	203	88	115	67	32
环　县	524	262	262	230	112	118	85	44
华池县	217	114	103	105	58	47	36	24
合水县	269	140	129	153	80	73	37	16
正宁县	335	167	168	207	101	106	68	32
宁　县	814	379	435	435	215	220	166	93
镇原县	941	477	464	510	228	282	188	93
定西市	**4610**	**2281**	**2329**	**2563**	**1106**	**1457**	**900**	**345**
安定区	815	417	398	454	213	241	138	62
通渭县	890	456	434	527	246	281	224	72
陇西县	672	361	311	393	167	226	159	66
渭源县	554	283	271	311	123	188	90	36
临洮县	871	402	469	437	191	246	143	61
漳　县	270	133	137	133	53	80	71	28
岷　县	538	229	309	308	113	195	75	20
陇南市	**4533**	**2218**	**2315**	**2328**	**1125**	**1203**	**754**	**335**
武都区	1048	532	516	553	278	275	165	89
成　县	308	149	159	161	69	92	56	18
文　县	470	239	231	276	140	136	81	32
宕昌县	437	199	238	211	67	144	68	24
康　县	377	159	218	171	91	80	54	20
西和县	671	339	332	332	157	175	113	52
礼　县	795	376	419	401	203	198	141	56
徽　县	351	191	160	173	92	81	61	38
两当县	76	34	42	50	28	22	15	6
临夏回族自治州	**3062**	**1470**	**1592**	**1797**	**811**	**986**	**637**	**293**
临夏市	101	56	45	65	27	38	19	8
临夏县	713	355	358	417	192	225	155	67
康乐县	455	208	247	278	108	170	108	47
永靖县	275	128	147	122	57	65	47	21
广河县	324	151	173	242	123	119	81	39
和政县	351	176	175	190	88	102	77	38
东乡族自治县	420	195	225	234	114	120	91	43
积石山保安族东乡族撒拉族自治县	423	201	222	249	102	147	59	30
甘南藏族自治州	**927**	**408**	**519**	**505**	**190**	**315**	**185**	**52**
合作市	78	40	38	35	9	26	18	2
临潭县	192	81	111	93	41	52	26	7
卓尼县	151	64	87	61	30	31	37	10
舟曲县	226	107	119	134	49	85	41	12
迭部县	87	36	51	52	17	35	22	6
玛曲县	23	10	13	17	6	11	4	2
碌曲县	36	12	24	22	5	17	8	1
夏河县	134	58	76	91	33	58	29	12

性别的人口（乡村）（续 7）

单位：人

	90–94 岁			95–99 岁			100 岁及以上		
女	小计	男	女	小计	男	女	小计	男	女
64	**23**	**12**	**11**	**2**		**2**			
18	6	2	4	1		1			
17	6	2	4						
14	6	3	3	1		1			
1									
10	2	2							
4	3	3							
363	**110**	**45**	**65**	**15**	**8**	**7**	**2**		**2**
50	10	7	3	4	2	2			
35	11	7	4	1	1				
41	12	5	7	1	1				
12	5	2	3	2	1	1			
21	10	4	6	2	2				
36	9	5	4						
73	36	11	25	3	1	2	2		2
95	17	4	13	2		2			
555	**114**	**33**	**81**	**25**	**5**	**20**	**4**	**1**	**3**
76	16	5	11	4	1	3			
152	25	5	20	2		2			
93	24	6	18	2		2	2		2
54	13	5	8	4	1	3			
82	17	5	12	6	2	4	1	1	
43	4	2	2	2		2	1		1
55	15	5	10	5	1	4			
419	**169**	**63**	**106**	**46**	**22**	**24**	**5**	**1**	**4**
76	41	12	29	8	3	5	2	1	1
38	6	3	3	3	1	2			
49	21	7	14	5	2	3	1		1
44	14	2	12	4	1	3			
34	13	7	6	4	2	2			
61	21	10	11	10	6	4			
85	38	15	23	10	5	5	1		1
23	12	6	6	2	2		1		1
9	3	1	2						
344	**150**	**59**	**91**	**28**	**10**	**18**	**8**	**3**	**5**
11	2		2	1		1			
88	19	7	12	5	2	3	1		1
61	26	8	18	4	1	3	1		1
26	11	4	7	1		1			
42	35	12	23	6	3	3	3	2	1
39	11	6	5						
48	32	18	14	8	3	5	2	1	1
29	14	4	10	3	1	2	1		1
133	**55**	**21**	**34**	**10**	**1**	**9**	**3**		**3**
16	10	3	7	1	1				
19	4		4						
27	2	2		1		1			
29	12	7	5	2		2	1		1
16	7	1	6	1		1			
2	2	1	1	2		2	2		2
7	4	2	2	1		1			
17	14	5	9	2		2			

1-4 全省分年龄、性别的人口

单位：人、%

年龄	人口数			占总人口比重			性别比 （女 =100）
	合计	男	女	小计	男	女	
合计	**2372848**	**1192587**	**1180261**	**100.00**	**50.26**	**49.74**	**101.04**
0-4 岁	153530	79608	73922	6.47	3.35	3.12	107.69
0	24605	12733	11872	1.04	0.54	0.50	107.25
1	29307	15209	14098	1.24	0.64	0.59	107.88
2	30345	15718	14627	1.28	0.66	0.62	107.46
3	35260	18326	16934	1.49	0.77	0.71	108.22
4	34013	17622	16391	1.43	0.74	0.69	107.51
5-9 岁	**161252**	**84115**	**77137**	**6.80**	**3.54**	**3.25**	**109.05**
5	28721	14986	13735	1.21	0.63	0.58	109.11
6	34734	18129	16605	1.46	0.76	0.70	109.18
7	32192	16700	15492	1.36	0.70	0.65	107.80
8	33682	17692	15990	1.42	0.75	0.67	110.64
9	31923	16608	15315	1.35	0.70	0.65	108.44
10-14 岁	**147999**	**77716**	**70283**	**6.24**	**3.28**	**2.96**	**110.58**
10	31739	16580	15159	1.34	0.70	0.64	109.37
11	30872	16293	14579	1.30	0.69	0.61	111.76
12	29794	15677	14117	1.26	0.66	0.59	111.05
13	28883	15264	13619	1.22	0.64	0.57	112.08
14	26711	13902	12809	1.13	0.59	0.54	108.53
15-19 岁	**128532**	**66353**	**62179**	**5.42**	**2.80**	**2.62**	**106.71**
15	26594	13895	12699	1.12	0.59	0.54	109.42
16	29334	15256	14078	1.24	0.64	0.59	108.37
17	25532	13298	12234	1.08	0.56	0.52	108.70
18	23695	12098	11597	1.00	0.51	0.49	104.32
19	23377	11806	11571	0.99	0.50	0.49	102.03
20-24 岁	**116031**	**56829**	**59202**	**4.89**	**2.39**	**2.49**	**95.99**
20	23054	11428	11626	0.97	0.48	0.49	98.30
21	21493	10571	10922	0.91	0.45	0.46	96.79
22	23004	11115	11889	0.97	0.47	0.50	93.49
23	22685	11170	11515	0.96	0.47	0.49	97.00
24	25795	12545	13250	1.09	0.53	0.56	94.68
25-29 岁	**150240**	**73167**	**77073**	**6.33**	**3.08**	**3.25**	**94.93**
25	29798	14487	15311	1.26	0.61	0.65	94.62
26	28333	13834	14499	1.19	0.58	0.61	95.41
27	30811	14804	16007	1.30	0.62	0.67	92.48
28	30026	14588	15438	1.27	0.61	0.65	94.49
29	31272	15454	15818	1.32	0.65	0.67	97.70

1-4 全省分年龄、性别的人口（续 1）

单位：人、%

年龄	人口数			占总人口比重			性别比（女 =100）
	合计	男	女	小计	男	女	
30-34 岁	**185727**	**91313**	**94414**	**7.83**	**3.85**	**3.98**	**96.72**
30	39897	19493	20404	1.68	0.82	0.86	95.54
31	38475	18944	19531	1.62	0.80	0.82	96.99
32	35507	17430	18077	1.50	0.73	0.76	96.42
33	37880	18676	19204	1.60	0.79	0.81	97.25
34	33968	16770	17198	1.43	0.71	0.72	97.51
35-39 岁	**147188**	**74042**	**73146**	**6.20**	**3.12**	**3.08**	**101.22**
35	30503	15252	15251	1.29	0.64	0.64	100.01
36	30769	15267	15502	1.30	0.64	0.65	98.48
37	28048	14031	14017	1.18	0.59	0.59	100.10
38	30903	15824	15079	1.30	0.67	0.64	104.94
39	26965	13668	13297	1.14	0.58	0.56	102.79
40-44 岁	**138961**	**70387**	**68574**	**5.86**	**2.97**	**2.89**	**102.64**
40	26363	13205	13158	1.11	0.56	0.55	100.36
41	28376	14760	13616	1.20	0.62	0.57	108.40
42	28904	14531	14373	1.22	0.61	0.61	101.10
43	25912	13146	12766	1.09	0.55	0.54	102.98
44	29406	14745	14661	1.24	0.62	0.62	100.57
45-49 岁	**212701**	**106882**	**105819**	**8.96**	**4.50**	**4.46**	**101.00**
45	31963	15990	15973	1.35	0.67	0.67	100.11
46	40020	20024	19996	1.69	0.84	0.84	100.14
47	45346	22797	22549	1.91	0.96	0.95	101.10
48	48132	24153	23979	2.03	1.02	1.01	100.73
49	47240	23918	23322	1.99	1.01	0.98	102.56
50-54 岁	**238822**	**119595**	**119227**	**10.06**	**5.04**	**5.02**	**100.31**
50	51767	25458	26309	2.18	1.07	1.11	96.77
51	47357	23820	23537	2.00	1.00	0.99	101.20
52	51786	25844	25942	2.18	1.09	1.09	99.62
53	41337	21015	20322	1.74	0.89	0.86	103.41
54	46575	23458	23117	1.96	0.99	0.97	101.48
55-59 岁	**181142**	**91277**	**89865**	**7.63**	**3.85**	**3.79**	**101.57**
55	42507	21640	20867	1.79	0.91	0.88	103.70
56	42350	21251	21099	1.78	0.90	0.89	100.72
57	43158	21971	21187	1.82	0.93	0.89	103.70
58	36095	18132	17963	1.52	0.76	0.76	100.94
59	17032	8283	8749	0.72	0.35	0.37	94.67
60-64 岁	**108538**	**55687**	**52851**	**4.57**	**2.35**	**2.23**	**105.37**
60	19855	10258	9597	0.84	0.43	0.40	106.89
61	16119	8253	7866	0.68	0.35	0.33	104.92
62	21662	11330	10332	0.91	0.48	0.44	109.66
63	25674	13211	12463	1.08	0.56	0.53	106.00
64	25228	12635	12593	1.06	0.53	0.53	100.33

1-4 全省分年龄、性别的人口（续 2）

单位：人、%

年龄	人口数			占总人口比重			性别比（女 =100）
	合计	男	女	小计	男	女	
65–69 岁	**116007**	**57351**	**58656**	**4.89**	**2.42**	**2.47**	**97.78**
65	25661	12956	12705	1.08	0.55	0.54	101.98
66	24659	12250	12409	1.04	0.52	0.52	98.72
67	23035	11415	11620	0.97	0.48	0.49	98.24
68	22918	11255	11663	0.97	0.47	0.49	96.50
69	19734	9475	10259	0.83	0.40	0.43	92.36
70–74 岁	**83240**	**40129**	**43111**	**3.51**	**1.69**	**1.82**	**93.08**
70	19009	9326	9683	0.80	0.39	0.41	96.31
71	17895	8844	9051	0.75	0.37	0.38	97.71
72	15740	7737	8003	0.66	0.33	0.34	96.68
73	16063	7703	8360	0.68	0.32	0.35	92.14
74	14533	6519	8014	0.61	0.27	0.34	81.35
75–79 岁	**56826**	**27029**	**29797**	**2.39**	**1.14**	**1.26**	**90.71**
75	12912	6037	6875	0.54	0.25	0.29	87.81
76	12706	6136	6570	0.54	0.26	0.28	93.39
77	11448	5475	5973	0.48	0.23	0.25	91.66
78	10409	4939	5470	0.44	0.21	0.23	90.29
79	9351	4442	4909	0.39	0.19	0.21	90.49
80–84 岁	**31716**	**14689**	**17027**	**1.34**	**0.62**	**0.72**	**86.27**
80	8753	4131	4622	0.37	0.17	0.19	89.38
81	6864	3185	3679	0.29	0.13	0.16	86.57
82	6309	2911	3398	0.27	0.12	0.14	85.67
83	5436	2532	2904	0.23	0.11	0.12	87.19
84	4354	1930	2424	0.18	0.08	0.10	79.62
85–89 岁	**11685**	**5241**	**6444**	**0.49**	**0.22**	**0.27**	**81.33**
85	3424	1542	1882	0.14	0.06	0.08	81.93
86	2842	1255	1587	0.12	0.05	0.07	79.08
87	2409	1053	1356	0.10	0.04	0.06	77.65
88	1661	761	900	0.07	0.03	0.04	84.56
89	1349	630	719	0.06	0.03	0.03	87.62
90–94 岁	**2251**	**1002**	**1249**	**0.09**	**0.04**	**0.05**	**80.22**
90	986	435	551	0.04	0.02	0.02	78.95
91	428	193	235	0.02	0.01	0.01	82.13
92	366	156	210	0.02	0.01	0.01	74.29
93	285	140	145	0.01	0.01	0.01	96.55
94	186	78	108	0.01			72.22
95–99 岁	**408**	**164**	**244**	**0.02**	**0.01**	**0.01**	**67.21**
95	150	61	89	0.01			68.54
96	109	46	63				73.02
97	69	32	37				86.49
98	47	17	30				56.67
99	33	8	25				32.00
100 岁及以上	**52**	**11**	**41**				**26.83**

1-4a 全省分年龄、性别的人口(城市)

单位:人、%

年龄	人口数			占总人口比重			性别比(女=100)
	合计	男	女	小计	男	女	
合计	**652969**	**325010**	**327959**	**100.00**	**49.77**	**50.23**	**99.10**
0–4岁	**38356**	**19953**	**18403**	**5.87**	**3.06**	**2.82**	**108.42**
0	5237	2709	2528	0.80	0.41	0.39	107.16
1	7714	4031	3683	1.18	0.62	0.56	109.45
2	7397	3839	3558	1.13	0.59	0.54	107.90
3	9206	4791	4415	1.41	0.73	0.68	108.52
4	8802	4583	4219	1.35	0.70	0.65	108.63
5–9岁	**36818**	**19432**	**17386**	**5.64**	**2.98**	**2.66**	**111.77**
5	6365	3375	2990	0.97	0.52	0.46	112.88
6	8409	4436	3973	1.29	0.68	0.61	111.65
7	7424	3887	3537	1.14	0.60	0.54	109.90
8	7675	4091	3584	1.18	0.63	0.55	114.15
9	6945	3643	3302	1.06	0.56	0.51	110.33
10–14岁	**33117**	**17395**	**15722**	**5.07**	**2.66**	**2.41**	**110.64**
10	6887	3586	3301	1.05	0.55	0.51	108.63
11	6585	3503	3082	1.01	0.54	0.47	113.66
12	6704	3505	3199	1.03	0.54	0.49	109.57
13	6844	3648	3196	1.05	0.56	0.49	114.14
14	6097	3153	2944	0.93	0.48	0.45	107.10
15–19岁	**35052**	**18344**	**16708**	**5.37**	**2.81**	**2.56**	**109.79**
15	6644	3529	3115	1.02	0.54	0.48	113.29
16	7833	4135	3698	1.20	0.63	0.57	111.82
17	6783	3526	3257	1.04	0.54	0.50	108.26
18	6570	3406	3164	1.01	0.52	0.48	107.65
19	7222	3748	3474	1.11	0.57	0.53	107.89
20–24岁	**38888**	**18801**	**20087**	**5.96**	**2.88**	**3.08**	**93.60**
20	7885	3911	3974	1.21	0.60	0.61	98.41
21	7490	3669	3821	1.15	0.56	0.59	96.02
22	7887	3713	4174	1.21	0.57	0.64	88.96
23	7327	3562	3765	1.12	0.55	0.58	94.61
24	8299	3946	4353	1.27	0.60	0.67	90.65
25–29岁	**49118**	**23580**	**25538**	**7.52**	**3.61**	**3.91**	**92.33**
25	9405	4494	4911	1.44	0.69	0.75	91.51
26	9311	4469	4842	1.43	0.68	0.74	92.30
27	10012	4757	5255	1.53	0.73	0.80	90.52
28	9884	4714	5170	1.51	0.72	0.79	91.18
29	10506	5146	5360	1.61	0.79	0.82	96.01

1-4a 全省分年龄、性别的人口（城市）（续 1）

单位：人、%

年龄	人口数			占总人口比重			性别比（女=100）
	合计	男	女	小计	男	女	
30–34 岁	**65196**	**31786**	**33410**	**9.98**	**4.87**	**5.12**	**95.14**
30	13671	6598	7073	2.09	1.01	1.08	93.28
31	13565	6729	6836	2.08	1.03	1.05	98.43
32	12690	6177	6513	1.94	0.95	1.00	94.84
33	13263	6436	6827	2.03	0.99	1.05	94.27
34	12007	5846	6161	1.84	0.90	0.94	94.89
35–39 岁	**50998**	**25125**	**25873**	**7.81**	**3.85**	**3.96**	**97.11**
35	10530	5122	5408	1.61	0.78	0.83	94.71
36	10580	5135	5445	1.62	0.79	0.83	94.31
37	9811	4827	4984	1.50	0.74	0.76	96.85
38	10788	5462	5326	1.65	0.84	0.82	102.55
39	9289	4579	4710	1.42	0.70	0.72	97.22
40–44 岁	**44999**	**22438**	**22561**	**6.89**	**3.44**	**3.46**	**99.45**
40	8471	4201	4270	1.30	0.64	0.65	98.38
41	9784	4974	4810	1.50	0.76	0.74	103.41
42	9403	4646	4757	1.44	0.71	0.73	97.67
43	8334	4106	4228	1.28	0.63	0.65	97.11
44	9007	4511	4496	1.38	0.69	0.69	100.33
45–49 岁	**57653**	**29180**	**28473**	**8.83**	**4.47**	**4.36**	**102.48**
45	9401	4751	4650	1.44	0.73	0.71	102.17
46	11062	5587	5475	1.69	0.86	0.84	102.05
47	12304	6236	6068	1.88	0.96	0.93	102.77
48	12710	6410	6300	1.95	0.98	0.96	101.75
49	12176	6196	5980	1.86	0.95	0.92	103.61
50–54 岁	**57548**	**28889**	**28659**	**8.81**	**4.42**	**4.39**	**100.80**
50	12754	6424	6330	1.95	0.98	0.97	101.48
51	11801	5944	5857	1.81	0.91	0.90	101.49
52	12691	6364	6327	1.94	0.97	0.97	100.58
53	9457	4740	4717	1.45	0.73	0.72	100.49
54	10845	5417	5428	1.66	0.83	0.83	99.80
55–59 岁	**46007**	**22778**	**23229**	**7.05**	**3.49**	**3.56**	**98.06**
55	10756	5370	5386	1.65	0.82	0.82	99.70
56	10887	5447	5440	1.67	0.83	0.83	100.13
57	11435	5647	5788	1.75	0.86	0.89	97.56
58	8765	4304	4461	1.34	0.66	0.68	96.48
59	4164	2010	2154	0.64	0.31	0.33	93.31
60–64 岁	**28884**	**14260**	**14624**	**4.42**	**2.18**	**2.24**	**97.51**
60	5505	2714	2791	0.84	0.42	0.43	97.24
61	4737	2340	2397	0.73	0.36	0.37	97.62
62	6000	2981	3019	0.92	0.46	0.46	98.74
63	6580	3282	3298	1.01	0.50	0.51	99.51
64	6062	2943	3119	0.93	0.45	0.48	94.36

1-4a 全省分年龄、性别的人口（城市）（续2）

单位：人、%

年龄	人口数			占总人口比重			性别比
	合计	男	女	小计	男	女	（女=100）
65-69岁	**27044**	**13256**	**13788**	**4.14**	**2.03**	**2.11**	**96.14**
65	6116	3050	3066	0.94	0.47	0.47	99.48
66	6122	3004	3118	0.94	0.46	0.48	96.34
67	5475	2667	2808	0.84	0.41	0.43	94.98
68	5034	2458	2576	0.77	0.38	0.39	95.42
69	4297	2077	2220	0.66	0.32	0.34	93.56
70-74岁	**17372**	**8169**	**9203**	**2.66**	**1.25**	**1.41**	**88.76**
70	4123	2022	2101	0.63	0.31	0.32	96.24
71	3764	1833	1931	0.58	0.28	0.30	94.92
72	3265	1551	1714	0.50	0.24	0.26	90.49
73	3277	1507	1770	0.50	0.23	0.27	85.14
74	2943	1256	1687	0.45	0.19	0.26	74.45
75-79岁	**12687**	**5410**	**7277**	**1.94**	**0.83**	**1.11**	**74.34**
75	2668	1175	1493	0.41	0.18	0.23	78.70
76	2671	1140	1531	0.41	0.17	0.23	74.46
77	2506	1054	1452	0.38	0.16	0.22	72.59
78	2534	1057	1477	0.39	0.16	0.23	71.56
79	2308	984	1324	0.35	0.15	0.20	74.32
80-84岁	**8824**	**4087**	**4737**	**1.35**	**0.63**	**0.73**	**86.28**
80	2285	1086	1199	0.35	0.17	0.18	90.58
81	1911	858	1053	0.29	0.13	0.16	81.48
82	1780	821	959	0.27	0.13	0.15	85.61
83	1575	753	822	0.24	0.12	0.13	91.61
84	1273	569	704	0.19	0.09	0.11	80.82
85-89岁	**3515**	**1666**	**1849**	**0.54**	**0.26**	**0.28**	**90.10**
85	1024	477	547	0.16	0.07	0.08	87.20
86	862	396	466	0.13	0.06	0.07	84.98
87	700	341	359	0.11	0.05	0.05	94.99
88	508	247	261	0.08	0.04	0.04	94.64
89	421	205	216	0.06	0.03	0.03	94.91
90-94岁	**763**	**399**	**364**	**0.12**	**0.06**	**0.06**	**109.62**
90	328	175	153	0.05	0.03	0.02	114.38
91	156	82	74	0.02	0.01	0.01	110.81
92	111	54	57	0.02	0.01	0.01	94.74
93	97	53	44	0.01	0.01	0.01	120.45
94	71	35	36	0.01	0.01	0.01	97.22
95-99岁	**121**	**60**	**61**	**0.02**	**0.01**	**0.01**	**98.36**
95	40	21	19	0.01			110.53
96	36	17	19	0.01			89.47
97	27	14	13				107.69
98	10	6	4				150.00
99	8	2	6				33.33
100岁及以上	**9**	**2**	**7**				**28.57**

1-4b 全省分年龄、性别的人口（镇）

单位：人、%

年龄	人口数			占总人口比重			性别比
	合计	男	女	小计	男	女	（女=100）
合计	**556813**	**276667**	**280146**	**100.00**	**49.69**	**50.31**	**98.76**
0-4岁	39832	20641	19191	7.15	3.71	3.45	107.56
0	5540	2890	2650	0.99	0.52	0.48	109.06
1	7319	3753	3566	1.31	0.67	0.64	105.24
2	7918	4098	3820	1.42	0.74	0.69	107.28
3	9666	4998	4668	1.74	0.90	0.84	107.07
4	9389	4902	4487	1.69	0.88	0.81	109.25
5-9岁	**43539**	**22800**	**20739**	**7.82**	**4.09**	**3.72**	**109.94**
5	7505	3889	3616	1.35	0.70	0.65	107.55
6	9562	5009	4553	1.72	0.90	0.82	110.02
7	8808	4646	4162	1.58	0.83	0.75	111.63
8	9127	4794	4333	1.64	0.86	0.78	110.64
9	8537	4462	4075	1.53	0.80	0.73	109.50
10-14岁	**39736**	**21103**	**18633**	**7.14**	**3.79**	**3.35**	**113.26**
10	8513	4489	4024	1.53	0.81	0.72	111.56
11	8272	4472	3800	1.49	0.80	0.68	117.68
12	8022	4284	3738	1.44	0.77	0.67	114.61
13	7632	4061	3571	1.37	0.73	0.64	113.72
14	7297	3797	3500	1.31	0.68	0.63	108.49
15-19岁	**39499**	**20086**	**19413**	**7.09**	**3.61**	**3.49**	**103.47**
15	7932	4095	3837	1.42	0.74	0.69	106.72
16	9555	4915	4640	1.72	0.88	0.83	105.93
17	8334	4337	3997	1.50	0.78	0.72	108.51
18	7174	3564	3610	1.29	0.64	0.65	98.73
19	6504	3175	3329	1.17	0.57	0.60	95.37
20-24岁	**27428**	**13351**	**14077**	**4.93**	**2.40**	**2.53**	**94.84**
20	6187	3000	3187	1.11	0.54	0.57	94.13
21	5322	2602	2720	0.96	0.47	0.49	95.66
22	5303	2574	2729	0.95	0.46	0.49	94.32
23	5013	2481	2532	0.90	0.45	0.45	97.99
24	5603	2694	2909	1.01	0.48	0.52	92.61
25-29岁	**35585**	**16414**	**19171**	**6.39**	**2.95**	**3.44**	**85.62**
25	6614	3113	3501	1.19	0.56	0.63	88.92
26	6438	2978	3460	1.16	0.53	0.62	86.07
27	7351	3313	4038	1.32	0.59	0.73	82.05
28	7302	3390	3912	1.31	0.61	0.70	86.66
29	7880	3620	4260	1.42	0.65	0.77	84.98

1-4b 全省分年龄、性别的人口（镇）（续1）

单位：人、%

年龄	人口数			占总人口比重			性别比（女=100）
	合计	男	女	小计	男	女	
30-34岁	**50750**	**23541**	**27209**	**9.11**	**4.23**	**4.89**	**86.52**
30	10467	4766	5701	1.88	0.86	1.02	83.60
31	10362	4721	5641	1.86	0.85	1.01	83.69
32	9619	4477	5142	1.73	0.80	0.92	87.07
33	10750	5021	5729	1.93	0.90	1.03	87.64
34	9552	4556	4996	1.72	0.82	0.90	91.19
35-39岁	**40789**	**20007**	**20782**	**7.33**	**3.59**	**3.73**	**96.27**
35	8591	4154	4437	1.54	0.75	0.80	93.62
36	8740	4225	4515	1.57	0.76	0.81	93.58
37	7871	3886	3985	1.41	0.70	0.72	97.52
38	8387	4134	4253	1.51	0.74	0.76	97.20
39	7200	3608	3592	1.29	0.65	0.65	100.45
40-44岁	**34956**	**17462**	**17494**	**6.28**	**3.14**	**3.14**	**99.82**
40	6999	3348	3651	1.26	0.60	0.66	91.70
41	7225	3729	3496	1.30	0.67	0.63	106.66
42	7253	3573	3680	1.30	0.64	0.66	97.09
43	6313	3188	3125	1.13	0.57	0.56	102.02
44	7166	3624	3542	1.29	0.65	0.64	102.32
45-49岁	**46643**	**23533**	**23110**	**8.38**	**4.23**	**4.15**	**101.83**
45	7419	3716	3703	1.33	0.67	0.67	100.35
46	9085	4527	4558	1.63	0.81	0.82	99.32
47	9872	4989	4883	1.77	0.90	0.88	102.17
48	10328	5271	5057	1.85	0.95	0.91	104.23
49	9939	5030	4909	1.78	0.90	0.88	102.46
50-54岁	**48864**	**24296**	**24568**	**8.78**	**4.36**	**4.41**	**98.89**
50	10730	5260	5470	1.93	0.94	0.98	96.16
51	9712	4873	4839	1.74	0.88	0.87	100.70
52	10603	5293	5310	1.90	0.95	0.95	99.68
53	8345	4182	4163	1.50	0.75	0.75	100.46
54	9474	4688	4786	1.70	0.84	0.86	97.95
55-59岁	**35383**	**17535**	**17848**	**6.35**	**3.15**	**3.21**	**98.25**
55	8221	4123	4098	1.48	0.74	0.74	100.61
56	8317	4141	4176	1.49	0.74	0.75	99.16
57	8450	4208	4242	1.52	0.76	0.76	99.20
58	7135	3520	3615	1.28	0.63	0.65	97.37
59	3260	1543	1717	0.59	0.28	0.31	89.87
60-64岁	**20698**	**10401**	**10297**	**3.72**	**1.87**	**1.85**	**101.01**
60	3760	1902	1858	0.68	0.34	0.33	102.37
61	3072	1520	1552	0.55	0.27	0.28	97.94
62	4153	2133	2020	0.75	0.38	0.36	105.59
63	4940	2487	2453	0.89	0.45	0.44	101.39
64	4773	2359	2414	0.86	0.42	0.43	97.72

1-4b 全省分年龄、性别的人口（镇）(续 2)

单位：人、%

年龄	人口数			占总人口比重			性别比
	合计	男	女	小计	男	女	（女 =100）
65–69 岁	**20915**	**10284**	**10631**	**3.76**	**1.85**	**1.91**	**96.74**
65	4666	2321	2345	0.84	0.42	0.42	98.98
66	4468	2189	2279	0.80	0.39	0.41	96.05
67	4169	2083	2086	0.75	0.37	0.37	99.86
68	4197	2070	2127	0.75	0.37	0.38	97.32
69	3415	1621	1794	0.61	0.29	0.32	90.36
70–74 岁	**14733**	**7010**	**7723**	**2.65**	**1.26**	**1.39**	**90.77**
70	3406	1667	1739	0.61	0.30	0.31	95.86
71	3192	1556	1636	0.57	0.28	0.29	95.11
72	2734	1306	1428	0.49	0.23	0.26	91.46
73	2831	1343	1488	0.51	0.24	0.27	90.26
74	2570	1138	1432	0.46	0.20	0.26	79.47
75–79 岁	**9738**	**4612**	**5126**	**1.75**	**0.83**	**0.92**	**89.97**
75	2220	1025	1195	0.40	0.18	0.21	85.77
76	2229	1046	1183	0.40	0.19	0.21	88.42
77	1936	931	1005	0.35	0.17	0.18	92.64
78	1739	822	917	0.31	0.15	0.16	89.64
79	1614	788	826	0.29	0.14	0.15	95.40
80–84 岁	**5312**	**2519**	**2793**	**0.95**	**0.45**	**0.50**	**90.19**
80	1438	681	757	0.26	0.12	0.14	89.96
81	1145	571	574	0.21	0.10	0.10	99.48
82	1075	493	582	0.19	0.09	0.10	84.71
83	917	431	486	0.16	0.08	0.09	88.68
84	737	343	394	0.13	0.06	0.07	87.06
85–89 岁	**1937**	**856**	**1081**	**0.35**	**0.15**	**0.19**	**79.19**
85	562	237	325	0.10	0.04	0.06	72.92
86	464	203	261	0.08	0.04	0.05	77.78
87	409	189	220	0.07	0.03	0.04	85.91
88	284	120	164	0.05	0.02	0.03	73.17
89	218	107	111	0.04	0.02	0.02	96.40
90–94 岁	**401**	**188**	**213**	**0.07**	**0.03**	**0.04**	**88.26**
90	158	75	83	0.03	0.01	0.01	90.36
91	83	40	43	0.01	0.01	0.01	93.02
92	80	40	40	0.01	0.01	0.01	100.00
93	45	20	25	0.01			80.00
94	35	13	22	0.01			59.09
95–99 岁	**67**	**26**	**41**	**0.01**		**0.01**	**63.41**
95	31	11	20	0.01			55.00
96	16	8	8				100.00
97	8	3	5				60.00
98	6	1	5				20.00
99	6	3	3				100.00
100 岁及以上	**8**	**2**	**6**				**33.33**

1-4c 全省分年龄、性别的人口（乡村）

单位：人、%

年龄	人口数			占总人口比重			性别比（女 =100）
	合计	男	女	小计	男	女	
合计	**1163066**	**590910**	**572156**	**100.00**	**50.81**	**49.19**	**103.28**
0–4 岁	**75342**	**39014**	**36328**	**6.48**	**3.35**	**3.12**	**107.39**
0	13828	7134	6694	1.19	0.61	0.58	106.57
1	14274	7425	6849	1.23	0.64	0.59	108.41
2	15030	7781	7249	1.29	0.67	0.62	107.34
3	16388	8537	7851	1.41	0.73	0.68	108.74
4	15822	8137	7685	1.36	0.70	0.66	105.88
5–9 岁	**80895**	**41883**	**39012**	**6.96**	**3.60**	**3.35**	**107.36**
5	14851	7722	7129	1.28	0.66	0.61	108.32
6	16763	8684	8079	1.44	0.75	0.69	107.49
7	15960	8167	7793	1.37	0.70	0.67	104.80
8	16880	8807	8073	1.45	0.76	0.69	109.09
9	16441	8503	7938	1.41	0.73	0.68	107.12
10–14 岁	**75146**	**39218**	**35928**	**6.46**	**3.37**	**3.09**	**109.16**
10	16339	8505	7834	1.40	0.73	0.67	108.57
11	16015	8318	7697	1.38	0.72	0.66	108.07
12	15068	7888	7180	1.30	0.68	0.62	109.86
13	14407	7555	6852	1.24	0.65	0.59	110.26
14	13317	6952	6365	1.14	0.60	0.55	109.22
15–19 岁	**53981**	**27923**	**26058**	**4.64**	**2.40**	**2.24**	**107.16**
15	12018	6271	5747	1.03	0.54	0.49	109.12
16	11946	6206	5740	1.03	0.53	0.49	108.12
17	10415	5435	4980	0.90	0.47	0.43	109.14
18	9951	5128	4823	0.86	0.44	0.41	106.32
19	9651	4883	4768	0.83	0.42	0.41	102.41
20–24 岁	**49715**	**24677**	**25038**	**4.27**	**2.12**	**2.15**	**98.56**
20	8982	4517	4465	0.77	0.39	0.38	101.16
21	8681	4300	4381	0.75	0.37	0.38	98.15
22	9814	4828	4986	0.84	0.42	0.43	96.83
23	10345	5127	5218	0.89	0.44	0.45	98.26
24	11893	5905	5988	1.02	0.51	0.51	98.61
25–29 岁	**65537**	**33173**	**32364**	**5.63**	**2.85**	**2.78**	**102.50**
25	13779	6880	6899	1.18	0.59	0.59	99.72
26	12584	6387	6197	1.08	0.55	0.53	103.07
27	13448	6734	6714	1.16	0.58	0.58	100.30
28	12840	6484	6356	1.10	0.56	0.55	102.01
29	12886	6688	6198	1.11	0.58	0.53	107.91

1-4c 全省分年龄、性别的人口（乡村）（续1）

单位：人、%

年龄	人口数			占总人口比重			性别比（女=100）
	合计	男	女	小计	男	女	
30–34岁	**69781**	**35986**	**33795**	**6.00**	**3.09**	**2.91**	**106.48**
30	15759	8129	7630	1.35	0.70	0.66	106.54
31	14548	7494	7054	1.25	0.64	0.61	106.24
32	13198	6776	6422	1.13	0.58	0.55	105.51
33	13867	7219	6648	1.19	0.62	0.57	108.59
34	12409	6368	6041	1.07	0.55	0.52	105.41
35–39岁	**55401**	**28910**	**26491**	**4.76**	**2.49**	**2.28**	**109.13**
35	11382	5976	5406	0.98	0.51	0.46	110.54
36	11449	5907	5542	0.98	0.51	0.48	106.59
37	10366	5318	5048	0.89	0.46	0.43	105.35
38	11728	6228	5500	1.01	0.54	0.47	113.24
39	10476	5481	4995	0.90	0.47	0.43	109.73
40–44岁	**59006**	**30487**	**28519**	**5.07**	**2.62**	**2.45**	**106.90**
40	10893	5656	5237	0.94	0.49	0.45	108.00
41	11367	6057	5310	0.98	0.52	0.46	114.07
42	12248	6312	5936	1.05	0.54	0.51	106.33
43	11265	5852	5413	0.97	0.50	0.47	108.11
44	13233	6610	6623	1.14	0.57	0.57	99.80
45–49岁	**108405**	**54169**	**54236**	**9.32**	**4.66**	**4.66**	**99.88**
45	15143	7523	7620	1.30	0.65	0.66	98.73
46	19873	9910	9963	1.71	0.85	0.86	99.47
47	23170	11572	11598	1.99	0.99	1.00	99.78
48	25094	12472	12622	2.16	1.07	1.09	98.81
49	25125	12692	12433	2.16	1.09	1.07	102.08
50–54岁	**132410**	**66410**	**66000**	**11.38**	**5.71**	**5.67**	**100.62**
50	28283	13774	14509	2.43	1.18	1.25	94.93
51	25844	13003	12841	2.22	1.12	1.10	101.26
52	28492	14187	14305	2.45	1.22	1.23	99.18
53	23535	12093	11442	2.02	1.04	0.98	105.69
54	26256	13353	12903	2.26	1.15	1.11	103.49
55–59岁	**99752**	**50964**	**48788**	**8.58**	**4.38**	**4.19**	**104.46**
55	23530	12147	11383	2.02	1.04	0.98	106.71
56	23146	11663	11483	1.99	1.00	0.99	101.57
57	23273	12116	11157	2.00	1.04	0.96	108.60
58	20195	10308	9887	1.74	0.89	0.85	104.26
59	9608	4730	4878	0.83	0.41	0.42	96.97
60–64岁	**58956**	**31026**	**27930**	**5.07**	**2.67**	**2.40**	**111.08**
60	10590	5642	4948	0.91	0.49	0.43	114.03
61	8310	4393	3917	0.71	0.38	0.34	112.15
62	11509	6216	5293	0.99	0.53	0.46	117.44
63	14154	7442	6712	1.22	0.64	0.58	110.88
64	14393	7333	7060	1.24	0.63	0.61	103.87

1-4c 全省分年龄、性别的人口（乡村）（续2）

单位：人、%

年龄	人口数			占总人口比重			性别比（女=100）
	合计	男	女	小计	男	女	
65–69岁	**68048**	**33811**	**34237**	**5.85**	**2.91**	**2.94**	**98.76**
65	14879	7585	7294	1.28	0.65	0.63	103.99
66	14069	7057	7012	1.21	0.61	0.60	100.64
67	13391	6665	6726	1.15	0.57	0.58	99.09
68	13687	6727	6960	1.18	0.58	0.60	96.65
69	12022	5777	6245	1.03	0.50	0.54	92.51
70–74岁	**51135**	**24950**	**26185**	**4.40**	**2.15**	**2.25**	**95.28**
70	11480	5637	5843	0.99	0.48	0.50	96.47
71	10939	5455	5484	0.94	0.47	0.47	99.47
72	9741	4880	4861	0.84	0.42	0.42	100.39
73	9955	4853	5102	0.86	0.42	0.44	95.12
74	9020	4125	4895	0.78	0.35	0.42	84.27
75–79岁	**34401**	**17007**	**17394**	**2.96**	**1.46**	**1.50**	**97.78**
75	8024	3837	4187	0.69	0.33	0.36	91.64
76	7806	3950	3856	0.67	0.34	0.33	102.44
77	7006	3490	3516	0.60	0.30	0.30	99.26
78	6136	3060	3076	0.53	0.26	0.26	99.48
79	5429	2670	2759	0.47	0.23	0.24	96.77
80–84岁	**17580**	**8083**	**9497**	**1.51**	**0.69**	**0.82**	**85.11**
80	5030	2364	2666	0.43	0.20	0.23	88.67
81	3808	1756	2052	0.33	0.15	0.18	85.58
82	3454	1597	1857	0.30	0.14	0.16	86.00
83	2944	1348	1596	0.25	0.12	0.14	84.46
84	2344	1018	1326	0.20	0.09	0.11	76.77
85–89岁	**6233**	**2719**	**3514**	**0.54**	**0.23**	**0.30**	**77.38**
85	1838	828	1010	0.16	0.07	0.09	81.98
86	1516	656	860	0.13	0.06	0.07	76.28
87	1300	523	777	0.11	0.04	0.07	67.31
88	869	394	475	0.07	0.03	0.04	82.95
89	710	318	392	0.06	0.03	0.03	81.12
90–94岁	**1087**	**415**	**672**	**0.09**	**0.04**	**0.06**	**61.76**
90	500	185	315	0.04	0.02	0.03	58.73
91	189	71	118	0.02	0.01	0.01	60.17
92	175	62	113	0.02	0.01	0.01	54.87
93	143	67	76	0.01	0.01	0.01	88.16
94	80	30	50	0.01			60.00
95–99岁	**220**	**78**	**142**	**0.02**	**0.01**	**0.01**	**54.93**
95	79	29	50	0.01			58.00
96	57	21	36				58.33
97	34	15	19				78.95
98	31	10	21				47.62
99	19	3	16				18.75
100岁及以上	**35**	**7**	**28**				**25.00**

第二部分　长表数据资料

第二卷　民族

2-1 全省各民族分性别、

民族	人口数			农、林、牧、渔业			采矿业	
	合计	男	女	小计	男	女	小计	男
合　计	**959970**	**574310**	**385660**	**316235**	**166477**	**149758**	**14855**	**12517**
汉　族	879757	526142	353615	288814	152990	135824	14344	12078
蒙古族	511	270	241	127	65	62	4	4
回　族	42404	26266	16138	12630	6246	6384	316	279
藏　族	14477	8049	6428	4992	2503	2489	84	68
维吾尔族	52	21	31	7	2	5	1	1
苗　族	102	61	41	5		5	3	3
彝　族	94	59	35	7	1	6	2	2
壮　族	50	27	23	1	1			
布依族	16	8	8	1		1		
朝鲜族	21	11	10	2	2			
满　族	584	387	197	19	12	7	31	25
侗　族	17	9	8	2	1	1	1	1
瑶　族	15	9	6	1		1		
白　族	38	23	15	3		3		
土家族	208	112	96	31	11	20	4	2
哈尼族	6	1	5	3		3		
哈萨克族	155	81	74	17	11	6		
傣　族	6	1	5	2		2		
黎　族	13	8	5	2	1	1	1	1
傈僳族	5	2	3	1		1		
佤　族	1		1					
畲　族	10	7	3					
高山族	2		2					
拉祜族	1		1					
水族	1	1						
东乡族	18680	11135	7545	8891	4261	4630	45	39
纳西族	1	1						
景颇族								
柯尔克孜族	6	4	2	1		1		
土　族	1244	699	545	269	139	130	8	6
达斡尔族	2	1	1					
仫佬族								
羌　族	5	2	3					
布朗族								
撒拉族	410	266	144	43	15	28	2	2
毛南族	1	1						
仡佬族	8	5	3					
锡伯族	6	2	4	1		1		
阿昌族								
普米族								
塔吉克族								
怒　族								
乌孜别克族								
俄罗斯族	2		2					
鄂温克族								
德昂族								
保安族	390	260	130	43	24	19		
裕固族	666	377	289	320	192	128	9	6
京　族								
塔塔尔族								
独龙族								
鄂伦春族								
赫哲族								
门巴族								
珞巴族								
基诺族								
未定族称人口	2	1	1					
入籍	1	1						

行业的人口

单位：人

	制造业			电力、热力、燃气及水生产和供应业			建筑业		
女	小计	男	女	小计	男	女	小计	男	女
2338	**65302**	**45503**	**19799**	**12407**	**9097**	**3310**	**112035**	**95328**	**16707**
2266	59784	41749	18035	11866	8739	3127	105720	90026	15694
	21	15	6	10	3	7	20	14	6
37	3411	2347	1064	248	167	81	2984	2612	372
16	384	238	146	163	109	54	1680	1252	428
	4	3	1				1	1	
	19	12	7	4	4		27	19	8
	11	8	3	3	1	2	43	35	8
	7	4	3	1	1		7	4	3
	5	4	1				4	3	1
	1		1				1	1	
6	82	63	19	16	13	3	47	38	9
	2	2					1	1	
	1	1					3	3	
	9	6	3				3	1	2
2	21	11	10	5	5		55	43	12
	1		1				1	1	
	5	4	1	3	1	2	3	2	1
	1	1		1	1		1	1	
							2	2	
							2	2	
6	1356	913	443	44	27	17	1143	1039	104
2	45	31	14	29	16	13	123	100	23
	1		1						
	51	35	16	3	2	1	72	56	16
	1	1					4	3	1
	1	1					1	1	
	63	48	15	2	2		66	54	12
3	15	6	9	9	6	3	21	14	7

2-1 全省各民族分性别、

民族	批发和零售业			交通运输、仓储和邮政业			住宿和餐饮业	
	小计	男	女	小计	男	女	小计	男
合　计	**98061**	**48648**	**49413**	**47826**	**40159**	**7667**	**52616**	**25784**
汉　族	90454	44031	46423	44252	36924	7328	41207	18921
蒙古族	36	24	12	20	15	5	19	7
回　族	4936	3054	1882	2300	2114	186	7638	4642
藏　族	754	345	409	483	405	78	852	335
维吾尔族	10	5	5				6	1
苗　族	21	12	9	3	2	1	1	
彝　族	11	5	6	1		1	2	
壮　族	6	3	3	3	3		3	1
布依族	4		4	1	1			
朝鲜族	1		1				3	1
满　族	62	34	28	35	30	5	13	10
侗　族	1	1		1	1			
瑶　族	2	1	1				2	
白　族	13	10	3	2	1	1		
土家族	17	7	10	5	5		11	2
哈尼族								
哈萨克族	2		2	2	1	1	2	1
傣　族	3	1	2					
黎　族	2	1	1					
傈僳族	1		1	1		1		
佤　族	1		1					
畲　族	6	4	2					
高山族	2		2					
拉祜族								
水族							1	1
东乡族	1504	996	508	622	579	43	2703	1781
纳西族								
景颇族								
柯尔克孜族							1	1
土　族	85	40	45	41	32	9	59	25
达斡尔族	1		1					
仫佬族								
羌　族	1		1				1	
布朗族								
撒拉族	53	39	14	14	11	3	46	29
毛南族	1	1						
仡佬族	1		1					
锡伯族								
阿昌族								
普米族								
塔吉克族								
怒　族								
乌孜别克族								
俄罗斯族								
鄂温克族								
德昂族								
保安族	31	17	14	16	16		28	18
裕固族	38	16	22	24	19	5	18	8
京　族								
塔塔尔族								
独龙族								
鄂伦春族								
赫哲族								
门巴族								
珞巴族								
基诺族								
未定族称人口	1	1						
入籍								

行业的人口（续 1）

单位：人

	信息传输、软件和信息技术服务业			金融业			房地产业		
女	小计	男	女	小计	男	女	小计	男	女
26832	**8946**	**5627**	**3319**	**13340**	**6525**	**6815**	**12718**	**7430**	**5288**
22286	8564	5381	3183	12680	6138	6542	12194	7088	5106
12	3	3		9	2	7	6	3	3
2996	220	153	67	314	187	127	365	254	111
517	84	46	38	156	86	70	64	29	35
5				1		1			
1	2	1	1						
2							2	2	
2	2	2		2	1	1	3		3
2				1	1		2	1	1
3	14	11	3	27	14	13	17	12	5
	2		2	1		1			
2									
9	2	2		5	2	3	2		2
	1		1						
1	2	1	1	1		1	1	1	
922	30	18	12	85	63	22	45	31	14
34	11	4	7	26	14	12	7	3	4
1				1	1				
17	2	1	1	9	4	5	5	3	2
				1	1				
				1		1			
10	3	2	1	5	3	2	1	1	
10	4	2	2	15	8	7	4	2	2

2-1 全省各民族分性别、

民族	租赁和商务服务业			科学研究和技术服务业			水利、环境和公共设施管理业	
	小计	男	女	小计	男	女	小计	男
合　计	**19565**	**12281**	**7284**	**10824**	**7641**	**3183**	**8909**	**5195**
汉　族	18318	11455	6863	10445	7370	3075	8406	4932
蒙古族	12	6	6	7	5	2	8	5
回　族	736	499	237	178	127	51	238	133
藏　族	186	105	81	68	46	22	127	58
维吾尔族	5	2	3				1	
苗　族	2		2	4	4		1	
彝　族	2	2		2	1	1	1	
壮　族	1		1	1		1		
布依族	1		1					
朝鲜族								
满　族	26	13	13	36	28	8	6	6
侗　族	1		1	1	1		1	
瑶　族	1	1						
白　族	2	1	1					
土家族	3		3	3	2	1	2	2
哈尼族								
哈萨克族	1		1	1	1		6	1
傣　族								
黎　族	1		1					
傈僳族								
佤　族								
畲　族								
高山族								
拉祜族								
水族								
东乡族	226	167	59	60	46	14	73	36
纳西族				1	1			
景颇族								
柯尔克孜族								
土　族	19	12	7	8	3	5	20	9
达斡尔族								
仫佬族								
羌　族								
布朗族								
撒拉族	7	7		2	1	1	2	1
毛南族								
仡佬族								
锡伯族								
阿昌族								
普米族								
塔吉克族								
怒　族								
乌孜别克族								
俄罗斯族	1		1					
鄂温克族								
德昂族								
保安族	5	5		1	1		2	2
裕固族	8	6	2	6	4	2	15	10
京　族								
塔塔尔族								
独龙族								
鄂伦春族								
赫哲族								
门巴族								
珞巴族								
基诺族								
未定族称人口	1		1					
入籍								

行业的人口（续2）

单位：人

	居民服务、修理和其他服务业			教育			卫生和社会工作		
女	小计	男	女	小计	男	女	小计	男	女
3714	**24899**	**12478**	**12421**	**47983**	**21215**	**26768**	**24431**	**8163**	**16268**
3474	23531	11675	11856	44162	19451	24711	23120	7664	15456
3	8	4	4	42	16	26	20	8	12
105	800	476	324	1781	836	945	566	238	328
69	221	116	105	1140	513	627	432	150	282
1	1		1	8	3	5	2		2
1	4	3	1	4	1	3	1		1
1	3	1	2	2		2			
	1		1	2	2		3		3
	1	1		6	2	4	1		1
	10	4	6	56	19	37	20	7	13
1							2		2
				4	2	2	1	1	
							2	2	
	1		1	15	8	7	6	3	3
5	1	1		9	3	6	7		7
				1		1			
							1		1
				2	1	1			
37	282	175	107	475	225	250	150	59	91
				4	3	1			
11	17	11	6	191	96	95	50	19	31
				1	1				
1	7	4	3	22	13	9	10	5	5
				1		1			
				1		1			
	9	6	3	24	6	18	17	5	12
5	2	1	1	29	13	16	20	2	18
				1	1				

2–1 全省各民族分性别、行业的人口（续3）

单位：人

民族	文化、体育和娱乐业			公共管理、社会保障和社会组织			国际组织		
	小计	男	女	小计	男	女	小计	男	女
合　计	**5754**	**3129**	**2625**	**63261**	**41113**	**22148**	**3**		**3**
汉　族	5389	2933	2456	56505	36597	19908	2		2
蒙古族	17	9	8	122	62	60			
回　族	150	80	70	2593	1822	771			
藏　族	127	71	56	2480	1574	906			
维吾尔族	1	1		4	2	2			
苗　族				1		1			
彝　族				2	1	1			
壮　族	1		1	6	5	1			
布依族									
朝鲜族				2	2				
满　族	10	8	2	57	40	17			
侗　族				1	1				
瑶　族									
白　族	2	1	1	2	1	1			
土家族	2		2	18	7	11			
哈尼族									
哈萨克族	10	2	8	82	51	31			
傣　族									
黎　族				3	2	1			
傈僳族									
佤　族									
畲　族									
高山族									
拉祜族				1		1			
水族									
东乡族	25	16	9	921	664	257			
纳西族									
景颇族									
柯尔克孜族									
土　族	7	4	3	229	135	94			
达斡尔族									
仫佬族									
羌　族				1	1				
布朗族									
撒拉族	1		1	58	38	20	1		1
毛南族									
仡佬族				1		1			
锡伯族	1		1						
阿昌族									
普米族									
塔吉克族									
怒　族									
乌孜别克族									
俄罗斯族									
鄂温克族									
德昂族									
保安族				74	50	24			
裕固族	11	4	7	98	58	40			
京　族									
塔塔尔族									
独龙族									
鄂伦春族									
赫哲族									
门巴族									
珞巴族									
基诺族									
未定族称人口									
入籍									

2-2 全省各民族分性别、职业的人口

单位：人

民族	人口数			党的机关、国家机关、群众团体和社会组织、企事业单位负责人			专业技术人员		
	合计	男	女	小计	男	女	小计	男	女
合　计	**959970**	**574310**	**385660**	**11043**	**8951**	**2092**	**108712**	**52680**	**56032**
汉　族	879757	526142	353615	10167	8220	1947	101873	49195	52678
蒙古族	511	270	241	26	21	5	98	44	54
回　族	42404	26266	16138	418	345	73	3123	1639	1484
藏　族	14477	8049	6428	222	190	32	2046	991	1055
维吾尔族	52	21	31				9	4	5
苗　族	102	61	41	3	3		16	10	6
彝　族	94	59	35	1		1	3		3
壮　族	50	27	23	2	2		9	4	5
布依族	16	8	8	1	1		2	2	
朝鲜族	21	11	10				11	4	7
满　族	584	387	197	14	11	3	141	75	66
侗　族	17	9	8				6	3	3
瑶　族	15	9	6				5	3	2
白　族	38	23	15				2	2	
土家族	208	112	96	4	3	1	33	17	16
哈尼族	6	1	5						
哈萨克族	155	81	74	8	6	2	23	9	14
傣　族	6	1	5				1		1
黎　族	13	8	5				2	1	1
傈僳族	5	2	3						
佤　族	1		1						
畲　族	10	7	3				4	3	1
高山族	2		2						
拉祜族	1		1						
水族	1	1							
东乡族	18680	11135	7545	116	100	16	804	430	374
纳西族	1	1							
景颇族									
柯尔克孜族	6	4	2				4	3	1
土　族	1244	699	545	26	22	4	311	158	153
达斡尔族	2	1	1				1	1	
仫佬族									
羌　族	5	2	3				2	1	1
布朗族									
撒拉族	410	266	144	12	8	4	47	27	20
毛南族	1	1							
仡佬族	8	5	3				2	2	
锡伯族	6	2	4				1		1
阿昌族									
普米族									
塔吉克族									
怒　族									
乌孜别克族									
俄罗斯族	2		2				1		1
鄂温克族									
德昂族									
保安族	390	260	130	6	6		51	19	32
裕固族	666	377	289	17	13	4	79	32	47
京　族									
塔塔尔族									
独龙族									
鄂伦春族									
赫哲族									
门巴族									
珞巴族									
基诺族									
未定族称人口	2	1	1				1		1
入籍	1	1					1	1	

2-2　全省各民族分性别、

民族	办事人员和有关人员			社会生产服务和生活服务人员			
	小计	男	女	小计	男	女	小计
合　计	**67800**	**43653**	**24147**	**281320**	**160963**	**120357**	**318709**
汉　族	62017	39916	22101	254272	143563	110709	290829
蒙古族	102	46	56	117	66	51	138
回　族	2350	1592	758	17498	11472	6026	12772
藏　族	1981	1195	786	3036	1587	1449	5092
维吾尔族	8	4	4	26	9	17	6
苗　族	4	2	2	34	19	15	8
彝　族	3	3		12	2	10	9
壮　族	6	3	3	22	10	12	
布依族	1	1		4		4	1
朝鲜族	2	2		7	4	3	1
满　族	102	73	29	194	123	71	19
侗　族	3	2	1	4	1	3	2
瑶　族	1	1		4	1	3	1
白　族	4	2	2	16	10	6	3
土家族	25	10	15	47	18	29	30
哈尼族				1		1	3
哈萨克族	68	37	31	23	7	16	25
傣　族				3	1	2	2
黎　族	1		1	4	2	2	2
傈僳族				1		1	1
佤　族				1		1	
畲　族				4	2	2	
高山族				2		2	
拉祜族	1		1				
水族				1	1		
东乡族	744	530	214	5324	3691	1633	9079
纳西族				1	1		
景颇族							
柯尔克孜族				1	1		1
土　族	192	117	75	281	138	143	265
达斡尔族				1		1	
仫佬族							
羌　族	1	1		2		2	
布朗族							
撒拉族	33	24	9	141	94	47	52
毛南族				1	1		
仡佬族	1		1	3	1	2	
锡伯族	1		1	2		2	
阿昌族							
普米族							
塔吉克族							
怒　族							
乌孜别克族							
俄罗斯族				1		1	
鄂温克族							
德昂族							
保安族	63	44	19	100	70	30	48
裕固族	86	48	38	129	68	61	320
京　族							
塔塔尔族							
独龙族							
鄂伦春族							
赫哲族							
门巴族							
珞巴族							
基诺族							
未定族称人口							
入籍							

职业的人口（续）

单位：人

农、林、牧、渔业生产及辅助人员		生产制造及有关人员			不便分类的其他从业人员		
男	女	小计	男	女	小计	男	女
167904	**150805**	**170295**	**138886**	**31409**	**2091**	**1273**	**818**
154192	136637	158650	129866	28784	1949	1190	759
72	66	28	20	8	2	1	1
6303	6469	6159	4863	1296	84	52	32
2570	2522	2075	1502	573	25	14	11
2	4	3	2	1			
2	6	37	25	12			
1	8	65	52	13	1	1	
		11	8	3			
	1	7	4	3			
1							
13	6	113	92	21	1		1
1	1	2	2				
	1	4	4				
	3	13	9	4			
12	18	68	51	17	1	1	
	3	2	1	1			
17	8	8	5	3			
	2						
1	1	4	4				
	1	3	2	1			
		2	2				
4342	4737	2587	2028	559	26	14	12
	1						
137	128	168	127	41	1		1
20	32	124	93	31	1		1
		2	2				
		2	2				
26	22	122	95	27			
192	128	35	24	11			
		1	1				

2–3　全省各民族分性别、

民族	15岁及以上人口			劳动收入			
	合计	男	女	小计	男	女	小计
合　计	**1910067**	**951148**	**958919**	**998358**	**598478**	**399880**	**140824**
汉　族	1728483	862539	865944	912038	546708	365330	133991
蒙古族	999	459	540	482	253	229	96
回　族	94248	46555	47693	44813	27783	17030	4315
藏　族	38096	18413	19683	17080	9384	7696	1136
维吾尔族	243	104	139	52	20	32	5
苗　族	230	114	116	99	60	39	2
彝　族	189	90	99	97	61	36	2
壮　族	215	83	132	51	27	24	13
布依族	59	25	34	24	12	12	2
朝鲜族	65	24	41	21	11	10	24
满　族	1191	652	539	592	392	200	311
侗　族	57	27	30	17	9	8	4
瑶　族	36	17	19	15	9	6	
白　族	65	34	31	38	23	15	4
土家族	502	237	265	218	114	104	24
哈尼族	13	4	9	7	1	6	
哈萨克族	261	123	138	153	80	73	20
傣　族	12	2	10	7	1	6	
黎　族	41	23	18	12	8	4	1
傈僳族	16	2	14	5	2	3	
佤　族	6		6	1		1	1
畲　族	18	10	8	10	7	3	
高山族	3		3	2		2	
拉祜族	4	1	3	2	1	1	
水族	4	3	1	1	1		1
东乡族	39088	18755	20333	19692	11824	7868	646
纳西族	5	3	2	1	1		
景颇族							
柯尔克孜族	13	6	7	6	4	2	
土　族	2465	1148	1317	1293	731	562	79
达斡尔族	5	1	4	2	1	1	2
仫佬族	3	2	1				1
羌　族	9	4	5	4	1	3	2
布朗族	2	1	1				
撒拉族	1060	545	515	447	295	152	22
毛南族	7	2	5	1	1		
仡佬族	17	9	8	8	5	3	
锡伯族	14	8	6	6	2	4	3
阿昌族							
普米族	1	1					
塔吉克族							
怒　族							
乌孜别克族							
俄罗斯族	6	1	5	2		2	1
鄂温克族							
德昂族							
保安族	1242	587	655	419	279	140	56
裕固族	1054	526	528	637	365	272	59
京　族	1		1				
塔塔尔族							
独龙族							
鄂伦春族							
赫哲族							
门巴族	1		1				
珞巴族	1		1				
基诺族							
未定族称人口	16	7	9	2	1	1	1
入籍	1	1		1	1		

主要生活来源的 15 岁及以上人口

单位：人

离退休金 / 养老金		最低生活保障金			失业保险金		
男	女	小计	男	女	小计	男	女
65462	**75362**	**41805**	**22567**	**19238**	**302**	**169**	**133**
62119	71872	37117	20296	16821	287	162	125
43	53	7	2	5	1	1	
2117	2198	2625	1265	1360	12	6	6
540	596	701	380	321	1		1
4	1						
1	1	1		1			
	2						
4	9	1		1			
	2						
6	18						
140	171	4	2	2			
3	1						
3	1						
8	16	5	4	1			
8	12	5	2	3			
	1						
	1	1		1			
1							
363	283	1226	565	661	1		1
35	44	36	19	17			
	2						
1							
2							
13	9	21	9	12			
3		1	1				
	1						
25	31	33	11	22			
23	36	21	11	10			
	1						

2-3 全省各民族分性别、主要生活来源的15岁及以上人口（续）

单位：人

民族	财产性收入			家庭其他成员供养			其他		
	小计	男	女	小计	男	女	小计	男	女
合　计	**14516**	**8061**	**6455**	**565047**	**184695**	**380352**	**149215**	**71716**	**77499**
汉　族	12512	6938	5574	504327	164705	339622	128211	61611	66600
蒙古族	17	6	11	285	103	182	111	51	60
回　族	723	436	287	33176	10799	22377	8584	4149	4435
藏　族	871	457	414	11109	4036	7073	7198	3616	3582
维吾尔族				179	76	103	7	4	3
苗　族				121	51	70	7	2	5
彝　族				76	27	49	14	2	12
壮　族				143	52	91	7		7
布依族				30	12	18	3	1	2
朝鲜族				13	5	8	7	2	5
满　族	3	2	1	248	103	145	33	13	20
侗　族				33	14	19	3	1	2
瑶　族				20	7	13	1	1	
白　族				21	8	13	2		2
土家族	1	1		227	101	126	27	9	18
哈尼族				6	3	3			
哈萨克族	13	7	6	65	25	40	5	1	4
傣　族				5	1	4			
黎　族				26	15	11	2		2
傈僳族				11		11			
佤　族				3		3			
畲　族				8	3	5			
高山族				1		1			
拉祜族				2		2			
水族				2	1	1			
东乡族	279	167	112	12979	3917	9062	4265	1919	2346
纳西族				3	2	1	1		1
景颇族									
柯尔克孜族				7	2	5			
土　族	39	21	18	836	261	575	182	81	101
达斡尔族				1		1			
仫佬族				2	1	1			
羌　族				2		2	1	1	
布朗族				2	1	1			
撒拉族	9	5	4	374	130	244	187	93	94
毛南族				6	1	5			
仡佬族				9	4	5			
锡伯族				4	2	2			
阿昌族									
普米族				1	1				
塔吉克族									
怒　族									
乌孜别克族									
俄罗斯族				3	1	2			
鄂温克族									
德昂族									
保安族	11	4	7	469	156	313	254	112	142
裕固族	38	17	21	202	68	134	97	42	55
京　族				1		1			
塔塔尔族									
独龙族									
鄂伦春族									
赫哲族									
门巴族							1		1
珞巴族				1		1			
基诺族									
未定族称人口				8	1	7	5	5	
入籍									

2-4 全省各民族分性别、婚姻状况的15岁及以上人口

单位：人

民族	15岁及以上人口			未婚		
	合计	男	女	小计	男	女
合 计	**1910067**	**951148**	**958919**	**328224**	**193359**	**134865**
汉 族	1728483	862539	865944	294153	173805	120348
蒙古族	999	459	540	309	151	158
回 族	94248	46555	47693	14695	8413	6282
藏 族	38096	18413	19683	9791	5681	4110
维吾尔族	243	104	139	180	80	100
苗 族	230	114	116	112	65	47
彝 族	189	90	99	86	47	39
壮 族	215	83	132	131	56	75
布依族	59	25	34	29	14	15
朝鲜族	65	24	41	12	5	7
满 族	1191	652	539	249	139	110
侗 族	57	27	30	30	15	15
瑶 族	36	17	19	21	10	11
白 族	65	34	31	26	14	12
土家族	502	237	265	202	109	93
哈尼族	13	4	9	5	3	2
哈萨克族	261	123	138	70	39	31
傣 族	12	2	10	2		2
黎 族	41	23	18	24	15	9
傈僳族	16	2	14	9	2	7
佤 族	6		6			
畲 族	18	10	8	10	5	5
高山族	3		3			
拉祜族	4	1	3			
水族	4	3	1	3	2	1
东乡族	39088	18755	20333	6751	3955	2796
纳西族	5	3	2	4	2	2
景颇族						
柯尔克孜族	13	6	7	9	4	5
土 族	2465	1148	1317	610	338	272
达斡尔族	5	1	4			
仫佬族	3	2	1	2	1	1
羌 族	9	4	5	4	1	3
布朗族	2	1	1	2	1	1
撒拉族	1060	545	515	238	147	91
毛南族	7	2	5	6	1	5
仡佬族	17	9	8	8	4	4
锡伯族	14	8	6	4	1	3
阿昌族						
普米族	1	1		1	1	
塔吉克族						
怒 族						
乌孜别克族						
俄罗斯族	6	1	5	3	1	2
鄂温克族						
德昂族						
保安族	1242	587	655	223	133	90
裕固族	1054	526	528	202	98	104
京 族	1		1			
塔塔尔族						
独龙族						
鄂伦春族						
赫哲族						
门巴族	1		1			
珞巴族	1		1	1		1
基诺族						
未定族称人口	16	7	9	7	1	6
入籍	1	1				

2-4 全省各民族分性别、婚姻状况的15岁及以上人口（续）

单位：人

民族	有配偶			离婚			丧偶		
	小计	男	女	小计	男	女	小计	男	女
合　计	**1416628**	**700013**	**716615**	**36772**	**21205**	**15567**	**128443**	**36571**	**91872**
汉　族	1283540	635620	647920	33071	19442	13629	117719	33672	84047
蒙古族	614	291	323	35	13	22	41	4	37
回　族	71644	35485	36159	1939	978	961	5970	1679	4291
藏　族	24899	11790	13109	913	361	552	2493	581	1912
维吾尔族	55	20	35	6	4	2	2		2
苗　族	115	47	68	2	2		1		1
彝　族	101	41	60	2	2				
壮　族	76	25	51	4	2	2	4		4
布依族	29	11	18				1		1
朝鲜族	45	18	27	3	1	2	5		5
满　族	827	468	359	67	31	36	48	14	34
侗　族	24	12	12				3		3
瑶　族	14	7	7	1		1			
白　族	38	20	18	1		1			
土家族	284	122	162	7	3	4	9	3	6
哈尼族	8	1	7						
哈萨克族	172	80	92	3	2	1	16	2	14
傣　族	10	2	8						
黎　族	16	8	8	1		1			
傈僳族	7		7						
佤　族	6		6						
畲　族	7	5	2	1		1			
高山族	3		3						
拉祜族	4	1	3						
水族				1	1				
东乡族	29900	13976	15924	564	274	290	1873	550	1323
纳西族	1	1							
景颇族									
柯尔克孜族	4	2	2						
土　族	1706	757	949	50	30	20	99	23	76
达斡尔族	5	1	4						
仫佬族	1	1							
羌　族	4	2	2	1	1				
布朗族									
撒拉族	771	375	396	24	15	9	27	8	19
毛南族	1	1							
仡佬族	6	3	3	3	2	1			
锡伯族	8	5	3	2	2				
阿昌族									
普米族									
塔吉克族									
怒　族									
乌孜别克族									
俄罗斯族	3		3						
鄂温克族									
德昂族									
保安族	926	425	501	22	10	12	71	19	52
裕固族	747	388	359	49	29	20	56	11	45
京　族	1		1						
塔塔尔族									
独龙族									
鄂伦春族									
赫哲族									
门巴族	1		1						
珞巴族									
基诺族									
未定族称人口	4	1	3				5	5	
入籍	1	1							

2-5 全省各民族分性别、初婚年龄的人口

单位：人

民族	人口数			15岁以下			15岁		
	合计	男	女	小计	男	女	小计	男	女
合 计	**1581843**	**757789**	**824054**	**5259**	**856**	**4403**	**22278**	**4004**	**18274**
汉 族	1434330	688734	745596	3898	632	3266	17990	3179	14811
蒙古族	690	308	382				5		5
回 族	79553	38142	41411	682	84	598	2283	350	1933
藏 族	28305	12732	15573	339	92	247	870	270	600
维吾尔族	63	24	39	1		1	1	1	
苗 族	118	49	69						
彝 族	103	43	60				3		3
壮 族	84	27	57						
布依族	30	11	19	1		1	1	1	
朝鲜族	53	19	34						
满 族	942	513	429	1		1	4		4
侗 族	27	12	15						
瑶 族	15	7	8						
白 族	39	20	19				1		1
土家族	300	128	172	3	2	1	3		3
哈尼族	8	1	7						
哈萨克族	191	84	107						
傣 族	10	2	8						
黎 族	17	8	9	1		1			
傈僳族	7		7						
佤 族	6		6						
畲 族	8	5	3						
高山族	3		3						
拉祜族	4	1	3						
水族	1	1							
东乡族	32337	14800	17537	315	46	269	1027	193	834
纳西族	1	1							
景颇族									
柯尔克孜族	4	2	2						
土 族	1855	810	1045	4		4	28	2	26
达斡尔族	5	1	4						
仫佬族	1	1							
羌 族	5	3	2						
布朗族									
撒拉族	822	398	424	6		6	27	3	24
毛南族	1	1							
仡佬族	9	5	4						
锡伯族	10	7	3						
阿昌族									
普米族									
塔吉克族									
怒 族									
乌孜别克族									
俄罗斯族	3		3						
鄂温克族									
德昂族									
保安族	1019	454	565	8		8	31	5	26
裕固族	852	428	424				4		4
京 族	1		1						
塔塔尔族									
独龙族									
鄂伦春族									
赫哲族									
门巴族	1		1						
珞巴族									
基诺族									
未定族称人口	9	6	3						
入籍	1	1							

2-5 全省各民族分性别、

民族	16岁			17岁			18岁	
	小计	男	女	小计	男	女	小计	男
合　计	**37851**	**6901**	**30950**	**62350**	**13491**	**48859**	**90897**	**23938**
汉　族	31203	5447	25756	52066	10822	41244	76887	19522
蒙古族	9	1	8	15	3	12	19	5
回　族	3619	693	2926	5466	1338	4128	7613	2358
藏　族	1236	410	826	1792	568	1224	2302	775
维吾尔族	2		2	3	1	2	2	
苗　族	1		1	3		3	3	2
彝　族	3	3		3	1	2	3	2
壮　族	1	1		1		1	2	
布依族				1		1	2	1
朝鲜族				2	1	1	1	
满　族	5	3	2	9	1	8	10	2
侗　族								
瑶　族							1	
白　族				1		1	1	1
土家族	8	1	7	5	1	4	15	5
哈尼族							1	
哈萨克族				2		2	2	1
傣　族				1		1		
黎　族				1		1	1	
傈僳族	1		1					
佤　族				1		1	1	
畲　族				1		1		
高山族								
拉祜族							1	
水族								
东乡族	1624	315	1309	2775	715	2060	3723	1199
纳西族								
景颇族								
柯尔克孜族							1	
土　族	34	9	25	66	12	54	99	21
达斡尔族								
仫佬族								
羌　族								
布朗族								
撒拉族	41	10	31	50	13	37	74	15
毛南族								
仡佬族								
锡伯族								
阿昌族								
普米族								
塔吉克族								
怒　族								
乌孜别克族								
俄罗斯族							1	
鄂温克族								
德昂族								
保安族	55	6	49	75	13	62	108	22
裕固族	8	2	6	11	2	9	24	7
京　族								
塔塔尔族								
独龙族								
鄂伦春族								
赫哲族								
门巴族	1		1					
珞巴族								
基诺族								
未定族称人口								
入籍								

初婚年龄的人口（续1）

单位：人

	19岁			20岁			21岁		
女	小计	男	女	小计	男	女	小计	男	女
66959	**132083**	**42835**	**89248**	**166715**	**63238**	**103477**	**167501**	**75208**	**92293**
57365	115092	35796	79296	147812	54062	93750	153975	68261	85714
14	18	1	17	42	12	30	48	12	36
5255	9186	3801	5385	10582	5289	5293	7493	4038	3455
1527	2814	1131	1683	2898	1208	1690	2464	1065	1399
2	5		5	1		1	2	1	1
1	8	1	7	13	5	8	8	5	3
1	5	2	3	9	1	8	14	8	6
2	2		2	7	1	6	5	1	4
1	2	1	1	4	1	3	1		1
1				2	1	1	4		4
8	28	14	14	34	18	16	37	12	25
	1		1	1		1	4		4
1	1		1				1		1
	4		4	4	2	2			
10	17	3	14	27	5	22	30	11	19
1	2		2						
1	8	1	7	8	1	7	9	2	7
	1		1				2	1	1
1	1		1	2	1	1	2	1	1
	2		2				1		1
1	1		1						
							1		1
1							1		1
2524	4484	1961	2523	4794	2439	2355	2961	1599	1362
1									
78	147	41	106	167	49	118	181	66	115
	1		1						
				1		1			
59	102	34	68	120	64	56	75	50	25
							1		1
1									
86	112	41	71	123	62	61	97	44	53
17	39	7	32	64	17	47	82	30	52
							2	1	1

2-5 全省各民族分性别、

<table>
<tr><th rowspan="2">民族</th><th colspan="3">22 岁</th><th colspan="3">23 岁</th><th colspan="2">24 岁</th></tr>
<tr><th>小计</th><th>男</th><th>女</th><th>小计</th><th>男</th><th>女</th><th>小计</th><th>男</th></tr>
<tr><td>合　计</td><td>172008</td><td>87470</td><td>84538</td><td>150711</td><td>80813</td><td>69898</td><td>132955</td><td>75413</td></tr>
<tr><td>汉　族</td><td>159699</td><td>80765</td><td>78934</td><td>140730</td><td>75126</td><td>65604</td><td>124354</td><td>70464</td></tr>
<tr><td>蒙古族</td><td>72</td><td>30</td><td>42</td><td>59</td><td>19</td><td>40</td><td>68</td><td>28</td></tr>
<tr><td>回　族</td><td>6744</td><td>3838</td><td>2906</td><td>5524</td><td>3277</td><td>2247</td><td>4651</td><td>2845</td></tr>
<tr><td>藏　族</td><td>2432</td><td>1146</td><td>1286</td><td>1948</td><td>977</td><td>971</td><td>1832</td><td>922</td></tr>
<tr><td>维吾尔族</td><td>7</td><td>2</td><td>5</td><td>5</td><td>2</td><td>3</td><td>2</td><td>1</td></tr>
<tr><td>苗　族</td><td>11</td><td>3</td><td>8</td><td>12</td><td>6</td><td>6</td><td>11</td><td>5</td></tr>
<tr><td>彝　族</td><td>12</td><td>5</td><td>7</td><td>10</td><td>4</td><td>6</td><td>7</td><td>3</td></tr>
<tr><td>壮　族</td><td>7</td><td>1</td><td>6</td><td>8</td><td>1</td><td>7</td><td>8</td><td>1</td></tr>
<tr><td>布依族</td><td>4</td><td></td><td>4</td><td>2</td><td>1</td><td>1</td><td>5</td><td>3</td></tr>
<tr><td>朝鲜族</td><td>1</td><td></td><td>1</td><td>6</td><td>1</td><td>5</td><td>9</td><td>4</td></tr>
<tr><td>满　族</td><td>76</td><td>25</td><td>51</td><td>98</td><td>42</td><td>56</td><td>116</td><td>62</td></tr>
<tr><td>侗　族</td><td>2</td><td>1</td><td>1</td><td>1</td><td>1</td><td></td><td>4</td><td>2</td></tr>
<tr><td>瑶　族</td><td></td><td></td><td></td><td>2</td><td>1</td><td>1</td><td>2</td><td>2</td></tr>
<tr><td>白　族</td><td>6</td><td>2</td><td>4</td><td>8</td><td>5</td><td>3</td><td>2</td><td></td></tr>
<tr><td>土家族</td><td>31</td><td>15</td><td>16</td><td>24</td><td>12</td><td>12</td><td>29</td><td>10</td></tr>
<tr><td>哈尼族</td><td></td><td></td><td></td><td>1</td><td></td><td>1</td><td>1</td><td>1</td></tr>
<tr><td>哈萨克族</td><td>17</td><td>8</td><td>9</td><td>21</td><td>5</td><td>16</td><td>26</td><td>16</td></tr>
<tr><td>傣　族</td><td>2</td><td>1</td><td>1</td><td>1</td><td></td><td>1</td><td></td><td></td></tr>
<tr><td>黎　族</td><td>2</td><td>2</td><td></td><td>1</td><td></td><td>1</td><td>1</td><td></td></tr>
<tr><td>傈僳族</td><td></td><td></td><td></td><td></td><td></td><td></td><td>2</td><td></td></tr>
<tr><td>佤　族</td><td></td><td></td><td></td><td>2</td><td></td><td>2</td><td>1</td><td></td></tr>
<tr><td>畲　族</td><td></td><td></td><td></td><td>1</td><td></td><td>1</td><td>1</td><td>1</td></tr>
<tr><td>高山族</td><td></td><td></td><td></td><td>1</td><td></td><td>1</td><td></td><td></td></tr>
<tr><td>拉祜族</td><td></td><td></td><td></td><td></td><td></td><td></td><td></td><td></td></tr>
<tr><td>水族</td><td></td><td></td><td></td><td></td><td></td><td></td><td></td><td></td></tr>
<tr><td>东乡族</td><td>2442</td><td>1406</td><td>1036</td><td>1888</td><td>1158</td><td>730</td><td>1452</td><td>834</td></tr>
<tr><td>纳西族</td><td></td><td></td><td></td><td></td><td></td><td></td><td></td><td></td></tr>
<tr><td>景颇族</td><td></td><td></td><td></td><td></td><td></td><td></td><td></td><td></td></tr>
<tr><td>柯尔克孜族</td><td></td><td></td><td></td><td></td><td></td><td></td><td></td><td></td></tr>
<tr><td>土　族</td><td>184</td><td>81</td><td>103</td><td>160</td><td>72</td><td>88</td><td>181</td><td>91</td></tr>
<tr><td>达斡尔族</td><td></td><td></td><td></td><td></td><td></td><td></td><td>1</td><td></td></tr>
<tr><td>仫佬族</td><td></td><td></td><td></td><td></td><td></td><td></td><td>1</td><td>1</td></tr>
<tr><td>羌　族</td><td></td><td></td><td></td><td></td><td></td><td></td><td>1</td><td>1</td></tr>
<tr><td>布朗族</td><td></td><td></td><td></td><td></td><td></td><td></td><td></td><td></td></tr>
<tr><td>撒拉族</td><td>74</td><td>47</td><td>27</td><td>55</td><td>31</td><td>24</td><td>48</td><td>29</td></tr>
<tr><td>毛南族</td><td></td><td></td><td></td><td></td><td></td><td></td><td></td><td></td></tr>
<tr><td>仡佬族</td><td>2</td><td>2</td><td></td><td>2</td><td></td><td>2</td><td></td><td></td></tr>
<tr><td>锡伯族</td><td>1</td><td></td><td>1</td><td>1</td><td></td><td>1</td><td></td><td></td></tr>
<tr><td>阿昌族</td><td></td><td></td><td></td><td></td><td></td><td></td><td></td><td></td></tr>
<tr><td>普米族</td><td></td><td></td><td></td><td></td><td></td><td></td><td></td><td></td></tr>
<tr><td>塔吉克族</td><td></td><td></td><td></td><td></td><td></td><td></td><td></td><td></td></tr>
<tr><td>怒　族</td><td></td><td></td><td></td><td></td><td></td><td></td><td></td><td></td></tr>
<tr><td>乌孜别克族</td><td></td><td></td><td></td><td></td><td></td><td></td><td></td><td></td></tr>
<tr><td>俄罗斯族</td><td>1</td><td></td><td>1</td><td></td><td></td><td></td><td></td><td></td></tr>
<tr><td>鄂温克族</td><td></td><td></td><td></td><td></td><td></td><td></td><td></td><td></td></tr>
<tr><td>德昂族</td><td></td><td></td><td></td><td></td><td></td><td></td><td></td><td></td></tr>
<tr><td>保安族</td><td>78</td><td>39</td><td>39</td><td>71</td><td>39</td><td>32</td><td>62</td><td>42</td></tr>
<tr><td>裕固族</td><td>100</td><td>50</td><td>50</td><td>66</td><td>30</td><td>36</td><td>74</td><td>44</td></tr>
<tr><td>京　族</td><td></td><td></td><td></td><td></td><td></td><td></td><td></td><td></td></tr>
<tr><td>塔塔尔族</td><td></td><td></td><td></td><td></td><td></td><td></td><td></td><td></td></tr>
<tr><td>独龙族</td><td></td><td></td><td></td><td></td><td></td><td></td><td></td><td></td></tr>
<tr><td>鄂伦春族</td><td></td><td></td><td></td><td></td><td></td><td></td><td></td><td></td></tr>
<tr><td>赫哲族</td><td></td><td></td><td></td><td></td><td></td><td></td><td></td><td></td></tr>
<tr><td>门巴族</td><td></td><td></td><td></td><td></td><td></td><td></td><td></td><td></td></tr>
<tr><td>珞巴族</td><td></td><td></td><td></td><td></td><td></td><td></td><td></td><td></td></tr>
<tr><td>基诺族</td><td></td><td></td><td></td><td></td><td></td><td></td><td></td><td></td></tr>
<tr><td>未定族称人口</td><td></td><td></td><td></td><td>3</td><td>3</td><td></td><td>3</td><td>1</td></tr>
<tr><td>入籍</td><td>1</td><td>1</td><td></td><td></td><td></td><td></td><td></td><td></td></tr>
</table>

初婚年龄的人口（续2）

单位：人

	25岁			26岁			27岁		
女	小计	男	女	小计	男	女	小计	男	女
57542	**114046**	**68371**	**45675**	**88332**	**55396**	**32936**	**65830**	**42951**	**22879**
53890	106981	64074	42907	82748	52027	30721	61616	40320	21296
40	66	39	27	67	34	33	44	22	22
1806	3768	2410	1358	2897	1870	1027	2154	1386	768
910	1582	858	724	1299	681	618	1060	616	444
1	3	1	2	5	1	4	3	1	2
6	11	7	4	13	7	6	3		3
4	6	4	2	8	4	4	3	1	2
7	4	1	3	10	5	5	8	4	4
2	2		2	1	1				
5	8	2	6	4	2	2	2	1	1
54	115	71	44	91	45	46	89	62	27
2	2	2		4	2	2	1		1
	1		1	2	1	1	1	1	
2	3	3		2	2		1	1	
19	24	8	16	12	6	6	23	13	10
				1		1			
10	23	6	17	20	11	9	18	9	9
	1		1	1		1			
1				2	1	1	2	2	
2	1		1						
1									
							2	1	1
	1		1						
							1	1	
							1	1	
618	1136	712	424	868	524	344	605	377	228
							1	1	
	1		1						
90	141	69	72	134	78	56	90	57	33
1				1		1			
	1		1						
19	41	31	10	27	19	8	18	11	7
	3	2	1				3	3	
20	58	38	20	32	26	6	23	21	2
30	61	32	29	83	49	34	58	39	19
	1		1						
2	1	1							

2-5 全省各民族分性别、

民族	28岁			29岁			30岁	
	小计	男	女	小计	男	女	小计	男
合　计	**46763**	**31609**	**15154**	**32731**	**22527**	**10204**	**22729**	**15710**
汉　族	43567	29565	14002	30406	21038	9368	20873	14502
蒙古族	39	23	16	29	16	13	20	16
回　族	1642	1094	548	1168	783	385	916	617
藏　族	758	435	323	596	367	229	445	267
维吾尔族	4	2	2	3	2	1	3	3
苗　族	4	2	2	4	2	2	3	2
彝　族	4	1	3	2	1	1	2	1
壮　族	2		2	4	2	2	2	2
布依族	1		1				1	
朝鲜族	1		1	4	3	1	2	
满　族	57	39	18	43	30	13	32	22
侗　族	2	2		1	1		3	1
瑶　族	1	1					1	1
白　族	3	2	1					
土家族	18	16	2	6	3	3	6	3
哈尼族								
哈萨克族	6	4	2	7	6	1	4	2
傣　族								
黎　族							1	1
傈僳族								
佤　族								
畲　族	1	1					1	1
高山族								
拉祜族	1		1					
水族								
东乡族	504	317	187	355	208	147	322	202
纳西族								
景颇族								
柯尔克孜族							1	1
土　族	68	48	20	45	30	15	33	25
达斡尔族	1	1		1		1		
仫佬族								
羌　族				1	1			
布朗族								
撒拉族	12	8	4	9	6	3	9	7
毛南族	1	1						
仡佬族	1	1		1		1	2	2
锡伯族				1	1			
阿昌族								
普米族								
塔吉克族								
怒　族								
乌孜别克族								
俄罗斯族				1		1		
鄂温克族								
德昂族								
保安族	19	15	4	12	8	4	17	12
裕固族	46	31	15	32	19	13	30	20
京　族								
塔塔尔族								
独龙族								
鄂伦春族								
赫哲族								
门巴族								
珞巴族								
基诺族								
未定族称人口								
入籍								

初婚年龄的人口（续 3）

单位：人

	31 岁			32 岁			33 岁		
女	小计	男	女	小计	男	女	小计	男	女
7019	**15769**	**10859**	**4910**	**11510**	**7897**	**3613**	**8650**	**5855**	**2795**
6371	14579	10095	4484	10534	7256	3278	7939	5419	2520
4	14	11	3	17	9	8	10	7	3
299	589	388	201	512	357	155	351	227	124
178	318	197	121	235	155	80	184	97	87
	4	1	3						
1	3		3	4	2	2			
1				1		1	3	1	2
	1	1		1		1	4	3	1
1	1	1		1	1				
2	1		1						
10	18	11	7	15	10	5	11	8	3
2				1		1			
	2		2						
	1	1							
3	5	4	1	4	4		4	1	3
				1		1			
2	4	3	1	5	2	3	1	1	
							1		1
120	175	108	67	143	79	64	117	71	46
	1	1							
8	31	22	9	15	10	5	7	7	
2	3	1	2	5	3	2	4	2	2
	1	1							
5	7	6	1	4	2	2	4	3	1
10	11	7	4	12	7	5	10	8	2

2–5 全省各民族分性别、

民族	34 岁			35 岁			36 岁		
	小计	男	女	小计	男	女	小计	男	女
合　计	**6589**	**4406**	**2183**	**5095**	**3361**	**1734**	**3909**	**2610**	**1299**
汉　族	6004	4046	1958	4639	3097	1542	3522	2370	1152
蒙古族	5	4	1	7	6	1	5	3	2
回　族	289	189	100	224	135	89	195	133	62
藏　族	154	90	64	112	66	46	90	47	43
维吾尔族	1		1	1	1		1	1	
苗　族				1		1	1		1
彝　族	3	1	2						
壮　族	2	1	1						
布依族									
朝鲜族	1		1	1	1				
满　族	9	6	3	8	5	3	6	3	3
侗　族									
瑶　族									
白　族	1	1							
土家族	1	1		3	2	1	1	1	
哈尼族				1		1			
哈萨克族	1		1	2	1	1	2	2	
傣　族									
黎　族									
傈僳族									
佤　族									
畲　族	1	1							
高山族									
拉祜族									
水族									
东乡族	99	58	41	77	36	41	71	40	31
纳西族									
景颇族									
柯尔克孜族									
土　族	10	4	6	9	3	6	5	2	3
达斡尔族									
仫佬族									
羌　族							1	1	
布朗族									
撒拉族	1	1		3	2	1	3	2	1
毛南族									
仡佬族									
锡伯族									
阿昌族									
普米族									
塔吉克族									
怒　族									
乌孜别克族									
俄罗斯族									
鄂温克族									
德昂族									
保安族	2	1	1	3	2	1	1	1	
裕固族	5	2	3	4	4		5	4	1
京　族									
塔塔尔族									
独龙族									
鄂伦春族									
赫哲族									
门巴族									
珞巴族									
基诺族									
未定族称人口									
入籍									

初婚年龄的人口（续 4）

单位：人

37 岁			38 岁			39 岁			40 岁及以上		
小计	男	女	小计	男	女	小计	男	女	小计	男	女
3088	**2059**	**1029**	**2445**	**1625**	**820**	**2125**	**1364**	**761**	**11624**	**7022**	**4602**
2813	1885	928	2186	1472	714	1908	1235	673	10309	6257	4052
3	2	1	2	2		2	1	1	5	2	3
133	89	44	129	84	45	114	74	40	629	395	234
72	44	28	71	39	32	55	32	23	347	177	170
1	1		1	1		1	1		1		1
									1		1
1		1	1		1						
1	1		2		2				2	1	1
1		1							3	3	
4	3	1	3	3					23	16	7
1		1									
									1	1	
						1		1	4	3	1
48	26	22	40	18	22	38	18	20	254	141	113
3	2	1	3	2	1	2	1	1	8	6	2
1	1		4	3	1				10	5	5
1	1		2		2	3	1	2	11	4	7
5	4	1	1	1		1	1		16	11	5

2-6　全省按民族、生育孩次分的育龄妇女人数（2019.11.1-2020.10.31）

单位：人

民族	总　计	生男孩的妇女人数	生女孩的妇女人数	一孩			二孩		
				小计	男	女	小计	男	女
合　计	**25783**	**13412**	**12371**	**11430**	**6010**	**5420**	**11350**	**5778**	**5572**
汉　族	21835	11359	10476	9981	5228	4753	9886	5022	4864
蒙古族	8	4	4	4	1	3	2	2	
回　族	1849	954	895	701	375	326	696	359	337
藏　族	620	311	309	249	141	108	269	124	145
维吾尔族	6	2	4	5	2	3	1		1
苗　族	7	5	2	5	3	2	2	2	
彝　族	6	4	2	5	4	1	1		1
壮　族	4	1	3				4	1	3
布依族	3	1	2	2	1	1	1		1
朝鲜族									
满　族	9	5	4	7	4	3	2	1	1
侗　族	2	2		2	2				
瑶　族									
白　族	1		1	1		1			
土家族	11	5	6	3		3	6	3	3
哈尼族	1	1		1	1				
哈萨克族	7	1	6	1		1	6	1	5
傣　族	4	1	3	2	1	1	1		1
黎　族									
傈僳族									
佤　族	2	2		1	1		1	1	
畲　族									
高山族									
拉祜族									
水族									
东乡族	1297	690	607	406	219	187	429	233	196
纳西族									
景颇族									
柯尔克孜族									
土　族	36	18	18	23	11	12	12	6	6
达斡尔族									
仫佬族									
羌　族									
布朗族									
撒拉族	20	15	5	9	5	4	8	7	1
毛南族									
仡佬族	1		1	1		1			
锡伯族									
阿昌族									
普米族									
塔吉克族									
怒　族									
乌孜别克族									
俄罗斯族									
鄂温克族									
德昂族									
保安族	49	28	21	18	10	8	21	14	7
裕固族	4	2	2	3	1	2	1	1	
京　族									
塔塔尔族									
独龙族									
鄂伦春族									
赫哲族									
门巴族									
珞巴族									
基诺族									
未定族称人口	1	1					1	1	
入籍									

2-6 全省按民族、生育孩次分的育龄妇女人数（2019.11.1-2020.10.31）（续）

单位：人

民族	三孩			第四孩			五孩及以上		
	小计	男	女	小计	男	女	小计	男	女
合 计	**2295**	**1229**	**1066**	**514**	**282**	**232**	**194**	**113**	**81**
汉 族	1633	918	715	266	147	119	69	44	25
蒙古族	2	1	1						
回 族	289	133	156	114	59	55	49	28	21
藏 族	77	30	47	15	9	6	10	7	3
维吾尔族									
苗 族									
彝 族									
壮 族									
布依族									
朝鲜族									
满 族									
侗 族									
瑶 族									
白 族									
土家族	2	2							
哈尼族									
哈萨克族									
傣 族				1		1			
黎 族									
傈僳族									
佤 族									
畲 族									
高山族									
拉祜族									
水族									
东乡族	284	141	143	114	64	50	64	33	31
纳西族									
景颇族									
柯尔克孜族									
土 族				1	1				
达斡尔族									
仫佬族									
羌 族									
布朗族									
撒拉族	3	3							
毛南族									
仡佬族									
锡伯族									
阿昌族									
普米族									
塔吉克族									
怒 族									
乌孜别克族									
俄罗斯族									
鄂温克族									
德昂族									
保安族	5	1	4	3	2	1	2	1	1
裕固族									
京 族									
塔塔尔族									
独龙族									
鄂伦春族									
赫哲族									
门巴族									
珞巴族									
基诺族									
未定族称人口									
入籍									

2-7 全省各民族15-64岁妇女平均活产

民族	15-64岁妇女人数	活产子女总数		
		小计	男	女
合 计	**802350**	**1226581**	**656690**	**569891**
汉 族	721705	1088349	581903	506446
蒙古族	486	440	232	208
回 族	40567	70872	38117	32755
藏 族	17098	25734	13672	12062
维吾尔族	138	55	25	30
苗 族	116	114	62	52
彝 族	98	76	45	31
壮 族	127	77	48	29
布依族	32	30	11	19
朝鲜族	28	22	9	13
满 族	466	370	192	178
侗 族	29	21	13	8
瑶 族	19	13	9	4
白 族	31	29	13	16
土家族	256	263	138	125
哈尼族	9	11	5	6
哈萨克族	130	178	79	99
傣 族	10	12	2	10
黎 族	17	14	8	6
傈僳族	14	14	8	6
佤 族	5	9	4	5
畲 族	8	4	2	2
高山族	3	7	2	5
拉祜族	3	3	2	1
水族	1			
东乡族	18176	35841	19958	15883
纳西族	2			
景颇族				
柯尔克孜族	7	3	1	2
土 族	1203	1633	862	771
达斡尔族	2	3	2	1
仫佬族	1			
羌 族	5	3	3	
布朗族	1			
撒拉族	474	817	440	377
毛南族	5			
仡佬族	8	5	3	2
锡伯族	6	4	3	1
阿昌族				
普米族				
塔吉克族				
怒 族				
乌孜别克族				
俄罗斯族	4	3	1	2
鄂温克族				
德昂族				
保安族	582	1043	568	475
裕固族	466	500	241	259
京 族	1	2	2	
塔塔尔族				
独龙族				
鄂伦春族				
赫哲族				
门巴族	1	1	1	
珞巴族	1			
基诺族				
未定族称人口	9	6	4	2
入籍				

子女数和平均存活子女数

单位：人

存活子女总数			存活子女数占活产子女数的百分比	妇女平均活产子女数	妇女平均存活子女数
小计	男	女			
1192489	**635543**	**556946**	**97.22**	**1.53**	**1.49**
1058068	563184	494884	97.22	1.51	1.47
434	229	205	98.64	0.91	0.89
68854	36869	31985	97.15	1.75	1.70
24942	13158	11784	96.92	1.51	1.46
55	25	30	100.00	0.40	0.40
113	61	52	99.12	0.98	0.97
76	45	31	100.00	0.78	0.78
77	48	29	100.00	0.61	0.61
30	11	19	100.00	0.94	0.94
22	9	13	100.00	0.79	0.79
359	186	173	97.03	0.79	0.77
21	13	8	100.00	0.72	0.72
13	9	4	100.00	0.68	0.68
29	13	16	100.00	0.94	0.94
254	134	120	96.58	1.03	0.99
11	5	6	100.00	1.22	1.22
160	69	91	89.89	1.37	1.23
11	1	10	91.67	1.20	1.10
14	8	6	100.00	0.82	0.82
13	7	6	92.86	1.00	0.93
9	4	5	100.00	1.80	1.80
4	2	2	100.00	0.50	0.50
7	2	5	100.00	2.33	2.33
3	2	1	100.00	1.00	1.00
34991	19379	15612	97.63	1.97	1.93
3	1	2	100.00	0.43	0.43
1580	828	752	96.75	1.36	1.31
3	2	1	100.00	1.50	1.50
3	3		100.00	0.60	0.60
797	430	367	97.55	1.72	1.68
5	3	2	100.00	0.63	0.63
4	3	1	100.00	0.67	0.67
3	1	2	100.00	0.75	0.75
1025	558	467	98.27	1.79	1.76
487	234	253	97.40	1.07	1.05
2	2		100.00	2.00	2.00
1	1		100.00	1.00	1.00
6	4	2	100.00	0.67	0.67

第二部分　长表数据资料

第三卷　教育

3-1 全省分学业完成情况、性别、受教育程度的3岁及以上人口

单位：人

学业完成情况	合计			小学		
	合计	男	女	小计	男	女
合　计	**2006488**	**1045273**	**961215**	**711621**	**334198**	**377423**
在　校	423323	217513	205810	193374	101116	92258
毕　业	1395691	733976	661715	403169	182064	221105
肄　业	25226	12208	13018	17448	7372	10076
辍　学	46233	22342	23891	31988	13618	18370
其　他	116015	59234	56781	65642	30028	35614

3-1 全省分学业完成情况、性别、受教育程度的3岁及以上人口（续1）

单位：人

学业完成情况	初中			高中			大学专科		
	小计	男	女	小计	男	女	小计	男	女
合　计	**635462**	**353523**	**281939**	**301349**	**168537**	**132812**	**184937**	**98567**	**86370**
在　校	85964	45386	40578	75744	38259	37485	27773	13714	14059
毕　业	498164	278063	220101	212243	121884	90359	152206	82069	70137
肄　业	5889	3587	2302	1425	970	455	300	179	121
辍　学	11666	7011	4655	2423	1609	814	112	78	34
其　他	33779	19476	14303	9514	5815	3699	4546	2527	2019

3-1 全省分学业完成情况、性别、受教育程度的3岁及以上人口（续2）

单位：人

学业完成情况	大学本科			硕士研究生			博士研究生		
	小计	男	女	小计	男	女	小计	男	女
合　计	**160246**	**83908**	**76338**	**11283**	**5563**	**5720**	**1590**	**977**	**613**
在　校	36263	17044	19219	3706	1708	1998	499	286	213
毕　业	121385	65421	55964	7442	3792	3650	1082	683	399
肄　业	160	97	63	2	1	1	2	2	
辍　学	41	25	16	3	1	2			
其　他	2397	1321	1076	130	61	69	7	6	1

3–1a 全省分学业完成情况、性别、受教育程度的 3 岁及以上人口（城市）

单位：人

学业完成情况	合计			小学		
	合计	男	女	小计	男	女
合　计	**593170**	**297792**	**295378**	**102075**	**45700**	**56375**
在　校	113292	58103	55189	42263	22251	20012
毕　业	456931	228871	228060	51330	20327	31003
肄　业	3002	1401	1601	1472	513	959
辍　学	5225	2337	2888	2964	1053	1911
其　他	14720	7080	7640	4046	1556	2490

3–1a 全省分学业完成情况、性别、受教育程度的 3 岁及以上人口（城市）（续 1）

单位：人

学业完成情况	初中			高中			大学专科		
	小计	男	女	小计	男	女	小计	男	女
合　计	**163222**	**82513**	**80709**	**132216**	**68071**	**64145**	**93274**	**48831**	**44443**
在　校	20115	10666	9449	21282	11075	10207	9191	5008	4183
毕　业	135204	67727	67477	107212	54920	52292	82470	42972	39498
肄　业	958	544	414	376	233	143	106	57	49
辍　学	1706	933	773	505	316	189	34	26	8
其　他	5239	2643	2596	2841	1527	1314	1473	768	705

3–1a 全省分学业完成情况、性别、受教育程度的 3 岁及以上人口（城市）（续 2）

单位：人

学业完成情况	大学本科			硕士研究生			博士研究生		
	小计	男	女	小计	男	女	小计	男	女
合　计	**91913**	**47372**	**44541**	**9026**	**4414**	**4612**	**1444**	**891**	**553**
在　校	17226	7632	9594	2785	1227	1558	430	244	186
毕　业	73566	39146	34420	6141	3138	3003	1008	641	367
肄　业	87	52	35	1		1	2	2	
辍　学	16	9	7						
其　他	1018	533	485	99	49	50	4	4	

3-1b 全省分学业完成情况、性别、受教育程度的3岁及以上人口（镇）

单位：人

学业完成情况	合计			小学		
	合计	男	女	小计	男	女
合　计	**481240**	**244376**	**236864**	**145705**	**65945**	**79760**
在　校	120971	62343	58628	51995	27470	24525
毕　业	319772	162812	156960	73231	30285	42946
肄　业	4413	2001	2412	2754	1031	1723
辍　学	9696	4379	5317	5727	2175	3552
其　他	26388	12841	13547	11998	4984	7014

3-1b 全省分学业完成情况、性别、受教育程度的3岁及以上人口（镇）（续1）

单位：人

学业完成情况	初中			高中			大学专科		
	小计	男	女	小计	男	女	小计	男	女
合　计	**150988**	**78540**	**72448**	**82892**	**45655**	**37237**	**52300**	**27836**	**24464**
在　校	22649	12092	10557	27672	13740	13932	7556	3351	4205
毕　业	115500	59592	55908	50964	29360	21604	42850	23425	19425
肄　业	1190	677	513	338	213	125	93	58	35
辍　学	3074	1661	1413	844	510	334	39	25	14
其　他	8575	4518	4057	3074	1832	1242	1762	977	785

3-1b 全省分学业完成情况、性别、受教育程度的3岁及以上人口（镇）（续2）

单位：人

学业完成情况	大学本科			硕士研究生			博士研究生		
	小计	男	女	小计	男	女	小计	男	女
合　计	**47827**	**25611**	**22216**	**1444**	**747**	**697**	**84**	**42**	**42**
在　校	10589	5417	5172	477	255	222	33	18	15
毕　业	36227	19642	16585	949	484	465	51	24	27
肄　业	37	21	16	1	1				
辍　学	12	8	4						
其　他	962	523	439	17	7	10			

3–1c 全省分学业完成情况、性别、受教育程度的3岁及以上人口（乡村）

单位：人

学业完成情况	合计			小学		
	合计	男	女	小计	男	女
合 计	**932078**	**503105**	**428973**	**463841**	**222553**	**241288**
在 校	189060	97067	91993	99116	51395	47721
毕 业	618988	342293	276695	278608	131452	147156
肄 业	17811	8806	9005	13222	5828	7394
辍 学	31312	15626	15686	23297	10390	12907
其 他	74907	39313	35594	49598	23488	26110

3–1c 全省分学业完成情况、性别、受教育程度的3岁及以上人口（乡村）（续1）

单位：人

学业完成情况	初中			高中			大学专科		
	小计	男	女	小计	男	女	小计	男	女
合 计	**321252**	**192470**	**128782**	**86241**	**54811**	**31430**	**39363**	**21900**	**17463**
在 校	43200	22628	20572	26790	13444	13346	11026	5355	5671
毕 业	247460	150744	96716	54067	37604	16463	26886	15672	11214
肄 业	3741	2366	1375	711	524	187	101	64	37
辍 学	6886	4417	2469	1074	783	291	39	27	12
其 他	19965	12315	7650	3599	2456	1143	1311	782	529

3–1c 全省分学业完成情况、性别、受教育程度的3岁及以上人口（乡村）（续2）

单位：人

学业完成情况	大学本科			硕士研究生			博士研究生		
	小计	男	女	小计	男	女	小计	男	女
合 计	**20506**	**10925**	**9581**	**813**	**402**	**411**	**62**	**44**	**18**
在 校	8448	3995	4453	444	226	218	36	24	12
毕 业	11592	6633	4959	352	170	182	23	18	5
肄 业	36	24	12						
辍 学	13	8	5	3	1	2			
其 他	417	265	152	14	5	9	3	2	1

3-2 全省分年龄、性别、学业完成情况的

年龄	3岁及							
	合计			在校			毕业	
	合计	男	女	小计	男	女	小计	男
合计	**2006488**	**1045273**	**961215**	**423323**	**217513**	**205810**	**1395691**	**733976**
3								
4								
5-9岁	**122130**	**63674**	**58456**	**119128**	**62074**	**57054**	**2033**	**1106**
5	2763	1504	1259	2638	1443	1195	67	42
6	23376	12033	11343	22802	11704	11098	374	218
7	31155	16184	14971	30454	15820	14634	475	248
8	33206	17477	15729	32387	17040	15347	581	321
9	31630	16476	15154	30847	16067	14780	536	277
10-14岁	**147133**	**77302**	**69831**	**142528**	**74658**	**67870**	**3560**	**2063**
10	31511	16473	15038	30726	16036	14690	587	334
11	30658	16198	14460	29820	15710	14110	622	372
12	29646	15603	14043	28720	15078	13642	738	417
13	28748	15190	13558	27820	14658	13162	713	418
14	26570	13838	12732	25442	13176	12266	900	522
15-19岁	**128177**	**66160**	**62017**	**112617**	**57345**	**55272**	**13514**	**7629**
15	26523	13852	12671	25481	13249	12232	823	477
16	29269	15219	14050	27258	14056	13202	1716	985
17	25475	13266	12209	22646	11618	11028	2453	1417
18	23615	12054	11561	19506	9752	9754	3584	1998
19	23295	11769	11526	17726	8670	9056	4938	2752
20-24岁	**115428**	**56597**	**58831**	**44018**	**20905**	**23113**	**65510**	**32677**
20	22977	11398	11579	15627	7496	8131	6567	3516
21	21389	10526	10863	11909	5554	6355	8546	4472
22	22870	11062	11808	8533	4002	4531	13110	6439
23	22568	11130	11438	4904	2412	2492	16360	8063
24	25624	12481	13143	3045	1441	1604	20927	10187
25-29岁	**149050**	**72741**	**76309**	**3923**	**1931**	**1992**	**134216**	**65349**
25	29601	14412	15189	1837	871	966	25669	12501
26	28126	13760	14366	1002	499	503	25162	12218
27	30600	14724	15876	568	289	279	27807	13326
28	29748	14494	15254	300	151	149	27165	13250
29	30975	15351	15624	216	121	95	28413	14054
30-34岁	**183125**	**90548**	**92577**	**517**	**274**	**243**	**167991**	**83098**
30	39411	19337	20074	192	103	89	36140	17722
31	37960	18768	19192	128	68	60	34833	17220
32	35039	17310	17729	73	43	30	32210	15944
33	37323	18519	18804	71	37	34	34239	16992
34	33392	16614	16778	53	23	30	30569	15220
35-39岁	**143749**	**73092**	**70657**	**187**	**90**	**97**	**130795**	**66476**
35	29889	15080	14809	52	23	29	27268	13744
36	30132	15082	15050	40	21	19	27485	13731
37	27348	13847	13501	28	18	10	24884	12592
38	30130	15617	14513	38	15	23	27377	14201
39	26250	13466	12784	29	13	16	23781	12208
40-44岁	**133306**	**68910**	**64396**	**101**	**59**	**42**	**119551**	**61961**
40	25443	12954	12489	18	11	7	22944	11717
41	27409	14487	12922	22	13	9	24714	13044
42	27772	14244	13528	25	15	10	24877	12769
43	24738	12823	11915	21	12	9	22124	11540
44	27944	14402	13542	15	8	7	24892	12891
45-49岁	**198751**	**103322**	**95429**	**102**	**62**	**40**	**175510**	**91767**
45	30189	15576	14613	18	10	8	26759	13870
46	37571	19440	18131	24	14	10	33277	17322
47	42334	22049	20285	26	16	10	37351	19566
48	44832	23269	21563	17	13	4	39577	20691
49	43825	22988	20837	17	9	8	38546	20318
50岁及以上	**685639**	**372927**	**312712**	**202**	**115**	**87**	**583011**	**321850**

3 岁及以上各种受教育程度人口

单位：人

以上人口									
	肄业			辍学			其他		
女	小计	男	女	小计	男	女	小计	男	女
661715	**25226**	**12208**	**13018**	**46233**	**22342**	**23891**	**116015**	**59234**	**56781**
927	**41**	**27**	**14**	**27**	**13**	**14**	**901**	**454**	**447**
25	1		1	2	2		55	17	38
156	7	2	5	2	2		191	107	84
227	16	12	4	7	2	5	203	102	101
260	10	8	2	8	3	5	220	105	115
259	7	5	2	8	4	4	232	123	109
1497	**57**	**32**	**25**	**69**	**45**	**24**	**919**	**504**	**415**
253	8	5	3	12	10	2	178	88	90
250	11	6	5	6	4	2	199	106	93
321	10	6	4	8	3	5	170	99	71
295	14	9	5	12	7	5	189	98	91
378	14	6	8	31	21	10	183	113	70
5885	**232**	**156**	**76**	**471**	**297**	**174**	**1343**	**733**	**610**
346	19	14	5	44	28	16	156	84	72
731	35	26	9	64	41	23	196	111	85
1036	38	24	14	101	65	36	237	142	95
1586	63	40	23	125	83	42	337	181	156
2186	77	52	25	137	80	57	417	215	202
32833	**611**	**347**	**264**	**1062**	**605**	**457**	**4227**	**2063**	**2164**
3051	77	41	36	166	96	70	540	249	291
4074	107	61	46	175	95	80	652	344	308
6671	119	68	51	229	130	99	879	423	456
8297	138	73	65	201	117	84	965	465	500
10740	170	104	66	291	167	124	1191	582	609
68867	**1042**	**585**	**457**	**1915**	**1038**	**877**	**7954**	**3838**	**4116**
13168	206	123	83	342	185	157	1547	732	815
12944	185	110	75	366	206	160	1411	727	684
14481	214	115	99	383	220	163	1628	774	854
13915	193	97	96	416	221	195	1674	775	899
14359	244	140	104	408	206	202	1694	830	864
84893	**1501**	**760**	**741**	**2894**	**1467**	**1427**	**10222**	**4949**	**5273**
18418	278	141	137	570	294	276	2231	1077	1154
17613	308	163	145	602	311	291	2089	1006	1083
16266	286	136	150	561	285	276	1909	902	1007
17247	308	158	150	614	310	304	2091	1022	1069
15349	321	162	159	547	267	280	1902	942	960
64319	**1388**	**711**	**677**	**2684**	**1345**	**1339**	**8695**	**4470**	**4225**
13524	285	147	138	548	269	279	1736	897	839
13754	277	144	133	572	295	277	1758	891	867
12292	266	125	141	513	263	250	1657	849	808
13176	270	152	118	559	275	284	1886	974	912
11573	290	143	147	492	243	249	1658	859	799
57590	**1566**	**765**	**801**	**3140**	**1590**	**1550**	**8948**	**4535**	**4413**
11227	258	122	136	559	282	277	1664	822	842
11670	284	146	138	597	331	266	1792	953	839
12108	332	166	166	659	336	323	1879	958	921
10584	339	163	176	629	303	326	1625	805	820
12001	353	168	185	696	338	358	1988	997	991
83743	**3026**	**1495**	**1531**	**5909**	**2775**	**3134**	**14204**	**7223**	**6981**
12889	434	224	210	844	400	444	2134	1072	1062
15955	561	270	291	1013	475	538	2696	1359	1337
17785	631	311	320	1336	635	701	2990	1521	1469
18886	718	348	370	1361	630	731	3159	1587	1572
18228	682	342	340	1355	635	720	3225	1684	1541
261161	**15762**	**7330**	**8432**	**28062**	**13167**	**14895**	**58602**	**30465**	**28137**

3-2 全省分年龄、性别、学业完成情况的

年龄	小							
	小计			在校			毕业	
	合计	男	女	小计	男	女	小计	男
合计	**711621**	**334198**	**377423**	**193374**	**101116**	**92258**	**403169**	**182064**
3								
4								
5-9 岁	**121168**	**63131**	**58037**	**118253**	**61575**	**56678**	**1970**	**1075**
5	2763	1504	1259	2638	1443	1195	67	42
6	23231	11948	11283	22671	11628	11043	361	209
7	30986	16091	14895	30303	15739	14564	467	243
8	32919	17313	15606	32129	16886	15243	559	314
9	31269	16275	14994	30512	15879	14633	516	267
10-14 岁	**76990**	**40648**	**36342**	**74724**	**39373**	**35351**	**1690**	**969**
10	30809	16108	14701	30071	15698	14373	551	315
11	28542	15113	13429	27821	14693	13128	532	319
12	13105	7051	6054	12660	6811	5849	338	184
13	3374	1781	1593	3178	1672	1506	146	84
14	1160	595	565	994	499	495	123	67
15-19 岁	**2331**	**1074**	**1257**	**214**	**91**	**123**	**1643**	**744**
15	222	115	107	90	40	50	73	41
16	278	156	122	51	23	28	167	95
17	394	185	209	25	9	16	290	137
18	617	270	347	28	11	17	461	202
19	820	348	472	20	8	12	652	269
20-24 岁	**7339**	**3103**	**4236**	**28**	**17**	**11**	**5860**	**2480**
20	1030	420	610	9	6	3	812	337
21	1182	513	669	7	4	3	934	396
22	1518	628	890	6	3	3	1191	496
23	1641	668	973	3	1	2	1334	547
24	1968	874	1094	3	3		1589	704
25-29 岁	**13992**	**5948**	**8044**	**13**	**3**	**10**	**11104**	**4679**
25	2460	1120	1340	5	1	4	1977	894
26	2413	1023	1390	5	1	4	1928	801
27	2778	1160	1618				2211	925
28	3026	1246	1780	3	1	2	2358	965
29	3315	1399	1916				2630	1094
30-34 岁	**23144**	**9582**	**13562**	**18**	**5**	**13**	**18183**	**7459**
30	4203	1740	2463	5	2	3	3262	1335
31	4552	1907	2645	2		2	3607	1494
32	4445	1852	2593	2	1	1	3503	1452
33	5105	2146	2959	6	1	5	4017	1673
34	4839	1937	2902	3	1	2	3794	1505
35-39 岁	**25401**	**10708**	**14693**	**11**	**5**	**6**	**19935**	**8254**
35	4836	1972	2864	1		1	3836	1520
36	5035	2067	2968				3962	1597
37	4864	2032	2832	3	2	1	3800	1575
38	5509	2394	3115	3	1	2	4350	1867
39	5157	2243	2914	4	2	2	3987	1695
40-44 岁	**33312**	**14335**	**18977**	**4**	**1**	**3**	**26102**	**11187**
40	5780	2455	3325				4525	1920
41	6223	2852	3371	2		2	4868	2193
42	6854	2930	3924				5376	2269
43	6593	2825	3768	1		1	5134	2222
44	7862	3273	4589	1	1		6199	2583
45-49 岁	**67405**	**28418**	**38987**	**25**	**10**	**15**	**53259**	**22266**
45	9226	3859	5367	5	1	4	7184	2969
46	12084	5032	7052	8	3	5	9624	4010
47	14227	6064	8163	5	2	3	11187	4712
48	15868	6660	9208	4	3	1	12560	5221
49	16000	6803	9197	3	1	2	12704	5354
50 岁及以上	**340539**	**157251**	**183288**	**84**	**36**	**48**	**263423**	**122951**

3 岁及以上各种受教育程度人口（续 1）

单位：人

学									
	肄业			辍学			其他		
女	小计	男	女	小计	男	女	小计	男	女
221105	**17448**	**7372**	**10076**	**31988**	**13618**	**18370**	**65642**	**30028**	**35614**
895	**41**	**27**	**14**	**27**	**13**	**14**	**877**	**441**	**436**
25	1		1	2	2		55	17	38
152	7	2	5	2	2		190	107	83
224	16	12	4	7	2	5	193	95	98
245	10	8	2	8	3	5	213	102	111
249	7	5	2	8	4	4	226	120	106
721	**34**	**17**	**17**	**32**	**20**	**12**	**510**	**269**	**241**
236	8	5	3	11	9	2	168	81	87
213	10	6	4	6	4	2	173	91	82
154	5	2	3	4		4	98	54	44
62	7	3	4	6	3	3	37	19	18
56	4	1	3	5	4	1	34	24	10
899	**46**	**21**	**25**	**87**	**44**	**43**	**341**	**174**	**167**
32	3	2	1	10	6	4	46	26	20
72	8	4	4	11	8	3	41	26	15
153	6	2	4	14	4	10	59	33	26
259	12	5	7	28	14	14	88	38	50
383	17	8	9	24	12	12	107	51	56
3380	**161**	**71**	**90**	**236**	**101**	**135**	**1054**	**434**	**620**
475	23	11	12	37	15	22	149	51	98
538	27	10	17	41	17	24	173	86	87
695	31	13	18	53	21	32	237	95	142
787	38	17	21	40	17	23	226	86	140
885	42	20	22	65	31	34	269	116	153
6425	**309**	**138**	**171**	**556**	**245**	**311**	**2010**	**883**	**1127**
1083	54	28	26	81	39	42	343	158	185
1127	41	24	17	111	52	59	328	145	183
1286	60	22	38	109	45	64	398	168	230
1393	72	28	44	132	63	69	461	189	272
1536	82	36	46	123	46	77	480	223	257
10724	**548**	**225**	**323**	**1184**	**494**	**690**	**3211**	**1399**	**1812**
1927	93	37	56	200	79	121	643	287	356
2113	104	45	59	228	96	132	611	272	339
2051	97	36	61	238	105	133	605	258	347
2344	118	54	64	270	119	151	694	299	395
2289	136	53	83	248	95	153	658	283	375
11681	**644**	**294**	**350**	**1334**	**571**	**763**	**3477**	**1584**	**1893**
2316	125	59	66	263	112	151	611	281	330
2365	123	60	63	269	109	160	681	301	380
2225	121	51	70	267	124	143	673	280	393
2483	121	55	66	265	106	159	770	365	405
2292	154	69	85	270	120	150	742	357	385
14915	**933**	**389**	**544**	**1822**	**796**	**1026**	**4451**	**1962**	**2489**
2605	142	56	86	324	138	186	789	341	448
2675	152	74	78	326	155	171	875	430	445
3107	200	82	118	378	180	198	900	399	501
2912	218	89	129	383	151	232	857	363	494
3616	221	88	133	411	172	239	1030	429	601
30993	**2006**	**862**	**1144**	**4016**	**1655**	**2361**	**8099**	**3625**	**4474**
4215	294	141	153	551	223	328	1192	525	667
5614	344	137	207	651	253	398	1457	629	828
6475	406	171	235	915	395	520	1714	784	930
7339	500	222	278	942	384	558	1862	830	1032
7350	462	191	271	957	400	557	1874	857	1017
140472	**12726**	**5328**	**7398**	**22694**	**9679**	**13015**	**41612**	**19257**	**22355**

3-2 全省分年龄、性别、学业完成情况的

年龄	初							
	小计			在校			毕业	
	合计	男	女	小计	男	女	小计	男
合计	**635462**	**353523**	**281939**	**85964**	**45386**	**40578**	**498164**	**278063**
3								
4								
5–9 岁	**960**	**542**	**418**	**873**	**498**	**375**	**63**	**31**
5								
6	145	85	60	131	76	55	13	9
7	169	93	76	151	81	70	8	5
8	285	163	122	256	153	103	22	7
9	361	201	160	335	188	147	20	10
10–14 岁	**67411**	**35439**	**31972**	**65167**	**34127**	**31040**	**1787**	**1045**
10	700	364	336	654	337	317	35	19
11	2112	1083	1029	1995	1015	980	90	53
12	16531	8549	7982	16052	8265	7787	398	232
13	24880	13180	11700	24163	12763	11400	555	329
14	23188	12263	10925	22303	11747	10556	709	412
15–19 岁	**29004**	**16133**	**12871**	**19694**	**10650**	**9044**	**8347**	**4892**
15	12480	6902	5578	11701	6447	5254	647	377
16	6094	3298	2796	4652	2465	2187	1301	745
17	3725	2078	1647	1862	961	901	1686	1001
18	3285	1912	1373	934	490	444	2117	1266
19	3420	1943	1477	545	287	258	2596	1503
20–24 岁	**25872**	**13876**	**11996**	**109**	**53**	**56**	**23172**	**12403**
20	3480	1971	1509	43	22	21	3092	1775
21	3987	2229	1758	26	10	16	3555	1992
22	5001	2608	2393	16	11	5	4446	2304
23	5860	3118	2742	12	4	8	5273	2796
24	7544	3950	3594	12	6	6	6806	3536
25–29 岁	**50383**	**25443**	**24940**	**33**	**16**	**17**	**45619**	**22964**
25	9376	4815	4561	9	4	5	8442	4351
26	9388	4830	4558	5	2	3	8502	4338
27	10541	5268	5273	8	3	5	9570	4753
28	10196	5072	5124	4	3	1	9214	4588
29	10882	5458	5424	7	4	3	9891	4934
30–34 岁	**67877**	**33572**	**34305**	**15**	**3**	**12**	**61747**	**30441**
30	14213	6980	7233	3	1	2	12923	6337
31	14073	6959	7114	4		4	12793	6302
32	12761	6277	6484	2	1	1	11600	5701
33	14003	6954	7049	2	1	1	12750	6297
34	12827	6402	6425	4		4	11681	5804
35–39 岁	**58625**	**29971**	**28654**	**12**	**3**	**9**	**53466**	**27153**
35	11700	5877	5823	3		3	10627	5300
36	12143	6029	6114	2	1	1	11079	5463
37	11115	5679	5436	2		2	10145	5133
38	12637	6639	5998	3	1	2	11510	6007
39	11030	5747	5283	2	1	1	10105	5250
40–44 岁	**54045**	**29128**	**24917**	**15**	**7**	**8**	**49191**	**26350**
40	10430	5502	4928	2		2	9524	4991
41	11105	5981	5124	5	3	2	10152	5440
42	11208	5935	5273	4	1	3	10136	5323
43	10029	5565	4464	2	2		9151	5050
44	11273	6145	5128	2	1	1	10228	5546
45–49 岁	**79795**	**44908**	**34887**	**9**	**5**	**4**	**72588**	**40717**
45	12154	6641	5513	2		2	11082	6030
46	15372	8577	6795	4	3	1	13919	7730
47	17126	9621	7505	2	1	1	15619	8768
48	17829	10080	7749	1	1		16262	9172
49	17314	9989	7325				15706	9017
50 岁及以上	**201490**	**124511**	**76979**	**37**	**24**	**13**	**182184**	**112067**

3岁及以上各种受教育程度人口（续2）

单位：人

中									
	肄业			辍学			其他		
女	小计	男	女	小计	男	女	小计	男	女
220101	**5889**	**3587**	**2302**	**11666**	**7011**	**4655**	**33779**	**19476**	**14303**
32							**24**	**13**	**11**
4							1		1
3							10	7	3
15							7	3	4
10							6	3	3
742	**23**	**15**	**8**	**33**	**23**	**10**	**401**	**229**	**172**
16				1	1		10	7	3
37	1		1				26	15	11
166	5	4	1	4	3	1	72	45	27
226	7	6	1	5	4	1	150	78	72
297	10	5	5	23	15	8	143	84	59
3455	**95**	**71**	**24**	**220**	**146**	**74**	**648**	**374**	**274**
270	15	11	4	32	20	12	85	47	38
556	14	11	3	32	22	10	95	55	40
685	15	13	2	42	30	12	120	73	47
851	22	16	6	52	41	11	160	99	61
1093	29	20	9	62	33	29	188	100	88
10769	**255**	**160**	**95**	**534**	**317**	**217**	**1802**	**943**	**859**
1317	25	14	11	75	44	31	245	116	129
1563	42	26	16	83	43	40	281	158	123
2142	52	33	19	117	73	44	370	187	183
2477	53	30	23	108	67	41	414	221	193
3270	83	57	26	151	90	61	492	261	231
22655	**459**	**283**	**176**	**1002**	**568**	**434**	**3270**	**1612**	**1658**
4091	79	49	30	193	106	87	653	305	348
4164	98	59	39	184	106	78	599	325	274
4817	92	55	37	190	117	73	681	340	341
4626	82	49	33	211	115	96	685	317	368
4957	108	71	37	224	124	100	652	325	327
31306	**691**	**375**	**316**	**1349**	**740**	**609**	**4075**	**2013**	**2062**
6586	127	66	61	275	156	119	885	420	465
6491	135	74	61	303	167	136	838	416	422
5899	135	72	63	257	137	120	767	366	401
6453	147	80	67	270	145	125	834	431	403
5877	147	83	64	244	135	109	751	380	371
26313	**581**	**317**	**264**	**1138**	**651**	**487**	**3428**	**1847**	**1581**
5327	123	67	56	232	129	103	715	381	334
5616	122	64	58	254	150	104	686	351	335
5012	113	57	56	214	119	95	641	370	271
5503	114	71	43	254	150	104	756	410	346
4855	109	58	51	184	103	81	630	335	295
22841	**511**	**306**	**205**	**1134**	**676**	**458**	**3194**	**1789**	**1405**
4533	90	51	39	201	124	77	613	336	277
4712	109	58	51	227	143	84	612	337	275
4813	106	66	40	245	137	108	717	408	309
4101	98	65	33	214	134	80	564	314	250
4682	108	66	42	247	138	109	688	394	294
31871	**842**	**500**	**342**	**1686**	**974**	**712**	**4670**	**2712**	**1958**
5052	111	62	49	258	153	105	701	396	305
6189	178	103	75	324	193	131	947	548	399
6851	186	111	75	365	204	161	954	537	417
7090	184	103	81	381	218	163	1001	586	415
6689	183	121	62	358	206	152	1067	645	422
70117	**2432**	**1560**	**872**	**4570**	**2916**	**1654**	**12267**	**7944**	**4323**

3-2 全省分年龄、性别、学业完成情况的

年龄	高							
	小计			在校			毕业	
	合计	男	女	小计	男	女	小计	男
合计	**301349**	**168537**	**132812**	**75744**	**38259**	**37485**	**212243**	**121884**
3								
4								
5–9 岁	**2**	**1**	**1**	**2**	**1**	**1**		
5								
6								
7								
8	2	1	1	2	1	1		
9								
10–14 岁	**2722**	**1212**	**1510**	**2630**	**1156**	**1474**	**80**	**48**
10	2	1	1	1	1		1	
11	3	1	2	3	1	2		
12	8	2	6	8	2	6		
13	493	229	264	479	223	256	11	5
14	2216	979	1237	2139	929	1210	68	43
15–19 岁	**72903**	**37275**	**35628**	**69756**	**35458**	**34298**	**2662**	**1532**
15	13404	6606	6798	13288	6541	6747	90	51
16	22036	11288	10748	21730	11112	10618	227	133
17	19190	9926	9264	18688	9623	9065	400	239
18	12370	6394	5976	11448	5896	5552	787	421
19	5903	3061	2842	4602	2286	2316	1158	688
20–24 岁	**15487**	**8276**	**7211**	**3303**	**1616**	**1687**	**11186**	**6095**
20	3434	1848	1586	1807	915	892	1480	843
21	2486	1328	1158	704	311	393	1620	919
22	2785	1495	1290	399	184	215	2197	1200
23	3029	1624	1405	233	127	106	2578	1387
24	3753	1981	1772	160	79	81	3311	1746
25–29 岁	**24016**	**12775**	**11241**	**25**	**11**	**14**	**22274**	**11786**
25	4437	2351	2086	8	3	5	4083	2156
26	4380	2342	2038	6	4	2	4065	2153
27	5022	2653	2369	5	1	4	4645	2439
28	4968	2653	2315	4	2	2	4629	2461
29	5209	2776	2433	2	1	1	4852	2577
30–34 岁	**28536**	**15314**	**13222**	**7**	**6**	**1**	**26705**	**14261**
30	6528	3481	3047	3	3		6083	3221
31	5951	3184	2767	2	2		5554	2964
32	5415	2921	2494				5072	2720
33	5803	3117	2686	1	1		5453	2928
34	4839	2611	2228	1		1	4543	2428
35–39 岁	**18835**	**10220**	**8615**	**4**	**3**	**1**	**17688**	**9558**
35	4052	2173	1879	1	1		3786	2032
36	3965	2124	1841				3734	1973
37	3458	1875	1583	1	1		3253	1760
38	3881	2129	1752	2	1	1	3639	1993
39	3479	1919	1560				3276	1800
40–44 岁	**18480**	**10251**	**8229**	**1**		**1**	**17497**	**9643**
40	3391	1877	1514				3209	1762
41	3952	2233	1719				3739	2091
42	3960	2164	1796				3764	2049
43	3392	1865	1527				3222	1765
44	3785	2112	1673	1		1	3563	1976
45–49 岁	**25355**	**14480**	**10875**	**1**	**1**		**24083**	**13665**
45	3994	2284	1710				3775	2140
46	4784	2668	2116				4554	2518
47	5475	3094	2381	1	1		5173	2902
48	5628	3261	2367				5376	3110
49	5474	3173	2301				5205	2995
50 岁及以上	**95013**	**58733**	**36280**	**15**	**7**	**8**	**90068**	**55296**

3岁及以上各种受教育程度人口（续3）

单位：人

中									
	肄业			辍学			其他		
女	小计	男	女	小计	男	女	小计	男	女
90359	**1425**	**970**	**455**	**2423**	**1609**	**814**	**9514**	**5815**	**3699**
32				**4**	**2**	**2**	**8**	**6**	**2**
1									
6				1		1	2	1	1
25				3	2	1	6	5	1
1130	**83**	**61**	**22**	**150**	**97**	**53**	**252**	**127**	**125**
39	1	1		2	2		23	11	12
94	12	10	2	19	10	9	48	23	25
161	15	9	6	38	25	13	49	30	19
366	27	19	8	42	26	16	66	32	34
470	28	22	6	49	34	15	66	31	35
5091	**126**	**76**	**50**	**255**	**163**	**92**	**617**	**326**	**291**
637	22	13	9	49	35	14	76	42	34
701	26	18	8	43	30	13	93	50	43
997	25	15	10	50	30	20	114	66	48
1191	27	14	13	49	29	20	142	67	75
1565	26	16	10	64	39	25	192	101	91
10488	**165**	**104**	**61**	**328**	**209**	**119**	**1224**	**665**	**559**
1927	39	27	12	63	39	24	244	126	118
1912	28	21	7	67	44	23	214	120	94
2206	33	21	12	79	55	24	260	137	123
2168	24	12	12	66	39	27	245	139	106
2275	41	23	18	53	32	21	261	143	118
12444	**181**	**113**	**68**	**331**	**212**	**119**	**1312**	**722**	**590**
2862	37	24	13	90	54	36	315	179	136
2590	48	28	20	63	45	18	284	145	139
2352	42	25	17	59	38	21	242	138	104
2525	25	17	8	68	42	26	256	129	127
2115	29	19	10	51	33	18	215	131	84
8130	**112**	**69**	**43**	**198**	**115**	**83**	**833**	**475**	**358**
1754	27	15	12	47	24	23	191	101	90
1761	20	13	7	46	34	12	165	104	61
1493	22	11	11	29	18	11	153	85	68
1646	23	18	5	39	19	20	178	98	80
1476	20	12	8	37	20	17	146	87	59
7854	**91**	**53**	**38**	**177**	**112**	**65**	**714**	**443**	**271**
1447	18	11	7	32	19	13	132	85	47
1648	18	11	7	43	32	11	152	99	53
1715	21	15	6	35	18	17	140	82	58
1457	20	8	12	32	18	14	118	74	44
1587	14	8	6	35	25	10	172	103	69
10418	**139**	**106**	**33**	**201**	**141**	**60**	**931**	**567**	**364**
1635	22	17	5	34	24	10	163	103	60
2036	31	25	6	37	28	9	162	97	65
2271	28	20	8	54	34	20	219	137	82
2266	28	20	8	37	27	10	187	104	83
2210	30	24	6	39	28	11	200	126	74
34772	**528**	**388**	**140**	**779**	**558**	**221**	**3623**	**2484**	**1139**

3-2 全省分年龄、性别、学业完成情况的

年龄	大学							
	小计			在校			毕业	
	合计	男	女	小计	男	女	小计	男
合计	**184937**	**98567**	**86370**	**27773**	**13714**	**14059**	**152206**	**82069**
3								
4								
5-9岁								
5								
6								
7								
8								
9								
10-14岁	**7**	**2**	**5**	**4**	**1**	**3**	**3**	**1**
10								
11	1	1		1	1			
12	2	1	1				2	1
13	1		1				1	
14	3		3	3		3		
15-19岁	**13679**	**6954**	**6725**	**12853**	**6502**	**6351**	**726**	**392**
15	370	203	167	358	195	163	11	8
16	766	428	338	734	409	325	18	11
17	1559	800	759	1472	750	722	69	38
18	4112	2024	2088	3909	1919	1990	182	93
19	6872	3499	3373	6380	3229	3151	446	242
20-24岁	**30580**	**14647**	**15933**	**13947**	**6723**	**7224**	**16026**	**7624**
20	7016	3445	3571	5943	2927	3016	1007	482
21	5930	2863	3067	3889	1859	2030	1942	953
22	5934	2818	3116	2349	1085	1264	3452	1670
23	5620	2699	2921	1172	579	593	4313	2048
24	6080	2822	3258	594	273	321	5312	2471
25-29岁	**31506**	**15136**	**16370**	**691**	**303**	**388**	**29804**	**14335**
25	6883	3126	3757	315	139	176	6341	2872
26	6194	2962	3232	179	77	102	5831	2791
27	6433	3029	3404	91	38	53	6137	2894
28	6068	2992	3076	58	22	36	5818	2880
29	5928	3027	2901	48	27	21	5677	2898
30-34岁	**30650**	**15704**	**14946**	**115**	**70**	**45**	**29517**	**15117**
30	7245	3669	3576	46	28	18	6928	3505
31	6479	3341	3138	24	14	10	6238	3215
32	5871	3016	2855	21	13	8	5669	2918
33	6038	3087	2951	13	9	4	5829	2974
34	5017	2591	2426	11	6	5	4853	2505
35-39岁	**18269**	**9883**	**8386**	**54**	**34**	**20**	**17641**	**9509**
35	4270	2296	1974	14	8	6	4124	2204
36	3967	2157	1810	12	8	4	3828	2077
37	3537	1941	1596	8	6	2	3412	1862
38	3542	1892	1650	14	7	7	3415	1823
39	2953	1597	1356	6	5	1	2862	1543
40-44岁	**13884**	**7520**	**6364**	**35**	**25**	**10**	**13454**	**7269**
40	2783	1458	1325	5	5		2693	1413
41	2900	1592	1308	5	3	2	2804	1539
42	2990	1645	1345	12	9	3	2895	1591
43	2454	1288	1166	8	5	3	2385	1245
44	2757	1537	1220	5	3	2	2677	1481
45-49岁	**15334**	**8678**	**6656**	**39**	**29**	**10**	**14905**	**8408**
45	2686	1474	1212	7	6	1	2620	1437
46	3078	1743	1335	6	4	2	2973	1681
47	3277	1854	1423	10	8	2	3187	1794
48	3249	1859	1390	8	6	2	3158	1800
49	3044	1748	1296	8	5	3	2967	1696
50岁及以上	**31028**	**20043**	**10985**	**35**	**27**	**8**	**30130**	**19414**

3 岁及以上各种受教育程度人口（续 4）

单位：人

专科									
	肄业			辍学			其他		
女	小计	男	女	小计	男	女	小计	男	女
70137	**300**	**179**	**121**	**112**	**78**	**34**	**4546**	**2527**	**2019**
2									
1									
1									
334	**7**	**3**	**4**	**14**	**10**	**4**	**79**	**47**	**32**
3							1		1
7	1	1		2	1	1	11	6	5
31	2		2	7	6	1	9	6	3
89	2		2	3	2	1	16	10	6
204	2	2		2	1	1	42	25	17
8402	**50**	**26**	**24**	**24**	**17**	**7**	**533**	**257**	**276**
525	5	2	3	3	2	1	58	32	26
989	12	7	5	4	3	1	83	41	42
1782	10	6	4	7	4	3	116	53	63
2265	11	6	5	4	4		120	62	58
2841	12	5	7	6	4	2	156	69	87
15469	**61**	**39**	**22**	**20**	**12**	**8**	**930**	**447**	**483**
3469	20	14	6	4	1	3	203	100	103
3040	9	3	6	3	3		172	88	84
3243	17	12	5	4	3	1	184	82	102
2938	8	4	4	5	2	3	179	84	95
2779	7	6	1	4	3	1	192	93	99
14400	**56**	**33**	**23**	**21**	**16**	**5**	**941**	**468**	**473**
3423	16	12	4	4	4		251	120	131
3023	14	11	3	6	3	3	197	98	99
2751	9	3	6	5	3	2	167	79	88
2855	13	4	9	2	2		181	98	83
2348	4	3	1	4	4		145	73	72
8132	**25**	**13**	**12**	**12**	**6**	**6**	**537**	**321**	**216**
1920	4	3	1	5	3	2	123	78	45
1751	8	4	4	3	2	1	116	66	50
1550	5	2	3	2	1	1	110	70	40
1592	5	3	2	1		1	107	59	48
1319	3	1	2	1		1	81	48	33
6185	**22**	**11**	**11**	**7**	**6**	**1**	**366**	**209**	**157**
1280	6	3	3	2	1	1	77	36	41
1265	4	2	2	1	1		86	47	39
1304	2		2	1	1		80	44	36
1140	3	1	2				58	37	21
1196	7	5	2	3	3		65	45	20
6497	**28**	**18**	**10**	**4**	**3**	**1**	**358**	**220**	**138**
1183	4	1	3	1		1	54	30	24
1292	8	5	3	1	1		90	52	38
1393	5	4	1	1	1		74	47	27
1358	5	3	2				78	50	28
1271	6	5	1	1	1		62	41	21
10716	**51**	**36**	**15**	**10**	**8**	**2**	**802**	**558**	**244**

3-2 全省分年龄、性别、学业完成情况的

年龄	大学							
	小计			在校			毕业	
	合计	男	女	小计	男	女	小计	男
合计	**160246**	**83908**	**76338**	**36263**	**17044**	**19219**	**121385**	**65421**
3								
4								
5-9岁								
5								
6								
7								
8								
9								
10-14岁	**3**	**1**	**2**	**3**	**1**	**2**		
10								
11								
12								
13								
14	3	1	2	3	1	2		
15-19岁	**10249**	**4717**	**5532**	**10089**	**4637**	**5452**	**136**	**69**
15	47	26	21	44	26	18	2	
16	95	49	46	91	47	44	3	1
17	604	274	330	596	272	324	8	2
18	3230	1454	1776	3186	1436	1750	37	16
19	6273	2914	3359	6172	2856	3316	86	50
20-24岁	**34134**	**15818**	**18316**	**24736**	**11656**	**13080**	**9153**	**4041**
20	8006	3707	4299	7814	3619	4195	176	79
21	7733	3566	4167	7212	3343	3869	495	212
22	7277	3371	3906	5419	2580	2839	1814	766
23	5774	2728	3046	2877	1421	1456	2828	1274
24	5344	2446	2898	1414	693	721	3840	1710
25-29岁	**25871**	**11960**	**13911**	**1215**	**624**	**591**	**24109**	**11090**
25	5424	2543	2881	652	332	320	4655	2163
26	5016	2256	2760	310	152	158	4602	2052
27	5183	2333	2850	142	79	63	4932	2205
28	5041	2343	2698	76	44	32	4863	2250
29	5207	2485	2722	35	17	18	5057	2420
30-34岁	**30289**	**15207**	**15082**	**97**	**56**	**41**	**29524**	**14807**
30	6652	3241	3411	31	19	12	6486	3150
31	6320	3136	3184	22	11	11	6141	3047
32	6043	3019	3024	16	10	6	5903	2950
33	5871	2978	2893	13	7	6	5733	2906
34	5403	2833	2570	15	9	6	5261	2754
35-39岁	**20658**	**11294**	**9364**	**41**	**17**	**24**	**20191**	**11023**
35	4610	2559	2051	14	6	8	4500	2496
36	4618	2490	2128	9	6	3	4499	2413
37	4009	2140	1869	5	2	3	3921	2090
38	4124	2323	1801	3		3	4045	2279
39	3297	1782	1515	10	3	7	3226	1745
40-44岁	**12455**	**7031**	**5424**	**30**	**18**	**12**	**12202**	**6881**
40	2773	1517	1256	7	5	2	2713	1489
41	2942	1674	1268	7	5	2	2872	1631
42	2551	1449	1102	4	3	1	2503	1419
43	2098	1170	928	7	3	4	2063	1150
44	2091	1221	870	5	2	3	2051	1192
45-49岁	**10077**	**6315**	**3762**	**25**	**16**	**9**	**9902**	**6196**
45	1971	1217	754	4	3	1	1941	1194
46	2118	1328	790	6	4	2	2073	1292
47	2043	1290	753	7	4	3	2001	1264
48	2106	1310	796	2	2		2074	1292
49	1839	1170	669	6	3	3	1813	1154
50岁及以上	**16510**	**11565**	**4945**	**27**	**19**	**8**	**16168**	**11314**

3 岁及以上各种受教育程度人口（续 5）

单位：人

本科									
	肄业			辍学			其他		
女	小计	男	女	小计	男	女	小计	男	女
55964	**160**	**97**	**63**	**41**	**25**	**16**	**2397**	**1321**	**1076**
67	**1**		**1**				**23**	**11**	**12**
2							1		1
2							1	1	
6									
21							7	2	5
36	1		1				14	8	6
5112	**19**	**14**	**5**	**13**	**7**	**6**	**213**	**100**	**113**
97	2	1	1	2		2	12	8	4
283				4	2	2	22	9	13
1048	1	1		2	2		41	22	19
1554	9	6	3				60	27	33
2130	7	6	1	5	3	2	78	34	44
13019	**48**	**21**	**27**	**9**	**4**	**5**	**490**	**221**	**269**
2492	14	5	9	1		1	102	43	59
2550	9	3	6	1	1		94	48	46
2727	12	5	7	1		1	96	44	52
2613	7	4	3	2	2		93	43	50
2637	6	4	2	4	1	3	105	43	62
14717	**22**	**12**	**10**	**9**	**5**	**4**	**637**	**327**	**310**
3336	4	2	2	1	1		130	69	61
3094	7	5	2	2		2	148	73	75
2953	3		3	2	2		119	57	62
2827	5	3	2	4	2	2	116	60	56
2507	3	2	1				124	68	56
9168	**26**	**18**	**8**	**2**	**2**		**398**	**234**	**164**
2004	6	3	3	1	1		89	53	36
2086	4	3	1				106	68	38
1831	5	4	1	1	1		77	43	34
1766	7	5	2				69	39	30
1481	4	3	1				57	31	26
5321	**9**	**6**	**3**				**214**	**126**	**88**
1224	2	1	1				51	22	29
1241	1	1					62	37	25
1084	3	3					41	24	17
913							28	17	11
859	3	1	2				32	26	6
3706	**10**	**8**	**2**	**2**	**2**		**138**	**93**	**45**
747	3	3					23	17	6
781							39	32	7
737	6	5	1	1	1		28	16	12
782	1		1	1	1		28	15	13
659							20	13	7
4854	**25**	**18**	**7**	**6**	**5**	**1**	**284**	**209**	**75**

3-2 全省分年龄、性别、学业完成情况的

年龄	硕士							
	小计			在校			毕业	
	合计	男	女	小计	男	女	小计	男
合计	**11283**	**5563**	**5720**	**3706**	**1708**	**1998**	**7442**	**3792**
3								
4								
5-9岁								
5								
6								
7								
8								
9								
10-14岁								
10								
11								
12								
13								
14								
15-19岁	**10**	**6**	**4**	**10**	**6**	**4**		
15								
16								
17	3	3		3	3			
18	1		1	1		1		
19	6	3	3	6	3	3		
20-24岁	**1971**	**852**	**1119**	**1855**	**817**	**1038**	**109**	**33**
20	10	6	4	10	6	4		
21	68	25	43	68	25	43		
22	349	140	209	339	138	201	9	2
23	636	290	346	602	278	324	32	11
24	908	391	517	836	370	466	68	20
25-29岁	**2953**	**1290**	**1663**	**1672**	**815**	**857**	**1252**	**466**
25	956	427	529	788	364	424	166	63
26	678	316	362	443	233	210	231	82
27	570	237	333	256	126	130	305	108
28	388	150	238	108	50	58	270	98
29	361	160	201	77	42	35	280	115
30-34岁	**2292**	**972**	**1320**	**129**	**52**	**77**	**2119**	**902**
30	484	173	311	54	18	36	422	153
31	510	200	310	34	18	16	465	180
32	447	190	257	15	8	7	425	180
33	436	200	236	17	5	12	411	191
34	415	209	206	9	3	6	396	198
35-39岁	**1660**	**835**	**825**	**30**	**13**	**17**	**1609**	**814**
35	366	168	198	7	1	6	352	164
36	349	185	164	7	3	4	338	181
37	310	147	163	4	4		304	143
38	369	195	174	9	4	5	354	188
39	266	140	126	3	1	2	261	138
40-44岁	**892**	**503**	**389**	**6**	**3**	**3**	**877**	**494**
40	224	114	110	2		2	220	112
41	221	116	105				216	113
42	160	89	71	1		1	158	88
43	140	91	49	2	2		138	89
44	147	93	54	1	1		145	92
45-49岁	**639**	**430**	**209**	**2**	**1**	**1**	**629**	**423**
45	126	76	50				125	75
46	107	73	34				106	72
47	151	106	45	1		1	149	106
48	124	83	41	1	1		120	80
49	131	92	39				129	90
50岁及以上	**866**	**675**	**191**	**2**	**1**	**1**	**847**	**660**

3岁及以上各种受教育程度人口（续6）

单位：人

研	究					生			
	肄业			辍学			其他		
女	小计	男	女	小计	男	女	小计	男	女
3650	**2**	**1**	**1**	**3**	**1**	**2**	**130**	**61**	**69**
76							**7**	**2**	**5**
7							1		1
21							2	1	1
48							4	1	3
786							**29**	**9**	**20**
103							2		2
149							4	1	3
197							9	3	6
172							10	2	8
165							4	3	1
1217	**2**	**1**	**1**				**42**	**17**	**25**
269	1		1				7	2	5
285							11	2	9
245							7	2	5
220							8	4	4
198	1	1					9	7	2
795							**21**	**8**	**13**
188							7	3	4
157							4	1	3
161							2		2
166							6	3	3
123							2	1	1
383							**9**	**6**	**3**
108							2	2	
103							5	3	2
70							1	1	
49									
53							1		1
206							**8**	**6**	**2**
50							1	1	
34							1	1	
43							1		1
40							3	2	1
39							2	2	
187				**3**	**1**	**2**	**14**	**13**	**1**

3-2 全省分年龄、性别、学业完成情况的

年龄	博士							
	小计			在校			毕业	
	合计	男	女	小计	男	女	小计	男
合计	**1590**	**977**	**613**	**499**	**286**	**213**	**1082**	**683**
3								
4								
5–9 岁								
5								
6								
7								
8								
9								
10–14 岁								
10								
11								
12								
13								
14								
15–19 岁	**1**	**1**		**1**	**1**			
15								
16								
17								
18								
19	1	1		1	1			
20–24 岁	**45**	**25**	**20**	**40**	**23**	**17**	**4**	**1**
20	1	1		1	1			
21	3	2	1	3	2	1		
22	6	2	4	5	1	4	1	1
23	8	3	5	5	2	3	2	
24	27	17	10	26	17	9	1	
25–29 岁	**329**	**189**	**140**	**274**	**159**	**115**	**54**	**29**
25	65	30	35	60	28	32	5	2
26	57	31	26	54	30	24	3	1
27	73	44	29	66	42	24	7	2
28	61	38	23	47	29	18	13	8
29	73	46	27	47	30	17	26	16
30–34 岁	**337**	**197**	**140**	**136**	**82**	**54**	**196**	**111**
30	86	53	33	50	32	18	36	21
31	75	41	34	40	23	17	35	18
32	57	35	22	17	10	7	38	23
33	67	37	30	19	13	6	46	23
34	52	31	21	10	4	6	41	26
35–39 岁	**301**	**181**	**120**	**35**	**15**	**20**	**265**	**165**
35	55	35	20	12	7	5	43	28
36	55	30	25	10	3	7	45	27
37	55	33	22	5	3	2	49	29
38	68	45	23	4	1	3	64	44
39	68	38	30	4	1	3	64	37
40–44 岁	**238**	**142**	**96**	**10**	**5**	**5**	**228**	**137**
40	62	31	31	2	1	1	60	30
41	66	39	27	3	2	1	63	37
42	49	32	17	4	2	2	45	30
43	32	19	13	1		1	31	19
44	29	21	8				29	21
45–49 岁	**146**	**93**	**53**	**1**		**1**	**144**	**92**
45	32	25	7				32	25
46	28	19	9				28	19
47	35	20	15				35	20
48	28	16	12	1		1	27	16
49	23	13	10				22	12
50 岁及以上	**193**	**149**	**44**	**2**	**1**	**1**	**191**	**148**

3岁及以上各种受教育程度人口（续7）

单位：人

研究生									
	肄业			辍学			其他		
女	小计	男	女	小计	男	女	小计	男	女
399	**2**	**2**					**7**	**6**	**1**
3							**1**	**1**	
2							1	1	
1									
25							**1**	**1**	
3									
2									
5									
5							1	1	
10									
85	**1**	**1**					**4**	**3**	**1**
15									
17									
15							2	2	
23							2	1	1
15	1	1							
100							**1**	**1**	
15									
18									
20							1	1	
20									
27									
91									
30									
26									
15									
12									
8									
52	**1**	**1**							
7									
9									
15									
11									
10	1	1							
43									

3-2a 全省分年龄、性别、学业完成情况的

年龄	3	岁	及					
	合计			在校			毕业	
	合计	男	女	小计	男	女	小计	男
合计	**593170**	**297792**	**295378**	**113292**	**58103**	**55189**	**456931**	**228871**
3								
4								
5–9 岁	**28051**	**14729**	**13322**	**27299**	**14327**	**12972**	**594**	**319**
5	464	267	197	442	255	187	16	11
6	5930	3039	2891	5783	2953	2830	110	65
7	7234	3792	3442	7052	3694	3358	142	75
8	7560	4029	3531	7355	3925	3430	160	84
9	6863	3602	3261	6667	3500	3167	166	84
10–14 岁	**32891**	**17282**	**15609**	**31721**	**16647**	**15074**	**1029**	**555**
10	6828	3554	3274	6628	3450	3178	168	89
11	6526	3477	3049	6326	3360	2966	175	102
12	6661	3477	3184	6401	3339	3062	237	120
13	6812	3631	3181	6575	3499	3076	207	120
14	6064	3143	2921	5791	2999	2792	242	124
15–19 岁	**34982**	**18307**	**16675**	**32391**	**16746**	**15645**	**2353**	**1418**
15	6626	3521	3105	6508	3445	3063	97	65
16	7816	4130	3686	7544	3954	3590	241	158
17	6773	3518	3255	6354	3250	3104	371	240
18	6557	3396	3161	5835	2982	2853	657	375
19	7210	3742	3468	6150	3115	3035	987	580
20–24 岁	**38814**	**18757**	**20057**	**19006**	**8953**	**10053**	**19003**	**9342**
20	7871	3902	3969	6270	3023	3247	1497	816
21	7476	3661	3815	5145	2396	2749	2197	1186
22	7871	3705	4166	3869	1776	2093	3836	1832
23	7314	3554	3760	2201	1049	1152	4938	2409
24	8282	3935	4347	1521	709	812	6535	3099
25–29 岁	**49019**	**23543**	**25476**	**2262**	**1108**	**1154**	**45224**	**21653**
25	9390	4488	4902	1008	474	534	8103	3871
26	9291	4462	4829	581	294	287	8418	4014
27	9996	4748	5248	350	178	172	9346	4420
28	9865	4709	5156	186	86	100	9365	4462
29	10477	5136	5341	137	76	61	9992	4886
30–34 岁	**65046**	**31739**	**33307**	**340**	**182**	**158**	**62400**	**30434**
30	13643	6589	7054	122	64	58	13095	6325
31	13540	6719	6821	89	51	38	12986	6437
32	12654	6169	6485	48	27	21	12114	5913
33	13225	6426	6799	45	24	21	12727	6179
34	11984	5836	6148	36	16	20	11478	5580
35–39 岁	**50798**	**25059**	**25739**	**107**	**48**	**59**	**48858**	**24087**
35	10510	5115	5395	32	14	18	10097	4923
36	10533	5122	5411	25	10	15	10124	4912
37	9767	4812	4955	14	10	4	9408	4615
38	10744	5446	5298	25	9	16	10322	5241
39	9244	4564	4680	11	5	6	8907	4396
40–44 岁	**44721**	**22355**	**22366**	**54**	**27**	**27**	**42880**	**21430**
40	8427	4187	4240	10	5	5	8091	4016
41	9737	4965	4772	10	7	3	9378	4780
42	9340	4625	4715	14	8	6	8948	4430
43	8269	4084	4185	11	4	7	7892	3883
44	8948	4494	4454	9	3	6	8571	4321
45–49 岁	**56955**	**28976**	**27979**	**44**	**29**	**15**	**54328**	**27667**
45	9301	4726	4575	5	3	2	8913	4525
46	10923	5544	5379	7	5	2	10407	5289
47	12165	6196	5969	14	11	3	11592	5906
48	12536	6355	6181	9	6	3	11958	6085
49	12030	6155	5875	9	4	5	11458	5862
50 岁及以上	**191893**	**97045**	**94848**	**68**	**36**	**32**	**180262**	**91966**

3 岁及以上各种受教育程度人口（城市）

单位：人

以上人口									
	肄业			辍学			其他		
女	合小计	男	女	小计	男	女	小计	男	女
228060	**3002**	**1401**	**1601**	**5225**	**2337**	**2888**	**14720**	**7080**	**7640**
275	**10**	**5**	**5**	**6**	**1**	**5**	**142**	**77**	**65**
5							6	1	5
45	3	1	2				34	20	14
67	3	1	2	2	1	1	35	21	14
76	2	1	1	3		3	40	19	21
82	2	2		1		1	27	16	11
474	**13**	**8**	**5**	**11**	**9**	**2**	**117**	**63**	**54**
79	1	1		3	3		28	11	17
73	4	2	2	1		1	20	13	7
117				1	1		22	17	5
87	5	4	1	1	1		24	7	17
118	3	1	2	5	4	1	23	15	8
935	**37**	**25**	**12**	**83**	**54**	**29**	**118**	**64**	**54**
32	4	3	1	8	5	3	9	3	6
83	4	3	1	15	9	6	12	6	6
131	10	5	5	18	10	8	20	13	7
282	9	7	2	26	17	9	30	15	15
407	10	7	3	16	13	3	47	27	20
9661	**97**	**72**	**25**	**179**	**119**	**60**	**529**	**271**	**258**
681	13	10	3	33	24	9	58	29	29
1011	21	16	5	34	19	15	79	44	35
2004	19	18	1	39	27	12	108	52	56
2529	20	12	8	23	15	8	132	69	63
3436	24	16	8	50	34	16	152	77	75
23571	**164**	**109**	**55**	**272**	**158**	**114**	**1097**	**515**	**582**
4232	43	31	12	51	24	27	185	88	97
4404	27	16	11	60	30	30	205	108	97
4926	28	14	14	48	32	16	224	104	120
4903	35	25	10	50	34	16	229	102	127
5106	31	23	8	63	38	25	254	113	141
31966	**271**	**138**	**133**	**417**	**227**	**190**	**1618**	**758**	**860**
6770	41	22	19	78	37	41	307	141	166
6549	53	27	26	96	54	42	316	150	166
6201	65	32	33	87	47	40	340	150	190
6548	46	20	26	69	37	32	338	166	172
5898	66	37	29	87	52	35	317	151	166
24771	**222**	**117**	**105**	**337**	**163**	**174**	**1274**	**644**	**630**
5174	41	20	21	73	30	43	267	128	139
5212	50	30	20	75	40	35	259	130	129
4793	47	23	24	61	30	31	237	134	103
5081	39	27	12	74	37	37	284	132	152
4511	45	17	28	54	26	28	227	120	107
21450	**168**	**84**	**84**	**407**	**224**	**183**	**1212**	**590**	**622**
4075	29	14	15	70	46	24	227	106	121
4598	35	17	18	67	39	28	247	122	125
4518	30	17	13	97	48	49	251	122	129
4009	37	20	17	104	64	40	225	113	112
4250	37	16	21	69	27	42	262	127	135
26661	**304**	**168**	**136**	**596**	**268**	**328**	**1683**	**844**	**839**
4388	47	25	22	84	44	40	252	129	123
5118	65	36	29	98	40	58	346	174	172
5686	61	37	24	144	69	75	354	173	181
5873	72	38	34	137	50	87	360	176	184
5596	59	32	27	133	65	68	371	192	179
88296	**1716**	**675**	**1041**	**2917**	**1114**	**1803**	**6930**	**3254**	**3676**

3-2a 全省分年龄、性别、学业完成情况的

年龄	小							
	小 计			在 校			毕 业	
	合计	男	女	小计	男	女	小计	男
合计	**102075**	**45700**	**56375**	**42263**	**22251**	**20012**	**51330**	**20327**
3								
4								
5-9 岁	**27792**	**14574**	**13218**	**27067**	**14187**	**12880**	**574**	**309**
5	464	267	197	442	255	187	16	11
6	5895	3016	2879	5754	2935	2819	104	60
7	7184	3766	3418	7008	3672	3336	140	74
8	7477	3976	3501	7279	3874	3405	154	83
9	6772	3549	3223	6584	3451	3133	160	81
10-14 岁	**15642**	**8311**	**7331**	**15128**	**8033**	**7095**	**444**	**238**
10	6683	3483	3200	6498	3384	3114	155	84
11	6096	3251	2845	5933	3157	2776	142	83
12	2268	1264	1004	2170	1217	953	89	39
13	421	226	195	382	206	176	33	17
14	174	87	87	145	69	76	25	15
15-19 岁	**232**	**120**	**112**	**49**	**23**	**26**	**146**	**77**
15	29	17	12	20	12	8	5	3
16	36	18	18	11	4	7	22	12
17	30	16	14	7	3	4	20	11
18	59	32	27	6	1	5	39	24
19	78	37	41	5	3	2	60	27
20-24 岁	**601**	**307**	**294**	**6**	**4**	**2**	**506**	**253**
20	72	40	32	2	2		55	29
21	102	50	52	2	1	1	84	40
22	122	66	56	1	1		95	48
23	130	62	68	1		1	114	57
24	175	89	86				158	79
25-29 岁	**1253**	**600**	**653**	**1**		**1**	**1089**	**517**
25	190	106	84				170	94
26	225	115	110				194	99
27	225	97	128				198	83
28	294	130	164	1		1	248	104
29	319	152	167				279	137
30-34 岁	**2240**	**974**	**1266**	**2**	**1**	**1**	**1925**	**842**
30	369	167	202				317	146
31	414	180	234				362	161
32	452	194	258				387	170
33	498	218	280	2	1	1	427	185
34	507	215	292				432	180
35-39 岁	**2611**	**1070**	**1541**	**1**	**1**		**2296**	**935**
35	544	200	344				480	176
36	508	218	290				442	187
37	484	199	285				426	173
38	569	234	335	1	1		502	202
39	506	219	287				446	197
40-44 岁	**3254**	**1368**	**1886**				**2818**	**1181**
40	560	248	312				488	214
41	618	271	347				541	234
42	666	267	399				571	233
43	679	298	381				586	255
44	731	284	447				632	245
45-49 岁	**5985**	**2436**	**3549**				**5154**	**2080**
45	878	364	514				759	315
46	1077	425	652				922	371
47	1239	532	707				1062	443
48	1395	541	854				1199	463
49	1396	574	822				1212	488
50 岁及以上	**42465**	**15940**	**26525**	**9**	**2**	**7**	**36378**	**13895**

3岁及以上各种受教育程度人口（城市）（续1）

单位：人

学									
	肄业			辍学			其他		
女	小计	男	女	小计	男	女	小计	男	女
31003	**1472**	**513**	**959**	**2964**	**1053**	**1911**	**4046**	**1556**	**2490**
265	**10**	**5**	**5**	**6**	**1**	**5**	**135**	**72**	**63**
5							6	1	5
44	3	1	2				34	20	14
66	3	1	2	2	1	1	31	18	13
71	2	1	1	3		3	39	18	21
79	2	2		1		1	25	15	10
206	**7**	**4**	**3**	**5**	**4**	**1**	**58**	**32**	**26**
71	1	1		3	3		26	11	15
59	4	2	2	1		1	16	9	7
50							9	8	1
16				1	1		5	2	3
10	2	1	1				2	2	
69	**3**	**2**	**1**	**13**	**4**	**9**	**21**	**14**	**7**
2	1	1		1		1	2	1	1
10				1		1	2	2	
9	1		1	1	1		1	1	
15				7	2	5	7	5	2
33	1	1		3	1	2	9	5	4
253	**13**	**9**	**4**	**24**	**12**	**12**	**52**	**29**	**23**
26	3	2	1	4	2	2	8	5	3
44	1	1		8	3	5	7	5	2
47	3	3		9	5	4	14	9	5
57	3	1	2				12	4	8
79	3	2	1	3	2	1	11	6	5
572	**22**	**16**	**6**	**55**	**26**	**29**	**86**	**41**	**45**
76	6	5	1	5	1	4	9	6	3
95	1	1		12	6	6	18	9	9
115	3	1	2	8	4	4	16	9	7
144	7	6	1	17	9	8	21	11	10
142	5	3	2	13	6	7	22	6	16
1083	**47**	**20**	**27**	**121**	**55**	**66**	**145**	**56**	**89**
171	4	3	1	22	6	16	26	12	14
201	7	2	5	23	10	13	22	7	15
217	14	5	9	25	11	14	26	8	18
242	8	5	3	20	10	10	41	17	24
252	14	5	9	31	18	13	30	12	18
1361	**50**	**21**	**29**	**126**	**51**	**75**	**138**	**62**	**76**
304	10	6	4	25	6	19	29	12	17
255	9	4	5	27	12	15	30	15	15
253	12	5	7	28	13	15	18	8	10
300	9	4	5	23	10	13	34	17	17
249	10	2	8	23	10	13	27	10	17
1637	**50**	**21**	**29**	**166**	**74**	**92**	**220**	**92**	**128**
274	8	3	5	29	15	14	35	16	19
307	10	3	7	24	14	10	43	20	23
338	8	2	6	48	19	29	39	13	26
331	11	7	4	36	18	18	46	18	28
387	13	6	7	29	8	21	57	25	32
3074	**126**	**55**	**71**	**318**	**128**	**190**	**387**	**173**	**214**
444	18	8	10	36	15	21	65	26	39
551	22	7	15	49	12	37	84	35	49
619	23	11	12	82	43	39	72	35	37
736	34	15	19	75	23	52	87	40	47
724	29	14	15	76	35	41	79	37	42
22483	**1144**	**360**	**784**	**2130**	**698**	**1432**	**2804**	**985**	**1819**

3-2a 全省分年龄、性别、学业完成情况的

年龄	初							
	小计			在校			毕业	
	合计	男	女	小计	男	女	小计	男
合计	**163222**	**82513**	**80709**	**20115**	**10666**	**9449**	**135204**	**67727**
3								
4								
5–9 岁	**258**	**154**	**104**	**231**	**139**	**92**	**20**	**10**
5								
6	35	23	12	29	18	11	6	5
7	50	26	24	44	22	22	2	1
8	82	52	30	75	50	25	6	1
9	91	53	38	83	49	34	6	3
10–14 岁	**16635**	**8696**	**7939**	**16008**	**8354**	**7654**	**556**	**302**
10	144	70	74	129	65	64	13	5
11	429	225	204	392	202	190	33	19
12	4391	2212	2179	4229	2121	2108	148	81
13	6269	3341	2928	6077	3232	2845	168	100
14	5402	2848	2554	5181	2734	2447	194	97
15–19 岁	**5079**	**2964**	**2115**	**3823**	**2141**	**1682**	**1159**	**760**
15	2369	1370	999	2289	1317	972	67	47
16	1010	568	442	838	452	386	152	104
17	620	365	255	386	197	189	215	154
18	541	329	212	204	116	88	316	199
19	539	332	207	106	59	47	409	256
20–24 岁	**4366**	**2421**	**1945**	**31**	**20**	**11**	**4052**	**2227**
20	569	338	231	16	10	6	513	305
21	679	406	273	7	5	2	636	379
22	819	445	374	1	1		761	407
23	965	528	437	2	1	1	896	484
24	1334	704	630	5	3	2	1246	652
25–29 岁	**9277**	**4698**	**4579**	**5**	**2**	**3**	**8741**	**4415**
25	1638	838	800	2		2	1531	782
26	1722	866	856	1	1		1614	810
27	1909	986	923	1		1	1807	932
28	1905	954	951				1803	896
29	2103	1054	1049	1	1		1986	995
30–34 岁	**15198**	**7238**	**7960**				**14295**	**6790**
30	2882	1363	1519				2718	1285
31	3153	1525	1628				2984	1436
32	2884	1385	1499				2691	1298
33	3214	1517	1697				3038	1427
34	3065	1448	1617				2864	1344
35–39 岁	**14593**	**6789**	**7804**	**1**	**1**		**13815**	**6399**
35	2830	1293	1537				2666	1215
36	2954	1341	1613	1	1		2797	1266
37	2798	1315	1483				2648	1231
38	3224	1558	1666				3059	1478
39	2787	1282	1505				2645	1209
40–44 岁	**13982**	**6811**	**7171**	**5**	**2**	**3**	**13235**	**6416**
40	2529	1207	1322	1		1	2397	1136
41	2962	1479	1483	2	1	1	2827	1413
42	2861	1347	1514	2	1	1	2704	1257
43	2659	1323	1336				2487	1221
44	2971	1455	1516				2820	1389
45–49 岁	**20436**	**10024**	**10412**	**2**	**2**		**19320**	**9486**
45	3189	1562	1627				3026	1475
46	3919	1928	1991				3689	1808
47	4379	2120	2259	1	1		4153	2023
48	4479	2184	2295	1	1		4232	2077
49	4470	2230	2240				4220	2103
50 岁及以上	**63398**	**32718**	**30680**	**9**	**5**	**4**	**60011**	**30922**

3岁及以上各种受教育程度人口（城市）（续2）

单位：人

中									
	肄业			辍学			其他		
女	小计	男	女	小计	男	女	小计	男	女
67477	**958**	**544**	**414**	**1706**	**933**	**773**	**5239**	**2643**	**2596**
10							**7**	**5**	**2**
1									
1							4	3	1
5							1	1	
3							2	1	1
254	**6**	**4**	**2**	**6**	**5**	**1**	**59**	**31**	**28**
8							2		2
14							4	4	
67				1	1		13	9	4
68	5	4	1				19	5	14
97	1		1	5	4	1	21	13	8
399	**15**	**10**	**5**	**41**	**30**	**11**	**41**	**23**	**18**
20	2	1	1	6	4	2	5	1	4
48	2	1	1	12	9	3	6	2	4
61	2	1	1	6	4	2	11	9	2
117	4	3	1	10	7	3	7	4	3
153	5	4	1	7	6	1	12	7	5
1825	**41**	**33**	**8**	**84**	**57**	**27**	**158**	**84**	**74**
208	6	5	1	16	12	4	18	6	12
257	9	7	2	11	5	6	16	10	6
354	8	8		17	15	2	32	14	18
412	7	5	2	11	7	4	49	31	18
594	11	8	3	29	18	11	43	23	20
4326	**71**	**52**	**19**	**131**	**75**	**56**	**329**	**154**	**175**
749	15	13	2	31	14	17	59	29	30
804	10	7	3	33	15	18	64	33	31
875	12	8	4	19	12	7	70	34	36
907	19	14	5	21	16	5	62	28	34
991	15	10	5	27	18	9	74	30	44
7505	**140**	**72**	**68**	**217**	**119**	**98**	**546**	**257**	**289**
1433	21	10	11	36	19	17	107	49	58
1548	28	14	14	56	31	25	85	44	41
1393	27	15	12	42	20	22	124	52	72
1611	27	11	16	39	22	17	110	57	53
1520	37	22	15	44	27	17	120	55	65
7416	**109**	**60**	**49**	**163**	**83**	**80**	**505**	**246**	**259**
1451	22	9	13	36	19	17	106	50	56
1531	27	17	10	37	19	18	92	38	54
1417	18	10	8	30	15	15	102	59	43
1581	18	14	4	36	19	17	111	47	64
1436	24	10	14	24	11	13	94	52	42
6819	**79**	**46**	**33**	**188**	**114**	**74**	**475**	**233**	**242**
1261	13	8	5	31	23	8	87	40	47
1414	19	11	8	35	19	16	79	35	44
1447	12	8	4	37	23	14	106	58	48
1266	18	11	7	51	36	15	103	55	48
1431	17	8	9	34	13	21	100	45	55
9834	**121**	**68**	**53**	**241**	**115**	**126**	**752**	**353**	**399**
1551	20	12	8	43	25	18	100	50	50
1881	31	17	14	43	23	20	156	80	76
2130	23	14	9	50	19	31	152	63	89
2155	27	15	12	57	23	34	162	68	94
2117	20	10	10	48	25	23	182	92	90
29089	**376**	**199**	**177**	**635**	**335**	**300**	**2367**	**1257**	**1110**

3-2a 全省分年龄、性别、学业完成情况的

年龄	高							
	小计			在校			毕业	
	合计	男	女	小计	男	女	小计	男
合计	**132216**	**68071**	**64145**	**21282**	**11075**	**10207**	**107212**	**54920**
3								
4								
5–9 岁	**1**	**1**		**1**	**1**			
5								
6								
7								
8	1	1		1	1			
9								
10–14 岁	**610**	**273**	**337**	**582**	**258**	**324**	**28**	**15**
10	1	1		1	1			
11								
12	2	1	1	2	1	1		
13	121	64	57	116	61	55	5	3
14	486	207	279	463	195	268	23	12
15–19 岁	**20714**	**10848**	**9866**	**19909**	**10389**	**9520**	**726**	**412**
15	4101	2059	2042	4078	2044	2034	19	12
16	6538	3415	3123	6473	3374	3099	58	37
17	5475	2827	2648	5345	2755	2590	108	63
18	3282	1814	1468	3048	1691	1357	211	108
19	1318	733	585	965	525	440	330	192
20–24 岁	**4764**	**2587**	**2177**	**769**	**418**	**351**	**3798**	**2044**
20	890	508	382	393	221	172	472	268
21	732	420	312	160	73	87	534	319
22	888	478	410	116	60	56	734	398
23	998	519	479	61	39	22	896	458
24	1256	662	594	39	25	14	1162	601
25–29 岁	**8625**	**4492**	**4133**	**7**	**4**	**3**	**8251**	**4281**
25	1551	832	719	4	2	2	1477	791
26	1574	837	737	2	2		1503	791
27	1777	928	849				1701	888
28	1792	927	865	1		1	1723	892
29	1931	968	963				1847	919
30–34 岁	**12155**	**6122**	**6033**	**1**	**1**		**11689**	**5875**
30	2591	1334	1257	1	1		2496	1282
31	2480	1286	1194				2377	1229
32	2335	1191	1144				2234	1134
33	2546	1225	1321				2454	1182
34	2203	1086	1117				2128	1048
35–39 岁	**9195**	**4528**	**4667**	**2**	**1**	**1**	**8854**	**4341**
35	1812	872	940				1744	839
36	1862	896	966				1798	855
37	1708	841	867				1650	810
38	1961	995	966	2	1	1	1875	950
39	1852	924	928				1787	887
40–44 岁	**10079**	**5037**	**5042**	**1**		**1**	**9750**	**4863**
40	1738	874	864				1676	838
41	2179	1125	1054				2119	1090
42	2130	1052	1078				2061	1017
43	1927	925	1002				1862	893
44	2105	1061	1044	1		1	2032	1025
45–49 岁	**13581**	**6974**	**6607**				**13186**	**6735**
45	2154	1139	1015				2084	1098
46	2597	1302	1295				2525	1256
47	2951	1510	1441				2858	1454
48	3008	1549	1459				2939	1506
49	2871	1474	1397				2780	1421
50 岁及以上	**52492**	**27209**	**25283**	**10**	**3**	**7**	**50930**	**26354**

3岁及以上各种受教育程度人口（城市）（续3）

单位：人

中									
	肄业			辍学			其他		
女	小计	男	女	小计	男	女	小计	男	女
52292	**376**	**233**	**143**	**505**	**316**	**189**	**2841**	**1527**	**1314**
13									
2									
11									
314	**18**	**13**	**5**	**23**	**15**	**8**	**38**	**19**	**19**
7	1	1		1	1		2	1	1
21	2	2		2		2	3	2	1
45	7	4	3	7	2	5	8	3	5
103	5	4	1	8	7	1	10	4	6
138	3	2	1	5	5		15	9	6
1754	**22**	**16**	**6**	**55**	**39**	**16**	**120**	**70**	**50**
204	2	2		11	10	1	12	7	5
215	7	6	1	12	9	3	19	13	6
336	4	3	1	11	6	5	23	11	12
438	4	2	2	9	5	4	28	15	13
561	5	3	2	12	9	3	38	24	14
3970	**30**	**23**	**7**	**75**	**51**	**24**	**262**	**133**	**129**
686	9	7	2	15	9	6	46	23	23
712	7	6	1	14	8	6	48	30	18
813	3	1	2	19	15	4	54	24	30
831	4	3	1	10	8	2	54	24	30
928	7	6	1	17	11	6	60	32	28
5814	**52**	**29**	**23**	**72**	**47**	**25**	**341**	**170**	**171**
1214	8	5	3	19	11	8	67	35	32
1148	11	5	6	16	12	4	76	40	36
1100	19	11	8	17	13	4	65	33	32
1272	5	3	2	9	5	4	78	35	43
1080	9	5	4	11	6	5	55	27	28
4513	**38**	**22**	**16**	**45**	**28**	**17**	**256**	**136**	**120**
905	7	4	3	11	5	6	50	24	26
943	7	5	2	9	8	1	48	28	20
840	9	4	5	3	2	1	46	25	21
925	8	6	2	15	8	7	61	30	31
900	7	3	4	7	5	2	51	29	22
4887	**26**	**12**	**14**	**51**	**35**	**16**	**251**	**127**	**124**
838	4	2	2	9	8	1	49	26	23
1029	4	1	3	8	6	2	48	28	20
1044	8	6	2	12	6	6	49	23	26
969	7	2	5	17	10	7	41	20	21
1007	3	1	2	5	5		64	30	34
6451	**40**	**31**	**9**	**35**	**23**	**12**	**320**	**185**	**135**
986	8	4	4	5	4	1	57	33	24
1269	10	10		6	5	1	56	31	25
1404	6	5	1	11	6	5	76	45	31
1433	9	7	2	4	3	1	56	33	23
1359	7	5	2	9	5	4	75	43	32
24576	**150**	**87**	**63**	**149**	**78**	**71**	**1253**	**687**	**566**

3-2a 全省分年龄、性别、学业完成情况的

年龄	大学							
	小计			在校			毕业	
	合计	男	女	小计	男	女	小计	男
合计	**93274**	**48831**	**44443**	**9191**	**5008**	**4183**	**82470**	**42972**
3								
4								
5-9岁								
5								
6								
7								
8								
9								
10-14岁	**2**	**1**	**1**	**1**	**1**		**1**	
10								
11	1	1		1	1			
12								
13	1		1				1	
14								
15-19岁	**4615**	**2533**	**2082**	**4337**	**2387**	**1950**	**260**	**136**
15	108	63	45	104	60	44	4	3
16	210	116	94	201	112	89	8	4
17	458	230	228	429	216	213	25	11
18	1359	696	663	1281	659	622	74	35
19	2480	1428	1052	2322	1340	982	149	83
20-24岁	**10834**	**5435**	**5399**	**4551**	**2469**	**2082**	**6136**	**2896**
20	2531	1380	1151	2125	1191	934	390	182
21	2045	1079	966	1294	704	590	721	360
22	1987	944	1043	666	328	338	1289	600
23	1990	989	1001	313	171	142	1646	802
24	2281	1043	1238	153	75	78	2090	952
25-29岁	**13579**	**6525**	**7054**	**180**	**79**	**101**	**13143**	**6315**
25	2642	1187	1455	60	31	29	2533	1130
26	2644	1274	1370	53	19	34	2549	1235
27	2797	1334	1463	36	17	19	2709	1294
28	2730	1332	1398	16	4	12	2658	1299
29	2766	1398	1368	15	8	7	2694	1357
30-34岁	**15844**	**7822**	**8022**	**46**	**27**	**19**	**15486**	**7652**
30	3516	1721	1795	16	10	6	3430	1682
31	3275	1670	1605	9	6	3	3199	1633
32	3083	1520	1563	7	4	3	3010	1487
33	3234	1588	1646	6	3	3	3172	1556
34	2736	1323	1413	8	4	4	2675	1294
35-39岁	**10459**	**5314**	**5145**	**22**	**10**	**12**	**10243**	**5199**
35	2368	1181	1187	5	3	2	2318	1155
36	2200	1096	1104	4		4	2153	1072
37	2039	1051	988	3	3		1998	1027
38	2073	1070	1003	7	2	5	2029	1050
39	1779	916	863	3	2	1	1745	895
40-44岁	**8467**	**4268**	**4199**	**14**	**8**	**6**	**8294**	**4187**
40	1679	835	844	3	3		1640	818
41	1794	909	885	1	1		1756	892
42	1840	950	890	4	3	1	1802	932
43	1511	726	785	3		3	1483	713
44	1643	848	795	3	1	2	1613	832
45-49岁	**9479**	**5018**	**4461**	**21**	**15**	**6**	**9299**	**4910**
45	1688	850	838	4	3	1	1662	834
46	1850	970	880	2	2		1814	951
47	2044	1098	946	7	6	1	1996	1069
48	2032	1097	935	4	2	2	1990	1069
49	1865	1003	862	4	2	2	1837	987
50岁及以上	**19995**	**11915**	**8080**	**19**	**12**	**7**	**19608**	**11677**

3岁及以上各种受教育程度人口（城市）（续4）

单位：人

专			科						
	肄 业			辍 学			其 他		
女	小计	男	女	小计	男	女	小计	男	女
39498	**106**	**57**	**49**	**34**	**26**	**8**	**1473**	**768**	**705**
1									
1									
124				**6**	**5**	**1**	**12**	**5**	**7**
1									
4							1		1
14				4	3	1			
39				1	1		3	1	2
66				1	1		8	4	4
3240	**14**	**8**	**6**	**7**	**6**	**1**	**126**	**56**	**70**
208	2	1	1				14	6	8
361	4	2	2	1	1		25	12	13
689	3	3		1		1	28	13	15
844	2	1	1	3	3		26	12	14
1138	3	1	2	2	2		33	13	20
6828	**19**	**11**	**8**	**8**	**5**	**3**	**229**	**115**	**114**
1403	7	5	2				42	21	21
1314	4	1	3	1	1		37	18	19
1415	5	3	2	2	1	1	45	19	26
1359	1		1	2	1	1	53	28	25
1337	2	2		3	2	1	52	29	23
7834	**22**	**11**	**11**	**5**	**5**		**285**	**127**	**158**
1748	5	3	2	1	1		64	25	39
1566	5	4	1	1	1		61	26	35
1523	4	1	3	2	2		60	26	34
1616	6	1	5				50	28	22
1381	2	2		1	1		50	22	28
5044	**10**	**4**	**6**	**3**	**1**	**2**	**181**	**100**	**81**
1163				1		1	44	23	21
1081	5	3	2	2	1	1	36	20	16
971	4	1	3				34	20	14
979							37	18	19
850	1		1				30	19	11
4107	**6**	**1**	**5**	**2**	**1**	**1**	**151**	**71**	**80**
822	2		2	1		1	33	14	19
864	1	1					36	15	21
870	1		1				33	15	18
770	1		1				24	13	11
781	1		1	1	1		25	14	11
4389	**9**	**7**	**2**	**1**	**1**		**149**	**85**	**64**
828							22	13	9
863	2	2					32	15	17
927	3	2	1	1	1		37	20	17
921	2	1	1				36	25	11
850	2	2					22	12	10
7931	**26**	**15**	**11**	**2**	**2**		**340**	**209**	**131**

3-2a 全省分年龄、性别、学业完成情况的

年龄	大学							
	小计			在校			毕业	
	合计	男	女	小计	男	女	小计	男
合计	**91913**	**47372**	**44541**	**17226**	**7632**	**9594**	**73566**	**39146**
3								
4								
5-9 岁								
5								
6								
7								
8								
9								
10-14 岁	**2**	**1**	**1**	**2**	**1**	**1**		
10								
11								
12								
13								
14	2	1	1	2	1	1		
15-19 岁	**4338**	**1841**	**2497**	**4269**	**1805**	**2464**	**62**	**33**
15	19	12	7	17	12	5	2	
16	22	13	9	21	12	9	1	1
17	190	80	110	187	79	108	3	1
18	1315	525	790	1295	515	780	17	9
19	2792	1211	1581	2749	1187	1562	39	22
20-24 岁	**16752**	**7389**	**9363**	**12239**	**5449**	**6790**	**4426**	**1898**
20	3804	1632	2172	3729	1595	2134	67	32
21	3871	1687	2184	3635	1594	2041	222	88
22	3785	1678	2107	2825	1295	1530	948	376
23	2766	1256	1510	1383	646	737	1363	601
24	2526	1136	1390	667	319	348	1826	801
25-29 岁	**13858**	**6147**	**7711**	**576**	**295**	**281**	**13085**	**5778**
25	2616	1194	1422	297	151	146	2285	1033
26	2585	1114	1471	147	74	73	2398	1022
27	2824	1205	1619	68	40	28	2717	1148
28	2805	1229	1576	41	20	21	2728	1197
29	3028	1405	1623	23	10	13	2957	1378
30-34 岁	**17492**	**8644**	**8848**	**60**	**39**	**21**	**17156**	**8467**
30	3832	1823	2009	18	12	6	3773	1790
31	3749	1862	1887	13	9	4	3671	1820
32	3497	1707	1790	13	8	5	3424	1671
33	3319	1680	1639	7	5	2	3260	1650
34	3095	1572	1523	9	5	4	3028	1536
35-39 岁	**12245**	**6502**	**5743**	**26**	**11**	**15**	**12030**	**6389**
35	2610	1412	1198	11	4	7	2564	1390
36	2666	1395	1271	6	5	1	2609	1361
37	2420	1254	1166	3	1	2	2379	1229
38	2526	1378	1148	3		3	2484	1358
39	2023	1063	960	3	1	2	1994	1051
40-44 岁	**7893**	**4283**	**3610**	**18**	**9**	**9**	**7762**	**4209**
40	1659	892	767	2	1	1	1634	882
41	1919	1038	881	4	3	1	1878	1013
42	1649	902	747	3	2	1	1622	887
43	1330	709	621	5	2	3	1314	700
44	1336	742	594	4	1	3	1314	727
45-49 岁	**6754**	**4048**	**2706**	**19**	**11**	**8**	**6658**	**3987**
45	1252	722	530	1		1	1243	715
46	1355	836	519	5	3	2	1332	820
47	1383	823	560	6	4	2	1354	804
48	1479	891	588	2	2		1460	880
49	1285	776	509	5	2	3	1269	768
50 岁及以上	**12579**	**8517**	**4062**	**17**	**12**	**5**	**12387**	**8385**

3 岁及以上各种受教育程度人口（城市）（续 5）

单位：人

本科									
	肄业			辍学			其他		
女	小计	男	女	小计	男	女	小计	男	女
34420	**87**	**52**	**35**	**16**	**9**	**7**	**1018**	**533**	**485**
29	**1**		**1**				**6**	**3**	**3**
2									
2									
8							3	1	2
17	1		1				3	2	1
2528	**7**	**6**	**1**	**9**	**5**	**4**	**71**	**31**	**40**
35				2		2	6	5	1
134				2	1	1	12	4	8
572	1	1		1	1		10	5	5
762	4	3	1				16	6	10
1025	2	2		4	3	1	27	11	16
7307	**22**	**7**	**15**	**3**	**1**	**2**	**172**	**66**	**106**
1252	6	1	5				28	9	19
1376	5	1	4				35	17	18
1569	5	1	4				34	16	18
1531	4	2	2				32	10	22
1579	2	2		3	1	2	43	14	29
8689	**8**	**5**	**3**	**2**	**1**	**1**	**266**	**132**	**134**
1983	2	1	1				39	20	19
1851	2	2					63	31	32
1753	1		1	1	1		58	27	31
1610				1		1	51	25	26
1492	3	2	1				55	29	26
5641	**15**	**10**	**5**				**174**	**92**	**82**
1174	2	1	1				33	17	16
1248	2	1	1				49	28	21
1150	4	3	1				34	21	13
1126	4	3	1				35	17	18
943	3	2	1				23	9	14
3553	**7**	**4**	**3**				**106**	**61**	**45**
752	2	1	1				21	8	13
865	1	1					36	21	15
735	1	1					23	12	11
614							11	7	4
587	3	1	2				15	13	2
2671	**7**	**6**	**1**	**1**	**1**		**69**	**43**	**26**
528	1	1					7	6	1
512							18	13	5
550	6	5	1				17	10	7
580				1	1		16	8	8
501							11	6	5
4002	**20**	**14**	**6**	**1**	**1**		**154**	**105**	**49**

3-2a 全省分年龄、性别、学业完成情况的

年龄	硕						士	
	小计			在校			毕业	
	合计	男	女	小计	男	女	小计	男
合计	**9026**	**4414**	**4612**	**2785**	**1227**	**1558**	**6141**	**3138**
3								
4								
5–9 岁								
5								
6								
7								
8								
9								
10–14 岁								
10								
11								
12								
13								
14								
15–19 岁	**4**	**1**	**3**	**4**	**1**	**3**		
15								
16								
17								
18	1		1	1		1		
19	3	1	2	3	1	2		
20–24 岁	**1460**	**597**	**863**	**1376**	**574**	**802**	**83**	**23**
20	4	3	1	4	3	1		
21	44	17	27	44	17	27		
22	264	92	172	255	90	165	8	2
23	458	197	261	436	190	246	22	7
24	690	288	402	637	274	363	53	14
25–29 岁	**2153**	**925**	**1228**	**1261**	**595**	**666**	**873**	**324**
25	704	308	396	599	269	330	104	39
26	491	230	261	331	173	158	157	56
27	405	163	242	188	86	102	212	75
28	283	103	180	84	36	48	192	66
29	270	121	149	59	31	28	208	88
30–34 岁	**1820**	**762**	**1058**	**110**	**41**	**69**	**1676**	**707**
30	375	133	242	43	13	30	327	120
31	407	159	248	31	15	16	367	142
32	351	140	211	13	6	7	333	132
33	356	166	190	14	4	10	334	158
34	331	164	167	9	3	6	315	155
35–39 岁	**1414**	**686**	**728**	**25**	**11**	**14**	**1370**	**668**
35	295	125	170	6	1	5	284	122
36	295	150	145	6	2	4	285	147
37	266	121	145	3	3		261	118
38	325	167	158	8	4	4	311	160
39	233	123	110	2	1	1	229	121
40–44 岁	**818**	**455**	**363**	**6**	**3**	**3**	**803**	**446**
40	204	103	101	2		2	200	101
41	203	108	95				198	105
42	146	76	70	1		1	144	75
43	131	84	47	2	2		129	82
44	134	84	50	1	1		132	83
45–49 岁	**575**	**384**	**191**	**1**	**1**		**568**	**378**
45	109	65	44				108	64
46	97	64	33				97	64
47	134	93	41				134	93
48	115	77	38	1	1		111	74
49	120	85	35				118	83
50 岁及以上	**782**	**604**	**178**	**2**	**1**	**1**	**768**	**592**

3岁及以上各种受教育程度人口（城市）（续6）

单位：人

研	究				生				
	肄业			辍学			其他		
女	小计	男	女	小计	男	女	小计	男	女
3003	**1**		**1**				**99**	**49**	**50**
60							**1**		**1**
6							1		1
15									
39									
549							**19**	**6**	**13**
65							1		1
101							3	1	2
137							5	2	3
126							7	1	6
120							3	2	1
969	**1**		**1**				**33**	**14**	**19**
207	1		1				4		4
225							9	2	7
201							5	2	3
176							8	4	4
160							7	6	1
702							**19**	**7**	**12**
162							5	2	3
138							4	1	3
143							2		2
151							6	3	3
108							2	1	1
357							**9**	**6**	**3**
99							2	2	
93							5	3	2
69							1	1	
47									
49							1		1
190							**6**	**5**	**1**
44							1	1	
33									
41									
37							3	2	1
35							2	2	
176							**12**	**11**	**1**

3-2a 全省分年龄、性别、学业完成情况的

年龄	博士							
	小计			在校			毕业	
	合计	男	女	小计	男	女	小计	男
合计	**1444**	**891**	**553**	**430**	**244**	**186**	**1008**	**641**
3								
4								
5-9 岁								
5								
6								
7								
8								
9								
10-14 岁								
10								
11								
12								
13								
14								
15-19 岁								
15								
16								
17								
18								
19								
20-24 岁	**37**	**21**	**16**	**34**	**19**	**15**	**2**	**1**
20	1	1		1	1			
21	3	2	1	3	2	1		
22	6	2	4	5	1	4	1	1
23	7	3	4	5	2	3	1	
24	20	13	7	20	13	7		
25-29 岁	**274**	**156**	**118**	**232**	**133**	**99**	**42**	**23**
25	49	23	26	46	21	25	3	2
26	50	26	24	47	25	22	3	1
27	59	35	24	57	35	22	2	
28	56	34	22	43	26	17	13	8
29	60	38	22	39	26	13	21	12
30-34 岁	**297**	**177**	**120**	**121**	**73**	**48**	**173**	**101**
30	78	48	30	44	28	16	34	20
31	62	37	25	36	21	15	26	16
32	52	32	20	15	9	6	35	21
33	58	32	26	16	11	5	42	21
34	47	28	19	10	4	6	36	23
35-39 岁	**281**	**170**	**111**	**30**	**13**	**17**	**250**	**156**
35	51	32	19	10	6	4	41	26
36	48	26	22	8	2	6	40	24
37	52	31	21	5	3	2	46	27
38	66	44	22	4	1	3	62	43
39	64	37	27	3	1	2	61	36
40-44 岁	**228**	**133**	**95**	**10**	**5**	**5**	**218**	**128**
40	58	28	30	2	1	1	56	27
41	62	35	27	3	2	1	59	33
42	48	31	17	4	2	2	44	29
43	32	19	13	1		1	31	19
44	28	20	8				28	20
45-49 岁	**145**	**92**	**53**	**1**		**1**	**143**	**91**
45	31	24	7				31	24
46	28	19	9				28	19
47	35	20	15				35	20
48	28	16	12	1		1	27	16
49	23	13	10				22	12
50 岁及以上	**182**	**142**	**40**	**2**	**1**	**1**	**180**	**141**

3 岁及以上各种受教育程度人口（城市）（续 7）

单位：人

研究生									
	肄业			辍学			其他		
女	小计	男	女	小计	男	女	小计	男	女
367	**2**	**2**					**4**	**4**	
1							**1**	**1**	
1							1	1	
19									
1									
2									
2									
5									
9									
72	**1**	**1**					**2**	**2**	
14									
10									
14							2	2	
21									
13	1	1							
94							**1**	**1**	
15									
16									
19							1	1	
19									
25									
90									
29									
26									
15									
12									
8									
52	**1**	**1**							
7									
9									
15									
11									
10	1	1							
39									

3-2b 全省分年龄、性别、学业完成情况的

年龄	3岁及							
	合计			在校			毕业	
	合计	男	女	小计	男	女	小计	男
合计	**481240**	**244376**	**236864**	**120971**	**62343**	**58628**	**319772**	**162812**
3								
4								
5–9 岁	**33439**	**17560**	**15879**	**32602**	**17101**	**15501**	**612**	**335**
5	684	363	321	650	347	303	22	11
6	6653	3451	3202	6489	3356	3133	111	62
7	8601	4559	4042	8405	4455	3950	148	77
8	9034	4751	4283	8790	4624	4166	189	102
9	8467	4436	4031	8268	4319	3949	142	83
10–14 岁	**39528**	**21004**	**18524**	**38380**	**20312**	**18068**	**896**	**549**
10	8459	4461	3998	8255	4339	3916	158	97
11	8230	4458	3772	8024	4326	3698	152	96
12	7984	4264	3720	7757	4134	3623	184	111
13	7597	4042	3555	7360	3903	3457	195	119
14	7258	3779	3479	6984	3610	3374	207	126
15–19 岁	**39440**	**20051**	**19389**	**36814**	**18524**	**18290**	**2200**	**1263**
15	7919	4086	3833	7730	3971	3759	141	84
16	9544	4906	4638	9199	4686	4513	266	167
17	8321	4331	3990	7870	4051	3819	375	225
18	7165	3560	3605	6468	3169	3299	590	332
19	6491	3168	3323	5547	2647	2900	828	455
20–24 岁	**27348**	**13322**	**14026**	**12231**	**5924**	**6307**	**13822**	**6734**
20	6178	2997	3181	4831	2293	2538	1191	627
21	5309	2593	2716	3410	1623	1787	1711	868
22	5284	2565	2719	2212	1073	1139	2797	1354
23	4998	2478	2520	1151	619	532	3553	1705
24	5579	2689	2890	627	316	311	4570	2180
25–29 岁	**35421**	**16353**	**19068**	**703**	**359**	**344**	**32056**	**14749**
25	6584	3104	3480	338	163	175	5753	2708
26	6411	2968	3443	181	93	88	5788	2656
27	7318	3301	4017	93	52	41	6660	2977
28	7260	3371	3889	58	31	27	6639	3098
29	7848	3609	4239	33	20	13	7216	3310
30–34 岁	**50342**	**23423**	**26919**	**87**	**42**	**45**	**46241**	**21534**
30	10392	4742	5650	31	16	15	9535	4358
31	10285	4696	5589	20	10	10	9446	4315
32	9551	4462	5089	11	7	4	8790	4106
33	10664	4996	5668	14	6	8	9813	4613
34	9450	4527	4923	11	3	8	8657	4142
35–39 岁	**40201**	**19856**	**20345**	**45**	**17**	**28**	**36632**	**18110**
35	8474	4125	4349	10	2	8	7774	3787
36	8625	4196	4429	8	5	3	7883	3844
37	7765	3866	3899	8	4	4	7062	3493
38	8254	4096	4158	4		4	7517	3738
39	7083	3573	3510	15	6	9	6396	3248
40–44 岁	**34140**	**17247**	**16893**	**26**	**18**	**8**	**30832**	**15647**
40	6859	3310	3549	5	3	2	6200	3008
41	7068	3682	3386	5	2	3	6381	3321
42	7082	3529	3553	7	4	3	6397	3193
43	6153	3147	3006	4	4		5559	2875
44	6978	3579	3399	5	5		6295	3250
45–49 岁	**44866**	**23070**	**21796**	**24**	**12**	**12**	**40002**	**20694**
45	7181	3661	3520	8	5	3	6415	3301
46	8782	4451	4331	7	2	5	7840	3990
47	9510	4913	4597	4	1	3	8491	4428
48	9910	5153	4757	3	3		8844	4616
49	9483	4892	4591	2	1	1	8412	4359
50 岁及以上	**136515**	**72490**	**64025**	**59**	**34**	**25**	**116479**	**63197**

3岁及以上各种受教育程度人口（镇）

单位：人

以上人口									
	肄业			辍学			其他		
女	小计	男	女	小计	男	女	小计	男	女
156960	**4413**	**2001**	**2412**	**9696**	**4379**	**5317**	**26388**	**12841**	**13547**
277	**10**	**8**	**2**	**7**	**4**	**3**	**208**	**112**	**96**
11				1	1		11	4	7
49	1		1	1	1		51	32	19
71	4	3	1	1		1	43	24	19
87	3	3		3	1	2	49	21	28
59	2	2		1	1		54	31	23
347	**13**	**7**	**6**	**16**	**8**	**8**	**223**	**128**	**95**
61	4	2	2	2	1	1	40	22	18
56	3	3					51	33	18
73	2	1	1	2		2	39	18	21
76				1		1	41	20	21
81	4	1	3	11	7	4	52	35	17
937	**36**	**31**	**5**	**92**	**59**	**33**	**298**	**174**	**124**
57	6	6		6	5	1	36	20	16
99	6	6		17	10	7	56	37	19
150	6	6		22	16	6	48	33	15
258	9	5	4	25	18	7	73	36	37
373	9	8	1	22	10	12	85	48	37
7088	**126**	**70**	**56**	**235**	**127**	**108**	**934**	**467**	**467**
564	13	7	6	35	19	16	108	51	57
843	19	8	11	35	19	16	134	75	59
1443	22	12	10	53	31	22	200	95	105
1848	34	21	13	46	25	21	214	108	106
2390	38	22	16	66	33	33	278	138	140
17307	**208**	**101**	**107**	**519**	**262**	**257**	**1935**	**882**	**1053**
3045	34	18	16	95	54	41	364	161	203
3132	30	15	15	90	50	40	322	154	168
3683	41	20	21	105	55	50	419	197	222
3541	45	21	24	115	55	60	403	166	237
3906	58	27	31	114	48	66	427	204	223
24707	**317**	**160**	**157**	**795**	**370**	**425**	**2902**	**1317**	**1585**
5177	57	35	22	156	68	88	613	265	348
5131	71	35	36	145	75	70	603	261	342
4684	61	25	36	155	79	76	534	245	289
5200	56	30	26	181	77	104	600	270	330
4515	72	35	37	158	71	87	552	276	276
18522	**296**	**145**	**151**	**770**	**372**	**398**	**2458**	**1212**	**1246**
3987	56	24	32	141	71	70	493	241	252
4039	71	33	38	171	78	93	492	236	256
3569	50	29	21	154	80	74	491	260	231
3779	64	29	35	147	70	77	522	259	263
3148	55	30	25	157	73	84	460	216	244
15185	**294**	**136**	**158**	**802**	**379**	**423**	**2186**	**1067**	**1119**
3192	51	22	29	148	62	86	455	215	240
3060	58	25	33	167	96	71	457	238	219
3204	60	32	28	181	83	98	437	217	220
2684	67	30	37	144	57	87	379	181	198
3045	58	27	31	162	81	81	458	216	242
19308	**486**	**240**	**246**	**1148**	**535**	**613**	**3206**	**1589**	**1617**
3114	76	34	42	172	82	90	510	239	271
3850	86	42	44	214	102	112	635	315	320
4063	111	50	61	237	107	130	667	327	340
4228	117	62	55	252	119	133	694	353	341
4053	96	52	44	273	125	148	700	355	345
53282	**2627**	**1103**	**1524**	**5312**	**2263**	**3049**	**12038**	**5893**	**6145**

3-2b 全省分年龄、性别、学业完成情况的

年龄	小							
	小计			在校			毕业	
	合计	男	女	小计	男	女	小计	男
合计	**145705**	**65945**	**79760**	**51995**	**27470**	**24525**	**73231**	**30285**
3								
4								
5-9 岁	**33182**	**17417**	**15765**	**32373**	**16969**	**15404**	**592**	**326**
5	684	363	321	650	347	303	22	11
6	6605	3425	3180	6447	3333	3114	106	59
7	8556	4534	4022	8365	4432	3933	145	76
8	8963	4711	4252	8729	4586	4143	182	100
9	8374	4384	3990	8182	4271	3911	137	80
10-14 岁	**20086**	**10791**	**9295**	**19540**	**10469**	**9071**	**416**	**250**
10	8270	4364	3906	8080	4251	3829	148	91
11	7674	4165	3509	7493	4050	3443	133	83
12	3201	1757	1444	3104	1708	1396	75	39
13	678	369	309	639	347	292	31	20
14	263	136	127	224	113	111	29	17
15-19 岁	**380**	**183**	**197**	**42**	**18**	**24**	**254**	**119**
15	39	24	15	18	10	8	10	7
16	51	33	18	14	5	9	21	13
17	67	28	39	2		2	47	20
18	103	44	59	4	1	3	78	36
19	120	54	66	4	2	2	98	43
20-24 岁	**1112**	**473**	**639**	**2**	**1**	**1**	**887**	**382**
20	148	66	82				115	51
21	198	87	111				158	70
22	219	91	128	2	1	1	175	74
23	226	88	138				189	76
24	321	141	180				250	111
25-29 岁	**2483**	**982**	**1501**	**4**	**2**	**2**	**1968**	**771**
25	402	170	232	3	1	2	324	133
26	421	168	253				341	136
27	521	203	318				413	162
28	529	208	321	1	1		415	164
29	610	233	377				475	176
30-34 岁	**4643**	**1727**	**2916**	**3**		**3**	**3720**	**1353**
30	789	274	515	1		1	608	200
31	904	344	560				740	274
32	888	345	543				715	273
33	1044	395	649	1		1	840	317
34	1018	369	649	1		1	817	289
35-39 岁	**5176**	**1982**	**3194**	**4**	**1**	**3**	**4103**	**1531**
35	989	369	620	1		1	804	292
36	1050	377	673				833	295
37	1005	384	621				796	288
38	1131	429	702				909	339
39	1001	423	578	3	1	2	761	317
40-44 岁	**6206**	**2448**	**3758**	**1**	**1**		**4923**	**1954**
40	1139	416	723				896	328
41	1204	510	694				960	401
42	1287	501	786				1036	392
43	1175	449	726				920	363
44	1401	572	829	1	1		1111	470
45-49 岁	**11264**	**4454**	**6810**	**3**		**3**	**8986**	**3533**
45	1543	589	954	1		1	1191	450
46	2011	806	1205	2		2	1606	639
47	2392	962	1430				1930	782
48	2625	1051	1574				2101	824
49	2693	1046	1647				2158	838
50 岁及以上	61173	25488	35685	23	9	14	47382	20066

3 岁及以上各种受教育程度人口（镇）（续 1）

单位：人

学									
	肄业			辍学			其他		
女	小计	男	女	小计	男	女	小计	男	女
42946	**2754**	**1031**	**1723**	**5727**	**2175**	**3552**	**11998**	**4984**	**7014**
266	**10**	**8**	**2**	**7**	**4**	**3**	**200**	**110**	**90**
11				1	1		11	4	7
47	1		1	1	1		50	32	18
69	4	3	1	1		1	41	23	18
82	3	3		3	1	2	46	21	25
57	2	2		1	1		52	30	22
166	**7**	**5**	**2**	**6**	**2**	**4**	**117**	**65**	**52**
57	4	2	2	2	1	1	36	19	17
50	3	3					45	29	16
36				1		1	21	10	11
11				1		1	7	2	5
12				2	1	1	8	5	3
135	**2**	**1**	**1**	**16**	**10**	**6**	**66**	**35**	**31**
3				1	1		10	6	4
8				6	6		10	9	1
27				4		4	14	8	6
42	2	1	1	2	2		17	4	13
55				3	1	2	15	8	7
505	**15**	**6**	**9**	**49**	**22**	**27**	**159**	**62**	**97**
64	2	1	1	11	6	5	20	8	12
88	3	1	2	6	1	5	31	15	16
101	1	1		7	5	2	34	10	24
113	2	1	1	8	2	6	27	9	18
139	7	2	5	17	8	9	47	20	27
1197	**42**	**14**	**28**	**118**	**52**	**66**	**351**	**143**	**208**
191	5	4	1	17	9	8	53	23	30
205	4	2	2	25	11	14	51	19	32
251	6	2	4	22	7	15	80	32	48
251	11	2	9	24	12	12	78	29	49
299	16	4	12	30	13	17	89	40	49
2367	**80**	**29**	**51**	**257**	**94**	**163**	**583**	**251**	**332**
408	11	6	5	46	18	28	123	50	73
466	18	7	11	43	17	26	103	46	57
442	14	3	11	53	22	31	106	47	59
523	13	4	9	60	21	39	130	53	77
528	24	9	15	55	16	39	121	55	66
2572	**103**	**45**	**58**	**279**	**106**	**173**	**687**	**299**	**388**
512	17	6	11	51	20	31	116	51	65
538	24	9	15	60	22	38	133	51	82
508	21	13	8	46	21	25	142	62	80
570	19	7	12	58	19	39	145	64	81
444	22	10	12	64	24	40	151	71	80
2969	**144**	**50**	**94**	**367**	**139**	**228**	**771**	**304**	**467**
568	18	6	12	71	26	45	154	56	98
559	26	9	17	62	28	34	156	72	84
644	25	11	14	83	33	50	143	65	78
557	41	13	28	78	20	58	136	53	83
641	34	11	23	73	32	41	182	58	124
5453	**271**	**110**	**161**	**621**	**245**	**376**	**1383**	**566**	**817**
741	47	19	28	83	28	55	221	92	129
967	44	22	22	108	46	62	251	99	152
1148	61	20	41	124	47	77	277	113	164
1277	65	29	36	146	60	86	313	138	175
1320	54	20	34	160	64	96	321	124	197
27316	2080	763	1317	4007	1501	2506	7681	3149	4532

3-2b 全省分年龄、性别、学业完成情况的

年龄	初							
	小计			在校			毕业	
	合计	男	女	小计	男	女	小计	男
合计	**150988**	**78540**	**72448**	**22649**	**12092**	**10557**	**115500**	**59592**
3								
4								
5–9 岁	**257**	**143**	**114**	**229**	**132**	**97**	**20**	**9**
5								
6	48	26	22	42	23	19	5	3
7	45	25	20	40	23	17	3	1
8	71	40	31	61	38	23	7	2
9	93	52	41	86	48	38	5	3
10–14 岁	**18447**	**9787**	**8660**	**17872**	**9432**	**8440**	**459**	**287**
10	188	97	91	175	88	87	9	6
11	554	293	261	529	276	253	19	13
12	4780	2506	2274	4651	2426	2225	108	71
13	6762	3607	3155	6568	3491	3077	161	98
14	6163	3284	2879	5949	3151	2798	162	99
15–19 岁	**5935**	**3400**	**2535**	**4476**	**2503**	**1973**	**1276**	**773**
15	2881	1648	1233	2748	1566	1182	102	60
16	1197	675	522	977	534	443	189	118
17	677	386	291	398	208	190	245	152
18	600	361	239	219	120	99	341	214
19	580	330	250	134	75	59	399	229
20–24 岁	**4736**	**2451**	**2285**	**20**	**7**	**13**	**4186**	**2158**
20	586	328	258	7	2	5	507	292
21	678	387	291	2		2	599	344
22	906	435	471	5	3	2	793	376
23	1112	565	547	3		3	984	496
24	1454	736	718	3	2	1	1303	650
25–29 岁	**11063**	**5060**	**6003**	**13**	**7**	**6**	**9946**	**4531**
25	1869	905	964	3	2	1	1654	801
26	1929	913	1016	2	1	1	1751	825
27	2330	1052	1278	4	1	3	2091	940
28	2301	1042	1259	1	1		2062	940
29	2634	1148	1486	3	2	1	2388	1025
30–34 岁	**17870**	**7907**	**9963**	**9**		**9**	**16125**	**7117**
30	3550	1570	1980	2		2	3214	1426
31	3660	1612	2048	1		1	3294	1454
32	3287	1416	1871	1		1	2959	1266
33	3919	1744	2175	1		1	3555	1576
34	3454	1565	1889	4		4	3103	1395
35–39 岁	**16373**	**7730**	**8643**	**7**	**1**	**6**	**14803**	**6952**
35	3213	1460	1753	1		1	2919	1319
36	3414	1578	1836				3084	1416
37	3180	1503	1677	2		2	2863	1330
38	3517	1683	1834	2		2	3174	1509
39	3049	1506	1543	2	1	1	2763	1378
40–44 岁	**14455**	**7093**	**7362**	**5**	**2**	**3**	**13065**	**6367**
40	2870	1366	1504	1		1	2588	1226
41	2997	1492	1505	1	1		2708	1335
42	2954	1398	1556	2		2	2648	1248
43	2654	1358	1296				2409	1226
44	2980	1479	1501	1	1		2712	1332
45–49 岁	**19156**	**10022**	**9134**	**4**		**4**	**17300**	**9013**
45	3067	1526	1541	2		2	2781	1385
46	3835	1935	1900	1		1	3446	1735
47	4065	2150	1915	1		1	3663	1934
48	4246	2267	1979				3859	2044
49	3943	2144	1799				3551	1915
50 岁及以上	**42696**	**24947**	**17749**	**14**	**8**	**6**	**38320**	**22385**

3岁及以上各种受教育程度人口（镇）（续2）

单位：人

中									
	肄业			辍学			其他		
女	小计	男	女	小计	男	女	小计	男	女
55908	**1190**	**677**	**513**	**3074**	**1661**	**1413**	**8575**	**4518**	**4057**
11							**8**	**2**	**6**
2							1		1
2							2	1	1
5							3		3
2							2	1	1
172	**6**	**2**	**4**	**8**	**5**	**3**	**102**	**61**	**41**
3							4	3	1
6							6	4	2
37	2	1	1	1		1	18	8	10
63							33	18	15
63	4	1	3	7	5	2	41	28	13
503	**17**	**17**		**32**	**19**	**13**	**134**	**88**	**46**
42	6	6		4	3	1	21	13	8
71	2	2		2	1	1	27	20	7
93	5	5		7	5	2	22	16	6
127				10	8	2	30	19	11
170	4	4		9	2	7	34	20	14
2028	**57**	**33**	**24**	**113**	**62**	**51**	**360**	**191**	**169**
215	6	3	3	14	9	5	52	22	30
255	10	4	6	16	8	8	51	31	20
417	10	6	4	27	14	13	71	36	35
488	14	8	6	26	15	11	85	46	39
653	17	12	5	30	16	14	101	56	45
5415	**90**	**46**	**44**	**277**	**139**	**138**	**737**	**337**	**400**
853	12	4	8	54	32	22	146	66	80
926	17	9	8	42	24	18	117	54	63
1151	19	7	12	55	29	26	161	75	86
1122	15	9	6	66	31	35	157	61	96
1363	27	17	10	60	23	37	156	81	75
9008	**158**	**86**	**72**	**402**	**192**	**210**	**1176**	**512**	**664**
1788	28	17	11	76	32	44	230	95	135
1840	30	13	17	76	43	33	259	102	157
1693	32	16	16	79	43	36	216	91	125
1979	28	19	9	89	35	54	246	114	132
1708	40	21	19	82	39	43	225	110	115
7851	**150**	**76**	**74**	**383**	**208**	**175**	**1030**	**493**	**537**
1600	32	15	17	66	38	28	195	88	107
1668	35	19	16	90	43	47	205	100	105
1533	25	13	12	86	44	42	204	116	88
1665	34	15	19	72	45	27	235	114	121
1385	24	14	10	69	38	31	191	75	116
6698	**116**	**69**	**47**	**354**	**198**	**156**	**915**	**457**	**458**
1362	24	12	12	60	29	31	197	99	98
1373	25	12	13	82	52	30	181	92	89
1400	29	17	12	81	42	39	194	91	103
1183	22	17	5	58	34	24	165	81	84
1380	16	11	5	73	41	32	178	94	84
8287	**167**	**97**	**70**	**437**	**234**	**203**	**1248**	**678**	**570**
1396	21	9	12	72	44	28	191	88	103
1711	30	13	17	88	44	44	270	143	127
1729	40	23	17	89	47	42	272	146	126
1815	42	26	16	93	51	42	252	146	106
1636	34	26	8	95	48	47	263	155	108
15935	**429**	**251**	**178**	**1068**	**604**	**464**	**2865**	**1699**	**1166**

3-2b　全省分年龄、性别、学业完成情况的

年龄	高							
	小计			在校			毕业	
	合计	男	女	小计	男	女	小计	男
合计	**82892**	**45655**	**37237**	**27672**	**13740**	**13932**	**50964**	**29360**
3								
4								
5–9 岁								
5								
6								
7								
8								
9								
10–14 岁	**994**	**425**	**569**	**968**	**411**	**557**	**20**	**11**
10	1		1				1	
11	2		2	2		2		
12	2		2	2		2		
13	157	66	91	153	65	88	3	1
14	832	359	473	811	346	465	16	10
15–19 岁	**26287**	**13197**	**13090**	**25685**	**12857**	**12828**	**474**	**267**
15	4902	2361	2541	4871	2345	2526	25	14
16	8076	4084	3992	7996	4038	3958	52	33
17	6987	3619	3368	6899	3557	3342	68	45
18	4392	2183	2209	4227	2098	2129	126	64
19	1930	950	980	1692	819	873	203	111
20–24 岁	**3660**	**1859**	**1801**	**1007**	**467**	**540**	**2398**	**1257**
20	895	440	455	588	270	318	273	153
21	578	293	285	210	103	107	339	173
22	666	346	320	106	41	65	503	273
23	680	348	332	62	34	28	558	282
24	841	432	409	41	19	22	725	376
25–29 岁	**6060**	**3077**	**2983**	**7**	**1**	**6**	**5511**	**2784**
25	1056	544	512	2	1	1	953	489
26	1083	546	537	2		2	991	498
27	1259	632	627	2		2	1133	553
28	1266	643	623				1157	591
29	1396	712	684	1		1	1277	653
30–34 岁	**7978**	**4087**	**3891**	**1**	**1**		**7346**	**3748**
30	1798	886	912				1650	810
31	1665	832	833	1	1		1532	764
32	1479	775	704				1359	709
33	1666	879	787				1547	816
34	1370	715	655				1258	649
35–39 岁	**5350**	**2888**	**2462**	**1**	**1**		**4908**	**2648**
35	1153	611	542				1052	562
36	1173	613	560				1087	569
37	1025	569	456	1	1		943	521
38	1067	586	481				977	536
39	932	509	423				849	460
40–44 岁	**5032**	**2809**	**2223**				**4667**	**2588**
40	968	530	438				896	485
41	1070	598	472				980	538
42	1110	613	497				1039	572
43	872	504	368				820	476
44	1012	564	448				932	517
45–49 岁	**6809**	**3828**	**2981**				**6337**	**3551**
45	1127	631	496				1048	582
46	1276	688	588				1198	642
47	1466	813	653				1357	753
48	1507	888	619				1403	832
49	1433	808	625				1331	742
50 岁及以上	**20722**	**13485**	**7237**	**3**	**2**	**1**	**19303**	**12506**

3岁及以上各种受教育程度人口（镇）（续3）

单位：人

中									
	肄业			辍学			其他		
女	小计	男	女	小计	男	女	小计	男	女
21604	**338**	**213**	**125**	**844**	**510**	**334**	**3074**	**1832**	**1242**
9				**2**	**1**	**1**	**4**	**2**	**2**
1									
2							1		1
6				2	1	1	3	2	1
207	**17**	**13**	**4**	**39**	**26**	**13**	**72**	**34**	**38**
11				1	1		5	1	4
19	4	4		8	3	5	16	6	10
23	1	1		8	8		11	8	3
62	7	4	3	12	7	5	20	10	10
92	5	4	1	10	7	3	20	9	11
1141	**28**	**16**	**12**	**68**	**39**	**29**	**159**	**80**	**79**
120	4	2	2	10	4	6	20	11	9
166	1		1	12	9	3	16	8	8
230	6	3	3	16	9	7	35	20	15
276	10	7	3	12	8	4	38	17	21
349	7	4	3	18	9	9	50	24	26
2727	**53**	**26**	**27**	**118**	**69**	**49**	**371**	**197**	**174**
464	10	6	4	23	13	10	68	35	33
493	7	3	4	23	15	8	60	30	30
580	10	6	4	26	18	8	88	55	33
566	13	5	8	23	11	12	73	36	37
624	13	6	7	23	12	11	82	41	41
3598	**54**	**32**	**22**	**124**	**77**	**47**	**453**	**229**	**224**
840	12	8	4	33	17	16	103	51	52
768	16	11	5	22	14	8	94	42	52
650	9	4	5	21	13	8	90	49	41
731	10	5	5	29	19	10	80	39	41
609	7	4	3	19	14	5	86	48	38
2260	**28**	**15**	**13**	**100**	**54**	**46**	**313**	**170**	**143**
490	5	2	3	20	10	10	76	37	39
518	8	3	5	21	13	8	57	28	29
422	2	1	1	20	14	6	59	32	27
441	6	4	2	16	6	10	68	40	28
389	7	5	2	23	11	12	53	33	20
2079	**22**	**10**	**12**	**77**	**38**	**39**	**266**	**173**	**93**
411	6	2	4	17	7	10	49	36	13
442	4	3	1	22	15	7	64	42	22
467	5	3	2	16	7	9	50	31	19
344	3		3	8	3	5	41	25	16
415	4	2	2	14	6	8	62	39	23
2786	**32**	**24**	**8**	**86**	**53**	**33**	**354**	**200**	**154**
466	4	4		16	10	6	59	35	24
556	7	5	2	17	11	6	54	30	24
604	8	5	3	23	12	11	78	43	35
571	7	5	2	13	8	5	84	43	41
589	6	5	1	17	12	5	79	49	30
6797	**104**	**77**	**27**	**230**	**153**	**77**	**1082**	**747**	**335**

3-2b 全省分年龄、性别、学业完成情况的

年龄	大学							
	小计			在校			毕业	
	合计	男	女	小计	男	女	小计	男
合计	**52300**	**27836**	**24464**	**7556**	**3351**	**4205**	**42850**	**23425**
3								
4								
5–9岁								
5								
6								
7								
8								
9								
10–14岁	**1**	**1**					**1**	**1**
10								
11								
12	1	1					1	1
13								
14								
15–19岁	**3712**	**1716**	**1996**	**3526**	**1611**	**1915**	**162**	**87**
15	88	48	40	84	45	39	4	3
16	184	96	88	177	91	86	3	3
17	430	232	198	411	220	191	15	8
18	1115	500	615	1077	482	595	32	14
19	1895	840	1055	1777	773	1004	108	59
20–24岁	**7819**	**3550**	**4269**	**3755**	**1598**	**2157**	**3863**	**1838**
20	1967	849	1118	1709	725	984	242	113
21	1520	660	860	1012	410	602	471	228
22	1511	700	811	618	269	349	843	405
23	1359	657	702	274	131	143	1045	500
24	1462	684	778	142	63	79	1262	592
25–29岁	**8418**	**3906**	**4512**	**194**	**89**	**105**	**7902**	**3665**
25	1771	827	944	93	37	56	1610	757
26	1587	723	864	40	23	17	1477	661
27	1694	746	948	24	11	13	1606	705
28	1697	797	900	24	9	15	1614	764
29	1669	813	856	13	9	4	1595	778
30–34岁	**9268**	**4533**	**4735**	**33**	**18**	**15**	**8803**	**4314**
30	2115	1012	1103	14	8	6	2001	961
31	1939	924	1015	9	3	6	1838	875
32	1785	885	900	6	5	1	1703	843
33	1863	904	959	3	2	1	1762	859
34	1566	808	758	1		1	1499	776
35–39岁	**5736**	**3091**	**2645**	**13**	**8**	**5**	**5465**	**2938**
35	1355	717	638	4	1	3	1290	677
36	1238	686	552	3	3		1179	654
37	1118	625	493	3	2	1	1064	591
38	1108	577	531	1		1	1056	552
39	917	486	431	2	2		876	464
40–44岁	**4286**	**2423**	**1863**	**11**	**8**	**3**	**4115**	**2322**
40	869	440	429				832	422
41	866	515	351	2		2	826	494
42	898	514	384	4	3	1	859	490
43	762	426	336	3	3		736	409
44	891	528	363	2	2		862	507
45–49岁	**4613**	**2720**	**1893**	**13**	**9**	**4**	**4424**	**2601**
45	793	470	323	2	2		761	453
46	967	578	389	4	2	2	914	545
47	978	560	418	2	1	1	945	538
48	956	562	394	3	3		918	538
49	919	550	369	2	1	1	886	527
50岁及以上	**8447**	**5896**	**2551**	**11**	**10**	**1**	**8115**	**5659**

3岁及以上各种受教育程度人口（镇）（续4）

单位：人

专科									
	肄业			辍学			其他		
女	小计	男	女	小计	男	女	小计	男	女
19425	**93**	**58**	**35**	**39**	**25**	**14**	**1762**	**977**	**785**
75				**5**	**4**	**1**	**19**	**14**	**5**
1									
				1		1	3	2	1
7				3	3		1	1	
18				1	1		5	3	2
49							10	8	2
2025	**20**	**11**	**9**	**4**	**3**	**1**	**177**	**100**	**77**
129	1	1					15	10	5
243	5	3	2	1	1		31	18	13
438	5	2	3	2	2		43	22	21
545	4	3	1				36	23	13
670	5	2	3	1		1	52	27	25
4237	**11**	**8**	**3**	**3**	**1**	**2**	**308**	**143**	**165**
853	4	3	1	1		1	63	30	33
816	1		1				69	39	30
901	2	2		1	1		61	27	34
850	4	3	1	1		1	54	21	33
817							61	26	35
4489	**18**	**11**	**7**	**7**	**4**	**3**	**407**	**186**	**221**
1040	5	4	1				95	39	56
963	5	3	2	3	1	2	84	42	42
860	4	2	2	1		1	71	35	36
903	4	2	2	1	1		93	40	53
723				2	2		64	30	34
2527	**7**	**3**	**4**	**7**	**3**	**4**	**244**	**139**	**105**
613				4	3	1	57	36	21
525	2		2				54	29	25
473	1	1		1		1	49	31	18
504	3	2	1	1		1	47	23	24
412	1		1	1		1	37	20	17
1793	**11**	**6**	**5**	**4**	**4**		**145**	**83**	**62**
410	3	2	1				34	16	18
332	3	1	2	1	1		34	19	15
369				1	1		34	20	14
327	1		1				22	14	8
355	4	3	1	2	2		21	14	7
1823	**14**	**8**	**6**	**3**	**2**	**1**	**159**	**100**	**59**
308	3	1	2	1		1	26	14	12
369	5	2	3	1	1		43	28	15
407	2	2					29	19	10
380	2	2					33	19	14
359	2	1	1	1	1		28	20	8
2456	**12**	**11**	**1**	**6**	**4**	**2**	**303**	**212**	**91**

3-2b 全省分年龄、性别、学业完成情况的

年龄	大学							
	小计			在校			毕业	
	合计	男	女	小计	男	女	小计	男
合计	**47827**	**25611**	**22216**	**10589**	**5417**	**5172**	**36227**	**19642**
3								
4								
5-9 岁								
5								
6								
7								
8								
9								
10-14 岁								
10								
11								
12								
13								
14								
15-19 岁	**3121**	**1551**	**1570**	**3080**	**1531**	**1549**	**34**	**17**
15	9	5	4	9	5	4		
16	36	18	18	35	18	17	1	
17	157	63	94	157	63	94		
18	955	472	483	941	468	473	13	4
19	1964	993	971	1938	977	961	20	13
20-24 岁	**9738**	**4843**	**4895**	**7181**	**3711**	**3470**	**2475**	**1095**
20	2580	1312	1268	2525	1294	1231	54	18
21	2320	1161	1159	2171	1105	1066	144	53
22	1936	966	970	1436	732	704	482	226
23	1524	768	756	720	403	317	773	351
24	1378	636	742	329	177	152	1022	447
25-29 岁	**6972**	**3139**	**3833**	**276**	**145**	**131**	**6517**	**2925**
25	1358	601	757	140	72	68	1182	521
26	1295	574	721	82	38	44	1187	523
27	1426	628	798	32	18	14	1360	599
28	1412	658	754	17	13	4	1353	623
29	1481	678	803	5	4	1	1435	659
30-34 岁	**10178**	**4992**	**5186**	**19**	**12**	**7**	**9871**	**4839**
30	2060	974	1086	5	4	1	1993	940
31	2020	946	1074	3	2	1	1952	914
32	2032	999	1033	3	2	1	1976	973
33	2097	1040	1057	3	1	2	2040	1014
34	1969	1033	936	5	3	2	1910	998
35-39 岁	**7351**	**4041**	**3310**	**12**	**3**	**9**	**7147**	**3920**
35	1703	935	768	2	1	1	1651	904
36	1700	912	788	2		2	1653	882
37	1401	761	640	1		1	1361	740
38	1393	799	594				1364	780
39	1154	634	520	7	2	5	1118	614
40-44 岁	**4090**	**2425**	**1665**	**9**	**7**	**2**	**3991**	**2367**
40	994	546	448	4	3	1	969	535
41	912	557	355	2	1	1	888	543
42	819	490	329	1	1		801	478
43	683	405	278	1	1		667	396
44	682	427	255	1	1		666	415
45-49 岁	**2968**	**2005**	**963**	**4**	**3**	**1**	**2900**	**1956**
45	635	434	201	3	3		618	420
46	684	436	248				668	422
47	597	418	179	1		1	584	411
48	567	379	188				554	372
49	485	338	147				476	331
50 岁及以上	**3409**	**2615**	**794**	**8**	**5**	**3**	**3292**	**2523**

3岁及以上各种受教育程度人口（镇）（续5）

单位：人

本科									
	肄业			辍学			其他		
女	小计	男	女	小计	男	女	小计	男	女
16585	**37**	**21**	**16**	**12**	**8**	**4**	**962**	**523**	**439**
17							**7**	**3**	**4**
1									
9							1		1
7							6	3	3
1380	**6**	**4**	**2**	**1**	**1**		**75**	**32**	**43**
36							1		1
91							5	3	2
256				1	1		17	7	10
422	4	2	2				27	12	15
575	2	2					25	10	15
3592	**12**	**7**	**5**	**3**	**1**	**2**	**164**	**61**	**103**
661	3	1	2				33	7	26
664	1	1					25	12	13
761	4	3	1	1		1	29	8	21
730	2	2		1	1		39	19	20
776	2		2	1		1	38	15	23
5032	**6**	**1**	**5**	**5**	**3**	**2**	**277**	**137**	**140**
1053	1		1	1	1		60	29	31
1038	2	1	1	1		1	62	29	33
1003	2		2	1	1		50	23	27
1026	1		1	2	1	1	51	24	27
912							54	32	22
3227	**8**	**6**	**2**	**1**	**1**		**183**	**111**	**72**
747	2	1	1				48	29	19
771	2	2					43	28	15
621	1	1		1	1		37	19	18
584	2	1	1				27	18	9
504	1	1					28	17	11
1624	**1**	**1**					**89**	**50**	**39**
434							21	8	13
345							22	13	9
323	1	1					16	10	6
271							15	8	7
251							15	11	4
944	**2**	**1**	**1**	**1**	**1**		**61**	**44**	**17**
198	1	1					13	10	3
246							16	14	2
173				1	1		11	6	5
182	1		1				12	7	5
145							9	7	2
769	**2**	**1**	**1**	**1**	**1**		**106**	**85**	**21**

3-2b 全省分年龄、性别、学业完成情况的

年龄	博士							
	小计			在校			毕业	
	合计	男	女	小计	男	女	小计	男
合计	**1444**	**747**	**697**	**477**	**255**	**222**	**949**	**484**
3								
4								
5–9 岁								
5								
6								
7								
8								
9								
10–14 岁								
10								
11								
12								
13								
14								
15–19 岁	**5**	**4**	**1**	**5**	**4**	**1**		
15								
16								
17	3	3		3	3			
18								
19	2	1	1	2	1	1		
20–24 岁	**279**	**144**	**135**	**263**	**138**	**125**	**12**	**4**
20	2	2		2	2			
21	15	5	10	15	5	10		
22	46	27	19	45	27	18	1	
23	97	52	45	92	51	41	4	
24	119	58	61	109	53	56	7	4
25–29 岁	**402**	**178**	**224**	**193**	**106**	**87**	**205**	**71**
25	123	56	67	94	49	45	28	7
26	93	42	51	52	29	23	41	13
27	81	36	45	26	18	8	55	18
28	52	21	31	12	5	7	38	16
29	53	23	30	9	5	4	43	17
30–34 岁	**372**	**162**	**210**	**11**	**5**	**6**	**354**	**154**
30	75	23	52	6	2	4	67	20
31	84	34	50	2	2		81	32
32	76	40	36				75	40
33	68	30	38	3	1	2	65	29
34	69	35	34				66	33
35–39 岁	**204**	**120**	**84**	**5**	**2**	**3**	**198**	**118**
35	60	33	27	1		1	58	33
36	46	29	17	1	1		45	28
37	33	22	11	1	1		32	21
38	36	21	15	1		1	35	21
39	29	15	14	1		1	28	15
40–44 岁	**65**	**43**	**22**				**65**	**43**
40	17	10	7				17	10
41	16	7	9				16	7
42	14	13	1				14	13
43	7	5	2				7	5
44	11	8	3				11	8
45–49 岁	**55**	**40**	**15**				**54**	**39**
45	15	10	5				15	10
46	9	8	1				8	7
47	12	10	2				12	10
48	9	6	3				9	6
49	10	6	4				10	6
50 岁及以上	**62**	**56**	**6**				**61**	**55**

3岁及以上各种受教育程度人口（镇）（续6）

单位：人

研究生									
	肄业			结业			其他		
女	小计	男	女	小计	男	女	小计	男	女
465	**1**	**1**					**17**	**7**	**10**
8							**4**	**2**	**2**
1									
4							1	1	
3							3	1	2
134							**4**	**1**	**3**
21							1		1
28									
37									
22							2		2
26							1	1	
200	**1**	**1**					**6**	**2**	**4**
47							2	1	1
49							1		1
35							1		1
36									
33	1	1					2	1	1
80							**1**		**1**
25							1		1
17									
11									
14									
13									
22									
7									
9									
1									
2									
3									
15							**1**	**1**	
5									
1							1	1	
2									
3									
4									
6							**1**	**1**	

3-2b　全省分年龄、性别、学业完成情况的

年龄	博士							
	小计			在校			毕业	
	合计	男	女	小计	男	女	小计	男
合计	**84**	**42**	**42**	**33**	**18**	**15**	**51**	**24**
3								
4								
5–9 岁								
5								
6								
7								
8								
9								
10–14 岁								
10								
11								
12								
13								
14								
15–19 岁								
15								
16								
17								
18								
19								
20–24 岁	**4**	**2**	**2**	**3**	**2**	**1**	**1**	
20								
21								
22								
23								
24	4	2	2	3	2	1	1	
25–29 岁	**23**	**11**	**12**	**16**	**9**	**7**	**7**	**2**
25	5	1	4	3	1	2	2	
26	3	2	1	3	2	1		
27	7	4	3	5	4	1	2	
28	3	2	1	3	2	1		
29	5	2	3	2		2	3	2
30–34 岁	**33**	**15**	**18**	**11**	**6**	**5**	**22**	**9**
30	5	3	2	3	2	1	2	1
31	13	4	9	4	2	2	9	2
32	4	2	2	1		1	3	2
33	7	4	3	3	2	1	4	2
34	4	2	2				4	2
35–39 岁	**11**	**4**	**7**	**3**	**1**	**2**	**8**	**3**
35	1		1	1		1		
36	4	1	3	2	1	1	2	
37	3	2	1				3	2
38	2	1	1				2	1
39	1		1				1	
40–44 岁	**6**	**6**					**6**	**6**
40	2	2					2	2
41	3	3					3	3
42								
43								
44	1	1					1	1
45–49 岁	**1**	**1**					**1**	**1**
45	1	1					1	1
46								
47								
48								
49								
50 岁及以上	**6**	**3**	**3**				**6**	**3**

3岁及以上各种受教育程度人口（镇）（续7）

单位：人

研	究	生							
	肄 业			辍 学			其 他		
女	小计	男	女	小计	男	女	小计	男	女
27									
1									
1									
5									
2									
2									
1									
13									
1									
7									
1									
2									
2									
5									
2									
1									
1									
1									
3									

3-2c 全省分年龄、性别、学业完成情况的

年龄	3岁及							
	合计			在校			毕业	
	合计	男	女	小计	男	女	小计	男
合计	**932078**	**503105**	**428973**	**189060**	**97067**	**91993**	**618988**	**342293**
3								
4								
5–9岁	**60640**	**31385**	**29255**	**59227**	**30646**	**28581**	**827**	**452**
5	1615	874	741	1546	841	705	29	20
6	10793	5543	5250	10530	5395	5135	153	91
7	15320	7833	7487	14997	7671	7326	185	96
8	16612	8697	7915	16242	8491	7751	232	135
9	16300	8438	7862	15912	8248	7664	228	110
10–14岁	**74714**	**39016**	**35698**	**72427**	**37699**	**34728**	**1635**	**959**
10	16224	8458	7766	15843	8247	7596	261	148
11	15902	8263	7639	15470	8024	7446	295	174
12	15001	7862	7139	14562	7605	6957	317	186
13	14339	7517	6822	13885	7256	6629	311	179
14	13248	6916	6332	12667	6567	6100	451	272
15–19岁	**53755**	**27802**	**25953**	**43412**	**22075**	**21337**	**8961**	**4948**
15	11978	6245	5733	11243	5833	5410	585	328
16	11909	6183	5726	10515	5416	5099	1209	660
17	10381	5417	4964	8422	4317	4105	1707	952
18	9893	5098	4795	7203	3601	3602	2337	1291
19	9594	4859	4735	6029	2908	3121	3123	1717
20–24岁	**49266**	**24518**	**24748**	**12781**	**6028**	**6753**	**32685**	**16601**
20	8928	4499	4429	4526	2180	2346	3879	2073
21	8604	4272	4332	3354	1535	1819	4638	2418
22	9715	4792	4923	2452	1153	1299	6477	3253
23	10256	5098	5158	1552	744	808	7869	3949
24	11763	5857	5906	897	416	481	9822	4908
25–29岁	**64610**	**32845**	**31765**	**958**	**464**	**494**	**56936**	**28947**
25	13627	6820	6807	491	234	257	11813	5922
26	12424	6330	6094	240	112	128	10956	5548
27	13286	6675	6611	125	59	66	11801	5929
28	12623	6414	6209	56	34	22	11161	5690
29	12650	6606	6044	46	25	21	11205	5858
30–34岁	**67737**	**35386**	**32351**	**90**	**50**	**40**	**59350**	**31130**
30	15376	8006	7370	39	23	16	13510	7039
31	14135	7353	6782	19	7	12	12401	6468
32	12834	6679	6155	14	9	5	11306	5925
33	13434	7097	6337	12	7	5	11699	6200
34	11958	6251	5707	6	4	2	10434	5498
35–39岁	**52750**	**28177**	**24573**	**35**	**25**	**10**	**45305**	**24279**
35	10905	5840	5065	10	7	3	9397	5034
36	10974	5764	5210	7	6	1	9478	4975
37	9816	5169	4647	6	4	2	8414	4484
38	11132	6075	5057	9	6	3	9538	5222
39	9923	5329	4594	3	2	1	8478	4564
40–44岁	**54445**	**29308**	**25137**	**21**	**14**	**7**	**45839**	**24884**
40	10157	5457	4700	3	3		8653	4693
41	10604	5840	4764	7	4	3	8955	4943
42	11350	6090	5260	4	3	1	9532	5146
43	10316	5592	4724	6	4	2	8673	4782
44	12018	6329	5689	1		1	10026	5320
45–49岁	**96930**	**51276**	**45654**	**34**	**21**	**13**	**81180**	**43406**
45	13707	7189	6518	5	2	3	11431	6044
46	17866	9445	8421	10	7	3	15030	8043
47	20659	10940	9719	8	4	4	17268	9232
48	22386	11761	10625	5	4	1	18775	9990
49	22312	11941	10371	6	4	2	18676	10097
50岁及以上	**357231**	**203392**	**153839**	**75**	**45**	**30**	**286270**	**166687**

3岁及以上各种受教育程度人口（乡村）

单位：人

以上人口									
	肄业			辍学			其他		
女	小计	男	女	小计	男	女	小计	男	女
276695	**17811**	**8806**	**9005**	**31312**	**15626**	**15686**	**74907**	**39313**	**35594**
375	**21**	**14**	**7**	**14**	**8**	**6**	**551**	**265**	**286**
9	1		1	1	1		38	12	26
62	3	1	2	1	1		106	55	51
89	9	8	1	4	1	3	125	57	68
97	5	4	1	2	2		131	65	66
118	3	1	2	6	3	3	151	76	75
676	**31**	**17**	**14**	**42**	**28**	**14**	**579**	**313**	**266**
113	3	2	1	7	6	1	110	55	55
121	4	1	3	5	4	1	128	60	68
131	8	5	3	5	2	3	109	64	45
132	9	5	4	10	6	4	124	71	53
179	7	4	3	15	10	5	108	63	45
4013	**159**	**100**	**59**	**296**	**184**	**112**	**927**	**495**	**432**
257	9	5	4	30	18	12	111	61	50
549	25	17	8	32	22	10	128	68	60
755	22	13	9	61	39	22	169	96	73
1046	45	28	17	74	48	26	234	130	104
1406	58	37	21	99	57	42	285	140	145
16084	**388**	**205**	**183**	**648**	**359**	**289**	**2764**	**1325**	**1439**
1806	51	24	27	98	53	45	374	169	205
2220	67	37	30	106	57	49	439	225	214
3224	78	38	40	137	72	65	571	276	295
3920	84	40	44	132	77	55	619	288	331
4914	108	66	42	175	100	75	761	367	394
27989	**670**	**375**	**295**	**1124**	**618**	**506**	**4922**	**2441**	**2481**
5891	129	74	55	196	107	89	998	483	515
5408	128	79	49	216	126	90	884	465	419
5872	145	81	64	230	133	97	985	473	512
5471	113	51	62	251	132	119	1042	507	535
5347	155	90	65	231	120	111	1013	513	500
28220	**913**	**462**	**451**	**1682**	**870**	**812**	**5702**	**2874**	**2828**
6471	180	84	96	336	189	147	1311	671	640
5933	184	101	83	361	182	179	1170	595	575
5381	160	79	81	319	159	160	1035	507	528
5499	206	108	98	364	196	168	1153	586	567
4936	183	90	93	302	144	158	1033	515	518
21026	**870**	**449**	**421**	**1577**	**810**	**767**	**4963**	**2614**	**2349**
4363	188	103	85	334	168	166	976	528	448
4503	156	81	75	326	177	149	1007	525	482
3930	169	73	96	298	153	145	929	455	474
4316	167	96	71	338	168	170	1080	583	497
3914	190	96	94	281	144	137	971	523	448
20955	**1104**	**545**	**559**	**1931**	**987**	**944**	**5550**	**2878**	**2672**
3960	178	86	92	341	174	167	982	501	481
4012	191	104	87	363	196	167	1088	593	495
4386	242	117	125	381	205	176	1191	619	572
3891	235	113	122	381	182	199	1021	511	510
4706	258	125	133	465	230	235	1268	654	614
37774	**2236**	**1087**	**1149**	**4165**	**1972**	**2193**	**9315**	**4790**	**4525**
5387	311	165	146	588	274	314	1372	704	668
6987	410	192	218	701	333	368	1715	870	845
8036	459	224	235	955	459	496	1969	1021	948
8785	529	248	281	972	461	511	2105	1058	1047
8579	527	258	269	949	445	504	2154	1137	1017
119583	**11419**	**5552**	**5867**	**19833**	**9790**	**10043**	**39634**	**21318**	**18316**

3-2c 全省分年龄、性别、学业完成情况的

年龄	小							
	小计			在校			毕业	
	合计	男	女	小计	男	女	小计	男
合计	**463841**	**222553**	**241288**	**99116**	**51395**	**47721**	**278608**	**131452**
3								
4								
5–9 岁	**60194**	**31140**	**29054**	**58813**	**30419**	**28394**	**804**	**440**
5	1615	874	741	1546	841	705	29	20
6	10731	5507	5224	10470	5360	5110	151	90
7	15246	7791	7455	14930	7635	7295	182	93
8	16479	8626	7853	16121	8426	7695	223	131
9	16123	8342	7781	15746	8157	7589	219	106
10–14 岁	**41262**	**21546**	**19716**	**40056**	**20871**	**19185**	**830**	**481**
10	15856	8261	7595	15493	8063	7430	248	140
11	14772	7697	7075	14395	7486	6909	257	153
12	7636	4030	3606	7386	3886	3500	174	106
13	2275	1186	1089	2157	1119	1038	82	47
14	723	372	351	625	317	308	69	35
15–19 岁	**1719**	**771**	**948**	**123**	**50**	**73**	**1243**	**548**
15	154	74	80	52	18	34	58	31
16	191	105	86	26	14	12	124	70
17	297	141	156	16	6	10	223	106
18	455	194	261	18	9	9	344	142
19	622	257	365	11	3	8	494	199
20–24 岁	**5626**	**2323**	**3303**	**20**	**12**	**8**	**4467**	**1845**
20	810	314	496	7	4	3	642	257
21	882	376	506	5	3	2	692	286
22	1177	471	706	3	1	2	921	374
23	1285	518	767	2	1	1	1031	414
24	1472	644	828	3	3		1181	514
25–29 岁	**10256**	**4366**	**5890**	**8**	**1**	**7**	**8047**	**3391**
25	1868	844	1024	2		2	1483	667
26	1767	740	1027	5	1	4	1393	566
27	2032	860	1172				1600	680
28	2203	908	1295	1		1	1695	697
29	2386	1014	1372				1876	781
30–34 岁	**16261**	**6881**	**9380**	**13**	**4**	**9**	**12538**	**5264**
30	3045	1299	1746	4	2	2	2337	989
31	3234	1383	1851	2		2	2505	1059
32	3105	1313	1792	2	1	1	2401	1009
33	3563	1533	2030	3		3	2750	1171
34	3314	1353	1961	2	1	1	2545	1036
35–39 岁	**17614**	**7656**	**9958**	**6**	**3**	**3**	**13536**	**5788**
35	3303	1403	1900				2552	1052
36	3477	1472	2005				2687	1115
37	3375	1449	1926	3	2	1	2578	1114
38	3809	1731	2078	2		2	2939	1326
39	3650	1601	2049	1	1		2780	1181
40–44 岁	**23852**	**10519**	**13333**	**3**		**3**	**18361**	**8052**
40	4081	1791	2290				3141	1378
41	4401	2071	2330	2		2	3367	1558
42	4901	2162	2739				3769	1644
43	4739	2078	2661	1		1	3628	1604
44	5730	2417	3313				4456	1868
45–49 岁	**50156**	**21528**	**28628**	**22**	**10**	**12**	**39119**	**16653**
45	6805	2906	3899	4	1	3	5234	2204
46	8996	3801	5195	6	3	3	7096	3000
47	10596	4570	6026	5	2	3	8195	3487
48	11848	5068	6780	4	3	1	9260	3934
49	11911	5183	6728	3	1	2	9334	4028
50 岁及以上	**236901**	**115823**	**121078**	**52**	**25**	**27**	**179663**	**88990**

3岁及以上各种受教育程度人口（乡村）（续1）

单位：人

学									
	肄业			辍学			其他		
女	小计	男	女	小计	男	女	小计	男	女
147156	**13222**	**5828**	**7394**	**23297**	**10390**	**12907**	**49598**	**23488**	**26110**
364	**21**	**14**	**7**	**14**	**8**	**6**	**542**	**259**	**283**
9	1		1	1	1		38	12	26
61	3	1	2	1	1		106	55	51
89	9	8	1	4	1	3	121	54	67
92	5	4	1	2	2		128	63	65
113	3	1	2	6	3	3	149	75	74
349	**20**	**8**	**12**	**21**	**14**	**7**	**335**	**172**	**163**
108	3	2	1	6	5	1	106	51	55
104	3	1	2	5	4	1	112	53	59
68	5	2	3	3		3	68	36	32
35	7	3	4	4	2	2	25	15	10
34	2		2	3	3		24	17	7
695	**41**	**18**	**23**	**58**	**30**	**28**	**254**	**125**	**129**
27	2	1	1	8	5	3	34	19	15
54	8	4	4	4	2	2	29	15	14
117	5	2	3	9	3	6	44	24	20
202	10	4	6	19	10	9	64	29	35
295	16	7	9	18	10	8	83	38	45
2622	**133**	**56**	**77**	**163**	**67**	**96**	**843**	**343**	**500**
385	18	8	10	22	7	15	121	38	83
406	23	8	15	27	13	14	135	66	69
547	27	9	18	37	11	26	189	76	113
617	33	15	18	32	15	17	187	73	114
667	32	16	16	45	21	24	211	90	121
4656	**245**	**108**	**137**	**383**	**167**	**216**	**1573**	**699**	**874**
816	43	19	24	59	29	30	281	129	152
827	36	21	15	74	35	39	259	117	142
920	51	19	32	79	34	45	302	127	175
998	54	20	34	91	42	49	362	149	213
1095	61	29	32	80	27	53	369	177	192
7274	**421**	**176**	**245**	**806**	**345**	**461**	**2483**	**1092**	**1391**
1348	78	28	50	132	55	77	494	225	269
1446	79	36	43	162	69	93	486	219	267
1392	69	28	41	160	72	88	473	203	270
1579	97	45	52	190	88	102	523	229	294
1509	98	39	59	162	61	101	507	216	291
7748	**491**	**228**	**263**	**929**	**414**	**515**	**2652**	**1223**	**1429**
1500	98	47	51	187	86	101	466	218	248
1572	90	47	43	182	75	107	518	235	283
1464	88	33	55	193	90	103	513	210	303
1613	93	44	49	184	77	107	591	284	307
1599	122	57	65	183	86	97	564	276	288
10309	**739**	**318**	**421**	**1289**	**583**	**706**	**3460**	**1566**	**1894**
1763	116	47	69	224	97	127	600	269	331
1809	116	62	54	240	113	127	676	338	338
2125	167	69	98	247	128	119	718	321	397
2024	166	69	97	269	113	156	675	292	383
2588	174	71	103	309	132	177	791	346	445
22466	**1609**	**697**	**912**	**3077**	**1282**	**1795**	**6329**	**2886**	**3443**
3030	229	114	115	432	180	252	906	407	499
4096	278	108	170	494	195	299	1122	495	627
4708	322	140	182	709	305	404	1365	636	729
5326	401	178	223	721	301	420	1462	652	810
5306	379	157	222	721	301	420	1474	696	778
90673	**9502**	**4205**	**5297**	**16557**	**7480**	**9077**	**31127**	**15123**	**16004**

3-2c 全省分年龄、性别、学业完成情况的

年龄	初							
	小计			在校			毕业	
	合计	男	女	小计	男	女	小计	男
合计	**321252**	**192470**	**128782**	**43200**	**22628**	**20572**	**247460**	**150744**
3								
4								
5–9岁	**445**	**245**	**200**	**413**	**227**	**186**	**23**	**12**
5								
6	62	36	26	60	35	25	2	1
7	74	42	32	67	36	31	3	3
8	132	71	61	120	65	55	9	4
9	177	96	81	166	91	75	9	4
10–14岁	**32329**	**16956**	**15373**	**31287**	**16341**	**14946**	**772**	**456**
10	368	197	171	350	184	166	13	8
11	1129	565	564	1074	537	537	38	21
12	7360	3831	3529	7172	3718	3454	142	80
13	11849	6232	5617	11518	6040	5478	226	131
14	11623	6131	5492	11173	5862	5311	353	216
15–19岁	**17990**	**9769**	**8221**	**11395**	**6006**	**5389**	**5912**	**3359**
15	7230	3884	3346	6664	3564	3100	478	270
16	3887	2055	1832	2837	1479	1358	960	523
17	2428	1327	1101	1078	556	522	1226	695
18	2144	1222	922	511	254	257	1460	853
19	2301	1281	1020	305	153	152	1788	1018
20–24岁	**16770**	**9004**	**7766**	**58**	**26**	**32**	**14934**	**8018**
20	2325	1305	1020	20	10	10	2072	1178
21	2630	1436	1194	17	5	12	2320	1269
22	3276	1728	1548	10	7	3	2892	1521
23	3783	2025	1758	7	3	4	3393	1816
24	4756	2510	2246	4	1	3	4257	2234
25–29岁	**30043**	**15685**	**14358**	**15**	**7**	**8**	**26932**	**14018**
25	5869	3072	2797	4	2	2	5257	2768
26	5737	3051	2686	2		2	5137	2703
27	6302	3230	3072	3	2	1	5672	2881
28	5990	3076	2914	3	2	1	5349	2752
29	6145	3256	2889	3	1	2	5517	2914
30–34岁	**34809**	**18427**	**16382**	**6**	**3**	**3**	**31327**	**16534**
30	7781	4047	3734	1	1		6991	3626
31	7260	3822	3438	3		3	6515	3412
32	6590	3476	3114	1	1		5950	3137
33	6870	3693	3177	1	1		6157	3294
34	6308	3389	2919				5714	3065
35–39岁	**27659**	**15452**	**12207**	**4**	**1**	**3**	**24848**	**13802**
35	5657	3124	2533	2		2	5042	2766
36	5775	3110	2665	1		1	5198	2781
37	5137	2861	2276				4634	2572
38	5896	3398	2498	1	1		5277	3020
39	5194	2959	2235				4697	2663
40–44岁	**25608**	**15224**	**10384**	**5**	**3**	**2**	**22891**	**13567**
40	5031	2929	2102				4539	2629
41	5146	3010	2136	2	1	1	4617	2692
42	5393	3190	2203				4784	2818
43	4716	2884	1832	2	2		4255	2603
44	5322	3211	2111	1		1	4696	2825
45–49岁	**40203**	**24862**	**15341**	**3**	**3**		**35968**	**22218**
45	5898	3553	2345				5275	3170
46	7618	4714	2904	3	3		6784	4187
47	8682	5351	3331				7803	4811
48	9104	5629	3475				8171	5051
49	8901	5615	3286				7935	4999
50岁及以上	**95396**	**66846**	**28550**	**14**	**11**	**3**	**83853**	**58760**

3岁及以上各种受教育程度人口（乡村）（续2）

单位：人

中									
	肄业			辍学			其他		
女	小计	男	女	小计	男	女	小计	男	女
96716	**3741**	**2366**	**1375**	**6886**	**4417**	**2469**	**19965**	**12315**	**7650**
11							**9**	**6**	**3**
1									
							4	3	1
5							3	2	1
5							2	1	1
316	**11**	**9**	**2**	**19**	**13**	**6**	**240**	**137**	**103**
5				1	1		4	4	
17	1		1				16	7	9
62	3	3		2	2		41	28	13
95	2	2		5	4	1	98	55	43
137	5	4	1	11	6	5	81	43	38
2553	**63**	**44**	**19**	**147**	**97**	**50**	**473**	**263**	**210**
208	7	4	3	22	13	9	59	33	26
437	10	8	2	18	12	6	62	33	29
531	8	7	1	29	21	8	87	48	39
607	18	13	5	32	26	6	123	76	47
770	20	12	8	46	25	21	142	73	69
6916	**157**	**94**	**63**	**337**	**198**	**139**	**1284**	**668**	**616**
894	13	6	7	45	23	22	175	88	87
1051	23	15	8	56	30	26	214	117	97
1371	34	19	15	73	44	29	267	137	130
1577	32	17	15	71	45	26	280	144	136
2023	55	37	18	92	56	36	348	182	166
12914	**298**	**185**	**113**	**594**	**354**	**240**	**2204**	**1121**	**1083**
2489	52	32	20	108	60	48	448	210	238
2434	71	43	28	109	67	42	418	238	180
2791	61	40	21	116	76	40	450	231	219
2597	48	26	22	124	68	56	466	228	238
2603	66	44	22	137	83	54	422	214	208
14793	**393**	**217**	**176**	**730**	**429**	**301**	**2353**	**1244**	**1109**
3365	78	39	39	163	105	58	548	276	272
3103	77	47	30	171	93	78	494	270	224
2813	76	41	35	136	74	62	427	223	204
2863	92	50	42	142	88	54	478	260	218
2649	70	40	30	118	69	49	406	215	191
11046	**322**	**181**	**141**	**592**	**360**	**232**	**1893**	**1108**	**785**
2276	69	43	26	130	72	58	414	243	171
2417	60	28	32	127	88	39	389	213	176
2062	70	34	36	98	60	38	335	195	140
2257	62	42	20	146	86	60	410	249	161
2034	61	34	27	91	54	37	345	208	137
9324	**316**	**191**	**125**	**592**	**364**	**228**	**1804**	**1099**	**705**
1910	53	31	22	110	72	38	329	197	132
1925	65	35	30	110	72	38	352	210	142
1966	65	41	24	127	72	55	417	259	158
1652	58	37	21	105	64	41	296	178	118
1871	75	47	28	140	84	56	410	255	155
13750	**554**	**335**	**219**	**1008**	**625**	**383**	**2670**	**1681**	**989**
2105	70	41	29	143	84	59	410	258	152
2597	117	73	44	193	126	67	521	325	196
2992	123	74	49	226	138	88	530	328	202
3120	115	62	53	231	144	87	587	372	215
2936	129	85	44	215	133	82	622	398	224
25093	**1627**	**1110**	**517**	**2867**	**1977**	**890**	**7035**	**4988**	**2047**

3-2c 全省分年龄、性别、学业完成情况的

年龄	高							
	小计			在校			毕业	
	合计	男	女	小计	男	女	小计	男
合计	**86241**	**54811**	**31430**	**26790**	**13444**	**13346**	**54067**	**37604**
3								
4								
5–9 岁	**1**		**1**	**1**		**1**		
5								
6								
7								
8	1		1	1		1		
9								
10–14 岁	**1118**	**514**	**604**	**1080**	**487**	**593**	**32**	**22**
10								
11	1	1		1	1			
12	4	1	3	4	1	3		
13	215	99	116	210	97	113	3	1
14	898	413	485	865	388	477	29	21
15–19 岁	**25902**	**13230**	**12672**	**24162**	**12212**	**11950**	**1462**	**853**
15	4401	2186	2215	4339	2152	2187	46	25
16	7422	3789	3633	7261	3700	3561	117	63
17	6728	3480	3248	6444	3311	3133	224	131
18	4696	2397	2299	4173	2107	2066	450	249
19	2655	1378	1277	1945	942	1003	625	385
20–24 岁	**7063**	**3830**	**3233**	**1527**	**731**	**796**	**4990**	**2794**
20	1649	900	749	826	424	402	735	422
21	1176	615	561	334	135	199	747	427
22	1231	671	560	177	83	94	960	529
23	1351	757	594	110	54	56	1124	647
24	1656	887	769	80	35	45	1424	769
25–29 岁	**9331**	**5206**	**4125**	**11**	**6**	**5**	**8512**	**4721**
25	1830	975	855	2		2	1653	876
26	1723	959	764	2	2		1571	864
27	1986	1093	893	3	1	2	1811	998
28	1910	1083	827	3	2	1	1749	978
29	1882	1096	786	1	1		1728	1005
30–34 岁	**8403**	**5105**	**3298**	**5**	**4**	**1**	**7670**	**4638**
30	2139	1261	878	2	2		1937	1129
31	1806	1066	740	1	1		1645	971
32	1601	955	646				1479	877
33	1591	1013	578	1	1		1452	930
34	1266	810	456	1		1	1157	731
35–39 岁	**4290**	**2804**	**1486**	**1**	**1**		**3926**	**2569**
35	1087	690	397	1	1		990	631
36	930	615	315				849	549
37	725	465	260				660	429
38	853	548	305				787	507
39	695	486	209				640	453
40–44 岁	**3369**	**2405**	**964**				**3080**	**2192**
40	685	473	212				637	439
41	703	510	193				640	463
42	720	499	221				664	460
43	593	436	157				540	396
44	668	487	181				599	434
45–49 岁	**4965**	**3678**	**1287**	**1**	**1**		**4560**	**3379**
45	713	514	199				643	460
46	911	678	233				831	620
47	1058	771	287	1	1		958	695
48	1113	824	289				1034	772
49	1170	891	279				1094	832
50 岁及以上	**21799**	**18039**	**3760**	**2**	**2**		**19835**	**16436**

3岁及以上各种受教育程度人口（乡村）（续3）

单位：人

中									
	肄业			辍学			其他		
女	小计	男	女	小计	男	女	小计	男	女
16463	**711**	**524**	**187**	**1074**	**783**	**291**	**3599**	**2456**	**1143**
10				**2**	**1**	**1**	**4**	**4**	
2				1		1	1	1	
8				1	1		3	3	
609	**48**	**35**	**13**	**88**	**56**	**32**	**142**	**74**	**68**
21							16	9	7
54	6	4	2	9	7	2	29	15	14
93	7	4	3	23	15	8	30	19	11
201	15	11	4	22	12	10	36	18	18
240	20	16	4	34	22	12	31	13	18
2196	**76**	**44**	**32**	**132**	**85**	**47**	**338**	**176**	**162**
313	16	9	7	28	21	7	44	24	20
320	18	12	6	19	12	7	58	29	29
431	15	9	6	23	15	8	56	35	21
477	13	5	8	28	16	12	76	35	41
655	14	9	5	34	21	13	104	53	51
3791	**82**	**55**	**27**	**135**	**89**	**46**	**591**	**335**	**256**
777	20	14	6	25	17	8	130	68	62
707	14	12	2	30	21	9	106	60	46
813	20	14	6	34	22	12	118	58	60
771	7	4	3	33	20	13	118	79	39
723	21	11	10	13	9	4	119	70	49
3032	**75**	**52**	**23**	**135**	**88**	**47**	**518**	**323**	**195**
808	17	11	6	38	26	12	145	93	52
674	21	12	9	25	19	6	114	63	51
602	14	10	4	21	12	9	87	56	31
522	10	9	1	30	18	12	98	55	43
426	13	10	3	21	13	8	74	56	18
1357	**46**	**32**	**14**	**53**	**33**	**20**	**264**	**169**	**95**
359	15	9	6	16	9	7	65	40	25
300	5	5		16	13	3	60	48	12
231	11	6	5	6	2	4	48	28	20
280	9	8	1	8	5	3	49	28	21
187	6	4	2	7	4	3	42	25	17
888	**43**	**31**	**12**	**49**	**39**	**10**	**197**	**143**	**54**
198	8	7	1	6	4	2	34	23	11
177	10	7	3	13	11	2	40	29	11
204	8	6	2	7	5	2	41	28	13
144	10	6	4	7	5	2	36	29	7
165	7	5	2	16	14	2	46	34	12
1181	**67**	**51**	**16**	**80**	**65**	**15**	**257**	**182**	**75**
183	10	9	1	13	10	3	47	35	12
211	14	10	4	14	12	2	52	36	16
263	14	10	4	20	16	4	65	49	16
262	12	8	4	20	16	4	47	28	19
262	17	14	3	13	11	2	46	34	12
3399	**274**	**224**	**50**	**400**	**327**	**73**	**1288**	**1050**	**238**

3-2c 全省分年龄、性别、学业完成情况的

年龄	大学							
	小计			在校			毕业	
	合计	男	女	小计	男	女	小计	男
合计	**39363**	**21900**	**17463**	**11026**	**5355**	**5671**	**26886**	**15672**
3								
4								
5-9 岁								
5								
6								
7								
8								
9								
10-14 岁	**4**		**4**	**3**		**3**	**1**	
10								
11								
12	1		1				1	
13								
14	3		3	3		3		
15-19 岁	**5352**	**2705**	**2647**	**4990**	**2504**	**2486**	**304**	**169**
15	174	92	82	170	90	80	3	2
16	372	216	156	356	206	150	7	4
17	671	338	333	632	314	318	29	19
18	1638	828	810	1551	778	773	76	44
19	2497	1231	1266	2281	1116	1165	189	100
20-24 岁	**11927**	**5662**	**6265**	**5641**	**2656**	**2985**	**6027**	**2890**
20	2518	1216	1302	2109	1011	1098	375	187
21	2365	1124	1241	1583	745	838	750	365
22	2436	1174	1262	1065	488	577	1320	665
23	2271	1053	1218	585	277	308	1622	746
24	2337	1095	1242	299	135	164	1960	927
25-29 岁	**9509**	**4705**	**4804**	**317**	**135**	**182**	**8759**	**4355**
25	2470	1112	1358	162	71	91	2198	985
26	1963	965	998	86	35	51	1805	895
27	1942	949	993	31	10	21	1822	895
28	1641	863	778	18	9	9	1546	817
29	1493	816	677	20	10	10	1388	763
30-34 岁	**5538**	**3349**	**2189**	**36**	**25**	**11**	**5228**	**3151**
30	1614	936	678	16	10	6	1497	862
31	1265	747	518	6	5	1	1201	707
32	1003	611	392	8	4	4	956	588
33	941	595	346	4	4		895	559
34	715	460	255	2	2		679	435
35-39 岁	**2074**	**1478**	**596**	**19**	**16**	**3**	**1933**	**1372**
35	547	398	149	5	4	1	516	372
36	529	375	154	5	5		496	351
37	380	265	115	2	1	1	350	244
38	361	245	116	6	5	1	330	221
39	257	195	62	1	1		241	184
40-44 岁	**1131**	**829**	**302**	**10**	**9**	**1**	**1045**	**760**
40	235	183	52	2	2		221	173
41	240	168	72	2	2		222	153
42	252	181	71	4	3	1	234	169
43	181	136	45	2	2		166	123
44	223	161	62				202	142
45-49 岁	**1242**	**940**	**302**	**5**	**5**		**1182**	**897**
45	205	154	51	1	1		197	150
46	261	195	66				245	185
47	255	196	59	1	1		246	187
48	261	200	61	1	1		250	193
49	260	195	65	2	2		244	182
50 岁及以上	**2586**	**2232**	**354**	**5**	**5**		**2407**	**2078**

3岁及以上各种受教育程度人口（乡村）（续4）

单位：人

专科									
	肄业			辍学			其他		
女	小计	男	女	小计	男	女	小计	男	女
11214	**101**	**64**	**37**	**39**	**27**	**12**	**1311**	**782**	**529**
1									
1									
135	**7**	**3**	**4**	**3**	**1**	**2**	**48**	**28**	**20**
1							1		1
3	1	1		1	1		7	4	3
10	2		2				8	5	3
32	2		2	1		1	8	6	2
89	2	2		1		1	24	13	11
3137	**16**	**7**	**9**	**13**	**8**	**5**	**230**	**101**	**129**
188	2		2	3	2	1	29	16	13
385	3	2	1	2	1	1	27	11	16
655	2	1	1	4	2	2	45	18	27
876	5	2	3	1	1		58	27	31
1033	4	2	2	3	2	1	71	29	42
4404	**31**	**20**	**11**	**9**	**6**	**3**	**393**	**189**	**204**
1213	9	6	3	3	1	2	98	49	49
910	4	2	2	2	2		66	31	35
927	10	7	3	1	1		78	36	42
729	3	1	2	2	1	1	72	35	37
625	5	4	1	1	1		79	38	41
2077	**16**	**11**	**5**	**9**	**7**	**2**	**249**	**155**	**94**
635	6	5	1	3	3		92	56	36
494	4	4		2	1	1	52	30	22
368	1		1	2	1	1	36	18	18
336	3	1	2	1	1		38	30	8
244	2	1	1	1	1		31	21	10
561	**8**	**6**	**2**	**2**	**2**		**112**	**82**	**30**
144	4	3	1				22	19	3
145	1	1		1	1		26	17	9
106				1	1		27	19	8
109	2	1	1				23	18	5
57	1	1					14	9	5
285	**5**	**4**	**1**	**1**	**1**		**70**	**55**	**15**
48	1	1		1	1		10	6	4
69							16	13	3
65	1		1				13	9	4
43	1	1					12	10	2
60	2	2					19	17	2
285	**5**	**3**	**2**				**50**	**35**	**15**
47	1		1				6	3	3
60	1	1					15	9	6
59							8	8	
57	1		1				9	6	3
62	2	2					12	9	3
329	**13**	**10**	**3**	**2**	**2**		**159**	**137**	**22**

3-2c 全省分年龄、性别、学业完成情况的

年龄	大学							
	小计			在校			毕业	
	合计	男	女	小计	男	女	小计	男
合计	**20506**	**10925**	**9581**	**8448**	**3995**	**4453**	**11592**	**6633**
3								
4								
5-9 岁								
5								
6								
7								
8								
9								
10-14 岁	**1**		**1**	**1**		**1**		
10								
11								
12								
13								
14	1		1	1		1		
15-19 岁	**2790**	**1325**	**1465**	**2740**	**1301**	**1439**	**40**	**19**
15	19	9	10	18	9	9		
16	37	18	19	35	17	18	1	
17	257	131	126	252	130	122	5	1
18	960	457	503	950	453	497	7	3
19	1517	710	807	1485	692	793	27	15
20-24 岁	**7644**	**3586**	**4058**	**5316**	**2496**	**2820**	**2252**	**1048**
20	1622	763	859	1560	730	830	55	29
21	1542	718	824	1406	644	762	129	71
22	1556	727	829	1158	553	605	384	164
23	1484	704	780	774	372	402	692	322
24	1440	674	766	418	197	221	992	462
25-29 岁	**5041**	**2674**	**2367**	**363**	**184**	**179**	**4507**	**2387**
25	1450	748	702	215	109	106	1188	609
26	1136	568	568	81	40	41	1017	507
27	933	500	433	42	21	21	855	458
28	824	456	368	18	11	7	782	430
29	698	402	296	7	3	4	665	383
30-34 岁	**2619**	**1571**	**1048**	**18**	**5**	**13**	**2497**	**1501**
30	760	444	316	8	3	5	720	420
31	551	328	223	6		6	518	313
32	514	313	201				503	306
33	455	258	197	3	1	2	433	242
34	339	228	111	1	1		323	220
35-39 岁	**1062**	**751**	**311**	**3**	**3**		**1014**	**714**
35	297	212	85	1	1		285	202
36	252	183	69	1	1		237	170
37	188	125	63	1	1		181	121
38	205	146	59				197	141
39	120	85	35				114	80
40-44 岁	**472**	**323**	**149**	**3**	**2**	**1**	**449**	**305**
40	120	79	41	1	1		110	72
41	111	79	32	1	1		106	75
42	83	57	26				80	54
43	85	56	29	1		1	82	54
44	73	52	21				71	50
45-49 岁	**355**	**262**	**93**	**2**	**2**		**344**	**253**
45	84	61	23				80	59
46	79	56	23	1	1		73	50
47	63	49	14				63	49
48	60	40	20				60	40
49	69	56	13	1	1		68	55
50 岁及以上	**522**	**433**	**89**	**2**	**2**		**489**	**406**

3岁及以上各种受教育程度人口（乡村）（续5）

单位：人

本科									
	肄业			辍学			其他		
女	小计	男	女	小计	男	女	小计	男	女
4959	**36**	**24**	**12**	**13**	**8**	**5**	**417**	**265**	**152**
21							**10**	**5**	**5**
							1		1
1							1	1	
4									
4							3	1	2
12							5	3	2
1204	**6**	**4**	**2**	**3**	**1**	**2**	**67**	**37**	**30**
26	2	1	1				5	3	2
58				2	1	1	5	2	3
220							14	10	4
370	1	1					17	9	8
530	3	2	1	1		1	26	13	13
2120	**14**	**7**	**7**	**3**	**2**	**1**	**154**	**94**	**60**
579	5	3	2	1		1	41	27	14
510	3	1	2	1	1		34	19	15
397	3	1	2				33	20	13
352	1		1	1	1		22	14	8
282	2	2					24	14	10
996	**8**	**6**	**2**	**2**	**1**	**1**	**94**	**58**	**36**
300	1	1					31	20	11
205	3	2	1	1		1	23	13	10
197							11	7	4
191	4	3	1	1	1		14	11	3
103							15	7	8
300	**3**	**2**	**1**	**1**	**1**		**41**	**31**	**10**
83	2	1	1	1	1		8	7	1
67							14	12	2
60							6	3	3
56	1	1					7	4	3
34							6	5	1
144	**1**	**1**					**19**	**15**	**4**
38							9	6	3
31							4	3	1
26	1	1					2	2	
28							2	2	
21							2	2	
91	**1**	**1**					**8**	**6**	**2**
21	1	1					3	1	2
23							5	5	
14									
20									
13									
83	**3**	**3**		**4**	**3**	**1**	**24**	**19**	**5**

3-2c　全省分年龄、性别、学业完成情况的

年龄	硕士							
	小计			在校			毕业	
	合计	男	女	小计	男	女	小计	男
合计	**813**	**402**	**411**	**444**	**226**	**218**	**352**	**170**
3								
4								
5-9岁								
5								
6								
7								
8								
9								
10-14岁								
10								
11								
12								
13								
14								
15-19岁	**1**	**1**		**1**	**1**			
15								
16								
17								
18								
19	1	1		1	1			
20-24岁	**232**	**111**	**121**	**216**	**105**	**111**	**14**	**6**
20	4	1	3	4	1	3		
21	9	3	6	9	3	6		
22	39	21	18	39	21	18		
23	81	41	40	74	37	37	6	4
24	99	45	54	90	43	47	8	2
25-29岁	**398**	**187**	**211**	**218**	**114**	**104**	**174**	**71**
25	129	63	66	95	46	49	34	17
26	94	44	50	60	31	29	33	13
27	84	38	46	42	22	20	38	15
28	53	26	27	12	9	3	40	16
29	38	16	22	9	6	3	29	10
30-34岁	**100**	**48**	**52**	**8**	**6**	**2**	**89**	**41**
30	34	17	17	5	3	2	28	13
31	19	7	12	1	1		17	6
32	20	10	10	2	2		17	8
33	12	4	8				12	4
34	15	10	5				15	10
35-39岁	**42**	**29**	**13**				**41**	**28**
35	11	10	1				10	9
36	8	6	2				8	6
37	11	4	7				11	4
38	8	7	1				8	7
39	4	2	2				4	2
40-44岁	**9**	**5**	**4**				**9**	**5**
40	3	1	2				3	1
41	2	1	1				2	1
42								
43	2	2					2	2
44	2	1	1				2	1
45-49岁	**9**	**6**	**3**	**1**		**1**	**7**	**6**
45	2	1	1				2	1
46	1	1					1	1
47	5	3	2	1		1	3	3
48								
49	1	1					1	1
50岁及以上	**22**	**15**	**7**				**18**	**13**

3岁及以上各种受教育程度人口（乡村）（续6）

单位：人

研究生									
	肄业			辍学			其他		
女	小计	男	女	小计	男	女	小计	男	女
182				**3**	**1**	**2**	**14**	**5**	**9**
8							**2**		**2**
2							1		1
6							1		1
103							**6**	**2**	**4**
17									
20							1		1
23							4	1	3
24							1	1	
19									
48							**3**	**1**	**2**
15							1	1	
11							1		1
9							1		1
8									
5									
13							**1**	**1**	
1							1	1	
2									
7									
1									
2									
4									
2									
1									
1									
1							**1**		**1**
1									
							1		1
5				**3**	**1**	**2**	**1**	**1**	

3-2c　全省分年龄、性别、学业完成情况的

年龄	博士							
	小计			在校			毕业	
	合计	男	女	小计	男	女	小计	男
合计	**62**	**44**	**18**	**36**	**24**	**12**	**23**	**18**
3								
4								
5-9 岁								
5								
6								
7								
8								
9								
10-14 岁								
10								
11								
12								
13								
14								
15-19 岁	**1**	**1**		**1**	**1**			
15								
16								
17								
18								
19	1	1		1	1			
20-24 岁	**4**	**2**	**2**	**3**	**2**	**1**	**1**	
20								
21								
22								
23	1		1				1	
24	3	2	1	3	2	1		
25-29 岁	**32**	**22**	**10**	**26**	**17**	**9**	**5**	**4**
25	11	6	5	11	6	5		
26	4	3	1	4	3	1		
27	7	5	2	4	3	1	3	2
28	2	2		1	1			
29	8	6	2	6	4	2	2	2
30-34 岁	**7**	**5**	**2**	**4**	**3**	**1**	**1**	**1**
30	3	2	1	3	2	1		
31								
32	1	1		1	1			
33	2	1	1					
34	1	1					1	1
35-39 岁	**9**	**7**	**2**	**2**	**1**	**1**	**7**	**6**
35	3	3		1	1		2	2
36	3	3					3	3
37								
38								
39	3	1	2	1		1	2	1
40-44 岁	**4**	**3**	**1**				**4**	**3**
40	2	1	1				2	1
41	1	1					1	1
42	1	1					1	1
43								
44								
45-49 岁								
45								
46								
47								
48								
49								
50 岁及以上	**5**	**4**	**1**				**5**	**4**

3岁及以上各种受教育程度人口（乡村）（续7）

单位：人

研究生									
	肄业			辍学			其他		
女	小计	男	女	小计	男	女	小计	男	女
5							**3**	**2**	**1**
1									
1									
1							**1**	**1**	
1									
							1	1	
							2	**1**	**1**
							2	1	1
1									
1									
1									
1									
1									

第二部分　长表数据资料

第四卷　就业

4-1 各地区分年龄、

地区 性别	合计	16-19 岁	20-24 岁	25-29 岁	30-34 岁	35-39 岁
合计	**959370**	**8911**	**46865**	**103386**	**134226**	**108237**
兰州市	**170707**	**1236**	**8979**	**22789**	**29603**	**22723**
城关区	62090	584	3816	9049	11131	9072
七里河区	27056	177	1545	4025	5157	3587
西固区	15892	91	638	1771	2642	2281
安宁区	13905	61	607	1744	2849	2161
红古区	5790	17	185	615	884	715
永登县	11148	63	390	957	1337	1187
皋兰县	5771	25	236	587	763	579
榆中县	17363	117	687	1705	2392	1837
兰州新区	11692	101	875	2336	2448	1304
嘉峪关市	**14249**	**52**	**830**	**2048**	**2781**	**1764**
市辖区	14249	52	830	2048	2781	1764
金昌市	**18352**	**51**	**700**	**1565**	**2613**	**2058**
金川区	11344	40	497	1124	1793	1388
永昌县	7008	11	203	441	820	670
白银市	**58097**	**177**	**2027**	**5247**	**7256**	**6168**
白银区	13440	23	466	1498	2177	1683
平川区	6769	17	243	663	994	870
靖远县	13698	64	519	1205	1575	1571
会宁县	17360	59	561	1194	1620	1260
景泰县	6830	14	238	687	890	784
天水市	**96913**	**1403**	**5479**	**10703**	**12352**	**10990**
秦州区	20211	236	995	2249	3042	2641
麦积区	17276	197	877	2008	2501	2136
清水县	7893	151	459	789	877	755
秦安县	17349	245	1111	1900	1831	1605
甘谷县	15947	188	886	1798	1940	1802
武山县	12305	188	671	1259	1421	1405
张家川回族自治县	5932	198	480	700	740	646
武威市	**63287**	**257**	**2223**	**5401**	**7367**	**6452**
凉州区	40525	191	1489	3824	5120	4370
民勤县	9286	14	199	433	624	613
古浪县	7945	29	338	668	902	821
天祝藏族自治县	5531	23	197	476	721	648
张掖市	**51652**	**208**	**1949**	**4094**	**6777**	**5614**
甘州区	23403	121	972	2096	3208	2629
肃南裕固族自治县	1721	6	65	129	257	190
民乐县	7526	21	262	510	1005	884
临泽县	5938	9	174	342	626	539
高台县	6608	19	204	457	769	631
山丹县	6456	32	272	560	912	741
平凉市	**72291**	**508**	**2892**	**6635**	**9023**	**7477**
崆峒区	17514	207	936	2214	2781	2261
泾川县	8132	56	282	571	863	642
灵台县	5632	40	175	467	549	482
崇信县	3768	17	193	466	543	407
庄浪县	14763	105	609	1184	1571	1392
静宁县	15612	46	414	1002	1595	1343
华亭市	6870	37	283	731	1121	950

性别的就业人口

单位：人

40–44 岁	45–49 岁	50–54 岁	55–59 岁	60–64 岁	65–69 岁	70–74 岁	75 岁及以上
101658	**149015**	**146299**	**90297**	**32219**	**24382**	**9533**	**4342**
19871	**25443**	**21927**	**12422**	**3007**	**1833**	**614**	**260**
7834	8820	6993	4036	475	194	41	45
3153	3918	3173	1818	272	149	53	29
1980	2776	2239	1115	187	114	38	20
1847	2121	1560	799	89	45	13	9
697	1107	860	444	135	100	27	4
1152	1832	2056	1209	560	286	92	27
530	862	939	547	349	234	93	27
1680	2576	2777	1764	823	664	245	96
998	1431	1330	690	117	47	12	3
1698	**2275**	**1735**	**823**	**140**	**75**	**22**	**6**
1698	2275	1735	823	140	75	22	6
2164	**3669**	**3134**	**1562**	**424**	**286**	**94**	**32**
1374	2221	1745	808	166	123	45	20
790	1448	1389	754	258	163	49	12
5954	**9709**	**9779**	**5967**	**2549**	**2073**	**767**	**424**
1635	2452	1968	926	240	226	102	44
900	1306	1019	488	158	84	23	4
1366	2435	2345	1450	655	398	80	35
1349	2397	3257	2432	1199	1182	525	325
704	1119	1190	671	297	183	37	16
10235	**14840**	**14493**	**9117**	**3067**	**2648**	**1067**	**519**
2429	3195	2769	1642	486	340	129	58
2039	2787	2412	1388	454	339	102	36
762	1249	1205	866	346	257	111	66
1563	2541	2954	1933	701	618	235	112
1577	2382	2372	1471	557	563	262	149
1218	1883	1968	1282	373	389	171	77
647	803	813	535	150	142	57	21
5995	**10535**	**11330**	**7388**	**2867**	**2303**	**820**	**349**
3751	6405	6742	4618	1786	1473	523	233
879	1758	2091	1304	553	521	210	87
745	1329	1484	933	376	228	70	22
620	1043	1013	533	152	81	17	7
5520	**8601**	**9170**	**5487**	**1773**	**1607**	**619**	**233**
2544	3848	3827	2334	701	715	282	126
227	279	313	173	41	33	8	
912	1227	1387	831	257	164	49	17
526	1041	1159	757	286	307	131	41
681	1051	1302	790	303	256	109	36
630	1155	1182	602	185	132	40	13
7245	**11488**	**11914**	**7754**	**3102**	**2654**	**1112**	**487**
1926	2636	2339	1266	436	317	132	63
642	1163	1404	1186	518	498	209	98
528	948	1042	716	346	207	97	35
365	525	579	377	109	118	46	23
1497	2361	2641	1633	636	630	330	174
1465	2722	2989	2074	859	756	264	83
822	1133	920	502	198	128	34	11

4-1 各地区分年龄、

地区 性别	合计	16-19 岁	20-24 岁	25-29 岁	30-34 岁	35-39 岁
酒泉市	**47711**	**338**	**2128**	**4510**	**6534**	**5046**
肃州区	20843	127	968	2120	3045	2341
金塔县	5151	36	142	259	507	403
瓜州县	5935	50	276	620	846	573
肃北蒙古族自治县	1027	10	42	116	139	129
阿克塞哈萨克族自治县	572	3	25	58	91	79
玉门市	5951	64	264	549	777	582
敦煌市	8232	48	411	788	1129	939
庆阳市	**76811**	**474**	**2605**	**6523**	**10667**	**8510**
西峰区	18219	125	758	2099	3485	2627
庆城县	7822	55	295	726	1153	926
环　县	11080	66	447	1097	1600	1289
华池县	5133	19	171	437	771	619
合水县	5332	29	173	440	689	491
正宁县	6648	33	148	391	662	559
宁　县	9527	77	275	577	928	825
镇原县	13050	70	338	756	1379	1174
定西市	**122131**	**1055**	**5728**	**12890**	**14869**	**11664**
安定区	18814	65	568	1839	2399	1740
通渭县	19666	201	1419	2844	2477	1643
陇西县	18907	71	668	1651	2220	1742
渭源县	14391	173	664	1382	1534	1193
临洮县	23524	172	964	2342	2931	2531
漳　县	6314	50	338	654	859	634
岷　县	20515	323	1107	2178	2449	2181
陇南市	**70880**	**913**	**3861**	**8000**	**9798**	**8203**
武都区	17193	220	935	2171	2663	2014
成　县	8367	86	366	923	1123	1043
文　县	6767	51	295	590	787	701
宕昌县	8208	162	560	961	1066	797
康　县	4750	27	196	438	569	570
西和县	8519	166	631	1050	1261	1060
礼　县	8751	123	498	976	1241	1058
徽　县	6716	73	316	759	882	786
两当县	1609	5	64	132	206	174
临夏回族自治州	**74519**	**1930**	**5983**	**10038**	**10952**	**8685**
临夏市	13240	120	772	1961	2280	1913
临夏县	10275	253	811	1450	1291	986
康乐县	10024	188	765	1254	1395	1239
永靖县	7381	47	294	844	1054	839
广河县	9048	408	1042	1315	1366	1065
和政县	9380	258	610	1282	1367	830
东乡族自治县	8219	440	1030	1047	1068	989
积石山保安族东乡族撒拉族自治县	6952	216	659	885	1131	824
甘南藏族自治州	**21770**	**309**	**1481**	**2943**	**3634**	**2883**
合作市	3565	50	234	516	729	497
临潭县	4761	54	253	565	629	539
卓尼县	2558	24	177	323	480	342
舟曲县	4273	37	307	567	669	529
迭部县	2122	31	139	284	329	279
玛曲县	1801	59	165	260	310	289
碌曲县	952	21	60	179	189	163
夏河县	1738	33	146	249	299	245

性别的就业人口（续1）

单位：人

40–44岁	45–49岁	50–54岁	55–59岁	60–64岁	65–69岁	70–74岁	75岁及以上
5091	**7907**	**7911**	**4680**	**1692**	**1275**	**428**	**171**
2247	3342	3270	1865	669	567	201	81
578	937	1029	670	272	213	77	28
571	935	991	681	230	116	36	10
117	211	159	72	20	9	2	1
93	94	77	36	4	8	2	2
538	979	1059	672	222	168	50	27
947	1409	1326	684	275	194	60	22
7416	**10575**	**12227**	**8751**	**4270**	**2942**	**1281**	**570**
1944	2472	2253	1434	500	313	158	51
792	1082	1189	807	371	262	114	50
1103	1526	1778	1245	529	279	87	34
497	577	803	621	347	183	66	22
478	761	863	685	343	231	97	52
610	973	1138	907	525	411	177	114
807	1314	1697	1285	817	540	284	101
1185	1870	2506	1767	838	723	298	146
11637	**19021**	**20104**	**13126**	**5303**	**4170**	**1750**	**814**
1749	3003	3169	2206	872	722	345	137
1646	2832	2967	1901	647	686	269	134
1917	3294	3289	2108	817	690	324	116
1296	2306	2609	1756	675	519	189	95
2312	3306	3781	2611	1282	824	307	161
553	987	1116	584	206	212	86	35
2164	3293	3173	1960	804	517	230	136
7914	**11568**	**10734**	**6069**	**1854**	**1261**	**480**	**225**
1869	2718	2437	1331	363	286	125	61
883	1405	1295	760	258	142	58	25
832	1134	1142	666	266	186	75	42
835	1326	1360	710	208	141	62	20
677	877	754	416	136	63	22	5
881	1360	1144	662	142	100	34	28
991	1381	1318	752	207	135	51	20
744	1066	1028	623	203	169	43	24
202	301	256	149	71	39	10	
8209	**10252**	**9306**	**5740**	**1790**	**1015**	**402**	**217**
1661	1858	1549	758	187	121	37	23
1037	1676	1406	840	286	149	64	26
1008	1378	1333	933	305	150	49	27
915	1249	1090	638	242	112	39	18
1001	1014	938	587	167	73	51	21
894	1258	1366	909	273	204	86	43
975	920	818	566	174	111	43	38
718	899	806	509	156	95	33	21
2709	**3132**	**2535**	**1411**	**381**	**240**	**77**	**35**
471	445	346	202	44	18	6	7
551	765	683	420	176	94	24	8
321	368	310	159	35	10	6	3
482	707	528	280	61	71	29	6
302	300	267	144	21	21	4	1
239	233	138	76	17	9	1	5
124	89	77	33	10	3	3	1
219	225	186	97	17	14	4	4

4-1 各地区分年龄、

地区 性别	合计	16-19 岁	20-24 岁	25-29 岁	30-34 岁	35-39 岁
男	**573950**	**5627**	**26533**	**59207**	**78595**	**63302**
兰州市	**103023**	**844**	**4962**	**12622**	**17227**	**13145**
城关区	36075	399	1985	4710	6181	5026
七里河区	16310	109	790	2182	2974	2123
西固区	9682	67	358	979	1510	1298
安宁区	8047	42	331	923	1561	1157
红古区	3615	12	121	373	547	420
永登县	7079	48	249	596	831	731
皋兰县	3764	20	160	379	504	385
榆中县	10499	78	397	1034	1492	1133
兰州新区	7952	69	571	1446	1627	872
嘉峪关市	**9132**	**32**	**536**	**1300**	**1711**	**1068**
市辖区	9132	32	536	1300	1711	1068
金昌市	**11291**	**38**	**433**	**904**	**1503**	**1164**
金川区	6955	29	319	648	1023	777
永昌县	4336	9	114	256	480	387
白银市	**34896**	**115**	**1163**	**3105**	**4355**	**3738**
白银区	8308	16	290	873	1282	1004
平川区	4555	11	139	419	666	601
靖远县	8199	42	319	735	960	927
会宁县	9513	33	280	650	874	710
景泰县	4321	13	135	428	573	496
天水市	**59911**	**826**	**3099**	**6287**	**7489**	**6626**
秦州区	12517	143	540	1285	1762	1582
麦积区	11306	132	517	1223	1571	1302
清水县	4601	88	259	441	480	432
秦安县	10247	139	607	1125	1130	972
甘谷县	10086	105	537	1074	1238	1156
武山县	7467	106	372	734	873	810
张家川回族自治县	3687	113	267	405	435	372
武威市	**36320**	**169**	**1281**	**3079**	**4159**	**3570**
凉州区	22989	123	835	2154	2827	2376
民勤县	5128	11	140	245	369	322
古浪县	4754	20	185	391	530	490
天祝藏族自治县	3449	15	121	289	433	382
张掖市	**29721**	**135**	**1103**	**2297**	**3673**	**3088**
甘州区	13465	84	553	1178	1754	1459
肃南裕固族自治县	1028	3	38	72	141	112
民乐县	4401	13	134	287	525	464
临泽县	3262	2	99	173	345	292
高台县	3678	10	114	259	416	339
山丹县	3887	23	165	328	492	422
平凉市	**43019**	**308**	**1554**	**3711**	**5218**	**4287**
崆峒区	10983	131	523	1275	1650	1323
泾川县	4748	28	152	295	483	356
灵台县	3537	26	76	258	300	293
崇信县	2428	10	102	281	337	267
庄浪县	7775	61	295	586	779	683
静宁县	9037	30	240	594	932	765
华亭市	4511	22	166	422	737	600

性别的就业人口（续 2）

单位：人

40–44 岁	45–49 岁	50–54 岁	55–59 岁	60–64 岁	65–69 岁	70–74 岁	75 岁及以上
58955	**86149**	**89784**	**59837**	**20961**	**15786**	**6331**	**2883**
11391	**14866**	**14536**	**9550**	**2064**	**1200**	**438**	**178**
4328	5007	4584	3307	357	142	20	29
1819	2297	2177	1486	193	99	44	17
1098	1605	1580	937	142	70	25	13
1006	1233	1044	647	61	27	8	7
437	657	578	293	91	63	20	3
693	1083	1343	837	385	199	67	17
345	541	596	363	224	151	72	24
979	1484	1646	1099	507	412	172	66
686	959	988	581	104	37	10	2
976	**1393**	**1266**	**662**	**110**	**54**	**18**	**6**
976	1393	1266	662	110	54	18	6
1214	**2120**	**2154**	**1159**	**295**	**211**	**72**	**24**
769	1301	1230	623	110	80	31	15
445	819	924	536	185	131	41	9
3452	**5646**	**5914**	**3844**	**1570**	**1280**	**465**	**249**
938	1457	1376	701	153	133	56	29
570	862	732	362	112	57	20	4
811	1373	1367	890	420	276	55	24
701	1291	1692	1416	694	687	305	180
432	663	747	475	191	127	29	12
6281	**9004**	**9197**	**6117**	**2083**	**1781**	**743**	**378**
1433	1966	1880	1224	348	221	93	40
1328	1826	1664	1046	336	250	84	27
432	702	712	556	216	162	73	48
959	1407	1658	1134	454	409	169	84
995	1480	1533	939	384	367	171	107
729	1097	1227	843	236	268	115	57
405	526	523	375	109	104	38	15
3350	**5710**	**6481**	**4457**	**1769**	**1497**	**549**	**249**
2098	3450	3868	2743	1080	919	349	167
472	916	1059	731	317	346	139	61
412	733	889	612	258	170	49	15
368	611	665	371	114	62	12	6
2944	**4627**	**5451**	**3565**	**1201**	**1036**	**427**	**174**
1364	2078	2274	1518	460	461	188	94
138	167	190	114	26	22	5	
506	659	873	586	192	114	36	12
257	527	613	459	183	187	92	33
343	545	734	460	194	160	80	24
336	651	767	428	146	92	26	11
4088	**6574**	**7264**	**5119**	**2092**	**1719**	**757**	**328**
1141	1660	1637	959	323	218	97	46
336	628	829	764	337	319	152	69
317	571	675	509	260	152	74	26
237	326	398	261	80	85	29	15
744	1204	1418	976	374	359	193	103
824	1443	1647	1243	577	494	186	62
489	742	660	407	141	92	26	7

4-1 各地区分年龄、

地区 性别	合计	16-19岁	20-24岁	25-29岁	30-34岁	35-39岁
酒泉市	**28096**	**210**	**1188**	**2572**	**3808**	**2837**
肃州区	12059	80	519	1169	1729	1262
金塔县	2989	21	88	160	292	213
瓜州县	3551	31	154	356	530	336
肃北蒙古族自治县	715	5	28	76	96	88
阿克塞哈萨克族自治县	355	2	12	35	55	44
玉门市	3627	44	160	336	461	366
敦煌市	4800	27	227	440	645	528
庆阳市	**46104**	**284**	**1459**	**3716**	**6373**	**5161**
西峰区	11087	78	395	1138	2061	1568
庆城县	5030	36	174	430	776	623
环　县	6862	39	267	670	1019	832
华池县	3203	13	111	267	497	410
合水县	3276	19	107	273	393	323
正宁县	3723	20	84	222	366	296
宁　县	5598	38	138	315	521	498
镇原县	7325	41	183	401	740	611
定西市	**69974**	**650**	**3170**	**7330**	**8674**	**6691**
安定区	11223	48	315	1058	1420	1046
通渭县	11727	97	794	1714	1614	1032
陇西县	10977	45	379	949	1279	1005
渭源县	8012	95	355	764	859	642
临洮县	13143	127	526	1289	1668	1399
漳　县	3660	29	195	377	488	395
岷　县	11232	209	606	1179	1346	1172
陇南市	**45013**	**586**	**2244**	**4823**	**6019**	**5117**
武都区	10738	142	527	1304	1633	1241
成　县	5321	61	211	536	683	649
文　县	4284	37	162	372	497	454
宕昌县	4801	110	327	541	622	473
康　县	3116	17	115	258	344	345
西和县	5616	95	383	677	802	663
礼　县	5717	70	305	613	774	701
徽　县	4385	51	184	443	544	475
两当县	1035	3	30	79	120	116
临夏回族自治州	**44689**	**1223**	**3540**	**5892**	**6387**	**5114**
临夏市	8308	91	478	1152	1372	1146
临夏县	6530	176	504	890	806	625
康乐县	5558	110	421	685	721	689
永靖县	4454	34	181	509	614	469
广河县	5295	254	620	787	799	618
和政县	5031	136	307	682	705	434
东乡族自治县	5094	283	636	655	653	624
积石山保安族东乡族撒拉族自治县	4419	139	393	532	717	509
甘南藏族自治州	**12761**	**207**	**801**	**1569**	**1999**	**1696**
合作市	2058	31	132	258	392	270
临潭县	2814	34	161	307	356	317
卓尼县	1489	14	92	175	247	201
舟曲县	2594	30	153	316	386	342
迭部县	1225	21	66	143	188	167
玛曲县	1006	37	86	128	175	163
碌曲县	538	13	30	97	100	94
夏河县	1037	27	81	145	155	142

性别的就业人口（续 3）

单位：人

40–44 岁	45–49 岁	50–54 岁	55–59 岁	60–64 岁	65–69 岁	70–74 岁	75 岁及以上
2797	**4459**	**4841**	**2981**	**1094**	**876**	**316**	**117**
1229	1887	2032	1160	417	375	144	56
301	497	596	413	176	159	54	19
299	539	577	454	159	80	29	7
73	156	114	55	16	5	2	1
58	60	51	28	1	6	1	2
307	561	627	447	138	122	38	20
530	759	844	424	187	129	48	12
4369	**6247**	**7279**	**5448**	**2672**	**1881**	**840**	**375**
1187	1516	1460	987	344	207	112	34
520	688	754	540	230	157	74	28
688	907	1043	798	332	186	58	23
298	351	474	389	224	114	40	15
286	455	498	460	213	153	57	39
346	513	612	508	306	256	111	83
430	773	1015	759	505	355	185	66
614	1044	1423	1007	518	453	203	87
6695	**10347**	**11162**	**7917**	**3254**	**2537**	**1050**	**497**
1091	1708	1839	1412	551	428	210	97
1031	1540	1668	1144	411	423	174	85
1103	1805	1884	1314	504	429	196	85
708	1242	1405	1032	422	316	114	58
1275	1747	2017	1523	789	509	190	84
320	547	625	353	113	138	58	22
1167	1758	1724	1139	464	294	108	66
5027	**7191**	**7021**	**4325**	**1301**	**887**	**325**	**147**
1197	1602	1577	932	260	197	84	42
575	877	856	533	183	98	41	18
500	691	748	444	176	128	50	25
467	746	806	448	125	87	38	11
438	575	532	317	106	50	15	4
578	909	786	502	108	76	21	16
665	901	855	543	144	96	38	12
492	689	688	492	153	126	29	19
115	201	173	114	46	29	9	
4804	**6093**	**5634**	**3716**	**1199**	**670**	**272**	**145**
1006	1167	1029	593	137	91	29	17
624	1060	920	542	211	104	46	22
565	742	727	565	194	91	35	13
522	758	669	419	163	74	28	14
589	549	525	349	114	45	35	11
480	666	724	535	160	127	48	27
574	559	503	372	111	70	28	26
444	592	537	341	109	68	23	15
1567	**1872**	**1584**	**977**	**257**	**157**	**59**	**16**
265	283	227	151	30	12	5	2
315	447	410	277	114	55	19	2
186	230	190	109	30	7	5	3
298	414	338	203	41	47	22	4
174	171	162	100	15	13	4	1
132	141	81	45	9	7		2
67	48	54	23	6	3	2	1
130	138	122	69	12	13	2	1

4-1 各地区分年龄、

地区 性别	合计	16-19 岁	20-24 岁	25-29 岁	30-34 岁	35-39 岁
女	**385420**	**3284**	**20332**	**44179**	**55631**	**44935**
兰州市	**67684**	**392**	**4017**	**10167**	**12376**	**9578**
城关区	26015	185	1831	4339	4950	4046
七里河区	10746	68	755	1843	2183	1464
西固区	6210	24	280	792	1132	983
安宁区	5858	19	276	821	1288	1004
红古区	2175	5	64	242	337	295
永登县	4069	15	141	361	506	456
皋兰县	2007	5	76	208	259	194
榆中县	6864	39	290	671	900	704
兰州新区	3740	32	304	890	821	432
嘉峪关市	**5117**	**20**	**294**	**748**	**1070**	**696**
市辖区	5117	20	294	748	1070	696
金昌市	**7061**	**13**	**267**	**661**	**1110**	**894**
金川区	4389	11	178	476	770	611
永昌县	2672	2	89	185	340	283
白银市	**23201**	**62**	**864**	**2142**	**2901**	**2430**
白银区	5132	7	176	625	895	679
平川区	2214	6	104	244	328	269
靖远县	5499	22	200	470	615	644
会宁县	7847	26	281	544	746	550
景泰县	2509	1	103	259	317	288
天水市	**37002**	**577**	**2380**	**4416**	**4863**	**4364**
秦州区	7694	93	455	964	1280	1059
麦积区	5970	65	360	785	930	834
清水县	3292	63	200	348	397	323
秦安县	7102	106	504	775	701	633
甘谷县	5861	83	349	724	702	646
武山县	4838	82	299	525	548	595
张家川回族自治县	2245	85	213	295	305	274
武威市	**26967**	**88**	**942**	**2322**	**3208**	**2882**
凉州区	17536	68	654	1670	2293	1994
民勤县	4158	3	59	188	255	291
古浪县	3191	9	153	277	372	331
天祝藏族自治县	2082	8	76	187	288	266
张掖市	**21931**	**73**	**846**	**1797**	**3104**	**2526**
甘州区	9938	37	419	918	1454	1170
肃南裕固族自治县	693	3	27	57	116	78
民乐县	3125	8	128	223	480	420
临泽县	2676	7	75	169	281	247
高台县	2930	9	90	198	353	292
山丹县	2569	9	107	232	420	319
平凉市	**29272**	**200**	**1338**	**2924**	**3805**	**3190**
崆峒区	6531	76	413	939	1131	938
泾川县	3384	28	130	276	380	286
灵台县	2095	14	99	209	249	189
崇信县	1340	7	91	185	206	140
庄浪县	6988	44	314	598	792	709
静宁县	6575	16	174	408	663	578
华亭市	2359	15	117	309	384	350

性别的就业人口（续 4）

单位：人

40-44 岁	45-49 岁	50-54 岁	55-59 岁	60-64 岁	65-69 岁	70-74 岁	75 岁及以上
42703	**62866**	**56515**	**30460**	**11258**	**8596**	**3202**	**1459**
8480	**10577**	**7391**	**2872**	**943**	**633**	**176**	**82**
3506	3813	2409	729	118	52	21	16
1334	1621	996	332	79	50	9	12
882	1171	659	178	45	44	13	7
841	888	516	152	28	18	5	2
260	450	282	151	44	37	7	1
459	749	713	372	175	87	25	10
185	321	343	184	125	83	21	3
701	1092	1131	665	316	252	73	30
312	472	342	109	13	10	2	1
722	**882**	**469**	**161**	**30**	**21**	**4**	
722	882	469	161	30	21	4	
950	**1549**	**980**	**403**	**129**	**75**	**22**	**8**
605	920	515	185	56	43	14	5
345	629	465	218	73	32	8	3
2502	**4063**	**3865**	**2123**	**979**	**793**	**302**	**175**
697	995	592	225	87	93	46	15
330	444	287	126	46	27	3	
555	1062	978	560	235	122	25	11
648	1106	1565	1016	505	495	220	145
272	456	443	196	106	56	8	4
3954	**5836**	**5296**	**3000**	**984**	**867**	**324**	**141**
996	1229	889	418	138	119	36	18
711	961	748	342	118	89	18	9
330	547	493	310	130	95	38	18
604	1134	1296	799	247	209	66	28
582	902	839	532	173	196	91	42
489	786	741	439	137	121	56	20
242	277	290	160	41	38	19	6
2645	**4825**	**4849**	**2931**	**1098**	**806**	**271**	**100**
1653	2955	2874	1875	706	554	174	66
407	842	1032	573	236	175	71	26
333	596	595	321	118	58	21	7
252	432	348	162	38	19	5	1
2576	**3974**	**3719**	**1922**	**572**	**571**	**192**	**59**
1180	1770	1553	816	241	254	94	32
89	112	123	59	15	11	3	
406	568	514	245	65	50	13	5
269	514	546	298	103	120	39	8
338	506	568	330	109	96	29	12
294	504	415	174	39	40	14	2
3157	**4914**	**4650**	**2635**	**1010**	**935**	**355**	**159**
785	976	702	307	113	99	35	17
306	535	575	422	181	179	57	29
211	377	367	207	86	55	23	9
128	199	181	116	29	33	17	8
753	1157	1223	657	262	271	137	71
641	1279	1342	831	282	262	78	21
333	391	260	95	57	36	8	4

4-1 各地区分年龄、

地区 性别	合计	16-19 岁	20-24 岁	25-29 岁	30-34 岁	35-39 岁
酒泉市	**19615**	**128**	**940**	**1938**	**2726**	**2209**
肃州区	8784	47	449	951	1316	1079
金塔县	2162	15	54	99	215	190
瓜州县	2384	19	122	264	316	237
肃北蒙古族自治县	312	5	14	40	43	41
阿克塞哈萨克族自治县	217	1	13	23	36	35
玉门市	2324	20	104	213	316	216
敦煌市	3432	21	184	348	484	411
庆阳市	**30707**	**190**	**1146**	**2807**	**4294**	**3349**
西峰区	7132	47	363	961	1424	1059
庆城县	2792	19	121	296	377	303
环　县	4218	27	180	427	581	457
华池县	1930	6	60	170	274	209
合水县	2056	10	66	167	296	168
正宁县	2925	13	64	169	296	263
宁　县	3929	39	137	262	407	327
镇原县	5725	29	155	355	639	563
定西市	**52157**	**405**	**2558**	**5560**	**6195**	**4973**
安定区	7591	17	253	781	979	694
通渭县	7939	104	625	1130	863	611
陇西县	7930	26	289	702	941	737
渭源县	6379	78	309	618	675	551
临洮县	10381	45	438	1053	1263	1132
漳　县	2654	21	143	277	371	239
岷　县	9283	114	501	999	1103	1009
陇南市	**25867**	**327**	**1617**	**3177**	**3779**	**3086**
武都区	6455	78	408	867	1030	773
成　县	3046	25	155	387	440	394
文　县	2483	14	133	218	290	247
宕昌县	3407	52	233	420	444	324
康　县	1634	10	81	180	225	225
西和县	2903	71	248	373	459	397
礼　县	3034	53	193	363	467	357
徽　县	2331	22	132	316	338	311
两当县	574	2	34	53	86	58
临夏回族自治州	**29830**	**707**	**2443**	**4146**	**4565**	**3571**
临夏市	4932	29	294	809	908	767
临夏县	3745	77	307	560	485	361
康乐县	4466	78	344	569	674	550
永靖县	2927	13	113	335	440	370
广河县	3753	154	422	528	567	447
和政县	4349	122	303	600	662	396
东乡族自治县	3125	157	394	392	415	365
积石山保安族东乡族撒拉族自治县	2533	77	266	353	414	315
甘南藏族自治州	**9009**	**102**	**680**	**1374**	**1635**	**1187**
合作市	1507	19	102	258	337	227
临潭县	1947	20	92	258	273	222
卓尼县	1069	10	85	148	233	141
舟曲县	1679	7	154	251	283	187
迭部县	897	10	73	141	141	112
玛曲县	795	22	79	132	135	126
碌曲县	414	8	30	82	89	69
夏河县	701	6	65	104	144	103

性别的就业人口（续 5）

单位：人

40–44 岁	45–49 岁	50–54 岁	55–59 岁	60–64 岁	65–69 岁	70–74 岁	75 岁及以上
2294	**3448**	**3070**	**1699**	**598**	**399**	**112**	**54**
1018	1455	1238	705	252	192	57	25
277	440	433	257	96	54	23	9
272	396	414	227	71	36	7	3
44	55	45	17	4	4		
35	34	26	8	3	2	1	
231	418	432	225	84	46	12	7
417	650	482	260	88	65	12	10
3047	**4328**	**4948**	**3303**	**1598**	**1061**	**441**	**195**
757	956	793	447	156	106	46	17
272	394	435	267	141	105	40	22
415	619	735	447	197	93	29	11
199	226	329	232	123	69	26	7
192	306	365	225	130	78	40	13
264	460	526	399	219	155	66	31
377	541	682	526	312	185	99	35
571	826	1083	760	320	270	95	59
4942	**8674**	**8942**	**5209**	**2049**	**1633**	**700**	**317**
658	1295	1330	794	321	294	135	40
615	1292	1299	757	236	263	95	49
814	1489	1405	794	313	261	128	31
588	1064	1204	724	253	203	75	37
1037	1559	1764	1088	493	315	117	77
233	440	491	231	93	74	28	13
997	1535	1449	821	340	223	122	70
2887	**4377**	**3713**	**1744**	**553**	**374**	**155**	**78**
672	1116	860	399	103	89	41	19
308	528	439	227	75	44	17	7
332	443	394	222	90	58	25	17
368	580	554	262	83	54	24	9
239	302	222	99	30	13	7	1
303	451	358	160	34	24	13	12
326	480	463	209	63	39	13	8
252	377	340	131	50	43	14	5
87	100	83	35	25	10	1	
3405	**4159**	**3672**	**2024**	**591**	**345**	**130**	**72**
655	691	520	165	50	30	8	6
413	616	486	298	75	45	18	4
443	636	606	368	111	59	14	14
393	491	421	219	79	38	11	4
412	465	413	238	53	28	16	10
414	592	642	374	113	77	38	16
401	361	315	194	63	41	15	12
274	307	269	168	47	27	10	6
1142	**1260**	**951**	**434**	**124**	**83**	**18**	**19**
206	162	119	51	14	6	1	5
236	318	273	143	62	39	5	6
135	138	120	50	5	3	1	
184	293	190	77	20	24	7	2
128	129	105	44	6	8		
107	92	57	31	8	2	1	3
57	41	23	10	4		1	
89	87	64	28	5	1	2	3

4-1a 各地区分年龄、

地区 性别	合计	16-19岁	20-24岁	25-29岁	30-34岁	35-39岁
合计	**272489**	**1641**	**13694**	**36312**	**50749**	**39997**
兰州市	**112198**	**817**	**6137**	**15629**	**20636**	**16437**
城关区	60103	565	3689	8730	10706	8793
七里河区	21275	112	1223	3252	4120	2926
西固区	13574	71	518	1535	2381	2071
安宁区	13905	61	607	1744	2849	2161
红古区	3341	8	100	368	580	486
嘉峪关市	**13163**	**43**	**781**	**1977**	**2670**	**1662**
市辖区	13163	43	781	1977	2670	1662
金昌市	**10076**	**37**	**450**	**1060**	**1671**	**1305**
金川区	10076	37	450	1060	1671	1305
白银市	**15866**	**27**	**561**	**1783**	**2746**	**2188**
白银区	11667	18	414	1384	2035	1567
平川区	4098	8	139	381	692	607
靖远县	101	1	8	18	19	14
天水市	**21930**	**185**	**1029**	**2718**	**3848**	**3260**
秦州区	12735	104	579	1508	2222	1931
麦积区	9195	81	450	1210	1626	1329
武威市	**15839**	**64**	**664**	**2031**	**2947**	**2461**
凉州区	15839	64	664	2031	2947	2461
张掖市	**10437**	**27**	**485**	**1203**	**1926**	**1555**
甘州区	10401	27	482	1198	1919	1554
肃南裕固族自治县	36		3	5	7	1
平凉市	**14506**	**69**	**647**	**1984**	**2849**	**2332**
崆峒区	11210	61	534	1577	2130	1719
华亭市	3296	8	113	407	719	613
酒泉市	**19193**	**108**	**1079**	**2517**	**3514**	**2644**
肃州区	13190	73	736	1726	2431	1853
玉门市	2160	15	113	309	445	287
敦煌市	3843	20	230	482	638	504
庆阳市	**10925**	**63**	**483**	**1443**	**2465**	**1856**
西峰区	10925	63	483	1443	2465	1856
定西市	**7584**	**23**	**256**	**994**	**1498**	**1083**
安定区	7584	23	256	994	1498	1083
陇南市	**6292**	**67**	**317**	**851**	**1284**	**1052**
武都区	6231	67	313	839	1280	1048
康县	61		4	12	4	4
临夏回族自治州	**11791**	**94**	**651**	**1720**	**2128**	**1776**
临夏市	11452	91	629	1668	2058	1735
临夏县	339	3	22	52	70	41
甘南藏族自治州	**2689**	**17**	**154**	**402**	**567**	**386**
合作市	2689	17	154	402	567	386

性别的就业人口（城市）

单位：人

40–44 岁	45–49 岁	50–54 岁	55–59 岁	60–64 岁	65–69 岁	70–74 岁	75 岁及以上
34770	**42185**	**32437**	**16544**	**2366**	**1194**	**360**	**240**
14262	**16771**	**13003**	**7132**	**818**	**363**	**102**	**91**
7621	8573	6782	3941	450	173	36	44
2566	3036	2407	1375	145	64	27	22
1776	2383	1792	858	104	57	15	13
1847	2121	1560	799	89	45	13	9
452	658	462	159	30	24	11	3
1588	**2087**	**1535**	**684**	**84**	**39**	**8**	**5**
1588	2087	1535	684	84	39	8	5
1298	**2031**	**1471**	**620**	**71**	**48**	**10**	**4**
1298	2031	1471	620	71	48	10	4
2210	**3015**	**2177**	**921**	**135**	**69**	**23**	**11**
1543	2200	1625	707	93	54	17	10
657	803	544	210	35	15	6	1
10	12	8	4	7			
2889	**3440**	**2665**	**1430**	**232**	**151**	**57**	**26**
1706	2024	1545	856	124	78	39	19
1183	1416	1120	574	108	73	18	7
2043	**2552**	**1911**	**936**	**140**	**60**	**19**	**11**
2043	2552	1911	936	140	60	19	11
1417	**1717**	**1349**	**624**	**73**	**44**	**13**	**4**
1414	1709	1341	624	72	44	13	4
3	8	8		1			
1783	**2160**	**1627**	**796**	**152**	**75**	**21**	**11**
1328	1663	1317	654	127	68	21	11
455	497	310	142	25	7		
2314	**2982**	**2436**	**1172**	**234**	**120**	**39**	**34**
1651	2068	1624	745	144	78	33	28
235	294	258	150	34	18		2
428	620	554	277	56	24	6	4
1315	**1507**	**1065**	**553**	**113**	**40**	**14**	**8**
1315	1507	1065	553	113	40	14	8
970	**1164**	**923**	**522**	**82**	**46**	**15**	**8**
970	1164	923	522	82	46	15	8
803	**799**	**666**	**338**	**58**	**38**	**11**	**8**
793	794	655	329	56	38	11	8
10	5	11	9	2			
1526	**1614**	**1343**	**665**	**145**	**90**	**23**	**16**
1480	1569	1313	644	140	89	21	15
46	45	30	21	5	1	2	1
352	**346**	**266**	**151**	**29**	**11**	**5**	**3**
352	346	266	151	29	11	5	3

4-1a 各地区分年龄、

地区 性别	合计	16-19 岁	20-24 岁	25-29 岁	30-34 岁	35-39 岁
男	**163081**	**1060**	**7365**	**19668**	**28697**	**22598**
兰州市	**65693**	**547**	**3180**	**8142**	**11475**	**9153**
城关区	34833	383	1905	4516	5912	4861
七里河区	12542	65	595	1678	2319	1691
西固区	8196	53	288	822	1339	1170
安宁区	8047	42	331	923	1561	1157
红古区	2075	4	61	203	344	274
嘉峪关市	**8416**	**25**	**504**	**1253**	**1634**	**995**
市辖区	8416	25	504	1253	1634	995
金昌市	**6175**	**28**	**285**	**609**	**942**	**726**
金川区	6175	28	285	609	942	726
白银市	**10023**	**18**	**335**	**1021**	**1653**	**1347**
白银区	7244	13	256	790	1188	934
平川区	2703	4	73	218	450	405
靖远县	76	1	6	13	15	8
天水市	**13513**	**104**	**562**	**1545**	**2207**	**1853**
秦州区	7592	53	301	829	1212	1089
麦积区	5921	51	261	716	995	764
武威市	**9378**	**39**	**334**	**1108**	**1622**	**1327**
凉州区	9378	39	334	1108	1622	1327
张掖市	**6044**	**18**	**260**	**644**	**1020**	**852**
甘州区	6024	18	258	640	1017	852
肃南裕固族自治县	20		2	4	3	
平凉市	**8993**	**43**	**341**	**1061**	**1680**	**1358**
崆峒区	6927	38	279	855	1237	986
华亭市	2066	5	62	206	443	372
酒泉市	**11234**	**62**	**568**	**1370**	**1983**	**1450**
肃州区	7741	43	387	932	1382	995
玉门市	1304	9	63	178	248	179
敦煌市	2189	10	118	260	353	276
庆阳市	**6472**	**36**	**227**	**742**	**1402**	**1067**
西峰区	6472	36	227	742	1402	1067
定西市	**4546**	**17**	**131**	**539**	**828**	**628**
安定区	4546	17	131	539	828	628
陇南市	**3757**	**37**	**163**	**461**	**703**	**585**
武都区	3714	37	159	452	702	583
康县	43		4	9	1	2
临夏回族自治州	**7327**	**74**	**391**	**979**	**1257**	**1052**
临夏市	7115	71	378	946	1215	1028
临夏县	212	3	13	33	42	24
甘南藏族自治州	**1510**	**12**	**84**	**194**	**291**	**205**
合作市	1510	12	84	194	291	205

性别的就业人口（城市）（续1）

单位：人

40-44 岁	45-49 岁	50-54 岁	55-59 岁	60-64 岁	65-69 岁	70-74 岁	75 岁及以上
19765	**24868**	**22393**	**13602**	**1782**	**869**	**254**	**160**
7926	**9582**	**8787**	**5921**	**603**	**252**	**68**	**57**
4209	4845	4449	3241	339	128	17	28
1455	1724	1669	1167	102	41	24	12
974	1375	1293	748	77	37	12	8
1006	1233	1044	647	61	27	8	7
282	405	332	118	24	19	7	2
912	**1269**	**1142**	**574**	**66**	**31**	**6**	**5**
912	1269	1142	574	66	31	6	5
714	**1194**	**1067**	**512**	**51**	**37**	**7**	**3**
714	1194	1067	512	51	37	7	3
1288	**1837**	**1590**	**760**	**106**	**47**	**14**	**7**
877	1305	1181	581	69	36	8	6
402	523	403	177	30	11	6	1
9	9	6	2	7			
1711	**2127**	**1877**	**1173**	**186**	**109**	**40**	**19**
961	1197	1069	700	95	50	22	14
750	930	808	473	91	59	18	5
1172	**1463**	**1344**	**793**	**108**	**48**	**12**	**8**
1172	1463	1344	793	108	48	12	8
757	**973**	**905**	**514**	**54**	**35**	**10**	**2**
755	968	901	514	54	35	10	2
2	5	4					
1031	**1386**	**1190**	**696**	**122**	**59**	**19**	**7**
773	1063	950	565	101	54	19	7
258	323	240	131	21	5		
1270	**1728**	**1630**	**883**	**165**	**83**	**22**	**20**
905	1229	1117	566	99	52	18	16
130	169	169	121	24	12		2
235	330	344	196	42	19	4	2
786	**902**	**731**	**441**	**88**	**30**	**13**	**7**
786	902	731	441	88	30	13	7
587	**695**	**599**	**417**	**56**	**33**	**10**	**6**
587	695	599	417	56	33	10	6
501	**484**	**454**	**278**	**46**	**29**	**10**	**6**
494	479	446	272	45	29	10	6
7	5	8	6	1			
917	**1014**	**905**	**527**	**111**	**69**	**19**	**12**
894	985	881	512	108	68	18	11
23	29	24	15	3	1	1	1
193	**214**	**172**	**113**	**20**	**7**	**4**	**1**
193	214	172	113	20	7	4	1

4-1a 各地区分年龄、

地区 性别	合计	16-19 岁	20-24 岁	25-29 岁	30-34 岁	35-39 岁
女	**109408**	**581**	**6329**	**16644**	**22052**	**17399**
兰州市	**46505**	**270**	**2957**	**7487**	**9161**	**7284**
城关区	25270	182	1784	4214	4794	3932
七里河区	8733	47	628	1574	1801	1235
西固区	5378	18	230	713	1042	901
安宁区	5858	19	276	821	1288	1004
红古区	1266	4	39	165	236	212
嘉峪关市	**4747**	**18**	**277**	**724**	**1036**	**667**
市辖区	4747	18	277	724	1036	667
金昌市	**3901**	**9**	**165**	**451**	**729**	**579**
金川区	3901	9	165	451	729	579
白银市	**5843**	**9**	**226**	**762**	**1093**	**841**
白银区	4423	5	158	594	847	633
平川区	1395	4	66	163	242	202
靖远县	25		2	5	4	6
天水市	**8417**	**81**	**467**	**1173**	**1641**	**1407**
秦州区	5143	51	278	679	1010	842
麦积区	3274	30	189	494	631	565
武威市	**6461**	**25**	**330**	**923**	**1325**	**1134**
凉州区	6461	25	330	923	1325	1134
张掖市	**4393**	**9**	**225**	**559**	**906**	**703**
甘州区	4377	9	224	558	902	702
肃南裕固族自治县	16		1	1	4	1
平凉市	**5513**	**26**	**306**	**923**	**1169**	**974**
崆峒区	4283	23	255	722	893	733
华亭市	1230	3	51	201	276	241
酒泉市	**7959**	**46**	**511**	**1147**	**1531**	**1194**
肃州区	5449	30	349	794	1049	858
玉门市	856	6	50	131	197	108
敦煌市	1654	10	112	222	285	228
庆阳市	**4453**	**27**	**256**	**701**	**1063**	**789**
西峰区	4453	27	256	701	1063	789
定西市	**3038**	**6**	**125**	**455**	**670**	**455**
安定区	3038	6	125	455	670	455
陇南市	**2535**	**30**	**154**	**390**	**581**	**467**
武都区	2517	30	154	387	578	465
康县	18			3	3	2
临夏回族自治州	**4464**	**20**	**260**	**741**	**871**	**724**
临夏市	4337	20	251	722	843	707
临夏县	127		9	19	28	17
甘南藏族自治州	**1179**	**5**	**70**	**208**	**276**	**181**
合作市	1179	5	70	208	276	181

性别的就业人口（城市）（续2）

单位：人

40–44 岁	45–49 岁	50–54 岁	55–59 岁	60–64 岁	65–69 岁	70–74 岁	75 岁及以上
15005	**17317**	**10044**	**2942**	**584**	**325**	**106**	**80**
6336	**7189**	**4216**	**1211**	**215**	**111**	**34**	**34**
3412	3728	2333	700	111	45	19	**16**
1111	1312	738	208	43	23	3	10
802	1008	499	110	27	20	3	5
841	888	516	152	28	18	5	2
170	253	130	41	6	5	4	1
676	**818**	**393**	**110**	**18**	**8**	**2**	
676	818	393	110	18	8	2	
584	**837**	**404**	**108**	**20**	**11**	**3**	**1**
584	837	404	108	20	11	3	1
922	**1178**	**587**	**161**	**29**	**22**	**9**	**4**
666	895	444	126	24	18	9	**4**
255	280	141	33	5	4		
1	3	2	2				
1178	**1313**	**788**	**257**	**46**	**42**	**17**	**7**
745	827	476	156	29	28	17	5
433	486	312	101	17	14		2
871	**1089**	**567**	**143**	**32**	**12**	**7**	**3**
871	1089	567	143	32	12	7	**3**
660	**744**	**444**	**110**	**19**	**9**	**3**	**2**
659	741	440	110	18	9	3	2
1	3	4		1			
752	**774**	**437**	**100**	**30**	**16**	**2**	**4**
555	600	367	89	26	14	2	**4**
197	174	70	11	4	2		
1044	**1254**	**806**	**289**	**69**	**37**	**17**	**14**
746	839	507	179	45	26	15	**12**
105	125	89	29	10	6		
193	290	210	81	14	5	2	2
529	**605**	**334**	**112**	**25**	**10**	**1**	**1**
529	605	334	112	25	10	1	**1**
383	**469**	**324**	**105**	**26**	**13**	**5**	**2**
383	469	324	105	26	13	5	2
302	**315**	**212**	**60**	**12**	**9**	**1**	**2**
299	315	209	57	11	9	1	**2**
3		3	3	1			
609	**600**	**438**	**138**	**34**	**21**	**4**	**4**
586	584	432	132	32	21	3	4
23	16	6	6	2		1	
159	**132**	**94**	**38**	**9**	**4**	**1**	**2**
159	132	94	38	9	4	1	2

4-1b 各地区分年龄、

地区 性别	合计	16-19 岁	20-24 岁	25-29 岁	30-34 岁	35-39 岁
合计	**210001**	**1328**	**9149**	**23971**	**36309**	**29771**
兰州市	**24381**	**151**	**1224**	**3572**	**4764**	**3252**
城关区	960	6	61	156	219	151
七里河区	1771	17	74	265	414	261
西固区	711	1	35	59	86	57
安宁区						
红古区	508	1	19	51	93	68
永登县	5244	27	169	519	776	713
皋兰县	3114	8	131	367	516	377
榆中县	6534	40	333	891	1305	959
兰州新区	5539	51	402	1264	1355	666
嘉峪关市	**217**	**2**	**13**	**14**	**14**	**20**
市辖区	217	2	13	14	14	20
金昌市	**4167**	**5**	**124**	**316**	**615**	**468**
金川区	27		2	1	5	4
永昌县	4140	5	122	315	610	464
白银市	**14080**	**37**	**462**	**1452**	**2263**	**2000**
白银区	151	1		10	14	10
平川区	785	3	28	83	98	96
靖远县	4802	14	152	447	701	700
会宁县	4679	15	162	487	832	638
景泰县	3663	4	120	425	618	556
天水市	**21640**	**222**	**1132**	**2624**	**3462**	**3305**
秦州区	1056	21	61	124	134	152
麦积区	1267	12	60	129	168	169
清水县	2222	21	104	271	387	361
秦安县	5404	47	295	687	834	783
甘谷县	5415	39	285	706	941	881
武山县	4648	44	223	526	736	695
张家川回族自治县	1628	38	104	181	262	264
武威市	**11245**	**35**	**362**	**958**	**1561**	**1490**
凉州区	3211	18	128	277	335	296
民勤县	3037	7	67	223	434	402
古浪县	2428	3	92	238	380	379
天祝藏族自治县	2569	7	75	220	412	413
张掖市	**13626**	**47**	**528**	**1227**	**2239**	**1817**
甘州区	803	9	31	54	76	65
肃南裕固族自治县	582	3	30	48	94	76
民乐县	3526	8	124	293	594	532
临泽县	2268	3	86	201	383	307
高台县	3066	7	105	300	523	423
山丹县	3381	17	152	331	569	414
平凉市	**15687**	**70**	**562**	**1693**	**2806**	**2187**
崆峒区	266	6	14	26	36	29
泾川县	3140	14	122	313	557	372
灵台县	2014	8	79	237	341	273
崇信县	1474	5	73	229	269	186
庄浪县	4011	20	130	402	681	658
静宁县	3722	9	93	357	754	533
华亭市	1060	8	51	129	168	136

性别的就业人口（镇）

单位：人

40–44 岁	45–49 岁	50–54 岁	55–59 岁	60–64 岁	65–69 岁	70–74 岁	75 岁及以上
25271	**31875**	**27856**	**15378**	**4501**	**2993**	**1095**	**504**
2629	**3497**	**3092**	**1521**	**396**	**196**	**71**	**16**
106	125	95	32	6	2	1	
173	232	183	102	26	18	6	
71	150	154	81	6	9	2	
67	104	56	39	5	3	2	
666	882	860	403	141	63	19	6
343	524	475	218	93	39	21	2
754	941	760	386	89	53	17	6
449	539	509	260	30	9	3	2
18	**45**	**38**	**37**	**11**	**2**	**3**	
18	45	38	37	11	2	3	
557	**985**	**746**	**291**	**41**	**13**	**5**	**1**
3	7	3	2				
554	978	743	289	41	13	5	1
1777	**2319**	**2011**	**994**	**368**	**247**	**90**	**60**
8	20	31	14	15	19	8	1
88	157	148	56	17	7	3	1
621	906	694	328	142	78	12	7
585	627	634	356	132	104	60	47
475	609	504	240	62	39	7	4
2578	**3042**	**2643**	**1577**	**489**	**371**	**123**	**72**
99	168	149	81	36	25	4	2
164	192	182	106	40	27	8	10
275	303	258	144	48	27	15	8
650	769	661	404	125	101	34	14
614	727	624	353	118	86	25	16
520	687	606	389	96	82	29	15
256	196	163	100	26	23	8	7
1378	**1961**	**1828**	**1045**	**297**	**229**	**73**	**28**
257	522	597	441	148	133	40	19
458	612	473	223	56	52	24	6
315	349	369	201	62	32	6	2
348	478	389	180	31	12	3	1
1705	**2251**	**2144**	**1133**	**272**	**171**	**68**	**24**
69	137	148	105	40	44	18	7
87	81	101	50	4	5	3	
490	573	542	281	54	20	10	5
257	396	336	189	50	35	20	5
433	474	449	239	57	40	13	3
369	590	568	269	67	27	4	4
1811	**2350**	**2039**	**1299**	**397**	**318**	**112**	**43**
24	38	46	27	10	7	3	
342	473	425	312	92	80	24	14
227	316	291	162	51	20	5	4
149	194	173	125	28	30	8	5
520	567	492	322	78	81	43	17
428	568	470	295	104	83	27	1
121	194	142	56	34	17	2	2

4-1b 各地区分年龄、

地区 性别	合计	16-19 岁	20-24 岁	25-29 岁	30-34 岁	35-39 岁
酒泉市	**10093**	**45**	**323**	**826**	**1391**	**1156**
肃州区	1064	3	21	35	93	74
金塔县	2041	5	60	131	314	226
瓜州县	2530	13	117	294	429	305
肃北蒙古族自治县	534		22	79	82	71
阿克塞哈萨克族自治县	520	2	23	55	88	75
玉门市	1662	21	57	113	150	152
敦煌市	1742	1	23	119	235	253
庆阳市	**19713**	**75**	**664**	**1994**	**3795**	**3044**
西峰区	238		5	19	53	31
庆城县	3269	11	109	364	668	530
环　县	3558	15	165	465	798	644
华池县	1717	6	60	208	410	310
合水县	1759	6	64	209	328	256
正宁县	2568	10	68	212	410	353
宁　县	3047	15	104	239	471	423
镇原县	3557	12	89	278	657	497
定西市	**29945**	**158**	**1226**	**3463**	**5406**	**4322**
安定区	1049	3	27	105	129	91
通渭县	3550	24	157	474	674	532
陇西县	8365	26	330	953	1509	1129
渭源县	3380	35	137	337	557	468
临洮县	7158	30	253	798	1338	1142
漳　县	1968	6	92	251	397	292
岷　县	4475	34	230	545	802	668
陇南市	**21354**	**137**	**1011**	**2599**	**3652**	**3204**
武都区	1500	10	72	225	235	168
成　县	4052	25	188	497	644	621
文　县	2131	10	70	210	333	299
宕昌县	2419	24	150	299	439	339
康　县	1656	8	69	134	275	249
西和县	2777	20	173	363	490	481
礼　县	3164	15	130	394	573	512
徽　县	2980	25	134	412	548	443
两当县	675		25	65	115	92
临夏回族自治州	**16037**	**243**	**1086**	**2197**	**2775**	**2272**
临夏市	413	9	26	75	48	37
临夏县	1330	23	94	200	181	146
康乐县	2085	13	126	292	395	359
永靖县	3800	15	115	408	637	548
广河县	2550	60	270	399	452	378
和政县	2562	42	139	369	476	299
东乡族自治县	1527	54	191	218	233	198
积石山保安族东乡族撒拉族自治县	1770	27	125	236	353	307
甘南藏族自治州	**7816**	**101**	**432**	**1036**	**1566**	**1234**
合作市	50	2	4	6	9	8
临潭县	1599	20	73	199	307	244
卓尼县	1261	6	65	145	301	196
舟曲县	1446	5	86	187	276	221
迭部县	936	16	39	125	175	152
玛曲县	1057	30	87	146	187	173
碌曲县	575	8	27	109	135	103
夏河县	892	14	51	119	176	137

性别的就业人口（镇）（续 1）

单位：人

40-44 岁	45-49 岁	50-54 岁	55-59 岁	60-64 岁	65-69 岁	70-74 岁	75 岁及以上
1296	**1899**	**1667**	**927**	**265**	**202**	**76**	**20**
91	162	244	171	66	66	27	11
311	400	333	171	43	31	16	
249	418	373	236	65	25	6	
68	95	61	35	15	5	1	
86	82	60	33	4	8	2	2
147	345	336	221	53	42	19	6
344	397	260	60	19	25	5	1
2416	**2618**	**2496**	**1495**	**555**	**361**	**139**	**61**
22	27	40	23	10	6	2	
413	464	395	214	58	26	13	4
454	405	348	175	51	28	6	4
214	172	182	101	37	12	4	1
208	239	203	150	51	27	8	10
306	370	372	220	107	85	36	19
357	416	424	305	138	98	45	12
442	525	532	307	103	79	25	11
3481	**4249**	**3879**	**2257**	**719**	**488**	**189**	**108**
87	151	204	141	50	41	15	5
392	474	451	230	48	63	17	14
1058	1331	1111	580	164	123	33	18
367	460	484	323	108	67	20	17
860	947	812	555	200	113	74	36
198	259	266	125	38	32	10	2
519	627	551	303	111	49	20	16
2554	**3343**	**2766**	**1462**	**327**	**196**	**72**	**31**
168	255	207	114	20	17	6	3
452	642	571	269	81	41	16	5
290	348	336	162	35	26	9	3
290	357	296	156	36	19	11	3
256	286	219	111	27	14	6	2
293	409	299	184	40	16	2	7
371	459	405	212	39	36	13	5
351	451	347	201	36	23	6	3
83	136	86	53	13	4	3	
2074	**2238**	**1728**	**927**	**264**	**145**	**57**	**31**
40	70	50	35	15	5	3	
137	217	184	86	36	20	5	1
234	261	211	143	31	13	2	5
595	648	490	236	62	27	10	9
310	298	223	106	35	8	9	2
290	374	300	171	47	38	12	5
218	161	127	75	18	20	12	2
250	209	143	75	20	14	4	7
997	**1078**	**779**	**413**	**100**	**54**	**17**	**9**
10	2	2	4	3			
218	209	167	111	32	15	4	
149	171	144	62	19	2		1
163	238	154	78	16	13	7	2
125	144	87	57	8	7	1	
145	145	78	43	12	7		4
71	56	44	17	2	1	2	
116	113	103	41	8	9	3	2

4-1b 各地区分年龄、

地区 性别	合计	16-19 岁	20-24 岁	25-29 岁	30-34 岁	35-39 岁
男	**126321**	**878**	**5109**	**13183**	**20453**	**17267**
兰州市	**15228**	**102**	**716**	**2058**	**2871**	**1974**
城关区	534	4	25	81	124	84
七里河区	1094	10	41	148	248	159
西固区	475	1	20	41	57	23
安宁区						
红古区	363	1	15	32	69	43
永登县	3226	18	105	291	454	415
皋兰县	2002	7	84	211	322	238
榆中县	3955	28	177	498	766	582
兰州新区	3579	33	249	756	831	430
嘉峪关市	**139**	**2**	**6**	**7**	**10**	**12**
市辖区	139	2	6	7	10	12
金昌市	**2517**	**4**	**59**	**180**	**341**	**256**
金川区	17		2		2	3
永昌县	2500	4	57	180	339	253
白银市	**8424**	**29**	**253**	**821**	**1263**	**1155**
白银区	81			6	9	4
平川区	586	2	20	62	64	77
靖远县	2888	11	99	262	402	396
会宁县	2569	12	72	240	409	342
景泰县	2300	4	62	251	379	336
天水市	**13526**	**124**	**654**	**1480**	**2028**	**1975**
秦州区	707	16	35	69	87	103
麦积区	819	8	40	70	96	108
清水县	1303	11	61	145	204	199
秦安县	3315	24	164	384	483	466
甘谷县	3524	20	173	411	581	557
武山县	2853	24	124	306	432	395
张家川回族自治县	1005	21	57	95	145	147
武威市	**6651**	**26**	**209**	**549**	**846**	**826**
凉州区	1906	14	81	164	179	166
民勤县	1723	6	42	130	238	205
古浪县	1470	1	50	127	202	225
天祝藏族自治县	1552	5	36	128	227	230
张掖市	**7876**	**30**	**289**	**669**	**1182**	**977**
甘州区	458	6	19	26	42	38
肃南裕固族自治县	343	2	19	29	42	42
民乐县	2064	5	64	166	312	270
临泽县	1306		45	95	224	175
高台县	1720	4	58	168	261	224
山丹县	1985	13	84	185	301	228
平凉市	**9124**	**45**	**270**	**859**	**1474**	**1224**
崆峒区	164	4	6	12	23	17
泾川县	1837	8	63	153	294	196
灵台县	1200	5	33	116	171	160
崇信县	876	3	27	114	151	109
庄浪县	2119	11	61	191	324	335
静宁县	2190	9	51	184	395	308
华亭市	738	5	29	89	116	99

性别的就业人口（镇）（续 2）

单位：人

40–44 岁	45–49 岁	50–54 岁	55–59 岁	60–64 岁	65–69 岁	70–74 岁	75 岁及以上
14804	**19129**	**18116**	**11027**	**3163**	**2080**	**768**	**344**
1561	**2162**	**2115**	**1168**	**296**	**142**	**49**	**14**
50	79	57	24	5	1		
107	150	121	77	19	10	4	
39	93	114	71	6	8	2	
50	69	43	32	5	2	2	
381	512	588	295	101	47	14	5
212	338	321	161	65	27	14	2
426	568	504	284	68	38	10	6
296	353	367	224	27	9	3	1
11	**32**	**23**	**24**	**8**	**2**	**2**	
11	32	23	24	8	2	2	
312	**560**	**521**	**234**	**32**	**12**	**5**	**1**
2	3	3	2				
310	557	518	232	32	12	5	1
1015	**1414**	**1256**	**716**	**247**	**163**	**58**	**34**
4	14	13	8	8	11	3	1
65	113	119	43	13	5	2	1
351	536	423	233	101	60	10	4
306	384	362	239	83	58	37	25
289	367	339	193	42	29	6	3
1643	**1951**	**1797**	**1096**	**357**	**283**	**84**	**54**
63	114	112	56	27	20	3	2
110	128	121	75	31	19	7	6
168	189	161	99	34	17	10	5
414	482	423	278	80	79	28	10
406	483	452	250	96	65	15	15
325	414	414	264	66	63	15	11
157	141	114	74	23	20	6	5
781	**1089**	**1152**	**744**	**197**	**157**	**54**	**21**
146	280	375	281	91	87	27	15
246	329	278	158	35	34	19	3
184	203	242	158	44	27	5	2
205	277	257	147	27	9	3	1
911	**1239**	**1370**	**814**	**214**	**111**	**50**	**20**
36	68	84	64	29	27	13	6
55	44	66	36	4	2	2	
278	310	367	221	45	14	7	5
130	214	215	128	39	21	16	4
220	263	279	163	42	26	10	2
192	340	359	202	55	21	2	3
1046	**1388**	**1312**	**904**	**274**	**224**	**76**	**28**
15	21	32	19	7	6	2	
190	269	287	215	73	58	20	11
138	178	202	135	37	18	4	3
93	111	119	98	20	22	6	3
265	330	286	191	39	53	24	9
263	350	281	203	74	53	18	1
82	129	105	43	24	14	2	1

4-1b 各地区分年龄、

地区 性别	合计	16-19 岁	20-24 岁	25-29 岁	30-34 岁	35-39 岁
酒泉市	**6054**	**30**	**187**	**454**	**821**	**648**
肃州区	580	3	15	21	45	41
金塔县	1195		33	72	170	114
瓜州县	1516	9	60	148	263	178
肃北蒙古族自治县	317		13	45	46	38
阿克塞哈萨克族自治县	313	1	10	32	52	41
玉门市	1060	17	41	74	105	95
敦煌市	1073		15	62	140	141
庆阳市	**12141**	**47**	**376**	**1090**	**2176**	**1860**
西峰区	157		3	12	33	23
庆城县	2178	9	62	201	438	352
环　县	2247	10	94	259	472	403
华池县	1102	5	37	118	251	200
合水县	1099	4	38	121	171	170
正宁县	1487	6	40	112	219	195
宁　县	1799	7	48	122	247	259
镇原县	2072	6	54	145	345	258
定西市	**17325**	**102**	**638**	**1807**	**2973**	**2476**
安定区	619	2	17	55	77	60
通渭县	2161	15	77	266	384	326
陇西县	4997	16	177	523	853	662
渭源县	1894	17	73	169	288	264
临洮县	3999	24	123	398	729	611
漳　县	1120	4	52	123	209	176
岷　县	2535	24	119	273	433	377
陇南市	**13171**	**85**	**550**	**1431**	**2066**	**1881**
武都区	969	7	37	124	146	111
成　县	2486	14	109	254	356	367
文　县	1291	8	33	115	186	177
宕昌县	1386	17	74	149	246	188
康　县	1007	4	39	70	137	140
西和县	1777	11	103	230	279	279
礼　县	1996	6	75	233	336	318
徽　县	1849	18	72	219	318	248
两当县	410		8	37	62	53
临夏回族自治州	**9632**	**176**	**664**	**1263**	**1593**	**1303**
临夏市	280	8	21	55	38	22
临夏县	843	16	58	118	113	91
康乐县	1151	7	63	154	190	202
永靖县	2222	11	70	227	354	281
广河县	1671	52	182	262	296	243
和政县	1417	23	73	187	255	157
东乡族自治县	993	43	117	131	150	126
积石山保安族东乡族撒拉族自治县	1055	16	80	129	197	181
甘南藏族自治州	**4513**	**76**	**238**	**515**	**809**	**700**
合作市	35	2	3	4	7	5
临潭县	939	13	43	99	167	133
卓尼县	705	3	33	68	147	108
舟曲县	836	5	45	87	137	132
迭部县	541	13	24	58	102	84
玛曲县	617	23	47	77	98	98
碌曲县	328	6	15	58	67	61
夏河县	512	11	28	64	84	79

性别的就业人口（镇）（续3）

单位：人

40–44 岁	45–49 岁	50–54 岁	55–59 岁	60–64 岁	65–69 岁	70–74 岁	75 岁及以上
726	**1087**	**1082**	**627**	**184**	**132**	**63**	**13**
45	81	132	88	45	35	21	8
170	219	221	128	31	24	13	
134	246	231	178	46	17	6	
37	57	38	27	12	3	1	
51	52	39	25	1	6	1	2
88	206	203	145	35	32	16	3
201	226	218	36	14	15	5	
1444	**1657**	**1644**	**1094**	**367**	**246**	**95**	**45**
14	19	27	15	5	4	2	
269	318	278	181	43	14	9	4
304	268	236	140	34	19	4	4
132	116	124	81	25	10	3	
121	157	130	122	35	20	2	8
179	208	228	142	65	57	23	13
192	256	271	195	94	67	33	8
233	315	350	218	66	55	19	8
1996	**2444**	**2370**	**1528**	**487**	**316**	**122**	**66**
48	89	116	80	33	26	12	4
259	288	285	161	34	46	12	8
602	772	731	426	120	82	18	15
203	254	287	193	79	44	13	10
488	526	472	369	128	67	45	19
115	145	155	91	20	20	8	2
281	370	324	208	73	31	14	8
1588	**2101**	**1878**	**1126**	**238**	**148**	**58**	**21**
116	168	134	89	16	14	5	2
292	400	387	207	56	26	14	4
167	201	228	121	23	24	6	2
161	209	194	99	27	13	8	1
153	177	162	89	20	10	5	1
188	279	211	145	31	15	2	4
244	298	258	159	28	26	10	5
221	283	245	172	29	17	5	2
46	86	59	45	8	3	3	
1202	**1340**	**1086**	**648**	**192**	**103**	**39**	**23**
23	44	29	24	9	5	2	
80	143	121	56	28	13	5	1
136	140	120	102	21	10	2	4
319	392	318	178	44	15	7	6
202	182	143	69	29	5	6	
171	200	174	110	28	29	6	4
136	109	85	56	16	13	9	2
135	130	96	53	17	13	2	6
568	**665**	**510**	**304**	**70**	**41**	**13**	**4**
7	2		3	2			
128	135	107	81	21	9	3	
84	107	90	46	16	2		1
99	141	101	63	10	10	5	1
67	84	58	38	7	5	1	
79	102	50	29	6	6		2
37	31	35	13	2	1	2	
67	63	69	31	6	8	2	

4-1b 各地区分年龄、

地区 性别	合计	16-19 岁	20-24 岁	25-29 岁	30-34 岁	35-39 岁
女	**83680**	**450**	**4040**	**10788**	**15856**	**12504**
兰州市	**9153**	**49**	**508**	**1514**	**1893**	**1278**
城关区	426	2	36	75	95	67
七里河区	677	7	33	117	166	102
西固区	236		15	18	29	34
安宁区						
红古区	145		4	19	24	25
永登县	2018	9	64	228	322	298
皋兰县	1112	1	47	156	194	139
榆中县	2579	12	156	393	539	377
兰州新区	1960	18	153	508	524	236
嘉峪关市	**78**		**7**	**7**	**4**	**8**
市辖区	78		7	7	4	8
金昌市	**1650**	**1**	**65**	**136**	**274**	**212**
金川区	10			1	3	1
永昌县	1640	1	65	135	271	211
白银市	**5656**	**8**	**209**	**631**	**1000**	**845**
白银区	70	1		4	5	6
平川区	199	1	8	21	34	19
靖远县	1914	3	53	185	299	304
会宁县	2110	3	90	247	423	296
景泰县	1363		58	174	239	220
天水市	**8114**	**98**	**478**	**1144**	**1434**	**1330**
秦州区	349	5	26	55	47	49
麦积区	448	4	20	59	72	61
清水县	919	10	43	126	183	162
秦安县	2089	23	131	303	351	317
甘谷县	1891	19	112	295	360	324
武山县	1795	20	99	220	304	300
张家川回族自治县	623	17	47	86	117	117
武威市	**4594**	**9**	**153**	**409**	**715**	**664**
凉州区	1305	4	47	113	156	130
民勤县	1314	1	25	93	196	197
古浪县	958	2	42	111	178	154
天祝藏族自治县	1017	2	39	92	185	183
张掖市	**5750**	**17**	**239**	**558**	**1057**	**840**
甘州区	345	3	12	28	34	27
肃南裕固族自治县	239	1	11	19	52	34
民乐县	1462	3	60	127	282	262
临泽县	962	3	41	106	159	132
高台县	1346	3	47	132	262	199
山丹县	1396	4	68	146	268	186
平凉市	**6563**	**25**	**292**	**834**	**1332**	**963**
崆峒区	102	2	8	14	13	12
泾川县	1303	6	59	160	263	176
灵台县	814	3	46	121	170	113
崇信县	598	2	46	115	118	77
庄浪县	1892	9	69	211	357	323
静宁县	1532		42	173	359	225
华亭市	322	3	22	40	52	37

性别的就业人口（镇）（续4）

单位：人

40-44岁	45-49岁	50-54岁	55-59岁	60-64岁	65-69岁	70-74岁	75岁及以上
10467	**12746**	**9740**	**4351**	**1338**	**913**	**327**	**160**
1068	**1335**	**977**	**353**	**100**	**54**	**22**	**2**
56	46	38	8	1	1	1	
66	82	62	25	7	8	2	
32	57	40	10		1		
17	35	13	7		1		
285	370	272	108	40	16	5	1
131	186	154	57	28	12	7	
328	373	256	102	21	15	7	
153	186	142	36	3			1
7	**13**	**15**	**13**	**3**		**1**	
7	13	15	13	3		1	
245	**425**	**225**	**57**	**9**	**1**		
1	4						
244	421	225	57	9	1		
762	**905**	**755**	**278**	**121**	**84**	**32**	**26**
4	6	18	6	7	8	5	
23	44	29	13	4	2	1	
270	370	271	95	41	18	2	3
279	243	272	117	49	46	23	22
186	242	165	47	20	10	1	1
935	**1091**	**846**	**481**	**132**	**88**	**39**	**18**
36	54	37	25	9	5	1	
54	64	61	31	9	8	1	4
107	114	97	45	14	10	5	3
236	287	238	126	45	22	6	4
208	244	172	103	22	21	10	1
195	273	192	125	30	19	14	4
99	55	49	26	3	3	2	2
597	**872**	**676**	**301**	**100**	**72**	**19**	**7**
111	242	222	160	57	46	13	4
212	283	195	65	21	18	5	3
131	146	127	43	18	5	1	
143	201	132	33	4	3		
794	**1012**	**774**	**319**	**58**	**60**	**18**	**4**
33	69	64	41	11	17	5	1
32	37	35	14		3	1	
212	263	175	60	9	6	3	
127	182	121	61	11	14	4	1
213	211	170	76	15	14	3	1
177	250	209	67	12	6	2	1
765	**962**	**727**	**395**	**123**	**94**	**36**	**15**
9	17	14	8	3	1	1	
152	204	138	97	19	22	4	3
89	138	89	27	14	2	1	1
56	83	54	27	8	8	2	2
255	237	206	131	39	28	19	8
165	218	189	92	30	30	9	
39	65	37	13	10	3		1

4-1b 各地区分年龄、

地区 性别	合计	16-19 岁	20-24 岁	25-29 岁	30-34 岁	35-39 岁
酒泉市	**4039**	**15**	**136**	**372**	**570**	**508**
肃州区	484		6	14	48	33
金塔县	846	5	27	59	144	112
瓜州县	1014	4	57	146	166	127
肃北蒙古族自治县	217		9	34	36	33
阿克塞哈萨克族自治县	207	1	13	23	36	34
玉门市	602	4	16	39	45	57
敦煌市	669	1	8	57	95	112
庆阳市	**7572**	**28**	**288**	**904**	**1619**	**1184**
西峰区	81		2	7	20	8
庆城县	1091	2	47	163	230	178
环　县	1311	5	71	206	326	241
华池县	615	1	23	90	159	110
合水县	660	2	26	88	157	86
正宁县	1081	4	28	100	191	158
宁　县	1248	8	56	117	224	164
镇原县	1485	6	35	133	312	239
定西市	**12620**	**56**	**588**	**1656**	**2433**	**1846**
安定区	430	1	10	50	52	31
通渭县	1389	9	80	208	290	206
陇西县	3368	10	153	430	656	467
渭源县	1486	18	64	168	269	204
临洮县	3159	6	130	400	609	531
漳　县	848	2	40	128	188	116
岷　县	1940	10	111	272	369	291
陇南市	**8183**	**52**	**461**	**1168**	**1586**	**1323**
武都区	531	3	35	101	89	57
成　县	1566	11	79	243	288	254
文　县	840	2	37	95	147	122
宕昌县	1033	7	76	150	193	151
康　县	649	4	30	64	138	109
西和县	1000	9	70	133	211	202
礼　县	1168	9	55	161	237	194
徽　县	1131	7	62	193	230	195
两当县	265		17	28	53	39
临夏回族自治州	**6405**	**67**	**422**	**934**	**1182**	**969**
临夏市	133	1	5	20	10	15
临夏县	487	7	36	82	68	55
康乐县	934	6	63	138	205	157
永靖县	1578	4	45	181	283	267
广河县	879	8	88	137	156	135
和政县	1145	19	66	182	221	142
东乡族自治县	534	11	74	87	83	72
积石山保安族东乡族撒拉族自治县	715	11	45	107	156	126
甘南藏族自治州	**3303**	**25**	**194**	**521**	**757**	**534**
合作市	15		1	2	2	3
临潭县	660	7	30	100	140	111
卓尼县	556	3	32	77	154	88
舟曲县	610		41	100	139	89
迭部县	395	3	15	67	73	68
玛曲县	440	7	40	69	89	75
碌曲县	247	2	12	51	68	42
夏河县	380	3	23	55	92	58

性别的就业人口（镇）（续5）

单位：人

40–44 岁	45–49 岁	50–54 岁	55–59 岁	60–64 岁	65–69 岁	70–74 岁	75 岁及以上
570	**812**	**585**	**300**	**81**	**70**	**13**	**7**
46	81	112	83	21	31	6	3
141	181	112	43	12	7	3	
115	172	142	58	19	8		
31	38	23	8	3	2		
35	30	21	8	3	2	1	
59	139	133	76	18	10	3	3
143	171	42	24	5	10		1
972	**961**	**852**	**401**	**188**	**115**	**44**	**16**
8	8	13	8	5	2		
144	146	117	33	15	12	4	
150	137	112	35	17	9	2	
82	56	58	20	12	2	1	1
87	82	73	28	16	7	6	2
127	162	144	78	42	28	13	6
165	160	153	110	44	31	12	4
209	210	182	89	37	24	6	3
1485	**1805**	**1509**	**729**	**232**	**172**	**67**	**42**
39	62	88	61	17	15	3	1
133	186	166	69	14	17	5	6
456	559	380	154	44	41	15	3
164	206	197	130	29	23	7	7
372	421	340	186	72	46	29	17
83	114	111	34	18	12	2	
238	257	227	95	38	18	6	8
966	**1242**	**888**	**336**	**89**	**48**	**14**	**10**
52	87	73	25	4	3	1	1
160	242	184	62	25	15	2	1
123	147	108	41	12	2	3	1
129	148	102	57	9	6	3	2
103	109	57	22	7	4	1	1
105	130	88	39	9	1		3
127	161	147	53	11	10	3	
130	168	102	29	7	6	1	1
37	50	27	8	5	1		
872	**898**	**642**	**279**	**72**	**42**	**18**	**8**
17	26	21	11	6		1	
57	74	63	30	8	7		
98	121	91	41	10	3		1
276	256	172	58	18	12	3	3
108	116	80	37	6	3	3	2
119	174	126	61	19	9	6	1
82	52	42	19	2	7	3	
115	79	47	22	3	1	2	1
429	**413**	**269**	**109**	**30**	**13**	**4**	**5**
3		2	1	1			
90	74	60	30	11	6	1	
65	64	54	16	3			
64	97	53	15	6	3	2	1
58	60	29	19	1	2		
66	43	28	14	6	1		2
34	25	9	4				
49	50	34	10	2	1	1	2

4-1c 各地区分年龄、

地区 性别	合计	16-19 岁	20-24 岁	25-29 岁	30-34 岁	35-39 岁
合计	**476880**	**5942**	**24022**	**43103**	**47168**	**38469**
兰州市	**34128**	**268**	**1618**	**3588**	**4203**	**3034**
城关区	1027	13	66	163	206	128
七里河区	4010	48	248	508	623	400
西固区	1607	19	85	177	175	153
安宁区						
红古区	1941	8	66	196	211	161
永登县	5904	36	221	438	561	474
皋兰县	2657	17	105	220	247	202
榆中县	10829	77	354	814	1087	878
兰州新区	6153	50	473	1072	1093	638
嘉峪关市	**869**	**7**	**36**	**57**	**97**	**82**
市辖区	869	7	36	57	97	82
金昌市	**4109**	**9**	**126**	**189**	**327**	**285**
金川区	1241	3	45	63	117	79
永昌县	2868	6	81	126	210	206
白银市	**28151**	**113**	**1004**	**2012**	**2247**	**1980**
白银区	1622	4	52	104	128	106
平川区	1886	6	76	199	204	167
靖远县	8795	49	359	740	855	857
会宁县	12681	44	399	707	788	622
景泰县	3167	10	118	262	272	228
天水市	**53343**	**996**	**3318**	**5361**	**5042**	**4425**
秦州区	6420	111	355	617	686	558
麦积区	6814	104	367	669	707	638
清水县	5671	130	355	518	490	394
秦安县	11945	198	816	1213	997	822
甘谷县	10532	149	601	1092	999	921
武山县	7657	144	448	733	685	710
张家川回族自治县	4304	160	376	519	478	382
武威市	**36203**	**158**	**1197**	**2412**	**2859**	**2501**
凉州区	21475	109	697	1516	1838	1613
民勤县	6249	7	132	210	190	211
古浪县	5517	26	246	430	522	442
天祝藏族自治县	2962	16	122	256	309	235
张掖市	**27589**	**134**	**936**	**1664**	**2612**	**2242**
甘州区	12199	85	459	844	1213	1010
肃南裕固族自治县	1103	3	32	76	156	113
民乐县	4000	13	138	217	411	352
临泽县	3670	6	88	141	243	232
高台县	3542	12	99	157	246	208
山丹县	3075	15	120	229	343	327
平凉市	**42098**	**369**	**1683**	**2958**	**3368**	**2958**
崆峒区	6038	140	388	611	615	513
泾川县	4992	42	160	258	306	270
灵台县	3618	32	96	230	208	209
崇信县	2294	12	120	237	274	221
庄浪县	10752	85	479	782	890	734
静宁县	11890	37	321	645	841	810
华亭市	2514	21	119	195	234	201

性别的就业人口（乡村）

单位：人

40-44 岁	45-49 岁	50-54 岁	55-59 岁	60-64 岁	65-69 岁	70-74 岁	75 岁及以上
41617	**74955**	**86006**	**58375**	**25352**	**20195**	**8078**	**3598**
2980	**5175**	**5832**	**3769**	**1793**	**1274**	**441**	**153**
107	122	116	63	19	19	4	1
414	650	583	341	101	67	20	7
133	243	293	176	77	48	21	7
178	345	342	246	100	73	14	1
486	950	1196	806	419	223	73	21
187	338	464	329	256	195	72	25
926	1635	2017	1378	734	611	228	90
549	892	821	430	87	38	9	1
92	**143**	**162**	**102**	**45**	**34**	**11**	**1**
92	143	162	102	45	34	11	1
309	**653**	**917**	**651**	**312**	**225**	**79**	**27**
73	183	271	186	95	75	35	16
236	470	646	465	217	150	44	11
1967	**4375**	**5591**	**4052**	**2046**	**1757**	**654**	**353**
84	232	312	205	132	153	77	33
155	346	327	222	106	62	14	2
735	1517	1643	1118	506	320	68	28
764	1770	2623	2076	1067	1078	465	278
229	510	686	431	235	144	30	12
4768	**8358**	**9185**	**6110**	**2346**	**2126**	**887**	**421**
624	1003	1075	705	326	237	86	37
692	1179	1110	708	306	239	76	19
487	946	947	722	298	230	96	58
913	1772	2293	1529	576	517	201	98
963	1655	1748	1118	439	477	237	133
698	1196	1362	893	277	307	142	62
391	607	650	435	124	119	49	14
2574	**6022**	**7591**	**5407**	**2430**	**2014**	**728**	**310**
1451	3331	4234	3241	1498	1280	464	203
421	1146	1618	1081	497	469	186	81
430	980	1115	732	314	196	64	20
272	565	624	353	121	69	14	6
2398	**4633**	**5677**	**3730**	**1428**	**1392**	**538**	**205**
1061	2002	2338	1605	589	627	251	115
137	190	204	123	36	28	5	
422	654	845	550	203	144	39	12
269	645	823	568	236	272	111	36
248	577	853	551	246	216	96	33
261	565	614	333	118	105	36	9
3651	**6978**	**8248**	**5659**	**2553**	**2261**	**979**	**433**
574	935	976	585	299	242	108	52
300	690	979	874	426	418	185	84
301	632	751	554	295	187	92	31
216	331	406	252	81	88	38	18
977	1794	2149	1311	558	549	287	157
1037	2154	2519	1779	755	673	237	82
246	442	468	304	139	104	32	9

4-1c 各地区分年龄、

地区 性别	合计	16-19岁	20-24岁	25-29岁	30-34岁	35-39岁
酒泉市	**18425**	**185**	**726**	**1167**	**1629**	**1246**
肃州区	6589	51	211	359	521	414
金塔县	3110	31	82	128	193	177
瓜州县	3405	37	159	326	417	268
肃北蒙古族自治县	493	10	20	37	57	58
阿克塞哈萨克族自治县	52	1	2	3	3	4
玉门市	2129	28	94	127	182	143
敦煌市	2647	27	158	187	256	182
庆阳市	**46173**	**336**	**1458**	**3086**	**4407**	**3610**
西峰区	7056	62	270	637	967	740
庆城县	4553	44	186	362	485	396
环　县	7522	51	282	632	802	645
华池县	3416	13	111	229	361	309
合水县	3573	23	109	231	361	235
正宁县	4080	23	80	179	252	206
宁　县	6480	62	171	338	457	402
镇原县	9493	58	249	478	722	677
定西市	**84602**	**874**	**4246**	**8433**	**7965**	**6259**
安定区	10181	39	285	740	772	566
通渭县	16116	177	1262	2370	1803	1111
陇西县	10542	45	338	698	711	613
渭源县	11011	138	527	1045	977	725
临洮县	16366	142	711	1544	1593	1389
漳　县	4346	44	246	403	462	342
岷　县	16040	289	877	1633	1647	1513
陇南市	**43234**	**709**	**2533**	**4550**	**4862**	**3947**
武都区	9462	143	550	1107	1148	798
成　县	4315	61	178	426	479	422
文　县	4636	41	225	380	454	402
宕昌县	5789	138	410	662	627	458
康　县	3033	19	123	292	290	317
西和县	5742	146	458	687	771	579
礼　县	5587	108	368	582	668	546
徽　县	3736	48	182	347	334	343
两当县	934	5	39	67	91	82
临夏回族自治州	**46691**	**1593**	**4246**	**6121**	**6049**	**4637**
临夏市	1375	20	117	218	174	141
临夏县	8606	227	695	1198	1040	799
康乐县	7939	175	639	962	1000	880
永靖县	3581	32	179	436	417	291
广河县	6498	348	772	916	914	687
和政县	6818	216	471	913	891	531
东乡族自治县	6692	386	839	829	835	791
积石山保安族东乡族撒拉族自治县	5182	189	534	649	778	517
甘南藏族自治州	**11265**	**191**	**895**	**1505**	**1501**	**1263**
合作市	826	31	76	108	153	103
临潭县	3162	34	180	366	322	295
卓尼县	1297	18	112	178	179	146
舟曲县	2827	32	221	380	393	308
迭部县	1186	15	100	159	154	127
玛曲县	744	29	78	114	123	116
碌曲县	377	13	33	70	54	60
夏河县	846	19	95	130	123	108

性别的就业人口（乡村）（续 1）

单位：人

40-44 岁	45-49 岁	50-54 岁	55-59 岁	60-64 岁	65-69 岁	70-74 岁	75 岁及以上
1481	**3026**	**3808**	**2581**	**1193**	**953**	**313**	**117**
505	1112	1402	949	459	423	141	42
267	537	696	499	229	182	61	28
322	517	618	445	165	91	30	10
49	116	98	37	5	4	1	1
7	12	17	3				
156	340	465	301	135	108	31	19
175	392	512	347	200	145	49	17
3685	**6450**	**8666**	**6703**	**3602**	**2541**	**1128**	**501**
607	938	1148	858	377	267	142	43
379	618	794	593	313	236	101	46
649	1121	1430	1070	478	251	81	30
283	405	621	520	310	171	62	21
270	522	660	535	292	204	89	42
304	603	766	687	418	326	141	95
450	898	1273	980	679	442	239	89
743	1345	1974	1460	735	644	273	135
7186	**13608**	**15302**	**10347**	**4502**	**3636**	**1546**	**698**
692	1688	2042	1543	740	635	315	124
1254	2358	2516	1671	599	623	252	120
859	1963	2178	1528	653	567	291	98
929	1846	2125	1433	567	452	169	78
1452	2359	2969	2056	1082	711	233	125
355	728	850	459	168	180	76	33
1645	2666	2622	1657	693	468	210	120
4557	**7426**	**7302**	**4269**	**1469**	**1027**	**397**	**186**
908	1669	1575	888	287	231	108	50
431	763	724	491	177	101	42	20
542	786	806	504	231	160	66	39
545	969	1064	554	172	122	51	17
411	586	524	296	107	49	16	3
588	951	845	478	102	84	32	21
620	922	913	540	168	99	38	15
393	615	681	422	167	146	37	21
119	165	170	96	58	35	7	
4609	**6400**	**6235**	**4148**	**1381**	**780**	**322**	**170**
141	219	186	79	32	27	13	8
854	1414	1192	733	245	128	57	24
774	1117	1122	790	274	137	47	22
320	601	600	402	180	85	29	9
691	716	715	481	132	65	42	19
604	884	1066	738	226	166	74	38
757	759	691	491	156	91	31	36
468	690	663	434	136	81	29	14
1360	**1708**	**1490**	**847**	**252**	**175**	**55**	**23**
109	97	78	47	12	7	1	4
333	556	516	309	144	79	20	8
172	197	166	97	16	8	6	2
319	469	374	202	45	58	22	4
177	156	180	87	13	14	3	1
94	88	60	33	5	2	1	1
53	33	33	16	8	2	1	1
103	112	83	56	9	5	1	2

4–1c 各地区分年龄、

地区 性别	合计	16–19 岁	20–24 岁	25–29 岁	30–34 岁	35–39 岁
男	**284548**	**3689**	**14059**	**26356**	**29445**	**23437**
兰州市	**22102**	**195**	**1066**	**2422**	**2881**	**2018**
城关区	708	12	55	113	145	81
七里河区	2674	34	154	356	407	273
西固区	1011	13	50	116	114	105
安宁区						
红古区	1177	7	45	138	134	103
永登县	3853	30	144	305	377	316
皋兰县	1762	13	76	168	182	147
榆中县	6544	50	220	536	726	551
兰州新区	4373	36	322	690	796	442
嘉峪关市	**577**	**5**	**26**	**40**	**67**	**61**
市辖区	577	5	26	40	67	61
金昌市	**2599**	**6**	**89**	**115**	**220**	**182**
金川区	763	1	32	39	79	48
永昌县	1836	5	57	76	141	134
白银市	**16449**	**68**	**575**	**1263**	**1439**	**1236**
白银区	983	3	34	77	85	66
平川区	1266	5	46	139	152	119
靖远县	5235	30	214	460	543	523
会宁县	6944	21	208	410	465	368
景泰县	2021	9	73	177	194	160
天水市	**32872**	**598**	**1883**	**3262**	**3254**	**2798**
秦州区	4218	74	204	387	463	390
麦积区	4566	73	216	437	480	430
清水县	3298	77	198	296	276	233
秦安县	6932	115	443	741	647	506
甘谷县	6562	85	364	663	657	599
武山县	4614	82	248	428	441	415
张家川回族自治县	2682	92	210	310	290	225
武威市	**20291**	**104**	**738**	**1422**	**1691**	**1417**
凉州区	11705	70	420	882	1026	883
民勤县	3405	5	98	115	131	117
古浪县	3284	19	135	264	328	265
天祝藏族自治县	1897	10	85	161	206	152
张掖市	**15801**	**87**	**554**	**984**	**1471**	**1259**
甘州区	6983	60	276	512	695	569
肃南裕固族自治县	665	1	17	39	96	70
民乐县	2337	8	70	121	213	194
临泽县	1956	2	54	78	121	117
高台县	1958	6	56	91	155	115
山丹县	1902	10	81	143	191	194
平凉市	**24902**	**220**	**943**	**1791**	**2064**	**1705**
崆峒区	3892	89	238	408	390	320
泾川县	2911	20	89	142	189	160
灵台县	2337	21	43	142	129	133
崇信县	1552	7	75	167	186	158
庄浪县	5656	50	234	395	455	348
静宁县	6847	21	189	410	537	457
华亭市	1707	12	75	127	178	129

性别的就业人口（乡村）（续 2）

单位：人

40-44 岁	45-49 岁	50-54 岁	55-59 岁	60-64 岁	65-69 岁	70-74 岁	75 岁及以上
24386	**42152**	**49275**	**35208**	**16016**	**12837**	**5309**	**2379**
1904	**3122**	**3634**	**2461**	**1165**	**806**	**321**	**107**
69	83	78	42	13	13	3	1
257	423	387	242	72	48	16	5
85	137	173	118	59	25	11	5
105	183	203	143	62	42	11	1
312	571	755	542	284	152	53	12
133	203	275	202	159	124	58	22
553	916	1142	815	439	374	162	60
390	606	621	357	77	28	7	1
53	**92**	**101**	**64**	**36**	**21**	**10**	**1**
53	92	101	64	36	21	10	1
188	**366**	**566**	**413**	**212**	**162**	**60**	**20**
53	104	160	109	59	43	24	12
135	262	406	304	153	119	36	8
1149	**2395**	**3068**	**2368**	**1217**	**1070**	**393**	**208**
57	138	182	112	76	86	45	22
103	226	210	142	69	41	12	2
451	828	938	655	312	216	45	20
395	907	1330	1177	611	629	268	155
143	296	408	282	149	98	23	9
2927	**4926**	**5523**	**3848**	**1540**	**1389**	**619**	**305**
409	655	699	468	226	151	68	24
468	768	735	498	214	172	59	16
264	513	551	457	182	145	63	43
545	925	1235	856	374	330	141	74
589	997	1081	689	288	302	156	92
404	683	813	579	170	205	100	46
248	385	409	301	86	84	32	10
1397	**3158**	**3985**	**2920**	**1464**	**1292**	**483**	**220**
780	1707	2149	1669	881	784	310	144
226	587	781	573	282	312	120	58
228	530	647	454	214	143	44	13
163	334	408	224	87	53	9	5
1276	**2415**	**3176**	**2237**	**933**	**890**	**367**	**152**
573	1042	1289	940	377	399	165	86
81	118	120	78	22	20	3	
228	349	506	365	147	100	29	7
127	313	398	331	144	166	76	29
123	282	455	297	152	134	70	22
144	311	408	226	91	71	24	8
2011	**3800**	**4762**	**3519**	**1696**	**1436**	**662**	**293**
353	576	655	375	215	158	76	39
146	359	542	549	264	261	132	58
179	393	473	374	223	134	70	23
144	215	279	163	60	63	23	12
479	874	1132	785	335	306	169	94
561	1093	1366	1040	503	441	168	61
149	290	315	233	96	73	24	6

4-1c 各地区分年龄、

地区 性别	合计	16-19 岁	20-24 岁	25-29 岁	30-34 岁	35-39 岁
酒泉市	**10808**	**118**	**433**	**748**	**1004**	**739**
肃州区	3738	34	117	216	302	226
金塔县	1794	21	55	88	122	99
瓜州县	2035	22	94	208	267	158
肃北蒙古族自治县	398	5	15	31	50	50
阿克塞哈萨克族自治县	42	1	2	3	3	3
玉门市	1263	18	56	84	108	92
敦煌市	1538	17	94	118	152	111
庆阳市	**27491**	**201**	**856**	**1884**	**2795**	**2234**
西峰区	4458	42	165	384	626	478
庆城县	2852	27	112	229	338	271
环　县	4615	29	173	411	547	429
华池县	2101	8	74	149	246	210
合水县	2177	15	69	152	222	153
正宁县	2236	14	44	110	147	101
宁　县	3799	31	90	193	274	239
镇原县	5253	35	129	256	395	353
定西市	**48103**	**531**	**2401**	**4984**	**4873**	**3587**
安定区	6058	29	167	464	515	358
通渭县	9566	82	717	1448	1230	706
陇西县	5980	29	202	426	426	343
渭源县	6118	78	282	595	571	378
临洮县	9144	103	403	891	939	788
漳　县	2540	25	143	254	279	219
岷　县	8697	185	487	906	913	795
陇南市	**28085**	**464**	**1531**	**2931**	**3250**	**2651**
武都区	6055	98	331	728	785	547
成　县	2835	47	102	282	327	282
文　县	2993	29	129	257	311	277
宕昌县	3415	93	253	392	376	285
康　县	2066	13	72	179	206	203
西和县	3839	84	280	447	523	384
礼　县	3721	64	230	380	438	383
徽　县	2536	33	112	224	226	227
两当县	625	3	22	42	58	63
临夏回族自治州	**27730**	**973**	**2485**	**3650**	**3537**	**2759**
临夏市	913	12	79	151	119	96
临夏县	5475	157	433	739	651	510
康乐县	4407	103	358	531	531	487
永靖县	2232	23	111	282	260	188
广河县	3624	202	438	525	503	375
和政县	3614	113	234	495	450	277
东乡族自治县	4101	240	519	524	503	498
积石山保安族东乡族撒拉族自治县	3364	123	313	403	520	328
甘南藏族自治州	**6738**	**119**	**479**	**860**	**899**	**791**
合作市	513	17	45	60	94	60
临潭县	1875	21	118	208	189	184
卓尼县	784	11	59	107	100	93
舟曲县	1758	25	108	229	249	210
迭部县	684	8	42	85	86	83
玛曲县	389	14	39	51	77	65
碌曲县	210	7	15	39	33	33
夏河县	525	16	53	81	71	63

性别的就业人口（乡村）（续3）

单位：人

40-44 岁	45-49 岁	50-54 岁	55-59 岁	60-64 岁	65-69 岁	70-74 岁	75 岁及以上
801	**1644**	**2129**	**1471**	**745**	**661**	**231**	**84**
279	577	783	506	273	288	105	32
131	278	375	285	145	135	41	19
165	293	346	276	113	63	23	7
36	99	76	28	4	2	1	1
7	8	12	3				
89	186	255	181	79	78	22	15
94	203	282	192	131	95	39	10
2139	**3688**	**4904**	**3913**	**2217**	**1605**	**732**	**323**
387	595	702	531	251	173	97	27
251	370	476	359	187	143	65	24
384	639	807	658	298	167	54	19
166	235	350	308	199	104	37	15
165	298	368	338	178	133	55	31
167	305	384	366	241	199	88	70
238	517	744	564	411	288	152	58
381	729	1073	789	452	398	184	79
4112	**7208**	**8193**	**5972**	**2711**	**2188**	**918**	**425**
456	924	1124	915	462	369	188	87
772	1252	1383	983	377	377	162	77
501	1033	1153	888	384	347	178	70
505	988	1118	839	343	272	101	48
787	1221	1545	1154	661	442	145	65
205	402	470	262	93	118	50	20
886	1388	1400	931	391	263	94	58
2938	**4606**	**4689**	**2921**	**1017**	**710**	**257**	**120**
587	955	997	571	199	154	69	34
283	477	469	326	127	72	27	14
333	490	520	323	153	104	44	23
306	537	612	349	98	74	30	10
278	393	362	222	85	40	10	3
390	630	575	357	77	61	19	12
421	603	597	384	116	70	28	7
271	406	443	320	124	109	24	17
69	115	114	69	38	26	6	
2685	**3739**	**3643**	**2541**	**896**	**498**	**214**	**110**
89	138	119	57	20	18	9	6
521	888	775	471	180	90	40	20
429	602	607	463	173	81	33	9
203	366	351	241	119	59	21	8
387	367	382	280	85	40	29	11
309	466	550	425	132	98	42	23
438	450	418	316	95	57	19	24
309	462	441	288	92	55	21	9
806	**993**	**902**	**560**	**167**	**109**	**42**	**11**
65	67	55	35	8	5	1	1
187	312	303	196	93	46	16	2
102	123	100	63	14	5	5	2
199	273	237	140	31	37	17	3
107	87	104	62	8	8	3	1
53	39	31	16	3	1		
30	17	19	10	4	2		1
63	75	53	38	6	5		1

4-1c 各地区分年龄、

地区 性别	合计	16-19 岁	20-24 岁	25-29 岁	30-34 岁	35-39 岁
女	**192332**	**2253**	**9963**	**16747**	**17723**	**15032**
兰州市	**12026**	**73**	**552**	**1166**	**1322**	**1016**
城关区	319	1	11	50	61	47
七里河区	1336	14	94	152	216	127
西固区	596	6	35	61	61	48
安宁区						
红古区	764	1	21	58	77	58
永登县	2051	6	77	133	184	158
皋兰县	895	4	29	52	65	55
榆中县	4285	27	134	278	361	327
兰州新区	1780	14	151	382	297	196
嘉峪关市	**292**	**2**	**10**	**17**	**30**	**21**
市辖区	292	2	10	17	30	21
金昌市	**1510**	**3**	**37**	**74**	**107**	**103**
金川区	478	2	13	24	38	31
永昌县	1032	1	24	50	69	72
白银市	**11702**	**45**	**429**	**749**	**808**	**744**
白银区	639	1	18	27	43	40
平川区	620	1	30	60	52	48
靖远县	3560	19	145	280	312	334
会宁县	5737	23	191	297	323	254
景泰县	1146	1	45	85	78	68
天水市	**20471**	**398**	**1435**	**2099**	**1788**	**1627**
秦州区	2202	37	151	230	223	168
麦积区	2248	31	151	232	227	208
清水县	2373	53	157	222	214	161
秦安县	5013	83	373	472	350	316
甘谷县	3970	64	237	429	342	322
武山县	3043	62	200	305	244	295
张家川回族自治县	1622	68	166	209	188	157
武威市	**15912**	**54**	**459**	**990**	**1168**	**1084**
凉州区	9770	39	277	634	812	730
民勤县	2844	2	34	95	59	94
古浪县	2233	7	111	166	194	177
天祝藏族自治县	1065	6	37	95	103	83
张掖市	**11788**	**47**	**382**	**680**	**1141**	**983**
甘州区	5216	25	183	332	518	441
肃南裕固族自治县	438	2	15	37	60	43
民乐县	1663	5	68	96	198	158
临泽县	1714	4	34	63	122	115
高台县	1584	6	43	66	91	93
山丹县	1173	5	39	86	152	133
平凉市	**17196**	**149**	**740**	**1167**	**1304**	**1253**
崆峒区	2146	51	150	203	225	193
泾川县	2081	22	71	116	117	110
灵台县	1281	11	53	88	79	76
崇信县	742	5	45	70	88	63
庄浪县	5096	35	245	387	435	386
静宁县	5043	16	132	235	304	353
华亭市	807	9	44	68	56	72

性别的就业人口（乡村）（续 4）

单位：人

40–44 岁	45–49 岁	50–54 岁	55–59 岁	60–64 岁	65–69 岁	70–74 岁	75 岁及以上
17231	**32803**	**36731**	**23167**	**9336**	**7358**	**2769**	**1219**
1076	**2053**	**2198**	**1308**	**628**	**468**	**120**	**46**
38	39	38	21	6	6	1	
157	227	196	99	29	19	4	2
48	106	120	58	18	23	10	2
73	162	139	103	38	31	3	
174	379	441	264	135	71	20	9
54	135	189	127	97	71	14	3
373	719	875	563	295	237	66	30
159	286	200	73	10	10	2	
39	**51**	**61**	**38**	**9**	**13**	**1**	
39	51	61	38	9	13	1	
121	**287**	**351**	**238**	**100**	**63**	**19**	**7**
20	79	111	77	36	32	11	4
101	208	240	161	64	31	8	3
818	**1980**	**2523**	**1684**	**829**	**687**	**261**	**145**
27	94	130	93	56	67	32	11
52	120	117	80	37	21	2	
284	689	705	463	194	104	23	8
369	863	1293	899	456	449	197	123
86	214	278	149	86	46	7	3
1841	**3432**	**3662**	**2262**	**806**	**737**	**268**	**116**
215	348	376	237	100	86	18	13
224	411	375	210	92	67	17	3
223	433	396	265	116	85	33	15
368	847	1058	673	202	187	60	24
374	658	667	429	151	175	81	41
294	513	549	314	107	102	42	16
143	222	241	134	38	35	17	4
1177	**2864**	**3606**	**2487**	**966**	**722**	**245**	**90**
671	1624	2085	1572	617	496	154	59
195	559	837	508	215	157	66	23
202	450	468	278	100	53	20	7
109	231	216	129	34	16	5	1
1122	**2218**	**2501**	**1493**	**495**	**502**	**171**	**53**
488	960	1049	665	212	228	86	29
56	72	84	45	14	8	2	
194	305	339	185	56	44	10	5
142	332	425	237	92	106	35	7
125	295	398	254	94	82	26	11
117	254	206	107	27	34	12	1
1640	**3178**	**3486**	**2140**	**857**	**825**	**317**	**140**
221	359	321	210	84	84	32	13
154	331	437	325	162	157	53	26
122	239	278	180	72	53	22	8
72	116	127	89	21	25	15	6
498	920	1017	526	223	243	118	63
476	1061	1153	739	252	232	69	21
97	152	153	71	43	31	8	3

4-1c 各地区分年龄、

地区 性别	合计	16-19 岁	20-24 岁	25-29 岁	30-34 岁	35-39 岁
酒泉市	**7617**	**67**	**293**	**419**	**625**	**507**
肃州区	2851	17	94	143	219	188
金塔县	1316	10	27	40	71	78
瓜州县	1370	15	65	118	150	110
肃北蒙古族自治县	95	5	5	6	7	8
阿克塞哈萨克族自治县	10					1
玉门市	866	10	38	43	74	51
敦煌市	1109	10	64	69	104	71
庆阳市	**18682**	**135**	**602**	**1202**	**1612**	**1376**
西峰区	2598	20	105	253	341	262
庆城县	1701	17	74	133	147	125
环　县	2907	22	109	221	255	216
华池县	1315	5	37	80	115	99
合水县	1396	8	40	79	139	82
正宁县	1844	9	36	69	105	105
宁　县	2681	31	81	145	183	163
镇原县	4240	23	120	222	327	324
定西市	**36499**	**343**	**1845**	**3449**	**3092**	**2672**
安定区	4123	10	118	276	257	208
通渭县	6550	95	545	922	573	405
陇西县	4562	16	136	272	285	270
渭源县	4893	60	245	450	406	347
临洮县	7222	39	308	653	654	601
漳　县	1806	19	103	149	183	123
岷　县	7343	104	390	727	734	718
陇南市	**15149**	**245**	**1002**	**1619**	**1612**	**1296**
武都区	3407	45	219	379	363	251
成　县	1480	14	76	144	152	140
文　县	1643	12	96	123	143	125
宕昌县	2374	45	157	270	251	173
康　县	967	6	51	113	84	114
西和县	1903	62	178	240	248	195
礼　县	1866	44	138	202	230	163
徽　县	1200	15	70	123	108	116
两当县	309	2	17	25	33	19
临夏回族自治州	**18961**	**620**	**1761**	**2471**	**2512**	**1878**
临夏市	462	8	38	67	55	45
临夏县	3131	70	262	459	389	289
康乐县	3532	72	281	431	469	393
永靖县	1349	9	68	154	157	103
广河县	2874	146	334	391	411	312
和政县	3204	103	237	418	441	254
东乡族自治县	2591	146	320	305	332	293
积石山保安族东乡族撒拉族自治县	1818	66	221	246	258	189
甘南藏族自治州	**4527**	**72**	**416**	**645**	**602**	**472**
合作市	313	14	31	48	59	43
临潭县	1287	13	62	158	133	111
卓尼县	513	7	53	71	79	53
舟曲县	1069	7	113	151	144	98
迭部县	502	7	58	74	68	44
玛曲县	355	15	39	63	46	51
碌曲县	167	6	18	31	21	27
夏河县	321	3	42	49	52	45

性别的就业人口（乡村）（续5）

单位：人

40–44岁	45–49岁	50–54岁	55–59岁	60–64岁	65–69岁	70–74岁	75岁及以上
680	**1382**	**1679**	**1110**	**448**	**292**	**82**	**33**
226	535	619	443	186	135	36	10
136	259	321	214	84	47	20	9
157	224	272	169	52	28	7	3
13	17	22	9	1	2		
	4	5					
67	154	210	120	56	30	9	4
81	189	230	155	69	50	10	7
1546	**2762**	**3762**	**2790**	**1385**	**936**	**396**	**178**
220	343	446	327	126	94	45	16
128	248	318	234	126	93	36	22
265	482	623	412	180	84	27	11
117	170	271	212	111	67	25	6
105	224	292	197	114	71	34	11
137	298	382	321	177	127	53	25
212	381	529	416	268	154	87	31
362	616	901	671	283	246	89	56
3074	**6400**	**7109**	**4375**	**1791**	**1448**	**628**	**273**
236	764	918	628	278	266	127	37
482	1106	1133	688	222	246	90	43
358	930	1025	640	269	220	113	28
424	858	1007	594	224	180	68	30
665	1138	1424	902	421	269	88	60
150	326	380	197	75	62	26	13
759	1278	1222	726	302	205	116	62
1619	**2820**	**2613**	**1348**	**452**	**317**	**140**	**66**
321	714	578	317	88	77	39	16
148	286	255	165	50	29	15	6
209	296	286	181	78	56	22	16
239	432	452	205	74	48	21	7
133	193	162	74	22	9	6	
198	321	270	121	25	23	13	9
199	319	316	156	52	29	10	8
122	209	238	102	43	37	13	4
50	50	56	27	20	9	1	
1924	**2661**	**2592**	**1607**	**485**	**282**	**108**	**60**
52	81	67	22	12	9	4	2
333	526	417	262	65	38	17	4
345	515	515	327	101	56	14	13
117	235	249	161	61	26	8	1
304	349	333	201	47	25	13	8
295	418	516	313	94	68	32	15
319	309	273	175	61	34	12	12
159	228	222	146	44	26	8	5
554	**715**	**588**	**287**	**85**	**66**	**13**	**12**
44	30	23	12	4	2		3
146	244	213	113	51	33	4	6
70	74	66	34	2	3	1	
120	196	137	62	14	21	5	1
70	69	76	25	5	6		
41	49	29	17	2	1	1	1
23	16	14	6	4		1	
40	37	30	18	3		1	1

4-2 各地区分性别、

地区 性别	合计	未上过学	学前教育	小学	初中
合计	**959370**	**42263**	**429**	**230613**	**326712**
兰州市	**170707**	**1526**	**36**	**15769**	**52008**
城关区	62090	281	15	3127	14584
七里河区	27056	227	3	2221	7452
西固区	15892	67	3	924	4756
安宁区	13905	43	2	491	2560
红古区	5790	90	3	657	2316
永登县	11148	285	2	2398	5092
皋兰县	5771	107		1017	2607
榆中县	17363	350	7	3608	8166
兰州新区	11692	76	1	1326	4475
嘉峪关市	**14249**	**12**	**1**	**617**	**3474**
市辖区	14249	12	1	617	3474
金昌市	**18352**	**190**	**36**	**2603**	**6076**
金川区	11344	118	2	941	3261
永昌县	7008	72	34	1662	2815
白银市	**58097**	**1101**	**17**	**13016**	**21096**
白银区	13440	42		722	3958
平川区	6769	80	2	798	2490
靖远县	13698	249	1	3334	6301
会宁县	17360	678	12	6987	5611
景泰县	6830	52	2	1175	2736
天水市	**96913**	**4412**	**36**	**25110**	**38098**
秦州区	20211	522	9	4110	6833
麦积区	17276	253	4	3182	7648
清水县	7893	670	6	2750	2628
秦安县	17349	830	5	4380	7817
甘谷县	15947	989	10	4834	6261
武山县	12305	604	2	3734	4969
张家川回族自治县	5932	544		2120	1942
武威市	**63287**	**1838**	**15**	**13439**	**26645**
凉州区	40525	911	10	7427	18081
民勤县	9286	258	1	1845	4000
古浪县	7945	344	4	2396	2965
天祝藏族自治县	5531	325		1771	1599
张掖市	**51652**	**951**	**53**	**11857**	**20530**
甘州区	23403	461	19	3906	9194
肃南裕固族自治县	1721	26	1	497	552
民乐县	7526	183	2	2610	2733
临泽县	5938	135	27	1931	2168
高台县	6608	50	3	1869	2806
山丹县	6456	96	1	1044	3077
平凉市	**72291**	**5226**	**25**	**19834**	**23536**
崆峒区	17514	644	2	2708	6354
泾川县	8132	254	8	2245	3281
灵台县	5632	250		1446	2118
崇信县	3768	120	3	806	1194
庄浪县	14763	885	10	6616	3967
静宁县	15612	2774	2	4597	4540
华亭市	6870	299		1416	2082

受教育程度的就业人口

单位：人

高中	大学专科	大学本科	硕士研究生	博士研究生
128204	**116895**	**106192**	**6982**	**1080**
30636	**30750**	**34507**	**4531**	**944**
11671	12847	16526	2509	530
5139	5616	5666	635	97
3566	3288	3038	227	23
2287	3058	4259	918	287
1097	1004	608	15	
1793	867	691	19	1
905	587	532	15	1
2262	1535	1370	61	4
1916	1948	1817	132	1
3254	**4025**	**2744**	**117**	**5**
3254	4025	2744	117	5
3203	**3311**	**2784**	**146**	**3**
2327	2428	2130	134	3
876	883	654	12	
9158	**7375**	**6153**	**175**	**6**
3266	2860	2485	103	4
1379	1167	840	12	1
1655	1188	950	20	
1706	1289	1055	21	1
1152	871	823	19	
11505	**9383**	**8005**	**343**	**21**
2929	2761	2830	198	19
2680	1971	1493	45	
776	522	531	9	1
1922	1296	1060	39	
1634	1360	842	17	
1169	1032	770	24	1
395	441	479	11	
9240	**6472**	**5478**	**153**	**7**
6175	4219	3571	125	6
1567	899	707	9	
897	745	589	5	
601	609	611	14	1
7048	**5783**	**5230**	**188**	**12**
3882	3028	2763	138	12
210	200	225	10	
643	770	575	10	
681	506	485	5	
682	564	619	15	
950	715	563	10	
8596	**7787**	**7071**	**205**	**11**
2889	2509	2294	111	3
871	682	783	8	
691	567	550	9	1
625	526	481	12	1
1239	1048	983	12	3
1344	1230	1091	32	2
937	1225	889	21	1

4-2 各地区分性别、

地区 性别	合计	未上过学	学前教育	小学	初中
酒泉市	**47711**	**1053**	**24**	**7699**	**17899**
肃州区	20843	327	12	2752	7219
金塔县	5151	156	4	1262	2364
瓜州县	5935	351	3	1484	2101
肃北蒙古族自治县	1027	19		138	335
阿克塞哈萨克族自治县	572	6		65	152
玉门市	5951	111	1	1380	2455
敦煌市	8232	83	4	618	3273
庆阳市	**76811**	**3028**	**35**	**20575**	**29416**
西峰区	18219	149	3	2101	6652
庆城县	7822	179	5	2200	3028
环　县	11080	843	6	4060	3165
华池县	5133	482	1	1659	1414
合水县	5332	229	1	1716	2042
正宁县	6648	472	15	1894	2776
宁　县	9527	337	1	2685	4508
镇原县	13050	337	3	4260	5831
定西市	**122131**	**7218**	**93**	**41432**	**41820**
安定区	18814	772	8	5098	6067
通渭县	19666	321	14	5994	7040
陇西县	18907	889	2	6374	6483
渭源县	14391	568	10	5385	5481
临洮县	23524	468	2	7805	9416
漳　县	6314	532	3	2372	2013
岷　县	20515	3668	54	8404	5320
陇南市	**70880**	**6066**	**30**	**20294**	**24204**
武都区	17193	1985	9	4689	5453
成　县	8367	235	1	1791	3698
文　县	6767	769		1937	2201
宕昌县	8208	1219	3	3432	2035
康　县	4750	305	2	1633	1401
西和县	8519	561	6	2206	3412
礼　县	8751	776	8	2692	2902
徽　县	6716	150	1	1489	2598
两当县	1609	66		425	504
临夏回族自治州	**74519**	**8059**	**22**	**29792**	**18564**
临夏市	13240	196	3	2795	3443
临夏县	10275	739	1	4864	3162
康乐县	10024	1462	1	3910	2855
永靖县	7381	73		2397	2108
广河县	9048	1338	5	4577	1829
和政县	9380	1975	10	3652	2017
东乡族自治县	8219	1649	2	4382	1558
积石山保安族东乡族撒拉族自治县	6952	627		3215	1592
甘南藏族自治州	**21770**	**1583**	**6**	**8576**	**3346**
合作市	3565	153	2	902	511
临潭县	4761	341		2490	789
卓尼县	2558	101	1	1096	313
舟曲县	4273	518		1406	794
迭部县	2122	123	2	784	301
玛曲县	1801	216		791	283
碌曲县	952	38		378	92
夏河县	1738	93	1	729	263

受教育程度的就业人口（续1）

单位：人

高中	大学专科	大学本科	硕士研究生	博士研究生
7924	**7026**	**5876**	**201**	**9**
4041	3551	2825	112	4
568	508	285	4	
727	693	560	16	
158	174	196	6	1
80	126	142	1	
835	624	537	8	
1515	1350	1331	54	4
9169	**7666**	**6682**	**222**	**18**
3408	3047	2709	138	12
990	783	621	15	1
1020	933	1029	22	2
514	545	504	14	
537	443	346	17	1
610	502	375	3	1
876	645	468	6	1
1214	768	630	7	
12833	**9711**	**8815**	**194**	**15**
2388	2106	2292	76	7
2860	2061	1329	42	5
2031	1552	1557	19	
1236	931	765	14	1
2778	1545	1488	22	
472	454	463	5	
1068	1062	921	16	2
7173	**7907**	**5047**	**150**	**9**
1644	1874	1482	56	1
999	976	623	41	3
626	756	467	10	1
536	657	321	5	
516	532	351	10	
771	975	578	8	2
910	1052	406	5	
970	842	651	14	1
201	243	168	1	1
6928	**6116**	**4854**	**176**	**8**
2120	2345	2231	102	5
836	453	212	8	
737	672	375	10	2
1101	890	780	31	1
511	382	398	8	
677	634	409	6	
346	183	95	4	
600	557	354	7	
1537	**3583**	**2946**	**181**	**12**
288	660	923	120	6
270	447	415	9	
163	501	375	7	1
329	782	428	14	2
174	467	259	11	1
105	220	177	7	2
70	172	194	8	
138	334	175	5	

4-2 各地区分性别、

地区 性别	合计	未上过学	学前教育	小学	初中
男	**573950**	**13797**	**181**	**122614**	**216873**
兰州市	**103023**	**470**	**22**	**8936**	**34738**
城关区	36075	94	11	1830	9515
七里河区	16310	92	3	1385	4950
西固区	9682	28	2	532	3169
安宁区	8047	13	1	289	1618
红古区	3615	23		383	1498
永登县	7079	63	1	1292	3508
皋兰县	3764	38		600	1836
榆中县	10499	78	3	1775	5398
兰州新区	7952	41	1	850	3246
嘉峪关市	**9132**	**5**		**322**	**2224**
市辖区	9132	5		322	2224
金昌市	**11291**	**74**	**16**	**1353**	**3917**
金川区	6955	42	1	521	2049
永昌县	4336	32	15	832	1868
白银市	**34896**	**257**	**6**	**6068**	**14141**
白银区	8308	11		387	2511
平川区	4555	24	1	457	1852
靖远县	8199	48	1	1531	4187
会宁县	9513	159	4	3099	3715
景泰县	4321	15		594	1876
天水市	**59911**	**1515**	**22**	**14220**	**25729**
秦州区	12517	198	6	2548	4517
麦积区	11306	97	2	1948	5263
清水县	4601	187	6	1461	1771
秦安县	10247	244	3	2089	5167
甘谷县	10086	370	4	2785	4390
武山县	7467	219	1	2118	3237
张家川回族自治县	3687	200		1271	1384
武威市	**36320**	**437**	**7**	**5529**	**16451**
凉州区	22989	229	4	2740	10911
民勤县	5128	56		656	2293
古浪县	4754	54	3	1107	2086
天祝藏族自治县	3449	98		1026	1161
张掖市	**29721**	**291**	**23**	**5410**	**12535**
甘州区	13465	155	10	1811	5456
肃南裕固族自治县	1028	6	1	253	358
民乐县	4401	49		1203	1849
临泽县	3262	34	10	850	1270
高台县	3678	15	1	763	1686
山丹县	3887	32	1	530	1916
平凉市	**43019**	**1604**	**8**	**10459**	**16072**
崆峒区	10983	266	1	1677	4321
泾川县	4748	62	2	1096	2123
灵台县	3537	67		778	1497
崇信县	2428	39		434	816
庄浪县	7775	273	3	3021	2505
静宁县	9037	782	2	2568	3276
华亭市	4511	115		885	1534

受教育程度的就业人口（续2）

单位：人

高中	大学专科	大学本科	硕士研究生	博士研究生
88534	**68765**	**58927**	**3576**	**683**
20210	**17346**	**18466**	**2239**	**596**
7322	6966	8740	1255	342
3345	3160	2997	313	65
2340	1861	1614	119	17
1471	1718	2333	436	168
750	616	335	10	
1321	510	376	8	
655	350	280	5	
1565	911	735	31	3
1441	1254	1056	62	1
2205	**2668**	**1633**	**73**	**2**
2205	2668	1633	73	2
2201	**2008**	**1628**	**92**	**2**
1557	1468	1232	83	2
644	540	396	9	
6534	**4475**	**3328**	**83**	**4**
2229	1725	1388	54	3
1039	711	468	3	
1193	733	498	8	
1186	772	567	10	1
887	534	407	8	
8007	**5580**	**4654**	**169**	**15**
1935	1569	1636	94	14
1890	1217	863	26	
536	327	306	7	
1370	735	621	18	
1197	846	487	7	
801	623	457	10	1
278	263	284	7	
6640	**3969**	**3202**	**80**	**5**
4364	2584	2084	68	5
1146	568	406	3	
691	441	370	2	
439	376	342	7	
4874	**3508**	**2976**	**95**	**9**
2584	1798	1569	73	9
154	127	124	5	
474	483	339	4	
499	331	265	3	
498	344	365	6	
665	425	314	4	
6154	**4676**	**3917**	**120**	**9**
1929	1461	1258	67	3
627	420	413	5	
524	346	318	6	1
497	347	286	8	1
840	570	558	3	2
1034	793	565	16	1
703	739	519	15	1

4-2 各地区分性别、

地区 性别	合计	未上过学	学前教育	小学	初中
酒泉市	**28096**	**387**	**3**	**3787**	**10983**
肃州区	12059	130	2	1280	4232
金塔县	2989	51		551	1473
瓜州县	3551	123		747	1398
肃北蒙古族自治县	715	9		95	256
阿克塞哈萨克族自治县	355	5		35	104
玉门市	3627	40		758	1568
敦煌市	4800	29	1	321	1952
庆阳市	**46104**	**916**	**14**	**10693**	**19541**
西峰区	11087	60	1	1163	4325
庆城县	5030	58	1	1205	2156
环　县	6862	251	3	2287	2389
华池县	3203	156		945	1063
合水县	3276	78		923	1386
正宁县	3723	130	6	870	1754
宁　县	5598	99	1	1328	2876
镇原县	7325	84	2	1972	3592
定西市	**69974**	**2064**	**30**	**20320**	**27783**
安定区	11223	162	2	2581	4194
通渭县	11727	85	3	2580	4878
陇西县	10977	249		3118	4398
渭源县	8012	146	3	2481	3528
临洮县	13143	117	2	3615	5888
漳　县	3660	170		1295	1342
岷　县	11232	1135	20	4650	3555
陇南市	**45013**	**2352**	**15**	**12864**	**17249**
武都区	10738	764	3	3114	3872
成　县	5321	101		1079	2563
文　县	4284	277		1194	1620
宕昌县	4801	495	3	2051	1348
康　县	3116	131	1	1098	1014
西和县	5616	187	4	1430	2479
礼　县	5717	292	4	1701	2147
徽　县	4385	75		925	1841
两当县	1035	30		272	365
临夏回族自治州	**44689**	**2869**	**13**	**17674**	**13071**
临夏市	8308	78	2	1848	2397
临夏县	6530	287	1	2954	2297
康乐县	5558	440		2104	1912
永靖县	4454	25		1350	1412
广河县	5295	417	4	2590	1360
和政县	5031	665	4	2013	1340
东乡族自治县	5094	711	2	2782	1163
积石山保安族东乡族撒拉族自治县	4419	246		2033	1190
甘南藏族自治州	**12761**	**556**	**2**	**4979**	**2439**
合作市	2058	46	1	563	331
临潭县	2814	94		1412	600
卓尼县	1489	34		646	222
舟曲县	2594	191		854	620
迭部县	1225	43		441	202
玛曲县	1006	99		411	193
碌曲县	538	16		200	72
夏河县	1037	33	1	452	199

受教育程度的就业人口（续 3）

单位：人

高中	大学专科	大学本科	硕士研究生	博士研究生
5324	**4190**	**3304**	**115**	**3**
2680	2089	1583	62	1
427	315	170	2	
519	422	331	11	
121	123	107	4	
53	81	76	1	
582	373	301	5	
942	787	736	30	2
6504	**4530**	**3762**	**132**	**12**
2231	1721	1495	82	9
746	493	363	8	
772	560	588	12	
421	326	284	8	
404	271	201	12	1
447	304	208	3	1
638	402	251	2	1
845	453	372	5	
9071	**5732**	**4873**	**94**	**7**
1709	1253	1280	38	4
2073	1303	783	20	2
1424	911	866	11	
883	545	423	3	
1891	850	769	11	
341	265	246	1	
750	605	506	10	1
4971	**4682**	**2808**	**67**	**5**
1113	1047	801	23	1
674	553	336	14	1
458	471	255	8	1
358	369	174	3	
354	306	207	5	
559	608	344	5	
635	677	258	3	
685	500	352	6	1
135	151	81		1
4775	**3450**	**2725**	**107**	**5**
1413	1282	1223	61	4
598	270	117	6	
500	391	205	5	1
733	507	409	18	
406	240	272	6	
462	330	212	5	
253	115	67	1	
410	315	220	5	
1064	**1951**	**1651**	**110**	**9**
187	342	513	70	5
202	266	235	5	
111	270	201	4	1
245	417	255	10	2
122	258	152	7	
65	128	102	7	1
46	101	99	4	
86	169	94	3	

4-2 各地区分性别、

地区 性别	合计	未上过学	学前教育	小学	初中
女	**385420**	**28466**	**248**	**107999**	**109839**
兰州市	**67684**	**1056**	**14**	**6833**	**17270**
城关区	26015	187	4	1297	5069
七里河区	10746	135		836	2502
西固区	6210	39	1	392	1587
安宁区	5858	30	1	202	942
红古区	2175	67	3	274	818
永登县	4069	222	1	1106	1584
皋兰县	2007	69		417	771
榆中县	6864	272	4	1833	2768
兰州新区	3740	35		476	1229
嘉峪关市	**5117**	**7**	**1**	**295**	**1250**
市辖区	5117	7	1	295	1250
金昌市	**7061**	**116**	**20**	**1250**	**2159**
金川区	4389	76	1	420	1212
永昌县	2672	40	19	830	947
白银市	**23201**	**844**	**11**	**6948**	**6955**
白银区	5132	31		335	1447
平川区	2214	56	1	341	638
靖远县	5499	201		1803	2114
会宁县	7847	519	8	3888	1896
景泰县	2509	37	2	581	860
天水市	**37002**	**2897**	**14**	**10890**	**12369**
秦州区	7694	324	3	1562	2316
麦积区	5970	156	2	1234	2385
清水县	3292	483		1289	857
秦安县	7102	586	2	2291	2650
甘谷县	5861	619	6	2049	1871
武山县	4838	385	1	1616	1732
张家川回族自治县	2245	344		849	558
武威市	**26967**	**1401**	**8**	**7910**	**10194**
凉州区	17536	682	6	4687	7170
民勤县	4158	202	1	1189	1707
古浪县	3191	290	1	1289	879
天祝藏族自治县	2082	227		745	438
张掖市	**21931**	**660**	**30**	**6447**	**7995**
甘州区	9938	306	9	2095	3738
肃南裕固族自治县	693	20		244	194
民乐县	3125	134	2	1407	884
临泽县	2676	101	17	1081	898
高台县	2930	35	2	1106	1120
山丹县	2569	64		514	1161
平凉市	**29272**	**3622**	**17**	**9375**	**7464**
崆峒区	6531	378	1	1031	2033
泾川县	3384	192	6	1149	1158
灵台县	2095	183		668	621
崇信县	1340	81	3	372	378
庄浪县	6988	612	7	3595	1462
静宁县	6575	1992		2029	1264
华亭市	2359	184		531	548

受教育程度的就业人口（续 4）

单位：人

高中	大学专科	大学本科	硕士研究生	博士研究生
39670	**48130**	**47265**	**3406**	**397**
10426	**13404**	**16041**	**2292**	**348**
4349	5881	7786	1254	188
1794	2456	2669	322	32
1226	1427	1424	108	6
816	1340	1926	482	119
347	388	273	5	
472	357	315	11	1
250	237	252	10	1
697	624	635	30	1
475	694	761	70	
1049	**1357**	**1111**	**44**	**3**
1049	1357	1111	44	3
1002	**1303**	**1156**	**54**	**1**
770	960	898	51	1
232	343	258	3	
2624	**2900**	**2825**	**92**	**2**
1037	1135	1097	49	1
340	456	372	9	1
462	455	452	12	
520	517	488	11	
265	337	416	11	
3498	**3803**	**3351**	**174**	**6**
994	1192	1194	104	5
790	754	630	19	
240	195	225	2	1
552	561	439	21	
437	514	355	10	
368	409	313	14	
117	178	195	4	
2600	**2503**	**2276**	**73**	**2**
1811	1635	1487	57	1
421	331	301	6	
206	304	219	3	
162	233	269	7	1
2174	**2275**	**2254**	**93**	**3**
1298	1230	1194	65	3
56	73	101	5	
169	287	236	6	
182	175	220	2	
184	220	254	9	
285	290	249	6	
2442	**3111**	**3154**	**85**	**2**
960	1048	1036	44	
244	262	370	3	
167	221	232	3	
128	179	195	4	
399	478	425	9	1
310	437	526	16	1
234	486	370	6	

4-2 各地区分性别、

地区 性别	合计	未上过学	学前教育	小学	初中
酒泉市	**19615**	**666**	**21**	**3912**	**6916**
肃州区	8784	197	10	1472	2987
金塔县	2162	105	4	711	891
瓜州县	2384	228	3	737	703
肃北蒙古族自治县	312	10		43	79
阿克塞哈萨克族自治县	217	1		30	48
玉门市	2324	71	1	622	887
敦煌市	3432	54	3	297	1321
庆阳市	**30707**	**2112**	**21**	**9882**	**9875**
西峰区	7132	89	2	938	2327
庆城县	2792	121	4	995	872
环　县	4218	592	3	1773	776
华池县	1930	326	1	714	351
合水县	2056	151	1	793	656
正宁县	2925	342	9	1024	1022
宁　县	3929	238		1357	1632
镇原县	5725	253	1	2288	2239
定西市	**52157**	**5154**	**63**	**21112**	**14037**
安定区	7591	610	6	2517	1873
通渭县	7939	236	11	3414	2162
陇西县	7930	640	2	3256	2085
渭源县	6379	422	7	2904	1953
临洮县	10381	351		4190	3528
漳　县	2654	362	3	1077	671
岷　县	9283	2533	34	3754	1765
陇南市	**25867**	**3714**	**15**	**7430**	**6955**
武都区	6455	1221	6	1575	1581
成　县	3046	134	1	712	1135
文　县	2483	492		743	581
宕昌县	3407	724		1381	687
康　县	1634	174	1	535	387
西和县	2903	374	2	776	933
礼　县	3034	484	4	991	755
徽　县	2331	75	1	564	757
两当县	574	36		153	139
临夏回族自治州	**29830**	**5190**	**9**	**12118**	**5493**
临夏市	4932	118	1	947	1046
临夏县	3745	452		1910	865
康乐县	4466	1022	1	1806	943
永靖县	2927	48		1047	696
广河县	3753	921	1	1987	469
和政县	4349	1310	6	1639	677
东乡族自治县	3125	938		1600	395
积石山保安族东乡族撒拉族自治县	2533	381		1182	402
甘南藏族自治州	**9009**	**1027**	**4**	**3597**	**907**
合作市	1507	107	1	339	180
临潭县	1947	247		1078	189
卓尼县	1069	67	1	450	91
舟曲县	1679	327		552	174
迭部县	897	80	2	343	99
玛曲县	795	117		380	90
碌曲县	414	22		178	20
夏河县	701	60		277	64

受教育程度的就业人口（续5）

单位：人

高中	大学专科	大学本科	硕士研究生	博士研究生
2600	**2836**	**2572**	**86**	**6**
1361	1462	1242	50	3
141	193	115	2	
208	271	229	5	
37	51	89	2	1
27	45	66		
253	251	236	3	
573	563	595	24	2
2665	**3136**	**2920**	**90**	**6**
1177	1326	1214	56	3
244	290	258	7	1
248	373	441	10	2
93	219	220	6	
133	172	145	5	
163	198	167		
238	243	217	4	
369	315	258	2	
3762	**3979**	**3942**	**100**	**8**
679	853	1012	38	3
787	758	546	22	3
607	641	691	8	
353	386	342	11	1
887	695	719	11	
131	189	217	4	
318	457	415	6	1
2202	**3225**	**2239**	**83**	**4**
531	827	681	33	
325	423	287	27	2
168	285	212	2	
178	288	147	2	
162	226	144	5	
212	367	234	3	2
275	375	148	2	
285	342	299	8	
66	92	87	1	
2153	**2666**	**2129**	**69**	**3**
707	1063	1008	41	1
238	183	95	2	
237	281	170	5	1
368	383	371	13	1
105	142	126	2	
215	304	197	1	
93	68	28	3	
190	242	134	2	
473	**1632**	**1295**	**71**	**3**
101	318	410	50	1
68	181	180	4	
52	231	174	3	
84	365	173	4	
52	209	107	4	1
40	92	75		1
24	71	95	4	
52	165	81	2	

4-2a 各地区分性别、

地区 性别	合计	未上过学	学前教育	小学	初中
合计	**272489**	**1343**	**45**	**16202**	**70168**
兰州市	**112198**	**542**	**23**	**5388**	**25625**
城关区	60103	266	15	2919	13774
七里河区	21275	157	2	1142	4635
西固区	13574	45	3	586	3595
安宁区	13905	43	2	491	2560
红古区	3341	31	1	250	1061
嘉峪关市	**13163**	**3**		**416**	**2861**
市辖区	13163	3		416	2861
金昌市	**10076**	**64**		**583**	**2638**
金川区	10076	64		583	2638
白银市	**15866**	**28**		**551**	**4415**
白银区	11667	18		362	3174
平川区	4098	10		178	1182
靖远县	101			11	59
天水市	**21930**	**122**	**6**	**2105**	**7120**
秦州区	12735	93	3	1236	3534
麦积区	9195	29	3	869	3586
武威市	**15839**	**51**		**643**	**4890**
凉州区	15839	51		643	4890
张掖市	**10437**	**26**	**2**	**475**	**2806**
甘州区	10401	26	2	462	2795
肃南裕固族自治县	36			13	11
平凉市	**14506**	**80**	**1**	**931**	**4232**
崆峒区	11210	61	1	715	3440
华亭市	3296	19		216	792
酒泉市	**19193**	**46**	**4**	**802**	**5605**
肃州区	13190	27	4	495	3566
玉门市	2160	9		156	677
敦煌市	3843	10		151	1362
庆阳市	**10925**	**19**	**2**	**412**	**3099**
西峰区	10925	19	2	412	3099
定西市	**7584**	**55**	**1**	**606**	**1903**
安定区	7584	55	1	606	1903
陇南市	**6292**	**125**	**1**	**771**	**1742**
武都区	6231	123	1	753	1712
康　县	61	2		18	30
临夏回族自治州	**11791**	**116**	**3**	**2132**	**2882**
临夏市	11452	113	3	2022	2818
临夏县	339	3		110	64
甘南藏族自治州	**2689**	**66**	**2**	**387**	**350**
合作市	2689	66	2	387	350

受教育程度的就业人口（城市）

单位：人

高中	大学专科	大学本科	硕士研究生	博士研究生
55583	**60116**	**62293**	**5731**	**1008**
21869	**24527**	**29094**	**4199**	**931**
11394	12547	16210	2451	527
4369	5050	5231	595	94
3141	3059	2901	221	23
2287	3058	4259	918	287
678	813	493	14	
3131	**3913**	**2718**	**116**	**5**
3131	3913	2718	116	5
2185	**2362**	**2107**	**134**	**3**
2185	2362	2107	134	3
3854	**3693**	**3208**	**112**	**5**
2824	2739	2446	100	4
1002	951	762	12	1
28	3			
4283	**4019**	**4032**	**224**	**19**
2412	2511	2737	190	19
1871	1508	1295	34	
3594	**3314**	**3228**	**114**	**5**
3594	3314	3228	114	5
2377	**2252**	**2362**	**126**	**11**
2371	2248	2360	126	11
6	4	2		
2892	**3266**	**2974**	**126**	**4**
2347	2316	2219	108	3
545	950	755	18	1
4465	**4338**	**3796**	**132**	**5**
3131	3156	2697	111	3
405	442	465	6	
929	740	634	15	2
2362	**2535**	**2389**	**104**	**3**
2362	2535	2389	104	3
1351	**1605**	**1989**	**68**	**6**
1351	1605	1989	68	6
966	**1364**	**1268**	**54**	**1**
959	1362	1266	54	1
7	2	2		
1998	**2310**	**2241**	**104**	**5**
1952	2259	2178	102	5
46	51	63	2	
256	**618**	**887**	**118**	**5**
256	618	887	118	5

4-2a 各地区分性别、受教育

地区 性别	合计	未上过学	学前教育	小学	初中
男	**163081**	**523**	**27**	**9619**	**44605**
兰州市	**65693**	**195**	**16**	**3222**	**16680**
城关区	34833	86	11	1702	8954
七里河区	12542	65	2	721	2994
西固区	8196	21	2	349	2394
安宁区	8047	13	1	289	1618
红古区	2075	10		161	720
嘉峪关市	**8416**			**216**	**1800**
市辖区	8416			216	1800
金昌市	**6175**	**26**		**338**	**1633**
金川区	6175	26		338	1633
白银市	**10023**	**9**		**323**	**2970**
白银区	7244	5		203	2048
平川区	2703	4		112	875
靖远县	76			8	47
天水市	**13513**	**59**	**4**	**1308**	**4541**
秦州区	7592	42	2	731	2180
麦积区	5921	17	2	577	2361
武威市	**9378**	**16**		**297**	**2817**
凉州区	9378	16		297	2817
张掖市	**6044**	**8**	**1**	**234**	**1552**
甘州区	6024	8	1	228	1547
肃南裕固族自治县	20			6	5
平凉市	**8993**	**42**	**1**	**566**	**2795**
崆峒区	6927	35	1	443	2256
华亭市	2066	7		123	539
酒泉市	**11234**	**16**	**1**	**421**	**3305**
肃州区	7741	9	1	247	2080
玉门市	1304	2		90	435
敦煌市	2189	5		84	790
庆阳市	**6472**	**10**		**234**	**1949**
西峰区	6472	10		234	1949
定西市	**4546**	**12**		**327**	**1226**
安定区	4546	12		327	1226
陇南市	**3757**	**64**	**1**	**479**	**1128**
武都区	3714	64	1	467	1107
康　县	43			12	21
临夏回族自治州	**7327**	**49**	**2**	**1432**	**1986**
临夏市	7115	48	2	1367	1940
临夏县	212	1		65	46
甘南藏族自治州	**1510**	**17**	**1**	**222**	**223**
合作市	1510	17	1	222	223

程度的就业人口（城市）（续1）

单位：人

高中	大学专科	大学本科	硕士研究生	博士研究生
36078	**34525**	**34119**	**2944**	**641**
13926	**13552**	**15427**	**2086**	**589**
7145	6812	8557	1225	341
2830	2821	2746	300	63
2037	1722	1539	115	17
1471	1718	2333	436	168
443	479	252	10	
2112	**2598**	**1616**	**72**	**2**
2112	2598	1616	72	2
1451	**1422**	**1220**	**83**	**2**
1451	1422	1220	83	2
2676	**2203**	**1784**	**55**	**3**
1926	1645	1362	52	3
729	558	422	3	
21				
2825	**2339**	**2311**	**112**	**14**
1552	1404	1576	91	14
1273	935	735	21	
2330	**1998**	**1854**	**62**	**4**
2330	1998	1854	62	4
1511	**1324**	**1340**	**66**	**8**
1507	1320	1339	66	8
4	4	1		
1944	**1910**	**1652**	**79**	**4**
1550	1358	1216	65	3
394	552	436	14	1
2800	**2514**	**2102**	**74**	**1**
1985	1841	1516	61	1
267	253	254	3	
548	420	332	10	
1498	**1401**	**1311**	**67**	**2**
1498	1401	1311	67	2
914	**926**	**1103**	**35**	**3**
914	926	1103	35	3
624	**757**	**681**	**22**	**1**
618	755	679	22	1
6	2	2		
1305	**1262**	**1225**	**62**	**4**
1276	1231	1186	61	4
29	31	39	1	
162	**319**	**493**	**69**	**4**
162	319	493	69	4

4-2a 各地区分性别、受教育

地区 性别	合计	未上过学	学前教育	小学	初中
女	**109408**	**820**	**18**	**6583**	**25563**
兰州市	**46505**	**347**	**7**	**2166**	**8945**
城关区	25270	180	4	1217	4820
七里河区	8733	92		421	1641
西固区	5378	24	1	237	1201
安宁区	5858	30	1	202	942
红古区	1266	21	1	89	341
嘉峪关市	**4747**	**3**		**200**	**1061**
市辖区	4747	3		200	1061
金昌市	**3901**	**38**		**245**	**1005**
金川区	3901	38		245	1005
白银市	**5843**	**19**		**228**	**1445**
白银区	4423	13		159	1126
平川区	1395	6		66	307
靖远县	25			3	12
天水市	**8417**	**63**	**2**	**797**	**2579**
秦州区	5143	51	1	505	1354
麦积区	3274	12	1	292	1225
武威市	**6461**	**35**		**346**	**2073**
凉州区	6461	35		346	2073
张掖市	**4393**	**18**	**1**	**241**	**1254**
甘州区	4377	18	1	234	1248
肃南裕固族自治县	16			7	6
平凉市	**5513**	**38**		**365**	**1437**
崆峒区	4283	26		272	1184
华亭市	1230	12		93	253
酒泉市	**7959**	**30**	**3**	**381**	**2300**
肃州区	5449	18	3	248	1486
玉门市	856	7		66	242
敦煌市	1654	5		67	572
庆阳市	**4453**	**9**	**2**	**178**	**1150**
西峰区	4453	9	2	178	1150
定西市	**3038**	**43**	**1**	**279**	**677**
安定区	3038	43	1	279	677
陇南市	**2535**	**61**		**292**	**614**
武都区	2517	59		286	605
康　县	18	2		6	9
临夏回族自治州	**4464**	**67**	**1**	**700**	**896**
临夏市	4337	65	1	655	878
临夏县	127	2		45	18
甘南藏族自治州	**1179**	**49**	**1**	**165**	**127**
合作市	1179	49	1	165	127

程度的就业人口（城市）（续2）

单位：人

高中	大学专科	大学本科	硕士研究生	博士研究生
19505	**25591**	**28174**	**2787**	**367**
7943	**10975**	**13667**	**2113**	**342**
4249	5735	7653	1226	186
1539	2229	2485	295	31
1104	1337	1362	106	6
816	1340	1926	482	119
235	334	241	4	
1019	**1315**	**1102**	**44**	**3**
1019	1315	1102	44	3
734	**940**	**887**	**51**	**1**
734	940	887	51	1
1178	**1490**	**1424**	**57**	**2**
898	1094	1084	48	1
273	393	340	9	1
7	3			
1458	**1680**	**1721**	**112**	**5**
860	1107	1161	99	5
598	573	560	13	
1264	**1316**	**1374**	**52**	**1**
1264	1316	1374	52	1
866	**928**	**1022**	**60**	**3**
864	928	1021	60	3
2		1		
948	**1356**	**1322**	**47**	
797	958	1003	43	
151	398	319	4	
1665	**1824**	**1694**	**58**	**4**
1146	1315	1181	50	2
138	189	211	3	
381	320	302	5	2
864	**1134**	**1078**	**37**	**1**
864	1134	1078	37	1
437	**679**	**886**	**33**	**3**
437	679	886	33	3
342	**607**	**587**	**32**	
341	607	587	32	
1				
693	**1048**	**1016**	**42**	**1**
676	1028	992	41	1
17	20	24	1	
94	**299**	**394**	**49**	**1**
94	299	394	49	1

4-2b 各地区分性别、受教育

地区 性别	合计	未上过学	学前教育	小学	初中
合计	**210001**	**4197**	**57**	**33516**	**71358**
兰州市	**24381**	**191**	**1**	**2460**	**9033**
城关区	960	10		70	204
七里河区	1771	10		220	648
西固区	711	1		44	244
安宁区					
红古区	508	7		52	233
永登县	5244	59	1	678	2194
皋兰县	3114	41		350	1238
榆中县	6534	38		585	2628
兰州新区	5539	25		461	1644
嘉峪关市	**217**	**3**		**41**	**130**
市辖区	217	3		41	130
金昌市	**4167**	**12**	**2**	**537**	**1607**
金川区	27			4	14
永昌县	4140	12	2	533	1593
白银市	**14080**	**97**	**2**	**1825**	**5028**
白银区	151	3		28	64
平川区	785	10	1	121	391
靖远县	4802	29		619	1896
会宁县	4679	49	1	805	1445
景泰县	3663	6		252	1232
天水市	**21640**	**388**	**5**	**3387**	**8470**
秦州区	1056	32		286	580
麦积区	1267	7		161	578
清水县	2222	78	2	341	577
秦安县	5404	66	1	639	2284
甘谷县	5415	80	1	956	2117
武山县	4648	70	1	738	1902
张家川回族自治县	1628	55		266	432
武威市	**11245**	**184**	**5**	**1626**	**3903**
凉州区	3211	77	1	655	1518
民勤县	3037	24	1	207	890
古浪县	2428	44	3	356	768
天祝藏族自治县	2569	39		408	727
张掖市	**13626**	**127**	**14**	**2104**	**5264**
甘州区	803	28	1	233	380
肃南裕固族自治县	582	2	1	108	115
民乐县	3526	35		700	1287
临泽县	2268	27	11	294	677
高台县	3066	6		390	1215
山丹县	3381	29	1	379	1590
平凉市	**15687**	**459**	**2**	**2570**	**4870**
崆峒区	266	8		70	129
泾川县	3140	34	1	433	1117
灵台县	2014	18		177	639
崇信县	1474	19		189	414
庄浪县	4011	103		915	1006
静宁县	3722	255	1	572	1141
华亭市	1060	22		214	424

程度的就业人口（镇）

单位：人

高中	大学专科	大学本科	硕士研究生	博士研究生
31769	**34551**	**33583**	**923**	**47**
4237	**3998**	**4176**	**272**	**13**
152	209	258	54	3
277	322	260	31	3
195	121	101	5	
124	57	34	1	
1032	669	597	13	1
542	457	470	15	1
1027	1035	1165	52	4
888	1128	1291	101	1
21	**22**			
21	22			
639	**747**	**611**	**12**	
2	4	3		
637	743	608	12	
2428	**2271**	**2381**	**47**	**1**
45	10	1		
140	91	31		
716	738	787	17	
778	748	838	14	1
749	684	724	16	
3221	**3022**	**3066**	**81**	
91	44	23		
231	174	109	7	
381	359	476	8	
871	692	825	26	
852	778	621	10	
606	678	632	21	
189	297	380	9	
1930	**1801**	**1770**	**25**	**1**
540	294	120	6	
675	594	642	4	
350	443	460	4	
365	470	548	11	1
1999	**2025**	**2049**	**44**	
111	35	15		
77	106	164	9	
425	592	478	9	
415	392	447	5	
432	450	559	14	
539	450	386	7	
2192	**2519**	**3019**	**51**	**5**
32	22	5		
422	482	644	7	
330	395	449	5	1
206	304	333	8	1
540	591	846	8	2
488	575	668	21	1
174	150	74	2	

4-2b 各地区分性别、受教育

地区 性别	合计	未上过学	学前教育	小学	初中
酒泉市	**10093**	**141**	**4**	**1316**	**3710**
肃州区	1064	35	3	298	552
金塔县	2041	15	1	213	841
瓜州县	2530	43		284	889
肃北蒙古族自治县	534	9		53	108
阿克塞哈萨克族自治县	520	6		49	122
玉门市	1662	25		360	855
敦煌市	1742	8		59	343
庆阳市	**19713**	**314**	**2**	**2936**	**7101**
西峰区	238	1		40	150
庆城县	3269	17		449	1174
环　县	3558	74	1	574	1036
华池县	1717	32		273	458
合水县	1759	23		237	613
正宁县	2568	90	1	401	1008
宁　县	3047	60		378	1275
镇原县	3557	17		584	1387
定西市	**29945**	**456**	**11**	**5156**	**10227**
安定区	1049	30		285	484
通渭县	3550	15	2	503	1106
陇西县	8365	64	2	1212	3022
渭源县	3380	56	1	661	1123
临洮县	7158	40	1	1011	2572
漳　县	1968	46	2	343	608
岷　县	4475	205	3	1141	1312
陇南市	**21354**	**512**	**8**	**3165**	**6934**
武都区	1500	91	1	409	655
成　县	4052	40	1	393	1599
文　县	2131	63		329	670
宕昌县	2419	140	1	606	615
康　县	1656	38	1	253	451
西和县	2777	48	1	344	926
礼　县	3164	72	3	512	967
徽　县	2980	14		259	884
两当县	675	6		60	167
临夏回族自治州	**16037**	**965**		**4564**	**3902**
临夏市	413	30		197	140
临夏县	1330	65		555	448
康乐县	2085	80		388	536
永靖县	3800	23		711	941
广河县	2550	215		1023	513
和政县	2562	213		582	633
东乡族自治县	1527	271		651	341
积石山保安族东乡族撒拉族自治县	1770	68		457	350
甘南藏族自治州	**7816**	**348**	**1**	**1829**	**1179**
合作市	50	1		40	7
临潭县	1599	49		504	257
卓尼县	1261	11	1	244	146
舟曲县	1446	64		276	251
迭部县	936	13		159	138
玛曲县	1057	175		261	172
碌曲县	575	21		121	64
夏河县	892	14		224	144

程度的就业人口（镇）（续 1）

单位：人

高中	大学专科	大学本科	硕士研究生	博士研究生
1566	**1726**	**1575**	**54**	**1**
134	38	4		
315	396	258	2	
450	474	378	12	
65	126	169	4	
75	126	141	1	
254	120	46	2	
273	446	579	33	1
2807	**3270**	**3211**	**67**	**5**
35	9	3		
566	559	490	13	1
504	601	748	18	2
222	329	393	10	
260	326	285	14	1
322	402	341	2	1
412	512	405	5	
486	532	546	5	
4609	**4399**	**5012**	**69**	**6**
148	67	35		
609	606	697	8	4
1367	1280	1400	18	
459	515	557	7	1
1306	1033	1177	18	
256	303	405	5	
464	595	741	13	1
3265	**4319**	**3055**	**89**	**7**
159	114	71		
619	789	568	40	3
287	427	345	10	
324	464	265	4	
261	353	289	10	
395	604	451	6	2
517	762	327	4	
572	643	593	14	1
131	163	146	1	1
2100	**2444**	**1999**	**60**	**3**
26	14	6		
131	91	39	1	
302	468	301	8	2
671	717	708	28	1
241	276	275	7	
337	457	335	5	
129	75	56	4	
263	346	279	7	
755	**1988**	**1659**	**52**	**5**
		2		
137	285	358	9	
119	395	338	6	1
163	408	272	11	1
103	295	218	9	1
80	194	168	5	2
53	137	172	7	
100	274	131	5	

4-2b 各地区分性别、受教育

地区 性别	合计	未上过学	学前教育	小学	初中
男	**126321**	**1490**	**28**	**17987**	**45719**
兰州市	**15228**	**66**		**1438**	**6023**
城关区	534	5		42	122
七里河区	1094	2		141	420
西固区	475	1		32	154
安宁区					
红古区	363	2		36	164
永登县	3226	21		360	1439
皋兰县	2002	15		223	876
榆中县	3955	11		297	1723
兰州新区	3579	9		307	1125
嘉峪关市	**139**	**1**		**25**	**88**
市辖区	139	1		25	88
金昌市	**2517**	**6**	**1**	**238**	**1006**
金川区	17			1	10
永昌县	2500	6	1	237	996
白银市	**8424**	**38**	**2**	**840**	**3230**
白银区	81	2		12	30
平川区	586	6	1	77	304
靖远县	2888	10		293	1228
会宁县	2569	16	1	327	853
景泰县	2300	4		131	815
天水市	**13526**	**146**	**5**	**2017**	**5560**
秦州区	707	15		190	395
麦积区	819	2		89	392
清水县	1303	21	2	180	345
秦安县	3315	21	1	351	1484
甘谷县	3524	40	1	603	1442
武山县	2853	20	1	439	1208
张家川回族自治县	1005	27		165	294
武威市	**6651**	**49**	**3**	**730**	**2397**
凉州区	1906	20		260	947
民勤县	1723	13		78	477
古浪县	1470	7	3	173	496
天祝藏族自治县	1552	9		219	477
张掖市	**7876**	**41**	**9**	**932**	**3098**
甘州区	458	12	1	111	225
肃南裕固族自治县	343	1	1	58	70
民乐县	2064	7		300	803
临泽县	1306	7	6	121	381
高台县	1720	4		152	669
山丹县	1985	10	1	190	950
平凉市	**9124**	**130**	**1**	**1266**	**3041**
崆峒区	164	3		38	89
泾川县	1837	10		235	688
灵台县	1200	6		81	390
崇信县	876	9		95	259
庄浪县	2119	31		370	554
静宁县	2190	64	1	315	751
华亭市	738	7		132	310

程度的就业人口（镇）（续2）

单位：人

高中	大学专科	大学本科	硕士研究生	博士研究生
21654	**20323**	**18627**	**470**	**23**
2891	**2376**	**2305**	**122**	**7**
90	100	147	27	1
182	191	145	11	2
144	81	60	3	
94	38	29		
698	377	324	7	
384	264	235	5	
664	610	621	26	3
635	715	744	43	1
16	**9**			
16	9			
450	**444**	**363**	**9**	
2	3	1		
448	441	362	9	
1687	**1351**	**1255**	**20**	**1**
30	7			
116	64	18		
495	438	417	7	
482	429	454	6	1
564	413	366	7	
2166	**1801**	**1787**	**44**	
64	28	15		
162	102	69	3	
248	226	274	7	
567	397	481	13	
601	477	355	5	
401	400	374	10	
123	171	219	6	
1344	**1084**	**1032**	**12**	
401	199	75	4	
436	351	366	2	
258	247	285	1	
249	287	306	5	
1383	**1249**	**1145**	**19**	
81	21	7		
54	65	89	5	
303	369	279	3	
288	252	248	3	
296	272	322	5	
361	270	200	3	
1524	**1506**	**1625**	**27**	**4**
22	11	1		
282	287	331	4	
238	233	247	4	1
144	186	178	4	1
351	321	488	2	2
352	359	336	12	
135	109	44	1	

4-2b 各地区分性别、受教育

地区 性别	合计	未上过学	学前教育	小学	初中
酒泉市	**6054**	**58**		**655**	**2270**
肃州区	580	14		128	304
金塔县	1195	2		107	489
瓜州县	1516	22		130	554
肃北蒙古族自治县	317	4		35	63
阿克塞哈萨克族自治县	313	5		23	80
玉门市	1060	9		201	551
敦煌市	1073	2		31	229
庆阳市	**12141**	**116**	**2**	**1588**	**4667**
西峰区	157			22	100
庆城县	2178	7		280	845
环　县	2247	29	1	330	747
华池县	1102	14		161	330
合水县	1099	13		140	407
正宁县	1487	27	1	186	616
宁　县	1799	21		190	783
镇原县	2072	5		279	839
定西市	**17325**	**134**	**1**	**2575**	**6286**
安定区	619	4		143	296
通渭县	2161	5		241	718
陇西县	4997	22		617	1911
渭源县	1894	15		294	682
临洮县	3999	7	1	502	1492
漳　县	1120	18		181	361
岷　县	2535	63		597	826
陇南市	**13171**	**206**	**4**	**1936**	**4585**
武都区	969	36	1	277	447
成　县	2486	17		248	1062
文　县	1291	22		182	442
宕昌县	1386	58	1	343	373
康　县	1007	14	1	167	286
西和县	1777	17		225	627
礼　县	1996	33	1	291	649
徽　县	1849	7		159	589
两当县	410	2		44	110
临夏回族自治州	**9632**	**367**		**2709**	**2639**
临夏市	280	10		131	106
临夏县	843	24		342	309
康乐县	1151	19		200	317
永靖县	2222	11		395	604
广河县	1671	72		654	409
和政县	1417	73		310	391
东乡族自治县	993	135		424	254
积石山保安族东乡族撒拉族自治县	1055	23		253	249
甘南藏族自治州	**4513**	**132**		**1038**	**829**
合作市	35			28	5
临潭县	939	8		291	186
卓尼县	705	3		142	99
舟曲县	836	20		146	175
迭部县	541	4		85	88
玛曲县	617	80		148	124
碌曲县	328	9		67	49
夏河县	512	8		131	103

程度的就业人口（镇）（续3）

单位：人

高中	大学专科	大学本科	硕士研究生	博士研究生
1103	**1042**	**893**	**32**	**1**
105	26	3		
215	232	149	1	
316	274	212	8	
44	84	85	2	
48	81	75	1	
182	86	29	2	
193	259	340	18	1
1988	**1953**	**1786**	**39**	**2**
27	6	2		
415	349	276	6	
372	351	407	10	
165	202	224	6	
179	192	157	10	1
227	239	188	2	1
280	311	212	2	
323	303	320	3	
3064	**2515**	**2714**	**35**	**1**
112	46	18		
420	372	400	4	1
926	741	770	10	
301	293	307	2	
827	557	603	10	
173	174	212	1	
305	332	404	8	
2142	**2554**	**1699**	**42**	**3**
106	65	37		
398	438	308	14	1
186	261	190	8	
202	262	144	3	
159	208	167	5	
280	361	263	4	
347	474	199	2	
378	389	320	6	1
86	96	71		1
1405	**1359**	**1117**	**35**	**1**
24	6	3		
96	49	22	1	
187	264	159	4	1
424	403	370	15	
184	159	188	5	
231	241	167	4	
95	45	39	1	
164	192	169	5	
491	**1080**	**906**	**34**	**3**
		2		
94	157	198	5	
76	207	174	3	1
108	218	160	8	1
65	169	124	6	
50	114	95	5	1
39	73	87	4	
59	142	66	3	

4–2b 各地区分性别、受教育

地区 性别	合计	未上过学	学前教育	小学	初中
女	**83680**	**2707**	**29**	**15529**	**25639**
兰州市	**9153**	**125**	**1**	**1022**	**3010**
城关区	426	5		28	82
七里河区	677	8		79	228
西固区	236			12	90
安宁区					
红古区	145	5		16	69
永登县	2018	38	1	318	755
皋兰县	1112	26		127	362
榆中县	2579	27		288	905
兰州新区	1960	16		154	519
嘉峪关市	**78**	**2**		**16**	**42**
市辖区	78	2		16	42
金昌市	**1650**	**6**	**1**	**299**	**601**
金川区	10			3	4
永昌县	1640	6	1	296	597
白银市	**5656**	**59**		**985**	**1798**
白银区	70	1		16	34
平川区	199	4		44	87
靖远县	1914	19		326	668
会宁县	2110	33		478	592
景泰县	1363	2		121	417
天水市	**8114**	**242**		**1370**	**2910**
秦州区	349	17		96	185
麦积区	448	5		72	186
清水县	919	57		161	232
秦安县	2089	45		288	800
甘谷县	1891	40		353	675
武山县	1795	50		299	694
张家川回族自治县	623	28		101	138
武威市	**4594**	**135**	**2**	**896**	**1506**
凉州区	1305	57	1	395	571
民勤县	1314	11	1	129	413
古浪县	958	37		183	272
天祝藏族自治县	1017	30		189	250
张掖市	**5750**	**86**	**5**	**1172**	**2166**
甘州区	345	16		122	155
肃南裕固族自治县	239	1		50	45
民乐县	1462	28		400	484
临泽县	962	20	5	173	296
高台县	1346	2		238	546
山丹县	1396	19		189	640
平凉市	**6563**	**329**	**1**	**1304**	**1829**
崆峒区	102	5		32	40
泾川县	1303	24	1	198	429
灵台县	814	12		96	249
崇信县	598	10		94	155
庄浪县	1892	72		545	452
静宁县	1532	191		257	390
华亭市	322	15		82	114

程度的就业人口（镇）（续4）

单位：人

高中	大学专科	大学本科	硕士研究生	博士研究生
10115	**14228**	**14956**	**453**	**24**
1346	**1622**	**1871**	**150**	**6**
62	109	111	27	2
95	131	115	20	1
51	40	41	2	
30	19	5	1	
334	292	273	6	1
158	193	235	10	1
363	425	544	26	1
253	413	547	58	
5	**13**			
5	13			
189	**303**	**248**	**3**	
	1	2		
189	302	246	3	
741	**920**	**1126**	**27**	
15	3	1		
24	27	13		
221	300	370	10	
296	319	384	8	
185	271	358	9	
1055	**1221**	**1279**	**37**	
27	16	8		
69	72	40	4	
133	133	202	1	
304	295	344	13	
251	301	266	5	
205	278	258	11	
66	126	161	3	
586	**717**	**738**	**13**	**1**
139	95	45	2	
239	243	276	2	
92	196	175	3	
116	183	242	6	1
616	**776**	**904**	**25**	
30	14	8		
23	41	75	4	
122	223	199	6	
127	140	199	2	
136	178	237	9	
178	180	186	4	
668	**1013**	**1394**	**24**	**1**
10	11	4		
140	195	313	3	
92	162	202	1	
62	118	155	4	
189	270	358	6	
136	216	332	9	1
39	41	30	1	

4-2b 各地区分性别、受教育

地区 性别	合计	未上过学	学前教育	小学	初中
酒泉市	**4039**	**83**	**4**	**661**	**1440**
肃州区	484	21	3	170	248
金塔县	846	13	1	106	352
瓜州县	1014	21		154	335
肃北蒙古族自治县	217	5		18	45
阿克塞哈萨克族自治县	207	1		26	42
玉门市	602	16		159	304
敦煌市	669	6		28	114
庆阳市	**7572**	**198**		**1348**	**2434**
西峰区	81	1		18	50
庆城县	1091	10		169	329
环　县	1311	45		244	289
华池县	615	18		112	128
合水县	660	10		97	206
正宁县	1081	63		215	392
宁　县	1248	39		188	492
镇原县	1485	12		305	548
定西市	**12620**	**322**	**10**	**2581**	**3941**
安定区	430	26		142	188
通渭县	1389	10	2	262	388
陇西县	3368	42	2	595	1111
渭源县	1486	41	1	367	441
临洮县	3159	33		509	1080
漳　县	848	28	2	162	247
岷　县	1940	142	3	544	486
陇南市	**8183**	**306**	**4**	**1229**	**2349**
武都区	531	55		132	208
成　县	1566	23	1	145	537
文　县	840	41		147	228
宕昌县	1033	82		263	242
康　县	649	24		86	165
西和县	1000	31	1	119	299
礼　县	1168	39	2	221	318
徽　县	1131	7		100	295
两当县	265	4		16	57
临夏回族自治州	**6405**	**598**		**1855**	**1263**
临夏市	133	20		66	34
临夏县	487	41		213	139
康乐县	934	61		188	219
永靖县	1578	12		316	337
广河县	879	143		369	104
和政县	1145	140		272	242
东乡族自治县	534	136		227	87
积石山保安族东乡族撒拉族自治县	715	45		204	101
甘南藏族自治州	**3303**	**216**	**1**	**791**	**350**
合作市	15	1		12	2
临潭县	660	41		213	71
卓尼县	556	8	1	102	47
舟曲县	610	44		130	76
迭部县	395	9		74	50
玛曲县	440	95		113	48
碌曲县	247	12		54	15
夏河县	380	6		93	41

程度的就业人口（镇）（续5）

单位：人

高中	大学专科	大学本科	硕士研究生	博士研究生
463	**684**	**682**	**22**	
29	12	1		
100	164	109	1	
134	200	166	4	
21	42	84	2	
27	45	66		
72	34	17		
80	187	239	15	
819	**1317**	**1425**	**28**	**3**
8	3	1		
151	210	214	7	1
132	250	341	8	2
57	127	169	4	
81	134	128	4	
95	163	153		
132	201	193	3	
163	229	226	2	
1545	**1884**	**2298**	**34**	**5**
36	21	17		
189	234	297	4	3
441	539	630	8	
158	222	250	5	1
479	476	574	8	
83	129	193	4	
159	263	337	5	1
1123	**1765**	**1356**	**47**	**4**
53	49	34		
221	351	260	26	2
101	166	155	2	
122	202	121	1	
102	145	122	5	
115	243	188	2	2
170	288	128	2	
194	254	273	8	
45	67	75	1	
695	**1085**	**882**	**25**	**2**
2	8	3		
35	42	17		
115	204	142	4	1
247	314	338	13	1
57	117	87	2	
106	216	168	1	
34	30	17	3	
99	154	110	2	
264	**908**	**753**	**18**	**2**
43	128	160	4	
43	188	164	3	
55	190	112	3	
38	126	94	3	1
30	80	73		1
14	64	85	3	
41	132	65	2	

4-2c 各地区分性别、受教育

地区 性别	合计	未上过学	学前教育	小学	初中
合计	**476880**	**36723**	**327**	**180895**	**185186**
兰州市	**34128**	**793**	**12**	**7921**	**17350**
城关区	1027	5		138	606
七里河区	4010	60	1	859	2169
西固区	1607	21		294	917
安宁区					
红古区	1941	52	2	355	1022
永登县	5904	226	1	1720	2898
皋兰县	2657	66		667	1369
榆中县	10829	312	7	3023	5538
兰州新区	6153	51	1	865	2831
嘉峪关市	**869**	**6**	**1**	**160**	**483**
市辖区	869	6	1	160	483
金昌市	**4109**	**114**	**34**	**1483**	**1831**
金川区	1241	54	2	354	609
永昌县	2868	60	32	1129	1222
白银市	**28151**	**976**	**15**	**10640**	**11653**
白银区	1622	21		332	720
平川区	1886	60	1	499	917
靖远县	8795	220	1	2704	4346
会宁县	12681	629	11	6182	4166
景泰县	3167	46	2	923	1504
天水市	**53343**	**3902**	**25**	**19618**	**22508**
秦州区	6420	397	6	2588	2719
麦积区	6814	217	1	2152	3484
清水县	5671	592	4	2409	2051
秦安县	11945	764	4	3741	5533
甘谷县	10532	909	9	3878	4144
武山县	7657	534	1	2996	3067
张家川回族自治县	4304	489		1854	1510
武威市	**36203**	**1603**	**10**	**11170**	**17852**
凉州区	21475	783	9	6129	11673
民勤县	6249	234		1638	3110
古浪县	5517	300	1	2040	2197
天祝藏族自治县	2962	286		1363	872
张掖市	**27589**	**798**	**37**	**9278**	**12460**
甘州区	12199	407	16	3211	6019
肃南裕固族自治县	1103	24		376	426
民乐县	4000	148	2	1910	1446
临泽县	3670	108	16	1637	1491
高台县	3542	44	3	1479	1591
山丹县	3075	67		665	1487
平凉市	**42098**	**4687**	**22**	**16333**	**14434**
崆峒区	6038	575	1	1923	2785
泾川县	4992	220	7	1812	2164
灵台县	3618	232		1269	1479
崇信县	2294	101	3	617	780
庄浪县	10752	782	10	5701	2961
静宁县	11890	2519	1	4025	3399
华亭市	2514	258		986	866

程度的就业人口（乡村）

单位：人

高中	大学专科	大学本科	硕士研究生	博士研究生
40852	**22228**	**10316**	**328**	**25**
4530	**2225**	**1237**	**60**	
125	91	58	4	
493	244	175	9	
230	108	36	1	
295	134	81		
761	198	94	6	
363	130	62		
1235	500	205	9	
1028	820	526	31	
102	**90**	**26**	**1**	
102	90	26	1	
379	**202**	**66**		
140	62	20		
239	140	46		
2876	**1411**	**564**	**16**	
397	111	38	3	
237	125	47		
911	447	163	3	
928	541	217	7	
403	187	99	3	
4001	**2342**	**907**	**38**	**2**
426	206	70	8	
578	289	89	4	
395	163	55	1	1
1051	604	235	13	
782	582	221	7	
563	354	138	3	1
206	144	99	2	
3716	**1357**	**480**	**14**	**1**
2041	611	223	5	1
892	305	65	5	
547	302	129	1	
236	139	63	3	
2672	**1506**	**819**	**18**	**1**
1400	745	388	12	1
127	90	59	1	
218	178	97	1	
266	114	38		
250	114	60	1	
411	265	177	3	
3512	**2002**	**1078**	**28**	**2**
510	171	70	3	
449	200	139	1	
361	172	101	4	
419	222	148	4	
699	457	137	4	1
856	655	423	11	1
218	125	60	1	

4-2c 各地区分性别、受教育

地区 性别	合计	未上过学	学前教育	小学	初中
酒泉市	**18425**	**866**	**16**	**5581**	**8584**
肃州区	6589	265	5	1959	3101
金塔县	3110	141	3	1049	1523
瓜州县	3405	308	3	1200	1212
肃北蒙古族自治县	493	10		85	227
阿克塞哈萨克族自治县	52			16	30
玉门市	2129	77	1	864	923
敦煌市	2647	65	4	408	1568
庆阳市	**46173**	**2695**	**31**	**17227**	**19216**
西峰区	7056	129	1	1649	3403
庆城县	4553	162	5	1751	1854
环　县	7522	769	5	3486	2129
华池县	3416	450	1	1386	956
合水县	3573	206	1	1479	1429
正宁县	4080	382	14	1493	1768
宁　县	6480	277	1	2307	3233
镇原县	9493	320	3	3676	4444
定西市	**84602**	**6707**	**81**	**35670**	**29690**
安定区	10181	687	7	4207	3680
通渭县	16116	306	12	5491	5934
陇西县	10542	825		5162	3461
渭源县	11011	512	9	4724	4358
临洮县	16366	428	1	6794	6844
漳　县	4346	486	1	2029	1405
岷　县	16040	3463	51	7263	4008
陇南市	**43234**	**5429**	**21**	**16358**	**15528**
武都区	9462	1771	7	3527	3086
成　县	4315	195		1398	2099
文　县	4636	706		1608	1531
宕昌县	5789	1079	2	2826	1420
康　县	3033	265	1	1362	920
西和县	5742	513	5	1862	2486
礼　县	5587	704	5	2180	1935
徽　县	3736	136	1	1230	1714
两当县	934	60		365	337
临夏回族自治州	**46691**	**6978**	**19**	**23096**	**11780**
临夏市	1375	53		576	485
临夏县	8606	671	1	4199	2650
康乐县	7939	1382	1	3522	2319
永靖县	3581	50		1686	1167
广河县	6498	1123	5	3554	1316
和政县	6818	1762	10	3070	1384
东乡族自治县	6692	1378	2	3731	1217
积石山保安族东乡族撒拉族自治县	5182	559		2758	1242
甘南藏族自治州	**11265**	**1169**	**3**	**6360**	**1817**
合作市	826	86		475	154
临潭县	3162	292		1986	532
卓尼县	1297	90		852	167
舟曲县	2827	454		1130	543
迭部县	1186	110	2	625	163
玛曲县	744	41		530	111
碌曲县	377	17		257	28
夏河县	846	79	1	505	119

程度的就业人口（乡村）（续1）

单位：人

高中	大学专科	大学本科	硕士研究生	博士研究生
1893	**962**	**505**	**15**	**3**
776	357	124	1	1
253	112	27	2	
277	219	182	4	
93	48	27	2	1
5		1		
176	62	26		
313	164	118	6	1
4000	**1861**	**1082**	**51**	**10**
1011	503	317	34	9
424	224	131	2	
516	332	281	4	
292	216	111	4	
277	117	61	3	
288	100	34	1	
464	133	63	1	1
728	236	84	2	
6873	**3707**	**1814**	**57**	**3**
889	434	268	8	1
2251	1455	632	34	1
664	272	157	1	
777	416	208	7	
1472	512	311	4	
216	151	58		
604	467	180	3	1
2942	**2224**	**724**	**7**	**1**
526	398	145	2	
380	187	55	1	
339	329	122		1
212	193	56	1	
248	177	60		
376	371	127	2	
393	290	79	1	
398	199	58		
70	80	22		
2830	**1362**	**614**	**12**	
142	72	47		
659	311	110	5	
435	204	74	2	
430	173	72	3	
270	106	123	1	
340	177	74	1	
217	108	39		
337	211	75		
526	**977**	**400**	**11**	**2**
32	42	34	2	1
133	162	57		
44	106	37	1	
166	374	156	3	1
71	172	41	2	
25	26	9	2	
17	35	22	1	
38	60	44		

4-2c 各地区分性别、受教育

地区 性别	合计	未上过学	学前教育	小学	初中
男	**284548**	**11784**	**126**	**95008**	**126549**
兰州市	**22102**	**209**	**6**	**4276**	**12035**
城关区	708	3		86	439
七里河区	2674	25	1	523	1536
西固区	1011	6		151	621
安宁区					
红古区	1177	11		186	614
永登县	3853	42	1	932	2069
皋兰县	1762	23		377	960
榆中县	6544	67	3	1478	3675
兰州新区	4373	32	1	543	2121
嘉峪关市	**577**	**4**		**81**	**336**
市辖区	577	4		81	336
金昌市	**2599**	**42**	**15**	**777**	**1278**
金川区	763	16	1	182	406
永昌县	1836	26	14	595	872
白银市	**16449**	**210**	**4**	**4905**	**7941**
白银区	983	4		172	433
平川区	1266	14		268	673
靖远县	5235	38	1	1230	2912
会宁县	6944	143	3	2772	2862
景泰县	2021	11		463	1061
天水市	**32872**	**1310**	**13**	**10895**	**15628**
秦州区	4218	141	4	1627	1942
麦积区	4566	78		1282	2510
清水县	3298	166	4	1281	1426
秦安县	6932	223	2	1738	3683
甘谷县	6562	330	3	2182	2948
武山县	4614	199		1679	2029
张家川回族自治县	2682	173		1106	1090
武威市	**20291**	**372**	**4**	**4502**	**11237**
凉州区	11705	193	4	2183	7147
民勤县	3405	43		578	1816
古浪县	3284	47		934	1590
天祝藏族自治县	1897	89		807	684
张掖市	**15801**	**242**	**13**	**4244**	**7885**
甘州区	6983	135	8	1472	3684
肃南裕固族自治县	665	5		189	283
民乐县	2337	42		903	1046
临泽县	1956	27	4	729	889
高台县	1958	11	1	611	1017
山丹县	1902	22		340	966
平凉市	**24902**	**1432**	**6**	**8627**	**10236**
崆峒区	3892	228		1196	1976
泾川县	2911	52	2	861	1435
灵台县	2337	61		697	1107
崇信县	1552	30		339	557
庄浪县	5656	242	3	2651	1951
静宁县	6847	718	1	2253	2525
华亭市	1707	101		630	685

程度的就业人口（乡村）（续2）

单位：人

高中	大学专科	大学本科	硕士研究生	博士研究生
30802	**13917**	**6181**	**162**	**19**
3393	**1418**	**734**	**31**	
87	54	36	3	
333	148	106	2	
159	58	15	1	
213	99	54		
623	133	52	1	
271	86	45		
901	301	114	5	
806	539	312	19	
77	**61**	**17**	**1**	
77	61	17	1	
300	**142**	**45**		
104	43	11		
196	99	34		
2171	**921**	**289**	**8**	
273	73	26	2	
194	89	28		
677	295	81	1	
704	343	113	4	
323	121	41	1	
3016	**1440**	**556**	**13**	**1**
319	137	45	3	
455	180	59	2	
288	101	32		
803	338	140	5	
596	369	132	2	
400	223	83		1
155	92	65	1	
2966	**887**	**316**	**6**	**1**
1633	387	155	2	1
710	217	40	1	
433	194	85	1	
190	89	36	2	
1980	**935**	**491**	**10**	**1**
996	457	223	7	1
96	58	34		
171	114	60	1	
211	79	17		
202	72	43	1	
304	155	114	1	
2686	**1260**	**640**	**14**	**1**
357	92	41	2	
345	133	82	1	
286	113	71	2	
353	161	108	4	
489	249	70	1	
682	434	229	4	1
174	78	39		

4-2c 各地区分性别、受教育

地区 性别	合计	未上过学	学前教育	小学	初中
酒泉市	**10808**	**313**	**2**	**2711**	**5408**
肃州区	3738	107	1	905	1848
金塔县	1794	49		444	984
瓜州县	2035	101		617	844
肃北蒙古族自治县	398	5		60	193
阿克塞哈萨克族自治县	42			12	24
玉门市	1263	29		467	582
敦煌市	1538	22	1	206	933
庆阳市	**27491**	**790**	**12**	**8871**	**12925**
西峰区	4458	50	1	907	2276
庆城县	2852	51	1	925	1311
环　县	4615	222	2	1957	1642
华池县	2101	142		784	733
合水县	2177	65		783	979
正宁县	2236	103	5	684	1138
宁　县	3799	78	1	1138	2093
镇原县	5253	79	2	1693	2753
定西市	**48103**	**1918**	**29**	**17418**	**20271**
安定区	6058	146	2	2111	2672
通渭县	9566	80	3	2339	4160
陇西县	5980	227		2501	2487
渭源县	6118	131	3	2187	2846
临洮县	9144	110	1	3113	4396
漳　县	2540	152		1114	981
岷　县	8697	1072	20	4053	2729
陇南市	**28085**	**2082**	**10**	**10449**	**11536**
武都区	6055	664	1	2370	2318
成　县	2835	84		831	1501
文　县	2993	255		1012	1178
宕昌县	3415	437	2	1708	975
康　县	2066	117		919	707
西和县	3839	170	4	1205	1852
礼　县	3721	259	3	1410	1498
徽　县	2536	68		766	1252
两当县	625	28		228	255
临夏回族自治州	**27730**	**2453**	**11**	**13533**	**8446**
临夏市	913	20		350	351
临夏县	5475	262	1	2547	1942
康乐县	4407	421		1904	1595
永靖县	2232	14		955	808
广河县	3624	345	4	1936	951
和政县	3614	592	4	1703	949
东乡族自治县	4101	576	2	2358	909
积石山保安族东乡族撒拉族自治县	3364	223		1780	941
甘南藏族自治州	**6738**	**407**	**1**	**3719**	**1387**
合作市	513	29		313	103
临潭县	1875	86		1121	414
卓尼县	784	31		504	123
舟曲县	1758	171		708	445
迭部县	684	39		356	114
玛曲县	389	19		263	69
碌曲县	210	7		133	23
夏河县	525	25	1	321	96

程度的就业人口（乡村）（续 3）

单位：人

高中	大学专科	大学本科	硕士研究生	博士研究生
1421	**634**	**309**	**9**	**1**
590	222	64	1	
212	83	21	1	
203	148	119	3	
77	39	22	2	
5		1		
133	34	18		
201	108	64	2	1
3018	**1176**	**665**	**26**	**8**
706	314	182	15	7
331	144	87	2	
400	209	181	2	
256	124	60	2	
225	79	44	2	
220	65	20	1	
358	91	39		1
522	150	52	2	
5093	**2291**	**1056**	**24**	**3**
683	281	159	3	1
1653	931	383	16	1
498	170	96	1	
582	252	116	1	
1064	293	166	1	
168	91	34		
445	273	102	2	1
2205	**1371**	**428**	**3**	**1**
389	227	85	1	
276	115	28		
272	210	65		1
156	107	30		
189	96	38		
279	247	81	1	
288	203	59	1	
307	111	32		
49	55	10		
2065	**829**	**383**	**10**	
113	45	34		
473	190	56	4	
313	127	46	1	
309	104	39	3	
222	81	84	1	
231	89	45	1	
158	70	28		
246	123	51		
411	**552**	**252**	**7**	**2**
25	23	18	1	1
108	109	37		
35	63	27	1	
137	199	95	2	1
57	89	28	1	
15	14	7	2	
7	28	12		
27	27	28		

4-2c 各地区分性别、受教育

地区 性别	合计	未上过学	学前教育	小学	初中
女	**192332**	**24939**	**201**	**85887**	**58637**
兰州市	**12026**	**584**	**6**	**3645**	**5315**
城关区	319	2		52	167
七里河区	1336	35		336	633
西固区	596	15		143	296
安宁区					
红古区	764	41	2	169	408
永登县	2051	184		788	829
皋兰县	895	43		290	409
榆中县	4285	245	4	1545	1863
兰州新区	1780	19		322	710
嘉峪关市	**292**	**2**	**1**	**79**	**147**
市辖区	292	2	1	79	147
金昌市	**1510**	**72**	**19**	**706**	**553**
金川区	478	38	1	172	203
永昌县	1032	34	18	534	350
白银市	**11702**	**766**	**11**	**5735**	**3712**
白银区	639	17		160	287
平川区	620	46	1	231	244
靖远县	3560	182		1474	1434
会宁县	5737	486	8	3410	1304
景泰县	1146	35	2	460	443
天水市	**20471**	**2592**	**12**	**8723**	**6880**
秦州区	2202	256	2	961	777
麦积区	2248	139	1	870	974
清水县	2373	426		1128	625
秦安县	5013	541	2	2003	1850
甘谷县	3970	579	6	1696	1196
武山县	3043	335	1	1317	1038
张家川回族自治县	1622	316		748	420
武威市	**15912**	**1231**	**6**	**6668**	**6615**
凉州区	9770	590	5	3946	4526
民勤县	2844	191		1060	1294
古浪县	2233	253	1	1106	607
天祝藏族自治县	1065	197		556	188
张掖市	**11788**	**556**	**24**	**5034**	**4575**
甘州区	5216	272	8	1739	2335
肃南裕固族自治县	438	19		187	143
民乐县	1663	106	2	1007	400
临泽县	1714	81	12	908	602
高台县	1584	33	2	868	574
山丹县	1173	45		325	521
平凉市	**17196**	**3255**	**16**	**7706**	**4198**
崆峒区	2146	347	1	727	809
泾川县	2081	168	5	951	729
灵台县	1281	171		572	372
崇信县	742	71	3	278	223
庄浪县	5096	540	7	3050	1010
静宁县	5043	1801		1772	874
华亭市	807	157		356	181

程度的就业人口（乡村）（续4）

单位：人

高中	大学专科	大学本科	硕士研究生	博士研究生
10050	**8311**	**4135**	**166**	**6**
1137	**807**	**503**	**29**	
38	37	22	1	
160	96	69	7	
71	50	21		
82	35	27		
138	65	42	5	
92	44	17		
334	199	91	4	
222	281	214	12	
25	**29**	**9**		
25	29	9		
79	**60**	**21**		
36	19	9		
43	41	12		
705	**490**	**275**	**8**	
124	38	12	1	
43	36	19		
234	152	82	2	
224	198	104	3	
80	66	58	2	
985	**902**	**351**	**25**	**1**
107	69	25	5	
123	109	30	2	
107	62	23	1	1
248	266	95	8	
186	213	89	5	
163	131	55	3	
51	52	34	1	
750	**470**	**164**	**8**	
408	224	68	3	
182	88	25	4	
114	108	44		
46	50	27	1	
692	**571**	**328**	**8**	
404	288	165	5	
31	32	25	1	
47	64	37		
55	35	21		
48	42	17		
107	110	63	2	
826	**742**	**438**	**14**	**1**
153	79	29	1	
104	67	57		
75	59	30	2	
66	61	40		
210	208	67	3	1
174	221	194	7	
44	47	21	1	

4-2c 各地区分性别、受教育

地区 性别	合计	未上过学	学前教育	小学	初中
酒泉市	**7617**	**553**	**14**	**2870**	**3176**
肃州区	2851	158	4	1054	1253
金塔县	1316	92	3	605	539
瓜州县	1370	207	3	583	368
肃北蒙古族自治县	95	5		25	34
阿克塞哈萨克族自治县	10			4	6
玉门市	866	48	1	397	341
敦煌市	1109	43	3	202	635
庆阳市	**18682**	**1905**	**19**	**8356**	**6291**
西峰区	2598	79		742	1127
庆城县	1701	111	4	826	543
环　县	2907	547	3	1529	487
华池县	1315	308	1	602	223
合水县	1396	141	1	696	450
正宁县	1844	279	9	809	630
宁　县	2681	199		1169	1140
镇原县	4240	241	1	1983	1691
定西市	**36499**	**4789**	**52**	**18252**	**9419**
安定区	4123	541	5	2096	1008
通渭县	6550	226	9	3152	1774
陇西县	4562	598		2661	974
渭源县	4893	381	6	2537	1512
临洮县	7222	318		3681	2448
漳　县	1806	334	1	915	424
岷　县	7343	2391	31	3210	1279
陇南市	**15149**	**3347**	**11**	**5909**	**3992**
武都区	3407	1107	6	1157	768
成　县	1480	111		567	598
文　县	1643	451		596	353
宕昌县	2374	642		1118	445
康　县	967	148	1	443	213
西和县	1903	343	1	657	634
礼　县	1866	445	2	770	437
徽　县	1200	68	1	464	462
两当县	309	32		137	82
临夏回族自治州	**18961**	**4525**	**8**	**9563**	**3334**
临夏市	462	33		226	134
临夏县	3131	409		1652	708
康乐县	3532	961	1	1618	724
永靖县	1349	36		731	359
广河县	2874	778	1	1618	365
和政县	3204	1170	6	1367	435
东乡族自治县	2591	802		1373	308
积石山保安族东乡族撒拉族自治县	1818	336		978	301
甘南藏族自治州	**4527**	**762**	**2**	**2641**	**430**
合作市	313	57		162	51
临潭县	1287	206		865	118
卓尼县	513	59		348	44
舟曲县	1069	283		422	98
迭部县	502	71	2	269	49
玛曲县	355	22		267	42
碌曲县	167	10		124	5
夏河县	321	54		184	23

程度的就业人口（乡村）（续5）

单位：人

高中	大学专科	大学本科	硕士研究生	博士研究生
472	**328**	**196**	**6**	**2**
186	135	60		1
41	29	6	1	
74	71	63	1	
16	9	5		1
43	28	8		
112	56	54	4	
982	**685**	**417**	**25**	**2**
305	189	135	19	2
93	80	44		
116	123	100	2	
36	92	51	2	
52	38	17	1	
68	35	14		
106	42	24	1	
206	86	32		
1780	**1416**	**758**	**33**	
206	153	109	5	
598	524	249	18	
166	102	61		
195	164	92	6	
408	219	145	3	
48	60	24		
159	194	78	1	
737	**853**	**296**	**4**	
137	171	60	1	
104	72	27	1	
67	119	57		
56	86	26	1	
59	81	22		
97	124	46	1	
105	87	20		
91	88	26		
21	25	12		
765	**533**	**231**	**2**	
29	27	13		
186	121	54	1	
122	77	28	1	
121	69	33		
48	25	39		
109	88	29		
59	38	11		
91	88	24		
115	**425**	**148**	**4**	
7	19	16	1	
25	53	20		
9	43	10		
29	175	61	1	
14	83	13	1	
10	12	2		
10	7	10	1	
11	33	16		

4-3 全省分年龄、性别、

年龄组 性 别	合计	未上过学	学前教育	小学	初中
合计	**959370**	**42263**	**429**	**230613**	**326712**
16-19 岁	8911	27	5	852	4955
20-24 岁	46865	141	6	3828	15875
25-29 岁	103386	401	11	7746	31961
30-34 岁	134226	1130	12	13453	44651
35-39 岁	108237	1648	19	15525	40775
40-44 岁	101658	2886	17	21345	38912
45-49 岁	149015	7197	46	42900	56863
50-54 岁	146299	9298	83	54275	50406
55-59 岁	90297	6608	61	33392	29055
60-64 岁	32219	4740	55	15198	7560
65-69 岁	24382	4745	76	13876	4037
70-74 岁	9533	2273	23	5795	1141
75 岁及以上	4342	1169	15	2428	521
男	**573950**	**13797**	**181**	**122614**	**216873**
16-19 岁	5627	12	2	477	3346
20-24 岁	26533	35	3	2092	10355
25-29 岁	59207	122	6	4309	20609
30-34 岁	78595	340	6	7110	28222
35-39 岁	63302	512	9	8040	25168
40-44 岁	58955	848	7	10822	24305
45-49 岁	86149	2127	17	20953	36375
50-54 岁	89784	2937	37	27746	35203
55-59 岁	59837	1833	23	17446	22043
60-64 岁	20961	1640	22	8929	6304
65-69 岁	15786	1823	31	8937	3507
70-74 岁	6331	987	12	4074	989
75 岁及以上	2883	581	6	1679	447
女	**385420**	**28466**	**248**	**107999**	**109839**
16-19 岁	3284	15	3	375	1609
20-24 岁	20332	106	3	1736	5520
25-29 岁	44179	279	5	3437	11352
30-34 岁	55631	790	6	6343	16429
35-39 岁	44935	1136	10	7485	15607
40-44 岁	42703	2038	10	10523	14607
45-49 岁	62866	5070	29	21947	20488
50-54 岁	56515	6361	46	26529	15203
55-59 岁	30460	4775	38	15946	7012
60-64 岁	11258	3100	33	6269	1256
65-69 岁	8596	2922	45	4939	530
70-74 岁	3202	1286	11	1721	152
75 岁及以上	1459	588	9	749	74

受教育程度的就业人口

单位：人

高中	大学专科	大学本科	硕士研究生	博士研究生
128204	**116895**	**106192**	**6982**	**1080**
2220	696	156		
8192	12357	6384	78	4
16646	24246	21186	1138	51
20368	24640	27700	2062	210
13905	15208	19322	1568	267
13902	11825	11684	855	232
18723	13124	9418	604	140
15577	9287	6855	409	109
12730	4866	3269	254	62
4140	374	140	9	3
1407	182	54	4	1
248	47	6		
146	43	18	1	1
88534	**68765**	**58927**	**3576**	**683**
1349	368	73		
5000	6061	2958	27	2
10682	12924	10095	430	30
13199	14236	14478	887	117
8809	8960	10834	804	166
8780	6855	6713	486	139
12227	7948	6005	407	90
12219	6506	4757	303	76
11009	4374	2831	220	58
3623	310	122	8	3
1292	151	41	3	1
226	39	4		
119	33	16	1	1
39670	**48130**	**47265**	**3406**	**397**
871	328	83		
3192	6296	3426	51	2
5964	11322	11091	708	21
7169	10404	13222	1175	93
5096	6248	8488	764	101
5122	4970	4971	369	93
6496	5176	3413	197	50
3358	2781	2098	106	33
1721	492	438	34	4
517	64	18	1	
115	31	13	1	
22	8	2		
27	10	2		

4-3a 全省分年龄、性别、

年龄组 性 别	合计	未上过学	学前教育	小学	初中
合计	**272489**	**1343**	**45**	**16202**	**70168**
16–19 岁	1641	1		69	812
20–24 岁	13694	10	4	298	2902
25–29 岁	36312	27	4	709	6181
30–34 岁	50749	57	5	1330	10170
35–39 岁	39997	87	4	1615	10159
40–44 岁	34770	111	3	2010	9882
45–49 岁	42185	296	4	3594	13725
50–54 岁	32437	295	14	3796	10671
55–59 岁	16544	179	3	1587	4409
60–64 岁	2366	127	1	561	717
65–69 岁	1194	104	2	385	381
70–74 岁	360	32	1	160	96
75 岁及以上	240	17		88	63
男	**163081**	**523**	**27**	**9619**	**44605**
16–19 岁	1060	1		50	582
20–24 岁	7365	6	2	217	1897
25–29 岁	19668	10	2	493	3963
30–34 岁	28697	21	3	803	6319
35–39 岁	22598	34	2	891	5899
40–44 岁	19765	39	3	1121	5833
45–49 岁	24868	109	3	1918	8158
50–54 岁	22393	134	9	2277	7448
55–59 岁	13602	54	2	1023	3509
60–64 岁	1782	48		390	582
65–69 岁	869	46	1	262	302
70–74 岁	254	15		116	71
75 岁及以上	160	6		58	42
女	**109408**	**820**	**18**	**6583**	**25563**
16–19 岁	581			19	230
20–24 岁	6329	4	2	81	1005
25–29 岁	16644	17	2	216	2218
30–34 岁	22052	36	2	527	3851
35–39 岁	17399	53	2	724	4260
40–44 岁	15005	72		889	4049
45–49 岁	17317	187	1	1676	5567
50–54 岁	10044	161	5	1519	3223
55–59 岁	2942	125	1	564	900
60–64 岁	584	79	1	171	135
65–69 岁	325	58	1	123	79
70–74 岁	106	17	1	44	25
75 岁及以上	80	11		30	21

受教育程度的就业人口（城市）

单位：人

高中	大学专科	大学本科	硕士研究生	博士研究生
55583	**60116**	**62293**	**5731**	**1008**
504	212	43		
2806	4710	2916	47	1
6225	10861	11471	793	41
8813	12768	15796	1625	185
6741	8553	11253	1333	252
7483	7014	7264	781	222
9790	7880	6213	544	139
7247	5192	4753	366	103
5010	2642	2424	230	60
677	168	103	9	3
197	81	41	2	1
47	20	4		
43	15	12	1	1
36078	**34525**	**34119**	**2944**	**641**
308	102	17		
1652	2272	1304	14	1
3858	5763	5256	298	25
5397	7162	8191	695	106
3950	4812	6192	661	157
4335	3839	4027	438	130
5898	4536	3794	363	89
5536	3483	3167	267	72
4371	2346	2043	198	56
539	125	87	8	3
166	61	29	1	1
35	15	2		
33	9	10	1	1
19505	**25591**	**28174**	**2787**	**367**
196	110	26		
1154	2438	1612	33	
2367	5098	6215	495	16
3416	5606	7605	930	79
2791	3741	5061	672	95
3148	3175	3237	343	92
3892	3344	2419	181	50
1711	1709	1586	99	31
639	296	381	32	4
138	43	16	1	
31	20	12	1	
12	5	2		
10	6	2		

4-3b 全省分年龄、性别、

年龄组 性 别	合计	未上过学	学前教育	小学	初中
合计	**210001**	**4197**	**57**	**33516**	**71358**
16-19 岁	1328	1	1	106	689
20-24 岁	9149	22	1	469	2613
25-29 岁	23971	48	2	1231	6442
30-34 岁	36309	159	2	2374	10898
35-39 岁	29771	239	3	2876	10642
40-44 岁	25271	358	3	3625	9727
45-49 岁	31875	748	8	6407	12744
50-54 岁	27856	814	12	7665	10264
55-59 岁	15378	633	12	4401	5211
60-64 岁	4501	431	4	1888	1219
65-69 岁	2993	407	5	1607	644
70-74 岁	1095	215	4	618	183
75 岁及以上	504	122		249	82
男	**126321**	**1490**	**28**	**17987**	**45719**
16-19 岁	878		1	70	479
20-24 岁	5109	5	1	290	1720
25-29 岁	13183	19	1	678	4034
30-34 岁	20453	57	1	1242	6582
35-39 岁	17267	82	2	1445	6406
40-44 岁	14804	114	2	1826	5819
45-49 岁	19129	265	4	3189	7921
50-54 岁	18116	264	3	4025	7082
55-59 岁	11027	188	5	2391	3896
60-64 岁	3163	167	3	1144	1005
65-69 岁	2080	169	2	1070	551
70-74 岁	768	96	3	445	156
75 岁及以上	344	64		172	68
女	**83680**	**2707**	**29**	**15529**	**25639**
16-19 岁	450	1		36	210
20-24 岁	4040	17		179	893
25-29 岁	10788	29	1	553	2408
30-34 岁	15856	102	1	1132	4316
35-39 岁	12504	157	1	1431	4236
40-44 岁	10467	244	1	1799	3908
45-49 岁	12746	483	4	3218	4823
50-54 岁	9740	550	9	3640	3182
55-59 岁	4351	445	7	2010	1315
60-64 岁	1338	264	1	744	214
65-69 岁	913	238	3	537	93
70-74 岁	327	119	1	173	27
75 岁及以上	160	58		77	14

受教育程度的就业人口（镇）

单位：人

高中	大学专科	大学本科	硕士研究生	博士研究生
31769	**34551**	**33583**	**923**	**47**
356	137	38		
1623	2748	1657	14	2
3926	6338	5793	186	5
5447	7485	9568	354	22
3837	4897	7072	197	8
3711	3806	3970	65	6
4932	4118	2864	53	1
4029	3176	1859	34	3
2753	1634	715	19	
803	125	31		
262	57	10	1	
59	15	1		
31	15	5		
21654	**20323**	**18627**	**470**	**23**
230	77	21		
970	1356	761	5	1
2475	3238	2672	65	1
3481	4115	4812	154	9
2458	2829	3926	116	3
2363	2257	2374	43	6
3207	2546	1958	38	1
3084	2238	1388	30	2
2371	1487	671	18	
707	108	29		
229	49	9	1	
55	12	1		
24	11	5		
10115	**14228**	**14956**	**453**	**24**
126	60	17		
653	1392	896	9	1
1451	3100	3121	121	4
1966	3370	4756	200	13
1379	2068	3146	81	5
1348	1549	1596	22	
1725	1572	906	15	
945	938	471	4	1
382	147	44	1	
96	17	2		
33	8	1		
4	3			
7	4			

4-3c 全省分年龄、性别、

年龄组 性 别	合计	未上过学	学前教育	小学	初中
合计	**476880**	**36723**	**327**	**180895**	**185186**
16-19 岁	5942	25	4	677	3454
20-24 岁	24022	109	1	3061	10360
25-29 岁	43103	326	5	5806	19338
30-34 岁	47168	914	5	9749	23583
35-39 岁	38469	1322	12	11034	19974
40-44 岁	41617	2417	11	15710	19303
45-49 岁	74955	6153	34	32899	30394
50-54 岁	86006	8189	57	42814	29471
55-59 岁	58375	5796	46	27404	19435
60-64 岁	25352	4182	50	12749	5624
65-69 岁	20195	4234	69	11884	3012
70-74 岁	8078	2026	18	5017	862
75 岁及以上	3598	1030	15	2091	376
男	**284548**	**11784**	**126**	**95008**	**126549**
16-19 岁	3689	11	1	357	2285
20-24 岁	14059	24		1585	6738
25-29 岁	26356	93	3	3138	12612
30-34 岁	29445	262	2	5065	15321
35-39 岁	23437	396	5	5704	12863
40-44 岁	24386	695	2	7875	12653
45-49 岁	42152	1753	10	15846	20296
50-54 岁	49275	2539	25	21444	20673
55-59 岁	35208	1591	16	14032	14638
60-64 岁	16016	1425	19	7395	4717
65-69 岁	12837	1608	28	7605	2654
70-74 岁	5309	876	9	3513	762
75 岁及以上	2379	511	6	1449	337
女	**192332**	**24939**	**201**	**85887**	**58637**
16-19 岁	2253	14	3	320	1169
20-24 岁	9963	85	1	1476	3622
25-29 岁	16747	233	2	2668	6726
30-34 岁	17723	652	3	4684	8262
35-39 岁	15032	926	7	5330	7111
40-44 岁	17231	1722	9	7835	6650
45-49 岁	32803	4400	24	17053	10098
50-54 岁	36731	5650	32	21370	8798
55-59 岁	23167	4205	30	13372	4797
60-64 岁	9336	2757	31	5354	907
65-69 岁	7358	2626	41	4279	358
70-74 岁	2769	1150	9	1504	100
75 岁及以上	1219	519	9	642	39

受教育程度的就业人口（乡村）

单位：人

高中	大学专科	大学本科	硕士研究生	博士研究生
40852	**22228**	**10316**	**328**	**25**
1360	347	75		
3763	4899	1811	17	1
6495	7047	3922	159	5
6108	4387	2336	83	3
3327	1758	997	38	7
2708	1005	450	9	4
4001	1126	341	7	
4301	919	243	9	3
4967	590	130	5	2
2660	81	6		
948	44	3	1	
142	12	1		
72	13	1		
30802	**13917**	**6181**	**162**	**19**
811	189	35		
2378	2433	893	8	
4349	3923	2167	67	4
4321	2959	1475	38	2
2401	1319	716	27	6
2082	759	312	5	3
3122	866	253	6	
3599	785	202	6	2
4267	541	117	4	2
2377	77	6		
897	41	3	1	
136	12	1		
62	13	1		
10050	**8311**	**4135**	**166**	**6**
549	158	40		
1385	2466	918	9	1
2146	3124	1755	92	1
1787	1428	861	45	1
926	439	281	11	1
626	246	138	4	1
879	260	88	1	
702	134	41	3	1
700	49	13	1	
283	4			
51	3			
6				
10				

4-4 各地区分性别、

地区 性别	合计	农、林、牧、渔业						
		小计	农业	林业	畜牧业	渔业	农、林、牧、渔专业及辅助性活动	小计
合计	**959370**	**316118**	**276308**	**1756**	**33298**	**121**	**4635**	**14855**
兰州市	**170707**	**14912**	**13097**	**168**	**1346**	**19**	**282**	**1154**
城关区	62090	347	257	16	20	9	45	70
七里河区	27056	981	883	29	51	1	17	89
西固区	15892	498	450	7	35	1	5	20
安宁区	13905	107	81	6	10	3	7	44
红古区	5790	1349	1280	22	38		9	762
永登县	11148	2959	2205	47	655	3	49	102
皋兰县	5771	1614	1450	7	131		26	27
榆中县	17363	6606	6252	19	258	2	75	25
兰州新区	11692	451	239	15	148		49	15
嘉峪关市	**14249**	**470**	**364**	**4**	**93**	**2**	**7**	**235**
市辖区	14249	470	364	4	93	2	7	235
金昌市	**18352**	**3049**	**2455**	**10**	**490**	**8**	**86**	**1018**
金川区	11344	868	742	4	87		35	934
永昌县	7008	2181	1713	6	403	8	51	84
白银市	**58097**	**24467**	**22191**	**39**	**2140**	**9**	**88**	**1854**
白银区	13440	1540	1359	9	153	3	16	213
平川区	6769	1230	963	2	253		12	1313
靖远县	13698	7750	7254	15	469		12	144
会宁县	17360	11382	10566	10	787		19	67
景泰县	6830	2565	2049	3	478	6	29	117
天水市	**96913**	**32005**	**30181**	**207**	**1325**	**8**	**284**	**323**
秦州区	20211	3449	3218	33	146	5	47	107
麦积区	17276	3297	3022	70	164		41	108
清水县	7893	3361	3129	26	200		6	4
秦安县	17349	8902	8732	9	132	1	28	28
甘谷县	15947	6362	6169	26	144		23	29
武山县	12305	4836	4464	33	213	2	124	15
张家川回族自治县	5932	1798	1447	10	326		15	32
武威市	**63287**	**28176**	**22951**	**130**	**4926**	**1**	**168**	**555**
凉州区	40525	16765	14034	70	2573		88	235
民勤县	9286	6185	5524	27	595		39	83
古浪县	7945	3543	2537	20	959	1	26	51
天祝藏族自治县	5531	1683	856	13	799		15	186
张掖市	**51652**	**20127**	**14435**	**109**	**3133**	**3**	**2447**	**509**
甘州区	23403	8384	6991	43	1230	1	119	60
肃南裕固族自治县	1721	814	235	2	570		7	134
民乐县	7526	2621	1705	30	465		421	41
临泽县	5938	3699	1610	13	259	2	1815	37
高台县	6608	3175	2855	6	258		56	60
山丹县	6456	1434	1039	15	351		29	177
平凉市	**72291**	**28107**	**25777**	**76**	**2102**	**6**	**146**	**2644**
崆峒区	17514	2543	2165	13	351		14	181
泾川县	8132	3644	3150	19	450	2	23	71
灵台县	5632	2130	1844	19	190		77	99
崇信县	3768	840	692	2	145		1	774
庄浪县	14763	8509	8106	7	377		19	59
静宁县	15612	9460	9079	12	357	3	9	57
华亭市	6870	981	741	4	232	1	3	1403

行业大类的就业人口

单位：人

采矿业							制造业	
煤炭开采和洗选业	石油和天然气开采业	黑色金属矿采选业	有色金属矿采选业	非金属矿采选业	开采专业及辅助性活动	其他采矿业	小计	农副食品加工业
5831	**2485**	**621**	**2336**	**1068**	**2355**	**159**	**65281**	**4678**
874	**25**	**12**	**18**	**162**	**47**	**16**	**17737**	**591**
19	5	3	5	17	12	9	3859	183
55	5		5	10	11	3	2490	141
3	2		2	10	3		3827	56
16	6		1	9	11	1	1570	15
743	2	2	1	11	3		693	8
29	3	6	2	57	3	2	1418	51
2			2	22	1		712	33
6		1		15	3		1483	57
1	2			11		1	1685	47
6	**7**	**179**	**6**	**20**	**16**	**1**	**3381**	**23**
6	7	179	6	20	16	1	3381	23
18	**9**	**17**	**891**	**66**	**11**	**6**	**2773**	**112**
6	3	5	883	27	4	6	1939	19
12	6	12	8	39	7		834	93
1457	**22**	**57**	**146**	**123**	**35**	**14**	**4134**	**224**
17	2	27	126	31	4	6	2401	60
1253	3	24	4	22	4	3	372	37
112	6		11	10	5		530	26
34	5	1	1	12	10	4	448	56
41	6	5	4	48	12	1	383	45
36	**18**	**9**	**131**	**76**	**29**	**24**	**6251**	**394**
5	2	1	59	29	6	5	2241	77
22	2	2	47	17	5	13	1482	87
	1			1	2		297	19
2	5	3	1	8	6	3	632	40
6	5	2	1	11	4		724	26
	2		2	9	2		625	85
1	1	1	21	1	4	3	250	60
325	**50**	**19**	**39**	**49**	**63**	**10**	**3104**	**468**
78	38	8	33	23	49	6	2186	323
67	1		3	11	1		261	36
18	8	8	3	7	5	2	358	85
162	3	3		8	8	2	299	24
173	**39**	**124**	**66**	**70**	**34**	**3**	**2349**	**495**
17	8	6	9	17	3		1145	243
		79	54	1			28	9
11	10	1	2	5	11	1	500	132
	2	30		1	3	1	152	42
16	4	4		26	10		226	39
129	15	4	1	20	7	1	298	30
2390	**117**	**3**	**21**	**88**	**22**	**3**	**3135**	**288**
90	39		5	39	8		992	82
9	48		2	7	5		343	42
88	6	1	1	2		1	226	14
758		1		13	2		141	11
36	10		1	7	4	1	455	47
28	9	1	10	7	1	1	581	77
1381	5		2	13	2		397	15

4-4 各地区分性别、

地区 性别	合计	农、林、牧、渔业						
		小计	农业	林业	畜牧业	渔业	农、林、牧、渔专业及辅助性活动	小计
酒泉市	**47711**	**15259**	**12959**	**37**	**1899**	**10**	**354**	**1915**
肃州区	20843	5859	5463	22	295	8	71	600
金塔县	5151	2551	2127	4	327	1	92	51
瓜州县	5935	2456	2078	3	305		70	104
肃北蒙古族自治县	1027	159	35		123		1	236
阿克塞哈萨克族自治县	572	52	10		42			20
玉门市	5951	2308	1541	3	663	1	100	67
敦煌市	8232	1874	1705	5	144		20	837
庆阳市	**76811**	**32734**	**27631**	**278**	**4657**	**4**	**164**	**3117**
西峰区	18219	2737	2390	48	265	2	32	696
庆城县	7822	3029	2622	13	382		12	843
环　县	11080	5167	3552	18	1584		13	468
华池县	5133	2083	1883	29	150		21	593
合水县	5332	2771	2373	95	295	1	7	262
正宁县	6648	3973	3674	35	260		4	40
宁　县	9527	4901	4276	30	579		16	124
镇原县	13050	8073	6861	10	1142	1	59	91
定西市	**122131**	**63383**	**59402**	**171**	**3542**	**6**	**262**	**313**
安定区	18814	7929	7027	32	822		48	43
通渭县	19666	9094	8478	11	595	1	9	80
陇西县	18907	8463	7647	27	753	2	34	44
渭源县	14391	9570	9268	9	254		39	30
临洮县	23524	12102	11205	66	797	2	32	61
漳　县	6314	3523	3414	15	91		3	26
岷　县	20515	12702	12363	11	230	1	97	29
陇南市	**70880**	**22034**	**20602**	**274**	**1043**	**26**	**89**	**943**
武都区	17193	4781	4601	42	104	3	31	52
成　县	8367	2549	2395	9	124	3	18	260
文　县	6767	2131	2007	7	101	11	5	23
宕昌县	8208	4191	3998	26	157	2	8	16
康　县	4750	1126	989	30	101		6	24
西和县	8519	2091	1938	25	121	2	5	177
礼　县	8751	2813	2615	33	154		11	27
徽　县	6716	1818	1582	89	139	5	3	325
两当县	1609	534	477	13	42		2	39
临夏回族自治州	**74519**	**25147**	**20470**	**105**	**4371**	**19**	**182**	**146**
临夏市	13240	497	338	13	106	3	37	15
临夏县	10275	2680	1881	3	778	2	16	27
康乐县	10024	4715	4144	18	546		7	20
永靖县	7381	2262	2111	4	129	12	6	33
广河县	9048	4699	3836	4	851		8	10
和政县	9380	4429	3587	54	777		11	12
东乡族自治县	8219	4274	3292	6	886		90	9
积石山保安族东乡族撒拉族自治县	6952	1591	1281	3	298	2	7	20
甘南藏族自治州	**21770**	**6248**	**3793**	**148**	**2231**		**76**	**129**
合作市	3565	194	62	1	111		20	73
临潭县	4761	2030	1837	28	158		7	1
卓尼县	2558	690	438	7	236		9	7
舟曲县	4273	1062	914	60	83		5	4
迭部县	2122	740	468	44	209		19	3
玛曲县	1801	921		2	919			33
碌曲县	952	295	37		245		13	1
夏河县	1738	316	37	6	270		3	7

行业大类的就业人口（续1）

单位：人

采矿业							制造业	
煤炭开采和洗选业	石油和天然气开采业	黑色金属矿采选业	有色金属矿采选业	非金属矿采选业	开采专业及辅助性活动	其他采矿业	小计	农副食品加工业
71	**655**	**155**	**183**	**99**	**736**	**16**	**2975**	**227**
5	492	9	2	18	65	9	1335	110
15	1	10	10	14	1		261	39
6	2	2	74	11	6	3	320	15
40		120	63	12		1	131	4
				20			41	
5	13	8	23	10	8		566	32
	147	6	11	14	656	3	321	27
307	**1468**	**3**	**2**	**27**	**1300**	**10**	**2884**	**423**
16	192	3		7	475	3	934	79
5	362				475	1	253	17
177	204		1	11	74	1	340	74
7	374			1	210	1	107	11
4	240				17	1	152	16
25	10			1	4		160	12
66	37			2	18	1	418	42
7	49		1	5	27	2	520	172
77	**64**	**12**	**17**	**97**	**36**	**10**	**6714**	**503**
8	8	2	2	14	9		720	87
34	19	2	3	12	9	1	1028	68
4	14		5	18	2	1	1785	116
5	5	1	2	9	4	4	499	20
15	11	3	4	22	4	2	1125	126
3	5			16	2		248	24
8	2	4	1	6	6	2	1309	62
60	**6**	**26**	**704**	**97**	**15**	**35**	**3991**	**363**
8	2	2	5	18	4	13	654	44
13		1	229	10	5	2	623	53
	1	1	7	12		2	314	36
3		1	2	8		2	248	36
5			10	2	2	5	254	35
15	1	8	135	16	2		647	55
10		1	2	6	1	7	486	48
4	2	6	288	22	1	2	689	49
2		6	26	3		2	76	7
34	**4**	**5**	**10**	**75**	**10**	**8**	**5182**	**492**
2	1		2	3	2	5	675	108
3		1	1	20	2		848	107
8			3	9			632	52
2	1	1		27	2		434	43
5			1	2	1	1	537	39
6	2		2	1	1		885	58
3				4		2	403	58
5		3	1	9	2		768	27
3	**1**		**102**	**19**	**1**	**3**	**671**	**75**
			68	3	1	1	115	13
				1			200	19
			1	5		1	49	5
1				2		1	89	11
				3			29	4
2			31				37	8
				1			27	4
	1		2	4			125	11

4-4 各地区分性别、

地区 性别	合计	农、林、牧、渔业						
		小计	农业	林业	畜牧业	渔业	农、林、牧、渔专业及辅助性活动	小计
男	**573950**	**166416**	**141487**	**1232**	**20932**	**92**	**2673**	**12517**
兰州市	**103023**	**8254**	**6975**	**108**	**982**	**16**	**173**	**976**
城关区	36075	207	151	11	12	6	27	55
七里河区	16310	571	504	17	35	1	14	77
西固区	9682	296	260	4	27	1	4	16
安宁区	8047	68	47	5	8	3	5	34
红古区	3615	727	677	12	32		6	636
永登县	7079	1605	1072	33	474	3	23	93
皋兰县	3764	923	800	4	99		20	26
榆中县	10499	3560	3321	13	182	2	42	25
兰州新区	7952	297	143	9	113		32	14
嘉峪关市	**9132**	**258**	**188**	**3**	**63**	**1**	**3**	**209**
市辖区	9132	258	188	3	63	1	3	209
金昌市	**11291**	**1781**	**1362**	**5**	**354**	**5**	**55**	**894**
金川区	6955	483	401	1	62		19	816
永昌县	4336	1298	961	4	292	5	36	78
白银市	**34896**	**13255**	**11722**	**28**	**1436**	**7**	**62**	**1606**
白银区	8308	863	733	8	108	2	12	176
平川区	4555	730	536	1	184		9	1122
靖远县	8199	4248	3906	11	322		9	135
会宁县	9513	5843	5334	5	493		11	64
景泰县	4321	1571	1213	3	329	5	21	109
天水市	**59911**	**17581**	**16292**	**147**	**941**	**4**	**197**	**286**
秦州区	12517	1978	1817	22	108	4	27	97
麦积区	11306	2020	1815	51	123		31	88
清水县	4601	1745	1584	17	138		6	4
秦安县	10247	4759	4647	8	83		21	25
甘谷县	10086	3545	3407	17	101		20	29
武山县	7467	2522	2270	25	148		79	13
张家川回族自治县	3687	1012	752	7	240		13	30
武威市	**36320**	**14397**	**11363**	**89**	**2834**	**1**	**110**	**492**
凉州区	22989	8244	6742	47	1397		58	212
民勤县	5128	3234	2862	16	332		24	69
古浪县	4754	1914	1297	17	581	1	18	48
天祝藏族自治县	3449	1005	462	9	524		10	163
张掖市	**29721**	**10592**	**7368**	**68**	**1882**	**3**	**1271**	**451**
甘州区	13465	4466	3617	27	729	1	92	55
肃南裕固族自治县	1028	454	122	1	327		4	128
民乐县	4401	1368	875	18	288		187	37
临泽县	3262	1908	814	7	151	2	934	28
高台县	3678	1577	1384	4	152		37	50
山丹县	3887	819	556	11	235		17	153
平凉市	**43019**	**14430**	**12892**	**53**	**1391**	**4**	**90**	**2218**
崆峒区	10983	1428	1168	10	240		10	159
泾川县	4748	1923	1621	14	273	1	14	63
灵台县	3537	1229	1020	13	150		46	92
崇信县	2428	453	349	2	101		1	628
庄浪县	7775	3840	3577	5	247		11	55
静宁县	9037	5000	4764	6	222	2	6	52
华亭市	4511	557	393	3	158	1	2	1169

行业大类的就业人口（续2）

单位：人

采矿业							制造业	
煤炭开采和洗选业	石油和天然气开采业	黑色金属矿采选业	有色金属矿采选业	非金属矿采选业	开采专业及辅助性活动	其他采矿业	小计	农副食品加工业
4925	**2006**	**552**	**2024**	**979**	**1893**	**138**	**45487**	**2929**
730	**21**	**9**	**16**	**151**	**38**	**11**	**12555**	**364**
14	4	2	5	15	9	6	2496	111
47	5		4	8	10	3	1762	79
2	2		1	9	2		2712	36
12	5		1	8	8		1098	10
620	1	1	1	10	3		541	5
26	2	5	2	55	2	1	1063	30
2			2	21	1		551	21
6		1		15	3		1104	32
1	2			10		1	1228	40
4	**6**	**166**	**5**	**16**	**11**	**1**	**2771**	**12**
4	6	166	5	16	11	1	2771	12
17	**8**	**12**	**782**	**59**	**10**	**6**	**2037**	**70**
5	3	3	774	21	4	6	1424	9
12	5	9	8	38	6		613	61
1258	**20**	**51**	**114**	**117**	**32**	**14**	**3065**	**137**
14	2	21	100	29	4	6	1801	32
1069	2	24	2	19	3	3	284	25
106	6		8	10	5		395	20
32	5	1	1	12	9	4	310	31
37	5	5	3	47	11	1	275	29
28	**15**	**8**	**114**	**73**	**27**	**21**	**4068**	**249**
4	1		54	29	5	4	1388	52
15	2	2	38	16	4	11	1034	57
	1			1	2		185	12
2	5	3		6	6	3	397	27
6	5	2	1	11	4		478	18
	1		1	9	2		416	46
1		1	20	1	4	3	170	37
281	**44**	**17**	**39**	**45**	**58**	**8**	**2149**	**305**
69	32	7	33	21	46	4	1491	211
55	1		3	9	1		188	23
16	8	7	3	7	5	2	258	58
141	3	3		8	6	2	212	13
145	**35**	**115**	**60**	**62**	**31**	**3**	**1572**	**315**
14	8	6	9	16	2		768	173
		79	48	1			15	4
10	9	1	2	5	9	1	331	72
	2	22			3	1	106	28
11	4	4		21	10		164	18
110	12	3	1	19	7	1	188	20
1980	**109**	**3**	**18**	**84**	**22**	**2**	**2141**	**185**
70	37		5	39	8		688	56
8	43		1	6	5		239	30
82	6	1	1	2			148	8
612		1		13	2		100	8
34	10			6	4	1	283	27
25	8	1	9	7	1	1	394	46
1149	5		2	11	2		289	10

4-4 各地区分性别、

地区 性别	合计	农、林、牧、渔业						
		小计	农业	林业	畜牧业	渔业	农、林、牧、渔专业及辅助性活动	小计
酒泉市	**28096**	**8298**	**6859**	**23**	**1176**	**8**	**232**	**1501**
肃州区	12059	3149	2880	13	196	6	54	461
金塔县	2989	1319	1077	2	188	1	51	43
瓜州县	3551	1350	1120	2	184		44	94
肃北蒙古族自治县	715	93	21		71		1	207
阿克塞哈萨克族自治县	355	40	5		35			19
玉门市	3627	1299	826	2	405	1	65	59
敦煌市	4800	1048	930	4	97		17	618
庆阳市	**46104**	**17458**	**14241**	**213**	**2884**	**3**	**117**	**2554**
西峰区	11087	1491	1248	36	183	1	23	541
庆城县	5030	1672	1403	12	247		10	687
环　县	6862	2893	1967	15	904		7	397
华池县	3203	1136	1001	21	98		16	479
合水县	3276	1558	1278	82	195	1	2	223
正宁县	3723	2000	1804	20	173		3	39
宁　县	5598	2541	2124	20	385		12	108
镇原县	7325	4167	3416	7	699	1	44	80
定西市	**69974**	**32623**	**30057**	**108**	**2316**	**5**	**137**	**272**
安定区	11223	4353	3799	22	505		27	37
通渭县	11727	4657	4257	8	384	1	7	67
陇西县	10977	4397	3852	17	503	2	23	41
渭源县	8012	4975	4793	5	164		13	28
临洮县	13143	5978	5410	37	511	2	18	54
漳　县	3660	1896	1805	13	76		2	19
岷　县	11232	6367	6141	6	173		47	26
陇南市	**45013**	**12596**	**11552**	**203**	**761**	**20**	**60**	**816**
武都区	10738	2672	2546	30	72	2	22	47
成　县	5321	1446	1330	6	96	3	11	213
文　县	4284	1134	1046	6	70	8	4	21
宕昌县	4801	2300	2162	16	115	2	5	16
康　县	3116	635	554	17	59		5	23
西和县	5616	1252	1133	20	94	2	3	153
礼　县	5717	1694	1536	28	123		7	26
徽　县	4385	1118	946	67	100	3	2	278
两当县	1035	345	299	13	32		1	39
临夏回族自治州	**44689**	**11725**	**8817**	**65**	**2708**	**15**	**120**	**131**
临夏市	8308	264	148	9	79	2	26	13
临夏县	6530	1239	738	3	486	2	10	26
康乐县	5558	2073	1709	16	342		6	16
永靖县	4454	1220	1111	4	90	10	5	29
广河县	5295	2148	1615	2	525		6	7
和政县	5031	1878	1399	24	445		10	12
东乡族自治县	5094	2148	1553	4	537		54	9
积石山保安族东乡族撒拉族自治县	4419	755	544	3	204	1	3	19
甘南藏族自治州	**12761**	**3168**	**1799**	**119**	**1204**		**46**	**111**
合作市	2058	94	27		55		12	67
临潭县	2814	1017	879	21	112		5	1
卓尼县	1489	352	206	5	138		3	7
舟曲县	2594	548	442	53	49		4	4
迭部县	1225	365	215	35	102		13	3
玛曲县	1006	474		1	473			22
碌曲县	538	151	12		130		9	1
夏河县	1037	167	18	4	145			6

行业大类的就业人口（续3）

单位：人

采矿业							制造业	
煤炭开采和洗选业	石油和天然气开采业	黑色金属矿采选业	有色金属矿采选业	非金属矿采选业	开采专业及辅助性活动	其他采矿业	小计	农副食品加工业
58	**493**	**128**	**169**	**89**	**550**	**14**	**2162**	**141**
3	373	8	2	14	53	8	937	68
15	1	6	10	10	1		186	24
3	2	1	68	11	6	3	241	6
32		103	60	11		1	117	3
				19			35	
5	12	6	20	10	6		431	23
	105	4	9	14	484	2	215	17
271	**1191**	**2**	**2**	**24**	**1057**	**7**	**2037**	**244**
11	153	2		6	367	2	697	51
4	297				385	1	197	10
153	168		1	9	65	1	226	42
5	292			1	180	1	84	8
4	205				14		103	10
24	10			1	4		120	7
63	28			2	15		286	27
7	38		1	5	27	2	324	89
64	**55**	**11**	**14**	**84**	**34**	**10**	**4341**	**298**
7	7	2	1	12	8		494	56
27	14	2	3	12	8	1	727	40
4	12		5	17	2	1	1163	68
4	5	1	2	8	4	4	307	11
12	10	3	3	20	4	2	766	67
2	5			10	2		164	17
8	2	3		5	6	2	720	39
57	**5**	**25**	**595**	**89**	**13**	**32**	**2653**	**230**
8	2	2	5	16	3	11	407	34
13		1	183	10	4	2	448	30
	1	1	7	10		2	201	20
3		1	2	8		2	158	20
4			10	2	2	5	167	24
14	1	7	115	14	2		390	37
10		1	2	5	1	7	327	29
3	1	6	245	21	1	1	505	33
2		6	26	3		2	50	3
30	**4**	**5**	**9**	**68**	**9**	**6**	**3495**	**330**
2	1		2	3	2	3	473	78
3		1	1	19	2		573	74
7			2	7			429	35
2	1	1		24	1		313	20
2			1	2	1	1	376	25
6	2		2	1	1		539	44
3				4		2	263	38
5		3	1	8	2		529	16
2			**87**	**18**	**1**	**3**	**441**	**49**
			63	2	1	1	73	10
				1			134	12
			1	5		1	30	2
1				2		1	52	7
				3			21	4
1			21				21	5
				1			19	3
			2	4			91	6

4–4 各地区分性别、

地区 性别	合计	农、林、牧、渔业						
		小计	农业	林业	畜牧业	渔业	农、林、牧、渔专业及辅助性活动	小计
女	**385420**	**149702**	**134821**	**524**	**12366**	**29**	**1962**	**2338**
兰州市	**67684**	**6658**	**6122**	**60**	**364**	**3**	**109**	**178**
城关区	26015	140	106	5	8	3	18	15
七里河区	10746	410	379	12	16		3	12
西固区	6210	202	190	3	8		1	4
安宁区	5858	39	34	1	2		2	10
红古区	2175	622	603	10	6		3	126
永登县	4069	1354	1133	14	181		26	9
皋兰县	2007	691	650	3	32		6	1
榆中县	6864	3046	2931	6	76		33	
兰州新区	3740	154	96	6	35		17	1
嘉峪关市	**5117**	**212**	**176**	**1**	**30**	**1**	**4**	**26**
市辖区	5117	212	176	1	30	1	4	26
金昌市	**7061**	**1268**	**1093**	**5**	**136**	**3**	**31**	**124**
金川区	4389	385	341	3	25		16	118
永昌县	2672	883	752	2	111	3	15	6
白银市	**23201**	**11212**	**10469**	**11**	**704**	**2**	**26**	**248**
白银区	5132	677	626	1	45	1	4	37
平川区	2214	500	427	1	69		3	191
靖远县	5499	3502	3348	4	147		3	9
会宁县	7847	5539	5232	5	294		8	3
景泰县	2509	994	836		149	1	8	8
天水市	**37002**	**14424**	**13889**	**60**	**384**	**4**	**87**	**37**
秦州区	7694	1471	1401	11	38	1	20	10
麦积区	5970	1277	1207	19	41		10	20
清水县	3292	1616	1545	9	62			
秦安县	7102	4143	4085	1	49	1	7	3
甘谷县	5861	2817	2762	9	43		3	
武山县	4838	2314	2194	8	65	2	45	2
张家川回族自治县	2245	786	695	3	86		2	2
武威市	**26967**	**13779**	**11588**	**41**	**2092**		**58**	**63**
凉州区	17536	8521	7292	23	1176		30	23
民勤县	4158	2951	2662	11	263		15	14
古浪县	3191	1629	1240	3	378		8	3
天祝藏族自治县	2082	678	394	4	275		5	23
张掖市	**21931**	**9535**	**7067**	**41**	**1251**		**1176**	**58**
甘州区	9938	3918	3374	16	501		27	5
肃南裕固族自治县	693	360	113	1	243		3	6
民乐县	3125	1253	830	12	177		234	4
临泽县	2676	1791	796	6	108		881	9
高台县	2930	1598	1471	2	106		19	10
山丹县	2569	615	483	4	116		12	24
平凉市	**29272**	**13677**	**12885**	**23**	**711**	**2**	**56**	**426**
崆峒区	6531	1115	997	3	111		4	22
泾川县	3384	1721	1529	5	177	1	9	8
灵台县	2095	901	824	6	40		31	7
崇信县	1340	387	343		44			146
庄浪县	6988	4669	4529	2	130		8	4
静宁县	6575	4460	4315	6	135	1	3	5
华亭市	2359	424	348	1	74		1	234

行业大类的就业人口（续4）

单位：人

采矿业							制造业	
煤炭开采和洗选业	石油和天然气开采业	黑色金属矿采选业	有色金属矿采选业	非金属矿采选业	开采专业及辅助性活动	其他采矿业	小计	农副食品加工业
906	479	69	312	89	462	21	19794	1749
144	4	3	2	11	9	5	5182	227
5	1	1		2	3	3	1363	72
8			1	2	1		728	62
1			1	1	1		1115	20
4	1			1	3	1	472	5
123	1	1		1			152	3
3	1	1		2	1	1	355	21
				1			161	12
							379	25
				1			457	7
2	1	13	1	4	5		610	11
2	1	13	1	4	5		610	11
1	1	5	109	7	1		736	42
1		2	109	6			515	10
	1	3		1	1		221	32
199	2	6	32	6	3		1069	87
3		6	26	2			600	28
184	1		2	3	1		88	12
6			3				135	6
2					1		138	25
4	1		1	1	1		108	16
8	3	1	17	3	2	3	2183	145
1	1	1	5		1	1	853	25
7			9	1	1	2	448	30
							112	7
			1	2			235	13
							246	8
	1		1				209	39
	1		1				80	23
44	6	2		4	5	2	955	163
9	6	1		2	3	2	695	112
12				2			73	13
2		1					100	27
21					2		87	11
28	4	9	6	8	3		777	180
3				1	1		377	70
			6				13	5
1	1				2		169	60
		8		1			46	14
5				5			62	21
19	3	1		1			110	10
410	8		3	4		1	994	103
20	2						304	26
1	5		1	1			104	12
6						1	78	6
146							41	3
2			1	1			172	20
3	1		1				187	31
232				2			108	5

4-4 各地区分性别、

地区 性别	合计	农、林、牧、渔业						
		小计	农业	林业	畜牧业	渔业	农、林、牧、渔专业及辅助性活动	小计
酒泉市	**19615**	**6961**	**6100**	**14**	**723**	**2**	**122**	**414**
肃州区	8784	2710	2583	9	99	2	17	139
金塔县	2162	1232	1050	2	139		41	8
瓜州县	2384	1106	958	1	121		26	10
肃北蒙古族自治县	312	66	14		52			29
阿克塞哈萨克族自治县	217	12	5		7			1
玉门市	2324	1009	715	1	258		35	8
敦煌市	3432	826	775	1	47		3	219
庆阳市	**30707**	**15276**	**13390**	**65**	**1773**	**1**	**47**	**563**
西峰区	7132	1246	1142	12	82	1	9	155
庆城县	2792	1357	1219	1	135		2	156
环　县	4218	2274	1585	3	680		6	71
华池县	1930	947	882	8	52		5	114
合水县	2056	1213	1095	13	100		5	39
正宁县	2925	1973	1870	15	87		1	1
宁　县	3929	2360	2152	10	194		4	16
镇原县	5725	3906	3445	3	443		15	11
定西市	**52157**	**30760**	**29345**	**63**	**1226**	**1**	**125**	**41**
安定区	7591	3576	3228	10	317		21	6
通渭县	7939	4437	4221	3	211		2	13
陇西县	7930	4066	3795	10	250		11	3
渭源县	6379	4595	4475	4	90		26	2
临洮县	10381	6124	5795	29	286		14	7
漳　县	2654	1627	1609	2	15		1	7
岷　县	9283	6335	6222	5	57	1	50	3
陇南市	**25867**	**9438**	**9050**	**71**	**282**	**6**	**29**	**127**
武都区	6455	2109	2055	12	32	1	9	5
成　县	3046	1103	1065	3	28		7	47
文　县	2483	997	961	1	31	3	1	2
宕昌县	3407	1891	1836	10	42		3	
康　县	1634	491	435	13	42		1	1
西和县	2903	839	805	5	27		2	24
礼　县	3034	1119	1079	5	31		4	1
徽　县	2331	700	636	22	39	2	1	47
两当县	574	189	178		10		1	
临夏回族自治州	**29830**	**13422**	**11653**	**40**	**1663**	**4**	**62**	**15**
临夏市	4932	233	190	4	27	1	11	2
临夏县	3745	1441	1143		292		6	1
康乐县	4466	2642	2435	2	204		1	4
永靖县	2927	1042	1000		39	2	1	4
广河县	3753	2551	2221	2	326		2	3
和政县	4349	2551	2188	30	332		1	
东乡族自治县	3125	2126	1739	2	349		36	
积石山保安族东乡族撒拉族自治县	2533	836	737		94	1	4	1
甘南藏族自治州	**9009**	**3080**	**1994**	**29**	**1027**		**30**	**18**
合作市	1507	100	35	1	56		8	6
临潭县	1947	1013	958	7	46		2	
卓尼县	1069	338	232	2	98		6	
舟曲县	1679	514	472	7	34		1	
迭部县	897	375	253	9	107		6	
玛曲县	795	447		1	446			11
碌曲县	414	144	25		115		4	
夏河县	701	149	19	2	125		3	1

行业大类的就业人口（续5）

单位：人

采矿业							制造业	
煤炭开采和洗选业	石油和天然气开采业	黑色金属矿采选业	有色金属矿采选业	非金属矿采选业	开采专业及辅助性活动	其他采矿业	小计	农副食品加工业
13	**162**	**27**	**14**	**10**	**186**	**2**	**813**	**86**
2	119	1		4	12	1	398	42
		4		4			75	15
3		1	6				79	9
8		17	3	1			14	1
				1			6	
	1	2	3		2		135	9
	42	2	2		172	1	106	10
36	**277**	**1**		**3**	**243**	**3**	**847**	**179**
5	39	1		1	108	1	237	28
1	65				90		56	7
24	36			2	9		114	32
2	82				30		23	3
	35				3	1	49	6
1							40	5
3	9				3	1	132	15
	11						196	83
13	**9**	**1**	**3**	**13**	**2**		**2373**	**205**
1	1		1	2	1		226	31
7	5				1		301	28
	2			1			622	48
1				1			192	9
3	1		1	2			359	59
1				6			84	7
		1	1	1			589	23
3	**1**	**1**	**109**	**8**	**2**	**3**	**1338**	**133**
				2	1	2	247	10
			46		1		175	23
				2			113	16
							90	16
1							87	11
1		1	20	2			257	18
				1			159	19
1	1		43	1		1	184	16
							26	4
4			**1**	**7**	**1**	**2**	**1687**	**162**
						2	202	30
				1			275	33
1			1	2			203	17
				3	1		121	23
3							161	14
							346	14
							140	20
				1			239	11
1	**1**		**15**	**1**			**230**	**26**
			5	1			42	3
							66	7
							19	3
							37	4
							8	
1			10				16	3
							8	1
	1						34	5

4-4 各地区分性别、

地区 性别	制造业							
	食品制造业	酒、饮料和精制茶制造业	烟草制品业	纺织业	纺织服装、服饰业	皮革、毛皮、羽毛及其制品和制鞋业	木材加工和木、竹、藤、棕、草制品业	家具制造业
合计	**3706**	**1437**	**216**	**1207**	**1300**	**420**	**1073**	**962**
兰州市	**825**	**369**	**125**	**303**	**180**	**50**	**218**	**410**
城关区	299	78	33	74	111	41	72	266
七里河区	176	126	74	20	18	4	15	20
西固区	61	19	8	115	8		12	5
安宁区	43	66	6	24	7	1	8	7
红古区	54	6		9	9		1	1
永登县	57	3	1	11	9	1	26	9
皋兰县	23	4		2			7	5
榆中县	74	9	3	15	7	2	60	86
兰州新区	38	58		33	11	1	17	11
嘉峪关市	**85**	**32**		**7**	**11**		**4**	**6**
市辖区	85	32		7	11		4	6
金昌市	**65**	**23**	**1**	**23**	**43**		**27**	**7**
金川区	45	16	1	20	26		12	2
永昌县	20	7		3	17		15	5
白银市	**168**	**24**		**67**	**29**	**12**	**45**	**15**
白银区	56	7		21	5	1	6	5
平川区	18	3		4	3	1	15	2
靖远县	39	5		17	6	5	9	6
会宁县	34	8		10	7	4	7	1
景泰县	21	1		15	8	1	8	1
天水市	**404**	**94**	**71**	**148**	**240**	**48**	**91**	**84**
秦州区	78	43	1	22	39	7	13	18
麦积区	110	21	66	29	29		20	24
清水县	32	18		2	14	3	4	2
秦安县	52	2	3	40	58	6	9	13
甘谷县	38	6	1	27	65	23	13	14
武山县	46	3		16	22	6	29	9
张家川回族自治县	48	1		12	13	3	3	4
武威市	**378**	**193**		**56**	**55**	**7**	**79**	**48**
凉州区	315	184		40	24	5	66	41
民勤县	22	3		3	5	2	3	4
古浪县	29			6	20		9	2
天祝藏族自治县	12	6		7	6		1	1
张掖市	**184**	**116**	**1**	**66**	**47**	**5**	**114**	**32**
甘州区	120	39	1	28	17	3	73	23
肃南裕固族自治县	7	1			1			
民乐县	29	46		17	10		13	3
临泽县	8	12		6	5	1	8	2
高台县	14	6		3	1		10	1
山丹县	6	12		12	13	1	10	3
平凉市	**300**	**39**	**2**	**108**	**73**	**30**	**45**	**26**
崆峒区	127	14		14	15	14	11	14
泾川县	26	3		53	5	5	7	2
灵台县	16	1	2	8	5	1	2	5
崇信县	11	1		5	6		3	
庄浪县	55	10		17	29	2	10	3
静宁县	60	9		7	11	8	11	2
华亭市	5	1		4	2		1	

行业大类的就业人口（续6）

单位：人

制造业								
造纸和纸制品业	印刷和记录媒介复制业	文教、工美、体育和娱乐用品制造业	石油、煤炭及其他燃料加工业	化学原料和化学制品制造业	医药制造业	化学纤维制造业	橡胶和塑料制品业	非金属矿物制品业
501	**901**	**672**	**3843**	**3121**	**3285**	**70**	**1414**	**6587**
118	**403**	**99**	**2428**	**739**	**883**	**25**	**446**	**1802**
28	212	56	38	189	327	2	88	253
17	97	12	46	47	76		74	147
19	25	10	2249	133	12	21	71	202
17	20	6	35	46	71	1	27	95
14	6	2	13	15	27		6	292
3	8	1	13	65	10		47	350
2	12	1	3	85	23		8	104
15	22	9	28	44	42		94	234
3	1	2	3	115	295	1	31	125
	6	**11**	**614**	**153**	**6**	**1**	**15**	**259**
	6	11	614	153	6	1	15	259
4	**27**	**6**	**71**	**360**	**9**	**6**	**122**	**273**
1	19	4	3	185	5	3	75	108
3	8	2	68	175	4	3	47	165
18	**36**	**25**	**21**	**657**	**68**	**5**	**49**	**574**
5	11	4	6	560	21	2	22	140
	4		2	31	5	1	1	129
3	6	2	3	45	21	2	4	159
6	8	15	4	14	15		19	54
4	7	4	6	7	6		3	92
50	**85**	**60**	**27**	**61**	**96**		**115**	**469**
12	43	11	2	15	35		27	88
9	6	18	5	6	31		22	126
3	5	6	3	2	1		2	26
6	8	9	5	13	15		29	41
3	16	4	10	20	6		15	72
17	7	11	2	3	6		15	74
		1		2	2		5	42
39	**50**	**30**	**55**	**134**	**129**	**2**	**91**	**287**
36	37	19	47	41	100	2	57	144
	3	1	1	66	25		10	14
2	3	4	5	18	1		23	44
1	7	6	2	9	3		1	85
19	**29**	**25**	**38**	**174**	**72**	**4**	**67**	**281**
8	16	12	7	68	41	1	34	132
	2	2						2
9	3	4	13	65	14	1	23	21
1	4	6	2	4	3	2	1	11
	2		10	24	12		4	22
1	2	1	6	13	2		5	93
101	**32**	**73**	**149**	**96**	**68**	**2**	**51**	**477**
21	14	5	6	15	33		7	197
1	4	1		6	1		4	47
	3		1	2	17		6	20
1	1	3		4			4	25
2	4	24	4	13	4		3	37
75	6	38	1	51	8	1	18	64
1		2	137	5	5	1	9	87

4-4 各地区分性别、

地区 性别	制造业							
	食品制造业	酒、饮料和精制茶制造业	烟草制品业	纺织业	纺织服装、服饰业	皮革、毛皮、羽毛及其制品和制鞋业	木材加工和木、竹、藤、棕、草制品业	家具制造业
酒泉市	**175**	**37**		**25**	**27**	**11**	**58**	**45**
肃州区	87	21		11	12	2	24	30
金塔县	12	4		4	5		5	
瓜州县	20	2		3		2	12	1
肃北蒙古族自治县	4							
阿克塞哈萨克族自治县								
玉门市	12	6		1	1		6	
敦煌市	40	4		6	9	7	11	14
庆阳市	**175**	**46**	**4**	**86**	**47**	**10**	**50**	**76**
西峰区	48	17	1	20	7	3	20	23
庆城县	13	7		6	5	1	5	2
环　县	21	4	1	10	10		2	2
华池县	3	5		2	2		6	1
合水县	27			6	5		4	15
正宁县	1		2	3	3	3	2	4
宁　县	40	7		7	6	2	7	25
镇原县	22	6		32	9	1	4	4
定西市	**346**	**53**	**6**	**112**	**219**	**37**	**137**	**100**
安定区	59	4	2	11	17	5	16	6
通渭县	50	10	1	22	88	4	24	25
陇西县	81	26		21	27	8	35	16
渭源县	26	6		8	11	1	18	15
临洮县	59	2		24	47	11	24	14
漳　县	19	1	2	13	21	2	7	2
岷　县	52	4	1	13	8	6	13	22
陇南市	**183**	**362**	**3**	**72**	**115**	**29**	**100**	**71**
武都区	20	7	1	14	21		16	27
成　县	33	78	1	10	7	2	13	3
文　县	15	9		2	8	6	9	3
宕昌县	8	1		5	10		3	5
康　县	7	5		6	4	9	7	11
西和县	36	5	1	26	30	6	36	13
礼　县	44			6	29	4	7	4
徽　县	19	255		3	4	2	8	5
两当县	1	2			2		1	
临夏回族自治州	**340**	**40**	**3**	**119**	**178**	**178**	**91**	**31**
临夏市	77	15	2	34	40	24	17	6
临夏县	65	10		7	19	24	41	5
康乐县	10	1		10	10	13	13	3
永靖县	26	3	1	4	15	1	4	2
广河县	43	2		11	11	48	7	1
和政县	32	8		12	15	55	2	6
东乡族自治县	30			10	42	10	2	4
积石山保安族东乡族撒拉族自治县	57	1		31	26	3	5	4
甘南藏族自治州	**78**	**9**		**15**	**36**	**3**	**14**	**11**
合作市	28	1		7	6		4	3
临潭县	15			4	13	1	5	1
卓尼县	1	1			3			
舟曲县	8	7			5		2	2
迭部县				3	2		1	
玛曲县	2				3	2		2
碌曲县	6			1	1		1	3
夏河县	18				3		1	

行业大类的就业人口（续 7）

单位：人

制造业								
造纸和纸制品业	印刷和记录媒介复制业	文教、工美、体育和娱乐用品制造业	石油、煤炭及其他燃料加工业	化学原料和化学制品制造业	医药制造业	化学纤维制造业	橡胶和塑料制品业	非金属矿物制品业
9	**54**	**37**	**301**	**219**	**125**		**68**	**315**
7	28	17	195	21	63		47	75
1	2		31	43	9		2	63
	2	8	6	21	5		7	32
	1							2
	1			12				26
1	10	2	64	112	45		5	58
	10	10	5	10	3		7	59
28	**45**	**41**	**80**	**128**	**44**	**2**	**41**	**496**
12	20	23	61	73	23		11	162
6	6	2	3	14	1	1	2	41
6	5	6	8	6	2		2	72
	3	1	1	1			3	21
	3	1	1	3			6	23
		1		1	4		4	17
2	8	4	5	18	11	1	8	74
2		3	1	12	3		5	86
70	**56**	**78**	**31**	**144**	**1557**	**20**	**175**	**533**
5	13	3	3	23	47	4	36	101
9	8	17	13	39	18	13	31	82
14	14	15	5	29	629		26	83
5	4	3	4	11	177	3	9	26
30	9	23	1	31	30		52	153
2	2	1		5	7		6	49
5	6	16	5	6	649		15	39
25	**33**	**55**	**13**	**60**	**188**	**2**	**63**	**404**
5	11	10	2	11	37		7	96
	3	3	1	9	2	1	12	92
	3	5	1	4	19		7	34
	1	11	1		30		6	5
	6	2	1	4	5		8	19
11	3	10	5	17	12		16	31
1	2	8		2	76		3	67
8	4	6	2	12	3	1	4	43
				1	4			17
20	**25**	**110**	**13**	**191**	**34**	**1**	**102**	**293**
7	8	36	5	16	6		8	48
4	2	28	2	8	6		17	67
2	2	4		8	8	1	6	29
2	2	3	2	139	5		3	27
	3	5		6	1		11	15
3	4	14	1	2	2		36	37
2		1		1	2		5	24
	4	19	3	11	4		16	46
	20	**22**	**2**	**5**	**6**		**9**	**124**
	3	1	1		2		1	4
	5	10		2	2		7	38
	4	3	1					5
	5	1		2	2			9
		1						
	2	3						
	1							1
		3		1			1	67

4-4 各地区分性别、

地区 性别	制造业							
	食品制造业	酒、饮料和精制茶制造业	烟草制品业	纺织业	纺织服装、服饰业	皮革、毛皮、羽毛及其制品和制鞋业	木材加工和木、竹、藤、棕、草制品业	家具制造业
男	**1775**	**947**	**141**	**543**	**366**	**198**	**813**	**658**
兰州市	**411**	**251**	**78**	**132**	**68**	**29**	**158**	**278**
城关区	143	46	15	36	47	23	43	181
七里河区	90	81	48	7	6	3	10	13
西固区	33	15	8	58	3		10	4
安宁区	17	51	3	12	3		6	4
红古区	31	5		4	4		1	1
永登县	23	2	1	1	1	1	23	8
皋兰县	9	1					4	2
榆中县	38	7	3	6		2	52	57
兰州新区	27	43		8	4		9	8
嘉峪关市	**40**	**23**		**4**	**3**		**3**	**4**
市辖区	40	23		4	3		3	4
金昌市	**32**	**13**	**1**	**12**	**7**		**18**	**3**
金川区	23	10	1	10	6		7	1
永昌县	9	3		2	1		11	2
白银市	**75**	**14**		**33**	**3**	**6**	**36**	**9**
白银区	22	4		14	2	1	5	1
平川区	10	3		2			13	2
靖远县	19	3		9		2	5	4
会宁县	16	4		2	1	2	7	1
景泰县	8			6		1	6	1
天水市	**189**	**59**	**50**	**64**	**78**	**33**	**73**	**64**
秦州区	30	25	1	11	12	4	12	13
麦积区	54	15	46	12	10		11	19
清水县	14	10			4	2	4	1
秦安县	27		2	16	18	5	8	9
甘谷县	18	6	1	12	19	15	10	12
武山县	24	2		6	11	4	25	6
张家川回族自治县	22	1		7	4	3	3	4
武威市	**203**	**120**		**30**	**12**	**2**	**48**	**31**
凉州区	170	114		22	5	1	38	25
民勤县	13	1		1		1	3	3
古浪县	17			4	6		6	2
天祝藏族自治县	3	5		3	1		1	1
张掖市	**87**	**76**	**1**	**29**	**9**	**1**	**77**	**25**
甘州区	59	25	1	11	2	1	48	18
肃南裕固族自治县	4	1						
民乐县	11	30		9	4		9	2
临泽县	3	9		4	1		6	2
高台县	8	4		1			6	1
山丹县	2	7		4	2		8	2
平凉市	**139**	**28**	**2**	**43**	**13**	**16**	**38**	**19**
崆峒区	66	11		5	4	10	9	9
泾川县	12	3		21	2	2	5	2
灵台县	7		2	4	1	1	2	3
崇信县	4	1		2			3	
庄浪县	20	5		7	4		7	3
静宁县	27	7		3	1	3	11	2
华亭市	3	1		1	1		1	

行业大类的就业人口（续8）

单位：人

制造业								
造纸和纸制品业	印刷和记录媒介复制业	文教、工美、体育和娱乐用品制造业	石油、煤炭及其他燃料加工业	化学原料和化学制品制造业	医药制造业	化学纤维制造业	橡胶和塑料制品业	非金属矿物制品业
304	**517**	**388**	**2848**	**2280**	**1785**	**51**	**954**	**5234**
62	**248**	**57**	**1744**	**510**	**521**	**16**	**301**	**1410**
19	128	32	27	113	196	1	66	182
7	68	6	38	33	48		43	109
5	12	6	1609	86	6	14	53	159
12	13	2	28	32	35		19	71
8	3	1	7	9	14		5	243
	5	1	11	45	8		29	282
1	8	1	2	67	17		5	87
7	11	8	21	33	27		59	186
3			1	92	170	1	22	91
	2	**3**	**475**	**104**	**2**		**13**	**221**
	2	3	475	104	2		13	221
3	**12**	**3**	**60**	**276**	**4**	**6**	**81**	**197**
1	8	2	3	140	2	3	50	73
2	4	1	57	136	2	3	31	124
13	**15**	**11**	**17**	**498**	**41**	**4**	**38**	**461**
5	5	3	5	428	14	1	18	115
	1		1	22	4	1		103
2	2	2	3	35	13	2	4	127
3	5	5	4	6	7		15	44
3	2	1	4	7	3		1	72
32	**56**	**36**	**24**	**47**	**56**		**77**	**379**
7	28	5	2	9	22		16	67
6	5	12	5	5	17		15	103
1	1	4	3	1	1		1	23
5	5	5	4	10	10		21	26
2	13	2	8	20	3		10	59
11	4	7	2		2		10	62
		1		2	1		4	39
24	**24**	**18**	**46**	**104**	**80**	**2**	**59**	**226**
22	17	13	42	32	61	2	35	113
	2		1	52	18		8	12
1	2	1	3	15	1		16	35
1	3	4		5				66
14	**14**	**15**	**32**	**138**	**38**	**3**	**40**	**195**
4	7	6	6	53	21	1	22	93
	1	1						1
9	1	3	11	55	7	1	14	18
1	3	4	1	4	1	1	1	9
	1		9	17	8		2	20
	1	1	5	9	1		1	54
78	**18**	**28**	**112**	**73**	**33**	**1**	**37**	**386**
14	8	3	3	9	20		7	162
1	3			6	1		2	38
	1		1	2	4		4	14
1	1	1		3			3	21
1	2	10	4	11	3		3	31
60	3	14		39	4		11	51
1			104	3	1	1	7	69

4-4 各地区分性别、

地区 性别	制造业							
	食品制造业	酒、饮料和精制茶制造业	烟草制品业	纺织业	纺织服装、服饰业	皮革、毛皮、羽毛及其制品和制鞋业	木材加工和木、竹、藤、棕、草制品业	家具制造业
酒泉市	**69**	**24**		**9**	**4**	**5**	**47**	**29**
肃州区	32	13		4	2	1	18	19
金塔县	6	2		2	2		4	
瓜州县	7	2		1		1	11	1
肃北蒙古族自治县	1							
阿克塞哈萨克族自治县								
玉门市	5	4					5	
敦煌市	18	3		2		3	9	9
庆阳市	**80**	**26**	**2**	**27**	**12**	**4**	**41**	**51**
西峰区	24	11		7	1	1	16	16
庆城县	7	3		3	2		5	2
环　县	7	1		2			1	1
华池县	1	4		1			4	1
合水县	12			2	2		4	12
正宁县	1		2	2	1	2	2	2
宁　县	21	3		2	2	1	6	15
镇原县	7	4		8	4		3	2
定西市	**147**	**33**	**3**	**53**	**70**	**18**	**112**	**65**
安定区	25	1		4	3	1	14	3
通渭县	27	4	1	13	40	3	21	16
陇西县	34	20		7	3	7	28	10
渭源县	9	4		6	2		11	10
临洮县	24	1		13	14	3	20	11
漳　县	9	1	2	5	4	1	7	2
岷　县	19	2		5	4	3	11	13
陇南市	**92**	**251**	**2**	**35**	**31**	**14**	**74**	**48**
武都区	8	4	1	6	5		10	18
成　县	20	49		7	1		12	3
文　县	5	7			2	4	7	3
宕昌县	4	1		2	5		3	3
康　县	5	3		4	1	4	7	7
西和县	18	3	1	12	6	2	21	8
礼　县	21			1	10	3	5	4
徽　县	11	182		3	1	1	8	2
两当县		2					1	
临夏回族自治州	**173**	**23**	**2**	**65**	**45**	**69**	**75**	**23**
临夏市	38	11	2	24	16	18	14	5
临夏县	31	4		2	4	3	37	4
康乐县	4	1		4	3	4	8	3
永靖县	9	3		3	4		3	2
广河县	19	1		7	4	28	5	1
和政县	20	3		5	4	11	2	3
东乡族自治县	18			1	2	4	2	4
积石山保安族东乡族撒拉族自治县	34			19	8	1	4	1
甘南藏族自治州	**38**	**6**		**7**	**11**	**1**	**13**	**9**
合作市	14			2	2		3	3
临潭县	7			2	4		5	1
卓尼县		1						
舟曲县	2	5			2		2	2
迭部县				2	1		1	
玛曲县	1				1	1		1
碌曲县	3			1			1	2
夏河县	11				1		1	

行业大类的就业人口（续 9）

单位：人

制造业								
造纸和纸制品业	印刷和记录媒介复制业	文教、工美、体育和娱乐用品制造业	石油、煤炭及其他燃料加工业	化学原料和化学制品制造业	医药制造业	化学纤维制造业	橡胶和塑料制品业	非金属矿物制品业
3	**24**	**21**	**223**	**171**	**77**		**50**	**237**
2	13	10	143	16	26		38	53
			20	34	6		1	47
	1	4	5	17	4		4	27
	1							2
				11				22
1	4	2	52	87	40		3	36
	5	5	3	6	1		4	50
16	**24**	**19**	**67**	**85**	**21**	**2**	**31**	**427**
7	11	9	49	53	10		9	140
4	3	2	3	8	1	1	2	37
4	3	3	7	3	1			59
	1	1	1				3	19
	2		1	2			3	23
		1		1	1		3	15
	4	2	5	10	7	1	7	61
1		1	1	8	1		4	73
38	**26**	**49**	**25**	**100**	**790**	**14**	**123**	**431**
2	4	2	2	15	22	4	28	82
6	7	14	11	30	9	9	21	65
7	5	8	4	20	332		17	62
2	2	2	3	9	90	1	7	23
17	3	12		21	16		36	126
1	1			3	4		4	45
3	4	11	5	2	317		10	28
11	**24**	**33**	**10**	**36**	**102**	**2**	**38**	**336**
4	7	7	2	4	15		1	72
	3	2	1	4		1	9	83
	2	5		3	11		3	29
	1	6	1		17		4	3
	4	2	1	4	2		6	16
5	3	3	4	11	6		11	27
	1	3		2	47		1	59
2	3	5	1	7	2	1	3	37
				1	2			10
10	**18**	**83**	**11**	**136**	**18**	**1**	**60**	**230**
4	6	30	4	10	2		6	41
2	1	22	2	4	4		9	51
1	1	3		5	5	1	4	21
1	1	2	2	106	4		2	20
	3	3		3	1		7	14
2	3	8	1	1	1		22	25
		1		1				21
	3	14	2	6	1		10	37
	12	**12**	**2**	**2**	**2**		**6**	**98**
	2	1	1					4
	4	4		1	1		6	31
	2	3	1					4
	3	1			1			5
	1	1						
								1
		2		1				53

4–4 各地区分性别、

地区 性别	制造业							
	食品制造业	酒、饮料和精制茶制造业	烟草制品业	纺织业	纺织服装、服饰业	皮革、毛皮、羽毛及其制品和制鞋业	木材加工和木、竹、藤、棕、草制品业	家具制造业
女	**1931**	**490**	**75**	**664**	**934**	**222**	**260**	**304**
兰州市	**414**	**118**	**47**	**171**	**112**	**21**	**60**	**132**
城关区	156	32	18	38	64	18	29	85
七里河区	86	45	26	13	12	1	5	7
西固区	28	4		57	5		2	1
安宁区	26	15	3	12	4	1	2	3
红古区	23	1		5	5			
永登县	34	1		10	8		3	1
皋兰县	14	3		2			3	3
榆中县	36	2		9	7		8	29
兰州新区	11	15		25	7	1	8	3
嘉峪关市	**45**	**9**		**3**	**8**		**1**	**2**
市辖区	45	9		3	8		1	2
金昌市	**33**	**10**		**11**	**36**		**9**	**4**
金川区	22	6		10	20		5	1
永昌县	11	4		1	16		4	3
白银市	**93**	**10**		**34**	**26**	**6**	**9**	**6**
白银区	34	3		7	3		1	4
平川区	8			2	3	1	2	
靖远县	20	2		8	6	3	4	2
会宁县	18	4		8	6	2		
景泰县	13	1		9	8		2	
天水市	**215**	**35**	**21**	**84**	**162**	**15**	**18**	**20**
秦州区	48	18		11	27	3	1	5
麦积区	56	6	20	17	19		9	5
清水县	18	8		2	10	1		1
秦安县	25	2	1	24	40	1	1	4
甘谷县	20			15	46	8	3	2
武山县	22	1		10	11	2	4	3
张家川回族自治县	26			5	9			
武威市	**175**	**73**		**26**	**43**	**5**	**31**	**17**
凉州区	145	70		18	19	4	28	16
民勤县	9	2		2	5	1		1
古浪县	12			2	14		3	
天祝藏族自治县	9	1		4	5			
张掖市	**97**	**40**		**37**	**38**	**4**	**37**	**7**
甘州区	61	14		17	15	2	25	5
肃南裕固族自治县	3				1			
民乐县	18	16		8	6		4	1
临泽县	5	3		2	4	1	2	
高台县	6	2		2	1		4	
山丹县	4	5		8	11	1	2	1
平凉市	**161**	**11**		**65**	**60**	**14**	**7**	**7**
崆峒区	61	3		9	11	4	2	5
泾川县	14			32	3	3	2	
灵台县	9	1		4	4			2
崇信县	7			3	6			
庄浪县	35	5		10	25	2	3	
静宁县	33	2		4	10	5		
华亭市	2			3	1			

行业大类的就业人口（续10）

单位：人

制造业								
造纸和纸制品业	印刷和记录媒介复制业	文教、工美、体育和娱乐用品制造业	石油、煤炭及其他燃料加工业	化学原料和化学制品制造业	医药制造业	化学纤维制造业	橡胶和塑料制品业	非金属矿物制品业
197	**384**	**284**	**995**	**841**	**1500**	**19**	**460**	**1353**
56	**155**	**42**	**684**	**229**	**362**	**9**	**145**	**392**
9	84	24	11	76	131	1	22	71
10	29	6	8	14	28		31	38
14	13	4	640	47	6	7	18	43
5	7	4	7	14	36	1	8	24
6	3	1	6	6	13		1	49
3	3		2	20	2		18	68
1	4		1	18	6		3	17
8	11	1	7	11	15		35	48
	1	2	2	23	125		9	34
	4	**8**	**139**	**49**	**4**	**1**	**2**	**38**
	4	8	139	49	4	1	2	38
1	**15**	**3**	**11**	**84**	**5**		**41**	**76**
	11	2		45	3		25	35
1	4	1	11	39	2		16	41
5	**21**	**14**	**4**	**159**	**27**	**1**	**11**	**113**
	6	1	1	132	7	1	4	25
	3		1	9	1		1	26
1	4			10	8			32
3	3	10		8	8		4	10
1	5	3	2		3		2	20
18	**29**	**24**	**3**	**14**	**40**		**38**	**90**
5	15	6		6	13		11	21
3	1	6		1	14		7	23
2	4	2		1			1	3
1	3	4	1	3	5		8	15
1	3	2	2		3		5	13
6	3	4		3	4		5	12
					1		1	3
15	**26**	**12**	**9**	**30**	**49**		**32**	**61**
14	20	6	5	9	39		22	31
	1	1		14	7		2	2
1	1	3	2	3			7	9
	4	2	2	4	3		1	19
5	**15**	**10**	**6**	**36**	**34**	**1**	**27**	**86**
4	9	6	1	15	20		12	39
	1	1						1
	2	1	2	10	7		9	3
	1	2	1		2	1		2
	1		1	7	4		2	2
1	1		1	4	1		4	39
23	**14**	**45**	**37**	**23**	**35**	**1**	**14**	**91**
7	6	2	3	6	13			35
	1	1					2	9
	2				13		2	6
		2		1			1	4
1	2	14		2	1			6
15	3	24	1	12	4	1	7	13
		2	33	2	4		2	18

4-4 各地区分性别、

地区 性别	制造业							
	食品制造业	酒、饮料和精制茶制造业	烟草制品业	纺织业	纺织服装、服饰业	皮革、毛皮、羽毛及其制品和制鞋业	木材加工和木、竹、藤、棕、草制品业	家具制造业
酒泉市	**106**	**13**		**16**	**23**	**6**	**11**	**16**
肃州区	55	8		7	10	1	6	11
金塔县	6	2		2	3		1	
瓜州县	13			2		1	1	
肃北蒙古族自治县	3							
阿克塞哈萨克族自治县								
玉门市	7	2		1	1		1	
敦煌市	22	1		4	9	4	2	5
庆阳市	**95**	**20**	**2**	**59**	**35**	**6**	**9**	**25**
西峰区	24	6	1	13	6	2	4	7
庆城县	6	4		3	3	1		
环　县	14	3	1	8	10		1	1
华池县	2	1		1	2		2	
合水县	15			4	3			3
正宁县				1	2	1		2
宁　县	19	4		5	4	1	1	10
镇原县	15	2		24	5	1	1	2
定西市	**199**	**20**	**3**	**59**	**149**	**19**	**25**	**35**
安定区	34	3	2	7	14	4	2	3
通渭县	23	6		9	48	1	3	9
陇西县	47	6		14	24	1	7	6
渭源县	17	2		2	9	1	7	5
临洮县	35	1		11	33	8	4	3
漳　县	10			8	17	1		
岷　县	33	2	1	8	4	3	2	9
陇南市	**91**	**111**	**1**	**37**	**84**	**15**	**26**	**23**
武都区	12	3		8	16		6	9
成　县	13	29	1	3	6	2	1	
文　县	10	2		2	6	2	2	
宕昌县	4			3	5			2
康　县	2	2		2	3	5		4
西和县	18	2		14	24	4	15	5
礼　县	23			5	19	1	2	
徽　县	8	73			3	1		3
两当县	1				2			
临夏回族自治州	**167**	**17**	**1**	**54**	**133**	**109**	**16**	**8**
临夏市	39	4		10	24	6	3	1
临夏县	34	6		5	15	21	4	1
康乐县	6			6	7	9	5	
永靖县	17		1	1	11	1	1	
广河县	24	1		4	7	20	2	
和政县	12	5		7	11	44		3
东乡族自治县	12			9	40	6		
积石山保安族东乡族撒拉族自治县	23	1		12	18	2	1	3
甘南藏族自治州	**40**	**3**		**8**	**25**	**2**	**1**	**2**
合作市	14	1		5	4		1	
临潭县	8			2	9	1		
卓尼县	1				3			
舟曲县	6	2			3			
迭部县				1	1			
玛曲县	1				2	1		1
碌曲县	3				1			1
夏河县	7				2			

行业大类的就业人口（续11）

单位：人

制造业								
造纸和纸制品业	印刷和记录媒介复制业	文教、工美、体育和娱乐用品制造业	石油、煤炭及其他燃料加工业	化学原料和化学制品制造业	医药制造业	化学纤维制造业	橡胶和塑料制品业	非金属矿物制品业
6	**30**	**16**	**78**	**48**	**48**		**18**	**78**
5	15	7	52	5	37		9	22
1	2		11	9	3		1	16
	1	4	1	4	1		3	5
	1			1				4
	6		12	25	5		2	22
	5	5	2	4	2		3	9
12	**21**	**22**	**13**	**43**	**23**		**10**	**69**
5	9	14	12	20	13		2	22
2	3			6				4
2	2	3	1	3	1		2	13
	2			1				2
	1	1		1			3	
					3		1	2
2	4	2		8	4		1	13
1		2		4	2		1	13
32	**30**	**29**	**6**	**44**	**767**	**6**	**52**	**102**
3	9	1	1	8	25		8	19
3	1	3	2	9	9	4	10	17
7	9	7	1	9	297		9	21
3	2	1	1	2	87	2	2	3
13	6	11	1	10	14		16	27
1	1	1		2	3		2	4
2	2	5		4	332		5	11
14	**9**	**22**	**3**	**24**	**86**		**25**	**68**
1	4	3		7	22		6	24
		1		5	2		3	9
	1		1	1	8		4	5
		5			13		2	2
	2				3		2	3
6		7	1	6	6		5	4
1	1	5			29		2	8
6	1	1	1	5	1		1	6
					2			7
10	**7**	**27**	**2**	**55**	**16**		**42**	**63**
3	2	6	1	6	4		2	7
2	1	6		4	2		8	16
1	1	1		3	3		2	8
1	1	1		33	1		1	7
		2		3			4	1
1	1	6		1	1		14	12
2					2		5	3
	1	5	1	5	3		6	9
	8	**10**		**3**	**4**		**3**	**26**
	1				2		1	
	1	6		1	1		1	7
	2							1
	2			2	1			4
		1						
	1	2						
	1							
		1					1	14

4-4 各地区分性别、

地区 性别	制造业							
	黑色金属冶炼和压延加工业	有色金属冶炼和压延加工业	金属制品业	通用设备制造业	专用设备制造业	汽车制造业	铁路、船舶、航空航天和其他运输设备制造业	电气机械和器材制造业
合计	**2258**	**4733**	**4850**	**3926**	**1960**	**574**	**699**	**1960**
兰州市	**857**	**945**	**1234**	**1216**	**715**	**197**	**439**	**651**
城关区	111	55	246	253	153	28	74	161
七里河区	19	62	210	288	215	16	77	183
西固区	9	227	130	148	85	15	11	20
安宁区	15	25	75	231	88	7	252	128
红古区	50	101	17	10	22	2		5
永登县	131	350	133	35	21	2	4	9
皋兰县	262	4	23	28	11	2	4	24
榆中县	238	50	188	47	16	11	7	26
兰州新区	22	71	212	176	104	114	10	95
嘉峪关市	**784**	**492**	**203**	**222**	**71**	**6**	**16**	**39**
市辖区	784	492	203	222	71	6	16	39
金昌市	**48**	**1058**	**160**	**43**	**37**		**13**	**107**
金川区	8	1037	100	30	23		1	102
永昌县	40	21	60	13	14		12	5
白银市	**81**	**1087**	**235**	**203**	**101**	**38**	**8**	**110**
白银区	34	1045	51	90	54	20	4	77
平川区	2	6	24	18	23	4		9
靖远县	8	10	52	32	6	8	3	11
会宁县	9	6	66	40	12	5	1	10
景泰县	28	20	42	23	6	1		3
天水市	**92**	**23**	**319**	**627**	**241**	**71**	**71**	**499**
秦州区	7	2	54	241	96	10	9	407
麦积区	34	11	112	260	88	16	48	44
清水县		1	30	20	3	2	2	8
秦安县	7	5	50	39	10	15	3	13
甘谷县	12	3	35	27	23	18	5	17
武山县	25		31	34	15	9	4	8
张家川回族自治县	7	1	7	6	6	1		2
武威市	**46**	**36**	**273**	**204**	**70**	**8**	**25**	**48**
凉州区	19	16	193	147	55	7	23	34
民勤县	1	5	27	3	7		1	5
古浪县	7	7	44	11	2			3
天祝藏族自治县	19	8	9	43	6	1	1	6
张掖市	**35**	**25**	**241**	**38**	**26**	**14**	**10**	**24**
甘州区	9	13	105	21	11	8	4	11
肃南裕固族自治县			4					
民乐县	2	1	26	12	6	2	1	8
临泽县	3	1	17	1	4		1	1
高台县	3	2	57	1	3	3	2	2
山丹县	18	8	32	3	2	1	2	2
平凉市	**34**	**31**	**295**	**148**	**96**	**24**	**17**	**56**
崆峒区	8	3	69	83	26	4	7	10
泾川县		7	37	18	5	2	2	7
灵台县	2	4	34	6	10	3	2	10
崇信县		1	19	8	7	3	2	1
庄浪县	6	2	64	17	10	4	3	12
静宁县	10	10	40	10	7	7	1	10
华亭市	8	4	32	6	31	1		6

行业大类的就业人口（续12）

单位：人

制造业					电力、热力、燃气及水生产和供应业			
计算机、通信和其他电子设备制造业	仪器仪表制造业	其他制造业	废弃资源综合利用业	金属制品、机械和设备修理业	小计	电力、热力生产和供应业	燃气生产和供应业	水的生产和供应业
5508	**458**	**504**	**1038**	**1420**	**12407**	**9603**	**1121**	**1683**
288	**250**	**120**	**370**	**441**	**2678**	**1984**	**320**	**374**
118	64	58	106	82	649	469	99	81
72	22	13	57	146	643	520	59	64
11	19	4	64	58	401	216	65	120
28	134	11	13	68	402	345	40	17
8	1		8	6	120	91	19	10
19	2	5	22	20	104	89	7	8
2	3	2	32	3	64	39	4	21
9	3	13	41	33	112	79	12	21
21	2	14	27	25	183	136	15	32
15	**2**	**24**	**48**	**226**	**646**	**557**	**35**	**54**
15	2	24	48	226	646	557	35	54
19	**6**	**8**	**30**	**65**	**601**	**532**	**19**	**50**
11	4	4	19	56	369	341	5	23
8	2	4	11	9	232	191	14	27
79	**12**	**17**	**52**	**74**	**959**	**743**	**84**	**132**
13	2	11	41	27	393	289	42	62
10		2	6	12	242	192	14	36
25	2		3	12	99	75	8	16
20	7	3		7	76	56	10	10
11	1	1	2	16	149	131	10	8
1524	**58**	**42**	**36**	**111**	**770**	**590**	**73**	**107**
814	30	8	10	22	248	184	22	42
173	12	13	11	51	158	125	20	13
81	1	4	1	2	60	42	6	12
134	2	3		2	94	72	11	11
189	7	4	7	18	122	98	4	20
117	5	10	5	11	57	47	7	3
16	1		2	5	31	22	3	6
78	**10**	**31**	**88**	**86**	**834**	**672**	**80**	**82**
43	9	11	77	71	537	430	52	55
4		1	3	6	121	108	6	7
25	1		3	4	86	69	7	10
6		19	5	5	90	65	15	10
65	**4**	**4**	**44**	**50**	**769**	**615**	**75**	**79**
26	4	1	30	36	391	306	52	33
					40	39		1
20			11	8	122	107	2	13
4			1	1	47	32	6	9
2		2		1	74	55	9	10
13		1	2	4	95	76	6	13
373	**9**	**16**	**34**	**42**	**869**	**681**	**43**	**145**
174		1	1	17	412	348	17	47
48	1	4	1	4	54	37	3	14
33	2	2	8	7	50	37	2	11
16		2	4	3	100	84	2	14
45	4	4	16	4	57	40	8	9
32		1	2	4	93	58	5	30
25	2	2	2	3	103	77	6	20

4-4 各地区分性别、

地区 性别	制造业							
	黑色金属冶炼和压延加工业	有色金属冶炼和压延加工业	金属制品业	通用设备制造业	专用设备制造业	汽车制造业	铁路、船舶、航空航天和其他运输设备制造业	电气机械和器材制造业
酒泉市	**64**	**204**	**261**	**347**	**63**	**16**	**8**	**41**
肃州区	20	12	150	220	44	10	4	27
金塔县	9	2	16			1		
瓜州县	23	64	18	24	2	1	1	8
肃北蒙古族自治县		118	1					
阿克塞哈萨克族自治县								
玉门市	9	1	50	92	5	4	2	4
敦煌市	3	7	26	11	12		1	2
庆阳市	**29**	**12**	**366**	**104**	**89**	**43**	**14**	**48**
西峰区	13	4	135	28	36	12	1	9
庆城县	2		31	19	11	3	2	9
环　县		3	66	5	10	6		2
华池县	3		14	7	2			6
合水县	3		7	10	5	1		3
正宁县	4	1	19	10	3	11	2	7
宁　县	1	1	43	9	12	4	1	8
镇原县	3	3	51	16	10	6	8	4
定西市	**76**	**429**	**467**	**298**	**168**	**68**	**44**	**121**
安定区	6	4	87	72	24	10	6	4
通渭县	14	23	95	55	29	13	6	14
陇西县	13	286	90	61	41	19	11	27
渭源县	9	7	32	15	13	7	4	11
临洮县	26	65	109	61	17	9	8	35
漳　县		3	14	7	3	2	2	4
岷　县	8	41	40	27	41	8	7	26
陇南市	**41**	**329**	**184**	**165**	**147**	**47**	**22**	**82**
武都区	3	3	30	30	20	3	3	10
成　县	2	112	30	11	14	16		8
文　县	11	52	19	19	4	3	4	8
宕昌县			7	18	6	1		4
康　县	1	2	11	24	6	9		5
西和县	5	11	24	39	38	7	8	23
礼　县	13	2	24	16	34	3	4	8
徽　县	6	129	34	5	24	3	3	14
两当县		18	5	3	1	2		2
临夏回族自治州	**67**	**52**	**534**	**284**	**117**	**41**	**12**	**125**
临夏市	2	2	68	20	15	5		6
临夏县	12	15	70	28	10	5	2	24
康乐县	7	7	191	31	1	7		4
永靖县	18	6	42	16	13	1	3	9
广河县	8	5	39	26	6	3		9
和政县	5	2	49	57	12	10	7	48
东乡族自治县	12	10	22	18	35	1		4
积石山保安族东乡族撒拉族自治县	3	5	53	88	25	9		21
甘南藏族自治州	**4**	**10**	**78**	**27**	**19**	**1**		**9**
合作市			13	10	2			1
临潭县	2		33	6	2			3
卓尼县		1	11	3				2
舟曲县			5	4	4			1
迭部县			6	1	7			1
玛曲县	2	5	6		2			
碌曲县		4	1		2			
夏河县			3	3		1		1

行业大类的就业人口（续13）

单位：人

制造业					电力、热力、燃气及水生产和供应业			
计算机、通信和其他电子设备制造业	仪器仪表制造业	其他制造业	废弃资源综合利用业	金属制品、机械和设备修理业	小计	电力、热力生产和供应业	燃气生产和供应业	水的生产和供应业
61	**5**	**13**	**96**	**63**	**1155**	**1002**	**69**	**84**
12	4	13	47	22	425	366	34	25
4			5	4	69	50	2	17
27	1		4	11	250	241	4	5
			1		23	22	1	
				2	15	11	2	2
18			15	11	169	150	10	9
			24	13	204	162	16	26
227	**15**	**10**	**45**	**60**	**742**	**435**	**95**	**212**
51	1	2	24	15	282	173	40	69
13		4	9	18	62	38	10	14
10	1	1		5	164	69	25	70
4		1	6	4	28	14	4	10
8		1		4	45	28	1	16
40	2		1	3	49	34	4	11
57	5	1	1	8	62	47	5	10
44	6		4	3	50	32	6	12
619	**26**	**70**	**52**	**99**	**799**	**582**	**77**	**140**
24	3	6	12	20	244	188	19	37
208	7	10	9	23	91	69	10	12
47	3	10	13	19	136	85	19	32
35	1	13	2	3	45	33	3	9
96	7	22	11	23	155	115	18	22
38	2	6	2	2	33	23	3	7
171	3	3	3	9	95	69	5	21
705	**13**	**45**	**42**	**28**	**669**	**523**	**75**	**71**
174	4	14	26	5	138	108	13	17
89	1	7	3	7	131	81	37	13
24	1		5	3	152	146	3	3
83		3	3	1	35	30		5
61	2	1	1	2	30	22	5	3
170	2	4	2	1	67	52	6	9
57	3	11	2	8	36	28	3	5
43					59	40	6	13
4		5		1	21	16	2	3
1386	**43**	**98**	**96**	**66**	**593**	**425**	**62**	**106**
52	5	9	19	15	223	144	25	54
236	10	5	16	3	39	16	5	18
188	1	21		2	44	37	2	5
17		1	3	23	168	145	12	11
178	5	14	38	3	16	13		3
359	3	36	2	8	54	43	5	6
95	1	2	10	2	16	9	2	5
261	18	10	8	10	33	18	11	4
69	**5**	**6**	**5**	**9**	**323**	**262**	**14**	**47**
7	2	2		4	58	49	3	6
27		2	3		36	28	1	7
7			1	1	33	25	3	5
17	2	1	1		64	56	1	7
1	1	1			51	44	1	6
					20	10		10
				2	21	18	2	1
10				2	40	32	3	5

4-4 各地区分性别、

地区 性别	制造业							
	黑色金属冶炼和压延加工业	有色金属冶炼和压延加工业	金属制品业	通用设备制造业	专用设备制造业	汽车制造业	铁路、船舶、航空航天和其他运输设备制造业	电气机械和器材制造业
男	**1946**	**3764**	**4081**	**3046**	**1370**	**438**	**530**	**1384**
兰州市	**710**	**706**	**985**	**933**	**505**	**156**	**338**	**469**
城关区	87	34	183	185	97	19	59	115
七里河区	16	44	177	220	160	12	61	137
西固区	8	164	93	121	56	13	7	16
安宁区	10	16	53	164	61	5	190	86
红古区	34	96	17	8	19	2		5
永登县	108	259	113	29	16	2	4	7
皋兰县	223	4	19	23	8	2	3	16
榆中县	206	31	151	38	9	10	7	20
兰州新区	18	58	179	145	79	91	7	67
嘉峪关市	**713**	**432**	**178**	**174**	**56**	**3**	**12**	**31**
市辖区	713	432	178	174	56	3	12	31
金昌市	**39**	**820**	**133**	**38**	**26**		**10**	**68**
金川区	8	800	81	25	15		1	65
永昌县	31	20	52	13	11		9	3
白银市	**61**	**850**	**206**	**171**	**71**	**32**	**7**	**83**
白银区	24	816	37	70	33	17	4	58
平川区	1	6	22	16	17	3		8
靖远县	8	8	49	29	5	7	2	8
会宁县	8	4	61	34	11	4	1	6
景泰县	20	16	37	22	5	1		3
天水市	**89**	**19**	**274**	**441**	**151**	**49**	**49**	**352**
秦州区	5	2	45	153	52	6	7	287
麦积区	34	9	94	197	59	12	31	33
清水县		1	25	14	2	2	2	2
秦安县	7	4	43	29	5	9	3	7
甘谷县	12	2	34	18	16	14	4	15
武山县	25		26	26	12	6	2	6
张家川回族自治县	6	1	7	4	5			2
武威市	**38**	**32**	**237**	**171**	**54**	**6**	**18**	**37**
凉州区	17	16	167	117	42	6	16	26
民勤县		4	22	3	6		1	3
古浪县	6	6	41	11	1			3
天祝藏族自治县	15	6	7	40	5		1	5
张掖市	**24**	**22**	**202**	**31**	**19**	**11**	**9**	**19**
甘州区	7	10	85	18	8	5	4	7
肃南裕固族自治县			3					
民乐县	2	1	23	8	3	2		7
临泽县	2	1	13	1	4		1	1
高台县	3	2	51	1	3	3	2	2
山丹县	10	8	27	3	1	1	2	2
平凉市	**30**	**24**	**254**	**124**	**59**	**18**	**12**	**41**
崆峒区	5	2	59	65	20	4	4	6
泾川县		6	35	16	3	2	2	6
灵台县	2	2	31	5	6	2	2	6
崇信县		1	14	7	5	3	1	1
庄浪县	6	2	50	17	6	3	2	10
静宁县	10	9	36	8	5	4	1	7
华亭市	7	2	29	6	14			5

行业大类的就业人口（续14）

单位：人

制造业					电力、热力、燃气及水生产和供应业			
计算机、通信和其他电子设备制造业	仪器仪表制造业	其他制造业	废弃资源综合利用业	金属制品、机械和设备修理业	小计	电力、热力生产和供应业	燃气生产和供应业	水的生产和供应业
3521	**325**	**332**	**781**	**1238**	**9097**	**7153**	**770**	**1174**
213	**173**	**86**	**271**	**372**	**1884**	**1375**	**225**	**284**
87	35	39	79	68	423	301	60	62
58	17	11	41	119	462	365	47	50
8	13	4	44	48	286	153	46	87
21	99	7	10	58	265	230	27	8
6			8	5	86	65	13	8
11	2	3	18	20	81	70	6	5
2	3	1	19	3	50	30	3	17
8	2	10	35	28	92	64	11	17
12	2	11	17	23	139	97	12	30
9	**1**	**11**	**40**	**202**	**509**	**438**	**30**	**41**
9	1	11	40	202	509	438	30	41
15	**4**	**6**	**24**	**56**	**403**	**353**	**11**	**39**
9	2	3	17	49	240	221	3	16
6	2	3	7	7	163	132	8	23
50	**9**	**14**	**36**	**64**	**691**	**542**	**50**	**99**
9	1	9	27	21	283	211	23	49
7		1	5	11	180	145	8	27
14	1		2	10	75	59	6	10
12	6	3		7	57	43	6	8
8	1	1	2	15	96	84	7	5
892	**41**	**28**	**33**	**84**	**594**	**475**	**45**	**74**
467	18	5	9	16	177	131	13	33
105	12	10	9	37	126	104	13	9
50	1	1	1	2	48	34	5	9
88	1	2		1	75	62	6	7
105	4	4	7	15	107	92	3	12
68	4	6	5	8	42	37	3	2
9	1		2	5	19	15	2	2
55	**5**	**23**	**61**	**78**	**641**	**520**	**57**	**64**
31	4	7	53	66	418	333	41	44
3		1	2	5	95	84	4	7
16	1		2	4	64	51	5	8
5		15	4	3	64	52	7	5
45	**3**	**3**	**31**	**44**	**580**	**472**	**54**	**54**
19	3	1	20	30	289	228	40	21
					31	30		1
13			8	8	100	88	2	10
3			1	1	38	27	4	7
		1		1	60	48	4	8
10		1	2	4	62	51	4	7
238	**8**	**14**	**30**	**40**	**685**	**550**	**31**	**104**
109		1	1	16	324	277	13	34
33	1	3		4	40	27	3	10
20	2	2	7	7	38	29		9
11		2	4	3	89	76	1	12
24	4	3	14	4	47	35	6	6
25		1	2	4	76	51	3	22
16	1	2	2	2	71	55	5	11

4–4 各地区分性别、

地区 性别	制造业							
	黑色金属冶炼和压延加工业	有色金属冶炼和压延加工业	金属制品业	通用设备制造业	专用设备制造业	汽车制造业	铁路、船舶、航空航天和其他运输设备制造业	电气机械和器材制造业
酒泉市	**52**	**181**	**233**	**291**	**46**	**13**	**5**	**30**
肃州区	18	11	134	184	29	8	2	20
金塔县	9	2	15			1		
瓜州县	16	54	16	22	2	1		7
肃北蒙古族自治县		108	1					
阿克塞哈萨克族自治县								
玉门市	6	1	45	74	5	3	2	2
敦煌市	3	5	22	11	10		1	1
庆阳市	**27**	**11**	**335**	**89**	**62**	**34**	**11**	**32**
西峰区	12	4	124	26	24	9	1	7
庆城县	2		30	15	10	2	1	7
环　县		3	59	4	6	5		1
华池县	3		14	7	1			2
合水县	3		7	9	4			1
正宁县	4	1	15	8	2	10	1	5
宁　县		1	40	7	8	3	1	5
镇原县	3	2	46	13	7	5	7	4
定西市	**64**	**354**	**387**	**244**	**118**	**55**	**35**	**89**
安定区	5	4	72	62	17	8	5	4
通渭县	11	18	83	42	20	10	5	9
陇西县	11	250	76	54	32	15	10	18
渭源县	8	5	26	12	10	6	3	7
临洮县	24	50	87	51	14	8	7	29
漳　县		3	13	6	2	1	1	3
岷　县	5	24	30	17	23	7	4	19
陇南市	**34**	**258**	**156**	**130**	**113**	**33**	**15**	**43**
武都区	3	3	27	26	12	3	2	7
成　县	2	98	25	10	6	12		3
文　县	9	28	16	14	4	2	4	3
宕昌县			6	15	4	1		3
康　县	1	2	8	16	5	4		3
西和县	3	9	22	29	33	5	4	9
礼　县	11	2	20	13	30	2	2	5
徽　县	5	101	29	5	18	3	3	8
两当县		15	3	2	1	1		2
临夏回族自治州	**63**	**47**	**438**	**190**	**78**	**27**	**9**	**84**
临夏市	2	2	56	16	6	5		4
临夏县	12	13	61	21	8	3	2	16
康乐县	3	6	157	17	1	3		2
永靖县	18	6	35	15	11	1	3	7
广河县	8	5	28	14	3	1		7
和政县	5	2	37	31	7	5	4	32
东乡族自治县	12	8	21	15	28	1		4
积石山保安族东乡族撒拉族自治县	3	5	43	61	14	8		12
甘南藏族自治州	**2**	**8**	**63**	**19**	**12**	**1**		**6**
合作市			11	8	1			
临潭县	2		27	5	1			1
卓尼县			9	1				2
舟曲县			4	1	3			1
迭部县			4	1	5			1
玛曲县		4	5		1			
碌曲县		4	1		1			
夏河县			2	3		1		1

行业大类的就业人口（续15）

单位：人

制造业					电力、热力、燃气及水生产和供应业			
计算机、通信和其他电子设备制造业	仪器仪表制造业	其他制造业	废弃资源综合利用业	金属制品、机械和设备修理业	小计	电力、热力生产和供应业	燃气生产和供应业	水的生产和供应业
45	**4**	**11**	**58**	**59**	**889**	**792**	**38**	**59**
11	4	11	27	20	308	276	19	13
3			4	4	53	38		15
19			3	10	216	210	2	4
			1		19	18	1	
				2	8	6	1	1
12			8	11	136	123	7	6
			15	12	149	121	8	20
142	**14**	**9**	**37**	**55**	**525**	**320**	**69**	**136**
38	1	2	19	15	205	127	31	47
10		4	8	15	45	29	7	9
7	1	1		5	105	54	13	38
3		1	5	4	22	11	3	8
3				3	32	20	1	11
29	2		1	2	36	27	4	5
32	5	1	1	8	46	33	4	9
20	5		3	3	34	19	6	9
400	**21**	**46**	**42**	**91**	**590**	**445**	**47**	**98**
17	2	4	9	17	173	138	9	26
148	6	8	8	22	79	59	9	11
26	3	6	12	18	103	70	11	22
21	1	11	2	3	38	29	1	8
63	7	12	9	21	112	87	13	12
23	1	2	1	2	23	17	1	5
102	1	3	1	8	62	45	3	14
403	**11**	**28**	**33**	**27**	**493**	**390**	**59**	**44**
92	3	8	18	5	93	73	7	13
52	1	5	3	6	99	63	29	7
12	1		4	3	112	107	3	2
54		1	3	1	23	19		4
33	2		1	2	27	20	5	2
91	1	3	2	1	54	44	6	4
35	3	8	2	8	27	22	2	3
31					42	28	6	8
3		3		1	16	14	1	1
969	**28**	**51**	**82**	**57**	**394**	**298**	**41**	**55**
39	1	6	15	12	127	94	13	20
160	5	3	12	3	27	13	3	11
127		8		2	29	25	1	3
11		1	3	20	121	106	9	6
138	5	10	34	2	11	9		2
233	3	16	2	7	43	33	5	5
72			8	2	11	5	2	4
189	14	7	8	9	25	13	8	4
45	**3**	**2**	**3**	**9**	**219**	**183**	**13**	**23**
5	1	1		4	39	31	3	5
17		1	2		25	23	1	1
4				1	21	16	3	2
11	1		1		48	44	1	3
1	1				33	29	1	3
					12	7		5
				2	17	15	1	1
7				2	24	18	3	3

4-4 各地区分性别、

地区 性别	制造业							
	黑色金属冶炼和压延加工业	有色金属冶炼和压延加工业	金属制品业	通用设备制造业	专用设备制造业	汽车制造业	铁路、船舶、航空航天和其他运输设备制造业	电气机械和器材制造业
女	**312**	**969**	**769**	**880**	**590**	**136**	**169**	**576**
兰州市	**147**	**239**	**249**	**283**	**210**	**41**	**101**	**182**
城关区	24	21	63	68	56	9	15	46
七里河区	3	18	33	68	55	4	16	46
西固区	1	63	37	27	29	2	4	4
安宁区	5	9	22	67	27	2	62	42
红古区	16	5		2	3			
永登县	23	91	20	6	5			2
皋兰县	39		4	5	3		1	8
榆中县	32	19	37	9	7	1		6
兰州新区	4	13	33	31	25	23	3	28
嘉峪关市	**71**	**60**	**25**	**48**	**15**	**3**	**4**	**8**
市辖区	71	60	25	48	15	3	4	8
金昌市	**9**	**238**	**27**	**5**	**11**		**3**	**39**
金川区		237	19	5	8			37
永昌县	9	1	8		3		3	2
白银市	**20**	**237**	**29**	**32**	**30**	**6**	**1**	**27**
白银区	10	229	14	20	21	3		19
平川区	1		2	2	6	1		1
靖远县		2	3	3	1	1	1	3
会宁县	1	2	5	6	1	1		4
景泰县	8	4	5	1	1			
天水市	**3**	**4**	**45**	**186**	**90**	**22**	**22**	**147**
秦州区	2		9	88	44	4	2	120
麦积区		2	18	63	29	4	17	11
清水县			5	6	1			6
秦安县		1	7	10	5	6		6
甘谷县		1	1	9	7	4	1	2
武山县			5	8	3	3	2	2
张家川回族自治县	1			2	1	1		
武威市	**8**	**4**	**36**	**33**	**16**	**2**	**7**	**11**
凉州区	2		26	30	13	1	7	8
民勤县	1	1	5		1			2
古浪县	1	1	3		1			
天祝藏族自治县	4	2	2	3	1	1		1
张掖市	**11**	**3**	**39**	**7**	**7**	**3**	**1**	**5**
甘州区	2	3	20	3	3	3		4
肃南裕固族自治县			1					
民乐县			3	4	3		1	1
临泽县	1		4					
高台县			6					
山丹县	8		5		1			
平凉市	**4**	**7**	**41**	**24**	**37**	**6**	**5**	**15**
崆峒区	3	1	10	18	6		3	4
泾川县		1	2	2	2			1
灵台县		2	3	1	4	1		4
崇信县			5	1	2		1	
庄浪县			14		4	1	1	2
静宁县		1	4	2	2	3		3
华亭市	1	2	3		17	1		1

行业大类的就业人口（续16）

单位：人

制造业					电力、热力、燃气及水生产和供应业			
计算机、通信和其他电子设备制造业	仪器仪表制造业	其他制造业	废弃资源综合利用业	金属制品、机械和设备修理业	小计	电力、热力生产和供应业	燃气生产和供应业	水的生产和供应业
1987	**133**	**172**	**257**	**182**	**3310**	**2450**	**351**	**509**
75	**77**	**34**	**99**	**69**	**794**	**609**	**95**	**90**
31	29	19	27	14	226	168	39	19
14	5	2	16	27	181	155	12	14
3	6		20	10	115	63	19	33
7	35	4	3	10	137	115	13	9
2	1			1	34	26	6	2
8		2	4		23	19	1	3
		1	13		14	9	1	4
1	1	3	6	5	20	15	1	4
9		3	10	2	44	39	3	2
6	**1**	**13**	**8**	**24**	**137**	**119**	**5**	**13**
6	1	13	8	24	137	119	5	13
4	**2**	**2**	**6**	**9**	**198**	**179**	**8**	**11**
2	2	1	2	7	129	120	2	7
2		1	4	2	69	59	6	4
29	**3**	**3**	**16**	**10**	**268**	**201**	**34**	**33**
4	1	2	14	6	110	78	19	13
3		1	1	1	62	47	6	9
11	1		1	2	24	16	2	6
8	1				19	13	4	2
3				1	53	47	3	3
632	**17**	**14**	**3**	**27**	**176**	**115**	**28**	**33**
347	12	3	1	6	71	53	9	9
68		3	2	14	32	21	7	4
31		3			12	8	1	3
46	1	1		1	19	10	5	4
84	3			3	15	6	1	8
49	1	4		3	15	10	4	1
7					12	7	1	4
23	**5**	**8**	**27**	**8**	**193**	**152**	**23**	**18**
12	5	4	24	5	119	97	11	11
1			1	1	26	24	2	
9			1		22	18	2	2
1		4	1	2	26	13	8	5
20	**1**	**1**	**13**	**6**	**189**	**143**	**21**	**25**
7	1		10	6	102	78	12	12
					9	9		
7			3		22	19		3
1					9	5	2	2
2		1			14	7	5	2
3					33	25	2	6
135	**1**	**2**	**4**	**2**	**184**	**131**	**12**	**41**
65				1	88	71	4	13
15		1	1		14	10		4
13			1		12	8	2	2
5					11	8	1	2
21		1	2		10	5	2	3
7					17	7	2	8
9	1			1	32	22	1	9

4-4 各地区分性别、

地区 性别	制造业							
	黑色金属冶炼和压延加工业	有色金属冶炼和压延加工业	金属制品业	通用设备制造业	专用设备制造业	汽车制造业	铁路、船舶、航空航天和其他运输设备制造业	电气机械和器材制造业
酒泉市	**12**	**23**	**28**	**56**	**17**	**3**	**3**	**11**
肃州区	2	1	16	36	15	2	2	7
金塔县			1					
瓜州县	7	10	2	2			1	1
肃北蒙古族自治县		10						
阿克塞哈萨克族自治县								
玉门市	3		5	18		1		2
敦煌市		2	4		2			1
庆阳市	**2**	**1**	**31**	**15**	**27**	**9**	**3**	**16**
西峰区	1		11	2	12	3		2
庆城县			1	4	1	1	1	2
环　县			7	1	4	1		1
华池县					1			4
合水县				1	1	1		2
正宁县			4	2	1	1	1	2
宁　县	1		3	2	4	1		3
镇原县		1	5	3	3	1	1	
定西市	**12**	**75**	**80**	**54**	**50**	**13**	**9**	**32**
安定区	1		15	10	7	2	1	
通渭县	3	5	12	13	9	3	1	5
陇西县	2	36	14	7	9	4	1	9
渭源县	1	2	6	3	3	1	1	4
临洮县	2	15	22	10	3	1	1	6
漳　县			1	1	1	1	1	1
岷　县	3	17	10	10	18	1	3	7
陇南市	**7**	**71**	**28**	**35**	**34**	**14**	**7**	**39**
武都区			3	4	8		1	3
成　县		14	5	1	8	4		5
文　县	2	24	3	5		1		5
宕昌县			1	3	2			1
康　县			3	8	1	5		2
西和县	2	2	2	10	5	2	4	14
礼　县	2		4	3	4	1	2	3
徽　县	1	28	5		6			6
两当县		3	2	1		1		
临夏回族自治州	**4**	**5**	**96**	**94**	**39**	**14**	**3**	**41**
临夏市			12	4	9			2
临夏县		2	9	7	2	2		8
康乐县	4	1	34	14		4		2
永靖县			7	1	2			2
广河县			11	12	3	2		2
和政县			12	26	5	5	3	16
东乡族自治县		2	1	3	7			
积石山保安族东乡族撒拉族自治县			10	27	11	1		9
甘南藏族自治州	**2**	**2**	**15**	**8**	**7**			**3**
合作市			2	2	1			1
临潭县			6	1	1			2
卓尼县		1	2	2				
舟曲县			1	3	1			
迭部县			2		2			
玛曲县	2	1	1		1			
碌曲县					1			
夏河县			1					

行业大类的就业人口（续 17）

单位：人

制造业					电力、热力、燃气及水生产和供应业			
计算机、通信和其他电子设备制造业	仪器仪表制造业	其他制造业	废弃资源综合利用业	金属制品、机械和设备修理业	小计	电力、热力生产和供应业	燃气生产和供应业	水的生产和供应业
16	**1**	**2**	**38**	**4**	**266**	**210**	**31**	**25**
1		2	20	2	117	90	15	12
1			1		16	12	2	2
8	1		1	1	34	31	2	1
					4	4		
					7	5	1	1
6			7		33	27	3	3
			9	1	55	41	8	6
85	**1**	**1**	**8**	**5**	**217**	**115**	**26**	**76**
13			5		77	46	9	22
3			1	3	17	9	3	5
3					59	15	12	32
1			1		6	3	1	2
5		1		1	13	8		5
11				1	13	7		6
25					16	14	1	1
24	1		1		16	13		3
219	**5**	**24**	**10**	**8**	**209**	**137**	**30**	**42**
7	1	2	3	3	71	50	10	11
60	1	2	1	1	12	10	1	1
21		4	1	1	33	15	8	10
14		2			7	4	2	1
33		10	2	2	43	28	5	10
15	1	4	1		10	6	2	2
69	2		2	1	33	24	2	7
302	**2**	**17**	**9**	**1**	**176**	**133**	**16**	**27**
82	1	6	8		45	35	6	4
37		2		1	32	18	8	6
12			1		40	39		1
29		2			12	11		1
28		1			3	2		1
79	1	1			13	8		5
22		3			9	6	1	2
12					17	12		5
1		2			5	2	1	2
417	**15**	**47**	**14**	**9**	**199**	**127**	**21**	**51**
13	4	3	4	3	96	50	12	34
76	5	2	4		12	3	2	7
61	1	13			15	12	1	2
6				3	47	39	3	5
40		4	4	1	5	4		1
126		20		1	11	10		1
23	1	2	2		5	4		1
72	4	3		1	8	5	3	
24	**2**	**4**	**2**		**104**	**79**	**1**	**24**
2	1	1			19	18		1
10		1	1		11	5		6
3			1		12	9		3
6	1	1			16	12		4
		1			18	15		3
					8	3		5
					4	3	1	
3					16	14		2

4-4 各地区分性别、

地区 性别	建筑业					批发和零售业		
	小计	房屋建筑业	土木工程建筑业	建筑安装业	建筑装饰、装修和其他建筑业	小计	批发业	零售业
合计	**112005**	**68725**	**12986**	**5134**	**25160**	**98034**	**24278**	**73756**
兰州市	**21067**	**9663**	**3448**	**1665**	**6291**	**27495**	**8844**	**18651**
城关区	6647	2192	1008	399	3048	12590	4253	8337
七里河区	3533	1801	668	242	822	5067	1453	3614
西固区	1698	693	204	335	466	2635	843	1792
安宁区	1381	645	280	113	343	2156	727	1429
红古区	419	301	33	8	77	552	101	451
永登县	1625	924	358	96	247	1027	291	736
皋兰县	915	478	225	45	167	447	66	381
榆中县	1737	913	189	162	473	1895	681	1214
兰州新区	3112	1716	483	265	648	1126	429	697
嘉峪关市	**1185**	**402**	**187**	**118**	**478**	**1720**	**491**	**1229**
市辖区	1185	402	187	118	478	1720	491	1229
金昌市	**1774**	**921**	**282**	**137**	**434**	**2172**	**604**	**1568**
金川区	1163	599	178	109	277	1321	298	1023
永昌县	611	322	104	28	157	851	306	545
白银市	**4371**	**2405**	**657**	**243**	**1066**	**4803**	**1017**	**3786**
白银区	1060	484	134	76	366	1617	359	1258
平川区	588	307	120	23	138	590	148	442
靖远县	1107	654	193	50	210	940	196	744
会宁县	1028	627	141	48	212	1040	185	855
景泰县	588	333	69	46	140	616	129	487
天水市	**14475**	**9879**	**1018**	**523**	**3055**	**10014**	**2107**	**7907**
秦州区	3320	2175	224	84	837	2387	407	1980
麦积区	3196	1840	235	173	948	2506	511	1995
清水县	1313	965	83	67	198	533	61	472
秦安县	1600	1135	109	78	278	1690	362	1328
甘谷县	2257	1767	123	56	311	1363	217	1146
武山县	2165	1613	137	46	369	1202	469	733
张家川回族自治县	624	384	107	19	114	333	80	253
武威市	**5763**	**3191**	**705**	**307**	**1560**	**5691**	**1332**	**4359**
凉州区	3629	2182	290	205	952	4278	1022	3256
民勤县	260	99	61	33	67	503	165	338
古浪县	1130	716	184	35	195	504	90	414
天祝藏族自治县	744	194	170	34	346	406	55	351
张掖市	**5970**	**3790**	**837**	**228**	**1115**	**5271**	**1171**	**4100**
甘州区	2024	1176	199	97	552	2981	762	2219
肃南裕固族自治县	49	22	15		12	85	18	67
民乐县	1583	1129	214	32	208	627	70	557
临泽县	272	166	46	13	47	370	99	271
高台县	576	433	43	11	89	579	138	441
山丹县	1466	864	320	75	207	629	84	545
平凉市	**7907**	**5295**	**803**	**318**	**1491**	**6253**	**1165**	**5088**
崆峒区	2520	1810	132	100	478	2135	435	1700
泾川县	726	454	41	42	189	676	93	583
灵台县	738	456	81	29	172	478	55	423
崇信县	467	283	83	13	88	268	35	233
庄浪县	1596	1154	130	45	267	945	169	776
静宁县	1105	713	122	56	214	1055	203	852
华亭市	755	425	214	33	83	696	175	521

行业大类的就业人口（续18）

单位：人

交通运输、仓储和邮政业								
小计	铁路运输业	道路运输业	水上运输业	航空运输业	管道运输业	多式联运和运输代理业	装卸搬运和仓储业	邮政业
47822	**4821**	**30598**	**69**	**712**	**43**	**1072**	**5595**	**4912**
12853	**1882**	**7513**	**27**	**524**	**10**	**548**	**1021**	**1328**
4547	997	2153	11	280	2	244	278	582
2485	556	1494	10	40	2	76	123	184
1222	141	851	2	21	2	18	90	97
822	87	522	2	27	3	41	45	95
262	14	177		3		6	31	31
834	18	679	2	5		14	65	51
522	20	350		2		7	71	72
1174	38	753		5		29	220	129
985	11	534		141	1	113	98	87
1729	**756**	**636**	**1**	**14**	**1**	**121**	**102**	**98**
1729	756	636	1	14	1	121	102	98
1163	**62**	**882**	**2**	**9**	**1**	**2**	**135**	**70**
728	21	559	1	8	1		94	44
435	41	323	1	1		2	41	26
3052	**184**	**2138**	**3**	**8**	**4**	**38**	**434**	**243**
1144	92	720	1	4		20	222	85
436	29	347				7	25	28
591	28	394	1	1	2	4	105	56
376	10	280		2	1	1	43	39
505	25	397	1	1	1	6	39	35
3707	**271**	**2232**	**3**	**26**	**4**	**54**	**508**	**609**
948	18	601	1	9	4	12	111	192
1091	194	563		12		14	163	145
183	5	102				4	21	51
563	19	362		4		1	99	78
326	19	222	2	1		8	8	66
369	8	219				14	75	53
227	8	163				1	31	24
2894	**560**	**1864**		**14**		**30**	**171**	**255**
2131	540	1291		9		23	104	164
214	2	137		1		2	33	39
254	9	201		4		1	15	24
295	9	235				4	19	28
2371	**246**	**1631**	**5**	**18**		**27**	**251**	**193**
1178	173	758	5	10		13	111	108
41		32				1	2	6
268	19	193				7	30	19
134	16	88		4		3	8	15
227	27	161		2			16	21
523	11	399		2		3	84	24
2979	**275**	**1942**	**1**	**9**		**19**	**321**	**412**
1289	207	830	1	6		10	70	165
256	16	157				1	32	50
189	3	121		1		1	25	38
109	1	71					13	24
382	2	283				4	46	47
404	7	236		2		3	105	51
350	39	244					30	37

4–4 各地区分性别、

地区 性别	建筑业					批发和零售业		
	小计	房屋建筑业	土木工程建筑业	建筑安装业	建筑装饰、装修和其他建筑业	小计	批发业	零售业
酒泉市	**3626**	**1719**	**479**	**297**	**1131**	**5539**	**1413**	**4126**
肃州区	1759	815	160	148	636	3151	923	2228
金塔县	489	274	85	28	102	374	82	292
瓜州县	369	204	61	25	79	528	107	421
肃北蒙古族自治县	69	11	45	9	4	25	7	18
阿克塞哈萨克族自治县	39	6	17	5	11	42	7	35
玉门市	445	230	43	38	134	540	121	419
敦煌市	456	179	68	44	165	879	166	713
庆阳市	**7039**	**4067**	**818**	**306**	**1848**	**6239**	**1178**	**5061**
西峰区	2048	1058	202	125	663	2559	548	2011
庆城县	603	313	124	33	133	584	87	497
环　县	1173	777	170	36	190	687	114	573
华池县	357	200	53	18	86	273	39	234
合水县	471	305	61	24	81	322	19	303
正宁县	559	370	80	25	84	412	54	358
宁　县	887	421	90	16	360	739	158	581
镇原县	941	623	38	29	251	663	159	504
定西市	**13200**	**9168**	**1142**	**515**	**2375**	**8303**	**1951**	**6352**
安定区	1984	1191	231	78	484	1535	306	1229
通渭县	2918	1816	180	140	782	1420	372	1048
陇西县	2016	1392	156	104	364	1481	395	1086
渭源县	1029	747	71	44	167	658	197	461
临洮县	2576	1878	195	107	396	1750	395	1355
漳　县	652	474	100	22	56	361	48	313
岷　县	2025	1670	209	20	126	1098	238	860
陇南市	**12830**	**9116**	**1306**	**235**	**2173**	**5822**	**1211**	**4611**
武都区	3904	2882	463	53	506	1528	338	1190
成　县	1182	833	123	26	200	702	84	618
文　县	1587	1044	311	6	226	552	182	370
宕昌县	973	836	16	8	113	415	65	350
康　县	1126	855	109	12	150	420	71	349
西和县	1580	926	112	68	474	792	145	647
礼　县	1433	994	83	33	323	778	209	569
徽　县	902	659	77	21	145	533	98	435
两当县	143	87	12	8	36	102	19	83
临夏回族自治州	**9644**	**6779**	**912**	**194**	**1759**	**7033**	**1576**	**5457**
临夏市	1428	856	67	47	458	2116	379	1737
临夏县	2335	1736	287	38	274	1086	253	833
康乐县	1456	1159	52	29	216	648	123	525
永靖县	1153	723	154	19	257	643	140	503
广河县	301	166	11	12	112	625	197	428
和政县	893	635	66	29	163	579	90	489
东乡族自治县	798	591	39	7	161	575	184	391
积石山保安族东乡族撒拉族自治县	1280	913	236	13	118	761	210	551
甘南藏族自治州	**3154**	**2330**	**392**	**48**	**384**	**1679**	**218**	**1461**
合作市	491	380	43	9	59	359	53	306
临潭县	830	539	181	16	94	344	43	301
卓尼县	497	369	56	6	66	164	19	145
舟曲县	1004	860	33	6	105	311	27	284
迭部县	109	59	16	9	25	89	25	64
玛曲县	39	35		1	3	150	13	137
碌曲县	35	21	7		7	59	23	36
夏河县	149	67	56	1	25	203	15	188

行业大类的就业人口（续 19）

单位：人

交通运输、仓储和邮政业								
小计	铁路运输业	道路运输业	水上运输业	航空运输业	管道运输业	多式联运和运输代理业	装卸搬运和仓储业	邮政业
2339	**110**	**1702**	**1**	**20**	**20**	**33**	**220**	**233**
949	34	697		1	14	16	67	120
219	1	160				1	41	16
330	55	222	1	1	1	3	28	19
37		32						5
14		8					2	4
290	9	224			5	1	27	24
500	11	359		18		12	55	45
3512	**49**	**2665**	**7**	**18**		**40**	**348**	**385**
1261	9	1007	1	10		20	80	134
476	3	372		2		10	60	29
545	8	440	1	3		1	39	53
239		201	1	1		1	20	15
192	1	139					19	33
155	3	85		1			40	26
319	24	205	1	1		5	34	49
325	1	216	3			3	56	46
3932	**324**	**2430**	**4**	**23**	**2**	**73**	**634**	**442**
959	126	552	2	4		20	173	82
579	39	362		7		8	62	101
739	82	415	1	1	1	10	148	81
292	29	152		1		10	51	49
777	15	586	1	2		20	96	57
185	2	101		4		1	62	15
401	31	262		4	1	4	42	57
3392	**39**	**2117**	**5**	**14**		**42**	**840**	**335**
828	15	662	1			11	51	88
398	2	294		7		3	54	38
295	3	202		2		3	62	23
653	2	130					507	14
211	1	123				4	50	33
311	6	222	3	2		12	21	45
338		217		1		5	66	49
277	3	216	1	2		3	24	28
81	7	51				1	5	17
3091	**55**	**2222**	**8**	**8**	**1**	**32**	**536**	**229**
838	11	665	1	5	1	16	56	83
390	12	302		1		5	39	31
255		193	1				37	24
328	11	263	6	1		2	23	22
499	9	281					192	17
251	9	171				1	50	20
224	1	176				3	36	8
306	2	171		1		5	103	24
808	**8**	**624**	**2**	**7**		**13**	**74**	**80**
168	2	121		6		1	8	30
168	1	118				3	33	13
70		57	2			1	4	6
141	1	122				3	5	10
124	2	97				2	15	8
26		19				2	2	3
24		16					3	5
87	2	74		1		1	4	5

4-4 各地区分性别、

地区 性别	建筑业					批发和零售业		
	小计	房屋建筑业	土木工程建筑业	建筑安装业	建筑装饰、装修和其他建筑业	小计	批发业	零售业
男	**95300**	**58258**	**11203**	**4580**	**21259**	**48632**	**15337**	**33295**
兰州市	**17332**	**7936**	**2783**	**1400**	**5213**	**13932**	**5370**	**8562**
城关区	5376	1769	754	323	2530	6414	2432	3982
七里河区	2845	1424	540	202	679	2521	946	1575
西固区	1375	554	155	281	385	1347	546	801
安宁区	1076	519	204	85	268	1084	439	645
红古区	365	272	26	8	59	238	69	169
永登县	1410	793	321	88	208	475	181	294
皋兰县	805	411	206	41	147	228	44	184
榆中县	1468	755	167	147	399	1023	430	593
兰州新区	2612	1439	410	225	538	602	283	319
嘉峪关市	**926**	**314**	**143**	**104**	**365**	**792**	**322**	**470**
市辖区	926	314	143	104	365	792	322	470
金昌市	**1436**	**723**	**241**	**123**	**349**	**962**	**372**	**590**
金川区	928	462	149	95	222	569	187	382
永昌县	508	261	92	28	127	393	185	208
白银市	**3810**	**2069**	**600**	**228**	**913**	**2293**	**669**	**1624**
白银区	920	411	121	71	317	744	231	513
平川区	516	267	109	22	118	311	100	211
靖远县	971	563	178	45	185	487	132	355
会宁县	890	542	128	47	173	440	104	336
景泰县	513	286	64	43	120	311	102	209
天水市	**12830**	**8738**	**947**	**491**	**2654**	**5056**	**1297**	**3759**
秦州区	2942	1928	205	76	733	1052	246	806
麦积区	2826	1609	221	160	836	1279	307	972
清水县	1087	785	76	65	161	258	43	215
秦安县	1428	1011	97	75	245	950	231	719
甘谷县	2108	1638	118	55	297	734	154	580
武山县	1914	1441	134	43	296	600	257	343
张家川回族自治县	525	326	96	17	86	183	59	124
武威市	**4860**	**2680**	**614**	**276**	**1290**	**2685**	**852**	**1833**
凉州区	3146	1876	260	187	823	2008	643	1365
民勤县	214	76	51	31	56	260	109	151
古浪县	908	570	162	30	146	228	63	165
天祝藏族自治县	592	158	141	28	265	189	37	152
张掖市	**4720**	**2932**	**694**	**198**	**896**	**2345**	**778**	**1567**
甘州区	1703	972	174	84	473	1401	491	910
肃南裕固族自治县	38	16	13		9	41	12	29
民乐县	1174	818	176	28	152	241	39	202
临泽县	233	138	40	12	43	175	74	101
高台县	493	368	42	10	73	253	99	154
山丹县	1079	620	249	64	146	234	63	171
平凉市	**6899**	**4615**	**696**	**307**	**1281**	**3077**	**818**	**2259**
崆峒区	2154	1561	111	98	384	1122	312	810
泾川县	661	415	36	40	170	335	63	272
灵台县	681	425	71	28	157	229	41	188
崇信县	398	237	77	12	72	117	25	92
庄浪县	1353	963	110	41	239	392	106	286
静宁县	991	636	110	55	190	547	145	402
华亭市	661	378	181	33	69	335	126	209

行业大类的就业人口（续 20）

单位：人

交通运输、仓储和邮政业								
小计	铁路运输业	道路运输业	水上运输业	航空运输业	管道运输业	多式联运和运输代理业	装卸搬运和仓储业	邮政业
40157	**3791**	**26899**	**50**	**426**	**34**	**862**	**4575**	**3520**
10408	**1441**	**6403**	**19**	**306**	**9**	**421**	**837**	**972**
3523	752	1733	9	165	2	183	239	440
2029	436	1268	6	23	2	54	108	132
1010	118	733		10	2	13	63	71
644	67	410	2	20	2	32	38	73
230	12	162		2		5	22	27
734	12	609	2	3		13	59	36
441	7	328		2		7	59	38
994	28	684		4		25	165	88
803	9	476		77	1	89	84	67
1411	**611**	**539**	**1**	**6**	**1**	**104**	**89**	**60**
1411	611	539	1	6	1	104	89	60
938	**55**	**721**	**1**	**7**		**1**	**111**	**42**
566	19	439		7			74	27
372	36	282	1			1	37	15
2665	**153**	**1906**	**1**	**5**	**4**	**34**	**381**	**181**
971	84	603		4		16	197	67
393	23	319				7	24	20
525	21	368			2	4	86	44
325	7	250		1	1	1	38	27
451	18	366	1		1	6	36	23
3180	**205**	**2021**	**3**	**20**	**4**	**44**	**429**	**454**
806	12	539	1	6	4	10	100	134
934	153	518		9		12	133	109
156	1	91				4	20	40
494	13	340		4		1	78	58
281	16	196	2	1		6	7	53
307	5	187				11	64	40
202	5	150					27	20
2428	**464**	**1616**		**12**		**29**	**141**	**166**
1780	449	1105		9		22	90	105
179	2	119				2	27	29
216	7	181		3		1	10	14
253	6	211				4	14	18
1906	**191**	**1368**	**3**	**10**		**21**	**196**	**117**
941	137	628	3	4		12	87	70
31		27				1	1	2
221	15	168				5	20	13
113	15	81		2		2	6	7
179	18	133		2			16	10
421	6	331		2		1	66	15
2546	**233**	**1739**	**1**	**6**		**14**	**268**	**285**
1085	177	716	1	4		7	55	125
217	15	138				1	28	35
164	1	117					22	24
97		66					13	18
332	2	258				3	38	31
352	7	219		2		3	86	35
299	31	225					26	17

4–4　各地区分性别、

地区 性别	建筑业					批发和零售业		
	小计	房屋建筑业	土木工程建筑业	建筑安装业	建筑装饰、装修和其他建筑业	小计	批发业	零售业
酒泉市	**2962**	**1385**	**398**	**264**	**915**	**2660**	**937**	**1723**
肃州区	1429	655	131	133	510	1526	615	911
金塔县	400	213	78	21	88	188	54	134
瓜州县	318	177	50	23	68	241	65	176
肃北蒙古族自治县	53	8	34	9	2	14	5	9
阿克塞哈萨克族自治县	33	5	16	5	7	18	4	14
玉门市	352	176	37	34	105	271	93	178
敦煌市	377	151	52	39	135	402	101	301
庆阳市	**6086**	**3508**	**726**	**276**	**1576**	**3011**	**759**	**2252**
西峰区	1764	917	174	113	560	1237	352	885
庆城县	551	290	109	28	124	290	61	229
环　县	984	644	150	34	156	313	73	240
华池县	313	173	47	15	78	132	28	104
合水县	413	264	56	23	70	148	12	136
正宁县	464	300	72	25	67	203	33	170
宁　县	770	378	82	12	298	377	105	272
镇原县	827	542	36	26	223	311	95	216
定西市	**11289**	**7771**	**1025**	**472**	**2021**	**4115**	**1212**	**2903**
安定区	1675	1004	197	74	400	772	208	564
通渭县	2508	1557	165	126	660	709	210	499
陇西县	1736	1196	135	100	305	717	238	479
渭源县	896	640	68	37	151	344	128	216
临洮县	2300	1672	181	97	350	827	244	583
漳　县	566	403	95	20	48	176	29	147
岷　县	1608	1299	184	18	107	570	155	415
陇南市	**11273**	**7914**	**1213**	**225**	**1921**	**2798**	**785**	**2013**
武都区	3275	2406	419	50	400	721	220	501
成　县	1133	796	121	26	190	290	61	229
文　县	1357	870	283	5	199	249	102	147
宕昌县	763	642	14	8	99	197	46	151
康　县	1017	769	103	11	134	188	43	145
西和县	1471	857	108	67	439	416	96	320
礼　县	1275	879	78	31	287	448	137	311
徽　县	851	617	75	19	140	234	68	166
两当县	131	78	12	8	33	55	12	43
临夏回族自治州	**8436**	**5887**	**806**	**178**	**1565**	**4015**	**1037**	**2978**
临夏市	1243	740	61	41	401	1250	277	973
临夏县	1998	1472	245	36	245	629	156	473
康乐县	1246	988	47	24	187	309	81	228
永靖县	1030	643	137	19	231	295	90	205
广河县	268	147	8	12	101	408	141	267
和政县	796	568	60	27	141	288	58	230
东乡族自治县	742	551	33	7	151	379	120	259
积石山保安族东乡族撒拉族自治县	1113	778	215	12	108	457	114	343
甘南藏族自治州	**2441**	**1786**	**317**	**38**	**300**	**891**	**129**	**762**
合作市	334	259	30	6	39	202	32	170
临潭县	661	431	146	13	71	183	23	160
卓尼县	391	279	52	5	55	82	12	70
舟曲县	797	679	29	6	83	158	15	143
迭部县	92	49	12	8	23	39	10	29
玛曲县	30	27			3	75	9	66
碌曲县	22	13	4		5	35	19	16
夏河县	114	49	44		21	117	9	108

行业大类的就业人口（续21）

单位：人

交通运输、仓储和邮政业								
小计	铁路运输业	道路运输业	水上运输业	航空运输业	管道运输业	多式联运和运输代理业	装卸搬运和仓储业	邮政业
1919	**76**	**1450**	**1**	**14**	**15**	**20**	**179**	**164**
784	25	587		1	10	11	60	90
194	1	147					34	12
275	42	191	1	1	1	2	24	13
27		25						2
10		7					2	1
248	4	198			4		24	18
381	4	295		12		7	35	28
3125	**40**	**2467**	**6**	**9**		**37**	**298**	**268**
1099	4	905	1	4		18	71	96
448	3	358		2		10	55	20
503	7	424	1	2			33	36
225		193	1	1		1	18	11
158	1	116					15	26
130	3	77					30	20
275	21	186	1			5	31	31
287	1	208	2			3	45	28
3333	**260**	**2147**	**2**	**11**	**1**	**59**	**537**	**316**
789	106	464	1	3		16	142	57
503	30	333		4		7	54	75
631	70	365	1			9	131	55
249	25	138				8	44	34
671	13	520				16	82	40
146	2	86		2		1	45	10
344	14	241		2	1	2	39	45
2781	**20**	**1860**	**5**	**10**		**38**	**595**	**253**
657	6	537	1			9	33	71
354	1	269		5		3	44	32
254	1	184		2		2	49	16
456	1	118					325	12
189		115				4	48	22
267	4	198	3	2		12	19	29
300		205				4	49	42
240	1	189	1	1		3	24	21
64	6	45				1	4	8
2839	**38**	**2114**	**7**	**6**		**29**	**459**	**186**
778	7	629		4		15	50	73
363	8	290				5	35	25
237		181	1				36	19
289	8	238	6	1		1	21	14
453	9	274					155	15
222	4	163					42	13
217	1	171				3	35	7
280	1	168		1		5	85	20
678	**4**	**548**		**4**		**11**	**55**	**56**
144	2	109		4			7	22
139		102				3	25	9
50		44				1	2	3
122	1	106				3	4	8
110		94				1	9	6
22		16				2	2	2
19		14					2	3
72	1	63				1	4	3

4-4 各地区分性别、

地区 性别	建筑业					批发和零售业		
	小计	房屋建筑业	土木工程建筑业	建筑安装业	建筑装饰、装修和其他建筑业	小计	批发业	零售业
女	**16705**	**10467**	**1783**	**554**	**3901**	**49402**	**8941**	**40461**
兰州市	**3735**	**1727**	**665**	**265**	**1078**	**13563**	**3474**	**10089**
城关区	1271	423	254	76	518	6176	1821	4355
七里河区	688	377	128	40	143	2546	507	2039
西固区	323	139	49	54	81	1288	297	991
安宁区	305	126	76	28	75	1072	288	784
红古区	54	29	7		18	314	32	282
永登县	215	131	37	8	39	552	110	442
皋兰县	110	67	19	4	20	219	22	197
榆中县	269	158	22	15	74	872	251	621
兰州新区	500	277	73	40	110	524	146	378
嘉峪关市	**259**	**88**	**44**	**14**	**113**	**928**	**169**	**759**
市辖区	259	88	44	14	113	928	169	759
金昌市	**338**	**198**	**41**	**14**	**85**	**1210**	**232**	**978**
金川区	235	137	29	14	55	752	111	641
永昌县	103	61	12		30	458	121	337
白银市	**561**	**336**	**57**	**15**	**153**	**2510**	**348**	**2162**
白银区	140	73	13	5	49	873	128	745
平川区	72	40	11	1	20	279	48	231
靖远县	136	91	15	5	25	453	64	389
会宁县	138	85	13	1	39	600	81	519
景泰县	75	47	5	3	20	305	27	278
天水市	**1645**	**1141**	**71**	**32**	**401**	**4958**	**810**	**4148**
秦州区	378	247	19	8	104	1335	161	1174
麦积区	370	231	14	13	112	1227	204	1023
清水县	226	180	7	2	37	275	18	257
秦安县	172	124	12	3	33	740	131	609
甘谷县	149	129	5	1	14	629	63	566
武山县	251	172	3	3	73	602	212	390
张家川回族自治县	99	58	11	2	28	150	21	129
武威市	**903**	**511**	**91**	**31**	**270**	**3006**	**480**	**2526**
凉州区	483	306	30	18	129	2270	379	1891
民勤县	46	23	10	2	11	243	56	187
古浪县	222	146	22	5	49	276	27	249
天祝藏族自治县	152	36	29	6	81	217	18	199
张掖市	**1250**	**858**	**143**	**30**	**219**	**2926**	**393**	**2533**
甘州区	321	204	25	13	79	1580	271	1309
肃南裕固族自治县	11	6	2		3	44	6	38
民乐县	409	311	38	4	56	386	31	355
临泽县	39	28	6	1	4	195	25	170
高台县	83	65	1	1	16	326	39	287
山丹县	387	244	71	11	61	395	21	374
平凉市	**1008**	**680**	**107**	**11**	**210**	**3176**	**347**	**2829**
崆峒区	366	249	21	2	94	1013	123	890
泾川县	65	39	5	2	19	341	30	311
灵台县	57	31	10	1	15	249	14	235
崇信县	69	46	6	1	16	151	10	141
庄浪县	243	191	20	4	28	553	63	490
静宁县	114	77	12	1	24	508	58	450
华亭市	94	47	33		14	361	49	312

行业大类的就业人口（续22）

单位：人

交通运输、仓储和邮政业								
小计	铁路运输业	道路运输业	水上运输业	航空运输业	管道运输业	多式联运和运输代理业	装卸搬运和仓储业	邮政业
7665	**1030**	**3699**	**19**	**286**	**9**	**210**	**1020**	**1392**
2445	**441**	**1110**	**8**	**218**	**1**	**127**	**184**	**356**
1024	245	420	2	115		61	39	142
456	120	226	4	17		22	15	52
212	23	118	2	11		5	27	26
178	20	112		7	1	9	7	22
32	2	15		1		1	9	4
100	6	70		2		1	6	15
81	13	22					12	34
180	10	69		1		4	55	41
182	2	58		64		24	14	20
318	**145**	**97**		**8**		**17**	**13**	**38**
318	145	97		8		17	13	38
225	**7**	**161**	**1**	**2**	**1**	**1**	**24**	**28**
162	2	120	1	1	1		20	17
63	5	41		1		1	4	11
387	**31**	**232**	**2**	**3**		**4**	**53**	**62**
173	8	117	1			4	25	18
43	6	28					1	8
66	7	26	1	1			19	12
51	3	30		1			5	12
54	7	31		1			3	12
527	**66**	**211**		**6**		**10**	**79**	**155**
142	6	62		3		2	11	58
157	41	45		3		2	30	36
27	4	11					1	11
69	6	22					21	20
45	3	26				2	1	13
62	3	32				3	11	13
25	3	13				1	4	4
466	**96**	**248**		**2**		**1**	**30**	**89**
351	91	186				1	14	59
35		18		1			6	10
38	2	20		1			5	10
42	3	24					5	10
465	**55**	**263**	**2**	**8**		**6**	**55**	**76**
237	36	130	2	6		1	24	38
10		5					1	4
47	4	25				2	10	6
21	1	7		2		1	2	8
48	9	28						11
102	5	68				2	18	9
433	**42**	**203**		**3**		**5**	**53**	**127**
204	30	114		2		3	15	40
39	1	19					4	15
25	2	4		1		1	3	14
12	1	5						6
50		25				1	8	16
52		17					19	16
51	8	19					4	20

4–4 各地区分性别、

地区 性别	建筑业					批发和零售业		
	小计	房屋建筑业	土木工程建筑业	建筑安装业	建筑装饰、装修和其他建筑业	小计	批发业	零售业
酒泉市	**664**	**334**	**81**	**33**	**216**	**2879**	**476**	**2403**
肃州区	330	160	29	15	126	1625	308	1317
金塔县	89	61	7	7	14	186	28	158
瓜州县	51	27	11	2	11	287	42	245
肃北蒙古族自治县	16	3	11		2	11	2	9
阿克塞哈萨克族自治县	6	1	1		4	24	3	21
玉门市	93	54	6	4	29	269	28	241
敦煌市	79	28	16	5	30	477	65	412
庆阳市	**953**	**559**	**92**	**30**	**272**	**3228**	**419**	**2809**
西峰区	284	141	28	12	103	1322	196	1126
庆城县	52	23	15	5	9	294	26	268
环　县	189	133	20	2	34	374	41	333
华池县	44	27	6	3	8	141	11	130
合水县	58	41	5	1	11	174	7	167
正宁县	95	70	8		17	209	21	188
宁　县	117	43	8	4	62	362	53	309
镇原县	114	81	2	3	28	352	64	288
定西市	**1911**	**1397**	**117**	**43**	**354**	**4188**	**739**	**3449**
安定区	309	187	34	4	84	763	98	665
通渭县	410	259	15	14	122	711	162	549
陇西县	280	196	21	4	59	764	157	607
渭源县	133	107	3	7	16	314	69	245
临洮县	276	206	14	10	46	923	151	772
漳　县	86	71	5	2	8	185	19	166
岷　县	417	371	25	2	19	528	83	445
陇南市	**1557**	**1202**	**93**	**10**	**252**	**3024**	**426**	**2598**
武都区	629	476	44	3	106	807	118	689
成　县	49	37	2		10	412	23	389
文　县	230	174	28	1	27	303	80	223
宕昌县	210	194	2		14	218	19	199
康　县	109	86	6	1	16	232	28	204
西和县	109	69	4	1	35	376	49	327
礼　县	158	115	5	2	36	330	72	258
徽　县	51	42	2	2	5	299	30	269
两当县	12	9			3	47	7	40
临夏回族自治州	**1208**	**892**	**106**	**16**	**194**	**3018**	**539**	**2479**
临夏市	185	116	6	6	57	866	102	764
临夏县	337	264	42	2	29	457	97	360
康乐县	210	171	5	5	29	339	42	297
永靖县	123	80	17		26	348	50	298
广河县	33	19	3		11	217	56	161
和政县	97	67	6	2	22	291	32	259
东乡族自治县	56	40	6		10	196	64	132
积石山保安族东乡族撒拉族自治县	167	135	21	1	10	304	96	208
甘南藏族自治州	**713**	**544**	**75**	**10**	**84**	**788**	**89**	**699**
合作市	157	121	13	3	20	157	21	136
临潭县	169	108	35	3	23	161	20	141
卓尼县	106	90	4	1	11	82	7	75
舟曲县	207	181	4		22	153	12	141
迭部县	17	10	4	1	2	50	15	35
玛曲县	9	8		1		75	4	71
碌曲县	13	8	3		2	24	4	20
夏河县	35	18	12	1	4	86	6	80

行业大类的就业人口（续23）

单位：人

交通运输、仓储和邮政业								
小计	铁路运输业	道路运输业	水上运输业	航空运输业	管道运输业	多式联运和运输代理业	装卸搬运和仓储业	邮政业
420	**34**	**252**		**6**	**5**	**13**	**41**	**69**
165	9	110			4	5	7	30
25		13				1	7	4
55	13	31				1	4	6
10		7						3
4		1						3
42	5	26			1	1	3	6
119	7	64		6		5	20	17
387	**9**	**198**	**1**	**9**		**3**	**50**	**117**
162	5	102		6		2	9	38
28		14					5	9
42	1	16		1		1	6	17
14		8					2	4
34		23					4	7
25		8		1			10	6
44	3	19		1			3	18
38		8	1				11	18
599	**64**	**283**	**2**	**12**	**1**	**14**	**97**	**126**
170	20	88	1	1		4	31	25
76	9	29		3		1	8	26
108	12	50		1	1	1	17	26
43	4	14		1		2	7	15
106	2	66	1	2		4	14	17
39		15		2			17	5
57	17	21		2		2	3	12
611	**19**	**257**		**4**		**4**	**245**	**82**
171	9	125				2	18	17
44	1	25		2			10	6
41	2	18				1	13	7
197	1	12					182	2
22	1	8					2	11
44	2	24					2	16
38		12		1		1	17	7
37	2	27		1				7
17	1	6					1	9
252	**17**	**108**	**1**	**2**	**1**	**3**	**77**	**43**
60	4	36	1	1	1	1	6	10
27	4	12		1			4	6
18		12					1	5
39	3	25				1	2	8
46		7					37	2
29	5	8				1	8	7
7		5					1	1
26	1	3					18	4
130	**4**	**76**	**2**	**3**		**2**	**19**	**24**
24		12		2		1	1	8
29	1	16					8	4
20		13	2				2	3
19		16					1	2
14	2	3				1	6	2
4		3						1
5		2					1	2
15	1	11		1				2

4-4 各地区分性别、

地区 性别	住宿和餐饮业			信息传输、软件和信息技术服务业				
	小计	住宿业	餐饮业	小计	电信、广播电视和卫星传输服务	互联网和相关服务	软件和信息技术服务业	小计
合计	**52484**	**5381**	**47103**	**8945**	**4493**	**1813**	**2639**	**13340**
兰州市	**10503**	**1318**	**9185**	**3504**	**1276**	**723**	**1505**	**4512**
城关区	4456	647	3809	1900	705	337	858	2547
七里河区	1706	237	1469	683	195	181	307	674
西固区	799	75	724	193	89	44	60	316
安宁区	705	86	619	328	107	54	167	428
红古区	298	31	267	55	34	10	11	82
永登县	718	36	682	76	45	21	10	112
皋兰县	197	20	177	35	21	8	6	72
榆中县	944	83	861	136	55	40	41	167
兰州新区	680	103	577	98	25	28	45	114
嘉峪关市	**838**	**186**	**652**	**187**	**114**	**20**	**53**	**252**
市辖区	838	186	652	187	114	20	53	252
金昌市	**833**	**73**	**760**	**181**	**102**	**28**	**51**	**369**
金川区	542	55	487	145	78	23	44	279
永昌县	291	18	273	36	24	5	7	90
白银市	**2025**	**213**	**1812**	**514**	**309**	**97**	**108**	**720**
白银区	704	82	622	220	144	36	40	368
平川区	244	26	218	48	24	8	16	86
靖远县	387	41	346	79	47	14	18	101
会宁县	483	49	434	100	51	25	24	84
景泰县	207	15	192	67	43	14	10	81
天水市	**6122**	**516**	**5606**	**662**	**331**	**160**	**171**	**865**
秦州区	1230	166	1064	270	137	75	58	386
麦积区	1058	132	926	96	50	23	23	141
清水县	515	32	483	32	25	3	4	48
秦安县	931	84	847	96	44	16	36	112
甘谷县	500	47	453	104	38	37	29	72
武山县	536	38	498	44	20	6	18	81
张家川回族自治县	1352	17	1335	20	17		3	25
武威市	**2666**	**301**	**2365**	**495**	**302**	**107**	**86**	**745**
凉州区	1808	239	1569	369	235	79	55	550
民勤县	194	16	178	48	20	11	17	81
古浪县	320	25	295	41	25	7	9	53
天祝藏族自治县	344	21	323	37	22	10	5	61
张掖市	**2257**	**304**	**1953**	**369**	**247**	**54**	**68**	**843**
甘州区	1192	190	1002	210	131	34	45	477
肃南裕固族自治县	58	5	53	6	5	1		21
民乐县	240	17	223	48	33	8	7	79
临泽县	153	39	114	30	19	4	7	83
高台县	266	17	249	35	30	1	4	101
山丹县	348	36	312	40	29	6	5	82
平凉市	**3260**	**337**	**2923**	**481**	**306**	**113**	**62**	**787**
崆峒区	1320	178	1142	221	146	39	36	372
泾川县	388	37	351	44	36	5	3	73
灵台县	288	7	281	27	16	10	1	54
崇信县	162	13	149	28	15	11	2	36
庄浪县	395	23	372	48	25	15	8	75
静宁县	347	38	309	83	52	22	9	107
华亭市	360	41	319	30	16	11	3	70

行业大类的就业人口（续 24）

单位：人

金融业				房地产业		租赁和商务服务业		
货币金融服务	资本市场服务	保险业	其他金融业	小计	房地产业	小计	租赁业	商务服务业
7321	**398**	**4653**	**968**	**12717**	**12717**	**19559**	**1627**	**17932**
2218	**223**	**1417**	**654**	**5875**	**5875**	**6990**	**486**	**6504**
1173	134	754	486	2465	2465	3612	160	3452
312	41	251	70	1064	1064	1086	102	984
172	20	112	12	479	479	519	55	464
224	14	131	59	578	578	655	49	606
57	2	20	3	100	100	51	11	40
63	1	45	3	108	108	157	24	133
38	2	29	3	109	109	91	5	86
99	4	59	5	342	342	197	18	179
80	5	16	13	630	630	622	62	560
136	**11**	**99**	**6**	**277**	**277**	**534**	**45**	**489**
136	11	99	6	277	277	534	45	489
206	**16**	**141**	**6**	**177**	**177**	**497**	**18**	**479**
152	16	108	3	122	122	429	14	415
54		33	3	55	55	68	4	64
413	**15**	**268**	**24**	**592**	**592**	**673**	**77**	**596**
214	9	136	9	245	245	324	31	293
49		28	9	148	148	100	13	87
52	2	44	3	74	74	56	2	54
54		27	3	84	84	140	22	118
44	4	33		41	41	53	9	44
529	**21**	**269**	**46**	**1003**	**1003**	**1593**	**111**	**1482**
246	13	106	21	413	413	434	22	412
78	5	48	10	238	238	429	43	386
30		18		36	36	72	6	66
71	2	34	5	127	127	139	10	129
50	1	20	1	103	103	151	9	142
38		35	8	75	75	289	12	277
16		8	1	11	11	79	9	70
420	**14**	**290**	**21**	**623**	**623**	**789**	**102**	**687**
311	11	215	13	533	533	575	74	501
47	1	31	2	24	24	86	6	80
28		22	3	33	33	70	16	54
34	2	22	3	33	33	58	6	52
419	**20**	**388**	**16**	**524**	**524**	**847**	**83**	**764**
234	18	213	12	319	319	539	59	480
14		7		4	4	12		12
41	1	36	1	53	53	68	6	62
40	1	42		28	28	63	4	59
50		48	3	34	34	90	7	83
40		42		86	86	75	7	68
508	**9**	**239**	**31**	**841**	**841**	**1135**	**83**	**1052**
215	5	128	24	443	443	698	21	677
49		20	4	53	53	69	7	62
44		9	1	38	38	69	8	61
27	2	7		35	35	45	7	38
52	1	20	2	81	81	81	9	72
73		34		99	99	98	19	79
48	1	21		92	92	75	12	63

4-4 各地区分性别、

地区 性别	住宿和餐饮业			信息传输、软件和信息技术服务业				
	小计	住宿业	餐饮业	小计	电信、广播电视和卫星传输服务	互联网和相关服务	软件和信息技术服务业	小计
酒泉市	**2817**	**543**	**2274**	**376**	**225**	**55**	**96**	**870**
肃州区	1165	137	1028	222	135	32	55	497
金塔县	166	19	147	29	21	5	3	63
瓜州县	318	46	272	28	17	4	7	75
肃北蒙古族自治县	30	5	25	1	1			9
阿克塞哈萨克族自治县	42	7	35	6	4		2	9
玉门市	355	34	321	27	19	6	2	60
敦煌市	741	295	446	63	28	8	27	157
庆阳市	**3254**	**357**	**2897**	**493**	**292**	**97**	**104**	**927**
西峰区	1170	130	1040	231	144	38	49	484
庆城县	360	42	318	51	19	12	20	76
环　县	348	36	312	47	25	15	7	69
华池县	231	42	189	26	25		1	59
合水县	196	23	173	40	24	11	5	48
正宁县	204	15	189	20	15	4	1	46
宁　县	421	37	384	31	15	10	6	66
镇原县	324	32	292	47	25	7	15	79
定西市	**4632**	**403**	**4229**	**694**	**347**	**162**	**185**	**911**
安定区	660	73	587	203	140	39	24	284
通渭县	1019	105	914	134	55	31	48	83
陇西县	729	62	667	111	48	29	34	165
渭源县	409	20	389	39	19	5	15	70
临洮县	1019	68	951	122	46	37	39	187
漳　县	217	15	202	30	16	9	5	37
岷　县	579	60	519	55	23	12	20	85
陇南市	**4092**	**371**	**3721**	**458**	**299**	**83**	**76**	**676**
武都区	878	126	752	149	103	21	25	271
成　县	459	21	438	58	30	20	8	89
文　县	251	24	227	37	18	10	9	51
宕昌县	435	35	400	22	17	3	2	35
康　县	208	24	184	21	14	2	5	24
西和县	700	57	643	60	41	10	9	70
礼　县	705	28	677	50	30	8	12	49
徽　县	373	51	322	48	35	8	5	65
两当县	83	5	78	13	11	1	1	22
临夏回族自治州	**7737**	**254**	**7483**	**384**	**228**	**100**	**56**	**611**
临夏市	1390	79	1311	187	128	37	22	297
临夏县	1509	30	1479	34	14	15	5	36
康乐县	768	24	744	20	16	2	2	53
永靖县	500	58	442	41	22	13	6	82
广河县	1036	5	1031	30	12	14	4	50
和政县	766	12	754	19	13	5	1	38
东乡族自治县	1157	24	1133	13	1	9	3	15
积石山保安族东乡族撒拉族自治县	611	22	589	40	22	5	13	40
甘南藏族自治州	**1448**	**205**	**1243**	**147**	**115**	**14**	**18**	**252**
合作市	303	69	234	40	36	3	1	100
临潭县	224	28	196	22	16	3	3	33
卓尼县	163	9	154	17	10	3	4	22
舟曲县	264	20	244	20	13	4	3	33
迭部县	132	31	101	14	9		5	16
玛曲县	88	7	81	11	11			13
碌曲县	76	23	53	14	11	1	2	15
夏河县	198	18	180	9	9			20

行业大类的就业人口（续25）

单位：人

金融业				房地产业		租赁和商务服务业		
货币金融服务	资本市场服务	保险业	其他金融业	小计	房地产业	小计	租赁业	商务服务业
427	**20**	**401**	**22**	**524**	**524**	**1261**	**125**	**1136**
227	10	249	11	349	349	625	48	577
32		31		17	17	45	11	34
34		40	1	36	36	80	10	70
8		1		5	5	7		7
9				1	1	21	2	19
35	1	21	3	26	26	72	18	54
82	9	59	7	90	90	411	36	375
546	**11**	**329**	**41**	**532**	**532**	**1101**	**141**	**960**
272	4	186	22	310	310	546	79	467
47	1	19	9	28	28	130	9	121
39		28	2	30	30	132	13	119
41	2	13	3	37	37	34	13	21
36	2	10		11	11	43	4	39
31	1	14		24	24	22	3	19
41	1	20	4	28	28	97	9	88
39		39	1	64	64	97	11	86
517	**16**	**343**	**35**	**821**	**821**	**1492**	**106**	**1386**
151	4	123	6	240	240	311	30	281
38	2	33	10	133	133	340	18	322
103	3	55	4	158	158	200	20	180
47	1	19	3	40	40	150	10	140
97	3	78	9	176	176	329	20	309
23	1	12	1	24	24	38	2	36
58	2	23	2	50	50	124	6	118
430	**13**	**197**	**36**	**363**	**363**	**1202**	**96**	**1106**
167	8	83	13	135	135	283	14	269
51	2	33	3	46	46	198	14	184
29		21	1	10	10	79	8	71
21		10	4	21	21	67	1	66
18		6		22	22	132	4	128
47		20	3	33	33	114	28	86
33	1	11	4	36	36	200	9	191
47	2	11	5	56	56	100	17	83
17		2	3	4	4	29	1	28
359	**6**	**223**	**23**	**501**	**501**	**1214**	**133**	**1081**
178	5	106	8	261	261	374	26	348
18	1	17		37	37	147	18	129
27		23	3	22	22	79	12	67
45		32	5	81	81	141	9	132
31		15	4	21	21	101	17	84
26		10	2	36	36	112	20	92
10		5		16	16	124	8	116
24		15	1	27	27	136	23	113
193	**3**	**49**	**7**	**64**	**64**	**231**	**21**	**210**
75	1	22	2	25	25	47	2	45
24		7	2	7	7	31	7	24
17		5		9	9	25	1	24
26	1	4	2	11	11	34	3	31
9	1	5	1	4	4	70	5	65
13				3	3	4		4
14		1		2	2	7		7
15		5		3	3	13	3	10

4-4 各地区分性别、

地区 性别	住宿和餐饮业			信息传输、软件和信息技术服务业				
	小计	住宿业	餐饮业	小计	电信、广播电视和卫星传输服务	互联网和相关服务	软件和信息技术服务业	小计
男	**25694**	**2069**	**23625**	**5626**	**2593**	**1176**	**1857**	**6525**
兰州市	**5388**	**551**	**4837**	**2214**	**725**	**458**	**1031**	**2073**
城关区	2421	297	2124	1182	396	211	575	1226
七里河区	924	98	826	442	110	117	215	296
西固区	413	27	386	118	54	23	41	108
安宁区	356	31	325	222	67	38	117	187
红古区	137	12	125	30	14	8	8	47
永登县	338	13	325	40	23	9	8	44
皋兰县	77	4	73	20	12	3	5	31
榆中县	425	30	395	97	40	27	30	82
兰州新区	297	39	258	63	9	22	32	52
嘉峪关市	**372**	**61**	**311**	**116**	**60**	**12**	**44**	**95**
市辖区	372	61	311	116	60	12	44	95
金昌市	**363**	**20**	**343**	**104**	**49**	**17**	**38**	**160**
金川区	242	19	223	80	36	12	32	121
永昌县	121	1	120	24	13	5	6	39
白银市	**943**	**78**	**865**	**334**	**192**	**61**	**81**	**325**
白银区	349	28	321	144	86	28	30	157
平川区	125	11	114	32	15	6	11	44
靖远县	166	18	148	49	28	8	13	42
会宁县	211	16	195	62	35	9	18	42
景泰县	92	5	87	47	28	10	9	40
天水市	**3013**	**210**	**2803**	**445**	**213**	**104**	**128**	**461**
秦州区	607	66	541	165	79	42	44	201
麦积区	526	55	471	67	36	15	16	69
清水县	188	3	185	19	14	1	4	25
秦安县	469	40	429	68	30	11	27	54
甘谷县	259	22	237	79	29	29	21	49
武山县	202	15	187	31	12	6	13	50
张家川回族自治县	762	9	753	16	13		3	13
武威市	**1199**	**110**	**1089**	**321**	**181**	**75**	**65**	**384**
凉州区	824	86	738	241	140	57	44	286
民勤县	76	5	71	30	11	9	10	38
古浪县	145	9	136	29	18	4	7	27
天祝藏族自治县	154	10	144	21	12	5	4	33
张掖市	**1020**	**104**	**916**	**231**	**139**	**43**	**49**	**415**
甘州区	589	71	518	130	73	27	30	242
肃南裕固族自治县	23	1	22	6	5	1		11
民乐县	80	2	78	32	21	6	5	35
临泽县	73	18	55	22	11	4	7	45
高台县	114	5	109	19	15	1	3	48
山丹县	141	7	134	22	14	4	4	34
平凉市	**1515**	**135**	**1380**	**314**	**189**	**79**	**46**	**400**
崆峒区	679	79	600	146	88	31	27	194
泾川县	169	10	159	22	17	3	2	38
灵台县	127	1	126	17	12	5		34
崇信县	50	4	46	13	7	5	1	16
庄浪县	170	10	160	30	15	9	6	38
静宁县	179	16	163	67	41	18	8	50
华亭市	141	15	126	19	9	8	2	30

行业大类的就业人口（续26）

单位：人

金融业				房地产业		租赁和商务服务业		
货币金融服务	资本市场服务	保险业	其他金融业	小计	房地产业	小计	租赁业	商务服务业
3949	**228**	**1857**	**491**	**7429**	**7429**	**12279**	**1433**	**10846**
1060	**126**	**568**	**319**	**3406**	**3406**	**4133**	**397**	**3736**
566	79	341	240	1506	1506	2020	133	1887
141	24	92	39	641	641	651	79	572
68	7	28	5	264	264	318	42	276
104	10	47	26	327	327	370	40	330
39	1	6	1	39	39	35	8	27
31		12	1	62	62	104	19	85
20		10	1	61	61	61	5	56
53	2	26	1	181	181	129	18	111
38	3	6	5	325	325	445	53	392
62	**7**	**22**	**4**	**130**	**130**	**339**	**33**	**306**
62	7	22	4	130	130	339	33	306
108	**10**	**39**	**3**	**77**	**77**	**317**	**16**	**301**
79	10	30	2	53	53	274	12	262
29		9	1	24	24	43	4	39
215	**7**	**96**	**7**	**345**	**345**	**434**	**72**	**362**
103	3	50	1	126	126	202	30	172
30		9	5	100	100	75	11	64
25	2	15		49	49	32	2	30
32		9	1	38	38	89	20	69
25	2	13		32	32	36	9	27
313	**13**	**112**	**23**	**615**	**615**	**1051**	**104**	**947**
135	10	47	9	259	259	278	20	258
43	3	16	7	133	133	286	41	245
19		6		22	22	50	6	44
41		11	2	80	80	89	10	79
34		14	1	72	72	98	8	90
31		16	3	41	41	188	11	177
10		2	1	8	8	62	8	54
231	**8**	**130**	**15**	**343**	**343**	**535**	**91**	**444**
168	6	104	8	299	299	386	68	318
25		11	2	13	13	55	6	49
16		8	3	17	17	50	13	37
22	2	7	2	14	14	44	4	40
245	**14**	**149**	**7**	**291**	**291**	**540**	**69**	**471**
126	13	97	6	184	184	347	49	298
7		4		1	1	7		7
25		10		35	35	41	5	36
29	1	15		12	12	44	4	40
33		14	1	14	14	53	5	48
25		9		45	45	48	6	42
279	**7**	**104**	**10**	**539**	**539**	**652**	**78**	**574**
126	4	56	8	296	296	358	21	337
28		9	1	27	27	43	6	37
27		6	1	19	19	47	8	39
12	2	2		23	23	22	6	16
26		12		56	56	57	9	48
34		16		71	71	73	19	54
26	1	3		47	47	52	9	43

4-4 各地区分性别、

地区 性别	住宿和餐饮业			信息传输、软件和信息技术服务业				
	小计	住宿业	餐饮业	小计	电信、广播电视和卫星传输服务	互联网和相关服务	软件和信息技术服务业	小计
酒泉市	**1353**	**199**	**1154**	**230**	**131**	**32**	**67**	**381**
肃州区	597	45	552	125	70	18	37	213
金塔县	74	10	64	14	10	2	2	28
瓜州县	142	16	126	23	14	3	6	29
肃北蒙古族自治县	11	2	9	1	1			3
阿克塞哈萨克族自治县	17	2	15	3	1		2	4
玉门市	161	12	149	19	13	4	2	34
敦煌市	351	112	239	45	22	5	18	70
庆阳市	**1573**	**143**	**1430**	**298**	**161**	**65**	**72**	**488**
西峰区	639	54	585	131	76	25	30	265
庆城县	181	17	164	36	12	9	15	50
环　县	142	13	129	31	14	10	7	34
华池县	89	14	75	13	12		1	30
合水县	94	8	86	25	12	9	4	18
正宁县	91	6	85	10	6	4		18
宁　县	209	19	190	21	11	5	5	36
镇原县	128	12	116	31	18	3	10	37
定西市	**1967**	**155**	**1812**	**432**	**196**	**105**	**131**	**466**
安定区	313	29	284	110	70	24	16	144
通渭县	398	39	359	95	37	22	36	52
陇西县	344	24	320	73	28	18	27	96
渭源县	167	9	158	24	12	1	11	33
临洮县	398	28	370	74	22	25	27	82
漳　县	85	4	81	19	10	6	3	13
岷　县	262	22	240	37	17	9	11	46
陇南市	**1840**	**128**	**1712**	**278**	**185**	**39**	**54**	**361**
武都区	389	41	348	90	61	10	19	143
成　县	217	7	210	33	18	10	5	44
文　县	96	5	91	24	12	5	7	23
宕昌县	194	15	179	16	14	1	1	19
康　县	80	8	72	12	8		4	12
西和县	297	17	280	34	26	3	5	42
礼　县	354	12	342	35	22	5	8	28
徽　县	176	22	154	27	19	4	4	33
两当县	37	1	36	7	5	1	1	17
临夏回族自治州	**4527**	**103**	**4424**	**227**	**115**	**74**	**38**	**376**
临夏市	877	29	848	110	67	29	14	176
临夏县	856	12	844	18	6	9	3	21
康乐县	359	8	351	14	11	1	2	34
永靖县	202	22	180	25	10	9	6	39
广河县	723	4	719	21	6	12	3	39
和政县	416	3	413	11	6	4	1	27
东乡族自治县	786	18	768	8		6	2	12
积石山保安族东乡族撒拉族自治县	308	7	301	20	9	4	7	28
甘南藏族自治州	**621**	**72**	**549**	**82**	**57**	**12**	**13**	**140**
合作市	123	20	103	20	16	3	1	53
临潭县	93	9	84	14	9	2	3	19
卓尼县	57	1	56	9	6	3		11
舟曲县	98	8	90	12	7	3	2	21
迭部县	56	7	49	10	5		5	6
玛曲县	51	4	47	7	7			9
碌曲县	42	13	29	6	3	1	2	11
夏河县	101	10	91	4	4			10

行业大类的就业人口（续 27）

单位：人

金融业				房地产业		租赁和商务服务业		
货币金融服务	资本市场服务	保险业	其他金融业	小计	房地产业	小计	租赁业	商务服务业
225	**9**	**131**	**16**	**298**	**298**	**771**	**112**	**659**
115	4	86	8	196	196	376	43	333
18		10		13	13	33	11	22
19		9	1	20	20	57	10	47
3				1	1	6		6
4				1	1	19	2	17
24		8	2	13	13	55	17	38
42	5	18	5	54	54	225	29	196
315	**8**	**140**	**25**	**325**	**325**	**753**	**134**	**619**
165	3	83	14	178	178	366	75	291
33	1	11	5	18	18	95	9	86
23		11		19	19	91	13	78
23	1	4	2	24	24	25	12	13
15	1	2		8	8	23	3	20
11	1	6		11	11	17	3	14
25	1	7	3	16	16	75	9	66
20		16	1	51	51	61	10	51
302	**8**	**136**	**20**	**475**	**475**	**929**	**90**	**839**
89	4	48	3	144	144	192	25	167
27	1	15	9	88	88	243	17	226
66		29	1	79	79	127	16	111
24	1	6	2	25	25	86	8	78
53	1	24	4	106	106	179	16	163
8		5		9	9	27	2	25
35	1	9	1	24	24	75	6	69
251	**6**	**79**	**25**	**227**	**227**	**816**	**91**	**725**
99	4	32	8	81	81	202	14	188
30	1	11	2	28	28	131	13	118
15		7	1	6	6	57	8	49
13		4	2	11	11	40	1	39
11		1		12	12	76	4	72
26		13	3	19	19	86	26	60
21		5	2	23	23	139	9	130
22	1	5	5	45	45	67	15	52
14		1	2	2	2	18	1	17
229	**3**	**129**	**15**	**323**	**323**	**861**	**125**	**736**
107	3	63	3	171	171	256	24	232
10		11		30	30	108	15	93
18		13	3	16	16	62	12	50
24		12	3	39	39	82	9	73
24		12	3	14	14	81	17	64
19		6	2	23	23	78	18	60
9		3		12	12	90	8	82
18		9	1	18	18	104	22	82
114	**2**	**22**	**2**	**35**	**35**	**148**	**21**	**127**
44	1	7	1	16	16	30	2	28
15		3	1	4	4	19	7	12
7		4		2	2	15	1	14
18	1	2		7	7	26	3	23
3		3		2	2	45	5	40
9				1	1	1		1
10		1		1	1	3		3
8		2		2	2	9	3	6

4-4 各地区分性别、

地区 性别	住宿和餐饮业			信息传输、软件和信息技术服务业				
	小计	住宿业	餐饮业	小计	电信、广播电视和卫星传输服务	互联网和相关服务	软件和信息技术服务业	小计
女	**26790**	**3312**	**23478**	**3319**	**1900**	**637**	**782**	**6815**
兰州市	**5115**	**767**	**4348**	**1290**	**551**	**265**	**474**	**2439**
城关区	2035	350	1685	718	309	126	283	1321
七里河区	782	139	643	241	85	64	92	378
西固区	386	48	338	75	35	21	19	208
安宁区	349	55	294	106	40	16	50	241
红古区	161	19	142	25	20	2	3	35
永登县	380	23	357	36	22	12	2	68
皋兰县	120	16	104	15	9	5	1	41
榆中县	519	53	466	39	15	13	11	85
兰州新区	383	64	319	35	16	6	13	62
嘉峪关市	**466**	**125**	**341**	**71**	**54**	**8**	**9**	**157**
市辖区	466	125	341	71	54	8	9	157
金昌市	**470**	**53**	**417**	**77**	**53**	**11**	**13**	**209**
金川区	300	36	264	65	42	11	12	158
永昌县	170	17	153	12	11		1	51
白银市	**1082**	**135**	**947**	**180**	**117**	**36**	**27**	**395**
白银区	355	54	301	76	58	8	10	211
平川区	119	15	104	16	9	2	5	42
靖远县	221	23	198	30	19	6	5	59
会宁县	272	33	239	38	16	16	6	42
景泰县	115	10	105	20	15	4	1	41
天水市	**3109**	**306**	**2803**	**217**	**118**	**56**	**43**	**404**
秦州区	623	100	523	105	58	33	14	185
麦积区	532	77	455	29	14	8	7	72
清水县	327	29	298	13	11	2		23
秦安县	462	44	418	28	14	5	9	58
甘谷县	241	25	216	25	9	8	8	23
武山县	334	23	311	13	8		5	31
张家川回族自治县	590	8	582	4	4			12
武威市	**1467**	**191**	**1276**	**174**	**121**	**32**	**21**	**361**
凉州区	984	153	831	128	95	22	11	264
民勤县	118	11	107	18	9	2	7	43
古浪县	175	16	159	12	7	3	2	26
天祝藏族自治县	190	11	179	16	10	5	1	28
张掖市	**1237**	**200**	**1037**	**138**	**108**	**11**	**19**	**428**
甘州区	603	119	484	80	58	7	15	235
肃南裕固族自治县	35	4	31					10
民乐县	160	15	145	16	12	2	2	44
临泽县	80	21	59	8	8			38
高台县	152	12	140	16	15		1	53
山丹县	207	29	178	18	15	2	1	48
平凉市	**1745**	**202**	**1543**	**167**	**117**	**34**	**16**	**387**
崆峒区	641	99	542	75	58	8	9	178
泾川县	219	27	192	22	19	2	1	35
灵台县	161	6	155	10	4	5	1	20
崇信县	112	9	103	15	8	6	1	20
庄浪县	225	13	212	18	10	6	2	37
静宁县	168	22	146	16	11	4	1	57
华亭市	219	26	193	11	7	3	1	40

行业大类的就业人口（续28）

单位：人

金融业				房地产业		租赁和商务服务业		
货币金融服务	资本市场服务	保险业	其他金融业	小计	房地产业	小计	租赁业	商务服务业
3372	**170**	**2796**	**477**	**5288**	**5288**	**7280**	**194**	**7086**
1158	**97**	**849**	**335**	**2469**	**2469**	**2857**	**89**	**2768**
607	55	413	246	959	959	1592	27	1565
171	17	159	31	423	423	435	23	412
104	13	84	7	215	215	201	13	188
120	4	84	33	251	251	285	9	276
18	1	14	2	61	61	16	3	13
32	1	33	2	46	46	53	5	48
18	2	19	2	48	48	30		30
46	2	33	4	161	161	68		68
42	2	10	8	305	305	177	9	168
74	**4**	**77**	**2**	**147**	**147**	**195**	**12**	**183**
74	4	77	2	147	147	195	12	183
98	**6**	**102**	**3**	**100**	**100**	**180**	**2**	**178**
73	6	78	1	69	69	155	2	153
25		24	2	31	31	25		25
198	**8**	**172**	**17**	**247**	**247**	**239**	**5**	**234**
111	6	86	8	119	119	122	1	121
19		19	4	48	48	25	2	23
27		29	3	25	25	24		24
22		18	2	46	46	51	2	49
19	2	20		9	9	17		17
216	**8**	**157**	**23**	**388**	**388**	**542**	**7**	**535**
111	3	59	12	154	154	156	2	154
35	2	32	3	105	105	143	2	141
11		12		14	14	22		22
30	2	23	3	47	47	50		50
16	1	6		31	31	53	1	52
7		19	5	34	34	101	1	100
6		6		3	3	17	1	16
189	**6**	**160**	**6**	**280**	**280**	**254**	**11**	**243**
143	5	111	5	234	234	189	6	183
22	1	20		11	11	31		31
12		14		16	16	20	3	17
12		15	1	19	19	14	2	12
174	**6**	**239**	**9**	**233**	**233**	**307**	**14**	**293**
108	5	116	6	135	135	192	10	182
7		3		3	3	5		5
16	1	26	1	18	18	27	1	26
11		27		16	16	19		19
17		34	2	20	20	37	2	35
15		33		41	41	27	1	26
229	**2**	**135**	**21**	**302**	**302**	**483**	**5**	**478**
89	1	72	16	147	147	340		340
21		11	3	26	26	26	1	25
17		3		19	19	22		22
15		5		12	12	23	1	22
26	1	8	2	25	25	24		24
39		18		28	28	25		25
22		18		45	45	23	3	20

4-4 各地区分性别、

地区 性别	住宿和餐饮业			信息传输、软件和信息技术服务业				
	小计	住宿业	餐饮业	小计	电信、广播电视和卫星传输服务	互联网和相关服务	软件和信息技术服务业	小计
酒泉市	**1464**	**344**	**1120**	**146**	**94**	**23**	**29**	**489**
肃州区	568	92	476	97	65	14	18	284
金塔县	92	9	83	15	11	3	1	35
瓜州县	176	30	146	5	3	1	1	46
肃北蒙古族自治县	19	3	16					6
阿克塞哈萨克族自治县	25	5	20	3	3			5
玉门市	194	22	172	8	6	2		26
敦煌市	390	183	207	18	6	3	9	87
庆阳市	**1681**	**214**	**1467**	**195**	**131**	**32**	**32**	**439**
西峰区	531	76	455	100	68	13	19	219
庆城县	179	25	154	15	7	3	5	26
环　县	206	23	183	16	11	5		35
华池县	142	28	114	13	13			29
合水县	102	15	87	15	12	2	1	30
正宁县	113	9	104	10	9		1	28
宁　县	212	18	194	10	4	5	1	30
镇原县	196	20	176	16	7	4	5	42
定西市	**2665**	**248**	**2417**	**262**	**151**	**57**	**54**	**445**
安定区	347	44	303	93	70	15	8	140
通渭县	621	66	555	39	18	9	12	31
陇西县	385	38	347	38	20	11	7	69
渭源县	242	11	231	15	7	4	4	37
临洮县	621	40	581	48	24	12	12	105
漳　县	132	11	121	11	6	3	2	24
岷　县	317	38	279	18	6	3	9	39
陇南市	**2252**	**243**	**2009**	**180**	**114**	**44**	**22**	**315**
武都区	489	85	404	59	42	11	6	128
成　县	242	14	228	25	12	10	3	45
文　县	155	19	136	13	6	5	2	28
宕昌县	241	20	221	6	3	2	1	16
康　县	128	16	112	9	6	2	1	12
西和县	403	40	363	26	15	7	4	28
礼　县	351	16	335	15	8	3	4	21
徽　县	197	29	168	21	16	4	1	32
两当县	46	4	42	6	6			5
临夏回族自治州	**3210**	**151**	**3059**	**157**	**113**	**26**	**18**	**235**
临夏市	513	50	463	77	61	8	8	121
临夏县	653	18	635	16	8	6	2	15
康乐县	409	16	393	6	5	1		19
永靖县	298	36	262	16	12	4		43
广河县	313	1	312	9	6	2	1	11
和政县	350	9	341	8	7	1		11
东乡族自治县	371	6	365	5	1	3	1	3
积石山保安族东乡族撒拉族自治县	303	15	288	20	13	1	6	12
甘南藏族自治州	**827**	**133**	**694**	**65**	**58**	**2**	**5**	**112**
合作市	180	49	131	20	20			47
临潭县	131	19	112	8	7	1		14
卓尼县	106	8	98	8	4		4	11
舟曲县	166	12	154	8	6	1	1	12
迭部县	76	24	52	4	4			10
玛曲县	37	3	34	4	4			4
碌曲县	34	10	24	8	8			4
夏河县	97	8	89	5	5			10

行业大类的就业人口（续29）

单位：人

金融业				房地产业		租赁和商务服务业		
货币金融服务	资本市场服务	保险业	其他金融业	小计	房地产业	小计	租赁业	商务服务业
202	**11**	**270**	**6**	**226**	**226**	**490**	**13**	**477**
112	6	163	3	153	153	249	5	244
14		21		4	4	12		12
15		31		16	16	23		23
5		1		4	4	1		1
5						2		2
11	1	13	1	13	13	17	1	16
40	4	41	2	36	36	186	7	179
231	**3**	**189**	**16**	**207**	**207**	**348**	**7**	**341**
107	1	103	8	132	132	180	4	176
14		8	4	10	10	35		35
16		17	2	11	11	41		41
18	1	9	1	13	13	9	1	8
21	1	8		3	3	20	1	19
20		8		13	13	5		5
16		13	1	12	12	22		22
19		23		13	13	36	1	35
215	**8**	**207**	**15**	**346**	**346**	**563**	**16**	**547**
62		75	3	96	96	119	5	114
11	1	18	1	45	45	97	1	96
37	3	26	3	79	79	73	4	69
23		13	1	15	15	64	2	62
44	2	54	5	70	70	150	4	146
15	1	7	1	15	15	11		11
23	1	14	1	26	26	49		49
179	**7**	**118**	**11**	**136**	**136**	**386**	**5**	**381**
68	4	51	5	54	54	81		81
21	1	22	1	18	18	67	1	66
14		14		4	4	22		22
8		6	2	10	10	27		27
7		5		10	10	56		56
21		7		14	14	28	2	26
12	1	6	2	13	13	61		61
25	1	6		11	11	33	2	31
3		1	1	2	2	11		11
130	**3**	**94**	**8**	**178**	**178**	**353**	**8**	**345**
71	2	43	5	90	90	118	2	116
8	1	6		7	7	39	3	36
9		10		6	6	17		17
21		20	2	42	42	59		59
7		3	1	7	7	20		20
7		4		13	13	34	2	32
1		2		4	4	34		34
6		6		9	9	32	1	31
79	**1**	**27**	**5**	**29**	**29**	**83**		**83**
31		15	1	9	9	17		17
9		4	1	3	3	12		12
10		1		7	7	10		10
8		2	2	4	4	8		8
6	1	2	1	2	2	25		25
4				2	2	3		3
4				1	1	4		4
7		3		1	1	4		4

4-4 各地区分性别、

地区 性别	科学研究和技术服务业				水利、环境和公共设施管理业			
	小计	研究和试验发展	专业技术服务业	科技推广和应用服务业	小计	水利管理业	生态保护和环境治理业	公共设施管理业
合计	**10821**	**1491**	**7707**	**1623**	**8909**	**1413**	**1156**	**6227**
兰州市	**4870**	**986**	**3311**	**573**	**2468**	**251**	**234**	**1948**
城关区	2773	594	1848	331	905	104	92	687
七里河区	798	110	592	96	375	35	30	305
西固区	283	69	184	30	165	8	10	144
安宁区	616	178	383	55	244	12	21	210
红古区	16	1	14	1	28	1	3	24
永登县	56	4	37	15	240	25	22	193
皋兰县	23	3	16	4	96	13	17	66
榆中县	130	12	94	24	201	24	18	157
兰州新区	175	15	143	17	214	29	21	162
嘉峪关市	**284**	**35**	**221**	**28**	**147**	**11**	**17**	**117**
市辖区	284	35	221	28	147	11	17	117
金昌市	**241**	**37**	**187**	**17**	**358**	**34**	**20**	**303**
金川区	202	34	154	14	234	5	12	216
永昌县	39	3	33	3	124	29	8	87
白银市	**460**	**36**	**357**	**67**	**592**	**237**	**17**	**332**
白银区	229	16	179	34	202	30	6	164
平川区	52	4	41	7	63	34		28
靖远县	51	3	41	7	97	52	4	40
会宁县	87	10	66	11	81	18	3	59
景泰县	41	3	30	8	149	103	4	41
天水市	**860**	**95**	**576**	**189**	**665**	**44**	**94**	**522**
秦州区	249	38	175	36	218	16	18	182
麦积区	262	13	226	23	162	8	16	138
清水县	12	2	9	1	78	2	11	65
秦安县	95	18	65	12	72	4	10	56
甘谷县	61	16	41	4	35		9	26
武山县	166	7	52	107	61	10	16	35
张家川回族自治县	15	1	8	6	39	4	14	20
武威市	**415**	**44**	**308**	**63**	**792**	**175**	**106**	**507**
凉州区	321	23	256	42	516	111	19	383
民勤县	43	18	16	9	132	38	42	51
古浪县	29	2	20	7	96	24	33	39
天祝藏族自治县	22	1	16	5	48	2	12	34
张掖市	**440**	**33**	**335**	**72**	**573**	**219**	**74**	**265**
甘州区	305	28	250	27	229	79	40	108
肃南裕固族自治县	20		5	15	56	2	24	30
民乐县	25	2	20	3	106	50	4	44
临泽县	14	1	11	2	70	32	1	36
高台县	35	1	26	8	40	28	2	9
山丹县	41	1	23	17	72	28	3	38
平凉市	**422**	**33**	**325**	**64**	**414**	**46**	**31**	**334**
崆峒区	170	19	133	18	146	14	9	123
泾川县	26	1	22	3	59	3	3	53
灵台县	46	6	34	6	49	2	6	41
崇信县	26		5	21	13		2	11
庄浪县	43	1	40	2	35	5	4	26
静宁县	71	5	52	14	64	20	7	36
华亭市	40	1	39		48	2		44

行业大类的就业人口（续30）

单位：人

土地管理业	居民服务、修理和其他服务业				教育		卫生和社会工作	
	小计	居民服务业	机动车、电子产品和日用产品修理业	其他服务业	小计	教育	小计	卫生
113	**24867**	**13665**	**7580**	**3622**	**47775**	**47775**	**24430**	**23772**
35	**5285**	**3075**	**1441**	**769**	**10643**	**10643**	**5704**	**5565**
22	2169	1408	499	262	4069	4069	2542	2482
5	945	566	228	151	1632	1632	1212	1173
3	473	280	142	51	830	830	465	453
1	387	220	100	67	1798	1798	459	447
	131	67	56	8	259	259	157	155
	310	129	135	46	478	478	208	205
	121	54	38	29	261	261	114	113
2	448	247	147	54	765	765	375	367
2	301	104	96	101	551	551	172	170
2	**471**	**272**	**134**	**65**	**557**	**557**	**425**	**416**
2	471	272	134	65	557	557	425	416
1	**456**	**228**	**189**	**39**	**765**	**765**	**491**	**474**
1	320	166	119	35	486	486	318	305
	136	62	70	4	279	279	173	169
6	**1261**	**656**	**464**	**141**	**2908**	**2908**	**1273**	**1248**
2	395	240	97	58	689	689	373	365
1	128	55	54	19	415	415	261	255
1	260	114	127	19	615	615	185	181
1	305	162	111	32	739	739	299	297
1	173	85	75	13	450	450	155	150
5	**2657**	**1593**	**636**	**428**	**5048**	**5048**	**2157**	**2102**
2	643	381	135	127	1162	1162	659	650
	666	419	139	108	778	778	422	415
	216	143	41	32	418	418	157	141
2	443	273	125	45	833	833	292	286
	317	182	118	17	760	760	290	288
	241	133	54	54	720	720	191	182
1	131	62	24	45	377	377	146	140
4	**1472**	**776**	**523**	**173**	**2724**	**2724**	**1739**	**1668**
3	955	511	360	84	1723	1723	1221	1188
1	153	99	43	11	325	325	161	153
	245	121	71	53	375	375	184	156
	119	45	49	25	301	301	173	171
15	**1261**	**734**	**432**	**95**	**2293**	**2293**	**1435**	**1380**
2	624	367	194	63	1111	1111	708	689
	12	5	6	1	44	44	52	48
8	146	86	53	7	379	379	203	199
1	91	54	35	2	218	218	134	126
1	171	104	57	10	274	274	160	143
3	217	118	87	12	267	267	178	175
3	**1717**	**986**	**585**	**146**	**3739**	**3739**	**1920**	**1866**
	566	318	200	48	1089	1089	615	585
	187	104	59	24	532	532	245	241
	138	86	34	18	290	290	164	162
	73	35	24	14	161	161	81	77
	372	252	91	29	592	592	289	287
1	197	96	95	6	703	703	314	306
2	184	95	82	7	372	372	212	208

4-4 各地区分性别、

地区 性别	科学研究和技术服务业				水利、环境和公共设施管理业			
	小计	研究和试验发展	专业技术服务业	科技推广和应用服务业	小计	水利管理业	生态保护和环境治理业	公共设施管理业
酒泉市	**519**	**27**	**419**	**73**	**516**	**129**	**47**	**330**
肃州区	293	17	240	36	174	35	10	121
金塔县	16		14	2	59	23	6	30
瓜州县	52	1	41	10	50	14	6	28
肃北蒙古族自治县	1			1	8		1	7
阿克塞哈萨克族自治县	6		6		8			8
玉门市	47	4	29	14	77	47	5	25
敦煌市	104	5	89	10	140	10	19	111
庆阳市	**608**	**38**	**458**	**112**	**501**	**50**	**149**	**292**
西峰区	308	18	254	36	159	25	35	92
庆城县	62	5	45	12	42	10	6	26
环　县	88	5	75	8	59	5	10	44
华池县	34		28	6	36	1	19	15
合水县	12	3	6	3	30		7	22
正宁县	11	2	5	4	79	5	50	24
宁　县	36	2	24	10	50	1	14	35
镇原县	57	3	21	33	46	3	8	34
定西市	**793**	**71**	**607**	**115**	**730**	**118**	**91**	**507**
安定区	195	27	143	25	213	36	37	140
通渭县	177	17	139	21	83	13	9	60
陇西县	126	6	96	24	149	22	14	109
渭源县	69	5	50	14	58	10	7	35
临洮县	153	11	115	27	138	21	13	103
漳　县	28	1	26	1	17	5	1	11
岷　县	45	4	38	3	72	11	10	49
陇南市	**429**	**20**	**278**	**131**	**516**	**54**	**154**	**302**
武都区	140	9	85	46	132	22	42	68
成　县	51	1	36	14	79	5	26	46
文　县	33		28	5	94	8	44	41
宕昌县	16		14	2	26		3	23
康　县	51	3	27	21	37		13	24
西和县	36	4	25	7	50	4	8	38
礼　县	46	1	33	12	47	7	7	31
徽　县	44	2	21	21	31	4	3	23
两当县	12		9	3	20	4	8	8
临夏回族自治州	**362**	**32**	**229**	**101**	**462**	**38**	**64**	**358**
临夏市	146	19	99	28	159	16	18	124
临夏县	27	3	16	8	89	3	7	79
康乐县	21	1	15	5	32	3	6	23
永靖县	63	6	40	17	53	4	8	41
广河县	11	1	8	2	20	1	1	18
和政县	26	2	10	14	39	1	9	29
东乡族自治县	38		17	21	34	2	5	26
积石山保安族东乡族撒拉族自治县	30		24	6	36	8	10	18
甘南藏族自治州	**118**	**4**	**96**	**18**	**175**	**7**	**58**	**110**
合作市	14		14		24	1	1	22
临潭县	26	2	12	12	20	1	2	17
卓尼县	17		14	3	39		31	8
舟曲县	9		8	1	35	1	5	29
迭部县	29		27	2	16	2	7	7
玛曲县	5		5		9		3	6
碌曲县	1		1		20	2	9	9
夏河县	17	2	15		12			12

行业大类的就业人口（续31）

单位：人

土地管理业	居民服务、修理和其他服务业				教育		卫生和社会工作	
	小计	居民服务业	机动车、电子产品和日用产品修理业	其他服务业	小计	教育	小计	卫生
10	**1363**	**761**	**483**	**119**	**1842**	**1842**	**1196**	**1156**
8	675	408	188	79	849	849	587	576
	103	52	41	10	191	191	124	115
2	156	79	65	12	231	231	104	103
	16	7	5	4	24	24	25	24
	15	6	9		21	21	15	15
	174	78	91	5	193	193	123	121
	224	131	84	9	333	333	218	202
10	**2012**	**1122**	**638**	**252**	**3800**	**3800**	**1918**	**1863**
7	767	437	236	94	1377	1377	779	741
	212	105	68	39	337	337	165	163
	244	105	100	39	549	549	209	208
1	102	52	37	13	229	229	105	103
1	91	48	33	10	181	181	76	74
	119	73	44	2	264	264	121	120
	202	114	67	21	405	405	216	213
1	275	188	53	34	458	458	247	241
14	**2532**	**1234**	**747**	**551**	**4883**	**4883**	**2389**	**2337**
	468	229	163	76	891	891	536	528
1	460	194	144	122	833	833	343	340
4	369	188	136	45	897	897	444	439
6	243	116	61	66	483	483	208	203
1	631	307	144	180	865	865	456	442
	134	71	33	30	271	271	105	105
2	227	129	66	32	643	643	297	280
6	**1959**	**1274**	**436**	**249**	**3681**	**3681**	**1729**	**1684**
	436	292	106	38	919	919	463	448
2	230	140	72	18	456	456	190	188
1	160	99	36	25	362	362	130	128
	106	59	30	17	260	260	178	178
	130	81	20	29	236	236	140	129
	250	153	59	38	514	514	195	195
2	389	268	62	59	517	517	171	158
1	208	156	39	13	351	351	216	216
	50	26	12	12	66	66	46	44
2	**2021**	**804**	**687**	**530**	**3302**	**3302**	**1513**	**1481**
1	541	258	195	88	1148	1148	571	563
	337	132	165	40	212	212	136	130
	198	89	61	48	376	376	157	154
	204	88	61	55	444	444	148	147
	208	47	38	123	338	338	103	101
	214	86	65	63	321	321	189	183
1	94	32	18	44	121	121	38	32
	225	72	84	69	342	342	171	171
	400	**150**	**185**	**65**	**1590**	**1590**	**541**	**532**
	90	47	32	11	387	387	126	125
	67	20	39	8	255	255	59	59
	42	12	25	5	210	210	73	71
	91	44	32	15	305	305	117	117
	30	13	7	10	150	150	59	57
	32	4	23	5	75	75	38	36
	14	6	3	5	97	97	27	26
	34	4	24	6	111	111	42	41

4–4 各地区分性别、

地区 性别	科学研究和技术服务业				水利、环境和公共设施管理业			
	小计	研究和试验发展	专业技术服务业	科技推广和应用服务业	小计	水利管理业	生态保护和环境治理业	公共设施管理业
男	**7638**	**974**	**5573**	**1091**	**5195**	**1061**	**855**	**3201**
兰州市	**3324**	**634**	**2313**	**377**	**1417**	**179**	**167**	**1056**
城关区	1871	383	1269	219	518	71	54	383
七里河区	562	80	421	61	211	21	24	164
西固区	187	45	121	21	75	7	7	59
安宁区	417	103	276	38	152	8	13	131
红古区	14	1	13		16	1	2	13
永登县	41	2	29	10	140	20	20	100
皋兰县	15	3	9	3	66	12	13	41
榆中县	92	9	69	14	98	16	16	66
兰州新区	125	8	106	11	141	23	18	99
嘉峪关市	**203**	**29**	**155**	**19**	**82**	**7**	**14**	**60**
市辖区	203	29	155	19	82	7	14	60
金昌市	**162**	**22**	**127**	**13**	**156**	**27**	**14**	**114**
金川区	131	19	101	11	96	5	6	84
永昌县	31	3	26	2	60	22	8	30
白银市	**335**	**24**	**259**	**52**	**353**	**169**	**14**	**165**
白银区	168	12	127	29	98	18	5	74
平川区	36	3	28	5	41	28		12
靖远县	35	3	28	4	69	41	3	24
会宁县	63	4	51	8	44	13	2	28
景泰县	33	2	25	6	101	69	4	27
天水市	**613**	**63**	**433**	**117**	**436**	**36**	**73**	**322**
秦州区	169	25	121	23	145	13	16	114
麦积区	203	7	177	19	104	6	11	87
清水县	10	2	8		45	2	6	37
秦安县	72	14	47	11	50	4	8	36
甘谷县	48	11	34	3	26		7	19
武山县	98	3	38	57	36	7	13	16
张家川回族自治县	13	1	8	4	30	4	12	13
武威市	**302**	**35**	**226**	**41**	**376**	**128**	**69**	**176**
凉州区	238	19	188	31	219	88	14	115
民勤县	26	14	10	2	81	25	28	27
古浪县	21	1	15	5	50	14	19	17
天祝藏族自治县	17	1	13	3	26	1	8	17
张掖市	**306**	**23**	**231**	**52**	**388**	**178**	**52**	**146**
甘州区	209	19	171	19	152	64	30	56
肃南裕固族自治县	14		3	11	34	1	13	20
民乐县	15	2	11	2	79	43	4	25
临泽县	11	1	8	2	47	26		21
高台县	24	1	17	6	30	23	2	4
山丹县	33		21	12	46	21	3	20
平凉市	**319**	**23**	**255**	**41**	**260**	**39**	**20**	**200**
崆峒区	129	13	103	13	89	9	7	73
泾川县	21	1	18	2	39	3	1	35
灵台县	39	5	31	3	27	2	3	22
崇信县	16		4	12	8		1	7
庄浪县	38	1	35	2	18	4	3	11
静宁县	48	3	36	9	44	19	5	20
华亭市	28		28		35	2		32

行业大类的就业人口（续 32）

单位：人

土地管理业	居民服务、修理和其他服务业				教育		卫生和社会工作	
	小计	居民服务业	机动车、电子产品和日用产品修理业	其他服务业	小计	教育	小计	卫生
78	**12460**	**4405**	**6502**	**1553**	**21105**	**21105**	**8162**	**7926**
15	**2540**	**1008**	**1216**	**316**	**4213**	**4213**	**1696**	**1651**
10	1007	474	413	120	1542	1542	803	782
2	423	177	189	57	643	643	334	318
2	218	77	115	26	276	276	115	112
	184	78	81	25	772	772	122	122
	70	19	49	2	87	87	50	49
	172	38	119	15	214	214	65	64
	59	16	31	12	100	100	36	36
	255	102	131	22	355	355	126	123
1	152	27	88	37	224	224	45	45
1	**209**	**63**	**114**	**32**	**169**	**169**	**98**	**97**
1	209	63	114	32	169	169	98	97
1	**214**	**61**	**142**	**11**	**317**	**317**	**127**	**120**
1	142	46	88	8	178	178	74	69
	72	15	54	3	139	139	53	51
5	**711**	**259**	**401**	**51**	**1250**	**1250**	**401**	**392**
1	197	95	83	19	252	252	103	100
1	81	27	47	7	159	159	77	76
1	164	47	112	5	285	285	73	72
1	167	58	95	14	397	397	105	103
1	102	32	64	6	157	157	43	41
5	**1317**	**551**	**560**	**206**	**2395**	**2395**	**887**	**863**
2	294	128	113	53	527	527	237	232
	323	142	125	56	344	344	156	153
	80	30	39	11	219	219	86	77
2	244	116	109	19	397	397	124	122
	183	64	109	10	345	345	127	126
	116	42	48	26	376	376	84	82
1	77	29	17	31	187	187	73	71
3	**746**	**242**	**444**	**60**	**1302**	**1302**	**612**	**582**
2	487	157	304	26	821	821	420	408
1	81	37	40	4	152	152	52	50
	116	33	59	24	192	192	83	68
	62	15	41	6	137	137	57	56
12	**610**	**213**	**356**	**41**	**1106**	**1106**	**441**	**429**
2	299	111	165	23	519	519	214	209
	8	2	5	1	17	17	22	21
7	71	28	40	3	195	195	63	63
	36	10	26		101	101	50	46
1	86	34	45	7	148	148	44	43
2	110	28	75	7	126	126	48	47
1	**871**	**305**	**508**	**58**	**1679**	**1679**	**661**	**647**
	313	110	181	22	450	450	202	194
	97	37	50	10	243	243	83	81
	70	32	28	10	123	123	61	60
	31	8	20	3	69	69	31	30
	135	54	73	8	304	304	102	102
	119	32	85	2	327	327	114	114
1	106	32	71	3	163	163	68	66

4-4 各地区分性别、

地区 性别	科学研究和技术服务业				水利、环境和公共设施管理业			
	小计	研究和试验发展	专业技术服务业	科技推广和应用服务业	小计	水利管理业	生态保护和环境治理业	公共设施管理业
酒泉市	**387**	**15**	**310**	**62**	**314**	**95**	**37**	**175**
肃州区	220	8	180	32	105	29	9	61
金塔县	11		9	2	34	15	6	13
瓜州县	38	1	29	8	31	9	4	17
肃北蒙古族自治县	1			1	3		1	2
阿克塞哈萨克族自治县	6		6		3			3
玉门市	37	3	22	12	51	33	4	14
敦煌市	74	3	64	7	87	9	13	65
庆阳市	**448**	**27**	**340**	**81**	**350**	**37**	**120**	**185**
西峰区	213	11	179	23	101	18	28	50
庆城县	50	3	38	9	28	9	4	15
环　县	75	5	62	8	41	4	10	27
华池县	29		23	6	27	1	15	10
合水县	11	3	6	2	23		7	15
正宁县	6	2	2	2	57	3	39	15
宁　县	25		16	9	41	1	11	29
镇原县	39	3	14	22	32	1	6	24
定西市	**573**	**44**	**449**	**80**	**415**	**91**	**72**	**240**
安定区	144	16	112	16	128	26	32	70
通渭县	136	14	105	17	49	9	8	31
陇西县	87	4	67	16	62	17	9	33
渭源县	40	2	29	9	38	8	6	19
临洮县	112	5	88	19	74	18	9	46
漳　县	20	1	18	1	13	4		9
岷　县	34	2	30	2	51	9	8	32
陇南市	**323**	**10**	**228**	**85**	**340**	**42**	**114**	**178**
武都区	105	3	70	32	96	17	37	42
成　县	35	1	25	9	54	3	17	32
文　县	27		24	3	61	7	30	23
宕昌县	13		12	1	7		3	4
康　县	38	3	21	14	27		9	18
西和县	31	1	24	6	28	3	6	19
礼　县	37	1	28	8	32	4	5	21
徽　县	28	1	17	10	24	4	2	17
两当县	9		7	2	11	4	5	2
临夏回族自治州	**256**	**22**	**175**	**59**	**214**	**28**	**49**	**135**
临夏市	100	10	75	15	60	11	13	35
临夏县	18	3	11	4	37	2	5	30
康乐县	14	1	11	2	20	3	6	11
永靖县	47	5	29	13	29	4	6	19
广河县	9	1	7	1	8		1	7
和政县	14	2	8	4	22	1	7	14
东乡族自治县	33		16	17	19	1	3	14
积石山保安族东乡族撒拉族自治县	21		18	3	19	6	8	5
甘南藏族自治州	**87**	**3**	**72**	**12**	**94**	**5**	**40**	**49**
合作市	11		11		6			6
临潭县	16	1	9	6	8	1		7
卓尼县	12		9	3	27		22	5
舟曲县	8		7	1	21	1	5	15
迭部县	21		19	2	13	1	6	6
玛曲县	5		5		5		3	2
碌曲县					10	2	4	4
夏河县	14	2	12		4			4

行业大类的就业人口（续33）

单位：人

土地管理业	居民服务、修理和其他服务业				教育		卫生和社会工作	
	小计	居民服务业	机动车、电子产品和日用产品修理业	其他服务业	小计	教育	小计	卫生
7	**686**	**235**	**395**	**56**	**733**	**733**	**360**	**348**
6	317	124	159	34	325	325	175	170
	54	18	32	4	93	93	44	44
1	74	17	51	6	93	93	29	29
	9	1	5	3	8	8	8	7
	10	3	7		3	3	1	1
	104	26	75	3	85	85	35	35
	118	46	66	6	126	126	68	62
8	**1051**	**368**	**568**	**115**	**1649**	**1649**	**647**	**627**
5	383	140	211	32	543	543	228	212
	129	46	64	19	149	149	55	55
	136	25	91	20	252	252	75	75
1	59	21	31	7	92	92	34	32
1	54	22	27	5	89	89	28	27
	71	30	41		118	118	45	45
	111	39	59	13	182	182	96	96
1	108	45	44	19	224	224	86	85
12	**1271**	**376**	**662**	**233**	**2406**	**2406**	**814**	**792**
	222	66	140	16	440	440	183	181
1	227	45	130	52	471	471	114	113
3	204	70	122	12	417	417	142	140
5	119	37	54	28	247	247	74	72
1	313	97	124	92	379	379	152	147
	63	21	28	14	134	134	36	36
2	123	40	64	19	318	318	113	103
6	**875**	**357**	**394**	**124**	**1694**	**1694**	**693**	**668**
	206	94	95	17	370	370	175	164
2	117	39	65	13	193	193	61	60
1	84	38	32	14	156	156	55	54
	48	16	25	7	137	137	63	63
	62	33	18	11	118	118	55	52
	127	50	53	24	259	259	100	100
2	132	48	56	28	283	283	84	75
1	65	23	38	4	154	154	83	83
	34	16	12	6	24	24	17	17
2	**1136**	**323**	**593**	**220**	**1461**	**1461**	**530**	**517**
1	289	98	169	22	435	435	200	196
	220	59	148	13	113	113	41	39
	97	32	51	14	175	175	46	46
	97	31	51	15	190	190	51	50
	155	30	34	91	193	193	38	36
	116	34	57	25	132	132	63	63
1	49	16	17	16	62	62	23	19
	113	23	66	24	161	161	68	68
	223	**44**	**149**	**30**	**731**	**731**	**195**	**193**
	44	13	25	6	184	184	41	41
	44	7	34	3	137	137	25	25
	23	1	21	1	97	97	25	24
	43	12	26	5	127	127	46	46
	14	4	5	5	63	63	20	20
	20	2	16	2	35	35	14	13
	9	3	3	3	43	43	9	9
	26	2	19	5	45	45	15	15

4–4 各地区分性别、

地区 性别	科学研究和技术服务业				水利、环境和公共设施管理业			
	小计	研究和试验发展	专业技术服务业	科技推广和应用服务业	小计	水利管理业	生态保护和环境治理业	公共设施管理业
女	**3183**	**517**	**2134**	**532**	**3714**	**352**	**301**	**3026**
兰州市	**1546**	**352**	**998**	**196**	**1051**	**72**	**67**	**892**
城关区	902	211	579	112	387	33	38	304
七里河区	236	30	171	35	164	14	6	141
西固区	96	24	63	9	90	1	3	85
安宁区	199	75	107	17	92	4	8	79
红古区	2		1	1	12		1	11
永登县	15	2	8	5	100	5	2	93
皋兰县	8		7	1	30	1	4	25
榆中县	38	3	25	10	103	8	2	91
兰州新区	50	7	37	6	73	6	3	63
嘉峪关市	**81**	**6**	**66**	**9**	**65**	**4**	**3**	**57**
市辖区	81	6	66	9	65	4	3	57
金昌市	**79**	**15**	**60**	**4**	**202**	**7**	**6**	**189**
金川区	71	15	53	3	138		6	132
永昌县	8		7	1	64	7		57
白银市	**125**	**12**	**98**	**15**	**239**	**68**	**3**	**167**
白银区	61	4	52	5	104	12	1	90
平川区	16	1	13	2	22	6		16
靖远县	16		13	3	28	11	1	16
会宁县	24	6	15	3	37	5	1	31
景泰县	8	1	5	2	48	34		14
天水市	**247**	**32**	**143**	**72**	**229**	**8**	**21**	**200**
秦州区	80	13	54	13	73	3	2	68
麦积区	59	6	49	4	58	2	5	51
清水县	2		1	1	33		5	28
秦安县	23	4	18	1	22		2	20
甘谷县	13	5	7	1	9		2	7
武山县	68	4	14	50	25	3	3	19
张家川回族自治县	2			2	9		2	7
武威市	**113**	**9**	**82**	**22**	**416**	**47**	**37**	**331**
凉州区	83	4	68	11	297	23	5	268
民勤县	17	4	6	7	51	13	14	24
古浪县	8	1	5	2	46	10	14	22
天祝藏族自治县	5		3	2	22	1	4	17
张掖市	**134**	**10**	**104**	**20**	**185**	**41**	**22**	**119**
甘州区	96	9	79	8	77	15	10	52
肃南裕固族自治县	6		2	4	22	1	11	10
民乐县	10		9	1	27	7		19
临泽县	3		3		23	6	1	15
高台县	11		9	2	10	5		5
山丹县	8	1	2	5	26	7		18
平凉市	**103**	**10**	**70**	**23**	**154**	**7**	**11**	**134**
崆峒区	41	6	30	5	57	5	2	50
泾川县	5		4	1	20		2	18
灵台县	7	1	3	3	22		3	19
崇信县	10		1	9	5		1	4
庄浪县	5		5		17	1	1	15
静宁县	23	2	16	5	20	1	2	16
华亭市	12	1	11		13			12

行业大类的就业人口（续 34）

单位：人

	居民服务、修理和其他服务业				教育		卫生和社会工作	
土地管理业	小计	居民服务业	机动车、电子产品和日用产品修理业	其他服务业	小计	教育	小计	卫生
35	**12407**	**9260**	**1078**	**2069**	**26670**	**26670**	**16268**	**15846**
20	**2745**	**2067**	**225**	**453**	**6430**	**6430**	**4008**	**3914**
12	1162	934	86	142	2527	2527	1739	1700
3	522	389	39	94	989	989	878	855
1	255	203	27	25	554	554	350	341
1	203	142	19	42	1026	1026	337	325
	61	48	7	6	172	172	107	106
	138	91	16	31	264	264	143	141
	62	38	7	17	161	161	78	77
2	193	145	16	32	410	410	249	244
1	149	77	8	64	327	327	127	125
1	**262**	**209**	**20**	**33**	**388**	**388**	**327**	**319**
1	262	209	20	33	388	388	327	319
	242	**167**	**47**	**28**	**448**	**448**	**364**	**354**
	178	120	31	27	308	308	244	236
	64	47	16	1	140	140	120	118
1	**550**	**397**	**63**	**90**	**1658**	**1658**	**872**	**856**
1	198	145	14	39	437	437	270	265
	47	28	7	12	256	256	184	179
	96	67	15	14	330	330	112	109
	138	104	16	18	342	342	194	194
	71	53	11	7	293	293	112	109
	1340	**1042**	**76**	**222**	**2653**	**2653**	**1270**	**1239**
	349	253	22	74	635	635	422	418
	343	277	14	52	434	434	266	262
	136	113	2	21	199	199	71	64
	199	157	16	26	436	436	168	164
	134	118	9	7	415	415	163	162
	125	91	6	28	344	344	107	100
	54	33	7	14	190	190	73	69
1	**726**	**534**	**79**	**113**	**1422**	**1422**	**1127**	**1086**
1	468	354	56	58	902	902	801	780
	72	62	3	7	173	173	109	103
	129	88	12	29	183	183	101	88
	57	30	8	19	164	164	116	115
3	**651**	**521**	**76**	**54**	**1187**	**1187**	**994**	**951**
	325	256	29	40	592	592	494	480
	4	3	1		27	27	30	27
1	75	58	13	4	184	184	140	136
1	55	44	9	2	117	117	84	80
	85	70	12	3	126	126	116	100
1	107	90	12	5	141	141	130	128
2	**846**	**681**	**77**	**88**	**2060**	**2060**	**1259**	**1219**
	253	208	19	26	639	639	413	391
	90	67	9	14	289	289	162	160
	68	54	6	8	167	167	103	102
	42	27	4	11	92	92	50	47
	237	198	18	21	288	288	187	185
1	78	64	10	4	376	376	200	192
1	78	63	11	4	209	209	144	142

4-4 各地区分性别、

地区 性别	科学研究和技术服务业				水利、环境和公共设施管理业			
	小计	研究和试验发展	专业技术服务业	科技推广和应用服务业	小计	水利管理业	生态保护和环境治理业	公共设施管理业
酒泉市	**132**	**12**	**109**	**11**	**202**	**34**	**10**	**155**
肃州区	73	9	60	4	69	6	1	60
金塔县	5		5		25	8		17
瓜州县	14		12	2	19	5	2	11
肃北蒙古族自治县					5			5
阿克塞哈萨克族自治县					5			5
玉门市	10	1	7	2	26	14	1	11
敦煌市	30	2	25	3	53	1	6	46
庆阳市	**160**	**11**	**118**	**31**	**151**	**13**	**29**	**107**
西峰区	95	7	75	13	58	7	7	42
庆城县	12	2	7	3	14	1	2	11
环　县	13		13		18	1		17
华池县	5		5		9		4	5
合水县	1			1	7			7
正宁县	5		3	2	22	2	11	9
宁　县	11	2	8	1	9		3	6
镇原县	18		7	11	14	2	2	10
定西市	**220**	**27**	**158**	**35**	**315**	**27**	**19**	**267**
安定区	51	11	31	9	85	10	5	70
通渭县	41	3	34	4	34	4	1	29
陇西县	39	2	29	8	87	5	5	76
渭源县	29	3	21	5	20	2	1	16
临洮县	41	6	27	8	64	3	4	57
漳　县	8		8		4	1	1	2
岷　县	11	2	8	1	21	2	2	17
陇南市	**106**	**10**	**50**	**46**	**176**	**12**	**40**	**124**
武都区	35	6	15	14	36	5	5	26
成　县	16		11	5	25	2	9	14
文　县	6		4	2	33	1	14	18
宕昌县	3		2	1	19			19
康　县	13		6	7	10		4	6
西和县	5	3	1	1	22	1	2	19
礼　县	9		5	4	15	3	2	10
徽　县	16	1	4	11	7		1	6
两当县	3		2	1	9		3	6
临夏回族自治州	**106**	**10**	**54**	**42**	**248**	**10**	**15**	**223**
临夏市	46	9	24	13	99	5	5	89
临夏县	9		5	4	52	1	2	49
康乐县	7		4	3	12			12
永靖县	16	1	11	4	24		2	22
广河县	2		1	1	12	1		11
和政县	12		2	10	17		2	15
东乡族自治县	5		1	4	15	1	2	12
积石山保安族东乡族撒拉族自治县	9		6	3	17	2	2	13
甘南藏族自治州	**31**	**1**	**24**	**6**	**81**	**2**	**18**	**61**
合作市	3		3		18	1	1	16
临潭县	10	1	3	6	12		2	10
卓尼县	5		5		12		9	3
舟曲县	1		1		14			14
迭部县	8		8		3	1	1	1
玛曲县					4			4
碌曲县	1		1		10		5	5
夏河县	3		3		8			8

行业大类的就业人口（续35）

单位：人

	居民服务、修理和其他服务业				教育		卫生和社会工作	
土地管理业	小计	居民服务业	机动车、电子产品和日用产品修理业	其他服务业	小计	教育	小计	卫生
3	**677**	**526**	**88**	**63**	**1109**	**1109**	**836**	**808**
2	358	284	29	45	524	524	412	406
	49	34	9	6	98	98	80	71
1	82	62	14	6	138	138	75	74
	7	6		1	16	16	17	17
	5	3	2		18	18	14	14
	70	52	16	2	108	108	88	86
	106	85	18	3	207	207	150	140
2	**961**	**754**	**70**	**137**	**2151**	**2151**	**1271**	**1236**
2	384	297	25	62	834	834	551	529
	83	59	4	20	188	188	110	108
	108	80	9	19	297	297	134	133
	43	31	6	6	137	137	71	71
	37	26	6	5	92	92	48	47
	48	43	3	2	146	146	76	75
	91	75	8	8	223	223	120	117
	167	143	9	15	234	234	161	156
2	**1261**	**858**	**85**	**318**	**2477**	**2477**	**1575**	**1545**
	246	163	23	60	451	451	353	347
	233	149	14	70	362	362	229	227
1	165	118	14	33	480	480	302	299
1	124	79	7	38	236	236	134	131
	318	210	20	88	486	486	304	295
	71	50	5	16	137	137	69	69
	104	89	2	13	325	325	184	177
	1084	**917**	**42**	**125**	**1987**	**1987**	**1036**	**1016**
	230	198	11	21	549	549	288	284
	113	101	7	5	263	263	129	128
	76	61	4	11	206	206	75	74
	58	43	5	10	123	123	115	115
	68	48	2	18	118	118	85	77
	123	103	6	14	255	255	95	95
	257	220	6	31	234	234	87	83
	143	133	1	9	197	197	133	133
	16	10		6	42	42	29	27
	885	**481**	**94**	**310**	**1841**	**1841**	**983**	**964**
	252	160	26	66	713	713	371	367
	117	73	17	27	99	99	95	91
	101	57	10	34	201	201	111	108
	107	57	10	40	254	254	97	97
	53	17	4	32	145	145	65	65
	98	52	8	38	189	189	126	120
	45	16	1	28	59	59	15	13
	112	49	18	45	181	181	103	103
	177	**106**	**36**	**35**	**859**	**859**	**346**	**339**
	46	34	7	5	203	203	85	84
	23	13	5	5	118	118	34	34
	19	11	4	4	113	113	48	47
	48	32	6	10	178	178	71	71
	16	9	2	5	87	87	39	37
	12	2	7	3	40	40	24	23
	5	3		2	54	54	18	17
	8	2	5	1	66	66	27	26

4-4 各地区分性别、

地区 性别	社会工作	文化、体育和娱乐业					
		小计	新闻和出版业	广播、电视、电影和录音制作业	文化艺术业	体育	娱乐业
合计	**658**	**5747**	**636**	**702**	**1824**	**539**	**2046**
兰州市	**139**	**1986**	**334**	**271**	**507**	**217**	**657**
城关区	60	1191	247	177	317	120	330
七里河区	39	313	48	35	83	39	108
西固区	12	94	7	15	14	12	46
安宁区	12	124	20	17	45	15	27
红古区	2	14	1		1		12
永登县	3	50	1	4	14	5	26
皋兰县	1	24	3	3	2	6	10
榆中县	8	82	4	16	17	7	38
兰州新区	2	94	3	4	14	13	60
嘉峪关市	**9**	**194**	**19**	**28**	**28**	**14**	**105**
市辖区	9	194	19	28	28	14	105
金昌市	**17**	**138**	**9**	**18**	**33**	**19**	**59**
金川区	13	105	8	16	25	18	38
永昌县	4	33	1	2	8	1	21
白银市	**25**	**245**	**26**	**35**	**67**	**23**	**94**
白银区	8	95	12	19	19	11	34
平川区	6	39	4	1	7	4	23
靖远县	4	38	6	3	15	3	11
会宁县	2	41	2	7	18	3	11
景泰县	5	32	2	5	8	2	15
天水市	**55**	**451**	**42**	**55**	**163**	**47**	**144**
秦州区	9	198	27	31	58	22	60
麦积区	7	94	4	6	36	10	38
清水县	16	19	1	2	7	1	8
秦安县	6	59	6	9	25	4	15
甘谷县	2	48	3	6	15	8	16
武山县	9	30			21	2	7
张家川回族自治县	6	3	1	1	1		
武威市	**71**	**251**	**22**	**26**	**79**	**9**	**115**
凉州区	33	196	17	21	60	9	89
民勤县	8	18	3	1	3		11
古浪县	28	16		3	8		5
天祝藏族自治县	2	21	2	1	8		10
张掖市	**55**	**312**	**24**	**48**	**85**	**37**	**118**
甘州区	19	168	14	29	39	23	63
肃南裕固族自治县	4	14	1	2	5	2	4
民乐县	4	17	1	5	1		10
临泽县	8	33	3	2	12	5	11
高台县	17	49	1	6	24	6	12
山丹县	3	31	4	4	4	1	18
平凉市	**54**	**332**	**27**	**34**	**113**	**33**	**125**
崆峒区	30	147	15	17	39	17	59
泾川县	4	51	4	3	31	4	9
灵台县	2	27	2	4	8	1	12
崇信县	4	19		3	10	2	4
庄浪县	2	25	3	2	6	3	11
静宁县	8	30	2	1	13	5	9
华亭市	4	33	1	4	6	1	21

行业大类的就业人口（续36）

单位：人

公共管理、社会保障和社会组织							国际组织	
小计	中国共产党机关	国家机构	人民政协、民主党派	社会保障	群众团体、社会团体和其他成员组织	基层群众自治组织	小计	国际组织
63251	**1527**	**49641**	**259**	**292**	**2083**	**9449**	**3**	**3**
10469	**317**	**8513**	**48**	**82**	**523**	**986**	**2**	**2**
4751	214	3893	31	38	319	256	1	1
1280	19	1045	2	15	50	149		
975	6	774	2	3	24	166		
1100	29	896	6	14	77	78	1	1
442	5	397	1	2	5	32		
566	9	406		3	19	129		
327	4	262	5	2	7	47		
544	10	416		4	15	99		
484	21	424	1	1	7	30		
717		**570**	**3**	**3**	**21**	**120**		
717		570	3	3	21	120		
1296	**58**	**1025**	**7**	**1**	**34**	**171**		
840	41	690	4	1	27	77		
456	17	335	3		7	94		
3194	**49**	**2620**	**16**	**12**	**58**	**439**		
1228	11	1037	4	4	29	143		
414		338	3	5	5	63		
594	3	480	3		8	100		
500	29	397	4	2	9	59		
458	6	368	2	1	7	74		
7284	**153**	**4087**	**19**	**21**	**224**	**2780**	**1**	**1**
1648	38	1377	6	4	51	172	1	1
1092	17	860	2	4	35	174		
539	19	351	3	2	15	149		
641	8	493	1	1	13	125		
2323	15	398	5	1	12	1892		
602	20	359	1	5	46	171		
439	36	249	1	4	52	97		
3559	**80**	**2763**	**18**	**18**	**69**	**611**		
1997	37	1621	12	4	41	282		
394	7	330	2	4	6	45		
557	23	394	3	6	10	121		
611	13	418	1	4	12	163		
3132	**129**	**2555**	**19**	**27**	**75**	**327**		
1358	65	1111	9	12	35	126		
231	18	192			8	13		
400	12	303	3	14	10	58		
310	2	266	2		7	33		
436	16	345	3		9	63		
397	16	338	2	1	6	34		
5349	**130**	**4265**	**11**	**29**	**156**	**758**		
1655	50	1293	7	26	106	173		
635	17	505	2		3	108		
532	12	399	1		10	110		
390	15	313		2	8	52		
724	24	602			14	84		
744	9	613			7	115		
669	3	540	1	1	8	116		

4-4 各地区分性别、

地区 性别	社会工作	文化、体育和娱乐业					
		小计	新闻和出版业	广播、电视、电影和录音制作业	文化艺术业	体育	娱乐业
酒泉市	**40**	**484**	**28**	**40**	**225**	**36**	**155**
肃州区	11	155	18	22	20	24	71
金塔县	9	23		3	7	2	11
瓜州县	1	40	5	2	18	3	12
肃北蒙古族自治县	1	8			7	1	
阿克塞哈萨克族自治县		12	2		9		1
玉门市	2	30		2	3	3	22
敦煌市	16	216	3	11	161	3	38
庆阳市	**55**	**365**	**26**	**53**	**152**	**25**	**109**
西峰区	38	184	14	32	64	21	53
庆城县	2	37	2	4	17		14
环　县	1	29	2	5	15	1	6
华池县	2	15	3		6		6
合水县	2	12	2	2	5	1	2
正宁县	1	17		3	11		3
宁　县	3	32		3	15	1	13
镇原县	6	39	3	4	19	1	12
定西市	**52**	**360**	**27**	**37**	**140**	**38**	**118**
安定区	8	101	9	15	36	11	30
通渭县	3	66	9	7	32	3	15
陇西县	5	70	4	6	27	9	24
渭源县	5	24	2	3	8	4	7
临洮县	14	55	3	3	19	4	26
漳　县		10		1	2	2	5
岷　县	17	34		2	16	5	11
陇南市	**45**	**266**	**19**	**23**	**97**	**19**	**108**
武都区	15	96	5	12	27	8	44
成　县	2	31	2	2	12	4	11
文　县	2	17		2	4	1	10
宕昌县		11	3	2	4		2
康　县	11	30	6	1	12		11
西和县		28	1	2	8	1	16
礼　县	13	21	1		13	1	6
徽　县		21	1	2	8	4	6
两当县	2	11			9		2
临夏回族自治州	**32**	**228**	**19**	**24**	**73**	**17**	**95**
临夏市	8	114	11	17	40	4	42
临夏县	6	12		1	4		7
康乐县	3	18	2	1	2	2	11
永靖县	1	34	1	1	10	4	18
广河县	2	10	1		3	2	4
和政县	6	27	2	2	9	5	9
东乡族自治县	6	5	1		2		2
积石山保安族东乡族撒拉族自治县		8	1	2	3		2
甘南藏族自治州	**9**	**135**	**14**	**10**	**62**	**5**	**44**
合作市	1	38	13	5	8	2	10
临潭县		9	1		3		5
卓尼县	2	3		1	1		1
舟曲县		21		1	11	1	8
迭部县	2	26		1	12		13
玛曲县	2	17		2	11	1	3
碌曲县	1	11			7	1	3
夏河县	1	10			9		1

行业大类的就业人口（续37）

单位：人

公共管理、社会保障和社会组织							国际组织	
小计	中国共产党机关	国家机构	人民政协、民主党派	社会保障	群众团体、社会团体和其他成员组织	基层群众自治组织	小计	国际组织
3135	**28**	**2766**	**12**	**10**	**45**	**274**		
1174	6	1117	4	3	10	34		
301	5	247	1		3	45		
408	2	354	1		6	45		
213		202				11		
193		174	3		2	14		
382	7	324	2	2	9	38		
464	8	348	1	5	15	87		
5033	**136**	**4169**	**15**	**30**	**55**	**628**		
1387	34	1235	6	15	14	83		
472	17	382	2	1	3	67		
732	11	617		1	4	99		
545	17	469	2		8	49		
377	12	308		8	7	42		
373	19	298	3	4	9	40		
493	7	393	1		5	87		
654	19	467	1	1	5	161		
5250	**50**	**4422**	**19**	**19**	**132**	**608**		
1298	19	1179	4	5	19	72		
785	16	653	5	1	18	92		
825		723	2	4	12	84		
475	2	402		3	7	61		
847	3	671	2	2	52	117		
375		320			5	50		
645	10	474	6	4	19	132		
5828	**130**	**4390**	**26**	**17**	**142**	**1123**		
1406	47	1120	6	3	41	189		
635	2	495	4	4	12	118		
489	1	413	2	3	8	62		
500		390	1	1	9	99		
528	12	348	4	1	14	149		
804	22	513	5	1	16	247		
609	4	439		1	31	134		
600	29	472	3	3	5	88		
257	13	200	1		6	37		
5348	**185**	**4297**	**28**	**20**	**410**	**408**		
2260	66	2019	18	8	93	56		
294	6	175	4	2	56	51		
510	18	415	1		20	56		
569	2	507			24	36		
433	36	317	1	2	50	27		
490	22	375	1	3	37	52		
265	26	98	3	3	62	73		
527	9	391		2	68	57		
3657	**82**	**3199**	**18**	**3**	**139**	**216**		
913	25	857	4	2	18	7		
399	22	305	4		16	52		
428	1	408	1		2	16		
658	9	571	4		8	66		
431	7	383	4	1	23	13		
280	8	215	1		52	4		
206	9	192			2	3		
342	1	268			18	55		

4-4 各地区分性别、

地区 性别	社会工作	文化、体育和娱乐业					
		小计	新闻和出版业	广播、电视、电影和录音制作业	文化艺术业	体育	娱乐业
男	**236**	**3126**	**344**	**394**	**952**	**285**	**1151**
兰州市	**45**	**1055**	**183**	**153**	**231**	**118**	**370**
城关区	21	644	146	106	150	59	183
七里河区	16	165	21	18	38	22	66
西固区	3	48	3	7	7	6	25
安宁区		64	7	11	21	8	17
红古区	1	9	1		1		7
永登县	1	22	1	1	5	2	13
皋兰县		10	1	2		5	2
榆中县	3	41	1	7	7	4	22
兰州新区		52	2	1	2	12	35
嘉峪关市	**1**	**95**	**13**	**15**	**12**	**3**	**52**
市辖区	1	95	13	15	12	3	52
金昌市	**7**	**68**	**3**	**8**	**16**	**10**	**31**
金川区	5	47	3	6	11	9	18
永昌县	2	21		2	5	1	13
白银市	**9**	**125**	**13**	**17**	**35**	**7**	**53**
白银区	3	42	7	8	9	2	16
平川区	1	25	2		4	1	18
靖远县	1	19	2	1	7	1	8
会宁县	2	23	1	5	11	2	4
景泰县	2	16	1	3	4	1	7
天水市	**24**	**262**	**24**	**31**	**98**	**24**	**85**
秦州区	5	104	16	16	29	11	32
麦积区	3	61	2	5	25	3	26
清水县	9	10		2	3		5
秦安县	2	30	3	5	13	3	6
甘谷县	1	32	2	3	10	6	11
武山县	2	23			17	1	5
张家川回族自治县	2	2	1		1		
武威市	**30**	**145**	**9**	**16**	**51**	**6**	**63**
凉州区	12	114	7	13	39	6	49
民勤县	2	13	2	1	3		7
古浪县	15	7		1	4		2
天祝藏族自治县	1	11		1	5		5
张掖市	**12**	**177**	**10**	**32**	**43**	**23**	**69**
甘州区	5	101	5	19	23	15	39
肃南裕固族自治县	1	5		1	2	1	1
民乐县		10		2	1		7
临泽县	4	21	2	2	5	4	8
高台县	1	26	1	5	11	2	7
山丹县	1	14	2	3	1	1	7
平凉市	**14**	**189**	**18**	**19**	**64**	**20**	**68**
崆峒区	8	81	9	6	20	12	34
泾川县	2	33	3	3	21	2	4
灵台县	1	13	1	3	4		5
崇信县	1	11		2	5	1	3
庄浪县		16	3	2	2	2	7
静宁县		18	1	1	8	3	5
华亭市	2	17	1	2	4		10

行业大类的就业人口（续38）

单位：人

公共管理、社会保障和社会组织							国际组织	
小计	中国共产党机关	国家机构	人民政协、民主党派	社会保障	群众团体、社会团体和其他成员组织	基层群众自治组织	小计	国际组织
41105	**1087**	**32225**	**197**	**141**	**1318**	**6137**		
6223	**199**	**5201**	**34**	**39**	**283**	**467**		
2841	141	2381	21	17	172	109		
751	14	632	2	10	29	64		
500	2	433		1	12	52		
605	15	520	6	4	39	21		
258	2	235	1		4	16		
376	4	271		1	11	89		
204	2	165	4	1	3	29		
352	7	264		4	9	68		
336	12	300		1	4	19		
348		**314**	**3**	**3**	**8**	**20**		
348		314	3	3	8	20		
775	**41**	**634**	**3**		**14**	**83**		
491	29	414	2		13	33		
284	12	220	1		1	50		
1955	**36**	**1628**	**11**	**5**	**29**	**246**		
712	7	643	2		15	45		
224		186	3	4	2	29		
380	2	298	1		4	75		
343	25	262	4	1	5	46		
296	2	239	1		3	51		
4821	**116**	**2749**	**14**	**11**	**149**	**1782**		
1091	28	902	4	2	29	126		
727	12	573	2	3	19	118		
364	16	239	2	1	9	97		
442	4	351	1		9	77		
1486	13	278	3		8	1184		
408	16	258	1	3	27	103		
303	27	148	1	2	48	77		
2403	**64**	**1876**	**14**	**6**	**40**	**403**		
1355	30	1102	9		26	188		
272	5	233	2		3	29		
381	20	260	3	3	2	93		
395	9	281		3	9	93		
2030	**93**	**1673**	**15**	**15**	**40**	**194**		
856	50	715	7	5	21	58		
142	11	119			5	7		
273	8	205	3	9	4	44		
199	2	174	1		3	19		
296	11	235	2		5	43		
264	11	225	2	1	2	23		
3624	**109**	**2844**	**9**	**15**	**116**	**531**		
1086	37	840	5	14	88	102		
455	16	351	2		2	84		
379	10	280	1		5	83		
256	14	205		1	4	32		
509	21	411			8	69		
515	9	411			2	93		
424	2	346	1		7	68		

4-4 各地区分性别、

地区 性别	社会工作	文化、体育和娱乐业					
		小计	新闻和出版业	广播、电视、电影和录音制作业	文化艺术业	体育	娱乐业
酒泉市	**12**	**249**	**16**	**23**	**110**	**19**	**81**
肃州区	5	79	11	9	9	12	38
金塔县		11		2	4	1	4
瓜州县		18	3	2	6	2	5
肃北蒙古族自治县	1	4			3	1	
阿克塞哈萨克族自治县		4	1		2		1
玉门市		16				2	14
敦煌市	6	117	1	10	86	1	19
庆阳市	**20**	**197**	**12**	**28**	**82**	**13**	**62**
西峰区	16	86	6	17	29	11	23
庆城县		30	1	2	14		13
环　县		14		2	8	1	3
华池县	2	4			3		1
合水县	1	9	2	2	3		2
正宁县		8		2	4		2
宁　县		26		2	12	1	11
镇原县	1	20	3	1	9		7
定西市	**22**	**209**	**14**	**22**	**83**	**19**	**71**
安定区	2	56	2	12	19	4	19
通渭县	1	45	6	3	22	3	11
陇西县	2	42	3	3	14	4	18
渭源县	2	14	2	2	4	2	4
临洮县	5	29	1	1	13	3	11
漳　县		3			1	1	1
岷　县	10	20		1	10	2	7
陇南市	**25**	**139**	**9**	**13**	**53**	**8**	**56**
武都区	11	50	4	5	17	3	21
成　县	1	15	1	1	8	2	3
文　县	1	7		2	1	1	3
宕昌县		5		2	2		1
康　县	3	13	3		4		6
西和县		17		2	6		9
礼　县	9	14	1		7		6
徽　县		15		1	7	2	5
两当县		3			1		2
临夏回族自治州	**13**	**126**	**10**	**11**	**41**	**12**	**52**
临夏市	4	61	4	7	26	4	20
临夏县	2	10		1	4		5
康乐县		7	1		1	1	4
永靖县	1	17		1	4	2	10
广河县	2	8	1		1	2	4
和政县		18	2	2	3	3	8
东乡族自治县	4	3	1		1		1
积石山保安族东乡族撒拉族自治县		2	1		1		
甘南藏族自治州	**2**	**90**	**10**	**6**	**33**	**3**	**38**
合作市		26	9	4	5	1	7
临潭县		9	1		3		5
卓尼县	1	3		1	1		1
舟曲县		14		1	5	1	7
迭部县		18			6		12
玛曲县	1	5			3		2
碌曲县		8			4	1	3
夏河县		7			6		1

行业大类的就业人口（续 39）

单位：人

公共管理、社会保障和社会组织							国际组织	
小计	中国共产党机关	国家机构	人民政协、民主党派	社会保障	群众团体、社会团体和其他成员组织	基层群众自治组织	小计	国际组织
1943	**15**	**1755**	**9**	**6**	**20**	**138**		
737	4	701	3	3	3	23		
197	3	165	1			28		
262	2	234			5	21		
130		125				5		
121		114	2		2	3		
221	3	189	2	1	3	23		
275	3	227	1	2	7	35		
3529	**100**	**2866**	**12**	**11**	**30**	**510**		
920	23	823	4	4	10	56		
319	11	251	2	1	1	53		
531	8	437			3	83		
386	12	326	1		3	44		
259	11	208		4	4	32		
279	15	220	3	1	4	36		
357	3	270	1		1	82		
478	17	331	1	1	4	124		
3454	**34**	**2869**	**16**	**8**	**65**	**462**		
854	16	765	4	2	9	58		
559	11	456	4		10	78		
516		447	2	3	8	56		
308	1	250		1	4	52		
537	1	423	1		23	89		
248		208			3	37		
432	5	320	5	2	8	92		
4017	**85**	**2988**	**22**	**13**	**81**	**828**		
959	29	754	6	1	24	145		
410	2	308	4	2	8	86		
360	1	298	1	3	6	51		
335		252	1	1	5	76		
365	7	251	3	1	7	96		
573	16	382	4	1	7	163		
459	3	320		1	20	115		
400	18	304	2	3	2	71		
156	9	119	1		2	25		
3617	**135**	**2820**	**20**	**9**	**320**	**313**		
1425	47	1269	11	1	66	31		
203	6	117	3	1	42	34		
375	13	295	1		18	48		
339	2	303			9	25		
335	30	236	1	2	42	24		
333	10	253	1	1	29	39		
228	20	84	3	3	56	62		
379	7	263		1	58	50		
2366	**60**	**2008**	**15**		**123**	**160**		
551	16	513	3		12	7		
266	17	191	3		14	41		
275	1	258	1		1	14		
442	8	378	3		7	46		
294	6	254	4		20	10		
197	7	136	1		50	3		
132	5	123			1	3		
209		155			18	36		

4-4 各地区分性别、

地区 性别	社会工作	文化、体育和娱乐业					
		小计	新闻和出版业	广播、电视、电影和录音制作业	文化艺术业	体育	娱乐业
女	**422**	**2621**	**292**	**308**	**872**	**254**	**895**
兰州市	**94**	**931**	**151**	**118**	**276**	**99**	**287**
城关区	39	547	101	71	167	61	147
七里河区	23	148	27	17	45	17	42
西固区	9	46	4	8	7	6	21
安宁区	12	60	13	6	24	7	10
红古区	1	5					5
永登县	2	28		3	9	3	13
皋兰县	1	14	2	1	2	1	8
榆中县	5	41	3	9	10	3	16
兰州新区	2	42	1	3	12	1	25
嘉峪关市	**8**	**99**	**6**	**13**	**16**	**11**	**53**
市辖区	8	99	6	13	16	11	53
金昌市	**10**	**70**	**6**	**10**	**17**	**9**	**28**
金川区	8	58	5	10	14	9	20
永昌县	2	12	1		3		8
白银市	**16**	**120**	**13**	**18**	**32**	**16**	**41**
白银区	5	53	5	11	10	9	18
平川区	5	14	2	1	3	3	5
靖远县	3	19	4	2	8	2	3
会宁县		18	1	2	7	1	7
景泰县	3	16	1	2	4	1	8
天水市	**31**	**189**	**18**	**24**	**65**	**23**	**59**
秦州区	4	94	11	15	29	11	28
麦积区	4	33	2	1	11	7	12
清水县	7	9	1		4	1	3
秦安县	4	29	3	4	12	1	9
甘谷县	1	16	1	3	5	2	5
武山县	7	7			4	1	2
张家川回族自治县	4	1		1			
武威市	**41**	**106**	**13**	**10**	**28**	**3**	**52**
凉州区	21	82	10	8	21	3	40
民勤县	6	5	1				4
古浪县	13	9		2	4		3
天祝藏族自治县	1	10	2		3		5
张掖市	**43**	**135**	**14**	**16**	**42**	**14**	**49**
甘州区	14	67	9	10	16	8	24
肃南裕固族自治县	3	9	1	1	3	1	3
民乐县	4	7	1	3			3
临泽县	4	12	1		7	1	3
高台县	16	23		1	13	4	5
山丹县	2	17	2	1	3		11
平凉市	**40**	**143**	**9**	**15**	**49**	**13**	**57**
崆峒区	22	66	6	11	19	5	25
泾川县	2	18	1		10	2	5
灵台县	1	14	1	1	4	1	7
崇信县	3	8		1	5	1	1
庄浪县	2	9			4	1	4
静宁县	8	12	1		5	2	4
华亭市	2	16		2	2	1	11

行业大类的就业人口（续 40）

单位：人

公共管理、社会保障和社会组织							国际组织	
小计	中国共产党机关	国家机构	人民政协、民主党派	社会保障	群众团体、社会团体和其他成员组织	基层群众自治组织	小计	国际组织
22146	**440**	**17416**	**62**	**151**	**765**	**3312**	**3**	**3**
4246	**118**	**3312**	**14**	**43**	**240**	**519**	**2**	**2**
1910	73	1512	10	21	147	147	1	1
529	5	413		5	21	85		
475	4	341	2	2	12	114		
495	14	376		10	38	57	1	1
184	3	162		2	1	16		
190	5	135		2	8	40		
123	2	97	1	1	4	18		
192	3	152			6	31		
148	9	124	1		3	11		
369		**256**			**13**	**100**		
369		256			13	100		
521	**17**	**391**	**4**	**1**	**20**	**88**		
349	12	276	2	1	14	44		
172	5	115	2		6	44		
1239	**13**	**992**	**5**	**7**	**29**	**193**		
516	4	394	2	4	14	98		
190		152		1	3	34		
214	1	182	2		4	25		
157	4	135		1	4	13		
162	4	129	1	1	4	23		
2463	**37**	**1338**	**5**	**10**	**75**	**998**	**1**	**1**
557	10	475	2	2	22	46	1	1
365	5	287		1	16	56		
175	3	112	1	1	6	52		
199	4	142		1	4	48		
837	2	120	2	1	4	708		
194	4	101		2	19	68		
136	9	101		2	4	20		
1156	**16**	**887**	**4**	**12**	**29**	**208**		
642	7	519	3	4	15	94		
122	2	97		4	3	16		
176	3	134		3	8	28		
216	4	137	1	1	3	70		
1102	**36**	**882**	**4**	**12**	**35**	**133**		
502	15	396	2	7	14	68		
89	7	73			3	6		
127	4	98		5	6	14		
111		92	1		4	14		
140	5	110	1		4	20		
133	5	113			4	11		
1725	**21**	**1421**	**2**	**14**	**40**	**227**		
569	13	453	2	12	18	71		
180	1	154			1	24		
153	2	119			5	27		
134	1	108		1	4	20		
215	3	191			6	15		
229		202			5	22		
245	1	194		1	1	48		

4–4 各地区分性别、

地区 性别	社会工作	文化、体育和娱乐业					
		小计	新闻和出版业	广播、电视、电影和录音制作业	文化艺术业	体育	娱乐业
酒泉市	**28**	**235**	**12**	**17**	**115**	**17**	**74**
肃州区	6	76	7	13	11	12	33
金塔县	9	12		1	3	1	7
瓜州县	1	22	2		12	1	7
肃北蒙古族自治县		4			4		
阿克塞哈萨克族自治县		8	1		7		
玉门市	2	14		2	3	1	8
敦煌市	10	99	2	1	75	2	19
庆阳市	**35**	**168**	**14**	**25**	**70**	**12**	**47**
西峰区	22	98	8	15	35	10	30
庆城县	2	7	1	2	3		1
环　县	1	15	2	3	7		3
华池县		11	3		3		5
合水县	1	3			2	1	
正宁县	1	9		1	7		1
宁　县	3	6		1	3		2
镇原县	5	19		3	10	1	5
定西市	**30**	**151**	**13**	**15**	**57**	**19**	**47**
安定区	6	45	7	3	17	7	11
通渭县	2	21	3	4	10		4
陇西县	3	28	1	3	13	5	6
渭源县	3	10		1	4	2	3
临洮县	9	26	2	2	6	1	15
漳　县		7		1	1	1	4
岷　县	7	14		1	6	3	4
陇南市	**20**	**127**	**10**	**10**	**44**	**11**	**52**
武都区	4	46	1	7	10	5	23
成　县	1	16	1	1	4	2	8
文　县	1	10			3		7
宕昌县		6	3		2		1
康　县	8	17	3	1	8		5
西和县		11	1		2	1	7
礼　县	4	7			6	1	
徽　县		6	1	1	1	2	1
两当县	2	8			8		
临夏回族自治州	**19**	**102**	**9**	**13**	**32**	**5**	**43**
临夏市	4	53	7	10	14		22
临夏县	4	2					2
康乐县	3	11	1	1	1	1	7
永靖县		17	1		6	2	8
广河县		2			2		
和政县	6	9			6	2	1
东乡族自治县	2	2			1		1
积石山保安族东乡族撒拉族自治县		6		2	2		2
甘南藏族自治州	**7**	**45**	**4**	**4**	**29**	**2**	**6**
合作市	1	12	4	1	3	1	3
临潭县							
卓尼县	1						
舟曲县		7			6		1
迭部县	2	8		1	6		1
玛曲县	1	12		2	8	1	1
碌曲县	1	3			3		
夏河县	1	3			3		

行业大类的就业人口（续41）

单位：人

公共管理、社会保障和社会组织							国际组织	
小计	中国共产党机关	国家机构	人民政协、民主党派	社会保障	群众团体、社会团体和其他成员组织	基层群众自治组织	小计	国际组织
1192	**13**	**1011**	**3**	**4**	**25**	**136**		
437	2	416	1		7	11		
104	2	82			3	17		
146		120	1		1	24		
83		77				6		
72		60	1			11		
161	4	135		1	6	15		
189	5	121		3	8	52		
1504	**36**	**1303**	**3**	**19**	**25**	**118**		
467	11	412	2	11	4	27		
153	6	131			2	14		
201	3	180		1	1	16		
159	5	143	1		5	5		
118	1	100		4	3	10		
94	4	78		3	5	4		
136	4	123			4	5		
176	2	136			1	37		
1796	**16**	**1553**	**3**	**11**	**67**	**146**		
444	3	414		3	10	14		
226	5	197	1	1	8	14		
309		276		1	4	28		
167	1	152		2	3	9		
310	2	248	1	2	29	28		
127		112			2	13		
213	5	154	1	2	11	40		
1811	**45**	**1402**	**4**	**4**	**61**	**295**		
447	18	366		2	17	44		
225		187		2	4	32		
129		115	1		2	11		
165		138			4	23		
163	5	97	1		7	53		
231	6	131	1		9	84		
150	1	119			11	19		
200	11	168	1		3	17		
101	4	81			4	12		
1731	**50**	**1477**	**8**	**11**	**90**	**95**		
835	19	750	7	7	27	25		
91		58	1	1	14	17		
135	5	120			2	8		
230		204			15	11		
98	6	81			8	3		
157	12	122		2	8	13		
37	6	14			6	11		
148	2	128		1	10	7		
1291	**22**	**1191**	**3**	**3**	**16**	**56**		
362	9	344	1	2	6			
133	5	114	1		2	11		
153		150			1	2		
216	1	193	1		1	20		
137	1	129		1	3	3		
83	1	79			2	1		
74	4	69			1			
133	1	113				19		

4-4a 各地区分性别、

地区 性别	合计	农、林、牧、渔业						
		小计	农业	林业	畜牧业	渔业	农、林、牧、渔专业及辅助性活动	小计
合计	**272489**	**5662**	**4445**	**207**	**627**	**21**	**362**	**5728**
兰州市	**112198**	**596**	**417**	**37**	**69**	**7**	**66**	**910**
城关区	60103	227	149	12	18	3	45	66
七里河区	21275	101	62	13	16	1	9	37
西固区	13574	68	47	5	12		4	18
安宁区	13905	107	81	6	10	3	7	44
红古区	3341	93	78	1	13		1	745
嘉峪关市	**13163**	**129**	**94**	**1**	**28**	**2**	**4**	**229**
市辖区	13163	129	94	1	28	2	4	229
金昌市	**10076**	**204**	**160**	**3**	**30**		**11**	**916**
金川区	10076	204	160	3	30		11	916
白银市	**15866**	**441**	**367**	**5**	**52**		**17**	**1176**
白银区	11667	392	341	5	37		9	209
平川区	4098	49	26		15		8	965
靖远县	101							2
天水市	**21930**	**731**	**620**	**28**	**47**		**36**	**103**
秦州区	12735	406	359	18	17		12	22
麦积区	9195	325	261	10	30		24	81
武威市	**15839**	**748**	**586**	**31**	**115**		**16**	**121**
凉州区	15839	748	586	31	115		16	121
张掖市	**10437**	**558**	**395**	**23**	**83**	**1**	**56**	**36**
甘州区	10401	543	393	23	70	1	56	36
肃南裕固族自治县	36	15	2		13			
平凉市	**14506**	**183**	**144**	**2**	**35**		**2**	**1128**
崆峒区	11210	168	140	2	24		2	139
华亭市	3296	15	4		11			989
酒泉市	**19193**	**997**	**858**	**10**	**68**	**6**	**55**	**635**
肃州区	13190	545	473	9	26	5	32	582
玉门市	2160	157	116	1	23	1	16	12
敦煌市	3843	295	269		19		7	41
庆阳市	**10925**	**168**	**98**	**32**	**15**	**1**	**22**	**416**
西峰区	10925	168	98	32	15	1	22	416
定西市	**7584**	**461**	**402**	**15**	**19**		**25**	**26**
安定区	7584	461	402	15	19		25	26
陇南市	**6292**	**198**	**153**	**7**	**20**	**2**	**16**	**12**
武都区	6231	190	149	7	16	2	16	12
康　县	61	8	4		4			
临夏回族自治州	**11791**	**236**	**146**	**12**	**42**	**2**	**34**	**14**
临夏市	11452	227	138	12	41	2	34	14
临夏县	339	9	8		1			
甘南藏族自治州	**2689**	**12**	**5**	**1**	**4**		**2**	**6**
合作市	2689	12	5	1	4		2	6

行业大类的就业人口（城市）

单位：人

采矿业							制造业	
煤炭开采和洗选业	石油和天然气开采业	黑色金属矿采选业	有色金属矿采选业	非金属矿采选业	开采专业及辅助性活动	其他采矿业	小计	农副食品加工业
2910	**739**	**237**	**1115**	**230**	**437**	**60**	**26211**	**1064**
781	**17**	**5**	**13**	**50**	**34**	**10**	**10554**	**301**
19	4	3	5	16	11	8	3510	183
12	4		5	7	8	1	1809	64
3	2		2	10	1		3289	37
16	6		1	9	11	1	1570	15
731	1	2		8	3		376	2
6	**7**	**174**	**6**	**20**	**15**	**1**	**3184**	**21**
6	7	174	6	20	15	1	3184	21
6	**3**	**2**	**871**	**24**	**4**	**6**	**1830**	**18**
6	3	2	871	24	4	6	1830	18
961	**5**	**29**	**130**	**34**	**8**	**9**	**2546**	**76**
16	2	27	126	28	4	6	2303	59
944	3	2	4	5	4	3	229	17
1				1			14	
20	**2**	**2**	**47**	**10**	**10**	**12**	**2749**	**86**
3		1	5	3	6	4	1840	46
17	2	1	42	7	4	8	909	40
36	**23**	**1**	**23**	**6**	**29**	**3**	**1006**	**120**
36	23	1	23	6	29	3	1006	120
11	**2**	**4**	**5**	**12**	**2**		**613**	**129**
11	2	4	5	12	2		611	127
							2	2
1066	**35**		**2**	**19**	**6**		**756**	**42**
81	34		2	17	5		623	40
985	1			2	1		133	2
5	**496**	**16**	**12**	**32**	**63**	**11**	**1352**	**102**
4	485	5	2	18	59	9	995	74
1	3	5		3			183	16
	8	6	10	11	4	2	174	12
11	**144**	**1**		**4**	**255**	**1**	**508**	**42**
11	144	1		4	255	1	508	42
4	**4**	**2**	**1**	**8**	**7**		**306**	**25**
4	4	2	1	8	7		306	25
1		**1**		**6**	**1**	**3**	**202**	**20**
1		1		6	1	3	197	18
							5	2
2	**1**		**2**	**3**	**2**	**4**	**533**	**76**
2	1		2	3	2	4	510	74
							23	2
			3	**2**	**1**		**72**	**6**
			3	2	1		72	6

4-4a 各地区分性别、

地区 性别	合计	农、林、牧、渔业						
		小计	农业	林业	畜牧业	渔业	农、林、牧、渔专业及辅助性活动	小计
男	**163081**	**3528**	**2658**	**140**	**465**	**17**	**248**	**4742**
兰州市	**65693**	**366**	**244**	**22**	**51**	**7**	**42**	**750**
城关区	34833	140	91	8	11	3	27	51
七里河区	12542	60	35	5	12	1	7	29
西固区	8196	48	32	3	10		3	14
安宁区	8047	68	47	5	8	3	5	34
红古区	2075	50	39	1	10			622
嘉峪关市	**8416**	**75**	**52**	**1**	**21**	**1**		**203**
市辖区	8416	75	52	1	21	1		203
金昌市	**6175**	**120**	**94**	**1**	**21**		**4**	**801**
金川区	6175	120	94	1	21		4	801
白银市	**10023**	**281**	**225**	**4**	**39**		**13**	**987**
白银区	7244	248	209	4	28		7	172
平川区	2703	33	16		11		6	813
靖远县	76							2
天水市	**13513**	**490**	**408**	**19**	**36**		**27**	**82**
秦州区	7592	256	224	12	12		8	19
麦积区	5921	234	184	7	24		19	63
武威市	**9378**	**441**	**319**	**22**	**89**		**11**	**106**
凉州区	9378	441	319	22	89		11	106
张掖市	**6044**	**359**	**245**	**13**	**56**	**1**	**44**	**32**
甘州区	6024	351	244	13	49	1	44	32
肃南裕固族自治县	20	8	1		7			
平凉市	**8993**	**118**	**85**	**2**	**29**		**2**	**911**
崆峒区	6927	106	82	2	20		2	119
华亭市	2066	12	3		9			792
酒泉市	**11234**	**608**	**510**	**6**	**47**	**5**	**40**	**491**
肃州区	7741	328	280	5	17	4	22	447
玉门市	1304	102	72	1	15	1	13	10
敦煌市	2189	178	158		15		5	34
庆阳市	**6472**	**125**	**69**	**26**	**13**	**1**	**16**	**331**
西峰区	6472	125	69	26	13	1	16	331
定西市	**4546**	**269**	**232**	**10**	**14**		**13**	**22**
安定区	4546	269	232	10	14		13	22
陇南市	**3757**	**126**	**96**	**5**	**13**	**1**	**11**	**8**
武都区	3714	121	93	5	11	1	11	8
康　县	43	5	3		2			
临夏回族自治州	**7327**	**144**	**77**	**9**	**33**	**1**	**24**	**12**
临夏市	7115	141	75	9	32	1	24	12
临夏县	212	3	2		1			
甘南藏族自治州	**1510**	**6**	**2**		**3**		**1**	**6**
合作市	1510	6	2		3		1	6

行业大类的就业人口（城市）（续1）

单位：人

采矿业							制造业	
煤炭开采和洗选业	石油和天然气开采业	黑色金属矿采选业	有色金属矿采选业	非金属矿采选业	开采专业及辅助性活动	其他采矿业	小计	农副食品加工业
2388	**583**	**211**	**966**	**201**	**347**	**46**	**18497**	**703**
646	**14**	**3**	**11**	**44**	**26**	**6**	**7180**	**186**
14	3	2	5	14	8	5	2240	111
7	4		4	6	7	1	1267	40
2	2		1	9			2297	24
12	5		1	8	8		1098	10
611		1		7	3		278	1
4	**6**	**161**	**5**	**16**	**10**	**1**	**2609**	**11**
4	6	161	5	16	10	1	2609	11
5	**3**	**1**	**764**	**18**	**4**	**6**	**1340**	**8**
5	3	1	764	18	4	6	1340	8
810	**4**	**23**	**102**	**32**	**7**	**9**	**1906**	**43**
13	2	21	100	26	4	6	1724	32
796	2	2	2	5	3	3	172	11
1				1			10	
14	**2**	**1**	**38**	**10**	**8**	**9**	**1778**	**57**
3			5	3	5	3	1137	31
11	2	1	33	7	3	6	641	26
31	**19**	**1**	**23**	**5**	**26**	**1**	**694**	**92**
31	19	1	23	5	26	1	694	92
9	**2**	**4**	**5**	**11**	**1**		**406**	**97**
9	2	4	5	11	1		405	96
							1	1
851	**33**		**2**	**19**	**6**		**512**	**26**
63	32		2	17	5		422	25
788	1			2	1		90	1
4	**378**	**13**	**10**	**28**	**49**	**9**	**945**	**64**
3	368	5	2	14	47	8	696	45
1	2	4		3			137	11
	8	4	8	11	2	1	112	8
8	**117**	**1**		**3**	**201**	**1**	**363**	**26**
8	117	1		3	201	1	363	26
3	**4**	**2**	**1**	**6**	**6**		**206**	**16**
3	4	2	1	6	6		206	16
1		**1**		**4**		**2**	**128**	**15**
1		1		4		2	124	13
							4	2
2	**1**		**2**	**3**	**2**	**2**	**383**	**56**
2	1		2	3	2	2	365	54
							18	2
			3	**2**	**1**		**47**	**6**
			3	2	1		47	6

4-4a 各地区分性别、

地区 性别	合计	农、林、牧、渔业						
		小计	农业	林业	畜牧业	渔业	农、林、牧、渔专业及辅助性活动	小计
女	**109408**	**2134**	**1787**	**67**	**162**	**4**	**114**	**986**
兰州市	**46505**	**230**	**173**	**15**	**18**		**24**	**160**
城关区	25270	87	58	4	7		18	15
七里河区	8733	41	27	8	4		2	8
西固区	5378	20	15	2	2		1	4
安宁区	5858	39	34	1	2		2	10
红古区	1266	43	39		3		1	123
嘉峪关市	**4747**	**54**	**42**		**7**	**1**	**4**	**26**
市辖区	4747	54	42		7	1	4	26
金昌市	**3901**	**84**	**66**	**2**	**9**		**7**	**115**
金川区	3901	84	66	2	9		7	115
白银市	**5843**	**160**	**142**	**1**	**13**		**4**	**189**
白银区	4423	144	132	1	9		2	37
平川区	1395	16	10		4		2	152
靖远县	25							
天水市	**8417**	**241**	**212**	**9**	**11**		**9**	**21**
秦州区	5143	150	135	6	5		4	3
麦积区	3274	91	77	3	6		5	18
武威市	**6461**	**307**	**267**	**9**	**26**		**5**	**15**
凉州区	6461	307	267	9	26		5	15
张掖市	**4393**	**199**	**150**	**10**	**27**		**12**	**4**
甘州区	4377	192	149	10	21		12	4
肃南裕固族自治县	16	7	1		6			
平凉市	**5513**	**65**	**59**		**6**			**217**
崆峒区	4283	62	58		4			20
华亭市	1230	3	1		2			197
酒泉市	**7959**	**389**	**348**	**4**	**21**	**1**	**15**	**144**
肃州区	5449	217	193	4	9	1	10	135
玉门市	856	55	44		8		3	2
敦煌市	1654	117	111		4		2	7
庆阳市	**4453**	**43**	**29**	**6**	**2**		**6**	**85**
西峰区	4453	43	29	6	2		6	85
定西市	**3038**	**192**	**170**	**5**	**5**		**12**	**4**
安定区	3038	192	170	5	5		12	4
陇南市	**2535**	**72**	**57**	**2**	**7**	**1**	**5**	**4**
武都区	2517	69	56	2	5	1	5	4
康　县	18	3	1		2			
临夏回族自治州	**4464**	**92**	**69**	**3**	**9**	**1**	**10**	**2**
临夏市	4337	86	63	3	9	1	10	2
临夏县	127	6	6					
甘南藏族自治州	**1179**	**6**	**3**	**1**	**1**		**1**	
合作市	1179	6	3	1	1		1	

行业大类的就业人口（城市）（续2）

单位：人

采矿业							制造业	
煤炭开采和洗选业	石油和天然气开采业	黑色金属矿采选业	有色金属矿采选业	非金属矿采选业	开采专业及辅助性活动	其他采矿业	小计	农副食品加工业
522	**156**	**26**	**149**	**29**	**90**	**14**	**7714**	**361**
135	**3**	**2**	**2**	**6**	**8**	**4**	**3374**	**115**
5	1	1		2	3	3	1270	72
5			1	1	1		542	24
1			1	1	1		992	13
4	1			1	3	1	472	5
120	1	1		1			98	1
2	**1**	**13**	**1**	**4**	**5**		**575**	**10**
2	1	13	1	4	5		575	10
1		**1**	**107**	**6**			**490**	**10**
1		1	107	6			490	10
151	**1**	**6**	**28**	**2**	**1**		**640**	**33**
3		6	26	2			579	27
148	1		2		1		57	6
							4	
6		**1**	**9**		**2**	**3**	**971**	**29**
		1			1	1	703	15
6			9		1	2	268	14
5	**4**			**1**	**3**	**2**	**312**	**28**
5	4			1	3	2	312	28
2				**1**	**1**		**207**	**32**
2				1	1		206	31
							1	1
215	**2**						**244**	**16**
18	2						201	15
197							43	1
1	**118**	**3**	**2**	**4**	**14**	**2**	**407**	**38**
1	117			4	12	1	299	29
	1	1					46	5
		2	2		2	1	62	4
3	**27**			**1**	**54**		**145**	**16**
3	27			1	54		145	16
1				**2**	**1**		**100**	**9**
1				2	1		100	9
				2	**1**	**1**	**74**	**5**
				2	1	1	73	5
							1	
						2	**150**	**20**
						2	145	20
							5	
							25	
							25	

4-4a 各地区分性别、

地区 性别	制造业							
	食品制造业	酒、饮料和精制茶制造业	烟草制品业	纺织业	纺织服装、服饰业	皮革、毛皮、羽毛及其制品和制鞋业	木材加工和木、竹、藤、棕、草制品业	家具制造业
合计	**1339**	**607**	**193**	**389**	**309**	**87**	**195**	**273**
兰州市	**537**	**268**	**120**	**192**	**116**	**44**	**69**	**143**
城关区	298	77	33	62	77	40	44	117
七里河区	116	103	73	16	15	3	5	13
西固区	53	18	8	87	8		11	5
安宁区	43	66	6	24	7	1	8	7
红古区	27	4		3	9		1	1
嘉峪关市	**81**	**28**		**6**	**11**		**4**	**4**
市辖区	81	28		6	11		4	4
金昌市	**36**	**16**	**1**	**18**	**25**		**2**	**2**
金川区	36	16	1	18	25		2	2
白银市	**64**	**8**		**22**	**6**	**2**	**21**	**6**
白银区	54	6		19	4	1	6	5
平川区	10	2		3	2	1	13	1
靖远县							2	
天水市	**103**	**53**	**65**	**36**	**43**	**2**	**11**	**27**
秦州区	57	33	1	17	31	2	2	12
麦积区	46	20	64	19	12		9	15
武威市	**182**	**131**		**14**	**13**	**3**	**11**	**21**
凉州区	182	131		14	13	3	11	21
张掖市	**54**	**34**	**1**	**16**	**12**	**3**	**22**	**10**
甘州区	54	34	1	16	12	3	22	10
肃南裕固族自治县								
平凉市	**53**	**14**		**14**	**12**	**5**	**6**	**9**
崆峒区	51	14		12	12	5	5	9
华亭市	2			2			1	
酒泉市	**86**	**22**		**14**	**16**	**3**	**22**	**29**
肃州区	62	14		10	10	2	13	19
玉门市	3	4					2	
敦煌市	21	4		4	6	1	7	10
庆阳市	**28**	**12**	**1**	**14**	**3**		**10**	**13**
西峰区	28	12	1	14	3		10	13
定西市	**22**	**4**	**2**	**4**	**7**	**2**	**6**	**2**
安定区	22	4	2	4	7	2	6	2
陇南市	**6**	**4**	**1**	**8**	**8**		**2**	**2**
武都区	6	4	1	8	8		2	2
康　县								
临夏回族自治州	**64**	**12**	**2**	**31**	**33**	**23**	**9**	**5**
临夏市	64	12	2	30	32	22	9	5
临夏县				1	1	1		
甘南藏族自治州	**23**	**1**			**4**			
合作市	23	1			4			

行业大类的就业人口（城市）（续3）

单位：人

制造业								
造纸和纸制品业	印刷和记录媒介复制业	文教、工美、体育和娱乐用品制造业	石油、煤炭及其他燃料加工业	化学原料和化学制品制造业	医药制造业	化学纤维制造业	橡胶和塑料制品业	非金属矿物制品业
141	**547**	**210**	**3123**	**1481**	**784**	**29**	**434**	**1882**
65	**332**	**79**	**2134**	**386**	**479**	**17**	**199**	**702**
27	211	54	37	183	325	2	84	211
9	72	10	37	37	69		38	78
12	23	7	2013	109	12	14	46	152
17	20	6	35	46	71	1	27	95
	6	2	12	11	2		4	166
	6	**11**	**605**	**147**	**5**	**1**	**12**	**247**
	6	11	605	147	5	1	12	247
1	**19**	**3**	**3**	**174**	**5**	**3**	**72**	**97**
1	19	3	3	174	5	3	72	97
5	**14**	**4**	**6**	**571**	**24**	**2**	**21**	**175**
5	10	4	5	544	20	2	21	105
	4		1	26	4			64
				1				6
12	**46**	**15**	**7**	**15**	**60**		**26**	**107**
7	40	7	2	10	33		14	36
5	6	8	5	5	27		12	71
12	**20**	**16**	**28**	**19**	**38**	**1**	**23**	**70**
12	20	16	28	19	38	1	23	70
4	**14**	**3**	**7**	**45**	**34**	**1**	**20**	**64**
4	14	3	7	45	34	1	20	64
21	**13**	**2**	**70**	**9**	**29**		**5**	**128**
21	13	1	4	8	29		1	115
		1	66	1			4	13
8	**40**	**21**	**197**	**24**	**46**		**38**	**101**
7	26	12	189	15	45		32	50
1	9	2	7	5	1		1	21
	5	7	1	4			5	30
3	**17**	**17**	**59**	**65**	**18**		**2**	**54**
3	17	17	59	65	18		2	54
2	**6**	**2**	**1**	**8**	**20**	**4**	**6**	**39**
2	6	2	1	8	20	4	6	39
2	**8**	**6**		**6**	**17**		**2**	**47**
2	8	6		6	17		2	47
6	**9**	**30**	**5**	**12**	**8**		**7**	**48**
6	8	30	4	12	6		7	44
	1		1		2			4
	3	**1**	**1**		**1**		**1**	**3**
	3	1	1		1		1	3

4-4a 各地区分性别、

地区 性别	制造业							
	食品制造业	酒、饮料和精制茶制造业	烟草制品业	纺织业	纺织服装、服饰业	皮革、毛皮、羽毛及其制品和制鞋业	木材加工和木、竹、藤、棕、草制品业	家具制造业
男	**634**	**394**	**125**	**184**	**94**	**52**	**140**	**168**
兰州市	**256**	**178**	**74**	**84**	**46**	**25**	**45**	**86**
城关区	142	45	15	28	30	23	26	68
七里河区	56	65	48	6	6	2	3	9
西固区	28	14	8	37	3		9	4
安宁区	17	51	3	12	3		6	4
红古区	13	3		1	4		1	1
嘉峪关市	**38**	**21**		**3**	**3**		**3**	**3**
市辖区	38	21		3	3		3	3
金昌市	**17**	**10**	**1**	**10**	**5**		**2**	**1**
金川区	17	10	1	10	5		2	1
白银市	**27**	**5**		**14**	**2**	**1**	**17**	**2**
白银区	22	3		13	2	1	5	1
平川区	5	2		1			11	1
靖远县							1	
天水市	**45**	**32**	**46**	**17**	**12**	**2**	**7**	**20**
秦州区	22	18	1	8	8	2	2	9
麦积区	23	14	45	9	4		5	11
武威市	**100**	**80**		**6**	**2**		**7**	**12**
凉州区	100	80		6	2		7	12
张掖市	**24**	**23**	**1**	**8**	**1**	**1**	**14**	**7**
甘州区	24	23	1	8	1	1	14	7
肃南裕固族自治县								
平凉市	**21**	**11**		**6**	**4**	**3**	**5**	**5**
崆峒区	20	11		5	4	3	4	5
华亭市	1			1			1	
酒泉市	**34**	**14**		**5**	**2**	**1**	**17**	**16**
肃州区	23	8		4	2	1	10	11
玉门市	1	3					1	
敦煌市	10	3		1			6	5
庆阳市	**13**	**7**		**5**			**8**	**8**
西峰区	13	7		5			8	8
定西市	**11**	**1**		**1**	**1**	**1**	**5**	**1**
安定区	11	1		1	1	1	5	1
陇南市	**2**	**2**	**1**	**3**	**2**		**2**	**2**
武都区	2	2	1	3	2		2	2
康　县								
临夏回族自治州	**34**	**10**	**2**	**22**	**13**	**18**	**8**	**5**
临夏市	34	10	2	22	13	18	8	5
临夏县								
甘南藏族自治州	**12**				**1**			
合作市	12				1			

行业大类的就业人口（城市）（续 4）

单位：人

制造业								
造纸和纸制品业	印刷和记录媒介复制业	文教、工美、体育和娱乐用品制造业	石油、煤炭及其他燃料加工业	化学原料和化学制品制造业	医药制造业	化学纤维制造业	橡胶和塑料制品业	非金属矿物制品业
84	**325**	**119**	**2273**	**1040**	**439**	**20**	**316**	**1440**
36	**209**	**40**	**1514**	**237**	**281**	**10**	**144**	**516**
18	128	30	27	108	195	1	63	144
3	54	4	31	26	44		23	48
3	11	3	1421	65	6	9	35	120
12	13	2	28	32	35		19	71
	3	1	7	6	1		4	133
	2	**3**	**466**	**98**	**1**		**11**	**211**
	2	3	466	98	1		11	211
1	**8**	**2**	**3**	**130**	**2**	**3**	**47**	**64**
1	8	2	3	130	2	3	47	64
5	**5**	**3**	**6**	**433**	**17**	**1**	**17**	**143**
5	4	3	5	415	14	1	17	86
	1		1	18	3			52
								5
8	**33**	**10**	**7**	**11**	**36**		**19**	**84**
4	28	4	2	7	21		10	27
4	5	6	5	4	15		9	57
8	**10**	**11**	**24**	**13**	**23**	**1**	**18**	**56**
8	10	11	24	13	23	1	18	56
1	**6**	**1**	**6**	**36**	**19**	**1**	**13**	**40**
1	6	1	6	36	19	1	13	40
14	**7**	**1**	**49**	**5**	**17**		**4**	**106**
14	7	1	2	4	17		1	96
			47	1			3	10
3	**19**	**11**	**144**	**17**	**16**		**30**	**70**
2	12	5	138	13	15		28	34
1	4	2	6	2	1			14
	3	4		2			2	22
2	**9**	**6**	**48**	**48**	**7**		**2**	**46**
2	9	6	48	48	7		2	46
1	**3**	**1**	**1**	**2**	**11**	**4**	**5**	**26**
1	3	1	1	2	11	4	5	26
2	**5**	**5**		**2**	**6**			**35**
2	5	5		2	6			35
3	**7**	**24**	**4**	**8**	**3**		**6**	**40**
3	6	24	3	8	2		6	37
	1		1		1			3
	2	**1**	**1**					**3**
	2	1	1					3

4-4a 各地区分性别、

地区 性别	制造业							
	食品制造业	酒、饮料和精制茶制造业	烟草制品业	纺织业	纺织服装、服饰业	皮革、毛皮、羽毛及其制品和制鞋业	木材加工和木、竹、藤、棕、草制品业	家具制造业
女	**705**	**213**	**68**	**205**	**215**	**35**	**55**	**105**
兰州市	**281**	**90**	**46**	**108**	**70**	**19**	**24**	**57**
城关区	156	32	18	34	47	17	18	49
七里河区	60	38	25	10	9	1	2	4
西固区	25	4		50	5		2	1
安宁区	26	15	3	12	4	1	2	3
红古区	14	1		2	5			
嘉峪关市	**43**	**7**		**3**	**8**		**1**	**1**
市辖区	43	7		3	8		1	1
金昌市	**19**	**6**		**8**	**20**			**1**
金川区	19	6		8	20			1
白银市	**37**	**3**		**8**	**4**	**1**	**4**	**4**
白银区	32	3		6	2		1	4
平川区	5			2	2	1	2	
靖远县							1	
天水市	**58**	**21**	**19**	**19**	**31**		**4**	**7**
秦州区	35	15		9	23			3
麦积区	23	6	19	10	8		4	4
武威市	**82**	**51**		**8**	**11**	**3**	**4**	**9**
凉州区	82	51		8	11	3	4	9
张掖市	**30**	**11**		**8**	**11**	**2**	**8**	**3**
甘州区	30	11		8	11	2	8	3
肃南裕固族自治县								
平凉市	**32**	**3**		**8**	**8**	**2**	**1**	**4**
崆峒区	31	3		7	8	2	1	4
华亭市	1			1				
酒泉市	**52**	**8**		**9**	**14**	**2**	**5**	**13**
肃州区	39	6		6	8	1	3	8
玉门市	2	1					1	
敦煌市	11	1		3	6	1	1	5
庆阳市	**15**	**5**	**1**	**9**	**3**		**2**	**5**
西峰区	15	5	1	9	3		2	5
定西市	**11**	**3**	**2**	**3**	**6**	**1**	**1**	**1**
安定区	11	3	2	3	6	1	1	1
陇南市	**4**	**2**		**5**	**6**			
武都区	4	2		5	6			
康　县								
临夏回族自治州	**30**	**2**		**9**	**20**	**5**	**1**	
临夏市	30	2		8	19	4	1	
临夏县				1	1	1		
甘南藏族自治州	**11**	**1**			**3**			
合作市	11	1			3			

行业大类的就业人口（城市）（续5）

单位：人

制造业								
造纸和纸制品业	印刷和记录媒介复制业	文教、工美、体育和娱乐用品制造业	石油、煤炭及其他燃料加工业	化学原料和化学制品制造业	医药制造业	化学纤维制造业	橡胶和塑料制品业	非金属矿物制品业
57	**222**	**91**	**850**	**441**	**345**	**9**	**118**	**442**
29	**123**	**39**	**620**	**149**	**198**	**7**	**55**	**186**
9	83	24	10	75	130	1	21	67
6	18	6	6	11	25		15	30
9	12	4	592	44	6	5	11	32
5	7	4	7	14	36	1	8	24
	3	1	5	5	1			33
	4	**8**	**139**	**49**	**4**	**1**	**1**	**36**
	4	8	139	49	4	1	1	36
	11	**1**		**44**	**3**		**25**	**33**
	11	1		44	3		25	33
	9	**1**		**138**	**7**	**1**	**4**	**32**
	6	1		129	6	1	4	19
	3			8	1			12
				1				1
4	**13**	**5**		**4**	**24**		**7**	**23**
3	12	3		3	12		4	9
1	1	2		1	12		3	14
4	**10**	**5**	**4**	**6**	**15**		**5**	**14**
4	10	5	4	6	15		5	14
3	**8**	**2**	**1**	**9**	**15**		**7**	**24**
3	8	2	1	9	15		7	24
7	**6**	**1**	**21**	**4**	**12**		**1**	**22**
7	6		2	4	12			19
		1	19				1	3
5	**21**	**10**	**53**	**7**	**30**		**8**	**31**
5	14	7	51	2	30		4	16
	5		1	3			1	7
	2	3	1	2			3	8
1	**8**	**11**	**11**	**17**	**11**			**8**
1	8	11	11	17	11			8
1	**3**	**1**		**6**	**9**		**1**	**13**
1	3	1		6	9		1	13
	3	**1**		**4**	**11**		**2**	**12**
	3	1		4	11		2	12
3	**2**	**6**	**1**	**4**	**5**		**1**	**8**
3	2	6	1	4	4		1	7
					1			1
	1				**1**		**1**	
	1				1		1	

4-4a 各地区分性别、

地区 性别	制造业							
	黑色金属冶炼和压延加工业	有色金属冶炼和压延加工业	金属制品业	通用设备制造业	专用设备制造业	汽车制造业	铁路、船舶、航空航天和其他运输设备制造业	电气机械和器材制造业
合计	**1025**	**2921**	**1394**	**2075**	**993**	**128**	**478**	**1168**
兰州市	**189**	**371**	**466**	**851**	**522**	**62**	**401**	**466**
城关区	110	55	211	247	147	27	73	160
七里河区	13	53	77	247	189	15	68	156
西固区	7	212	93	118	82	12	8	18
安宁区	15	25	75	231	88	7	252	128
红古区	44	26	10	8	16	1		4
嘉峪关市	**738**	**459**	**185**	**194**	**68**	**5**	**16**	**39**
市辖区	738	459	185	194	68	5	16	39
金昌市	**7**	**1004**	**97**	**28**	**23**		**1**	**101**
金川区	7	1004	97	28	23		1	101
白银市	**34**	**1032**	**63**	**101**	**73**	**21**	**4**	**82**
白银区	34	1026	45	89	53	20	4	74
平川区		6	14	11	20	1		8
靖远县			4	1				
天水市	**15**	**11**	**109**	**446**	**142**	**10**	**32**	**419**
秦州区	4	2	36	225	71	5	5	397
麦积区	11	9	73	221	71	5	27	22
武威市	**7**	**12**	**83**	**42**	**21**	**3**	**3**	**11**
凉州区	7	12	83	42	21	3	3	11
张掖市	**6**	**7**	**45**	**17**	**4**	**3**	**4**	**6**
甘州区	6	7	45	17	4	3	4	6
肃南裕固族自治县								
平凉市	**4**	**3**	**55**	**73**	**44**	**3**	**2**	**8**
崆峒区	4	3	44	71	20	3	2	7
华亭市			11	2	24			1
酒泉市	**19**	**17**	**132**	**236**	**45**	**8**	**6**	**22**
肃州区	13	10	93	165	37	7	4	19
玉门市	4		29	61	1	1	2	3
敦煌市	2	7	10	10	7			
庆阳市	**2**		**58**	**17**	**16**	**3**	**1**	**5**
西峰区	2		58	17	16	3	1	5
定西市	**1**	**2**	**29**	**42**	**14**	**6**	**4**	**2**
安定区	1	2	29	42	14	6	4	2
陇南市	**1**		**10**	**9**	**7**		**3**	**2**
武都区	1		10	7	7		3	2
康　县				2				
临夏回族自治州	**2**	**3**	**55**	**11**	**12**	**4**	**1**	**5**
临夏市	2	2	51	11	12	4		5
临夏县		1	4				1	
甘南藏族自治州			**7**	**8**	**2**			
合作市			7	8	2			

行业大类的就业人口（城市）（续6）

单位：人

制造业					电力、热力、燃气及水生产和供应业			
计算机、通信和其他电子设备制造业	仪器仪表制造业	其他制造业	废弃资源综合利用业	金属制品、机械和设备修理业	小计	电力、热力生产和供应业	燃气生产和供应业	水的生产和供应业
1271	**293**	**164**	**413**	**801**	**6579**	**5160**	**594**	**825**
211	**233**	**81**	**199**	**319**	**2104**	**1562**	**263**	**279**
117	60	58	98	82	634	456	98	80
51	20	10	42	110	598	492	51	55
11	18	2	39	54	366	190	57	119
28	134	11	13	68	402	345	40	17
4	1		7	5	104	79	17	8
14	**2**	**23**	**33**	**219**	**629**	**541**	**35**	**53**
14	2	23	33	219	629	541	35	53
9	**4**	**4**	**9**	**48**	**365**	**337**	**5**	**23**
9	4	4	9	48	365	337	5	23
21	**2**	**13**	**37**	**36**	**608**	**461**	**53**	**94**
13	2	11	36	26	386	285	41	60
8		2	1	10	222	176	12	34
748	**31**	**14**	**14**	**44**	**346**	**261**	**36**	**49**
686	27	6	6	20	226	167	21	38
62	4	8	8	24	120	94	15	11
24	**7**	**6**	**14**	**51**	**422**	**335**	**39**	**48**
24	7	6	14	51	422	335	39	48
14	**2**	**1**	**15**	**16**	**305**	**247**	**28**	**30**
14	2	1	15	16	304	246	28	30
					1	1		
119				**13**	**424**	**353**	**19**	**52**
118				11	365	311	16	38
1				2	59	42	3	14
13	**4**	**11**	**52**	**18**	**587**	**501**	**45**	**41**
11	4	11	32	9	376	323	31	22
2			3	5	106	101	3	2
			17	4	105	77	11	17
28	**1**	**1**	**8**	**10**	**218**	**141**	**26**	**51**
28	1	1	8	10	218	141	26	51
15	**2**	**4**	**10**	**13**	**190**	**147**	**9**	**34**
15	2	4	10	13	190	147	9	34
19			**8**	**4**	**106**	**84**	**11**	**11**
18			8	4	106	84	11	11
1								
29	**4**	**4**	**14**	**9**	**221**	**144**	**23**	**54**
25	4	4	14	9	218	142	23	53
4					3	2		1
7	**1**	**2**		**1**	**54**	**46**	**2**	**6**
7	1	2		1	54	46	2	6

4-4a 各地区分性别、

地区 性别	制造业							
	黑色金属冶炼和压延加工业	有色金属冶炼和压延加工业	金属制品业	通用设备制造业	专用设备制造业	汽车制造业	铁路、船舶、航空航天和其他运输设备制造业	电气机械和器材制造业
男	**898**	**2290**	**1127**	**1572**	**667**	**100**	**366**	**831**
兰州市	**142**	**259**	**341**	**630**	**366**	**46**	**308**	**332**
城关区	86	34	153	180	93	18	59	114
七里河区	11	36	60	184	146	11	54	114
西固区	6	150	65	96	53	11	5	14
安宁区	10	16	53	164	61	5	190	86
红古区	29	23	10	6	13	1		4
嘉峪关市	**675**	**405**	**163**	**152**	**53**	**2**	**12**	**31**
市辖区	675	405	163	152	53	2	12	31
金昌市	**7**	**774**	**79**	**24**	**15**		**1**	**64**
金川区	7	774	79	24	15		1	64
白银市	**24**	**805**	**47**	**79**	**46**	**18**	**4**	**62**
白银区	24	799	32	69	32	17	4	55
平川区		6	12	9	14	1		7
靖远县			3	1				
天水市	**14**	**9**	**88**	**307**	**84**	**7**	**22**	**295**
秦州区	3	2	31	142	40	4	3	278
麦积区	11	7	57	165	44	3	19	17
武威市	**6**	**12**	**69**	**36**	**15**	**3**	**3**	**10**
凉州区	6	12	69	36	15	3	3	10
张掖市	**4**	**5**	**33**	**14**	**3**	**2**	**4**	**4**
甘州区	4	5	33	14	3	2	4	4
肃南裕固族自治县								
平凉市	**3**	**2**	**48**	**56**	**25**	**3**	**1**	**6**
崆峒区	3	2	37	54	15	3	1	5
华亭市			11	2	10			1
酒泉市	**17**	**14**	**115**	**202**	**32**	**7**	**4**	**16**
肃州区	12	9	82	142	25	6	2	15
玉门市	3		25	50	1	1	2	1
敦煌市	2	5	8	10	6			
庆阳市	**2**		**55**	**15**	**10**	**3**	**1**	**3**
西峰区	2		55	15	10	3	1	3
定西市	**1**	**2**	**27**	**34**	**8**	**5**	**3**	**2**
安定区	1	2	27	34	8	5	3	2
陇南市	**1**		**10**	**7**	**4**		**2**	**2**
武都区	1		10	6	4		2	2
康　县				1				
临夏回族自治州	**2**	**3**	**46**	**10**	**5**	**4**	**1**	**4**
临夏市	2	2	42	10	5	4		4
临夏县		1	4				1	
甘南藏族自治州			**6**	**6**	**1**			
合作市			6	6	1			

行业大类的就业人口（城市）（续7）

单位：人

制造业					电力、热力、燃气及水生产和供应业			
计算机、通信和其他电子设备制造业	仪器仪表制造业	其他制造业	废弃资源综合利用业	金属制品、机械和设备修理业	小计	电力、热力生产和供应业	燃气生产和供应业	水的生产和供应业
802	**196**	**112**	**297**	**689**	**4641**	**3675**	**394**	**572**
159	**159**	**57**	**149**	**265**	**1433**	**1051**	**177**	**205**
87	32	39	75	68	412	290	60	62
41	15	9	29	89	423	340	40	43
8	13	2	28	46	261	136	39	86
21	99	7	10	58	265	230	27	8
2			7	4	72	55	11	6
9	**1**	**11**	**25**	**196**	**495**	**425**	**30**	**40**
9	1	11	25	196	495	425	30	40
8	**2**	**3**	**8**	**41**	**237**	**218**	**3**	**16**
8	2	3	8	41	237	218	3	16
15	**1**	**10**	**25**	**29**	**438**	**337**	**29**	**72**
9	1	9	24	20	276	207	22	47
6		1	1	9	162	130	7	25
430	**21**	**9**	**11**	**35**	**248**	**190**	**22**	**36**
390	17	4	5	14	157	116	12	29
40	4	5	6	21	91	74	10	7
16	**3**	**3**	**9**	**46**	**317**	**250**	**30**	**37**
16	3	3	9	46	317	250	30	37
12	**1**	**1**	**9**	**15**	**214**	**177**	**19**	**18**
12	1	1	9	15	213	176	19	18
					1	1		
72				**12**	**322**	**272**	**15**	**35**
72				11	283	242	12	29
				1	39	30	3	6
11	**4**	**10**	**32**	**18**	**427**	**376**	**26**	**25**
10	4	10	19	9	272	243	17	12
1			2	5	85	82	3	
			11	4	70	51	6	13
21	**1**	**1**	**6**	**10**	**151**	**99**	**20**	**32**
21	1	1	6	10	151	99	20	32
11	**1**	**3**	**8**	**10**	**132**	**105**	**4**	**23**
11	1	3	8	10	132	105	4	23
10			**4**	**4**	**66**	**53**	**6**	**7**
9			4	4	66	53	6	7
1								
23	**1**	**3**	**11**	**7**	**125**	**93**	**11**	**21**
19	1	3	11	7	123	92	11	20
4					2	1		1
5	**1**	**1**		**1**	**36**	**29**	**2**	**5**
5	1	1		1	36	29	2	5

4-4a 各地区分性别、

地区 性别	制造业							
	黑色金属冶炼和压延加工业	有色金属冶炼和压延加工业	金属制品业	通用设备制造业	专用设备制造业	汽车制造业	铁路、船舶、航空航天和其他运输设备制造业	电气机械和器材制造业
女	**127**	**631**	**267**	**503**	**326**	**28**	**112**	**337**
兰州市	**47**	**112**	**125**	**221**	**156**	**16**	**93**	**134**
城关区	24	21	58	67	54	9	14	46
七里河区	2	17	17	63	43	4	14	42
西固区	1	62	28	22	29	1	3	4
安宁区	5	9	22	67	27	2	62	42
红古区	15	3		2	3			
嘉峪关市	**63**	**54**	**22**	**42**	**15**	**3**	**4**	**8**
市辖区	63	54	22	42	15	3	4	8
金昌市		**230**	**18**	**4**	**8**			**37**
金川区		230	18	4	8			37
白银市	**10**	**227**	**16**	**22**	**27**	**3**		**20**
白银区	10	227	13	20	21	3		19
平川区			2	2	6			1
靖远县			1					
天水市	**1**	**2**	**21**	**139**	**58**	**3**	**10**	**124**
秦州区	1		5	83	31	1	2	119
麦积区		2	16	56	27	2	8	5
武威市	**1**		**14**	**6**	**6**			**1**
凉州区	1		14	6	6			1
张掖市	**2**	**2**	**12**	**3**	**1**	**1**		**2**
甘州区	2	2	12	3	1	1		2
肃南裕固族自治县								
平凉市	**1**	**1**	**7**	**17**	**19**		**1**	**2**
崆峒区	1	1	7	17	5		1	2
华亭市					14			
酒泉市	**2**	**3**	**17**	**34**	**13**	**1**	**2**	**6**
肃州区	1	1	11	23	12	1	2	4
玉门市	1		4	11				2
敦煌市		2	2		1			
庆阳市			**3**	**2**	**6**			**2**
西峰区			3	2	6			2
定西市			**2**	**8**	**6**	**1**	**1**	
安定区			2	8	6	1	1	
陇南市				**2**	**3**		**1**	
武都区				1	3		1	
康　县				1				
临夏回族自治州			**9**	**1**	**7**			**1**
临夏市			9	1	7			1
临夏县								
甘南藏族自治州			**1**	**2**	**1**			
合作市			1	2	1			

行业大类的就业人口（城市）（续 8）

单位：人

制造业					电力、热力、燃气及水生产和供应业			
计算机、通信和其他电子设备制造业	仪器仪表制造业	其他制造业	废弃资源综合利用业	金属制品、机械和设备修理业	小计	电力、热力生产和供应业	燃气生产和供应业	水的生产和供应业
469	**97**	**52**	**116**	**112**	**1938**	**1485**	**200**	**253**
52	**74**	**24**	**50**	**54**	**671**	**511**	**86**	**74**
30	28	19	23	14	222	166	38	18
10	5	1	13	21	175	152	11	12
3	5		11	8	105	54	18	33
7	35	4	3	10	137	115	13	9
2	1			1	32	24	6	2
5	**1**	**12**	**8**	**23**	**134**	**116**	**5**	**13**
5	1	12	8	23	134	116	5	13
1	**2**	**1**	**1**	**7**	**128**	**119**	**2**	**7**
1	2	1	1	7	128	119	2	7
6	**1**	**3**	**12**	**7**	**170**	**124**	**24**	**22**
4	1	2	12	6	110	78	19	13
2		1		1	60	46	5	9
318	**10**	**5**	**3**	**9**	**98**	**71**	**14**	**13**
296	10	2	1	6	69	51	9	9
22		3	2	3	29	20	5	4
8	**4**	**3**	**5**	**5**	**105**	**85**	**9**	**11**
8	4	3	5	5	105	85	9	11
2	**1**		**6**	**1**	**91**	**70**	**9**	**12**
2	1		6	1	91	70	9	12
47				**1**	**102**	**81**	**4**	**17**
46					82	69	4	9
1				1	20	12		8
2		**1**	**20**		**160**	**125**	**19**	**16**
1		1	13		104	80	14	10
1			1		21	19		2
			6		35	26	5	4
7			**2**		**67**	**42**	**6**	**19**
7			2		67	42	6	19
4	**1**	**1**	**2**	**3**	**58**	**42**	**5**	**11**
4	1	1	2	3	58	42	5	11
9			**4**		**40**	**31**	**5**	**4**
9			4		40	31	5	4
6	**3**	**1**	**3**	**2**	**96**	**51**	**12**	**33**
6	3	1	3	2	95	50	12	33
					1	1		
2		**1**			**18**	**17**		**1**
2		1			18	17		1

4-4a 各地区分性别、

地区 性别	建筑业					批发和零售业		
	小计	房屋建筑业	土木工程建筑业	建筑安装业	建筑装饰、装修和其他建筑业	小计	批发业	零售业
合计	**29061**	**13890**	**3741**	**2018**	**9412**	**45940**	**12343**	**33597**
兰州市	**12087**	**4731**	**2009**	**997**	**4350**	**21445**	**6948**	**14497**
城关区	6416	2066	990	385	2975	12233	4135	8098
七里河区	2613	1292	535	184	602	4288	1258	3030
西固区	1471	593	185	311	382	2377	766	1611
安宁区	1381	645	280	113	343	2156	727	1429
红古区	206	135	19	4	48	391	62	329
嘉峪关市	**1057**	**348**	**168**	**96**	**445**	**1620**	**453**	**1167**
市辖区	1057	348	168	96	445	1620	453	1167
金昌市	**1025**	**523**	**148**	**97**	**257**	**1235**	**263**	**972**
金川区	1025	523	148	97	257	1235	263	972
白银市	**1247**	**564**	**171**	**82**	**430**	**1956**	**438**	**1518**
白银区	936	422	104	70	340	1521	338	1183
平川区	308	140	67	12	89	417	98	319
靖远县	3	2			1	18	2	16
天水市	**3219**	**1875**	**211**	**143**	**990**	**3692**	**690**	**3002**
秦州区	1663	1076	99	54	434	1850	295	1555
麦积区	1556	799	112	89	556	1842	395	1447
武威市	**1660**	**891**	**173**	**133**	**463**	**2724**	**581**	**2143**
凉州区	1660	891	173	133	463	2724	581	2143
张掖市	**864**	**437**	**113**	**51**	**263**	**1975**	**452**	**1523**
甘州区	864	437	113	51	263	1975	452	1523
肃南裕固族自治县								
平凉市	**1532**	**1027**	**112**	**82**	**311**	**1961**	**415**	**1546**
崆峒区	1374	939	99	64	272	1609	331	1278
华亭市	158	88	13	18	39	352	84	268
酒泉市	**1803**	**793**	**177**	**167**	**666**	**3607**	**979**	**2628**
肃州区	1340	601	122	116	501	2648	799	1849
玉门市	186	91	18	21	56	304	47	257
敦煌市	277	101	37	30	109	655	133	522
庆阳市	**1044**	**449**	**141**	**59**	**395**	**1871**	**413**	**1458**
西峰区	1044	449	141	59	395	1871	413	1458
定西市	**1077**	**686**	**98**	**40**	**253**	**891**	**176**	**715**
安定区	1077	686	98	40	253	891	176	715
陇南市	**1146**	**799**	**133**	**21**	**193**	**729**	**154**	**575**
武都区	1126	780	133	21	192	723	152	571
康　县	20	19			1	6	2	4
临夏回族自治州	**1080**	**614**	**63**	**44**	**359**	**1948**	**346**	**1602**
临夏市	1029	582	54	44	349	1903	340	1563
临夏县	51	32	9		10	45	6	39
甘南藏族自治州	**220**	**153**	**24**	**6**	**37**	**286**	**35**	**251**
合作市	220	153	24	6	37	286	35	251

行业大类的就业人口（城市）（续9）

单位：人

交通运输、仓储和邮政业								
小计	铁路运输业	道路运输业	水上运输业	航空运输业	管道运输业	多式联运和运输代理业	装卸搬运和仓储业	邮政业
20236	**3614**	**12005**	**36**	**462**	**30**	**623**	**1360**	**2106**
8392	**1739**	**4526**	**22**	**363**	**9**	**360**	**461**	**912**
4433	994	2090	11	277	2	232	258	569
1964	532	1073	7	37	2	67	99	147
1024	118	732	2	21	2	16	52	81
822	87	522	2	27	3	41	45	95
149	8	109		1		4	7	20
1640	**746**	**568**	**1**	**13**	**1**	**120**	**94**	**97**
1640	746	568	1	13	1	120	94	97
667	**21**	**523**	**1**	**8**	**1**		**73**	**40**
667	21	523	1	8	1		73	40
1327	**118**	**880**	**1**	**4**		**22**	**205**	**97**
1065	92	673	1	4		19	194	82
253	26	199				3	10	15
9		8					1	
1384	**192**	**792**		**16**	**4**	**17**	**154**	**209**
672	15	439		9	4	6	60	139
712	177	353		7		11	94	70
1184	**235**	**765**		**7**		**17**	**55**	**105**
1184	235	765		7		17	55	105
745	**155**	**457**	**5**	**8**		**9**	**39**	**72**
740	155	453	5	8		9	39	71
5		4						1
1092	**231**	**653**	**1**	**5**		**9**	**61**	**132**
933	198	556	1	5		9	48	116
159	33	97					13	16
1169	**41**	**863**		**15**	**14**	**24**	**63**	**149**
735	28	535		1	14	11	48	98
145	5	116				1	7	16
289	8	212		14		12	8	35
783	**7**	**624**	**1**	**10**		**12**	**32**	**97**
783	7	624	1	10		12	32	97
590	**109**	**349**	**2**	**4**		**12**	**59**	**55**
590	109	349	2	4		12	59	55
425	**8**	**347**	**1**			**6**	**15**	**48**
422	8	345	1			6	14	48
3		2					1	
727	**11**	**574**	**1**	**4**	**1**	**14**	**44**	**78**
718	10	567	1	4	1	14	44	77
9	1	7						1
111	**1**	**84**		**5**		**1**	**5**	**15**
111	1	84		5		1	5	15

4–4a　各地区分性别、

地区 性别	建筑业					批发和零售业		
	小计	房屋建筑业	土木工程建筑业	建筑安装业	建筑装饰、装修和其他建筑业	小计	批发业	零售业
男	**23860**	**11417**	**2989**	**1725**	**7729**	**22479**	**7605**	**14874**
兰州市	**9658**	**3761**	**1517**	**807**	**3573**	**10814**	**4154**	**6660**
城关区	5180	1663	740	310	2467	6215	2359	3856
七里河区	2046	992	419	151	484	2146	820	1326
西固区	1183	470	140	257	316	1215	494	721
安宁区	1076	519	204	85	268	1084	439	645
红古区	173	117	14	4	38	154	42	112
嘉峪关市	**825**	**275**	**129**	**84**	**337**	**732**	**289**	**443**
市辖区	825	275	129	84	337	732	289	443
金昌市	**817**	**398**	**126**	**85**	**208**	**521**	**161**	**360**
金川区	817	398	126	85	208	521	161	360
白银市	**1079**	**477**	**156**	**76**	**370**	**917**	**289**	**628**
白银区	811	355	96	65	295	691	218	473
平川区	265	120	60	11	74	212	69	143
靖远县	3	2			1	14	2	12
天水市	**2767**	**1613**	**185**	**128**	**841**	**1698**	**394**	**1304**
秦州区	1436	932	86	49	369	764	163	601
麦积区	1331	681	99	79	472	934	231	703
武威市	**1422**	**763**	**153**	**122**	**384**	**1230**	**365**	**865**
凉州区	1422	763	153	122	384	1230	365	865
张掖市	**724**	**361**	**97**	**42**	**224**	**890**	**273**	**617**
甘州区	724	361	97	42	224	890	273	617
肃南裕固族自治县								
平凉市	**1326**	**891**	**94**	**81**	**260**	**1007**	**300**	**707**
崆峒区	1187	816	81	63	227	858	238	620
华亭市	139	75	13	18	33	149	62	87
酒泉市	**1462**	**645**	**138**	**150**	**529**	**1700**	**634**	**1066**
肃州区	1089	488	98	105	398	1276	524	752
玉门市	146	70	15	19	42	137	33	104
敦煌市	227	87	25	26	89	287	77	210
庆阳市	**861**	**370**	**118**	**54**	**319**	**907**	**259**	**648**
西峰区	861	370	118	54	319	907	259	648
定西市	**885**	**568**	**83**	**36**	**198**	**435**	**117**	**318**
安定区	885	568	83	36	198	435	117	318
陇南市	**942**	**651**	**119**	**18**	**154**	**326**	**96**	**230**
武都区	924	634	119	18	153	323	95	228
康　县	18	17			1	3	1	2
临夏回族自治州	**933**	**530**	**57**	**38**	**308**	**1149**	**253**	**896**
临夏市	886	501	48	38	299	1123	250	873
临夏县	47	29	9		9	26	3	23
甘南藏族自治州	**159**	**114**	**17**	**4**	**24**	**153**	**21**	**132**
合作市	159	114	17	4	24	153	21	132

行业大类的就业人口（城市）（续 10）

单位：人

交通运输、仓储和邮政业								
小计	铁路运输业	道路运输业	水上运输业	航空运输业	管道运输业	多式联运和运输代理业	装卸搬运和仓储业	邮政业
16336	**2856**	**9980**	**23**	**278**	**23**	**484**	**1148**	**1544**
6613	**1339**	**3698**	**15**	**214**	**8**	**268**	**388**	**683**
3423	749	1677	9	163	2	173	223	427
1571	419	886	4	21	2	48	85	106
846	98	626		10	2	11	38	61
644	67	410	2	20	2	32	38	73
129	6	99				4	4	16
1331	**605**	**475**	**1**	**5**	**1**	**103**	**82**	**59**
1331	605	475	1	5	1	103	82	59
509	**19**	**405**		**7**			**54**	**24**
509	19	405		7			54	24
1134	**105**	**747**		**4**		**19**	**181**	**78**
899	84	560		4		16	171	64
227	21	180				3	9	14
8		7					1	
1166	**151**	**700**		**10**	**4**	**14**	**132**	**155**
560	11	383		6	4	5	54	97
606	140	317		4		9	78	58
965	**193**	**635**		**7**		**16**	**45**	**69**
965	193	635		7		16	45	69
582	**122**	**368**	**3**	**4**		**8**	**32**	**45**
578	122	365	3	4		8	32	44
4		3						1
896	**194**	**549**	**1**	**3**		**6**	**48**	**95**
763	169	463	1	3		6	35	86
133	25	86					13	9
939	**24**	**717**		**10**	**10**	**14**	**56**	**108**
595	19	442		1	10	7	42	74
122	2	101					6	13
222	3	174		9		7	8	21
661	**3**	**544**	**1**	**4**		**10**	**28**	**71**
661	3	544	1	4		10	28	71
469	**91**	**279**	**1**	**3**		**9**	**46**	**40**
469	91	279	1	3		9	46	40
307	**2**	**251**	**1**			**4**	**11**	**38**
304	2	249	1			4	10	38
3		2					1	
672	**7**	**539**		**4**		**13**	**41**	**68**
665	7	533		4		13	41	67
7		6						1
92	**1**	**73**		**3**			**4**	**11**
92	1	73		3			4	11

4-4a 各地区分性别、

地区 性别	建筑业					批发和零售业		
	小计	房屋建筑业	土木工程建筑业	建筑安装业	建筑装饰、装修和其他建筑业	小计	批发业	零售业
女	**5201**	**2473**	**752**	**293**	**1683**	**23461**	**4738**	**18723**
兰州市	**2429**	**970**	**492**	**190**	**777**	**10631**	**2794**	**7837**
城关区	1236	403	250	75	508	6018	1776	4242
七里河区	567	300	116	33	118	2142	438	1704
西固区	288	123	45	54	66	1162	272	890
安宁区	305	126	76	28	75	1072	288	784
红古区	33	18	5		10	237	20	217
嘉峪关市	**232**	**73**	**39**	**12**	**108**	**888**	**164**	**724**
市辖区	232	73	39	12	108	888	164	724
金昌市	**208**	**125**	**22**	**12**	**49**	**714**	**102**	**612**
金川区	208	125	22	12	49	714	102	612
白银市	**168**	**87**	**15**	**6**	**60**	**1039**	**149**	**890**
白银区	125	67	8	5	45	830	120	710
平川区	43	20	7	1	15	205	29	176
靖远县						4		4
天水市	**452**	**262**	**26**	**15**	**149**	**1994**	**296**	**1698**
秦州区	227	144	13	5	65	1086	132	954
麦积区	225	118	13	10	84	908	164	744
武威市	**238**	**128**	**20**	**11**	**79**	**1494**	**216**	**1278**
凉州区	238	128	20	11	79	1494	216	1278
张掖市	**140**	**76**	**16**	**9**	**39**	**1085**	**179**	**906**
甘州区	140	76	16	9	39	1085	179	906
肃南裕固族自治县								
平凉市	**206**	**136**	**18**	**1**	**51**	**954**	**115**	**839**
崆峒区	187	123	18	1	45	751	93	658
华亭市	19	13			6	203	22	181
酒泉市	**341**	**148**	**39**	**17**	**137**	**1907**	**345**	**1562**
肃州区	251	113	24	11	103	1372	275	1097
玉门市	40	21	3	2	14	167	14	153
敦煌市	50	14	12	4	20	368	56	312
庆阳市	**183**	**79**	**23**	**5**	**76**	**964**	**154**	**810**
西峰区	183	79	23	5	76	964	154	810
定西市	**192**	**118**	**15**	**4**	**55**	**456**	**59**	**397**
安定区	192	118	15	4	55	456	59	397
陇南市	**204**	**148**	**14**	**3**	**39**	**403**	**58**	**345**
武都区	202	146	14	3	39	400	57	343
康　县	2	2				3	1	2
临夏回族自治州	**147**	**84**	**6**	**6**	**51**	**799**	**93**	**706**
临夏市	143	81	6	6	50	780	90	690
临夏县	4	3			1	19	3	16
甘南藏族自治州	**61**	**39**	**7**	**2**	**13**	**133**	**14**	**119**
合作市	61	39	7	2	13	133	14	119

行业大类的就业人口（城市）（续 11）

单位：人

交通运输、仓储和邮政业								
小计	铁路运输业	道路运输业	水上运输业	航空运输业	管道运输业	多式联运和运输代理业	装卸搬运和仓储业	邮政业
3900	**758**	**2025**	**13**	**184**	**7**	**139**	**212**	**562**
1779	**400**	**828**	**7**	**149**	**1**	**92**	**73**	**229**
1010	245	413	2	114		59	35	142
393	113	187	3	16		19	14	41
178	20	106	2	11		5	14	20
178	20	112		7	1	9	7	22
20	2	10		1			3	4
309	**141**	**93**		**8**		**17**	**12**	**38**
309	141	93		8		17	12	38
158	**2**	**118**	**1**	**1**	**1**		**19**	**16**
158	2	118	1	1	1		19	16
193	**13**	**133**	**1**			**3**	**24**	**19**
166	8	113	1			3	23	18
26	5	19					1	1
1		1						
218	**41**	**92**		**6**		**3**	**22**	**54**
112	4	56		3		1	6	42
106	37	36		3		2	16	12
219	**42**	**130**				**1**	**10**	**36**
219	42	130				1	10	36
163	**33**	**89**	**2**	**4**		**1**	**7**	**27**
162	33	88	2	4		1	7	27
1		1						
196	**37**	**104**		**2**		**3**	**13**	**37**
170	29	93		2		3	13	30
26	8	11						7
230	**17**	**146**		**5**	**4**	**10**	**7**	**41**
140	9	93			4	4	6	24
23	3	15				1	1	3
67	5	38		5		5		14
122	**4**	**80**		**6**		**2**	**4**	**26**
122	4	80		6		2	4	26
121	**18**	**70**	**1**	**1**		**3**	**13**	**15**
121	18	70	1	1		3	13	15
118	**6**	**96**				**2**	**4**	**10**
118	6	96				2	4	10
55	**4**	**35**	**1**		**1**	**1**	**3**	**10**
53	3	34	1		1	1	3	10
2	1	1						
19		**11**		**2**		**1**	**1**	**4**
19		11		2		1	1	4

4–4a 各地区分性别、

地区 性别	住宿和餐饮业			信息传输、软件和信息技术服务业				
	小计	住宿业	餐饮业	小计	电信、广播电视和卫星传输服务	互联网和相关服务	软件和信息技术服务业	小计
合计	**17755**	**2705**	**15050**	**5493**	**2671**	**1018**	**1804**	**8602**
兰州市	**7281**	**1004**	**6277**	**3015**	**1085**	**589**	**1341**	**3910**
城关区	4343	634	3709	1864	692	327	845	2496
七里河区	1362	194	1168	596	173	157	266	614
西固区	670	67	603	183	83	43	57	299
安宁区	705	86	619	328	107	54	167	428
红古区	201	23	178	44	30	8	6	73
嘉峪关市	**799**	**181**	**618**	**183**	**110**	**20**	**53**	**249**
市辖区	799	181	618	183	110	20	53	249
金昌市	**512**	**54**	**458**	**141**	**76**	**22**	**43**	**276**
金川区	512	54	458	141	76	22	43	276
白银市	**800**	**101**	**699**	**252**	**163**	**38**	**51**	**444**
白银区	646	77	569	215	143	34	38	363
平川区	140	23	117	37	20	4	13	81
靖远县	14	1	13					
天水市	**1307**	**210**	**1097**	**299**	**158**	**78**	**63**	**486**
秦州区	775	132	643	227	119	58	50	373
麦积区	532	78	454	72	39	20	13	113
武威市	**966**	**180**	**786**	**281**	**184**	**59**	**38**	**485**
凉州区	966	180	786	281	184	59	38	485
张掖市	**720**	**137**	**583**	**163**	**108**	**24**	**31**	**390**
甘州区	714	136	578	163	108	24	31	388
肃南裕固族自治县	6	1	5					2
平凉市	**929**	**164**	**765**	**210**	**146**	**33**	**31**	**413**
崆峒区	774	140	634	197	136	31	30	353
华亭市	155	24	131	13	10	2	1	60
酒泉市	**1627**	**327**	**1300**	**253**	**153**	**39**	**61**	**653**
肃州区	948	121	827	205	124	27	54	465
玉门市	195	25	170	19	13	6		49
敦煌市	484	181	303	29	16	6	7	139
庆阳市	**714**	**95**	**619**	**197**	**131**	**27**	**39**	**433**
西峰区	714	95	619	197	131	27	39	433
定西市	**352**	**48**	**304**	**171**	**117**	**36**	**18**	**236**
安定区	352	48	304	171	117	36	18	236
陇南市	**365**	**63**	**302**	**102**	**77**	**13**	**12**	**235**
武都区	363	63	300	102	77	13	12	233
康　县	2		2					2
临夏回族自治州	**1150**	**79**	**1071**	**186**	**127**	**37**	**22**	**293**
临夏市	1110	78	1032	185	127	36	22	287
临夏县	40	1	39	1		1		6
甘南藏族自治州	**233**	**62**	**171**	**40**	**36**	**3**	**1**	**99**
合作市	233	62	171	40	36	3	1	99

行业大类的就业人口（城市）（续12）

单位：人

金融业				房地产业		房地产业		
货币金融服务	资本市场服务	保险业	其他金融业	小计	房地产业	小计	租赁业	商务服务业
4595	**323**	**2903**	**781**	**8026**	**8026**	**10879**	**685**	**10194**
1878	**205**	**1207**	**620**	**4404**	**4404**	**5502**	**326**	**5176**
1148	133	734	481	2409	2409	3504	158	3346
293	38	217	66	917	917	834	66	768
162	19	107	11	418	418	471	47	424
224	14	131	59	578	578	655	49	606
51	1	18	3	82	82	38	6	32
136	**11**	**96**	**6**	**265**	**265**	**493**	**41**	**452**
136	11	96	6	265	265	493	41	452
152	**16**	**105**	**3**	**115**	**115**	**417**	**11**	**406**
152	16	105	3	115	115	417	11	406
258	**9**	**159**	**18**	**361**	**361**	**394**	**39**	**355**
212	9	133	9	239	239	309	28	281
46		26	9	122	122	85	11	74
313	**17**	**132**	**24**	**559**	**559**	**625**	**34**	**591**
244	13	99	17	375	375	341	13	328
69	4	33	7	184	184	284	21	263
290	**7**	**176**	**12**	**426**	**426**	**451**	**39**	**412**
290	7	176	12	426	426	451	39	412
196	**17**	**168**	**9**	**230**	**230**	**382**	**26**	**356**
195	17	167	9	230	230	381	26	355
1		1				1		1
249	**4**	**136**	**24**	**457**	**457**	**636**	**23**	**613**
207	4	118	24	381	381	596	16	580
42		18		76	76	40	7	33
330	**19**	**284**	**20**	**393**	**393**	**817**	**62**	**755**
221	10	224	10	308	308	550	29	521
29	1	16	3	20	20	46	14	32
80	8	44	7	65	65	221	19	202
256	**4**	**153**	**20**	**240**	**240**	**393**	**36**	**357**
256	4	153	20	240	240	393	36	357
129	**2**	**100**	**5**	**199**	**199**	**215**	**22**	**193**
129	2	100	5	199	199	215	22	193
153	**6**	**66**	**10**	**98**	**98**	**182**	**5**	**177**
153	6	64	10	98	98	179	5	174
		2				3		3
181	**5**	**99**	**8**	**256**	**256**	**335**	**20**	**315**
176	5	98	8	252	252	329	20	309
5		1		4	4	6		6
74	**1**	**22**	**2**	**23**	**23**	**37**	**1**	**36**
74	1	22	2	23	23	37	1	36

4–4a 各地区分性别、

地区 性别	住宿和餐饮业			信息传输、软件和信息技术服务业				
	小计	住宿业	餐饮业	小计	电信、广播电视和卫星传输服务	互联网和相关服务	软件和信息技术服务业	小计
男	**9161**	**1089**	**8072**	**3404**	**1511**	**651**	**1242**	**4128**
兰州市	**3915**	**444**	**3471**	**1897**	**618**	**366**	**913**	**1806**
城关区	2364	291	2073	1158	389	204	565	1206
七里河区	755	86	669	380	98	96	186	272
西固区	347	25	322	114	52	22	40	102
安宁区	356	31	325	222	67	38	117	187
红古区	93	11	82	23	12	6	5	39
嘉峪关市	**357**	**58**	**299**	**114**	**58**	**12**	**44**	**93**
市辖区	357	58	299	114	58	12	44	93
金昌市	**228**	**19**	**209**	**77**	**35**	**11**	**31**	**119**
金川区	228	19	209	77	35	11	31	119
白银市	**397**	**34**	**363**	**165**	**97**	**30**	**38**	**195**
白银区	323	25	298	139	85	26	28	154
平川区	68	9	59	26	12	4	10	41
靖远县	6		6					
天水市	**682**	**90**	**592**	**191**	**99**	**47**	**45**	**253**
秦州区	412	57	355	142	72	34	36	195
麦积区	270	33	237	49	27	13	9	58
武威市	**436**	**64**	**372**	**181**	**108**	**44**	**29**	**256**
凉州区	436	64	372	181	108	44	29	256
张掖市	**356**	**56**	**300**	**99**	**59**	**19**	**21**	**197**
甘州区	354	56	298	99	59	19	21	197
肃南裕固族自治县	2		2					
平凉市	**453**	**77**	**376**	**133**	**87**	**25**	**21**	**207**
崆峒区	391	69	322	127	81	25	21	182
华亭市	62	8	54	6	6			25
酒泉市	**818**	**123**	**695**	**147**	**85**	**21**	**41**	**302**
肃州区	480	39	441	114	64	14	36	204
玉门市	91	11	80	12	8	4		29
敦煌市	247	73	174	21	13	3	5	69
庆阳市	**388**	**39**	**349**	**114**	**73**	**17**	**24**	**239**
西峰区	388	39	349	114	73	17	24	239
定西市	**149**	**19**	**130**	**93**	**59**	**21**	**13**	**117**
安定区	149	19	130	93	59	21	13	117
陇南市	**166**	**19**	**147**	**64**	**51**	**6**	**7**	**120**
武都区	166	19	147	64	51	6	7	120
康　县								
临夏回族自治州	**718**	**29**	**689**	**109**	**66**	**29**	**14**	**171**
临夏市	704	29	675	108	66	28	14	170
临夏县	14		14	1		1		1
甘南藏族自治州	**98**	**18**	**80**	**20**	**16**	**3**	**1**	**53**
合作市	98	18	80	20	16	3	1	53

行业大类的就业人口（城市）（续 13）

单位：人

金融业				房地产业		房地产业		
货币金融服务	资本市场服务	保险业	其他金融业	小计	房地产业	小计	租赁业	商务服务业
2376	**192**	**1168**	**392**	**4692**	**4692**	**6470**	**575**	**5895**
884	**119**	**495**	**308**	**2614**	**2614**	**3118**	**265**	**2853**
552	79	336	239	1480	1480	1955	132	1823
132	23	80	37	548	548	476	54	422
63	7	27	5	228	228	290	35	255
104	10	47	26	327	327	370	40	330
33		5	1	31	31	27	4	23
62	**7**	**20**	**4**	**124**	**124**	**312**	**30**	**282**
62	7	20	4	124	124	312	30	282
79	**10**	**28**	**2**	**51**	**51**	**265**	**9**	**256**
79	10	28	2	51	51	265	9	256
128	**3**	**58**	**6**	**202**	**202**	**253**	**36**	**217**
101	3	49	1	122	122	189	27	162
27		9	5	80	80	64	9	55
173	**12**	**55**	**13**	**333**	**333**	**403**	**32**	**371**
134	10	43	8	232	232	218	12	206
39	2	12	5	101	101	185	20	165
161	**4**	**84**	**7**	**238**	**238**	**299**	**35**	**264**
161	4	84	7	238	238	299	35	264
104	**13**	**75**	**5**	**131**	**131**	**244**	**20**	**224**
104	13	75	5	131	131	243	20	223
						1		1
141	**3**	**55**	**8**	**290**	**290**	**324**	**20**	**304**
119	3	52	8	256	256	302	16	286
22		3		34	34	22	4	18
177	**9**	**101**	**15**	**223**	**223**	**495**	**53**	**442**
114	4	78	8	173	173	326	25	301
21		6	2	11	11	34	13	21
42	5	17	5	39	39	135	15	120
154	**3**	**70**	**12**	**132**	**132**	**255**	**33**	**222**
154	3	70	12	132	132	255	33	222
77	**2**	**36**	**2**	**117**	**117**	**129**	**18**	**111**
77	2	36	2	117	117	129	18	111
87	**3**	**24**	**6**	**58**	**58**	**125**	**5**	**120**
87	3	24	6	58	58	125	5	120
105	**3**	**60**	**3**	**164**	**164**	**225**	**18**	**207**
105	3	59	3	162	162	221	18	203
		1		2	2	4		4
44	**1**	**7**	**1**	**15**	**15**	**23**	**1**	**22**
44	1	7	1	15	15	23	1	22

4-4a 各地区分性别、

地区 性别	住宿和餐饮业			信息传输、软件和信息技术服务业				
	小计	住宿业	餐饮业	小计	电信、广播电视和卫星传输服务	互联网和相关服务	软件和信息技术服务业	小计
女	**8594**	**1616**	**6978**	**2089**	**1160**	**367**	**562**	**4474**
兰州市	**3366**	**560**	**2806**	**1118**	**467**	**223**	**428**	**2104**
城关区	1979	343	1636	706	303	123	280	1290
七里河区	607	108	499	216	75	61	80	342
西固区	323	42	281	69	31	21	17	197
安宁区	349	55	294	106	40	16	50	241
红古区	108	12	96	21	18	2	1	34
嘉峪关市	**442**	**123**	**319**	**69**	**52**	**8**	**9**	**156**
市辖区	442	123	319	69	52	8	9	156
金昌市	**284**	**35**	**249**	**64**	**41**	**11**	**12**	**157**
金川区	284	35	249	64	41	11	12	157
白银市	**403**	**67**	**336**	**87**	**66**	**8**	**13**	**249**
白银区	323	52	271	76	58	8	10	209
平川区	72	14	58	11	8		3	40
靖远县	8	1	7					
天水市	**625**	**120**	**505**	**108**	**59**	**31**	**18**	**233**
秦州区	363	75	288	85	47	24	14	178
麦积区	262	45	217	23	12	7	4	55
武威市	**530**	**116**	**414**	**100**	**76**	**15**	**9**	**229**
凉州区	530	116	414	100	76	15	9	229
张掖市	**364**	**81**	**283**	**64**	**49**	**5**	**10**	**193**
甘州区	360	80	280	64	49	5	10	191
肃南裕固族自治县	4	1	3					2
平凉市	**476**	**87**	**389**	**77**	**59**	**8**	**10**	**206**
崆峒区	383	71	312	70	55	6	9	171
华亭市	93	16	77	7	4	2	1	35
酒泉市	**809**	**204**	**605**	**106**	**68**	**18**	**20**	**351**
肃州区	468	82	386	91	60	13	18	261
玉门市	104	14	90	7	5	2		20
敦煌市	237	108	129	8	3	3	2	70
庆阳市	**326**	**56**	**270**	**83**	**58**	**10**	**15**	**194**
西峰区	326	56	270	83	58	10	15	194
定西市	**203**	**29**	**174**	**78**	**58**	**15**	**5**	**119**
安定区	203	29	174	78	58	15	5	119
陇南市	**199**	**44**	**155**	**38**	**26**	**7**	**5**	**115**
武都区	197	44	153	38	26	7	5	113
康　县	2		2					2
临夏回族自治州	**432**	**50**	**382**	**77**	**61**	**8**	**8**	**122**
临夏市	406	49	357	77	61	8	8	117
临夏县	26	1	25					5
甘南藏族自治州	**135**	**44**	**91**	**20**	**20**			**46**
合作市	135	44	91	20	20			46

行业大类的就业人口（城市）（续14）

单位：人

金融业				房地产业		房地产业		
货币金融服务	资本市场服务	保险业	其他金融业	小计	房地产业	小计	租赁业	商务服务业
2219	**131**	**1735**	**389**	**3334**	**3334**	**4409**	**110**	**4299**
994	**86**	**712**	**312**	**1790**	**1790**	**2384**	**61**	**2323**
596	54	398	242	929	929	1549	26	1523
161	15	137	29	369	369	358	12	346
99	12	80	6	190	190	181	12	169
120	4	84	33	251	251	285	9	276
18	1	13	2	51	51	11	2	9
74	**4**	**76**	**2**	**141**	**141**	**181**	**11**	**170**
74	4	76	2	141	141	181	11	170
73	**6**	**77**	**1**	**64**	**64**	**152**	**2**	**150**
73	6	77	1	64	64	152	2	150
130	**6**	**101**	**12**	**159**	**159**	**141**	**3**	**138**
111	6	84	8	117	117	120	1	119
19		17	4	42	42	21	2	19
140	**5**	**77**	**11**	**226**	**226**	**222**	**2**	**220**
110	3	56	9	143	143	123	1	122
30	2	21	2	83	83	99	1	98
129	**3**	**92**	**5**	**188**	**188**	**152**	**4**	**148**
129	3	92	5	188	188	152	4	148
92	**4**	**93**	**4**	**99**	**99**	**138**	**6**	**132**
91	4	92	4	99	99	138	6	132
1		1						
108	**1**	**81**	**16**	**167**	**167**	**312**	**3**	**309**
88	1	66	16	125	125	294		294
20		15		42	42	18	3	15
153	**10**	**183**	**5**	**170**	**170**	**322**	**9**	**313**
107	6	146	2	135	135	224	4	220
8	1	10	1	9	9	12	1	11
38	3	27	2	26	26	86	4	82
102	**1**	**83**	**8**	**108**	**108**	**138**	**3**	**135**
102	1	83	8	108	108	138	3	135
52		**64**	**3**	**82**	**82**	**86**	**4**	**82**
52		64	3	82	82	86	4	82
66	**3**	**42**	**4**	**40**	**40**	**57**		**57**
66	3	40	4	40	40	54		54
		2				3		3
76	**2**	**39**	**5**	**92**	**92**	**110**	**2**	**108**
71	2	39	5	90	90	108	2	106
5				2	2	2		2
30		**15**	**1**	**8**	**8**	**14**		**14**
30		15	1	8	8	14		14

4-4a 各地区分性别、

地区 性别	科学研究和技术服务业				水利、环境和公共设施管理业			
	小计	研究和试验发展	专业技术服务业	科技推广和应用服务业	小计	水利管理业	生态保护和环境治理业	公共设施管理业
合计	**7102**	**1196**	**5077**	**829**	**3561**	**568**	**308**	**2637**
兰州市	**4300**	**933**	**2873**	**494**	**1494**	**147**	**135**	**1182**
城关区	2714	586	1804	324	858	100	83	653
七里河区	686	104	496	86	250	27	19	199
西固区	270	65	177	28	124	8	10	104
安宁区	616	178	383	55	244	12	21	210
红古区	14		13	1	18		2	16
嘉峪关市	**280**	**34**	**218**	**28**	**127**	**8**	**13**	**104**
市辖区	280	34	218	28	127	8	13	104
金昌市	**199**	**33**	**152**	**14**	**192**	**4**	**10**	**177**
金川区	199	33	152	14	192	4	10	177
白银市	**272**	**19**	**213**	**40**	**211**	**40**	**5**	**163**
白银区	226	16	176	34	178	27	5	144
平川区	45	3	36	6	33	13		19
靖远县	1		1					
天水市	**427**	**41**	**337**	**49**	**222**	**22**	**13**	**185**
秦州区	228	33	162	33	128	16	6	104
麦积区	199	8	175	16	94	6	7	81
武威市	**256**	**14**	**210**	**32**	**348**	**106**	**15**	**227**
凉州区	256	14	210	32	348	106	15	227
张掖市	**252**	**22**	**208**	**22**	**161**	**68**	**26**	**66**
甘州区	252	22	208	22	161	68	26	66
肃南裕固族自治县								
平凉市	**178**	**19**	**142**	**17**	**120**	**13**	**8**	**99**
崆峒区	157	18	122	17	103	13	8	82
华亭市	21	1	20		17			17
酒泉市	**331**	**20**	**262**	**49**	**264**	**79**	**16**	**167**
肃州区	273	17	224	32	132	29	2	99
玉门市	28	2	17	9	54	42		12
敦煌市	30	1	21	8	78	8	14	56
庆阳市	**243**	**15**	**201**	**27**	**122**	**24**	**32**	**60**
西峰区	243	15	201	27	122	24	32	60
定西市	**130**	**20**	**94**	**16**	**120**	**28**	**10**	**82**
安定区	130	20	94	16	120	28	10	82
陇南市	**87**	**7**	**65**	**15**	**56**	**14**	**8**	**34**
武都区	86	7	64	15	56	14	8	34
康　县	1		1					
临夏回族自治州	**134**	**19**	**89**	**26**	**108**	**14**	**16**	**77**
临夏市	133	19	89	25	105	14	16	74
临夏县	1			1	3			3
甘南藏族自治州	**13**		**13**		**16**	**1**	**1**	**14**
合作市	13		13		16	1	1	14

行业大类的就业人口（城市）（续15）

单位：人

土地管理业	居民服务、修理和其他服务业				教育		卫生和社会工作	
	小计	居民服务业	机动车、电子产品和日用产品修理业	其他服务业	小计	教育	小计	卫生
48	**9327**	**5743**	**2471**	**1113**	**20658**	**20658**	**11860**	**11576**
30	**3705**	**2358**	**873**	**474**	**8215**	**8215**	**4612**	**4505**
22	2118	1384	481	253	4000	4000	2498	2438
5	716	458	142	116	1420	1420	1104	1078
2	398	245	119	34	781	781	422	413
1	387	220	100	67	1798	1798	459	447
	86	51	31	4	216	216	129	129
2	**437**	**265**	**111**	**61**	**547**	**547**	**418**	**410**
2	437	265	111	61	547	547	418	410
1	**298**	**160**	**110**	**28**	**474**	**474**	**309**	**299**
1	298	160	110	28	474	474	309	299
3	**486**	**269**	**153**	**64**	**1052**	**1052**	**593**	**579**
2	359	222	87	50	676	676	357	349
1	91	45	32	14	375	375	235	229
	36	2	34		1	1	1	1
2	**813**	**513**	**169**	**131**	**1616**	**1616**	**877**	**867**
2	428	276	87	65	1028	1028	586	579
	385	237	82	66	588	588	291	288
	504	**309**	**132**	**63**	**1440**	**1440**	**992**	**963**
	504	309	132	63	1440	1440	992	963
1	**377**	**245**	**95**	**37**	**910**	**910**	**536**	**524**
1	377	245	95	37	910	910	536	524
	463	**286**	**151**	**26**	**1215**	**1215**	**723**	**695**
	362	227	113	22	947	947	550	523
	101	59	38	4	268	268	173	172
2	**780**	**487**	**230**	**63**	**1156**	**1156**	**751**	**739**
2	540	347	138	55	788	788	525	518
	86	44	41	1	153	153	95	94
	154	96	51	7	215	215	131	127
6	**452**	**283**	**129**	**40**	**1097**	**1097**	**627**	**592**
6	452	283	129	40	1097	1097	627	592
	257	**139**	**82**	**36**	**725**	**725**	**441**	**435**
	257	139	82	36	725	725	441	435
	197	**145**	**38**	**14**	**654**	**654**	**317**	**312**
	191	141	36	14	652	652	317	312
	6	4	2		2	2		
1	**488**	**247**	**171**	**70**	**1182**	**1182**	**540**	**533**
1	471	241	160	70	1121	1121	528	521
	17	6	11		61	61	12	12
	70	**37**	**27**	**6**	**375**	**375**	**124**	**123**
	70	37	27	6	375	375	124	123

4–4a 各地区分性别、

地区 性别	科学研究和技术服务业				水利、环境和公共设施管理业			
	小计	研究和试验发展	专业技术服务业	科技推广和应用服务业	小计	水利管理业	生态保护和环境治理业	公共设施管理业
男	**4912**	**771**	**3574**	**567**	**2007**	**413**	**215**	**1352**
兰州市	**2915**	**600**	**1989**	**326**	**866**	**96**	**87**	**670**
城关区	1835	378	1243	214	492	67	50	365
七里河区	472	76	342	54	151	14	16	119
西固区	179	43	116	20	61	7	7	46
安宁区	417	103	276	38	152	8	13	131
红古区	12		12		10		1	9
嘉峪关市	**200**	**28**	**153**	**19**	**68**	**5**	**11**	**51**
市辖区	200	28	153	19	68	5	11	51
金昌市	**129**	**18**	**100**	**11**	**76**	**4**	**5**	**66**
金川区	129	18	100	11	76	4	5	66
白银市	**196**	**14**	**149**	**33**	**105**	**27**	**4**	**72**
白银区	165	12	124	29	86	16	4	65
平川区	31	2	25	4	19	11		7
靖远县								
天水市	**309**	**28**	**247**	**34**	**140**	**17**	**9**	**112**
秦州区	154	23	111	20	79	13	5	59
麦积区	155	5	136	14	61	4	4	53
武威市	**191**	**11**	**156**	**24**	**170**	**83**	**11**	**76**
凉州区	191	11	156	24	170	83	11	76
张掖市	**174**	**16**	**142**	**16**	**107**	**55**	**19**	**32**
甘州区	174	16	142	16	107	55	19	32
肃南裕固族自治县								
平凉市	**133**	**13**	**107**	**13**	**77**	**8**	**7**	**62**
崆峒区	121	13	95	13	64	8	7	49
华亭市	12		12		13			13
酒泉市	**247**	**11**	**194**	**42**	**167**	**61**	**11**	**93**
肃州区	203	8	166	29	78	23	2	51
玉门市	22	2	13	7	39	30		9
敦煌市	22	1	15	6	50	8	9	33
庆阳市	**161**	**9**	**136**	**16**	**78**	**18**	**25**	**31**
西峰区	161	9	136	16	78	18	25	31
定西市	**92**	**11**	**73**	**8**	**66**	**19**	**8**	**39**
安定区	92	11	73	8	66	19	8	39
陇南市	**66**	**2**	**53**	**11**	**36**	**10**	**6**	**20**
武都区	65	2	52	11	36	10	6	20
康　县	1		1					
临夏回族自治州	**89**	**10**	**65**	**14**	**48**	**10**	**12**	**25**
临夏市	88	10	65	13	46	10	12	23
临夏县	1			1	2			2
甘南藏族自治州	**10**		**10**		**3**			**3**
合作市	10		10		3			3

行业大类的就业人口（城市）（续 16）

单位：人

土地管理业	居民服务、修理和其他服务业				教育		卫生和社会工作	
	小计	居民服务业	机动车、电子产品和日用产品修理业	其他服务业	小计	教育	小计	卫生
27	**4385**	**1875**	**2068**	**442**	**8385**	**8385**	**3572**	**3476**
13	**1702**	**771**	**724**	**207**	**3175**	**3175**	**1351**	**1315**
10	983	467	401	115	1519	1519	790	769
2	313	147	119	47	556	556	306	293
1	178	64	96	18	255	255	97	95
	184	78	81	25	772	772	122	122
	44	15	27	2	73	73	36	36
1	**188**	**61**	**95**	**32**	**168**	**168**	**98**	**97**
1	188	61	95	32	168	168	98	97
1	**129**	**44**	**80**	**5**	**176**	**176**	**70**	**67**
1	129	44	80	5	176	176	70	67
2	**260**	**110**	**131**	**19**	**396**	**396**	**163**	**159**
1	174	86	74	14	247	247	95	92
1	54	22	27	5	149	149	68	67
	32	2	30					
2	**385**	**180**	**142**	**63**	**707**	**707**	**295**	**290**
2	195	95	72	28	458	458	199	195
	190	85	70	35	249	249	96	95
	222	**92**	**110**	**20**	**691**	**691**	**324**	**313**
	222	92	110	20	691	691	324	313
1	**170**	**76**	**80**	**14**	**438**	**438**	**157**	**152**
1	170	76	80	14	438	438	157	152
	246	**100**	**135**	**11**	**502**	**502**	**225**	**220**
	192	78	104	10	387	387	173	168
	54	22	31	1	115	115	52	52
2	**372**	**156**	**185**	**31**	**460**	**460**	**229**	**223**
2	247	107	115	25	304	304	159	155
	45	14	30	1	69	69	30	30
	80	35	40	5	87	87	40	38
4	**215**	**89**	**115**	**11**	**431**	**431**	**181**	**167**
4	215	89	115	11	431	431	181	167
	115	**42**	**69**	**4**	**349**	**349**	**143**	**142**
	115	42	69	4	349	349	143	142
	90	**52**	**35**	**3**	**255**	**255**	**108**	**106**
	86	50	33	3	253	253	108	106
	4	2	2		2	2		
1	**259**	**93**	**146**	**20**	**459**	**459**	**189**	**186**
1	249	92	137	20	424	424	186	183
	10	1	9		35	35	3	3
	32	**9**	**21**	**2**	**178**	**178**	**39**	**39**
	32	9	21	2	178	178	39	39

4-4a 各地区分性别、

地区 性别	科学研究和技术服务业				水利、环境和公共设施管理业			
	小计	研究和试验发展	专业技术服务业	科技推广和应用服务业	小计	水利管理业	生态保护和环境治理业	公共设施管理业
女	**2190**	**425**	**1503**	**262**	**1554**	**155**	**93**	**1285**
兰州市	**1385**	**333**	**884**	**168**	**628**	**51**	**48**	**512**
城关区	879	208	561	110	366	33	33	288
七里河区	214	28	154	32	99	13	3	80
西固区	91	22	61	8	63	1	3	58
安宁区	199	75	107	17	92	4	8	79
红古区	2		1	1	8		1	7
嘉峪关市	**80**	**6**	**65**	**9**	**59**	**3**	**2**	**53**
市辖区	80	6	65	9	59	3	2	53
金昌市	**70**	**15**	**52**	**3**	**116**		**5**	**111**
金川区	70	15	52	3	116		5	111
白银市	**76**	**5**	**64**	**7**	**106**	**13**	**1**	**91**
白银区	61	4	52	5	92	11	1	79
平川区	14	1	11	2	14	2		12
靖远县	1		1					
天水市	**118**	**13**	**90**	**15**	**82**	**5**	**4**	**73**
秦州区	74	10	51	13	49	3	1	45
麦积区	44	3	39	2	33	2	3	28
武威市	**65**	**3**	**54**	**8**	**178**	**23**	**4**	**151**
凉州区	65	3	54	8	178	23	4	151
张掖市	**78**	**6**	**66**	**6**	**54**	**13**	**7**	**34**
甘州区	78	6	66	6	54	13	7	34
肃南裕固族自治县								
平凉市	**45**	**6**	**35**	**4**	**43**	**5**	**1**	**37**
崆峒区	36	5	27	4	39	5	1	33
华亭市	9	1	8		4			4
酒泉市	**84**	**9**	**68**	**7**	**97**	**18**	**5**	**74**
肃州区	70	9	58	3	54	6		48
玉门市	6		4	2	15	12		3
敦煌市	8		6	2	28		5	23
庆阳市	**82**	**6**	**65**	**11**	**44**	**6**	**7**	**29**
西峰区	82	6	65	11	44	6	7	29
定西市	**38**	**9**	**21**	**8**	**54**	**9**	**2**	**43**
安定区	38	9	21	8	54	9	2	43
陇南市	**21**	**5**	**12**	**4**	**20**	**4**	**2**	**14**
武都区	21	5	12	4	20	4	2	14
康　县								
临夏回族自治州	**45**	**9**	**24**	**12**	**60**	**4**	**4**	**52**
临夏市	45	9	24	12	59	4	4	51
临夏县					1			1
甘南藏族自治州	**3**		**3**		**13**	**1**	**1**	**11**
合作市	3		3		13	1	1	11

行业大类的就业人口（城市）（续17）

单位：人

土地管理业	居民服务、修理和其他服务业				教育		卫生和社会工作	
	小计	居民服务业	机动车、电子产品和日用产品修理业	其他服务业	小计	教育	小计	卫生
21	**4942**	**3868**	**403**	**671**	**12273**	**12273**	**8288**	**8100**
17	**2003**	**1587**	**149**	**267**	**5040**	**5040**	**3261**	**3190**
12	1135	917	80	138	2481	2481	1708	1669
3	403	311	23	69	864	864	798	785
1	220	181	23	16	526	526	325	318
1	203	142	19	42	1026	1026	337	325
	42	36	4	2	143	143	93	93
1	**249**	**204**	**16**	**29**	**379**	**379**	**320**	**313**
1	249	204	16	29	379	379	320	313
	169	**116**	**30**	**23**	**298**	**298**	**239**	**232**
	169	116	30	23	298	298	239	232
1	**226**	**159**	**22**	**45**	**656**	**656**	**430**	**420**
1	185	136	13	36	429	429	262	257
	37	23	5	9	226	226	167	162
	4		4		1	1	1	1
	428	**333**	**27**	**68**	**909**	**909**	**582**	**577**
	233	181	15	37	570	570	387	384
	195	152	12	31	339	339	195	193
	282	**217**	**22**	**43**	**749**	**749**	**668**	**650**
	282	217	22	43	749	749	668	650
	207	**169**	**15**	**23**	**472**	**472**	**379**	**372**
	207	169	15	23	472	472	379	372
	217	**186**	**16**	**15**	**713**	**713**	**498**	**475**
	170	149	9	12	560	560	377	355
	47	37	7	3	153	153	121	120
	408	**331**	**45**	**32**	**696**	**696**	**522**	**516**
	293	240	23	30	484	484	366	363
	41	30	11		84	84	65	64
	74	61	11	2	128	128	91	89
2	**237**	**194**	**14**	**29**	**666**	**666**	**446**	**425**
2	237	194	14	29	666	666	446	425
	142	**97**	**13**	**32**	**376**	**376**	**298**	**293**
	142	97	13	32	376	376	298	293
	107	**93**	**3**	**11**	**399**	**399**	**209**	**206**
	105	91	3	11	399	399	209	206
	2	2						
	229	**154**	**25**	**50**	**723**	**723**	**351**	**347**
	222	149	23	50	697	697	342	338
	7	5	2		26	26	9	9
	38	**28**	**6**	**4**	**197**	**197**	**85**	**84**
	38	28	6	4	197	197	85	84

4-4a 各地区分性别、

地区 性别	社会工作	文化、体育和娱乐业					
		小计	新闻和出版业	广播、电视、电影和录音制作业	文化艺术业	体育	娱乐业
合计	**284**	**3519**	**493**	**493**	**1012**	**357**	**1164**
兰州市	**107**	**1659**	**317**	**230**	**443**	**179**	**490**
城关区	60	1161	245	164	311	118	323
七里河区	26	273	44	34	72	34	89
西固区	9	90	7	15	14	12	42
安宁区	12	124	20	17	45	15	27
红古区		11	1		1		9
嘉峪关市	**8**	**181**	**18**	**28**	**27**	**13**	**95**
市辖区	8	181	18	28	27	13	95
金昌市	**10**	**101**	**8**	**16**	**25**	**17**	**35**
金川区	10	101	8	16	25	17	35
白银市	**14**	**130**	**16**	**19**	**26**	**15**	**54**
白银区	8	92	12	18	19	10	33
平川区	6	37	4	1	7	4	21
靖远县		1				1	
天水市	**10**	**253**	**29**	**32**	**83**	**27**	**82**
秦州区	7	182	27	27	56	19	53
麦积区	3	71	2	5	27	8	29
武威市	**29**	**169**	**15**	**16**	**59**	**9**	**70**
凉州区	29	169	15	16	59	9	70
张掖市	**12**	**129**	**11**	**25**	**32**	**19**	**42**
甘州区	12	129	11	25	32	19	42
肃南裕固族自治县							
平凉市	**28**	**160**	**16**	**19**	**43**	**15**	**67**
崆峒区	27	136	15	15	38	14	54
华亭市	1	24	1	4	5	1	13
酒泉市	**12**	**298**	**18**	**33**	**121**	**29**	**97**
肃州区	7	148	18	22	20	23	65
玉门市	1	15		1	2	3	9
敦煌市	4	135		10	99	3	23
庆阳市	**35**	**148**	**13**	**30**	**48**	**16**	**41**
西峰区	35	148	13	30	48	16	41
定西市	**6**	**83**	**6**	**12**	**34**	**8**	**23**
安定区	6	83	6	12	34	8	23
陇南市	**5**	**65**	**4**	**11**	**24**	**5**	**21**
武都区	5	65	4	11	24	5	21
康　县							
临夏回族自治州	**7**	**106**	**10**	**17**	**39**	**3**	**37**
临夏市	7	105	10	17	39	3	36
临夏县		1					1
甘南藏族自治州	**1**	**37**	**12**	**5**	**8**	**2**	**10**
合作市	1	37	12	5	8	2	10

行业大类的就业人口（城市）（续18）

单位：人

公共管理、社会保障和社会组织							国际组织	
小计	中国共产党机关	国家机构	人民政协、民主党派	社会保障	群众团体、社会团体和其他成员组织	基层群众自治组织	小计	国际组织
26288	**715**	**22975**	**141**	**159**	**883**	**1415**	**2**	**2**
8011	**265**	**6628**	**42**	**64**	**464**	**548**	**2**	**2**
4618	211	3792	31	37	317	230	1	1
1093	17	918	2	9	45	102		
835	5	684	2	2	21	121		
1100	29	896	6	14	77	78	1	1
365	3	338	1	2	4	17		
696		**560**	**3**	**3**	**19**	**111**		
696		560	3	3	19	111		
800	**41**	**675**	**4**	**1**	**27**	**52**		
800	41	675	4	1	27	52		
1570	**11**	**1340**	**7**	**8**	**34**	**170**		
1195	11	1018	4	4	29	129		
374		322	3	4	5	40		
1						1		
2222	**48**	**2038**	**7**	**7**	**46**	**76**		
1385	31	1279	6	4	31	34		
837	17	759	1	3	15	42		
1656	**37**	**1479**	**12**	**4**	**24**	**100**		
1656	37	1479	12	4	24	100		
1091	**57**	**936**	**9**	**11**	**19**	**59**		
1087	57	932	9	11	19	59		
4		4						
1926	**52**	**1678**	**8**	**27**	**64**	**97**		
1443	49	1233	7	26	59	69		
483	3	445	1	1	5	28		
1720	**16**	**1620**	**7**	**5**	**24**	**48**		
1087	4	1056	4	3	10	10		
307	7	276	2	2	9	11		
326	5	288	1		5	27		
1251	**33**	**1139**	**6**	**15**	**12**	**46**		
1251	33	1139	6	15	12	46		
1114	**18**	**1058**	**4**	**3**	**14**	**17**		
1114	18	1058	4	3	14	17		
1116	**46**	**991**	**6**	**1**	**30**	**42**		
1113	46	989	6	1	30	41		
3		2				1		
2254	**66**	**2018**	**22**	**8**	**91**	**49**		
2207	66	1980	18	8	88	47		
47		38	4		3	2		
861	**25**	**815**	**4**	**2**	**15**			
861	25	815	4	2	15			

4-4a 各地区分性别、

地区 性别	社会工作	文化、体育和娱乐业					
		小计	新闻和出版业	广播、电视、电影和录音制作业	文化艺术业	体育	娱乐业
男	**96**	**1872**	**271**	**269**	**519**	**175**	**638**
兰州市	**36**	**893**	**176**	**132**	**213**	**91**	**281**
城关区	21	630	146	96	150	58	180
七里河区	13	146	19	18	34	19	56
西固区	2	46	3	7	7	6	23
安宁区		64	7	11	21	8	17
红古区		7	1		1		5
嘉峪关市	**1**	**90**	**12**	**15**	**12**	**3**	**48**
市辖区	1	90	12	15	12	3	48
金昌市	**3**	**45**	**3**	**6**	**11**	**9**	**16**
金川区	3	45	3	6	11	9	16
白银市	**4**	**65**	**9**	**7**	**13**	**4**	**32**
白银区	3	41	7	7	9	2	16
平川区	1	23	2		4	1	16
靖远县		1				1	
天水市	**5**	**136**	**17**	**19**	**43**	**10**	**47**
秦州区	4	91	16	14	27	8	26
麦积区	1	45	1	5	16	2	21
武威市	**11**	**99**	**7**	**10**	**39**	**6**	**37**
凉州区	11	99	7	10	39	6	37
张掖市	**5**	**75**	**5**	**15**	**19**	**12**	**24**
甘州区	5	75	5	15	19	12	24
肃南裕固族自治县							
平凉市	**5**	**87**	**10**	**7**	**23**	**10**	**37**
崆峒区	5	73	9	5	19	10	30
华亭市		14	1	2	4		7
酒泉市	**6**	**157**	**11**	**18**	**64**	**14**	**50**
肃州区	4	75	11	9	9	11	35
玉门市		7				2	5
敦煌市	2	75		9	55	1	10
庆阳市	**14**	**65**	**5**	**15**	**20**	**7**	**18**
西峰区	14	65	5	15	20	7	18
定西市	**1**	**45**	**2**	**9**	**18**	**3**	**13**
安定区	1	45	2	9	18	3	13
陇南市	**2**	**34**	**3**	**5**	**14**	**2**	**10**
武都区	2	34	3	5	14	2	10
康　县							
临夏回族自治州	**3**	**56**	**3**	**7**	**25**	**3**	**18**
临夏市	3	55	3	7	25	3	17
临夏县		1					1
甘南藏族自治州		**25**	**8**	**4**	**5**	**1**	**7**
合作市		25	8	4	5	1	7

行业大类的就业人口（城市）（续19）

单位：人

公共管理、社会保障和社会组织							国际组织	
小计	中国共产党机关	国家机构	人民政协、民主党派	社会保障	群众团体、社会团体和其他成员组织	基层群众自治组织	小计	国际组织
16010	**488**	**14378**	**104**	**67**	**487**	**486**		
4627	**170**	**3962**	**30**	**28**	**247**	**190**		
2760	140	2319	21	17	170	93		
625	12	545	2	6	25	35		
435	2	387		1	10	35		
605	15	520	6	4	39	21		
202	1	191	1		3	6		
334		**307**	**3**	**3**	**7**	**14**		
334		307	3	3	7	14		
465	**29**	**408**	**2**		**13**	**13**		
465	29	408	2		13	13		
884	**7**	**807**	**5**	**3**	**17**	**45**		
688	7	629	2		15	35		
196		178	3	3	2	10		
1450	**34**	**1339**	**5**	**4**	**27**	**41**		
888	22	829	4	2	18	13		
562	12	510	1	2	9	28		
1096	**30**	**1007**	**9**		**11**	**39**		
1096	30	1007	9		11	39		
689	**44**	**610**	**7**	**5**	**8**	**15**		
686	44	607	7	5	8	15		
3		3						
1224	**39**	**1090**	**6**	**14**	**46**	**29**		
921	37	804	5	14	42	19		
303	2	286	1		4	10		
1045	**7**	**1006**	**6**	**4**	**7**	**15**		
675	2	661	3	3	3	3		
176	3	160	2	1	3	7		
194	2	185	1		1	5		
814	**22**	**752**	**4**	**4**	**8**	**24**		
814	22	752	4	4	8	24		
713	**15**	**679**	**4**	**1**	**5**	**9**		
713	15	679	4	1	5	9		
732	**28**	**658**	**6**		**16**	**24**		
729	28	656	6		16	23		
3		2				1		
1422	**47**	**1266**	**14**	**1**	**66**	**28**		
1387	47	1238	11	1	64	26		
35		28	3		2	2		
515	**16**	**487**	**3**		**9**			
515	16	487	3		9			

4–4a 各地区分性别、

地区 性别		文化、体育和娱乐业					
	社会工作	小计	新闻和出版业	广播、电视、电影和录音制作业	文化艺术业	体育	娱乐业
女	**188**	**1647**	**222**	**224**	**493**	**182**	**526**
兰州市	**71**	**766**	**141**	**98**	**230**	**88**	**209**
城关区	39	531	99	68	161	60	143
七里河区	13	127	25	16	38	15	33
西固区	7	44	4	8	7	6	19
安宁区	12	60	13	6	24	7	10
红古区		4					4
嘉峪关市	**7**	**91**	**6**	**13**	**15**	**10**	**47**
市辖区	7	91	6	13	15	10	47
金昌市	**7**	**56**	**5**	**10**	**14**	**8**	**19**
金川区	7	56	5	10	14	8	19
白银市	**10**	**65**	**7**	**12**	**13**	**11**	**22**
白银区	5	51	5	11	10	8	17
平川区	5	14	2	1	3	3	5
靖远县							
天水市	**5**	**117**	**12**	**13**	**40**	**17**	**35**
秦州区	3	91	11	13	29	11	27
麦积区	2	26	1		11	6	8
武威市	**18**	**70**	**8**	**6**	**20**	**3**	**33**
凉州区	18	70	8	6	20	3	33
张掖市	**7**	**54**	**6**	**10**	**13**	**7**	**18**
甘州区	7	54	6	10	13	7	18
肃南裕固族自治县							
平凉市	**23**	**73**	**6**	**12**	**20**	**5**	**30**
崆峒区	22	63	6	10	19	4	24
华亭市	1	10		2	1	1	6
酒泉市	**6**	**141**	**7**	**15**	**57**	**15**	**47**
肃州区	3	73	7	13	11	12	30
玉门市	1	8		1	2	1	4
敦煌市	2	60		1	44	2	13
庆阳市	**21**	**83**	**8**	**15**	**28**	**9**	**23**
西峰区	21	83	8	15	28	9	23
定西市	**5**	**38**	**4**	**3**	**16**	**5**	**10**
安定区	5	38	4	3	16	5	10
陇南市	**3**	**31**	**1**	**6**	**10**	**3**	**11**
武都区	3	31	1	6	10	3	11
康　县							
临夏回族自治州	**4**	**50**	**7**	**10**	**14**		**19**
临夏市	4	50	7	10	14		19
临夏县							
甘南藏族自治州	**1**	**12**	**4**	**1**	**3**	**1**	**3**
合作市	1	12	4	1	3	1	3

行业大类的就业人口（城市）（续20）

单位：人

公共管理、社会保障和社会组织							国际组织	
小计	中国共产党机关	国家机构	人民政协、民主党派	社会保障	群众团体、社会团体和其他成员组织	基层群众自治组织	小计	国际组织
10278	**227**	**8597**	**37**	**92**	**396**	**929**	**2**	**2**
3384	**95**	**2666**	**12**	**36**	**217**	**358**	**2**	**2**
1858	71	1473	10	20	147	137	1	1
468	5	373		3	20	67		
400	3	297	2	1	11	86		
495	14	376		10	38	57	1	1
163	2	147		2	1	11		
362		**253**			**12**	**97**		
362		253			12	97		
335	**12**	**267**	**2**	**1**	**14**	**39**		
335	12	267	2	1	14	39		
686	**4**	**533**	**2**	**5**	**17**	**125**		
507	4	389	2	4	14	94		
178		144		1	3	30		
1						1		
772	**14**	**699**	**2**	**3**	**19**	**35**		
497	9	450	2	2	13	21		
275	5	249		1	6	14		
560	**7**	**472**	**3**	**4**	**13**	**61**		
560	7	472	3	4	13	61		
402	**13**	**326**	**2**	**6**	**11**	**44**		
401	13	325	2	6	11	44		
1		1						
702	**13**	**588**	**2**	**13**	**18**	**68**		
522	12	429	2	12	17	50		
180	1	159		1	1	18		
675	**9**	**614**	**1**	**1**	**17**	**33**		
412	2	395	1		7	7		
131	4	116		1	6	4		
132	3	103			4	22		
437	**11**	**387**	**2**	**11**	**4**	**22**		
437	11	387	2	11	4	22		
401	**3**	**379**		**2**	**9**	**8**		
401	3	379		2	9	8		
384	**18**	**333**		**1**	**14**	**18**		
384	18	333		1	14	18		
832	**19**	**752**	**8**	**7**	**25**	**21**		
820	19	742	7	7	24	21		
12		10	1		1			
346	**9**	**328**	**1**	**2**	**6**			
346	9	328	1	2	6			

4-4b 各地区分性别、

地区 性别	合计	农、林、牧、渔业						
		小计	农业	林业	畜牧业	渔业	农、林、牧、渔专业及辅助性活动	小计
合计	**210001**	**34901**	**29766**	**511**	**3542**	**24**	**1058**	**3870**
兰州市	**24381**	**1727**	**1423**	**45**	**168**	**3**	**88**	**117**
城关区	960	2		1	1			2
七里河区	1771	111	104	2	4		1	37
西固区	711	42	40		2			
安宁区								
红古区	508	18	16	1	1			11
永登县	5244	546	403	25	108	2	8	35
皋兰县	3114	410	375	4	18		13	14
榆中县	6534	513	443	6	19	1	44	9
兰州新区	5539	85	42	6	15		22	9
嘉峪关市	**217**	**46**	**32**		**14**			**1**
市辖区	217	46	32		14			1
金昌市	**4167**	**599**	**520**	**3**	**46**	**2**	**28**	**55**
金川区	27	8	3				5	1
永昌县	4140	591	517	3	46	2	23	54
白银市	**14080**	**3291**	**2998**	**10**	**242**	**4**	**37**	**379**
白银区	151	116	116					1
平川区	785	148	128		19		1	291
靖远县	4802	1374	1289	5	74		6	14
会宁县	4679	1103	1018	3	69		13	23
景泰县	3663	550	447	2	80	4	17	50
天水市	**21640**	**3659**	**3362**	**35**	**149**	**1**	**112**	**28**
秦州区	1056	165	151	3	11			2
麦积区	1267	194	177	8	8		1	6
清水县	2222	277	253	2	21		1	
秦安县	5404	1184	1141	4	26		13	4
甘谷县	5415	558	508	6	40		4	9
武山县	4648	1138	1006	11	30	1	90	5
张家川回族自治县	1628	143	126	1	13		3	2
武威市	**11245**	**2720**	**2185**	**33**	**464**	**1**	**37**	**215**
凉州区	3211	1351	1123	1	218		9	27
民勤县	3037	772	693	21	43		15	52
古浪县	2428	418	282	5	125	1	5	14
天祝藏族自治县	2569	179	87	6	78		8	122
张掖市	**13626**	**2864**	**1952**	**45**	**391**	**2**	**474**	**194**
甘州区	803	546	511		31		4	3
肃南裕固族自治县	582	158	10		144		4	9
民乐县	3526	483	275	25	66		117	14
临泽县	2268	682	315	5	29	2	331	12
高台县	3066	628	576	6	38		8	37
山丹县	3381	367	265	9	83		10	119
平凉市	**15687**	**2738**	**2511**	**17**	**178**	**2**	**30**	**377**
崆峒区	266	36	28		8			2
泾川县	3140	396	361	5	26		4	23
灵台县	2014	223	186	3	20		14	14
崇信县	1474	155	137	1	17			99
庄浪县	4011	1009	951	4	45		9	30
静宁县	3722	831	787	3	36	2	3	21
华亭市	1060	88	61	1	26			188

行业大类的就业人口（镇）

单位：人

采矿业							制造业	
煤炭开采和洗选业	石油和天然气开采业	黑色金属矿采选业	有色金属矿采选业	非金属矿采选业	开采专业及辅助性活动	其他采矿业	小计	农副食品加工业
1149	**760**	**87**	**415**	**270**	**1154**	**35**	**14901**	**1548**
58	**5**	**3**	**2**	**41**	**4**	**4**	**3142**	**98**
	1					1	65	
35					1	1	216	24
							314	2
10	1						167	2
9	1	2	2	19		2	829	16
				13	1		348	24
3		1		3	2		539	25
1	2			6			664	5
		1					**33**	**2**
		1					33	2
10	**2**	**12**	**6**	**22**	**3**		**632**	**45**
			1				1	
10	2	12	5	22	3		631	45
321	**4**	**3**	**3**	**32**	**15**	**1**	**729**	**74**
1							2	
290				1			59	1
8				4	2		204	16
12	2		1	4	3	1	199	29
10	2	3	2	23	10		265	28
5	**3**	**1**	**3**	**8**	**6**	**2**	**1149**	**113**
1			1				89	7
3		1		1	1		145	12
							86	12
	1		1			2	195	21
1	1		1	5	1		300	21
	1			2	2		258	28
					2		76	12
176	**13**	**2**	**3**	**14**	**4**	**3**	**616**	**94**
15	4		3	3		2	225	40
43	1			7	1		160	23
5	7	1			1		114	26
113	1	1		4	2	1	117	5
106	**16**	**18**	**10**	**27**	**15**	**2**	**771**	**203**
1		1		1			35	15
		1	7	1			9	4
3	3	1	2	2	2	1	341	109
	2	7		1	2		90	33
12	2	4		12	7		121	24
90	9	4	1	10	4	1	175	18
315	**30**	**1**	**2**	**20**	**8**	**1**	**864**	**101**
				2			20	3
4	10		1	6	2		167	30
10	4						83	6
95		1		1	2		71	4
17	7			4	2		159	23
11	7			1	1	1	246	31
178	2		1	6	1		118	4

4-4b 各地区分性别、

地区 性别	合计	农、林、牧、渔业						
		小计	农业	林业	畜牧业	渔业	农、林、牧、渔专业及辅助性活动	小计
酒泉市	**10093**	**2530**	**2110**	**7**	**341**	**1**	**71**	**957**
肃州区	1064	792	767	1	19	1	4	1
金塔县	2041	364	299	4	35		26	32
瓜州县	2530	452	374	1	54		23	93
肃北蒙古族自治县	534	67	21		46			28
阿克塞哈萨克族自治县	520	36	6		30			
玉门市	1662	645	476		151		18	19
敦煌市	1742	174	167	1	6			784
庆阳市	**19713**	**3485**	**2984**	**60**	**412**		**29**	**1069**
西峰区	238	31	26	1	3		1	5
庆城县	3269	261	214	3	38		6	517
环　县	3558	387	311	2	72		2	221
华池县	1717	106	95	1	8		2	182
合水县	1759	323	260	34	25		4	80
正宁县	2568	733	667	8	57		1	17
宁　县	3047	716	605	9	99		3	23
镇原县	3557	928	806	2	110		10	24
定西市	**29945**	**5268**	**4882**	**54**	**233**	**3**	**96**	**89**
安定区	1049	453	390	3	51		9	2
通渭县	3550	479	451	4	22		2	10
陇西县	8365	808	723	4	62	1	18	22
渭源县	3380	1105	1073	2	10		20	10
临洮县	7158	1092	1010	27	41	2	12	17
漳　县	1968	424	401	8	14		1	14
岷　县	4475	907	834	6	33		34	14
陇南市	**21354**	**2634**	**2338**	**111**	**162**	**5**	**18**	**328**
武都区	1500	305	290	4	10		1	2
成　县	4052	443	406	5	28		4	202
文　县	2131	258	243	2	11	1	1	6
宕昌县	2419	504	459	22	19		4	8
康　县	1656	92	68	7	16		1	4
西和县	2777	210	184	5	16	2	3	27
礼　县	3164	543	497	9	35		2	6
徽　县	2980	237	157	55	23	2		66
两当县	675	42	34	2	4		2	7
临夏回族自治州	**16037**	**2405**	**2006**	**22**	**365**		**12**	**23**
临夏市	413	66	47		19			
临夏县	1330	144	118	1	25			6
康乐县	2085	189	167	6	14		2	2
永靖县	3800	397	359	2	32		4	7
广河县	2550	573	463	1	107		2	1
和政县	2562	434	343	11	78		2	4
东乡族自治县	1527	499	422	1	75		1	1
积石山保安族东乡族撒拉族自治县	1770	103	87		15		1	2
甘南藏族自治州	**7816**	**935**	**463**	**69**	**377**		**26**	**38**
合作市	50	16	5		8		3	
临潭县	1599	255	209	18	24		4	
卓尼县	1261	108	75	7	24		2	4
舟曲县	1446	148	105	30	13			2
迭部县	936	83	57	10	10		6	1
玛曲县	1057	253		2	251			29
碌曲县	575	61	12		39		10	1
夏河县	892	11		2	8		1	1

行业大类的就业人口（镇）（续 1）

单位：人

采矿业							制造业	
煤炭开采和洗选业	石油和天然气开采业	黑色金属矿采选业	有色金属矿采选业	非金属矿采选业	开采专业及辅助性活动	其他采矿业	小计	农副食品加工业
19	**147**	**31**	**82**	**16**	**658**	**4**	**706**	**54**
	1						36	8
12	1	7	8	3	1		102	22
5		1	69	11	4	3	164	8
1		21	5	1			11	4
							41	
1	8	2		1	7		307	11
	137				646	1	45	1
111	**522**			**11**	**422**	**3**	**947**	**199**
1	3				1		18	3
3	202				312		147	10
90	98			5	28		154	27
2	120				59	1	34	2
2	75				3		69	10
8	8				1		91	11
4	10			2	6	1	172	16
1	6			4	12	1	262	120
12	**14**	**1**	**10**	**38**	**11**	**3**	**2572**	**228**
				2			83	16
2	2			4	2		130	22
1	5		5	8	2	1	1155	70
	3		1	5	1		201	10
5	2		3	6	1		484	77
2	1			9	2		105	14
2	1	1	1	4	3	2	414	19
10	**2**	**13**	**265**	**23**	**6**	**9**	**1325**	**152**
	1			1			71	13
6			188	3	4	1	290	21
				5		1	81	11
			2	4		2	71	20
				2		2	64	10
1	1	6	14	4	1		174	19
1			1		1	3	164	28
1		4	58	3			397	30
1		3	2	1			13	
3	**2**	**1**	**1**	**13**	**2**	**1**	**1155**	**159**
							38	9
				6			148	38
				2			103	12
1	1	1		2	2		281	28
			1				190	20
2	1			1			190	29
						1	89	15
				2			116	8
3			**28**	**5**		**2**	**260**	**26**
							85	5
				3		1	14	1
1						1	30	7
				1			18	
2			27				31	2
				1			22	3
			1				60	8

4-4b 各地区分性别、

地区 性别	合计	农、林、牧、渔业						
		小计	农业	林业	畜牧业	渔业	农、林、牧、渔专业及辅助性活动	小计
男	**126321**	**18900**	**15526**	**374**	**2364**	**20**	**616**	**3206**
兰州市	**15228**	**1016**	**797**	**30**	**129**	**3**	**57**	**108**
城关区	534							2
七里河区	1094	68	63	1	3		1	35
西固区	475	27	25		2			
安宁区								
红古区	363	10	9		1			9
永登县	3226	315	206	19	84	2	4	31
皋兰县	2002	232	207	2	13		10	14
榆中县	3955	304	260	3	15	1	25	9
兰州新区	3579	60	27	5	11		17	8
嘉峪关市	**139**	**23**	**15**		**8**			**1**
市辖区	139	23	15		8			1
金昌市	**2517**	**360**	**302**	**2**	**35**	**1**	**20**	**51**
金川区	17	5	2				3	1
永昌县	2500	355	300	2	35	1	17	50
白银市	**8424**	**1839**	**1627**	**9**	**174**	**4**	**25**	**340**
白银区	81	60	60					1
平川区	586	90	76		13		1	255
靖远县	2888	786	722	4	55		5	14
会宁县	2569	525	471	3	44		7	22
景泰县	2300	378	298	2	62	4	12	48
天水市	**13526**	**2058**	**1857**	**27**	**95**		**79**	**26**
秦州区	707	90	81	2	7			2
麦积区	819	122	107	7	7		1	5
清水县	1303	139	126	2	10		1	
秦安县	3315	663	635	3	15		10	3
甘谷县	3524	326	292	5	26		3	9
武山县	2853	626	537	7	21		61	5
张家川回族自治县	1005	92	79	1	9		3	2
武威市	**6651**	**1432**	**1099**	**23**	**286**	**1**	**23**	**185**
凉州区	1906	673	535	1	131		6	24
民勤县	1723	403	356	13	25		9	41
古浪县	1470	233	152	4	73	1	3	14
天祝藏族自治县	1552	123	56	5	57		5	106
张掖市	**7876**	**1537**	**1003**	**29**	**252**	**2**	**251**	**166**
甘州区	458	293	267		22		4	3
肃南裕固族自治县	343	92	5		85		2	6
民乐县	2064	270	159	15	43		53	12
临泽县	1306	376	169	4	22	2	179	10
高台县	1720	304	270	4	23		7	31
山丹县	1985	202	133	6	57		6	104
平凉市	**9124**	**1360**	**1198**	**13**	**133**	**1**	**15**	**330**
崆峒区	164	18	12		6			2
泾川县	1837	220	193	5	21		1	22
灵台县	1200	140	114	2	16		8	13
崇信县	876	85	71	1	13			77
庄浪县	2119	431	396	3	28		4	28
静宁县	2190	418	385	1	29	1	2	18
华亭市	738	48	27	1	20			170

行业大类的就业人口（镇）（续2）

单位：人

采矿业							制造业	
煤炭开采和洗选业	石油和天然气开采业	黑色金属矿采选业	有色金属矿采选业	非金属矿采选业	开采专业及辅助性活动	其他采矿业	小计	农副食品加工业
1002	**603**	**74**	**343**	**249**	**902**	**33**	**10113**	**925**
53	**5**	**2**	**2**	**39**	**4**	**3**	**2311**	**61**
	1					1	35	
33					1	1	143	11
							245	1
8	1						138	1
8	1	1	2	18		1	598	11
				13	1		268	17
3		1		3	2		390	15
1	2			5			494	5
		1					**22**	**1**
		1					22	1
10	**2**	**9**	**6**	**21**	**3**		**450**	**25**
			1				1	
10	2	9	5	21	3		449	25
285	**4**	**3**	**2**	**32**	**13**	**1**	**535**	**47**
1							1	
254				1			50	1
8				4	2		150	11
12	2		1	4	2	1	140	15
10	2	3	1	23	9		194	20
4	**3**	**1**	**2**	**8**	**6**	**2**	**743**	**67**
1			1				51	5
2		1		1	1		92	6
							48	7
	1					2	115	14
1	1		1	5	1		203	13
	1			2	2		177	13
					2		57	9
148	**12**	**2**	**3**	**13**	**4**	**3**	**416**	**64**
13	3		3	3		2	151	26
33	1			6	1		108	14
5	7	1			1		86	21
97	1	1		4	2	1	71	3
92	**12**	**16**	**7**	**22**	**15**	**2**	**508**	**113**
1		1		1			19	9
		1	4	1			4	1
2	2	1	2	2	2	1	231	60
	2	6			2		59	21
9	2	4		9	7		85	11
80	6	3	1	9	4	1	110	11
271	**29**	**1**	**2**	**18**	**8**	**1**	**549**	**61**
				2			13	3
4	10		1	5	2		102	21
9	4						52	3
73		1		1	2		45	2
16	7			3	2		90	12
9	6			1	1	1	158	17
160	2		1	6	1		89	3

4-4b 各地区分性别、

地区 性别	合计	农、林、牧、渔业						
		小计	农业	林业	畜牧业	渔业	农、林、牧、渔专业及辅助性活动	小计
酒泉市	**6054**	**1402**	**1122**	**4**	**231**	**1**	**44**	**730**
肃州区	580	408	391		13	1	3	1
金塔县	1195	198	158	2	24		14	28
瓜州县	1516	261	208	1	37		15	86
肃北蒙古族自治县	317	38	11		27			26
阿克塞哈萨克族自治县	313	26	3		23			
玉门市	1060	372	256		104		12	16
敦煌市	1073	99	95	1	3			573
庆阳市	**12141**	**1924**	**1574**	**50**	**281**		**19**	**870**
西峰区	157	14	12		2			2
庆城县	2178	162	122	2	33		5	408
环　县	2247	246	200	1	44		1	186
华池县	1102	61	53	1	6		1	151
合水县	1099	211	159	30	20		2	64
正宁县	1487	355	309	7	38		1	16
宁　县	1799	385	311	8	64		2	19
镇原县	2072	490	408	1	74		7	24
定西市	**17325**	**2722**	**2469**	**33**	**171**	**3**	**46**	**74**
安定区	619	238	196	1	38		3	2
通渭县	2161	249	229	2	16		2	9
陇西县	4997	436	377	3	44	1	11	20
渭源县	1894	578	565	1	8		4	9
临洮县	3999	528	475	16	28	2	7	12
漳　县	1120	239	219	6	13		1	10
岷　县	2535	454	408	4	24		18	12
陇南市	**13171**	**1561**	**1339**	**87**	**122**	**4**	**9**	**274**
武都区	969	171	160	3	7		1	2
成　县	2486	249	222	3	23		1	159
文　县	1291	136	124	2	8	1	1	6
宕昌县	1386	271	241	14	14		2	8
康　县	1007	54	37	6	10		1	4
西和县	1777	147	128	4	12	2	1	24
礼　县	1996	343	306	8	28		1	6
徽　县	1849	158	95	45	17	1		58
两当县	410	32	26	2	3		1	7
临夏回族自治州	**9632**	**1181**	**917**	**14**	**239**		**11**	**21**
临夏市	280	31	17		14			
临夏县	843	62	44	1	17			5
康乐县	1151	83	68	4	9		2	2
永靖县	2222	216	188	2	23		3	6
广河县	1671	291	219	1	69		2	1
和政县	1417	180	127	5	46		2	4
东乡族自治县	993	274	223	1	49		1	1
积石山保安族东乡族撒拉族自治县	1055	44	31		12		1	2
甘南藏族自治州	**4513**	**485**	**207**	**53**	**208**		**17**	**30**
合作市	35	8	1		5		2	
临潭县	939	126	93	13	16		4	
卓尼县	705	53	34	5	13		1	4
舟曲县	836	82	49	26	7			2
迭部县	541	38	24	6	5		3	1
玛曲县	617	130		1	129			21
碌曲县	328	39	6		26		7	1
夏河县	512	9		2	7			1

行业大类的就业人口（镇）（续3）

单位：人

采矿业							制造业	
煤炭开采和洗选业	石油和天然气开采业	黑色金属矿采选业	有色金属矿采选业	非金属矿采选业	开采专业及辅助性活动	其他采矿业	小计	农副食品加工业
17	**105**	**25**	**76**	**16**	**487**	**4**	**520**	**34**
	1						19	3
12	1	3	8	3	1		68	15
3		1	64	11	4	3	126	4
1		20	4	1			7	3
							35	
1	8	1		1	5		238	8
	95				477	1	27	1
97	**416**			**10**	**345**	**2**	**625**	**114**
	1				1		12	2
3	155				250		116	6
78	80			4	24		100	16
2	97				51	1	25	1
2	61				1		47	7
7	8				1		64	7
4	8			2	5		116	13
1	6			4	12	1	145	62
10	**11**	**1**	**8**	**30**	**11**	**3**	**1631**	**133**
				2			53	12
2	1			4	2		90	12
1	4		5	7	2	1	770	42
	3		1	4	1		117	7
4	1		2	4	1		303	38
1	1			6	2		74	9
2	1	1		3	3	2	224	13
10	**2**	**12**	**213**	**23**	**5**	**9**	**908**	**92**
	1			1			46	10
6			146	3	3	1	213	11
				5		1	47	5
			2	4		2	44	11
				2		2	45	7
1	1	5	12	4	1		105	14
1			1		1	3	112	14
1		4	50	3			289	20
1		3	2	1			7	
3	**2**	**1**	**1**	**12**	**1**	**1**	**728**	**93**
							24	7
				5			95	23
				2			62	7
1	1	1		2	1		198	13
			1				123	12
2	1			1			110	21
						1	48	7
				2			68	3
2			**21**	**5**		**2**	**167**	**20**
							58	5
				3		1	7	
1						1	17	6
				1			11	
1			20				18	2
				1			15	2
			1				41	5

4-4b 各地区分性别、

地区 性别	合计	农、林、牧、渔业						
		小计	农业	林业	畜牧业	渔业	农、林、牧、渔专业及辅助性活动	小计
女	**83680**	**16001**	**14240**	**137**	**1178**	**4**	**442**	**664**
兰州市	**9153**	**711**	**626**	**15**	**39**		**31**	**9**
城关区	426	2		1	1			
七里河区	677	43	41	1	1			2
西固区	236	15	15					
安宁区								
红古区	145	8	7	1				2
永登县	2018	231	197	6	24		4	4
皋兰县	1112	178	168	2	5		3	
榆中县	2579	209	183	3	4		19	
兰州新区	1960	25	15	1	4		5	1
嘉峪关市	**78**	**23**	**17**		**6**			
市辖区	78	23	17		6			
金昌市	**1650**	**239**	**218**	**1**	**11**	**1**	**8**	**4**
金川区	10	3	1				2	
永昌县	1640	236	217	1	11	1	6	4
白银市	**5656**	**1452**	**1371**	**1**	**68**		**12**	**39**
白银区	70	56	56					
平川区	199	58	52		6			36
靖远县	1914	588	567	1	19		1	
会宁县	2110	578	547		25		6	1
景泰县	1363	172	149		18		5	2
天水市	**8114**	**1601**	**1505**	**8**	**54**	**1**	**33**	**2**
秦州区	349	75	70	1	4			
麦积区	448	72	70	1	1			1
清水县	919	138	127		11			
秦安县	2089	521	506	1	11		3	1
甘谷县	1891	232	216	1	14		1	
武山县	1795	512	469	4	9	1	29	
张家川回族自治县	623	51	47		4			
武威市	**4594**	**1288**	**1086**	**10**	**178**		**14**	**30**
凉州区	1305	678	588		87		3	3
民勤县	1314	369	337	8	18		6	11
古浪县	958	185	130	1	52		2	
天祝藏族自治县	1017	56	31	1	21		3	16
张掖市	**5750**	**1327**	**949**	**16**	**139**		**223**	**28**
甘州区	345	253	244		9			
肃南裕固族自治县	239	66	5		59		2	3
民乐县	1462	213	116	10	23		64	2
临泽县	962	306	146	1	7		152	2
高台县	1346	324	306	2	15		1	6
山丹县	1396	165	132	3	26		4	15
平凉市	**6563**	**1378**	**1313**	**4**	**45**	**1**	**15**	**47**
崆峒区	102	18	16		2			
泾川县	1303	176	168		5		3	1
灵台县	814	83	72	1	4		6	1
崇信县	598	70	66		4			22
庄浪县	1892	578	555	1	17		5	2
静宁县	1532	413	402	2	7	1	1	3
华亭市	322	40	34		6			18

行业大类的就业人口（镇）（续4）

单位：人

采矿业							制造业	
煤炭开采和洗选业	石油和天然气开采业	黑色金属矿采选业	有色金属矿采选业	非金属矿采选业	开采专业及辅助性活动	其他采矿业	小计	农副食品加工业
147	**157**	**13**	**72**	**21**	**252**	**2**	**4788**	**623**
5		**1**		**2**		**1**	**831**	**37**
							30	
2							73	13
							69	1
2							29	1
1		1		1		1	231	5
							80	7
							149	10
				1			170	
							11	**1**
							11	1
		3		**1**			**182**	**20**
		3		1			182	20
36			**1**		**2**		**194**	**27**
							1	
36							9	
							54	5
					1		59	14
			1		1		71	8
1			**1**				**406**	**46**
							38	2
1							53	6
							38	5
			1				80	7
							97	8
							81	15
							19	3
28	**1**			**1**			**200**	**30**
2	1						74	14
10				1			52	9
							28	5
16							46	2
14	**4**	**2**	**3**	**5**			**263**	**90**
							16	6
			3				5	3
1	1						110	49
		1		1			31	12
3				3			36	13
10	3	1		1			65	7
44	**1**			**2**			**315**	**40**
							7	
				1			65	9
1							31	3
22							26	2
1				1			69	11
2	1						88	14
18							29	1

4-4b 各地区分性别、

地区 性别	合计	农、林、牧、渔业						
		小计	农业	林业	畜牧业	渔业	农、林、牧、渔专业及辅助性活动	小计
酒泉市	**4039**	**1128**	**988**	**3**	**110**		**27**	**227**
肃州区	484	384	376	1	6		1	
金塔县	846	166	141	2	11		12	4
瓜州县	1014	191	166		17		8	7
肃北蒙古族自治县	217	29	10		19			2
阿克塞哈萨克族自治县	207	10	3		7			
玉门市	602	273	220		47		6	3
敦煌市	669	75	72		3			211
庆阳市	**7572**	**1561**	**1410**	**10**	**131**		**10**	**199**
西峰区	81	17	14	1	1		1	3
庆城县	1091	99	92	1	5		1	109
环　县	1311	141	111	1	28		1	35
华池县	615	45	42		2		1	31
合水县	660	112	101	4	5		2	16
正宁县	1081	378	358	1	19			1
宁　县	1248	331	294	1	35		1	4
镇原县	1485	438	398	1	36		3	
定西市	**12620**	**2546**	**2413**	**21**	**62**		**50**	**15**
安定区	430	215	194	2	13		6	
通渭县	1389	230	222	2	6			1
陇西县	3368	372	346	1	18		7	2
渭源县	1486	527	508	1	2		16	1
临洮县	3159	564	535	11	13		5	5
漳　县	848	185	182	2	1			4
岷　县	1940	453	426	2	9		16	2
陇南市	**8183**	**1073**	**999**	**24**	**40**	**1**	**9**	**54**
武都区	531	134	130	1	3			
成　县	1566	194	184	2	5		3	43
文　县	840	122	119		3			
宕昌县	1033	233	218	8	5		2	
康　县	649	38	31	1	6			
西和县	1000	63	56	1	4		2	3
礼　县	1168	200	191	1	7		1	
徽　县	1131	79	62	10	6	1		8
两当县	265	10	8		1		1	
临夏回族自治州	**6405**	**1224**	**1089**	**8**	**126**		**1**	**2**
临夏市	133	35	30		5			
临夏县	487	82	74		8			1
康乐县	934	106	99	2	5			
永靖县	1578	181	171		9		1	1
广河县	879	282	244		38			
和政县	1145	254	216	6	32			
东乡族自治县	534	225	199		26			
积石山保安族东乡族撒拉族自治县	715	59	56		3			
甘南藏族自治州	**3303**	**450**	**256**	**16**	**169**		**9**	**8**
合作市	15	8	4		3		1	
临潭县	660	129	116	5	8			
卓尼县	556	55	41	2	11		1	
舟曲县	610	66	56	4	6			
迭部县	395	45	33	4	5		3	
玛曲县	440	123		1	122			8
碌曲县	247	22	6		13		3	
夏河县	380	2			1		1	

行业大类的就业人口（镇）（续5）

单位：人

采矿业							制造业	
煤炭开采和洗选业	石油和天然气开采业	黑色金属矿采选业	有色金属矿采选业	非金属矿采选业	开采专业及辅助性活动	其他采矿业	小计	农副食品加工业
2	**42**	**6**	**6**		**171**		**186**	**20**
							17	5
		4					34	7
2			5				38	4
		1	1				4	1
							6	
		1			2		69	3
	42				169		18	
14	**106**			**1**	**77**	**1**	**322**	**85**
1	2						6	1
	47				62		31	4
12	18			1	4		54	11
	23				8		9	1
	14				2		22	3
1							27	4
	2				1	1	56	3
							117	58
2	**3**		**2**	**8**			**941**	**95**
							30	4
	1						40	10
	1			1			385	28
				1			84	3
1	1		1	2			181	39
1				3			31	5
			1	1			190	6
		1	**52**		**1**		**417**	**60**
							25	3
			42		1		77	10
							34	6
							27	9
							19	3
		1	2				69	5
							52	14
			8				108	10
							6	
				1	**1**		**427**	**66**
							14	2
				1			53	15
							41	5
					1		83	15
							67	8
							80	8
							41	8
							48	5
1			**7**				**93**	**6**
							27	
							7	1
							13	1
							7	
1			7				13	
							7	1
							19	3

4-4b 各地区分性别、

地区 性别	制造业							
	食品制造业	酒、饮料和精制茶制造业	烟草制品业	纺织业	纺织服装、服饰业	皮革、毛皮、羽毛及其制品和制鞋业	木材加工和木、竹、藤、棕、草制品业	家具制造业
合计	**1055**	**464**	**12**	**378**	**380**	**120**	**238**	**168**
兰州市	**139**	**37**	**2**	**73**	**49**	**3**	**27**	**61**
城关区	1	1		3	32		2	2
七里河区	24	17	1	1	1	1	1	
西固区	1			28			1	
安宁区								
红古区	7	1		4				
永登县	37			7	6		5	5
皋兰县	11	4		2			3	
榆中县	30	5	1	9	4	2	9	52
兰州新区	28	9		19	6		6	2
嘉峪关市	**1**	**2**						
市辖区	1	2						
金昌市	**12**	**6**		**2**	**14**		**9**	**3**
金川区								
永昌县	12	6		2	14		9	3
白银市	**57**	**7**		**23**	**14**	**4**	**15**	**4**
白银区					1			
平川区	2				1			
靖远县	19	4		7	2	3	5	2
会宁县	18	2		4	5		3	1
景泰县	18	1		12	5	1	7	1
天水市	**118**	**20**	**3**	**49**	**54**	**25**	**31**	**15**
秦州区	12	2			3	2	4	1
麦积区	12		1	3	1		5	4
清水县	11	11		2	3	2		
秦安县	22	1	2	18	10	1	3	3
甘谷县	24	4		13	26	17	8	4
武山县	27	1		8	5	1	10	3
张家川回族自治县	10	1		5	6	2	1	
武威市	**58**	**9**		**15**	**14**	**1**	**12**	**9**
凉州区	22	3		5	1	1	8	5
民勤县	14	3		3	5		2	3
古浪县	15			2	3		2	
天祝藏族自治县	7	3		5	5			1
张掖市	**40**	**59**		**15**	**19**	**1**	**18**	**3**
甘州区	6			2				1
肃南裕固族自治县	3							
民乐县	14	41		3	7		7	1
临泽县	3	8		3	4	1	4	
高台县	11	6		3	1		1	1
山丹县	3	4		4	7		6	
平凉市	**98**	**12**	**2**	**68**	**21**	**6**	**16**	**4**
崆峒区	4							
泾川县	17	2		45		3	1	
灵台县	9		2	4	2			3
崇信县	8	1		3	5		3	
庄浪县	20	5		10	9		7	1
静宁县	40	4		6	5	3	5	
华亭市								

行业大类的就业人口（镇）（续6）

单位：人

制造业								
造纸和纸制品业	印刷和记录媒介复制业	文教、工美、体育和娱乐用品制造业	石油、煤炭及其他燃料加工业	化学原料和化学制品制造业	医药制造业	化学纤维制造业	橡胶和塑料制品业	非金属矿物制品业
140	**197**	**192**	**517**	**893**	**1035**	**13**	**311**	**1830**
14	**41**	**9**	**255**	**160**	**95**	**7**	**85**	**474**
	1		1	1	2			1
2	6	1	4	6	4		4	6
			217	14		6	4	20
			1		16			114
3	8		8	42	6		27	177
1	9		2	65	19		6	36
7	17	7	22	20	26		22	93
1		1		12	22	1	22	27
				1			**2**	**1**
				1			2	1
3	**5**	**2**	**58**	**161**	**3**	**3**	**22**	**134**
3	5	2	58	161	3	3	22	134
6	**12**	**15**	**9**	**35**	**17**		**9**	**165**
					1			42
2	4	2	3	25	9		2	34
	3	9		5	5		6	20
4	5	4	6	5	2		1	69
23	**24**	**18**	**10**	**17**	**10**		**32**	**146**
	1	1		3	1		2	10
3		1					1	10
1	5	2	3	2	1		1	8
2	4	6	2	3	2		17	13
2	9		4	7	4		7	45
15	5	8	1	2	1		3	38
					1		1	22
6	**14**	**7**	**5**	**57**	**66**		**29**	**76**
4	2	1	3	6	43		14	14
	3	1	1	46	21		6	8
2	3	1		1			9	24
	6	4	1	4	2			30
9	**11**	**8**	**17**	**71**	**13**	**1**	**26**	**100**
					1		1	4
	1							
7	3	4	8	48	5	1	22	14
1	3	4			2		1	7
	2		6	16	5			11
1	2		3	7			2	64
36	**8**	**23**	**59**	**32**	**19**		**12**	**90**
							2	4
1	2							13
	1		1		12		2	7
1		3		3			1	9
		4		4	2			18
34	5	16		22	4		6	24
			58	3	1		1	15

4–4b 各地区分性别、

地区 性别	制造业							
	食品制造业	酒、饮料和精制茶制造业	烟草制品业	纺织业	纺织服装、服饰业	皮革、毛皮、羽毛及其制品和制鞋业	木材加工和木、竹、藤、棕、草制品业	家具制造业
酒泉市	**45**	**4**		**4**	**5**	**8**	**7**	
肃州区	8							
金塔县	11	2		3	1		1	
瓜州县	9	2		1		2	1	
肃北蒙古族自治县	4							
阿克塞哈萨克族自治县								
玉门市	8				1		4	
敦煌市	5				3	6	1	
庆阳市	**77**	**13**	**1**	**45**	**15**	**4**	**13**	**20**
西峰区	1							
庆城县	12	2		6	3	1	3	
环　县	9	3		5	6		2	2
华池县	1	3		1	1		1	
合水县	17			3			2	3
正宁县			1	2	2	3	2	4
宁　县	26	2		2	2		1	9
镇原县	11	3		26	1		2	2
定西市	**176**	**30**	**2**	**39**	**75**	**11**	**48**	**28**
安定区	8				2	1	3	2
通渭县	19	2	1	1	17		2	1
陇西县	58	21		14	20	3	22	12
渭源县	15	2		3	2		3	2
临洮县	31	1		10	21	4	12	6
漳　县	9	1	1	7	8		1	
岷　县	36	3		4	5	3	5	5
陇南市	**104**	**254**	**1**	**18**	**28**	**8**	**25**	**11**
武都区	7			3	2		3	2
成　县	19	26		3	2	2	5	2
文　县	10	1		1	3		1	
宕昌县	4			3	3		2	1
康　县	5	2				3	1	1
西和县	20	4	1	4	5	2	9	2
礼　县	28			3	10		3	
徽　县	10	219		1	2	1	1	3
两当县	1	2			1			
临夏回族自治州	**93**	**10**	**1**	**22**	**54**	**47**	**16**	**5**
临夏市	5	1		1		1	2	
临夏县	21	1			5	3	5	
康乐县	2			1	2	6	3	1
永靖县	10	2	1	1	12		1	2
广河县	17			9	7	20	4	
和政县	10	5		2	7	15		2
东乡族自治县	8			6	15	1	1	
积石山保安族东乡族撒拉族自治县	20	1		2	6	1		
甘南藏族自治州	**37**	**1**		**5**	**18**	**2**	**1**	**5**
合作市								
临潭县	12			2	6		1	
卓尼县		1			1			
舟曲县	6				3			1
迭部县				3	2			
玛曲县	2				3	2		2
碌曲县	6							2
夏河县	11				3			

行业大类的就业人口（镇）（续7）

单位：人

制造业								
造纸和纸制品业	印刷和记录媒介复制业	文教、工美、体育和娱乐用品制造业	石油、煤炭及其他燃料加工业	化学原料和化学制品制造业	医药制造业	化学纤维制造业	橡胶和塑料制品业	非金属矿物制品业
	11	**4**	**77**	**128**	**49**		**5**	**86**
	1	2	2		2		1	1
	2		14	8				19
	2	1	3	3	1			11
	1							
	1			12				26
	1		54	102	43		4	29
	3	1	4	3	3			
12	**16**	**11**	**9**	**34**	**7**	**1**	**11**	**156**
5								3
3	5		2	9				25
1	2	5	4	4	1		2	34
	3	1	1					6
	3		1	1			2	14
				1	3		2	11
1	3	3	1	15	2	1	4	31
2		2		4	1		1	32
18	**30**	**38**	**9**	**32**	**729**		**47**	**167**
1	4				8		6	6
	3	1	1	1	2		4	4
11	11	14	4	14	337		14	50
1	4				121		3	6
3	4	19	1	10	18		16	64
1	1			3	1		1	31
1	3	4	3	4	242		3	6
8	**7**	**22**	**6**	**30**	**23**	**1**	**18**	**119**
		1		1	5			7
			1	4			5	48
	1	3		3	6		2	7
		4	1		4		3	
	3		1	2	2		4	6
4		4	2	8	2		4	13
	2	6		1	2			22
4	1	4	1	10	1	1		15
				1	1			1
5	**6**	**21**	**3**	**133**	**2**		**13**	**59**
							1	
1	1	12					1	7
		4					1	4
1		2	1	127	2		1	13
	1			5			3	4
2	4	1	1	1			2	18
1							3	5
		2	1				1	8
	12	**14**		**2**	**2**			**57**
	1	6						25
	4	2						1
	4			2	2			1
		1						
	2	3						
	1							1
		2						29

4-4b 各地区分性别、

地区 性别	制造业							
	食品制造业	酒、饮料和精制茶制造业	烟草制品业	纺织业	纺织服装、服饰业	皮革、毛皮、羽毛及其制品和制鞋业	木材加工和木、竹、藤、棕、草制品业	家具制造业
男	**486**	**321**	**8**	**155**	**87**	**52**	**187**	**110**
兰州市	**71**	**23**	**1**	**35**	**20**	**3**	**18**	**42**
城关区	1	1		2	16		1	1
七里河区	8	12				1	1	
西固区				21			1	
安宁区								
红古区	5	1		2				
永登县	15				1		3	4
皋兰县	4	1					2	
榆中县	16	4	1	5		2	8	35
兰州新区	22	4		5	3		2	2
嘉峪关市		**1**						
市辖区		1						
金昌市	**5**	**3**		**1**	**1**		**6**	**1**
金川区								
永昌县	5	3		1	1		6	1
白银市	**27**	**4**		**10**	**1**	**2**	**11**	**3**
白银区								
平川区	2							
靖远县	9	3		4		1	3	1
会宁县	8	1		1	1		3	1
景泰县	8			5		1	5	1
天水市	**53**	**13**	**1**	**22**	**17**	**16**	**23**	**11**
秦州区	3	2			2	1	3	
麦积区	4			1			2	4
清水县	5	6			2	1		
秦安县	9		1	7	2		3	2
甘谷县	12	4		5	7	11	6	4
武山县	17			5	1	1	8	1
张家川回族自治县	3	1		4	3	2	1	
武威市	**30**	**5**		**7**	**3**	**1**	**8**	**6**
凉州区	10	2		3		1	5	3
民勤县	8	1		1			2	2
古浪县	10			1	2		1	
天祝藏族自治县	2	2		2	1			1
张掖市	**17**	**42**		**6**	**4**		**13**	**2**
甘州区	3			1				
肃南裕固族自治县	1							
民乐县	5	29		1	2		5	1
临泽县		6		2	1		3	
高台县	7	4		1			1	1
山丹县	1	3		1	1		4	
平凉市	**42**	**9**	**2**	**26**	**3**	**1**	**14**	**3**
崆峒区	1							
泾川县	7	2		17			1	
灵台县	4		2	2	1			2
崇信县	3	1		2			3	
庄浪县	6	3		3	1		5	1
静宁县	21	3		2	1	1	5	
华亭市								

行业大类的就业人口（镇）（续8）

单位：人

制造业								
造纸和纸制品业	印刷和记录媒介复制业	文教、工美、体育和娱乐用品制造业	石油、煤炭及其他燃料加工业	化学原料和化学制品制造业	医药制造业	化学纤维制造业	橡胶和塑料制品业	非金属矿物制品业
82	**98**	**107**	**406**	**668**	**567**	**11**	**199**	**1461**
6	**20**	**7**	**196**	**120**	**59**	**5**	**59**	**382**
					1			1
2	1	1	2	4	2		2	5
			170	13		4	3	15
					10			98
	5		7	28	4		17	142
	6		1	55	13		4	30
3	8	6	16	13	17		16	71
1				7	12	1	17	20
				1			**1**	**1**
				1			1	1
2	**2**	**1**	**47**	**123**	**1**	**3**	**11**	**100**
2	2	1	47	123	1	3	11	100
4	**6**	**6**	**7**	**29**	**9**		**6**	**131**
					1			35
1	2	2	3	22	3		2	25
	2	3		2	3		4	17
3	2	1	4	5	2			54
14	**12**	**9**	**8**	**11**	**6**		**21**	**126**
				1	1		1	8
1								8
	1	1	3	1	1			7
2	2	2	1	2	1		12	9
2	7		3	7	2		6	39
9	2	6	1				2	34
					1			21
3	**8**	**4**	**3**	**43**	**41**		**20**	**59**
2	1	1	2	6	26		8	13
	2		1	35	15		5	7
1	2						7	19
	3	3		2				20
8	**6**	**6**	**16**	**60**	**7**	**1**	**15**	**65**
								2
	1							
7	1	3	8	44	3	1	13	12
1	2	3			1		1	6
	1		5	11	3			10
	1		3	5			1	35
29	**3**	**9**	**48**	**20**	**6**		**10**	**68**
							2	3
1	1							10
			1		3		2	5
1		1		2			1	8
		1		2	2			14
27	2	7		15	1		5	18
			47	1				10

4-4b 各地区分性别、

地区 性别	制造业							
	食品制造业	酒、饮料和精制茶制造业	烟草制品业	纺织业	纺织服装、服饰业	皮革、毛皮、羽毛及其制品和制鞋业	木材加工和木、竹、藤、棕、草制品业	家具制造业
酒泉市	**16**	**3**		**1**		**4**	**7**	
肃州区	1							
金塔县	5	1		1			1	
瓜州县	3	2				1	1	
肃北蒙古族自治县	1							
阿克塞哈萨克族自治县								
玉门市	4						4	
敦煌市	2					3	1	
庆阳市	**34**	**6**	**1**	**12**	**2**	**2**	**11**	**10**
西峰区								
庆城县	7	1		3	1		3	
环　县	3			2			1	1
华池县		2		1				
合水县	8			1			2	3
正宁县			1	1		2	2	2
宁　县	13	1			1		1	3
镇原县	3	2		4			2	1
定西市	**77**	**21**	**2**	**13**	**19**	**5**	**41**	**17**
安定区	2						3	1
通渭县	10	1	1	1	7		2	
陇西县	26	15		3	2	3	19	8
渭源县	7	2		2			2	1
临洮县	13			3	5		10	6
漳　县	5	1	1	3	2		1	
岷　县	14	2		1	3	2	4	1
陇南市	**54**	**183**	**1**	**11**	**4**	**3**	**20**	**8**
武都区	3			2			2	1
成　县	11	14		2			5	2
文　县	4	1			1		1	
宕昌县	3			2	1		2	1
康　县	3	1				1	1	1
西和县	9	3	1	3		1	6	1
礼　县	13			1	2		2	
徽　县	8	162		1		1	1	2
两当县		2						
临夏回族自治州	**41**	**7**		**8**	**8**	**14**	**14**	**4**
临夏市	1	1		1			2	
临夏县	12	1			2		4	
康乐县						1	3	1
永靖县	2	2		1	2		1	2
广河县	6			5	3	12	3	
和政县	4	3				1		1
东乡族自治县	6				1		1	
积石山保安族东乡族撒拉族自治县	10			1				
甘南藏族自治州	**19**	**1**		**3**	**5**	**1**	**1**	**3**
合作市								
临潭县	6			1	1		1	
卓尼县		1						
舟曲县	2				1			1
迭部县				2	1			
玛曲县	1				1	1		1
碌曲县	3							1
夏河县	7				1			

行业大类的就业人口（镇）（续 9）

单位：人

制造业								
造纸和纸制品业	印刷和记录媒介复制业	文教、工美、体育和娱乐用品制造业	石油、煤炭及其他燃料加工业	化学原料和化学制品制造业	医药制造业	化学纤维制造业	橡胶和塑料制品业	非金属矿物制品业
	4	**3**	**59**	**102**	**43**		**4**	**64**
		2	2		2		1	
			9	4				14
	1		2	2	1			10
	1							
				11				22
			43	83	39		3	18
	2	1	3	2	1			
6	**9**	**7**	**8**	**20**	**1**	**1**	**6**	**140**
2								3
2	3		2	6				24
1	1	3	3	2				28
	1	1	1					6
	2		1	1			1	14
				1			1	10
	2	2	1	8	1	1	3	27
1		1		2			1	28
8	**14**	**22**	**7**	**20**	**376**		**30**	**136**
					6		3	5
	3	1	1	1	2		1	2
5	5	8	3	9	174		8	39
1	2				65		2	6
1	1	10		7	8		13	50
	1			2	1		1	29
1	2	3	3	1	120		2	5
1	**4**	**13**	**5**	**19**	**15**	**1**	**12**	**102**
		1		1	3			6
			1	2			4	42
		3		2	3		1	5
		1	1		3		2	
	2		1	2	1		2	5
1		2	2	5	2		3	11
	1	3		1	2			20
	1	3		5	1	1		13
				1				
1	**4**	**13**	**2**	**100**	**2**		**4**	**43**
		8						4
		3						3
		1	1	97	2		1	10
	1			2			3	4
1	3		1	1				11
								4
		1						7
	6	**7**			**1**			**44**
	1	3						20
	2	2						
	2				1			1
	1	1						
								1
		1						22

4-4b 各地区分性别、

地区 性别	制造业							
	食品制造业	酒、饮料和精制茶制造业	烟草制品业	纺织业	纺织服装、服饰业	皮革、毛皮、羽毛及其制品和制鞋业	木材加工和木、竹、藤、棕、草制品业	家具制造业
女	**569**	**143**	**4**	**223**	**293**	**68**	**51**	**58**
兰州市	**68**	**14**	**1**	**38**	**29**		**9**	**19**
城关区				1	16		1	1
七里河区	16	5	1	1	1			
西固区	1			7				
安宁区								
红古区	2			2				
永登县	22			7	5		2	1
皋兰县	7	3		2			1	
榆中县	14	1		4	4		1	17
兰州新区	6	5		14	3		4	
嘉峪关市	**1**	**1**						
市辖区	1	1						
金昌市	**7**	**3**		**1**	**13**		**3**	**2**
金川区								
永昌县	7	3		1	13		3	2
白银市	**30**	**3**		**13**	**13**	**2**	**4**	**1**
白银区					1			
平川区					1			
靖远县	10	1		3	2	2	2	1
会宁县	10	1		3	4			
景泰县	10	1		7	5		2	
天水市	**65**	**7**	**2**	**27**	**37**	**9**	**8**	**4**
秦州区	9				1	1	1	1
麦积区	8		1	2	1		3	
清水县	6	5		2	1	1		
秦安县	13	1	1	11	8	1		1
甘谷县	12			8	19	6	2	
武山县	10	1		3	4		2	2
张家川回族自治县	7			1	3			
武威市	**28**	**4**		**8**	**11**		**4**	**3**
凉州区	12	1		2	1		3	2
民勤县	6	2		2	5			1
古浪县	5			1	1		1	
天祝藏族自治县	5	1		3	4			
张掖市	**23**	**17**		**9**	**15**	**1**	**5**	**1**
甘州区	3			1				1
肃南裕固族自治县	2							
民乐县	9	12		2	5		2	
临泽县	3	2		1	3	1	1	
高台县	4	2		2	1			
山丹县	2	1		3	6		2	
平凉市	**56**	**3**		**42**	**18**	**5**	**2**	**1**
崆峒区	3							
泾川县	10			28		3		
灵台县	5			2	1			1
崇信县	5			1	5			
庄浪县	14	2		7	8		2	
静宁县	19	1		4	4	2		
华亭市								

行业大类的就业人口（镇）（续10）

单位：人

制造业								
造纸和纸制品业	印刷和记录媒介复制业	文教、工美、体育和娱乐用品制造业	石油、煤炭及其他燃料加工业	化学原料和化学制品制造业	医药制造业	化学纤维制造业	橡胶和塑料制品业	非金属矿物制品业
58	**99**	**85**	**111**	**225**	**468**	**2**	**112**	**369**
8	**21**	**2**	**59**	**40**	**36**	**2**	**26**	**92**
	1		1	1	1			
	5		2	2	2		2	1
			47	1		2	1	5
			1		6			16
3	3		1	14	2		10	35
1	3		1	10	6		2	6
4	9	1	6	7	9		6	22
		1		5	10		5	7
							1	
							1	
1	**3**	**1**	**11**	**38**	**2**		**11**	**34**
1	3	1	11	38	2		11	34
2	**6**	**9**	**2**	**6**	**8**		**3**	**34**
								7
1	2			3	6			9
	1	6		3	2		2	3
1	3	3	2				1	15
9	**12**	**9**	**2**	**6**	**4**		**11**	**20**
	1	1		2			1	2
2		1					1	2
1	4	1		1			1	1
	2	4	1	1	1		5	4
	2		1		2		1	6
6	3	2		2	1		1	4
							1	1
3	**6**	**3**	**2**	**14**	**25**		**9**	**17**
2	1		1		17		6	1
	1	1		11	6		1	1
1	1	1		1			2	5
	3	1	1	2	2			10
1	**5**	**2**	**1**	**11**	**6**		**11**	**35**
					1		1	2
	2	1		4	2		9	2
	1	1			1			1
	1		1	5	2			1
1	1			2			1	29
7	**5**	**14**	**11**	**12**	**13**		**2**	**22**
								1
	1							3
	1				9			2
		2		1				1
		3		2				4
7	3	9		7	3		1	6
			11	2	1		1	5

4-4b 各地区分性别、

地区 性别	制造业							
	食品制造业	酒、饮料和精制茶制造业	烟草制品业	纺织业	纺织服装、服饰业	皮革、毛皮、羽毛及其制品和制鞋业	木材加工和木、竹、藤、棕、草制品业	家具制造业
酒泉市	**29**	**1**		**3**	**5**	**4**		
肃州区	7							
金塔县	6	1		2	1			
瓜州县	6			1		1		
肃北蒙古族自治县	3							
阿克塞哈萨克族自治县								
玉门市	4				1			
敦煌市	3				3	3		
庆阳市	**43**	**7**		**33**	**13**	**2**	**2**	**10**
西峰区	1							
庆城县	5	1		3	2	1		
环　县	6	3		3	6		1	1
华池县	1	1			1		1	
合水县	9			2				
正宁县				1	2	1		2
宁　县	13	1		2	1			6
镇原县	8	1		22	1			1
定西市	**99**	**9**		**26**	**56**	**6**	**7**	**11**
安定区	6				2	1		1
通渭县	9	1			10			1
陇西县	32	6		11	18		3	4
渭源县	8			1	2		1	1
临洮县	18	1		7	16	4	2	
漳　县	4			4	6			
岷　县	22	1		3	2	1	1	4
陇南市	**50**	**71**		**7**	**24**	**5**	**5**	**3**
武都区	4			1	2		1	1
成　县	8	12		1	2	2		
文　县	6			1	2			
宕昌县	1			1	2			
康　县	2	1				2		
西和县	11	1		1	5	1	3	1
礼　县	15			2	8		1	
徽　县	2	57			2			1
两当县	1				1			
临夏回族自治州	**52**	**3**	**1**	**14**	**46**	**33**	**2**	**1**
临夏市	4					1		
临夏县	9				3	3	1	
康乐县	2			1	2	5		
永靖县	8		1		10			
广河县	11			4	4	8	1	
和政县	6	2		2	7	14		1
东乡族自治县	2			6	14	1		
积石山保安族东乡族撒拉族自治县	10	1		1	6	1		
甘南藏族自治州	**18**			**2**	**13**	**1**		**2**
合作市								
临潭县	6			1	5			
卓尼县					1			
舟曲县	4				2			
迭部县				1	1			
玛曲县	1				2	1		1
碌曲县	3							1
夏河县	4				2			

行业大类的就业人口（镇）（续11）

单位：人

制造业								
造纸和纸制品业	印刷和记录媒介复制业	文教、工美、体育和娱乐用品制造业	石油、煤炭及其他燃料加工业	化学原料和化学制品制造业	医药制造业	化学纤维制造业	橡胶和塑料制品业	非金属矿物制品业
	7	**1**	**18**	**26**	**6**		**1**	**22**
	1							1
	2		5	4				5
	1	1	1	1				1
	1			1				4
	1		11	19	4		1	11
	1		1	1	2			
6	**7**	**4**	**1**	**14**	**6**		**5**	**16**
3								
1	2			3				1
	1	2	1	2	1		2	6
	2							
	1						1	
					3		1	1
1	1	1		7	1		1	4
1		1		2	1			4
10	**16**	**16**	**2**	**12**	**353**		**17**	**31**
1	4				2		3	1
							3	2
6	6	6	1	5	163		6	11
	2				56		1	
2	3	9	1	3	10		3	14
1				1				2
	1	1		3	122		1	1
7	**3**	**9**	**1**	**11**	**8**		**6**	**17**
					2			1
				2			1	6
	1			1	3		1	2
		3			1		1	
	1				1		2	1
3		2		3			1	2
	1	3						2
4		1	1	5				2
					1			1
4	**2**	**8**	**1**	**33**			**9**	**16**
							1	
1	1	4					1	3
		1					1	1
1		1		30				3
				3				
1	1	1					2	7
1							3	1
		1	1				1	1
	6	**7**		**2**	**1**			**13**
		3						5
	2							1
	2			2	1			
		1						
	1	2						
	1							
		1						7

4-4b 各地区分性别、

地区 性别	制造业							
	黑色金属冶炼和压延加工业	有色金属冶炼和压延加工业	金属制品业	通用设备制造业	专用设备制造业	汽车制造业	铁路、船舶、航空航天和其他运输设备制造业	电气机械和器材制造业
合计	**420**	**974**	**1258**	**572**	**365**	**106**	**86**	**282**
兰州市	**209**	**380**	**276**	**191**	**121**	**25**	**17**	**111**
城关区			2	2	4		1	1
七里河区	2	3	22	23	6	1	7	17
西固区		3	10	1			1	2
安宁区								
红古区	5	9	3		2			1
永登县	66	299	51	18	6	2		5
皋兰县	84	4	8	27	8	1	2	22
榆中县	39	3	54	19	8	6	3	10
兰州新区	13	59	126	101	87	15	3	53
嘉峪关市	**15**	**3**	**4**					
市辖区	15	3	4					
金昌市	**35**	**9**	**45**	**10**	**8**		**12**	**3**
金川区								
永昌县	35	9	45	10	8		12	3
白银市	**21**	**15**	**94**	**43**	**16**	**7**	**1**	**11**
白银区			1					
平川区			3	1	2			
靖远县	4		22	16	1	4	1	4
会宁县	1	1	37	16	9	2		5
景泰县	16	14	31	10	4	1		2
天水市	**22**	**4**	**71**	**42**	**25**	**10**	**22**	**19**
秦州区	1		3	1	1	2	1	4
麦积区	1		15	15	2		17	4
清水县			4	2			1	2
秦安县	1	4	17	7	4	2		
甘谷县	5		14	3	6	4	1	4
武山县	13		16	11	10	2	2	4
张家川回族自治县	1		2	3	2			1
武威市	**12**	**7**	**47**	**21**	**12**	**3**	**2**	**9**
凉州区	1		17	6	3	2	1	5
民勤县	1		11		5		1	1
古浪县	3		15	3				1
天祝藏族自治县	7	7	4	12	4	1		2
张掖市	**18**	**10**	**66**	**12**	**5**	**2**	**4**	**7**
甘州区			1					
肃南裕固族自治县			1					
民乐县	1		14	9	1	1	1	5
临泽县	2		10		3		1	
高台县		2	26	1	1	1		1
山丹县	15	8	14	2			2	1
平凉市	**9**	**11**	**91**	**18**	**24**	**7**	**2**	**14**
崆峒区	1			3				1
泾川县		3	22	5	3		1	2
灵台县		1	12	1	3			2
崇信县			13	2	4	1		
庄浪县		1	23	3	4		1	5
静宁县	3	4	13	1	5	5		3
华亭市	5	2	8	3	5	1		1

行业大类的就业人口（镇）（续 12）

单位：人

制造业					电力、热力、燃气及水生产和供应业			
计算机、通信和其他电子设备制造业	仪器仪表制造业	其他制造业	废弃资源综合利用业	金属制品、机械和设备修理业	小计	电力、热力生产和供应业	燃气生产和供应业	水的生产和供应业
732	**48**	**81**	**203**	**283**	**3334**	**2537**	**260**	**537**
30	**6**	**16**	**60**	**71**	**363**	**276**	**26**	**61**
1			7		9	8	1	
3	1		1	27	25	19	1	5
	1	1		2	7	5	2	
1				1	8	6	1	1
9		3	12	11	64	59	1	4
2	2	1	3	2	58	36	3	19
7	1	4	16	18	72	49	6	17
7	1	7	21	10	120	94	11	15
1				**1**				
1				1				
7	**1**	**4**	**7**	**9**	**191**	**165**	**11**	**15**
				1	1	1		
7	1	4	7	8	190	164	11	15
18	**8**	**1**	**4**	**24**	**192**	**153**	**15**	**24**
					1	1		
2			3	1	4	2		2
3			1	9	62	48	4	10
8	7			3	46	35	6	5
5	1	1		11	79	67	5	7
171	**9**	**7**	**7**	**32**	**209**	**152**	**21**	**36**
25	1		1		6	5		1
13	3		1	21	5	2	2	1
12			1		27	19	1	7
28	1	1			51	39	7	5
60	2		2	4	59	40	4	15
30	2	6		6	37	30	5	2
3			2	1	24	17	2	5
4	**1**	**1**	**17**	**8**	**233**	**200**	**16**	**17**
		1	13	4	16	16		
1				1	97	89	3	5
2	1			1	57	48	2	7
1			4	2	63	47	11	5
13		**2**	**7**	**11**	**239**	**189**	**17**	**33**
			2	2	3	1	1	1
					14	13		1
7			3	5	77	67		10
					34	23	4	7
1		1			57	43	8	6
5		1	2	4	54	42	4	8
50	**2**	**7**	**15**	**7**	**181**	**128**	**6**	**47**
2					7	4		3
11		3	1	2	40	25	2	13
8		1	5	1	32	25	2	5
5		1	2	2	24	17	1	6
13	1		4	1	23	17		6
5			1	1	37	24		13
6	1	2	2		18	16	1	1

4-4b 各地区分性别、

地区 性别	制造业							
	黑色金属冶炼和压延加工业	有色金属冶炼和压延加工业	金属制品业	通用设备制造业	专用设备制造业	汽车制造业	铁路、船舶、航空航天和其他运输设备制造业	电气机械和器材制造业
酒泉市	**28**	**59**	**40**	**28**	**9**		**2**	**7**
肃州区			6	1	2			
金塔县	5	2	7					
瓜州县	21	57	12	12	1		1	4
肃北蒙古族自治县			1					
阿克塞哈萨克族自治县								
玉门市	1		12	15	2			1
敦煌市	1		2		4		1	2
庆阳市	**6**	**4**	**107**	**32**	**28**	**10**	**4**	**14**
西峰区			4					
庆城县	1		15	13	7	2	1	5
环　县		1	23	4	3	4		2
华池县			5	3	1			
合水县			1	2	3			2
正宁县	2		16	2	3	3		3
宁　县	1	1	21	3	7			2
镇原县	2	2	22	5	4	1	3	
定西市	**18**	**313**	**172**	**84**	**47**	**16**	**12**	**39**
安定区	2		17	3	1	1		1
通渭县		2	11	6	3		1	1
陇西县	11	272	59	29	28	12	7	15
渭源县		1	12	2	2			4
临洮县	3	37	54	28	9	2	4	12
漳　县		1	7	4	1			2
岷　县	2		12	12	3	1		4
陇南市	**14**	**130**	**76**	**48**	**38**	**19**	**3**	**22**
武都区			3	6	2			
成　县	1	84	18	4	4	4		4
文　县	3	2	6	8		1		3
宕昌县			1	4	3	1		
康　县		1	5	5	1	7		1
西和县		4	9	11	3	2	2	6
礼　县	7	1	17	4	17	1	1	
徽　县	3	38	16	4	8	3		7
两当县			1	2				1
临夏回族自治州	**10**	**19**	**138**	**38**	**25**	**7**	**5**	**22**
临夏市			4	2	1			
临夏县		4	20	2				3
康乐县		1	23	2		2		
永靖县	3	3	22	3	8	1	3	4
广河县		2	22	7	1	2		5
和政县	2	1	23	14	6		2	8
东乡族自治县	3	6	4	5	6			
积石山保安族东乡族撒拉族自治县	2	2	20	3	3	2		2
甘南藏族自治州	**3**	**10**	**31**	**5**	**7**			**4**
合作市								
临潭县	1		14	3				3
卓尼县		1						1
舟曲县			2	1				
迭部县			6	1	3			
玛曲县	2	5	6		2			
碌曲县		4	1		2			
夏河县			2					

行业大类的就业人口（镇）（续13）

单位：人

制造业					电力、热力、燃气及水生产和供应业			
计算机、通信和其他电子设备制造业	仪器仪表制造业	其他制造业	废弃资源综合利用业	金属制品、机械和设备修理业	小计	电力、热力生产和供应业	燃气生产和供应业	水的生产和供应业
10			**15**	**21**	**264**	**228**	**13**	**23**
				2				
3			1	1	35	28	2	5
2			2	8	108	103	3	2
			1		22	21	1	
				2	15	11	2	2
5			11	3	40	32	2	6
				5	44	33	3	8
55	**5**	**3**	**17**	**18**	**341**	**210**	**23**	**108**
			2		1		1	
3		1	8	10	51	32	8	11
7	1			2	106	48		58
2			3		20	11	4	5
2		1		2	35	25	1	9
18				2	45	32	3	10
12	2	1	1	2	45	37	3	5
11	2		3		38	25	3	10
88	**7**	**16**	**19**	**34**	**353**	**240**	**34**	**79**
				1	4	3	1	
14		3	2	6	28	21		7
19	1	5	8	14	108	65	17	26
6	1		1		27	18	1	8
16	3	3	6	10	91	64	10	17
4	2	4	1		29	21	2	6
29		1	1	3	66	48	3	15
117	**2**	**6**	**7**	**8**	**347**	**266**	**43**	**38**
14			2		7	4	2	1
25		3	2	3	90	54	27	9
7			2		96	94	1	1
16				1	22	19		3
2	1			1	20	15	3	2
33		1			35	27	2	6
5	1	1	1	3	24	17	3	4
14					38	26	3	9
1		1			15	10	2	3
158	**6**	**18**	**25**	**35**	**263**	**210**	**28**	**25**
5			1	5	2	1	1	
20	1	1	2		6	3		3
29		9		1	27	24	2	1
6			2	22	156	134	11	11
36	4	3	16	2	11	9		2
28	1	2		4	33	26	5	2
7		2	1		6	3		3
27		1	3	1	22	10	9	3
10	**1**		**3**	**4**	**158**	**120**	**7**	**31**
3			3		19	13		6
2					25	21	2	2
1					25	20	1	4
1	1				36	29	1	6
					20	10		10
				2	9	6	2	1
3				2	24	21	1	2

4-4b 各地区分性别、

地区 性别	制造业							
	黑色金属冶炼和压延加工业	有色金属冶炼和压延加工业	金属制品业	通用设备制造业	专用设备制造业	汽车制造业	铁路、船舶、航空航天和其他运输设备制造业	电气机械和器材制造业
男	**339**	**777**	**1059**	**463**	**267**	**76**	**62**	**202**
兰州市	**174**	**284**	**230**	**149**	**90**	**19**	**13**	**84**
城关区			2	1	3			1
七里河区	2	3	20	19	2	1	6	13
西固区		3	8	1			1	2
安宁区								
红古区	4	9	3		2			1
永登县	52	216	41	13	5	2		4
皋兰县	72	4	7	22	6	1	1	15
榆中县	33	2	44	14	5	5	3	7
兰州新区	11	47	105	79	67	10	2	41
嘉峪关市	**10**	**3**	**3**					
市辖区	10	3	3					
金昌市	**26**	**8**	**37**	**10**	**6**		**9**	**1**
金川区								
永昌县	26	8	37	10	6		9	1
白银市	**17**	**11**	**87**	**42**	**14**	**6**	**1**	**8**
白银区			1					
平川区			3	1	2			
靖远县	4		21	15	1	3	1	3
会宁县	1	1	34	16	8	2		3
景泰县	12	10	28	10	3	1		2
天水市	**22**	**3**	**63**	**33**	**18**	**6**	**13**	**15**
秦州区	1		2	1	1		1	3
麦积区	1		14	13	2		9	4
清水县			3	2			1	
秦安县	1	3	16	5	1	1		
甘谷县	5		14	2	5	3	1	3
武山县	13		12	9	7	2	1	4
张家川回族自治县	1		2	1	2			1
武威市	**7**	**5**	**39**	**20**	**11**	**1**	**1**	**6**
凉州区	1		15	6	3	1		3
民勤县			9		4		1	
古浪县	3		12	3				1
天祝藏族自治县	3	5	3	11	4			2
张掖市	**11**	**10**	**57**	**9**	**4**	**2**	**3**	**7**
甘州区			1					
肃南裕固族自治县			1					
民乐县	1		12	6		1		5
临泽县	1		7		3		1	
高台县		2	24	1	1	1		1
山丹县	9	8	12	2			2	1
平凉市	**8**	**7**	**75**	**17**	**15**	**3**	**1**	**11**
崆峒区	1			3				
泾川县		3	20	4	1		1	1
灵台县			10	1	2			2
崇信县			9	2	2	1		
庄浪县		1	17	3	3			5
静宁县	3	3	12	1	4	2		2
华亭市	4		7	3	3			1

行业大类的就业人口（镇）（续 14）

单位：人

制造业					电力、热力、燃气及水生产和供应业			
计算机、通信和其他电子设备制造业	仪器仪表制造业	其他制造业	废弃资源综合利用业	金属制品、机械和设备修理业	小计	电力、热力生产和供应业	燃气生产和供应业	水的生产和供应业
454	**42**	**47**	**154**	**241**	**2362**	**1850**	**176**	**336**
18	**5**	**12**	**43**	**62**	**269**	**199**	**22**	**48**
			4		7	7		
1	1		1	22	20	16	1	3
		1		1	4	3	1	
1				1	8	6	1	1
6		2	9	11	45	42	1	2
2	2		1	2	44	27	2	15
6	1	4	14	16	57	38	6	13
2	1	5	14	9	84	60	10	14
				1				
				1				
5	**1**	**3**	**5**	**7**	**128**	**110**	**5**	**13**
				1	1	1		
5	1	3	5	6	127	109	5	13
13	**7**	**1**	**3**	**22**	**137**	**111**	**11**	**15**
					1	1		
1			3	1	4	2		2
2				8	45	35	4	6
5	6			3	32	25	4	3
5	1	1		10	55	48	3	4
102	**6**	**4**	**7**	**21**	**151**	**118**	**12**	**21**
14			1		5	4		1
8	3		1	11	5	2	2	1
6			1		20	14	1	5
18		1			37	32	3	2
36	1		2	3	46	34	3	9
18	2	3		6	25	22	2	1
2			2	1	13	10	1	2
2	**1**	**1**	**11**	**6**	**170**	**152**	**7**	**11**
		1	8	4	15	15		
1					75	68	2	5
1	1			1	39	33	1	5
			3	1	41	36	4	1
7		**1**	**6**	**10**	**182**	**148**	**10**	**24**
			2	1	3	1	1	1
					11	10		1
4			2	5	62	55		7
					28	19	3	6
					46	37	4	5
3		1	2	4	32	26	2	4
32	**2**	**6**	**11**	**7**	**128**	**92**	**3**	**33**
					5	4		1
8		2		2	27	16	2	9
6		1	4	1	21	18		3
2		1	2	2	17	12		5
7	1		2	1	18	14		4
4			1	1	29	19		10
5	1	2	2		11	9	1	1

4-4b 各地区分性别、

地区 性别	制造业							
	黑色金属冶炼和压延加工业	有色金属冶炼和压延加工业	金属制品业	通用设备制造业	专用设备制造业	汽车制造业	铁路、船舶、航空航天和其他运输设备制造业	电气机械和器材制造业
酒泉市	**21**	**51**	**34**	**22**	**7**		**1**	**6**
肃州区			4	1	1			
金塔县	5	2	7					
瓜州县	14	49	10	10	1			4
肃北蒙古族自治县			1					
阿克塞哈萨克族自治县								
玉门市	1		11	11	2			1
敦煌市	1		1		3		1	1
庆阳市	**5**	**3**	**95**	**24**	**18**	**9**	**3**	**9**
西峰区			4					
庆城县	1		15	11	6	2	1	4
环　县		1	21	3	1	3		1
华池县			5	3	1			
合水县			1	1	2			1
正宁县	2		12	2	2	3		2
宁　县		1	18	2	4			1
镇原县	2	1	19	2	2	1	2	
定西市	**15**	**266**	**138**	**68**	**35**	**13**	**10**	**26**
安定区	2		12	3	1	1		1
通渭县		2	11	6	2		1	1
陇西县	9	237	48	27	22	9	6	8
渭源县		1	9		1			2
临洮县	3	25	43	21	7	2	3	10
漳　县		1	6	3	1			1
岷　县	1		9	8	1	1		3
陇南市	**12**	**102**	**65**	**40**	**31**	**13**	**2**	**11**
武都区			3	4	1			
成　县	1	70	16	4	1	3		1
文　县	3	1	5	6		1		1
宕昌县			1	4	2	1		
康　县		1	4	5	1	4		1
西和县		3	7	8	2	1	1	3
礼　县	6	1	15	4	17		1	
徽　县	2	26	14	4	7	3		4
两当县				1				1
临夏回族自治州	**10**	**16**	**111**	**25**	**15**	**4**	**5**	**16**
临夏市			3	1				
临夏县		2	18	2				1
康乐县		1	21			1		
永靖县	3	3	18	2	6	1	3	4
广河县		2	16	5				4
和政县	2	1	17	8	3		2	6
东乡族自治县	3	5	4	5	6			
积石山保安族东乡族撒拉族自治县	2	2	14	2		2		1
甘南藏族自治州	**1**	**8**	**25**	**4**	**3**			**2**
合作市								
临潭县	1		12	2				1
卓尼县								1
舟曲县			2	1				
迭部县			4	1	1			
玛曲县		4	5		1			
碌曲县		4	1		1			
夏河县			1					

行业大类的就业人口（镇）（续 15）

单位：人

制造业					电力、热力、燃气及水生产和供应业			
计算机、通信和其他电子设备制造业	仪器仪表制造业	其他制造业	废弃资源综合利用业	金属制品、机械和设备修理业	小计	电力、热力生产和供应业	燃气生产和供应业	水的生产和供应业
6			**9**	**19**	**207**	**187**	**4**	**16**
				2				
2			1	1	24	21		3
2			2	7	98	96	1	1
			1		18	17	1	
				2	8	6	1	1
2			5	3	29	24		5
				4	30	23	1	6
35	**5**	**2**	**13**	**14**	**227**	**149**	**19**	**59**
			1		1		1	
2		1	7	8	36	23	6	7
6	1			2	65	37		28
1			2		15	8	3	4
1				1	23	18	1	4
13				1	33	25	3	5
7	2	1	1	2	30	24	2	4
5	2		2		24	14	3	7
59	**6**	**7**	**16**	**31**	**240**	**170**	**20**	**50**
				1	3	3		
12		2	2	6	23	17		6
12	1	2	7	13	76	50	10	16
5	1		1		23	16		7
8	3	1	4	8	57	42	7	8
3	1	1	1		20	15	1	4
19		1	1	3	38	27	2	9
64	**2**	**5**	**6**	**7**	**246**	**192**	**35**	**19**
7			2		5	3	1	1
16		3	2	2	64	38	22	4
3			1		68	66	1	1
8				1	13	11		2
	1			1	17	13	3	1
15		1			26	21	2	3
4	1		1	3	17	13	2	2
10					25	18	3	4
1		1			11	9	1	1
105	**6**	**5**	**22**	**30**	**181**	**143**	**22**	**16**
3			1	4	2	1	1	
15	1	1	1		4	2		2
18		2		1	15	13	1	1
2			2	19	109	95	8	6
25	4	1	14	1	6	5		1
18	1	1		4	25	19	5	1
5			1		3	1		2
19			3	1	17	7	7	3
6	**1**		**2**	**4**	**96**	**79**	**6**	**11**
2			2		10	10		
1					16	13	2	1
					16	14	1	1
1	1				24	20	1	3
					12	7		5
				2	6	4	1	1
2				2	12	11	1	

4-4b 各地区分性别、

地区 性别	制造业							
	黑色金属冶炼和压延加工业	有色金属冶炼和压延加工业	金属制品业	通用设备制造业	专用设备制造业	汽车制造业	铁路、船舶、航空航天和其他运输设备制造业	电气机械和器材制造业
女	**81**	**197**	**199**	**109**	**98**	**30**	**24**	**80**
兰州市	**35**	**96**	**46**	**42**	**31**	**6**	**4**	**27**
城关区				1	1		1	
七里河区			2	4	4		1	4
西固区			2					
安宁区								
红古区	1							
永登县	14	83	10	5	1			1
皋兰县	12		1	5	2		1	7
榆中县	6	1	10	5	3	1		3
兰州新区	2	12	21	22	20	5	1	12
嘉峪关市	**5**		**1**					
市辖区	5		1					
金昌市	**9**	**1**	**8**		**2**		**3**	**2**
金川区								
永昌县	9	1	8		2		3	2
白银市	**4**	**4**	**7**	**1**	**2**	**1**		**3**
白银区								
平川区								
靖远县			1	1		1		1
会宁县			3		1			2
景泰县	4	4	3		1			
天水市		**1**	**8**	**9**	**7**	**4**	**9**	**4**
秦州区			1			2		1
麦积区			1	2			8	
清水县			1					2
秦安县		1	1	2	3	1		
甘谷县				1	1	1		1
武山县			4	2	3		1	
张家川回族自治县				2				
武威市	**5**	**2**	**8**	**1**	**1**	**2**	**1**	**3**
凉州区			2			1	1	2
民勤县	1		2		1			1
古浪县			3					
天祝藏族自治县	4	2	1	1		1		
张掖市	**7**		**9**	**3**	**1**		**1**	
甘州区								
肃南裕固族自治县								
民乐县			2	3	1		1	
临泽县	1		3					
高台县			2					
山丹县	6		2					
平凉市	**1**	**4**	**16**	**1**	**9**	**4**	**1**	**3**
崆峒区								1
泾川县			2	1	2			1
灵台县		1	2		1			
崇信县			4		2			
庄浪县			6		1		1	
静宁县		1	1		1	3		1
华亭市	1	2	1		2	1		

行业大类的就业人口（镇）（续16）

单位：人

制造业					电力、热力、燃气及水生产和供应业			
计算机、通信和其他电子设备制造业	仪器仪表制造业	其他制造业	废弃资源综合利用业	金属制品、机械和设备修理业	小计	电力、热力生产和供应业	燃气生产和供应业	水的生产和供应业
278	**6**	**34**	**49**	**42**	**972**	**687**	**84**	**201**
12	**1**	**4**	**17**	**9**	**94**	**77**	**4**	**13**
1			3		2	1	1	
2				5	5	3		2
	1			1	3	2	1	
3		1	3		19	17		2
		1	2		14	9	1	4
1			2	2	15	11		4
5		2	7	1	36	34	1	1
1								
1								
2		**1**	**2**	**2**	**63**	**55**	**6**	**2**
2		1	2	2	63	55	6	2
5	**1**		**1**	**2**	**55**	**42**	**4**	**9**
1								
1			1	1	17	13		4
3	1				14	10	2	2
				1	24	19	2	3
69	**3**	**3**		**11**	**58**	**34**	**9**	**15**
11	1				1	1		
5				10				
6					7	5		2
10	1				14	7	4	3
24	1			1	13	6	1	6
12		3			12	8	3	1
1					11	7	1	3
2			**6**	**2**	**63**	**48**	**9**	**6**
			5		1	1		
				1	22	21	1	
1					18	15	1	2
1			1	1	22	11	7	4
6		**1**	**1**	**1**	**57**	**41**	**7**	**9**
				1				
					3	3		
3			1		15	12		3
					6	4	1	1
1		1			11	6	4	1
2					22	16	2	4
18		**1**	**4**		**53**	**36**	**3**	**14**
2					2			2
3		1	1		13	9		4
2			1		11	7	2	2
3					7	5	1	1
6			2		5	3		2
1					8	5		3
1					7	7		

4–4b 各地区分性别、

地区 性别	制造业							
	黑色金属冶炼和压延加工业	有色金属冶炼和压延加工业	金属制品业	通用设备制造业	专用设备制造业	汽车制造业	铁路、船舶、航空航天和其他运输设备制造业	电气机械和器材制造业
酒泉市	**7**	**8**	**6**	**6**	**2**		**1**	**1**
肃州区			2		1			
金塔县								
瓜州县	7	8	2	2			1	
肃北蒙古族自治县								
阿克塞哈萨克族自治县								
玉门市			1	4				
敦煌市			1		1			1
庆阳市	**1**	**1**	**12**	**8**	**10**	**1**	**1**	**5**
西峰区								
庆城县				2	1			1
环　县			2	1	2	1		1
华池县								
合水县				1	1			1
正宁县			4		1			1
宁　县	1		3	1	3			1
镇原县		1	3	3	2		1	
定西市	**3**	**47**	**34**	**16**	**12**	**3**	**2**	**13**
安定区			5					
通渭县					1			
陇西县	2	35	11	2	6	3	1	7
渭源县			3	2	1			2
临洮县		12	11	7	2		1	2
漳　县			1	1				1
岷　县	1		3	4	2			1
陇南市	**2**	**28**	**11**	**8**	**7**	**6**	**1**	**11**
武都区				2	1			
成　县		14	2		3	1		3
文　县		1	1	2				2
宕昌县					1			
康　县			1			3		
西和县		1	2	3	1	1	1	3
礼　县	1		2			1		
徽　县	1	12	2		1			3
两当县			1	1				
临夏回族自治州		**3**	**27**	**13**	**10**	**3**		**6**
临夏市			1	1	1			
临夏县		2	2					2
康乐县			2	2		1		
永靖县			4	1	2			
广河县			6	2	1	2		1
和政县			6	6	3			2
东乡族自治县		1						
积石山保安族东乡族撒拉族自治县			6	1	3			1
甘南藏族自治州	**2**	**2**	**6**	**1**	**4**			**2**
合作市								
临潭县			2	1				2
卓尼县		1						
舟曲县								
迭部县			2		2			
玛曲县	2	1	1		1			
碌曲县					1			
夏河县			1					

行业大类的就业人口（镇）（续17）

单位：人

制造业					电力、热力、燃气及水生产和供应业			
计算机、通信和其他电子设备制造业	仪器仪表制造业	其他制造业	废弃资源综合利用业	金属制品、机械和设备修理业	小计	电力、热力生产和供应业	燃气生产和供应业	水的生产和供应业
4			**6**	**2**	**57**	**41**	**9**	**7**
1					11	7	2	2
				1	10	7	2	1
					4	4		
					7	5	1	1
3			6		11	8	2	1
				1	14	10	2	2
20		**1**	**4**	**4**	**114**	**61**	**4**	**49**
			1					
1			1	2	15	9	2	4
1					41	11		30
1			1		5	3	1	1
1		1		1	12	7		5
5				1	12	7		5
5					15	13	1	1
6			1		14	11		3
29	**1**	**9**	**3**	**3**	**113**	**70**	**14**	**29**
					1		1	
2		1			5	4		1
7		3	1	1	32	15	7	10
1					4	2	1	1
8		2	2	2	34	22	3	9
1	1	3			9	6	1	2
10					28	21	1	6
53		**1**	**1**	**1**	**101**	**74**	**8**	**19**
7					2	1	1	
9				1	26	16	5	5
4			1		28	28		
8					9	8		1
2					3	2		1
18					9	6		3
1		1			7	4	1	2
4					13	8		5
					4	1	1	2
53		**13**	**3**	**5**	**82**	**67**	**6**	**9**
2				1				
5			1		2	1		1
11		7			12	11	1	
4				3	47	39	3	5
11		2	2	1	5	4		1
10		1			8	7		1
2		2			3	2		1
8		1			5	3	2	
4			**1**		**62**	**41**	**1**	**20**
1			1		9	3		6
1					9	8		1
1					9	6		3
					12	9		3
					8	3		5
					3	2	1	
1					12	10		2

4-4b 各地区分性别、

地区 性别	建筑业					批发和零售业		
	小计	房屋建筑业	土木工程建筑业	建筑安装业	建筑装饰、装修和其他建筑业	小计	批发业	零售业
合计	**24815**	**15822**	**2643**	**1061**	**5289**	**26738**	**5316**	**21422**
兰州市	**3474**	**1922**	**486**	**235**	**831**	**3382**	**1047**	**2335**
城关区	85	36	10	5	34	226	92	134
七里河区	230	129	46	6	49	264	53	211
西固区	47	31	4	5	7	53	11	42
安宁区								
红古区	52	25	5	3	19	71	18	53
永登县	611	345	81	52	133	669	180	489
皋兰县	587	400	112	19	56	276	28	248
榆中县	703	305	76	74	248	1201	413	788
兰州新区	1159	651	152	71	285	622	252	370
嘉峪关市	**27**	**22**	**1**		**4**	**43**	**29**	**14**
市辖区	27	22	1		4	43	29	14
金昌市	**377**	**160**	**79**	**20**	**118**	**522**	**117**	**405**
金川区	2		1		1	4	2	2
永昌县	375	160	78	20	117	518	115	403
白银市	**1413**	**849**	**192**	**79**	**293**	**1784**	**322**	**1462**
白银区	2	1	1			12	4	8
平川区	46	22	15	2	7	66	18	48
靖远县	530	343	63	25	99	548	108	440
会宁县	516	328	70	22	96	681	105	576
景泰县	319	155	43	30	91	477	87	390
天水市	**3244**	**2375**	**181**	**104**	**584**	**3346**	**619**	**2727**
秦州区	277	202	5	1	69	167	21	146
麦积区	188	115	17	10	46	186	26	160
清水县	376	312	7	10	47	303	26	277
秦安县	617	481	33	29	74	990	199	791
甘谷县	971	772	37	26	136	925	129	796
武山县	667	427	44	27	169	637	183	454
张家川回族自治县	148	66	38	1	43	138	35	103
武威市	**1029**	**533**	**147**	**63**	**286**	**1202**	**274**	**928**
凉州区	266	183	18	7	58	319	89	230
民勤县	162	71	33	26	32	352	109	243
古浪县	315	201	49	17	48	247	40	207
天祝藏族自治县	286	78	47	13	148	284	36	248
张掖市	**1935**	**1209**	**325**	**78**	**323**	**1636**	**274**	**1362**
甘州区	34	24	1		9	74	14	60
肃南裕固族自治县	10	1	7		2	41	8	33
民乐县	697	478	89	17	113	434	47	387
临泽县	125	68	33	6	18	269	68	201
高台县	285	212	19	7	47	424	88	336
山丹县	784	426	176	48	134	394	49	345
平凉市	**1693**	**1071**	**178**	**81**	**363**	**2117**	**317**	**1800**
崆峒区	64	46		5	13	35	12	23
泾川县	305	176	17	23	89	426	52	374
灵台县	204	130	9	11	54	274	27	247
崇信县	171	97	36	5	33	160	18	142
庄浪县	418	309	39	6	64	515	80	435
静宁县	364	211	36	25	92	576	103	473
华亭市	167	102	41	6	18	131	25	106

行业大类的就业人口（镇）（续18）

单位：人

交通运输、仓储和邮政业								
小计	铁路运输业	道路运输业	水上运输业	航空运输业	管道运输业	多式联运和运输代理业	装卸搬运和仓储业	邮政业
11980	**779**	**7887**	**12**	**179**	**5**	**230**	**1489**	**1399**
2224	**103**	**1451**	**1**	**137**	**1**	**128**	**190**	**213**
57	3	32		3		2	10	7
165	18	121		2		2	8	14
57	16	32					7	2
36		27				2		7
464	11	397	1	2		5	20	28
311	20	213		2		4	40	32
580	29	386		2		15	69	79
554	6	243		126	1	98	36	44
9		**8**					**1**	
9		8					1	
311	**39**	**225**	**1**	**1**		**1**	**27**	**17**
311	39	225	1	1		1	27	17
934	**53**	**660**	**1**	**2**	**1**	**5**	**132**	**80**
5		4					1	
54	1	45				2	3	3
351	23	205		1	1	3	83	35
182	5	145					17	15
342	24	261	1	1			28	27
930	**22**	**599**	**1**	**3**		**12**	**108**	**185**
52		29				3	12	8
76	1	50		3			3	19
83	2	37					6	38
298	6	206				1	50	35
180	7	117	1			4	3	48
165	4	102				3	29	27
76	2	58				1	5	10
768	**291**	**373**		**2**		**1**	**35**	**66**
384	282	79		1			6	16
122	1	83					13	25
106	4	86		1			3	12
156	4	125				1	13	13
746	**56**	**529**		**5**		**10**	**79**	**67**
23	1	15				1	1	5
15		10				1	2	2
156	12	109				3	16	16
83	13	49		2		3	2	14
161	24	111		2			8	16
308	6	235		1		2	50	14
677	**21**	**437**		**1**		**4**	**83**	**131**
15		14						1
162	14	97				1	20	30
68		40				1	5	22
57		37					6	14
142	1	99				2	12	28
157	1	91		1			38	26
76	5	59					2	10

4-4b 各地区分性别、

地区 性别	建筑业					批发和零售业		
	小计	房屋建筑业	土木工程建筑业	建筑安装业	建筑装饰、装修和其他建筑业	小计	批发业	零售业
酒泉市	**613**	**299**	**92**	**63**	**159**	**932**	**212**	**720**
肃州区	34	22		3	9	76	15	61
金塔县	232	130	24	18	60	254	51	203
瓜州县	126	62	12	19	33	354	78	276
肃北蒙古族自治县	27	9	6	8	4	18	3	15
阿克塞哈萨克族自治县	39	6	17	5	11	42	7	35
玉门市	131	68	15	8	40	139	47	92
敦煌市	24	2	18	2	2	49	11	38
庆阳市	**2044**	**1313**	**182**	**65**	**484**	**2173**	**329**	**1844**
西峰区	37	25			12	40	9	31
庆城县	282	125	65	20	72	388	65	323
环　县	522	399	34	14	75	342	61	281
华池县	174	85	28	7	54	146	13	133
合水县	160	119	10	4	27	184	13	171
正宁县	309	247	7	2	53	299	36	263
宁　县	224	78	25	8	113	405	54	351
镇原县	336	235	13	10	78	369	78	291
定西市	**3513**	**2314**	**314**	**152**	**733**	**3983**	**936**	**3047**
安定区	104	51	33	4	16	143	29	114
通渭县	556	325	38	20	173	486	156	330
陇西县	1246	856	92	60	238	1079	240	839
渭源县	260	187	17	11	45	327	80	247
临洮县	812	489	80	43	200	1029	239	790
漳　县	179	138	20	3	18	234	27	207
岷　县	356	268	34	11	43	685	165	520
陇南市	**2785**	**1996**	**187**	**68**	**534**	**2714**	**420**	**2294**
武都区	377	296	31	11	39	262	53	209
成　县	520	381	40	14	85	488	54	434
文　县	369	262	24	2	81	266	44	222
宕昌县	277	235	7	2	33	229	24	205
康　县	240	176	8	2	54	240	33	207
西和县	306	179	17	7	103	433	73	360
礼　县	317	200	28	18	71	400	75	325
徽　县	326	231	30	8	57	325	49	276
两当县	53	36	2	4	11	71	15	56
临夏回族自治州	**1953**	**1256**	**176**	**36**	**485**	**2060**	**338**	**1722**
临夏市	82	78			4	66	11	55
临夏县	307	201	43	2	61	205	26	179
康乐县	276	198	7	2	69	313	32	281
永靖县	506	286	79	14	127	454	89	365
广河县	154	60	4	6	84	279	69	210
和政县	278	175	22	9	72	313	46	267
东乡族自治县	160	111	7	1	41	188	43	145
积石山保安族东乡族撒拉族自治县	190	147	14	2	27	242	22	220
甘南藏族自治州	**715**	**503**	**103**	**17**	**92**	**844**	**82**	**762**
合作市	14	11			3	7		7
临潭县	193	117	43	6	27	206	15	191
卓尼县	156	114	24	3	15	92	11	81
舟曲县	197	163	10	1	23	147	7	140
迭部县	50	32	4	6	8	58	12	46
玛曲县	37	33		1	3	138	13	125
碌曲县	19	9	6		4	41	14	27
夏河县	49	24	16		9	155	10	145

行业大类的就业人口（镇）（续 19）

单位：人

交通运输、仓储和邮政业								
小计	铁路运输业	道路运输业	水上运输业	航空运输业	管道运输业	多式联运和运输代理业	装卸搬运和仓储业	邮政业
552	**32**	**390**	**1**	**2**	**1**	**3**	**77**	**46**
25	1	14					2	8
125	1	101					12	11
190	27	129	1	1	1	3	17	11
33		28						5
14		8					2	4
84	1	72					9	2
81	2	38		1			35	5
1150	**26**	**843**	**2**	**6**		**11**	**108**	**154**
30		21				1	5	3
290	1	217		1		5	46	20
267	2	212		2		1	13	37
97		85		1		1	4	6
102	1	78					9	14
89	2	59		1			8	19
145	20	82	1	1		2	8	31
130		89	1			1	15	24
1497	**102**	**950**	**1**	**11**	**2**	**29**	**212**	**190**
50	1	25				1	20	3
144	7	85				3	21	28
505	73	294	1		1	5	73	58
108		55		1		3	25	24
409	6	308		2		13	46	34
80		57		4		1	9	9
201	15	126		4	1	3	18	34
1174	**12**	**687**	**1**	**6**		**16**	**302**	**150**
80	1	63				1	5	10
206	1	144		4		2	32	23
104	1	74				2	14	13
243	1	49					186	7
80		44				2	15	19
126	2	88	1			6	10	19
148		86				2	28	32
149		123		2			9	15
38	6	16				1	3	12
763	**20**	**549**	**1**	**2**		**4**	**116**	**71**
31		24		1		1	1	4
62	1	53				1	2	5
81		58					12	11
204	8	167	1	1			10	17
178	2	106					61	9
96	8	58				1	18	11
42		35					4	3
69	1	48				1	8	11
245	**2**	**186**	**2**	**1**		**6**	**19**	**29**
5		4						1
57	1	39				2	8	7
29		21	2			1	1	4
44		39					1	4
28	1	22				1	1	3
23		16				2	2	3
17		10					3	4
42		35		1			3	3

4-4b 各地区分性别、

地区 性别	建筑业					批发和零售业		
	小计	房屋建筑业	土木工程建筑业	建筑安装业	建筑装饰、装修和其他建筑业	小计	批发业	零售业
男	**21106**	**13377**	**2306**	**976**	**4447**	**12728**	**3369**	**9359**
兰州市	**2901**	**1601**	**417**	**212**	**671**	**1661**	**641**	**1020**
城关区	72	30	7	5	30	117	54	63
七里河区	203	115	42	6	40	110	33	77
西固区	39	25	3	5	6	22	7	15
安宁区								
红古区	43	21	5	3	14	38	13	25
永登县	520	292	69	49	110	284	105	179
皋兰县	516	347	102	18	49	128	15	113
榆中县	564	232	66	68	198	640	254	386
兰州新区	944	539	123	58	224	322	160	162
嘉峪关市	**20**	**16**	**1**		**3**	**35**	**28**	**7**
市辖区	20	16	1		3	35	28	7
金昌市	**309**	**124**	**70**	**20**	**95**	**219**	**71**	**148**
金川区	2		1		1	1	1	
永昌县	307	124	69	20	94	218	70	148
白银市	**1224**	**720**	**175**	**72**	**257**	**797**	**203**	**594**
白银区	1		1			6	3	3
平川区	42	20	14	2	6	33	9	24
靖远县	456	288	59	21	88	267	66	201
会宁县	447	281	62	21	83	260	57	203
景泰县	278	131	39	28	80	231	68	163
天水市	**2857**	**2097**	**166**	**101**	**493**	**1722**	**388**	**1334**
秦州区	251	185	4	1	61	88	17	71
麦积区	173	104	17	9	43	91	14	77
清水县	289	236	6	10	37	150	16	134
秦安县	553	435	27	28	63	545	136	409
甘谷县	892	701	36	25	130	467	86	381
武山县	577	378	43	27	129	304	95	209
张家川回族自治县	122	58	33	1	30	77	24	53
武威市	**859**	**442**	**124**	**57**	**236**	**564**	**181**	**383**
凉州区	237	163	16	7	51	162	54	108
民勤县	132	54	27	24	27	174	72	102
古浪县	261	162	46	14	39	97	28	69
天祝藏族自治县	229	63	35	12	119	131	27	104
张掖市	**1490**	**917**	**264**	**69**	**240**	**652**	**189**	**463**
甘州区	32	23	1		8	39	11	28
肃南裕固族自治县	9	1	6		2	18	5	13
民乐县	528	361	72	14	81	154	23	131
临泽县	113	60	30	6	17	122	51	71
高台县	240	178	18	7	37	178	66	112
山丹县	568	294	137	42	95	141	33	108
平凉市	**1478**	**929**	**153**	**80**	**316**	**965**	**204**	**761**
崆峒区	57	42		5	10	22	7	15
泾川县	275	158	15	22	80	199	33	166
灵台县	188	121	9	11	47	122	19	103
崇信县	150	82	33	5	30	65	11	54
庄浪县	336	241	32	6	57	197	46	151
静宁县	332	195	33	25	79	287	70	217
华亭市	140	90	31	6	13	73	18	55

行业大类的就业人口（镇）（续20）

单位：人

交通运输、仓储和邮政业								
小计	铁路运输业	道路运输业	水上运输业	航空运输业	管道运输业	多式联运和运输代理业	装卸搬运和仓储业	邮政业
10083	**615**	**6992**	**9**	**105**	**4**	**182**	**1208**	**968**
1848	**71**	**1285**	**1**	**80**	**1**	**100**	**156**	**154**
48	3	27		2		1	8	7
138	14	107		1		1	7	8
48	15	27					4	2
35		27				1		7
399	7	347	1	2		4	18	20
266	7	198		2		4	32	23
488	20	342		2		13	58	53
426	5	210		71	1	76	29	34
8		**7**					**1**	
8		7					1	
262	**35**	**193**	**1**				**25**	**8**
262	35	193	1				25	8
810	**41**	**595**	**1**		**1**	**5**	**110**	**57**
5		4					1	
50	1	42				2	3	2
303	17	187			1	3	66	29
156	5	127					15	9
296	18	235	1				25	17
801	**16**	**535**	**1**	**3**		**7**	**98**	**141**
46		27				2	12	5
66	1	48		3			2	12
65		29					6	30
266	5	191				1	43	26
153	7	102	1			2	3	38
140	3	85				2	28	22
65		53					4	8
656	**246**	**341**		**1**		**1**	**26**	**41**
328	238	75		1			6	8
101	1	73					9	18
89	3	79					1	6
138	4	114				1	10	9
597	**46**	**444**		**5**		**7**	**60**	**35**
20	1	15				1	1	2
12		9				1	1	1
129	11	92				2	13	11
69	12	45		2		2	2	6
126	17	92		2			8	7
241	5	191		1		1	35	8
561	**20**	**382**		**1**		**3**	**71**	**84**
11		11						
135	13	80				1	20	21
55		38					3	14
51		33					6	12
114	1	84				2	9	18
130	1	80		1			32	16
65	5	56					1	3

4-4b 各地区分性别、

地区 性别	建筑业					批发和零售业		
	小计	房屋建筑业	土木工程建筑业	建筑安装业	建筑装饰、装修和其他建筑业	小计	批发业	零售业
酒泉市	**502**	**241**	**81**	**53**	**127**	**436**	**138**	**298**
肃州区	30	21		3	6	43	11	32
金塔县	184	99	20	13	52	111	33	78
瓜州县	109	55	11	17	26	153	42	111
肃北蒙古族自治县	22	7	5	8	2	9	1	8
阿克塞哈萨克族自治县	33	5	16	5	7	18	4	14
玉门市	104	53	12	6	33	75	37	38
敦煌市	20	1	17	1	1	27	10	17
庆阳市	**1744**	**1101**	**166**	**58**	**419**	**1008**	**206**	**802**
西峰区	31	22			9	22	6	16
庆城县	259	117	58	19	65	174	43	131
环　县	427	317	32	12	66	146	36	110
华池县	151	73	25	6	47	67	10	57
合水县	145	105	10	4	26	80	7	73
正宁县	249	198	7	2	42	153	24	129
宁　县	191	69	22	7	93	199	36	163
镇原县	291	200	12	8	71	167	44	123
定西市	**3007**	**1960**	**289**	**142**	**616**	**1907**	**572**	**1335**
安定区	92	45	29	4	14	75	22	53
通渭县	481	280	36	20	145	231	83	148
陇西县	1058	725	80	58	195	492	147	345
渭源县	215	153	17	9	36	172	53	119
临洮县	716	428	77	38	173	474	143	331
漳　县	153	116	20	3	14	102	14	88
岷　县	292	213	30	10	39	361	110	251
陇南市	**2472**	**1761**	**172**	**65**	**474**	**1277**	**266**	**1011**
武都区	330	260	28	11	31	142	35	107
成　县	490	359	39	14	78	203	37	166
文　县	302	213	17	1	71	115	27	88
宕昌县	217	180	6	2	29	109	17	92
康　县	214	157	8	2	47	104	18	86
西和县	281	162	17	7	95	214	46	168
礼　县	282	179	25	17	61	214	42	172
徽　县	306	217	30	7	52	140	36	104
两当县	50	34	2	4	10	36	8	28
临夏回族自治州	**1682**	**1076**	**148**	**34**	**424**	**1055**	**227**	**828**
临夏市	75	71			4	44	7	37
临夏县	255	167	34	2	52	109	17	92
康乐县	224	157	7	1	59	121	23	98
永靖县	437	246	66	14	111	198	55	143
广河县	135	52	3	6	74	185	58	127
和政县	245	154	20	8	63	139	28	111
东乡族自治县	149	106	4	1	38	125	27	98
积石山保安族东乡族撒拉族自治县	162	123	14	2	23	134	12	122
甘南藏族自治州	**561**	**392**	**80**	**13**	**76**	**430**	**55**	**375**
合作市	12	9			3	5		5
临潭县	147	90	31	4	22	112	13	99
卓尼县	126	89	23	3	11	40	6	34
舟曲县	157	129	7	1	20	64	5	59
迭部县	42	26	3	5	8	25	5	20
玛曲县	29	26			3	70	9	61
碌曲县	12	6	4		2	23	10	13
夏河县	36	17	12		7	91	7	84

行业大类的就业人口（镇）（续21）

单位：人

交通运输、仓储和邮政业								
小计	铁路运输业	道路运输业	水上运输业	航空运输业	管道运输业	多式联运和运输代理业	装卸搬运和仓储业	邮政业
447	**20**	**340**	**1**	**2**	**1**	**2**	**54**	**27**
21	1	14					2	4
110	1	90					11	8
153	17	109	1	1	1	2	14	8
23		21						2
10		7					2	1
73	1	63					8	1
57		36		1			17	3
1022	**23**	**783**	**1**	**3**		**10**	**95**	**107**
25		20				1	3	1
270	1	205		1		5	43	15
243	2	203		1			10	27
93		81		1		1	4	6
84	1	65					8	10
75	2	51					8	14
119	17	73	1			2	6	20
113		85				1	13	14
1250	**77**	**834**	**1**	**4**	**1**	**23**	**181**	**129**
42	1	23				1	16	1
114	4	72				3	17	18
424	64	253	1			4	63	39
86		50				2	21	13
347	5	270				11	38	23
68		50		2		1	9	6
169	3	116		2	1	1	17	29
947	**8**	**594**	**1**	**5**		**16**	**212**	**111**
68	1	55				1	4	7
179	1	128		4		2	25	19
86		63				2	13	8
165		42					117	6
64		37				2	13	12
108	1	76	1			6	9	15
125		78				2	19	26
123		101		1			9	12
29	5	14				1	3	6
684	**12**	**509**	**1**	**1**		**3**	**104**	**54**
29		23				1	1	4
59		53				1	1	4
70		51					12	7
172	6	144	1	1			8	12
167	2	102					56	7
80	3	55					14	8
40		33					4	3
67	1	48				1	8	9
190		**150**				**5**	**15**	**20**
4		4						
46		32				2	7	5
16		13				1		2
36		32					1	3
23		20						3
19		13				2	2	2
12		8					2	2
34		28					3	3

4-4b 各地区分性别、

地区 性别	建筑业					批发和零售业		
	小计	房屋建筑业	土木工程建筑业	建筑安装业	建筑装饰、装修和其他建筑业	小计	批发业	零售业
女	**3709**	**2445**	**337**	**85**	**842**	**14010**	**1947**	**12063**
兰州市	**573**	**321**	**69**	**23**	**160**	**1721**	**406**	**1315**
城关区	13	6	3		4	109	38	71
七里河区	27	14	4		9	154	20	134
西固区	8	6	1		1	31	4	27
安宁区								
红古区	9	4			5	33	5	28
永登县	91	53	12	3	23	385	75	310
皋兰县	71	53	10	1	7	148	13	135
榆中县	139	73	10	6	50	561	159	402
兰州新区	215	112	29	13	61	300	92	208
嘉峪关市	**7**	**6**			**1**	**8**	**1**	**7**
市辖区	7	6			1	8	1	7
金昌市	**68**	**36**	**9**		**23**	**303**	**46**	**257**
金川区						3	1	2
永昌县	68	36	9		23	300	45	255
白银市	**189**	**129**	**17**	**7**	**36**	**987**	**119**	**868**
白银区	1	1				6	1	5
平川区	4	2	1		1	33	9	24
靖远县	74	55	4	4	11	281	42	239
会宁县	69	47	8	1	13	421	48	373
景泰县	41	24	4	2	11	246	19	227
天水市	**387**	**278**	**15**	**3**	**91**	**1624**	**231**	**1393**
秦州区	26	17	1		8	79	4	75
麦积区	15	11		1	3	95	12	83
清水县	87	76	1		10	153	10	143
秦安县	64	46	6	1	11	445	63	382
甘谷县	79	71	1	1	6	458	43	415
武山县	90	49	1		40	333	88	245
张家川回族自治县	26	8	5		13	61	11	50
武威市	**170**	**91**	**23**	**6**	**50**	**638**	**93**	**545**
凉州区	29	20	2		7	157	35	122
民勤县	30	17	6	2	5	178	37	141
古浪县	54	39	3	3	9	150	12	138
天祝藏族自治县	57	15	12	1	29	153	9	144
张掖市	**445**	**292**	**61**	**9**	**83**	**984**	**85**	**899**
甘州区	2	1			1	35	3	32
肃南裕固族自治县	1		1			23	3	20
民乐县	169	117	17	3	32	280	24	256
临泽县	12	8	3		1	147	17	130
高台县	45	34	1		10	246	22	224
山丹县	216	132	39	6	39	253	16	237
平凉市	**215**	**142**	**25**	**1**	**47**	**1152**	**113**	**1039**
崆峒区	7	4			3	13	5	8
泾川县	30	18	2	1	9	227	19	208
灵台县	16	9			7	152	8	144
崇信县	21	15	3		3	95	7	88
庄浪县	82	68	7		7	318	34	284
静宁县	32	16	3		13	289	33	256
华亭市	27	12	10		5	58	7	51

行业大类的就业人口（镇）（续22）

单位：人

交通运输、仓储和邮政业								
小计	铁路运输业	道路运输业	水上运输业	航空运输业	管道运输业	多式联运和运输代理业	装卸搬运和仓储业	邮政业
1897	**164**	**895**	**3**	**74**	**1**	**48**	**281**	**431**
376	**32**	**166**		**57**		**28**	**34**	**59**
9		5		1		1	2	
27	4	14		1		1	1	6
9	1	5					3	
1						1		
65	4	50				1	2	8
45	13	15					8	9
92	9	44				2	11	26
128	1	33		55		22	7	10
1		**1**						
1		1						
49	**4**	**32**		**1**		**1**	**2**	**9**
49	4	32		1		1	2	9
124	**12**	**65**		**2**			**22**	**23**
4		3						1
48	6	18		1			17	6
26		18					2	6
46	6	26		1			3	10
129	**6**	**64**				**5**	**10**	**44**
6		2				1		3
10		2					1	7
18	2	8						8
32	1	15					7	9
27		15				2		10
25	1	17				1	1	5
11	2	5				1	1	2
112	**45**	**32**		**1**			**9**	**25**
56	44	4						8
21		10					4	7
17	1	7		1			2	6
18		11					3	4
149	**10**	**85**				**3**	**19**	**32**
3								3
3		1					1	1
27	1	17				1	3	5
14	1	4				1		8
35	7	19						9
67	1	44				1	15	6
116	**1**	**55**				**1**	**12**	**47**
4		3						1
27	1	17						9
13		2				1	2	8
6		4						2
28		15					3	10
27		11					6	10
11		3					1	7

4-4b 各地区分性别、

地区 性别	建筑业					批发和零售业		
	小计	房屋建筑业	土木工程建筑业	建筑安装业	建筑装饰、装修和其他建筑业	小计	批发业	零售业
酒泉市	**111**	**58**	**11**	**10**	**32**	**496**	**74**	**422**
肃州区	4	1			3	33	4	29
金塔县	48	31	4	5	8	143	18	125
瓜州县	17	7	1	2	7	201	36	165
肃北蒙古族自治县	5	2	1		2	9	2	7
阿克塞哈萨克族自治县	6	1	1		4	24	3	21
玉门市	27	15	3	2	7	64	10	54
敦煌市	4	1	1	1	1	22	1	21
庆阳市	**300**	**212**	**16**	**7**	**65**	**1165**	**123**	**1042**
西峰区	6	3			3	18	3	15
庆城县	23	8	7	1	7	214	22	192
环　县	95	82	2	2	9	196	25	171
华池县	23	12	3	1	7	79	3	76
合水县	15	14			1	104	6	98
正宁县	60	49			11	146	12	134
宁　县	33	9	3	1	20	206	18	188
镇原县	45	35	1	2	7	202	34	168
定西市	**506**	**354**	**25**	**10**	**117**	**2076**	**364**	**1712**
安定区	12	6	4		2	68	7	61
通渭县	75	45	2		28	255	73	182
陇西县	188	131	12	2	43	587	93	494
渭源县	45	34		2	9	155	27	128
临洮县	96	61	3	5	27	555	96	459
漳　县	26	22			4	132	13	119
岷　县	64	55	4	1	4	324	55	269
陇南市	**313**	**235**	**15**	**3**	**60**	**1437**	**154**	**1283**
武都区	47	36	3		8	120	18	102
成　县	30	22	1		7	285	17	268
文　县	67	49	7	1	10	151	17	134
宕昌县	60	55	1		4	120	7	113
康　县	26	19			7	136	15	121
西和县	25	17			8	219	27	192
礼　县	35	21	3	1	10	186	33	153
徽　县	20	14		1	5	185	13	172
两当县	3	2			1	35	7	28
临夏回族自治州	**271**	**180**	**28**	**2**	**61**	**1005**	**111**	**894**
临夏市	7	7				22	4	18
临夏县	52	34	9		9	96	9	87
康乐县	52	41		1	10	192	9	183
永靖县	69	40	13		16	256	34	222
广河县	19	8	1		10	94	11	83
和政县	33	21	2	1	9	174	18	156
东乡族自治县	11	5	3		3	63	16	47
积石山保安族东乡族撒拉族自治县	28	24			4	108	10	98
甘南藏族自治州	**154**	**111**	**23**	**4**	**16**	**414**	**27**	**387**
合作市	2	2				2		2
临潭县	46	27	12	2	5	94	2	92
卓尼县	30	25	1		4	52	5	47
舟曲县	40	34	3		3	83	2	81
迭部县	8	6	1	1		33	7	26
玛曲县	8	7		1		68	4	64
碌曲县	7	3	2		2	18	4	14
夏河县	13	7	4		2	64	3	61

行业大类的就业人口（镇）（续23）

单位：人

交通运输、仓储和邮政业								
小计	铁路运输业	道路运输业	水上运输业	航空运输业	管道运输业	多式联运和运输代理业	装卸搬运和仓储业	邮政业
105	**12**	**50**				**1**	**23**	**19**
4								4
15		11					1	3
37	10	20				1	3	3
10		7						3
4		1						3
11		9					1	1
24	2	2					18	2
128	**3**	**60**	**1**	**3**		**1**	**13**	**47**
5		1					2	2
20		12					3	5
24		9		1		1	3	10
4		4						
18		13					1	4
14		8		1				5
26	3	9		1			2	11
17		4	1				2	10
247	**25**	**116**		**7**	**1**	**6**	**31**	**61**
8		2					4	2
30	3	13					4	10
81	9	41			1	1	10	19
22		5		1		1	4	11
62	1	38		2		2	8	11
12		7		2				3
32	12	10		2		2	1	5
227	**4**	**93**		**1**			**90**	**39**
12		8					1	3
27		16					7	4
18	1	11					1	5
78	1	7					69	1
16		7					2	7
18	1	12					1	4
23		8					9	6
26		22		1				3
9	1	2						6
79	**8**	**40**		**1**		**1**	**12**	**17**
2		1		1				
3	1						1	1
11		7						4
32	2	23					2	5
11		4					5	2
16	5	3				1	4	3
2		2						
2								2
55	**2**	**36**	**2**	**1**		**1**	**4**	**9**
1								1
11	1	7					1	2
13		8	2				1	2
8		7						1
5	1	2				1	1	
4		3						1
5		2					1	2
8		7		1				

4-4b 各地区分性别、

地区 性别	住宿和餐饮业			信息传输、软件和信息技术服务业				
	小计	住宿业	餐饮业	小计	电信、广播电视和卫星传输服务	互联网和相关服务	软件和信息技术服务业	小计
合计	**13458**	**1301**	**12157**	**1980**	**1187**	**412**	**381**	**3480**
兰州市	**1670**	**182**	**1488**	**336**	**141**	**89**	**106**	**472**
城关区	60	13	47	32	12	8	12	35
七里河区	99	18	81	46	12	14	20	29
西固区	21	1	20	4	3		1	6
安宁区								
红古区	38	6	32	5	2	1	2	7
永登县	426	24	402	56	35	16	5	100
皋兰县	124	12	112	28	16	8	4	67
榆中县	544	52	492	100	45	25	30	135
兰州新区	358	56	302	65	16	17	32	93
嘉峪关市	**8**		**8**					**1**
市辖区	8		8					1
金昌市	**218**	**16**	**202**	**31**	**22**	**4**	**5**	**81**
金川区								
永昌县	218	16	202	31	22	4	5	81
白银市	**667**	**64**	**603**	**168**	**100**	**36**	**32**	**227**
白银区	6		6					
平川区	37	1	36	4	2	1	1	
靖远县	211	23	188	46	29	8	9	84
会宁县	256	31	225	62	32	14	16	70
景泰县	157	9	148	56	37	13	6	73
天水市	**1446**	**118**	**1328**	**177**	**102**	**43**	**32**	**275**
秦州区	91	6	85	18	7	9	2	2
麦积区	100	11	89	8	4	2	2	8
清水县	134	10	124	14	13		1	42
秦安县	361	48	313	44	28	2	14	86
甘谷县	286	21	265	55	22	26	7	56
武山县	227	18	209	24	16	4	4	62
张家川回族自治县	247	4	243	14	12		2	19
武威市	**666**	**54**	**612**	**100**	**67**	**13**	**20**	**178**
凉州区	183	11	172	18	15	1	2	13
民勤县	139	11	128	33	18	5	10	71
古浪县	139	14	125	22	16	2	4	41
天祝藏族自治县	205	18	187	27	18	5	4	53
张掖市	**682**	**57**	**625**	**111**	**82**	**14**	**15**	**295**
甘州区	32		32	1	1			3
肃南裕固族自治县	20		20	4	4			12
民乐县	156	14	142	33	26	5	2	67
临泽县	89	13	76	24	13	4	7	66
高台县	179	12	167	25	22		3	83
山丹县	206	18	188	24	16	5	3	64
平凉市	**841**	**84**	**757**	**143**	**96**	**38**	**9**	**257**
崆峒区	31	10	21	1		1		4
泾川县	209	24	185	31	27	4		59
灵台县	148	3	145	12	10	2		41
崇信县	66	4	62	21	12	7	2	30
庄浪县	157	14	143	27	19	8		58
静宁县	160	19	141	42	25	12	5	62
华亭市	70	10	60	9	3	4	2	3

行业大类的就业人口（镇）（续24）

单位：人

金融业				房地产业		租赁和商务服务业		
货币金融服务	资本市场服务	保险业	其他金融业	小计	房地产业	小计	租赁业	商务服务业
2219	**42**	**1108**	**111**	**2612**	**2612**	**3942**	**308**	**3634**
285	**13**	**149**	**25**	**883**	**883**	**690**	**50**	**640**
21		12	2	33	33	61		61
15	1	11	2	64	64	58	4	54
4	1	1		15	15	20	1	19
4	1	2		13	13	7	1	6
58	1	38	3	67	67	96	12	84
34	2	28	3	70	70	51	2	49
83	3	47	2	229	229	129	10	119
66	4	10	13	392	392	268	20	248
		1		**3**	**3**	**17**	**1**	**16**
		1		3	3	17	1	16
52		**26**	**3**	**44**	**44**	**54**	**3**	**51**
				1	1	1	1	
52		26	3	43	43	53	2	51
136	**3**	**85**	**3**	**153**	**153**	**149**	**15**	**134**
				1	1			
				12	12	4	2	2
46		37	1	54	54	33	1	32
48		20	2	51	51	76	10	66
42	3	28		35	35	36	2	34
176	**2**	**86**	**11**	**228**	**228**	**401**	**24**	**377**
1		1		14	14	16	3	13
2		5	1	20	20	36	5	31
28		14		18	18	23	1	22
60	2	24		64	64	66	7	59
43		12	1	68	68	65	4	61
28		26	8	42	42	154	4	150
14		4	1	2	2	41		41
108	**3**	**62**	**5**	**93**	**93**	**152**	**21**	**131**
4	1	8		26	26	24	6	18
44	1	25	1	19	19	48	2	46
26		14	1	19	19	38	10	28
34	1	15	3	29	29	42	3	39
162	**1**	**128**	**4**	**143**	**143**	**214**	**16**	**198**
1		1	1	1	1	3	1	2
9		3				5		5
38	1	27	1	35	35	45	3	42
36		30		23	23	35	3	32
42		39	2	28	28	71	5	66
36		28		56	56	55	4	51
197	**2**	**52**	**6**	**170**	**170**	**185**	**25**	**160**
1		3		3	3	2		2
41		14	4	43	43	42	4	38
37		4		22	22	36	7	29
23	1	6		21	21	31	5	26
47		9	2	32	32	22	1	21
47		15		43	43	49	7	42
1	1	1		6	6	3	1	2

4-4b 各地区分性别、

地区 性别	住宿和餐饮业			信息传输、软件和信息技术服务业				
	小计	住宿业	餐饮业	小计	电信、广播电视和卫星传输服务	互联网和相关服务	软件和信息技术服务业	小计
酒泉市	**495**	**94**	**401**	**93**	**53**	**11**	**29**	**161**
肃州区	30	3	27	4	4			8
金塔县	103	12	91	26	18	5	3	60
瓜州县	161	33	128	24	16	4	4	60
肃北蒙古族自治县	26	4	22	1	1			9
阿克塞哈萨克族自治县	30	7	23	6	4		2	9
玉门市	98	6	92	4	3		1	8
敦煌市	47	29	18	28	7	2	19	7
庆阳市	**1077**	**166**	**911**	**172**	**110**	**35**	**27**	**365**
西峰区	29	2	27	3	1	1	1	4
庆城县	196	34	162	34	16	10	8	64
环　县	156	23	133	30	18	9	3	58
华池县	117	34	83	19	18		1	40
合水县	125	14	111	26	16	6	4	40
正宁县	124	14	110	15	14	1		42
宁　县	188	23	165	18	8	6	4	56
镇原县	142	22	120	27	19	2	6	61
定西市	**1897**	**168**	**1729**	**266**	**142**	**56**	**68**	**496**
安定区	74	3	71	4	4			7
通渭县	231	25	206	35	22	10	3	42
陇西县	523	45	478	82	40	18	24	144
渭源县	163	8	155	22	13	2	7	54
临洮县	464	36	428	67	29	16	22	146
漳　县	117	11	106	21	14	5	2	32
岷　县	325	40	285	35	20	5	10	71
陇南市	**1526**	**123**	**1403**	**209**	**147**	**40**	**22**	**339**
武都区	97	4	93	6	3	1	2	6
成　县	281	12	269	44	26	13	5	75
文　县	86	8	78	14	7	6	1	41
宕昌县	232	19	213	16	12	3	1	27
康　县	108	17	91	17	12	2	3	20
西和县	212	21	191	33	25	6	2	58
礼　县	277	10	267	35	26	5	4	42
徽　县	187	28	159	32	25	4	3	51
两当县	46	4	42	12	11		1	19
临夏回族自治州	**1683**	**93**	**1590**	**98**	**59**	**28**	**11**	**214**
临夏市	72		72	1		1		1
临夏县	219	7	212	7	3	4		3
康乐县	146	14	132	14	12		2	38
永靖县	281	38	243	27	14	8	5	66
广河县	318	5	313	22	12	8	2	38
和政县	201	10	191	11	7	3	1	27
东乡族自治县	276	4	272	2		2		12
积石山保安族东乡族撒拉族自治县	170	15	155	14	11	2	1	29
甘南藏族自治州	**582**	**82**	**500**	**76**	**66**	**5**	**5**	**119**
合作市	2	1	1					
临潭县	102	15	87	17	14	2	1	26
卓尼县	71	7	64	13	9	1	3	18
舟曲县	104	12	92	12	9	2	1	21
迭部县	69	10	59	7	7			13
玛曲县	75	7	68	11	11			13
碌曲县	49	19	30	8	8			10
夏河县	110	11	99	8	8			18

行业大类的就业人口（镇）（续25）

单位：人

金融业				房地产业		租赁和商务服务业		
货币金融服务	资本市场服务	保险业	其他金融业	小计	房地产业	小计	租赁业	商务服务业
82	**1**	**77**	**1**	**71**	**71**	**262**	**15**	**247**
		8		1	1	7		7
31		29		14	14	25	4	21
31		28	1	29	29	53	6	47
8		1		5	5	7		7
9				1	1	21	2	19
3		5		6	6	17	2	15
	1	6		15	15	132	1	131
239	**4**	**111**	**11**	**161**	**161**	**304**	**31**	**273**
2		2		1	1	3	2	1
39	1	17	7	23	23	74	4	70
32		24	2	22	22	74	5	69
29		11		31	31	17	8	9
32	2	6		9	9	19	1	18
30		12		14	14	16	2	14
39	1	14	2	15	15	49	5	44
36		25		46	46	52	4	48
315	**7**	**157**	**17**	**351**	**351**	**620**	**33**	**587**
3	1	3		4	4	10	1	9
23		16	3	45	45	84	5	79
93	2	46	3	124	124	150	11	139
38		14	2	20	20	82	2	80
87	1	51	7	113	113	211	12	199
21	1	10		15	15	20		20
50	2	17	2	30	30	63	2	61
237	**5**	**83**	**14**	**156**	**156**	**460**	**33**	**427**
3		3		5	5	15	1	14
46	2	26	1	30	30	98	5	93
25		15	1			23	1	22
18		7	2	17	17	23		23
17		3		16	16	78	1	77
43		14	1	19	19	33	9	24
31	1	7	3	24	24	107	5	102
39	2	6	4	42	42	67	11	56
15		2	2	3	3	16		16
134		**71**	**9**	**130**	**130**	**340**	**29**	**311**
		1		2	2	13	1	12
2		1		9	9	27	8	19
22		13	3	17	17	23	3	20
41		21	4	61	61	85	4	81
24		13	1	11	11	50	9	41
21		5	1	21	21	65	1	64
7		5		1	1	53		53
17		12		8	8	24	3	21
96	**1**	**20**	**2**	**26**	**26**	**94**	**12**	**82**
19		6	1	5	5	17	5	12
15		3		8	8	14	1	13
17		3	1	6	6	10	1	9
9	1	3		2	2	31	2	29
13				3	3	4		4
9		1		1	1	7		7
14		4		1	1	11	3	8

4-4b 各地区分性别、

地区 性别	住宿和餐饮业			信息传输、软件和信息技术服务业				
	小计	住宿业	餐饮业	小计	电信、广播电视和卫星传输服务	互联网和相关服务	软件和信息技术服务业	小计
男	**6259**	**484**	**5775**	**1234**	**685**	**258**	**291**	**1762**
兰州市	**767**	**65**	**702**	**217**	**77**	**61**	**79**	**211**
城关区	28	6	22	22	7	6	9	13
七里河区	51	6	45	36	7	14	15	12
西固区	12		12					1
安宁区								
红古区	15		15	4	1	1	2	6
永登县	200	7	193	28	18	6	4	39
皋兰县	51	1	50	14	8	3	3	29
榆中县	241	20	221	73	33	17	23	68
兰州新区	169	25	144	40	3	14	23	43
嘉峪关市	**4**		**4**					**1**
市辖区	4		4					1
金昌市	**86**	**1**	**85**	**20**	**12**	**4**	**4**	**35**
金川区								
永昌县	86	1	85	20	12	4	4	35
白银市	**283**	**18**	**265**	**108**	**64**	**19**	**25**	**108**
白银区	3		3					
平川区	23		23	3	1	1	1	
靖远县	80	8	72	26	14	5	7	32
会宁县	107	8	99	40	25	4	11	38
景泰县	70	2	68	39	24	9	6	38
天水市	**740**	**56**	**684**	**127**	**69**	**31**	**27**	**148**
秦州区	47	3	44	9	3	4	2	1
麦积区	56	8	48	6	2	2	2	3
清水县	56	2	54	7	6		1	23
秦安县	171	21	150	34	21	1	12	39
甘谷县	157	12	145	44	19	20	5	38
武山县	109	8	101	17	10	4	3	34
张家川回族自治县	144	2	142	10	8		2	10
武威市	**306**	**23**	**283**	**59**	**38**	**7**	**14**	**88**
凉州区	87	8	79	11	8	1	2	5
民勤县	54	3	51	19	10	3	6	32
古浪县	69	4	65	14	10	1	3	21
天祝藏族自治县	96	8	88	15	10	2	3	30
张掖市	**273**	**11**	**262**	**68**	**44**	**11**	**13**	**145**
甘州区	19		19					2
肃南裕固族自治县	9		9	4	4			8
民乐县	47	2	45	23	17	4	2	30
临泽县	43	5	38	18	7	4	7	36
高台县	73	3	70	11	9		2	41
山丹县	82	1	81	12	7	3	2	28
平凉市	**352**	**31**	**321**	**87**	**55**	**24**	**8**	**136**
崆峒区	10	3	7	1		1		3
泾川县	93	8	85	14	12	2		32
灵台县	63	1	62	7	6	1		29
崇信县	19	1	18	12	7	4	1	10
庄浪县	65	6	59	14	11	3		31
静宁县	81	7	74	33	18	10	5	29
华亭市	21	5	16	6	1	3	2	2

行业大类的就业人口（镇）（续26）

单位：人

金融业				房地产业		租赁和商务服务业		
货币金融服务	资本市场服务	保险业	其他金融业	小计	房地产业	小计	租赁业	商务服务业
1274	**17**	**413**	**58**	**1459**	**1459**	**2509**	**277**	**2232**
145	**4**	**54**	**8**	**471**	**471**	**434**	**43**	**391**
10		3		13	13	34		34
7		4	1	40	40	32	3	29
1				10	10	14	1	13
4	1	1		7	7	5	1	4
29		9	1	35	35	62	10	52
18		10	1	38	38	31	2	29
44	1	23		117	117	86	10	76
32	2	4	5	211	211	170	16	154
		1		**2**	**2**	**8**	**1**	**7**
		1		2	2	8	1	7
27		**7**	**1**	**16**	**16**	**34**	**3**	**31**
				1	1	1	1	
27		7	1	15	15	33	2	31
76	**2**	**29**	**1**	**96**	**96**	**90**	**14**	**76**
				9	9	3	2	1
21		11		38	38	19	1	18
31		6	1	22	22	44	9	35
24	2	12		27	27	24	2	22
111		**31**	**6**	**138**	**138**	**278**	**22**	**256**
		1		9	9	9	2	7
1		1	1	9	9	27	5	22
17		6		9	9	18	1	17
35		4		39	39	46	7	39
28		9	1	47	47	46	4	42
21		10	3	23	23	102	3	99
9			1	2	2	30		30
61	**1**	**22**	**4**	**41**	**41**	**98**	**17**	**81**
1		4		10	10	16	6	10
23		8	1	10	10	28	2	26
15		5	1	8	8	24	8	16
22	1	5	2	13	13	30	1	29
105		**38**	**2**	**74**	**74**	**132**	**13**	**119**
1			1	1	1	3	1	2
5		3				2		2
23		7		22	22	26	2	24
26		10		10	10	27	3	24
27		13	1	12	12	40	4	36
23		5		29	29	34	3	31
109	**2**	**24**	**1**	**106**	**106**	**123**	**24**	**99**
1		2		2	2			
26		5	1	21	21	28	4	24
26		3		11	11	25	7	18
8	1	1		12	12	15	4	11
24		7		24	24	18	1	17
23		6		31	31	36	7	29
1	1			5	5	1	1	

4-4b　各地区分性别、

地区 性别	住宿和餐饮业			信息传输、软件和信息技术服务业				
	小计	住宿业	餐饮业	小计	电信、广播电视和卫星传输服务	互联网和相关服务	软件和信息技术服务业	小计
酒泉市	**206**	**29**	**177**	**61**	**32**	**7**	**22**	**70**
肃州区	19	3	16	2	2			5
金塔县	46	6	40	13	9	2	2	27
瓜州县	69	12	57	20	13	3	4	28
肃北蒙古族自治县	10	1	9	1	1			3
阿克塞哈萨克族自治县	11	2	9	3	1		2	4
玉门市	40	1	39	3	2		1	3
敦煌市	11	4	7	19	4	2	13	
庆阳市	**495**	**66**	**429**	**101**	**58**	**23**	**20**	**178**
西峰区	16	1	15	1		1		4
庆城县	97	14	83	24	11	7	6	44
环　县	62	7	55	17	7	7	3	26
华池县	42	11	31	9	8		1	19
合水县	63	7	56	16	8	5	3	13
正宁县	57	6	51	6	5	1		16
宁　县	97	12	85	9	5	1	3	29
镇原县	61	8	53	19	14	1	4	27
定西市	**839**	**71**	**768**	**161**	**80**	**32**	**49**	**261**
安定区	33	1	32	1	1			5
通渭县	96	10	86	21	13	5	3	29
陇西县	243	20	223	52	21	12	19	82
渭源县	69	5	64	12	8		4	25
临洮县	191	14	177	39	14	9	16	67
漳　县	46	3	43	12	8	3	1	11
岷　县	161	18	143	24	15	3	6	42
陇南市	**733**	**44**	**689**	**126**	**91**	**17**	**18**	**185**
武都区	42	1	41	5	2	1	2	3
成　县	135	4	131	26	15	7	4	36
文　县	33	2	31	9	5	3	1	18
宕昌县	106	9	97	12	10	1	1	15
康　县	45	8	37	9	7		2	12
西和县	118	4	114	19	16	2	1	34
礼　县	148	5	143	24	19	2	3	25
徽　县	85	11	74	16	12	1	3	27
两当县	21		21	6	5		1	15
临夏回族自治州	**904**	**33**	**871**	**60**	**31**	**19**	**10**	**133**
临夏市	47		47	1		1		
临夏县	124	1	123	2	1	1		1
康乐县	52	5	47	10	8		2	27
永靖县	117	15	102	15	6	4	5	29
广河县	222	4	218	15	6	7	2	29
和政县	99	3	96	7	4	2	1	18
东乡族自治县	165	2	163	2		2		9
积石山保安族东乡族撒拉族自治县	78	3	75	8	6	2		20
甘南藏族自治州	**271**	**36**	**235**	**39**	**34**	**3**	**2**	**63**
合作市	1	1						
临潭县	44	5	39	10	8	1	1	15
卓尼县	28	1	27	6	5	1		9
舟曲县	39	6	33	7	5	1	1	11
迭部县	33	3	30	4	4			5
玛曲县	43	4	39	7	7			9
碌曲县	25	10	15	2	2			6
夏河县	58	6	52	3	3			8

行业大类的就业人口（镇）（续27）

单位：人

金融业				房地产业		租赁和商务服务业		
货币金融服务	资本市场服务	保险业	其他金融业	小计	房地产业	小计	租赁业	商务服务业
44		**25**	**1**	**39**	**39**	**156**	**15**	**141**
		5		1	1	5		5
18		9		11	11	20	4	16
18		9	1	16	16	38	6	32
3				1	1	6		6
4				1	1	19	2	17
1		2		2	2	13	2	11
				7	7	55	1	54
130	**3**	**39**	**6**	**109**	**109**	**213**	**29**	**184**
2		2		1	1	2	2	
28	1	10	5	13	13	55	4	51
18		8		13	13	47	5	42
17		2		22	22	15	8	7
12	1			7	7	10		10
11		5		6	6	12	2	10
24	1	3	1	9	9	38	5	33
18		9		38	38	34	3	31
183	**3**	**65**	**10**	**183**	**183**	**357**	**28**	**329**
3	1	1		3	3	8	1	7
18		8	3	26	26	61	5	56
58		23	1	59	59	88	8	80
20		4	1	12	12	42	1	41
46	1	16	4	67	67	108	11	97
7		4		5	5	15		15
31	1	9	1	11	11	35	2	33
140	**2**	**33**	**10**	**95**	**95**	**294**	**30**	**264**
2		1		3	3	11	1	10
27	1	8		17	17	58	5	53
14		3	1			11	1	10
11		3	1	7	7	14		14
11		1		9	9	46	1	45
24		9	1	10	10	23	8	15
20		4	1	13	13	77	5	72
19	1	3	4	34	34	44	9	35
12		1	2	2	2	10		10
90		**36**	**7**	**77**	**77**	**231**	**26**	**205**
				2	2	9	1	8
1				6	6	23	6	17
15		9	3	12	12	20	3	17
21		6	2	28	28	45	4	41
18		10	1	7	7	39	9	30
15		2	1	15	15	40	1	39
6		3		1	1	39		39
14		6		6	6	16	2	14
53		**9**	**1**	**12**	**12**	**61**	**12**	**49**
12		2	1	3	3	9	5	4
7		2		2	2	9	1	8
10		1		4	4	10	1	9
3		2		1	1	21	2	19
9				1	1	1		1
5		1		1	1	3		3
7		1				8	3	5

4-4b 各地区分性别、

地区 性别	住宿和餐饮业			信息传输、软件和信息技术服务业				
	小计	住宿业	餐饮业	小计	电信、广播电视和卫星传输服务	互联网和相关服务	软件和信息技术服务业	小计
女	**7199**	**817**	**6382**	**746**	**502**	**154**	**90**	**1718**
兰州市	**903**	**117**	**786**	**119**	**64**	**28**	**27**	**261**
城关区	32	7	25	10	5	2	3	22
七里河区	48	12	36	10	5		5	17
西固区	9	1	8	4	3		1	5
安宁区								
红古区	23	6	17	1	1			1
永登县	226	17	209	28	17	10	1	61
皋兰县	73	11	62	14	8	5	1	38
榆中县	303	32	271	27	12	8	7	67
兰州新区	189	31	158	25	13	3	9	50
嘉峪关市	**4**		**4**					
市辖区	4		4					
金昌市	**132**	**15**	**117**	**11**	**10**		**1**	**46**
金川区								
永昌县	132	15	117	11	10		1	46
白银市	**384**	**46**	**338**	**60**	**36**	**17**	**7**	**119**
白银区	3		3					
平川区	14	1	13	1	1			
靖远县	131	15	116	20	15	3	2	52
会宁县	149	23	126	22	7	10	5	32
景泰县	87	7	80	17	13	4		35
天水市	**706**	**62**	**644**	**50**	**33**	**12**	**5**	**127**
秦州区	44	3	41	9	4	5		1
麦积区	44	3	41	2	2			5
清水县	78	8	70	7	7			19
秦安县	190	27	163	10	7	1	2	47
甘谷县	129	9	120	11	3	6	2	18
武山县	118	10	108	7	6		1	28
张家川回族自治县	103	2	101	4	4			9
武威市	**360**	**31**	**329**	**41**	**29**	**6**	**6**	**90**
凉州区	96	3	93	7	7			8
民勤县	85	8	77	14	8	2	4	39
古浪县	70	10	60	8	6	1	1	20
天祝藏族自治县	109	10	99	12	8	3	1	23
张掖市	**409**	**46**	**363**	**43**	**38**	**3**	**2**	**150**
甘州区	13		13	1	1			1
肃南裕固族自治县	11		11					4
民乐县	109	12	97	10	9	1		37
临泽县	46	8	38	6	6			30
高台县	106	9	97	14	13		1	42
山丹县	124	17	107	12	9	2	1	36
平凉市	**489**	**53**	**436**	**56**	**41**	**14**	**1**	**121**
崆峒区	21	7	14					1
泾川县	116	16	100	17	15	2		27
灵台县	85	2	83	5	4	1		12
崇信县	47	3	44	9	5	3	1	20
庄浪县	92	8	84	13	8	5		27
静宁县	79	12	67	9	7	2		33
华亭市	49	5	44	3	2	1		1

行业大类的就业人口（镇）（续28）

单位：人

金融业				房地产业		租赁和商务服务业		
货币金融服务	资本市场服务	保险业	其他金融业	小计	房地产业	小计	租赁业	商务服务业
945	**25**	**695**	**53**	**1153**	**1153**	**1433**	**31**	**1402**
140	**9**	**95**	**17**	**412**	**412**	**256**	**7**	**249**
11		9	2	20	20	27		27
8	1	7	1	24	24	26	1	25
3	1	1		5	5	6		6
		1		6	6	2		2
29	1	29	2	32	32	34	2	32
16	2	18	2	32	32	20		20
39	2	24	2	112	112	43		43
34	2	6	8	181	181	98	4	94
				1	**1**	**9**		**9**
				1	1	9		9
25		**19**	**2**	**28**	**28**	**20**		**20**
25		19	2	28	28	20		20
60	**1**	**56**	**2**	**57**	**57**	**59**	**1**	**58**
				1	1			
				3	3	1		1
25		26	1	16	16	14		14
17		14	1	29	29	32	1	31
18	1	16		8	8	12		12
65	**2**	**55**	**5**	**90**	**90**	**123**	**2**	**121**
1				5	5	7	1	6
1		4		11	11	9		9
11		8		9	9	5		5
25	2	20		25	25	20		20
15		3		21	21	19		19
7		16	5	19	19	52	1	51
5		4				11		11
47	**2**	**40**	**1**	**52**	**52**	**54**	**4**	**50**
3	1	4		16	16	8		8
21	1	17		9	9	20		20
11		9		11	11	14	2	12
12		10	1	16	16	12	2	10
57	**1**	**90**	**2**	**69**	**69**	**82**	**3**	**79**
		1						
4						3		3
15	1	20	1	13	13	19	1	18
10		20		13	13	8		8
15		26	1	16	16	31	1	30
13		23		27	27	21	1	20
88		**28**	**5**	**64**	**64**	**62**	**1**	**61**
		1		1	1	2		2
15		9	3	22	22	14		14
11		1		11	11	11		11
15		5		9	9	16	1	15
23		2	2	8	8	4		4
24		9		12	12	13		13
		1		1	1	2		2

4–4b　各地区分性别、

地区 性别	住宿和餐饮业			信息传输、软件和信息技术服务业				
	小计	住宿业	餐饮业	小计	电信、广播电视和卫星传输服务	互联网和相关服务	软件和信息技术服务业	小计
酒泉市	**289**	**65**	**224**	**32**	**21**	**4**	**7**	**91**
肃州区	11		11	2	2			3
金塔县	57	6	51	13	9	3	1	33
瓜州县	92	21	71	4	3	1		32
肃北蒙古族自治县	16	3	13					6
阿克塞哈萨克族自治县	19	5	14	3	3			5
玉门市	58	5	53	1	1			5
敦煌市	36	25	11	9	3		6	7
庆阳市	**582**	**100**	**482**	**71**	**52**	**12**	**7**	**187**
西峰区	13	1	12	2	1		1	
庆城县	99	20	79	10	5	3	2	20
环　县	94	16	78	13	11	2		32
华池县	75	23	52	10	10			21
合水县	62	7	55	10	8	1	1	27
正宁县	67	8	59	9	9			26
宁　县	91	11	80	9	3	5	1	27
镇原县	81	14	67	8	5	1	2	34
定西市	**1058**	**97**	**961**	**105**	**62**	**24**	**19**	**235**
安定区	41	2	39	3	3			2
通渭县	135	15	120	14	9	5		13
陇西县	280	25	255	30	19	6	5	62
渭源县	94	3	91	10	5	2	3	29
临洮县	273	22	251	28	15	7	6	79
漳　县	71	8	63	9	6	2	1	21
岷　县	164	22	142	11	5	2	4	29
陇南市	**793**	**79**	**714**	**83**	**56**	**23**	**4**	**154**
武都区	55	3	52	1	1			3
成　县	146	8	138	18	11	6	1	39
文　县	53	6	47	5	2	3		23
宕昌县	126	10	116	4	2	2		12
康　县	63	9	54	8	5	2	1	8
西和县	94	17	77	14	9	4	1	24
礼　县	129	5	124	11	7	3	1	17
徽　县	102	17	85	16	13	3		24
两当县	25	4	21	6	6			4
临夏回族自治州	**779**	**60**	**719**	**38**	**28**	**9**	**1**	**81**
临夏市	25		25					1
临夏县	95	6	89	5	2	3		2
康乐县	94	9	85	4	4			11
永靖县	164	23	141	12	8	4		37
广河县	96	1	95	7	6	1		9
和政县	102	7	95	4	3	1		9
东乡族自治县	111	2	109					3
积石山保安族东乡族撒拉族自治县	92	12	80	6	5		1	9
甘南藏族自治州	**311**	**46**	**265**	**37**	**32**	**2**	**3**	**56**
合作市	1		1					
临潭县	58	10	48	7	6	1		11
卓尼县	43	6	37	7	4		3	9
舟曲县	65	6	59	5	4	1		10
迭部县	36	7	29	3	3			8
玛曲县	32	3	29	4	4			4
碌曲县	24	9	15	6	6			4
夏河县	52	5	47	5	5			10

行业大类的就业人口（镇）（续29）

单位：人

金融业				房地产业		租赁和商务服务业		
货币金融服务	资本市场服务	保险业	其他金融业	小计	房地产业	小计	租赁业	商务服务业
38	**1**	**52**		**32**	**32**	**106**		**106**
		3				2		2
13		20		3	3	5		5
13		19		13	13	15		15
5		1		4	4	1		1
5						2		2
2		3		4	4	4		4
	1	6		8	8	77		77
109	**1**	**72**	**5**	**52**	**52**	**91**	**2**	**89**
						1		1
11		7	2	10	10	19		19
14		16	2	9	9	27		27
12		9		9	9	2		2
20	1	6		2	2	9	1	8
19		7		8	8	4		4
15		11	1	6	6	11		11
18		16		8	8	18	1	17
132	**4**	**92**	**7**	**168**	**168**	**263**	**5**	**258**
		2		1	1	2		2
5		8		19	19	23		23
35	2	23	2	65	65	62	3	59
18		10	1	8	8	40	1	39
41		35	3	46	46	103	1	102
14	1	6		10	10	5		5
19	1	8	1	19	19	28		28
97	**3**	**50**	**4**	**61**	**61**	**166**	**3**	**163**
1		2		2	2	4		4
19	1	18	1	13	13	40		40
11		12				12		12
7		4	1	10	10	9		9
6		2		7	7	32		32
19		5		9	9	10	1	9
11	1	3	2	11	11	30		30
20	1	3		8	8	23	2	21
3		1		1	1	6		6
44		**35**	**2**	**53**	**53**	**109**	**3**	**106**
		1				4		4
1		1		3	3	4	2	2
7		4		5	5	3		3
20		15	2	33	33	40		40
6		3		4	4	11		11
6		3		6	6	25		25
1		2				14		14
3		6		2	2	8	1	7
43	**1**	**11**	**1**	**14**	**14**	**33**		**33**
7		4		2	2	8		8
8		1		6	6	5		5
7		2	1	2	2			
6	1	1		1	1	10		10
4				2	2	3		3
4						4		4
7		3		1	1	3		3

4-4b 各地区分性别、

地区 性别	科学研究和技术服务业				水利、环境和公共设施管理业			
	小计	研究和试验发展	专业技术服务业	科技推广和应用服务业	小计	水利管理业	生态保护和环境治理业	公共设施管理业
合计	**1769**	**135**	**1256**	**378**	**2347**	**591**	**344**	**1387**
兰州市	**331**	**36**	**242**	**53**	**363**	**73**	**32**	**253**
城关区	48	8	36	4	17		6	11
七里河区	54	4	44	6	31	5	3	23
西固区	3		3		9			8
安宁区								
红古区	2	1	1		6			6
永登县	33		23	10	76	20	7	49
皋兰县	16	2	10	4	58	8	4	46
榆中县	86	9	60	17	84	17	11	54
兰州新区	89	12	65	12	82	23	1	56
嘉峪关市					**12**	**2**	**1**	**9**
市辖区					12	2	1	9
金昌市	**31**	**2**	**27**	**2**	**96**	**26**	**5**	**65**
金川区					2			2
永昌县	31	2	27	2	94	26	5	63
白银市	**103**	**9**	**77**	**17**	**247**	**145**	**4**	**97**
白银区								
平川区	2		2		7	2		5
靖远县	25	2	20	3	49	27		22
会宁县	46	4	35	7	59	15	3	40
景泰县	30	3	20	7	132	101	1	30
天水市	**173**	**12**	**104**	**57**	**122**	**15**	**13**	**93**
秦州区	2		1	1	11			11
麦积区	32	1	30	1	16		3	13
清水县	4		3	1	6	1	1	4
秦安县	32	2	26	4	32	2	1	29
甘谷县	22	4	17	1	15			15
武山县	74	5	22	47	25	9	2	14
张家川回族自治县	7		5	2	17	3	6	7
武威市	**87**	**20**	**49**	**18**	**190**	**56**	**54**	**78**
凉州区	21	5	16		19	1		17
民勤县	33	13	12	8	111	37	39	34
古浪县	20	2	12	6	41	18	8	15
天祝藏族自治县	13		9	4	19		7	12
张掖市	**91**	**2**	**61**	**28**	**216**	**105**	**19**	**88**
甘州区					1			1
肃南裕固族自治县	15		4	11	29	1	13	15
民乐县	18	1	14	3	68	35	3	27
临泽县	13	1	10	2	50	31		18
高台县	28		23	5	32	24	1	7
山丹县	17		10	7	36	14	2	20
平凉市	**106**	**4**	**88**	**14**	**108**	**14**	**5**	**88**
崆峒区	4	1	3		5	1		4
泾川县	21		18	3	39	1		38
灵台县	21	1	18	2	11		1	10
崇信县	5		4	1	8			8
庄浪县	14		14		7	3	1	3
静宁县	31	2	21	8	28	8	3	16
华亭市	10		10		10	1		9

行业大类的就业人口（镇）（续30）

单位：人

土地管理业	居民服务、修理和其他服务业				教育		卫生和社会工作	
	小计	居民服务业	机动车、电子产品和日用产品修理业	其他服务业	小计	教育	小计	卫生
25	**6528**	**3598**	**2095**	**835**	**18962**	**18962**	**7907**	**7742**
5	**765**	**371**	**274**	**120**	**1784**	**1784**	**758**	**744**
	28	15	9	4	51	51	34	34
	68	37	25	6	123	123	53	49
1	18	11	4	3	30	30	25	25
	23	9	14		9	9	9	7
	177	70	77	30	388	388	153	151
	71	37	22	12	237	237	99	98
2	252	136	82	34	583	583	282	277
2	128	56	41	31	363	363	103	103
	4	**1**	**1**	**2**	**1**	**1**	**2**	**2**
	4	1	1	2	1	1	2	2
	90	**44**	**45**	**1**	**266**	**266**	**143**	**143**
					4	4		
	90	44	45	1	262	262	143	143
1	**382**	**200**	**146**	**36**	**1450**	**1450**	**479**	**474**
	1	1			2	2		
	11	4	6	1	22	22	9	9
	115	56	48	11	470	470	126	123
1	120	68	41	11	566	566	223	222
	135	71	51	13	390	390	121	120
1	**665**	**404**	**185**	**76**	**2219**	**2219**	**711**	**700**
	42	21	11	10	30	30	10	10
	68	52	14	2	84	84	35	34
	74	58	9	7	324	324	86	85
	157	91	48	18	536	536	190	189
	168	102	58	8	480	480	168	167
	125	66	38	21	484	484	132	129
1	31	14	7	10	281	281	90	86
2	**350**	**187**	**125**	**38**	**933**	**933**	**399**	**388**
1	110	63	44	3	91	91	42	42
1	98	67	26	5	303	303	118	110
	66	25	30	11	266	266	99	98
	76	32	25	19	273	273	140	138
4	**402**	**246**	**139**	**17**	**998**	**998**	**563**	**535**
	10	4	6		11	11	9	8
	7	2	4	1	31	31	37	34
3	100	63	31	6	326	326	151	148
1	60	35	23	2	203	203	113	106
	105	71	30	4	248	248	136	124
	120	71	45	4	179	179	117	115
1	**539**	**342**	**161**	**36**	**1677**	**1677**	**730**	**722**
	17	7	8	2	6	6	4	4
	104	62	32	10	379	379	191	189
	53	35	13	5	235	235	123	121
	35	15	15	5	121	121	57	56
	215	171	32	12	463	463	173	172
1	83	43	38	2	414	414	172	170
	32	9	23		59	59	10	10

4-4b 各地区分性别、

地区 性别	科学研究和技术服务业 小计	研究和试验发展	专业技术服务业	科技推广和应用服务业	水利、环境和公共设施管理业 小计	水利管理业	生态保护和环境治理业	公共设施管理业
酒泉市	**112**	**5**	**98**	**9**	**114**	**32**	**11**	**69**
肃州区					1			1
金塔县	12		10	2	47	20	2	25
瓜州县	20		19	1	28	7	4	15
肃北蒙古族自治县	1			1	6		1	5
阿克塞哈萨克族自治县	6		6		8			8
玉门市	9	1	5	3	17	5	3	9
敦煌市	64	4	58	2	7		1	6
庆阳市	**154**	**8**	**109**	**37**	**136**	**19**	**15**	**101**
西峰区					1			1
庆城县	48	4	34	10	37	10	5	22
环　县	44	1	39	4	17	3	1	13
华池县	13		11	2	10		2	8
合水县	6	1	2	3	10		1	9
正宁县	6	1	1	4	25	4	2	19
宁　县	17		12	5	13			13
镇原县	20	1	10	9	23	2	4	16
定西市	**262**	**20**	**195**	**47**	**319**	**65**	**25**	**226**
安定区					11	1		10
通渭县	30	3	22	5	40	11	3	26
陇西县	78	4	58	16	126	20	10	94
渭源县	22	1	12	9	22	5		17
临洮县	90	7	68	15	86	19	9	57
漳　县	10	1	9		10	4		6
岷　县	32	4	26	2	24	5	3	16
陇南市	**150**	**5**	**88**	**57**	**206**	**25**	**93**	**83**
武都区	3		3		27	1	23	3
成　县	41	1	27	13	53	5	18	28
文　县	10		5	5	43	5	29	8
宕昌县	8		7	1	10		2	8
康　县	23		8	15	7		4	3
西和县	17	2	13	2	12	1	3	8
礼　县	15		10	5	24	7	4	12
徽　县	26	2	11	13	17	3	2	11
两当县	7		4	3	13	3	8	2
临夏回族自治州	**113**	**9**	**71**	**33**	**111**	**10**	**18**	**83**
临夏市	1		1		8		1	7
临夏县	2		2		14		2	12
康乐县	12	1	7	4	9		3	6
永靖县	53	5	34	14	32	2	4	26
广河县	6	1	3	2	12	1	1	10
和政县	11	2	7	2	20	1	4	15
东乡族自治县	20		10	10	5	1	1	3
积石山保安族东乡族撒拉族自治县	8		7	1	11	5	2	4
甘南藏族自治州	**56**	**3**	**47**	**6**	**107**	**4**	**49**	**54**
合作市								
临潭县	13	2	7	4	13		1	12
卓尼县	10		10		32		31	1
舟曲县	3		3		17			17
迭部县	22		20	2	14	2	6	6
玛曲县	5		5		9		3	6
碌曲县					17	2	8	7
夏河县	3	1	2		5			5

行业大类的就业人口（镇）（续 31）

单位：人

土地管理业	居民服务、修理和其他服务业				教育		卫生和社会工作	
	小计	居民服务业	机动车、电子产品和日用产品修理业	其他服务业	小计	教育	小计	卫生
2	**289**	**145**	**117**	**27**	**510**	**510**	**282**	**262**
	28	13	9	6	2	2	8	7
	79	40	32	7	160	160	105	98
2	98	57	33	8	179	179	59	58
	16	7	5	4	24	24	23	22
	12	6	6		21	21	15	15
	43	18	23	2	29	29	13	13
	13	4	9		95	95	59	49
1	**644**	**358**	**224**	**62**	**1786**	**1786**	**797**	**788**
	21	10	8	3	5	5	2	2
	143	71	51	21	215	215	113	111
	117	58	39	20	374	374	148	148
	36	17	17	2	177	177	74	73
	37	18	17	2	148	148	64	62
	89	55	33	1	220	220	93	93
	97	60	30	7	305	305	146	143
1	104	69	29	6	342	342	157	156
3	**965**	**534**	**263**	**168**	**2970**	**2970**	**1256**	**1226**
	33	17	14	2	28	28	14	14
	120	46	25	49	430	430	144	142
2	244	129	86	29	800	800	361	357
	100	52	27	21	358	358	126	125
1	318	200	69	49	674	674	335	327
	71	41	18	12	205	205	79	79
	79	49	24	6	475	475	197	182
5	**717**	**483**	**172**	**62**	**2038**	**2038**	**875**	**870**
	54	36	13	5	87	87	40	40
2	128	79	42	7	369	369	146	145
1	65	41	18	6	237	237	70	69
	47	34	9	4	167	167	132	132
	45	30	8	7	164	164	81	79
	105	66	30	9	335	335	116	116
1	139	98	25	16	356	356	99	98
1	112	90	18	4	272	272	156	156
	22	9	9	4	51	51	35	35
	555	**227**	**164**	**164**	**1415**	**1415**	**591**	**574**
	11	2	5	4	6	6	6	6
	53	15	25	13	40	40	30	26
	80	41	25	14	233	233	111	109
	138	74	34	30	397	397	126	125
	107	23	27	57	209	209	80	78
	93	44	23	26	243	243	125	121
	14	4	2	8	52	52	15	11
	59	24	23	12	235	235	98	98
	161	**56**	**79**	**26**	**915**	**915**	**321**	**314**
	1		1					
	20	6	12	2	195	195	49	49
	24	8	13	3	189	189	66	64
	37	22	10	5	164	164	70	70
	18	8	2	8	117	117	44	42
	30	4	21	5	72	72	35	33
	8	5	1	2	81	81	23	22
	23	3	19	1	97	97	34	34

4-4b 各地区分性别、

地区 性别	科学研究和技术服务业				水利、环境和公共设施管理业			
	小计	研究和试验发展	专业技术服务业	科技推广和应用服务业	小计	水利管理业	生态保护和环境治理业	公共设施管理业
男	**1275**	**89**	**936**	**250**	**1416**	**438**	**248**	**713**
兰州市	**227**	**23**	**169**	**35**	**226**	**57**	**25**	**142**
城关区	30	5	22	3	9		2	7
七里河区	40	3	32	5	15	4	2	9
西固区	2		2		3			2
安宁区								
红古区	2	1	1		4			4
永登县	22		16	6	48	17	7	24
皋兰县	10	2	5	3	39	7	4	28
榆中县	60	6	43	11	45	11	9	25
兰州新区	61	6	48	7	63	18	1	43
嘉峪关市					**8**	**1**	**1**	**6**
市辖区					8	1	1	6
金昌市	**24**	**2**	**21**	**1**	**43**	**20**	**5**	**18**
金川区								
永昌县	24	2	21	1	43	20	5	18
白银市	**77**	**5**	**60**	**12**	**150**	**98**	**3**	**48**
白银区								
平川区	2		2		3	1		2
靖远县	19	2	15	2	32	19		13
会宁县	32	1	26	5	29	11	2	15
景泰县	24	2	17	5	86	67	1	18
天水市	**125**	**5**	**83**	**37**	**86**	**13**	**8**	**64**
秦州区	2		1	1	8			8
麦积区	25		24	1	13		1	12
清水县	2		2		5	1		4
秦安县	24	1	19	4	20	2		18
甘谷县	16	2	14		10			10
武山县	49	2	18	29	16	7	2	7
张家川回族自治县	7		5	2	14	3	5	5
武威市	**56**	**16**	**32**	**8**	**110**	**37**	**37**	**34**
凉州区	13	4	9		5	1		3
民勤县	21	11	8	2	72	25	27	19
古浪县	14	1	9	4	23	11	6	6
天祝藏族自治县	8		6	2	10		4	6
张掖市	**65**	**2**	**42**	**21**	**157**	**87**	**14**	**54**
甘州区					1			1
肃南裕固族自治县	12		3	9	19	1	8	10
民乐县	11	1	8	2	51	30	3	16
临泽县	10	1	7	2	37	25		12
高台县	18		14	4	23	19	1	3
山丹县	14		10	4	26	12	2	12
平凉市	**83**	**1**	**73**	**9**	**69**	**13**	**4**	**52**
崆峒区	1		1		3	1		2
泾川县	17		15	2	25	1		24
灵台县	19	1	17	1	4		1	3
崇信县	4		3	1	5			5
庄浪县	13		13		4	2	1	1
静宁县	20		15	5	21	8	2	11
华亭市	9		9		7	1		6

行业大类的就业人口（镇）（续32）

单位：人

土地管理业	居民服务、修理和其他服务业 小计	居民服务业	机动车、电子产品和日用产品修理业	其他服务业	教育 小计	教育	卫生和社会工作 小计	卫生
17	**3272**	**1169**	**1773**	**330**	**8789**	**8789**	**2628**	**2575**
2	**397**	**126**	**231**	**40**	**783**	**783**	**213**	**207**
	12	3	6	3	18	18	10	10
	28	10	17	1	52	52	13	12
1	8	5	3		12	12	11	11
	15	3	12		4	4	3	2
	101	22	67	12	174	174	40	39
	31	9	18	4	96	96	26	26
	147	62	72	13	282	282	84	81
1	55	12	36	7	145	145	26	26
	1		**1**					
	1		1					
	41	**9**	**32**		**135**	**135**	**40**	**40**
					2	2		
	41	9	32		133	133	40	40
1	**206**	**70**	**123**	**13**	**651**	**651**	**141**	**139**
					1	1		
	7	1	6		4	4	4	4
	60	19	39	2	218	218	39	38
1	59	21	33	5	289	289	69	68
	80	29	45	6	139	139	29	29
1	**347**	**141**	**169**	**37**	**1089**	**1089**	**296**	**294**
	17	5	8	4	18	18	5	5
	33	17	14	2	47	47	11	10
	30	19	8	3	170	170	40	40
	88	35	44	9	261	261	77	77
	98	38	56	4	207	207	68	67
	64	23	33	8	250	250	56	56
1	17	4	6	7	136	136	39	39
2	**182**	**66**	**106**	**10**	**451**	**451**	**126**	**123**
1	59	22	36	1	44	44	15	15
1	46	23	23		144	144	32	30
	40	9	26	5	140	140	35	35
	37	12	21	4	123	123	44	43
2	**191**	**72**	**109**	**10**	**492**	**492**	**178**	**171**
	7	2	5		1	1	5	5
	4		3	1	13	13	18	17
2	46	22	21	3	166	166	48	48
	25	8	17		93	93	44	40
	50	23	24	3	135	135	38	37
	59	17	39	3	84	84	25	24
	237	**100**	**130**	**7**	**773**	**773**	**252**	**251**
	9	2	6	1	1	1	2	2
	54	25	26	3	174	174	60	60
	29	16	11	2	100	100	42	41
	18	4	13	1	50	50	20	20
	59	37	22		236	236	63	63
	45	14	31		186	186	62	62
	23	2	21		26	26	3	3

4-4b 各地区分性别、

地区 性别	科学研究和技术服务业				水利、环境和公共设施管理业			
	小计	研究和试验发展	专业技术服务业	科技推广和应用服务业	小计	水利管理业	生态保护和环境治理业	公共设施管理业
酒泉市	**84**	**3**	**73**	**8**	**57**	**20**	**9**	**27**
肃州区					1			1
金塔县	10		8	2	24	12	2	10
瓜州县	14		13	1	14	5	2	6
肃北蒙古族自治县	1			1	3		1	2
阿克塞哈萨克族自治县	6		6		3			3
玉门市	8	1	4	3	10	3	3	4
敦煌市	45	2	42	1	2		1	1
庆阳市	**118**	**6**	**85**	**27**	**95**	**14**	**11**	**69**
西峰区								
庆城县	38	2	28	8	25	9	4	12
环　县	37	1	32	4	12	3	1	8
华池县	10		8	2	7		2	5
合水县	5	1	2	2	8		1	7
正宁县	4	1	1	2	16	2	1	13
宁　县	13		9	4	13			13
镇原县	11	1	5	5	14		2	11
定西市	**190**	**14**	**144**	**32**	**155**	**49**	**16**	**88**
安定区					7	1		6
通渭县	22	3	15	4	23	7	2	14
陇西县	56	3	42	11	46	15	6	24
渭源县	12		7	5	12	4		8
临洮县	68	5	53	10	45	16	5	23
漳　县	9	1	8		7	3		4
岷　县	23	2	19	2	15	3	3	9
陇南市	**100**	**2**	**64**	**34**	**138**	**19**	**65**	**49**
武都区	2		2		23	1	20	2
成　县	27	1	18	8	35	3	11	19
文　县	7		4	3	29	4	20	4
宕昌县	6		5	1	3		2	1
康　县	13		3	10	3		2	1
西和县	13		12	1	6	1	1	4
礼　县	11		7	4	15	4	3	7
徽　县	15	1	9	5	14	3	1	9
两当县	6		4	2	10	3	5	2
临夏回族自治州	**84**	**8**	**55**	**21**	**61**	**7**	**16**	**38**
临夏市	1		1		2			2
临夏县	1		1		5		2	3
康乐县	9	1	7	1	5		3	2
永靖县	40	4	25	11	19	2	3	14
广河县	4	1	2	1	7		1	6
和政县	7	2	5		13	1	4	8
东乡族自治县	17		9	8	4	1	1	2
积石山保安族东乡族撒拉族自治县	5		5		6	3	2	1
甘南藏族自治州	**42**	**2**	**35**	**5**	**61**	**3**	**34**	**24**
合作市								
临潭县	10	1	6	3	4			4
卓尼县	6		6		23		22	1
舟曲县	3		3		7			7
迭部县	15		13	2	11	1	5	5
玛曲县	5		5		5		3	2
碌曲县					9	2	4	3
夏河县	3	1	2		2			2

行业大类的就业人口（镇）（续33）

单位：人

土地管理业	居民服务、修理和其他服务业 小计	居民服务业	机动车、电子产品和日用产品修理业	其他服务业	教育 小计	教育	卫生和社会工作 小计	卫生
1	**148**	**40**	**95**	**13**	**216**	**216**	**83**	**79**
	14	3	8	3			4	4
	40	14	24	2	78	78	35	35
1	41	13	24	4	80	80	11	11
	9	1	5	3	8	8	8	7
	8	3	5		3	3	1	1
	29	6	22	1	13	13	3	3
	7		7		34	34	21	18
1	**356**	**134**	**198**	**24**	**797**	**797**	**275**	**272**
	13	3	8	2	4	4	2	2
	87	30	48	9	82	82	38	38
	59	18	35	6	166	166	49	49
	26	10	15	1	75	75	26	25
	21	7	14		73	73	20	19
	53	23	30		95	95	30	30
	50	23	25	2	140	140	56	56
1	47	20	23	4	162	162	54	53
2	**467**	**172**	**224**	**71**	**1433**	**1433**	**401**	**387**
	20	6	12	2	16	16	5	5
	58	14	20	24	240	240	41	40
1	126	43	75	8	364	364	115	113
	52	18	23	11	183	183	41	41
1	134	60	56	18	296	296	106	104
	29	11	15	3	95	95	22	22
	48	20	23	5	239	239	71	62
5	**318**	**139**	**157**	**22**	**936**	**936**	**309**	**307**
	27	11	12	4	33	33	15	15
2	60	19	37	4	151	151	42	41
1	37	19	16	2	99	99	33	32
	19	11	8		83	83	46	46
	20	11	8	1	82	82	26	26
	60	26	27	7	170	170	45	45
1	47	21	23	3	183	183	37	37
1	32	15	17		118	118	52	52
	16	6	9	1	17	17	13	13
	291	**81**	**137**	**73**	**623**	**623**	**199**	**192**
	6	2	4		1	1	2	2
	31	5	22	4	22	22	9	8
	32	8	20	4	100	100	28	28
	66	28	29	9	175	175	45	44
	78	15	23	40	102	102	29	27
	43	15	19	9	94	94	40	40
	7	2	2	3	23	23	8	5
	28	6	18	4	106	106	38	38
	90	**19**	**61**	**10**	**410**	**410**	**115**	**113**
	1		1					
	14	3	10	1	101	101	19	19
	11	1	10		84	84	22	21
	16	7	8	1	67	67	26	26
	8	3	1	4	50	50	15	15
	19	2	15	2	35	35	13	12
	4	2	1	1	35	35	7	7
	17	1	15	1	38	38	13	13

4-4b 各地区分性别、

地区 性别	科学研究和技术服务业				水利、环境和公共设施管理业			
	小计	研究和试验发展	专业技术服务业	科技推广和应用服务业	小计	水利管理业	生态保护和环境治理业	公共设施管理业
女	**494**	**46**	**320**	**128**	**931**	**153**	**96**	**674**
兰州市	**104**	**13**	**73**	**18**	**137**	**16**	**7**	**111**
城关区	18	3	14	1	8		4	4
七里河区	14	1	12	1	16	1	1	14
西固区	1		1		6			6
安宁区								
红古区					2			2
永登县	11		7	4	28	3		25
皋兰县	6		5	1	19	1		18
榆中县	26	3	17	6	39	6	2	29
兰州新区	28	6	17	5	19	5		13
嘉峪关市					**4**	**1**		**3**
市辖区					4	1		3
金昌市	**7**		**6**	**1**	**53**	**6**		**47**
金川区					2			2
永昌县	7		6	1	51	6		45
白银市	**26**	**4**	**17**	**5**	**97**	**47**	**1**	**49**
白银区								
平川区					4	1		3
靖远县	6		5	1	17	8		9
会宁县	14	3	9	2	30	4	1	25
景泰县	6	1	3	2	46	34		12
天水市	**48**	**7**	**21**	**20**	**36**	**2**	**5**	**29**
秦州区					3			3
麦积区	7	1	6		3		2	1
清水县	2		1	1	1		1	
秦安县	8	1	7		12		1	11
甘谷县	6	2	3	1	5			5
武山县	25	3	4	18	9	2		7
张家川回族自治县					3		1	2
武威市	**31**	**4**	**17**	**10**	**80**	**19**	**17**	**44**
凉州区	8	1	7		14			14
民勤县	12	2	4	6	39	12	12	15
古浪县	6	1	3	2	18	7	2	9
天祝藏族自治县	5		3	2	9		3	6
张掖市	**26**		**19**	**7**	**59**	**18**	**5**	**34**
甘州区								
肃南裕固族自治县	3		1	2	10		5	5
民乐县	7		6	1	17	5		11
临泽县	3		3		13	6		6
高台县	10		9	1	9	5		4
山丹县	3			3	10	2		8
平凉市	**23**	**3**	**15**	**5**	**39**	**1**	**1**	**36**
崆峒区	3	1	2		2			2
泾川县	4		3	1	14			14
灵台县	2		1	1	7			7
崇信县	1		1		3			3
庄浪县	1		1		3	1		2
静宁县	11	2	6	3	7		1	5
华亭市	1		1		3			3

行业大类的就业人口（镇）（续34）

单位：人

土地管理业	居民服务、修理和其他服务业				教育		卫生和社会工作	
	小计	居民服务业	机动车、电子产品和日用产品修理业	其他服务业	小计	教育	小计	卫生
8	**3256**	**2429**	**322**	**505**	**10173**	**10173**	**5279**	**5167**
3	**368**	**245**	**43**	**80**	**1001**	**1001**	**545**	**537**
	16	12	3	1	33	33	24	24
	40	27	8	5	71	71	40	37
	10	6	1	3	18	18	14	14
	8	6	2		5	5	6	5
	76	48	10	18	214	214	113	112
	40	28	4	8	141	141	73	72
2	105	74	10	21	301	301	198	196
1	73	44	5	24	218	218	77	77
	3	**1**		**2**	**1**	**1**	**2**	**2**
	3	1		2	1	1	2	2
	49	**35**	**13**	**1**	**131**	**131**	**103**	**103**
					2	2		
	49	35	13	1	129	129	103	103
	176	**130**	**23**	**23**	**799**	**799**	**338**	**335**
	1	1			1	1		
	4	3		1	18	18	5	5
	55	37	9	9	252	252	87	85
	61	47	8	6	277	277	154	154
	55	42	6	7	251	251	92	91
	318	**263**	**16**	**39**	**1130**	**1130**	**415**	**406**
	25	16	3	6	12	12	5	5
	35	35			37	37	24	24
	44	39	1	4	154	154	46	45
	69	56	4	9	275	275	113	112
	70	64	2	4	273	273	100	100
	61	43	5	13	234	234	76	73
	14	10	1	3	145	145	51	47
	168	**121**	**19**	**28**	**482**	**482**	**273**	**265**
	51	41	8	2	47	47	27	27
	52	44	3	5	159	159	86	80
	26	16	4	6	126	126	64	63
	39	20	4	15	150	150	96	95
2	**211**	**174**	**30**	**7**	**506**	**506**	**385**	**364**
	3	2	1		10	10	4	3
	3	2	1		18	18	19	17
1	54	41	10	3	160	160	103	100
1	35	27	6	2	110	110	69	66
	55	48	6	1	113	113	98	87
	61	54	6	1	95	95	92	91
1	**302**	**242**	**31**	**29**	**904**	**904**	**478**	**471**
	8	5	2	1	5	5	2	2
	50	37	6	7	205	205	131	129
	24	19	2	3	135	135	81	80
	17	11	2	4	71	71	37	36
	156	134	10	12	227	227	110	109
1	38	29	7	2	228	228	110	108
	9	7	2		33	33	7	7

4-4b 各地区分性别、

地区 性别	科学研究和技术服务业				水利、环境和公共设施管理业			
	小计	研究和试验发展	专业技术服务业	科技推广和应用服务业	小计	水利管理业	生态保护和环境治理业	公共设施管理业
酒泉市	**28**	**2**	**25**	**1**	**57**	**12**	**2**	**42**
肃州区								
金塔县	2		2		23	8		15
瓜州县	6		6		14	2	2	9
肃北蒙古族自治县					3			3
阿克塞哈萨克族自治县					5			5
玉门市	1		1		7	2		5
敦煌市	19	2	16	1	5			5
庆阳市	**36**	**2**	**24**	**10**	**41**	**5**	**4**	**32**
西峰区					1			1
庆城县	10	2	6	2	12	1	1	10
环　县	7		7		5			5
华池县	3		3		3			3
合水县	1			1	2			2
正宁县	2			2	9	2	1	6
宁　县	4		3	1				
镇原县	9		5	4	9	2	2	5
定西市	**72**	**6**	**51**	**15**	**164**	**16**	**9**	**138**
安定区					4			4
通渭县	8		7	1	17	4	1	12
陇西县	22	1	16	5	80	5	4	70
渭源县	10	1	5	4	10	1		9
临洮县	22	2	15	5	41	3	4	34
漳　县	1		1		3	1		2
岷　县	9	2	7		9	2		7
陇南市	**50**	**3**	**24**	**23**	**68**	**6**	**28**	**34**
武都区	1		1		4		3	1
成　县	14		9	5	18	2	7	9
文　县	3		1	2	14	1	9	4
宕昌县	2		2		7			7
康　县	10		5	5	4		2	2
西和县	4	2	1	1	6		2	4
礼　县	4		3	1	9	3	1	5
徽　县	11	1	2	8	3		1	2
两当县	1			1	3		3	
临夏回族自治州	**29**	**1**	**16**	**12**	**50**	**3**	**2**	**45**
临夏市					6		1	5
临夏县	1		1		9			9
康乐县	3			3	4			4
永靖县	13	1	9	3	13		1	12
广河县	2		1	1	5	1		4
和政县	4		2	2	7			7
东乡族自治县	3		1	2	1			1
积石山保安族东乡族撒拉族自治县	3		2	1	5	2		3
甘南藏族自治州	**14**	**1**	**12**	**1**	**46**	**1**	**15**	**30**
合作市								
临潭县	3	1	1	1	9		1	8
卓尼县	4		4		9		9	
舟曲县					10			10
迭部县	7		7		3	1	1	1
玛曲县					4			4
碌曲县					8		4	4
夏河县					3			3

行业大类的就业人口（镇）（续35）

单位：人

土地管理业	居民服务、修理和其他服务业				教育		卫生和社会工作	
	小计	居民服务业	机动车、电子产品和日用产品修理业	其他服务业	小计	教育	小计	卫生
1	**141**	**105**	**22**	**14**	**294**	**294**	**199**	**183**
	14	10	1	3	2	2	4	3
	39	26	8	5	82	82	70	63
1	57	44	9	4	99	99	48	47
	7	6		1	16	16	15	15
	4	3	1		18	18	14	14
	14	12	1	1	16	16	10	10
	6	4	2		61	61	38	31
	288	**224**	**26**	**38**	**989**	**989**	**522**	**516**
	8	7		1	1	1		
	56	41	3	12	133	133	75	73
	58	40	4	14	208	208	99	99
	10	7	2	1	102	102	48	48
	16	11	3	2	75	75	44	43
	36	32	3	1	125	125	63	63
	47	37	5	5	165	165	90	87
	57	49	6	2	180	180	103	103
1	**498**	**362**	**39**	**97**	**1537**	**1537**	**855**	**839**
	13	11	2		12	12	9	9
	62	32	5	25	190	190	103	102
1	118	86	11	21	436	436	246	244
	48	34	4	10	175	175	85	84
	184	140	13	31	378	378	229	223
	42	30	3	9	110	110	57	57
	31	29	1	1	236	236	126	120
	399	**344**	**15**	**40**	**1102**	**1102**	**566**	**563**
	27	25	1	1	54	54	25	25
	68	60	5	3	218	218	104	104
	28	22	2	4	138	138	37	37
	28	23	1	4	84	84	86	86
	25	19		6	82	82	55	53
	45	40	3	2	165	165	71	71
	92	77	2	13	173	173	62	61
	80	75	1	4	154	154	104	104
	6	3		3	34	34	22	22
	264	**146**	**27**	**91**	**792**	**792**	**392**	**382**
	5		1	4	5	5	4	4
	22	10	3	9	18	18	21	18
	48	33	5	10	133	133	83	81
	72	46	5	21	222	222	81	81
	29	8	4	17	107	107	51	51
	50	29	4	17	149	149	85	81
	7	2		5	29	29	7	6
	31	18	5	8	129	129	60	60
	71	**37**	**18**	**16**	**505**	**505**	**206**	**201**
	6	3	2	1	94	94	30	30
	13	7	3	3	105	105	44	43
	21	15	2	4	97	97	44	44
	10	5	1	4	67	67	29	27
	11	2	6	3	37	37	22	21
	4	3		1	46	46	16	15
	6	2	4		59	59	21	21

4-4b 各地区分性别、

地区 性别	社会工作	文化、体育和娱乐业					
		小计	新闻和出版业	广播、电视、电影和录音制作业	文化艺术业	体育	娱乐业
合计	**165**	**1374**	**97**	**134**	**530**	**115**	**498**
兰州市	**14**	**236**	**11**	**36**	**56**	**30**	**103**
城关区		29	2	13	5	2	7
七里河区	4	23	3	1	8	3	8
西固区		1					1
安宁区							
红古区	2	2					2
永登县	2	35	1	2	13	3	16
皋兰县	1	20	1	3	2	5	9
榆中县	5	62	2	15	15	5	25
兰州新区		64	2	2	13	12	35
嘉峪关市		**7**					**7**
市辖区		7					7
金昌市		**25**	**1**	**1**	**8**	**1**	**14**
金川区							
永昌县		25	1	1	8	1	14
白银市	**5**	**81**	**8**	**12**	**29**	**4**	**28**
白银区							
平川区							
靖远县	3	29	5	3	9	2	10
会宁县	1	26	2	4	13	2	5
景泰县	1	26	1	5	7		13
天水市	**11**	**112**	**6**	**15**	**45**	**13**	**33**
秦州区		5		2		1	2
麦积区	1	3			2		1
清水县	1	7	1		4	1	1
秦安县	1	42	4	8	17	3	10
甘谷县	1	34	1	4	9	6	14
武山县	3	20			13	2	5
张家川回族自治县	4	1		1			
武威市	**11**	**36**	**5**	**5**	**12**		**14**
凉州区		2		1			1
民勤县	8	11	3	1	3		4
古浪县	1	5		2	3		
天祝藏族自治县	2	18	2	1	6		9
张掖市	**28**	**112**	**8**	**14**	**35**	**12**	**43**
甘州区	1	2					2
肃南裕固族自治县	3	9	1		4	2	2
民乐县	3	11		4	1		6
临泽县	7	27	3	2	10	4	8
高台县	12	41	1	5	19	5	11
山丹县	2	22	3	3	1	1	14
平凉市	**8**	**108**	**8**	**8**	**49**	**10**	**33**
崆峒区		4		1	1	2	
泾川县	2	38	3	3	22	3	7
灵台县	2	19	1	1	8		9
崇信县	1	14		2	8	1	3
庄浪县	1	17	3	1	4	1	8
静宁县	2	11	1		5	3	2
华亭市		5			1		4

行业大类的就业人口（镇）（续36）

单位：人

公共管理、社会保障和社会组织							国际组织	
小计	中国共产党机关	国家机构	人民政协、民主党派	社会保障	群众团体、社会团体和其他成员组织	基层群众自治组织	小计	国际组织
25103	**674**	**21574**	**105**	**82**	**557**	**2111**		
1664	**46**	**1439**	**3**	**11**	**32**	**133**		
86	2	81				3		
75		52		3	2	18		
39		29				10		
24	1	18				5		
419	9	364		3	11	32		
269	4	238	2	1	6	18		
431	9	377		4	9	32		
321	21	280	1		4	15		
3		**2**				**1**		
3		2				1		
401	**17**	**306**	**3**		**7**	**68**		
2						2		
399	17	306	3		7	66		
1252	**21**	**1132**	**8**	**4**	**14**	**73**		
2		2						
9		6		1		2		
477	3	442	3		5	24		
374	12	330	3	2	5	22		
390	6	352	2	1	4	25		
2546	**81**	**1623**	**11**	**8**	**62**	**761**		
57		24			5	28		
57		37	1	1	6	12		
338	17	294	3	1	6	17		
455	5	410	1	1	4	34		
996	12	343	4	1	5	631		
372	12	304	1	4	23	28		
271	35	211	1		13	11		
1278	**41**	**1071**	**6**	**9**	**15**	**136**		
74		48			2	24		
336	7	301	2	4	5	17		
401	23	340	3	2	4	29		
467	11	382	1	3	4	66		
1414	**57**	**1219**	**9**	**5**	**30**	**94**		
12		7			1	4		
157	15	135			4	3		
314	11	266	3	4	6	24		
270	2	242	2		6	18		
377	16	318	3		9	31		
284	13	251	1	1	4	14		
2176	**70**	**1960**	**3**	**1**	**29**	**113**		
6		3				3		
465	17	421	2		2	23		
395	9	351	1		7	27		
328	14	293		1	4	16		
530	21	484			11	14		
395	9	368			4	14		
57		40			1	16		

4-4b 各地区分性别、

地区 性别	社会工作	文化、体育和娱乐业					
		小计	新闻和出版业	广播、电视、电影和录音制作业	文化艺术业	体育	娱乐业
酒泉市	**20**	**90**	**9**	**4**	**42**	**4**	**31**
肃州区	1	1					1
金塔县	7	17		1	6	1	9
瓜州县	1	30	5	2	15	2	6
肃北蒙古族自治县	1	8			7	1	
阿克塞哈萨克族自治县		12	2		9		1
玉门市		14			1		13
敦煌市	10	8	2	1	4		1
庆阳市	**9**	**126**	**12**	**16**	**64**	**3**	**31**
西峰区		1				1	
庆城县	2	26	2	4	13		7
环　县		22	2	3	11	1	5
华池县	1	11	3		4		4
合水县	2	10	2	2	3	1	2
正宁县		16		3	11		2
宁　县	3	13		3	6		4
镇原县	1	27	3	1	16		7
定西市	**30**	**180**	**11**	**11**	**78**	**18**	**62**
安定区							
通渭县	2	30	4	1	22		3
陇西县	4	64	2	6	23	9	24
渭源县	1	16	2	1	4	4	5
临洮县	8	39	3		15	2	19
漳　县		9		1	2	1	5
岷　县	15	22		2	12	2	6
陇南市	**5**	**114**	**11**	**4**	**53**	**6**	**40**
武都区		5					5
成　县	1	25	2	1	11	3	8
文　县	1	7			1		6
宕昌县		6	1	1	4		
康　县	2	19	6		8		5
西和县		16	1	1	6		8
礼　县	1	14			12		2
徽　县		14	1	1	4	3	5
两当县		8			7		1
临夏回族自治州	**17**	**80**	**7**	**5**	**22**	**12**	**34**
临夏市							
临夏县	4	3		1			2
康乐县	2	16	2	1		2	11
永靖县	1	28	1	1	8	4	14
广河县	2	4	1		2	1	
和政县	4	21	1		9	5	6
东乡族自治县	4	2	1		1		
积石山保安族东乡族撒拉族自治县		6	1	2	2		1
甘南藏族自治州	**7**	**67**		**3**	**37**	**2**	**25**
合作市							
临潭县		4			2		2
卓尼县	2	3		1	1		1
舟曲县		11			7		4
迭部县	2	18			7		11
玛曲县	2	17		2	11	1	3
碌曲县	1	10			6	1	3
夏河县		4			3		1

行业大类的就业人口（镇）（续 37）

单位：人

公共管理、社会保障和社会组织							国际组织	
小计	中国共产党机关	国家机构	人民政协、民主党派	社会保障	群众团体、社会团体和其他成员组织	基层群众自治组织	小计	国际组织
1060	**8**	**924**	**5**	**5**	**10**	**108**		
10		9				1		
249	5	224	1		3	16		
302	2	275	1		4	20		
202		191				11		
192		173	3		2	14		
39		26				13		
66	1	26		5	1	33		
2782	**89**	**2528**	**8**	**14**	**36**	**107**		
6		6						
360	11	326	2	1	3	17		
497	11	458		1	4	23		
413	15	377	1		8	12		
312	11	271		8	7	15		
325	19	285	3	4	9	5		
400	4	369	1		4	22		
469	18	436	1		1	13		
3088	**22**	**2783**	**10**	**13**	**95**	**165**		
25		20		1	3	1		
486	10	437	5	1	13	20		
746		683	2	4	10	47		
357		341		2	5	9		
681	3	600	2	2	47	27		
314		295			4	15		
479	9	407	1	3	13	46		
3257	**76**	**2873**	**20**	**6**	**67**	**215**		
51		38			1	12		
523	2	453	4	3	11	50		
355	1	330	2		7	15		
380		352	1	1	9	17		
338	11	296	4	1	5	21		
510	20	430	5	1	13	41		
430	2	387			12	29		
466	27	411	3		4	21		
204	13	176	1		5	9		
2085	**94**	**1827**	**6**	**6**	**74**	**78**		
7		6			1			
45	1	32		1	4	7		
395	15	364	1		4	11		
501	1	474			12	14		
307	31	246	1		18	11		
376	19	325	1	1	16	14		
90	20	45	3	2	8	12		
364	7	335		2	11	9		
2097	**52**	**1887**	**13**		**86**	**59**		
5		3				2		
323	20	268	4		14	17		
385	1	381	1		1	1		
398	6	370	3		1	18		
307	7	281	4		11	4		
252	8	189	1		52	2		
191	9	180			2			
236	1	215			5	15		

4-4b 各地区分性别、

地区 性别	社会工作	文化、体育和娱乐业					
		小计	新闻和出版业	广播、电视、电影和录音制作业	文化艺术业	体育	娱乐业
男	**53**	**730**	**52**	**80**	**256**	**65**	**277**
兰州市	**6**	**114**	**5**	**20**	**16**	**20**	**53**
城关区		14		10		1	3
七里河区	1	8	1		3	1	3
西固区							
安宁区							
红古区	1	1					1
永登县	1	15	1		5	1	8
皋兰县		8		2		4	2
榆中县	3	31	1	7	6	2	15
兰州新区		37	2	1	2	11	21
嘉峪关市		**3**					**3**
市辖区		3					3
金昌市		**16**		**1**	**5**	**1**	**9**
金川区							
永昌县		16		1	5	1	9
白银市	**2**	**40**	**3**	**7**	**14**	**1**	**15**
白银区							
平川区							
靖远县	1	12	1	1	3		7
会宁县	1	15	1	3	8	1	2
景泰县		13	1	3	3		6
天水市	**2**	**72**	**4**	**8**	**30**	**9**	**21**
秦州区		4		1		1	2
麦积区	1	2			2		
清水县		2			1		1
秦安县		23	3	5	9	2	4
甘谷县	1	25	1	2	7	5	10
武山县		16			11	1	4
张家川回族自治县							
武威市	**3**	**19**	**2**	**4**	**7**		**6**
凉州区		1		1			
民勤县	2	8	2	1	3		2
古浪县		2		1	1		
天祝藏族自治县	1	8		1	3		4
张掖市	**7**	**57**	**5**	**9**	**14**	**6**	**23**
甘州区		2					2
肃南裕固族自治县	1	3			1	1	1
民乐县		6		1	1		4
临泽县	4	17	2	2	5	3	5
高台县	1	20	1	4	7	1	7
山丹县	1	9	2	2		1	4
平凉市	**1**	**57**	**5**	**7**	**26**	**3**	**16**
崆峒区		3		1	1	1	
泾川县		22	2	3	13	1	3
灵台县	1	9		1	4		4
崇信县		6		1	3		2
庄浪县		9	3	1	1		4
静宁县		6			4	1	1
华亭市		2					2

行业大类的就业人口（镇）（续 38）

单位：人

公共管理、社会保障和社会组织							国际组织	
小计	中国共产党机关	国家机构	人民政协、民主党派	社会保障	群众团体、社会团体和其他成员组织	基层群众自治组织	小计	国际组织
16490	**489**	**14291**	**84**	**40**	**343**	**1243**		
1054	**25**	**939**	**1**	**7**	**19**	**63**		
50	1	48				1		
50		36		2	1	11		
17		17						
16		13				3		
270	4	243		1	7	15		
161	2	144	1		3	11		
269	6	239		4	5	15		
221	12	199			3	7		
3		**2**				**1**		
3		2				1		
248	**12**	**198**	**1**		**1**	**36**		
2						2		
246	12	198	1		1	34		
792	**13**	**725**	**5**	**2**	**6**	**41**		
2		2						
4		3		1				
292	2	272	1		2	15		
243	9	216	3	1	3	11		
251	2	232	1		1	15		
1722	**63**	**1113**	**9**	**5**	**43**	**489**		
45		18			4	23		
33		22	1	1	4	5		
230	14	200	2	1	4	9		
311	3	290	1		2	15		
672	11	241	3		4	413		
263	9	220	1	3	13	17		
168	26	122	1		12	7		
833	**33**	**720**	**5**	**3**	**8**	**64**		
50		32			2	16		
223	5	209	2		3	4		
261	20	220	3	1		17		
299	8	259		2	3	27		
912	**39**	**807**	**7**	**2**	**13**	**44**		
8		5			1	2		
99	10	86			2	1		
202	7	178	3	1	1	12		
169	2	158	1		3	5		
249	11	214	2		5	17		
185	9	166	1	1	1	7		
1478	**64**	**1328**	**3**		**16**	**67**		
1						1		
317	16	286	2		1	12		
271	7	242	1		4	17		
215	13	191			1	10		
369	19	333			7	10		
268	9	249			2	8		
37		27			1	9		

4-4b　各地区分性别、

地区 性别	社会工作	文化、体育和娱乐业					
		小计	新闻和出版业	广播、电视、电影和录音制作业	文化艺术业	体育	娱乐业
酒泉市	**4**	**41**	**5**	**4**	**14**	**2**	**16**
肃州区							
金塔县		8		1	4		3
瓜州县		13	3	2	5	1	2
肃北蒙古族自治县	1	4			3	1	
阿克塞哈萨克族自治县		4	1		2		1
玉门市		9					9
敦煌市	3	3	1	1			1
庆阳市	**3**	**68**	**6**	**8**	**32**	**2**	**20**
西峰区		1				1	
庆城县		19	1	2	10		6
环　县		7			4	1	2
华池县	1	3			2		1
合水县	1	8	2	2	2		2
正宁县		8		2	4		2
宁　县		10		2	4		4
镇原县	1	12	3		6		3
定西市	**14**	**104**	**8**	**6**	**44**	**10**	**36**
安定区							
通渭县	1	20	3	1	14		2
陇西县	2	37	2	3	10	4	18
渭源县		9	2	1	2	2	2
临洮县	2	22	1		10	2	9
漳　县		3			1	1	1
岷　县	9	13		1	7	1	4
陇南市	**2**	**56**	**4**	**3**	**26**	**3**	**20**
武都区		2					2
成　县	1	12	1		7	2	2
文　县	1	1					1
宕昌县		3		1	2		
康　县		8	3		2		3
西和县		10		1	4		5
礼　县		8			6		2
徽　县		10		1	4	1	4
两当县		2			1		1
临夏回族自治州	**7**	**38**	**5**	**2**	**8**	**7**	**16**
临夏市							
临夏县	1	2		1			1
康乐县		6	1			1	4
永靖县	1	12		1	3	2	6
广河县	2	2	1			1	
和政县		12	1		3	3	5
东乡族自治县	3	2	1		1		
积石山保安族东乡族撒拉族自治县		2	1		1		
甘南藏族自治州	**2**	**45**		**1**	**20**	**1**	**23**
合作市							
临潭县		4			2		2
卓尼县	1	3		1	1		1
舟曲县		7			4		3
迭部县		16			5		11
玛曲县	1	5			3		2
碌曲县		8			4	1	3
夏河县		2			1		1

行业大类的就业人口（镇）（续39）

单位：人

公共管理、社会保障和社会组织							国际组织	
小计	中国共产党机关	国家机构	人民政协、民主党派	社会保障	群众团体、社会团体和其他成员组织	基层群众自治组织	小计	国际组织
649	**5**	**596**	**3**	**2**	**5**	**38**		
7		6				1		
160	3	151	1			5		
186	2	175			3	6		
120		115				5		
120		113	2		2	3		
20		14				6		
36		22		2		12		
1916	**69**	**1742**	**8**	**6**	**17**	**74**		
6		6						
231	8	211	2	1	1	8		
339	8	314			3	14		
285	10	262	1		3	9		
201	10	176		4	4	7		
239	15	211	3	1	4	5		
276	2	252	1		1	20		
339	16	310	1		1	11		
1943	**12**	**1777**	**8**	**4**	**49**	**93**		
16		12			3	1		
327	6	296	4		7	14		
453		417	2	3	7	24		
225		216			3	6		
419	1	377	1		21	19		
200		189			3	8		
303	5	270	1	1	5	21		
2196	**50**	**1949**	**16**	**5**	**39**	**137**		
39		29			1	9		
330	2	287	4	2	8	27		
254	1	236	1		5	11		
245		224	1	1	5	14		
232	7	211	3	1	2	8		
364	14	315	4	1	7	23		
309	1	275			9	24		
303	16	267	2		1	17		
120	9	105	1		1	4		
1399	**65**	**1218**	**6**	**4**	**50**	**56**		
4		3			1			
28	1	20			3	4		
273	10	251	1		3	8		
295	1	282			5	7		
229	26	178	1		14	10		
246	7	220	1	1	10	7		
76	15	38	3	2	7	11		
248	5	226		1	7	9		
1345	**39**	**1177**	**12**		**77**	**40**		
4		2				2		
207	15	163	3		12	14		
240	1	237	1			1		
265	5	244	3		1	12		
198	6	178	4		8	2		
175	7	116	1		50	1		
120	5	114			1			
136		123			5	8		

4-4b 各地区分性别、

地区 性别	社会工作	文化、体育和娱乐业					
		小计	新闻和出版业	广播、电视、电影和录音制作业	文化艺术业	体育	娱乐业
女	**112**	**644**	**45**	**54**	**274**	**50**	**221**
兰州市	**8**	**122**	**6**	**16**	**40**	**10**	**50**
城关区		15	2	3	5	1	4
七里河区	3	15	2	1	5	2	5
西固区		1					1
安宁区							
红古区	1	1					1
永登县	1	20		2	8	2	8
皋兰县	1	12	1	1	2	1	7
榆中县	2	31	1	8	9	3	10
兰州新区		27		1	11	1	14
嘉峪关市		**4**					**4**
市辖区		4					4
金昌市		**9**	**1**		**3**		**5**
金川区							
永昌县		9	1		3		5
白银市	**3**	**41**	**5**	**5**	**15**	**3**	**13**
白银区							
平川区							
靖远县	2	17	4	2	6	2	3
会宁县		11	1	1	5	1	3
景泰县	1	13		2	4		7
天水市	**9**	**40**	**2**	**7**	**15**	**4**	**12**
秦州区		1		1			
麦积区		1					1
清水县	1	5	1		3	1	
秦安县	1	19	1	3	8	1	6
甘谷县		9		2	2	1	4
武山县	3	4			2	1	1
张家川回族自治县	4	1		1			
武威市	**8**	**17**	**3**	**1**	**5**		**8**
凉州区		1					1
民勤县	6	3	1				2
古浪县	1	3		1	2		
天祝藏族自治县	1	10	2		3		5
张掖市	**21**	**55**	**3**	**5**	**21**	**6**	**20**
甘州区	1						
肃南裕固族自治县	2	6	1		3	1	1
民乐县	3	5		3			2
临泽县	3	10	1		5	1	3
高台县	11	21		1	12	4	4
山丹县	1	13	1	1	1		10
平凉市	**7**	**51**	**3**	**1**	**23**	**7**	**17**
崆峒区		1				1	
泾川县	2	16	1		9	2	4
灵台县	1	10	1		4		5
崇信县	1	8		1	5	1	1
庄浪县	1	8			3	1	4
静宁县	2	5	1		1	2	1
华亭市		3			1		2

行业大类的就业人口（镇）（续 40）

单位：人

公共管理、社会保障和社会组织							国际组织	
小计	中国共产党机关	国家机构	人民政协、民主党派	社会保障	群众团体、社会团体和其他成员组织	基层群众自治组织	小计	国际组织
8613	**185**	**7283**	**21**	**42**	**214**	**868**		
610	**21**	**500**	**2**	**4**	**13**	**70**		
36	1	33				2		
25		16		1	1	7		
22		12				10		
8	1	5				2		
149	5	121		2	4	17		
108	2	94	1	1	3	7		
162	3	138			4	17		
100	9	81	1		1	8		
153	**5**	**108**	**2**		**6**	**32**		
153	5	108	2		6	32		
460	**8**	**407**	**3**	**2**	**8**	**32**		
5		3				2		
185	1	170	2		3	9		
131	3	114		1	2	11		
139	4	120	1	1	3	10		
824	**18**	**510**	**2**	**3**	**19**	**272**		
12		6			1	5		
24		15			2	7		
108	3	94	1		2	8		
144	2	120		1	2	19		
324	1	102	1	1	1	218		
109	3	84		1	10	11		
103	9	89			1	4		
445	**8**	**351**	**1**	**6**	**7**	**72**		
24		16				8		
113	2	92		4	2	13		
140	3	120		1	4	12		
168	3	123	1	1	1	39		
502	**18**	**412**	**2**	**3**	**17**	**50**		
4		2				2		
58	5	49			2	2		
112	4	88		3	5	12		
101		84	1		3	13		
128	5	104	1		4	14		
99	4	85			3	7		
698	**6**	**632**		**1**	**13**	**46**		
5		3				2		
148	1	135			1	11		
124	2	109			3	10		
113	1	102		1	3	6		
161	2	151			4	4		
127		119			2	6		
20		13				7		

4-4b 各地区分性别、

地区 性别	社会工作	文化、体育和娱乐业					
		小计	新闻和出版业	广播、电视、电影和录音制作业	文化艺术业	体育	娱乐业
酒泉市	**16**	**49**	**4**		**28**	**2**	**15**
肃州区	1	1					1
金塔县	7	9			2	1	6
瓜州县	1	17	2		10	1	4
肃北蒙古族自治县		4			4		
阿克塞哈萨克族自治县		8	1		7		
玉门市		5			1		4
敦煌市	7	5	1		4		
庆阳市	**6**	**58**	**6**	**8**	**32**	**1**	**11**
西峰区							
庆城县	2	7	1	2	3		1
环　县		15	2	3	7		3
华池县		8	3		2		3
合水县	1	2			1	1	
正宁县		8		1	7		
宁　县	3	3		1	2		
镇原县		15		1	10		4
定西市	**16**	**76**	**3**	**5**	**34**	**8**	**26**
安定区							
通渭县	1	10	1		8		1
陇西县	2	27		3	13	5	6
渭源县	1	7			2	2	3
临洮县	6	17	2		5		10
漳　县		6		1	1		4
岷　县	6	9		1	5	1	2
陇南市	**3**	**58**	**7**	**1**	**27**	**3**	**20**
武都区		3					3
成　县		13	1	1	4	1	6
文　县		6			1		5
宕昌县		3	1		2		
康　县	2	11	3		6		2
西和县		6	1		2		3
礼　县	1	6			6		
徽　县		4	1			2	1
两当县		6			6		
临夏回族自治州	**10**	**42**	**2**	**3**	**14**	**5**	**18**
临夏市							
临夏县	3	1					1
康乐县	2	10	1	1		1	7
永靖县		16	1		5	2	8
广河县		2			2		
和政县	4	9			6	2	1
东乡族自治县	1						
积石山保安族东乡族撒拉族自治县		4		2	1		1
甘南藏族自治州	**5**	**22**		**2**	**17**	**1**	**2**
合作市							
临潭县							
卓尼县	1						
舟曲县		4			3		1
迭部县	2	2			2		
玛曲县	1	12		2	8	1	1
碌曲县	1	2			2		
夏河县		2			2		

行业大类的就业人口（镇）（续 41）

单位：人

公共管理、社会保障和社会组织							国际组织	
小计	中国共产党机关	国家机构	人民政协、民主党派	社会保障	群众团体、社会团体和其他成员组织	基层群众自治组织	小计	国际组织
411	**3**	**328**	**2**	**3**	**5**	**70**		
3		3						
89	2	73			3	11		
116		100	1		1	14		
82		76				6		
72		60	1			11		
19		12				7		
30	1	4		3	1	21		
866	**20**	**786**		**8**	**19**	**33**		
129	3	115			2	9		
158	3	144		1	1	9		
128	5	115			5	3		
111	1	95		4	3	8		
86	4	74		3	5			
124	2	117			3	2		
130	2	126				2		
1145	**10**	**1006**	**2**	**9**	**46**	**72**		
9		8		1				
159	4	141	1	1	6	6		
293		266		1	3	23		
132		125		2	2	3		
262	2	223	1	2	26	8		
114		106			1	7		
176	4	137		2	8	25		
1061	**26**	**924**	**4**	**1**	**28**	**78**		
12		9				3		
193		166		1	3	23		
101		94	1		2	4		
135		128			4	3		
106	4	85	1		3	13		
146	6	115	1		6	18		
121	1	112			3	5		
163	11	144	1		3	4		
84	4	71			4	5		
686	**29**	**609**		**2**	**24**	**22**		
3		3						
17		12		1	1	3		
122	5	113			1	3		
206		192			7	7		
78	5	68			4	1		
130	12	105			6	7		
14	5	7			1	1		
116	2	109		1	4			
752	**13**	**710**	**1**		**9**	**19**		
1		1						
116	5	105	1		2	3		
145		144			1			
133	1	126				6		
109	1	103			3	2		
77	1	73			2	1		
71	4	66			1			
100	1	92				7		

4-4c 各地区分性别、

地区 性别	合计	农、林、牧、渔业						
		小计	农业	林业	畜牧业	渔业	农、林、牧、渔专业及辅助性活动	小计
合计	**476880**	**275555**	**242097**	**1038**	**29129**	**76**	**3215**	**5257**
兰州市	**34128**	**12589**	**11257**	**86**	**1109**	**9**	**128**	**127**
城关区	1027	118	108	3	1	6		2
七里河区	4010	769	717	14	31		7	15
西固区	1607	388	363	2	21	1	1	2
安宁区								
红古区	1941	1238	1186	20	24		8	6
永登县	5904	2413	1802	22	547	1	41	67
皋兰县	2657	1204	1075	3	113		13	13
榆中县	10829	6093	5809	13	239	1	31	16
兰州新区	6153	366	197	9	133		27	6
嘉峪关市	**869**	**295**	**238**	**3**	**51**		**3**	**5**
市辖区	869	295	238	3	51		3	5
金昌市	**4109**	**2246**	**1775**	**4**	**414**	**6**	**47**	**47**
金川区	1241	656	579	1	57		19	17
永昌县	2868	1590	1196	3	357	6	28	30
白银市	**28151**	**20735**	**18826**	**24**	**1846**	**5**	**34**	**299**
白银区	1622	1032	902	4	116	3	7	3
平川区	1886	1033	809	2	219		3	57
靖远县	8795	6376	5965	10	395		6	128
会宁县	12681	10279	9548	7	718		6	44
景泰县	3167	2015	1602	1	398	2	12	67
天水市	**53343**	**27615**	**26199**	**144**	**1129**	**7**	**136**	**192**
秦州区	6420	2878	2708	12	118	5	35	83
麦积区	6814	2778	2584	52	126		16	21
清水县	5671	3084	2876	24	179		5	4
秦安县	11945	7718	7591	5	106	1	15	24
甘谷县	10532	5804	5661	20	104		19	20
武山县	7657	3698	3458	22	183	1	34	10
张家川回族自治县	4304	1655	1321	9	313		12	30
武威市	**36203**	**24708**	**20180**	**66**	**4347**		**115**	**219**
凉州区	21475	14666	12325	38	2240		63	87
民勤县	6249	5413	4831	6	552		24	31
古浪县	5517	3125	2255	15	834		21	37
天祝藏族自治县	2962	1504	769	7	721		7	64
张掖市	**27589**	**16705**	**12088**	**41**	**2659**		**1917**	**279**
甘州区	12199	7295	6087	20	1129		59	21
肃南裕固族自治县	1103	641	223	2	413		3	125
民乐县	4000	2138	1430	5	399		304	27
临泽县	3670	3017	1295	8	230		1484	25
高台县	3542	2547	2279		220		48	23
山丹县	3075	1067	774	6	268		19	58
平凉市	**42098**	**25186**	**23122**	**57**	**1889**	**4**	**114**	**1139**
崆峒区	6038	2339	1997	11	319		12	40
泾川县	4992	3248	2789	14	424	2	19	48
灵台县	3618	1907	1658	16	170		63	85
崇信县	2294	685	555	1	128		1	675
庄浪县	10752	7500	7155	3	332		10	29
静宁县	11890	8629	8292	9	321	1	6	36
华亭市	2514	878	676	3	195	1	3	226

行业大类的就业人口（乡村）

单位：人

采矿业							制造业	
煤炭开采和洗选业	石油和天然气开采业	黑色金属矿采选业	有色金属矿采选业	非金属矿采选业	开采专业及辅助性活动	其他采矿业	小计	农副食品加工业
1772	**986**	**297**	**806**	**568**	**764**	**64**	**24169**	**2066**
35	**3**	**4**	**3**	**71**	**9**	**2**	**4041**	**192**
				1	1		284	
8	1			3	2	1	465	53
					2		224	17
2			1	3			150	4
20	2	4		38	3		589	35
2			2	9			364	9
3				12	1		944	32
				5		1	1021	42
		4			**1**		**164**	
		4			1		164	
2	**4**	**3**	**14**	**20**	**4**		**311**	**49**
		3	11	3			108	1
2	4		3	17	4		203	48
175	**13**	**25**	**13**	**57**	**12**	**4**	**859**	**74**
				3			96	1
19		22		16			84	19
103	6		11	5	3		312	10
22	3	1		8	7	3	249	27
31	4	2	2	25	2	1	118	17
11	**13**	**6**	**81**	**58**	**13**	**10**	**2353**	**195**
1	2		53	26		1	312	24
2			5	9		5	428	35
	1			1	2		211	7
2	4	3		8	6	1	437	19
5	4	2		6	3		424	5
	1		2	7			367	57
1	1	1	21	1	2	3	174	48
113	**14**	**16**	**13**	**29**	**30**	**4**	**1482**	**254**
27	11	7	7	14	20	1	955	163
24			3	4			101	13
13	1	7	3	7	4	2	244	59
49	2	2		4	6	1	182	19
56	**21**	**102**	**51**	**31**	**17**	**1**	**965**	**163**
5	6	1	4	4	1		499	101
		78	47				17	3
8	7			3	9		159	23
		23			1	1	62	9
4	2			14	3		105	15
39	6			10	3		123	12
1009	**52**	**2**	**17**	**49**	**8**	**2**	**1515**	**145**
9	5		3	20	3		349	39
5	38		1	1	3		176	12
78	2	1	1	2		1	143	8
663				12			70	7
19	3		1	3	2	1	296	24
17	2	1	10	6			335	46
218	2		1	5			146	9

4-4c 各地区分性别、

地区 性别	合计	农、林、牧、渔业						
		小计	农业	林业	畜牧业	渔业	农、林、牧、渔专业及辅助性活动	小计
酒泉市	**18425**	**11732**	**9991**	**20**	**1490**	**3**	**228**	**323**
肃州区	6589	4522	4223	12	250	2	35	17
金塔县	3110	2187	1828		292	1	66	19
瓜州县	3405	2004	1704	2	251		47	11
肃北蒙古族自治县	493	92	14		77		1	208
阿克塞哈萨克族自治县	52	16	4		12			20
玉门市	2129	1506	949	2	489		66	36
敦煌市	2647	1405	1269	4	119		13	12
庆阳市	**46173**	**29081**	**24549**	**186**	**4230**	**3**	**113**	**1632**
西峰区	7056	2538	2266	15	247	1	9	275
庆城县	4553	2768	2408	10	344		6	326
环　县	7522	4780	3241	16	1512		11	247
华池县	3416	1977	1788	28	142		19	411
合水县	3573	2448	2113	61	270	1	3	182
正宁县	4080	3240	3007	27	203		3	23
宁　县	6480	4185	3671	21	480		13	101
镇原县	9493	7145	6055	8	1032	1	49	67
定西市	**84602**	**57654**	**54118**	**102**	**3290**	**3**	**141**	**198**
安定区	10181	7015	6235	14	752		14	15
通渭县	16116	8615	8027	7	573	1	7	70
陇西县	10542	7655	6924	23	691	1	16	22
渭源县	11011	8465	8195	7	244		19	20
临洮县	16366	11010	10195	39	756		20	44
漳　县	4346	3099	3013	7	77		2	12
岷　县	16040	11795	11529	5	197	1	63	15
陇南市	**43234**	**19202**	**18111**	**156**	**861**	**19**	**55**	**603**
武都区	9462	4286	4162	31	78	1	14	38
成　县	4315	2106	1989	4	96	3	14	58
文　县	4636	1873	1764	5	90	10	4	17
宕昌县	5789	3687	3539	4	138	2	4	8
康　县	3033	1026	917	23	81		5	20
西和县	5742	1881	1754	20	105		2	150
礼　县	5587	2270	2118	24	119		9	21
徽　县	3736	1581	1425	34	116	3	3	259
两当县	934	492	443	11	38			32
临夏回族自治州	**46691**	**22506**	**18318**	**71**	**3964**	**17**	**136**	**109**
临夏市	1375	204	153	1	46	1	3	1
临夏县	8606	2527	1755	2	752	2	16	21
康乐县	7939	4526	3977	12	532		5	18
永靖县	3581	1865	1752	2	97	12	2	26
广河县	6498	4126	3373	3	744		6	9
和政县	6818	3995	3244	43	699		9	8
东乡族自治县	6692	3775	2870	5	811		89	8
积石山保安族东乡族撒拉族自治县	5182	1488	1194	3	283	2	6	18
甘南藏族自治州	**11265**	**5301**	**3325**	**78**	**1850**		**48**	**85**
合作市	826	166	52		99		15	67
临潭县	3162	1775	1628	10	134		3	1
卓尼县	1297	582	363		212		7	3
舟曲县	2827	914	809	30	70		5	2
迭部县	1186	657	411	34	199		13	2
玛曲县	744	668			668			4
碌曲县	377	234	25		206		3	
夏河县	846	305	37	4	262		2	6

行业大类的就业人口（乡村）（续 1）

单位：人

采矿业							制造业	
煤炭开采和洗选业	石油和天然气开采业	黑色金属矿采选业	有色金属矿采选业	非金属矿采选业	开采专业及辅助性活动	其他采矿业	小计	农副食品加工业
47	**12**	**108**	**89**	**51**	**15**	**1**	**917**	**71**
1	6	4			6		304	28
3		3	2	11			159	17
1	2	1	5		2		156	7
39		99	58	11		1	120	
				20				
3	2	1	23	6	1		76	5
	2		1	3	6		102	14
185	**802**	**2**	**2**	**12**	**623**	**6**	**1429**	**182**
4	45	2		3	219	2	408	34
2	160				163	1	106	7
87	106		1	6	46	1	186	47
5	254			1	151		73	9
2	165				14	1	83	6
17	2			1	3		69	1
62	27				12		246	26
6	43		1	1	15	1	258	52
61	**46**	**9**	**6**	**51**	**18**	**7**	**3836**	**250**
4	4		1	4	2		331	46
32	17	2	3	8	7	1	898	46
3	9			10			630	46
5	2	1	1	4	3	4	298	10
10	9	3	1	16	3	2	641	49
1	4			7			143	10
6	1	3		2	3		895	43
49	**4**	**12**	**439**	**68**	**8**	**23**	**2464**	**191**
7	1	1	5	11	3	10	386	13
7		1	41	7	1	1	333	32
	1	1	7	7		1	233	25
3		1		4			177	16
5			10		2	3	185	23
14		2	121	12	1		473	36
9		1	1	6		4	322	20
3	2	2	230	19	1	2	292	19
1		3	24	2		2	63	7
29	**1**	**4**	**7**	**59**	**6**	**3**	**3494**	**257**
						1	127	25
3		1	1	14	2		677	67
8			3	7			529	40
1				25			153	15
5				2	1	1	347	19
4	1		2		1		695	29
3				4		1	314	43
5		3	1	7	2		652	19
	1		**71**	**12**		**1**	**339**	**43**
			65	1		1	43	7
				1			115	14
			1	2			35	4
				2			59	4
				2			11	4
			4				6	6
							5	1
	1		1	4			65	3

4-4c 各地区分性别、

地区 性别	合计	农、林、牧、渔业						
		小计	农业	林业	畜牧业	渔业	农、林、牧、渔专业及辅助性活动	小计
男	**284548**	**143988**	**123303**	**718**	**18103**	**55**	**1809**	**4569**
兰州市	**22102**	**6872**	**5934**	**56**	**802**	**6**	**74**	**118**
城关区	708	67	60	3	1	3		2
七里河区	2674	443	406	11	20		6	13
西固区	1011	221	203	1	15	1	1	2
安宁区								
红古区	1177	667	629	11	21		6	5
永登县	3853	1290	866	14	390	1	19	62
皋兰县	1762	691	593	2	86		10	12
榆中县	6544	3256	3061	10	167	1	17	16
兰州新区	4373	237	116	4	102		15	6
嘉峪关市	**577**	**160**	**121**	**2**	**34**		**3**	**5**
市辖区	577	160	121	2	34		3	5
金昌市	**2599**	**1301**	**966**	**2**	**298**	**4**	**31**	**42**
金川区	763	358	305		41		12	14
永昌县	1836	943	661	2	257	4	19	28
白银市	**16449**	**11135**	**9870**	**15**	**1223**	**3**	**24**	**279**
白银区	983	555	464	4	80	2	5	3
平川区	1266	607	444	1	160		2	54
靖远县	5235	3462	3184	7	267		4	119
会宁县	6944	5318	4863	2	449		4	42
景泰县	2021	1193	915	1	267	1	9	61
天水市	**32872**	**15033**	**14027**	**101**	**810**	**4**	**91**	**178**
秦州区	4218	1632	1512	8	89	4	19	76
麦积区	4566	1664	1524	37	92		11	20
清水县	3298	1606	1458	15	128		5	4
秦安县	6932	4096	4012	5	68		11	22
甘谷县	6562	3219	3115	12	75		17	20
武山县	4614	1896	1733	18	127		18	8
张家川回族自治县	2682	920	673	6	231		10	28
武威市	**20291**	**12524**	**9945**	**44**	**2459**		**76**	**201**
凉州区	11705	7130	5888	24	1177		41	82
民勤县	3405	2831	2506	3	307		15	28
古浪县	3284	1681	1145	13	508		15	34
天祝藏族自治县	1897	882	406	4	467		5	57
张掖市	**15801**	**8696**	**6120**	**26**	**1574**		**976**	**253**
甘州区	6983	3822	3106	14	658		44	20
肃南裕固族自治县	665	354	116	1	235		2	122
民乐县	2337	1098	716	3	245		134	25
临泽县	1956	1532	645	3	129		755	18
高台县	1958	1273	1114		129		30	19
山丹县	1902	617	423	5	178		11	49
平凉市	**24902**	**12952**	**11609**	**38**	**1229**	**3**	**73**	**977**
崆峒区	3892	1304	1074	8	214		8	38
泾川县	2911	1703	1428	9	252	1	13	41
灵台县	2337	1089	906	11	134		38	79
崇信县	1552	368	278	1	88		1	551
庄浪县	5656	3409	3181	2	219		7	27
静宁县	6847	4582	4379	5	193	1	4	34
华亭市	1707	497	363	2	129	1	2	207

行业大类的就业人口（乡村）（续2）

单位：人

采矿业							制造业	
煤炭开采和洗选业	石油和天然气开采业	黑色金属矿采选业	有色金属矿采选业	非金属矿采选业	开采专业及辅助性活动	其他采矿业	小计	农副食品加工业
1535	**820**	**267**	**715**	**529**	**644**	**59**	**16877**	**1301**
31	**2**	**4**	**3**	**68**	**8**	**2**	**3064**	**117**
				1	1		221	
7	1			2	2	1	352	28
					2		170	11
1			1	3			125	3
18	1	4		37	2		465	19
2			2	8			283	4
3				12	1		714	17
				5		1	734	35
		4			**1**		**140**	
		4			1		140	
2	**3**	**2**	**12**	**20**	**3**		**247**	**37**
		2	9	3			83	1
2	3		3	17	3		164	36
163	**12**	**25**	**10**	**53**	**12**	**4**	**624**	**47**
				3			76	
19		22		13			62	13
97	6		8	5	3		235	9
20	3	1		8	7	3	170	16
27	3	2	2	24	2	1	81	9
10	**10**	**6**	**74**	**55**	**13**	**10**	**1547**	**125**
	1		48	26		1	200	16
2			5	8		5	301	25
	1			1	2		137	5
2	4	3		6	6	1	282	13
5	4	2		6	3		275	5
			1	7			239	33
1		1	20	1	2	3	113	28
102	**13**	**14**	**13**	**27**	**28**	**4**	**1039**	**149**
25	10	6	7	13	20	1	646	93
22			3	3			80	9
11	1	6	3	7	4	2	172	37
44	2	2		4	4	1	141	10
44	**21**	**95**	**48**	**29**	**15**	**1**	**658**	**105**
4	6	1	4	4	1		344	68
		78	44				10	2
8	7			3	7		100	12
		16			1	1	47	7
2	2			12	3		79	7
30	6			10	3		78	9
858	**47**	**2**	**14**	**47**	**8**	**1**	**1080**	**98**
7	5		3	20	3		253	28
4	33			1	3		137	9
73	2	1	1	2			96	5
539				12			55	6
18	3			3	2	1	193	15
16	2	1	9	6			236	29
201	2		1	3			110	6

4-4c 各地区分性别、

地区 性别	合计	农、林、牧、渔业						
		小计	农业	林业	畜牧业	渔业	农、林、牧、渔专业及辅助性活动	小计
酒泉市	**10808**	**6288**	**5227**	**13**	**898**	**2**	**148**	**280**
肃州区	3738	2413	2209	8	166	1	29	13
金塔县	1794	1121	919		164	1	37	15
瓜州县	2035	1089	912	1	147		29	8
肃北蒙古族自治县	398	55	10		44		1	181
阿克塞哈萨克族自治县	42	14	2		12			19
玉门市	1263	825	498	1	286		40	33
敦煌市	1538	771	677	3	79		12	11
庆阳市	**27491**	**15409**	**12598**	**137**	**2590**	**2**	**82**	**1353**
西峰区	4458	1352	1167	10	168		7	208
庆城县	2852	1510	1281	10	214		5	279
环　县	4615	2647	1767	14	860		6	211
华池县	2101	1075	948	20	92		15	328
合水县	2177	1347	1119	52	175	1		159
正宁县	2236	1645	1495	13	135		2	23
宁　县	3799	2156	1813	12	321		10	89
镇原县	5253	3677	3008	6	625	1	37	56
定西市	**48103**	**29632**	**27356**	**65**	**2131**	**2**	**78**	**176**
安定区	6058	3846	3371	11	453		11	13
通渭县	9566	4408	4028	6	368	1	5	58
陇西县	5980	3961	3475	14	459	1	12	21
渭源县	6118	4397	4228	4	156		9	19
临洮县	9144	5450	4935	21	483		11	42
漳　县	2540	1657	1586	7	63		1	9
岷　县	8697	5913	5733	2	149		29	14
陇南市	**28085**	**10909**	**10117**	**111**	**626**	**15**	**40**	**534**
武都区	6055	2380	2293	22	54	1	10	37
成　县	2835	1197	1108	3	73	3	10	54
文　县	2993	998	922	4	62	7	3	15
宕昌县	3415	2029	1921	2	101	2	3	8
康　县	2066	576	514	11	47		4	19
西和县	3839	1105	1005	16	82		2	129
礼　县	3721	1351	1230	20	95		6	20
徽　县	2536	960	851	22	83	2	2	220
两当县	625	313	273	11	29			32
临夏回族自治州	**27730**	**10400**	**7823**	**42**	**2436**	**14**	**85**	**98**
临夏市	913	92	56		33	1	2	1
临夏县	5475	1174	692	2	468	2	10	21
康乐县	4407	1990	1641	12	333		4	14
永靖县	2232	1004	923	2	67	10	2	23
广河县	3624	1857	1396	1	456		4	6
和政县	3614	1698	1272	19	399		8	8
东乡族自治县	4101	1874	1330	3	488		53	8
积石山保安族东乡族撒拉族自治县	3364	711	513	3	192	1	2	17
甘南藏族自治州	**6738**	**2677**	**1590**	**66**	**993**		**28**	**75**
合作市	513	80	24		47		9	61
临潭县	1875	891	786	8	96		1	1
卓尼县	784	299	172		125		2	3
舟曲县	1758	466	393	27	42		4	2
迭部县	684	327	191	29	97		10	2
玛曲县	389	344			344			1
碌曲县	210	112	6		104		2	
夏河县	525	158	18	2	138			5

行业大类的就业人口（乡村）（续3）

单位：人

采矿业							制造业	
煤炭开采和洗选业	石油和天然气开采业	黑色金属矿采选业	有色金属矿采选业	非金属矿采选业	开采专业及辅助性活动	其他采矿业	小计	农副食品加工业
37	**10**	**90**	**83**	**45**	**14**	**1**	**697**	**43**
	4	3			6		222	20
3		3	2	7			118	9
	2		4		2		115	2
31		83	56	10		1	110	
				19				
3	2	1	20	6	1		56	4
	2		1	3	5		76	8
166	**658**	**1**	**2**	**11**	**511**	**4**	**1049**	**104**
3	35	1		3	165	1	322	23
1	142				135	1	81	4
75	88		1	5	41	1	126	26
3	195			1	129		59	7
2	144				13		56	3
17	2			1	3		56	
59	20				10		170	14
6	32		1	1	15	1	179	27
51	**40**	**8**	**5**	**48**	**17**	**7**	**2504**	**149**
4	3			4	2		235	28
25	13	2	3	8	6	1	637	28
3	8			10			393	26
4	2	1	1	4	3	4	190	4
8	9	3	1	16	3	2	463	29
1	4			4			90	8
6	1	2		2	3		496	26
46	**3**	**12**	**382**	**62**	**8**	**21**	**1617**	**123**
7	1	1	5	11	3	9	237	11
7		1	37	7	1	1	235	19
	1	1	7	5		1	154	15
3		1		4			114	9
4			10		2	3	118	15
13		2	103	10	1		285	23
9		1	1	5		4	215	15
2	1	2	195	18	1	1	216	13
1		3	24	2		2	43	3
25	**1**	**4**	**6**	**53**	**6**	**3**	**2384**	**181**
						1	84	17
3		1	1	14	2		460	49
7			2	5			367	28
1				22			115	7
2				2	1	1	253	13
4	1		2		1		429	23
3				4		1	215	31
5		3	1	6	2		461	13
			63	**11**		**1**	**227**	**23**
			60			1	26	4
				1			76	7
			1	2			23	2
				2			35	1
				2			10	4
			1				3	3
							4	1
			1	4			50	1

4-4c 各地区分性别、

地区 性别	合计	农、林、牧、渔业						
		小计	农业	林业	畜牧业	渔业	农、林、牧、渔专业及辅助性活动	小计
女	**192332**	**131567**	**118794**	**320**	**11026**	**21**	**1406**	**688**
兰州市	**12026**	**5717**	**5323**	**30**	**307**	**3**	**54**	**9**
城关区	319	51	48			3		
七里河区	1336	326	311	3	11		1	2
西固区	596	167	160	1	6			
安宁区								
红古区	764	571	557	9	3		2	1
永登县	2051	1123	936	8	157		22	5
皋兰县	895	513	482	1	27		3	1
榆中县	4285	2837	2748	3	72		14	
兰州新区	1780	129	81	5	31		12	
嘉峪关市	**292**	**135**	**117**	**1**	**17**			
市辖区	292	135	117	1	17			
金昌市	**1510**	**945**	**809**	**2**	**116**	**2**	**16**	**5**
金川区	478	298	274	1	16		7	3
永昌县	1032	647	535	1	100	2	9	2
白银市	**11702**	**9600**	**8956**	**9**	**623**	**2**	**10**	**20**
白银区	639	477	438		36	1	2	
平川区	620	426	365	1	59		1	3
靖远县	3560	2914	2781	3	128		2	9
会宁县	5737	4961	4685	5	269		2	2
景泰县	1146	822	687		131	1	3	6
天水市	**20471**	**12582**	**12172**	**43**	**319**	**3**	**45**	**14**
秦州区	2202	1246	1196	4	29	1	16	7
麦积区	2248	1114	1060	15	34		5	1
清水县	2373	1478	1418	9	51			
秦安县	5013	3622	3579		38	1	4	2
甘谷县	3970	2585	2546	8	29		2	
武山县	3043	1802	1725	4	56	1	16	2
张家川回族自治县	1622	735	648	3	82		2	2
武威市	**15912**	**12184**	**10235**	**22**	**1888**		**39**	**18**
凉州区	9770	7536	6437	14	1063		22	5
民勤县	2844	2582	2325	3	245		9	3
古浪县	2233	1444	1110	2	326		6	3
天祝藏族自治县	1065	622	363	3	254		2	7
张掖市	**11788**	**8009**	**5968**	**15**	**1085**		**941**	**26**
甘州区	5216	3473	2981	6	471		15	1
肃南裕固族自治县	438	287	107	1	178		1	3
民乐县	1663	1040	714	2	154		170	2
临泽县	1714	1485	650	5	101		729	7
高台县	1584	1274	1165		91		18	4
山丹县	1173	450	351	1	90		8	9
平凉市	**17196**	**12234**	**11513**	**19**	**660**	**1**	**41**	**162**
崆峒区	2146	1035	923	3	105		4	2
泾川县	2081	1545	1361	5	172	1	6	7
灵台县	1281	818	752	5	36		25	6
崇信县	742	317	277		40			124
庄浪县	5096	4091	3974	1	113		3	2
静宁县	5043	4047	3913	4	128		2	2
华亭市	807	381	313	1	66		1	19

行业大类的就业人口（乡村）（续4）

单位：人

采矿业							制造业	
煤炭开采和洗选业	石油和天然气开采业	黑色金属矿采选业	有色金属矿采选业	非金属矿采选业	开采专业及辅助性活动	其他采矿业	小计	农副食品加工业
237	**166**	**30**	**91**	**39**	**120**	**5**	**7292**	**765**
4	**1**			**3**	**1**		**977**	**75**
							63	
1				1			113	25
							54	6
1							25	1
2	1			1	1		124	16
				1			81	5
							230	15
							287	7
							24	
							24	
	1	**1**	**2**		**1**		**64**	**12**
		1	2				25	
	1				1		39	12
12	**1**		**3**	**4**			**235**	**27**
							20	1
				3			22	6
6			3				77	1
2							79	11
4	1			1			37	8
1	**3**		**7**	**3**			**806**	**70**
1	1		5				112	8
				1			127	10
							74	2
				2			155	6
							149	
	1		1				128	24
	1		1				61	20
11	**1**	**2**		**2**	**2**		**443**	**105**
2	1	1		1			309	70
2				1			21	4
2		1					72	22
5					2		41	9
12		**7**	**3**	**2**	**2**		**307**	**58**
1							155	33
			3				7	1
					2		59	11
		7					15	2
2				2			26	8
9							45	3
151	**5**		**3**	**2**		**1**	**435**	**47**
2							96	11
1	5		1				39	3
5						1	47	3
124							15	1
1			1				103	9
1			1				99	17
17				2			36	3

4-4c 各地区分性别、

地区 性别	合计	农、林、牧、渔业						
		小计	农业	林业	畜牧业	渔业	农、林、牧、渔专业及辅助性活动	小计
酒泉市	**7617**	**5444**	**4764**	**7**	**592**	**1**	**80**	**43**
肃州区	2851	2109	2014	4	84	1	6	4
金塔县	1316	1066	909		128		29	4
瓜州县	1370	915	792	1	104		18	3
肃北蒙古族自治县	95	37	4		33			27
阿克塞哈萨克族自治县	10	2	2					1
玉门市	866	681	451	1	203		26	3
敦煌市	1109	634	592	1	40		1	1
庆阳市	**18682**	**13672**	**11951**	**49**	**1640**	**1**	**31**	**279**
西峰区	2598	1186	1099	5	79	1	2	67
庆城县	1701	1258	1127		130		1	47
环　县	2907	2133	1474	2	652		5	36
华池县	1315	902	840	8	50		4	83
合水县	1396	1101	994	9	95		3	23
正宁县	1844	1595	1512	14	68		1	
宁　县	2681	2029	1858	9	159		3	12
镇原县	4240	3468	3047	2	407		12	11
定西市	**36499**	**28022**	**26762**	**37**	**1159**	**1**	**63**	**22**
安定区	4123	3169	2864	3	299		3	2
通渭县	6550	4207	3999	1	205		2	12
陇西县	4562	3694	3449	9	232		4	1
渭源县	4893	4068	3967	3	88		10	1
临洮县	7222	5560	5260	18	273		9	2
漳　县	1806	1442	1427		14		1	3
岷　县	7343	5882	5796	3	48	1	34	1
陇南市	**15149**	**8293**	**7994**	**45**	**235**	**4**	**15**	**69**
武都区	3407	1906	1869	9	24		4	1
成　县	1480	909	881	1	23		4	4
文　县	1643	875	842	1	28	3	1	2
宕昌县	2374	1658	1618	2	37		1	
康　县	967	450	403	12	34		1	1
西和县	1903	776	749	4	23			21
礼　县	1866	919	888	4	24		3	1
徽　县	1200	621	574	12	33	1	1	39
两当县	309	179	170		9			
临夏回族自治州	**18961**	**12106**	**10495**	**29**	**1528**	**3**	**51**	**11**
临夏市	462	112	97	1	13		1	
临夏县	3131	1353	1063		284		6	
康乐县	3532	2536	2336		199		1	4
永靖县	1349	861	829		30	2		3
广河县	2874	2269	1977	2	288		2	3
和政县	3204	2297	1972	24	300		1	
东乡族自治县	2591	1901	1540	2	323		36	
积石山保安族东乡族撒拉族自治县	1818	777	681		91	1	4	1
甘南藏族自治州	**4527**	**2624**	**1735**	**12**	**857**		**20**	**10**
合作市	313	86	28		52		6	6
临潭县	1287	884	842	2	38		2	
卓尼县	513	283	191		87		5	
舟曲县	1069	448	416	3	28		1	
迭部县	502	330	220	5	102		3	
玛曲县	355	324			324			3
碌曲县	167	122	19		102		1	
夏河县	321	147	19	2	124		2	1

行业大类的就业人口（乡村）（续5）

单位：人

采矿业							制造业	
煤炭开采和洗选业	石油和天然气开采业	黑色金属矿采选业	有色金属矿采选业	非金属矿采选业	开采专业及辅助性活动	其他采矿业	小计	农副食品加工业
10	**2**	**18**	**6**	**6**	**1**		**220**	**28**
1	2	1					82	8
				4			41	8
1		1	1				41	5
8		16	2	1			10	
				1				
			3				20	1
					1		26	6
19	**144**	**1**		**1**	**112**	**2**	**380**	**78**
1	10	1			54	1	86	11
1	18				28		25	3
12	18			1	5		60	21
2	59				22		14	2
	21				1	1	27	3
							13	1
3	7				2		76	12
	11						79	25
10	**6**	**1**	**1**	**3**	**1**		**1332**	**101**
	1		1				96	18
7	4				1		261	18
	1						237	20
1							108	6
2							178	20
				3			53	2
		1					399	17
3	**1**		**57**	**6**		**2**	**847**	**68**
						1	149	2
			4				98	13
				2			79	10
							63	7
1							67	8
1			18	2			188	13
				1			107	5
1	1		35	1		1	76	6
							20	4
4			**1**	**6**			**1110**	**76**
							43	8
							217	18
1			1	2			162	12
				3			38	8
3							94	6
							266	6
							99	12
				1			191	6
	1		**8**	**1**			**112**	**20**
			5	1			17	3
							39	7
							12	2
							24	3
							1	
			3				3	3
							1	
	1						15	2

4-4c 各地区分性别、

地区 性别	制造业							
	食品制造业	酒、饮料和精制茶制造业	烟草制品业	纺织业	纺织服装、服饰业	皮革、毛皮、羽毛及其制品和制鞋业	木材加工和木、竹、藤、棕、草制品业	家具制造业
合计	**1312**	**366**	**11**	**440**	**611**	**213**	**640**	**521**
兰州市	**149**	**64**	**3**	**38**	**15**	**3**	**122**	**206**
城关区				9	2	1	26	147
七里河区	36	6		3	2		9	7
西固区	7	1						
安宁区								
红古区	20	1		2				
永登县	20	3	1	4	3	1	21	4
皋兰县	12						4	5
榆中县	44	4	2	6	3		51	34
兰州新区	10	49		14	5	1	11	9
嘉峪关市	**3**	**2**		**1**				**2**
市辖区	3	2		1				2
金昌市	**17**	**1**		**3**	**4**		**16**	**2**
金川区	9			2	1		10	
永昌县	8	1		1	3		6	2
白银市	**47**	**9**		**22**	**9**	**6**	**9**	**5**
白银区	2	1		2				
平川区	6	1		1			2	1
靖远县	20	1		10	4	2	2	4
会宁县	16	6		6	2	4	4	
景泰县	3			3	3		1	
天水市	**183**	**21**	**3**	**63**	**143**	**21**	**49**	**42**
秦州区	9	8		5	5	3	7	5
麦积区	52	1	1	7	16		6	5
清水县	21	7			11	1	4	2
秦安县	30	1	1	22	48	5	6	10
甘谷县	14	2	1	14	39	6	5	10
武山县	19	2		8	17	5	19	6
张家川回族自治县	38			7	7	1	2	4
武威市	**138**	**53**		**27**	**28**	**3**	**56**	**18**
凉州区	111	50		21	10	1	47	15
民勤县	8					2	1	1
古浪县	14			4	17		7	2
天祝藏族自治县	5	3		2	1		1	
张掖市	**90**	**23**		**35**	**16**	**1**	**74**	**19**
甘州区	60	5		10	5		51	12
肃南裕固族自治县	4	1			1			
民乐县	15	5		14	3		6	2
临泽县	5	4		3	1		4	2
高台县	3						9	
山丹县	3	8		8	6	1	4	3
平凉市	**149**	**13**		**26**	**40**	**19**	**23**	**13**
崆峒区	72			2	3	9	6	5
泾川县	9	1		8	5	2	6	2
灵台县	7	1		4	3	1	2	2
崇信县	3			2	1			
庄浪县	35	5		7	20	2	3	2
静宁县	20	5		1	6	5	6	2
华亭市	3	1		2	2			

行业大类的就业人口（乡村）（续6）

单位：人

制造业								
造纸和纸制品业	印刷和记录媒介复制业	文教、工美、体育和娱乐用品制造业	石油、煤炭及其他燃料加工业	化学原料和化学制品制造业	医药制造业	化学纤维制造业	橡胶和塑料制品业	非金属矿物制品业
220	**157**	**270**	**203**	**747**	**1466**	**28**	**669**	**2875**
39	**30**	**11**	**39**	**193**	**309**	**1**	**162**	**626**
1		2		5			4	41
6	19	1	5	4	3		32	63
7	2	3	19	10		1	21	30
14				4	9		2	12
		1	5	23	4		20	173
1	3	1	1	20	4		2	68
8	5	2	6	24	16		72	141
2	1	1	3	103	273		9	98
			9	**5**	**1**		**1**	**11**
			9	5	1		1	11
	3	**1**	**10**	**25**	**1**		**28**	**42**
		1		11			3	11
	3		10	14	1		25	31
7	**10**	**6**	**6**	**51**	**27**	**3**	**19**	**234**
	1		1	16	1		1	35
			1	5		1	1	23
1	2			19	12	2	2	119
6	5	6	4	9	10		13	34
	2			2	4		2	23
15	**15**	**27**	**10**	**29**	**26**		**57**	**216**
5	2	3		2	1		11	42
1		9		1	4		9	45
2		4					1	18
4	4	3	3	10	13		12	28
1	7	4	6	13	2		8	27
2	2	3	1	1	5		12	36
		1		2	1		4	20
21	**16**	**7**	**22**	**58**	**25**	**1**	**39**	**141**
20	15	2	16	16	19	1	20	60
				20	4		4	6
		3	5	17	1		14	20
1	1	2	1	5	1		1	55
6	**4**	**14**	**14**	**58**	**25**	**2**	**21**	**117**
4	2	9		23	6		13	64
	1	2						2
2			5	17	9		1	7
	1	2	2	4	1	2		4
			4	8	7		4	11
		1	3	6	2		3	29
44	**11**	**48**	**20**	**55**	**20**	**2**	**34**	**259**
	1	4	2	7	4		4	78
	2	1		6	1		4	34
	2			2	5		4	13
	1			1			3	16
2	4	20	4	9	2		3	19
41	1	22	1	29	4	1	12	40
1		1	13	1	4	1	4	59

4–4c 各地区分性别、

地区 性别	制造业							
	食品制造业	酒、饮料和精制茶制造业	烟草制品业	纺织业	纺织服装、服饰业	皮革、毛皮、羽毛及其制品和制鞋业	木材加工和木、竹、藤、棕、草制品业	家具制造业
酒泉市	**44**	**11**		**7**	**6**		**29**	**16**
肃州区	17	7		1	2		11	11
金塔县	1	2		1	4		4	
瓜州县	11			2			11	1
肃北蒙古族自治县								
阿克塞哈萨克族自治县								
玉门市	1	2		1				
敦煌市	14			2			3	4
庆阳市	**70**	**21**	**2**	**27**	**29**	**6**	**27**	**43**
西峰区	19	5		6	4	3	10	10
庆城县	1	5			2		2	2
环　县	12	1	1	5	4			
华池县	2	2		1	1		5	1
合水县	10			3	5		2	12
正宁县	1		1	1	1			
宁　县	14	5		5	4	2	6	16
镇原县	11	3		6	8	1	2	2
定西市	**148**	**19**	**2**	**69**	**137**	**24**	**83**	**70**
安定区	29			7	8	2	7	2
通渭县	31	8		21	71	4	22	24
陇西县	23	5		7	7	5	13	4
渭源县	11	4		5	9	1	15	13
临洮县	28	1		14	26	7	12	8
漳　县	10		1	6	13	2	6	2
岷　县	16	1	1	9	3	3	8	17
陇南市	**73**	**104**	**1**	**46**	**79**	**21**	**73**	**58**
武都区	7	3		3	11		11	23
成　县	14	52	1	7	5		8	1
文　县	5	8		1	5	6	8	3
宕昌县	4	1		2	7		1	4
康　县	2	3		6	4	6	6	10
西和县	16	1		22	25	4	27	11
礼　县	16			3	19	4	4	4
徽　县	9	36		2	2	1	7	2
两当县					1		1	
临夏回族自治州	**183**	**18**		**66**	**91**	**108**	**66**	**21**
临夏市	8	2		3	8	1	6	1
临夏县	44	9		6	13	20	36	5
康乐县	8	1		9	8	7	10	2
永靖县	16	1		3	3	1	3	
广河县	26	2		2	4	28	3	1
和政县	22	3		10	8	40	2	4
东乡族自治县	22			4	27	9	1	4
积石山保安族东乡族撒拉族自治县	37			29	20	2	5	4
甘南藏族自治州	**18**	**7**		**10**	**14**	**1**	**13**	**6**
合作市	5			7	2		4	3
临潭县	3			2	7	1	4	1
卓尼县	1				2			
舟曲县	2	7			2		2	1
迭部县							1	
玛曲县								
碌曲县				1	1		1	1
夏河县	7						1	

行业大类的就业人口（乡村）（续7）

单位：人

制造业								
造纸和纸制品业	印刷和记录媒介复制业	文教、工美、体育和娱乐用品制造业	石油、煤炭及其他燃料加工业	化学原料和化学制品制造业	医药制造业	化学纤维制造业	橡胶和塑料制品业	非金属矿物制品业
1	**3**	**12**	**27**	**67**	**30**		**25**	**128**
	1	3	4	6	16		14	24
1			17	35	9		2	44
		7	3	18	4		7	21
								2
			3	5	1			8
	2	2		3			2	29
13	**12**	**13**	**12**	**29**	**19**	**1**	**28**	**286**
4	3	6	2	8	5		9	105
3	1	2	1	5	1	1	2	16
5	3	1	4	2	1			38
				1			3	15
		1		2			4	9
		1			1		2	6
1	5	1	4	3	9		4	43
		1	1	8	2		4	54
50	**20**	**38**	**21**	**104**	**808**	**16**	**122**	**327**
2	3	1	2	15	19		24	56
9	5	16	12	38	16	13	27	78
3	3	1	1	15	292		12	33
4		3	4	11	56	3	6	20
27	5	4		21	12		36	89
1	1	1		2	6		5	18
4	3	12	2	2	407		12	33
15	**18**	**27**	**7**	**24**	**148**	**1**	**43**	**238**
3	3	3	2	4	15		5	42
	3	3		5	2	1	7	44
	2	2	1	1	13		5	27
	1	7			26		3	5
	3	2		2	3		4	13
7	3	6	3	9	10		12	18
1		2		1	74		3	45
4	3	2	1	2	2		4	28
					3			16
9	**10**	**59**	**5**	**46**	**24**	**1**	**82**	**186**
1		6	1	4				4
3		16	1	8	4		16	56
2	2			8	8	1	5	25
1	2	1	1	12	3		2	14
	2	5		1	1		8	11
1		13		1	2		34	19
1		1		1	2		2	19
	4	17	2	11	4		15	38
	5	**7**	**1**	**3**	**3**		**8**	**64**
					1			1
	4	4		2	2		7	13
		1	1					4
	1	1						8
		1		1			1	38

4-4c　各地区分性别、

地区 性别	制造业							
	食品制造业	酒、饮料和精制茶制造业	烟草制品业	纺织业	纺织服装、服饰业	皮革、毛皮、羽毛及其制品和制鞋业	木材加工和木、竹、藤、棕、草制品业	家具制造业
男	**655**	**232**	**8**	**204**	**185**	**94**	**486**	**380**
兰州市	**84**	**50**	**3**	**13**	**2**	**1**	**95**	**150**
城关区				6	1		16	112
七里河区	26	4		1			6	4
西固区	5	1						
安宁区								
红古区	13	1		1				
永登县	8	2	1	1		1	20	4
皋兰县	5						2	2
榆中县	22	3	2	1			44	22
兰州新区	5	39		3	1		7	6
嘉峪关市	**2**	**1**		**1**				**1**
市辖区	2	1		1				1
金昌市	**10**			**1**	**1**		**10**	**1**
金川区	6				1		5	
永昌县	4			1			5	1
白银市	**21**	**5**		**9**		**3**	**8**	**4**
白银区		1		1				
平川区	3	1		1			2	1
靖远县	10			5		1	1	3
会宁县	8	3		1		2	4	
景泰县				1			1	
天水市	**91**	**14**	**3**	**25**	**49**	**15**	**43**	**33**
秦州区	5	5		3	2	1	7	4
麦积区	27	1	1	2	6		4	4
清水县	9	4			2	1	4	1
秦安县	18		1	9	16	5	5	7
甘谷县	6	2	1	7	12	4	4	8
武山县	7	2		1	10	3	17	5
张家川回族自治县	19			3	1	1	2	4
武威市	**73**	**35**		**17**	**7**	**1**	**33**	**13**
凉州区	60	32		13	3		26	10
民勤县	5					1	1	1
古浪县	7			3	4		5	2
天祝藏族自治县	1	3		1			1	
张掖市	**46**	**11**		**15**	**4**		**50**	**16**
甘州区	32	2		2	1		34	11
肃南裕固族自治县	3	1						
民乐县	6	1		8	2		4	1
临泽县	3	3		2			3	2
高台县	1						5	
山丹县	1	4		3	1		4	2
平凉市	**76**	**8**		**11**	**6**	**12**	**19**	**11**
崆峒区	45					7	5	4
泾川县	5	1		4	2	2	4	2
灵台县	3			2		1	2	1
崇信县	1							
庄浪县	14	2		4	3		2	2
静宁县	6	4		1		2	6	2
华亭市	2	1			1			

行业大类的就业人口（乡村）（续8）

单位：人

制造业								
造纸和纸制品业	印刷和记录媒介复制业	文教、工美、体育和娱乐用品制造业	石油、煤炭及其他燃料加工业	化学原料和化学制品制造业	医药制造业	化学纤维制造业	橡胶和塑料制品业	非金属矿物制品业
138	**94**	**162**	**169**	**572**	**779**	**20**	**439**	**2333**
20	**19**	**10**	**34**	**153**	**181**	**1**	**98**	**512**
1		2		5			3	37
2	13	1	5	3	2		18	56
2	1	3	18	8		1	15	24
8				3	3		1	12
		1	4	17	4		12	140
1	2	1	1	12	4		1	57
4	3	2	5	20	10		43	115
2			1	85	158		5	71
			9	**5**	**1**		**1**	**9**
			9	5	1		1	9
	2		**10**	**23**	**1**		**23**	**33**
				10			3	9
	2		10	13	1		20	24
4	**4**	**2**	**4**	**36**	**15**	**3**	**15**	**187**
	1			13			1	29
				4		1		16
1				13	10	2	2	97
3	3	2	4	4	4		11	27
				2	1		1	18
10	**11**	**17**	**9**	**25**	**14**		**37**	**169**
3		1		1			5	32
1		6		1	2		6	38
1		3					1	16
3	3	3	3	8	9		9	17
	6	2	5	13	1		4	20
2	2	1	1		2		8	28
		1		2			4	18
13	**6**	**3**	**19**	**48**	**16**	**1**	**21**	**111**
12	6	1	16	13	12	1	9	44
				17	3		3	5
		1	3	15	1		9	16
1		1		3				46
5	**2**	**8**	**10**	**42**	**12**	**1**	**12**	**90**
3	1	5		17	2		9	51
		1						1
2			3	11	4		1	6
	1	1	1	4		1		3
			4	6	5		2	10
		1	2	4	1			19
35	**8**	**18**	**15**	**48**	**10**	**1**	**23**	**212**
	1	2	1	5	3		4	63
	2			6	1		2	28
	1			2	1		2	9
	1			1			2	13
1	2	9	4	9	1		3	17
33	1	7		24	3		6	33
1			10	1	1	1	4	49

4-4c　各地区分性别、

地区 性别	制造业							
	食品制造业	酒、饮料和精制茶制造业	烟草制品业	纺织业	纺织服装、服饰业	皮革、毛皮、羽毛及其制品和制鞋业	木材加工和木、竹、藤、棕、草制品业	家具制造业
酒泉市	**19**	**7**		**3**	**2**		**23**	**13**
肃州区	8	5					8	8
金塔县	1	1		1	2		3	
瓜州县	4			1			10	1
肃北蒙古族自治县								
阿克塞哈萨克族自治县								
玉门市		1						
敦煌市	6			1			2	4
庆阳市	**33**	**13**	**1**	**10**	**10**	**2**	**22**	**33**
西峰区	11	4		2	1	1	8	8
庆城县		2			1		2	2
环　县	4	1						
华池县	1	2					4	1
合水县	4			1	2		2	9
正宁县	1		1	1	1			
宁　县	8	2		2	1	1	5	12
镇原县	4	2		4	4		1	1
定西市	**59**	**11**	**1**	**39**	**50**	**12**	**66**	**47**
安定区	12			3	2		6	1
通渭县	17	3		12	33	3	19	16
陇西县	8	5		4	1	4	9	2
渭源县	2	2		4	2		9	9
临洮县	11	1		10	9	3	10	5
漳　县	4		1	2	2	1	6	2
岷　县	5			4	1	1	7	12
陇南市	**36**	**66**		**21**	**25**	**11**	**52**	**38**
武都区	3	2		1	3		6	15
成　县	9	35		5	1		7	1
文　县	1	6			1	4	6	3
宕昌县	1	1			4		1	2
康　县	2	2		4	1	3	6	6
西和县	9			9	6	1	15	7
礼　县	8				8	3	3	4
徽　县	3	20		2	1		7	
两当县							1	
临夏回族自治州	**98**	**6**		**35**	**24**	**37**	**53**	**14**
临夏市	3			1	3		4	
临夏县	19	3		2	2	3	33	4
康乐县	4	1		4	3	3	5	2
永靖县	7	1		2	2		2	
广河县	13	1		2	1	16	2	1
和政县	16			5	4	10	2	2
东乡族自治县	12			1	1	4	1	4
积石山保安族东乡族撒拉族自治县	24			18	8	1	4	1
甘南藏族自治州	**7**	**5**		**4**	**5**		**12**	**6**
合作市	2			2	1		3	3
临潭县	1			1	3		4	1
卓尼县								
舟曲县		5			1		2	1
迭部县							1	
玛曲县								
碌曲县				1			1	1
夏河县	4						1	

行业大类的就业人口（乡村）（续9）

单位：人

制造业								
造纸和纸制品业	印刷和记录媒介复制业	文教、工美、体育和娱乐用品制造业	石油、煤炭及其他燃料加工业	化学原料和化学制品制造业	医药制造业	化学纤维制造业	橡胶和塑料制品业	非金属矿物制品业
	1	**7**	**20**	**52**	**18**		**16**	**103**
	1	3	3	3	9		9	19
			11	30	6		1	33
		4	3	15	3		4	17
								2
			3	2				4
				2			2	28
8	**6**	**6**	**11**	**17**	**13**	**1**	**23**	**241**
3	2	3	1	5	3		7	91
2		2	1	2	1	1	2	13
3	2		4	1	1			31
							3	13
				1			2	9
		1			1		2	5
	2		4	2	6		4	34
			1	6	1		3	45
29	**9**	**26**	**17**	**78**	**403**	**10**	**88**	**269**
1	1	1	1	13	5		20	51
6	4	13	10	29	7	9	20	63
2			1	11	158		9	23
1		2	3	9	25	1	5	17
16	2	2		14	8		23	76
1				1	3		3	16
2	2	8	2	1	197		8	23
8	**15**	**15**	**5**	**15**	**81**	**1**	**26**	**199**
2	2	1	2	1	6		1	31
	3	2		2		1	5	41
	2	2		1	8		2	24
	1	5			14		2	3
	2	2		2	1		4	11
4	3	1	2	6	4		8	16
				1	45		1	39
2	2	2	1	2	1		3	24
					2			10
6	**7**	**46**	**5**	**28**	**13**	**1**	**50**	**147**
1		6	1	2				4
2		14	1	4	3		9	44
1	1			5	5	1	4	18
1	1	1	1	9	2		1	10
	2	3		1	1		4	10
1		8			1		22	14
		1		1				17
	3	13	2	6	1		10	30
	4	**4**	**1**	**2**	**1**		**6**	**51**
								1
	3	1		1	1		6	11
		1	1					4
	1	1						4
		1		1				31

4-4c 各地区分性别、

地区 性别	制造业							
	食品制造业	酒、饮料和精制茶制造业	烟草制品业	纺织业	纺织服装、服饰业	皮革、毛皮、羽毛及其制品和制鞋业	木材加工和木、竹、藤、棕、草制品业	家具制造业
女	**657**	**134**	**3**	**236**	**426**	**119**	**154**	**141**
兰州市	**65**	**14**		**25**	**13**	**2**	**27**	**56**
城关区				3	1	1	10	35
七里河区	10	2		2	2		3	3
西固区	2							
安宁区								
红古区	7			1				
永登县	12	1		3	3		1	
皋兰县	7						2	3
榆中县	22	1		5	3		7	12
兰州新区	5	10		11	4	1	4	3
嘉峪关市	**1**	**1**						**1**
市辖区	1	1						1
金昌市	**7**	**1**		**2**	**3**		**6**	**1**
金川区	3			2			5	
永昌县	4	1			3		1	1
白银市	**26**	**4**		**13**	**9**	**3**	**1**	**1**
白银区	2			1				
平川区	3							
靖远县	10	1		5	4	1	1	1
会宁县	8	3		5	2	2		
景泰县	3			2	3			
天水市	**92**	**7**		**38**	**94**	**6**	**6**	**9**
秦州区	4	3		2	3	2		1
麦积区	25			5	10		2	1
清水县	12	3			9			1
秦安县	12	1		13	32		1	3
甘谷县	8			7	27	2	1	2
武山县	12			7	7	2	2	1
张家川回族自治县	19			4	6			
武威市	**65**	**18**		**10**	**21**	**2**	**23**	**5**
凉州区	51	18		8	7	1	21	5
民勤县	3					1		
古浪县	7			1	13		2	
天祝藏族自治县	4			1	1			
张掖市	**44**	**12**		**20**	**12**	**1**	**24**	**3**
甘州区	28	3		8	4		17	1
肃南裕固族自治县	1				1			
民乐县	9	4		6	1		2	1
临泽县	2	1		1	1		1	
高台县	2						4	
山丹县	2	4		5	5	1		1
平凉市	**73**	**5**		**15**	**34**	**7**	**4**	**2**
崆峒区	27			2	3	2	1	1
泾川县	4			4	3		2	
灵台县	4	1		2	3			1
崇信县	2			2	1			
庄浪县	21	3		3	17	2	1	
静宁县	14	1			6	3		
华亭市	1			2	1			

行业大类的就业人口（乡村）（续 10）

单位：人

制造业								
造纸和纸制品业	印刷和记录媒介复制业	文教、工美、体育和娱乐用品制造业	石油、煤炭及其他燃料加工业	化学原料和化学制品制造业	医药制造业	化学纤维制造业	橡胶和塑料制品业	非金属矿物制品业
82	**63**	**108**	**34**	**175**	**687**	**8**	**230**	**542**
19	**11**	**1**	**5**	**40**	**128**		**64**	**114**
							1	4
4	6			1	1		14	7
5	1		1	2			6	6
6				1	6		1	
			1	6			8	33
	1			8			1	11
4	2		1	4	6		29	26
	1	1	2	18	115		4	27
								2
								2
	1	**1**		**2**			**5**	**9**
		1		1				2
	1			1			5	7
3	**6**	**4**	**2**	**15**	**12**		**4**	**47**
			1	3	1			6
			1	1			1	7
	2			6	2			22
3	2	4		5	6		2	7
	2				3		1	5
5	**4**	**10**	**1**	**4**	**12**		**20**	**47**
2	2	2		1	1		6	10
		3			2		3	7
1		1						2
1	1			2	4		3	11
1	1	2	1		1		4	7
		2		1	3		4	8
					1			2
8	**10**	**4**	**3**	**10**	**9**		**18**	**30**
8	9	1		3	7		11	16
				3	1		1	1
		2	2	2			5	4
	1	1	1	2	1		1	9
1	**2**	**6**	**4**	**16**	**13**	**1**	**9**	**27**
1	1	4		6	4		4	13
	1	1						1
			2	6	5			1
		1	1		1	1		1
				2	2		2	1
			1	2	1		3	10
9	**3**	**30**	**5**	**7**	**10**	**1**	**11**	**47**
		2	1	2	1			15
		1					2	6
	1				4		2	4
							1	3
1	2	11			1			2
8		15	1	5	1	1	6	7
		1	3		3			10

4-4c 各地区分性别、

地区 性别	制造业							
	食品制造业	酒、饮料和精制茶制造业	烟草制品业	纺织业	纺织服装、服饰业	皮革、毛皮、羽毛及其制品和制鞋业	木材加工和木、竹、藤、棕、草制品业	家具制造业
酒泉市	**25**	**4**		**4**	**4**		**6**	**3**
肃州区	9	2		1	2		3	3
金塔县		1			2		1	
瓜州县	7			1			1	
肃北蒙古族自治县								
阿克塞哈萨克族自治县								
玉门市	1	1		1				
敦煌市	8			1			1	
庆阳市	**37**	**8**	**1**	**17**	**19**	**4**	**5**	**10**
西峰区	8	1		4	3	2	2	2
庆城县	1	3			1			
环　县	8		1	5	4			
华池县	1			1	1		1	
合水县	6			2	3			3
正宁县								
宁　县	6	3		3	3	1	1	4
镇原县	7	1		2	4	1	1	1
定西市	**89**	**8**	**1**	**30**	**87**	**12**	**17**	**23**
安定区	17			4	6	2	1	1
通渭县	14	5		9	38	1	3	8
陇西县	15			3	6	1	4	2
渭源县	9	2		1	7	1	6	4
临洮县	17			4	17	4	2	3
漳　县	6			4	11	1		
岷　县	11	1	1	5	2	2	1	5
陇南市	**37**	**38**	**1**	**25**	**54**	**10**	**21**	**20**
武都区	4	1		2	8		5	8
成　县	5	17	1	2	4		1	
文　县	4	2		1	4	2	2	
宕昌县	3			2	3			2
康　县		1		2	3	3		4
西和县	7	1		13	19	3	12	4
礼　县	8			3	11	1	1	
徽　县	6	16			1	1		2
两当县					1			
临夏回族自治州	**85**	**12**		**31**	**67**	**71**	**13**	**7**
临夏市	5	2		2	5	1	2	1
临夏县	25	6		4	11	17	3	1
康乐县	4			5	5	4	5	
永靖县	9			1	1	1	1	
广河县	13	1			3	12	1	
和政县	6	3		5	4	30		2
东乡族自治县	10			3	26	5		
积石山保安族东乡族撒拉族自治县	13			11	12	1	1	3
甘南藏族自治州	**11**	**2**		**6**	**9**	**1**	**1**	
合作市	3			5	1		1	
临潭县	2			1	4	1		
卓尼县	1				2			
舟曲县	2	2			1			
迭部县								
玛曲县								
碌曲县					1			
夏河县	3							

行业大类的就业人口（乡村）（续 11）

单位：人

制造业								
造纸和纸制品业	印刷和记录媒介复制业	文教、工美、体育和娱乐用品制造业	石油、煤炭及其他燃料加工业	化学原料和化学制品制造业	医药制造业	化学纤维制造业	橡胶和塑料制品业	非金属矿物制品业
1	**2**	**5**	**7**	**15**	**12**		**9**	**25**
			1	3	7		5	5
1			6	5	3		1	11
		3		3	1		3	4
				3	1			4
	2	2		1				1
5	**6**	**7**	**1**	**12**	**6**		**5**	**45**
1	1	3	1	3	2		2	14
1	1			3				3
2	1	1		1				7
				1				2
		1		1			2	
								1
1	3	1		1	3			9
		1		2	1		1	9
21	**11**	**12**	**4**	**26**	**405**	**6**	**34**	**58**
1	2		1	2	14		4	5
3	1	3	2	9	9	4	7	15
1	3	1		4	134		3	10
3		1	1	2	31	2	1	3
11	3	2		7	4		13	13
	1	1		1	3		2	2
2	1	4		1	210		4	10
7	**3**	**12**	**2**	**9**	**67**		**17**	**39**
1	1	2		3	9		4	11
		1		3	2		2	3
			1		5		3	3
		2			12		1	2
	1				2			2
3		5	1	3	6		4	2
1		2			29		2	6
2	1				1		1	4
					1			6
3	**3**	**13**		**18**	**11**		**32**	**39**
				2				
1		2		4	1		7	12
1	1			3	3		1	7
	1			3	1		1	4
		2					4	1
		5		1	1		12	5
1					2		2	2
	1	4		5	3		5	8
	1	**3**		**1**	**2**		**2**	**13**
					1			
	1	3		1	1		1	2
								4
							1	7

4-4c 各地区分性别、

地区 性别	制造业							
	黑色金属冶炼和压延加工业	有色金属冶炼和压延加工业	金属制品业	通用设备制造业	专用设备制造业	汽车制造业	铁路、船舶、航空航天和其他运输设备制造业	电气机械和器材制造业
合计	**813**	**838**	**2198**	**1279**	**602**	**340**	**135**	**510**
兰州市	**459**	**194**	**492**	**174**	**72**	**110**	**21**	**74**
城关区	1		33	4	2	1		
七里河区	4	6	111	18	20		2	10
西固区	2	12	27	29	3	3	2	
安宁区								
红古区	1	66	4	2	4	1		
永登县	65	51	82	17	15		4	4
皋兰县	178		15	1	3	1	2	2
榆中县	199	47	134	28	8	5	4	16
兰州新区	9	12	86	75	17	99	7	42
嘉峪关市	**31**	**30**	**14**	**28**	**3**	**1**		
市辖区	31	30	14	28	3	1		
金昌市	**6**	**45**	**18**	**5**	**6**			**3**
金川区	1	33	3	2				1
永昌县	5	12	15	3	6			2
白银市	**26**	**40**	**78**	**59**	**12**	**10**	**3**	**17**
白银区		19	5	1	1			3
平川区	2		7	6	1	3		1
靖远县	4	10	26	15	5	4	2	7
会宁县	8	5	29	24	3	3	1	5
景泰县	12	6	11	13	2			1
天水市	**55**	**8**	**139**	**139**	**74**	**51**	**17**	**61**
秦州区	2		15	15	24	3	3	6
麦积区	22	2	24	24	15	11	4	18
清水县		1	26	18	3	2	1	6
秦安县	6	1	33	32	6	13	3	13
甘谷县	7	3	21	24	17	14	4	13
武山县	12		15	23	5	7	2	4
张家川回族自治县	6	1	5	3	4	1		1
武威市	**27**	**17**	**143**	**141**	**37**	**2**	**20**	**28**
凉州区	11	4	93	99	31	2	19	18
民勤县		5	16	3	2			4
古浪县	4	7	29	8	2			2
天祝藏族自治县	12	1	5	31	2		1	4
张掖市	**11**	**8**	**130**	**9**	**17**	**9**	**2**	**11**
甘州区	3	6	59	4	7	5		5
肃南裕固族自治县			3					
民乐县	1	1	12	3	5	1		3
临泽县	1	1	7	1	1			1
高台县	3		31		2	2	2	1
山丹县	3		18	1	2	1		1
平凉市	**21**	**17**	**149**	**57**	**28**	**14**	**13**	**34**
崆峒区	3		25	9	6	1	5	2
泾川县		4	15	13	2	2	1	5
灵台县	2	3	22	5	7	3	2	8
崇信县		1	6	6	3	2	2	1
庄浪县	6	1	41	14	6	4	2	7
静宁县	7	6	27	9	2	2	1	7
华亭市	3	2	13	1	2			4

行业大类的就业人口（乡村）（续12）

单位：人

制造业					电力、热力、燃气及水生产和供应业			
计算机、通信和其他电子设备制造业	仪器仪表制造业	其他制造业	废弃资源综合利用业	金属制品、机械和设备修理业	小计	电力、热力生产和供应业	燃气生产和供应业	水的生产和供应业
3505	**117**	**259**	**422**	**336**	**2494**	**1906**	**267**	**321**
47	**11**	**23**	**111**	**51**	**211**	**146**	**31**	**34**
	4		1		6	5		1
18	1	3	14	9	20	9	7	4
		1	25	2	28	21	6	1
3			1		8	6	1	1
10	2	2	10	9	40	30	6	4
	1	1	29	1	6	3	1	2
2	2	9	25	15	40	30	6	4
14	1	7	6	15	63	42	4	17
		1	**15**	**6**	**17**	**16**		**1**
		1	15	6	17	16		1
3	**1**		**14**	**8**	**45**	**30**	**3**	**12**
2			10	7	3	3		
1	1		4	1	42	27	3	12
40	**2**	**3**	**11**	**14**	**159**	**129**	**16**	**14**
			5	1	6	3	1	2
			2	1	16	14	2	
22	2		2	3	37	27	4	6
12		3		4	30	21	4	5
6			2	5	70	64	5	1
605	**18**	**21**	**15**	**35**	**215**	**177**	**16**	**22**
103	2	2	3	2	16	12	1	3
98	5	5	2	6	33	29	3	1
69	1	4		2	33	23	5	5
106	1	2		2	43	33	4	6
129	5	4	5	14	63	58		5
87	3	4	5	5	20	17	2	1
13	1			4	7	5	1	1
50	**2**	**24**	**57**	**27**	**179**	**137**	**25**	**17**
19	2	4	50	16	99	79	13	7
3		1	3	5	24	19	3	2
23			3	3	29	21	5	3
5		19	1	3	27	18	4	5
38	**2**	**1**	**22**	**23**	**225**	**179**	**30**	**16**
12	2		13	18	84	59	23	2
					25	25		
13			8	3	45	40	2	3
4			1	1	13	9	2	2
1		1		1	17	12	1	4
8					41	34	2	5
204	**7**	**9**	**19**	**22**	**264**	**200**	**18**	**46**
54		1	1	6	40	33	1	6
37	1	1		2	14	12	1	1
25	2	1	3	6	18	12		6
11		1	2	1	76	67	1	8
32	3	4	12	3	34	23	8	3
27		1	1	3	56	34	5	17
18	1			1	26	19	2	5

4-4c 各地区分性别、

地区 性别	制造业							
	黑色金属冶炼和压延加工业	有色金属冶炼和压延加工业	金属制品业	通用设备制造业	专用设备制造业	汽车制造业	铁路、船舶、航空航天和其他运输设备制造业	电气机械和器材制造业
酒泉市	**17**	**128**	**89**	**83**	**9**	**8**		**12**
肃州区	7	2	51	54	5	3		8
金塔县	4		9			1		
瓜州县	2	7	6	12	1	1		4
肃北蒙古族自治县		118						
阿克塞哈萨克族自治县								
玉门市	4	1	9	16	2	3		
敦煌市			14	1	1			
庆阳市	**21**	**8**	**201**	**55**	**45**	**30**	**9**	**29**
西峰区	11	4	73	11	20	9		4
庆城县	1		16	6	4	1	1	4
环　县		2	43	1	7	2		
华池县	3		9	4	1			6
合水县	3		6	8	2	1		1
正宁县	2	1	3	8		8	2	4
宁　县			22	6	5	4	1	6
镇原县	1	1	29	11	6	5	5	4
定西市	**57**	**114**	**266**	**172**	**107**	**46**	**28**	**80**
安定区	3	2	41	27	9	3	2	1
通渭县	14	21	84	49	26	13	5	13
陇西县	2	14	31	32	13	7	4	12
渭源县	9	6	20	13	11	7	4	7
临洮县	23	28	55	33	8	7	4	23
漳　县		2	7	3	2	2	2	2
岷　县	6	41	28	15	38	7	7	22
陇南市	**26**	**199**	**98**	**108**	**102**	**28**	**16**	**58**
武都区	2	3	17	17	11	3		8
成　县	1	28	12	7	10	12		4
文　县	8	50	13	11	4	2	4	5
宕昌县			6	14	3			4
康　县	1	1	6	17	5	2		4
西和县	5	7	15	28	35	5	6	17
礼　县	6	1	7	12	17	2	3	8
徽　县	3	91	18	1	16		3	7
两当县		18	4	1	1	2		1
临夏回族自治州	**55**	**30**	**341**	**235**	**80**	**30**	**6**	**98**
临夏市			13	7	2	1		1
临夏县	12	10	46	26	10	5	1	21
康乐县	7	6	168	29	1	5		4
永靖县	15	3	20	13	5			5
广河县	8	3	17	19	5	1		4
和政县	3	1	26	43	6	10	5	40
东乡族自治县	9	4	18	13	29	1		4
积石山保安族东乡族撒拉族自治县	1	3	33	85	22	7		19
甘南藏族自治州	**1**		**40**	**14**	**10**	**1**		**5**
合作市			6	2				1
临潭县	1		19	3	2			
卓尼县			11	3				1
舟曲县			3	3	4			1
迭部县					4			1
玛曲县								
碌曲县								
夏河县			1	3		1		1

行业大类的就业人口（乡村）（续13）

单位：人

制造业					电力、热力、燃气及水生产和供应业			
计算机、通信和其他电子设备制造业	仪器仪表制造业	其他制造业	废弃资源综合利用业	金属制品、机械和设备修理业	小计	电力、热力生产和供应业	燃气生产和供应业	水的生产和供应业
38	**1**	**2**	**29**	**24**	**304**	**273**	**11**	**20**
1		2	15	11	49	43	3	3
1			4	3	34	22		12
25	1		2	3	142	138	1	3
					1	1		
11			1	3	23	17	5	1
			7	4	55	52	2	1
144	**9**	**6**	**20**	**32**	**183**	**84**	**46**	**53**
23		1	14	5	63	32	13	18
10		3	1	8	11	6	2	3
3		1		3	58	21	25	12
2		1	3	4	8	3		5
6				2	10	3		7
22	2		1	1	4	2	1	1
45	3			6	17	10	2	5
33	4		1	3	12	7	3	2
516	**17**	**50**	**23**	**52**	**256**	**195**	**34**	**27**
9	1	2	2	6	50	38	9	3
194	7	7	7	17	63	48	10	5
28	2	5	5	5	28	20	2	6
29		13	1	3	18	15	2	1
80	4	19	5	13	64	51	8	5
34		2	1	2	4	2	1	1
142	3	2	2	6	29	21	2	6
569	**11**	**39**	**27**	**16**	**216**	**173**	**21**	**22**
142	4	14	16	1	25	20		5
64	1	4	1	4	41	27	10	4
17	1		3	3	56	52	2	2
67		3	3		13	11		2
58	1	1	1	1	10	7	2	1
137	2	3	2	1	32	25	4	3
52	2	10	1	5	12	11		1
29					21	14	3	4
3		4		1	6	6		
1199	**33**	**76**	**57**	**22**	**109**	**71**	**11**	**27**
22	1	5	4	1	3	1	1	1
212	9	4	14	3	30	11	5	14
159	1	12		1	17	13		4
11		1	1	1	12	11	1	
142	1	11	22	1	5	4		1
331	2	34	2	4	21	17		4
88	1		9	2	10	6	2	2
234	18	9	5	9	11	8	2	1
52	**3**	**4**	**2**	**4**	**111**	**96**	**5**	**10**
	1			3	4	3	1	
24		2			17	15	1	1
5			1	1	8	4	1	3
16	2	1	1		39	36		3
		1			15	15		
					12	12		
7					16	11	2	3

4-4c 各地区分性别、

地区 性别	制造业							
	黑色金属冶炼和压延加工业	有色金属冶炼和压延加工业	金属制品业	通用设备制造业	专用设备制造业	汽车制造业	铁路、船舶、航空航天和其他运输设备制造业	电气机械和器材制造业
男	**709**	**697**	**1895**	**1011**	**436**	**262**	**102**	**351**
兰州市	**394**	**163**	**414**	**154**	**49**	**91**	**17**	**53**
城关区	1		28	4	1	1		
七里河区	3	5	97	17	12		1	10
西固区	2	11	20	24	3	2	1	
安宁区								
红古区	1	64	4	2	4	1		
永登县	56	43	72	16	11		4	3
皋兰县	151		12	1	2	1	2	1
榆中县	173	29	107	24	4	5	4	13
兰州新区	7	11	74	66	12	81	5	26
嘉峪关市	**28**	**24**	**12**	**22**	**3**	**1**		
市辖区	28	24	12	22	3	1		
金昌市	**6**	**38**	**17**	**4**	**5**			**3**
金川区	1	26	2	1				1
永昌县	5	12	15	3	5			2
白银市	**20**	**34**	**72**	**50**	**11**	**8**	**2**	**13**
白银区		17	4	1	1			3
平川区	1		7	6	1	2		1
靖远县	4	8	25	13	4	4	1	5
会宁县	7	3	27	18	3	2	1	3
景泰县	8	6	9	12	2			1
天水市	**53**	**7**	**123**	**101**	**49**	**36**	**14**	**42**
秦州区	1		12	10	11	2	3	6
麦积区	22	2	23	19	13	9	3	12
清水县		1	22	12	2	2	1	2
秦安县	6	1	27	24	4	8	3	7
甘谷县	7	2	20	16	11	11	3	12
武山县	12		14	17	5	4	1	2
张家川回族自治县	5	1	5	3	3			1
武威市	**25**	**15**	**129**	**115**	**28**	**2**	**14**	**21**
凉州区	10	4	83	75	24	2	13	13
民勤县		4	13	3	2			3
古浪县	3	6	29	8	1			2
天祝藏族自治县	12	1	4	29	1		1	3
张掖市	**9**	**7**	**112**	**8**	**12**	**7**	**2**	**8**
甘州区	3	5	51	4	5	3		3
肃南裕固族自治县			2					
民乐县	1	1	11	2	3	1		2
临泽县	1	1	6	1	1			1
高台县	3		27		2	2	2	1
山丹县	1		15	1	1	1		1
平凉市	**19**	**15**	**131**	**51**	**19**	**12**	**10**	**24**
崆峒区	1		22	8	5	1	3	1
泾川县		3	15	12	2	2	1	5
灵台县	2	2	21	4	4	2	2	4
崇信县		1	5	5	3	2	1	1
庄浪县	6	1	33	14	3	3	2	5
静宁县	7	6	24	7	1	2	1	5
华亭市	3	2	11	1	1			3

行业大类的就业人口（乡村）（续 14）

单位：人

制造业					电力、热力、燃气及水生产和供应业			
计算机、通信和其他电子设备制造业	仪器仪表制造业	其他制造业	废弃资源综合利用业	金属制品、机械和设备修理业	小计	电力、热力生产和供应业	燃气生产和供应业	水的生产和供应业
2265	**87**	**173**	**330**	**308**	**2094**	**1628**	**200**	**266**
36	**9**	**17**	**79**	**45**	**182**	**125**	**26**	**31**
	3				4	4		
16	1	2	11	8	19	9	6	4
		1	16	1	21	14	6	1
3			1		6	4	1	1
5	2	1	9	9	36	28	5	3
	1	1	18	1	6	3	1	2
2	1	6	21	12	35	26	5	4
10	1	6	3	14	55	37	2	16
			15	**5**	**14**	**13**		**1**
			15	5	14	13		1
2	**1**		**11**	**8**	**38**	**25**	**3**	**10**
1			9	7	2	2		
1	1		2	1	36	23	3	10
22	**1**	**3**	**8**	**13**	**116**	**94**	**10**	**12**
			3	1	6	3	1	2
			1	1	14	13	1	
12	1		2	2	30	24	2	4
7		3		4	25	18	2	5
3			2	5	41	36	4	1
360	**14**	**15**	**15**	**28**	**195**	**167**	**11**	**17**
63	1	1	3	2	15	11	1	3
57	5	5	2	5	30	28	1	1
44	1	1		2	28	20	4	4
70	1	1		1	38	30	3	5
69	3	4	5	12	61	58		3
50	2	3	5	2	17	15	1	1
7	1			4	6	5	1	
37	**1**	**19**	**41**	**26**	**154**	**118**	**20**	**16**
15	1	3	36	16	86	68	11	7
2		1	2	5	20	16	2	2
15			2	3	25	18	4	3
5		15	1	2	23	16	3	4
26	**2**	**1**	**16**	**19**	**184**	**147**	**25**	**12**
7	2		9	14	73	51	20	2
					19	19		
9			6	3	38	33	2	3
3			1	1	10	8	1	1
		1		1	14	11		3
7					30	25	2	3
134	**6**	**8**	**19**	**21**	**235**	**186**	**13**	**36**
37		1	1	5	36	31	1	4
25	1	1		2	13	11	1	1
14	2	1	3	6	17	11		6
9		1	2	1	72	64	1	7
17	3	3	12	3	29	21	6	2
21		1	1	3	47	32	3	12
11				1	21	16	1	4

4-4c 各地区分性别、

地区 性别	制造业							
	黑色金属冶炼和压延加工业	有色金属冶炼和压延加工业	金属制品业	通用设备制造业	专用设备制造业	汽车制造业	铁路、船舶、航空航天和其他运输设备制造业	电气机械和器材制造业
酒泉市	**14**	**116**	**84**	**67**	**7**	**6**		**8**
肃州区	6	2	48	41	3	2		5
金塔县	4		8			1		
瓜州县	2	5	6	12	1	1		3
肃北蒙古族自治县		108						
阿克塞哈萨克族自治县								
玉门市	2	1	9	13	2	2		
敦煌市			13	1	1			
庆阳市	**20**	**8**	**185**	**50**	**34**	**22**	**7**	**20**
西峰区	10	4	65	11	14	6		4
庆城县	1		15	4	4			3
环　县		2	38	1	5	2		
华池县	3		9	4				2
合水县	3		6	8	2			
正宁县	2	1	3	6		7	1	3
宁　县			22	5	4	3	1	4
镇原县	1	1	27	11	5	4	5	4
定西市	**48**	**86**	**222**	**142**	**75**	**37**	**22**	**61**
安定区	2	2	33	25	8	2	2	1
通渭县	11	16	72	36	18	10	4	8
陇西县	2	13	28	27	10	6	4	10
渭源县	8	4	17	12	9	6	3	5
临洮县	21	25	44	30	7	6	4	19
漳　县		2	7	3	1	1	1	2
岷　县	4	24	21	9	22	6	4	16
陇南市	**21**	**156**	**81**	**83**	**78**	**20**	**11**	**30**
武都区	2	3	14	16	7	3		5
成　县	1	28	9	6	5	9		2
文　县	6	27	11	8	4	1	4	2
宕昌县			5	11	2			3
康　县	1	1	4	10	4			2
西和县	3	6	15	21	31	4	3	6
礼　县	5	1	5	9	13	2	1	5
徽　县	3	75	15	1	11		3	4
两当县		15	3	1	1	1		1
临夏回族自治州	**51**	**28**	**281**	**155**	**58**	**19**	**3**	**64**
临夏市			11	5	1	1		
临夏县	12	10	39	19	8	3	1	15
康乐县	3	5	136	17	1	2		2
永靖县	15	3	17	13	5			3
广河县	8	3	12	9	3	1		3
和政县	3	1	20	23	4	5	2	26
东乡族自治县	9	3	17	10	22	1		4
积石山保安族东乡族撒拉族自治县	1	3	29	59	14	6		11
甘南藏族自治州	**1**		**32**	**9**	**8**	**1**		**4**
合作市			5	2				
临潭县	1		15	3	1			
卓尼县			9	1				1
舟曲县			2		3			1
迭部县					4			1
玛曲县								
碌曲县								
夏河县			1	3		1		1

行业大类的就业人口（乡村）（续 15）

单位：人

制造业					电力、热力、燃气及水生产和供应业			
计算机、通信和其他电子设备制造业	仪器仪表制造业	其他制造业	废弃资源综合利用业	金属制品、机械和设备修理业	小计	电力、热力生产和供应业	燃气生产和供应业	水的生产和供应业
28		**1**	**17**	**22**	**255**	**229**	**8**	**18**
1		1	8	9	36	33	2	1
1			3	3	29	17		12
17			1	3	118	114	1	3
					1	1		
9			1	3	22	17	4	1
			4	4	49	47	1	1
86	**8**	**6**	**18**	**31**	**147**	**72**	**30**	**45**
17		1	12	5	53	28	10	15
8		3	1	7	9	6	1	2
1		1		3	40	17	13	10
2		1	3	4	7	3		4
2				2	9	2		7
16	2		1	1	3	2	1	
25	3			6	16	9	2	5
15	3		1	3	10	5	3	2
330	**14**	**36**	**18**	**50**	**218**	**170**	**23**	**25**
6	1	1	1	6	38	30	5	3
136	6	6	6	16	56	42	9	5
14	2	4	5	5	27	20	1	6
16		11	1	3	15	13	1	1
55	4	11	5	13	55	45	6	4
20		1		2	3	2		1
83	1	2		5	24	18	1	5
329	**9**	**23**	**23**	**16**	**181**	**145**	**18**	**18**
76	3	8	12	1	22	17		5
36	1	2	1	4	35	25	7	3
9	1		3	3	44	41	2	1
46		1	3		10	8		2
32	1		1	1	10	7	2	1
76	1	2	2	1	28	23	4	1
31	2	8	1	5	10	9		1
21					17	10	3	4
2		2		1	5	5		
841	**21**	**43**	**49**	**20**	**88**	**62**	**8**	**18**
17		3	3	1	2	1	1	
141	4	2	11	3	21	10	3	8
109		6		1	14	12		2
9		1	1	1	12	11	1	
113	1	9	20	1	5	4		1
215	2	15	2	3	18	14		4
67			7	2	8	4	2	2
170	14	7	5	8	8	6	1	1
34	**1**	**1**	**1**	**4**	**87**	**75**	**5**	**7**
				3	3	2	1	
15		1			15	13	1	1
3				1	5	3	1	1
11	1		1		32	30		2
					9	9		
					11	11		
5					12	7	2	3

4-4c 各地区分性别、

地区 性别	制造业							
	黑色金属冶炼和压延加工业	有色金属冶炼和压延加工业	金属制品业	通用设备制造业	专用设备制造业	汽车制造业	铁路、船舶、航空航天和其他运输设备制造业	电气机械和器材制造业
女	**104**	**141**	**303**	**268**	**166**	**78**	**33**	**159**
兰州市	**65**	**31**	**78**	**20**	**23**	**19**	**4**	**21**
城关区			5		1			
七里河区	1	1	14	1	8		1	
西固区		1	7	5		1	1	
安宁区								
红古区		2						
永登县	9	8	10	1	4			1
皋兰县	27		3		1			1
榆中县	26	18	27	4	4			3
兰州新区	2	1	12	9	5	18	2	16
嘉峪关市	**3**	**6**	**2**	**6**				
市辖区	3	6	2	6				
金昌市		**7**	**1**	**1**	**1**			
金川区		7	1	1				
永昌县					1			
白银市	**6**	**6**	**6**	**9**	**1**	**2**	**1**	**4**
白银区		2	1					
平川区	1					1		
靖远县		2	1	2	1		1	2
会宁县	1	2	2	6		1		2
景泰县	4		2	1				
天水市	**2**	**1**	**16**	**38**	**25**	**15**	**3**	**19**
秦州区	1		3	5	13	1		
麦积区			1	5	2	2	1	6
清水县			4	6	1			4
秦安县			6	8	2	5		6
甘谷县		1	1	8	6	3	1	1
武山县			1	6		3	1	2
张家川回族自治县	1				1	1		
武威市	**2**	**2**	**14**	**26**	**9**		**6**	**7**
凉州区	1		10	24	7		6	5
民勤县		1	3					1
古浪县	1	1			1			
天祝藏族自治县			1	2	1			1
张掖市	**2**	**1**	**18**	**1**	**5**	**2**		**3**
甘州区		1	8		2	2		2
肃南裕固族自治县			1					
民乐县			1	1	2			1
临泽县			1					
高台县			4					
山丹县	2		3		1			
平凉市	**2**	**2**	**18**	**6**	**9**	**2**	**3**	**10**
崆峒区	2		3	1	1		2	1
泾川县		1		1				
灵台县		1	1	1	3	1		4
崇信县			1	1			1	
庄浪县			8		3	1		2
静宁县			3	2	1			2
华亭市			2		1			1

行业大类的就业人口（乡村）（续 16）

单位：人

制造业					电力、热力、燃气及水生产和供应业			
计算机、通信和其他电子设备制造业	仪器仪表制造业	其他制造业	废弃资源综合利用业	金属制品、机械和设备修理业	小计	电力、热力生产和供应业	燃气生产和供应业	水的生产和供应业
1240	**30**	**86**	**92**	**28**	**400**	**278**	**67**	**55**
11	**2**	**6**	**32**	**6**	**29**	**21**	**5**	**3**
	1		1		2	1		1
2		1	3	1	1		1	
			9	1	7	7		
					2	2		
5		1	1		4	2	1	1
			11					
	1	3	4	3	5	4	1	
4		1	3	1	8	5	2	1
		1		**1**	**3**	**3**		
		1		1	3	3		
1			**3**		**7**	**5**		**2**
1			1		1	1		
			2		6	4		2
18	**1**		**3**	**1**	**43**	**35**	**6**	**2**
			2					
			1		2	1	1	
10	1			1	7	3	2	2
5					5	3	2	
3					29	28	1	
245	**4**	**6**		**7**	**20**	**10**	**5**	**5**
40	1	1			1	1		
41				1	3	1	2	
25		3			5	3	1	1
36		1		1	5	3	1	1
60	2			2	2			2
37	1	1		3	3	2	1	
6					1			1
13	**1**	**5**	**16**	**1**	**25**	**19**	**5**	**1**
4	1	1	14		13	11	2	
1			1		4	3	1	
8			1		4	3	1	
		4		1	4	2	1	1
12			**6**	**4**	**41**	**32**	**5**	**4**
5			4	4	11	8	3	
					6	6		
4			2		7	7		
1					3	1	1	1
1					3	1	1	1
1					11	9		2
70	**1**	**1**		**1**	**29**	**14**	**5**	**10**
17				1	4	2		2
12					1	1		
11					1	1		
2					4	3		1
15		1			5	2	2	1
6					9	2	2	5
7	1				5	3	1	1

4–4c 各地区分性别、

地区 性别	制造业							
	黑色金属冶炼和压延加工业	有色金属冶炼和压延加工业	金属制品业	通用设备制造业	专用设备制造业	汽车制造业	铁路、船舶、航空航天和其他运输设备制造业	电气机械和器材制造业
酒泉市	**3**	**12**	**5**	**16**	**2**	**2**		**4**
肃州区	1		3	13	2	1		3
金塔县			1					
瓜州县		2						1
肃北蒙古族自治县		10						
阿克塞哈萨克族自治县								
玉门市	2			3		1		
敦煌市			1					
庆阳市	**1**		**16**	**5**	**11**	**8**	**2**	**9**
西峰区	1		8		6	3		
庆城县			1	2		1	1	1
环　县			5		2			
华池县					1			4
合水县						1		1
正宁县				2		1	1	1
宁　县				1	1	1		2
镇原县			2		1	1		
定西市	**9**	**28**	**44**	**30**	**32**	**9**	**6**	**19**
安定区	1		8	2	1	1		
通渭县	3	5	12	13	8	3	1	5
陇西县		1	3	5	3	1		2
渭源县	1	2	3	1	2	1	1	2
临洮县	2	3	11	3	1	1		4
漳　县					1	1	1	
岷　县	2	17	7	6	16	1	3	6
陇南市	**5**	**43**	**17**	**25**	**24**	**8**	**5**	**28**
武都区			3	1	4			3
成　县			3	1	5	3		2
文　县	2	23	2	3		1		3
宕昌县			1	3	1			1
康　县			2	7	1	2		2
西和县	2	1		7	4	1	3	11
礼　县	1		2	3	4		2	3
徽　县		16	3		5			3
两当县		3	1			1		
临夏回族自治州	**4**	**2**	**60**	**80**	**22**	**11**	**3**	**34**
临夏市			2	2	1			1
临夏县			7	7	2	2		6
康乐县	4	1	32	12		3		2
永靖县			3					2
广河县			5	10	2			1
和政县			6	20	2	5	3	14
东乡族自治县		1	1	3	7			
积石山保安族东乡族撒拉族自治县			4	26	8	1		8
甘南藏族自治州			**8**	**5**	**2**			**1**
合作市			1					1
临潭县			4		1			
卓尼县			2	2				
舟曲县			1	3	1			
迭部县								
玛曲县								
碌曲县								
夏河县								

行业大类的就业人口（乡村）（续 17）

单位：人

制造业					电力、热力、燃气及水生产和供应业			
计算机、通信和其他电子设备制造业	仪器仪表制造业	其他制造业	废弃资源综合利用业	金属制品、机械和设备修理业	小计	电力、热力生产和供应业	燃气生产和供应业	水的生产和供应业
10	**1**	**1**	**12**	**2**	**49**	**44**	**3**	**2**
		1	7	2	13	10	1	2
			1		5	5		
8	1		1		24	24		
2					1		1	
			3		6	5	1	
58	**1**		**2**	**1**	**36**	**12**	**16**	**8**
6			2		10	4	3	3
2				1	2		1	1
2					18	4	12	2
					1			1
4					1	1		
6					1			1
20					1	1		
18	1				2	2		
186	**3**	**14**	**5**	**2**	**38**	**25**	**11**	**2**
3		1	1		12	8	4	
58	1	1	1	1	7	6	1	
14		1			1		1	
13		2			3	2	1	
25		8			9	6	2	1
14		1	1		1		1	
59	2		2	1	5	3	1	1
240	**2**	**16**	**4**		**35**	**28**	**3**	**4**
66	1	6	4		3	3		
28		2			6	2	3	1
8					12	11		1
21		2			3	3		
26		1						
61	1	1			4	2		2
21		2			2	2		
8					4	4		
1		2			1	1		
358	**12**	**33**	**8**	**2**	**21**	**9**	**3**	**9**
5	1	2	1		1			1
71	5	2	3		9	1	2	6
50	1	6			3	1		2
2								
29		2	2					
116		19		1	3	3		
21	1		2		2	2		
64	4	2		1	3	2	1	
18	**2**	**3**	**1**		**24**	**21**		**3**
	1				1	1		
9		1			2	2		
2			1		3	1		2
5	1	1			7	6		1
		1			6	6		
					1	1		
2					4	4		

4-4c 各地区分性别、

地区 性别	建筑业					批发和零售业		
	小计	房屋建筑业	土木工程建筑业	建筑安装业	建筑装饰、装修和其他建筑业	小计	批发业	零售业
合计	**58129**	**39013**	**6602**	**2055**	**10459**	**25356**	**6619**	**18737**
兰州市	**5506**	**3010**	**953**	**433**	**1110**	**2668**	**849**	**1819**
城关区	146	90	8	9	39	131	26	105
七里河区	690	380	87	52	171	515	142	373
西固区	180	69	15	19	77	205	66	139
安宁区								
红古区	161	141	9	1	10	90	21	69
永登县	1014	579	277	44	114	358	111	247
皋兰县	328	78	113	26	111	171	38	133
榆中县	1034	608	113	88	225	694	268	426
兰州新区	1953	1065	331	194	363	504	177	327
嘉峪关市	**101**	**32**	**18**	**22**	**29**	**57**	**9**	**48**
市辖区	101	32	18	22	29	57	9	48
金昌市	**372**	**238**	**55**	**20**	**59**	**415**	**224**	**191**
金川区	136	76	29	12	19	82	33	49
永昌县	236	162	26	8	40	333	191	142
白银市	**1711**	**992**	**294**	**82**	**343**	**1063**	**257**	**806**
白银区	122	61	29	6	26	84	17	67
平川区	234	145	38	9	42	107	32	75
靖远县	574	309	130	25	110	374	86	288
会宁县	512	299	71	26	116	359	80	279
景泰县	269	178	26	16	49	139	42	97
天水市	**8012**	**5629**	**626**	**276**	**1481**	**2976**	**798**	**2178**
秦州区	1380	897	120	29	334	370	91	279
麦积区	1452	926	106	74	346	478	90	388
清水县	937	653	76	57	151	230	35	195
秦安县	983	654	76	49	204	700	163	537
甘谷县	1286	995	86	30	175	438	88	350
武山县	1498	1186	93	19	200	565	286	279
张家川回族自治县	476	318	69	18	71	195	45	150
武威市	**3074**	**1767**	**385**	**111**	**811**	**1765**	**477**	**1288**
凉州区	1703	1108	99	65	431	1235	352	883
民勤县	98	28	28	7	35	151	56	95
古浪县	815	515	135	18	147	257	50	207
天祝藏族自治县	458	116	123	21	198	122	19	103
张掖市	**3171**	**2144**	**399**	**99**	**529**	**1660**	**445**	**1215**
甘州区	1126	715	85	46	280	932	296	636
肃南裕固族自治县	39	21	8		10	44	10	34
民乐县	886	651	125	15	95	193	23	170
临泽县	147	98	13	7	29	101	31	70
高台县	291	221	24	4	42	155	50	105
山丹县	682	438	144	27	73	235	35	200
平凉市	**4682**	**3197**	**513**	**155**	**817**	**2175**	**433**	**1742**
崆峒区	1082	825	33	31	193	491	92	399
泾川县	421	278	24	19	100	250	41	209
灵台县	534	326	72	18	118	204	28	176
崇信县	296	186	47	8	55	108	17	91
庄浪县	1178	845	91	39	203	430	89	341
静宁县	741	502	86	31	122	479	100	379
华亭市	430	235	160	9	26	213	66	147

行业大类的就业人口（乡村）（续18）

单位：人

交通运输、仓储和邮政业								
小计	铁路运输业	道路运输业	水上运输业	航空运输业	管道运输业	多式联运和运输代理业	装卸搬运和仓储业	邮政业
15606	**428**	**10706**	**21**	**71**	**8**	**219**	**2746**	**1407**
2237	**40**	**1536**	**4**	**24**		**60**	**370**	**203**
57		31				10	10	6
356	6	300	3	1		7	16	23
141	7	87				2	31	14
77	6	41		2			24	4
370	7	282	1	3		9	45	23
211		137				3	31	40
594	9	367		3		14	151	50
431	5	291		15		15	62	43
80	**10**	**60**		**1**		**1**	**7**	**1**
80	10	60		1		1	7	1
185	**2**	**134**				**1**	**35**	**13**
61		36					21	4
124	2	98				1	14	9
791	**13**	**598**	**1**	**2**	**3**	**11**	**97**	**66**
74		43				1	27	3
129	2	103				2	12	10
231	5	181	1		1	1	21	21
194	5	135		2	1	1	26	24
163	1	136			1	6	11	8
1393	**57**	**841**	**2**	**7**		**25**	**246**	**215**
224	3	133	1			3	39	45
303	16	160		2		3	66	56
100	3	65				4	15	13
265	13	156		4			49	43
146	12	105	1	1		4	5	18
204	4	117				11	46	26
151	6	105					26	14
942	**34**	**726**		**5**		**12**	**81**	**84**
563	23	447		1		6	43	43
92	1	54		1		2	20	14
148	5	115		3		1	12	12
139	5	110				3	6	15
880	**35**	**645**		**5**		**8**	**133**	**54**
415	17	290		2		3	71	32
21		18						3
112	7	84				4	14	3
51	3	39		2			6	1
66	3	50					8	5
215	5	164		1		1	34	10
1210	**23**	**852**		**3**		**6**	**177**	**149**
341	9	260		1		1	22	48
94	2	60					12	20
121	3	81		1			20	16
52	1	34					7	10
240	1	184				2	34	19
247	6	145		1		3	67	25
115	1	88					15	11

4-4c 各地区分性别、

地区 性别	建筑业					批发和零售业		
	小计	房屋建筑业	土木工程建筑业	建筑安装业	建筑装饰、装修和其他建筑业	小计	批发业	零售业
酒泉市	**1210**	**627**	**210**	**67**	**306**	**1000**	**222**	**778**
肃州区	385	192	38	29	126	427	109	318
金塔县	257	144	61	10	42	120	31	89
瓜州县	243	142	49	6	46	174	29	145
肃北蒙古族自治县	42	2	39	1		7	4	3
阿克塞哈萨克族自治县								
玉门市	128	71	10	9	38	97	27	70
敦煌市	155	76	13	12	54	175	22	153
庆阳市	**3951**	**2305**	**495**	**182**	**969**	**2195**	**436**	**1759**
西峰区	967	584	61	66	256	648	126	522
庆城县	321	188	59	13	61	196	22	174
环　县	651	378	136	22	115	345	53	292
华池县	183	115	25	11	32	127	26	101
合水县	311	186	51	20	54	138	6	132
正宁县	250	123	73	23	31	113	18	95
宁　县	663	343	65	8	247	334	104	230
镇原县	605	388	25	19	173	294	81	213
定西市	**8610**	**6168**	**730**	**323**	**1389**	**3429**	**839**	**2590**
安定区	803	454	100	34	215	501	101	400
通渭县	2362	1491	142	120	609	934	216	718
陇西县	770	536	64	44	126	402	155	247
渭源县	769	560	54	33	122	331	117	214
临洮县	1764	1389	115	64	196	721	156	565
漳　县	473	336	80	19	38	127	21	106
岷　县	1669	1402	175	9	83	413	73	340
陇南市	**8899**	**6321**	**986**	**146**	**1446**	**2379**	**637**	**1742**
武都区	2401	1806	299	21	275	543	133	410
成　县	662	452	83	12	115	214	30	184
文　县	1218	782	287	4	145	286	138	148
宕昌县	696	601	9	6	80	186	41	145
康　县	866	660	101	10	95	174	36	138
西和县	1274	747	95	61	371	359	72	287
礼　县	1116	794	55	15	252	378	134	244
徽　县	576	428	47	13	88	208	49	159
两当县	90	51	10	4	25	31	4	27
临夏回族自治州	**6611**	**4909**	**673**	**114**	**915**	**3025**	**892**	**2133**
临夏市	317	196	13	3	105	147	28	119
临夏县	1977	1503	235	36	203	836	221	615
康乐县	1180	961	45	27	147	335	91	244
永靖县	647	437	75	5	130	189	51	138
广河县	147	106	7	6	28	346	128	218
和政县	615	460	44	20	91	266	44	222
东乡族自治县	638	480	32	6	120	387	141	246
积石山保安族东乡族撒拉族自治县	1090	766	222	11	91	519	188	331
甘南藏族自治州	**2219**	**1674**	**265**	**25**	**255**	**549**	**101**	**448**
合作市	257	216	19	3	19	66	18	48
临潭县	637	422	138	10	67	138	28	110
卓尼县	341	255	32	3	51	72	8	64
舟曲县	807	697	23	5	82	164	20	144
迭部县	59	27	12	3	17	31	13	18
玛曲县	2	2				12		12
碌曲县	16	12	1		3	18	9	9
夏河县	100	43	40	1	16	48	5	43

行业大类的就业人口（乡村）（乡村）（续19）

单位：人

交通运输、仓储和邮政业								
小计	铁路运输业	道路运输业	水上运输业	航空运输业	管道运输业	多式联运和运输代理业	装卸搬运和仓储业	邮政业
618	**37**	**449**		**3**	**5**	**6**	**80**	**38**
189	5	148				5	17	14
94		59				1	29	5
140	28	93					11	8
4		4						
61	3	36			5		11	6
130	1	109		3			12	5
1579	**16**	**1198**	**4**	**2**		**17**	**208**	**134**
448	2	362				7	43	34
186	2	155		1		5	14	9
278	6	228	1	1			26	16
142		116	1				16	9
90		61					10	19
66	1	26					32	7
174	4	123				3	26	18
195	1	127	2			2	41	22
1845	**113**	**1131**	**1**	**8**		**32**	**363**	**197**
319	16	178				7	94	24
435	32	277		7		5	41	73
234	9	121		1		5	75	23
184	29	97				7	26	25
368	9	278	1			7	50	23
105	2	44					53	6
200	16	136				1	24	23
1793	**19**	**1083**	**3**	**8**		**20**	**523**	**137**
326	6	254				4	32	30
192	1	150		3		1	22	15
191	2	128		2		1	48	10
410	1	81					321	7
128	1	77				2	34	14
185	4	134	2	2		6	11	26
190		131		1		3	38	17
128	3	93	1			3	15	13
43	1	35					2	5
1601	**24**	**1099**	**6**	**2**		**14**	**376**	**80**
89	1	74				1	11	2
319	10	242		1		4	37	25
174		135	1				25	13
124	3	96	5			2	13	5
321	7	175					131	8
155	1	113					32	9
182	1	141				3	32	5
237	1	123		1		4	95	13
452	**5**	**354**		**1**		**6**	**50**	**36**
52	1	33		1			3	14
111		79				1	25	6
41		36					3	2
97	1	83				3	4	6
96	1	75				1	14	5
3		3						
7		6						1
45	2	39				1	1	2

4-4c 各地区分性别、

地区 性别	建筑业					批发和零售业		
	小计	房屋建筑业	土木工程建筑业	建筑安装业	建筑装饰、装修和其他建筑业	小计	批发业	零售业
男	**50334**	**33464**	**5908**	**1879**	**9083**	**13425**	**4363**	**9062**
兰州市	**4773**	**2574**	**849**	**381**	**969**	**1457**	**575**	**882**
城关区	124	76	7	8	33	82	19	63
七里河区	596	317	79	45	155	265	93	172
西固区	153	59	12	19	63	110	45	65
安宁区								
红古区	149	134	7	1	7	46	14	32
永登县	890	501	252	39	98	191	76	115
皋兰县	289	64	104	23	98	100	29	71
榆中县	904	523	101	79	201	383	176	207
兰州新区	1668	900	287	167	314	280	123	157
嘉峪关市	**81**	**23**	**13**	**20**	**25**	**25**	**5**	**20**
市辖区	81	23	13	20	25	25	5	20
金昌市	**310**	**201**	**45**	**18**	**46**	**222**	**140**	**82**
金川区	109	64	22	10	13	47	25	22
永昌县	201	137	23	8	33	175	115	60
白银市	**1507**	**872**	**269**	**80**	**286**	**579**	**177**	**402**
白银区	108	56	24	6	22	47	10	37
平川区	209	127	35	9	38	66	22	44
靖远县	512	273	119	24	96	206	64	142
会宁县	443	261	66	26	90	180	47	133
景泰县	235	155	25	15	40	80	34	46
天水市	**7206**	**5028**	**596**	**262**	**1320**	**1636**	**515**	**1121**
秦州区	1255	811	115	26	303	200	66	134
麦积区	1322	824	105	72	321	254	62	192
清水县	798	549	70	55	124	108	27	81
秦安县	875	576	70	47	182	405	95	310
甘谷县	1216	937	82	30	167	267	68	199
武山县	1337	1063	91	16	167	296	162	134
张家川回族自治县	403	268	63	16	56	106	35	71
武威市	**2579**	**1475**	**337**	**97**	**670**	**891**	**306**	**585**
凉州区	1487	950	91	58	388	616	224	392
民勤县	82	22	24	7	29	86	37	49
古浪县	647	408	116	16	107	131	35	96
天祝藏族自治县	363	95	106	16	146	58	10	48
张掖市	**2506**	**1654**	**333**	**87**	**432**	**803**	**316**	**487**
甘州区	947	588	76	42	241	472	207	265
肃南裕固族自治县	29	15	7		7	23	7	16
民乐县	646	457	104	14	71	87	16	71
临泽县	120	78	10	6	26	53	23	30
高台县	253	190	24	3	36	75	33	42
山丹县	511	326	112	22	51	93	30	63
平凉市	**4095**	**2795**	**449**	**146**	**705**	**1105**	**314**	**791**
崆峒区	910	703	30	30	147	242	67	175
泾川县	386	257	21	18	90	136	30	106
灵台县	493	304	62	17	110	107	22	85
崇信县	248	155	44	7	42	52	14	38
庄浪县	1017	722	78	35	182	195	60	135
静宁县	659	441	77	30	111	260	75	185
华亭市	382	213	137	9	23	113	46	67

行业大类的就业人口（乡村）（续20）

单位：人

交通运输、仓储和邮政业								
小计	铁路运输业	道路运输业	水上运输业	航空运输业	管道运输业	多式联运和运输代理业	装卸搬运和仓储业	邮政业
13738	**320**	**9927**	**18**	**43**	**7**	**196**	**2219**	**1008**
1947	**31**	**1420**	**3**	**12**		**53**	**293**	**135**
52		29				9	8	6
320	3	275	2	1		5	16	18
116	5	80				2	21	8
66	6	36		2			18	4
335	5	262	1	1		9	41	16
175		130				3	27	15
506	8	342		2		12	107	35
377	4	266		6		13	55	33
72	**6**	**57**		**1**		**1**	**6**	**1**
72	6	57		1		1	6	1
167	**1**	**123**				**1**	**32**	**10**
57		34					20	3
110	1	89				1	12	7
721	**7**	**564**		**1**	**3**	**10**	**90**	**46**
67		39					25	3
116	1	97				2	12	4
214	4	174			1	1	19	15
169	2	123		1	1	1	23	18
155		131			1	6	11	6
1213	**38**	**786**	**2**	**7**		**23**	**199**	**158**
200	1	129	1			3	34	32
262	12	153		2		3	53	39
91	1	62				4	14	10
228	8	149		4			35	32
128	9	94	1	1		4	4	15
167	2	102				9	36	18
137	5	97					23	12
807	**25**	**640**		**4**		**12**	**70**	**56**
487	18	395		1		6	39	28
78	1	46				2	18	11
127	4	102		3		1	9	8
115	2	97				3	4	9
727	**23**	**556**		**1**		**6**	**104**	**37**
343	14	248				3	54	24
15		15						
92	4	76				3	7	2
44	3	36					4	1
53	1	41					8	3
180	1	140		1			31	7
1089	**19**	**808**		**2**		**5**	**149**	**106**
311	8	242		1		1	20	39
82	2	58					8	14
109	1	79					19	10
46		33					7	6
218	1	174				1	29	13
222	6	139		1		3	54	19
101	1	83					12	5

4-4c 各地区分性别、

地区 性别	建筑业					批发和零售业		
	小计	房屋建筑业	土木工程建筑业	建筑安装业	建筑装饰、装修和其他建筑业	小计	批发业	零售业
酒泉市	**998**	**499**	**179**	**61**	**259**	**524**	**165**	**359**
肃州区	310	146	33	25	106	207	80	127
金塔县	216	114	58	8	36	77	21	56
瓜州县	209	122	39	6	42	88	23	65
肃北蒙古族自治县	31	1	29	1		5	4	1
阿克塞哈萨克族自治县								
玉门市	102	53	10	9	30	59	23	36
敦煌市	130	63	10	12	45	88	14	74
庆阳市	**3481**	**2037**	**442**	**164**	**838**	**1096**	**294**	**802**
西峰区	872	525	56	59	232	308	87	221
庆城县	292	173	51	9	59	116	18	98
环　县	557	327	118	22	90	167	37	130
华池县	162	100	22	9	31	65	18	47
合水县	268	159	46	19	44	68	5	63
正宁县	215	102	65	23	25	50	9	41
宁　县	579	309	60	5	205	178	69	109
镇原县	536	342	24	18	152	144	51	93
定西市	**7397**	**5243**	**653**	**294**	**1207**	**1773**	**523**	**1250**
安定区	698	391	85	34	188	262	69	193
通渭县	2027	1277	129	106	515	478	127	351
陇西县	678	471	55	42	110	225	91	134
渭源县	681	487	51	28	115	172	75	97
临洮县	1584	1244	104	59	177	353	101	252
漳　县	413	287	75	17	34	74	15	59
岷　县	1316	1086	154	8	68	209	45	164
陇南市	**7859**	**5502**	**922**	**142**	**1293**	**1195**	**423**	**772**
武都区	2021	1512	272	21	216	256	90	166
成　县	643	437	82	12	112	87	24	63
文　县	1055	657	266	4	128	134	75	59
宕昌县	546	462	8	6	70	88	29	59
康　县	785	595	95	9	86	81	24	57
西和县	1190	695	91	60	344	202	50	152
礼　县	993	700	53	14	226	234	95	139
徽　县	545	400	45	12	88	94	32	62
两当县	81	44	10	4	23	19	4	15
临夏回族自治州	**5821**	**4281**	**601**	**106**	**833**	**1811**	**557**	**1254**
临夏市	282	168	13	3	98	83	20	63
临夏县	1696	1276	202	34	184	494	136	358
康乐县	1022	831	40	23	128	188	58	130
永靖县	593	397	71	5	120	97	35	62
广河县	133	95	5	6	27	223	83	140
和政县	551	414	40	19	78	149	30	119
东乡族自治县	593	445	29	6	113	254	93	161
积石山保安族东乡族撒拉族自治县	951	655	201	10	85	323	102	221
甘南藏族自治州	**1721**	**1280**	**220**	**21**	**200**	**308**	**53**	**255**
合作市	163	136	13	2	12	44	11	33
临潭县	514	341	115	9	49	71	10	61
卓尼县	265	190	29	2	44	42	6	36
舟曲县	640	550	22	5	63	94	10	84
迭部县	50	23	9	3	15	14	5	9
玛曲县	1	1				5		5
碌曲县	10	7			3	12	9	3
夏河县	78	32	32		14	26	2	24

行业大类的就业人口（乡村）（续21）

单位：人

交通运输、仓储和邮政业								
小计	铁路运输业	道路运输业	水上运输业	航空运输业	管道运输业	多式联运和运输代理业	装卸搬运和仓储业	邮政业
533	**32**	**393**		**2**	**4**	**4**	**69**	**29**
168	5	131				4	16	12
84		57					23	4
122	25	82					10	5
4		4						
53	1	34			4		10	4
102	1	85		2			10	4
1442	**14**	**1140**	**4**	**2**		**17**	**175**	**90**
413	1	341				7	40	24
178	2	153		1		5	12	5
260	5	221	1	1			23	9
132		112	1				14	5
74		51					7	16
55	1	26					22	6
156	4	113				3	25	11
174	1	123	2			2	32	14
1614	**92**	**1034**		**4**		**27**	**310**	**147**
278	14	162				6	80	16
389	26	261		4		4	37	57
207	6	112				5	68	16
163	25	88				6	23	21
324	8	250				5	44	17
78	2	36					36	4
175	11	125				1	22	16
1527	**10**	**1015**	**3**	**5**		**18**	**372**	**104**
285	3	233				4	19	26
175		141		1		1	19	13
168	1	121		2			36	8
291	1	76					208	6
122		76				2	34	10
159	3	122	2	2		6	10	14
175		127				2	30	16
117	1	88	1			3	15	9
35	1	31					1	2
1483	**19**	**1066**	**6**	**1**		**13**	**314**	**64**
84		73				1	8	2
297	8	231				4	34	20
167		130	1				24	12
117	2	94	5			1	13	2
286	7	172					99	8
142	1	108					28	5
177	1	138				3	31	4
213		120		1		4	77	11
396	**3**	**325**		**1**		**6**	**36**	**25**
48	1	32		1			3	11
93		70				1	18	4
34		31					2	1
86	1	74				3	3	5
87		74				1	9	3
3		3						
7		6						1
38	1	35				1	1	

4-4c 各地区分性别、

地区 性别	建筑业					批发和零售业		
	小计	房屋建筑业	土木工程建筑业	建筑安装业	建筑装饰、装修和其他建筑业	小计	批发业	零售业
女	**7795**	**5549**	**694**	**176**	**1376**	**11931**	**2256**	**9675**
兰州市	**733**	**436**	**104**	**52**	**141**	**1211**	**274**	**937**
城关区	22	14	1	1	6	49	7	42
七里河区	94	63	8	7	16	250	49	201
西固区	27	10	3		14	95	21	74
安宁区								
红古区	12	7	2		3	44	7	37
永登县	124	78	25	5	16	167	35	132
皋兰县	39	14	9	3	13	71	9	62
榆中县	130	85	12	9	24	311	92	219
兰州新区	285	165	44	27	49	224	54	170
嘉峪关市	**20**	**9**	**5**	**2**	**4**	**32**	**4**	**28**
市辖区	20	9	5	2	4	32	4	28
金昌市	**62**	**37**	**10**	**2**	**13**	**193**	**84**	**109**
金川区	27	12	7	2	6	35	8	27
永昌县	35	25	3		7	158	76	82
白银市	**204**	**120**	**25**	**2**	**57**	**484**	**80**	**404**
白银区	14	5	5		4	37	7	30
平川区	25	18	3		4	41	10	31
靖远县	62	36	11	1	14	168	22	146
会宁县	69	38	5		26	179	33	146
景泰县	34	23	1	1	9	59	8	51
天水市	**806**	**601**	**30**	**14**	**161**	**1340**	**283**	**1057**
秦州区	125	86	5	3	31	170	25	145
麦积区	130	102	1	2	25	224	28	196
清水县	139	104	6	2	27	122	8	114
秦安县	108	78	6	2	22	295	68	227
甘谷县	70	58	4		8	171	20	151
武山县	161	123	2	3	33	269	124	145
张家川回族自治县	73	50	6	2	15	89	10	79
武威市	**495**	**292**	**48**	**14**	**141**	**874**	**171**	**703**
凉州区	216	158	8	7	43	619	128	491
民勤县	16	6	4		6	65	19	46
古浪县	168	107	19	2	40	126	15	111
天祝藏族自治县	95	21	17	5	52	64	9	55
张掖市	**665**	**490**	**66**	**12**	**97**	**857**	**129**	**728**
甘州区	179	127	9	4	39	460	89	371
肃南裕固族自治县	10	6	1		3	21	3	18
民乐县	240	194	21	1	24	106	7	99
临泽县	27	20	3	1	3	48	8	40
高台县	38	31		1	6	80	17	63
山丹县	171	112	32	5	22	142	5	137
平凉市	**587**	**402**	**64**	**9**	**112**	**1070**	**119**	**951**
崆峒区	172	122	3	1	46	249	25	224
泾川县	35	21	3	1	10	114	11	103
灵台县	41	22	10	1	8	97	6	91
崇信县	48	31	3	1	13	56	3	53
庄浪县	161	123	13	4	21	235	29	206
静宁县	82	61	9	1	11	219	25	194
华亭市	48	22	23		3	100	20	80

行业大类的就业人口（乡村）（续22）

单位：人

交通运输、仓储和邮政业								
小计	铁路运输业	道路运输业	水上运输业	航空运输业	管道运输业	多式联运和运输代理业	装卸搬运和仓储业	邮政业
1868	**108**	**779**	**3**	**28**	**1**	**23**	**527**	**399**
290	**9**	**116**	**1**	**12**		**7**	**77**	**68**
5		2				1	2	
36	3	25	1			2		5
25	2	7					10	6
11		5					6	
35	2	20		2			4	7
36		7					4	25
88	1	25		1		2	44	15
54	1	25		9		2	7	10
8	**4**	**3**					**1**	
8	4	3					1	
18	**1**	**11**					**3**	**3**
4		2					1	1
14	1	9					2	2
70	**6**	**34**	**1**	**1**		**1**	**7**	**20**
7		4				1	2	
13	1	6						6
17	1	7	1				2	6
25	3	12		1			3	6
8	1	5						2
180	**19**	**55**				**2**	**47**	**57**
24	2	4					5	13
41	4	7					13	17
9	2	3					1	3
37	5	7					14	11
18	3	11					1	3
37	2	15				2	10	8
14	1	8					3	2
135	**9**	**86**		**1**			**11**	**28**
76	5	52					4	15
14		8		1			2	3
21	1	13					3	4
24	3	13					2	6
153	**12**	**89**		**4**		**2**	**29**	**17**
72	3	42		2			17	8
6		3						3
20	3	8				1	7	1
7		3		2			2	
13	2	9						2
35	4	24				1	3	3
121	**4**	**44**		**1**		**1**	**28**	**43**
30	1	18					2	9
12		2					4	6
12	2	2		1			1	6
6	1	1						4
22		10				1	5	6
25		6					13	6
14		5					3	6

4-4c 各地区分性别、

地区 性别	建筑业					批发和零售业		
	小计	房屋建筑业	土木工程建筑业	建筑安装业	建筑装饰、装修和其他建筑业	小计	批发业	零售业
酒泉市	**212**	**128**	**31**	**6**	**47**	**476**	**57**	**419**
肃州区	75	46	5	4	20	220	29	191
金塔县	41	30	3	2	6	43	10	33
瓜州县	34	20	10		4	86	6	80
肃北蒙古族自治县	11	1	10			2		2
阿克塞哈萨克族自治县								
玉门市	26	18			8	38	4	34
敦煌市	25	13	3		9	87	8	79
庆阳市	**470**	**268**	**53**	**18**	**131**	**1099**	**142**	**957**
西峰区	95	59	5	7	24	340	39	301
庆城县	29	15	8	4	2	80	4	76
环　县	94	51	18		25	178	16	162
华池县	21	15	3	2	1	62	8	54
合水县	43	27	5	1	10	70	1	69
正宁县	35	21	8		6	63	9	54
宁　县	84	34	5	3	42	156	35	121
镇原县	69	46	1	1	21	150	30	120
定西市	**1213**	**925**	**77**	**29**	**182**	**1656**	**316**	**1340**
安定区	105	63	15		27	239	32	207
通渭县	335	214	13	14	94	456	89	367
陇西县	92	65	9	2	16	177	64	113
渭源县	88	73	3	5	7	159	42	117
临洮县	180	145	11	5	19	368	55	313
漳　县	60	49	5	2	4	53	6	47
岷　县	353	316	21	1	15	204	28	176
陇南市	**1040**	**819**	**64**	**4**	**153**	**1184**	**214**	**970**
武都区	380	294	27		59	287	43	244
成　县	19	15	1		3	127	6	121
文　县	163	125	21		17	152	63	89
宕昌县	150	139	1		10	98	12	86
康　县	81	65	6	1	9	93	12	81
西和县	84	52	4	1	27	157	22	135
礼　县	123	94	2	1	26	144	39	105
徽　县	31	28	2	1		114	17	97
两当县	9	7			2	12		12
临夏回族自治州	**790**	**628**	**72**	**8**	**82**	**1214**	**335**	**879**
临夏市	35	28			7	64	8	56
临夏县	281	227	33	2	19	342	85	257
康乐县	158	130	5	4	19	147	33	114
永靖县	54	40	4		10	92	16	76
广河县	14	11	2		1	123	45	78
和政县	64	46	4	1	13	117	14	103
东乡族自治县	45	35	3		7	133	48	85
积石山保安族东乡族撒拉族自治县	139	111	21	1	6	196	86	110
甘南藏族自治州	**498**	**394**	**45**	**4**	**55**	**241**	**48**	**193**
合作市	94	80	6	1	7	22	7	15
临潭县	123	81	23	1	18	67	18	49
卓尼县	76	65	3	1	7	30	2	28
舟曲县	167	147	1		19	70	10	60
迭部县	9	4	3		2	17	8	9
玛曲县	1	1				7		7
碌曲县	6	5	1			6		6
夏河县	22	11	8	1	2	22	3	19

行业大类的就业人口（乡村）（续23）

单位：人

交通运输、仓储和邮政业								
小计	铁路运输业	道路运输业	水上运输业	航空运输业	管道运输业	多式联运和运输代理业	装卸搬运和仓储业	邮政业
85	**5**	**56**		**1**	**1**	**2**	**11**	**9**
21		17				1	1	2
10		2				1	6	1
18	3	11					1	3
8	2	2			1		1	2
28		24		1			2	1
137	**2**	**58**					**33**	**44**
35	1	21					3	10
8		2					2	4
18	1	7					3	7
10		4					2	4
16		10					3	3
11							10	1
18		10					1	7
21		4					9	8
231	**21**	**97**	**1**	**4**		**5**	**53**	**50**
41	2	16				1	14	8
46	6	16		3		1	4	16
27	3	9		1			7	7
21	4	9				1	3	4
44	1	28	1			2	6	6
27		8					17	2
25	5	11					2	7
266	**9**	**68**		**3**		**2**	**151**	**33**
41	3	21					13	4
17	1	9		2			3	2
23	1	7				1	12	2
119		5					113	1
6	1	1						4
26	1	12					1	12
15		4		1		1	8	1
11	2	5						4
8		4					1	3
118	**5**	**33**		**1**		**1**	**62**	**16**
5	1	1					3	
22	2	11		1			3	5
7		5					1	1
7	1	2				1		3
35		3					32	
13		5					4	4
5		3					1	1
24	1	3					18	2
56	**2**	**29**					**14**	**11**
4		1						3
18		9					7	2
7		5					1	1
11		9					1	1
9	1	1					5	2
7	1	4						2

4-4c 各地区分性别、

地区 性别	住宿和餐饮业			信息传输、软件和信息技术服务业				
	小计	住宿业	餐饮业	小计	电信、广播电视和卫星传输服务	互联网和相关服务	软件和信息技术服务业	小计
合计	**21271**	**1375**	**19896**	**1472**	**635**	**383**	**454**	**1258**
兰州市	**1552**	**132**	**1420**	**153**	**50**	**45**	**58**	**130**
城关区	53		53	4	1	2	1	16
七里河区	245	25	220	41	10	10	21	31
西固区	108	7	101	6	3	1	2	11
安宁区								
红古区	59	2	57	6	2	1	3	2
永登县	292	12	280	20	10	5	5	12
皋兰县	73	8	65	7	5		2	5
榆中县	400	31	369	36	10	15	11	32
兰州新区	322	47	275	33	9	11	13	21
嘉峪关市	**31**	**5**	**26**	**4**	**4**			**2**
市辖区	31	5	26	4	4			2
金昌市	**103**	**3**	**100**	**9**	**4**	**2**	**3**	**12**
金川区	30	1	29	4	2	1	1	3
永昌县	73	2	71	5	2	1	2	9
白银市	**558**	**48**	**510**	**94**	**46**	**23**	**25**	**49**
白银区	52	5	47	5	1	2	2	5
平川区	67	2	65	7	2	3	2	5
靖远县	162	17	145	33	18	6	9	17
会宁县	227	18	209	38	19	11	8	14
景泰县	50	6	44	11	6	1	4	8
天水市	**3369**	**188**	**3181**	**186**	**71**	**39**	**76**	**104**
秦州区	364	28	336	25	11	8	6	11
麦积区	426	43	383	16	7	1	8	20
清水县	381	22	359	18	12	3	3	6
秦安县	570	36	534	52	16	14	22	26
甘谷县	214	26	188	49	16	11	22	16
武山县	309	20	289	20	4	2	14	19
张家川回族自治县	1105	13	1092	6	5		1	6
武威市	**1034**	**67**	**967**	**114**	**51**	**35**	**28**	**82**
凉州区	659	48	611	70	36	19	15	52
民勤县	55	5	50	15	2	6	7	10
古浪县	181	11	170	19	9	5	5	12
天祝藏族自治县	139	3	136	10	4	5	1	8
张掖市	**855**	**110**	**745**	**95**	**57**	**16**	**22**	**158**
甘州区	446	54	392	46	22	10	14	86
肃南裕固族自治县	32	4	28	2	1	1		7
民乐县	84	3	81	15	7	3	5	12
临泽县	64	26	38	6	6			17
高台县	87	5	82	10	8	1	1	18
山丹县	142	18	124	16	13	1	2	18
平凉市	**1490**	**89**	**1401**	**128**	**64**	**42**	**22**	**117**
崆峒区	515	28	487	23	10	7	6	15
泾川县	179	13	166	13	9	1	3	14
灵台县	140	4	136	15	6	8	1	13
崇信县	96	9	87	7	3	4		6
庄浪县	238	9	229	21	6	7	8	17
静宁县	187	19	168	41	27	10	4	45
华亭市	135	7	128	8	3	5		7

行业大类的就业人口（乡村）（续24）

单位：人

金融业				房地产业		租赁和商务服务业		
货币金融服务	资本市场服务	保险业	其他金融业	小计	房地产业	小计	租赁业	商务服务业
507	**33**	**642**	**76**	**2079**	**2079**	**4738**	**634**	**4104**
55	**5**	**61**	**9**	**588**	**588**	**798**	**110**	**688**
4	1	8	3	23	23	47	2	45
4	2	23	2	83	83	194	32	162
6		4	1	46	46	28	7	21
2				5	5	6	4	2
5		7		41	41	61	12	49
4		1		39	39	40	3	37
16	1	12	3	113	113	68	8	60
14	1	6		238	238	354	42	312
		2		**9**	**9**	**24**	**3**	**21**
		2		9	9	24	3	21
2		**10**		**18**	**18**	**26**	**4**	**22**
		3		6	6	11	2	9
2		7		12	12	15	2	13
19	**3**	**24**	**3**	**78**	**78**	**130**	**23**	**107**
2		3		5	5	15	3	12
3		2		14	14	11		11
6	2	7	2	20	20	23	1	22
6		7	1	33	33	64	12	52
2	1	5		6	6	17	7	10
40	**2**	**51**	**11**	**216**	**216**	**567**	**53**	**514**
1		6	4	24	24	77	6	71
7	1	10	2	34	34	109	17	92
2		4		18	18	49	5	44
11		10	5	63	63	73	3	70
7	1	8		35	35	86	5	81
10		9		33	33	135	8	127
2		4		9	9	38	9	29
22	**4**	**52**	**4**	**104**	**104**	**186**	**42**	**144**
17	3	31	1	81	81	100	29	71
3		6	1	5	5	38	4	34
2		8	2	14	14	32	6	26
	1	7		4	4	16	3	13
61	**2**	**92**	**3**	**151**	**151**	**251**	**41**	**210**
38	1	45	2	88	88	155	32	123
4		3		4	4	6		6
3		9		18	18	23	3	20
4	1	12		5	5	28	1	27
8		9	1	6	6	19	2	17
4		14		30	30	20	3	17
62	**3**	**51**	**1**	**214**	**214**	**314**	**35**	**279**
7	1	7		59	59	100	5	95
8		6		10	10	27	3	24
7		5	1	16	16	33	1	32
4	1	1		14	14	14	2	12
5	1	11		49	49	59	8	51
26		19		56	56	49	12	37
5		2		10	10	32	4	28

4-4c 各地区分性别、

地区 性别	住宿和餐饮业			信息传输、软件和信息技术服务业				
	小计	住宿业	餐饮业	小计	电信、广播电视和卫星传输服务	互联网和相关服务	软件和信息技术服务业	小计
酒泉市	**695**	**122**	**573**	**30**	**19**	**5**	**6**	**56**
肃州区	187	13	174	13	7	5	1	24
金塔县	63	7	56	3	3			3
瓜州县	157	13	144	4	1		3	15
肃北蒙古族自治县	4	1	3					
阿克塞哈萨克族自治县	12		12					
玉门市	62	3	59	4	3		1	3
敦煌市	210	85	125	6	5		1	11
庆阳市	**1463**	**96**	**1367**	**124**	**51**	**35**	**38**	**129**
西峰区	427	33	394	31	12	10	9	47
庆城县	164	8	156	17	3	2	12	12
环　县	192	13	179	17	7	6	4	11
华池县	114	8	106	7	7			19
合水县	71	9	62	14	8	5	1	8
正宁县	80	1	79	5	1	3	1	4
宁　县	233	14	219	13	7	4	2	10
镇原县	182	10	172	20	6	5	9	18
定西市	**2383**	**187**	**2196**	**257**	**88**	**70**	**99**	**179**
安定区	234	22	212	28	19	3	6	41
通渭县	788	80	708	99	33	21	45	41
陇西县	206	17	189	29	8	11	10	21
渭源县	246	12	234	17	6	3	8	16
临洮县	555	32	523	55	17	21	17	41
漳　县	100	4	96	9	2	4	3	5
岷　县	254	20	234	20	3	7	10	14
陇南市	**2201**	**185**	**2016**	**147**	**75**	**30**	**42**	**102**
武都区	418	59	359	41	23	7	11	32
成　县	178	9	169	14	4	7	3	14
文　县	165	16	149	23	11	4	8	10
宕昌县	203	16	187	6	5		1	8
康　县	98	7	91	4	2		2	2
西和县	488	36	452	27	16	4	7	12
礼　县	428	18	410	15	4	3	8	7
徽　县	186	23	163	16	10	4	2	14
两当县	37	1	36	1		1		3
临夏回族自治州	**4904**	**82**	**4822**	**100**	**42**	**35**	**23**	**104**
临夏市	208	1	207	1	1			9
临夏县	1250	22	1228	26	11	10	5	27
康乐县	622	10	612	6	4	2		15
永靖县	219	20	199	14	8	5	1	16
广河县	718		718	8		6	2	12
和政县	565	2	563	8	6	2		11
东乡族自治县	881	20	861	11	1	7	3	3
积石山保安族东乡族撒拉族自治县	441	7	434	26	11	3	12	11
甘南藏族自治州	**633**	**61**	**572**	**31**	**13**	**6**	**12**	**34**
合作市	68	6	62					1
临潭县	122	13	109	5	2	1	2	7
卓尼县	92	2	90	4	1	2	1	4
舟曲县	160	8	152	8	4	2	2	12
迭部县	63	21	42	7	2		5	3
玛曲县	13		13					
碌曲县	27	4	23	6	3	1	2	5
夏河县	88	7	81	1	1			2

行业大类的就业人口（乡村）（续25）

单位：人

金融业				房地产业		租赁和商务服务业		
货币金融服务	资本市场服务	保险业	其他金融业	小计	房地产业	小计	租赁业	商务服务业
15		**40**	**1**	**60**	**60**	**182**	**48**	**134**
6		17	1	40	40	68	19	49
1		2		3	3	20	7	13
3		12		7	7	27	4	23
3						9	2	7
2		9		10	10	58	16	42
51	**3**	**65**	**10**	**131**	**131**	**404**	**74**	**330**
14		31	2	69	69	150	41	109
8		2	2	5	5	56	5	51
7		4		8	8	58	8	50
12	2	2	3	6	6	17	5	12
4		4		2	2	24	3	21
1	1	2		10	10	6	1	5
2		6	2	13	13	48	4	44
3		14	1	18	18	45	7	38
73	**7**	**86**	**13**	**271**	**271**	**657**	**51**	**606**
19	1	20	1	37	37	86	7	79
15	2	17	7	88	88	256	13	243
10	1	9	1	34	34	50	9	41
9	1	5	1	20	20	68	8	60
10	2	27	2	63	63	118	8	110
2		2	1	9	9	18	2	16
8		6		20	20	61	4	57
40	**2**	**48**	**12**	**109**	**109**	**560**	**58**	**502**
11	2	16	3	32	32	89	8	81
5		7	2	16	16	100	9	91
4		6		10	10	56	7	49
3		3	2	4	4	44	1	43
1		1		6	6	51	3	48
4		6	2	14	14	81	19	62
2		4	1	12	12	93	4	89
8		5	1	14	14	33	6	27
2			1	1	1	13	1	12
44	**1**	**53**	**6**	**115**	**115**	**539**	**84**	**455**
2		7		7	7	32	5	27
11	1	15		24	24	114	10	104
5		10		5	5	56	9	47
4		11	1	20	20	56	5	51
7		2	3	10	10	51	8	43
5		5	1	15	15	47	19	28
3				15	15	71	8	63
7		3	1	19	19	112	20	92
23	**1**	**7**	**3**	**15**	**15**	**100**	**8**	**92**
1				2	2	10	1	9
5		1	1	2	2	14	2	12
2		2		1	1	11		11
9	1	1	1	5	5	24	2	22
		2	1	2	2	39	3	36
5				1	1			
1		1		2	2	2		2

4-4c 各地区分性别、

地区 性别	住宿和餐饮业			信息传输、软件和信息技术服务业				
	小计	住宿业	餐饮业	小计	电信、广播电视和卫星传输服务	互联网和相关服务	软件和信息技术服务业	小计
男	**10274**	**496**	**9778**	**988**	**397**	**267**	**324**	**635**
兰州市	**706**	**42**	**664**	**100**	**30**	**31**	**39**	**56**
城关区	29		29	2		1	1	7
七里河区	118	6	112	26	5	7	14	12
西固区	54	2	52	4	2	1	1	5
安宁区								
红古区	29	1	28	3	1	1	1	2
永登县	138	6	132	12	5	3	4	5
皋兰县	26	3	23	6	4		2	2
榆中县	184	10	174	24	7	10	7	14
兰州新区	128	14	114	23	6	8	9	9
嘉峪关市	**11**	**3**	**8**	**2**	**2**			**1**
市辖区	11	3	8	2	2			1
金昌市	**49**		**49**	**7**	**2**	**2**	**3**	**6**
金川区	14		14	3	1	1	1	2
永昌县	35		35	4	1	1	2	4
白银市	**263**	**26**	**237**	**61**	**31**	**12**	**18**	**22**
白银区	23	3	20	5	1	2	2	3
平川区	34	2	32	3	2	1		3
靖远县	80	10	70	23	14	3	6	10
会宁县	104	8	96	22	10	5	7	4
景泰县	22	3	19	8	4	1	3	2
天水市	**1591**	**64**	**1527**	**127**	**45**	**26**	**56**	**60**
秦州区	148	6	142	14	4	4	6	5
麦积区	200	14	186	12	7		5	8
清水县	132	1	131	12	8	1	3	2
秦安县	298	19	279	34	9	10	15	15
甘谷县	102	10	92	35	10	9	16	11
武山县	93	7	86	14	2	2	10	16
张家川回族自治县	618	7	611	6	5		1	3
武威市	**457**	**23**	**434**	**81**	**35**	**24**	**22**	**40**
凉州区	301	14	287	49	24	12	13	25
民勤县	22	2	20	11	1	6	4	6
古浪县	76	5	71	15	8	3	4	6
天祝藏族自治县	58	2	56	6	2	3	1	3
张掖市	**391**	**37**	**354**	**64**	**36**	**13**	**15**	**73**
甘州区	216	15	201	31	14	8	9	43
肃南裕固族自治县	12	1	11	2	1	1		3
民乐县	33		33	9	4	2	3	5
临泽县	30	13	17	4	4			9
高台县	41	2	39	8	6	1	1	7
山丹县	59	6	53	10	7	1	2	6
平凉市	**710**	**27**	**683**	**94**	**47**	**30**	**17**	**57**
崆峒区	278	7	271	18	7	5	6	9
泾川县	76	2	74	8	5	1	2	6
灵台县	64		64	10	6	4		5
崇信县	31	3	28	1		1		6
庄浪县	105	4	101	16	4	6	6	7
静宁县	98	9	89	34	23	8	3	21
华亭市	58	2	56	7	2	5		3

行业大类的就业人口（乡村）（续 26）

单位：人

金融业				房地产业		租赁和商务服务业		
货币金融服务	资本市场服务	保险业	其他金融业	小计	房地产业	小计	租赁业	商务服务业
299	**19**	**276**	**41**	**1278**	**1278**	**3300**	**581**	**2719**
31	**3**	**19**	**3**	**321**	**321**	**581**	**89**	**492**
4		2	1	13	13	31	1	30
2	1	8	1	53	53	143	22	121
4		1		26	26	14	6	8
2				1	1	3	3	
2		3		27	27	42	9	33
2				23	23	30	3	27
9	1	3	1	64	64	43	8	35
6	1	2		114	114	275	37	238
		1		**4**	**4**	**19**	**2**	**17**
		1		4	4	19	2	17
2		**4**		**10**	**10**	**18**	**4**	**14**
		2		1	1	8	2	6
2		2		9	9	10	2	8
11	**2**	**9**		**47**	**47**	**91**	**22**	**69**
2		1		4	4	13	3	10
3				11	11	8		8
4	2	4		11	11	13	1	12
1		3		16	16	45	11	34
1		1		5	5	12	7	5
29	**1**	**26**	**4**	**144**	**144**	**370**	**50**	**320**
1		3	1	18	18	51	6	45
3	1	3	1	23	23	74	16	58
2				13	13	32	5	27
6		7	2	41	41	43	3	40
6		5		25	25	52	4	48
10		6		18	18	86	8	78
1		2		6	6	32	8	24
9	**3**	**24**	**4**	**64**	**64**	**138**	**39**	**99**
6	2	16	1	51	51	71	27	44
2		3	1	3	3	27	4	23
1		3	2	9	9	26	5	21
	1	2		1	1	14	3	11
36	**1**	**36**		**86**	**86**	**164**	**36**	**128**
21		22		52	52	101	28	73
2		1		1	1	4		4
2		3		13	13	15	3	12
3	1	5		2	2	17	1	16
6		1		2	2	13	1	12
2		4		16	16	14	3	11
29	**2**	**25**	**1**	**143**	**143**	**205**	**34**	**171**
6	1	2		38	38	56	5	51
2		4		6	6	15	2	13
1		3	1	8	8	22	1	21
4	1	1		11	11	7	2	5
2		5		32	32	39	8	31
11		10		40	40	37	12	25
3				8	8	29	4	25

4-4c　各地区分性别、

地区 性别	住宿和餐饮业			信息传输、软件和信息技术服务业				
	小计	住宿业	餐饮业	小计	电信、广播电视和卫星传输服务	互联网和相关服务	软件和信息技术服务业	小计
酒泉市	**329**	**47**	**282**	**22**	**14**	**4**	**4**	**9**
肃州区	98	3	95	9	4	4	1	4
金塔县	28	4	24	1	1			1
瓜州县	73	4	69	3	1		2	1
肃北蒙古族自治县	1	1						
阿克塞哈萨克族自治县	6		6					
玉门市	30		30	4	3		1	2
敦煌市	93	35	58	5	5			1
庆阳市	**690**	**38**	**652**	**83**	**30**	**25**	**28**	**71**
西峰区	235	14	221	16	3	7	6	22
庆城县	84	3	81	12	1	2	9	6
环　县	80	6	74	14	7	3	4	8
华池县	47	3	44	4	4			11
合水县	31	1	30	9	4	4	1	5
正宁县	34		34	4	1	3		2
宁　县	112	7	105	12	6	4	2	7
镇原县	67	4	63	12	4	2	6	10
定西市	**979**	**65**	**914**	**178**	**57**	**52**	**69**	**88**
安定区	131	9	122	16	10	3	3	22
通渭县	302	29	273	74	24	17	33	23
陇西县	101	4	97	21	7	6	8	14
渭源县	98	4	94	12	4	1	7	8
临洮县	207	14	193	35	8	16	11	15
漳　县	39	1	38	7	2	3	2	2
岷　县	101	4	97	13	2	6	5	4
陇南市	**941**	**65**	**876**	**88**	**43**	**16**	**29**	**56**
武都区	181	21	160	21	8	3	10	20
成　县	82	3	79	7	3	3	1	8
文　县	63	3	60	15	7	2	6	5
宕昌县	88	6	82	4	4			4
康　县	35		35	3	1		2	
西和县	179	13	166	15	10	1	4	8
礼　县	206	7	199	11	3	3	5	3
徽　县	91	11	80	11	7	3	1	6
两当县	16	1	15	1		1		2
临夏回族自治州	**2905**	**41**	**2864**	**58**	**18**	**26**	**14**	**72**
临夏市	126		126	1	1			6
临夏县	718	11	707	15	5	7	3	19
康乐县	307	3	304	4	3	1		7
永靖县	85	7	78	10	4	5	1	10
广河县	501		501	6		5	1	10
和政县	317		317	4	2	2		9
东乡族自治县	621	16	605	6		4	2	3
积石山保安族东乡族撒拉族自治县	230	4	226	12	3	2	7	8
甘南藏族自治州	**252**	**18**	**234**	**23**	**7**	**6**	**10**	**24**
合作市	24	1	23					
临潭县	49	4	45	4	1	1	2	4
卓尼县	29		29	3	1	2		2
舟曲县	59	2	57	5	2	2	1	10
迭部县	23	4	19	6	1		5	1
玛曲县	8		8					
碌曲县	17	3	14	4	1	1	2	5
夏河县	43	4	39	1	1			2

行业大类的就业人口（乡村）（续 27）

单位：人

金融业				房地产业		租赁和商务服务业		
货币金融服务	资本市场服务	保险业	其他金融业	小计	房地产业	小计	租赁业	商务服务业
4		**5**		**36**	**36**	**120**	**44**	**76**
1		3		22	22	45	18	27
		1		2	2	13	7	6
1				4	4	19	4	15
2						8	2	6
		1		8	8	35	13	22
31	**2**	**31**	**7**	**84**	**84**	**285**	**72**	**213**
9		11	2	45	45	109	40	69
5		1		5	5	40	5	35
5		3		6	6	44	8	36
6	1	2	2	2	2	10	4	6
3		2		1	1	13	3	10
	1	1		5	5	5	1	4
1		4	2	7	7	37	4	33
2		7	1	13	13	27	7	20
42	**3**	**35**	**8**	**175**	**175**	**443**	**44**	**399**
9	1	11	1	24	24	55	6	49
9	1	7	6	62	62	182	12	170
8		6		20	20	39	8	31
4	1	2	1	13	13	44	7	37
7		8		39	39	71	5	66
1		1		4	4	12	2	10
4				13	13	40	4	36
24	**1**	**22**	**9**	**74**	**74**	**397**	**56**	**341**
10	1	7	2	20	20	66	8	58
3		3	2	11	11	73	8	65
1		4		6	6	46	7	39
2		1	1	4	4	26	1	25
				3	3	30	3	27
2		4	2	9	9	63	18	45
1		1	1	10	10	62	4	58
3		2	1	11	11	23	6	17
2						8	1	7
34		**33**	**5**	**82**	**82**	**405**	**81**	**324**
2		4		7	7	26	5	21
9		10		22	22	81	9	72
3		4		4	4	42	9	33
3		6	1	11	11	37	5	32
6		2	2	7	7	42	8	34
4		4	1	8	8	38	17	21
3				11	11	51	8	43
4		3	1	12	12	88	20	68
17	**1**	**6**		**8**	**8**	**64**	**8**	**56**
				1	1	7	1	6
3		1		1	1	10	2	8
		2				6		6
8	1	1		3	3	16	2	14
		1		1	1	24	3	21
5								
1		1		2	2	1		1

4-4c 各地区分性别、

地区 性别	住宿和餐饮业			信息传输、软件和信息技术服务业				
	小计	住宿业	餐饮业	小计	电信、广播电视和卫星传输服务	互联网和相关服务	软件和信息技术服务业	小计
女	**10997**	**879**	**10118**	**484**	**238**	**116**	**130**	**623**
兰州市	**846**	**90**	**756**	**53**	**20**	**14**	**19**	**74**
城关区	24		24	2	1	1		9
七里河区	127	19	108	15	5	3	7	19
西固区	54	5	49	2	1		1	6
安宁区								
红古区	30	1	29	3	1		2	
永登县	154	6	148	8	5	2	1	7
皋兰县	47	5	42	1	1			3
榆中县	216	21	195	12	3	5	4	18
兰州新区	194	33	161	10	3	3	4	12
嘉峪关市	**20**	**2**	**18**	**2**	**2**			**1**
市辖区	20	2	18	2	2			1
金昌市	**54**	**3**	**51**	**2**	**2**			**6**
金川区	16	1	15	1	1			1
永昌县	38	2	36	1	1			5
白银市	**295**	**22**	**273**	**33**	**15**	**11**	**7**	**27**
白银区	29	2	27					2
平川区	33		33	4		2	2	2
靖远县	82	7	75	10	4	3	3	7
会宁县	123	10	113	16	9	6	1	10
景泰县	28	3	25	3	2		1	6
天水市	**1778**	**124**	**1654**	**59**	**26**	**13**	**20**	**44**
秦州区	216	22	194	11	7	4		6
麦积区	226	29	197	4		1	3	12
清水县	249	21	228	6	4	2		4
秦安县	272	17	255	18	7	4	7	11
甘谷县	112	16	96	14	6	2	6	5
武山县	216	13	203	6	2		4	3
张家川回族自治县	487	6	481					3
武威市	**577**	**44**	**533**	**33**	**16**	**11**	**6**	**42**
凉州区	358	34	324	21	12	7	2	27
民勤县	33	3	30	4	1		3	4
古浪县	105	6	99	4	1	2	1	6
天祝藏族自治县	81	1	80	4	2	2		5
张掖市	**464**	**73**	**391**	**31**	**21**	**3**	**7**	**85**
甘州区	230	39	191	15	8	2	5	43
肃南裕固族自治县	20	3	17					4
民乐县	51	3	48	6	3	1	2	7
临泽县	34	13	21	2	2			8
高台县	46	3	43	2	2			11
山丹县	83	12	71	6	6			12
平凉市	**780**	**62**	**718**	**34**	**17**	**12**	**5**	**60**
崆峒区	237	21	216	5	3	2		6
泾川县	103	11	92	5	4		1	8
灵台县	76	4	72	5		4	1	8
崇信县	65	6	59	6	3	3		
庄浪县	133	5	128	5	2	1	2	10
静宁县	89	10	79	7	4	2	1	24
华亭市	77	5	72	1	1			4

行业大类的就业人口（乡村）（续28）

单位：人

金融业				房地产业		租赁和商务服务业		
货币金融服务	资本市场服务	保险业	其他金融业	小计	房地产业	小计	租赁业	商务服务业
208	**14**	**366**	**35**	**801**	**801**	**1438**	**53**	**1385**
24	**2**	**42**	**6**	**267**	**267**	**217**	**21**	**196**
	1	6	2	10	10	16	1	15
2	1	15	1	30	30	51	10	41
2		3	1	20	20	14	1	13
				4	4	3	1	2
3		4		14	14	19	3	16
2		1		16	16	10		10
7		9	2	49	49	25		25
8		4		124	124	79	5	74
		1		**5**	**5**	**5**	**1**	**4**
		1		5	5	5	1	4
		6		**8**	**8**	**8**		**8**
		1		5	5	3		3
		5		3	3	5		5
8	**1**	**15**	**3**	**31**	**31**	**39**	**1**	**38**
		2		1	1	2		2
		2		3	3	3		3
2		3	2	9	9	10		10
5		4	1	17	17	19	1	18
1	1	4		1	1	5		5
11	**1**	**25**	**7**	**72**	**72**	**197**	**3**	**194**
		3	3	6	6	26		26
4		7	1	11	11	35	1	34
		4		5	5	17		17
5		3	3	22	22	30		30
1	1	3		10	10	34	1	33
		3		15	15	49		49
1		2		3	3	6	1	5
13	**1**	**28**		**40**	**40**	**48**	**3**	**45**
11	1	15		30	30	29	2	27
1		3		2	2	11		11
1		5		5	5	6	1	5
		5		3	3	2		2
25	**1**	**56**	**3**	**65**	**65**	**87**	**5**	**82**
17	1	23	2	36	36	54	4	50
2		2		3	3	2		2
1		6		5	5	8		8
1		7		3	3	11		11
2		8	1	4	4	6	1	5
2		10		14	14	6		6
33	**1**	**26**		**71**	**71**	**109**	**1**	**108**
1		5		21	21	44		44
6		2		4	4	12	1	11
6		2		8	8	11		11
				3	3	7		7
3	1	6		17	17	20		20
15		9		16	16	12		12
2		2		2	2	3		3

4-4c　各地区分性别、

地区 性别	住宿和餐饮业			信息传输、软件和信息技术服务业				
	小计	住宿业	餐饮业	小计	电信、广播电视和卫星传输服务	互联网和相关服务	软件和信息技术服务业	小计
酒泉市	**366**	**75**	**291**	**8**	**5**	**1**	**2**	**47**
肃州区	89	10	79	4	3	1		20
金塔县	35	3	32	2	2			2
瓜州县	84	9	75	1			1	14
肃北蒙古族自治县	3		3					
阿克塞哈萨克族自治县	6		6					
玉门市	32	3	29					1
敦煌市	117	50	67	1			1	10
庆阳市	**773**	**58**	**715**	**41**	**21**	**10**	**10**	**58**
西峰区	192	19	173	15	9	3	3	25
庆城县	80	5	75	5	2		3	6
环　县	112	7	105	3		3		3
华池县	67	5	62	3	3			8
合水县	40	8	32	5	4	1		3
正宁县	46	1	45	1			1	2
宁　县	121	7	114	1	1			3
镇原县	115	6	109	8	2	3	3	8
定西市	**1404**	**122**	**1282**	**79**	**31**	**18**	**30**	**91**
安定区	103	13	90	12	9		3	19
通渭县	486	51	435	25	9	4	12	18
陇西县	105	13	92	8	1	5	2	7
渭源县	148	8	140	5	2	2	1	8
临洮县	348	18	330	20	9	5	6	26
漳　县	61	3	58	2		1	1	3
岷　县	153	16	137	7	1	1	5	10
陇南市	**1260**	**120**	**1140**	**59**	**32**	**14**	**13**	**46**
武都区	237	38	199	20	15	4	1	12
成　县	96	6	90	7	1	4	2	6
文　县	102	13	89	8	4	2	2	5
宕昌县	115	10	105	2	1		1	4
康　县	63	7	56	1	1			2
西和县	309	23	286	12	6	3	3	4
礼　县	222	11	211	4	1		3	4
徽　县	95	12	83	5	3	1	1	8
两当县	21		21					1
临夏回族自治州	**1999**	**41**	**1958**	**42**	**24**	**9**	**9**	**32**
临夏市	82	1	81					3
临夏县	532	11	521	11	6	3	2	8
康乐县	315	7	308	2	1	1		8
永靖县	134	13	121	4	4			6
广河县	217		217	2		1	1	2
和政县	248	2	246	4	4			2
东乡族自治县	260	4	256	5	1	3	1	
积石山保安族东乡族撒拉族自治县	211	3	208	14	8	1	5	3
甘南藏族自治州	**381**	**43**	**338**	**8**	**6**		**2**	**10**
合作市	44	5	39					1
临潭县	73	9	64	1	1			3
卓尼县	63	2	61	1			1	2
舟曲县	101	6	95	3	2		1	2
迭部县	40	17	23	1	1			2
玛曲县	5		5					
碌曲县	10	1	9	2	2			
夏河县	45	3	42					

行业大类的就业人口（乡村）（续29）

单位：人

金融业				房地产业		租赁和商务服务业		
货币金融服务	资本市场服务	保险业	其他金融业	小计	房地产业	小计	租赁业	商务服务业
11		**35**	**1**	**24**	**24**	**62**	**4**	**58**
5		14	1	18	18	23	1	22
1		1		1	1	7		7
2		12		3	3	8		8
1						1		1
2		8		2	2	23	3	20
20	**1**	**34**	**3**	**47**	**47**	**119**	**2**	**117**
5		20		24	24	41	1	40
3		1	2			16		16
2		1		2	2	14		14
6	1		1	4	4	7	1	6
1		2		1	1	11		11
1		1		5	5	1		1
1		2		6	6	11		11
1		7		5	5	18		18
31	**4**	**51**	**5**	**96**	**96**	**214**	**7**	**207**
10		9		13	13	31	1	30
6	1	10	1	26	26	74	1	73
2	1	3	1	14	14	11	1	10
5		3		7	7	24	1	23
3	2	19	2	24	24	47	3	44
1		1	1	5	5	6		6
4		6		7	7	21		21
16	**1**	**26**	**3**	**35**	**35**	**163**	**2**	**161**
1	1	9	1	12	12	23		23
2		4		5	5	27	1	26
3		2		4	4	10		10
1		2	1			18		18
1		1		3	3	21		21
2		2		5	5	18	1	17
1		3		2	2	31		31
5		3		3	3	10		10
			1	1	1	5		5
10	**1**	**20**	**1**	**33**	**33**	**134**	**3**	**131**
		3				6		6
2	1	5		2	2	33	1	32
2		6		1	1	14		14
1		5		9	9	19		19
1			1	3	3	9		9
1		1		7	7	9	2	7
				4	4	20		20
3				7	7	24		24
6		**1**	**3**	**7**	**7**	**36**		**36**
1				1	1	3		3
2			1	1	1	4		4
2				1	1	5		5
1			1	2	2	8		8
		1	1	1	1	15		15
				1	1			
						1		1

4-4c 各地区分性别、

地区 性别	科学研究和技术服务业				水利、环境和公共设施管理业			
	小计	研究和试验发展	专业技术服务业	科技推广和应用服务业	小计	水利管理业	生态保护和环境治理业	公共设施管理业
合计	**1950**	**160**	**1374**	**416**	**3001**	**254**	**504**	**2203**
兰州市	**239**	**17**	**196**	**26**	**611**	**31**	**67**	**513**
城关区	11		8	3	30	4	3	23
七里河区	58	2	52	4	94	3	8	83
西固区	10	4	4	2	32			32
安宁区								
红古区					4	1	1	2
永登县	23	4	14	5	164	5	15	144
皋兰县	7	1	6		38	5	13	20
榆中县	44	3	34	7	117	7	7	103
兰州新区	86	3	78	5	132	6	20	106
嘉峪关市	**4**	**1**	**3**		**8**	**1**	**3**	**4**
市辖区	4	1	3		8	1	3	4
金昌市	**11**	**2**	**8**	**1**	**70**	**4**	**5**	**61**
金川区	3	1	2		40	1	2	37
永昌县	8	1	6	1	30	3	3	24
白银市	**85**	**8**	**67**	**10**	**134**	**52**	**8**	**72**
白银区	3		3		24	3	1	20
平川区	5	1	3	1	23	19		4
靖远县	25	1	20	4	48	25	4	18
会宁县	41	6	31	4	22	3		19
景泰县	11		10	1	17	2	3	11
天水市	**260**	**42**	**135**	**83**	**321**	**7**	**68**	**244**
秦州区	19	5	12	2	79		12	67
麦积区	31	4	21	6	52	2	6	44
清水县	8	2	6		72	1	10	61
秦安县	63	16	39	8	40	2	9	27
甘谷县	39	12	24	3	20		9	11
武山县	92	2	30	60	36	1	14	21
张家川回族自治县	8	1	3	4	22	1	8	13
武威市	**72**	**10**	**49**	**13**	**254**	**13**	**37**	**202**
凉州区	44	4	30	10	149	4	4	139
民勤县	10	5	4	1	21	1	3	17
古浪县	9		8	1	55	6	25	24
天祝藏族自治县	9	1	7	1	29	2	5	22
张掖市	**97**	**9**	**66**	**22**	**196**	**46**	**29**	**111**
甘州区	53	6	42	5	67	11	14	41
肃南裕固族自治县	5		1	4	27	1	11	15
民乐县	7	1	6		38	15	1	17
临泽县	1		1		20	1	1	18
高台县	7	1	3	3	8	4	1	2
山丹县	24	1	13	10	36	14	1	18
平凉市	**138**	**10**	**95**	**33**	**186**	**19**	**18**	**147**
崆峒区	9		8	1	38		1	37
泾川县	5	1	4		20	2	3	15
灵台县	25	5	16	4	38	2	5	31
崇信县	21		1	20	5		2	3
庄浪县	29	1	26	2	28	2	3	23
静宁县	40	3	31	6	36	12	4	20
华亭市	9		9		21	1		18

行业大类的就业人口（乡村）（续30）

单位：人

土地管理业	居民服务、修理和其他服务业 小计	居民服务、修理和其他服务业 居民服务业	居民服务、修理和其他服务业 机动车、电子产品和日用产品修理业	居民服务、修理和其他服务业 其他服务业	教育 小计	教育 教育	卫生和社会工作 小计	卫生和社会工作 卫生
40	**9012**	**4324**	**3014**	**1674**	**8155**	**8155**	**4663**	**4454**
	815	**346**	**294**	**175**	**644**	**644**	**334**	**316**
	23	9	9	5	18	18	10	10
	161	71	61	29	89	89	55	46
	57	24	19	14	19	19	18	15
	22	7	11	4	34	34	19	19
	133	59	58	16	90	90	55	54
	50	17	16	17	24	24	15	15
	196	111	65	20	182	182	93	90
	173	48	55	70	188	188	69	67
	30	**6**	**22**	**2**	**9**	**9**	**5**	**4**
	30	6	22	2	9	9	5	4
	68	**24**	**34**	**10**	**25**	**25**	**39**	**32**
	22	6	9	7	8	8	9	6
	46	18	25	3	17	17	30	26
2	**393**	**187**	**165**	**41**	**406**	**406**	**201**	**195**
	35	17	10	8	11	11	16	16
	26	6	16	4	18	18	17	17
1	109	56	45	8	144	144	58	57
	185	94	70	21	173	173	76	75
1	38	14	24		60	60	34	30
2	**1179**	**676**	**282**	**221**	**1213**	**1213**	**569**	**535**
	173	84	37	52	104	104	63	61
	213	130	43	40	106	106	96	93
	142	85	32	25	94	94	71	56
2	286	182	77	27	297	297	102	97
	149	80	60	9	280	280	122	121
	116	67	16	33	236	236	59	53
	100	48	17	35	96	96	56	54
2	**618**	**280**	**266**	**72**	**351**	**351**	**348**	**317**
2	341	139	184	18	192	192	187	183
	55	32	17	6	22	22	43	43
	179	96	41	42	109	109	85	58
	43	13	24	6	28	28	33	33
10	**482**	**243**	**198**	**41**	**385**	**385**	**336**	**321**
1	237	118	93	26	190	190	163	157
	5	3	2		13	13	15	14
5	46	23	22	1	53	53	52	51
	31	19	12		15	15	21	20
1	66	33	27	6	26	26	24	19
3	97	47	42	8	88	88	61	60
2	**715**	**358**	**273**	**84**	**847**	**847**	**467**	**449**
	187	84	79	24	136	136	61	58
	83	42	27	14	153	153	54	52
	85	51	21	13	55	55	41	41
	38	20	9	9	40	40	24	21
	157	81	59	17	129	129	116	115
	114	53	57	4	289	289	142	136
2	51	27	21	3	45	45	29	26

4-4c 各地区分性别、

地区 性别	科学研究和技术服务业				水利、环境和公共设施管理业			
	小计	研究和试验发展	专业技术服务业	科技推广和应用服务业	小计	水利管理业	生态保护和环境治理业	公共设施管理业
酒泉市	**76**	**2**	**59**	**15**	**138**	**18**	**20**	**94**
肃州区	20		16	4	41	6	8	21
金塔县	4		4		12	3	4	5
瓜州县	32	1	22	9	22	7	2	13
肃北蒙古族自治县					2			2
阿克塞哈萨克族自治县								
玉门市	10	1	7	2	6		2	4
敦煌市	10		10		55	2	4	49
庆阳市	**211**	**15**	**148**	**48**	**243**	**7**	**102**	**131**
西峰区	65	3	53	9	36	1	3	31
庆城县	14	1	11	2	5		1	4
环　县	44	4	36	4	42	2	9	31
华池县	21		17	4	26	1	17	7
合水县	6	2	4		20		6	13
正宁县	5	1	4		54	1	48	5
宁　县	19	2	12	5	37	1	14	22
镇原县	37	2	11	24	23	1	4	18
定西市	**401**	**31**	**318**	**52**	**291**	**25**	**56**	**199**
安定区	65	7	49	9	82	7	27	48
通渭县	147	14	117	16	43	2	6	34
陇西县	48	2	38	8	23	2	4	15
渭源县	47	4	38	5	36	5	7	18
临洮县	63	4	47	12	52	2	4	46
漳　县	18		17	1	7	1	1	5
岷　县	13		12	1	48	6	7	33
陇南市	**192**	**8**	**125**	**59**	**254**	**15**	**53**	**185**
武都区	51	2	18	31	49	7	11	31
成　县	10		9	1	26		8	18
文　县	23		23		51	3	15	33
宕昌县	8		7	1	16		1	15
康　县	27	3	18	6	30		9	21
西和县	19	2	12	5	38	3	5	30
礼　县	31	1	23	7	23		3	19
徽　县	18		10	8	14	1	1	12
两当县	5		5		7	1		6
临夏回族自治州	**115**	**4**	**69**	**42**	**243**	**14**	**30**	**198**
临夏市	12		9	3	46	2	1	43
临夏县	24	3	14	7	72	3	5	64
康乐县	9		8	1	23	3	3	17
永靖县	10	1	6	3	21	2	4	15
广河县	5		5		8			8
和政县	15		3	12	19		5	14
东乡族自治县	18		7	11	29	1	4	23
积石山保安族东乡族撒拉族自治县	22		17	5	25	3	8	14
甘南藏族自治州	**49**	**1**	**36**	**12**	**52**	**2**	**8**	**42**
合作市	1		1		8			8
临潭县	13		5	8	7	1	1	5
卓尼县	7		4	3	7			7
舟曲县	6		5	1	18	1	5	12
迭部县	7		7		2		1	1
玛曲县								
碌曲县	1		1		3		1	2
夏河县	14	1	13		7			7

行业大类的就业人口（乡村）（续31）

单位：人

土地管理业	居民服务、修理和其他服务业				教育		卫生和社会工作	
	小计	居民服务业	机动车、电子产品和日用产品修理业	其他服务业	小计	教育	小计	卫生
6	**294**	**129**	**136**	**29**	**176**	**176**	**163**	**155**
6	107	48	41	18	59	59	54	51
	24	12	9	3	31	31	19	17
	58	22	32	4	52	52	45	45
							2	2
	3		3					
	45	16	27	2	11	11	15	14
	57	31	24	2	23	23	28	26
3	**916**	**481**	**285**	**150**	**917**	**917**	**494**	**483**
1	294	144	99	51	275	275	150	147
	69	34	17	18	122	122	52	52
	127	47	61	19	175	175	61	60
1	66	35	20	11	52	52	31	30
1	54	30	16	8	33	33	12	12
	30	18	11	1	44	44	28	27
	105	54	37	14	100	100	70	70
	171	119	24	28	116	116	90	85
11	**1310**	**561**	**402**	**347**	**1188**	**1188**	**692**	**676**
	178	73	67	38	138	138	81	79
1	340	148	119	73	403	403	199	198
2	125	59	50	16	97	97	83	82
6	143	64	34	45	125	125	82	78
	313	107	75	131	191	191	121	115
	63	30	15	18	66	66	26	26
2	148	80	42	26	168	168	100	98
1	**1045**	**646**	**226**	**173**	**989**	**989**	**537**	**502**
	191	115	57	19	180	180	106	96
	102	61	30	11	87	87	44	43
	95	58	18	19	125	125	60	59
	59	25	21	13	93	93	46	46
	79	47	10	22	70	70	59	50
	145	87	29	29	179	179	79	79
1	250	170	37	43	161	161	72	60
	96	66	21	9	79	79	60	60
	28	17	3	8	15	15	11	9
1	**978**	**330**	**352**	**296**	**705**	**705**	**382**	**374**
	59	15	30	14	21	21	37	36
	267	111	129	27	111	111	94	92
	118	48	36	34	143	143	46	45
	66	14	27	25	47	47	22	22
	101	24	11	66	129	129	23	23
	121	42	42	37	78	78	64	62
1	80	28	16	36	69	69	23	21
	166	48	61	57	107	107	73	73
	169	**57**	**79**	**33**	**300**	**300**	**96**	**95**
	19	10	4	5	12	12	2	2
	47	14	27	6	60	60	10	10
	18	4	12	2	21	21	7	7
	54	22	22	10	141	141	47	47
	12	5	5	2	33	33	15	15
	2		2		3	3	3	3
	6	1	2	3	16	16	4	4
	11	1	5	5	14	14	8	7

4-4c 各地区分性别、

地区 性别	科学研究和技术服务业				水利、环境和公共设施管理业			
	小计	研究和试验发展	专业技术服务业	科技推广和应用服务业	小计	水利管理业	生态保护和环境治理业	公共设施管理业
男	**1451**	**114**	**1063**	**274**	**1772**	**210**	**392**	**1136**
兰州市	**182**	**11**	**155**	**16**	**325**	**26**	**55**	**244**
城关区	6		4	2	17	4	2	11
七里河区	50	1	47	2	45	3	6	36
西固区	6	2	3	1	11			11
安宁区								
红古区					2	1	1	
永登县	19	2	13	4	92	3	13	76
皋兰县	5	1	4		27	5	9	13
榆中县	32	3	26	3	53	5	7	41
兰州新区	64	2	58	4	78	5	17	56
嘉峪关市	**3**	**1**	**2**		**6**	**1**	**2**	**3**
市辖区	3	1	2		6	1	2	3
金昌市	**9**	**2**	**6**	**1**	**37**	**3**	**4**	**30**
金川区	2	1	1		20	1	1	18
永昌县	7	1	5	1	17	2	3	12
白银市	**62**	**5**	**50**	**7**	**98**	**44**	**7**	**45**
白银区	3		3		12	2	1	9
平川区	3	1	1	1	19	16		3
靖远县	16	1	13	2	37	22	3	11
会宁县	31	3	25	3	15	2		13
景泰县	9		8	1	15	2	3	9
天水市	**179**	**30**	**103**	**46**	**210**	**6**	**56**	**146**
秦州区	13	2	9	2	58		11	47
麦积区	23	2	17	4	30	2	6	22
清水县	8	2	6		40	1	6	33
秦安县	48	13	28	7	30	2	8	18
甘谷县	32	9	20	3	16		7	9
武山县	49	1	20	28	20		11	9
张家川回族自治县	6	1	3	2	16	1	7	8
武威市	**55**	**8**	**38**	**9**	**96**	**8**	**21**	**66**
凉州区	34	4	23	7	44	4	3	36
民勤县	5	3	2		9		1	8
古浪县	7		6	1	27	3	13	11
天祝藏族自治县	9	1	7	1	16	1	4	11
张掖市	**67**	**5**	**47**	**15**	**124**	**36**	**19**	**60**
甘州区	35	3	29	3	44	9	11	23
肃南裕固族自治县	2			2	15		5	10
民乐县	4	1	3		28	13	1	9
临泽县	1		1		10	1		9
高台县	6	1	3	2	7	4	1	1
山丹县	19		11	8	20	9	1	8
平凉市	**103**	**9**	**75**	**19**	**114**	**18**	**9**	**86**
崆峒区	7		7		22			22
泾川县	4	1	3		14	2	1	11
灵台县	20	4	14	2	23	2	2	19
崇信县	12		1	11	3		1	2
庄浪县	25	1	22	2	14	2	2	10
静宁县	28	3	21	4	23	11	3	9
华亭市	7		7		15	1		13

行业大类的就业人口（乡村）（续32）

单位：人

土地管理业	居民服务、修理和其他服务业				教育		卫生和社会工作	
	小计	居民服务业	机动车、电子产品和日用产品修理业	其他服务业	小计	教育	小计	卫生
34	**4803**	**1361**	**2661**	**781**	**3931**	**3931**	**1962**	**1875**
	441	**111**	**261**	**69**	**255**	**255**	**132**	**129**
	12	4	6	2	5	5	3	3
	82	20	53	9	35	35	15	13
	32	8	16	8	9	9	7	6
	11	1	10		10	10	11	11
	71	16	52	3	40	40	25	25
	28	7	13	8	4	4	10	10
	108	40	59	9	73	73	42	42
	97	15	52	30	79	79	19	19
	20	**2**	**18**		**1**	**1**		
	20	2	18		1	1		
	44	**8**	**30**	**6**	**6**	**6**	**17**	**13**
	13	2	8	3			4	2
	31	6	22	3	6	6	13	11
2	**245**	**79**	**147**	**19**	**203**	**203**	**97**	**94**
	23	9	9	5	4	4	8	8
	20	4	14	2	6	6	5	5
1	72	26	43	3	67	67	34	34
	108	37	62	9	108	108	36	35
1	22	3	19		18	18	14	12
2	**585**	**230**	**249**	**106**	**599**	**599**	**296**	**279**
	82	28	33	21	51	51	33	32
	100	40	41	19	48	48	49	48
	50	11	31	8	49	49	46	37
2	156	81	65	10	136	136	47	45
	85	26	53	6	138	138	59	59
	52	19	15	18	126	126	28	26
	60	25	11	24	51	51	34	32
1	**342**	**84**	**228**	**30**	**160**	**160**	**162**	**146**
1	206	43	158	5	86	86	81	80
	35	14	17	4	8	8	20	20
	76	24	33	19	52	52	48	33
	25	3	20	2	14	14	13	13
9	**249**	**65**	**167**	**17**	**176**	**176**	**106**	**106**
1	122	33	80	9	80	80	52	52
	4	2	2		4	4	4	4
5	25	6	19		29	29	15	15
	11	2	9		8	8	6	6
1	36	11	21	4	13	13	6	6
2	51	11	36	4	42	42	23	23
1	**388**	**105**	**243**	**40**	**404**	**404**	**184**	**176**
	112	30	71	11	62	62	27	24
	43	12	24	7	69	69	23	21
	41	16	17	8	23	23	19	19
	13	4	7	2	19	19	11	10
	76	17	51	8	68	68	39	39
	74	18	54	2	141	141	52	52
1	29	8	19	2	22	22	13	11

4–4c 各地区分性别、

地区 性别	科学研究和技术服务业				水利、环境和公共设施管理业			
	小计	研究和试验发展	专业技术服务业	科技推广和应用服务业	小计	水利管理业	生态保护和环境治理业	公共设施管理业
酒泉市	**56**	**1**	**43**	**12**	**90**	**14**	**17**	**55**
肃州区	17		14	3	26	6	7	9
金塔县	1		1		10	3	4	3
瓜州县	24	1	16	7	17	4	2	11
肃北蒙古族自治县								
阿克塞哈萨克族自治县								
玉门市	7		5	2	2		1	1
敦煌市	7		7		35	1	3	31
庆阳市	**169**	**12**	**119**	**38**	**177**	**5**	**84**	**85**
西峰区	52	2	43	7	23		3	19
庆城县	12	1	10	1	3			3
环　县	38	4	30	4	29	1	9	19
华池县	19		15	4	20	1	13	5
合水县	6	2	4		15		6	8
正宁县	2	1	1		41	1	38	2
宁　县	12		7	5	28	1	11	16
镇原县	28	2	9	17	18	1	4	13
定西市	**291**	**19**	**232**	**40**	**194**	**23**	**48**	**113**
安定区	52	5	39	8	55	6	24	25
通渭县	114	11	90	13	26	2	6	17
陇西县	31	1	25	5	16	2	3	9
渭源县	28	2	22	4	26	4	6	11
临洮县	44		35	9	29	2	4	23
漳　县	11		10	1	6	1		5
岷　县	11		11		36	6	5	23
陇南市	**157**	**6**	**111**	**40**	**166**	**13**	**43**	**109**
武都区	38	1	16	21	37	6	11	20
成　县	8		7	1	19		6	13
文　县	20		20		32	3	10	19
宕昌县	7		7		4		1	3
康　县	24	3	17	4	24		7	17
西和县	18	1	12	5	22	2	5	15
礼　县	26	1	21	4	17		2	14
徽　县	13		8	5	10	1	1	8
两当县	3		3		1	1		
临夏回族自治州	**83**	**4**	**55**	**24**	**105**	**11**	**21**	**72**
临夏市	11		9	2	12	1	1	10
临夏县	16	3	10	3	30	2	3	25
康乐县	5		4	1	15	3	3	9
永靖县	7	1	4	2	10	2	3	5
广河县	5		5		1			1
和政县	7		3	4	9		3	6
东乡族自治县	16		7	9	15		2	12
积石山保安族东乡族撒拉族自治县	16		13	3	13	3	6	4
甘南藏族自治州	**35**	**1**	**27**	**7**	**30**	**2**	**6**	**22**
合作市	1		1		3			3
临潭县	6		3	3	4	1		3
卓尼县	6		3	3	4			4
舟曲县	5		4	1	14	1	5	8
迭部县	6		6		2		1	1
玛曲县								
碌曲县					1			1
夏河县	11	1	10		2			2

行业大类的就业人口（乡村）（续33）

单位：人

	居民服务、修理和其他服务业				教育		卫生和社会工作	
土地管理业	小计	居民服务业	机动车、电子产品和日用产品修理业	其他服务业	小计	教育	小计	卫生
4	**166**	**39**	**115**	**12**	**57**	**57**	**48**	**46**
4	56	14	36	6	21	21	12	11
	14	4	8	2	15	15	9	9
	33	4	27	2	13	13	18	18
	2		2					
	30	6	23	1	3	3	2	2
	31	11	19	1	5	5	7	6
3	**480**	**145**	**255**	**80**	**421**	**421**	**191**	**188**
1	155	48	88	19	108	108	45	43
	42	16	16	10	67	67	17	17
	77	7	56	14	86	86	26	26
1	33	11	16	6	17	17	8	7
1	33	15	13	5	16	16	8	8
	18	7	11		23	23	15	15
	61	16	34	11	42	42	40	40
	61	25	21	15	62	62	32	32
10	**689**	**162**	**369**	**158**	**624**	**624**	**270**	**263**
	87	18	59	10	75	75	35	34
1	169	31	110	28	231	231	73	73
2	78	27	47	4	53	53	27	27
5	67	19	31	17	64	64	33	31
	179	37	68	74	83	83	46	43
	34	10	13	11	39	39	14	14
2	75	20	41	14	79	79	42	41
1	**467**	**166**	**202**	**99**	**503**	**503**	**276**	**255**
	93	33	50	10	84	84	52	43
	57	20	28	9	42	42	19	19
	47	19	16	12	57	57	22	22
	29	5	17	7	54	54	17	17
	38	20	8	10	34	34	29	26
	67	24	26	17	89	89	55	55
1	85	27	33	25	100	100	47	38
	33	8	21	4	36	36	31	31
	18	10	3	5	7	7	4	4
1	**586**	**149**	**310**	**127**	**379**	**379**	**142**	**139**
	34	4	28	2	10	10	12	11
	179	53	117	9	56	56	29	28
	65	24	31	10	75	75	18	18
	31	3	22	6	15	15	6	6
	77	15	11	51	91	91	9	9
	73	19	38	16	38	38	23	23
1	42	14	15	13	39	39	15	14
	85	17	48	20	55	55	30	30
	101	**16**	**67**	**18**	**143**	**143**	**41**	**41**
	11	4	3	4	6	6	2	2
	30	4	24	2	36	36	6	6
	12		11	1	13	13	3	3
	27	5	18	4	60	60	20	20
	6	1	4	1	13	13	5	5
	1		1				1	1
	5	1	2	2	8	8	2	2
	9	1	4	4	7	7	2	2

4-4c 各地区分性别、

地区 性别	科学研究和技术服务业				水利、环境和公共设施管理业			
	小计	研究和试验发展	专业技术服务业	科技推广和应用服务业	小计	水利管理业	生态保护和环境治理业	公共设施管理业
女	**499**	**46**	**311**	**142**	**1229**	**44**	**112**	**1067**
兰州市	**57**	**6**	**41**	**10**	**286**	**5**	**12**	**269**
城关区	5		4	1	13		1	12
七里河区	8	1	5	2	49		2	47
西固区	4	2	1	1	21			21
安宁区								
红古区					2			2
永登县	4	2	1	1	72	2	2	68
皋兰县	2		2		11		4	7
榆中县	12		8	4	64	2		62
兰州新区	22	1	20	1	54	1	3	50
嘉峪关市	**1**		**1**		**2**		**1**	**1**
市辖区	1		1		2		1	1
金昌市	**2**		**2**		**33**	**1**	**1**	**31**
金川区	1		1		20		1	19
永昌县	1		1		13	1		12
白银市	**23**	**3**	**17**	**3**	**36**	**8**	**1**	**27**
白银区					12	1		11
平川区	2		2		4	3		1
靖远县	9		7	2	11	3	1	7
会宁县	10	3	6	1	7	1		6
景泰县	2		2		2			2
天水市	**81**	**12**	**32**	**37**	**111**	**1**	**12**	**98**
秦州区	6	3	3		21		1	20
麦积区	8	2	4	2	22			22
清水县					32		4	28
秦安县	15	3	11	1	10		1	9
甘谷县	7	3	4		4		2	2
武山县	43	1	10	32	16	1	3	12
张家川回族自治县	2			2	6		1	5
武威市	**17**	**2**	**11**	**4**	**158**	**5**	**16**	**136**
凉州区	10		7	3	105		1	103
民勤县	5	2	2	1	12	1	2	9
古浪县	2		2		28	3	12	13
天祝藏族自治县					13	1	1	11
张掖市	**30**	**4**	**19**	**7**	**72**	**10**	**10**	**51**
甘州区	18	3	13	2	23	2	3	18
肃南裕固族自治县	3		1	2	12	1	6	5
民乐县	3		3		10	2		8
临泽县					10		1	9
高台县	1			1	1			1
山丹县	5	1	2	2	16	5		10
平凉市	**35**	**1**	**20**	**14**	**72**	**1**	**9**	**61**
崆峒区	2		1	1	16		1	15
泾川县	1		1		6		2	4
灵台县	5	1	2	2	15		3	12
崇信县	9			9	2		1	1
庄浪县	4		4		14		1	13
静宁县	12		10	2	13	1	1	11
华亭市	2		2		6			5

行业大类的就业人口（乡村）（续34）

单位：人

	居民服务、修理和其他服务业				教育		卫生和社会工作	
土地管理业	小计	居民服务业	机动车、电子产品和日用产品修理业	其他服务业	小计	教育	小计	卫生
6	**4209**	**2963**	**353**	**893**	**4224**	**4224**	**2701**	**2579**
	374	**235**	**33**	**106**	**389**	**389**	**202**	**187**
	11	5	3	3	13	13	7	7
	79	51	8	20	54	54	40	33
	25	16	3	6	10	10	11	9
	11	6	1	4	24	24	8	8
	62	43	6	13	50	50	30	29
	22	10	3	9	20	20	5	5
	88	71	6	11	109	109	51	48
	76	33	3	40	109	109	50	48
	10	**4**	**4**	**2**	**8**	**8**	**5**	**4**
	10	4	4	2	8	8	5	4
	24	**16**	**4**	**4**	**19**	**19**	**22**	**19**
	9	4	1	4	8	8	5	4
	15	12	3		11	11	17	15
	148	**108**	**18**	**22**	**203**	**203**	**104**	**101**
	12	8	1	3	7	7	8	8
	6	2	2	2	12	12	12	12
	37	30	2	5	77	77	24	23
	77	57	8	12	65	65	40	40
	16	11	5		42	42	20	18
	594	**446**	**33**	**115**	**614**	**614**	**273**	**256**
	91	56	4	31	53	53	30	29
	113	90	2	21	58	58	47	45
	92	74	1	17	45	45	25	19
	130	101	12	17	161	161	55	52
	64	54	7	3	142	142	63	62
	64	48	1	15	110	110	31	27
	40	23	6	11	45	45	22	22
1	**276**	**196**	**38**	**42**	**191**	**191**	**186**	**171**
1	135	96	26	13	106	106	106	103
	20	18		2	14	14	23	23
	103	72	8	23	57	57	37	25
	18	10	4	4	14	14	20	20
1	**233**	**178**	**31**	**24**	**209**	**209**	**230**	**215**
	115	85	13	17	110	110	111	105
	1	1			9	9	11	10
	21	17	3	1	24	24	37	36
	20	17	3		7	7	15	14
	30	22	6	2	13	13	18	13
1	46	36	6	4	46	46	38	37
1	**327**	**253**	**30**	**44**	**443**	**443**	**283**	**273**
	75	54	8	13	74	74	34	34
	40	30	3	7	84	84	31	31
	44	35	4	5	32	32	22	22
	25	16	2	7	21	21	13	11
	81	64	8	9	61	61	77	76
	40	35	3	2	148	148	90	84
1	22	19	2	1	23	23	16	15

4-4c 各地区分性别、

地区 性别	科学研究和技术服务业				水利、环境和公共设施管理业			
	小计	研究和试验发展	专业技术服务业	科技推广和应用服务业	小计	水利管理业	生态保护和环境治理业	公共设施管理业
酒泉市	**20**	**1**	**16**	**3**	**48**	**4**	**3**	**39**
肃州区	3		2	1	15		1	12
金塔县	3		3		2			2
瓜州县	8		6	2	5	3		2
肃北蒙古族自治县					2			2
阿克塞哈萨克族自治县								
玉门市	3	1	2		4		1	3
敦煌市	3		3		20	1	1	18
庆阳市	**42**	**3**	**29**	**10**	**66**	**2**	**18**	**46**
西峰区	13	1	10	2	13	1		12
庆城县	2		1	1	2		1	1
环　县	6		6		13	1		12
华池县	2		2		6		4	2
合水县					5			5
正宁县	3		3		13		10	3
宁　县	7	2	5		9		3	6
镇原县	9		2	7	5			5
定西市	**110**	**12**	**86**	**12**	**97**	**2**	**8**	**86**
安定区	13	2	10	1	27	1	3	23
通渭县	33	3	27	3	17			17
陇西县	17	1	13	3	7		1	6
渭源县	19	2	16	1	10	1	1	7
临洮县	19	4	12	3	23			23
漳　县	7		7		1		1	
岷　县	2		1	1	12		2	10
陇南市	**35**	**2**	**14**	**19**	**88**	**2**	**10**	**76**
武都区	13	1	2	10	12	1		11
成　县	2		2		7		2	5
文　县	3		3		19		5	14
宕昌县	1			1	12			12
康　县	3		1	2	6		2	4
西和县	1	1			16	1		15
礼　县	5		2	3	6		1	5
徽　县	5		2	3	4			4
两当县	2		2		6			6
临夏回族自治州	**32**		**14**	**18**	**138**	**3**	**9**	**126**
临夏市	1			1	34	1		33
临夏县	8		4	4	42	1	2	39
康乐县	4		4		8			8
永靖县	3		2	1	11		1	10
广河县					7			7
和政县	8			8	10		2	8
东乡族自治县	2			2	14	1	2	11
积石山保安族东乡族撒拉族自治县	6		4	2	12		2	10
甘南藏族自治州	**14**		**9**	**5**	**22**		**2**	**20**
合作市					5			5
临潭县	7		2	5	3		1	2
卓尼县	1		1		3			3
舟曲县	1		1		4			4
迭部县	1		1					
玛曲县								
碌曲县	1		1		2		1	1
夏河县	3		3		5			5

行业大类的就业人口（乡村）（续35）

单位：人

土地管理业	居民服务、修理和其他服务业				教育		卫生和社会工作	
	小计	居民服务业	机动车、电子产品和日用产品修理业	其他服务业	小计	教育	小计	卫生
2	**128**	**90**	**21**	**17**	**119**	**119**	**115**	**109**
2	51	34	5	12	38	38	42	40
	10	8	1	1	16	16	10	8
	25	18	5	2	39	39	27	27
							2	2
	1		1					
	15	10	4	1	8	8	13	12
	26	20	5	1	18	18	21	20
	436	**336**	**30**	**70**	**496**	**496**	**303**	**295**
	139	96	11	32	167	167	105	104
	27	18	1	8	55	55	35	35
	50	40	5	5	89	89	35	34
	33	24	4	5	35	35	23	23
	21	15	3	3	17	17	4	4
	12	11		1	21	21	13	12
	44	38	3	3	58	58	30	30
	110	94	3	13	54	54	58	53
1	**621**	**399**	**33**	**189**	**564**	**564**	**422**	**413**
	91	55	8	28	63	63	46	45
	171	117	9	45	172	172	126	125
	47	32	3	12	44	44	56	55
1	76	45	3	28	61	61	49	47
	134	70	7	57	108	108	75	72
	29	20	2	7	27	27	12	12
	73	60	1	12	89	89	58	57
	578	**480**	**24**	**74**	**486**	**486**	**261**	**247**
	98	82	7	9	96	96	54	53
	45	41	2	2	45	45	25	24
	48	39	2	7	68	68	38	37
	30	20	4	6	39	39	29	29
	41	27	2	12	36	36	30	24
	78	63	3	12	90	90	24	24
	165	143	4	18	61	61	25	22
	63	58		5	43	43	29	29
	10	7		3	8	8	7	5
	392	**181**	**42**	**169**	**326**	**326**	**240**	**235**
	25	11	2	12	11	11	25	25
	88	58	12	18	55	55	65	64
	53	24	5	24	68	68	28	27
	35	11	5	19	32	32	16	16
	24	9		15	38	38	14	14
	48	23	4	21	40	40	41	39
	38	14	1	23	30	30	8	7
	81	31	13	37	52	52	43	43
	68	**41**	**12**	**15**	**157**	**157**	**55**	**54**
	8	6	1	1	6	6		
	17	10	3	4	24	24	4	4
	6	4	1	1	8	8	4	4
	27	17	4	6	81	81	27	27
	6	4	1	1	20	20	10	10
	1		1		3	3	2	2
	1			1	8	8	2	2
	2		1	1	7	7	6	5

4-4c 各地区分性别、

地区 性别	社会工作	文化、体育和娱乐业					
		小计	新闻和出版业	广播、电视、电影和录音制作业	文化艺术业	体育	娱乐业
合计	**209**	**854**	**46**	**75**	**282**	**67**	**384**
兰州市	**18**	**91**	**6**	**5**	**8**	**8**	**64**
城关区		1			1		
七里河区	9	17	1		3	2	11
西固区	3	3					3
安宁区							
红古区		1					1
永登县	1	15		2	1	2	10
皋兰县		4	2			1	1
榆中县	3	20	2	1	2	2	13
兰州新区	2	30	1	2	1	1	25
嘉峪关市	**1**	**6**	**1**		**1**	**1**	**3**
市辖区	1	6	1		1	1	3
金昌市	**7**	**12**		**1**		**1**	**10**
金川区	3	4				1	3
永昌县	4	8		1			7
白银市	**6**	**34**	**2**	**4**	**12**	**4**	**12**
白银区		3		1		1	1
平川区		2					2
靖远县	1	8	1		6		1
会宁县	1	15		3	5	1	6
景泰县	4	6	1		1	2	2
天水市	**34**	**86**	**7**	**8**	**35**	**7**	**29**
秦州区	2	11		2	2	2	5
麦积区	3	20	2	1	7	2	8
清水县	15	12		2	3		7
秦安县	5	17	2	1	8	1	5
甘谷县	1	14	2	2	6	2	2
武山县	6	10			8		2
张家川回族自治县	2	2	1		1		
武威市	**31**	**46**	**2**	**5**	**8**		**31**
凉州区	4	25	2	4	1		18
民勤县		7					7
古浪县	27	11		1	5		5
天祝藏族自治县		3			2		1
张掖市	**15**	**71**	**5**	**9**	**18**	**6**	**33**
甘州区	6	37	3	4	7	4	19
肃南裕固族自治县	1	5		2	1		2
民乐县	1	6	1	1			4
临泽县	1	6			2	1	3
高台县	5	8		1	5	1	1
山丹县	1	9	1	1	3		4
平凉市	**18**	**64**	**3**	**7**	**21**	**8**	**25**
崆峒区	3	7		1		1	5
泾川县	2	13	1		9	1	2
灵台县		8	1	3		1	3
崇信县	3	5		1	2	1	1
庄浪县	1	8		1	2	2	3
静宁县	6	19	1	1	8	2	7
华亭市	3	4					4

行业大类的就业人口（乡村）（续36）

单位：人

公共管理、社会保障和社会组织							国际组织	
小计	中国共产党机关	国家机构	人民政协、民主党派	社会保障	群众团体、社会团体和其他成员组织	基层群众自治组织	小计	国际组织
11860	**138**	**5092**	**13**	**51**	**643**	**5923**	**1**	**1**
794	**6**	**446**	**3**	**7**	**27**	**305**		
47	1	20		1	2	23		
112	2	75		3	3	29		
101	1	61		1	3	35		
53	1	41			1	10		
147		42			8	97		
58		24	3	1	1	29		
113	1	39			6	67		
163		144		1	3	15		
18		**8**			**2**	**8**		
18		8			2	8		
95		**44**				**51**		
38		15				23		
57		29				28		
372	**17**	**148**	**1**		**10**	**196**		
31		17				14		
31		10				21		
116		38			3	75		
126	17	67	1		4	37		
68		16			3	49		
2516	**24**	**426**	**1**	**6**	**116**	**1943**	**1**	**1**
206	7	74			15	110	1	1
198		64			14	120		
201	2	57		1	9	132		
186	3	83			9	91		
1327	3	55	1		7	1261		
230	8	55		1	23	143		
168	1	38		4	39	86		
625	**2**	**213**		**5**	**30**	**375**		
267		94			15	158		
58		29			1	28		
156		54		4	6	92		
144	2	36		1	8	97		
627	**15**	**400**	**1**	**11**	**26**	**174**		
259	8	172		1	15	63		
70	3	53			4	10		
86	1	37		10	4	34		
40		24			1	15		
59		27				32		
113	3	87	1		2	20		
1247	**8**	**627**		**1**	**63**	**548**		
206	1	57			47	101		
170		84			1	85		
137	3	48			3	83		
62	1	20		1	4	36		
194	3	118			3	70		
349		245			3	101		
129		55			2	72		

4-4c 各地区分性别、

地区 性别	社会工作	文化、体育和娱乐业					
		小计	新闻和出版业	广播、电视、电影和录音制作业	文化艺术业	体育	娱乐业
酒泉市	**8**	**96**	**1**	**3**	**62**	**3**	**27**
肃州区	3	6				1	5
金塔县	2	6		2	1	1	2
瓜州县		10			3	1	6
肃北蒙古族自治县							
阿克塞哈萨克族自治县							
玉门市	1	1		1			
敦煌市	2	73	1		58		14
庆阳市	**11**	**91**	**1**	**7**	**40**	**6**	**37**
西峰区	3	35	1	2	16	4	12
庆城县		11			4		7
环　县	1	7		2	4		1
华池县	1	4			2		2
合水县		2			2		
正宁县	1	1					1
宁　县		19			9	1	9
镇原县	5	12		3	3	1	5
定西市	**16**	**97**	**10**	**14**	**28**	**12**	**33**
安定区	2	18	3	3	2	3	7
通渭县	1	36	5	6	10	3	12
陇西县	1	6	2		4		
渭源县	4	8		2	4		2
临洮县	6	16		3	4	2	7
漳　县		1				1	
岷　县	2	12			4	3	5
陇南市	**35**	**87**	**4**	**8**	**20**	**8**	**47**
武都区	10	26	1	1	3	3	18
成　县	1	6		1	1	1	3
文　县	1	10		2	3	1	4
宕昌县		5	2	1			2
康　县	9	11		1	4		6
西和县		12		1	2	1	8
礼　县	12	7	1		1	1	4
徽　县		7		1	4	1	1
两当县	2	3			2		1
临夏回族自治州	**8**	**42**	**2**	**2**	**12**	**2**	**24**
临夏市	1	9	1		1	1	6
临夏县	2	8			4		4
康乐县	1	2			2		
永靖县		6			2		4
广河县		6			1	1	4
和政县	2	6	1	2			3
东乡族自治县	2	3			1		2
积石山保安族东乡族撒拉族自治县		2			1		1
甘南藏族自治州	**1**	**31**	**2**	**2**	**17**	**1**	**9**
合作市		1	1				
临潭县		5	1		1		3
卓尼县							
舟曲县		10		1	4	1	4
迭部县		8		1	5		2
玛曲县							
碌曲县		1			1		
夏河县	1	6			6		

行业大类的就业人口（乡村）（续37）

单位：人

公共管理、社会保障和社会组织							国际组织	
小计	中国共产党机关	国家机构	人民政协、民主党派	社会保障	群众团体、社会团体和其他成员组织	基层群众自治组织	小计	国际组织
355	**4**	**222**			**11**	**118**		
77	2	52				23		
52		23				29		
106		79			2	25		
11		11						
1		1						
36		22				14		
72	2	34			9	27		
1000	**14**	**502**	**1**	**1**	**7**	**475**		
130	1	90			2	37		
112	6	56				50		
235		159				76		
132	2	92	1			37		
65	1	37				27		
48		13				35		
93	3	24			1	65		
185	1	31		1	4	148		
1048	**10**	**581**	**5**	**3**	**23**	**426**		
159	1	101		1	2	54		
299	6	216			5	72		
79		40			2	37		
118	2	61		1	2	52		
166		71			5	90		
61		25			1	35		
166	1	67	5	1	6	86		
1455	**8**	**526**		**10**	**45**	**866**		
242	1	93		2	10	136		
112		42		1	1	68		
134		83		3	1	47		
120		38				82		
187	1	50			9	127		
294	2	83			3	206		
179	2	52		1	19	105		
134	2	61		3	1	67		
53		24			1	28		
1009	**25**	**452**		**6**	**245**	**281**		
46		33			4	9		
202	5	105		1	49	42		
115	3	51			16	45		
68	1	33			12	22		
126	5	71		2	32	16		
114	3	50		2	21	38		
175	6	53		1	54	61		
163	2	56			57	48		
699	**5**	**497**	**1**	**1**	**38**	**157**		
47		39			3	5		
76	2	37			2	35		
43		27			1	15		
260	3	201	1		7	48		
124		102		1	12	9		
28		26				2		
15		12				3		
106		53			13	40		

4–4c　各地区分性别、

地区 性别	社会工作	文化、体育和娱乐业 小计	新闻和出版业	广播、电视、电影和录音制作业	文化艺术业	体育	娱乐业
男	**87**	**524**	**21**	**45**	**177**	**45**	**236**
兰州市	**3**	**48**	**2**	**1**	**2**	**7**	**36**
城关区							
七里河区	2	11	1		1	2	7
西固区	1	2					2
安宁区							
红古区		1					1
永登县		7		1		1	5
皋兰县		2	1			1	
榆中县		10			1	2	7
兰州新区		15				1	14
嘉峪关市		**2**	**1**				**1**
市辖区		2	1				1
金昌市	**4**	**7**		**1**			**6**
金川区	2	2					2
永昌县	2	5		1			4
白银市	**3**	**20**	**1**	**3**	**8**	**2**	**6**
白银区		1		1			
平川区		2					2
靖远县		6	1		4		1
会宁县	1	8		2	3	1	2
景泰县	2	3			1	1	1
天水市	**17**	**54**	**3**	**4**	**25**	**5**	**17**
秦州区	1	9		1	2	2	4
麦积区	1	14	1		7	1	5
清水县	9	8		2	2		4
秦安县	2	7			4	1	2
甘谷县		7	1	1	3	1	1
武山县	2	7			6		1
张家川回族自治县	2	2	1		1		
武威市	**16**	**27**		**2**	**5**		**20**
凉州区	1	14		2			12
民勤县		5					5
古浪县	15	5			3		2
天祝藏族自治县		3			2		1
张掖市		**45**		**8**	**10**	**5**	**22**
甘州区		24		4	4	3	13
肃南裕固族自治县		2		1	1		
民乐县		4		1			3
临泽县		4				1	3
高台县		6		1	4	1	
山丹县		5		1	1		3
平凉市	**8**	**45**	**3**	**5**	**15**	**7**	**15**
崆峒区	3	5				1	4
泾川县	2	11	1		8	1	1
灵台县		4	1	2			1
崇信县	1	5		1	2	1	1
庄浪县		7		1	1	2	3
静宁县		12	1	1	4	2	4
华亭市	2	1					1

行业大类的就业人口（乡村）（续38）

单位：人

公共管理、社会保障和社会组织							国际组织	
小计	中国共产党机关	国家机构	人民政协、民主党派	社会保障	群众团体、社会团体和其他成员组织	基层群众自治组织	小计	国际组织
8605	**110**	**3556**	**9**	**34**	**488**	**4408**		
542	**4**	**300**	**3**	**4**	**17**	**214**		
31		14			2	15		
76	2	51		2	3	18		
48		29			2	17		
40	1	31			1	7		
106		28			4	74		
43		21	3	1		18		
83	1	25			4	53		
115		101		1	1	12		
11		**5**			**1**	**5**		
11		5			1	5		
62		**28**				**34**		
24		6				18		
38		22				16		
279	**16**	**96**	**1**		**6**	**160**		
22		12				10		
24		5				19		
88		26			2	60		
100	16	46	1		2	35		
45		7			2	36		
1649	**19**	**297**		**2**	**79**	**1252**		
158	6	55			7	90		
132		41			6	85		
134	2	39			5	88		
131	1	61			7	62		
814	2	37			4	771		
145	7	38			14	86		
135	1	26		2	36	70		
474	**1**	**149**		**3**	**21**	**300**		
209		63			13	133		
49		24				25		
120		40		2	2	76		
96	1	22		1	6	66		
429	**10**	**256**	**1**	**8**	**19**	**135**		
162	6	103			12	41		
40	1	30			3	6		
71	1	27		8	3	32		
30		16				14		
47		21				26		
79	2	59	1		1	16		
922	**6**	**426**		**1**	**54**	**435**		
164		36			46	82		
138		65			1	72		
108	3	38			1	66		
41	1	14		1	3	22		
140	2	78			1	59		
247		162				85		
84		33			2	49		

4-4c 各地区分性别、

地区 性别	社会工作	文化、体育和娱乐业					
		小计	新闻和出版业	广播、电视、电影和录音制作业	文化艺术业	体育	娱乐业
酒泉市	**2**	**51**		**1**	**32**	**3**	**15**
肃州区	1	4				1	3
金塔县		3		1		1	1
瓜州县		5			1	1	3
肃北蒙古族自治县							
阿克塞哈萨克族自治县							
玉门市							
敦煌市	1	39			31		8
庆阳市	**3**	**64**	**1**	**5**	**30**	**4**	**24**
西峰区	2	20	1	2	9	3	5
庆城县		11			4		7
环　县		7		2	4		1
华池县	1	1			1		
合水县		1			1		
正宁县							
宁　县		16			8	1	7
镇原县		8		1	3		4
定西市	**7**	**60**	**4**	**7**	**21**	**6**	**22**
安定区	1	11		3	1	1	6
通渭县		25	3	2	8	3	9
陇西县		5	1		4		
渭源县	2	5		1	2		2
临洮县	3	7		1	3	1	2
漳　县							
岷　县	1	7			3	1	3
陇南市	**21**	**49**	**2**	**5**	**13**	**3**	**26**
武都区	9	14	1		3	1	9
成　县		3		1	1		1
文　县		6		2	1	1	2
宕昌县		2		1			1
康　县	3	5			2		3
西和县		7		1	2		4
礼　县	9	6	1		1		4
徽　县		5			3	1	1
两当县		1					1
临夏回族自治州	**3**	**32**	**2**	**2**	**8**	**2**	**18**
临夏市	1	6	1		1	1	3
临夏县	1	7			4		3
康乐县		1			1		
永靖县		5			1		4
广河县		6			1	1	4
和政县		6	1	2			3
东乡族自治县	1	1					1
积石山保安族东乡族撒拉族自治县							
甘南藏族自治州		**20**	**2**	**1**	**8**	**1**	**8**
合作市		1	1				
临潭县		5	1		1		3
卓尼县							
舟曲县		7		1	1	1	4
迭部县		2			1		1
玛曲县							
碌曲县							
夏河县		5			5		

行业大类的就业人口（乡村）（续39）

单位：人

公共管理、社会保障和社会组织							国际组织	
小计	中国共产党机关	国家机构	人民政协、民主党派	社会保障	群众团体、社会团体和其他成员组织	基层群众自治组织	小计	国际组织
249	**3**	**153**			**8**	**85**		
55	2	34				19		
37		14				23		
76		59			2	15		
10		10						
1		1						
25		15				10		
45	1	20			6	18		
799	**9**	**372**		**1**	**5**	**412**		
100	1	65			2	32		
88	3	40				45		
192		123				69		
101	2	64				35		
58	1	32				25		
40		9				31		
81	1	18				62		
139	1	21		1	3	113		
798	**7**	**413**	**4**	**3**	**11**	**360**		
125	1	74		1	1	48		
232	5	160			3	64		
63		30			1	32		
83	1	34		1	1	46		
118		46			2	70		
48		19				29		
129		50	4	1	3	71		
1089	**7**	**381**		**8**	**26**	**667**		
191	1	69		1	7	113		
80		21				59		
106		62		3	1	40		
90		28				62		
130		38			5	87		
209	2	67				140		
150	2	45		1	11	91		
97	2	37		3	1	54		
36		14			1	21		
796	**23**	**336**		**4**	**204**	**229**		
34		28			1	5		
140	5	69		1	37	28		
102	3	44			15	40		
44	1	21			4	18		
106	4	58		2	28	14		
87	3	33			19	32		
152	5	46		1	49	51		
131	2	37			51	41		
506	**5**	**344**			**37**	**120**		
32		24			3	5		
59	2	28			2	27		
35		21			1	13		
177	3	134			6	34		
96		76			12	8		
22		20				2		
12		9				3		
73		32			13	28		

4-4c 各地区分性别、

地区 性别	社会工作	文化、体育和娱乐业 小计	新闻和出版业	广播、电视、电影和录音制作业	文化艺术业	体育	娱乐业
女	**122**	**330**	**25**	**30**	**105**	**22**	**148**
兰州市	**15**	**43**	**4**	**4**	**6**	**1**	**28**
城关区		1			1		
七里河区	7	6			2		4
西固区	2	1					1
安宁区							
红古区							
永登县	1	8		1	1	1	5
皋兰县		2	1				1
榆中县	3	10	2	1	1		6
兰州新区	2	15	1	2	1		11
嘉峪关市	**1**	**4**			**1**	**1**	**2**
市辖区	1	4			1	1	2
金昌市	**3**	**5**				**1**	**4**
金川区	1	2				1	1
永昌县	2	3					3
白银市	**3**	**14**	**1**	**1**	**4**	**2**	**6**
白银区		2				1	1
平川区							
靖远县	1	2			2		
会宁县		7		1	2		4
景泰县	2	3	1			1	1
天水市	**17**	**32**	**4**	**4**	**10**	**2**	**12**
秦州区	1	2		1			1
麦积区	2	6	1	1		1	3
清水县	6	4			1		3
秦安县	3	10	2	1	4		3
甘谷县	1	7	1	1	3	1	1
武山县	4	3			2		1
张家川回族自治县							
武威市	**15**	**19**	**2**	**3**	**3**		**11**
凉州区	3	11	2	2	1		6
民勤县		2					2
古浪县	12	6		1	2		3
天祝藏族自治县							
张掖市	**15**	**26**	**5**	**1**	**8**	**1**	**11**
甘州区	6	13	3		3	1	6
肃南裕固族自治县	1	3		1			2
民乐县	1	2	1				1
临泽县	1	2			2		
高台县	5	2			1		1
山丹县	1	4	1		2		1
平凉市	**10**	**19**		**2**	**6**	**1**	**10**
崆峒区		2		1			1
泾川县		2			1		1
灵台县		4		1		1	2
崇信县	2						
庄浪县	1	1			1		
静宁县	6	7			4		3
华亭市	1	3					3

行业大类的就业人口（乡村）（续40）

单位：人

公共管理、社会保障和社会组织							国际组织	
小计	中国共产党机关	国家机构	人民政协、民主党派	社会保障	群众团体、社会团体和其他成员组织	基层群众自治组织	小计	国际组织
3255	**28**	**1536**	**4**	**17**	**155**	**1515**	**1**	**1**
252	**2**	**146**		**3**	**10**	**91**		
16	1	6		1		8		
36		24		1		11		
53	1	32		1	1	18		
13		10				3		
41		14			4	23		
15		3			1	11		
30		14			2	14		
48		43			2	3		
7		**3**			**1**	**3**		
7		3			1	3		
33		**16**				**17**		
14		9				5		
19		7				12		
93	**1**	**52**			**4**	**36**		
9		5				4		
7		5				2		
28		12			1	15		
26	1	21			2	2		
23		9			1	13		
867	**5**	**129**	**1**	**4**	**37**	**691**	**1**	**1**
48	1	19			8	20	1	1
66		23			8	35		
67		18		1	4	44		
55	2	22			2	29		
513	1	18	1		3	490		
85	1	17		1	9	57		
33		12		2	3	16		
151	**1**	**64**		**2**	**9**	**75**		
58		31			2	25		
9		5			1	3		
36		14		2	4	16		
48	1	14			2	31		
198	**5**	**144**		**3**	**7**	**39**		
97	2	69		1	3	22		
30	2	23			1	4		
15		10		2	1	2		
10		8			1	1		
12		6				6		
34	1	28			1	4		
325	**2**	**201**			**9**	**113**		
42	1	21			1	19		
32		19				13		
29		10			2	17		
21		6			1	14		
54	1	40			2	11		
102		83			3	16		
45		22				23		

4-4c 各地区分性别、

地区 性别	社会工作	文化、体育和娱乐业					
		小计	新闻和出版业	广播、电视、电影和录音制作业	文化艺术业	体育	娱乐业
酒泉市	**6**	**45**	**1**	**2**	**30**		**12**
肃州区	2	2					2
金塔县	2	3		1	1		1
瓜州县		5			2		3
肃北蒙古族自治县							
阿克塞哈萨克族自治县							
玉门市	1	1		1			
敦煌市	1	34	1		27		6
庆阳市	**8**	**27**		**2**	**10**	**2**	**13**
西峰区	1	15			7	1	7
庆城县							
环　县	1						
华池县		3			1		2
合水县		1			1		
正宁县	1	1					1
宁　县		3			1		2
镇原县	5	4		2		1	1
定西市	**9**	**37**	**6**	**7**	**7**	**6**	**11**
安定区	1	7	3		1	2	1
通渭县	1	11	2	4	2		3
陇西县	1	1	1				
渭源县	2	3		1	2		
临洮县	3	9		2	1	1	5
漳　县		1				1	
岷　县	1	5			1	2	2
陇南市	**14**	**38**	**2**	**3**	**7**	**5**	**21**
武都区	1	12		1		2	9
成　县	1	3				1	2
文　县	1	4			2		2
宕昌县		3	2				1
康　县	6	6		1	2		3
西和县		5				1	4
礼　县	3	1				1	
徽　县		2		1	1		
两当县	2	2			2		
临夏回族自治州	**5**	**10**			**4**		**6**
临夏市		3					3
临夏县	1	1					1
康乐县	1	1			1		
永靖县		1			1		
广河县							
和政县	2						
东乡族自治县	1	2			1		1
积石山保安族东乡族撒拉族自治县		2			1		1
甘南藏族自治州	**1**	**11**		**1**	**9**		**1**
合作市							
临潭县							
卓尼县							
舟曲县		3			3		
迭部县		6		1	4		1
玛曲县							
碌曲县		1			1		
夏河县	1	1			1		

行业大类的就业人口（乡村）（续41）

单位：人

公共管理、社会保障和社会组织							国际组织	
小计	中国共产党机关	国家机构	人民政协、民主党派	社会保障	群众团体、社会团体和其他成员组织	基层群众自治组织	小计	国际组织
106	**1**	**69**			**3**	**33**		
22		18				4		
15		9				6		
30		20				10		
1		1						
11		7				4		
27	1	14			3	9		
201	**5**	**130**	**1**		**2**	**63**		
30		25				5		
24	3	16				5		
43		36				7		
31		28	1			2		
7		5				2		
8		4				4		
12	2	6			1	3		
46		10			1	35		
250	**3**	**168**	**1**		**12**	**66**		
34		27			1	6		
67	1	56			2	8		
16		10			1	5		
35	1	27			1	6		
48		25			3	20		
13		6			1	6		
37	1	17	1		3	15		
366	**1**	**145**		**2**	**19**	**199**		
51		24		1	3	23		
32		21		1	1	9		
28		21				7		
30		10				20		
57	1	12			4	40		
85		16			3	66		
29		7			8	14		
37		24				13		
17		10				7		
213	**2**	**116**		**2**	**41**	**52**		
12		5			3	4		
62		36			12	14		
13		7			1	5		
24		12			8	4		
20	1	13			4	2		
27		17		2	2	6		
23	1	7			5	10		
32		19			6	7		
193		**153**	**1**	**1**	**1**	**37**		
15		15						
17		9				8		
8		6				2		
83		67	1		1	14		
28		26		1		1		
6		6						
3		3						
33		21				12		

4-5 全省分年龄、性别、

年龄组 性别	合计	农、林、牧、渔业						
		小计	农业	林业	畜牧业	渔业	农、林、牧、渔专业及辅助性活动	小计
合计	**959370**	**316118**	**276308**	**1756**	**33298**	**121**	**4635**	**14855**
16-19 岁	8911	1915	1657	1	240	2	15	36
20-24 岁	46865	7010	5996	27	887	8	92	450
25-29 岁	103386	13852	11874	67	1641	11	259	1519
30-34 岁	134226	19283	16355	168	2365	15	380	2629
35-39 岁	108237	19405	16519	125	2393	8	360	2282
40-44 岁	101658	25125	21605	223	2864	13	420	2211
45-49 岁	149015	52932	46148	381	5519	16	868	2735
50-54 岁	146299	68734	60489	374	6832	21	1018	2030
55-59 岁	90297	50941	45062	250	4972	16	641	742
60-64 岁	32219	24388	21635	89	2403	4	257	130
65-69 岁	24382	20566	18315	34	1987	5	225	47
70-74 岁	9533	8296	7389	11	825		71	21
75 岁及以上	4342	3671	3264	6	370	2	29	23
男	**573950**	**166416**	**141487**	**1232**	**20932**	**92**	**2673**	**12517**
16-19 岁	5627	1015	862	1	140	1	11	29
20-24 岁	26533	3714	3093	16	544	7	54	371
25-29 岁	59207	7237	5921	48	1097	9	162	1253
30-34 岁	78595	9917	8021	117	1533	12	234	2195
35-39 岁	63302	9638	7884	77	1465	4	208	1899
40-44 岁	58955	12418	10428	155	1607	10	218	1784
45-49 岁	86149	25411	21506	244	3179	14	468	2224
50-54 岁	89784	34172	29277	279	4055	12	549	1873
55-59 岁	59837	27611	23811	184	3216	14	386	696
60-64 岁	20961	14704	12736	70	1718	4	176	116
65-69 岁	15786	12782	11147	28	1463	4	140	43
70-74 岁	6331	5385	4695	10	632		48	19
75 岁及以上	2883	2412	2106	3	283	1	19	15
女	**385420**	**149702**	**134821**	**524**	**12366**	**29**	**1962**	**2338**
16-19 岁	3284	900	795		100	1	4	7
20-24 岁	20332	3296	2903	11	343	1	38	79
25-29 岁	44179	6615	5953	19	544	2	97	266
30-34 岁	55631	9366	8334	51	832	3	146	434
35-39 岁	44935	9767	8635	48	928	4	152	383
40-44 岁	42703	12707	11177	68	1257	3	202	427
45-49 岁	62866	27521	24642	137	2340	2	400	511
50-54 岁	56515	34562	31212	95	2777	9	469	157
55-59 岁	30460	23330	21251	66	1756	2	255	46
60-64 岁	11258	9684	8899	19	685		81	14
65-69 岁	8596	7784	7168	6	524	1	85	4
70-74 岁	3202	2911	2694	1	193		23	2
75 岁及以上	1459	1259	1158	3	87	1	10	8

行业大类的就业人口

单位：人

采矿业								
煤炭开采和洗选业	石油和天然气开采业	黑色金属矿采选业	有色金属矿采选业	非金属矿采选业	开采专业及辅助性活动	其他采矿业	小计	农副食品加工业
5831	**2485**	**621**	**2336**	**1068**	**2355**	**159**	**65281**	**4678**
4	8	10	7	3	4		814	27
127	86	28	92	39	74	4	4374	152
555	283	59	230	130	246	16	9124	456
1077	504	111	313	154	447	23	11226	614
902	443	69	277	135	428	28	7934	513
908	327	87	327	139	404	19	7293	590
1120	377	129	535	179	374	21	10619	896
792	313	89	383	167	256	30	8707	775
269	97	33	147	87	96	13	3831	424
43	21	4	20	26	13	3	749	134
19	9	2	2	6	8	1	403	67
10	2		1	3	4	1	141	25
5	15		2		1		66	5
4925	**2006**	**552**	**2024**	**979**	**1893**	**138**	**45487**	**2929**
3	8	5	6	3	4		586	20
105	68	24	77	33	60	4	3001	97
466	218	56	189	122	191	11	6332	285
901	416	99	263	141	356	19	7829	394
758	355	60	237	126	339	24	5250	302
731	238	75	284	119	321	16	4632	330
915	294	115	441	159	280	20	6912	506
733	283	80	363	156	230	28	6712	505
243	93	32	141	85	90	12	3191	310
39	15	4	18	26	11	3	591	102
18	7	2	2	6	7	1	304	54
9	2		1	3	4		105	20
4	9		2				42	4
906	**479**	**69**	**312**	**89**	**462**	**21**	**19794**	**1749**
1		5	1				228	7
22	18	4	15	6	14		1373	55
89	65	3	41	8	55	5	**2792**	**171**
176	88	12	50	13	91	4	3397	220
144	88	9	40	9	89	4	2684	211
177	89	12	43	20	83	3	2661	260
205	83	14	94	20	94	1	3707	390
59	30	9	20	11	26	2	1995	270
26	4	1	6	2	6	1	640	114
4	6		2		2		158	32
1	2				1		**99**	**13**
1						1	36	5
1	6				1		24	1

4-5 全省分年龄、性别、

年龄组 性别	制			造				
	食品制造业	酒、饮料和精制茶制造业	烟草制品业	纺织业	纺织服装、服饰业	皮革、毛皮、羽毛及其制品和制鞋业	木材加工和木、竹、藤、棕、草制品业	家具制造业
合计	**3706**	**1437**	**216**	**1207**	**1300**	**420**	**1073**	**962**
16–19 岁	56	3		6	27	10	5	9
20–24 岁	244	78	5	60	71	21	33	61
25–29 岁	479	266	28	92	175	53	103	116
30–34 岁	616	270	46	166	233	56	146	198
35–39 岁	552	167	30	172	201	64	126	127
40–44 岁	433	154	28	148	166	56	128	147
45–49 岁	621	237	35	260	210	66	173	115
50–54 岁	440	172	27	198	140	58	174	107
55–59 岁	185	80	14	72	53	24	121	54
60–64 岁	37	5	1	14	13	6	36	13
65–69 岁	27	5		10	7	3	18	9
70–74 岁	14		2	7	3	1	8	6
75 岁及以上	2			2	1	2	2	
男	**1775**	**947**	**141**	**543**	**366**	**198**	**813**	**658**
16–19 岁	27	1		3	12	7	4	8
20–24 岁	115	47	3	25	15	13	24	49
25–29 岁	238	168	21	43	67	28	80	76
30–34 岁	281	170	31	79	82	18	108	139
35–39 岁	245	106	16	63	47	27	87	76
40–44 岁	200	89	16	61	30	25	82	94
45–49 岁	280	143	20	100	46	28	127	77
50–54 岁	236	138	18	105	35	31	140	74
55–59 岁	107	76	13	42	21	15	107	43
60–64 岁	24	4	1	12	4	2	31	10
65–69 岁	16	5		5	5	2	14	7
70–74 岁	6		2	4	2		7	5
75 岁及以上				1		2	2	
女	**1931**	**490**	**75**	**664**	**934**	**222**	**260**	**304**
16–19 岁	29	2		3	15	3	1	1
20–24 岁	129	31	2	35	56	8	9	12
25–29 岁	241	98	7	49	108	25	23	40
30–34 岁	335	100	15	87	151	38	38	59
35–39 岁	307	61	14	109	154	37	39	51
40–44 岁	233	65	12	87	136	31	46	53
45–49 岁	341	94	15	160	164	38	46	38
50–54 岁	204	34	9	93	105	27	34	33
55–59 岁	78	4	1	30	32	9	14	11
60–64 岁	13	1		2	9	4	5	3
65–69 岁	11			5	2	1	4	2
70–74 岁	8			3	1	1	1	1
75 岁及以上	2			1	1			

行业大类的就业人口（续 1）

单位：人

业								
造纸和纸制品业	印刷和记录媒介复制业	文教、工美、体育和娱乐用品制造业	石油、煤炭及其他燃料加工业	化学原料和化学制品制造业	医药制造业	化学纤维制造业	橡胶和塑料制品业	非金属矿物制品业
501	**901**	**672**	**3843**	**3121**	**3285**	**70**	**1414**	**6587**
3	7	11	2	8	16		15	26
21	36	41	127	193	171	6	79	219
47	92	84	310	368	440	17	180	711
76	154	120	513	506	540	11	267	1037
75	131	87	516	326	391	7	173	812
64	121	83	483	355	371	5	159	858
92	179	99	857	578	531	14	222	1205
71	106	90	675	549	460	8	204	1044
36	59	32	318	186	270	1	79	497
12	6	12	20	32	58	1	20	108
2	8	9	10	12	26		8	57
1	2	2	6	5	7		6	10
1		2	6	3	4		2	3
304	**517**	**388**	**2848**	**2280**	**1785**	**51**	**954**	**5234**
2	5	6	2	7	10		11	25
11	18	24	98	138	104	2	61	171
31	50	47	238	267	237	15	127	543
40	79	64	389	339	280	10	190	816
50	69	44	365	221	208	3	108	623
38	67	39	310	224	196	4	101	630
53	94	50	548	404	253	9	128	927
44	75	69	566	472	263	6	129	901
25	49	27	299	167	177	1	70	441
8	5	8	16	29	38	1	18	96
1	5	6	8	7	13		5	50
1	1	2	5	3	4		5	9
		2	4	2	2		1	2
197	**384**	**284**	**995**	**841**	**1500**	**19**	**460**	**1353**
1	2	5		1	6		4	1
10	18	17	29	55	67	4	18	48
16	42	37	72	101	203	2	**53**	**168**
36	75	56	124	167	260	1	77	221
25	62	43	151	105	183	4	65	189
26	54	44	173	131	175	1	58	228
39	85	49	309	174	278	5	94	278
27	31	21	109	77	197	2	75	143
11	10	5	19	19	93		9	56
4	1	4	4	3	20		2	12
1	3	3	2	5	13		**3**	**7**
	1		1	2	3		1	1
1			2	1	2		1	1

4-5　全省分年龄、性别、

年龄组 性　别	制	造						
	黑色金属冶炼和压延加工业	有色金属冶炼和压延加工业	金属制品业	通用设备制造业	专用设备制造业	汽车制造业	铁路、船舶、航空航天和其他运输设备制造业	电气机械和器材制造业
合计	**2258**	**4733**	**4850**	**3926**	**1960**	**574**	**699**	**1960**
16-19 岁	12	16	40	51	28	16	4	24
20-24 岁	118	228	243	294	169	102	54	161
25-29 岁	242	624	686	627	334	144	120	310
30-34 岁	438	748	1024	815	376	130	129	350
35-39 岁	300	502	739	455	246	54	59	250
40-44 岁	281	604	540	385	182	29	65	203
45-49 岁	406	989	697	567	256	40	112	310
50-54 岁	339	775	572	446	225	39	112	231
55-59 岁	101	206	220	218	116	17	37	105
60-64 岁	15	21	48	34	17	2	5	6
65-69 岁	4	11	30	23	8	1	1	6
70-74 岁	1	4	8	5	1			2
75 岁及以上	1	5	3	6	2		1	2
男	**1946**	**3764**	**4081**	**3046**	**1370**	**438**	**530**	**1384**
16-19 岁	11	15	36	38	20	13	3	18
20-24 岁	111	192	206	224	120	77	42	117
25-29 岁	218	497	589	469	226	110	94	214
30-34 岁	392	582	884	654	260	98	96	248
35-39 岁	249	382	616	356	152	45	45	157
40-44 岁	227	407	430	275	111	18	40	134
45-49 岁	324	754	565	400	172	25	75	202
50-54 岁	300	707	486	384	184	35	93	184
55-59 岁	94	192	194	198	103	14	37	100
60-64 岁	14	19	41	25	14	2	4	5
65-69 岁	4	10	25	17	6	1	1	3
70-74 岁	1	3	7	4	1			1
75 岁及以上	1	4	2	2	1			1
女	**312**	**969**	**769**	**880**	**590**	**136**	**169**	**576**
16-19 岁	1	1	4	13	8	3	1	6
20-24 岁	7	36	37	70	49	25	12	44
25-29 岁	24	127	97	158	108	34	26	96
30-34 岁	46	166	140	161	116	32	33	102
35-39 岁	51	120	123	99	94	9	14	93
40-44 岁	54	197	110	110	71	11	25	69
45-49 岁	82	235	132	167	84	15	37	108
50-54 岁	39	68	86	62	41	4	19	47
55-59 岁	7	14	26	20	13	3		5
60-64 岁	1	2	7	9	3		1	1
65-69 岁		1	5	6	2			3
70-74 岁		1	1	1				1
75 岁及以上		1	1	4	1		1	1

行业大类的就业人口（续2）

单位：人

业					电力、热力、燃气及水生产和供应业			
计算机、通信和其他电子设备制造业	仪器仪表制造业	其他制造业	废弃资源综合利用业	金属制品、机械和设备修理业	小计	电力、热力生产和供应业	燃气生产和供应业	水的生产和供应业
5508	**458**	**504**	**1038**	**1420**	**12407**	**9603**	**1121**	**1683**
354	9	9	11	9	23	16	4	3
1159	38	44	39	107	561	417	76	68
1573	81	84	64	218	1725	1355	180	190
1147	68	93	97	242	2146	1662	240	244
490	38	64	107	160	1425	1065	169	191
302	48	46	116	143	1515	1187	92	236
270	83	67	205	227	2323	1842	157	324
147	51	51	223	198	1690	1324	131	235
46	32	30	102	96	826	623	53	150
10	6	9	42	6	95	69	8	18
3	1	5	22	10	57	31	7	19
3		1	8	3	14	7	4	3
4	3	1	2	1	7	5		2
3521	**325**	**332**	**781**	**1238**	**9097**	**7153**	**770**	**1174**
254	5	7	7	9	20	15	3	2
729	25	25	26	92	435	339	48	48
1001	59	57	49	188	1261	1018	114	129
713	48	62	70	213	1555	1222	165	168
315	23	39	78	133	971	748	111	112
184	32	32	84	122	973	772	53	148
166	58	40	148	190	1562	1254	108	200
103	37	34	176	182	1399	1101	106	192
43	31	24	79	92	762	579	46	137
5	5	7	36	5	90	66	8	16
3		3	20	8	50	28	4	18
2		1	6	3	13	6	4	3
3	2	1	2	1	6	5		1
1987	**133**	**172**	**257**	**182**	**3310**	**2450**	**351**	**509**
100	4	2	4		3	1	1	1
430	13	19	13	15	126	78	28	20
572	22	27	15	30	464	337	66	61
434	20	31	27	29	591	440	75	76
175	15	25	29	27	454	317	58	79
118	16	14	32	21	542	415	39	88
104	25	27	57	37	761	588	49	124
44	14	17	47	16	291	223	25	43
3	1	6	23	4	64	44	7	13
5	1	2	6	1	5	3		2
	1	2	2	2	7	3	3	1
1			2		1	1		
1	1				1			1

4-5 全省分年龄、性别、

年龄组 性别	建筑业					批发和零售业		
	小计	房屋建筑业	土木工程建筑业	建筑安装业	建筑装饰、装修和其他建筑业	小计	批发业	零售业
合计	**112005**	**68725**	**12986**	**5134**	**25160**	**98034**	**24278**	**73756**
16–19 岁	704	473	52	26	153	738	161	577
20–24 岁	5235	2929	788	277	1241	5306	1169	4137
25–29 岁	13033	7296	1777	713	3247	12588	3015	9573
30–34 岁	17895	10095	2192	1044	4564	17779	4237	13542
35–39 岁	14397	8629	1530	701	3537	14610	3362	11248
40–44 岁	13751	8600	1349	605	3197	12940	3144	9796
45–49 岁	20124	13046	2150	800	4128	14939	3862	11077
50–54 岁	17133	11170	1966	632	3365	11039	3009	8030
55–59 岁	7624	5026	953	256	1389	5209	1563	3646
60–64 岁	1481	1022	164	52	243	1468	386	1082
65–69 岁	478	329	53	20	76	885	240	645
70–74 岁	106	77	8	7	14	350	88	262
75 岁及以上	44	33	4	1	6	183	42	141
男	**95300**	**58258**	**11203**	**4580**	**21259**	**48632**	**15337**	**33295**
16–19 岁	612	407	47	26	132	404	114	290
20–24 岁	4445	2462	670	250	1063	2412	686	1726
25–29 岁	11103	6137	1510	649	2807	5929	1808	4121
30–34 岁	15310	8563	1895	937	3915	8262	2655	5607
35–39 岁	12110	7214	1333	625	2938	6504	2012	4492
40–44 岁	11299	7017	1122	516	2644	5955	1887	4068
45–49 岁	16543	10743	1788	690	3322	7305	2385	4920
50–54 岁	14903	9728	1742	573	2860	6322	2067	4255
55–59 岁	7026	4626	886	247	1267	3469	1176	2293
60–64 岁	1378	957	150	45	226	1042	279	763
65–69 岁	439	307	48	15	69	654	179	475
70–74 岁	98	73	8	6	11	245	58	187
75 岁及以上	34	24	4	1	5	129	31	98
女	**16705**	**10467**	**1783**	**554**	**3901**	**49402**	**8941**	**40461**
16–19 岁	92	66	5		21	334	47	287
20–24 岁	790	467	118	27	178	2894	483	2411
25–29 岁	1930	1159	267	64	440	6659	1207	5452
30–34 岁	2585	1532	297	107	649	9517	1582	7935
35–39 岁	2287	1415	197	76	599	8106	1350	6756
40–44 岁	2452	1583	227	89	553	6985	1257	5728
45–49 岁	3581	2303	362	110	806	7634	1477	6157
50–54 岁	2230	1442	224	59	505	4717	942	3775
55–59 岁	598	400	67	9	122	1740	387	1353
60–64 岁	103	65	14	7	17	426	107	319
65–69 岁	39	22	5	5	7	231	61	170
70–74 岁	8	4		1	3	105	30	75
75 岁及以上	10	9			1	54	11	43

行业大类的就业人口（续3）

单位：人

交通运输、仓储和邮政业								
小计	铁路运输业	道路运输业	水上运输业	航空运输业	管道运输业	多式联运和运输代理业	装卸搬运和仓储业	邮政业
47822	**4821**	**30598**	**69**	**712**	**43**	**1072**	**5595**	**4912**
243	22	80	1			2	49	89
2216	387	943	6	63	3	61	264	489
6245	905	3335	10	196	7	168	525	1099
8211	595	5416	13	141	14	200	675	1157
6925	366	5014	8	73	2	137	638	687
6533	419	4755	7	51	7	120	685	489
8233	726	5664	11	85	4	174	1089	480
5954	789	3665	4	73	5	134	1015	269
2729	563	1454	8	24	1	61	497	121
347	37	182	1	5		8	96	18
124	5	59				5	46	9
40	3	19				2	13	3
22	4	12		1			3	2
40157	**3791**	**26899**	**50**	**426**	**34**	**862**	**4575**	**3520**
196	10	68	1			1	44	72
1711	258	788	3	43	3	41	220	355
4918	668	2778	8	100	5	130	428	801
6812	471	4756	9	76	10	157	533	800
5789	274	4402	6	35	1	110	502	459
5468	302	4168	5	36	6	91	530	330
6879	505	4946	7	57	4	137	877	346
5344	715	3365	3	51	4	124	863	219
2563	544	1382	7	24	1	57	441	107
315	32	167	1	3		7	87	18
104	5	50				5	35	9
39	3	19				2	12	3
19	4	10		1			3	1
7665	**1030**	**3699**	**19**	**286**	**9**	**210**	**1020**	**1392**
47	12	12				1	5	17
505	129	155	3	20		20	44	134
1327	237	557	2	96	2	38	97	298
1399	124	660	4	65	4	43	142	357
1136	92	612	2	38	1	27	136	228
1065	117	587	2	15	1	29	155	159
1354	221	718	4	28		37	212	134
610	74	300	1	22	1	10	152	50
166	19	72	1			4	56	14
32	5	15		2		1	9	
20		9					11	
1							1	
3		2						1

4-5 全省分年龄、性别、

年龄组 性 别	住宿和餐饮业			信息传输、软件和信息技术服务业				
	小计	住宿业	餐饮业	小计	电信、广播电视和卫星传输服务	互联网和相关服务	软件和信息技术服务业	小计
合计	**52484**	**5381**	**47103**	**8945**	**4493**	**1813**	**2639**	**13340**
16–19 岁	2317	113	2204	62	30	18	14	15
20–24 岁	6083	491	5592	938	302	257	379	665
25–29 岁	8633	817	7816	2196	923	536	737	2454
30–34 岁	9350	813	8537	2172	1060	451	661	3000
35–39 岁	7014	682	6332	1277	680	231	366	1623
40–44 岁	5673	639	5034	838	532	119	187	1333
45–49 岁	6518	891	5627	742	473	114	155	1810
50–54 岁	4425	574	3851	459	308	55	96	1587
55–59 岁	1846	264	1582	234	168	28	38	768
60–64 岁	415	63	352	13	9	1	3	52
65–69 岁	162	25	137	8	3	2	3	22
70–74 岁	29	8	21	2	1	1		4
75 岁及以上	19	1	18	4	4			7
男	**25694**	**2069**	**23625**	**5626**	**2593**	**1176**	**1857**	**6525**
16–19 岁	1574	67	1507	40	21	10	9	12
20–24 岁	3566	213	3353	551	168	145	238	290
25–29 岁	4728	321	4407	1319	484	339	496	1134
30–34 岁	4749	276	4473	1334	559	291	484	1402
35–39 岁	3336	222	3114	797	358	156	283	672
40–44 岁	2346	177	2169	518	307	84	127	551
45–49 岁	2350	284	2066	483	296	82	105	848
50–54 岁	1763	260	1503	349	229	44	76	896
55–59 岁	902	178	724	213	157	22	34	662
60–64 岁	251	47	204	12	9	1	2	35
65–69 岁	105	18	87	7	3	1	3	16
70–74 岁	17	5	12	2	1	1		2
75 岁及以上	7	1	6	1	1			5
女	**26790**	**3312**	**23478**	**3319**	**1900**	**637**	**782**	**6815**
16–19 岁	743	46	697	22	9	8	5	3
20–24 岁	2517	278	2239	387	134	112	141	375
25–29 岁	3905	496	3409	877	439	197	241	1320
30–34 岁	4601	537	4064	838	501	160	177	1598
35–39 岁	3678	460	3218	480	322	75	83	951
40–44 岁	3327	462	2865	320	225	35	60	782
45–49 岁	4168	607	3561	259	177	32	50	962
50–54 岁	2662	314	2348	110	79	11	20	691
55–59 岁	944	86	858	21	11	6	4	106
60–64 岁	164	16	148	1			1	17
65–69 岁	57	7	50	1		1		6
70–74 岁	12	3	9					2
75 岁及以上	12		12	3	3			2

行业大类的就业人口（续 4）

单位：人

金融业				房地产业		租赁和商务服务业		
货币金融服务	资本市场服务	保险业	其他金融业	小计	房地产业	小计	租赁业	商务服务业
7321	**398**	**4653**	**968**	**12717**	**12717**	**19559**	**1627**	**17932**
4	2	8	1	63	63	168	11	157
298	27	285	55	810	810	1532	91	1441
1277	81	877	219	1955	1955	3528	290	3238
1639	92	1043	226	2104	2104	3661	349	3312
715	65	711	132	1365	1365	2365	224	2141
625	44	583	81	1223	1223	1873	178	1695
1008	49	657	96	1854	1854	2510	233	2277
1117	30	336	104	1680	1680	2114	162	1952
576	8	133	51	1125	1125	1269	70	1199
38		12	2	325	325	314	14	300
16		6		158	158	167	5	162
3			1	45	45	36		36
5		2		10	10	22		22
3949	**228**	**1857**	**491**	**7429**	**7429**	**12279**	**1433**	**10846**
3	2	6	1	48	48	112	11	101
114	12	145	19	453	453	792	85	707
564	39	434	97	1072	1072	1902	270	1632
785	54	466	97	1111	1111	2139	309	1830
328	43	229	72	684	684	1464	198	1266
331	21	160	39	592	592	1144	147	997
570	29	199	50	943	943	1566	189	1377
680	21	129	66	1144	1144	1613	143	1470
528	7	79	48	917	917	1096	65	1031
27		7	1	280	280	270	11	259
13		3		142	142	138	5	133
1			1	36	36	29		29
5				7	7	14		14
3372	**170**	**2796**	**477**	**5288**	**5288**	**7280**	**194**	**7086**
1		2		15	15	56		56
184	15	140	36	357	357	740	6	734
713	42	443	122	883	883	**1626**	**20**	**1606**
854	38	577	129	993	993	1522	40	1482
387	22	482	60	681	681	901	26	875
294	23	423	42	631	631	729	31	698
438	20	458	46	911	911	944	44	900
437	9	207	38	536	536	501	19	482
48	1	54	3	208	208	173	5	168
11		5	1	45	45	44	3	41
3		3		16	16	**29**		**29**
2				9	9	7		7
		2		3	3	8		8

4-5 全省分年龄、性别、

年龄组 性　别	科学研究和技术服务业				水利、环境和公共设施管理业			
	小计	研究和试验发展	专业技术服务业	科技推广和应用服务业	小计	水利管理业	生态保护和环境治理业	公共设施管理业
合计	**10821**	**1491**	**7707**	**1623**	**8909**	**1413**	**1156**	**6227**
16–19 岁	45	10	27	8	17	1	4	12
20–24 岁	828	82	649	97	176	31	25	112
25–29 岁	2022	214	1581	227	592	117	68	388
30–34 岁	2315	279	1744	292	902	183	130	570
35–39 岁	1512	243	1057	212	865	156	127	564
40–44 岁	1065	179	723	163	1063	206	136	710
45–49 岁	1164	176	788	200	1897	300	255	1327
50–54 岁	1035	164	646	225	1715	227	239	1244
55–59 岁	697	128	421	148	1065	149	121	784
60–64 岁	71	5	43	23	396	27	37	332
65–69 岁	47	8	18	21	169	9	10	145
70–74 岁	15	2	7	6	38	5	3	28
75 岁及以上	5	1	3	1	14	2	1	11
男	**7638**	**974**	**5573**	**1091**	**5195**	**1061**	**855**	**3201**
16–19 岁	39	10	22	7	14	1	4	9
20–24 岁	564	46	451	67	118	22	20	72
25–29 岁	1341	134	1055	152	383	84	46	239
30–34 岁	1613	167	1250	196	527	119	82	316
35–39 岁	1049	156	755	138	499	107	96	282
40–44 岁	705	114	491	100	512	138	94	273
45–49 岁	808	115	578	115	905	215	166	513
50–54 岁	805	112	530	163	1004	199	192	609
55–59 岁	608	108	378	122	767	135	108	515
60–64 岁	54	4	38	12	289	25	33	231
65–69 岁	38	6	16	16	134	9	10	112
70–74 岁	10	1	6	3	32	5	3	22
75 岁及以上	4	1	3		11	2	1	8
女	**3183**	**517**	**2134**	**532**	**3714**	**352**	**301**	**3026**
16–19 岁	6		5	1	3			3
20–24 岁	264	36	198	30	58	9	5	40
25–29 岁	681	80	526	75	209	33	22	149
30–34 岁	702	112	494	96	375	64	48	254
35–39 岁	463	87	302	74	366	49	31	282
40–44 岁	360	65	232	63	551	68	42	437
45–49 岁	356	61	210	85	992	85	89	814
50–54 岁	230	52	116	62	711	28	47	635
55–59 岁	89	20	43	26	298	14	13	269
60–64 岁	17	1	5	11	107	2	4	101
65–69 岁	9	2	2	5	35			33
70–74 岁	5	1	1	3	6			6
75 岁及以上	1			1	3			3

行业大类的就业人口（续5）

单位：人

土地管理业	居民服务、修理和其他服务业				教育		卫生和社会工作	
	小计	居民服务业	机动车、电子产品和日用产品修理业	其他服务业	小计	教育	小计	卫生
113	**24867**	**13665**	**7580**	**3622**	**47775**	**47775**	**24430**	**23772**
	628	401	201	26	791	791	102	100
8	2313	1376	827	110	3111	3111	2378	2346
19	3880	2128	1467	285	6814	6814	5280	5210
19	4464	2499	1598	367	8488	8488	5049	4957
18	3249	1841	1042	366	8553	8553	3130	3056
11	2483	1401	696	386	6390	6390	2235	2152
15	3098	1597	747	754	5239	5239	2723	2613
5	2564	1279	603	682	4778	4778	1975	1875
11	1311	665	249	397	3052	3052	1032	976
	462	215	94	153	317	317	265	241
5	276	166	41	69	156	156	147	139
2	93	60	12	21	42	42	66	62
	46	37	3	6	44	44	48	45
78	**12460**	**4405**	**6502**	**1553**	**21105**	**21105**	**8162**	**7926**
	383	168	196	19	364	364	20	20
4	1266	448	760	58	769	769	419	413
14	2173	710	1309	154	1906	1906	959	938
10	2241	726	1333	182	2841	2841	1215	1190
14	1517	517	864	136	3568	3568	1147	1124
7	1091	402	574	115	3049	3049	931	911
11	1329	488	595	246	2778	2778	1269	1238
4	1213	438	514	261	2803	2803	1071	1030
9	712	287	219	206	2590	2590	714	676
	291	104	88	99	258	258	194	175
3	168	76	38	54	123	123	124	118
2	53	26	9	18	29	29	56	52
	23	15	3	5	27	27	43	41
35	**12407**	**9260**	**1078**	**2069**	**26670**	**26670**	**16268**	**15846**
	245	233	5	7	427	427	82	80
4	1047	928	67	52	2342	2342	1959	1933
5	1707	1418	158	131	4908	**4908**	**4321**	**4272**
9	2223	1773	265	185	5647	5647	3834	3767
4	1732	1324	178	230	4985	4985	1983	1932
4	1392	999	122	271	3341	3341	1304	1241
4	1769	1109	152	508	2461	2461	1454	1375
1	1351	841	89	421	1975	1975	904	845
2	599	378	30	191	462	462	318	300
	171	111	6	54	59	59	71	66
2	108	90	3	15	33	**33**	**23**	**21**
	40	34	3	3	13	13	10	10
	23	22		1	17	17	5	4

4-5 全省分年龄、性别、

年龄组 性 别	社会工作	文化、体育和娱乐业					
		小计	新闻和出版业	广播、电视、电影和录音制作业	文化艺术业	体育	娱乐业
合计	**658**	**5747**	**636**	**702**	**1824**	**539**	**2046**
16–19 岁	2	102		3	16	10	73
20–24 岁	32	575	38	74	136	94	233
25–29 岁	70	985	77	160	253	136	359
30–34 岁	92	1055	116	138	342	97	362
35–39 岁	74	739	95	91	242	53	258
40–44 岁	83	626	91	67	215	41	212
45–49 岁	110	730	102	81	246	53	248
50–54 岁	100	505	52	46	195	24	188
55–59 岁	56	334	64	34	139	19	78
60–64 岁	24	58		6	20	7	25
65–69 岁	8	22		2	11	4	5
70–74 岁	4	14	1		7	1	5
75 岁及以上	3	2			2		
男	**236**	**3126**	**344**	**394**	**952**	**285**	**1151**
16–19 岁		56			7	6	43
20–24 岁	6	312	13	40	59	59	141
25–29 岁	21	500	36	79	103	68	214
30–34 岁	25	546	55	73	161	48	209
35–39 岁	23	376	46	47	120	26	137
40–44 岁	20	318	43	40	113	18	104
45–49 岁	31	365	55	45	123	19	123
50–54 岁	41	305	38	32	115	16	104
55–59 岁	38	274	57	30	119	15	53
60–64 岁	19	44		6	17	5	16
65–69 岁	6	17		2	8	4	3
70–74 岁	4	12	1		6	1	4
75 岁及以上	2	1			1		
女	**422**	**2621**	**292**	**308**	**872**	**254**	**895**
16–19 岁	2	46		3	9	4	30
20–24 岁	26	263	25	34	77	35	92
25–29 岁	49	485	41	81	150	68	145
30–34 岁	67	509	61	65	181	49	153
35–39 岁	51	363	49	44	122	27	121
40–44 岁	63	308	48	27	102	23	108
45–49 岁	79	365	47	36	123	34	125
50–54 岁	59	200	14	14	80	8	84
55–59 岁	18	60	7	4	20	4	25
60–64 岁	5	14			3	2	9
65–69 岁	2	5			3		2
70–74 岁		2			1		1
75 岁及以上	1	1			1		

行业大类的就业人口（续6）

单位：人

公共管理、社会保障和社会组织							国际组织	
小计	中国共产党机关	国家机构	人民政协、民主党派	社会保障	群众团体、社会团体和其他成员组织	基层群众自治组织	小计	国际组织
63251	**1527**	**49641**	**259**	**292**	**2083**	**9449**	**3**	**3**
128	1	79			31	17		
2304	42	1869	2	13	99	279		
6960	137	5907	8	24	211	673	1	1
12496	362	10832	28	52	272	950	1	1
9566	276	8104	23	49	250	864	1	1
7488	203	5961	29	34	247	1014		
8825	192	6518	28	44	324	1719		
8175	175	5806	51	35	346	1762		
5662	125	3906	82	26	193	1330		
873	8	353	4	8	47	453		
488	5	188	2	4	38	251		
181	1	75		3	12	90		
105		43	2		13	47		
41105	**1087**	**32225**	**197**	**141**	**1318**	**6137**		
103	1	65			26	11		
1344	23	1130	2	5	62	122		
3757	86	3239	4	9	95	324		
6997	236	6132	16	13	138	462		
6032	191	5202	17	21	135	466		
4669	147	3796	23	13	137	553		
5669	139	4259	19	21	195	1036		
6093	141	4291	35	24	267	1335		
5064	113	3561	73	22	167	1128		
747	6	295	4	7	38	397		
398	3	153	2	3	36	201		
149	1	67		3	10	68		
83		35	2		12	34		
22146	**440**	**17416**	**62**	**151**	**765**	**3312**	**3**	**3**
25		14			5	6		
960	19	739		8	37	157		
3203	51	2668	4	15	116	349	1	1
5499	126	4700	12	39	134	488	1	1
3534	85	2902	6	28	115	398	1	1
2819	56	2165	6	21	110	461		
3156	53	2259	9	23	129	683		
2082	34	1515	16	11	79	427		
598	12	345	9	4	26	202		
126	2	58		1	9	56		
90	2	35		1	2	50		
32		8			2	22		
22		8			1	13		

4-5a 全省分年龄、性别、

年龄组 性 别	合计	农、林、牧、渔业						
		小计	农业	林业	畜牧业	渔业	农、林、牧、渔专业及辅助性活动	小计
合计	**272489**	**5662**	**4445**	**207**	**627**	**21**	**362**	**5728**
16–19 岁	1641	13	10		1	1	1	6
20–24 岁	13694	76	50	2	17	3	4	148
25–29 岁	36312	293	196	7	57	3	30	524
30–34 岁	50749	568	378	28	96	2	64	1012
35–39 岁	39997	543	392	24	75		52	928
40–44 岁	34770	577	427	33	77	2	38	862
45–49 岁	42185	1143	887	55	123	2	76	1086
50–54 岁	32437	1132	931	36	103	6	56	790
55–59 岁	16544	716	632	16	37	1	30	276
60–64 岁	2366	279	250	3	16	1	9	46
65–69 岁	1194	209	185	2	21		1	21
70–74 岁	360	77	74		3			9
75 岁及以上	240	36	33	1	1		1	20
男	**163081**	**3528**	**2658**	**140**	**465**	**17**	**248**	**4742**
16–19 岁	1060	8	6		1		1	5
20–24 岁	7365	49	30	2	12	3	2	124
25–29 岁	19668	211	135	4	50	3	19	432
30–34 岁	28697	384	248	17	75	2	42	835
35–39 岁	22598	333	226	12	58		37	743
40–44 岁	19765	358	262	19	53	1	23	689
45–49 岁	24868	676	500	38	88	2	48	870
50–54 岁	22393	666	525	30	66	4	41	721
55–59 岁	13602	460	385	16	31	1	27	252
60–64 岁	1782	183	163	1	11	1	7	34
65–69 岁	869	128	110	1	16		1	18
70–74 岁	254	47	44		3			7
75 岁及以上	160	25	24		1			12
女	**109408**	**2134**	**1787**	**67**	**162**	**4**	**114**	**986**
16–19 岁	581	5	4			1		1
20–24 岁	6329	27	20		5		2	24
25–29 岁	16644	82	61	3	7		11	92
30–34 岁	22052	184	130	11	21		22	177
35–39 岁	17399	210	166	12	17		15	185
40–44 岁	15005	219	165	14	24	1	15	173
45–49 岁	17317	467	387	17	35		28	216
50–54 岁	10044	466	406	6	37	2	15	69
55–59 岁	2942	256	247		6		3	24
60–64 岁	584	96	87	2	5		2	12
65–69 岁	325	81	75	1	5			3
70–74 岁	106	30	30					2
75 岁及以上	80	11	9	1			1	8

行业大类的就业人口（城市）

单位：人

采矿业								
煤炭开采和洗选业	石油和天然气开采业	黑色金属矿采选业	有色金属矿采选业	非金属矿采选业	开采专业及辅助性活动	其他采矿业	小计	农副食品加工业
2910	**739**	**237**	**1115**	**230**	**437**	**60**	**26211**	**1064**
1	1		4				101	3
51	12	8	63	4	10		1230	33
258	54	26	112	23	45	6	3251	110
554	130	49	129	32	111	7	4517	153
489	145	24	133	32	92	13	3391	143
484	86	40	157	34	57	4	3258	145
548	107	53	267	45	58	8	4767	190
363	131	27	180	40	36	13	3740	166
123	36	9	63	15	23	7	1586	93
20	14		4	4	3	1	186	18
11	7	1		1	1		100	6
6	1		1			1	42	3
2	15		2		1		42	1
2388	**583**	**211**	**966**	**201**	**347**	**46**	**18497**	**703**
	1		4				62	2
43	7	8	57	4	5		860	26
215	38	25	96	21	36	1	2309	75
462	102	44	107	26	90	4	3161	104
396	103	20	112	29	72	11	2256	89
371	70	34	135	26	50	3	2046	84
430	89	48	216	38	41	8	3112	119
330	117	23	173	37	29	12	3030	112
109	33	8	60	15	21	6	1406	72
16	8		3	4	2	1	137	14
10	5	1		1	1		71	4
5	1		1				26	2
1	9		2				21	
522	**156**	**26**	**149**	**29**	**90**	**14**	**7714**	**361**
1							39	1
8	5		6		5		370	7
43	16	1	16	2	9	5	942	35
92	28	5	22	6	21	3	1356	49
93	42	4	21	3	20	2	1135	54
113	16	6	22	8	7	1	1212	61
118	18	5	51	7	17		1655	71
33	14	4	7	3	7	1	710	54
14	3	1	3		2	1	180	21
4	6		1		1		49	4
1	2						29	2
1						1	16	1
1	6				1		21	1

4-5a 全省分年龄、性别、

年龄组 性别	制造							
	食品制造业	酒、饮料和精制茶制造业	烟草制品业	纺织业	纺织服装、服饰业	皮革、毛皮、羽毛及其制品和制鞋业	木材加工和木、竹、藤、棕、草制品业	家具制造业
合计	**1339**	**607**	**193**	**389**	**309**	**87**	**195**	**273**
16–19 岁	21	2				2		1
20–24 岁	83	24	3	13	10	3	4	11
25–29 岁	196	91	22	22	29	5	17	31
30–34 岁	238	107	45	44	40	10	38	54
35–39 岁	224	87	25	57	42	10	30	36
40–44 岁	170	82	26	61	42	7	33	52
45–49 岁	206	108	33	84	70	18	31	47
50–54 岁	132	73	25	70	47	18	27	23
55–59 岁	58	30	14	26	21	12	12	8
60–64 岁	3	2		6	3	2	3	5
65–69 岁	3	1		4	2			3
70–74 岁	3			2	2			2
75 岁及以上	2				1			
男	**634**	**394**	**125**	**184**	**94**	**52**	**140**	**168**
16–19 岁	7	1				2		1
20–24 岁	32	10	2	7	1	1	1	9
25–29 岁	90	55	17	10	10	3	15	17
30–34 岁	103	66	31	22	14	3	27	33
35–39 岁	105	56	13	21	11	7	22	18
40–44 岁	79	50	15	29	7	4	16	35
45–49 岁	103	64	18	28	22	10	24	26
50–54 岁	71	61	16	43	16	12	21	17
55–59 岁	39	29	13	15	10	10	11	6
60–64 岁	2	1		6	1		3	2
65–69 岁	3	1		2	1			3
70–74 岁				1	1			1
75 岁及以上								
女	**705**	**213**	**68**	**205**	**215**	**35**	**55**	**105**
16–19 岁	14	1						
20–24 岁	51	14	1	6	9	2	3	2
25–29 岁	106	36	5	12	19	2	2	14
30–34 岁	135	41	14	22	26	7	11	21
35–39 岁	119	31	12	36	31	3	8	18
40–44 岁	91	32	11	32	35	3	17	17
45–49 岁	103	44	15	56	48	8	7	21
50–54 岁	61	12	9	27	31	6	6	6
55–59 岁	19	1	1	11	11	2	1	2
60–64 岁	1	1			2	2		3
65–69 岁				2	1			
70–74 岁	3			1	1			1
75 岁及以上	2				1			

行业大类的就业人口（城市）（续1）

单位：人

业								
造纸和纸制品业	印刷和记录媒介复制业	文教、工美、体育和娱乐用品制造业	石油、煤炭及其他燃料加工业	化学原料和化学制品制造业	医药制造业	化学纤维制造业	橡胶和塑料制品业	非金属矿物制品业
141	**547**	**210**	**3123**	**1481**	**784**	**29**	**434**	**1882**
	2	2	1					4
5	15	9	73	83	43		16	61
13	35	33	231	161	135	4	46	209
13	80	48	402	250	150	4	74	333
22	78	33	444	172	113	3	57	249
28	84	25	419	189	95	1	57	280
25	125	26	718	290	103	10	80	363
17	76	24	545	240	87	6	65	250
12	45	9	254	75	49		29	105
4	2		16	8	6	1	7	16
1	4	1	8	6	2			8
	1		6	5			2	2
1			6	2	1		1	2
84	**325**	**119**	**2273**	**1040**	**439**	**20**	**316**	**1440**
	2		1					4
3	5	3	53	54	26		11	52
8	20	14	174	114	67	3	35	162
8	42	25	306	166	78	4	55	240
17	44	19	307	113	52	1	38	185
16	44	13	261	109	49	1	39	187
11	65	14	448	191	56	6	54	276
11	59	21	457	210	60	4	48	214
8	40	9	239	69	44		28	98
2	2		12	8	4	1	7	11
	1	1	6	2	2			8
	1		5	3			1	2
			4	1	1			1
57	**222**	**91**	**850**	**441**	**345**	**9**	**118**	**442**
		2						
2	10	6	20	29	17		5	9
5	15	19	57	47	68	1	**11**	**47**
5	38	23	96	84	72		19	93
5	34	14	137	59	61	2	19	64
12	40	12	158	80	46		18	93
14	60	12	270	99	47	4	26	87
6	17	3	88	30	27	2	17	36
4	5		15	6	5		1	7
2			4		2			5
1	3		2	4				
			1	2			1	
1			2	1			1	1

4-5a 全省分年龄、性别、

年龄组 性 别	制				造			
	黑色金属冶炼和压延加工业	有色金属冶炼和压延加工业	金属制品业	通用设备制造业	专用设备制造业	汽车制造业	铁路、船舶、航空航天和其他运输设备制造业	电气机械和器材制造业
合计	**1025**	**2921**	**1394**	**2075**	**993**	**128**	**478**	**1168**
16-19 岁	2	8	1	8	3	1	1	3
20-24 岁	47	150	52	83	39	15	32	54
25-29 岁	102	403	187	238	125	26	82	134
30-34 岁	231	501	284	422	195	23	85	160
35-39 岁	145	264	232	243	141	17	36	157
40-44 岁	119	354	177	225	117	9	39	145
45-49 岁	182	604	205	366	151	15	85	239
50-54 岁	150	495	167	291	135	10	83	179
55-59 岁	40	116	70	159	74	11	30	86
60-64 岁	6	10	7	17	8	1	4	4
65-69 岁		9	9	14	3			3
70-74 岁		3		3				2
75 岁及以上	1	4	3	6	2		1	2
男	**898**	**2290**	**1127**	**1572**	**667**	**100**	**366**	**831**
16-19 岁	2	8	1	7	1	1	1	3
20-24 岁	45	125	47	67	24	15	25	38
25-29 岁	97	324	159	176	80	24	68	93
30-34 岁	209	384	229	330	128	18	66	110
35-39 岁	123	195	181	181	83	12	25	101
40-44 岁	101	231	139	152	67	5	28	91
45-49 岁	145	446	153	240	100	8	52	160
50-54 岁	134	450	143	253	108	8	68	147
55-59 岁	35	106	62	144	67	8	30	81
60-64 岁	6	8	5	10	5	1	3	4
65-69 岁		8	6	8	3			1
70-74 岁		2		2				1
75 岁及以上	1	3	2	2	1			1
女	**127**	**631**	**267**	**503**	**326**	**28**	**112**	**337**
16-19 岁				1	2			
20-24 岁	2	25	5	16	15		7	16
25-29 岁	5	79	28	62	45	2	14	41
30-34 岁	22	117	55	92	67	5	19	50
35-39 岁	22	69	51	62	58	5	11	56
40-44 岁	18	123	38	73	50	4	11	54
45-49 岁	37	158	52	126	51	7	33	79
50-54 岁	16	45	24	38	27	2	15	32
55-59 岁	5	10	8	15	7	3		5
60-64 岁		2	2	7	3		1	
65-69 岁		1	3	6				2
70-74 岁		1		1				1
75 岁及以上		1	1	4	1		1	1

行业大类的就业人口（城市）（续2）

单位：人

业					电力、热力、燃气及水生产和供应业			
计算机、通信和其他电子设备制造业	仪器仪表制造业	其他制造业	废弃资源综合利用业	金属制品、机械和设备修理业	小计	电力、热力生产和供应业	燃气生产和供应业	水的生产和供应业
1271	**293**	**164**	**413**	**801**	**6579**	**5160**	**594**	**825**
23	5		3	5	5	2	2	1
182	12	11	12	52	214	164	27	23
348	40	21	32	123	807	655	79	73
304	36	35	32	126	1166	929	126	111
157	20	26	42	86	812	609	98	105
85	35	18	52	87	891	712	58	121
91	70	24	78	130	1297	1036	92	169
51	40	16	106	126	910	703	82	125
19	27	9	33	60	420	311	24	85
6	4	2	13	2	28	21	2	5
1	1	2	7	2	18	10	2	6
2			2	2	6	4	2	
2	3		1		5	4		1
802	**196**	**112**	**297**	**689**	**4641**	**3675**	**394**	**572**
10	1		2	5	4	2	2	
109	9	5	11	44	163	129	17	17
227	29	16	21	106	563	466	51	46
181	21	26	21	111	815	654	76	85
106	10	17	34	70	531	407	65	59
54	21	13	34	72	545	431	35	79
55	47	12	56	103	838	679	61	98
36	27	12	78	113	738	577	61	100
19	26	8	21	59	392	293	21	78
2	3	2	10	2	27	20	2	5
1		1	7	2	16	10	1	5
1			1	2	5	3	2	
1	2		1		4	4		
469	**97**	**52**	**116**	**112**	**1938**	**1485**	**200**	**253**
13	4		1		1			1
73	3	6	1	8	51	35	10	6
121	11	5	11	17	244	**189**	**28**	**27**
123	15	9	11	15	351	275	50	26
51	10	9	8	16	281	202	33	46
31	14	5	18	15	346	281	23	42
36	23	12	22	27	459	357	31	71
15	13	4	28	13	172	126	21	25
	1	1	12	1	28	18	3	7
4	1		3		1	1		
	1	1			2		**1**	**1**
1			1		1	1		
1	1				1			1

4–5a 全省分年龄、性别、

年龄组 性　别	建筑业					批发和零售业		
	小计	房屋建筑业	土木工程建筑业	建筑安装业	建筑装饰、装修和其他建筑业	小计	批发业	零售业
合计	**29061**	**13890**	**3741**	**2018**	**9412**	**45940**	**12343**	**33597**
16–19 岁	95	44	7	8	36	254	54	200
20–24 岁	1140	503	146	90	401	2269	528	1741
25–29 岁	3463	1595	506	227	1135	5893	1530	4363
30–34 岁	5344	2441	746	409	1748	8888	2355	6533
35–39 岁	4173	1923	557	294	1399	7476	1882	5594
40–44 岁	3705	1787	429	231	1258	6645	1776	4869
45–49 岁	4973	2465	587	349	1572	7175	2005	5170
50–54 岁	4024	2020	478	273	1253	4639	1365	3274
55–59 岁	1729	864	256	100	509	2023	671	1352
60–64 岁	281	170	20	22	69	400	101	299
65–69 岁	99	57	8	10	24	195	52	143
70–74 岁	22	13		4	5	55	14	41
75 岁及以上	13	8	1	1	3	28	10	18
男	**23860**	**11417**	**2989**	**1725**	**7729**	**22479**	**7605**	**14874**
16–19 岁	83	39	5	8	31	142	35	107
20–24 岁	915	408	110	79	318	1032	305	727
25–29 岁	2754	1257	382	193	922	2742	875	1867
30–34 岁	4397	2019	578	349	1451	4188	1445	2743
35–39 岁	3396	1556	463	250	1127	3331	1096	2235
40–44 岁	2954	1426	316	180	1032	3035	1050	1985
45–49 岁	3942	1964	457	292	1229	3420	1204	2216
50–54 岁	3447	1728	415	248	1056	2683	942	1741
55–59 岁	1607	799	238	98	472	1411	524	887
60–64 岁	252	153	17	18	64	289	71	218
65–69 岁	86	52	7	6	21	145	42	103
70–74 岁	17	11		3	3	38	7	31
75 岁及以上	10	5	1	1	3	23	9	14
女	**5201**	**2473**	**752**	**293**	**1683**	**23461**	**4738**	**18723**
16–19 岁	12	5	2		5	112	19	93
20–24 岁	225	95	36	11	83	1237	223	1014
25–29 岁	709	338	124	34	213	3151	655	2496
30–34 岁	947	422	168	60	297	4700	910	3790
35–39 岁	777	367	94	44	272	4145	786	3359
40–44 岁	751	361	113	51	226	3610	726	2884
45–49 岁	1031	501	130	57	343	3755	801	2954
50–54 岁	577	292	63	25	197	1956	423	1533
55–59 岁	122	65	18	2	37	612	147	465
60–64 岁	29	17	3	4	5	111	30	81
65–69 岁	13	5	1	4	3	50	10	40
70–74 岁	5	2		1	2	17	7	10
75 岁及以上	3	3				5	1	4

行业大类的就业人口（城市）（续3）

单位：人

交通运输、仓储和邮政业								
小计	铁路运输业	道路运输业	水上运输业	航空运输业	管道运输业	多式联运和运输代理业	装卸搬运和仓储业	邮政业
20236	**3614**	**12005**	**36**	**462**	**30**	**623**	**1360**	**2106**
53	9	14				1	5	24
806	231	339	5	30	1	17	27	156
2492	626	1163	6	115	4	78	88	412
3363	457	2044	7	90	11	110	148	496
2839	298	1965	6	54	1	75	133	307
2803	355	1904	3	36	6	78	183	238
3679	571	2347	4	63	2	119	322	251
2650	605	1464	1	51	5	90	286	148
1373	431	675	3	19		49	132	64
121	25	58	1	4		4	23	6
39	3	22				1	9	4
11	1	6				1	3	
7	2	4					1	
16336	**2856**	**9980**	**23**	**278**	**23**	**484**	**1148**	**1544**
43	5	12				1	5	20
589	158	261	3	19	1	9	22	116
1848	459	889	4	57	2	58	74	305
2660	364	1680	3	48	8	78	120	359
2238	222	1617	4	29		54	106	206
2225	259	1563	2	27	6	57	141	170
2919	394	1927	2	43	2	92	280	179
2353	551	1313	1	34	4	83	246	121
1307	416	641	3	19		47	123	58
105	22	51	1	2		3	20	6
32	3	17				1	7	4
11	1	6				1	3	
6	2	3					1	
3900	**758**	**2025**	**13**	**184**	**7**	**139**	**212**	**562**
10	4	2						4
217	73	78	2	11		8	5	40
644	167	274	2	58	2	**20**	**14**	**107**
703	93	364	4	42	3	32	28	137
601	76	348	2	25	1	21	27	101
578	96	341	1	9		21	42	68
760	177	420	2	20		27	42	72
297	54	151		17	1	7	40	27
66	15	34				2	9	6
16	3	7		2		1	3	
7		5					**2**	
1		1						

4-5a 全省分年龄、性别、

年龄组 性 别	住宿和餐饮业			信息传输、软件和信息技术服务业				
	小计	住宿业	餐饮业	小计	电信、广播电视和卫星传输服务	互联网和相关服务	软件和信息技术服务业	小计
合计	**17755**	**2705**	**15050**	**5493**	**2671**	**1018**	**1804**	**8602**
16-19 岁	596	35	561	21	12	6	3	5
20-24 岁	1698	202	1496	477	164	121	192	337
25-29 岁	2610	360	2250	1233	481	287	465	1479
30-34 岁	3196	407	2789	1331	607	259	465	1952
35-39 岁	2537	392	2145	849	406	140	303	1138
40-44 岁	2134	329	1805	600	358	88	154	893
45-49 岁	2497	491	2006	509	321	71	117	1184
50-54 岁	1648	309	1339	301	194	32	75	1077
55-59 岁	668	140	528	158	118	12	28	505
60-64 岁	109	27	82	8	7		1	23
65-69 岁	47	9	38	5	2	2	1	7
70-74 岁	8	3	5					
75 岁及以上	7	1	6	1	1			2
男	**9161**	**1089**	**8072**	**3404**	**1511**	**651**	**1242**	**4128**
16-19 岁	432	22	410	12	7	4	1	3
20-24 岁	1060	96	964	272	86	65	121	138
25-29 岁	1528	149	1379	722	238	186	298	652
30-34 岁	1751	152	1599	796	314	158	324	871
35-39 岁	1261	138	1123	539	216	93	230	475
40-44 岁	958	103	855	365	198	61	106	369
45-49 岁	964	148	816	322	195	48	79	553
50-54 岁	723	150	573	221	138	25	58	612
55-59 岁	372	103	269	144	110	10	24	435
60-64 岁	70	20	50	7	7			14
65-69 岁	33	5	28	4	2	1	1	5
70-74 岁	5	2	3					
75 岁及以上	4	1	3					1
女	**8594**	**1616**	**6978**	**2089**	**1160**	**367**	**562**	**4474**
16-19 岁	164	13	151	9	5	2	2	2
20-24 岁	638	106	532	205	78	56	71	199
25-29 岁	1082	211	871	511	243	101	167	827
30-34 岁	1445	255	1190	535	293	101	141	1081
35-39 岁	1276	254	1022	310	190	47	73	663
40-44 岁	1176	226	950	235	160	27	48	524
45-49 岁	1533	343	1190	187	126	23	38	631
50-54 岁	925	159	766	80	56	7	17	465
55-59 岁	296	37	259	14	8	2	4	70
60-64 岁	39	7	32	1			1	9
65-69 岁	14	4	10	1		1		2
70-74 岁	3	1	2					
75 岁及以上	3		3	1	1			1

行业大类的就业人口（城市）（续 4）

单位：人

金融业				房地产业		租赁和商务服务业		
货币金融服务	资本市场服务	保险业	其他金融业	小计	房地产业	小计	租赁业	商务服务业
4595	**323**	**2903**	**781**	**8026**	**8026**	**10879**	**685**	**10194**
2	1	2		32	32	49	1	48
137	21	148	31	410	410	695	31	664
731	52	531	165	1121	1121	1877	107	1770
1025	75	668	184	1342	1342	2126	147	1979
484	56	485	113	931	931	1448	113	1335
415	42	369	67	848	848	1144	89	1055
667	40	394	83	1237	1237	1526	103	1423
753	28	206	90	1093	1093	1195	61	1134
360	8	90	47	732	732	635	25	610
15		7	1	163	163	117	7	110
5		2		86	86	53	1	52
				25	25	4		4
1		1		6	6	10		10
2376	**192**	**1168**	**392**	**4692**	**4692**	**6470**	**575**	**5895**
1	1	1		27	27	32	1	31
49	10	67	12	222	222	333	28	305
307	22	251	72	630	630	937	97	840
458	47	290	76	731	731	1165	123	1042
201	38	175	61	474	474	843	98	745
211	19	108	31	403	403	674	71	603
357	27	128	41	622	622	912	78	834
452	21	84	55	744	744	874	48	826
325	7	59	44	604	604	557	25	532
10		4		139	139	94	5	89
4		1		72	72	40	1	39
				20	20	3		3
1				4	4	6		6
2219	**131**	**1735**	**389**	**3334**	**3334**	**4409**	**110**	**4299**
1		1		5	5	17		17
88	11	81	19	188	188	362	3	359
424	30	280	93	491	491	**940**	**10**	**930**
567	28	378	108	611	611	961	24	937
283	18	310	52	457	457	605	15	590
204	23	261	36	445	445	470	18	452
310	13	266	42	615	615	614	25	589
301	7	122	35	349	349	321	13	308
35	1	31	3	128	128	78		78
5		3	1	24	24	23	2	21
1		1		14	14	**13**		**13**
				5	5	1		1
		1		2	2	4		4

4–5a 全省分年龄、性别、

年龄组 性 别	科学研究和技术服务业				水利、环境和公共设施管理业			
	小计	研究和试验发展	专业技术服务业	科技推广和应用服务业	小计	水利管理业	生态保护和环境治理业	公共设施管理业
合计	**7102**	**1196**	**5077**	**829**	**3561**	**568**	**308**	**2637**
16–19 岁	13	2	7	4	1			1
20–24 岁	342	39	271	32	59	10	6	40
25–29 岁	1107	117	869	121	259	37	24	188
30–34 岁	1593	217	1202	174	425	80	48	288
35–39 岁	1145	226	782	137	404	71	45	280
40–44 岁	811	162	554	95	471	83	44	338
45–49 岁	826	154	572	100	806	133	58	612
50–54 岁	722	144	482	96	626	86	51	486
55–59 岁	484	124	297	63	379	61	26	286
60–64 岁	29	4	22	3	93	7	5	81
65–69 岁	24	5	15	4	28			28
70–74 岁	5	2	3		4		1	3
75 岁及以上	1		1		6			6
男	**4912**	**771**	**3574**	**567**	**2007**	**413**	**215**	**1352**
16–19 岁	12	2	6	4	1			1
20–24 岁	221	22	180	19	37	5	5	26
25–29 岁	702	66	556	80	159	23	16	114
30–34 岁	1065	124	827	114	234	49	27	155
35–39 岁	778	147	543	88	227	46	35	141
40–44 岁	537	104	369	64	215	55	24	133
45–49 岁	571	100	411	60	369	96	37	234
50–54 岁	554	94	384	76	368	77	41	248
55–59 岁	423	104	262	57	293	55	24	209
60–64 岁	26	4	20	2	72	7	5	60
65–69 岁	19	3	13	3	23			23
70–74 岁	3	1	2		4		1	3
75 岁及以上	1		1		5			5
女	**2190**	**425**	**1503**	**262**	**1554**	**155**	**93**	**1285**
16–19 岁	1		1					
20–24 岁	121	17	91	13	22	5	1	14
25–29 岁	405	51	313	41	100	14	8	74
30–34 岁	528	93	375	60	191	31	21	133
35–39 岁	367	79	239	49	177	25	10	139
40–44 岁	274	58	185	31	256	28	20	205
45–49 岁	255	54	161	40	437	37	21	378
50–54 岁	168	50	98	20	258	9	10	238
55–59 岁	61	20	35	6	86	6	2	77
60–64 岁	3		2	1	21			21
65–69 岁	5	2	2	1	5			5
70–74 岁	2	1	1					
75 岁及以上					1			1

行业大类的就业人口（城市）（续5）

单位：人

土地管理业	居民服务、修理和其他服务业 小计	居民服务业	机动车、电子产品和日用产品修理业	其他服务业	教育 小计	教育	卫生和社会工作 小计	卫生
48	**9327**	**5743**	**2471**	**1113**	**20658**	**20658**	**11860**	**11576**
	157	121	32	4	131	131	42	42
3	739	516	201	22	1041	1041	923	909
10	1392	911	396	85	2802	2802	2473	2432
9	1830	1130	573	127	3615	3615	2689	2645
8	1399	894	379	126	3603	3603	1739	1695
6	1075	680	261	134	3001	3001	1181	1139
3	1227	663	302	262	2563	2563	1264	1220
3	935	511	212	212	2345	2345	896	859
6	392	216	87	89	1358	1358	496	483
	93	42	18	33	106	106	90	88
	66	46	7	13	65	65	40	38
	19	11	3	5	12	12	16	15
	3	2		1	16	16	11	11
27	**4385**	**1875**	**2068**	**442**	**8385**	**8385**	**3572**	**3476**
	96	61	32	3	50	50	8	8
1	382	190	181	11	205	205	166	162
6	711	316	355	40	728	728	449	442
3	886	348	471	67	1130	1130	626	612
5	605	254	303	48	1299	1299	585	570
3	456	196	216	44	1288	1288	427	415
2	528	212	234	82	1216	1216	489	477
2	423	174	183	66	1245	1245	408	391
5	210	91	70	49	1081	1081	315	305
	47	14	16	17	79	79	49	47
	27	12	6	9	51	51	29	27
	12	6	1	5	5	5	13	12
	2	1		1	8	8	8	8
21	**4942**	**3868**	**403**	**671**	**12273**	**12273**	**8288**	**8100**
	61	60		1	81	81	34	34
2	357	326	20	11	836	836	757	747
4	681	595	41	45	2074	**2074**	**2024**	**1990**
6	944	782	102	60	2485	2485	2063	2033
3	794	640	76	78	2304	2304	1154	1125
3	619	484	45	90	1713	1713	754	724
1	699	451	68	180	1347	1347	775	743
1	512	337	29	146	1100	1100	488	468
1	182	125	17	40	277	277	181	178
	46	28	2	16	27	27	41	41
	39	34	1	4	14	**14**	**11**	**11**
	7	5	2		7	7	3	3
	1	1			8	8	3	3

4–5a 全省分年龄、性别、

年龄组 性 别	社会工作	文化、体育和娱乐业					
		小计	新闻和出版业	广播、电视、电影和录音制作业	文化艺术业	体育	娱乐业
合计	**284**	**3519**	**493**	**493**	**1012**	**357**	**1164**
16–19 岁		49		2	4	5	38
20–24 岁	14	321	18	36	63	58	146
25–29 岁	41	586	52	105	140	87	202
30–34 岁	44	642	82	98	196	67	199
35–39 岁	44	468	74	64	140	37	153
40–44 岁	42	417	80	58	129	29	121
45–49 岁	44	480	88	67	140	38	147
50–54 岁	37	311	42	38	103	17	111
55–59 岁	13	203	56	20	78	14	35
60–64 岁	2	24		3	8	2	11
65–69 岁	2	10		2	5	3	
70–74 岁	1	7	1		5		1
75 岁及以上		1			1		
男	**96**	**1872**	**271**	**269**	**519**	**175**	**638**
16–19 岁		26			2	3	21
20–24 岁	4	176	10	21	31	32	82
25–29 岁	7	278	24	50	53	39	112
30–34 岁	14	329	39	50	96	31	113
35–39 岁	15	236	34	34	63	18	87
40–44 岁	12	211	38	34	71	11	57
45–49 岁	12	231	45	34	70	12	70
50–54 岁	17	187	31	25	56	12	63
55–59 岁	10	165	49	16	64	12	24
60–64 岁	2	19		3	6	2	8
65–69 岁	2	8		2	3	3	
70–74 岁	1	6	1		4		1
75 岁及以上							
女	**188**	**1647**	**222**	**224**	**493**	**182**	**526**
16–19 岁		23		2	2	2	17
20–24 岁	10	145	8	15	32	26	64
25–29 岁	34	308	28	55	87	48	90
30–34 岁	30	313	43	48	100	36	86
35–39 岁	29	232	40	30	77	19	66
40–44 岁	30	206	42	24	58	18	64
45–49 岁	32	249	43	33	70	26	77
50–54 岁	20	124	11	13	47	5	48
55–59 岁	3	38	7	4	14	2	11
60–64 岁		5			2		3
65–69 岁		2			2		
70–74 岁		1			1		
75 岁及以上		1			1		

行业大类的就业人口（城市）（续6）

单位：人

公共管理、社会保障和社会组织							国际组织	
小计	中国共产党机关	国家机构	人民政协、民主党派	社会保障	群众团体、社会团体和其他成员组织	基层群众自治组织	小计	国际组织
26288	**715**	**22975**	**141**	**159**	**883**	**1415**	**2**	**2**
18		14			4			
769	13	668	1	5	36	46		
2650	50	2358	5	11	106	120		
5149	146	4640	16	28	122	197	1	1
4173	137	3684	12	32	113	195	1	1
3454	93	2977	18	22	113	231		
3946	105	3326	17	29	146	323		
3403	89	2972	23	14	129	176		
2411	75	2097	45	15	86	93		
170	3	128	3	1	15	20		
82	3	62		1	8	8		
38	1	29		1	2	5		
25		20	1		3	1		
16010	**488**	**14378**	**104**	**67**	**487**	**486**		
14		11			3			
421	8	375	1	1	20	16		
1313	31	1202	1	3	40	36		
2673	86	2468	7	6	56	50		
2448	90	2233	9	11	52	53		
2010	68	1820	13	7	51	51		
2314	68	2062	12	14	78	80		
2396	66	2118	17	10	87	98		
2168	67	1898	40	13	75	75		
139	2	105	3	1	12	16		
62	1	48			8	5		
32	1	23		1	2	5		
20		15	1		3	1		
10278	**227**	**8597**	**37**	**92**	**396**	**929**	**2**	**2**
4		3			1			
348	5	293		4	16	30		
1337	19	1156	4	8	66	**84**		
2476	60	2172	9	22	66	147	1	1
1725	47	1451	3	21	61	142	1	1
1444	25	1157	5	15	62	180		
1632	37	1264	5	15	68	243		
1007	23	854	6	4	42	78		
243	8	199	5	2	11	18		
31	1	23			3	4		
20	2	14		1		**3**		
6		6						
5		5						

4–5b 全省分年龄、性别、

年龄组 性 别	合计	农、林、牧、渔业						
		小计	农业	林业	畜牧业	渔业	农、林、牧、渔专业及辅助性活动	小计
合计	**210001**	**34901**	**29766**	**511**	**3542**	**24**	**1058**	**3870**
16–19 岁	1328	154	128		23		3	9
20–24 岁	9149	743	605	9	103	1	25	93
25–29 岁	23971	1724	1430	22	202	3	67	384
30–34 岁	36309	2769	2247	57	341	3	121	701
35–39 岁	29771	2764	2242	47	376	4	95	630
40–44 岁	25271	3179	2624	67	363	3	122	644
45–49 岁	31875	5914	5009	122	569	2	212	698
50–54 岁	27856	7146	6184	94	658	2	208	495
55–59 岁	15378	5188	4530	57	479	4	118	177
60–64 岁	4501	2326	2091	19	171	1	44	26
65–69 岁	2993	1943	1739	14	160	1	29	7
70–74 岁	1095	741	658	3	69		11	5
75 岁及以上	504	310	279		28		3	1
男	**126321**	**18900**	**15526**	**374**	**2364**	**20**	**616**	**3206**
16–19 岁	878	98	78		18		2	9
20–24 岁	5109	415	325	3	71	1	15	71
25–29 岁	13183	923	727	17	138	2	39	304
30–34 岁	20453	1500	1146	46	223	3	82	572
35–39 岁	17267	1415	1086	32	244	3	50	513
40–44 岁	14804	1669	1327	50	227	3	62	515
45–49 岁	19129	3033	2464	80	361	2	126	552
50–54 岁	18116	3637	3041	71	417	1	107	464
55–59 岁	11027	2837	2391	45	325	3	73	169
60–64 岁	3163	1438	1254	15	135	1	33	25
65–69 岁	2080	1244	1088	12	126	1	17	6
70–74 岁	768	487	418	3	58		8	5
75 岁及以上	344	204	181		21		2	1
女	**83680**	**16001**	**14240**	**137**	**1178**	**4**	**442**	**664**
16–19 岁	450	56	50		5		1	
20–24 岁	4040	328	280	6	32		10	22
25–29 岁	10788	801	703	5	64	1	28	80
30–34 岁	15856	1269	1101	11	118		39	129
35–39 岁	12504	1349	1156	15	132	1	45	117
40–44 岁	10467	1510	1297	17	136		60	129
45–49 岁	12746	2881	2545	42	208		86	146
50–54 岁	9740	3509	3143	23	241	1	101	31
55–59 岁	4351	2351	2139	12	154	1	45	8
60–64 岁	1338	888	837	4	36		11	1
65–69 岁	913	699	651	2	34		12	1
70–74 岁	327	254	240		11		3	
75 岁及以上	160	106	98		7		1	

行业大类的就业人口（镇）

单位：人

采矿业								
煤炭开采和洗选业	石油和天然气开采业	黑色金属矿采选业	有色金属矿采选业	非金属矿采选业	开采专业及辅助性活动	其他采矿业	小计	农副食品加工业
1149	**760**	**87**	**415**	**270**	**1154**	**35**	**14901**	**1548**
1	3		2		3		109	6
25	22		14	13	18	1	686	50
119	91	4	37	36	90	7	1893	159
209	169	15	55	42	206	5	2649	222
156	151	14	54	29	218	8	1874	177
174	115	12	54	42	243	4	1750	196
215	129	16	89	44	200	5	2537	289
175	57	15	76	30	139	3	2130	236
62	19	7	29	28	30	2	915	135
8	2	4	5	5	2		205	49
3	1				3		109	22
1	1			1	2		35	7
1							9	
1002	**603**	**74**	**343**	**249**	**902**	**33**	**10113**	**925**
1	3		2		3		81	6
21	17		7	10	15	1	491	31
97	73	4	27	36	60	7	1262	103
179	139	12	43	38	157	4	1796	139
139	120	12	43	28	163	8	1204	96
147	79	11	46	38	190	4	1087	96
178	97	11	71	39	152	4	1619	153
169	52	13	71	28	128	3	1584	151
58	19	7	28	26	29	2	711	90
8	2	4	5	5	1		164	38
3	1				2		80	17
1	1			1	2		27	5
1							7	
147	**157**	**13**	**72**	**21**	**252**	**2**	**4788**	**623**
							28	
4	5		7	3	3		195	19
22	18		10		30		**631**	**56**
30	30	3	12	4	49	1	853	83
17	31	2	11	1	55		670	81
27	36	1	8	4	53		663	100
37	32	5	18	5	48	1	918	136
6	5	2	5	2	11		546	85
4			1	2	1		204	45
					1		41	11
					1		**29**	**5**
							8	2
							2	

4-5b 全省分年龄、性别、

年龄组 性别	制				造			
	食品制造业	酒、饮料和精制茶制造业	烟草制品业	纺织业	纺织服装、服饰业	皮革、毛皮、羽毛及其制品和制鞋业	木材加工和木、竹、藤、棕、草制品业	家具制造业
合计	**1055**	**464**	**12**	**378**	**380**	**120**	**238**	**168**
16-19 岁	7	1		1	5	1		2
20-24 岁	43	32	1	12	10	4	7	7
25-29 岁	114	115	4	27	38	22	17	20
30-34 岁	160	107	1	51	63	8	32	38
35-39 岁	160	46	2	49	81	21	21	27
40-44 岁	139	33		40	52	20	17	26
45-49 岁	198	66	2	96	63	17	36	14
50-54 岁	149	40	1	67	45	17	52	20
55-59 岁	58	22		28	14	4	41	10
60-64 岁	15			1	6	2	8	3
65-69 岁	10	2		3	2	3	1	1
70-74 岁	2		1	2	1	1	4	
75 岁及以上				1			2	
男	**486**	**321**	**8**	**155**	**87**	**52**	**187**	**110**
16-19 岁	4				3	1		1
20-24 岁	25	26		5	2	2	6	5
25-29 岁	55	76	3	10	11	11	12	11
30-34 岁	71	70		22	18	1	24	25
35-39 岁	70	32	1	16	16	9	15	19
40-44 岁	64	20		13	7	9	13	17
45-49 岁	81	43	2	41	11	6	27	8
50-54 岁	70	31	1	31	7	9	41	12
55-59 岁	30	21		15	6	1	35	8
60-64 岁	8				3	1	8	3
65-69 岁	7	2		1	2	2	1	1
70-74 岁	1		1	1	1		3	
75 岁及以上							2	
女	**569**	**143**	**4**	**223**	**293**	**68**	**51**	**58**
16-19 岁	3	1		1	2			1
20-24 岁	18	6	1	7	8	2	1	2
25-29 岁	59	39	1	17	27	11	5	9
30-34 岁	89	37	1	29	45	7	8	13
35-39 岁	90	14	1	33	65	12	6	8
40-44 岁	75	13		27	45	11	4	9
45-49 岁	117	23		55	52	11	9	6
50-54 岁	79	9		36	38	8	11	8
55-59 岁	28	1		13	8	3	6	2
60-64 岁	7			1	3	1		
65-69 岁	3			2		1		
70-74 岁	1			1		1	1	
75 岁及以上				1				

行业大类的就业人口（镇）（续1）

单位：人

业								
造纸和纸制品业	印刷和记录媒介复制业	文教、工美、体育和娱乐用品制造业	石油、煤炭及其他燃料加工业	化学原料和化学制品制造业	医药制造业	化学纤维制造业	橡胶和塑料制品业	非金属矿物制品业
140	**197**	**192**	**517**	**893**	**1035**	**13**	**311**	**1830**
	3		1	2	6		1	4
4	8	9	25	23	34	2	10	47
14	30	17	39	85	114	3	40	208
28	39	23	79	134	198	2	73	314
24	31	26	55	82	117		32	231
14	22	32	50	113	125	3	31	231
22	36	30	111	179	176	1	48	332
16	16	36	99	202	147	2	46	295
13	8	9	54	58	88		15	119
5	2	5	3	12	20		5	26
	1	4	1	3	9		5	19
	1	1					4	4
					1		1	
82	**98**	**107**	**406**	**668**	**567**	**11**	**199**	**1461**
	1		1	2	4		1	4
2	4	6	21	15	23		9	38
10	14	10	31	61	63	3	31	153
12	17	13	58	88	107	2	49	249
15	14	10	43	53	70		18	175
8	12	15	37	76	67	3	19	177
12	20	14	77	135	80	1	23	257
12	10	25	83	177	84	2	28	257
8	4	8	51	48	50		11	107
3	1	3	3	10	16		3	24
	1	2	1	3	3		2	17
		1					4	3
							1	
58	**99**	**85**	**111**	**225**	**468**	**2**	**112**	**369**
	2				2			
2	4	3	4	8	11	2	1	9
4	16	7	8	24	51		9	55
16	22	10	21	46	91		24	65
9	17	16	12	29	47		14	56
6	10	17	13	37	58		12	54
10	16	16	34	44	96		25	75
4	6	11	16	25	63		18	38
5	4	1	3	10	38		4	12
2	1	2		2	4		2	2
		2			6		3	2
	1							1
					1			

4–5b 全省分年龄、性别、

年龄组 性 别	制			造				
	黑色金属冶炼和压延加工业	有色金属冶炼和压延加工业	金属制品业	通用设备制造业	专用设备制造业	汽车制造业	铁路、船舶、航空航天和其他运输设备制造业	电气机械和器材制造业
合计	**420**	**974**	**1258**	**572**	**365**	**106**	**86**	**282**
16–19 岁	4	3	7	5	5		1	4
20–24 岁	11	27	47	37	27	20	7	32
25–29 岁	33	90	173	84	57	26	13	65
30–34 岁	60	135	277	131	81	30	15	64
35–39 岁	48	127	183	91	50	11	8	31
40–44 岁	70	155	144	54	31	7	11	24
45–49 岁	88	237	177	81	45	4	11	28
50–54 岁	81	140	164	58	39	8	16	24
55–59 岁	19	54	64	24	21		3	9
60–64 岁	4	4	13	2	4		1	1
65–69 岁	1		6	4	4			
70–74 岁	1	1	3	1	1			
75 岁及以上		1						
男	**339**	**777**	**1059**	**463**	**267**	**76**	**62**	**202**
16–19 岁	4	3	7	4	4		1	2
20–24 岁	11	23	39	31	22	16	6	23
25–29 岁	29	69	146	57	39	19	7	45
30–34 岁	53	110	241	103	58	18	9	50
35–39 岁	31	98	158	78	37	10	8	16
40–44 岁	51	100	110	44	19	4	4	19
45–49 岁	66	186	144	65	29	3	9	17
50–54 岁	70	129	138	51	34	6	14	20
55–59 岁	19	53	55	23	18		3	9
60–64 岁	3	4	13	2	4		1	1
65–69 岁	1		5	4	2			
70–74 岁	1	1	3	1	1			
75 岁及以上		1						
女	**81**	**197**	**199**	**109**	**98**	**30**	**24**	**80**
16–19 岁				1	1			2
20–24 岁		4	8	6	5	4	1	9
25–29 岁	4	21	27	27	18	7	6	20
30–34 岁	7	25	36	28	23	12	6	14
35–39 岁	17	29	25	13	13	1		15
40–44 岁	19	55	34	10	12	3	7	5
45–49 岁	22	51	33	16	16	1	2	11
50–54 岁	11	11	26	7	5	2	2	4
55–59 岁		1	9	1	3			
60–64 岁	1							
65–69 岁			1		2			
70–74 岁								
75 岁及以上								

行业大类的就业人口（镇）（续2）

单位：人

业					电力、热力、燃气及水生产和供应业			
计算机、通信和其他电子设备制造业	仪器仪表制造业	其他制造业	废弃资源综合利用业	金属制品、机械和设备修理业	小计	电力、热力生产和供应业	燃气生产和供应业	水的生产和供应业
732	**48**	**81**	**203**	**283**	**3334**	**2537**	**260**	**537**
39	1				6	3	1	2
110	5	8	11	16	124	81	20	23
198	13	18	18	39	467	345	53	69
182	5	11	25	61	570	421	61	88
72	7	12	20	32	374	281	38	55
47	6	9	17	31	412	306	20	86
40	4	8	46	52	679	536	34	109
36	4	7	38	29	447	361	23	63
6	1	7	16	15	203	172	4	27
	2	1	8	3	29	20	1	8
			4	4	17	8	4	5
					4	2	1	1
2				1	2	1		1
454	**42**	**47**	**154**	**241**	**2362**	**1850**	**176**	**336**
27	1				5	3		2
69	4	6	8	13	86	61	10	15
114	10	11	17	31	318	247	29	42
109	5	7	18	50	405	306	50	49
47	6	4	13	26	246	196	22	28
30	6	6	13	28	258	198	11	49
26	3	5	30	45	437	351	24	62
25	4	4	30	28	375	302	22	51
5	1	3	14	15	185	158	4	23
	2	1	7	2	28	19	1	8
			4	2	13	6	2	5
					4	2	1	1
2				1	2	1		1
278	**6**	**34**	**49**	**42**	**972**	**687**	**84**	**201**
12					1		1	
41	1	2	3	3	38	20	10	8
84	3	7	1	8	149	**98**	**24**	**27**
73		4	7	11	165	115	11	39
25	1	8	7	6	128	85	16	27
17		3	4	3	154	108	9	37
14	1	3	16	7	242	185	10	47
11		3	8	1	72	59	1	12
1		4	2		18	14		4
			1	1	1	1		
				2	4	**2**	**2**	

4-5b 全省分年龄、性别、

年龄组 性别	建筑业					批发和零售业		
	小计	房屋建筑业	土木工程建筑业	建筑安装业	建筑装饰、装修和其他建筑业	小计	批发业	零售业
合计	**24815**	**15822**	**2643**	**1061**	**5289**	**26738**	**5316**	**21422**
16–19 岁	119	79	7	2	31	129	33	96
20–24 岁	1020	546	183	48	243	1109	219	890
25–29 岁	2741	1534	402	136	669	3034	645	2389
30–34 岁	4190	2487	471	223	1009	4797	937	3860
35–39 岁	3480	2182	331	178	789	4105	737	3368
40–44 岁	3145	2088	265	133	659	3594	680	2914
45–49 岁	4357	2978	371	175	833	4286	856	3430
50–54 岁	3630	2453	387	106	684	3264	669	2595
55–59 岁	1664	1145	177	48	294	1507	322	1185
60–64 岁	342	241	33	8	60	498	121	377
65–69 岁	95	65	13	2	15	272	64	208
70–74 岁	21	18		2	1	92	21	71
75 岁及以上	11	6	3		2	51	12	39
男	**21106**	**13377**	**2306**	**976**	**4447**	**12728**	**3369**	**9359**
16–19 岁	105	71	5	2	27	72	24	48
20–24 岁	868	464	148	42	214	502	130	372
25–29 岁	2329	1268	349	127	585	1384	395	989
30–34 岁	3596	2102	421	207	866	2093	581	1512
35–39 岁	2957	1840	297	168	652	1702	437	1265
40–44 岁	2577	1689	228	119	541	1591	426	1165
45–49 岁	3584	2455	311	155	663	2019	525	1494
50–54 岁	3126	2122	341	99	564	1773	448	1325
55–59 岁	1521	1054	158	46	263	943	245	698
60–64 岁	326	230	33	7	56	345	87	258
65–69 岁	88	60	12	2	14	204	45	159
70–74 岁	21	18		2	1	67	17	50
75 岁及以上	8	4	3		1	33	9	24
女	**3709**	**2445**	**337**	**85**	**842**	**14010**	**1947**	**12063**
16–19 岁	14	8	2		4	57	9	48
20–24 岁	152	82	35	6	29	607	89	518
25–29 岁	412	266	53	9	84	1650	250	1400
30–34 岁	594	385	50	16	143	2704	356	2348
35–39 岁	523	342	34	10	137	2403	300	2103
40–44 岁	568	399	37	14	118	2003	254	1749
45–49 岁	773	523	60	20	170	2267	331	1936
50–54 岁	504	331	46	7	120	1491	221	1270
55–59 岁	143	91	19	2	31	564	77	487
60–64 岁	16	11		1	4	153	34	119
65–69 岁	7	5	1		1	68	19	49
70–74 岁						25	4	21
75 岁及以上	3	2			1	18	3	15

行业大类的就业人口（镇）（续3）

单位：人

交通运输、仓储和邮政业								
小计	铁路运输业	道路运输业	水上运输业	航空运输业	管道运输业	多式联运和运输代理业	装卸搬运和仓储业	邮政业
11980	**779**	**7887**	**12**	**179**	**5**	**230**	**1489**	**1399**
47	1	17	1				12	16
466	71	179	1	16		22	68	109
1555	154	837	1	61	1	52	136	313
2149	89	1461	2	33		46	182	336
1855	43	1364		17		27	188	216
1725	46	1283	3	13	1	29	192	158
1999	110	1409	2	16	2	27	288	145
1469	146	967	1	18		19	256	62
578	109	303	1	4	1	5	125	30
85	8	43				1	26	7
27	2	12				1	10	2
16		7				1	5	3
9		5		1			1	2
10083	**615**	**6992**	**9**	**105**	**4**	**182**	**1208**	**968**
36		16	1				11	8
354	52	146		12		14	56	74
1203	112	671	1	32	1	39	113	234
1771	63	1286	2	19		39	140	222
1577	32	1228		5		24	151	137
1439	29	1139	2	8		21	143	97
1696	78	1260	1	10	2	19	217	109
1337	134	897	1	14		18	226	47
545	107	287	1	4	1	5	113	27
77	6	39				1	24	7
24	2	11				1	8	2
16		7				1	5	3
8		5		1			1	1
1897	**164**	**895**	**3**	**74**	**1**	**48**	**281**	**431**
11	1	1					1	8
112	19	33	1	4		8	12	35
352	42	166		29		13	23	79
378	26	175		14		7	42	114
278	11	136		12		3	37	79
286	17	144	1	5	1	8	49	61
303	32	149	1	6		8	71	36
132	12	70		4		1	30	15
33	2	16					12	3
8	2	4					2	
3		1					2	
1								1

4-5b 全省分年龄、性别、

年龄组 性 别	住宿和餐饮业			信息传输、软件和信息技术服务业				
	小计	住宿业	餐饮业	小计	电信、广播电视和卫星传输服务	互联网和相关服务	软件和信息技术服务业	小计
合计	**13458**	**1301**	**12157**	**1980**	**1187**	**412**	**381**	**3480**
16-19 岁	350	13	337	15	9	4	2	5
20-24 岁	1090	86	1004	174	60	57	57	161
25-29 岁	1929	181	1748	467	237	123	107	623
30-34 岁	2558	205	2353	512	297	104	111	787
35-39 岁	2022	158	1864	303	207	55	41	356
40-44 岁	1677	177	1500	158	124	18	16	353
45-49 岁	1835	220	1615	177	123	26	28	519
50-54 岁	1246	155	1091	117	85	16	16	416
55-59 岁	547	77	470	48	39	7	2	222
60-64 岁	139	18	121	3	2	1		20
65-69 岁	46	9	37	1			1	10
70-74 岁	12	2	10	2	1	1		4
75 岁及以上	7		7	3	3			4
男	**6259**	**484**	**5775**	**1234**	**685**	**258**	**291**	**1762**
16-19 岁	243	8	235	10	7	1	2	4
20-24 岁	647	39	608	118	41	35	42	67
25-29 岁	1003	68	935	278	129	70	79	302
30-34 岁	1221	62	1159	301	149	67	85	397
35-39 岁	952	52	900	170	100	34	36	152
40-44 岁	665	45	620	97	74	11	12	140
45-49 岁	675	80	595	116	78	21	17	249
50-54 岁	481	62	419	94	66	13	15	233
55-59 岁	250	44	206	43	37	4	2	194
60-64 岁	79	13	66	3	2	1		13
65-69 岁	35	9	26	1			1	6
70-74 岁	8	2	6	2	1	1		2
75 岁及以上				1	1			3
女	**7199**	**817**	**6382**	**746**	**502**	**154**	**90**	**1718**
16-19 岁	107	5	102	5	2	3		1
20-24 岁	443	47	396	56	19	22	15	94
25-29 岁	926	113	813	189	108	53	28	321
30-34 岁	1337	143	1194	211	148	37	26	390
35-39 岁	1070	106	964	133	107	21	5	204
40-44 岁	1012	132	880	61	50	7	4	213
45-49 岁	1160	140	1020	61	45	5	11	270
50-54 岁	765	93	672	23	19	3	1	183
55-59 岁	297	33	264	5	2	3		28
60-64 岁	60	5	55					7
65-69 岁	11		11					4
70-74 岁	4		4					2
75 岁及以上	7		7	2	2			1

行业大类的就业人口（镇）（续4）

单位：人

金融业				房地产业		租赁和商务服务业		
货币金融服务	资本市场服务	保险业	其他金融业	小计	房地产业	小计	租赁业	商务服务业
2219	**42**	**1108**	**111**	**2612**	**2612**	**3942**	**308**	**3634**
1		4		9	9	32	2	30
103	2	50	6	170	170	282	7	275
393	15	186	29	392	392	658	61	597
508	11	242	26	466	466	785	65	720
193	4	146	13	277	277	513	51	462
177	1	165	10	224	224	373	27	346
309	7	192	11	365	365	488	41	447
312	2	90	12	349	349	407	45	362
191		28	3	214	214	258	9	249
18		2		87	87	74		74
8		2		43	43	51		51
3			1	13	13	17		17
3		1		3	3	4		4
1274	**17**	**413**	**58**	**1459**	**1459**	**2509**	**277**	**2232**
1		3		4	4	20	2	18
34	1	29	3	89	89	151	6	145
184	9	97	12	191	191	381	58	323
268	3	116	10	213	213	460	60	400
105	2	37	8	123	123	329	46	283
97	1	38	4	105	105	221	23	198
192	1	49	7	189	189	292	33	259
191		32	10	238	238	311	42	269
179		12	3	177	177	218	7	211
13				76	76	67		67
6				42	42	43		43
1			1	10	10	14		14
3				2	2	2		2
945	**25**	**695**	**53**	**1153**	**1153**	**1433**	**31**	**1402**
		1		5	5	12		12
69	1	21	3	81	81	131	1	130
209	6	89	17	201	201	**277**	**3**	**274**
240	8	126	16	253	253	325	5	320
88	2	109	5	154	154	184	5	179
80		127	6	119	119	152	4	148
117	6	143	4	176	176	196	8	188
121	2	58	2	111	111	96	3	93
12		16		37	37	40	2	38
5		2		11	11	7		7
2		2		1	1	**8**		**8**
2				3	3	3		3
		1		1	1	2		2

4-5b 全省分年龄、性别、

年龄组 性别	科学研究和技术服务业				水利、环境和公共设施管理业			
	小计	研究和试验发展	专业技术服务业	科技推广和应用服务业	小计	水利管理业	生态保护和环境治理业	公共设施管理业
合计	**1769**	**135**	**1256**	**378**	**2347**	**591**	**344**	**1387**
16–19 岁	5	1	3	1	4		1	3
20–24 岁	151	13	125	13	49	14	8	27
25–29 岁	347	39	267	41	158	51	18	85
30–34 岁	398	33	301	64	251	69	43	134
35–39 岁	231	12	169	50	231	67	35	125
40–44 岁	162	10	108	44	316	95	47	171
45–49 岁	192	13	122	57	533	132	81	314
50–54 岁	163	13	88	62	403	93	71	239
55–59 岁	103		63	40	250	56	31	160
60–64 岁	8		7	1	80	6	5	69
65–69 岁	7	1	1	5	56	3	4	49
70–74 岁	1		1		13	3		10
75 岁及以上	1		1		3	2		1
男	**1275**	**89**	**936**	**250**	**1416**	**438**	**248**	**713**
16–19 岁	4	1	2	1	3		1	2
20–24 岁	111	7	95	9	36	11	7	18
25–29 岁	237	26	185	26	107	37	13	54
30–34 岁	291	22	228	41	153	47	24	80
35–39 岁	166	6	124	36	140	46	21	69
40–44 岁	103	5	75	23	165	63	37	63
45–49 岁	124	9	83	32	267	89	50	124
50–54 岁	134	12	75	47	251	81	59	111
55–59 岁	91		60	31	179	50	28	99
60–64 岁	6		6		58	6	4	48
65–69 岁	6	1	1	4	44	3	4	37
70–74 岁	1		1		11	3		8
75 岁及以上	1		1		2	2		
女	**494**	**46**	**320**	**128**	**931**	**153**	**96**	**674**
16–19 岁	1		1		1			1
20–24 岁	40	6	30	4	13	3	1	9
25–29 岁	110	13	82	15	51	14	5	31
30–34 岁	107	11	73	23	98	22	19	54
35–39 岁	65	6	45	14	91	21	14	56
40–44 岁	59	5	33	21	151	32	10	108
45–49 岁	68	4	39	25	266	43	31	190
50–54 岁	29	1	13	15	152	12	12	128
55–59 岁	12		3	9	71	6	3	61
60–64 岁	2		1	1	22		1	21
65–69 岁	1			1	12			12
70–74 岁					2			2
75 岁及以上					1			1

行业大类的就业人口（镇）（续5）

单位：人

	居民服务、修理和其他服务业				教育		卫生和社会工作	
土地管理业	小计	居民服务业	机动车、电子产品和日用产品修理业	其他服务业	小计	教育	小计	卫生
25	**6528**	**3598**	**2095**	**835**	**18962**	**18962**	**7907**	**7742**
	125	72	48	5	130	130	24	23
	452	276	153	23	814	814	661	653
4	932	517	341	74	2129	2129	1601	1582
5	1276	732	450	94	3685	3685	1744	1722
4	941	525	330	86	4208	4208	1073	1060
3	689	371	221	97	2866	2866	753	728
6	821	424	227	170	2097	2097	948	912
	695	344	198	153	1818	1818	651	628
3	345	191	70	84	1010	1010	283	273
	146	79	36	31	110	110	71	68
	66	42	14	10	56	56	51	49
	26	16	5	5	21	21	26	25
	14	9	2	3	18	18	21	19
17	**3272**	**1169**	**1773**	**330**	**8789**	**8789**	**2628**	**2575**
	77	26	47	4	59	59	5	5
	254	96	141	17	209	209	122	120
3	516	174	296	46	558	558	269	260
2	615	201	364	50	1221	1221	403	397
4	452	144	275	33	1868	1868	399	395
2	315	105	186	24	1463	1463	317	313
4	358	131	179	48	1223	1223	426	419
	335	122	168	45	1126	1126	357	347
2	181	87	65	29	900	900	190	185
	98	45	33	20	93	93	55	52
	46	25	13	8	42	42	43	42
	14	7	4	3	17	17	22	21
	11	6	2	3	10	10	20	19
8	**3256**	**2429**	**322**	**505**	**10173**	**10173**	**5279**	**5167**
	48	46	1	1	71	71	19	18
	198	180	12	6	605	605	539	533
1	416	343	45	28	1571	**1571**	**1332**	**1322**
3	661	531	86	44	2464	2464	1341	1325
	489	381	55	53	2340	2340	674	665
1	374	266	35	73	1403	1403	436	415
2	463	293	48	122	874	874	522	493
	360	222	30	108	692	692	294	281
1	164	104	5	55	110	110	93	88
	48	34	3	11	17	17	16	16
	20	17	1	2	14	**14**	**8**	**7**
	12	9	1	2	4	4	4	4
	3	3			8	8	1	

4-5b 全省分年龄、性别、

年龄组 性　别	社会工作	文化、体育和娱乐业					
		小计	新闻和出版业	广播、电视、电影和录音制作业	文化艺术业	体育	娱乐业
合计	**165**	**1374**	**97**	**134**	**530**	**115**	**498**
16-19 岁	1	20		1	5	2	12
20-24 岁	8	121	8	20	38	22	33
25-29 岁	19	205	12	29	59	23	82
30-34 岁	22	268	22	25	97	20	104
35-39 岁	13	201	18	22	78	13	70
40-44 岁	25	137	9	6	60	10	52
45-49 岁	36	177	12	10	80	12	63
50-54 岁	23	130	8	7	65	6	44
55-59 岁	10	82	8	12	35	3	24
60-64 岁	3	19		2	5	4	8
65-69 岁	2	8			6		2
70-74 岁	1	5			1		4
75 岁及以上	2	1			1		
男	**53**	**730**	**52**	**80**	**256**	**65**	**277**
16-19 岁		11			2	2	7
20-24 岁	2	64	2	11	13	15	23
25-29 岁	9	108	6	16	25	14	47
30-34 岁	6	125	9	11	33	9	63
35-39 岁	4	99	10	11	40	6	32
40-44 岁	4	67	3	3	28	6	27
45-49 岁	7	85	8	8	34	5	30
50-54 岁	10	77	6	6	38	4	23
55-59 岁	5	69	8	12	32	1	16
60-64 岁	3	14		2	4	3	5
65-69 岁	1	6			5		1
70-74 岁	1	4			1		3
75 岁及以上	1	1			1		
女	**112**	**644**	**45**	**54**	**274**	**50**	**221**
16-19 岁	1	9		1	3		5
20-24 岁	6	57	6	9	25	7	10
25-29 岁	10	97	6	13	34	9	35
30-34 岁	16	143	13	14	64	11	41
35-39 岁	9	102	8	11	38	7	38
40-44 岁	21	70	6	3	32	4	25
45-49 岁	29	92	4	2	46	7	33
50-54 岁	13	53	2	1	27	2	21
55-59 岁	5	13			3	2	8
60-64 岁		5			1	1	3
65-69 岁	1	2			1		1
70-74 岁		1					1
75 岁及以上	1						

行业大类的就业人口（镇）（续6）

单位：人

公共管理、社会保障和社会组织							国际组织	
小计	中国共产党机关	国家机构	人民政协、民主党派	社会保障	群众团体、社会团体和其他成员组织	基层群众自治组织	小计	国际组织
25103	**674**	**21574**	**105**	**82**	**557**	**2111**		
36	1	13			16	6		
783	16	658		5	26	78		
2732	62	2409	2	8	54	197		
5754	191	5134	10	20	81	318		
4333	119	3861	9	11	81	252		
3114	104	2673	9	10	79	239		
3253	66	2726	9	11	85	356		
2880	72	2381	25	14	72	316		
1784	40	1457	37	1	40	209		
233	3	137	1	1	9	82		
128		78	2	1	9	38		
41		27			2	12		
32		20	1		3	8		
16490	**489**	**14291**	**84**	**40**	**343**	**1243**		
32	1	10			15	6		
454	7	395		2	16	34		
1510	38	1338	2	5	31	96		
3320	129	2986	7	6	38	154		
2803	84	2533	7	6	43	130		
2010	74	1753	9	5	43	126		
2185	53	1882	6	4	46	194		
2183	62	1817	16	9	56	223		
1624	39	1357	33	1	35	159		
198	2	114	1	1	7	73		
107		62	2	1	9	33		
36		27			1	8		
28		17	1		3	7		
8613	**185**	**7283**	**21**	**42**	**214**	**868**		
4		3			1			
329	9	263		3	10	44		
1222	24	1071		3	23	**101**		
2434	62	2148	3	14	43	164		
1530	35	1328	2	5	38	122		
1104	30	920		5	36	113		
1068	13	844	3	7	39	162		
697	10	564	9	5	16	93		
160	1	100	4		5	50		
35	1	23			2	9		
21		16				**5**		
5					1	4		
4		3				1		

4-5c 全省分年龄、性别、

年龄组 性别	合计	农、林、牧、渔业						
		小计	农业	林业	畜牧业	渔业	农、林、牧、渔专业及辅助性活动	小计
合计	**476880**	**275555**	**242097**	**1038**	**29129**	**76**	**3215**	**5257**
16–19 岁	5942	1748	1519	1	216	1	11	21
20–24 岁	24022	6191	5341	16	767	4	63	209
25–29 岁	43103	11835	10248	38	1382	5	162	611
30–34 岁	47168	15946	13730	83	1928	10	195	916
35–39 岁	38469	16098	13885	54	1942	4	213	724
40–44 岁	41617	21369	18554	123	2424	8	260	705
45–49 岁	74955	45875	40252	204	4827	12	580	951
50–54 岁	86006	60456	53374	244	6071	13	754	745
55–59 岁	58375	45037	39900	177	4456	11	493	289
60–64 岁	25352	21783	19294	67	2216	2	204	58
65–69 岁	20195	18414	16391	18	1806	4	195	19
70–74 岁	8078	7478	6657	8	753		60	7
75 岁及以上	3598	3325	2952	5	341	2	25	2
男	**284548**	**143988**	**123303**	**718**	**18103**	**55**	**1809**	**4569**
16–19 岁	3689	909	778	1	121	1	8	15
20–24 岁	14059	3250	2738	11	461	3	37	176
25–29 岁	26356	6103	5059	27	909	4	104	517
30–34 岁	29445	8033	6627	54	1235	7	110	788
35–39 岁	23437	7890	6572	33	1163	1	121	643
40–44 岁	24386	10391	8839	86	1327	6	133	580
45–49 岁	42152	21702	18542	126	2730	10	294	802
50–54 岁	49275	29869	25711	178	3572	7	401	688
55–59 岁	35208	24314	21035	123	2860	10	286	275
60–64 岁	16016	13083	11319	54	1572	2	136	57
65–69 岁	12837	11410	9949	15	1321	3	122	19
70–74 岁	5309	4851	4233	7	571		40	7
75 岁及以上	2379	2183	1901	3	261	1	17	2
女	**192332**	**131567**	**118794**	**320**	**11026**	**21**	**1406**	**688**
16–19 岁	2253	839	741		95		3	6
20–24 岁	9963	2941	2603	5	306	1	26	33
25–29 岁	16747	5732	5189	11	473	1	58	94
30–34 岁	17723	7913	7103	29	693	3	85	128
35–39 岁	15032	8208	7313	21	779	3	92	81
40–44 岁	17231	10978	9715	37	1097	2	127	125
45–49 岁	32803	24173	21710	78	2097	2	286	149
50–54 岁	36731	30587	27663	66	2499	6	353	57
55–59 岁	23167	20723	18865	54	1596	1	207	14
60–64 岁	9336	8700	7975	13	644		68	1
65–69 岁	7358	7004	6442	3	485	1	73	
70–74 岁	2769	2627	2424	1	182		20	
75 岁及以上	1219	1142	1051	2	80	1	8	

行业大类的就业人口（乡村）

单位：人

采矿业								
煤炭开采和洗选业	石油和天然气开采业	黑色金属矿采选业	有色金属矿采选业	非金属矿采选业	开采专业及辅助性活动	其他采矿业	小计	农副食品加工业
1772	**986**	**297**	**806**	**568**	**764**	**64**	**24169**	**2066**
2	4	10	1	3	1		604	18
51	52	20	15	22	46	3	2458	69
178	138	29	81	71	111	3	3980	187
314	205	47	129	80	130	11	4060	239
257	147	31	90	74	118	7	2669	193
250	126	35	116	63	104	11	2285	249
357	141	60	179	90	116	8	3315	417
254	125	47	127	97	81	14	2837	373
84	42	17	55	44	43	4	1330	196
15	5		11	17	8	2	358	67
5	1	1	2	5	4	1	194	39
3				2	2		64	15
2							15	4
1535	**820**	**267**	**715**	**529**	**644**	**59**	**16877**	**1301**
2	4	5		3	1		443	12
41	44	16	13	19	40	3	1650	40
154	107	27	66	65	95	3	2761	107
260	175	43	113	77	109	11	2872	151
223	132	28	82	69	104	5	1790	117
213	89	30	103	55	81	9	1499	150
307	108	56	154	82	87	8	2181	234
234	114	44	119	91	73	13	2098	242
76	41	17	53	44	40	4	1074	148
15	5		10	17	8	2	290	50
5	1	1	2	5	4	1	153	33
3				2	2		52	13
2							14	4
237	**166**	**30**	**91**	**39**	**120**	**5**	**7292**	**765**
		5	1				161	6
10	8	4	2	3	6		808	29
24	31	2	15	6	16		**1219**	**80**
54	30	4	16	3	21		1188	88
34	15	3	8	5	14	2	879	76
37	37	5	13	8	23	2	786	99
50	33	4	25	8	29		1134	183
20	11	3	8	6	8	1	739	131
8	1		2		3		256	48
			1				68	17
							41	**6**
							12	2
							1	

4-5c 全省分年龄、性别、

年龄组 性　别	制	造						
	食品制造业	酒、饮料和精制茶制造业	烟草制品业	纺织业	纺织服装、服饰业	皮革、毛皮、羽毛及其制品和制鞋业	木材加工和木、竹、藤、棕、草制品业	家具制造业
合计	**1312**	**366**	**11**	**440**	**611**	**213**	**640**	**521**
16-19 岁	28			5	22	7	5	6
20-24 岁	118	22	1	35	51	14	22	43
25-29 岁	169	60	2	43	108	26	69	65
30-34 岁	218	56		71	130	38	76	106
35-39 岁	168	34	3	66	78	33	75	64
40-44 岁	124	39	2	47	72	29	78	69
45-49 岁	217	63		80	77	31	106	54
50-54 岁	159	59	1	61	48	23	95	64
55-59 岁	69	28		18	18	8	68	36
60-64 岁	19	3	1	7	4	2	25	5
65-69 岁	14	2		3	3		17	5
70-74 岁	9		1	3			4	4
75 岁及以上				1		2		
男	**655**	**232**	**8**	**204**	**185**	**94**	**486**	**380**
16-19 岁	16			3	9	4	4	6
20-24 岁	58	11	1	13	12	10	17	35
25-29 岁	93	37	1	23	46	14	53	48
30-34 岁	107	34		35	50	14	57	81
35-39 岁	70	18	2	26	20	11	50	39
40-44 岁	57	19	1	19	16	12	53	42
45-49 岁	96	36		31	13	12	76	43
50-54 岁	95	46	1	31	12	10	78	45
55-59 岁	38	26		12	5	4	61	29
60-64 岁	14	3	1	6		1	20	5
65-69 岁	6	2		2	2		13	3
70-74 岁	5		1	2			4	4
75 岁及以上				1		2		
女	**657**	**134**	**3**	**236**	**426**	**119**	**154**	**141**
16-19 岁	12			2	13	3	1	
20-24 岁	60	11		22	39	4	5	8
25-29 岁	76	23	1	20	62	12	16	17
30-34 岁	111	22		36	80	24	19	25
35-39 岁	98	16	1	40	58	22	25	25
40-44 岁	67	20	1	28	56	17	25	27
45-49 岁	121	27		49	64	19	30	11
50-54 岁	64	13		30	36	13	17	19
55-59 岁	31	2		6	13	4	7	7
60-64 岁	5			1	4	1	5	
65-69 岁	8			1	1		4	2
70-74 岁	4			1				
75 岁及以上								

行业大类的就业人口（乡村）（续1）

单位：人

业								
造纸和纸制品业	印刷和记录媒介复制业	文教、工美、体育和娱乐用品制造业	石油、煤炭及其他燃料加工业	化学原料和化学制品制造业	医药制造业	化学纤维制造业	橡胶和塑料制品业	非金属矿物制品业
220	**157**	**270**	**203**	**747**	**1466**	**28**	**669**	**2875**
3	2	9		6	10		14	18
12	13	23	29	87	94	4	53	111
20	27	34	40	122	191	10	94	294
35	35	49	32	122	192	5	120	390
29	22	28	17	72	161	4	84	332
22	15	26	14	53	151	1	71	347
45	18	43	28	109	252	3	94	510
38	14	30	31	107	226		93	499
11	6	14	10	53	133	1	35	273
3	2	7	1	12	32		8	66
1	3	4	1	3	15		3	30
1		1			7			4
		2		1	2			1
138	**94**	**162**	**169**	**572**	**779**	**20**	**439**	**2333**
2	2	6		5	6		10	17
6	9	15	24	69	55	2	41	81
13	16	23	33	92	107	9	61	228
20	20	26	25	85	95	4	86	327
18	11	15	15	55	86	2	52	263
14	11	11	12	39	80		43	266
30	9	22	23	78	117	2	51	394
21	6	23	26	85	119		53	430
9	5	10	9	50	83	1	31	236
3	2	5	1	11	18		8	61
1	3	3	1	2	8		3	25
1		1			4			4
		2		1	1			1
82	**63**	**108**	**34**	**175**	**687**	**8**	**230**	**542**
1		3		1	4		4	1
6	4	8	5	18	39	2	12	30
7	11	11	7	30	84	1	**33**	**66**
15	15	23	7	37	97	1	34	63
11	11	13	2	17	75	2	32	69
8	4	15	2	14	71	1	28	81
15	9	21	5	31	135	1	43	116
17	8	7	5	22	107		40	69
2	1	4	1	3	50		4	37
		2		1	14			5
		1		1	7			**5**
					3			
					1			

4-5c 全省分年龄、性别、

年龄组 性别	制				造			
	黑色金属冶炼和压延加工业	有色金属冶炼和压延加工业	金属制品业	通用设备制造业	专用设备制造业	汽车制造业	铁路、船舶、航空航天和其他运输设备制造业	电气机械和器材制造业
合计	**813**	**838**	**2198**	**1279**	**602**	**340**	**135**	**510**
16–19 岁	6	5	32	38	20	15	2	17
20–24 岁	60	51	144	174	103	67	15	75
25–29 岁	107	131	326	305	152	92	25	111
30–34 岁	147	112	463	262	100	77	29	126
35–39 岁	107	111	324	121	55	26	15	62
40–44 岁	92	95	219	106	34	13	15	34
45–49 岁	136	148	315	120	60	21	16	43
50–54 岁	108	140	241	97	51	21	13	28
55–59 岁	42	36	86	35	21	6	4	10
60–64 岁	5	7	28	15	5	1		1
65–69 岁	3	2	15	5	1	1	1	3
70–74 岁			5	1				
75 岁及以上								
男	**709**	**697**	**1895**	**1011**	**436**	**262**	**102**	**351**
16–19 岁	5	4	28	27	15	12	1	13
20–24 岁	55	44	120	126	74	46	11	56
25–29 岁	92	104	284	236	107	67	19	76
30–34 岁	130	88	414	221	74	62	21	88
35–39 岁	95	89	277	97	32	23	12	40
40–44 岁	75	76	181	79	25	9	8	24
45–49 岁	113	122	268	95	43	14	14	25
50–54 岁	96	128	205	80	42	21	11	17
55–59 岁	40	33	77	31	18	6	4	10
60–64 岁	5	7	23	13	5	1		
65–69 岁	3	2	14	5	1	1	1	2
70–74 岁			4	1				
75 岁及以上								
女	**104**	**141**	**303**	**268**	**166**	**78**	**33**	**159**
16–19 岁	1	1	4	11	5	3	1	4
20–24 岁	5	7	24	48	29	21	4	19
25–29 岁	15	27	42	69	45	25	6	35
30–34 岁	17	24	49	41	26	15	8	38
35–39 岁	12	22	47	24	23	3	3	22
40–44 岁	17	19	38	27	9	4	7	10
45–49 岁	23	26	47	25	17	7	2	18
50–54 岁	12	12	36	17	9		2	11
55–59 岁	2	3	9	4	3			
60–64 岁			5	2				1
65–69 岁			1					1
70–74 岁			1					
75 岁及以上								

行业大类的就业人口（乡村）（续2）

单位：人

业					电力、热力、燃气及水生产和供应业			
计算机、通信和其他电子设备制造业	仪器仪表制造业	其他制造业	废弃资源综合利用业	金属制品、机械和设备修理业	小计	电力、热力生产和供应业	燃气生产和供应业	水的生产和供应业
3505	**117**	**259**	**422**	**336**	**2494**	**1906**	**267**	**321**
292	3	9	8	4	12	11	1	
867	21	25	16	39	223	172	29	22
1027	28	45	14	56	451	355	48	48
661	27	47	40	55	410	312	53	45
261	11	26	45	42	239	175	33	31
170	7	19	47	25	212	169	14	29
139	9	35	81	45	347	270	31	46
60	7	28	79	43	333	260	26	47
21	4	14	53	21	203	140	25	38
4		6	21	1	38	28	5	5
2		3	11	4	22	13	1	8
1		1	6	1	4	1	1	2
		1	1					
2265	**87**	**173**	**330**	**308**	**2094**	**1628**	**200**	**266**
217	3	7	5	4	11	10	1	
551	12	14	7	35	186	149	21	16
660	20	30	11	51	380	305	34	41
423	22	29	31	52	335	262	39	34
162	7	18	31	37	194	145	24	25
100	5	13	37	22	170	143	7	20
85	8	23	62	42	287	224	23	40
42	6	18	68	41	286	222	23	41
19	4	13	44	18	185	128	21	36
3		4	19	1	35	27	5	3
2		2	9	4	21	12	1	8
1		1	5	1	4	1	1	2
		1	1					
1240	**30**	**86**	**92**	**28**	**400**	**278**	**67**	**55**
75		2	3		1	1		
316	9	11	9	4	37	23	8	6
367	8	15	3	5	71	50	14	7
238	5	18	9	3	75	50	14	11
99	4	8	14	5	45	30	9	6
70	2	6	10	3	42	26	7	9
54	1	12	19	3	60	46	8	6
18	1	10	11	2	47	38	3	6
2		1	9	3	18	12	4	2
1		2	2		3	1		2
		1	2		1	1		
			1					

4-5c 全省分年龄、性别、

年龄组 性别	建筑业					批发和零售业		
	小计	房屋建筑业	土木工程建筑业	建筑安装业	建筑装饰、装修和其他建筑业	小计	批发业	零售业
合计	**58129**	**39013**	**6602**	**2055**	**10459**	**25356**	**6619**	**18737**
16-19 岁	490	350	38	16	86	355	74	281
20-24 岁	3075	1880	459	139	597	1928	422	1506
25-29 岁	6829	4167	869	350	1443	3661	840	2821
30-34 岁	8361	5167	975	412	1807	4094	945	3149
35-39 岁	6744	4524	642	229	1349	3029	743	2286
40-44 岁	6901	4725	655	241	1280	2701	688	2013
45-49 岁	10794	7603	1192	276	1723	3478	1001	2477
50-54 岁	9479	6697	1101	253	1428	3136	975	2161
55-59 岁	4231	3017	520	108	586	1679	570	1109
60-64 岁	858	611	111	22	114	570	164	406
65-69 岁	284	207	32	8	37	418	124	294
70-74 岁	63	46	8	1	8	203	53	150
75 岁及以上	20	19			1	104	20	84
男	**50334**	**33464**	**5908**	**1879**	**9083**	**13425**	**4363**	**9062**
16-19 岁	424	297	37	16	74	190	55	135
20-24 岁	2662	1590	412	129	531	878	251	627
25-29 岁	6020	3612	779	329	1300	1803	538	1265
30-34 岁	7317	4442	896	381	1598	1981	629	1352
35-39 岁	5757	3818	573	207	1159	1471	479	992
40-44 岁	5768	3902	578	217	1071	1329	411	918
45-49 岁	9017	6324	1020	243	1430	1866	656	1210
50-54 岁	8330	5878	986	226	1240	1866	677	1189
55-59 岁	3898	2773	490	103	532	1115	407	708
60-64 岁	800	574	100	20	106	408	121	287
65-69 岁	265	195	29	7	34	305	92	213
70-74 岁	60	44	8	1	7	140	34	106
75 岁及以上	16	15			1	73	13	60
女	**7795**	**5549**	**694**	**176**	**1376**	**11931**	**2256**	**9675**
16-19 岁	66	53	1		12	165	19	146
20-24 岁	413	290	47	10	66	1050	171	879
25-29 岁	809	555	90	21	143	1858	302	1556
30-34 岁	1044	725	79	31	209	2113	316	1797
35-39 岁	987	706	69	22	190	1558	264	1294
40-44 岁	1133	823	77	24	209	1372	277	1095
45-49 岁	1777	1279	172	33	293	1612	345	1267
50-54 岁	1149	819	115	27	188	1270	298	972
55-59 岁	333	244	30	5	54	564	163	401
60-64 岁	58	37	11	2	8	162	43	119
65-69 岁	19	12	3	1	3	113	32	81
70-74 岁	3	2			1	63	19	44
75 岁及以上	4	4				31	7	24

行业大类的就业人口（乡村）（续3）

单位：人

交通运输、仓储和邮政业								
小计	铁路运输业	道路运输业	水上运输业	航空运输业	管道运输业	多式联运和运输代理业	装卸搬运和仓储业	邮政业
15606	**428**	**10706**	**21**	**71**	**8**	**219**	**2746**	**1407**
143	12	49				1	32	49
944	85	425		17	2	22	169	224
2198	125	1335	3	20	2	38	301	374
2699	49	1911	4	18	3	44	345	325
2231	25	1685	2	2	1	35	317	164
2005	18	1568	1	2		13	310	93
2555	45	1908	5	6		28	479	84
1835	38	1234	2	4		25	473	59
778	23	476	4	1		7	240	27
141	4	81		1		3	47	5
58		25				3	27	3
13	2	6					5	
6	2	3					1	
13738	**320**	**9927**	**18**	**43**	**7**	**196**	**2219**	**1008**
117	5	40					28	44
768	48	381		12	2	18	142	165
1867	97	1218	3	11	2	33	241	262
2381	44	1790	4	9	2	40	273	219
1974	20	1557	2	1	1	32	245	116
1804	14	1466	1	1		13	246	63
2264	33	1759	4	4		26	380	58
1654	30	1155	1	3		23	391	51
711	21	454	3	1		5	205	22
133	4	77		1		3	43	5
48		22				3	20	3
12	2	6					4	
5	2	2					1	
1868	**108**	**779**	**3**	**28**	**1**	**23**	**527**	**399**
26	7	9				1	4	5
176	37	44		5		4	27	59
331	28	117		9		5	60	112
318	5	121		9	1	4	72	106
257	5	128		1		3	72	48
201	4	102		1			64	30
291	12	149	1	2		2	99	26
181	8	79	1	1		2	82	8
67	2	22	1			2	35	5
8		4					4	
10		3					7	
1							1	
1		1						

4-5c 全省分年龄、性别、

年龄组 性　别	住宿和餐饮业			信息传输、软件和信息技术服务业				
	小计	住宿业	餐饮业	小计	电信、广播电视和卫星传输服务	互联网和相关服务	软件和信息技术服务业	小计
合计	**21271**	**1375**	**19896**	**1472**	**635**	**383**	**454**	**1258**
16-19 岁	1371	65	1306	26	9	8	9	5
20-24 岁	3295	203	3092	287	78	79	130	167
25-29 岁	4094	276	3818	496	205	126	165	352
30-34 岁	3596	201	3395	329	156	88	85	261
35-39 岁	2455	132	2323	125	67	36	22	129
40-44 岁	1862	133	1729	80	50	13	17	87
45-49 岁	2186	180	2006	56	29	17	10	107
50-54 岁	1531	110	1421	41	29	7	5	94
55-59 岁	631	47	584	28	11	9	8	41
60-64 岁	167	18	149	2			2	9
65-69 岁	69	7	62	2	1		1	5
70-74 岁	9	3	6					
75 岁及以上	5		5					1
男	**10274**	**496**	**9778**	**988**	**397**	**267**	**324**	**635**
16-19 岁	899	37	862	18	7	5	6	5
20-24 岁	1859	78	1781	161	41	45	75	85
25-29 岁	2197	104	2093	319	117	83	119	180
30-34 岁	1777	62	1715	237	96	66	75	134
35-39 岁	1123	32	1091	88	42	29	17	45
40-44 岁	723	29	694	56	35	12	9	42
45-49 岁	711	56	655	45	23	13	9	46
50-54 岁	559	48	511	34	25	6	3	51
55-59 岁	280	31	249	26	10	8	8	33
60-64 岁	102	14	88	2			2	8
65-69 岁	37	4	33	2	1		1	5
70-74 岁	4	1	3					
75 岁及以上	3		3					1
女	**10997**	**879**	**10118**	**484**	**238**	**116**	**130**	**623**
16-19 岁	472	28	444	8	2	3	3	
20-24 岁	1436	125	1311	126	37	34	55	82
25-29 岁	1897	172	1725	177	88	43	46	172
30-34 岁	1819	139	1680	92	60	22	10	127
35-39 岁	1332	100	1232	37	25	7	5	84
40-44 岁	1139	104	1035	24	15	1	8	45
45-49 岁	1475	124	1351	11	6	4	1	61
50-54 岁	972	62	910	7	4	1	2	43
55-59 岁	351	16	335	2	1	1		8
60-64 岁	65	4	61					1
65-69 岁	32	3	29					
70-74 岁	5	2	3					
75 岁及以上	2		2					

行业大类的就业人口（乡村）（续4）

单位：人

金融业				房地产业		租赁和商务服务业		
货币金融服务	资本市场服务	保险业	其他金融业	小计	房地产业	小计	租赁业	商务服务业
507	**33**	**642**	**76**	**2079**	**2079**	**4738**	**634**	**4104**
1	1	2	1	22	22	87	8	79
58	4	87	18	230	230	555	53	502
153	14	160	25	442	442	993	122	871
106	6	133	16	296	296	750	137	613
38	5	80	6	157	157	404	60	344
33	1	49	4	151	151	356	62	294
32	2	71	2	252	252	496	89	407
52		40	2	238	238	512	56	456
25		15	1	179	179	376	36	340
5		3	1	75	75	123	7	116
3		2		29	29	63	4	59
				7	7	15		15
1				1	1	8		8
299	**19**	**276**	**41**	**1278**	**1278**	**3300**	**581**	**2719**
1	1	2	1	17	17	60	8	52
31	1	49	4	142	142	308	51	257
73	8	86	13	251	251	584	115	469
59	4	60	11	167	167	514	126	388
22	3	17	3	87	87	292	54	238
23	1	14	4	84	84	249	53	196
21	1	22	2	132	132	362	78	284
37		13	1	162	162	428	53	375
24		8	1	136	136	321	33	288
4		3	1	65	65	109	6	103
3		2		28	28	55	4	51
				6	6	12		12
1				1	1	6		6
208	**14**	**366**	**35**	**801**	**801**	**1438**	**53**	**1385**
				5	5	27		27
27	3	38	14	88	88	247	2	245
80	6	74	12	191	191	**409**	**7**	**402**
47	2	73	5	129	129	236	11	225
16	2	63	3	70	70	112	6	106
10		35		67	67	107	9	98
11	1	49		120	120	134	11	123
15		27	1	76	76	84	3	81
1		7		43	43	55	3	52
1				10	10	14	1	13
				1	1	**8**		**8**
				1	1	3		3
						2		2

4-5c 全省分年龄、性别、

年龄组 性 别	科学研究和技术服务业				水利、环境和公共设施管理业			
	小计	研究和试验发展	专业技术服务业	科技推广和应用服务业	小计	水利管理业	生态保护和环境治理业	公共设施管理业
合计	**1950**	**160**	**1374**	**416**	**3001**	**254**	**504**	**2203**
16-19 岁	27	7	17	3	12	1	3	8
20-24 岁	335	30	253	52	68	7	11	45
25-29 岁	568	58	445	65	175	29	26	115
30-34 岁	324	29	241	54	226	34	39	148
35-39 岁	136	5	106	25	230	18	47	159
40-44 岁	92	7	61	24	276	28	45	201
45-49 岁	146	9	94	43	558	35	116	401
50-54 岁	150	7	76	67	686	48	117	519
55-59 岁	110	4	61	45	436	32	64	338
60-64 岁	34	1	14	19	223	14	27	182
65-69 岁	16	2	2	12	85	6	6	68
70-74 岁	9		3	6	21	2	2	15
75 岁及以上	3	1	1	1	5		1	4
男	**1451**	**114**	**1063**	**274**	**1772**	**210**	**392**	**1136**
16-19 岁	23	7	14	2	10	1	3	6
20-24 岁	232	17	176	39	45	6	8	28
25-29 岁	402	42	314	46	117	24	17	71
30-34 岁	257	21	195	41	140	23	31	81
35-39 岁	105	3	88	14	132	15	40	72
40-44 岁	65	5	47	13	132	20	33	77
45-49 岁	113	6	84	23	269	30	79	155
50-54 岁	117	6	71	40	385	41	92	250
55-59 岁	94	4	56	34	295	30	56	207
60-64 岁	22		12	10	159	12	24	123
65-69 岁	13	2	2	9	67	6	6	52
70-74 岁	6		3	3	17	2	2	11
75 岁及以上	2	1	1		4		1	3
女	**499**	**46**	**311**	**142**	**1229**	**44**	**112**	**1067**
16-19 岁	4		3	1	2			2
20-24 岁	103	13	77	13	23	1	3	17
25-29 岁	166	16	131	19	58	5	9	44
30-34 岁	67	8	46	13	86	11	8	67
35-39 岁	31	2	18	11	98	3	7	87
40-44 岁	27	2	14	11	144	8	12	124
45-49 岁	33	3	10	20	289	5	37	246
50-54 岁	33	1	5	27	301	7	25	269
55-59 岁	16		5	11	141	2	8	131
60-64 岁	12	1	2	9	64	2	3	59
65-69 岁	3			3	18			16
70-74 岁	3			3	4			4
75 岁及以上	1			1	1			1

行业大类的就业人口（乡村）（续5）

单位：人

	居民服务、修理和其他服务业				教育		卫生和社会工作	
土地管理业	小计	居民服务业	机动车、电子产品和日用产品修理业	其他服务业	小计	教育	小计	卫生
40	**9012**	**4324**	**3014**	**1674**	**8155**	**8155**	**4663**	**4454**
	346	208	121	17	530	530	36	35
5	1122	584	473	65	1256	1256	794	784
5	1556	700	730	126	1883	1883	1206	1196
5	1358	637	575	146	1188	1188	616	590
6	909	422	333	154	742	742	318	301
2	719	350	214	155	523	523	301	285
6	1050	510	218	322	579	579	511	481
2	934	424	193	317	615	615	428	388
2	574	258	92	224	684	684	253	220
	223	94	40	89	101	101	104	85
5	144	78	20	46	35	35	56	52
2	48	33	4	11	9	9	24	22
	29	26	1	2	10	10	16	15
34	**4803**	**1361**	**2661**	**781**	**3931**	**3931**	**1962**	**1875**
	210	81	117	12	255	255	7	7
3	630	162	438	30	355	355	131	131
5	946	220	658	68	620	620	241	236
5	740	177	498	65	490	490	186	181
5	460	119	286	55	401	401	163	159
2	320	101	172	47	298	298	187	183
5	443	145	182	116	339	339	354	342
2	455	142	163	150	432	432	306	292
2	321	109	84	128	609	609	209	186
	146	45	39	62	86	86	90	76
3	95	39	19	37	30	30	52	49
2	27	13	4	10	7	7	21	19
	10	8	1	1	9	9	15	14
6	**4209**	**2963**	**353**	**893**	**4224**	**4224**	**2701**	**2579**
	136	127	4	5	275	275	29	28
2	492	422	35	35	901	901	663	653
	610	480	72	58	1263	**1263**	**965**	**960**
	618	460	77	81	698	698	430	409
1	449	303	47	99	341	341	155	142
	399	249	42	108	225	225	114	102
1	607	365	36	206	240	240	157	139
	479	282	30	167	183	183	122	96
	253	149	8	96	75	75	44	34
	77	49	1	27	15	15	14	9
2	49	39	1	9	5	**5**	**4**	**3**
	21	20		1	2	2	3	3
	19	18		1	1	1	1	1

4-5c　全省分年龄、性别、

年龄组 性　别	社会工作	文化、体育和娱乐业					
		小计	新闻和出版业	广播、电视、电影和录音制作业	文化艺术业	体育	娱乐业
合计	**209**	**854**	**46**	**75**	**282**	**67**	**384**
16-19 岁	1	33			7	3	23
20-24 岁	10	133	12	18	35	14	54
25-29 岁	10	194	13	26	54	26	75
30-34 岁	26	145	12	15	49	10	59
35-39 岁	17	70	3	5	24	3	35
40-44 岁	16	72	2	3	26	2	39
45-49 岁	30	73	2	4	26	3	38
50-54 岁	40	64	2	1	27	1	33
55-59 岁	33	49		2	26	2	19
60-64 岁	19	15		1	7	1	6
65-69 岁	4	4				1	3
70-74 岁	2	2			1	1	
75 岁及以上	1						
男	**87**	**524**	**21**	**45**	**177**	**45**	**236**
16-19 岁		19			3	1	15
20-24 岁		72	1	8	15	12	36
25-29 岁	5	114	6	13	25	15	55
30-34 岁	5	92	7	12	32	8	33
35-39 岁	4	41	2	2	17	2	18
40-44 岁	4	40	2	3	14	1	20
45-49 岁	12	49	2	3	19	2	23
50-54 岁	14	41	1	1	21		18
55-59 岁	23	40		2	23	2	13
60-64 岁	14	11		1	7		3
65-69 岁	3	3				1	2
70-74 岁	2	2			1	1	
75 岁及以上	1						
女	**122**	**330**	**25**	**30**	**105**	**22**	**148**
16-19 岁	1	14			4	2	8
20-24 岁	10	61	11	10	20	2	18
25-29 岁	5	80	7	13	29	11	20
30-34 岁	21	53	5	3	17	2	26
35-39 岁	13	29	1	3	7	1	17
40-44 岁	12	32			12	1	19
45-49 岁	18	24		1	7	1	15
50-54 岁	26	23	1		6	1	15
55-59 岁	10	9			3		6
60-64 岁	5	4				1	3
65-69 岁	1	1					1
70-74 岁							
75 岁及以上							

行业大类的就业人口（乡村）（续6）

单位：人

公共管理、社会保障和社会组织							国际组织	
小计	中国共产党机关	国家机构	人民政协、民主党派	社会保障	群众团体、社会团体和其他成员组织	基层群众自治组织	小计	国际组织
11860	**138**	**5092**	**13**	**51**	**643**	**5923**	**1**	**1**
74		52			11	11		
752	13	543	1	3	37	155		
1578	25	1140	1	5	51	356	1	1
1593	25	1058	2	4	69	435		
1060	20	559	2	6	56	417		
920	6	311	2	2	55	544		
1626	21	466	2	4	93	1040		
1892	14	453	3	7	145	1270		
1467	10	352		10	67	1028		
470	2	88		6	23	351		
278	2	48		2	21	205		
102		19		2	8	73		
48		3			7	38		
8605	**110**	**3556**	**9**	**34**	**488**	**4408**		
57		44			8	5		
469	8	360	1	2	26	72		
934	17	699	1	1	24	192		
1004	21	678	2	1	44	258		
781	17	436	1	4	40	283		
649	5	223	1	1	43	376		
1170	18	315	1	3	71	762		
1514	13	356	2	5	124	1014		
1272	7	306		8	57	894		
410	2	76		5	19	308		
229	2	43		2	19	163		
81		17		2	7	55		
35		3			6	26		
3255	**28**	**1536**	**4**	**17**	**155**	**1515**	**1**	**1**
17		8			3	6		
283	5	183		1	11	83		
644	8	441		4	27	**164**	**1**	**1**
589	4	380		3	25	177		
279	3	123	1	2	16	134		
271	1	88	1	1	12	168		
456	3	151	1	1	22	278		
378	1	97	1	2	21	256		
195	3	46		2	10	134		
60		12		1	4	43		
49		5			2	**42**		
21		2			1	18		
13					1	12		

4–6 各地区分性别、

地区 性别	合计	党的机关、国家机关、群众团体和社会组织、企事业单位负责人					
		小计	中国共产党机关负责人	国家机关负责人	民主党派和工商联负责人	人民团体和群众团体、社会组织及其他成员组织负责人	基层群众自治组织负责人
合计	**959370**	**11042**	**194**	**1651**	**11**	**540**	**1563**
兰州市	**170707**	**2722**	**9**	**280**	**3**	**87**	**96**
城关区	62090	1357	7	149	1	39	6
七里河区	27056	468	1	29		6	9
西固区	15892	210		12		6	4
安宁区	13905	200	1	39	2	16	3
红古区	5790	45		8		3	8
永登县	11148	92		8			17
皋兰县	5771	83		15		7	6
榆中县	17363	169		18		6	35
兰州新区	11692	98		2		4	8
嘉峪关市	**14249**	**105**		**19**		**18**	
市辖区	14249	105		19		18	
金昌市	**18352**	**179**	**12**	**28**		**8**	**20**
金川区	11344	113	4	24		5	12
永昌县	7008	66	8	4		3	8
白银市	**58097**	**573**	**22**	**79**	**2**	**18**	**102**
白银区	13440	215	1	32	1	10	5
平川区	6769	86	1	9	1	1	18
靖远县	13698	103	1	11		2	38
会宁县	17360	91	19	17		3	13
景泰县	6830	78		10		2	28
天水市	**96913**	**1030**	**18**	**88**		**54**	**168**
秦州区	20211	311	10	24		10	24
麦积区	17276	260	3	25		18	12
清水县	7893	85	2	5		4	32
秦安县	17349	92		7		2	27
甘谷县	15947	94	1	7			21
武山县	12305	106	2	8		12	30
张家川回族自治县	5932	82		12		8	22
武威市	**63287**	**408**	**3**	**83**		**16**	**46**
凉州区	40525	216	2	40		10	11
民勤县	9286	85		14		2	16
古浪县	7945	52	1	13		3	18
天祝藏族自治县	5531	55		16		1	1
张掖市	**51652**	**612**	**16**	**83**		**24**	**102**
甘州区	23403	257	6	36		13	21
肃南裕固族自治县	1721	21	2	9			3
民乐县	7526	103	4	7		1	37
临泽县	5938	40	1	3		1	4
高台县	6608	63	2	11		2	24
山丹县	6456	128	1	17		7	13
平凉市	**72291**	**1062**	**23**	**118**		**39**	**231**
崆峒区	17514	370	3	26		4	14
泾川县	8132	110	1	22		3	31
灵台县	5632	91	3	22		9	17
崇信县	3768	68	2	4		10	19
庄浪县	14763	125	2	14		8	40
静宁县	15612	159	1	12			70
华亭市	6870	139	11	18		5	40

职业中类的就业人口

单位：人

企事业单位负责人	专业技术人员							
	小计	科学研究人员	工程技术人员	农业技术人员	飞机和船舶技术人员	卫生专业技术人员	经济和金融专业人员	法律、社会和宗教专业人员
7083	**108645**	**709**	**21372**	**1466**	**54**	**20838**	**16118**	**2629**
2247	**30676**	**472**	**7932**	**164**	**33**	**4741**	**6703**	**795**
1155	13211	302	3198	54	19	2039	3293	358
423	5342	46	1539	23	3	987	1114	158
188	2660	19	732	8	4	401	607	94
139	3970	92	932	17	1	398	802	100
26	667		155	4		138	103	13
67	963		210	4	1	182	151	15
55	649		177	19	1	105	110	5
110	1624	10	406	24		337	184	30
84	1590	3	583	11	4	154	339	22
68	**2186**	**5**	**778**	**9**		**356**	**425**	**61**
68	2186	5	778	9		356	425	61
111	**2222**	**3**	**542**	**31**		**431**	**416**	**65**
68	1501	2	397	13		274	306	42
43	721	1	145	18		157	110	23
350	**6292**	**28**	**1291**	**85**		**1112**	**794**	**135**
166	1995	21	529	15		310	366	63
56	1058		233	14		228	137	29
51	1129	3	224	21		167	97	13
39	1264	2	182	13		268	83	11
38	846	2	123	22		139	111	19
702	**9432**	**34**	**1621**	**137**	**4**	**1878**	**937**	**129**
243	2744	16	551	35		556	401	48
202	1846	4	440	34	3	369	236	16
42	631	1	61	8		124	45	4
56	1360	4	192	25	1	266	98	15
65	1270	7	208	13		254	75	9
54	988	2	115	17		174	53	8
40	593		54	5		135	29	29
260	**5964**	**7**	**927**	**90**	**1**	**1481**	**774**	**130**
153	3974	5	630	39	1	1042	557	91
53	704	2	120	21		142	107	11
17	664		99	12		145	36	12
37	622		78	18		152	74	16
387	**5535**	**15**	**889**	**161**	**3**	**1218**	**958**	**149**
181	2877	11	469	94	1	615	562	82
7	171		23	8		41	38	14
54	754	2	122	10		179	76	14
31	520		89	16	1	116	73	14
24	606		102	12		121	104	16
90	607	2	84	21	1	146	105	9
651	**7295**	**15**	**1049**	**98**	**3**	**1594**	**816**	**179**
323	2409	9	427	15	1	480	369	108
53	845	1	44	9		202	77	13
40	590	3	95	9	1	151	37	8
33	330		57	7		67	52	5
61	1127		155	27		256	94	14
76	1227	2	159	26	1	257	78	12
65	767		112	5		181	109	19

4–6 各地区分性别、

地区 性别	合计	党的机关、国家机关、群众团体和社会组织、企事业单位负责人					
		小计	中国共产党机关负责人	国家机关负责人	民主党派和工商联负责人	人民团体和群众团体、社会组织及其他成员组织负责人	基层群众自治组织负责人
酒泉市	**47711**	**877**	**2**	**143**		**17**	**33**
肃州区	20843	379		61		7	6
金塔县	5151	51	2	9		2	2
瓜州县	5935	106		21		3	9
肃北蒙古族自治县	1027	43		17		1	3
阿克塞哈萨克族自治县	572	29		15			1
玉门市	5951	50		8		3	1
敦煌市	8232	219		12		1	11
庆阳市	**76811**	**791**	**17**	**163**	**1**	**52**	**152**
西峰区	18219	251	1	51		29	5
庆城县	7822	83	4	16		5	12
环　县	11080	139		27	1	5	48
华池县	5133	76	7	13		2	9
合水县	5332	28		6		3	
正宁县	6648	67	4	19		2	32
宁　县	9527	76	1	17		2	24
镇原县	13050	71		14		4	22
定西市	**122131**	**896**	**20**	**127**	**1**	**51**	**207**
安定区	18814	255	5	32		15	26
通渭县	19666	126	6	19		2	36
陇西县	18907	109	1	12		3	16
渭源县	14391	53	1	9		3	11
临洮县	23524	180	1	29	1	9	56
漳　县	6314	55		7			29
岷　县	20515	118	6	19		19	33
陇南市	**70880**	**928**	**22**	**155**	**2**	**61**	**246**
武都区	17193	254	3	42		11	51
成　县	8367	138		19	1	6	39
文　县	6767	65	1	13		1	1
宕昌县	8208	53		11		2	32
康　县	4750	106	8	18		1	44
西和县	8519	102	3	8		10	38
礼　县	8751	91	1	9		24	18
徽　县	6716	63	4	24		4	9
两当县	1609	56	2	11	1	2	14
临夏回族自治州	**74519**	**523**	**17**	**168**	**2**	**83**	**112**
临夏市	13240	146	4	76	1	12	1
临夏县	10275	42		5	1	15	11
康乐县	10024	47	2	11		2	24
永靖县	7381	67		26		4	10
广河县	9048	61	6	15		14	12
和政县	9380	59		10		16	20
东乡族自治县	8219	45		4		11	23
积石山保安族东乡族撒拉族自治县	6952	56	5	21		9	11
甘南藏族自治州	**21770**	**336**	**13**	**117**		**12**	**48**
合作市	3565	63	2	17		7	6
临潭县	4761	58		18		3	26
卓尼县	2558	15	1	9			1
舟曲县	4273	75	5	13			6
迭部县	2122	16	3	3			
玛曲县	1801	37	2	25			
碌曲县	952	19		15			2
夏河县	1738	53		17		2	7

职业中类的就业人口（续1）

单位：人

企事业单位负责人	专业技术人员							
	小计	科学研究人员	工程技术人员	农业技术人员	飞机和船舶技术人员	卫生专业技术人员	经济和金融专业人员	法律、社会和宗教专业人员
682	**5355**	**26**	**1236**	**102**	**2**	**1011**	**981**	**136**
305	2632	17	629	63		509	492	60
36	389	4	55	6		101	53	7
73	595		164	8		93	97	7
22	103		21	4		19	21	6
13	63		11			11	11	2
38	486	1	92	13		104	91	12
195	1087	4	264	8	2	174	216	42
406	**7529**	**16**	**1271**	**103**		**1575**	**809**	**129**
165	2958	11	516	15		608	424	70
46	775	1	188	26		147	70	10
58	994	2	159	20		177	94	10
45	547	1	190	13		89	43	6
19	345		65	4		59	42	1
10	428	1	29	5		97	22	10
32	730		73	14		196	58	10
31	752		51	6		202	56	12
490	**9930**	**44**	**1838**	**176**	**4**	**2142**	**896**	**139**
177	2123	11	459	38		467	258	34
63	1530	8	343	19	2	302	119	21
77	1879	9	347	38		403	165	35
29	844	5	107	18		194	50	11
84	1942	7	394	43	2	402	200	17
19	439		53	8		96	20	6
41	1173	4	135	12		278	84	15
442	**7007**	**22**	**916**	**134**	**3**	**1496**	**678**	**160**
147	1888	9	300	32		379	232	51
73	830	1	128	19		168	75	12
49	693	4	114	11		117	73	19
8	482		20	10		164	23	7
35	520	1	76	17		118	57	8
43	866	1	89	15	2	181	58	14
39	815	2	79	7		148	39	24
22	714	4	84	13	1	182	84	12
26	199		26	10		39	37	13
141	**6409**	**15**	**815**	**120**	**1**	**1337**	**606**	**279**
52	2245	9	205	36		482	263	82
10	553		143	14		120	33	28
8	667		74	13		149	61	21
27	878	1	161	15	1	147	91	19
14	484	2	34	6		88	37	25
13	664		49	14		173	61	30
7	231	1	48	5		30	13	36
10	687	2	101	17		148	47	38
146	**2813**	**7**	**267**	**56**		**466**	**325**	**143**
31	650	2	49	8		104	116	13
11	412	1	52	6		53	40	16
4	349	2	31	7		65	30	15
51	499	1	41	4		102	45	11
10	311	1	37	13		53	41	14
10	217		16	5		33	27	53
2	158		8	8		25	10	1
27	217		33	5		31	16	20

4-6 各地区分性别、

地区 性别	合计	党的机关、国家机关、群众团体和社会组织、企事业单位负责人					
		小计	中国共产党机关负责人	国家机关负责人	民主党派和工商联负责人	人民团体和群众团体、社会组织及其他成员组织负责人	基层群众自治组织负责人
男	**573950**	**8950**	**166**	**1391**	**8**	**349**	**1371**
兰州市	**103023**	**2092**	**6**	**214**	**3**	**49**	**77**
城关区	36075	1017	4	115	1	24	4
七里河区	16310	371	1	25		4	5
西固区	9682	160		5		4	4
安宁区	8047	145	1	28	2	7	3
红古区	3615	31		6		3	4
永登县	7079	79		6			16
皋兰县	3764	67		12		3	6
榆中县	10499	139		15		3	29
兰州新区	7952	83		2		1	6
嘉峪关市	**9132**	**82**		**14**		**9**	
市辖区	9132	82		14		9	
金昌市	**11291**	**150**	**11**	**27**		**3**	**18**
金川区	6955	89	3	23		2	11
永昌县	4336	61	8	4		1	7
白银市	**34896**	**477**	**18**	**70**	**2**	**11**	**88**
白银区	8308	173		29	1	7	3
平川区	4555	76	1	9	1	1	15
靖远县	8199	87	1	10		1	32
会宁县	9513	72	16	14		1	12
景泰县	4321	69		8		1	26
天水市	**59911**	**818**	**13**	**72**		**38**	**141**
秦州区	12517	256	9	21		6	23
麦积区	11306	198	1	20		12	10
清水县	4601	64	2	3		2	29
秦安县	10247	72		6		2	19
甘谷县	10086	79	1	6			15
武山县	7467	84		7		9	24
张家川回族自治县	3687	65		9		7	21
武威市	**36320**	**357**	**3**	**78**		**10**	**42**
凉州区	22989	189	2	38		7	9
民勤县	5128	74		13			14
古浪县	4754	46	1	12		2	18
天祝藏族自治县	3449	48		15		1	1
张掖市	**29721**	**509**	**12**	**75**		**11**	**94**
甘州区	13465	215	6	33		7	20
肃南裕固族自治县	1028	18	1	8			3
民乐县	4401	91	2	6			36
临泽县	3262	35	1	2			4
高台县	3678	50	1	10			19
山丹县	3887	100	1	16		4	12
平凉市	**43019**	**884**	**22**	**103**		**26**	**206**
崆峒区	10983	301	3	25		2	12
泾川县	4748	94	1	19		2	30
灵台县	3537	76	3	20		5	16
崇信县	2428	58	2	4		7	15
庄浪县	7775	104	1	10		7	38
静宁县	9037	133	1	10			63
华亭市	4511	118	11	15		3	32

职业中类的就业人口（续2）

单位：人

企事业单位负责人	专业技术人员							
	小计	科学研究人员	工程技术人员	农业技术人员	飞机和船舶技术人员	卫生专业技术人员	经济和金融专业人员	法律、社会和宗教专业人员
5665	**52637**	**435**	**17882**	**1043**	**45**	**6636**	**5317**	**1486**
1743	**14099**	**279**	**6436**	**98**	**25**	**1286**	**1849**	**376**
869	5864	181	2553	30	13	583	854	189
336	2414	24	1248	11	1	236	296	63
147	1157	9	574	5	4	85	197	27
104	1852	56	725	9	1	103	236	48
18	312		137	3		42	34	7
57	465		185	2	1	52	44	8
46	322		155	12	1	30	35	2
92	852	7	350	15		113	58	18
74	861	2	509	11	4	42	95	14
59	**1033**	**3**	**657**	**4**		**73**	**117**	**23**
59	1033	3	657	4		73	117	23
91	**1022**	**3**	**419**	**26**		**115**	**130**	**28**
50	650	2	304	10		60	88	18
41	372	1	115	16		55	42	10
288	**3062**	**21**	**1093**	**62**		**338**	**278**	**59**
133	934	16	426	11		76	125	25
49	509		201	10		69	52	13
43	607	2	202	15		65	36	6
29	661	1	158	8		88	26	7
34	351	2	106	18		40	39	8
554	**4867**	**24**	**1362**	**106**	**4**	**738**	**335**	**71**
197	1323	12	432	27		186	127	19
155	953	3	376	25	3	127	66	8
28	352	1	55	7		65	19	
45	698	3	160	17	1	112	40	8
57	675	4	190	12		105	38	5
44	534	1	101	14		73	30	4
28	332		48	4		70	15	27
224	**2915**	**6**	**811**	**65**	**1**	**494**	**265**	**73**
133	1923	4	563	35	1	341	190	46
47	343	2	103	11		43	39	7
13	360		80	7		63	11	7
31	289		65	12		47	25	13
317	**2725**	**11**	**772**	**138**	**3**	**366**	**325**	**82**
149	1385	10	413	85	1	174	171	50
6	83		17	4		16	20	8
47	394	1	103	10		59	30	10
28	274		83	14	1	41	30	5
20	310		86	9		37	36	6
67	279		70	16	1	39	38	3
527	**3534**	**10**	**912**	**64**	**3**	**530**	**333**	**115**
259	1142	5	368	7	1	143	134	79
42	379	1	36	5		67	39	4
32	286	3	85	4	1	53	18	4
30	159		48	6		26	18	4
48	612		143	21		91	53	8
59	610	1	139	18	1	94	31	5
57	346		93	3		56	40	11

4-6 各地区分性别、

地区 性别	合计	党的机关、国家机关、群众团体和社会组织、企事业单位负责人					
		小计	中国共产党机关负责人	国家机关负责人	民主党派和工商联负责人	人民团体和群众团体、社会组织及其他成员组织负责人	基层群众自治组织负责人
酒泉市	**28096**	**698**	**2**	**114**		**12**	**29**
肃州区	12059	300		47		5	5
金塔县	2989	43	2	8		1	2
瓜州县	3551	93		18		3	9
肃北蒙古族自治县	715	34		13		1	2
阿克塞哈萨克族自治县	355	23		12			1
玉门市	3627	33		6		1	1
敦煌市	4800	172		10		1	9
庆阳市	**46104**	**677**	**16**	**145**	**1**	**31**	**145**
西峰区	11087	203	1	43		20	4
庆城县	5030	71	4	13		3	12
环　县	6862	126		27	1	3	45
华池县	3203	63	7	13			9
合水县	3276	24		4		2	
正宁县	3723	62	4	19			31
宁　县	5598	64		15		1	23
镇原县	7325	64		11		2	21
定西市	**69974**	**730**	**14**	**103**		**34**	**182**
安定区	11223	197	4	26		8	25
通渭县	11727	111	3	15		2	35
陇西县	10977	96	1	11		2	13
渭源县	8012	42	1	7		2	9
临洮县	13143	146		23		6	52
漳　县	3660	44		6			21
岷　县	11232	94	5	15		14	27
陇南市	**45013**	**743**	**20**	**135**		**39**	**207**
武都区	10738	204	3	36		8	44
成　县	5321	109		18		4	32
文　县	4284	54	1	12		1	1
宕昌县	4801	47		10		1	29
康　县	3116	83	7	17			37
西和县	5616	74	3	7		4	30
礼　县	5717	75	1	7		17	15
徽　县	4385	51	3	19		3	8
两当县	1035	46	2	9		1	11
临夏回族自治州	**44689**	**443**	**16**	**136**	**2**	**67**	**99**
临夏市	8308	121	4	61	1	11	1
临夏县	6530	35		3	1	13	9
康乐县	5558	45	2	11		2	22
永靖县	4454	56		20		3	9
广河县	5295	53	6	12		11	10
和政县	5031	47		8		11	18
东乡族自治县	5094	38		3		10	19
积石山保安族东乡族撒拉族自治县	4419	48	4	18		6	11
甘南藏族自治州	**12761**	**290**	**13**	**105**		**9**	**43**
合作市	2058	51	2	14		5	6
临潭县	2814	51		16		2	24
卓尼县	1489	15	1	9			1
舟曲县	2594	64	5	13			4
迭部县	1225	15	3	3			
玛曲县	1006	35	2	24			
碌曲县	538	17		13			2
夏河县	1037	42		13		2	6

职业中类的就业人口（续3）

单位：人

企事业单位负责人	专业技术人员							
	小计	科学研究人员	工程技术人员	农业技术人员	飞机和船舶技术人员	卫生专业技术人员	经济和金融专业人员	法律、社会和宗教专业人员
541	**2548**	**16**	**1042**	**78**	**2**	**282**	**324**	**54**
243	1220	9	516	51		135	143	26
30	186	3	46	5		39	17	5
63	319		151	5		25	40	3
18	51		20	1		5	9	3
10	29		11				7	2
25	234		81	10		29	35	4
152	509	4	217	6	2	49	73	11
339	**3681**	**10**	**1099**	**77**		**523**	**326**	**75**
135	1317	7	445	10		157	155	36
39	421	1	160	17		48	31	7
50	518		144	18		64	44	5
34	299	1	154	11		30	19	5
18	185		62	3		23	11	1
8	202	1	26	3		35	12	7
25	384		64	10		95	33	6
30	355		44	5		71	21	8
397	**5137**	**25**	**1562**	**134**	**3**	**702**	**337**	**87**
134	1078	7	371	29		156	88	20
56	890	3	293	16	2	94	53	13
69	954	6	305	23		126	61	26
23	425	2	93	12		65	19	4
65	987	5	338	36	1	132	74	9
17	222		43	8		33	7	5
33	581	2	119	10		96	35	10
342	**3473**	**13**	**800**	**87**	**3**	**574**	**283**	**92**
113	886	5	265	20		123	99	28
55	385	1	108	11		56	32	3
39	352	2	103	5		45	33	13
7	233		17	9		58	11	5
22	276	1	65	13		48	28	6
30	454		74	8	2	93	19	8
35	459	2	68	6		71	16	13
18	334	2	77	8	1	67	33	6
23	94		23	7		13	12	10
123	**3163**	**11**	**696**	**78**	**1**	**451**	**283**	**231**
43	977	7	170	19		162	118	53
9	324		125	13		35	13	26
8	318		55	9		44	30	20
24	427		143	7	1	49	32	11
14	280	1	28	5		34	22	25
10	301		46	10		54	29	25
6	151	1	39	5		16	9	35
9	385	2	90	10		57	30	36
120	**1378**	**3**	**221**	**26**		**164**	**132**	**120**
24	294	1	36	3		35	37	9
9	237		48	4		21	19	15
4	166	2	30	3		22	11	7
42	223		34	2		37	24	7
9	143		24	5		17	20	12
9	124		14	2		12	7	51
2	78		7	6		9	6	1
21	113		28	1		11	8	18

4-6 各地区分性别、

地区 性别	合计	党的机关、国家机关、群众团体和社会组织、企事业单位负责人					
		小计	中国共产党机关负责人	国家机关负责人	民主党派和工商联负责人	人民团体和群众团体、社会组织及其他成员组织负责人	基层群众自治组织负责人
女	**385420**	**2092**	**28**	**260**	**3**	**191**	**192**
兰州市	**67684**	**630**	**3**	**66**		**38**	**19**
城关区	26015	340	3	34		15	2
七里河区	10746	97		4		2	4
西固区	6210	50		7		2	
安宁区	5858	55		11		9	
红古区	2175	14		2			4
永登县	4069	13		2			1
皋兰县	2007	16		3		4	
榆中县	6864	30		3		3	6
兰州新区	3740	15				3	2
嘉峪关市	**5117**	**23**		**5**		**9**	
市辖区	5117	23		5		9	
金昌市	**7061**	**29**	**1**	**1**		**5**	**2**
金川区	4389	24	1	1		3	1
永昌县	2672	5				2	1
白银市	**23201**	**96**	**4**	**9**		**7**	**14**
白银区	5132	42	1	3		3	2
平川区	2214	10					3
靖远县	5499	16		1		1	6
会宁县	7847	19	3	3		2	1
景泰县	2509	9		2		1	2
天水市	**37002**	**212**	**5**	**16**		**16**	**27**
秦州区	7694	55	1	3		4	1
麦积区	5970	62	2	5		6	2
清水县	3292	21		2		2	3
秦安县	7102	20		1			8
甘谷县	5861	15		1			6
武山县	4838	22	2	1		3	6
张家川回族自治县	2245	17		3		1	1
武威市	**26967**	**51**		**5**		**6**	**4**
凉州区	17536	27		2		3	2
民勤县	4158	11		1		2	2
古浪县	3191	6		1		1	
天祝藏族自治县	2082	7		1			
张掖市	**21931**	**103**	**4**	**8**		**13**	**8**
甘州区	9938	42		3		6	1
肃南裕固族自治县	693	3	1	1			
民乐县	3125	12	2	1		1	1
临泽县	2676	5		1		1	
高台县	2930	13	1	1		2	5
山丹县	2569	28		1		3	1
平凉市	**29272**	**178**	**1**	**15**		**13**	**25**
崆峒区	6531	69		1		2	2
泾川县	3384	16		3		1	1
灵台县	2095	15		2		4	1
崇信县	1340	10				3	4
庄浪县	6988	21	1	4		1	2
静宁县	6575	26		2			7
华亭市	2359	21		3		2	8

职业中类的就业人口（续 4）

单位：人

企事业单位负责人	专业技术人员							
	小计	科学研究人员	工程技术人员	农业技术人员	飞机和船舶技术人员	卫生专业技术人员	经济和金融专业人员	法律、社会和宗教专业人员
1418	**56008**	**274**	**3490**	**423**	**9**	**14202**	**10801**	**1143**
504	**16577**	**193**	**1496**	**66**	**8**	**3455**	**4854**	**419**
286	7347	121	645	24	6	1456	2439	169
87	2928	22	291	12	2	751	818	95
41	1503	10	158	3		316	410	67
35	2118	36	207	8		295	566	52
8	355		18	1		96	69	6
10	498		25	2		130	107	7
9	327		22	7		75	75	3
18	772	3	56	9		224	126	12
10	729	1	74			112	244	8
9	**1153**	**2**	**121**	**5**		**283**	**308**	**38**
9	1153	2	121	5		283	308	38
20	**1200**		**123**	**5**		**316**	**286**	**37**
18	851		93	3		214	218	24
2	349		30	2		102	68	13
62	**3230**	**7**	**198**	**23**		**774**	**516**	**76**
33	1061	5	103	4		234	241	38
7	549		32	4		159	85	16
8	522	1	22	6		102	61	7
10	603	1	24	5		180	57	4
4	495		17	4		99	72	11
148	**4565**	**10**	**259**	**31**		**1140**	**602**	**58**
46	1421	4	119	8		370	274	29
47	893	1	64	9		242	170	8
14	279		6	1		59	26	4
11	662	1	32	8		154	58	7
8	595	3	18	1		149	37	4
10	454	1	14	3		101	23	4
12	261		6	1		65	14	2
36	**3049**	**1**	**116**	**25**		**987**	**509**	**57**
20	2051	1	67	4		701	367	45
6	361		17	10		99	68	4
4	304		19	5		82	25	5
6	333		13	6		105	49	3
70	**2810**	**4**	**117**	**23**		**852**	**633**	**67**
32	1492	1	56	9		441	391	32
1	88		6	4		25	18	6
7	360	1	19			120	46	4
3	246		6	2		75	43	9
4	296		16	3		84	68	10
23	328	2	14	5		107	67	6
124	**3761**	**5**	**137**	**34**		**1064**	**483**	**64**
64	1267	4	59	8		337	235	29
11	466		8	4		135	38	9
8	304		10	5		98	19	4
3	171		9	1		41	34	1
13	515		12	6		165	41	6
17	617	1	20	8		163	47	7
8	421		19	2		125	69	8

4-6 各地区分性别、

地区 性别	合计	党的机关、国家机关、群众团体和社会组织、企事业单位负责人					
		小计	中国共产党机关负责人	国家机关负责人	民主党派和工商联负责人	人民团体和群众团体、社会组织及其他成员组织负责人	基层群众自治组织负责人
酒泉市	**19615**	**179**		**29**		**5**	**4**
肃州区	8784	79		14		2	1
金塔县	2162	8		1		1	
瓜州县	2384	13		3			
肃北蒙古族自治县	312	9		4			1
阿克塞哈萨克族自治县	217	6		3			
玉门市	2324	17		2		2	
敦煌市	3432	47		2			2
庆阳市	**30707**	**114**	**1**	**18**		**21**	**7**
西峰区	7132	48		8		9	1
庆城县	2792	12		3		2	
环　县	4218	13				2	3
华池县	1930	13				2	
合水县	2056	4		2		1	
正宁县	2925	5				2	1
宁　县	3929	12	1	2		1	1
镇原县	5725	7		3		2	1
定西市	**52157**	**166**	**6**	**24**	**1**	**17**	**25**
安定区	7591	58	1	6		7	1
通渭县	7939	15	3	4			1
陇西县	7930	13		1		1	3
渭源县	6379	11		2		1	2
临洮县	10381	34	1	6	1	3	4
漳　县	2654	11		1			8
岷　县	9283	24	1	4		5	6
陇南市	**25867**	**185**	**2**	**20**	**2**	**22**	**39**
武都区	6455	50		6		3	7
成　县	3046	29		1	1	2	7
文　县	2483	11		1			
宕昌县	3407	6		1		1	3
康　县	1634	23	1	1		1	7
西和县	2903	28		1		6	8
礼　县	3034	16		2		7	3
徽　县	2331	12	1	5		1	1
两当县	574	10		2	1	1	3
临夏回族自治州	**29830**	**80**	**1**	**32**		**16**	**13**
临夏市	4932	25		15		1	
临夏县	3745	7		2		2	2
康乐县	4466	2					2
永靖县	2927	11		6		1	1
广河县	3753	8		3		3	2
和政县	4349	12		2		5	2
东乡族自治县	3125	7		1		1	4
积石山保安族东乡族撒拉族自治县	2533	8	1	3		3	
甘南藏族自治州	**9009**	**46**		**12**		**3**	**5**
合作市	1507	12		3		2	
临潭县	1947	7		2		1	2
卓尼县	1069						
舟曲县	1679	11					2
迭部县	897	1					
玛曲县	795	2		1			
碌曲县	414	2		2			
夏河县	701	11		4			1

职业中类的就业人口（续5）

单位：人

企事业单位负责人	专业技术人员							
	小计	科学研究人员	工程技术人员	农业技术人员	飞机和船舶技术人员	卫生专业技术人员	经济和金融专业人员	法律、社会和宗教专业人员
141	**2807**	**10**	**194**	**24**		**729**	**657**	**82**
62	1412	8	113	12		374	349	34
6	203	1	9	1		62	36	2
10	276		13	3		68	57	4
4	52		1	3		14	12	3
3	34					11	4	
13	252	1	11	3		75	56	8
43	578		47	2		125	143	31
67	**3848**	**6**	**172**	**26**		**1052**	**483**	**54**
30	1641	4	71	5		451	269	34
7	354		28	9		99	39	3
8	476	2	15	2		113	50	5
11	248		36	2		59	24	1
1	160		3	1		36	31	
2	226		3	2		62	10	3
7	346		9	4		101	25	4
1	397		7	1		131	35	4
93	**4793**	**19**	**276**	**42**	**1**	**1440**	**559**	**52**
43	1045	4	88	9		311	170	14
7	640	5	50	3		208	66	8
8	925	3	42	15		277	104	9
6	419	3	14	6		129	31	7
19	955	2	56	7	1	270	126	8
2	217		10			63	13	1
8	592	2	16	2		182	49	5
100	**3534**	**9**	**116**	**47**		**922**	**395**	**68**
34	1002	4	35	12		256	133	23
18	445		20	8		112	43	9
10	341	2	11	6		72	40	6
1	249		3	1		106	12	2
13	244		11	4		70	29	2
13	412	1	15	7		88	39	6
4	356		11	1		77	23	11
4	380	2	7	5		115	51	6
3	105		3	3		26	25	3
18	**3246**	**4**	**119**	**42**		**886**	**323**	**48**
9	1268	2	35	17		320	145	29
1	229		18	1		85	20	2
	349		19	4		105	31	1
3	451	1	18	8		98	59	8
	204	1	6	1		54	15	
3	363		3	4		119	32	5
1	80		9			14	4	1
1	302		11	7		91	17	2
26	**1435**	**4**	**46**	**30**		**302**	**193**	**23**
7	356	1	13	5		69	79	4
2	175	1	4	2		32	21	1
	183		1	4		43	19	8
9	276	1	7	2		65	21	4
1	168	1	13	8		36	21	2
1	93		2	3		21	20	2
	80		1	2		16	4	
6	104		5	4		20	8	2

4-6 各地区分性别、

地区 性别	专业技术人员				办事人员和有关人员		
	教学人员	文学艺术、体育专业人员	新闻出版、文化专业人员	其他专业技术人员	小计	办事人员	安全和消防人员
合计	**41846**	**1264**	**1805**	**544**	**67796**	**55845**	**11074**
兰州市	**8476**	**475**	**664**	**221**	**15896**	**13530**	**2088**
城关区	3168	284	403	93	8084	7137	842
七里河区	1273	67	98	34	2166	1857	260
西固区	721	21	37	16	1035	835	180
安宁区	1466	51	70	41	1818	1550	239
红古区	234	5	10	5	432	307	88
永登县	393	2	3	2	586	463	120
皋兰县	213	8	9	2	352	236	113
榆中县	582	22	16	13	574	442	124
兰州新区	426	15	18	15	849	703	122
嘉峪关市	**463**	**28**	**58**	**3**	**1373**	**1058**	**313**
市辖区	463	28	58	3	1373	1058	313
金昌市	**672**	**22**	**38**	**2**	**1751**	**1456**	**282**
金川区	416	18	32	1	1243	1061	171
永昌县	256	4	6	1	508	395	111
白银市	**2667**	**50**	**108**	**22**	**3384**	**2734**	**614**
白银区	606	14	63	8	1411	1101	305
平川区	395	6	8	8	503	391	93
靖远县	571	14	15	4	489	428	57
会宁县	680	9	14	2	554	464	86
景泰县	415	7	8		427	350	73
天水市	**4417**	**106**	**116**	**53**	**5856**	**4600**	**1143**
秦州区	1019	43	58	17	2110	1660	419
麦积区	693	15	14	22	1254	946	263
清水县	370	12	2	4	425	317	105
秦安县	716	17	22	4	604	478	118
甘谷县	683	10	11		566	465	100
武山县	599	8	6	6	537	454	76
张家川回族自治县	337	1	3		360	280	62
武威市	**2450**	**35**	**60**	**9**	**3804**	**3056**	**712**
凉州区	1542	23	40	4	2382	1878	492
民勤县	294	2	4	1	430	347	75
古浪县	348	4	5	3	492	417	67
天祝藏族自治县	266	6	11	1	500	414	78
张掖市	**1983**	**48**	**86**	**25**	**2966**	**2414**	**522**
甘州区	958	23	51	11	1383	1162	204
肃南裕固族自治县	39	5	2	1	170	131	38
民乐县	331	4	6	10	318	258	60
临泽县	199	5	6	1	279	230	48
高台县	233	5	11	2	403	302	94
山丹县	223	6	10		413	331	78
平凉市	**3380**	**64**	**77**	**20**	**5329**	**4242**	**1031**
崆峒区	941	18	32	9	1968	1534	423
泾川县	482	13	3	1	550	449	90
灵台县	274	3	8	1	455	406	35
崇信县	136	3	3		429	354	74
庄浪县	558	8	10	5	581	447	122
静宁县	661	16	11	4	629	532	93
华亭市	328	3	10		717	520	194

职业中类的就业人口（续6）

单位：人

	社会生产服务和生活服务人员							
其他办事人员和有关人员	小计	批发与零售服务人员	交通运输、仓储和邮政业服务人员	住宿和餐饮服务人员	信息传输、软件和信息技术服务人员	金融服务人员	房地产服务人员	租赁和商务服务人员
877	**281118**	**101307**	**54368**	**51460**	**5149**	**7669**	**4400**	**7993**
278	**74328**	**28006**	**14361**	**10185**	**1848**	**2280**	**2158**	**3525**
105	30542	13132	4645	4098	929	1153	841	1379
49	13479	5232	2744	1552	349	358	393	702
20	7249	2541	1614	815	130	215	229	522
29	5622	2150	992	693	177	211	204	199
37	1854	598	418	311	40	49	45	107
3	3817	1032	986	791	58	66	63	91
3	1757	496	591	217	23	49	23	31
8	5632	1792	1331	962	82	114	185	184
24	4376	1033	1040	746	60	65	175	310
2	**5634**	**1872**	**1531**	**768**	**108**	**137**	**66**	**170**
2	5634	1872	1531	768	108	137	66	170
13	**6204**	**2035**	**1491**	**825**	**82**	**233**	**51**	**181**
11	4041	1315	933	508	55	171	28	140
2	2163	720	558	317	27	62	23	41
36	**14562**	**5063**	**3494**	**2024**	**298**	**485**	**226**	**300**
5	5321	1743	1283	692	100	248	101	154
19	1939	629	520	226	36	62	46	45
4	2724	1041	672	392	52	65	25	21
4	2666	1046	432	484	63	62	33	56
4	1912	604	587	230	47	48	21	24
113	**26757**	**10097**	**4374**	**5927**	**403**	**535**	**313**	**394**
31	6655	2460	1228	1121	135	220	111	114
45	6082	2344	1228	1007	68	91	84	105
3	1791	544	217	498	16	27	6	21
8	4164	1757	598	898	75	75	57	45
1	3057	1350	478	482	56	49	32	71
7	2824	1258	388	623	32	53	21	21
18	2184	384	237	1298	21	20	2	17
36	**16581**	**6226**	**3387**	**2673**	**278**	**455**	**161**	**286**
12	11904	4722	2435	1796	204	320	137	229
8	1397	504	253	194	32	59	15	13
8	1701	531	333	342	23	35	5	18
8	1579	469	366	341	19	41	4	26
30	**14622**	**5280**	**2895**	**2300**	**228**	**516**	**234**	**526**
17	7746	2884	1377	1190	129	289	176	352
1	335	87	70	68	4	13	2	18
	1839	658	404	261	28	58	18	46
1	1033	360	186	166	18	45	10	42
7	1545	610	263	265	28	67	5	35
4	2124	681	595	350	21	44	23	33
56	**18408**	**6775**	**3729**	**3141**	**289**	**438**	**190**	**299**
11	6909	2520	1476	1173	135	171	107	91
11	1872	655	308	400	26	43	15	37
14	1409	500	229	295	10	33	6	46
1	962	278	230	179	20	23	8	37
12	2470	1018	428	388	28	47	13	10
4	2561	1113	486	330	54	72	15	44
3	2225	691	572	376	16	49	26	34

4-6 各地区分性别、

地区 性别	专业技术人员				办事人员和有关人员		
	教学人员	文学艺术、体育专业人员	新闻出版、文化专业人员	其他专业技术人员	小计	办事人员	安全和消防人员
酒泉市	**1603**	**90**	**141**	**27**	**3701**	**2753**	**895**
肃州区	769	26	54	13	1602	1185	395
金塔县	157	2	4		304	223	75
瓜州县	198	4	16	8	367	247	105
肃北蒙古族自治县	19	5	7	1	170	112	55
阿克塞哈萨克族自治县	19	2	3	4	166	138	25
玉门市	162	7	4		414	320	92
敦煌市	279	44	53	1	678	528	148
庆阳市	**3393**	**84**	**113**	**36**	**5421**	**4660**	**721**
西峰区	1205	43	64	2	1903	1645	257
庆城县	295	6	11	21	510	440	51
环　县	515	7	8	2	726	605	114
华池县	197	3	3	2	536	430	102
合水县	162	5	5	2	368	310	58
正宁县	255	5	4		342	310	32
宁　县	360	7	8	4	466	400	60
镇原县	404	8	10	3	570	520	47
定西市	**4406**	**120**	**107**	**58**	**5211**	**4307**	**846**
安定区	797	22	33	4	1369	1149	209
通渭县	670	23	21	2	763	635	118
陇西县	839	23	19	1	880	704	174
渭源县	440	8	6	5	473	393	77
临洮县	781	36	19	41	777	629	134
漳　县	251	4	1		362	299	58
岷　县	628	4	8	5	587	498	76
陇南市	**3430**	**68**	**80**	**20**	**5272**	**4488**	**737**
武都区	838	21	21	5	1294	1142	144
成　县	412	3	9	3	642	530	92
文　县	342	5	6	2	484	410	71
宕昌县	247	5	5	1	429	368	59
康　县	218	9	13	3	406	347	56
西和县	485	11	10		669	538	130
礼　县	504	6	5	1	535	434	98
徽　县	319	5	8	2	606	553	51
两当县	65	3	3	3	207	166	36
临夏回族自治州	**3061**	**32**	**103**	**40**	**4855**	**3992**	**795**
临夏市	1094	15	49	10	2288	1941	318
临夏县	198	2	9	6	251	184	63
康乐县	338	4	7		395	301	92
永靖县	420	4	17	2	562	441	117
广河县	286	1	3	2	338	275	51
和政县	306	4	10	17	399	320	67
东乡族自治县	93	1	3	1	211	188	23
积石山保安族东乡族撒拉族自治县	326	1	5	2	411	342	64
甘南藏族自治州	**1445**	**42**	**54**	**8**	**2977**	**2555**	**375**
合作市	323	9	23	3	852	705	129
临潭县	233	3	7	1	321	273	30
卓尼县	198	1			387	348	39
舟曲县	287	4	4		507	442	62
迭部县	135	6	7	4	319	275	41
玛曲县	70	8	5		179	160	16
碌曲县	95	6	5		169	150	18
夏河县	104	5	3		243	202	40

职业中类的就业人口（续7）

单位：人

其他办事人员和有关人员	社会生产服务和生活服务人员							
	小计	批发与零售服务人员	交通运输、仓储和邮政业服务人员	住宿和餐饮服务人员	信息传输、软件和信息技术服务人员	金融服务人员	房地产服务人员	租赁和商务服务人员
53	**15304**	**5717**	**2796**	**2717**	**198**	**564**	**167**	**459**
22	7428	3298	1154	1121	104	322	100	125
6	1174	417	266	196	16	44	4	24
15	1558	541	290	300	20	48	12	57
3	224	25	67	61	2	5	3	2
3	165	37	32	45	3	5		5
2	1651	521	330	344	17	41	12	25
2	3104	878	657	650	36	99	36	221
40	**18959**	**6819**	**4009**	**3246**	**304**	**521**	**160**	**544**
1	7436	2967	1375	1086	128	257	96	262
19	2074	619	584	364	28	40	11	76
7	2234	749	581	358	43	34	7	35
4	1191	299	345	251	15	27	3	46
	1054	346	246	204	28	30	8	22
	1069	433	177	201	10	37	9	25
6	1944	731	340	430	24	36	8	34
3	1957	675	361	352	28	60	18	44
58	**23181**	**8505**	**4110**	**4463**	**440**	**546**	**314**	**527**
11	4547	1560	1032	602	133	160	80	113
10	4102	1442	614	973	82	54	44	126
2	4048	1574	765	698	60	110	64	95
3	1850	651	284	401	30	57	14	30
14	4946	1750	828	1035	78	97	85	120
5	1037	412	184	214	17	25	3	8
13	2651	1116	403	540	40	43	24	35
47	**18519**	**6072**	**3780**	**3982**	**303**	**411**	**105**	**377**
8	4593	1677	898	802	96	153	32	167
20	2326	782	496	458	29	69	11	33
3	1387	452	339	247	23	29	2	13
2	1789	431	646	419	19	29	9	14
3	1106	397	199	197	27	15	2	27
1	2502	869	354	674	40	25	11	21
3	2510	744	376	725	25	44	12	25
2	1909	596	389	381	37	39	25	72
5	397	124	83	79	7	8	1	5
68	**22629**	**7126**	**3474**	**7735**	**265**	**405**	**224**	**282**
29	6148	2427	936	1313	110	190	140	95
4	3659	1066	424	1518	29	21	20	67
2	2134	649	307	769	16	40	10	19
4	2079	669	432	497	33	58	21	25
12	2583	661	554	1067	24	36	6	14
12	1923	514	267	753	23	24	15	26
	2132	510	239	1193	11	7	4	16
5	1971	630	315	625	19	29	8	20
47	**5430**	**1714**	**937**	**1474**	**105**	**143**	**31**	**123**
18	1193	361	210	307	30	53	9	29
18	922	332	186	227	22	21	4	12
	556	178	85	158	15	16	2	17
3	1021	310	183	264	7	14	5	14
3	502	108	114	139	12	9	6	35
3	364	165	29	92	6	9		5
1	247	65	31	81	6	10		7
1	625	195	99	206	7	11	5	4

4-6 各地区分性别、

地区 性别	专业技术人员				办事人员和有关人员		
	教学人员	文学艺术、体育专业人员	新闻出版、文化专业人员	其他专业技术人员	小计	办事人员	安全和消防人员
男	**17916**	**752**	**720**	**405**	**43650**	**33543**	**9551**
兰州市	**3076**	**264**	**250**	**160**	**9269**	**7354**	**1760**
城关区	1072	154	166	69	4636	3913	678
七里河区	444	36	29	26	1246	997	220
西固区	224	11	13	8	559	393	154
安宁区	593	33	19	29	1035	812	203
红古区	76	3	5	5	258	160	76
永登县	168	2	1	2	414	308	104
皋兰县	77	5	3	2	238	134	102
榆中县	266	11	5	9	360	243	113
兰州新区	156	9	9	10	523	394	110
嘉峪关市	**127**	**11**	**17**	**1**	**832**	**566**	**265**
市辖区	127	11	17	1	832	566	265
金昌市	**271**	**14**	**14**	**2**	**1083**	**844**	**230**
金川区	143	12	12	1	743	599	137
永昌县	128	2	2	1	340	245	93
白银市	**1123**	**25**	**48**	**15**	**2121**	**1579**	**517**
白银区	214	8	27	6	854	599	251
平川区	151	2	6	5	300	210	80
靖远县	267	7	5	2	311	258	49
会宁县	360	5	6	2	375	298	73
景泰县	131	3	4		281	214	64
天水市	**2061**	**68**	**54**	**44**	**4010**	**2897**	**1029**
秦州区	458	21	28	13	1398	1004	372
麦积区	306	13	7	19	855	579	242
清水县	191	9	1	4	313	215	96
秦安县	334	11	9	3	424	305	112
甘谷县	308	6	7		408	320	87
武山县	298	7	1	5	377	304	68
张家川回族自治县	166	1	1		235	170	52
武威市	**1144**	**20**	**27**	**9**	**2619**	**1973**	**620**
凉州区	713	12	14	4	1634	1205	421
民勤县	132	2	3	1	299	226	67
古浪县	182	3	4	3	342	272	63
天祝藏族自治县	117	3	6	1	344	270	69
张掖市	**947**	**26**	**37**	**18**	**1937**	**1483**	**438**
甘州区	441	12	21	7	888	704	174
肃南裕固族自治县	15	2		1	108	74	34
民乐县	170	2	1	8	203	153	50
临泽县	92	3	4	1	182	139	42
高台县	126	5	4	1	280	204	74
山丹县	103	2	7		276	209	64
平凉市	**1470**	**42**	**38**	**17**	**3614**	**2675**	**905**
崆峒区	368	12	16	9	1319	939	372
泾川县	216	10	1		398	314	81
灵台县	109	2	6	1	321	279	31
崇信县	55	2			284	216	67
庄浪县	280	6	7	3	412	293	112
静宁县	303	10	4	4	420	333	85
华亭市	139		4		460	301	157

职业中类的就业人口（续8）

单位：人

其他办事人员和有关人员	社会生产服务和生活服务人员							
	小计	批发与零售服务人员	交通运输、仓储和邮政业服务人员	住宿和餐饮服务人员	信息传输、软件和信息技术服务人员	金融服务人员	房地产服务人员	租赁和商务服务人员
556	**160834**	**48754**	**46878**	**24183**	**3386**	**3590**	**2507**	**6032**
155	**43217**	**13942**	**12174**	**4960**	**1245**	**981**	**1261**	**2704**
45	17461	6574	3860	2155	636	535	535	1023
29	7969	2604	2326	786	237	136	238	553
12	4232	1244	1349	406	83	69	137	386
20	3246	1121	824	335	118	86	109	141
22	1083	259	378	136	22	31	16	92
2	2224	462	879	345	30	26	31	78
2	1092	247	526	78	16	19	13	21
4	3356	938	1157	418	62	51	91	139
19	2554	493	875	301	41	28	91	271
1	**3114**	**781**	**1240**	**339**	**67**	**45**	**25**	**101**
1	3114	781	1240	339	67	45	25	101
9	**3285**	**840**	**1230**	**321**	**47**	**95**	**26**	**128**
7	2091	526	751	205	30	72	14	102
2	1194	314	479	116	17	23	12	26
25	**8605**	**2363**	**3086**	**890**	**199**	**203**	**124**	**237**
4	3070	767	1117	339	64	94	51	132
10	1253	336	469	102	21	33	32	35
4	1666	528	599	153	39	26	14	14
4	1394	434	374	202	43	28	13	40
3	1222	298	527	94	32	22	14	16
84	**15106**	**4853**	**3839**	**2850**	**276**	**276**	**195**	**289**
22	3604	1049	1045	536	84	105	66	85
34	3484	1091	1096	464	46	43	54	72
2	873	252	194	179	11	16	4	16
7	2502	972	540	456	53	36	37	33
1	1833	687	424	236	44	29	22	53
5	1493	614	328	231	22	37	11	16
13	1317	188	212	748	16	10	1	14
26	**9286**	**2920**	**2907**	**1162**	**187**	**238**	**82**	**227**
8	6680	2207	2084	802	136	170	72	190
6	784	252	217	74	23	25	6	9
7	924	241	284	148	16	21	2	11
5	898	220	322	138	12	22	2	17
16	**7882**	**2276**	**2368**	**959**	**151**	**256**	**132**	**390**
10	4284	1319	1124	551	83	149	102	278
	184	41	59	25	3	7		12
	965	256	322	82	20	26	14	36
1	566	157	158	74	12	27	4	24
2	772	257	218	103	18	31	1	19
3	1111	246	487	124	15	16	11	21
34	**10439**	**3142**	**3264**	**1357**	**190**	**214**	**96**	**236**
8	4053	1172	1294	572	89	80	59	75
3	1020	303	264	158	13	23	7	29
11	788	238	206	129	2	21	4	35
1	500	122	188	47	13	11	4	23
7	1249	434	376	163	16	25	7	4
2	1565	573	434	157	45	33	5	40
2	1264	300	502	131	12	21	10	30

4-6 各地区分性别、

地区 性别	专业技术人员				办事人员和有关人员		
	教学人员	文学艺术、体育专业人员	新闻出版、文化专业人员	其他专业技术人员	小计	办事人员	安全和消防人员
酒泉市	**617**	**50**	**59**	**24**	**2341**	**1559**	**746**
肃州区	293	16	21	10	1016	664	336
金塔县	69	1	1		202	137	63
瓜州县	79	2	6	8	234	137	87
肃北蒙古族自治县	6	3	3	1	111	57	51
阿克塞哈萨克族自治县	3	1	1	4	95	75	17
玉门市	71	3	1		264	188	75
敦煌市	96	24	26	1	419	301	117
庆阳市	**1448**	**56**	**40**	**27**	**3692**	**3038**	**631**
西峰区	456	28	21	2	1228	1010	218
庆城县	131	6	4	16	338	281	45
环　县	234	5	3	1	502	400	100
华池县	77	1		1	388	290	96
合水县	77	4	2	2	264	214	50
正宁县	115	2	1		237	209	28
宁　县	164	6	4	2	325	268	52
镇原县	194	4	5	3	410	366	42
定西市	**2123**	**79**	**38**	**47**	**3335**	**2560**	**739**
安定区	379	15	11	2	864	674	183
通渭县	385	21	8	2	516	405	106
陇西县	383	13	10	1	557	403	152
渭源县	216	5	4	5	319	249	68
临洮县	337	18	3	34	471	344	119
漳　县	123	3			229	183	42
岷　县	300	4	2	3	379	302	69
陇南市	**1539**	**46**	**24**	**12**	**3635**	**2957**	**644**
武都区	322	15	6	3	850	716	127
成　县	165	3	5	1	403	312	78
文　县	144	4	2	1	350	285	62
宕昌县	128	4	1		284	231	52
康　县	107	4	2	2	265	216	48
西和县	239	8	3		523	406	116
礼　县	276	5	2		424	333	89
徽　县	135	1	2	2	409	369	38
两当县	23	2	1	3	127	89	34
临夏回族自治州	**1316**	**24**	**48**	**24**	**3285**	**2525**	**714**
临夏市	403	13	25	7	1445	1153	274
临夏县	102	2	2	6	182	121	58
康乐县	155	1	4		304	212	90
永靖县	177	2	4	1	356	252	104
广河县	160	1	2	2	259	202	48
和政县	122	4	6	5	271	200	62
东乡族自治县	42		3	1	180	160	20
积石山保安族东乡族撒拉族自治县	155	1	2	2	288	225	58
甘南藏族自治州	**654**	**27**	**26**	**5**	**1877**	**1533**	**313**
合作市	154	7	11	1	526	408	107
临潭县	124	3	3		193	154	27
卓尼县	90	1			247	213	34
舟曲县	114	3	2		343	291	50
迭部县	56	2	3	4	214	175	37
玛曲县	34	3	1		119	102	14
碌曲县	42	4	3		98	84	13
夏河县	40	4	3		137	106	31

职业中类的就业人口（续9）

单位：人

其他办事人员和有关人员	社会生产服务和生活服务人员							
	小计	批发与零售服务人员	交通运输、仓储和邮政业服务人员	住宿和餐饮服务人员	信息传输、软件和信息技术服务人员	金融服务人员	房地产服务人员	租赁和商务服务人员
36	**8348**	**2552**	**2360**	**1237**	**142**	**216**	**97**	**275**
16	4004	1491	978	554	74	122	55	83
2	671	187	238	84	11	18	3	20
10	833	231	244	128	18	13	8	39
3	133	12	57	23	1	1	1	1
3	85	14	29	17		2		4
1	956	235	290	153	12	22	5	16
1	1666	382	524	278	26	38	25	112
23	**11141**	**3242**	**3604**	**1469**	**193**	**257**	**80**	**437**
	4372	1440	1219	581	79	136	40	210
12	1356	303	550	161	19	27	9	63
2	1334	336	535	136	22	15	3	31
2	708	133	321	85	12	11	2	33
	597	156	210	91	16	10	5	16
	594	204	153	89	5	14	3	21
5	1135	360	296	202	17	17	4	30
2	1045	310	320	124	23	27	14	33
36	**12890**	**4083**	**3548**	**1842**	**285**	**277**	**169**	**411**
7	2616	732	878	282	80	81	42	88
5	2314	710	541	373	55	36	32	103
2	2273	759	647	327	40	59	29	69
2	999	315	244	164	19	29	10	24
8	2612	789	722	380	48	41	45	95
4	564	199	161	82	13	8	1	6
8	1512	579	355	234	30	23	10	26
34	**10327**	**2816**	**3208**	**1739**	**185**	**211**	**61**	**295**
7	2560	757	756	347	60	82	18	133
13	1319	325	452	208	15	35	4	28
3	761	184	293	83	12	11	1	8
1	989	201	458	187	14	13	4	5
1	594	165	177	74	17	6	2	21
1	1374	453	314	283	21	14	3	15
2	1418	405	338	348	17	27	9	22
2	1079	264	352	175	25	19	19	59
4	233	62	68	34	4	4	1	4
46	**14150**	**4072**	**3242**	**4440**	**156**	**244**	**141**	**204**
18	3920	1424	886	809	67	106	90	67
3	2265	630	402	828	17	16	14	52
2	1161	306	288	351	12	26	5	15
	1097	287	383	192	18	22	8	11
9	1890	450	503	742	16	30	3	14
9	1121	247	247	408	12	17	13	18
	1501	350	233	806	5	5	4	13
5	1195	378	300	304	9	22	4	14
31	**3044**	**872**	**808**	**618**	**63**	**77**	**18**	**98**
11	655	196	183	118	16	28	5	23
12	540	179	154	95	12	13	1	9
	282	79	69	56	9	7		15
2	561	152	162	93	5	8	4	9
2	294	45	100	61	10	2	5	32
3	198	80	24	51	5	7		3
1	152	35	30	41	3	6		5
	362	106	86	103	3	6	3	2

4-6 各地区分性别、

地区 性别	专业技术人员				办事人员和有关人员		
	教学人员	文学艺术、体育专业人员	新闻出版、文化专业人员	其他专业技术人员	小计	办事人员	安全和消防人员
女	**23930**	**512**	**1085**	**139**	**24146**	**22302**	**1523**
兰州市	**5400**	**211**	**414**	**61**	**6627**	**6176**	**328**
城关区	2096	130	237	24	3448	3224	164
七里河区	829	31	69	8	920	860	40
西固区	497	10	24	8	476	442	26
安宁区	873	18	51	12	783	738	36
红古区	158	2	5		174	147	12
永登县	225		2		172	155	16
皋兰县	136	3	6		114	102	11
榆中县	316	11	11	4	214	199	11
兰州新区	270	6	9	5	326	309	12
嘉峪关市	**336**	**17**	**41**	**2**	**541**	**492**	**48**
市辖区	336	17	41	2	541	492	48
金昌市	**401**	**8**	**24**		**668**	**612**	**52**
金川区	273	6	20		500	462	34
永昌县	128	2	4		168	150	18
白银市	**1544**	**25**	**60**	**7**	**1263**	**1155**	**97**
白银区	392	6	36	2	557	502	54
平川区	244	4	2	3	203	181	13
靖远县	304	7	10	2	178	170	8
会宁县	320	4	8		179	166	13
景泰县	284	4	4		146	136	9
天水市	**2356**	**38**	**62**	**9**	**1846**	**1703**	**114**
秦州区	561	22	30	4	712	656	47
麦积区	387	2	7	3	399	367	21
清水县	179	3	1		112	102	9
秦安县	382	6	13	1	180	173	6
甘谷县	375	4	4		158	145	13
武山县	301	1	5	1	160	150	8
张家川回族自治县	171		2		125	110	10
武威市	**1306**	**15**	**33**		**1185**	**1083**	**92**
凉州区	829	11	26		748	673	71
民勤县	162		1		131	121	8
古浪县	166	1	1		150	145	4
天祝藏族自治县	149	3	5		156	144	9
张掖市	**1036**	**22**	**49**	**7**	**1029**	**931**	**84**
甘州区	517	11	30	4	495	458	30
肃南裕固族自治县	24	3	2		62	57	4
民乐县	161	2	5	2	115	105	10
临泽县	107	2	2		97	91	6
高台县	107		7	1	123	98	20
山丹县	120	4	3		137	122	14
平凉市	**1910**	**22**	**39**	**3**	**1715**	**1567**	**126**
崆峒区	573	6	16		649	595	51
泾川县	266	3	2	1	152	135	9
灵台县	165	1	2		134	127	4
崇信县	81	1	3		145	138	7
庄浪县	278	2	3	2	169	154	10
静宁县	358	6	7		209	199	8
华亭市	189	3	6		257	219	37

职业中类的就业人口（续 10）

单位：人

其他办事人员和有关人员	社会生产服务和生活服务人员							
	小计	批发与零售服务人员	交通运输、仓储和邮政业服务人员	住宿和餐饮服务人员	信息传输、软件和信息技术服务人员	金融服务人员	房地产服务人员	租赁和商务服务人员
321	**120284**	**52553**	**7490**	**27277**	**1763**	**4079**	**1893**	**1961**
123	**31111**	**14064**	**2187**	**5225**	**603**	**1299**	**897**	**821**
60	13081	6558	785	1943	293	618	306	356
20	5510	2628	418	766	112	222	155	149
8	3017	1297	265	409	47	146	92	136
9	2376	1029	168	358	59	125	95	58
15	771	339	40	175	18	18	29	15
1	1593	570	107	446	28	40	32	13
1	665	249	65	139	7	30	10	10
4	2276	854	174	544	20	63	94	45
5	1822	540	165	445	19	37	84	39
1	**2520**	**1091**	**291**	**429**	**41**	**92**	**41**	**69**
1	2520	1091	291	429	41	92	41	69
4	**2919**	**1195**	**261**	**504**	**35**	**138**	**25**	**53**
4	1950	789	182	303	25	99	14	38
	969	406	79	201	10	39	11	15
11	**5957**	**2700**	**408**	**1134**	**99**	**282**	**102**	**63**
1	2251	976	166	353	36	154	50	22
9	686	293	51	124	15	29	14	10
	1058	513	73	239	13	39	11	7
	1272	612	58	282	20	34	20	16
1	690	306	60	136	15	26	7	8
29	**11651**	**5244**	**535**	**3077**	**127**	**259**	**118**	**105**
9	3051	1411	183	585	51	115	45	29
11	2598	1253	132	543	22	48	30	33
1	918	292	23	319	5	11	2	5
1	1662	785	58	442	22	39	20	12
	1224	663	54	246	12	20	10	18
2	1331	644	60	392	10	16	10	5
5	867	196	25	550	5	10	1	3
10	**7295**	**3306**	**480**	**1511**	**91**	**217**	**79**	**59**
4	5224	2515	351	994	68	150	65	39
2	613	252	36	120	9	34	9	4
1	777	290	49	194	7	14	3	7
3	681	249	44	203	7	19	2	9
14	**6740**	**3004**	**527**	**1341**	**77**	**260**	**102**	**136**
7	3462	1565	253	639	46	140	74	74
1	151	46	11	43	1	6	2	6
	874	402	82	179	8	32	4	10
	467	203	28	92	6	18	6	18
5	773	353	45	162	10	36	4	16
1	1013	435	108	226	6	28	12	12
22	**7969**	**3633**	**465**	**1784**	**99**	**224**	**94**	**63**
3	2856	1348	182	601	46	91	48	16
8	852	352	44	242	13	20	8	8
3	621	262	23	166	8	12	2	11
	462	156	42	132	7	12	4	14
5	1221	584	52	225	12	22	6	6
2	996	540	52	173	9	39	10	4
1	961	391	70	245	4	28	16	4

4-6 各地区分性别、

地区 性别	专业技术人员				办事人员和有关人员		
	教学人员	文学艺术、体育专业人员	新闻出版、文化专业人员	其他专业技术人员	小计	办事人员	安全和消防人员
酒泉市	**986**	**40**	**82**	**3**	**1360**	**1194**	**149**
肃州区	476	10	33	3	586	521	59
金塔县	88	1	3		102	86	12
瓜州县	119	2	10		133	110	18
肃北蒙古族自治县	13	2	4		59	55	4
阿克塞哈萨克族自治县	16	1	2		71	63	8
玉门市	91	4	3		150	132	17
敦煌市	183	20	27		259	227	31
庆阳市	**1945**	**28**	**73**	**9**	**1729**	**1622**	**90**
西峰区	749	15	43		675	635	39
庆城县	164		7	5	172	159	6
环　县	281	2	5	1	224	205	14
华池县	120	2	3	1	148	140	6
合水县	85	1	3		104	96	8
正宁县	140	3	3		105	101	4
宁　县	196	1	4	2	141	132	8
镇原县	210	4	5		160	154	5
定西市	**2283**	**41**	**69**	**11**	**1876**	**1747**	**107**
安定区	418	7	22	2	505	475	26
通渭县	285	2	13		247	230	12
陇西县	456	10	9		323	301	22
渭源县	224	3	2		154	144	9
临洮县	444	18	16	7	306	285	15
漳　县	128	1	1		133	116	16
岷　县	328		6	2	208	196	7
陇南市	**1891**	**22**	**56**	**8**	**1637**	**1531**	**93**
武都区	516	6	15	2	444	426	17
成　县	247		4	2	239	218	14
文　县	198	1	4	1	134	125	9
宕昌县	119	1	4	1	145	137	7
康　县	111	5	11	1	141	131	8
西和县	246	3	7		146	132	14
礼　县	228	1	3	1	111	101	9
徽　县	184	4	6		197	184	13
两当县	42	1	2		80	77	2
临夏回族自治州	**1745**	**8**	**55**	**16**	**1570**	**1467**	**81**
临夏市	691	2	24	3	843	788	44
临夏县	96		7		69	63	5
康乐县	183	3	3		91	89	2
永靖县	243	2	13	1	206	189	13
广河县	126		1		79	73	3
和政县	184		4	12	128	120	5
东乡族自治县	51	1			31	28	3
积石山保安族东乡族撒拉族自治县	171		3		123	117	6
甘南藏族自治州	**791**	**15**	**28**	**3**	**1100**	**1022**	**62**
合作市	169	2	12	2	326	297	22
临潭县	109		4	1	128	119	3
卓尼县	108				140	135	5
舟曲县	173	1	2		164	151	12
迭部县	79	4	4		105	100	4
玛曲县	36	5	4		60	58	2
碌曲县	53	2	2		71	66	5
夏河县	64	1			106	96	9

职业中类的就业人口（续 11）

单位：人

其他办事人员和有关人员	社会生产服务和生活服务人员							
	小计	批发与零售服务人员	交通运输、仓储和邮政业服务人员	住宿和餐饮服务人员	信息传输、软件和信息技术服务人员	金融服务人员	房地产服务人员	租赁和商务服务人员
17	**6956**	**3165**	**436**	**1480**	**56**	**348**	**70**	**184**
6	3424	1807	176	567	30	200	45	42
4	503	230	28	112	5	26	1	4
5	725	310	46	172	2	35	4	18
	91	13	10	38	1	4	2	1
	80	23	3	28	3	3		1
1	695	286	40	191	5	19	7	9
1	1438	496	133	372	10	61	11	109
17	**7818**	**3577**	**405**	**1777**	**111**	**264**	**80**	**107**
1	3064	1527	156	505	49	121	56	52
7	718	316	34	203	9	13	2	13
5	900	413	46	222	21	19	4	4
2	483	166	24	166	3	16	1	13
	457	190	36	113	12	20	3	6
	475	229	24	112	5	23	6	4
1	809	371	44	228	7	19	4	4
1	912	365	41	228	5	33	4	11
22	**10291**	**4422**	**562**	**2621**	**155**	**269**	**145**	**116**
4	1931	828	154	320	53	79	38	25
5	1788	732	73	600	27	18	12	23
	1775	815	118	371	20	51	35	26
1	851	336	40	237	11	28	4	6
6	2334	961	106	655	30	56	40	25
1	473	213	23	132	4	17	2	2
5	1139	537	48	306	10	20	14	9
13	**8192**	**3256**	**572**	**2243**	**118**	**200**	**44**	**82**
1	2033	920	142	455	36	71	14	34
7	1007	457	44	250	14	34	7	5
	626	268	46	164	11	18	1	5
1	800	230	188	232	5	16	5	9
2	512	232	22	123	10	9		6
	1128	416	40	391	19	11	8	6
1	1092	339	38	377	8	17	3	3
	830	332	37	206	12	20	6	13
1	164	62	15	45	3	4		1
22	**8479**	**3054**	**232**	**3295**	**109**	**161**	**83**	**78**
11	2228	1003	50	504	43	84	50	28
1	1394	436	22	690	12	5	6	15
	973	343	19	418	4	14	5	4
4	982	382	49	305	15	36	13	14
3	693	211	51	325	8	6	3	
3	802	267	20	345	11	7	2	8
	631	160	6	387	6	2		3
	776	252	15	321	10	7	4	6
16	**2386**	**842**	**129**	**856**	**42**	**66**	**13**	**25**
7	538	165	27	189	14	25	4	6
6	382	153	32	132	10	8	3	3
	274	99	16	102	6	9	2	2
1	460	158	21	171	2	6	1	5
1	208	63	14	78	2	7	1	3
	166	85	5	41	1	2		2
	95	30	1	40	3	4		2
1	263	89	13	103	4	5	2	2

4-6 各地区分性别、

地区 性别	社会生产服务和生活服务人员						
	技术辅助服务人员	水利、环境和公共设施管理服务人员	居民服务人员	电力、燃气及水供应服务人员	修理及制作服务人员	文化、体育和娱乐服务人员	健康服务人员
合计	**4731**	**14970**	**12978**	**4257**	**9198**	**1548**	**776**
兰州市	**1571**	**4009**	**2770**	**861**	**1945**	**472**	**260**
城关区	785	1131	1223	184	671	213	138
七里河区	279	631	530	217	353	93	30
西固区	116	449	266	109	197	31	10
安宁区	138	331	194	118	151	33	22
红古区	28	93	59	39	58	5	3
永登县	40	348	132	41	135	21	12
皋兰县	21	168	46	35	43	5	8
榆中县	70	366	219	71	189	40	22
兰州新区	94	492	101	47	148	31	15
嘉峪关市	**107**	**258**	**262**	**124**	**185**	**31**	**10**
市辖区	107	258	262	124	185	31	10
金昌市	**124**	**523**	**215**	**145**	**234**	**47**	**17**
金川区	90	367	150	76	158	39	10
永昌县	34	156	65	69	76	8	7
白银市	**245**	**829**	**622**	**269**	**563**	**89**	**49**
白银区	97	338	237	107	168	31	20
平川区	25	153	65	46	58	20	6
靖远县	35	115	100	46	134	11	15
会宁县	51	119	139	37	117	22	4
景泰县	37	104	81	33	86	5	4
天水市	**390**	**1340**	**1576**	**396**	**796**	**121**	**60**
秦州区	156	401	349	99	178	53	22
麦积区	108	297	401	107	187	26	10
清水县	13	212	152	26	49	4	3
秦安县	47	148	266	44	134	8	9
甘谷县	40	90	172	67	144	18	8
武山县	21	116	162	38	76	9	5
张家川回族自治县	5	76	74	15	28	3	3
武威市	**284**	**1118**	**710**	**277**	**645**	**53**	**26**
凉州区	212	735	427	177	449	43	17
民勤县	28	89	117	30	56	4	3
古浪县	22	152	120	36	79	2	2
天祝藏族自治县	22	142	46	34	61	4	4
张掖市	**261**	**760**	**730**	**236**	**515**	**106**	**29**
甘州区	168	388	366	95	255	66	9
肃南裕固族自治县	5	39	8	8	10	1	2
民乐县	20	143	84	43	65	2	8
临泽县	23	43	56	28	41	12	3
高台县	18	48	98	29	57	15	5
山丹县	27	99	118	33	87	10	2
平凉市	**294**	**1085**	**975**	**272**	**722**	**109**	**67**
崆峒区	140	317	324	92	275	51	29
泾川县	23	110	106	36	82	15	12
灵台县	22	104	83	15	43	12	6
崇信县	4	89	46	16	25	5	2
庄浪县	33	120	239	41	95	6	2
静宁县	49	125	80	52	119	6	13
华亭市	23	220	97	20	83	14	3

职业中类的就业人口（续12）

单位：人

	农、林、牧、渔业生产及辅助人员								
其他社会生产和生活服务人员	小计	农业生产人员	林业生产人员	畜牧业生产人员	渔业生产人员	农林牧渔生产辅助人员	其他农、林、牧、渔业生产加工人员	小计	农副产品加工人员
314	**318590**	**280074**	**3193**	**33279**	**136**	**1806**	**102**	**170240**	**2740**
77	**14838**	**13080**	**308**	**1302**	**26**	**114**	**8**	**31929**	**291**
20	411	305	50	20	13	21	2	8284	45
16	983	875	29	59	1	16	3	4610	86
5	517	448	23	34	1	11		4217	17
9	105	80	10	6	3	5	1	2111	18
1	1343	1271	29	38		5		1444	7
1	2950	2195	97	644	5	9		2740	29
1	1610	1446	26	138				1316	6
5	6603	6267	32	264	3	36	1	2745	54
19	316	193	12	99		11	1	4462	29
5	**449**	**357**	**5**	**76**	**1**	**10**		**4371**	**9**
5	449	357	5	76	1	10		4371	9
1	**3077**	**2442**	**35**	**478**	**7**	**114**	**1**	**4915**	**79**
1	856	738	21	80		17		3589	19
	2221	1704	14	398	7	97	1	1326	60
6	**24382**	**22165**	**58**	**2115**	**8**	**34**	**2**	**8868**	**142**
2	1537	1367	10	151	3	6		2946	26
2	1223	960	5	249		8	1	1959	22
	7742	7252	23	465		2		1509	23
1	11368	10578	5	781		4		1405	40
1	2512	2008	15	469	5	14	1	1049	31
35	**33721**	**31677**	**517**	**1331**	**9**	**171**	**16**	**19653**	**236**
8	3474	3174	122	145	5	24	4	4877	41
19	3392	2981	200	157	1	46	7	4324	35
3	3372	3140	24	196		12		1564	24
3	8902	8730	30	133	1	7	1	2129	27
	7943	7717	70	141		14	1	2956	17
1	4822	4533	50	215	2	19	3	2939	44
1	1816	1402	21	344		49		864	48
2	**28121**	**22907**	**206**	**4903**	**2**	**100**	**3**	**8300**	**240**
1	16684	14010	63	2546	1	61	3	5324	154
	6176	5506	33	612		25		485	26
1	3561	2529	68	954	1	9		1442	56
	1700	862	42	791		5		1049	4
6	**19932**	**16391**	**155**	**3121**	**4**	**247**	**14**	**7938**	**209**
2	8320	6971	62	1224	2	59	2	2784	87
	840	236	17	581		5	1	181	2
1	2554	1924	37	461		127	5	1952	63
	3658	3363	9	258	2	21	5	408	11
2	3187	2910	11	256		9	1	803	27
1	1373	987	19	341		26		1810	19
23	**28185**	**25762**	**207**	**2070**	**4**	**140**	**2**	**11915**	**203**
8	2556	2153	46	347	1	9		3256	64
4	3629	3135	24	443	2	25		1108	27
5	2134	1845	41	187		59	2	947	14
	848	700	8	131		9		1120	8
2	8547	8094	49	379		25		1903	30
3	9470	9085	22	354	1	8		1562	51
1	1001	750	17	229		5		2019	9

4-6 各地区分性别、

地区 性别	社会生产服务和生活服务人员						
	技术辅助服务人员	水利、环境和公共设施管理服务人员	居民服务人员	电力、燃气及水供应服务人员	修理及制作服务人员	文化、体育和娱乐服务人员	健康服务人员
酒泉市	**269**	**670**	**721**	**275**	**563**	**136**	**38**
肃州区	141	240	400	114	228	51	18
金塔县	9	75	42	27	42	8	3
瓜州县	31	72	76	30	66	14	1
肃北蒙古族自治县	6	20	7	14	10	1	1
阿克塞哈萨克族自治县	2	13	5	6	10	1	1
玉门市	18	105	73	33	111	17	3
敦煌市	62	145	118	51	96	44	11
庆阳市	**322**	**843**	**1040**	**317**	**686**	**89**	**49**
西峰区	165	318	373	120	240	30	18
庆城县	34	77	110	30	79	11	8
环　县	38	112	101	57	106	11	2
华池县	20	63	62	18	35	4	2
合水县	8	64	47	12	34	4	1
正宁县	6	38	56	22	44	9	1
宁　县	22	84	103	32	85	10	5
镇原县	29	87	188	26	63	10	12
定西市	**409**	**1172**	**1197**	**378**	**865**	**116**	**67**
安定区	89	282	217	73	173	23	6
通渭县	94	154	228	71	188	19	6
陇西县	69	201	180	62	136	24	8
渭源县	32	116	100	34	80	14	5
临洮县	78	253	288	67	176	18	30
漳　县	13	38	55	20	42	4	1
岷　县	34	128	129	51	70	14	11
陇南市	**231**	**1074**	**1197**	**324**	**521**	**90**	**30**
武都区	72	211	261	58	118	33	8
成　县	29	136	143	45	79	11	5
文　县	11	103	80	39	38	8	2
宕昌县	11	83	54	31	36	2	3
康　县	13	97	75	16	33	7	
西和县	34	193	139	45	71	13	3
礼　县	28	126	268	43	81	7	5
徽　县	31	97	147	37	51	5	2
两当县	2	28	30	10	14	4	2
临夏回族自治州	**184**	**953**	**808**	**278**	**747**	**71**	**41**
临夏市	80	268	237	88	221	20	12
临夏县	19	161	120	29	169	9	3
康乐县	13	103	99	27	67	7	6
永靖县	31	107	74	49	71	9	3
广河县	7	59	75	14	44	8	2
和政县	12	86	83	36	57	13	9
东乡族自治县	3	75	33	15	22	1	3
积石山保安族东乡族撒拉族自治县	19	94	87	20	96	4	3
甘南藏族自治州	**40**	**336**	**155**	**105**	**211**	**18**	**33**
合作市	18	67	44	17	42	3	2
临潭县	3	30	22	15	44	1	3
卓尼县	11	20	15	12	22		4
舟曲县	4	115	39	13	41	1	10
迭部县	3	25	16	16	8	6	3
玛曲县		16	7	3	28	1	3
碌曲县	1	18	4	13	4	5	2
夏河县		45	8	16	22	1	6

职业中类的就业人口（续13）

单位：人

其他社会生产和生活服务人员	农、林、牧、渔业生产及辅助人员								
	小计	农业生产人员	林业生产人员	畜牧业生产人员	渔业生产人员	农林牧渔生产辅助人员	其他农、林、牧、渔业生产加工人员	小计	农副产品加工人员
14	**15132**	**12939**	**107**	**1862**	**8**	**209**	**7**	**7279**	**97**
12	5761	5374	31	287	5	61	3	3019	42
1	2535	2157	9	309	1	58	1	679	17
	2447	2084	15	301		46	1	857	8
	171	34	16	121				314	1
	63	10	11	42				85	
1	2281	1572	12	663	1	32	1	1066	9
	1874	1708	13	139	1	12	1	1259	20
10	**32835**	**27551**	**444**	**4668**	**9**	**155**	**8**	**11192**	**294**
1	2705	2320	107	258	3	17		2948	28
3	3005	2583	17	373		29	3	1342	13
	5179	3528	33	1607		11		1807	50
1	2100	1851	53	152	2	41	1	680	9
	2745	2361	81	297	1	5		786	11
1	4007	3686	70	248		3		734	11
	4939	4278	58	584	1	18		1359	40
4	8155	6944	25	1149	2	31	4	1536	132
72	**63622**	**59564**	**272**	**3533**	**9**	**225**	**19**	**18952**	**373**
4	7973	7059	75	807	1	28	3	2517	54
7	9073	8469	15	576	1	12		3871	45
2	8652	7802	58	762	3	25	2	3325	72
2	9605	9302	20	262		14	7	1557	22
43	12120	11231	66	792	3	28		3521	124
1	3521	3389	16	92		24		880	19
13	12678	12312	22	242	1	94	7	3281	37
22	**22306**	**20662**	**434**	**1066**	**23**	**117**	**4**	**16691**	**184**
7	4838	4613	95	106	1	23		4255	27
	2497	2302	42	123	4	25	1	1920	37
1	2273	2110	36	107	10	10		1857	12
2	4208	4002	43	156	1	6		1238	17
1	1150	998	44	104		3	1	1440	15
10	2088	1913	35	128	2	10		2280	24
1	2930	2682	51	166		31		1852	29
	1799	1579	70	137	5	8		1623	22
	523	463	18	39		1	2	226	1
36	**25601**	**20729**	**176**	**4506**	**26**	**151**	**13**	**14434**	**342**
11	456	333	16	90	2	13	2	1957	67
4	2745	1908	13	800	3	21		3023	73
2	4770	4161	27	560		19	3	2001	44
	2296	2073	25	132	18	48		1499	33
12	4746	3868	7	862		8	1	802	31
5	4467	3601	70	774	1	16	5	1858	47
	4375	3359	8	993		13	2	1214	27
2	1746	1426	10	295	2	13		2080	20
5	**6389**	**3848**	**269**	**2248**		**19**	**5**	**3803**	**41**
1	205	63	10	129		3		599	1
	2055	1865	24	158		5	3	993	15
1	722	442	34	242		3	1	518	5
1	1069	915	73	77		4		1096	8
2	776	487	88	199		1	1	198	
	923		4	919				81	7
	299	38	7	253		1		59	
	340	38	29	271		2		259	5

4-6 各地区分性别、

地区 性别	社会生产服务和生活服务人员							
	技术辅助服务人员	水利、环境和公共设施管理服务人员	居民服务人员	电力、燃气及水供应服务人员	修理及制作服务人员	文化、体育和娱乐服务人员	健康服务人员	其他社会生产和生活服务人员
男	**3107**	**5764**	**3798**	**3315**	**8132**	**903**	**293**	**192**
兰州市	**1046**	**1332**	**792**	**667**	**1733**	**260**	**81**	**39**
城关区	533	356	345	144	593	118	45	9
七里河区	186	210	151	161	316	51	6	8
西固区	66	145	75	80	174	14	1	3
安宁区	88	117	54	93	132	17	6	5
红古区	16	28	16	31	54	3	1	
永登县	26	140	37	35	123	6	6	
皋兰县	16	71	13	27	38	4	3	
榆中县	50	118	78	56	166	22	7	3
兰州新区	65	147	23	40	137	25	6	11
嘉峪关市	**69**	**98**	**61**	**98**	**169**	**14**	**2**	**5**
市辖区	69	98	61	98	169	14	2	5
金昌市	**73**	**143**	**48**	**104**	**199**	**23**	**7**	**1**
金川区	49	94	37	51	136	18	5	1
永昌县	24	49	11	53	63	5	2	
白银市	**148**	**367**	**212**	**204**	**490**	**53**	**24**	**5**
白银区	56	119	76	77	151	16	9	2
平川区	17	71	27	37	53	15	3	2
靖远县	18	66	37	39	117	8	8	
会宁县	35	45	43	27	96	11	3	
景泰县	22	66	29	24	73	3	1	1
天水市	**254**	**588**	**508**	**337**	**711**	**73**	**33**	**24**
秦州区	98	155	102	86	155	23	10	5
麦积区	72	127	129	86	170	18	3	13
清水县	8	85	33	21	46	4	2	2
秦安县	34	66	101	39	121	6	6	2
甘谷县	27	46	52	62	130	16	5	
武山县	13	60	56	29	67	4	4	1
张家川回族自治县	2	49	35	14	22	2	3	1
武威市	**194**	**339**	**204**	**212**	**565**	**38**	**11**	
凉州区	149	176	118	142	394	34	6	
民勤县	16	41	43	24	50	2	2	
古浪县	11	66	30	26	67	1		
天祝藏族自治县	18	56	13	20	54	1	3	
张掖市	**163**	**300**	**189**	**185**	**433**	**67**	**7**	**6**
甘州区	104	127	106	74	219	45	1	2
肃南裕固族自治县	4	16	2	6	8	1		
民乐县	13	76	24	38	53	2	2	1
临泽县	12	24	8	23	32	9	2	
高台县	12	16	23	19	47	5	1	2
山丹县	18	41	26	25	74	5	1	1
平凉市	**203**	**485**	**279**	**226**	**645**	**62**	**26**	**14**
崆峒区	103	135	102	74	256	29	7	6
泾川县	16	57	37	28	73	8	3	1
灵台县	12	46	29	13	39	6	5	3
崇信县	3	35	14	14	20	5	1	
庄浪县	22	39	46	37	76	2	1	1
静宁县	34	55	23	43	110	4	7	2
华亭市	13	118	28	17	71	8	2	1

职业中类的就业人口（续 14）

单位：人

农、林、牧、渔业生产及辅助人员								
小计	农业生产人员	林业生产人员	畜牧业生产人员	渔业生产人员	农林牧渔生产辅助人员	其他农、林、牧、渔业生产加工人员	小计	农副产品加工人员
167843	**143382**	**2277**	**20920**	**103**	**1104**	**57**	**138837**	**1686**
8209	**6966**	**204**	**943**	**19**	**74**	**3**	**25932**	**167**
249	178	36	12	7	15	1	6716	24
575	500	23	39	1	10	2	3730	38
304	259	12	26	1	6		3266	11
67	49	7	5	3	3		1656	13
721	671	17	30		3		1205	4
1606	1069	63	464	4	6		2291	18
920	801	16	103				1123	2
3569	3329	25	189	3	23		2213	33
198	110	5	75		8		3732	24
247	**184**	**5**	**51**	**1**	**6**		**3726**	**6**
247	184	5	51	1	6		3726	6
1787	**1339**	**24**	**347**	**4**	**73**		**3962**	**52**
478	393	13	58		14		2904	11
1309	946	11	289	4	59		1058	41
13202	**11701**	**46**	**1423**	**6**	**25**	**1**	**7405**	**88**
863	744	8	106	2	3		2404	13
728	534	4	183		6	1	1688	14
4242	3901	19	320		2		1285	18
5835	5338	3	492		2		1168	23
1534	1184	12	322	4	12		860	20
18602	**17167**	**376**	**943**	**5**	**101**	**10**	**16235**	**161**
1994	1785	78	107	4	17	3	3919	30
2097	1790	152	120	1	30	4	3639	26
1752	1595	18	134		5		1232	14
4760	4646	26	84		4		1737	21
4500	4346	45	96		12	1	2567	12
2479	2272	40	153		12	2	2442	26
1020	733	17	249		21		699	32
14350	**11318**	**138**	**2820**	**2**	**70**	**2**	**6717**	**148**
8180	6718	37	1379	1	43	2	4350	96
3235	2847	22	347		19		386	13
1923	1293	48	576	1	5		1140	36
1012	460	31	518		3		841	3
10457	**8305**	**105**	**1879**	**3**	**157**	**8**	**6179**	**136**
4417	3605	40	724	1	46	1	2250	61
474	123	9	338		3	1	159	1
1315	934	27	288		64	2	1430	37
1888	1710	5	149	2	18	4	317	6
1587	1419	9	151		8		679	16
776	514	15	229		18		1344	15
14487	**12875**	**152**	**1369**	**3**	**88**		**10013**	**124**
1439	1159	35	236	1	8		2702	41
1915	1610	18	270	1	16		939	17
1237	1023	30	148		36		827	8
455	349	7	95		4		967	4
3866	3569	34	248		15		1527	16
5005	4768	14	216	1	6		1300	31
570	397	14	156		3		1751	7

4-6 各地区分性别、

地区 性别	社会生产服务和生活服务人员							
	技术辅助服务人员	水利、环境和公共设施管理服务人员	居民服务人员	电力、燃气及水供应服务人员	修理及制作服务人员	文化、体育和娱乐服务人员	健康服务人员	其他社会生产和生活服务人员
酒泉市	**176**	**291**	**200**	**212**	**496**	**75**	**13**	**6**
肃州区	98	95	112	88	211	29	8	6
金塔县	4	34	12	23	33	4		
瓜州县	19	32	14	26	56	5		
肃北蒙古族自治县	6	5	2	13	10		1	
阿克塞哈萨克族自治县	1	4	1	4	8	1		
玉门市	11	57	20	26	96	12	1	
敦煌市	37	64	39	32	82	24	3	
庆阳市	**199**	**377**	**327**	**245**	**627**	**57**	**21**	**6**
西峰区	100	113	116	92	221	15	9	1
庆城县	22	36	53	25	74	8	4	2
环　县	20	58	22	47	101	7	1	
华池县	17	25	25	11	30	3		
合水县	4	33	18	7	28	2	1	
正宁县	5	15	18	19	42	6		
宁　县	16	51	30	25	77	9	1	
镇原县	15	46	45	19	54	7	5	3
定西市	**279**	**471**	**317**	**299**	**769**	**70**	**22**	**48**
安定区	62	92	48	59	153	13	3	3
通渭县	71	71	63	66	172	14	2	5
陇西县	41	60	64	43	121	12	1	1
渭源县	16	50	22	28	70	7	1	
临洮县	52	100	81	54	151	14	10	30
漳　县	10	21	7	17	35	4		
岷　县	27	77	32	32	67	6	5	9
陇南市	**147**	**536**	**320**	**264**	**470**	**50**	**13**	**12**
武都区	50	90	85	48	108	16	4	6
成　县	13	82	39	38	75	4	1	
文　县	8	61	28	30	34	6	1	1
宕昌县	6	33	13	21	29	2	2	1
康　县	7	51	28	14	30	1		1
西和县	25	90	44	38	60	10	1	3
礼　县	21	67	49	38	70	5	2	
徽　县	17	45	21	29	50	4		
两当县		17	13	8	14	2	2	
临夏回族自治州	**127**	**283**	**302**	**191**	**656**	**49**	**20**	**23**
临夏市	57	60	79	47	201	15	5	7
临夏县	17	53	47	25	153	7	2	2
康乐县	8	44	30	15	53	3	5	
永靖县	19	26	26	38	61	4	2	
广河县	4	18	49	10	38	5		8
和政县	10	27	28	27	47	12	4	4
东乡族自治县	3	29	17	13	21	1	1	
积石山保安族东乡族撒拉族自治县	9	26	26	16	82	2	1	2
甘南藏族自治州	**29**	**154**	**39**	**71**	**169**	**12**	**13**	**3**
合作市	11	15	12	11	34	2		1
临潭县	2	16	8	12	36	1	2	
卓尼县	8	10	1	7	19		1	1
舟曲县	4	65	8	10	34	1	6	
迭部县	3	11	4	9	6	3	2	1
玛曲县		5	3	1	19			
碌曲县	1	12		12	3	4		
夏河县		20	3	9	18	1	2	

职业中类的就业人口（续 15）

单位：人

农、林、牧、渔业生产及辅助人员								
小计	农业生产人员	林业生产人员	畜牧业生产人员	渔业生产人员	农林牧渔生产辅助人员	其他农、林、牧、渔业生产加工人员	小计	农副产品加工人员
8228	**6859**	**71**	**1152**	**6**	**135**	**5**	**5893**	**60**
3089	2830	19	192	3	44	1	2413	25
1322	1106	7	174	1	33	1	557	13
1342	1124	11	181		25	1	725	3
96	20	7	69				288	1
47	5	7	35				75	
1284	844	9	406	1	23	1	854	6
1048	930	11	95	1	10	1	981	12
17544	**14198**	**336**	**2895**	**8**	**101**	**6**	**9313**	**167**
1473	1211	73	176	2	11		2483	19
1659	1380	14	242		21	2	1165	8
2904	1953	29	915		7		1477	26
1150	983	36	104	2	24	1	593	7
1548	1276	72	195	1	4		652	7
2029	1811	50	166		2		599	5
2569	2128	41	388	1	11		1114	26
4212	3456	21	709	2	21	3	1230	69
32751	**30145**	**176**	**2313**	**6**	**101**	**10**	**14937**	**210**
4379	3821	52	494		12		2067	36
4647	4251	10	378	1	7		3147	23
4501	3940	34	509	2	14	2	2586	42
4996	4804	12	169		6	5	1226	12
5983	5417	43	507	3	13		2919	61
1894	1796	12	75		11		697	15
6351	6116	13	181		38	3	2295	21
12790	**11602**	**318**	**779**	**20**	**69**	**2**	**13949**	**117**
2731	2563	76	75	1	16		3457	18
1416	1278	25	93	4	16		1682	20
1220	1101	27	76	9	7		1540	7
2310	2162	31	114	1	2		934	12
651	562	25	60		3	1	1233	10
1255	1120	29	99	2	5		1930	18
1769	1584	39	131		15		1565	18
1100	942	51	100	3	4		1411	13
338	290	15	31		1	1	197	1
11930	**8897**	**123**	**2792**	**20**	**90**	**8**	**11677**	**226**
235	139	13	69	2	10	2	1610	44
1259	736	11	498	2	12		2464	52
2103	1720	22	349		10	2	1622	30
1244	1092	19	93	15	25		1274	18
2162	1620	6	530		6		631	21
1901	1400	37	448		12	4	1384	31
2198	1582	5	604		7		1018	14
828	608	10	201	1	8		1674	16
3259	**1826**	**203**	**1214**		**14**	**2**	**2899**	**24**
104	29	8	65		2		425	1
1026	889	18	113		5	1	767	8
375	209	25	140		1		398	3
544	443	52	45		4		855	5
397	226	72	98			1	162	
474		1	473				56	4
154	12	6	136				39	
185	18	21	144		2		197	3

4–6 各地区分性别、

地区 性别	社会生产服务和生活服务人员							
	技术辅助服务人员	水利、环境和公共设施管理服务人员	居民服务人员	电力、燃气及水供应服务人员	修理及制作服务人员	文化、体育和娱乐服务人员	健康服务人员	其他社会生产和生活服务人员
女	**1624**	**9206**	**9180**	**942**	**1066**	**645**	**483**	**122**
兰州市	**525**	**2677**	**1978**	**194**	**212**	**212**	**179**	**38**
城关区	252	775	878	40	78	95	93	11
七里河区	93	421	379	56	37	42	24	8
西固区	50	304	191	29	23	17	9	2
安宁区	50	214	140	25	19	16	16	4
红古区	12	65	43	8	4	2	2	1
永登县	14	208	95	6	12	15	6	1
皋兰县	5	97	33	8	5	1	5	1
榆中县	20	248	141	15	23	18	15	2
兰州新区	29	345	78	7	11	6	9	8
嘉峪关市	**38**	**160**	**201**	**26**	**16**	**17**	**8**	
市辖区	38	160	201	26	16	17	8	
金昌市	**51**	**380**	**167**	**41**	**35**	**24**	**10**	
金川区	41	273	113	25	22	21	5	
永昌县	10	107	54	16	13	3	5	
白银市	**97**	**462**	**410**	**65**	**73**	**36**	**25**	**1**
白银区	41	219	161	30	17	15	11	
平川区	8	82	38	9	5	5	3	
靖远县	17	49	63	7	17	3	7	
会宁县	16	74	96	10	21	11	1	1
景泰县	15	38	52	9	13	2	3	
天水市	**136**	**752**	**1068**	**59**	**85**	**48**	**27**	**11**
秦州区	58	246	247	13	23	30	12	3
麦积区	36	170	272	21	17	8	7	6
清水县	5	127	119	5	3		1	1
秦安县	13	82	165	5	13	2	3	1
甘谷县	13	44	120	5	14	2	3	
武山县	8	56	106	9	9	5	1	
张家川回族自治县	3	27	39	1	6	1		
武威市	**90**	**779**	**506**	**65**	**80**	**15**	**15**	**2**
凉州区	63	559	309	35	55	9	11	1
民勤县	12	48	74	6	6	2	1	
古浪县	11	86	90	10	12	1	2	1
天祝藏族自治县	4	86	33	14	7	3	1	
张掖市	**98**	**460**	**541**	**51**	**82**	**39**	**22**	
甘州区	64	261	260	21	36	21	8	
肃南裕固族自治县	1	23	6	2	2		2	
民乐县	7	67	60	5	12		6	
临泽县	11	19	48	5	9	3	1	
高台县	6	32	75	10	10	10	4	
山丹县	9	58	92	8	13	5	1	
平凉市	**91**	**600**	**696**	**46**	**77**	**47**	**41**	**9**
崆峒区	37	182	222	18	19	22	22	2
泾川县	7	53	69	8	9	7	9	3
灵台县	10	58	54	2	4	6	1	2
崇信县	1	54	32	2	5		1	
庄浪县	11	81	193	4	19	4	1	1
静宁县	15	70	57	9	9	2	6	1
华亭市	10	102	69	3	12	6	1	

职业中类的就业人口（续16）

单位：人

农、林、牧、渔业生产及辅助人员								
小计	农业生产人员	林业生产人员	畜牧业生产人员	渔业生产人员	农林牧渔生产辅助人员	其他农、林、牧、渔业生产加工人员	小计	农副产品加工人员
150747	**136692**	**916**	**12359**	**33**	**702**	**45**	**31403**	**1054**
6629	**6114**	**104**	**359**	**7**	**40**	**5**	**5997**	**124**
162	127	14	8	6	6	1	1568	21
408	375	6	20		6	1	880	48
213	189	11	8		5		951	6
38	31	3	1		2	1	455	5
622	600	12	8		2		239	3
1344	1126	34	180	1	3		449	11
690	645	10	35				193	4
3034	2938	7	75		13	1	532	21
118	83	7	24		3	1	730	5
202	**173**		**25**		**4**		**645**	**3**
202	173		25		4		645	3
1290	**1103**	**11**	**131**	**3**	**41**	**1**	**953**	**27**
378	345	8	22		3		685	8
912	758	3	109	3	38	1	268	19
11180	**10464**	**12**	**692**	**2**	**9**	**1**	**1463**	**54**
674	623	2	45	1	3		542	13
495	426	1	66		2		271	8
3500	3351	4	145				224	5
5533	5240	2	289		2		237	17
978	824	3	147	1	2	1	189	11
15119	**14510**	**141**	**388**	**4**	**70**	**6**	**3418**	**75**
1480	1389	44	38	1	7	1	958	11
1295	1191	48	37		16	3	685	9
1620	1545	6	62		7		332	10
4142	4084	4	49	1	3	1	392	6
3443	3371	25	45		2		389	5
2343	2261	10	62	2	7	1	497	18
796	669	4	95		28		165	16
13771	**11589**	**68**	**2083**		**30**	**1**	**1583**	**92**
8504	7292	26	1167		18	1	974	58
2941	2659	11	265		6		99	13
1638	1236	20	378		4		302	20
688	402	11	273		2		208	1
9475	**8086**	**50**	**1242**	**1**	**90**	**6**	**1759**	**73**
3903	3366	22	500	1	13	1	534	26
366	113	8	243		2		22	1
1239	990	10	173		63	3	522	26
1770	1653	4	109		3	1	91	5
1600	1491	2	105		1	1	124	11
597	473	4	112		8		466	4
13698	**12887**	**55**	**701**	**1**	**52**	**2**	**1902**	**79**
1117	994	11	111		1		554	23
1714	1525	6	173	1	9		169	10
897	822	11	39		23	2	120	6
393	351	1	36		5		153	4
4681	4525	15	131		10		376	14
4465	4317	8	138		2		262	20
431	353	3	73		2		268	2

4-6 各地区分性别、

地区 性别	社会生产服务和生活服务人员							
	技术辅助服务人员	水利、环境和公共设施管理服务人员	居民服务人员	电力、燃气及水供应服务人员	修理及制作服务人员	文化、体育和娱乐服务人员	健康服务人员	其他社会生产和生活服务人员
酒泉市	**93**	**379**	**521**	**63**	**67**	**61**	**25**	**8**
肃州区	43	145	288	26	17	22	10	6
金塔县	5	41	30	4	9	4	3	1
瓜州县	12	40	62	4	10	9	1	
肃北蒙古族自治县		15	5	1		1		
阿克塞哈萨克族自治县	1	9	4	2	2		1	
玉门市	7	48	53	7	15	5	2	1
敦煌市	25	81	79	19	14	20	8	
庆阳市	**123**	**466**	**713**	**72**	**59**	**32**	**28**	**4**
西峰区	65	205	257	28	19	15	9	
庆城县	12	41	57	5	5	3	4	1
环　县	18	54	79	10	5	4	1	
华池县	3	38	37	7	5	1	2	1
合水县	4	31	29	5	6	2		
正宁县	1	23	38	3	2	3	1	1
宁　县	6	33	73	7	8	1	4	
镇原县	14	41	143	7	9	3	7	1
定西市	**130**	**701**	**880**	**79**	**96**	**46**	**45**	**24**
安定区	27	190	169	14	20	10	3	1
通渭县	23	83	165	5	16	5	4	2
陇西县	28	141	116	19	15	12	7	1
渭源县	16	66	78	6	10	7	4	2
临洮县	26	153	207	13	25	4	20	13
漳　县	3	17	48	3	7		1	1
岷　县	7	51	97	19	3	8	6	4
陇南市	**84**	**538**	**877**	**60**	**51**	**40**	**17**	**10**
武都区	22	121	176	10	10	17	4	1
成　县	16	54	104	7	4	7	4	
文　县	3	42	52	9	4	2	1	
宕昌县	5	50	41	10	7		1	1
康　县	6	46	47	2	3	6		
西和县	9	103	95	7	11	3	2	7
礼　县	7	59	219	5	11	2	3	1
徽　县	14	52	126	8	1	1	2	
两当县	2	11	17	2		2		
临夏回族自治州	**57**	**670**	**506**	**87**	**91**	**22**	**21**	**13**
临夏市	23	208	158	41	20	5	7	4
临夏县	2	108	73	4	16	2	1	2
康乐县	5	59	69	12	14	4	1	2
永靖县	12	81	48	11	10	5	1	
广河县	3	41	26	4	6	3	2	4
和政县	2	59	55	9	10	1	5	1
东乡族自治县		46	16	2	1		2	
积石山保安族东乡族撒拉族自治县	10	68	61	4	14	2	2	
甘南藏族自治州	**11**	**182**	**116**	**34**	**42**	**6**	**20**	**2**
合作市	7	52	32	6	8	1	2	
临潭县	1	14	14	3	8		1	
卓尼县	3	10	14	5	3		3	
舟曲县		50	31	3	7		4	1
迭部县		14	12	7	2	3	1	1
玛曲县		11	4	2	9	1	3	
碌曲县		6	4	1	1	1	2	
夏河县		25	5	7	4		4	

职业中类的就业人口（续 17）

单位：人

农、林、牧、渔业生产及辅助人员								
小计	农业生产人员	林业生产人员	畜牧业生产人员	渔业生产人员	农林牧渔生产辅助人员	其他农、林、牧、渔业生产加工人员	小计	农副产品加工人员
6904	**6080**	**36**	**710**	**2**	**74**	**2**	**1386**	**37**
2672	2544	12	95	2	17	2	606	17
1213	1051	2	135		25		122	4
1105	960	4	120		21		132	5
75	14	9	52				26	
16	5	4	7				10	
997	728	3	257		9		212	3
826	778	2	44		2		278	8
15291	**13353**	**108**	**1773**	**1**	**54**	**2**	**1879**	**127**
1232	1109	34	82	1	6		465	9
1346	1203	3	131		8	1	177	5
2275	1575	4	692		4		330	24
950	868	17	48		17		87	2
1197	1085	9	102		1		134	4
1978	1875	20	82		1		135	6
2370	2150	17	196		7		245	14
3943	3488	4	440		10	1	306	63
30871	**29419**	**96**	**1220**	**3**	**124**	**9**	**4015**	**163**
3594	3238	23	313	1	16	3	450	18
4426	4218	5	198		5		724	22
4151	3862	24	253	1	11		739	30
4609	4498	8	93		8	2	331	10
6137	5814	23	285		15		602	63
1627	1593	4	17		13		183	4
6327	6196	9	61	1	56	4	986	16
9516	**9060**	**116**	**287**	**3**	**48**	**2**	**2742**	**67**
2107	2050	19	31		7		798	9
1081	1024	17	30		9	1	238	17
1053	1009	9	31	1	3		317	5
1898	1840	12	42		4		304	5
499	436	19	44				207	5
833	793	6	29		5		350	6
1161	1098	12	35		16		287	11
699	637	19	37	2	4		212	9
185	173	3	8			1	29	
13671	**11832**	**53**	**1714**	**6**	**61**	**5**	**2757**	**116**
221	194	3	21		3		347	23
1486	1172	2	302	1	9		559	21
2667	2441	5	211		9	1	379	14
1052	981	6	39	3	23		225	15
2584	2248	1	332		2	1	171	10
2566	2201	33	326	1	4	1	474	16
2177	1777	3	389		6	2	196	13
918	818		94	1	5		406	4
3130	**2022**	**66**	**1034**		**5**	**3**	**904**	**17**
101	34	2	64		1		174	
1029	976	6	45			2	226	7
347	233	9	102		2	1	120	2
525	472	21	32				241	3
379	261	16	101		1		36	
449		3	446				25	3
145	26	1	117		1		20	
155	20	8	127				62	2

4-6 各地区分性别、

地区 性别	生产制造 食品、饮料生产加工人员	烟草及其制品加工人员	纺织、针织、印染人员	纺织品、服装和皮革、毛皮制品加工制作人员	木材加工、家具与木制品制作人员	纸及纸制品生产加工人员	印刷和记录媒介复制人员
合计	**3331**	**102**	**410**	**2489**	**3756**	**336**	**884**
兰州市	**683**	**47**	**81**	**368**	**1168**	**67**	**299**
城关区	232	14	7	202	493	11	156
七里河区	126	22	7	35	176	3	61
西固区	56	4	35	26	68	16	26
安宁区	50	3	3	14	29	8	17
红古区	25		1	16	4	8	7
永登县	49	1	4	23	49	4	9
皋兰县	19			3	73	1	7
榆中县	90	3	9	20	126	13	11
兰州新区	36		15	29	150	3	5
嘉峪关市	**60**		**1**	**25**	**55**	**2**	**8**
市辖区	60		1	25	55	2	8
金昌市	**62**		**7**	**47**	**64**	**3**	**20**
金川区	43		6	27	41		10
永昌县	19		1	20	23	3	10
白银市	**138**		**31**	**84**	**89**	**15**	**31**
白银区	39		16	14	43	3	13
平川区	16		2	11	12		3
靖远县	35		2	23	9	3	4
会宁县	31		5	20	9	9	6
景泰县	17		6	16	16		5
天水市	**341**	**44**	**66**	**380**	**524**	**36**	**71**
秦州区	73		6	46	102	4	27
麦积区	89	43	12	65	87	6	7
清水县	22		2	18	13	2	6
秦安县	54	1	24	79	32	6	7
甘谷县	28		12	100	55	4	19
武山县	48		4	50	227	14	4
张家川回族自治县	27		6	22	8		1
武威市	**279**		**8**	**89**	**198**	**15**	**64**
凉州区	232		5	56	152	12	45
民勤县	16		1	10	23	1	6
古浪县	22		2	18	14	1	4
天祝藏族自治县	9			5	9	1	9
张掖市	**171**	**1**	**16**	**76**	**235**	**8**	**49**
甘州区	93		11	34	136	3	23
肃南裕固族自治县	4			2			2
民乐县	35		1	11	45	3	8
临泽县	13			12	8	1	4
高台县	15		2	1	22		6
山丹县	11	1	2	16	24	1	6
平凉市	**229**		**64**	**185**	**135**	**71**	**41**
崆峒区	76		5	32	36	16	18
泾川县	22		31	24	11	3	4
灵台县	17		1	18	18		1
崇信县	4			17	2	1	1
庄浪县	42		6	56	20	4	3
静宁县	49		19	32	45	45	10
华亭市	19		2	6	3	2	4

职业中类的就业人口（续18）

单位：人

及有关人员								
文教、工美、体育和娱乐用品制造人员	石油加工和炼焦、煤化工生产人员	化学原料和化学制品制造人员	医药制造人员	化学纤维制造人员	橡胶和塑料制品制造人员	非金属矿物制品制造人员	采矿人员	金属冶炼和压延加工人员
648	**1057**	**1875**	**2155**	**35**	**828**	**3265**	**7840**	**3380**
79	**541**	**588**	**345**	**9**	**219**	**754**	**578**	**830**
37	21	58	120		21	93	42	48
15	10	12	17		36	43	47	32
3	459	363	7	8	48	85	14	105
7	29	17	18		14	26	16	20
2	5	10	13	1	1	136	383	51
3	8	40	7		21	179	51	204
1		20	11		5	38	6	184
10	7	19	24		66	116	7	118
1	2	49	128		7	38	12	68
10	**46**	**119**	**3**	**1**	**12**	**54**	**93**	**467**
10	46	119	3	1	12	54	93	467
3	**29**	**158**	**3**	**4**	**78**	**86**	**500**	**631**
3	1	98	1	3	42	58	451	599
	28	60	2	1	36	28	49	32
27	**20**	**336**	**35**	**3**	**28**	**316**	**1095**	**614**
1	4	294	15	1	16	63	97	540
3	2	17	2		1	78	796	3
3	6	18	7	2	2	94	103	20
13	5	5	8		8	31	42	10
7	3	2	3		1	50	57	41
72	**8**	**33**	**63**		**59**	**225**	**152**	**52**
13		3	15		17	42	63	12
12		4	15		7	54	35	14
3		2	4		1	16	1	4
11	2	9	11		13	33	9	8
12	5	10	5		12	28	17	7
19	1	2	9		7	34	2	5
2		3	4		2	18	25	2
19	**36**	**82**	**52**	**2**	**56**	**106**	**251**	**47**
5	28	24	47	2	31	41	111	18
1		48	3		9	4	18	3
8	4	4			14	27	24	7
5	4	6	2		2	34	98	19
17	**28**	**71**	**27**	**3**	**37**	**146**	**251**	**52**
10	3	22	15	1	15	64	35	14
1						1	86	
2	3	36	5		13	19	14	1
3		2	1	2		3	3	22
	6	9	3		2	11	21	4
1	16	2	3		7	48	92	11
39	**62**	**67**	**36**		**36**	**256**	**1395**	**69**
10	3	10	16		2	83	69	28
4	2	2	2		3	32	52	3
	2	2	7		5	9	41	5
1		3			2	16	416	1
12	2	14	1		7	31	40	8
9	1	27	6		12	47	24	12
3	52	9	4		5	38	753	12

4-6 各地区分性别、

地区 性别	生产制造						
	食品、饮料生产加工人员	烟草及其制品加工人员	纺织、针织、印染人员	纺织品、服装和皮革、毛皮制品加工制作人员	木材加工、家具与木制品制作人员	纸及纸制品生产加工人员	印刷和记录媒介复制人员
酒泉市	**114**		**5**	**68**	**151**	**5**	**55**
肃州区	48		2	28	98	4	23
金塔县	6			7	5	1	4
瓜州县	15		1	5	16		2
肃北蒙古族自治县							1
阿克塞哈萨克族自治县							1
玉门市	17			5	10		10
敦煌市	28		2	23	22		14
庆阳市	**194**	**1**	**18**	**125**	**155**	**30**	**56**
西峰区	40		3	20	55	6	18
庆城县	21		1	14	9	8	7
环　县	17		7	17	3	5	16
华池县	11			4	10	1	2
合水县	21		1	8	17		1
正宁县	1	1	1	14	6		1
宁　县	47		4	10	42	6	9
镇原县	36		1	38	13	4	2
定西市	**350**	**3**	**44**	**355**	**388**	**56**	**72**
安定区	59		4	42	50	4	11
通渭县	56		8	124	87	10	21
陇西县	82		13	43	90	6	12
渭源县	28		1	17	47	3	5
临洮县	63	1	9	78	39	20	12
漳　县	17	1	4	33	31	11	6
岷　县	45	1	5	18	44	2	5
陇南市	**317**	**6**	**26**	**211**	**316**	**10**	**45**
武都区	18		5	32	112	4	12
成　县	67	1	2	19	21		7
文　县	15			19	32		2
宕昌县	10		1	19	14		3
康　县	15		2	16	26	1	5
西和县	31		12	55	50		4
礼　县	23		2	39	35		7
徽　县	136	5	2	7	23	5	5
两当县	2			5	3		
临夏回族自治州	**326**		**34**	**425**	**218**	**17**	**39**
临夏市	85		5	60	40	4	9
临夏县	80		2	44	63	4	4
康乐县	15		3	42	22	3	3
永靖县	28		5	20	25	1	7
广河县	30		4	60	6		1
和政县	34		8	88	29	3	10
东乡族自治县	23		4	59	6	1	1
积石山保安族东乡族撒拉族自治县	31		3	52	27	1	4
甘南藏族自治州	**67**		**9**	**51**	**60**	**1**	**34**
合作市	12		4	7	9	1	9
临潭县	18		4	13	25		7
卓尼县	4			4	8		3
舟曲县	20			3	8		9
迭部县	4			5	5		
玛曲县				8			1
碌曲县	1		1	3	2		1
夏河县	8			8	3		4

职业中类的就业人口（续19）

单位：人

及有关人员								
文教、工美、体育和娱乐用品制造人员	石油加工和炼焦、煤化工生产人员	化学原料和化学制品制造人员	医药制造人员	化学纤维制造人员	橡胶和塑料制品制造人员	非金属矿物制品制造人员	采矿人员	金属冶炼和压延加工人员
35	**169**	**136**	**80**		**47**	**155**	**954**	**67**
14	104	8	30		28	34	258	24
	11	18	1		1	39	28	5
8	3	6	5		8	19	115	26
							127	3
		4				9	6	
3	49	97	42		6	31	45	4
10	2	3	2		4	23	375	5
36	**72**	**61**	**24**		**18**	**302**	**1646**	**19**
13	26	44	11		4	79	349	3
1	22	5	1		3	23	417	1
8	3		1		1	46	279	3
1	14				2	18	195	
1		4	1		1	13	184	6
1	1		3		3	12	96	2
4	4	1	5		3	42	81	
7	2	7	2		1	69	45	4
123	**26**	**100**	**1337**	**9**	**127**	**408**	**155**	**285**
10		18	24		29	63	11	5
22	12	37	35	5	22	72	50	41
13	4	17	411	1	19	59	20	149
5	4	10	177	1	7	30	23	8
20	3	13	21		37	114	26	60
2	1	3	17	2		14	10	
51	2	2	652		13	56	15	22
61	**12**	**36**	**121**	**1**	**36**	**205**	**620**	**136**
11	2	5	37		5	36	30	16
10		8	4	1	12	34	141	53
3	2	2	15		2	15	18	29
7		2	16		3	4	8	1
4		1	6		3	15	31	2
12	5	6	3		5	22	128	16
8	2	4	36		3	56	31	2
6	1	7	1		2	18	204	16
		1	3		1	5	29	1
99	**7**	**87**	**25**	**3**	**67**	**179**	**62**	**83**
23	1	1	4	2	2	13	6	4
27		3	3		20	46	6	4
6		9	4		2	16	10	17
1	2	65	3	1	4	18	2	20
6		1	1		8	6	6	5
20	2	3	2		20	24	11	7
1			1		1	23	3	22
15	2	5	7		10	33	18	4
28	**1**	**1**	**4**		**8**	**73**	**88**	**28**
2	1				1	2	66	5
8			2		6	35	3	14
5						3	1	
2			2			7	3	1
		1				5	1	
3							11	4
								2
8					1	21	3	2

4-6 各地区分性别、

地区 性别	生产制造						
	食品、饮料生产加工人员	烟草及其制品加工人员	纺织、针织、印染人员	纺织品、服装和皮革、毛皮制品加工制作人员	木材加工、家具与木制品制作人员	纸及纸制品生产加工人员	印刷和记录媒介复制人员
男	**1698**	**72**	**145**	**819**	**3247**	**198**	**496**
兰州市	**343**	**35**	**21**	**142**	**984**	**31**	**178**
城关区	120	7	3	91	422	6	96
七里河区	56	20	2	10	147	1	39
西固区	28	4	12	7	61	6	11
安宁区	32			4	22	4	13
红古区	14			7	4	4	4
永登县	20	1	1	7	45	1	3
皋兰县	7			1	63		3
榆中县	48	3	3	7	98	7	6
兰州新区	18			8	122	2	3
嘉峪关市	**21**		**1**	**10**	**48**	**1**	
市辖区	21		1	10	48	1	
金昌市	**24**		**2**	**8**	**58**	**2**	**10**
金川区	16		2	6	40		4
永昌县	8			2	18	2	6
白银市	**64**		**16**	**22**	**81**	**10**	**17**
白银区	16		11	5	40	3	8
平川区	10		2	3	11		1
靖远县	18		1	5	7	2	1
会宁县	13			5	9	5	5
景泰县	7		2	4	14		2
天水市	**167**	**32**	**21**	**146**	**487**	**23**	**39**
秦州区	33			15	97	3	15
麦积区	45	32	3	19	80	4	5
清水县	10			7	11	1	1
秦安县	25		9	27	27	5	3
甘谷县	15		4	39	52	2	13
武山县	25		1	26	212	8	2
张家川回族自治县	14		4	13	8		
武威市	**153**		**4**	**23**	**158**	**8**	**31**
凉州区	129		2	17	119	6	22
民勤县	9		1	1	20	1	2
古浪县	11		1	5	11		2
天祝藏族自治县	4				8	1	5
张掖市	**74**		**7**	**17**	**196**	**3**	**25**
甘州区	39		5	5	113		12
肃南裕固族自治县	2						1
民乐县	14		1	5	37	2	5
临泽县	6			4	7	1	2
高台县	10		1		17		3
山丹县	3			3	22		2
平凉市	**118**		**20**	**53**	**123**	**49**	**23**
崆峒区	43		2	12	35	10	12
泾川县	10		10	9	9	2	3
灵台县	10		1	4	18		
崇信县	3			6	2		
庄浪县	20		2	11	17	1	1
静宁县	25		3	9	39	34	7
华亭市	7		2	2	3	2	

职业中类的就业人口（续20）

单位：人

	及	有	关	人	员			
文教、工美、体育和娱乐用品制造人员	石油加工和炼焦、煤化工生产人员	化学原料和化学制品制造人员	医药制造人员	化学纤维制造人员	橡胶和塑料制品制造人员	非金属矿物制品制造人员	采矿人员	金属冶炼和压延加工人员
406	**802**	**1452**	**1111**	**26**	**545**	**2629**	**6925**	**2896**
52	**380**	**440**	**195**	**6**	**132**	**601**	**487**	**721**
23	15	40	74		16	74	32	42
7	5	10	12		17	36	42	28
2	318	267	5	5	29	68	9	83
5	25	13	7		8	19	11	16
2	4	6	7	1	1	112	325	44
3	5	33	4		13	141	45	181
1		14	8		3	33	5	160
8	6	14	12		39	90	7	105
1	2	43	66		6	28	11	62
7	**45**	**89**	**2**		**10**	**45**	**83**	**436**
7	45	89	2		10	45	83	436
2	**23**	**133**		**3**	**49**	**65**	**461**	**509**
2	1	80		2	27	40	413	480
	22	53		1	22	25	48	29
13	**16**	**267**	**20**	**2**	**23**	**261**	**984**	**508**
1	4	234	12		13	55	81	445
1	1	11	1		1	64	710	3
3	4	17	4	2	2	76	99	18
6	4	3	2		7	26	40	10
2	3	2	1			40	54	32
49	**7**	**27**	**29**		**38**	**183**	**143**	**47**
6		1	5		11	36	60	11
10		4	5		5	49	30	12
3		1	1			15	1	4
8	2	7	8		8	20	8	8
10	4	10	4		9	21	17	6
10	1	1	5		3	27	2	4
2		3	1		2	15	25	2
11	**34**	**69**	**29**	**2**	**36**	**83**	**230**	**44**
3	27	22	26	2	18	29	105	16
		41	3		7	4	17	3
4	3	3			10	22	22	7
4	4	3			1	28	86	18
10	**19**	**60**	**12**	**2**	**22**	**103**	**243**	**41**
5	2	19	6		10	48	33	13
						1	86	
2	3	29	4		7	17	13	1
2		2	1	2		3	3	15
	5	9	1		1	10	20	3
1	9	1			4	24	88	9
18	**46**	**48**	**20**		**24**	**210**	**1273**	**57**
7	1	6	11		2	65	65	25
3	2	2	2		1	27	46	2
	2	1	3		2	8	40	4
		2			2	16	379	
4	2	12			6	25	38	6
3	1	18	2		8	38	24	11
1	38	7	2		3	31	681	9

4-6 各地区分性别、

地区 性别	生产制造						
	食品、饮料生产加工人员	烟草及其制品加工人员	纺织、针织、印染人员	纺织品、服装和皮革、毛皮制品加工制作人员	木材加工、家具与木制品制作人员	纸及纸制品生产加工人员	印刷和记录媒介复制人员
酒泉市	**47**		**1**	**22**	**129**	**2**	**27**
肃州区	18			9	84	2	11
金塔县	3			4	5		3
瓜州县	6			2	14		2
肃北蒙古族自治县							1
阿克塞哈萨克族自治县							
玉门市	6			2	9		4
敦煌市	14		1	5	17		6
庆阳市	**93**	**1**	**6**	**32**	**124**	**19**	**35**
西峰区	18			4	43	4	10
庆城县	14		1	5	9	6	5
环　县	5		1	1	3	3	8
华池县	4			2	8		1
合水县	9			3	15		1
正宁县	1	1	1	6	6		1
宁　县	24		2	3	29	3	7
镇原县	18		1	8	11	3	2
定西市	**151**	**1**	**18**	**129**	**329**	**36**	**40**
安定区	29		2	13	42	2	5
通渭县	26		2	56	75	7	17
陇西县	34		6	12	79	2	4
渭源县	12		1	8	35	1	3
临洮县	25		4	23	34	12	6
漳　县	7	1	1	9	28	10	3
岷　县	18		2	8	36	2	2
陇南市	**233**	**3**	**12**	**71**	**288**	**5**	**28**
武都区	8		3	12	100	3	9
成　县	51		1	6	20		4
文　县	7			6	30		1
宕昌县	5			9	12		1
康　县	7		2	6	24		4
西和县	13		4	10	45		2
礼　县	14			18	33		3
徽　县	127	3	2	3	21	2	4
两当县	1			1	3		
临夏回族自治州	**177**		**13**	**125**	**186**	**8**	**22**
临夏市	42		3	16	38	1	4
临夏县	49		1	8	57	2	2
康乐县	6		1	14	14	1	2
永靖县	13			7	22	1	2
广河县	14		3	27	6		1
和政县	18		2	24	24	2	7
东乡族自治县	14		1	4	6		1
积石山保安族东乡族撒拉族自治县	21		2	25	19	1	3
甘南藏族自治州	**33**		**3**	**19**	**56**	**1**	**21**
合作市	7		1	3	8	1	4
临潭县	7		1	4	23		6
卓尼县	1				8		2
舟曲县	10			1	8		7
迭部县	4			2	5		
玛曲县				4			
碌曲县	1		1		2		
夏河县	3			5	2		2

职业中类的就业人口（续21）

单位：人

及有关人员								
文教、工美、体育和娱乐用品制造人员	石油加工和炼焦、煤化工生产人员	化学原料和化学制品制造人员	医药制造人员	化学纤维制造人员	橡胶和塑料制品制造人员	非金属矿物制品制造人员	采矿人员	金属冶炼和压延加工人员
23	**126**	**110**	**59**		**34**	**120**	**777**	**59**
10	76	7	15		21	28	205	22
	7	15			1	30	24	4
4	3	4	3		5	15	97	23
							125	3
		4				8	6	
3	39	77	39		4	18	42	3
6	1	3	2		3	21	278	4
15	**63**	**44**	**12**		**13**	**262**	**1399**	**18**
7	21	34	4		2	71	288	3
1	21	3	1		2	20	339	1
3	2					39	242	3
1	13				2	16	161	
		1	1			11	156	5
	1		1		3	11	96	2
2	3	1	4		3	32	75	
1	2	5	1		1	62	42	4
81	**24**	**73**	**662**	**7**	**93**	**327**	**139**	**257**
7		14	9		24	52	9	4
16	12	27	20	4	17	57	45	33
8	4	13	199	1	14	46	19	143
3	3	8	91	1	7	24	22	7
12	3	10	14		23	98	23	55
2		1	9	1		12	6	
33	2		320		8	38	15	15
37	**11**	**26**	**57**	**1**	**21**	**176**	**569**	**107**
8	2	3	16			27	30	13
8		6	1	1	8	31	122	51
2	2	2	6		1	13	18	10
4		1	10		2	3	8	1
1		1	3		2	11	31	2
5	4	6	3		4	20	119	12
4	2	2	15		1	49	31	2
5	1	4	1		2	17	181	15
		1	2		1	5	29	1
70	**7**	**65**	**13**	**3**	**44**	**138**	**59**	**73**
17	1	1	2	2	2	9	6	4
21		3	2		11	37	6	4
3		5	2		2	12	9	11
1	2	52	2	1	4	15	2	20
3			1		6	5	5	4
13	2	1	1		12	16	11	7
1						18	3	19
11	2	3	3		7	26	17	4
18	**1**	**1**	**1**		**6**	**55**	**78**	**19**
2	1					1	60	3
3					5	27	3	11
5						2	1	
1			1			3	3	1
		1				4	1	
1							7	1
								2
6					1	18	3	1

4-6 各地区分性别、

地区 性别	生产制造						
	食品、饮料生产加工人员	烟草及其制品加工人员	纺织、针织、印染人员	纺织品、服装和皮革、毛皮制品加工制作人员	木材加工、家具与木制品制作人员	纸及纸制品生产加工人员	印刷和记录媒介复制人员
女	**1633**	**30**	**265**	**1670**	**509**	**138**	**388**
兰州市	**340**	**12**	**60**	**226**	**184**	**36**	**121**
城关区	112	7	4	111	71	5	60
七里河区	70	2	5	25	29	2	22
西固区	28		23	19	7	10	15
安宁区	18	3	3	10	7	4	4
红古区	11		1	9		4	3
永登县	29		3	16	4	3	6
皋兰县	12			2	10	1	4
榆中县	42		6	13	28	6	5
兰州新区	18		15	21	28	1	2
嘉峪关市	**39**			**15**	**7**	**1**	**8**
市辖区	39			15	7	1	8
金昌市	**38**		**5**	**39**	**6**	**1**	**10**
金川区	27		4	21	1		6
永昌县	11		1	18	5	1	4
白银市	**74**		**15**	**62**	**8**	**5**	**14**
白银区	23		5	9	3		5
平川区	6			8	1		2
靖远县	17		1	18	2	1	3
会宁县	18		5	15		4	1
景泰县	10		4	12	2		3
天水市	**174**	**12**	**45**	**234**	**37**	**13**	**32**
秦州区	40		6	31	5	1	12
麦积区	44	11	9	46	7	2	2
清水县	12		2	11	2	1	5
秦安县	29	1	15	52	5	1	4
甘谷县	13		8	61	3	2	6
武山县	23		3	24	15	6	2
张家川回族自治县	13		2	9			1
武威市	**126**		**4**	**66**	**40**	**7**	**33**
凉州区	103		3	39	33	6	23
民勤县	7			9	3		4
古浪县	11		1	13	3	1	2
天祝藏族自治县	5			5	1		4
张掖市	**97**	**1**	**9**	**59**	**39**	**5**	**24**
甘州区	54		6	29	23	3	11
肃南裕固族自治县	2			2			1
民乐县	21			6	8	1	3
临泽县	7			8	1		2
高台县	5		1	1	5		3
山丹县	8	1	2	13	2	1	4
平凉市	**111**		**44**	**132**	**12**	**22**	**18**
崆峒区	33		3	20	1	6	6
泾川县	12		21	15	2	1	1
灵台县	7			14			1
崇信县	1			11		1	1
庄浪县	22		4	45	3	3	2
静宁县	24		16	23	6	11	3
华亭市	12			4			4

职业中类的就业人口（续22）

单位：人

	及有关人员							
文教、工美、体育和娱乐用品制造人员	石油加工和炼焦、煤化工生产人员	化学原料和化学制品制造人员	医药制造人员	化学纤维制造人员	橡胶和塑料制品制造人员	非金属矿物制品制造人员	采矿人员	金属冶炼和压延加工人员
242	**255**	**423**	**1044**	**9**	**283**	**636**	**915**	**484**
27	**161**	**148**	**150**	**3**	**87**	**153**	**91**	**109**
14	6	18	46		5	19	10	6
8	5	2	5		19	7	5	4
1	141	96	2	3	19	17	5	22
2	4	4	11		6	7	5	4
	1	4	6			24	58	7
	3	7	3		8	38	6	23
		6	3		2	5	1	24
2	1	5	12		27	26		13
		6	62		1	10	1	6
3	**1**	**30**	**1**	**1**	**2**	**9**	**10**	**31**
3	1	30	1	1	2	9	10	31
1	**6**	**25**	**3**	**1**	**29**	**21**	**39**	**122**
1		18	1	1	15	18	38	119
	6	7	2		14	3	1	3
14	**4**	**69**	**15**	**1**	**5**	**55**	**111**	**106**
		60	3	1	3	8	16	95
2	1	6	1			14	86	
	2	1	3			18	4	2
7	1	2	6		1	5	2	
5			2		1	10	3	9
23	**1**	**6**	**34**		**21**	**42**	**9**	**5**
7		2	10		6	6	3	1
2			10		2	5	5	2
		1	3		1	1		
3		2	3		5	13	1	
2	1		1		3	7		1
9		1	4		4	7		1
			3			3		
8	**2**	**13**	**23**		**20**	**23**	**21**	**3**
2	1	2	21		13	12	6	2
1		7			2		1	
4	1	1			4	5	2	
1		3	2		1	6	12	1
7	**9**	**11**	**15**	**1**	**15**	**43**	**8**	**11**
5	1	3	9	1	5	16	2	1
1								
		7	1		6	2	1	
1								7
	1		2		1	1	1	1
	7	1	3		3	24	4	2
21	**16**	**19**	**16**		**12**	**46**	**122**	**12**
3	2	4	5			18	4	3
1					2	5	6	1
		1	4		3	1	1	1
1		1					37	1
8		2	1		1	6	2	2
6		9	4		4	9		1
2	14	2	2		2	7	72	3

4-6 各地区分性别、

地区 性别	生产制造						
	食品、饮料生产加工人员	烟草及其制品加工人员	纺织、针织、印染人员	纺织品、服装和皮革、毛皮制品加工制作人员	木材加工、家具与木制品制作人员	纸及纸制品生产加工人员	印刷和记录媒介复制人员
酒泉市	**67**		**4**	**46**	**22**	**3**	**28**
肃州区	30		2	19	14	2	12
金塔县	3			3		1	1
瓜州县	9		1	3	2		
肃北蒙古族自治县							
阿克塞哈萨克族自治县							1
玉门市	11			3	1		6
敦煌市	14		1	18	5		8
庆阳市	**101**		**12**	**93**	**31**	**11**	**21**
西峰区	22		3	16	12	2	8
庆城县	7			9		2	2
环　县	12		6	16		2	8
华池县	7			2	2	1	1
合水县	12		1	5	2		
正宁县				8			
宁　县	23		2	7	13	3	2
镇原县	18			30	2	1	
定西市	**199**	**2**	**26**	**226**	**59**	**20**	**32**
安定区	30		2	29	8	2	6
通渭县	30		6	68	12	3	4
陇西县	48		7	31	11	4	8
渭源县	16			9	12	2	2
临洮县	38	1	5	55	5	8	6
漳　县	10		3	24	3	1	3
岷　县	27	1	3	10	8		3
陇南市	**84**	**3**	**14**	**140**	**28**	**5**	**17**
武都区	10		2	20	12	1	3
成　县	16	1	1	13	1		3
文　县	8			13	2		1
宕昌县	5		1	10	2		2
康　县	8			10	2	1	1
西和县	18		8	45	5		2
礼　县	9		2	21	2		4
徽　县	9	2		4	2	3	1
两当县	1			4			
临夏回族自治州	**149**		**21**	**300**	**32**	**9**	**17**
临夏市	43		2	44	2	3	5
临夏县	31		1	36	6	2	2
康乐县	9		2	28	8	2	1
永靖县	15		5	13	3		5
广河县	16		1	33			
和政县	16		6	64	5	1	3
东乡族自治县	9		3	55		1	
积石山保安族东乡族撒拉族自治县	10		1	27	8		1
甘南藏族自治州	**34**		**6**	**32**	**4**		**13**
合作市	5		3	4	1		5
临潭县	11		3	9	2		1
卓尼县	3			4			1
舟曲县	10			2			2
迭部县				3			
玛曲县				4			1
碌曲县				3			1
夏河县	5			3	1		2

职业中类的就业人口（续23）

单位：人

及有关人员								
文教、工美、体育和娱乐用品制造人员	石油加工和炼焦、煤化工生产人员	化学原料和化学制品制造人员	医药制造人员	化学纤维制造人员	橡胶和塑料制品制造人员	非金属矿物制品制造人员	采矿人员	金属冶炼和压延加工人员
12	**43**	**26**	**21**		**13**	**35**	**177**	**8**
4	28	1	15		7	6	53	2
	4	3	1			9	4	1
4		2	2		3	4	18	3
							2	
						1		
	10	20	3		2	13	3	1
4	1				1	2	97	1
21	**9**	**17**	**12**		**5**	**40**	**247**	**1**
6	5	10	7		2	8	61	
	1	2			1	3	78	
5	1		1		1	7	37	
	1					2	34	
1		3			1	2	28	1
1			2			1		
2	1		1			10	6	
6		2	1			7	3	
42	**2**	**27**	**675**	**2**	**34**	**81**	**16**	**28**
3		4	15		5	11	2	1
6		10	15	1	5	15	5	8
5		4	212		5	13	1	6
2	1	2	86			6	1	1
8		3	7		14	16	3	5
	1	2	8	1		2	4	
18		2	332		5	18		7
24	**1**	**10**	**64**		**15**	**29**	**51**	**29**
3		2	21		5	9		3
2		2	3		4	3	19	2
1			9		1	2		19
3		1	6		1	1		
3			3		1	4		
7	1				1	2	9	4
4		2	21		2	7		
1		3				1	23	1
			1					
29		**22**	**12**		**23**	**41**	**3**	**10**
6			2			4		
6			1		9	9		
3		4	2			4	1	6
		13	1			3		
3		1			2	1	1	1
7		2	1		8	8		
			1		1	5		3
4		2	4		3	7	1	
10			**3**		**2**	**18**	**10**	**9**
					1	1	6	2
5			2		1	8		3
						1		
1			1			4		
						1		
2							4	3
2						3		1

4-6 各地区分性别、

地区 性别	生产制造						
	机械制造基础加工人员	金属制品制造人员	通用设备制造人员	专用设备制造人员	汽车制造人员	铁路、船舶、航空设备制造人员	电气机械和器材制造人员
合计	**5172**	**2289**	**1418**	**279**	**454**	**229**	**757**
兰州市	**1417**	**558**	**320**	**78**	**87**	**74**	**150**
城关区	178	169	66	26	13	29	35
七里河区	297	77	50	19	10	18	27
西固区	234	62	30	6	5		6
安宁区	160	26	33	6	14	20	40
红古区	66	4	4	2	2		
永登县	152	52	34	7		1	3
皋兰县	34	7	9	2	1		13
榆中县	73	95	34	8	13	4	14
兰州新区	223	66	60	2	29	2	12
嘉峪关市	**389**	**38**	**56**	**4**	**5**	**9**	**7**
市辖区	389	38	56	4	5	9	7
金昌市	**228**	**48**	**21**	**3**		**6**	**51**
金川区	162	33	9	2		1	48
永昌县	66	15	12	1		5	3
白银市	**294**	**97**	**101**	**18**	**30**	**12**	**68**
白银区	108	32	29	8	9	4	40
平川区	34	12	16	7	3	4	1
靖远县	51	15	15	1	9	3	10
会宁县	53	29	34	1	6	1	10
景泰县	48	9	7	1	3		7
天水市	**479**	**181**	**136**	**28**	**63**	**27**	**121**
秦州区	165	26	26	9	7	2	75
麦积区	206	64	64	6	19	17	18
清水县	24	14	6	1	1	2	4
秦安县	33	28	23	3	11	3	9
甘谷县	26	18	6	4	13	1	11
武山县	19	25	10	4	11	2	3
张家川回族自治县	6	6	1	1	1		1
武威市	**304**	**94**	**105**	**10**	**8**	**11**	**14**
凉州区	225	72	45	9	7	9	12
民勤县	17	8	5	1		1	
古浪县	48	9	6			1	
天祝藏族自治县	14	5	49		1		2
张掖市	**278**	**88**	**31**	**8**	**11**	**7**	**15**
甘州区	101	40	8	2	4	4	11
肃南裕固族自治县	4						
民乐县	73	9	6	3	2		
临泽县	10	10	4	1			
高台县	51	14	5	1	3	2	2
山丹县	39	15	8	1	2	1	2
平凉市	**301**	**141**	**48**	**18**	**35**	**18**	**27**
崆峒区	75	49	24	5	4	13	7
泾川县	46	15	3		7	1	4
灵台县	40	12	3	4	6	1	6
崇信县	20	10	2	1			1
庄浪县	45	20	6		6	2	3
静宁县	32	23	7	1	10	1	5
华亭市	43	12	3	7	2		1

职业中类的就业人口（续24）

单位：人

及有关人员								不便分类的其他从业人员
计算机、通信和其他电子设备制造人员	仪器仪表制造人员	废弃资源综合利用人员	电力、热力、气体、水生产和输配人员	建筑施工人员	运输设备和通用工程机械操作人员及有关人员	生产辅助人员	其他生产制造及有关人员	
7401	**184**	**321**	**2478**	**90741**	**7990**	**15052**	**344**	**1939**
705	**74**	**70**	**558**	**14021**	**1851**	**4948**	**71**	**318**
185	14	11	122	4069	508	1236	23	201
110	6	2	95	2058	302	799	12	8
59	44	6	99	990	201	1123	12	4
127	5	5	65	743	163	401	14	79
14	1	2	41	337	56	241	4	5
43	1	1	29	1344	150	242		
4		15	20	583	97	155	2	4
27		11	38	1352	127	255	1	16
136	3	17	49	2545	247	496	3	1
133	**26**	**15**	**156**	**721**	**759**	**1087**	**1**	**131**
133	26	15	156	721	759	1087	1	131
29	**14**	**11**	**173**	**1246**	**297**	**1007**	**7**	**4**
13	11	11	134	755	209	796	3	1
16	3		39	491	88	211	4	3
154	**17**	**12**	**220**	**3333**	**421**	**1076**	**11**	**36**
57	14	6	78	695	146	527	8	15
22		3	63	430	103	292	1	1
33	1		15	852	56	92	2	2
31	2		9	864	57	66		12
11		3	55	492	59	99		6
1667	**7**	**31**	**134**	**12908**	**557**	**916**	**36**	**464**
713	4	14	39	2855	115	359	4	40
276	1	6	27	2711	193	218	13	118
82		1	17	1232	34	25	3	25
141	2	5	15	1361	68	97	4	98
213		2	16	2131	52	130	2	61
214			12	2048	53	61	7	89
28		3	8	570	42	26	3	33
123	**6**	**27**	**139**	**4570**	**466**	**867**	**12**	**109**
82	5	21	92	2802	300	671	9	41
7		2	17	155	27	75	1	9
22	1	2	17	1030	46	54	1	33
12		2	13	583	93	67	1	26
73		**29**	**155**	**4810**	**472**	**549**	**15**	**47**
22		2	75	1523	171	247	8	36
1			18	34	13	13		3
27		1	25	1310	84	149	4	6
6		26	3	210	26	27		
2			17	473	46	58		1
15			17	1260	132	55	3	1
344	**5**	**12**	**194**	**6416**	**514**	**939**	**15**	**97**
134	2		65	2014	123	264	9	46
47	1	3	8	641	62	47	1	18
38			10	598	41	47	1	6
25		2	49	372	41	124	1	11
52		3	9	1364	64	50	3	10
24		3	19	844	101	103		4
24	2	1	34	583	82	304		2

4-6 各地区分性别、

地区 性别	生产制造						
	机械制造基础加工人员	金属制品制造人员	通用设备制造人员	专用设备制造人员	汽车制造人员	铁路、船舶、航空设备制造人员	电气机械和器材制造人员
酒泉市	**286**	**111**	**193**	**8**	**7**	**2**	**28**
肃州区	156	60	91	3	2		19
金塔县	28	2	6		1	1	1
瓜州县	19	13	10		1	1	2
肃北蒙古族自治县		1					
阿克塞哈萨克族自治县	1						
玉门市	49	10	80	4	3		4
敦煌市	33	25	6	1			2
庆阳市	**252**	**138**	**106**	**9**	**36**	**9**	**23**
西峰区	90	39	12		9	1	4
庆城县	32	13	10		2	1	1
环县	10	10	57	1	3		2
华池县	17	3	3		2	1	1
合水县	12	4	2		2		2
正宁县	20	14	2	2	10	2	3
宁县	33	27	4	3	3	1	5
镇原县	38	28	16	3	5	3	5
定西市	**388**	**290**	**124**	**39**	**88**	**31**	**94**
安定区	82	45	27	6	11	4	7
通渭县	75	47	25	11	13	4	25
陇西县	85	60	32	6	25	13	12
渭源县	22	24	5		10	3	10
临洮县	86	72	12	9	13	2	18
漳县	18	8	8		4	1	5
岷县	20	34	15	7	12	4	17
陇南市	**220**	**148**	**75**	**20**	**42**	**9**	**59**
武都区	51	27	5	6	1		7
成县	51	22	4	2	13		14
文县	29	10	34	2	2	1	4
宕昌县	11	3	3				4
康县	12	13	5	2	3	1	2
西和县	27	28	13	2	13	3	19
礼县	15	13	5		3	3	1
徽县	20	30	4	6	5	1	7
两当县	4	2	2		2		1
临夏回族自治州	**291**	**311**	**89**	**35**	**40**	**14**	**93**
临夏市	29	53	9		1		2
临夏县	23	69	4	10	5	1	18
康乐县	168	40	13		7		2
永靖县	31	18	13	19		2	4
广河县	9	28	7		2		8
和政县	11	45	19	1	18	10	39
东乡族自治县	7	17	2	1		1	2
积石山保安族东乡族撒拉族自治县	13	41	22	4	7		18
甘南藏族自治州	**45**	**46**	**13**	**1**	**2**		**7**
合作市	4	9	1				
临潭县	16	11	5	1			2
卓尼县	11	2	1				
舟曲县	4	4					1
迭部县	3	7					1
玛曲县		4					
碌曲县	1	5					
夏河县	6	4	6		2		3

职业中类的就业人口（续 25）

单位：人

及有关人员								
计算机、通信和其他电子设备制造人员	仪器仪表制造人员	废弃资源综合利用人员	电力、热力、气体、水生产和输配人员	建筑施工人员	运输设备和通用工程机械操作人员及有关人员	生产辅助人员	其他生产制造及有关人员	不便分类的其他从业人员
123	**4**	**28**	**232**	**2772**	**394**	**941**	**12**	**63**
50	1	11	80	1299	104	390	8	22
6	1	1	18	355	72	44		19
33		7	45	316	65	108		5
			15	36	32	96	2	2
			1	43	8	12		1
32	1	9	30	363	45	107	1	3
2	1		43	360	68	184	1	11
322	**6**	**19**	**99**	**5931**	**490**	**673**	**28**	**84**
60	3	7	42	1607	140	233	2	18
31		6	11	460	93	118	18	33
33			21	1025	93	95	1	1
5		1	3	289	46	39	3	3
12	1		7	410	24	41		6
45			3	441	14	25		1
66	1	3	4	818	38	55		13
70	1	2	8	881	42	67	4	9
817	**14**	**27**	**145**	**11235**	**588**	**813**	**48**	**339**
47	6	5	34	1533	139	184	3	30
262		2	14	2520	89	134	3	201
82	2	10	32	1681	99	173	2	14
56	2	2	10	920	54	46	5	9
123	1	7	32	2138	159	189	20	38
45			4	553	17	45	1	20
202	3	1	19	1890	31	42	14	27
892	**1**	**6**	**106**	**11479**	**591**	**681**	**19**	**157**
191		2	19	3313	131	147	3	71
107		2	11	1097	82	96	2	14
39		1	47	1339	88	94	1	8
99			2	972	28	8	3	9
98			1	1056	57	45	3	22
201	1	1	7	1468	62	59	3	12
91			4	1345	48	43	4	18
57			12	776	79	166		2
9			3	113	16	23		1
1923	**9**	**33**	**84**	**8592**	**431**	**410**	**66**	**68**
76		5	15	1244	75	114	8	
269		5	15	2041	129	46	9	2
213			10	1294	41	16	1	10
32	2		22	939	49	131	2	
210	5	6	1	298	19	19	25	34
485	1	1	11	816	43	36	14	10
170		10	5	771	28	27	1	11
468	1	6	5	1189	47	21	6	1
96	**1**	**1**	**83**	**2707**	**159**	**145**	**3**	**22**
7			9	403	9	35	2	3
39		1	12	686	44	25	1	
10			6	419	15	21		11
25			29	940	20	10		6
2	1		11	92	44	16		
1			6	26	6	4		
2			4	31	3	3		1
10			6	110	18	31		1

4-6 各地区分性别、

地区 性别	生产制造						
	机械制造基础加工人员	金属制品制造人员	通用设备制造人员	专用设备制造人员	汽车制造人员	铁路、船舶、航空设备制造人员	电气机械和器材制造人员
男	**4746**	**1818**	**1263**	**196**	**357**	**194**	**550**
兰州市	**1277**	**444**	**283**	**58**	**76**	**61**	**122**
城关区	149	134	60	21	12	23	29
七里河区	267	66	44	11	9	15	24
西固区	210	47	27	3	5		4
安宁区	134	22	26	5	14	16	30
红古区	58	4	4	2	2		
永登县	147	41	27	6		1	2
皋兰县	32	7	8	1	1		12
榆中县	69	67	34	7	11	4	12
兰州新区	211	56	53	2	22	2	9
嘉峪关市	**369**	**35**	**50**	**4**	**3**	**9**	**4**
市辖区	369	35	50	4	3	9	4
金昌市	**214**	**38**	**21**	**3**		**6**	**35**
金川区	150	27	9	2		1	32
永昌县	64	11	12	1		5	3
白银市	**278**	**80**	**91**	**14**	**27**	**11**	**53**
白银区	100	22	26	6	8	4	33
平川区	31	10	12	5	3	4	1
靖远县	51	15	13	1	7	2	8
会宁县	52	26	33	1	6	1	5
景泰县	44	7	7	1	3		6
天水市	**407**	**140**	**112**	**17**	**47**	**21**	**77**
秦州区	133	18	17	5	4	2	47
麦积区	170	50	56	5	14	13	13
清水县	24	9	3		1	2	1
秦安县	31	22	20	2	10	3	3
甘谷县	25	17	5	1	11	1	10
武山县	18	19	10	3	7		2
张家川回族自治县	6	5	1	1			1
武威市	**286**	**75**	**97**	**7**	**6**	**10**	**9**
凉州区	213	58	39	6	5	8	7
民勤县	14	6	5	1		1	
古浪县	46	8	6			1	
天祝藏族自治县	13	3	47		1		2
张掖市	**254**	**68**	**30**	**7**	**10**	**7**	**12**
甘州区	94	32	8	2	4	4	8
肃南裕固族自治县	3						
民乐县	62	7	6	2	2		
临泽县	8	7	3	1			
高台县	48	10	5	1	3	2	2
山丹县	39	12	8	1	1	1	2
平凉市	**288**	**107**	**45**	**8**	**23**	**18**	**19**
崆峒区	67	40	22	2	3	13	5
泾川县	45	11	3		5	1	3
灵台县	40	11	3	1	4	1	4
崇信县	20	5	2	1			1
庄浪县	45	13	6		5	2	2
静宁县	32	18	7	1	5	1	3
华亭市	39	9	2	3	1		1

职业中类的就业人口（续26）

单位：人

及有关人员								
计算机、通信和其他电子设备制造人员	仪器仪表制造人员	废弃资源综合利用人员	电力、热力、气体、水生产和输配人员	建筑施工人员	运输设备和通用工程机械操作人员及有关人员	生产辅助人员	其他生产制造及有关人员	不便分类的其他从业人员
4866	**133**	**233**	**1994**	**78155**	**7495**	**11420**	**264**	**1199**
511	**49**	**46**	**435**	**12148**	**1669**	**3781**	**57**	**205**
130	6	8	96	3552	478	914	19	132
86	5	1	77	1771	265	609	10	5
52	29	3	78	843	178	853	8	4
74	4	4	50	652	138	284	11	46
10	1	2	26	299	48	207	3	5
27	1	1	20	1181	136	180		
3		9	15	516	88	129	2	2
18		8	32	1162	115	187	1	10
111	3	10	41	2172	223	418	3	1
106	**21**	**9**	**139**	**587**	**665**	**920**	**1**	**98**
106	21	9	139	587	665	920	1	98
21	**11**	**10**	**124**	**1006**	**262**	**803**	**7**	**2**
8	8	10	91	603	178	658	3	
13	3		33	403	84	145	4	2
107	**11**	**9**	**163**	**2914**	**400**	**844**	**11**	**24**
41	9	5	63	613	134	391	8	10
16		2	48	376	98	248	1	1
21			15	747	55	71	2	1
22	2		7	749	54	52		8
7		2	30	429	59	82		4
1010	**5**	**22**	**115**	**11466**	**544**	**630**	**23**	**273**
415	3	9	33	2548	111	248	3	23
188	1	4	24	2429	189	146	8	80
49		1	15	1006	34	17	1	15
88	1	4	12	1226	68	58	3	54
128		1	16	1988	50	95	1	24
128			9	1790	52	47	4	58
14		3	6	479	40	19	3	19
82	**4**	**18**	**115**	**3859**	**446**	**632**	**8**	**76**
52	3	13	74	2456	288	483	6	33
6		2	15	128	26	59	1	7
15	1	2	16	823	45	39	1	19
9		1	10	452	87	51		17
56		**17**	**138**	**3757**	**458**	**385**	**10**	**32**
18		2	68	1291	166	178	4	26
1			16	26	13	9		2
19			24	954	80	94	3	3
5		15	2	177	26	19		
1			15	408	46	42		
12			13	901	127	43	3	1
223	**4**	**9**	**166**	**5665**	**494**	**728**	**10**	**48**
84	2		55	1748	114	203	7	27
32	1	3	5	588	61	35	1	3
22			9	558	39	33	1	2
20		2	47	313	39	103		5
33		2	6	1157	64	30	1	5
17		1	19	772	99	72		4
15	1	1	25	529	78	252		2

4-6 各地区分性别、

地区 性别	生产制造						
	机械制造基础加工人员	金属制品制造人员	通用设备制造人员	专用设备制造人员	汽车制造人员	铁路、船舶、航空设备制造人员	电气机械和器材制造人员
酒泉市	**268**	**92**	**161**	**6**	**6**	**2**	**22**
肃州区	148	49	74	1	2		15
金塔县	26	2	5		1	1	1
瓜州县	19	11	9		1	1	2
肃北蒙古族自治县		1					
阿克塞哈萨克族自治县	1						
玉门市	44	9	67	4	2		3
敦煌市	30	20	6	1			1
庆阳市	**244**	**116**	**101**	**6**	**29**	**7**	**20**
西峰区	88	33	11		8	1	4
庆城县	31	12	10		1	1	
环　县	9	10	53	1	3		2
华池县	17	3	3		2	1	1
合水县	12	4	2		1		1
正宁县	18	9	2	2	8	1	2
宁　县	33	22	4	2	3		5
镇原县	36	23	16	1	3	3	5
定西市	**356**	**237**	**111**	**25**	**70**	**25**	**72**
安定区	77	37	26	5	10	2	7
通渭县	67	41	23	6	10	4	23
陇西县	80	50	29	3	19	12	7
渭源县	22	18	5		8	2	6
临洮县	78	60	11	6	10	2	12
漳　县	16	6	8		3	1	5
岷　县	16	25	9	5	10	2	12
陇南市	**213**	**115**	**70**	**13**	**34**	**8**	**37**
武都区	50	20	5	3	1		5
成　县	50	19	3	2	10		10
文　县	28	7	32		2	1	4
宕昌县	10	3	2				3
康　县	12	9	5	1	2	1	2
西和县	26	19	12	2	11	2	9
礼　县	14	10	5		2	3	
徽　县	20	27	4	5	5	1	3
两当县	3	1	2		1		1
临夏回族自治州	**251**	**238**	**79**	**28**	**25**	**9**	**64**
临夏市	27	42	8		1		2
临夏县	22	56	4	5	3	1	11
康乐县	142	26	11		4		2
永靖县	29	14	13	19		2	4
广河县	7	20	6		1		5
和政县	10	32	13	1	11	5	25
东乡族自治县	6	17	2	1		1	2
积石山保安族东乡族撒拉族自治县	8	31	22	2	5		13
甘南藏族自治州	**41**	**33**	**12**		**1**		**4**
合作市	3	8	1				
临潭县	16	7	5				1
卓尼县	9	1	1				
舟曲县	4	2					
迭部县	3	5					1
玛曲县		4					
碌曲县	1	3					
夏河县	5	3	5		1		2

职业中类的就业人口（续 27）

单位：人

及有关人员								不便分类的其他从业人员
计算机、通信和其他电子设备制造人员	仪器仪表制造人员	废弃资源综合利用人员	电力、热力、气体、水生产和输配人员	建筑施工人员	运输设备和通用工程机械操作人员及有关人员	生产辅助人员	其他生产制造及有关人员	
96	**4**	**21**	**174**	**2288**	**374**	**772**	**11**	**40**
42	1	8	63	1076	100	294	7	17
5	1	1	17	284	68	36		8
23		5	40	274	61	98		5
			10	27	30	88	2	2
				37	8	11		1
24	1	7	23	286	41	90	1	2
2	1		21	304	66	155	1	5
213	**5**	**17**	**89**	**5179**	**477**	**483**	**24**	**56**
44	2	7	38	1423	133	161	2	11
24		5	9	429	92	100	15	20
21			19	861	90	71	1	1
4		1	3	262	45	33	3	2
7	1		7	362	24	22		6
35			3	357	14	13		
39	1	2	3	709	37	40		7
39	1	2	7	776	42	43	3	9
532	**10**	**19**	**128**	**9607**	**555**	**576**	**37**	**194**
35	5	3	34	1314	130	131	3	22
183		1	11	2163	83	92	3	102
49	2	8	29	1441	95	135	1	10
34	1	1	9	800	52	26	4	5
86	1	6	25	1925	148	132	14	25
24			3	476	17	33		10
121	1		17	1488	30	27	12	20
525	**1**	**6**	**85**	**10028**	**575**	**463**	**14**	**96**
114		2	15	2752	126	110	2	50
63		2	7	1039	81	65	1	7
21		1	36	1133	85	84	1	7
62			1	747	28	8	2	4
52			1	959	57	25	3	14
107	1	1	7	1366	59	41	2	6
62			4	1194	46	30	3	7
39			11	737	77	81		1
5			3	101	16	19		
1326	**7**	**29**	**66**	**7555**	**419**	**303**	**49**	**41**
56		5	12	1096	73	91	5	
183		5	11	1745	126	32	5	1
142			10	1120	39	14		5
21	2		16	844	48	98	2	
160	3	5		273	19	13	23	20
307	1	1	9	724	41	24	9	6
132		8	3	719	28	17	1	8
325	1	5	5	1034	45	14	4	1
58	**1**	**1**	**57**	**2096**	**157**	**100**	**2**	**14**
3			6	281	9	20	2	3
26		1	9	543	42	19		
6			5	325	15	14		6
16			20	744	20	9		4
1	1		6	76	44	8		
1			3	21	6	4		
			4	20	3	2		
5			4	86	18	24		1

4–6 各地区分性别、

地区 性别	生产制造						
	机械制造基础加工人员	金属制品制造人员	通用设备制造人员	专用设备制造人员	汽车制造人员	铁路、船舶、航空设备制造人员	电气机械和器材制造人员
女	**426**	**471**	**155**	**83**	**97**	**35**	**207**
兰州市	**140**	**114**	**37**	**20**	**11**	**13**	**28**
城关区	29	35	6	5	1	6	6
七里河区	30	11	6	8	1	3	3
西固区	24	15	3	3			2
安宁区	26	4	7	1		4	10
红古区	8						
永登县	5	11	7	1			1
皋兰县	2		1	1			1
榆中县	4	28		1	2		2
兰州新区	12	10	7		7		3
嘉峪关市	**20**	**3**	**6**		**2**		**3**
市辖区	20	3	6		2		3
金昌市	**14**	**10**					**16**
金川区	12	6					16
永昌县	2	4					
白银市	**16**	**17**	**10**	**4**	**3**	**1**	**15**
白银区	8	10	3	2	1		7
平川区	3	2	4	2			
靖远县			2		2	1	2
会宁县	1	3	1				5
景泰县	4	2					1
天水市	**72**	**41**	**24**	**11**	**16**	**6**	**44**
秦州区	32	8	9	4	3		28
麦积区	36	14	8	1	5	4	5
清水县		5	3	1			3
秦安县	2	6	3	1	1		6
甘谷县	1	1	1	3	2		1
武山县	1	6		1	4	2	1
张家川回族自治县		1			1		
武威市	**18**	**19**	**8**	**3**	**2**	**1**	**5**
凉州区	12	14	6	3	2	1	5
民勤县	3	2					
古浪县	2	1					
天祝藏族自治县	1	2	2				
张掖市	**24**	**20**	**1**	**1**	**1**		**3**
甘州区	7	8					3
肃南裕固族自治县	1						
民乐县	11	2		1			
临泽县	2	3	1				
高台县	3	4					
山丹县		3			1		
平凉市	**13**	**34**	**3**	**10**	**12**		**8**
崆峒区	8	9	2	3	1		2
泾川县	1	4			2		1
灵台县		1		3	2		2
崇信县		5					
庄浪县		7			1		1
静宁县		5			5		2
华亭市	4	3	1	4	1		

职业中类的就业人口（续28）

单位：人

及有关人员								
计算机、通信和其他电子设备制造人员	仪器仪表制造人员	废弃资源综合利用人员	电力、热力、气体、水生产和输配人员	建筑施工人员	运输设备和通用工程机械操作人员及有关人员	生产辅助人员	其他生产制造及有关人员	不便分类的其他从业人员
2535	**51**	**88**	**484**	**12586**	**495**	**3632**	**80**	**740**
194	**25**	**24**	**123**	**1873**	**182**	**1167**	**14**	**113**
55	8	3	26	517	30	322	4	69
24	1	1	18	287	37	190	2	3
7	15	3	21	147	23	270	4	
53	1	1	15	91	25	117	3	33
4			15	38	8	34	1	
16			9	163	14	62		
1		6	5	67	9	26		2
9		3	6	190	12	68		6
25		7	8	373	24	78		
27	**5**	**6**	**17**	**134**	**94**	**167**		**33**
27	5	6	17	134	94	167		33
8	**3**	**1**	**49**	**240**	**35**	**204**		**2**
5	3	1	43	152	31	138		1
3			6	88	4	66		1
47	**6**	**3**	**57**	**419**	**21**	**232**		**12**
16	5	1	15	82	12	136		5
6		1	15	54	5	44		
12	1			105	1	21		1
9			2	115	3	14		4
4		1	25	63		17		2
657	**2**	**9**	**19**	**1442**	**13**	**286**	**13**	**191**
298	1	5	6	307	4	111	1	17
88		2	3	282	4	72	5	38
33			2	226		8	2	10
53	1	1	3	135		39	1	44
85		1		143	2	35	1	37
86			3	258	1	14	3	31
14			2	91	2	7		14
41	**2**	**9**	**24**	**711**	**20**	**235**	**4**	**33**
30	2	8	18	346	12	188	3	8
1			2	27	1	16		2
7			1	207	1	15		14
3		1	3	131	6	16	1	9
17		**12**	**17**	**1053**	**14**	**164**	**5**	**15**
4			7	232	5	69	4	10
			2	8		4		1
8		1	1	356	4	55	1	3
1		11	1	33		8		
1			2	65		16		1
3			4	359	5	12		
121	**1**	**3**	**28**	**751**	**20**	**211**	**5**	**49**
50			10	266	9	61	2	19
15			3	53	1	12		15
16			1	40	2	14		4
5			2	59	2	21	1	6
19		1	3	207		20	2	5
7		2		72	2	31		
9	1		9	54	4	52		

4-6 各地区分性别、

地区 性别	生产制造						
	机械制造基础加工人员	金属制品制造人员	通用设备制造人员	专用设备制造人员	汽车制造人员	铁路、船舶、航空设备制造人员	电气机械和器材制造人员
酒泉市	**18**	**19**	**32**	**2**	**1**		**6**
肃州区	8	11	17	2			4
金塔县	2		1				
瓜州县		2	1				
肃北蒙古族自治县							
阿克塞哈萨克族自治县							
玉门市	5	1	13		1		1
敦煌市	3	5					1
庆阳市	**8**	**22**	**5**	**3**	**7**	**2**	**3**
西峰区	2	6	1		1		
庆城县	1	1			1		1
环　县	1		4				
华池县							
合水县					1		1
正宁县	2	5			2	1	1
宁　县		5		1		1	
镇原县	2	5		2	2		
定西市	**32**	**53**	**13**	**14**	**18**	**6**	**22**
安定区	5	8	1	1	1	2	
通渭县	8	6	2	5	3		2
陇西县	5	10	3	3	6	1	5
渭源县		6			2	1	4
临洮县	8	12	1	3	3		6
漳　县	2	2			1		
岷　县	4	9	6	2	2	2	5
陇南市	**7**	**33**	**5**	**7**	**8**	**1**	**22**
武都区	1	7		3			2
成　县	1	3	1		3		4
文　县	1	3	2	2			
宕昌县	1		1				1
康　县		4		1	1		
西和县	1	9	1		2	1	10
礼　县	1	3			1		1
徽　县		3		1			4
两当县	1	1			1		
临夏回族自治州	**40**	**73**	**10**	**7**	**15**	**5**	**29**
临夏市	2	11	1				
临夏县	1	13		5	2		7
康乐县	26	14	2		3		
永靖县	2	4					
广河县	2	8	1		1		3
和政县	1	13	6		7	5	14
东乡族自治县	1						
积石山保安族东乡族撒拉族自治县	5	10		2	2		5
甘南藏族自治州	**4**	**13**	**1**	**1**	**1**		**3**
合作市	1	1					
临潭县		4		1			1
卓尼县	2	1					
舟曲县		2					1
迭部县		2					
玛曲县							
碌曲县		2					
夏河县	1	1	1		1		1

职业中类的就业人口（续29）

单位：人

及有关人员								
计算机、通信和其他电子设备制造人员	仪器仪表制造人员	废弃资源综合利用人员	电力、热力、气体、水生产和输配人员	建筑施工人员	运输设备和通用工程机械操作人员及有关人员	生产辅助人员	其他生产制造及有关人员	不便分类的其他从业人员
27		**7**	**58**	**484**	**20**	**169**	**1**	**23**
8		3	17	223	4	96	1	5
1			1	71	4	8		11
10		2	5	42	4	10		
			5	9	2	8		
			1	6		1		
8		2	7	77	4	17		1
			22	56	2	29		6
109	**1**	**2**	**10**	**752**	**13**	**190**	**4**	**28**
16	1		4	184	7	72		7
7		1	2	31	1	18	3	13
12			2	164	3	24		
1				27	1	6		1
5				48		19		
10				84		12		1
27		1	1	109	1	15		6
31			1	105		24	1	
285	**4**	**8**	**17**	**1628**	**33**	**237**	**11**	**145**
12	1	2		219	9	53		8
79		1	3	357	6	42		99
33		2	3	240	4	38	1	4
22	1	1	1	120	2	20	1	4
37		1	7	213	11	57	6	13
21			1	77		12	1	10
81	2	1	2	402	1	15	2	7
367			**21**	**1451**	**16**	**218**	**5**	**61**
77			4	561	5	37	1	21
44			4	58	1	31	1	7
18			11	206	3	10		1
37			1	225			1	5
46				97		20		8
94				102	3	18	1	6
29				151	2	13	1	11
18			1	39	2	85		1
4				12		4		1
597	**2**	**4**	**18**	**1037**	**12**	**107**	**17**	**27**
20			3	148	2	23	3	
86			4	296	3	14	4	1
71				174	2	2	1	5
11			6	95	1	33		
50	2	1	1	25		6	2	14
178			2	92	2	12	5	4
38		2	2	52		10		3
143		1		155	2	7	2	
38			**26**	**611**	**2**	**45**	**1**	**8**
4			3	122		15		
13			3	143	2	6	1	
4			1	94		7		5
9			9	196		1		2
1			5	16		8		
			3	5				
2				11		1		1
5			2	24		7		

4-6a 各地区分性别、

地区 性别	合计	党的机关、国家机关、群众团体和社会组织、企事业单位负责人					
		小计	中国共产党机关负责人	国家机关负责人	民主党派和工商联负责人	人民团体和群众团体、社会组织及其他成员组织负责人	基层群众自治组织负责人
合计	**272489**	**5202**	**53**	**767**	**6**	**208**	**77**
兰州市	**112198**	**2171**	**9**	**233**	**3**	**65**	**18**
城关区	60103	1324	7	147	1	39	5
七里河区	21275	426	1	27		4	5
西固区	13574	187		12		4	2
安宁区	13905	200	1	39	2	16	3
红古区	3341	34		8		2	3
嘉峪关市	**13163**	**101**		**18**		**16**	
市辖区	13163	101		18		16	
金昌市	**10076**	**104**	**4**	**24**		**5**	**5**
金川区	10076	104	4	24		5	5
白银市	**15866**	**271**	**2**	**41**	**2**	**11**	**8**
白银区	11667	212	1	32	1	10	4
平川区	4098	59	1	9	1	1	4
靖远县	101						
天水市	**21930**	**450**	**6**	**44**		**19**	**5**
秦州区	12735	250	3	24		7	2
麦积区	9195	200	3	20		12	3
武威市	**15839**	**177**	**1**	**36**		**8**	**4**
凉州区	15839	177	1	36		8	4
张掖市	**10437**	**206**	**5**	**36**		**11**	**3**
甘州区	10401	206	5	36		11	3
肃南裕固族自治县	36						
平凉市	**14506**	**420**	**13**	**43**		**5**	**12**
崆峒区	11210	334	3	26		1	5
华亭市	3296	86	10	17		4	7
酒泉市	**19193**	**526**		**76**		**7**	**5**
肃州区	13190	346		58		7	1
玉门市	2160	29		7			1
敦煌市	3843	151		11			3
庆阳市	**10925**	**218**	**1**	**50**		**26**	**2**
西峰区	10925	218	1	50		26	2
定西市	**7584**	**204**	**5**	**31**		**13**	**5**
安定区	7584	204	5	31		13	5
陇南市	**6292**	**158**	**2**	**41**		**7**	**9**
武都区	6231	156	2	41		7	7
康县	61	2					2
临夏回族自治州	**11791**	**145**	**3**	**77**	**1**	**11**	**1**
临夏市	11452	144	3	76	1	11	1
临夏县	339	1		1			
甘南藏族自治州	**2689**	**51**	**2**	**17**		**4**	
合作市	2689	51	2	17		4	

职业中类的就业人口（城市）

单位：人

企事业单位负责人	专业技术人员							
	小计	科学研究人员	工程技术人员	农业技术人员	飞机和船舶技术人员	卫生专业技术人员	经济和金融专业人员	法律、社会和宗教专业人员
4091	**54842**	**576**	**11810**	**454**	**31**	**9878**	**10646**	**1436**
1843	**24700**	**450**	**6192**	**98**	**27**	**3785**	**5703**	**671**
1125	12935	297	3122	53	19	1998	3229	340
389	4790	43	1350	20	3	911	1018	144
169	2476	18	687	6	4	366	562	76
139	3970	92	932	17	1	398	802	100
21	529		101	2		112	92	11
67	**2122**	**5**	**743**	**9**		**351**	**414**	**60**
67	2122	5	743	9		351	414	60
66	**1471**	**2**	**389**	**13**		**268**	**302**	**38**
66	1471	2	389	13		268	302	38
207	**2868**	**20**	**691**	**19**		**500**	**488**	**90**
164	1936	20	506	13		297	360	63
43	927		184	6		202	127	27
	5		1			1	1	
376	**3863**	**17**	**801**	**51**		**747**	**580**	**59**
214	2487	14	493	29		490	383	45
162	1376	3	308	22		257	197	14
128	**3230**	**5**	**417**	**27**	**1**	**840**	**482**	**74**
128	3230	5	417	27	1	840	482	74
151	**2282**	**11**	**347**	**62**	**1**	**466**	**457**	**63**
151	2282	11	347	62	1	466	457	63
347	**2691**	**9**	**414**	**16**		**574**	**436**	**74**
299	2146	9	375	13		429	352	60
48	545		39	3		145	84	14
438	**3369**	**20**	**706**	**63**	**2**	**654**	**642**	**92**
280	2414	17	581	48		457	450	55
21	383	1	56	8		85	77	11
137	572	2	69	7	2	112	115	26
139	**2361**	**9**	**355**	**11**		**490**	**367**	**63**
139	2361	9	355	11		490	367	63
150	**1670**	**8**	**328**	**25**		**383**	**205**	**23**
150	1670	8	328	25		383	205	23
99	**1361**	**9**	**198**	**16**		**264**	**198**	**39**
99	1357	9	198	16		264	197	39
	4						1	
52	**2230**	**9**	**189**	**36**		**453**	**260**	**82**
52	2147	9	186	35		442	254	80
	83		3	1		11	6	2
28	**624**	**2**	**40**	**8**		**103**	**112**	**8**
28	624	2	40	8		103	112	8

4-6a 各地区分性别、

地区 性别	合计	党的机关、国家机关、群众团体和社会组织、企事业单位负责人					
		小计	中国共产党机关负责人	国家机关负责人	民主党派和工商联负责人	人民团体和群众团体、社会组织及其他成员组织负责人	基层群众自治组织负责人
男	**163081**	**4050**	**45**	**628**	**6**	**131**	**55**
兰州市	**65693**	**1636**	**6**	**176**	**3**	**38**	**12**
城关区	34833	990	4	114	1	24	3
七里河区	12542	337	1	23		2	3
西固区	8196	141		5		3	2
安宁区	8047	145	1	28	2	7	3
红古区	2075	23		6		2	1
嘉峪关市	**8416**	**80**		**13**		**9**	
市辖区	8416	80		13		9	
金昌市	**6175**	**80**	**3**	**23**		**2**	**4**
金川区	6175	80	3	23		2	4
白银市	**10023**	**221**	**1**	**38**	**2**	**8**	**5**
白银区	7244	170		29	1	7	2
平川区	2703	51	1	9	1	1	3
靖远县	76						
天水市	**13513**	**351**	**4**	**36**		**12**	**4**
秦州区	7592	203	3	21		5	2
麦积区	5921	148	1	15		7	2
武威市	**9378**	**152**	**1**	**34**		**5**	**2**
凉州区	9378	152	1	34		5	2
张掖市	**6044**	**172**	**5**	**33**		**7**	**3**
甘州区	6024	172	5	33		7	3
肃南裕固族自治县	20						
平凉市	**8993**	**345**	**13**	**39**		**2**	**10**
崆峒区	6927	271	3	25			4
华亭市	2066	74	10	14		2	6
酒泉市	**11234**	**406**		**58**		**5**	**3**
肃州区	7741	269		44		5	1
玉门市	1304	18		5			1
敦煌市	2189	119		9			1
庆阳市	**6472**	**176**	**1**	**42**		**19**	**1**
西峰区	6472	176	1	42		19	1
定西市	**4546**	**150**	**4**	**25**		**7**	**5**
安定区	4546	150	4	25		7	5
陇南市	**3757**	**122**	**2**	**35**		**5**	**5**
武都区	3714	120	2	35		5	3
康县	43	2					2
临夏回族自治州	**7327**	**120**	**3**	**62**	**1**	**10**	**1**
临夏市	7115	119	3	61	1	10	1
临夏县	212	1		1			
甘南藏族自治州	**1510**	**39**	**2**	**14**		**2**	
合作市	1510	39	2	14		2	

职业中类的就业人口（城市）（续1）

单位：人

企事业单位负责人	专业技术人员 小计	科学研究人员	工程技术人员	农业技术人员	飞机和船舶技术人员	卫生专业技术人员	经济和金融专业人员	法律、社会和宗教专业人员
3185	**24825**	**355**	**9578**	**304**	**23**	**2717**	**3199**	**685**
1401	**11010**	**267**	**4924**	**51**	**19**	**996**	**1547**	**312**
844	5731	179	2492	29	13	571	836	179
308	2138	23	1082	9	1	219	272	56
131	1067	9	538	3	4	73	175	24
104	1852	56	725	9	1	103	236	48
14	222		87	1		30	28	5
58	**992**	**3**	**626**	**4**		**73**	**109**	**22**
58	992	3	626	4		73	109	22
48	**638**	**2**	**298**	**10**		**58**	**87**	**16**
48	638	2	298	10		58	87	16
167	**1333**	**16**	**569**	**13**		**128**	**167**	**37**
131	898	16	407	10		69	122	25
36	433		161	3		59	44	12
	2		1				1	
295	**1851**	**14**	**641**	**38**		**231**	**180**	**23**
172	1173	11	384	21		152	122	17
123	678	3	257	17		79	58	6
110	**1499**	**4**	**369**	**23**	**1**	**254**	**164**	**36**
110	1499	4	369	23	1	254	164	36
124	**1079**	**10**	**304**	**54**	**1**	**123**	**143**	**37**
124	1079	10	304	54	1	123	143	37
281	**1198**	**5**	**349**	**8**		**166**	**160**	**43**
239	979	5	320	6		125	130	35
42	219		29	2		41	30	8
340	**1542**	**11**	**583**	**47**	**2**	**181**	**199**	**33**
219	1121	9	473	36		123	133	24
12	180		51	5		28	30	3
109	241	2	59	6	2	30	36	6
113	**1012**	**5**	**298**	**6**		**123**	**139**	**32**
113	1012	5	298	6		123	139	32
109	**814**	**5**	**260**	**17**		**123**	**70**	**13**
109	814	5	260	17		123	70	13
75	**608**	**5**	**170**	**10**		**75**	**88**	**23**
75	605	5	170	10		75	88	23
	3							
43	**970**	**7**	**156**	**20**		**152**	**111**	**53**
43	926	7	153	19		149	110	51
	44		3	1		3	1	2
21	**279**	**1**	**31**	**3**		**34**	**35**	**5**
21	279	1	31	3		34	35	5

4–6a 各地区分性别、

地区 性别	合计	党的机关、国家机关、群众团体和社会组织、企事业单位负责人					
		小计	中国共产党机关负责人	国家机关负责人	民主党派和工商联负责人	人民团体和群众团体、社会组织及其他成员组织负责人	基层群众自治组织负责人
女	**109408**	**1152**	**8**	**139**		**77**	**22**
兰州市	**46505**	**535**	**3**	**57**		**27**	**6**
城关区	25270	334	3	33		15	2
七里河区	8733	89		4		2	2
西固区	5378	46		7		1	
安宁区	5858	55		11		9	
红古区	1266	11		2			2
嘉峪关市	**4747**	**21**		**5**		**7**	
市辖区	4747	21		5		7	
金昌市	**3901**	**24**	**1**	**1**		**3**	**1**
金川区	3901	24	1	1		3	1
白银市	**5843**	**50**	**1**	**3**		**3**	**3**
白银区	4423	42	1	3		3	2
平川区	1395	8					1
靖远县	25						
天水市	**8417**	**99**	**2**	**8**		**7**	**1**
秦州区	5143	47		3		2	
麦积区	3274	52	2	5		5	1
武威市	**6461**	**25**		**2**		**3**	**2**
凉州区	6461	25		2		3	2
张掖市	**4393**	**34**		**3**		**4**	
甘州区	4377	34		3		4	
肃南裕固族自治县	16						
平凉市	**5513**	**75**		**4**		**3**	**2**
崆峒区	4283	63		1		1	1
华亭市	1230	12		3		2	1
酒泉市	**7959**	**120**		**18**		**2**	**2**
肃州区	5449	77		14		2	
玉门市	856	11		2			
敦煌市	1654	32		2			2
庆阳市	**4453**	**42**		**8**		**7**	**1**
西峰区	4453	42		8		7	1
定西市	**3038**	**54**	**1**	**6**		**6**	
安定区	3038	54	1	6		6	
陇南市	**2535**	**36**		**6**		**2**	**4**
武都区	2517	36		6		2	4
康县	18						
临夏回族自治州	**4464**	**25**		**15**		**1**	
临夏市	4337	25		15		1	
临夏县	127						
甘南藏族自治州	**1179**	**12**		**3**		**2**	
合作市	1179	12		3		2	

职业中类的就业人口（城市）（续2）

单位：人

	专业技术人员							
企事业单位负责人	小计	科学研究人员	工程技术人员	农业技术人员	飞机和船舶技术人员	卫生专业技术人员	经济和金融专业人员	法律、社会和宗教专业人员
906	**30017**	**221**	**2232**	**150**	**8**	**7161**	**7447**	**751**
442	**13690**	**183**	**1268**	**47**	**8**	**2789**	**4156**	**359**
281	7204	118	630	24	6	1427	2393	161
81	2652	20	268	11	2	692	746	88
38	1409	9	149	3		293	387	52
35	2118	36	207	8		295	566	52
7	307		14	1		82	64	6
9	**1130**	**2**	**117**	**5**		**278**	**305**	**38**
9	1130	2	117	5		278	305	38
18	**833**		**91**	**3**		**210**	**215**	**22**
18	833		91	3		210	215	22
40	**1535**	**4**	**122**	**6**		**372**	**321**	**53**
33	1038	4	99	3		228	238	38
7	494		23	3		143	83	15
	3					1		
81	**2012**	**3**	**160**	**13**		**516**	**400**	**36**
42	1314	3	109	8		338	261	28
39	698		51	5		178	139	8
18	**1731**	**1**	**48**	**4**		**586**	**318**	**38**
18	1731	1	48	4		586	318	38
27	**1203**	**1**	**43**	**8**		**343**	**314**	**26**
27	1203	1	43	8		343	314	26
66	**1493**	**4**	**65**	**8**		**408**	**276**	**31**
60	1167	4	55	7		304	222	25
6	326		10	1		104	54	6
98	**1827**	**9**	**123**	**16**		**473**	**443**	**59**
61	1293	8	108	12		334	317	31
9	203	1	5	3		57	47	8
28	331		10	1		82	79	20
26	**1349**	**4**	**57**	**5**		**367**	**228**	**31**
26	1349	4	57	5		367	228	31
41	**856**	**3**	**68**	**8**		**260**	**135**	**10**
41	856	3	68	8		260	135	10
24	**753**	**4**	**28**	**6**		**189**	**110**	**16**
24	752	4	28	6		189	109	16
	1						1	
9	**1260**	**2**	**33**	**16**		**301**	**149**	**29**
9	1221	2	33	16		293	144	29
	39					8	5	
7	**345**	**1**	**9**	**5**		**69**	**77**	**3**
7	345	1	9	5		69	77	3

4-6a 各地区分性别、

地区 性别	专业技术人员				办事人员和有关人员		
	教学人员	文学艺术、体育专业人员	新闻出版、文化专业人员	其他专业技术人员	小计	办事人员	安全和消防人员
合计	**17835**	**711**	**1191**	**274**	**34943**	**29170**	**5362**
兰州市	**6596**	**402**	**597**	**179**	**12996**	**11284**	**1496**
城关区	3116	274	394	93	7889	6976	810
七里河区	1129	54	90	28	1976	1714	222
西固区	688	19	34	16	948	771	163
安宁区	1466	51	70	41	1818	1550	239
红古区	197	4	9	1	365	273	62
嘉峪关市	**452**	**28**	**57**	**3**	**1357**	**1048**	**307**
市辖区	452	28	57	3	1357	1048	307
金昌市	**409**	**17**	**32**	**1**	**1218**	**1038**	**169**
金川区	409	17	32	1	1218	1038	169
白银市	**957**	**21**	**69**	**13**	**1829**	**1427**	**382**
白银区	596	14	61	6	1374	1070	301
平川区	360	6	8	7	454	356	81
靖远县	1	1			1	1	
天水市	**1456**	**53**	**67**	**32**	**2887**	**2263**	**577**
秦州区	919	42	57	15	1885	1505	369
麦积区	537	11	10	17	1002	758	208
武威市	**1330**	**20**	**32**	**2**	**2002**	**1597**	**393**
凉州区	1330	20	32	2	2002	1597	393
张掖市	**805**	**17**	**47**	**6**	**1164**	**991**	**161**
甘州区	805	17	47	6	1160	989	159
肃南裕固族自治县					4	2	2
平凉市	**1106**	**18**	**39**	**5**	**2345**	**1850**	**482**
崆峒区	856	17	30	5	1791	1416	364
华亭市	250	1	9		554	434	118
酒泉市	**1047**	**47**	**83**	**13**	**2139**	**1646**	**470**
肃州区	718	23	53	12	1448	1109	320
玉门市	137	5	3		304	247	55
敦煌市	192	19	27	1	387	290	95
庆阳市	**981**	**33**	**51**	**1**	**1659**	**1444**	**214**
西峰区	981	33	51	1	1659	1444	214
定西市	**648**	**18**	**29**	**3**	**1183**	**1008**	**167**
安定区	648	18	29	3	1183	1008	167
陇南市	**603**	**13**	**18**	**3**	**1080**	**955**	**121**
武都区	601	12	18	3	1078	954	120
康县	2	1			2	1	1
临夏回族自治州	**1129**	**15**	**47**	**10**	**2272**	**1944**	**304**
临夏市	1069	15	47	10	2220	1901	296
临夏县	60				52	43	8
甘南藏族自治州	**316**	**9**	**23**	**3**	**812**	**675**	**119**
合作市	316	9	23	3	812	675	119

职业中类的就业人口（城市）（续3）

单位：人

其他办事人员和有关人员	社会生产服务和生活服务人员							
	小计	批发与零售服务人员	交通运输、仓储和邮政业服务人员	住宿和餐饮服务人员	信息传输、软件和信息技术服务人员	金融服务人员	房地产服务人员	租赁和商务服务人员
411	**121870**	**48204**	**22508**	**16329**	**2906**	**4695**	**2779**	**4543**
216	**53783**	**22086**	**9193**	**6756**	**1551**	**1936**	**1607**	**2633**
103	29714	12794	4485	3982	910	1145	822	1348
40	10860	4427	2051	1212	305	328	347	570
14	6261	2277	1371	664	123	207	200	441
29	5622	2150	992	693	177	211	204	199
30	1326	438	294	205	36	45	34	75
2	**5281**	**1794**	**1419**	**722**	**105**	**136**	**64**	**136**
2	5281	1794	1419	722	105	136	64	136
11	**3758**	**1243**	**857**	**474**	**52**	**168**	**28**	**132**
11	3758	1243	857	474	52	168	28	132
20	**6399**	**2115**	**1525**	**778**	**125**	**303**	**136**	**191**
3	4981	1651	1191	631	98	244	97	150
17	1339	448	326	130	27	59	39	38
	79	16	8	17				3
47	**8767**	**3588**	**1657**	**1188**	**159**	**289**	**164**	**152**
11	4881	1917	882	684	111	215	100	86
36	3886	1671	775	504	48	74	64	66
12	**7346**	**3048**	**1420**	**918**	**147**	**288**	**107**	**186**
12	7346	3048	1420	918	147	288	107	186
12	**4982**	**1936**	**800**	**696**	**96**	**218**	**124**	**256**
12	4966	1934	795	690	96	217	124	255
	16	2	5	6		1		1
13	**6028**	**2282**	**1292**	**798**	**122**	**204**	**116**	**90**
11	4915	1918	1036	644	117	159	94	72
2	1113	364	256	154	5	45	22	18
23	**9010**	**3667**	**1440**	**1484**	**123**	**421**	**124**	**268**
19	6107	2732	902	894	98	299	90	110
2	897	291	170	185	12	34	10	18
2	2006	644	368	405	13	88	24	140
1	**5039**	**2144**	**867**	**611**	**108**	**226**	**75**	**188**
1	5039	2144	867	611	108	226	75	188
8	**2786**	**922**	**620**	**302**	**113**	**136**	**62**	**81**
8	2786	922	620	302	113	136	62	81
4	**2278**	**842**	**448**	**299**	**65**	**133**	**22**	**113**
4	2259	834	446	296	65	132	22	113
	19	8	2	3		1		
24	**5481**	**2247**	**815**	**1076**	**111**	**184**	**141**	**95**
23	5360	2208	804	1036	109	183	137	92
1	121	39	11	40	2	1	4	3
18	**932**	**290**	**155**	**227**	**29**	**53**	**9**	**22**
18	932	290	155	227	29	53	9	22

4-6a 各地区分性别、

地区 性别	专业技术人员				办事人员和有关人员		
	教学人员	文学艺术、体育专业人员	新闻出版、文化专业人员	其他专业技术人员	小计	办事人员	安全和消防人员
男	**6889**	**405**	**471**	**199**	**21317**	**16554**	**4523**
兰州市	**2315**	**226**	**224**	**129**	**7415**	**6074**	**1232**
城关区	1053	149	161	69	4534	3837	654
七里河区	394	32	28	22	1130	923	186
西固区	211	10	12	8	508	362	138
安宁区	593	33	19	29	1035	812	203
红古区	64	2	4	1	208	140	51
嘉峪关市	**127**	**11**	**16**	**1**	**819**	**558**	**260**
市辖区	127	11	16	1	819	558	260
金昌市	**142**	**12**	**12**	**1**	**728**	**586**	**135**
金川区	142	12	12	1	728	586	135
白银市	**352**	**10**	**32**	**9**	**1092**	**765**	**316**
白银区	210	8	26	5	827	577	247
平川区	142	2	6	4	265	188	69
靖远县							
天水市	**638**	**29**	**31**	**26**	**1902**	**1349**	**517**
秦州区	407	20	27	12	1226	891	328
麦积区	231	9	4	14	676	458	189
武威市	**623**	**10**	**13**	**2**	**1333**	**990**	**335**
凉州区	623	10	13	2	1333	990	335
张掖市	**378**	**8**	**18**	**3**	**748**	**603**	**137**
甘州区	378	8	18	3	745	602	135
肃南裕固族自治县					3	1	2
平凉市	**432**	**11**	**19**	**5**	**1526**	**1112**	**404**
崆峒区	327	11	15	5	1182	859	315
华亭市	105		4		344	253	89
酒泉市	**410**	**26**	**39**	**11**	**1343**	**931**	**397**
肃州区	278	14	21	10	908	619	276
玉门市	60	2	1		190	144	45
敦煌市	72	10	17	1	245	168	76
庆阳市	**369**	**21**	**18**	**1**	**1061**	**882**	**179**
西峰区	369	21	18	1	1061	882	179
定西市	**301**	**12**	**11**	**2**	**728**	**576**	**147**
安定区	301	12	11	2	728	576	147
陇南市	**223**	**9**	**4**	**1**	**691**	**582**	**105**
武都区	221	8	4	1	689	581	104
康县	2	1			2	1	1
临夏回族自治州	**428**	**13**	**23**	**7**	**1429**	**1154**	**260**
临夏市	394	13	23	7	1393	1124	254
临夏县	34				36	30	6
甘南藏族自治州	**151**	**7**	**11**	**1**	**502**	**392**	**99**
合作市	151	7	11	1	502	392	99

职业中类的就业人口（城市）（续4）

单位：人

其他办事人员和有关人员	社会生产服务和生活服务人员							
	小计	批发与零售服务人员	交通运输、仓储和邮政业服务人员	住宿和餐饮服务人员	信息传输、软件和信息技术服务人员	金融服务人员	房地产服务人员	租赁和商务服务人员
240	**68973**	**22924**	**18892**	**8120**	**1891**	**2133**	**1615**	**3347**
109	**30996**	**11041**	**7646**	**3499**	**1041**	**838**	**982**	**1960**
43	16971	6405	3715	2101	623	531	524	998
21	6374	2221	1713	633	201	125	217	436
8	3647	1120	1133	339	79	68	119	321
20	3246	1121	824	335	118	86	109	141
17	758	174	261	91	20	28	13	64
1	**2894**	**746**	**1137**	**322**	**66**	**45**	**24**	**81**
1	2894	746	1137	322	66	45	24	81
7	**1917**	**493**	**679**	**191**	**28**	**70**	**14**	**94**
7	1917	493	679	191	28	70	14	94
11	**3743**	**960**	**1330**	**377**	**77**	**122**	**73**	**160**
3	2849	718	1030	312	62	92	48	129
8	833	230	292	58	15	30	25	28
	61	12	8	7				3
36	**4816**	**1540**	**1433**	**583**	**104**	**139**	**99**	**107**
7	2599	772	738	357	74	102	58	61
29	2217	768	695	226	30	37	41	46
8	**4030**	**1381**	**1190**	**409**	**93**	**155**	**58**	**151**
8	4030	1381	1190	409	93	155	58	151
8	**2688**	**859**	**653**	**318**	**58**	**112**	**69**	**200**
8	2680	858	649	316	58	112	69	200
	8	1	4	2				
10	**3433**	**1019**	**1111**	**372**	**80**	**94**	**60**	**71**
8	2840	880	892	312	77	75	52	56
2	593	139	219	60	3	19	8	15
15	**4803**	**1617**	**1194**	**714**	**85**	**171**	**69**	**147**
13	3243	1224	753	441	70	115	49	71
1	502	121	148	85	7	19	4	11
1	1058	272	293	188	8	37	16	65
	2889	**1022**	**749**	**333**	**66**	**120**	**29**	**146**
	2889	1022	749	333	66	120	29	146
5	**1546**	**414**	**515**	**126**	**69**	**69**	**31**	**63**
5	1546	414	515	126	69	69	31	63
4	**1235**	**365**	**355**	**132**	**41**	**69**	**12**	**84**
4	1227	362	353	132	41	69	12	84
	8	3	2					
15	**3486**	**1318**	**768**	**655**	**68**	**101**	**90**	**67**
15	3422	1296	758	641	66	101	87	64
	64	22	10	14	2		3	3
11	**497**	**149**	**132**	**89**	**15**	**28**	**5**	**16**
11	497	149	132	89	15	28	5	16

4-6a 各地区分性别、

地区 性别	专业技术人员				办事人员和有关人员		
	教学人员	文学艺术、体育专业人员	新闻出版、文化专业人员	其他专业技术人员	小计	办事人员	安全和消防人员
女	**10946**	**306**	**720**	**75**	**13626**	**12616**	**839**
兰州市	**4281**	**176**	**373**	**50**	**5581**	**5210**	**264**
城关区	2063	125	233	24	3355	3139	156
七里河区	735	22	62	6	846	791	36
西固区	477	9	22	8	440	409	25
安宁区	873	18	51	12	783	738	36
红古区	133	2	5		157	133	11
嘉峪关市	**325**	**17**	**41**	**2**	**538**	**490**	**47**
市辖区	325	17	41	2	538	490	47
金昌市	**267**	**5**	**20**		**490**	**452**	**34**
金川区	267	5	20		490	452	34
白银市	**605**	**11**	**37**	**4**	**737**	**662**	**66**
白银区	386	6	35	1	547	493	54
平川区	218	4	2	3	189	168	12
靖远县	1	1			1	1	
天水市	**818**	**24**	**36**	**6**	**985**	**914**	**60**
秦州区	512	22	30	3	659	614	41
麦积区	306	2	6	3	326	300	19
武威市	**707**	**10**	**19**		**669**	**607**	**58**
凉州区	707	10	19		669	607	58
张掖市	**427**	**9**	**29**	**3**	**416**	**388**	**24**
甘州区	427	9	29	3	415	387	24
肃南裕固族自治县					1	1	
平凉市	**674**	**7**	**20**		**819**	**738**	**78**
崆峒区	529	6	15		609	557	49
华亭市	145	1	5		210	181	29
酒泉市	**637**	**21**	**44**	**2**	**796**	**715**	**73**
肃州区	440	9	32	2	540	490	44
玉门市	77	3	2		114	103	10
敦煌市	120	9	10		142	122	19
庆阳市	**612**	**12**	**33**		**598**	**562**	**35**
西峰区	612	12	33		598	562	35
定西市	**347**	**6**	**18**	**1**	**455**	**432**	**20**
安定区	347	6	18	1	455	432	20
陇南市	**380**	**4**	**14**	**2**	**389**	**373**	**16**
武都区	380	4	14	2	389	373	16
康县							
临夏回族自治州	**701**	**2**	**24**	**3**	**843**	**790**	**44**
临夏市	675	2	24	3	827	777	42
临夏县	26				16	13	2
甘南藏族自治州	**165**	**2**	**12**	**2**	**310**	**283**	**20**
合作市	165	2	12	2	310	283	20

职业中类的就业人口（城市）（续5）

单位：人

其他办事人员和有关人员	社会生产服务和生活服务人员							
	小计	批发与零售服务人员	交通运输、仓储和邮政业服务人员	住宿和餐饮服务人员	信息传输、软件和信息技术服务人员	金融服务人员	房地产服务人员	租赁和商务服务人员
171	**52897**	**25280**	**3616**	**8209**	**1015**	**2562**	**1164**	**1196**
107	**22787**	**11045**	**1547**	**3257**	**510**	**1098**	**625**	**673**
60	12743	6389	770	1881	287	614	298	350
19	4486	2206	338	579	104	203	130	134
6	2614	1157	238	325	44	139	81	120
9	2376	1029	168	358	59	125	95	58
13	568	264	33	114	16	17	21	11
1	**2387**	**1048**	**282**	**400**	**39**	**91**	**40**	**55**
1	2387	1048	282	400	39	91	40	55
4	**1841**	**750**	**178**	**283**	**24**	**98**	**14**	**38**
4	1841	750	178	283	24	98	14	38
9	**2656**	**1155**	**195**	**401**	**48**	**181**	**63**	**31**
	2132	933	161	319	36	152	49	21
9	506	218	34	72	12	29	14	10
	18	4		10				
11	**3951**	**2048**	**224**	**605**	**55**	**150**	**65**	**45**
4	2282	1145	144	327	37	113	42	25
7	1669	903	80	278	18	37	23	20
4	**3316**	**1667**	**230**	**509**	**54**	**133**	**49**	**35**
4	3316	1667	230	509	54	133	49	35
4	**2294**	**1077**	**147**	**378**	**38**	**106**	**55**	**56**
4	2286	1076	146	374	38	105	55	55
	8	1	1	4		1		1
3	**2595**	**1263**	**181**	**426**	**42**	**110**	**56**	**19**
3	2075	1038	144	332	40	84	42	16
	520	225	37	94	2	26	14	3
8	**4207**	**2050**	**246**	**770**	**38**	**250**	**55**	**121**
6	2864	1508	149	453	28	184	41	39
1	395	170	22	100	5	15	6	7
1	948	372	75	217	5	51	8	75
1	**2150**	**1122**	**118**	**278**	**42**	**106**	**46**	**42**
1	2150	1122	118	278	42	106	46	42
3	**1240**	**508**	**105**	**176**	**44**	**67**	**31**	**18**
3	1240	508	105	176	44	67	31	18
	1043	**477**	**93**	**167**	**24**	**64**	**10**	**29**
	1032	472	93	164	24	63	10	29
	11	5		3		1		
9	**1995**	**929**	**47**	**421**	**43**	**83**	**51**	**28**
8	1938	912	46	395	43	82	50	28
1	57	17	1	26		1	1	
7	**435**	**141**	**23**	**138**	**14**	**25**	**4**	**6**
7	435	141	23	138	14	25	4	6

4-6a 各地区分性别、

地区 性别	社会生产服务和生活服务人员							
	技术辅助服务人员	水利、环境和公共设施管理服务人员	居民服务人员	电力、燃气及水供应服务人员	修理及制作服务人员	文化、体育和娱乐服务人员	健康服务人员	其他社会生产和生活服务人员
合计	**2689**	**5443**	**5268**	**1860**	**3354**	**815**	**375**	**102**
兰州市	**1265**	**2187**	**2103**	**619**	**1254**	**351**	**194**	**48**
城关区	755	1075	1202	180	655	205	137	19
七里河区	244	387	432	187	252	81	23	14
西固区	108	335	227	100	163	30	10	5
安宁区	138	331	194	118	151	33	22	9
红古区	20	59	48	34	33	2	2	1
嘉峪关市	**104**	**219**	**256**	**123**	**160**	**28**	**10**	**5**
市辖区	104	219	256	123	160	28	10	5
金昌市	**89**	**302**	**144**	**73**	**149**	**37**	**9**	**1**
金川区	89	302	144	73	149	37	9	1
白银市	**113**	**407**	**272**	**144**	**215**	**46**	**26**	**3**
白银区	93	303	222	104	147	28	20	2
平川区	20	104	50	40	34	17	6	1
靖远县					34	1		
天水市	**223**	**385**	**469**	**154**	**239**	**59**	**25**	**16**
秦州区	138	224	252	83	124	42	17	6
麦积区	85	161	217	71	115	17	8	10
武威市	**141**	**459**	**251**	**142**	**190**	**36**	**13**	
凉州区	141	459	251	142	190	36	13	
张掖市	**123**	**226**	**245**	**71**	**137**	**49**	**5**	
甘州区	123	225	245	71	137	49	5	
肃南裕固族自治县		1						
平凉市	**134**	**289**	**296**	**95**	**222**	**50**	**32**	**6**
崆峒区	119	188	232	82	179	40	29	6
华亭市	15	101	64	13	43	10	3	
酒泉市	**174**	**288**	**462**	**155**	**283**	**88**	**26**	**7**
肃州区	122	188	335	103	163	47	17	7
玉门市	14	41	41	16	57	7	1	
敦煌市	38	59	86	36	63	34	8	
庆阳市	**124**	**179**	**249**	**96**	**135**	**22**	**14**	**1**
西峰区	124	179	249	96	135	22	14	1
定西市	**56**	**177**	**141**	**56**	**97**	**15**	**4**	**4**
安定区	56	177	141	56	97	15	4	4
陇南市	**48**	**85**	**127**	**29**	**45**	**15**	**3**	**4**
武都区	48	85	124	29	43	15	3	4
康县			3		2			
临夏回族自治州	**78**	**197**	**218**	**87**	**197**	**16**	**12**	**7**
临夏市	78	192	212	87	188	15	12	7
临夏县		5	6		9	1		
甘南藏族自治州	**17**	**43**	**35**	**16**	**31**	**3**	**2**	
合作市	17	43	35	16	31	3	2	

职业中类的就业人口（城市）（续6）

单位：人

农、林、牧、渔业生产及辅助人员								
小计	农业生产人员	林业生产人员	畜牧业生产人员	渔业生产人员	农林牧渔生产辅助人员	其他农、林、牧、渔业生产加工人员	小计	农副产品加工人员
5671	4459	441	548	24	181	18	49245	389
649	442	84	67	11	40	5	17607	100
279	186	44	19	7	21	2	7763	45
95	53	10	20	1	9	2	3122	23
76	45	15	12		4		3622	12
105	80	10	6	3	5	1	2111	18
94	78	5	10		1		989	2
112	93	2	12	1	4		4059	7
112	93	2	12	1	4		4059	7
187	151	8	24		4		3338	10
187	151	8	24		4		3338	10
444	376	7	49		11	1	4040	35
393	350	6	31		6		2757	25
51	26	1	18		5	1	1267	10
							16	
829	614	142	51	2	16	4	5019	30
406	357	19	20	1	8	1	2798	18
423	257	123	31	1	8	3	2221	12
691	563	28	92		6	2	2359	38
691	563	28	92		6	2	2359	38
535	402	37	76	2	18		1241	38
521	400	37	64	2	18		1239	38
14	2		12				2	
199	138	20	32	1	8		2813	21
173	134	9	22	1	7		1841	21
26	4	11	10		1		972	
994	865	20	66	4	37	2	3136	31
536	469	9	26	3	28	1	2321	20
159	124	6	21	1	6	1	388	2
299	272	5	19		3		427	9
150	98	36	9	1	6		1492	14
150	98	36	9	1	6		1492	14
464	412	18	18		14	2	1253	17
464	412	18	18		14	2	1253	17
203	157	21	19	1	5		1172	5
195	153	21	15	1	5		1146	3
8	4		4				26	2
200	143	14	29	1	11	2	1463	42
191	135	14	28	1	11	2	1390	40
9	8		1				73	2
14	5	4	4		1		253	1
14	5	4	4		1		253	1

4-6a 各地区分性别、

地区 性别	社会生产服务和生活服务人员							
	技术辅助服务人员	水利、环境和公共设施管理服务人员	居民服务人员	电力、燃气及水供应服务人员	修理及制作服务人员	文化、体育和娱乐服务人员	健康服务人员	其他社会生产和生活服务人员
男	**1767**	**1741**	**1526**	**1397**	**2986**	**449**	**120**	**65**
兰州市	**833**	**703**	**600**	**469**	**1115**	**188**	**57**	**24**
城关区	513	333	341	142	579	112	45	9
七里河区	158	122	127	136	229	45	4	7
西固区	61	112	63	71	144	13	1	3
安宁区	88	117	54	93	132	17	6	5
红古区	13	19	15	27	31	1	1	
嘉峪关市	**67**	**83**	**60**	**97**	**146**	**13**	**2**	**5**
市辖区	67	83	60	97	146	13	2	5
金昌市	**49**	**68**	**34**	**48**	**127**	**17**	**4**	**1**
金川区	49	68	34	48	127	17	4	1
白银市	**67**	**145**	**89**	**108**	**191**	**29**	**12**	**3**
白银区	53	104	69	75	131	15	9	2
平川区	14	41	20	33	30	13	3	1
靖远县					30	1		
天水市	**143**	**125**	**151**	**129**	**214**	**29**	**7**	**13**
秦州区	87	69	72	71	111	17	6	4
麦积区	56	56	79	58	103	12	1	9
武威市	**92**	**118**	**66**	**112**	**171**	**29**	**5**	
凉州区	92	118	66	112	171	29	5	
张掖市	**80**	**70**	**68**	**52**	**117**	**32**		
甘州区	80	69	68	52	117	32		
肃南裕固族自治县		1						
平凉市	**97**	**124**	**88**	**77**	**201**	**26**	**9**	**4**
崆峒区	88	77	68	66	167	19	7	4
华亭市	9	47	20	11	34	7	2	
酒泉市	**119**	**126**	**137**	**114**	**250**	**46**	**11**	**3**
肃州区	87	71	97	80	148	26	8	3
玉门市	10	24	11	12	46	4		
敦煌市	22	31	29	22	56	16	3	
庆阳市	**78**	**59**	**77**	**68**	**126**	**10**	**5**	**1**
西峰区	78	59	77	68	126	10	5	1
定西市	**42**	**44**	**29**	**47**	**84**	**8**	**2**	**3**
安定区	42	44	29	47	84	8	2	3
陇南市	**34**	**23**	**45**	**20**	**42**	**9**	**1**	**3**
武都区	34	23	44	20	40	9	1	3
康县			1		2			
临夏回族自治州	**55**	**46**	**74**	**46**	**177**	**11**	**5**	**5**
临夏市	55	45	73	46	170	10	5	5
临夏县		1	1		7	1		
甘南藏族自治州	**11**	**7**	**8**	**10**	**25**	**2**		
合作市	11	7	8	10	25	2		

职业中类的就业人口（城市）（续7）

单位：人

农、林、牧、渔业生产及辅助人员								
小计	农业生产人员	林业生产人员	畜牧业生产人员	渔业生产人员	农林牧渔生产辅助人员	其他农、林、牧、渔业生产加工人员	小计	农副产品加工人员
3553	2670	312	410	19	132	10	39868	251
401	261	56	46	8	28	2	14048	59
172	110	31	11	4	15	1	6305	24
60	31	8	13	1	6	1	2500	12
53	32	8	10		3		2776	8
67	49	7	5	3	3		1656	13
49	39	2	7		1		811	2
68	54	2	9	1	2		3465	5
68	54	2	9	1	2		3465	5
111	85	6	17		3		2701	6
111	85	6	17		3		2701	6
288	236	5	39		7	1	3336	19
252	220	4	25		3		2239	13
36	16	1	14		4	1	1084	6
							13	
563	407	101	39	2	11	3	3954	22
252	221	10	15	1	4	1	2122	14
311	186	91	24	1	7	2	1832	8
400	303	18	72		6	1	1936	29
400	303	18	72		6	1	1936	29
343	254	22	51	1	15		995	28
335	253	22	44	1	15		994	28
8	1		7				1	
132	80	16	27	1	8		2352	13
111	77	7	19	1	7		1537	13
21	3	9	8		1		815	
614	517	14	48	3	31	1	2512	20
331	282	6	19	2	22		1856	13
103	77	4	14	1	6	1	311	1
180	158	4	15		3		345	6
113	70	31	9	1	2		1216	9
113	70	31	9	1	2		1216	9
265	235	12	13		5		1026	10
265	235	12	13		5		1026	10
129	96	14	13	1	5		941	3
124	93	14	11	1	5		918	1
5	3		2				23	2
117	69	13	24	1	8	2	1205	27
114	67	13	23	1	8	2	1141	25
3	2		1				64	2
9	3	2	3		1		181	1
9	3	2	3		1		181	1

4-6a 各地区分性别、

地区 性别	社会生产服务和生活服务人员							
	技术辅助服务人员	水利、环境和公共设施管理服务人员	居民服务人员	电力、燃气及水供应服务人员	修理及制作服务人员	文化、体育和娱乐服务人员	健康服务人员	其他社会生产和生活服务人员
女	**922**	**3702**	**3742**	**463**	**368**	**366**	**255**	**37**
兰州市	**432**	**1484**	**1503**	**150**	**139**	**163**	**137**	**24**
城关区	242	742	861	38	76	93	92	10
七里河区	86	265	305	51	23	36	19	7
西固区	47	223	164	29	19	17	9	2
安宁区	50	214	140	25	19	16	16	4
红古区	7	40	33	7	2	1	1	1
嘉峪关市	**37**	**136**	**196**	**26**	**14**	**15**	**8**	
市辖区	37	136	196	26	14	15	8	
金昌市	**40**	**234**	**110**	**25**	**22**	**20**	**5**	
金川区	40	234	110	25	22	20	5	
白银市	**46**	**262**	**183**	**36**	**24**	**17**	**14**	
白银区	40	199	153	29	16	13	11	
平川区	6	63	30	7	4	4	3	
靖远县					4			
天水市	**80**	**260**	**318**	**25**	**25**	**30**	**18**	**3**
秦州区	51	155	180	12	13	25	11	2
麦积区	29	105	138	13	12	5	7	1
武威市	**49**	**341**	**185**	**30**	**19**	**7**	**8**	
凉州区	49	341	185	30	19	7	8	
张掖市	**43**	**156**	**177**	**19**	**20**	**17**	**5**	
甘州区	43	156	177	19	20	17	5	
肃南裕固族自治县								
平凉市	**37**	**165**	**208**	**18**	**21**	**24**	**23**	**2**
崆峒区	31	111	164	16	12	21	22	2
华亭市	6	54	44	2	9	3	1	
酒泉市	**55**	**162**	**325**	**41**	**33**	**42**	**15**	**4**
肃州区	35	117	238	23	15	21	9	4
玉门市	4	17	30	4	11	3	1	
敦煌市	16	28	57	14	7	18	5	
庆阳市	**46**	**120**	**172**	**28**	**9**	**12**	**9**	
西峰区	46	120	172	28	9	12	9	
定西市	**14**	**133**	**112**	**9**	**13**	**7**	**2**	**1**
安定区	14	133	112	9	13	7	2	1
陇南市	**14**	**62**	**82**	**9**	**3**	**6**	**2**	**1**
武都区	14	62	80	9	3	6	2	1
康县			2					
临夏回族自治州	**23**	**151**	**144**	**41**	**20**	**5**	**7**	**2**
临夏市	23	147	139	41	18	5	7	2
临夏县		4	5		2			
甘南藏族自治州	**6**	**36**	**27**	**6**	**6**	**1**	**2**	
合作市	6	36	27	6	6	1	2	

职业中类的就业人口（城市）（续8）

单位：人

农、林、牧、渔业生产及辅助人员								
小计	农业生产人员	林业生产人员	畜牧业生产人员	渔业生产人员	农林牧渔生产辅助人员	其他农、林、牧、渔业生产加工人员	小计	农副产品加工人员
2118	**1789**	**129**	**138**	**5**	**49**	**8**	**9377**	**138**
248	**181**	**28**	**21**	**3**	**12**	**3**	**3559**	**41**
107	76	13	8	3	6	1	1458	21
35	22	2	7		3	1	622	11
23	13	7	2		1		846	4
38	31	3	1		2	1	455	5
45	39	3	3				178	
44	**39**		**3**		**2**		**594**	2
44	39		3		2		594	2
76	**66**	**2**	**7**		**1**		**637**	4
76	66	2	7		1		637	4
156	**140**	**2**	**10**		**4**		**704**	**16**
141	130	2	6		3		518	12
15	10		4		1		183	**4**
							3	
266	**207**	**41**	**12**		**5**	**1**	**1065**	8
154	136	9	5		4		676	**4**
112	71	32	7		1	1	389	4
291	**260**	**10**	**20**			**1**	**423**	9
291	260	10	20			1	423	9
192	**148**	**15**	**25**	**1**	**3**		**246**	10
186	147	15	20	1	3		245	10
6	1		5				1	
67	**58**	**4**	**5**				**461**	8
62	57	2	3				304	8
5	1	2	2				157	
380	**348**	**6**	**18**	**1**	**6**	**1**	**624**	11
205	187	3	7	1	6	1	465	7
56	47	2	7				77	1
119	114	1	4				82	3
37	**28**	**5**			**4**		**276**	**5**
37	28	5			4		276	5
199	**177**	**6**	**5**		**9**	**2**	**227**	7
199	177	6	5		9	2	227	7
74	**61**	**7**	**6**				**231**	2
71	60	7	4				228	**2**
3	1		2				3	
83	**74**	**1**	**5**		**3**		**258**	15
77	68	1	5		3		249	15
6	6						9	
5	**2**	**2**	**1**				**72**	
5	2	2	1				72	

4-6a 各地区分性别、

地区 性别	生产制造						
	食品、饮料生产加工人员	烟草及其制品加工人员	纺织、针织、印染人员	纺织品、服装和皮革、毛皮制品加工制作人员	木材加工、家具与木制品制作人员	纸及纸制品生产加工人员	印刷和记录媒介复制人员
合计	**1060**	**85**	**101**	**568**	**1095**	**78**	**463**
兰州市	**433**	**43**	**45**	**231**	**537**	**30**	**249**
城关区	229	14	7	151	373	11	155
七里河区	89	22	3	31	68	1	46
西固区	52	4	31	24	63	10	24
安宁区	50	3	3	14	29	8	17
红古区	13		1	11	4		7
嘉峪关市	**57**			**24**	**45**	**2**	**8**
市辖区	57			24	45	2	8
金昌市	**40**		**6**	**24**	**37**		**10**
金川区	40		6	24	37		10
白银市	**45**		**17**	**21**	**54**	**3**	**15**
白银区	37		16	12	42	3	12
平川区	8		1	9	10		3
靖远县					2		
天水市	**75**	**42**	**14**	**63**	**106**	**7**	**28**
秦州区	40		6	27	63	2	23
麦积区	35	42	8	36	43	5	5
武威市	**148**		**1**	**25**	**53**	**5**	**32**
凉州区	148		1	25	53	5	32
张掖市	**37**		**3**	**25**	**34**	**2**	**18**
甘州区	37		3	25	34	2	18
肃南裕固族自治县							
平凉市	**44**		**6**	**21**	**21**	**15**	**17**
崆峒区	32		4	20	20	15	15
华亭市	12		2	1	1		2
酒泉市	**52**		**1**	**40**	**92**	**4**	**39**
肃州区	34			25	74	4	22
玉门市	5			2	5		9
敦煌市	13		1	13	13		8
庆阳市	**23**		**2**	**10**	**38**	**1**	**17**
西峰区	23		2	10	38	1	17
定西市	**22**		**2**	**21**	**28**	**2**	**6**
安定区	22		2	21	28	2	6
陇南市	**10**			**14**	**14**	**2**	**7**
武都区	10			14	14	2	7
康县							
临夏回族自治州	**67**		**4**	**47**	**35**	**4**	**10**
临夏市	64		3	46	35	4	9
临夏县	3		1	1			1
甘南藏族自治州	**7**			**2**	**1**	**1**	**7**
合作市	7			2	1	1	7

职业中类的就业人口（城市）（续9）

单位：人

及	有	关	人	员				
文教、工美、体育和娱乐用品制造人员	石油加工和炼焦、煤化工生产人员	化学原料和化学制品制造人员	医药制造人员	化学纤维制造人员	橡胶和塑料制品制造人员	非金属矿物制品制造人员	采矿人员	金属冶炼和压延加工人员
167	**754**	**1043**	**297**	**15**	**205**	**661**	**2735**	**1814**
60	**519**	**433**	**160**	**7**	**85**	**265**	**460**	**190**
37	19	52	117		21	74	41	47
12	10	6	16		11	24	20	22
2	457	351	7	6	39	71	13	73
7	29	17	18		14	26	16	20
2	4	7	2	1		70	370	28
10	**46**	**119**	**3**	**1**	**9**	**48**	**93**	**418**
10	46	119	3	1	9	48	93	418
3	**1**	**93**	**1**	**3**	**40**	**47**	**445**	**582**
3	1	93	1	3	40	47	445	582
3	**4**	**303**	**16**	**1**	**15**	**81**	**634**	**533**
1	4	287	15	1	14	46	97	530
2		16	1		1	31	537	2
						4		1
15		**5**	**27**		**12**	**37**	**33**	**23**
8		3	14		9	14	6	11
7		2	13		3	23	27	12
5	**14**	**7**	**13**	**1**	**7**	**15**	**69**	**6**
5	14	7	13	1	7	15	69	6
3	**3**	**11**	**14**		**6**	**20**	**20**	**7**
3	3	11	14		6	20	20	7
6	**39**	**10**	**14**		**2**	**46**	**521**	**22**
5	2	4	13			42	48	19
1	37	6	1		2	4	473	3
20	**104**	**10**	**21**		**21**	**37**	**261**	**28**
11	104	7	20		19	24	247	21
2		3				6	4	3
7			1		2	7	10	4
11	**22**	**43**	**7**			**16**	**180**	**2**
11	22	43	7			16	180	2
6		**8**	**7**		**4**	**23**	**7**	**1**
6		8	7		4	23	7	1
5			**10**		**1**	**12**	**4**	
5			10		1	12	4	
19	**1**	**1**	**4**	**2**	**2**	**13**	**6**	**2**
19	1	1	4	2	2	10	6	2
						3		
1	**1**				**1**	**1**	**2**	
1	1				1	1	2	

4-6a 各地区分性别、

地区 性别	生产制造						
	食品、饮料生产加工人员	烟草及其制品加工人员	纺织、针织、印染人员	纺织品、服装和皮革、毛皮制品加工制作人员	木材加工、家具与木制品制作人员	纸及纸制品生产加工人员	印刷和记录媒介复制人员
男	**516**	**63**	**38**	**187**	**963**	**44**	**263**
兰州市	**219**	**31**	**14**	**92**	**461**	**14**	**152**
城关区	118	7	3	67	321	6	95
七里河区	38	20	1	8	58		30
西固区	25	4	10	7	56	4	10
安宁区	32			4	22	4	13
红古区	6			6	4		4
嘉峪关市	**20**			**9**	**41**	**1**	
市辖区	20			9	41	1	
金昌市	**15**		**2**	**5**	**37**		**4**
金川区	15		2	5	37		4
白银市	**21**		**12**	**8**	**49**	**3**	**8**
白银区	16		11	5	39	3	7
平川区	5		1	3	9		1
靖远县					1		
天水市	**37**	**32**	**2**	**18**	**98**	**4**	**19**
秦州区	17			7	61	1	14
麦积区	20	32	2	11	37	3	5
武威市	**85**			**5**	**43**	**4**	**16**
凉州区	85			5	43	4	16
张掖市	**14**		**3**	**4**	**28**		**10**
甘州区	14		3	4	28		10
肃南裕固族自治县							
平凉市	**16**		**3**	**7**	**20**	**10**	**10**
崆峒区	13		1	7	19	10	10
华亭市	3		2		1		
酒泉市	**22**			**10**	**81**	**2**	**18**
肃州区	14			8	67	2	10
玉门市	1			1	4		4
敦煌市	7			1	10		4
庆阳市	**10**			**1**	**31**	**1**	**9**
西峰区	10			1	31	1	9
定西市	**13**		**1**	**8**	**24**	**1**	**3**
安定区	13		1	8	24	1	3
陇南市	**4**			**7**	**14**	**2**	**6**
武都区	4			7	14	2	6
康县							
临夏回族自治州	**36**		**1**	**12**	**35**	**1**	**5**
临夏市	34		1	12	35	1	4
临夏县	2						1
甘南藏族自治州	**4**			**1**	**1**	**1**	**3**
合作市	4			1	1	1	3

职业中类的就业人口（城市）（续10）

单位：人

及	有	关	人	员				
文教、工美、体育和娱乐用品制造人员	石油加工和炼焦、煤化工生产人员	化学原料和化学制品制造人员	医药制造人员	化学纤维制造人员	橡胶和塑料制品制造人员	非金属矿物制品制造人员	采矿人员	金属冶炼和压延加工人员
106	**550**	**787**	**162**	**10**	**141**	**532**	**2389**	**1535**
35	**362**	**312**	**98**	**5**	**54**	**213**	**386**	**154**
23	13	35	74		16	61	32	41
4	5	5	11		6	18	17	19
1	316	255	5	4	24	59	8	56
5	25	13	7		8	19	11	16
2	3	4	1	1		56	318	22
7	**45**	**89**	**2**		**8**	**41**	**83**	**396**
7	45	89	2		8	41	83	396
2	**1**	**75**		**2**	**25**	**32**	**407**	**468**
2	1	75		2	25	32	407	468
2	**4**	**239**	**12**		**12**	**71**	**559**	**438**
1	4	228	12		11	41	81	436
1		11			1	26	478	2
						4		
9		**3**	**8**		**10**	**35**	**29**	**20**
4		1	4		8	12	6	10
5		2	4		2	23	23	10
3	**13**	**6**	**7**	**1**	**6**	**11**	**65**	**5**
3	13	6	7	1	6	11	65	5
1	**2**	**10**	**5**		**4**	**12**	**19**	**6**
1	2	10	5		4	12	19	6
4	**27**	**7**	**10**		**1**	**36**	**462**	**19**
4	1	2	9			32	45	18
	26	5	1		1	4	417	1
14	**76**	**8**	**9**		**16**	**29**	**209**	**24**
7	76	6	8		15	19	195	19
2		2				4	4	2
5			1		1	6	10	3
6	**18**	**33**	**3**			**15**	**153**	**2**
6	18	33	3			15	153	2
4		**4**	**2**		**3**	**18**	**5**	**1**
4		4	2		3	18	5	1
5			**4**			**10**	**4**	
5			4			10	4	
13	**1**	**1**	**2**	**2**	**2**	**9**	**6**	**2**
13	1	1	2	2	2	7	6	2
						2		
1	**1**						**2**	
1	1						2	

4-6a 各地区分性别、

地区 性别	生产制造						
	食品、饮料生产加工人员	烟草及其制品加工人员	纺织、针织、印染人员	纺织品、服装和皮革、毛皮制品加工制作人员	木材加工、家具与木制品制作人员	纸及纸制品生产加工人员	印刷和记录媒介复制人员
女	**544**	**22**	**63**	**381**	**132**	**34**	**200**
兰州市	**214**	**12**	**31**	**139**	**76**	**16**	**97**
城关区	111	7	4	84	52	5	60
七里河区	51	2	2	23	10	1	16
西固区	27		21	17	7	6	14
安宁区	18	3	3	10	7	4	4
红古区	7		1	5			3
嘉峪关市	**37**			**15**	**4**	**1**	**8**
市辖区	37			15	4	1	8
金昌市	**25**		**4**	**19**			**6**
金川区	25		4	19			6
白银市	**24**		**5**	**13**	**5**		**7**
白银区	21		5	7	3		5
平川区	3			6	1		2
靖远县					1		
天水市	**38**	**10**	**12**	**45**	**8**	**3**	**9**
秦州区	23		6	20	2	1	9
麦积区	15	10	6	25	6	2	
武威市	**63**		**1**	**20**	**10**	**1**	**16**
凉州区	63		1	20	10	1	16
张掖市	**23**			**21**	**6**	**2**	**8**
甘州区	23			21	6	2	8
肃南裕固族自治县							
平凉市	**28**		**3**	**14**	**1**	**5**	**7**
崆峒区	19		3	13	1	5	5
华亭市	9			1			2
酒泉市	**30**		**1**	**30**	**11**	**2**	**21**
肃州区	20			17	7	2	12
玉门市	4			1	1		5
敦煌市	6		1	12	3		4
庆阳市	**13**		**2**	**9**	**7**		**8**
西峰区	13		2	9	7		8
定西市	**9**		**1**	**13**	**4**	**1**	**3**
安定区	9		1	13	4	1	3
陇南市	**6**			**7**			**1**
武都区	6			7			1
康县							
临夏回族自治州	**31**		**3**	**35**		**3**	**5**
临夏市	30		2	34		3	5
临夏县	1		1	1			
甘南藏族自治州	**3**			**1**			**4**
合作市	3			1			4

职业中类的就业人口（城市）（续11）

单位：人

及	有	关	人	员				
文教、工美、体育和娱乐用品制造人员	石油加工和炼焦、煤化工生产人员	化学原料和化学制品制造人员	医药制造人员	化学纤维制造人员	橡胶和塑料制品制造人员	非金属矿物制品制造人员	采矿人员	金属冶炼和压延加工人员
61	**204**	**256**	**135**	**5**	**64**	**129**	**346**	**279**
25	**157**	**121**	**62**	**2**	**31**	**52**	**74**	**36**
14	6	17	43		5	13	9	6
8	5	1	5		5	6	3	3
1	141	96	2	2	15	12	5	17
2	4	4	11		6	7	5	4
	1	3	1			14	52	6
3	**1**	**30**	**1**	**1**	**1**	**7**	**10**	**22**
3	1	30	1	1	1	7	10	22
1		**18**	**1**	**1**	**15**	**15**	**38**	**114**
1		18	1	1	15	15	38	114
1		**64**	**4**	**1**	**3**	**10**	**75**	**95**
		59	3	1	3	5	16	94
1		5	1			5	59	
								1
6		**2**	**19**		**2**	**2**	**4**	**3**
4		2	10		1	2		1
2			9		1		4	2
2	**1**	**1**	**6**		**1**	**4**	**4**	**1**
2	1	1	6		1	4	4	1
2	**1**	**1**	**9**		**2**	**8**	**1**	**1**
2	1	1	9		2	8	1	1
2	**12**	**3**	**4**		**1**	**10**	**59**	**3**
1	1	2	4			10	3	1
1	11	1			1		56	2
6	**28**	**2**	**12**		**5**	**8**	**52**	**4**
4	28	1	12		4	5	52	2
		1				2		1
2					1	1		1
5	**4**	**10**	**4**			**1**	**27**	
5	4	10	4			1	27	
2		**4**	**5**		**1**	**5**	**2**	
2		4	5		1	5	2	
			6		**1**	**2**		
			6		1	2		
6			**2**			**4**		
6			2			3		
						1		
					1	**1**		
					1	1		

4-6a 各地区分性别、

地区 性别	生产制造						
	机械制造基础加工人员	金属制品制造人员	通用设备制造人员	专用设备制造人员	汽车制造人员	铁路、船舶、航空设备制造人员	电气机械和器材制造人员
合计	**2119**	**630**	**534**	**106**	**96**	**118**	**316**
兰州市	**742**	**241**	**167**	**54**	**42**	**63**	**102**
城关区	154	138	66	26	13	28	32
七里河区	202	35	37	14	10	15	24
西固区	188	40	29	6	4		6
安宁区	160	26	33	6	14	20	40
红古区	38	2	2	2	1		
嘉峪关市	**358**	**37**	**52**	**4**	**5**	**9**	**7**
市辖区	358	37	52	4	5	9	7
金昌市	**151**	**32**	**9**	**2**		**1**	**48**
金川区	151	32	9	2		1	48
白银市	**130**	**38**	**36**	**12**	**11**	**7**	**37**
白银区	104	31	26	8	9	4	37
平川区	23	7	9	4	2	3	
靖远县	3		1				
天水市	**304**	**55**	**70**	**11**	**13**	**12**	**79**
秦州区	139	14	25	7	5	1	72
麦积区	165	41	45	4	8	11	7
武威市	**75**	**36**	**17**	**3**	**4**	**6**	**5**
凉州区	75	36	17	3	4	6	5
张掖市	**40**	**15**	**5**	**1**	**1**	**4**	**4**
甘州区	40	15	5	1	1	4	4
肃南裕固族自治县							
平凉市	**71**	**34**	**19**	**10**	**4**	**11**	**8**
崆峒区	52	31	17	4	4	11	7
华亭市	19	3	2	6			1
酒泉市	**137**	**56**	**123**	**5**	**2**		**15**
肃州区	103	33	63	3	1		11
玉门市	22	8	57	1	1		3
敦煌市	12	15	3	1			1
庆阳市	**42**	**20**	**7**		**5**		**2**
西峰区	42	20	7		5		2
定西市	**31**	**12**	**16**	**2**	**8**	**4**	**4**
安定区	31	12	16	2	8	4	4
陇南市	**17**	**6**	**4**	**2**			**2**
武都区	17	6	3	2			2
康县			1				
临夏回族自治州	**20**	**42**	**8**		**1**	**1**	**3**
临夏市	18	39	8		1		2
临夏县	2	3				1	1
甘南藏族自治州	**1**	**6**	**1**				
合作市	1	6	1				

职业中类的就业人口（城市）（续12）

单位：人

及有关人员								不便分类的其他从业人员
计算机、通信和其他电子设备制造人员	仪器仪表制造人员	废弃资源综合利用人员	电力、热力、气体、水生产和输配人员	建筑施工人员	运输设备和通用工程机械操作人员及有关人员	生产辅助人员	其他生产制造及有关人员	
1625	**128**	**86**	**1226**	**19242**	**3092**	**8298**	**99**	**716**
460	**62**	**25**	**382**	**6864**	**1091**	**3408**	**57**	**292**
182	13	11	121	3894	491	1178	23	199
88	6	2	81	1278	246	670	10	6
53	37	5	85	782	164	977	7	4
127	5	5	65	743	163	401	14	79
10	1	2	30	167	27	182	3	4
132	**26**	**11**	**144**	**645**	**707**	**1031**	**1**	**131**
132	26	11	144	645	707	1031	1	131
12	**10**	**1**	**134**	**633**	**192**	**768**	**3**	
12	10	1	134	633	192	768	3	
70	**13**	**5**	**135**	**811**	**203**	**743**	**9**	**15**
52	13	5	75	606	134	503	8	14
18			60	202	68	239	1	1
				3	1	1		
664	**4**	**18**	**57**	**2571**	**182**	**454**	**8**	**115**
553	4	13	36	1312	73	297	3	28
111		5	21	1259	109	157	5	87
34	**3**	**8**	**64**	**1180**	**121**	**361**	**3**	**34**
34	3	8	64	1180	121	361	3	34
11		**1**	**60**	**605**	**88**	**161**	**4**	**27**
11		1	59	605	88	160	4	27
			1			1		
77	**1**		**81**	**1131**	**119**	**440**	**2**	**10**
76	1		59	1007	85	225	2	10
1			22	124	34	215		
48	**1**	**12**	**88**	**1315**	**125**	**443**	**5**	**19**
40	1	6	58	960	71	335	4	18
6		6	16	138	22	67		
2			14	217	32	41	1	1
28	**3**	**1**	**22**	**740**	**65**	**171**		**6**
28	3	1	22	740	65	171		6
21	**5**	**1**	**20**	**765**	**85**	**123**	**2**	**24**
21	5	1	20	765	85	123	2	24
19			**15**	**901**	**46**	**76**		**40**
18			15	881	45	75		40
1				20	1	1		
45		**3**	**16**	**905**	**62**	**95**	**3**	
42		3	14	860	59	93	3	
3			2	45	3	2		
4			**8**	**176**	**6**	**24**	**2**	**3**
4			8	176	6	24	2	3

4-6a 各地区分性别、

地区 性别	生产制造						
	机械制造基础加工人员	金属制品制造人员	通用设备制造人员	专用设备制造人员	汽车制造人员	铁路、船舶、航空设备制造人员	电气机械和器材制造人员
男	**1893**	**508**	**459**	**74**	**84**	**100**	**227**
兰州市	**648**	**191**	**145**	**41**	**40**	**50**	**81**
城关区	133	108	60	21	12	22	26
七里河区	184	29	31	10	9	12	21
西固区	166	30	26	3	4		4
安宁区	134	22	26	5	14	16	30
红古区	31	2	2	2	1		
嘉峪关市	**340**	**34**	**46**	**4**	**3**	**9**	**4**
市辖区	340	34	46	4	3	9	4
金昌市	**140**	**27**	**9**	**2**		**1**	**32**
金川区	140	27	9	2		1	32
白银市	**119**	**26**	**30**	**9**	**10**	**7**	**30**
白银区	96	21	23	6	8	4	30
平川区	20	5	6	3	2	3	
靖远县	3		1				
天水市	**243**	**39**	**54**	**6**	**9**	**9**	**49**
秦州区	108	9	16	3	3	1	44
麦积区	135	30	38	3	6	8	5
武威市	**71**	**29**	**16**	**2**	**3**	**6**	**2**
凉州区	71	29	16	2	3	6	2
张掖市	**35**	**12**	**5**	**1**	**1**	**4**	**4**
甘州区	35	12	5	1	1	4	4
肃南裕固族自治县							
平凉市	**61**	**29**	**16**	**4**	**3**	**11**	**6**
崆峒区	45	26	15	1	3	11	5
华亭市	16	3	1	3			1
酒泉市	**128**	**45**	**105**	**3**	**2**		**10**
肃州区	97	27	54	1	1		8
玉门市	19	7	48	1	1		2
敦煌市	12	11	3	1			
庆阳市	**42**	**18**	**6**		**4**		**2**
西峰区	42	18	6		4		2
定西市	**30**	**11**	**15**	**1**	**8**	**2**	**4**
安定区	30	11	15	1	8	2	4
陇南市	**16**	**6**	**4**	**1**			**1**
武都区	16	6	3	1			1
康县			1				
临夏回族自治州	**19**	**36**	**7**		**1**	**1**	**2**
临夏市	17	33	7		1		2
临夏县	2	3				1	
甘南藏族自治州	**1**	**5**	**1**				
合作市	1	5	1				

职业中类的就业人口（城市）（续 13）

单位：人

及有关人员								
计算机、通信和其他电子设备制造人员	仪器仪表制造人员	废弃资源综合利用人员	电力、热力、气体、水生产和输配人员	建筑施工人员	运输设备和通用工程机械操作人员及有关人员	生产辅助人员	其他生产制造及有关人员	不便分类的其他从业人员
1080	**91**	**62**	**965**	**16548**	**2797**	**6363**	**80**	**495**
323	**42**	**18**	**291**	**5952**	**974**	**2545**	**46**	**187**
127	6	8	95	3399	461	872	19	130
70	5	1	64	1093	210	501	8	3
46	26	3	66	664	144	736	6	4
74	4	4	50	652	138	284	11	46
6	1	2	16	144	21	152	2	4
106	**21**	**6**	**128**	**528**	**617**	**871**	**1**	**98**
106	21	6	128	528	617	871	1	98
7	**7**	**1**	**91**	**506**	**162**	**632**	**3**	
7	7	1	91	506	162	632	3	
52	**8**	**4**	**105**	**713**	**187**	**570**	**9**	**10**
37	8	4	60	534	122	370	8	9
15			45	176	64	200	1	1
				3	1			
396	**3**	**12**	**48**	**2249**	**175**	**311**	**5**	**76**
322	3	8	30	1143	70	201	2	17
74		4	18	1106	105	110	3	59
20	**2**	**5**	**48**	**1039**	**117**	**274**	**3**	**28**
20	2	5	48	1039	117	274	3	28
8		**1**	**55**	**516**	**86**	**119**	**2**	**19**
8		1	54	516	86	119	2	19
			1					
46	**1**		**64**	**1011**	**110**	**344**	**1**	**7**
46	1		49	899	79	172	1	7
			15	112	31	172		
40	**1**	**10**	**67**	**1095**	**120**	**344**	**4**	**14**
34	1	4	45	800	69	253	3	13
4		6	12	109	21	56		
2			10	186	30	35	1	1
20	**2**	**1**	**18**	**632**	**60**	**120**		**5**
20	2	1	18	632	60	120		5
14	**4**	**1**	**20**	**647**	**80**	**90**	**2**	**17**
14	4	1	20	647	80	90	2	17
10			**12**	**731**	**43**	**58**		**31**
9			12	713	42	58		31
1				18	1			
36		**3**	**13**	**797**	**60**	**73**	**2**	
33		3	11	756	57	71	2	
3			2	41	3	2		
2			**5**	**132**	**6**	**12**	**2**	**3**
2			5	132	6	12	2	3

4–6a 各地区分性别、

地区 性别	生产制造						
	机械制造基础加工人员	金属制品制造人员	通用设备制造人员	专用设备制造人员	汽车制造人员	铁路、船舶、航空设备制造人员	电气机械和器材制造人员
女	**226**	**122**	**75**	**32**	**12**	**18**	**89**
兰州市	**94**	**50**	**22**	**13**	**2**	**13**	**21**
城关区	21	30	6	5	1	6	6
七里河区	18	6	6	4	1	3	3
西固区	22	10	3	3			2
安宁区	26	4	7	1		4	10
红古区	7						
嘉峪关市	**18**	**3**	**6**		**2**		**3**
市辖区	18	3	6		2		3
金昌市	**11**	**5**					**16**
金川区	11	5					16
白银市	**11**	**12**	**6**	**3**	**1**		**7**
白银区	8	10	3	2	1		7
平川区	3	2	3	1			
靖远县							
天水市	**61**	**16**	**16**	**5**	**4**	**3**	**30**
秦州区	31	5	9	4	2		28
麦积区	30	11	7	1	2	3	2
武威市	**4**	**7**	**1**	**1**	**1**		**3**
凉州区	4	7	1	1	1		3
张掖市	**5**	**3**					
甘州区	5	3					
肃南裕固族自治县							
平凉市	**10**	**5**	**3**	**6**	**1**		**2**
崆峒区	7	5	2	3	1		2
华亭市	3		1	3			
酒泉市	**9**	**11**	**18**	**2**			**5**
肃州区	6	6	9	2			3
玉门市	3	1	9				1
敦煌市		4					1
庆阳市		**2**	**1**		**1**		
西峰区		2	1		1		
定西市	**1**	**1**	**1**	**1**		**2**	
安定区	1	1	1	1		2	
陇南市	**1**			**1**			**1**
武都区	1			1			1
康县							
临夏回族自治州	**1**	**6**	**1**				**1**
临夏市	1	6	1				
临夏县							1
甘南藏族自治州		**1**					
合作市		1					

职业中类的就业人口（城市）（续14）

单位：人

及有关人员								不便分类的其他从业人员
计算机、通信和其他电子设备制造人员	仪器仪表制造人员	废弃资源综合利用人员	电力、热力、气体、水生产和输配人员	建筑施工人员	运输设备和通用工程机械操作人员及有关人员	生产辅助人员	其他生产制造及有关人员	
545	**37**	**24**	**261**	**2694**	**295**	**1935**	**19**	**221**
137	**20**	**7**	**91**	**912**	**117**	**863**	**11**	**105**
55	7	3	26	495	30	306	4	69
18	1	1	17	185	36	169	2	3
7	11	2	19	118	20	241	1	
53	1	1	15	91	25	117	3	33
4			14	23	6	30	1	
26	**5**	**5**	**16**	**117**	**90**	**160**		**33**
26	5	5	16	117	90	160		33
5	**3**		**43**	**127**	**30**	**136**		
5	3		43	127	30	136		
18	**5**	**1**	**30**	**98**	**16**	**173**		**5**
15	5	1	15	72	12	133		5
3			15	26	4	39		
						1		
268	**1**	**6**	**9**	**322**	**7**	**143**	**3**	**39**
231	1	5	6	169	3	96	1	11
37		1	3	153	4	47	2	28
14	**1**	**3**	**16**	**141**	**4**	**87**		**6**
14	1	3	16	141	4	87		6
3			**5**	**89**	**2**	**42**	**2**	**8**
3			5	89	2	41	2	8
						1		
31			**17**	**120**	**9**	**96**	**1**	**3**
30			10	108	6	53	1	3
1			7	12	3	43		
8		**2**	**21**	**220**	**5**	**99**	**1**	**5**
6		2	13	160	2	82	1	5
2			4	29	1	11		
			4	31	2	6		
8	**1**		**4**	**108**	**5**	**51**		**1**
8	1		4	108	5	51		1
7	**1**			**118**	**5**	**33**		**7**
7	1			118	5	33		7
9			**3**	**170**	**3**	**18**		**9**
9			3	168	3	17		9
				2		1		
9			**3**	**108**	**2**	**22**	**1**	
9			3	104	2	22	1	
				4				
2			**3**	**44**		**12**		
2			3	44		12		

4-6b 各地区分性别、

地区 性别	合计	党的机关、国家机关、群众团体和社会组织、企事业单位负责人					
		小计	中国共产党机关负责人	国家机关负责人	民主党派和工商联负责人	人民团体和群众团体、社会组织及其他成员组织负责人	基层群众自治组织负责人
合计	**210001**	**3233**	**96**	**738**	**5**	**174**	**280**
兰州市	**24381**	**343**		**41**		**16**	**17**
城关区	960	25		2			
七里河区	1771	21		1		2	1
西固区	711	9				2	
安宁区							
红古区	508	3					1
永登县	5244	53		7			3
皋兰县	3114	59		12		5	2
榆中县	6534	106		18		4	7
兰州新区	5539	67		1		3	3
嘉峪关市	**217**	**1**		**1**			
市辖区	217	1		1			
金昌市	**4167**	**50**	**8**	**3**		**3**	**7**
金川区	27	1					1
永昌县	4140	49	8	3		3	6
白银市	**14080**	**154**	**6**	**31**		**3**	**13**
白银区	151						
平川区	785	11					1
靖远县	4802	50		10		1	3
会宁县	4679	43	6	11		2	2
景泰县	3663	50		10			7
天水市	**21640**	**259**	**5**	**29**		**21**	**26**
秦州区	1056	18				1	4
麦积区	1267	11		1			
清水县	2222	36	2	5		2	2
秦安县	5404	57		6		2	8
甘谷县	5415	53	1	5			5
武山县	4648	56	2	5		11	5
张家川回族自治县	1628	28		7		5	2
武威市	**11245**	**142**	**1**	**41**		**1**	**5**
凉州区	3211	8		1			1
民勤县	3037	65		14			2
古浪县	2428	25	1	13			2
天祝藏族自治县	2569	44		13		1	
张掖市	**13626**	**252**	**10**	**39**		**5**	**31**
甘州区	803	5					2
肃南裕固族自治县	582	19	2	9			1
民乐县	3526	68	4	7			11
临泽县	2268	30	1	3		1	
高台县	3066	49	2	11		2	12
山丹县	3381	81	1	9		2	5
平凉市	**15687**	**297**	**9**	**60**		**20**	**37**
崆峒区	266	2				1	
泾川县	3140	59	1	12		2	5
灵台县	2014	63	3	22		8	4
崇信县	1474	31	2	4		2	3
庄浪县	4011	70	1	14		7	5
静宁县	3722	57	1	7			12
华亭市	1060	15	1	1			8

职业中类的就业人口（镇）

单位：人

	专业技术人员							
企事业单位负责人	小计	科学研究人员	工程技术人员	农业技术人员	飞机和船舶技术人员	卫生专业技术人员	经济和金融专业人员	法律、社会和宗教专业人员
1940	**34863**	**72**	**4342**	**586**	**11**	**6874**	**3860**	**706**
269	**4038**	**17**	**945**	**44**	**6**	**655**	**703**	**88**
23	219	5	53			31	56	15
17	302	3	106	3		37	49	6
7	102	1	27	1		20	22	5
2	26		10			4	5	1
43	729		113	3	1	133	132	14
40	518		104	16	1	92	84	4
77	1183	6	228	18		251	135	26
60	959	2	304	3	4	87	220	17
	8		**4**			**1**	**1**	
	8		4			1	1	
29	**643**	**1**	**123**	**9**		**132**	**104**	**22**
	1							
29	642	1	123	9		132	104	22
101	**2476**	**5**	**301**	**44**		**427**	**246**	**31**
	2							
10	51		18	1		9	2	1
36	799	2	106	15		110	83	7
22	910	1	88	7		198	59	8
33	714	2	89	21		110	102	15
178	**3403**	**10**	**293**	**41**	**2**	**630**	**239**	**38**
13	48		7			11	4	1
10	179	1	47	4	2	32	19	2
25	451		22	3		75	33	4
41	890	3	65	18		173	69	9
42	744	4	65	1		139	52	9
33	690	2	60	11		120	40	5
14	401		27	4		80	22	8
94	**1761**		**247**	**47**		**354**	**201**	**37**
6	192		49	2		36	22	5
49	592		94	19		104	87	8
9	453		55	11		92	27	11
30	524		49	15		122	65	13
167	**2129**	**3**	**296**	**45**	**1**	**473**	**321**	**55**
3	26		5	3		8	2	
7	114		10	6		31	27	8
46	600	2	84	9		134	60	11
25	453		66	13	1	97	66	13
22	522		80	6		104	87	16
64	414	1	51	8		99	79	7
171	**2881**	**2**	**256**	**49**	**2**	**630**	**262**	**42**
1	18		5			3	1	1
39	626		24	7		158	59	11
26	422		37	4	1	110	29	6
20	221		19	4		47	40	5
43	808		81	21		152	79	10
37	689	2	62	13	1	148	46	9
5	97		28			12	8	

4-6b 各地区分性别、

地区 性别	合计	党的机关、国家机关、群众团体和社会组织、企事业单位负责人					
		小计	中国共产党机关负责人	国家机关负责人	民主党派和工商联负责人	人民团体和群众团体、社会组织及其他成员组织负责人	基层群众自治组织负责人
酒泉市	**10093**	**234**	**1**	**59**		**4**	**6**
肃州区	1064	3		1			
金塔县	2041	40	1	9		1	
瓜州县	2530	71		16		1	2
肃北蒙古族自治县	534	37		17		1	3
阿克塞哈萨克族自治县	520	28		15			1
玉门市	1662	14				1	
敦煌市	1742	41		1			
庆阳市	**19713**	**299**	**9**	**90**	**1**	**13**	**21**
西峰区	238	1					
庆城县	3269	53	2	12		5	2
环　县	3558	60		15	1	4	4
华池县	1717	40	3	10		1	2
合水县	1759	23		6		2	
正宁县	2568	37	4	19			5
宁　县	3047	51		15		1	7
镇原县	3557	34		13			1
定西市	**29945**	**402**	**9**	**83**	**1**	**32**	**36**
安定区	1049	2				1	
通渭县	3550	53	2	14		1	2
陇西县	8365	90		12		3	8
渭源县	3380	30		9		2	3
临洮县	7158	118	1	26	1	9	10
漳　县	1968	26		7			5
岷　县	4475	83	6	15		16	8
陇南市	**21354**	**426**	**18**	**102**	**2**	**33**	**42**
武都区	1500	14				1	5
成　县	4052	102		19	1	4	15
文　县	2131	53	1	11		1	1
宕昌县	2419	22		9		1	6
康　县	1656	49	8	15			1
西和县	2777	57	3	8		6	9
礼　县	3164	46		7		15	2
徽　县	2980	47	4	24		4	1
两当县	675	36	2	9	1	1	2
临夏回族自治州	**16037**	**186**	**13**	**75**	**1**	**21**	**24**
临夏市	413	1	1				
临夏县	1330	7		1	1	2	
康乐县	2085	23	2	9		1	7
永靖县	3800	50		24		4	2
广河县	2550	38	5	13		7	5
和政县	2562	26		4		6	6
东乡族自治县	1527	8		3			3
积石山保安族东乡族撒拉族自治县	1770	33	5	21		1	1
甘南藏族自治州	**7816**	**188**	**7**	**84**		**2**	**15**
合作市	50	2					2
临潭县	1599	41		18		2	10
卓尼县	1261	12	1	7			
舟曲县	1446	45	4	11			1
迭部县	936	10	1	2			
玛曲县	1057	27	1	16			
碌曲县	575	16		14			
夏河县	892	35		16			2

职业中类的就业人口（镇）（续1）

单位：人

企事业单位负责人	专业技术人员							
	小计	科学研究人员	工程技术人员	农业技术人员	飞机和船舶技术人员	卫生专业技术人员	经济和金融专业人员	法律、社会和宗教专业人员
164	**1286**	**4**	**278**	**16**		**221**	**242**	**30**
2	14		2	2		5	4	
29	319	2	30	4		86	42	7
52	387		74	3		52	76	7
16	84		8	4		17	18	6
12	62		10			11	11	2
13	65		21	3		8	12	1
40	355	2	133			42	79	7
165	**3153**	**5**	**353**	**44**		**660**	**293**	**53**
1	13		4			1	2	
32	507	1	114	13		96	60	8
36	659	2	87	8		126	62	8
24	321	1	50	8		65	27	6
15	255		29	2		46	34	
9	341	1	17	2		73	15	10
28	523		34	6		130	45	9
20	534		18	5		123	48	12
241	**5329**	**9**	**610**	**96**		**1119**	**466**	**77**
1	64		15	2		10	9	1
34	649	1	60	10		119	38	10
67	1578	1	246	28		325	146	32
16	547	2	27	11		125	33	5
71	1375	2	193	30		296	151	11
14	312		14	6		70	16	4
38	804	3	55	9		174	73	14
229	**3651**	**6**	**312**	**74**		**767**	**371**	**82**
8	130		7	1		35	7	
63	668	1	95	16		131	67	6
39	409		37	7		63	52	17
6	334		7	6		125	20	3
25	342	1	37	13		65	49	7
31	549	1	36	9		104	49	9
22	547		37	4		94	27	19
14	529	3	41	12		120	76	10
21	143		15	6		30	24	11
52	**2496**	**6**	**223**	**44**		**527**	**239**	**55**
	11		2	1		4		
3	80		10	1		22	5	3
4	438		26	10		106	52	7
20	743	1	112	13		122	79	16
8	323	2	22	6		68	23	9
10	452		20	8		115	46	12
2	70	1	7			12	2	2
5	379	2	24	5		78	32	6
80	**1609**	**4**	**101**	**33**		**278**	**172**	**96**
11	309	1	20	5		43	32	15
4	296	1	11	7		58	24	13
29	278	1	12	2		65	30	5
7	227	1	25	1		40	38	3
10	208		15	5		28	27	53
2	135		5	8		21	10	1
17	156		13	5		23	11	6

4-6b 各地区分性别、

地区 性别	合计	党的机关、国家机关、群众团体和社会组织、企事业单位负责人					
		小计	中国共产党机关负责人	国家机关负责人	民主党派和工商联负责人	人民团体和群众团体、社会组织及其他成员组织负责人	基层群众自治组织负责人
男	**126321**	**2633**	**80**	**635**	**2**	**116**	**219**
兰州市	**15228**	**275**		**33**		**8**	**12**
城关区	534	20		1			
七里河区	1094	17		1		2	
西固区	475	7				1	
安宁区							
红古区	363	2					
永登县	3226	44		6			2
皋兰县	2002	44		9		2	2
榆中县	3955	85		15		2	6
兰州新区	3579	56		1		1	2
嘉峪关市	**139**	**1**		**1**			
市辖区	139	1		1			
金昌市	**2517**	**45**	**8**	**3**		**1**	**6**
金川区	17	1					1
永昌县	2500	44	8	3		1	5
白银市	**8424**	**130**	**4**	**26**		**2**	**11**
白银区	81						
平川区	586	10					
靖远县	2888	42		9		1	3
会宁县	2569	35	4	9		1	2
景泰县	2300	43		8			6
天水市	**13526**	**196**	**3**	**22**		**16**	**18**
秦州区	707	14				1	4
麦积区	819	9		1			
清水县	1303	23	2	3		1	2
秦安县	3315	42		5		2	3
甘谷县	3524	45	1	4			3
武山县	2853	44		4		8	4
张家川回族自治县	1005	19		5		4	2
武威市	**6651**	**122**	**1**	**38**		**1**	**3**
凉州区	1906	7		1			1
民勤县	1723	56		13			
古浪县	1470	21	1	12			2
天祝藏族自治县	1552	38		12		1	
张掖市	**7876**	**200**	**6**	**35**		**2**	**24**
甘州区	458	4					1
肃南裕固族自治县	343	16	1	8			1
民乐县	2064	58	2	6			10
临泽县	1306	25	1	2			
高台县	1720	37	1	10			8
山丹县	1985	60	1	9		2	4
平凉市	**9124**	**242**	**8**	**52**		**14**	**32**
崆峒区	164	1					
泾川县	1837	51	1	11		2	5
灵台县	1200	50	3	20		4	4
崇信县	876	29	2	4		2	3
庄浪县	2119	55		10		6	5
静宁县	2190	44	1	6			9
华亭市	738	12	1	1			6

职业中类的就业人口（镇）（续2）

单位：人

企事业单位负责人	专业技术人员							
	小计	科学研究人员	工程技术人员	农业技术人员	飞机和船舶技术人员	卫生专业技术人员	经济和金融专业人员	法律、社会和宗教专业人员
1581	**16698**	**38**	**3691**	**393**	**11**	**2219**	**1507**	**435**
222	**1951**	**8**	**800**	**29**	**6**	**177**	**202**	**52**
19	101	2	41			10	15	8
14	158	1	93	2		8	13	4
6	46		20	1		7	8	
2	18		10				3	1
36	316		95	2	1	32	34	8
31	233		89	10	1	23	26	2
62	591	4	194	11		72	42	17
52	488	1	258	3	4	25	61	12
	5		**4**				**1**	
	5		4				1	
27	**321**	**1**	**94**	**8**		**42**	**39**	**10**
	1							
27	320	1	94	8		42	39	10
87	**1142**	**3**	**261**	**33**		**121**	**84**	**15**
	1							
10	25		14	1		4	2	
29	390	1	97	11		32	26	2
19	439		76	4		57	20	6
29	287	2	74	17		28	36	7
137	**1723**	**5**	**258**	**30**	**2**	**251**	**113**	**21**
9	30		5			7	2	1
8	100		42	1	2	9	4	2
15	238		18	3		34	15	
32	442	3	55	14		70	29	4
37	348	1	60	1		48	28	5
28	358	1	54	8		48	22	3
8	207		24	3		35	13	6
79	**862**		**214**	**27**		**107**	**73**	**23**
5	102		46	2		12	7	1
43	284		81	9		26	35	5
6	243		45	6		34	10	7
25	233		42	10		35	21	10
133	**1053**	**1**	**252**	**34**	**1**	**151**	**130**	**24**
3	12		4	3		5		
6	53		6	2		14	14	4
40	308	1	70	9		44	26	7
22	235		61	11	1	35	29	5
18	265		68	4		33	30	6
44	180		43	5		20	31	2
136	**1350**	**1**	**224**	**33**	**2**	**210**	**127**	**20**
1	9		5			1		
32	263		19	4		46	30	3
19	187		35	1	1	33	14	4
18	91		15	4		15	14	4
34	433		74	16		57	46	5
28	317	1	53	8	1	54	19	4
4	50		23			4	4	

4-6b 各地区分性别、

地区 性别	合计	党的机关、国家机关、群众团体和社会组织、企事业单位负责人					
		小计	中国共产党机关负责人	国家机关负责人	民主党派和工商联负责人	人民团体和群众团体、社会组织及其他成员组织负责人	基层群众自治组织负责人
酒泉市	**6054**	**189**	**1**	**48**		**3**	**5**
肃州区	580	3		1			
金塔县	1195	35	1	8		1	
瓜州县	1516	61		13		1	2
肃北蒙古族自治县	317	28		13		1	2
阿克塞哈萨克族自治县	313	22		12			1
玉门市	1060	10					
敦煌市	1073	30		1			
庆阳市	**12141**	**260**	**9**	**82**	**1**	**6**	**19**
西峰区	157	1					
庆城县	2178	45	2	10		3	2
环　县	2247	54		15	1	2	4
华池县	1102	34	3	10			2
合水县	1099	19		4		1	
正宁县	1487	34	4	19			4
宁　县	1799	44		14			7
镇原县	2072	29		10			
定西市	**17325**	**319**	**5**	**68**		**23**	**25**
安定区	619	2				1	
通渭县	2161	42		10		1	2
陇西县	4997	77		11		2	5
渭源县	1894	23		7		1	2
临洮县	3999	89		22		6	9
漳　县	1120	23		6			3
岷　县	2535	63	5	12		12	4
陇南市	**13171**	**335**	**16**	**89**		**25**	**30**
武都区	969	11				1	5
成　县	2486	80		18		4	10
文　县	1291	43	1	10		1	1
宕昌县	1386	18		8			4
康　县	1007	39	7	14			1
西和县	1777	42	3	7		4	6
礼　县	1996	36		5		12	1
徽　县	1849	36	3	19		3	1
两当县	410	30	2	8			1
临夏回族自治州	**9632**	**154**	**12**	**62**	**1**	**14**	**21**
临夏市	280	1	1				
临夏县	843	4		1	1		
康乐县	1151	22	2	9		1	6
永靖县	2222	40		18		3	2
广河县	1671	33	5	10		5	5
和政县	1417	18		3		4	4
东乡族自治县	993	8		3			3
积石山保安族东乡族撒拉族自治县	1055	28	4	18		1	1
甘南藏族自治州	**4513**	**165**	**7**	**76**		**1**	**13**
合作市	35	2					2
临潭县	939	35		16		1	9
卓尼县	705	12	1	7			
舟曲县	836	41	4	11			1
迭部县	541	9	1	2			
玛曲县	617	25	1	15			
碌曲县	328	15		13			
夏河县	512	26		12			1

职业中类的就业人口（镇）（续3）

单位：人

企事业单位负责人	专业技术人员							
	小计	科学研究人员	工程技术人员	农业技术人员	飞机和船舶技术人员	卫生专业技术人员	经济和金融专业人员	法律、社会和宗教专业人员
132	**619**	**4**	**231**	**11**		**64**	**93**	**16**
2	8		2	2		3	1	
25	144	2	25	3		32	11	5
45	189		68	2		9	29	3
12	35		8	1		5	6	3
9	28		10				7	2
10	36		17	3		1	4	1
29	179	2	101			14	35	2
143	**1493**	**3**	**302**	**31**		**227**	**127**	**35**
1	11		4			1	2	
28	259	1	97	8		29	29	5
32	313		78	7		44	22	5
19	152	1	40	6		23	10	5
14	121		27	1		14	9	
7	148	1	15	1		20	9	7
23	252		26	4		55	26	5
19	237		15	4		41	20	8
198	**2580**	**4**	**525**	**71**		**337**	**175**	**54**
1	37		13	2		2	4	1
29	345	1	53	8		30	17	7
59	767		211	16		99	54	25
13	252	1	23	6		39	10	3
52	656	1	165	26		94	54	6
14	138		12	6		19	4	3
30	385	1	48	7		54	32	9
175	**1687**	**3**	**258**	**44**		**262**	**157**	**46**
5	50		6	1		11	2	
48	298	1	77	8		40	29	
30	190		33	3		25	22	11
6	153		5	6		45	11	2
17	170	1	29	9		20	25	5
22	260		28	3		41	16	6
18	276		29	3		37	10	9
10	226	1	38	7		34	32	5
19	64		13	4		9	10	8
44	**1143**	**4**	**186**	**26**		**172**	**109**	**39**
	4		1			2		
2	39		9	1		5	2	2
4	182		18	6		27	26	6
17	347		96	5		42	27	8
8	165	1	17	5		25	13	9
7	186		19	7		34	21	8
2	34	1	5			6	1	2
4	186	2	21	2		31	19	4
68	**769**	**1**	**82**	**16**		**98**	**77**	**80**
9	168		19	3		15	19	14
4	129	1	11	3		19	8	6
25	115		9	1		23	15	2
6	96		12			13	18	1
9	123		14	2		11	7	51
2	65		4	6		7	6	1
13	73		13	1		10	4	5

4-6b 各地区分性别、

地区 性别	合计	党的机关、国家机关、群众团体和社会组织、企事业单位负责人					
		小计	中国共产党机关负责人	国家机关负责人	民主党派和工商联负责人	人民团体和群众团体、社会组织及其他成员组织负责人	基层群众自治组织负责人
女	**83680**	**600**	**16**	**103**	**3**	**58**	**61**
兰州市	**9153**	**68**		**8**		**8**	**5**
城关区	426	5		1			
七里河区	677	4					1
西固区	236	2				1	
安宁区							
红古区	145	1					1
永登县	2018	9		1			1
皋兰县	1112	15		3		3	
榆中县	2579	21		3		2	1
兰州新区	1960	11				2	1
嘉峪关市	**78**						
市辖区	78						
金昌市	**1650**	**5**				**2**	**1**
金川区	10						
永昌县	1640	5				2	1
白银市	**5656**	**24**	**2**	**5**		**1**	**2**
白银区	70						
平川区	199	1					1
靖远县	1914	8		1			
会宁县	2110	8	2	2		1	
景泰县	1363	7		2			1
天水市	**8114**	**63**	**2**	**7**		**5**	**8**
秦州区	349	4					
麦积区	448	2					
清水县	919	13		2		1	
秦安县	2089	15		1			5
甘谷县	1891	8		1			2
武山县	1795	12	2	1		3	1
张家川回族自治县	623	9		2		1	
武威市	**4594**	**20**		**3**			**2**
凉州区	1305	1					
民勤县	1314	9		1			2
古浪县	958	4		1			
天祝藏族自治县	1017	6		1			
张掖市	**5750**	**52**	**4**	**4**		**3**	**7**
甘州区	345	1					1
肃南裕固族自治县	239	3	1	1			
民乐县	1462	10	2	1			1
临泽县	962	5		1		1	
高台县	1346	12	1	1		2	4
山丹县	1396	21					1
平凉市	**6563**	**55**	**1**	**8**		**6**	**5**
崆峒区	102	1				1	
泾川县	1303	8		1			
灵台县	814	13		2		4	
崇信县	598	2					
庄浪县	1892	15	1	4		1	
静宁县	1532	13		1			3
华亭市	322	3					2

职业中类的就业人口（镇）（续4）

单位：人

企事业单位负责人	专业技术人员							
	小计	科学研究人员	工程技术人员	农业技术人员	飞机和船舶技术人员	卫生专业技术人员	经济和金融专业人员	法律、社会和宗教专业人员
359	**18165**	**34**	**651**	**193**		**4655**	**2353**	**271**
47	**2087**	**9**	**145**	**15**		**478**	**501**	**36**
4	118	3	12			21	41	7
3	144	2	13	1		29	36	2
1	56	1	7			13	14	5
	8					4	2	
7	413		18	1		101	98	6
9	285		15	6		69	58	2
15	592	2	34	7		179	93	9
8	471	1	46			62	159	5
	3					**1**		
	3					1		
2	**322**		**29**	**1**		**90**	**65**	**12**
2	322		29	1		90	65	12
14	**1334**	**2**	**40**	**11**		**306**	**162**	**16**
	1							
	26		4			5		1
7	409	1	9	4		78	57	5
3	471	1	12	3		141	39	2
4	427		15	4		82	66	8
41	**1680**	**5**	**35**	**11**		**379**	**126**	**17**
4	18		2			4	2	
2	79	1	5	3		23	15	
10	213		4			41	18	4
9	448		10	4		103	40	5
5	396	3	5			91	24	4
5	332	1	6	3		72	18	2
6	194		3	1		45	9	2
15	**899**		**33**	**20**		**247**	**128**	**14**
1	90		3			24	15	4
6	308		13	10		78	52	3
3	210		10	5		58	17	4
5	291		7	5		87	44	3
34	**1076**	**2**	**44**	**11**		**322**	**191**	**31**
	14		1			3	2	
1	61		4	4		17	13	4
6	292	1	14			90	34	4
3	218		5	2		62	37	8
4	257		12	2		71	57	10
20	234	1	8	3		79	48	5
35	**1531**	**1**	**32**	**16**		**420**	**135**	**22**
	9					2	1	1
7	363		5	3		112	29	8
7	235		2	3		77	15	2
2	130		4			32	26	1
9	375		7	5		95	33	5
9	372	1	9	5		94	27	5
1	47		5			8	4	

4-6b 各地区分性别、

地区 性别	合计	党的机关、国家机关、群众团体和社会组织、企事业单位负责人					
		小计	中国共产党机关负责人	国家机关负责人	民主党派和工商联负责人	人民团体和群众团体、社会组织及其他成员组织负责人	基层群众自治组织负责人
酒泉市	**4039**	**45**		**11**		**1**	**1**
肃州区	484						
金塔县	846	5		1			
瓜州县	1014	10		3			
肃北蒙古族自治县	217	9		4			1
阿克塞哈萨克族自治县	207	6		3			
玉门市	602	4				1	
敦煌市	669	11					
庆阳市	**7572**	**39**		**8**		**7**	**2**
西峰区	81						
庆城县	1091	8		2		2	
环　县	1311	6				2	
华池县	615	6				1	
合水县	660	4		2		1	
正宁县	1081	3					1
宁　县	1248	7		1		1	
镇原县	1485	5		3			1
定西市	**12620**	**83**	**4**	**15**	**1**	**9**	**11**
安定区	430						
通渭县	1389	11	2	4			
陇西县	3368	13		1		1	3
渭源县	1486	7		2		1	1
临洮县	3159	29	1	4	1	3	1
漳　县	848	3		1			2
岷　县	1940	20	1	3		4	4
陇南市	**8183**	**91**	**2**	**13**	**2**	**8**	**12**
武都区	531	3					
成　县	1566	22		1	1		5
文　县	840	10		1			
宕昌县	1033	4		1		1	2
康　县	649	10	1	1			
西和县	1000	15		1		2	3
礼　县	1168	10		2		3	1
徽　县	1131	11	1	5		1	
两当县	265	6		1	1	1	1
临夏回族自治州	**6405**	**32**	**1**	**13**		**7**	**3**
临夏市	133						
临夏县	487	3				2	
康乐县	934	1					1
永靖县	1578	10		6		1	
广河县	879	5		3		2	
和政县	1145	8		1		2	2
东乡族自治县	534						
积石山保安族东乡族撒拉族自治县	715	5	1	3			
甘南藏族自治州	**3303**	**23**		**8**		**1**	**2**
合作市	15						
临潭县	660	6		2		1	1
卓尼县	556						
舟曲县	610	4					
迭部县	395	1					
玛曲县	440	2		1			
碌曲县	247	1		1			
夏河县	380	9		4			1

职业中类的就业人口（镇）（续5）

单位：人

企事业单位负责人	专业技术人员							
	小计	科学研究人员	工程技术人员	农业技术人员	飞机和船舶技术人员	卫生专业技术人员	经济和金融专业人员	法律、社会和宗教专业人员
32	**667**		**47**	**5**		**157**	**149**	**14**
	6					2	3	
4	175		5	1		54	31	2
7	198		6	1		43	47	4
4	49			3		12	12	3
3	34					11	4	
3	29		4			7	8	
11	176		32			28	44	5
22	**1660**	**2**	**51**	**13**		**433**	**166**	**18**
	2							
4	248		17	5		67	31	3
4	346	2	9	1		82	40	3
5	169		10	2		42	17	1
1	134		2	1		32	25	
2	193		2	1		53	6	3
5	271		8	2		75	19	4
1	297		3	1		82	28	4
43	**2749**	**5**	**85**	**25**		**782**	**291**	**23**
	27		2			8	5	
5	304		7	2		89	21	3
8	811	1	35	12		226	92	7
3	295	1	4	5		86	23	2
19	719	1	28	4		202	97	5
	174		2			51	12	1
8	419	2	7	2		120	41	5
54	**1964**	**3**	**54**	**30**		**505**	**214**	**36**
3	80		1			24	5	
15	370		18	8		91	38	6
9	219		4	4		38	30	6
	181		2			80	9	1
8	172		8	4		45	24	2
9	289	1	8	6		63	33	3
4	271		8	1		57	17	10
4	303	2	3	5		86	44	5
2	79		2	2		21	14	3
8	**1353**	**2**	**37**	**18**		**355**	**130**	**16**
	7		1	1		2		
1	41		1			17	3	1
	256		8	4		79	26	1
3	396	1	16	8		80	52	8
	158	1	5	1		43	10	
3	266		1	1		81	25	4
	36		2			6	1	
1	193		3	3		47	13	2
12	**840**	**3**	**19**	**17**		**180**	**95**	**16**
2	141	1	1	2		28	13	1
	167			4		39	16	7
4	163	1	3	1		42	15	3
1	131	1	13	1		27	20	2
1	85		1	3		17	20	2
	70		1	2		14	4	
4	83			4		13	7	1

4-6b 各地区分性别、

地区 性别	专业技术人员				办事人员和有关人员		
	教学人员	文学艺术、体育专业人员	新闻出版、文化专业人员	其他专业技术人员	小计	办事人员	安全和消防人员
合计	**17493**	**330**	**467**	**122**	**23370**	**19541**	**3577**
兰州市	**1452**	**54**	**57**	**17**	**1998**	**1597**	**377**
城关区	42	9	8		145	118	27
七里河区	80	8	7	3	86	63	21
西固区	22	1	3		38	26	6
安宁区							
红古区	4	1	1		25	17	6
永登县	328	1	3	1	439	352	84
皋兰县	201	8	7	1	273	203	67
榆中县	480	17	14	8	449	351	92
兰州新区	295	9	14	4	543	467	74
嘉峪关市	**2**				**2**	**2**	
市辖区	2				2	2	
金昌市	**243**	**3**	**6**		**458**	**372**	**84**
金川区	1				1	1	
永昌县	242	3	6		457	371	84
白银市	**1365**	**22**	**32**	**3**	**1253**	**1068**	**174**
白银区	2				2	2	
平川区	20				25	17	7
靖远县	451	10	13	2	407	358	47
会宁县	531	5	12	1	435	379	52
景泰县	361	7	7		384	312	68
天水市	**2069**	**34**	**38**	**9**	**1902**	**1589**	**289**
秦州区	25				45	35	7
麦积区	70	1	1		81	64	11
清水县	301	8	2	3	290	235	54
秦安县	521	12	18	2	431	357	70
甘谷县	457	6	11		390	336	54
武山县	438	6	4	4	414	356	53
张家川回族自治县	257	1	2		251	206	40
武威市	**839**	**12**	**20**	**4**	**1198**	**1006**	**180**
凉州区	75	2	1		87	60	27
民勤县	275	1	4		369	306	57
古浪县	246	4	4	3	355	316	34
天祝藏族自治县	243	5	11	1	387	324	62
张掖市	**886**	**16**	**24**	**9**	**1255**	**1011**	**232**
甘州区	8				5	5	
肃南裕固族自治县	28	3	1		117	92	24
民乐县	288	2	4	6	272	227	45
临泽县	189	3	4	1	244	204	39
高台县	214	3	10	2	338	264	68
山丹县	159	5	5		279	219	56
平凉市	**1574**	**23**	**33**	**8**	**1929**	**1602**	**298**
崆峒区	5		1	2	10	5	5
泾川县	357	7	3		424	340	74
灵台县	225	3	6	1	333	300	28
崇信县	101	2	3		304	264	39
庄浪县	449	5	9	2	425	339	76
静宁县	390	5	10	3	369	318	49
华亭市	47	1	1		64	36	27

职业中类的就业人口（镇）（续6）

单位：人

其他办事人员和有关人员	社会生产服务和生活服务人员							
	小计	批发与零售服务人员	交通运输、仓储和邮政业服务人员	住宿和餐饮服务人员	信息传输、软件和信息技术服务人员	金融服务人员	房地产服务人员	租赁和商务服务人员
252	73882	28125	13707	13416	1289	2199	939	1691
24	10770	3402	2485	1765	195	276	347	458
	449	231	67	52	14	4	13	13
2	903	280	220	111	22	12	22	60
6	280	65	68	32	4	3	7	45
2	244	79	48	44	2	3	4	20
3	2266	694	559	461	43	55	36	69
3	1115	318	363	137	15	45	19	23
6	3265	1154	666	546	54	95	135	88
2	2248	581	494	382	41	59	111	140
	93	16	31	12			1	12
	93	16	31	12			1	12
2	1536	520	368	231	23	54	17	29
	12	4	1	1				
2	1524	516	367	230	23	54	17	29
11	4743	1863	1078	653	103	152	65	55
	26	12	6	6			1	
1	200	67	58	28	3		4	2
2	1542	625	394	195	27	57	16	8
4	1555	687	229	255	34	52	23	29
4	1420	472	391	169	39	43	21	16
24	7762	3604	1099	1444	128	178	83	131
3	415	167	65	85	11	2	5	6
6	502	195	84	90	6	6	8	15
1	711	305	98	134	9	24	4	5
4	2078	1015	330	344	27	57	35	23
	1895	923	281	266	37	38	16	58
5	1615	841	179	292	23	38	15	14
5	546	158	62	233	15	13		10
12	3725	1295	756	676	71	123	24	46
	1062	357	286	189	18	7	5	10
6	953	355	151	133	24	52	11	8
5	730	252	126	148	13	29	4	11
1	980	331	193	206	16	35	4	17
12	4591	1717	918	708	64	176	39	118
	171	73	31	38	1	2		7
1	129	46	14	22	4	8		11
	1217	451	234	164	19	48	13	29
1	699	254	121	97	12	33	8	24
6	1113	464	176	187	17	52	4	27
4	1262	429	342	200	11	33	14	20
29	5214	2171	854	808	88	165	36	98
	122	40	18	28		3		
10	1148	430	193	201	20	35	12	26
5	694	281	93	145	3	29	3	19
1	465	165	87	75	16	18	6	15
10	1172	544	165	147	15	37	5	4
2	1204	596	182	132	28	41	7	28
1	409	115	116	80	6	2	3	6

4-6b 各地区分性别、

地区 性别	专业技术人员				办事人员和有关人员		
	教学人员	文学艺术、体育专业人员	新闻出版、文化专业人员	其他专业技术人员	小计	办事人员	安全和消防人员
酒泉市	**431**	**14**	**43**	**7**	**1092**	**850**	**224**
肃州区	1				8	4	4
金塔县	143	1	4		232	176	53
瓜州县	154	4	15	2	262	178	75
肃北蒙古族自治县	19	5	6	1	138	101	34
阿克塞哈萨克族自治县	19	2	3	4	165	137	25
玉门市	19	1			66	48	18
敦煌市	76	1	15		221	206	15
庆阳市	**1664**	**29**	**37**	**15**	**2769**	**2392**	**355**
西峰区	6				6	5	1
庆城县	192	6	8	9	403	344	45
环　县	354	5	6	1	520	442	74
华池县	158	3	3		396	323	71
合水县	137	3	3	1	296	255	41
正宁县	214	5	4		323	291	32
宁　县	289	1	6	3	377	327	48
镇原县	314	6	7	1	448	405	43
定西市	**2809**	**59**	**55**	**29**	**3007**	**2544**	**435**
安定区	27				27	23	4
通渭县	394	6	10	1	470	420	45
陇西县	763	20	17		770	634	135
渭源县	336	1	6	1	323	273	49
临洮县	624	27	15	26	642	540	95
漳　县	197	4	1		321	273	45
岷　县	468	1	6	1	454	381	62
陇南市	**1940**	**35**	**55**	**9**	**3018**	**2557**	**437**
武都区	75	2	2	1	42	35	7
成　县	337	3	9	3	527	440	74
文　县	226	2	4	1	346	300	44
宕昌县	166	3	4		349	301	46
康　县	154	3	12	1	276	235	41
西和县	321	10	10		460	378	81
礼　县	356	5	4	1	375	304	69
徽　县	255	4	7	1	472	425	45
两当县	50	3	3	1	171	139	30
临夏回族自治州	**1344**	**9**	**40**	**9**	**1824**	**1493**	**311**
临夏市	4				15	10	3
临夏县	37		1	1	35	24	11
康乐县	230	2	5		313	247	64
永靖县	379	2	17	2	482	391	87
广河县	189	1	2	1	244	206	36
和政县	234	3	10	4	332	272	53
东乡族自治县	44		2		106	92	14
积石山保安族东乡族撒拉族自治县	227	1	3	1	297	251	43
甘南藏族自治州	**875**	**20**	**27**	**3**	**1665**	**1458**	**181**
合作市					2	2	
临潭县	187	1	4	1	261	223	22
卓尼县	181	1			346	309	37
舟曲县	157	2	4		304	265	37
迭部县	110	1	6	2	232	207	22
玛曲县	67	8	5		164	145	16
碌曲县	80	5	5		157	140	16
夏河县	93	2	3		199	167	31

职业中类的就业人口（镇）（续7）

单位：人

其他办事人员和有关人员	社会生产服务和生活服务人员							
	小计	批发与零售服务人员	交通运输、仓储和邮政业服务人员	住宿和餐饮服务人员	信息传输、软件和信息技术服务人员	金融服务人员	房地产服务人员	租赁和商务服务人员
18	**3035**	**1002**	**653**	**519**	**53**	**103**	**25**	**74**
	203	97	27	34	4	5	1	1
3	769	291	145	114	12	42	4	15
9	955	360	166	140	16	40	9	36
3	150	19	40	38	1	5	3	
3	147	37	30	32	3	5		5
	440	140	96	103	2	4	2	4
	371	58	149	58	15	2	6	13
22	**6415**	**2308**	**1393**	**1069**	**118**	**227**	**45**	**158**
	140	57	23	30	1	2		2
14	1283	408	349	189	21	34	8	44
4	1132	397	296	155	27	30	3	15
2	591	165	173	118	9	17		17
	601	191	146	123	19	26	6	13
	741	312	110	119	9	35	7	21
2	971	403	148	189	14	30	8	18
	956	375	148	146	18	53	13	28
28	**10117**	**4234**	**1558**	**1792**	**172**	**311**	**140**	**223**
	314	151	47	66	3	3	1	5
5	1140	488	160	210	23	34	15	31
1	3015	1211	524	486	46	100	49	76
1	895	363	118	160	17	44	7	14
7	2670	1038	420	473	48	76	58	75
3	601	272	83	109	11	22	2	5
11	1482	711	206	288	24	32	8	17
24	**7501**	**2936**	**1336**	**1448**	**141**	**218**	**52**	**142**
	551	268	91	99	4	4	1	14
13	1432	549	262	265	24	57	10	22
2	604	264	124	76	9	23		7
2	850	242	239	219	14	22	7	9
	564	243	74	99	21	11		21
1	1056	481	149	196	20	21	5	11
2	1182	443	164	275	17	42	10	17
2	1057	367	197	176	25	32	19	39
2	205	79	36	43	7	6		2
20	**6002**	**2165**	**881**	**1710**	**77**	**146**	**48**	**77**
2	211	69	32	78	1	1	2	1
	619	221	68	217	6	3	6	16
2	773	338	101	140	11	29	7	8
4	1359	475	261	276	22	46	17	21
2	1043	321	200	342	15	29	3	9
7	783	301	101	192	10	14	9	14
	555	171	50	294	4	3		
3	659	269	68	171	8	21	4	8
26	**2378**	**892**	**297**	**581**	**56**	**70**	**17**	**70**
	16	7	5	2				
16	471	211	63	99	17	16	4	9
	302	102	38	69	11	13	2	11
2	438	144	71	100	3	10	2	10
3	259	70	27	71	8	7	5	24
3	334	153	26	79	6	9		5
1	168	53	15	55	4	5		7
1	390	152	52	106	7	10	4	4

4-6b 各地区分性别、

地区 性别	专业技术人员				办事人员和有关人员		
	教学人员	文学艺术、体育专业人员	新闻出版、文化专业人员	其他专业技术人员	小计	办事人员	安全和消防人员
男	**7933**	**198**	**180**	**93**	**15335**	**12079**	**3102**
兰州市	**613**	**32**	**21**	**11**	**1229**	**889**	**326**
城关区	16	5	4		73	53	20
七里河区	31	3	1	2	47	27	18
西固区	8	1	1		24	14	6
安宁区							
红古区	2	1	1		16	9	6
永登县	141	1	1	1	297	224	71
皋兰县	74	5	2	1	176	115	59
榆中县	231	10	4	6	271	187	82
兰州新区	110	6	7	1	325	260	64
嘉峪关市					**2**	**2**	
市辖区					2	2	
金昌市	**123**	**2**	**2**		**301**	**230**	**69**
金川区	1				1	1	
永昌县	122	2	2		300	229	69
白银市	**597**	**11**	**14**	**3**	**815**	**654**	**151**
白银区	1				2	2	
平川区	4				20	12	7
靖远县	209	6	4	2	257	216	39
会宁县	267	2	6	1	283	234	45
景泰县	116	3	4		253	190	60
天水市	**993**	**25**	**17**	**8**	**1313**	**1042**	**255**
秦州区	15				33	25	6
麦积区	38	1	1		51	37	10
清水县	158	6	1	3	204	155	48
秦安县	250	8	7	2	303	233	67
甘谷县	194	4	7		274	229	45
武山县	213	5	1	3	294	244	47
张家川回族自治县	125	1			154	119	32
武威市	**395**	**7**	**12**	**4**	**804**	**635**	**161**
凉州区	33	1			64	41	23
民勤县	124	1	3		248	194	50
古浪县	132	3	3	3	232	196	32
天祝藏族自治县	106	2	6	1	260	204	56
张掖市	**435**	**8**	**10**	**7**	**827**	**629**	**193**
甘州区					5	5	
肃南裕固族自治县	12	1			75	54	21
民乐县	145	1		5	170	134	36
临泽县	87	2	3	1	155	121	33
高台县	117	3	3	1	233	175	57
山丹县	74	1	4		189	140	46
平凉市	**699**	**12**	**15**	**7**	**1313**	**1030**	**271**
崆峒区	1			2	6	1	5
泾川县	156	4	1		294	226	66
灵台县	91	2	5	1	222	194	25
崇信县	38	1			196	159	36
庄浪县	225	3	6	1	300	226	69
静宁县	169	2	3	3	252	205	46
华亭市	19				43	19	24

职业中类的就业人口（镇）（续8）

单位：人

其他办事人员和有关人员	社会生产服务和生活服务人员							
	小计	批发与零售服务人员	交通运输、仓储和邮政业服务人员	住宿和餐饮服务人员	信息传输、软件和信息技术服务人员	金融服务人员	房地产服务人员	租赁和商务服务人员
154	**41010**	**13070**	**11800**	**5977**	**838**	**1063**	**489**	**1292**
14	**6244**	**1626**	**2128**	**772**	**134**	**115**	**173**	**372**
	249	115	57	23	11	2	7	10
2	520	120	187	50	18	3	11	51
4	169	29	57	14	1		5	38
1	154	44	48	15	1	2	2	19
2	1287	289	498	207	21	19	15	61
2	682	154	323	52	10	19	10	16
2	1910	608	567	242	44	44	64	62
1	1273	267	391	169	28	26	59	115
	54	**7**	**27**	**5**				**5**
	54	7	27	5				5
2	**811**	**218**	**325**	**79**	**14**	**19**	**7**	**17**
	5	1	1					
2	806	217	324	79	14	19	7	17
10	**2675**	**828**	**938**	**252**	**75**	**67**	**37**	**39**
	15	6	6	3				
1	136	37	54	13	2		4	2
2	892	298	345	64	22	21	10	5
4	749	260	191	100	25	25	9	23
3	883	227	342	72	26	21	14	9
16	**4452**	**1816**	**961**	**726**	**91**	**96**	**49**	**105**
2	234	84	57	39	6	1	3	5
4	288	92	72	48	5	1	5	11
1	370	149	81	57	5	15	2	5
3	1238	542	300	167	21	27	23	17
	1111	452	246	141	28	22	9	47
3	874	412	151	133	16	23	7	12
3	337	85	54	141	10	7		8
8	**2077**	**598**	**666**	**294**	**47**	**62**	**9**	**32**
	646	179	252	85	13	3	1	9
4	509	172	130	48	18	22	4	5
4	390	100	111	71	7	16	2	7
	532	147	173	90	9	21	2	11
5	**2333**	**661**	**737**	**260**	**43**	**85**	**21**	**78**
	104	36	26	20		1		6
	70	20	11	10	3	5		8
	611	162	189	46	15	22	10	22
1	380	101	99	44	9	20	4	18
1	533	191	142	70	9	25	1	15
3	635	151	270	70	7	12	6	9
12	**2724**	**954**	**723**	**319**	**51**	**88**	**17**	**76**
	64	24	12	8		2		
2	615	189	157	84	9	20	6	20
3	362	123	81	63		20	2	14
1	238	69	79	20	10	6	2	10
5	508	204	137	61	6	20	3	1
1	693	289	156	64	22	19	3	25
	244	56	101	19	4	1	1	6

4-6b 各地区分性别、

地区 性别	专业技术人员				办事人员和有关人员		
	教学人员	文学艺术、体育专业人员	新闻出版、文化专业人员	其他专业技术人员	小计	办事人员	安全和消防人员
酒泉市	**174**	**7**	**12**	**7**	**669**	**474**	**183**
肃州区					5	2	3
金塔县	65		1		151	106	45
瓜州县	68	2	6	2	166	97	63
肃北蒙古族自治县	6	3	2	1	84	51	30
阿克塞哈萨克族自治县	3	1	1	4	94	74	17
玉门市	10				41	28	13
敦煌市	22	1	2		128	116	12
庆阳市	**728**	**18**	**11**	**11**	**1870**	**1549**	**310**
西峰区	4				5	4	1
庆城县	74	6	2	8	257	208	40
环　县	153	3	1		338	276	62
华池县	66	1			277	210	66
合水县	65	3	1	1	200	166	34
正宁县	92	2	1		227	199	28
宁　县	131	1	3	1	252	210	41
镇原县	143	2	3	1	314	276	38
定西市	**1336**	**33**	**22**	**23**	**1871**	**1480**	**372**
安定区	15				19	15	4
通渭县	218	5	5	1	314	269	42
陇西县	343	10	9		474	360	113
渭源县	165		4	1	215	169	45
临洮县	273	14	2	21	376	290	81
漳　县	91	3			195	162	31
岷　县	231	1	2		278	215	56
陇南市	**871**	**24**	**16**	**6**	**2044**	**1653**	**375**
武都区	27	1	1	1	31	24	7
成　县	134	3	5	1	318	250	61
文　县	92	2	1	1	243	201	40
宕昌县	81	2	1		228	187	40
康　县	77	2	1	1	182	148	34
西和县	156	7	3		343	272	70
礼　县	182	4	2		282	220	60
徽　县	106	1	1	1	316	279	35
两当县	16	2	1	1	101	72	28
临夏回族自治州	**581**	**6**	**16**	**4**	**1255**	**954**	**289**
临夏市	1				11	7	3
临夏县	19			1	25	14	11
康乐县	97		2		230	165	63
永靖县	163	1	4	1	295	216	79
广河县	92	1	1	1	180	146	33
和政县	88	3	6		222	169	48
东乡族自治县	17		2		92	79	13
积石山保安族东乡族撒拉族自治县	104	1	1	1	200	158	39
甘南藏族自治州	**388**	**13**	**12**	**2**	**1022**	**858**	**147**
合作市					2	2	
临潭县	96	1	1		147	117	20
卓尼县	80	1			216	184	32
舟曲县	62	1	2		200	170	29
迭部县	47	1	2	2	150	129	19
玛曲县	34	3	1		107	90	14
碌曲县	34	4	3		89	77	11
夏河县	35	2	3		111	89	22

职业中类的就业人口（镇）（续9）

单位：人

其他办事人员和有关人员	社会生产服务和生活服务人员							
	小计	批发与零售服务人员	交通运输、仓储和邮政业服务人员	住宿和餐饮服务人员	信息传输、软件和信息技术服务人员	金融服务人员	房地产服务人员	租赁和商务服务人员
12	**1651**	**438**	**548**	**202**	**39**	**37**	**16**	**55**
	121	54	23	19	2	3	1	1
	410	120	128	50	9	17	3	12
6	487	149	134	55	14	13	5	25
3	88	8	32	16	1	1	1	
3	75	14	27	11		2		4
	258	68	85	40	2	1	1	3
	212	25	119	11	11		5	10
11	**3700**	**1045**	**1260**	**465**	**66**	**98**	**27**	**127**
	86	31	21	16		2		1
9	810	180	324	85	13	23	6	36
	653	169	273	63	9	12	1	15
1	350	69	163	44	6	5		13
	330	83	127	55	10	8	4	9
	413	152	92	55	5	12	2	18
1	542	191	126	90	7	14	4	15
	516	170	134	57	16	22	10	20
19	**5406**	**1985**	**1322**	**758**	**110**	**164**	**69**	**169**
	179	75	42	30		2	1	4
3	614	217	131	87	14	25	8	27
1	1608	555	433	221	30	52	23	54
1	480	183	97	69	10	22	4	9
5	1371	458	364	175	30	36	31	58
2	301	120	74	41	8	7	1	4
7	853	377	181	135	18	20	1	13
16	**4111**	**1350**	**1115**	**671**	**87**	**109**	**31**	**110**
	316	143	76	39	4	2	1	14
7	776	232	232	122	13	29	4	19
2	306	105	102	24	4	9		4
1	449	111	168	101	11	9	2	3
	281	96	63	40	13	6		16
1	615	236	131	107	12	11	1	8
2	664	228	139	136	10	26	8	14
2	586	162	173	84	16	14	15	30
1	118	37	31	18	4	3		2
12	**3471**	**1108**	**799**	**905**	**47**	**87**	**25**	**53**
1	139	45	32	47	1		2	1
	367	123	67	115	3	2	4	14
2	366	134	89	49	9	19	3	5
	697	196	220	110	13	15	7	9
1	755	214	187	235	9	24	1	9
5	418	136	91	96	5	9	7	9
	362	115	48	176	3	2		
3	367	145	65	77	4	16	1	6
17	**1301**	**436**	**251**	**269**	**34**	**36**	**8**	**54**
	11	5	4	1				
10	268	114	55	41	9	10	1	6
	150	40	31	28	6	6		10
1	226	59	61	37	2	5	1	6
2	146	31	20	35	7	2	4	22
3	181	75	21	43	5	7		3
1	95	29	14	26	2	1		5
	224	83	45	58	3	5	2	2

4-6b 各地区分性别、

地区 性别	专业技术人员				办事人员和有关人员		
	教学人员	文学艺术、体育专业人员	新闻出版、文化专业人员	其他专业技术人员	小计	办事人员	安全和消防人员
女	**9560**	**132**	**287**	**29**	**8035**	**7462**	**475**
兰州市	**839**	**22**	**36**	**6**	**769**	**708**	**51**
城关区	26	4	4		72	65	7
七里河区	49	5	6	1	39	36	3
西固区	14		2		14	12	
安宁区							
红古区	2				9	8	
永登县	187		2		142	128	13
皋兰县	127	3	5		97	88	8
榆中县	249	7	10	2	178	164	10
兰州新区	185	3	7	3	218	207	10
嘉峪关市	**2**						
市辖区	2						
金昌市	**120**	**1**	**4**		**157**	**142**	**15**
金川区							
永昌县	120	1	4		157	142	15
白银市	**768**	**11**	**18**		**438**	**414**	**23**
白银区	1						
平川区	16				5	5	
靖远县	242	4	9		150	142	8
会宁县	264	3	6		152	145	7
景泰县	245	4	3		131	122	8
天水市	**1076**	**9**	**21**	**1**	**589**	**547**	**34**
秦州区	10				12	10	1
麦积区	32				30	27	1
清水县	143	2	1		86	80	6
秦安县	271	4	11		128	124	3
甘谷县	263	2	4		116	107	9
武山县	225	1	3	1	120	112	6
张家川回族自治县	132		2		97	87	8
武威市	**444**	**5**	**8**		**394**	**371**	**19**
凉州区	42	1	1		23	19	4
民勤县	151		1		121	112	7
古浪县	114	1	1		123	120	2
天祝藏族自治县	137	3	5		127	120	6
张掖市	**451**	**8**	**14**	**2**	**428**	**382**	**39**
甘州区	8						
肃南裕固族自治县	16	2	1		42	38	3
民乐县	143	1	4	1	102	93	9
临泽县	102	1	1		89	83	6
高台县	97		7	1	105	89	11
山丹县	85	4	1		90	79	10
平凉市	**875**	**11**	**18**	**1**	**616**	**572**	**27**
崆峒区	4		1		4	4	
泾川县	201	3	2		130	114	8
灵台县	134	1	1		111	106	3
崇信县	63	1	3		108	105	3
庄浪县	224	2	3	1	125	113	7
静宁县	221	3	7		117	113	3
华亭市	28	1	1		21	17	3

职业中类的就业人口（镇）（续10）

单位：人

其他办事人员和有关人员	社会生产服务和生活服务人员							
	小计	批发与零售服务人员	交通运输、仓储和邮政业服务人员	住宿和餐饮服务人员	信息传输、软件和信息技术服务人员	金融服务人员	房地产服务人员	租赁和商务服务人员
98	**32872**	**15055**	**1907**	**7439**	**451**	**1136**	**450**	**399**
10	**4526**	**1776**	**357**	**993**	**61**	**161**	**174**	**86**
	200	116	10	29	3	2	6	3
	383	160	33	61	4	9	11	9
2	111	36	11	18	3	3	2	7
1	90	35		29	1	1	2	1
1	979	405	61	254	22	36	21	8
1	433	164	40	85	5	26	9	7
4	1355	546	99	304	10	51	71	26
1	975	314	103	213	13	33	52	25
	39	**9**	**4**	**7**			**1**	**7**
	39	9	4	7			1	7
	725	**302**	**43**	**152**	**9**	**35**	**10**	**12**
	7	3		1				
	718	299	43	151	9	35	10	12
1	**2068**	**1035**	**140**	**401**	**28**	**85**	**28**	**16**
	11	6		3			1	
	64	30	4	15	1			
	650	327	49	131	5	36	6	3
	806	427	38	155	9	27	14	6
1	537	245	49	97	13	22	7	7
8	**3310**	**1788**	**138**	**718**	**37**	**82**	**34**	**26**
1	181	83	8	46	5	1	2	1
2	214	103	12	42	1	5	3	4
	341	156	17	77	4	9	2	
1	840	473	30	177	6	30	12	6
	784	471	35	125	9	16	7	11
2	741	429	28	159	7	15	8	2
2	209	73	8	92	5	6		2
4	**1648**	**697**	**90**	**382**	**24**	**61**	**15**	**14**
	416	178	34	104	5	4	4	1
2	444	183	21	85	6	30	7	3
1	340	152	15	77	6	13	2	4
1	448	184	20	116	7	14	2	6
7	**2258**	**1056**	**181**	**448**	**21**	**91**	**18**	**40**
	67	37	5	18	1	1		1
1	59	26	3	12	1	3		3
	606	289	45	118	4	26	3	7
	319	153	22	53	3	13	4	6
5	580	273	34	117	8	27	3	12
1	627	278	72	130	4	21	8	11
17	**2490**	**1217**	**131**	**489**	**37**	**77**	**19**	**22**
	58	16	6	20		1		
8	533	241	36	117	11	15	6	6
2	332	158	12	82	3	9	1	5
	227	96	8	55	6	12	4	5
5	664	340	28	86	9	17	2	3
1	511	307	26	68	6	22	4	3
1	165	59	15	61	2	1	2	

4-6b 各地区分性别、

地区 性别	专业技术人员				办事人员和有关人员		
	教学人员	文学艺术、体育专业人员	新闻出版、文化专业人员	其他专业技术人员	小计	办事人员	安全和消防人员
酒泉市	**257**	**7**	**31**		**423**	**376**	**41**
肃州区	1				3	2	1
金塔县	78	1	3		81	70	8
瓜州县	86	2	9		96	81	12
肃北蒙古族自治县	13	2	4		54	50	4
阿克塞哈萨克族自治县	16	1	2		71	63	8
玉门市	9	1			25	20	5
敦煌市	54		13		93	90	3
庆阳市	**936**	**11**	**26**	**4**	**899**	**843**	**45**
西峰区	2				1	1	
庆城县	118		6	1	146	136	5
环　县	201	2	5	1	182	166	12
华池县	92	2	3		119	113	5
合水县	72		2		96	89	7
正宁县	122	3	3		96	92	4
宁　县	158		3	2	125	117	7
镇原县	171	4	4		134	129	5
定西市	**1473**	**26**	**33**	**6**	**1136**	**1064**	**63**
安定区	12				8	8	
通渭县	176	1	5		156	151	3
陇西县	420	10	8		296	274	22
渭源县	171	1	2		108	104	4
临洮县	351	13	13	5	266	250	14
漳　县	106	1	1		126	111	14
岷　县	237		4	1	176	166	6
陇南市	**1069**	**11**	**39**	**3**	**974**	**904**	**62**
武都区	48	1	1		11	11	
成　县	203		4	2	209	190	13
文　县	134		3		103	99	4
宕昌县	85	1	3		121	114	6
康　县	77	1	11		94	87	7
西和县	165	3	7		117	106	11
礼　县	174	1	2	1	93	84	9
徽　县	149	3	6		156	146	10
两当县	34	1	2		70	67	2
临夏回族自治州	**763**	**3**	**24**	**5**	**569**	**539**	**22**
临夏市	3				4	3	
临夏县	18		1		10	10	
康乐县	133	2	3		83	82	1
永靖县	216	1	13	1	187	175	8
广河县	97		1		64	60	3
和政县	146		4	4	110	103	5
东乡族自治县	27				14	13	1
积石山保安族东乡族撒拉族自治县	123		2		97	93	4
甘南藏族自治州	**487**	**7**	**15**	**1**	**643**	**600**	**34**
合作市							
临潭县	91		3	1	114	106	2
卓尼县	101				130	125	5
舟曲县	95	1	2		104	95	8
迭部县	63		4		82	78	3
玛曲县	33	5	4		57	55	2
碌曲县	46	1	2		68	63	5
夏河县	58				88	78	9

职业中类的就业人口（镇）（续11）

单位：人

其他办事人员和有关人员	社会生产服务和生活服务人员							
	小计	批发与零售服务人员	交通运输、仓储和邮政业服务人员	住宿和餐饮服务人员	信息传输、软件和信息技术服务人员	金融服务人员	房地产服务人员	租赁和商务服务人员
6	**1384**	**564**	**105**	**317**	**14**	**66**	**9**	**19**
	82	43	4	15	2	2		
3	359	171	17	64	3	25	1	3
3	468	211	32	85	2	27	4	11
	62	11	8	22		4	2	
	72	23	3	21	3	3		1
	182	72	11	63		3	1	1
	159	33	30	47	4	2	1	3
11	**2715**	**1263**	**133**	**604**	**52**	**129**	**18**	**31**
	54	26	2	14	1			1
5	473	228	25	104	8	11	2	8
4	479	228	23	92	18	18	2	
1	241	96	10	74	3	12		4
	271	108	19	68	9	18	2	4
	328	160	18	64	4	23	5	3
1	429	212	22	99	7	16	4	3
	440	205	14	89	2	31	3	8
9	**4711**	**2249**	**236**	**1034**	**62**	**147**	**71**	**54**
	135	76	5	36	3	1		1
2	526	271	29	123	9	9	7	4
	1407	656	91	265	16	48	26	22
	415	180	21	91	7	22	3	5
2	1299	580	56	298	18	40	27	17
1	300	152	9	68	3	15	1	1
4	629	334	25	153	6	12	7	4
8	**3390**	**1586**	**221**	**777**	**54**	**109**	**21**	**32**
	235	125	15	60		2		
6	656	317	30	143	11	28	6	3
	298	159	22	52	5	14		3
1	401	131	71	118	3	13	5	6
	283	147	11	59	8	5		5
	441	245	18	89	8	10	4	3
	518	215	25	139	7	16	2	3
	471	205	24	92	9	18	4	9
1	87	42	5	25	3	3		
8	**2531**	**1057**	**82**	**805**	**30**	**59**	**23**	**24**
1	72	24		31		1		
	252	98	1	102	3	1	2	2
	407	204	12	91	2	10	4	3
4	662	279	41	166	9	31	10	12
1	288	107	13	107	6	5	2	
2	365	165	10	96	5	5	2	5
	193	56	2	118	1	1		
	292	124	3	94	4	5	3	2
9	**1077**	**456**	**46**	**312**	**22**	**34**	**9**	**16**
	5	2	1	1				
6	203	97	8	58	8	6	3	3
	152	62	7	41	5	7	2	1
1	212	85	10	63	1	5	1	4
1	113	39	7	36	1	5	1	2
	153	78	5	36	1	2		2
	73	24	1	29	2	4		2
1	166	69	7	48	4	5	2	2

4-6b 各地区分性别、

地区 性别	社会生产服务和生活服务人员							
	技术辅助服务人员	水利、环境和公共设施管理服务人员	居民服务人员	电力、燃气及水供应服务人员	修理及制作服务人员	文化、体育和娱乐服务人员	健康服务人员	其他社会生产和生活服务人员
合计	**1117**	**3494**	**3396**	**1341**	**2457**	**404**	**240**	**67**
兰州市	**180**	**695**	**334**	**152**	**342**	**89**	**43**	**7**
城关区	13	11	13	1	8	8	1	
七里河区	16	73	31	16	30	6	3	1
西固区	3	30	12	2	8	1		
安宁区								
红古区	3	15	5	2	15	3	1	
永登县	27	124	72	27	75	14	9	1
皋兰县	16	88	30	29	22	4	5	1
榆中县	44	164	111	43	114	32	18	1
兰州新区	58	190	60	32	70	21	6	3
嘉峪关市	**1**	**17**	**1**		**2**			
市辖区	1	17	1		2			
金昌市	**23**	**112**	**45**	**56**	**48**	**4**	**6**	
金川区		4		1	1			
永昌县	23	108	45	55	47	4	6	
白银市	**83**	**240**	**162**	**75**	**174**	**21**	**16**	**3**
白银区			1					
平川区	2	21	4	2	8			1
靖远县	21	58	46	28	51	7	9	
会宁县	29	76	48	25	51	13	3	1
景泰县	31	85	63	20	64	1	4	1
天水市	**87**	**241**	**401**	**104**	**213**	**31**	**13**	**5**
秦州区	7	33	15	1	12	4	1	1
麦积区	9	19	44	8	17		1	
清水县	7	42	55	14	10	1	1	2
秦安县	28	52	87	18	53	5	3	1
甘谷县	23	47	90	28	68	15	5	
武山县	10	36	88	25	47	4	2	1
张家川回族自治县	3	12	22	10	6	2		
武威市	**84**	**224**	**185**	**73**	**156**	**7**	**5**	
凉州区	39	42	42	11	56			
民勤县	15	61	85	17	37	3	1	
古浪县	13	54	24	24	29	1	2	
天祝藏族自治县	17	67	34	21	34	3	2	
张掖市	**67**	**230**	**235**	**106**	**160**	**34**	**16**	**3**
甘州区		4	5	2	7	1		
肃南裕固族自治县	2	10	3	3	4	1	1	
民乐县	17	94	62	34	43	2	6	1
临泽县	18	33	34	25	28	9	3	
高台县	9	37	66	21	33	13	5	2
山丹县	21	52	65	21	45	8	1	
平凉市	**70**	**263**	**317**	**81**	**196**	**35**	**25**	**7**
崆峒区	2	8	5	5	8	5		
泾川县	18	59	60	20	50	11	10	3
灵台县	15	38	30	9	17	8	2	2
崇信县		39	18	7	15	4		
庄浪县	9	36	160	13	31	3	2	1
静宁县	24	43	33	25	53	1	11	
华亭市	2	40	11	2	22	3		1

职业中类的就业人口（镇）（续12）

单位：人

农、林、牧、渔业生产及辅助人员								
小计	农业生产人员	林业生产人员	畜牧业生产人员	渔业生产人员	农林牧渔生产辅助人员	其他农、林、牧、渔业生产加工人员	小计	农副产品加工人员
35302	**30440**	**852**	**3544**	**24**	**419**	**23**	**39032**	**942**
1654	**1395**	**81**	**159**	**3**	**15**	**1**	**5565**	**59**
1	1						120	
112	96	9	6		1		346	19
43	41		2				239	
15	12		1		2		195	1
546	397	40	104	2	3		1211	10
401	368	13	20				745	2
497	450	18	20	1	8		1026	21
39	30	1	6		1	1	1683	6
46	**32**		**14**				**67**	**2**
46	32		14				67	2
592	**502**	**9**	**46**	**1**	**34**		**885**	**18**
7	5				2		4	
585	497	9	46	1	32		881	18
3231	**2968**	**16**	**232**	**3**	**11**	**1**	**2214**	**39**
116	116						5	
145	128		17				353	
1371	1289	9	72		1		632	9
1093	1025	2	66				641	17
506	410	5	77	3	10	1	583	13
3850	**3588**	**79**	**156**	**1**	**23**	**3**	**4410**	**70**
168	152	4	11		1		362	6
192	164	14	8		4	2	292	5
281	253	4	21		3		450	15
1179	1146	5	27		1		767	13
1022	944	32	42		4		1304	11
851	797	14	32	1	6	1	1008	14
157	132	6	15		4		227	6
2731	**2179**	**72**	**462**	**1**	**17**		**1672**	**46**
1347	1122		222		3		515	16
769	691	28	40		10		287	15
428	282	20	123	1	2		426	15
187	84	24	77		2		444	
2812	**2294**	**65**	**393**	**2**	**53**	**5**	**2581**	**87**
543	510	1	31		1		53	6
170	10	8	150		2		32	1
440	305	31	68		34	2	924	46
674	630	3	27	2	9	3	168	8
639	589	10	36		4		405	13
346	250	12	81		3		999	13
2764	**2495**	**39**	**176**		**54**		**2580**	**66**
34	27		7				80	2
387	341	9	26		11		485	18
227	183	5	19		20		272	6
158	137	4	16		1		290	7
1030	952	15	43		20		503	10
838	794	4	39		1		565	20
90	61	2	26		1		385	3

4-6b　各地区分性别、

地区 性别	社会生产服务和生活服务人员							
	技术辅助服务人员	水利、环境和公共设施管理服务人员	居民服务人员	电力、燃气及水供应服务人员	修理及制作服务人员	文化、体育和娱乐服务人员	健康服务人员	其他社会生产和生活服务人员
酒泉市	**52**	**173**	**134**	**77**	**133**	**30**	**5**	**2**
肃州区	1	4	15	2	11			1
金塔县	6	44	34	18	33	7	3	1
瓜州县	25	42	54	22	38	7		
肃北蒙古族自治县	2	12	7	13	8	1	1	
阿克塞哈萨克族自治县	2	13	5	6	7	1	1	
玉门市		27	16	9	27	10		
敦煌市	16	31	3	7	9	4		
庆阳市	**108**	**241**	**321**	**135**	**237**	**33**	**18**	**4**
西峰区	4	4	6	2	8	1		
庆城县	24	40	69	28	56	4	7	2
环　县	25	52	52	36	37	6	1	
华池县	13	31	24	5	15	2	1	1
合水县	7	25	17	7	16	4	1	
正宁县	4	24	41	19	31	7	1	1
宁　县	15	27	50	22	40	4	3	
镇原县	16	38	62	16	34	5	4	
定西市	**172**	**421**	**497**	**162**	**313**	**53**	**46**	**23**
安定区	7	9	12	2	8			
通渭县	21	34	57	18	39	3	4	3
陇西县	57	168	132	44	90	22	8	2
渭源县	14	50	41	18	35	10	2	2
临洮县	43	100	178	33	88	8	26	6
漳　县	6	17	31	15	24	3	1	
岷　县	24	43	46	32	29	7	5	10
陇南市	**114**	**257**	**451**	**152**	**212**	**26**	**16**	
武都区	7	11	28	3	15	5	1	
成　县	21	52	82	27	49	8	4	
文　县	7	23	33	18	18	1	1	
宕昌县	8	25	30	22	12	1		
康　县	10	26	33	9	14	3		
西和县	18	41	57	18	32	5	2	
礼　县	19	34	91	25	39	1	5	
徽　县	24	40	84	27	23	2	2	
两当县		5	13	3	10		1	
临夏回族自治州	**60**	**239**	**250**	**111**	**182**	**32**	**11**	**13**
临夏市	1	15	4	1	4	1		1
临夏县	2	24	25	4	25	2		
康乐县	10	32	43	16	27	6	4	1
永靖县	27	59	59	42	44	8	2	
广河县	1	28	42	10	29	5	1	8
和政县	6	45	41	17	19	9	3	2
东乡族自治县	2	15	7	5	4			
积石山保安族东乡族撒拉族自治县	11	21	29	16	30	1	1	1
甘南藏族自治州	**16**	**141**	**63**	**57**	**89**	**9**	**20**	
合作市		1			1			
临潭县	2	16	7	8	16		3	
卓尼县	9	9	11	12	11		4	
舟曲县	2	54	19	7	13		3	
迭部县	2	14	11	11	4	3	2	
玛曲县		16	7	3	26	1	3	
碌曲县	1	12	3	4	2	5	2	
夏河县		19	5	12	16		3	

职业中类的就业人口（镇）（续13）

单位：人

农、林、牧、渔业生产及辅助人员								
小计	农业生产人员	林业生产人员	畜牧业生产人员	渔业生产人员	农林牧渔生产辅助人员	其他农、林、牧、渔业生产加工人员	小计	农副产品加工人员
2539	**2114**	**43**	**335**		**45**	**2**	**1893**	**17**
785	762		18		3	2	51	
364	298	7	33		26		313	9
448	380	6	54		8		403	2
83	23	15	45				40	1
47	6	11	30				70	
635	473	3	151		8		439	5
177	172	1	4				577	
3512	**2992**	**81**	**406**		**28**	**5**	**3540**	**148**
30	26	1	3				47	
269	218	6	35		9	1	741	7
397	312	10	72		3		790	11
108	96	2	7		2	1	260	2
318	259	32	26		1		265	7
736	670	7	57		2		389	10
725	601	18	102		4		393	14
929	810	5	104		7	3	655	97
5425	**5028**	**69**	**241**	**4**	**79**	**4**	**5563**	**169**
460	394	8	52		6		182	6
490	460	6	22		2		695	12
900	808	12	70	2	8		2002	49
1108	1087	5	10		2	4	469	13
1118	1043	24	35	2	14		1214	71
422	393	6	17		6		284	11
927	843	8	35		41		717	7
2673	**2328**	**140**	**165**	**6**	**33**	**1**	**4056**	**85**
322	287	25	8		2		435	15
451	396	13	29		12	1	865	15
267	239	11	12	2	3		451	9
506	463	22	18		3		358	10
91	65	7	18		1		325	4
208	184	4	16	2	2		445	7
562	502	16	39		5		450	15
218	156	34	21	2	5		656	10
48	36	8	4				71	
2493	**2052**	**45**	**374**	**3**	**18**	**1**	**3020**	**119**
65	47		18				110	7
151	124		27				438	27
191	167	7	14		3		347	10
426	369	15	33	2	7		740	20
575	462	3	109		1		315	18
452	350	19	79	1	3		513	22
530	443	1	82		3	1	258	9
103	90		12		1		299	6
980	**473**	**113**	**385**		**9**		**986**	**17**
16	5		9		2		14	
251	210	14	23		4		266	5
135	78	32	24		1		164	3
145	106	28	11				233	4
105	63	28	13		1		103	
254		3	251				70	1
63	11	5	46		1		36	
11		3	8				100	4

4-6b 各地区分性别、

地区 性别	社会生产服务和生活服务人员							
	技术辅助服务人员	水利、环境和公共设施管理服务人员	居民服务人员	电力、燃气及水供应服务人员	修理及制作服务人员	文化、体育和娱乐服务人员	健康服务人员	其他社会生产和生活服务人员
男	**713**	**1322**	**982**	**978**	**2121**	**234**	**94**	**37**
兰州市	**117**	**217**	**100**	**116**	**303**	**54**	**15**	**2**
城关区	6	3	2		7	6		
七里河区	12	20	7	14	23	2	2	
西固区	2	11	2	2	7	1		
安宁区								
红古区	2	4		2	13	2		
永登县	16	42	23	21	68	4	3	
皋兰县	12	33	8	21	20	3	1	
榆中县	31	51	44	31	98	18	5	1
兰州新区	36	53	14	25	67	18	4	1
嘉峪关市	**1**	**7**			**2**			
市辖区	1	7			2			
金昌市	**15**	**27**	**6**	**41**	**38**	**3**	**2**	
金川区		1		1	1			
永昌县	15	26	6	40	37	3	2	
白银市	**49**	**121**	**52**	**55**	**142**	**12**	**6**	**2**
白银区								
平川区	1	13		1	8			1
靖远县	12	28	16	23	40	5	3	
会宁县	17	23	12	18	38	6	2	
景泰县	19	57	24	13	56	1	1	1
天水市	**59**	**107**	**132**	**80**	**196**	**22**	**8**	**4**
秦州区	5	18	3	1	9	2		1
麦积区	8	13	11	5	16		1	
清水县	3	16	15	10	9	1	1	1
秦安县	20	20	29	14	52	4	1	1
甘谷县	15	17	29	24	65	13	3	
武山县	6	17	37	17	39	1	2	1
张家川回族自治县	2	6	8	9	6	1		
武威市	**62**	**72**	**55**	**45**	**130**	**2**	**3**	
凉州区	34	9	8	9	44			
民勤县	8	27	29	13	31	1	1	
古浪县	7	20	8	15	25	1		
天祝藏族自治县	13	16	10	8	30		2	
张掖市	**42**	**109**	**56**	**81**	**132**	**19**	**6**	**3**
甘州区		2	3	2	7	1		
肃南裕固族自治县	2	5		2	3	1		
民乐县	11	48	18	29	34	2	2	1
临泽县	11	18	5	20	22	7	2	
高台县	4	13	15	14	27	4	1	2
山丹县	14	23	15	14	39	4	1	
平凉市	**43**	**109**	**80**	**64**	**167**	**20**	**11**	**2**
崆峒区	1	2	1	3	7	4		
泾川县	13	28	22	15	43	5	3	1
灵台县	7	13	11	7	16	4	1	
崇信县		14	5	7	12	4		
庄浪县	5	8	29	10	22	1	1	
静宁县	16	17	9	20	46	1	6	
华亭市	1	27	3	2	21	1		1

职业中类的就业人口（镇）（续 14）

单位：人

农、林、牧、渔业生产及辅助人员								
小计	农业生产人员	林业生产人员	畜牧业生产人员	渔业生产人员	农林牧渔生产辅助人员	其他农、林、牧、渔业生产加工人员	小计	农副产品加工人员
19142	**15864**	**621**	**2372**	**19**	**255**	**11**	**31320**	**551**
972	**776**	**57**	**124**	**3**	**12**		**4548**	**31**
1	1						89	
69	57	6	5		1		282	4
28	26		2				201	
9	7		1		1		164	
313	201	28	80	2	2		969	7
224	204	6	14				641	1
303	262	16	17	1	7		790	14
25	18	1	5		1		1412	5
23	**15**		**8**				**54**	**1**
23	15		8				54	1
348	**283**	**6**	**35**		**24**		**690**	**10**
5	4				1		4	
343	279	6	35		23		686	10
1798	**1605**	**13**	**168**	**3**	**9**		**1858**	**24**
60	60						3	
88	76		12				307	
783	721	8	53		1		524	7
520	476	1	43				541	9
347	272	4	60	3	8		483	8
2181	**2008**	**58**	**100**		**13**	**2**	**3629**	**43**
94	82	4	7		1		302	4
119	99	10	7		2	1	246	3
141	127	3	10		1		324	8
658	638	4	16				630	10
619	568	21	27		3		1125	6
451	413	10	22		5	1	820	7
99	81	6	11		1		182	5
1444	**1094**	**51**	**286**	**1**	**12**		**1332**	**27**
670	533		134		3		417	12
405	354	19	24		8		220	6
237	152	13	71	1			341	9
132	55	19	57		1		354	
1500	**1156**	**47**	**255**	**2**	**38**	**2**	**1960**	**56**
290	266	1	22		1		43	5
102	5	4	91		2		26	1
235	146	23	44		22		680	27
374	340	2	20	2	8	2	137	5
313	280	8	22		3		339	9
186	119	9	56		2		735	9
1386	**1189**	**33**	**132**		**32**		**2103**	**37**
17	12		5				67	1
219	184	9	21		5		392	10
144	112	4	16		12		233	3
87	69	4	13		1		235	3
447	396	12	26		13		375	7
423	389	2	31		1		461	11
49	27	2	20				340	2

4-6b 各地区分性别、

地区 性别	社会生产服务和生活服务人员							
	技术辅助服务人员	水利、环境和公共设施管理服务人员	居民服务人员	电力、燃气及水供应服务人员	修理及制作服务人员	文化、体育和娱乐服务人员	健康服务人员	其他社会生产和生活服务人员
酒泉市	**26**	**71**	**31**	**61**	**110**	**16**	**1**	
肃州区		3	4	1	10			
金塔县	1	19	10	14	24	3		
瓜州县	14	17	11	19	30	1		
肃北蒙古族自治县	2	4	2	12	8		1	
阿克塞哈萨克族自治县	1	4	1	4	6	1		
玉门市		14	3	7	26	8		
敦煌市	8	10		4	6	3		
庆阳市	**62**	**88**	**112**	**103**	**214**	**22**	**9**	**2**
西峰区	1	2	1	2	8	1		
庆城县	13	12	34	23	52	3	4	2
环　县	14	16	13	29	36	3		
华池县	10	7	13	4	14	2		
合水县	3	8	5	3	12	2	1	
正宁县	4	9	14	17	29	4		
宁　县	9	16	15	16	35	3	1	
镇原县	8	18	17	9	28	4	3	
定西市	**116**	**149**	**129**	**110**	**271**	**27**	**13**	**14**
安定区	5	6	4	2	8			
通渭县	16	15	19	15	34	1	2	3
陇西县	36	46	42	26	78	10	1	1
渭源县	8	19	7	17	31	4		
临洮县	29	34	45	21	72	7	8	3
漳　县	4	7	1	12	19	3		
岷　县	18	22	11	17	29	2	2	7
陇南市	**72**	**118**	**125**	**110**	**195**	**13**	**5**	
武都区	3	5	9	3	14	2	1	
成　县	12	26	19	20	46	2		
文　县	4	11	17	10	16			
宕昌县	4	7	8	13	11	1		
康　县	5	9	13	7	13			
西和县	13	25	22	14	29	5	1	
礼　县	15	13	18	20	34	1	2	
徽　县	16	19	12	21	22	2		
两当县		3	7	2	10		1	
临夏回族自治州	**37**	**60**	**88**	**76**	**153**	**18**	**7**	**8**
临夏市	1	2	1	1	4	1		1
临夏县	2	4	6	4	22	1		
康乐县	5	11	7	8	21	2	4	
永靖县	17	14	23	31	38	3	1	
广河县	1	10	29	6	24	2		4
和政县	5	12	11	11	14	8	2	2
东乡族自治县	2	4	5	3	4			
积石山保安族东乡族撒拉族自治县	4	3	6	12	26	1		1
甘南藏族自治州	**12**	**67**	**16**	**36**	**68**	**6**	**8**	
合作市					1			
临潭县	1	8	3	6	12		2	
卓尼县	6	5	1	7	9		1	
舟曲县	2	31	5	4	11		2	
迭部县	2	5	3	8	3	2	2	
玛曲县		5	3	1	18			
碌曲县	1	8		4	1	4		
夏河县		5	1	6	13		1	

职业中类的就业人口（镇）（续15）

单位：人

农、林、牧、渔业生产及辅助人员								
小计	农业生产人员	林业生产人员	畜牧业生产人员	渔业生产人员	农林牧渔生产辅助人员	其他农、林、牧、渔业生产加工人员	小计	农副产品加工人员
1410	**1129**	**27**	**228**		**25**	**1**	**1507**	**13**
404	389		12		2	1	39	
203	162	6	23		12		252	8
256	211	3	37		5		353	1
46	13	7	26				34	1
33	3	7	23				60	
367	253	3	105		6		346	3
101	98	1	2				423	
1954	**1587**	**66**	**276**		**21**	**4**	**2849**	**82**
14	12		2				40	
169	125	5	30		8	1	629	5
255	202	8	44		1		634	7
65	55	2	6		1	1	223	1
210	160	28	21		1		218	5
356	310	6	38		2		309	5
392	311	13	65		3		314	10
493	412	4	70		5	2	482	49
2796	**2533**	**43**	**177**	**3**	**38**	**2**	**4295**	**92**
244	197	4	39		4		138	4
256	235	4	15		2		563	7
483	420	8	49	1	5		1579	28
578	566	2	8			2	341	6
540	490	17	25	2	6		956	35
237	214	5	15		3		225	8
458	411	3	26		18		493	4
1581	**1334**	**104**	**123**	**5**	**15**		**3394**	**52**
188	157	23	6		2		368	10
250	211	9	23		7		760	8
143	123	8	9	2	1		365	5
271	243	14	13		1		267	7
50	35	3	11		1		278	4
147	130	3	11	2	1		369	5
356	315	11	30				381	7
140	93	27	17	1	2		545	6
36	27	6	3				61	
1237	**941**	**35**	**248**	**2**	**11**		**2362**	**70**
31	17		14				94	5
64	46		18				344	17
83	67	5	9		2		268	6
239	196	14	24	2	3		604	10
292	219	3	69		1		240	10
191	129	12	48		2		378	14
293	234	1	56		2		204	5
44	33		10		1		230	3
512	**214**	**81**	**212**		**5**		**739**	**13**
8	1		6		1		12	
125	94	12	15		4		196	4
72	36	23	13				123	2
72	50	16	6				181	3
56	28	21	7				84	
130		1	129				51	1
40	5	5	30				24	
9		3	6				68	3

4-6b 各地区分性别、

地区 性别	社会生产服务和生活服务人员							
	技术辅助服务人员	水利、环境和公共设施管理服务人员	居民服务人员	电力、燃气及水供应服务人员	修理及制作服务人员	文化、体育和娱乐服务人员	健康服务人员	其他社会生产和生活服务人员
女	**404**	**2172**	**2414**	**363**	**336**	**170**	**146**	**30**
兰州市	**63**	**478**	**234**	**36**	**39**	**35**	**28**	**5**
城关区	7	8	11	1	1	2	1	
七里河区	4	53	24	2	7	4	1	1
西固区	1	19	10		1			
安宁区								
红古区	1	11	5		2	1	1	
永登县	11	82	49	6	7	10	6	1
皋兰县	4	55	22	8	2	1	4	1
榆中县	13	113	67	12	16	14	13	
兰州新区	22	137	46	7	3	3	2	2
嘉峪关市		**10**	**1**					
市辖区		10	1					
金昌市	**8**	**85**	**39**	**15**	**10**	**1**	**4**	
金川区		3						
永昌县	8	82	39	15	10	1	4	
白银市	**34**	**119**	**110**	**20**	**32**	**9**	**10**	**1**
白银区			1					
平川区	1	8	4	1				
靖远县	9	30	30	5	11	2	6	
会宁县	12	53	36	7	13	7	1	1
景泰县	12	28	39	7	8		3	
天水市	**28**	**134**	**269**	**24**	**17**	**9**	**5**	**1**
秦州区	2	15	12		3	2	1	
麦积区	1	6	33	3	1			
清水县	4	26	40	4	1			1
秦安县	8	32	58	4	1	1	2	
甘谷县	8	30	61	4	3	2	2	
武山县	4	19	51	8	8	3		
张家川回族自治县	1	6	14	1		1		
武威市	**22**	**152**	**130**	**28**	**26**	**5**	**2**	
凉州区	5	33	34	2	12			
民勤县	7	34	56	4	6	2		
古浪县	6	34	16	9	4		2	
天祝藏族自治县	4	51	24	13	4	3		
张掖市	**25**	**121**	**179**	**25**	**28**	**15**	**10**	
甘州区		2	2					
肃南裕固族自治县		5	3	1	1		1	
民乐县	6	46	44	5	9		4	
临泽县	7	15	29	5	6	2	1	
高台县	5	24	51	7	6	9	4	
山丹县	7	29	50	7	6	4		
平凉市	**27**	**154**	**237**	**17**	**29**	**15**	**14**	**5**
崆峒区	1	6	4	2	1	1		
泾川县	5	31	38	5	7	6	7	2
灵台县	8	25	19	2	1	4	1	2
崇信县		25	13		3			
庄浪县	4	28	131	3	9	2	1	1
静宁县	8	26	24	5	7		5	
华亭市	1	13	8		1	2		

职业中类的就业人口（镇）（续16）

单位：人

农、林、牧、渔业生产及辅助人员								
小计	农业生产人员	林业生产人员	畜牧业生产人员	渔业生产人员	农林牧渔生产辅助人员	其他农、林、牧、渔业生产加工人员	小计	农副产品加工人员
16160	**14576**	**231**	**1172**	**5**	**164**	**12**	**7712**	**391**
682	**619**	**24**	**35**		**3**	**1**	**1017**	**28**
							31	
43	39	3	1				64	15
15	15						38	
6	5				1		31	1
233	196	12	24		1		242	3
177	164	7	6				104	1
194	188	2	3		1		236	7
14	12		1			1	271	1
23	**17**		**6**				**13**	**1**
23	17		6				13	1
244	**219**	**3**	**11**	**1**	**10**		**195**	**8**
2	1				1			
242	218	3	11	1	9		195	8
1433	**1363**	**3**	**64**		**2**	**1**	**356**	**15**
56	56						2	
57	52		5				46	
588	568	1	19				108	2
573	549	1	23				100	8
159	138	1	17		2	1	100	5
1669	**1580**	**21**	**56**	**1**	**10**	**1**	**781**	**27**
74	70		4				60	2
73	65	4	1		2	1	46	2
140	126	1	11		2		126	7
521	508	1	11		1		137	3
403	376	11	15		1		179	5
400	384	4	10	1	1		188	7
58	51		4		3		45	1
1287	**1085**	**21**	**176**		**5**		**340**	**19**
677	589		88				98	4
364	337	9	16		2		67	9
191	130	7	52		2		85	6
55	29	5	20		1		90	
1312	**1138**	**18**	**138**		**15**	**3**	**621**	**31**
253	244		9				10	1
68	5	4	59				6	
205	159	8	24		12	2	244	19
300	290	1	7		1	1	31	3
326	309	2	14		1		66	4
160	131	3	25		1		264	4
1378	**1306**	**6**	**44**		**22**		**477**	**29**
17	15		2				13	1
168	157		5		6		93	8
83	71	1	3		8		39	3
71	68		3				55	4
583	556	3	17		7		128	3
415	405	2	8				104	9
41	34		6		1		45	1

4-6b 各地区分性别、

地区 性别	社会生产服务和生活服务人员							
	技术辅助服务人员	水利、环境和公共设施管理服务人员	居民服务人员	电力、燃气及水供应服务人员	修理及制作服务人员	文化、体育和娱乐服务人员	健康服务人员	其他社会生产和生活服务人员
酒泉市	**26**	**102**	**103**	**16**	**23**	**14**	**4**	**2**
肃州区	1	1	11	1	1			1
金塔县	5	25	24	4	9	4	3	1
瓜州县	11	25	43	3	8	6		
肃北蒙古族自治县		8	5	1		1		
阿克塞哈萨克族自治县	1	9	4	2	1		1	
玉门市		13	13	2	1	2		
敦煌市	8	21	3	3	3	1		
庆阳市	**46**	**153**	**209**	**32**	**23**	**11**	**9**	**2**
西峰区	3	2	5					
庆城县	11	28	35	5	4	1	3	
环　县	11	36	39	7	1	3	1	
华池县	3	24	11	1	1		1	1
合水县	4	17	12	4	4	2		
正宁县		15	27	2	2	3	1	1
宁　县	6	11	35	6	5	1	2	
镇原县	8	20	45	7	6	1	1	
定西市	**56**	**272**	**368**	**52**	**42**	**26**	**33**	**9**
安定区	2	3	8					
通渭县	5	19	38	3	5	2	2	
陇西县	21	122	90	18	12	12	7	1
渭源县	6	31	34	1	4	6	2	2
临洮县	14	66	133	12	16	1	18	3
漳　县	2	10	30	3	5		1	
岷　县	6	21	35	15		5	3	3
陇南市	**42**	**139**	**326**	**42**	**17**	**13**	**11**	
武都区	4	6	19		1	3		
成　县	9	26	63	7	3	6	4	
文　县	3	12	16	8	2	1	1	
宕昌县	4	18	22	9	1			
康　县	5	17	20	2	1	3		
西和县	5	16	35	4	3		1	
礼　县	4	21	73	5	5		3	
徽　县	8	21	72	6	1		2	
两当县		2	6	1				
临夏回族自治州	**23**	**179**	**162**	**35**	**29**	**14**	**4**	**5**
临夏市		13	3					
临夏县		20	19		3	1		
康乐县	5	21	36	8	6	4		1
永靖县	10	45	36	11	6	5	1	
广河县		18	13	4	5	3	1	4
和政县	1	33	30	6	5	1	1	
东乡族自治县		11	2	2				
积石山保安族东乡族撒拉族自治县	7	18	23	4	4		1	
甘南藏族自治州	**4**	**74**	**47**	**21**	**21**	**3**	**12**	
合作市		1						
临潭县	1	8	4	2	4		1	
卓尼县	3	4	10	5	2		3	
舟曲县		23	14	3	2		1	
迭部县		9	8	3	1	1		
玛曲县		11	4	2	8	1	3	
碌曲县		4	3		1	1	2	
夏河县		14	4	6	3		2	

职业中类的就业人口（镇）（续 17）

单位：人

农、林、牧、渔业生产及辅助人员								
小计	农业生产人员	林业生产人员	畜牧业生产人员	渔业生产人员	农林牧渔生产辅助人员	其他农、林、牧、渔业生产加工人员	小计	农副产品加工人员
1129	**985**	**16**	**107**		**20**	**1**	**386**	**4**
381	373		6		1	1	12	
161	136	1	10		14		61	1
192	169	3	17		3		50	1
37	10	8	19				6	
14	3	4	7				10	
268	220		46		2		93	2
76	74		2				154	
1558	**1405**	**15**	**130**		**7**	**1**	**691**	**66**
16	14	1	1				7	
100	93	1	5		1		112	2
142	110	2	28		2		156	4
43	41		1		1		37	1
108	99	4	5				47	2
380	360	1	19				80	5
333	290	5	37		1		79	4
436	398	1	34		2	1	173	48
2629	**2495**	**26**	**64**	**1**	**41**	**2**	**1268**	**77**
216	197	4	13		2		44	2
234	225	2	7				132	5
417	388	4	21	1	3		423	21
530	521	3	2		2	2	128	7
578	553	7	10		8		258	36
185	179	1	2		3		59	3
469	432	5	9		23		224	3
1092	**994**	**36**	**42**	**1**	**18**	**1**	**662**	**33**
134	130	2	2				67	5
201	185	4	6		5	1	105	7
124	116	3	3		2		86	4
235	220	8	5		2		91	3
41	30	4	7				47	
61	54	1	5		1		76	2
206	187	5	9		5		69	8
78	63	7	4	1	3		111	4
12	9	2	1				10	
1256	**1111**	**10**	**126**	**1**	**7**	**1**	**658**	**49**
34	30		4				16	2
87	78		9				94	10
108	100	2	5		1		79	4
187	173	1	9		4		136	10
283	243		40				75	8
261	221	7	31	1	1		135	8
237	209		26		1	1	54	4
59	57		2				69	3
468	**259**	**32**	**173**		**4**		**247**	**4**
8	4		3		1		2	
126	116	2	8				70	1
63	42	9	11		1		41	1
73	56	12	5				52	1
49	35	7	6		1		19	
124		2	122				19	
23	6		16		1		12	
2			2				32	1

4-6b 各地区分性别、

地区 性别	生　　产　　制　　造						
	食品、饮料生产加工人员	烟草及其制品加工人员	纺织、针织、印染人员	纺织品、服装和皮革、毛皮制品加工制作人员	木材加工、家具与木制品制作人员	纸及纸制品生产加工人员	印刷和记录媒介复制人员
合计	**1064**	**7**	**132**	**803**	**753**	**112**	**233**
兰州市	**125**	**2**	**20**	**80**	**191**	**8**	**29**
城关区	2			31	2		1
七里河区	13		1	2	10		7
西固区			4	1			
安宁区							
红古区	2			4			
永登县	25	1	3	9	13	2	8
皋兰县	9			3	56	1	5
榆中县	55	1	3	13	68	5	6
兰州新区	19		9	17	42		2
嘉峪关市	**1**				**5**		
市辖区	1				5		
金昌市	**11**		**1**	**17**	**18**	**3**	**6**
金川区							
永昌县	11		1	17	18	3	6
白银市	**53**		**8**	**33**	**18**	**6**	**7**
白银区				1			
平川区	4			1			
靖远县	17		2	10	2	2	2
会宁县	17			11	4	4	3
景泰县	15		6	10	12		2
天水市	**100**	**2**	**10**	**124**	**95**	**21**	**27**
秦州区	10			6	7		1
麦积区	10	1		4	7	1	
清水县	13		2	7	3		5
秦安县	25	1	2	26	8	2	6
甘谷县	16		2	51	12	4	11
武山县	21		2	20	56	14	3
张家川回族自治县	5		2	10	2		1
武威市	**53**		**3**	**18**	**40**	**2**	**19**
凉州区	21		1	2	14	1	1
民勤县	12		1	7	20		6
古浪县	14		1	4	5	1	4
天祝藏族自治县	6			5	1		8
张掖市	**48**	**1**	**5**	**21**	**50**	**4**	**20**
甘州区	5		2		4		
肃南裕固族自治县				1			1
民乐县	18			6	24	2	8
临泽县	9			7	3	1	2
高台县	10		2	1	7		6
山丹县	6	1	1	6	12	1	3
平凉市	**86**		**38**	**77**	**39**	**28**	**12**
崆峒区				2			
泾川县	12		27	15	6	3	2
灵台县	12		1	8	6		1
崇信县	3			13	2		1
庄浪县	20		4	23	7		
静宁县	33		6	16	17	24	7
华亭市	6				1	1	1

职业中类的就业人口（镇）（续 18）

单位：人

及有关人员								
文教、工美、体育和娱乐用品制造人员	石油加工和炼焦、煤化工生产人员	化学原料和化学制品制造人员	医药制造人员	化学纤维制造人员	橡胶和塑料制品制造人员	非金属矿物制品制造人员	采矿人员	金属冶炼和压延加工人员
206	**149**	**421**	**672**	**5**	**172**	**871**	**2004**	**651**
12	**7**	**65**	**43**	**2**	**38**	**193**	**56**	**265**
	1	1	3				1	
1		2			2	1	17	3
		7		2		5		23
			4			59	8	5
1	3	29	4		12	72	17	123
		16	8		4	14	5	61
9	3	8	14		18	34	1	14
1		2	10		2	8	7	36
					2	**3**		**11**
					2	3		11
	26	**54**	**1**	**1**	**16**	**22**	**28**	**22**
							1	
	26	54	1	1	16	22	27	22
18	**5**	**7**	**7**		**3**	**94**	**278**	**33**
			1			37	232	
3	1	7	2		1	19	6	5
8	2		2		1	8	15	2
7	2		2		1	30	25	26
26	**2**	**11**	**12**		**16**	**56**	**12**	**12**
2						2		1
						8	1	
		2	4			7		1
7		4	1		9	5	3	
5	1	5	2		5	18	3	6
11	1		3		2	15	2	4
1			2			1	3	
5	**5**	**45**	**27**		**17**	**19**	**91**	**12**
	3	3	24		11	4	7	4
1		37	2		2		12	1
1	1	1			4	9	3	
3	1	4	1			6	69	7
5	**7**	**27**	**7**	**1**	**16**	**54**	**100**	**14**
					1	1	1	
							2	
2	1	21	3		13	11	6	
3			1	1		1	3	5
	5	5	2			5	13	
	1	1	1		2	36	75	9
12	**16**	**13**	**8**		**9**	**54**	**198**	**11**
			1		1	1	3	
3	1					9	11	
	2		4			1	3	4
1					1	5	48	
3					2	11	16	3
5		11	3		4	13	7	2
	13	2			1	14	110	2

4-6b 各地区分性别、

地区 性别	生产制造：食品、饮料生产加工人员	烟草及其制品加工人员	纺织、针织、印染人员	纺织品、服装和皮革、毛皮制品加工制作人员	木材加工、家具与木制品制作人员	纸及纸制品生产加工人员	印刷和记录媒介复制人员
酒泉市	**28**			**19**	**11**		**8**
肃州区	7						
金塔县	5			3	3		1
瓜州县	6			5	4		1
肃北蒙古族自治县							1
阿克塞哈萨克族自治县							1
玉门市	6			1	3		1
敦煌市	4			10	1		3
庆阳市	**82**		**9**	**67**	**42**	**11**	**31**
西峰区				1	1		
庆城县	11		1	11	3	3	7
环　县	6		6	8	1	1	13
华池县	3			2	2	1	2
合水县	14			3	6		1
正宁县			1	11	3		1
宁　县	30			3	19	4	5
镇原县	18		1	28	7	2	2
定西市	**167**	**2**	**16**	**122**	**113**	**24**	**29**
安定区	10			7	7	1	
通渭县	15		1	23	8	3	4
陇西县	61		7	27	55	4	9
渭源县	10			4	11	1	4
临洮县	34	1	5	40	12	5	5
漳　县	9		1	14	3	9	4
岷　县	28	1	2	7	17	1	3
陇南市	**187**		**5**	**57**	**78**	**2**	**18**
武都区	3		3	3	14		1
成　县	23		1	8	10		4
文　县	5			6	13		1
宕昌县	4			10	5		2
康　县	6			4	8		3
西和县	10			9	11		
礼　县	12			11	10		5
徽　县	123		1	4	7	2	2
两当县	1			2			
临夏回族自治州	**85**		**13**	**139**	**45**	**3**	**10**
临夏市	8		1	2	1		
临夏县	19			8	7	1	
康乐县	2			18	3		
永靖县	14		5	13	14		2
广河县	16		2	30	3		
和政县	16		2	32	13		8
东乡族自治县	2		2	26	1	1	
积石山保安族东乡族撒拉族自治县	8		1	10	3	1	
甘南藏族自治州	**38**		**4**	**29**	**8**		**17**
合作市					2		
临潭县	16		3	5	3		2
卓尼县	1			2			3
舟曲县	10			1	2		7
迭部县	4			5	1		
玛曲县				8			1
碌曲县	1		1	1			1
夏河县	6			7			3

职业中类的就业人口（镇）（续 19）

单位：人

及有关人员								
文教、工美、体育和娱乐用品制造人员	石油加工和炼焦、煤化工生产人员	化学原料和化学制品制造人员	医药制造人员	化学纤维制造人员	橡胶和塑料制品制造人员	非金属矿物制品制造人员	采矿人员	金属冶炼和压延加工人员
5	**55**	**98**	**44**		**7**	**40**	**504**	**24**
2					1	1	1	
	4	1	1			5	17	3
1		3				1	108	21
							7	
		4				9		
1	49	87	42		6	24	10	
1	2	3	1				361	
16	**16**	**5**	**8**		**3**	**109**	**503**	**4**
						1	2	
	11	3	1			17	261	
7	2		1		1	27	96	1
1	2					3	50	
		1	1			7	55	
			2		1	6	10	1
1		1	3		1	14	12	
7	1					34	17	2
42	**5**	**19**	**488**		**29**	**104**	**41**	**172**
2		2	6		3	4	1	2
7	1	2	2		1	12	4	2
9	2	9	147		11	31	8	135
1		1	114		2	5	7	1
17	1	4	10		9	39	8	32
1		1	2			7	6	
5	1		207		3	6	7	
28	**2**	**17**	**22**		**6**	**48**	**172**	**47**
1		1	4			3	3	1
7		4			4	13	99	35
2		1	5			2	4	1
3		2	4		1		4	
1		1	3			3	4	1
6		1	1			3	9	5
4	2	2	4			19	13	
4		4	1			4	33	4
		1			1	1	3	
20	**3**	**59**	**3**	**1**	**9**	**41**	**9**	**17**
						1		
10					1	4	2	
4						2		2
	2	56		1	3	11	2	2
1		1			1	2	2	
2	1	2	2		2	8	2	3
					1	6	1	9
3			1		1	7		1
17		**1**	**2**		**1**	**34**	**12**	**7**
5						24		1
3						1		
			2			1	2	1
		1				3		
3							10	2
								2
6					1	5		1

4-6b 各地区分性别、

地区 性别	生产制造						
	食品、饮料生产加工人员	烟草及其制品加工人员	纺织、针织、印染人员	纺织品、服装和皮革、毛皮制品加工制作人员	木材加工、家具与木制品制作人员	纸及纸制品生产加工人员	印刷和记录媒介复制人员
男	**559**	**2**	**40**	**230**	**652**	**69**	**125**
兰州市	**55**	**2**	**4**	**30**	**160**	**3**	**14**
城关区	1			14	2		1
七里河区	6			2	9		3
西固区			2				
安宁区							
红古区	1			1			
永登县	9	1	1		10		3
皋兰县	3			1	49		2
榆中县	29	1	1	6	54	3	3
兰州新区	6			6	36		2
嘉峪关市					**3**		
市辖区					3		
金昌市	**5**			**2**	**14**	**2**	**3**
金川区							
永昌县	5			2	14	2	3
白银市	**26**		**3**	**7**	**16**	**4**	**5**
白银区							
平川区	2						
靖远县	10		1	2	2	1	1
会宁县	7			2	4	3	3
景泰县	7		2	3	10		1
天水市	**47**		**3**	**51**	**89**	**13**	**12**
秦州区	3			3	5		
麦积区	4			1	7	1	
清水县	7			4	3		1
秦安县	10			7	7	2	2
甘谷县	10			20	12	2	8
武山县	12		1	9	53	8	1
张家川回族自治县	1		2	7	2		
武威市	**25**		**1**	**3**	**32**		**10**
凉州区	9				10		1
民勤县	6		1		17		2
古浪县	8			3	4		2
天祝藏族自治县	2				1		5
张掖市	**23**		**2**	**5**	**45**	**2**	**10**
甘州区	3		1		3		
肃南裕固族自治县							1
民乐县	7			2	20	1	5
临泽县	4			2	3	1	1
高台县	7		1		7		3
山丹县	2			1	12		
平凉市	**43**		**11**	**20**	**34**	**22**	**6**
崆峒区							
泾川县	4		8	3	4	2	1
灵台县	7		1	2	6		
崇信县	3			5	2		
庄浪县	9		1	6	6		
静宁县	17		1	4	15	19	5
华亭市	3				1	1	

职业中类的就业人口（镇）（续20）

单位：人

及有关人员								
文教、工美、体育和娱乐用品制造人员	石油加工和炼焦、煤化工生产人员	化学原料和化学制品制造人员	医药制造人员	化学纤维制造人员	橡胶和塑料制品制造人员	非金属矿物制品制造人员	采矿人员	金属冶炼和压延加工人员
131	**123**	**341**	**356**	**4**	**106**	**698**	**1690**	**581**
10	**6**	**51**	**22**	**1**	**23**	**152**	**47**	**233**
	1	1						
1		2			1	1	15	3
		7		1		3		18
			4			49	5	5
1	2	22	2		6	58	15	109
		12	5		3	10	5	53
7	3	6	6		12	25	1	13
1		1	5		1	6	6	32
					1	**2**		**9**
					1	2		9
	20	**47**		**1**	**7**	**19**	**27**	**19**
							1	
	20	47		1	7	19	26	19
9	**5**	**7**	**4**		**2**	**76**	**248**	**27**
			1			31	205	
3	1	7	1		1	12	6	5
4	2		1		1	8	14	2
2	2		1			25	23	20
16	**2**	**9**	**6**		**10**	**47**	**11**	**10**
1						2		1
						7	1	
		1	1			6		1
4		3			5	4	2	
4	1	5	2		4	14	3	5
6	1		2		1	13	2	3
1			1			1	3	
3	**5**	**38**	**17**		**11**	**18**	**82**	**10**
	3	3	15		6	4	6	3
		32	2		2		11	1
1	1	1			3	8	3	
2	1	2				6	62	6
4	**5**	**25**	**5**	**1**	**8**	**32**	**94**	**11**
							1	
							2	
2	1	19	3		7	10	5	
2			1	1		1	3	4
	4	5	1			5	12	
		1			1	16	71	7
6	**14**	**7**	**3**		**5**	**44**	**181**	**8**
			1		1	1	3	
3	1					8	11	
	2		2			1	3	3
					1	5	39	
1					1	9	15	2
2		6			2	10	7	1
	11	1				10	103	2

4-6b 各地区分性别、

地区 性别	生产制造 食品、饮料生产加工人员	烟草及其制品加工人员	纺织、针织、印染人员	纺织品、服装和皮革、毛皮制品加工制作人员	木材加工、家具与木制品制作人员	纸及纸制品生产加工人员	印刷和记录媒介复制人员
酒泉市	**11**			**8**	**10**		**5**
肃州区	2						
金塔县	2			2	3		1
瓜州县	2			2	3		1
肃北蒙古族自治县							1
阿克塞哈萨克族自治县							
玉门市	3				3		
敦煌市	2			4	1		2
庆阳市	**39**		**4**	**14**	**32**	**7**	**21**
西峰区					1		
庆城县	7		1	4	3	2	5
环　县	1		1		1	1	6
华池县	1			1	1		1
合水县	6			1	6		1
正宁县			1	4	3		1
宁　县	16			1	11	3	5
镇原县	8		1	3	6	1	2
定西市	**76**		**3**	**30**	**96**	**15**	**15**
安定区	5			1	5		
通渭县	8			8	7	3	4
陇西县	27		2	4	48	1	3
渭源县	6			1	9	1	2
临洮县	14			8	11	1	2
漳　县	4			5	3	8	3
岷　县	12		1	3	13	1	1
陇南市	**149**		**3**	**17**	**73**		**9**
武都区	2		2		12		
成　县	16			2	10		2
文　县				1	12		
宕昌县	2			5	5		1
康　县	2			1	8		2
西和县	4			1	10		
礼　县	5			5	9		2
徽　县	117		1	2	7		2
两当县	1						
临夏回族自治州	**41**		**4**	**32**	**40**	**1**	**5**
临夏市	4		1		1		
临夏县	15			2	6		
康乐县				3	3		
永靖县	7			4	13		
广河县	5		1	15	3		
和政县	6			4	10		5
东乡族自治县	1		1	2	1		
积石山保安族东乡族撒拉族自治县	3		1	2	3	1	
甘南藏族自治州	**19**		**2**	**11**	**8**		**10**
合作市					2		
临潭县	7		1	1	3		2
卓尼县							2
舟曲县	4				2		5
迭部县	4			2	1		
玛曲县				4			
碌曲县	1		1				
夏河县	3			4			1

职业中类的就业人口（镇）（续21）

单位：人

及有关人员								
文教、工美、体育和娱乐用品制造人员	石油加工和炼焦、煤化工生产人员	化学原料和化学制品制造人员	医药制造人员	化学纤维制造人员	橡胶和塑料制品制造人员	非金属矿物制品制造人员	采矿人员	金属冶炼和压延加工人员
4	**41**	**81**	**40**		**5**	**27**	**389**	**21**
2					1		1	
	1	1				4	16	3
		3				1	92	18
							7	
		4				8		
1	39	70	39		4	14	9	
1	1	3	1				264	
6	**15**	**4**	**4**		**2**	**94**	**411**	**4**
						1	2	
	11	2	1			15	200	
3	1					22	87	1
1	2					3	41	
		1	1			5	43	
					1	6	10	1
1		1	2		1	11	12	
1	1					31	16	2
30	**5**	**13**	**242**		**21**	**86**	**36**	**165**
2		2	4		2	3	1	2
6	1	2	1		1	10	4	2
5	2	7	63		7	26	7	130
1			61		2	5	7	1
10	1	2	6		7	32	7	30
1			2			6	3	
5	1		105		2	4	7	
21	**2**	**13**	**11**		**5**	**43**	**146**	**44**
1		1	2			3	3	1
6		4			3	11	80	33
2		1	1			2	4	
1		1	3		1		4	
		1	2			3	4	1
4		1	1			3	7	5
4	2	1	1			17	13	
3		2	1			3	28	4
		1			1	1	3	
12	**3**	**45**	**1**	**1**	**5**	**30**	**9**	**16**
6						3	2	
3						2		2
	2	44		1	3	9	2	2
					1	2	2	
1	1	1	1			4	2	3
						4	1	8
2					1	6		1
10		**1**	**1**		**1**	**28**	**9**	**4**
2						19		1
3						1		
			1			1	2	1
		1				2		
1							7	
								2
4					1	5		

4-6b 各地区分性别、

地区 性别	生产制造						
	食品、饮料生产加工人员	烟草及其制品加工人员	纺织、针织、印染人员	纺织品、服装和皮革、毛皮制品加工制作人员	木材加工、家具与木制品制作人员	纸及纸制品生产加工人员	印刷和记录媒介复制人员
女	**505**	**5**	**92**	**573**	**101**	**43**	**108**
兰州市	**70**		**16**	**50**	**31**	**5**	**15**
城关区	1			17			
七里河区	7		1		1		4
西固区			2	1			
安宁区							
红古区	1			3			
永登县	16		2	9	3	2	5
皋兰县	6			2	7	1	3
榆中县	26		2	7	14	2	3
兰州新区	13		9	11	6		
嘉峪关市	**1**				**2**		
市辖区	1				2		
金昌市	**6**		**1**	**15**	**4**	**1**	**3**
金川区							
永昌县	6		1	15	4	1	3
白银市	**27**		**5**	**26**	**2**	**2**	**2**
白银区				1			
平川区	2			1			
靖远县	7		1	8		1	1
会宁县	10			9		1	
景泰县	8		4	7	2		1
天水市	**53**	**2**	**7**	**73**	**6**	**8**	**15**
秦州区	7			3	2		1
麦积区	6	1		3			
清水县	6		2	3			4
秦安县	15	1	2	19	1		4
甘谷县	6		2	31		2	3
武山县	9		1	11	3	6	2
张家川回族自治县	4			3			1
武威市	**28**		**2**	**15**	**8**	**2**	**9**
凉州区	12		1	2	4	1	
民勤县	6			7	3		4
古浪县	6		1	1	1	1	2
天祝藏族自治县	4			5			3
张掖市	**25**	**1**	**3**	**16**	**5**	**2**	**10**
甘州区	2		1		1		
肃南裕固族自治县				1			
民乐县	11			4	4	1	3
临泽县	5			5			1
高台县	3		1	1			3
山丹县	4	1	1	5		1	3
平凉市	**43**		**27**	**57**	**5**	**6**	**6**
崆峒区				2			
泾川县	8		19	12	2	1	1
灵台县	5			6			1
崇信县				8			1
庄浪县	11		3	17	1		
静宁县	16		5	12	2	5	2
华亭市	3						1

职业中类的就业人口（镇）（续22）

单位：人

及有关人员								
文教、工美、体育和娱乐用品制造人员	石油加工和炼焦、煤化工生产人员	化学原料和化学制品制造人员	医药制造人员	化学纤维制造人员	橡胶和塑料制品制造人员	非金属矿物制品制造人员	采矿人员	金属冶炼和压延加工人员
75	**26**	**80**	**316**	**1**	**66**	**173**	**314**	**70**
2	**1**	**14**	**21**	**1**	**15**	**41**	**9**	**32**
			3				1	
					1		2	
				1		2		5
						10	3	
	1	7	2		6	14	2	14
		4	3		1	4		8
2		2	8		6	9		1
		1	5		1	2	1	4
					1	**1**		**2**
					1	1		2
	6	**7**	**1**		**9**	**3**	**1**	**3**
	6	7	1		9	3	1	3
9			**3**		**1**	**18**	**30**	**6**
						6	27	
			1			7		
4			1				1	
5			1		1	5	2	6
10		**2**	**6**		**6**	**9**	**1**	**2**
1								
						1		
		1	3			1		
3		1	1		4	1	1	
1					1	4		1
5			1		1	2		1
			1					
2		**7**	**10**		**6**	**1**	**9**	**2**
			9		5		1	1
1		5					1	
					1	1		
1		2	1				7	1
1	**2**	**2**	**2**		**8**	**22**	**6**	**3**
					1	1		
		2			6	1	1	
1								1
	1		1				1	
	1		1		1	20	4	2
6	**2**	**6**	**5**		**4**	**10**	**17**	**3**
						1		
			2					1
1							9	
2					1	2	1	1
3		5	3		2	3		1
	2	1			1	4	7	

4-6b 各地区分性别、

地区 性别	生产制造						
	食品、饮料生产加工人员	烟草及其制品加工人员	纺织、针织、印染人员	纺织品、服装和皮革、毛皮制品加工制作人员	木材加工、家具与木制品制作人员	纸及纸制品生产加工人员	印刷和记录媒介复制人员
酒泉市	**17**			**11**	**1**		**3**
肃州区	5						
金塔县	3			1			
瓜州县	4			3	1		
肃北蒙古族自治县							
阿克塞哈萨克族自治县							1
玉门市	3			1			1
敦煌市	2			6			1
庆阳市	**43**		**5**	**53**	**10**	**4**	**10**
西峰区				1			
庆城县	4			7		1	2
环　县	5		5	8			7
华池县	2			1	1	1	1
合水县	8			2			
正宁县				7			
宁　县	14			2	8	1	
镇原县	10			25	1	1	
定西市	**91**	**2**	**13**	**92**	**17**	**9**	**14**
安定区	5			6	2	1	
通渭县	7		1	15	1		
陇西县	34		5	23	7	3	6
渭源县	4			3	2		2
临洮县	20	1	5	32	1	4	3
漳　县	5		1	9		1	1
岷　县	16	1	1	4	4		2
陇南市	**38**		**2**	**40**	**5**	**2**	**9**
武都区	1		1	3	2		1
成　县	7		1	6			2
文　县	5			5	1		1
宕昌县	2			5			1
康　县	4			3			1
西和县	6			8	1		
礼　县	7			6	1		3
徽　县	6			2		2	
两当县				2			
临夏回族自治州	**44**		**9**	**107**	**5**	**2**	**5**
临夏市	4			2			
临夏县	4			6	1	1	
康乐县	2			15			
永靖县	7		5	9	1		2
广河县	11		1	15			
和政县	10		2	28	3		3
东乡族自治县	1		1	24		1	
积石山保安族东乡族撒拉族自治县	5			8			
甘南藏族自治州	**19**		**2**	**18**			**7**
合作市							
临潭县	9		2	4			
卓尼县	1			2			1
舟曲县	6			1			2
迭部县				3			
玛曲县				4			1
碌曲县				1			1
夏河县	3			3			2

职业中类的就业人口（镇）（续23）

单位：人

及有关人员								
文教、工美、体育和娱乐用品制造人员	石油加工和炼焦、煤化工生产人员	化学原料和化学制品制造人员	医药制造人员	化学纤维制造人员	橡胶和塑料制品制造人员	非金属矿物制品制造人员	采矿人员	金属冶炼和压延加工人员
1	**14**	**17**	**4**		**2**	**13**	**115**	**3**
						1		
	3		1			1	1	
1							16	3
						1		
	10	17	3		2	10	1	
	1						97	
10	**1**	**1**	**4**		**1**	**15**	**92**	
		1				2	61	
4	1		1		1	5	9	
							9	
						2	12	
			2					
			1			3		
6						3	1	
12		**6**	**246**		**8**	**18**	**5**	**7**
			2		1	1		
1			1			2		
4		2	84		4	5	1	5
		1	53					
7		2	4		2	7	1	2
		1				1	3	
			102		1	2		
7		**4**	**11**		**1**	**5**	**26**	**3**
			2					
1					1	2	19	2
			4					1
2		1	1					
1			1					
2							2	
		1	3			2		
1		2				1	5	
8		**14**	**2**		**4**	**11**		**1**
						1		
4					1	1		
1								
		12				2		
1		1						
1		1	1		2	4		
					1	2		1
1			1			1		
7			**1**			**6**	**3**	**3**
3						5		
			1					
						1		
2							3	2
2								1

4-6b 各地区分性别、

地区 性别	生产制造						
	机械制造基础加工人员	金属制品制造人员	通用设备制造人员	专用设备制造人员	汽车制造人员	铁路、船舶、航空设备制造人员	电气机械和器材制造人员
合计	**1025**	**669**	**306**	**48**	**89**	**44**	**110**
兰州市	**272**	**93**	**77**	**9**	**10**	**4**	**26**
城关区						1	
七里河区	26	6	6	1		2	2
西固区	16	1	1				
安宁区							
红古区	8	1					
永登县	66	23	19	3			
皋兰县	22	2	7	1			12
榆中县	15	27	8	3	7	1	7
兰州新区	119	33	36	1	3		5
嘉峪关市	**4**	**1**					
市辖区	4	1					
金昌市	**40**	**13**	**9**			**4**	**2**
金川区							
永昌县	40	13	9			4	2
白银市	**80**	**28**	**33**	**5**	**6**	**2**	**11**
白银区	1						
平川区	4	2	2	3		1	
靖远县	23	6	10		4	1	2
会宁县	23	14	19	1	1		4
景泰县	29	6	2	1	1		5
天水市	**46**	**52**	**20**	**4**	**8**	**5**	**10**
秦州区	1	3	1	1	1		1
麦积区	16	4	6		1	1	2
清水县	2	4				1	1
秦安县	9	17	8	1	2	1	
甘谷县	9	8	1	2	2	1	3
武山县	8	12	4		2	1	3
张家川回族自治县	1	4					
武威市	**54**	**15**	**22**		**1**	**2**	**3**
凉州区	25	6	2			1	2
民勤县	7	5	3			1	
古浪县	14	4	2				
天祝藏族自治县	8		15		1		1
张掖市	**90**	**22**	**16**	**3**	**2**	**1**	**2**
甘州区	2						
肃南裕固族自治县	3						
民乐县	34	8	5	1	1		
临泽县	3	4	4	1			
高台县	24	7	1		1		1
山丹县	24	3	6	1		1	1
平凉市	**66**	**44**	**7**	**4**	**10**	**1**	**3**
崆峒区	2	3	1				
泾川县	18	11			1		
灵台县	8	5		2	1		1
崇信县	7	8		1			
庄浪县	11	4	3		1	1	1
静宁县	13	9	2		6		1
华亭市	7	4	1	1	1		

职业中类的就业人口（镇）（续24）

单位：人

及有关人员								不便分类的其他从业人员
计算机、通信和其他电子设备制造人员	仪器仪表制造人员	废弃资源综合利用人员	电力、热力、气体、水生产和输配人员	建筑施工人员	运输设备和通用工程机械操作人员及有关人员	生产辅助人员	其他生产制造及有关人员	
1141	**28**	**81**	**606**	**20581**	**1735**	**3294**	**78**	**319**
154	**10**	**20**	**118**	**2404**	**332**	**839**	**2**	**13**
	1			58	1	17		1
6			7	128	23	61		1
1	6		9	42	16	105		
1			10	51	9	32		
26	1	1	21	474	69	176		
4		4	17	365	50	76	1	3
14		4	16	490	57	104		8
102	2	11	38	796	107	268	1	
		4	**3**	**18**	**6**	**7**		
		4	3	18	6	7		
9	**3**		**30**	**286**	**68**	**174**	**3**	**3**
				1		2		1
9	3		30	285	68	172	3	2
25	**2**	**2**	**20**	**1108**	**90**	**192**	**1**	**9**
				1	1	1		
1		1		34	10	20		
8			6	406	23	54	1	1
11	2		3	410	21	38		2
5		1	11	257	35	79		6
256	**2**	**5**	**26**	**3091**	**112**	**169**	**8**	**54**
32		1		271	9	6		
42		1		154	13	13	2	10
14			4	352	5	5	3	3
27	2	1	7	517	20	43		2
60			8	979	22	57		7
74			2	673	23	35	3	14
7		2	5	145	20	10		18
6	**1**	**4**	**27**	**814**	**109**	**208**	**4**	**16**
3		3	5	206	55	93	2	
			5	85	9	55	1	2
2	1		9	289	18	24		11
1		1	8	234	27	36	1	3
20		**1**	**51**	**1545**	**158**	**198**	**5**	**6**
				25	3	3		
1			4	9	3	7		1
11			18	544	41	98	2	5
1		1	3	80	14	13		
1			12	225	19	45		
6			14	662	78	32	3	
50	**2**	**3**	**44**	**1353**	**143**	**180**	**3**	**22**
1			1	55	4	3		
13			5	268	36	26		11
8			8	163	12	16		3
12			6	134	15	26		5
6		1	6	332	16	19	3	3
3		1	8	269	43	42		
7	2	1	10	132	17	48		

4-6b 各地区分性别、

地区 性别	生产制造						
	机械制造基础加工人员	金属制品制造人员	通用设备制造人员	专用设备制造人员	汽车制造人员	铁路、船舶、航空设备制造人员	电气机械和器材制造人员
酒泉市	**60**	**18**	**15**	**3**	**1**	**2**	
肃州区	3	2					
金塔县	14	2	2			1	
瓜州县	12	9	3			1	
肃北蒙古族自治县		1					
阿克塞哈萨克族自治县	1						
玉门市	16	2	8	3	1		
敦煌市	14	2	2				
庆阳市	**67**	**49**	**37**	**3**	**9**	**3**	**3**
西峰区	2						
庆城县	19	8	2			1	
环　县	4	3	22		2		
华池县	7				2		
合水县	1	1					1
正宁县	7	12	1		5		1
宁　县	14	15	2			1	1
镇原县	13	10	10	3		1	
定西市	**129**	**125**	**34**	**10**	**27**	**14**	**21**
安定区	5	15	1				
通渭县	6	12	3	2	2	1	2
陇西县	67	41	19	2	14	9	9
渭源县	5	7	1		1	2	2
临洮县	28	32	5	5	6	1	5
漳　县	9	5	2		2	1	1
岷　县	9	13	3	1	2		2
陇南市	**67**	**69**	**16**	**5**	**9**	**2**	**11**
武都区	4	7					
成　县	35	12	1	1	2		7
文　县	9	1	2				
宕昌县	1		2				
康　县	3	8	2			1	
西和县	2	14	4		3		2
礼　县	5	9	2		1	1	
徽　县	7	18	2	4	3		2
两当县	1		1				
临夏回族自治州	**35**	**111**	**16**	**1**	**5**	**4**	**17**
临夏市		5					
临夏县	5	21		1			3
康乐县	15	6	1				
永靖县	7	9	6			2	2
广河县	3	19	3		1		3
和政县	3	26	4		3	2	7
东乡族自治县	2	4					
积石山保安族东乡族撒拉族自治县		21	2		1		2
甘南藏族自治州	**15**	**29**	**4**	**1**	**1**		**1**
合作市							
临潭县	8	6	2	1			1
卓尼县		2					
舟曲县	2	2					
迭部县	2	6					
玛曲县		4					
碌曲县	1	5					
夏河县	2	4	2		1		

职业中类的就业人口（镇）（续25）

单位：人

及有关人员								不便分类的其他从业人员
计算机、通信和其他电子设备制造人员	仪器仪表制造人员	废弃资源综合利用人员	电力、热力、气体、水生产和输配人员	建筑施工人员	运输设备和通用工程机械操作人员及有关人员	生产辅助人员	其他生产制造及有关人员	
14	**1**	**12**	**79**	**478**	**92**	**257**	**1**	**14**
1		1	1	24	3	4		
2		1	10	171	30	28		4
3		7	24	98	38	56		4
			6	16	3	5		2
			1	43	3	8		1
8		3	13	119	8	22	1	3
	1		24	7	7	134		
95		**9**	**36**	**1751**	**159**	**247**	**18**	**25**
		1	1	31	5	2		1
8		6	7	199	56	85	14	13
23			11	453	39	52		
			1	142	16	22	2	1
2			6	136	7	16		1
21			2	276	8	10		1
15			3	200	15	20		7
26		2	5	314	13	40	2	1
137	**3**	**9**	**54**	**2943**	**174**	**327**	**14**	**102**
		1	2	79	8	20		
29		1	2	485	22	31		53
33	2	6	20	1036	58	122		10
14	1		3	230	11	18		8
28		1	16	641	60	89	4	21
3			2	164	3	23	1	2
30			9	308	12	24	9	8
148		**1**	**51**	**2490**	**143**	**268**	**2**	**29**
15			1	335	11	10		6
25		1	7	448	41	60	2	7
7			24	316	21	22		1
19			1	278	8	4		
13				226	14	20		9
45			3	272	12	26		2
7			3	299	8	18		2
15			11	271	23	101		1
2			1	45	5	7		1
210	**3**	**10**	**34**	**1713**	**99**	**169**	**17**	**16**
6		1		77		1		
22			1	277	16	12	1	
31			6	223	18	5	1	
10	2		20	400	29	106	2	
39	1	5		142	7	5	11	12
53			4	257	15	23	1	4
18		2		162	6	6		
31		2	3	175	8	11	1	
17	**1**	**1**	**33**	**587**	**50**	**59**		**10**
				12				
7		1	3	145	13	15		
3			5	126	5	10		6
3			8	184	2	2		3
1	1		7	47	15	10		
1			6	24	6	4		
1				17	3	3		
1			4	32	6	15		1

4–6b 各地区分性别、

地区 性别	生产制造						
	机械制造基础加工人员	金属制品制造人员	通用设备制造人员	专用设备制造人员	汽车制造人员	铁路、船舶、航空设备制造人员	电气机械和器材制造人员
男	**955**	**517**	**280**	**33**	**62**	**40**	**79**
兰州市	**254**	**71**	**65**	**8**	**8**	**4**	**23**
城关区						1	
七里河区	23	5	6	1		2	2
西固区	16	1	1				
安宁区							
红古区	7	1					
永登县	63	15	14	3			
皋兰县	21	2	6				11
榆中县	12	17	8	3	6	1	6
兰州新区	112	30	30	1	2		4
嘉峪关市	**3**	**1**					
市辖区	3	1					
金昌市	**38**	**9**	**9**			**4**	**2**
金川区							
永昌县	38	9	9			4	2
白银市	**78**	**24**	**32**	**4**	**4**	**2**	**7**
白银区	1						
平川区	4	2	2	2		1	
靖远县	23	6	9		2	1	2
会宁县	23	12	19	1	1		1
景泰县	27	4	2	1	1		4
天水市	**42**	**43**	**18**	**1**	**5**	**4**	**7**
秦州区	1	2	1	1			1
麦积区	13	3	6			1	2
清水县	2	3				1	
秦安县	9	15	6		2	1	
甘谷县	8	8	1		1	1	2
武山县	8	9	4		2		2
张家川回族自治县	1	3					
武威市	**50**	**12**	**21**		**1**	**1**	**2**
凉州区	25	5	2				1
民勤县	6	4	3			1	
古浪县	12	3	2				
天祝藏族自治县	7		14		1		1
张掖市	**79**	**16**	**15**	**3**	**2**	**1**	**2**
甘州区	2						
肃南裕固族自治县	2						
民乐县	26	6	5	1	1		
临泽县	2	2	3	1			
高台县	23	5	1		1		1
山丹县	24	3	6	1		1	1
平凉市	**64**	**31**	**7**	**2**	**3**	**1**	**3**
崆峒区	2	2	1				
泾川县	17	9					
灵台县	8	4		1	1		1
崇信县	7	4		1			
庄浪县	11	3	3		1	1	1
静宁县	13	6	2		1		1
华亭市	6	3	1				

职业中类的就业人口（镇）（续26）

单位：人

及有关人员								不便分类的其他从业人员
计算机、通信和其他电子设备制造人员	仪器仪表制造人员	废弃资源综合利用人员	电力、热力、气体、水生产和输配人员	建筑施工人员	运输设备和通用工程机械操作人员及有关人员	生产辅助人员	其他生产制造及有关人员	
764	**21**	**59**	**478**	**17602**	**1648**	**2461**	**63**	**183**
125	**5**	**14**	**90**	**2047**	**293**	**695**	**2**	**9**
				55	1	12		1
4			6	113	22	51		1
1	2		8	37	15	89		
1			9	44	7	30		
20	1	1	14	404	60	128		
3		3	12	327	46	65	1	2
10		3	11	400	54	75		5
86	2	7	30	667	88	245	1	
		3	**3**	**15**	**6**	**7**		
		3	3	15	6	7		
7	**3**		**25**	**230**	**65**	**119**	**3**	**1**
				1		2		
7	3		25	229	65	117	3	1
21	**2**	**1**	**18**	**959**	**87**	**155**	**1**	**6**
					1	1		
		1		29	9	18		
7			6	346	22	39	1	
10	2		2	358	20	32		2
4			10	226	35	65		4
162	**1**	**4**	**20**	**2706**	**110**	**131**	**6**	**32**
18		1		244	8	6		
29				142	13	11	2	6
7			3	267	5	3	1	3
17	1	1	5	471	20	26		2
38			8	893	21	48		2
50			1	569	23	30	3	12
3		2	3	120	20	7		7
3	**1**	**2**	**24**	**679**	**99**	**153**	**2**	**10**
1		2	4	186	50	68	1	
			5	70	9	41	1	1
1	1		8	234	18	19		6
1			7	189	22	25		3
14		**1**	**44**	**1171**	**152**	**127**	**5**	**3**
				23	3	2		
1			4	8	3	4		1
8			18	408	38	58	2	2
1		1	2	75	14	8		
			10	193	19	32		
4			10	464	75	23	3	
33	**1**	**2**	**37**	**1199**	**141**	**137**	**1**	**6**
			1	49	4	1		
8			3	244	36	20		3
6			7	154	12	9		2
9			5	116	13	22		
3			4	264	16	10	1	1
2		1	8	253	43	31		
5	1	1	9	119	17	44		

4-6b 各地区分性别、

地区 性别	生	产	制	造			
	机械制造基础加工人员	金属制品制造人员	通用设备制造人员	专用设备制造人员	汽车制造人员	铁路、船舶、航空设备制造人员	电气机械和器材制造人员
酒泉市	**54**	**15**	**13**	**3**	**1**	**2**	
肃州区	3	1					
金塔县	13	2	2			1	
瓜州县	12	8	3			1	
肃北蒙古族自治县		1					
阿克塞哈萨克族自治县	1						
玉门市	14	2	6	3	1		
敦煌市	11	1	2				
庆阳市	**66**	**38**	**36**	**1**	**8**	**2**	**2**
西峰区	2						
庆城县	19	8	2			1	
环　县	4	3	21		2		
华池县	7				2		
合水县	1	1					
正宁县	7	8	1		4		1
宁　县	14	11	2				1
镇原县	12	7	10	1		1	
定西市	**115**	**97**	**29**	**7**	**18**	**13**	**12**
安定区	4	10	1				
通渭县	5	11	3		2	1	2
陇西县	62	33	17	2	9	9	5
渭源县	5	4	1		1	1	1
临洮县	23	25	4	4	3	1	2
漳　县	8	4	2		1	1	1
岷　县	8	10	1	1	2		1
陇南市	**64**	**56**	**16**	**4**	**9**	**2**	**7**
武都区	4	3					
成　县	34	12	1	1	2		5
文　县	8		2				
宕昌县	1		2				
康　县	3	7	2			1	
西和县	2	10	4		3		1
礼　县	5	8	2		1	1	
徽　县	7	16	2	3	3		1
两当县			1				
临夏回族自治州	**34**	**84**	**16**		**3**	**4**	**12**
临夏市		4					
临夏县	5	17					2
康乐县	15	4	1				
永靖县	7	8	6			2	2
广河县	3	14	3				2
和政县	3	19	4		2	2	5
东乡族自治县	1	4					
积石山保安族东乡族撒拉族自治县		14	2		1		1
甘南藏族自治州	**14**	**20**	**3**				
合作市							
临潭县	8	3	2				
卓尼县		1					
舟曲县	2	1					
迭部县	2	5					
玛曲县		4					
碌曲县	1	3					
夏河县	1	3	1				

职业中类的就业人口（镇）（续27）

单位：人

及有关人员								不便分类的其他从业人员
计算机、通信和其他电子设备制造人员	仪器仪表制造人员	废弃资源综合利用人员	电力、热力、气体、水生产和输配人员	建筑施工人员	运输设备和通用工程机械操作人员及有关人员	生产辅助人员	其他生产制造及有关人员	
10	**1**	**8**	**53**	**387**	**88**	**216**	**1**	**9**
1		1	1	20	3	3		
1		1	9	130	29	23		
3		5	23	89	36	50		4
			4	12	3	5		2
				37	3	7		1
5		1	10	94	7	17	1	2
	1		6	5	7	111		
63		**8**	**32**	**1503**	**157**	**177**	**17**	**15**
		1	1	26	5	1		
6		5	5	187	55	72	13	9
15			10	376	38	34		
			1	125	16	18	2	1
2			6	126	7	6		1
16			2	222	8	8		
9			2	171	15	15		3
15		2	5	270	13	23	2	1
93	**3**	**6**	**43**	**2529**	**163**	**230**	**12**	**58**
		1	2	71	7	11		
23			1	415	20	16		27
22	2	4	17	883	55	99		9
8	1		3	194	11	9		5
17		1	10	580	55	62	3	11
2			2	139	3	19		1
21			8	247	12	14	9	5
83		**1**	**42**	**2226**	**141**	**154**	**1**	**19**
10			1	295	11	7		5
16		1	3	428	40	41	1	4
3			20	263	21	20		1
10			1	211	8	4		
5				207	14	11		7
22			3	255	11	17		1
7			3	269	8	11		1
9			10	258	23	37		
1			1	40	5	6		
137	**3**	**8**	**26**	**1491**	**96**	**121**	**12**	**10**
4		1		73		1		
16				231	15	7		
18			6	183	18	4		
5	2		14	352	29	78	2	
27	1	4		127	7	4	9	6
33			3	225	13	16	1	4
13		2		152	6	3		
21		1	3	148	8	8		
13	**1**	**1**	**21**	**460**	**50**	**39**		**5**
				10				
6		1	2	110	13	11		
2			4	98	5	5		3
2			5	148	2	2		1
1	1		4	41	15	5		
1			3	20	6	4		
				11	3	2		
1			3	22	6	10		1

4-6b 各地区分性别、

地区 性别	生产制造						
	机械制造基础加工人员	金属制品制造人员	通用设备制造人员	专用设备制造人员	汽车制造人员	铁路、船舶、航空设备制造人员	电气机械和器材制造人员
女	**70**	**152**	**26**	**15**	**27**	**4**	**31**
兰州市	**18**	**22**	**12**	**1**	**2**		**3**
城关区							
七里河区	3	1					
西固区							
安宁区							
红古区	1						
永登县	3	8	5				
皋兰县	1		1	1			1
榆中县	3	10			1		1
兰州新区	7	3	6		1		1
嘉峪关市	**1**						
市辖区	1						
金昌市	**2**	**4**					
金川区							
永昌县	2	4					
白银市	**2**	**4**	**1**	**1**	**2**		**4**
白银区							
平川区				1			
靖远县			1		2		
会宁县		2					3
景泰县	2	2					1
天水市	**4**	**9**	**2**	**3**	**3**	**1**	**3**
秦州区		1			1		
麦积区	3	1			1		
清水县		1					1
秦安县		2	2	1			
甘谷县	1			2	1		1
武山县		3				1	1
张家川回族自治县		1					
武威市	**4**	**3**	**1**			**1**	**1**
凉州区		1				1	1
民勤县	1	1					
古浪县	2	1					
天祝藏族自治县	1		1				
张掖市	**11**	**6**	**1**				
甘州区							
肃南裕固族自治县	1						
民乐县	8	2					
临泽县	1	2	1				
高台县	1	2					
山丹县							
平凉市	**2**	**13**		**2**	**7**		
崆峒区		1					
泾川县	1	2			1		
灵台县		1		1			
崇信县		4					
庄浪县		1					
静宁县		3			5		
华亭市	1	1		1	1		

职业中类的就业人口（镇）（续28）

单位：人

及有关人员								不便分类的其他从业人员
计算机、通信和其他电子设备制造人员	仪器仪表制造人员	废弃资源综合利用人员	电力、热力、气体、水生产和输配人员	建筑施工人员	运输设备和通用工程机械操作人员及有关人员	生产辅助人员	其他生产制造及有关人员	
377	**7**	**22**	**128**	**2979**	**87**	**833**	**15**	**136**
29	**5**	**6**	**28**	**357**	**39**	**144**		**4**
	1			3		5		
2			1	15	1	10		
	4		1	5	1	16		
			1	7	2	2		
6			7	70	9	48		
1		1	5	38	4	11		1
4		1	5	90	3	29		3
16		4	8	129	19	23		
		1		**3**				
		1		3				
2			**5**	**56**	**3**	**55**		**2**
								1
2			5	56	3	55		1
4		**1**	**2**	**149**	**3**	**37**		**3**
				1				
1				5	1	2		
1				60	1	15		1
1			1	52	1	6		
1		1	1	31		14		2
94	**1**	**1**	**6**	**385**	**2**	**38**	**2**	**22**
14				27	1			
13		1		12		2		4
7			1	85		2	2	
10	1		2	46		17		
22				86	1	9		5
24			1	104		5		2
4			2	25		3		11
3		**2**	**3**	**135**	**10**	**55**	**2**	**6**
2		1	1	20	5	25	1	
				15		14		1
1			1	55		5		5
		1	1	45	5	11	1	
6			**7**	**374**	**6**	**71**		**3**
				2		1		
				1		3		
3				136	3	40		3
			1	5		5		
1			2	32		13		
2			4	198	3	9		
17	**1**	**1**	**7**	**154**	**2**	**43**	**2**	**16**
1				6		2		
5			2	24		6		8
2			1	9		7		1
3			1	18	2	4		5
3		1	2	68		9	2	2
1				16		11		
2	1		1	13		4		

4–6b 各地区分性别、

地区 性别	生产制造						
	机械制造基础加工人员	金属制品制造人员	通用设备制造人员	专用设备制造人员	汽车制造人员	铁路、船舶、航空设备制造人员	电气机械和器材制造人员
酒泉市	**6**	**3**	**2**				
肃州区		1					
金塔县	1						
瓜州县		1					
肃北蒙古族自治县							
阿克塞哈萨克族自治县							
玉门市	2		2				
敦煌市	3	1					
庆阳市	**1**	**11**	**1**	**2**	**1**	**1**	**1**
西峰区							
庆城县							
环　县			1				
华池县							
合水县							1
正宁县		4			1		
宁　县		4				1	
镇原县	1	3		2			
定西市	**14**	**28**	**5**	**3**	**9**	**1**	**9**
安定区	1	5					
通渭县	1	1		2			
陇西县	5	8	2		5		4
渭源县		3				1	1
临洮县	5	7	1	1	3		3
漳　县	1	1			1		
岷　县	1	3	2				1
陇南市	**3**	**13**		**1**			**4**
武都区		4					
成　县	1						2
文　县	1	1					
宕昌县							
康　县		1					
西和县		4					1
礼　县		1					
徽　县		2		1			1
两当县	1						
临夏回族自治州	**1**	**27**		**1**	**2**		**5**
临夏市		1					
临夏县		4		1			1
康乐县		2					
永靖县		1					
广河县		5			1		1
和政县		7			1		2
东乡族自治县	1						
积石山保安族东乡族撒拉族自治县		7					1
甘南藏族自治州	**1**	**9**	**1**	**1**	**1**		**1**
合作市							
临潭县		3		1			1
卓尼县		1					
舟曲县		1					
迭部县		1					
玛曲县							
碌曲县		2					
夏河县	1	1	1		1		

职业中类的就业人口（镇）（续29）

单位：人

及有关人员								不便分类的其他从业人员
计算机、通信和其他电子设备制造人员	仪器仪表制造人员	废弃资源综合利用人员	电力、热力、气体、水生产和输配人员	建筑施工人员	运输设备和通用工程机械操作人员及有关人员	生产辅助人员	其他生产制造及有关人员	
4		**4**	**26**	**91**	**4**	**41**		**5**
				4		1		
1			1	41	1	5		4
		2	1	9	2	6		
			2	4				
			1	6		1		
3		2	3	25	1	5		1
			18	2		23		
32		**1**	**4**	**248**	**2**	**70**	**1**	**10**
				5		1		1
2		1	2	12	1	13	1	4
8			1	77	1	18		
				17		4		
				10		10		
5				54		2		1
6			1	29		5		4
11				44		17		
44		**3**	**11**	**414**	**11**	**97**	**2**	**44**
				8	1	9		
6		1	1	70	2	15		26
11		2	3	153	3	23		1
6				36		9		3
11			6	61	5	27	1	10
1				25		4	1	1
9			1	61		10		3
65			**9**	**264**	**2**	**114**	**1**	**10**
5				40		3		1
9			4	20	1	19	1	3
4			4	53		2		
9				67				
8				19		9		2
23				17	1	9		1
				30		7		1
6			1	13		64		1
1				5		1		1
73		**2**	**8**	**222**	**3**	**48**	**5**	**6**
2				4				
6			1	46	1	5	1	
13				40		1	1	
5			6	48		28		
12		1		15		1	2	6
20			1	32	2	7		
5				10		3		
10		1		27		3	1	
4			**12**	**127**		**20**		**5**
				2				
1			1	35		4		
1			1	28		5		3
1			3	36				2
			3	6		5		
			3	4				
1				6		1		
			1	10		5		

4-6c 各地区分性别、

地区 性别	合计	党的机关、国家机关、群众团体和社会组织、企事业单位负责人					
		小计	中国共产党机关负责人	国家机关负责人	民主党派和工商联负责人	人民团体和群众团体、社会组织及其他成员组织负责人	基层群众自治组织负责人
合计	**476880**	**2607**	**45**	**146**		**158**	**1206**
兰州市	**34128**	**208**		**6**		**6**	**61**
城关区	1027	8					1
七里河区	4010	21		1			3
西固区	1607	14					2
安宁区							
红古区	1941	8				1	4
永登县	5904	39		1			14
皋兰县	2657	24		3		2	4
榆中县	10829	63				2	28
兰州新区	6153	31		1		1	5
嘉峪关市	**869**	**3**				**2**	
市辖区	869	3				2	
金昌市	**4109**	**25**		**1**			**8**
金川区	1241	8					6
永昌县	2868	17		1			2
白银市	**28151**	**148**	**14**	**7**		**4**	**81**
白银区	1622	3					1
平川区	1886	16					13
靖远县	8795	53	1	1		1	35
会宁县	12681	48	13	6		1	11
景泰县	3167	28				2	21
天水市	**53343**	**321**	**7**	**15**		**14**	**137**
秦州区	6420	43	7			2	18
麦积区	6814	49		4		6	9
清水县	5671	49				2	30
秦安县	11945	35		1			19
甘谷县	10532	41		2			16
武山县	7657	50		3		1	25
张家川回族自治县	4304	54		5		3	20
武威市	**36203**	**89**	**1**	**6**		**7**	**37**
凉州区	21475	31	1	3		2	6
民勤县	6249	20				2	14
古浪县	5517	27				3	16
天祝藏族自治县	2962	11		3			1
张掖市	**27589**	**154**	**1**	**8**		**8**	**68**
甘州区	12199	46	1			2	16
肃南裕固族自治县	1103	2					2
民乐县	4000	35				1	26
临泽县	3670	10					4
高台县	3542	14					12
山丹县	3075	47		8		5	8
平凉市	**42098**	**345**	**1**	**15**		**14**	**182**
崆峒区	6038	34				2	9
泾川县	4992	51		10		1	26
灵台县	3618	28				1	13
崇信县	2294	37				8	16
庄浪县	10752	55	1			1	35
静宁县	11890	102		5			58
华亭市	2514	38				1	25

职业中类的就业人口（乡村）

单位：人

企事业单位负责人	专业技术人员							
	小计	科学研究人员	工程技术人员	农业技术人员	飞机和船舶技术人员	卫生专业技术人员	经济和金融专业人员	法律、社会和宗教专业人员
1052	**18940**	**61**	**5220**	**426**	**12**	**4086**	**1612**	**487**
135	**1938**	**5**	**795**	**22**		**301**	**297**	**36**
7	57		23	1		10	8	3
17	250		83			39	47	8
12	82		18	1		15	23	13
3	112		44	2		22	6	1
24	234		97	1		49	19	1
15	131		73	3		13	26	1
33	441	4	178	6		86	49	4
24	631	1	279	8		67	119	5
1	**56**		**31**			**4**	**10**	**1**
1	56		31			4	10	1
16	**108**		**30**	**9**		**31**	**10**	**5**
2	29		8			6	4	4
14	79		22	9		25	6	1
42	**948**	**3**	**299**	**22**		**185**	**60**	**14**
2	57	1	23	2		13	6	
3	80		31	7		17	8	1
15	325	1	117	6		56	13	6
17	354	1	94	6		70	24	3
5	132		34	1		29	9	4
148	**2166**	**7**	**527**	**45**	**2**	**501**	**118**	**32**
16	209	2	51	6		55	14	2
30	291		85	8	1	80	20	
17	180	1	39	5		49	12	
15	470	1	127	7	1	93	29	6
23	526	3	143	12		115	23	
21	298		55	6		54	13	3
26	192		27	1		55	7	21
38	**973**	**2**	**263**	**16**		**287**	**91**	**19**
19	552		164	10		166	53	12
4	112	2	26	2		38	20	3
8	211		44	1		53	9	1
7	98		29	3		30	9	3
69	**1124**	**1**	**246**	**54**	**1**	**279**	**180**	**31**
27	569		117	29		141	103	19
	57		13	2		10	11	6
8	154		38	1		45	16	3
6	67		23	3		19	7	1
2	84		22	6		17	17	
26	193	1	33	13	1	47	26	2
133	**1723**	**4**	**379**	**33**	**1**	**390**	**118**	**63**
23	245		47	2	1	48	16	47
14	219	1	20	2		44	18	2
14	168	3	58	5		41	8	2
13	109		38	3		20	12	
18	319		74	6		104	15	4
39	538		97	13		109	32	3
12	125		45	2		24	17	5

4-6c 各地区分性别、

地区 性别	合计	党的机关、国家机关、群众团体和社会组织、企事业单位负责人					
		小计	中国共产党机关负责人	国家机关负责人	民主党派和工商联负责人	人民团体和群众团体、社会组织及其他成员组织负责人	基层群众自治组织负责人
酒泉市	**18425**	**117**	**1**	**8**		**6**	**22**
肃州区	6589	30		2			5
金塔县	3110	11	1			1	2
瓜州县	3405	35		5		2	7
肃北蒙古族自治县	493	6					
阿克塞哈萨克族自治县	52	1					
玉门市	2129	7		1		2	
敦煌市	2647	27				1	8
庆阳市	**46173**	**274**	**7**	**23**		**13**	**129**
西峰区	7056	32		1		3	3
庆城县	4553	30	2	4			10
环　县	7522	79		12		1	44
华池县	3416	36	4	3		1	7
合水县	3573	5				1	
正宁县	4080	30				2	27
宁　县	6480	25	1	2		1	17
镇原县	9493	37		1		4	21
定西市	**84602**	**290**	**6**	**13**		**6**	**166**
安定区	10181	49		1		1	21
通渭县	16116	73	4	5		1	34
陇西县	10542	19	1				8
渭源县	11011	23	1			1	8
临洮县	16366	62		3			46
漳　县	4346	29					24
岷　县	16040	35		4		3	25
陇南市	**43234**	**344**	**2**	**12**		**21**	**195**
武都区	9462	84	1	1		3	39
成　县	4315	36				2	24
文　县	4636	12		2			
宕昌县	5789	31		2		1	26
康　县	3033	55		3		1	41
西和县	5742	45				4	29
礼　县	5587	45	1	2		9	16
徽　县	3736	16					8
两当县	934	20		2		1	12
临夏回族自治州	**46691**	**192**	**1**	**16**		**51**	**87**
临夏市	1375	1				1	
临夏县	8606	34		3		13	11
康乐县	7939	24		2		1	17
永靖县	3581	17		2			8
广河县	6498	23	1	2		7	7
和政县	6818	33		6		10	14
东乡族自治县	6692	37		1		11	20
积石山保安族东乡族撒拉族自治县	5182	23				8	10
甘南藏族自治州	**11265**	**97**	**4**	**16**		**6**	**33**
合作市	826	10				3	4
临潭县	3162	17				1	16
卓尼县	1297	3		2			1
舟曲县	2827	30	1	2			5
迭部县	1186	6	2	1			
玛曲县	744	10	1	9			
碌曲县	377	3		1			2
夏河县	846	18		1		2	5

职业中类的就业人口（乡村）（续 1）

单位：人

企事业单位负责人	专业技术人员							
	小计	科学研究人员	工程技术人员	农业技术人员	飞机和船舶技术人员	卫生专业技术人员	经济和金融专业人员	法律、社会和宗教专业人员
80	**700**	**2**	**252**	**23**		**136**	**97**	**14**
23	204		46	13		47	38	5
7	70	2	25	2		15	11	
21	208		90	5		41	21	
6	19		13			2	3	
1	1		1					
4	38		15	2		11	2	
18	160		62	1		20	22	9
102	**2015**	**2**	**563**	**48**		**425**	**149**	**13**
25	584	2	157	4		117	55	7
14	268		74	13		51	10	2
22	335		72	12		51	32	2
21	226		140	5		24	16	
4	90		36	2		13	8	1
1	87		12	3		24	7	
4	207		39	8		66	13	1
11	218		33	1		79	8	
99	**2931**	**27**	**900**	**55**	**4**	**640**	**225**	**39**
26	389	3	116	11		74	44	10
29	881	7	283	9	2	183	81	11
10	301	8	101	10		78	19	3
13	297	3	80	7		69	17	6
13	567	5	201	13	2	106	49	6
5	127		39	2		26	4	2
3	369	1	80	3		104	11	1
114	**1995**	**7**	**406**	**44**	**3**	**465**	**109**	**39**
40	401		95	15		80	28	12
10	162		33	3		37	8	6
10	284	4	77	4		54	21	2
2	148		13	4		39	3	4
10	174		39	4		53	7	1
12	317		53	6	2	77	9	5
17	268	2	42	3		54	12	5
8	185	1	43	1	1	62	8	2
5	56		11	4		9	13	2
37	**1683**		**403**	**40**	**1**	**357**	**107**	**142**
	87		17			36	9	2
7	390		130	12		87	22	23
4	229		48	3		43	9	14
7	135		49	2	1	25	12	3
6	161		12			20	14	16
3	212		29	6		58	15	18
5	161		41	5		18	11	34
5	308		77	12		70	15	32
38	**580**	**1**	**126**	**15**		**85**	**41**	**39**
3	26		9			1	4	5
	103		32	1		10	8	1
	53	1	20			7	6	2
22	221		29	2		37	15	6
3	84		12	12		13	3	11
	9		1			5		
	23		3			4		
10	61		20			8	5	14

4-6c 各地区分性别、

地区 性别	合计	党的机关、国家机关、群众团体和社会组织、企事业单位负责人					
		小计	中国共产党机关负责人	国家机关负责人	民主党派和工商联负责人	人民团体和群众团体、社会组织及其他成员组织负责人	基层群众自治组织负责人
男	**284548**	**2267**	**41**	**128**		**102**	**1097**
兰州市	**22102**	**181**		**5**		**3**	**53**
城关区	708	7					1
七里河区	2674	17		1			2
西固区	1011	12					2
安宁区							
红古区	1177	6				1	3
永登县	3853	35					14
皋兰县	1762	23		3		1	4
榆中县	6544	54				1	23
兰州新区	4373	27		1			4
嘉峪关市	**577**	**1**					
市辖区	577	1					
金昌市	**2599**	**25**		**1**			**8**
金川区	763	8					6
永昌县	1836	17		1			2
白银市	**16449**	**126**	**13**	**6**		**1**	**72**
白银区	983	3					1
平川区	1266	15					12
靖远县	5235	45	1	1			29
会宁县	6944	37	12	5			10
景泰县	2021	26				1	20
天水市	**32872**	**271**	**6**	**14**		**10**	**119**
秦州区	4218	39	6				17
麦积区	4566	41		4		5	8
清水县	3298	41				1	27
秦安县	6932	30		1			16
甘谷县	6562	34		2			12
武山县	4614	40		3		1	20
张家川回族自治县	2682	46		4		3	19
武威市	**20291**	**83**	**1**	**6**		**4**	**37**
凉州区	11705	30	1	3		2	6
民勤县	3405	18					14
古浪县	3284	25				2	16
天祝藏族自治县	1897	10		3			1
张掖市	**15801**	**137**	**1**	**7**		**2**	**67**
甘州区	6983	39	1				16
肃南裕固族自治县	665	2					2
民乐县	2337	33					26
临泽县	1956	10					4
高台县	1958	13					11
山丹县	1902	40		7		2	8
平凉市	**24902**	**297**	**1**	**12**		**10**	**164**
崆峒区	3892	29				2	8
泾川县	2911	43		8			25
灵台县	2337	26				1	12
崇信县	1552	29				5	12
庄浪县	5656	49	1			1	33
静宁县	6847	89		4			54
华亭市	1707	32				1	20

职业中类的就业人口（乡村）（续 2）

单位：人

	专业技术人员							
企事业单位负责人	小计	科学研究人员	工程技术人员	农业技术人员	飞机和船舶技术人员	卫生专业技术人员	经济和金融专业人员	法律、社会和宗教专业人员
899	**11114**	**42**	**4613**	**346**	**11**	**1700**	**611**	**366**
120	**1138**	**4**	**712**	**18**		**113**	**100**	**12**
6	32		20	1		2	3	2
14	118		73			9	11	3
10	44		16	1		5	14	3
2	72		40	2		12	3	1
21	149		90			20	10	
15	89		66	2		7	9	
30	261	3	156	4		41	16	1
22	373	1	251	8		17	34	2
1	**36**		**27**				**7**	**1**
1	36		27				7	1
16	**63**		**27**	**8**		**15**	**4**	**2**
2	11		6			2	1	2
14	52		21	8		13	3	
34	**587**	**2**	**263**	**16**		**89**	**27**	**7**
2	35		19	1		7	3	
3	51		26	6		6	6	1
14	215	1	104	4		33	9	4
10	222	1	82	4		31	6	1
5	64		32	1		12	3	1
122	**1293**	**5**	**463**	**38**	**2**	**256**	**42**	**27**
16	120	1	43	6		27	3	1
24	175		77	7	1	39	4	
13	114	1	37	4		31	4	
13	256		105	3	1	42	11	4
20	327	3	130	11		57	10	
16	176		47	6		25	8	1
20	125		24	1		35	2	21
35	**554**	**2**	**228**	**15**		**133**	**28**	**14**
18	322		148	10		75	19	9
4	59	2	22	2		17	4	2
7	117		35	1		29	1	
6	56		23	2		12	4	3
60	**593**		**216**	**50**	**1**	**92**	**52**	**21**
22	294		105	28		46	28	13
	30		11	2		2	6	4
7	86		33	1		15	4	3
6	39		22	3		6	1	
2	45		18	5		4	6	
23	99		27	11	1	19	7	1
110	**986**	**4**	**339**	**23**	**1**	**154**	**46**	**52**
19	154		43	1	1	17	4	44
10	116	1	17	1		21	9	1
13	99	3	50	3		20	4	
12	68		33	2		11	4	
14	179		69	5		34	7	3
31	293		86	10		40	12	1
11	77		41	1		11	6	3

4-6c 各地区分性别、

地区 性别	合计	党的机关、国家机关、群众团体和社会组织、企事业单位负责人					
		小计	中国共产党机关负责人	国家机关负责人	民主党派和工商联负责人	人民团体和群众团体、社会组织及其他成员组织负责人	基层群众自治组织负责人
酒泉市	**10808**	**103**	**1**	**8**		**4**	**21**
肃州区	3738	28		2			4
金塔县	1794	8	1				2
瓜州县	2035	32		5		2	7
肃北蒙古族自治县	398	6					
阿克塞哈萨克族自治县	42	1					
玉门市	1263	5		1		1	
敦煌市	1538	23				1	8
庆阳市	**27491**	**241**	**6**	**21**		**6**	**125**
西峰区	4458	26		1		1	3
庆城县	2852	26	2	3			10
环　县	4615	72		12		1	41
华池县	2101	29	4	3			7
合水县	2177	5				1	
正宁县	2236	28					27
宁　县	3799	20		1		1	16
镇原县	5253	35		1		2	21
定西市	**48103**	**261**	**5**	**10**		**4**	**152**
安定区	6058	45		1			20
通渭县	9566	69	3	5		1	33
陇西县	5980	19	1				8
渭源县	6118	19	1			1	7
临洮县	9144	57		1			43
漳　县	2540	21					18
岷　县	8697	31		3		2	23
陇南市	**28085**	**286**	**2**	**11**		**9**	**172**
武都区	6055	73	1	1		2	36
成　县	2835	29					22
文　县	2993	11		2			
宕昌县	3415	29		2		1	25
康　县	2066	42		3			34
西和县	3839	32					24
礼　县	3721	39	1	2		5	14
徽　县	2536	15					7
两当县	625	16		1		1	10
临夏回族自治州	**27730**	**169**	**1**	**12**		**43**	**77**
临夏市	913	1				1	
临夏县	5475	30		1		13	9
康乐县	4407	23		2		1	16
永靖县	2232	16		2			7
广河县	3624	20	1	2		6	5
和政县	3614	29		5		7	14
东乡族自治县	4101	30				10	16
积石山保安族东乡族撒拉族自治县	3364	20				5	10
甘南藏族自治州	**6738**	**86**	**4**	**15**		**6**	**30**
合作市	513	10				3	4
临潭县	1875	16				1	15
卓尼县	784	3		2			1
舟曲县	1758	23	1	2			3
迭部县	684	6	2	1			
玛曲县	389	10	1	9			
碌曲县	210	2					2
夏河县	525	16		1		2	5

职业中类的就业人口（乡村）（续3）

单位：人

企事业单位负责人	专业技术人员							
	小计	科学研究人员	工程技术人员	农业技术人员	飞机和船舶技术人员	卫生专业技术人员	经济和金融专业人员	法律、社会和宗教专业人员
69	**387**	**1**	**228**	**20**		**37**	**32**	**5**
22	91		41	13		9	9	2
5	42	1	21	2		7	6	
18	130		83	3		16	11	
6	16		12				3	
1	1		1					
3	18		13	2			1	
14	89		57			5	2	3
83	**1176**	**2**	**499**	**40**		**173**	**60**	**8**
21	294	2	143	4		33	14	4
11	162		63	9		19	2	2
18	205		66	11		20	22	
15	147		114	5		7	9	
4	64		35	2		9	2	1
1	54		11	2		15	3	
2	132		38	6		40	7	1
11	118		29	1		30	1	
90	**1743**	**16**	**777**	**46**	**3**	**242**	**92**	**20**
24	227	2	98	10		31	14	6
27	545	2	240	8	2	64	36	6
10	187	6	94	7		27	7	1
10	173	1	70	6		26	9	1
13	331	4	173	10	1	38	20	3
3	84		31	2		14	3	2
3	196	1	71	3		42	3	1
92	**1178**	**5**	**372**	**33**	**3**	**237**	**38**	**23**
33	231		89	9		37	9	5
7	87		31	3		16	3	3
9	162	2	70	2		20	11	2
1	80		12	3		13		3
5	103		36	4		28	3	1
8	194		46	5	2	52	3	2
17	183	2	39	3		34	6	4
8	108	1	39	1	1	33	1	1
4	30		10	3		4	2	2
36	**1050**		**354**	**32**	**1**	**127**	**63**	**139**
	47		16			11	8	2
7	241		113	11		27	10	22
4	136		37	3		17	4	14
7	80		47	2	1	7	5	3
6	115		11			9	9	16
3	115		27	3		20	8	17
4	117		34	5		10	8	33
5	199		69	8		26	11	32
31	**330**	**1**	**108**	**7**		**32**	**20**	**35**
3	15		5			1	2	4
	69		29	1		6		1
	37	1	19			3	3	1
17	108		25	1		14	9	5
3	47		12	5		4	2	11
	1					1		
	13		3			2		
8	40		15			1	4	13

4-6c 各地区分性别、

地区 性别	合计	党的机关、国家机关、群众团体和社会组织、企事业单位负责人					
		小计	中国共产党机关负责人	国家机关负责人	民主党派和工商联负责人	人民团体和群众团体、社会组织及其他成员组织负责人	基层群众自治组织负责人
女	**192332**	**340**	**4**	**18**		**56**	**109**
兰州市	**12026**	**27**		**1**		**3**	**8**
城关区	319	1					
七里河区	1336	4					1
西固区	596	2					
安宁区							
红古区	764	2					1
永登县	2051	4		1			
皋兰县	895	1				1	
榆中县	4285	9				1	5
兰州新区	1780	4				1	1
嘉峪关市	**292**	**2**				**2**	
市辖区	292	2				2	
金昌市	**1510**						
金川区	478						
永昌县	1032						
白银市	**11702**	**22**	**1**	**1**		**3**	**9**
白银区	639						
平川区	620	1					1
靖远县	3560	8				1	6
会宁县	5737	11	1	1		1	1
景泰县	1146	2				1	1
天水市	**20471**	**50**	**1**	**1**		**4**	**18**
秦州区	2202	4	1			2	1
麦积区	2248	8				1	1
清水县	2373	8				1	3
秦安县	5013	5					3
甘谷县	3970	7					4
武山县	3043	10					5
张家川回族自治县	1622	8		1			1
武威市	**15912**	**6**				**3**	
凉州区	9770	1					
民勤县	2844	2				2	
古浪县	2233	2				1	
天祝藏族自治县	1065	1					
张掖市	**11788**	**17**		**1**		**6**	**1**
甘州区	5216	7				2	
肃南裕固族自治县	438						
民乐县	1663	2				1	
临泽县	1714						
高台县	1584	1					1
山丹县	1173	7		1		3	
平凉市	**17196**	**48**		**3**		**4**	**18**
崆峒区	2146	5					1
泾川县	2081	8		2		1	1
灵台县	1281	2					1
崇信县	742	8				3	4
庄浪县	5096	6					2
静宁县	5043	13		1			4
华亭市	807	6					5

职业中类的就业人口（乡村）（续4）

单位：人

企事业单位负责人	专业技术人员							
	小计	科学研究人员	工程技术人员	农业技术人员	飞机和船舶技术人员	卫生专业技术人员	经济和金融专业人员	法律、社会和宗教专业人员
153	**7826**	**19**	**607**	**80**	**1**	**2386**	**1001**	**121**
15	**800**	**1**	**83**	**4**		**188**	**197**	**24**
1	25		3			8	5	1
3	132		10			30	36	5
2	38		2			10	9	10
1	40		4			10	3	
3	85		7	1		29	9	1
	42		7	1		6	17	1
3	180	1	22	2		45	33	3
2	258		28			50	85	3
	20		**4**			**4**	**3**	
	20		4			4	3	
	45		**3**	**1**		**16**	**6**	**3**
	18		2			4	3	2
	27		1	1		12	3	1
8	**361**	**1**	**36**	**6**		**96**	**33**	**7**
	22	1	4	1		6	3	
	29		5	1		11	2	
1	110		13	2		23	4	2
7	132		12	2		39	18	2
	68		2			17	6	3
26	**873**	**2**	**64**	**7**		**245**	**76**	**5**
	89	1	8			28	11	1
6	116		8	1		41	16	
4	66		2	1		18	8	
2	214	1	22	4		51	18	2
3	199		13	1		58	13	
5	122		8			29	5	2
6	67		3			20	5	
3	**419**		**35**	**1**		**154**	**63**	**5**
1	230		16			91	34	3
	53		4			21	16	1
1	94		9			24	8	1
1	42		6	1		18	5	
9	**531**	**1**	**30**	**4**		**187**	**128**	**10**
5	275		12	1		95	75	6
	27		2			8	5	2
1	68		5			30	12	
	28		1			13	6	1
	39		4	1		13	11	
3	94	1	6	2		28	19	1
23	**737**		**40**	**10**		**236**	**72**	**11**
4	91		4	1		31	12	3
4	103		3	1		23	9	1
1	69		8	2		21	4	2
1	41		5	1		9	8	
4	140		5	1		70	8	1
8	245		11	3		69	20	2
1	48		4	1		13	11	2

4-6c 各地区分性别、

地区 性别	合计	党的机关、国家机关、群众团体和社会组织、企事业单位负责人					
		小计	中国共产党机关负责人	国家机关负责人	民主党派和工商联负责人	人民团体和群众团体、社会组织及其他成员组织负责人	基层群众自治组织负责人
酒泉市	**7617**	**14**				**2**	**1**
肃州区	2851	2					1
金塔县	1316	3				1	
瓜州县	1370	3					
肃北蒙古族自治县	95						
阿克塞哈萨克族自治县	10						
玉门市	866	2				1	
敦煌市	1109	4					
庆阳市	**18682**	**33**	**1**	**2**		**7**	**4**
西峰区	2598	6				2	
庆城县	1701	4		1			
环　县	2907	7					3
华池县	1315	7				1	
合水县	1396						
正宁县	1844	2				2	
宁　县	2681	5	1	1			1
镇原县	4240	2				2	
定西市	**36499**	**29**	**1**	**3**		**2**	**14**
安定区	4123	4				1	1
通渭县	6550	4	1				1
陇西县	4562						
渭源县	4893	4					1
临洮县	7222	5		2			3
漳　县	1806	8					6
岷　县	7343	4		1		1	2
陇南市	**15149**	**58**		**1**		**12**	**23**
武都区	3407	11				1	3
成　县	1480	7				2	2
文　县	1643	1					
宕昌县	2374	2					1
康　县	967	13				1	7
西和县	1903	13				4	5
礼　县	1866	6				4	2
徽　县	1200	1					1
两当县	309	4		1			2
临夏回族自治州	**18961**	**23**		**4**		**8**	**10**
临夏市	462						
临夏县	3131	4		2			2
康乐县	3532	1					1
永靖县	1349	1					1
广河县	2874	3				1	2
和政县	3204	4		1		3	
东乡族自治县	2591	7		1		1	4
积石山保安族东乡族撒拉族自治县	1818	3				3	
甘南藏族自治州	**4527**	**11**		**1**			**3**
合作市	313						
临潭县	1287	1					1
卓尼县	513						
舟曲县	1069	7					2
迭部县	502						
玛曲县	355						
碌曲县	167	1		1			
夏河县	321	2					

职业中类的就业人口（乡村）（续5）

单位：人

企事业单位负责人	专业技术人员							
	小计	科学研究人员	工程技术人员	农业技术人员	飞机和船舶技术人员	卫生专业技术人员	经济和金融专业人员	法律、社会和宗教专业人员
11	**313**	**1**	**24**	**3**		**99**	**65**	**9**
1	113		5			38	29	3
2	28	1	4			8	5	
3	78		7	2		25	10	
	3		1			2		
1	20		2			11	1	
4	71		5	1		15	20	6
19	**839**		**64**	**8**		**252**	**89**	**5**
4	290		14			84	41	3
3	106		11	4		32	8	
4	130		6	1		31	10	2
6	79		26			17	7	
	26		1			4	6	
	33		1	1		9	4	
2	75		1	2		26	6	
	100		4			49	7	
9	**1188**	**11**	**123**	**9**	**1**	**398**	**133**	**19**
2	162	1	18	1		43	30	4
2	336	5	43	1		119	45	5
	114	2	7	3		51	12	2
3	124	2	10	1		43	8	5
	236	1	28	3	1	68	29	3
2	43		8			12	1	
	173		9			62	8	
22	**817**	**2**	**34**	**11**		**228**	**71**	**16**
7	170		6	6		43	19	7
3	75		2			21	5	3
1	122	2	7	2		34	10	
1	68		1	1		26	3	1
5	71		3			25	4	
4	123		7	1		25	6	3
	85		3			20	6	1
	77		4			29	7	1
1	26		1	1		5	11	
1	**633**		**49**	**8**		**230**	**44**	**3**
	40		1			25	1	
	149		17	1		60	12	1
	93		11			26	5	
	55		2			18	7	
	46		1			11	5	
	97		2	3		38	7	1
1	44		7			8	3	1
	109		8	4		44	4	
7	**250**		**18**	**8**		**53**	**21**	**4**
	11		4				2	1
	34		3			4	8	
	16		1			4	3	1
5	113		4	1		23	6	1
	37			7		9	1	
	8		1			4		
	10					2		
2	21		5			7	1	1

4-6c 各地区分性别、

地区 性别	专业技术人员				办事人员和有关人员		
	教学人员	文学艺术、体育专业人员	新闻出版、文化专业人员	其他专业技术人员	小计	办事人员	安全和消防人员
合计	**6518**	**223**	**147**	**148**	**9483**	**7134**	**2135**
兰州市	**428**	**19**	**10**	**25**	**902**	**649**	**215**
城关区	10	1	1		50	43	5
七里河区	64	5	1	3	104	80	17
西固区	11	1			49	38	11
安宁区							
红古区	33			4	42	17	20
永登县	65	1		1	147	111	36
皋兰县	12		2	1	79	33	46
榆中县	102	5	2	5	125	91	32
兰州新区	131	6	4	11	306	236	48
嘉峪关市	**9**		**1**		**14**	**8**	**6**
市辖区	9		1		14	8	6
金昌市	**20**	**2**		**1**	**75**	**46**	**29**
金川区	6	1			24	22	2
永昌县	14	1		1	51	24	27
白银市	**345**	**7**	**7**	**6**	**302**	**239**	**58**
白银区	8		2	2	35	29	4
平川区	15			1	24	18	5
靖远县	119	3	2	2	81	69	10
会宁县	149	4	2	1	119	85	34
景泰县	54		1		43	38	5
天水市	**892**	**19**	**11**	**12**	**1067**	**748**	**277**
秦州区	75	1	1	2	180	120	43
麦积区	86	3	3	5	171	124	44
清水县	69	4		1	135	82	51
秦安县	195	5	4	2	173	121	48
甘谷县	226	4			176	129	46
武山县	161	2	2	2	123	98	23
张家川回族自治县	80		1		109	74	22
武威市	**281**	**3**	**8**	**3**	**604**	**453**	**139**
凉州区	137	1	7	2	293	221	72
民勤县	19	1		1	61	41	18
古浪县	102		1		137	101	33
天祝藏族自治县	23	1			113	90	16
张掖市	**292**	**15**	**15**	**10**	**547**	**412**	**129**
甘州区	145	6	4	5	218	168	45
肃南裕固族自治县	11	2	1	1	49	37	12
民乐县	43	2	2	4	46	31	15
临泽县	10	2	2		35	26	9
高台县	19	2	1		65	38	26
山丹县	64	1	5		134	112	22
平凉市	**700**	**23**	**5**	**7**	**1055**	**790**	**251**
崆峒区	80	1	1	2	167	113	54
泾川县	125	6		1	126	109	16
灵台县	49		2		122	106	7
崇信县	35	1			125	90	35
庄浪县	109	3	1	3	156	108	46
静宁县	271	11	1	1	260	214	44
华亭市	31	1			99	50	49

职业中类的就业人口（乡村）（续6）

单位：人

	社会生产服务和生活服务人员							
其他办事人员和有关人员	小计	批发与零售服务人员	交通运输、仓储和邮政业服务人员	住宿和餐饮服务人员	信息传输、软件和信息技术服务人员	金融服务人员	房地产服务人员	租赁和商务服务人员
214	**85366**	**24978**	**18153**	**21715**	**954**	**775**	**682**	**1759**
38	**9775**	**2518**	**2683**	**1664**	**102**	**68**	**204**	**434**
2	379	107	93	64	5	4	6	18
7	1716	525	473	229	22	18	24	72
	708	199	175	119	3	5	22	36
5	284	81	76	62	2	1	7	12
	1551	338	427	330	15	11	27	22
	642	178	228	80	8	4	4	8
2	2367	638	665	416	28	19	50	96
22	2128	452	546	364	19	6	64	170
	260	**62**	**81**	**34**	**3**	**1**	**1**	**22**
	260	62	81	34	3	1	1	22
	910	**272**	**266**	**120**	**7**	**11**	**6**	**20**
	271	68	75	33	3	3		8
	639	204	191	87	4	8	6	12
5	**3420**	**1085**	**891**	**593**	**70**	**30**	**25**	**54**
2	314	80	86	55	2	4	3	4
1	400	114	136	68	6	3	3	5
2	1103	400	270	180	25	8	9	10
	1111	359	203	229	29	10	10	27
	492	132	196	61	8	5		8
42	**10228**	**2905**	**1618**	**3295**	**116**	**68**	**66**	**111**
17	1359	376	281	352	13	3	6	22
3	1694	478	369	413	14	11	12	24
2	1080	239	119	364	7	3	2	16
4	2086	742	268	554	48	18	22	22
1	1162	427	197	216	19	11	16	13
2	1209	417	209	331	9	15	6	7
13	1638	226	175	1065	6	7	2	7
12	**5510**	**1883**	**1211**	**1079**	**60**	**44**	**30**	**54**
	3496	1317	729	689	39	25	25	33
2	444	149	102	61	8	7	4	5
3	971	279	207	194	10	6	1	7
7	599	138	173	135	3	6		9
6	**5049**	**1627**	**1177**	**896**	**68**	**122**	**71**	**152**
5	2609	877	551	462	32	70	52	90
	190	39	51	40		4	2	6
	622	207	170	97	9	10	5	17
	334	106	65	69	6	12	2	18
1	432	146	87	78	11	15	1	8
	862	252	253	150	10	11	9	13
14	**7166**	**2322**	**1583**	**1535**	**79**	**69**	**38**	**111**
	1872	562	422	501	18	9	13	19
1	724	225	115	199	6	8	3	11
9	715	219	136	150	7	4	3	27
	497	113	143	104	4	5	2	22
2	1298	474	263	241	13	10	8	6
2	1357	517	304	198	26	31	8	16
	703	212	200	142	5	2	1	10

4-6c 各地区分性别、

地区 性别	专业技术人员				办事人员和有关人员		
	教学人员	文学艺术、体育专业人员	新闻出版、文化专业人员	其他专业技术人员	小计	办事人员	安全和消防人员
酒泉市	**125**	**29**	**15**	**7**	**470**	**257**	**201**
肃州区	50	3	1	1	146	72	71
金塔县	14	1			72	47	22
瓜州县	44		1	6	105	69	30
肃北蒙古族自治县			1		32	11	21
阿克塞哈萨克族自治县					1	1	
玉门市	6	1	1		44	25	19
敦煌市	11	24	11		70	32	38
庆阳市	**748**	**22**	**25**	**20**	**993**	**824**	**152**
西峰区	218	10	13	1	238	196	42
庆城县	103		3	12	107	96	6
环　县	161	2	2	1	206	163	40
华池县	39			2	140	107	31
合水县	25	2	2	1	72	55	17
正宁县	41				19	19	
宁　县	71	6	2	1	89	73	12
镇原县	90	2	3	2	122	115	4
定西市	**949**	**43**	**23**	**26**	**1021**	**755**	**244**
安定区	122	4	4	1	159	118	38
通渭县	276	17	11	1	293	215	73
陇西县	76	3	2	1	110	70	39
渭源县	104	7		4	150	120	28
临洮县	157	9	4	15	135	89	39
漳　县	54				41	26	13
岷　县	160	3	2	4	133	117	14
陇南市	**887**	**20**	**7**	**8**	**1174**	**976**	**179**
武都区	162	7	1	1	174	153	17
成　县	75				115	90	18
文　县	116	3	2	1	138	110	27
宕昌县	81	2	1	1	80	67	13
康　县	62	5	1	2	128	111	14
西和县	164	1			209	160	49
礼　县	148	1	1		160	130	29
徽　县	64	1	1	1	134	128	6
两当县	15			2	36	27	6
临夏回族自治州	**588**	**8**	**16**	**21**	**759**	**555**	**180**
临夏市	21		2		53	30	19
临夏县	101	2	8	5	164	117	44
康乐县	108	2	2		82	54	28
永靖县	41	2			80	50	30
广河县	97		1	1	94	69	15
和政县	72	1		13	67	48	14
东乡族自治县	49	1	1	1	105	96	9
积石山保安族东乡族撒拉族自治县	99		2	1	114	91	21
甘南藏族自治州	**254**	**13**	**4**	**2**	**500**	**422**	**75**
合作市	7				38	28	10
临潭县	46	2	3		60	50	8
卓尼县	17				41	39	2
舟曲县	130	2			203	177	25
迭部县	25	5	1	2	87	68	19
玛曲县	3				15	15	
碌曲县	15	1			12	10	2
夏河县	11	3			44	35	9

职业中类的就业人口（乡村）（续7）

单位：人

其他办事人员和有关人员	社会生产服务和生活服务人员							
	小计	批发与零售服务人员	交通运输、仓储和邮政业服务人员	住宿和餐饮服务人员	信息传输、软件和信息技术服务人员	金融服务人员	房地产服务人员	租赁和商务服务人员
12	**3259**	**1048**	**703**	**714**	**22**	**40**	**18**	**117**
3	1118	469	225	193	2	18	9	14
3	405	126	121	82	4	2		9
6	603	181	124	160	4	8	3	21
	74	6	27	23	1			2
	18		2	13				
	314	90	64	56	3	3		3
	727	176	140	187	8	9	6	68
17	**7505**	**2367**	**1749**	**1566**	**78**	**68**	**40**	**198**
	2257	766	485	445	19	29	21	72
5	791	211	235	175	7	6	3	32
3	1102	352	285	203	16	4	4	20
2	600	134	172	133	6	10	3	29
	453	155	100	81	9	4	2	9
	328	121	67	82	1	2	2	4
4	973	328	192	241	10	6		16
3	1001	300	213	206	10	7	5	16
22	**10278**	**3349**	**1932**	**2369**	**155**	**99**	**112**	**223**
3	1447	487	365	234	17	21	17	27
5	2962	954	454	763	59	20	29	95
1	1033	363	241	212	14	10	15	19
2	955	288	166	241	13	13	7	16
7	2276	712	408	562	30	21	27	45
2	436	140	101	105	6	3	1	3
2	1169	405	197	252	16	11	16	18
19	**8740**	**2294**	**1996**	**2235**	**97**	**60**	**31**	**122**
4	1783	575	361	407	27	17	9	40
7	894	233	234	193	5	12	1	11
1	783	188	215	171	14	6	2	6
	939	189	407	200	5	7	2	5
3	523	146	123	95	6	3	2	6
	1446	388	205	478	20	4	6	10
1	1328	301	212	450	8	2	2	8
	852	229	192	205	12	7	6	33
3	192	45	47	36		2	1	3
24	**11146**	**2714**	**1778**	**4949**	**77**	**75**	**35**	**110**
4	577	150	100	199		6	1	2
3	2919	806	345	1261	21	17	10	48
	1361	311	206	629	5	11	3	11
	720	194	171	221	11	12	4	4
10	1540	340	354	725	9	7	3	5
5	1140	213	166	561	13	10	6	12
	1577	339	189	899	7	4	4	16
2	1312	361	247	454	11	8	4	12
3	**2120**	**532**	**485**	**666**	**20**	**20**	**5**	**31**
	245	64	50	78	1			7
2	451	121	123	128	5	5		3
	254	76	47	89	4	3		6
1	583	166	112	164	4	4	3	4
	243	38	87	68	4	2	1	11
	30	12	3	13				
	79	12	16	26	2	5		
	235	43	47	100		1	1	

4-6c 各地区分性别、

地区 性别	专业技术人员				办事人员和有关人员			
	教学人员	文学艺术、体育专业人员	新闻出版、文化专业人员	其他专业技术人员	小计	办事人员	安全和消防人员	其他办事人员和有关人员
男	**3094**	**149**	**69**	**113**	**6998**	**4910**	**1926**	**162**
兰州市	**148**	**6**	**5**	**20**	**625**	**391**	**202**	**32**
城关区	3		1		29	23	4	2
七里河区	19	1		2	69	47	16	6
西固区	5				27	17	10	
安宁区								
红古区	10			4	34	11	19	4
永登县	27	1		1	117	84	33	
皋兰县	3		1	1	62	19	43	
榆中县	35	1	1	3	89	56	31	2
兰州新区	46	3	2	9	198	134	46	18
嘉峪关市			**1**		**11**	**6**	**5**	
市辖区			1		11	6	5	
金昌市	**6**			**1**	**54**	**28**	**26**	
金川区					14	12	2	
永昌县	6			1	40	16	24	
白银市	**174**	**4**	**2**	**3**	**214**	**160**	**50**	**4**
白银区	3		1	1	25	20	4	1
平川区	5			1	15	10	4	1
靖远县	58	1	1		54	42	10	2
会宁县	93	3		1	92	64	28	
景泰县	15				28	24	4	
天水市	**430**	**14**	**6**	**10**	**795**	**506**	**257**	**32**
秦州区	36	1	1	1	139	88	38	13
麦积区	37	3	2	5	128	84	43	1
清水县	33	3		1	109	60	48	1
秦安县	84	3	2	1	121	72	45	4
甘谷县	114	2			134	91	42	1
武山县	85	2		2	83	60	21	2
张家川回族自治县	41		1		81	51	20	10
武威市	**126**	**3**	**2**	**3**	**482**	**348**	**124**	**10**
凉州区	57	1	1	2	237	174	63	
民勤县	8	1		1	51	32	17	2
古浪县	50		1		110	76	31	3
天祝藏族自治县	11	1			84	66	13	5
张掖市	**134**	**10**	**9**	**8**	**362**	**251**	**108**	**3**
甘州区	63	4	3	4	138	97	39	2
肃南裕固族自治县	3	1		1	30	19	11	
民乐县	25	1	1	3	33	19	14	
临泽县	5	1	1		27	18	9	
高台县	9	2	1		47	29	17	1
山丹县	29	1	3		87	69	18	
平凉市	**339**	**19**	**4**	**5**	**775**	**533**	**230**	**12**
崆峒区	40	1	1	2	131	79	52	
泾川县	60	6			104	88	15	1
灵台县	18		1		99	85	6	8
崇信县	17	1			88	57	31	
庄浪县	55	3	1	2	112	67	43	2
静宁县	134	8	1	1	168	128	39	1
华亭市	15				73	29	44	

职业中类的就业人口（乡村）（续8）

单位：人

社会生产服务和生活服务人员							
小计	批发与零售服务人员	交通运输、仓储和邮政业服务人员	住宿和餐饮服务人员	信息传输、软件和信息技术服务人员	金融服务人员	房地产服务人员	租赁和商务服务人员
50851	**12760**	**16186**	**10086**	**657**	**394**	**403**	**1393**
5977	**1275**	**2400**	**689**	**70**	**28**	**106**	**372**
241	54	88	31	2	2	4	15
1075	263	426	103	18	8	10	66
416	95	159	53	3	1	13	27
171	41	69	30	1	1	1	9
937	173	381	138	9	7	16	17
410	93	203	26	6		3	5
1446	330	590	176	18	7	27	77
1281	226	484	132	13	2	32	156
166	**28**	**76**	**12**	**1**		**1**	**15**
166	28	76	12	1		1	15
557	**129**	**226**	**51**	**5**	**6**	**5**	**17**
169	32	71	14	2	2		8
388	97	155	37	3	4	5	9
2187	**575**	**818**	**261**	**47**	**14**	**14**	**38**
206	43	81	24	2	2	3	3
284	69	123	31	4	3	3	5
713	218	246	82	17	5	4	6
645	174	183	102	18	3	4	17
339	71	185	22	6	1		7
5838	**1497**	**1445**	**1541**	**81**	**41**	**47**	**77**
771	193	250	140	4	2	5	19
979	231	329	190	11	5	8	15
503	103	113	122	6	1	2	11
1264	430	240	289	32	9	14	16
722	235	178	95	16	7	13	6
619	202	177	98	6	14	4	4
980	103	158	607	6	3	1	6
3179	**941**	**1051**	**459**	**47**	**21**	**15**	**44**
2004	647	642	308	30	12	13	30
275	80	87	26	5	3	2	4
534	141	173	77	9	5		4
366	73	149	48	3	1		6
2861	**756**	**978**	**381**	**50**	**59**	**42**	**112**
1500	425	449	215	25	36	33	72
106	20	44	13		2		4
354	94	133	36	5	4	4	14
186	56	59	30	3	7		6
239	66	76	33	9	6		4
476	95	217	54	8	4	5	12
4282	**1169**	**1430**	**666**	**59**	**32**	**19**	**89**
1149	268	390	252	12	3	7	19
405	114	107	74	4	3	1	9
426	115	125	66	2	1	2	21
262	53	109	27	3	5	2	13
741	230	239	102	10	5	4	3
872	284	278	93	23	14	2	15
427	105	182	52	5	1	1	9

4-6c 各地区分性别、

地区 性别	专业技术人员				办事人员和有关人员			
	教学人员	文学艺术、体育专业人员	新闻出版、文化专业人员	其他专业技术人员	小计	办事人员	安全和消防人员	其他办事人员和有关人员
酒泉市	**33**	**17**	**8**	**6**	**329**	**154**	**166**	**9**
肃州区	15	2			103	43	57	3
金塔县	4	1			51	31	18	2
瓜州县	11			6	68	40	24	4
肃北蒙古族自治县			1		27	6	21	
阿克塞哈萨克族自治县					1	1		
玉门市	1	1			33	16	17	
敦煌市	2	13	7		46	17	29	
庆阳市	**351**	**17**	**11**	**15**	**761**	**607**	**142**	**12**
西峰区	83	7	3	1	162	124	38	
庆城县	57		2	8	81	73	5	3
环　县	81	2	2	1	164	124	38	2
华池县	11			1	111	80	30	1
合水县	12	1	1	1	64	48	16	
正宁县	23				10	10		
宁　县	33	5	1	1	73	58	11	4
镇原县	51	2	2	2	96	90	4	2
定西市	**486**	**34**	**5**	**22**	**736**	**504**	**220**	**12**
安定区	63	3			117	83	32	2
通渭县	167	16	3	1	202	136	64	2
陇西县	40	3	1	1	83	43	39	1
渭源县	51	5		4	104	80	23	1
临洮县	64	4	1	13	95	54	38	3
漳　县	32				34	21	11	2
岷　县	69	3		3	101	87	13	1
陇南市	**445**	**13**	**4**	**5**	**900**	**722**	**164**	**14**
武都区	74	6	1	1	130	111	16	3
成　县	31				85	62	17	6
文　县	52	2	1		107	84	22	1
宕昌县	47	2			56	44	12	
康　县	28	1	1	1	81	67	13	1
西和县	83	1			180	134	46	
礼　县	94	1			142	113	29	
徽　县	29		1	1	93	90	3	
两当县	7			2	26	17	6	3
临夏回族自治州	**307**	**5**	**9**	**13**	**601**	**417**	**165**	**19**
临夏市	8		2		41	22	17	2
临夏县	49	2	2	5	121	77	41	3
康乐县	58	1	2		74	47	27	
永靖县	14	1			61	36	25	
广河县	68		1	1	79	56	15	8
和政县	34	1		5	49	31	14	4
东乡族自治县	25		1	1	88	81	7	
积石山保安族东乡族撒拉族自治县	51		1	1	88	67	19	2
甘南藏族自治州	**115**	**7**	**3**	**2**	**353**	**283**	**67**	**3**
合作市	3				22	14	8	
临潭县	28	2	2		46	37	7	2
卓尼县	10				31	29	2	
舟曲县	52	2			143	121	21	1
迭部县	9	1	1	2	64	46	18	
玛曲县					12	12		
碌曲县	8				9	7	2	
夏河县	5	2			26	17	9	

职业中类的就业人口（乡村）（续 9）

单位：人

社会生产服务和生活服务人员							
小计	批发与零售服务人员	交通运输、仓储和邮政业服务人员	住宿和餐饮服务人员	信息传输、软件和信息技术服务人员	金融服务人员	房地产服务人员	租赁和商务服务人员
1894	**497**	**618**	**321**	**18**	**8**	**12**	**73**
640	213	202	94	2	4	5	11
261	67	110	34	2	1		8
346	82	110	73	4		3	14
45	4	25	7				1
10		2	6				
196	46	57	28	3	2		2
396	85	112	79	7	1	4	37
4552	**1175**	**1595**	**671**	**61**	**39**	**24**	**164**
1397	387	449	232	13	14	11	63
546	123	226	76	6	4	3	27
681	167	262	73	13	3	2	16
358	64	158	41	6	6	2	20
267	73	83	36	6	2	1	7
181	52	61	34		2	1	3
593	169	170	112	10	3		15
529	140	186	67	7	5	4	13
5938	**1684**	**1711**	**958**	**106**	**44**	**69**	**179**
891	243	321	126	11	10	10	21
1700	493	410	286	41	11	24	76
665	204	214	106	10	7	6	15
519	132	147	95	9	7	6	15
1241	331	358	205	18	5	14	37
263	79	87	41	5	1		2
659	202	174	99	12	3	9	13
4981	**1101**	**1738**	**936**	**57**	**33**	**18**	**101**
1017	252	327	176	15	11	5	35
543	93	220	86	2	6		9
455	79	191	59	8	2	1	4
540	90	290	86	3	4	2	2
305	66	112	34	4		2	5
759	217	183	176	9	3	2	7
754	177	199	212	7	1	1	8
493	102	179	91	9	5	4	29
115	25	37	16		1	1	2
7193	**1646**	**1675**	**2880**	**41**	**56**	**26**	**84**
359	83	96	121		5	1	2
1834	485	325	699	12	14	7	35
795	172	199	302	3	7	2	10
400	91	163	82	5	7	1	2
1135	236	316	507	7	6	2	5
703	111	156	312	7	8	6	9
1139	235	185	630	2	3	4	13
828	233	235	227	5	6	3	8
1246	**287**	**425**	**260**	**14**	**13**	**5**	**28**
147	42	47	28	1			7
272	65	99	54	3	3		3
132	39	38	28	3	1		5
335	93	101	56	3	3	3	3
148	14	80	26	3		1	10
17	5	3	8				
57	6	16	15	1	5		
138	23	41	45		1	1	

4-6c 各地区分性别、

地区 性别	专业技术人员				办事人员和有关人员		
	教学人员	文学艺术、体育专业人员	新闻出版、文化专业人员	其他专业技术人员	小计	办事人员	安全和消防人员
女	**3424**	**74**	**78**	**35**	**2485**	**2224**	**209**
兰州市	**280**	**13**	**5**	**5**	**277**	**258**	**13**
城关区	7	1			21	20	1
七里河区	45	4	1	1	35	33	1
西固区	6	1			22	21	1
安宁区							
红古区	23				8	6	1
永登县	38				30	27	3
皋兰县	9		1		17	14	3
榆中县	67	4	1	2	36	35	1
兰州新区	85	3	2	2	108	102	2
嘉峪关市	**9**				**3**	**2**	**1**
市辖区	9				3	2	1
金昌市	**14**	**2**			**21**	**18**	**3**
金川区	6	1			10	10	
永昌县	8	1			11	8	3
白银市	**171**	**3**	**5**	**3**	**88**	**79**	**8**
白银区	5		1	1	10	9	
平川区	10				9	8	1
靖远县	61	2	1	2	27	27	
会宁县	56	1	2		27	21	6
景泰县	39		1		15	14	1
天水市	**462**	**5**	**5**	**2**	**272**	**242**	**20**
秦州区	39			1	41	32	5
麦积区	49		1		43	40	1
清水县	36	1			26	22	3
秦安县	111	2	2	1	52	49	3
甘谷县	112	2			42	38	4
武山县	76		2		40	38	2
张家川回族自治县	39				28	23	2
武威市	**155**		**6**		**122**	**105**	**15**
凉州区	80		6		56	47	9
民勤县	11				10	9	1
古浪县	52				27	25	2
天祝藏族自治县	12				29	24	3
张掖市	**158**	**5**	**6**	**2**	**185**	**161**	**21**
甘州区	82	2	1	1	80	71	6
肃南裕固族自治县	8	1	1		19	18	1
民乐县	18	1	1	1	13	12	1
临泽县	5	1	1		8	8	
高台县	10				18	9	9
山丹县	35		2		47	43	4
平凉市	**361**	**4**	**1**	**2**	**280**	**257**	**21**
崆峒区	40				36	34	2
泾川县	65			1	22	21	1
灵台县	31		1		23	21	1
崇信县	18				37	33	4
庄浪县	54			1	44	41	3
静宁县	137	3			92	86	5
华亭市	16	1			26	21	5

职业中类的就业人口（乡村）（续10）

单位：人

其他办事人员和有关人员	社会生产服务和生活服务人员							
	小计	批发与零售服务人员	交通运输、仓储和邮政业服务人员	住宿和餐饮服务人员	信息传输、软件和信息技术服务人员	金融服务人员	房地产服务人员	租赁和商务服务人员
52	**34515**	**12218**	**1967**	**11629**	**297**	**381**	**279**	**366**
6	**3798**	**1243**	**283**	**975**	**32**	**40**	**98**	**62**
	138	53	5	33	3	2	2	3
1	641	262	47	126	4	10	14	6
	292	104	16	66		4	9	9
1	113	40	7	32	1		6	3
	614	165	46	192	6	4	11	5
	232	85	25	54	2	4	1	3
	921	308	75	240	10	12	23	19
4	847	226	62	232	6	4	32	14
	94	**34**	**5**	**22**	**2**	**1**		**7**
	94	34	5	22	2	1		7
	353	**143**	**40**	**69**	**2**	**5**	**1**	**3**
	102	36	4	19	1	1		
	251	107	36	50	1	4	1	3
1	**1233**	**510**	**73**	**332**	**23**	**16**	**11**	**16**
1	108	37	5	31		2		1
	116	45	13	37	2			
	390	182	24	98	8	3	5	4
	466	185	20	127	11	7	6	10
	153	61	11	39	2	4		1
10	**4390**	**1408**	**173**	**1754**	**35**	**27**	**19**	**34**
4	588	183	31	212	9	1	1	3
2	715	247	40	223	3	6	4	9
1	577	136	6	242	1	2		5
	822	312	28	265	16	9	8	6
	440	192	19	121	3	4	3	7
	590	215	32	233	3	1	2	3
3	658	123	17	458		4	1	1
2	**2331**	**942**	**160**	**620**	**13**	**23**	**15**	**10**
	1492	670	87	381	9	13	12	3
	169	69	15	35	3	4	2	1
	437	138	34	117	1	1	1	3
2	233	65	24	87		5		3
3	**2188**	**871**	**199**	**515**	**18**	**63**	**29**	**40**
3	1109	452	102	247	7	34	19	18
	84	19	7	27		2	2	2
	268	113	37	61	4	6	1	3
	148	50	6	39	3	5	2	12
	193	80	11	45	2	9	1	4
	386	157	36	96	2	7	4	1
2	**2884**	**1153**	**153**	**869**	**20**	**37**	**19**	**22**
	723	294	32	249	6	6	6	
	319	111	8	125	2	5	2	2
1	289	104	11	84	5	3	1	6
	235	60	34	77	1			9
	557	244	24	139	3	5	4	3
1	485	233	26	105	3	17	6	1
	276	107	18	90		1		1

4-6c 各地区分性别、

地区 性别	专业技术人员				办事人员和有关人员		
	教学人员	文学艺术、体育专业人员	新闻出版、文化专业人员	其他专业技术人员	小计	办事人员	安全和消防人员
酒泉市	**92**	**12**	**7**	**1**	**141**	**103**	**35**
肃州区	35	1	1	1	43	29	14
金塔县	10				21	16	4
瓜州县	33		1		37	29	6
肃北蒙古族自治县					5	5	
阿克塞哈萨克族自治县							
玉门市	5		1		11	9	2
敦煌市	9	11	4		24	15	9
庆阳市	**397**	**5**	**14**	**5**	**232**	**217**	**10**
西峰区	135	3	10		76	72	4
庆城县	46		1	4	26	23	1
环　县	80				42	39	2
华池县	28			1	29	27	1
合水县	13	1	1		8	7	1
正宁县	18				9	9	
宁　县	38	1	1		16	15	1
镇原县	39		1		26	25	
定西市	**463**	**9**	**18**	**4**	**285**	**251**	**24**
安定区	59	1	4	1	42	35	6
通渭县	109	1	8		91	79	9
陇西县	36		1		27	27	
渭源县	53	2			46	40	5
临洮县	93	5	3	2	40	35	1
漳　县	22				7	5	2
岷　县	91		2	1	32	30	1
陇南市	**442**	**7**	**3**	**3**	**274**	**254**	**15**
武都区	88	1			44	42	1
成　县	44				30	28	1
文　县	64	1	1	1	31	26	5
宕昌县	34		1	1	24	23	1
康　县	34	4		1	47	44	1
西和县	81				29	26	3
礼　县	54		1		18	17	
徽　县	35	1			41	38	3
两当县	8				10	10	
临夏回族自治州	**281**	**3**	**7**	**8**	**158**	**138**	**15**
临夏市	13				12	8	2
临夏县	52		6		43	40	3
康乐县	50	1			8	7	1
永靖县	27	1			19	14	5
广河县	29				15	13	
和政县	38			8	18	17	
东乡族自治县	24	1			17	15	2
积石山保安族东乡族撒拉族自治县	48		1		26	24	2
甘南藏族自治州	**139**	**6**	**1**		**147**	**139**	**8**
合作市	4				16	14	2
临潭县	18		1		14	13	1
卓尼县	7				10	10	
舟曲县	78				60	56	4
迭部县	16	4			23	22	1
玛曲县	3				3	3	
碌曲县	7	1			3	3	
夏河县	6	1			18	18	

职业中类的就业人口（乡村）（续11）

单位：人

其他办事人员和有关人员	社会生产服务和生活服务人员							
	小计	批发与零售服务人员	交通运输、仓储和邮政业服务人员	住宿和餐饮服务人员	信息传输、软件和信息技术服务人员	金融服务人员	房地产服务人员	租赁和商务服务人员
3	**1365**	**551**	**85**	**393**	**4**	**32**	**6**	**44**
	478	256	23	99		14	4	3
1	144	59	11	48	2	1		1
2	257	99	14	87		8		7
	29	2	2	16	1			1
	8			7				
	118	44	7	28		1		1
	331	91	28	108	1	8	2	31
5	**2953**	**1192**	**154**	**895**	**17**	**29**	**16**	**34**
	860	379	36	213	6	15	10	9
2	245	88	9	99	1	2		5
1	421	185	23	130	3	1	2	4
1	242	70	14	92		4	1	9
	186	82	17	45	3	2	1	2
	147	69	6	48	1		1	1
	380	159	22	129		3		1
1	472	160	27	139	3	2	1	3
10	**4340**	**1665**	**221**	**1411**	**49**	**55**	**43**	**44**
1	556	244	44	108	6	11	7	6
3	1262	461	44	477	18	9	5	19
	368	159	27	106	4	3	9	4
1	436	156	19	146	4	6	1	1
4	1035	381	50	357	12	16	13	8
	173	61	14	64	1	2	1	1
1	510	203	23	153	4	8	7	5
5	**3759**	**1193**	**258**	**1299**	**40**	**27**	**13**	**21**
1	766	323	34	231	12	6	4	5
1	351	140	14	107	3	6	1	2
	328	109	24	112	6	4	1	2
	399	99	117	114	2	3		3
2	218	80	11	61	2	3		1
	687	171	22	302	11	1	4	3
1	574	124	13	238	1	1	1	
	359	127	13	114	3	2	2	4
	77	20	10	20		1		1
5	**3953**	**1068**	**103**	**2069**	**36**	**19**	**9**	**26**
2	218	67	4	78		1		
	1085	321	20	562	9	3	3	13
	566	139	7	327	2	4	1	1
	320	103	8	139	6	5	3	2
2	405	104	38	218	2	1	1	
1	437	102	10	249	6	2		3
	438	104	4	269	5	1		3
	484	128	12	227	6	2	1	4
	874	**245**	**60**	**406**	**6**	**7**		**3**
	98	22	3	50				
	179	56	24	74	2	2		
	122	37	9	61	1	2		1
	248	73	11	108	1	1		1
	95	24	7	42	1	2		1
	13	7		5				
	22	6		11	1			
	97	20	6	55				

4-6c 各地区分性别、

地区 性别	社会生产服务和生活服务人员							
	技术辅助服务人员	水利、环境和公共设施管理服务人员	居民服务人员	电力、燃气及水供应服务人员	修理及制作服务人员	文化、体育和娱乐服务人员	健康服务人员	其他社会生产和生活服务人员
合计	**925**	**6033**	**4314**	**1056**	**3387**	**329**	**161**	**145**
兰州市	**126**	**1127**	**333**	**90**	**349**	**32**	**23**	**22**
城关区	17	45	8	3	8			1
七里河区	19	171	67	14	71	6	4	1
西固区	5	84	27	7	26			
安宁区								
红古区	5	19	6	3	10			
永登县	13	224	60	14	60	7	3	
皋兰县	5	80	16	6	21	1	3	
榆中县	26	202	108	28	75	8	4	4
兰州新区	36	302	41	15	78	10	9	16
嘉峪关市	**2**	**22**	**5**	**1**	**23**	**3**		
市辖区	2	22	5	1	23	3		
金昌市	**12**	**109**	**26**	**16**	**37**	**6**	**2**	
金川区	1	61	6	2	8	2	1	
永昌县	11	48	20	14	29	4	1	
白银市	**49**	**182**	**188**	**50**	**174**	**22**	**7**	
白银区	4	35	14	3	21	3		
平川区	3	28	11	4	16	3		
靖远县	14	57	54	18	49	3	6	
会宁县	22	43	91	12	66	9	1	
景泰县	6	19	18	13	22	4		
天水市	**80**	**714**	**706**	**138**	**344**	**31**	**22**	**14**
秦州区	11	144	82	15	42	7	4	1
麦积区	14	117	140	28	55	9	1	9
清水县	6	170	97	12	39	3	2	1
秦安县	19	96	179	26	81	3	6	2
甘谷县	17	43	82	39	76	3	3	
武山县	11	80	74	13	29	5	3	
张家川回族自治县	2	64	52	5	22	1	3	1
武威市	**59**	**435**	**274**	**62**	**299**	**10**	**8**	**2**
凉州区	32	234	134	24	203	7	4	1
民勤县	13	28	32	13	19	1	2	
古浪县	9	98	96	12	50	1		1
天祝藏族自治县	5	75	12	13	27	1	2	
张掖市	**71**	**304**	**250**	**59**	**218**	**23**	**8**	**3**
甘州区	45	159	116	22	111	16	4	2
肃南裕固族自治县	3	28	5	5	6		1	
民乐县	3	49	22	9	22		2	
临泽县	5	10	22	3	13	3		
高台县	9	11	32	8	24	2		
山丹县	6	47	53	12	42	2	1	1
平凉市	**90**	**533**	**362**	**96**	**304**	**24**	**10**	**10**
崆峒区	19	121	87	5	88	6		2
泾川县	5	51	46	16	32	4	2	1
灵台县	7	66	53	6	26	4	4	3
崇信县	4	50	28	9	10	1	2	
庄浪县	24	84	79	28	64	3		1
静宁县	25	82	47	27	66	5	2	3
华亭市	6	79	22	5	18	1		

职业中类的就业人口（乡村）（续12）

单位：人

农、林、牧、渔业生产及辅助人员								
小计	农业生产人员	林业生产人员	畜牧业生产人员	渔业生产人员	农林牧渔生产辅助人员	其他农、林、牧、渔业生产加工人员	小计	农副产品加工人员
277617	**245175**	**1900**	**29187**	**88**	**1206**	**61**	**81963**	**1409**
12535	**11243**	**143**	**1076**	**12**	**59**	**2**	**8757**	**132**
131	118	6	1	6			401	
776	726	10	33		6	1	1142	44
398	362	8	20	1	7		356	5
1234	1181	24	27		2		260	4
2404	1798	57	540	3	6		1529	19
1209	1078	13	118				571	4
6106	5817	14	244	2	28	1	1719	33
277	163	11	93		10		2779	23
291	**232**	**3**	**50**		**6**		**245**	
291	232	3	50		6		245	
2298	**1789**	**18**	**408**	**6**	**76**	**1**	**692**	**51**
662	582	13	56		11		247	9
1636	1207	5	352	6	65	1	445	42
20707	**18821**	**35**	**1834**	**5**	**12**		**2614**	**68**
1028	901	4	120	3			184	1
1027	806	4	214		3		339	12
6371	5963	14	393		1		861	14
10275	9553	3	715		4		764	23
2006	1598	10	392	2	4		466	18
29042	**27475**	**296**	**1124**	**6**	**132**	**9**	**10224**	**136**
2900	2665	99	114	4	15	3	1717	17
2777	2560	63	118		34	2	1811	18
3091	2887	20	175		9		1114	9
7723	7584	25	106	1	6	1	1362	14
6921	6773	38	99		10	1	1652	6
3971	3736	36	183	1	13	2	1931	30
1659	1270	15	329		45		637	42
24699	**20165**	**106**	**4349**	**1**	**77**	**1**	**4269**	**156**
14646	12325	35	2232	1	52	1	2450	100
5407	4815	5	572		15		198	11
3133	2247	48	831		7		1016	41
1513	778	18	714		3		605	4
16585	**13695**	**53**	**2652**		**176**	**9**	**4116**	**84**
7256	6061	24	1129		40	2	1492	43
656	224	9	419		3	1	147	1
2114	1619	6	393		93	3	1028	17
2984	2733	6	231		12	2	240	3
2548	2321	1	220		5	1	398	14
1027	737	7	260		23		811	6
25222	**23129**	**148**	**1862**	**3**	**78**	**2**	**6522**	**116**
2349	1992	37	318		2		1335	41
3242	2794	15	417	2	14		623	9
1907	1662	36	168		39	2	675	8
690	563	4	115		8		830	1
7517	7142	34	336		5		1400	20
8632	8291	18	315	1	7		997	31
885	685	4	193		3		662	6

4-6c 各地区分性别、

地区 性别	社会生产服务和生活服务人员							
	技术辅助服务人员	水利、环境和公共设施管理服务人员	居民服务人员	电力、燃气及水供应服务人员	修理及制作服务人员	文化、体育和娱乐服务人员	健康服务人员	其他社会生产和生活服务人员
酒泉市	**43**	**209**	**125**	**43**	**147**	**18**	**7**	**5**
肃州区	18	48	50	9	54	4	1	4
金塔县	3	31	8	9	9	1		
瓜州县	6	30	22	8	28	7	1	
肃北蒙古族自治县	4	8		1	2			
阿克塞哈萨克族自治县					3			
玉门市	4	37	16	8	27		2	1
敦煌市	8	55	29	8	24	6	3	
庆阳市	**90**	**423**	**470**	**86**	**314**	**34**	**17**	**5**
西峰区	37	135	118	22	97	7	4	
庆城县	10	37	41	2	23	7	1	1
环　县	13	60	49	21	69	5	1	
华池县	7	32	38	13	20	2	1	
合水县	1	39	30	5	18			
正宁县	2	14	15	3	13	2		
宁　县	7	57	53	10	45	6	2	
镇原县	13	49	126	10	29	5	8	4
定西市	**181**	**574**	**559**	**160**	**455**	**48**	**17**	**45**
安定区	26	96	64	15	68	8	2	
通渭县	73	120	171	53	149	16	2	4
陇西县	12	33	48	18	46	2		
渭源县	18	66	59	16	45	4	3	
临洮县	35	153	110	34	88	10	4	37
漳　县	7	21	24	5	18	1		1
岷　县	10	85	83	19	41	7	6	3
陇南市	**69**	**732**	**619**	**143**	**264**	**49**	**11**	**18**
武都区	17	115	109	26	60	13	4	3
成　县	8	84	61	18	30	3	1	
文　县	4	80	47	21	20	7	1	1
宕昌县	3	58	24	9	24	1	3	2
康　县	3	71	39	7	17	4		1
西和县	16	152	82	27	39	8	1	10
礼　县	9	92	177	18	42	6		1
徽　县	7	57	63	10	28	3		
两当县	2	23	17	7	4	4	1	
临夏回族自治州	**46**	**517**	**340**	**80**	**368**	**23**	**18**	**16**
临夏市	1	61	21		29	4		3
临夏县	17	132	89	25	135	6	3	4
康乐县	3	71	56	11	40	1	2	1
永靖县	4	48	15	7	27	1	1	
广河县	6	31	33	4	15	3	1	4
和政县	6	41	42	19	38	4	6	3
东乡族自治县	1	60	26	10	18	1	3	
积石山保安族东乡族撒拉族自治县	8	73	58	4	66	3	2	1
甘南藏族自治州	**7**	**152**	**57**	**32**	**91**	**6**	**11**	**5**
合作市	1	23	9	1	10			1
临潭县	1	14	15	7	28	1		
卓尼县	2	11	4		11			1
舟曲县	2	61	20	6	28	1	7	1
迭部县	1	11	5	5	4	3	1	2
玛曲县					2			
碌曲县		6	1	9	2			
夏河县		26	3	4	6	1	3	

职业中类的就业人口（乡村）（续13）

单位：人

农、林、牧、渔业生产及辅助人员								
小计	农业生产人员	林业生产人员	畜牧业生产人员	渔业生产人员	农林牧渔生产辅助人员	其他农、林、牧、渔业生产加工人员	小计	农副产品加工人员
11599	**9960**	**44**	**1461**	**4**	**127**	**3**	**2250**	**49**
4440	4143	22	243	2	30		647	22
2171	1859	2	276	1	32	1	366	8
1999	1704	9	247		38	1	454	6
88	11	1	76				274	
16	4		12				15	
1487	975	3	491		18		239	2
1398	1264	7	116	1	9	1	255	11
29173	**24461**	**327**	**4253**	**8**	**121**	**3**	**6160**	**132**
2525	2196	70	246	2	11		1409	14
2736	2365	11	338		20	2	601	6
4782	3216	23	1535		8		1017	39
1992	1755	51	145	2	39		420	7
2427	2102	49	271	1	4		521	4
3271	3016	63	191		1		345	1
4214	3677	40	482	1	14		966	26
7226	6134	20	1045	2	24	1	881	35
57733	**54124**	**185**	**3274**	**5**	**132**	**13**	**12136**	**187**
7049	6253	49	737	1	8	1	1082	31
8583	8009	9	554	1	10		3176	33
7752	6994	46	692	1	17	2	1323	23
8497	8215	15	252		12	3	1088	9
11002	10188	42	757	1	14		2307	53
3099	2996	10	75		18		596	8
11751	11469	14	207	1	53	7	2564	30
19430	**18177**	**273**	**882**	**16**	**79**	**3**	**11463**	**94**
4321	4173	49	83		16		2674	9
2046	1906	29	94	4	13		1055	22
2006	1871	25	95	8	7		1406	3
3702	3539	21	138	1	3		880	7
1051	929	37	82		2	1	1089	9
1880	1729	31	112		8		1835	17
2368	2180	35	127		26		1402	14
1581	1423	36	116	3	3		967	12
475	427	10	35		1	2	155	1
22908	**18534**	**117**	**4103**	**22**	**122**	**10**	**9951**	**181**
200	151	2	44	1	2		457	20
2585	1776	13	772	3	21		2512	44
4579	3994	20	546		16	3	1654	34
1870	1704	10	99	16	41		759	13
4171	3406	4	753		7	1	487	13
4015	3251	51	695		13	5	1345	25
3845	2916	7	911		10	1	956	18
1643	1336	10	283	2	12		1781	14
5395	**3370**	**152**	**1859**		**9**	**5**	**2564**	**23**
175	53	6	116				332	
1804	1655	10	135		1	3	727	10
587	364	2	218		2	1	354	2
924	809	45	66		4		863	4
671	424	60	186			1	95	
669		1	668				11	6
236	27	2	207				23	
329	38	26	263		2		159	1

4–6c 各地区分性别、

地区 性别	社会生产服务和生活服务人员							
	技术辅助服务人员	水利、环境和公共设施管理服务人员	居民服务人员	电力、燃气及水供应服务人员	修理及制作服务人员	文化、体育和娱乐服务人员	健康服务人员	其他社会生产和生活服务人员
男	**627**	**2701**	**1290**	**940**	**3025**	**220**	**79**	**90**
兰州市	**96**	**412**	**92**	**82**	**315**	**18**	**9**	**13**
城关区	14	20	2	2	7			
七里河区	16	68	17	11	64	4		1
西固区	3	22	10	7	23			
安宁区								
红古区	1	5	1	2	10			
永登县	10	98	14	14	55	2	3	
皋兰县	4	38	5	6	18	1	2	
榆中县	19	67	34	25	68	4	2	2
兰州新区	29	94	9	15	70	7	2	10
嘉峪关市	**1**	**8**	**1**	**1**	**21**	**1**		
市辖区	1	8	1	1	21	1		
金昌市	**9**	**48**	**8**	**15**	**34**	**3**	**1**	
金川区		25	3	2	8	1	1	
永昌县	9	23	5	13	26	2		
白银市	**32**	**101**	**71**	**41**	**157**	**12**	**6**	
白银区	3	15	7	2	20	1		
平川区	2	17	7	3	15	2		
靖远县	6	38	21	16	47	2	5	
会宁县	18	22	31	9	58	5	1	
景泰县	3	9	5	11	17	2		
天水市	**52**	**356**	**225**	**128**	**301**	**22**	**18**	**7**
秦州区	6	68	27	14	35	4	4	
麦积区	8	58	39	23	51	6	1	4
清水县	5	69	18	11	37	3	1	1
秦安县	14	46	72	25	69	2	5	1
甘谷县	12	29	23	38	65	3	2	
武山县	7	43	19	12	28	3	2	
张家川回族自治县		43	27	5	16	1	3	1
武威市	**40**	**149**	**83**	**55**	**264**	**7**	**3**	
凉州区	23	49	44	21	179	5	1	
民勤县	8	14	14	11	19	1	1	
古浪县	4	46	22	11	42			
天祝藏族自治县	5	40	3	12	24	1	1	
张掖市	**41**	**121**	**65**	**52**	**184**	**16**	**1**	**3**
甘州区	24	56	35	20	95	12	1	2
肃南裕固族自治县	2	10	2	4	5			
民乐县	2	28	6	9	19			
临泽县	1	6	3	3	10	2		
高台县	8	3	8	5	20	1		
山丹县	4	18	11	11	35	1		1
平凉市	**63**	**252**	**111**	**85**	**277**	**16**	**6**	**8**
崆峒区	14	56	33	5	82	6		2
泾川县	3	29	15	13	30	3		
灵台县	5	33	18	6	23	2	4	3
崇信县	3	21	9	7	8	1	1	
庄浪县	17	31	17	27	54	1		1
静宁县	18	38	14	23	64	3	1	2
华亭市	3	44	5	4	16			

职业中类的就业人口（乡村）（续14）

单位：人

农、林、牧、渔业生产及辅助人员								
小计	农业生产人员	林业生产人员	畜牧业生产人员	渔业生产人员	农林牧渔生产辅助人员	其他农、林、牧、渔业生产加工人员	小计	农副产品加工人员
145148	**124848**	**1344**	**18138**	**65**	**717**	**36**	**67649**	**884**
6836	**5929**	**91**	**773**	**8**	**34**	**1**	**7336**	**77**
76	67	5	1	3			322	
446	412	9	21		3	1	948	22
223	201	4	14	1	3		289	3
663	625	15	22		1		230	2
1293	868	35	384	2	4		1322	11
696	597	10	89				482	1
3266	3067	9	172	2	16		1423	19
173	92	4	70		7		2320	19
156	**115**	**3**	**34**		**4**		**207**	
156	115	3	34		4		207	
1328	**971**	**12**	**295**	**4**	**46**		**571**	**36**
362	304	7	41		10		199	5
966	667	5	254	4	36		372	31
11116	**9860**	**28**	**1216**	**3**	**9**		**2211**	**45**
551	464	4	81	2			162	
604	442	3	157		2		297	8
3459	3180	11	267		1		748	11
5315	4862	2	449		2		627	14
1187	912	8	262	1	4		377	12
15858	**14752**	**217**	**804**	**3**	**77**	**5**	**8652**	**96**
1648	1482	64	85	3	12	2	1495	12
1667	1505	51	89		21	1	1561	15
1611	1468	15	124		4		908	6
4102	4008	22	68		4		1107	11
3881	3778	24	69		9	1	1442	6
2028	1859	30	131		7	1	1622	19
921	652	11	238		20		517	27
12506	**9921**	**69**	**2462**	**1**	**52**	**1**	**3449**	**92**
7110	5882	19	1173	1	34	1	1997	55
2830	2493	3	323		11		166	7
1686	1141	35	505		5		799	27
880	405	12	461		2		487	3
8614	**6895**	**36**	**1573**		**104**	**6**	**3224**	**52**
3792	3086	17	658		30	1	1213	28
364	117	5	240		1	1	132	
1080	788	4	244		42	2	750	10
1514	1370	3	129		10	2	180	1
1274	1139	1	129		5		340	7
590	395	6	173		16		609	6
12969	**11606**	**103**	**1210**	**2**	**48**		**5558**	**74**
1311	1070	28	212		1		1098	27
1696	1426	9	249	1	11		547	7
1093	911	26	132		24		594	5
368	280	3	82		3		732	1
3419	3173	22	222		2		1152	9
4582	4379	12	185	1	5		839	20
500	367	3	128		2		596	5

4-6c 各地区分性别、

地区 性别	社会生产服务和生活服务人员							
	技术辅助服务人员	水利、环境和公共设施管理服务人员	居民服务人员	电力、燃气及水供应服务人员	修理及制作服务人员	文化、体育和娱乐服务人员	健康服务人员	其他社会生产和生活服务人员
酒泉市	**31**	**94**	**32**	**37**	**136**	**13**	**1**	**3**
肃州区	11	21	11	7	53	3		3
金塔县	3	15	2	9	9	1		
瓜州县	5	15	3	7	26	4		
肃北蒙古族自治县	4	1		1	2			
阿克塞哈萨克族自治县					2			
玉门市	1	19	6	7	24		1	
敦煌市	7	23	10	6	20	5		
庆阳市	**59**	**230**	**138**	**74**	**287**	**25**	**7**	**3**
西峰区	21	52	38	22	87	4	4	
庆城县	9	24	19	2	22	5		
环　县	6	42	9	18	65	4	1	
华池县	7	18	12	7	16	1		
合水县	1	25	13	4	16			
正宁县	1	6	4	2	13	2		
宁　县	7	35	15	9	42	6		
镇原县	7	28	28	10	26	3	2	3
定西市	**121**	**278**	**159**	**142**	**414**	**35**	**7**	**31**
安定区	15	42	15	10	61	5	1	
通渭县	55	56	44	51	138	13		2
陇西县	5	14	22	17	43	2		
渭源县	8	31	15	11	39	3	1	
临洮县	23	66	36	33	79	7	2	27
漳　县	6	14	6	5	16	1		
岷　县	9	55	21	15	38	4	3	2
陇南市	**41**	**395**	**150**	**134**	**233**	**28**	**7**	**9**
武都区	13	62	32	25	54	5	2	3
成　县	1	56	20	18	29	2	1	
文　县	4	50	11	20	18	6	1	1
宕昌县	2	26	5	8	18	1	2	1
康　县	2	42	14	7	15	1		1
西和县	12	65	22	24	31	5		3
礼　县	6	54	31	18	36	4		
徽　县	1	26	9	8	28	2		
两当县		14	6	6	4	2	1	
临夏回族自治州	**35**	**177**	**140**	**69**	**326**	**20**	**8**	**10**
临夏市	1	13	5		27	4		1
临夏县	15	48	40	21	124	5	2	2
康乐县	3	33	23	7	32	1	1	
永靖县	2	12	3	7	23	1	1	
广河县	3	8	20	4	14	3		4
和政县	5	15	17	16	33	4	2	2
东乡族自治县	1	25	12	10	17	1	1	
积石山保安族东乡族撒拉族自治县	5	23	20	4	56	1	1	1
甘南藏族自治州	**6**	**80**	**15**	**25**	**76**	**4**	**5**	**3**
合作市		8	4	1	8			1
临潭县	1	8	5	6	24	1		
卓尼县	2	5			10			1
舟曲县	2	34	3	6	23	1	4	
迭部县	1	6	1	1	3	1		1
玛曲县					1			
碌曲县		4		8	2			
夏河县		15	2	3	5	1	1	

职业中类的就业人口（乡村）（续15）

单位：人

农、林、牧、渔业生产及辅助人员								
小计	农业生产人员	林业生产人员	畜牧业生产人员	渔业生产人员	农林牧渔生产辅助人员	其他农、林、牧、渔业生产加工人员	小计	农副产品加工人员
6204	**5213**	**30**	**876**	**3**	**79**	**3**	**1874**	**27**
2354	2159	13	161	1	20		518	12
1119	944	1	151	1	21	1	305	5
1086	913	8	144		20	1	372	2
50	7		43				254	
14	2		12				15	
814	514	2	287		11		197	2
767	674	6	78	1	7	1	213	6
15477	**12541**	**239**	**2610**	**7**	**78**	**2**	**5248**	**76**
1346	1129	42	165	1	9		1227	10
1490	1255	9	212		13	1	536	3
2649	1751	21	871		6		843	19
1085	928	34	98	2	23		370	6
1338	1116	44	174	1	3		434	2
1673	1501	44	128				290	
2177	1817	28	323	1	8		800	16
3719	3044	17	639	2	16	1	748	20
29690	**27377**	**121**	**2123**	**3**	**58**	**8**	**9616**	**108**
3870	3389	36	442		3		903	22
4391	4016	6	363	1	5		2584	16
4018	3520	26	460	1	9	2	1007	14
4418	4238	10	161		6	3	885	6
5443	4927	26	482	1	7		1963	26
1657	1582	7	60		8		472	7
5893	5705	10	155		20	3	1802	17
11080	**10172**	**200**	**643**	**14**	**49**	**2**	**9614**	**62**
2419	2313	39	58		9		2171	7
1166	1067	16	70	4	9		922	12
1077	978	19	67	7	6		1175	2
2039	1919	17	101	1	1		667	5
596	524	22	47		2	1	932	4
1108	990	26	88		4		1561	13
1413	1269	28	101		15		1184	11
960	849	24	83	2	2		866	7
302	263	9	28		1	1	136	1
10576	**7887**	**75**	**2520**	**17**	**71**	**6**	**8110**	**129**
90	55		32	1	2		375	14
1192	688	11	479	2	12		2056	33
2020	1653	17	340		8	2	1354	24
1005	896	5	69	13	22		670	8
1870	1401	3	461		5		391	11
1710	1271	25	400		10	4	1006	17
1905	1348	4	548		5		814	9
784	575	10	191	1	7		1444	13
2738	**1609**	**120**	**999**		**8**	**2**	**1979**	**10**
87	25	6	56				232	
901	795	6	98		1	1	571	4
303	173	2	127		1		275	1
472	393	36	39		4		674	2
341	198	51	91			1	78	
344			344				5	3
114	7	1	106				15	
176	18	18	138		2		129	

4-6c 各地区分性别、

地区 性别	社会生产服务和生活服务人员							
	技术辅助服务人员	水利、环境和公共设施管理服务人员	居民服务人员	电力、燃气及水供应服务人员	修理及制作服务人员	文化、体育和娱乐服务人员	健康服务人员	其他社会生产和生活服务人员
女	**298**	**3332**	**3024**	**116**	**362**	**109**	**82**	**55**
兰州市	**30**	**715**	**241**	**8**	**34**	**14**	**14**	**9**
城关区	3	25	6	1	1			1
七里河区	3	103	50	3	7	2	4	
西固区	2	62	17		3			
安宁区								
红古区	4	14	5	1				
永登县	3	126	46		5	5		
皋兰县	1	42	11		3		1	
榆中县	7	135	74	3	7	4	2	2
兰州新区	7	208	32		8	3	7	6
嘉峪关市	**1**	**14**	**4**		**2**	**2**		
市辖区	1	14	4		2	2		
金昌市	**3**	**61**	**18**	**1**	**3**	**3**	**1**	
金川区	1	36	3			1		
永昌县	2	25	15	1	3	2	1	
白银市	**17**	**81**	**117**	**9**	**17**	**10**	**1**	
白银区	1	20	7	1	1	2		
平川区	1	11	4	1	1	1		
靖远县	8	19	33	2	2	1	1	
会宁县	4	21	60	3	8	4		
景泰县	3	10	13	2	5	2		
天水市	**28**	**358**	**481**	**10**	**43**	**9**	**4**	**7**
秦州区	5	76	55	1	7	3		1
麦积区	6	59	101	5	4	3		5
清水县	1	101	79	1	2		1	
秦安县	5	50	107	1	12	1	1	1
甘谷县	5	14	59	1	11		1	
武山县	4	37	55	1	1	2	1	
张家川回族自治县	2	21	25		6			
武威市	**19**	**286**	**191**	**7**	**35**	**3**	**5**	**2**
凉州区	9	185	90	3	24	2	3	1
民勤县	5	14	18	2			1	
古浪县	5	52	74	1	8	1		1
天祝藏族自治县		35	9	1	3		1	
张掖市	**30**	**183**	**185**	**7**	**34**	**7**	**7**	
甘州区	21	103	81	2	16	4	3	
肃南裕固族自治县	1	18	3	1	1		1	
民乐县	1	21	16		3		2	
临泽县	4	4	19		3	1		
高台县	1	8	24	3	4	1		
山丹县	2	29	42	1	7	1	1	
平凉市	**27**	**281**	**251**	**11**	**27**	**8**	**4**	**2**
崆峒区	5	65	54		6			
泾川县	2	22	31	3	2	1	2	1
灵台县	2	33	35		3	2		
崇信县	1	29	19	2	2		1	
庄浪县	7	53	62	1	10	2		
静宁县	7	44	33	4	2	2	1	1
华亭市	3	35	17	1	2	1		

职业中类的就业人口（乡村）（续16）

单位：人

农、林、牧、渔业生产及辅助人员								
小计	农业生产人员	林业生产人员	畜牧业生产人员	渔业生产人员	农林牧渔生产辅助人员	其他农、林、牧、渔业生产加工人员	小计	农副产品加工人员
132469	**120327**	**556**	**11049**	**23**	**489**	**25**	**14314**	**525**
5699	**5314**	**52**	**303**	**4**	**25**	**1**	**1421**	**55**
55	51	1		3			79	
330	314	1	12		3		194	22
175	161	4	6		4		67	2
571	556	9	5		1		30	2
1111	930	22	156	1	2		207	8
513	481	3	29				89	3
2840	2750	5	72		12	1	296	14
104	71	7	23		3		459	4
135	**117**		**16**		**2**		**38**	
135	117		16		2		38	
970	**818**	**6**	**113**	**2**	**30**	**1**	**121**	**15**
300	278	6	15		1		48	4
670	540		98	2	29	1	73	11
9591	**8961**	**7**	**618**	**2**	**3**		**403**	**23**
477	437		39	1			22	1
423	364	1	57		1		42	4
2912	2783	3	126				113	3
4960	4691	1	266		2		137	9
819	686	2	130	1			89	6
13184	**12723**	**79**	**320**	**3**	**55**	**4**	**1572**	**40**
1252	1183	35	29	1	3	1	222	5
1110	1055	12	29		13	1	250	3
1480	1419	5	51		5		206	3
3621	3576	3	38	1	2	1	255	3
3040	2995	14	30		1		210	
1943	1877	6	52	1	6	1	309	11
738	618	4	91		25		120	15
12193	**10244**	**37**	**1887**		**25**		**820**	**64**
7536	6443	16	1059		18		453	45
2577	2322	2	249		4		32	4
1447	1106	13	326		2		217	14
633	373	6	253		1		118	1
7971	**6800**	**17**	**1079**		**72**	**3**	**892**	**32**
3464	2975	7	471		10	1	279	15
292	107	4	179		2		15	1
1034	831	2	149		51	1	278	7
1470	1363	3	102		2		60	2
1274	1182		91			1	58	7
437	342	1	87		7		202	
12253	**11523**	**45**	**652**	**1**	**30**	**2**	**964**	**42**
1038	922	9	106		1		237	14
1546	1368	6	168	1	3		76	2
814	751	10	36		15	2	81	3
322	283	1	33		5		98	
4098	3969	12	114		3		248	11
4050	3912	6	130		2		158	11
385	318	1	65		1		66	1

4–6c 各地区分性别、

地区 性别	社会生产服务和生活服务人员							
	技术辅助服务人员	水利、环境和公共设施管理服务人员	居民服务人员	电力、燃气及水供应服务人员	修理及制作服务人员	文化、体育和娱乐服务人员	健康服务人员	其他社会生产和生活服务人员
酒泉市	**12**	**115**	**93**	**6**	**11**	**5**	**6**	**2**
肃州区	7	27	39	2	1	1	1	1
金塔县		16	6					
瓜州县	1	15	19	1	2	3	1	
肃北蒙古族自治县		7						
阿克塞哈萨克族自治县					1			
玉门市	3	18	10	1	3		1	1
敦煌市	1	32	19	2	4	1	3	
庆阳市	**31**	**193**	**332**	**12**	**27**	**9**	**10**	**2**
西峰区	16	83	80		10	3		
庆城县	1	13	22		1	2	1	1
环　县	7	18	40	3	4	1		
华池县		14	26	6	4	1	1	
合水县		14	17	1	2			
正宁县	1	8	11	1				
宁　县		22	38	1	3		2	
镇原县	6	21	98		3	2	6	1
定西市	**60**	**296**	**400**	**18**	**41**	**13**	**10**	**14**
安定区	11	54	49	5	7	3	1	
通渭县	18	64	127	2	11	3	2	2
陇西县	7	19	26	1	3			
渭源县	10	35	44	5	6	1	2	
临洮县	12	87	74	1	9	3	2	10
漳　县	1	7	18		2			1
岷　县	1	30	62	4	3	3	3	1
陇南市	**28**	**337**	**469**	**9**	**31**	**21**	**4**	**9**
武都区	4	53	77	1	6	8	2	
成　县	7	28	41		1	1		
文　县		30	36	1	2	1		
宕昌县	1	32	19	1	6		1	1
康　县	1	29	25		2	3		
西和县	4	87	60	3	8	3	1	7
礼　县	3	38	146		6	2		1
徽　县	6	31	54	2		1		
两当县	2	9	11	1		2		
临夏回族自治州	**11**	**340**	**200**	**11**	**42**	**3**	**10**	**6**
临夏市		48	16		2			2
临夏县	2	84	49	4	11	1	1	2
康乐县		38	33	4	8		1	1
永靖县	2	36	12		4			
广河县	3	23	13		1		1	
和政县	1	26	25	3	5		4	1
东乡族自治县		35	14		1		2	
积石山保安族东乡族撒拉族自治县	3	50	38		10	2	1	
甘南藏族自治州	**1**	**72**	**42**	**7**	**15**	**2**	**6**	**2**
合作市	1	15	5		2			
临潭县		6	10	1	4			
卓尼县		6	4		1			
舟曲县		27	17		5		3	1
迭部县		5	4	4	1	2	1	1
玛曲县					1			
碌曲县		2	1	1				
夏河县		11	1	1	1		2	

职业中类的就业人口（乡村）（续17）

单位：人

农、林、牧、渔业生产及辅助人员								
小计	农业生产人员	林业生产人员	畜牧业生产人员	渔业生产人员	农林牧渔生产辅助人员	其他农、林、牧、渔业生产加工人员	小计	农副产品加工人员
5395	**4747**	**14**	**585**	**1**	**48**		**376**	**22**
2086	1984	9	82	1	10		129	10
1052	915	1	125		11		61	3
913	791	1	103		18		82	4
38	4	1	33				20	
2	2							
673	461	1	204		7		42	
631	590	1	38		2		42	5
13696	**11920**	**88**	**1643**	**1**	**43**	**1**	**912**	**56**
1179	1067	28	81	1	2		182	4
1246	1110	2	126		7	1	65	3
2133	1465	2	664		2		174	20
907	827	17	47		16		50	1
1089	986	5	97		1		87	2
1598	1515	19	63		1		55	1
2037	1860	12	159		6		166	10
3507	3090	3	406		8		133	15
28043	**26747**	**64**	**1151**	**2**	**74**	**5**	**2520**	**79**
3179	2864	13	295	1	5	1	179	9
4192	3993	3	191		5		592	17
3734	3474	20	232		8		316	9
4079	3977	5	91		6		203	3
5559	5261	16	275		7		344	27
1442	1414	3	15		10		124	1
5858	5764	4	52	1	33	4	762	13
8350	**8005**	**73**	**239**	**2**	**30**	**1**	**1849**	**32**
1902	1860	10	25		7		503	2
880	839	13	24		4		133	10
929	893	6	28	1	1		231	1
1663	1620	4	37		2		213	2
455	405	15	35				157	5
772	739	5	24		4		274	4
955	911	7	26		11		218	3
621	574	12	33	1	1		101	5
173	164	1	7			1	19	
12332	**10647**	**42**	**1583**	**5**	**51**	**4**	**1841**	**52**
110	96	2	12				82	6
1393	1088	2	293	1	9		456	11
2559	2341	3	206		8	1	300	10
865	808	5	30	3	19		89	5
2301	2005	1	292		2	1	96	2
2305	1980	26	295		3	1	339	8
1940	1568	3	363		5	1	142	9
859	761		92	1	5		337	1
2657	**1761**	**32**	**860**		**1**	**3**	**585**	**13**
88	28		60				100	
903	860	4	37			2	156	6
284	191		91		1	1	79	1
452	416	9	27				189	2
330	226	9	95				17	
325		1	324				6	3
122	20	1	101				8	
153	20	8	125				30	1

4-6c 各地区分性别、

地区 性别	生产制造						
	食品、饮料生产加工人员	烟草及其制品加工人员	纺织、针织、印染人员	纺织品、服装和皮革、毛皮制品加工制作人员	木材加工、家具与木制品制作人员	纸及纸制品生产加工人员	印刷和记录媒介复制人员
合计	**1207**	**10**	**177**	**1118**	**1908**	**146**	**188**
兰州市	**125**	**2**	**16**	**57**	**440**	**29**	**21**
城关区	1			20	118		
七里河区	24		3	2	98	2	8
西固区	4			1	5	6	2
安宁区							
红古区	10			1		8	
永登县	24		1	14	36	2	1
皋兰县	10				17		2
榆中县	35	2	6	7	58	8	5
兰州新区	17		6	12	108	3	3
嘉峪关市	**2**		**1**	**1**	**5**		
市辖区	2		1	1	5		
金昌市	**11**			**6**	**9**		**4**
金川区	3			3	4		
永昌县	8			3	5		4
白银市	**40**		**6**	**30**	**17**	**6**	**9**
白银区	2			1	1		1
平川区	4		1	1	2		
靖远县	18			13	5	1	2
会宁县	14		5	9	5	5	3
景泰县	2			6	4		3
天水市	**166**		**42**	**193**	**323**	**8**	**16**
秦州区	23			13	32	2	3
麦积区	44		4	25	37		2
清水县	9			11	10	2	1
秦安县	29		22	53	24	4	1
甘谷县	12		10	49	43		8
武山县	27		2	30	171		1
张家川回族自治县	22		4	12	6		
武威市	**78**		**4**	**46**	**105**	**8**	**13**
凉州区	63		3	29	85	6	12
民勤县	4			3	3	1	
古浪县	8		1	14	9		
天祝藏族自治县	3				8	1	1
张掖市	**86**		**8**	**30**	**151**	**2**	**11**
甘州区	51		6	9	98	1	5
肃南裕固族自治县	4			1			1
民乐县	17		1	5	21	1	
临泽县	4			5	5		2
高台县	5				15		
山丹县	5		1	10	12		3
平凉市	**99**		**20**	**87**	**75**	**28**	**12**
崆峒区	44		1	10	16	1	3
泾川县	10		4	9	5		2
灵台县	5			10	12		
崇信县	1			4		1	
庄浪县	22		2	33	13	4	3
静宁县	16		13	16	28	21	3
华亭市	1			5	1	1	1

职业中类的就业人口（乡村）（续18）

单位：人

及有关人员								
文教、工美、体育和娱乐用品制造人员	石油加工和炼焦、煤化工生产人员	化学原料和化学制品制造人员	医药制造人员	化学纤维制造人员	橡胶和塑料制品制造人员	非金属矿物制品制造人员	采矿人员	金属冶炼和压延加工人员
275	**154**	**411**	**1186**	**15**	**451**	**1733**	**3101**	**915**
7	**15**	**90**	**142**		**96**	**296**	**62**	**375**
	1	5				19		1
2		4	1		23	18	10	7
1	2	5			9	9	1	9
	1	3	7		1	7	5	18
2	5	11	3		9	107	34	81
1		4	3		1	24	1	123
1	4	11	10		48	82	6	104
	2	47	118		5	30	5	32
					1	**3**		**38**
					1	3		38
	2	**11**	**1**		**22**	**17**	**27**	**27**
		5			2	11	5	17
	2	6	1		20	6	22	10
6	**11**	**26**	**12**	**2**	**10**	**141**	**183**	**48**
		7			2	17		10
1	2	1				10	27	1
	5	11	5	2	1	71	97	14
5	3	5	6		7	23	27	8
	1	2	1			20	32	15
31	**6**	**17**	**24**		**31**	**132**	**107**	**17**
3			1		8	26	57	
5		2	2		4	23	7	2
3					1	9	1	3
4	2	5	10		4	28	6	8
7	4	5	3		7	10	14	1
8		2	6		5	19		1
1		3	2		2	17	22	2
9	**17**	**30**	**12**	**1**	**32**	**72**	**91**	**29**
	11	14	10	1	13	22	35	8
		11	1		7	4	6	2
7	3	3			10	18	21	7
2	3	2	1		2	28	29	12
9	**18**	**33**	**6**	**2**	**15**	**72**	**131**	**31**
7		11	1	1	8	43	14	7
1						1	84	
	2	15	2			8	8	1
		2		1		2		17
	1	4	1		2	6	8	4
1	15	1	2		5	12	17	2
21	**7**	**44**	**14**		**25**	**156**	**676**	**36**
5	1	6	2		1	40	18	9
1	1	2	2		3	23	41	3
		2	3		5	8	38	1
		3			1	11	368	1
9	2	14	1		5	20	24	5
4	1	16	3		8	34	17	10
2	2	1	3		2	20	170	7

4-6c 各地区分性别、

地区 性别	生产制造						
	食品、饮料生产加工人员	烟草及其制品加工人员	纺织、针织、印染人员	纺织品、服装和皮革、毛皮制品加工制作人员	木材加工、家具与木制品制作人员	纸及纸制品生产加工人员	印刷和记录媒介复制人员
酒泉市	**34**		**4**	**9**	**48**	**1**	**8**
肃州区	7		2	3	24		1
金塔县	1			4	2	1	3
瓜州县	9		1		12		1
肃北蒙古族自治县							
阿克塞哈萨克族自治县							
玉门市	6			2	2		
敦煌市	11		1		8		3
庆阳市	**89**	**1**	**7**	**48**	**75**	**18**	**8**
西峰区	17		1	9	16	5	1
庆城县	10			3	6	5	
环　县	11		1	9	2	4	3
华池县	8			2	8		
合水县	7		1	5	11		
正宁县	1	1		3	3		
宁　县	17		4	7	23	2	4
镇原县	18			10	6	2	
定西市	**161**	**1**	**26**	**212**	**247**	**30**	**37**
安定区	27		2	14	15	1	5
通渭县	41		7	101	79	7	17
陇西县	21		6	16	35	2	3
渭源县	18		1	13	36	2	1
临洮县	29		4	38	27	15	7
漳　县	8	1	3	19	28	2	2
岷　县	17		3	11	27	1	2
陇南市	**120**	**6**	**21**	**140**	**224**	**6**	**20**
武都区	5		2	15	84	2	4
成　县	44	1	1	11	11		3
文　县	10			13	19		1
宕昌县	6		1	9	9		1
康　县	9		2	12	18	1	2
西和县	21		12	46	39		4
礼　县	11		2	28	25		2
徽　县	13	5	1	3	16	3	3
两当县	1			3	3		
临夏回族自治州	**174**		**17**	**239**	**138**	**10**	**19**
临夏市	13		1	12	4		
临夏县	58		1	35	56	3	3
康乐县	13		3	24	19	3	3
永靖县	14			7	11	1	5
广河县	14		2	30	3		1
和政县	18		6	56	16	3	2
东乡族自治县	21		2	33	5		1
积石山保安族东乡族撒拉族自治县	23		2	42	24		4
甘南藏族自治州	**22**		**5**	**20**	**51**		**10**
合作市	5		4	5	6		2
临潭县	2		1	8	22		5
卓尼县	3			2	8		
舟曲县	10			2	6		2
迭部县					4		
玛曲县							
碌曲县				2	2		
夏河县	2			1	3		1

职业中类的就业人口（乡村）（续 19）

单位：人

及	有	关	人	员				
文教、工美、体育和娱乐用品制造人员	石油加工和炼焦、煤化工生产人员	化学原料和化学制品制造人员	医药制造人员	化学纤维制造人员	橡胶和塑料制品制造人员	非金属矿物制品制造人员	采矿人员	金属冶炼和压延加工人员
10	**10**	**28**	**15**		**19**	**78**	**189**	**15**
1		1	10		8	9	10	3
	7	17			1	34	11	2
7	3	3	5		8	18	7	5
							120	3
							6	
		7				1	31	1
2					2	16	4	1
9	**34**	**13**	**9**		**15**	**177**	**963**	**13**
2	4	1	4		4	62	167	1
1	11	2			3	6	156	1
1	1					19	183	2
	12				2	15	145	
1		3			1	6	129	6
1	1		1		2	6	86	1
3	4		2		2	28	69	
	1	7	2		1	35	28	2
75	**21**	**73**	**842**	**9**	**94**	**281**	**107**	**112**
2		8	11		22	36	3	2
15	11	35	33	5	21	60	46	39
4	2	8	264	1	8	28	12	14
4	4	9	63	1	5	25	16	7
3	2	9	11		28	75	18	28
1	1	2	15	2		7	4	
46	1	2	445		10	50	8	22
28	**10**	**19**	**89**	**1**	**29**	**145**	**444**	**89**
5	2	4	23		4	21	23	15
3		4	4	1	8	21	42	18
1	2	1	10		2	13	14	28
4			12		2	4	4	1
3			3		3	12	27	1
6	5	5	2		5	19	119	11
4		2	32		3	37	18	2
2	1	3			2	14	171	12
			3			4	26	1
60	**3**	**27**	**18**		**56**	**125**	**47**	**64**
4						2		2
17		3	3		19	39	4	4
2		9	4		2	14	10	15
1		9	3		1	7		18
5			1		7	4	4	5
18	1	1			18	16	9	4
1			1			17	2	13
12	2	5	6		9	26	18	3
10			**2**		**6**	**38**	**74**	**21**
1						1	64	5
3			2		6	11	3	13
2						2	1	
2						6	1	
						2	1	
							1	2
2						16	3	1

4-6c 各地区分性别、

地区 性别	生　产　制　造						
	食品、饮料生产加工人员	烟草及其制品加工人员	纺织、针织、印染人员	纺织品、服装和皮革、毛皮制品加工制作人员	木材加工、家具与木制品制作人员	纸及纸制品生产加工人员	印刷和记录媒介复制人员
男	**623**	**7**	**67**	**402**	**1632**	**85**	**108**
兰州市	**69**	**2**	**3**	**20**	**363**	**14**	**12**
城关区	1			10	99		
七里河区	12		1		80	1	6
西固区	3				5	2	1
安宁区							
红古区	7					4	
永登县	11			7	35	1	
皋兰县	4				14		1
榆中县	19	2	2	1	44	4	3
兰州新区	12			2	86	2	1
嘉峪关市	**1**		**1**	**1**	**4**		
市辖区	1		1	1	4		
金昌市	**4**			**1**	**7**		**3**
金川区	1			1	3		
永昌县	3				4		3
白银市	**17**		**1**	**7**	**16**	**3**	**4**
白银区					1		1
平川区	3		1		2		
靖远县	8			3	4	1	
会宁县	6			3	5	2	2
景泰县				1	4		1
天水市	**83**		**16**	**77**	**300**	**6**	**8**
秦州区	13			5	31	2	1
麦积区	21		1	7	36		
清水县	3			3	8	1	
秦安县	15		9	20	20	3	1
甘谷县	5		4	19	40		5
武山县	13			17	159		1
张家川回族自治县	13		2	6	6		
武威市	**43**		**3**	**15**	**83**	**4**	**5**
凉州区	35		2	12	66	2	5
民勤县	3			1	3	1	
古浪县	3		1	2	7		
天祝藏族自治县	2				7	1	
张掖市	**37**		**2**	**8**	**123**	**1**	**5**
甘州区	22		1	1	82		2
肃南裕固族自治县	2						
民乐县	7		1	3	17	1	
临泽县	2			2	4		1
高台县	3				10		
山丹县	1			2	10		2
平凉市	**59**		**6**	**26**	**69**	**17**	**7**
崆峒区	30		1	5	16		2
泾川县	6		2	6	5		2
灵台县	3			2	12		
崇信县				1			
庄浪县	11		1	5	11	1	1
静宁县	8		2	5	24	15	2
华亭市	1			2	1	1	

职业中类的就业人口（乡村）（续20）

单位：人

及有关人员								
文教、工美、体育和娱乐用品制造人员	石油加工和炼焦、煤化工生产人员	化学原料和化学制品制造人员	医药制造人员	化学纤维制造人员	橡胶和塑料制品制造人员	非金属矿物制品制造人员	采矿人员	金属冶炼和压延加工人员
169	129	324	593	12	298	1399	2846	780
7	12	77	75		55	236	54	334
	1	4				13		1
2		3	1		10	17	10	6
1	2	5			5	6	1	9
	1	2	2		1	7	2	17
2	3	11	2		7	83	30	72
1		2	3			23		107
1	3	8	6		27	65	6	92
	2	42	61		5	22	5	30
					1	2		31
					1	2		31
	2	11			17	14	27	22
		5			2	8	5	12
	2	6			15	6	22	10
2	7	21	4	2	9	114	177	43
		6			2	14		9
	1					7	27	1
	3	10	3	2	1	60	93	13
2	2	3	1		6	18	26	8
	1	2				15	31	12
24	5	15	15		18	101	103	17
1			1		3	22	54	
5		2	1		3	19	6	2
3						9	1	3
4	2	4	8		3	16	6	8
6	3	5	2		5	7	14	1
4		1	3		2	14		1
1		3			2	14	22	2
5	16	25	5	1	19	54	83	29
	11	13	4	1	6	14	34	8
		9	1		5	4	6	2
3	2	2			7	14	19	7
2	3	1			1	22	24	12
5	12	25	2	1	10	59	130	24
4		9	1		6	36	13	7
						1	84	
	2	10	1			7	8	1
		2		1		2		11
	1	4			1	5	8	3
1	9				3	8	17	2
8	5	34	7		18	130	630	30
3		4	1		1	32	17	7
	1	2	2		1	19	35	2
		1	1		2	7	37	1
		2			1	11	340	
3	2	12			5	16	23	4
1	1	12	2		6	28	17	10
1	1	1	1		2	17	161	6

4-6c 各地区分性别、

地区 性别	生产制造						
	食品、饮料生产加工人员	烟草及其制品加工人员	纺织、针织、印染人员	纺织品、服装和皮革、毛皮制品加工制作人员	木材加工、家具与木制品制作人员	纸及纸制品生产加工人员	印刷和记录媒介复制人员
酒泉市	**14**		**1**	**4**	**38**		**4**
肃州区	2			1	17		1
金塔县	1			2	2		2
瓜州县	4				11		1
肃北蒙古族自治县							
阿克塞哈萨克族自治县							
玉门市	2			1	2		
敦煌市	5		1		6		
庆阳市	**44**	**1**	**2**	**17**	**61**	**11**	**5**
西峰区	8			3	11	3	1
庆城县	7			1	6	4	
环　县	4			1	2	2	2
华池县	3			1	7		
合水县	3			2	9		
正宁县	1	1		2	3		
宁　县	8		2	2	18		2
镇原县	10			5	5	2	
定西市	**62**	**1**	**14**	**91**	**209**	**20**	**22**
安定区	11		1	4	13	1	2
通渭县	18		2	48	68	4	13
陇西县	7		4	8	31	1	1
渭源县	6		1	7	26		1
临洮县	11		4	15	23	11	4
漳　县	3	1	1	4	25	2	
岷　县	6		1	5	23	1	1
陇南市	**80**	**3**	**9**	**47**	**201**	**3**	**13**
武都区	2		1	5	74	1	3
成　县	35		1	4	10		2
文　县	7			5	18		1
宕昌县	3			4	7		
康　县	5		2	5	16		2
西和县	9		4	9	35		2
礼　县	9			13	24		1
徽　县	10	3	1	1	14	2	2
两当县				1	3		
临夏回族自治州	**100**		**8**	**81**	**111**	**6**	**12**
临夏市	4		1	4	2		
临夏县	32		1	6	51	2	1
康乐县	6		1	11	11	1	2
永靖县	6			3	9	1	2
广河县	9		2	12	3		1
和政县	12		2	20	14	2	2
东乡族自治县	13			2	5		1
积石山保安族东乡族撒拉族自治县	18		1	23	16		3
甘南藏族自治州	**10**		**1**	**7**	**47**		**8**
合作市	3		1	2	5		1
临潭县				3	20		4
卓尼县	1				8		
舟曲县	6			1	6		2
迭部县					4		
玛曲县							
碌曲县					2		
夏河县				1	2		1

职业中类的就业人口（乡村）（续21）

单位：人

及有关人员								
文教、工美、体育和娱乐用品制造人员	石油加工和炼焦、煤化工生产人员	化学原料和化学制品制造人员	医药制造人员	化学纤维制造人员	橡胶和塑料制品制造人员	非金属矿物制品制造人员	采矿人员	金属冶炼和压延加工人员
5	**9**	**21**	**10**		**13**	**64**	**179**	**14**
1		1	7		5	9	9	3
	6	14			1	26	8	1
4	3	1	3		5	14	5	5
							118	3
							6	
		5					29	1
					2	15	4	1
3	**30**	**7**	**5**		**11**	**153**	**835**	**12**
1	3	1	1		2	55	133	1
1	10	1			2	5	139	1
	1					17	155	2
	11				2	13	120	
						6	113	5
	1		1		2	5	86	1
1	3		2		2	21	63	
	1	5	1		1	31	26	2
47	**19**	**56**	**418**	**7**	**69**	**223**	**98**	**91**
1		8	3		19	31	3	1
10	11	25	19	4	16	47	41	31
3	2	6	136	1	7	20	12	13
2	3	8	30	1	5	19	15	6
2	2	8	8		16	66	16	25
1		1	7	1		6	3	
28	1		215		6	34	8	15
11	**9**	**13**	**42**	**1**	**16**	**123**	**419**	**63**
2	2	2	10			14	23	12
2		2	1	1	5	20	42	18
	2	1	5		1	11	14	10
3			7		1	3	4	1
1			1		2	8	27	1
1	4	5	2		4	17	112	7
		1	14		1	32	18	2
2	1	2			2	14	153	11
			2			4	26	1
45	**3**	**19**	**10**		**37**	**99**	**44**	**55**
4						2		2
15		3	2		11	32	4	4
		5	2		2	10	9	9
1		8	2		1	6		18
3			1		5	3	3	4
12	1				12	12	9	4
1						14	2	11
9	2	3	3		6	20	17	3
7					**5**	**27**	**67**	**15**
1						1	58	3
1					5	8	3	10
2						1	1	
1						2	1	
						2	1	
								1
2						13	3	1

4-6c 各地区分性别、

地区 性别	生产制造						
	食品、饮料生产加工人员	烟草及其制品加工人员	纺织、针织、印染人员	纺织品、服装和皮革、毛皮制品加工制作人员	木材加工、家具与木制品制作人员	纸及纸制品生产加工人员	印刷和记录媒介复制人员
女	**584**	**3**	**110**	**716**	**276**	**61**	**80**
兰州市	**56**		**13**	**37**	**77**	**15**	**9**
城关区				10	19		
七里河区	12		2	2	18	1	2
西固区	1			1		4	1
安宁区							
红古区	3			1		4	
永登县	13		1	7	1	1	1
皋兰县	6				3		1
榆中县	16		4	6	14	4	2
兰州新区	5		6	10	22	1	2
嘉峪关市	**1**				**1**		
市辖区	1				1		
金昌市	**7**			**5**	**2**		**1**
金川区	2			2	1		
永昌县	5			3	1		1
白银市	**23**		**5**	**23**	**1**	**3**	**5**
白银区	2			1			
平川区	1			1			
靖远县	10			10	1		2
会宁县	8		5	6		3	1
景泰县	2			5			2
天水市	**83**		**26**	**116**	**23**	**2**	**8**
秦州区	10			8	1		2
麦积区	23		3	18	1		2
清水县	6			8	2	1	1
秦安县	14		13	33	4	1	
甘谷县	7		6	30	3		3
武山县	14		2	13	12		
张家川回族自治县	9		2	6			
武威市	**35**		**1**	**31**	**22**	**4**	**8**
凉州区	28		1	17	19	4	7
民勤县	1			2			
古浪县	5			12	2		
天祝藏族自治县	1				1		1
张掖市	**49**		**6**	**22**	**28**	**1**	**6**
甘州区	29		5	8	16	1	3
肃南裕固族自治县	2			1			1
民乐县	10			2	4		
临泽县	2			3	1		1
高台县	2				5		
山丹县	4		1	8	2		1
平凉市	**40**		**14**	**61**	**6**	**11**	**5**
崆峒区	14			5		1	1
泾川县	4		2	3			
灵台县	2			8			
崇信县	1			3		1	
庄浪县	11		1	28	2	3	2
静宁县	8		11	11	4	6	1
华亭市				3			1

职业中类的就业人口（乡村）（续22）

单位：人

及	有	关	人	员				
文教、工美、体育和娱乐用品制造人员	石油加工和炼焦、煤化工生产人员	化学原料和化学制品制造人员	医药制造人员	化学纤维制造人员	橡胶和塑料制品制造人员	非金属矿物制品制造人员	采矿人员	金属冶炼和压延加工人员
106	**25**	**87**	**593**	**3**	**153**	**334**	**255**	**135**
	3	**13**	**67**		**41**	**60**	**8**	**41**
		1				6		
		1			13	1		1
					4	3		
		1	5				3	1
	2		1		2	24	4	9
		2			1	1	1	16
	1	3	4		21	17		12
		5	57			8		2
						1		**7**
						1		7
			1		**5**	**3**		**5**
						3		5
			1		5			
4	**4**	**5**	**8**		**1**	**27**	**6**	**5**
		1				3		1
1	1	1				3		
	2	1	2			11	4	1
3	1	2	5		1	5	1	
			1			5	1	3
7	**1**	**2**	**9**		**13**	**31**	**4**	
2					5	4	3	
			1		1	4	1	
					1			
		1	2		1	12		
1	1		1		2	3		
4		1	3		3	5		
			2			3		
4	**1**	**5**	**7**		**13**	**18**	**8**	
		1	6		7	8	1	
		2			2			
4	1	1			3	4	2	
		1	1		1	6	5	
4	**6**	**8**	**4**	**1**	**5**	**13**	**1**	**7**
3		2		1	2	7	1	
1								
		5	1			1		
								6
			1		1	1		1
	6	1	2		2	4		
13	**2**	**10**	**7**		**7**	**26**	**46**	**6**
2	1	2	1			8	1	2
1					2	4	6	1
		1	2		3	1	1	
		1					28	1
6		2	1			4	1	1
3		4	1		2	6		
1	1		2			3	9	1

4-6c 各地区分性别、

地区 性别	生产制造						
	食品、饮料生产加工人员	烟草及其制品加工人员	纺织、针织、印染人员	纺织品、服装和皮革、毛皮制品加工制作人员	木材加工、家具与木制品制作人员	纸及纸制品生产加工人员	印刷和记录媒介复制人员
酒泉市	**20**		**3**	**5**	**10**	**1**	**4**
肃州区	5		2	2	7		
金塔县				2		1	1
瓜州县	5		1		1		
肃北蒙古族自治县							
阿克塞哈萨克族自治县							
玉门市	4			1			
敦煌市	6				2		3
庆阳市	**45**		**5**	**31**	**14**	**7**	**3**
西峰区	9		1	6	5	2	
庆城县	3			2		1	
环　县	7		1	8		2	1
华池县	5			1	1		
合水县	4		1	3	2		
正宁县				1			
宁　县	9		2	5	5	2	2
镇原县	8			5	1		
定西市	**99**		**12**	**121**	**38**	**10**	**15**
安定区	16		1	10	2		3
通渭县	23		5	53	11	3	4
陇西县	14		2	8	4	1	2
渭源县	12			6	10	2	
临洮县	18			23	4	4	3
漳　县	5		2	15	3		2
岷　县	11		2	6	4		1
陇南市	**40**	**3**	**12**	**93**	**23**	**3**	**7**
武都区	3		1	10	10	1	1
成　县	9	1		7	1		1
文　县	3			8	1		
宕昌县	3		1	5	2		1
康　县	4			7	2	1	
西和县	12		8	37	4		2
礼　县	2		2	15	1		1
徽　县	3	2		2	2	1	1
两当县	1			2			
临夏回族自治州	**74**		**9**	**158**	**27**	**4**	**7**
临夏市	9			8	2		
临夏县	26			29	5	1	2
康乐县	7		2	13	8	2	1
永靖县	8			4	2		3
广河县	5			18			
和政县	6		4	36	2	1	
东乡族自治县	8		2	31			
积石山保安族东乡族撒拉族自治县	5		1	19	8		1
甘南藏族自治州	**12**		**4**	**13**	**4**		**2**
合作市	2		3	3	1		1
临潭县	2		1	5	2		1
卓尼县	2			2			
舟曲县	4			1			
迭部县							
玛曲县							
碌曲县				2			
夏河县	2				1		

职业中类的就业人口（乡村）（续23）

单位：人

及有关人员								
文教、工美、体育和娱乐用品制造人员	石油加工和炼焦、煤化工生产人员	化学原料和化学制品制造人员	医药制造人员	化学纤维制造人员	橡胶和塑料制品制造人员	非金属矿物制品制造人员	采矿人员	金属冶炼和压延加工人员
5	**1**	**7**	**5**		**6**	**14**	**10**	**1**
			3		3		1	
	1	3				8	3	1
3		2	2		3	4	2	
							2	
		2				1	2	
2						1		
6	**4**	**6**	**4**		**4**	**24**	**128**	**1**
1	1		3		2	7	34	
	1	1			1	1	17	
1						2	28	
	1					2	25	
1		3			1		16	1
1						1		
2	1					7	6	
		2	1			4	2	
28	**2**	**17**	**424**	**2**	**25**	**58**	**9**	**21**
1			8		3	5		1
5		10	14	1	5	13	5	8
1		2	128		1	8		1
2	1	1	33			6	1	1
1		1	3		12	9	2	3
	1	1	8	1		1	1	
18		2	230		4	16		7
17	**1**	**6**	**47**		**13**	**22**	**25**	**26**
3		2	13		4	7		3
1		2	3		3	1		
1			5		1	2		18
1			5		1	1		
2			2		1	4		
5	1				1	2	7	4
4		1	18		2	5		
		1					18	1
			1					
15		**8**	**8**		**19**	**26**	**3**	**9**
2			1		8	7		
2		4	2			4	1	6
		1	1			1		
2					2	1	1	1
6		1			6	4		
			1			3		2
3		2	3		3	6	1	
3			**2**		**1**	**11**	**7**	**6**
							6	2
2			2		1	3		3
						1		
1						4		
							1	1
						3		

4-6c 各地区分性别、

地区 性别	生产制造						
	机械制造基础加工人员	金属制品制造人员	通用设备制造人员	专用设备制造人员	汽车制造人员	铁路、船舶、航空设备制造人员	电气机械和器材制造人员
合计	**2028**	**990**	**578**	**125**	**269**	**67**	**331**
兰州市	**403**	**224**	**76**	**15**	**35**	**7**	**22**
城关区	24	31					3
七里河区	69	36	7	4		1	1
西固区	30	21			1		
安宁区							
红古区	20	1	2		1		
永登县	86	29	15	4		1	3
皋兰县	12	5	2	1	1		1
榆中县	58	68	26	5	6	3	7
兰州新区	104	33	24	1	26	2	7
嘉峪关市	**27**		**4**				
市辖区	27		4				
金昌市	**37**	**3**	**3**	**1**		**1**	**1**
金川区	11	1					
永昌县	26	2	3	1		1	1
白银市	**84**	**31**	**32**	**1**	**13**	**3**	**20**
白银区	3	1	3				3
平川区	7	3	5		1		1
靖远县	25	9	4	1	5	2	8
会宁县	30	15	15		5	1	6
景泰县	19	3	5		2		2
天水市	**129**	**74**	**46**	**13**	**42**	**10**	**32**
秦州区	25	9		1	1	1	2
麦积区	25	19	13	2	10	5	9
清水县	22	10	6	1	1	1	3
秦安县	24	11	15	2	9	2	9
甘谷县	17	10	5	2	11		8
武山县	11	13	6	4	9	1	
张家川回族自治县	5	2	1	1	1		1
武威市	**175**	**43**	**66**	**7**	**3**	**3**	**6**
凉州区	125	30	26	6	3	2	5
民勤县	10	3	2	1			
古浪县	34	5	4			1	
天祝藏族自治县	6	5	34				1
张掖市	**148**	**51**	**10**	**4**	**8**	**2**	**9**
甘州区	59	25	3	1	3		7
肃南裕固族自治县	1						
民乐县	39	1	1	2	1		
临泽县	7	6					
高台县	27	7	4	1	2	2	1
山丹县	15	12	2		2		1
平凉市	**164**	**63**	**22**	**4**	**21**	**6**	**16**
崆峒区	21	15	6	1		2	
泾川县	28	4	3		6	1	4
灵台县	32	7	3	2	5	1	5
崇信县	13	2	2				1
庄浪县	34	16	3		5	1	2
静宁县	19	14	5	1	4	1	4
华亭市	17	5			1		

职业中类的就业人口（乡村）（续24）

单位：人

及有关人员								不便分类的其他从业人员
计算机、通信和其他电子设备制造人员	仪器仪表制造人员	废弃资源综合利用人员	电力、热力、气体、水生产和输配人员	建筑施工人员	运输设备和通用工程机械操作人员及有关人员	生产辅助人员	其他生产制造及有关人员	
4635	**28**	**154**	**646**	**50918**	**3163**	**3460**	**167**	**904**
91	**2**	**25**	**58**	**4753**	**428**	**701**	**12**	**13**
3			1	117	16	41		1
16			7	652	33	68	2	1
5	1	1	5	166	21	41	5	
3			1	119	20	27	1	1
17			8	870	81	66		
		11	3	218	47	79	1	1
13		7	22	862	70	151	1	8
34	1	6	11	1749	140	228	2	1
1			**9**	**58**	**46**	**49**		
1			9	58	46	49		
8	**1**	**10**	**9**	**327**	**37**	**65**	**1**	**1**
1	1	10		121	17	26		
7			9	206	20	39	1	1
59	**2**	**5**	**65**	**1414**	**128**	**141**	**1**	**12**
5	1	1	3	88	11	23		1
3		2	3	194	25	33		
25	1		9	443	32	37	1	1
20			6	454	36	28		10
6		2	44	235	24	20		
747	**1**	**8**	**51**	**7246**	**263**	**293**	**20**	**295**
128			3	1272	33	56	1	12
123	1		6	1298	71	48	6	21
68		1	13	880	29	20		22
114		4	8	844	48	54	4	96
153		2	8	1152	30	73	2	54
140			10	1375	30	26	4	75
21		1	3	425	22	16	3	15
83	**2**	**15**	**48**	**2576**	**236**	**298**	**5**	**59**
45	2	10	23	1416	124	217	4	7
7		2	12	70	18	20		7
20		2	8	741	28	30	1	22
11		1	5	349	66	31		23
42		**27**	**44**	**2660**	**226**	**190**	**6**	**14**
11		1	16	893	80	84	4	9
			13	25	10	5		2
16		1	7	766	43	51	2	1
5		25		130	12	14		
1			5	248	27	13		1
9			3	598	54	23		1
217	**2**	**9**	**69**	**3932**	**252**	**319**	**10**	**65**
57	1		5	952	34	36	7	36
34	1	3	3	373	26	21	1	7
30			2	435	29	31	1	3
13		2	43	238	26	98	1	6
46		2	3	1032	48	31		7
21		2	11	575	58	61		4
16			2	327	31	41		2

4-6c 各地区分性别、

地区 性别	生产制造						
	机械制造基础加工人员	金属制品制造人员	通用设备制造人员	专用设备制造人员	汽车制造人员	铁路、船舶、航空设备制造人员	电气机械和器材制造人员
酒泉市	**89**	**37**	**55**		**4**		**13**
肃州区	50	25	28		1		8
金塔县	14		4		1		1
瓜州县	7	4	7		1		2
肃北蒙古族自治县							
阿克塞哈萨克族自治县							
玉门市	11		15		1		1
敦煌市	7	8	1				1
庆阳市	**143**	**69**	**62**	**6**	**22**	**6**	**18**
西峰区	46	19	5		4	1	2
庆城县	13	5	8		2		1
环　县	6	7	35	1	1		2
华池县	10	3	3			1	1
合水县	11	3	2		2		1
正宁县	13	2	1	2	5	2	2
宁　县	19	12	2	3	3		4
镇原县	25	18	6		5	2	5
定西市	**228**	**153**	**74**	**27**	**53**	**13**	**69**
安定区	46	18	10	4	3		3
通渭县	69	35	22	9	11	3	23
陇西县	18	19	13	4	11	4	3
渭源县	17	17	4		9	1	8
临洮县	58	40	7	4	7	1	13
漳　县	9	3	6		2		4
岷　县	11	21	12	6	10	4	15
陇南市	**136**	**73**	**55**	**13**	**33**	**7**	**46**
武都区	30	14	2	4	1		5
成　县	16	10	3	1	11		7
文　县	20	9	32	2	2	1	4
宕昌县	10	3	1				4
康　县	9	5	2	2	3		2
西和县	25	14	9	2	10	3	17
礼　县	10	4	3		2	2	1
徽　县	13	12	2	2	2	1	5
两当县	3	2	1		2		1
临夏回族自治州	**236**	**158**	**65**	**34**	**34**	**9**	**73**
临夏市	11	9	1				
临夏县	16	45	4	9	5		14
康乐县	153	34	12		7		2
永靖县	24	9	7	19			2
广河县	6	9	4		1		5
和政县	8	19	15	1	15	8	32
东乡族自治县	5	13	2	1		1	2
积石山保安族东乡族撒拉族自治县	13	20	20	4	6		16
甘南藏族自治州	**29**	**11**	**8**		**1**		**6**
合作市	3	3					
临潭县	8	5	3				1
卓尼县	11		1				
舟曲县	2	2					1
迭部县	1	1					1
玛曲县							
碌曲县							
夏河县	4		4		1		3

职业中类的就业人口（乡村）（续25）

单位：人

及有关人员								
计算机、通信和其他电子设备制造人员	仪器仪表制造人员	废弃资源综合利用人员	电力、热力、气体、水生产和输配人员	建筑施工人员	运输设备和通用工程机械操作人员及有关人员	生产辅助人员	其他生产制造及有关人员	不便分类的其他从业人员
61	**2**	**4**	**65**	**979**	**177**	**241**	**6**	**30**
9		4	21	315	30	51	4	4
4	1		8	184	42	16		15
30			21	218	27	52		1
			9	20	29	91	2	
					5	4		
18	1		1	106	15	18		
			5	136	29	9		10
199	**3**	**9**	**41**	**3440**	**266**	**255**	**10**	**53**
32		5	19	836	70	60	2	11
23			4	261	37	33	4	20
10			10	572	54	43	1	1
5		1	2	147	30	17	1	2
10	1		1	274	17	25		5
24			1	165	6	15		
51	1	3	1	618	23	35		6
44	1		3	567	29	27	2	8
659	**6**	**17**	**71**	**7527**	**329**	**363**	**32**	**213**
26	1	3	12	689	46	41	1	6
233		1	12	2035	67	103	3	148
49		4	12	645	41	51	2	4
42	1	2	7	690	43	28	5	1
95	1	6	16	1497	99	100	16	17
42			2	389	14	22		18
172	3	1	10	1582	19	18	5	19
725	**1**	**5**	**40**	**8088**	**402**	**337**	**17**	**88**
158		2	3	2097	75	62	3	25
82		1	4	649	41	36		7
32		1	23	1023	67	72	1	7
80			1	694	20	4	3	9
84			1	810	42	24	3	13
156	1	1	4	1196	50	33	3	10
84			1	1046	40	25	4	16
42			1	505	56	65		1
7			2	68	11	16		
1668	**6**	**20**	**34**	**5974**	**270**	**146**	**46**	**52**
28		1	1	307	16	20	5	
244		5	12	1719	110	32	8	2
182			4	1071	23	11		10
22			2	539	20	25		
171	4	1	1	156	12	14	14	22
432	1	1	7	559	28	13	13	6
152		8	5	609	22	21	1	11
437	1	4	2	1014	39	10	5	1
75			**42**	**1944**	**103**	**62**	**1**	**9**
3			1	215	3	11		
32			9	541	31	10	1	
7			1	293	10	11		5
22			21	756	18	8		3
1			4	45	29	6		
				2				
1			4	14				1
9			2	78	12	16		

4-6c 各地区分性别、

地区 性别	生产制造						
	机械制造基础加工人员	金属制品制造人员	通用设备制造人员	专用设备制造人员	汽车制造人员	铁路、船舶、航空设备制造人员	电气机械和器材制造人员
男	**1898**	**793**	**524**	**89**	**211**	**54**	**244**
兰州市	**375**	**182**	**73**	**9**	**28**	**7**	**18**
城关区	16	26					3
七里河区	60	32	7			1	1
西固区	28	16			1		
安宁区							
红古区	20	1	2		1		
永登县	84	26	13	3		1	2
皋兰县	11	5	2	1	1		1
榆中县	57	50	26	4	5	3	6
兰州新区	99	26	23	1	20	2	5
嘉峪关市	**26**		**4**				
市辖区	26		4				
金昌市	**36**	**2**	**3**	**1**		**1**	**1**
金川区	10						
永昌县	26	2	3	1		1	1
白银市	**81**	**30**	**29**	**1**	**13**	**2**	**16**
白银区	3	1	3				3
平川区	7	3	4		1		1
靖远县	25	9	3	1	5	1	6
会宁县	29	14	14		5	1	4
景泰县	17	3	5		2		2
天水市	**122**	**58**	**40**	**10**	**33**	**8**	**21**
秦州区	24	7		1	1	1	2
麦积区	22	17	12	2	8	4	6
清水县	22	6	3		1	1	1
秦安县	22	7	14	2	8	2	3
甘谷县	17	9	4	1	10		8
武山县	10	10	6	3	5		
张家川回族自治县	5	2	1	1			1
武威市	**165**	**34**	**60**	**5**	**2**	**3**	**5**
凉州区	117	24	21	4	2	2	4
民勤县	8	2	2	1			
古浪县	34	5	4			1	
天祝藏族自治县	6	3	33				1
张掖市	**140**	**40**	**10**	**3**	**7**	**2**	**6**
甘州区	57	20	3	1	3		4
肃南裕固族自治县	1						
民乐县	36	1	1	1	1		
临泽县	6	5					
高台县	25	5	4	1	2	2	1
山丹县	15	9	2		1		1
平凉市	**163**	**47**	**22**	**2**	**17**	**6**	**10**
崆峒区	20	12	6	1		2	
泾川县	28	2	3		5	1	3
灵台县	32	7	3		3	1	3
崇信县	13	1	2				1
庄浪县	34	10	3		4	1	1
静宁县	19	12	5	1	4	1	2
华亭市	17	3			1		

职业中类的就业人口（乡村）（续26）

单位：人

及有关人员								
计算机、通信和其他电子设备制造人员	仪器仪表制造人员	废弃资源综合利用人员	电力、热力、气体、水生产和输配人员	建筑施工人员	运输设备和通用工程机械操作人员及有关人员	生产辅助人员	其他生产制造及有关人员	不便分类的其他从业人员
3022	**21**	**112**	**551**	**44005**	**3050**	**2596**	**121**	**521**
63	**2**	**14**	**54**	**4149**	**402**	**541**	**9**	**9**
3			1	98	16	30		1
12			7	565	33	57	2	1
5	1		4	142	19	28	2	
3			1	111	20	25	1	1
7			6	777	76	52		
		6	3	189	42	64	1	
8		5	21	762	61	112	1	5
25	1	3	11	1505	135	173	2	1
			8	**44**	**42**	**42**		
			8	44	42	42		
7	**1**	**9**	**8**	**270**	**35**	**52**	**1**	**1**
1	1	9		96	16	24		
6			8	174	19	28	1	1
34	**1**	**4**	**40**	**1242**	**126**	**119**	**1**	**8**
4	1	1	3	79	11	20		1
1		1	3	171	25	30		
14			9	398	32	32	1	1
12			5	391	34	20		6
3		2	20	203	24	17		
452	**1**	**6**	**47**	**6511**	**259**	**188**	**12**	**165**
75			3	1161	33	41	1	6
85	1		6	1181	71	25	3	15
42		1	12	739	29	14		12
71		3	7	755	48	32	3	52
90		1	8	1095	29	47	1	22
78			8	1221	29	17	1	46
11		1	3	359	20	12	3	12
59	**1**	**11**	**43**	**2141**	**230**	**205**	**3**	**38**
31	1	6	22	1231	121	141	2	5
6		2	10	58	17	18		6
14		2	8	589	27	20	1	13
8		1	3	263	65	26		14
34		**15**	**39**	**2070**	**220**	**139**	**3**	**10**
10		1	14	752	77	57	2	7
			11	18	10	5		1
11			6	546	42	36	1	1
4		14		102	12	11		
1			5	215	27	10		
8			3	437	52	20		1
144	**2**	**7**	**65**	**3455**	**243**	**247**	**8**	**35**
38	1		5	800	31	30	6	20
24	1	3	2	344	25	15	1	
16			2	404	27	24	1	
11		2	42	197	26	81		5
30		2	2	893	48	20		4
15			11	519	56	41		4
10			1	298	30	36		2

4-6c 各地区分性别、

地区 性别	生产制造						
	机械制造基础加工人员	金属制品制造人员	通用设备制造人员	专用设备制造人员	汽车制造人员	铁路、船舶、航空设备制造人员	电气机械和器材制造人员
酒泉市	**86**	**32**	**43**		**3**		**12**
肃州区	48	21	20		1		7
金塔县	13		3		1		1
瓜州县	7	3	6		1		2
肃北蒙古族自治县							
阿克塞哈萨克族自治县							
玉门市	11		13				1
敦煌市	7	8	1				1
庆阳市	**136**	**60**	**59**	**5**	**17**	**5**	**16**
西峰区	44	15	5		4	1	2
庆城县	12	4	8		1		
环　县	5	7	32	1	1		2
华池县	10	3	3			1	1
合水县	11	3	2		1		1
正宁县	11	1	1	2	4	1	1
宁　县	19	11	2	2	3		4
镇原县	24	16	6		3	2	5
定西市	**211**	**129**	**67**	**17**	**44**	**10**	**56**
安定区	43	16	10	4	2		3
通渭县	62	30	20	6	8	3	21
陇西县	18	17	12	1	10	3	2
渭源县	17	14	4		7	1	5
临洮县	55	35	7	2	7	1	10
漳　县	8	2	6		2		4
岷　县	8	15	8	4	8	2	11
陇南市	**133**	**53**	**50**	**8**	**25**	**6**	**29**
武都区	30	11	2	2	1		4
成　县	16	7	2	1	8		5
文　县	20	7	30		2	1	4
宕昌县	9	3					3
康　县	9	2	2	1	2		2
西和县	24	9	8	2	8	2	8
礼　县	9	2	3		1	2	
徽　县	13	11	2	2	2	1	2
两当县	3	1	1		1		1
临夏回族自治州	**198**	**118**	**56**	**28**	**21**	**4**	**50**
临夏市	10	5	1				
临夏县	15	36	4	5	3		9
康乐县	127	22	10		4		2
永靖县	22	6	7	19			2
广河县	4	6	3		1		3
和政县	7	13	9	1	9	3	20
东乡族自治县	5	13	2	1		1	2
积石山保安族东乡族撒拉族自治县	8	17	20	2	4		12
甘南藏族自治州	**26**	**8**	**8**		**1**		**4**
合作市	2	3					
临潭县	8	4	3				1
卓尼县	9		1				
舟曲县	2	1					
迭部县	1						1
玛曲县							
碌曲县							
夏河县	4		4		1		2

职业中类的就业人口（乡村）（续27）

单位：人

及有关人员								
计算机、通信和其他电子设备制造人员	仪器仪表制造人员	废弃资源综合利用人员	电力、热力、气体、水生产和输配人员	建筑施工人员	运输设备和通用工程机械操作人员及有关人员	生产辅助人员	其他生产制造及有关人员	不便分类的其他从业人员
46	**2**	**3**	**54**	**806**	**166**	**212**	**6**	**17**
7		3	17	256	28	38	4	4
4	1		8	154	39	13		8
20			17	185	25	48		1
			6	15	27	83	2	
					5	4		
15	1		1	83	13	17		
			5	113	29	9		4
130	**3**	**8**	**39**	**3044**	**260**	**186**	**7**	**36**
24		5	19	765	68	40	2	6
18			4	242	37	28	2	11
6			9	485	52	37	1	1
4		1	2	137	29	15	1	1
5	1		1	236	17	16		5
19			1	135	6	5		
30	1	2	1	538	22	25		4
24	1		2	506	29	20	1	8
425	**3**	**12**	**65**	**6431**	**312**	**256**	**23**	**119**
21	1	1	12	596	43	30	1	5
160		1	10	1748	63	76	3	75
27		4	12	558	40	36	1	1
26		1	6	606	41	17	4	
69	1	5	15	1345	93	70	11	14
22			1	337	14	14		9
100	1		9	1241	18	13	3	15
432	**1**	**5**	**31**	**7071**	**391**	**251**	**13**	**46**
95		2	2	1744	73	45	2	14
47		1	4	611	41	24		3
18		1	16	870	64	64	1	6
52				536	20	4	2	4
46			1	734	42	14	3	7
85	1	1	4	1111	48	24	2	5
55			1	925	38	19	3	6
30			1	479	54	44		1
4			2	61	11	13		
1153	**4**	**18**	**27**	**5267**	**263**	**109**	**35**	**31**
19		1	1	267	16	19	3	
164		5	9	1473	108	23	5	1
124			4	937	21	10		5
16			2	492	19	20		
133	2	1		146	12	9	14	14
274	1	1	6	499	28	8	8	2
119		6	3	567	22	14	1	8
304	1	4	2	886	37	6	4	1
43			**31**	**1504**	**101**	**49**		**6**
1			1	139	3	8		
20			7	433	29	8		
4			1	227	10	9		3
14			15	596	18	7		3
			2	35	29	3		
				1				
			4	9				
4			1	64	12	14		

4-6c 各地区分性别、

地区 性别	生产制造						
	机械制造基础加工人员	金属制品制造人员	通用设备制造人员	专用设备制造人员	汽车制造人员	铁路、船舶、航空设备制造人员	电气机械和器材制造人员
女	**130**	**197**	**54**	**36**	**58**	**13**	**87**
兰州市	**28**	**42**	**3**	**6**	**7**		**4**
城关区	8	5					
七里河区	9	4		4			
西固区	2	5					
安宁区							
红古区							
永登县	2	3	2	1			1
皋兰县	1						
榆中县	1	18		1	1		1
兰州新区	5	7	1		6		2
嘉峪关市	**1**						
市辖区	1						
金昌市	**1**	**1**					
金川区	1	1					
永昌县							
白银市	**3**	**1**	**3**			**1**	**4**
白银区							
平川区			1				
靖远县			1			1	2
会宁县	1	1	1				2
景泰县	2						
天水市	**7**	**16**	**6**	**3**	**9**	**2**	**11**
秦州区	1	2					
麦积区	3	2	1		2	1	3
清水县		4	3	1			2
秦安县	2	4	1		1		6
甘谷县		1	1	1	1		
武山县	1	3		1	4	1	
张家川回族自治县					1		
武威市	**10**	**9**	**6**	**2**	**1**		**1**
凉州区	8	6	5	2	1		1
民勤县	2	1					
古浪县							
天祝藏族自治县		2	1				
张掖市	**8**	**11**		**1**	**1**		**3**
甘州区	2	5					3
肃南裕固族自治县							
民乐县	3			1			
临泽县	1	1					
高台县	2	2					
山丹县		3			1		
平凉市	**1**	**16**		**2**	**4**		**6**
崆峒区	1	3					
泾川县		2			1		1
灵台县				2	2		2
崇信县		1					
庄浪县		6			1		1
静宁县		2					2
华亭市		2					

职业中类的就业人口（乡村）（续28）

单位：人

及有关人员								不便分类的其他从业人员
计算机、通信和其他电子设备制造人员	仪器仪表制造人员	废弃资源综合利用人员	电力、热力、气体、水生产和输配人员	建筑施工人员	运输设备和通用工程机械操作人员及有关人员	生产辅助人员	其他生产制造及有关人员	
1613	**7**	**42**	**95**	**6913**	**113**	**864**	**46**	**383**
28		**11**	**4**	**604**	**26**	**160**	**3**	**4**
				19		11		
4				87		11		
		1	1	24	2	13	3	
				8		2		
10			2	93	5	14		
		5		29	5	15		1
5		2	1	100	9	39		3
9		3		244	5	55		
1			**1**	**14**	**4**	**7**		
1			1	14	4	7		
1		**1**	**1**	**57**	**2**	**13**		
		1		25	1	2		
1			1	32	1	11		
25	**1**	**1**	**25**	**172**	**2**	**22**		**4**
1				9		3		
2		1		23		3		
11	1			45		5		
8			1	63	2	8		4
3			24	32		3		
295		**2**	**4**	**735**	**4**	**105**	**8**	**130**
53				111		15		6
38				117		23	3	6
26			1	141		6		10
43		1	1	89		22	1	44
63		1		57	1	26	1	32
62			2	154	1	9	3	29
10				66	2	4		3
24	**1**	**4**	**5**	**435**	**6**	**93**	**2**	**21**
14	1	4	1	185	3	76	2	2
1			2	12	1	2		1
6				152	1	10		9
3			2	86	1	5		9
8		**12**	**5**	**590**	**6**	**51**	**3**	**4**
1			2	141	3	27	2	2
			2	7				1
5		1	1	220	1	15	1	
1		11		28		3		
				33		3		1
1				161	2	3		
73		**2**	**4**	**477**	**9**	**72**	**2**	**30**
19				152	3	6	1	16
10			1	29	1	6		7
14				31	2	7		3
2			1	41		17	1	1
16			1	139		11		3
6		2		56	2	20		
6			1	29	1	5		

4-6c 各地区分性别、

地区 性别	生产制造						
	机械制造基础加工人员	金属制品制造人员	通用设备制造人员	专用设备制造人员	汽车制造人员	铁路、船舶、航空设备制造人员	电气机械和器材制造人员
酒泉市	**3**	**5**	**12**		**1**		**1**
肃州区	2	4	8				1
金塔县	1		1				
瓜州县		1	1				
肃北蒙古族自治县							
阿克塞哈萨克族自治县							
玉门市			2		1		
敦煌市							
庆阳市	**7**	**9**	**3**	**1**	**5**	**1**	**2**
西峰区	2	4					
庆城县	1	1			1		1
环　县	1		3				
华池县							
合水县					1		
正宁县	2	1			1	1	1
宁　县		1		1			
镇原县	1	2			2		
定西市	**17**	**24**	**7**	**10**	**9**	**3**	**13**
安定区	3	2			1		
通渭县	7	5	2	3	3		2
陇西县		2	1	3	1	1	1
渭源县		3			2		3
临洮县	3	5		2			3
漳　县	1	1					
岷　县	3	6	4	2	2	2	4
陇南市	**3**	**20**	**5**	**5**	**8**	**1**	**17**
武都区		3		2			1
成　县		3	1		3		2
文　县		2	2	2			
宕昌县	1		1				1
康　县		3		1	1		
西和县	1	5	1		2	1	9
礼　县	1	2			1		1
徽　县		1					3
两当县		1			1		
临夏回族自治州	**38**	**40**	**9**	**6**	**13**	**5**	**23**
临夏市	1	4					
临夏县	1	9		4	2		5
康乐县	26	12	2		3		
永靖县	2	3					
广河县	2	3	1				2
和政县	1	6	6		6	5	12
东乡族自治县							
积石山保安族东乡族撒拉族自治县	5	3		2	2		4
甘南藏族自治州	**3**	**3**					**2**
合作市	1						
临潭县		1					
卓尼县	2						
舟曲县		1					1
迭部县		1					
玛曲县							
碌曲县							
夏河县							1

职业中类的就业人口（乡村）（续29）

单位：人

及有关人员								
计算机、通信和其他电子设备制造人员	仪器仪表制造人员	废弃资源综合利用人员	电力、热力、气体、水生产和输配人员	建筑施工人员	运输设备和通用工程机械操作人员及有关人员	生产辅助人员	其他生产制造及有关人员	不便分类的其他从业人员
15		**1**	**11**	**173**	**11**	**29**		**13**
2		1	4	59	2	13		
				30	3	3		7
10			4	33	2	4		
			3	5	2	8		
3				23	2	1		
				23				6
69		**1**	**2**	**396**	**6**	**69**	**3**	**17**
8				71	2	20		5
5				19		5	2	9
4			1	87	2	6		
1				10	1	2		1
5				38		9		
5				30		10		
21		1		80	1	10		2
20			1	61		7	1	
234	**3**	**5**	**6**	**1096**	**17**	**107**	**9**	**94**
5		2		93	3	11		1
73			2	287	4	27		73
22				87	1	15	1	3
16	1	1	1	84	2	11	1	1
26		1	1	152	6	30	5	3
20			1	52		8		9
72	2	1	1	341	1	5	2	4
293			**9**	**1017**	**11**	**86**	**4**	**42**
63			1	353	2	17	1	11
35				38		12		4
14			7	153	3	8		1
28			1	158			1	5
38				76		10		6
71				85	2	9	1	5
29				121	2	6	1	10
12				26	2	21		
3				7		3		
515	**2**	**2**	**7**	**707**	**7**	**37**	**11**	**21**
9				40		1	2	
80			3	246	2	9	3	1
58				134	2	1		5
6				47	1	5		
38	2		1	10		5		8
158			1	60		5	5	4
33		2	2	42		7		3
133				128	2	4	1	
32			**11**	**440**	**2**	**13**	**1**	**3**
2				76		3		
12			2	108	2	2	1	
3				66		2		2
8			6	160		1		
1			2	10		3		
				1				
1				5				1
5			1	14		2		

4–7 全省分年龄、性别、

年龄组 性　别	合计	党的机关、国家机关、群众团体和社会组织、企事业单位负责人					
		小计	中国共产党机关负责人	国家机关负责人	民主党派和工商联负责人	人民团体和群众团体、社会组织及其他成员组织负责人	基层群众自治组织负责人
合计	**959370**	**11042**	**194**	**1651**	**11**	**540**	**1563**
16–19 岁	8911	5	1				2
20–24 岁	46865	134	2	8		12	20
25–29 岁	103386	734	3	34		37	87
30–34 岁	134226	1619	22	143	2	72	145
35–39 岁	108237	1667	34	295	2	76	120
40–44 岁	101658	1585	25	280	1	71	144
45–49 岁	149015	1918	44	298	1	78	299
50–54 岁	146299	1888	42	353	2	106	349
55–59 岁	90297	1209	18	215	2	68	280
60–64 岁	32219	177	1	17	1	9	84
65–69 岁	24382	79	1	7		9	27
70–74 岁	9533	15	1	1		1	3
75 岁及以上	4342	12				1	3
男	**573950**	**8950**	**166**	**1391**	**8**	**349**	**1371**
16–19 岁	5627	3					1
20–24 岁	26533	81	2	3		9	6
25–29 岁	59207	514	2	19		18	52
30–34 岁	78595	1204	13	100	2	41	106
35–39 岁	63302	1303	30	237	1	43	97
40–44 岁	58955	1244	21	239		36	123
45–49 岁	86149	1564	39	257	1	52	268
50–54 岁	89784	1645	39	312	1	76	330
55–59 岁	59837	1134	18	202	2	56	275
60–64 岁	20961	165	1	15	1	9	82
65–69 岁	15786	69		6		7	26
70–74 岁	6331	15	1	1		1	3
75 岁及以上	2883	9				1	2
女	**385420**	**2092**	**28**	**260**	**3**	**191**	**192**
16–19 岁	3284	2	1				1
20–24 岁	20332	53		5		3	14
25–29 岁	44179	220	1	15		19	35
30–34 岁	55631	415	9	43		31	39
35–39 岁	44935	364	4	58	1	33	23
40–44 岁	42703	341	4	41	1	35	21
45–49 岁	62866	354	5	41		26	31
50–54 岁	56515	243	3	41	1	30	19
55–59 岁	30460	75		13		12	5
60–64 岁	11258	12		2			2
65–69 岁	8596	10	1	1		2	1
70–74 岁	3202						
75 岁及以上	1459	3					1

职业中类的就业人口

单位：人

企事业单位负责人	专业技术人员							
	小计	科学研究人员	工程技术人员	农业技术人员	飞机和船舶技术人员	卫生专业技术人员	经济和金融专业人员	法律、社会和宗教专业人员
7083	**108645**	**709**	**21372**	**1466**	**54**	**20838**	**16118**	**2629**
2	581	6	78	1		104	25	19
92	8052	32	1562	43	15	2250	1036	151
573	19765	100	3946	139	16	4812	3223	493
1235	22099	132	4780	259	6	4414	3538	472
1140	16882	123	2945	182	5	2699	2273	286
1064	12353	96	2028	174	2	1870	1798	260
1198	12138	78	2539	236	1	2105	2031	359
1036	9966	75	2129	237	7	1456	1469	322
626	5537	59	1143	153	2	720	584	204
65	691	3	143	21		187	86	29
35	318	3	42	13		115	32	22
9	140		21	6		54	17	4
8	123	2	16	2		52	6	8
5665	**52637**	**435**	**17882**	**1043**	**45**	**6636**	**5317**	**1486**
2	247	3	65	1		20	13	18
61	2695	14	1286	34	12	363	263	63
423	7243	56	3247	97	13	807	824	195
942	9401	79	4000	179	6	1009	1050	217
895	8030	72	2457	125	4	989	703	160
825	6181	62	1618	104	2	793	536	133
947	6743	49	2044	154	1	1031	674	202
887	6409	53	1887	179	5	810	713	263
581	4676	42	1083	134	2	489	453	180
57	549	3	131	18		136	52	25
30	259	1	35	11		97	23	20
9	110		18	5		47	8	4
6	94	1	11	2		45	5	6
1418	**56008**	**274**	**3490**	**423**	**9**	**14202**	**10801**	**1143**
	334	3	13			84	12	1
31	5357	18	276	9	3	1887	773	88
150	12522	44	699	42	3	4005	2399	298
293	12698	53	780	80		3405	2488	255
245	8852	51	488	57	1	1710	1570	126
239	6172	34	410	70		1077	1262	127
251	5395	29	495	82		1074	1357	157
149	3557	22	242	58	2	646	756	59
45	861	17	60	19		231	131	24
8	142		12	3		51	34	4
5	59	2	7	2		18	9	2
	30		3	1		7	9	
2	29	1	5			7	1	2

4-7 全省分年龄、性别、

年龄组 性 别	专业技术人员				办事人员和有关人员		
	教学人员	文学艺术、体育专业人员	新闻出版、文化专业人员	其他专业技术人员	小计	办事人员	安全和消防人员
合计	**41846**	**1264**	**1805**	**544**	**67796**	**55845**	**11074**
16–19 岁	313	26	1	8	118	66	49
20–24 岁	2618	184	116	45	2994	2210	727
25–29 岁	6319	299	323	95	8747	7110	1512
30–34 岁	7770	251	373	104	14125	12162	1833
35–39 岁	7908	143	260	58	10181	8785	1260
40–44 岁	5766	96	207	56	7705	6681	930
45–49 岁	4377	100	236	76	9056	7611	1330
50–54 岁	3967	86	166	52	7808	6222	1475
55–59 岁	2453	60	115	44	5532	4263	1192
60–64 岁	204	10	5	3	845	416	415
65–69 岁	85	2	2	2	465	207	251
70–74 岁	30	7	1		154	65	83
75 岁及以上	36			1	66	47	17
男	**17916**	**752**	**720**	**405**	**43650**	**33543**	**9551**
16–19 岁	111	10		6	89	41	45
20–24 岁	517	86	32	25	1624	956	641
25–29 岁	1661	156	116	71	4615	3247	1299
30–34 岁	2506	149	132	74	7843	6250	1525
35–39 岁	3282	100	93	45	6292	5161	1049
40–44 岁	2762	61	66	44	4727	3934	739
45–49 岁	2371	57	105	55	5907	4729	1105
50–54 岁	2315	65	79	40	6053	4636	1330
55–59 岁	2107	52	94	40	5125	3936	1121
60–64 岁	170	10	1	3	769	374	381
65–69 岁	69	1	1	1	412	180	227
70–74 岁	22	5	1		136	57	75
75 岁及以上	23			1	58	42	14
女	**23930**	**512**	**1085**	**139**	**24146**	**22302**	**1523**
16–19 岁	202	16	1	2	29	25	4
20–24 岁	2101	98	84	20	1370	1254	86
25–29 岁	4658	143	207	24	4132	3863	213
30–34 岁	5264	102	241	30	6282	5912	308
35–39 岁	4626	43	167	13	3889	3624	211
40–44 岁	3004	35	141	12	2978	2747	191
45–49 岁	2006	43	131	21	3149	2882	225
50–54 岁	1652	21	87	12	1755	1586	145
55–59 岁	346	8	21	4	407	327	71
60–64 岁	34		4		76	42	34
65–69 岁	16	1	1	1	53	27	24
70–74 岁	8	2			18	8	8
75 岁及以上	13				8	5	3

职业中类的就业人口（续1）

单位：人

其他办事人员和有关人员	社会生产服务和生活服务人员							
	小计	批发与零售服务人员	交通运输、仓储和邮政业服务人员	住宿和餐饮服务人员	信息传输、软件和信息技术服务人员	金融服务人员	房地产服务人员	租赁和商务服务人员
877	**281118**	**101307**	**54368**	**51460**	**5149**	**7669**	**4400**	**7993**
3	4237	763	271	2300	38	6	34	37
57	19242	5848	2332	5831	585	401	299	418
125	39500	13832	6665	8132	1345	1515	702	897
130	49372	19081	9261	8960	1215	1782	752	977
136	38413	15188	7897	6831	742	929	473	687
94	33795	13127	7617	5637	450	741	458	651
115	42185	14879	9600	6759	374	1008	630	1122
111	31949	10811	6992	4566	263	853	539	1398
77	15619	5021	3082	1833	126	399	342	1204
14	3876	1435	407	403	7	23	97	348
7	2007	833	165	156	2	8	53	208
6	614	317	49	29	1		17	41
2	309	172	30	23	1	4	4	5
556	**160834**	**48754**	**46878**	**24183**	**3386**	**3590**	**2507**	**6032**
3	2748	382	221	1576	25	5	26	24
27	10970	2533	1897	3449	379	188	170	214
69	22602	6343	5503	4436	838	687	392	501
68	27619	8543	7938	4500	776	815	377	568
82	20808	6645	6809	3124	489	350	219	457
54	18056	5904	6484	2197	292	282	214	449
73	22528	7035	8166	2215	252	460	314	867
87	19473	6103	6353	1566	207	439	358	1260
68	11094	3297	2920	793	118	338	289	1144
14	2800	1009	375	213	7	16	84	323
5	1499	620	145	92	2	7	47	186
4	440	225	44	12	1		14	36
2	197	115	23	10		3	3	3
321	**120284**	**52553**	**7490**	**27277**	**1763**	**4079**	**1893**	**1961**
	1489	381	50	724	13	1	8	13
30	8272	3315	435	2382	206	213	129	204
56	16898	7489	**1162**	**3696**	**507**	**828**	**310**	**396**
62	21753	10538	1323	4460	439	967	375	409
54	17605	8543	1088	3707	253	579	254	230
40	15739	7223	1133	3440	158	459	244	202
42	19657	7844	1434	4544	122	548	316	255
24	12476	4708	639	3000	56	414	181	138
9	4525	1724	162	1040	8	61	53	60
	1076	426	32	190		7	13	25
2	508	213	**20**	**64**		**1**	**6**	**22**
2	174	92	5	17			3	5
	112	57	7	13	1	1	1	2

4-7　全省分年龄、性别、

年龄组 性　别	社会生产服务和生活服务人员							
	技术辅助服务人员	水利、环境和公共设施管理服务人员	居民服务人员	电力、燃气及水供应服务人员	修理及制作服务人员	文化、体育和娱乐服务人员	健康服务人员	其他社会生产和生活服务人员
合计	**4731**	**14970**	**12978**	**4257**	**9198**	**1548**	**776**	**314**
16–19 岁	62	34	391	13	217	56	9	6
20–24 岁	610	184	1245	186	979	228	73	23
25–29 岁	1202	466	1946	554	1722	310	164	48
30–34 岁	1125	895	2324	655	1878	271	151	45
35–39 岁	582	1263	1762	502	1243	191	90	33
40–44 岁	339	1821	1329	550	848	123	70	34
45–49 岁	381	3717	1597	828	974	169	102	45
50–54 岁	262	3378	1266	611	795	114	60	41
55–59 岁	140	2021	652	295	377	61	35	31
60–64 岁	15	766	216	26	99	17	14	3
65–69 岁	6	339	152	24	47	4	7	3
70–74 岁	2	72	59	8	13	3	1	2
75 岁及以上	5	14	39	5	6	1		
男	**3107**	**5764**	**3798**	**3315**	**8132**	**903**	**293**	**192**
16–19 岁	38	16	163	12	213	38	5	4
20–24 岁	398	107	382	157	911	147	27	11
25–29 岁	759	247	640	430	1565	177	54	30
30–34 岁	749	355	633	508	1645	144	43	25
35–39 岁	367	349	418	373	1055	105	32	16
40–44 岁	217	476	327	377	728	65	19	25
45–49 岁	244	1013	404	585	822	82	43	26
50–54 岁	194	1247	386	534	693	78	28	27
55–59 岁	117	1114	243	280	346	48	23	24
60–64 岁	13	510	104	25	93	12	13	3
65–69 岁	5	260	59	21	46	3	5	1
70–74 岁	1	60	25	8	10	3	1	
75 岁及以上	5	10	14	5	5	1		
女	**1624**	**9206**	**9180**	**942**	**1066**	**645**	**483**	**122**
16–19 岁	24	18	228	1	4	18	4	2
20–24 岁	212	77	863	29	68	81	46	12
25–29 岁	443	219	1306	124	157	133	110	18
30–34 岁	376	540	1691	147	233	127	108	20
35–39 岁	215	914	1344	129	188	86	58	17
40–44 岁	122	1345	1002	173	120	58	51	9
45–49 岁	137	2704	1193	243	152	87	59	19
50–54 岁	68	2131	880	77	102	36	32	14
55–59 岁	23	907	409	15	31	13	12	7
60–64 岁	2	256	112	1	6	5	1	
65–69 岁	1	79	93	3	1	1	2	2
70–74 岁	1	12	34		3			2
75 岁及以上		4	25		1			

职业中类的就业人口（续2）

单位：人

农、林、牧、渔业生产及辅助人员								
小计	农业生产人员	林业生产人员	畜牧业生产人员	渔业生产人员	农林牧渔生产辅助人员	其他农、林、牧、渔业生产加工人员	小计	农副产品加工人员
318590	**280074**	**3193**	**33279**	**136**	**1806**	**102**	**170240**	**2740**
1924	1662	2	251	1	7	1	1597	21
6989	6032	32	869	7	43	6	9089	80
13762	11924	99	1595	17	119	8	20678	238
19322	16493	273	2347	20	182	7	27493	330
19545	16724	239	2390	8	170	14	21415	293
25450	21954	381	2885	13	201	16	20652	344
53377	46779	727	5512	20	322	17	30173	548
69418	61437	751	6826	21	369	14	25109	483
51429	45729	436	4991	20	239	14	10881	248
24562	21910	150	2418	3	79	2	2044	85
20725	18605	65	1997	4	52	2	771	47
8379	7515	23	825		15	1	225	18
3708	3310	15	373	2	8		113	5
167843	**143382**	**2277**	**20920**	**103**	**1104**	**57**	**138837**	**1686**
1021	867	2	147	1	4		1272	14
3700	3110	25	534	6	23	2	7257	55
7164	5935	62	1067	14	80	6	16938	148
9899	8079	181	1509	15	111	4	22498	201
9686	7943	158	1470	4	103	8	17104	169
12601	10565	273	1626	11	116	10	16071	186
25651	21815	470	3160	17	183	6	23645	304
34608	29747	567	4050	12	223	9	21474	314
27920	24162	338	3232	16	165	7	9821	172
14829	12922	120	1735	3	47	2	1835	67
12883	11324	51	1471	3	32	2	656	37
5437	4772	20	633		11	1	190	14
2444	2141	10	286	1	6		76	5
150747	**136692**	**916**	**12359**	**33**	**702**	**45**	**31403**	**1054**
903	795		104		3	1	325	7
3289	2922	7	335	1	20	4	1832	25
6598	5989	37	528	3	39	2	3740	90
9423	8414	92	838	5	71	3	4995	129
9859	8781	81	920	4	67	6	4311	124
12849	11389	108	1259	2	85	6	4581	158
27726	24964	257	2352	3	139	11	6528	244
34810	31690	184	2776	9	146	5	3635	169
23509	21567	98	1759	4	74	7	1060	76
9733	8988	30	683		32		209	18
7842	7281	14	526	1	20		115	10
2942	2743	3	192		4		35	4
1264	1169	5	87	1	2		37	

4–7 全省分年龄、性别、

年龄组 性　别	生　产　制　造						
	食品、饮料生产加工人员	烟草及其制品加工人员	纺织、针织、印染人员	纺织品、服装和皮革、毛皮制品加工制作人员	木材加工、家具与木制品制作人员	纸及纸制品生产加工人员	印刷和记录媒介复制人员
合计	**3331**	**102**	**410**	**2489**	**3756**	**336**	**884**
16–19 岁	55		3	40	23	1	10
20–24 岁	225	4	13	128	151	10	49
25–29 岁	501	13	37	265	354	31	120
30–34 岁	557	26	63	392	561	47	181
35–39 岁	455	14	58	369	475	53	124
40–44 岁	356	9	49	356	492	44	119
45–49 岁	538	14	94	443	670	65	145
50–54 岁	412	15	50	322	616	49	89
55–59 岁	166	5	27	113	322	24	38
60–64 岁	33		7	30	57	5	4
65–69 岁	24		4	22	22	2	4
70–74 岁	7	2	4	6	10	4	1
75 岁及以上	2		1	3	3	1	
男	**1698**	**72**	**145**	**819**	**3247**	**198**	**496**
16–19 岁	34		1	18	20	1	7
20–24 岁	138	3	4	46	122	5	24
25–29 岁	267	11	17	118	315	20	64
30–34 岁	287	19	22	133	492	26	86
35–39 岁	218	8	17	90	402	36	65
40–44 岁	148	5	12	103	400	26	64
45–49 岁	238	9	32	111	571	31	82
50–54 岁	224	12	20	117	544	28	65
55–59 岁	104	3	14	52	300	16	33
60–64 岁	21		4	14	53	4	4
65–69 岁	15		1	11	18	1	2
70–74 岁	4	2	1	4	8	3	
75 岁及以上				2	2	1	
女	**1633**	**30**	**265**	**1670**	**509**	**138**	**388**
16–19 岁	21		2	22	3		3
20–24 岁	87	1	9	82	29	5	25
25–29 岁	234	2	20	147	39	11	56
30–34 岁	270	7	41	259	69	21	95
35–39 岁	237	6	41	279	73	17	59
40–44 岁	208	4	37	253	92	18	55
45–49 岁	300	5	62	332	99	34	63
50–54 岁	188	3	30	205	72	21	24
55–59 岁	62	2	13	61	22	8	5
60–64 岁	12		3	16	4	1	
65–69 岁	9		3	11	4	1	2
70–74 岁	3		3	2	2	1	1
75 岁及以上	2		1	1	1		

职业中类的就业人口（续3）

单位：人

及有关人员								
文教、工美、体育和娱乐用品制造人员	石油加工和炼焦、煤化工生产人员	化学原料和化学制品制造人员	医药制造人员	化学纤维制造人员	橡胶和塑料制品制造人员	非金属矿物制品制造人员	采矿人员	金属冶炼和压延加工人员
648	**1057**	**1875**	**2155**	**35**	**828**	**3265**	**7840**	**3380**
11		7	13	2	11	19	16	20
42	28	108	127	4	50	107	234	191
84	94	212	258	8	125	324	791	450
88	172	260	309	6	155	468	1409	551
84	162	204	268	3	99	412	1197	358
83	127	253	231	1	96	410	1167	429
115	210	396	375	6	132	629	1488	672
91	184	302	317	2	102	565	1067	552
34	62	103	182	1	41	253	362	128
7	6	15	43	2	10	55	71	14
5	6	11	21		3	20	22	9
2	4	2	7		4	2	10	3
2	2	2	4			1	6	3
406	**802**	**1452**	**1111**	**26**	**545**	**2629**	**6925**	**2896**
7		6	8	1	10	18	14	15
25	23	90	79	3	39	93	198	174
47	75	168	149	7	88	266	692	386
51	133	195	146	4	108	379	1234	476
49	119	141	135	2	65	319	1042	301
43	91	175	122		60	291	996	332
71	134	294	162	4	64	481	1286	545
72	153	266	167	2	61	485	1016	520
28	58	93	108	1	37	225	348	121
6	5	13	24	2	8	51	63	14
3	6	7	7		2	18	20	7
2	4	2	3		3	2	10	3
2	1	2	1			1	6	2
242	**255**	**423**	**1044**	**9**	**283**	**636**	**915**	**484**
4		1	5	1	1	1	2	5
17	5	18	48	1	11	14	36	17
37	19	44	**109**	**1**	**37**	**58**	**99**	**64**
37	39	65	163	2	47	89	175	75
35	43	63	133	1	34	93	155	57
40	36	78	109	1	36	119	171	97
44	76	102	213	2	68	148	202	127
19	31	36	150		41	80	51	32
6	4	10	74		4	28	14	7
1	1	2	19		2	4	8	
2		4	**14**		**1**	**2**	**2**	**2**
			4		1			
	1		3					1

4-7 全省分年龄、性别、

年龄组 性 别	生 产 制 造						
	机械制造基础加工人员	金属制品制造人员	通用设备制造人员	专用设备制造人员	汽车制造人员	铁路、船舶、航空设备制造人员	电气机械和器材制造人员
合计	**5172**	**2289**	**1418**	**279**	**454**	**229**	**757**
16–19 岁	38	16	9	4	21	1	14
20–24 岁	232	146	79	32	75	19	75
25–29 岁	650	355	223	54	116	38	137
30–34 岁	999	455	294	61	102	46	168
35–39 岁	695	312	195	31	43	25	84
40–44 岁	610	278	140	21	32	18	73
45–49 岁	849	321	218	40	35	29	113
50–54 岁	735	264	156	23	24	28	67
55–59 岁	283	110	80	11	4	20	23
60–64 岁	46	20	10	2	2	4	2
65–69 岁	25	8	9				
70–74 岁	6	2	2				1
75 岁及以上	4	2	3			1	
男	**4746**	**1818**	**1263**	**196**	**357**	**194**	**550**
16–19 岁	36	16	7	2	17		11
20–24 岁	220	109	73	23	58	15	53
25–29 岁	606	293	198	37	93	29	101
30–34 岁	927	373	264	44	81	36	124
35–39 岁	632	251	171	18	37	24	59
40–44 岁	539	208	118	16	25	15	45
45–49 岁	756	248	192	27	22	25	79
50–54 岁	685	203	142	17	19	26	56
55–59 岁	271	91	77	11	4	20	20
60–64 岁	42	17	8	1	1	4	2
65–69 岁	22	7	8				
70–74 岁	6	2	2				
75 岁及以上	4		3				
女	**426**	**471**	**155**	**83**	**97**	**35**	**207**
16–19 岁	2		2	2	4	1	3
20–24 岁	12	37	6	9	17	4	22
25–29 岁	44	62	25	17	23	9	36
30–34 岁	72	82	30	17	21	10	44
35–39 岁	63	61	24	13	6	1	25
40–44 岁	71	70	22	5	7	3	28
45–49 岁	93	73	26	13	13	4	34
50–54 岁	50	61	14	6	5	2	11
55–59 岁	12	19	3				3
60–64 岁	4	3	2	1	1		
65–69 岁	3	1	1				
70–74 岁							1
75 岁及以上		2				1	

职业中类的就业人口（续4）

单位：人

及有关人员								
计算机、通信和其他电子设备制造人员	仪器仪表制造人员	废弃资源综合利用人员	电力、热力、气体、水生产和输配人员	建筑施工人员	运输设备和通用工程机械操作人员及有关人员	生产辅助人员	其他生产制造及有关人员	不便分类的其他从业人员
7401	**184**	**321**	**2478**	**90741**	**7990**	**15052**	**344**	**1939**
445	1	1	7	603	86	89	10	449
1451	14	8	109	3807	534	926	31	365
1922	24	17	346	9234	1527	2091	39	200
1502	21	29	420	13409	1615	2734	63	196
689	23	26	244	11614	978	1788	40	134
442	14	34	287	11560	833	1706	38	118
493	37	69	452	17327	1105	2497	48	168
300	31	76	333	14874	891	2046	43	161
109	15	36	212	6520	370	958	21	90
18	2	13	45	1276	30	122	8	24
15		5	20	387	14	63	3	17
8	1	7	2	92	4	14		6
7	1		1	38	3	18		11
4866	**133**	**233**	**1994**	**78155**	**7495**	**11420**	**264**	**1199**
323	1		6	523	84	65	7	247
931	11	5	91	3319	515	689	24	206
1243	17	14	286	8145	1454	1553	31	131
991	16	23	327	11712	1523	2016	49	131
447	19	18	186	9838	908	1287	31	79
268	8	24	194	9621	753	1155	28	75
304	15	43	330	14329	997	1823	36	111
229	29	58	307	12999	852	1753	33	122
95	15	29	203	6003	360	892	17	67
16	2	10	43	1191	29	111	5	14
8		3	19	363	14	54	3	8
7		6	1	85	4	12		3
4			1	27	2	10		5
2535	**51**	**88**	**484**	**12586**	**495**	**3632**	**80**	**740**
122		1	1	80	2	24	3	202
520	3	3	18	488	19	237	7	159
679	7	3	**60**	**1089**	**73**	**538**	**8**	**69**
511	5	6	93	1697	92	718	14	65
242	4	8	58	1776	70	501	9	55
174	6	10	93	1939	80	551	10	43
189	22	26	122	2998	108	674	12	57
71	2	18	26	1875	39	293	10	39
14		7	9	517	10	66	4	23
2		3	2	85	1	11	3	10
7		2	**1**	**24**		**9**		**9**
1	1	1	1	7		2		3
3	1			11	1	8		6

4-7a 全省分年龄、性别、

年龄组 性别	合计	党的机关、国家机关、群众团体和社会组织、企事业单位负责人					
		小计	中国共产党机关负责人	国家机关负责人	民主党派和工商联负责人	人民团体和群众团体、社会组织及其他成员组织负责人	基层群众自治组织负责人
合计	**272489**	**5202**	**53**	**767**	**6**	**208**	**77**
16–19 岁	1641	1					
20–24 岁	13694	44		2		2	
25–29 岁	36312	393	1	19		15	5
30–34 岁	50749	828	4	63	1	22	16
35–39 岁	39997	834	12	112	1	30	10
40–44 岁	34770	757	3	115		32	6
45–49 岁	42185	913	13	139	1	34	21
50–54 岁	32437	843	14	180	1	39	10
55–59 岁	16544	518	6	127	2	32	6
60–64 岁	2366	41		6		1	2
65–69 岁	1194	23		4		1	
70–74 岁	360	2					
75 岁及以上	240	5					1
男	**163081**	**4050**	**45**	**628**	**6**	**131**	**55**
16–19 岁	1060	1					
20–24 岁	7365	31		2		2	
25–29 岁	19668	282		9		6	2
30–34 岁	28697	606	2	41	1	12	10
35–39 岁	22598	619	12	83	1	15	6
40–44 岁	19765	569	2	97		17	5
45–49 岁	24868	705	12	114	1	25	16
50–54 岁	22393	700	11	152	1	26	8
55–59 岁	13602	478	6	121	2	26	6
60–64 岁	1782	37		6		1	1
65–69 岁	869	17		3		1	
70–74 岁	254	2					
75 岁及以上	160	3					1
女	**109408**	**1152**	**8**	**139**		**77**	**22**
16–19 岁	581						
20–24 岁	6329	13					
25–29 岁	16644	111	1	10		9	3
30–34 岁	22052	222	2	22		10	6
35–39 岁	17399	215		29		15	4
40–44 岁	15005	188	1	18		15	1
45–49 岁	17317	208	1	25		9	5
50–54 岁	10044	143	3	28		13	2
55–59 岁	2942	40		6		6	
60–64 岁	584	4					1
65–69 岁	325	6		1			
70–74 岁	106						
75 岁及以上	80	2					

职业中类的就业人口（城市）

单位：人

	专业技术人员							
企事业单位负责人	小计	科学研究人员	工程技术人员	农业技术人员	飞机和船舶技术人员	卫生专业技术人员	经济和金融专业人员	法律、社会和宗教专业人员
4091	**54842**	**576**	**11810**	**454**	**31**	**9878**	**10646**	**1436**
1	158	2	13			41	11	2
40	3140	15	571	7	7	856	506	65
353	9401	64	1938	34	11	2226	1929	260
722	11470	112	2762	82	2	2279	2307	265
669	8869	110	1827	71	3	1479	1648	174
601	6749	86	1216	63	1	976	1331	164
705	6573	71	1475	76	1	942	1448	204
599	5236	60	1211	61	5	622	1021	168
345	2792	51	702	54	1	333	375	114
32	251	3	54	2		67	42	9
18	117	2	20	4		32	18	8
2	44		9			12	8	2
4	42		12			13	2	1
3185	**24825**	**355**	**9578**	**304**	**23**	**2717**	**3199**	**685**
1	49		10			6	7	2
27	950	6	450	5	5	129	104	20
265	3291	32	1542	17	8	368	443	88
540	4708	68	2238	54	2	482	623	97
502	3935	67	1482	44	2	486	473	82
448	3045	55	943	43	1	341	351	68
537	3236	46	1136	48	1	362	428	88
502	3066	41	1042	42	3	272	461	123
317	2233	36	661	46	1	193	270	99
29	169	3	45	2		36	20	8
13	87	1	15	3		22	14	7
2	30		6			11	3	2
2	26		8			9	2	1
906	**30017**	**221**	**2232**	**150**	**8**	**7161**	**7447**	**751**
	109	2	3			35	4	
13	2190	9	121	2	2	727	402	45
88	6110	32	**396**	**17**	**3**	**1858**	**1486**	**172**
182	6762	44	524	28		1797	1684	168
167	4934	43	345	27	1	993	1175	92
153	3704	31	273	20		635	980	96
168	3337	25	339	28		580	1020	116
97	2170	19	169	19	2	350	560	45
28	559	15	41	8		140	105	15
3	82		9			31	22	1
5	30	1	**5**	**1**		**10**	**4**	**1**
	14		3			1	5	
2	16		4			4		

4-7a 全省分年龄、性别、

年龄组 性　别	专业技术人员				办事人员和有关人员		
	教学人员	文学艺术、体育专业人员	新闻出版、文化专业人员	其他专业技术人员	小计	办事人员	安全和消防人员
合计	**17835**	**711**	**1191**	**274**	**34943**	**29170**	**5362**
16–19 岁	81	5	1	2	26	15	10
20–24 岁	945	88	63	17	1198	924	254
25–29 岁	2541	166	191	41	4037	3343	642
30–34 岁	3224	137	240	60	6941	5969	906
35–39 岁	3257	93	179	28	5378	4676	622
40–44 岁	2663	68	151	30	4424	3860	524
45–49 岁	2091	70	156	39	5217	4374	781
50–54 岁	1894	43	122	29	4276	3411	812
55–59 岁	1022	29	84	27	2975	2356	591
60–64 岁	66	5	3		260	134	122
65–69 岁	31	1		1	130	59	71
70–74 岁	6	6	1		48	24	20
75 岁及以上	14				33	25	7
男	**6889**	**405**	**471**	**199**	**21317**	**16554**	**4523**
16–19 岁	22	1		1	17	6	10
20–24 岁	161	40	20	10	607	377	222
25–29 岁	618	79	63	33	1983	1419	540
30–34 岁	951	76	76	41	3634	2861	744
35–39 岁	1153	64	63	19	3102	2550	504
40–44 岁	1133	42	47	21	2519	2091	406
45–49 岁	989	37	76	25	3203	2547	621
50–54 岁	969	32	58	23	3145	2380	725
55–59 岁	812	24	66	25	2723	2134	563
60–64 岁	49	5	1		218	109	105
65–69 岁	24			1	103	43	60
70–74 岁	2	5	1		37	16	19
75 岁及以上	6				26	21	4
女	**10946**	**306**	**720**	**75**	**13626**	**12616**	**839**
16–19 岁	59	4	1	1	9	9	
20–24 岁	784	48	43	7	591	547	32
25–29 岁	1923	87	128	8	2054	1924	102
30–34 岁	2273	61	164	19	3307	3108	162
35–39 岁	2104	29	116	9	2276	2126	118
40–44 岁	1530	26	104	9	1905	1769	118
45–49 岁	1102	33	80	14	2014	1827	160
50–54 岁	925	11	64	6	1131	1031	87
55–59 岁	210	5	18	2	252	222	28
60–64 岁	17		2		42	25	17
65–69 岁	7	1			27	16	11
70–74 岁	4	1			11	8	1
75 岁及以上	8				7	4	3

职业中类的就业人口（城市）（续1）

单位：人

其他办事人员和有关人员	社会生产服务和生活服务人员							
	小计	批发与零售服务人员	交通运输、仓储和邮政业服务人员	住宿和餐饮服务人员	信息传输、软件和信息技术服务人员	金融服务人员	房地产服务人员	租赁和商务服务人员
411	**121870**	**48204**	**22508**	**16329**	**2906**	**4695**	**2779**	**4543**
1	1183	294	64	578	8	2	19	16
20	7100	2636	830	1548	296	186	154	188
52	16595	6718	2570	2282	703	881	377	496
66	22470	9828	3677	2838	690	1125	460	572
80	17741	7874	3165	2341	469	612	311	407
40	15740	6772	3250	2010	290	465	308	400
62	19151	7089	4216	2435	222	635	446	690
53	13595	4472	3052	1558	142	542	383	825
28	6453	1869	1465	588	80	237	233	717
4	1103	389	135	92	4	7	42	137
	539	187	52	44	1	3	28	83
4	131	45	20	8	1		14	12
1	69	31	12	7			4	
240	**68973**	**22924**	**18892**	**8120**	**1891**	**2133**	**1615**	**3347**
1	781	148	53	423	4	1	15	9
8	3981	1142	648	979	186	82	94	88
24	9321	3100	2061	1357	433	381	227	263
29	12481	4526	3062	1558	435	486	245	321
48	9391	3490	2640	1121	309	234	152	253
22	8264	3002	2664	855	186	170	146	255
35	10069	3261	3425	858	145	286	213	523
40	8463	2517	2740	599	111	284	247	737
26	4884	1271	1404	286	76	202	201	687
4	803	276	122	48	4	5	36	127
	393	140	46	30	1	2	24	72
2	94	30	17	2	1		12	12
1	48	21	10	4			3	
171	**52897**	**25280**	**3616**	**8209**	**1015**	**2562**	**1164**	**1196**
	402	146	11	155	4	1	4	7
12	3119	1494	182	569	110	104	60	100
28	7274	3618	**509**	**925**	**270**	**500**	**150**	**233**
37	9989	5302	615	1280	255	639	215	251
32	8350	4384	525	1220	160	378	159	154
18	7476	3770	586	1155	104	295	162	145
27	9082	3828	791	1577	77	349	233	167
13	5132	1955	312	959	31	258	136	88
2	1569	598	61	302	4	35	32	30
	300	113	13	44		2	6	10
	146	47	**6**	**14**		**1**	**4**	**11**
2	37	15	3	6			2	
	21	10	2	3			1	

4-7a 全省分年龄、性别、

年龄组 性　别	社会生产服务和生活服务人员							
	技术辅助服务人员	水利、环境和公共设施管理服务人员	居民服务人员	电力、燃气及水供应服务人员	修理及制作服务人员	文化、体育和娱乐服务人员	健康服务人员	其他社会生产和生活服务人员
合计	**2689**	**5443**	**5268**	**1860**	**3354**	**815**	**375**	**102**
16-19 岁	19	5	108	2	37	28	2	1
20-24 岁	282	55	448	57	269	114	35	2
25-29 岁	624	161	778	221	527	165	79	13
30-34 岁	682	326	999	289	733	145	87	19
35-39 岁	371	483	813	242	483	113	48	9
40-44 岁	219	696	623	248	342	68	34	15
45-49 岁	249	1569	643	379	430	87	45	16
50-54 岁	146	1219	521	290	336	62	28	19
55-59 岁	84	643	220	119	155	26	11	6
60-64 岁	7	192	59	3	28	5	3	
65-69 岁	3	77	41	5	10	1	3	1
70-74 岁	1	12	11	2	4			1
75 岁及以上	2	5	4	3		1		
男	**1767**	**1741**	**1526**	**1397**	**2986**	**449**	**120**	**65**
16-19 岁	13	1	55	2	37	17	2	1
20-24 岁	183	31	155	47	258	70	16	2
25-29 岁	391	84	255	169	491	79	21	9
30-34 岁	448	142	280	217	651	76	24	10
35-39 岁	230	111	192	167	405	67	15	5
40-44 岁	147	155	161	165	301	39	7	11
45-49 岁	165	352	164	258	360	36	15	8
50-54 岁	109	352	146	251	306	40	11	13
55-59 岁	70	325	81	111	140	19	6	5
60-64 岁	6	121	25	2	25	4	2	
65-69 岁	2	54	6	3	10	1	1	1
70-74 岁	1	10	5	2	2			
75 岁及以上	2	3	1	3		1		
女	**922**	**3702**	**3742**	**463**	**368**	**366**	**255**	**37**
16-19 岁	6	4	53			11		
20-24 岁	99	24	293	10	11	44	19	
25-29 岁	233	77	523	52	36	86	58	4
30-34 岁	234	184	719	72	82	69	63	9
35-39 岁	141	372	621	75	78	46	33	4
40-44 岁	72	541	462	83	41	29	27	4
45-49 岁	84	1217	479	121	70	51	30	8
50-54 岁	37	867	375	39	30	22	17	6
55-59 岁	14	318	139	8	15	7	5	1
60-64 岁	1	71	34	1	3	1	1	
65-69 岁	1	23	35	2			2	
70-74 岁		2	6		2			1
75 岁及以上		2	3					

职业中类的就业人口（城市）（续2）

单位：人

农、林、牧、渔业生产及辅助人员								
小计	农业生产人员	林业生产人员	畜牧业生产人员	渔业生产人员	农林牧渔生产辅助人员	其他农、林、牧、渔业生产加工人员	小计	农副产品加工人员
5671	**4459**	**441**	**548**	**24**	**181**	**18**	**49245**	**389**
11	9		1		1		218	2
69	50	1	13	2	2	1	2081	9
243	170	6	46	7	11	3	5552	36
525	356	52	83	3	29	2	8400	52
549	392	54	66		32	5	6548	50
600	435	69	68	1	25	2	6427	49
1136	886	103	109	4	32	2	9095	70
1187	967	104	85	4	25	2	7212	63
739	644	37	38	2	17	1	3020	44
288	258	8	15	1	6		415	8
212	189	3	20				168	5
77	73	1	3				55	1
35	30	3	1		1		54	
3553	**2670**	**312**	**410**	**19**	**132**	**10**	**39868**	**251**
7	5		1		1		175	1
46	32	1	11	2			1706	7
183	121	5	43	6	6	2	4549	23
354	230	32	66	2	23	1	6834	35
340	229	36	50		22	3	5160	32
378	263	47	47	1	18	2	4943	30
665	502	61	77	2	22	1	6919	40
714	549	84	57	3	20	1	6238	42
476	395	33	30	2	16		2770	31
189	168	7	10	1	3		361	6
129	111	3	15				139	3
47	43	1	3				43	1
25	22	2			1		31	
2118	**1789**	**129**	**138**	**5**	**49**	**8**	**9377**	**138**
4	4						43	1
23	18		2		2	1	375	2
60	49	**1**	**3**	**1**	**5**	**1**	**1003**	**13**
171	126	20	17	1	6	1	1566	17
209	163	18	16		10	2	1388	18
222	172	22	21		7		1484	19
471	384	42	32	2	10	1	2176	30
473	418	20	28	1	5	1	974	21
263	249	4	8		1	1	250	13
99	90	1	5		3		54	2
83	78		**5**				**29**	**2**
30	30						12	
10	8	1	1				23	

4-7a 全省分年龄、性别、

年龄组 性别	生产制造						
	食品、饮料生产加工人员	烟草及其制品加工人员	纺织、针织、印染人员	纺织品、服装和皮革、毛皮制品加工制作人员	木材加工、家具与木制品制作人员	纸及纸制品生产加工人员	印刷和记录媒介复制人员
合计	**1060**	**85**	**101**	**568**	**1095**	**78**	**463**
16-19岁	25			3	5		3
20-24岁	70	2		13	34	3	22
25-29岁	157	11	5	30	106	5	46
30-34岁	192	25	10	78	170	6	82
35-39岁	161	13	10	80	149	12	64
40-44岁	118	8	14	97	158	12	78
45-49岁	165	11	30	129	211	14	89
50-54岁	120	12	21	89	172	16	49
55-59岁	44	3	9	33	77	8	27
60-64岁	3		1	8	7	2	1
65-69岁	2			4	3		2
70-74岁	1		1	3	2		
75岁及以上	2			1	1		
男	**516**	**63**	**38**	**187**	**963**	**44**	**263**
16-19岁	15			2	5		3
20-24岁	38	2		8	25	2	10
25-29岁	75	10	3	12	99	3	23
30-34岁	89	19	4	26	150	5	37
35-39岁	78	7	4	13	129	9	34
40-44岁	47	5	3	33	133	6	41
45-49岁	73	8	8	33	180	3	49
50-54岁	70	10	11	39	159	9	40
55-59岁	27	2	4	16	72	5	25
60-64岁	2		1	2	7	2	1
65-69岁	2			1	3		
70-74岁				2	1		
75岁及以上							
女	**544**	**22**	**63**	**381**	**132**	**34**	**200**
16-19岁	10			1			
20-24岁	32			5	9	1	12
25-29岁	82	1	2	18	7	2	23
30-34岁	103	6	6	52	20	1	45
35-39岁	83	6	6	67	20	3	30
40-44岁	71	3	11	64	25	6	37
45-49岁	92	3	22	96	31	11	40
50-54岁	50	2	10	50	13	7	9
55-59岁	17	1	5	17	5	3	2
60-64岁	1			6			
65-69岁				3			2
70-74岁	1		1	1	1		
75岁及以上	2			1	1		

职业中类的就业人口（城市）（续3）

单位：人

	及有关人员							
文教、工美、体育和娱乐用品制造人员	石油加工和炼焦、煤化工生产人员	化学原料和化学制品制造人员	医药制造人员	化学纤维制造人员	橡胶和塑料制品制造人员	非金属矿物制品制造人员	采矿人员	金属冶炼和压延加工人员
167	**754**	**1043**	**297**	**15**	**205**	**661**	**2735**	**1814**
1			1			2	3	7
6	10	45	18		14	21	82	110
18	45	93	40	2	29	70	252	233
28	110	143	48	2	31	99	528	296
31	119	127	46	2	29	85	448	182
24	101	151	35	1	22	104	436	223
30	161	250	47	4	40	147	511	383
19	141	160	42	1	22	87	347	315
10	52	64	18	1	14	34	89	50
	5	4	1	2	2	7	20	5
	5	3	1			3	12	6
	3	2			2	1	4	2
	2	1				1	3	2
106	**550**	**787**	**162**	**10**	**141**	**532**	**2389**	**1535**
						2	2	7
2	7	38	12		11	20	72	100
8	36	67	23	2	22	63	221	194
19	82	105	17	1	24	75	465	251
19	82	83	19	1	17	67	378	150
14	68	103	22		15	70	380	168
17	95	178	22	2	19	119	433	307
18	118	147	30	1	16	75	325	300
9	49	58	15	1	14	31	81	46
	4	4	1	2	2	5	15	5
	5	1	1			3	10	4
	3	2			1	1	4	2
	1	1				1	3	1
61	**204**	**256**	**135**	**5**	**64**	**129**	**346**	**279**
1			1				1	
4	3	7	6		3	1	10	10
10	9	26	17		7	7	31	39
9	28	38	31	1	7	24	63	45
12	37	44	27	1	12	18	70	32
10	33	48	13	1	7	34	56	55
13	66	72	25	2	21	28	78	76
1	23	13	12		6	12	22	15
1	3	6	3			3	8	4
	1					2	5	
		2					2	2
					1			
	1							1

4-7a 全省分年龄、性别、

年龄组 性　别	生　产　制　造						
	机械制造基础加工人员	金属制品制造人员	通用设备制造人员	专用设备制造人员	汽车制造人员	铁路、船舶、航空设备制造人员	电气机械和器材制造人员
合计	**2119**	**630**	**534**	**106**	**96**	**118**	**316**
16–19 岁	11	2	1		2		1
20–24 岁	78	27	28	7	6	6	10
25–29 岁	220	80	73	14	23	18	43
30–34 岁	356	124	116	33	22	20	56
35–39 岁	261	83	76	14	14	14	43
40–44 岁	287	84	52	6	8	9	45
45–49 岁	385	99	79	20	9	19	64
50–54 岁	357	87	57	4	11	18	39
55–59 岁	139	34	39	7	1	12	12
60–64 岁	14	5	4	1		1	2
65–69 岁	4	4	5				
70–74 岁	3		1				1
75 岁及以上	4	1	3			1	
男	**1893**	**508**	**459**	**74**	**84**	**100**	**227**
16–19 岁	10	2	1		2		1
20–24 岁	76	22	27	5	6	5	5
25–29 岁	205	72	65	11	20	15	31
30–34 岁	319	103	98	22	20	14	39
35–39 岁	228	69	65	9	12	13	31
40–44 岁	243	64	40	3	8	9	28
45–49 岁	329	74	64	14	7	15	46
50–54 岁	329	66	52	2	8	16	35
55–59 岁	134	29	37	7	1	12	9
60–64 岁	12	4	2	1		1	2
65–69 岁	1	3	4				
70–74 岁	3		1				
75 岁及以上	4		3				
女	**226**	**122**	**75**	**32**	**12**	**18**	**89**
16–19 岁	1						
20–24 岁	2	5	1	2		1	5
25–29 岁	15	8	8	3	3	3	12
30–34 岁	37	21	18	11	2	6	17
35–39 岁	33	14	11	5	2	1	12
40–44 岁	44	20	12	3			17
45–49 岁	56	25	15	6	2	4	18
50–54 岁	28	21	5	2	3	2	4
55–59 岁	5	5	2				3
60–64 岁	2	1	2				
65–69 岁	3	1	1				
70–74 岁							1
75 岁及以上		1				1	

职业中类的就业人口（城市）（续4）

单位：人

及有关人员								
计算机、通信和其他电子设备制造人员	仪器仪表制造人员	废弃资源综合利用人员	电力、热力、气体、水生产和输配人员	建筑施工人员	运输设备和通用工程机械操作人员及有关人员	生产辅助人员	其他生产制造及有关人员	不便分类的其他从业人员
1625	**128**	**86**	**1226**	**19242**	**3092**	**8298**	**99**	**716**
30			1	80	14	24		44
180	6		43	692	142	389	8	62
326	13	8	151	1922	482	990	11	91
348	14	6	231	3138	571	1447	18	115
196	13	11	111	2686	368	1038	12	78
133	9	13	166	2591	365	1020	8	73
208	33	18	242	3600	511	1501	15	100
126	24	19	165	2984	424	1206	15	88
57	13	7	100	1243	196	576	7	47
6	1	2	5	221	10	63	4	8
10		1	8	64	4	21	1	5
3	1	1	2	10	4	7		3
2	1		1	11	1	16		2
1080	**91**	**62**	**965**	**16548**	**2797**	**6363**	**80**	**495**
15			1	72	13	21		30
111	5		39	615	130	301	5	44
224	9	8	122	1700	439	735	9	59
222	11	4	181	2787	521	1073	16	80
129	12	10	89	2277	329	755	10	51
83	4	9	109	2181	321	698	5	47
129	12	11	166	2910	440	1103	13	71
104	24	13	147	2579	398	1044	11	67
50	13	4	97	1149	189	546	7	38
6	1	1	4	201	9	55	3	5
4		1	8	62	4	18	1	1
2		1	1	8	4	6		1
1			1	7		8		1
545	**37**	**24**	**261**	**2694**	**295**	**1935**	**19**	**221**
15				8	1	3		14
69	1		4	77	12	88	3	18
102	4		**29**	**222**	**43**	**255**	**2**	**32**
126	3	2	50	351	50	374	2	35
67	1	1	22	409	39	283	2	27
50	5	4	57	410	44	322	3	26
79	21	7	76	690	71	398	2	29
22		6	18	405	26	162	4	21
7		3	3	94	7	30		9
		1	1	20	1	8	1	3
6				**2**		**3**		**4**
1	1		1	2		1		2
1	1			4	1	8		1

4–7b　全省分年龄、性别、

年龄组 性　别	合计	党的机关、国家机关、群众团体和社会组织、企事业单位负责人					
		小计	中国共产党机关负责人	国家机关负责人	民主党派和工商联负责人	人民团体和群众团体、社会组织及其他成员组织负责人	基层群众自治组织负责人
合计	**210001**	**3233**	**96**	**738**	**5**	**174**	**280**
16–19 岁	1328	2	1				
20–24 岁	9149	31	1	2		3	1
25–29 岁	23971	178	2	10		13	31
30–34 岁	36309	496	14	63	1	30	57
35–39 岁	29771	546	18	147	1	27	35
40–44 岁	25271	527	16	142	1	20	26
45–49 岁	31875	565	15	140		27	41
50–54 岁	27856	518	20	155	1	30	38
55–59 岁	15378	297	8	71		18	30
60–64 岁	4501	41		6	1	2	13
65–69 岁	2993	20		1		3	6
70–74 岁	1095	6	1	1			1
75 岁及以上	504	6				1	1
男	**126321**	**2633**	**80**	**635**	**2**	**116**	**219**
16–19 岁	878	1					
20–24 岁	5109	19	1			2	
25–29 岁	13183	123	2	8		7	16
30–34 岁	20453	369	8	45	1	20	39
35–39 岁	17267	437	14	119		17	27
40–44 岁	14804	413	13	122		9	19
45–49 岁	19129	468	13	125		17	35
50–54 岁	18116	456	20	143		22	34
55–59 岁	11027	280	8	65		17	29
60–64 岁	3163	37		6	1	2	13
65–69 岁	2080	19		1		2	6
70–74 岁	768	6	1	1			1
75 岁及以上	344	5				1	
女	**83680**	**600**	**16**	**103**	**3**	**58**	**61**
16–19 岁	450	1	1				
20–24 岁	4040	12		2		1	1
25–29 岁	10788	55		2		6	15
30–34 岁	15856	127	6	18		10	18
35–39 岁	12504	109	4	28	1	10	8
40–44 岁	10467	114	3	20	1	11	7
45–49 岁	12746	97	2	15		10	6
50–54 岁	9740	62		12	1	8	4
55–59 岁	4351	17		6		1	1
60–64 岁	1338	4					
65–69 岁	913	1				1	
70–74 岁	327						
75 岁及以上	160	1					1

职业中类的就业人口（镇）

单位：人

企事业单位负责人	专业技术人员							
	小计	科学研究人员	工程技术人员	农业技术人员	飞机和船舶技术人员	卫生专业技术人员	经济和金融专业人员	法律、社会和宗教专业人员
1940	**34863**	**72**	**4342**	**586**	**11**	**6874**	**3860**	**706**
1	126		16			23	3	13
24	2021	7	303	7	5	621	242	46
122	5403	13	796	58	2	1457	738	146
331	7457	11	987	106	2	1603	900	142
318	6376	11	594	75		954	512	74
322	4380	9	412	80		640	399	62
342	3954	6	516	93		747	498	102
274	3155	7	451	105	2	499	358	71
170	1597	7	216	50		198	165	45
19	197		35	8		49	26	3
10	97		6	2		39	11	1
3	54		7	1		21	5	
4	46	1	3	1		23	3	1
1581	**16698**	**38**	**3691**	**393**	**11**	**2219**	**1507**	**435**
1	61		13			5	1	13
16	683	2	264	6	5	112	83	25
90	1794	7	657	36	2	227	212	72
256	2920	6	856	65	2	366	317	76
260	2994	4	512	53		359	182	44
250	2258	6	321	44		280	152	34
278	2259	2	413	56		356	201	66
237	2032	6	401	79	2	275	189	61
161	1381	5	205	44		132	141	39
15	159		34	6		36	17	3
10	76		6	2		33	7	1
3	45		7	1		17	3	
4	36		2	1		21	2	1
359	**18165**	**34**	**651**	**193**		**4655**	**2353**	**271**
	65		3			18	2	
8	1338	5	39	1		509	159	21
32	3609	6	139	22		1230	526	74
75	4537	5	131	41		1237	583	66
58	3382	7	82	22		595	330	30
72	2122	3	91	36		360	247	28
64	1695	4	103	37		391	297	36
37	1123	1	50	26		224	169	10
9	216	2	11	6		66	24	6
4	38		1	2		13	9	
	21					6	4	
	9					4	2	
	10	1	1			2	1	

4–7b　全省分年龄、性别、

年龄组 性　别	专业技术人员				办事人员和有关人员		
	教学人员	文学艺术、体育专业人员	新闻出版、文化专业人员	其他专业技术人员	小计	办事人员	安全和消防人员
合计	**17493**	**330**	**467**	**122**	**23370**	**19541**	**3577**
16–19 岁	61	8		2	27	21	5
20–24 岁	707	44	30	9	897	681	202
25–29 岁	2027	65	76	25	2867	2322	504
30–34 岁	3520	76	94	16	5636	4894	701
35–39 岁	4029	40	72	15	3951	3396	517
40–44 岁	2686	24	53	15	2670	2328	305
45–49 岁	1876	22	72	22	2856	2452	374
50–54 岁	1591	29	39	3	2432	2005	401
55–59 岁	860	17	27	12	1573	1236	316
60–64 岁	69	4	2	1	234	108	125
65–69 岁	35		2	1	155	68	85
70–74 岁	19	1			49	12	37
75 岁及以上	13			1	23	18	5
男	**7933**	**198**	**180**	**93**	**15335**	**12079**	**3102**
16–19 岁	24	3		2	19	14	4
20–24 岁	156	20	7	3	492	309	178
25–29 岁	501	33	28	19	1568	1111	436
30–34 岁	1141	43	36	12	3226	2626	576
35–39 岁	1776	29	23	12	2538	2085	432
40–44 岁	1374	17	17	13	1727	1459	245
45–49 岁	1108	14	25	18	1941	1588	332
50–54 岁	978	20	19	2	1920	1537	365
55–59 岁	766	15	24	10	1481	1166	297
60–64 岁	58	4		1	219	97	121
65–69 岁	26		1		136	58	77
70–74 岁	17				46	12	34
75 岁及以上	8			1	22	17	5
女	**9560**	**132**	**287**	**29**	**8035**	**7462**	**475**
16–19 岁	37	5			8	7	1
20–24 岁	551	24	23	6	405	372	24
25–29 岁	1526	32	48	6	1299	1211	68
30–34 岁	2379	33	58	4	2410	2268	125
35–39 岁	2253	11	49	3	1413	1311	85
40–44 岁	1312	7	36	2	943	869	60
45–49 岁	768	8	47	4	915	864	42
50–54 岁	613	9	20	1	512	468	36
55–59 岁	94	2	3	2	92	70	19
60–64 岁	11		2		15	11	4
65–69 岁	9		1	1	19	10	8
70–74 岁	2	1			3		3
75 岁及以上	5				1	1	

职业中类的就业人口（镇）（续1）

单位：人

其他办事人员和有关人员	社会生产服务和生活服务人员							
	小计	批发与零售服务人员	交通运输、仓储和邮政业服务人员	住宿和餐饮服务人员	信息传输、软件和信息技术服务人员	金融服务人员	房地产服务人员	租赁和商务服务人员
252	**73882**	**28125**	**13707**	**13416**	**1289**	**2199**	**939**	**1691**
1	715	135	49	349	11	2	5	4
14	3845	1216	494	1040	108	109	70	80
41	9411	3334	1653	1843	307	416	163	167
41	13289	5145	2436	2505	329	488	178	228
38	10769	4315	2168	2008	194	240	110	159
37	9401	3701	2032	1679	103	229	100	144
30	11521	4417	2344	1926	108	311	120	240
26	8775	3383	1699	1311	92	255	99	281
21	4165	1591	664	556	35	131	51	229
1	1149	484	101	140	1	11	30	85
2	568	266	43	38		4	11	51
	187	95	13	12			2	19
	87	43	11	9	1	3		4
154	**41010**	**13070**	**11800**	**5977**	**838**	**1063**	**489**	**1292**
1	468	73	36	246	9	2	3	3
5	2201	533	398	622	79	50	34	44
21	5233	1493	1331	942	192	195	79	95
24	7114	2158	2070	1193	201	241	75	131
21	5673	1744	1881	910	117	90	44	111
23	4867	1597	1719	639	67	88	42	106
21	5991	2018	2019	639	69	145	63	183
18	5204	1834	1569	445	72	127	70	256
18	2813	993	624	230	31	113	42	219
1	820	333	93	77	1	6	26	80
1	437	200	39	25		4	10	47
	139	69	13	7			1	15
	50	25	8	2		2		2
98	**32872**	**15055**	**1907**	**7439**	**451**	**1136**	**450**	**399**
	247	62	13	103	2		2	1
9	1644	683	96	418	29	59	36	36
20	4178	1841	322	901	115	221	84	72
17	6175	2987	366	1312	128	247	103	97
17	5096	2571	287	1098	77	150	66	48
14	4534	2104	313	1040	36	141	58	38
9	5530	2399	325	1287	39	166	57	57
8	3571	1549	130	866	20	128	29	25
3	1352	598	40	326	4	18	9	10
	329	151	8	63		5	4	5
1	131	66	4	13			1	4
	48	26		5			1	4
	37	18	3	7	1	1		2

4-7b 全省分年龄、性别、

年龄组 性 别	社会生产服务和生活服务人员							
	技术辅助服务人员	水利、环境和公共设施管理服务人员	居民服务人员	电力、燃气及水供应服务人员	修理及制作服务人员	文化、体育和娱乐服务人员	健康服务人员	其他社会生产和生活服务人员
合计	**1117**	**3494**	**3396**	**1341**	**2457**	**404**	**240**	**67**
16-19 岁	16	7	75	3	46	9	2	2
20-24 岁	130	36	250	49	177	57	20	9
25-29 岁	272	90	498	156	386	73	46	7
30-34 岁	254	222	666	202	511	74	42	9
35-39 岁	141	313	508	140	382	50	32	9
40-44 岁	82	461	352	187	267	31	26	7
45-49 岁	86	871	431	297	279	48	34	9
50-54 岁	86	759	329	192	242	27	16	4
55-59 岁	39	449	168	96	108	24	15	9
60-64 岁	6	175	61	9	37	6	3	
65-69 岁	2	90	35	7	14	3	3	1
70-74 岁	1	17	15	3	6	2	1	1
75 岁及以上	2	4	8		2			
男	**713**	**1322**	**982**	**978**	**2121**	**234**	**94**	**37**
16-19 岁	9	4	29	2	45	4	2	1
20-24 岁	85	27	80	37	162	39	6	5
25-29 岁	174	49	166	110	340	47	16	4
30-34 岁	158	79	172	150	434	36	11	5
35-39 岁	89	101	124	101	322	24	11	4
40-44 岁	48	115	74	114	230	14	9	5
45-49 岁	47	230	107	191	236	25	14	5
50-54 岁	61	276	105	164	199	16	7	3
55-59 岁	33	241	61	91	99	20	11	5
60-64 岁	5	117	31	9	34	5	3	
65-69 岁	2	66	20	6	13	2	3	
70-74 岁		14	9	3	5	2	1	
75 岁及以上	2	3	4		2			
女	**404**	**2172**	**2414**	**363**	**336**	**170**	**146**	**30**
16-19 岁	7	3	46	1	1	5		1
20-24 岁	45	9	170	12	15	18	14	4
25-29 岁	98	41	332	46	46	26	30	3
30-34 岁	96	143	494	52	77	38	31	4
35-39 岁	52	212	384	39	60	26	21	5
40-44 岁	34	346	278	73	37	17	17	2
45-49 岁	39	641	324	106	43	23	20	4
50-54 岁	25	483	224	28	43	11	9	1
55-59 岁	6	208	107	5	9	4	4	4
60-64 岁	1	58	30		3	1		
65-69 岁		24	15	1	1	1		1
70-74 岁	1	3	6		1			1
75 岁及以上		1	4					

职业中类的就业人口（镇）（续 2）

单位：人

农、林、牧、渔业生产及辅助人员								
小计	农业生产人员	林业生产人员	畜牧业生产人员	渔业生产人员	农林牧渔生产辅助人员	其他农、林、牧、渔业生产加工人员	小计	农副产品加工人员
35302	**30440**	**852**	**3544**	**24**	**419**	**23**	**39032**	**942**
155	130		24	1			245	6
716	602	11	96		3	4	1590	27
1685	1433	33	189	1	27	2	4394	80
2760	2270	93	343	3	51		6644	127
2775	2280	65	377	4	48	1	5323	106
3269	2714	125	368	5	53	4	5005	131
6003	5121	228	568	2	81	3	6939	182
7266	6348	167	661	2	83	5	5677	161
5285	4655	84	485	5	54	2	2448	78
2362	2152	26	175	1	7	1	511	27
1964	1780	13	159		11	1	184	11
747	673	4	69		1		49	6
315	282	3	30				23	
19142	**15864**	**621**	**2372**	**19**	**255**	**11**	**31320**	**551**
97	77		19	1			200	5
403	325	9	66		2	1	1287	23
906	728	20	134	1	22	1	3534	50
1480	1163	65	219	3	30		5328	72
1406	1089	42	244	3	28		4205	50
1719	1358	93	233	4	29	2	3808	68
3079	2526	150	355	2	46		5370	97
3734	3118	139	425	1	47	4	4747	102
2897	2451	69	333	3	40	1	2169	48
1465	1304	17	138	1	4	1	460	22
1255	1111	11	126		6	1	154	10
489	427	4	57		1		41	4
212	187	2	23				17	
16160	**14576**	**231**	**1172**	**5**	**164**	**12**	**7712**	**391**
58	53		5				45	1
313	277	2	30		1	3	303	4
779	705	**13**	**55**		**5**	**1**	**860**	**30**
1280	1107	28	124		21		1316	55
1369	1191	23	133	1	20	1	1118	56
1550	1356	32	135	1	24	2	1197	63
2924	2595	78	213		35	3	1569	85
3532	3230	28	236	1	36	1	930	59
2388	2204	15	152	2	14	1	279	30
897	848	9	37		3		51	5
709	669	**2**	**33**		**5**		**30**	**1**
258	246		12				8	2
103	95	1	7				6	

4-7b 全省分年龄、性别、

年龄组 性　别	生　　产　　制　　造						
	食品、饮料生产加工人员	烟草及其制品加工人员	纺织、针织、印染人员	纺织品、服装和皮革、毛皮制品加工制作人员	木材加工、家具与木制品制作人员	纸及纸制品生产加工人员	印刷和记录媒介复制人员
合计	**1064**	**7**	**132**	**803**	**753**	**112**	**233**
16–19 岁	9			7	2		4
20–24 岁	56	1	2	28	27		10
25–29 岁	156	1	9	78	51	13	33
30–34 岁	162	1	27	119	115	18	51
35–39 岁	150		21	129	101	19	32
40–44 岁	132		12	122	95	17	30
45–49 岁	182	1	31	142	129	18	39
50–54 岁	149		15	112	138	13	23
55–59 岁	44	2	9	38	73	6	8
60–64 岁	11		1	15	17	3	1
65–69 岁	12		3	10	1	1	1
70–74 岁	1	1	1	2	2	3	1
75 岁及以上			1	1	2	1	
男	**559**	**2**	**40**	**230**	**652**	**69**	**125**
16–19 岁	6			3	1		1
20–24 岁	41		1	7	24		4
25–29 岁	88		3	29	45	9	17
30–34 岁	93		6	36	105	9	25
35–39 岁	74		4	26	90	13	16
40–44 岁	54		6	29	79	10	17
45–49 岁	82		11	34	106	9	24
50–54 岁	79		4	31	116	9	14
55–59 岁	28	1	5	18	66	5	5
60–64 岁	5			9	16	2	1
65–69 岁	8			6	1		1
70–74 岁	1	1		1	1	2	
75 岁及以上				1	2	1	
女	**505**	**5**	**92**	**573**	**101**	**43**	**108**
16–19 岁	3			4	1		3
20–24 岁	15	1	1	21	3		6
25–29 岁	68	1	6	49	6	4	16
30–34 岁	69	1	21	83	10	9	26
35–39 岁	76		17	103	11	6	16
40–44 岁	78		6	93	16	7	13
45–49 岁	100	1	20	108	23	9	15
50–54 岁	70		11	81	22	4	9
55–59 岁	16	1	4	20	7	1	3
60–64 岁	6		1	6	1	1	
65–69 岁	4		3	4		1	
70–74 岁			1	1	1	1	1
75 岁及以上			1				

职业中类的就业人口（镇）（续3）

单位：人

及有关人员								
文教、工美、体育和娱乐用品制造人员	石油加工和炼焦、煤化工生产人员	化学原料和化学制品制造人员	医药制造人员	化学纤维制造人员	橡胶和塑料制品制造人员	非金属矿物制品制造人员	采矿人员	金属冶炼和压延加工人员
206	**149**	**421**	**672**	**5**	**172**	**871**	**2004**	**651**
1		2	3		1	2	4	5
11	6	10	31	2	4	25	48	18
23	18	39	67	1	18	95	207	58
18	24	57	120	1	39	140	350	107
28	28	36	85		17	126	306	76
34	15	65	75		22	115	320	102
35	35	82	123		30	152	375	135
35	18	100	86	1	27	137	260	112
10	5	20	55		5	62	103	34
5		7	18		4	11	24	1
4		3	7		3	6	3	1
2					2		3	1
			2				1	1
131	**123**	**341**	**356**	**4**	**106**	**698**	**1690**	**581**
1		2	3		1	2	4	4
7	6	7	22	1	4	23	33	16
13	13	32	35	1	14	76	167	54
11	18	48	63	1	25	116	284	96
15	25	25	46		12	92	257	65
19	12	46	41		12	87	253	80
22	28	68	52		12	116	313	120
26	16	87	48	1	16	115	249	108
8	5	19	30		4	55	101	34
4		5	13		2	11	22	1
3		2	2		2	5	3	1
2					2		3	1
			1				1	1
75	**26**	**80**	**316**	**1**	**66**	**173**	**314**	**70**
								1
4		3	9	1		2	15	2
10	5	7	32		4	19	40	4
7	6	9	57		14	24	66	11
13	3	11	39		5	34	49	11
15	3	19	34		10	28	67	22
13	7	14	71		18	36	62	15
9	2	13	38		11	22	11	4
2		1	25		1	7	2	
1		2	5		2		2	
1		1	5		1	1		
			1					

4-7b 全省分年龄、性别、

年龄组 性 别	生 产 制 造						
	机械制造基础加工人员	金属制品制造人员	通用设备制造人员	专用设备制造人员	汽车制造人员	铁路、船舶、航空设备制造人员	电气机械和器材制造人员
合计	**1025**	**669**	**306**	**48**	**89**	**44**	**110**
16–19 岁	9	5	2	2	3		1
20–24 岁	36	33	5	4	17	4	10
25–29 岁	115	98	44	13	15	5	25
30–34 岁	208	126	67	5	25	10	30
35–39 岁	146	105	48	7	8	6	10
40–44 岁	125	94	34	5	8	2	9
45–49 岁	176	85	55	4	9	4	16
50–54 岁	142	71	30	6	4	7	8
55–59 岁	49	43	20	1		5	1
60–64 岁	9	7		1		1	
65–69 岁	8	1	1				
70–74 岁	2						
75 岁及以上		1					
男	**955**	**517**	**280**	**33**	**62**	**40**	**79**
16–19 岁	9	5	2	1	1		1
20–24 岁	34	24	5	4	14	3	7
25–29 岁	110	78	40	8	11	4	17
30–34 岁	198	98	63	5	15	8	22
35–39 岁	135	81	44	3	7	6	7
40–44 岁	115	67	28	4	5	2	6
45–49 岁	156	68	49	3	6	4	10
50–54 岁	131	56	28	4	3	7	8
55–59 岁	48	33	20	1		5	1
60–64 岁	9	6				1	
65–69 岁	8	1	1				
70–74 岁	2						
75 岁及以上							
女	**70**	**152**	**26**	**15**	**27**	**4**	**31**
16–19 岁				1	2		
20–24 岁	2	9			3	1	3
25–29 岁	5	20	4	5	4	1	8
30–34 岁	10	28	4		10	2	8
35–39 岁	11	24	4	4	1		3
40–44 岁	10	27	6	1	3		3
45–49 岁	20	17	6	1	3		6
50–54 岁	11	15	2	2	1		
55–59 岁	1	10					
60–64 岁		1		1			
65–69 岁							
70–74 岁							
75 岁及以上		1					

职业中类的就业人口（镇）（续4）

单位：人

及有关人员								
计算机、通信和其他电子设备制造人员	仪器仪表制造人员	废弃资源综合利用人员	电力、热力、气体、水生产和输配人员	建筑施工人员	运输设备和通用工程机械操作人员及有关人员	生产辅助人员	其他生产制造及有关人员	不便分类的其他从业人员
1141	**28**	**81**	**606**	**20581**	**1735**	**3294**	**78**	**319**
47	1		1	95	17	15	1	58
172	1	5	13	725	76	181	2	49
284	3	5	83	1966	306	479	6	33
270	2	7	93	3257	392	658	18	27
115	8	6	66	2887	266	373	12	31
78	4	5	77	2719	182	366	10	19
82	4	17	122	3879	228	553	14	37
63	4	20	83	3205	188	450	9	33
18		9	46	1446	66	187	5	13
5	1	4	17	295	10	16		7
1		2	5	83	3	13	1	5
2		1		17		2		3
4				7	1	1		4
764	**21**	**59**	**478**	**17602**	**1648**	**2461**	**63**	**183**
32	1		1	85	17	11	1	32
122	1	3	10	635	75	129	2	24
176	3	5	68	1711	296	355	6	25
179	2	4	73	2806	370	463	14	16
79	5	2	44	2449	254	268	11	14
51	3	4	49	2239	168	247	7	12
52	3	10	88	3207	209	402	9	21
48	2	17	79	2769	180	385	9	23
15		8	44	1323	65	171	3	6
5	1	4	17	280	10	14		3
		1	5	77	3	13	1	3
2		1		16		2		2
3				5	1	1		2
377	**7**	**22**	**128**	**2979**	**87**	**833**	**15**	**136**
15				10		4		26
50		2	3	90	1	52		25
108			**15**	**255**	**10**	**124**		**8**
91		3	20	451	22	195	4	11
36	3	4	22	438	12	105	1	17
27	1	1	28	480	14	119	3	7
30	1	7	34	672	19	151	5	16
15	2	3	4	436	8	65		10
3		1	2	123	1	16	2	7
				15		2		4
1		1		**6**				**2**
				1				1
1				2				2

4-7c 全省分年龄、性别、

年龄组 性别	合计	党的机关、国家机关、群众团体和社会组织、企事业单位负责人					
		小计	中国共产党机关负责人	国家机关负责人	民主党派和工商联负责人	人民团体和群众团体、社会组织及其他成员组织负责人	基层群众自治组织负责人
合计	**476880**	**2607**	**45**	**146**		**158**	**1206**
16–19 岁	5942	2					2
20–24 岁	24022	59	1	4		7	19
25–29 岁	43103	163		5		9	51
30–34 岁	47168	295	4	17		20	72
35–39 岁	38469	287	4	36		19	75
40–44 岁	41617	301	6	23		19	112
45–49 岁	74955	440	16	19		17	237
50–54 岁	86006	527	8	18		37	301
55–59 岁	58375	394	4	17		18	244
60–64 岁	25352	95	1	5		6	69
65–69 岁	20195	36	1	2		5	21
70–74 岁	8078	7				1	2
75 岁及以上	3598	1					1
男	**284548**	**2267**	**41**	**128**		**102**	**1097**
16–19 岁	3689	1					1
20–24 岁	14059	31	1	1		5	6
25–29 岁	26356	109		2		5	34
30–34 岁	29445	229	3	14		9	57
35–39 岁	23437	247	4	35		11	64
40–44 岁	24386	262	6	20		10	99
45–49 岁	42152	391	14	18		10	217
50–54 岁	49275	489	8	17		28	288
55–59 岁	35208	376	4	16		13	240
60–64 岁	16016	91	1	3		6	68
65–69 岁	12837	33		2		4	20
70–74 岁	5309	7				1	2
75 岁及以上	2379	1					1
女	**192332**	**340**	**4**	**18**		**56**	**109**
16–19 岁	2253	1					1
20–24 岁	9963	28		3		2	13
25–29 岁	16747	54		3		4	17
30–34 岁	17723	66	1	3		11	15
35–39 岁	15032	40		1		8	11
40–44 岁	17231	39		3		9	13
45–49 岁	32803	49	2	1		7	20
50–54 岁	36731	38		1		9	13
55–59 岁	23167	18		1		5	4
60–64 岁	9336	4		2			1
65–69 岁	7358	3	1			1	1
70–74 岁	2769						
75 岁及以上	1219						

职业中类的就业人口（乡村）

单位：人

企事业单位负责人	专业技术人员							
	小计	科学研究人员	工程技术人员	农业技术人员	飞机和船舶技术人员	卫生专业技术人员	经济和金融专业人员	法律、社会和宗教专业人员
1052	**18940**	**61**	**5220**	**426**	**12**	**4086**	**1612**	**487**
	297	4	49	1		40	11	4
28	2891	10	688	29	3	773	288	40
98	4961	23	1212	47	3	1129	556	87
182	3172	9	1031	71	2	532	331	65
153	1637	2	524	36	2	266	113	38
141	1224	1	400	31	1	254	68	34
151	1611	1	548	67		416	85	53
163	1575	8	467	71		335	90	83
111	1148	1	225	49	1	189	44	45
14	243		54	11		71	18	17
7	104	1	16	7		44	3	13
4	42		5	5		21	4	2
	35	1	1	1		16	1	6
899	**11114**	**42**	**4613**	**346**	**11**	**1700**	**611**	**366**
	137	3	42	1		9	5	3
18	1062	6	572	23	2	122	76	18
68	2158	17	1048	44	3	212	169	35
146	1773	5	906	60	2	161	110	44
133	1101	1	463	28	2	144	48	34
127	878	1	354	17	1	172	33	31
132	1248	1	495	50		313	45	48
148	1311	6	444	58		263	63	79
103	1062	1	217	44	1	164	42	42
13	221		52	10		64	15	14
7	96		14	6		42	2	12
4	35		5	4		19	2	2
	32	1	1	1		15	1	4
153	**7826**	**19**	**607**	**80**	**1**	**2386**	**1001**	**121**
	160	1	7			31	6	1
10	1829	4	116	6	1	651	212	22
30	2803	6	164	3		917	387	52
36	1399	4	125	11		371	221	21
20	536	1	61	8		122	65	4
14	346		46	14		82	35	3
19	363		53	17		103	40	5
15	264	2	23	13		72	27	4
8	86		8	5		25	2	3
1	22		2	1		7	3	3
	8	1	2	1		2	1	1
	7			1		2	2	
	3					1		2

4-7c 全省分年龄、性别、

年龄组 性 别	专业技术人员				办事人员和有关人员		
	教学人员	文学艺术、体育专业人员	新闻出版、文化专业人员	其他专业技术人员	小计	办事人员	安全和消防人员
合计	**6518**	**223**	**147**	**148**	**9483**	**7134**	**2135**
16–19 岁	171	13		4	65	30	34
20–24 岁	966	52	23	19	899	605	271
25–29 岁	1751	68	56	29	1843	1445	366
30–34 岁	1026	38	39	28	1548	1299	226
35–39 岁	622	10	9	15	852	713	121
40–44 岁	417	4	3	11	611	493	101
45–49 岁	410	8	8	15	983	785	175
50–54 岁	482	14	5	20	1100	806	262
55–59 岁	571	14	4	5	984	671	285
60–64 岁	69	1		2	351	174	168
65–69 岁	19	1			180	80	95
70–74 岁	5				57	29	26
75 岁及以上	9				10	4	5
男	**3094**	**149**	**69**	**113**	**6998**	**4910**	**1926**
16–19 岁	65	6		3	53	21	31
20–24 岁	200	26	5	12	525	270	241
25–29 岁	542	44	25	19	1064	717	323
30–34 岁	414	30	20	21	983	763	205
35–39 岁	353	7	7	14	652	526	113
40–44 岁	255	2	2	10	481	384	88
45–49 岁	274	6	4	12	763	594	152
50–54 岁	368	13	2	15	988	719	240
55–59 岁	529	13	4	5	921	636	261
60–64 岁	63	1		2	332	168	155
65–69 岁	19	1			173	79	90
70–74 岁	3				53	29	22
75 岁及以上	9				10	4	5
女	**3424**	**74**	**78**	**35**	**2485**	**2224**	**209**
16–19 岁	106	7		1	12	9	3
20–24 岁	766	26	18	7	374	335	30
25–29 岁	1209	24	31	10	779	728	43
30–34 岁	612	8	19	7	565	536	21
35–39 岁	269	3	2	1	200	187	8
40–44 岁	162	2	1	1	130	109	13
45–49 岁	136	2	4	3	220	191	23
50–54 岁	114	1	3	5	112	87	22
55–59 岁	42	1			63	35	24
60–64 岁	6				19	6	13
65–69 岁					7	1	5
70–74 岁	2				4		4
75 岁及以上							

职业中类的就业人口（乡村）（续1）

单位：人

其他办事人员和有关人员	社会生产服务和生活服务人员							
	小计	批发与零售服务人员	交通运输、仓储和邮政业服务人员	住宿和餐饮服务人员	信息传输、软件和信息技术服务人员	金融服务人员	房地产服务人员	租赁和商务服务人员
214	**85366**	**24978**	**18153**	**21715**	**954**	**775**	**682**	**1759**
1	2339	334	158	1373	19	2	10	17
23	8297	1996	1008	3243	181	106	75	150
32	13494	3780	2442	4007	335	218	162	234
23	13613	4108	3148	3617	196	169	114	177
18	9903	2999	2564	2482	79	77	52	121
17	8654	2654	2335	1948	57	47	50	107
23	11513	3373	3040	2398	44	62	64	192
32	9579	2956	2241	1697	29	56	57	292
28	5001	1561	953	689	11	31	58	258
9	1624	562	171	171	2	5	25	126
5	900	380	70	74	1	1	14	74
2	296	177	16	9			1	10
1	153	98	7	7		1		1
162	**50851**	**12760**	**16186**	**10086**	**657**	**394**	**403**	**1393**
1	1499	161	132	907	12	2	8	12
14	4788	858	851	1848	114	56	42	82
24	8048	1750	2111	2137	213	111	86	143
15	8024	1859	2806	1749	140	88	57	116
13	5744	1411	2288	1093	63	26	23	93
9	4925	1305	2101	703	39	24	26	88
17	6468	1756	2722	718	38	29	38	161
29	5806	1752	2044	522	24	28	41	267
24	3397	1033	892	277	11	23	46	238
9	1177	400	160	88	2	5	22	116
4	669	280	60	37	1	1	13	67
2	207	126	14	3			1	9
1	99	69	5	4		1		1
52	**34515**	**12218**	**1967**	**11629**	**297**	**381**	**279**	**366**
	840	173	26	466	7		2	5
9	3509	1138	157	1395	67	50	33	68
8	5446	2030	**331**	**1870**	**122**	**107**	**76**	**91**
8	5589	2249	342	1868	56	81	57	61
5	4159	1588	276	1389	16	51	29	28
8	3729	1349	234	1245	18	23	24	19
6	5045	1617	318	1680	6	33	26	31
3	3773	1204	197	1175	5	28	16	25
4	1604	528	61	412		8	12	20
	447	162	11	83			3	10
1	231	100	**10**	**37**			**1**	**7**
	89	51	2	6				1
	54	29	2	3				

4–7c 全省分年龄、性别、

年龄组 性 别	社会生产服务和生活服务人员							
	技术辅助服务人员	水利、环境和公共设施管理服务人员	居民服务人员	电力、燃气及水供应服务人员	修理及制作服务人员	文化、体育和娱乐服务人员	健康服务人员	其他社会生产和生活服务人员
合计	**925**	**6033**	**4314**	**1056**	**3387**	**329**	**161**	**145**
16–19 岁	27	22	208	8	134	19	5	3
20–24 岁	198	93	547	80	533	57	18	12
25–29 岁	306	215	670	177	809	72	39	28
30–34 岁	189	347	659	164	634	52	22	17
35–39 岁	70	467	441	120	378	28	10	15
40–44 岁	38	664	354	115	239	24	10	12
45–49 岁	46	1277	523	152	265	34	23	20
50–54 岁	30	1400	416	129	217	25	16	18
55–59 岁	17	929	264	80	114	11	9	16
60–64 岁	2	399	96	14	34	6	8	3
65–69 岁	1	172	76	12	23		1	1
70–74 岁		43	33	3	3	1		
75 岁及以上	1	5	27	2	4			
男	**627**	**2701**	**1290**	**940**	**3025**	**220**	**79**	**90**
16–19 岁	16	11	79	8	131	17	1	2
20–24 岁	130	49	147	73	491	38	5	4
25–29 岁	194	114	219	151	734	51	17	17
30–34 岁	143	134	181	141	560	32	8	10
35–39 岁	48	137	102	105	328	14	6	7
40–44 岁	22	206	92	98	197	12	3	9
45–49 岁	32	431	133	136	226	21	14	13
50–54 岁	24	619	135	119	188	22	10	11
55–59 岁	14	548	101	78	107	9	6	14
60–64 岁	2	272	48	14	34	3	8	3
65–69 岁	1	140	33	12	23		1	
70–74 岁		36	11	3	3	1		
75 岁及以上	1	4	9	2	3			
女	**298**	**3332**	**3024**	**116**	**362**	**109**	**82**	**55**
16–19 岁	11	11	129		3	2	4	1
20–24 岁	68	44	400	7	42	19	13	8
25–29 岁	112	101	451	26	75	21	22	11
30–34 岁	46	213	478	23	74	20	14	7
35–39 岁	22	330	339	15	50	14	4	8
40–44 岁	16	458	262	17	42	12	7	3
45–49 岁	14	846	390	16	39	13	9	7
50–54 岁	6	781	281	10	29	3	6	7
55–59 岁	3	381	163	2	7	2	3	2
60–64 岁		127	48			3		
65–69 岁		32	43					1
70–74 岁		7	22					
75 岁及以上		1	18		1			

职业中类的就业人口（乡村）（续2）

单位：人

农、林、牧、渔业生产及辅助人员								
小计	农业生产人员	林业生产人员	畜牧业生产人员	渔业生产人员	农林牧渔生产辅助人员	其他农、林、牧、渔业生产加工人员	小计	农副产品加工人员
277617	**245175**	**1900**	**29187**	**88**	**1206**	**61**	**81963**	**1409**
1758	1523	2	226		6	1	1134	13
6204	5380	20	760	5	38	1	5418	44
11834	10321	60	1360	9	81	3	10732	122
16037	13867	128	1921	14	102	5	12449	151
16221	14052	120	1947	4	90	8	9544	137
21581	18805	187	2449	7	123	10	9220	164
46238	40772	396	4835	14	209	12	14139	296
60965	54122	480	6080	15	261	7	12220	259
45405	40430	315	4468	13	168	11	5413	126
21912	19500	116	2228	1	66	1	1118	50
18549	16636	49	1818	4	41	1	419	31
7555	6769	18	753		14	1	121	11
3358	2998	9	342	2	7		36	5
145148	**124848**	**1344**	**18138**	**65**	**717**	**36**	**67649**	**884**
917	785	2	127		3		897	8
3251	2753	15	457	4	21	1	4264	25
6075	5086	37	890	7	52	3	8855	75
8065	6686	84	1224	10	58	3	10336	94
7940	6625	80	1176	1	53	5	7739	87
10504	8944	133	1346	6	69	6	7320	88
21907	18787	259	2728	13	115	5	11356	167
30160	26080	344	3568	8	156	4	10489	170
24547	21316	236	2869	11	109	6	4882	93
13175	11450	96	1587	1	40	1	1014	39
11499	10102	37	1330	3	26	1	363	24
4901	4302	15	573		10	1	106	9
2207	1932	6	263	1	5		28	5
132469	**120327**	**556**	**11049**	**23**	**489**	**25**	**14314**	**525**
841	738		99		3	1	237	5
2953	2627	5	303	1	17		1154	19
5759	5235	**23**	**470**	**2**	**29**		**1877**	**47**
7972	7181	44	697	4	44	2	2113	57
8281	7427	40	771	3	37	3	1805	50
11077	9861	54	1103	1	54	4	1900	76
24331	21985	137	2107	1	94	7	2783	129
30805	28042	136	2512	7	105	3	1731	89
20858	19114	79	1599	2	59	5	531	33
8737	8050	20	641		26		104	11
7050	6534	**12**	**488**	**1**	**15**		**56**	**7**
2654	2467	3	180		4		15	2
1151	1066	3	79	1	2		8	

4-7c 全省分年龄、性别、

年龄组 性　别	生　产　制　造						
	食品、饮料生产加工人员	烟草及其制品加工人员	纺织、针织、印染人员	纺织品、服装和皮革、毛皮制品加工制作人员	木材加工、家具与木制品制作人员	纸及纸制品生产加工人员	印刷和记录媒介复制人员
合计	**1207**	**10**	**177**	**1118**	**1908**	**146**	**188**
16-19 岁	21		3	30	16	1	3
20-24 岁	99	1	11	87	90	7	17
25-29 岁	188	1	23	157	197	13	41
30-34 岁	203		26	195	276	23	48
35-39 岁	144	1	27	160	225	22	28
40-44 岁	106	1	23	137	239	15	11
45-49 岁	191	2	33	172	330	33	17
50-54 岁	143	3	14	121	306	20	17
55-59 岁	78		9	42	172	10	3
60-64 岁	19		5	7	33		2
65-69 岁	10		1	8	18	1	1
70-74 岁	5	1	2	1	6	1	
75 岁及以上				1			
男	**623**	**7**	**67**	**402**	**1632**	**85**	**108**
16-19 岁	13		1	13	14	1	3
20-24 岁	59	1	3	31	73	3	10
25-29 岁	104	1	11	77	171	8	24
30-34 岁	105		12	71	237	12	24
35-39 岁	66	1	9	51	183	14	15
40-44 岁	47		3	41	188	10	6
45-49 岁	83	1	13	44	285	19	9
50-54 岁	75	2	5	47	269	10	11
55-59 岁	49		5	18	162	6	3
60-64 岁	14		3	3	30		2
65-69 岁	5		1	4	14	1	1
70-74 岁	3	1	1	1	6	1	
75 岁及以上				1			
女	**584**	**3**	**110**	**716**	**276**	**61**	**80**
16-19 岁	8		2	17	2		
20-24 岁	40		8	56	17	4	7
25-29 岁	84		12	80	26	5	17
30-34 岁	98		14	124	39	11	24
35-39 岁	78		18	109	42	8	13
40-44 岁	59	1	20	96	51	5	5
45-49 岁	108	1	20	128	45	14	8
50-54 岁	68	1	9	74	37	10	6
55-59 岁	29		4	24	10	4	
60-64 岁	5		2	4	3		
65-69 岁	5			4	4		
70-74 岁	2		1				
75 岁及以上							

职业中类的就业人口（乡村）（续3）

单位：人

及有关人员								
文教、工美、体育和娱乐用品制造人员	石油加工和炼焦、煤化工生产人员	化学原料和化学制品制造人员	医药制造人员	化学纤维制造人员	橡胶和塑料制品制造人员	非金属矿物制品制造人员	采矿人员	金属冶炼和压延加工人员
275	**154**	**411**	**1186**	**15**	**451**	**1733**	**3101**	**915**
9		5	9	2	10	15	9	8
25	12	53	78	2	32	61	104	63
43	31	80	151	5	78	159	332	159
42	38	60	141	3	85	229	531	148
25	15	41	137	1	53	201	443	100
25	11	37	121		52	191	411	104
50	14	64	205	2	62	330	602	154
37	25	42	189		53	341	460	125
14	5	19	109		22	157	170	44
2	1	4	24		4	37	27	8
1	1	5	13			11	7	2
	1		7			1	3	
2		1	2				2	
169	**129**	**324**	**593**	**12**	**298**	**1399**	**2846**	**780**
6		4	5	1	9	14	8	4
16	10	45	45	2	24	50	93	58
26	26	69	91	4	52	127	304	138
21	33	42	66	2	59	188	485	129
15	12	33	70	1	36	160	407	86
10	11	26	59		33	134	363	84
32	11	48	88	2	33	246	540	118
28	19	32	89		29	295	442	112
11	4	16	63		19	139	166	41
2	1	4	10		4	35	26	8
	1	4	4			10	7	2
	1		3			1	3	
2		1					2	
106	**25**	**87**	**593**	**3**	**153**	**334**	**255**	**135**
3		1	4	1	1	1	1	4
9	2	8	33		8	11	11	5
17	5	11	**60**	**1**	**26**	**32**	**28**	**21**
21	5	18	75	1	26	41	46	19
10	3	8	67		17	41	36	14
15		11	62		19	57	48	20
18	3	16	117		29	84	62	36
9	6	10	100		24	46	18	13
3	1	3	46		3	18	4	3
			14			2	1	
1		1	**9**			**1**		
			4					
			2					

4-7c 全省分年龄、性别、

年龄组 性别	生产制造						
	机械制造基础加工人员	金属制品制造人员	通用设备制造人员	专用设备制造人员	汽车制造人员	铁路、船舶、航空设备制造人员	电气机械和器材制造人员
合计	**2028**	**990**	**578**	**125**	**269**	**67**	**331**
16–19 岁	18	9	6	2	16	1	12
20–24 岁	118	86	46	21	52	9	55
25–29 岁	315	177	106	27	78	15	69
30–34 岁	435	205	111	23	55	16	82
35–39 岁	288	124	71	10	21	5	31
40–44 岁	198	100	54	10	16	7	19
45–49 岁	288	137	84	16	17	6	33
50–54 岁	236	106	69	13	9	3	20
55–59 岁	95	33	21	3	3	3	10
60–64 岁	23	8	6		2	2	
65–69 岁	13	3	3				
70–74 岁	1	2	1				
75 岁及以上							
男	**1898**	**793**	**524**	**89**	**211**	**54**	**244**
16–19 岁	17	9	4	1	14		9
20–24 岁	110	63	41	14	38	7	41
25–29 岁	291	143	93	18	62	10	53
30–34 岁	410	172	103	17	46	14	63
35–39 岁	269	101	62	6	18	5	21
40–44 岁	181	77	50	9	12	4	11
45–49 岁	271	106	79	10	9	6	23
50–54 岁	225	81	62	11	8	3	13
55–59 岁	89	29	20	3	3	3	10
60–64 岁	21	7	6		1	2	
65–69 岁	13	3	3				
70–74 岁	1	2	1				
75 岁及以上							
女	**130**	**197**	**54**	**36**	**58**	**13**	**87**
16–19 岁	1		2	1	2	1	3
20–24 岁	8	23	5	7	14	2	14
25–29 岁	24	34	13	9	16	5	16
30–34 岁	25	33	8	6	9	2	19
35–39 岁	19	23	9	4	3		10
40–44 岁	17	23	4	1	4	3	8
45–49 岁	17	31	5	6	8		10
50–54 岁	11	25	7	2	1		7
55–59 岁	6	4	1				
60–64 岁	2	1			1		
65–69 岁							
70–74 岁							
75 岁及以上							

职业中类的就业人口（乡村）（续4）

单位：人

及有关人员								
计算机、通信和其他电子设备制造人员	仪器仪表制造人员	废弃资源综合利用人员	电力、热力、气体、水生产和输配人员	建筑施工人员	运输设备和通用工程机械操作人员及有关人员	生产辅助人员	其他生产制造及有关人员	不便分类的其他从业人员
4635	**28**	**154**	**646**	**50918**	**3163**	**3460**	**167**	**904**
368		1	5	428	55	50	9	347
1099	7	3	53	2390	316	356	21	254
1312	8	4	112	5346	739	622	22	76
884	5	16	96	7014	652	629	27	54
378	2	9	67	6041	344	377	16	25
231	1	16	44	6250	286	320	20	26
203		34	88	9848	366	443	19	31
111	3	37	85	8685	279	390	19	40
34	2	20	66	3831	108	195	9	30
7		7	23	760	10	43	4	9
4		2	7	240	7	29	1	7
3		5		65		5		
1				20	1	1		5
3022	**21**	**112**	**551**	**44005**	**3050**	**2596**	**121**	**521**
276			4	366	54	33	6	185
698	5	2	42	2069	310	259	17	138
843	5	1	96	4734	719	463	16	47
590	3	15	73	6119	632	480	19	35
239	2	6	53	5112	325	264	10	14
134	1	11	36	5201	264	210	16	16
123		22	76	8212	348	318	14	19
77	3	28	81	7651	274	324	13	32
30	2	17	62	3531	106	175	7	23
5		5	22	710	10	42	2	6
4		1	6	224	7	23	1	4
3		4		61		4		
				15	1	1		2
1613	**7**	**42**	**95**	**6913**	**113**	**864**	**46**	**383**
92		1	1	62	1	17	3	162
401	2	1	11	321	6	97	4	116
469	3	3	**16**	**612**	**20**	**159**	**6**	**29**
294	2	1	23	895	20	149	8	19
139		3	14	929	19	113	6	11
97		5	8	1049	22	110	4	10
80		12	12	1636	18	125	5	12
34		9	4	1034	5	66	6	8
4		3	4	300	2	20	2	7
2		2	1	50		1	2	3
		1	**1**	**16**		**6**		**3**
		1		4		1		
1				5				3

中国人口普查
CHINA POPULATION CENSUS

2020

甘肃省人口普查年鉴

（下册）

GANSU POPULATION CENSUS YEARBOOK 2020

(BOOK 3)

甘　　肃　　省　　统　　计　　局
甘肃省第七次全国人口普查领导小组办公室　编

Compiled by
Gansu Provincial Bureau of Statistics
Office of the Leading Group of Gansu Province for the Seventh National Population Census

中国统计出版社
China Statistics Press

图书在版编目（CIP）数据

甘肃省人口普查年鉴. 2020. 下册 / 甘肃省统计局, 甘肃省第七次全国人口普查领导小组办公室编. -- 北京 : 中国统计出版社, 2022.8
ISBN 978-7-5037-9920-4

Ⅰ. ①甘… Ⅱ. ①甘… ②甘… Ⅲ. ①人口普查－统计资料－甘肃－2020－年鉴 Ⅳ. ①C924.254.2-54

中国版本图书馆 CIP 数据核字(2022)第 148386 号

甘肃省人口普查年鉴-2020（下册）
Gansu Population Census Yearbook 2020 (Book 3)

作　　者/甘肃省统计局　甘肃省第七次全国人口普查领导小组办公室
责任编辑/郭　栋　余竞雄
封面设计/李雪燕
出版发行/中国统计出版社有限公司
通信地址/北京市丰台区西三环南路甲 6 号　邮政编码/100073
发行电话/邮购（010）63376909　书店（010）68783171
网　　址/http://www.zgtjcbs.com/
印　　刷/兰州银声印务有限公司
经　　销/新华书店
开　　本/880mm×1230mm　1/16
字　　数/1700 千字
印　　张/54.25
版　　别/2022 年 8 月第 1 版
版　　次/2022 年 8 月第 1 次印刷
定　　价/1280.00 元（全三册附光盘）

目　录

下　册

第二部分　长表数据资料

第九卷 住房

附　录

第二部分　长表数据资料

第五卷　婚姻

5-1 各地区分性别、

地区	15 岁及以上人口			未婚			
	合计	男	女	小计	男	女	小计
合计	**1910067**	**951148**	**958919**	**328224**	**193359**	**134865**	**1416628**
兰州市	**346378**	**174898**	**171480**	**77023**	**42798**	**34225**	**241946**
城关区	116005	57697	58308	24117	13215	10902	82427
七里河区	56734	29032	27702	11922	7096	4826	40082
西固区	33511	16719	16792	5038	3032	2006	25192
安宁区	33719	16502	17217	11511	5864	5647	20270
红古区	11365	5737	5628	1467	924	543	8717
永登县	23588	11870	11718	3007	1922	1085	18140
皋兰县	9684	5225	4459	1433	903	530	7501
榆中县	36809	18534	18275	9329	4904	4425	24757
兰州新区	24963	13582	11381	9199	4938	4261	14860
嘉峪关市	**25222**	**13077**	**12145**	**3782**	**2573**	**1209**	**19213**
市辖区	25222	13077	12145	3782	2573	1209	19213
金昌市	**35800**	**17948**	**17852**	**4769**	**3005**	**1764**	**27561**
金川区	20937	10534	10403	2984	1850	1134	15882
永昌县	14863	7414	7449	1785	1155	630	11679
白银市	**113528**	**56670**	**56858**	**16158**	**9694**	**6464**	**87845**
白银区	26682	13316	13366	3831	2292	1539	20155
平川区	15321	7715	7606	2145	1263	882	12037
靖远县	27440	13816	13624	3948	2448	1500	21366
会宁县	28718	14127	14591	4264	2492	1772	22169
景泰县	15367	7696	7671	1970	1199	771	12118
天水市	**219863**	**107979**	**111884**	**41342**	**23501**	**17841**	**160295**
秦州区	45831	22401	23430	8964	4839	4125	33238
麦积区	41330	20682	20648	7325	4290	3035	30442
清水县	16754	8172	8582	2870	1676	1194	12319
秦安县	34682	17276	17406	6853	3946	2907	24831
甘谷县	38601	18744	19857	7517	4322	3195	28196
武山县	26875	13156	13719	5421	3180	2241	19131
张家川回族自治县	15790	7548	8242	2392	1248	1144	12138
武威市	**115579**	**57008**	**58571**	**16441**	**10042**	**6399**	**89249**
凉州区	69484	34078	35406	9918	5974	3944	53734
民勤县	15073	7589	7484	1769	1171	598	11999
古浪县	19046	9310	9736	3018	1793	1225	14467
天祝藏族自治县	11976	6031	5945	1736	1104	632	9049
张掖市	**92244**	**45254**	**46990**	**12686**	**7433**	**5253**	**71319**
甘州区	42011	20627	21384	6471	3626	2845	31851
肃南裕固族自治县	2621	1373	1248	396	244	152	1982
民乐县	14846	7222	7624	2004	1185	819	11524
临泽县	9446	4677	4769	1013	629	384	7510
高台县	10594	5187	5407	1123	711	412	8556
山丹县	12726	6168	6558	1679	1038	641	9896
平凉市	**141763**	**69300**	**72463**	**21343**	**12239**	**9104**	**107527**
崆峒区	39987	19549	20438	6868	3599	3269	29666
泾川县	16389	7826	8563	2053	1177	876	12469
灵台县	11852	5761	6091	1583	955	628	9008
崇信县	6580	3441	3139	920	557	363	5120
庄浪县	24807	11760	13047	3832	2274	1558	18695
静宁县	28097	13835	14262	4051	2428	1623	21703
华亭市	14051	7128	6923	2036	1249	787	10866

婚姻状况的15岁及以上人口

单位：人

有配偶		离婚			丧偶		
男	女	小计	男	女	小计	男	女
700013	**716615**	**36772**	**21205**	**15567**	**128443**	**36571**	**91872**
123129	**118817**	**9680**	**4851**	**4829**	**17729**	**4120**	**13609**
41591	40836	3960	1781	2179	5501	1110	4391
20400	19682	1786	892	894	2944	644	2300
12623	12569	1304	630	674	1977	434	1543
10085	10185	729	308	421	1209	245	964
4406	4311	440	234	206	741	173	568
9087	9053	462	323	139	1979	538	1441
4055	3446	157	106	51	593	161	432
12577	12180	576	410	166	2147	643	1504
8305	6555	266	167	99	638	172	466
9711	**9502**	**1008**	**508**	**500**	**1219**	**285**	**934**
9711	9502	1008	508	500	1219	285	934
13843	**13718**	**1074**	**552**	**522**	**2396**	**548**	**1848**
7999	7883	810	390	420	1261	295	966
5844	5835	264	162	102	1135	253	882
43630	**44215**	**2398**	**1321**	**1077**	**7127**	**2025**	**5102**
10096	10059	1101	527	574	1595	401	1194
6090	5947	338	167	171	801	195	606
10599	10767	397	266	131	1729	503	1226
10810	11359	222	159	63	2063	666	1397
6035	6083	340	202	138	939	260	679
77842	**82453**	**2713**	**1720**	**993**	**15513**	**4916**	**10597**
16265	16973	783	422	361	2846	875	1971
15063	15379	743	439	304	2820	890	1930
5876	6443	127	94	33	1438	526	912
12236	12595	291	218	73	2707	876	1831
13457	14739	323	229	94	2565	736	1829
9077	10054	333	240	93	1990	659	1331
5868	6270	113	78	35	1147	354	793
43833	**45416**	**1618**	**990**	**628**	**8271**	**2143**	**6128**
26342	27392	1017	579	438	4815	1183	3632
6015	5984	134	85	49	1171	318	853
7000	7467	153	111	42	1408	406	1002
4476	4573	314	215	99	877	236	641
35149	**36170**	**1646**	**1016**	**630**	**6593**	**1656**	**4937**
15821	16030	836	483	353	2853	697	2156
1052	930	81	46	35	162	31	131
5591	5933	195	129	66	1123	317	806
3720	3790	170	120	50	753	208	545
4182	4374	159	110	49	756	184	572
4783	5113	205	128	77	946	219	727
52383	**55144**	**2213**	**1436**	**777**	**10680**	**3242**	**7438**
14721	14945	1032	560	472	2421	669	1752
5952	6517	246	191	55	1621	506	1115
4312	4696	162	125	37	1099	369	730
2679	2441	86	56	30	454	149	305
8697	9998	181	144	37	2099	645	1454
10573	11130	240	176	64	2103	658	1445
5449	5417	266	184	82	883	246	637

5-1 各地区分性别、

地区	15岁及以上人口			未婚			
	合计	男	女	小计	男	女	小计
酒泉市	**83397**	**42279**	**41118**	**12446**	**7474**	**4972**	**63637**
肃州区	36553	18073	18480	5872	3390	2482	27319
金塔县	8809	4489	4320	1050	671	379	6958
瓜州县	10464	5433	5031	1564	990	574	8115
肃北蒙古族自治县	1342	849	493	223	150	73	1023
阿克塞哈萨克族自治县	841	466	375	142	94	48	635
玉门市	10167	5328	4839	1442	925	517	7893
敦煌市	15221	7641	7580	2153	1254	899	11694
庆阳市	**151448**	**75097**	**76351**	**20963**	**12328**	**8635**	**116510**
西峰区	36024	17706	18318	6423	3447	2976	26814
庆城县	16491	8397	8094	2017	1252	765	12962
环　县	20923	10776	10147	2835	1788	1047	16403
华池县	8916	4601	4315	1075	688	387	7124
合水县	9570	4830	4740	1051	679	372	7652
正宁县	11606	5646	5960	1305	795	510	9117
宁　县	22639	10839	11800	2817	1633	1184	17323
镇原县	25279	12302	12977	3440	2046	1394	19115
定西市	**204806**	**102686**	**102120**	**35551**	**21811**	**13740**	**151391**
安定区	32960	16649	16311	4471	2769	1702	25827
通渭县	34078	17571	16507	8736	5173	3563	22907
陇西县	32270	15978	16292	4636	2859	1777	24756
渭源县	22992	11724	11268	4106	2686	1420	16625
临洮县	38544	19007	19537	5739	3537	2202	29192
漳　县	12129	5986	6143	2202	1332	870	8901
岷　县	31833	15771	16062	5661	3455	2206	23183
陇南市	**176510**	**88632**	**87878**	**31255**	**19785**	**11470**	**128669**
武都区	40895	20411	20484	7343	4560	2783	30158
成　县	17912	8829	9083	3226	1887	1339	13017
文　县	15037	7574	7463	2471	1626	845	11249
宕昌县	18658	9520	9138	3811	2507	1304	12923
康　县	12323	6214	6109	2299	1632	667	8644
西和县	24912	12345	12567	4252	2593	1659	18369
礼　县	29144	14834	14310	5379	3353	2026	20754
徽　县	14346	7216	7130	1968	1296	672	11111
两当县	3283	1689	1594	506	331	175	2444
临夏回族自治州	**151492**	**74277**	**77215**	**22873**	**13721**	**9152**	**115815**
临夏市	27615	13579	14036	4562	2655	1907	20796
临夏县	23983	11889	12094	3258	2068	1190	18348
康乐县	17889	8558	9331	2450	1450	1000	13770
永靖县	14803	7321	7482	2200	1331	869	11199
广河县	17048	8321	8727	2712	1579	1133	13217
和政县	14513	7102	7411	1946	1185	761	11328
东乡族自治县	18408	8932	9476	2979	1770	1209	14125
积石山保安族东乡族撒拉族自治县	17233	8575	8658	2766	1683	1083	13032
甘南藏族自治州	**52037**	**26043**	**25994**	**11592**	**6955**	**4637**	**35651**
合作市	8097	3980	4117	2407	1253	1154	5206
临潭县	9305	4608	4697	1353	851	502	6971
卓尼县	7409	3746	3663	1422	900	522	5257
舟曲县	10136	5070	5066	2327	1435	892	6942
迭部县	4214	2102	2112	1052	604	448	2725
玛曲县	3849	1982	1867	1026	637	389	2473
碌曲县	2566	1274	1292	516	322	194	1788
夏河县	6461	3281	3180	1489	953	536	4289

婚姻状况的15岁及以上人口（续）

单位：人

有配偶		离婚			丧偶		
男	女	小计	男	女	小计	男	女
32346	**31291**	**2156**	**1203**	**953**	**5158**	**1256**	**3902**
13651	13668	1029	528	501	2333	504	1829
3557	3401	112	84	28	689	177	512
4144	3971	190	125	65	595	174	421
660	363	46	28	18	50	11	39
353	282	18	11	7	46	8	38
4077	3816	247	161	86	585	165	420
5904	5790	514	266	248	860	217	643
57308	**59202**	**2684**	**1710**	**974**	**11291**	**3751**	**7540**
13284	13530	898	453	445	1889	522	1367
6543	6419	319	212	107	1193	390	803
8282	8121	301	215	86	1384	491	893
3604	3520	131	87	44	586	222	364
3779	3873	164	121	43	703	251	452
4371	4746	192	132	60	992	348	644
8270	9053	328	244	84	2171	692	1479
9175	9940	351	246	105	2373	835	1538
74367	**77024**	**3366**	**2280**	**1086**	**14498**	**4228**	**10270**
12881	12946	598	365	233	2064	634	1430
11545	11362	324	237	87	2111	616	1495
12078	12678	541	363	178	2337	678	1659
8121	8504	451	340	111	1810	577	1233
14200	14992	776	518	258	2837	752	2085
4254	4647	131	99	32	895	301	594
11288	11895	545	358	187	2444	670	1774
62570	**66099**	**2308**	**1545**	**763**	**14278**	**4732**	**9546**
14648	15510	526	316	210	2868	887	1981
6276	6741	251	174	77	1418	492	926
5465	5784	136	92	44	1181	391	790
6322	6601	346	241	105	1578	450	1128
4043	4601	191	120	71	1189	419	770
8874	9495	252	181	71	2039	697	1342
10319	10435	367	264	103	2644	898	1746
5396	5715	190	125	65	1077	399	678
1227	1217	49	32	17	284	99	185
56209	**59606**	**2818**	**1601**	**1217**	**9986**	**2746**	**7240**
10329	10467	662	264	398	1595	331	1264
8941	9407	433	307	126	1944	573	1371
6520	7250	293	177	116	1376	411	965
5518	5681	364	215	149	1040	257	783
6380	6837	273	126	147	846	236	610
5452	5876	230	153	77	1009	312	697
6719	7406	256	148	108	1048	295	753
6350	6682	307	211	96	1128	331	797
17693	**17958**	**1090**	**472**	**618**	**3704**	**923**	**2781**
2592	2614	149	61	88	335	74	261
3414	3557	161	120	41	820	223	597
2602	2655	136	75	61	594	169	425
3384	3558	91	47	44	776	204	572
1391	1334	79	34	45	358	73	285
1265	1208	163	44	119	187	36	151
897	891	84	21	63	178	34	144
2148	2141	227	70	157	456	110	346

5-1a 各地区分性别、

地区	15岁及以上人口			未婚			
	合计	男	女	小计	男	女	小计
合计	**544678**	**268230**	**276448**	**105274**	**57650**	**47624**	**396287**
兰州市	**226814**	**112365**	**114449**	**49067**	**26790**	**22277**	**159084**
城关区	112914	56007	56907	23597	12867	10730	80016
七里河区	44456	22227	22229	8776	4993	3783	31758
西固区	28592	14127	14465	4280	2529	1751	21564
安宁区	33719	16502	17217	11511	5864	5647	20270
红古区	7133	3502	3631	903	537	366	5476
嘉峪关市	**23382**	**12067**	**11315**	**3559**	**2413**	**1146**	**17791**
市辖区	23382	12067	11315	3559	2413	1146	17791
金昌市	**18693**	**9369**	**9324**	**2762**	**1696**	**1066**	**14095**
金川区	18693	9369	9324	2762	1696	1066	14095
白银市	**33338**	**16519**	**16819**	**4910**	**2832**	**2078**	**25313**
白银区	23804	11815	11989	3531	2066	1465	17876
平川区	9389	4621	4768	1367	756	611	7304
靖远县	145	83	62	12	10	2	133
天水市	**48447**	**23675**	**24772**	**10408**	**5498**	**4910**	**34632**
秦州区	27597	13282	14315	6339	3219	3120	19408
麦积区	20850	10393	10457	4069	2279	1790	15224
武威市	**29636**	**14477**	**15159**	**5050**	**2764**	**2286**	**22538**
凉州区	29636	14477	15159	5050	2764	2286	22538
张掖市	**20866**	**9971**	**10895**	**3841**	**1922**	**1919**	**15392**
甘州区	20813	9945	10868	3832	1916	1916	15351
肃南裕固族自治县	53	26	27	9	6	3	41
平凉市	**31490**	**15221**	**16269**	**5597**	**2786**	**2811**	**23568**
崆峒区	25587	12302	13285	4695	2288	2407	18875
华亭市	5903	2919	2984	902	498	404	4693
酒泉市	**34852**	**17118**	**17734**	**6125**	**3421**	**2704**	**25754**
肃州区	24415	11893	12522	4461	2437	2024	17786
玉门市	3760	1914	1846	721	425	296	2768
敦煌市	6677	3311	3366	943	559	384	5200
庆阳市	**20975**	**10237**	**10738**	**3772**	**2025**	**1747**	**15861**
西峰区	20975	10237	10738	3772	2025	1747	15861
定西市	**14042**	**6819**	**7223**	**2196**	**1193**	**1003**	**10990**
安定区	14042	6819	7223	2196	1193	1003	10990
陇南市	**12726**	**6055**	**6671**	**2126**	**1141**	**985**	**9891**
武都区	12604	5992	6612	2108	1126	982	9797
康　县	122	63	59	18	15	3	94
临夏回族自治州	**24072**	**11776**	**12296**	**4014**	**2286**	**1728**	**18138**
临夏市	23465	11468	11997	3962	2255	1707	17630
临夏县	607	308	299	52	31	21	508
甘南藏族自治州	**5345**	**2561**	**2784**	**1847**	**883**	**964**	**3240**
合作市	5345	2561	2784	1847	883	964	3240

婚姻状况的 15 岁及以上人口（城市）

单位：人

有配偶		离婚			丧偶		
男	女	小计	男	女	小计	男	女
197077	**199210**	**16729**	**7651**	**9078**	**26388**	**5852**	**20536**
79810	**79274**	**7638**	**3459**	**4179**	**11025**	**2306**	**8719**
40311	39705	3891	1740	2151	5410	1089	4321
15970	15788	1560	748	812	2362	516	1846
10721	10843	1155	523	632	1593	354	1239
10085	10185	729	308	421	1209	245	964
2723	2753	303	140	163	451	102	349
8931	**8860**	**959**	**467**	**492**	**1073**	**256**	**817**
8931	8860	959	467	492	1073	256	817
7063	**7032**	**778**	**366**	**412**	**1058**	**244**	**814**
7063	7032	778	366	412	1058	244	814
12637	**12676**	**1317**	**610**	**707**	**1798**	**440**	**1358**
8925	8951	1056	496	560	1341	328	1013
3639	3665	261	114	147	457	112	345
73	60						
17061	**17571**	**1060**	**494**	**566**	**2347**	**622**	**1725**
9489	9919	583	262	321	1267	312	955
7572	7652	477	232	245	1080	310	770
11105	**11433**	**596**	**276**	**320**	**1452**	**332**	**1120**
11105	11433	596	276	320	1452	332	1120
7563	**7829**	**532**	**263**	**269**	**1101**	**223**	**878**
7544	7807	532	263	269	1098	222	876
19	22				3	1	2
11680	**11888**	**829**	**396**	**433**	**1496**	**359**	**1137**
9354	9521	721	337	384	1296	323	973
2326	2367	108	59	49	200	36	164
12773	**12981**	**1180**	**574**	**606**	**1793**	**350**	**1443**
8797	8989	876	413	463	1292	246	1046
1393	1375	104	63	41	167	33	134
2583	2617	200	98	102	334	71	263
7808	**8053**	**607**	**237**	**370**	**735**	**167**	**568**
7808	8053	607	237	370	735	167	568
5344	**5646**	**324**	**146**	**178**	**532**	**136**	**396**
5344	5646	324	146	178	532	136	396
4693	**5198**	**213**	**97**	**116**	**496**	**124**	**372**
4648	5149	212	97	115	487	121	366
45	49	1		1	9	3	6
8994	**9144**	**597**	**227**	**370**	**1323**	**269**	**1054**
8734	8896	579	217	362	1294	262	1032
260	248	18	10	8	29	7	22
1615	**1625**	**99**	**39**	**60**	**159**	**24**	**135**
1615	1625	99	39	60	159	24	135

5-1b 各地区分性别、

地区	15岁及以上人口			未婚			
	合计	男	女	小计	男	女	小计
合计	**433706**	**212123**	**221583**	**83359**	**46423**	**36936**	**320314**
兰州市	**58028**	**29177**	**28851**	**18824**	**9809**	**9015**	**35923**
城关区	1595	800	795	287	163	124	1223
七里河区	5162	2874	2288	1930	1299	631	2906
西固区	2066	1061	1005	294	177	117	1545
安宁区							
红古区	1332	680	652	176	114	62	963
永登县	11070	5443	5627	1569	916	653	8499
皋兰县	5366	2790	2576	755	438	317	4254
榆中县	17208	8240	8968	6979	3312	3667	9523
兰州新区	14229	7289	6940	6834	3390	3444	7010
嘉峪关市	**349**	**186**	**163**	**43**	**26**	**17**	**263**
市辖区	349	186	163	43	26	17	263
金昌市	**8345**	**4098**	**4247**	**1189**	**722**	**467**	**6462**
金川区	79	40	39	10	5	5	67
永昌县	8266	4058	4208	1179	717	462	6395
白银市	**28492**	**13900**	**14592**	**4894**	**2788**	**2106**	**21769**
白银区	208	107	101	13	10	3	173
平川区	1593	862	731	206	141	65	1290
靖远县	9987	4927	5060	1759	1031	728	7519
会宁县	8601	4043	4558	1693	907	786	6508
景泰县	8103	3961	4142	1223	699	524	6279
天水市	**50394**	**24436**	**25958**	**10160**	**5627**	**4533**	**37030**
秦州区	3221	1520	1701	473	270	203	2487
麦积区	3508	1723	1785	603	345	258	2610
清水县	5276	2502	2774	1029	532	497	3934
秦安县	10625	5152	5473	2303	1244	1059	7666
甘谷县	13814	6680	7134	2994	1679	1315	10003
武山县	9644	4781	4863	2012	1169	843	6980
张家川回族自治县	4306	2078	2228	746	388	358	3350
武威市	**21943**	**10814**	**11129**	**3573**	**2188**	**1385**	**16686**
凉州区	5874	2931	2943	880	606	274	4441
民勤县	5132	2601	2531	892	553	339	3913
古浪县	5688	2751	2937	1050	598	452	4285
天祝藏族自治县	5249	2531	2718	751	431	320	4047
张掖市	**24210**	**11724**	**12486**	**3487**	**2056**	**1431**	**18845**
甘州区	1178	610	568	132	99	33	920
肃南裕固族自治县	925	467	458	164	103	61	669
民乐县	6688	3210	3478	1102	610	492	5116
临泽县	4089	2020	2069	633	357	276	3146
高台县	4907	2378	2529	549	346	203	3987
山丹县	6423	3039	3384	907	541	366	5007
平凉市	**29831**	**14182**	**15649**	**5074**	**2765**	**2309**	**22813**
崆峒区	742	349	393	192	90	102	478
泾川县	6350	2976	3374	1043	547	496	4804
灵台县	4004	1855	2149	688	374	314	3061
崇信县	2603	1254	1349	428	222	206	1992
庄浪县	6393	3087	3306	1005	579	426	5019
静宁县	7481	3473	4008	1386	723	663	5744
华亭市	2258	1188	1070	332	230	102	1715

婚姻状况的 15 岁及以上人口（镇）

单位：人

有配偶		离婚			丧偶		
男	女	小计	男	女	小计	男	女
155742	**164572**	**7110**	**3839**	**3271**	**22923**	**6119**	**16804**
18230	**17693**	**981**	**556**	**425**	**2300**	**582**	**1718**
610	613	43	21	22	42	6	36
1469	1437	109	59	50	217	47	170
808	737	60	40	20	167	36	131
485	478	79	49	30	114	32	82
4174	4325	251	150	101	751	203	548
2239	2015	84	47	37	273	66	207
4689	4834	214	108	106	492	131	361
3756	3254	141	82	59	244	61	183
149	**114**	**11**	**7**	**4**	**32**	**4**	**28**
149	114	11	7	4	32	4	28
3173	**3289**	**183**	**101**	**82**	**511**	**102**	**409**
35	32				2		2
3138	3257	183	101	82	509	102	407
10483	**11286**	**489**	**254**	**235**	**1340**	**375**	**965**
87	86	3	2	1	19	8	11
690	600	27	15	12	70	16	54
3655	3864	170	86	84	539	155	384
3006	3502	70	36	34	330	94	236
3045	3234	219	115	104	382	102	280
17754	**19276**	**483**	**281**	**202**	**2721**	**774**	**1947**
1158	1329	33	22	11	228	70	158
1270	1340	63	39	24	232	69	163
1845	2089	30	18	12	283	107	176
3704	3962	90	51	39	566	153	413
4765	5238	113	65	48	704	171	533
3386	3594	130	74	56	522	152	370
1626	1724	24	12	12	186	52	134
8120	**8566**	**350**	**186**	**164**	**1334**	**320**	**1014**
2158	2283	97	55	42	456	112	344
1944	1969	75	33	42	252	71	181
2056	2229	47	29	18	306	68	238
1962	2085	131	69	62	320	69	251
9073	**9772**	**454**	**262**	**192**	**1424**	**333**	**1091**
466	454	16	13	3	110	32	78
337	332	35	17	18	57	10	47
2439	2677	100	58	42	370	103	267
1549	1597	97	65	32	213	49	164
1918	2069	94	54	40	277	60	217
2364	2643	112	55	57	397	79	318
10761	**12052**	**354**	**221**	**133**	**1590**	**435**	**1155**
230	248	23	16	7	49	13	36
2259	2545	88	55	33	415	115	300
1397	1664	40	26	14	215	58	157
968	1024	49	29	20	134	35	99
2400	2619	45	25	20	324	83	241
2633	3111	48	27	21	303	90	213
874	841	61	43	18	150	41	109

5-1b 各地区分性别、

地区	15岁及以上人口			未婚			
	合计	男	女	小计	男	女	小计
酒泉市	**17512**	**9046**	**8466**	**2424**	**1499**	**925**	**13526**
肃州区	1603	818	785	174	122	52	1254
金塔县	3772	1884	1888	606	348	258	2897
瓜州县	4151	2159	1992	683	407	276	3181
肃北蒙古族自治县	793	423	370	140	87	53	581
阿克塞哈萨克族自治县	760	400	360	124	76	48	574
玉门市	2685	1493	1192	319	230	89	2103
敦煌市	3748	1869	1879	378	229	149	2936
庆阳市	**40451**	**19875**	**20576**	**6378**	**3687**	**2691**	**31285**
西峰区	521	266	255	48	32	16	417
庆城县	6421	3254	3167	891	525	366	5090
环　县	7120	3568	3552	1334	768	566	5386
华池县	3424	1703	1721	506	307	199	2742
合水县	3444	1667	1777	485	279	206	2741
正宁县	4941	2378	2563	702	404	298	3875
宁　县	7287	3489	3798	1162	648	514	5525
镇原县	7293	3550	3743	1250	724	526	5509
定西市	**56857**	**27274**	**29583**	**9718**	**5300**	**4418**	**43090**
安定区	2001	993	1008	234	152	82	1590
通渭县	7485	3711	3774	1677	919	758	5446
陇西县	15596	7473	8123	2275	1265	1010	12130
渭源县	5990	2926	3064	1061	597	464	4466
临洮县	13516	6297	7219	2033	1086	947	10459
漳　县	3912	1857	2055	817	433	384	2881
岷　县	8357	4017	4340	1621	848	773	6118
陇南市	**49117**	**23780**	**25337**	**8859**	**4913**	**3946**	**36831**
武都区	4263	2024	2239	838	470	368	3155
成　县	8752	4132	4620	1765	876	889	6398
文　县	4493	2119	2374	654	371	283	3556
宕昌县	5075	2515	2560	1033	591	442	3668
康　县	3507	1705	1802	676	407	269	2533
西和县	6963	3404	3559	1252	712	540	5266
礼　县	8884	4441	4443	1682	942	740	6498
徽　县	5799	2767	3032	756	433	323	4684
两当县	1381	673	708	203	111	92	1073
临夏回族自治州	**31897**	**15404**	**16493**	**4996**	**2788**	**2208**	**24526**
临夏市	915	469	446	143	97	46	684
临夏县	2992	1475	1517	461	274	187	2257
康乐县	3788	1736	2052	476	236	240	3044
永靖县	7360	3505	3855	1140	614	526	5553
广河县	5590	2749	2841	909	525	384	4338
和政县	4173	2027	2146	621	354	267	3258
东乡族自治县	3614	1756	1858	664	367	297	2717
积石山保安族东乡族撒拉族自治县	3465	1687	1778	582	321	261	2675
甘南藏族自治州	**16280**	**8227**	**8053**	**3740**	**2255**	**1485**	**11265**
合作市	233	119	114	45	31	14	166
临潭县	3163	1527	1636	530	291	239	2367
卓尼县	2732	1384	1348	603	344	259	1929
舟曲县	3125	1541	1584	787	453	334	2135
迭部县	1616	818	798	372	211	161	1114
玛曲县	2171	1140	1031	634	400	234	1353
碌曲县	1162	589	573	257	157	100	825
夏河县	2078	1109	969	512	368	144	1376

婚姻状况的15岁及以上人口（镇）（续）

单位：人

有配偶		离婚			丧偶		
男	女	小计	男	女	小计	男	女
6990	**6536**	**531**	**294**	**237**	**1031**	**263**	**768**
634	620	28	25	3	147	37	110
1459	1438	47	28	19	222	49	173
1637	1544	96	56	40	191	59	132
311	270	32	18	14	40	7	33
307	267	16	9	7	46	8	38
1150	953	92	57	35	171	56	115
1492	1444	220	101	119	214	47	167
15163	**16122**	**668**	**385**	**283**	**2120**	**640**	**1480**
208	209	10	10		46	16	30
2572	2518	144	75	69	296	82	214
2654	2732	127	72	55	273	74	199
1341	1401	49	21	28	127	34	93
1308	1433	61	38	23	157	42	115
1828	2047	82	48	34	282	98	184
2630	2895	99	64	35	501	147	354
2622	2887	96	57	39	438	147	291
20659	**22431**	**970**	**509**	**461**	**3079**	**806**	**2273**
775	815	29	22	7	148	44	104
2679	2767	52	27	25	310	86	224
5822	6308	310	170	140	881	216	665
2149	2317	104	64	40	359	116	243
4902	5557	273	129	144	751	180	571
1347	1534	49	28	21	165	49	116
2985	3133	153	69	84	465	115	350
17695	**19136**	**651**	**357**	**294**	**2776**	**815**	**1961**
1468	1687	35	23	12	235	63	172
3040	3358	121	72	49	468	144	324
1664	1892	51	28	23	232	56	176
1807	1861	82	47	35	292	70	222
1186	1347	74	42	32	224	70	154
2548	2718	75	36	39	370	108	262
3242	3256	112	63	49	592	194	398
2213	2471	80	36	44	279	85	194
527	546	21	10	11	84	25	59
11867	**12659**	**616**	**288**	**328**	**1759**	**461**	**1298**
346	338	23	10	13	65	16	49
1101	1156	47	32	15	227	68	159
1420	1624	70	25	45	198	55	143
2686	2867	214	97	117	453	108	345
2129	2209	95	40	55	248	55	193
1578	1680	72	35	37	222	60	162
1315	1402	43	20	23	190	54	136
1292	1383	52	29	23	156	45	111
5625	**5640**	**369**	**138**	**231**	**906**	**209**	**697**
81	85	4	2	2	18	5	13
1152	1215	52	33	19	214	51	163
971	958	51	22	29	149	47	102
1034	1101	33	14	19	170	40	130
576	538	36	12	24	94	19	75
702	651	83	22	61	101	16	85
416	409	30	7	23	50	9	41
693	683	80	26	54	110	22	88

5-1c 各地区分性别、

地区	15岁及以上人口			未婚			
	合计	男	女	小计	男	女	小计
合计	**931683**	**470795**	**460888**	**139591**	**89286**	**50305**	**700027**
兰州市	**61536**	**33356**	**28180**	**9132**	**6199**	**2933**	**46939**
城关区	1496	890	606	233	185	48	1188
七里河区	7116	3931	3185	1216	804	412	5418
西固区	2853	1531	1322	464	326	138	2083
安宁区							
红古区	2900	1555	1345	388	273	115	2278
永登县	12518	6427	6091	1438	1006	432	9641
皋兰县	4318	2435	1883	678	465	213	3247
榆中县	19601	10294	9307	2350	1592	758	15234
兰州新区	10734	6293	4441	2365	1548	817	7850
嘉峪关市	**1491**	**824**	**667**	**180**	**134**	**46**	**1159**
市辖区	1491	824	667	180	134	46	1159
金昌市	**8762**	**4481**	**4281**	**818**	**587**	**231**	**7004**
金川区	2165	1125	1040	212	149	63	1720
永昌县	6597	3356	3241	606	438	168	5284
白银市	**51698**	**26251**	**25447**	**6354**	**4074**	**2280**	**40763**
白银区	2670	1394	1276	287	216	71	2106
平川区	4339	2232	2107	572	366	206	3443
靖远县	17308	8806	8502	2177	1407	770	13714
会宁县	20117	10084	10033	2571	1585	986	15661
景泰县	7264	3735	3529	747	500	247	5839
天水市	**121022**	**59868**	**61154**	**20774**	**12376**	**8398**	**88633**
秦州区	15013	7599	7414	2152	1350	802	11343
麦积区	16972	8566	8406	2653	1666	987	12608
清水县	11478	5670	5808	1841	1144	697	8385
秦安县	24057	12124	11933	4550	2702	1848	17165
甘谷县	24787	12064	12723	4523	2643	1880	18193
武山县	17231	8375	8856	3409	2011	1398	12151
张家川回族自治县	11484	5470	6014	1646	860	786	8788
武威市	**64000**	**31717**	**32283**	**7818**	**5090**	**2728**	**50025**
凉州区	33974	16670	17304	3988	2604	1384	26755
民勤县	9941	4988	4953	877	618	259	8086
古浪县	13358	6559	6799	1968	1195	773	10182
天祝藏族自治县	6727	3500	3227	985	673	312	5002
张掖市	**47168**	**23559**	**23609**	**5358**	**3455**	**1903**	**37082**
甘州区	20020	10072	9948	2507	1611	896	15580
肃南裕固族自治县	1643	880	763	223	135	88	1272
民乐县	8158	4012	4146	902	575	327	6408
临泽县	5357	2657	2700	380	272	108	4364
高台县	5687	2809	2878	574	365	209	4569
山丹县	6303	3129	3174	772	497	275	4889
平凉市	**80442**	**39897**	**40545**	**10672**	**6688**	**3984**	**61146**
崆峒区	13658	6898	6760	1981	1221	760	10313
泾川县	10039	4850	5189	1010	630	380	7665
灵台县	7848	3906	3942	895	581	314	5947
崇信县	3977	2187	1790	492	335	157	3128
庄浪县	18414	8673	9741	2827	1695	1132	13676
静宁县	20616	10362	10254	2665	1705	960	15959
华亭市	5890	3021	2869	802	521	281	4458

婚姻状况的15岁及以上人口（乡村）

单位：人

有配偶		离婚			丧偶		
男	女	小计	男	女	小计	男	女
347194	**352833**	**12933**	**9715**	**3218**	**79132**	**24600**	**54532**
25089	**21850**	**1061**	**836**	**225**	**4404**	**1232**	**3172**
670	518	26	20	6	49	15	34
2961	2457	117	85	32	365	81	284
1094	989	89	67	22	217	44	173
1198	1080	58	45	13	176	39	137
4913	4728	211	173	38	1228	335	893
1816	1431	73	59	14	320	95	225
7888	7346	362	302	60	1655	512	1143
4549	3301	125	85	40	394	111	283
631	**528**	**38**	**34**	**4**	**114**	**25**	**89**
631	528	38	34	4	114	25	89
3607	**3397**	**113**	**85**	**28**	**827**	**202**	**625**
901	819	32	24	8	201	51	150
2706	2578	81	61	20	626	151	475
20510	**20253**	**592**	**457**	**135**	**3989**	**1210**	**2779**
1084	1022	42	29	13	235	65	170
1761	1682	50	38	12	274	67	207
6871	6843	227	180	47	1190	348	842
7804	7857	152	123	29	1733	572	1161
2990	2849	121	87	34	557	158	399
43027	**45606**	**1170**	**945**	**225**	**10445**	**3520**	**6925**
5618	5725	167	138	29	1351	493	858
6221	6387	203	168	35	1508	511	997
4031	4354	97	76	21	1155	419	736
8532	8633	201	167	34	2141	723	1418
8692	9501	210	164	46	1861	565	1296
5691	6460	203	166	37	1468	507	961
4242	4546	89	66	23	961	302	659
24608	**25417**	**672**	**528**	**144**	**5485**	**1491**	**3994**
13079	13676	324	248	76	2907	739	2168
4071	4015	59	52	7	919	247	672
4944	5238	106	82	24	1102	338	764
2514	2488	183	146	37	557	167	390
18513	**18569**	**660**	**491**	**169**	**4068**	**1100**	**2968**
7811	7769	288	207	81	1645	443	1202
696	576	46	29	17	102	20	82
3152	3256	95	71	24	753	214	539
2171	2193	73	55	18	540	159	381
2264	2305	65	56	9	479	124	355
2419	2470	93	73	20	549	140	409
29942	**31204**	**1030**	**819**	**211**	**7594**	**2448**	**5146**
5137	5176	288	207	81	1076	333	743
3693	3972	158	136	22	1206	391	815
2915	3032	122	99	23	884	311	573
1711	1417	37	27	10	320	114	206
6297	7379	136	119	17	1775	562	1213
7940	8019	192	149	43	1800	568	1232
2249	2209	97	82	15	533	169	364

5-1c 各地区分性别、

地区	15岁及以上人口			未婚			
	合计	男	女	小计	男	女	小计
酒泉市	**31033**	**16115**	**14918**	**3897**	**2554**	**1343**	**24357**
肃州区	10535	5362	5173	1237	831	406	8279
金塔县	5037	2605	2432	444	323	121	4061
瓜州县	6313	3274	3039	881	583	298	4934
肃北蒙古族自治县	549	426	123	83	63	20	442
阿克塞哈萨克族自治县	81	66	15	18	18		61
玉门市	3722	1921	1801	402	270	132	3022
敦煌市	4796	2461	2335	832	466	366	3558
庆阳市	**90022**	**44985**	**45037**	**10813**	**6616**	**4197**	**69364**
西峰区	14528	7203	7325	2603	1390	1213	10536
庆城县	10070	5143	4927	1126	727	399	7872
环　县	13803	7208	6595	1501	1020	481	11017
华池县	5492	2898	2594	569	381	188	4382
合水县	6126	3163	2963	566	400	166	4911
正宁县	6665	3268	3397	603	391	212	5242
宁　县	15352	7350	8002	1655	985	670	11798
镇原县	17986	8752	9234	2190	1322	868	13606
定西市	**133907**	**68593**	**65314**	**23637**	**15318**	**8319**	**97311**
安定区	16917	8837	8080	2041	1424	617	13247
通渭县	26593	13860	12733	7059	4254	2805	17461
陇西县	16674	8505	8169	2361	1594	767	12626
渭源县	17002	8798	8204	3045	2089	956	12159
临洮县	25028	12710	12318	3706	2451	1255	18733
漳　县	8217	4129	4088	1385	899	486	6020
岷　县	23476	11754	11722	4040	2607	1433	17065
陇南市	**114667**	**58797**	**55870**	**20270**	**13731**	**6539**	**81947**
武都区	24028	12395	11633	4397	2964	1433	17206
成　县	9160	4697	4463	1461	1011	450	6619
文　县	10544	5455	5089	1817	1255	562	7693
宕昌县	13583	7005	6578	2778	1916	862	9255
康　县	8694	4446	4248	1605	1210	395	6017
西和县	17949	8941	9008	3000	1881	1119	13103
礼　县	20260	10393	9867	3697	2411	1286	14256
徽　县	8547	4449	4098	1212	863	349	6427
两当县	1902	1016	886	303	220	83	1371
临夏回族自治州	**95523**	**47097**	**48426**	**13863**	**8647**	**5216**	**73151**
临夏市	3235	1642	1593	457	303	154	2482
临夏县	20384	10106	10278	2745	1763	982	15583
康乐县	14101	6822	7279	1974	1214	760	10726
永靖县	7443	3816	3627	1060	717	343	5646
广河县	11458	5572	5886	1803	1054	749	8879
和政县	10340	5075	5265	1325	831	494	8070
东乡族自治县	14794	7176	7618	2315	1403	912	11408
积石山保安族东乡族撒拉族自治县	13768	6888	6880	2184	1362	822	10357
甘南藏族自治州	**30412**	**15255**	**15157**	**6005**	**3817**	**2188**	**21146**
合作市	2519	1300	1219	515	339	176	1800
临潭县	6142	3081	3061	823	560	263	4604
卓尼县	4677	2362	2315	819	556	263	3328
舟曲县	7011	3529	3482	1540	982	558	4807
迭部县	2598	1284	1314	680	393	287	1611
玛曲县	1678	842	836	392	237	155	1120
碌曲县	1404	685	719	259	165	94	963
夏河县	4383	2172	2211	977	585	392	2913

婚姻状况的15岁及以上人口（乡村）（续）

单位：人

有配偶		离婚			丧偶		
男	女	小计	男	女	小计	男	女
12583	**11774**	**445**	**335**	**110**	**2334**	**643**	**1691**
4220	4059	125	90	35	894	221	673
2098	1963	65	56	9	467	128	339
2507	2427	94	69	25	404	115	289
349	93	14	10	4	10	4	6
46	15	2	2				
1534	1488	51	41	10	247	76	171
1829	1729	94	67	27	312	99	213
34337	**35027**	**1409**	**1088**	**321**	**8436**	**2944**	**5492**
5268	5268	281	206	75	1108	339	769
3971	3901	175	137	38	897	308	589
5628	5389	174	143	31	1111	417	694
2263	2119	82	66	16	459	188	271
2471	2440	103	83	20	546	209	337
2543	2699	110	84	26	710	250	460
5640	6158	229	180	49	1670	545	1125
6553	7053	255	189	66	1935	688	1247
48364	**48947**	**2072**	**1625**	**447**	**10887**	**3286**	**7601**
6762	6485	245	197	48	1384	454	930
8866	8595	272	210	62	1801	530	1271
6256	6370	231	193	38	1456	462	994
5972	6187	347	276	71	1451	461	990
9298	9435	503	389	114	2086	572	1514
2907	3113	82	71	11	730	252	478
8303	8762	392	289	103	1979	555	1424
40182	**41765**	**1444**	**1091**	**353**	**11006**	**3793**	**7213**
8532	8674	279	196	83	2146	703	1443
3236	3383	130	102	28	950	348	602
3801	3892	85	64	21	949	335	614
4515	4740	264	194	70	1286	380	906
2812	3205	116	78	38	956	346	610
6326	6777	177	145	32	1669	589	1080
7077	7179	255	201	54	2052	704	1348
3183	3244	110	89	21	798	314	484
700	671	28	22	6	200	74	126
35348	**37803**	**1605**	**1086**	**519**	**6904**	**2016**	**4888**
1249	1233	60	37	23	236	53	183
7580	8003	368	265	103	1688	498	1190
5100	5626	223	152	71	1178	356	822
2832	2814	150	118	32	587	149	438
4251	4628	178	86	92	598	181	417
3874	4196	158	118	40	787	252	535
5404	6004	213	128	85	858	241	617
5058	5299	255	182	73	972	286	686
10453	**10693**	**622**	**295**	**327**	**2639**	**690**	**1949**
896	904	46	20	26	158	45	113
2262	2342	109	87	22	606	172	434
1631	1697	85	53	32	445	122	323
2350	2457	58	33	25	606	164	442
815	796	43	22	21	264	54	210
563	557	80	22	58	86	20	66
481	482	54	14	40	128	25	103
1455	1458	147	44	103	346	88	258

5-2 全省分性别、职业、

职业大类	15岁及以上人口			未婚			
	合计	男	女	小计	男	女	小计
合计	**959970**	**574310**	**385660**	**115266**	**77864**	**37402**	**803642**
党的机关、国家机关、群众团体和社会组织、企事业单位负责人	11043	8951	2092	594	413	181	10158
专业技术人员	108712	52680	56032	21013	8859	12154	84955
办事人员和有关人员	67800	43653	24147	8957	5221	3736	56787
社会生产服务和生活服务人员	281320	160963	120357	43079	28010	15069	226083
农、林、牧、渔业生产及辅助人员	318709	167904	150805	16934	13976	2958	284473
生产制造及有关人员	170295	138886	31409	23565	20746	2819	140275
不便分类的其他从业人员	2091	1273	818	1124	639	485	911

5-2a 全省分性别、职业、

职业大类	15岁及以上人口			未婚			
	合计	男	女	小计	男	女	小计
合计	**272555**	**163125**	**109430**	**38990**	**23529**	**15461**	**222545**
党的机关、国家机关、群众团体和社会组织、企事业单位负责人	5202	4050	1152	309	211	98	4739
专业技术人员	54854	24830	30024	9503	3840	5663	43722
办事人员和有关人员	34944	21318	13626	4116	2256	1860	29596
社会生产服务和生活服务人员	121908	69001	52907	18531	11679	6852	97581
农、林、牧、渔业生产及辅助人员	5671	3553	2118	204	165	39	5283
生产制造及有关人员	49252	39874	9378	6143	5256	887	41112
不便分类的其他从业人员	724	499	225	184	122	62	512

婚姻状况的人口

单位：人

有配偶		离婚			丧偶		
男	女	小计	男	女	小计	男	女
474506	**329136**	**22381**	**14421**	**7960**	**18681**	**7519**	**11162**
8343	1815	217	143	74	74	52	22
42652	42303	2242	981	1261	502	188	314
37296	19491	1654	909	745	402	227	175
127441	98642	8925	4534	4391	3233	978	2255
145227	139246	4339	3607	732	12963	5094	7869
112939	27336	4973	4231	742	1482	970	512
608	303	31	16	15	25	10	15

婚姻状况的人口（城市）

单位：人

有配偶		离婚			丧偶		
男	女	小计	男	女	小计	男	女
134191	**88354**	**9232**	**4838**	**4394**	**1788**	**567**	**1221**
3749	990	132	79	53	22	11	11
20403	23319	1401	530	871	228	57	171
18428	11168	1065	567	498	167	67	100
54865	42716	4796	2216	2580	1000	241	759
3286	1997	87	60	27	97	42	55
33093	8019	1732	1378	354	265	147	118
367	145	19	8	11	9	2	7

5-2b 全省分性别、职业、

职业大类	15岁及以上人口			未婚			
	合计	男	女	小计	男	女	小计
合计	**210088**	**126376**	**83712**	**22072**	**14311**	**7761**	**180874**
党的机关、国家机关、群众团体和社会组织、企事业单位负责人	3234	2634	600	120	86	34	3045
专业技术人员	34878	16709	18169	4898	2013	2885	29240
办事人员和有关人员	23371	15336	8035	2550	1538	1012	20255
社会生产服务和生活服务人员	73908	41028	32880	8329	5429	2900	62829
农、林、牧、渔业生产及辅助人员	35321	19151	16170	1688	1368	320	31948
生产制造及有关人员	39035	31323	7712	4329	3787	542	33386
不便分类的其他从业人员	341	195	146	158	90	68	171

5-2c 全省分性别、职业、

职业大类	15岁及以上人口			未婚			
	合计	男	女	小计	男	女	小计
合计	**477327**	**284809**	**192518**	**54204**	**40024**	**14180**	**400223**
党的机关、国家机关、群众团体和社会组织、企事业单位负责人	2607	2267	340	165	116	49	2374
专业技术人员	18980	11141	7839	6612	3006	3606	11993
办事人员和有关人员	9485	6999	2486	2291	1427	864	6936
社会生产服务和生活服务人员	85504	50934	34570	16219	10902	5317	65673
农、林、牧、渔业生产及辅助人员	277717	145200	132517	15042	12443	2599	247242
生产制造及有关人员	82008	67689	14319	13093	11703	1390	65777
不便分类的其他从业人员	1026	579	447	782	427	355	228

婚姻状况的人口（镇）

单位：人

有配偶		离婚			丧偶		
男	女	小计	男	女	小计	男	女
108436	**72438**	**4487**	**2649**	**1838**	**2655**	**980**	**1675**
2501	544	50	34	16	19	13	6
14380	14860	570	259	311	170	57	113
13496	6759	444	234	210	122	68	54
34467	28362	1903	890	1013	847	242	605
16981	14967	501	393	108	1184	409	775
26510	6876	1014	837	177	306	189	117
101	70	5	2	3	7	2	5

婚姻状况的人口（乡村）

单位：人

有配偶		离婚			丧偶		
男	女	小计	男	女	小计	男	女
231879	**168344**	**8662**	**6934**	**1728**	**14238**	**5972**	**8266**
2093	281	35	30	5	33	28	5
7869	4124	271	192	79	104	74	30
5372	1564	145	108	37	113	92	21
38109	27564	2226	1428	798	1386	495	891
124960	122282	3751	3154	597	11682	4643	7039
53336	12441	2227	2016	211	911	634	277
140	88	7	6	1	9	6	3

5-3 全省分年龄、性别、受教育

受教育程度 年　龄	15 岁及以上人口			未婚			
	合计	男	女	小计	男	女	小计
合计	**1910067**	**951148**	**958919**	**328224**	**193359**	**134865**	**1416628**
15–19 岁	**128532**	**66353**	**62179**	**126879**	**66120**	**60759**	**1628**
15	26594	13895	12699	26571	13894	12677	23
16	29334	15256	14078	29274	15250	14024	59
17	25532	13298	12234	25350	13277	12073	181
18	23695	12098	11597	23220	12037	11183	472
19	23377	11806	11571	22464	11662	10802	893
20–24 岁	**116031**	**56829**	**59202**	**94206**	**50321**	**43885**	**21500**
20	23054	11428	11626	21476	11101	10375	1560
21	21493	10571	10922	19131	9991	9140	2332
22	23004	11115	11889	19046	10036	9010	3896
23	22685	11170	11515	17209	9489	7720	5389
24	25795	12545	13250	17344	9704	7640	8323
25–29 岁	**150240**	**73167**	**77073**	**56724**	**35464**	**21260**	**91521**
25	29798	14487	15311	17214	9946	7268	12367
26	28333	13834	14499	13253	8045	5208	14763
27	30811	14804	16007	11183	7090	4093	19224
28	30026	14588	15438	8334	5634	2700	21203
29	31272	15454	15818	6740	4749	1991	23964
30–34 岁	**185727**	**91313**	**94414**	**19974**	**14843**	**5131**	**160561**
30	39897	19493	20404	6379	4651	1728	32653
31	38475	18944	19531	4792	3547	1245	32681
32	35507	17430	18077	3497	2578	919	31010
33	37880	18676	19204	3047	2306	741	33640
34	33968	16770	17198	2259	1761	498	30577
35–39 岁	**147188**	**74042**	**73146**	**6736**	**5260**	**1476**	**134731**
35	30503	15252	15251	1772	1374	398	27649
36	30769	15267	15502	1541	1185	356	28069
37	28048	14031	14017	1204	915	289	25744
38	30903	15824	15079	1222	964	258	28403
39	26965	13668	13297	997	822	175	24866
40–44 岁	**138961**	**70387**	**68574**	**4455**	**3769**	**686**	**128324**
40	26363	13205	13158	898	754	144	24375
41	28376	14760	13616	964	811	153	26155
42	28904	14531	14373	917	764	153	26681
43	25912	13146	12766	813	701	112	23910
44	29406	14745	14661	863	739	124	27203
45–49 岁	**212701**	**106882**	**105819**	**5768**	**5183**	**585**	**197096**
45	31963	15990	15973	859	768	91	29665
46	40020	20024	19996	1095	989	106	37151
47	45346	22797	22549	1266	1137	129	41963
48	48132	24153	23979	1294	1156	138	44597
49	47240	23918	23322	1254	1133	121	43720
50–54 岁	**238822**	**119595**	**119227**	**5123**	**4709**	**414**	**220474**
50	51767	25458	26309	1217	1125	92	47910
51	47357	23820	23537	1111	1015	96	43715
52	51786	25844	25942	1055	955	100	47941
53	41337	21015	20322	845	777	68	38065
54	46575	23458	23117	895	837	58	42843
55–59 岁	**181142**	**91277**	**89865**	**2985**	**2743**	**242**	**164255**
55	42507	21640	20867	838	769	69	38679
56	42350	21251	21099	769	712	57	38457
57	43158	21971	21187	695	639	56	39119
58	36095	18132	17963	482	444	38	32684
59	17032	8283	8749	201	179	22	15316
60–64 岁	**108538**	**55687**	**52851**	**1584**	**1470**	**114**	**94470**
60	19855	10258	9597	245	222	23	17759
61	16119	8253	7866	218	199	19	14138
62	21662	11330	10332	328	310	18	18897
63	25674	13211	12463	373	347	26	22226
64	25228	12635	12593	420	392	28	21450
65 岁及以上	**302185**	**145616**	**156569**	**3790**	**3477**	**313**	**202068**

程度、婚姻状况的人口

单位：人

有配偶		离婚			丧偶		
男	女	小计	男	女	小计	男	女
700013	**716615**	**36772**	**21205**	**15567**	**128443**	**36571**	**91872**
229	**1399**	**24**	**4**	**20**	**1**		**1**
1	22						
6	53	1		1			
21	160	1		1			
61	411	3		3			
140	753	19	4	15	1		1
6392	**15108**	**308**	**110**	**198**	**17**	**6**	**11**
323	1237	17	4	13	1		1
574	1758	28	5	23	2	1	1
1058	2838	56	20	36	6	1	5
1644	3745	85	36	49	2	1	1
2793	5530	122	45	77	6	3	3
36752	**54769**	**1878**	**925**	**953**	**117**	**26**	**91**
4445	7922	206	95	111	11	1	10
5663	9100	289	121	168	28	5	23
7528	11696	380	180	200	24	6	18
8724	12479	463	224	239	26	6	20
10392	13572	540	305	235	28	8	20
73600	**86961**	**4879**	**2783**	**2096**	**313**	**87**	**226**
14371	18282	827	458	369	38	13	25
14849	17832	946	533	413	56	15	41
14300	16710	934	534	400	66	18	48
15708	17932	1113	642	471	80	20	60
14372	16205	1059	616	443	73	21	52
65497	**69234**	**5160**	**3135**	**2025**	**561**	**150**	**411**
13259	14390	978	586	392	104	33	71
13421	14648	1059	630	429	100	31	69
12490	13254	1006	605	401	94	21	73
14111	14292	1138	714	424	140	35	105
12216	12650	979	600	379	123	30	93
63284	**65040**	**5020**	**3015**	**2005**	**1162**	**319**	**843**
11826	12549	918	582	336	172	43	129
13273	12882	1067	637	430	190	39	151
13054	13627	1077	638	439	229	75	154
11800	12110	952	564	388	237	81	156
13331	13872	1006	594	412	334	81	253
96947	**100149**	**6312**	**3710**	**2602**	**3525**	**1042**	**2483**
14516	15149	1019	600	419	420	106	314
18147	19004	1207	724	483	567	164	403
20638	21325	1359	801	558	758	221	537
21925	22672	1380	790	590	861	282	579
21721	21999	1347	795	552	919	269	650
109402	**111072**	**5842**	**3411**	**2431**	**7383**	**2073**	**5310**
23148	24762	1391	826	565	1249	359	890
21695	22020	1248	749	499	1283	361	922
23752	24189	1279	713	566	1511	424	1087
19276	18789	934	538	396	1493	424	1069
21531	21312	990	585	405	1847	505	1342
83744	**80511**	**3927**	**2152**	**1775**	**9975**	**2638**	**7337**
19750	18929	1048	587	461	1942	534	1408
19433	19024	983	524	459	2141	582	1559
20127	18992	958	540	418	2386	665	1721
16768	15916	646	344	302	2283	576	1707
7666	7650	292	157	135	1223	281	942
50263	**44207**	**1622**	**923**	**699**	**10862**	**3031**	**7831**
9434	8325	347	187	160	1504	415	1089
7502	6636	309	169	140	1454	383	1071
10192	8705	342	205	137	2095	623	1472
11897	10329	337	194	143	2738	773	1965
11238	10212	287	168	119	3071	837	2234
113903	**88165**	**1800**	**1037**	**763**	**94527**	**27199**	**67328**

5-3 全省分年龄、性别、受教育

受教育程度 年龄	15岁及以上人口			未婚			
	合计	男	女	小计	男	女	小计
未上过学	**171262**	**46323**	**124939**	**8058**	**7030**	**1028**	**116936**
15-19岁	**299**	**163**	**136**	**270**	**161**	**109**	**29**
15	43	27	16	43	27	16	
16	52	30	22	51	30	21	1
17	51	30	21	49	30	19	2
18	73	39	34	65	38	27	8
19	80	37	43	62	36	26	18
20-24岁	**583**	**224**	**359**	**336**	**209**	**127**	**242**
20	74	29	45	51	28	23	23
21	99	42	57	65	42	23	32
22	131	52	79	84	50	34	47
23	114	40	74	57	36	21	56
24	165	61	104	79	53	26	84
25-29岁	**1163**	**412**	**751**	**418**	**295**	**123**	**715**
25	190	73	117	92	60	32	96
26	201	72	129	79	53	26	117
27	202	74	128	81	52	29	117
28	275	92	183	83	65	18	182
29	295	101	194	83	65	18	203
30-34岁	**2572**	**753**	**1819**	**473**	**360**	**113**	**2031**
30	481	154	327	124	91	33	349
31	506	171	335	111	88	23	381
32	464	120	344	74	52	22	378
33	549	153	396	84	66	18	451
34	572	155	417	80	63	17	472
35-39岁	**3405**	**937**	**2468**	**408**	**331**	**77**	**2894**
35	608	170	438	81	65	16	508
36	628	181	447	88	68	20	525
37	694	181	513	78	55	23	594
38	767	206	561	88	80	8	654
39	708	199	509	73	63	10	613
40-44岁	**5614**	**1464**	**4150**	**472**	**402**	**70**	**4943**
40	909	247	662	71	60	11	808
41	959	269	690	108	89	19	816
42	1121	286	835	92	82	10	998
43	1170	321	849	102	88	14	1020
44	1455	341	1114	99	83	16	1301
45-49岁	**13855**	**3529**	**10326**	**952**	**872**	**80**	**12273**
45	1765	410	1355	105	97	8	1610
46	2431	578	1853	168	154	14	2147
47	2997	744	2253	215	192	23	2643
48	3269	871	2398	220	202	18	2905
49	3393	926	2467	244	227	17	2968
50-54岁	**19802**	**5193**	**14609**	**1250**	**1172**	**78**	**17226**
50	4171	1074	3097	248	235	13	3679
51	3793	1016	2777	265	245	20	3314
52	4230	1070	3160	236	218	18	3720
53	3614	1008	2606	253	236	17	3094
54	3994	1025	2969	248	238	10	3419
55-59岁	**17351**	**3894**	**13457**	**958**	**900**	**58**	**14490**
55	3776	988	2788	279	264	15	3131
56	3873	891	2982	226	209	17	3250
57	3850	860	2990	227	215	12	3222
58	3667	739	2928	148	139	9	3074
59	2185	416	1769	78	73	5	1813
60-64岁	**17516**	**4463**	**13053**	**622**	**583**	**39**	**13930**
60	2465	549	1916	77	70	7	2049
61	2251	542	1709	63	57	6	1819
62	3407	926	2481	139	132	7	2735
63	4525	1204	3321	162	154	8	3566
64	4868	1242	3626	181	170	11	3761
65岁及以上	**89102**	**25291**	**63811**	**1899**	**1745**	**154**	**48163**

程度、婚姻状况的人口（续 1）

单位：人

有配偶		离婚			丧偶		
男	女	小计	男	女	小计	男	女
31080	**85856**	**1168**	**624**	**544**	**45100**	**7589**	**37511**
2	**27**						
	1						
	2						
1	7						
1	17						
15	**227**	**4**		**4**	**1**		**1**
1	22						
	32	2		2			
2	45						
4	52	1		1			
8	76	1		1	1		1
110	**605**	**24**	**6**	**18**	**6**	**1**	**5**
13	83	2		2			
19	98	3		3	2		2
21	96	4	1	3			
24	158	9	3	6	1		1
33	170	6	2	4	3	1	2
368	**1663**	**46**	**20**	**26**	**22**	**5**	**17**
58	291	8	5	3			
81	300	10	2	8	4		4
64	314	8	3	5	4	1	3
79	372	8	5	3	6	3	3
86	386	12	5	7	8	1	7
578	**2316**	**68**	**26**	**42**	**35**	**2**	**33**
101	407	15	4	11	4		4
107	418	12	5	7	3	1	2
119	475	15	6	9	7	1	6
120	534	15	6	9	10		10
131	482	11	5	6	11		11
1005	**3938**	**103**	**41**	**62**	**96**	**16**	**80**
181	627	17	6	11	13		13
171	645	20	9	11	15		15
194	804	21	9	12	10	1	9
212	808	25	9	16	23	12	11
247	1054	20	8	12	35	3	32
2479	**9794**	**191**	**116**	**75**	**439**	**62**	**377**
301	1309	13	5	8	37	7	30
396	1751	37	19	18	79	9	70
517	2126	42	24	18	97	11	86
621	2284	42	29	13	102	19	83
644	2324	57	39	18	124	16	108
3704	**13522**	**239**	**151**	**88**	**1087**	**166**	**921**
781	2898	54	35	19	190	23	167
717	2597	44	27	17	170	27	143
782	2938	54	33	21	220	37	183
707	2387	40	23	17	227	42	185
717	2702	47	33	14	280	37	243
2763	**11727**	**132**	**71**	**61**	**1771**	**160**	**1611**
660	2471	43	24	19	323	40	283
630	2620	28	15	13	369	37	332
593	2629	27	17	10	374	35	339
556	2518	29	12	17	416	32	384
324	1489	5	3	2	289	16	273
3463	**10467**	**105**	**60**	**45**	**2859**	**357**	**2502**
446	1603	21	9	12	318	24	294
434	1385	16	8	8	353	43	310
719	2016	19	11	8	514	64	450
926	2640	24	15	9	773	109	664
938	2823	25	17	8	901	117	784
16593	**31570**	**256**	**133**	**123**	**38784**	**6820**	**31964**

5-3 全省分年龄、性别、受教育

受教育程度 年　龄	15岁及以上人口			未婚			
	合计	男	女	小计	男	女	小计
学前教育	**1580**	**528**	**1052**	**151**	**105**	**46**	**1038**
15–19岁	**56**	**30**	**26**	**56**	**30**	**26**	
15	28	16	12	28	16	12	
16	13	7	6	13	7	6	
17	6	2	4	6	2	4	
18	7	5	2	7	5	2	
19	2		2	2		2	
20–24岁	**20**	**8**	**12**	**15**	**6**	**9**	**5**
20	3	1	2	3	1	2	
21	5	3	2	4	2	2	1
22	3	1	2	2	1	1	1
23	3		3	3		3	
24	6	3	3	3	2	1	3
25–29岁	**27**	**14**	**13**	**12**	**9**	**3**	**14**
25	7	2	5	1		1	5
26	6	2	4	3	2	1	3
27	9	6	3	6	5	1	3
28	3	2	1	2	2		1
29	2	2					2
30–34岁	**30**	**12**	**18**	**9**	**7**	**2**	**20**
30	5	2	3	1	1		4
31	9	5	4	3	3		6
32	4		4	1		1	2
33	8	4	4	2	2		6
34	4	1	3	2	1	1	2
35–39岁	**34**	**13**	**21**	**5**	**3**	**2**	**29**
35	6	2	4				6
36	9	4	5	4	2	2	5
37	6	3	3				6
38	6	1	5				6
39	7	3	4	1	1		6
40–44岁	**41**	**13**	**28**	**3**	**3**		**34**
40	11	4	7	1	1		10
41	8	4	4	2	2		6
42	11	1	10				9
43	4	2	2				3
44	7	2	5				6
45–49岁	**95**	**31**	**64**	**8**	**6**	**2**	**84**
45	9	4	5	1	1		8
46	18	6	12	3	2	1	15
47	15	4	11	1	1		14
48	31	13	18	2	2		29
49	22	4	18	1		1	18
50–54岁	**162**	**60**	**102**	**14**	**14**		**135**
50	31	13	18	5	5		25
51	35	9	26	1	1		29
52	35	13	22	4	4		28
53	27	12	15	4	4		22
54	34	13	21				31
55–59岁	**153**	**41**	**112**	**9**	**7**	**2**	**125**
55	24	6	18	3	1	2	17
56	47	9	38	3	3		37
57	36	13	23	3	3		29
58	31	4	27				28
59	15	9	6				14
60–64岁	**152**	**44**	**108**	**2**	**2**		**126**
60	27	8	19				22
61	25	8	17	1	1		22
62	28	8	20				22
63	43	10	33	1	1		36
64	29	10	19				24
65岁及以上	**810**	**262**	**548**	**18**	**18**		**466**

程度、婚姻状况的人口（续2）

单位：人

有配偶		离婚			丧偶		
男	女	小计	男	女	小计	男	女
354	**684**	**12**	**8**	**4**	**379**	**61**	**318**
2	**3**						
1							
	1						
1	2						
5	**9**	**1**		**1**			
2	3	1		1			
	3						
1	2						
	1						
2							
5	**15**				**1**		**1**
1	3						
2	4						
	2				1		1
2	4						
	2						
10	**19**						
2	4						
2	3						
3	3						
1	5						
2	4						
9	**25**	**2**	**1**	**1**	**2**		**2**
3	7						
2	4						
1	8	1		1	1		1
1	2	1	1				
2	4				1		1
24	**60**	**1**		**1**	**2**	**1**	**1**
3	5						
4	11						
3	11						
11	18						
3	15	1		1	2	1	1
41	**94**	**2**	**2**		**11**	**3**	**8**
7	18	1	1				
5	24	1	1		4	2	2
8	20				3	1	2
8	14				1		1
13	18				3		3
32	**93**				**19**	**2**	**17**
5	12				4		4
6	31				7		7
9	20				4	1	3
4	24				3		3
8	6				1	1	
34	**92**	**4**	**3**	**1**	**20**	**5**	**15**
6	16	1	1		4	1	3
7	15	1		1	1		1
6	16	1	1		5	1	4
7	29				6	2	4
8	16	1	1		4	1	3
192	**274**	**2**	**2**		**324**	**50**	**274**

5-3 全省分年龄、性别、受教育

受教育程度 年龄	15岁及以上人口			未婚			
	合计	男	女	小计	男	女	小计
小学	**513463**	**230419**	**283044**	**20225**	**17188**	**3037**	**428345**
15-19岁	**2331**	**1074**	**1257**	**1768**	**1018**	**750**	**554**
15	222	115	107	215	114	101	7
16	278	156	122	262	154	108	16
17	394	185	209	339	179	160	54
18	617	270	347	446	259	187	170
19	820	348	472	506	312	194	307
20-24岁	**7339**	**3103**	**4236**	**2679**	**1904**	**775**	**4562**
20	1030	420	610	510	338	172	510
21	1182	513	669	527	369	158	646
22	1518	628	890	553	385	168	950
23	1641	668	973	504	370	134	1108
24	1968	874	1094	585	442	143	1348
25-29岁	**13992**	**5948**	**8044**	**2497**	**1991**	**506**	**11136**
25	2460	1120	1340	648	507	141	1758
26	2413	1023	1390	522	406	116	1834
27	2778	1160	1618	469	379	90	2256
28	3026	1246	1780	445	355	90	2491
29	3315	1399	1916	413	344	69	2797
30-34岁	**23144**	**9582**	**13562**	**1999**	**1674**	**325**	**20346**
30	4203	1740	2463	458	369	89	3631
31	4552	1907	2645	443	370	73	3938
32	4445	1852	2593	366	305	61	3924
33	5105	2146	2959	402	345	57	4506
34	4839	1937	2902	330	285	45	4347
35-39岁	**25401**	**10708**	**14693**	**1459**	**1284**	**175**	**22959**
35	4836	1972	2864	318	281	37	4334
36	5035	2067	2968	312	265	47	4532
37	4864	2032	2832	247	210	37	4430
38	5509	2394	3115	312	283	29	4967
39	5157	2243	2914	270	245	25	4696
40-44岁	**33312**	**14335**	**18977**	**1553**	**1446**	**107**	**30398**
40	5780	2455	3325	288	270	18	5250
41	6223	2852	3371	324	300	24	5656
42	6854	2930	3924	309	281	28	6257
43	6593	2825	3768	291	274	17	6044
44	7862	3273	4589	341	321	20	7191
45-49岁	**67405**	**28418**	**38987**	**2476**	**2361**	**115**	**62059**
45	9226	3859	5367	345	329	16	8496
46	12084	5032	7052	480	460	20	11110
47	14227	6064	8163	539	515	24	13084
48	15868	6660	9208	580	547	33	14611
49	16000	6803	9197	532	510	22	14758
50-54岁	**92786**	**39765**	**53021**	**2301**	**2202**	**99**	**85502**
50	18822	7727	11095	512	494	18	17453
51	18134	7780	10354	468	449	19	16748
52	20302	8799	11503	503	480	23	18766
53	16790	7331	9459	377	356	21	15381
54	18738	8128	10610	441	423	18	17154
55-59岁	**65574**	**27386**	**38188**	**1215**	**1164**	**51**	**59067**
55	16071	7042	9029	335	320	15	14618
56	15597	6579	9018	343	327	16	14055
57	14818	6116	8702	274	264	10	13305
58	12811	5158	7653	199	191	8	11464
59	6277	2491	3786	64	62	2	5625
60-64岁	**42426**	**19330**	**23096**	**693**	**660**	**33**	**36456**
60	7051	3056	3995	111	107	4	6258
61	5714	2468	3246	102	96	6	4918
62	8244	3867	4377	142	134	8	7105
63	10470	4864	5606	159	152	7	8961
64	10947	5075	5872	179	171	8	9214
65岁及以上	**139753**	**70770**	**68983**	**1585**	**1484**	**101**	**95306**

程度、婚姻状况的人口（续3）

单位：人

有配偶		离婚			丧偶		
男	女	小计	男	女	小计	男	女
190070	**238275**	**7367**	**4947**	**2420**	**57526**	**18214**	**39312**
55	**499**	**9**	**1**	**8**			
1	6						
2	14						
6	48	1		1			
11	159	1		1			
35	272	7	1	6			
1161	**3401**	**92**	**37**	**55**	**6**	**1**	**5**
81	429	9	1	8	1		1
143	503	9	1	8			
239	711	12	4	8	3		3
285	823	29	13	16			
413	935	33	18	15	2	1	1
3789	**7347**	**329**	**161**	**168**	**30**	**7**	**23**
589	1169	50	23	27	4	1	3
594	1240	49	22	27	8	1	7
761	1495	51	20	31	2		2
847	1644	83	43	40	7	1	6
998	1799	96	53	43	9	4	5
7459	**12887**	**714**	**425**	**289**	**85**	**24**	**61**
1305	2326	106	62	44	8	4	4
1445	2493	153	87	66	18	5	13
1459	2465	139	83	56	16	5	11
1686	2820	176	111	65	21	4	17
1564	2783	140	82	58	22	6	16
8824	**14135**	**797**	**537**	**260**	**186**	**63**	**123**
1588	2746	150	90	60	34	13	21
1684	2848	158	107	51	33	11	22
1709	2721	158	106	52	29	7	22
1976	2991	179	119	60	51	16	35
1867	2829	152	115	37	39	16	23
12117	**18281**	**949**	**661**	**288**	**412**	**111**	**301**
2049	3201	180	123	57	62	13	49
2403	3253	180	130	50	63	19	44
2481	3776	209	142	67	79	26	53
2395	3649	174	132	42	84	24	60
2789	4402	206	134	72	124	29	95
24652	**37407**	**1369**	**975**	**394**	**1501**	**430**	**1071**
3339	5157	226	156	70	159	35	124
4308	6802	261	189	72	233	75	158
5252	7832	283	208	75	321	89	232
5791	8820	286	199	87	391	123	268
5962	8796	313	223	90	397	108	289
35589	**49913**	**1386**	**992**	**394**	**3597**	**982**	**2615**
6844	10609	315	235	80	542	154	388
6954	9794	287	201	86	631	176	455
7922	10844	293	200	93	740	197	543
6576	8805	260	188	72	772	211	561
7293	9861	231	168	63	912	244	668
24534	**34533**	**755**	**528**	**227**	**4537**	**1160**	**3377**
6306	8312	218	157	61	900	259	641
5848	8207	202	145	57	997	259	738
5448	7857	174	121	53	1065	283	782
4657	6807	108	74	34	1040	236	804
2275	3350	53	31	22	535	123	412
17084	**19372**	**343**	**237**	**106**	**4934**	**1349**	**3585**
2747	3511	60	40	20	622	162	460
2172	2746	56	41	15	638	159	479
3411	3694	70	52	18	927	270	657
4316	4645	76	49	27	1274	347	927
4438	4776	81	55	26	1473	411	1062
54806	**40500**	**624**	**393**	**231**	**42238**	**14087**	**28151**

5-3 全省分年龄、性别、受教育

受教育程度 年　龄	15 岁及以上人口			未婚			
	合计	男	女	小计	男	女	小计
初中	**567091**	**317542**	**249549**	**69054**	**47483**	**21571**	**467620**
15–19 岁	**29004**	**16133**	**12871**	**28094**	**15991**	**12103**	**902**
15	12480	6902	5578	12465	6902	5563	15
16	6094	3298	2796	6057	3296	2761	36
17	3725	2078	1647	3609	2065	1544	116
18	3285	1912	1373	3034	1872	1162	250
19	3420	1943	1477	2929	1856	1073	485
20–24 岁	**25872**	**13876**	**11996**	**14804**	**10341**	**4463**	**10902**
20	3480	1971	1509	2658	1780	878	815
21	3987	2229	1758	2733	1887	846	1239
22	5001	2608	2393	2944	2020	924	2016
23	5860	3118	2742	3081	2197	884	2742
24	7544	3950	3594	3388	2457	931	4090
25–29 岁	**50383**	**25443**	**24940**	**13154**	**10026**	**3128**	**36254**
25	9376	4815	4561	3636	2626	1010	5628
26	9388	4830	4558	2937	2214	723	6284
27	10541	5268	5273	2662	2042	620	7663
28	10196	5072	5124	2101	1662	439	7878
29	10882	5458	5424	1818	1482	336	8801
30–34 岁	**67877**	**33572**	**34305**	**6026**	**4995**	**1031**	**59542**
30	14213	6980	7233	1772	1473	299	12026
31	14073	6959	7114	1452	1194	258	12157
32	12761	6277	6484	1059	872	187	11261
33	14003	6954	7049	996	825	171	12499
34	12827	6402	6425	747	631	116	11599
35–39 岁	**58625**	**29971**	**28654**	**2220**	**1875**	**345**	**54003**
35	11700	5877	5823	591	493	98	10642
36	12143	6029	6114	509	430	79	11143
37	11115	5679	5436	386	324	62	10272
38	12637	6639	5998	384	325	59	11711
39	11030	5747	5283	350	303	47	10235
40–44 岁	**54045**	**29128**	**24917**	**1367**	**1197**	**170**	**50294**
40	10430	5502	4928	292	263	29	9710
41	11105	5981	5124	283	248	35	10320
42	11208	5935	5273	283	243	40	10404
43	10029	5565	4464	245	209	36	9333
44	11273	6145	5128	264	234	30	10527
45–49 岁	**79795**	**44908**	**34887**	**1508**	**1356**	**152**	**74749**
45	12154	6641	5513	240	219	21	11364
46	15372	8577	6795	292	266	26	14408
47	17126	9621	7505	325	290	35	16039
48	17829	10080	7749	334	299	35	16723
49	17314	9989	7325	317	282	35	16215
50–54 岁	**79465**	**46230**	**33235**	**1028**	**927**	**101**	**74393**
50	17898	10117	7781	296	271	25	16752
51	15845	9242	6603	233	213	20	14790
52	16973	9769	7204	212	182	30	15902
53	13480	8073	5407	153	141	12	12638
54	15269	9029	6240	134	120	14	14311
55–59 岁	**54992**	**33459**	**21533**	**519**	**478**	**41**	**50974**
55	14053	8412	5641	156	139	17	13033
56	13357	8060	5297	132	124	8	12406
57	13281	8135	5146	119	111	8	12322
58	10027	6226	3801	79	75	4	9286
59	4274	2626	1648	33	29	4	3927
60–64 岁	**22525**	**15020**	**7505**	**145**	**131**	**14**	**20381**
60	4695	3092	1603	26	21	5	4315
61	3469	2282	1187	24	22	2	3149
62	4502	3010	1492	29	29		4052
63	5063	3392	1671	25	23	2	4569
64	4796	3244	1552	41	36	5	4296
65 岁及以上	**44508**	**29802**	**14706**	**189**	**166**	**23**	**35226**

程度、婚姻状况的人口（续4）

单位：人

有配偶		离婚			丧偶		
男	女	小计	男	女	小计	男	女
254189	**213431**	**13933**	**8796**	**5137**	**16484**	**7074**	**9410**
141	**761**	**8**	**1**	**7**			
	15						
2	34	1		1			
13	103						
40	210	1		1			
86	399	6	1	5			
3475	**7427**	**157**	**56**	**101**	**9**	**4**	**5**
189	626	7	2	5			
338	901	13	3	10	2	1	1
575	1441	38	12	26	3	1	2
903	1839	35	17	18	2	1	1
1470	2620	64	22	42	2	1	1
14913	**21341**	**922**	**487**	**435**	**53**	**17**	**36**
2136	3492	108	53	55	4		4
2535	3749	155	77	78	12	4	8
3123	4540	197	97	100	19	6	13
3303	4575	207	103	104	10	4	6
3816	4985	255	157	98	8	3	5
27161	**32381**	**2168**	**1372**	**796**	**141**	**44**	**97**
5260	6766	399	241	158	16	6	10
5487	6670	437	268	169	27	10	17
5127	6134	407	268	139	34	10	24
5829	6670	473	293	180	35	7	28
5458	6141	452	302	150	29	11	18
26510	**27493**	**2162**	**1516**	**646**	**240**	**70**	**170**
5067	5575	425	299	126	42	18	24
5280	5863	440	302	138	51	17	34
5059	5213	414	288	126	43	8	35
5946	5765	492	354	138	50	14	36
5158	5077	391	273	118	54	13	41
26462	**23832**	**1926**	**1323**	**603**	**458**	**146**	**312**
4957	4753	351	258	93	77	24	53
5433	4887	419	284	135	83	16	67
5385	5019	416	269	147	105	38	67
5075	4258	369	250	119	82	31	51
5612	4915	371	262	109	111	37	74
41578	**33171**	**2395**	**1540**	**855**	**1143**	**434**	**709**
6116	5248	391	259	132	159	47	112
7925	6483	482	319	163	190	67	123
8905	7134	515	331	184	247	95	152
9350	7373	507	318	189	265	113	152
9282	6933	500	313	187	282	112	170
43347	**31046**	**2098**	**1250**	**848**	**1946**	**706**	**1240**
9415	7337	487	293	194	363	138	225
8604	6186	473	301	172	349	124	225
9195	6707	459	250	209	400	142	258
7613	5025	321	187	134	368	132	236
8520	5791	358	219	139	466	170	296
31338	**19636**	**1212**	**738**	**474**	**2287**	**905**	**1382**
7873	5160	367	224	143	497	176	321
7547	4859	309	175	134	510	214	296
7622	4700	260	163	97	580	239	341
5839	3447	187	114	73	475	198	277
2457	1470	89	62	27	225	78	147
13915	**6466**	**408**	**245**	**163**	**1591**	**729**	**862**
2909	1406	79	44	35	275	118	157
2129	1020	78	40	38	218	91	127
2769	1283	87	58	29	334	154	180
3123	1446	97	64	33	372	182	190
2985	1311	67	39	28	392	184	208
25349	**9877**	**477**	**268**	**209**	**8616**	**4019**	**4597**

5-3 全省分年龄、性别、受教育

受教育程度 年 龄	15 岁及以上人口			未婚			
	合计	男	女	小计	男	女	小计
高中	**298625**	**167324**	**131301**	**99551**	**54994**	**44557**	**184877**
15–19 岁	**72903**	**37275**	**35628**	**72769**	**37246**	**35523**	**127**
15	13404	6606	6798	13403	6606	6797	1
16	22036	11288	10748	22031	11286	10745	5
17	19190	9926	9264	19181	9924	9257	9
18	12370	6394	5976	12328	6386	5942	41
19	5903	3061	2842	5826	3044	2782	71
20–24 岁	**15487**	**8276**	**7211**	**12292**	**7269**	**5023**	**3152**
20	3434	1848	1586	3264	1804	1460	169
21	2486	1328	1158	2192	1261	931	290
22	2785	1495	1290	2262	1337	925	517
23	3029	1624	1405	2175	1356	819	839
24	3753	1981	1772	2399	1511	888	1337
25–29 岁	**24016**	**12775**	**11241**	**8491**	**5884**	**2607**	**15199**
25	4437	2351	2086	2317	1515	802	2093
26	4380	2342	2038	1886	1290	596	2448
27	5022	2653	2369	1737	1222	515	3213
28	4968	2653	2315	1361	994	367	3519
29	5209	2776	2433	1190	863	327	3926
30–34 岁	**28536**	**15314**	**13222**	**3381**	**2617**	**764**	**24306**
30	6528	3481	3047	1064	828	236	5311
31	5951	3184	2767	804	623	181	5000
32	5415	2921	2494	601	472	129	4627
33	5803	3117	2686	517	392	125	5085
34	4839	2611	2228	395	302	93	4283
35–39 岁	**18835**	**10220**	**8615**	**906**	**681**	**225**	**17081**
35	4052	2173	1879	256	188	68	3635
36	3965	2124	1841	215	170	45	3578
37	3458	1875	1583	155	113	42	3139
38	3881	2129	1752	156	118	38	3561
39	3479	1919	1560	124	92	32	3168
40–44 岁	**18480**	**10251**	**8229**	**518**	**385**	**133**	**16927**
40	3391	1877	1514	118	87	31	3106
41	3952	2233	1719	112	84	28	3607
42	3960	2164	1796	113	84	29	3629
43	3392	1865	1527	90	75	15	3104
44	3785	2112	1673	85	55	30	3481
45–49 岁	**25355**	**14480**	**10875**	**486**	**374**	**112**	**23345**
45	3994	2284	1710	103	77	26	3663
46	4784	2668	2116	81	65	16	4434
47	5475	3094	2381	110	87	23	5033
48	5628	3261	2367	97	74	23	5183
49	5474	3173	2301	95	71	24	5032
50–54 岁	**26021**	**15529**	**10492**	**340**	**265**	**75**	**23920**
50	5881	3525	2356	97	77	20	5374
51	5317	3127	2190	99	75	24	4867
52	5696	3372	2324	61	47	14	5256
53	4214	2541	1673	36	27	9	3894
54	4913	2964	1949	47	39	8	4529
55–59 岁	**29368**	**17282**	**12086**	**211**	**151**	**60**	**26765**
55	5106	2921	2185	39	28	11	4623
56	6137	3488	2649	48	38	10	5588
57	7730	4522	3208	59	38	21	7014
58	7086	4308	2778	43	33	10	6507
59	3309	2043	1266	22	14	8	3033
60–64 岁	**20714**	**13047**	**7667**	**91**	**73**	**18**	**18752**
60	4577	2811	1766	21	17	4	4148
61	3787	2308	1479	24	20	4	3420
62	4438	2767	1671	15	13	2	4021
63	4416	2889	1527	20	14	6	4018
64	3496	2272	1224	11	9	2	3145
65 岁及以上	**18910**	**12875**	**6035**	**66**	**49**	**17**	**15303**

程度、婚姻状况的人口（续 5）

单位：人

有配偶		离婚			丧偶		
男	女	小计	男	女	小计	男	女
105772	**79105**	**7641**	**3884**	**3757**	**6556**	**2674**	**3882**
27	**100**	**6**	**2**	**4**	**1**		**1**
	1						
2	3						
2	7						
8	33	1		1			
15	56	5	2	3	1		1
990	**2162**	**42**	**16**	**26**	**1**	**1**	
43	126	1	1				
66	224	4	1	3			
154	363	6	4	2			
263	576	15	5	10			
464	873	16	5	11	1	1	
6733	**8466**	**308**	**157**	**151**	**18**	**1**	**17**
820	1273	27	16	11			
1041	1407	40	11	29	6		6
1393	1820	70	38	32	2		2
1614	1905	83	44	39	5	1	4
1865	2061	88	48	40	5		5
12242	**12064**	**817**	**449**	**368**	**32**	**6**	**26**
2575	2736	143	76	67	10	2	8
2480	2520	145	81	64	2		2
2358	2269	182	91	91	5		5
2611	2474	191	110	81	10	4	6
2218	2065	156	91	65	5		5
9098	**7983**	**809**	**436**	**373**	**39**	**5**	**34**
1901	1734	153	84	69	8		8
1875	1703	166	78	88	6	1	5
1670	1469	157	89	68	7	3	4
1921	1640	156	89	67	8	1	7
1731	1437	177	96	81	10		10
9361	**7566**	**934**	**484**	**450**	**101**	**21**	**80**
1696	1410	157	93	64	10	1	9
2033	1574	216	114	102	17	2	15
1974	1655	201	102	99	17	4	13
1702	1402	179	82	97	19	6	13
1956	1525	181	93	88	38	8	30
13403	**9942**	**1277**	**625**	**652**	**247**	**78**	**169**
2094	1569	196	102	94	32	11	21
2482	1952	232	112	120	37	9	28
2851	2182	276	139	137	56	17	39
3032	2151	296	139	157	52	16	36
2944	2088	277	133	144	70	25	45
14432	**9488**	**1259**	**670**	**589**	**502**	**162**	**340**
3246	2128	308	168	140	102	34	68
2884	1983	261	147	114	90	21	69
3144	2112	286	148	138	93	33	60
2381	1513	195	98	97	89	35	54
2777	1752	209	109	100	128	39	89
16204	**10561**	**1303**	**598**	**705**	**1089**	**329**	**760**
2725	1898	284	125	159	160	43	117
3263	2325	303	129	174	198	58	140
4208	2806	368	189	179	289	87	202
4077	2430	241	112	129	295	86	209
1931	1102	107	43	64	147	55	92
12168	**6584**	**608**	**300**	**308**	**1263**	**506**	**757**
2624	1524	158	76	82	250	94	156
2141	1279	130	69	61	213	78	135
2579	1442	131	61	70	271	114	157
2713	1305	107	49	58	271	113	158
2111	1034	82	45	37	258	107	151
11114	**4189**	**278**	**147**	**131**	**3263**	**1565**	**1698**

5-3 全省分年龄、性别、受教育

受教育程度 年龄	15岁及以上人口			未婚			
	合计	男	女	小计	男	女	小计
大学专科	**184930**	**98565**	**86365**	**62764**	**33244**	**29520**	**116502**
15-19岁	**13679**	**6954**	**6725**	**13669**	**6951**	**6718**	**10**
15	370	203	167	370	203	167	
16	766	428	338	765	428	337	1
17	1559	800	759	1559	800	759	
18	4112	2024	2088	4111	2023	2088	1
19	6872	3499	3373	6864	3497	3367	8
20-24岁	**30580**	**14647**	**15933**	**28504**	**14049**	**14455**	**2066**
20	7016	3445	3571	6978	3438	3540	38
21	5930	2863	3067	5828	2842	2986	102
22	5934	2818	3116	5622	2742	2880	312
23	5620	2699	2921	5096	2538	2558	522
24	6080	2822	3258	4980	2489	2491	1092
25-29岁	**31506**	**15136**	**16370**	**15024**	**8523**	**6501**	**16285**
25	6883	3126	3757	4870	2489	2381	1997
26	6194	2962	3232	3650	2022	1628	2518
27	6433	3029	3404	2912	1670	1242	3479
28	6068	2992	3076	2031	1306	725	3980
29	5928	3027	2901	1561	1036	525	4311
30-34岁	**30650**	**15704**	**14946**	**3981**	**2689**	**1292**	**26013**
30	7245	3669	3576	1432	974	458	5688
31	6479	3341	3138	975	669	306	5381
32	5871	3016	2855	683	446	237	5082
33	6038	3087	2951	523	341	182	5367
34	5017	2591	2426	368	259	109	4495
35-39岁	**18269**	**9883**	**8386**	**885**	**568**	**317**	**16657**
35	4270	2296	1974	281	185	96	3846
36	3967	2157	1810	197	132	65	3621
37	3537	1941	1596	172	111	61	3228
38	3542	1892	1650	148	85	63	3231
39	2953	1597	1356	87	55	32	2731
40-44岁	**13884**	**7520**	**6364**	**284**	**182**	**102**	**12901**
40	2783	1458	1325	67	40	27	2596
41	2900	1592	1308	64	44	20	2694
42	2990	1645	1345	56	35	21	2795
43	2454	1288	1166	51	35	16	2254
44	2757	1537	1220	46	28	18	2562
45-49岁	**15334**	**8678**	**6656**	**220**	**149**	**71**	**14278**
45	2686	1474	1212	38	27	11	2510
46	3078	1743	1335	44	30	14	2879
47	3277	1854	1423	53	37	16	3036
48	3249	1859	1390	40	23	17	3019
49	3044	1748	1296	45	32	13	2834
50-54岁	**12292**	**7298**	**4994**	**122**	**88**	**34**	**11433**
50	2991	1739	1252	38	31	7	2752
51	2526	1509	1017	31	21	10	2355
52	2708	1614	1094	22	15	7	2528
53	1895	1139	756	15	10	5	1775
54	2172	1297	875	16	11	5	2023
55-59岁	**8688**	**5553**	**3135**	**42**	**25**	**17**	**8090**
55	2138	1346	792	19	12	7	1985
56	2089	1305	784	7	5	2	1946
57	2180	1396	784	7	4	3	2028
58	1626	1058	568	6	3	3	1525
59	655	448	207	3	1	2	606
60-64岁	**3836**	**2738**	**1098**	**15**	**11**	**4**	**3557**
60	742	510	232	5	4	1	688
61	624	456	168	1	1		576
62	780	561	219	2	1	1	719
63	868	628	240	4	2	2	806
64	822	583	239	3	3		768
65岁及以上	**6212**	**4454**	**1758**	**18**	**9**	**9**	**5212**

程度、婚姻状况的人口（续6）

单位：人

有配偶		离婚			丧偶		
男	女	小计	男	女	小计	男	女
62889	**53613**	**4040**	**1800**	**2240**	**1624**	**632**	**992**
3	**7**						
	1						
1							
2	6						
598	**1468**	**10**		**10**			
7	31						
21	81						
76	236						
161	361	2		2			
333	759	8		8			
6538	**9747**	**189**	**75**	**114**	**8**		**8**
635	1362	13	2	11	3		3
931	1587	26	9	17			
1343	2136	42	16	26			
1665	2315	54	21	33	3		3
1964	2347	54	27	27	2		2
12693	**13320**	**637**	**318**	**319**	**19**	**4**	**15**
2637	3051	123	58	65	2		2
2610	2771	118	62	56	5		5
2517	2565	104	52	52	2	1	1
2672	2695	145	74	71	3		3
2257	2238	147	72	75	7	3	4
8981	**7676**	**702**	**329**	**373**	**25**	**5**	**20**
2047	1799	138	63	75	5	1	4
1952	1669	147	72	75	2	1	1
1773	1455	134	57	77	3		3
1728	1503	151	76	75	12	3	9
1481	1250	132	61	71	3		3
7019	**5882**	**646**	**303**	**343**	**53**	**16**	**37**
1362	1234	113	53	60	7	3	4
1488	1206	136	59	77	6	1	5
1540	1255	132	68	64	7	2	5
1184	1070	130	63	67	19	6	13
1445	1117	135	60	75	14	4	10
8219	**6059**	**705**	**287**	**418**	**131**	**23**	**108**
1400	1110	117	43	74	21	4	17
1654	1225	135	56	79	20	3	17
1752	1284	159	59	100	29	6	23
1764	1255	158	67	91	32	5	27
1649	1185	136	62	74	29	5	24
6947	**4486**	**572**	**227**	**345**	**165**	**36**	**129**
1635	1117	159	67	92	42	6	36
1435	920	116	46	70	24	7	17
1531	997	124	56	68	34	12	22
1100	675	78	26	52	27	3	24
1246	777	95	32	63	38	8	30
5326	**2764**	**360**	**145**	**215**	**196**	**57**	**139**
1283	702	93	39	54	41	12	29
1252	694	94	39	55	42	9	33
1343	685	92	33	59	53	16	37
1019	506	59	23	36	36	13	23
429	177	22	11	11	24	7	17
2604	**953**	**112**	**58**	**54**	**152**	**65**	**87**
483	205	20	11	9	29	12	17
437	139	23	9	14	24	9	15
526	193	26	18	8	33	16	17
596	210	22	13	9	36	17	19
562	206	21	7	14	30	11	19
3961	**1251**	**107**	**58**	**49**	**875**	**426**	**449**

5-3 全省分年龄、性别、受教育

受教育程度 年　　龄	15 岁及以上人口			未婚			
	合计	男	女	小计	男	女	小计
大学本科	**160243**	**83907**	**76336**	**62919**	**30765**	**32154**	**94143**
15–19 岁	**10249**	**4717**	**5532**	**10242**	**4716**	**5526**	**6**
15	47	26	21	47	26	21	
16	95	49	46	95	49	46	
17	604	274	330	604	274	330	
18	3230	1454	1776	3228	1454	1774	2
19	6273	2914	3359	6268	2913	3355	4
20–24 岁	**34134**	**15818**	**18316**	**33566**	**15667**	**17899**	**565**
20	8006	3707	4299	8001	3705	4296	5
21	7733	3566	4167	7711	3561	4150	22
22	7277	3371	3906	7225	3359	3866	52
23	5774	2728	3046	5649	2699	2950	122
24	5344	2446	2898	4980	2343	2637	364
25–29 岁	**25871**	**11960**	**13911**	**14360**	**7427**	**6933**	**11405**
25	5424	2543	2881	4650	2298	2352	769
26	5016	2256	2760	3486	1725	1761	1514
27	5183	2333	2850	2770	1466	1304	2396
28	5041	2343	2698	2007	1101	906	3007
29	5207	2485	2722	1447	837	610	3719
30–34 岁	**30289**	**15207**	**15082**	**3564**	**2236**	**1328**	**26232**
30	6652	3241	3411	1325	818	507	5277
31	6320	3136	3184	847	521	326	5391
32	6043	3019	3024	630	396	234	5319
33	5871	2978	2893	456	297	159	5297
34	5403	2833	2570	306	204	102	4948
35–39 岁	**20658**	**11294**	**9364**	**734**	**455**	**279**	**19306**
35	4610	2559	2051	212	140	72	4297
36	4618	2490	2128	180	102	78	4306
37	4009	2140	1869	145	93	52	3739
38	4124	2323	1801	117	66	51	3860
39	3297	1782	1515	80	54	26	3104
40–44 岁	**12455**	**7031**	**5424**	**221**	**134**	**87**	**11785**
40	2773	1517	1256	52	27	25	2631
41	2942	1674	1268	58	38	20	2796
42	2551	1449	1102	56	34	22	2398
43	2098	1170	928	30	18	12	1989
44	2091	1221	870	25	17	8	1971
45–49 岁	**10077**	**6315**	**3762**	**108**	**59**	**49**	**9570**
45	1971	1217	754	23	15	8	1866
46	2118	1328	790	24	10	14	2028
47	2043	1290	753	21	14	7	1941
48	2106	1310	796	20	9	11	1983
49	1839	1170	669	20	11	9	1752
50–54 岁	**7742**	**5123**	**2619**	**64**	**39**	**25**	**7343**
50	1842	1185	657	20	12	8	1754
51	1592	1047	545	13	10	3	1502
52	1708	1110	598	16	9	7	1613
53	1236	846	390	6	2	4	1184
54	1364	935	429	9	6	3	1290
55–59 岁	**4648**	**3355**	**1293**	**30**	**17**	**13**	**4393**
55	1252	854	398	6	4	2	1192
56	1151	836	315	10	6	4	1080
57	1164	847	317	6	4	2	1102
58	785	586	199	7	3	4	741
59	296	232	64	1		1	278
60–64 岁	**1287**	**974**	**313**	**15**	**9**	**6**	**1190**
60	282	217	65	5	3	2	263
61	232	175	57	3	2	1	218
62	247	178	69				228
63	269	207	62	2	1	1	250
64	257	197	60	5	3	2	231
65 岁及以上	**2833**	**2113**	**720**	**15**	**6**	**9**	**2348**

程度、婚姻状况的人口（续7）

单位：人

有配偶		离婚			丧偶		
男	女	小计	男	女	小计	男	女
51753	**42390**	**2433**	**1069**	**1364**	**748**	**320**	**428**
1	**5**	**1**		**1**			
	2						
1	3	1		1			
150	**415**	**3**	**1**	**2**			
2	3						
5	17						
12	40						
28	94	3	1	2			
103	261						
4495	**6910**	**104**	**38**	**66**	**2**		**2**
244	525	5	1	4			
529	985	16	2	14			
859	1537	16	8	8	1		1
1232	1775	27	10	17			
1631	2088	40	17	23	1		1
12776	**13456**	**481**	**192**	**289**	**12**	**3**	**9**
2406	2871	48	16	32	2	1	1
2583	2808	82	32	50			
2587	2732	91	36	55	3		3
2633	2664	113	46	67	5	2	3
2567	2381	147	62	85	2		2
10558	**8748**	**583**	**276**	**307**	**35**	**5**	**30**
2374	1923	90	44	46	11	1	10
2323	1983	128	65	63	4		4
1990	1749	120	55	65	5	2	3
2189	1671	138	67	71	9	1	8
1682	1422	107	45	62	6	1	5
6703	**5082**	**411**	**185**	**226**	**38**	**9**	**29**
1443	1188	87	45	42	3	2	1
1600	1196	82	35	47	6	1	5
1366	1032	87	45	42	10	4	6
1124	865	70	26	44	9	2	7
1170	801	85	34	51	10		10
6091	**3479**	**342**	**151**	**191**	**57**	**14**	**43**
1168	698	71	32	39	11	2	9
1290	738	58	27	31	8	1	7
1239	702	73	34	39	8	3	5
1259	724	85	36	49	18	6	12
1135	617	55	22	33	12	2	10
4958	**2385**	**264**	**109**	**155**	**71**	**17**	**54**
1144	610	60	26	34	8	3	5
1009	493	63	24	39	14	4	10
1075	538	58	24	34	21	2	19
829	355	38	14	24	8	1	7
901	389	45	21	24	20	7	13
3247	**1146**	**153**	**67**	**86**	**72**	**24**	**48**
830	362	40	16	24	14	4	10
805	275	44	21	23	17	4	13
823	279	35	16	19	21	4	17
565	176	19	7	12	18	11	7
224	54	15	7	8	2	1	1
927	**263**	**39**	**18**	**21**	**43**	**20**	**23**
204	59	8	6	2	6	4	2
169	49	4	1	3	7	3	4
170	58	8	4	4	11	4	7
199	51	11	4	7	6	3	3
185	46	8	3	5	13	6	7
1847	**501**	**52**	**32**	**20**	**418**	**228**	**190**

5-3 全省分年龄、性别、受教育

受教育程度 年　龄	15 岁及以上人口			未婚			
	合计	男	女	小计	男	女	小计
硕士研究生	**11283**	**5563**	**5720**	**5011**	**2257**	**2754**	**6104**
15-19 岁	**10**	**6**	**4**	**10**	**6**	**4**	
15							
16							
17	3	3		3	3		
18	1		1	1		1	
19	6	3	3	6	3	3	
20-24 岁	**1971**	**852**	**1119**	**1965**	**851**	**1114**	**6**
20	10	6	4	10	6	4	
21	68	25	43	68	25	43	
22	349	140	209	348	140	208	1
23	636	290	346	636	290	346	
24	908	391	517	903	390	513	5
25-29 岁	**2953**	**1290**	**1663**	**2481**	**1145**	**1336**	**471**
25	956	427	529	936	422	514	20
26	678	316	362	636	302	334	42
27	570	237	333	479	214	265	91
28	388	150	238	252	115	137	136
29	361	160	201	178	92	86	182
30-34 岁	**2292**	**972**	**1320**	**424**	**188**	**236**	**1853**
30	484	173	311	160	67	93	324
31	510	200	310	122	59	63	387
32	447	190	257	67	25	42	377
33	436	200	236	51	25	26	379
34	415	209	206	24	12	12	386
35-39 岁	**1660**	**835**	**825**	**88**	**42**	**46**	**1540**
35	366	168	198	25	16	9	334
36	349	185	164	26	10	16	315
37	310	147	163	16	6	10	288
38	369	195	174	14	5	9	351
39	266	140	126	7	5	2	252
40-44 岁	**892**	**503**	**389**	**31**	**17**	**14**	**820**
40	224	114	110	7	5	2	208
41	221	116	105	13	6	7	198
42	160	89	71	6	3	3	144
43	140	91	49	2	2		133
44	147	93	54	3	1	2	137
45-49 岁	**639**	**430**	**209**	**8**	**5**	**3**	**601**
45	126	76	50	4	3	1	117
46	107	73	34	2	1	1	104
47	151	106	45	1	1		140
48	124	83	41	1		1	117
49	131	92	39				123
50-54 岁	**442**	**320**	**122**	**3**	**2**	**1**	**418**
50	108	63	45	1		1	99
51	89	70	19	1	1		85
52	108	82	26				105
53	63	51	12	1	1		59
54	74	54	20				70
55-59 岁	**300**	**247**	**53**				**284**
55	68	54	14				62
56	85	72	13				81
57	77	62	15				75
58	52	44	8				49
59	18	15	3				17
60-64 岁	**78**	**67**	**11**	**1**	**1**		**74**
60	15	14	1				15
61	17	14	3				16
62	16	13	3	1	1		15
63	20	17	3				20
64	10	9	1				8
65 岁及以上	**46**	**41**	**5**				**37**

程度、婚姻状况的人口（续8）

单位：人

有配偶		离婚			丧偶		
男	女	小计	男	女	小计	男	女
3234	**2870**	**148**	**66**	**82**	**20**	**6**	**14**
1	**5**						
	1						
1	4						
144	**327**	**1**	**1**				
5	15						
14	28						
23	68						
35	101						
67	115	1	1				
776	**1077**	**14**	**7**	**7**	**1**	**1**	
106	218						
140	247	1	1				
163	214	2	1	1	1	1	
172	207	6	3	3			
195	191	5	2	3			
780	**760**	**31**	**13**	**18**	**1**		**1**
150	184	7	2	5			
174	141	7	1	6	1		1
138	150	6	3	3			
187	164	4	3	1			
131	121	7	4	3			
473	**347**	**39**	**13**	**26**	**2**		**2**
106	102	9	3	6			
105	93	10	5	5			
83	61	10	3	7			
88	45	4	1	3	1		1
91	46	6	1	5	1		1
411	**190**	**27**	**14**	**13**	**3**		**3**
71	46	4	2	2	1		1
71	33	1	1				
99	41	10	6	4			
81	36	5	2	3	1		1
89	34	7	3	4	1		1
309	**109**	**18**	**8**	**10**	**3**	**1**	**2**
61	38	6	1	5	2	1	1
67	18	3	2	1			
81	24	3	1	2			
48	11	2	2		1		1
52	18	4	2	2			
241	**43**	**12**	**5**	**7**	**4**	**1**	**3**
52	10	3	2	1	3		3
71	10	3		3	1	1	
61	14	2	1	1			
42	7	3	2	1			
15	2	1		1			
64	**10**	**3**	**2**	**1**			
14	1						
13	3	1	1				
12	3						
17	3						
8		2	1	1			
35	**2**	**3**	**3**		**6**	**3**	**3**

5-3 全省分年龄、性别、受教育

受教育程度 年龄	15岁及以上人口			未婚			
	合计	男	女	小计	男	女	小计
博士研究生	**1590**	**977**	**613**	**491**	**293**	**198**	**1063**
15-19岁	**1**	**1**		**1**	**1**		
15							
16							
17							
18							
19	1	1		1	1		
20-24岁	**45**	**25**	**20**	**45**	**25**	**20**	
20	1	1		1	1		
21	3	2	1	3	2	1	
22	6	2	4	6	2	4	
23	8	3	5	8	3	5	
24	27	17	10	27	17	10	
25-29岁	**329**	**189**	**140**	**287**	**164**	**123**	**42**
25	65	30	35	64	29	35	1
26	57	31	26	54	31	23	3
27	73	44	29	67	40	27	6
28	61	38	23	52	34	18	9
29	73	46	27	50	30	20	23
30-34岁	**337**	**197**	**140**	**117**	**77**	**40**	**218**
30	86	53	33	43	30	13	43
31	75	41	34	35	20	15	40
32	57	35	22	16	10	6	40
33	67	37	30	16	13	3	50
34	52	31	21	7	4	3	45
35-39岁	**301**	**181**	**120**	**31**	**21**	**10**	**262**
35	55	35	20	8	6	2	47
36	55	30	25	10	6	4	44
37	55	33	22	5	3	2	48
38	68	45	23	3	2	1	62
39	68	38	30	5	4	1	61
40-44岁	**238**	**142**	**96**	**6**	**3**	**3**	**222**
40	62	31	31	2	1	1	56
41	66	39	27				62
42	49	32	17	2	2		47
43	32	19	13	2		2	30
44	29	21	8				27
45-49岁	**146**	**93**	**53**	**2**	**1**	**1**	**137**
45	32	25	7				31
46	28	19	9	1	1		26
47	35	20	15	1		1	33
48	28	16	12				27
49	23	13	10				20
50-54岁	**110**	**77**	**33**	**1**		**1**	**104**
50	23	15	8				22
51	26	20	6				25
52	26	15	11	1		1	23
53	18	14	4				18
54	17	13	4				16
55-59岁	**68**	**60**	**8**	**1**	**1**		**67**
55	19	17	2	1	1		18
56	14	11	3				14
57	22	20	2				22
58	10	9	1				10
59	3	3					3
60-64岁	**4**	**4**					**4**
60	1	1					1
61							
62							
63							
64	3	3					3
65岁及以上	**11**	**8**	**3**				**7**

程度、婚姻状况的人口（续9）

单位：人

有配偶		离婚			丧偶		
男	女	小计	男	女	小计	男	女
672	**391**	**30**	**11**	**19**	**6**	**1**	**5**
25	**17**						
1							
	3						
4	2						
4	5						
16	7						
120	**98**	**2**		**2**			
23	20						
21	19						
25	15	1		1			
24	26	1		1			
27	18						
158	**104**	**8**	**2**	**6**			
29	18						
24	20	1		1			
29	19	2	1	1			
43	19	3		3			
33	28	2	1	1			
135	**87**	**10**	**4**	**6**			
29	27	4	1	3			
38	24	4	1	3			
30	17						
19	11						
19	8	2	2				
90	**47**	**5**	**2**	**3**	**2**		**2**
24	7	1	1				
17	9	1	1				
20	13	1		1			
16	11	1		1			
13	7	1		1	2		2
75	**29**	**4**	**2**	**2**	**1**		**1**
15	7	1		1			
20	5				1		1
14	9	2	1	1			
14	4						
12	4	1	1				
59	**8**						
16	2						
11	3						
20	2						
9	1						
3							
4							
1							
3							
6	**1**	**1**	**1**		**3**	**1**	**2**

5-3a 全省分年龄、性别、受教育

受教育程度 年龄	15 岁及以上人口			未婚			
	合计	男	女	小计	男	女	小计
合计	**544678**	**268230**	**276448**	**105274**	**57650**	**47624**	**396287**
15–19 岁	**35052**	**18344**	**16708**	**34889**	**18327**	**16562**	**163**
15	6644	3529	3115	6644	3529	3115	
16	7833	4135	3698	7825	4134	3691	8
17	6783	3526	3257	6769	3526	3243	14
18	6570	3406	3164	6516	3401	3115	54
19	7222	3748	3474	7135	3737	3398	87
20–24 岁	**38888**	**18801**	**20087**	**34910**	**17621**	**17289**	**3937**
20	7885	3911	3974	7717	3877	3840	166
21	7490	3669	3821	7192	3599	3593	293
22	7887	3713	4174	7271	3549	3722	613
23	7327	3562	3765	6324	3239	3085	987
24	8299	3946	4353	6406	3357	3049	1878
25–29 岁	**49118**	**23580**	**25538**	**21506**	**12371**	**9135**	**27180**
25	9405	4494	4911	6368	3412	2956	3006
26	9311	4469	4842	5107	2879	2228	4144
27	10012	4757	5255	4237	2452	1785	5682
28	9884	4714	5170	3155	1953	1202	6618
29	10506	5146	5360	2639	1675	964	7730
30–34 岁	**65196**	**31786**	**33410**	**7802**	**5118**	**2684**	**55716**
30	13671	6598	7073	2473	1616	857	10981
31	13565	6729	6836	1882	1244	638	11386
32	12690	6177	6513	1440	919	521	10921
33	13263	6436	6827	1173	767	406	11676
34	12007	5846	6161	834	572	262	10752
35–39 岁	**50998**	**25125**	**25873**	**2254**	**1447**	**807**	**46651**
35	10530	5122	5408	606	392	214	9571
36	10580	5135	5445	520	337	183	9637
37	9811	4827	4984	420	262	158	8982
38	10788	5462	5326	413	256	157	9918
39	9289	4579	4710	295	200	95	8543
40–44 岁	**44999**	**22438**	**22561**	**1156**	**789**	**367**	**41448**
40	8471	4201	4270	253	170	83	7841
41	9784	4974	4810	260	174	86	9009
42	9403	4646	4757	238	156	82	8665
43	8334	4106	4228	213	156	57	7632
44	9007	4511	4496	192	133	59	8301
45–49 岁	**57653**	**29180**	**28473**	**1133**	**817**	**316**	**52856**
45	9401	4751	4650	176	123	53	8650
46	11062	5587	5475	206	147	59	10253
47	12304	6236	6068	252	186	66	11262
48	12710	6410	6300	244	179	65	11589
49	12176	6196	5980	255	182	73	11102
50–54 岁	**57548**	**28889**	**28659**	**830**	**612**	**218**	**52291**
50	12754	6424	6330	223	172	51	11631
51	11801	5944	5857	202	154	48	10692
52	12691	6364	6327	176	122	54	11529
53	9457	4740	4717	112	76	36	8615
54	10845	5417	5428	117	88	29	9824
55–59 岁	**46007**	**22778**	**23229**	**418**	**299**	**119**	**41234**
55	10756	5370	5386	118	83	35	9639
56	10887	5447	5440	98	80	18	9756
57	11435	5647	5788	108	75	33	10240
58	8765	4304	4461	68	47	21	7883
59	4164	2010	2154	26	14	12	3716
60–64 岁	**28884**	**14260**	**14624**	**150**	**101**	**49**	**25402**
60	5505	2714	2791	35	23	12	4875
61	4737	2340	2397	27	18	9	4160
62	6000	2981	3019	28	23	5	5259
63	6580	3282	3298	30	17	13	5812
64	6062	2943	3119	30	20	10	5296
65 岁及以上	**70335**	**33049**	**37286**	**226**	**148**	**78**	**49409**

程度、婚姻状况的人口（城市）

单位：人

有配偶		离婚			丧偶		
男	女	小计	男	女	小计	男	女
197077	**199210**	**16729**	**7651**	**9078**	**26388**	**5852**	**20536**
17	**146**						
1	7						
	14						
5	49						
11	76						
1167	**2770**	**38**	**12**	**26**	**3**	**1**	**2**
34	132	1		1	1		1
69	224	4	1	3	1		1
164	449	3		3			
317	670	16	6	10			
583	1295	14	5	9	1	1	
11040	**16140**	**419**	**166**	**253**	**13**	**3**	**10**
1071	1935	29	11	18	2		2
1575	2569	57	14	43	3	1	2
2269	3413	89	35	54	4	1	3
2715	3903	108	45	63	3	1	2
3410	4320	136	61	75	1		1
25925	**29791**	**1617**	**734**	**883**	**61**	**9**	**52**
4891	6090	212	91	121	5		5
5345	6041	287	139	148	10	1	9
5112	5809	316	144	172	13	2	11
5488	6188	403	179	224	11	2	9
5089	5663	399	181	218	22	4	18
22734	**23917**	**1983**	**929**	**1054**	**110**	**15**	**95**
4581	4990	335	145	190	18	4	14
4613	5024	401	184	217	22	1	21
4383	4599	393	180	213	16	2	14
4985	4933	424	214	210	33	7	26
4172	4371	430	206	224	21	1	20
20582	**20866**	**2187**	**1023**	**1164**	**208**	**44**	**164**
3836	4005	348	189	159	29	6	23
4580	4429	477	216	261	38	4	34
4263	4402	470	216	254	30	11	19
3741	3891	436	195	241	53	14	39
4162	4139	456	207	249	58	9	49
26900	**25956**	**3015**	**1350**	**1665**	**649**	**113**	**536**
4394	4256	489	220	269	86	14	72
5188	5065	513	244	269	90	8	82
5745	5517	657	281	376	133	24	109
5885	5704	704	312	392	173	34	139
5688	5414	652	293	359	167	33	134
26659	**25632**	**3063**	**1381**	**1682**	**1364**	**237**	**1127**
5901	5730	691	313	378	209	38	171
5429	5263	658	312	346	249	49	200
5876	5653	710	321	389	276	45	231
4433	4182	464	192	272	266	39	227
5020	4804	540	243	297	364	66	298
21068	**20166**	**2402**	**1075**	**1327**	**1953**	**336**	**1617**
4957	4682	612	271	341	387	59	328
5021	4735	622	268	354	411	78	333
5198	5042	598	287	311	489	87	402
4008	3875	387	171	216	427	78	349
1884	1832	183	78	105	239	34	205
13190	**12212**	**1035**	**503**	**532**	**2297**	**466**	**1831**
2513	2362	227	113	114	368	65	303
2153	2007	204	96	108	346	73	273
2729	2530	228	118	110	485	111	374
3068	2744	203	94	109	535	103	432
2727	2569	173	82	91	563	114	449
27795	**21614**	**970**	**478**	**492**	**19730**	**4628**	**15102**

5-3a 全省分年龄、性别、受教育

受教育程度 年　　龄	15岁及以上人口			未婚			
	合计	男	女	小计	男	女	小计
未上过学	**12237**	**2376**	**9861**	**458**	**313**	**145**	**7476**
15-19岁	**53**	**30**	**23**	**53**	**30**	**23**	
15	7	3	4	7	3	4	
16	13	4	9	13	4	9	
17	9	8	1	9	8	1	
18	12	9	3	12	9	3	
19	12	6	6	12	6	6	
20-24岁	**65**	**40**	**25**	**57**	**39**	**18**	**7**
20	12	8	4	9	8	1	3
21	13	8	5	12	8	4	1
22	15	8	7	13	8	5	2
23	12	8	4	10	7	3	1
24	13	8	5	13	8	5	
25-29岁	**93**	**34**	**59**	**47**	**25**	**22**	**46**
25	14	6	8	12	5	7	2
26	19	7	12	12	6	6	7
27	13	7	6	6	4	2	7
28	19	5	14	6	4	2	13
29	28	9	19	11	6	5	17
30-34岁	**142**	**44**	**98**	**38**	**24**	**14**	**98**
30	27	9	18	12	7	5	15
31	21	9	12	5	5		15
32	36	8	28	10	6	4	24
33	35	8	27	6	4	2	28
34	23	10	13	5	2	3	16
35-39岁	**192**	**63**	**129**	**26**	**22**	**4**	**159**
35	20	7	13	1	1		19
36	44	12	32	3	2	1	40
37	41	14	27	5	3	2	30
38	42	15	27	9	8	1	33
39	45	15	30	8	8		37
40-44岁	**270**	**78**	**192**	**28**	**19**	**9**	**228**
40	42	13	29	9	6	3	33
41	45	7	38	3	1	2	38
42	62	21	41	6	4	2	55
43	64	22	42	7	5	2	51
44	57	15	42	3	3		51
45-49岁	**689**	**199**	**490**	**62**	**49**	**13**	**588**
45	98	23	75	7	7		85
46	137	42	95	14	12	2	118
47	139	40	99	15	11	4	114
48	169	53	116	13	9	4	149
49	146	41	105	13	10	3	122
50-54岁	**978**	**232**	**746**	**50**	**32**	**18**	**854**
50	188	50	138	11	9	2	171
51	205	36	169	12	7	5	179
52	198	47	151	9	6	3	173
53	176	43	133	7	3	4	154
54	211	56	155	11	7	4	177
55-59岁	**987**	**147**	**840**	**26**	**19**	**7**	**844**
55	175	33	142	10	7	3	146
56	213	38	175	4	4		184
57	239	40	199	9	6	3	207
58	225	26	199	2	1	1	195
59	135	10	125	1	1		112
60-64岁	**1312**	**189**	**1123**	**20**	**12**	**8**	**1012**
60	169	19	150	5	3	2	127
61	176	28	148	2		2	136
62	261	38	223	2	2		199
63	346	50	296	5	3	2	266
64	360	54	306	6	4	2	284
65岁及以上	**7456**	**1320**	**6136**	**51**	**42**	**9**	**3640**

程度、婚姻状况的人口（城市）（续1）

单位：人

有配偶		离婚			丧偶		
男	女	小计	男	女	小计	男	女
1672	**5804**	**153**	**49**	**104**	**4150**	**342**	**3808**
1	**6**	**1**		**1**			
	3						
	1						
	2						
1		1		1			
9	**37**						
1	1						
1	6						
3	4						
1	12						
3	14						
19	**79**	**5**	**1**	**4**	**1**		**1**
2	13						
3	12	1	1				
2	22	1		1	1		1
4	24	1		1			
8	8	2		2			
39	**120**	**6**	**2**	**4**	**1**		**1**
6	13						
10	30	1		1			
9	21	5	2	3	1		1
7	26						
7	30						
55	**173**	**10**	**4**	**6**	**4**		**4**
7	26						
5	33	2	1	1	2		2
17	38	1		1			
14	37	6	3	3			
12	39	1		1	2		2
147	**441**	**22**	**2**	**20**	**17**	**1**	**16**
16	69	4		4	2		2
30	88	3		3	2		2
27	87	6	2	4	4		4
43	106	3		3	4	1	3
31	91	6		6	5		5
186	**668**	**27**	**11**	**16**	**47**	**3**	**44**
41	130	2		2	4		4
27	152	5	1	4	9	1	8
37	136	9	4	5	7		7
38	116	2	1	1	13	1	12
43	134	9	5	4	14	1	13
118	**726**	**20**	**5**	**15**	**97**	**5**	**92**
24	122	3	1	2	16	1	15
31	153	8	2	6	17	1	16
31	176	6	1	5	17	2	15
23	172	3	1	2	25	1	24
9	103				22		22
159	**853**	**19**	**7**	**12**	**261**	**11**	**250**
15	112	3	1	2	34		34
24	112	3		3	35	4	31
32	167	4	1	3	56	3	53
45	221	3	2	1	72		72
43	241	6	3	3	64	4	60
939	**2701**	**43**	**17**	**26**	**3722**	**322**	**3400**

5-3a 全省分年龄、性别、受教育

受教育程度 年　　龄	15岁及以上人口			未婚			
	合计	男	女	小计	男	女	小计
学前教育	**213**	**73**	**140**	**34**	**16**	**18**	**118**
15-19岁	**17**	**7**	**10**	**17**	**7**	**10**	
15	11	5	6	11	5	6	
16	4	1	3	4	1	3	
17	1		1	1		1	
18	1	1		1	1		
19							
20-24岁	**9**	**4**	**5**	**8**	**3**	**5**	**1**
20	2	1	1	2	1	1	
21	1		1	1		1	
22	1		1	1		1	
23	1		1	1		1	
24	4	3	1	3	2	1	1
25-29岁	**6**	**3**	**3**	**2**	**1**	**1**	**4**
25	1		1				1
26	1		1				1
27	3	2	1	2	1	1	1
28							
29	1	1					1
30-34岁	**8**	**3**	**5**				**8**
30	1		1				1
31	4	1	3				4
32							
33	3	2	1				3
34							
35-39岁	**8**	**3**	**5**	**2**	**1**	**1**	**6**
35							
36	3	1	2	2	1	1	1
37	3	1	2				3
38	2	1	1				2
39							
40-44岁	**8**	**5**	**3**	**1**	**1**		**6**
40	2	1	1				2
41	2	2		1	1		1
42	1		1				
43	1		1				1
44	2	2					2
45-49岁	**9**	**5**	**4**	**2**	**1**	**1**	**7**
45	2	2					2
46	2	1	1	1		1	1
47							
48	5	2	3	1	1		4
49							
50-54岁	**21**	**12**	**9**	**1**	**1**		**19**
50	5	4	1	1	1		4
51	3	1	2				3
52	5	2	3				5
53	3	1	2				3
54	5	4	1				4
55-59岁	**17**	**4**	**13**				**15**
55	3	1	2				3
56	3		3				2
57	5	2	3				5
58	4		4				3
59	2	1	1				2
60-64岁	**13**	**5**	**8**	**1**	**1**		**8**
60	2	1	1				1
61	2	2		1	1		1
62	1		1				1
63	4		4				3
64	4	2	2				2
65岁及以上	**97**	**22**	**75**				**44**

程度、婚姻状况的人口（城市）（续2）

单位：人

有配偶		离婚			丧偶		
男	女	小计	男	女	小计	男	女
48	**70**	**1**		**1**	**60**	**9**	**51**
1							
1							
2	**2**						
	1						
	1						
1							
1							
3	**5**						
	1						
1	3						
2	1						
2	**4**						
	1						
1	2						
1	1						
4	**2**	**1**		**1**			
1	1						
1							
		1		1			
	1						
2							
4	**3**						
2							
1							
1	3						
11	**8**				**1**		**1**
3	1						
1	2						
2	3						
1	2						
4					1		1
4	**11**				**2**		**2**
1	2						
	2				1		1
2	3						
	3				1		1
1	1						
2	**6**				**4**	**2**	**2**
	1				1	1	
1							
	1						
	3				1		1
1	1				2	1	1
15	**29**				**53**	**7**	**46**

5-3a 全省分年龄、性别、受教育

受教育程度 年龄	15 岁及以上人口			未婚			
	合计	男	女	小计	男	女	小计
小学	**58641**	**22815**	**35826**	**1582**	**1162**	**420**	**45885**
15-19 岁	**232**	**120**	**112**	**194**	**115**	**79**	**38**
15	29	17	12	29	17	12	
16	36	18	18	33	17	16	3
17	30	16	14	27	16	11	3
18	59	32	27	49	32	17	10
19	78	37	41	56	33	23	22
20-24 岁	**601**	**307**	**294**	**304**	**230**	**74**	**288**
20	72	40	32	43	34	9	28
21	102	50	52	59	42	17	42
22	122	66	56	67	51	16	55
23	130	62	68	63	47	16	62
24	175	89	86	72	56	16	101
25-29 岁	**1253**	**600**	**653**	**263**	**190**	**73**	**967**
25	190	106	84	65	47	18	124
26	225	115	110	58	49	9	162
27	225	97	128	44	31	13	177
28	294	130	164	48	31	17	240
29	319	152	167	48	32	16	264
30-34 岁	**2240**	**974**	**1266**	**184**	**130**	**54**	**1979**
30	369	167	202	45	33	12	315
31	414	180	234	41	28	13	359
32	452	194	258	32	23	9	403
33	498	218	280	41	30	11	438
34	507	215	292	25	16	9	464
35-39 岁	**2611**	**1070**	**1541**	**114**	**88**	**26**	**2393**
35	544	200	344	26	20	6	498
36	508	218	290	29	24	5	460
37	484	199	285	15	10	5	448
38	569	234	335	30	22	8	519
39	506	219	287	14	12	2	468
40-44 岁	**3254**	**1368**	**1886**	**86**	**73**	**13**	**3029**
40	560	248	312	14	11	3	523
41	618	271	347	17	16	1	576
42	666	267	399	17	14	3	624
43	679	298	381	21	18	3	632
44	731	284	447	17	14	3	674
45-49 岁	**5985**	**2436**	**3549**	**136**	**103**	**33**	**5528**
45	878	364	514	18	10	8	808
46	1077	425	652	29	20	9	998
47	1239	532	707	28	25	3	1159
48	1395	541	854	25	21	4	1280
49	1396	574	822	36	27	9	1283
50-54 岁	**8433**	**3357**	**5076**	**117**	**90**	**27**	**7761**
50	1624	618	1006	24	18	6	1511
51	1742	725	1017	29	26	3	1612
52	1897	778	1119	22	16	6	1757
53	1525	614	911	21	15	6	1389
54	1645	622	1023	21	15	6	1492
55-59 岁	**5706**	**2005**	**3701**	**72**	**60**	**12**	**5066**
55	1421	555	866	15	14	1	1284
56	1309	460	849	21	18	3	1172
57	1318	465	853	21	16	5	1155
58	1089	347	742	11	9	2	954
59	569	178	391	4	3	1	501
60-64 岁	**4765**	**1566**	**3199**	**34**	**26**	**8**	**4026**
60	763	257	506	4	4		659
61	658	204	454	7	5	2	553
62	927	339	588	10	8	2	779
63	1196	384	812	7	6	1	1018
64	1221	382	839	6	3	3	1017
65 岁及以上	**23561**	**9012**	**14549**	**78**	**57**	**21**	**14810**

程度、婚姻状况的人口（城市）（续3）

单位：人

有配偶		离婚			丧偶		
男	女	小计	男	女	小计	男	女
19140	**26745**	**1225**	**533**	**692**	**9949**	**1980**	**7969**
5	**33**						
1	2						
	3						
	10						
4	18						
74	**214**	**8**	**3**	**5**	**1**		**1**
6	22				1		1
8	34	1		1			
15	40						
13	49	5	2	3			
32	69	2	1	1			
402	**565**	**23**	**8**	**15**			
59	65	1		1			
63	99	5	3	2			
66	111	4		4			
96	144	6	3	3			
118	146	7	2	5			
810	**1169**	**72**	**33**	**39**	**5**	**1**	**4**
130	185	9	4	5			
145	214	14	7	7			
164	239	15	7	8	2		2
179	259	19	9	10			
192	272	15	6	9	3	1	2
939	**1454**	**93**	**40**	**53**	**11**	**3**	**8**
173	325	19	6	13	1	1	
189	271	16	5	11	3		3
176	272	21	13	8			
203	316	16	7	9	4	2	2
198	270	21	9	12	3		3
1232	**1797**	**120**	**58**	**62**	**19**	**5**	**14**
225	298	22	12	10	1		1
243	333	22	11	11	3	1	2
239	385	21	11	10	4	3	1
270	362	20	9	11	6	1	5
255	419	35	15	20	5		5
2228	**3300**	**216**	**90**	**126**	**105**	**15**	**90**
338	470	41	15	26	11	1	10
394	604	32	10	22	18	1	17
489	670	35	16	19	17	2	15
488	792	59	26	33	31	6	25
519	764	49	23	26	28	5	23
3118	**4643**	**254**	**106**	**148**	**301**	**43**	**258**
569	942	53	26	27	36	5	31
669	943	50	21	29	51	9	42
732	1025	58	19	39	60	11	49
575	814	42	16	26	73	8	65
573	919	51	24	27	81	10	71
1820	**3246**	**141**	**62**	**79**	**427**	**63**	**364**
515	769	41	18	23	81	8	73
409	763	35	17	18	81	16	65
417	738	34	16	18	108	16	92
313	641	21	8	13	103	17	86
166	335	10	3	7	54	6	48
1400	**2626**	**94**	**46**	**48**	**611**	**94**	**517**
232	427	18	9	9	82	12	70
177	376	15	7	8	83	15	68
292	487	24	16	8	114	23	91
353	665	15	5	10	156	20	136
346	671	22	9	13	176	24	152
7112	**7698**	**204**	**87**	**117**	**8469**	**1756**	**6713**

5-3a 全省分年龄、性别、受教育

受教育程度 年龄	15 岁及以上人口			未婚			
	合计	男	女	小计	男	女	小计
初中	**146329**	**73663**	**72666**	**13460**	**9067**	**4393**	**120872**
15-19 岁	**5079**	**2964**	**2115**	**4986**	**2954**	**2032**	**93**
15	2369	1370	999	2369	1370	999	
16	1010	568	442	1006	568	438	4
17	620	365	255	611	365	246	9
18	541	329	212	510	325	185	31
19	539	332	207	490	326	164	49
20-24 岁	**4366**	**2421**	**1945**	**2841**	**1936**	**905**	**1511**
20	569	338	231	483	321	162	85
21	679	406	273	538	368	170	139
22	819	445	374	564	373	191	253
23	965	528	437	570	385	185	392
24	1334	704	630	686	489	197	642
25-29 岁	**9277**	**4698**	**4579**	**2672**	**1930**	**742**	**6465**
25	1638	838	800	737	490	247	887
26	1722	866	856	604	430	174	1099
27	1909	986	923	515	380	135	1360
28	1905	954	951	431	324	107	1444
29	2103	1054	1049	385	306	79	1675
30-34 岁	**15198**	**7238**	**7960**	**1262**	**957**	**305**	**13454**
30	2882	1363	1519	335	265	70	2479
31	3153	1525	1628	318	233	85	2745
32	2884	1385	1499	227	164	63	2565
33	3214	1517	1697	208	160	48	2888
34	3065	1448	1617	174	135	39	2777
35-39 岁	**14593**	**6789**	**7804**	**450**	**314**	**136**	**13559**
35	2830	1293	1537	106	70	36	2632
36	2954	1341	1613	100	72	28	2731
37	2798	1315	1483	79	57	22	2604
38	3224	1558	1666	91	61	30	2999
39	2787	1282	1505	74	54	20	2593
40-44 岁	**13982**	**6811**	**7171**	**329**	**249**	**80**	**12953**
40	2529	1207	1322	64	53	11	2361
41	2962	1479	1483	69	50	19	2736
42	2861	1347	1514	61	41	20	2652
43	2659	1323	1336	66	49	17	2443
44	2971	1455	1516	69	56	13	2761
45-49 岁	**20436**	**10024**	**10412**	**378**	**298**	**80**	**18739**
45	3189	1562	1627	44	33	11	2943
46	3919	1928	1991	59	48	11	3653
47	4379	2120	2259	80	59	21	4009
48	4479	2184	2295	97	81	16	4074
49	4470	2230	2240	98	77	21	4060
50-54 岁	**21066**	**10361**	**10705**	**323**	**260**	**63**	**19023**
50	4661	2286	2375	81	67	14	4266
51	4261	2093	2168	72	58	14	3812
52	4650	2288	2362	82	61	21	4169
53	3484	1730	1754	47	38	9	3160
54	4010	1964	2046	41	36	5	3616
55-59 岁	**13764**	**6831**	**6933**	**146**	**120**	**26**	**12255**
55	3812	1874	1938	52	39	13	3391
56	3449	1767	1682	37	33	4	3070
57	3275	1603	1672	32	28	4	2928
58	2180	1088	1092	18	16	2	1940
59	1048	499	549	7	4	3	926
60-64 岁	**7384**	**3932**	**3452**	**30**	**23**	**7**	**6499**
60	1270	669	601	9	6	3	1130
61	1112	590	522	4	4		969
62	1544	827	717	6	6		1347
63	1714	913	801	3	1	2	1515
64	1744	933	811	8	6	2	1538
65 岁及以上	**21184**	**11594**	**9590**	**43**	**26**	**17**	**16321**

程度、婚姻状况的人口（城市）（续4）

单位：人

有配偶		离婚			丧偶		
男	女	小计	男	女	小计	男	女
60100	**60772**	**5307**	**2644**	**2663**	**6690**	**1852**	**4838**
10	**83**						
	4						
	9						
4	27						
6	43						
481	**1030**	**13**	**4**	**9**	**1**		**1**
17	68	1		1			
38	101	1		1	1		1
72	181	2		2			
142	250	3	1	2			
212	430	6	3	3			
2708	**3757**	**134**	**57**	**77**	**6**	**3**	**3**
[illegible]	545	14	6	8			
[illegible]	671	17	7	10	2	1	1
[illegible]	767	31	12	19	3	1	2
[illegible]	824	29	9	20	1	1	
[illegible]	950	43	23	20			
[illegible]	**7409**	**457**	**233**	**224**	**25**	**3**	**22**
[illegible]	1416	66	35	31	2		2
[illegible]	1497	83	43	40	7	1	6
[illegible]	1391	86	46	40	6	1	5
[illegible]	1585	115	53	62	3	1	2
[illegible]	1520	107	56	51	7		7
[illegible]	**7368**	**537**	**279**	**258**	**47**	**5**	**42**
[illegible]	1457	87	46	41	5	2	3
[illegible]	1518	109	56	53	14		14
[illegible]	1396	106	49	57	9	1	8
[illegible]	1572	125	68	57	9	2	7
[illegible]	1425	110	60	50	10		10
[illegible]	**6731**	**619**	**320**	**299**	**81**	**20**	**61**
[illegible]	1261	88	51	37	16	3	13
[illegible]	1379	140	71	69	17	1	16
[illegible]	1411	136	60	76	12	5	7
[illegible]	1247	130	71	59	20	7	13
[illegible]	1433	125	67	58	16	4	12
[illegible]	**9561**	**1034**	[illegible]	**535**	**285**	**49**	**236**
[illegible]	1497	162	80	82	40	3	37
[illegible]	1869	166	92	74	41	4	37
[illegible]	2061	227	100	127	63	13	50
[illegible]	2094	236	109	127	72	14	58
[illegible]	2040	243	118	125	69	15	54
[illegible]	**9567**	**1159**	**545**	**614**	**561**	**100**	**461**
[illegible]	2171	237	110	127	77	14	63
[illegible]	1941	267	140	127	110	24	86
[illegible]	2087	282	130	152	117	15	102
[illegible]	1554	173	72	101	104	14	90
[illegible]	1814	200	93	107	153	33	120
[illegible]	**6037**	**725**	**371**	**354**	**638**	**122**	**516**
[illegible]	1688	221	108	113	148	24	124
[illegible]	1461	194	93	101	148	32	116
[illegible]	1474	157	88	69	158	33	125
[illegible]	948	106	56	50	116	24	92
[illegible]	466	47	26	21	68	9	59
[illegible]	**2880**	**277**	**151**	**126**	**578**	**139**	**439**
[illegible]	506	49	25	24	82	14	68
[illegible]	426	52	25	27	87	18	69
[illegible]	595	[illegible]	36	25	130	33	97
[illegible]	679	[illegible]	41	27	128	35	93
[illegible]	674	[illegible]	24	23	151	39	112
[illegible]	**6349**	**352**	**185**	**167**	**4468**	**1411**	**3057**

5-3a 全省分年龄、性别、受教育

受教育程度 年 龄	15 岁及以上人口			未婚			
	合计	男	女	小计	男	女	小计
高中	**131605**	**67797**	**63808**	**30514**	**17275**	**13239**	**92024**
15-19 岁	**20714**	**10848**	**9866**	**20685**	**10846**	**9839**	**29**
15	4101	2059	2042	4101	2059	2042	
16	6538	3415	3123	6537	3415	3122	1
17	5475	2827	2648	5473	2827	2646	2
18	3282	1814	1468	3270	1813	1457	12
19	1318	733	585	1304	732	572	14
20-24 岁	**4764**	**2587**	**2177**	**3791**	**2285**	**1506**	**960**
20	890	508	382	850	499	351	40
21	732	420	312	648	402	246	82
22	888	478	410	731	432	299	156
23	998	519	479	736	429	307	257
24	1256	662	594	826	523	303	425
25-29 岁	**8625**	**4492**	**4133**	**3115**	**2091**	**1024**	**5390**
25	1551	832	719	840	531	309	704
26	1574	837	737	694	460	234	863
27	1777	928	849	625	423	202	1126
28	1792	927	865	506	366	140	1255
29	1931	968	963	450	311	139	1442
30-34 岁	**12155**	**6122**	**6033**	**1493**	**1087**	**406**	**10255**
30	2591	1334	1257	430	317	113	2109
31	2480	1286	1194	356	267	89	2050
32	2335	1191	1144	288	211	77	1953
33	2546	1225	1321	236	158	78	2204
34	2203	1086	1117	183	134	49	1939
35-39 岁	**9195**	**4528**	**4667**	**447**	**304**	**143**	**8282**
35	1812	872	940	126	85	41	1610
36	1862	896	966	94	76	18	1672
37	1708	841	867	81	48	33	1538
38	1961	995	966	78	52	26	1792
39	1852	924	928	68	43	25	1670
40-44 岁	**10079**	**5037**	**5042**	**299**	**203**	**96**	**9118**
40	1738	874	864	74	48	26	1568
41	2179	1125	1054	61	41	20	1969
42	2130	1052	1078	61	43	18	1927
43	1927	925	1002	55	43	12	1736
44	2105	1061	1044	48	28	20	1918
45-49 岁	**13581**	**6974**	**6607**	**294**	**206**	**88**	**12259**
45	2154	1139	1015	59	39	20	1945
46	2597	1302	1295	46	34	12	2370
47	2951	1510	1441	69	51	18	2660
48	3008	1549	1459	62	43	19	2701
49	2871	1474	1397	58	39	19	2583
50-54 岁	**13762**	**7126**	**6636**	**202**	**142**	**60**	**12324**
50	3029	1599	1430	59	44	15	2698
51	2839	1449	1390	61	45	16	2529
52	3045	1578	1467	36	23	13	2729
53	2199	1114	1085	22	13	9	1978
54	2650	1386	1264	24	17	7	2390
55-59 岁	**16089**	**7849**	**8240**	**120**	**74**	**46**	**14298**
55	2976	1463	1513	24	15	9	2611
56	3593	1715	1878	26	20	6	3190
57	4236	2064	2172	35	18	17	3753
58	3586	1772	1814	24	15	9	3221
59	1698	835	863	11	6	5	1523
60-64 岁	**11628**	**5964**	**5664**	**44**	**27**	**17**	**10360**
60	2534	1234	1300	9	5	4	2246
61	2146	1060	1086	11	7	4	1915
62	2515	1276	1239	8	6	2	2234
63	2474	1345	1129	10	5	5	2224
64	1959	1049	910	6	4	2	1741
65 岁及以上	**11013**	**6270**	**4743**	**24**	**10**	**14**	**8749**

程度、婚姻状况的人口（城市）（续5）

单位：人

有配偶		离婚			丧偶		
男	女	小计	男	女	小计	男	女
47070	**44954**	**5255**	**2398**	**2857**	**3812**	**1054**	**2758**
2	**27**						
	1						
	2						
1	11						
1	13						
297	**663**	**12**	**4**	**8**	**1**	**1**	
9	31						
17	65	2	1	1			
46	110	1		1			
88	169	5	2	3			
137	288	4	1	3	1	1	
2352	**3038**	**117**	**49**	**68**	**3**		**3**
297	407	7	4	3			
376	487	16	1	15	1		1
494	632	26	11	15			
546	709	30	15	15	1		1
639	803	38	18	20	1		1
4853	**5402**	**397**	**182**	**215**	**10**		**10**
997	1112	50	20	30	2		2
983	1067	73	36	37	1		1
942	1011	93	38	55	1		1
1015	1189	104	52	52	2		2
916	1023	77	36	41	4		4
4013	**4269**	**448**	**210**	**238**	**18**	**1**	**17**
761	849	73	26	47	3		3
780	892	94	40	54	2		2
748	790	87	45	42	2		2
894	898	84	48	36	7	1	6
830	840	110	51	59	4		4
4557	**4561**	**611**	**269**	**342**	**51**	**8**	**43**
772	796	90	54	36	6		6
1017	952	144	67	77	5		5
952	975	133	55	78	9	2	7
840	896	124	40	84	12	2	10
976	942	120	53	67	19	4	15
6329	**5930**	**913**	**416**	**497**	**115**	**23**	**92**
1024	921	138	72	66	12	4	8
1190	1180	165	77	88	16	1	15
1368	1292	194	87	107	28	4	24
1402	1299	219	98	121	26	6	20
1345	1238	197	82	115	33	8	25
6464	**5860**	**950**	**463**	**487**	**286**	**57**	**229**
1433	1265	220	111	109	52	11	41
1298	1231	196	97	99	53	9	44
1430	1299	222	113	109	58	12	46
1021	957	148	67	81	51	13	38
1282	1108	164	75	89	72	12	60
7212	**7086**	**1072**	**464**	**608**	**599**	**99**	**500**
1328	1283	241	102	139	100	18	82
1569	1621	260	106	154	117	20	97
1882	1871	290	139	151	158	25	133
1652	1569	191	84	107	150	21	129
781	742	90	33	57	74	15	59
5526	**4834**	**508**	**233**	**275**	**716**	**178**	**538**
1137	1109	132	62	70	147	30	117
973	942	107	54	53	113	26	87
1177	1057	109	46	63	164	47	117
1270	954	89	33	56	151	37	114
969	772	71	38	33	141	38	103
5465	**3284**	**227**	**108**	**119**	**2013**	**687**	**1326**

5-3a 全省分年龄、性别、受教育

受教育程度 年 龄	15 岁及以上人口			未婚			
	合计	男	女	小计	男	女	小计
大学专科	**93272**	**48830**	**44442**	**23691**	**13172**	**10519**	**65625**
15–19 岁	**4615**	**2533**	**2082**	**4614**	**2533**	**2081**	**1**
15	108	63	45	108	63	45	
16	210	116	94	210	116	94	
17	458	230	228	458	230	228	
18	1359	696	663	1359	696	663	
19	2480	1428	1052	2479	1428	1051	1
20–24 岁	**10834**	**5435**	**5399**	**9972**	**5207**	**4765**	**859**
20	2531	1380	1151	2524	1379	1145	7
21	2045	1079	966	2021	1075	946	24
22	1987	944	1043	1871	919	952	116
23	1990	989	1001	1779	931	848	210
24	2281	1043	1238	1777	903	874	502
25–29 岁	**13579**	**6525**	**7054**	**6016**	**3496**	**2520**	**7474**
25	2642	1187	1455	1768	942	826	868
26	2644	1274	1370	1483	847	636	1150
27	2797	1334	1463	1197	702	495	1582
28	2730	1332	1398	852	550	302	1850
29	2766	1398	1368	716	455	261	2024
30–34 岁	**15844**	**7822**	**8022**	**2046**	**1303**	**743**	**13433**
30	3516	1721	1795	674	433	241	2783
31	3275	1670	1605	496	334	162	2719
32	3083	1520	1563	380	231	149	2642
33	3234	1588	1646	298	173	125	2846
34	2736	1323	1413	198	132	66	2443
35–39 岁	**10459**	**5314**	**5145**	**550**	**331**	**219**	**9440**
35	2368	1181	1187	166	100	66	2113
36	2200	1096	1104	119	72	47	1989
37	2039	1051	988	113	68	45	1839
38	2073	1070	1003	96	57	39	1874
39	1779	916	863	56	34	22	1625
40–44 岁	**8467**	**4268**	**4199**	**195**	**113**	**82**	**7756**
40	1679	835	844	46	27	19	1546
41	1794	909	885	47	28	19	1643
42	1840	950	890	36	20	16	1703
43	1511	726	785	35	22	13	1367
44	1643	848	795	31	16	15	1497
45–49 岁	**9479**	**5018**	**4461**	**163**	**110**	**53**	**8696**
45	1688	850	838	28	22	6	1557
46	1850	970	880	35	24	11	1708
47	2044	1098	946	40	27	13	1861
48	2032	1097	935	26	15	11	1865
49	1865	1003	862	34	22	12	1705
50–54 岁	**7353**	**3999**	**3354**	**82**	**54**	**28**	**6714**
50	1860	1005	855	28	21	7	1675
51	1545	867	678	19	11	8	1422
52	1577	844	733	12	8	4	1452
53	1114	602	512	10	5	5	1021
54	1257	681	576	13	9	4	1144
55–59 岁	**5514**	**3183**	**2331**	**28**	**13**	**15**	**5056**
55	1335	758	577	11	4	7	1223
56	1317	750	567	4	3	1	1202
57	1405	802	603	5	3	2	1289
58	1015	594	421	6	3	3	943
59	442	279	163	2		2	399
60–64 岁	**2640**	**1755**	**885**	**9**	**5**	**4**	**2438**
60	511	337	174	4	3	1	473
61	441	308	133				396
62	524	338	186	1		1	486
63	607	411	196	3	1	2	565
64	557	361	196	1	1		518
65 岁及以上	**4488**	**2978**	**1510**	**16**	**7**	**9**	**3758**

程度、婚姻状况的人口（城市）（续6）

单位：人

有配偶		离婚			丧偶		
男	女	小计	男	女	小计	男	女
34108	**31517**	**2855**	**1199**	**1656**	**1101**	**351**	**750**
	1						
	1						
228	**631**	**3**		**3**			
1	6						
4	20						
25	91						
58	152	1		1			
140	362	2		2			
2996	**4478**	**86**	**33**	**53**	**3**		**3**
245	623	4		4	2		2
425	725	11	2	9			
624	958	18	8	10			
770	1080	27	12	15	1		1
932	1092	26	11	15			
6356	**7077**	**353**	**159**	**194**	**12**	**4**	**8**
1266	1517	59	22	37			
1304	1415	58	32	26	2		2
1261	1381	59	27	32	2	1	1
1379	1467	88	36	52	2		2
1146	1297	89	42	47	6	3	3
4788	**4652**	**458**	**192**	**266**	**11**	**3**	**8**
1044	1069	86	36	50	3	1	2
985	1004	91	38	53	1	1	
951	888	86	32	54	1		1
968	906	98	44	54	5	1	4
840	785	97	42	55	1		1
3927	**3829**	**486**	**223**	**263**	**30**	**5**	**25**
769	777	83	38	45	4	1	3
843	800	99	37	62	5	1	4
878	825	100	52	48	1		1
651	716	98	51	47	11	2	9
786	711	106	45	61	9	1	8
4679	**4017**	**536**	**215**	**321**	**84**	**14**	**70**
792	765	90	32	58	13	4	9
906	802	98	39	59	9	1	8
1023	838	126	45	81	17	3	14
1029	836	117	51	66	24	2	22
929	776	105	48	57	21	4	17
3757	**2957**	**444**	**166**	**278**	**113**	**22**	**91**
933	742	125	46	79	32	5	27
818	604	89	34	55	15	4	11
790	662	94	40	54	19	6	13
573	448	63	22	41	20	2	18
643	501	73	24	49	27	5	22
3026	**2030**	**299**	**114**	**185**	**131**	**30**	**101**
721	502	71	28	43	30	5	25
710	492	80	31	49	31	6	25
763	526	79	28	51	32	8	24
567	376	48	17	31	18	7	11
265	134	21	10	11	20	4	16
1673	**765**	**97**	**48**	**49**	**96**	**29**	**67**
319	154	17	10	7	17	5	12
291	105	23	9	14	22	8	14
319	167	23	16	7	14	3	11
393	172	17	9	8	22	8	14
351	167	17	4	13	21	5	16
2678	**1080**	**93**	**49**	**44**	**621**	**244**	**377**

5-3a 全省分年龄、性别、受教育

受教育程度 年龄	15岁及以上人口			未婚			
	合计	男	女	小计	男	女	小计
大学本科	**91911**	**47371**	**44540**	**31408**	**14777**	**16631**	**58127**
15-19岁	**4338**	**1841**	**2497**	**4336**	**1841**	**2495**	**2**
15	19	12	7	19	12	7	
16	22	13	9	22	13	9	
17	190	80	110	190	80	110	
18	1315	525	790	1314	525	789	1
19	2792	1211	1581	2791	1211	1580	1
20-24岁	**16752**	**7389**	**9363**	**16446**	**7304**	**9142**	**305**
20	3804	1632	2172	3801	1631	2170	3
21	3871	1687	2184	3866	1685	2181	5
22	3785	1678	2107	3755	1672	2083	30
23	2766	1256	1510	2700	1240	1460	65
24	2526	1136	1390	2324	1076	1248	202
25-29岁	**13858**	**6147**	**7711**	**7356**	**3682**	**3674**	**6442**
25	2616	1194	1422	2208	1072	1136	405
26	2585	1114	1471	1748	840	908	829
27	2824	1205	1619	1460	733	727	1353
28	2805	1229	1576	1084	567	517	1705
29	3028	1405	1623	856	470	386	2150
30-34岁	**17492**	**8644**	**8848**	**2332**	**1403**	**929**	**14833**
30	3832	1823	2009	813	485	328	2990
31	3749	1862	1887	535	313	222	3157
32	3497	1707	1790	437	255	182	2999
33	3319	1680	1639	327	212	115	2919
34	3095	1572	1523	220	138	82	2768
35-39岁	**12245**	**6502**	**5743**	**563**	**333**	**230**	**11252**
35	2610	1412	1198	155	97	58	2386
36	2666	1395	1271	142	77	65	2439
37	2420	1254	1166	109	68	41	2226
38	2526	1378	1148	92	49	43	2331
39	2023	1063	960	65	42	23	1870
40-44岁	**7893**	**4283**	**3610**	**182**	**112**	**70**	**7397**
40	1659	892	767	38	20	18	1567
41	1919	1038	881	49	31	18	1808
42	1649	902	747	49	29	20	1527
43	1330	709	621	25	17	8	1248
44	1336	742	594	21	15	6	1247
45-49岁	**6754**	**4048**	**2706**	**90**	**46**	**44**	**6360**
45	1252	722	530	17	10	7	1178
46	1355	836	519	20	8	12	1284
47	1383	823	560	18	12	6	1303
48	1479	891	588	19	9	10	1379
49	1285	776	509	16	7	9	1216
50-54岁	**5438**	**3448**	**1990**	**52**	**31**	**21**	**5126**
50	1276	799	477	19	12	7	1203
51	1102	692	410	8	6	2	1036
52	1198	739	459	14	8	6	1128
53	882	577	305	4	1	3	840
54	980	641	339	7	4	3	919
55-59岁	**3592**	**2479**	**1113**	**26**	**13**	**13**	**3377**
55	955	621	334	6	4	2	908
56	911	641	270	6	2	4	848
57	869	599	270	6	4	2	817
58	608	428	180	7	3	4	571
59	249	190	59	1		1	233
60-64岁	**1064**	**781**	**283**	**11**	**6**	**5**	**985**
60	241	182	59	4	2	2	224
61	187	136	51	2	1	1	176
62	212	150	62				198
63	220	163	57	2	1	1	202
64	204	150	54	3	2	1	185
65岁及以上	**2485**	**1809**	**676**	**14**	**6**	**8**	**2048**

程度、婚姻状况的人口（城市）（续7）

单位：人

有配偶		离婚			丧偶		
男	女	小计	男	女	小计	男	女
31572	**26555**	**1771**	**762**	**1009**	**605**	**260**	**345**
	2						
	1						
	1						
84	**221**	**1**	**1**				
1	2						
2	3						
6	24						
15	50	1	1				
60	142						
2446	**3996**	**59**	**19**	**40**	**1**		**1**
121	284	3	1	2			
273	556	8	1	7			
468	885	10	4	6	1		1
656	1049	16	6	10			
928	1222	22	7	15			
7119	**7714**	**319**	**121**	**198**	**8**	**1**	**7**
1328	1662	28	10	18	1		1
1530	1627	57	19	38			
1426	1573	60	26	34	1		1
1441	1478	69	26	43	4	1	3
1394	1374	105	40	65	2		2
5972	**5280**	**408**	**194**	**214**	**22**	**3**	**19**
1286	1100	63	29	34	6		6
1274	1165	83	44	39	2		2
1148	1078	82	37	45	3	1	2
1283	1048	95	45	50	8	1	7
981	889	85	39	46	3	1	2
4032	**3365**	**292**	**133**	**159**	**22**	**6**	**16**
840	727	52	30	22	2	2	
983	825	56	23	33	6	1	5
836	691	69	36	33	4	1	3
670	578	54	20	34	3	2	1
703	544	61	24	37	7		7
3877	**2483**	**266**	**114**	**152**	**38**	**11**	**27**
691	487	50	19	31	7	2	5
803	481	47	24	23	4	1	3
784	519	58	25	33	4	2	2
850	529	66	27	39	15	5	10
749	467	45	19	26	8	1	7
3324	**1802**	**208**	**81**	**127**	**52**	**12**	**40**
765	438	47	19	28	7	3	4
667	369	48	17	31	10	2	8
716	412	41	14	27	15	1	14
563	277	34	12	22	4	1	3
613	306	38	19	19	16	5	11
2395	**982**	**134**	**55**	**79**	**55**	**16**	**39**
602	306	32	12	20	9	3	6
618	230	42	19	23	15	2	13
578	239	30	14	16	16	3	13
413	158	16	4	12	14	8	6
184	49	14	6	8	1		1
746	**239**	**37**	**16**	**21**	**31**	**13**	**18**
171	53	8	6	2	5	3	2
133	43	3		3	6	2	4
145	53	7	3	4	7	2	5
155	47	11	4	7	5	3	2
142	43	8	3	5	8	3	5
1577	**471**	**47**	**28**	**19**	**376**	**198**	**178**

5-3a 全省分年龄、性别、受教育

受教育程度 年龄	15岁及以上人口			未婚			
	合计	男	女	小计	男	女	小计
硕士研究生	**9026**	**4414**	**4612**	**3719**	**1624**	**2095**	**5158**
15-19岁	**4**	**1**	**3**	**4**	**1**	**3**	
15							
16							
17							
18	1		1	1		1	
19	3	1	2	3	1	2	
20-24岁	**1460**	**597**	**863**	**1454**	**596**	**858**	**6**
20	4	3	1	4	3	1	
21	44	17	27	44	17	27	
22	264	92	172	263	92	171	1
23	458	197	261	458	197	261	
24	690	288	402	685	287	398	5
25-29岁	**2153**	**925**	**1228**	**1797**	**820**	**977**	**356**
25	704	308	396	690	303	387	14
26	491	230	261	461	221	240	30
27	405	163	242	335	147	188	70
28	283	103	180	180	80	100	103
29	270	121	149	131	69	62	139
30-34岁	**1820**	**762**	**1058**	**346**	**146**	**200**	**1462**
30	375	133	242	126	50	76	249
31	407	159	248	102	46	56	304
32	351	140	211	52	19	33	298
33	356	166	190	44	20	24	306
34	331	164	167	22	11	11	305
35-39岁	**1414**	**686**	**728**	**78**	**38**	**40**	**1310**
35	295	125	170	22	16	6	266
36	295	150	145	23	8	15	266
37	266	121	145	13	5	8	249
38	325	167	158	14	5	9	308
39	233	123	110	6	4	2	221
40-44岁	**818**	**455**	**363**	**31**	**17**	**14**	**748**
40	204	103	101	7	5	2	188
41	203	108	95	13	6	7	180
42	146	76	70	6	3	3	131
43	131	84	47	2	2		124
44	134	84	50	3	1	2	125
45-49岁	**575**	**384**	**191**	**6**	**3**	**3**	**543**
45	109	65	44	3	2	1	102
46	97	64	33	1		1	95
47	134	93	41	1	1		123
48	115	77	38	1		1	110
49	120	85	35				113
50-54岁	**394**	**282**	**112**	**2**	**2**		**372**
50	89	49	40				82
51	80	62	18	1	1		76
52	99	76	23				96
53	56	45	11	1	1		52
54	70	50	20				66
55-59岁	**273**	**222**	**51**				**258**
55	63	50	13				57
56	78	65	13				74
57	66	52	14				64
58	48	40	8				46
59	18	15	3				17
60-64岁	**74**	**64**	**10**	**1**	**1**		**70**
60	14	14					14
61	15	12	3				14
62	16	13	3	1	1		15
63	19	16	3				19
64	10	9	1				8
65岁及以上	**41**	**36**	**5**				**33**

程度、婚姻状况的人口（城市）（续8）

单位：人

有配偶		离婚			丧偶		
男	女	小计	男	女	小计	男	女
2731	**2427**	**134**	**56**	**78**	**15**	**3**	**12**
1	**5**						
	1						
1	4						
105	**251**						
5	9						
9	21						
16	54						
23	80						
52	87						
611	**851**	**12**	**5**	**7**			
83	166						
112	192	1	1				
121	177	1		1			
143	163	6	3	3			
152	153	4	1	3			
638	**672**	**26**	**10**	**16**			
107	159	7	2	5			
141	125	6	1	5			
115	134	4	1	3			
160	148	3	2	1			
115	106	6	4	2			
426	**322**	**38**	**12**	**26**	**1**		**1**
95	93	9	3	6			
97	83	10	5	5			
71	60	9	2	7			
81	43	4	1	3	1		1
82	43	6	1	5			
369	**174**	**23**	**12**	**11**	**3**		**3**
62	40	3	1	2	1		1
63	32	1	1				
86	37	10	6	4			
76	34	3	1	2	1		1
82	31	6	3	3	1		1
272	**100**	**18**	**8**	**10**	**2**		**2**
48	34	6	1	5	1		1
59	17	3	2	1			
75	21	3	1	2			
42	10	2	2		1		1
48	18	4	2	2			
217	**41**	**11**	**4**	**7**	**4**	**1**	**3**
48	9	3	2	1	3		3
64	10	3		3	1	1	
51	13	2	1	1			
39	7	2	1	1			
15	2	1		1			
61	**9**	**3**	**2**	**1**			
14							
11	3	1	1				
12	3						
16	3						
8		2	1	1			
31	**2**	**3**	**3**		**5**	**2**	**3**

5-3a 全省分年龄、性别、受教育

受教育程度 年　　龄	15岁及以上人口			未婚			
	合计	男	女	小计	男	女	小计
博士研究生	**1444**	**891**	**553**	**408**	**244**	**164**	**1002**
15-19岁							
15							
16							
17							
18							
19							
20-24岁	**37**	**21**	**16**	**37**	**21**	**16**	
20	1	1		1	1		
21	3	2	1	3	2	1	
22	6	2	4	6	2	4	
23	7	3	4	7	3	4	
24	20	13	7	20	13	7	
25-29岁	**274**	**156**	**118**	**238**	**136**	**102**	**36**
25	49	23	26	48	22	26	1
26	50	26	24	47	26	21	3
27	59	35	24	53	31	22	6
28	56	34	22	48	31	17	8
29	60	38	22	42	26	16	18
30-34岁	**297**	**177**	**120**	**101**	**68**	**33**	**194**
30	78	48	30	38	26	12	40
31	62	37	25	29	18	11	33
32	52	32	20	14	10	4	37
33	58	32	26	13	10	3	44
34	47	28	19	7	4	3	40
35-39岁	**281**	**170**	**111**	**24**	**16**	**8**	**250**
35	51	32	19	4	3	1	47
36	48	26	22	8	5	3	39
37	52	31	21	5	3	2	45
38	66	44	22	3	2	1	60
39	64	37	27	4	3	1	59
40-44岁	**228**	**133**	**95**	**5**	**2**	**3**	**213**
40	58	28	30	1		1	53
41	62	35	27				58
42	48	31	17	2	2		46
43	32	19	13	2		2	30
44	28	20	8				26
45-49岁	**145**	**92**	**53**	**2**	**1**	**1**	**136**
45	31	24	7				30
46	28	19	9	1	1		26
47	35	20	15	1		1	33
48	28	16	12				27
49	23	13	10				20
50-54岁	**103**	**72**	**31**	**1**		**1**	**98**
50	22	14	8				21
51	24	19	5				23
52	22	12	10	1		1	20
53	18	14	4				18
54	17	13	4				16
55-59岁	**65**	**58**	**7**				**65**
55	16	15	1				16
56	14	11	3				14
57	22	20	2				22
58	10	9	1				10
59	3	3					3
60-64岁	**4**	**4**					**4**
60	1	1					1
61							
62							
63							
64	3	3					3
65岁及以上	**10**	**8**	**2**				**6**

程度、婚姻状况的人口（城市）（续9）

单位：人

有配偶		离婚			丧偶		
男	女	小计	男	女	小计	男	女
636	**366**	**28**	**10**	**18**	**6**	**1**	**5**
20	**16**						
1							
	3						
4	2						
3	5						
12	6						
109	**85**	**2**		**2**			
22	18						
19	14						
22	15	1		1			
22	22	1		1			
24	16						
152	**98**	**7**	**2**	**5**			
29	18						
21	18	1		1			
27	18	2	1	1			
42	18	3		3			
33	26	1	1				
127	**86**	**10**	**4**	**6**			
27	26	4	1	3			
34	24	4	1	3			
29	17						
19	11						
18	8	2	2				
89	**47**	**5**	**2**	**3**	**2**		**2**
23	7	1	1				
17	9	1	1				
20	13	1		1			
16	11	1		1			
13	7	1		1	2		2
71	**27**	**3**	**1**	**2**	**1**		**1**
14	7	1		1			
19	4				1		1
12	8	1		1			
14	4						
12	4	1	1				
58	**7**						
15	1						
11	3						
20	2						
9	1						
3							
4							
1							
3							
6		**1**	**1**		**3**	**1**	**2**

5-3b 全省分年龄、性别、受教育

受教育程度 年　　龄	15 岁及以上人口			未婚			
	合计	男	女	小计	男	女	小计
合计	**433706**	**212123**	**221583**	**83359**	**46423**	**36936**	**320314**
15-19 岁	**39499**	**20086**	**19413**	**39263**	**20052**	**19211**	**233**
15	7932	4095	3837	7931	4095	3836	1
16	9555	4915	4640	9552	4915	4637	3
17	8334	4337	3997	8308	4332	3976	26
18	7174	3564	3610	7097	3554	3543	77
19	6504	3175	3329	6375	3156	3219	126
20-24 岁	**27428**	**13351**	**14077**	**23206**	**12162**	**11044**	**4164**
20	6187	3000	3187	5929	2952	2977	258
21	5322	2602	2720	4920	2516	2404	397
22	5303	2574	2729	4552	2397	2155	741
23	5013	2481	2532	3936	2175	1761	1065
24	5603	2694	2909	3869	2122	1747	1703
25-29 岁	**35585**	**16414**	**19171**	**12289**	**7435**	**4854**	**22895**
25	6614	3113	3501	3758	2120	1638	2823
26	6438	2978	3460	2881	1668	1213	3484
27	7351	3313	4038	2465	1504	961	4815
28	7302	3390	3912	1769	1161	608	5434
29	7880	3620	4260	1416	982	434	6339
30-34 岁	**50750**	**23541**	**27209**	**3886**	**2814**	**1072**	**45733**
30	10467	4766	5701	1308	938	370	8970
31	10362	4721	5641	940	659	281	9215
32	9619	4477	5142	649	471	178	8743
33	10750	5021	5729	559	412	147	9926
34	9552	4556	4996	430	334	96	8879
35-39 岁	**40789**	**20007**	**20782**	**1239**	**928**	**311**	**38227**
35	8591	4154	4437	328	250	78	8025
36	8740	4225	4515	284	198	86	8170
37	7871	3886	3985	219	160	59	7378
38	8387	4134	4253	225	168	57	7861
39	7200	3608	3592	183	152	31	6793
40-44 岁	**34956**	**17462**	**17494**	**720**	**582**	**138**	**32884**
40	6999	3348	3651	150	122	28	6612
41	7225	3729	3496	166	142	24	6776
42	7253	3573	3680	139	109	30	6820
43	6313	3188	3125	126	100	26	5947
44	7166	3624	3542	139	109	30	6729
45-49 岁	**46643**	**23533**	**23110**	**858**	**740**	**118**	**43886**
45	7419	3716	3703	129	115	14	7016
46	9085	4527	4558	142	119	23	8584
47	9872	4989	4883	186	160	26	9255
48	10328	5271	5057	216	183	33	9701
49	9939	5030	4909	185	163	22	9330
50-54 岁	**48864**	**24296**	**24568**	**680**	**612**	**68**	**45791**
50	10730	5260	5470	167	153	14	10062
51	9712	4873	4839	142	121	21	9130
52	10603	5293	5310	134	121	13	9969
53	8345	4182	4163	117	109	8	7801
54	9474	4688	4786	120	108	12	8829
55-59 岁	**35383**	**17535**	**17848**	**412**	**374**	**38**	**32407**
55	8221	4123	4098	119	104	15	7593
56	8317	4141	4176	115	107	8	7631
57	8450	4208	4242	93	84	9	7739
58	7135	3520	3615	59	56	3	6503
59	3260	1543	1717	26	23	3	2941
60-64 岁	**20698**	**10401**	**10297**	**211**	**196**	**15**	**18140**
60	3760	1902	1858	35	32	3	3397
61	3072	1520	1552	28	24	4	2699
62	4153	2133	2020	33	32	1	3647
63	4940	2487	2453	60	56	4	4317
64	4773	2359	2414	55	52	3	4080
65 岁及以上	**53111**	**25497**	**27614**	**595**	**528**	**67**	**35954**

程度、婚姻状况的人口（镇）

单位：人

有配偶		离婚			丧偶		
男	女	小计	男	女	小计	男	女
155742	**164572**	**7110**	**3839**	**3271**	**22923**	**6119**	**16804**
33	**200**	**2**	**1**	**1**	**1**		**1**
	1						
	3						
5	21						
10	67						
18	108	2	1	1	1		1
1175	**2989**	**56**	**14**	**42**	**2**		**2**
48	210						
85	312	5	1	4			
174	567	10	3	7			
303	762	12	3	9			
565	1138	29	7	22	2		2
8800	**14095**	**381**	**178**	**203**	**20**	**1**	**19**
979	1844	31	14	17	2		2
1289	2195	69	21	48	4		4
1769	3046	70	40	30	1		1
2186	3248	92	42	50	7	1	6
2577	3762	119	61	58	6		6
20148	**25585**	**1066**	**562**	**504**	**65**	**17**	**48**
3734	5236	181	93	88	8	1	7
3962	5253	199	97	102	8	3	5
3888	4855	210	114	96	17	4	13
4471	5455	243	130	113	22	8	14
4093	4786	233	128	105	10	1	9
18376	**19851**	**1179**	**673**	**506**	**144**	**30**	**114**
3775	4250	212	121	91	26	8	18
3882	4288	258	141	117	28	4	24
3579	3799	246	142	104	28	5	23
3799	4062	270	161	109	31	6	25
3341	3452	193	108	85	31	7	24
16230	**16654**	**1078**	**580**	**498**	**274**	**70**	**204**
3118	3494	194	95	99	43	13	30
3447	3329	239	135	104	44	5	39
3318	3502	232	129	103	62	17	45
2971	2976	193	102	91	47	15	32
3376	3353	220	119	101	78	20	58
21967	**21919**	**1225**	**669**	**556**	**674**	**157**	**517**
3487	3529	193	99	94	81	15	66
4258	4326	241	120	121	118	30	88
4635	4620	272	158	114	159	36	123
4904	4797	267	151	116	144	33	111
4683	4647	252	141	111	172	43	129
22817	**22974**	**1020**	**563**	**457**	**1373**	**304**	**1069**
4908	5154	270	149	121	231	50	181
4586	4544	205	122	83	235	44	191
4999	4970	231	114	117	269	59	210
3921	3880	156	86	70	271	66	205
4403	4426	158	92	66	367	85	282
16364	**16043**	**605**	**322**	**283**	**1959**	**475**	**1484**
3842	3751	155	89	66	354	88	266
3839	3792	137	73	64	434	122	312
3935	3804	161	88	73	457	101	356
3316	3187	111	49	62	462	99	363
1432	1509	41	23	18	252	65	187
9549	**8591**	**221**	**124**	**97**	**2126**	**532**	**1594**
1769	1628	53	24	29	275	77	198
1399	1300	47	27	20	298	70	228
1960	1687	42	26	16	431	115	316
2284	2033	42	25	17	521	122	399
2137	1943	37	22	15	601	148	453
20283	**15671**	**277**	**153**	**124**	**16285**	**4533**	**11752**

5-3b 全省分年龄、性别、受教育

受教育程度 年 龄	15岁及以上人口			未婚			
	合计	男	女	小计	男	女	小计
未上过学	**25156**	**6210**	**18946**	**1015**	**836**	**179**	**17090**
15-19岁	**46**	**25**	**21**	**44**	**25**	**19**	**2**
15	7	4	3	7	4	3	
16	9	7	2	9	7	2	
17	10	5	5	10	5	5	
18	7	2	5	7	2	5	
19	13	7	6	11	7	4	2
20-24岁	**77**	**27**	**50**	**49**	**26**	**23**	**27**
20	9	3	6	6	3	3	3
21	11	7	4	9	7	2	2
22	18	9	9	16	9	7	2
23	15	3	12	10	3	7	5
24	24	5	19	8	4	4	15
25-29岁	**157**	**58**	**99**	**56**	**37**	**19**	**97**
25	28	9	19	9	5	4	19
26	25	9	16	13	7	6	12
27	31	11	20	14	8	6	17
28	42	19	23	14	12	2	27
29	31	10	21	6	5	1	22
30-34岁	**403**	**116**	**287**	**51**	**38**	**13**	**339**
30	74	23	51	10	7	3	62
31	77	25	52	14	10	4	62
32	66	15	51	6	3	3	58
33	85	24	61	9	7	2	74
34	101	29	72	12	11	1	83
35-39岁	**583**	**148**	**435**	**63**	**41**	**22**	**505**
35	116	28	88	14	9	5	99
36	112	27	85	16	9	7	94
37	106	20	86	12	7	5	93
38	133	38	95	12	9	3	115
39	116	35	81	9	7	2	104
40-44岁	**810**	**213**	**597**	**58**	**50**	**8**	**716**
40	139	38	101	9	6	3	125
41	155	46	109	13	12	1	136
42	170	44	126	8	8		156
43	159	40	119	11	10	1	139
44	187	45	142	17	14	3	160
45-49岁	**1756**	**452**	**1304**	**111**	**91**	**20**	**1555**
45	236	53	183	8	6	2	219
46	299	73	226	17	14	3	270
47	358	74	284	17	12	5	317
48	413	115	298	33	27	6	355
49	450	137	313	36	32	4	394
50-54岁	**2521**	**589**	**1932**	**134**	**126**	**8**	**2217**
50	525	104	421	21	19	2	466
51	474	112	362	28	25	3	422
52	526	113	413	21	21		478
53	470	136	334	31	29	2	399
54	526	124	402	33	32	1	452
55-59岁	**2483**	**458**	**2025**	**102**	**94**	**8**	**2065**
55	494	109	385	23	21	2	420
56	567	119	448	34	31	3	460
57	572	102	470	24	23	1	476
58	517	79	438	12	11	1	436
59	333	49	284	9	8	1	273
60-64岁	**2893**	**643**	**2250**	**78**	**74**	**4**	**2298**
60	386	74	312	3	3		332
61	381	75	306	11	9	2	296
62	547	130	417	18	18		436
63	764	179	585	23	21	2	616
64	815	185	630	23	23		618
65岁及以上	**13427**	**3481**	**9946**	**269**	**234**	**35**	**7269**

程度、婚姻状况的人口（镇）（续1）

单位：人

有配偶		离婚			丧偶		
男	女	小计	男	女	小计	男	女
4296	**12794**	**197**	**80**	**117**	**6854**	**998**	**5856**
	2						
	2						
1	**26**				**1**		**1**
	3						
	2						
	2						
	5						
1	14				1		1
21	**76**	**3**		**3**	**1**		**1**
4	15						
2	10						
3	14						
7	20	1		1			
5	17	2		2	1		1
72	**267**	**12**	**6**	**6**	**1**		**1**
14	48	2	2				
15	47	1		1			
12	46	2		2			
16	58	2	1	1			
15	68	5	3	2	1		1
106	**399**	**10**	**1**	**9**	**5**		**5**
19	80	3		3			
18	76	1		1	1		1
13	80	1		1			
28	87	3	1	2	3		3
28	76	2		2	1		1
154	**562**	**19**	**6**	**13**	**17**	**3**	**14**
32	93	2		2	3		3
32	104	5	2	3	1		1
34	122	5	2	3	1		1
29	110	5		5	4	1	3
27	133	2	2		8	2	6
338	**1217**	**33**	**16**	**17**	**57**	**7**	**50**
45	174	3	2	1	6		6
57	213	5	1	4	7	1	6
56	261	9	4	5	15	2	13
80	275	7	4	3	18	4	14
100	294	9	5	4	11		11
432	**1785**	**32**	**14**	**18**	**138**	**17**	**121**
81	385	11	3	8	27	1	26
82	340	5	4	1	19	1	18
89	389	4	1	3	23	2	21
98	301	8	3	5	32	6	26
82	370	4	3	1	37	7	30
331	**1734**	**26**	**11**	**15**	**290**	**22**	**268**
77	343	7	4	3	44	7	37
82	378	4	3	1	69	3	66
71	405	5	3	2	67	5	62
63	373	10	1	9	59	4	55
38	235				51	3	48
514	**1784**	**17**	**9**	**8**	**500**	**46**	**454**
67	265	3	1	2	48	3	45
59	237	3	2	1	71	5	66
104	332	5	3	2	88	5	83
145	471	3	1	2	122	12	110
139	479	3	2	1	171	21	150
2327	**4942**	**45**	**17**	**28**	**5844**	**903**	**4941**

5-3b 全省分年龄、性别、受教育

受教育程度 年　龄	15岁及以上人口			未婚			
	合计	男	女	小计	男	女	小计
学前教育	**277**	**101**	**176**	**48**	**38**	**10**	**166**
15–19 岁	**13**	**10**	**3**	**13**	**10**	**3**	
15	6	5	1	6	5	1	
16	2	2		2	2		
17	3	1	2	3	1	2	
18	2	2		2	2		
19							
20–24 岁	**3**	**2**	**1**	**1**	**1**		**2**
20							
21	2	2		1	1		1
22	1		1				1
23							
24							
25–29 岁	**7**	**3**	**4**	**4**	**2**	**2**	**2**
25	2		2	1		1	
26	2	1	1	2	1	1	
27	2	1	1	1	1		1
28							
29	1	1					1
30–34 岁	**5**	**2**	**3**	**2**	**1**	**1**	**3**
30	1	1					1
31							
32	2		2	1		1	1
33	1	1		1	1		
34	1		1				1
35–39 岁	**5**	**3**	**2**	**2**	**1**	**1**	**3**
35	1	1					1
36	3	2	1	2	1	1	1
37							
38							
39	1		1				1
40–44 岁	**6**	**2**	**4**				**5**
40	1		1				1
41	2	1	1				2
42	1		1				1
43	1	1					1
44	1		1				
45–49 岁	**21**	**11**	**10**	**5**	**4**	**1**	**14**
45	2	2		1	1		1
46	4	3	1	1	1		3
47	4	2	2	1	1		3
48	5	3	2	1	1		4
49	6	1	5	1		1	3
50–54 岁	**31**	**10**	**21**	**4**	**4**		**26**
50	7	3	4	2	2		5
51	3	1	2	1	1		2
52	9	3	6				9
53	4	2	2	1	1		2
54	8	1	7				8
55–59 岁	**31**	**8**	**23**	**5**	**3**	**2**	**24**
55	4	1	3	3	1	2	1
56	11	4	7	1	1		10
57	13	2	11	1	1		10
58	2		2				2
59	1	1					1
60–64 岁	**23**	**8**	**15**				**19**
60	2	2					2
61	3	1	2				3
62	5	1	4				4
63	10	2	8				8
64	3	2	1				2
65 岁及以上	**132**	**42**	**90**	**12**	**12**		**68**

程度、婚姻状况的人口（镇）（续2）

单位：人

有配偶		离婚			丧偶		
男	女	小计	男	女	小计	男	女
57	**109**	**4**	**2**	**2**	**59**	**4**	**55**
1	**1**						
1							
	1						
1	**1**	**1**		**1**			
		1		1			
	1						
1							
1	**2**						
1							
	1						
	1						
2	**1**						
1							
1							
	1						
2	**3**				**1**		**1**
	1						
1	1						
	1						
1							
					1		1
6	**8**	**1**		**1**	**1**	**1**	
1							
2	1						
1	2						
2	2						
	3	1		1	1	1	
6	**20**				**1**		**1**
1	4						
	2						
3	6						
1	1				1		1
1	7						
5	**19**				**2**		**2**
	1						
3	7						
1	9				2		2
	2						
1							
7	**12**	**1**	**1**		**3**		**3**
2							
1	2						
1	3				1		1
2	6				2		2
1	1	1	1				
26	**42**	**1**	**1**		**51**	**3**	**48**

5-3b 全省分年龄、性别、受教育

受教育程度 年龄	15 岁及以上人口			未婚			
	合计	男	女	小计	男	女	小计
小学	**92437**	**37737**	**54700**	**3128**	**2504**	**624**	**77336**
15–19 岁	**380**	**183**	**197**	**314**	**180**	**134**	**66**
15	39	24	15	39	24	15	
16	51	33	18	51	33	18	
17	67	28	39	62	28	34	5
18	103	44	59	80	43	37	23
19	120	54	66	82	52	30	38
20–24 岁	**1112**	**473**	**639**	**468**	**326**	**142**	**627**
20	148	66	82	82	55	27	66
21	198	87	111	106	73	33	90
22	219	91	128	88	60	28	128
23	226	88	138	89	63	26	133
24	321	141	180	103	75	28	210
25–29 岁	**2483**	**982**	**1501**	**455**	**350**	**105**	**1975**
25	402	170	232	107	82	25	289
26	421	168	253	93	68	25	318
27	521	203	318	87	65	22	426
28	529	208	321	84	68	16	434
29	610	233	377	84	67	17	508
30–34 岁	**4643**	**1727**	**2916**	**325**	**250**	**75**	**4164**
30	789	274	515	68	45	23	706
31	904	344	560	76	59	17	794
32	888	345	543	49	37	12	803
33	1044	395	649	69	55	14	939
34	1018	369	649	63	54	9	922
35–39 岁	**5176**	**1982**	**3194**	**235**	**193**	**42**	**4752**
35	989	369	620	54	45	9	896
36	1050	377	673	49	36	13	962
37	1005	384	621	37	27	10	933
38	1131	429	702	43	38	5	1040
39	1001	423	578	52	47	5	921
40–44 岁	**6206**	**2448**	**3758**	**202**	**172**	**30**	**5770**
40	1139	416	723	36	32	4	1070
41	1204	510	694	51	46	5	1104
42	1287	501	786	38	29	9	1193
43	1175	449	726	40	33	7	1105
44	1401	572	829	37	32	5	1298
45–49 岁	**11264**	**4454**	**6810**	**322**	**297**	**25**	**10480**
45	1543	589	954	42	41	1	1446
46	2011	806	1205	42	39	3	1891
47	2392	962	1430	73	67	6	2214
48	2625	1051	1574	94	84	10	2427
49	2693	1046	1647	71	66	5	2502
50–54 岁	**16002**	**6179**	**9823**	**295**	**268**	**27**	**14852**
50	3137	1173	1964	70	66	4	2917
51	3099	1196	1903	56	48	8	2908
52	3495	1399	2096	64	57	7	3251
53	2967	1142	1825	52	47	5	2738
54	3304	1269	2035	53	50	3	3038
55–59 岁	**11626**	**4321**	**7305**	**176**	**163**	**13**	**10426**
55	2795	1098	1697	56	49	7	2537
56	2773	1080	1693	45	43	2	2494
57	2594	945	1649	36	33	3	2332
58	2335	803	1532	31	30	1	2060
59	1129	395	734	8	8		1003
60–64 岁	**8095**	**3230**	**4865**	**87**	**81**	**6**	**6968**
60	1326	506	820	21	19	2	1184
61	1078	388	690	8	7	1	928
62	1611	653	958	8	7	1	1389
63	2051	847	1204	28	27	1	1753
64	2029	836	1193	22	21	1	1714
65 岁及以上	**25450**	**11758**	**13692**	**249**	**224**	**25**	**17256**

程度、婚姻状况的人口（镇）（续3）

单位：人

有配偶		离婚			丧偶		
男	女	小计	男	女	小计	男	女
31648	**45688**	**1333**	**748**	**585**	**10640**	**2837**	**7803**
3	**63**						
	5						
1	22						
2	36						
142	**485**	**17**	**5**	**12**			
11	55						
14	76	2		2			
31	97	3		3			
24	109	4	1	3			
62	148	8	4	4			
611	**1364**	**49**	**21**	**28**	**4**		**4**
86	203	6	2	4			
98	220	8	2	6	2		2
134	292	8	4	4			
135	299	10	5	5	1		1
158	350	17	8	9	1		1
1404	**2760**	**138**	**68**	**70**	**16**	**5**	**11**
222	484	15	7	8			
275	519	29	8	21	5	2	3
288	515	31	18	13	5	2	3
321	618	33	18	15	3	1	2
298	624	30	17	13	3		3
1690	**3062**	**149**	**87**	**62**	**40**	**12**	**28**
301	595	31	19	12	8	4	4
324	638	30	16	14	9	1	8
340	593	28	15	13	7	2	5
366	674	39	22	17	9	3	6
359	562	21	15	6	7	2	5
2171	**3599**	**177**	**96**	**81**	**57**	**9**	**48**
374	696	23	9	14	10	1	9
441	663	40	22	18	9	1	8
444	749	41	24	17	15	4	11
398	707	24	17	7	6	1	5
514	784	49	24	25	17	2	15
3977	**6503**	**228**	**135**	**93**	**234**	**45**	**189**
529	917	33	14	19	22	5	17
734	1157	36	24	12	42	9	33
853	1361	58	34	24	47	8	39
926	1501	49	31	18	55	10	45
935	1567	52	32	20	68	13	55
5657	**9195**	**243**	**138**	**105**	**612**	**116**	**496**
1051	1866	62	39	23	88	17	71
1117	1791	42	21	21	93	10	83
1287	1964	56	32	24	124	23	101
1035	1703	46	26	20	131	34	97
1167	1871	37	20	17	176	32	144
3879	**6547**	**154**	**95**	**59**	**870**	**184**	**686**
987	1550	38	25	13	164	37	127
962	1532	34	20	14	200	55	145
846	1486	43	29	14	183	37	146
728	1332	27	15	12	217	30	187
356	647	12	6	6	106	25	81
2906	**4062**	**63**	**37**	**26**	**977**	**206**	**771**
459	725	13	6	7	108	22	86
346	582	11	8	3	131	27	104
591	798	11	7	4	203	48	155
765	988	15	8	7	255	47	208
745	969	13	8	5	280	62	218
9208	**8048**	**115**	**66**	**49**	**7830**	**2260**	**5570**

5-3b 全省分年龄、性别、受教育

受教育程度 年　　龄	15岁及以上人口			未婚			
	合计	男	女	小计	男	女	小计
初中	**132284**	**68610**	**63674**	**13365**	**9053**	**4312**	**112607**
15-19岁	**5935**	**3400**	**2535**	**5797**	**3377**	**2420**	**137**
15	2881	1648	1233	2880	1648	1232	1
16	1197	675	522	1194	675	519	3
17	677	386	291	659	383	276	18
18	600	361	239	554	352	202	46
19	580	330	250	510	319	191	69
20-24岁	**4736**	**2451**	**2285**	**2649**	**1832**	**817**	**2062**
20	586	328	258	444	302	142	142
21	678	387	291	479	338	141	196
22	906	435	471	523	348	175	376
23	1112	565	547	557	388	169	553
24	1454	736	718	646	456	190	795
25-29岁	**11063**	**5060**	**6003**	**2445**	**1814**	**631**	**8447**
25	1869	905	964	659	465	194	1196
26	1929	913	1016	525	385	140	1367
27	2330	1052	1278	517	391	126	1782
28	2301	1042	1259	391	300	91	1870
29	2634	1148	1486	353	273	80	2232
30-34岁	**17870**	**7907**	**9963**	**1144**	**895**	**249**	**16245**
30	3550	1570	1980	356	280	76	3102
31	3660	1612	2048	265	204	61	3309
32	3287	1416	1871	201	158	43	2992
33	3919	1744	2175	181	136	45	3618
34	3454	1565	1889	141	117	24	3224
35-39岁	**16373**	**7730**	**8643**	**446**	**363**	**83**	**15352**
35	3213	1460	1753	105	89	16	3003
36	3414	1578	1836	103	79	24	3186
37	3180	1503	1677	83	64	19	2980
38	3517	1683	1834	84	67	17	3310
39	3049	1506	1543	71	64	7	2873
40-44岁	**14455**	**7093**	**7362**	**266**	**223**	**43**	**13602**
40	2870	1366	1504	60	54	6	2709
41	2997	1492	1505	55	47	8	2823
42	2954	1398	1556	48	39	9	2769
43	2654	1358	1296	51	41	10	2490
44	2980	1479	1501	52	42	10	2811
45-49岁	**19156**	**10022**	**9134**	**285**	**246**	**39**	**18124**
45	3067	1526	1541	46	41	5	2913
46	3835	1935	1900	60	50	10	3623
47	4065	2150	1915	64	56	8	3831
48	4246	2267	1979	63	55	8	4026
49	3943	2144	1799	52	44	8	3731
50-54岁	**17725**	**9627**	**8098**	**173**	**156**	**17**	**16709**
50	4047	2146	1901	57	51	6	3806
51	3584	1978	1606	34	32	2	3380
52	3776	2025	1751	38	35	3	3566
53	2959	1636	1323	25	25		2795
54	3359	1842	1517	19	13	6	3162
55-59岁	**11732**	**6474**	**5258**	**85**	**79**	**6**	**10944**
55	2944	1606	1338	26	23	3	2754
56	2927	1617	1310	24	24		2740
57	2785	1518	1267	21	19	2	2590
58	2141	1226	915	9	9		2002
59	935	507	428	5	4	1	858
60-64岁	**4607**	**2902**	**1705**	**25**	**21**	**4**	**4168**
60	957	573	384	7	6	1	869
61	699	428	271	4	3	1	630
62	924	590	334	2	2		837
63	1025	657	368	4	4		932
64	1002	654	348	8	6	2	900
65岁及以上	**8632**	**5944**	**2688**	**50**	**47**	**3**	**6817**

程度、婚姻状况的人口（镇）（续4）

单位：人

有配偶		离婚			丧偶		
男	女	小计	男	女	小计	男	女
56495	**56112**	**2826**	**1643**	**1183**	**3486**	**1419**	**2067**
23	**114**	**1**		**1**			
	1						
	3						
3	15						
9	37						
11	58	1		1			
613	**1449**	**24**	**6**	**18**	**1**		**1**
26	116						
48	148	3	1	2			
84	292	7	3	4			
177	376	2		2			
278	517	12	2	10	1		1
3163	**5284**	**166**	**82**	**84**	**5**	**1**	**4**
433	763	13	7	6	1		1
514	853	37	14	23			
645	1137	31	16	15			
723	1147	37	18	19	3	1	2
848	1384	48	27	21	1		1
6762	**9483**	**449**	**243**	**206**	**32**	**7**	**25**
1246	1856	90	44	46	2		2
1362	1947	83	45	38	3	1	2
1205	1787	85	52	33	9	1	8
1548	2070	106	56	50	14	4	10
1401	1823	85	46	39	4	1	3
7019	**8333**	**510**	**333**	**177**	**65**	**15**	**50**
1309	1694	94	58	36	11	4	7
1424	1762	114	73	41	11	2	9
1369	1611	102	69	33	15	1	14
1538	1772	110	75	35	13	3	10
1379	1494	90	58	32	15	5	10
6566	**7036**	**454**	**265**	**189**	**133**	**39**	**94**
1255	1454	76	47	29	25	10	15
1389	1434	93	53	40	26	3	23
1290	1479	107	61	46	30	8	22
1259	1231	91	50	41	22	8	14
1373	1438	87	54	33	30	10	20
9399	**8725**	**498**	**299**	**199**	**249**	**78**	**171**
1434	1479	75	41	34	33	10	23
1809	1814	113	62	51	39	14	25
2008	1823	104	67	37	66	19	47
2129	1897	109	70	39	48	13	35
2019	1712	97	59	38	63	22	41
9121	**7588**	**389**	**230**	**159**	**454**	**120**	**334**
2014	1792	102	58	44	82	23	59
1868	1512	83	56	27	87	22	65
1930	1636	82	38	44	90	22	68
1555	1240	54	34	20	85	22	63
1754	1408	68	44	24	110	31	79
6115	**4829**	**199**	**111**	**88**	**504**	**169**	**335**
1515	1239	57	37	20	107	31	76
1524	1216	49	25	24	114	44	70
1436	1154	44	23	21	130	40	90
1167	835	30	13	17	100	37	63
473	385	19	13	6	53	17	36
2697	**1471**	**62**	**32**	**30**	**352**	**152**	**200**
534	335	16	7	9	65	26	39
396	234	15	5	10	50	24	26
546	291	12	10	2	73	32	41
614	318	9	4	5	80	35	45
607	293	10	6	4	84	35	49
5017	**1800**	**74**	**42**	**32**	**1691**	**838**	**853**

5-3b 全省分年龄、性别、受教育

受教育程度 年　龄	15岁及以上人口			未婚			
	合计	男	女	小计	男	女	小计
高中	**81898**	**45230**	**36668**	**32202**	**16993**	**15209**	**46967**
15-19 岁	**26287**	**13197**	**13090**	**26261**	**13192**	**13069**	**24**
15	4902	2361	2541	4902	2361	2541	
16	8076	4084	3992	8076	4084	3992	
17	6987	3619	3368	6984	3617	3367	3
18	4392	2183	2209	4385	2183	2202	7
19	1930	950	980	1914	947	967	14
20-24 岁	**3660**	**1859**	**1801**	**2900**	**1629**	**1271**	**752**
20	895	440	455	859	430	429	36
21	578	293	285	515	280	235	63
22	666	346	320	530	311	219	136
23	680	348	332	482	295	187	194
24	841	432	409	514	313	201	323
25-29 岁	**6060**	**3077**	**2983**	**1880**	**1296**	**584**	**4096**
25	1056	544	512	506	339	167	544
26	1083	546	537	429	288	141	640
27	1259	632	627	386	265	121	855
28	1266	643	623	288	206	82	953
29	1396	712	684	271	198	73	1104
30-34 岁	**7978**	**4087**	**3891**	**678**	**505**	**173**	**7116**
30	1798	886	912	228	170	58	1531
31	1665	832	833	156	111	45	1476
32	1479	775	704	117	93	24	1328
33	1666	879	787	103	78	25	1522
34	1370	715	655	74	53	21	1259
35-39 岁	**5350**	**2888**	**2462**	**183**	**135**	**48**	**4958**
35	1153	611	542	52	38	14	1067
36	1173	613	560	47	30	17	1083
37	1025	569	456	28	24	4	951
38	1067	586	481	36	28	8	983
39	932	509	423	20	15	5	874
40-44 岁	**5032**	**2809**	**2223**	**107**	**81**	**26**	**4698**
40	968	530	438	22	19	3	905
41	1070	598	472	26	19	7	985
42	1110	613	497	27	22	5	1040
43	872	504	368	11	8	3	826
44	1012	564	448	21	13	8	942
45-49 岁	**6809**	**3828**	**2981**	**84**	**67**	**17**	**6397**
45	1127	631	496	19	17	2	1057
46	1276	688	588	13	9	4	1202
47	1466	813	653	22	18	4	1367
48	1507	888	619	15	11	4	1427
49	1433	808	625	15	12	3	1344
50-54 岁	**6632**	**3973**	**2659**	**47**	**38**	**9**	**6282**
50	1605	950	655	11	10	1	1512
51	1333	788	545	16	10	6	1257
52	1454	856	598	6	5	1	1389
53	1029	641	388	3	3		980
54	1211	738	473	11	10	1	1144
55-59 岁	**6116**	**3735**	**2381**	**34**	**26**	**8**	**5696**
55	1089	658	431	8	7	1	1026
56	1235	748	487	7	4	3	1153
57	1616	973	643	9	7	2	1498
58	1516	927	589	7	6	1	1409
59	660	429	231	3	2	1	610
60-64 岁	**4008**	**2755**	**1253**	**16**	**15**	**1**	**3685**
60	891	602	289	3	3		824
61	730	486	244	4	4		666
62	840	571	269	4	4		775
63	867	615	252	5	4	1	800
64	680	481	199				620
65 岁及以上	**3966**	**3022**	**944**	**12**	**9**	**3**	**3263**

程度、婚姻状况的人口（镇）（续 5）

单位：人

有配偶		离婚			丧偶		
男	女	小计	男	女	小计	男	女
26885	**20082**	**1346**	**717**	**629**	**1383**	**635**	**748**
4	**20**	**1**	**1**		**1**		**1**
2	1						
	7						
2	12	1	1		1		1
227	**525**	**8**	**3**	**5**			
10	26						
13	50						
35	101						
51	143	4	2	2			
118	205	4	1	3			
1742	**2354**	**79**	**39**	**40**	**5**		**5**
201	343	6	4	2			
255	385	12	3	9	2		2
355	500	17	12	5	1		1
426	527	23	11	12	2		2
505	599	21	9	12			
3479	**3637**	**176**	**101**	**75**	**8**	**2**	**6**
693	838	36	23	13	3		3
703	773	33	18	15			
665	663	34	17	17			
777	745	37	22	15	4	2	2
641	618	36	21	15	1		1
2644	**2314**	**195**	**106**	**89**	**14**	**3**	**11**
553	514	32	20	12	2		2
565	518	40	17	23	3	1	2
517	434	42	26	16	4	2	2
535	448	47	23	24	1		1
474	400	34	20	14	4		4
2609	**2089**	**196**	**112**	**84**	**31**	**7**	**24**
491	414	40	20	20	1		1
548	437	52	30	22	7	1	6
567	473	37	23	14	6	1	5
473	353	31	21	10	4	2	2
530	412	36	18	18	13	3	10
3611	**2786**	**254**	**132**	**122**	**74**	**18**	**56**
592	465	43	22	21	8		8
656	546	46	19	27	15	4	11
756	611	59	35	24	18	4	14
849	578	50	24	26	15	4	11
758	586	56	32	24	18	6	12
3795	**2487**	**192**	**103**	**89**	**111**	**37**	**74**
904	608	56	28	28	26	8	18
748	509	37	24	13	23	6	17
826	563	44	18	26	15	7	8
616	364	32	18	14	14	4	10
701	443	23	15	8	33	12	21
3570	**2126**	**156**	**68**	**88**	**230**	**71**	**159**
634	392	28	11	17	27	6	21
713	440	35	16	19	40	15	25
927	571	52	26	26	57	13	44
889	520	32	12	20	68	20	48
407	203	9	3	6	38	17	21
2604	**1081**	**62**	**34**	**28**	**245**	**102**	**143**
568	256	18	9	9	46	22	24
459	207	17	11	6	43	12	31
542	233	10	3	7	51	22	29
579	221	11	9	2	51	23	28
456	164	6	2	4	54	23	31
2600	**663**	**27**	**18**	**9**	**664**	**395**	**269**

5-3b 全省分年龄、性别、受教育

受教育程度 年龄	15岁及以上人口			未婚			
	合计	男	女	小计	男	女	小计
大学专科	**52299**	**27835**	**24464**	**15827**	**7937**	**7890**	**35267**
15–19岁	**3712**	**1716**	**1996**	**3710**	**1714**	**1996**	**2**
15	88	48	40	88	48	40	
16	184	96	88	184	96	88	
17	430	232	198	430	232	198	
18	1115	500	615	1115	500	615	
19	1895	840	1055	1893	838	1055	2
20–24岁	**7819**	**3550**	**4269**	**7261**	**3391**	**3870**	**553**
20	1967	849	1118	1957	848	1109	10
21	1520	660	860	1484	653	831	36
22	1511	700	811	1425	679	746	86
23	1359	657	702	1208	612	596	151
24	1462	684	778	1187	599	588	270
25–29岁	**8418**	**3906**	**4512**	**3648**	**2024**	**1624**	**4718**
25	1771	827	944	1231	644	587	535
26	1587	723	864	882	472	410	699
27	1694	746	948	692	379	313	991
28	1697	797	900	482	292	190	1201
29	1669	813	856	361	237	124	1292
30–34岁	**9268**	**4533**	**4735**	**907**	**608**	**299**	**8200**
30	2115	1012	1103	338	237	101	1749
31	1939	924	1015	226	144	82	1683
32	1785	885	900	148	95	53	1606
33	1863	904	959	112	75	37	1718
34	1566	808	758	83	57	26	1444
35–39岁	**5736**	**3091**	**2645**	**178**	**110**	**68**	**5386**
35	1355	717	638	60	40	20	1264
36	1238	686	552	34	22	12	1164
37	1118	625	493	34	24	10	1047
38	1108	577	531	30	13	17	1039
39	917	486	431	20	11	9	872
40–44岁	**4286**	**2423**	**1863**	**56**	**40**	**16**	**4085**
40	869	440	429	12	6	6	832
41	866	515	351	13	12	1	826
42	898	514	384	13	8	5	856
43	762	426	336	9	7	2	719
44	891	528	363	9	7	2	852
45–49岁	**4613**	**2720**	**1893**	**34**	**22**	**12**	**4398**
45	793	470	323	8	4	4	757
46	967	578	389	4	3	1	922
47	978	560	418	6	4	2	935
48	956	562	394	9	5	4	908
49	919	550	369	7	6	1	876
50–54岁	**3882**	**2428**	**1454**	**20**	**16**	**4**	**3709**
50	889	535	354	5	5		850
51	788	488	300	5	4	1	749
52	878	562	316	5	3	2	831
53	607	392	215	3	3		587
54	720	451	269	2	1	1	692
55–59岁	**2469**	**1772**	**697**	**8**	**7**	**1**	**2358**
55	631	444	187	3	3		600
56	593	401	192	2	2		569
57	614	453	161	2	1	1	586
58	468	347	121				445
59	163	127	36	1	1		158
60–64岁	**885**	**701**	**184**	**3**	**3**		**830**
60	166	118	48				155
61	138	105	33				136
62	195	163	32	1	1		180
63	187	154	33				173
64	199	161	38	2	2		186
65岁及以上	**1211**	**995**	**216**	**2**	**2**		**1028**

程度、婚姻状况的人口（镇）（续6）

单位：人

有配偶		离婚			丧偶		
男	女	小计	男	女	小计	男	女
19337	**15930**	**831**	**387**	**444**	**374**	**174**	**200**
2							
2							
159	**394**	**5**		**5**			
1	9						
7	29						
21	65						
45	106						
85	185	5		5			
1862	**2856**	**48**	**20**	**28**	**4**		**4**
182	353	4	1	3	1		1
250	449	6	1	5			
361	630	11	6	5			
500	701	13	5	8	1		1
569	723	14	7	7	2		2
3840	**4360**	**158**	**85**	**73**	**3**		**3**
761	988	26	14	12	2		2
766	917	30	14	16			
772	834	31	18	13			
810	908	33	19	14			
731	713	38	20	18	1		1
2900	**2486**	**163**	**81**	**82**	**9**		**9**
666	598	29	11	18	2		2
642	522	39	22	17	1		1
586	461	36	15	21	1		1
541	498	35	23	12	4		4
465	407	24	10	14	1		1
2320	**1765**	**125**	**54**	**71**	**20**	**9**	**11**
425	407	22	7	15	3	2	1
487	339	26	16	10	1		1
495	361	25	10	15	4	1	3
407	312	27	9	18	7	3	4
506	346	25	12	13	5	3	2
2641	**1757**	**139**	**51**	**88**	**42**	**6**	**36**
459	298	20	7	13	8		8
562	360	30	11	19	11	2	9
544	391	28	10	18	9	2	7
544	364	33	12	21	6	1	5
532	344	28	11	17	8	1	7
2350	**1359**	**113**	**53**	**60**	**40**	**9**	**31**
514	336	27	15	12	7	1	6
471	278	25	10	15	9	3	6
539	292	29	16	13	13	4	9
385	202	13	4	9	4		4
441	251	19	8	11	7	1	6
1716	**642**	**55**	**28**	**27**	**48**	**21**	**27**
425	175	20	10	10	8	6	2
389	180	13	7	6	9	3	6
442	144	12	5	7	14	5	9
337	108	9	5	4	14	5	9
123	35	1	1		3	2	1
669	**161**	**14**	**9**	**5**	**38**	**20**	**18**
113	42	3	1	2	8	4	4
104	32				2	1	1
154	26	3	2	1	11	6	5
146	27	4	3	1	10	5	5
152	34	4	3	1	7	4	3
878	**150**	**11**	**6**	**5**	**170**	**109**	**61**

5-3b 全省分年龄、性别、受教育

受教育程度 年龄	15岁及以上人口			未婚			
	合计	男	女	小计	男	女	小计
大学本科	**47827**	**25611**	**22216**	**17066**	**8713**	**8353**	**30078**
15–19岁	**3121**	**1551**	**1570**	**3119**	**1550**	**1569**	**2**
15	9	5	4	9	5	4	
16	36	18	18	36	18	18	
17	157	63	94	157	63	94	
18	955	472	483	954	472	482	1
19	1964	993	971	1963	992	971	1
20–24岁	**9738**	**4843**	**4895**	**9595**	**4811**	**4784**	**141**
20	2580	1312	1268	2579	1312	1267	1
21	2320	1161	1159	2311	1159	1152	9
22	1936	966	970	1924	963	961	12
23	1524	768	756	1493	762	731	29
24	1378	636	742	1288	615	673	90
25–29岁	**6972**	**3139**	**3833**	**3456**	**1752**	**1704**	**3481**
25	1358	601	757	1122	528	594	235
26	1295	574	721	848	405	443	441
27	1426	628	798	694	361	333	729
28	1412	658	754	476	269	207	928
29	1481	678	803	316	189	127	1148
30–34岁	**10178**	**4992**	**5186**	**719**	**486**	**233**	**9323**
30	2060	974	1086	286	188	98	1761
31	2020	946	1074	185	121	64	1812
32	2032	999	1033	115	82	33	1889
33	2097	1040	1057	77	54	23	1987
34	1969	1033	936	56	41	15	1874
35–39岁	**7351**	**4041**	**3310**	**121**	**80**	**41**	**7074**
35	1703	935	768	40	29	11	1637
36	1700	912	788	29	18	11	1636
37	1401	761	640	22	13	9	1343
38	1393	799	594	20	13	7	1337
39	1154	634	520	10	7	3	1121
40–44岁	**4090**	**2425**	**1665**	**30**	**15**	**15**	**3940**
40	994	546	448	10	4	6	952
41	912	557	355	8	6	2	881
42	819	490	329	5	3	2	792
43	683	405	278	4	1	3	660
44	682	427	255	3	1	2	655
45–49岁	**2968**	**2005**	**963**	**15**	**11**	**4**	**2868**
45	635	434	201	4	4		609
46	684	436	248	4	2	2	665
47	597	418	179	3	2	1	576
48	567	379	188	1		1	547
49	485	338	147	3	3		471
50–54岁	**2032**	**1457**	**575**	**6**	**4**	**2**	**1959**
50	505	337	168				492
51	423	304	119	2	1	1	404
52	456	327	129				437
53	305	229	76	2	1	1	296
54	343	260	83	2	2		330
55–59岁	**903**	**746**	**157**	**2**	**2**		**871**
55	258	203	55				249
56	204	165	39	2	2		198
57	249	208	41				240
58	153	135	18				146
59	39	35	4				38
60–64岁	**184**	**159**	**25**	**2**	**2**		**169**
60	32	27	5	1	1		31
61	41	35	6	1	1		38
62	31	25	6				26
63	35	32	3				34
64	45	40	5				40
65岁及以上	**290**	**253**	**37**	**1**		**1**	**250**

程度、婚姻状况的人口（镇）（续 7）

单位：人

有配偶		离婚			丧偶		
男	女	小计	男	女	小计	男	女
16594	**13484**	**559**	**253**	**306**	**124**	**51**	**73**
1	**1**						
	1						
1							
32	**109**	**2**		**2**			
	1						
2	7						
3	9						
6	23	2		2			
21	69						
1372	**2109**	**34**	**15**	**19**	**1**		**1**
73	162	1		1			
168	273	6	1	5			
265	464	3	2	1			
386	542	8	3	5			
480	668	16	9	7	1		1
4446	**4877**	**132**	**58**	**74**	**4**	**2**	**2**
782	979	12	3	9	1	1	
813	999	23	12	11			
909	980	26	8	18	2		2
971	1016	32	14	18	1	1	
971	903	39	21	18			
3899	**3175**	**146**	**62**	**84**	**10**		**10**
893	744	23	13	10	3		3
881	755	33	13	20	2		2
733	610	35	15	20	1		1
770	567	35	16	19	1		1
622	499	20	5	15	3		3
2361	**1579**	**106**	**46**	**60**	**14**	**3**	**11**
530	422	31	12	19	1		1
539	342	23	12	11			
476	316	16	8	8	6	3	3
399	261	15	5	10	4		4
417	238	21	9	12	3		3
1958	**910**	**68**	**34**	**34**	**17**	**2**	**15**
418	191	18	12	6	4		4
431	234	11	3	8	4		4
407	169	14	8	6	4	1	3
369	178	17	9	8	2	1	1
333	138	8	2	6	3		3
1424	**535**	**50**	**24**	**26**	**17**	**5**	**12**
331	161	12	6	6	1		1
294	110	13	7	6	4	2	2
318	119	15	8	7	4	1	3
227	69	3	1	2	4		4
254	76	7	2	5	4	2	2
727	**144**	**15**	**9**	**6**	**15**	**8**	**7**
200	49	5	2	3	4	1	3
159	39	2	2		2	2	
205	35	5	2	3	4	1	3
129	17	3	3		4	3	1
34	4				1	1	
149	**20**	**2**	**2**		**11**	**6**	**5**
26	5						
32	6	1	1		1	1	
22	4	1	1		4	2	2
32	2				1		1
37	3				5	3	2
225	**25**	**4**	**3**	**1**	**35**	**25**	**10**

5-3b 全省分年龄、性别、受教育

受教育程度 年　　龄	15岁及以上人口			未婚			
	合计	男	女	小计	男	女	小计
硕士研究生	**1444**	**747**	**697**	**668**	**330**	**338**	**761**
15–19岁	**5**	**4**	**1**	**5**	**4**	**1**	
15							
16							
17	3	3		3	3		
18							
19	2	1	1	2	1	1	
20–24岁	**279**	**144**	**135**	**279**	**144**	**135**	
20	2	2		2	2		
21	15	5	10	15	5	10	
22	46	27	19	46	27	19	
23	97	52	45	97	52	45	
24	119	58	61	119	58	61	
25–29岁	**402**	**178**	**224**	**325**	**151**	**174**	**76**
25	123	56	67	118	56	62	5
26	93	42	51	86	40	46	7
27	81	36	45	67	30	37	14
28	52	21	31	32	13	19	20
29	53	23	30	22	12	10	30
30–34岁	**372**	**162**	**210**	**48**	**25**	**23**	**322**
30	75	23	52	20	9	11	55
31	84	34	50	12	8	4	72
32	76	40	36	10	3	7	64
33	68	30	38	5	4	1	63
34	69	35	34	1	1		68
35–39岁	**204**	**120**	**84**	**8**	**4**	**4**	**190**
35	60	33	27	2		2	58
36	46	29	17	2	2		42
37	33	22	11	3	1	2	28
38	36	21	15				35
39	29	15	14	1	1		27
40–44岁	**65**	**43**	**22**				**63**
40	17	10	7				17
41	16	7	9				16
42	14	13	1				13
43	7	5	2				7
44	11	8	3				10
45–49岁	**55**	**40**	**15**	**2**	**2**		**49**
45	15	10	5	1	1		13
46	9	8	1	1	1		8
47	12	10	2				12
48	9	6	3				7
49	10	6	4				9
50–54岁	**35**	**30**	**5**	**1**		**1**	**34**
50	15	12	3	1		1	14
51	6	5	1				6
52	7	6	1				7
53	4	4					4
54	3	3					3
55–59岁	**22**	**21**	**1**				**22**
55	5	4	1				5
56	7	7					7
57	7	7					7
58	3	3					3
59							
60–64岁	**3**	**3**					**3**
60							
61	2	2					2
62							
63	1	1					1
64							
65岁及以上	**2**	**2**					**2**

程度、婚姻状况的人口（镇）（续 8）

单位：人

有配偶		离婚			丧偶		
男	女	小计	男	女	小计	男	女
408	**353**	**12**	**8**	**4**	**3**	**1**	**2**
26	**50**	**1**	**1**				
	5						
2	5						
6	8						
8	12						
10	20	1	1				
135	**187**	**1**	**1**		**1**	**1**	
14	41						
26	46						
35	29	1	1		1	1	
26	37						
34	34						
113	**77**	**5**	**3**	**2**	**1**		**1**
33	25						
27	15	1		1	1		1
19	9	2	2				
20	15	1	1				
14	13	1		1			
42	**21**	**1**	**1**		**1**		**1**
10	7						
7	9						
12	1	1	1				
5	2						
8	2				1		1
36	**13**	**4**	**2**	**2**			
8	5	1	1				
7	1						
10	2						
5	2	2	1	1			
6	3	1		1			
30	**4**						
12	2						
5	1						
6	1						
4							
3							
21	**1**						
4	1						
7							
7							
3							
3							
2							
1							
2							

5-3b 全省分年龄、性别、受教育

受教育程度 年　　龄	15 岁及以上人口			未婚			
	合计	男	女	小计	男	女	小计
博士研究生	**84**	**42**	**42**	**40**	**19**	**21**	**42**
15–19 岁							
15							
16							
17							
18							
19							
20–24 岁	**4**	**2**	**2**	**4**	**2**	**2**	
20							
21							
22							
23							
24	4	2	2	4	2	2	
25–29 岁	**23**	**11**	**12**	**20**	**9**	**11**	**3**
25	5	1	4	5	1	4	
26	3	2	1	3	2	1	
27	7	4	3	7	4	3	
28	3	2	1	2	1	1	1
29	5	2	3	3	1	2	2
30–34 岁	**33**	**15**	**18**	**12**	**6**	**6**	**21**
30	5	3	2	2	2		3
31	13	4	9	6	2	4	7
32	4	2	2	2		2	2
33	7	4	3	2	2		5
34	4	2	2				4
35–39 岁	**11**	**4**	**7**	**3**	**1**	**2**	**7**
35	1		1	1		1	
36	4	1	3	2	1	1	2
37	3	2	1				3
38	2	1	1				2
39	1		1				
40–44 岁	**6**	**6**		**1**	**1**		**5**
40	2	2		1	1		1
41	3	3					3
42							
43							
44	1	1					1
45–49 岁	**1**	**1**					**1**
45	1	1					1
46							
47							
48							
49							
50–54 岁	**4**	**3**	**1**				**3**
50							
51	2	1	1				2
52	2	2					1
53							
54							
55–59 岁	**1**		**1**				**1**
55	1		1				1
56							
57							
58							
59							
60–64 岁							
60							
61							
62							
63							
64							
65 岁及以上	**1**		**1**				**1**

程度、婚姻状况的人口（镇）（续9）

单位：人

有配偶		离婚			丧偶		
男	女	小计	男	女	小计	男	女
22	**20**	**2**	**1**	**1**			
2	**1**						
1							
1	1						
9	**12**						
1	2						
2	5						
2							
2	3						
2	2						
3	**4**	**1**		**1**			
	2						
2	1						
1	1						
		1		1			
5							
1							
3							
1							
1							
1							
2	**1**	**1**	**1**				
1	1						
1		1	1				
	1						
	1						
	1						

5-3c 全省分年龄、性别、受教育

受教育程度 年　　龄	15岁及以上人口			未婚			
	合计	男	女	小计	男	女	小计
合计	**931683**	**470795**	**460888**	**139591**	**89286**	**50305**	**700027**
15-19 岁	**53981**	**27923**	**26058**	**52727**	**27741**	**24986**	**1232**
15	12018	6271	5747	11996	6270	5726	22
16	11946	6206	5740	11897	6201	5696	48
17	10415	5435	4980	10273	5419	4854	141
18	9951	5128	4823	9607	5082	4525	341
19	9651	4883	4768	8954	4769	4185	680
20-24 岁	**49715**	**24677**	**25038**	**36090**	**20538**	**15552**	**13399**
20	8982	4517	4465	7830	4272	3558	1136
21	8681	4300	4381	7019	3876	3143	1642
22	9814	4828	4986	7223	4090	3133	2542
23	10345	5127	5218	6949	4075	2874	3337
24	11893	5905	5988	7069	4225	2844	4742
25-29 岁	**65537**	**33173**	**32364**	**22929**	**15658**	**7271**	**41446**
25	13779	6880	6899	7088	4414	2674	6538
26	12584	6387	6197	5265	3498	1767	7135
27	13448	6734	6714	4481	3134	1347	8727
28	12840	6484	6356	3410	2520	890	9151
29	12886	6688	6198	2685	2092	593	9895
30-34 岁	**69781**	**35986**	**33795**	**8286**	**6911**	**1375**	**59112**
30	15759	8129	7630	2598	2097	501	12702
31	14548	7494	7054	1970	1644	326	12080
32	13198	6776	6422	1408	1188	220	11346
33	13867	7219	6648	1315	1127	188	12038
34	12409	6368	6041	995	855	140	10946
35-39 岁	**55401**	**28910**	**26491**	**3243**	**2885**	**358**	**49853**
35	11382	5976	5406	838	732	106	10053
36	11449	5907	5542	737	650	87	10262
37	10366	5318	5048	565	493	72	9384
38	11728	6228	5500	584	540	44	10624
39	10476	5481	4995	519	470	49	9530
40-44 岁	**59006**	**30487**	**28519**	**2579**	**2398**	**181**	**53992**
40	10893	5656	5237	495	462	33	9922
41	11367	6057	5310	538	495	43	10370
42	12248	6312	5936	540	499	41	11196
43	11265	5852	5413	474	445	29	10331
44	13233	6610	6623	532	497	35	12173
45-49 岁	**108405**	**54169**	**54236**	**3777**	**3626**	**151**	**100354**
45	15143	7523	7620	554	530	24	13999
46	19873	9910	9963	747	723	24	18314
47	23170	11572	11598	828	791	37	21446
48	25094	12472	12622	834	794	40	23307
49	25125	12692	12433	814	788	26	23288
50-54 岁	**132410**	**66410**	**66000**	**3613**	**3485**	**128**	**122392**
50	28283	13774	14509	827	800	27	26217
51	25844	13003	12841	767	740	27	23893
52	28492	14187	14305	745	712	33	26443
53	23535	12093	11442	616	592	24	21649
54	26256	13353	12903	658	641	17	24190
55-59 岁	**99752**	**50964**	**48788**	**2155**	**2070**	**85**	**90614**
55	23530	12147	11383	601	582	19	21447
56	23146	11663	11483	556	525	31	21070
57	23273	12116	11157	494	480	14	21140
58	20195	10308	9887	355	341	14	18298
59	9608	4730	4878	149	142	7	8659
60-64 岁	**58956**	**31026**	**27930**	**1223**	**1173**	**50**	**50928**
60	10590	5642	4948	175	167	8	9487
61	8310	4393	3917	163	157	6	7279
62	11509	6216	5293	267	255	12	9991
63	14154	7442	6712	283	274	9	12097
64	14393	7333	7060	335	320	15	12074
65 岁及以上	**178739**	**87070**	**91669**	**2969**	**2801**	**168**	**116705**

程度、婚姻状况的人口（乡村）

单位：人

有配偶		离婚			丧偶		
男	女	小计	男	女	小计	男	女
347194	**352833**	**12933**	**9715**	**3218**	**79132**	**24600**	**54532**
179	**1053**	**22**	**3**	**19**			
1	21						
5	43	1		1			
16	125	1		1			
46	295	3		3			
111	569	17	3	14			
4050	**9349**	**214**	**84**	**130**	**12**	**5**	**7**
241	895	16	4	12			
420	1222	19	3	16	1	1	
720	1822	43	17	26	6	1	5
1024	2313	57	27	30	2	1	1
1645	3097	79	33	46	3	2	1
16912	**24534**	**1078**	**581**	**497**	**84**	**22**	**62**
2395	4143	146	70	76	7	1	6
2799	4336	163	86	77	21	4	17
3490	5237	221	105	116	19	5	14
3823	5328	263	137	126	16	4	12
4405	5490	285	183	102	21	8	13
27527	**31585**	**2196**	**1487**	**709**	**187**	**61**	**126**
5746	6956	434	274	160	25	12	13
5542	6538	460	297	163	38	11	27
5300	6046	408	276	132	36	12	24
5749	6289	467	333	134	47	10	37
5190	5756	427	307	120	41	16	25
24387	**25466**	**1998**	**1533**	**465**	**307**	**105**	**202**
4903	5150	431	320	111	60	21	39
4926	5336	400	305	95	50	26	24
4528	4856	367	283	84	50	14	36
5327	5297	444	339	105	76	22	54
4703	4827	356	286	70	71	22	49
26472	**27520**	**1755**	**1412**	**343**	**680**	**205**	**475**
4872	5050	376	298	78	100	24	76
5246	5124	351	286	65	108	30	78
5473	5723	375	293	82	137	47	90
5088	5243	323	267	56	137	52	85
5793	6380	330	268	62	198	52	146
48080	**52274**	**2072**	**1691**	**381**	**2202**	**772**	**1430**
6635	7364	337	281	56	253	77	176
8701	9613	453	360	93	359	126	233
10258	11188	430	362	68	466	161	305
11136	12171	409	327	82	544	215	329
11350	11938	443	361	82	580	193	387
59926	**62466**	**1759**	**1467**	**292**	**4646**	**1532**	**3114**
12339	13878	430	364	66	809	271	538
11680	12213	385	315	70	799	268	531
12877	13566	338	278	60	966	320	646
10922	10727	314	260	54	956	319	637
12108	12082	292	250	42	1116	354	762
46312	**44302**	**920**	**755**	**165**	**6063**	**1827**	**4236**
10951	10496	281	227	54	1201	387	814
10573	10497	224	183	41	1296	382	914
10994	10146	199	165	34	1440	477	963
9444	8854	148	124	24	1394	399	995
4350	4309	68	56	12	732	182	550
27524	**23404**	**366**	**296**	**70**	**6439**	**2033**	**4406**
5152	4335	67	50	17	861	273	588
3950	3329	58	46	12	810	240	570
5503	4488	72	61	11	1179	397	782
6545	5552	92	75	17	1682	548	1134
6374	5700	77	64	13	1907	575	1332
65825	**50880**	**553**	**406**	**147**	**58512**	**18038**	**40474**

5-3c 全省分年龄、性别、受教育

受教育程度 年 龄	15岁及以上人口			未婚			
	合计	男	女	小计	男	女	小计
未上过学	**133869**	**37737**	**96132**	**6585**	**5881**	**704**	**92370**
15–19岁	**200**	**108**	**92**	**173**	**106**	**67**	**27**
15	29	20	9	29	20	9	
16	30	19	11	29	19	10	1
17	32	17	15	30	17	13	2
18	54	28	26	46	27	19	8
19	55	24	31	39	23	16	16
20–24岁	**441**	**157**	**284**	**230**	**144**	**86**	**208**
20	53	18	35	36	17	19	17
21	75	27	48	44	27	17	29
22	98	35	63	55	33	22	43
23	87	29	58	37	26	11	50
24	128	48	80	58	41	17	69
25–29岁	**913**	**320**	**593**	**315**	**233**	**82**	**572**
25	148	58	90	71	50	21	75
26	157	56	101	54	40	14	98
27	158	56	102	61	40	21	93
28	214	68	146	63	49	14	142
29	236	82	154	66	54	12	164
30–34岁	**2027**	**593**	**1434**	**384**	**298**	**86**	**1594**
30	380	122	258	102	77	25	272
31	408	137	271	92	73	19	304
32	362	97	265	58	43	15	296
33	429	121	308	69	55	14	349
34	448	116	332	63	50	13	373
35–39岁	**2630**	**726**	**1904**	**319**	**268**	**51**	**2230**
35	472	135	337	66	55	11	390
36	472	142	330	69	57	12	391
37	547	147	400	61	45	16	471
38	592	153	439	67	63	4	506
39	547	149	398	56	48	8	472
40–44岁	**4534**	**1173**	**3361**	**386**	**333**	**53**	**3999**
40	728	196	532	53	48	5	650
41	759	216	543	92	76	16	642
42	889	221	668	78	70	8	787
43	947	259	688	84	73	11	830
44	1211	281	930	79	66	13	1090
45–49岁	**11410**	**2878**	**8532**	**779**	**732**	**47**	**10130**
45	1431	334	1097	90	84	6	1306
46	1995	463	1532	137	128	9	1759
47	2500	630	1870	183	169	14	2212
48	2687	703	1984	174	166	8	2401
49	2797	748	2049	195	185	10	2452
50–54岁	**16303**	**4372**	**11931**	**1066**	**1014**	**52**	**14155**
50	3458	920	2538	216	207	9	3042
51	3114	868	2246	225	213	12	2713
52	3506	910	2596	206	191	15	3069
53	2968	829	2139	215	204	11	2541
54	3257	845	2412	204	199	5	2790
55–59岁	**13881**	**3289**	**10592**	**830**	**787**	**43**	**11581**
55	3107	846	2261	246	236	10	2565
56	3093	734	2359	188	174	14	2606
57	3039	718	2321	194	186	8	2539
58	2925	634	2291	134	127	7	2443
59	1717	357	1360	68	64	4	1428
60–64岁	**13311**	**3631**	**9680**	**524**	**497**	**27**	**10620**
60	1910	456	1454	69	64	5	1590
61	1694	439	1255	50	48	2	1387
62	2599	758	1841	119	112	7	2100
63	3415	975	2440	134	130	4	2684
64	3693	1003	2690	152	143	9	2859
65岁及以上	**68219**	**20490**	**47729**	**1579**	**1469**	**110**	**37254**

程度、婚姻状况的人口（乡村）（续 1）

单位：人

有配偶		离婚			丧偶		
男	女	小计	男	女	小计	男	女
25112	**67258**	**818**	**495**	**323**	**34096**	**6249**	**27847**
2	**25**						
	1						
	2						
1	7						
1	15						
13	**195**	**3**		**3**			
1	16						
	29	2		2			
2	41						
3	47						
7	62	1		1			
80	**492**	**21**	**6**	**15**	**5**	**1**	**4**
8	67	2		2			
16	82	3		3	2		2
15	78	4	1	3			
16	126	8	3	5	1		1
25	139	4	2	2	2	1	1
277	**1317**	**29**	**13**	**16**	**20**	**5**	**15**
42	230	6	3	3			
63	241	8	1	7	4		4
50	246	5	3	2	3	1	2
59	290	5	4	1	6	3	3
63	310	5	2	3	7	1	6
433	**1797**	**52**	**23**	**29**	**29**	**2**	**27**
76	314	12	4	8	4		4
79	312	10	5	5	2	1	1
97	374	9	4	5	6	1	5
85	421	12	5	7	7		7
96	376	9	5	4	10		10
796	**3203**	**74**	**31**	**43**	**75**	**13**	**62**
142	508	15	6	9	10		10
134	508	13	6	7	12		12
143	644	15	7	8	9	1	8
169	661	14	6	8	19	11	8
208	882	17	6	11	25	1	24
1994	**8136**	**136**	**98**	**38**	**365**	**54**	**311**
240	1066	6	3	3	29	7	22
309	1450	29	18	11	70	8	62
434	1778	27	18	9	78	9	69
498	1903	32	25	7	80	14	66
513	1939	42	34	8	108	16	92
3086	**11069**	**180**	**126**	**54**	**902**	**146**	**756**
659	2383	41	32	9	159	22	137
608	2105	34	22	12	142	25	117
656	2413	41	28	13	190	35	155
571	1970	30	19	11	182	35	147
592	2198	34	25	9	229	29	200
2314	**9267**	**86**	**55**	**31**	**1384**	**133**	**1251**
559	2006	33	19	14	263	32	231
517	2089	16	10	6	283	33	250
491	2048	16	13	3	290	28	262
470	1973	16	10	6	332	27	305
277	1151	5	3	2	216	13	203
2790	**7830**	**69**	**44**	**25**	**2098**	**300**	**1798**
364	1226	15	7	8	236	21	215
351	1036	10	6	4	247	34	213
583	1517	10	7	3	370	56	314
736	1948	18	12	6	579	97	482
756	2103	16	12	4	666	92	574
13327	**23927**	**168**	**99**	**69**	**29218**	**5595**	**23623**

5-3c 全省分年龄、性别、受教育

受教育程度 年龄	15岁及以上人口			未婚			
	合计	男	女	小计	男	女	小计
学前教育	**1090**	**354**	**736**	**69**	**51**	**18**	**754**
15-19岁	**26**	**13**	**13**	**26**	**13**	**13**	
15	11	6	5	11	6	5	
16	7	4	3	7	4	3	
17	2	1	1	2	1	1	
18	4	2	2	4	2	2	
19	2		2	2		2	
20-24岁	**8**	**2**	**6**	**6**	**2**	**4**	**2**
20	1		1	1		1	
21	2	1	1	2	1	1	
22	1	1		1	1		
23	2		2	2		2	
24	2		2				2
25-29岁	**14**	**8**	**6**	**6**	**6**		**8**
25	4	2	2				4
26	3	1	2	1	1		2
27	4	3	1	3	3		1
28	3	2	1	2	2		1
29							
30-34岁	**17**	**7**	**10**	**7**	**6**	**1**	**9**
30	3	1	2	1	1		2
31	5	4	1	3	3		2
32	2		2				1
33	4	1	3	1	1		3
34	3	1	2	2	1	1	1
35-39岁	**21**	**7**	**14**	**1**	**1**		**20**
35	5	1	4				5
36	3	1	2				3
37	3	2	1				3
38	4		4				4
39	6	3	3	1	1		5
40-44岁	**27**	**6**	**21**	**2**	**2**		**23**
40	8	3	5	1	1		7
41	4	1	3	1	1		3
42	9	1	8				8
43	2	1	1				1
44	4		4				4
45-49岁	**65**	**15**	**50**	**1**	**1**		**63**
45	5		5				5
46	12	2	10	1	1		11
47	11	2	9				11
48	21	8	13				21
49	16	3	13				15
50-54岁	**110**	**38**	**72**	**9**	**9**		**90**
50	19	6	13	2	2		16
51	29	7	22				24
52	21	8	13	4	4		14
53	20	9	11	3	3		17
54	21	8	13				19
55-59岁	**105**	**29**	**76**	**4**	**4**		**86**
55	17	4	13				13
56	33	5	28	2	2		25
57	18	9	9	2	2		14
58	25	4	21				23
59	12	7	5				11
60-64岁	**116**	**31**	**85**	**1**	**1**		**99**
60	23	5	18				19
61	20	5	15				18
62	22	7	15				17
63	29	8	21	1	1		25
64	22	6	16				20
65岁及以上	**581**	**198**	**383**	**6**	**6**		**354**

程度、婚姻状况的人口（乡村）（续2）

单位：人

有配偶		离婚			丧偶		
男	女	小计	男	女	小计	男	女
249	**505**	**7**	**6**	**1**	**260**	**48**	**212**
	2						
	2						
2	**6**						
2	2						
	2						
	1						
	1						
1	**8**				**1**		**1**
	2						
1	1						
	1				1		1
	3						
	1						
6	**14**						
1	4						
1	2						
2	1						
	4						
2	3						
3	**20**	**1**	**1**		**1**		**1**
2	5						
	3						
1	7				1		1
	1	1	1				
	4						
14	**49**				**1**		**1**
	5						
1	10						
2	9						
8	13						
3	12				1		1
24	**66**	**2**	**2**		**9**	**3**	**6**
3	13	1	1				
4	20	1	1		4	2	2
3	11				3	1	2
6	11						
8	11				2		2
23	**63**				**15**	**2**	**13**
4	9				4		4
3	22				6		6
6	8				2	1	1
4	19				2		2
6	5				1	1	
25	**74**	**3**	**2**	**1**	**13**	**3**	**10**
4	15	1	1		3		3
5	13	1		1	1		1
5	12	1	1		4	1	3
5	20				3	2	1
6	14				2		2
151	**203**	**1**	**1**		**220**	**40**	**180**

5-3c 全省分年龄、性别、受教育

受教育程度 年　　龄	15 岁及以上人口			未婚			
	合计	男	女	小计	男	女	小计
小学	**362385**	**169867**	**192518**	**15515**	**13522**	**1993**	**305124**
15-19 岁	**1719**	**771**	**948**	**1260**	**723**	**537**	**450**
15	154	74	80	147	73	74	7
16	191	105	86	178	104	74	13
17	297	141	156	250	135	115	46
18	455	194	261	317	184	133	137
19	622	257	365	368	227	141	247
20-24 岁	**5626**	**2323**	**3303**	**1907**	**1348**	**559**	**3647**
20	810	314	496	385	249	136	416
21	882	376	506	362	254	108	514
22	1177	471	706	398	274	124	767
23	1285	518	767	352	260	92	913
24	1472	644	828	410	311	99	1037
25-29 岁	**10256**	**4366**	**5890**	**1779**	**1451**	**328**	**8194**
25	1868	844	1024	476	378	98	1345
26	1767	740	1027	371	289	82	1354
27	2032	860	1172	338	283	55	1653
28	2203	908	1295	313	256	57	1817
29	2386	1014	1372	281	245	36	2025
30-34 岁	**16261**	**6881**	**9380**	**1490**	**1294**	**196**	**14203**
30	3045	1299	1746	345	291	54	2610
31	3234	1383	1851	326	283	43	2785
32	3105	1313	1792	285	245	40	2718
33	3563	1533	2030	292	260	32	3129
34	3314	1353	1961	242	215	27	2961
35-39 岁	**17614**	**7656**	**9958**	**1110**	**1003**	**107**	**15814**
35	3303	1403	1900	238	216	22	2940
36	3477	1472	2005	234	205	29	3110
37	3375	1449	1926	195	173	22	3049
38	3809	1731	2078	239	223	16	3408
39	3650	1601	2049	204	186	18	3307
40-44 岁	**23852**	**10519**	**13333**	**1265**	**1201**	**64**	**21599**
40	4081	1791	2290	238	227	11	3657
41	4401	2071	2330	256	238	18	3976
42	4901	2162	2739	254	238	16	4440
43	4739	2078	2661	230	223	7	4307
44	5730	2417	3313	287	275	12	5219
45-49 岁	**50156**	**21528**	**28628**	**2018**	**1961**	**57**	**46051**
45	6805	2906	3899	285	278	7	6242
46	8996	3801	5195	409	401	8	8221
47	10596	4570	6026	438	423	15	9711
48	11848	5068	6780	461	442	19	10904
49	11911	5183	6728	425	417	8	10973
50-54 岁	**68351**	**30229**	**38122**	**1889**	**1844**	**45**	**62889**
50	14061	5936	8125	418	410	8	13025
51	13293	5859	7434	383	375	8	12228
52	14910	6622	8288	417	407	10	13758
53	12298	5575	6723	304	294	10	11254
54	13789	6237	7552	367	358	9	12624
55-59 岁	**48242**	**21060**	**27182**	**967**	**941**	**26**	**43575**
55	11855	5389	6466	264	257	7	10797
56	11515	5039	6476	277	266	11	10389
57	10906	4706	6200	217	215	2	9818
58	9387	4008	5379	157	152	5	8450
59	4579	1918	2661	52	51	1	4121
60-64 岁	**29566**	**14534**	**15032**	**572**	**553**	**19**	**25462**
60	4962	2293	2669	86	84	2	4415
61	3978	1876	2102	87	84	3	3437
62	5706	2875	2831	124	119	5	4937
63	7223	3633	3590	124	119	5	6190
64	7697	3857	3840	151	147	4	6483
65 岁及以上	**90742**	**50000**	**40742**	**1258**	**1203**	**55**	**63240**

程度、婚姻状况的人口（乡村）（续3）

单位：人

有配偶		离婚			丧偶		
男	女	小计	男	女	小计	男	女
139282	**165842**	**4809**	**3666**	**1143**	**36937**	**13397**	**23540**
47	**403**	**9**	**1**	**8**			
1	6						
1	12						
6	40	1		1			
10	127	1		1			
29	218	7	1	6			
945	**2702**	**67**	**29**	**38**	**5**	**1**	**4**
64	352	9	1	8			
121	393	6	1	5			
193	574	9	4	5	3		3
248	665	20	10	10			
319	718	23	13	10	2	1	1
2776	**5418**	**257**	**132**	**125**	**26**	**7**	**19**
444	901	43	21	22	4	1	3
433	921	36	17	19	6	1	5
561	1092	39	16	23	2		2
616	1201	67	35	32	6	1	5
722	1303	72	43	29	8	4	4
5245	**8958**	**504**	**324**	**180**	**64**	**18**	**46**
953	1657	82	51	31	8	4	4
1025	1760	110	72	38	13	3	10
1007	1711	93	58	35	9	3	6
1186	1943	124	84	40	18	3	15
1074	1887	95	59	36	16	5	11
6195	**9619**	**555**	**410**	**145**	**135**	**48**	**87**
1114	1826	100	65	35	25	8	17
1171	1939	112	86	26	21	10	11
1193	1856	109	78	31	22	5	17
1407	2001	124	90	34	38	11	27
1310	1997	110	91	19	29	14	15
8714	**12885**	**652**	**507**	**145**	**336**	**97**	**239**
1450	2207	135	102	33	51	12	39
1719	2257	118	97	21	51	17	34
1798	2642	147	107	40	60	19	41
1727	2580	130	106	24	72	22	50
2020	3199	122	95	27	102	27	75
18447	**27604**	**925**	**750**	**175**	**1162**	**370**	**792**
2472	3770	152	127	25	126	29	97
3180	5041	193	155	38	173	65	108
3910	5801	190	158	32	257	79	178
4377	6527	178	142	36	305	107	198
4508	6465	212	168	44	301	90	211
26814	**36075**	**889**	**748**	**141**	**2684**	**823**	**1861**
5224	7801	200	170	30	418	132	286
5168	7060	195	159	36	487	157	330
5903	7855	179	149	30	556	163	393
4966	6288	172	146	26	568	169	399
5553	7071	143	124	19	655	202	453
18835	**24740**	**460**	**371**	**89**	**3240**	**913**	**2327**
4804	5993	139	114	25	655	214	441
4477	5912	133	108	25	716	188	528
4185	5633	97	76	21	774	230	544
3616	4834	60	51	9	720	189	531
1753	2368	31	22	9	375	92	283
12778	**12684**	**186**	**154**	**32**	**3346**	**1049**	**2297**
2056	2359	29	25	4	432	128	304
1649	1788	30	26	4	424	117	307
2528	2409	35	29	6	610	199	411
3198	2992	46	36	10	863	280	583
3347	3136	46	38	8	1017	325	692
38486	**24754**	**305**	**240**	**65**	**25939**	**10071**	**15868**

5-3c 全省分年龄、性别、受教育

受教育程度 年龄	15岁及以上人口			未婚			
	合计	男	女	小计	男	女	小计
初中	**288478**	**175269**	**113209**	**42229**	**29363**	**12866**	**234141**
15-19岁	**17990**	**9769**	**8221**	**17311**	**9660**	**7651**	**672**
15	7230	3884	3346	7216	3884	3332	14
16	3887	2055	1832	3857	2053	1804	29
17	2428	1327	1101	2339	1317	1022	89
18	2144	1222	922	1970	1195	775	173
19	2301	1281	1020	1929	1211	718	367
20-24岁	**16770**	**9004**	**7766**	**9314**	**6573**	**2741**	**7329**
20	2325	1305	1020	1731	1157	574	588
21	2630	1436	1194	1716	1181	535	904
22	3276	1728	1548	1857	1299	558	1387
23	3783	2025	1758	1954	1424	530	1797
24	4756	2510	2246	2056	1512	544	2653
25-29岁	**30043**	**15685**	**14358**	**8037**	**6282**	**1755**	**21342**
25	5869	3072	2797	2240	1671	569	3545
26	5737	3051	2686	1808	1399	409	3818
27	6302	3230	3072	1630	1271	359	4521
28	5990	3076	2914	1279	1038	241	4564
29	6145	3256	2889	1080	903	177	4894
30-34岁	**34809**	**18427**	**16382**	**3620**	**3143**	**477**	**29843**
30	7781	4047	3734	1081	928	153	6445
31	7260	3822	3438	869	757	112	6103
32	6590	3476	3114	631	550	81	5704
33	6870	3693	3177	607	529	78	5993
34	6308	3389	2919	432	379	53	5598
35-39岁	**27659**	**15452**	**12207**	**1324**	**1198**	**126**	**25092**
35	5657	3124	2533	380	334	46	5007
36	5775	3110	2665	306	279	27	5226
37	5137	2861	2276	224	203	21	4688
38	5896	3398	2498	209	197	12	5402
39	5194	2959	2235	205	185	20	4769
40-44岁	**25608**	**15224**	**10384**	**772**	**725**	**47**	**23739**
40	5031	2929	2102	168	156	12	4640
41	5146	3010	2136	159	151	8	4761
42	5393	3190	2203	174	163	11	4983
43	4716	2884	1832	128	119	9	4400
44	5322	3211	2111	143	136	7	4955
45-49岁	**40203**	**24862**	**15341**	**845**	**812**	**33**	**37886**
45	5898	3553	2345	150	145	5	5508
46	7618	4714	2904	173	168	5	7132
47	8682	5351	3331	181	175	6	8199
48	9104	5629	3475	174	163	11	8623
49	8901	5615	3286	167	161	6	8424
50-54岁	**40674**	**26242**	**14432**	**532**	**511**	**21**	**38661**
50	9190	5685	3505	158	153	5	8680
51	8000	5171	2829	127	123	4	7598
52	8547	5456	3091	92	86	6	8167
53	7037	4707	2330	81	78	3	6683
54	7900	5223	2677	74	71	3	7533
55-59岁	**29496**	**20154**	**9342**	**288**	**279**	**9**	**27775**
55	7297	4932	2365	78	77	1	6888
56	6981	4676	2305	71	67	4	6596
57	7221	5014	2207	66	64	2	6804
58	5706	3912	1794	52	50	2	5344
59	2291	1620	671	21	21		2143
60-64岁	**10534**	**8186**	**2348**	**90**	**87**	**3**	**9714**
60	2468	1850	618	10	9	1	2316
61	1658	1264	394	16	15	1	1550
62	2034	1593	441	21	21		1868
63	2324	1822	502	18	18		2122
64	2050	1657	393	25	24	1	1858
65岁及以上	**14692**	**12264**	**2428**	**96**	**93**	**3**	**12088**

程度、婚姻状况的人口（乡村）（续4）

单位：人

有配偶		离婚			丧偶		
男	女	小计	男	女	小计	男	女
137594	**96547**	**5800**	**4509**	**1291**	**6308**	**3803**	**2505**
108	**564**	**7**	**1**	**6**			
	14						
2	27	1		1			
10	79						
27	146	1		1			
69	298	5	1	4			
2381	**4948**	**120**	**46**	**74**	**7**	**4**	**3**
146	442	6	2	4			
252	652	9	2	7	1	1	
419	968	29	9	20	3	1	2
584	1213	30	16	14	2	1	1
980	1673	46	17	29	1	1	
9042	**12300**	**622**	**348**	**274**	**42**	**13**	**29**
1361	2184	81	40	41	3		3
1593	2225	101	56	45	10	3	7
1885	2636	135	69	66	16	5	11
1960	2604	141	76	65	6	2	4
2243	2651	164	107	57	7	3	4
14354	**15489**	**1262**	**896**	**366**	**84**	**34**	**50**
2951	3494	243	162	81	12	6	6
2877	3226	271	180	91	17	8	9
2748	2956	236	170	66	19	8	11
2978	3015	252	184	68	18	2	16
2800	2798	260	200	60	18	10	8
13300	**11792**	**1115**	**904**	**211**	**128**	**50**	**78**
2583	2424	244	195	49	26	12	14
2643	2583	217	173	44	26	15	11
2482	2206	206	170	36	19	6	13
2981	2421	257	211	46	28	9	19
2611	2158	191	155	36	29	8	21
13674	**10065**	**853**	**738**	**115**	**244**	**87**	**157**
2602	2038	187	160	27	36	11	25
2687	2074	186	160	26	40	12	28
2854	2129	173	148	25	63	25	38
2620	1780	148	129	19	40	16	24
2911	2044	159	141	18	65	23	42
23001	**14885**	**863**	**742**	**121**	**609**	**307**	**302**
3236	2272	154	138	16	86	34	52
4332	2800	203	165	38	110	49	61
4949	3250	184	164	20	118	63	55
5241	3382	162	139	23	145	86	59
5243	3181	160	136	24	150	75	75
24770	**13891**	**550**	**475**	**75**	**931**	**486**	**445**
5306	3374	148	125	23	204	101	103
4865	2733	123	105	18	152	78	74
5183	2984	95	82	13	193	105	88
4452	2231	94	81	13	179	96	83
4964	2569	90	82	8	203	106	97
19005	**8770**	**288**	**256**	**32**	**1145**	**614**	**531**
4655	2233	89	79	10	242	121	121
4414	2182	66	57	9	248	138	110
4732	2072	59	52	7	292	166	126
3680	1664	51	45	6	259	137	122
1524	619	23	23		104	52	52
7599	**2115**	**69**	**62**	**7**	**661**	**438**	**223**
1751	565	14	12	2	128	78	50
1190	360	11	10	1	81	49	32
1471	397	14	12	2	131	89	42
1673	449	20	19	1	164	112	52
1514	344	10	9	1	157	110	47
10360	**1728**	**51**	**41**	**10**	**2457**	**1770**	**687**

5-3c 全省分年龄、性别、受教育

受教育程度 年　　龄	15 岁及以上人口			未婚			
	合计	男	女	小计	男	女	小计
高中	**85122**	**54297**	**30825**	**36835**	**20726**	**16109**	**45886**
15–19 岁	**25902**	**13230**	**12672**	**25823**	**13208**	**12615**	**74**
15	4401	2186	2215	4400	2186	2214	1
16	7422	3789	3633	7418	3787	3631	4
17	6728	3480	3248	6724	3480	3244	4
18	4696	2397	2299	4673	2390	2283	22
19	2655	1378	1277	2608	1365	1243	43
20–24 岁	**7063**	**3830**	**3233**	**5601**	**3355**	**2246**	**1440**
20	1649	900	749	1555	875	680	93
21	1176	615	561	1029	579	450	145
22	1231	671	560	1001	594	407	225
23	1351	757	594	957	632	325	388
24	1656	887	769	1059	675	384	589
25–29 岁	**9331**	**5206**	**4125**	**3496**	**2497**	**999**	**5713**
25	1830	975	855	971	645	326	845
26	1723	959	764	763	542	221	945
27	1986	1093	893	726	534	192	1232
28	1910	1083	827	567	422	145	1311
29	1882	1096	786	469	354	115	1380
30–34 岁	**8403**	**5105**	**3298**	**1210**	**1025**	**185**	**6935**
30	2139	1261	878	406	341	65	1671
31	1806	1066	740	292	245	47	1474
32	1601	955	646	196	168	28	1346
33	1591	1013	578	178	156	22	1359
34	1266	810	456	138	115	23	1085
35–39 岁	**4290**	**2804**	**1486**	**276**	**242**	**34**	**3841**
35	1087	690	397	78	65	13	958
36	930	615	315	74	64	10	823
37	725	465	260	46	41	5	650
38	853	548	305	42	38	4	786
39	695	486	209	36	34	2	624
40–44 岁	**3369**	**2405**	**964**	**112**	**101**	**11**	**3111**
40	685	473	212	22	20	2	633
41	703	510	193	25	24	1	653
42	720	499	221	25	19	6	662
43	593	436	157	24	24		542
44	668	487	181	16	14	2	621
45–49 岁	**4965**	**3678**	**1287**	**108**	**101**	**7**	**4689**
45	713	514	199	25	21	4	661
46	911	678	233	22	22		862
47	1058	771	287	19	18	1	1006
48	1113	824	289	20	20		1055
49	1170	891	279	22	20	2	1105
50–54 岁	**5627**	**4430**	**1197**	**91**	**85**	**6**	**5314**
50	1247	976	271	27	23	4	1164
51	1145	890	255	22	20	2	1081
52	1197	938	259	19	19		1138
53	986	786	200	11	11		936
54	1052	840	212	12	12		995
55–59 岁	**7163**	**5698**	**1465**	**57**	**51**	**6**	**6771**
55	1041	800	241	7	6	1	986
56	1309	1025	284	15	14	1	1245
57	1878	1485	393	15	13	2	1763
58	1984	1609	375	12	12		1877
59	951	779	172	8	6	2	900
60–64 岁	**5078**	**4328**	**750**	**31**	**31**		**4707**
60	1152	975	177	9	9		1078
61	911	762	149	9	9		839
62	1083	920	163	3	3		1012
63	1075	929	146	5	5		994
64	857	742	115	5	5		784
65 岁及以上	**3931**	**3583**	**348**	**30**	**30**		**3291**

程度、婚姻状况的人口（乡村）（续5）

单位：人

有配偶		离婚			丧偶		
男	女	小计	男	女	小计	男	女
31817	**14069**	**1040**	**769**	**271**	**1361**	**985**	**376**
21	**53**	**5**	**1**	**4**			
	1						
2	2						
	4						
7	15	1		1			
12	31	4	1	3			
466	**974**	**22**	**9**	**13**			
24	69	1	1				
36	109	2		2			
73	152	5	4	1			
124	264	6	1	5			
209	380	8	3	5			
2639	**3074**	**112**	**69**	**43**	**10**	**1**	**9**
322	523	14	8	6			
410	535	12	7	5	3		3
544	688	27	15	12	1		1
642	669	30	18	12	2	1	1
721	659	29	21	8	4		4
3910	**3025**	**244**	**166**	**78**	**14**	**4**	**10**
885	786	57	33	24	5	2	3
794	680	39	27	12	1		1
751	595	55	36	19	4		4
819	540	50	36	14	4	2	2
661	424	43	34	9			
2441	**1400**	**166**	**120**	**46**	**7**	**1**	**6**
587	371	48	38	10	3		3
530	293	32	21	11	1		1
405	245	28	18	10	1	1	
492	294	25	18	7			
427	197	33	25	8	2		2
2195	**916**	**127**	**103**	**24**	**19**	**6**	**13**
433	200	27	19	8	3	1	2
468	185	20	17	3	5	1	4
455	207	31	24	7	2	1	1
389	153	24	21	3	3	2	1
450	171	25	22	3	6	1	5
3463	**1226**	**110**	**77**	**33**	**58**	**37**	**21**
478	183	15	8	7	12	7	5
636	226	21	16	5	6	4	2
727	279	23	17	6	10	9	1
781	274	27	17	10	11	6	5
841	264	24	19	5	19	11	8
4173	**1141**	**117**	**104**	**13**	**105**	**68**	**37**
909	255	32	29	3	24	15	9
838	243	28	26	2	14	6	8
888	250	20	17	3	20	14	6
744	192	15	13	2	24	18	6
794	201	22	19	3	23	15	8
5422	**1349**	**75**	**66**	**9**	**260**	**159**	**101**
763	223	15	12	3	33	19	14
981	264	8	7	1	41	23	18
1399	364	26	24	2	74	49	25
1536	341	18	16	2	77	45	32
743	157	8	7	1	35	23	12
4038	**669**	**38**	**33**	**5**	**302**	**226**	**76**
919	159	8	5	3	57	42	15
709	130	6	4	2	57	40	17
860	152	12	12		56	45	11
864	130	7	7		69	53	16
686	98	5	5		63	46	17
3049	**242**	**24**	**21**	**3**	**586**	**483**	**103**

5-3c 全省分年龄、性别、受教育

受教育程度 年　龄	15 岁及以上人口			未婚			
	合计	男	女	小计	男	女	小计
大学专科	**39359**	**21900**	**17459**	**23246**	**12135**	**11111**	**15610**
15-19 岁	**5352**	**2705**	**2647**	**5345**	**2704**	**2641**	**7**
15	174	92	82	174	92	82	
16	372	216	156	371	216	155	1
17	671	338	333	671	338	333	
18	1638	828	810	1637	827	810	1
19	2497	1231	1266	2492	1231	1261	5
20-24 岁	**11927**	**5662**	**6265**	**11271**	**5451**	**5820**	**654**
20	2518	1216	1302	2497	1211	1286	21
21	2365	1124	1241	2323	1114	1209	42
22	2436	1174	1262	2326	1144	1182	110
23	2271	1053	1218	2109	995	1114	161
24	2337	1095	1242	2016	987	1029	320
25-29 岁	**9509**	**4705**	**4804**	**5360**	**3003**	**2357**	**4093**
25	2470	1112	1358	1871	903	968	594
26	1963	965	998	1285	703	582	669
27	1942	949	993	1023	589	434	906
28	1641	863	778	697	464	233	929
29	1493	816	677	484	344	140	995
30-34 岁	**5538**	**3349**	**2189**	**1028**	**778**	**250**	**4380**
30	1614	936	678	420	304	116	1156
31	1265	747	518	253	191	62	979
32	1003	611	392	155	120	35	834
33	941	595	346	113	93	20	803
34	715	460	255	87	70	17	608
35-39 岁	**2074**	**1478**	**596**	**157**	**127**	**30**	**1831**
35	547	398	149	55	45	10	469
36	529	375	154	44	38	6	468
37	380	265	115	25	19	6	342
38	361	245	116	22	15	7	318
39	257	195	62	11	10	1	234
40-44 岁	**1131**	**829**	**302**	**33**	**29**	**4**	**1060**
40	235	183	52	9	7	2	218
41	240	168	72	4	4		225
42	252	181	71	7	7		236
43	181	136	45	7	6	1	168
44	223	161	62	6	5	1	213
45-49 岁	**1242**	**940**	**302**	**23**	**17**	**6**	**1184**
45	205	154	51	2	1	1	196
46	261	195	66	5	3	2	249
47	255	196	59	7	6	1	240
48	261	200	61	5	3	2	246
49	260	195	65	4	4		253
50-54 岁	**1057**	**871**	**186**	**20**	**18**	**2**	**1010**
50	242	199	43	5	5		227
51	193	154	39	7	6	1	184
52	253	208	45	5	4	1	245
53	174	145	29	2	2		167
54	195	165	30	1	1		187
55-59 岁	**705**	**598**	**107**	**6**	**5**	**1**	**676**
55	172	144	28	5	5		162
56	179	154	25	1		1	175
57	161	141	20				153
58	143	117	26				137
59	50	42	8				49
60-64 岁	**311**	**282**	**29**	**3**	**3**		**289**
60	65	55	10	1	1		60
61	45	43	2	1	1		44
62	61	60	1				53
63	74	63	11	1	1		68
64	66	61	5				64
65 岁及以上	**513**	**481**	**32**				**426**

程度、婚姻状况的人口（乡村）（续6）

单位：人

有配偶		离婚			丧偶		
男	女	小计	男	女	小计	男	女
9444	**6166**	**354**	**214**	**140**	**149**	**107**	**42**
1	**6**						
	1						
1							
	5						
211	**443**	**2**		**2**			
5	16						
10	32						
30	80						
58	103	1		1			
108	212	1		1			
1680	**2413**	**55**	**22**	**33**	**1**		**1**
208	386	5	1	4			
256	413	9	6	3			
358	548	13	2	11			
395	534	14	4	10	1		1
463	532	14	9	5			
2497	**1883**	**126**	**74**	**52**	**4**		**4**
610	546	38	22	16			
540	439	30	16	14	3		3
484	350	14	7	7			
483	320	24	19	5	1		1
380	228	20	10	10			
1293	**538**	**81**	**56**	**25**	**5**	**2**	**3**
337	132	23	16	7			
325	143	17	12	5			
236	106	12	10	2	1		1
219	99	18	9	9	3	2	1
176	58	11	9	2	1		1
772	**288**	**35**	**26**	**9**	**3**	**2**	**1**
168	50	8	8				
158	67	11	6	5			
167	69	7	6	1	2	1	1
126	42	5	3	2	1	1	
153	60	4	3	1			
899	**285**	**30**	**21**	**9**	**5**	**3**	**2**
149	47	7	4	3			
186	63	7	6	1			
185	55	5	4	1	3	1	2
191	55	8	4	4	2	2	
188	65	3	3				
840	**170**	**15**	**8**	**7**	**12**	**5**	**7**
188	39	7	6	1	3		3
146	38	2	2				
202	43	1		1	2	2	
142	25	2		2	3	1	2
162	25	3		3	4	2	2
584	**92**	**6**	**3**	**3**	**17**	**6**	**11**
137	25	2	1	1	3	1	2
153	22	1	1		2		2
138	15	1		1	7	3	4
115	22	2	1	1	4	1	3
41	8				1	1	
262	**27**	**1**	**1**		**18**	**16**	**2**
51	9				4	3	1
42	2						
53					8	7	1
57	11	1	1		4	4	
59	5				2	2	
405	**21**	**3**	**3**		**84**	**73**	**11**

5-3c 全省分年龄、性别、受教育

受教育程度 年　　龄	15 岁及以上人口			未婚			
	合计	男	女	小计	男	女	小计
大学本科	**20505**	**10925**	**9580**	**14445**	**7275**	**7170**	**5938**
15-19 岁	**2790**	**1325**	**1465**	**2787**	**1325**	**1462**	**2**
15	19	9	10	19	9	10	
16	37	18	19	37	18	19	
17	257	131	126	257	131	126	
18	960	457	503	960	457	503	
19	1517	710	807	1514	710	804	2
20-24 岁	**7644**	**3586**	**4058**	**7525**	**3552**	**3973**	**119**
20	1622	763	859	1621	762	859	1
21	1542	718	824	1534	717	817	8
22	1556	727	829	1546	724	822	10
23	1484	704	780	1456	697	759	28
24	1440	674	766	1368	652	716	72
25-29 岁	**5041**	**2674**	**2367**	**3548**	**1993**	**1555**	**1482**
25	1450	748	702	1320	698	622	129
26	1136	568	568	890	480	410	244
27	933	500	433	616	372	244	314
28	824	456	368	447	265	182	374
29	698	402	296	275	178	97	421
30-34 岁	**2619**	**1571**	**1048**	**513**	**347**	**166**	**2076**
30	760	444	316	226	145	81	526
31	551	328	223	127	87	40	422
32	514	313	201	78	59	19	431
33	455	258	197	52	31	21	391
34	339	228	111	30	25	5	306
35-39 岁	**1062**	**751**	**311**	**50**	**42**	**8**	**980**
35	297	212	85	17	14	3	274
36	252	183	69	9	7	2	231
37	188	125	63	14	12	2	170
38	205	146	59	5	4	1	192
39	120	85	35	5	5		113
40-44 岁	**472**	**323**	**149**	**9**	**7**	**2**	**448**
40	120	79	41	4	3	1	112
41	111	79	32	1	1		107
42	83	57	26	2	2		79
43	85	56	29	1		1	81
44	73	52	21	1	1		69
45-49 岁	**355**	**262**	**93**	**3**	**2**	**1**	**342**
45	84	61	23	2	1	1	79
46	79	56	23				79
47	63	49	14				62
48	60	40	20				57
49	69	56	13	1	1		65
50-54 岁	**272**	**218**	**54**	**6**	**4**	**2**	**258**
50	61	49	12	1		1	59
51	67	51	16	3	3		62
52	54	44	10	2	1	1	48
53	49	40	9				48
54	41	34	7				41
55-59 岁	**153**	**130**	**23**	**2**	**2**		**145**
55	39	30	9				35
56	36	30	6	2	2		34
57	46	40	6				45
58	24	23	1				24
59	8	7	1				7
60-64 岁	**39**	**34**	**5**	**2**	**1**	**1**	**36**
60	9	8	1				8
61	4	4					4
62	4	3	1				4
63	14	12	2				14
64	8	7	1	2	1	1	6
65 岁及以上	**58**	**51**	**7**				**50**

程度、婚姻状况的人口（乡村）（续7）

单位：人

有配偶		离婚			丧偶		
男	女	小计	男	女	小计	男	女
3587	**2351**	**103**	**54**	**49**	**19**	**9**	**10**
	2	**1**		**1**			
	2	1		1			
34	**85**						
1							
1	7						
3	7						
7	21						
22	50						
677	**805**	**11**	**4**	**7**			
50	79	1		1			
88	156	2		2			
126	188	3	2	1			
190	184	3	1	2			
223	198	2	1	1			
1211	**865**	**30**	**13**	**17**			
296	230	8	3	5			
240	182	2	1	1			
252	179	5	2	3			
221	170	12	6	6			
202	104	3	1	2			
687	**293**	**29**	**20**	**9**	**3**	**2**	**1**
195	79	4	2	2	2	1	1
168	63	12	8	4			
109	61	3	3		1	1	
136	56	8	6	2			
79	34	2	1	1			
310	**138**	**13**	**6**	**7**	**2**		**2**
73	39	4	3	1			
78	29	3		3			
54	25	2	1	1			
55	26	1	1		2		2
50	19	3	1	2			
256	**86**	**8**	**3**	**5**	**2**	**1**	**1**
59	20	3	1	2			
56	23						
48	14	1	1				
40	17	2		2	1		1
53	12	2	1	1	1	1	
210	**48**	**6**	**4**	**2**	**2**		**2**
48	11	1	1				
48	14	2		2			
41	7	2	2		2		2
39	9	1	1				
34	7						
125	**20**	**4**	**3**	**1**	**2**		**2**
28	7	3	2	1	1		1
28	6						
40	5				1		1
23	1						
6	1	1	1				
32	**4**				**1**	**1**	
7	1				1	1	
4							
3	1						
12	2						
6							
45	**5**	**1**	**1**		**7**	**5**	**2**

5-3c 全省分年龄、性别、受教育

受教育程度 年　　龄	15 岁及以上人口			未婚			
	合计	男	女	小计	男	女	小计
硕士研究生	**813**	**402**	**411**	**624**	**303**	**321**	**185**
15-19 岁	**1**	**1**		**1**	**1**		
15							
16							
17							
18							
19	1	1		1	1		
20-24 岁	**232**	**111**	**121**	**232**	**111**	**121**	
20	4	1	3	4	1	3	
21	9	3	6	9	3	6	
22	39	21	18	39	21	18	
23	81	41	40	81	41	40	
24	99	45	54	99	45	54	
25-29 岁	**398**	**187**	**211**	**359**	**174**	**185**	**39**
25	129	63	66	128	63	65	1
26	94	44	50	89	41	48	5
27	84	38	46	77	37	40	7
28	53	26	27	40	22	18	13
29	38	16	22	25	11	14	13
30-34 岁	**100**	**48**	**52**	**30**	**17**	**13**	**69**
30	34	17	17	14	8	6	20
31	19	7	12	8	5	3	11
32	20	10	10	5	3	2	15
33	12	4	8	2	1	1	10
34	15	10	5	1		1	13
35-39 岁	**42**	**29**	**13**	**2**		**2**	**40**
35	11	10	1	1		1	10
36	8	6	2	1		1	7
37	11	4	7				11
38	8	7	1				8
39	4	2	2				4
40-44 岁	**9**	**5**	**4**				**9**
40	3	1	2				3
41	2	1	1				2
42							
43	2	2					2
44	2	1	1				2
45-49 岁	**9**	**6**	**3**				**9**
45	2	1	1				2
46	1	1					1
47	5	3	2				5
48							
49	1	1					1
50-54 岁	**13**	**8**	**5**				**12**
50	4	2	2				3
51	3	3					3
52	2		2				2
53	3	2	1				3
54	1	1					1
55-59 岁	**5**	**4**	**1**				**4**
55							
56							
57	4	3	1				4
58	1	1					
59							
60-64 岁	**1**		**1**				**1**
60	1		1				1
61							
62							
63							
64							
65 岁及以上	**3**	**3**					**2**

程度、婚姻状况的人口（乡村）（续8）

单位：人

有配偶		离婚			丧偶		
男	女	小计	男	女	小计	男	女
95	**90**	**2**	**2**		**2**	**2**	
13	**26**						
	1						
3	2						
1	6						
4	9						
5	8						
30	**39**	**1**	**1**				
9	11						
2	9						
7	8						
3	7						
9	4	1	1				
29	**11**						
10							
6	1						
4	7						
7	1						
2	2						
5	**4**						
1	2						
1	1						
2							
1	1						
6	**3**						
1	1						
1							
3	2						
1							
7	**5**				**1**	**1**	
1	2				1	1	
3							
	2						
2	1						
1							
3	**1**	**1**	**1**				
3	1						
		1	1				
	1						
	1						
2					**1**	**1**	

5-3c 全省分年龄、性别、受教育

受教育程度 年　　龄	15岁及以上人口			未婚			
	合计	男	女	小计	男	女	小计
博士研究生	**62**	**44**	**18**	**43**	**30**	**13**	**19**
15-19岁	**1**	**1**		**1**	**1**		
15							
16							
17							
18							
19	1	1		1	1		
20-24岁	**4**	**2**	**2**	**4**	**2**	**2**	
20							
21							
22							
23	1		1	1		1	
24	3	2	1	3	2	1	
25-29岁	**32**	**22**	**10**	**29**	**19**	**10**	**3**
25	11	6	5	11	6	5	
26	4	3	1	4	3	1	
27	7	5	2	7	5	2	
28	2	2		2	2		
29	8	6	2	5	3	2	3
30-34岁	**7**	**5**	**2**	**4**	**3**	**1**	**3**
30	3	2	1	3	2	1	
31							
32	1	1					1
33	2	1	1	1	1		1
34	1	1					1
35-39岁	**9**	**7**	**2**	**4**	**4**		**5**
35	3	3		3	3		
36	3	3					3
37							
38							
39	3	1	2	1	1		2
40-44岁	**4**	**3**	**1**				**4**
40	2	1	1				2
41	1	1					1
42	1	1					1
43							
44							
45-49岁							
45							
46							
47							
48							
49							
50-54岁	**3**	**2**	**1**				**3**
50	1	1					1
51							
52	2	1	1				2
53							
54							
55-59岁	**2**	**2**		**1**	**1**		**1**
55	2	2		1	1		1
56							
57							
58							
59							
60-64岁							
60							
61							
62							
63							
64							
65岁及以上							

程度、婚姻状况的人口（乡村）（续9）

单位：人

有配偶		离婚			丧偶		
男	女	小计	男	女	小计	男	女
14	**5**						
3							
3							
2	**1**						
1							
	1						
1							
3	**2**						
3							
	2						
3	**1**						
1	1						
1							
1							
2	**1**						
1							
1	1						
1							
1							

5-4 全省分初婚年龄、性别、

初婚年龄	初婚							
	合计			1980 年			1981 年	
	合计	男	女	小计	男	女	小计	男
合计	**1267411**	**622782**	**644629**	**33877**	**16412**	**17465**	**22890**	**10986**
15 岁以下	**2572**	**452**	**2120**	**203**	**40**	**163**	**110**	**26**
15–19 岁	**215805**	**57681**	**158124**	**9501**	**2244**	**7257**	**6919**	**1778**
15	11160	2274	8886	747	139	608	390	77
16	19756	4022	15734	1363	254	1109	709	144
17	35361	8051	27310	2494	528	1966	1312	285
18	57972	15156	42816	2590	645	1945	2178	573
19	91556	28178	63378	2307	678	1629	2330	699
20–24 岁	**648269**	**309438**	**338831**	**16600**	**8548**	**8052**	**10693**	**5353**
20	124703	45148	79555	2683	1048	1635	1878	677
21	134736	59097	75639	2823	1256	1567	2004	878
22	143673	72174	71499	3906	1950	1956	1965	977
23	129244	68320	60924	3790	2121	1669	2487	1384
24	115913	64699	51214	3398	2173	1225	2359	1437
25–29 岁	**313536**	**196683**	**116853**	**6641**	**4885**	**1756**	**4608**	**3410**
25	101487	59734	41753	2724	1891	833	1794	1232
26	79585	49153	30432	1711	1285	426	1259	936
27	59765	38589	21176	1117	864	253	782	631
28	42800	28741	14059	679	517	162	477	384
29	29899	20466	9433	410	328	82	296	227
30–34 岁	**60091**	**41193**	**18898**	**728**	**560**	**168**	**437**	**339**
30	20783	14335	6448	294	233	61	165	133
31	14532	10001	4531	168	135	33	104	83
32	10621	7313	3308	109	77	32	75	58
33	8000	5427	2573	96	72	24	56	43
34	6155	4117	2038	61	43	18	37	22
35–39 岁	**15723**	**10431**	**5292**	**139**	**96**	**43**	**94**	**63**
35	4748	3155	1593	45	26	19	25	16
36	3674	2458	1216	41	26	15	26	16
37	2944	1974	970	26	21	5	18	15
38	2323	1533	790	14	12	2	18	11
39	2034	1311	723	13	11	2	7	5
40–44 岁	**6169**	**3878**	**2291**	**51**	**31**	**20**	**17**	**9**
40	1705	1086	619	22	14	8	5	4
41	1318	816	502	12	9	3	4	
42	1207	779	428	11	5	6	3	1
43	1050	662	388	1	1		3	2
44	889	535	354	5	2	3	2	2
45–49 岁	**2866**	**1714**	**1152**	**12**	**6**	**6**	**11**	**7**
45	790	503	287	2	2		1	1
46	630	400	230	3	1	2	7	4
47	582	338	244	3	2	1	2	1
48	462	242	220	2		2	1	1
49	402	231	171	2	1	1		
50 岁及以上	**2380**	**1312**	**1068**	**2**	**2**		**1**	**1**
平均初婚年龄	**23.70**	**24.74**	**22.68**	**22.35**	**23.77**	**21.02**	**22.35**	**23.73**

初婚年份的人口

单位：人

年份									
	1982年			1983年			1984年		
女	小计	男	女	小计	男	女	小计	男	女
11904	**29885**	**14445**	**15440**	**30171**	**14559**	**15612**	**30081**	**14596**	**15485**
84	**110**	**19**	**91**	**116**	**18**	**98**	**79**	**18**	**61**
5141	**10194**	**2851**	**7343**	**9499**	**2688**	**6811**	**9116**	**2547**	**6569**
313	590	110	480	570	118	452	557	117	440
565	996	183	813	938	193	745	893	187	706
1027	1611	392	1219	1640	402	1238	1544	398	1146
1605	2776	751	2025	2458	711	1747	2466	672	1794
1631	4221	1415	2806	3893	1264	2629	3656	1173	2483
5340	**13198**	**6745**	**6453**	**14668**	**7389**	**7279**	**15920**	**8260**	**7660**
1201	3669	1383	2286	5090	2085	3005	4787	1879	2908
1126	2330	1105	1225	3521	1741	1780	4745	2474	2271
988	2582	1472	1110	2115	1182	933	3182	1894	1288
1103	2123	1227	896	2187	1284	903	1642	971	671
922	2494	1558	936	1755	1097	658	1564	1042	522
1198	**5549**	**4188**	**1361**	**5002**	**3793**	**1209**	**3950**	**3017**	**933**
562	2044	1424	620	1705	1189	516	1104	777	327
323	1440	1093	347	1327	1011	316	1087	830	257
151	960	763	197	961	772	189	802	628	174
93	666	546	120	606	494	112	525	425	100
69	439	362	77	403	327	76	432	357	75
98	**657**	**524**	**133**	**726**	**561**	**165**	**778**	**601**	**177**
32	269	213	56	272	219	53	291	225	66
21	179	139	40	185	138	47	189	148	41
17	101	80	21	119	92	27	125	99	26
13	61	53	8	89	70	19	106	77	29
15	47	39	8	61	42	19	67	52	15
31	**123**	**89**	**34**	**116**	**79**	**37**	**166**	**111**	**55**
9	41	30	11	31	20	11	48	34	14
10	28	21	7	37	25	12	47	31	16
3	22	16	6	16	10	6	25	19	6
7	19	12	7	17	14	3	20	8	12
2	13	10	3	15	10	5	26	19	7
8	**40**	**21**	**19**	**32**	**23**	**9**	**51**	**30**	**21**
1	14	8	6	16	12	4	17	5	12
4	13	8	5	5	4	1	10	6	4
2	7	2	5	6	6		10	8	2
1	5	2	3	2		2	5	4	1
	1	1		3	1	2	9	7	2
4	**8**	**5**	**3**	**8**	**5**	**3**	**16**	**9**	**7**
	5	2	3	3	1	2	3	1	2
3	3	3		2	1	1	4	4	
1				2	2		5	2	3
							4	2	2
				1	1				
	6	**3**	**3**	**4**	**3**	**1**	**5**	**3**	**2**
21.08	**22.07**	**23.48**	**20.75**	**21.93**	**23.22**	**20.72**	**21.87**	**23.08**	**20.73**

5-4 全省分初婚年龄、性别、

初婚年龄	初					婚		
	1985 年			1986 年			1987 年	
	小计	男	女	小计	男	女	小计	男
合计	**38820**	**18852**	**19968**	**38316**	**18664**	**19652**	**36152**	**17827**
15 岁以下	**96**	**20**	**76**	**83**	**25**	**58**	**74**	**13**
15–19 岁	**10768**	**3076**	**7692**	**10116**	**2929**	**7187**	**8819**	**2603**
15	590	138	452	432	93	339	348	93
16	1139	268	871	898	197	701	717	169
17	1896	461	1435	1788	429	1359	1423	346
18	2807	783	2024	2779	785	1994	2508	702
19	4336	1426	2910	4219	1425	2794	3823	1293
20–24 岁	**22055**	**11371**	**10684**	**23195**	**12141**	**11054**	**22339**	**11722**
20	5572	2241	3331	5711	2245	3466	4944	2006
21	5929	2820	3109	5449	2680	2769	5222	2552
22	5680	3287	2393	5387	3039	2348	4881	2728
23	3270	1998	1272	4391	2691	1700	4135	2392
24	1604	1025	579	2257	1486	771	3157	2044
25–29 岁	**4551**	**3383**	**1168**	**3666**	**2668**	**998**	**3749**	**2643**
25	1443	975	468	1078	735	343	1655	1110
26	942	685	257	932	673	259	716	494
27	959	765	194	607	466	141	612	453
28	727	584	143	611	462	149	353	274
29	480	374	106	438	332	106	413	312
30–34 岁	**1045**	**805**	**240**	**920**	**697**	**223**	**874**	**641**
30	376	291	85	315	232	83	299	219
31	251	192	59	217	174	43	217	166
32	167	128	39	193	141	52	141	108
33	139	108	31	121	95	26	130	91
34	112	86	26	74	55	19	87	57
35–39 岁	**210**	**146**	**64**	**236**	**145**	**91**	**209**	**151**
35	70	53	17	70	44	26	85	66
36	51	37	14	55	34	21	42	34
37	35	22	13	46	30	16	36	25
38	22	17	5	33	23	10	21	13
39	32	17	15	32	14	18	25	13
40–44 岁	**59**	**35**	**24**	**58**	**36**	**22**	**59**	**38**
40	10	8	2	16	7	9	18	11
41	20	12	8	12	9	3	16	8
42	13	10	3	15	9	6	5	4
43	8	3	5	8	5	3	11	8
44	8	2	6	7	6	1	9	7
45–49 岁	**23**	**7**	**16**	**31**	**20**	**11**	**21**	**13**
45	2	1	1	7	3	4	12	9
46	8	3	5	9	6	3	4	2
47	6	3	3	8	4	4	2	
48	4		4	3	3		1	1
49	3		3	4	4		2	1
50 岁及以上	**13**	**9**	**4**	**11**	**3**	**8**	**8**	**3**
平均初婚年龄	**21.97**	**23.06**	**20.94**	**22.01**	**22.99**	**21.08**	**22.18**	**23.08**

初婚年份的人口（续 1）

单位：人

年份										
	1988 年			1989 年			1990 年			
女	小计	男	女	小计	男	女	小计	男	女	
18325	**42180**	**20711**	**21469**	**40719**	**20159**	**20560**	**49951**	**24723**	**25228**	
61	**84**	**20**	**64**	**94**	**19**	**75**	**129**	**27**	**102**	
6216	**10252**	**3053**	**7199**	**9135**	**2729**	**6406**	**11530**	**3553**	**7977**	
255	459	118	341	419	106	313	573	133	440	
548	778	194	584	793	200	593	1034	259	775	
1077	1557	387	1170	1277	355	922	1844	502	1342	
1806	2757	750	2007	2373	691	1682	3026	931	2095	
2530	4701	1604	3097	4273	1377	2896	5053	1728	3325	
10617	**25553**	**13253**	**12300**	**24860**	**12874**	**11986**	**30397**	**15675**	**14722**	
2938	5912	2345	3567	5721	2293	3428	6926	2730	4196	
2670	5552	2713	2839	5857	2829	3028	7533	3707	3826	
2153	5740	3186	2554	5241	2837	2404	6751	3745	3006	
1743	4648	2734	1914	4575	2742	1833	5093	2964	2129	
1113	3701	2275	1426	3466	2173	1293	4094	2529	1565	
1106	**5064**	**3471**	**1593**	**5577**	**3797**	**1780**	**6841**	**4722**	**2119**	
545	2733	1798	935	2600	1712	888	2916	1941	975	
222	1139	804	335	1641	1119	522	1922	1331	591	
159	497	352	145	786	564	222	1239	892	347	
79	428	317	111	292	207	85	516	374	142	
101	267	200	67	258	195	63	248	184	64	
233	**888**	**692**	**196**	**719**	**502**	**217**	**646**	**473**	**173**	
80	281	220	61	173	113	60	180	133	47	
51	199	158	41	188	144	44	123	89	34	
33	177	133	44	149	111	38	129	94	35	
39	140	114	26	114	76	38	120	91	29	
30	91	67	24	95	58	37	94	66	28	
58	**231**	**162**	**69**	**213**	**161**	**52**	**254**	**180**	**74**	
19	73	58	15	72	53	19	92	67	25	
8	45	27	18	53	46	7	60	45	15	
11	47	34	13	31	20	11	46	34	12	
8	30	18	12	35	26	9	34	23	11	
12	36	25	11	22	16	6	22	11	11	
21	**64**	**36**	**28**	**65**	**45**	**20**	**89**	**55**	**34**	
7	13	9	4	22	18	4	28	14	14	
8	13	8	5	11	8	3	13	9	4	
1	12	4	8	13	7	6	20	13	7	
3	15	11	4	10	6	4	17	10	7	
2	11	4	7	9	6	3	11	9	2	
8	**33**	**19**	**14**	**37**	**17**	**20**	**44**	**29**	**15**	
3	12	6	6	9	5	4	11	8	3	
2	10	7	3	9	5	4	14	10	4	
2	4	3	1	4	3	1	6	3	3	
	4	2	2	5	1	4	7	4	3	
1	3	1	2	10	3	7	6	4	2	
5	**11**	**5**	**6**	**19**	**15**	**4**	**21**	**9**	**12**	
21.30	**22.19**	**23.07**	**21.34**	**22.29**	**23.13**	**21.47**	**22.20**	**23.03**	**21.38**	

5-4 全省分初婚年龄、性别、

初婚年龄	初婚							
	1991年			1992年			1993年	
	小计	男	女	小计	男	女	小计	男
合计	**32448**	**16011**	**16437**	**39762**	**19596**	**20166**	**38789**	**19141**
15岁以下	**79**	**11**	**68**	**61**	**10**	**51**	**54**	**10**
15–19岁	**6714**	**2046**	**4668**	**7273**	**2227**	**5046**	**5703**	**1747**
15	277	69	208	279	68	211	237	73
16	472	108	364	497	119	378	407	93
17	1023	263	760	974	257	717	714	193
18	1835	555	1280	1937	576	1361	1433	432
19	3107	1051	2056	3586	1207	2379	2912	956
20–24岁	**20013**	**10049**	**9964**	**25047**	**12328**	**12719**	**24829**	**11906**
20	4255	1699	2556	4980	1920	3060	4720	1765
21	4837	2223	2614	5668	2607	3061	5495	2368
22	4665	2533	2132	5959	3017	2942	5602	2821
23	3679	2044	1635	4837	2646	2191	5043	2665
24	2577	1550	1027	3603	2138	1465	3969	2287
25–29岁	**5024**	**3469**	**1555**	**6460**	**4409**	**2051**	**7044**	**4708**
25	2070	1354	716	2423	1571	852	2873	1800
26	1381	954	427	1778	1202	576	1723	1156
27	839	603	236	1103	796	307	1204	865
28	498	382	116	716	522	194	703	493
29	236	176	60	440	318	122	541	394
30–34岁	**378**	**282**	**96**	**536**	**381**	**155**	**758**	**525**
30	127	88	39	211	154	57	372	262
31	76	60	16	101	74	27	185	133
32	61	50	11	80	45	35	87	58
33	62	44	18	77	60	17	70	42
34	52	40	12	67	48	19	44	30
35–39岁	**147**	**106**	**41**	**215**	**147**	**68**	**232**	**146**
35	37	30	7	50	38	12	58	39
36	32	20	12	51	34	17	47	27
37	34	24	10	51	38	13	47	27
38	24	17	7	34	22	12	53	37
39	20	15	5	29	15	14	27	16
40–44岁	**51**	**34**	**17**	**101**	**57**	**44**	**105**	**69**
40	16	10	6	35	21	14	33	20
41	13	11	2	26	15	11	25	19
42	11	6	5	16	8	8	15	12
43	4	3	1	14	7	7	17	11
44	7	4	3	10	6	4	15	7
45–49岁	**20**	**6**	**14**	**39**	**22**	**17**	**35**	**20**
45	2	1	1	8	4	4	9	7
46	5	2	3	6	6		6	3
47	8	1	7	10	4	6	10	5
48	5	2	3	8	6	2	4	2
49				7	2	5	6	3
50岁及以上	**22**	**8**	**14**	**30**	**15**	**15**	**29**	**10**
平均初婚年龄	**22.40**	**23.21**	**21.61**	**22.67**	**23.45**	**21.91**	**22.99**	**23.74**

初婚年份的人口（续2）

单位：人

年份									
	1994年			1995年			1996年		
女	小计	男	女	小计	男	女	小计	男	女
19648	**37088**	**18316**	**18772**	**38759**	**19322**	**19437**	**33410**	**16616**	**16794**
44	**57**	**10**	**47**	**59**	**10**	**49**	**49**	**13**	**36**
3956	**4860**	**1368**	**3492**	**4617**	**1270**	**3347**	**3520**	**945**	**2575**
164	233	60	173	201	45	156	171	37	134
314	339	80	259	429	94	335	255	49	206
521	599	156	443	627	163	464	569	140	429
1001	1271	325	946	1163	326	837	920	236	684
1956	2418	747	1671	2197	642	1555	1605	483	1122
12923	**23481**	**11222**	**12259**	**23593**	**11201**	**12392**	**19437**	**8983**	**10454**
2955	4059	1511	2548	3570	1270	2300	2872	937	1935
3127	5102	2203	2899	4963	2105	2858	3430	1403	2027
2781	5538	2759	2779	5701	2783	2918	4703	2259	2444
2378	4831	2544	2287	5132	2689	2443	4556	2279	2277
1682	3951	2205	1746	4227	2354	1873	3876	2105	1771
2336	**7440**	**4889**	**2551**	**8879**	**5769**	**3110**	**8715**	**5550**	**3165**
1073	2959	1803	1156	3574	2134	1440	3183	1879	1304
567	2002	1344	658	2348	1566	782	2364	1513	851
339	1139	789	350	1510	1026	484	1515	1041	474
210	799	561	238	808	588	220	1036	718	318
147	541	392	149	639	455	184	617	399	218
233	**866**	**597**	**269**	**1127**	**770**	**357**	**1222**	**834**	**388**
110	343	223	120	442	299	143	442	304	138
52	271	196	75	295	203	92	321	221	100
29	122	88	34	205	151	54	201	145	56
28	55	37	18	131	83	48	168	110	58
14	75	53	22	54	34	20	90	54	36
86	**195**	**130**	**65**	**206**	**135**	**71**	**198**	**131**	**67**
19	30	20	10	48	31	17	51	36	15
20	48	35	13	38	27	11	41	27	14
20	42	28	14	48	31	17	27	19	8
16	26	16	10	37	23	14	48	30	18
11	49	31	18	35	23	12	31	19	12
36	**106**	**61**	**45**	**141**	**86**	**55**	**137**	**87**	**50**
13	29	15	14	39	27	12	36	20	16
6	19	11	8	31	18	13	34	22	12
3	34	20	14	24	12	12	31	20	11
6	9	5	4	25	11	14	16	10	6
8	15	10	5	22	18	4	20	15	5
15	**49**	**22**	**27**	**61**	**43**	**18**	**69**	**38**	**31**
2	15	7	8	19	14	5	18	10	8
3	12	7	5	11	10	1	12	8	4
5	8	3	5	12	7	5	16	7	9
2	9	2	7	11	7	4	9	4	5
3	5	3	2	8	5	3	14	9	5
19	**34**	**17**	**17**	**76**	**38**	**38**	**63**	**35**	**28**
22.26	**23.21**	**23.97**	**22.47**	**23.52**	**24.32**	**22.72**	**23.88**	**24.71**	**23.06**

5-4 全省分初婚年龄、性别、

初婚年龄	初					婚		
	1997 年			1998 年			1999 年	
	小计	男	女	小计	男	女	小计	男
合计	**30895**	**15355**	**15540**	**32927**	**16321**	**16606**	**27969**	**13859**
15 岁以下	**38**	**9**	**29**	**48**	**9**	**39**	**64**	**11**
15–19 岁	**3407**	**890**	**2517**	**3934**	**958**	**2976**	**3513**	**837**
15	161	28	133	211	25	186	186	34
16	255	54	201	342	76	266	324	66
17	491	120	371	551	137	414	550	116
18	890	242	648	946	222	724	913	204
19	1610	446	1164	1884	498	1386	1540	417
20–24 岁	**16751**	**7592**	**9159**	**16427**	**7427**	**9000**	**13843**	**6220**
20	2373	749	1624	2645	773	1872	2575	808
21	2995	1203	1792	2833	1104	1729	2714	1072
22	3667	1683	1984	3599	1692	1907	2902	1374
23	3906	1915	1991	3558	1775	1783	2890	1456
24	3810	2042	1768	3792	2083	1709	2762	1510
25–29 岁	**8944**	**5717**	**3227**	**10158**	**6373**	**3785**	**8755**	**5586**
25	3206	1907	1299	3482	2067	1415	2799	1664
26	2397	1541	856	2578	1633	945	2328	1460
27	1582	1035	547	1855	1221	634	1660	1111
28	1050	740	310	1336	881	455	1146	783
29	709	494	215	907	571	336	822	568
30–34 岁	**1235**	**840**	**395**	**1791**	**1184**	**607**	**1384**	**950**
30	410	288	122	611	420	191	531	378
31	284	187	97	416	261	155	337	229
32	214	157	57	334	215	119	225	150
33	189	119	70	228	149	79	166	110
34	138	89	49	202	139	63	125	83
35–39 岁	**220**	**137**	**83**	**318**	**204**	**114**	**251**	**159**
35	79	51	28	132	90	42	105	68
36	41	32	9	75	44	31	62	44
37	36	23	13	46	30	16	45	24
38	29	12	17	38	23	15	22	12
39	35	19	16	27	17	10	17	11
40–44 岁	**169**	**94**	**75**	**141**	**101**	**40**	**71**	**46**
40	40	18	22	33	22	11	14	9
41	32	17	15	32	20	12	11	8
42	26	18	8	25	21	4	12	7
43	47	27	20	35	27	8	14	8
44	24	14	10	16	11	5	20	14
45–49 岁	**76**	**44**	**32**	**61**	**39**	**22**	**45**	**31**
45	24	17	7	20	12	8	7	6
46	18	11	7	17	14	3	14	10
47	13	8	5	7	2	5	13	8
48	12	2	10	8	5	3	6	4
49	9	6	3	9	6	3	5	3
50 岁及以上	**55**	**32**	**23**	**49**	**26**	**23**	**43**	**19**
平均初婚年龄	**24.12**	**25.01**	**23.24**	**24.27**	**25.28**	**23.28**	**24.09**	**25.15**

初婚年份的人口（续3）

单位：人

年份									
	2000年			2001年			2002年		
女	小计	男	女	小计	男	女	小计	男	女
14110	**34270**	**17337**	**16933**	**21904**	**10886**	**11018**	**25594**	**12709**	**12885**
53	**121**	**28**	**93**	**60**	**11**	**49**	**55**	**12**	**43**
2676	**5259**	**1284**	**3975**	**3411**	**818**	**2593**	**3992**	**885**	**3107**
152	332	72	260	222	46	176	286	61	225
258	509	120	389	336	57	279	422	73	349
434	852	191	661	521	106	415	627	118	509
709	1442	343	1099	833	188	645	1011	215	796
1123	2124	558	1566	1499	421	1078	1646	418	1228
7623	**16647**	**7741**	**8906**	**10616**	**4802**	**5814**	**12938**	**6003**	**6935**
1767	3069	1013	2056	1913	540	1373	2638	860	1778
1642	3521	1454	2067	2092	855	1237	2514	1005	1509
1528	3592	1750	1842	2506	1203	1303	2831	1390	1441
1434	3306	1771	1535	2207	1162	1045	2719	1472	1247
1252	3159	1753	1406	1898	1042	856	2236	1276	960
3169	**10031**	**6710**	**3321**	**6325**	**4181**	**2144**	**6744**	**4480**	**2264**
1135	2919	1784	1135	1776	1079	697	1894	1137	757
868	2628	1764	864	1557	983	574	1597	1032	565
549	2027	1420	607	1297	898	399	1301	898	403
363	1445	1012	433	990	702	288	1141	811	330
254	1012	730	282	705	519	186	811	602	209
434	**1675**	**1208**	**467**	**1192**	**879**	**313**	**1481**	**1070**	**411**
153	649	477	172	424	328	96	530	383	147
108	403	284	119	303	221	82	391	290	101
75	298	219	79	218	160	58	263	185	78
56	185	132	53	141	96	45	164	116	48
42	140	96	44	106	74	32	133	96	37
92	**345**	**234**	**111**	**207**	**142**	**65**	**262**	**182**	**80**
37	131	93	38	64	41	23	77	53	24
18	106	70	36	44	33	11	56	42	14
21	57	36	21	50	34	16	50	36	14
10	31	22	9	27	18	9	39	27	12
6	20	13	7	22	16	6	40	24	16
25	**87**	**61**	**26**	**34**	**23**	**11**	**51**	**32**	**19**
5	22	15	7	7	5	2	14	10	4
3	13	10	3	7	6	1	3	3	
5	14	10	4	8	5	3	11	8	3
6	22	14	8	8	5	3	10	6	4
6	16	12	4	4	2	2	13	5	8
14	**53**	**37**	**16**	**27**	**17**	**10**	**35**	**25**	**10**
1	18	16	2	5	3	2	6	5	1
4	15	9	6	3	2	1	8	7	1
5	10	6	4	5	3	2	6	5	1
2	7	3	4	11	6	5	8	5	3
2	3	3		3	3		7	3	4
24	**52**	**34**	**18**	**32**	**13**	**19**	**36**	**20**	**16**
23.05	**23.87**	**25.07**	**22.65**	**23.91**	**25.16**	**22.67**	**23.82**	**25.11**	**22.56**

5-4 全省分初婚年龄、性别、

初婚年龄	初婚							
	2003 年			2004 年			2005 年	
	小计	男	女	小计	男	女	小计	男
合计	**25586**	**12717**	**12869**	**25817**	**12787**	**13030**	**25853**	**12887**
15 岁以下	**62**	**9**	**53**	**60**	**6**	**54**	**61**	**6**
15–19 岁	**3993**	**895**	**3098**	**4007**	**846**	**3161**	**4179**	**992**
15	238	44	194	234	39	195	249	55
16	403	81	322	407	62	345	432	86
17	661	126	535	613	119	494	722	151
18	1107	240	867	1065	243	822	1123	249
19	1584	404	1180	1688	383	1305	1653	451
20–24 岁	**12404**	**5715**	**6689**	**12662**	**5777**	**6885**	**12617**	**5886**
20	2200	725	1475	2348	693	1655	2384	742
21	2669	1078	1591	2529	1000	1529	2547	1009
22	2769	1337	1432	3031	1486	1545	2813	1366
23	2403	1260	1143	2494	1306	1188	2729	1512
24	2363	1315	1048	2260	1292	968	2144	1257
25–29 岁	**6765**	**4428**	**2337**	**6646**	**4418**	**2228**	**6456**	**4202**
25	2041	1218	823	2210	1354	856	1976	1213
26	1607	1023	584	1643	1074	569	1649	1071
27	1250	851	399	1214	833	381	1236	797
28	1023	733	290	901	671	230	901	625
29	844	603	241	678	486	192	694	496
30–34 岁	**1861**	**1335**	**526**	**1843**	**1346**	**497**	**1858**	**1346**
30	651	455	196	563	417	146	546	403
31	491	343	148	467	341	126	447	327
32	340	259	81	350	261	89	385	285
33	218	162	56	261	184	77	271	186
34	161	116	45	202	143	59	209	145
35–39 岁	**352**	**249**	**103**	**403**	**268**	**135**	**476**	**337**
35	123	89	34	141	89	52	153	122
36	81	50	31	96	66	30	122	89
37	68	53	15	61	40	21	70	40
38	47	34	13	49	32	17	53	34
39	33	23	10	56	41	15	78	52
40–44 岁	**73**	**39**	**34**	**102**	**70**	**32**	**122**	**68**
40	33	20	13	38	30	8	37	18
41	14	5	9	29	16	13	31	21
42	12	8	4	17	11	6	21	13
43	7	3	4	10	7	3	20	12
44	7	3	4	8	6	2	13	4
45–49 岁	**35**	**22**	**13**	**33**	**23**	**10**	**40**	**26**
45	7	6	1	11	7	4	9	7
46	4	4		5	3	2	5	4
47	9	5	4	4	3	1	10	4
48	8	3	5	8	5	3	8	5
49	7	4	3	5	5		8	6
50 岁及以上	**41**	**25**	**16**	**61**	**33**	**28**	**44**	**24**
平均初婚年龄	**24.05**	**25.36**	**22.75**	**24.05**	**25.44**	**22.69**	**24.05**	**25.36**

初婚年份的人口（续4）

单位：人

年份									
	2006年			2007年			2008年		
女	小计	男	女	小计	男	女	小计	男	女
12966	**27197**	**13441**	**13756**	**25327**	**12507**	**12820**	**30306**	**15021**	**15285**
55	**51**	**3**	**48**	**48**	**7**	**41**	**47**	**1**	**46**
3187	**4134**	**882**	**3252**	**3649**	**837**	**2812**	**4243**	**993**	**3250**
194	164	30	134	150	25	125	183	27	156
346	418	64	354	282	41	241	327	60	267
571	665	127	538	625	120	505	648	119	529
874	1122	242	880	995	206	789	1254	292	962
1202	1765	419	1346	1597	445	1152	1831	495	1336
6731	**12997**	**6009**	**6988**	**12068**	**5427**	**6641**	**14593**	**6704**	**7889**
1642	2297	709	1588	2352	749	1603	2610	807	1803
1538	2685	1088	1597	2399	958	1441	3139	1305	1834
1447	2900	1422	1478	2656	1262	1394	3175	1534	1641
1217	2496	1320	1176	2393	1224	1169	2989	1530	1459
887	2619	1470	1149	2268	1234	1034	2680	1528	1152
2254	**7249**	**4584**	**2665**	**7010**	**4436**	**2574**	**8376**	**5253**	**3123**
763	2139	1258	881	2219	1306	913	2585	1482	1103
578	1734	1049	685	1655	1006	649	2226	1346	880
439	1558	1008	550	1330	884	446	1484	974	510
276	1063	731	332	1102	743	359	1136	760	376
198	755	538	217	704	497	207	945	691	254
512	**1955**	**1394**	**561**	**1719**	**1246**	**473**	**1908**	**1304**	**604**
143	592	438	154	505	362	143	609	410	199
120	443	316	127	349	256	93	408	273	135
100	328	232	96	311	237	74	330	238	92
85	348	242	106	307	217	90	292	201	91
64	244	166	78	247	174	73	269	182	87
139	**562**	**414**	**148**	**578**	**390**	**188**	**736**	**503**	**233**
31	172	128	44	194	133	61	206	154	52
33	133	100	33	144	91	53	172	112	60
30	111	74	37	93	67	26	150	99	51
19	89	69	20	80	54	26	113	77	36
26	57	43	14	67	45	22	95	61	34
54	**150**	**95**	**55**	**159**	**103**	**56**	**234**	**163**	**71**
19	44	30	14	41	29	12	65	49	16
10	25	14	11	38	25	13	53	36	17
8	40	27	13	25	13	12	48	35	13
8	26	16	10	25	20	5	41	30	11
9	15	8	7	30	16	14	27	13	14
14	**34**	**20**	**14**	**43**	**28**	**15**	**88**	**53**	**35**
2	11	9	2	19	16	3	25	18	7
1	4	1	3	6	4	2	23	15	8
6	10	6	4	12	5	7	11	8	3
3	4	3	1	3	1	2	18	8	10
2	5	1	4	3	2	1	11	4	7
20	**65**	**40**	**25**	**53**	**33**	**20**	**81**	**47**	**34**
22.74	**24.29**	**25.64**	**22.96**	**24.35**	**25.67**	**23.07**	**24.42**	**25.67**	**23.19**

5-4 全省分初婚年龄、性别、

初婚年龄	初婚							
	2009年			2010年			2011年	
	小计	男	女	小计	男	女	小计	男
合计	**29727**	**14607**	**15120**	**32662**	**16116**	**16546**	**26687**	**13033**
15岁以下	**48**	**9**	**39**	**58**	**6**	**52**	**38**	**1**
15-19岁	**3954**	**932**	**3022**	**4365**	**1067**	**3298**	**2941**	**721**
15	185	22	163	256	38	218	169	27
16	319	39	280	386	73	313	282	46
17	571	106	465	759	140	619	466	93
18	976	235	741	1120	285	835	834	192
19	1903	530	1373	1844	531	1313	1190	363
20-24岁	**14290**	**6398**	**7892**	**16185**	**7394**	**8791**	**12867**	**5603**
20	2507	853	1654	2876	971	1905	1868	614
21	2851	1115	1736	3109	1264	1845	2511	965
22	3331	1570	1761	3698	1759	1939	2838	1312
23	2827	1387	1440	3501	1788	1713	2785	1279
24	2774	1473	1301	3001	1612	1389	2865	1433
25-29岁	**8335**	**5146**	**3189**	**8752**	**5381**	**3371**	**8376**	**5007**
25	2493	1401	1092	2760	1638	1122	2492	1332
26	2028	1232	796	2166	1277	889	2098	1199
27	1861	1208	653	1696	1033	663	1640	1039
28	1123	737	386	1311	877	434	1239	832
29	830	568	262	819	556	263	907	605
30-34岁	**1909**	**1327**	**582**	**2023**	**1391**	**632**	**1621**	**1107**
30	653	464	189	661	461	200	548	371
31	436	304	132	488	338	150	383	265
32	319	217	102	358	233	125	323	217
33	278	176	102	277	199	78	197	138
34	223	166	57	239	160	79	170	116
35-39岁	**790**	**540**	**250**	**828**	**587**	**241**	**518**	**359**
35	211	135	76	206	142	64	131	92
36	180	122	58	204	161	43	120	82
37	161	122	39	164	115	49	114	79
38	129	89	40	135	90	45	88	60
39	109	72	37	119	79	40	65	46
40-44岁	**266**	**172**	**94**	**289**	**199**	**90**	**212**	**163**
40	83	58	25	94	66	28	71	58
41	61	35	26	69	44	25	52	38
42	45	27	18	49	39	10	44	34
43	41	27	14	46	32	14	27	21
44	36	25	11	31	18	13	18	12
45-49岁	**76**	**49**	**27**	**86**	**53**	**33**	**71**	**47**
45	28	15	13	21	12	9	21	15
46	18	13	5	25	15	10	11	7
47	19	13	6	15	8	7	17	11
48	5	4	1	13	8	5	16	11
49	6	4	2	12	10	2	6	3
50岁及以上	**59**	**34**	**25**	**76**	**38**	**38**	**43**	**25**
平均初婚年龄	**24.53**	**25.76**	**23.34**	**24.41**	**25.60**	**23.26**	**24.66**	**25.81**

初婚年份的人口（续5）

单位：人

年份									
	2012年			2013年			2014年		
女	小计	男	女	小计	男	女	小计	男	女
13654	**30274**	**14812**	**15462**	**29701**	**14416**	**15285**	**28527**	**13897**	**14630**
37	**28**	**2**	**26**	**29**	**3**	**26**	**32**	**6**	**26**
2220	**3367**	**800**	**2567**	**2915**	**698**	**2217**	**2751**	**693**	**2058**
142	176	27	149	152	20	132	142	14	128
236	321	50	271	245	40	205	246	34	212
373	560	87	473	497	94	403	454	79	375
642	889	218	671	836	195	641	762	180	582
827	1421	418	1003	1185	349	836	1147	386	761
7264	**13894**	**6172**	**7722**	**12720**	**5558**	**7162**	**11393**	**4930**	**6463**
1254	1866	669	1197	1745	582	1163	1610	520	1090
1546	2418	923	1495	2009	775	1234	1862	712	1150
1526	3359	1518	1841	2665	1184	1481	2235	1009	1226
1506	3107	1511	1596	3195	1512	1683	2404	1090	1314
1432	3144	1551	1593	3106	1505	1601	3282	1599	1683
3369	**9898**	**5779**	**4119**	**10772**	**6029**	**4743**	**11011**	**6138**	**4873**
1160	3248	1743	1505	3161	1582	1579	3236	1659	1577
899	2470	1398	1072	2889	1568	1321	2871	1500	1371
601	1914	1163	751	2169	1232	937	2298	1325	973
407	1377	886	491	1584	1017	567	1572	969	603
302	889	589	300	969	630	339	1034	685	349
514	**2007**	**1352**	**655**	**2123**	**1373**	**750**	**2097**	**1353**	**744**
177	717	482	235	694	447	247	677	430	247
118	438	291	147	555	363	192	529	347	182
106	372	259	113	373	245	128	398	252	146
59	279	186	93	254	170	84	270	177	93
54	201	134	67	247	148	99	223	147	76
159	**588**	**402**	**186**	**604**	**419**	**185**	**647**	**420**	**227**
39	161	110	51	158	112	46	205	127	78
38	120	80	40	124	75	49	136	85	51
35	119	83	36	125	93	32	118	89	29
28	92	63	29	95	65	30	105	65	40
19	96	66	30	102	74	28	83	54	29
49	**292**	**179**	**113**	**325**	**209**	**116**	**361**	**215**	**146**
13	79	46	33	90	66	24	92	58	34
14	69	44	25	78	44	34	68	36	32
10	57	34	23	55	40	15	70	40	30
6	40	22	18	55	32	23	80	51	29
6	47	33	14	47	27	20	51	30	21
24	**135**	**91**	**44**	**128**	**77**	**51**	**133**	**86**	**47**
6	43	28	15	35	18	17	43	32	11
4	23	17	6	23	13	10	24	14	10
6	24	18	6	28	17	11	26	18	8
5	24	16	8	25	16	9	23	13	10
3	21	12	9	17	13	4	17	9	8
18	**65**	**35**	**30**	**85**	**50**	**35**	**102**	**56**	**46**
23.57	**24.86**	**25.93**	**23.83**	**25.22**	**26.25**	**24.25**	**25.45**	**26.46**	**24.50**

5–4 全省分初婚年龄、性别、

初婚年龄	初				婚			
	2015 年			2016 年			2017 年	
	小计	男	女	小计	男	女	小计	男
合计	**30516**	**14753**	**15763**	**27033**	**13135**	**13898**	**24558**	**11806**
15 岁以下	**27**	**1**	**26**	**17**	**1**	**16**	**19**	**1**
15–19 岁	**2463**	**559**	**1904**	**1912**	**410**	**1502**	**1614**	**330**
15	99	10	89	85	11	74	70	10
16	219	33	186	186	28	158	141	15
17	407	62	345	337	54	283	298	41
18	686	145	541	500	104	396	438	87
19	1052	309	743	804	213	591	667	177
20–24 岁	**11069**	**4592**	**6477**	**9208**	**3804**	**5404**	**8227**	**3338**
20	1452	452	1000	1236	413	823	948	303
21	1773	668	1105	1442	530	912	1298	472
22	2245	928	1317	1953	797	1156	1757	727
23	2483	1074	1409	2164	933	1231	1899	791
24	3116	1470	1646	2413	1131	1282	2325	1045
25–29 岁	**13108**	**7147**	**5961**	**12236**	**6612**	**5624**	**11114**	**5922**
25	3859	1891	1968	3127	1511	1616	2424	1177
26	3288	1749	1539	3341	1749	1592	2714	1358
27	2770	1522	1248	2574	1423	1151	2663	1401
28	1956	1185	771	1904	1132	772	1932	1152
29	1235	800	435	1290	797	493	1381	834
30–34 岁	**2445**	**1558**	**887**	**2413**	**1549**	**864**	**2459**	**1516**
30	842	547	295	814	515	299	919	574
31	534	330	204	603	391	212	591	370
32	454	289	165	410	266	144	412	251
33	370	227	143	324	212	112	287	174
34	245	165	80	262	165	97	250	147
35–39 岁	**706**	**463**	**243**	**677**	**417**	**260**	**600**	**377**
35	199	119	80	201	114	87	176	104
36	178	124	54	169	107	62	146	92
37	131	87	44	144	94	50	105	66
38	110	76	34	88	57	31	95	65
39	88	57	31	75	45	30	78	50
40–44 岁	**406**	**267**	**139**	**291**	**184**	**107**	**242**	**160**
40	93	56	37	54	33	21	64	41
41	86	60	26	64	42	22	47	30
42	92	65	27	58	40	18	45	33
43	74	45	29	61	36	25	35	28
44	61	41	20	54	33	21	51	28
45–49 岁	**179**	**101**	**78**	**157**	**90**	**67**	**165**	**92**
45	52	30	22	51	33	18	51	31
46	48	23	25	34	21	13	40	22
47	38	25	13	29	14	15	31	18
48	20	12	8	18	9	9	19	7
49	21	11	10	25	13	12	24	14
50 岁及以上	**113**	**65**	**48**	**122**	**68**	**54**	**118**	**70**
平均初婚年龄	**25.84**	**26.87**	**24.87**	**26.08**	**27.05**	**25.17**	**26.29**	**27.27**

初婚年份的人口（续 6）

单位：人

年份									
	2018 年			2019 年			2020 年		
女	小计	男	女	小计	男	女	小计	男	女
12752	**26948**	**12924**	**14024**	**20787**	**10087**	**10700**	**13048**	**6433**	**6615**
18	**12**		**12**	**8**	**1**	**7**	**4**		**4**
1284	**1617**	**339**	**1278**	**1177**	**266**	**911**	**472**	**95**	**377**
60	73	9	64	47	3	44	17	3	14
126	145	17	128	114	14	100	38	2	36
257	296	46	250	218	35	183	80	7	73
351	482	84	398	319	68	251	152	33	119
490	621	183	438	479	146	333	185	50	135
4889	**8495**	**3416**	**5079**	**6212**	**2554**	**3658**	**3268**	**1356**	**1912**
645	934	294	640	632	192	440	276	83	193
826	1139	401	738	809	309	500	418	168	250
1030	1758	693	1065	1177	468	709	618	241	377
1108	2112	909	1203	1548	650	898	710	318	392
1280	2552	1119	1433	2046	935	1111	1246	546	700
5192	**12428**	**6484**	**5944**	**9352**	**4836**	**4516**	**5935**	**3063**	**2872**
1247	2976	1346	1630	2165	997	1168	1422	663	759
1356	2725	1352	1373	2236	1061	1175	1448	732	716
1262	2680	1419	1261	1846	983	863	1228	641	587
780	2473	1407	1066	1637	946	691	1018	561	457
547	1574	960	614	1468	849	619	819	466	353
943	**3062**	**1901**	**1161**	**2686**	**1663**	**1023**	**2039**	**1217**	**822**
345	1127	704	423	929	584	345	729	436	293
221	786	502	284	666	414	252	515	305	210
161	508	317	191	495	292	203	362	219	143
113	360	208	152	338	228	110	261	152	109
103	281	170	111	258	145	113	172	105	67
223	**679**	**401**	**278**	**654**	**375**	**279**	**538**	**274**	**264**
72	213	120	93	225	121	104	159	87	72
54	150	89	61	167	93	74	106	63	43
39	118	64	54	121	67	54	90	46	44
30	110	76	34	69	49	20	105	42	63
28	88	52	36	72	45	27	78	36	42
82	**280**	**163**	**117**	**271**	**161**	**110**	**315**	**158**	**157**
23	78	41	37	73	50	23	77	35	42
17	47	32	15	49	28	21	63	25	38
12	68	37	31	60	33	27	59	34	25
7	46	30	16	43	27	16	67	37	30
23	41	23	18	46	23	23	49	27	22
73	**193**	**113**	**80**	**256**	**141**	**115**	**200**	**121**	**79**
20	43	24	19	56	35	21	46	26	20
18	55	37	18	48	27	21	34	25	9
13	35	21	14	57	29	28	47	33	14
12	30	18	12	50	23	27	41	18	23
10	30	13	17	45	27	18	32	19	13
48	**182**	**107**	**75**	**171**	**90**	**81**	**277**	**149**	**128**
25.39	**26.59**	**27.54**	**25.73**	**27.05**	**27.93**	**26.22**	**28.19**	**28.90**	**27.50**

5-4a 全省分初婚年龄、性别、

初婚年龄	初婚							
	合计			1980年			1981年	
	合计	男	女	小计	男	女	小计	男
合计	**373790**	**183279**	**190511**	**7986**	**3769**	**4217**	**6492**	**3045**
15岁以下	**263**	**61**	**202**	**14**	**4**	**10**	**8**	**2**
15-19岁	**26647**	**6317**	**20330**	**954**	**176**	**778**	**771**	**173**
15	1131	303	828	46	12	34	39	11
16	1994	415	1579	121	18	103	49	10
17	3821	797	3024	243	50	193	122	21
18	6974	1653	5321	255	50	205	249	56
19	12727	3149	9578	289	46	243	312	75
20-24岁	**167297**	**68050**	**99247**	**4174**	**1657**	**2517**	**3420**	**1311**
20	20407	5840	14567	410	106	304	305	62
21	27440	9793	17647	563	181	382	503	143
22	36438	14833	21605	914	323	591	637	225
23	40332	17208	23124	1143	493	650	934	366
24	42680	20376	22304	1144	554	590	1041	515
25-29岁	**140619**	**82772**	**57847**	**2595**	**1731**	**864**	**2093**	**1401**
25	42373	22373	20000	1071	627	444	823	474
26	35835	20558	15277	714	492	222	585	401
27	27950	17167	10783	433	320	113	368	283
28	20283	13170	7113	238	179	59	208	162
29	14178	9504	4674	139	113	26	109	81
30-34岁	**27424**	**18556**	**8868**	**203**	**168**	**35**	**160**	**131**
30	9684	6569	3115	104	89	15	62	51
31	6672	4561	2111	34	31	3	42	34
32	4694	3199	1495	35	26	9	28	24
33	3579	2376	1203	17	13	4	18	17
34	2795	1851	944	13	9	4	10	5
35-39岁	**6973**	**4640**	**2333**	**29**	**23**	**6**	**29**	**21**
35	2173	1436	737	9	8	1	7	5
36	1653	1078	575	8	4	4	6	3
37	1339	908	431	5	5		7	6
38	953	643	310	3	2	1	8	6
39	855	575	280	4	4		1	1
40-44岁	**2518**	**1628**	**890**	**12**	**7**	**5**	**8**	**4**
40	701	466	235	5	4	1	2	2
41	531	328	203	1	1		3	
42	487	321	166	5	2	3	1	1
43	423	284	139				2	1
44	376	229	147	1		1		
45-49岁	**1156**	**714**	**442**	**3**	**1**	**2**	**3**	**2**
45	351	223	128					
46	243	157	86	2		2	1	
47	244	153	91	1	1		1	1
48	170	88	82				1	1
49	148	93	55					
50岁及以上	**893**	**541**	**352**	**2**	**2**			
平均初婚年龄	**25.29**	**26.31**	**24.31**	**23.88**	**25.09**	**22.80**	**23.96**	**25.14**

初婚年份的人口（城市）

单位：人

年 份									
	1982年			1983年			1984年		
女	小计	男	女	小计	男	女	小计	男	女
3447	**7270**	**3456**	**3814**	**6901**	**3229**	**3672**	**6210**	**2896**	**3314**
6	**8**	**2**	**6**	**11**	**4**	**7**	**9**	**2**	**7**
598	**1122**	**247**	**875**	**1056**	**260**	**796**	**963**	**243**	**720**
28	53	9	44	47	14	33	48	13	35
39	95	24	71	80	20	60	74	21	53
101	164	27	137	150	33	117	143	31	112
193	288	74	214	265	72	193	238	57	181
237	522	113	409	514	121	393	460	121	339
2109	**3642**	**1452**	**2190**	**3612**	**1410**	**2202**	**3433**	**1388**	**2045**
243	591	152	439	817	241	576	714	180	534
360	491	180	311	659	234	425	897	343	554
412	710	268	442	598	225	373	746	336	410
568	831	365	466	766	324	442	490	209	281
526	1019	487	532	772	386	386	586	320	266
692	**2261**	**1564**	**697**	**1974**	**1369**	**605**	**1513**	**1043**	**470**
349	850	505	345	730	444	286	459	267	192
184	574	392	182	549	388	161	450	317	133
85	424	331	93	342	242	100	303	230	73
46	269	221	48	203	169	34	156	116	40
28	144	115	29	150	126	24	145	113	32
29	**198**	**161**	**37**	**207**	**158**	**49**	**234**	**180**	**54**
11	83	66	17	88	64	24	95	75	20
8	59	50	9	50	38	12	52	42	10
4	27	21	6	29	22	7	34	26	8
1	18	16	2	25	22	3	34	21	13
5	11	8	3	15	12	3	19	16	3
8	**28**	**23**	**5**	**23**	**16**	**7**	**40**	**30**	**10**
2	11	10	1	7	5	2	14	11	3
3	5	4	1	10	6	4	14	10	4
1	5	4	1	3	3		3	2	1
2	1	1		1	1		2	1	1
	6	4	2	2	1	1	7	6	1
4	**8**	**5**	**3**	**13**	**8**	**5**	**9**	**3**	**6**
	6	4	2	7	4	3	5	1	4
3	1		1	3	3				
				1	1		2	1	1
1				1		1	2	1	1
	1	1		1		1			
1	**1**	**1**		**2**	**1**	**1**	**5**	**4**	**1**
	1	1		1		1	1	1	
1							1	1	
							3	2	1
				1	1				
	2	**1**	**1**	**3**	**3**		**4**	**3**	**1**
22.93	**23.69**	**25.01**	**22.50**	**23.48**	**24.74**	**22.36**	**23.34**	**24.64**	**22.21**

5-4a 全省分初婚年龄、性别、

初婚年龄	初婚							
	1985 年			1986 年			1987 年	
	小计	男	女	小计	男	女	小计	男
合计	**8383**	**3963**	**4420**	**8841**	**4171**	**4670**	**8758**	**4203**
15 岁以下	**6**	**1**	**5**	**4**	**2**	**2**	**6**	**1**
15-19 岁	**1106**	**270**	**836**	**1154**	**290**	**864**	**933**	**229**
15	51	14	37	36	13	23	26	4
16	109	29	80	79	16	63	58	12
17	144	31	113	195	47	148	144	32
18	277	71	206	329	86	243	262	64
19	525	125	400	515	128	387	443	117
20-24 岁	**5046**	**2136**	**2910**	**5623**	**2441**	**3182**	**5829**	**2584**
20	864	285	579	841	259	582	761	246
21	1196	416	780	1098	410	688	1015	375
22	1441	644	797	1407	630	777	1322	593
23	949	455	494	1452	689	763	1443	662
24	596	336	260	825	453	372	1288	708
25-29 岁	**1868**	**1291**	**577**	**1646**	**1154**	**492**	**1667**	**1151**
25	639	383	256	487	311	176	716	455
26	428	293	135	439	308	131	339	232
27	393	300	93	317	239	78	289	211
28	242	188	54	252	190	62	168	134
29	166	127	39	151	106	45	155	119
30-34 岁	**299**	**225**	**74**	**311**	**216**	**95**	**244**	**178**
30	123	90	33	114	74	40	87	67
31	68	51	17	81	63	18	64	47
32	46	34	12	62	41	21	37	30
33	29	20	9	34	25	9	34	21
34	33	30	3	20	13	7	22	13
35-39 岁	**36**	**26**	**10**	**69**	**45**	**24**	**57**	**48**
35	14	11	3	20	13	7	25	21
36	8	6	2	15	8	7	13	12
37	6	5	1	14	12	2	10	9
38	5	3	2	9	8	1	1	1
39	3	1	2	11	4	7	8	5
40-44 岁	**13**	**8**	**5**	**18**	**12**	**6**	**13**	**5**
40	3	2	1	3	1	2	6	2
41	3	2	1	3	2	1	3	2
42	4	3	1	3	3			
43	1		1	6	3	3	1	
44	2	1	1	3	3		3	1
45-49 岁	**5**	**2**	**3**	**10**	**8**	**2**	**7**	**6**
45				2	1	1	4	4
46	3	1	2	2	2		1	1
47	1	1		3	2	1	1	
48	1		1	1	1			
49				2	2		1	1
50 岁及以上	**4**	**4**		**6**	**3**	**3**	**2**	**1**
平均初婚年龄	**23.30**	**24.43**	**22.29**	**23.38**	**24.40**	**22.46**	**23.46**	**24.38**

初婚年份的人口（城市）（续1）

单位：人

年份									
	1988年			1989年			1990年		
女	小计	男	女	小计	男	女	小计	男	女
4555	**9516**	**4608**	**4908**	**9638**	**4697**	**4941**	**10637**	**5219**	**5418**
5	**5**	**3**	**2**	**8**	**2**	**6**	**16**	**3**	**13**
704	**1056**	**288**	**768**	**1041**	**288**	**753**	**1209**	**356**	**853**
22	43	14	29	48	14	34	52	19	33
46	68	15	53	71	21	50	106	29	77
112	127	30	97	128	33	95	168	35	133
198	283	62	221	259	65	194	281	84	197
326	535	167	368	535	155	380	602	189	413
3245	**5934**	**2658**	**3276**	**5697**	**2481**	**3216**	**6247**	**2772**	**3475**
515	813	277	536	848	276	572	881	317	564
640	958	375	583	1041	413	628	1263	518	745
729	1354	602	752	1152	474	678	1442	644	798
781	1441	669	772	1327	617	710	1329	581	748
580	1368	735	633	1329	701	628	1332	712	620
516	**2136**	**1374**	**762**	**2537**	**1660**	**877**	**2831**	**1854**	**977**
261	1166	692	474	1177	707	470	1157	695	462
107	454	293	161	766	510	256	849	569	280
78	214	158	56	342	251	91	537	379	158
34	188	143	45	140	106	34	186	133	53
36	114	88	26	112	86	26	102	78	24
66	**294**	**225**	**69**	**254**	**185**	**69**	**220**	**160**	**60**
20	108	81	27	79	53	26	76	60	16
17	65	49	16	70	56	14	40	29	11
7	58	44	14	42	33	9	41	26	15
13	37	29	8	35	26	9	34	27	7
9	26	22	4	28	17	11	29	18	11
9	**59**	**41**	**18**	**62**	**52**	**10**	**75**	**50**	**25**
4	17	13	4	24	18	6	35	27	8
1	11	5	6	18	17	1	19	12	7
1	13	10	3	8	7	1	11	5	6
	10	6	4	9	7	2	3	2	1
3	8	7	1	3	3		7	4	3
8	**18**	**9**	**9**	**17**	**15**	**2**	**26**	**15**	**11**
4	5	3	2	6	6		9	4	5
1	3	2	1	2	2		5	3	2
	4	2	2	5	3	2	5	3	2
1	3	2	1	2	2		4	3	1
2	3		3	2	2		3	2	1
1	**12**	**9**	**3**	**14**	**7**	**7**	**8**	**5**	**3**
	2	1	1	5	3	2	2	2	
	3	3		2	1	1	2		2
1	3	3		1	1		3	2	1
	3	2	1	2		2			
	1		1	4	2	2	1	1	
1	**2**	**1**	**1**	**8**	**7**	**1**	**5**	**4**	**1**
22.61	**23.56**	**24.40**	**22.78**	**23.67**	**24.57**	**22.81**	**23.58**	**24.37**	**22.81**

5-4a 全省分初婚年龄、性别、

初婚年龄	初婚							
	1991 年			1992 年			1993 年	
	小计	男	女	小计	男	女	小计	男
合计	**7735**	**3754**	**3981**	**9531**	**4646**	**4885**	**9818**	**4840**
15 岁以下	**8**	**1**	**7**	**8**		**8**	**5**	**1**
15–19 岁	**724**	**210**	**514**	**798**	**225**	**573**	**686**	**212**
15	32	6	26	29	10	19	26	13
16	36	11	25	50	12	38	52	17
17	101	36	65	107	30	77	71	17
18	211	56	155	195	51	144	159	49
19	344	101	243	417	122	295	378	116
20–24 岁	**4527**	**1906**	**2621**	**5621**	**2351**	**3270**	**5638**	**2346**
20	600	212	388	691	231	460	669	224
21	860	329	531	959	361	598	910	315
22	1057	440	617	1261	510	751	1210	508
23	1100	457	643	1460	618	842	1371	586
24	910	468	442	1250	631	619	1478	713
25–29 岁	**2236**	**1468**	**768**	**2762**	**1828**	**934**	**3019**	**1939**
25	865	518	347	957	577	380	1146	641
26	669	441	228	764	499	265	748	488
27	384	271	113	505	351	154	549	391
28	225	169	56	329	243	86	319	230
29	93	69	24	207	158	49	257	189
30–34 岁	**161**	**116**	**45**	**216**	**160**	**56**	**326**	**238**
30	52	37	15	88	68	20	160	115
31	34	26	8	46	35	11	75	59
32	25	19	6	20	12	8	43	30
33	30	21	9	37	24	13	30	19
34	20	13	7	25	21	4	18	15
35–39 岁	**52**	**40**	**12**	**79**	**54**	**25**	**88**	**66**
35	10	8	2	21	15	6	27	21
36	14	11	3	19	14	5	18	11
37	15	10	5	17	10	7	18	15
38	8	7	1	10	8	2	17	13
39	5	4	1	12	7	5	8	6
40–44 岁	**15**	**9**	**6**	**29**	**17**	**12**	**30**	**23**
40	5	3	2	10	5	5	8	8
41	3	2	1	5	5		7	6
42	5	2	3	6	3	3	4	2
43	1	1		4	3	1	7	3
44	1	1		4	1	3	4	4
45–49 岁	**5**		**5**	**9**	**6**	**3**	**15**	**10**
45				4	3	1	4	3
46	1		1				2	1
47	3		3	4	2	2	4	3
48	1		1	1	1		2	1
49							3	2
50 岁及以上	**7**	**4**	**3**	**9**	**5**	**4**	**11**	**5**
平均初婚年龄	**23.80**	**24.62**	**23.03**	**24.03**	**24.90**	**23.20**	**24.31**	**25.16**

初婚年份的人口（城市）（续2）

单位：人

年份									
	1994年			1995年			1996年		
女	小计	男	女	小计	男	女	小计	男	女
4978	**9673**	**4726**	**4947**	**10442**	**5144**	**5298**	**9659**	**4761**	**4898**
4	**4**	**2**	**2**	**10**	**2**	**8**	**4**	**3**	**1**
474	**569**	**134**	**435**	**595**	**156**	**439**	**461**	**111**	**350**
13	25	9	16	20	3	17	12	1	11
35	28	7	21	42	8	34	22	2	20
54	66	20	46	71	21	50	72	16	56
110	143	34	109	144	40	104	135	35	100
262	307	64	243	318	84	234	220	57	163
3292	**5440**	**2244**	**3196**	**5432**	**2204**	**3228**	**4896**	**1950**	**2946**
445	538	157	381	515	159	356	437	121	316
595	922	346	576	889	313	576	651	232	419
702	1259	517	742	1232	485	747	1099	434	665
785	1366	560	806	1412	576	836	1348	558	790
765	1355	664	691	1384	671	713	1361	605	756
1080	**3153**	**1992**	**1161**	**3770**	**2348**	**1422**	**3680**	**2260**	**1420**
505	1226	689	537	1420	769	651	1277	680	597
260	862	551	311	1021	647	374	1011	609	402
158	499	347	152	687	463	224	693	481	212
89	345	243	102	371	275	96	455	317	138
68	221	162	59	271	194	77	244	173	71
88	**382**	**273**	**109**	**461**	**331**	**130**	**450**	**328**	**122**
45	145	100	45	172	126	46	166	131	35
16	134	100	34	123	84	39	117	82	35
13	47	34	13	91	69	22	66	53	13
11	21	13	8	53	39	14	62	39	23
3	35	26	9	22	13	9	39	23	16
22	**59**	**39**	**20**	**77**	**50**	**27**	**75**	**53**	**22**
6	12	7	5	20	14	6	18	15	3
7	16	12	4	21	15	6	19	16	3
3	13	9	4	14	8	6	9	6	3
4	8	5	3	12	7	5	19	11	8
2	10	6	4	10	6	4	10	5	5
7	**34**	**24**	**10**	**49**	**24**	**25**	**46**	**29**	**17**
	10	6	4	13	9	4	10	6	4
1	5	5		14	6	8	12	7	5
2	10	7	3	7	2	5	11	6	5
4	4	2	2	9	2	7	7	5	2
	5	4	1	6	5	1	6	5	1
5	**21**	**11**	**10**	**22**	**16**	**6**	**24**	**11**	**13**
1	8	3	5	5	4	1	5	2	3
1	7	5	2	5	5		6	4	2
1	3	2	1	6	3	3	7	2	5
1	3	1	2	4	2	2	3	1	2
1				2	2		3	2	1
6	**11**	**7**	**4**	**26**	**13**	**13**	**23**	**16**	**7**
23.48	**24.46**	**25.31**	**23.65**	**24.74**	**25.59**	**23.92**	**24.98**	**25.85**	**24.14**

5-4a 全省分初婚年龄、性别、

初婚年龄	初婚							
	1997 年			1998 年			1999 年	
	小计	男	女	小计	男	女	小计	男
合计	**9657**	**4767**	**4890**	**10369**	**5111**	**5258**	**8932**	**4407**
15 岁以下	**7**	**2**	**5**	**3**	**1**	**2**	**4**	
15–19 岁	**473**	**103**	**370**	**560**	**134**	**426**	**457**	**90**
15	17	3	14	22	5	17	22	7
16	31	10	21	49	10	39	27	4
17	51	7	44	64	16	48	73	13
18	135	42	93	124	28	96	125	22
19	239	41	198	301	75	226	210	44
20–24 岁	**4561**	**1788**	**2773**	**4433**	**1672**	**2761**	**3873**	**1494**
20	408	110	298	463	87	376	500	136
21	620	201	419	582	188	394	597	191
22	936	364	572	922	358	564	784	283
23	1223	474	749	1141	443	698	948	375
24	1374	639	735	1325	596	729	1044	509
25–29 岁	**3913**	**2402**	**1511**	**4481**	**2686**	**1795**	**3852**	**2325**
25	1338	714	624	1471	795	676	1164	617
26	1041	637	404	1159	684	475	1027	587
27	734	483	251	843	544	299	789	509
28	463	323	140	599	397	202	523	359
29	337	245	92	409	266	143	349	253
30–34 岁	**489**	**338**	**151**	**678**	**463**	**215**	**582**	**392**
30	152	117	35	236	176	60	248	174
31	118	80	38	159	105	54	134	86
32	84	61	23	97	66	31	76	48
33	80	46	34	93	60	33	63	43
34	55	34	21	93	56	37	61	41
35–39 岁	**96**	**66**	**30**	**129**	**89**	**40**	**113**	**75**
35	43	27	16	62	44	18	56	36
36	16	13	3	25	15	10	23	17
37	17	11	6	12	8	4	23	15
38	7	6	1	16	12	4	6	5
39	13	9	4	14	10	4	5	2
40–44 岁	**68**	**38**	**30**	**53**	**44**	**9**	**22**	**16**
40	12	5	7	16	12	4	5	4
41	14	7	7	11	8	3	1	1
42	13	10	3	7	7		8	6
43	16	9	7	14	13	1		
44	13	7	6	5	4	1	8	5
45–49 岁	**31**	**17**	**14**	**18**	**13**	**5**	**12**	**8**
45	11	8	3	9	6	3	1	1
46	8	4	4	6	4	2	3	3
47	5	4	1				5	2
48	5	1	4				3	2
49	2		2	3	3			
50 岁及以上	**19**	**13**	**6**	**14**	**9**	**5**	**17**	**7**
平均初婚年龄	**25.23**	**26.14**	**24.34**	**25.39**	**26.39**	**24.41**	**25.29**	**26.27**

初婚年份的人口（城市）（续3）

单位：人

年份									
	2000年			2001年			2002年		
女	小计	男	女	小计	男	女	小计	男	女
4525	**11369**	**5732**	**5637**	**7173**	**3564**	**3609**	**8188**	**4053**	**4135**
4	**20**	**8**	**12**	**9**	**3**	**6**	**7**	**2**	**5**
367	**934**	**209**	**725**	**535**	**111**	**424**	**628**	**138**	**490**
15	63	19	44	27	6	21	34	10	24
23	87	18	69	60	8	52	56	10	46
60	141	27	114	71	17	54	97	19	78
103	243	58	185	106	19	87	152	37	115
166	400	87	313	271	61	210	289	62	227
2379	**4893**	**1954**	**2939**	**2981**	**1126**	**1855**	**3625**	**1411**	**2214**
364	593	173	420	372	80	292	542	132	410
406	865	290	575	472	152	320	569	179	390
501	1036	398	638	697	276	421	774	306	468
573	1170	508	662	729	301	428	923	418	505
535	1229	585	644	711	317	394	817	376	441
1527	**4520**	**2844**	**1676**	**2939**	**1810**	**1129**	**3074**	**1883**	**1191**
547	1211	652	559	770	410	360	810	403	407
440	1174	736	438	709	411	298	729	433	296
280	960	649	311	620	414	206	614	402	212
164	692	470	222	498	336	162	529	361	168
96	483	337	146	342	239	103	392	284	108
190	**756**	**551**	**205**	**582**	**424**	**158**	**686**	**496**	**190**
74	281	206	75	210	166	44	250	175	75
48	192	139	53	136	94	42	182	139	43
28	128	99	29	114	80	34	124	87	37
20	84	62	22	74	48	26	71	52	19
20	71	45	26	48	36	12	59	43	16
38	**167**	**109**	**58**	**96**	**69**	**27**	**115**	**90**	**25**
20	60	42	18	32	23	9	32	26	6
6	58	35	23	17	13	4	26	21	5
8	26	16	10	30	19	11	23	18	5
1	13	9	4	11	9	2	18	13	5
3	10	7	3	6	5	1	16	12	4
6	**36**	**25**	**11**	**15**	**12**	**3**	**19**	**14**	**5**
1	11	7	4	6	4	2	4	4	
	3	3		3	2	1			
2	6	5	1	3	3		8	6	2
	11	6	5	2	2		4	3	1
3	5	4	1	1	1		3	1	2
4	**24**	**18**	**6**	**5**	**4**	**1**	**16**	**11**	**5**
	11	10	1	2	2		2	1	1
	6	3	3				4	4	
3	3	3		1	1		1	1	
1	3	1	2	1		1	5	3	2
	1	1		1	1		4	2	2
10	**19**	**14**	**5**	**11**	**5**	**6**	**18**	**8**	**10**
24.33	**25.09**	**26.23**	**23.93**	**25.27**	**26.48**	**24.07**	**25.18**	**26.44**	**23.96**

5-4a 全省分初婚年龄、性别、

初婚年龄	初婚							
	2003年			2004年			2005年	
	小计	男	女	小计	男	女	小计	男
合计	**8737**	**4333**	**4404**	**8644**	**4261**	**4383**	**8343**	**4178**
15岁以下	**9**	**2**	**7**	**11**	**1**	**10**	**14**	**3**
15-19岁	**701**	**148**	**553**	**680**	**112**	**568**	**691**	**158**
15	37	10	27	40	7	33	47	12
16	58	18	40	62	8	54	50	13
17	105	26	79	80	13	67	112	23
18	176	35	141	185	37	148	201	46
19	325	59	266	313	47	266	281	64
20-24岁	**3705**	**1455**	**2250**	**3706**	**1438**	**2268**	**3610**	**1497**
20	468	109	359	457	97	360	543	136
21	679	233	446	647	223	424	619	205
22	814	347	467	914	379	535	806	343
23	817	340	477	820	341	479	861	408
24	927	426	501	868	398	470	781	405
25-29岁	**3207**	**1938**	**1269**	**3152**	**1940**	**1212**	**2888**	**1721**
25	882	454	428	1002	544	458	801	426
26	763	435	328	751	441	310	723	426
27	622	398	224	604	381	223	590	348
28	514	356	158	470	347	123	436	296
29	426	295	131	325	227	98	338	225
30-34岁	**866**	**624**	**242**	**820**	**588**	**232**	**834**	**595**
30	303	211	92	251	170	81	244	173
31	243	172	71	201	148	53	195	146
32	155	117	38	160	125	35	167	119
33	97	75	22	129	83	46	126	85
34	68	49	19	79	62	17	102	72
35-39岁	**185**	**127**	**58**	**182**	**120**	**62**	**220**	**153**
35	61	45	16	65	40	25	73	56
36	43	22	21	38	27	11	63	47
37	33	27	6	26	18	8	31	18
38	28	20	8	20	12	8	20	9
39	20	13	7	33	23	10	33	23
40-44岁	**29**	**18**	**11**	**53**	**37**	**16**	**53**	**29**
40	13	9	4	20	16	4	21	10
41	4	2	2	18	9	9	10	8
42	8	6	2	8	6	2	11	5
43	2		2	3	3		6	4
44	2	1	1	4	3	1	5	2
45-49岁	**17**	**11**	**6**	**17**	**10**	**7**	**18**	**13**
45	4	3	1	5	2	3	3	3
46	3	3		3	2	1	2	1
47	4	3	1	3	3		6	3
48	1		1	4	1	3	3	2
49	5	2	3	2	2		4	4
50岁及以上	**18**	**10**	**8**	**23**	**15**	**8**	**15**	**9**
平均初婚年龄	**25.39**	**26.64**	**24.16**	**25.37**	**26.71**	**24.06**	**25.38**	**26.60**

初婚年份的人口（城市）（续 4）

单位：人

年份	2006 年			2007 年			2008 年		
女	小计	男	女	小计	男	女	小计	男	女
4165	**9429**	**4660**	**4769**	**8500**	**4206**	**4294**	**10185**	**5081**	**5104**
11	**5**	**1**	**4**	**6**		**6**	**6**	**1**	**5**
533	**689**	**129**	**560**	**568**	**127**	**441**	**678**	**145**	**533**
35	24	9	15	23	8	15	19	4	15
37	64	9	55	34	1	33	33	3	30
89	93	14	79	87	19	68	71	13	58
155	184	39	145	159	27	132	213	40	173
217	324	58	266	265	72	193	342	85	257
2113	**3812**	**1544**	**2268**	**3382**	**1328**	**2054**	**4153**	**1689**	**2464**
407	488	116	372	479	109	370	517	153	364
414	701	242	459	564	186	378	761	282	479
463	787	322	465	775	334	441	922	349	573
453	829	374	455	748	313	435	981	433	548
376	1007	490	517	816	386	430	972	472	500
1167	**3534**	**2015**	**1519**	**3311**	**1885**	**1426**	**3897**	**2284**	**1613**
375	915	442	473	941	462	479	1107	582	525
297	856	462	394	754	408	346	1032	576	456
242	835	501	334	643	381	262	710	434	276
140	532	338	194	601	379	222	562	364	198
113	396	272	124	372	255	117	486	328	158
239	**982**	**673**	**309**	**844**	**602**	**242**	**955**	**627**	**328**
71	311	222	89	252	175	77	332	208	124
49	226	151	75	174	128	46	210	142	68
48	163	111	52	157	120	37	165	117	48
41	176	123	53	140	98	42	128	79	49
30	106	66	40	121	81	40	120	81	39
67	**290**	**219**	**71**	**274**	**182**	**92**	**324**	**224**	**100**
17	92	68	24	94	62	32	85	60	25
16	72	54	18	64	42	22	86	55	31
13	56	40	16	43	28	15	62	42	20
11	45	35	10	40	27	13	51	40	11
10	25	22	3	33	23	10	40	27	13
24	**69**	**49**	**20**	**81**	**58**	**23**	**106**	**74**	**32**
11	17	13	4	16	13	3	33	26	7
2	12	9	3	19	13	6	22	14	8
6	16	12	4	11	6	5	16	12	4
2	14	10	4	14	13	1	21	15	6
3	10	5	5	21	13	8	14	7	7
5	**20**	**11**	**9**	**16**	**10**	**6**	**38**	**22**	**16**
	5	4	1	9	7	2	11	8	3
1	4	1	3				10	7	3
3	4	2	2	6	2	4	6	3	3
1	4	3	1				7	3	4
	3	1	2	1	1		4	1	3
6	**28**	**19**	**9**	**18**	**14**	**4**	**28**	**15**	**13**
24.15	**25.78**	**27.07**	**24.51**	**25.85**	**27.12**	**24.61**	**25.82**	**26.94**	**24.71**

5-4a 全省分初婚年龄、性别、

初婚年龄	初			婚				
	2009年			2010年			2011年	
	小计	男	女	小计	男	女	小计	男
合计	**10160**	**5036**	**5124**	**10261**	**5079**	**5182**	**9502**	**4685**
15岁以下	**4**	**1**	**3**	**6**	**1**	**5**	**3**	
15-19岁	**597**	**133**	**464**	**598**	**147**	**451**	**433**	**104**
15	24	6	18	17	1	16	24	6
16	28	4	24	39	6	33	20	5
17	65	15	50	93	18	75	76	11
18	152	27	125	146	42	104	125	30
19	328	81	247	303	80	223	188	52
20-24岁	**4054**	**1610**	**2444**	**4289**	**1750**	**2539**	**3749**	**1484**
20	509	133	376	559	155	404	364	98
21	674	251	423	710	275	435	599	206
22	948	378	570	929	379	550	801	337
23	904	385	519	1045	466	579	918	372
24	1019	463	556	1046	475	571	1067	471
25-29岁	**3926**	**2228**	**1698**	**3863**	**2162**	**1701**	**4075**	**2262**
25	1025	500	525	1061	553	508	1050	494
26	942	521	421	959	495	464	1030	536
27	931	557	374	805	432	373	812	481
28	591	361	230	626	403	223	696	425
29	437	289	148	412	279	133	487	326
30-34岁	**1025**	**683**	**342**	**965**	**646**	**319**	**854**	**568**
30	368	243	125	315	217	98	283	186
31	237	157	80	238	157	81	194	136
32	161	111	50	169	113	56	187	117
33	148	92	56	131	90	41	98	69
34	111	80	31	112	69	43	92	60
35-39岁	**370**	**256**	**114**	**346**	**253**	**93**	**229**	**152**
35	102	68	34	88	69	19	58	39
36	76	51	25	88	72	16	51	32
37	83	65	18	62	40	22	53	38
38	58	37	21	52	36	16	33	18
39	51	35	16	56	36	20	34	25
40-44岁	**120**	**81**	**39**	**117**	**75**	**42**	**91**	**74**
40	34	21	13	41	27	14	29	23
41	32	23	9	24	13	11	25	19
42	18	14	4	22	17	5	18	14
43	13	8	5	17	12	5	12	12
44	23	15	8	13	6	7	7	6
45-49岁	**42**	**31**	**11**	**44**	**28**	**16**	**47**	**28**
45	15	10	5	12	9	3	12	8
46	12	11	1	14	8	6	7	3
47	10	7	3	7	3	4	11	7
48	1	1		5	3	2	12	8
49	4	2	2	6	5	1	5	2
50岁及以上	**22**	**13**	**9**	**33**	**17**	**16**	**21**	**13**
平均初婚年龄	**26.06**	**27.22**	**24.92**	**25.92**	**27.00**	**24.87**	**26.06**	**27.08**

初婚年份的人口（城市）（续 5）

单位：人

年份									
	2012 年			2013 年			2014 年		
女	小计	男	女	小计	男	女	小计	男	女
4817	**10360**	**5159**	**5201**	**10729**	**5307**	**5422**	**10391**	**5145**	**5246**
3	**3**		**3**	**4**		**4**	**1**		**1**
329	**437**	**102**	**335**	**378**	**80**	**298**	**350**	**71**	**279**
18	14	3	11	8	2	6	11	2	9
15	31	8	23	23	1	22	26	2	24
65	61	7	54	61	6	55	56	7	49
95	116	26	90	89	26	63	98	15	83
136	215	58	157	197	45	152	159	45	114
2265	**3842**	**1567**	**2275**	**3634**	**1476**	**2158**	**3256**	**1296**	**1960**
266	340	113	227	322	98	224	280	76	204
393	520	167	353	428	148	280	426	152	274
464	850	359	491	714	270	444	578	221	357
546	968	440	528	1005	420	585	757	305	452
596	1164	488	676	1165	540	625	1215	542	673
1813	**4572**	**2493**	**2079**	**5019**	**2644**	**2375**	**5152**	**2735**	**2417**
556	1373	647	726	1319	613	706	1377	666	711
494	1166	605	561	1369	692	677	1356	664	692
331	918	534	384	1046	552	494	1079	575	504
271	653	407	246	789	467	322	807	485	322
161	462	300	162	496	320	176	533	345	188
286	**990**	**659**	**331**	**1122**	**735**	**387**	**1053**	**676**	**377**
97	381	252	129	388	247	141	345	221	124
58	199	133	66	300	207	93	269	174	95
70	167	112	55	177	110	67	196	127	69
29	146	95	51	126	91	35	127	78	49
32	97	67	30	131	80	51	116	76	40
77	**306**	**200**	**106**	**314**	**205**	**109**	**333**	**208**	**125**
19	85	52	33	86	55	31	117	69	48
19	64	44	20	56	30	26	73	40	33
15	55	39	16	72	55	17	59	40	19
15	44	27	17	52	35	17	45	31	14
9	58	38	20	48	30	18	39	28	11
17	**133**	**87**	**46**	**158**	**101**	**57**	**156**	**96**	**60**
6	35	21	14	44	35	9	36	23	13
6	34	23	11	37	17	20	31	15	16
4	28	18	10	30	21	9	31	17	14
	17	12	5	23	13	10	37	28	9
1	19	13	6	24	15	9	21	13	8
19	**51**	**35**	**16**	**63**	**42**	**21**	**56**	**42**	**14**
4	17	10	7	20	12	8	18	13	5
4	9	8	1	15	8	7	8	7	1
4	11	9	2	10	7	3	13	10	3
4	6	4	2	12	10	2	10	6	4
3	8	4	4	6	5	1	7	6	1
8	**26**	**16**	**10**	**37**	**24**	**13**	**34**	**21**	**13**
25.07	**26.29**	**27.22**	**25.37**	**26.65**	**27.57**	**25.75**	**26.78**	**27.67**	**25.91**

5-4a 全省分初婚年龄、性别、

初婚年龄	初					婚		
	2015年			2016年			2017年	
	小计	男	女	小计	男	女	小计	男
合计	**11408**	**5685**	**5723**	**10358**	**5126**	**5232**	**9637**	**4771**
15岁以下	**2**		**2**	**2**		**2**	**2**	
15-19岁	**279**	**55**	**224**	**213**	**43**	**170**	**195**	**36**
15	6	1	5	5	1	4	7	1
16	17		17	15	1	14	14	2
17	34	4	30	30	3	27	24	2
18	67	11	56	46	10	36	56	14
19	155	39	116	117	28	89	94	17
20-24岁	**3155**	**1242**	**1913**	**2569**	**967**	**1602**	**2411**	**913**
20	247	70	177	201	41	160	157	35
21	391	144	247	306	101	205	312	109
22	619	238	381	555	202	353	485	192
23	747	282	465	646	258	388	584	206
24	1151	508	643	861	365	496	873	371
25-29岁	**6056**	**3164**	**2892**	**5712**	**2952**	**2760**	**5192**	**2692**
25	1551	748	803	1308	606	702	1027	469
26	1516	759	757	1543	734	809	1211	583
27	1366	669	697	1241	669	572	1253	630
28	981	578	403	972	557	415	970	571
29	642	410	232	648	386	262	731	439
30-34岁	**1236**	**789**	**447**	**1266**	**802**	**464**	**1271**	**776**
30	424	279	145	441	272	169	468	291
31	266	160	106	306	199	107	314	195
32	214	135	79	213	132	81	198	117
33	200	125	75	178	121	57	154	93
34	132	90	42	128	78	50	137	80
35-39岁	**382**	**237**	**145**	**348**	**209**	**139**	**320**	**204**
35	106	57	49	102	55	47	95	55
36	98	64	34	95	54	41	77	48
37	75	49	26	73	52	21	64	42
38	60	38	22	42	27	15	45	32
39	43	29	14	36	21	15	39	27
40-44岁	**169**	**112**	**57**	**135**	**91**	**44**	**118**	**77**
40	38	23	15	22	17	5	37	23
41	34	24	10	37	21	16	20	11
42	39	26	13	22	17	5	21	15
43	33	22	11	25	17	8	17	15
44	25	17	8	29	19	10	23	13
45-49岁	**73**	**51**	**22**	**61**	**33**	**28**	**82**	**43**
45	21	16	5	19	10	9	31	16
46	16	9	7	14	9	5	15	10
47	18	14	4	10	6	4	17	9
48	8	6	2	5	2	3	10	3
49	10	6	4	13	6	7	9	5
50岁及以上	**56**	**35**	**21**	**52**	**29**	**23**	**46**	**30**
平均初婚年龄	**27.15**	**27.99**	**26.31**	**27.34**	**28.12**	**26.57**	**27.50**	**28.30**

初婚年份的人口（城市）（续 6）

单位：人

年	份								
	2018 年			2019 年			2020 年		
女	小计	男	女	小计	男	女	小计	男	女
4866	**10300**	**5095**	**5205**	**8350**	**4110**	**4240**	**5318**	**2601**	**2717**
2				**1**		**1**			
159	**165**	**36**	**129**	**148**	**29**	**119**	**62**	**9**	**53**
6	3		3	3		3	1	1	
12	14	2	12	9		9	7		7
22	22	4	18	27	2	25	11	1	10
42	48	5	43	39	8	31	16	3	13
77	78	25	53	70	19	51	27	4	23
1498	**2433**	**918**	**1515**	**1892**	**723**	**1169**	**1068**	**417**	**651**
122	145	40	105	115	28	87	43	10	33
203	242	79	163	184	70	114	97	35	62
293	454	154	300	319	126	193	178	60	118
378	653	266	387	504	187	317	249	108	141
502	939	379	560	770	312	458	501	204	297
2500	**5560**	**2831**	**2729**	**4283**	**2140**	**2143**	**2700**	**1309**	**1391**
558	1199	512	687	930	392	538	575	238	337
628	1166	544	622	978	459	519	659	300	359
623	1228	639	589	849	451	398	579	286	293
399	1173	664	509	823	449	374	489	259	230
292	794	472	322	703	389	314	398	226	172
495	**1541**	**960**	**581**	**1383**	**842**	**541**	**1024**	**614**	**410**
177	561	345	216	488	292	196	350	204	146
119	407	260	147	343	211	132	275	166	109
81	257	163	94	256	160	96	178	108	70
61	176	102	74	159	99	60	127	75	52
57	140	90	50	137	80	57	94	61	33
116	**318**	**185**	**133**	**370**	**216**	**154**	**209**	**115**	**94**
40	102	58	44	115	65	50	71	43	28
29	73	41	32	99	52	47	38	23	15
22	66	34	32	86	49	37	38	19	19
13	46	32	14	39	29	10	36	15	21
12	31	20	11	31	21	10	26	15	11
41	**126**	**70**	**56**	**120**	**75**	**45**	**113**	**58**	**55**
14	35	18	17	38	31	7	25	11	14
9	21	16	5	27	16	11	19	6	13
6	24	11	13	23	10	13	23	16	7
2	22	13	9	19	10	9	27	16	11
10	24	12	12	13	8	5	19	9	10
39	**94**	**55**	**39**	**87**	**46**	**41**	**58**	**32**	**26**
15	26	14	12	21	11	10	22	11	11
5	24	16	8	15	9	6	7	3	4
8	20	12	8	18	8	10	14	11	3
7	11	6	5	19	8	11	10	3	7
4	13	7	6	14	10	4	5	4	1
16	**63**	**40**	**23**	**66**	**39**	**27**	**84**	**47**	**37**
26.73	**27.73**	**28.47**	**27.01**	**28.07**	**28.82**	**27.34**	**28.60**	**29.27**	**27.96**

5-4b 全省分初婚年龄、性别、

初婚年龄	初婚							
	合计			1980年			1981年	
	合计	男	女	小计	男	女	小计	男
合计	**294530**	**141922**	**152608**	**6738**	**3230**	**3508**	**4532**	**2145**
15岁以下	**449**	**77**	**372**	**40**	**10**	**30**	**22**	**6**
15-19岁	**42676**	**10653**	**32023**	**1774**	**398**	**1376**	**1356**	**336**
15	1934	404	1530	124	32	92	66	15
16	3511	708	2803	240	36	204	122	25
17	6659	1465	5194	452	87	365	247	55
18	11475	2764	8711	498	111	387	428	115
19	19097	5312	13785	460	132	328	493	126
20-24岁	**155605**	**71334**	**84271**	**3511**	**1772**	**1739**	**2253**	**1116**
20	27754	9320	18434	549	204	345	411	131
21	31929	12992	18937	608	255	353	418	176
22	34953	16676	18277	886	406	480	433	215
23	31783	16312	15471	780	446	334	546	303
24	29186	16034	13152	688	461	227	445	291
25-29岁	**77236**	**47661**	**29575**	**1236**	**919**	**317**	**804**	**618**
25	25593	14762	10831	534	375	159	324	237
26	19991	12131	7860	295	230	65	228	173
27	14799	9490	5309	209	161	48	129	105
28	10222	6770	3452	133	104	29	74	62
29	6631	4508	2123	65	49	16	49	41
30-34岁	**12949**	**8669**	**4280**	**144**	**107**	**37**	**74**	**50**
30	4514	3088	1426	59	44	15	29	24
31	3110	2084	1026	33	25	8	17	12
32	2347	1565	782	13	12	1	8	5
33	1704	1126	578	24	16	8	14	7
34	1274	806	468	15	10	5	6	2
35-39岁	**3195**	**2098**	**1097**	**23**	**17**	**6**	**15**	**12**
35	982	633	349	6	3	3	4	3
36	760	519	241	7	6	1	3	3
37	577	366	211	5	3	2	3	3
38	480	319	161	4	4		4	2
39	396	261	135	1	1		1	1
40-44岁	**1269**	**774**	**495**	**9**	**6**	**3**	**3**	**2**
40	353	216	137	5	3	2	1	1
41	266	159	107	1	1			
42	247	162	85	2	1	1	1	
43	237	132	105	1	1			
44	166	105	61				1	1
45-49岁	**600**	**360**	**240**	**1**	**1**		**4**	**4**
45	144	93	51					
46	134	83	51				4	4
47	124	76	48	1	1			
48	108	59	49					
49	90	49	41					
50岁及以上	**551**	**296**	**255**				**1**	**1**
平均初婚年龄	**23.82**	**24.83**	**22.88**	**22.36**	**23.77**	**21.07**	**22.23**	**23.62**

初婚年份的人口（镇）

单位：人

年份									
	1982年			1983年			1984年		
女	小计	男	女	小计	男	女	小计	男	女
2387	**5646**	**2682**	**2964**	**5753**	**2722**	**3031**	**5762**	**2747**	**3015**
16	**20**	**3**	**17**	**18**	**3**	**15**	**13**	**6**	**7**
1020	**1877**	**481**	**1396**	**1733**	**472**	**1261**	**1721**	**464**	**1257**
51	101	15	86	84	19	65	95	19	76
97	147	27	120	142	32	110	166	36	130
192	292	67	225	313	73	240	286	77	209
313	499	121	378	431	119	312	476	124	352
367	838	251	587	763	229	534	698	208	490
1137	**2650**	**1366**	**1284**	**2956**	**1452**	**1504**	**3154**	**1620**	**1534**
280	792	290	502	1040	396	644	939	351	588
242	484	223	261	755	363	392	973	501	472
218	537	320	217	407	233	174	639	365	274
243	385	228	157	431	256	175	306	186	120
154	452	305	147	323	204	119	297	217	80
186	**949**	**721**	**228**	**875**	**666**	**209**	**676**	**514**	**162**
87	372	266	106	316	226	90	216	160	56
55	266	207	59	223	171	52	179	131	48
24	142	107	35	165	138	27	127	97	30
12	87	76	11	109	86	23	96	77	19
8	82	65	17	62	45	17	58	49	9
24	**116**	**89**	**27**	**142**	**105**	**37**	**145**	**109**	**36**
5	54	37	17	52	43	9	55	39	16
5	29	22	7	43	30	13	30	19	11
3	19	16	3	24	15	9	35	29	6
7	9	9		14	12	2	10	9	1
4	5	5		9	5	4	15	13	2
3	**23**	**18**	**5**	**22**	**19**	**3**	**38**	**26**	**12**
1	2		2	6	6		7	7	
	9	7	2	7	6	1	11	7	4
	5	5		2	1	1	11	7	4
2	5	4	1	5	5		3		3
	2	2		2	1	1	6	5	1
1	**8**	**4**	**4**	**1**	**1**		**11**	**6**	**5**
	4	2	2				7	3	4
	3	2	1				1	1	
1				1	1		1		1
	1		1				1	1	
							1	1	
	2		**2**	**6**	**4**	**2**	**3**	**2**	**1**
	2		2	2	1	1			
				2	1	1	1	1	
				2	2		1	1	
							1		1
	1		**1**				**1**		**1**
20.99	**21.98**	**23.39**	**20.71**	**21.91**	**23.18**	**20.77**	**21.81**	**23.00**	**20.73**

5-4b 全省分初婚年龄、性别、

初婚年龄	初			婚				
	1985 年			1986 年			1987 年	
	小计	男	女	小计	男	女	小计	男
合计	**7338**	**3482**	**3856**	**7394**	**3582**	**3812**	**6899**	**3363**
15 岁以下	**10**		**10**	**11**		**11**	**19**	**6**
15–19 岁	**1898**	**504**	**1394**	**1829**	**523**	**1306**	**1622**	**476**
15	83	17	66	58	12	46	53	10
16	182	41	141	153	29	124	116	30
17	309	72	237	275	67	208	242	59
18	467	121	346	525	155	370	474	126
19	857	253	604	818	260	558	737	251
20–24 岁	**4450**	**2248**	**2202**	**4710**	**2454**	**2256**	**4428**	**2295**
20	1096	409	687	1162	445	717	952	365
21	1261	583	678	1114	549	565	1090	516
22	1162	677	485	1100	615	485	959	522
23	646	401	245	891	542	349	803	478
24	285	178	107	443	303	140	624	414
25–29 岁	**749**	**574**	**175**	**618**	**443**	**175**	**613**	**432**
25	249	184	65	178	123	55	308	205
26	160	115	45	177	125	52	114	82
27	153	125	28	88	65	23	85	65
28	110	93	17	102	72	30	50	36
29	77	57	20	73	58	15	56	44
30–34 岁	**168**	**119**	**49**	**168**	**121**	**47**	**155**	**112**
30	60	44	16	52	37	15	49	34
31	46	30	16	42	32	10	41	33
32	26	20	6	34	24	10	30	21
33	20	14	6	27	22	5	22	15
34	16	11	5	13	6	7	13	9
35–39 岁	**44**	**30**	**14**	**39**	**31**	**8**	**40**	**30**
35	8	7	1	11	9	2	16	12
36	15	10	5	12	12		6	5
37	7	4	3	6	4	2	7	5
38	4	3	1	4	2	2	7	6
39	10	6	4	6	4	2	4	2
40–44 岁	**11**	**5**	**6**	**10**	**5**	**5**	**12**	**7**
40	2	2		3	1	2	4	3
41	4	2	2	4	3	1	3	1
42				3	1	2	2	2
43	4		4				2	
44	1	1					1	1
45–49 岁	**5**	**1**	**4**	**7**	**5**	**2**	**8**	**4**
45				2	1	1	4	2
46	2	1	1	3	2	1	2	1
47	1		1					
48	1		1	2	2		1	1
49	1		1				1	
50 岁及以上	**3**	**1**	**2**	**2**		**2**	**2**	**1**
平均初婚年龄	**21.96**	**22.98**	**21.03**	**22.01**	**22.93**	**21.14**	**22.14**	**23.02**

初婚年份的人口（镇）（续 1）

单位：人

年份									
	1988 年			1989 年			1990 年		
女	小计	男	女	小计	男	女	小计	男	女
3536	**8143**	**3947**	**4196**	**8029**	**3930**	**4099**	**9979**	**4900**	**5079**
13	**13**	**2**	**11**	**13**	**3**	**10**	**25**	**6**	**19**
1146	**1858**	**538**	**1320**	**1509**	**414**	**1095**	**2004**	**618**	**1386**
43	74	24	50	62	18	44	100	26	74
86	115	24	91	106	31	75	161	38	123
183	277	69	208	213	51	162	321	97	224
348	501	135	366	417	120	297	528	155	373
486	891	286	605	711	194	517	894	302	592
2133	**5149**	**2642**	**2507**	**5274**	**2695**	**2579**	**6495**	**3282**	**3213**
587	1154	439	715	1185	472	713	1412	525	887
574	1115	518	597	1227	560	667	1656	774	882
437	1181	644	537	1175	625	550	1442	805	637
325	930	555	375	966	587	379	1110	655	455
210	769	486	283	721	451	270	875	523	352
181	**943**	**636**	**307**	**1041**	**701**	**340**	**1260**	**856**	**404**
103	530	341	189	512	335	177	509	333	176
32	224	162	62	294	193	101	367	253	114
20	91	63	28	148	110	38	266	187	79
14	59	43	16	45	28	17	83	56	27
12	39	27	12	42	35	7	35	27	8
43	**131**	**98**	**33**	**119**	**70**	**49**	**117**	**80**	**37**
15	37	27	10	31	16	15	28	18	10
8	32	26	6	27	17	10	21	14	7
9	28	18	10	28	20	8	30	21	9
7	25	21	4	16	10	6	15	11	4
4	9	6	3	17	7	10	23	16	7
10	**34**	**23**	**11**	**38**	**29**	**9**	**49**	**38**	**11**
4	9	7	2	10	9	1	15	11	4
1	9	3	6	12	11	1	13	12	1
2	5	5		2	1	1	11	9	2
1	5	4	1	8	4	4	8	5	3
2	6	4	2	6	4	2	2	1	1
5	**7**	**4**	**3**	**18**	**9**	**9**	**15**	**11**	**4**
1				4	3	1	5	3	2
2	3	1	2	4	2	2	2	2	
				3	1	2	2	2	
2	2	2		4	2	2	5	3	2
	2	1	1	3	1	2	1	1	
4	**5**	**2**	**3**	**12**	**6**	**6**	**11**	**7**	**4**
2	1		1	2	1	1	2		2
1	1	1		5	3	2	5	5	
				1	1		1		1
	1		1	1		1	3	2	1
1	2	1	1	3	1	2			
1	**3**	**2**	**1**	**5**	**3**	**2**	**3**	**2**	**1**
21.31	**22.17**	**23.00**	**21.40**	**22.41**	**23.15**	**21.70**	**22.27**	**23.04**	**21.52**

5-4b 全省分初婚年龄、性别、

初婚年龄	初婚							
	1991 年			1992 年			1993 年	
	小计	男	女	小计	男	女	小计	男
合计	**6612**	**3260**	**3352**	**8217**	**4018**	**4199**	**8261**	**4029**
15 岁以下	**13**	**3**	**10**	**10**	**3**	**7**	**7**	**2**
15-19 岁	**1154**	**345**	**809**	**1320**	**400**	**920**	**1075**	**326**
15	38	14	24	59	15	44	47	10
16	83	23	60	88	25	63	84	17
17	162	37	125	186	51	135	122	40
18	298	93	205	341	103	238	265	76
19	573	178	395	646	206	440	557	183
20-24 岁	**4324**	**2135**	**2189**	**5447**	**2642**	**2805**	**5453**	**2560**
20	863	335	528	1012	383	629	951	338
21	1045	458	587	1202	531	671	1180	494
22	1080	576	504	1293	619	674	1277	598
23	770	434	336	1078	590	488	1144	584
24	566	332	234	862	519	343	901	546
25-29 岁	**1005**	**702**	**303**	**1277**	**875**	**402**	**1516**	**1007**
25	431	287	144	507	333	174	642	415
26	268	184	84	374	248	126	378	242
27	167	121	46	199	147	52	267	189
28	92	72	20	125	96	29	144	95
29	47	38	9	72	51	21	85	66
30-34 岁	**59**	**38**	**21**	**92**	**61**	**31**	**136**	**94**
30	21	11	10	32	22	10	77	55
31	8	6	2	15	9	6	26	18
32	11	8	3	19	10	9	15	10
33	8	5	3	12	12		10	5
34	11	8	3	14	8	6	8	6
35-39 岁	**29**	**20**	**9**	**31**	**17**	**14**	**39**	**21**
35	5	3	2	3	2	1	12	8
36	9	6	3	11	5	6	8	4
37	7	6	1	8	6	2	8	3
38	3	2	1	6	3	3	8	5
39	5	3	2	3	1	2	3	1
40-44 岁	**17**	**14**	**3**	**22**	**11**	**11**	**27**	**18**
40	7	5	2	9	5	4	8	5
41	3	3		7	4	3	7	3
42	3	3		1		1	5	5
43	2	1	1	3	1	2	3	3
44	2	2		2	1	1	4	2
45-49 岁	**5**	**2**	**3**	**9**	**5**	**4**	**3**	
45	2	1	1	1		1		
46	1		1	1	1		1	
47	1		1	1	1		1	
48	1	1		1	1			
49				5	2	3	1	
50 岁及以上	**6**	**1**	**5**	**9**	**4**	**5**	**5**	**1**
平均初婚年龄	**22.53**	**23.28**	**21.81**	**22.72**	**23.42**	**22.05**	**23.03**	**23.73**

初婚年份的人口（镇）（续2）

单位：人

年份									
	1994年			1995年			1996年		
女	小计	男	女	小计	男	女	小计	男	女
4232	**7988**	**3941**	**4047**	**8544**	**4228**	**4316**	**7575**	**3717**	**3858**
5	**11**	**2**	**9**	**14**	**2**	**12**	**9**	**3**	**6**
749	**960**	**276**	**684**	**966**	**273**	**693**	**714**	**176**	**538**
37	49	12	37	28	3	25	31	11	20
67	71	16	55	87	20	67	39	9	30
82	116	35	81	109	29	80	114	28	86
189	226	57	169	269	72	197	197	36	161
374	498	156	342	473	149	324	333	92	241
2893	**5234**	**2493**	**2741**	**5382**	**2551**	**2831**	**4614**	**2087**	**2527**
613	864	320	544	728	247	481	617	198	419
686	1089	433	656	1127	456	671	825	306	519
679	1235	627	608	1331	646	685	1108	501	607
560	1131	601	530	1179	639	540	1120	557	563
355	915	512	403	1017	563	454	944	525	419
509	**1552**	**1019**	**533**	**1888**	**1224**	**664**	**1927**	**1252**	**675**
227	633	395	238	803	481	322	716	443	273
136	419	271	148	506	347	159	533	349	184
78	223	150	73	301	197	104	331	226	105
49	168	120	48	158	114	44	225	158	67
19	109	83	26	120	85	35	122	76	46
42	**155**	**100**	**55**	**206**	**133**	**73**	**238**	**153**	**85**
22	58	35	23	82	54	28	88	56	32
8	54	38	16	53	33	20	69	43	26
5	18	11	7	38	27	11	33	26	7
5	11	8	3	24	14	10	31	18	13
2	14	8	6	9	5	4	17	10	7
18	**31**	**26**	**5**	**34**	**19**	**15**	**27**	**18**	**9**
4	5	5		9	3	6	5	4	1
4	8	8		5	2	3	8	5	3
5	5	5		12	8	4	7	5	2
3	3	1	2	6	5	1	5	3	2
2	10	7	3	2	1	1	2	1	1
9	**27**	**17**	**10**	**28**	**12**	**16**	**26**	**16**	**10**
3	7	4	3	7	4	3	7	3	4
4	5	2	3	6	4	2	6	3	3
	11	8	3	4	1	3	7	6	1
				8	2	6	3	1	2
2	4	3	1	3	1	2	3	3	
3	**7**	**2**	**5**	**14**	**9**	**5**	**6**	**5**	**1**
	3	2	1	2	2		1	1	
1				3	2	1	1	1	
1	2		2	3	2	1	2	1	1
				2	1	1	1	1	
1	2		2	4	2	2	1	1	
4	**11**	**6**	**5**	**12**	**5**	**7**	**14**	**7**	**7**
22.36	**23.21**	**23.94**	**22.50**	**23.45**	**24.15**	**22.76**	**23.80**	**24.61**	**23.02**

5-4b 全省分初婚年龄、性别、

初婚年龄	初				婚			
	1997 年			1998 年			1999 年	
	小计	男	女	小计	男	女	小计	男
合计	**7390**	**3636**	**3754**	**7764**	**3758**	**4006**	**6977**	**3386**
15 岁以下	**4**	**1**	**3**	**10**	**1**	**9**	**13**	**2**
15–19 岁	**715**	**172**	**543**	**823**	**184**	**639**	**782**	**167**
15	39	8	31	41	4	37	41	7
16	50	5	45	50	14	36	72	15
17	90	20	70	120	29	91	112	22
18	197	44	153	203	43	160	186	43
19	339	95	244	409	94	315	371	80
20–24 岁	**4208**	**1871**	**2337**	**4167**	**1834**	**2333**	**3695**	**1598**
20	574	168	406	623	172	451	649	190
21	745	292	453	712	259	453	705	244
22	913	392	521	959	397	562	804	361
23	998	492	506	937	466	471	807	409
24	978	527	451	936	540	396	730	394
25–29 岁	**2104**	**1359**	**745**	**2305**	**1461**	**844**	**2139**	**1381**
25	789	471	318	845	497	348	717	424
26	597	393	204	617	409	208	595	389
27	336	223	113	404	266	138	396	284
28	251	181	70	282	191	91	244	159
29	131	91	40	157	98	59	187	125
30–34 岁	**259**	**177**	**82**	**342**	**204**	**138**	**267**	**186**
30	91	60	31	105	65	40	104	73
31	58	35	23	85	48	37	59	46
32	45	37	8	66	32	34	46	29
33	41	28	13	50	31	19	36	21
34	24	17	7	36	28	8	22	17
35–39 岁	**40**	**26**	**14**	**62**	**39**	**23**	**48**	**31**
35	10	9	1	28	19	9	16	9
36	9	7	2	12	7	5	15	11
37	4	3	1	12	7	5	6	3
38	10	3	7	9	5	4	6	4
39	7	4	3	1	1		5	4
40–44 岁	**39**	**19**	**20**	**32**	**23**	**9**	**14**	**8**
40	11	3	8	5	3	2	5	3
41	5	3	2	9	5	4	2	1
42	6	3	3	5	5		2	1
43	12	7	5	8	7	1	3	2
44	5	3	2	5	3	2	2	1
45–49 岁	**11**	**7**	**4**	**12**	**7**	**5**	**13**	**11**
45	4	3	1	2	2		2	2
46				3	2	1	3	2
47	2	1	1	2		2	4	4
48	3	1	2	2	2		1	1
49	2	2		3	1	2	3	2
50 岁及以上	**10**	**4**	**6**	**11**	**5**	**6**	**6**	**2**
平均初婚年龄	**24.05**	**24.92**	**23.19**	**24.14**	**25.10**	**23.23**	**23.97**	**25.05**

初婚年份的人口（镇）（续 3）

单位：人

年份									
	2000年			2001年			2002年		
女	小计	男	女	小计	男	女	小计	男	女
3591	**8706**	**4268**	**4438**	**5713**	**2762**	**2951**	**6706**	**3223**	**3483**
11	**30**	**3**	**27**	**12**	**2**	**10**	**8**		**8**
615	**1296**	**310**	**986**	**872**	**208**	**664**	**949**	**175**	**774**
34	65	17	48	56	13	43	58	6	52
57	117	38	79	74	13	61	88	23	65
90	202	42	160	131	32	99	131	19	112
143	358	79	279	217	54	163	269	42	227
291	554	134	420	394	96	298	403	85	318
2097	**4468**	**1997**	**2471**	**2967**	**1289**	**1678**	**3679**	**1643**	**2036**
459	820	259	561	483	125	358	693	200	493
461	965	371	594	588	213	375	722	277	445
443	965	454	511	703	314	389	812	374	438
398	900	467	433	647	332	315	804	411	393
336	818	446	372	546	305	241	648	381	267
758	**2428**	**1614**	**814**	**1590**	**1063**	**527**	**1676**	**1135**	**541**
293	790	478	312	484	303	181	487	305	182
206	655	439	216	395	252	143	396	269	127
112	480	343	137	328	230	98	307	213	94
85	299	205	94	238	172	66	299	208	91
62	204	149	55	145	106	39	187	140	47
81	**353**	**249**	**104**	**220**	**170**	**50**	**309**	**214**	**95**
31	143	107	36	74	59	15	103	73	30
13	84	58	26	65	49	16	82	58	24
17	66	44	22	41	33	8	58	39	19
15	33	21	12	21	15	6	40	25	15
5	27	19	8	19	14	5	26	19	7
17	**78**	**60**	**18**	**36**	**21**	**15**	**58**	**38**	**20**
7	31	24	7	12	5	7	15	9	6
4	22	17	5	11	6	5	16	12	4
3	13	9	4	6	5	1	11	7	4
2	7	7		5	3	2	4	2	2
1	5	3	2	2	2		12	8	4
6	**27**	**17**	**10**	**7**	**3**	**4**	**9**	**4**	**5**
2	6	3	3				2	1	1
1	8	5	3	2	2		2	2	
1	4	2	2	3	1	2			
1	5	3	2	1		1	2	1	1
1	4	4		1		1	3		3
2	**10**	**6**	**4**	**7**	**5**	**2**	**9**	**7**	**2**
	2	2		1	1		1	1	
1	3	1	2				2	1	1
	3	2	1	3	2	1	3	3	
	2	1	1	3	2	1	1	1	
1							2	1	1
4	**16**	**12**	**4**	**2**	**1**	**1**	**9**	**7**	**2**
22.95	**23.71**	**24.91**	**22.56**	**23.65**	**24.88**	**22.51**	**23.71**	**25.01**	**22.51**

5-4b 全省分初婚年龄、性别、

初婚年龄	初婚							
	2003 年			2004 年			2005 年	
	小计	男	女	小计	男	女	小计	男
合计	**6729**	**3232**	**3497**	**6863**	**3287**	**3576**	**6767**	**3222**
15 岁以下	**10**	**1**	**9**	**15**	**1**	**14**	**8**	
15–19 岁	**1005**	**225**	**780**	**1000**	**198**	**802**	**1001**	**222**
15	47	14	33	56	9	47	49	12
16	90	20	70	89	11	78	102	22
17	145	29	116	145	27	118	158	30
18	294	63	231	264	54	210	254	47
19	429	99	330	446	97	349	438	111
20–24 岁	**3562**	**1550**	**2012**	**3657**	**1574**	**2083**	**3549**	**1548**
20	643	187	456	679	178	501	603	161
21	754	274	480	759	269	490	753	280
22	829	382	447	883	416	467	795	358
23	675	330	345	709	356	353	788	417
24	661	377	284	627	355	272	610	332
25–29 岁	**1673**	**1134**	**539**	**1674**	**1151**	**523**	**1712**	**1100**
25	546	335	211	586	372	214	545	325
26	414	268	146	434	289	145	459	288
27	317	235	82	286	212	74	320	214
28	220	164	56	210	160	50	230	154
29	176	132	44	158	118	40	158	119
30–34 岁	**374**	**253**	**121**	**389**	**280**	**109**	**389**	**277**
30	146	93	53	129	103	26	134	92
31	89	60	29	98	71	27	80	59
32	66	52	14	77	47	30	83	67
33	45	31	14	46	32	14	59	38
34	28	17	11	39	27	12	33	21
35–39 岁	**70**	**51**	**19**	**82**	**52**	**30**	**78**	**58**
35	24	16	8	24	17	7	26	25
36	15	11	4	29	17	12	17	13
37	16	12	4	11	6	5	12	5
38	8	7	1	9	6	3	9	8
39	7	5	2	9	6	3	14	7
40–44 岁	**13**	**5**	**8**	**23**	**17**	**6**	**18**	**11**
40	6	2	4	10	7	3	5	3
41	2	1	1	6	4	2	7	3
42	1		1	3	2	1	1	1
43	2	1	1	2	2		4	3
44	2	1	1	2	2		1	1
45–49 岁	**10**	**5**	**5**	**8**	**6**	**2**	**6**	**4**
45	2	2		3	2	1	1	1
46				1	1		1	1
47	4	1	3	1		1	1	
48	3	1	2	2	2		2	1
49	1	1		1	1		1	1
50 岁及以上	**12**	**8**	**4**	**15**	**8**	**7**	**6**	**2**
平均初婚年龄	**23.77**	**25.04**	**22.60**	**23.79**	**25.19**	**22.50**	**23.82**	**25.09**

初婚年份的人口（镇）（续4）

单位：人

年份									
	2006年			2007年			2008年		
女	小计	男	女	小计	男	女	小计	男	女
3545	**7383**	**3539**	**3844**	**6859**	**3271**	**3588**	**8296**	**3976**	**4320**
8	**15**	**1**	**14**	**10**	**2**	**8**	**2**		**2**
779	**1041**	**198**	**843**	**857**	**166**	**691**	**967**	**187**	**780**
37	34	5	29	24	5	19	29	5	24
80	91	18	73	56	10	46	57	4	53
128	149	25	124	131	23	108	153	23	130
207	278	45	233	254	48	206	284	57	227
327	489	105	384	392	80	312	444	98	346
2001	**3796**	**1672**	**2124**	**3497**	**1474**	**2023**	**4269**	**1844**	**2425**
442	612	172	440	615	179	436	697	179	518
473	780	287	493	676	234	442	934	352	582
437	904	417	487	789	335	454	954	436	518
371	752	372	380	715	372	343	856	409	447
278	748	424	324	702	354	348	828	468	360
612	**1954**	**1246**	**708**	**1934**	**1237**	**697**	**2410**	**1506**	**904**
220	661	392	269	637	381	256	793	448	345
171	474	294	180	493	300	193	650	393	257
106	381	254	127	381	260	121	413	265	148
76	267	186	81	262	181	81	306	208	98
39	171	120	51	161	115	46	248	192	56
112	**413**	**310**	**103**	**384**	**277**	**107**	**406**	**279**	**127**
42	136	112	24	118	92	26	121	91	30
21	84	63	21	80	58	22	94	61	33
16	63	48	15	66	47	19	82	56	26
21	68	44	24	75	53	22	63	45	18
12	62	43	19	45	27	18	46	26	20
20	**108**	**78**	**30**	**119**	**77**	**42**	**153**	**99**	**54**
1	29	24	5	47	34	13	47	35	12
4	24	21	3	27	16	11	34	22	12
7	24	13	11	18	10	8	34	18	16
1	20	13	7	16	9	7	23	15	8
7	11	7	4	11	8	3	15	9	6
7	**37**	**22**	**15**	**31**	**20**	**11**	**50**	**37**	**13**
2	12	7	5	7	5	2	12	9	3
4	6	3	3	7	6	1	14	10	4
	9	7	2	7	3	4	13	10	3
1	8	4	4	6	4	2	7	6	1
	2	1	1	4	2	2	4	2	2
2	**3**	**2**	**1**	**10**	**9**	**1**	**13**	**6**	**7**
	1	1		6	5	1	5	3	2
				1	1		3	1	2
1	2	1	1	3	3				
1							4	1	3
							1	1	
4	**16**	**10**	**6**	**17**	**9**	**8**	**26**	**18**	**8**
22.66	**24.04**	**25.39**	**22.80**	**24.25**	**25.54**	**23.07**	**24.32**	**25.57**	**23.17**

5-4b 全省分初婚年龄、性别、

初婚年龄	初					婚		
	2009年			2010年			2011年	
	小计	男	女	小计	男	女	小计	男
合计	**8204**	**3876**	**4328**	**8980**	**4325**	**4655**	**7394**	**3484**
15岁以下	**11**		**11**	**6**		**6**	**2**	
15–19岁	**962**	**189**	**773**	**1008**	**225**	**783**	**621**	**128**
15	38	3	35	48	8	40	26	2
16	65	8	57	83	11	72	65	12
17	126	17	109	178	30	148	89	14
18	230	44	186	251	59	192	172	31
19	503	117	386	448	117	331	269	69
20–24岁	**4189**	**1749**	**2440**	**4683**	**1992**	**2691**	**3693**	**1463**
20	618	175	443	769	236	533	460	137
21	834	281	553	876	320	556	724	239
22	1000	451	549	1114	494	620	787	329
23	854	377	477	1065	501	564	817	348
24	883	465	418	859	441	418	905	410
25–29岁	**2431**	**1511**	**920**	**2540**	**1597**	**943**	**2537**	**1520**
25	814	467	347	870	518	352	849	452
26	625	382	243	632	381	251	639	358
27	515	336	179	484	329	155	504	324
28	289	196	93	356	237	119	327	244
29	188	130	58	198	132	66	218	142
30–34岁	**382**	**274**	**108**	**482**	**340**	**142**	**378**	**265**
30	127	100	27	160	118	42	144	98
31	88	63	25	114	82	32	83	57
32	70	48	22	89	55	34	63	49
33	52	33	19	63	44	19	52	35
34	45	30	15	56	41	15	36	26
35–39岁	**147**	**96**	**51**	**165**	**111**	**54**	**108**	**68**
35	49	28	21	47	30	17	30	19
36	32	21	11	36	26	10	26	17
37	23	16	7	38	26	12	17	9
38	24	18	6	22	13	9	16	11
39	19	13	6	22	16	6	19	12
40–44岁	**59**	**41**	**18**	**61**	**42**	**19**	**40**	**30**
40	23	20	3	21	15	6	16	12
41	12	4	8	18	12	6	8	6
42	8	4	4	8	5	3	7	7
43	12	9	3	9	6	3	5	3
44	4	4		5	4	1	4	2
45–49岁	**9**	**8**	**1**	**20**	**11**	**9**	**6**	**4**
45	3	3		5	2	3	2	1
46	2	1	1	4	2	2	1	1
47	2	2		5	3	2	2	1
48	2	2		3	1	2	1	1
49				3	3			
50岁及以上	**14**	**8**	**6**	**15**	**7**	**8**	**9**	**6**
平均初婚年龄	**24.31**	**25.56**	**23.18**	**24.33**	**25.49**	**23.25**	**24.64**	**25.76**

初婚年份的人口（镇）（续5）

单位：人

年份									
	2012年			2013年			2014年		
女	小计	男	女	小计	男	女	小计	男	女
3910	**8587**	**4089**	**4498**	**8250**	**3884**	**4366**	**7634**	**3625**	**4009**
2	**3**		**3**	**5**	**1**	**4**	**4**	**2**	**2**
493	**758**	**145**	**613**	**590**	**124**	**466**	**507**	**118**	**389**
24	30	3	27	27	1	26	22	2	20
53	63	7	56	36	4	32	39	2	37
75	123	14	109	99	20	79	77	17	60
141	189	41	148	171	32	139	135	28	107
200	353	80	273	257	67	190	234	69	165
2230	**4069**	**1717**	**2352**	**3602**	**1470**	**2132**	**3081**	**1253**	**1828**
323	466	154	312	415	130	285	421	122	299
485	665	241	424	569	209	360	474	158	316
458	980	387	593	724	281	443	571	251	320
469	949	448	501	915	403	512	658	273	385
495	1009	487	522	979	447	532	957	449	508
1017	**3064**	**1764**	**1300**	**3325**	**1821**	**1504**	**3295**	**1777**	**1518**
397	1009	539	470	1012	455	557	974	461	513
281	771	427	344	886	476	410	873	420	453
180	622	369	253	683	394	289	724	428	296
83	434	277	157	474	321	153	451	280	171
76	228	152	76	270	175	95	273	188	85
113	**475**	**321**	**154**	**495**	**317**	**178**	**514**	**333**	**181**
46	163	110	53	156	105	51	170	109	61
26	111	77	34	127	78	49	123	84	39
14	94	72	22	95	60	35	100	59	41
17	58	35	23	53	38	15	74	52	22
10	49	27	22	64	36	28	47	29	18
40	**121**	**85**	**36**	**126**	**89**	**37**	**132**	**85**	**47**
11	34	22	12	27	19	8	44	26	18
9	28	19	9	31	18	13	23	16	7
8	23	15	8	25	18	7	25	19	6
5	22	18	4	19	14	5	28	18	10
7	14	11	3	24	20	4	12	6	6
10	**51**	**28**	**23**	**63**	**39**	**24**	**57**	**32**	**25**
4	15	7	8	13	9	4	19	13	6
2	9	4	5	18	11	7	4	2	2
	9	4	5	6	5	1	13	8	5
2	9	6	3	14	8	6	13	5	8
2	9	7	2	12	6	6	8	4	4
2	**28**	**19**	**9**	**30**	**16**	**14**	**26**	**15**	**11**
1	7	5	2	5	2	3	6	5	1
	4	3	1	7	4	3	5	2	3
1	5	4	1	8	4	4	8	5	3
	7	4	3	8	5	3	5	2	3
	5	3	2	2	1	1	2	1	1
3	**18**	**10**	**8**	**14**	**7**	**7**	**18**	**10**	**8**
23.65	**24.85**	**25.87**	**23.92**	**25.26**	**26.22**	**24.41**	**25.50**	**26.41**	**24.68**

5-4b 全省分初婚年龄、性别、

初婚年龄	初婚							
	2015 年			2016 年			2017 年	
	小计	男	女	小计	男	女	小计	男
合计	**8186**	**3864**	**4322**	**7008**	**3384**	**3624**	**6193**	**2963**
15 岁以下	**7**		**7**	**3**		**3**	**1**	
15-19 岁	**448**	**88**	**360**	**326**	**50**	**276**	**281**	**53**
15	17	2	15	14	2	12	11	2
16	35	5	30	28	1	27	19	
17	64	9	55	54	8	46	54	7
18	135	23	112	85	15	70	71	10
19	197	49	148	145	24	121	126	34
20-24 岁	**2926**	**1120**	**1806**	**2325**	**928**	**1397**	**1939**	**765**
20	343	96	247	278	90	188	199	70
21	423	134	289	323	112	211	280	91
22	561	195	366	484	187	297	395	172
23	667	282	385	566	230	336	476	179
24	932	413	519	674	309	365	589	253
25-29 岁	**3904**	**2084**	**1820**	**3464**	**1841**	**1623**	**3076**	**1593**
25	1194	532	662	905	399	506	666	314
26	1004	530	474	941	511	430	770	368
27	795	460	335	725	409	316	763	398
28	589	351	238	539	313	226	524	308
29	322	211	111	354	209	145	353	205
30-34 岁	**612**	**389**	**223**	**608**	**392**	**216**	**657**	**400**
30	215	149	66	201	127	74	240	150
31	130	76	54	163	104	59	158	100
32	123	77	46	97	67	30	124	72
33	92	55	37	76	46	30	70	39
34	52	32	20	71	48	23	65	39
35-39 岁	**149**	**102**	**47**	**171**	**104**	**67**	**134**	**84**
35	48	31	17	62	30	32	41	23
36	37	26	11	34	26	8	25	16
37	23	15	8	41	25	16	24	12
38	22	16	6	19	12	7	22	16
39	19	14	5	15	11	4	22	17
40-44 岁	**81**	**54**	**27**	**49**	**29**	**20**	**49**	**36**
40	21	15	6	6	4	2	8	5
41	16	10	6	5	4	1	13	10
42	19	14	5	17	13	4	10	8
43	17	10	7	15	3	12	7	4
44	8	5	3	6	5	1	11	9
45-49 岁	**34**	**10**	**24**	**39**	**25**	**14**	**31**	**19**
45	10	3	7	15	11	4	7	4
46	10	4	6	8	6	2	10	5
47	7	3	4	6	4	2	4	2
48	3		3	6	2	4	4	2
49	4		4	4	2	2	6	6
50 岁及以上	**25**	**17**	**8**	**23**	**15**	**8**	**25**	**13**
平均初婚年龄	**25.92**	**26.89**	**25.05**	**26.25**	**27.17**	**25.39**	**26.52**	**27.39**

初婚年份的人口（镇）（续6）

单位：人

年份									
	2018年			2019年			2020年		
女	小计	男	女	小计	男	女	小计	男	女
3230	**6509**	**3063**	**3446**	**4929**	**2365**	**2564**	**3093**	**1517**	**1576**
1	**1**		**1**	**1**		**1**			
228	**238**	**49**	**189**	**180**	**37**	**143**	**79**	**15**	**64**
9	7	2	5	2		2	1		1
19	18	3	15	17	2	15	5	1	4
47	41	8	33	38	6	32	13		13
61	73	13	60	40	8	32	25	2	23
92	99	23	76	83	21	62	35	12	23
1174	**1934**	**723**	**1211**	**1458**	**578**	**880**	**708**	**272**	**436**
129	181	49	132	128	30	98	58	13	45
189	240	67	173	185	58	127	74	34	40
223	381	149	232	263	100	163	138	50	88
297	495	191	304	374	149	225	143	56	87
336	637	267	370	508	241	267	295	119	176
1483	**3262**	**1650**	**1612**	**2363**	**1199**	**1164**	**1447**	**758**	**689**
352	778	341	437	522	247	275	340	167	173
402	732	358	374	580	267	313	354	187	167
365	725	369	356	502	257	245	317	165	152
216	651	352	299	381	211	170	239	123	116
148	376	230	146	378	217	161	197	116	81
257	**760**	**460**	**300**	**639**	**396**	**243**	**477**	**267**	**210**
90	288	180	108	197	124	73	185	102	83
58	196	120	76	169	110	59	104	60	44
52	116	66	50	116	62	54	92	54	38
31	91	57	34	92	66	26	62	34	28
26	69	37	32	65	34	31	34	17	17
50	**166**	**103**	**63**	**137**	**69**	**68**	**151**	**78**	**73**
18	55	30	25	54	23	31	49	27	22
9	29	18	11	40	23	17	35	21	14
12	23	15	8	18	9	9	19	9	10
6	33	25	8	11	6	5	28	12	16
5	26	15	11	14	8	6	20	9	11
13	**69**	**35**	**34**	**63**	**36**	**27**	**75**	**38**	**37**
3	19	8	11	15	7	8	16	8	8
3	7	4	3	11	7	4	16	6	10
2	18	9	9	16	11	5	16	8	8
3	18	11	7	7	4	3	12	6	6
2	7	3	4	14	7	7	15	10	5
12	**36**	**22**	**14**	**52**	**31**	**21**	**69**	**46**	**23**
3	8	5	3	9	7	2	13	9	4
5	13	7	6	9	5	4	12	10	2
2	2	1	1	15	10	5	15	11	4
2	5	5		10	4	6	16	9	7
	8	4	4	9	5	4	13	7	6
12	**43**	**21**	**22**	**36**	**19**	**17**	**87**	**43**	**44**
25.73	**26.89**	**27.72**	**26.16**	**27.19**	**28.00**	**26.44**	**28.76**	**29.43**	**28.11**

5-4c 全省分初婚年龄、性别、

初婚年龄	初婚							
	合计			1980年			1981年	
	合计	男	女	小计	男	女	小计	男
合计	**599091**	**297581**	**301510**	**19153**	**9413**	**9740**	**11866**	**5796**
15岁以下	**1860**	**314**	**1546**	**149**	**26**	**123**	**80**	**18**
15–19岁	**146482**	**40711**	**105771**	**6773**	**1670**	**5103**	**4792**	**1269**
15	8095	1567	6528	577	95	482	285	51
16	14251	2899	11352	1002	200	802	538	109
17	24881	5789	19092	1799	391	1408	943	209
18	39523	10739	28784	1837	484	1353	1501	402
19	59732	19717	40015	1558	500	1058	1525	498
20–24岁	**325367**	**170054**	**155313**	**8915**	**5119**	**3796**	**5020**	**2926**
20	76542	29988	46554	1724	738	986	1162	484
21	75367	36312	39055	1652	820	832	1083	559
22	72282	40665	31617	2106	1221	885	895	537
23	57129	34800	22329	1867	1182	685	1007	715
24	44047	28289	15758	1566	1158	408	873	631
25–29岁	**95681**	**66250**	**29431**	**2810**	**2235**	**575**	**1711**	**1391**
25	33521	22599	10922	1119	889	230	647	521
26	23759	16464	7295	702	563	139	446	362
27	17016	11932	5084	475	383	92	285	243
28	12295	8801	3494	308	234	74	195	160
29	9090	6454	2636	206	166	40	138	105
30–34岁	**19718**	**13968**	**5750**	**381**	**285**	**96**	**203**	**158**
30	6585	4678	1907	131	100	31	74	58
31	4750	3356	1394	101	79	22	45	37
32	3580	2549	1031	61	39	22	39	29
33	2717	1925	792	55	43	12	24	19
34	2086	1460	626	33	24	9	21	15
35–39岁	**5555**	**3693**	**1862**	**87**	**56**	**31**	**50**	**30**
35	1593	1086	507	30	15	15	14	8
36	1261	861	400	26	16	10	17	10
37	1028	700	328	16	13	3	8	6
38	890	571	319	7	6	1	6	3
39	783	475	308	8	6	2	5	3
40–44岁	**2382**	**1476**	**906**	**30**	**18**	**12**	**6**	**3**
40	651	404	247	12	7	5	2	1
41	521	329	192	10	7	3	1	
42	473	296	177	4	2	2	1	
43	390	246	144				1	1
44	347	201	146	4	2	2	1	1
45–49岁	**1110**	**640**	**470**	**8**	**4**	**4**	**4**	**1**
45	295	187	108	2	2		1	1
46	253	160	93	1	1		2	
47	214	109	105	1		1	1	
48	184	95	89	2		2		
49	164	89	75	2	1	1		
50岁及以上	**936**	**475**	**461**					
平均初婚年龄	**22.64**	**23.74**	**21.55**	**21.71**	**23.25**	**20.23**	**21.51**	**23.03**

初婚年份的人口（乡村）

单位：人

年份									
	1982年			1983年			1984年		
女	小计	男	女	小计	男	女	小计	男	女
6070	**16969**	**8307**	**8662**	**17517**	**8608**	**8909**	**18109**	**8953**	**9156**
62	**82**	**14**	**68**	**87**	**11**	**76**	**57**	**10**	**47**
3523	**7195**	**2123**	**5072**	**6710**	**1956**	**4754**	**6432**	**1840**	**4592**
234	436	86	350	439	85	354	414	85	329
429	754	132	622	716	141	575	653	130	523
734	1155	298	857	1177	296	881	1115	290	825
1099	1989	556	1433	1762	520	1242	1752	491	1261
1027	2861	1051	1810	2616	914	1702	2498	844	1654
2094	**6906**	**3927**	**2979**	**8100**	**4527**	**3573**	**9333**	**5252**	**4081**
678	2286	941	1345	3233	1448	1785	3134	1348	1786
524	1355	702	653	2107	1144	963	2875	1630	1245
358	1335	884	451	1110	724	386	1797	1193	604
292	907	634	273	990	704	286	846	576	270
242	1023	766	257	660	507	153	681	505	176
320	**2339**	**1903**	**436**	**2153**	**1758**	**395**	**1761**	**1460**	**301**
126	822	653	169	659	519	140	429	350	79
84	600	494	106	555	452	103	458	382	76
42	394	325	69	454	392	62	372	301	71
35	310	249	61	294	239	55	273	232	41
33	213	182	31	191	156	35	229	195	34
45	**343**	**274**	**69**	**377**	**298**	**79**	**399**	**312**	**87**
16	132	110	22	132	112	20	141	111	30
8	91	67	24	92	70	22	107	87	20
10	55	43	12	66	55	11	56	44	12
5	34	28	6	50	36	14	62	47	15
6	31	26	5	37	25	12	33	23	10
20	**72**	**48**	**24**	**71**	**44**	**27**	**88**	**55**	**33**
6	28	20	8	18	9	9	27	16	11
7	14	10	4	20	13	7	22	14	8
2	12	7	5	11	6	5	11	10	1
3	13	7	6	11	8	3	15	7	8
2	5	4	1	11	8	3	13	8	5
3	**24**	**12**	**12**	**18**	**14**	**4**	**31**	**21**	**10**
1	4	2	2	9	8	1	5	1	4
1	9	6	3	2	1	1	9	5	4
1	7	2	5	4	4		7	7	
	4	2	2	1		1	2	2	
				2	1	1	8	6	2
3	**5**	**4**	**1**				**8**	**3**	**5**
	2	1	1				2		2
2	3	3					2	2	
1							4	1	3
	3	**2**	**1**	**1**		**1**			
20.06	**21.41**	**22.88**	**20.00**	**21.32**	**22.66**	**20.03**	**21.38**	**22.60**	**20.19**

5-4c 全省分初婚年龄、性别、

初婚年龄	初					婚		
	1985 年			1986 年			1987 年	
	小计	男	女	小计	男	女	小计	男
合计	**23099**	**11407**	**11692**	**22081**	**10911**	**11170**	**20495**	**10261**
15 岁以下	**80**	**19**	**61**	**68**	**23**	**45**	**49**	**6**
15–19 岁	**7764**	**2302**	**5462**	**7133**	**2116**	**5017**	**6264**	**1898**
15	456	107	349	338	68	270	269	79
16	848	198	650	666	152	514	543	127
17	1443	358	1085	1318	315	1003	1037	255
18	2063	591	1472	1925	544	1381	1772	512
19	2954	1048	1906	2886	1037	1849	2643	925
20–24 岁	**12559**	**6987**	**5572**	**12862**	**7246**	**5616**	**12082**	**6843**
20	3612	1547	2065	3708	1541	2167	3231	1395
21	3472	1821	1651	3237	1721	1516	3117	1661
22	3077	1966	1111	2880	1794	1086	2600	1613
23	1675	1142	533	2048	1460	588	1889	1252
24	723	511	212	989	730	259	1245	922
25–29 岁	**1934**	**1518**	**416**	**1402**	**1071**	**331**	**1469**	**1060**
25	555	408	147	413	301	112	631	450
26	354	277	77	316	240	76	263	180
27	413	340	73	202	162	40	238	177
28	375	303	72	257	200	57	135	104
29	237	190	47	214	168	46	202	149
30–34 岁	**578**	**461**	**117**	**441**	**360**	**81**	**475**	**351**
30	193	157	36	149	121	28	163	118
31	137	111	26	94	79	15	112	86
32	95	74	21	97	76	21	74	57
33	90	74	16	60	48	12	74	55
34	63	45	18	41	36	5	52	35
35–39 岁	**130**	**90**	**40**	**128**	**69**	**59**	**112**	**73**
35	48	35	13	39	22	17	44	33
36	28	21	7	28	14	14	23	17
37	22	13	9	26	14	12	19	11
38	13	11	2	20	13	7	13	6
39	19	10	9	15	6	9	13	6
40–44 岁	**35**	**22**	**13**	**30**	**19**	**11**	**34**	**26**
40	5	4	1	10	5	5	8	6
41	13	8	5	5	4	1	10	5
42	9	7	2	9	5	4	3	2
43	3	3		2	2		8	8
44	5		5	4	3	1	5	5
45–49 岁	**13**	**4**	**9**	**14**	**7**	**7**	**6**	**3**
45	2	1	1	3	1	2	4	3
46	3	1	2	4	2	2	1	
47	4	2	2	5	2	3	1	
48	2		2					
49	2		2	2	2			
50 岁及以上	**6**	**4**	**2**	**3**		**3**	**4**	**1**
平均初婚年龄	**21.49**	**22.61**	**20.40**	**21.46**	**22.47**	**20.48**	**21.64**	**22.57**

初婚年份的人口（乡村）（续1）

单位：人

年份									
	1988年			1989年			1990年		
女	小计	男	女	小计	男	女	小计	男	女
10234	**24521**	**12156**	**12365**	**23052**	**11532**	**11520**	**29335**	**14604**	**14731**
43	**66**	**15**	**51**	**73**	**14**	**59**	**88**	**18**	**70**
4366	**7338**	**2227**	**5111**	**6585**	**2027**	**4558**	**8317**	**2579**	**5738**
190	342	80	262	309	74	235	421	88	333
416	595	155	440	616	148	468	767	192	575
782	1153	288	865	936	271	665	1355	370	985
1260	1973	553	1420	1697	506	1191	2217	692	1525
1718	3275	1151	2124	3027	1028	1999	3557	1237	2320
5239	**14470**	**7953**	**6517**	**13889**	**7698**	**6191**	**17655**	**9621**	**8034**
1836	3945	1629	2316	3688	1545	2143	4633	1888	2745
1456	3479	1820	1659	3589	1856	1733	4614	2415	2199
987	3205	1940	1265	2914	1738	1176	3867	2296	1571
637	2277	1510	767	2282	1538	744	2654	1728	926
323	1564	1054	510	1416	1021	395	1887	1294	593
409	**1985**	**1461**	**524**	**1999**	**1436**	**563**	**2750**	**2012**	**738**
181	1037	765	272	911	670	241	1250	913	337
83	461	349	112	581	416	165	706	509	197
61	192	131	61	296	203	93	436	326	110
31	181	131	50	107	73	34	247	185	62
53	114	85	29	104	74	30	111	79	32
124	**463**	**369**	**94**	**346**	**247**	**99**	**309**	**233**	**76**
45	136	112	24	63	44	19	76	55	21
26	102	83	19	91	71	20	62	46	16
17	91	71	20	79	58	21	58	47	11
19	78	64	14	63	40	23	71	53	18
17	56	39	17	50	34	16	42	32	10
39	**138**	**98**	**40**	**113**	**80**	**33**	**130**	**92**	**38**
11	47	38	9	38	26	12	42	29	13
6	25	19	6	23	18	5	28	21	7
8	29	19	10	21	12	9	24	20	4
7	15	8	7	18	15	3	23	16	7
7	22	14	8	13	9	4	13	6	7
8	**39**	**23**	**16**	**30**	**21**	**9**	**48**	**29**	**19**
2	8	6	2	12	9	3	14	7	7
5	7	5	2	5	4	1	6	4	2
1	8	2	6	5	3	2	13	8	5
	10	7	3	4	2	2	8	4	4
	6	3	3	4	3	1	7	6	1
3	**16**	**8**	**8**	**11**	**4**	**7**	**25**	**17**	**8**
1	9	5	4	2	1	1	7	6	1
1	6	3	3	2	1	1	7	5	2
1	1		1	2	1	1	2	1	1
				2	1	1	4	2	2
				3		3	5	3	2
3	**6**	**2**	**4**	**6**	**5**	**1**	**13**	**3**	**10**
20.71	**21.67**	**22.60**	**20.75**	**21.68**	**22.54**	**20.81**	**21.67**	**22.54**	**20.81**

5-4c 全省分初婚年龄、性别、

初婚年龄	初婚							
	1991 年			1992 年			1993 年	
	小计	男	女	小计	男	女	小计	男
合计	**18101**	**8997**	**9104**	**22014**	**10932**	**11082**	**20710**	**10272**
15 岁以下	**58**	**7**	**51**	**43**	**7**	**36**	**42**	**7**
15–19 岁	**4836**	**1491**	**3345**	**5155**	**1602**	**3553**	**3942**	**1209**
15	207	49	158	191	43	148	164	50
16	353	74	279	359	82	277	271	59
17	760	190	570	681	176	505	521	136
18	1326	406	920	1401	422	979	1009	307
19	2190	772	1418	2523	879	1644	1977	657
20–24 岁	**11162**	**6008**	**5154**	**13979**	**7335**	**6644**	**13738**	**7000**
20	2792	1152	1640	3277	1306	1971	3100	1203
21	2932	1436	1496	3507	1715	1792	3405	1559
22	2528	1517	1011	3405	1888	1517	3115	1715
23	1809	1153	656	2299	1438	861	2528	1495
24	1101	750	351	1491	988	503	1590	1028
25–29 岁	**1783**	**1299**	**484**	**2421**	**1706**	**715**	**2509**	**1762**
25	774	549	225	959	661	298	1085	744
26	444	329	115	640	455	185	597	426
27	288	211	77	399	298	101	388	285
28	181	141	40	262	183	79	240	168
29	96	69	27	161	109	52	199	139
30–34 岁	**158**	**128**	**30**	**228**	**160**	**68**	**296**	**193**
30	54	40	14	91	64	27	135	92
31	34	28	6	40	30	10	84	56
32	25	23	2	41	23	18	29	18
33	24	18	6	28	24	4	30	18
34	21	19	2	28	19	9	18	9
35–39 岁	**66**	**46**	**20**	**105**	**76**	**29**	**105**	**59**
35	22	19	3	26	21	5	19	10
36	9	3	6	21	15	6	21	12
37	12	8	4	26	22	4	21	9
38	13	8	5	18	11	7	28	19
39	10	8	2	14	7	7	16	9
40–44 岁	**19**	**11**	**8**	**50**	**29**	**21**	**48**	**28**
40	4	2	2	16	11	5	17	7
41	7	6	1	14	6	8	11	10
42	3	1	2	9	5	4	6	5
43	1	1		7	3	4	7	5
44	4	1	3	4	4		7	1
45–49 岁	**10**	**4**	**6**	**21**	**11**	**10**	**17**	**10**
45				3	1	2	5	4
46	3	2	1	5	5		3	2
47	4	1	3	5	1	4	5	2
48	3	1	2	6	4	2	2	1
49				2		2	2	1
50 岁及以上	**9**	**3**	**6**	**12**	**6**	**6**	**13**	**4**
平均初婚年龄	**21.75**	**22.59**	**20.92**	**22.07**	**22.85**	**21.29**	**22.34**	**23.06**

初婚年份的人口（乡村）（续2）

单位：人

年份									
	1994年			1995年			1996年		
女	小计	男	女	小计	男	女	小计	男	女
10438	**19427**	**9649**	**9778**	**19773**	**9950**	**9823**	**16176**	**8138**	**8038**
35	**42**	**6**	**36**	**35**	**6**	**29**	**36**	**7**	**29**
2733	**3331**	**958**	**2373**	**3056**	**841**	**2215**	**2345**	**658**	**1687**
114	159	39	120	153	39	114	128	25	103
212	240	57	183	300	66	234	194	38	156
385	417	101	316	447	113	334	383	96	287
702	902	234	668	750	214	536	588	165	423
1320	1613	527	1086	1406	409	997	1052	334	718
6738	**12807**	**6485**	**6322**	**12779**	**6446**	**6333**	**9927**	**4946**	**4981**
1897	2657	1034	1623	2327	864	1463	1818	618	1200
1846	3091	1424	1667	2947	1336	1611	1954	865	1089
1400	3044	1615	1429	3138	1652	1486	2496	1324	1172
1033	2334	1383	951	2541	1474	1067	2088	1164	924
562	1681	1029	652	1826	1120	706	1571	975	596
747	**2735**	**1878**	**857**	**3221**	**2197**	**1024**	**3108**	**2038**	**1070**
341	1100	719	381	1351	884	467	1190	756	434
171	721	522	199	821	572	249	820	555	265
103	417	292	125	522	366	156	491	334	157
72	286	198	88	279	199	80	356	243	113
60	211	147	64	248	176	72	251	150	101
103	**329**	**224**	**105**	**460**	**306**	**154**	**534**	**353**	**181**
43	140	88	52	188	119	69	188	117	71
28	83	58	25	119	86	33	135	96	39
11	57	43	14	76	55	21	102	66	36
12	23	16	7	54	30	24	75	53	22
9	26	19	7	23	16	7	34	21	13
46	**105**	**65**	**40**	**95**	**66**	**29**	**96**	**60**	**36**
9	13	8	5	19	14	5	28	17	11
9	24	15	9	12	10	2	14	6	8
12	24	14	10	22	15	7	11	8	3
9	15	10	5	19	11	8	24	16	8
7	29	18	11	23	16	7	19	13	6
20	**45**	**20**	**25**	**64**	**50**	**14**	**65**	**42**	**23**
10	12	5	7	19	14	5	19	11	8
1	9	4	5	11	8	3	16	12	4
1	13	5	8	13	9	4	13	8	5
2	5	3	2	8	7	1	6	4	2
6	6	3	3	13	12	1	11	7	4
7	**21**	**9**	**12**	**25**	**18**	**7**	**39**	**22**	**17**
1	4	2	2	12	8	4	12	7	5
1	5	2	3	3	3		5	3	2
3	3	1	2	3	2	1	7	4	3
1	6	1	5	5	4	1	5	2	3
1	3	3		2	1	1	10	6	4
9	**12**	**4**	**8**	**38**	**20**	**18**	**26**	**12**	**14**
21.64	**22.58**	**23.33**	**21.85**	**22.90**	**23.73**	**22.06**	**23.27**	**24.09**	**22.43**

5-4c 全省分初婚年龄、性别、

初婚年龄	初婚							
	1997年			1998年			1999年	
	小计	男	女	小计	男	女	小计	男
合计	**13848**	**6952**	**6896**	**14794**	**7452**	**7342**	**12060**	**6066**
15岁以下	**27**	**6**	**21**	**35**	**7**	**28**	**47**	**9**
15-19岁	**2219**	**615**	**1604**	**2551**	**640**	**1911**	**2274**	**580**
15	105	17	88	148	16	132	123	20
16	174	39	135	243	52	191	225	47
17	350	93	257	367	92	275	365	81
18	558	156	402	619	151	468	602	139
19	1032	310	722	1174	329	845	959	293
20-24岁	**7982**	**3933**	**4049**	**7827**	**3921**	**3906**	**6275**	**3128**
20	1391	471	920	1559	514	1045	1426	482
21	1630	710	920	1539	657	882	1412	637
22	1818	927	891	1718	937	781	1314	730
23	1685	949	736	1480	866	614	1135	672
24	1458	876	582	1531	947	584	988	607
25-29岁	**2927**	**1956**	**971**	**3372**	**2226**	**1146**	**2764**	**1880**
25	1079	722	357	1166	775	391	918	623
26	759	511	248	802	540	262	706	484
27	512	329	183	608	411	197	475	318
28	336	236	100	455	293	162	379	265
29	241	158	83	341	207	134	286	190
30-34岁	**487**	**325**	**162**	**771**	**517**	**254**	**535**	**372**
30	167	111	56	270	179	91	179	131
31	108	72	36	172	108	64	144	97
32	85	59	26	171	117	54	103	73
33	68	45	23	85	58	27	67	46
34	59	38	21	73	55	18	42	25
35-39岁	**84**	**45**	**39**	**127**	**76**	**51**	**90**	**53**
35	26	15	11	42	27	15	33	23
36	16	12	4	38	22	16	24	16
37	15	9	6	22	15	7	16	6
38	12	3	9	13	6	7	10	3
39	15	6	9	12	6	6	7	5
40-44岁	**62**	**37**	**25**	**56**	**34**	**22**	**35**	**22**
40	17	10	7	12	7	5	4	2
41	13	7	6	12	7	5	8	6
42	7	5	2	13	9	4	2	
43	19	11	8	13	7	6	11	6
44	6	4	2	6	4	2	10	8
45-49岁	**34**	**20**	**14**	**31**	**19**	**12**	**20**	**12**
45	9	6	3	9	4	5	4	3
46	10	7	3	8	8		8	5
47	6	3	3	5	2	3	4	2
48	4		4	6	3	3	2	1
49	5	4	1	3	2	1	2	1
50岁及以上	**26**	**15**	**11**	**24**	**12**	**12**	**20**	**10**
平均初婚年龄	**23.38**	**24.28**	**22.48**	**23.56**	**24.61**	**22.50**	**23.28**	**24.39**

初婚年份的人口（乡村）（续3）

单位：人

年	份								
	2000年			2001年			2002年		
女	小计	男	女	小计	男	女	小计	男	女
5994	**14195**	**7337**	**6858**	**9018**	**4560**	**4458**	**10700**	**5433**	**5267**
38	**71**	**17**	**54**	**39**	**6**	**33**	**40**	**10**	**30**
1694	**3029**	**765**	**2264**	**2004**	**499**	**1505**	**2415**	**572**	**1843**
103	204	36	168	139	27	112	194	45	149
178	305	64	241	202	36	166	278	40	238
284	509	122	387	319	57	262	399	80	319
463	841	206	635	510	115	395	590	136	454
666	1170	337	833	834	264	570	954	271	683
3147	**7286**	**3790**	**3496**	**4668**	**2387**	**2281**	**5634**	**2949**	**2685**
944	1656	581	1075	1058	335	723	1403	528	875
775	1691	793	898	1032	490	542	1223	549	674
584	1591	898	693	1106	613	493	1245	710	535
463	1236	796	440	831	529	302	992	643	349
381	1112	722	390	641	420	221	771	519	252
884	**3083**	**2252**	**831**	**1796**	**1308**	**488**	**1994**	**1462**	**532**
295	918	654	264	522	366	156	597	429	168
222	799	589	210	453	320	133	472	330	142
157	587	428	159	349	254	95	380	283	97
114	454	337	117	254	194	60	313	242	71
96	325	244	81	218	174	44	232	178	54
163	**566**	**408**	**158**	**390**	**285**	**105**	**486**	**360**	**126**
48	225	164	61	140	103	37	177	135	42
47	127	87	40	102	78	24	127	93	34
30	104	76	28	63	47	16	81	59	22
21	68	49	19	46	33	13	53	39	14
17	42	32	10	39	24	15	48	34	14
37	**100**	**65**	**35**	**75**	**52**	**23**	**89**	**54**	**35**
10	40	27	13	20	13	7	30	18	12
8	26	18	8	16	14	2	14	9	5
10	18	11	7	14	10	4	16	11	5
7	11	6	5	11	6	5	17	12	5
2	5	3	2	14	9	5	12	4	8
13	**24**	**19**	**5**	**12**	**8**	**4**	**23**	**14**	**9**
2	5	5		1	1		8	5	3
2	2	2		2	2		1	1	
2	4	3	1	2	1	1	3	2	1
5	6	5	1	5	3	2	4	2	2
2	7	4	3	2	1	1	7	4	3
8	**19**	**13**	**6**	**15**	**8**	**7**	**10**	**7**	**3**
1	5	4	1	2		2	3	3	
3	6	5	1	3	2	1	2	2	
2	4	1	3	1		1	2	1	1
1	2	1	1	7	4	3	2	1	1
1	2	2		2	2		1		1
10	**17**	**8**	**9**	**19**	**7**	**12**	**9**	**5**	**4**
22.15	**23.00**	**24.25**	**21.66**	**22.99**	**24.30**	**21.64**	**22.85**	**24.18**	**21.49**

5-4c 全省分初婚年龄、性别、

初婚年龄	初				婚			
	2003 年			2004 年			2005 年	
	小计	男	女	小计	男	女	小计	男
合计	**10120**	**5152**	**4968**	**10310**	**5239**	**5071**	**10743**	**5487**
15 岁以下	**43**	**6**	**37**	**34**	**4**	**30**	**39**	**3**
15–19 岁	**2287**	**522**	**1765**	**2327**	**536**	**1791**	**2487**	**612**
15	154	20	134	138	23	115	153	31
16	255	43	212	256	43	213	280	51
17	411	71	340	388	79	309	452	98
18	637	142	495	616	152	464	668	156
19	830	246	584	929	239	690	934	276
20–24 岁	**5137**	**2710**	**2427**	**5299**	**2765**	**2534**	**5458**	**2841**
20	1089	429	660	1212	418	794	1238	445
21	1236	571	665	1123	508	615	1175	524
22	1126	608	518	1234	691	543	1212	665
23	911	590	321	965	609	356	1080	687
24	775	512	263	765	539	226	753	520
25–29 岁	**1885**	**1356**	**529**	**1820**	**1327**	**493**	**1856**	**1381**
25	613	429	184	622	438	184	630	462
26	430	320	110	458	344	114	467	357
27	311	218	93	324	240	84	326	235
28	289	213	76	221	164	57	235	175
29	242	176	66	195	141	54	198	152
30–34 岁	**621**	**458**	**163**	**634**	**478**	**156**	**635**	**474**
30	202	151	51	183	144	39	168	138
31	159	111	48	168	122	46	172	122
32	119	90	29	113	89	24	135	99
33	76	56	20	86	69	17	86	63
34	65	50	15	84	54	30	74	52
35–39 岁	**97**	**71**	**26**	**139**	**96**	**43**	**178**	**126**
35	38	28	10	52	32	20	54	41
36	23	17	6	29	22	7	42	29
37	19	14	5	24	16	8	27	17
38	11	7	4	20	14	6	24	17
39	6	5	1	14	12	2	31	22
40–44 岁	**31**	**16**	**15**	**26**	**16**	**10**	**51**	**28**
40	14	9	5	8	7	1	11	5
41	8	2	6	5	3	2	14	10
42	3	2	1	6	3	3	9	7
43	3	2	1	5	2	3	10	5
44	3	1	2	2	1	1	7	1
45–49 岁	**8**	**6**	**2**	**8**	**7**	**1**	**16**	**9**
45	1	1		3	3		5	3
46	1	1		1		1	2	2
47	1	1					3	1
48	4	2	2	2	2		3	2
49	1	1		2	2		3	1
50 岁及以上	**11**	**7**	**4**	**23**	**10**	**13**	**23**	**13**
平均初婚年龄	**23.08**	**24.48**	**21.62**	**23.12**	**24.55**	**21.64**	**23.15**	**24.58**

初婚年份的人口（乡村）（续4）

单位：人

年份									
	2006年			2007年			2008年		
女	小计	男	女	小计	男	女	小计	男	女
5256	**10385**	**5242**	**5143**	**9968**	**5030**	**4938**	**11825**	**5964**	**5861**
36	**31**	**1**	**30**	**32**	**5**	**27**	**39**		**39**
1875	**2404**	**555**	**1849**	**2224**	**544**	**1680**	**2598**	**661**	**1937**
122	106	16	90	103	12	91	135	18	117
229	263	37	226	192	30	162	237	53	184
354	423	88	335	407	78	329	424	83	341
512	660	158	502	582	131	451	757	195	562
658	952	256	696	940	293	647	1045	312	733
2617	**5389**	**2793**	**2596**	**5189**	**2625**	**2564**	**6171**	**3171**	**3000**
793	1197	421	776	1258	461	797	1396	475	921
651	1204	559	645	1159	538	621	1444	671	773
547	1209	683	526	1092	593	499	1299	749	550
393	915	574	341	930	539	391	1152	688	464
233	864	556	308	750	494	256	880	588	292
475	**1761**	**1323**	**438**	**1765**	**1314**	**451**	**2069**	**1463**	**606**
168	563	424	139	641	463	178	685	452	233
110	404	293	111	408	298	110	544	377	167
91	342	253	89	306	243	63	361	275	86
60	264	207	57	239	183	56	268	188	80
46	188	146	42	171	127	44	211	171	40
161	**560**	**411**	**149**	**491**	**367**	**124**	**547**	**398**	**149**
30	145	104	41	135	95	40	156	111	45
50	133	102	31	95	70	25	104	70	34
36	102	73	29	88	70	18	83	65	18
23	104	75	29	92	66	26	101	77	24
22	76	57	19	81	66	15	103	75	28
52	**164**	**117**	**47**	**185**	**131**	**54**	**259**	**180**	**79**
13	51	36	15	53	37	16	74	59	15
13	37	25	12	53	33	20	52	35	17
10	31	21	10	32	29	3	54	39	15
7	24	21	3	24	18	6	39	22	17
9	21	14	7	23	14	9	40	25	15
23	**44**	**24**	**20**	**47**	**25**	**22**	**78**	**52**	**26**
6	15	10	5	18	11	7	20	14	6
4	7	2	5	12	6	6	17	12	5
2	15	8	7	7	4	3	19	13	6
5	4	2	2	5	3	2	13	9	4
6	3	2	1	5	1	4	9	4	5
7	**11**	**7**	**4**	**17**	**9**	**8**	**37**	**25**	**12**
2	5	4	1	4	4		9	7	2
				5	3	2	10	7	3
2	4	3	1	3		3	5	5	
1				3	1	2	7	4	3
2	2		2	2	1	1	6	2	4
10	**21**	**11**	**10**	**18**	**10**	**8**	**27**	**14**	**13**
21.66	**23.11**	**24.54**	**21.64**	**23.15**	**24.54**	**21.73**	**23.28**	**24.64**	**21.88**

5-4c 全省分初婚年龄、性别、

初婚年龄	初婚							
	2009 年			2010 年			2011 年	
	小计	男	女	小计	男	女	小计	男
合计	**11363**	**5695**	**5668**	**13421**	**6712**	**6709**	**9791**	**4864**
15 岁以下	**33**	**8**	**25**	**46**	**5**	**41**	**33**	**1**
15-19 岁	**2395**	**610**	**1785**	**2759**	**695**	**2064**	**1887**	**489**
15	123	13	110	191	29	162	119	19
16	226	27	199	264	56	208	197	29
17	380	74	306	488	92	396	301	68
18	594	164	430	723	184	539	537	131
19	1072	332	740	1093	334	759	733	242
20-24 岁	**6047**	**3039**	**3008**	**7213**	**3652**	**3561**	**5425**	**2656**
20	1380	545	835	1548	580	968	1044	379
21	1343	583	760	1523	669	854	1188	520
22	1383	741	642	1655	886	769	1250	646
23	1069	625	444	1391	821	570	1050	559
24	872	545	327	1096	696	400	893	552
25-29 岁	**1978**	**1407**	**571**	**2349**	**1622**	**727**	**1764**	**1225**
25	654	434	220	829	567	262	593	386
26	461	329	132	575	401	174	429	305
27	415	315	100	407	272	135	324	234
28	243	180	63	329	237	92	216	163
29	205	149	56	209	145	64	202	137
30-34 岁	**502**	**370**	**132**	**576**	**405**	**171**	**389**	**274**
30	158	121	37	186	126	60	121	87
31	111	84	27	136	99	37	106	72
32	88	58	30	100	65	35	73	51
33	78	51	27	83	65	18	47	34
34	67	56	11	71	50	21	42	30
35-39 岁	**273**	**188**	**85**	**317**	**223**	**94**	**181**	**139**
35	60	39	21	71	43	28	43	34
36	72	50	22	80	63	17	43	33
37	55	41	14	64	49	15	44	32
38	47	34	13	61	41	20	39	31
39	39	24	15	41	27	14	12	9
40-44 岁	**87**	**50**	**37**	**111**	**82**	**29**	**81**	**59**
40	26	17	9	32	24	8	26	23
41	17	8	9	27	19	8	19	13
42	19	9	10	19	17	2	19	13
43	16	10	6	20	14	6	10	6
44	9	6	3	13	8	5	7	4
45-49 岁	**25**	**10**	**15**	**22**	**14**	**8**	**18**	**15**
45	10	2	8	4	1	3	7	6
46	4	1	3	7	5	2	3	3
47	7	4	3	3	2	1	4	3
48	2	1	1	5	4	1	3	2
49	2	2		3	2	1	1	1
50 岁及以上	**23**	**13**	**10**	**28**	**14**	**14**	**13**	**6**
平均初婚年龄	**23.32**	**24.59**	**22.03**	**23.32**	**24.62**	**22.01**	**23.31**	**24.61**

初婚年份的人口（乡村）（续5）

单位：人

年份									
	2012年			2013年			2014年		
女	小计	男	女	小计	男	女	小计	男	女
4927	**11327**	**5564**	**5763**	**10722**	**5225**	**5497**	**10502**	**5127**	**5375**
32	**22**	**2**	**20**	**20**	**2**	**18**	**27**	**4**	**23**
1398	**2172**	**553**	**1619**	**1947**	**494**	**1453**	**1894**	**504**	**1390**
100	132	21	111	117	17	100	109	10	99
168	227	35	192	186	35	151	181	30	151
233	376	66	310	337	68	269	321	55	266
406	584	151	433	576	137	439	529	137	392
491	853	280	573	731	237	494	754	272	482
2769	**5983**	**2888**	**3095**	**5484**	**2612**	**2872**	**5056**	**2381**	**2675**
665	1060	402	658	1008	354	654	909	322	587
668	1233	515	718	1012	418	594	962	402	560
604	1529	772	757	1227	633	594	1086	537	549
491	1190	623	567	1275	689	586	989	512	477
341	971	576	395	962	518	444	1110	608	502
539	**2262**	**1522**	**740**	**2428**	**1564**	**864**	**2564**	**1626**	**938**
207	866	557	309	830	514	316	885	532	353
124	533	366	167	634	400	234	642	416	226
90	374	260	114	440	286	154	495	322	173
53	290	202	88	321	229	92	314	204	110
65	199	137	62	203	135	68	228	152	76
115	**542**	**372**	**170**	**506**	**321**	**185**	**530**	**344**	**186**
34	173	120	53	150	95	55	162	100	62
34	128	81	47	128	78	50	137	89	48
22	111	75	36	101	75	26	102	66	36
13	75	56	19	75	41	34	69	47	22
12	55	40	15	52	32	20	60	42	18
42	**161**	**117**	**44**	**164**	**125**	**39**	**182**	**127**	**55**
9	42	36	6	45	38	7	44	32	12
10	28	17	11	37	27	10	40	29	11
12	41	29	12	28	20	8	34	30	4
8	26	18	8	24	16	8	32	16	16
3	24	17	7	30	24	6	32	20	12
22	**108**	**64**	**44**	**104**	**69**	**35**	**148**	**87**	**61**
3	29	18	11	33	22	11	37	22	15
6	26	17	9	23	16	7	33	19	14
6	20	12	8	19	14	5	26	15	11
4	14	4	10	18	11	7	30	18	12
3	19	13	6	11	6	5	22	13	9
3	**56**	**37**	**19**	**35**	**19**	**16**	**51**	**29**	**22**
1	19	13	6	10	4	6	19	14	5
	10	6	4	1	1		11	5	6
1	8	5	3	10	6	4	5	3	2
1	11	8	3	5	1	4	8	5	3
	8	5	3	9	7	2	8	2	6
7	**21**	**9**	**12**	**34**	**19**	**15**	**50**	**25**	**25**
22.03	**23.55**	**24.76**	**22.37**	**23.76**	**24.95**	**22.64**	**24.10**	**25.27**	**23.00**

5-4c 全省分初婚年龄、性别、

初婚年龄	初婚							
	2015年			2016年			2017年	
	小计	男	女	小计	男	女	小计	男
合计	**10922**	**5204**	**5718**	**9667**	**4625**	**5042**	**8728**	**4072**
15岁以下	**18**	**1**	**17**	**12**	**1**	**11**	**16**	**1**
15-19岁	**1736**	**416**	**1320**	**1373**	**317**	**1056**	**1138**	**241**
15	76	7	69	66	8	58	52	7
16	167	28	139	143	26	117	108	13
17	309	49	260	253	43	210	220	32
18	484	111	373	369	79	290	311	63
19	700	221	479	542	161	381	447	126
20-24岁	**4988**	**2230**	**2758**	**4314**	**1909**	**2405**	**3877**	**1660**
20	862	286	576	757	282	475	592	198
21	959	390	569	813	317	496	706	272
22	1065	495	570	914	408	506	877	363
23	1069	510	559	952	445	507	839	406
24	1033	549	484	878	457	421	863	421
25-29岁	**3148**	**1899**	**1249**	**3060**	**1819**	**1241**	**2846**	**1637**
25	1114	611	503	914	506	408	731	394
26	768	460	308	857	504	353	733	407
27	609	393	216	608	345	263	647	373
28	386	256	130	393	262	131	438	273
29	271	179	92	288	202	86	297	190
30-34岁	**597**	**380**	**217**	**539**	**355**	**184**	**531**	**340**
30	203	119	84	172	116	56	211	133
31	138	94	44	134	88	46	119	75
32	117	77	40	100	67	33	90	62
33	78	47	31	70	45	25	63	42
34	61	43	18	63	39	24	48	28
35-39岁	**175**	**124**	**51**	**158**	**104**	**54**	**146**	**89**
35	45	31	14	37	29	8	40	26
36	43	34	9	40	27	13	44	28
37	33	23	10	30	17	13	17	12
38	28	22	6	27	18	9	28	17
39	26	14	12	24	13	11	17	6
40-44岁	**156**	**101**	**55**	**107**	**64**	**43**	**75**	**47**
40	34	18	16	26	12	14	19	13
41	36	26	10	22	17	5	14	9
42	34	25	9	19	10	9	14	10
43	24	13	11	21	16	5	11	9
44	28	19	9	19	9	10	17	6
45-49岁	**72**	**40**	**32**	**57**	**32**	**25**	**52**	**30**
45	21	11	10	17	12	5	13	11
46	22	10	12	12	6	6	15	7
47	13	8	5	13	4	9	10	7
48	9	6	3	7	5	2	5	2
49	7	5	2	8	5	3	9	3
50岁及以上	**32**	**13**	**19**	**47**	**24**	**23**	**47**	**27**
平均初婚年龄	**24.41**	**25.63**	**23.29**	**24.62**	**25.76**	**23.57**	**24.80**	**25.97**

初婚年份的人口（乡村）（续6）

单位：人

年 份									
	2018年			2019年			2020年		
女	小计	男	女	小计	男	女	小计	男	女
4656	**10139**	**4766**	**5373**	**7508**	**3612**	**3896**	**4637**	**2315**	**2322**
15	**11**		**11**	**6**	**1**	**5**	**4**		**4**
897	**1214**	**254**	**960**	**849**	**200**	**649**	**331**	**71**	**260**
45	63	7	56	42	3	39	15	2	13
95	113	12	101	88	12	76	26	1	25
188	233	34	199	153	27	126	56	6	50
248	361	66	295	240	52	188	111	28	83
321	444	135	309	326	106	220	123	34	89
2217	**4128**	**1775**	**2353**	**2862**	**1253**	**1609**	**1492**	**667**	**825**
394	608	205	403	389	134	255	175	60	115
434	657	255	402	440	181	259	247	99	148
514	923	390	533	595	242	353	302	131	171
433	964	452	512	670	314	356	318	154	164
442	976	473	503	768	382	386	450	223	227
1209	**3606**	**2003**	**1603**	**2706**	**1497**	**1209**	**1788**	**996**	**792**
337	999	493	506	713	358	355	507	258	249
326	827	450	377	678	335	343	435	245	190
274	727	411	316	495	275	220	332	190	142
165	649	391	258	433	286	147	290	179	111
107	404	258	146	387	243	144	224	124	100
191	**761**	**481**	**280**	**664**	**425**	**239**	**538**	**336**	**202**
78	278	179	99	244	168	76	194	130	64
44	183	122	61	154	93	61	136	79	57
28	135	88	47	123	70	53	92	57	35
21	93	49	44	87	63	24	72	43	29
20	72	43	29	56	31	25	44	27	17
57	**195**	**113**	**82**	**147**	**90**	**57**	**178**	**81**	**97**
14	56	32	24	56	33	23	39	17	22
16	48	30	18	28	18	10	33	19	14
5	29	15	14	17	9	8	33	18	15
11	31	19	12	19	14	5	41	15	26
11	31	17	14	27	16	11	32	12	20
28	**85**	**58**	**27**	**88**	**50**	**38**	**127**	**62**	**65**
6	24	15	9	20	12	8	36	16	20
5	19	12	7	11	5	6	28	13	15
4	26	17	9	21	12	9	20	10	10
2	6	6		17	13	4	28	15	13
11	10	8	2	19	8	11	15	8	7
22	**63**	**36**	**27**	**117**	**64**	**53**	**73**	**43**	**30**
2	9	5	4	26	17	9	11	6	5
8	18	14	4	24	13	11	15	12	3
3	13	8	5	24	11	13	18	11	7
3	14	7	7	21	11	10	15	6	9
6	9	2	7	22	12	10	14	8	6
20	**76**	**46**	**30**	**69**	**32**	**37**	**106**	**59**	**47**
23.77	**25.25**	**26.42**	**24.21**	**25.83**	**26.88**	**24.86**	**27.34**	**28.13**	**26.55**

5-5 全省分年龄、性别、

年龄	初婚						
	合计			15 岁以下			
	合计	男	女	小计	男	女	小计
合计	**1581843**	**757789**	**824054**	**5259**	**856**	**4403**	**22278**
20 岁以下	**1653**	**233**	**1420**	**88**	**6**	**82**	**252**
20–24 岁	**21825**	**6508**	**15317**	**197**	**18**	**179**	**709**
20	1578	327	1251	30	2	28	98
21	2362	580	1782	30	3	27	118
22	3958	1079	2879	45	4	41	155
23	5476	1681	3795	34	3	31	172
24	8451	2841	5610	58	6	52	166
25–29 岁	**93516**	**37703**	**55813**	**262**	**25**	**237**	**948**
25	12584	4541	8043	52	5	47	222
26	15080	5789	9291	58	7	51	223
27	19628	7714	11914	49	2	47	178
28	21692	8954	12738	56	7	49	163
29	24532	10705	13827	47	4	43	162
30–34 岁	**165753**	**76470**	**89283**	**365**	**72**	**293**	**1200**
30	33518	14842	18676	68	6	62	220
31	33683	15397	18286	80	20	60	233
32	32010	14852	17158	65	12	53	231
33	34833	16370	18463	72	16	56	276
34	31709	15009	16700	80	18	62	240
35–39 岁	**140452**	**68782**	**71670**	**246**	**46**	**200**	**1089**
35	28731	13878	14853	51	9	42	283
36	29228	14082	15146	56	8	48	256
37	26844	13116	13728	53	16	37	193
38	29681	14860	14821	43	6	37	186
39	25968	12846	13122	43	7	36	171
40–44 岁	**134506**	**66618**	**67888**	**379**	**69**	**310**	**1174**
40	25465	12451	13014	46	6	40	176
41	27412	13949	13463	75	13	62	203
42	27987	13767	14220	84	19	65	261
43	25099	12445	12654	87	14	73	245
44	28543	14006	14537	87	17	70	289
45–49 岁	**206933**	**101699**	**105234**	**410**	**91**	**319**	**2158**
45	31104	15222	15882	90	22	68	409
46	38925	19035	19890	82	18	64	507
47	44080	21660	22420	87	19	68	464
48	46838	22997	23841	71	15	56	377
49	45986	22785	23201	80	17	63	401
50–54 岁	**233699**	**114886**	**118813**	**626**	**123**	**503**	**2726**
50	50550	24333	26217	106	20	86	506
51	46246	22805	23441	121	33	88	564
52	50731	24889	25842	145	22	123	611
53	40492	20238	20254	111	24	87	537
54	45680	22621	23059	143	24	119	508
55–59 岁	**178157**	**88534**	**89623**	**461**	**58**	**403**	**2108**
55	41669	20871	20798	126	23	103	577
56	41581	20539	21042	92	10	82	542
57	42463	21332	21131	112	13	99	475
58	35613	17688	17925	84	5	79	343
59	16831	8104	8727	47	7	40	171
60–64 岁	**106954**	**54217**	**52737**	**472**	**80**	**392**	**1519**
60	19610	10036	9574	49	9	40	192
61	15901	8054	7847	70	7	63	170
62	21334	11020	10314	100	19	81	252
63	25301	12864	12437	132	27	105	432
64	24808	12243	12565	121	18	103	473
65 岁及以上	**298395**	**142139**	**156256**	**1753**	**268**	**1485**	**8395**

初婚年龄的人口

单位：人

年龄							
15岁		16岁			17岁		
男	女	小计	男	女	小计	男	女
4004	**18274**	**37851**	**6901**	**30950**	**62350**	**13491**	**48859**
30	**222**	**382**	**42**	**340**	**496**	**67**	**429**
90	**619**	**1137**	**169**	**968**	**1890**	**306**	**1584**
12	86	184	22	162	279	43	236
7	111	195	37	158	311	46	265
23	132	235	27	208	406	63	343
24	148	245	43	202	409	70	339
24	142	278	40	238	485	84	401
146	**802**	**1612**	**262**	**1350**	**2929**	**534**	**2395**
33	189	310	47	263	541	102	439
31	192	352	71	281	484	77	407
24	154	343	46	297	663	135	528
30	133	317	50	267	625	110	515
28	134	290	48	242	616	110	506
241	**959**	**2043**	**358**	**1685**	**3317**	**647**	**2670**
47	173	379	53	326	663	119	544
40	193	410	75	335	644	135	509
44	187	418	80	338	684	133	551
59	217	412	75	337	685	152	533
51	189	424	75	349	641	108	533
202	**887**	**1835**	**376**	**1459**	**3147**	**658**	**2489**
60	223	359	57	302	602	114	488
49	207	448	90	358	595	113	482
20	173	389	90	299	700	157	543
29	157	369	86	283	703	155	548
44	127	270	53	217	547	119	428
291	**883**	**1798**	**408**	**1390**	**2890**	**766**	**2124**
31	145	225	45	180	488	121	367
55	148	370	89	281	537	131	406
75	186	393	82	311	634	176	458
61	184	355	85	270	561	143	418
69	220	455	107	348	670	195	475
536	**1622**	**3666**	**905**	**2761**	**6278**	**1656**	**4622**
106	303	477	105	372	842	200	642
110	397	811	194	617	1030	271	759
121	343	898	234	664	1523	416	1107
102	275	811	206	605	1532	416	1116
97	304	669	166	503	1351	353	998
571	**2155**	**4843**	**1044**	**3799**	**8379**	**2058**	**6321**
111	395	885	191	694	1566	372	1194
133	431	995	239	756	1550	396	1154
128	483	1065	229	836	1977	446	1531
102	435	835	174	661	1606	425	1181
97	411	1063	211	852	1680	419	1261
301	**1807**	**3926**	**675**	**3251**	**7285**	**1546**	**5739**
105	472	782	136	646	1540	376	1164
89	453	1058	217	841	1422	325	1097
55	420	1052	173	879	1986	409	1577
35	308	759	111	648	1762	352	1410
17	154	275	38	237	575	84	491
211	**1308**	**2195**	**345**	**1850**	**3301**	**593**	**2708**
24	168	255	33	222	535	81	454
20	150	295	43	252	421	68	353
43	209	359	59	300	634	112	522
59	373	558	82	476	799	151	648
65	408	728	128	600	912	181	731
1385	**7010**	**14414**	**2317**	**12097**	**22438**	**4660**	**17778**

5-5 全省分年龄、性别、

年龄	初婚						
	18 岁			19 岁			
	小计	男	女	小计	男	女	小计
合计	**90897**	**23938**	**66959**	**132083**	**42835**	**89248**	**166715**
20 岁以下	**349**	**71**	**278**	**86**	**17**	**69**	
20–24 岁	**2667**	**543**	**2124**	**3247**	**918**	**2329**	**3583**
20	434	86	348	396	118	278	157
21	431	78	353	562	168	394	495
22	510	100	410	658	179	479	860
23	605	132	473	706	194	512	951
24	687	147	540	925	259	666	1120
25–29 岁	**4558**	**1107**	**3451**	**6477**	**1962**	**4515**	**8279**
25	814	189	625	1170	368	802	1417
26	860	225	635	1148	352	796	1524
27	902	217	685	1347	407	940	1723
28	982	229	753	1308	387	921	1829
29	1000	247	753	1504	448	1056	1786
30–34 岁	**5583**	**1253**	**4330**	**8968**	**2398**	**6570**	**12631**
30	1224	290	934	1963	539	1424	2592
31	1118	233	885	1874	520	1354	2726
32	986	227	759	1607	438	1169	2449
33	1192	257	935	1769	447	1322	2519
34	1063	246	817	1755	454	1301	2345
35–39 岁	**5334**	**1194**	**4140**	**8177**	**2109**	**6068**	**11565**
35	1067	226	841	1575	389	1186	2292
36	1088	228	860	1663	378	1285	2427
37	851	195	656	1553	395	1158	2155
38	1257	289	968	1606	462	1144	2595
39	1071	256	815	1780	485	1295	2096
40–44 岁	**5015**	**1287**	**3728**	**8875**	**2453**	**6422**	**13243**
40	976	224	752	1863	481	1382	2664
41	903	231	672	1736	466	1270	2734
42	954	237	717	1756	472	1284	2776
43	973	255	718	1523	450	1073	2351
44	1209	340	869	1997	584	1413	2718
45–49 岁	**10188**	**3053**	**7135**	**15861**	**5195**	**10666**	**21046**
45	1395	398	997	2244	680	1564	3230
46	1734	508	1226	2817	867	1950	3990
47	1852	580	1272	3260	1100	2160	4473
48	2621	779	1842	3322	1126	2196	5008
49	2586	788	1798	4218	1422	2796	4345
50–54 岁	**13421**	**3730**	**9691**	**21879**	**7307**	**14572**	**29062**
50	2756	743	2013	4764	1590	3174	6278
51	2425	704	1721	4350	1435	2915	5892
52	2850	769	2081	4396	1490	2906	6304
53	2630	796	1834	3802	1326	2476	4845
54	2760	718	2042	4567	1466	3101	5743
55–59 岁	**11346**	**3000**	**8346**	**17025**	**5488**	**11537**	**21952**
55	2371	677	1694	3758	1237	2521	5477
56	2639	727	1912	3725	1196	2529	4983
57	2320	604	1716	4091	1361	2730	5076
58	2880	730	2150	3446	1136	2310	4431
59	1136	262	874	2005	558	1447	1985
60–64 岁	**4791**	**1073**	**3718**	**7689**	**2380**	**5309**	**10574**
60	994	211	783	1746	569	1177	2550
61	619	137	482	1210	341	869	1746
62	815	184	631	1290	404	886	2127
63	1144	259	885	1664	523	1141	2117
64	1219	282	937	1779	543	1236	2034
65 岁及以上	**27645**	**7627**	**20018**	**33799**	**12608**	**21191**	**34780**

初婚年龄的人口（续1）

单位：人

年龄							
20岁		21岁			22岁		
男	女	小计	男	女	小计	男	女
63238	**103477**	**167501**	**75208**	**92293**	**172008**	**87470**	**84538**
1149	**2434**	**3148**	**1151**	**1997**	**2903**	**1155**	**1748**
44	113						
157	338	220	84	136			
268	592	707	264	443	382	151	231
300	651	1012	370	642	938	378	560
380	740	1209	433	776	1583	626	957
2750	**5529**	**9062**	**3424**	**5638**	**10475**	**4436**	**6039**
443	974	1475	535	940	1846	736	1110
478	1046	1589	590	999	1829	750	1079
565	1158	1866	714	1152	2181	900	1281
636	1193	1909	736	1173	2214	965	1249
628	1158	2223	849	1374	2405	1085	1320
4087	**8544**	**14193**	**5642**	**8551**	**16488**	**7672**	**8816**
845	1747	2597	1013	1584	3249	1438	1811
933	1793	2956	1154	1802	3054	1408	1646
804	1645	2765	1105	1660	3304	1571	1733
793	1726	3177	1282	1895	3619	1722	1897
712	1633	2698	1088	1610	3262	1533	1729
3598	**7967**	**12843**	**5151**	**7692**	**14215**	**6916**	**7299**
712	1580	2508	1037	1471	2710	1303	1407
724	1703	2633	1049	1584	2886	1401	1485
686	1469	2517	989	1528	2762	1352	1410
831	1764	2701	1096	1605	3096	1513	1583
645	1451	2484	980	1504	2761	1347	1414
4142	**9101**	**13979**	**5613**	**8366**	**15231**	**7333**	**7898**
810	1854	2250	905	1345	2784	1345	1439
909	1825	2959	1251	1708	2615	1273	1342
828	1948	3156	1256	1900	3357	1623	1734
752	1599	2707	1044	1663	3006	1462	1544
843	1875	2907	1157	1750	3469	1630	1839
7897	**13149**	**23766**	**10211**	**13555**	**24621**	**11973**	**12648**
1132	2098	3186	1305	1881	3465	1591	1874
1474	2516	4519	1892	2627	4523	2139	2384
1657	2816	5210	2216	2994	5482	2682	2800
1915	3093	5462	2391	3071	5570	2741	2829
1719	2626	5389	2407	2982	5581	2820	2761
11555	**17507**	**29386**	**14126**	**15260**	**28465**	**15317**	**13148**
2422	3856	5333	2416	2917	6048	3014	3034
2370	3522	6327	3035	3292	4666	2510	2156
2509	3795	6934	3385	3549	6619	3626	2993
1973	2872	5183	2556	2627	5326	2958	2368
2281	3462	5609	2734	2875	5806	3209	2597
8674	**13278**	**22631**	**11180**	**11451**	**22086**	**12550**	**9536**
2174	3303	5321	2616	2705	5072	2830	2242
1961	3022	5611	2659	2952	5167	2873	2294
2017	3059	5201	2668	2533	5661	3267	2394
1782	2649	4334	2200	2134	4201	2468	1733
740	1245	2164	1037	1127	1985	1112	873
3911	**6663**	**11932**	**5102**	**6830**	**13861**	**6920**	**6941**
987	1563	2279	1057	1222	2584	1485	1099
654	1092	2244	989	1255	1921	1022	899
812	1315	2572	1140	1432	3223	1580	1643
747	1370	2709	1086	1623	3256	1570	1686
711	1323	2128	830	1298	2877	1263	1614
15475	**19305**	**26561**	**13608**	**12953**	**23663**	**13198**	**10465**

5-5 全省分年龄、性别、

年龄	初婚							
	23 岁			24 岁			25 岁	
	小计	男	女	小计	男	女	小计	男
合计	**150711**	**80813**	**69898**	**132955**	**75413**	**57542**	**114046**	**68371**
20 岁以下								
20–24 岁	**1706**	**740**	**966**	**638**	**269**	**369**		
20								
21								
22								
23	404	167	237					
24	1302	573	729	638	269	369		
25–29 岁	**10728**	**4639**	**6089**	**11752**	**5370**	**6382**	**10971**	**5073**
25	2045	859	1186	1806	821	985	886	403
26	1888	814	1074	2330	1049	1281	1907	890
27	2150	893	1257	2537	1121	1416	2808	1266
28	2391	1028	1363	2311	1076	1235	2609	1216
29	2254	1045	1209	2768	1303	1465	2761	1298
30–34 岁	**15503**	**7463**	**8040**	**15669**	**7750**	**7919**	**16370**	**8398**
30	3053	1404	1649	3364	1591	1773	3765	1888
31	3176	1540	1636	3178	1562	1616	3431	1746
32	2804	1307	1497	3086	1522	1564	3068	1538
33	3360	1679	1681	3055	1503	1552	3372	1780
34	3110	1533	1577	2986	1572	1414	2734	1446
35–39 岁	**13159**	**6921**	**6238**	**12813**	**7105**	**5708**	**12260**	**7103**
35	2878	1460	1418	2819	1493	1326	2590	1512
36	2585	1299	1286	2739	1538	1201	2697	1527
37	2427	1272	1155	2393	1312	1081	2432	1395
38	2725	1508	1217	2606	1452	1154	2437	1439
39	2544	1382	1162	2256	1310	946	2104	1230
40–44 岁	**13369**	**7004**	**6365**	**11515**	**6453**	**5062**	**10006**	**6039**
40	2387	1221	1166	2107	1213	894	2042	1223
41	2628	1411	1217	2415	1352	1063	2114	1313
42	2464	1320	1144	2305	1301	1004	2171	1295
43	2782	1478	1304	1969	1088	881	1814	1076
44	3108	1574	1534	2719	1499	1220	1865	1132
45–49 岁	**21500**	**10960**	**10540**	**18141**	**9946**	**8195**	**15253**	**9112**
45	3356	1727	1629	2829	1562	1267	2460	1494
46	3809	1861	1948	3607	2014	1593	2958	1780
47	4358	2158	2200	3760	2005	1755	3349	2004
48	5070	2617	2453	3933	2121	1812	3300	1954
49	4907	2597	2310	4012	2244	1768	3186	1880
50–54 岁	**23405**	**13076**	**10329**	**18446**	**10771**	**7675**	**14267**	**8873**
50	5118	2682	2436	4245	2336	1909	3573	2137
51	4550	2519	2031	3766	2165	1601	2990	1817
52	4356	2350	2006	3980	2324	1656	3082	1890
53	4373	2535	1838	2693	1619	1074	2295	1492
54	5008	2990	2018	3762	2327	1435	2327	1537
55–59 岁	**18689**	**11148**	**7541**	**14821**	**9386**	**5435**	**11160**	**7373**
55	4550	2667	1883	3617	2227	1390	2639	1734
56	4218	2449	1769	3543	2205	1338	2715	1770
57	4404	2652	1752	3448	2177	1271	2745	1806
58	3872	2367	1505	2733	1816	917	2067	1396
59	1645	1013	632	1480	961	519	994	667
60–64 岁	**12842**	**7180**	**5662**	**11004**	**6901**	**4103**	**7897**	**5465**
60	2168	1263	905	1667	1075	592	1468	995
61	1920	1128	792	1572	1006	566	1069	751
62	2387	1329	1058	2245	1396	849	1533	1059
63	3440	1929	1511	2441	1512	929	1983	1414
64	2927	1531	1396	3079	1912	1167	1844	1246
65 岁及以上	**19810**	**11682**	**8128**	**18156**	**11462**	**6694**	**15862**	**10935**

初婚年龄的人口（续2）

单位：人

年龄									
	26岁			27岁			28岁		
女	小计	男	女	小计	男	女	小计	男	女
45675	**88332**	**55396**	**32936**	**65830**	**42951**	**22879**	**46763**	**31609**	**15154**
5898	**8086**	**3963**	**4123**	**4792**	**2542**	**2250**	**2079**	**1177**	**902**
483									
1017	888	455	433						
1542	2074	1007	1067	807	417	390			
1393	2598	1232	1366	1681	882	799	699	370	329
1463	2526	1269	1257	2304	1243	1061	1380	807	573
7972	**15197**	**8087**	**7110**	**12802**	**7035**	**5767**	**9970**	**5883**	**4087**
1877	3349	1751	1598	2859	1481	1378	2333	1327	1006
1685	3316	1737	1579	2579	1389	1190	2094	1212	882
1530	2825	1471	1354	2589	1455	1134	1850	1115	735
1592	3036	1650	1386	2519	1428	1091	1994	1194	800
1288	2671	1478	1193	2256	1282	974	1699	1035	664
5157	**10363**	**6157**	**4206**	**8757**	**5476**	**3281**	**6776**	**4435**	**2341**
1078	2065	1192	873	1932	1150	782	1516	961	555
1170	2270	1333	937	1753	1090	663	1471	961	510
1037	2022	1200	822	1645	1012	633	1257	825	432
998	2236	1369	867	1900	1229	671	1357	927	430
874	1770	1063	707	1527	995	532	1175	761	414
3967	**8224**	**5224**	**3000**	**6668**	**4411**	**2257**	**5112**	**3516**	**1596**
819	1656	1014	642	1367	891	476	1087	728	359
801	1755	1123	632	1534	1027	507	1105	745	360
876	1668	1056	612	1357	862	495	1108	753	355
738	1520	983	537	1102	726	376	934	648	286
733	1625	1048	577	1308	905	403	878	642	236
6141	**11230**	**7212**	**4018**	**8013**	**5472**	**2541**	**5697**	**4028**	**1669**
966	1512	978	534	1241	862	379	990	724	266
1178	2325	1515	810	1329	921	408	1091	769	322
1345	2463	1607	856	1788	1231	557	1049	746	303
1346	2582	1617	965	1849	1280	569	1330	929	401
1306	2348	1495	853	1806	1178	628	1237	860	377
5394	**10472**	**6953**	**3519**	**7148**	**4878**	**2270**	**5131**	**3557**	**1574**
1436	2532	1631	901	1709	1109	600	1336	888	448
1173	2212	1453	759	1446	997	449	1064	736	328
1192	2232	1510	722	1612	1081	531	1100	771	329
803	1664	1102	562	1120	795	325	821	580	241
790	1832	1257	575	1261	896	365	810	582	228
3787	**7055**	**4859**	**2196**	**4614**	**3297**	**1317**	**2868**	**2072**	**796**
905	1478	1021	457	1119	803	316	740	529	211
945	1778	1214	564	895	646	249	698	492	206
939	1772	1214	558	1161	835	326	582	439	143
671	1381	966	415	976	701	275	552	404	148
327	646	444	202	463	312	151	296	208	88
2432	**5544**	**4127**	**1417**	**3845**	**3005**	**840**	**2585**	**2005**	**580**
473	940	677	263	630	475	155	423	312	111
318	843	596	247	546	409	137	338	263	75
474	1071	825	246	838	671	167	503	375	128
569	1299	990	309	884	692	192	733	583	150
598	1391	1039	352	947	758	189	588	472	116
4927	**12161**	**8814**	**3347**	**9191**	**6835**	**2356**	**6545**	**4936**	**1609**

5-5 全省分年龄、性别、

年龄	初婚							
	29 岁			30 岁			31 岁	
	小计	男	女	小计	男	女	小计	男
合计	**32731**	**22527**	**10204**	**22729**	**15710**	**7019**	**15769**	**10859**
20 岁以下								
20-24 岁								
20								
21								
22								
23								
24								
25-29 岁	**506**	**293**	**213**					
25								
26								
27								
28								
29	506	293	213					
30-34 岁	**6927**	**4198**	**2729**	**4297**	**2666**	**1631**	**2389**	**1487**
30	1335	747	588	505	303	202		
31	1573	944	629	872	529	343	369	220
32	1401	864	537	1060	669	391	586	362
33	1336	818	518	1018	628	390	777	491
34	1282	825	457	842	537	305	657	414
35-39 岁	**4703**	**3104**	**1599**	**3561**	**2330**	**1231**	**2704**	**1738**
35	1019	672	347	795	515	280	570	359
36	1034	666	368	732	477	255	607	386
37	856	570	286	686	437	249	493	309
38	974	643	331	753	497	256	568	379
39	820	553	267	595	404	191	466	305
40-44 岁	**3962**	**2812**	**1150**	**2974**	**2092**	**882**	**2085**	**1450**
40	837	575	262	589	400	189	379	258
41	892	633	259	688	482	206	472	331
42	798	579	219	619	439	180	475	327
43	734	517	217	515	365	150	381	268
44	701	508	193	563	406	157	378	266
45-49 岁	**3949**	**2856**	**1093**	**2764**	**2018**	**746**	**2203**	**1586**
45	673	470	203	555	412	143	404	290
46	782	570	212	560	422	138	454	325
47	851	624	227	632	439	193	462	341
48	740	540	200	565	406	159	472	335
49	903	652	251	452	339	113	411	295
50-54 岁	**3830**	**2602**	**1228**	**2665**	**1891**	**774**	**1813**	**1242**
50	921	654	267	606	450	156	362	266
51	856	551	305	541	389	152	344	245
52	817	558	259	632	435	197	385	261
53	593	388	205	440	310	130	370	237
54	643	451	192	446	307	139	352	233
55-59 岁	**2103**	**1526**	**577**	**1564**	**1079**	**485**	**1206**	**845**
55	538	386	152	442	300	142	298	203
56	560	401	159	344	235	109	299	205
57	481	361	120	394	268	126	274	200
58	320	229	91	265	194	71	225	160
59	204	149	55	119	82	37	110	77
60-64 岁	**1798**	**1362**	**436**	**1198**	**883**	**315**	**776**	**594**
60	281	210	71	174	127	47	91	70
61	223	164	59	163	110	53	96	73
62	375	287	88	251	189	62	167	121
63	452	344	108	304	228	76	206	167
64	467	357	110	306	229	77	216	163
65 岁及以上	**4953**	**3774**	**1179**	**3706**	**2751**	**955**	**2593**	**1917**

初婚年龄的人口（续3）

单位：人

年	龄								
	32岁			33岁			34岁		
女	小计	男	女	小计	男	女	小计	男	女
4910	**11510**	**7897**	**3613**	**8650**	**5855**	**2795**	**6589**	**4406**	**2183**
902	**1243**	**754**	**489**	**484**	**309**	**175**	**114**	**70**	**44**
149									
224	232	135	97						
286	454	282	172	191	114	77			
243	557	337	220	293	195	98	114	70	44
966	**2042**	**1294**	**748**	**1637**	**1003**	**634**	**1290**	**782**	**508**
211	412	251	161	354	211	143	234	135	99
221	421	271	150	328	195	133	259	149	110
184	420	265	155	318	204	114	280	170	110
189	427	273	154	368	230	138	249	152	97
161	362	234	128	269	163	106	268	176	92
635	**1736**	**1187**	**549**	**1281**	**880**	**401**	**1074**	**706**	**368**
121	372	246	126	254	169	85	213	139	74
141	363	252	111	275	193	82	246	158	88
148	352	228	124	233	157	76	232	150	82
113	319	221	98	258	187	71	164	112	52
112	330	240	90	261	174	87	219	147	72
617	**1711**	**1264**	**447**	**1491**	**1032**	**459**	**1208**	**847**	**361**
114	289	209	80	290	189	101	217	153	64
129	345	248	97	306	214	92	253	171	82
121	351	264	87	342	237	105	252	181	71
137	382	273	109	292	205	87	256	176	80
116	344	270	74	261	187	74	230	166	64
571	**1346**	**940**	**406**	**918**	**639**	**279**	**755**	**529**	**226**
96	293	208	85	242	175	67	189	123	66
99	224	164	60	168	120	48	169	124	45
124	286	211	75	164	109	55	156	112	44
133	243	166	77	161	116	45	105	73	32
119	300	191	109	183	119	64	136	97	39
361	**885**	**634**	**251**	**794**	**521**	**273**	**629**	**410**	**219**
95	233	163	70	195	135	60	125	79	46
94	217	160	57	199	124	75	186	125	61
74	197	144	53	178	116	62	158	112	46
65	152	111	41	146	94	52	104	60	44
33	86	56	30	76	52	24	56	34	22
182	**582**	**425**	**157**	**421**	**295**	**126**	**324**	**228**	**96**
21	92	58	34	67	39	28	79	58	21
23	51	37	14	61	43	18	47	31	16
46	115	88	27	69	52	17	47	32	15
39	144	106	38	108	81	27	76	55	21
53	180	136	44	116	80	36	75	52	23
676	**1965**	**1399**	**566**	**1624**	**1176**	**448**	**1195**	**834**	**361**

5-5 全省分年龄、性别、

年龄	初婚							
	35岁			36岁			37岁	
	小计	男	女	小计	男	女	小计	男
合计	**5095**	**3361**	**1734**	**3909**	**2610**	**1299**	**3088**	**2059**
20岁以下								
20-24岁								
20								
21								
22								
23								
24								
25-29岁								
25								
26								
27								
28								
29								
30-34岁								
30								
31								
32								
33								
34								
35-39岁	**921**	**521**	**400**	**522**	**304**	**218**	**299**	**164**
35	100	60	40					
36	218	117	101	62	33	29		
37	225	120	105	161	94	67	56	31
38	189	117	72	150	87	63	114	60
39	189	107	82	149	90	59	129	73
40-44岁	**860**	**555**	**305**	**735**	**479**	**256**	**612**	**413**
40	194	110	84	159	99	60	107	57
41	199	118	81	178	124	54	129	88
42	176	124	52	151	101	50	140	94
43	172	117	55	131	79	52	113	78
44	119	86	33	116	76	40	123	96
45-49岁	**994**	**692**	**302**	**815**	**568**	**247**	**705**	**499**
45	188	121	67	115	76	39	121	83
46	221	151	70	185	141	44	124	86
47	200	142	58	193	139	54	144	104
48	195	136	59	172	111	61	164	125
49	190	142	48	150	101	49	152	101
50-54岁	**584**	**414**	**170**	**513**	**356**	**157**	**423**	**281**
50	158	124	34	136	99	37	112	74
51	138	98	40	128	87	41	96	67
52	141	94	47	106	75	31	100	63
53	74	52	22	83	54	29	49	31
54	73	46	27	60	41	19	66	46
55-59岁	**501**	**338**	**163**	**332**	**228**	**104**	**259**	**170**
55	111	76	35	47	37	10	59	47
56	102	71	31	91	58	33	49	33
57	142	95	47	70	52	18	55	35
58	94	60	34	86	52	34	53	33
59	52	36	16	38	29	9	43	22
60-64岁	**222**	**154**	**68**	**221**	**148**	**73**	**198**	**132**
60	47	31	16	46	32	14	36	25
61	31	21	10	36	24	12	33	25
62	46	34	12	49	36	13	42	26
63	62	40	22	41	27	14	46	30
64	36	28	8	49	29	20	41	26
65岁及以上	**1013**	**687**	**326**	**771**	**527**	**244**	**592**	**400**

初婚年龄的人口（续4）

单位：人

年龄									
	38岁			39岁			40岁及以上		
女	小计	男	女	小计	男	女	小计	男	女
1029	**2445**	**1625**	**820**	**2125**	**1364**	**761**	**11624**	**7022**	**4602**
135	**153**	**78**	**75**	**41**	**17**	**24**			
25									
54	72	31	41						
56	81	47	34	41	17	24			
199	**504**	**338**	**166**	**407**	**246**	**161**	**798**	**451**	**347**
50	105	68	37	91	52	39	47	20	27
41	91	66	25	74	47	27	122	68	54
46	98	66	32	86	50	36	183	97	86
35	99	63	36	73	44	29	211	129	82
27	111	75	36	83	53	30	235	137	98
206	**522**	**351**	**171**	**457**	**314**	**143**	**2286**	**1425**	**861**
38	93	62	31	90	61	29	343	210	133
38	90	60	30	99	69	30	374	245	129
40	92	62	30	93	66	27	452	285	167
39	116	81	35	79	55	24	567	345	222
51	131	86	45	96	63	33	550	340	210
142	**411**	**288**	**123**	**428**	**290**	**138**	**2357**	**1475**	**882**
38	121	85	36	116	79	37	539	334	205
29	81	55	26	94	65	29	489	298	191
37	103	75	28	82	48	34	496	318	178
18	56	38	18	53	42	11	424	274	150
20	50	35	15	83	56	27	409	251	158
89	**176**	**117**	**59**	**182**	**122**	**60**	**1499**	**937**	**562**
12	48	32	16	56	38	18	350	220	130
16	45	32	13	36	25	11	367	237	130
20	28	19	9	46	31	15	354	209	145
20	29	21	8	28	19	9	290	186	104
21	26	13	13	16	9	7	138	85	53
66	**179**	**106**	**73**	**134**	**81**	**53**	**850**	**511**	**339**
11	35	22	13	18	13	5	164	98	66
8	28	13	15	25	15	10	123	64	59
16	38	25	13	28	14	14	158	108	50
16	48	25	23	38	25	13	185	112	73
15	30	21	9	25	14	11	220	129	91
192	**500**	**347**	**153**	**476**	**294**	**182**	**3834**	**2223**	**1611**

5-5a 全省分年龄、性别、

年龄	初婚						
	合计			15 岁以下			
	合计	男	女	小计	男	女	小计
合计	**439404**	**210580**	**228824**	**578**	**108**	**470**	**2485**
20 岁以下	**163**	**17**	**146**	**6**		**6**	**17**
20–24 岁	**3978**	**1180**	**2798**	**23**	**1**	**22**	**50**
20	168	34	134	2		2	3
21	298	70	228	3		3	11
22	616	164	452	7		7	10
23	1003	323	680	2	1	1	14
24	1893	589	1304	9		9	12
25–29 岁	**27612**	**11209**	**16403**	**33**	**5**	**28**	**115**
25	3037	1082	1955	6	2	4	26
26	4204	1590	2614	5	1	4	24
27	5775	2305	3470	10	1	9	19
28	6729	2761	3968	7		7	24
29	7867	3471	4396	5	1	4	22
30–34 岁	**57394**	**26668**	**30726**	**47**	**13**	**34**	**182**
30	11198	4982	6216	9	1	8	42
31	11683	5485	6198	13	5	8	36
32	11250	5258	5992	5	1	4	43
33	12090	5669	6421	11	3	8	28
34	11173	5274	5899	9	3	6	33
35–39 岁	**48744**	**23678**	**25066**	**34**	**12**	**22**	**143**
35	9924	4730	5194	9	4	5	42
36	10060	4798	5262	10	2	8	46
37	9391	4565	4826	7	3	4	20
38	10375	5206	5169	3	1	2	17
39	8994	4379	4615	5	2	3	18
40–44 岁	**43843**	**21649**	**22194**	**41**	**6**	**35**	**122**
40	8218	4031	4187	3	1	2	15
41	9524	4800	4724	6	1	5	22
42	9165	4490	4675	11	2	9	29
43	8121	3950	4171	11	1	10	23
44	8815	4378	4437	10	1	9	33
45–49 岁	**56520**	**28363**	**28157**	**29**	**10**	**19**	**204**
45	9225	4628	4597	9	3	6	45
46	10856	5440	5416	7	2	5	50
47	12052	6050	6002	4	3	1	46
48	12466	6231	6235	4	1	3	32
49	11921	6014	5907	5	1	4	31
50–54 岁	**56718**	**28277**	**28441**	**51**	**15**	**36**	**237**
50	12531	6252	6279	13	4	9	40
51	11599	5790	5809	9	2	7	57
52	12515	6242	6273	12	5	7	44
53	9345	4664	4681	9	3	6	50
54	10728	5329	5399	8	1	7	46
55–59 岁	**45589**	**22479**	**23110**	**39**	**6**	**33**	**158**
55	10638	5287	5351	9	2	7	42
56	10789	5367	5422	6		6	36
57	11327	5572	5755	11	3	8	41
58	8697	4257	4440	8	1	7	25
59	4138	1996	2142	5		5	14
60–64 岁	**28734**	**14159**	**14575**	**39**	**4**	**35**	**131**
60	5470	2691	2779	6	1	5	15
61	4710	2322	2388	3		3	17
62	5972	2958	3014	9	1	8	22
63	6550	3265	3285	8	1	7	37
64	6032	2923	3109	13	1	12	40
65 岁及以上	**70109**	**32901**	**37208**	**236**	**36**	**200**	**1126**

初婚年龄的人口（城市）

单位：人

年龄							
15岁		16岁			17岁		
男	女	小计	男	女	小计	男	女
492	**1993**	**4472**	**724**	**3748**	**7902**	**1336**	**6566**
2	**15**	**37**	**3**	**34**	**56**	**6**	**50**
12	**38**	**102**	**8**	**94**	**174**	**19**	**155**
1	2	12	1	11	18	3	15
2	9	21	1	20	27	2	25
2	8	18		18	35	3	32
4	10	27	3	24	37	5	32
3	9	24	3	21	57	6	51
29	**86**	**154**	**23**	**131**	**374**	**63**	**311**
4	22	28	8	20	68	9	59
4	20	33	7	26	74	7	67
6	13	34	4	30	84	14	70
7	17	29	4	25	74	18	56
8	14	30		30	74	15	59
46	**136**	**286**	**57**	**229**	**467**	**90**	**377**
11	31	49	4	45	77	15	62
5	31	51	10	41	93	19	74
13	30	70	13	57	98	17	81
8	20	55	13	42	104	23	81
9	24	61	17	44	95	16	79
36	**107**	**264**	**46**	**218**	**461**	**94**	**367**
14	28	56	6	50	89	20	69
12	34	79	12	67	89	18	71
4	16	48	14	34	104	23	81
2	15	42	6	36	113	20	93
4	14	39	8	31	66	13	53
37	**85**	**182**	**49**	**133**	**321**	**85**	**236**
2	13	21	7	14	52	15	37
7	15	38	4	34	67	9	58
13	16	33	9	24	73	21	52
8	15	41	14	27	61	18	43
7	26	49	15	34	68	22	46
63	**141**	**335**	**85**	**250**	**610**	**154**	**456**
19	26	39	7	32	95	19	76
9	41	86	25	61	107	38	69
20	26	85	24	61	136	37	99
6	26	70	20	50	147	35	112
9	22	55	9	46	125	25	100
61	**176**	**430**	**106**	**324**	**769**	**175**	**594**
10	30	73	18	55	139	30	109
20	37	103	22	81	168	42	126
11	33	87	22	65	177	42	135
11	39	66	20	46	131	25	106
9	37	101	24	77	154	36	118
26	**132**	**317**	**54**	**263**	**701**	**125**	**576**
11	31	65	18	47	148	31	117
8	28	81	11	70	138	25	113
4	37	100	16	84	199	39	160
2	23	54	7	47	170	23	147
1	13	17	2	15	46	7	39
14	**117**	**173**	**25**	**148**	**286**	**38**	**248**
	15	23	3	20	39	5	34
2	15	27	4	23	44	5	39
4	18	24	4	20	60	9	51
4	33	43	5	38	65	9	56
4	36	56	9	47	78	10	68
166	**960**	**2192**	**268**	**1924**	**3683**	**487**	**3196**

5-5a 全省分年龄、性别、

年龄	初婚						
	18岁			19岁			
	小计	男	女	小计	男	女	小计
合计	**12224**	**2626**	**9598**	**19054**	**4899**	**14155**	**27090**
20岁以下	**38**	**6**	**32**	**9**		**9**	
20–24岁	**296**	**54**	**242**	**471**	**120**	**351**	**576**
20	47	9	38	62	14	48	24
21	47	8	39	70	26	44	82
22	55	11	44	87	15	72	128
23	57	14	43	91	21	70	165
24	90	12	78	161	44	117	177
25–29岁	**602**	**145**	**457**	**978**	**255**	**723**	**1486**
25	79	17	62	140	31	109	225
26	112	30	82	180	48	132	270
27	123	26	97	216	50	166	304
28	131	36	95	206	60	146	340
29	157	36	121	236	66	170	347
30–34岁	**918**	**185**	**733**	**1584**	**373**	**1211**	**2540**
30	191	41	150	335	79	256	487
31	181	23	158	341	92	249	552
32	173	41	132	284	66	218	474
33	196	42	154	326	74	252	513
34	177	38	139	298	62	236	514
35–39岁	**840**	**176**	**664**	**1532**	**307**	**1225**	**2417**
35	181	38	143	285	52	233	510
36	173	34	139	333	56	277	501
37	117	29	88	286	51	235	442
38	194	46	148	287	69	218	543
39	175	29	146	341	79	262	421
40–44岁	**662**	**175**	**487**	**1312**	**295**	**1017**	**2355**
40	128	29	99	289	55	234	476
41	139	44	95	273	67	206	570
42	132	29	103	263	59	204	476
43	127	36	91	224	52	172	423
44	136	37	99	263	62	201	410
45–49岁	**1074**	**299**	**775**	**1926**	**552**	**1374**	**2964**
45	157	40	117	305	75	230	488
46	171	54	117	374	91	283	544
47	220	52	168	396	127	269	604
48	253	78	175	375	98	277	712
49	273	75	198	476	161	315	616
50–54岁	**1393**	**343**	**1050**	**2637**	**723**	**1914**	**4064**
50	261	54	207	557	167	390	790
51	267	65	202	529	150	379	841
52	331	89	242	525	151	374	890
53	264	73	191	444	113	331	714
54	270	62	208	582	142	440	829
55–59岁	**1190**	**279**	**911**	**2146**	**497**	**1649**	**3482**
55	265	62	203	461	120	341	849
56	264	73	191	463	114	349	754
57	258	64	194	541	125	416	847
58	302	59	243	429	102	327	698
59	101	21	80	252	36	216	334
60–64岁	**477**	**90**	**387**	**808**	**186**	**622**	**1370**
60	117	23	94	218	52	166	382
61	57	16	41	131	29	102	274
62	71	10	61	137	24	113	250
63	107	23	84	165	41	124	260
64	125	18	107	157	40	117	204
65岁及以上	**4734**	**874**	**3860**	**5651**	**1591**	**4060**	**5836**

初婚年龄的人口（城市）（续 1）

单位：人

年龄							
20 岁		21 岁			22 岁		
男	女	小计	男	女	小计	男	女
8141	**18949**	**33796**	**12243**	**21553**	**43023**	**17669**	**25354**
130	**446**	**691**	**233**	**458**	**764**	**278**	**486**
6	18						
22	60	37	9	28			
32	96	172	66	106	104	35	69
42	123	199	70	129	270	106	164
28	149	283	88	195	390	137	253
437	**1049**	**1977**	**687**	**1290**	**2829**	**1066**	**1763**
69	156	338	118	220	500	182	318
69	201	342	123	219	538	200	338
90	214	406	146	260	571	218	353
108	232	427	152	275	584	229	355
101	246	464	148	316	636	237	399
677	**1863**	**3355**	**1219**	**2136**	**4456**	**1805**	**2651**
128	359	602	211	391	840	345	495
153	399	678	256	422	837	346	491
135	339	672	241	431	855	358	497
137	376	749	278	471	992	403	589
124	390	654	233	421	932	353	579
554	**1863**	**3203**	**1071**	**2132**	**4122**	**1710**	**2412**
112	398	618	211	407	786	315	471
112	389	645	225	420	788	339	449
104	338	645	210	435	794	327	467
127	416	672	227	445	925	388	537
99	322	623	198	425	829	341	488
607	**1748**	**3083**	**1010**	**2073**	**4167**	**1619**	**2548**
123	353	502	171	331	746	319	427
167	403	696	235	461	741	294	447
105	371	736	247	489	935	359	576
101	322	556	169	387	877	329	548
111	299	593	188	405	868	318	550
960	**2004**	**4241**	**1527**	**2714**	**5615**	**2268**	**3347**
144	344	632	229	403	919	364	555
166	378	831	301	530	1049	411	638
193	411	916	321	595	1183	475	708
238	474	924	329	595	1257	511	746
219	397	938	347	591	1207	507	700
1347	**2717**	**5130**	**1994**	**3136**	**6238**	**2640**	**3598**
269	521	909	330	579	1308	531	777
292	549	1083	438	645	1028	427	601
297	593	1225	502	723	1405	596	809
230	484	847	337	510	1189	517	672
259	570	1066	387	679	1308	569	739
998	**2484**	**4479**	**1639**	**2840**	**5729**	**2529**	**3200**
273	576	1048	396	652	1331	595	736
226	528	1126	387	739	1367	615	752
215	632	1047	397	650	1473	659	814
202	496	832	305	527	1054	464	590
82	252	426	154	272	504	196	308
363	**1007**	**2285**	**723**	**1562**	**3456**	**1226**	**2230**
96	286	551	182	369	748	287	461
75	199	477	156	321	588	222	366
80	170	486	147	339	793	271	522
62	198	432	137	295	752	255	497
50	154	339	101	238	575	191	384
2068	**3768**	**5352**	**2140**	**3212**	**5647**	**2528**	**3119**

5-5a 全省分年龄、性别、

年龄	初婚							
	23岁			24岁			25岁	
	小计	男	女	小计	男	女	小计	男
合计	**46507**	**20036**	**26471**	**48411**	**23457**	**24954**	**46983**	**25237**
20岁以下								
20-24岁	**571**	**226**	**345**	**260**	**99**	**161**		
20								
21								
22								
23	141	57	84					
24	430	169	261	260	99	161		
25-29岁	**3266**	**1273**	**1993**	**4302**	**1800**	**2502**	**4538**	**1966**
25	615	232	383	660	267	393	352	143
26	576	232	344	840	357	483	807	335
27	666	251	415	964	400	564	1106	475
28	718	267	451	837	341	496	1123	479
29	691	291	400	1001	435	566	1150	534
30-34岁	**4884**	**2089**	**2795**	**5783**	**2566**	**3217**	**6827**	**3247**
30	954	374	580	1237	538	699	1519	728
31	1011	453	558	1195	558	637	1430	711
32	918	400	518	1150	504	646	1283	600
33	999	420	579	1153	496	657	1443	675
34	1002	442	560	1048	470	578	1152	533
35-39岁	**4241**	**1881**	**2360**	**4731**	**2262**	**2469**	**5063**	**2542**
35	920	402	518	1027	464	563	1020	525
36	810	332	478	991	472	519	1080	531
37	792	351	441	888	420	468	1029	531
38	895	424	471	974	474	500	1034	536
39	824	372	452	851	432	419	900	419
40-44岁	**4547**	**1910**	**2637**	**4353**	**2004**	**2349**	**4333**	**2265**
40	807	324	483	766	375	391	818	413
41	899	396	503	960	423	537	971	543
42	803	345	458	853	404	449	959	491
43	949	404	545	755	330	425	766	377
44	1089	441	648	1019	472	547	819	441
45-49岁	**6360**	**2551**	**3809**	**6402**	**2994**	**3408**	**6325**	**3385**
45	1022	410	612	1097	529	568	1015	535
46	1264	483	781	1217	589	628	1229	664
47	1292	523	769	1408	627	781	1412	750
48	1382	579	803	1394	634	760	1381	746
49	1400	556	844	1286	615	671	1288	690
50-54岁	**6611**	**2871**	**3740**	**6400**	**3186**	**3214**	**5736**	**3241**
50	1385	582	803	1461	699	762	1395	748
51	1336	585	751	1361	653	708	1232	691
52	1344	543	801	1423	721	702	1265	685
53	1116	490	626	969	483	486	891	541
54	1430	671	759	1186	630	556	953	576
55-59岁	**5969**	**2767**	**3202**	**5640**	**3058**	**2582**	**4789**	**2895**
55	1359	597	762	1361	710	651	1061	632
56	1443	685	758	1316	724	592	1200	715
57	1467	671	796	1391	744	647	1203	720
58	1226	599	627	1050	590	460	891	556
59	474	215	259	522	290	232	434	272
60-64岁	**4318**	**1784**	**2534**	**4385**	**2182**	**2203**	**3410**	**2034**
60	737	307	430	625	344	281	636	389
61	715	321	394	677	347	330	475	289
62	924	373	551	941	447	494	665	390
63	1075	457	618	1070	533	537	820	499
64	867	326	541	1072	511	561	814	467
65岁及以上	**5740**	**2684**	**3056**	**6155**	**3306**	**2849**	**5962**	**3662**

初婚年龄的人口（城市）（续2）

单位：人

	年龄									
		26岁			27岁			28岁		
	女	小计	男	女	小计	男	女	小计	男	女
	21746	**39158**	**22882**	**16276**	**30283**	**18897**	**11386**	**21672**	**14232**	**7440**
	2572	**3518**	**1642**	**1876**	**2190**	**1133**	**1057**	**1011**	**545**	**466**
	209									
	472	403	177	226						
	631	897	435	462	375	189	186			
	644	1116	496	620	773	394	379	340	170	170
	616	1102	534	568	1042	550	492	671	375	296
	3580	**7093**	**3498**	**3595**	**6128**	**3174**	**2954**	**4979**	**2878**	**2101**
	791	1530	733	797	1327	669	658	1112	618	494
	719	1540	755	785	1249	653	596	1055	617	438
	683	1340	657	683	1272	658	614	930	531	399
	768	1423	718	705	1192	612	580	1003	587	416
	619	1260	635	625	1088	582	506	879	525	354
	2521	**4830**	**2595**	**2235**	**4270**	**2463**	**1807**	**3431**	**2111**	**1320**
	495	990	531	459	935	517	418	734	429	305
	549	1070	554	516	851	491	360	721	444	277
	498	922	487	435	811	452	359	668	409	259
	498	1027	585	442	926	549	377	687	449	238
	481	821	438	383	747	454	293	621	380	241
	2068	**3799**	**2171**	**1628**	**3318**	**2006**	**1312**	**2589**	**1696**	**893**
	405	772	424	348	649	382	267	550	360	190
	428	816	476	340	798	485	313	558	351	207
	468	770	435	335	675	398	277	582	356	226
	389	703	404	299	557	339	218	448	304	144
	378	738	432	306	639	402	237	451	325	126
	2940	**5022**	**2995**	**2027**	**3781**	**2491**	**1290**	**2744**	**1881**	**863**
	480	704	417	287	592	390	202	505	365	140
	565	1034	628	406	631	429	202	536	360	176
	662	1092	659	433	860	572	288	507	342	165
	635	1155	672	483	867	568	299	627	423	204
	598	1037	619	418	831	532	299	569	391	178
	2495	**4513**	**2869**	**1644**	**3235**	**2210**	**1025**	**2302**	**1603**	**699**
	647	1078	656	422	800	527	273	611	412	199
	541	942	579	363	656	452	204	469	321	148
	580	983	638	345	760	507	253	497	346	151
	350	732	461	271	463	329	134	368	263	105
	377	778	535	243	556	395	161	357	261	96
	1894	**3202**	**2112**	**1090**	**2081**	**1476**	**605**	**1259**	**919**	**340**
	429	712	466	246	535	371	164	326	241	85
	485	781	515	266	413	297	116	321	228	93
	483	834	554	280	523	363	160	266	200	66
	335	573	373	200	413	298	115	213	151	62
	162	302	204	98	197	147	50	133	99	34
	1376	**2379**	**1649**	**730**	**1636**	**1218**	**418**	**1003**	**770**	**233**
	247	428	304	124	288	210	78	184	145	39
	186	385	256	129	276	199	77	161	122	39
	275	469	336	133	375	300	75	211	163	48
	321	540	388	152	328	241	87	256	192	64
	347	557	365	192	369	268	101	191	148	43
	2300	**4802**	**3351**	**1451**	**3644**	**2726**	**918**	**2354**	**1829**	**525**

5-5a 全省分年龄、性别、

年龄	初婚						
	29 岁			30 岁			
	小计	男	女	小计	男	女	小计
合计	**15112**	**10237**	**4875**	**10272**	**7027**	**3245**	**7025**
20 岁以下							
20-24 岁							
20							
21							
22							
23							
24							
25-29 岁	**239**	**140**	**99**				
25							
26							
27							
28							
29	239	140	99				
30-34 岁	**3509**	**2074**	**1435**	**2188**	**1324**	**864**	**1245**
30	645	348	297	242	139	103	
31	779	452	327	437	256	181	205
32	740	449	291	531	321	210	293
33	674	404	270	515	319	196	395
34	671	421	250	463	289	174	352
35-39 岁	**2431**	**1591**	**840**	**1873**	**1224**	**649**	**1374**
35	514	342	172	396	256	140	285
36	534	332	202	375	247	128	306
37	453	305	148	380	245	135	256
38	514	326	188	407	268	139	307
39	416	286	130	315	208	107	220
40-44 岁	**2049**	**1384**	**665**	**1554**	**1040**	**514**	**1055**
40	423	282	141	270	178	92	190
41	477	312	165	382	248	134	232
42	406	284	122	338	229	109	251
43	385	260	125	271	179	92	189
44	358	246	112	293	206	87	193
45-49 岁	**1912**	**1334**	**578**	**1284**	**910**	**374**	**1039**
45	327	217	110	251	176	75	219
46	384	271	113	244	176	68	192
47	425	306	119	301	203	98	201
48	356	251	105	274	190	84	232
49	420	289	131	214	165	49	195
50-54 岁	**1690**	**1194**	**496**	**1097**	**813**	**284**	**772**
50	415	302	113	270	199	71	161
51	386	255	131	240	170	70	169
52	374	266	108	256	184	72	166
53	255	183	72	167	130	37	135
54	260	188	72	164	130	34	141
55-59 岁	**930**	**686**	**244**	**648**	**473**	**175**	**509**
55	231	165	66	181	136	45	116
56	239	175	64	135	98	37	121
57	257	201	56	180	125	55	129
58	122	85	37	102	80	22	98
59	81	60	21	50	34	16	45
60-64 岁	**684**	**515**	**169**	**449**	**328**	**121**	**267**
60	118	91	27	79	62	17	42
61	100	76	24	76	49	27	33
62	149	118	31	92	71	21	66
63	159	112	47	94	69	25	63
64	158	118	40	108	77	31	63
65 岁及以上	**1668**	**1319**	**349**	**1179**	**915**	**264**	**764**

初婚年龄的人口（城市）（续 3）

单位：人

31岁		32岁			33岁			34岁		
男	女	小计	男	女	小计	男	女	小计	男	女
4834	**2191**	**4925**	**3373**	**1552**	**3738**	**2486**	**1252**	**2904**	**1938**	**966**
777	**468**	**635**	**396**	**239**	**227**	**141**	**86**	**61**	**39**	**22**
121	84									
185	108	119	68	51						
247	148	225	150	75	94	60	34			
224	128	291	178	113	133	81	52	61	39	22
891	**483**	**999**	**623**	**376**	**856**	**528**	**328**	**665**	**412**	**253**
177	108	191	116	75	178	102	76	117	71	46
194	112	220	134	86	159	94	65	145	86	59
153	103	191	119	72	182	123	59	142	89	53
213	94	219	143	76	192	123	69	131	80	51
154	66	178	111	67	145	86	59	130	86	44
717	**338**	**859**	**576**	**283**	**641**	**434**	**207**	**556**	**359**	**197**
127	63	161	103	58	123	84	39	114	71	43
157	75	195	123	72	145	100	45	140	95	45
165	86	175	115	60	113	75	38	108	70	38
132	57	161	116	45	115	81	34	86	58	28
136	57	167	119	48	145	94	51	108	65	43
744	**295**	**798**	**582**	**216**	**702**	**468**	**234**	**560**	**380**	**180**
150	69	144	103	41	129	76	53	104	75	29
129	63	164	111	53	141	98	43	122	75	47
157	44	165	124	41	162	108	54	120	87	33
164	68	173	126	47	149	103	46	112	71	41
144	51	152	118	34	121	83	38	102	72	30
533	**239**	**562**	**398**	**164**	**418**	**295**	**123**	**332**	**239**	**93**
117	44	136	95	41	117	88	29	88	62	26
124	45	118	87	31	71	51	20	68	51	17
108	58	126	94	32	82	51	31	69	54	15
91	44	93	63	30	73	54	19	42	28	14
93	48	89	59	30	75	51	24	65	44	21
368	**141**	**341**	**254**	**87**	**320**	**209**	**111**	**289**	**179**	**110**
82	34	80	57	23	70	50	20	63	40	23
85	36	77	60	17	86	51	35	91	55	36
95	34	86	67	19	72	43	29	65	42	23
72	26	61	44	17	64	43	21	46	26	20
34	11	37	26	11	28	22	6	24	16	8
202	**65**	**184**	**131**	**53**	**156**	**107**	**49**	**125**	**90**	**35**
33	9	31	21	10	24	13	11	36	26	10
25	8	18	13	5	37	24	13	19	15	4
49	17	37	26	11	26	18	8	18	15	3
50	13	39	24	15	37	28	9	32	23	9
45	18	59	47	12	32	24	8	20	11	9
602	**162**	**547**	**413**	**134**	**418**	**304**	**114**	**316**	**240**	**76**

5-5a 全省分年龄、性别、

年龄	初婚						
	35 岁			36 岁			
	小计	男	女	小计	男	女	小计
合计	**2255**	**1494**	**761**	**1703**	**1118**	**585**	**1369**
20 岁以下							
20–24 岁							
20							
21							
22							
23							
24							
25–29 岁							
25							
26							
27							
28							
29							
30–34 岁							
30							
31							
32							
33							
34							
35–39 岁	**452**	**260**	**192**	**260**	**147**	**113**	**174**
35	41	26	15				
36	111	65	46	23	12	11	
37	107	56	51	84	48	36	23
38	101	63	38	71	36	35	71
39	92	50	42	82	51	31	80
40–44 岁	**468**	**276**	**192**	**387**	**231**	**156**	**338**
40	104	54	50	85	46	39	58
41	112	63	49	100	64	36	72
42	104	66	38	86	53	33	79
43	95	59	36	63	34	29	59
44	53	34	19	53	34	19	70
45–49 岁	**456**	**324**	**132**	**375**	**263**	**112**	**318**
45	73	51	22	54	37	17	54
46	105	80	25	85	62	23	57
47	88	61	27	82	61	21	63
48	92	60	32	76	50	26	77
49	98	72	26	78	53	25	67
50–54 岁	**277**	**198**	**79**	**250**	**171**	**79**	**194**
50	76	57	19	66	48	18	53
51	63	45	18	67	45	22	42
52	71	48	23	47	35	12	49
53	32	25	7	43	25	18	22
54	35	23	12	27	18	9	28
55–59 岁	**240**	**164**	**76**	**141**	**95**	**46**	**122**
55	47	34	13	20	16	4	31
56	55	40	15	42	23	19	25
57	66	43	23	31	23	8	29
58	53	33	20	33	22	11	27
59	19	14	5	15	11	4	10
60–64 岁	**93**	**68**	**25**	**96**	**72**	**24**	**70**
60	20	16	4	18	15	3	13
61	15	10	5	20	16	4	15
62	19	14	5	21	15	6	16
63	30	21	9	15	10	5	14
64	9	7	2	22	16	6	12
65 岁及以上	**269**	**204**	**65**	**194**	**139**	**55**	**153**

初婚年龄的人口（城市）（续 4）

单位：人

年龄										
37 岁		38 岁			39 岁			40 岁及以上		
男	女	小计	男	女	小计	男	女	小计	男	女
931	**438**	**982**	**667**	**315**	**875**	**587**	**288**	**4606**	**2909**	**1697**
97	**77**	**64**	**37**	**27**	**14**	**8**	**6**			
12	11									
40	31	23	11	12						
45	35	41	26	15	14	8	6			
227	**111**	**239**	**162**	**77**	**173**	**112**	**61**	**340**	**196**	**144**
28	30	47	31	16	33	21	12	16	6	10
56	16	42	31	11	29	20	9	44	29	15
53	26	48	33	15	42	28	14	85	46	39
36	23	50	29	21	34	18	16	92	62	30
54	16	52	38	14	35	25	10	103	53	50
230	**88**	**235**	**149**	**86**	**235**	**157**	**78**	**974**	**607**	**367**
39	15	45	30	15	45	32	13	156	96	60
41	16	46	29	17	46	30	16	140	88	52
42	21	40	21	19	52	35	17	192	120	72
60	17	45	30	15	44	29	15	256	159	97
48	19	59	39	20	48	31	17	230	144	86
129	**65**	**182**	**127**	**55**	**193**	**139**	**54**	**1005**	**657**	**348**
32	21	45	33	12	50	34	16	234	148	86
30	12	44	33	11	47	33	14	203	127	76
32	17	48	35	13	40	27	13	219	153	66
16	6	27	17	10	19	16	3	184	120	64
19	9	18	9	9	37	29	8	165	109	56
83	**39**	**84**	**61**	**23**	**89**	**60**	**29**	**695**	**467**	**228**
27	4	27	19	8	30	19	11	170	117	53
14	11	22	15	7	20	13	7	167	115	52
21	8	14	11	3	25	18	7	172	109	63
16	11	10	8	2	7	6	1	136	90	46
5	5	11	8	3	7	4	3	50	36	14
50	**20**	**62**	**41**	**21**	**54**	**34**	**20**	**338**	**215**	**123**
9	4	12	9	3	7	6	1	73	42	31
11	4	8	6	2	12	6	6	50	28	22
9	7	14	10	4	11	7	4	66	47	19
10	4	18	9	9	14	11	3	77	51	26
11	1	10	7	3	10	4	6	72	47	25
115	**38**	**116**	**90**	**26**	**117**	**77**	**40**	**1254**	**767**	**487**

5-5b 全省分年龄、性别、

年龄	初婚						
	合计			15岁以下			
	合计	男	女	小计	男	女	小计
合计	**350347**	**165700**	**184647**	**919**	**135**	**784**	**3819**
20岁以下	**236**	**34**	**202**	**13**	**1**	**12**	**27**
20-24岁	**4222**	**1189**	**3033**	**22**	**2**	**20**	**121**
20	258	48	210	4	1	3	17
21	402	86	316	5	1	4	20
22	751	177	574	3		3	28
23	1077	306	771	6		6	29
24	1734	572	1162	4		4	27
25-29岁	**23296**	**8979**	**14317**	**52**	**3**	**49**	**168**
25	2856	993	1863	9		9	38
26	3557	1310	2247	10	1	9	42
27	4886	1809	3077	7		7	32
28	5533	2229	3304	13	1	12	27
29	6464	2638	3826	13	1	12	29
30-34岁	**46864**	**20727**	**26137**	**69**	**9**	**60**	**261**
30	9159	3828	5331	14		14	42
31	9422	4062	5360	15	2	13	57
32	8970	4006	4964	13	3	10	42
33	10191	4609	5582	12	1	11	61
34	9122	4222	4900	15	3	12	59
35-39岁	**39550**	**19079**	**20471**	**49**	**7**	**42**	**227**
35	8263	3904	4359	10		10	58
36	8456	4027	4429	12	1	11	52
37	7652	3726	3926	13	4	9	33
38	8162	3966	4196	7		7	45
39	7017	3456	3561	7	2	5	39
40-44岁	**34236**	**16880**	**17356**	**63**	**16**	**47**	**211**
40	6849	3226	3623	9		9	27
41	7059	3587	3472	17	3	14	35
42	7114	3464	3650	11	7	4	58
43	6187	3088	3099	12	3	9	51
44	7027	3515	3512	14	3	11	40
45-49岁	**45785**	**22793**	**22992**	**70**	**12**	**58**	**344**
45	7290	3601	3689	14	2	12	72
46	8943	4408	4535	16	3	13	84
47	9686	4829	4857	16	2	14	69
48	10112	5088	5024	10	4	6	62
49	9754	4867	4887	14	1	13	57
50-54岁	**48184**	**23684**	**24500**	**120**	**28**	**92**	**424**
50	10563	5107	5456	15	2	13	74
51	9570	4752	4818	24	10	14	74
52	10469	5172	5297	25	1	24	100
53	8228	4073	4155	30	8	22	86
54	9354	4580	4774	26	7	19	90
55-59岁	**34971**	**17161**	**17810**	**70**	**8**	**62**	**356**
55	8102	4019	4083	19	3	16	92
56	8202	4034	4168	15	2	13	102
57	8357	4124	4233	20	1	19	83
58	7076	3464	3612	12		12	53
59	3234	1520	1714	4	2	2	26
60-64岁	**20487**	**10205**	**10282**	**87**	**14**	**73**	**249**
60	3725	1870	1855	9	1	8	33
61	3044	1496	1548	11	1	10	36
62	4120	2101	2019	23	4	19	38
63	4880	2431	2449	18	3	15	69
64	4718	2307	2411	26	5	21	73
65岁及以上	**52516**	**24969**	**27547**	**304**	**35**	**269**	**1431**

初婚年龄的人口（镇）

单位：人

年龄							
15岁		16岁			17岁		
男	女	小计	男	女	小计	男	女
708	**3111**	**6794**	**1194**	**5600**	**11452**	**2355**	**9097**
5	**22**	**55**	**6**	**49**	**75**	**9**	**66**
10	**111**	**181**	**16**	**165**	**322**	**55**	**267**
2	15	28		28	49	7	42
1	19	28	4	24	50	10	40
2	26	33	3	30	69	8	61
2	27	40	3	37	61	15	46
3	24	52	6	46	93	15	78
25	**143**	**329**	**44**	**285**	**640**	**98**	**542**
5	33	64	11	53	118	19	99
5	37	76	10	66	95	15	80
4	28	77	11	66	154	25	129
6	21	53	4	49	141	23	118
5	24	59	8	51	132	16	116
53	**208**	**452**	**89**	**363**	**751**	**137**	**614**
11	31	79	15	64	154	24	130
8	49	92	17	75	138	28	110
13	29	92	18	74	155	24	131
11	50	101	18	83	152	31	121
10	49	88	21	67	152	30	122
49	**178**	**371**	**92**	**279**	**698**	**140**	**558**
14	44	76	19	57	137	16	121
9	43	104	26	78	133	34	99
4	29	84	23	61	153	33	120
7	38	64	18	46	158	29	129
15	24	43	6	37	117	28	89
49	**162**	**351**	**78**	**273**	**546**	**149**	**397**
2	25	41	5	36	100	22	78
11	24	76	21	55	100	22	78
12	46	77	14	63	122	36	86
11	40	72	17	55	105	29	76
13	27	85	21	64	119	40	79
94	**250**	**561**	**142**	**419**	**1101**	**299**	**802**
20	52	81	21	60	150	38	112
22	62	129	34	95	188	49	139
23	46	135	35	100	263	73	190
16	46	115	28	87	255	76	179
13	44	101	24	77	245	63	182
84	**340**	**798**	**173**	**625**	**1411**	**341**	**1070**
14	60	148	29	119	256	57	199
15	59	173	43	130	250	66	184
22	78	173	40	133	317	67	250
18	68	139	28	111	292	76	216
15	75	165	33	132	296	75	221
63	**293**	**673**	**104**	**569**	**1355**	**264**	**1091**
20	72	123	19	104	288	69	219
24	78	180	37	143	267	55	212
10	73	196	26	170	367	67	300
5	48	127	17	110	332	65	267
4	22	47	5	42	101	8	93
36	**213**	**416**	**56**	**360**	**582**	**98**	**484**
6	27	44	7	37	102	12	90
4	32	65	10	55	72	12	60
5	33	77	11	66	104	17	87
13	56	101	13	88	142	26	116
8	65	129	15	114	162	31	131
240	**1191**	**2607**	**394**	**2213**	**3971**	**765**	**3206**

5-5b 全省分年龄、性别、

年龄	初婚						
	18 岁			19 岁			
	小计	男	女	小计	男	女	小计
合计	**17296**	**4292**	**13004**	**26167**	**7813**	**18354**	**35373**
20 岁以下	**52**	**8**	**44**	**14**	**5**	**9**	
20–24 岁	**448**	**77**	**371**	**578**	**133**	**445**	**736**
20	57	10	47	71	19	52	32
21	64	9	55	91	20	71	108
22	97	14	83	124	35	89	164
23	106	19	87	127	25	102	195
24	124	25	99	165	34	131	237
25–29 岁	**977**	**198**	**779**	**1441**	**370**	**1071**	**2043**
25	169	31	138	238	70	168	332
26	164	33	131	241	68	173	384
27	190	41	149	310	78	232	436
28	220	44	176	322	70	252	431
29	234	49	185	330	84	246	460
30–34 岁	**1340**	**258**	**1082**	**2332**	**528**	**1804**	**3268**
30	284	60	224	525	125	400	640
31	273	54	219	476	111	365	728
32	241	40	201	382	77	305	613
33	277	52	225	465	102	363	700
34	265	52	213	484	113	371	587
35–39 岁	**1351**	**283**	**1068**	**2131**	**495**	**1636**	**3140**
35	265	48	217	404	93	311	610
36	293	59	234	453	92	361	664
37	226	50	176	411	96	315	642
38	331	69	262	400	96	304	696
39	236	57	179	463	118	345	528
40–44 岁	**1052**	**237**	**815**	**1983**	**502**	**1481**	**3253**
40	205	44	161	465	99	366	722
41	197	43	154	399	94	305	693
42	205	37	168	366	87	279	676
43	222	48	174	312	95	217	550
44	223	65	158	441	127	314	612
45–49 岁	**1797**	**535**	**1262**	**2987**	**960**	**2027**	**4302**
45	266	73	193	450	145	305	680
46	317	96	221	560	174	386	844
47	297	95	202	612	206	406	907
48	442	129	313	597	181	416	1032
49	475	142	333	768	254	514	839
50–54 岁	**2430**	**662**	**1768**	**4080**	**1274**	**2806**	**5828**
50	491	119	372	815	251	564	1274
51	451	140	311	795	233	562	1211
52	518	146	372	823	275	548	1298
53	476	138	338	737	246	491	919
54	494	119	375	910	269	641	1126
55–59 岁	**2115**	**517**	**1598**	**3356**	**980**	**2376**	**4485**
55	437	120	317	695	204	491	1111
56	466	111	355	736	217	519	993
57	445	115	330	804	246	558	1013
58	563	134	429	710	205	505	940
59	204	37	167	411	108	303	428
60–64 岁	**843**	**179**	**664**	**1392**	**419**	**973**	**2151**
60	171	35	136	345	108	237	541
61	103	21	82	236	59	177	348
62	141	26	115	236	83	153	421
63	218	58	160	301	86	215	439
64	210	39	171	274	83	191	402
65 岁及以上	**4891**	**1338**	**3553**	**5873**	**2147**	**3726**	**6167**

初婚年龄的人口（镇）（续 1）

单位：人

年龄							
20 岁		21 岁			22 岁		
男	女	小计	男	女	小计	男	女
12535	**22838**	**38111**	**15993**	**22118**	**40230**	**19545**	**20685**
230	**506**	**669**	**214**	**455**	**630**	**241**	**389**
9	23						
25	83	36	16	20			
40	124	151	50	101	82	25	57
62	133	218	63	155	208	80	128
94	143	264	85	179	340	136	204
613	**1430**	**2302**	**786**	**1516**	**2587**	**1021**	**1566**
89	243	317	107	210	414	175	239
103	281	383	119	264	428	170	258
128	308	459	157	302	560	202	358
148	283	506	181	325	573	239	334
145	315	637	222	415	612	235	377
933	**2335**	**4086**	**1445**	**2641**	**4847**	**2084**	**2763**
190	450	720	251	469	927	364	563
213	515	852	286	566	895	366	529
172	441	774	279	495	930	415	515
198	502	960	355	605	1129	496	633
160	427	780	274	506	966	443	523
861	**2279**	**3706**	**1356**	**2350**	**4215**	**1922**	**2293**
164	446	710	257	453	811	354	457
170	494	785	296	489	889	394	495
189	453	741	258	483	798	373	425
200	496	780	293	487	915	414	501
138	390	690	252	438	802	387	415
964	**2289**	**3752**	**1396**	**2356**	**4226**	**1912**	**2314**
207	515	684	252	432	804	347	457
224	469	786	306	480	750	351	399
183	493	852	308	544	931	438	493
168	382	662	220	442	781	369	412
182	430	768	310	458	960	407	553
1555	**2747**	**5248**	**2121**	**3127**	**5766**	**2687**	**3079**
234	446	757	285	472	894	371	523
302	542	1051	399	652	1057	463	594
318	589	1126	445	681	1300	618	682
388	644	1180	505	675	1259	635	624
313	526	1134	487	647	1256	600	656
2239	**3589**	**6245**	**2861**	**3384**	**6262**	**3300**	**2962**
474	800	1141	509	632	1341	630	711
473	738	1386	619	767	1027	537	490
500	798	1480	684	796	1460	813	647
353	566	1069	513	556	1170	635	535
439	687	1169	536	633	1264	685	579
1670	**2815**	**4698**	**2282**	**2416**	**4438**	**2497**	**1941**
424	687	1056	513	543	1020	552	468
358	635	1200	572	628	1017	568	449
384	629	1083	542	541	1126	635	491
365	575	910	453	457	877	513	364
139	289	449	202	247	398	229	169
761	**1390**	**2529**	**1031**	**1498**	**2950**	**1437**	**1513**
195	346	468	208	260	510	300	210
127	221	478	199	279	408	215	193
159	262	559	245	314	710	336	374
144	295	573	214	359	737	338	399
136	266	451	165	286	585	248	337
2709	**3458**	**4876**	**2501**	**2375**	**4309**	**2444**	**1865**

5-5b 全省分年龄、性别、

年龄	初婚						
	23岁			24岁			
	小计	男	女	小计	男	女	小计
合计	**35683**	**18640**	**17043**	**32122**	**17936**	**14186**	**27667**
20岁以下							
20-24岁	**366**	**147**	**219**	**149**	**64**	**85**	
20							
21							
22							
23	87	37	50				
24	279	110	169	149	64	85	
25-29岁	**2779**	**1130**	**1649**	**3097**	**1366**	**1731**	**2869**
25	501	188	313	445	193	252	211
26	476	182	294	592	263	329	460
27	546	218	328	616	254	362	724
28	642	275	367	612	295	317	699
29	614	267	347	832	361	471	775
30-34岁	**4587**	**2045**	**2542**	**4822**	**2270**	**2552**	**5119**
30	823	338	485	999	456	543	1142
31	978	460	518	942	440	502	1056
32	821	362	459	983	468	515	969
33	1018	471	547	1002	459	543	1038
34	947	414	533	896	447	449	914
35-39岁	**3860**	**1941**	**1919**	**3845**	**2076**	**1769**	**3825**
35	845	396	449	838	432	406	839
36	752	374	378	850	467	383	868
37	748	378	370	742	396	346	749
38	788	419	369	767	419	348	733
39	727	374	353	648	362	286	636
40-44岁	**3803**	**1914**	**1889**	**3214**	**1806**	**1408**	**2697**
40	665	312	353	606	333	273	603
41	764	391	373	659	386	273	543
42	747	383	364	658	358	300	568
43	764	393	371	568	337	231	483
44	863	435	428	723	392	331	500
45-49岁	**5274**	**2718**	**2556**	**4548**	**2518**	**2030**	**3811**
45	877	443	434	744	417	327	643
46	978	492	486	924	515	409	813
47	1085	533	552	936	516	420	797
48	1216	646	570	960	523	437	819
49	1118	604	514	984	547	437	739
50-54岁	**5152**	**2866**	**2286**	**4233**	**2483**	**1750**	**3101**
50	1193	614	579	994	552	442	807
51	979	543	436	838	504	334	660
52	939	506	433	967	565	402	675
53	985	566	419	588	362	226	484
54	1056	637	419	846	500	346	475
55-59岁	**3709**	**2253**	**1456**	**2974**	**1918**	**1056**	**2095**
55	924	550	374	728	456	272	484
56	814	488	326	755	470	285	516
57	904	552	352	696	448	248	539
58	744	450	294	520	362	158	389
59	323	213	110	275	182	93	167
60-64岁	**2628**	**1484**	**1144**	**2084**	**1375**	**709**	**1430**
60	429	254	175	318	216	102	246
61	357	203	154	290	191	99	200
62	468	266	202	412	273	139	296
63	727	417	310	446	293	153	347
64	647	344	303	618	402	216	341
65岁及以上	**3525**	**2142**	**1383**	**3156**	**2060**	**1096**	**2720**

初婚年龄的人口（镇）（续 2）

单位：人

年龄										
25 岁		26 岁			27 岁			28 岁		
男	女	小计	男	女	小计	男	女	小计	男	女
16261	**11406**	**21389**	**13159**	**8230**	**15740**	**10160**	**5580**	**10844**	**7212**	**3632**
1294	**1575**	**2145**	**1039**	**1106**	**1262**	**661**	**601**	**485**	**259**	**226**
105	106									
224	236	206	117	89						
318	406	559	263	296	216	110	106			
316	383	693	325	368	440	225	215	161	77	84
331	444	687	334	353	606	326	280	324	182	142
2470	**2649**	**4551**	**2380**	**2171**	**3780**	**2108**	**1672**	**2752**	**1591**	**1161**
530	612	929	482	447	831	416	415	592	313	279
474	582	993	515	478	717	382	335	556	318	238
444	525	863	436	427	747	439	308	536	319	217
531	507	938	498	440	763	452	311	576	330	246
491	423	828	449	379	722	419	303	492	311	181
2234	**1591**	**3089**	**1837**	**1252**	**2613**	**1661**	**952**	**1939**	**1304**	**635**
484	355	644	366	278	618	357	261	462	303	159
499	369	648	379	269	564	355	209	451	300	151
433	316	624	383	241	455	308	147	366	258	108
422	311	666	400	266	526	347	179	353	244	109
396	240	507	309	198	450	294	156	307	199	108
1645	**1052**	**2226**	**1426**	**800**	**1706**	**1177**	**529**	**1299**	**905**	**394**
347	256	479	292	187	376	244	132	285	194	91
336	207	497	309	188	391	274	117	295	202	93
357	211	445	288	157	349	226	123	251	182	69
294	189	389	258	131	270	193	77	247	168	79
311	189	416	279	137	320	240	80	221	159	62
2279	**1532**	**2786**	**1840**	**946**	**1910**	**1338**	**572**	**1289**	**913**	**376**
396	247	378	255	123	312	225	87	207	155	52
476	337	573	365	208	324	224	100	260	187	73
486	311	629	429	200	419	285	134	273	196	77
478	341	627	403	224	442	331	111	275	186	89
443	296	579	388	191	413	273	140	274	189	85
1973	**1128**	**2310**	**1524**	**786**	**1496**	**1009**	**487**	**1096**	**763**	**333**
498	309	593	393	200	359	236	123	276	185	91
408	252	482	327	155	312	213	99	265	188	77
434	241	452	295	157	326	216	110	224	156	68
308	176	363	232	131	228	160	68	155	109	46
325	150	420	277	143	271	184	87	176	125	51
1374	**721**	**1319**	**909**	**410**	**911**	**654**	**257**	**526**	**375**	**151**
312	172	263	176	87	205	155	50	152	107	45
339	177	358	253	105	180	122	58	139	100	39
345	194	309	197	112	230	172	58	97	73	24
263	126	282	203	79	204	143	61	93	67	26
115	52	107	80	27	92	62	30	45	28	17
1027	**403**	**963**	**707**	**256**	**595**	**474**	**121**	**401**	**306**	**95**
182	64	175	120	55	81	61	20	63	44	19
144	56	143	102	41	86	69	17	45	34	11
210	86	176	129	47	132	104	28	87	59	28
260	87	214	158	56	144	110	34	117	96	21
231	110	255	198	57	152	130	22	89	73	16
1965	**755**	**2000**	**1497**	**503**	**1467**	**1078**	**389**	**1057**	**796**	**261**

5-5b 全省分年龄、性别、

年龄	初婚						
	29岁			30岁			
	小计	男	女	小计	男	女	小计
合计	**7077**	**4813**	**2264**	**4820**	**3307**	**1513**	**3346**
20岁以下							
20-24岁							
20							
21							
22							
23							
24							
25-29岁	**120**	**72**	**48**				
25							
26							
27							
28							
29	120	72	48				
30-34岁	**1770**	**1060**	**710**	**1060**	**650**	**410**	**576**
30	333	182	151	125	71	54	
31	386	234	152	195	109	86	73
32	343	205	138	267	175	92	141
33	378	225	153	262	159	103	201
34	330	214	116	211	136	75	161
35-39岁	**1220**	**802**	**418**	**863**	**578**	**285**	**675**
35	273	177	96	204	141	63	157
36	276	180	96	179	119	60	156
37	227	154	73	155	97	58	115
38	242	161	81	171	117	54	133
39	202	130	72	154	104	50	114
40-44岁	**930**	**678**	**252**	**652**	**501**	**151**	**471**
40	189	133	56	153	106	47	85
41	217	165	52	140	112	28	106
42	201	145	56	123	97	26	103
43	173	124	49	110	85	25	85
44	150	111	39	126	101	25	92
45-49岁	**861**	**640**	**221**	**604**	**435**	**169**	**422**
45	152	114	38	135	102	33	78
46	178	138	40	145	110	35	89
47	189	138	51	136	89	47	84
48	159	116	43	107	73	34	88
49	183	134	49	81	61	20	83
50-54岁	**751**	**503**	**248**	**536**	**369**	**167**	**370**
50	203	138	65	131	104	27	83
51	150	100	50	113	77	36	63
52	164	109	55	116	73	43	77
53	107	65	42	87	55	32	75
54	127	91	36	89	60	29	72
55-59岁	**364**	**275**	**89**	**284**	**188**	**96**	**222**
55	103	72	31	85	53	32	57
56	97	77	20	60	39	21	63
57	68	51	17	72	49	23	54
58	66	50	16	49	36	13	34
59	30	25	5	18	11	7	14
60-64岁	**277**	**210**	**67**	**188**	**124**	**64**	**126**
60	42	33	9	28	15	13	12
61	37	26	11	26	16	10	17
62	53	42	11	41	27	14	24
63	72	58	14	46	34	12	33
64	73	51	22	47	32	15	40
65岁及以上	**784**	**573**	**211**	**633**	**462**	**171**	**484**

初婚年龄的人口（镇）（续3）

单位：人

年龄										
31岁		32岁			33岁			34岁		
男	女	小计	男	女	小计	男	女	小计	男	女
2258	**1088**	**2515**	**1673**	**842**	**1794**	**1189**	**605**	**1338**	**847**	**491**
357	**219**	**290**	**166**	**124**	**123**	**80**	**43**	**28**	**14**	**14**
45	28									
84	57	58	33	25						
130	71	112	65	47	46	25	21			
98	63	120	68	52	77	55	22	28	14	14
430	**245**	**540**	**330**	**210**	**405**	**246**	**159**	**318**	**186**	**132**
104	53	123	70	53	88	58	30	55	29	26
90	66	104	66	38	91	53	38	61	32	29
74	41	119	74	45	70	40	30	69	40	29
85	48	101	60	41	96	57	39	65	41	24
77	37	93	60	33	60	38	22	68	44	24
331	**140**	**402**	**280**	**122**	**292**	**198**	**94**	**250**	**161**	**89**
59	26	92	64	28	60	44	16	42	27	15
73	33	81	64	17	57	39	18	63	35	28
75	28	81	50	31	63	40	23	53	32	21
57	28	72	49	23	58	41	17	37	23	14
67	25	76	53	23	54	34	20	55	44	11
302	**120**	**368**	**270**	**98**	**311**	**215**	**96**	**236**	**150**	**86**
56	22	66	47	19	61	42	19	45	25	20
68	21	79	60	19	71	51	20	41	28	13
58	26	64	51	13	76	50	26	45	25	20
62	26	88	59	29	53	36	17	62	41	21
58	25	71	53	18	50	36	14	43	31	12
249	**121**	**277**	**178**	**99**	**182**	**115**	**67**	**138**	**92**	**46**
60	23	63	45	18	49	30	19	33	19	14
45	18	41	30	11	37	24	13	31	20	11
57	20	65	46	19	34	23	11	30	21	9
45	30	43	26	17	25	17	8	20	14	6
42	30	65	31	34	37	21	16	24	18	6
146	**76**	**157**	**116**	**41**	**161**	**101**	**60**	**112**	**80**	**32**
38	19	50	40	10	45	27	18	22	17	5
37	26	38	29	9	43	27	16	32	23	9
40	14	33	26	7	36	25	11	34	27	7
22	12	22	13	9	23	14	9	13	7	6
9	5	14	8	6	14	8	6	11	6	5
93	**33**	**120**	**80**	**40**	**60**	**42**	**18**	**67**	**45**	**22**
8	4	21	12	9	9	5	4	11	7	4
12	5	11	7	4	10	8	2	12	8	4
16	8	25	18	7	14	11	3	10	7	3
26	7	30	24	6	12	8	4	16	9	7
31	9	33	19	14	15	10	5	18	14	4
350	**134**	**361**	**253**	**108**	**260**	**192**	**68**	**189**	**119**	**70**

5-5b 全省分年龄、性别、

年龄	初婚						
	35岁			36岁			
	小计	男	女	小计	男	女	小计
合计	**1049**	**676**	**373**	**809**	**548**	**261**	**611**
20岁以下							
20-24岁							
20							
21							
22							
23							
24							
25-29岁							
25							
26							
27							
28							
29							
30-34岁							
30							
31							
32							
33							
34							
35-39岁	**247**	**128**	**119**	**122**	**72**	**50**	**54**
35	36	22	14				
36	48	21	27	23	11	12	
37	60	30	30	40	24	16	12
38	48	28	20	33	22	11	21
39	55	27	28	26	15	11	21
40-44岁	**184**	**116**	**68**	**153**	**108**	**45**	**135**
40	50	27	23	28	21	7	26
41	49	28	21	40	30	10	32
42	25	20	5	28	20	8	31
43	36	24	12	30	18	12	22
44	24	17	7	27	19	8	24
45-49岁	**224**	**151**	**73**	**151**	**98**	**53**	**133**
45	46	27	19	27	14	13	27
46	49	27	22	35	28	7	18
47	48	34	14	28	17	11	29
48	43	33	10	37	25	12	28
49	38	30	8	24	14	10	31
50-54岁	**106**	**78**	**28**	**107**	**77**	**30**	**88**
50	25	22	3	29	23	6	23
51	27	21	6	17	12	5	23
52	26	18	8	25	15	10	16
53	16	10	6	20	15	5	9
54	12	7	5	16	12	4	17
55-59岁	**93**	**65**	**28**	**72**	**51**	**21**	**48**
55	28	19	9	12	8	4	11
56	16	9	7	22	16	6	8
57	29	20	9	16	12	4	11
58	13	11	2	15	9	6	9
59	7	6	1	7	6	1	9
60-64岁	**34**	**21**	**13**	**36**	**22**	**14**	**38**
60	6	1	5	8	6	2	8
61	5	4	1	7	2	5	5
62	9	8	1	6	6		10
63	9	5	4	4	4		8
64	5	3	2	11	4	7	7
65岁及以上	**161**	**117**	**44**	**168**	**120**	**48**	**115**

初婚年龄的人口（镇）（续4）

单位：人

年龄										
37岁		38岁			39岁			40岁及以上		
男	女	小计	男	女	小计	男	女	小计	男	女
383	**228**	**506**	**339**	**167**	**418**	**276**	**142**	**2458**	**1453**	**1005**
28	**26**	**36**	**17**	**19**	**11**	**4**	**7**			
7	5									
8	13	23	10	13						
13	8	13	7	6	11	4	7			
89	**46**	**118**	**83**	**35**	**97**	**64**	**33**	**170**	**95**	**75**
15	11	25	16	9	19	10	9	9	4	5
19	13	25	22	3	19	12	7	28	15	13
21	10	21	13	8	23	16	7	46	19	27
15	7	19	12	7	18	14	4	39	23	16
19	5	28	20	8	18	12	6	48	34	14
83	**50**	**104**	**73**	**31**	**93**	**68**	**25**	**484**	**297**	**187**
15	12	25	17	8	17	10	7	86	52	34
12	6	18	14	4	23	18	5	79	53	26
20	9	20	14	6	13	11	2	90	62	28
19	9	19	12	7	21	15	6	116	68	48
17	14	22	16	6	19	14	5	113	62	51
48	**40**	**82**	**56**	**26**	**72**	**45**	**27**	**489**	**294**	**195**
12	11	29	20	9	19	11	8	99	60	39
13	10	10	5	5	15	12	3	116	74	42
8	8	27	17	10	14	7	7	98	58	40
4	5	7	7		10	8	2	88	55	33
11	6	9	7	2	14	7	7	88	47	41
33	**15**	**31**	**22**	**9**	**38**	**25**	**13**	**309**	**191**	**118**
8	3	9	6	3	10	6	4	73	45	28
6	2	6	4	2	8	5	3	71	46	25
8	3	3	2	1	10	8	2	79	43	36
6	3	9	8	1	6	4	2	61	39	22
5	4	4	2	2	4	2	2	25	18	7
26	**12**	**33**	**18**	**15**	**17**	**12**	**5**	**191**	**108**	**83**
5	3	9	6	3	5	4	1	31	19	12
4	1	8	3	5	2	2		26	13	13
7	3	7	3	4	4	2	2	37	27	10
6	2	6	4	2	4	2	2	47	22	25
4	3	3	2	1	2	2		50	27	23
76	**39**	**102**	**70**	**32**	**90**	**58**	**32**	**815**	**468**	**347**

5-5c 全省分年龄、性别、

年龄	初婚						
	合计			15岁以下			
	合计	男	女	小计	男	女	小计
合计	**792092**	**381509**	**410583**	**3762**	**613**	**3149**	**15974**
20岁以下	**1254**	**182**	**1072**	**69**	**5**	**64**	**208**
20–24岁	**13625**	**4139**	**9486**	**152**	**15**	**137**	**538**
20	1152	245	907	24	1	23	78
21	1662	424	1238	22	2	20	87
22	2591	738	1853	35	4	31	117
23	3396	1052	2344	26	2	24	129
24	4824	1680	3144	45	6	39	127
25–29岁	**42608**	**17515**	**25093**	**177**	**17**	**160**	**665**
25	6691	2466	4225	37	3	34	158
26	7319	2889	4430	43	5	38	157
27	8967	3600	5367	32	1	31	127
28	9430	3964	5466	36	6	30	112
29	10201	4596	5605	29	2	27	111
30–34岁	**61495**	**29075**	**32420**	**249**	**50**	**199**	**757**
30	13161	6032	7129	45	5	40	136
31	12578	5850	6728	52	13	39	140
32	11790	5588	6202	47	8	39	146
33	12552	6092	6460	49	12	37	187
34	11414	5513	5901	56	12	44	148
35–39岁	**52158**	**26025**	**26133**	**163**	**27**	**136**	**719**
35	10544	5244	5300	32	5	27	183
36	10712	5257	5455	34	5	29	158
37	9801	4825	4976	33	9	24	140
38	11144	5688	5456	33	5	28	124
39	9957	5011	4946	31	3	28	114
40–44岁	**56427**	**28089**	**28338**	**275**	**47**	**228**	**841**
40	10398	5194	5204	34	5	29	134
41	10829	5562	5267	52	9	43	146
42	11708	5813	5895	62	10	52	174
43	10791	5407	5384	64	10	54	171
44	12701	6113	6588	63	13	50	216
45–49岁	**104628**	**50543**	**54085**	**311**	**69**	**242**	**1610**
45	14589	6993	7596	67	17	50	292
46	19126	9187	9939	59	13	46	373
47	22342	10781	11561	67	14	53	349
48	24260	11678	12582	57	10	47	283
49	24311	11904	12407	61	15	46	313
50–54岁	**128797**	**62925**	**65872**	**455**	**80**	**375**	**2065**
50	27456	12974	14482	78	14	64	392
51	25077	12263	12814	88	21	67	433
52	27747	13475	14272	108	16	92	467
53	22919	11501	11418	72	13	59	401
54	25598	12712	12886	109	16	93	372
55–59岁	**97597**	**48894**	**48703**	**352**	**44**	**308**	**1594**
55	22929	11565	11364	98	18	80	443
56	22590	11138	11452	71	8	63	404
57	22779	11636	11143	81	9	72	351
58	19840	9967	9873	64	4	60	265
59	9459	4588	4871	38	5	33	131
60–64岁	**57733**	**29853**	**27880**	**346**	**62**	**284**	**1139**
60	10415	5475	4940	34	7	27	144
61	8147	4236	3911	56	6	50	117
62	11242	5961	5281	68	14	54	192
63	13871	7168	6703	106	23	83	326
64	14058	7013	7045	82	12	70	360
65岁及以上	**175770**	**84269**	**91501**	**1213**	**197**	**1016**	**5838**

初婚年龄的人口（村）

单位：人

年龄							
15岁		16岁			17岁		
男	女	小计	男	女	小计	男	女
2804	**13170**	**26585**	**4983**	**21602**	**42996**	**9800**	**33196**
23	**185**	**290**	**33**	**257**	**365**	**52**	**313**
68	**470**	**854**	**145**	**709**	**1394**	**232**	**1162**
9	69	144	21	123	212	33	179
4	83	146	32	114	234	34	200
19	98	184	24	160	302	52	250
18	111	178	37	141	311	50	261
18	109	202	31	171	335	63	272
92	**573**	**1129**	**195**	**934**	**1915**	**373**	**1542**
24	134	218	28	190	355	74	281
22	135	243	54	189	315	55	260
14	113	232	31	201	425	96	329
17	95	235	42	193	410	69	341
15	96	201	40	161	410	79	331
142	**615**	**1305**	**212**	**1093**	**2099**	**420**	**1679**
25	111	251	34	217	432	80	352
27	113	267	48	219	413	88	325
18	128	256	49	207	431	92	339
40	147	256	44	212	429	98	331
32	116	275	37	238	394	62	332
117	**602**	**1200**	**238**	**962**	**1988**	**424**	**1564**
32	151	227	32	195	376	78	298
28	130	265	52	213	373	61	312
12	128	257	53	204	443	101	342
20	104	263	62	201	432	106	326
25	89	188	39	149	364	78	286
205	**636**	**1265**	**281**	**984**	**2023**	**532**	**1491**
27	107	163	33	130	336	84	252
37	109	256	64	192	370	100	270
50	124	283	59	224	439	119	320
42	129	242	54	188	395	96	299
49	167	321	71	250	483	133	350
379	**1231**	**2770**	**678**	**2092**	**4567**	**1203**	**3364**
67	225	357	77	280	597	143	454
79	294	596	135	461	735	184	551
78	271	678	175	503	1124	306	818
80	203	626	158	468	1130	305	825
75	238	513	133	380	981	265	716
426	**1639**	**3615**	**765**	**2850**	**6199**	**1542**	**4657**
87	305	664	144	520	1171	285	886
98	335	719	174	545	1132	288	844
95	372	805	167	638	1483	337	1146
73	328	630	126	504	1183	324	859
73	299	797	154	643	1230	308	922
212	**1382**	**2936**	**517**	**2419**	**5229**	**1157**	**4072**
74	369	594	99	495	1104	276	828
57	347	797	169	628	1017	245	772
41	310	756	131	625	1420	303	1117
28	237	578	87	491	1260	264	996
12	119	211	31	180	428	69	359
161	**978**	**1606**	**264**	**1342**	**2433**	**457**	**1976**
18	126	188	23	165	394	64	330
14	103	203	29	174	305	51	254
34	158	258	44	214	470	86	384
42	284	414	64	350	592	116	476
53	307	543	104	439	672	140	532
979	**4859**	**9615**	**1655**	**7960**	**14784**	**3408**	**11376**

5-5c 全省分年龄、性别、

年龄	初婚						
	18岁			19岁			
	小计	男	女	小计	男	女	小计
合计	**61377**	**17020**	**44357**	**86862**	**30123**	**56739**	**104252**
20岁以下	**259**	**57**	**202**	**63**	**12**	**51**	
20-24岁	**1923**	**412**	**1511**	**2198**	**665**	**1533**	**2271**
20	330	67	263	263	85	178	101
21	320	61	259	401	122	279	305
22	358	75	283	447	129	318	568
23	442	99	343	488	148	340	591
24	473	110	363	599	181	418	706
25-29岁	**2979**	**764**	**2215**	**4058**	**1337**	**2721**	**4750**
25	566	141	425	792	267	525	860
26	584	162	422	727	236	491	870
27	589	150	439	821	279	542	983
28	631	149	482	780	257	523	1058
29	609	162	447	938	298	640	979
30-34岁	**3325**	**810**	**2515**	**5052**	**1497**	**3555**	**6823**
30	749	189	560	1103	335	768	1465
31	664	156	508	1057	317	740	1446
32	572	146	426	941	295	646	1362
33	719	163	556	978	271	707	1306
34	621	156	465	973	279	694	1244
35-39岁	**3143**	**735**	**2408**	**4514**	**1307**	**3207**	**6008**
35	621	140	481	886	244	642	1172
36	622	135	487	877	230	647	1262
37	508	116	392	856	248	608	1071
38	732	174	558	919	297	622	1356
39	660	170	490	976	288	688	1147
40-44岁	**3301**	**875**	**2426**	**5580**	**1656**	**3924**	**7635**
40	643	151	492	1109	327	782	1466
41	567	144	423	1064	305	759	1471
42	617	171	446	1127	326	801	1624
43	624	171	453	987	303	684	1378
44	850	238	612	1293	395	898	1696
45-49岁	**7317**	**2219**	**5098**	**10948**	**3683**	**7265**	**13780**
45	972	285	687	1489	460	1029	2062
46	1246	358	888	1883	602	1281	2602
47	1335	433	902	2252	767	1485	2962
48	1926	572	1354	2350	847	1503	3264
49	1838	571	1267	2974	1007	1967	2890
50-54岁	**9598**	**2725**	**6873**	**15162**	**5310**	**9852**	**19170**
50	2004	570	1434	3392	1172	2220	4214
51	1707	499	1208	3026	1052	1974	3840
52	2001	534	1467	3048	1064	1984	4116
53	1890	585	1305	2621	967	1654	3212
54	1996	537	1459	3075	1055	2020	3788
55-59岁	**8041**	**2204**	**5837**	**11523**	**4011**	**7512**	**13985**
55	1669	495	1174	2602	913	1689	3517
56	1909	543	1366	2526	865	1661	3236
57	1617	425	1192	2746	990	1756	3216
58	2015	537	1478	2307	829	1478	2793
59	831	204	627	1342	414	928	1223
60-64岁	**3471**	**804**	**2667**	**5489**	**1775**	**3714**	**7053**
60	706	153	553	1183	409	774	1627
61	459	100	359	843	253	590	1124
62	603	148	455	917	297	620	1456
63	819	178	641	1198	396	802	1418
64	884	225	659	1348	420	928	1428
65岁及以上	**18020**	**5415**	**12605**	**22275**	**8870**	**13405**	**22777**

初婚年龄的人口（村）（续 1）

单位：人

年龄							
20 岁		21 岁			22 岁		
男	女	小计	男	女	小计	男	女
42562	**61690**	**95594**	**46972**	**48622**	**88755**	**50256**	**38499**
789	**1482**	**1788**	**704**	**1084**	**1509**	**636**	**873**
29	72						
110	195	147	59	88			
196	372	384	148	236	196	91	105
196	395	595	237	358	460	192	268
258	448	662	260	402	853	353	500
1700	**3050**	**4783**	**1951**	**2832**	**5059**	**2349**	**2710**
285	575	820	310	510	932	379	553
306	564	864	348	516	863	380	483
347	636	1001	411	590	1050	480	570
380	678	976	403	573	1057	497	560
382	597	1122	479	643	1157	613	544
2477	**4346**	**6752**	**2978**	**3774**	**7185**	**3783**	**3402**
527	938	1275	551	724	1482	729	753
567	879	1426	612	814	1322	696	626
497	865	1319	585	734	1519	798	721
458	848	1468	649	819	1498	823	675
428	816	1264	581	683	1364	737	627
2183	**3825**	**5934**	**2724**	**3210**	**5878**	**3284**	**2594**
436	736	1180	569	611	1113	634	479
442	820	1203	528	675	1209	668	541
393	678	1131	521	610	1170	652	518
504	852	1249	576	673	1256	711	545
408	739	1171	530	641	1130	619	511
2571	**5064**	**7144**	**3207**	**3937**	**6838**	**3802**	**3036**
480	986	1064	482	582	1234	679	555
518	953	1477	710	767	1124	628	496
540	1084	1568	701	867	1491	826	665
483	895	1489	655	834	1348	764	584
550	1146	1546	659	887	1641	905	736
5382	**8398**	**14277**	**6563**	**7714**	**13240**	**7018**	**6222**
754	1308	1797	791	1006	1652	856	796
1006	1596	2637	1192	1445	2417	1265	1152
1146	1816	3168	1450	1718	2999	1589	1410
1289	1975	3358	1557	1801	3054	1595	1459
1187	1703	3317	1573	1744	3118	1713	1405
7969	**11201**	**18011**	**9271**	**8740**	**15965**	**9377**	**6588**
1679	2535	3283	1577	1706	3399	1853	1546
1605	2235	3858	1978	1880	2611	1546	1065
1712	2404	4229	2199	2030	3754	2217	1537
1390	1822	3267	1706	1561	2967	1806	1161
1583	2205	3374	1811	1563	3234	1955	1279
6006	**7979**	**13454**	**7259**	**6195**	**11919**	**7524**	**4395**
1477	2040	3217	1707	1510	2721	1683	1038
1377	1859	3285	1700	1585	2783	1690	1093
1418	1798	3071	1729	1342	3062	1973	1089
1215	1578	2592	1442	1150	2270	1491	779
519	704	1289	681	608	1083	687	396
2787	**4266**	**7118**	**3348**	**3770**	**7455**	**4257**	**3198**
696	931	1260	667	593	1326	898	428
452	672	1289	634	655	925	585	340
573	883	1527	748	779	1720	973	747
541	877	1704	735	969	1767	977	790
525	903	1338	564	774	1717	824	893
10698	**12079**	**16333**	**8967**	**7366**	**13707**	**8226**	**5481**

5-5c 全省分年龄、性别、

年龄	初婚							
	23岁			24岁			25岁	
	小计	男	女	小计	男	女	小计	男
合计	**68521**	**42137**	**26384**	**52422**	**34020**	**18402**	**39396**	**26873**
20岁以下								
20-24岁	**769**	**367**	**402**	**229**	**106**	**123**		
20								
21								
22								
23	176	73	103					
24	593	294	299	229	106	123		
25-29岁	**4683**	**2236**	**2447**	**4353**	**2204**	**2149**	**3564**	**1813**
25	929	439	490	701	361	340	323	155
26	836	400	436	898	429	469	640	331
27	938	424	514	957	467	490	978	473
28	1031	486	545	862	440	422	787	421
29	949	487	462	935	507	428	836	433
30-34岁	**6032**	**3329**	**2703**	**5064**	**2914**	**2150**	**4424**	**2681**
30	1276	692	584	1128	597	531	1104	630
31	1187	627	560	1041	564	477	945	561
32	1065	545	520	953	550	403	816	494
33	1343	788	555	900	548	352	891	574
34	1161	677	484	1042	655	387	668	422
35-39岁	**5058**	**3099**	**1959**	**4237**	**2767**	**1470**	**3372**	**2327**
35	1113	662	451	954	597	357	731	503
36	1023	593	430	898	599	299	749	497
37	887	543	344	763	496	267	654	431
38	1042	665	377	865	559	306	670	481
39	993	636	357	757	516	241	568	415
40-44岁	**5019**	**3180**	**1839**	**3948**	**2643**	**1305**	**2976**	**2129**
40	915	585	330	735	505	230	621	463
41	965	624	341	796	543	253	600	434
42	914	592	322	794	539	255	644	447
43	1069	681	388	646	421	225	565	405
44	1156	698	458	977	635	342	546	380
45-49岁	**9866**	**5691**	**4175**	**7191**	**4434**	**2757**	**5117**	**3448**
45	1457	874	583	988	616	372	802	563
46	1567	886	681	1466	910	556	916	640
47	1981	1102	879	1416	862	554	1140	768
48	2472	1392	1080	1579	964	615	1100	730
49	2389	1437	952	1742	1082	660	1159	747
50-54岁	**11642**	**7339**	**4303**	**7813**	**5102**	**2711**	**5430**	**3659**
50	2540	1486	1054	1790	1085	705	1371	891
51	2235	1391	844	1567	1008	559	1098	718
52	2073	1301	772	1590	1038	552	1142	771
53	2272	1479	793	1136	774	362	920	643
54	2522	1682	840	1730	1197	533	899	636
55-59岁	**9011**	**6128**	**2883**	**6207**	**4410**	**1797**	**4276**	**3104**
55	2267	1520	747	1528	1061	467	1094	790
56	1961	1276	685	1472	1011	461	999	716
57	2033	1429	604	1361	985	376	1003	741
58	1902	1318	584	1163	864	299	787	577
59	848	585	263	683	489	194	393	280
60-64岁	**5896**	**3912**	**1984**	**4535**	**3344**	**1191**	**3057**	**2404**
60	1002	702	300	724	515	209	586	424
61	848	604	244	605	468	137	394	318
62	995	690	305	892	676	216	572	459
63	1638	1055	583	925	686	239	816	655
64	1413	861	552	1389	999	390	689	548
65岁及以上	**10545**	**6856**	**3689**	**8845**	**6096**	**2749**	**7180**	**5308**

初婚年龄的人口（村）（续2）

单位：人

年龄									
	26岁			27岁			28岁		
女	小计	男	女	小计	男	女	小计	男	女
12523	**27785**	**19355**	**8430**	**19807**	**13894**	**5913**	**14247**	**10165**	**4082**
1751	**2423**	**1282**	**1141**	**1340**	**748**	**592**	**583**	**373**	**210**
168									
309	279	161	118						
505	618	309	309	216	118	98			
366	789	411	378	468	263	205	198	123	75
403	737	401	336	656	367	289	385	250	135
1743	**3553**	**2209**	**1344**	**2894**	**1753**	**1141**	**2239**	**1414**	**825**
474	890	536	354	701	396	305	629	396	233
384	783	467	316	613	354	259	483	277	206
322	622	378	244	570	358	212	384	265	119
317	675	434	241	564	364	200	415	277	138
246	583	394	189	446	281	165	328	199	129
1045	**2444**	**1725**	**719**	**1874**	**1352**	**522**	**1406**	**1020**	**386**
228	431	295	136	379	276	103	320	229	91
252	552	400	152	338	244	94	299	217	82
223	476	330	146	379	252	127	223	158	65
189	543	384	159	448	333	115	317	234	83
153	442	316	126	330	247	83	247	182	65
847	**2199**	**1627**	**572**	**1644**	**1228**	**416**	**1224**	**915**	**309**
158	405	298	107	342	265	77	252	174	78
166	442	338	104	345	268	77	252	192	60
197	453	333	120	333	238	95	275	215	60
160	428	321	107	275	194	81	239	176	63
166	471	337	134	349	263	86	206	158	48
1669	**3422**	**2377**	**1045**	**2322**	**1643**	**679**	**1664**	**1234**	**430**
239	430	306	124	337	247	90	278	204	74
276	718	522	196	374	268	106	295	222	73
372	742	519	223	509	374	135	269	208	61
370	800	542	258	540	381	159	428	320	108
412	732	488	244	562	373	189	394	280	114
1771	**3649**	**2560**	**1089**	**2417**	**1659**	**758**	**1733**	**1191**	**542**
480	861	582	279	550	346	204	449	291	158
380	788	547	241	478	332	146	330	227	103
371	797	577	220	526	358	168	379	269	110
277	569	409	160	429	306	123	298	208	90
263	634	445	189	434	317	117	277	196	81
1172	**2534**	**1838**	**696**	**1622**	**1167**	**455**	**1083**	**778**	**305**
304	503	379	124	379	277	102	262	181	81
283	639	446	193	302	227	75	238	164	74
262	629	463	166	408	300	108	219	166	53
210	526	390	136	359	260	99	246	186	60
113	237	160	77	174	103	71	118	81	37
653	**2202**	**1771**	**431**	**1614**	**1313**	**301**	**1181**	**929**	**252**
162	337	253	84	261	204	57	176	123	53
76	315	238	77	184	141	43	132	107	25
113	426	360	66	331	267	64	205	153	52
161	545	444	101	412	341	71	360	295	65
141	579	476	103	426	360	66	308	251	57
1872	**5359**	**3966**	**1393**	**4080**	**3031**	**1049**	**3134**	**2311**	**823**

5-5c 全省分年龄、性别、

年龄	初婚							
	29 岁			30 岁			31 岁	
	小计	男	女	小计	男	女	小计	男
合计	**10542**	**7477**	**3065**	**7637**	**5376**	**2261**	**5398**	**3767**
20 岁以下								
20–24 岁								
20								
21								
22								
23								
24								
25–29 岁	**147**	**81**	**66**					
25								
26								
27								
28								
29	147	81	66					
30–34 岁	**1648**	**1064**	**584**	**1049**	**692**	**357**	**568**	**353**
30	357	217	140	138	93	45		
31	408	258	150	240	164	76	91	54
32	318	210	108	262	173	89	152	93
33	284	189	95	241	150	91	181	114
34	281	190	91	168	112	56	144	92
35–39 岁	**1052**	**711**	**341**	**825**	**528**	**297**	**655**	**417**
35	232	153	79	195	118	77	128	78
36	224	154	70	178	111	67	145	102
37	176	111	65	151	95	56	122	82
38	218	156	62	175	112	63	128	81
39	202	137	65	126	92	34	132	74
40–44 岁	**983**	**750**	**233**	**768**	**551**	**217**	**559**	**402**
40	225	160	65	166	116	50	104	72
41	198	156	42	166	122	44	134	101
42	191	150	41	158	113	45	121	87
43	176	133	43	134	101	33	107	79
44	193	151	42	144	99	45	93	63
45–49 岁	**1176**	**882**	**294**	**876**	**673**	**203**	**742**	**540**
45	194	139	55	169	134	35	107	84
46	220	161	59	171	136	35	173	128
47	237	180	57	195	147	48	177	126
48	225	173	52	184	143	41	152	109
49	300	229	71	157	113	44	133	93
50–54 岁	**1389**	**905**	**484**	**1032**	**709**	**323**	**671**	**460**
50	303	214	89	205	147	58	118	89
51	320	196	124	188	142	46	112	76
52	279	183	96	260	178	82	142	96
53	231	140	91	186	125	61	160	101
54	256	172	84	193	117	76	139	98
55–59 岁	**809**	**565**	**244**	**632**	**418**	**214**	**475**	**331**
55	204	149	55	176	111	65	125	83
56	224	149	75	149	98	51	115	83
57	156	109	47	142	94	48	91	65
58	132	94	38	114	78	36	93	66
59	93	64	29	51	37	14	51	34
60–64 岁	**837**	**637**	**200**	**561**	**431**	**130**	**383**	**299**
60	121	86	35	67	50	17	37	29
61	86	62	24	61	45	16	46	36
62	173	127	46	118	91	27	77	56
63	221	174	47	164	125	39	110	91
64	236	188	48	151	120	31	113	87
65 岁及以上	**2501**	**1882**	**619**	**1894**	**1374**	**520**	**1345**	**965**

初婚年龄的人口（村）（续3）

单位：人

年龄									
	32岁			33岁			34岁		
女	小计	男	女	小计	男	女	小计	男	女
1631	**4070**	**2851**	**1219**	**3118**	**2180**	**938**	**2347**	**1621**	**726**
215	**318**	**192**	**126**	**134**	**88**	**46**	**25**	**17**	**8**
37									
59	55	34	21						
67	117	67	50	51	29	22			
52	146	91	55	83	59	24	25	17	8
238	**503**	**341**	**162**	**376**	**229**	**147**	**307**	**184**	**123**
50	98	65	33	88	51	37	62	35	27
43	97	71	26	78	48	30	53	31	22
40	110	72	38	66	41	25	69	41	28
47	107	70	37	80	50	30	53	31	22
58	91	63	28	64	39	25	70	46	24
157	**475**	**331**	**144**	**348**	**248**	**100**	**268**	**186**	**82**
32	119	79	40	71	41	30	57	41	16
33	87	65	22	73	54	19	43	28	15
34	96	63	33	57	42	15	71	48	23
28	86	56	30	85	65	20	41	31	10
30	87	68	19	62	46	16	56	38	18
202	**545**	**412**	**133**	**478**	**349**	**129**	**412**	**317**	**95**
23	79	59	20	100	71	29	68	53	15
45	102	77	25	94	65	29	90	68	22
51	122	89	33	104	79	25	87	69	18
43	121	88	33	90	66	24	82	64	18
40	121	99	22	90	68	22	85	63	22
211	**507**	**364**	**143**	**318**	**229**	**89**	**285**	**198**	**87**
29	94	68	26	76	57	19	68	42	26
36	65	47	18	60	45	15	70	53	17
46	95	71	24	48	35	13	57	37	20
59	107	77	30	63	45	18	43	31	12
41	146	101	45	71	47	24	47	35	12
144	**387**	**264**	**123**	**313**	**211**	**102**	**228**	**151**	**77**
42	103	66	37	80	58	22	40	22	18
32	102	71	31	70	46	24	63	47	16
26	78	51	27	70	48	22	59	43	16
27	69	54	15	59	37	22	45	27	18
17	35	22	13	34	22	12	21	12	9
84	**278**	**214**	**64**	**205**	**146**	**59**	**132**	**93**	**39**
8	40	25	15	34	21	13	32	25	7
10	22	17	5	14	11	3	16	8	8
21	53	44	9	29	23	6	19	10	9
19	75	58	17	59	45	14	28	23	5
26	88	70	18	69	46	23	37	27	10
380	**1057**	**733**	**324**	**946**	**680**	**266**	**690**	**475**	**215**

5-5c 全省分年龄、性别、

年龄	初婚							
	35 岁			36 岁			37 岁	
	小计	男	女	小计	男	女	小计	男
合计	**1791**	**1191**	**600**	**1397**	**944**	**453**	**1108**	**745**
20 岁以下								
20-24 岁								
20								
21								
22								
23								
24								
25-29 岁								
25								
26								
27								
28								
29								
30-34 岁								
30								
31								
32								
33								
34								
35-39 岁	**222**	**133**	**89**	**140**	**85**	**55**	**71**	**39**
35	23	12	11					
36	59	31	28	16	10	6		
37	58	34	24	37	22	15	21	12
38	40	26	14	46	29	17	22	12
39	42	30	12	41	24	17	28	15
40-44 岁	**208**	**163**	**45**	**195**	**140**	**55**	**139**	**97**
40	40	29	11	46	32	14	23	14
41	38	27	11	38	30	8	25	13
42	47	38	9	37	28	9	30	20
43	41	34	7	38	27	11	32	27
44	42	35	7	36	23	13	29	23
45-49 岁	**314**	**217**	**97**	**289**	**207**	**82**	**254**	**186**
45	69	43	26	34	25	9	40	29
46	67	44	23	65	51	14	49	33
47	64	47	17	83	61	22	52	42
48	60	43	17	59	36	23	59	46
49	54	40	14	48	34	14	54	36
50-54 岁	**201**	**138**	**63**	**156**	**108**	**48**	**141**	**104**
50	57	45	12	41	28	13	36	30
51	48	32	16	44	30	14	31	24
52	44	28	16	34	25	9	35	23
53	26	17	9	20	14	6	18	11
54	26	16	10	17	11	6	21	16
55-59 岁	**168**	**109**	**59**	**119**	**82**	**37**	**89**	**54**
55	36	23	13	15	13	2	17	12
56	31	22	9	27	19	8	16	13
57	47	32	15	23	17	6	15	6
58	28	16	12	38	21	17	17	11
59	26	16	10	16	12	4	24	12
60-64 岁	**95**	**65**	**30**	**89**	**54**	**35**	**90**	**56**
60	21	14	7	20	11	9	15	11
61	11	7	4	9	6	3	13	10
62	18	12	6	22	15	7	16	10
63	23	14	9	22	13	9	24	14
64	22	18	4	16	9	7	22	11
65 岁及以上	**583**	**366**	**217**	**409**	**268**	**141**	**324**	**209**

初婚年龄的人口（村）（续4）

单位：人

年龄									
	38岁			39岁			40岁及以上		
女	小计	男	女	小计	男	女	小计	男	女
363	**957**	**619**	**338**	**832**	**501**	**331**	**4560**	**2660**	**1900**
32	**53**	**24**	**29**	**16**	**5**	**11**			
9									
10	26	10	16						
13	27	14	13	16	5	11			
42	**147**	**93**	**54**	**137**	**70**	**67**	**288**	**160**	**128**
9	33	21	12	39	21	18	22	10	12
12	24	13	11	26	15	11	50	24	26
10	29	20	9	21	6	15	52	32	20
5	30	22	8	21	12	9	80	44	36
6	31	17	14	30	16	14	84	50	34
68	**183**	**129**	**54**	**129**	**89**	**40**	**828**	**521**	**307**
11	23	15	8	28	19	9	101	62	39
16	26	17	9	30	21	9	155	104	51
10	32	27	5	28	20	8	170	103	67
13	52	39	13	14	11	3	195	118	77
18	50	31	19	29	18	11	207	134	73
37	**147**	**105**	**42**	**163**	**106**	**57**	**863**	**524**	**339**
6	47	32	15	47	34	13	206	126	80
7	27	17	10	32	20	12	170	97	73
12	28	23	5	28	14	14	179	107	72
7	22	14	8	24	18	6	152	99	53
5	23	19	4	32	20	12	156	95	61
35	**61**	**34**	**27**	**55**	**37**	**18**	**495**	**279**	**216**
5	12	7	5	16	13	3	107	58	49
3	17	13	4	8	7	1	129	76	53
9	11	6	5	11	5	6	103	57	46
6	10	5	5	15	9	6	93	57	36
12	11	3	8	5	3	2	63	31	32
34	**84**	**47**	**37**	**63**	**35**	**28**	**321**	**188**	**133**
4	14	7	7	6	3	3	60	37	23
3	12	4	8	11	7	4	47	23	24
6	17	12	5	13	5	8	55	34	21
10	24	12	12	20	12	8	61	39	22
11	17	12	5	13	8	5	98	55	43
115	**282**	**187**	**95**	**269**	**159**	**110**	**1765**	**988**	**777**

5-6 全省分性别、受教育程度、

受教育程度	初婚							
	合计			15岁以下			15岁	
	合计	男	女	小计	男	女	小计	男
合计	**1581843**	**757789**	**824054**	**5259**	**856**	**4403**	**22278**	**4004**
未上过学	163204	39293	123911	1693	108	1585	6534	515
学前教育	1429	423	1006	7	2	5	52	5
小学	493238	213231	280007	2537	446	2091	10852	1902
初中	498037	270059	227978	762	200	562	3676	1104
高中	199074	112330	86744	188	73	115	755	300
大学专科	122166	65321	56845	53	20	33	279	118
大学本科	97324	53142	44182	19	7	12	125	56
硕士研究生	6272	3306	2966				5	4
博士研究生	1099	684	415					

5-6 全省分性别、受教育程度、

受教育程度	初婚							
	18岁			19岁			20岁	
	小计	男	女	小计	男	女	小计	男
合计	**90897**	**23938**	**66959**	**132083**	**42835**	**89248**	**166715**	**63238**
未上过学	19021	2490	16531	22349	4147	18202	22303	5141
学前教育	150	18	132	183	36	147	174	39
小学	43089	11097	31992	59495	18841	40654	68659	25523
初中	22899	7863	15036	39243	15032	24211	56992	24361
高中	4344	1863	2481	8052	3610	4442	13263	6118
大学专科	1023	431	592	2115	893	1222	4007	1551
大学本科	354	167	187	632	268	364	1282	486
硕士研究生	16	9	7	12	6	6	31	17
博士研究生	1		1	2	2		4	2

初婚年龄的人口

单位：人

年龄						
	16岁			17岁		
女	小计	男	女	小计	男	女
18274	**37851**	**6901**	**30950**	**62350**	**13491**	**48859**
6019	10266	817	9449	15539	1624	13915
47	85	7	78	113	15	98
8950	18942	3401	15541	30621	6546	24075
2572	6845	1993	4852	13007	4023	8984
455	1209	455	754	2296	934	1362
161	344	160	184	537	240	297
69	154	67	87	228	104	124
1	6	1	5	8	4	4
				1	1	

初婚年龄的人口（续1）

单位：人

年龄						
	21岁			22岁		
女	小计	男	女	小计	男	女
103477	**167501**	**75208**	**92293**	**172008**	**87470**	**84538**
17162	15792	4210	11582	12329	3842	8487
135	160	44	116	121	45	76
43136	58744	25666	33078	51129	25776	25353
32631	64757	32341	32416	68285	38578	29707
7145	18703	9169	9534	24768	12878	11890
2456	6689	2749	3940	10502	4439	6063
796	2589	989	1600	4731	1843	2888
14	61	36	25	126	59	67
2	6	4	2	17	10	7

5-6 全省分性别、受教育程度、

受教育程度	初婚						
	23 岁			24 岁			
	小计	男	女	小计	男	女	小计
合计	**150711**	**80813**	**69898**	**132955**	**75413**	**57542**	**114046**
未上过学	8621	3103	5518	6510	2667	3843	4693
学前教育	94	42	52	57	36	21	41
小学	38263	21224	17039	28516	17452	11064	20817
初中	56501	33699	22802	44916	28146	16770	34282
高中	25633	13432	12201	24473	13644	10829	21240
大学专科	13567	5908	7659	16342	7850	8492	17230
大学本科	7700	3244	4456	11570	5347	6223	14886
硕士研究生	289	138	151	497	240	257	744
博士研究生	43	23	20	74	31	43	113

5-6 全省分性别、受教育程度、

受教育程度	初婚						
	29 岁			30 岁			
	小计	男	女	小计	男	女	小计
合计	**32731**	**22527**	**10204**	**22729**	**15710**	**7019**	**15769**
未上过学	1745	875	870	1378	702	676	944
学前教育	20	11	9	8	5	3	7
小学	5989	4185	1804	4644	3160	1484	3392
初中	8280	5902	2378	5837	4174	1663	4292
高中	5171	3749	1422	3655	2613	1042	2518
大学专科	5001	3446	1555	3258	2273	985	2137
大学本科	5826	3962	1864	3475	2491	984	2172
硕士研究生	599	329	270	402	239	163	259
博士研究生	100	68	32	72	53	19	48

初婚年龄的人口（续 2）

单位：人

年龄										
25 岁		26 岁			27 岁			28 岁		
男	女	小计	男	女	小计	男	女	小计	男	女
68371	**45675**	**88332**	**55396**	**32936**	**65830**	**42951**	**22879**	**46763**	**31609**	**15154**
2157	2536	3664	1756	1908	2774	1406	1368	2129	1057	1072
24	17	50	29	21	32	19	13	22	14	8
13600	7217	14711	10053	4658	10682	7371	3311	7827	5435	2392
22734	11548	23916	16502	7414	16491	11587	4904	11437	8207	3230
12896	8344	15479	9936	5543	11165	7630	3535	7495	5274	2221
9106	8124	14462	8446	6016	11019	6949	4070	7729	5144	2585
7429	7457	14952	8155	6797	12477	7385	5092	9186	5959	3227
357	387	940	433	507	996	490	506	795	426	369
68	45	158	86	72	194	114	80	143	93	50

初婚年龄的人口（续 3）

单位：人

年龄										
31 岁		32 岁			33 岁			34 岁		
男	女	小计	男	女	小计	男	女	小计	男	女
10859	**4910**	**11510**	**7897**	**3613**	**8650**	**5855**	**2795**	**6589**	**4406**	**2183**
474	470	789	390	399	643	314	329	499	244	255
3	4	7	4	3	5	1	4	11	6	5
2304	1088	2660	1805	855	2052	1403	649	1562	1051	511
2991	1301	3292	2285	1007	2480	1725	755	1897	1306	591
1766	752	1786	1273	513	1413	963	450	1066	727	339
1523	614	1386	998	388	1033	716	317	806	532	274
1585	587	1405	1013	392	901	645	256	664	477	187
182	77	151	102	49	105	74	31	56	40	16
31	17	34	27	7	18	14	4	28	23	5

5-6 全省分性别、受教育程度、

受教育程度	初婚						
	35岁			36岁			
	小计	男	女	小计	男	女	小计
合计	**5095**	**3361**	**1734**	**3909**	**2610**	**1299**	**3088**
未上过学	441	196	245	344	152	192	250
学前教育	4	3	1	5	2	3	2
小学	1219	813	406	964	667	297	817
初中	1466	1025	441	1097	746	351	878
高中	800	547	253	688	475	213	506
大学专科	613	404	209	394	265	129	329
大学本科	490	332	158	375	274	101	274
硕士研究生	49	31	18	33	22	11	28
博士研究生	13	10	3	9	7	2	4

5-6a 全省分性别、受教育程度、

受教育程度	初婚							
	合计			15岁以下			15岁	
	小计	男	女	小计	男	女	小计	男
合计	**439404**	**210580**	**228824**	**578**	**108**	**470**	**2485**	**492**
未上过学	11779	2063	9716	93	1	92	375	15
学前教育	179	57	122	1		1	6	
小学	57059	21653	35406	239	40	199	917	124
初中	132869	64596	68273	149	35	114	689	176
高中	101091	50522	50569	60	20	40	289	96
大学专科	69581	35658	33923	24	6	18	129	43
大学本科	60503	32594	27909	12	6	6	75	34
硕士研究生	5307	2790	2517				5	4
博士研究生	1036	647	389					

初婚年龄的人口（续4）

单位：人

37岁		38岁			39岁			40岁及以上		
男	女	小计	男	女	小计	男	女	小计	男	女
2059	**1029**	**2445**	**1625**	**820**	**2125**	**1364**	**761**	**11624**	**7022**	**4602**
116	134	232	94	138	219	104	115	1503	592	911
2		2	1	1	2	1	1	15	9	6
529	288	697	472	225	608	363	245	3750	2146	1604
594	284	720	482	238	614	427	187	3175	2032	1143
368	138	391	285	106	335	224	111	1682	1128	554
222	107	201	144	57	208	140	68	902	654	248
204	70	188	137	51	124	93	31	545	423	122
21	7	8	6	2	14	11	3	42	29	13
3	1	6	4	2	1	1		10	9	1

初婚年龄的人口（城市）

单位：人

	16岁			17岁		
女	小计	男	女	小计	男	女
1993	**4472**	**724**	**3748**	**7902**	**1336**	**6566**
360	710	34	676	1167	54	1113
6	12	1	11	10		10
793	1786	193	1593	3105	379	2726
513	1253	275	978	2455	508	1947
193	461	129	332	806	245	561
86	153	54	99	233	94	139
41	93	38	55	120	52	68
1	4		4	5	3	2
				1	1	

5-6a 全省分性别、受教育程度、

受教育程度	初婚							
	18 岁			19 岁			20 岁	
	小计	男	女	小计	男	女	小计	男
合计	**12224**	**2626**	**9598**	**19054**	**4899**	**14155**	**27090**	**8141**
未上过学	1370	82	1288	1499	153	1346	1436	215
学前教育	16		16	12	1	11	8	1
小学	4428	736	3692	5883	1308	4575	6987	1992
初中	4272	1098	3174	7659	2118	5541	11444	3651
高中	1548	487	1061	2787	886	1901	4870	1556
大学专科	399	137	262	890	295	595	1690	483
大学本科	180	79	101	315	133	182	626	228
硕士研究生	10	7	3	8	4	4	25	13
博士研究生	1		1	1	1		4	2

5-6a 全省分性别、受教育程度、

受教育程度	初婚							
	23 岁			24 岁			25 岁	
	小计	男	女	小计	男	女	小计	男
合计	**46507**	**20036**	**26471**	**48411**	**23457**	**24954**	**46983**	**25237**
未上过学	721	188	533	505	157	348	374	139
学前教育	15	2	13	13	6	7	7	4
小学	5016	2334	2682	4008	2173	1835	2958	1729
初中	15733	7564	8169	13965	7411	6554	11581	6803
高中	12875	5266	7609	13362	6360	7002	12124	6624
大学专科	7413	2786	4627	9223	4091	5132	10111	5139
大学本科	4435	1750	2685	6855	3040	3815	9089	4424
硕士研究生	258	124	134	409	189	220	637	313
博士研究生	41	22	19	71	30	41	102	62

初婚年龄的人口（城市）（续1）

单位：人

年龄						
	21岁			22岁		
女	小计	男	女	小计	男	女
18949	**33796**	**12243**	**21553**	**43023**	**17669**	**25354**
1221	1156	207	949	1019	235	784
7	19	7	12	18	9	9
4995	6421	2225	4196	6227	2637	3590
7793	14200	5603	8597	16694	7622	9072
3314	7559	2706	4853	11087	4321	6766
1207	3088	1024	2064	5276	1881	3395
398	1305	443	862	2590	915	1675
12	44	25	19	98	41	57
2	4	3	1	14	8	6

初婚年龄的人口（城市）（续2）

单位：人

年龄									
	26岁			27岁			28岁		
女	小计	男	女	小计	男	女	小计	男	女
21746	**39158**	**22882**	**16276**	**30283**	**18897**	**11386**	**21672**	**14232**	**7440**
235	301	128	173	205	97	108	168	76	92
3	12	8	4	5	3	2	5	2	3
1229	2140	1393	747	1597	1056	541	1147	744	403
4778	8691	5518	3173	6258	4157	2101	4250	2935	1315
5500	9054	5437	3617	6659	4380	2279	4585	3133	1452
4972	8613	4960	3653	6668	4118	2550	4737	3106	1631
4665	9403	4997	4406	7882	4569	3313	5981	3790	2191
324	793	360	433	828	409	419	662	357	305
40	151	81	70	181	108	73	137	89	48

5-6a 全省分性别、受教育程度、

受教育程度	初婚							
	29岁			30岁			31岁	
	小计	男	女	小计	男	女	小计	男
合计	**15112**	**10237**	**4875**	**10272**	**7027**	**3245**	**7025**	**4834**
未上过学	110	53	57	102	43	59	65	23
学前教育	5	3	2	3	3		2	1
小学	850	586	264	667	403	264	472	292
初中	3163	2164	999	2202	1525	677	1654	1121
高中	3278	2301	977	2303	1617	686	1595	1088
大学专科	3200	2173	1027	2172	1478	694	1418	999
大学本科	3885	2600	1285	2407	1703	704	1551	1123
硕士研究生	524	289	235	349	207	142	222	158
博士研究生	97	68	29	67	48	19	46	29

5-6a 全省分性别、受教育程度、

受教育程度	初婚							
	35岁			36岁			37岁	
	小计	男	女	小计	男	女	小计	男
合计	**2255**	**1494**	**761**	**1703**	**1118**	**585**	**1369**	**931**
未上过学	32	13	19	24	9	15	14	7
学前教育	1		1	1	1			
小学	193	124	69	136	89	47	125	78
初中	626	436	190	495	320	175	383	248
高中	540	348	192	462	300	162	361	255
大学专科	440	293	147	277	182	95	247	160
大学本科	366	243	123	271	191	80	209	161
硕士研究生	44	27	17	28	19	9	26	19
博士研究生	13	10	3	9	7	2	4	3

初婚年龄的人口（城市）（续3）

单位：人

年龄	32岁			33岁			34岁		
女	小计	男	女	小计	男	女	小计	男	女
2191	**4925**	**3373**	**1552**	**3738**	**2486**	**1252**	**2904**	**1938**	**966**
42	64	27	37	49	20	29	52	23	29
1	1	1		1	1				
180	385	240	145	294	173	121	221	138	83
533	1248	835	413	963	643	320	782	515	267
507	1120	778	342	922	610	312	713	487	226
419	928	651	277	730	488	242	556	355	201
428	1014	727	287	671	476	195	504	364	140
64	133	89	44	92	61	31	49	34	15
17	32	25	7	16	14	2	27	22	5

初婚年龄的人口（城市）（续4）

单位：人

年龄	38岁			39岁			40岁及以上		
女	小计	男	女	小计	男	女	小计	男	女
438	**982**	**667**	**315**	**875**	**587**	**288**	**4606**	**2909**	**1697**
7	14	7	7	18	9	9	136	48	88
							6	3	3
47	94	65	29	93	63	30	670	339	331
135	304	195	109	272	191	81	1484	929	555
106	265	186	79	231	146	85	1175	760	415
87	146	101	45	154	95	59	666	466	200
48	148	105	43	92	71	21	424	332	92
7	5	4	1	14	11	3	35	23	12
1	6	4	2	1	1		10	9	1

5-6b 全省分性别、受教育程度、

受教育程度	初婚						
	合计			15岁以下			
	合计	男	女	小计	男	女	小计
合计	**350347**	**165700**	**184647**	**919**	**135**	**784**	**3819**
未上过学	24141	5374	18767	231	14	217	899
学前教育	229	63	166	2	1	1	7
小学	89309	35233	54076	441	56	385	1731
初中	118919	59557	59362	148	30	118	840
高中	49696	28237	21459	73	28	45	216
大学专科	36472	19898	16574	17	5	12	88
大学本科	30761	16898	13863	7	1	6	38
硕士研究生	776	417	359				
博士研究生	44	23	21				

5-6b 全省分性别、受教育程度、

受教育程度	初婚						
	18岁			19岁			
	小计	男	女	小计	男	女	小计
合计	**17296**	**4292**	**13004**	**26167**	**7813**	**18354**	**35373**
未上过学	2723	317	2406	3187	503	2684	3259
学前教育	16		16	26	1	25	30
小学	7507	1676	5831	10437	2837	7600	12292
初中	5339	1564	3775	9222	3064	6158	13950
高中	1208	529	679	2303	970	1333	3840
大学专科	370	144	226	739	329	410	1439
大学本科	130	62	68	251	107	144	560
硕士研究生	3		3	2	2		3
博士研究生							

初婚年龄的人口（镇）

单位：人

年龄							
15岁		16岁			17岁		
男	女	小计	男	女	小计	男	女
708	**3111**	**6794**	**1194**	**5600**	**11452**	**2355**	**9097**
50	849	1439	99	1340	2244	213	2031
	7	9		9	15	1	14
274	1457	3280	507	2773	5265	961	4304
243	597	1598	406	1192	3038	846	2192
84	132	310	108	202	644	229	415
41	47	110	53	57	163	68	95
16	22	47	20	27	81	36	45
		1	1		2	1	1

初婚年龄的人口（镇）（续1）

单位：人

年龄							
20岁		21岁			22岁		
男	女	小计	男	女	小计	男	女
12535	**22838**	**38111**	**15993**	**22118**	**40230**	**19545**	**20685**
645	2614	2469	594	1875	1949	581	1368
7	23	30	5	25	18	5	13
4098	8194	10949	4251	6698	9546	4379	5167
5247	8703	15971	7172	8799	16718	8656	8062
1768	2072	5269	2519	2750	6582	3552	3030
563	876	2353	1019	1334	3631	1617	2014
205	355	1053	423	630	1764	740	1024
2	1	15	9	6	20	14	6
		2	1	1	2	1	1

5-6b 全省分性别、受教育程度、

受教育程度	初婚							
	23 岁			24 岁			25 岁	
	小计	男	女	小计	男	女	小计	男
合计	**35683**	**18640**	**17043**	**32122**	**17936**	**14186**	**27667**	**16261**
未上过学	1365	433	932	984	393	591	711	300
学前教育	14	6	8	9	5	4	10	5
小学	7222	3639	3583	5392	3080	2312	3792	2297
初中	13599	7667	5932	10783	6475	4308	8129	5184
高中	6458	3629	2829	5919	3477	2442	5024	3188
大学专科	4248	2028	2220	4988	2569	2419	5043	2742
大学本科	2747	1226	1521	3977	1896	2081	4861	2506
硕士研究生	28	11	17	69	41	28	90	35
博士研究生	2	1	1	1		1	7	4

5-6b 全省分性别、受教育程度、

受教育程度	初婚						
	29 岁			30 岁			
	小计	男	女	小计	男	女	小计
合计	**7077**	**4813**	**2264**	**4820**	**3307**	**1513**	**3346**
未上过学	264	119	145	172	82	90	149
学前教育	6	3	3	1		1	1
小学	1047	674	373	875	564	311	624
初中	1764	1192	572	1330	894	436	998
高中	1078	805	273	750	532	218	491
大学专科	1261	875	386	767	553	214	517
大学本科	1589	1110	479	880	653	227	536
硕士研究生	65	35	30	40	24	16	30
博士研究生	3		3	5	5		

初婚年龄的人口（镇）（续2）

单位：人

年龄									
	26岁			27岁			28岁		
女	小计	男	女	小计	男	女	小计	男	女
11406	**21389**	**13159**	**8230**	**15740**	**10160**	**5580**	**10844**	**7212**	**3632**
411	537	245	292	433	212	221	290	127	163
5	17	10	7	7	5	2	7	5	2
1495	2779	1739	1040	1923	1233	690	1422	920	502
2945	5490	3629	1861	3773	2530	1243	2579	1748	831
1836	3617	2358	1259	2501	1723	778	1672	1176	496
2301	4140	2461	1679	3120	2058	1062	2140	1443	697
2355	4682	2653	2029	3836	2326	1510	2628	1737	891
55	123	61	62	136	68	68	102	54	48
3	4	3	1	11	5	6	4	2	2

初婚年龄的人口（镇）（续3）

单位：人

年龄										
31岁		32岁			33岁			34岁		
男	女	小计	男	女	小计	男	女	小计	男	女
2258	**1088**	**2515**	**1673**	**842**	**1794**	**1189**	**605**	**1338**	**847**	**491**
75	74	116	57	59	90	48	42	64	27	37
	1							2	2	
384	240	529	329	200	354	224	130	283	176	107
672	326	807	531	276	615	395	220	435	273	162
345	146	368	259	109	299	202	97	220	142	78
365	152	347	251	96	226	166	60	191	130	61
396	140	330	233	97	201	147	54	138	93	45
21	9	17	12	5	7	7		5	4	1
		1	1		2		2			

5-6b 全省分性别、受教育程度、

受教育程度	初婚						
	35 岁			36 岁			
	小计	男	女	小计	男	女	小计
合计	**1049**	**676**	**373**	**809**	**548**	**261**	**611**
未上过学	71	36	35	66	31	35	49
学前教育							
小学	218	136	82	189	122	67	172
初中	346	227	119	221	147	74	179
高中	171	121	50	138	101	37	80
大学专科	131	76	55	96	69	27	70
大学本科	107	76	31	95	75	20	59
硕士研究生	5	4	1	4	3	1	2
博士研究生							

5-6c 全省分性别、受教育程度、

受教育程度	初婚							
	合计			15 岁以下			15 岁	
	小计	男	女	小计	男	女	小计	男
合计	**792092**	**381509**	**410583**	**3762**	**613**	**3149**	**15974**	**2804**
未上过学	127284	31856	95428	1369	93	1276	5260	450
学前教育	1021	303	718	4	1	3	39	5
小学	346870	156345	190525	1857	350	1507	8204	1504
初中	246249	145906	100343	465	135	330	2147	685
高中	48287	33571	14716	55	25	30	250	120
大学专科	16113	9765	6348	12	9	3	62	34
大学本科	6060	3650	2410				12	6
硕士研究生	189	99	90					
博士研究生	19	14	5					

初婚年龄的人口（镇）（续4）

单位：人

年龄										
37岁		38岁			39岁			40岁及以上		
男	女	小计	男	女	小计	男	女	小计	男	女
383	**228**	**506**	**339**	**167**	**418**	**276**	**142**	**2458**	**1453**	**1005**
22	27	38	16	22	32	17	15	310	118	192
								2	2	
96	76	140	88	52	109	61	48	791	432	359
113	66	177	113	64	144	99	45	726	440	286
59	21	72	58	14	61	44	17	332	231	101
53	17	43	35	8	44	35	9	190	150	40
38	21	33	27	6	28	20	8	103	76	27
2		3	2	1				4	4	

初婚年龄的人口（乡村）

单位：人

年龄						
	16岁			17岁		
女	小计	男	女	小计	男	女
13170	**26585**	**4983**	**21602**	**42996**	**9800**	**33196**
4810	8117	684	7433	12128	1357	10771
34	64	6	58	88	14	74
6700	13876	2701	11175	22251	5206	17045
1462	3994	1312	2682	7514	2669	4845
130	438	218	220	846	460	386
28	81	53	28	141	78	63
6	14	9	5	27	16	11
	1		1	1		1

5-6c 全省分性别、受教育程度、

受教育程度	初婚						
	18岁			19岁			
	小计	男	女	小计	男	女	小计
合计	**61377**	**17020**	**44357**	**86862**	**30123**	**56739**	**104252**
未上过学	14928	2091	12837	17663	3491	14172	17608
学前教育	118	18	100	145	34	111	136
小学	31154	8685	22469	43175	14696	28479	49380
初中	13288	5201	8087	22362	9850	12512	31598
高中	1588	847	741	2962	1754	1208	4553
大学专科	254	150	104	486	269	217	878
大学本科	44	26	18	66	28	38	96
硕士研究生	3	2	1	2		2	3
博士研究生				1	1		

5-6c 全省分性别、受教育程度、

受教育程度	初婚						
	23岁			24岁			
	小计	男	女	小计	男	女	小计
合计	**68521**	**42137**	**26384**	**52422**	**34020**	**18402**	**39396**
未上过学	6535	2482	4053	5021	2117	2904	3608
学前教育	65	34	31	35	25	10	24
小学	26025	15251	10774	19116	12199	6917	14067
初中	27169	18468	8701	20168	14260	5908	14572
高中	6300	4537	1763	5192	3807	1385	4092
大学专科	1906	1094	812	2131	1190	941	2076
大学本科	518	268	250	738	411	327	936
硕士研究生	3	3		19	10	9	17
博士研究生				2	1	1	4

初婚年龄的人口（乡村）（续1）

单位：人

年龄							
20岁		21岁			22岁		
男	女	小计	男	女	小计	男	女
42562	**61690**	**95594**	**46972**	**48622**	**88755**	**50256**	**38499**
4281	13327	12167	3409	8758	9361	3026	6335
31	105	111	32	79	85	31	54
19433	29947	41374	19190	22184	35356	18760	16596
15463	16135	34586	19566	15020	34873	22300	12573
2794	1759	5875	3944	1931	7099	5005	2094
505	373	1248	706	542	1595	941	654
53	43	231	123	108	377	188	189
2	1	2	2		8	4	4
					1	1	

初婚年龄的人口（乡村）（续2）

单位：人

年龄										
25岁		26岁			27岁			28岁		
男	女	小计	男	女	小计	男	女	小计	男	女
26873	**12523**	**27785**	**19355**	**8430**	**19807**	**13894**	**5913**	**14247**	**10165**	**4082**
1718	1890	2826	1383	1443	2136	1097	1039	1671	854	817
15	9	21	11	10	20	11	9	10	7	3
9574	4493	9792	6921	2871	7162	5082	2080	5258	3771	1487
10747	3825	9735	7355	2380	6460	4900	1560	4608	3524	1084
3084	1008	2808	2141	667	2005	1527	478	1238	965	273
1225	851	1709	1025	684	1231	773	458	852	595	257
499	437	867	505	362	759	490	269	577	432	145
9	8	24	12	12	32	13	19	31	15	16
2	2	3	2	1	2	1	1	2	2	

5-6c 全省分性别、受教育程度、

受教育程度	初婚						
	29 岁			30 岁			
	小计	男	女	小计	男	女	小计
合计	**10542**	**7477**	**3065**	**7637**	**5376**	**2261**	**5398**
未上过学	1371	703	668	1104	577	527	730
学前教育	9	5	4	4	2	2	4
小学	4092	2925	1167	3102	2193	909	2296
初中	3353	2546	807	2305	1755	550	1640
高中	815	643	172	602	464	138	432
大学专科	540	398	142	319	242	77	202
大学本科	352	252	100	188	135	53	85
硕士研究生	10	5	5	13	8	5	7
博士研究生							2

5-6c 全省分性别、受教育程度、

受教育程度	初婚						
	35 岁			36 岁			
	小计	男	女	小计	男	女	小计
合计	**1791**	**1191**	**600**	**1397**	**944**	**453**	**1108**
未上过学	338	147	191	254	112	142	187
学前教育	3	3		4	1	3	2
小学	808	553	255	639	456	183	520
初中	494	362	132	381	279	102	316
高中	89	78	11	88	74	14	65
大学专科	42	35	7	21	14	7	12
大学本科	17	13	4	9	8	1	6
硕士研究生				1		1	
博士研究生							

初婚年龄的人口（乡村）（续 3）

单位：人

年龄										
31 岁		32 岁			33 岁			34 岁		
男	女	小计	男	女	小计	男	女	小计	男	女
3767	**1631**	**4070**	**2851**	**1219**	**3118**	**2180**	**938**	**2347**	**1621**	**726**
376	354	609	306	303	504	246	258	383	194	189
2	2	6	3	3	4		4	9	4	5
1628	668	1746	1236	510	1404	1006	398	1058	737	321
1198	442	1237	919	318	902	687	215	680	518	162
333	99	298	236	62	192	151	41	133	98	35
159	43	111	96	15	77	62	15	59	47	12
66	19	61	53	8	29	22	7	22	20	2
3	4	1	1		6	6		2	2	
2		1	1					1	1	

初婚年龄的人口（乡村）（续 4）

单位：人

年龄										
37 岁		38 岁			39 岁			40 岁及以上		
男	女	小计	男	女	小计	男	女	小计	男	女
745	**363**	**957**	**619**	**338**	**832**	**501**	**331**	**4560**	**2660**	**1900**
87	100	180	71	109	169	78	91	1057	426	631
2		2	1	1	2	1	1	7	4	3
355	165	463	319	144	406	239	167	2289	1375	914
233	83	239	174	65	198	137	61	965	663	302
54	11	54	41	13	43	34	9	175	137	38
9	3	12	8	4	10	10		46	38	8
5	1	7	5	2	4	2	2	18	15	3
								3	2	1

第二部分　长表数据资料

第六卷　生育

6-1 各地区分性别、孩次的

地区	出生人数				第一孩		
	合计	男	女	性别比（女 =100）	小计	男	女
合计	**25783**	**13412**	**12371**	**108.41**	**11430**	**6010**	**5420**
兰州市	**4074**	**2106**	**1968**	**107.01**	**2293**	**1176**	**1117**
城关区	1386	721	665	108.42	833	432	401
七里河区	728	385	343	112.24	426	225	201
西固区	327	173	154	112.34	167	88	79
安宁区	389	201	188	106.91	231	118	113
红古区	117	71	46	154.35	68	40	28
永登县	229	115	114	100.88	104	51	53
皋兰县	98	39	59	66.10	46	20	26
榆中县	449	239	210	113.81	240	118	122
兰州新区	351	162	189	85.71	178	84	94
嘉峪关市	**364**	**193**	**171**	**112.87**	**197**	**99**	**98**
市辖区	364	193	171	112.87	197	99	98
金昌市	**356**	**191**	**165**	**115.76**	**183**	**96**	**87**
金川区	240	128	112	114.29	126	66	60
永昌县	116	63	53	118.87	57	30	27
白银市	**1502**	**806**	**696**	**115.80**	**602**	**326**	**276**
白银区	346	187	159	117.61	184	96	88
平川区	210	110	100	110.00	74	40	34
靖远县	405	219	186	117.74	159	91	68
会宁县	329	169	160	105.63	105	53	52
景泰县	212	121	91	132.97	80	46	34
天水市	**2870**	**1498**	**1372**	**109.18**	**1326**	**711**	**615**
秦州区	525	271	254	106.69	238	126	112
麦积区	521	255	266	95.86	278	138	140
清水县	263	144	119	121.01	132	77	55
秦安县	399	204	195	104.62	204	113	91
甘谷县	494	280	214	130.84	202	110	92
武山县	375	187	188	99.47	160	83	77
张家川回族自治县	293	157	136	115.44	112	64	48
武威市	**1366**	**704**	**662**	**106.34**	**631**	**331**	**300**
凉州区	899	473	426	111.03	427	230	197
民勤县	110	58	52	111.54	55	31	24
古浪县	206	102	104	98.08	88	41	47
天祝藏族自治县	151	71	80	88.75	61	29	32
张掖市	**1042**	**542**	**500**	**108.40**	**448**	**232**	**216**
甘州区	508	262	246	106.50	260	135	125
肃南裕固族自治县	21	7	14	50.00	9	4	5
民乐县	156	91	65	140.00	38	24	14
临泽县	73	37	36	102.78	24	12	12
高台县	112	57	55	103.64	44	23	21
山丹县	172	88	84	104.76	73	34	39
平凉市	**1824**	**891**	**933**	**95.50**	**729**	**360**	**369**
崆峒区	540	247	293	84.30	250	119	131
泾川县	217	109	108	100.93	82	39	43
灵台县	118	64	54	118.52	33	20	13
崇信县	89	43	46	93.48	33	17	16
庄浪县	293	150	143	104.90	114	52	62
静宁县	350	175	175	100.00	125	70	55
华亭市	217	103	114	90.35	92	43	49

出生人口（2019.11.1–2020.10.31）

单位：人

	第二孩				第三孩			
性别比（女=100）	小计	男	女	性别比（女=100）	小计	男	女	性别比（女=100）
110.89	**11350**	**5778**	**5572**	**103.70**	**2295**	**1229**	**1066**	**115.29**
105.28	**1620**	**842**	**778**	**108.23**	**140**	**79**	**61**	**129.51**
107.73	501	260	241	107.88	51	29	22	131.82
111.94	278	146	132	110.61	18	10	8	125.00
111.39	149	79	70	112.86	10	6	4	150.00
104.42	148	74	74	100.00	10	9	1	900.00
142.86	47	30	17	176.47	2	1	1	100.00
96.23	109	58	51	113.73	12	5	7	71.43
76.92	49	18	31	58.06	3	1	2	50.00
96.72	187	109	78	139.74	20	11	9	122.22
89.36	152	68	84	80.95	14	7	7	100.00
101.02	**153**	**88**	**65**	**135.38**	**12**	**5**	**7**	**71.43**
101.02	153	88	65	135.38	12	5	7	71.43
110.34	**160**	**88**	**72**	**122.22**	**12**	**6**	**6**	**100.00**
110.00	107	58	49	118.37	6	3	3	100.00
111.11	53	30	23	130.43	6	3	3	100.00
118.12	**671**	**353**	**318**	**111.01**	**174**	**92**	**82**	**112.20**
109.09	133	75	58	129.31	24	15	9	166.67
117.65	106	54	52	103.85	25	13	12	108.33
133.82	167	83	84	98.81	59	32	27	118.52
101.92	155	80	75	106.67	47	21	26	80.77
135.29	110	61	49	124.49	19	11	8	137.50
115.61	**1209**	**596**	**613**	**97.23**	**265**	**147**	**118**	**124.58**
112.50	244	116	128	90.63	34	20	14	142.86
98.57	218	104	114	91.23	22	12	10	120.00
140.00	100	48	52	92.31	24	16	8	200.00
124.18	157	70	87	80.46	28	17	11	154.55
119.57	219	125	94	132.98	57	34	23	147.83
107.79	154	75	79	94.94	53	25	28	89.29
133.33	117	58	59	98.31	47	23	24	95.83
110.33	**628**	**313**	**315**	**99.37**	**93**	**49**	**44**	**111.36**
116.75	408	204	204	100.00	59	35	24	145.83
129.17	52	24	28	85.71	2	2		
87.23	89	45	44	102.27	22	11	11	100.00
90.63	79	40	39	102.56	10	1	9	11.11
107.41	**524**	**265**	**259**	**102.32**	**63**	**41**	**22**	**186.36**
108.00	220	112	108	103.70	27	14	13	107.69
80.00	11	2	9	22.22	1	1		
171.43	101	56	45	124.44	14	10	4	250.00
100.00	45	22	23	95.65	3	3		
109.52	62	31	31	100.00	6	3	3	100.00
87.18	85	42	43	97.67	12	10	2	500.00
97.56	**865**	**415**	**450**	**92.22**	**186**	**96**	**90**	**106.67**
90.84	234	103	131	78.63	47	23	24	95.83
90.70	113	62	51	121.57	21	7	14	50.00
153.85	69	36	33	109.09	13	8	5	160.00
106.25	44	20	24	83.33	10	4	6	66.67
83.87	122	63	59	106.78	42	24	18	133.33
127.27	169	78	91	85.71	43	23	20	115.00
87.76	114	53	61	86.89	10	7	3	233.33

6-1 各地区分性别、孩次的

地区	出生人数				第一孩		
	合计	男	女	性别比（女=100）	小计	男	女
酒泉市	**924**	**495**	**429**	**115.38**	**457**	**255**	**202**
肃州区	414	216	198	109.09	218	115	103
金塔县	58	30	28	107.14	30	18	12
瓜州县	128	82	46	178.26	62	41	21
肃北蒙古族自治县	13	8	5	160.00	6	5	1
阿克塞哈萨克族自治县	11	1	10	10.00	2		2
玉门市	136	69	67	102.99	57	31	26
敦煌市	164	89	75	118.67	82	45	37
庆阳市	**2055**	**1066**	**989**	**107.79**	**780**	**407**	**373**
西峰区	555	303	252	120.24	220	114	106
庆城县	226	122	104	117.31	92	47	45
环　县	302	155	147	105.44	114	59	55
华池县	133	71	62	114.52	43	20	23
合水县	148	65	83	78.31	50	26	24
正宁县	146	78	68	114.71	64	38	26
宁　县	258	136	122	111.48	100	56	44
镇原县	287	136	151	90.07	97	47	50
定西市	**2734**	**1436**	**1298**	**110.63**	**1129**	**594**	**535**
安定区	478	238	240	99.17	201	110	91
通渭县	401	223	178	125.28	164	76	88
陇西县	445	246	199	123.62	174	100	74
渭源县	266	149	117	127.35	117	73	44
临洮县	521	270	251	107.57	214	113	101
漳　县	161	82	79	103.80	67	28	39
岷　县	462	228	234	97.44	192	94	98
陇南市	**2441**	**1264**	**1177**	**107.39**	**1068**	**575**	**493**
武都区	640	331	309	107.12	285	150	135
成　县	263	132	131	100.76	100	46	54
文　县	185	97	88	110.23	77	43	34
宕昌县	215	112	103	108.74	100	54	46
康　县	153	83	70	118.57	56	35	21
西和县	416	232	184	126.09	192	111	81
礼　县	323	165	158	104.43	152	83	69
徽　县	213	92	121	76.03	92	45	47
两当县	33	20	13	153.85	14	8	6
临夏回族自治州	**3410**	**1785**	**1625**	**109.85**	**1257**	**666**	**591**
临夏市	559	284	275	103.27	278	138	140
临夏县	407	211	196	107.65	166	96	70
康乐县	368	197	171	115.20	125	77	48
永靖县	220	123	97	126.80	96	53	43
广河县	499	272	227	119.82	161	92	69
和政县	328	163	165	98.79	109	47	62
东乡族自治县	629	338	291	116.15	179	88	91
积石山保安族东乡族撒拉族自治县	400	197	203	97.04	143	75	68
甘南藏族自治州	**821**	**435**	**386**	**112.69**	**330**	**182**	**148**
合作市	133	78	55	141.82	67	41	26
临潭县	141	87	54	161.11	54	34	20
卓尼县	99	57	42	135.71	48	30	18
舟曲县	164	79	85	92.94	56	22	34
迭部县	51	20	31	64.52	21	10	11
玛曲县	81	38	43	88.37	27	13	14
碌曲县	50	28	22	127.27	23	11	12
夏河县	102	48	54	88.89	34	21	13

出生人口（2019.11.1–2020.10.31）（续 1）

单位：人

	第二孩				第三孩			
性别比（女=100）	小计	男	女	性别比（女=100）	小计	男	女	性别比（女=100）
126.24	**420**	**211**	**209**	**100.96**	**37**	**24**	**13**	**184.62**
111.65	185	95	90	105.56	9	5	4	125.00
150.00	26	11	15	73.33	2	1	1	100.00
195.24	56	33	23	143.48	9	7	2	350.00
500.00	7	3	4	75.00				
	9	1	8	12.50				
119.23	63	30	33	90.91	10	6	4	150.00
121.62	74	38	36	105.56	7	5	2	250.00
109.12	**948**	**477**	**471**	**101.27**	**268**	**153**	**115**	**133.04**
107.55	276	151	125	120.80	54	35	19	184.21
104.44	104	61	43	141.86	24	13	11	118.18
107.27	132	64	68	94.12	41	25	16	156.25
86.96	60	32	28	114.29	19	12	7	171.43
108.33	68	27	41	65.85	27	12	15	80.00
146.15	61	29	32	90.63	18	10	8	125.00
127.27	113	54	59	91.53	38	22	16	137.50
94.00	134	59	75	78.67	47	24	23	104.35
111.03	**1286**	**663**	**623**	**106.42**	**269**	**144**	**125**	**115.20**
120.88	220	98	122	80.33	45	22	23	95.65
86.36	173	106	67	158.21	48	30	18	166.67
135.14	208	106	102	103.92	53	31	22	140.91
165.91	132	68	64	106.25	16	7	9	77.78
111.88	271	145	126	115.08	34	11	23	47.83
71.79	73	39	34	114.71	18	13	5	260.00
95.92	209	101	108	93.52	55	30	25	120.00
116.63	**1187**	**590**	**597**	**98.83**	**148**	**77**	**71**	**108.45**
111.11	305	152	153	99.35	45	26	19	136.84
85.19	140	77	63	122.22	20	8	12	66.67
126.47	100	49	51	96.08	8	5	3	166.67
117.39	105	53	52	101.92	9	4	5	80.00
166.67	86	43	43	100.00	6	4	2	200.00
137.04	181	95	86	110.47	30	17	13	130.77
120.29	142	65	77	84.42	21	10	11	90.91
95.74	110	45	65	69.23	8	2	6	33.33
133.33	18	11	7	157.14	1	1		
112.69	**1313**	**688**	**625**	**110.08**	**531**	**270**	**261**	**103.45**
98.57	240	124	116	106.90	38	21	17	123.53
137.14	167	81	86	94.19	56	25	31	80.65
160.42	141	68	73	93.15	63	33	30	110.00
123.26	100	59	41	143.90	20	9	11	81.82
133.33	159	88	71	123.94	99	52	47	110.64
75.81	146	72	74	97.30	54	34	20	170.00
96.70	202	117	85	137.65	132	66	66	100.00
110.29	158	79	79	100.00	69	30	39	76.92
122.97	**366**	**189**	**177**	**106.78**	**97**	**46**	**51**	**90.20**
157.69	55	31	24	129.17	9	4	5	80.00
170.00	70	43	27	159.26	15	8	7	114.29
166.67	38	19	19	100.00	10	6	4	150.00
64.71	84	43	41	104.88	22	12	10	120.00
90.91	25	7	18	38.89	4	2	2	100.00
92.86	33	15	18	83.33	12	6	6	100.00
91.67	20	12	8	150.00	5	3	2	150.00
161.54	41	19	22	86.36	20	5	15	33.33

6-1 各地区分性别、孩次的出生人口（2019.11.1-2020.10.31）（续2）

单位：人、%

地区	第四孩				第五孩			
	小计	男	女	性别比（女=100）	小计	男	女	性别比（女=100）
合计	**514**	**282**	**232**	**121.55**	**194**	**113**	**81**	**139.51**
兰州市	**17**	**6**	**11**	**54.55**	**4**	**3**	**1**	**300.00**
城关区	1		1					
七里河区	4	2	2	100.00	2	2		
西固区	1		1					
安宁区								
红古区								
永登县	3	1	2	50.00	1		1	
皋兰县								
榆中县	1		1		1	1		
兰州新区	7	3	4	75.00				
嘉峪关市	**2**	**1**	**1**	**100.00**				
市辖区	2	1	1	100.00				
金昌市	**1**	**1**						
金川区	1	1						
永昌县								
白银市	**36**	**24**	**12**	**200.00**	**19**	**11**	**8**	**137.50**
白银区	5	1	4	25.00				
平川区	3	2	1	200.00	2	1	1	100.00
靖远县	12	9	3	300.00	8	4	4	100.00
会宁县	16	12	4	300.00	6	3	3	100.00
景泰县					3	3		
天水市	**57**	**32**	**25**	**128.00**	**13**	**12**	**1**	**1200.00**
秦州区	6	6			3	3		
麦积区	3	1	2	50.00				
清水县	7	3	4	75.00				
秦安县	9	3	6	50.00	1	1		
甘谷县	13	8	5	160.00	3	3		
武山县	7	4	3	133.33	1		1	
张家川回族自治县	12	7	5	140.00	5	5		
武威市	**13**	**10**	**3**	**333.33**	**1**	**1**		
凉州区	5	4	1	400.00				
民勤县	1	1						
古浪县	6	4	2	200.00	1	1		
天祝藏族自治县	1	1						
张掖市	**7**	**4**	**3**	**133.33**				
甘州区	1	1						
肃南裕固族自治县								
民乐县	3	1	2	50.00				
临泽县	1		1					
高台县								
山丹县	2	2						
平凉市	**34**	**13**	**21**	**61.90**	**10**	**7**	**3**	**233.33**
崆峒区	9	2	7	28.57				
泾川县					1	1		
灵台县	3		3					
崇信县	2	2						
庄浪县	8	6	2	300.00	7	5	2	250.00
静宁县	11	3	8	37.50	2	1	1	100.00
华亭市	1		1					

6-1 各地区分性别、孩次的出生人口（2019.11.1-2020.10.31）（续 3）

单位：人

地区	第四孩				第五孩			
	小计	男	女	性别比（女=100）	小计	男	女	性别比（女=100）
酒泉市	**7**	**4**	**3**	**133.33**	**3**	**1**	**2**	**50.00**
肃州区	1	1			1		1	
金塔县								
瓜州县	1	1						
肃北蒙古族自治县								
阿克塞哈萨克族自治县								
玉门市	4	1	3	33.33	2	1	1	100.00
敦煌市	1	1						
庆阳市	**48**	**25**	**23**	**108.70**	**11**	**4**	**7**	**57.14**
西峰区	5	3	2	150.00				
庆城县	4	1	3	33.33	2		2	
环　县	10	5	5	100.00	5	2	3	66.67
华池县	11	7	4	175.00				
合水县	2		2		1		1	
正宁县	2	1	1	100.00	1		1	
宁　县	6	3	3	100.00	1	1		
镇原县	8	5	3	166.67	1	1		
定西市	**41**	**27**	**14**	**192.86**	**9**	**8**	**1**	**800.00**
安定区	11	7	4	175.00	1	1		
通渭县	13	9	4	225.00	3	2	1	200.00
陇西县	7	6	1	600.00	3	3		
渭源县					1	1		
临洮县	2	1	1	100.00				
漳　县	3	2	1	200.00				
岷　县	5	2	3	66.67	1	1		
陇南市	**27**	**16**	**11**	**145.45**	**11**	**6**	**5**	**120.00**
武都区	3	2	1	200.00	2	1	1	100.00
成　县	2		2		1	1		
文　县								
宕昌县	1	1						
康　县	2		2		3	1	2	50.00
西和县	10	7	3	233.33	3	2	1	200.00
礼　县	7	6	1	600.00	1	1		
徽　县	2		2		1		1	
两当县								
临夏回族自治州	**207**	**108**	**99**	**109.09**	**102**	**53**	**49**	**108.16**
临夏市	3	1	2	50.00				
临夏县	13	8	5	160.00	5	1	4	25.00
康乐县	22	10	12	83.33	17	9	8	112.50
永靖县	3	1	2	50.00	1	1		
广河县	58	29	29	100.00	22	11	11	100.00
和政县	13	5	8	62.50	6	5	1	500.00
东乡族自治县	72	44	28	157.14	44	23	21	109.52
积石山保安族东乡族撒拉族自治县	23	10	13	76.92	7	3	4	75.00
甘南藏族自治州	**17**	**11**	**6**	**183.33**	**11**	**7**	**4**	**175.00**
合作市	2	2						
临潭县	2	2						
卓尼县	1		1		2	2		
舟曲县					2	2		
迭部县	1	1						
玛曲县	6	2	4	50.00	3	2	1	200.00
碌曲县	1	1			1	1		
夏河县	4	3	1	300.00	3		3	

6-1a 各地区分性别、孩次的

地区	出生人数				第一孩		
	合计	男	女	性别比（女=100）	小计	男	女
合计	**7669**	**4011**	**3658**	**109.65**	**4057**	**2116**	**1941**
兰州市	**2686**	**1408**	**1278**	**110.17**	**1590**	**829**	**761**
城关区	1342	698	644	108.39	808	419	389
七里河区	576	304	272	111.76	352	186	166
西固区	299	156	143	109.09	153	80	73
安宁区	389	201	188	106.91	231	118	113
红古区	80	49	31	158.06	46	26	20
嘉峪关市	**349**	**185**	**164**	**112.80**	**193**	**97**	**96**
市辖区	349	185	164	112.80	193	97	96
金昌市	**226**	**119**	**107**	**111.21**	**120**	**62**	**58**
金川区	226	119	107	111.21	120	62	58
白银市	**474**	**262**	**212**	**123.58**	**235**	**126**	**109**
白银区	332	182	150	121.33	179	94	85
平川区	139	78	61	127.87	56	32	24
靖远县	3	2	1	200.00			
天水市	**594**	**295**	**299**	**98.66**	**304**	**153**	**151**
秦州区	291	146	145	100.69	142	74	68
麦积区	303	149	154	96.75	162	79	83
武威市	**525**	**272**	**253**	**107.51**	**274**	**146**	**128**
凉州区	525	272	253	107.51	274	146	128
张掖市	**299**	**157**	**142**	**110.56**	**159**	**85**	**74**
甘州区	299	157	142	110.56	159	85	74
肃南裕固族自治县							
平凉市	**486**	**235**	**251**	**93.63**	**234**	**117**	**117**
崆峒区	369	179	190	94.21	182	91	91
华亭市	117	56	61	91.80	52	26	26
酒泉市	**520**	**275**	**245**	**112.24**	**271**	**144**	**127**
肃州区	345	183	162	112.96	187	97	90
玉门市	64	33	31	106.45	28	15	13
敦煌市	111	59	52	113.46	56	32	24
庆阳市	**369**	**206**	**163**	**126.38**	**137**	**78**	**59**
西峰区	369	206	163	126.38	137	78	59
定西市	**268**	**143**	**125**	**114.40**	**116**	**63**	**53**
安定区	268	143	125	114.40	116	63	53
陇南市	**286**	**150**	**136**	**110.29**	**127**	**65**	**62**
武都区	282	148	134	110.45	125	63	62
康　县	4	2	2	100.00	2	2	
临夏回族自治州	**496**	**255**	**241**	**105.81**	**255**	**129**	**126**
临夏市	479	245	234	104.70	245	122	123
临夏县	17	10	7	142.86	10	7	3
甘南藏族自治州	**91**	**49**	**42**	**116.67**	**42**	**22**	**20**
合作市	91	49	42	116.67	42	22	20

出生人口（2019.11.1–2020.10.31）（城市）

单位：人

	第二孩				第三孩	
性别比（女=100）	小计	男	女	性别比（女=100）	小计	男
109.02	**3242**	**1678**	**1564**	**107.29**	**328**	**196**
108.94	**1007**	**525**	**482**	**108.92**	**81**	**50**
107.71	485	252	233	108.15	48	27
112.05	205	106	99	107.07	13	8
109.59	135	70	65	107.69	10	6
104.42	148	74	74	100.00	10	9
130.00	34	23	11	209.09		
101.04	**144**	**83**	**61**	**136.07**	**10**	**4**
101.04	144	83	61	136.07	10	4
106.90	**101**	**54**	**47**	**114.89**	**4**	**2**
106.90	101	54	47	114.89	4	2
115.60	**196**	**111**	**85**	**130.59**	**35**	**22**
110.59	127	73	54	135.19	21	14
133.33	67	37	30	123.33	13	7
	2	1	1	100.00	1	1
101.32	**269**	**129**	**140**	**92.14**	**20**	**12**
108.82	136	64	72	88.89	12	7
95.18	133	65	68	95.59	8	5
114.06	**229**	**113**	**116**	**97.41**	**22**	**13**
114.06	229	113	116	97.41	22	13
114.86	**126**	**62**	**64**	**96.88**	**14**	**10**
114.86	126	62	64	96.88	14	10
100.00	**224**	**105**	**119**	**88.24**	**26**	**13**
100.00	161	76	85	89.41	24	12
100.00	63	29	34	85.29	2	1
113.39	**230**	**119**	**111**	**107.21**	**14**	**10**
107.78	150	81	69	117.39	6	4
115.38	31	15	16	93.75	2	2
133.33	49	23	26	88.46	6	4
132.20	**191**	**103**	**88**	**117.05**	**37**	**23**
132.20	191	103	88	117.05	37	23
118.87	**128**	**65**	**63**	**103.17**	**18**	**10**
118.87	128	65	63	103.17	18	10
104.84	**146**	**76**	**70**	**108.57**	**12**	**9**
101.61	144	76	68	111.76	12	9
	2		2			
102.38	**209**	**110**	**99**	**111.11**	**30**	**16**
99.19	205	109	96	113.54	27	14
233.33	4	1	3	33.33	3	2
110.00	**42**	**23**	**19**	**121.05**	**5**	**2**
110.00	42	23	19	121.05	5	2

6–1a 各地区分性别、孩次的

地区	第三孩		第四孩	
	女	性别比（女 =100）	小计	男
合计	**132**	**148.48**	**37**	**18**
兰州市	**31**	**161.29**	**6**	**2**
城关区	21	128.57	1	
七里河区	5	160.00	4	2
西固区	4	150.00	1	
安宁区	1	900.00		
红古区				
嘉峪关市	**6**	**66.67**	**2**	**1**
市辖区	6	66.67	2	1
金昌市	**2**	**100.00**	**1**	**1**
金川区	2	100.00	1	1
白银市	**13**	**169.23**	**6**	**2**
白银区	7	200.00	5	1
平川区	6	116.67	1	1
靖远县				
天水市	**8**	**150.00**	**1**	**1**
秦州区	5	140.00	1	1
麦积区	3	166.67		
武威市	**9**	**144.44**		
凉州区	9	144.44		
张掖市	**4**	**250.00**		
甘州区	4	250.00		
肃南裕固族自治县				
平凉市	**13**	**100.00**	**2**	
崆峒区	12	100.00	2	
华亭市	1	100.00		
酒泉市	**4**	**250.00**	**4**	**2**
肃州区	2	200.00	1	1
玉门市			3	1
敦煌市	2	200.00		
庆阳市	**14**	**164.29**	**4**	**2**
西峰区	14	164.29	4	2
定西市	**8**	**125.00**	**6**	**5**
安定区	8	125.00	6	5
陇南市	**3**	**300.00**	**1**	
武都区	3	300.00	1	
康　县				
临夏回族自治州	**14**	**114.29**	**2**	
临夏市	13	107.69	2	
临夏县	1	200.00		
甘南藏族自治州	**3**	**66.67**	**2**	**2**
合作市	3	66.67	2	2

出生人口（2019.11.1–2020.10.31）（城市）（续 1）

单位：人

第四孩		第五孩			
女	性别比（女 =100）	小计	男	女	性别比（女 =100）
19	**94.74**	**5**	**3**	**2**	**150.00**
4	**50.00**	**2**	**2**		
1					
2	100.00	2	2		
1					
1	**100.00**				
1	100.00				
4	**50.00**	**2**	**1**	**1**	**100.00**
4	25.00				
		2	1	1	100.00
2					
2					
2	**100.00**	**1**		**1**	
		1		1	
2	50.00				
2	**100.00**				
2	100.00				
1	**500.00**				
1	500.00				
1					
1					
2					
2					

6-1b 各地区分性别、孩次的

地区	出生人数				第一孩		
	合计	男	女	性别比（女=100）	小计	男	女
合计	**6865**	**3628**	**3237**	**112.08**	**2799**	**1511**	**1288**
兰州市	**765**	**384**	**381**	**100.79**	**387**	**192**	**195**
城关区	22	8	14	57.14	13	5	8
七里河区	76	46	30	153.33	43	27	16
西固区	11	6	5	120.00	8	4	4
安宁区							
红古区	11	5	6	83.33	6	3	3
永登县	128	60	68	88.24	53	21	32
皋兰县	70	27	43	62.79	32	14	18
榆中县	237	135	102	132.35	126	67	59
兰州新区	210	97	113	85.84	106	51	55
嘉峪关市	**2**	**1**	**1**	**100.00**	**1**	**1**	
市辖区	2	1	1	100.00	1	1	
金昌市	**82**	**45**	**37**	**121.62**	**41**	**21**	**20**
金川区							
永昌县	82	45	37	121.62	41	21	20
白银市	**494**	**276**	**218**	**126.61**	**177**	**110**	**67**
白银区							
平川区	17	5	12	41.67	5	2	3
靖远县	169	97	72	134.72	67	46	21
会宁县	169	91	78	116.67	50	30	20
景泰县	139	83	56	148.21	55	32	23
天水市	**732**	**389**	**343**	**113.41**	**320**	**168**	**152**
秦州区	44	26	18	144.44	19	12	7
麦积区	37	15	22	68.18	21	10	11
清水县	91	54	37	145.95	44	25	19
秦安县	167	83	84	98.81	80	43	37
甘谷县	185	105	80	131.25	72	35	37
武山县	140	66	74	89.19	60	30	30
张家川回族自治县	68	40	28	142.86	24	13	11
武威市	**292**	**137**	**155**	**88.39**	**129**	**60**	**69**
凉州区	57	28	29	96.55	29	13	16
民勤县	68	33	35	94.29	29	14	15
古浪县	74	34	40	85.00	37	17	20
天祝藏族自治县	93	42	51	82.35	34	16	18
张掖市	**344**	**181**	**163**	**111.04**	**126**	**72**	**54**
甘州区	12	8	4	200.00	8	7	1
肃南裕固族自治县	4	1	3	33.33	2	1	1
民乐县	96	53	43	123.26	20	13	7
临泽县	49	24	25	96.00	16	8	8
高台县	77	38	39	97.44	35	19	16
山丹县	106	57	49	116.33	45	24	21
平凉市	**502**	**260**	**242**	**107.44**	**174**	**87**	**87**
崆峒区	2		2				
泾川县	111	60	51	117.65	42	22	20
灵台县	59	29	30	96.67	16	7	9
崇信县	46	24	22	109.09	16	9	7
庄浪县	100	46	54	85.19	39	15	24
静宁县	153	81	72	112.50	51	30	21
华亭市	31	20	11	181.82	10	4	6

出生人口（2019.11.1–2020.10.31）（镇）

单位：人

性别比（女=100）	第二孩				第三孩			
	小计	男	女	性别比（女=100）	小计	男	女	性别比（女=100）
117.31	**3347**	**1703**	**1644**	**103.59**	**580**	**327**	**253**	**129.25**
98.46	**340**	**170**	**170**	**100.00**	**32**	**20**	**12**	**166.67**
62.50	9	3	6	50.00				
168.75	31	19	12	158.33	2		2	
100.00	3	2	1	200.00				
100.00	5	2	3	66.67				
65.63	66	34	32	106.25	7	5	2	250.00
77.78	35	12	23	52.17	3	1	2	50.00
113.56	98	58	40	145.00	12	9	3	300.00
92.73	93	40	53	75.47	8	5	3	166.67
	1		**1**					
	1		1					
105.00	**37**	**22**	**15**	**146.67**	**4**	**2**	**2**	**100.00**
105.00	37	22	15	146.67	4	2	2	100.00
164.18	**258**	**133**	**125**	**106.40**	**49**	**25**	**24**	**104.17**
66.67	12	3	9	33.33				
219.05	77	38	39	97.44	21	9	12	75.00
150.00	95	47	48	97.92	18	10	8	125.00
139.13	74	45	29	155.17	10	6	4	150.00
110.53	**322**	**163**	**159**	**102.52**	**73**	**44**	**29**	**151.72**
171.43	18	7	11	63.64	4	4		
90.91	13	4	9	44.44	3	1	2	50.00
131.58	39	23	16	143.75	6	5	1	500.00
116.22	71	30	41	73.17	14	9	5	180.00
94.59	87	52	35	148.57	19	11	8	137.50
100.00	62	29	33	87.88	17	7	10	70.00
118.18	32	18	14	128.57	10	7	3	233.33
86.96	**143**	**68**	**75**	**90.67**	**18**	**7**	**11**	**63.64**
81.25	22	12	10	120.00	6	3	3	100.00
93.33	37	17	20	85.00	1	1		
85.00	31	14	17	82.35	6	3	3	100.00
88.89	53	25	28	89.29	5		5	
133.33	**200**	**97**	**103**	**94.17**	**15**	**11**	**4**	**275.00**
700.00	2		2		2	1	1	100.00
100.00	2		2					
185.71	71	37	34	108.82	4	3	1	300.00
100.00	31	15	16	93.75	1	1		
118.75	39	17	22	77.27	3	2	1	200.00
114.29	55	28	27	103.70	5	4	1	400.00
100.00	**267**	**138**	**129**	**106.98**	**51**	**29**	**22**	**131.82**
	2		2					
110.00	64	36	28	128.57	5	2	3	66.67
77.78	36	19	17	111.76	6	3	3	100.00
128.57	25	11	14	78.57	4	3	1	300.00
62.50	44	22	22	100.00	14	6	8	75.00
142.86	80	39	41	95.12	17	10	7	142.86
66.67	16	11	5	220.00	5	5		

6-1b 各地区分性别、孩次的

地区	出生人数				第一孩		
	合计	男	女	性别比（女=100）	小计	男	女
酒泉市	**180**	**102**	**78**	**130.77**	**83**	**54**	**29**
肃州区	6	4	2	200.00	3	2	1
金塔县	36	22	14	157.14	16	11	5
瓜州县	73	46	27	170.37	36	25	11
肃北蒙古族自治县	12	8	4	200.00	6	5	1
阿克塞哈萨克族自治县	11	1	10	10.00	2		2
玉门市	19	7	12	58.33	8	3	5
敦煌市	23	14	9	155.56	12	8	4
庆阳市	**676**	**346**	**330**	**104.85**	**248**	**134**	**114**
西峰区	7	4	3	133.33	1	1	
庆城县	96	53	43	123.26	33	18	15
环　县	149	77	72	106.94	60	30	30
华池县	68	32	36	88.89	21	8	13
合水县	79	32	47	68.09	24	11	13
正宁县	79	42	37	113.51	36	24	12
宁　县	98	53	45	117.78	38	23	15
镇原县	100	53	47	112.77	35	19	16
定西市	**993**	**537**	**456**	**117.76**	**396**	**215**	**181**
安定区	30	11	19	57.89	13	5	8
通渭县	149	91	58	156.90	49	26	23
陇西县	264	151	113	133.63	113	65	48
渭源县	95	45	50	90.00	39	22	17
临洮县	233	132	101	130.69	90	53	37
漳　县	65	33	32	103.13	25	11	14
岷　县	157	74	83	89.16	67	33	34
陇南市	**778**	**412**	**366**	**112.57**	**326**	**177**	**149**
武都区	73	41	32	128.13	32	16	16
成　县	139	75	64	117.19	53	27	26
文　县	78	39	39	100.00	32	17	15
宕昌县	67	38	29	131.03	35	22	13
康　县	55	27	28	96.43	17	10	7
西和县	132	76	56	135.71	54	33	21
礼　县	107	54	53	101.89	47	21	26
徽　县	113	51	62	82.26	51	26	25
两当县	14	11	3	366.67	5	5	
临夏回族自治州	**730**	**412**	**318**	**129.56**	**271**	**159**	**112**
临夏市	21	9	12	75.00	6	3	3
临夏县	50	27	23	117.39	23	12	11
康乐县	86	41	45	91.11	31	17	14
永靖县	126	82	44	186.36	64	39	25
广河县	154	91	63	144.44	49	35	14
和政县	89	49	40	122.50	30	15	15
东乡族自治县	117	69	48	143.75	46	27	19
积石山保安族东乡族撒拉族自治县	87	44	43	102.33	22	11	11
甘南藏族自治州	**295**	**146**	**149**	**97.99**	**120**	**61**	**59**
合作市	6	4	2	200.00	6	4	2
临潭县	47	21	26	80.77	13	7	6
卓尼县	47	29	18	161.11	24	17	7
舟曲县	67	30	37	81.08	22	7	15
迭部县	28	9	19	47.37	14	4	10
玛曲县	39	18	21	85.71	12	6	6
碌曲县	24	13	11	118.18	9	3	6
夏河县	37	22	15	146.67	20	13	7

出生人口（2019.11.1–2020.10.31）（镇）（续 1）

单位：人

性别比（女 =100）	第二孩 小计	男	女	性别比（女 =100）	第三孩 小计	男	女	性别比（女 =100）
186.21	**93**	**46**	**47**	**97.87**	**4**	**2**	**2**	**100.00**
200.00	3	2	1	200.00				
220.00	18	10	8	125.00	2	1	1	100.00
227.27	35	20	15	133.33	2	1	1	100.00
500.00	6	3	3	100.00				
	9	1	8	12.50				
60.00	11	4	7	57.14				
200.00	11	6	5	120.00				
117.54	**327**	**158**	**169**	**93.49**	**81**	**44**	**37**	**118.92**
	5	2	3	66.67	1	1		
120.00	50	31	19	163.16	9	4	5	80.00
100.00	63	32	31	103.23	18	11	7	157.14
61.54	31	13	18	72.22	13	8	5	160.00
84.62	42	15	27	55.56	13	6	7	85.71
200.00	34	14	20	70.00	8	3	5	60.00
153.33	48	25	23	108.70	10	4	6	66.67
118.75	54	26	28	92.86	9	7	2	350.00
118.78	**497**	**265**	**232**	**114.22**	**90**	**49**	**41**	**119.51**
62.50	10	2	8	25.00	7	4	3	133.33
113.04	75	51	24	212.50	22	12	10	120.00
135.42	124	69	55	125.45	22	12	10	120.00
129.41	50	22	28	78.57	6	1	5	20.00
143.24	130	75	55	136.36	13	4	9	44.44
78.57	32	15	17	88.24	6	6		
97.06	76	31	45	68.89	14	10	4	250.00
118.79	**412**	**209**	**203**	**102.96**	**35**	**22**	**13**	**169.23**
100.00	31	19	12	158.33	10	6	4	150.00
103.85	79	45	34	132.35	7	3	4	75.00
113.33	44	20	24	83.33	2	2		
169.23	31	15	16	93.75	1	1		
142.86	36	16	20	80.00	2	1	1	100.00
157.14	70	37	33	112.12	6	4	2	200.00
80.77	54	27	27	100.00	4	4		
104.00	58	24	34	70.59	3	1	2	50.00
	9	6	3	200.00				
141.96	**306**	**170**	**136**	**125.00**	**102**	**54**	**48**	**112.50**
100.00	11	3	8	37.50	4	3	1	300.00
109.09	17	11	6	183.33	8	3	5	60.00
121.43	38	16	22	72.73	12	6	6	100.00
156.00	53	39	14	278.57	6	3	3	100.00
250.00	58	31	27	114.81	33	18	15	120.00
100.00	49	27	22	122.73	8	6	2	300.00
142.11	35	22	13	169.23	16	6	10	60.00
100.00	45	21	24	87.50	15	9	6	150.00
103.39	**144**	**64**	**80**	**80.00**	**26**	**18**	**8**	**225.00**
200.00								
116.67	29	11	18	61.11	5	3	2	150.00
242.86	21	10	11	90.91	2	2		
46.67	38	17	21	80.95	7	6	1	600.00
40.00	13	4	9	44.44				
100.00	19	9	10	90.00	6	2	4	50.00
50.00	11	6	5	120.00	3	3		
185.71	13	7	6	116.67	3	2	1	200.00

6-1b 各地区分性别、孩次的出生人口（2019.11.1-2020.10.31）（镇）（续2）

单位：人

地区	第四孩				第五孩			
	小计	男	女	性别比（女=100）	小计	男	女	性别比（女=100）
合计	**102**	**65**	**37**	**175.68**	**37**	**22**	**15**	**146.67**
兰州市	**4**	**1**	**3**	**33.33**	**2**	**1**	**1**	**100.00**
城关区								
七里河区								
西固区								
安宁区								
红古区								
永登县	1		1		1		1	
皋兰县								
榆中县					1	1		
兰州新区	3	1	2	50.00				
嘉峪关市								
市辖区								
金昌市								
金川区								
永昌县								
白银市	**7**	**6**	**1**	**600.00**	**3**	**2**	**1**	**200.00**
白银区								
平川区								
靖远县	2	2			2	2		
会宁县	5	4	1	400.00	1		1	
景泰县								
天水市	**13**	**10**	**3**	**333.33**	**4**	**4**		
秦州区	2	2			1	1		
麦积区								
清水县	2	1	1	100.00				
秦安县	2	1	1	100.00				
甘谷县	4	4			3	3		
武山县	1		1					
张家川回族自治县	2	2						
武威市	**2**	**2**						
凉州区								
民勤县	1	1						
古浪县								
天祝藏族自治县	1	1						
张掖市	**3**	**1**	**2**	**50.00**				
甘州区								
肃南裕固族自治县								
民乐县	1		1					
临泽县	1		1					
高台县								
山丹县	1	1						
平凉市	**8**	**4**	**4**	**100.00**	**2**	**2**		
崆峒区								
泾川县								
灵台县	1		1					
崇信县	1	1						
庄浪县	2	2			1	1		
静宁县	4	1	3	33.33	1	1		
华亭市								

6-1b 各地区分性别、孩次的出生人口（2019.11.1–2020.10.31）（镇）（续3）

单位：人

地区	第四孩				第五孩			
	小计	男	女	性别比（女=100）	小计	男	女	性别比（女=100）
酒泉市								
肃州区								
金塔县								
瓜州县								
肃北蒙古族自治县								
阿克塞哈萨克族自治县								
玉门市								
敦煌市								
庆阳市	**15**	**8**	**7**	**114.29**	**5**	**2**	**3**	**66.67**
西峰区								
庆城县	2		2		2		2	
环　县	5	2	3	66.67	3	2	1	200.00
华池县	3	3						
合水县								
正宁县	1	1						
宁　县	2	1	1	100.00				
镇原县	2	1	1	100.00				
定西市	**8**	**6**	**2**	**300.00**	**2**	**2**		
安定区								
通渭县	3	2	1	200.00				
陇西县	3	3			2	2		
渭源县								
临洮县								
漳　县	2	1	1	100.00				
岷　县								
陇南市	**3**	**2**	**1**	**200.00**	**2**	**2**		
武都区								
成　县								
文　县								
宕昌县								
康　县								
西和县	1	1			1	1		
礼　县	1	1			1	1		
徽　县	1		1					
两当县								
临夏回族自治州	**37**	**24**	**13**	**184.62**	**14**	**5**	**9**	**55.56**
临夏市								
临夏县	1	1			1		1	
康乐县	1	1			4	1	3	33.33
永靖县	3	1	2	50.00				
广河县	11	7	4	175.00	3		3	
和政县	2	1	1	100.00				
东乡族自治县	15	11	4	275.00	5	3	2	150.00
积石山保安族东乡族撒拉族自治县	4	2	2	100.00	1	1		
甘南藏族自治州	**2**	**1**	**1**	**100.00**	**3**	**2**	**1**	**200.00**
合作市								
临潭县								
卓尼县								
舟曲县								
迭部县	1	1						
玛曲县	1		1		1	1		
碌曲县					1	1		
夏河县					1		1	

6-1c 各地区分性别、孩次的

地区	出生人数				第一孩		
	合计	男	女	性别比（女=100）	小计	男	女
合计	**11249**	**5773**	**5476**	**105.42**	**4574**	**2383**	**2191**
兰州市	**623**	**314**	**309**	**101.62**	**316**	**155**	**161**
城关区	22	15	7	214.29	12	8	4
七里河区	76	35	41	85.37	31	12	19
西固区	17	11	6	183.33	6	4	2
安宁区							
红古区	26	17	9	188.89	16	11	5
永登县	101	55	46	119.57	51	30	21
皋兰县	28	12	16	75.00	14	6	8
榆中县	212	104	108	96.30	114	51	63
兰州新区	141	65	76	85.53	72	33	39
嘉峪关市	**13**	**7**	**6**	**116.67**	**3**	**1**	**2**
市辖区	13	7	6	116.67	3	1	2
金昌市	**48**	**27**	**21**	**128.57**	**22**	**13**	**9**
金川区	14	9	5	180.00	6	4	2
永昌县	34	18	16	112.50	16	9	7
白银市	**534**	**268**	**266**	**100.75**	**190**	**90**	**100**
白银区	14	5	9	55.56	5	2	3
平川区	54	27	27	100.00	13	6	7
靖远县	233	120	113	106.19	92	45	47
会宁县	160	78	82	95.12	55	23	32
景泰县	73	38	35	108.57	25	14	11
天水市	**1544**	**814**	**730**	**111.51**	**702**	**390**	**312**
秦州区	190	99	91	108.79	77	40	37
麦积区	181	91	90	101.11	95	49	46
清水县	172	90	82	109.76	88	52	36
秦安县	232	121	111	109.01	124	70	54
甘谷县	309	175	134	130.60	130	75	55
武山县	235	121	114	106.14	100	53	47
张家川回族自治县	225	117	108	108.33	88	51	37
武威市	**549**	**295**	**254**	**116.14**	**228**	**125**	**103**
凉州区	317	173	144	120.14	124	71	53
民勤县	42	25	17	147.06	26	17	9
古浪县	132	68	64	106.25	51	24	27
天祝藏族自治县	58	29	29	100.00	27	13	14
张掖市	**399**	**204**	**195**	**104.62**	**163**	**75**	**88**
甘州区	197	97	100	97.00	93	43	50
肃南裕固族自治县	17	6	11	54.55	7	3	4
民乐县	60	38	22	172.73	18	11	7
临泽县	24	13	11	118.18	8	4	4
高台县	35	19	16	118.75	9	4	5
山丹县	66	31	35	88.57	28	10	18
平凉市	**836**	**396**	**440**	**90.00**	**321**	**156**	**165**
崆峒区	169	68	101	67.33	68	28	40
泾川县	106	49	57	85.96	40	17	23
灵台县	59	35	24	145.83	17	13	4
崇信县	43	19	24	79.17	17	8	9
庄浪县	193	104	89	116.85	75	37	38
静宁县	197	94	103	91.26	74	40	34
华亭市	69	27	42	64.29	30	13	17

出生人口（2019.11.1–2020.10.31）（乡村）

单位：人

	第二孩				第三孩			
性别比（女=100）	小计	男	女	性别比（女=100）	小计	男	女	性别比（女=100）
108.76	**4761**	**2397**	**2364**	**101.40**	**1387**	**706**	**681**	**103.67**
96.27	**273**	**147**	**126**	**116.67**	**27**	**9**	**18**	**50.00**
200.00	7	5	2	250.00	3	2	1	200.00
63.16	42	21	21	100.00	3	2	1	200.00
200.00	11	7	4	175.00				
220.00	8	5	3	166.67	2	1	1	100.00
142.86	43	24	19	126.32	5		5	
75.00	14	6	8	75.00				
80.95	89	51	38	134.21	8	2	6	33.33
84.62	59	28	31	90.32	6	2	4	50.00
50.00	**8**	**5**	**3**	**166.67**	**2**	**1**	**1**	**100.00**
50.00	8	5	3	166.67	2	1	1	100.00
144.44	**22**	**12**	**10**	**120.00**	**4**	**2**	**2**	**100.00**
200.00	6	4	2	200.00	2	1	1	100.00
128.57	16	8	8	100.00	2	1	1	100.00
90.00	**217**	**109**	**108**	**100.93**	**90**	**45**	**45**	**100.00**
66.67	6	2	4	50.00	3	1	2	50.00
85.71	27	14	13	107.69	12	6	6	100.00
95.74	88	44	44	100.00	37	22	15	146.67
71.88	60	33	27	122.22	29	11	18	61.11
127.27	36	16	20	80.00	9	5	4	125.00
125.00	**618**	**304**	**314**	**96.82**	**172**	**91**	**81**	**112.35**
108.11	90	45	45	100.00	18	9	9	100.00
106.52	72	35	37	94.59	11	6	5	120.00
144.44	61	25	36	69.44	18	11	7	157.14
129.63	86	40	46	86.96	14	8	6	133.33
136.36	132	73	59	123.73	38	23	15	153.33
112.77	92	46	46	100.00	36	18	18	100.00
137.84	85	40	45	88.89	37	16	21	76.19
121.36	**256**	**132**	**124**	**106.45**	**53**	**29**	**24**	**120.83**
133.96	157	79	78	101.28	31	19	12	158.33
188.89	15	7	8	87.50	1	1		
88.89	58	31	27	114.81	16	8	8	100.00
92.86	26	15	11	136.36	5	1	4	25.00
85.23	**198**	**106**	**92**	**115.22**	**34**	**20**	**14**	**142.86**
86.00	92	50	42	119.05	11	3	8	37.50
75.00	9	2	7	28.57	1	1		
157.14	30	19	11	172.73	10	7	3	233.33
100.00	14	7	7	100.00	2	2		
80.00	23	14	9	155.56	3	1	2	50.00
55.56	30	14	16	87.50	7	6	1	600.00
94.55	**374**	**172**	**202**	**85.15**	**109**	**54**	**55**	**98.18**
70.00	71	27	44	61.36	23	11	12	91.67
73.91	49	26	23	113.04	16	5	11	45.45
325.00	33	17	16	106.25	7	5	2	250.00
88.89	19	9	10	90.00	6	1	5	20.00
97.37	78	41	37	110.81	28	18	10	180.00
117.65	89	39	50	78.00	26	13	13	100.00
76.47	35	13	22	59.09	3	1	2	50.00

6-1c 各地区分性别、孩次的

地区	出生人数				第一孩		
	合计	男	女	性别比（女=100）	小计	男	女
酒泉市	**224**	**118**	**106**	**111.32**	**103**	**57**	**46**
肃州区	63	29	34	85.29	28	16	12
金塔县	22	8	14	57.14	14	7	7
瓜州县	55	36	19	189.47	26	16	10
肃北蒙古族自治县	1		1				
阿克塞哈萨克族自治县							
玉门市	53	29	24	120.83	21	13	8
敦煌市	30	16	14	114.29	14	5	9
庆阳市	**1010**	**514**	**496**	**103.63**	**395**	**195**	**200**
西峰区	179	93	86	108.14	82	35	47
庆城县	130	69	61	113.11	59	29	30
环　县	153	78	75	104.00	54	29	25
华池县	65	39	26	150.00	22	12	10
合水县	69	33	36	91.67	26	15	11
正宁县	67	36	31	116.13	28	14	14
宁　县	160	83	77	107.79	62	33	29
镇原县	187	83	104	79.81	62	28	34
定西市	**1473**	**756**	**717**	**105.44**	**617**	**316**	**301**
安定区	180	84	96	87.50	72	42	30
通渭县	252	132	120	110.00	115	50	65
陇西县	181	95	86	110.47	61	35	26
渭源县	171	104	67	155.22	78	51	27
临洮县	288	138	150	92.00	124	60	64
漳　县	96	49	47	104.26	42	17	25
岷　县	305	154	151	101.99	125	61	64
陇南市	**1377**	**702**	**675**	**104.00**	**615**	**333**	**282**
武都区	285	142	143	99.30	128	71	57
成　县	124	57	67	85.07	47	19	28
文　县	107	58	49	118.37	45	26	19
宕昌县	148	74	74	100.00	65	32	33
康　县	94	54	40	135.00	37	23	14
西和县	284	156	128	121.88	138	78	60
礼　县	216	111	105	105.71	105	62	43
徽　县	100	41	59	69.49	41	19	22
两当县	19	9	10	90.00	9	3	6
临夏回族自治州	**2184**	**1118**	**1066**	**104.88**	**731**	**378**	**353**
临夏市	59	30	29	103.45	27	13	14
临夏县	340	174	166	104.82	133	77	56
康乐县	282	156	126	123.81	94	60	34
永靖县	94	41	53	77.36	32	14	18
广河县	345	181	164	110.37	112	57	55
和政县	239	114	125	91.20	79	32	47
东乡族自治县	512	269	243	110.70	133	61	72
积石山保安族东乡族撒拉族自治县	313	153	160	95.63	121	64	57
甘南藏族自治州	**435**	**240**	**195**	**123.08**	**168**	**99**	**69**
合作市	36	25	11	227.27	19	15	4
临潭县	94	66	28	235.71	41	27	14
卓尼县	52	28	24	116.67	24	13	11
舟曲县	97	49	48	102.08	34	15	19
迭部县	23	11	12	91.67	7	6	1
玛曲县	42	20	22	90.91	15	7	8
碌曲县	26	15	11	136.36	14	8	6
夏河县	65	26	39	66.67	14	8	6

出生人口（2019.11.1–2020.10.31）（乡村）（续1）

单位：人

性别比（女=100）	第二孩				第三孩			
	小计	男	女	性别比（女=100）	小计	男	女	性别比（女=100）
123.91	**97**	**46**	**51**	**90.20**	**19**	**12**	**7**	**171.43**
133.33	32	12	20	60.00	3	1	2	50.00
100.00	8	1	7	14.29				
160.00	21	13	8	162.50	7	6	1	600.00
	1		1					
162.50	21	11	10	110.00	8	4	4	100.00
55.56	14	9	5	180.00	1	1		
97.50	**430**	**216**	**214**	**100.93**	**150**	**86**	**64**	**134.38**
74.47	80	46	34	135.29	16	11	5	220.00
96.67	54	30	24	125.00	15	9	6	150.00
116.00	69	32	37	86.49	23	14	9	155.56
120.00	29	19	10	190.00	6	4	2	200.00
136.36	26	12	14	85.71	14	6	8	75.00
100.00	27	15	12	125.00	10	7	3	233.33
113.79	65	29	36	80.56	28	18	10	180.00
82.35	80	33	47	70.21	38	17	21	80.95
104.98	**661**	**333**	**328**	**101.52**	**161**	**85**	**76**	**111.84**
140.00	82	31	51	60.78	20	8	12	66.67
76.92	98	55	43	127.91	26	18	8	225.00
134.62	84	37	47	78.72	31	19	12	158.33
188.89	82	46	36	127.78	10	6	4	150.00
93.75	141	70	71	98.59	21	7	14	50.00
68.00	41	24	17	141.18	12	7	5	140.00
95.31	133	70	63	111.11	41	20	21	95.24
118.09	**629**	**305**	**324**	**94.14**	**101**	**46**	**55**	**83.64**
124.56	130	57	73	78.08	23	11	12	91.67
67.86	61	32	29	110.34	13	5	8	62.50
136.84	56	29	27	107.41	6	3	3	100.00
96.97	74	38	36	105.56	8	3	5	60.00
164.29	48	27	21	128.57	4	3	1	300.00
130.00	111	58	53	109.43	24	13	11	118.18
144.19	88	38	50	76.00	17	6	11	54.55
86.36	52	21	31	67.74	5	1	4	25.00
50.00	9	5	4	125.00	1	1		
107.08	**798**	**408**	**390**	**104.62**	**399**	**200**	**199**	**100.50**
92.86	24	12	12	100.00	7	4	3	133.33
137.50	146	69	77	89.61	45	20	25	80.00
176.47	103	52	51	101.96	51	27	24	112.50
77.78	47	20	27	74.07	14	6	8	75.00
103.64	101	57	44	129.55	66	34	32	106.25
68.09	97	45	52	86.54	46	28	18	155.56
84.72	167	95	72	131.94	116	60	56	107.14
112.28	113	58	55	105.45	54	21	33	63.64
143.48	**180**	**102**	**78**	**130.77**	**66**	**26**	**40**	**65.00**
375.00	13	8	5	160.00	4	2	2	100.00
192.86	41	32	9	355.56	10	5	5	100.00
118.18	17	9	8	112.50	8	4	4	100.00
78.95	46	26	20	130.00	15	6	9	66.67
600.00	12	3	9	33.33	4	2	2	100.00
87.50	14	6	8	75.00	6	4	2	200.00
133.33	9	6	3	200.00	2		2	
133.33	28	12	16	75.00	17	3	14	21.43

6–1c 各地区分性别、孩次的出生人口（2019.11.1–2020.10.31）（乡村）（续 2）

单位：人

地区	第四孩				第五孩			
	小计	男	女	性别比（女 =100）	小计	男	女	性别比（女 =100）
合计	**375**	**199**	**176**	**113.07**	**152**	**88**	**64**	**137.50**
兰州市	**7**	**3**	**4**	**75.00**				
城关区								
七里河区								
西固区								
安宁区								
红古区								
永登县	2	1	1	100.00				
皋兰县								
榆中县	1		1					
兰州新区	4	2	2	100.00				
嘉峪关市								
市辖区								
金昌市								
金川区								
永昌县								
白银市	**23**	**16**	**7**	**228.57**	**14**	**8**	**6**	**133.33**
白银区								
平川区	2	1	1	100.00				
靖远县	10	7	3	233.33	6	2	4	50.00
会宁县	11	8	3	266.67	5	3	2	150.00
景泰县					3	3		
天水市	**43**	**21**	**22**	**95.45**	**9**	**8**	**1**	**800.00**
秦州区	3	3			2	2		
麦积区	3	1	2	50.00				
清水县	5	2	3	66.67				
秦安县	7	2	5	40.00	1	1		
甘谷县	9	4	5	80.00				
武山县	6	4	2	200.00	1		1	
张家川回族自治县	10	5	5	100.00	5	5		
武威市	**11**	**8**	**3**	**266.67**	**1**	**1**		
凉州区	5	4	1	400.00				
民勤县								
古浪县	6	4	2	200.00	1	1		
天祝藏族自治县								
张掖市	**4**	**3**	**1**	**300.00**				
甘州区	1	1						
肃南裕固族自治县								
民乐县	2	1	1	100.00				
临泽县								
高台县								
山丹县	1	1						
平凉市	**24**	**9**	**15**	**60.00**	**8**	**5**	**3**	**166.67**
崆峒区	7	2	5	40.00				
泾川县					1	1		
灵台县	2		2					
崇信县	1	1						
庄浪县	6	4	2	200.00	6	4	2	200.00
静宁县	7	2	5	40.00	1		1	
华亭市	1		1					

6-1c 各地区分性别、孩次的出生人口（2019.11.1–2020.10.31）（乡村）（续3）

单位：人

地区	第四孩				第五孩			
	小计	男	女	性别比（女=100）	小计	男	女	性别比（女=100）
酒泉市	**3**	**2**	**1**	**200.00**	**2**	**1**	**1**	**100.00**
肃州区								
金塔县								
瓜州县	1	1						
肃北蒙古族自治县								
阿克塞哈萨克族自治县								
玉门市	1		1		2	1	1	100.00
敦煌市	1	1						
庆阳市	**29**	**15**	**14**	**107.14**	**6**	**2**	**4**	**50.00**
西峰区	1	1						
庆城县	2	1	1	100.00				
环　县	5	3	2	150.00	2		2	
华池县	8	4	4	100.00				
合水县	2		2		1		1	
正宁县	1		1		1		1	
宁　县	4	2	2	100.00	1	1		
镇原县	6	4	2	200.00	1	1		
定西市	**27**	**16**	**11**	**145.45**	**7**	**6**	**1**	**600.00**
安定区	5	2	3	66.67	1	1		
通渭县	10	7	3	233.33	3	2	1	200.00
陇西县	4	3	1	300.00	1	1		
渭源县					1	1		
临洮县	2	1	1	100.00				
漳　县	1	1						
岷　县	5	2	3	66.67	1	1		
陇南市	**23**	**14**	**9**	**155.56**	**9**	**4**	**5**	**80.00**
武都区	2	2			2	1	1	100.00
成　县	2		2		1	1		
文　县								
宕昌县	1	1						
康　县	2		2		3	1	2	50.00
西和县	9	6	3	200.00	2	1	1	100.00
礼　县	6	5	1	500.00				
徽　县	1		1		1		1	
两当县								
临夏回族自治州	**168**	**84**	**84**	**100.00**	**88**	**48**	**40**	**120.00**
临夏市	1	1						
临夏县	12	7	5	140.00	4	1	3	33.33
康乐县	21	9	12	75.00	13	8	5	160.00
永靖县					1	1		
广河县	47	22	25	88.00	19	11	8	137.50
和政县	11	4	7	57.14	6	5	1	500.00
东乡族自治县	57	33	24	137.50	39	20	19	105.26
积石山保安族东乡族撒拉族自治县	19	8	11	72.73	6	2	4	50.00
甘南藏族自治州	**13**	**8**	**5**	**160.00**	**8**	**5**	**3**	**166.67**
合作市								
临潭县	2	2						
卓尼县	1		1		2	2		
舟曲县					2	2		
迭部县								
玛曲县	5	2	3	66.67	2	1	1	100.00
碌曲县	1	1						
夏河县	4	3	1	300.00	2		2	

6-2 全省按年龄、受教育程度、生育孩次

受教育程度 年龄	总计	生男孩的 妇女人数	生女孩的 妇女人数	第一孩	
				小计	男
合计	**25783**	**13412**	**12371**	**11430**	**6010**
15-19 岁	**514**	**276**	**238**	**424**	**232**
15	7	4	3	5	2
16	17	10	7	14	8
17	61	33	28	57	33
18	145	79	66	123	71
19	284	150	134	225	118
20-24 岁	**4334**	**2266**	**2068**	**2649**	**1394**
20	436	248	188	311	178
21	630	327	303	387	197
22	804	413	391	502	261
23	1008	521	487	580	307
24	1456	757	699	869	451
25-29 岁	**10142**	**5165**	**4977**	**5304**	**2752**
25	1829	934	895	1041	555
26	1889	962	927	1052	550
27	2312	1195	1117	1252	667
28	2131	1099	1032	1056	536
29	1981	975	1006	903	444
30-34 岁	**8000**	**4187**	**3813**	**2525**	**1336**
30	2302	1210	1092	952	495
31	1934	1007	927	626	325
32	1557	816	741	432	232
33	1254	646	608	310	183
34	953	508	445	205	101
35-39 岁	**2195**	**1192**	**1003**	**416**	**227**
35	647	357	290	120	72
36	562	308	254	101	50
37	439	230	209	95	52
38	338	178	160	68	34
39	209	119	90	32	19
40-44 岁	**436**	**237**	**199**	**74**	**46**
40	155	79	76	21	14
41	99	53	46	20	11
42	92	54	38	15	8
43	39	22	17	4	3
44	51	29	22	14	10
45-49 岁	**162**	**89**	**73**	**38**	**23**
45	37	18	19	7	4
46	32	21	11	7	6
47	28	15	13	10	6
48	43	22	21	10	5
49	22	13	9	4	2

分的育龄妇女人数（2019.11.1–2020.10.31）

单位：人

女	第二孩			第三孩及以上		
	小计	男	女	小计	男	女
5420	**11350**	**5778**	**5572**	**3003**	**1624**	**1379**
192	**87**	**43**	**44**	**3**	**1**	**2**
3	2	2				
6	3	2	1			
24	4		4			
52	22	8	14			
107	56	31	25	3	1	2
1255	**1414**	**734**	**680**	**271**	**138**	**133**
133	113	60	53	12	10	2
190	201	110	91	42	20	22
241	250	126	124	52	26	26
273	358	184	174	70	30	40
418	492	254	238	95	52	43
2552	**3839**	**1887**	**1952**	**999**	**526**	**473**
486	633	305	328	155	74	81
502	666	320	346	171	92	79
585	851	419	432	209	109	100
520	829	426	403	246	137	109
459	860	417	443	218	114	104
1189	**4384**	**2263**	**2121**	**1091**	**588**	**503**
457	1086	573	513	264	142	122
301	1044	534	510	264	148	116
200	883	451	432	242	133	109
127	767	369	398	177	94	83
104	604	336	268	144	71	73
189	**1313**	**695**	**618**	**466**	**270**	**196**
48	386	205	181	141	80	61
51	334	183	151	127	75	52
43	260	128	132	84	50	34
34	203	111	92	67	33	34
13	130	68	62	47	32	15
28	**241**	**119**	**122**	**121**	**72**	**49**
7	94	41	53	40	24	16
9	56	30	26	23	12	11
7	50	29	21	27	17	10
1	21	12	9	14	7	7
4	20	7	13	17	12	5
15	**72**	**37**	**35**	**52**	**29**	**23**
3	14	6	8	16	8	8
1	13	7	6	12	8	4
4	9	4	5	9	5	4
5	23	11	12	10	6	4
2	13	9	4	5	2	3

6-2 全省按年龄、受教育程度、生育孩次

受教育程度 年　　龄	总计	生男孩的妇女人数	生女孩的妇女人数	第一孩	
				小计	男
未上过学	**345**	**190**	**155**	**61**	**35**
15–19 岁	**9**	**5**	**4**	**6**	**4**
15					
16	1		1	1	
17					
18	3	3		3	3
19	5	2	3	2	1
20–24 岁	**65**	**37**	**28**	**25**	**15**
20	8	6	2	4	3
21	14	6	8	9	5
22	13	8	5	1	1
23	13	7	6	7	3
24	17	10	7	4	3
25–29 岁	**83**	**42**	**41**	**13**	**7**
25	17	8	9	3	1
26	19	10	9	2	
27	14	3	11	2	1
28	18	12	6	2	2
29	15	9	6	4	3
30–34 岁	**86**	**54**	**32**	**9**	**6**
30	26	18	8	6	4
31	18	12	6	3	2
32	21	12	9		
33	13	8	5		
34	8	4	4		
35–39 岁	**53**	**27**	**26**	**5**	**1**
35	13	9	4	1	1
36	13	8	5	1	
37	10	5	5	2	
38	10	4	6	1	
39	7	1	6		
40–44 岁	**30**	**15**	**15**	**2**	**1**
40	6	3	3		
41	6	2	4		
42	11	6	5	2	1
43	4	3	1		
44	3	1	2		
45–49 岁	**19**	**10**	**9**	**1**	**1**
45	5	1	4		
46	7	6	1		
47	2		2		
48	3	2	1	1	1
49	2	1	1		

分的育龄妇女人数（2019.11.1–2020.10.31）（续 1）

单位：人

	第二孩			第三孩及以上		
女	小计	男	女	小计	男	女
26	**115**	**56**	**59**	**169**	**99**	**70**
2	**3**	**1**	**2**			
1						
1	3	1	2			
10	**25**	**14**	**11**	**15**	**8**	**7**
1	4	3	1			
4	4	1	3	1		1
	7	6	1	5	1	4
4	4	2	2	2	2	
1	6	2	4	7	5	2
6	**42**	**17**	**25**	**28**	**18**	**10**
2	9	3	6	5	4	1
2	12	6	6	5	4	1
1	6		6	6	2	4
	10	6	4	6	4	2
1	5	2	3	6	4	2
3	**23**	**15**	**8**	**54**	**33**	**21**
2	6	5	1	14	9	5
1	5	4	1	10	6	4
	7	4	3	14	8	6
	4	2	2	9	6	3
	1		1	7	4	3
4	**10**	**6**	**4**	**38**	**20**	**18**
	3	2	1	9	6	3
1	3	2	1	9	6	3
2	1	1		7	4	3
1	2	1	1	7	3	4
	1		1	6	1	5
1	**7**	**1**	**6**	**21**	**13**	**8**
	1		1	5	3	2
	1		1	5	2	3
1	4	1	3	5	4	1
				4	3	1
	1		1	2	1	1
	5	**2**	**3**	**13**	**7**	**6**
	3		3	2	1	1
	2	2		5	4	1
				2		2
				2	1	1
				2	1	1

6-2 全省按年龄、受教育程度、生育孩次

受教育程度 年 龄	总计	生男孩的妇女人数	生女孩的妇女人数	第一孩	
				小计	男
学前教育	**7**	**3**	**4**	**2**	
15–19 岁					
15					
16					
17					
18					
19					
20–24 岁	**1**	**1**			
20					
21					
22					
23					
24	1	1			
25–29 岁	**3**	**1**	**2**	**1**	
25	2		2	1	
26					
27	1	1			
28					
29					
30–34 岁	**2**	**1**	**1**	**1**	
30	1		1	1	
31	1	1			
32					
33					
34					
35–39 岁	**1**		**1**		
35					
36					
37					
38	1		1		
39					
40–44 岁					
40					
41					
42					
43					
44					
45–49 岁					
45					
46					
47					
48					
49					

分的育龄妇女人数（2019.11.1–2020.10.31）（续 2）

单位：人

	第二孩			第三孩及以上		
女	小计	男	女	小计	男	女
2	**4**	**2**	**2**	**1**	**1**	
	1	**1**				
	1	1				
1	**1**		**1**	**1**	**1**	
1	1		1			
				1	1	
1	**1**	**1**				
1						
	1	1				
	1		**1**			
	1		1			

6-2 全省按年龄、受教育程度、生育孩次

受教育程度 年　　龄	总计	生男孩的 妇女人数	生女孩的 妇女人数	第一孩	
				小计	男
小学	**3383**	**1789**	**1594**	**971**	**530**
15–19 岁	**192**	**100**	**92**	**153**	**77**
15	3	2	1	2	1
16	5	3	2	4	2
17	21	12	9	19	12
18	59	31	28	50	26
19	104	52	52	78	36
20–24 岁	**938**	**501**	**437**	**396**	**218**
20	146	79	67	89	48
21	174	98	76	76	36
22	190	98	92	84	51
23	208	110	98	71	43
24	220	116	104	76	40
25–29 岁	**1077**	**544**	**533**	**234**	**124**
25	218	106	112	57	31
26	202	106	96	45	25
27	218	122	96	47	25
28	229	110	119	46	22
29	210	100	110	39	21
30–34 岁	**702**	**380**	**322**	**113**	**67**
30	172	89	83	30	17
31	166	93	73	21	10
32	130	67	63	23	15
33	123	67	56	24	17
34	111	64	47	15	8
35–39 岁	**318**	**175**	**143**	**53**	**32**
35	91	44	47	11	5
36	82	43	39	13	4
37	60	35	25	14	10
38	49	25	24	6	5
39	36	28	8	9	8
40–44 岁	**88**	**55**	**33**	**9**	**5**
40	24	16	8	1	1
41	13	8	5	1	
42	20	12	8	5	3
43	13	8	5		
44	18	11	7	2	1
45–49 岁	**68**	**34**	**34**	**13**	**7**
45	11	4	7	1	
46	12	6	6	3	3
47	18	10	8	4	2
48	16	7	9	4	1
49	11	7	4	1	1

分的育龄妇女人数（2019.11.1–2020.10.31）（续3）

单位：人

	第二孩			第三孩及以上		
女	小计	男	女	小计	男	女
441	**1405**	**745**	**660**	**1007**	**514**	**493**
76	**39**	**23**	**16**			
1	1	1				
2	1	1				
7	2		2			
24	9	5	4			
42	26	16	10			
178	**409**	**213**	**196**	**133**	**70**	**63**
41	51	27	24	6	4	2
40	79	51	28	19	11	8
33	75	31	44	31	16	15
28	103	50	53	34	17	17
36	101	54	47	43	22	21
110	**479**	**245**	**234**	**364**	**175**	**189**
26	95	47	48	66	28	38
20	96	49	47	61	32	29
22	103	62	41	68	35	33
24	101	50	51	82	38	44
18	84	37	47	87	42	45
46	**296**	**165**	**131**	**293**	**148**	**145**
13	64	37	27	78	35	43
11	73	43	30	72	40	32
8	57	30	27	50	22	28
7	54	26	28	45	24	21
7	48	29	19	48	27	21
21	**117**	**61**	**56**	**148**	**82**	**66**
6	36	15	21	44	24	20
9	29	17	12	40	22	18
4	20	10	10	26	15	11
1	19	10	9	24	10	14
1	13	9	4	14	11	3
4	**37**	**25**	**12**	**42**	**25**	**17**
	12	8	4	11	7	4
1	7	5	2	5	3	2
2	4	3	1	11	6	5
	6	5	1	7	3	4
1	8	4	4	8	6	2
6	**28**	**13**	**15**	**27**	**14**	**13**
1				10	4	6
	4		4	5	3	2
2	8	4	4	6	4	2
3	9	4	5	3	2	1
	7	5	2	3	1	2

6-2 全省按年龄、受教育程度、生育孩次

受教育程度 年　　龄	总计	生男孩的妇女人数	生女孩的妇女人数	第一孩	
				小计	男
初中	**9448**	**4909**	**4539**	**3645**	**1939**
15–19岁	**282**	**154**	**128**	**235**	**134**
15	4	2	2	3	1
16	11	7	4	9	6
17	38	20	18	36	20
18	77	41	36	64	38
19	152	84	68	123	69
20–24岁	**2189**	**1128**	**1061**	**1302**	**669**
20	221	131	90	163	98
21	333	168	165	211	108
22	417	210	207	274	137
23	516	265	251	283	145
24	702	354	348	371	181
25–29岁	**3620**	**1848**	**1772**	**1386**	**734**
25	803	407	396	389	211
26	741	395	346	308	181
27	840	435	405	318	170
28	667	347	320	222	112
29	569	264	305	149	60
30–34岁	**2495**	**1290**	**1205**	**557**	**304**
30	753	387	366	197	105
31	630	328	302	134	74
32	469	249	220	87	47
33	378	193	185	81	52
34	265	133	132	58	26
35–39岁	**669**	**377**	**292**	**119**	**67**
35	184	109	75	29	19
36	180	106	74	31	18
37	151	78	73	29	13
38	102	59	43	22	14
39	52	25	27	8	3
40–44岁	**145**	**83**	**62**	**31**	**21**
40	46	24	22	6	5
41	43	25	18	11	6
42	27	17	10	3	2
43	9	5	4	2	1
44	20	12	8	9	7
45–49岁	**48**	**29**	**19**	**15**	**10**
45	13	7	6	4	3
46	6	5	1	2	2
47	4	3	1	3	2
48	18	10	8	3	2
49	7	4	3	3	1

分的育龄妇女人数（2019.11.1–2020.10.31）（续4）

单位：人

女	第二孩			第三孩及以上		
	小计	男	女	小计	男	女
1706	**4486**	**2242**	**2244**	**1317**	**728**	**589**
101	**45**	**19**	**26**	**2**	**1**	**1**
2	1	1				
3	2	1	1			
16	2		2			
26	13	3	10			
54	27	14	13	2	1	1
633	**781**	**406**	**375**	**106**	**53**	**53**
65	52	27	25	6	6	
103	102	51	51	20	9	11
137	130	65	65	13	8	5
138	203	110	93	30	10	20
190	294	153	141	37	20	17
652	**1760**	**859**	**901**	**474**	**255**	**219**
178	345	164	181	69	32	37
127	347	169	178	86	45	41
148	411	203	208	111	62	49
110	325	168	157	120	67	53
89	332	155	177	88	49	39
253	**1435**	**708**	**727**	**503**	**278**	**225**
92	424	207	217	132	75	57
60	376	192	184	120	62	58
40	272	132	140	110	70	40
29	216	100	116	81	41	40
32	147	77	70	60	30	30
52	**366**	**196**	**170**	**184**	**114**	**70**
10	97	55	42	58	35	23
13	103	60	43	46	28	18
16	84	39	45	38	26	12
8	54	30	24	26	15	11
5	28	12	16	16	10	6
10	**74**	**39**	**35**	**40**	**23**	**17**
1	26	10	16	14	9	5
5	22	14	8	10	5	5
1	17	11	6	7	4	3
1	4	3	1	3	1	2
2	5	1	4	6	4	2
5	**25**	**15**	**10**	**8**	**4**	**4**
1	6	2	4	3	2	1
	3	3		1		1
1				1	1	
1	12	7	5	3	1	2
2	4	3	1			

6-2 全省按年龄、受教育程度、生育孩次

受教育程度 年龄	总计	生男孩的妇女人数	生女孩的妇女人数	第一孩	
				小计	男
高中	**3677**	**1895**	**1782**	**1698**	**897**
15-19岁	**28**	**15**	**13**	**27**	**15**
15					
16					
17	2	1	1	2	1
18	6	4	2	6	4
19	20	10	10	19	10
20-24岁	**635**	**330**	**305**	**476**	**250**
20	51	27	24	45	24
21	73	40	33	61	35
22	106	54	52	76	36
23	162	83	79	119	65
24	243	126	117	175	90
25-29岁	**1593**	**811**	**782**	**828**	**442**
25	308	164	144	184	104
26	292	140	152	178	89
27	352	174	178	179	99
28	348	190	158	160	84
29	293	143	150	127	66
30-34岁	**1085**	**569**	**516**	**293**	**151**
30	324	170	154	107	55
31	252	131	121	67	35
32	215	109	106	55	26
33	173	98	75	40	19
34	121	61	60	24	16
35-39岁	**276**	**137**	**139**	**63**	**33**
35	79	35	44	20	10
36	78	44	34	16	9
37	50	21	29	13	6
38	36	19	17	10	5
39	33	18	15	4	3
40-44岁	**50**	**25**	**25**	**8**	**4**
40	23	11	12	3	
41	5	3	2	1	1
42	14	8	6	3	2
43	6	2	4	1	1
44	2	1	1		
45-49岁	**10**	**8**	**2**	**3**	**2**
45	5	4	1	2	1
46	3	2	1	1	1
47					
48	2	2			
49					

分的育龄妇女人数（2019.11.1–2020.10.31）（续5）

单位：人

女	第二孩			第三孩及以上		
	小计	男	女	小计	男	女
801	**1730**	**852**	**878**	**249**	**146**	**103**
12				**1**		**1**
1						
2						
9				1		1
226	**145**	**73**	**72**	**14**	**7**	**7**
21	6	3	3			
26	11	5	6	1		1
40	28	17	11	2	1	1
54	39	17	22	4	1	3
85	61	31	30	7	5	2
386	**696**	**322**	**374**	**69**	**47**	**22**
80	113	52	61	11	8	3
89	104	44	60	10	7	3
80	162	70	92	11	5	6
76	168	89	79	20	17	3
61	149	67	82	17	10	7
142	**678**	**360**	**318**	**114**	**58**	**56**
52	189	98	91	28	17	11
32	152	79	73	33	17	16
29	131	68	63	29	15	14
21	120	74	46	13	5	8
8	86	41	45	11	4	7
30	**173**	**78**	**95**	**40**	**26**	**14**
10	49	21	28	10	4	6
7	45	23	22	17	12	5
7	33	13	20	4	2	2
5	24	13	11	2	1	1
1	22	8	14	7	7	
4	**35**	**17**	**18**	**7**	**4**	**3**
3	16	9	7	4	2	2
	4	2	2			
1	8	4	4	3	2	1
	5	1	4			
	2	1	1			
1	**3**	**2**	**1**	**4**	**4**	
1	2	2		1	1	
	1		1	1	1	
				2	2	

6-2 全省按年龄、受教育程度、生育孩次

受教育程度 年龄	总计	生男孩的妇女人数	生女孩的妇女人数	第一孩	
				小计	男
大学专科	**4562**	**2373**	**2189**	**2583**	**1342**
15–19 岁	**3**	**2**	**1**	**3**	**2**
15					
16					
17					
18					
19	3	2	1	3	2
20–24 岁	**409**	**221**	**188**	**362**	**198**
20	8	4	4	8	4
21	28	11	17	23	10
22	73	41	32	63	34
23	92	46	46	84	42
24	208	119	89	184	108
25–29 岁	**2123**	**1073**	**1050**	**1512**	**763**
25	345	179	166	283	145
26	388	190	198	309	150
27	514	260	254	390	204
28	451	223	228	287	143
29	425	221	204	243	121
30–34 岁	**1589**	**845**	**744**	**607**	**327**
30	462	247	215	256	133
31	366	193	173	140	76
32	328	173	155	106	60
33	261	134	127	64	40
34	172	98	74	41	18
35–39 岁	**377**	**202**	**175**	**83**	**41**
35	113	68	45	28	15
36	91	42	49	24	11
37	68	36	32	15	9
38	70	38	32	11	4
39	35	18	17	5	2
40–44 岁	**52**	**26**	**26**	**14**	**9**
40	15	6	9	3	3
41	16	8	8	7	4
42	12	7	5	1	
43	4	2	2		
44	5	3	2	3	2
45–49 岁	**9**	**4**	**5**	**2**	**2**
45	1		1		
46	2	1	1		
47	1	1		1	1
48	3	1	2	1	1
49	2	1	1		

分的育龄妇女人数（2019.11.1–2020.10.31）（续 6）

单位：人

女	第二孩			第三孩及以上		
	小计	男	女	小计	男	女
1241	**1809**	**945**	**864**	**170**	**86**	**84**
1						
1						
164	**45**	**23**	**22**	**2**		**2**
4						
13	4	1	3	1		1
29	9	7	2	1		1
42	8	4	4			
76	24	11	13			
749	**556**	**287**	**269**	**55**	**23**	**32**
138	59	33	26	3	1	2
159	70	36	34	9	4	5
186	112	52	60	12	4	8
144	149	72	77	15	8	7
122	166	94	72	16	6	10
280	**901**	**472**	**429**	**81**	**46**	**35**
123	199	111	88	7	3	4
64	206	100	106	20	17	3
46	198	103	95	24	10	14
24	178	82	96	19	12	7
23	120	76	44	11	4	7
42	**268**	**148**	**120**	**26**	**13**	**13**
13	78	49	29	7	4	3
13	60	28	32	7	3	4
6	49	26	23	4	1	3
7	52	30	22	7	4	3
3	29	15	14	1	1	
5	**32**	**13**	**19**	**6**	**4**	**2**
	11	3	8	1		1
3	6	2	4	3	2	1
1	10	6	4	1	1	
	4	2	2			
1	1		1	1	1	
	7	**2**	**5**			
	1		1			
	2	1	1			
	2		2			
	2	1	1			

6-2 全省按年龄、受教育程度、生育孩次

受教育程度 年 龄	总计	生男孩的 妇女人数	生女孩的 妇女人数	第一孩	
				小计	男
大学本科	**4041**	**2089**	**1952**	**2270**	**1171**
15–19 岁					
15					
16					
17					
18					
19					
20–24 岁	**95**	**46**	**49**	**86**	**42**
20	2	1	1	2	1
21	8	4	4	7	3
22	5	2	3	4	2
23	17	10	7	16	9
24	63	29	34	57	27
25–29 岁	**1579**	**811**	**768**	**1271**	**652**
25	134	69	65	123	63
26	241	119	122	204	103
27	364	193	171	308	162
28	392	205	187	313	161
29	448	225	223	323	163
30–34 岁	**1843**	**950**	**893**	**819**	**420**
30	515	277	238	312	162
31	455	230	225	227	115
32	353	179	174	138	69
33	281	136	145	90	50
34	239	128	111	52	24
35–39 岁	**451**	**247**	**204**	**81**	**50**
35	150	82	68	27	21
36	111	60	51	16	8
37	88	51	37	19	13
38	61	29	32	15	6
39	41	25	16	4	2
40–44 岁	**66**	**32**	**34**	**9**	**6**
40	37	18	19	7	5
41	15	7	8		
42	8	4	4	1	
43	3	2	1	1	1
44	3	1	2		
45–49 岁	**7**	**3**	**4**	**4**	**1**
45	1	1			
46	2	1	1	1	
47	3	1	2	2	1
48	1		1	1	
49					

分的育龄妇女人数（2019.11.1–2020.10.31）（续 7）

单位：人

女	第二孩			第三孩及以上		
	小计	男	女	小计	男	女
1099	**1683**	**869**	**814**	**88**	**49**	**39**
44	**8**	**4**	**4**	**1**		**1**
1						
4	1	1				
2	1		1			
7	1	1				
30	5	2	3	1		1
619	**301**	**153**	**148**	**7**	**6**	**1**
60	10	5	5	1	1	
101	37	16	21			
146	56	31	25			
152	76	41	35	3	3	
160	122	60	62	3	2	1
399	**978**	**505**	**473**	**46**	**25**	**21**
150	198	112	86	5	3	2
112	219	109	110	9	6	3
69	200	102	98	15	8	7
40	181	80	101	10	6	4
28	180	102	78	7	2	5
31	**341**	**182**	**159**	**29**	**15**	**14**
6	110	54	56	13	7	6
8	88	48	40	7	4	3
6	64	36	28	5	2	3
9	45	23	22	1		1
2	34	21	13	3	2	1
3	**52**	**23**	**29**	**5**	**3**	**2**
2	25	10	15	5	3	2
	15	7	8			
1	7	4	3			
	2	1	1			
	3	1	2			
3	**3**	**2**	**1**			
	1	1				
1	1	1				
1	1		1			
1						

6-2 全省按年龄、受教育程度、生育孩次

受教育程度 年　　龄	总计	生男孩的 妇女人数	生女孩的 妇女人数	第一孩	
				小计	男
硕士研究生	**297**	**152**	**145**	**187**	**90**
15–19 岁					
15					
16					
17					
18					
19					
20–24 岁	**2**	**2**		**2**	**2**
20					
21					
22					
23					
24	2	2		2	2
25–29 岁	**61**	**32**	**29**	**56**	**27**
25	2	1	1	1	
26	6	2	4	6	2
27	9	7	2	8	6
28	24	10	14	24	10
29	20	12	8	17	9
30–34 岁	**183**	**91**	**92**	**117**	**59**
30	44	21	23	38	18
31	42	16	26	33	13
32	39	25	14	22	14
33	22	9	13	9	5
34	36	20	16	15	9
35–39 岁	**47**	**25**	**22**	**11**	**2**
35	16	10	6	4	1
36	7	5	2		
37	12	4	8	3	1
38	9	4	5	3	
39	3	2	1	1	
40–44 岁	**3**	**1**	**2**	**1**	
40	3	1	2	1	
41					
42					
43					
44					
45–49 岁	**1**	**1**			
45	1	1			
46					
47					
48					
49					

分的育龄妇女人数（2019.11.1–2020.10.31）（续8）

单位：人

	第二孩			第三孩及以上		
女	小计	男	女	小计	男	女
97	**108**	**61**	**47**	**2**	**1**	**1**
29	**4**	**4**		**1**	**1**	
1	1	1				
4						
2	1	1				
14						
8	2	2		1	1	
58	**66**	**32**	**34**			
20	6	3	3			
20	9	3	6			
8	17	11	6			
4	13	4	9			
6	21	11	10			
9	**35**	**23**	**12**	**1**		**1**
3	12	9	3			
	6	5	1	1		1
2	9	3	6			
3	6	4	2			
1	2	2				
1	**2**	**1**	**1**			
1	2	1	1			
	1	**1**				
	1	1				

6-2 全省按年龄、受教育程度、生育孩次

受教育程度 年龄	总计	生男孩的妇女人数	生女孩的妇女人数	第一孩	
				小计	男
博士研究生	**23**	**12**	**11**	**13**	**6**
15-19岁					
15					
16					
17					
18					
19					
20-24岁					
20					
21					
22					
23					
24					
25-29岁	**3**	**3**		**3**	**3**
25					
26					
27					
28	2	2		2	2
29	1	1		1	1
30-34岁	**15**	**7**	**8**	**9**	**2**
30	5	1	4	5	1
31	4	3	1	1	
32	2	2		1	1
33	3	1	2	2	
34	1		1		
35-39岁	**3**	**2**	**1**	**1**	**1**
35	1		1		
36					
37					
38					
39	2	2		1	1
40-44岁	**2**		**2**		
40	1		1		
41	1		1		
42					
43					
44					
45-49岁					
45					
46					
47					
48					
49					

分的育龄妇女人数（2019.11.1–2020.10.31）（续 9）

单位：人

女	第二孩			第三孩及以上		
	小计	男	女	小计	男	女
7	**10**	**6**	**4**			
7	**6**	**5**	**1**			
4						
1	3	3				
	1	1				
2	1	1				
	1		1			
	2	**1**	**1**			
	1		1			
	1	1				
	2		**2**			
	1		1			
	1		1			

6-2a 全省按年龄、受教育程度、生育孩次

受教育程度 年　　龄	总计	生男孩的 妇女人数	生女孩的 妇女人数	第一孩	
				小计	男
合计	**7669**	**4011**	**3658**	**4057**	**2116**
15-19 岁	**43**	**19**	**24**	**39**	**18**
15					
16	2	1	1	2	1
17	5	2	3	5	2
18	14	5	9	13	5
19	22	11	11	19	10
20-24 岁	**634**	**324**	**310**	**505**	**252**
20	51	30	21	41	24
21	66	36	30	50	27
22	99	47	52	84	38
23	127	54	73	104	43
24	291	157	134	226	120
25-29 岁	**2873**	**1457**	**1416**	**1985**	**1027**
25	415	226	189	305	170
26	519	256	263	395	194
27	636	333	303	441	244
28	657	332	325	435	222
29	646	310	336	409	197
30-34 岁	**3002**	**1595**	**1407**	**1269**	**667**
30	792	412	380	441	219
31	715	370	345	330	168
32	611	330	281	244	136
33	493	263	230	145	84
34	391	220	171	109	60
35-39 岁	**909**	**504**	**405**	**208**	**118**
35	261	153	108	68	44
36	233	128	105	46	23
37	163	83	80	38	22
38	155	84	71	40	20
39	97	56	41	16	9
40-44 岁	**177**	**91**	**86**	**40**	**25**
40	66	33	33	12	8
41	48	24	24	12	7
42	31	16	15	6	3
43	14	8	6	2	2
44	18	10	8	8	5
45-49 岁	**31**	**21**	**10**	**11**	**9**
45	9	7	2	3	3
46	5	3	2	3	2
47	6	4	2	4	3
48	7	3	4	1	1
49	4	4			

分的育龄妇女人数（2019.11.1–2020.10.31）（城市）

单位：人

女	第二孩			第三孩及以上		
	小计	男	女	小计	男	女
1941	**3242**	**1678**	**1564**	**370**	**217**	**153**
21	**4**	**1**	**3**			
1						
3						
8	1		1			
9	3	1	2			
253	**122**	**69**	**53**	**7**	**3**	**4**
17	10	6	4			
23	15	9	6	1		1
46	14	9	5	1		1
61	22	10	12	1	1	
106	61	35	26	4	2	2
958	**818**	**395**	**423**	**70**	**35**	**35**
135	100	52	48	10	4	6
201	115	57	58	9	5	4
197	177	80	97	18	9	9
213	202	100	102	20	10	10
212	224	106	118	13	7	6
602	**1562**	**825**	**737**	**171**	**103**	**68**
222	322	175	147	29	18	11
162	338	170	168	47	32	15
108	323	169	154	44	25	19
61	320	161	159	28	18	10
49	259	150	109	23	10	13
90	**604**	**326**	**278**	**97**	**60**	**37**
24	166	92	74	27	17	10
23	156	86	70	31	19	12
16	112	54	58	13	7	6
20	99	55	44	16	9	7
7	71	39	32	10	8	2
15	**116**	**53**	**63**	**21**	**13**	**8**
4	45	18	27	9	7	2
5	29	14	15	7	3	4
3	23	12	11	2	1	1
	12	6	6			
3	7	3	4	3	2	1
2	**16**	**9**	**7**	**4**	**3**	**1**
	5	3	2	1	1	
1	1	1		1		1
1	2	1	1			
	4		4	2	2	
	4	4				

6-2a 全省按年龄、受教育程度、生育孩次

受教育程度 年龄	总计	生男孩的妇女人数	生女孩的妇女人数	第一孩	
				小计	男
未上过学	**13**	**8**	**5**	**6**	**3**
15–19 岁					
15					
16					
17					
18					
19					
20–24 岁	**3**	**2**	**1**	**2**	**1**
20	2	2		1	1
21					
22					
23	1		1	1	
24					
25–29 岁	**4**	**3**	**1**	**2**	**1**
25	1		1	1	
26	1	1			
27					
28					
29	2	2		1	1
30–34 岁	**3**	**1**	**2**		
30	1		1		
31					
32	2	1	1		
33					
34					
35–39 岁	**2**	**1**	**1**	**1**	
35					
36	1		1	1	
37					
38					
39	1	1			
40–44 岁					
40					
41					
42					
43					
44					
45–49 岁	**1**	**1**		**1**	**1**
45					
46					
47					
48	1	1		1	1
49					

分的育龄妇女人数（2019.11.1–2020.10.31）（城市）（续 1）

单位：人

	第二孩			第三孩及以上		
女	小计	男	女	小计	男	女
3	**3**	**2**	**1**	**4**	**3**	**1**
1	**1**	**1**				
	1	1				
1						
1	**1**	**1**		**1**	**1**	
1						
				1	1	
	1	1				
	1		**1**	**2**	**1**	**1**
				1		1
	1		1	1	1	
1				**1**	**1**	
1						
				1	1	

6-2a 全省按年龄、受教育程度、生育孩次

受教育程度 年龄	总计	生男孩的妇女人数	生女孩的妇女人数	第一孩 小计	第一孩 男
学前教育	**4**	**1**	**3**	**2**	
15–19 岁					
15					
16					
17					
18					
19					
20–24 岁					
20					
21					
22					
23					
24					
25–29 岁	**1**		**1**	**1**	
25	1		1	1	
26					
27					
28					
29					
30–34 岁	**2**	**1**	**1**	**1**	
30	1		1	1	
31	1	1			
32					
33					
34					
35–39 岁	**1**		**1**		
35					
36					
37					
38	1		1		
39					
40–44 岁					
40					
41					
42					
43					
44					
45–49 岁					
45					
46					
47					
48					
49					

分的育龄妇女人数（2019.11.1–2020.10.31）（城市）（续 2）

单位：人

女	第二孩			第三孩及以上		
	小计	男	女	小计	男	女
2	**2**	**1**	**1**			
1						
1						
1	**1**	**1**				
1						
	1	1				
	1		**1**			
	1		1			

6-2a 全省按年龄、受教育程度、生育孩次

受教育程度 年龄	总计	生男孩的妇女人数	生女孩的妇女人数	第一孩	
				小计	男
小学	**251**	**134**	**117**	**91**	**49**
15–19 岁	**10**	**3**	**7**	**8**	**2**
15					
16					
17	2	1	1	2	1
18	2		2	2	
19	6	2	4	4	1
20–24 岁	**52**	**32**	**20**	**29**	**17**
20	8	3	5	5	1
21	12	7	5	6	5
22	6	3	3	5	3
23	6	1	5	5	1
24	20	18	2	8	7
25–29 岁	**84**	**36**	**48**	**27**	**13**
25	15	7	8	4	4
26	18	11	7	7	4
27	15	8	7	3	1
28	22	6	16	7	3
29	14	4	10	6	1
30–34 岁	**61**	**35**	**26**	**13**	**8**
30	14	8	6	4	2
31	8	2	6	2	1
32	10	2	8	1	
33	18	13	5	4	3
34	11	10	1	2	2
35–39 岁	**27**	**20**	**7**	**10**	**6**
35	9	5	4	5	2
36	5	4	1	1	
37	7	6	1	2	2
38	5	4	1	1	1
39	1	1		1	1
40–44 岁	**10**	**4**	**6**	**2**	**1**
40	4	2	2	1	1
41	1		1		
42	2	1	1		
43					
44	3	1	2	1	
45–49 岁	**7**	**4**	**3**	**2**	**2**
45					
46	1		1		
47	4	3	1	2	2
48	1		1		
49	1	1			

分的育龄妇女人数（2019.11.1–2020.10.31）（城市）（续3）

单位：人

	第二孩			第三孩及以上		
女	小计	男	女	小计	男	女
42	**120**	**65**	**55**	**40**	**20**	**20**
6	**2**	**1**	**1**			
1						
2						
3	2	1	1			
12	**21**	**13**	**8**	**2**	**2**	
4	3	2	1			
1	6	2	4			
2	1		1			
4	1		1			
1	10	9	1	2	2	
14	**46**	**20**	**26**	**11**	**3**	**8**
	10	3	7	1		1
3	9	6	3	2	1	1
2	9	6	3	3	1	2
4	11	2	9	4	1	3
5	7	3	4	1		1
5	**33**	**19**	**14**	**15**	**8**	**7**
2	6	4	2	4	2	2
1	3	1	2	3		3
1	9	2	7			
1	10	7	3	4	3	1
	5	5		4	3	1
4	**9**	**8**	**1**	**8**	**6**	**2**
3	3	2	1	1	1	
1	3	3		1	1	
	1	1		4	3	1
	2	2		2	1	1
1	**5**	**2**	**3**	**3**	**1**	**2**
	3	1	2			
	1		1			
	1	1		1		1
1				2	1	1
	4	**2**	**2**	**1**		**1**
				1		1
	2	1	1			
	1		1			
	1	1				

6-2a 全省按年龄、受教育程度、生育孩次

受教育程度 年龄	总计	生男孩的妇女人数	生女孩的妇女人数	第一孩	
				小计	男
初中	**1585**	**824**	**761**	**627**	**344**
15-19岁	**24**	**10**	**14**	**22**	**10**
15					
16	2	1	1	2	1
17	2		2	2	
18	9	4	5	8	4
19	11	5	6	10	5
20-24岁	**227**	**110**	**117**	**161**	**76**
20	28	18	10	23	15
21	24	12	12	17	7
22	40	15	25	33	12
23	50	26	24	35	18
24	85	39	46	53	24
25-29岁	**550**	**283**	**267**	**255**	**146**
25	105	59	46	59	36
26	117	63	54	68	41
27	124	66	58	55	33
28	104	52	52	40	22
29	100	43	57	33	14
30-34岁	**537**	**272**	**265**	**135**	**73**
30	139	67	72	48	23
31	136	72	64	30	18
32	110	58	52	29	16
33	90	44	46	15	9
34	62	31	31	13	7
35-39岁	**187**	**112**	**75**	**38**	**27**
35	44	30	14	10	9
36	53	34	19	7	6
37	35	18	17	7	3
38	38	23	15	11	8
39	17	7	10	3	1
40-44岁	**49**	**30**	**19**	**13**	**9**
40	14	9	5	2	1
41	19	11	8	5	3
42	5	3	2	1	1
43	3	2	1		
44	8	5	3	5	4
45-49岁	**11**	**7**	**4**	**3**	**3**
45	4	3	1	2	2
46	2	2		1	1
47					
48	3		3		
49	2	2			

分的育龄妇女人数（2019.11.1–2020.10.31）（城市）（续4）

单位：人

女	第二孩			第三孩及以上		
	小计	男	女	小计	男	女
283	**811**	**394**	**417**	**147**	**86**	**61**
12	**2**		**2**			
1						
2						
4	1		1			
5	1		1			
85	**63**	**33**	**30**	**3**	**1**	**2**
8	5	3	2			
10	7	5	2			
21	7	3	4			
17	14	7	7	1	1	
29	30	15	15	2		2
109	**267**	**122**	**145**	**28**	**15**	**13**
23	40	21	19	6	2	4
27	46	21	25	3	1	2
22	60	26	34	9	7	2
18	57	27	30	7	3	4
19	64	27	37	3	2	1
62	**336**	**163**	**173**	**66**	**36**	**30**
25	79	37	42	12	7	5
12	88	42	46	18	12	6
13	61	31	30	20	11	9
6	65	31	34	10	4	6
6	43	22	21	6	2	4
11	**110**	**59**	**51**	**39**	**26**	**13**
1	23	14	9	11	7	4
1	31	19	12	15	9	6
4	25	12	13	3	3	
3	20	10	10	7	5	2
2	11	4	7	3	2	1
4	**26**	**14**	**12**	**10**	**7**	**3**
1	7	3	4	5	5	
2	9	6	3	5	2	3
	4	2	2			
	3	2	1			
1	3	1	2			
	7	**3**	**4**	**1**	**1**	
	1		1	1	1	
	1	1				
	3		3			
	2	2				

6–2a　全省按年龄、受教育程度、生育孩次

受教育程度 年　　龄	总计	生男孩的 妇女人数	生女孩的 妇女人数	第一孩	
				小计	男
高中	**1303**	**673**	**630**	**624**	**321**
15–19 岁	**8**	**5**	**3**	**8**	**5**
15					
16					
17	1	1		1	1
18	3	1	2	3	1
19	4	3	1	4	3
20–24 岁	**160**	**80**	**80**	**138**	**67**
20	11	6	5	10	6
21	23	14	9	20	12
22	26	14	12	23	11
23	38	13	25	35	12
24	62	33	29	50	26
25–29 岁	**480**	**236**	**244**	**285**	**144**
25	78	38	40	55	28
26	86	42	44	61	28
27	106	52	54	55	33
28	110	56	54	60	28
29	100	48	52	54	27
30–34 岁	**473**	**258**	**215**	**149**	**82**
30	120	61	59	49	25
31	103	58	45	35	20
32	91	43	48	26	14
33	86	54	32	20	9
34	73	42	31	19	14
35–39 岁	**145**	**72**	**73**	**35**	**17**
35	32	14	18	9	3
36	45	23	22	11	5
37	26	10	16	6	3
38	22	13	9	5	3
39	20	12	8	4	3
40–44 岁	**32**	**17**	**15**	**7**	**4**
40	13	6	7	2	
41	3	2	1	1	1
42	11	6	5	3	2
43	4	2	2	1	1
44	1	1			
45–49 岁	**5**	**5**		**2**	**2**
45	2	2		1	1
46	1	1		1	1
47					
48	2	2			
49					

分的育龄妇女人数（2019.11.1-2020.10.31）（城市）（续5）

单位：人

	第二孩			第三孩及以上		
女	小计	男	女	小计	男	女
303	**613**	**311**	**302**	**66**	**41**	**25**
3						
2						
1						
71	**21**	**13**	**8**	**1**		**1**
4	1		1			
8	2	2		1		1
12	3	3				
23	3	1	2			
24	12	7	5			
141	**180**	**83**	**97**	**15**	**9**	**6**
27	22	10	12	1		1
33	22	12	10	3	2	1
22	48	18	30	3	1	2
32	46	24	22	4	4	
27	42	19	23	4	2	2
67	**292**	**157**	**135**	**32**	**19**	**13**
24	65	32	33	6	4	2
15	59	32	27	9	6	3
12	57	25	32	8	4	4
11	62	42	20	4	3	1
5	49	26	23	5	2	3
18	**96**	**45**	**51**	**14**	**10**	**4**
6	21	10	11	2	1	1
6	27	13	14	7	5	2
3	19	7	12	1		1
2	16	9	7	1	1	
1	13	6	7	3	3	
3	**23**	**12**	**11**	**2**	**1**	**1**
2	9	5	4	2	1	1
	2	1	1			
1	8	4	4			
	3	1	2			
	1	1				
	1	**1**		**2**	**2**	
	1	1				
				2	2	

6-2a 全省按年龄、受教育程度、生育孩次

受教育程度 年龄	总计	生男孩的妇女人数	生女孩的妇女人数	第一孩	
				小计	男
大学专科	**2042**	**1071**	**971**	**1175**	**605**
15-19 岁	**1**	**1**		**1**	**1**
15					
16					
17					
18					
19	1	1		1	1
20-24 岁	**150**	**81**	**69**	**134**	**72**
20					
21	7	3	4	7	3
22	25	14	11	21	11
23	26	12	14	22	10
24	92	52	40	84	48
25-29 岁	**843**	**429**	**414**	**644**	**325**
25	147	83	64	124	69
26	152	69	83	130	57
27	200	101	99	159	84
28	186	98	88	126	67
29	158	78	80	105	48
30-34 岁	**785**	**424**	**361**	**331**	**174**
30	196	106	90	112	56
31	186	99	87	79	40
32	172	97	75	76	41
33	140	73	67	39	27
34	91	49	42	25	10
35-39 岁	**220**	**116**	**104**	**54**	**27**
35	68	42	26	19	11
36	55	23	32	16	7
37	33	18	15	8	5
38	43	21	22	8	3
39	21	12	9	3	1
40-44 岁	**41**	**19**	**22**	**11**	**6**
40	10	4	6	2	2
41	13	6	7	6	3
42	10	5	5	1	
43	4	2	2		
44	4	2	2	2	1
45-49 岁	**2**	**1**	**1**		
45	1		1		
46					
47					
48					
49	1	1			

分的育龄妇女人数（2019.11.1–2020.10.31）（城市）（续6）

单位：人

	第二孩			第三孩及以上		
女	小计	男	女	小计	男	女
570	**796**	**424**	**372**	**71**	**42**	**29**
62	**15**	**9**	**6**	**1**		**1**
4						
10	3	3		1		1
12	4	2	2			
36	8	4	4			
319	**187**	**99**	**88**	**12**	**5**	**7**
55	22	13	9	1	1	
73	22	12	10			
75	38	17	21	3		3
59	56	30	26	4	1	3
57	49	27	22	4	3	1
157	**416**	**224**	**192**	**38**	**26**	**12**
56	81	48	33	3	2	1
39	94	48	46	13	11	2
35	86	51	35	10	5	5
12	95	41	54	6	5	1
15	60	36	24	6	3	3
27	**150**	**81**	**69**	**16**	**8**	**8**
8	44	28	16	5	3	2
9	36	14	22	3	2	1
3	23	13	10	2		2
5	30	16	14	5	2	3
2	17	10	7	1	1	
5	**26**	**10**	**16**	**4**	**3**	**1**
	8	2	6			
3	5	2	3	2	1	1
1	8	4	4	1	1	
	4	2	2			
1	1		1	1	1	
	2	**1**	**1**			
	1		1			
	1	1				

6-2a 全省按年龄、受教育程度、生育孩次

受教育程度 年龄	总计	生男孩的妇女人数	生女孩的妇女人数	第一孩	
				小计	男
大学本科	**2203**	**1164**	**1039**	**1361**	**713**
15–19 岁					
15					
16					
17					
18					
19					
20–24 岁	**40**	**17**	**23**	**39**	**17**
20	2	1	1	2	1
21					
22	2	1	1	2	1
23	6	2	4	6	2
24	30	13	17	29	13
25–29 岁	**862**	**444**	**418**	**725**	**375**
25	66	38	28	60	33
26	139	68	71	123	62
27	185	102	83	164	90
28	215	110	105	182	92
29	257	126	131	196	98
30–34 岁	**977**	**524**	**453**	**530**	**277**
30	283	154	129	194	99
31	242	123	119	153	78
32	190	105	85	91	51
33	140	72	68	56	31
34	122	70	52	36	18
35–39 岁	**279**	**157**	**122**	**58**	**38**
35	91	52	39	21	18
36	67	39	28	10	5
37	51	27	24	12	8
38	38	20	18	12	5
39	32	19	13	3	2
40–44 岁	**41**	**20**	**21**	**6**	**5**
40	22	11	11	4	4
41	11	5	6		
42	3	1	2	1	
43	3	2	1	1	1
44	2	1	1		
45–49 岁	**4**	**2**	**2**	**3**	**1**
45	1	1			
46	1		1	1	
47	2	1	1	2	1
48					
49					

分的育龄妇女人数（2019.11.1–2020.10.31）（城市）（续 7）

单位：人

	第二孩			第三孩及以上		
女	小计	男	女	小计	男	女
648	**801**	**426**	**375**	**41**	**25**	**16**
22	**1**		**1**			
1						
1						
4						
16	1		1			
350	**134**	**67**	**67**	**3**	**2**	**1**
27	5	4	1	1	1	
61	16	6	10			
74	21	12	9			
90	32	17	15	1	1	
98	60	28	32	1		1
253	**429**	**234**	**195**	**18**	**13**	**5**
95	86	52	34	3	3	
75	85	42	43	4	3	1
40	94	50	44	5	4	1
25	80	38	42	4	3	1
18	84	52	32	2		2
20	**203**	**110**	**93**	**18**	**9**	**9**
3	62	29	33	8	5	3
5	53	32	21	4	2	2
4	36	18	18	3	1	2
7	25	15	10	1		1
1	27	16	11	2	1	1
1	**33**	**14**	**19**	**2**	**1**	**1**
	16	6	10	2	1	1
	11	5	6			
1	2	1	1			
	2	1	1			
	2	1	1			
2	**1**	**1**				
	1	1				
1						
1						

6-2a 全省按年龄、受教育程度、生育孩次

受教育程度 年龄	总计	生男孩的妇女人数	生女孩的妇女人数	第一孩	
				小计	男
硕士研究生	**247**	**126**	**121**	**158**	**75**
15-19岁					
15					
16					
17					
18					
19					
20-24岁	**2**	**2**		**2**	**2**
20					
21					
22					
23					
24	2	2		2	2
25-29岁	**46**	**23**	**23**	**43**	**20**
25	2	1	1	1	
26	6	2	4	6	2
27	6	4	2	5	3
28	18	8	10	18	8
29	14	8	6	13	7
30-34岁	**151**	**75**	**76**	**101**	**51**
30	33	15	18	28	13
31	36	13	23	30	11
32	34	22	12	20	13
33	17	7	10	9	5
34	31	18	13	14	9
35-39岁	**45**	**24**	**21**	**11**	**2**
35	16	10	6	4	1
36	7	5	2		
37	11	4	7	3	1
38	8	3	5	3	
39	3	2	1	1	
40-44岁	**2**	**1**	**1**	**1**	
40	2	1	1	1	
41					
42					
43					
44					
45-49岁	**1**	**1**			
45	1	1			
46					
47					
48					
49					

分的育龄妇女人数（2019.11.1–2020.10.31）（城市）（续8）

单位：人

	第二孩			第三孩及以上		
女	小计	男	女	小计	男	女
83	**88**	**51**	**37**	**1**		**1**
23	**3**	**3**				
1	1	1				
4						
2	1	1				
10						
6	1	1				
50	**50**	**24**	**26**			
15	5	2	3			
19	6	2	4			
7	14	9	5			
4	8	2	6			
5	17	9	8			
9	**33**	**22**	**11**	**1**		**1**
3	12	9	3			
	6	5	1	1		1
2	8	3	5			
3	5	3	2			
1	2	2				
1	**1**	**1**				
1	1	1				
	1	**1**				
	1	1				

6-2a 全省按年龄、受教育程度、生育孩次

受教育程度 年　　龄	总计	生男孩的 妇女人数	生女孩的 妇女人数	第一孩	
				小计	男
博士研究生	**21**	**10**	**11**	**13**	**6**
15–19 岁					
15					
16					
17					
18					
19					
20–24 岁					
20					
21					
22					
23					
24					
25–29 岁	**3**	**3**		**3**	**3**
25					
26					
27					
28	2	2		2	2
29	1	1		1	1
30–34 岁	**13**	**5**	**8**	**9**	**2**
30	5	1	4	5	1
31	3	2	1	1	
32	2	2		1	1
33	2		2	2	
34	1		1		
35–39 岁	**3**	**2**	**1**	**1**	**1**
35	1		1		
36					
37					
38					
39	2	2		1	1
40–44 岁	**2**		**2**		
40	1		1		
41	1		1		
42					
43					
44					
45–49 岁					
45					
46					
47					
48					
49					

分的育龄妇女人数（2019.11.1–2020.10.31）（城市）（续 9）

单位：人

	第二孩			第三孩及以上		
女	小计	男	女	小计	男	女
7	**8**	**4**	**4**			
7	**4**	**3**	**1**			
4						
1	2	2				
	1	1				
2						
	1		1			
	2	**1**	**1**			
	1		1			
	1	1				
	2		**2**			
	1		1			
	1		1			

6-2b 全省按年龄、受教育程度、生育孩次

受教育程度 年 龄	总计	生男孩的 妇女人数	生女孩的 妇女人数	第一孩	
				小计	男
合计	**6865**	**3628**	**3237**	**2799**	**1511**
15–19 岁	**62**	**30**	**32**	**51**	**27**
15					
16					
17	7	3	4	7	3
18	26	13	13	21	13
19	29	14	15	23	11
20–24 岁	**868**	**484**	**384**	**573**	**330**
20	80	46	34	58	36
21	118	71	47	80	48
22	151	83	68	100	54
23	227	121	106	147	83
24	292	163	129	188	109
25–29 岁	**2666**	**1392**	**1274**	**1407**	**742**
25	427	230	197	259	143
26	461	236	225	254	136
27	610	313	297	345	185
28	585	308	277	294	151
29	583	305	278	255	127
30–34 岁	**2434**	**1268**	**1166**	**627**	**339**
30	684	369	315	252	143
31	584	310	274	152	82
32	471	236	235	102	50
33	406	203	203	84	48
34	289	150	139	37	16
35–39 岁	**663**	**355**	**308**	**107**	**53**
35	193	95	98	25	11
36	181	102	79	29	16
37	153	85	68	32	16
38	85	46	39	15	6
39	51	27	24	6	4
40–44 岁	**131**	**78**	**53**	**21**	**14**
40	51	28	23	5	3
41	28	16	12	6	4
42	25	19	6	3	2
43	9	5	4	2	1
44	18	10	8	5	4
45–49 岁	**41**	**21**	**20**	**13**	**6**
45	7	3	4	1	
46	8	6	2	1	1
47	6	3	3	2	1
48	14	7	7	7	3
49	6	2	4	2	1

分的育龄妇女人数（2019.11.1–2020.10.31）（镇）

单位：人

	第二孩			第三孩及以上		
女	小计	男	女	小计	男	女
1288	**3347**	**1703**	**1644**	**719**	**414**	**305**
24	**11**	**3**	**8**			
4						
8	5		5			
12	6	3	3			
243	**255**	**132**	**123**	**40**	**22**	**18**
22	21	9	12	1	1	
32	31	20	11	7	3	4
46	45	25	20	6	4	2
64	66	33	33	14	5	9
79	92	45	47	12	9	3
665	**1051**	**519**	**532**	**208**	**131**	**77**
116	143	74	69	25	13	12
118	166	75	91	41	25	16
160	227	106	121	38	22	16
143	229	113	116	62	44	18
128	286	151	135	42	27	15
288	**1526**	**778**	**748**	**281**	**151**	**130**
109	371	193	178	61	33	28
70	361	194	167	71	34	37
52	300	146	154	69	40	29
36	278	131	147	44	24	20
21	216	114	102	36	20	16
54	**420**	**228**	**192**	**136**	**74**	**62**
14	130	66	64	38	18	20
13	108	61	47	44	25	19
16	95	51	44	26	18	8
9	54	34	20	16	6	10
2	33	16	17	12	7	5
7	**68**	**35**	**33**	**42**	**29**	**13**
2	30	13	17	16	12	4
2	16	9	7	6	3	3
1	13	10	3	9	7	2
1	3	2	1	4	2	2
1	6	1	5	7	5	2
7	**16**	**8**	**8**	**12**	**7**	**5**
1	2	2		4	1	3
	4	2	2	3	3	
1	2		2	2	2	
4	4	3	1	3	1	2
1	4	1	3			

6-2b 全省按年龄、受教育程度、生育孩次

受教育程度 年　龄	总计	生男孩的 妇女人数	生女孩的 妇女人数	第一孩	
				小计	男
未上过学		**36**	**23**	**9**	**4**
15-19 岁					
15					
16					
17					
18					
19					
20-24 岁		**6**	**1**	**1**	**1**
20		2			
21		1		1	1
22		2			
23					
24		1	1		
25-29 岁		**5**	**7**	**3**	**2**
25			1		
26		1	4	1	
27		1	1		
28		2	1	1	1
29		1		1	1
30-34 岁		**10**	**4**	**2**	**1**
30		4	1	2	1
31		2			
32		3			
33			2		
34		1	1		
35-39 岁		**8**	**7**	**3**	
35		2	1		
36		2	1		
37		1	2	2	
38		3	1	1	
39			2		
40-44 岁		**5**	**4**		
40					
41		1	3		
42		2			
43		1			
44		1	1		
45-49 岁		**2**			
45					
46		1			
47					
48		1			
49					

分的育龄妇女人数（2019.11.1–2020.10.31）（镇）（续1）

单位：人

	第二孩			第三孩及以上		
女	小计	男	女	小计	男	女
5	**20**	**11**	**9**	**30**	**21**	**9**
	5	**4**	**1**	**1**	**1**	
	2	2				
	2	2				
	1		1	1	1	
1	**7**	**2**	**5**	**2**	**1**	**1**
	1		1			
1	4	1	3			
				2	1	1
	2	1	1			
1	**3**	**2**	**1**	**9**	**7**	**2**
1	1	1		2	2	
	1	1		1	1	
				3	3	
	1		1	1		1
				2	1	1
3	**3**	**2**	**1**	**9**	**6**	**3**
				3	2	1
	1	1		2	1	1
2				1	1	
1	1	1		2	2	
	1		1	1		1
	2	**1**	**1**	**7**	**4**	**3**
				4	1	3
	1	1		1	1	
				1	1	
	1		1	1	1	
				2	**2**	
				1	1	
				1	1	

6-2b 全省按年龄、受教育程度、生育孩次

受教育程度 年龄	总计	生男孩的妇女人数	生女孩的妇女人数	第一孩	
				小计	男
学前教育					
15–19 岁					
15					
16					
17					
18					
19					
20–24 岁					
20					
21					
22					
23					
24					
25–29 岁					
25					
26					
27					
28					
29					
30–34 岁					
30					
31					
32					
33					
34					
35–39 岁					
35					
36					
37					
38					
39					
40–44 岁					
40					
41					
42					
43					
44					
45–49 岁					
45					
46					
47					
48					
49					

分的育龄妇女人数（2019.11.1–2020.10.31）（镇）（续2）

单位：人

	第二孩			第三孩及以上		
女	小计	男	女	小计	男	女

6-2b 全省按年龄、受教育程度、生育孩次

受教育程度 年龄	总计	生男孩的妇女人数	生女孩的妇女人数	第一孩	
				小计	男
小学	**594**	**325**	**269**	**170**	**103**
15–19 岁	**22**	**11**	**11**	**17**	**9**
15					
16					
17	1	1		1	1
18	10	3	7	8	3
19	11	7	4	8	5
20–24 岁	**146**	**77**	**69**	**67**	**39**
20	20	13	7	10	8
21	29	16	13	14	6
22	25	12	13	11	6
23	32	15	17	15	9
24	40	21	19	17	10
25–29 岁	**176**	**99**	**77**	**46**	**30**
25	28	12	16	7	4
26	38	20	18	9	7
27	45	28	17	15	10
28	42	25	17	10	6
29	23	14	9	5	3
30–34 岁	**138**	**73**	**65**	**25**	**15**
30	33	17	16	6	3
31	33	20	13	6	3
32	26	14	12	6	4
33	24	12	12	5	4
34	22	10	12	2	1
35–39 岁	**77**	**40**	**37**	**9**	**7**
35	26	9	17	2	1
36	23	13	10	2	1
37	11	8	3	1	1
38	11	4	7	2	2
39	6	6		2	2
40–44 岁	**22**	**20**	**2**	**2**	**2**
40	6	6			
41	3	3			
42	5	4	1	1	1
43	4	3	1		
44	4	4		1	1
45–49 岁	**13**	**5**	**8**	**4**	**1**
45	2		2		
46	1	1			
47	3	2	1		
48	6	2	4	4	1
49	1		1		

分的育龄妇女人数（2019.11.1–2020.10.31）（镇）（续3）

单位：人

	第二孩			第三孩及以上		
女	小计	男	女	小计	男	女
67	**263**	**141**	**122**	**161**	**81**	**80**
8	**5**	**2**	**3**			
5	2		2			
3	3	2	1			
28	**62**	**30**	**32**	**17**	**8**	**9**
2	9	4	5	1	1	
8	12	9	3	3	1	2
5	10	4	6	4	2	2
6	12	3	9	5	3	2
7	19	10	9	4	1	3
16	**86**	**45**	**41**	**44**	**24**	**20**
3	14	7	7	7	1	6
2	18	6	12	11	7	4
5	24	15	9	6	3	3
4	18	10	8	14	9	5
2	12	7	5	6	4	2
10	**66**	**36**	**30**	**47**	**22**	**25**
3	14	7	7	13	7	6
3	16	11	5	11	6	5
2	12	8	4	8	2	6
1	14	6	8	5	2	3
1	10	4	6	10	5	5
2	**34**	**20**	**14**	**34**	**13**	**21**
1	13	5	8	11	3	8
1	9	6	3	12	6	6
	7	5	2	3	2	1
	3	2	1	6		6
	2	2		2	2	
	7	**7**		**13**	**11**	**2**
	1	1		5	5	
	3	3				
				4	3	1
	2	2		2	1	1
	1	1		2	2	
3	**3**	**1**	**2**	**6**	**3**	**3**
				2		2
				1	1	
	1		1	2	2	
3	1	1		1		1
	1		1			

6–2b 全省按年龄、受教育程度、生育孩次

受教育程度 年龄	总计	生男孩的妇女人数	生女孩的妇女人数	第一孩	
				小计	男
初中	**2298**	**1231**	**1067**	**768**	**425**
15–19 岁	**35**	**16**	**19**	**29**	**15**
15					
16					
17	5	2	3	5	2
18	14	8	6	11	8
19	16	6	10	13	5
20–24 岁	**426**	**247**	**179**	**262**	**156**
20	45	25	20	35	22
21	59	38	21	40	27
22	87	53	34	60	37
23	108	56	52	57	28
24	127	75	52	70	42
25–29 岁	**859**	**456**	**403**	**303**	**162**
25	174	97	77	81	45
26	157	87	70	60	36
27	187	99	88	61	36
28	170	93	77	60	31
29	171	80	91	41	14
30–34 岁	**700**	**357**	**343**	**118**	**61**
30	202	99	103	37	20
31	182	91	91	31	14
32	129	71	58	16	9
33	118	58	60	26	15
34	69	38	31	8	3
35–39 岁	**213**	**119**	**94**	**37**	**19**
35	52	31	21	5	3
36	61	36	25	13	7
37	60	30	30	13	6
38	24	14	10	5	2
39	16	8	8	1	1
40–44 岁	**53**	**29**	**24**	**14**	**9**
40	19	10	9	1	1
41	12	7	5	5	3
42	9	6	3	2	1
43	3	1	2	2	1
44	10	5	5	4	3
45–49 岁	**12**	**7**	**5**	**5**	**3**
45	2	1	1		
46	1	1		1	1
47	1		1	1	
48	4	3	1	1	1
49	4	2	2	2	1

分的育龄妇女人数（2019.11.1–2020.10.31）（镇）（续4）

单位：人

女	第二孩			第三孩及以上		
	小计	男	女	小计	男	女
343	**1169**	**592**	**577**	**361**	**214**	**147**
14	**6**	**1**	**5**			
3						
3	3		3			
8	3	1	2			
106	**145**	**81**	**64**	**19**	**10**	**9**
13	10	3	7			
13	15	9	6	4	2	2
23	25	14	11	2	2	
29	43	27	16	8	1	7
28	52	28	24	5	5	
141	**431**	**215**	**216**	**125**	**79**	**46**
36	80	43	37	13	9	4
24	73	37	36	24	14	10
25	100	47	53	26	16	10
29	76	39	37	34	23	11
27	102	49	53	28	17	11
57	**442**	**216**	**226**	**140**	**80**	**60**
17	128	59	69	37	20	17
17	115	62	53	36	15	21
7	83	40	43	30	22	8
11	69	30	39	23	13	10
5	47	25	22	14	10	4
18	**115**	**63**	**52**	**61**	**37**	**24**
2	32	19	13	15	9	6
6	31	19	12	17	10	7
7	31	12	19	16	12	4
3	13	9	4	6	3	3
	8	4	4	7	3	4
5	**25**	**12**	**13**	**14**	**8**	**6**
	12	5	7	6	4	2
2	6	3	3	1	1	
1	5	4	1	2	1	1
1				1		1
1	2		2	4	2	2
2	**5**	**4**	**1**	**2**		**2**
	1	1		1		1
1						
	2	2		1		1
1	2	1	1			

6-2b 全省按年龄、受教育程度、生育孩次

受教育程度 年龄	总计	生男孩的妇女人数	生女孩的妇女人数	第一孩	
				小计	男
高中	**1014**	**546**	**468**	**442**	**247**
15–19 岁	**5**	**3**	**2**	**5**	**3**
15					
16					
17	1		1	1	
18	2	2		2	2
19	2	1	1	2	1
20–24 岁	**155**	**87**	**68**	**121**	**72**
20	11	5	6	11	5
21	16	11	5	14	10
22	23	12	11	15	7
23	45	29	16	35	25
24	60	30	30	46	25
25–29 岁	**446**	**246**	**200**	**225**	**130**
25	84	49	35	48	30
26	81	37	44	48	22
27	95	50	45	53	31
28	93	57	36	38	26
29	93	53	40	38	21
30–34 岁	**315**	**164**	**151**	**71**	**34**
30	98	54	44	28	17
31	82	41	41	16	7
32	59	29	30	15	6
33	48	30	18	9	4
34	28	10	18	3	
35–39 岁	**77**	**37**	**40**	**19**	**8**
35	25	9	16	7	3
36	21	13	8	3	2
37	16	8	8	7	3
38	7	3	4	2	
39	8	4	4		
40–44 岁	**11**	**6**	**5**		
40	5	3	2		
41	2	1	1		
42	2	2			
43	1		1		
44	1		1		
45–49 岁	**5**	**3**	**2**	**1**	
45	3	2	1	1	
46	2	1	1		
47					
48					
49					

分的育龄妇女人数（2019.11.1–2020.10.31）（镇）（续5）

单位：人

	第二孩			第三孩及以上		
女	小计	男	女	小计	男	女
195	**493**	**249**	**244**	**79**	**50**	**29**
2						
1						
1						
49	**31**	**12**	**19**	**3**	**3**	
6						
4	2	1	1			
8	8	5	3			
10	9	3	6	1	1	
21	12	3	9	2	2	
95	**202**	**100**	**102**	**19**	**16**	**3**
18	32	16	16	4	3	1
26	30	12	18	3	3	
22	41	19	22	1		1
12	46	23	23	9	8	1
17	53	30	23	2	2	
37	**207**	**113**	**94**	**37**	**17**	**20**
11	63	34	29	7	3	4
9	51	27	24	15	7	8
9	34	18	16	10	5	5
5	37	25	12	2	1	1
3	22	9	13	3	1	2
11	**43**	**20**	**23**	**15**	**9**	**6**
4	15	5	10	3	1	2
1	11	6	5	7	5	2
4	7	4	3	2	1	1
2	4	3	1	1		1
	6	2	4	2	2	
	8	**3**	**5**	**3**	**3**	
	4	2	2	1	1	
	2	1	1			
				2	2	
	1		1			
	1		1			
1	**2**	**1**	**1**	**2**	**2**	
1	1	1		1	1	
	1		1	1	1	

6-2b 全省按年龄、受教育程度、生育孩次

受教育程度 年 龄	总计	生男孩的妇女人数	生女孩的妇女人数	第一孩	
				小计	男
大学专科	**1423**	**751**	**672**	**732**	**393**
15-19 岁					
15					
16					
17					
18					
19					
20-24 岁	**111**	**55**	**56**	**101**	**51**
20	2	1	1	2	1
21	10	4	6	8	3
22	14	4	10	14	4
23	37	19	18	35	19
24	48	27	21	42	24
25-29 岁	**655**	**329**	**326**	**442**	**228**
25	94	49	45	80	42
26	112	56	56	83	43
27	155	73	82	114	59
28	141	65	76	85	40
29	153	86	67	80	44
30-34 岁	**517**	**289**	**228**	**166**	**100**
30	159	89	70	83	46
31	107	65	42	37	25
32	107	53	54	23	15
33	85	46	39	13	8
34	59	36	23	10	6
35-39 岁	**124**	**69**	**55**	**19**	**10**
35	36	20	16	7	3
36	29	17	12	5	3
37	28	15	13	3	2
38	20	13	7	2	1
39	11	4	7	2	1
40-44 岁	**10**	**6**	**4**	**2**	**2**
40	5	2	3	1	1
41	3	2	1	1	1
42	2	2			
43					
44					
45-49 岁	**6**	**3**	**3**	**2**	**2**
45					
46	2	1	1		
47	1	1		1	1
48	2	1	1	1	1
49	1		1		

分的育龄妇女人数（2019.11.1–2020.10.31）（镇）（续6）

单位：人

	第二孩			第三孩及以上		
女	小计	男	女	小计	男	女
339	**643**	**332**	**311**	**48**	**26**	**22**
50	**10**	**4**	**6**			
1						
5	2	1	1			
10						
16	2		2			
18	6	3	3			
214	**199**	**94**	**105**	**14**	**7**	**7**
38	13	7	6	1		1
40	26	12	14	3	1	2
55	38	12	26	3	2	1
45	52	22	30	4	3	1
36	70	41	29	3	1	2
66	**327**	**175**	**152**	**24**	**14**	**10**
37	74	42	32	2	1	1
12	66	37	29	4	3	1
8	76	34	42	8	4	4
5	65	33	32	7	5	2
4	46	29	17	3	1	2
9	**97**	**55**	**42**	**8**	**4**	**4**
4	27	16	11	2	1	1
2	21	13	8	3	1	2
1	23	12	11	2	1	1
1	17	11	6	1	1	
1	9	3	6			
	6	**3**	**3**	**2**	**1**	**1**
	3	1	2	1		1
	1		1	1	1	
	2	2				
	4	**1**	**3**			
	2	1	1			
	1		1			
	1		1			

6-2b 全省按年龄、受教育程度、生育孩次

受教育程度 年 龄	总计	生男孩的妇女人数	生女孩的妇女人数	第一孩	
				小计	男
大学本科	**1439**	**720**	**719**	**657**	**330**
15–19 岁					
15					
16					
17					
18					
19					
20–24 岁	**23**	**12**	**11**	**21**	**11**
20					
21	3	1	2	3	1
22					
23	5	2	3	5	2
24	15	9	6	13	8
25–29 岁	**506**	**250**	**256**	**378**	**185**
25	46	23	23	43	22
26	68	35	33	53	28
27	124	60	64	100	47
28	131	65	66	95	46
29	137	67	70	87	42
30–34 岁	**726**	**364**	**362**	**234**	**124**
30	179	103	76	89	54
31	173	88	85	60	32
32	143	63	80	40	15
33	125	56	69	31	17
34	106	54	52	14	6
35–39 岁	**156**	**81**	**75**	**20**	**9**
35	51	24	27	4	1
36	44	21	23	6	3
37	35	23	12	6	4
38	18	8	10	3	1
39	8	5	3	1	
40–44 岁	**25**	**12**	**13**	**3**	**1**
40	15	7	8	3	1
41	4	2	2		
42	5	3	2		
43					
44	1		1		
45–49 岁	**3**	**1**	**2**	**1**	
45					
46	1	1			
47	1		1		
48	1		1	1	
49					

分的育龄妇女人数（2019.11.1–2020.10.31）（镇）（续7）

单位：人

女	第二孩			第三孩及以上		
	小计	男	女	小计	男	女
327	743	369	374	39	21	18
10	2	1	1			
2						
3						
5	2	1	1			
193	125	62	63	3	3	
21	3	1	2			
25	15	7	8			
53	24	13	11			
49	35	18	17	1	1	
45	48	23	25	2	2	
110	468	229	239	24	11	13
35	90	49	41			
28	109	54	55	4	2	2
25	93	44	49	10	4	6
14	88	36	52	6	3	3
8	88	46	42	4	2	2
11	127	67	60	9	5	4
3	43	21	22	4	2	2
3	35	16	19	3	2	1
2	27	18	9	2	1	1
2	15	7	8			
1	7	5	2			
2	19	9	10	3	2	1
2	9	4	5	3	2	1
	4	2	2			
	5	3	2			
	1		1			
1	2	1	1			
	1	1				
	1		1			
1						

6-2b 全省按年龄、受教育程度、生育孩次

受教育程度 年龄	总计	生男孩的妇女人数	生女孩的妇女人数	第一孩	
				小计	男
硕士研究生	**37**	**18**	**19**	**21**	**9**
15–19 岁					
15					
16					
17					
18					
19					
20–24 岁					
20					
21					
22					
23					
24					
25–29 岁	**12**	**7**	**5**	**10**	**5**
25					
26					
27	2	2		2	2
28	5	1	4	5	1
29	5	4	1	3	2
30–34 岁	**23**	**10**	**13**	**11**	**4**
30	8	3	5	7	2
31	4	2	2	2	1
32	4	3	1	2	1
33	4	1	3		
34	3	1	2		
35–39 岁	**1**	**1**			
35					
36					
37					
38	1	1			
39					
40–44 岁	**1**		**1**		
40	1		1		
41					
42					
43					
44					
45–49 岁					
45					
46					
47					
48					
49					

分的育龄妇女人数（2019.11.1–2020.10.31）（镇）（续8）

单位：人

	第二孩			第三孩及以上		
女	小计	男	女	小计	男	女
12	**15**	**8**	**7**	**1**	**1**	
5	**1**	**1**		**1**	**1**	
4						
1	1	1		1	1	
7	**12**	**6**	**6**			
5	1	1				
1	2	1	1			
1	2	2				
	4	1	3			
	3	1	2			
	1	**1**				
	1	1				
	1		**1**			
	1		1			

6-2b 全省按年龄、受教育程度、生育孩次

受教育程度 年龄	总计	生男孩的妇女人数	生女孩的妇女人数	第一孩	
				小计	男
博士研究生	**1**	**1**			
15–19 岁					
15					
16					
17					
18					
19					
20–24 岁					
20					
21					
22					
23					
24					
25–29 岁					
25					
26					
27					
28					
29					
30–34 岁	**1**	**1**			
30					
31	1	1			
32					
33					
34					
35–39 岁					
35					
36					
37					
38					
39					
40–44 岁					
40					
41					
42					
43					
44					
45–49 岁					
45					
46					
47					
48					
49					

分的育龄妇女人数（2019.11.1–2020.10.31）（镇）（续9）

单位：人

	第二孩			第三孩及以上		
女	小计	男	女	小计	男	女
	1	**1**				
	1	**1**				
	1	1				

6-2c 全省按年龄、受教育程度、生育孩次

受教育程度 年龄	总计	生男孩的妇女人数	生女孩的妇女人数	第一孩	
				小计	男
合计	**11249**	**5773**	**5476**	**4574**	**2383**
15–19岁	**409**	**227**	**182**	**334**	**187**
15	7	4	3	5	2
16	15	9	6	12	7
17	49	28	21	45	28
18	105	61	44	89	53
19	233	125	108	183	97
20–24岁	**2832**	**1458**	**1374**	**1571**	**812**
20	305	172	133	212	118
21	446	220	226	257	122
22	554	283	271	318	169
23	654	346	308	329	181
24	873	437	436	455	222
25–29岁	**4603**	**2316**	**2287**	**1912**	**983**
25	987	478	509	477	242
26	909	470	439	403	220
27	1066	549	517	466	238
28	889	459	430	327	163
29	752	360	392	239	120
30–34岁	**2564**	**1324**	**1240**	**629**	**330**
30	826	429	397	259	133
31	635	327	308	144	75
32	475	250	225	86	46
33	355	180	175	81	51
34	273	138	135	59	25
35–39岁	**623**	**333**	**290**	**101**	**56**
35	193	109	84	27	17
36	148	78	70	26	11
37	123	62	61	25	14
38	98	48	50	13	8
39	61	36	25	10	6
40–44岁	**128**	**68**	**60**	**13**	**7**
40	38	18	20	4	3
41	23	13	10	2	
42	36	19	17	6	3
43	16	9	7		
44	15	9	6	1	1
45–49岁	**90**	**47**	**43**	**14**	**8**
45	21	8	13	3	1
46	19	12	7	3	3
47	16	8	8	4	2
48	22	12	10	2	1
49	12	7	5	2	1

分的育龄妇女人数（2019.11.1–2020.10.31）（乡村）

单位：人

	第二孩			第三孩及以上		
女	小计	男	女	小计	男	女
2191	**4761**	**2397**	**2364**	**1914**	**993**	**921**
147	**72**	**39**	**33**	**3**	**1**	**2**
3	2	2				
5	3	2	1			
17	4		4			
36	16	8	8			
86	47	27	20	3	1	2
759	**1037**	**533**	**504**	**224**	**113**	**111**
94	82	45	37	11	9	2
135	155	81	74	34	17	17
149	191	92	99	45	22	23
148	270	141	129	55	24	31
233	339	174	165	79	41	38
929	**1970**	**973**	**997**	**721**	**360**	**361**
235	390	179	211	120	57	63
183	385	188	197	121	62	59
228	447	233	214	153	78	75
164	398	213	185	164	83	81
119	350	160	190	163	80	83
299	**1296**	**660**	**636**	**639**	**334**	**305**
126	393	205	188	174	91	83
69	345	170	175	146	82	64
40	260	136	124	129	68	61
30	169	77	92	105	52	53
34	129	72	57	85	41	44
45	**289**	**141**	**148**	**233**	**136**	**97**
10	90	47	43	76	45	31
15	70	36	34	52	31	21
11	53	23	30	45	25	20
5	50	22	28	35	18	17
4	26	13	13	25	17	8
6	**57**	**31**	**26**	**58**	**30**	**28**
1	19	10	9	15	5	10
2	11	7	4	10	6	4
3	14	7	7	16	9	7
	6	4	2	10	5	5
	7	3	4	7	5	2
6	**40**	**20**	**20**	**36**	**19**	**17**
2	7	1	6	11	6	5
	8	4	4	8	5	3
2	5	3	2	7	3	4
1	15	8	7	5	3	2
1	5	4	1	5	2	3

6-2c 全省按年龄、受教育程度、生育孩次

受教育程度 年 龄	总计	生男孩的妇女人数	生女孩的妇女人数	第一孩	
				小计	男
未上过学	**273**	**146**	**127**	**46**	**28**
15–19 岁	**9**	**5**	**4**	**6**	**4**
15					
16	1		1	1	
17					
18	3	3		3	3
19	5	2	3	2	1
20–24 岁	**55**	**29**	**26**	**22**	**13**
20	4	2	2	3	2
21	13	5	8	8	4
22	11	6	5	1	1
23	12	7	5	6	3
24	15	9	6	4	3
25–29 岁	**67**	**34**	**33**	**8**	**4**
25	15	8	7	2	1
26	13	8	5	1	
27	12	2	10	2	1
28	15	10	5	1	1
29	12	6	6	2	1
30–34 岁	**69**	**43**	**26**	**7**	**5**
30	20	14	6	4	3
31	16	10	6	3	2
32	16	8	8		
33	11	8	3		
34	6	3	3		
35–39 岁	**36**	**18**	**18**	**1**	**1**
35	10	7	3	1	1
36	9	6	3		
37	7	4	3		
38	6	1	5		
39	4		4		
40–44 岁	**21**	**10**	**11**	**2**	**1**
40	6	3	3		
41	2	1	1		
42	9	4	5	2	1
43	3	2	1		
44	1		1		
45–49 岁	**16**	**7**	**9**		
45	5	1	4		
46	6	5	1		
47	2		2		
48	1		1		
49	2	1	1		

分的育龄妇女人数（2019.11.1–2020.10.31）（乡村）（续 1）

单位：人

女	第二孩 小计	第二孩 男	第二孩 女	第三孩及以上 小计	第三孩及以上 男	第三孩及以上 女
18	**92**	**43**	**49**	**135**	**75**	**60**
2	**3**	**1**	**2**			
1						
1	3	1	2			
9	**19**	**9**	**10**	**14**	**7**	**7**
1	1		1			
4	4	1	3	1		1
	5	4	1	5	1	4
3	4	2	2	2	2	
1	5	2	3	6	4	2
4	**34**	**14**	**20**	**25**	**16**	**9**
1	8	3	5	5	4	1
1	8	5	3	4	3	1
1	6		6	4	1	3
	8	5	3	6	4	2
1	4	1	3	6	4	2
2	**19**	**13**	**6**	**43**	**25**	**18**
1	5	4	1	11	7	4
1	4	3	1	9	5	4
	6	4	2	10	4	6
	3	2	1	8	6	2
	1		1	5	3	2
	7	**4**	**3**	**28**	**13**	**15**
	3	2	1	6	4	2
	2	1	1	7	5	2
	1	1		6	3	3
	1		1	5	1	4
				4		4
1	**5**		**5**	**14**	**9**	**5**
	1		1	5	3	2
	1		1	1	1	
1	3		3	4	3	1
				3	2	1
				1		1
	5	**2**	**3**	**11**	**5**	**6**
	3		3	2	1	1
	2	2		4	3	1
				2		2
				1		1
				2	1	1

6-2c 全省按年龄、受教育程度、生育孩次

受教育程度 年龄	总计	生男孩的妇女人数	生女孩的妇女人数	第一孩	
				小计	男
学前教育	**3**	**2**	**1**		
15–19 岁					
15					
16					
17					
18					
19					
20–24 岁	**1**	**1**			
20					
21					
22					
23					
24	1	1			
25–29 岁	**2**	**1**	**1**		
25	1		1		
26					
27	1	1			
28					
29					
30–34 岁					
30					
31					
32					
33					
34					
35–39 岁					
35					
36					
37					
38					
39					
40–44 岁					
40					
41					
42					
43					
44					
45–49 岁					
45					
46					
47					
48					
49					

分的育龄妇女人数（2019.11.1–2020.10.31）（乡村）（续2）

单位：人

	第二孩			第三孩及以上		
女	小计	男	女	小计	男	女
	2	**1**	**1**	**1**	**1**	
	1	**1**				
	1	1				
	1		**1**	**1**	**1**	
	1		1			
				1	1	

6-2c　全省按年龄、受教育程度、生育孩次

受教育程度 年　　龄	总计	生男孩的 妇女人数	生女孩的 妇女人数	第一孩	
				小计	男
小学	**2538**	**1330**	**1208**	**710**	**378**
15–19 岁	**160**	**86**	**74**	**128**	**66**
15	3	2	1	2	1
16	5	3	2	4	2
17	18	10	8	16	10
18	47	28	19	40	23
19	87	43	44	66	30
20–24 岁	**740**	**392**	**348**	**300**	**162**
20	118	63	55	74	39
21	133	75	58	56	25
22	159	83	76	68	42
23	170	94	76	51	33
24	160	77	83	51	23
25–29 岁	**817**	**409**	**408**	**161**	**81**
25	175	87	88	46	23
26	146	75	71	29	14
27	158	86	72	29	14
28	165	79	86	29	13
29	173	82	91	28	17
30–34 岁	**503**	**272**	**231**	**75**	**44**
30	125	64	61	20	12
31	125	71	54	13	6
32	94	51	43	16	11
33	81	42	39	15	10
34	78	44	34	11	5
35–39 岁	**214**	**115**	**99**	**34**	**19**
35	56	30	26	4	2
36	54	26	28	10	3
37	42	21	21	11	7
38	33	17	16	3	2
39	29	21	8	6	5
40–44 岁	**56**	**31**	**25**	**5**	**2**
40	14	8	6		
41	9	5	4	1	
42	13	7	6	4	2
43	9	5	4		
44	11	6	5		
45–49 岁	**48**	**25**	**23**	**7**	**4**
45	9	4	5	1	
46	10	5	5	3	3
47	11	5	6	2	
48	9	5	4		
49	9	6	3	1	1

分的育龄妇女人数（2019.11.1–2020.10.31）（乡村）（续3）

单位：人

	第二孩			第三孩及以上		
女	小计	男	女	小计	男	女
332	**1022**	**539**	**483**	**806**	**413**	**393**
62	**32**	**20**	**12**			
1	1	1				
2	1	1				
6	2		2			
17	7	5	2			
36	21	13	8			
138	**326**	**170**	**156**	**114**	**60**	**54**
35	39	21	18	5	3	2
31	61	40	21	16	10	6
26	64	27	37	27	14	13
18	90	47	43	29	14	15
28	72	35	37	37	19	18
80	**347**	**180**	**167**	**309**	**148**	**161**
23	71	37	34	58	27	31
15	69	37	32	48	24	24
15	70	41	29	59	31	28
16	72	38	34	64	28	36
11	65	27	38	80	38	42
31	**197**	**110**	**87**	**231**	**118**	**113**
8	44	26	18	61	26	35
7	54	31	23	58	34	24
5	36	20	16	42	20	22
5	30	13	17	36	19	17
6	33	20	13	34	19	15
15	**74**	**33**	**41**	**106**	**63**	**43**
2	20	8	12	32	20	12
7	17	8	9	27	15	12
4	12	4	8	19	10	9
1	14	6	8	16	9	7
1	11	7	4	12	9	3
3	**25**	**16**	**9**	**26**	**13**	**13**
	8	6	2	6	2	4
1	3	2	1	5	3	2
2	3	2	1	6	3	3
	4	3	1	5	2	3
	7	3	4	4	3	1
3	**21**	**10**	**11**	**20**	**11**	**9**
1				8	4	4
	4		4	3	2	1
2	5	3	2	4	2	2
	7	3	4	2	2	
	5	4	1	3	1	2

6-2c 全省按年龄、受教育程度、生育孩次

受教育程度 年 龄	总计	生男孩的 妇女人数	生女孩的 妇女人数	第一孩	
				小计	男
初中	**5565**	**2854**	**2711**	**2250**	**1170**
15–19 岁	**223**	**128**	**95**	**184**	**109**
15	4	2	2	3	1
16	9	6	3	7	5
17	31	18	13	29	18
18	54	29	25	45	26
19	125	73	52	100	59
20–24 岁	**1536**	**771**	**765**	**879**	**437**
20	148	88	60	105	61
21	250	118	132	154	74
22	290	142	148	181	88
23	358	183	175	191	99
24	490	240	250	248	115
25–29 岁	**2211**	**1109**	**1102**	**828**	**426**
25	524	251	273	249	130
26	467	245	222	180	104
27	529	270	259	202	101
28	393	202	191	122	59
29	298	141	157	75	32
30–34 岁	**1258**	**661**	**597**	**304**	**170**
30	412	221	191	112	62
31	312	165	147	73	42
32	230	120	110	42	22
33	170	91	79	40	28
34	134	64	70	37	16
35–39 岁	**269**	**146**	**123**	**44**	**21**
35	88	48	40	14	7
36	66	36	30	11	5
37	56	30	26	9	4
38	40	22	18	6	4
39	19	10	9	4	1
40–44 岁	**43**	**24**	**19**	**4**	**3**
40	13	5	8	3	3
41	12	7	5	1	
42	13	8	5		
43	3	2	1		
44	2	2			
45–49 岁	**25**	**15**	**10**	**7**	**4**
45	7	3	4	2	1
46	3	2	1		
47	3	3		2	2
48	11	7	4	2	1
49	1		1	1	

分的育龄妇女人数（2019.11.1–2020.10.31）（乡村）（续4）

单位：人

	第二孩			第三孩及以上		
女	小计	男	女	小计	男	女
1080	**2506**	**1256**	**1250**	**809**	**428**	**381**
75	**37**	**18**	**19**	**2**	**1**	**1**
2	1	1				
2	2	1	1			
11	2		2			
19	9	3	6			
41	23	13	10	2	1	1
442	**573**	**292**	**281**	**84**	**42**	**42**
44	37	21	16	6	6	
80	80	37	43	16	7	9
93	98	48	50	11	6	5
92	146	76	70	21	8	13
133	212	110	102	30	15	15
402	**1062**	**522**	**540**	**321**	**161**	**160**
119	225	100	125	50	21	29
76	228	111	117	59	30	29
101	251	130	121	76	39	37
63	192	102	90	79	41	38
43	166	79	87	57	30	27
134	**657**	**329**	**328**	**297**	**162**	**135**
50	217	111	106	83	48	35
31	173	88	85	66	35	31
20	128	61	67	60	37	23
12	82	39	43	48	24	24
21	57	30	27	40	18	22
23	**141**	**74**	**67**	**84**	**51**	**33**
7	42	22	20	32	19	13
6	41	22	19	14	9	5
5	28	15	13	19	11	8
2	21	11	10	13	7	6
3	9	4	5	6	5	1
1	**23**	**13**	**10**	**16**	**8**	**8**
	7	2	5	3		3
1	7	5	2	4	2	2
	8	5	3	5	3	2
	1	1		2	1	1
				2	2	
3	**13**	**8**	**5**	**5**	**3**	**2**
1	4	1	3	1	1	
	2	2		1		1
				1	1	
1	7	5	2	2	1	1
1						

6-2c 全省按年龄、受教育程度、生育孩次

受教育程度 年龄	总计	生男孩的 妇女人数	生女孩的 妇女人数	第一孩	
				小计	男
高中	**1360**	**676**	**684**	**632**	**329**
15–19 岁	**15**	**7**	**8**	**14**	**7**
15					
16					
17					
18	1	1		1	1
19	14	6	8	13	6
20–24 岁	**320**	**163**	**157**	**217**	**111**
20	29	16	13	24	13
21	34	15	19	27	13
22	57	28	29	38	18
23	79	41	38	49	28
24	121	63	58	79	39
25–29 岁	**667**	**329**	**338**	**318**	**168**
25	146	77	69	81	46
26	125	61	64	69	39
27	151	72	79	71	35
28	145	77	68	62	30
29	100	42	58	35	18
30–34 岁	**297**	**147**	**150**	**73**	**35**
30	106	55	51	30	13
31	67	32	35	16	8
32	65	37	28	14	6
33	39	14	25	11	6
34	20	9	11	2	2
35–39 岁	**54**	**28**	**26**	**9**	**8**
35	22	12	10	4	4
36	12	8	4	2	2
37	8	3	5		
38	7	3	4	3	2
39	5	2	3		
40–44 岁	**7**	**2**	**5**	**1**	
40	5	2	3	1	
41					
42	1		1		
43	1		1		
44					
45–49 岁					
45					
46					
47					
48					
49					

分的育龄妇女人数（2019.11.1–2020.10.31）（乡村）（续5）

单位：人

	第二孩			第三孩及以上		
女	小计	男	女	小计	男	女
303	**624**	**292**	**332**	**104**	**55**	**49**
7				**1**		**1**
7				1		1
106	**93**	**48**	**45**	**10**	**4**	**6**
11	5	3	2			
14	7	2	5			
20	17	9	8	2	1	1
21	27	13	14	3		3
40	37	21	16	5	3	2
150	**314**	**139**	**175**	**35**	**22**	**13**
35	59	26	33	6	5	1
30	52	20	32	4	2	2
36	73	33	40	7	4	3
32	76	42	34	7	5	2
17	54	18	36	11	6	5
38	**179**	**90**	**89**	**45**	**22**	**23**
17	61	32	29	15	10	5
8	42	20	22	9	4	5
8	40	25	15	11	6	5
5	21	7	14	7	1	6
	15	6	9	3	1	2
1	**34**	**13**	**21**	**11**	**7**	**4**
	13	6	7	5	2	3
	7	4	3	3	2	1
	7	2	5	1	1	
1	4	1	3			
	3		3	2	2	
1	**4**	**2**	**2**	**2**		**2**
1	3	2	1	1		1
				1		1
	1		1			

6-2c 全省按年龄、受教育程度、生育孩次

受教育程度 年 龄	总计	生男孩的 妇女人数	生女孩的 妇女人数	第一孩	
				小计	男
大学专科	**1097**	**551**	**546**	**676**	**344**
15–19 岁	**2**	**1**	**1**	**2**	**1**
15					
16					
17					
18					
19	2	1	1	2	1
20–24 岁	**148**	**85**	**63**	**127**	**75**
20	6	3	3	6	3
21	11	4	7	8	4
22	34	23	11	28	19
23	29	15	14	27	13
24	68	40	28	58	36
25–29 岁	**625**	**315**	**310**	**426**	**210**
25	104	47	57	79	34
26	124	65	59	96	50
27	159	86	73	117	61
28	124	60	64	76	36
29	114	57	57	58	29
30–34 岁	**287**	**132**	**155**	**110**	**53**
30	107	52	55	61	31
31	73	29	44	24	11
32	49	23	26	7	4
33	36	15	21	12	5
34	22	13	9	6	2
35–39 岁	**33**	**17**	**16**	**10**	**4**
35	9	6	3	2	1
36	7	2	5	3	1
37	7	3	4	4	2
38	7	4	3	1	
39	3	2	1		
40–44 岁	**1**	**1**		**1**	**1**
40					
41					
42					
43					
44	1	1		1	1
45–49 岁	**1**		**1**		
45					
46					
47					
48	1		1		
49					

分的育龄妇女人数（2019.11.1–2020.10.31）（乡村）（续6）

单位：人

	第二孩			第三孩及以上		
女	小计	男	女	小计	男	女
332	**370**	**189**	**181**	**51**	**18**	**33**
1						
1						
52	**20**	**10**	**10**	**1**		**1**
3						
4	2		2	1		1
9	6	4	2			
14	2	2				
22	10	4	6			
216	**170**	**94**	**76**	**29**	**11**	**18**
45	24	13	11	1		1
46	22	12	10	6	3	3
56	36	23	13	6	2	4
40	41	20	21	7	4	3
29	47	26	21	9	2	7
57	**158**	**73**	**85**	**19**	**6**	**13**
30	44	21	23	2		2
13	46	15	31	3	3	
3	36	18	18	6	1	5
7	18	8	10	6	2	4
4	14	11	3	2		2
6	**21**	**12**	**9**	**2**	**1**	**1**
1	7	5	2			
2	3	1	2	1		1
2	3	1	2			
1	5	3	2	1	1	
	3	2	1			
	1		**1**			
	1		1			

6-2c　全省按年龄、受教育程度、生育孩次

受教育程度 年　　龄	总计	生男孩的 妇女人数	生女孩的 妇女人数	第一孩	
				小计	男
大学本科	**399**	**205**	**194**	**252**	**128**
15–19 岁					
15					
16					
17					
18					
19					
20–24 岁	**32**	**17**	**15**	**26**	**14**
20					
21	5	3	2	4	2
22	3	1	2	2	1
23	6	6		5	5
24	18	7	11	15	6
25–29 岁	**211**	**117**	**94**	**168**	**92**
25	22	8	14	20	8
26	34	16	18	28	13
27	55	31	24	44	25
28	46	30	16	36	23
29	54	32	22	40	23
30–34 岁	**140**	**62**	**78**	**55**	**19**
30	53	20	33	29	9
31	40	19	21	14	5
32	20	11	9	7	3
33	16	8	8	3	2
34	11	4	7	2	
35–39 岁	**16**	**9**	**7**	**3**	**3**
35	8	6	2	2	2
36					
37	2	1	1	1	1
38	5	1	4		
39	1	1			
40–44 岁					
40					
41					
42					
43					
44					
45–49 岁					
45					
46					
47					
48					
49					

分的育龄妇女人数（2019.11.1–2020.10.31）（乡村）（续7）

单位：人

	第二孩			第三孩及以上		
女	小计	男	女	小计	男	女
124	**139**	**74**	**65**	**8**	**3**	**5**
12	**5**	**3**	**2**	**1**		**1**
2	1	1				
1	1		1			
	1	1				
9	2	1	1	1		1
76	**42**	**24**	**18**	**1**	**1**	
12	2		2			
15	6	3	3			
19	11	6	5			
13	9	6	3	1	1	
17	14	9	5			
36	**81**	**42**	**39**	**4**	**1**	**3**
20	22	11	11	2		2
9	25	13	12	1	1	
4	13	8	5			
1	13	6	7			
2	8	4	4	1		1
	11	**5**	**6**	**2**	**1**	**1**
	5	4	1	1		1
	1		1			
	5	1	4			
				1	1	

6-2c 全省按年龄、受教育程度、生育孩次

受教育程度 年龄	总计	生男孩的妇女人数	生女孩的妇女人数	第一孩	
				小计	男
硕士研究生	**13**	**8**	**5**	**8**	**6**
15–19 岁					
15					
16					
17					
18					
19					
20–24 岁					
20					
21					
22					
23					
24					
25–29 岁	**3**	**2**	**1**	**3**	**2**
25					
26					
27	1	1		1	1
28	1	1		1	1
29	1		1	1	
30–34 岁	**9**	**6**	**3**	**5**	**4**
30	3	3		3	3
31	2	1	1	1	1
32	1		1		
33	1	1			
34	2	1	1	1	
35–39 岁	**1**		**1**		
35					
36					
37	1		1		
38					
39					
40–44 岁					
40					
41					
42					
43					
44					
45–49 岁					
45					
46					
47					
48					
49					

分的育龄妇女人数（2019.11.1–2020.10.31）（乡村）（续8）

单位：人

	第二孩			第三孩及以上		
女	小计	男	女	小计	男	女
2	**5**	**2**	**3**			
1						
1						
1	**4**	**2**	**2**			
	1		1			
	1		1			
	1	1				
1	1	1				
	1		**1**			
	1		1			

6-2c 全省按年龄、受教育程度、生育孩次

受教育程度 年　　龄	总计	生男孩的 妇女人数	生女孩的 妇女人数	第一孩	
				小计	男
博士研究生	**1**	**1**			
15-19 岁					
15					
16					
17					
18					
19					
20-24 岁					
20					
21					
22					
23					
24					
25-29 岁					
25					
26					
27					
28					
29					
30-34 岁	**1**	**1**			
30					
31					
32					
33	1	1			
34					
35-39 岁					
35					
36					
37					
38					
39					
40-44 岁					
40					
41					
42					
43					
44					
45-49 岁					
45					
46					
47					
48					
49					

分的育龄妇女人数（2019.11.1–2020.10.31）（乡村）（续9）

单位：人

	第二孩			第三孩及以上		
女	小计	男	女	小计	男	女
	1	**1**				
	1	**1**				
	1	1				

6-3 全省育龄妇女分年龄、孩次的生育状况

（2019.11.1-2020.10.31）

单位：人、‰

年龄	平均育龄妇女人数	一年内生育孩子数	生育率	第一孩		第二孩		第三孩及以上	
				出生人数	生育率	出生人数	生育率	出生人数	生育率
合计	**546849**	**25802**	**47.18**	**11431**	**20.90**	**11360**	**20.77**	**3011**	**5.51**
15-19岁	**61511**	**685**	**11.14**	**553**	**8.99**	**124**	**2.02**	**8**	**0.13**
15	13588	11	0.81	8	0.59	3	0.22		
16	12823	37	2.89	35	2.73	2	0.16		
17	12410	87	7.01	76	6.12	11	0.89		
18	11277	242	21.46	194	17.20	46	4.08	2	0.18
19	11413	308	26.99	240	21.03	62	5.43	6	0.53
20-24岁	**61474**	**5070**	**82.47**	**3039**	**49.44**	**1684**	**27.39**	**347**	**5.64**
20	11505	558	48.50	364	31.64	165	14.34	29	2.52
21	11536	746	64.67	464	40.22	236	20.46	46	3.99
22	11426	886	77.54	497	43.50	322	28.18	67	5.86
23	12426	1214	97.70	760	61.16	383	30.82	71	5.71
24	14581	1666	114.26	954	65.43	578	39.64	134	9.19
25-29岁	**78746**	**10316**	**131.00**	**5214**	**66.21**	**4070**	**51.69**	**1032**	**13.11**
25	14771	1867	126.40	1056	71.49	665	45.02	146	9.88
26	14936	2029	135.85	1123	75.19	710	47.54	196	13.12
27	15685	2276	145.11	1179	75.17	874	55.72	223	14.22
28	15590	2055	131.82	966	61.96	854	54.78	235	15.07
29	17764	2089	117.60	890	50.10	967	54.44	232	13.06
30-34岁	**92369**	**7231**	**78.28**	**2153**	**23.31**	**4037**	**43.71**	**1041**	**11.27**
30	20723	2238	108.00	878	42.37	1092	52.70	268	12.93
31	18800	1754	93.30	514	27.34	966	51.38	274	14.57
32	19009	1435	75.49	363	19.10	852	44.82	220	11.57
33	18019	1075	59.66	253	14.04	673	37.35	149	8.27
34	15818	729	46.09	145	9.17	454	28.70	130	8.22
35-39岁	**72068**	**1960**	**27.20**	**366**	**5.08**	**1172**	**16.26**	**422**	**5.86**
35	15806	636	40.24	126	7.97	366	23.16	144	9.11
36	14404	495	34.37	86	5.97	303	21.04	106	7.36
37	14139	377	26.66	76	5.38	229	16.20	72	5.09
38	14797	271	18.31	54	3.65	159	10.75	58	3.92
39	12922	181	14.01	24	1.86	115	8.90	42	3.25
40-44岁	**69692**	**377**	**5.41**	**69**	**0.99**	**199**	**2.86**	**109**	**1.56**
40	13372	129	9.65	23	1.72	74	5.53	32	2.39
41	14183	89	6.28	15	1.06	46	3.24	28	1.97
42	13332	68	5.10	12	0.90	40	3.00	16	1.20
43	13827	50	3.62	9	0.65	22	1.59	19	1.37
44	14978	41	2.74	10	0.67	17	1.13	14	0.93
45-49岁	**110989**	**163**	**1.47**	**37**	**0.33**	**74**	**0.67**	**52**	**0.47**
45	17862	30	1.68	6	0.34	10	0.56	14	0.78
46	21677	33	1.52	11	0.51	13	0.60	9	0.42
47	23261	39	1.68	10	0.43	18	0.77	11	0.47
48	23532	26	1.10	4	0.17	14	0.59	8	0.34
49	24657	35	1.42	6	0.24	19	0.77	10	0.41

6–3a 全省育龄妇女分年龄、孩次的生育状况（2019.11.1–2020.10.31）（城市）

单位：人、‰

年龄	平均育龄妇女人数	一年内生育孩子数	生育率	第一孩		第二孩		第三孩及以上	
				出生人数	生育率	出生人数	生育率	出生人数	生育率
合计	**174241**	**7670**	**44.02**	**4057**	**23.28**	**3243**	**18.61**	**370**	**2.12**
15–19 岁	**17053**	**59**	**3.46**	**52**	**3.05**	**7**	**0.41**		
15	3492	1	0.29	1	0.29				
16	3310	4	1.21	4	1.21				
17	3377	6	1.78	6	1.78				
18	3189	23	7.21	20	6.27	3	0.94		
19	3685	25	6.78	21	5.70	4	1.09		
20–24 岁	**20751**	**828**	**39.90**	**650**	**31.32**	**164**	**7.90**	**14**	**0.67**
20	3965	59	14.88	46	11.60	12	3.03	1	0.25
21	4121	86	20.87	70	16.99	16	3.88		
22	3891	110	28.27	92	23.64	17	4.37	1	0.26
23	3995	194	48.56	150	37.55	42	10.51	2	0.50
24	4779	379	79.31	292	61.10	77	16.11	10	2.09
25–29 岁	**26414**	**3023**	**114.45**	**2016**	**76.32**	**930**	**35.21**	**77**	**2.92**
25	4851	478	98.54	355	73.18	115	23.71	8	1.65
26	4957	539	108.74	393	79.28	136	27.44	10	2.02
27	5193	674	129.79	463	89.16	192	36.97	19	3.66
28	5206	637	122.36	404	77.60	215	41.30	18	3.46
29	6207	695	111.97	401	64.60	272	43.82	22	3.54
30–34 岁	**32708**	**2771**	**84.72**	**1111**	**33.97**	**1487**	**45.46**	**173**	**5.29**
30	7186	802	111.61	430	59.84	336	46.76	36	5.01
31	6674	676	101.29	292	43.75	336	50.34	48	7.19
32	6726	565	84.00	183	27.21	340	50.55	42	6.24
33	6482	439	67.73	131	20.21	285	43.97	23	3.55
34	5640	289	51.24	75	13.30	190	33.69	24	4.26
35–39 岁	**25299**	**812**	**32.10**	**182**	**7.19**	**544**	**21.50**	**86**	**3.40**
35	5565	267	47.98	69	12.40	167	30.01	31	5.57
36	5111	181	35.41	34	6.65	130	25.44	17	3.33
37	4996	157	31.43	37	7.41	105	21.02	15	3.00
38	5266	131	24.88	33	6.27	84	15.95	14	2.66
39	4361	76	17.43	9	2.06	58	13.30	9	2.06
40–44 岁	**22686**	**152**	**6.70**	**37**	**1.63**	**98**	**4.32**	**17**	**0.75**
40	4461	63	14.12	15	3.36	40	8.97	8	1.79
41	4905	32	6.52	6	1.22	22	4.49	4	0.82
42	4453	25	5.61	5	1.12	19	4.27	1	0.22
43	4429	13	2.94	4	0.90	8	1.81	1	0.23
44	4438	19	4.28	7	1.58	9	2.03	3	0.68
45–49 岁	**29330**	**25**	**0.85**	**9**	**0.31**	**13**	**0.44**	**3**	**0.10**
45	5048	4	0.79	3	0.59	1	0.20		
46	5765	6	1.04	3	0.52	2	0.35	1	0.17
47	6239	8	1.28	3	0.48	3	0.48	2	0.32
48	6179	4	0.65			4	0.65		
49	6099	3	0.49			3	0.49		

6-3b 全省育龄妇女分年龄、孩次的生育状况（2019.11.1-2020.10.31）（镇）

单位：人、‰

年龄	平均育龄妇女人数	一年内生育孩子数	生育率	第一孩		第二孩		第三孩及以上	
				出生人数	生育率	出生人数	生育率	出生人数	生育率
合计	**142112**	**6876**	**48.38**	**2801**	**19.71**	**3353**	**23.59**	**722**	**5.08**
15-19岁	**19159**	**89**	**4.65**	**72**	**3.76**	**17**	**0.89**		
15	4347								
16	4294	2	0.47	2	0.47				
17	3860	15	3.89	14	3.63	1	0.26		
18	3477	30	8.63	22	6.33	8	2.30		
19	3181	42	13.20	34	10.69	8	2.51		
20-24岁	**14263**	**1053**	**73.83**	**679**	**47.61**	**319**	**22.37**	**55**	**3.86**
20	3025	108	35.70	75	24.79	29	9.59	4	1.32
21	2779	146	52.54	96	34.54	41	14.75	9	3.24
22	2508	169	67.38	103	41.07	57	22.73	9	3.59
23	2726	270	99.05	191	70.07	69	25.31	10	3.67
24	3225	360	111.63	214	66.36	123	38.14	23	7.13
25-29岁	**20074**	**2777**	**138.34**	**1398**	**69.64**	**1163**	**57.94**	**216**	**10.76**
25	3466	429	123.77	255	73.57	150	43.28	24	6.92
26	3653	536	146.73	305	83.49	189	51.74	42	11.50
27	4003	606	151.39	311	77.69	246	61.45	49	12.24
28	4083	575	140.83	279	68.33	244	59.76	52	12.74
29	4869	631	129.60	248	50.93	334	68.60	49	10.06
30-34岁	**26745**	**2210**	**82.63**	**524**	**19.59**	**1407**	**52.61**	**279**	**10.43**
30	5842	657	112.46	224	38.34	369	63.16	64	10.96
31	5375	528	98.23	119	22.14	330	61.40	79	14.70
32	5623	451	80.21	91	16.18	299	53.17	61	10.85
33	5314	349	65.68	58	10.91	251	47.23	40	7.53
34	4591	225	49.01	32	6.97	158	34.42	35	7.62
35-39岁	**20376**	**595**	**29.20**	**95**	**4.66**	**377**	**18.50**	**123**	**6.04**
35	4562	186	40.77	28	6.14	121	26.52	37	8.11
36	4184	173	41.35	28	6.69	105	25.10	40	9.56
37	4014	108	26.91	19	4.73	73	18.19	16	3.99
38	4056	70	17.26	14	3.45	39	9.62	17	4.19
39	3560	58	16.29	6	1.69	39	10.96	13	3.65
40-44岁	**17407**	**102**	**5.86**	**19**	**1.09**	**49**	**2.81**	**34**	**1.95**
40	3618	35	9.67	5	1.38	18	4.98	12	3.32
41	3618	28	7.74	5	1.38	15	4.15	8	2.21
42	3279	14	4.27	3	0.91	7	2.13	4	1.22
43	3416	16	4.68	4	1.17	5	1.46	7	2.05
44	3476	9	2.59	2	0.58	4	1.15	3	0.86
45-49岁	**24088**	**50**	**2.08**	**14**	**0.58**	**21**	**0.87**	**15**	**0.62**
45	4201	9	2.14	1	0.24	3	0.71	5	1.19
46	4781	6	1.25	2	0.42	2	0.42	2	0.42
47	5000	13	2.60	5	1.00	5	1.00	3	0.60
48	4881	5	1.02	2	0.41	1	0.20	2	0.41
49	5225	17	3.25	4	0.77	10	1.91	3	0.57

6-3c 全省育龄妇女分年龄、孩次的生育状况（2019.11.1-2020.10.31）（乡村）

单位：人、‰

年龄	平均育龄妇女人数	一年内生育孩子数	生育率	第一孩		第二孩		第三孩及以上	
				出生人数	生育率	出生人数	生育率	出生人数	生育率
合计	**230496**	**11256**	**48.83**	**4573**	**19.84**	**4764**	**20.67**	**1919**	**8.33**
15-19岁	**25299**	**537**	**21.23**	**429**	**16.96**	**100**	**3.95**	**8**	**0.32**
15	5749	10	1.74	7	1.22	3	0.52		
16	5219	31	5.94	29	5.56	2	0.38		
17	5173	66	12.76	56	10.83	10	1.93		
18	4611	189	40.99	152	32.96	35	7.59	2	0.43
19	4547	241	53.00	185	40.69	50	11.00	6	1.32
20-24岁	**26460**	**3189**	**120.52**	**1710**	**64.63**	**1201**	**45.39**	**278**	**10.51**
20	4515	391	86.60	243	53.82	124	27.46	24	5.32
21	4636	514	110.87	298	64.28	179	38.61	37	7.98
22	5027	607	120.75	302	60.08	248	49.33	57	11.34
23	5705	750	131.46	419	73.44	272	47.68	59	10.34
24	6577	927	140.95	448	68.12	378	57.47	101	15.36
25-29岁	**32258**	**4516**	**140.00**	**1800**	**55.80**	**1977**	**61.29**	**739**	**22.91**
25	6454	960	148.74	446	69.10	400	61.98	114	17.66
26	6326	954	150.81	425	67.18	385	60.86	144	22.76
27	6489	996	153.49	405	62.41	436	67.19	155	23.89
28	6301	843	133.79	283	44.91	395	62.69	165	26.19
29	6688	763	114.08	241	36.03	361	53.98	161	24.07
30-34岁	**32916**	**2250**	**68.36**	**518**	**15.74**	**1143**	**34.72**	**589**	**17.89**
30	7695	779	101.23	224	29.11	387	50.29	168	21.83
31	6751	550	81.47	103	15.26	300	44.44	147	21.77
32	6660	419	62.91	89	13.36	213	31.98	117	17.57
33	6223	287	46.12	64	10.28	137	22.02	86	13.82
34	5587	215	38.48	38	6.80	106	18.97	71	12.71
35-39岁	**26393**	**553**	**20.95**	**89**	**3.37**	**251**	**9.51**	**213**	**8.07**
35	5679	183	32.22	29	5.11	78	13.73	76	13.38
36	5109	141	27.60	24	4.70	68	13.31	49	9.59
37	5129	112	21.84	20	3.90	51	9.94	41	7.99
38	5475	70	12.79	7	1.28	36	6.58	27	4.93
39	5001	47	9.40	9	1.80	18	3.60	20	4.00
40-44岁	**29599**	**123**	**4.16**	**13**	**0.44**	**52**	**1.76**	**58**	**1.96**
40	5293	31	5.86	3	0.57	16	3.02	12	2.27
41	5660	29	5.12	4	0.71	9	1.59	16	2.83
42	5600	29	5.18	4	0.71	14	2.50	11	1.96
43	5982	21	3.51	1	0.17	9	1.50	11	1.84
44	7064	13	1.84	1	0.14	4	0.57	8	1.13
45-49岁	**57571**	**88**	**1.53**	**14**	**0.24**	**40**	**0.69**	**34**	**0.59**
45	8613	17	1.97	2	0.23	6	0.70	9	1.04
46	11131	21	1.89	6	0.54	9	0.81	6	0.54
47	12022	18	1.50	2	0.17	10	0.83	6	0.50
48	12472	17	1.36	2	0.16	9	0.72	6	0.48
49	13333	15	1.13	2	0.15	6	0.45	7	0.53

6-4 各地区育龄妇女年龄别生育率

单位：‰

地区	15-19 岁	20-24 岁	25-29 岁	30-34 岁	35-39 岁	40-44 岁	45-49 岁	总和生育率
合计	**11.14**	**82.47**	**131.00**	**78.28**	**27.20**	**5.41**	**1.47**	**1684.86**
兰州市	**2.66**	**28.34**	**103.13**	**83.93**	**28.52**	**6.47**	**1.00**	**1270.25**
城关区	2.00	22.79	84.33	86.46	28.38	8.52	0.35	1164.13
七里河区	7.98	32.14	106.65	83.73	31.12	5.82	2.22	1348.32
西固区	2.85	39.03	100.56	71.98	26.19	6.68	0.53	1239.08
安宁区		6.88	105.96	88.45	37.89	5.82	1.47	1232.35
红古区	4.48	82.95	125.56	61.73	11.55	2.07	1.27	1448.06
永登县	11.28	104.65	136.95	64.92	19.82	6.43		1720.20
皋兰县		62.18	105.41	93.53	23.65	3.68	5.85	1471.44
榆中县	1.52	31.73	142.19	94.16	36.28	3.89		1548.86
兰州新区	1.24	40.51	116.33	89.87	16.34	1.91	2.35	1342.75
嘉峪关市		**71.94**	**129.30**	**75.78**	**38.13**	**2.80**	**0.69**	**1593.18**
市辖区		71.94	129.30	75.78	38.13	2.80	0.69	1593.18
金昌市	**1.23**	**59.35**	**148.26**	**69.72**	**32.84**	**4.04**		**1577.19**
金川区		50.77	145.05	78.73	33.71	2.19		1552.24
永昌县	3.11	76.92	155.56	52.82	31.38	6.99		1633.87
白银市	**5.01**	**77.56**	**157.76**	**89.85**	**31.32**	**4.17**	**0.56**	**1831.16**
白银区	3.43	31.07	141.67	87.72	37.21	9.28		1551.91
平川区		82.32	155.71	83.83	31.02	3.17		1780.24
靖远县	10.43	126.38	174.57	83.40	29.69	1.09	2.26	2139.19
会宁县	4.61	65.19	161.40	94.48	24.27	1.09		1755.12
景泰县	3.39	77.13	153.58	104.87	33.39	5.65		1890.04
天水市	**5.21**	**90.39**	**136.25**	**71.28**	**19.33**	**3.18**	**2.01**	**1638.27**
秦州区	4.07	57.44	111.11	70.28	20.92	4.49	1.94	1351.25
麦积区	3.54	86.48	134.83	78.50	18.41	2.74	0.85	1626.72
清水县	14.06	149.55	148.97	73.97	5.21	4.86	3.81	2002.17
秦安县	2.40	72.23	143.07	65.66	25.07	2.79	0.48	1558.52
甘谷县	3.51	75.73	141.69	62.14	21.95	2.81	0.86	1543.41
武山县	5.46	92.41	151.60	81.61	12.93	1.04	5.98	1755.11
张家川回族自治县	11.38	191.18	141.59	66.78	25.04	3.70	2.26	2209.68
武威市	**5.40**	**97.58**	**137.84**	**81.57**	**25.75**	**5.74**	**1.18**	**1775.28**
凉州区	5.81	97.50	137.92	84.74	22.26	4.01	0.90	1765.68
民勤县		69.15	161.29	89.14	40.71	3.72	1.71	1828.59
古浪县	3.13	104.17	139.87	62.50	20.93	6.59	0.83	1690.10
天祝藏族自治县	13.38	104.53	117.79	82.22	40.36	15.95	2.45	1883.36
张掖市	**1.94**	**77.69**	**126.45**	**77.43**	**27.34**	**5.51**	**1.32**	**1588.47**
甘州区	3.11	68.15	126.27	72.46	30.29	5.74	1.49	1537.53
肃南裕固族自治县		30.30	108.43	61.22	9.62			1047.88
民乐县		94.34	139.28	82.39	27.07	10.07		1765.69
临泽县		78.31	78.07	71.43	23.81			1258.09
高台县		71.43	134.80	84.48	27.92	4.81	2.79	1631.12
山丹县	3.13	121.71	144.58	90.49	23.48	4.95	2.46	1954.06
平凉市	**4.41**	**88.60**	**151.51**	**82.58**	**23.18**	**3.75**	**1.38**	**1777.04**
崆峒区	8.17	80.93	121.28	77.35	25.96	1.41	0.86	1579.79
泾川县		172.41	163.93	89.31	31.46	4.42		2307.69
灵台县		56.03	153.65	79.25	15.19	6.98	1.37	1562.41
崇信县	10.42	56.60	156.03	82.54	24.39	4.85	6.04	1704.38
庄浪县	1.28	67.82	159.45	74.60	19.63	1.99	2.98	1638.78
静宁县	1.03	94.27	182.23	95.67	18.99	4.07	1.07	1986.65
华亭市	8.97	110.41	169.01	83.68	26.40	8.68		2035.76

6-4 各地区育龄妇女年龄别生育率（续）

单位：‰

地区	15-19 岁	20-24 岁	25-29 岁	30-34 岁	35-39 岁	40-44 岁	45-49 岁	总和生育率
酒泉市	**5.49**	**67.03**	**115.96**	**76.96**	**33.77**	**6.17**	**1.32**	**1533.51**
肃州区	0.91	45.18	113.33	81.11	34.34	4.91		1398.90
金塔县		123.89	112.99	51.02	21.82		4.92	1573.22
瓜州县	13.84	102.19	118.52	74.00	24.39			1664.72
肃北蒙古族自治县			100.00	115.38	47.62			1315.02
阿克塞哈萨克族自治县			190.48	108.11	68.18			1833.83
玉门市	27.12	122.88	111.73	74.84	36.36	27.86	1.49	2011.43
敦煌市		56.02	123.55	75.89	38.79	4.97	2.96	1510.92
庆阳市	**6.11**	**100.64**	**147.61**	**81.02**	**31.48**	**4.59**	**2.00**	**1867.23**
西峰区	1.53	55.21	133.33	75.99	35.42	3.66	1.13	1531.37
庆城县	8.15	106.06	139.47	77.26	36.12		1.16	1841.10
环　县	17.01	124.76	137.85	78.39	29.87	2.78	1.81	1962.37
华池县	5.32	156.68	125.70	69.36	38.57	6.06	2.56	2021.25
合水县	13.95	137.50	178.57	98.86	33.33	19.05	3.71	2424.88
正宁县	13.42	164.02	182.93	76.92	24.10	2.40	2.92	2333.52
宁　县	1.46	126.65	174.13	88.17	31.45	5.73	0.83	2142.07
镇原县	4.83	110.87	160.53	91.52	21.53	4.83	3.53	1988.20
定西市	**8.49**	**87.22**	**130.35**	**75.47**	**29.73**	**4.86**	**0.49**	**1683.05**
安定区	2.79	83.57	149.71	94.14	45.62	6.33		1910.81
通渭县	3.36	39.90	98.47	79.20	45.87	5.01	1.07	1364.43
陇西县	8.67	101.97	160.94	73.09	31.31	2.51	0.47	1894.81
渭源县	10.88	91.79	107.38	76.35	26.28	5.33	0.70	1593.61
临洮县	5.60	99.61	136.86	79.17	20.42	6.66		1741.59
漳　县	9.43	124.40	128.75	39.68	17.24			1597.54
岷　县	16.99	120.93	130.98	63.69	18.82	4.88	1.01	1786.49
陇南市	**9.38**	**109.70**	**134.61**	**71.77**	**18.37**	**3.93**	**2.30**	**1750.32**
武都区	13.48	120.09	132.17	71.01	17.27	4.09	1.98	1800.38
成　县	7.15	96.89	128.95	77.89	29.81	3.33	0.92	1724.79
文　县		111.11	138.11	79.32	13.51			1710.28
宕昌县	7.99	92.56	114.57	50.58	15.73	4.74	6.57	1463.76
康　县		95.42	167.05	79.55	20.41	5.21		1838.15
西和县	16.38	146.07	148.86	70.28	19.78	6.39	1.91	2048.27
礼　县	8.49	90.19	114.49	61.83	17.32	4.04	3.63	1499.97
徽　县	6.15	91.69	164.15	93.66	14.78	3.68	2.34	1882.28
两当县		98.59	123.81	82.28				1523.40
临夏回族自治州	**60.56**	**166.12**	**138.70**	**76.55**	**36.70**	**11.52**	**3.60**	**2468.77**
临夏市	24.46	134.62	139.55	81.96	39.90	5.96	2.82	2146.34
临夏县	84.18	139.64	119.18	59.24	21.07	6.62	2.70	2163.16
康乐县	63.62	169.66	120.75	60.88	36.41	8.50	1.99	2309.01
永靖县	14.46	85.71	133.23	91.15	37.54	9.36	2.25	1868.54
广河县	66.59	174.70	129.63	87.41	40.60	33.61	6.47	2695.01
和政县	70.21	161.85	149.37	82.11	39.34	3.55	1.23	2538.23
东乡族自治县	72.71	243.88	169.31	82.89	50.00	16.72	7.38	3214.46
积石山保安族东乡族撒拉族自治县	80.62	157.44	153.65	67.91	23.62	9.27	5.80	2491.61
甘南藏族自治州	**21.28**	**90.91**	**135.42**	**64.86**	**17.13**	**4.43**	**1.05**	**1675.41**
合作市	15.72	40.75	133.82	75.92	19.34	11.46		1485.02
临潭县	37.80	154.11	132.08	54.25	15.20		1.69	1975.60
卓尼县	18.96	121.46	106.02	60.10	3.46	3.08	2.36	1577.15
舟曲县	10.36	52.63	166.34	86.52	26.25	5.70		1738.99
迭部县	10.87	43.75	144.86	41.24	11.30	5.03		1285.21
玛曲县	32.09	131.58	138.66	57.52	19.14			1894.90
碌曲县	20.62	157.30	152.32	52.98	13.51		7.30	2020.16
夏河县	34.48	138.34	105.44	60.79	21.67	6.37		1835.48

6–4a 各地区育龄妇女年龄别生育率（城市）

单位：‰

地区	15–19 岁	20–24 岁	25–29 岁	30–34 岁	35–39 岁	40–44 岁	45–49 岁	总和生育率
合计	**3.46**	**39.90**	**114.45**	**84.72**	**32.10**	**6.70**	**0.85**	**1410.88**
兰州市	**2.88**	**20.33**	**92.56**	**84.51**	**29.79**	**7.67**	**0.90**	**1193.17**
城关区	1.63	22.32	83.03	86.95	28.96	8.75	0.18	1159.10
七里河区	11.39	28.50	100.83	84.09	31.95	7.09	2.78	1333.20
西固区	3.29	42.45	96.34	75.83	26.66	7.41	0.63	1263.05
安宁区		6.88	105.96	88.45	37.89	5.82	1.47	1232.35
红古区		70.31	136.67	64.68	9.65	2.99		1421.44
嘉峪关市		**73.72**	**127.23**	**75.78**	**39.31**	**3.00**	**0.74**	**1598.89**
市辖区		73.72	127.23	75.78	39.31	3.00	0.74	1598.89
金昌市		**49.53**	**143.92**	**80.84**	**33.20**	**2.30**		**1548.93**
金川区		49.53	143.92	80.84	33.20	2.30		1548.93
白银市	**2.37**	**45.26**	**142.24**	**90.53**	**37.19**	**7.98**		**1627.84**
白银区	3.61	33.26	141.20	88.74	39.31	9.65		1578.90
平川区		74.63	146.89	93.43	33.33	4.29		1762.85
靖远县			90.91	142.86				1168.83
天水市	**1.46**	**36.35**	**114.31**	**77.96**	**21.43**	**6.06**	**1.56**	**1295.68**
秦州区	1.64	21.93	99.74	69.54	21.11	6.60	2.04	1112.96
麦积区	1.20	66.02	131.42	88.93	21.87	5.21	0.91	1577.79
武威市	**3.91**	**81.85**	**140.16**	**97.61**	**28.68**	**4.17**	**1.14**	**1787.64**
凉州区	3.91	81.85	140.16	97.61	28.68	4.17	1.14	1787.64
张掖市	**1.35**	**51.91**	**119.95**	**71.15**	**40.67**	**8.23**	**0.86**	**1470.60**

6-4a 各地区育龄妇女年龄别生育率（城市）（续）

单位：‰

地区	15-19 岁	20-24 岁	25-29 岁	30-34 岁	35-39 岁	40-44 岁	45-49 岁	总和生育率
甘州区	1.35	52.06	120.23	71.37	40.71	8.24	0.86	1474.12
肃南裕固族自治县								
平凉市	**3.51**	**53.20**	**128.04**	**82.64**	**33.29**	**4.02**	**0.58**	**1526.44**
崆峒区	3.38	52.20	118.24	80.05	32.31	2.09	0.71	1444.89
华亭市	4.13	60.61	169.38	91.53	36.52	10.56		1863.66
酒泉市		**50.04**	**118.79**	**87.08**	**36.18**	**9.38**	**0.98**	**1512.25**
肃州区		47.09	111.68	84.84	37.65	6.57		1439.17
玉门市		66.04	110.55	95.59	19.87	32.47	4.83	1646.72
敦煌市		53.10	148.94	89.74	38.71	7.30	2.20	1699.94
庆阳市	**1.22**	**50.51**	**118.83**	**83.00**	**37.40**	**3.18**	**0.91**	**1475.23**
西峰区	1.22	50.51	118.83	83.00	37.40	3.18	0.91	1475.23
定西市		**58.65**	**141.59**	**95.47**	**52.24**	**6.22**		**1770.88**
安定区		58.65	141.59	95.47	52.24	6.22		1770.88
陇南市	**12.02**	**88.98**	**139.84**	**92.87**	**21.42**	**7.49**	**1.48**	**1820.48**
武都区	12.08	87.23	139.64	91.77	21.56	7.55	1.48	1806.60
康　县		500.00	166.67	222.22				4444.44
临夏回族自治州	**22.15**	**124.18**	**143.31**	**85.46**	**42.01**	**6.57**	**1.68**	**2126.78**
临夏市	20.34	124.58	142.16	84.58	41.90	6.79	1.71	2110.31
临夏县	142.86	111.11	187.50	113.64	47.62			3013.62
甘南藏族自治州		**16.46**	**150.88**	**91.19**	**25.10**	**17.47**		**1505.48**
合作市		16.46	150.88	91.19	25.10	17.47		1505.48

6-4b 各地区育龄妇女年龄别生育率（镇）

单位：‰

地区	15-19 岁	20-24 岁	25-29 岁	30-34 岁	35-39 岁	40-44 岁	45-49 岁	总和生育率
合计	**4.65**	**73.83**	**138.34**	**82.63**	**29.20**	**5.86**	**2.08**	**1682.90**
兰州市	**0.67**	**27.39**	**127.17**	**90.04**	**24.80**	**3.58**	**1.57**	**1376.08**
城关区		32.26	76.19	88.50	11.90		13.70	1112.74
七里河区		23.60	157.41	109.09	25.32			1577.07
西固区		22.22	162.79	57.69				1213.53
安宁区								
红古区		148.15	86.96	50.85				1429.76
永登县	6.04	91.74	135.90	64.41	24.59	6.68		1646.81
皋兰县		96.39	89.49	109.63	27.91		3.15	1632.88
榆中县		14.89	141.65	95.40	31.56	5.99		1447.45
兰州新区	0.49	29.48	120.78	94.54	21.67		5.56	1362.62
嘉峪关市		**100.00**	**166.67**					**1333.33**
市辖区		100.00	166.67					1333.33
金昌市		**68.75**	**152.07**	**55.16**	**38.12**	**5.04**		**1595.70**
金川区								
永昌县		70.06	154.93	55.42	38.35	5.06		1619.13
白银市	**3.69**	**62.97**	**170.92**	**99.83**	**31.19**	**3.16**	**1.16**	**1864.59**
白银区								
平川区		133.33	112.90	58.14	15.87			1601.25
靖远县	4.83	96.45	176.19	99.25	37.92		3.16	2089.01
会宁县	2.38	41.28	176.61	103.98	30.30	2.46		1785.03
景泰县	4.44	45.05	169.81	103.52	27.09	8.09		1789.97
天水市	**2.79**	**76.21**	**132.49**	**73.26**	**20.10**	**3.98**	**2.55**	**1556.88**
秦州区	9.90	132.53	100.00	83.80	6.67			1664.48
麦积区		87.50	121.43	58.14	24.19			1456.31
清水县	10.64	119.05	129.50	86.96	3.39	4.59	3.47	1787.94
秦安县	1.98	54.29	159.62	69.92	33.96	4.61	1.84	1631.06
甘谷县		58.44	120.40	61.45	22.56	5.67	2.71	1356.13
武山县	2.57	58.63	142.53	95.06	11.67		5.25	1578.60
张家川回族自治县		124.29	120.77	57.27	26.55	10.20		1695.44
武威市	**3.90**	**99.59**	**132.80**	**81.20**	**36.35**	**12.39**	**2.80**	**1845.13**
凉州区	15.15	99.24	130.21	54.62	15.08	6.21		1602.52
民勤县		95.24	153.28	90.55	54.47	3.64	2.56	1998.75
古浪县	3.95	81.63	129.87	63.12	32.49	9.35	3.09	1617.51
天祝藏族自治县		125.00	124.35	112.21	38.60	29.41	5.63	2176.03
张掖市	**3.79**	**104.65**	**132.37**	**85.75**	**24.77**	**4.96**	**1.28**	**1787.84**
甘州区	153.85	217.39	83.33	51.28				2529.26
肃南裕固族自治县			71.43	16.39	21.74			547.81
民乐县		101.69	137.93	92.86	38.57	10.42		1907.34
临泽县		77.67	91.43	80.29	16.04			1327.17
高台县		80.46	151.22	90.91	18.94	4.35	3.18	1745.30
山丹县	5.18	134.97	154.76	91.37	22.65	4.18	2.48	2077.98
平凉市	**0.69**	**82.04**	**163.36**	**88.52**	**24.59**	**5.11**	**1.72**	**1830.16**
崆峒区			86.96					434.78
泾川县		151.72	155.71	82.71	39.22	4.63		2169.93
灵台县		43.96	139.90	83.67	19.05	11.56	3.66	1508.95
崇信县		13.51	145.57	85.71	45.45	11.36	7.14	1543.79
庄浪县	4.17	52.63	182.16	76.06	23.32			1691.67
静宁县		97.01	189.91	111.29	15.31	3.33	2.44	2096.50
华亭市		115.38	133.33	76.34	23.26	12.66		1804.84

6-4b 各地区育龄妇女年龄别生育率（镇）(续)

单位：‰

地区	15-19 岁	20-24 岁	25-29 岁	30-34 岁	35-39 岁	40-44 岁	45-49 岁	总和生育率
酒泉市	**2.11**	**101.35**	**108.01**	**75.97**	**33.66**	**1.32**	**4.28**	**1633.48**
肃州区			200.00	35.09				1175.44
金塔县		109.09	112.15	52.91	29.24		12.05	1577.19
瓜州县		133.93	131.71	100.00	33.52			1995.78
肃北蒙古族自治县			116.28	116.28	60.61			1465.82
阿克塞哈萨克族自治县			200.00	108.11	69.77			1889.38
玉门市	23.26	210.53	46.88	53.76	14.08	11.49		1800.00
敦煌市		40.00	38.46	74.63	40.70		7.60	1006.95
庆阳市		**106.83**	**145.42**	**78.93**	**30.52**	**7.97**	**1.96**	**1858.17**
西峰区			230.77	83.33	45.45			1797.79
庆城县		83.97	107.82	66.54	31.34			1448.31
环　县		103.14	140.74	91.58	40.57	3.16	3.22	1912.04
华池县		138.30	147.78	45.75	46.08	6.67		1922.91
合水县		59.70	171.60	113.40	44.30	38.22	10.81	2190.16
正宁县		141.41	194.44	75.71	15.38	4.85	3.41	2176.10
宁　县		105.26	171.55	75.06	20.83	3.28		1879.89
镇原县		116.79	125.00	83.33	20.06	12.78		1789.79
定西市	**4.39**	**86.93**	**138.66**	**79.03**	**39.19**	**4.85**	**0.33**	**1766.94**
安定区		75.00	170.21	93.75	37.74			1883.49
通渭县		65.45	138.64	83.16	80.11			1836.83
陇西县	4.33	87.72	154.51	67.80	37.58	1.43	1.11	1772.42
渭源县	11.19	57.32	124.11	85.64	42.86	8.70		1649.14
临洮县	3.64	89.46	135.47	88.17	21.16	9.69		1737.98
漳　县	4.78	107.44	121.34	50.00	36.27			1599.16
岷　县	4.43	112.24	126.95	90.04	38.27	8.70		1903.14
陇南市	**1.56**	**80.58**	**130.33**	**79.19**	**23.25**	**6.00**	**1.73**	**1613.19**
武都区		119.40	155.17	73.93	12.27			1803.88
成　县		70.77	113.92	81.71	32.56	6.27		1526.13
文　县		119.66	150.68	83.60	21.93			1879.37
宕昌县		63.49	112.45	65.79	17.47	9.71	3.37	1361.37
康　县		50.00	152.78	92.83	28.57	10.31		1672.43
西和县	7.69	94.12	155.43	74.53	35.23	13.10	4.90	1925.01
礼　县	3.13	64.29	95.13	61.62	22.56	6.06	2.19	1274.89
徽　县		89.17	155.28	105.65	11.30	3.82	2.94	1840.80
两当县		51.28	78.43	88.89				1093.01
临夏回族自治州	**34.61**	**132.41**	**129.99**	**93.26**	**40.21**	**12.86**	**6.54**	**2249.46**
临夏市	29.41	212.12	157.89	35.71	64.52		17.54	2586.01
临夏县	87.30	112.15	107.59	37.31	31.58	8.77	5.43	1950.73
康乐县	25.86	118.42	100.00	97.09	37.74	11.30	4.48	1974.45
永靖县		74.71	150.60	98.21	33.94	9.88	4.66	1860.05
广河县	46.51	147.59	125.00	90.65	33.46	47.01	4.13	2471.76
和政县	24.69	88.89	133.33	111.89	41.18			1999.89
东乡族自治县	69.36	196.35	128.44	87.16	71.01		19.61	2859.61
积石山保安族东乡族撒拉族自治县	16.13	122.45	149.73	102.94	37.23	5.78	13.07	2236.69
甘南藏族自治州	**12.91**	**88.01**	**149.12**	**73.97**	**24.05**	**4.18**	**2.52**	**1773.86**
合作市	272.73	333.33	100.00					3530.30
临潭县	20.55	128.71	88.61	59.41	27.97		6.29	1657.68
卓尼县		49.38	153.85	74.89	7.75	9.43		1476.52
舟曲县		54.55	197.74	96.45	41.38	8.06		1990.88
迭部县		48.78	196.26	47.06		12.99		1525.44
玛曲县	18.35	81.63	144.07	68.70	28.57			1706.61
碌曲县		88.24	160.49	70.59	14.08		16.39	1748.98
夏河县	27.03	142.86	104.76	93.75	38.83			2036.16

6-4c 各地区育龄妇女年龄别生育率（乡村）

单位：‰

地区	15-19 岁	20-24 岁	25-29 岁	30-34 岁	35-39 岁	40-44 岁	45-49 岁	总和生育率
合计	**21.23**	**120.52**	**140.00**	**68.36**	**20.95**	**4.16**	**1.53**	**1883.68**
兰州市	**8.43**	**89.35**	**128.76**	**72.29**	**25.14**	**2.94**	**0.90**	**1639.09**
城关区	58.82	100.00	192.31	47.06				1990.95
七里河区		78.95	114.38	60.06	28.44			1409.11
西固区		16.13	123.60	20.00	35.71			977.19
安宁区								
红古区	20.41	80.65	110.00	56.60	28.57		5.15	1506.92
永登县	19.90	117.92	138.26	65.75	11.15	6.08		1795.37
皋兰县		36.36	148.94	51.72	12.35	12.82	10.20	1361.97
榆中县	8.50	117.19	142.86	92.45	41.67	1.90		2022.79
兰州新区	5.24	77.99	110.75	82.45	10.38	3.51		1451.61
嘉峪关市			**189.19**	**90.91**	**22.22**			**1511.60**
市辖区			189.19	90.91	22.22			1511.60
金昌市	**8.26**	**88.89**	**163.12**	**46.30**	**21.62**	**9.17**		**1686.83**
金川区		76.92	179.49	47.62	43.48			1737.54
永昌县	11.49	93.75	156.86	45.75	14.39	11.30		1667.73
白银市	**9.26**	**104.68**	**160.84**	**78.20**	**24.41**	**0.77**	**0.62**	**1893.93**
白银区			163.27	76.92				1200.94
平川区		82.47	191.36	64.33	29.85			1840.05
靖远县	19.46	140.88	174.96	68.86	22.39	2.05	1.78	2151.82
会宁县	6.70	76.59	147.61	83.03	16.95			1654.33
景泰县		123.38	123.76	108.25	51.28			2033.34
天水市	**8.40**	**121.90**	**148.53**	**65.43**	**17.45**	**1.29**	**1.97**	**1824.85**
秦州区	10.00	160.10	138.84	68.06	25.23		2.19	2022.12
麦积区	8.83	119.17	143.85	64.47	10.83		0.94	1740.40
清水县	16.76	162.79	161.07	62.34	7.12	5.01	3.94	2095.17
秦安县	2.68	79.24	132.52	61.63	17.04	1.56		1473.30
甘谷县	5.66	85.34	156.69	62.78	21.40	1.12		1664.86
武山县	7.04	109.63	157.43	69.61	13.93	1.71	6.35	1828.57
张家川回族自治县	16.13	214.71	150.74	72.35	24.02		2.95	2404.52
武威市	**7.37**	**108.44**	**138.05**	**65.64**	**16.21**	**3.44**	**0.68**	**1699.10**
凉州区	6.79	120.50	136.09	69.81	13.50	3.38	0.86	1754.69
民勤县		48.08	169.01	85.71	14.71	3.80	1.29	1612.99
古浪县	2.59	112.86	145.78	62.03	11.63	5.09		1699.92
天祝藏族自治县	28.78	89.82	111.65	40.91	43.48			1573.18
张掖市	**0.96**	**91.95**	**126.72**	**74.67**	**20.17**	**4.41**	**1.51**	**1602.00**
甘州区	1.88	100.76	137.93	75.22	15.75	2.97	2.11	1683.03
肃南裕固族自治县		48.78	132.08	97.56				1392.08
民乐县		88.44	141.03	66.90	11.32	9.74		1587.12
临泽县		79.37	53.19	56.25	33.56			1111.82
高台县		61.73	105.26	68.49	46.15	5.38	2.49	1447.51
山丹县		106.38	128.83	89.15	24.75	6.06	2.45	1788.14
平凉市	**7.60**	**111.88**	**160.68**	**77.46**	**14.97**	**3.01**	**1.53**	**1885.72**
崆峒区	21.98	149.88	132.25	73.99	9.59		1.16	1944.27
泾川县		189.66	173.08	100.88	21.05	4.22		2444.41
灵台县		63.83	166.67	73.03	10.81	3.89		1591.16
崇信县	25.64	94.12	169.35	78.57			5.24	1864.60
庄浪县		71.86	149.43	73.64	16.95	2.82	3.79	1592.41
静宁县	1.98	93.37	177.45	79.04	21.58	4.39	0.68	1892.45
华亭市	19.74	157.89	187.13	68.32	6.10	4.69		2219.41

6-4c 各地区育龄妇女年龄别生育率（乡村）（续）

单位：‰

地区	15-19 岁	20-24 岁	25-29 岁	30-34 岁	35-39 岁	40-44 岁	45-49 岁	总和生育率
酒泉市	**15.87**	**82.49**	**115.22**	**55.38**	**29.00**	**5.03**		**1514.99**
肃州区	4.83	41.42	114.16	71.88	25.93			1291.04
金塔县		137.93	114.29	47.62	9.62			1547.26
瓜州县	25.81	80.25	105.00	50.54	15.79			1386.92
肃北蒙古族自治县				111.11				555.56
阿克塞哈萨克族自治县								
玉门市	79.55	152.17	157.89	43.10	74.07	33.90		2703.45
敦煌市		66.04	108.11	40.54	36.04	8.26		1294.93
庆阳市	**12.39**	**112.29**	**163.16**	**81.85**	**29.20**	**2.77**	**2.27**	**2019.60**
西峰区	2.07	59.57	166.32	57.44	29.41	4.91	1.54	1606.34
庆城县	15.46	120.60	178.22	90.69	42.64		1.82	2247.14
环 县	37.82	140.52	135.25	64.00	17.09	2.48	1.25	1992.08
华池县	10.64	170.73	96.77	103.29	27.40	5.56	4.12	2092.49
合水县	28.85	193.55	187.05	80.85	21.13			2557.11
正宁县	33.06	188.89	168.92	79.10	38.71		2.54	2556.08
宁 县	2.70	140.97	175.82	101.58	40.23	7.63	1.18	2350.54
镇原县	8.11	108.43	182.03	98.90	22.59		4.93	2125.00
定西市	**12.28**	**89.52**	**123.77**	**67.89**	**18.27**	**4.65**	**0.59**	**1584.76**
安定区	8.55	110.77	158.51	91.46	34.85	7.41		2057.76
通渭县	4.57	34.71	85.15	76.92	25.85	7.13	1.34	1178.36
陇西县	14.49	115.66	171.97	85.78	18.77	4.05		2053.62
渭源县	10.71	101.42	99.67	69.60	15.80	3.85	0.89	1509.71
临洮县	7.68	104.14	137.93	69.72	19.69	4.78		1719.66
漳 县	13.95	131.31	134.15	30.30				1548.58
岷 县	23.70	124.20	132.80	48.26	9.64	3.39	1.29	1716.37
陇南市	**13.46**	**126.55**	**136.04**	**60.87**	**13.93**	**2.35**	**2.60**	**1778.97**
武都区	17.79	142.45	120.29	45.71	12.89	2.59	2.51	1721.11
成 县	20.92	135.14	149.43	72.35	25.97		1.78	2027.93
文 县		107.41	130.31	75.95	6.90			1602.82
宕昌县	11.63	104.26	115.52	40.69	14.58	2.34	7.61	1483.10
康 县		111.11	174.22	63.83	16.13	2.65		1839.66
西和县	19.82	166.93	145.89	67.34	9.24	3.61	0.86	2068.40
礼 县	11.24	102.14	126.64	61.99	13.33	3.03	4.18	1612.77
徽 县	10.81	93.75	174.55	78.37	19.61	3.55	1.94	1912.86
两当县		156.25	166.67	73.53				1982.23
临夏回族自治州	**79.80**	**185.82**	**140.80**	**65.93**	**33.38**	**12.41**	**3.09**	**2606.23**
临夏市	63.16	189.66	114.94	64.75	10.20		5.26	2239.86
临夏县	82.30	144.56	118.79	59.93	18.46	6.61	2.35	2164.92
康乐县	72.43	183.25	128.59	44.73	35.91	7.56	1.28	2368.78
永靖县	42.55	96.59	114.38	80.91	44.33	8.47		1936.19
广河县	75.47	188.25	131.90	85.53	44.68	27.08	7.53	2802.25
和政县	90.41	187.50	157.01	66.04	38.34	4.93	1.75	2729.84
东乡族自治县	73.45	256.23	181.57	81.60	44.71	20.89	4.55	3315.00
积石山保安族东乡族撒拉族自治县	101.20	165.17	154.86	53.04	17.90	10.55	4.23	2534.72
甘南藏族自治州	**35.82**	**122.88**	**123.30**	**50.73**	**10.93**	**2.29**	**0.54**	**1732.50**
合作市	48.08	144.33	94.83	42.02	9.43			1693.43
临潭县	55.17	167.54	157.89	49.55	5.38			2177.66
卓尼县	36.04	156.63	67.36	42.33			3.33	1528.41
舟曲县	18.35	51.85	149.70	80.00	16.95	4.41		1606.28
迭部县	18.02	42.02	93.46	36.70	20.00			1050.95
玛曲县	51.28	184.78	133.33	42.11	9.62			2105.59
碌曲县	45.45	200.00	142.86	30.30	12.99			2158.01
夏河县	36.14	136.84	105.82	39.80	13.64	9.13		1706.88

6-5 各地区按活产子女数分的 15-64 岁妇女人数

单位：人

地区	15-64 岁妇女人数	活产 0 个	活产 1 个	活产 2 个	活产 3 个	活产 4 个	活产 5 个及以上
合计	**802350**	**163264**	**205762**	**316112**	**90302**	**19998**	**6912**
兰州市	**145712**	**41830**	**58874**	**37482**	**6304**	**983**	**239**
城关区	49838	14037	24242	9818	1451	241	49
七里河区	23492	6268	10831	5260	913	168	52
西固区	13760	2771	7468	2967	486	63	5
安宁区	15235	6339	5908	2606	326	42	14
红古区	4670	727	1994	1599	298	45	7
永登县	9283	1332	2504	4571	755	97	24
皋兰县	3567	641	798	1660	405	55	8
榆中县	15340	4908	3383	5874	996	135	44
兰州新区	10527	4807	1746	3127	674	137	36
嘉峪关市	**10418**	**1796**	**5811**	**2434**	**311**	**51**	**15**
市辖区	10418	1796	5811	2434	311	51	15
金昌市	**14740**	**2144**	**6317**	**5254**	**880**	**120**	**25**
金川区	8654	1418	4467	2366	335	55	13
永昌县	6086	726	1850	2888	545	65	12
白银市	**46416**	**7766**	**10589**	**17648**	**7387**	**2135**	**891**
白银区	10925	2040	5185	3040	525	109	26
平川区	6468	1044	1769	2391	902	265	97
靖远县	11142	1718	1341	4402	2551	782	348
会宁县	11551	2019	1210	4643	2539	779	361
景泰县	6330	945	1084	3172	870	200	59
天水市	**93217**	**21037**	**18064**	**34786**	**14022**	**3738**	**1570**
秦州区	19747	4776	6190	6272	1886	473	150
麦积区	17266	3636	4536	6589	1936	435	134
清水县	7250	1432	1059	3133	1184	311	131
秦安县	14121	3362	1778	5513	2503	633	332
甘谷县	16496	3760	2319	6037	3028	935	417
武山县	11494	2665	1462	4829	1865	476	197
张家川回族自治县	6843	1406	720	2413	1620	475	209
武威市	**48784**	**7689**	**11278**	**23387**	**5286**	**887**	**257**
凉州区	29824	4775	7871	13771	2912	404	91
民勤县	5965	708	1041	3599	544	61	12
古浪县	8015	1431	1051	3641	1398	362	132
天祝藏族自治县	4980	775	1315	2376	432	60	22
张掖市	**39469**	**6429**	**14570**	**15613**	**2447**	**320**	**90**
甘州区	18203	3457	7704	6154	773	92	23
肃南裕固族自治县	1069	197	430	344	76	20	2
民乐县	6384	968	1576	3009	686	101	44
临泽县	3971	538	1483	1671	245	24	10
高台县	4484	522	1684	1982	256	35	5
山丹县	5358	747	1693	2453	411	48	6
平凉市	**59208**	**10654**	**10483**	**28192**	**7805**	**1574**	**500**
崆峒区	17265	3973	4746	6735	1518	244	49
泾川县	6589	1017	896	3350	1143	153	30
灵台县	4876	716	763	2606	701	75	15
崇信县	2621	464	468	1409	240	32	8
庄浪县	10542	1766	1110	5246	1767	472	181
静宁县	11383	1802	1132	5786	1916	540	207
华亭市	5932	916	1368	3060	520	58	10

6–5 各地区按活产子女数分的 15–64 岁妇女人数(续)

单位：人

地区	15–64 岁妇女人数	活产 0 个	活产 1 个	活产 2 个	活产 3 个	活产 4 个	活产 5 个及以上
酒泉市	**35118**	**6303**	**12889**	**13920**	**1582**	**346**	**78**
肃州区	15658	3146	6616	5381	402	94	19
金塔县	3533	470	901	1873	234	44	11
瓜州县	4433	690	1172	2087	393	73	18
肃北蒙古族自治县	448	91	169	161	23	3	1
阿克塞哈萨克族自治县	341	65	88	148	30	7	3
玉门市	4219	662	1274	1889	279	95	20
敦煌市	6486	1179	2669	2381	221	30	6
庆阳市	**62745**	**10515**	**10165**	**27975**	**11340**	**2197**	**553**
西峰区	15986	3552	3675	6718	1780	207	54
庆城县	6778	956	1232	2995	1294	253	48
环　县	8496	1258	1027	3853	1733	451	174
华池县	3692	526	552	1682	702	182	48
合水县	3873	478	634	1772	785	171	33
正宁县	4736	638	657	2288	945	163	45
宁　县	9095	1464	1137	4039	1996	384	75
镇原县	10089	1643	1251	4628	2105	386	76
定西市	**84752**	**15914**	**15838**	**40011**	**10302**	**2084**	**603**
安定区	13251	2078	3528	5990	1347	243	65
通渭县	13733	3949	1799	5203	2044	551	187
陇西县	13307	2061	2241	6421	1975	474	135
渭源县	9383	1712	1806	4824	891	125	25
临洮县	16168	2589	3957	7840	1501	232	49
漳　县	5138	1010	550	2416	877	209	76
岷　县	13772	2515	1957	7317	1667	250	66
陇南市	**73363**	**13731**	**13162**	**35660**	**8549**	**1664**	**597**
武都区	17348	3287	3062	8889	1830	229	51
成　县	7789	1543	1505	3647	910	145	39
文　县	6153	991	1138	3294	623	93	14
宕昌县	7560	1538	1357	3815	720	100	30
康　县	5064	788	1090	2781	338	50	17
西和县	10516	2025	1396	4329	1944	545	277
礼　县	11664	2474	1875	5117	1624	428	146
徽　县	5949	879	1400	3167	427	58	18
两当县	1320	206	339	621	133	16	5
临夏回族自治州	**66046**	**12096**	**14018**	**24489**	**10703**	**3385**	**1355**
临夏市	12171	2445	4001	4369	1092	203	61
临夏县	9984	1613	2109	4398	1451	320	93
康乐县	7991	1304	1459	3361	1354	383	130
永靖县	6218	1035	2061	2380	588	125	29
广河县	7625	1613	1025	2169	1680	756	382
和政县	6338	946	1115	2618	1238	322	99
东乡族自治县	8257	1744	1179	2439	1686	838	371
积石山保安族东乡族撒拉族自治县	7462	1396	1069	2755	1614	438	190
甘南藏族自治州	**22362**	**5360**	**3704**	**9261**	**3384**	**514**	**139**
合作市	3763	1317	890	1125	377	46	8
临潭县	3953	589	543	2216	511	78	16
卓尼县	3104	636	530	1375	474	66	23
舟曲县	4241	968	459	1962	729	100	23
迭部县	1761	505	230	591	365	54	16
玛曲县	1684	472	299	466	330	83	34
碌曲县	1137	236	215	425	230	26	5
夏河县	2719	637	538	1101	368	61	14

6-6　全省按受教育程度、活产子女数分的 15-64 岁妇女人数

单位：人

受教育程度	15-64 岁妇女人数	活产 0 个	活产 1 个	活产 2 个	活产 3 个	活产 4 个	活产 5 个及以上
合计	**802350**	**163264**	**205762**	**316112**	**90302**	**19998**	**6912**
未上过学	61128	2146	6521	31557	14982	4195	1727
学前教育	504	63	72	236	95	28	10
小学	214061	7643	29715	117592	44825	10551	3735
初中	234843	29187	63996	111291	24744	4393	1232
高中	125266	48603	44179	27539	4161	604	180
大学专科	84607	34879	33156	15337	1069	144	22
大学本科	75616	37248	26058	11816	412	77	5
硕士研究生	5715	3238	1804	657	12	3	1
博士研究生	610	257	261	87	2	3	

6-7　全省按职业、活产子女数分的 15-64 岁妇女人数

单位：人

职业大类	15-64 岁妇女人数	活产 0 个	活产 1 个	活产 2 个	活产 3 个	活产 4 个	活产 5 个及以上	妇女平均活产子女数
合计	**372403**	**53832**	**106728**	**158856**	**40856**	**9056**	**3075**	**1.61**
党的机关、国家机关、群众团体和社会组织、企事业单位负责人	2079	277	1058	645	78	14	7	1.29
专业技术人员	55914	16476	25146	13373	769	129	21	0.98
办事人员和有关人员	24068	5535	12046	6048	355	67	17	1.06
社会生产服务和生活服务人员	119563	21162	40877	46834	8790	1477	423	1.41
农、林、牧、渔业生产及辅助人员	138757	5739	17902	77886	27883	6880	2467	2.14
生产制造及有关人员	31222	4141	9567	13943	2944	487	140	1.57
不便分类的其他从业人员	800	502	132	127	37	2		0.63

6-8 各地区按存活子女数分的 15-64 岁妇女人数

单位：人

地区	15-64 岁妇女人数	存活 0 个	存活 1 个	存活 2 个	存活 3 个	存活 4 个	存活 5 个及以上
合计	**802350**	**176411**	**203900**	**310239**	**87307**	**18564**	**5929**
兰州市	**145712**	**45147**	**57444**	**36100**	**5980**	**870**	**171**
城关区	49838	15215	23643	9365	1364	212	39
七里河区	23492	6969	10473	5011	857	147	35
西固区	13760	3099	7295	2851	453	59	3
安宁区	15235	6506	5832	2529	317	38	13
红古区	4670	912	1899	1531	286	37	5
永登县	9283	1530	2484	4455	712	92	10
皋兰县	3567	781	769	1569	391	53	4
榆中县	15340	5130	3367	5748	953	113	29
兰州新区	10527	5005	1682	3041	647	119	33
嘉峪关市	**10418**	**1900**	**5797**	**2363**	**303**	**42**	**13**
市辖区	10418	1900	5797	2363	303	42	13
金昌市	**14740**	**2335**	**6260**	**5183**	**836**	**105**	**21**
金川区	8654	1536	4416	2319	323	49	11
永昌县	6086	799	1844	2864	513	56	10
白银市	**46416**	**8534**	**10472**	**17335**	**7203**	**2049**	**823**
白银区	10925	2336	5082	2901	486	100	20
平川区	6468	1155	1728	2353	886	255	91
靖远县	11142	1816	1358	4378	2504	758	328
会宁县	11551	2160	1219	4606	2483	751	332
景泰县	6330	1067	1085	3097	844	185	52
天水市	**93217**	**22460**	**17760**	**34303**	**13712**	**3575**	**1407**
秦州区	19747	5165	6016	6141	1823	458	144
麦积区	17266	3958	4416	6479	1898	402	113
清水县	7250	1537	1048	3088	1168	295	114
秦安县	14121	3518	1788	5449	2447	622	297
甘谷县	16496	4016	2289	5955	2964	897	375
武山县	11494	2799	1482	4773	1820	450	170
张家川回族自治县	6843	1467	721	2418	1592	451	194
武威市	**48784**	**8076**	**11346**	**23203**	**5129**	**818**	**212**
凉州区	29824	5037	7885	13648	2817	369	68
民勤县	5965	741	1057	3576	529	52	10
古浪县	8015	1489	1068	3624	1371	346	117
天祝藏族自治县	4980	809	1336	2355	412	51	17
张掖市	**39469**	**7135**	**14450**	**15246**	**2307**	**263**	**68**
甘州区	18203	3768	7612	6016	717	71	19
肃南裕固族自治县	1069	209	430	338	76	15	1
民乐县	6384	1144	1555	2908	647	95	35
临泽县	3971	601	1480	1627	241	16	6
高台县	4484	579	1692	1938	243	29	3
山丹县	5358	834	1681	2419	383	37	4
平凉市	**59208**	**11669**	**10457**	**27651**	**7535**	**1458**	**438**
崆峒区	17265	4440	4642	6528	1420	208	27
泾川县	6589	1138	897	3299	1097	137	21
灵台县	4876	760	775	2576	686	65	14
崇信县	2621	548	457	1356	231	27	2
庄浪县	10542	1875	1129	5180	1734	450	174
静宁县	11383	1898	1176	5721	1874	521	193
华亭市	5932	1010	1381	2991	493	50	7

6-8 各地区按存活子女数分的15-64岁妇女人数（续）

单位：人

地区	15-64岁妇女人数	存活0个	存活1个	存活2个	存活3个	存活4个	存活5个及以上
酒泉市	**35118**	**6960**	**12780**	**13557**	**1455**	**303**	**63**
肃州区	15658	3526	6485	5199	356	80	12
金塔县	3533	550	912	1820	207	36	8
瓜州县	4433	703	1197	2070	381	68	14
肃北蒙古族自治县	448	91	173	159	22	2	1
阿克塞哈萨克族自治县	341	85	84	134	28	7	3
玉门市	4219	726	1277	1847	261	88	20
敦煌市	6486	1279	2652	2328	200	22	5
庆阳市	**62745**	**11644**	**10112**	**27482**	**10970**	**2069**	**468**
西峰区	15986	3948	3589	6520	1702	183	44
庆城县	6778	1036	1251	2970	1245	236	40
环　县	8496	1373	1048	3810	1679	441	145
华池县	3692	604	544	1659	675	168	42
合水县	3873	549	642	1747	748	159	28
正宁县	4736	677	666	2272	930	152	39
宁　县	9095	1597	1147	3973	1946	366	66
镇原县	10089	1860	1225	4531	2045	364	64
定西市	**84752**	**17079**	**15972**	**39265**	**9991**	**1922**	**523**
安定区	13251	2236	3546	5883	1311	222	53
通渭县	13733	4136	1792	5088	2006	536	175
陇西县	13307	2227	2268	6326	1923	449	114
渭源县	9383	1884	1806	4712	855	106	20
临洮县	16168	2796	3965	7717	1445	200	45
漳　县	5138	1058	578	2399	849	187	67
岷　县	13772	2742	2017	7140	1602	222	49
陇南市	**73363**	**15067**	**13236**	**35015**	**8094**	**1450**	**501**
武都区	17348	3659	3064	8656	1737	188	44
成　县	7789	1646	1525	3637	836	116	29
文　县	6153	1082	1153	3248	580	79	11
宕昌县	7560	1692	1376	3722	665	80	25
康　县	5064	868	1114	2725	303	39	15
西和县	10516	2229	1389	4281	1873	500	244
礼　县	11664	2679	1850	5028	1592	396	119
徽　县	5949	998	1420	3098	383	41	9
两当县	1320	214	345	620	125	11	5
临夏回族自治州	**66046**	**12689**	**14074**	**24428**	**10533**	**3191**	**1131**
临夏市	12171	2620	3967	4299	1050	183	52
临夏县	9984	1741	2128	4356	1397	302	60
康乐县	7991	1339	1476	3366	1330	362	118
永靖县	6218	1082	2065	2360	574	111	26
广河县	7625	1659	1029	2192	1702	726	317
和政县	6338	993	1134	2633	1215	292	71
东乡族自治县	8257	1794	1183	2453	1667	816	344
积石山保安族东乡族撒拉族自治县	7462	1461	1092	2769	1598	399	143
甘南藏族自治州	**22362**	**5716**	**3740**	**9108**	**3259**	**449**	**90**
合作市	3763	1386	871	1097	367	37	5
临潭县	3953	668	568	2173	473	61	10
卓尼县	3104	698	535	1349	457	55	10
舟曲县	4241	998	483	1936	713	95	16
迭部县	1761	519	236	591	358	48	9
玛曲县	1684	518	291	458	313	75	29
碌曲县	1137	247	215	420	228	24	3
夏河县	2719	682	541	1084	350	54	8

6-9 全省按受教育程度、存活子女数分的 15-64 岁妇女人数

单位：人

受教育程度	15-64 岁妇女人数	存活 0 个	存活 1 个	存活 2 个	存活 3 个	存活 4 个	存活 5 个及以上
合计	**802350**	**176411**	**203900**	**310239**	**87307**	**18564**	**5929**
未上过学	61128	3148	6989	31114	14521	3904	1452
学前教育	504	70	79	228	93	26	8
小学	214061	11229	30456	115752	43470	9905	3249
初中	234843	33711	62996	109158	23872	4046	1060
高中	125266	50504	43288	26819	3988	526	141
大学专科	84607	36067	32473	14958	989	104	16
大学本科	75616	38126	25580	11495	362	51	2
硕士研究生	5715	3291	1779	633	10	1	1
博士研究生	610	265	260	82	2	1	

6-10 全省按职业、存活子女数分的 15-64 岁妇女人数

单位：人

职业大类	15-64 岁妇女人数	存活 0 个	存活 1 个	存活 2 个	存活 3 个	存活 4 个	存活 5 个及以上	妇女平均存活子女数
合计	**372403**	**60027**	**105716**	**156033**	**39540**	**8416**	**2671**	**1.57**
党的机关、国家机关、群众团体和社会组织、企事业单位负责人	2079	324	1030	629	77	12	7	1.25
专业技术人员	55914	17337	24710	13047	710	94	16	0.95
办事人员和有关人员	24068	5972	11807	5898	324	53	14	1.03
社会生产服务和生活服务人员	119563	23392	40168	45838	8468	1362	335	1.37
农、林、牧、渔业生产及辅助人员	138757	7772	18468	76794	27099	6445	2179	2.09
生产制造及有关人员	31222	4722	9403	13702	2826	449	120	1.53
不便分类的其他从业人员	800	508	130	125	36	1		0.61

6-11 各地区15-64岁妇女平均活产子女数和平均存活子女数

单位：人、%

地区	15-64岁妇女人数	活产子女总数			存活子女总数			存活子女数占活产子女数的百分比	妇女平均活产子女数	妇女平均存活子女数
		小计	男	女	小计	男	女			
合计	**802350**	**1226581**	**656690**	**569891**	**1192489**	**635543**	**556946**	**97.22**	**1.53**	**1.49**
兰州市	**145712**	**157976**	**84013**	**73963**	**151973**	**80477**	**71496**	**96.20**	**1.08**	**1.04**
城关区	49838	49460	26350	23110	47517	25194	22323	96.07	0.99	0.95
七里河区	23492	25049	13277	11772	23848	12592	11256	95.21	1.07	1.02
西固区	13760	15140	8038	7102	14608	7731	6877	96.49	1.10	1.06
安宁区	15235	12339	6454	5885	12061	6291	5770	97.75	0.81	0.79
红古区	4670	6302	3321	2981	5992	3144	2848	95.08	1.35	1.28
永登县	9283	14426	7752	6674	13949	7478	6471	96.69	1.55	1.50
皋兰县	3567	5596	2959	2637	5315	2794	2521	94.98	1.57	1.49
榆中县	15340	18899	10021	8878	18327	9651	8676	96.97	1.23	1.19
兰州新区	10527	10765	5841	4924	10356	5602	4754	96.20	1.02	0.98
嘉峪关市	**10418**	**11894**	**6285**	**5609**	**11667**	**6151**	**5516**	**98.09**	**1.14**	**1.12**
市辖区	10418	11894	6285	5609	11667	6151	5516	98.09	1.14	1.12
金昌市	**14740**	**20073**	**10882**	**9191**	**19662**	**10623**	**9039**	**97.95**	**1.36**	**1.33**
金川区	8654	10491	5578	4913	10276	5439	4837	97.95	1.21	1.19
永昌县	6086	9582	5304	4278	9386	5184	4202	97.95	1.57	1.54
白银市	**46416**	**81467**	**43440**	**38027**	**79411**	**42152**	**37259**	**97.48**	**1.76**	**1.71**
白银区	10925	13418	7297	6121	12847	6950	5897	95.74	1.23	1.18
平川区	6468	10840	5781	5059	10598	5631	4967	97.77	1.68	1.64
靖远县	11142	22826	12184	10642	22451	11947	10504	98.36	2.05	2.01
会宁县	11551	23224	12217	11007	22682	11871	10811	97.67	2.01	1.96
景泰县	6330	11159	5961	5198	10833	5753	5080	97.08	1.76	1.71
天水市	**93217**	**153205**	**81385**	**71820**	**149392**	**78949**	**70443**	**97.51**	**1.64**	**1.60**
秦州区	19747	27089	14446	12643	26365	13982	12383	97.33	1.37	1.34
麦积区	17266	25993	13840	12153	25278	13353	11925	97.25	1.51	1.46
清水县	7250	12828	6792	6036	12524	6615	5909	97.63	1.77	1.73
秦安县	14121	24644	12937	11707	24111	12600	11511	97.84	1.75	1.71
甘谷县	16496	29484	15752	13732	28704	15282	13422	97.35	1.79	1.74
武山县	11494	19704	10634	9070	19210	10307	8903	97.49	1.71	1.67
张家川回族自治县	6843	13463	6984	6479	13200	6810	6390	98.05	1.97	1.93
武威市	**48784**	**78845**	**43275**	**35570**	**77529**	**42401**	**35128**	**98.33**	**1.62**	**1.59**
凉州区	29824	46253	25664	20589	45459	25133	20326	98.28	1.55	1.52
民勤县	5965	10178	5671	4507	10056	5592	4464	98.80	1.71	1.69
古浪县	8015	14694	7927	6767	14440	7749	6691	98.27	1.83	1.80
天祝藏族自治县	4980	7720	4013	3707	7574	3927	3647	98.11	1.55	1.52
张掖市	**39469**	**54907**	**29998**	**24909**	**53283**	**28972**	**24311**	**97.04**	**1.39**	**1.35**
甘州区	18203	22827	12596	10231	22185	12178	10007	97.19	1.25	1.22
肃南裕固族自治县	1069	1436	720	716	1399	699	700	97.42	1.34	1.31
民乐县	6384	10294	5651	4643	9880	5398	4482	95.98	1.61	1.55
临泽县	3971	5709	3095	2614	5552	3001	2551	97.25	1.44	1.40
高台县	4484	6582	3460	3122	6428	3364	3064	97.66	1.47	1.43
山丹县	5358	8059	4476	3583	7839	4332	3507	97.27	1.50	1.46
平凉市	**59208**	**99260**	**52579**	**46681**	**96537**	**50926**	**45611**	**97.26**	**1.68**	**1.63**
崆峒区	17265	24004	12772	11232	22932	12135	10797	95.53	1.39	1.33
泾川县	6589	11790	6250	5540	11440	6043	5397	97.03	1.79	1.74
灵台县	4876	8457	4506	3951	8317	4417	3900	98.34	1.73	1.71
崇信县	2621	4177	2225	1952	3980	2115	1865	95.28	1.59	1.52
庄浪县	10542	19767	10480	9287	19422	10255	9167	98.25	1.88	1.84
静宁县	11383	21728	11446	10282	21363	11215	10148	98.32	1.91	1.88
华亭市	5932	9337	4900	4437	9083	4746	4337	97.28	1.57	1.53

6-11 各地区15-64岁妇女平均活产子女数和平均存活子女数（续）

单位：人、%

地区	15-64岁妇女人数	活产子女总数			存活子女总数			存活子女数占活产子女数的百分比	妇女平均活产子女数	妇女平均存活子女数
		小计	男	女	小计	男	女			
酒泉市	**35118**	**47296**	**25249**	**22047**	**45818**	**24331**	**21487**	**96.88**	**1.35**	**1.30**
肃州区	15658	19067	10134	8933	18337	9704	8633	96.17	1.22	1.17
金塔县	3533	5583	3087	2496	5360	2936	2424	96.01	1.58	1.52
瓜州县	4433	6918	3719	3199	6831	3669	3162	98.74	1.56	1.54
肃北蒙古族自治县	448	578	306	272	571	302	269	98.79	1.29	1.27
阿克塞哈萨克族自治县	341	520	252	268	481	236	245	92.50	1.52	1.41
玉门市	4219	6379	3425	2954	6216	3320	2896	97.44	1.51	1.47
敦煌市	6486	8251	4326	3925	8022	4164	3858	97.22	1.27	1.24
庆阳市	**62745**	**111879**	**60446**	**51433**	**108730**	**58504**	**50226**	**97.19**	**1.78**	**1.73**
西峰区	15986	23553	12816	10737	22691	12282	10409	96.34	1.47	1.42
庆城县	6778	12367	6628	5739	12078	6442	5636	97.66	1.82	1.78
环　县	8496	16694	8961	7733	16252	8692	7560	97.35	1.96	1.91
华池县	3692	7009	3734	3275	6781	3605	3176	96.75	1.90	1.84
合水县	3873	7389	3910	3479	7159	3776	3383	96.89	1.91	1.85
正宁县	4736	8966	4953	4013	8813	4857	3956	98.29	1.89	1.86
宁　县	9095	17136	9260	7876	16744	9015	7729	97.71	1.88	1.84
镇原县	10089	18765	10184	8581	18212	9835	8377	97.05	1.86	1.81
定西市	**84752**	**138406**	**73505**	**64901**	**134991**	**71396**	**63595**	**97.53**	**1.63**	**1.59**
安定区	13251	20874	11100	9774	20416	10795	9621	97.81	1.58	1.54
通渭县	13733	21571	11742	9829	21086	11447	9639	97.75	1.57	1.54
陇西县	13307	23645	12648	10997	23109	12331	10778	97.73	1.78	1.74
渭源县	9383	14762	7759	7003	14324	7491	6833	97.03	1.57	1.53
临洮县	16168	25322	13376	11946	24764	13051	11713	97.80	1.57	1.53
漳　县	5138	9278	4923	4355	9034	4764	4270	97.37	1.81	1.76
岷　县	13772	22954	11957	10997	22258	11517	10741	96.97	1.67	1.62
陇南市	**73363**	**120048**	**63555**	**56493**	**116059**	**61058**	**55001**	**96.68**	**1.64**	**1.58**
武都区	17348	27515	14378	13137	26571	13842	12729	96.57	1.59	1.53
成　县	7789	12322	6594	5728	11931	6333	5598	96.83	1.58	1.53
文　县	6153	10042	5154	4888	9764	4991	4773	97.23	1.63	1.59
宕昌县	7560	11709	6273	5436	11270	6013	5257	96.25	1.55	1.49
康　县	5064	7958	4206	3752	7709	4047	3662	96.87	1.57	1.52
西和县	10516	19611	10409	9202	18913	9964	8949	96.44	1.86	1.80
礼　县	11664	19473	10642	8831	18892	10250	8642	97.02	1.67	1.62
徽　县	5949	9347	4810	4537	8978	4562	4416	96.05	1.57	1.51
两当县	1320	2071	1089	982	2031	1056	975	98.07	1.57	1.54
临夏回族自治州	**66046**	**116130**	**63366**	**52764**	**113419**	**61664**	**51755**	**97.67**	**1.76**	**1.72**
临夏市	12171	17159	9264	7895	16722	8999	7723	97.45	1.41	1.37
临夏县	9984	17062	9289	7773	16561	9003	7558	97.06	1.71	1.66
康乐县	7991	14486	7944	6542	14286	7816	6470	98.62	1.81	1.79
永靖县	6218	9238	4910	4328	9088	4818	4270	98.38	1.49	1.46
广河县	7625	15543	8482	7061	15151	8231	6920	97.48	2.04	1.99
和政县	6338	11899	6342	5557	11595	6152	5443	97.45	1.88	1.83
东乡族自治县	8257	16529	9489	7040	16233	9270	6963	98.21	2.00	1.97
积石山保安族东乡族撒拉族自治县	7462	14214	7646	6568	13783	7375	6408	96.97	1.90	1.85
甘南藏族自治州	**22362**	**35195**	**18712**	**16483**	**34018**	**17939**	**16079**	**96.66**	**1.57**	**1.52**
合作市	3763	4500	2476	2024	4344	2382	1962	96.53	1.20	1.15
临潭县	3953	6908	3690	3218	6631	3508	3123	95.99	1.75	1.68
卓尼县	3104	5097	2698	2399	4877	2559	2318	95.68	1.64	1.57
舟曲县	4241	7090	3728	3362	6959	3637	3322	98.15	1.67	1.64
迭部县	1761	2809	1454	1355	2731	1402	1329	97.22	1.60	1.55
玛曲县	1684	2742	1462	1280	2607	1374	1233	95.08	1.63	1.55
碌曲县	1137	1888	981	907	1851	957	894	98.04	1.66	1.63
夏河县	2719	4161	2223	1938	4018	2120	1898	96.56	1.53	1.48

6-12 全省按年龄分的15-64岁妇女平均活产子女数和平均存活子女数

单位：人、%

年龄	15-64岁妇女人数	活产子女总数			存活子女总数			存活子女数占活产子女数的百分比	妇女平均活产子女数	妇女平均存活子女数
		小计	男	女	小计	男	女			
合计	**802350**	**1226581**	**656690**	**569891**	**1192489**	**635543**	**556946**	**97.22**	**1.53**	**1.49**
15-19岁	**62179**	**926**	**489**	**437**	**916**	**486**	**430**	**98.92**	**0.01**	**0.01**
15	12699	11	7	4	11	7	4	100.00		
16	14078	24	16	8	24	16	8	100.00		
17	12234	81	44	37	80	44	36	98.77	0.01	0.01
18	11597	237	125	112	235	124	111	99.16	0.02	0.02
19	11571	573	297	276	566	295	271	98.78	0.05	0.05
20-24岁	**59202**	**17379**	**9071**	**8308**	**17063**	**8887**	**8176**	**98.18**	**0.29**	**0.29**
20	11626	1175	655	520	1151	639	512	97.96	0.10	0.10
21	10922	1928	1015	913	1901	996	905	98.60	0.18	0.17
22	11889	3163	1685	1478	3105	1645	1460	98.17	0.27	0.26
23	11515	4420	2270	2150	4337	2229	2108	98.12	0.38	0.38
24	13250	6693	3446	3247	6569	3378	3191	98.15	0.51	0.50
25-29岁	**77073**	**74755**	**38694**	**36061**	**73125**	**37701**	**35424**	**97.82**	**0.97**	**0.95**
25	15311	9715	5041	4674	9531	4932	4599	98.11	0.63	0.62
26	14499	11719	5960	5759	11452	5804	5648	97.72	0.81	0.79
27	16007	15587	8108	7479	15272	7912	7360	97.98	0.97	0.95
28	15438	17676	9192	8484	17252	8936	8316	97.60	1.14	1.12
29	15818	20058	10393	9665	19618	10117	9501	97.81	1.27	1.24
30-34岁	**94414**	**147739**	**77216**	**70523**	**144091**	**75073**	**69018**	**97.53**	**1.56**	**1.53**
30	20404	28709	14930	13779	27982	14506	13476	97.47	1.41	1.37
31	19531	29453	15274	14179	28703	14840	13863	97.45	1.51	1.47
32	18077	28546	14901	13645	27842	14490	13352	97.53	1.58	1.54
33	19204	31640	16597	15043	30874	16139	14735	97.58	1.65	1.61
34	17198	29391	15514	13877	28690	15098	13592	97.61	1.71	1.67
35-39岁	**73146**	**130909**	**69226**	**61683**	**127765**	**67332**	**60433**	**97.60**	**1.79**	**1.75**
35	15251	27029	14188	12841	26391	13788	12603	97.64	1.77	1.73
36	15502	27693	14661	13032	27052	14296	12756	97.69	1.79	1.75
37	14017	25063	13330	11733	24467	12970	11497	97.62	1.79	1.75
38	15079	27215	14321	12894	26563	13916	12647	97.60	1.80	1.76
39	13297	23909	12726	11183	23292	12362	10930	97.42	1.80	1.75
40-44岁	**68574**	**123183**	**65949**	**57234**	**119969**	**63983**	**55986**	**97.39**	**1.80**	**1.75**
40	13158	24070	12791	11279	23451	12412	11039	97.43	1.83	1.78
41	13616	24339	13034	11305	23730	12671	11059	97.50	1.79	1.74
42	14373	25749	13800	11949	25036	13371	11665	97.23	1.79	1.74
43	12766	22699	12089	10610	22088	11702	10386	97.31	1.78	1.73
44	14661	26326	14235	12091	25664	13827	11837	97.49	1.80	1.75
45-49岁	**105819**	**195549**	**105242**	**90307**	**190303**	**102040**	**88263**	**97.32**	**1.85**	**1.80**
45	15973	29155	15615	13540	28407	15181	13226	97.43	1.83	1.78
46	19996	36907	19907	17000	35896	19300	16596	97.26	1.85	1.80
47	22549	41519	22254	19265	40380	21579	18801	97.26	1.84	1.79
48	23979	44577	24009	20568	43426	23270	20156	97.42	1.86	1.81
49	23322	43391	23457	19934	42194	22710	19484	97.24	1.86	1.81
50-54岁	**119227**	**233463**	**127166**	**106297**	**226703**	**122884**	**103819**	**97.10**	**1.96**	**1.90**
50	26309	50259	27414	22845	48987	26610	22377	97.47	1.91	1.86
51	23537	45333	24629	20704	44012	23774	20238	97.09	1.93	1.87
52	25942	50425	27618	22807	48959	26673	22286	97.09	1.94	1.89
53	20322	40658	22077	18581	39451	21336	18115	97.03	2.00	1.94
54	23117	46788	25428	21360	45294	24491	20803	96.81	2.02	1.96
55-59岁	**89865**	**188013**	**101964**	**86049**	**182029**	**98140**	**83889**	**96.82**	**2.09**	**2.03**
55	20867	42295	22905	19390	41039	22104	18935	97.03	2.03	1.97
56	21099	43894	23681	20213	42568	22832	19736	96.98	2.08	2.02
57	21187	44239	23934	20305	42755	22975	19780	96.65	2.09	2.02
58	17963	38505	20975	17530	37256	20176	17080	96.76	2.14	2.07
59	8749	19080	10469	8611	18411	10053	8358	96.49	2.18	2.10
60-64岁	**52851**	**114665**	**61673**	**52992**	**110525**	**59017**	**51508**	**96.39**	**2.17**	**2.09**
60	9597	20323	10923	9400	19657	10492	9165	96.72	2.12	2.05
61	7866	16628	8857	7771	16046	8483	7563	96.50	2.11	2.04
62	10332	21955	11935	10020	21151	11427	9724	96.34	2.12	2.05
63	12463	27463	14736	12727	26480	14113	12367	96.42	2.20	2.12
64	12593	28296	15222	13074	27191	14502	12689	96.09	2.25	2.16

6-13 全省按受教育程度分的 15-64 岁妇女平均活产子女数和平均存活子女数

单位：人、%

受教育程度	15-64 岁妇女人数	活产子女总数			存活子女总数			存活子女数占活产子女数的百分比	妇女平均活产子女数	妇女平均存活子女数
		小计	男	女	小计	男	女			
合计	**802350**	**1226581**	**656690**	**569891**	**1192489**	**635543**	**556946**	**97.22**	**1.53**	**1.49**
未上过学	61128	140932	76538	64394	136320	73561	62759	96.73	2.31	2.23
学前教育	504	994	522	472	961	498	463	96.68	1.97	1.91
小学	214061	461897	248345	213552	449462	240519	208943	97.31	2.16	2.10
初中	234843	385024	205287	179737	374769	199029	175740	97.34	1.64	1.60
高中	125266	115117	61090	54027	111731	59078	52653	97.06	0.92	0.89
大学专科	84607	67730	35969	31761	65858	34826	31032	97.24	0.80	0.78
大学本科	75616	51263	27066	24197	49870	26231	23639	97.28	0.68	0.66
硕士研究生	5715	3171	1644	1527	3084	1588	1496	97.26	0.55	0.54
博士研究生	610	453	229	224	434	213	221	95.81	0.74	0.71

第二部分　长表数据资料

第七卷　迁移和户口登记地

7-1 全省按现住地、户口登记地类型分的

现住地	人口数					省			
						小计			
	合计	乡	镇的村委会	镇的居委会	街道	小计	乡	镇的村委会	镇的居委会
合计	**593881**	**143607**	**276312**	**47911**	**126051**	**529420**	**131434**	**244992**	**39643**
兰州市	**199589**	**34645**	**83130**	**17075**	**64739**	**167517**	**28959**	**66232**	**14441**
城关区	74286	11230	27533	6227	29296	61101	8698	20702	5189
七里河区	34890	5945	12593	3825	12527	30201	5169	10096	3414
西固区	19276	2574	7390	1466	7846	16867	2158	6106	1303
安宁区	22106	3248	7801	2321	8736	18661	2788	6350	1878
红古区	4062	558	2185	820	499	3352	423	1743	735
永登县	6460	2157	3607	435	261	6020	2049	3339	407
皋兰县	4065	389	3057	304	315	3334	297	2520	243
榆中县	16442	4904	8419	769	2350	12046	4128	6107	485
兰州新区	18002	3640	10545	908	2909	15935	3249	9269	787
嘉峪关市	**14483**	**2775**	**6485**	**498**	**4725**	**12176**	**2245**	**5233**	**376**
市辖区	14483	2775	6485	498	4725	12176	2245	5233	376
金昌市	**17597**	**4182**	**9049**	**799**	**3567**	**16165**	**3922**	**8208**	**687**
金川区	11495	1199	6301	549	3446	10470	1025	5706	484
永昌县	6102	2983	2748	250	121	5695	2897	2502	203
白银市	**37321**	**14070**	**14879**	**2948**	**5424**	**35073**	**13471**	**13821**	**2686**
白银区	12890	2896	5089	1438	3467	11874	2698	4561	1338
平川区	6921	1958	2851	613	1499	6455	1830	2646	565
靖远县	5101	2194	2378	347	182	4774	2061	2237	311
会宁县	6544	4073	2049	309	113	6381	4013	1982	295
景泰县	5865	2949	2512	241	163	5589	2869	2395	177
天水市	**35196**	**6030**	**19582**	**3103**	**6481**	**32951**	**5733**	**18306**	**2902**
秦州区	15009	2093	7134	1252	4530	14161	1985	6702	1184
麦积区	7534	1105	4199	556	1674	6841	1002	3822	521
清水县	2846	716	1821	264	45	2733	707	1758	240
秦安县	3414	756	2341	248	69	3250	731	2242	223
甘谷县	2646	448	1767	380	51	2488	434	1651	362
武山县	1583	312	1091	118	62	1443	288	996	102
张家川回族自治县	2164	600	1229	285	50	2035	586	1135	270
武威市	**30653**	**4702**	**19166**	**1563**	**5222**	**28834**	**4364**	**18212**	**1439**
凉州区	20984	2983	12266	879	4856	19701	2723	11596	825
民勤县	3198	675	2230	127	166	3038	639	2173	97
古浪县	3302	504	2405	270	123	3154	490	2310	256
天祝藏族自治县	3169	540	2265	287	77	2941	512	2133	261
张掖市	**33543**	**6943**	**20378**	**1769**	**4453**	**32116**	**6727**	**19572**	**1628**
甘州区	18073	3364	9583	942	4184	17117	3205	9064	880
肃南裕固族自治县	755	355	262	95	43	717	341	241	95
民乐县	4131	168	3733	178	52	4036	157	3675	159
临泽县	1580	244	1185	96	55	1524	240	1155	81
高台县	3410	1252	1959	127	72	3296	1234	1892	111
山丹县	5594	1560	3656	331	47	5426	1550	3545	302
平凉市	**40973**	**13025**	**19401**	**2162**	**6385**	**38309**	**12459**	**18122**	**1987**
崆峒区	16653	5788	6309	707	3849	15511	5498	5788	654
泾川县	3272	753	1948	130	441	3047	702	1830	123
灵台县	3151	963	1767	103	318	2913	913	1631	81
崇信县	1948	415	1031	201	301	1744	377	955	192
庄浪县	3376	863	2048	160	305	3210	845	1959	148
静宁县	7383	3214	3455	219	495	7101	3148	3325	186
华亭市	5190	1029	2843	642	676	4783	976	2634	603

户口登记地在外乡镇街道的人口

单位：人

	内									
	本县（市、区）					本省其他县（市、区）				
街道	小计	乡	镇的村委会	镇的居委会	街道	小计	乡	镇的村委会	镇的居委会	街道
113351	**328159**	**82402**	**148055**	**23040**	**74662**	**201261**	**49032**	**96937**	**16603**	**38689**
57885	**60843**	**7020**	**14396**	**5797**	**33630**	**106674**	**21939**	**51836**	**8644**	**24255**
26512	24074	713	1624	2123	19614	37027	7985	19078	3066	6898
11522	9430	715	1585	1498	5632	20771	4454	8511	1916	5890
7300	8363	425	1928	730	5280	8504	1733	4178	573	2020
7645	3329	134	335	327	2533	15332	2654	6015	1551	5112
451	1602	87	659	544	312	1750	336	1084	191	139
225	4975	1836	2847	252	40	1045	213	492	155	185
274	1482	25	1337	87	33	1852	272	1183	156	241
1326	5806	2905	2595	184	122	6240	1223	3512	301	1204
2630	1782	180	1486	52	64	14153	3069	7783	735	2566
4322	**2747**	**134**	**726**	**49**	**1838**	**9429**	**2111**	**4507**	**327**	**2484**
4322	2747	134	726	49	1838	9429	2111	4507	327	2484
3348	**10580**	**2942**	**4495**	**305**	**2838**	**5585**	**980**	**3713**	**382**	**510**
3255	5348	132	2241	162	2813	5122	893	3465	322	442
93	5232	2810	2254	143	25	463	87	248	60	68
5095	**24660**	**9842**	**8992**	**1913**	**3913**	**10413**	**3629**	**4829**	**773**	**1182**
3277	6104	884	1663	905	2652	5770	1814	2898	433	625
1414	3708	792	1411	400	1105	2747	1038	1235	165	309
165	4127	1846	1984	242	55	647	215	253	69	110
91	5953	3857	1800	255	41	428	156	182	40	50
148	4768	2463	2134	111	60	821	406	261	66	88
6010	**26284**	**4468**	**14520**	**2383**	**4913**	**6667**	**1265**	**3786**	**519**	**1097**
4290	10833	1364	4822	947	3700	3328	621	1880	237	590
1496	4293	463	2349	378	1103	2548	539	1473	143	393
28	2561	672	1678	198	13	172	35	80	42	15
54	3024	698	2124	186	16	226	33	118	37	38
41	2346	428	1547	343	28	142	6	104	19	13
57	1321	272	938	86	25	122	16	58	16	32
44	1906	571	1062	245	28	129	15	73	25	16
4819	**24084**	**3354**	**15578**	**1041**	**4111**	**4750**	**1010**	**2634**	**398**	**708**
4557	16064	2018	9510	543	3993	3637	705	2086	282	564
129	2683	518	2041	69	55	355	121	132	28	74
98	2892	446	2168	226	52	262	44	142	30	46
35	2445	372	1859	203	11	496	140	274	58	24
4189	**26582**	**5539**	**16960**	**902**	**3181**	**5534**	**1188**	**2612**	**726**	**1008**
3968	12923	2329	7128	362	3104	4194	876	1936	518	864
40	461	232	136	89	4	256	109	105	6	36
45	3687	125	3452	88	22	349	32	223	71	23
48	1307	183	1050	52	22	217	57	105	29	26
59	3004	1149	1763	71	21	292	85	129	40	38
29	5200	1521	3431	240	8	226	29	114	62	21
5741	**31510**	**10641**	**14949**	**1416**	**4504**	**6799**	**1818**	**3173**	**571**	**1237**
3571	11704	4353	3983	362	3006	3807	1145	1805	292	565
392	2725	650	1713	101	261	322	52	117	22	131
288	2693	863	1532	68	230	220	50	99	13	58
220	1303	327	755	105	116	441	50	200	87	104
258	3039	809	1886	128	216	171	36	73	20	42
442	6740	3030	3207	161	342	361	118	118	25	100
570	3306	609	1873	491	333	1477	367	761	112	237

7-1 全省按现住地、户口登记地类型分的

现住地	人口数					省			
						小计			
	合计	乡	镇的村委会	镇的居委会	街道	小计	乡	镇的村委会	镇的居委会
酒泉市	**37681**	**9792**	**16408**	**5483**	**5998**	**30256**	**8438**	**14522**	**2032**
肃州区	16489	3477	7498	629	4885	15001	3206	6847	559
金塔县	2618	1090	1251	140	137	2405	1012	1155	126
瓜州县	4232	1382	2379	262	209	3681	1203	2087	229
肃北蒙古族自治县	649	189	326	34	100	421	136	183	31
阿克塞哈萨克族自治县	425	212	129	79	5	363	182	116	60
玉门市	4338	1532	2064	391	351	3857	1384	1841	337
敦煌市	8930	1910	2761	3948	311	4528	1315	2293	690
庆阳市	**41451**	**14685**	**17917**	**3076**	**5773**	**37551**	**13907**	**16432**	**2749**
西峰区	19969	6196	8384	1329	4060	18505	5849	7833	1248
庆城县	4522	1391	2190	385	556	3757	1310	1969	262
环　县	5363	2965	1846	297	255	4911	2844	1681	253
华池县	3163	1534	1135	210	284	2799	1466	1001	188
合水县	1980	951	621	168	240	1772	929	570	160
正宁县	1684	113	1262	185	124	1479	89	1121	174
宁　县	1675	283	1031	236	125	1457	222	926	222
镇原县	3095	1252	1448	266	129	2871	1198	1331	242
定西市	**35282**	**9413**	**20393**	**2720**	**2756**	**33334**	**9145**	**19220**	**2491**
安定区	12199	3784	5812	381	2222	11780	3710	5592	357
通渭县	1902	1086	562	218	36	1816	1053	535	206
陇西县	6367	1284	4027	867	189	5837	1246	3656	802
渭源县	2092	339	1588	108	57	1975	323	1512	98
临洮县	7931	1982	5262	560	127	7546	1929	5007	515
漳　县	1691	419	1093	135	44	1539	403	1011	107
岷　县	3100	519	2049	451	81	2841	481	1907	406
陇南市	**26942**	**7645**	**14014**	**3952**	**1331**	**24644**	**7212**	**12698**	**3689**
武都区	10986	2808	5495	2067	616	10408	2694	5194	1975
成　县	3251	445	2090	533	183	3007	426	1920	495
文　县	2042	729	1045	119	149	1581	672	781	86
宕昌县	1468	647	540	188	93	1304	578	470	177
康　县	1429	120	1174	82	53	1212	97	1015	68
西和县	1906	625	860	321	100	1769	606	784	298
礼　县	1878	877	854	124	23	1720	833	768	100
徽　县	3333	1067	1766	402	98	3083	996	1632	382
两当县	649	327	190	116	16	560	310	134	108
临夏回族自治州	**33392**	**11960**	**12284**	**1772**	**7376**	**31694**	**11419**	**11544**	**1648**
临夏市	16385	4040	4538	972	6835	15685	3861	4245	918
临夏县	2195	1096	927	100	72	2013	1025	845	85
康乐县	2189	1312	771	79	27	2087	1259	737	74
永靖县	4026	872	2616	343	195	3799	830	2518	306
广河县	2277	634	1490	61	92	2154	608	1411	58
和政县	1894	668	1094	47	85	1781	645	1024	45
东乡族自治县	1453	960	408	70	15	1399	921	394	69
积石山保安族东乡族撒拉族自治县	2973	2378	440	100	55	2776	2270	370	93
甘南藏族自治州	**9778**	**3740**	**3226**	**991**	**1821**	**8800**	**3433**	**2870**	**888**
合作市	3520	1229	606	277	1408	3165	1124	522	235
临潭县	1063	418	460	134	51	916	363	391	128
卓尼县	659	307	300	38	14	590	288	254	36
舟曲县	1527	428	836	217	46	1432	417	782	193
迭部县	647	313	191	69	74	566	280	169	60
玛曲县	1028	359	479	111	79	951	335	449	98
碌曲县	525	203	185	57	80	471	182	161	52
夏河县	809	483	169	88	69	709	444	142	86

户口登记地在外乡镇街道的人口（续1）

单位：人

内										
	本县（市、区）					本省其他县（市、区）				
街道	小计	乡	镇的村委会	镇的居委会	街道	小计	乡	镇的村委会	镇的居委会	街道
5264	**20191**	**5436**	**9676**	**1319**	**3760**	**10065**	**3002**	**4846**	**713**	**1504**
4389	10371	2152	4567	322	3330	4630	1054	2280	237	1059
112	1696	729	808	91	68	709	283	347	35	44
162	2030	670	1210	121	29	1651	533	877	108	133
71	117	55	46	9	7	304	81	137	22	64
5	153	107	20	25	1	210	75	96	35	4
295	2227	674	1192	223	138	1630	710	649	114	157
230	3597	1049	1833	528	187	931	266	460	162	43
4463	**24674**	**9546**	**10565**	**1706**	**2857**	**12877**	**4361**	**5867**	**1043**	**1606**
3575	8555	2299	3349	500	2407	9950	3550	4484	748	1168
216	2819	1025	1484	179	131	938	285	485	83	85
133	4473	2689	1484	219	81	438	155	197	34	52
144	2338	1347	794	140	57	461	119	207	48	87
113	1402	805	440	119	38	370	124	130	41	75
95	1249	63	989	150	47	230	26	132	24	48
87	1227	201	810	181	35	230	21	116	41	52
100	2611	1117	1215	218	61	260	81	116	24	39
2478	**28034**	**7767**	**16464**	**1780**	**2023**	**5300**	**1378**	**2756**	**711**	**455**
2121	10061	3097	4842	249	1873	1719	613	750	108	248
22	1684	1001	477	191	15	132	52	58	15	7
133	4713	969	3038	633	73	1124	277	618	169	60
42	1677	277	1308	78	14	298	46	204	20	28
95	6041	1614	4203	215	9	1505	315	804	300	86
18	1320	371	869	69	11	219	32	142	38	7
47	2538	438	1727	345	28	303	43	180	61	19
1045	**21519**	**6505**	**11212**	**3093**	**709**	**3125**	**707**	**1486**	**596**	**336**
545	9370	2433	4712	1749	476	1038	261	482	226	69
166	1990	197	1454	324	15	1017	229	466	171	151
42	1446	648	707	69	22	135	24	74	17	20
79	1208	555	445	144	64	96	23	25	33	15
32	1065	79	919	45	22	147	18	96	23	10
81	1620	574	707	279	60	149	32	77	19	21
19	1592	795	699	86	12	128	38	69	14	7
73	2751	939	1461	315	36	332	57	171	67	37
8	477	285	108	82	2	83	25	26	26	6
7083	**21598**	**7358**	**7647**	**909**	**5684**	**10096**	**4061**	**3897**	**739**	**1399**
6661	7967	562	1466	396	5543	7718	3299	2779	522	1118
58	1731	906	734	77	14	282	119	111	8	44
17	1879	1190	630	52	7	208	69	107	22	10
145	2914	605	2112	180	17	885	225	406	126	128
77	1851	518	1244	43	46	303	90	167	15	31
67	1440	582	789	32	37	341	63	235	13	30
15	1341	906	372	57	6	58	15	22	12	9
43	2475	2089	300	72	14	301	181	70	21	29
1609	**4853**	**1850**	**1875**	**427**	**701**	**3947**	**1583**	**995**	**461**	**908**
1284	964	219	73	23	649	2201	905	449	212	635
34	643	265	300	76	2	273	98	91	52	32
12	358	210	135	13		232	78	119	23	12
40	1232	339	720	163	10	200	78	62	30	30
57	412	245	133	24	10	154	35	36	36	47
69	536	165	306	47	18	415	170	143	51	51
76	282	125	125	25	7	189	57	36	27	69
37	426	282	83	56	5	283	162	59	30	32

7-1　全省按现住地、户口登记地类型分的

现住地	省								
	小　计					北京市			
	小计	乡	镇　的 村委会	镇　的 居委会	街道	小计	乡	镇　的 村委会	镇　的 居委会
合计	**64461**	**12173**	**31320**	**8268**	**12700**	**283**	**17**	**56**	**37**
兰州市	**32072**	**5686**	**16898**	**2634**	**6854**	**122**	**1**	**8**	**19**
城关区	13185	2532	6831	1038	2784	58		1	5
七里河区	4689	776	2497	411	1005	22	1		4
西固区	2409	416	1284	163	546	6			
安宁区	3445	460	1451	443	1091	18		3	7
红古区	710	135	442	85	48				
永登县	440	108	268	28	36	1			1
皋兰县	731	92	537	61	41	3			2
榆中县	4396	776	2312	284	1024	13		4	
兰州新区	2067	391	1276	121	279	1			
嘉峪关市	**2307**	**530**	**1252**	**122**	**403**	**3**			
市辖区	2307	530	1252	122	403	3			
金昌市	**1432**	**260**	**841**	**112**	**219**	**1**			
金川区	1025	174	595	65	191	1			
永昌县	407	86	246	47	28				
白银市	**2248**	**599**	**1058**	**262**	**329**	**18**	**1**	**4**	**4**
白银区	1016	198	528	100	190	12			3
平川区	466	128	205	48	85				
靖远县	327	133	141	36	17				
会宁县	163	60	67	14	22	5	1	4	
景泰县	276	80	117	64	15	1			1
天水市	**2245**	**297**	**1276**	**201**	**471**	**28**	**3**	**14**	**2**
秦州区	848	108	432	68	240	13	2	1	1
麦积区	693	103	377	35	178	3		3	
清水县	113	9	63	24	17				
秦安县	164	25	99	25	15	4	1	3	
甘谷县	158	14	116	18	10	6		5	1
武山县	140	24	95	16	5				
张家川回族自治县	129	14	94	15	6	2		2	
武威市	**1819**	**338**	**954**	**124**	**403**	**12**	**2**		**2**
凉州区	1283	260	670	54	299	9	2		1
民勤县	160	36	57	30	37	1			
古浪县	148	14	95	14	25	1			
天祝藏族自治县	228	28	132	26	42	1			1
张掖市	**1427**	**216**	**806**	**141**	**264**	**12**		**3**	**2**
甘州区	956	159	519	62	216	5		1	
肃南裕固族自治县	38	14	21		3				
民乐县	95	11	58	19	7	1			
临泽县	56	4	30	15	7				
高台县	114	18	67	16	13	1			
山丹县	168	10	111	29	18	5		2	2
平凉市	**2664**	**566**	**1279**	**175**	**644**	**12**	**1**	**1**	**1**
崆峒区	1142	290	521	53	278	5	1		
泾川县	225	51	118	7	49	1			1
灵台县	238	50	136	22	30	2		1	
崇信县	204	38	76	9	81	1			
庄浪县	166	18	89	12	47				
静宁县	282	66	130	33	53	2			
华亭市	407	53	209	39	106	1			

户口登记地在外乡镇街道的人口（续2）

单位：人

外										
	天津市					河北省				
街道	小计	乡	镇的村委会	镇的居委会	街道	小计	乡	镇的村委会	镇的居委会	街道
173	**316**	**18**	**60**	**49**	**189**	**2919**	**556**	**1659**	**203**	**501**
94	**173**	**5**	**25**	**18**	**125**	**1684**	**289**	**996**	**135**	**264**
52	48	1	3	5	39	583	78	364	44	97
17	29	1	9	3	16	265	60	145	21	39
6	6		3		3	174	42	96	13	23
8	40	2	3	5	30	243	36	120	26	61
	2	1		1		22	3	14	4	1
						10		10		
1	4		2	1	1	41	3	31	6	1
9	42		5	3	34	239	35	153	19	32
1	2				2	107	32	63	2	10
3	**5**				**5**	**153**	**35**	**88**	**8**	**22**
3	5				5	153	35	88	8	22
1	**3**				**3**	**102**	**16**	**71**	**6**	**9**
1	3				3	86	15	60	3	8
						16	1	11	3	1
9	**15**		**5**	**7**	**3**	**91**	**29**	**35**	**4**	**23**
9	6		1	2	3	38	12	16	3	7
	1			1		22	9	3	1	9
	2			2		7	2	4		1
	1		1			10	3	2		5
	5		3	2		14	3	10		1
9	**28**	**7**	**5**	**5**	**11**	**80**	**9**	**49**	**4**	**18**
9	8	3		2	3	32	4	15		13
	7		1		6	36	4	24	3	5
	1				1	2		2		
	4	1		3		2		2		
	5		4		1					
	3	3				6	1	5		
						2		1	1	
8	**9**		**2**	**1**	**6**	**85**	**26**	**41**	**4**	**14**
6	5		1		4	70	20	37	2	11
1	4		1	1	2	4	3			1
1						5		2	1	2
						6	3	2	1	
7	**3**		**2**		**1**	**99**	**21**	**59**	**2**	**17**
4	2		1		1	87	18	51	2	16
1						2		2		
	1		1							
1						1		1		
1						9	3	5		1
9	**15**		**4**	**4**	**7**	**131**	**20**	**63**	**4**	**44**
4	5		2		3	82	16	33	2	31
	1				1	10	1	5	2	2
1						4	2	1		1
1	1		1			6				6
	1				1	8		8		
2						7	1	4		2
1	7		1	4	2	14		12		2

7-1 全省按现住地、户口登记地类型分的

现住地	省								
	小计					北京市			
	小计	乡	镇的村委会	镇的居委会	街道	小计	乡	镇的村委会	镇的居委会
酒泉市	**7425**	**1354**	**1886**	**3451**	**734**	**10**		**1**	
肃州区	1488	271	651	70	496	10		1	
金塔县	213	78	96	14	25				
瓜州县	551	179	292	33	47				
肃北蒙古族自治县	228	53	143	3	29				
阿克塞哈萨克族自治县	62	30	13	19					
玉门市	481	148	223	54	56				
敦煌市	4402	595	468	3258	81				
庆阳市	**3900**	**778**	**1485**	**327**	**1310**	**23**	**6**	**11**	
西峰区	1464	347	551	81	485	5	2	1	
庆城县	765	81	221	123	340	5		2	
环　县	452	121	165	44	122	1	1		
华池县	364	68	134	22	140				
合水县	208	22	51	8	127				
正宁县	205	24	141	11	29				
宁　县	218	61	105	14	38	3		3	
镇原县	224	54	117	24	29	9	3	5	
定西市	**1948**	**268**	**1173**	**229**	**278**	**15**	**1**	**3**	**4**
安定区	419	74	220	24	101	6	1	2	
通渭县	86	33	27	12	14				
陇西县	530	38	371	65	56	5		1	1
渭源县	117	16	76	10	15				
临洮县	385	53	255	45	32	3			3
漳　县	152	16	82	28	26				
岷　县	259	38	142	45	34	1			
陇南市	**2298**	**433**	**1316**	**263**	**286**	**16**	**1**	**7**	**2**
武都区	578	114	301	92	71	1	1		
成　县	244	19	170	38	17	1		1	
文　县	461	57	264	33	107	5			
宕昌县	164	69	70	11	14				
康　县	217	23	159	14	21	2		1	
西和县	137	19	76	23	19	1			1
礼　县	158	44	86	24	4	5		5	
徽　县	250	71	134	20	25	1			1
两当县	89	17	56	8	8				
临夏回族自治州	**1698**	**541**	**740**	**124**	**293**	**8**	**1**	**3**	
临夏市	700	179	293	54	174	3		1	
临夏县	182	71	82	15	14	1			
康乐县	102	53	34	5	10	1	1		
永靖县	227	42	98	37	50				
广河县	123	26	79	3	15	2		1	
和政县	113	23	70	2	18				
东乡族自治县	54	39	14	1		1		1	
积石山保安族东乡族撒拉族自治县	197	108	70	7	12				
甘南藏族自治州	**978**	**307**	**356**	**103**	**212**	**3**		**1**	**1**
合作市	355	105	84	42	124	1		1	
临潭县	147	55	69	6	17	1			
卓尼县	69	19	46	2	2				
舟曲县	95	11	54	24	6	1			1
迭部县	81	33	22	9	17				
玛曲县	77	24	30	13	10				
碌曲县	54	21	24	5	4				
夏河县	100	39	27	2	32				

户口登记地在外乡镇街道的人口（续3）

单位：人

外										
	天津市					河北省				
街道	小计	乡	镇的村委会	镇的居委会	街道	小计	乡	镇的村委会	镇的居委会	街道
9	**18**		**2**	**6**	**10**	**148**	**40**	**66**	**12**	**30**
9	7				7	80	19	34	4	23
	1			1		15	1	13		1
						10	4	4		2
						5	4	1		
						1	1			
	4		1	1	2	15	3	10	2	
	6		1	4	1	22	8	4	6	4
6	**24**	**4**	**8**	**4**	**8**	**137**	**27**	**84**	**7**	**19**
2	9	3	2	1	3	61	13	37	1	10
3	2	1	1			26	6	18	1	1
	4		1		3	3		3		
	2			1	1					
	3		1	1	1	10	3		4	3
	2		2			8		7		1
						18	3	12		3
1	2		1	1		11	2	7	1	1
7	**12**	**1**	**3**	**2**	**6**	**96**	**16**	**62**	**13**	**5**
3	3	1			2	42	9	28	1	4
3	5		1	1	3	25	6	10	8	1
	1				1	4		2	2	
	2		1	1		17	1	16		
						3		3		
1	1		1			5		3	2	
6	**7**	**1**	**3**	**1**	**2**	**57**	**15**	**25**	**4**	**13**
	1			1		15	6	6	1	2
	2		1		1	16	1	7	3	5
5						9	3	5		1
						2	1	1		
1						1		1		
	1				1	7	2	2		3
	2	1	1			2	1			1
	1		1			3	1	1		1
						2		2		
4	**1**		**1**			**37**	**11**	**14**		**12**
2						16	6	3		7
1	1		1			1	1			
						9	1	5		3
1						4		2		2
						5	2	3		
						2	1	1		
1	**3**			**1**	**2**	**19**	**2**	**6**		**11**
						9	1	2		6
1						3		1		2
						3		3		
	1				1					
	1			1						
						1	1			
	1				1	3				3

7-1 全省按现住地、户口登记地类型分的

现住地	省								
	山西省					内蒙古自治区			
	小计	乡	镇的村委会	镇的居委会	街道	小计	乡	镇的村委会	镇的居委会
合计	**1500**	**304**	**752**	**129**	**315**	**972**	**143**	**410**	**130**
兰州市	**831**	**168**	**392**	**84**	**187**	**443**	**51**	**166**	**59**
城关区	271	61	126	22	62	146	21	42	24
七里河区	149	32	76	16	25	70	12	28	7
西固区	32	8	13	5	6	12		5	1
安宁区	185	21	81	28	55	65	8	21	9
红古区	17	1	15	1		3		2	
永登县	3	1	2			3	1	2	
皋兰县	17	5	10	1	1	3		2	1
榆中县	103	22	47	10	24	124	9	55	17
兰州新区	54	17	22	1	14	17		9	
嘉峪关市	**113**	**23**	**63**	**4**	**23**	**67**	**13**	**26**	**7**
市辖区	113	23	63	4	23	67	13	26	7
金昌市	**30**	**12**	**11**	**2**	**5**	**50**	**3**	**16**	**22**
金川区	22	10	5	2	5	38	3	12	14
永昌县	8	2	6			12		4	8
白银市	**32**	**6**	**17**	**2**	**7**	**42**	**10**	**16**	**5**
白银区	8		4	1	3	5			1
平川区	10		6		4	7		2	1
靖远县	10	5	5			5	2	3	
会宁县	2	1		1		4		2	
景泰县	2		2			21	8	9	3
天水市	**79**	**19**	**33**	**13**	**14**	**16**	**2**	**12**	
秦州区	34	5	13	3	13	5	1	2	
麦积区	28	14	9	5		1		1	
清水县	1				1	1		1	
秦安县	3		3			1		1	
甘谷县	5		2	3					
武山县	4		2	2		6		6	
张家川回族自治县	4		4			2	1	1	
武威市	**40**	**8**	**21**	**1**	**10**	**61**	**13**	**26**	**12**
凉州区	32	8	19		5	30	7	13	6
民勤县	3		1		2	22	4	6	6
古浪县	2		1	1		7	1	6	
天祝藏族自治县	3				3	2	1	1	
张掖市	**31**	**2**	**22**	**1**	**6**	**26**	**1**	**13**	**5**
甘州区	19	1	11	1	6	16		6	4
肃南裕固族自治县									
民乐县	1	1				2		2	
临泽县	3		3			2	1		1
高台县	3		3			4		4	
山丹县	5		5			2		1	
平凉市	**53**	**13**	**27**	**4**	**9**	**27**	**3**	**13**	
崆峒区	16	5	10	1		11	3	5	
泾川县	10	2	7		1	1			
灵台县	4	1	1		2	2		2	
崇信县	3		1	1	1	4		2	
庄浪县	1		1			4		2	
静宁县	6	1	1	1	3	3		2	
华亭市	13	4	6	1	2	2			

户口登记地在外乡镇街道的人口（续4）

单位：人

外										
	辽宁省					吉林省				
街道	小计	乡	镇 的村委会	镇 的居委会	街道	小计	乡	镇 的村委会	镇 的居委会	街道
289	**639**	**87**	**246**	**74**	**232**	**556**	**79**	**225**	**50**	**202**
167	**361**	**35**	**133**	**39**	**154**	**333**	**40**	**137**	**36**	**120**
59	139	15	51	9	64	95	12	30	14	39
23	50	5	25	8	12	60	4	24	6	26
6	21		7	5	9	21	3	12	2	4
27	47	3	14	10	20	43	9	13	7	14
1	1	1				14	2	10	2	
						9		7		2
	8	2	5		1	7		6	1	
43	77	8	22	4	43	63	5	24	4	30
8	18	1	9	3	5	21	5	11		5
21	**43**	**7**	**25**	**2**	**9**	**24**	**3**	**10**	**3**	**8**
21	43	7	25	2	9	24	3	10	3	8
9	**20**	**2**	**8**	**4**	**6**	**5**	**1**	**2**		**2**
9	17	1	7	3	6	5	1	2		2
	3	1	1	1						
11	**18**	**3**	**8**	**1**	**6**	**16**	**4**	**6**	**1**	**5**
4	14	3	6	1	4	12	3	4	1	4
4	3		1		2	1		1		
2						1	1			
1	1		1			2		1		1
2	**19**	**5**	**8**	**2**	**4**	**27**	**3**	**13**		**11**
2	6	1	3	1	1	13	2	7		4
	6	3			3	10		3		7
						1		1		
	2		2							
	2	1		1		1	1			
	3		3			2		2		
10	**23**	**2**	**15**	**2**	**4**	**13**	**4**	**5**		**4**
4	10		7	2	1	9	4	1		4
6	3	2			1					
	2		2			4		4		
	8		6		2					
7	**15**	**2**	**8**	**2**	**3**	**19**	**2**	**8**	**2**	**7**
6	11	2	5	2	2	11	2	2	1	6
						1				1
	2		1		1					
	1		1							
1	1		1			7		6	1	
11	**14**	**2**	**5**	**1**	**6**	**8**		**2**		**6**
3	2		2			4		2		2
1	2		1		1					
	3	1	1		1					
2						3				3
2	1		1							
1	1			1		1				1
2	5	1			4					

7-1 全省按现住地、户口登记地类型分的

现住地	省								
	山西省					内蒙古自治区			
	小计	乡	镇 的 村委会	镇 的 居委会	街道	小计	乡	镇 的 村委会	镇 的 居委会
酒泉市	**121**	**22**	**57**	**10**	**32**	**88**	**19**	**37**	**10**
肃州区	37	4	15		18	42	8	12	5
金塔县	7	2	5			16	7	4	4
瓜州县	10	2	8			13	1	11	1
肃北蒙古族自治县	6	2	3		1	10	2	4	
阿克塞哈萨克族自治县									
玉门市	33	2	20	8	3	4		4	
敦煌市	28	10	6	2	10	3	1	2	
庆阳市	**65**	**22**	**30**	**2**	**11**	**36**	**5**	**20**	**1**
西峰区	34	10	16	1	7	8	3	2	1
庆城县	3		3			13		10	
环　县	4	3	1			7		4	
华池县						1		1	
合水县	3	1	1		1	1		1	
正宁县						1		1	
宁　县	14	8	4		2	2	2		
镇原县	7		5	1	1	3		1	
定西市	**43**		**37**	**2**	**4**	**35**	**7**	**25**	**2**
安定区	4		1		3	6		6	
通渭县						6	4	2	
陇西县	20		18	1	1	7		6	1
渭源县	1		1			2		2	
临洮县	16		15	1		2		2	
漳　县	1		1			2			1
岷　县	1		1			10	3	7	
陇南市	**41**	**5**	**31**	**3**	**2**	**23**	**2**	**11**	**7**
武都区	11	1	9	1		2		1	
成　县	9		9			2		1	1
文　县	3		2		1	6		3	1
宕昌县	1				1	1		1	
康　县	2		2			3	1	2	
西和县	7	2	4	1					
礼　县	3	1	2			7		2	5
徽　县	3	1	1	1		2	1	1	
两当县	2		2						
临夏回族自治州	**11**	**4**	**3**		**4**	**48**	**10**	**26**	
临夏市	8	2	2		4	35	8	19	
临夏县	1		1			4	1	3	
康乐县									
永靖县						6		2	
广河县						1		1	
和政县	2	2							
东乡族自治县						1		1	
积石山保安族东乡族撒拉族自治县						1	1		
甘南藏族自治州	**10**		**8**	**1**	**1**	**10**	**4**	**3**	
合作市	7		5	1	1	6	3	2	
临潭县									
卓尼县						1			
舟曲县									
迭部县									
玛曲县									
碌曲县									
夏河县	3		3			3	1	1	

户口登记地在外乡镇街道的人口（续5）

单位：人

外										
	辽宁省					吉林省				
街道	小计	乡	镇的村委会	镇的居委会	街道	小计	乡	镇的村委会	镇的居委会	街道
22	**42**	**7**	**12**	**7**	**16**	**29**	**5**	**10**	**2**	**12**
17	16	2	3	2	9	9		2	1	6
1	3		1		2	2				2
						5		2		3
4	2		2			5		5		
	14	5	1	4	4	2			1	1
	7		5	1	1	6	5	1		
10	**26**	**10**	**7**	**3**	**6**	**29**	**11**	**5**		**13**
2	5	1	2		2	7	1	4		2
3	5		1	2	2	1				1
3	2		2			3		1		2
	3	1	1	1		5				5
	1				1	4	1			3
	10	8	1		1	9	9			
2										
1	**19**	**4**	**5**	**2**	**8**	**7**		**6**		**1**
	9	3	2		4	3		2		1
						1		1		
	4	1	1	1	1					
	1			1		2		2		
1	4		2		2					
	1				1	1		1		
3	**18**	**4**	**6**	**7**	**1**	**15**	**1**	**8**	**5**	**1**
1	5	1		4						
	3	2		1		8		3	5	
2						1		1		
	1	1								
	3		2		1	4		3		1
	2		2			1		1		
	1		1			1	1			
	3		1	2						
12	**16**	**4**	**5**	**2**	**5**	**28**	**3**	**13**		**12**
8	7	2	3		2	14		4		10
	2	1		1						
4	3				3	4		2		2
	2		1	1		4		4		
	1		1							
						1	1			
	1	1				5	2	3		
3	**5**		**1**		**4**	**3**	**2**		**1**	
1	4				4	1			1	
	1		1							
1										
						2	2			
1										

7-1 全省按现住地、户口登记地类型分的

现住地	省								
	黑龙江省					上海市			
	小计	乡	镇的村委会	镇的居委会	街道	小计	乡	镇的村委会	镇的居委会
合计	**783**	**110**	**272**	**109**	**292**	**222**	**12**	**34**	**22**
兰州市	**473**	**56**	**144**	**65**	**208**	**131**	**5**	**4**	**12**
城关区	185	28	41	34	82	43	3	1	2
七里河区	87	10	37	8	32	26	1	1	5
西固区	37	2	10	4	21	27			2
安宁区	52	4	12	11	25	23	1	1	2
红古区	5	1	4			3			
永登县	3		2	1		1			
皋兰县	8		6		2				
榆中县	77	7	25	7	38	7		1	1
兰州新区	19	4	7		8	1			
嘉峪关市	**68**	**10**	**31**	**13**	**14**	**8**			**1**
市辖区	68	10	31	13	14	8			1
金昌市	**21**		**12**	**4**	**5**	**6**			
金川区	18		12	2	4	4			
永昌县	3			2	1	2			
白银市	**21**	**8**	**5**	**1**	**7**	**10**	**1**		**3**
白银区	12	2	3	1	6	6	1		1
平川区	4	2	1		1	4			2
靖远县	1	1							
会宁县									
景泰县	4	3	1						
天水市	**20**	**4**	**8**	**3**	**5**	**18**	**2**	**10**	
秦州区	10	2	2	2	4	1			
麦积区	6	2	3		1	10		5	
清水县						2		2	
秦安县	1			1		2	1	1	
甘谷县						3	1	2	
武山县	2		2						
张家川回族自治县	1		1						
武威市	**20**	**6**	**6**	**2**	**6**	**3**			
凉州区	11	1	4	1	5	2			
民勤县	5	3	1		1	1			
古浪县	1		1						
天祝藏族自治县	3	2		1					
张掖市	**17**	**3**	**9**	**2**	**3**	**8**		**1**	**3**
甘州区	10	3	2	2	3	6			3
肃南裕固族自治县									
民乐县	3		3						
临泽县									
高台县	1		1			1			
山丹县	3		3			1		1	
平凉市	**25**	**4**	**12**	**2**	**7**	**9**	**2**	**2**	**1**
崆峒区	10		5	2	3	5	1		
泾川县						1	1		
灵台县	2	1			1				
崇信县	3	2			1				
庄浪县	1		1						
静宁县	3		2		1				
华亭市	6	1	4		1	3		2	1

户口登记地在外乡镇街道的人口（续6）

单位：人

外										
	江苏省					浙江省				
街道	小计	乡	镇的村委会	镇的居委会	街道	小计	乡	镇的村委会	镇的居委会	街道
154	**2761**	**406**	**1626**	**257**	**472**	**2135**	**316**	**1206**	**146**	**467**
110	**1697**	**224**	**1031**	**143**	**299**	**1266**	**174**	**689**	**100**	**303**
37	975	138	636	64	137	759	112	456	45	146
19	185	25	107	23	30	137	18	53	22	44
25	90	7	32	14	37	59	14	15	9	21
19	120	15	44	17	44	65	4	33	4	24
3	20	7	8	5		19	5	10	1	3
1	18	3	14	1		24	9	11	2	2
	21		13	6	2	13		11		2
5	145	11	91	4	39	135	8	71	11	45
1	123	18	86	9	10	55	4	29	6	16
7	**73**	**15**	**32**	**13**	**13**	**71**	**1**	**55**	**4**	**11**
7	73	15	32	13	13	71	1	55	4	11
6	**73**	**5**	**48**	**7**	**13**	**32**	**4**	**21**		**7**
4	55	3	36	3	13	27	1	19		7
2	18	2	12	4		5	3	2		
6	**63**	**13**	**29**	**14**	**7**	**57**	**18**	**22**	**3**	**14**
4	29	6	13	5	5	23		14	1	8
2	12	6	5	1		9	3	1	1	4
	5		3	1	1	6	3	3		
	3	1		1	1	7	2	3		2
	14		8	6		12	10	1	1	
6	**98**	**21**	**60**	**6**	**11**	**126**	**9**	**81**	**4**	**32**
1	26	7	11		8	48	3	34	1	10
5	38	11	25		2	43		21	1	21
	5		1	3	1					
	6	2	4			4	3		1	
	16	1	13	2		6	1	4		1
	5		4	1		7	2	4	1	
	2		2			18		18		
3	**87**	**18**	**46**	**11**	**12**	**84**	**6**	**59**	**2**	**17**
2	70	18	40	3	9	70	6	50	2	12
1	13		3	7	3	3		2		1
						8		7		1
	4		3	1		3				3
4	**48**	**5**	**33**	**3**	**7**	**41**	**2**	**24**	**5**	**10**
3	24	3	15	1	5	25		16	1	8
						2		1		1
	3		3			4		2	2	
	4		3	1						
1	3		3			3	2			1
	14	2	9	1	2	7		5	2	
4	**150**	**24**	**80**	**4**	**42**	**62**	**12**	**39**	**4**	**7**
4	54	14	31	1	8	33	6	26		1
	5		4		1	4		4		
	7		6		1	4	3	1		
	55	7	21		27					
	10		9	1		8			3	5
	6		3	2	1	4	3			1
	13	3	6		4	9		8	1	

7-1 全省按现住地、户口登记地类型分的

现住地	省								
	黑龙江省					上海市			
	小计	乡	镇的村委会	镇的居委会	街道	小计	乡	镇的村委会	镇的居委会
酒泉市	**42**	**7**	**12**	**7**	**16**	**6**		**1**	
肃州区	13	2	4		7	5			
金塔县	2		1		1	1		1	
瓜州县	8		4	2	2				
肃北蒙古族自治县	5	1			4				
阿克塞哈萨克族自治县									
玉门市	4	2		2					
敦煌市	10	2	3	3	2				
庆阳市	**25**	**6**	**6**	**3**	**10**	**7**		**6**	
西峰区	14	6	3		5	1			
庆城县	2		1	1					
环　县	6		1	1	4				
华池县						1		1	
合水县	1				1				
正宁县						5		5	
宁　县									
镇原县	2		1	1					
定西市	**11**	**1**	**7**	**2**	**1**	**8**	**2**	**4**	**1**
安定区	3		2		1				
通渭县	1			1					
陇西县	4		3	1		2		2	
渭源县						1			
临洮县	2	1	1			1		1	
漳　县	1		1			1	1		
岷　县						3	1	1	1
陇南市	**24**	**4**	**12**	**5**	**3**	**7**		**5**	**1**
武都区	8	1	5	1	1	1		1	
成　县	2			2					
文　县	3		2		1				
宕昌县									
康　县	2		1		1				
西和县	1		1			2		1	1
礼　县	1	1				1		1	
徽　县	6	2	2	2		3		2	
两当县	1		1						
临夏回族自治州	**10**	**1**	**5**		**4**	**1**		**1**	
临夏市									
临夏县									
康乐县									
永靖县	7		4		3				
广河县						1		1	
和政县	1		1						
东乡族自治县									
积石山保安族东乡族撒拉族自治县	2	1			1				
甘南藏族自治州	**6**		**3**		**3**				
合作市	2				2				
临潭县									
卓尼县									
舟曲县									
迭部县									
玛曲县									
碌曲县									
夏河县	4		3		1				

户口登记地在外乡镇街道的人口（续7）

单位：人

外										
	江苏省					浙江省				
街道	小计	乡	镇的村委会	镇的居委会	街道	小计	乡	镇的村委会	镇的居委会	街道
5	**156**	**22**	**98**	**20**	**16**	**92**	**23**	**48**	**3**	**18**
5	52	14	25	2	11	57	10	31		16
	18	4	11	1	2	7	4	3		
	14		10	4		6	2	2	1	1
	1		1			7		6	1	
	1			1						
	33		26	6	1	5	2	1	1	1
	37	4	25	6	2	10	5	5		
1	**70**	**16**	**34**	**5**	**15**	**82**	**20**	**49**	**3**	**10**
1	34	12	11	2	9	44	14	22	1	7
	8		8			6	1	5		
	10	1	4	1	4	3	1	2		
	2			1	1	6	4	2		
	2		1	1						
	10	1	8		1	5		3	2	
	2	1	1			8		5		3
	2	1	1			10		10		
1	**106**	**21**	**61**	**16**	**8**	**44**	**4**	**26**	**2**	**12**
	25	10	10	3	2	11	2	3		6
	2	2				4	1		1	2
	15	1	11	2	1	13		11		2
1	13	3	9		1	5		2	1	2
	31	2	26	2	1	2	1	1		
	6		3	1	2					
	14	3	2	8	1	9		9		
1	**63**	**6**	**35**	**9**	**13**	**74**	**7**	**50**	**13**	**4**
	15	1	10	3	1	24	3	14	6	1
	5		5			14		10	1	3
	8	1	4	2	1	5	3	2		
	7	2			5	8		4	4	
	3		1	1	1	1		1		
	14		6	3	5	12		11	1	
	3	1	2			4	1	3		
1	7	1	6			6		5	1	
	1		1							
	62	**15**	**33**	**4**	**10**	**73**	**21**	**38**	**1**	**13**
	30	9	12	4	5	48	8	30	1	9
	5	1	4			1	1			
	6	5	1			11	5	6		
	2		2			1				1
	9		6		3	6	5	1		
	1				1	5	2			3
	5		5							
	4		3		1	1		1		
	15	**1**	**6**	**2**	**6**	**31**	**15**	**5**	**2**	**9**
	2				2	20	10	1	2	7
	2		2			3	2			1
	2		2							
	4		2		2	1		1		
						3		3		
	5	1		2	2					
						2	1			1
						2	2			

7-1 全省按现住地、户口登记地类型分的

现住地	省								
	安徽省					福建省			
	小计	乡	镇的村委会	镇的居委会	街道	小计	乡	镇的村委会	镇的居委会
合计	**2610**	**510**	**1634**	**171**	**295**	**1650**	**219**	**951**	**154**
兰州市	**1447**	**255**	**935**	**87**	**170**	**1034**	**133**	**589**	**94**
城关区	631	136	405	36	54	383	50	219	36
七里河区	230	33	148	22	27	117	10	80	6
西固区	118	29	71	4	14	226	40	120	22
安宁区	123	8	77	12	26	87	6	39	12
红古区	24	3	20	1		7	4	1	2
永登县	32	6	22	1	3	10	6	2	
皋兰县	18	2	15	1		70	7	58	3
榆中县	195	28	122	8	37	93	8	44	4
兰州新区	76	10	55	2	9	41	2	26	9
嘉峪关市	**110**	**19**	**69**	**5**	**17**	**41**	**4**	**26**	
市辖区	110	19	69	5	17	41	4	26	
金昌市	**39**	**5**	**25**	**3**	**6**	**27**	**1**	**19**	**2**
金川区	30	5	17	2	6	21	1	19	
永昌县	9		8	1		6			2
白银市	**85**	**23**	**43**	**7**	**12**	**39**	**7**	**23**	**9**
白银区	44	6	31	1	6	26	3	15	8
平川区	19	13	4		2	2		1	1
靖远县	4		4			6	1	5	
会宁县	5		1		4	3	3		
景泰县	13	4	3	6		2		2	
天水市	**86**	**8**	**57**	**11**	**10**	**75**	**3**	**47**	**3**
秦州区	32	1	20	9	2	31	3	17	1
麦积区	26	6	13		7	32		22	
清水县	3		3			5		5	
秦安县	5		4	1					
甘谷县	3		2		1	4		1	1
武山县	13	1	12			1			1
张家川回族自治县	4		3	1		2		2	
武威市	**109**	**21**	**77**	**3**	**8**	**45**	**3**	**23**	**9**
凉州区	80	17	56	1	6	39	3	19	8
民勤县	8	3	4	1					
古浪县	3		1	1	1				
天祝藏族自治县	18	1	16		1	6		4	1
张掖市	**113**	**18**	**65**	**13**	**17**	**52**	**7**	**30**	**6**
甘州区	96	18	55	6	17	42	5	28	
肃南裕固族自治县						1	1		
民乐县	4		1	3		1		1	
临泽县									
高台县	7		4	3		1	1		
山丹县	6		5	1		7		1	6
平凉市	**100**	**19**	**71**	**4**	**6**	**48**	**8**	**35**	**1**
崆峒区	70	17	45	3	5	33	3	26	1
泾川县	2		1	1		6		6	
灵台县	8		8			2	1	1	
崇信县	6		5		1				
庄浪县	3		3			3	2	1	
静宁县	11	2	9						
华亭市						4	2	1	

户口登记地在外乡镇街道的人口（续8）

单位：人

外										
	江西省					山东省				
街道	小计	乡	镇的村委会	镇的居委会	街道	小计	乡	镇的村委会	镇的居委会	街道
326	**1060**	**201**	**578**	**127**	**154**	**2521**	**369**	**1343**	**189**	**620**
218	**636**	**114**	**351**	**71**	**100**	**1546**	**212**	**823**	**98**	**413**
78	276	60	151	33	32	614	99	314	38	163
21	116	18	71	7	20	243	37	140	9	57
44	50	3	26	7	14	110	1	71	7	31
30	67	14	30	10	13	273	29	127	31	86
	3	1		2		17	5	10	2	
2	5		5			13	4	6	1	2
2	9		7	2		18	1	13	1	3
37	76	12	41	5	18	201	24	104	6	67
4	34	6	20	5	3	57	12	38	3	4
11	**6**	**2**	**2**	**2**		**62**	**13**	**28**	**4**	**17**
11	6	2	2	2		62	13	28	4	17
5	**9**		**8**	**1**		**62**	**5**	**43**		**14**
1	4		3	1		42	2	29		11
4	5		5			20	3	14		3
	44	**8**	**23**	**6**	**7**	**104**	**29**	**40**	**13**	**22**
	38	7	21	3	7	42	5	15	6	16
	1	1				14	4	7		3
	2		2			35	18	8	6	3
	3			3		3		3		
						10	2	7	1	
22	**65**	**8**	**48**	**6**	**3**	**56**	**4**	**31**	**3**	**18**
10	29	6	15	5	3	20	3	8	1	8
10	12		12			12		8		4
	4		4			5		4		1
	4		3	1		7		3		4
2						6	1	4	1	
	16	2	14			5		4		1
						1			1	
10	**27**	**8**	**9**	**1**	**9**	**63**	**16**	**29**	**4**	**14**
9	22	8	9	1	4	52	12	27	3	10
						4	2			2
						3		1	1	1
1	5				5	4	2	1		1
9	**17**	**3**	**5**	**7**	**2**	**95**	**23**	**43**	**10**	**19**
9	10	2	5	1	2	74	19	34	4	17
						3	3			
	1	1				2		2		
						1			1	
	6			6		10	1	6	1	2
						5		1	4	
4	**38**	**12**	**13**	**2**	**11**	**113**	**5**	**73**	**18**	**17**
3	9	2	3	2	2	33	2	20	8	3
	11	7	4			3	1	2		
	5	1	2		2	41		27	8	6
						4		2	1	1
	5	1	3		1	4		4		
	5		1		4	3	1			2
1	3	1			2	25	1	18	1	5

7-1 全省按现住地、户口登记地类型分的

现住地	省								
	安徽省					福建省			
	小计	乡	镇的村委会	镇的居委会	街道	小计	乡	镇的村委会	镇的居委会
酒泉市	**177**	**51**	**84**	**20**	**22**	**100**	**35**	**43**	**13**
肃州区	98	28	46	11	13	54	18	25	3
金塔县	2	2				10	4	5	1
瓜州县	16	4	11		1	4		4	
肃北蒙古族自治县	5	1	4			6	2	3	
阿克塞哈萨克族自治县	1	1							
玉门市	21	5	8	3	5	2		2	
敦煌市	34	10	15	6	3	24	11	4	9
庆阳市	**96**	**31**	**61**	**1**	**3**	**25**	**2**	**19**	**2**
西峰区	49	14	35			11	2	7	1
庆城县	8	6	2			3		2	
环　县	8	4	4			1			1
华池县	12	5	6		1				
合水县	1	1							
正宁县	8	1	6		1				
宁　县	10		8	1	1				
镇原县						10		10	
定西市	**80**	**7**	**63**	**4**	**6**	**75**	**7**	**45**	**9**
安定区	8	2	6			19	4	9	4
通渭县	2	1	1						
陇西县	49	3	39	1	6	29	2	20	4
渭源县	9	1	8			1		1	
临洮县	5		5			12	1	10	1
漳　县	4		3	1		3		2	
岷　县	3		1	2		11		3	
陇南市	**71**	**13**	**40**	**8**	**10**	**58**	**3**	**37**	**5**
武都区	34	6	19	4	5	23	3	10	3
成　县	5		4	1		5		4	1
文　县	8	1	1	3	3	13		8	1
宕昌县	6		6			2			
康　县	5	1	4			5		5	
西和县	1		1						
礼　县	3		3			7		7	
徽　县	7	3	2		2	2		2	
两当县	2	2				1		1	
临夏回族自治州	**53**	**34**	**12**	**2**	**5**	**23**	**5**	**8**	**1**
临夏市	29	19	9	1		7	1	1	
临夏县	5	5							
康乐县	4				4	1		1	
永靖县	5	2	2	1		1		1	
广河县	7	7				7		5	1
和政县	1		1						
东乡族自治县						3	3		
积石山保安族东乡族撒拉族自治县	2	1			1	4	1		
甘南藏族自治州	**44**	**6**	**32**	**3**	**3**	**8**	**1**	**7**	
合作市	6	2	4						
临潭县	7		7			6		6	
卓尼县	3		1	2		2	1	1	
舟曲县	12		12						
迭部县	10	2	5		3				
玛曲县	4	2	2						
碌曲县									
夏河县	2		1	1					

户口登记地在外乡镇街道的人口（续9）

单位：人

外										
	江西省					山东省				
街道	小计	乡	镇的村委会	镇的居委会	街道	小计	乡	镇的村委会	镇的居委会	街道
9	**32**	**11**	**13**	**6**	**2**	**149**	**21**	**87**	**11**	**30**
8	8	1	3	2	2	60	14	22		24
						7		6		1
	4	4				20	3	16	1	
1						10		9		1
						5	1	4		
	3		2	1		16		10	4	2
	17	6	8	3		31	3	20	6	2
2	**46**	**7**	**34**	**3**	**2**	**90**	**12**	**44**	**7**	**27**
1	24	3	18	1	2	29	9	7	1	12
1	1		1			13		10	3	
	1		1			19	3	15		1
	1	1								
	2	2				4		1	1	2
	2		2			14		3		11
	8		6	2		9		8	1	
	7	1	6			2			1	1
14	**67**	**10**	**34**	**20**	**3**	**80**	**9**	**53**	**8**	**10**
2	2		1		1	21	6	9		6
	4		4			1		1		
3	23	5	14	4		13		13		
	4	2	2			5	1	4		
	19	3	8	7	1	29	2	22	2	3
1	5		1	4		4		2	1	1
8	10		4	5	1	7		2	5	
13	**43**	**8**	**31**	**2**	**2**	**55**	**10**	**31**	**8**	**6**
7	7	3	4			19	4	8	4	3
	5		5			6		5	1	
4	12		12			5	1	3	1	
2	9	2	7			3		1	1	1
	2			1	1	5	1	4		
	2		1		1	4		3		1
						3	1	1		1
	5	3	1	1		8	3	4	1	
	1		1			2		2		
9	**20**	**9**	**3**		**8**	**26**	**6**	**10**	**3**	**7**
5	13	5			8	10	3	2	1	4
						2	1	1		
	3	3								
						4		2	2	
1	3		3			1				1
						1				1
						2	2			
3	1	1				6		5		1
	10	**1**	**4**		**5**	**20**	**4**	**8**	**2**	**6**
	4	1	3			12	2	3	1	6
						2	2			
	1		1			2		2		
						1		1		
						2		1	1	
						1		1		
	5				5					

7-1 全省按现住地、户口登记地类型分的

现住地	省								
	河南省					湖北省			
	小计	乡	镇的村委会	镇的居委会	街道	小计	乡	镇的村委会	镇的居委会
合计	**9224**	**2570**	**5247**	**437**	**970**	**3501**	**518**	**2236**	**243**
兰州市	**5345**	**1460**	**3030**	**260**	**595**	**1890**	**226**	**1246**	**129**
城关区	2538	771	1386	111	270	848	114	566	59
七里河区	691	182	402	35	72	262	32	168	16
西固区	618	134	387	27	70	194	16	148	2
安宁区	442	95	210	46	91	185	18	101	19
红古区	101	22	71	3	5	22		14	3
永登县	52	16	30	2	4	9	4	2	1
皋兰县	90	24	58	6	2	47		43	2
榆中县	550	170	300	23	57	189	34	102	17
兰州新区	263	46	186	7	24	134	8	102	10
嘉峪关市	**630**	**209**	**361**	**15**	**45**	**75**	**11**	**48**	**3**
市辖区	630	209	361	15	45	75	11	48	3
金昌市	**298**	**80**	**169**	**18**	**31**	**73**	**2**	**61**	
金川区	275	79	150	15	31	43	1	35	
永昌县	23	1	19	3		30	1	26	
白银市	**363**	**128**	**200**	**20**	**15**	**210**	**37**	**142**	**16**
白银区	223	79	118	12	14	122	12	97	5
平川区	75	19	53	2	1	19	5	10	2
靖远县	29	9	20			29	6	10	9
会宁县	18	15	2	1		15	4	11	
景泰县	18	6	7	5		25	10	14	
天水市	**286**	**38**	**182**	**25**	**41**	**104**	**9**	**75**	**10**
秦州区	105	15	63	7	20	34	2	30	
麦积区	96	12	66	2	16	35	2	23	5
清水县	32	1	16	11	4	4	2	1	
秦安县	18	1	15	2		15	2	9	2
甘谷县	5	1	4			6		4	2
武山县	14	3	10		1	4		3	1
张家川回族自治县	16	5	8	3		6	1	5	
武威市	**232**	**58**	**141**	**3**	**30**	**68**	**14**	**38**	**8**
凉州区	173	48	111		14	49	12	29	
民勤县	16	3	8	3	2	3	2		1
古浪县	21	6	15			5		3	2
天祝藏族自治县	22	1	7		14	11		6	5
张掖市	**146**	**37**	**80**	**7**	**22**	**74**	**6**	**54**	**3**
甘州区	112	31	56	6	19	44	6	29	2
肃南裕固族自治县	3	2	1						
民乐县	5	1	3		1	2		2	
临泽县	6		6			2		2	
高台县	8	3	5			14		12	1
山丹县	12		9	1	2	12		9	
平凉市	**253**	**86**	**123**	**7**	**37**	**147**	**24**	**91**	**5**
崆峒区	96	38	43	2	13	92	21	52	2
泾川县	49	14	24		11	7		7	
灵台县	22	9	13			7	1	4	1
崇信县	18	8	3	2	5	7		6	
庄浪县	10	1	5		4	8		5	
静宁县	20	11	6	2	1	19	1	13	2
华亭市	38	5	29	1	3	7	1	4	

户口登记地在外乡镇街道的人口（续10）

单位：人

外										
	湖南省					广东省				
街道	小计	乡	镇 的 村委会	镇 的 居委会	街道	小计	乡	镇 的 村委会	镇 的 居委会	街道
504	**1597**	**302**	**848**	**155**	**292**	**717**	**55**	**196**	**96**	**370**
289	**852**	**145**	**457**	**70**	**180**	**506**	**25**	**115**	**76**	**290**
109	388	62	225	23	78	294	22	67	44	161
46	114	19	57	16	22	54		14	8	32
28	35	15	11	2	7	35		10	5	20
47	85	9	35	13	28	58	1	12	9	36
5	10		7		3	6		1	3	2
2	4		2	1	1	2			1	1
2	13	2	6	1	4	1		1		
36	152	32	77	13	30	49	1	10	5	33
14	51	6	37	1	7	7	1		1	5
13	**41**	**8**	**26**	**3**	**4**	**12**	**1**	**1**	**2**	**8**
13	41	8	26	3	4	12	1	1	2	8
10	**31**	**7**	**18**	**3**	**3**	**4**		**1**	**1**	**2**
7	24	2	17	2	3	3		1	1	1
3	7	5	1	1		1				1
15	**65**	**15**	**39**	**6**	**5**	**17**	**1**	**4**	**3**	**9**
8	26	2	16	4	4	10		1	2	7
2	10	2	7	1		2		1		1
4	14	8	6			2	1			1
	4		4			3		2	1	
1	11	3	6	1	1					
10	**90**	**14**	**44**	**5**	**27**	**38**	**5**	**14**	**3**	**16**
2	17		11	3	3	17	2	1	1	13
5	54	10	22		22	3		3		
1	6	1	3		2	2		2		
2	1		1			1				1
	5	2	3			9	1	7	1	
	5	1	2	2		3	2		1	
	2		2			3		1		2
8	**50**	**3**	**34**	**3**	**10**	**6**		**2**		**4**
8	34	3	22	3	6	4				4
	7		6		1					
	8		6		2	2		2		
	1				1					
11	**45**	**8**	**24**	**3**	**10**	**9**	**2**	**1**	**1**	**5**
7	23	4	13	1	5	4			1	3
	4		3	1		3	2			1
	5			1	4	1		1		
1	11	3	7		1					
3	2	1	1			1				1
27	**53**	**10**	**33**	**2**	**8**	**16**	**3**	**6**		**7**
17	14	5	9			7	1	2		4
	7	2	3		2	5	1	3		1
1	1		1							
1	3	1	1		1					
3	17	1	10	1	5	2		1		1
3	6		5	1		2	1			1
2	5	1	4							

7-1　全省按现住地、户口登记地类型分的

现住地	省								
	河南省					湖北省			
	小计	乡	镇的村委会	镇的居委会	街道	小计	乡	镇的村委会	镇的居委会
酒泉市	**693**	**225**	**384**	**29**	**55**	**136**	**31**	**54**	**22**
肃州区	249	63	146	5	35	71	14	22	9
金塔县	21	11	8	2		2			
瓜州县	59	8	48	2	1	7	2	4	
肃北蒙古族自治县	22	5	16		1	7	2	5	
阿克塞哈萨克族自治县	13	13				4	4		
玉门市	86	44	35	2	5	21	6	12	3
敦煌市	243	81	131	18	13	24	3	11	10
庆阳市	**325**	**92**	**196**	**10**	**27**	**171**	**36**	**111**	**7**
西峰区	162	59	86	6	11	92	24	53	7
庆城县	21		16		5	15	1	12	
环　县	35	8	21	2	4	12	5	6	
华池县	15	2	12		1	16		12	
合水县	17	3	12		2	1			
正宁县	27	1	22	1	3	10		9	
宁　县	23	12	10		1	4	1	3	
镇原县	25	7	17	1		21	5	16	
定西市	**218**	**34**	**138**	**20**	**26**	**109**	**14**	**72**	**9**
安定区	49	8	31	5	5	22	2	13	
通渭县	18	6	1	6	5	5	4		
陇西县	57		49	4	4	19		16	1
渭源县	10	2	5		3	6		4	2
临洮县	60	12	40	1	7	31	4	24	2
漳　县	11		6	3	2	12	2	7	
岷　县	13	6	6	1		14	2	8	4
陇南市	**199**	**47**	**128**	**6**	**18**	**170**	**38**	**110**	**8**
武都区	57	6	42		9	76	23	38	7
成　县	24	4	18	2		9		8	
文　县	36	6	28	1	1	36	4	30	1
宕昌县	5	1	3	1		2		1	
康　县	23	12	9		2	10		10	
西和县	13	1	7	1	4	11	8	3	
礼　县	12	1	10	1		12		12	
徽　县	29	16	11		2	12	2	7	
两当县						2	1	1	
临夏回族自治州	**171**	**53**	**88**	**10**	**20**	**165**	**39**	**99**	**9**
临夏市	78	27	38	2	11	47	4	31	
临夏县	28	11	7	7	3	27	4	18	5
康乐县	14	7	7			3		3	
永靖县	19	3	13	1	2	21	8	11	2
广河县	9		8		1	10	6	4	
和政县	15		13		2	26	4	17	
东乡族自治县									
积石山保安族东乡族撒拉族自治县	8	5	2		1	31	13	15	2
甘南藏族自治州	**65**	**23**	**27**	**7**	**8**	**109**	**31**	**35**	**14**
合作市	24	8	5	4	7	48	6	10	7
临潭县	12	4	8			17	12	2	
卓尼县	9	2	7			6		6	
舟曲县	4	2		2		15	3	8	4
迭部县	5	1	3	1		7	5	2	
玛曲县	1	1				1		1	
碌曲县	7	4	3			9	3	3	3
夏河县	3	1	1		1	6	2	3	

户口登记地在外乡镇街道的人口（续11）

单位：人

外										
	湖南省					广东省				
街道	小计	乡	镇 的村委会	镇 的居委会	街道	小计	乡	镇 的村委会	镇 的居委会	街道
29	**56**	**8**	**36**	**5**	**7**	**21**	**3**	**7**	**5**	**6**
26	28	8	15	2	3	11	1	6		4
2										
1	10		6	1	3	1			1	
	1		1			1		1		
	1		1							
	4		3		1	2				2
	12		10	2		6	2		4	
17	**73**	**23**	**27**	**10**	**13**	**29**	**6**	**14**	**3**	**6**
8	30	12	11	3	4	14	3	5	1	5
2	5		1		4	2		2		
1	16	7	6	2	1					
4	2	1	1							
1	4	3			1	2		2		
1	3		3			5		3	2	
	7		4		3	4	3			1
	6		1	5		2		2		
14	**64**	**5**	**48**	**6**	**5**	**16**	**1**	**7**		**8**
7	14	1	8	2	3	4				4
1	2		1	1						
2	10	1	8	1		8	1	3		4
	9		9			1		1		
1	14		13	1		1		1		
3	11	3	6		2					
	4		3	1		2		2		
14	**70**	**7**	**40**	**15**	**8**	**14**	**3**	**8**		**3**
8	20	3	12	2	3	3		1		2
1	6	1		4	1	2		2		
1	6	1	4		1					
1	3			3		2	2			
	14		11	1	2	5	1	4		
	6		4	1	1	1		1		
	8		4	4						
3	6	1	5							
	1	1				1				1
18	**47**	**22**	**20**	**2**	**3**	**24**	**5**	**12**	**2**	**5**
12	9		8		1	6		4		2
	10	7	2	1						
	6	5		1						
						4		2		2
						4		3		1
5	8		6		2	4	2	2		
						1		1		
1	14	10	4			5	3		2	
29	**60**	**27**	**2**	**22**	**9**	**5**		**4**		**1**
25	46	20	1	17	8	1				1
3										
	1	1								
	4			4						
	2		1	1						
	3	2			1					
	4	4				3		3		
1						1		1		

7-1 全省按现住地、户口登记地类型分的

现住地	省								
	广西壮族自治区					海南省			
	小计	乡	镇的村委会	镇的居委会	街道	小计	乡	镇的村委会	镇的居委会
合计	**383**	**64**	**182**	**37**	**100**	**160**	**6**	**42**	**30**
兰州市	**268**	**45**	**113**	**29**	**81**	**124**	**3**	**37**	**23**
城关区	52	16	11	9	16	39		3	5
七里河区	26	3	12	4	7	8		3	1
西固区	9		7	1	1	1			
安宁区	30	3	10	4	13	28	2	12	7
红古区	9		9			1			
永登县									
皋兰县	1		1						
榆中县	132	23	58	11	40	43	1	19	7
兰州新区	9		5		4	4			3
嘉峪关市	**7**		**4**		**3**				
市辖区	7		4		3				
金昌市	**11**		**5**		**6**				
金川区	11		5		6				
永昌县									
白银市	**2**	**1**			**1**	**6**	**1**	**2**	**3**
白银区						2		1	1
平川区	1				1				
靖远县						1		1	
会宁县	1	1				1	1		
景泰县						2			2
天水市	**17**	**2**	**9**	**1**	**5**	**6**	**1**	**1**	**1**
秦州区	6	1	1		4	5	1		1
麦积区	2		1		1				
清水县	1		1						
秦安县	1		1						
甘谷县	4		3	1					
武山县	3	1	2			1		1	
张家川回族自治县									
武威市	**5**		**4**	**1**		**5**			
凉州区	3		3			4			
民勤县						1			
古浪县									
天祝藏族自治县	2		1	1					
张掖市	**4**			**3**	**1**	**4**			**1**
甘州区	2			1	1	4			1
肃南裕固族自治县									
民乐县	2			2					
临泽县									
高台县									
山丹县									
平凉市	**7**		**5**	**1**	**1**	**3**	**1**		
崆峒区	3		1	1	1	1			
泾川县	1		1			1			
灵台县						1	1		
崇信县	1		1						
庄浪县									
静宁县	1		1						
华亭市	1		1						

户口登记地在外乡镇街道的人口（续12）

单位：人

外										
	重庆市					四川省				
街道	小计	乡	镇的村委会	镇的居委会	街道	小计	乡	镇的村委会	镇的居委会	街道
82	**1400**	**239**	**756**	**142**	**263**	**6327**	**1487**	**3522**	**448**	**870**
61	**783**	**129**	**430**	**62**	**162**	**3349**	**741**	**1933**	**214**	**461**
31	264	63	133	17	51	1228	319	640	93	176
4	113	13	54	16	30	603	105	353	48	97
1	36	6	19	2	9	209	41	124	12	32
7	80	9	37	10	24	271	38	128	32	73
1	14		12	1	1	67	7	57	1	2
	11		10		1	82	19	58	3	2
	27	3	17	5	2	127	19	99	3	6
16	158	25	87	6	40	359	74	235	13	37
1	80	10	61	5	4	403	119	239	9	36
	36	**4**	**21**	**4**	**7**	**143**	**39**	**86**	**1**	**17**
	36	4	21	4	7	143	39	86	1	17
	27		**19**	**3**	**5**	**92**	**15**	**59**	**7**	**11**
	23		15	3	5	64	13	40	4	7
	4		4			28	2	19	3	4
	52	**12**	**25**	**7**	**8**	**172**	**61**	**74**	**20**	**17**
	33	8	18	1	6	66	12	41	7	6
	5		1	3	1	52	20	19	3	10
	4	2	2			26	14	9	2	1
	4		2	1	1	3	2		1	
	6	2	2	2		25	13	5	7	
3	**55**	**3**	**34**	**7**	**11**	**191**	**30**	**117**	**18**	**26**
3	41	1	27	5	8	95	13	56	6	20
	5	1	1		3	46	11	26	4	5
	1		1			6	4		2	
						18		15	3	
	4		4			7	2	5		
	1	1				8		6	1	1
	3		1	2		11		9	2	
5	**16**	**8**	**6**		**2**	**167**	**45**	**88**	**10**	**24**
4	13	7	4		2	121	35	61	5	20
1						9	7	2		
	1		1			17		15	2	
	2	1	1			20	3	10	3	4
3	**23**		**14**	**3**	**6**	**118**	**14**	**71**	**21**	**12**
3	18		10	3	5	66	10	41	9	6
						5	1	3		1
	2		2			7	2	2	3	
						9		1	8	
						6	1	2		3
	3		2		1	25		22	1	2
2	**46**	**1**	**28**	**7**	**10**	**230**	**69**	**117**	**4**	**40**
1	10		8	1	1	120	42	59	4	15
1	8		8			7	1	3		3
	14		7	6	1	27	9	15		3
	4	1	2		1	7		4		3
	2		1		1	10	2	1		7
	2				2	20	2	18		
	6		2		4	39	13	17		9

7-1 全省按现住地、户口登记地类型分的

现住地	省								
	广西壮族自治区					海南省			
	小计	乡	镇的村委会	镇的居委会	街道	小计	乡	镇的村委会	镇的居委会
酒泉市	**11**	**4**	**6**		**1**	**6**			
肃州区	5	1	3		1	3			
金塔县									
瓜州县	1		1						
肃北蒙古族自治县	1		1						
阿克塞哈萨克族自治县									
玉门市	1		1			1			
敦煌市	3	3				2			
庆阳市	**20**	**9**	**10**		**1**				
西峰区	13	4	9						
庆城县	2	2							
环　县									
华池县									
合水县	1		1						
正宁县									
宁　县									
镇原县	4	3			1				
定西市	**13**	**1**	**11**	**1**					
安定区	1		1						
通渭县									
陇西县	4		3	1					
渭源县	1		1						
临洮县	2	1	1						
漳　县	3		3						
岷　县	2		2						
陇南市	**15**	**2**	**13**			**5**		**1**	**2**
武都区	3		3			2			2
成　县	1		1						
文　县	3	1	2			2		1	
宕昌县									
康　县	5		5						
西和县									
礼　县									
徽　县	3	1	2			1			
两当县									
临夏回族自治州	**2**		**2**						
临夏市	1		1						
临夏县									
康乐县									
永靖县	1		1						
广河县									
和政县									
东乡族自治县									
积石山保安族东乡族撒拉族自治县									
甘南藏族自治州	**1**			**1**		**1**		**1**	
合作市	1			1					
临潭县						1		1	
卓尼县									
舟曲县									
迭部县									
玛曲县									
碌曲县									
夏河县									

户口登记地在外乡镇街道的人口（续13）

单位：人

外										
	重庆市					四川省				
街道	小计	乡	镇的村委会	镇的居委会	街道	小计	乡	镇的村委会	镇的居委会	街道
6	**119**	**23**	**77**	**10**	**9**	**473**	**121**	**232**	**49**	**71**
3	40	7	29		4	176	26	91	6	53
	13	3	9		1	19	13		1	5
	21		17	2	2	25	7	16	2	
	18	9	8		1	32	9	20	1	2
						11	3	3	5	
1	2	1			1	52	14	30	5	3
2	25	3	14	8		158	49	72	29	8
	72	**18**	**37**	**3**	**14**	**206**	**78**	**93**	**1**	**34**
	35	16	12		7	133	57	53		23
	18		15	3		16		12	1	3
	5	2	3			13	4	7		2
						14	10	3		1
	6				6	2	1			1
	6		5		1	17	2	15		
	1		1			1				1
	1		1			10	4	3		3
	31	**5**	**12**	**12**	**2**	**237**	**25**	**176**	**18**	**18**
	4	1		1	2	37	8	23	1	5
						6	3	1		2
	3			3		101	7	87	5	2
						7	1	5	1	
	10	3	4	3		23	3	19	1	
	11		6	5		18		17		1
	3	1	2			45	3	24	10	8
2	**67**	**2**	**36**	**11**	**18**	**475**	**64**	**272**	**57**	**82**
	23	2	14	6	1	95	20	39	24	12
	11		11			53	5	42	5	1
1	19		6	2	11	180	22	83	17	58
	1				1	1			1	
	3		1	1	1	48	1	40	3	4
	1		1			24	5	17	1	1
	3		2	1		20	3	14	3	
1	3		1	1	1	49	6	35	2	6
	3				3	5	2	2	1	
	55	**23**	**13**	**13**	**6**	**276**	**109**	**129**	**8**	**30**
	21		6	12	3	125	50	51	5	19
	4		3		1	41	14	23		4
	1				1	35	22	10		3
	3		3			19	2	13	2	2
						20		18		2
	2		1		1	10	6	4		
	14	14				3	2		1	
	10	9		1		23	13	10		
	18	**11**	**4**		**3**	**198**	**76**	**75**	**20**	**27**
	7	3	1		3	46	13	18	4	11
	1	1				35	17	15	2	1
						6	3	3		
						15	2	8	4	1
	1		1			41	25	3	3	10
						28	6	14	6	2
						19	5	13	1	
	9	7	2			8	5	1		2

7-1 全省按现住地、户口登记地类型分的

现住地	省								
	贵州省					云南省			
	小计	乡	镇的村委会	镇的居委会	街道	小计	乡	镇的村委会	镇的居委会
合计	**673**	**160**	**392**	**42**	**79**	**659**	**169**	**349**	**50**
兰州市	**404**	**83**	**241**	**25**	**55**	**322**	**65**	**182**	**29**
城关区	68	13	41	6	8	49	10	16	8
七里河区	41	5	29	5	2	37	6	28	
西固区	3		1		2	12	1	8	1
安宁区	29	9	6	5	9	27	2	17	5
红古区						1		1	
永登县	7	5	2			21	1	19	1
皋兰县	36	2	33	1		11	2	7	2
榆中县	181	47	94	8	32	147	37	78	12
兰州新区	39	2	35		2	17	6	8	
嘉峪关市	**1**		**1**			**4**		**1**	
市辖区	1		1			4		1	
金昌市	**61**	**12**	**43**	**5**	**1**	**105**	**53**	**50**	**2**
金川区	12		12			8	2	6	
永昌县	49	12	31	5	1	97	51	44	2
白银市	**16**	**9**	**2**	**4**	**1**	**27**	**1**	**11**	**11**
白银区	4	3	1			6			3
平川区	5	1		3	1	3			2
靖远县	1	1				10		10	
会宁县	2	1	1			1	1		
景泰县	4	3		1		7		1	6
天水市	**33**	**17**	**12**	**2**	**2**	**26**	**5**	**19**	**1**
秦州区	16	8	4	2	2	8	3	5	
麦积区	7	5	2			5		4	
清水县	2		2			1			1
秦安县	3	3				2		2	
甘谷县	1		1			3		3	
武山县	1	1				3	1	2	
张家川回族自治县	3		3			4	1	3	
武威市	**16**	**2**	**13**		**1**	**11**	**6**	**4**	**1**
凉州区	14	1	12		1	5	2	2	1
民勤县						1	1		
古浪县	1		1			1		1	
天祝藏族自治县	1	1				4	3	1	
张掖市	**10**	**1**	**6**	**1**	**2**	**18**	**2**	**11**	**1**
甘州区	7	1	4		2	12		9	
肃南裕固族自治县						1	1		
民乐县									
临泽县	2		1	1		1	1		
高台县						1		1	
山丹县	1		1			3		1	1
平凉市	**17**	**3**	**6**	**1**	**7**	**7**	**2**	**2**	**1**
崆峒区	6	1	3	1	1	3	2	1	
泾川县	4		1		3				
灵台县	1	1				2			
崇信县									
庄浪县	2		1		1				
静宁县	2				2	1		1	
华亭市	2	1	1			1			1

户口登记地在外乡镇街道的人口（续 14）

单位：人

外										
	西藏自治区					陕西省				
街道	小计	乡	镇的村委会	镇的居委会	街道	小计	乡	镇的村委会	镇的居委会	街道
91	**392**	**98**	**132**	**32**	**130**	**8377**	**1236**	**3720**	**762**	**2659**
46	**188**	**59**	**71**	**9**	**49**	**3082**	**422**	**1540**	**251**	**869**
15	37	13	7		17	1290	193	609	103	385
3	8		2	2	4	575	61	308	44	162
2	3				3	129	27	52	1	49
3	31	12	9	2	8	438	52	166	52	168
	2		2			43	10	23	2	8
	21	10	10		1	40	8	20	4	8
						85	8	61	11	5
20	76	23	38	3	12	300	50	184	16	50
3	10	1	3	2	4	182	13	117	18	34
3	**3**				**3**	**359**	**79**	**195**	**12**	**73**
3	3				3	359	79	195	12	73
	4			**3**	**1**	**180**	**25**	**106**	**8**	**41**
	3			2	1	139	23	76	3	37
	1			1		41	2	30	5	4
4	**7**	**1**	**2**		**4**	**283**	**67**	**129**	**27**	**60**
3	2				2	108	13	56	12	27
1						99	15	50	8	26
	2	1	1			43	31	10	2	
	2				2	16	2	9	2	3
	1		1			17	6	4	3	4
1	**31**	**5**	**13**	**2**	**11**	**370**	**39**	**191**	**35**	**105**
	6		2		4	144	13	67	7	57
1	10	2	2		6	131	18	64	12	37
						16		11	3	2
	8	2	4	2		19	4	9	3	3
	6	1	5			30		20	6	4
						16	3	8	3	2
	1				1	14	1	12	1	
	49	**3**	**10**	**3**	**33**	**189**	**34**	**99**	**11**	**45**
	31		1		30	143	27	73	6	37
	4		2		2	17	3	8	4	2
	3	1	1		1	6	1	3		2
	11	2	6	3		23	3	15	1	4
4	**12**		**7**	**2**	**3**	**148**	**13**	**103**	**9**	**23**
3	9		6		3	111	8	75	7	21
						9	2	7		
						6	1	4	1	
						3		2		1
						10	1	9		
1	3		1	2		9	1	6	1	1
2	**2**	**1**		**1**		**664**	**107**	**296**	**59**	**202**
						245	47	99	16	83
						58	13	27	2	16
2						68	15	41	6	6
						73	17	27	5	24
	1	1				26		14	3	9
	1			1		24	3	12	4	5
						170	12	76	23	59

7-1 全省按现住地、户口登记地类型分的

现住地	省								
	贵州省					云南省			
	小计	乡	镇的村委会	镇的居委会	街道	小计	乡	镇的村委会	镇的居委会
酒泉市	**19**	**4**	**12**		**3**	**13**		**9**	**2**
肃州区	10		8		2	3		1	1
金塔县	5	3	2			2		2	
瓜州县						1		1	
肃北蒙古族自治县						2		2	
阿克塞哈萨克族自治县									
玉门市	2		2			5		3	1
敦煌市	2	1			1				
庆阳市	**24**	**6**	**16**	**2**		**20**	**8**	**8**	**1**
西峰区	12	2	8	2		8	5	1	
庆城县	2		2			3	1	2	
环　县	1	1				1		1	
华池县									
合水县									
正宁县	1		1						
宁　县	6	1	5			5	1	4	
镇原县	2	2				3	1		1
定西市	**16**	**3**	**13**			**7**	**1**	**5**	
安定区	1		1			1		1	
通渭县	1	1				1		1	
陇西县	9	1	8			1		1	
渭源县	1	1				1	1		
临洮县	4		4			2		2	
漳　县									
岷　县						1			
陇南市	**19**	**3**	**15**	**1**		**29**	**4**	**21**	**1**
武都区	4		4			5	1	3	
成　县	5	1	3	1		1		1	
文　县	7	1	6			13	1	10	
宕昌县	1	1							
康　县	2		2			3		3	
西和县						1		1	
礼　县						2		1	1
徽　县						2		2	
两当县						2	2		
临夏回族自治州	**28**	**16**	**7**	**1**	**4**	**20**	**10**	**8**	
临夏市	3	1	2			1			
临夏县	9	6	2		1	4		4	
康乐县									
永靖县	5	3		1	1	10	8	2	
广河县	1	1							
和政县						2	1	1	
东乡族自治县	1	1				1		1	
积石山保安族东乡族撒拉族自治县	9	4	3		2	2	1		
甘南藏族自治州	**9**	**1**	**5**		**3**	**50**	**12**	**18**	
合作市	6	1	2		3	20	8	7	
临潭县									
卓尼县	3		3			9	4	5	
舟曲县									
迭部县									
玛曲县						4		4	
碌曲县						4		2	
夏河县						13			

户口登记地在外乡镇街道的人口（续15）

单位：人

外										
	西藏自治区					陕西省				
街道	小计	乡	镇的村委会	镇的居委会	街道	小计	乡	镇的村委会	镇的居委会	街道
2	**14**	**3**	**8**		**3**	**380**	**54**	**202**	**34**	**90**
1	9		6		3	155	21	62	4	68
						16	9	3	1	3
	3	3				34	3	27	3	1
	1		1			46	6	32	1	7
						3	1		2	
1	1		1			58	10	34	7	7
						68	4	44	16	4
3	**6**	**1**			**5**	**1872**	**229**	**429**	**227**	**987**
2	5	1			4	577	62	125	49	341
						561	60	89	107	305
						184	33	45	30	76
						264	36	90	19	119
						136	5	27		104
						68	18	36	6	8
						50	10	14	6	20
1	1				1	32	5	3	10	14
1	**17**	**3**	**5**	**7**	**2**	**249**	**28**	**123**	**35**	**63**
	3	1	1		1	63	3	35	2	23
						7	1	2	2	2
	6		3	3		46	2	22	7	15
	1		1			21	2	11	3	5
	6	1		4	1	40	7	18	8	7
						32	10	8	8	6
1	1	1				40	3	27	5	5
3	**4**			**4**		**403**	**64**	**253**	**43**	**43**
1	1			1		90	19	47	15	9
						29	2	24	1	2
2						54	3	36	2	13
						10		9		1
						57	6	41	4	6
	2			2		12		7	4	1
						11	2	6	3	
	1			1		78	24	40	7	7
						62	8	43	7	4
2	**16**	**7**	**7**		**2**	**111**	**47**	**28**	**5**	**31**
1	5	1	2		2	52	12	17	2	21
	7	5	2			13	8	5		
	2	1	1			4	1		1	2
						12		3	2	7
	1		1			2		1		1
	1		1			3	1	2		
						14	14			
1						11	11			
20	**39**	**15**	**9**	**1**	**14**	**87**	**28**	**26**	**6**	**27**
5	32	14	6	1	11	30	7	7	1	15
	1				1	20	12	1	2	5
	2		2			16	7	9		
						4		1	1	2
	1		1			8		2	2	4
	3	1			2	1		1		
2										
13						8	2	5		1

7-1 全省按现住地、户口登记地类型分的

现住地	省						
	青海省					宁夏回族	
	小计	乡	镇的村委会	镇的居委会	街道	小计	乡
合计	**6135**	**993**	**1102**	**3438**	**602**	**1874**	**518**
兰州市	**1323**	**249**	**544**	**183**	**347**	**777**	**153**
城关区	351	58	104	51	138	285	39
七里河区	174	28	51	26	69	106	29
西固区	54	6	15	5	28	59	17
安宁区	101	21	22	18	40	110	14
红古区	262	54	149	48	11	6	3
永登县	36	9	25	2		7	
皋兰县	42	11	23	5	3	10	1
榆中县	186	32	92	21	41	121	23
兰州新区	117	30	63	7	17	73	27
嘉峪关市	**53**	**14**	**22**	**4**	**13**	**27**	**6**
市辖区	53	14	22	4	13	27	6
金昌市	23	1	8	5	9	20	7
金川区	17	1	5	4	7	18	7
永昌县	6		3	1	2	2	
白银市	**56**	**10**	**18**	**14**	**14**	**208**	**79**
白银区	25	7	6	4	8	56	14
平川区	11	1	3	2	5	67	27
靖远县	8	1	2	5		52	23
会宁县	7		6	1		15	12
景泰县	5	1	1	2	1	18	3
天水市	**43**	**5**	**14**	**13**	**11**	**37**	**9**
秦州区	16	2	4	6	4	15	2
麦积区	11	1	2	2	6	4	1
清水县							
秦安县	10		5	4	1	4	3
甘谷县	4	2	2			3	
武山县	2		1	1			
张家川回族自治县						11	3
武威市	**113**	**4**	**68**	**8**	**33**	**49**	**14**
凉州区	44	1	15	2	26	36	12
民勤县	13		6	5	2	2	
古浪县	10		6		4	9	2
天祝藏族自治县	46	3	41	1	1	2	
张掖市	**105**	**21**	**59**	**10**	**15**	**25**	**6**
甘州区	55	14	25	2	14	16	4
肃南裕固族自治县	13	4	9				
民乐县	25		18	7			
临泽县	6	1	5			1	1
高台县	3	1	1		1	3	
山丹县	3	1	1	1		5	1
平凉市	**43**	**7**	**8**	**3**	**25**	**292**	**112**
崆峒区	26	3	2	2	19	121	55
泾川县	3				3	11	5
灵台县	1	1				8	2
崇信县	1				1	4	2
庄浪县	6	2	2		2	17	7
静宁县	6	1	4	1		99	34
华亭市						32	7

户口登记地在外乡镇街道的人口（续16）

单位：人

外							
自治区			新疆维吾尔自治区				
镇　的 村委会	镇　的 居委会	街道	小计	乡	镇　的 村委会	镇　的 居委会	街道
769	**208**	**379**	**2115**	**411**	**775**	**301**	**628**
337	**93**	**194**	**682**	**119**	**199**	**121**	**243**
118	39	89	248	25	65	59	99
48	9	20	91	26	24	14	27
17	9	16	23	4	4	1	14
46	18	32	79	15	22	12	30
2	1		9	5		2	2
3	3	1	16	6	4	3	3
9			1				1
65	6	27	163	27	64	20	52
29	8	9	52	11	16	10	15
14	**2**	**5**	**69**	**14**	**17**	**10**	**28**
14	2	5	69	14	17	10	28
8		5	23	4	10	6	3
7		4	12	4	5	1	2
1		1	11		5	5	1
86	**28**	**15**	**109**	**16**	**48**	**23**	**22**
28	3	11	18		2	8	8
26	14		8		3		5
20	7	2	23	4	13	2	4
2	1		24	9	12	1	2
10	3	2	36	3	18	12	3
14	**6**	**8**	**97**	**8**	**61**	**10**	**18**
7	3	3	15	2	6	1	6
1	1	1	14		10		4
			13	1	4	4	4
	1		20	2	13	1	4
2		1	15	1	14		
			8		7	1	
4	1	3	12	2	7	3	
13	**9**	**13**	**162**	**14**	**75**	**13**	**60**
10	6	8	98	6	44	1	47
	1	1	16	3	7	1	5
3		4	28	3	13	6	6
	2		20	2	11	5	2
13	**1**	**5**	**90**	**17**	**38**	**12**	**23**
7		5	35	8	12	1	14
			13	3	7		3
			9		5	2	2
3			16	5	4	5	2
3	1		17	1	10	4	2
99	**27**	**54**	**79**	**15**	**25**	**7**	**32**
28	3	35	26	5	4	1	16
5		1	7	3	2	1	1
3	1	2	2	1	1		
		2					
6	2	2	16	1	10	2	3
41	15	9	27	5	7	3	12
16	6	3	1		1		

7-1 全省按现住地、户口登记地类型分的

现住地	省						
	青海省					宁夏回族	
	小计	乡	镇 的村委会	镇 的居委会	街道	小计	乡
酒泉市	**3948**	**567**	**198**	**3131**	**52**	**84**	**18**
肃州区	40	3	12	7	18	31	2
金塔县	30	13	14	1	2	7	1
瓜州县	216	124	87	3	2	17	7
肃北蒙古族自治县	27	7	17		3	4	1
阿克塞哈萨克族自治县	10	3	1	6			
玉门市	48	41	5		2	5	
敦煌市	3577	376	62	3114	25	20	7
庆阳市	**23**	**3**	**10**	**4**	**6**	**227**	**79**
西峰区	8		4		4	27	7
庆城县	4	2		2		20	1
环　县	1			1		100	43
华池县	3		2		1	16	8
合水县	1		1			4	1
正宁县	2		1		1	4	1
宁　县	2		1	1		15	1
镇原县	2	1	1			41	17
定西市	**43**	**12**	**13**	**9**	**9**	**54**	**13**
安定区	10	2	2	1	5	13	6
通渭县	8	6	2			7	2
陇西县	11	2	3	4	2	8	
渭源县	3		2	1		1	
临洮县	9	2	4	1	2	21	4
漳　县	1			1		1	
岷　县	1			1		3	1
陇南市	**28**	**3**	**16**	**6**	**3**	**17**	**8**
武都区	3		1		2	2	1
成　县	4	1	2	1		5	1
文　县	6	1	5			1	
宕昌县	1	1					
康　县	6		3	3			
西和县	4		2	2		1	1
礼　县	2		2			2	
徽　县	2		1		1	5	4
两当县						1	1
临夏回族自治州	**251**	**60**	**97**	**40**	**54**	**54**	**14**
临夏市	75	10	23	13	29	26	6
临夏县	11	4	5		2	1	1
康乐县	4	2	2				
永靖县	86	13	30	24	19	1	1
广河县	6	2	3		1	20	5
和政县	13		9	1	3	6	1
东乡族自治县	4	1	3				
积石山保安族东乡族撒拉族自治县	52	28	22	2			
甘南藏族自治州	**83**	**37**	**27**	**8**	**11**	**3**	
合作市	16	4	6	2	4	2	
临潭县	9	1	8				
卓尼县	1	1					
舟曲县							
迭部县							
玛曲县	26	11	7	5	3		
碌曲县	2	1			1	1	
夏河县	29	19	6	1	3		

户口登记地在外乡镇街道的人口（续17）

单位：人

外							
自治区			新疆维吾尔自治区				
镇 的村委会	镇 的居委会	街道	小计	乡	镇 的村委会	镇 的居委会	街道
39	**10**	**17**	**242**	**30**	**51**	**27**	**134**
14	2	13	109	5	13	4	87
5	1		7	1	3	1	2
6	4		46	5	7	6	28
1		2	4	2			2
			12	3	4	5	
3		2	37	13	9	3	12
10	3		27	1	15	8	3
95	**16**	**37**	**51**	**11**	**21**	**2**	**17**
13	2	5	13	2	4	1	6
6	3	10					
37	6	14	12	5			7
2		6	1		1		
2	1		2	1	1		
2		1	7		7		
11	2	1	7	1	4	1	1
22	2		9	2	4		3
23	**5**	**13**	**176**	**33**	**93**	**20**	**30**
5		2	35	4	18	4	9
2	1	2	10	2	8		
5	2	1	33	6	13	9	5
		1	9	2	6		1
8	2	7	18	5	7	4	2
1			18		10	3	5
2			53	14	31		8
3	**3**	**3**	**211**	**108**	**68**	**26**	**9**
		1	28	9	10	7	2
	3	1	11	1	3	5	2
		1	20	8	10	2	
			98	58	37	1	2
			3		3		
			6			5	1
2			43	30	5	6	2
1			2	2			
25	**7**	**8**	**61**	**12**	**30**	**14**	**5**
6	6	8	31	5	18	7	1
			4		1	1	2
			7	1	3	3	
			4	1		2	1
14	1		3		2		1
5			6	2	3	1	
			3	1	2		
			3	2	1		
	1	**2**	**63**	**10**	**39**	**10**	**4**
		2	2	2			
			26	4	17	2	3
			2		1		1
			33	4	21	8	
	1						

7-1a 全省按现住地、户口登记地类型分的

现住地	人口数					省			
						小计			
	合计	乡	镇的村委会	镇的居委会	街道	小计	乡	镇的村委会	镇的居委会
合计	**336769**	**64446**	**138645**	**27124**	**106554**	**301934**	**57871**	**121815**	**24160**
兰州市	**143973**	**21393**	**51883**	**13926**	**56771**	**122194**	**17560**	**41172**	**11915**
城关区	72072	10737	26620	6126	28589	59596	8416	20187	5110
七里河区	28583	4715	9177	3382	11309	25188	4093	7608	3042
西固区	18095	2292	6716	1382	7705	15986	1927	5653	1230
安宁区	22106	3248	7801	2321	8736	18661	2788	6350	1878
红古区	3117	401	1569	715	432	2763	336	1374	655
嘉峪关市	**13708**	**2548**	**6038**	**473**	**4649**	**11668**	**2106**	**4943**	**365**
市辖区	13708	2548	6038	473	4649	11668	2106	4943	365
金昌市	**11213**	**1156**	**6087**	**547**	**3423**	**10288**	**998**	**5568**	**482**
金川区	11213	1156	6087	547	3423	10288	998	5568	482
白银市	**18496**	**4428**	**7283**	**2019**	**4766**	**17146**	**4136**	**6628**	**1868**
白银区	12447	2743	4863	1429	3412	11515	2569	4384	1332
平川区	5907	1621	2352	581	1353	5536	1515	2204	534
靖远县	142	64	68	9	1	95	52	40	2
天水市	**20839**	**3040**	**10256**	**1671**	**5872**	**19586**	**2852**	**9643**	**1593**
秦州区	14212	2025	6621	1189	4377	13531	1937	6304	1136
麦积区	6627	1015	3635	482	1495	6055	915	3339	457
武威市	**17951**	**2551**	**10223**	**694**	**4483**	**17067**	**2362**	**9798**	**672**
凉州区	17951	2551	10223	694	4483	17067	2362	9798	672
张掖市	**14177**	**2263**	**7554**	**817**	**3543**	**13429**	**2163**	**7155**	**762**
甘州区	14147	2263	7527	814	3543	13408	2163	7137	759
肃南裕固族自治县	30		27	3		21		18	3
平凉市	**19439**	**5985**	**8080**	**1195**	**4179**	**18194**	**5729**	**7504**	**1113**
崆峒区	15534	5224	5969	656	3685	14508	4983	5508	603
华亭市	3905	761	2111	539	494	3686	746	1996	510
酒泉市	**21091**	**5316**	**9455**	**1302**	**5018**	**19103**	**4815**	**8669**	**1121**
肃州区	14325	3047	6032	588	4658	13020	2798	5508	524
玉门市	2752	913	1356	262	221	2556	836	1288	238
敦煌市	4014	1356	2067	452	139	3527	1181	1873	359
庆阳市	**16395**	**4891**	**7136**	**1064**	**3304**	**15382**	**4656**	**6738**	**1020**
西峰区	16395	4891	7136	1064	3304	15382	4656	6738	1020
定西市	**10502**	**3203**	**4870**	**317**	**2112**	**10241**	**3148**	**4769**	**305**
安定区	10502	3203	4870	317	2112	10241	3148	4769	305
陇南市	**9372**	**2345**	**4632**	**1881**	**514**	**8933**	**2264**	**4409**	**1805**
武都区	9358	2345	4621	1878	514	8922	2264	4401	1802
康　县	14		11	3		11		8	3
临夏回族自治州	**16349**	**4211**	**4565**	**960**	**6613**	**15713**	**4052**	**4314**	**908**
临夏市	15756	3889	4318	958	6591	15130	3731	4070	907
临夏县	593	322	247	2	22	583	321	244	1
甘南藏族自治州	**3264**	**1116**	**583**	**258**	**1307**	**2990**	**1030**	**505**	**231**
合作市	3264	1116	583	258	1307	2990	1030	505	231

户口登记地在外乡镇街道的人口（城市）

单位：人

内										
	本县（市、区）					本省其他县（市、区）				
街道	小计	乡	镇的村委会	镇的居委会	街道	小计	乡	镇的村委会	镇的居委会	街道
98088	**161220**	**24293**	**56286**	**12590**	**68051**	**140714**	**33578**	**65529**	**11570**	**30037**
51547	**44382**	**1722**	**5514**	**4911**	**32235**	**77812**	**15838**	**35658**	**7004**	**19312**
25883	23543	699	1597	2099	19148	36053	7717	18590	3011	6735
10445	8078	479	1232	1298	5069	17110	3614	6376	1744	5376
7176	8001	335	1789	681	5196	7985	1592	3864	549	1980
7645	3329	134	335	327	2533	15332	2654	6015	1551	5112
398	1431	75	561	506	289	1332	261	813	149	109
4254	**2690**	**131**	**714**	**48**	**1797**	**8978**	**1975**	**4229**	**317**	**2457**
4254	2690	131	714	48	1797	8978	1975	4229	317	2457
3240	**5319**	**130**	**2221**	**162**	**2806**	**4969**	**868**	**3347**	**320**	**434**
3240	5319	130	2221	162	2806	4969	868	3347	320	434
4514	**9376**	**1577**	**2870**	**1290**	**3639**	**7770**	**2559**	**3758**	**578**	**875**
3230	5973	845	1613	902	2613	5542	1724	2771	430	617
1283	3348	703	1231	388	1026	2188	812	973	146	257
1	55	29	26			40	23	14	2	1
5498	**14136**	**1765**	**6539**	**1240**	**4592**	**5450**	**1087**	**3104**	**353**	**906**
4154	10369	1347	4536	905	3581	3162	590	1768	231	573
1344	3767	418	2003	335	1011	2288	497	1336	122	333
4235	**14450**	**1881**	**8357**	**451**	**3761**	**2617**	**481**	**1441**	**221**	**474**
4235	14450	1881	8357	451	3761	2617	481	1441	221	474
3349	**9940**	**1537**	**5568**	**284**	**2551**	**3489**	**626**	**1587**	**478**	**798**
3349	9925	1537	5556	281	2551	3483	626	1581	478	798
	15		12	3		6		6		
3848	**13413**	**4343**	**5219**	**746**	**3105**	**4781**	**1386**	**2285**	**367**	**743**
3414	10797	3866	3760	312	2859	3711	1117	1748	291	555
434	2616	477	1459	434	246	1070	269	537	76	188
4498	**14023**	**3552**	**6340**	**755**	**3376**	**5080**	**1263**	**2329**	**366**	**1122**
4190	9226	1996	3727	309	3194	3794	802	1781	215	996
194	1853	572	994	185	102	703	264	294	53	92
114	2944	984	1619	261	80	583	197	254	98	34
2968	**7470**	**1950**	**3010**	**451**	**2059**	**7912**	**2706**	**3728**	**569**	**909**
2968	7470	1950	3010	451	2059	7912	2706	3728	569	909
2019	**8803**	**2631**	**4166**	**218**	**1788**	**1438**	**517**	**603**	**87**	**231**
2019	8803	2631	4166	218	1788	1438	517	603	87	231
455	**8142**	**2048**	**4077**	**1616**	**401**	**791**	**216**	**332**	**189**	**54**
455	8132	2048	4070	1613	401	790	216	331	189	54
	10		7	3		1		1		
6439	**8202**	**840**	**1626**	**395**	**5341**	**7511**	**3212**	**2688**	**513**	**1098**
6422	7656	528	1400	395	5333	7474	3203	2670	512	1089
17	546	312	226		8	37	9	18	1	9
1224	**874**	**186**	**65**	**23**	**600**	**2116**	**844**	**440**	**208**	**624**
1224	874	186	65	23	600	2116	844	440	208	624

7-1a 全省按现住地、户口登记地类型分的

现住地	省								
	小计					北京市			
	小计	乡	镇的村委会	镇的居委会	街道	小计	乡	镇的村委会	镇的居委会
合计	**34835**	**6575**	**16830**	**2964**	**8466**	**157**	**5**	**7**	**20**
兰州市	**21779**	**3833**	**10711**	**2011**	**5224**	**101**		**4**	**16**
城关区	12476	2321	6433	1016	2706	58		1	5
七里河区	3395	622	1569	340	864	19			4
西固区	2109	365	1063	152	529	6			
安宁区	3445	460	1451	443	1091	18		3	7
红古区	354	65	195	60	34				
嘉峪关市	**2040**	**442**	**1095**	**108**	**395**	**2**			
市辖区	2040	442	1095	108	395	2			
金昌市	**925**	**158**	**519**	**65**	**183**	**1**			
金川区	925	158	519	65	183	1			
白银市	**1350**	**292**	**655**	**151**	**252**	**12**			**3**
白银区	932	174	479	97	182	12			3
平川区	371	106	148	47	70				
靖远县	47	12	28	7					
天水市	**1253**	**188**	**613**	**78**	**374**	**11**	**2**		**1**
秦州区	681	88	317	53	223	11	2		1
麦积区	572	100	296	25	151				
武威市	**884**	**189**	**425**	**22**	**248**	**4**			
凉州区	884	189	425	22	248	4			
张掖市	**748**	**100**	**399**	**55**	**194**	**3**			
甘州区	739	100	390	55	194	3			
肃南裕固族自治县	9		9						
平凉市	**1245**	**256**	**576**	**82**	**331**	**5**	**1**		
崆峒区	1026	241	461	53	271	5	1		
华亭市	219	15	115	29	60				
酒泉市	**1988**	**501**	**786**	**181**	**520**	**10**		**1**	
肃州区	1305	249	524	64	468	10		1	
玉门市	196	77	68	24	27				
敦煌市	487	175	194	93	25				
庆阳市	**1013**	**235**	**398**	**44**	**336**	**2**	**1**		
西峰区	1013	235	398	44	336	2	1		
定西市	**261**	**55**	**101**	**12**	**93**	**2**	**1**		
安定区	261	55	101	12	93	2	1		
陇南市	**439**	**81**	**223**	**76**	**59**				
武都区	436	81	220	76	59				
康　县	3		3						
临夏回族自治州	**636**	**159**	**251**	**52**	**174**	**3**		**1**	
临夏市	626	158	248	51	169	3		1	
临夏县	10	1	3	1	5				
甘南藏族自治州	**274**	**86**	**78**	**27**	**83**	**1**		**1**	
合作市	274	86	78	27	83	1		1	

户口登记地在外乡镇街道的人口（城市）（续1）

单位：人

外										
	天津市					河北省				
街道	小计	乡	镇 的村委会	镇 的居委会	街道	小计	乡	镇 的村委会	镇 的居委会	街道
125	**169**	**8**	**19**	**20**	**122**	**1836**	**369**	**974**	**131**	**362**
81	**119**	**5**	**15**	**13**	**86**	**1143**	**201**	**634**	**102**	**206**
52	48	1	3	5	39	554	75	342	44	93
15	23	1	6	2	14	198	56	94	19	29
6	6		3		3	138	34	71	10	23
8	40	2	3	5	30	243	36	120	26	61
	2	1		1		10		7	3	
2	**5**				**5**	**131**	**30**	**74**	**6**	**21**
2	5				5	131	30	74	6	21
1	**3**				**3**	**72**	**15**	**46**	**3**	**8**
1	3				3	72	15	46	3	8
9	**7**		**1**	**3**	**3**	**47**	**17**	**15**	**4**	**11**
9	6		1	2	3	30	8	12	3	7
	1			1		16	9	2	1	4
						1		1		
8	**9**	**3**		**1**	**5**	**50**	**8**	**27**	**3**	**12**
8	7	3		1	3	21	4	10		7
	2				2	29	4	17	3	5
4	**5**		**1**		**4**	**59**	**20**	**29**	**1**	**9**
4	5		1		4	59	20	29	1	9
3	**2**		**1**		**1**	**67**	**13**	**37**	**1**	**16**
3	2		1		1	67	13	37	1	16
4	**5**			**2**	**3**	**80**	**13**	**34**	**2**	**31**
4	3				3	77	13	31	2	31
	2			2		3		3		
9	**9**		**1**		**8**	**88**	**24**	**32**	**8**	**24**
9	7				7	75	18	30	4	23
	2		1		1	4	2	1	1	
						9	4	1	3	1
1	**2**				**2**	**47**	**9**	**31**		**7**
1	2				2	47	9	31		7
1	**2**				**2**	**19**	**9**	**7**		**3**
1	2				2	19	9	7		3
	1			**1**		**10**	**5**	**3**	**1**	**1**
	1			1		10	5	3	1	1
2						**14**	**4**	**3**		**7**
2						14	4	3		7
						9	**1**	**2**		**6**
						9	1	2		6

7–1a 全省按现住地、户口登记地类型分的

现住地	省								
	山西省					内蒙古自治区			
	小计	乡	镇的村委会	镇的居委会	街道	小计	乡	镇的村委会	镇的居委会
合计	**936**	**195**	**418**	**87**	**236**	**506**	**74**	**164**	**77**
兰州市	**591**	**113**	**267**	**67**	**144**	**268**	**34**	**83**	**41**
城关区	266	61	123	22	60	139	17	41	24
七里河区	98	23	40	12	23	51	9	15	7
西固区	30	8	11	5	6	11		5	1
安宁区	185	21	81	28	55	65	8	21	9
红古区	12		12			2		1	
嘉峪关市	**86**	**18**	**43**	**2**	**23**	**62**	**11**	**23**	**7**
市辖区	86	18	43	2	23	62	11	23	7
金昌市	**22**	**10**	**5**	**2**	**5**	**38**	**3**	**12**	**14**
金川区	22	10	5	2	5	38	3	12	14
白银市	**18**		**10**	**1**	**7**	**10**			**2**
白银区	8		4	1	3	5			1
平川区	5		1		4	5			1
靖远县	5		5						
天水市	**61**	**19**	**21**	**8**	**13**	**5**	**1**	**2**	
秦州区	33	5	12	3	13	5	1	2	
麦积区	28	14	9	5					
武威市	**26**	**6**	**15**		**5**	**19**	**6**	**6**	**3**
凉州区	26	6	15		5	19	6	6	3
张掖市	**16**		**9**	**1**	**6**	**14**		**4**	**4**
甘州区	16		9	1	6	14		4	4
肃南裕固族自治县									
平凉市	**22**	**7**	**13**	**2**		**9**	**1**	**5**	
崆峒区	14	4	9	1		9	1	5	
泾川县									
华亭市	8	3	4	1					
酒泉市	**48**	**12**	**15**	**2**	**19**	**39**	**8**	**10**	**5**
肃州区	33	2	15		16	38	8	9	5
玉门市	2				2	1		1	
敦煌市	13	10		2	1				
庆阳市	**27**	**7**	**14**		**6**	**7**	**2**	**2**	**1**
西峰区	27	7	14		6	7	2	2	1
定西市	**3**				**3**	**2**		**2**	
安定区	3				3	2		2	
陇南市	**5**	**1**	**3**	**1**		**2**		**1**	
武都区	5	1	3	1		2		1	
康　县									
临夏回族自治州	**8**	**2**	**2**		**4**	**27**	**7**	**12**	
临夏市	8	2	2		4	27	7	12	
临夏县									
甘南藏族自治州	**3**		**1**	**1**	**1**	**4**	**1**	**2**	
合作市	3		1	1	1	4	1	2	

户口登记地在外乡镇街道的人口（城市）（续2）

单位：人

外										
	辽宁省					吉林省				
街道	小计	乡	镇 的 村委会	镇 的 居委会	街道	小计	乡	镇 的 村委会	镇 的 居委会	街道
191	**378**	**45**	**138**	**49**	**146**	**309**	**43**	**98**	**38**	**130**
110	**235**	**23**	**80**	**29**	**103**	**196**	**26**	**60**	**30**	**80**
57	135	15	48	9	63	94	12	30	14	38
20	35	5	12	7	11	43	4	10	5	24
5	18		6	3	9	14	1	7	2	4
27	47	3	14	10	20	43	9	13	7	14
1						2			2	
21	**41**	**6**	**24**	**2**	**9**	**23**	**3**	**9**	**3**	**8**
21	41	6	24	2	9	23	3	9	3	8
9	**16**	**1**	**6**	**3**	**6**	**5**	**1**	**2**		**2**
9	16	1	6	3	6	5	1	2		2
8	**16**	**2**	**7**	**1**	**6**	**11**	**3**	**4**	**1**	**3**
4	13	2	6	1	4	11	3	4	1	3
4	3		1		2					
2	**11**	**4**	**3**	**1**	**3**	**21**	**2**	**10**		**9**
2	5	1	3	1		11	2	7		2
	6	3			3	10		3		7
4	**4**		**3**	**1**		**8**	**4**			**4**
4	4		3	1		8	4			4
6	**10**	**1**	**5**	**2**	**2**	**11**	**2**	**2**	**1**	**6**
6	10	1	5	2	2	11	2	2	1	6
3	**2**		**2**			**4**		**2**		**2**
3	2		2			4		2		2
16	**16**	**2**	**1**	**6**	**7**	**12**	**2**	**3**	**2**	**5**
16	12	2	1	2	7	7		2	1	4
	4			4		2			1	1
						3	2	1		
2	**3**		**2**		**1**					
2	3		2		1					
	9	**3**	**2**		**4**	**3**		**2**		**1**
	9	3	2		4	3		2		1
1	**5**	**1**		**4**						
1	5	1		4						
8	**7**	**2**	**3**		**2**	**14**		**4**		**10**
8	7	2	3		2	14		4		10
1	**3**				**3**	**1**			**1**	
1	3				3	1			1	

7-1a 全省按现住地、户口登记地类型分的

现住地	省								
	黑龙江省					上海市			
	小计	乡	镇的村委会	镇的居委会	街道	小计	乡	镇的村委会	镇的居委会
合计	**483**	**67**	**148**	**72**	**196**	**166**	**7**	**4**	**19**
兰州市	**327**	**41**	**83**	**54**	**149**	**120**	**5**	**3**	**11**
城关区	177	27	40	34	76	43	3	1	2
七里河区	63	8	23	5	27	26	1	1	5
西固区	35	2	8	4	21	27			2
安宁区	52	4	12	11	25	23	1	1	2
红古区						1			
嘉峪关市	**55**	**8**	**28**	**8**	**11**	**8**			**1**
市辖区	55	8	28	8	11	8			1
金昌市	**18**		**12**	**2**	**4**	**4**			
金川区	18		12	2	4	4			
白银市	**16**	**4**	**4**	**1**	**7**	**10**	**1**		**3**
白银区	12	2	3	1	6	6	1		1
平川区	4	2	1		1	4			2
靖远县									
天水市	**13**	**3**	**3**	**2**	**5**	**4**			
秦州区	8	2		2	4	1			
麦积区	5	1	3		1	3			
武威市	**2**	**1**			**1**	**1**			
凉州区	2	1			1	1			
张掖市	**9**	**2**	**2**	**2**	**3**	**6**			**3**
甘州区	9	2	2	2	3	6			3
肃南裕固族自治县									
平凉市	**10**		**6**	**2**	**2**	**7**	**1**	**1**	**1**
崆峒区	7		3	2	2	5	1		
华亭市	3		3			2		1	1
酒泉市	**14**	**3**	**4**		**7**	**5**			
肃州区	13	2	4		7	5			
玉门市	1	1							
敦煌市									
庆阳市	**8**	**4**	**1**		**3**	**1**			
西峰区	8	4	1		3	1			
定西市	**2**		**1**		**1**				
安定区	2		1		1				
陇南市	**7**	**1**	**4**	**1**	**1**				
武都区	7	1	4	1	1				
康　县									
临夏回族自治州									
临夏市									
临夏县									
甘南藏族自治州	**2**				**2**				
合作市	2				2				

户口登记地在外乡镇街道的人口（城市）（续3）

单位：人

外										
	江苏省					浙江省				
街道	小计	乡	镇 的 村委会	镇 的 居委会	街道	小计	乡	镇 的 村委会	镇 的 居委会	街道
136	**1772**	**294**	**1003**	**157**	**318**	**1500**	**201**	**849**	**95**	**355**
101	**1290**	**176**	**762**	**119**	**233**	**965**	**131**	**522**	**80**	**232**
37	937	129	617	64	127	716	97	431	45	143
19	130	20	65	20	25	114	14	38	21	41
25	86	5	30	14	37	57	14	13	9	21
19	120	15	44	17	44	65	4	33	4	24
1	17	7	6	4		13	2	7	1	3
7	**65**	**10**	**31**	**11**	**13**	**67**	**1**	**51**	**4**	**11**
7	65	10	31	11	13	67	1	51	4	11
4	**50**	**3**	**33**	**3**	**11**	**27**	**1**	**19**		**7**
4	50	3	33	3	11	27	1	19		7
6	**36**	**8**	**17**	**7**	**4**	**35**	**3**	**18**	**2**	**12**
4	26	6	11	5	4	23		14	1	8
2	8	2	5	1		9	3	1	1	4
	2		1	1		3		3		
4	**59**	**16**	**34**		**9**	**86**	**3**	**52**	**1**	**30**
1	24	5	11		8	45	3	32	1	9
3	35	11	23		1	41		20		21
1	**45**	**15**	**23**	**1**	**6**	**60**	**3**	**43**	**2**	**12**
1	45	15	23	1	6	60	3	43	2	12
3	**20**	**3**	**11**	**1**	**5**	**22**		**13**	**1**	**8**
3	20	3	11	1	5	22		13	1	8
4	**57**	**17**	**29**	**1**	**10**	**40**	**6**	**32**	**1**	**1**
4	52	14	29	1	8	33	6	26		1
	5	3			2	7		6	1	
5	**64**	**17**	**30**	**4**	**13**	**68**	**17**	**34**		**17**
5	51	14	24	2	11	56	10	30		16
	2		2			3	2			1
	11	3	4	2	2	9	5	4		
1	**28**	**9**	**11**	**2**	**6**	**41**	**13**	**21**		**7**
1	28	9	11	2	6	41	13	21		7
	18	**10**	**5**	**2**	**1**	**10**	**2**	**2**		**6**
	18	10	5	2	1	10	2	2		6
	11	**1**	**7**	**2**	**1**	**16**	**3**	**11**	**1**	**1**
	11	1	7	2	1	16	3	11	1	1
	27	**9**	**10**	**4**	**4**	**48**	**8**	**30**	**1**	**9**
	27	9	10	4	4	48	8	30	1	9
	2				**2**	**15**	**10**	**1**	**2**	**2**
	2				2	15	10	1	2	2

7-1a 全省按现住地、户口登记地类型分的

现住地	省								
	安徽省					福建省			
	小计	乡	镇的村委会	镇的居委会	街道	小计	乡	镇的村委会	镇的居委会
合计	**1673**	**354**	**1005**	**116**	**198**	**1137**	**157**	**628**	**104**
兰州市	**1020**	**188**	**647**	**72**	**113**	**769**	**102**	**425**	**70**
城关区	616	130	398	36	52	358	46	203	32
七里河区	171	28	102	20	21	103	10	69	3
西固区	98	21	60	3	14	218	40	113	21
安宁区	123	8	77	12	26	87	6	39	12
红古区	12	1	10	1		3		1	2
嘉峪关市	**106**	**19**	**65**	**5**	**17**	**41**	**4**	**26**	
市辖区	106	19	65	5	17	41	4	26	
金昌市	**30**	**5**	**17**	**2**	**6**	**21**	**1**	**19**	
金川区	30	5	17	2	6	21	1	19	
白银市	**54**	**16**	**29**	**1**	**8**	**28**	**3**	**16**	**9**
白银区	37	5	25	1	6	26	3	15	8
平川区	17	11	4		2	2		1	1
靖远县									
天水市	**53**	**7**	**29**	**9**	**8**	**63**	**3**	**39**	**1**
秦州区	31	1	19	9	2	31	3	17	1
麦积区	22	6	10		6	32		22	
武威市	**38**	**11**	**27**			**30**	**3**	**14**	**4**
凉州区	38	11	27			30	3	14	4
张掖市	**82**	**16**	**43**	**6**	**17**	**33**	**1**	**23**	
甘州区	82	16	43	6	17	33	1	23	
肃南裕固族自治县									
平凉市	**63**	**17**	**38**	**3**	**5**	**35**	**3**	**27**	**1**
崆峒区	63	17	38	3	5	33	3	26	1
华亭市						2		1	
酒泉市	**117**	**41**	**43**	**14**	**19**	**66**	**29**	**17**	**12**
肃州区	83	28	32	11	12	41	18	12	3
玉门市	15	4	5	1	5	1		1	
敦煌市	19	9	6	2	2	24	11	4	9
庆阳市	**38**	**8**	**30**			**5**	**1**	**3**	
西峰区	38	8	30			5	1	3	
定西市	**7**	**2**	**5**			**19**	**4**	**9**	**4**
安定区	7	2	5			19	4	9	4
陇南市	**31**	**4**	**19**	**3**	**5**	**22**	**2**	**10**	**3**
武都区	31	4	19	3	5	22	2	10	3
康　县									
临夏回族自治州	**28**	**18**	**9**	**1**		**5**	**1**		
临夏市	28	18	9	1		5	1		
临夏县									
甘南藏族自治州	**6**	**2**	**4**						
合作市	6	2	4						

户口登记地在外乡镇街道的人口（城市）（续4）

单位：人

外										
	江西省					山东省				
街道	小计	乡	镇的村委会	镇的居委会	街道	小计	乡	镇的村委会	镇的居委会	街道
248	**626**	**117**	**330**	**75**	**104**	**1602**	**217**	**792**	**128**	**465**
172	**433**	**75**	**232**	**55**	**71**	**1167**	**153**	**601**	**85**	**328**
77	225	44	122	31	28	590	88	301	38	163
21	90	13	54	6	17	190	35	97	8	50
44	49	3	26	7	13	105	1	68	7	29
30	67	14	30	10	13	273	29	127	31	86
	2	1		1		9		8	1	
11	**6**	**2**	**2**	**2**		**54**	**11**	**22**	**4**	**17**
11	6	2	2	2		54	11	22	4	17
1	**4**		**3**	**1**		**42**	**2**	**29**		**11**
1	4		3	1		42	2	29		11
	39	**8**	**21**	**3**	**7**	**56**	**7**	**22**	**10**	**17**
	38	7	21	3	7	36	4	13	4	15
	1	1				12	3	7		2
						8		2	6	
20	**39**	**6**	**25**	**5**	**3**	**27**	**2**	**12**	**1**	**12**
10	29	6	15	5	3	16	2	5	1	8
10	10		10			11		7		4
9	**19**	**8**	**7**		**4**	**35**	**5**	**18**	**3**	**9**
9	19	8	7		4	35	5	18	3	9
9	**7**		**4**	**1**	**2**	**56**	**7**	**32**	**4**	**13**
9	7		4	1	2	56	7	32	4	13
4	**12**	**3**	**3**	**2**	**4**	**39**	**2**	**22**	**8**	**7**
3	9	2	3	2	2	33	2	20	8	3
1	3	1			2	6		2		4
8	**25**	**7**	**10**	**6**	**2**	**60**	**13**	**16**	**6**	**25**
8	6	1	1	2	2	45	10	11		24
	2		1	1		4		1	2	1
	17	6	8	3		11	3	4	4	
1	**17**		**15**		**2**	**17**	**6**	**2**	**1**	**8**
1	17		15		2	17	6	2	1	8
2	**2**		**1**		**1**	**12**	**1**	**5**		**6**
2	2		1		1	12	1	5		6
7	**6**	**2**	**4**			**16**	**3**	**6**	**4**	**3**
7	6	2	4			16	3	6	4	3
4	**13**	**5**			**8**	**10**	**3**	**2**	**1**	**4**
4	13	5			8	10	3	2	1	4
	4	**1**	**3**			**11**	**2**	**3**	**1**	**5**
	4	1	3			11	2	3	1	5

7-1a 全省按现住地、户口登记地类型分的

现住地	省								
	河南省					湖北省			
	小计	乡	镇 的村委会	镇 的居委会	街道	小计	乡	镇 的村委会	镇 的居委会
合计	**5997**	**1720**	**3261**	**285**	**731**	**2114**	**296**	**1309**	**146**
兰州市	**3844**	**1043**	**2101**	**207**	**493**	**1356**	**164**	**870**	**94**
城关区	2348	678	1304	105	261	792	104	524	55
七里河区	487	142	251	27	67	201	27	116	16
西固区	524	119	310	26	69	171	15	126	2
安宁区	442	95	210	46	91	185	18	101	19
红古区	43	9	26	3	5	7		3	2
嘉峪关市	**502**	**161**	**282**	**14**	**45**	**70**	**8**	**46**	**3**
市辖区	502	161	282	14	45	70	8	46	3
金昌市	**253**	**71**	**139**	**15**	**28**	**35**	**1**	**28**	
金川区	253	71	139	15	28	35	1	28	
白银市	**278**	**93**	**157**	**13**	**15**	**137**	**16**	**104**	**7**
白银区	200	72	103	11	14	119	11	95	5
平川区	61	15	43	2	1	18	5	9	2
靖远县	17	6	11						
天水市	**173**	**25**	**111**	**3**	**34**	**45**	**3**	**30**	**5**
秦州区	83	13	51	1	18	13	1	10	
麦积区	90	12	60	2	16	32	2	20	5
武威市	**109**	**36**	**60**		**13**	**41**	**11**	**24**	
凉州区	109	36	60		13	41	11	24	
张掖市	**82**	**21**	**39**	**6**	**16**	**39**	**6**	**26**	**2**
甘州区	82	21	39	6	16	39	6	26	2
肃南裕固族自治县									
平凉市	**97**	**32**	**49**	**3**	**13**	**90**	**18**	**52**	**2**
崆峒区	80	31	34	2	13	88	17	52	2
华亭市	17	1	15	1		2	1		
酒泉市	**393**	**149**	**191**	**16**	**37**	**91**	**21**	**31**	**13**
肃州区	209	54	115	5	35	63	14	17	6
玉门市	33	28	3	2		19	5	11	3
敦煌市	151	67	73	9	2	9	2	3	4
庆阳市	**114**	**46**	**56**	**2**	**10**	**51**	**15**	**24**	**5**
西峰区	114	46	56	2	10	51	15	24	5
定西市	**22**	**8**	**9**	**1**	**4**	**14**		**7**	
安定区	22	8	9	1	4	14		7	
陇南市	**37**	**3**	**27**		**7**	**75**	**23**	**37**	**7**
武都区	37	3	27		7	75	23	37	7
康　县									
临夏回族自治州	**75**	**27**	**35**	**2**	**11**	**39**	**4**	**22**	**1**
临夏市	75	27	35	2	11	35	4	19	
临夏县						4		3	1
甘南藏族自治州	**18**	**5**	**5**	**3**	**5**	**31**	**6**	**8**	**7**
合作市	18	5	5	3	5	31	6	8	7

户口登记地在外乡镇街道的人口（城市）（续5）

单位：人

外										
	湖南省					广东省				
街道	小计	乡	镇的村委会	镇的居委会	街道	小计	乡	镇的村委会	镇的居委会	街道
363	**899**	**151**	**485**	**77**	**186**	**508**	**29**	**107**	**75**	**297**
228	**578**	**96**	**300**	**50**	**132**	**411**	**21**	**87**	**65**	**238**
109	372	58	215	23	76	284	20	66	44	154
42	81	16	35	12	18	43		4	7	32
28	33	13	11	2	7	24		5	5	14
47	85	9	35	13	28	58	1	12	9	36
2	7		4		3	2				2
13	**41**	**8**	**26**	**3**	**4**	**12**	**1**	**1**	**2**	**8**
13	41	8	26	3	4	12	1	1	2	8
6	**24**	**2**	**17**	**2**	**3**	**3**		**1**	**1**	**1**
6	24	2	17	2	3	3		1	1	1
10	**27**	**4**	**14**	**5**	**4**	**11**		**1**	**2**	**8**
8	23	2	13	4	4	10		1	2	7
2	4	2	1	1		1				1
7	**55**	**9**	**29**	**3**	**14**	**17**	**1**	**3**		**13**
2	15		10	3	2	15	1	1		13
5	40	9	19		12	2		2		
6	**33**	**3**	**22**	**3**	**5**	**4**				**4**
6	33	3	22	3	5	4				4
5	**17**		**12**	**1**	**4**	**4**			**1**	**3**
5	17		12	1	4	4			1	3
18	**18**	**5**	**13**			**5**	**1**			**4**
17	14	5	9			5	1			4
1	4		4							
26	**33**	**6**	**20**	**4**	**3**	**17**	**3**	**5**	**3**	**6**
26	24	6	13	2	3	10	1	5		4
	1		1			2				2
	8		6	2		5	2		3	
7	**21**	**10**	**6**	**1**	**4**	**12**	**2**	**5**	**1**	**4**
7	21	10	6	1	4	12	2	5	1	4
7	**7**		**5**		**2**	**4**				**4**
7	7		5		2	4				4
8	**18**	**2**	**12**	**2**	**2**	**2**				**2**
8	18	2	12	2	2	2				2
12	**9**		**8**		**1**	**6**		**4**		**2**
12	9		8		1	6		4		2
10	**18**	**6**	**1**	**3**	**8**					
10	18	6	1	3	8					

7-1a 全省按现住地、户口登记地类型分的

现住地	省								
	广西壮族自治区					海南省			
	小计	乡	镇的村委会	镇的居委会	街道	小计	乡	镇的村委会	镇的居委会
合计	**164**	**25**	**64**	**20**	**55**	**96**	**3**	**14**	**18**
兰州市	**109**	**19**	**36**	**17**	**37**	**72**	**2**	**13**	**13**
城关区	50	14	11	9	16	37		1	5
七里河区	20	2	8	3	7	5			1
西固区	8		6	1	1	1			
安宁区	30	3	10	4	13	28	2	12	7
红古区	1		1			1			
嘉峪关市	**7**		**4**		**3**				
市辖区	7		4		3				
金昌市	**11**		**5**		**6**				
金川区	11		5		6				
白银市	**1**				**1**	**2**		**1**	**1**
白银区						2		1	1
平川区	1				1				
靖远县									
天水市	**8**	**1**	**2**		**5**	**5**	**1**		**1**
秦州区	6	1	1		4	5	1		1
麦积区	2		1		1				
武威市	**3**		**3**			**4**			
凉州区	3		3			4			
张掖市	**2**			**1**	**1**	**4**			**1**
甘州区	2			1	1	4			1
肃南裕固族自治县									
平凉市	**3**		**1**	**1**	**1**	**1**			
崆峒区	3		1	1	1	1			
华亭市									
酒泉市	**6**	**3**	**2**		**1**	**6**			
肃州区	3		2		1	3			
玉门市						1			
敦煌市	3	3				2			
庆阳市	**9**	**2**	**7**						
西峰区	9	2	7						
定西市	**1**		**1**						
安定区	1		1						
陇南市	**2**		**2**			**2**			**2**
武都区	2		2			2			2
康　县									
临夏回族自治州	**1**		**1**						
临夏市	1		1						
临夏县									
甘南藏族自治州	**1**			**1**					
合作市	1			1					

户口登记地在外乡镇街道的人口（城市）（续6）

单位：人

外										
	重庆市					四川省				
街道	小计	乡	镇的村委会	镇的居委会	街道	小计	乡	镇的村委会	镇的居委会	街道
61	679	127	329	72	151	3234	792	1628	247	567
44	418	88	193	36	101	1982	447	1018	165	352
31	252	63	121	17	51	1150	302	586	89	173
4	53	12	15	8	18	371	66	202	31	72
1	31	4	19	1	7	159	37	78	12	32
7	80	9	37	10	24	271	38	128	32	73
1	2		1		1	31	4	24	1	2
	29	1	17	4	7	138	35	86	1	16
	29	1	17	4	7	138	35	86	1	16
	19		11	3	5	55	9	35	4	7
	19		11	3	5	55	9	35	4	7
	36	7	18	4	7	97	24	49	10	14
	31	7	17	1	6	62	11	38	7	6
	5		1	3	1	33	13	9	3	8
						2		2		
3	38	2	22	5	9	93	18	43	9	23
3	35	1	21	5	8	63	7	32	5	19
	3	1	1		1	30	11	11	4	4
4	12	7	3		2	92	31	43	2	16
4	12	7	3		2	92	31	43	2	16
3	13		9	1	3	47	9	26	6	6
3	13		9	1	3	47	9	26	6	6
1	13		8	1	4	121	41	61	4	15
1	9		7	1	1	108	41	50	4	13
	4		1		3	13		11		2
6	36	9	23		4	275	67	135	15	58
3	33	6	23		4	161	26	80	6	49
1	1	1				26	10	13	1	2
2	2	2				88	31	42	8	7
	19	7	8		4	103	44	44		15
	19	7	8		4	103	44	44		15
	4	1		1	2	16	4	7		5
	4	1		1	2	16	4	7		5
	17	2	10	5		68	14	23	23	8
	17	2	10	5		68	14	23	23	8
	21		6	12	3	101	36	40	4	21
	21		6	12	3	98	36	40	4	18
						3				3
	4	3	1			46	13	18	4	11
	4	3	1			46	13	18	4	11

7-1a 全省按现住地、户口登记地类型分的

<table>
<tr><th rowspan="3">现住地</th><th colspan="9">省</th></tr>
<tr><th colspan="5">贵州省</th><th colspan="4">云南省</th></tr>
<tr><th>小计</th><th>乡</th><th>镇 的
村委会</th><th>镇 的
居委会</th><th>街道</th><th>小计</th><th>乡</th><th>镇 的
村委会</th><th>镇 的
居委会</th></tr>
<tr><td>合计</td><td>179</td><td>40</td><td>87</td><td>20</td><td>32</td><td>164</td><td>34</td><td>68</td><td>21</td></tr>
<tr><td>兰州市</td><td>98</td><td>22</td><td>42</td><td>14</td><td>20</td><td>96</td><td>16</td><td>44</td><td>14</td></tr>
<tr><td>城关区</td><td>55</td><td>11</td><td>30</td><td>6</td><td>8</td><td>46</td><td>9</td><td>15</td><td>8</td></tr>
<tr><td>七里河区</td><td>11</td><td>2</td><td>5</td><td>3</td><td>1</td><td>18</td><td>5</td><td>10</td><td></td></tr>
<tr><td>西固区</td><td>3</td><td></td><td>1</td><td></td><td>2</td><td>4</td><td></td><td>1</td><td>1</td></tr>
<tr><td>安宁区</td><td>29</td><td>9</td><td>6</td><td>5</td><td>9</td><td>27</td><td>2</td><td>17</td><td>5</td></tr>
<tr><td>红古区</td><td></td><td></td><td></td><td></td><td></td><td>1</td><td></td><td>1</td><td></td></tr>
<tr><td>嘉峪关市</td><td>1</td><td></td><td>1</td><td></td><td></td><td>4</td><td></td><td>1</td><td></td></tr>
<tr><td>市辖区</td><td>1</td><td></td><td>1</td><td></td><td></td><td>4</td><td></td><td>1</td><td></td></tr>
<tr><td>金昌市</td><td>1</td><td></td><td>1</td><td></td><td></td><td>2</td><td>2</td><td></td><td></td></tr>
<tr><td>金川区</td><td>1</td><td></td><td>1</td><td></td><td></td><td>2</td><td>2</td><td></td><td></td></tr>
<tr><td>白银市</td><td>8</td><td>3</td><td>1</td><td>3</td><td>1</td><td>9</td><td></td><td></td><td>5</td></tr>
<tr><td>白银区</td><td>3</td><td>2</td><td>1</td><td></td><td></td><td>6</td><td></td><td></td><td>3</td></tr>
<tr><td>平川区</td><td>5</td><td>1</td><td></td><td>3</td><td>1</td><td>3</td><td></td><td></td><td>2</td></tr>
<tr><td>靖远县</td><td></td><td></td><td></td><td></td><td></td><td></td><td></td><td></td><td></td></tr>
<tr><td>天水市</td><td>15</td><td>10</td><td>4</td><td></td><td>1</td><td>8</td><td>3</td><td>4</td><td></td></tr>
<tr><td>秦州区</td><td>10</td><td>6</td><td>3</td><td></td><td>1</td><td>5</td><td>3</td><td>2</td><td></td></tr>
<tr><td>麦积区</td><td>5</td><td>4</td><td>1</td><td></td><td></td><td>3</td><td></td><td>2</td><td></td></tr>
<tr><td>武威市</td><td>13</td><td></td><td>12</td><td></td><td>1</td><td>3</td><td>2</td><td>1</td><td></td></tr>
<tr><td>凉州区</td><td>13</td><td></td><td>12</td><td></td><td>1</td><td>3</td><td>2</td><td>1</td><td></td></tr>
<tr><td>张掖市</td><td>5</td><td>1</td><td>2</td><td></td><td>2</td><td>10</td><td></td><td>7</td><td></td></tr>
<tr><td>甘州区</td><td>5</td><td>1</td><td>2</td><td></td><td>2</td><td>10</td><td></td><td>7</td><td></td></tr>
<tr><td>肃南裕固族自治县</td><td></td><td></td><td></td><td></td><td></td><td></td><td></td><td></td><td></td></tr>
<tr><td>平凉市</td><td>5</td><td>1</td><td>2</td><td>1</td><td>1</td><td>4</td><td>2</td><td>1</td><td>1</td></tr>
<tr><td>崆峒区</td><td>5</td><td>1</td><td>2</td><td>1</td><td>1</td><td>3</td><td>2</td><td>1</td><td></td></tr>
<tr><td>华亭市</td><td></td><td></td><td></td><td></td><td></td><td>1</td><td></td><td></td><td>1</td></tr>
<tr><td>酒泉市</td><td>14</td><td>1</td><td>10</td><td></td><td>3</td><td>2</td><td></td><td>1</td><td>1</td></tr>
<tr><td>肃州区</td><td>10</td><td></td><td>8</td><td></td><td>2</td><td>1</td><td></td><td>1</td><td></td></tr>
<tr><td>玉门市</td><td>2</td><td></td><td>2</td><td></td><td></td><td>1</td><td></td><td></td><td>1</td></tr>
<tr><td>敦煌市</td><td>2</td><td>1</td><td></td><td></td><td>1</td><td></td><td></td><td></td><td></td></tr>
<tr><td>庆阳市</td><td>5</td><td></td><td>3</td><td>2</td><td></td><td>3</td><td>1</td><td>1</td><td></td></tr>
<tr><td>西峰区</td><td>5</td><td></td><td>3</td><td>2</td><td></td><td>3</td><td>1</td><td>1</td><td></td></tr>
<tr><td>定西市</td><td></td><td></td><td></td><td></td><td></td><td></td><td></td><td></td><td></td></tr>
<tr><td>安定区</td><td></td><td></td><td></td><td></td><td></td><td></td><td></td><td></td><td></td></tr>
<tr><td>陇南市</td><td>5</td><td></td><td>5</td><td></td><td></td><td>2</td><td></td><td>1</td><td></td></tr>
<tr><td>武都区</td><td>4</td><td></td><td>4</td><td></td><td></td><td>2</td><td></td><td>1</td><td></td></tr>
<tr><td>康　县</td><td>1</td><td></td><td>1</td><td></td><td></td><td></td><td></td><td></td><td></td></tr>
<tr><td>临夏回族自治州</td><td>3</td><td>1</td><td>2</td><td></td><td></td><td>1</td><td></td><td></td><td></td></tr>
<tr><td>临夏市</td><td>3</td><td>1</td><td>2</td><td></td><td></td><td>1</td><td></td><td></td><td></td></tr>
<tr><td>临夏县</td><td></td><td></td><td></td><td></td><td></td><td></td><td></td><td></td><td></td></tr>
<tr><td>甘南藏族自治州</td><td>6</td><td>1</td><td>2</td><td></td><td>3</td><td>20</td><td>8</td><td>7</td><td></td></tr>
<tr><td>合作市</td><td>6</td><td>1</td><td>2</td><td></td><td>3</td><td>20</td><td>8</td><td>7</td><td></td></tr>
</table>

户口登记地在外乡镇街道的人口（城市）（续7）

单位：人

外										
	西藏自治区					陕西省				
街道	小计	乡	镇　的 村委会	镇　的 居委会	街道	小计	乡	镇　的 村委会	镇　的 居委会	街道
41	**193**	**44**	**41**	**8**	**100**	**4436**	**642**	**1959**	**336**	**1499**
22	**80**	**25**	**19**	**4**	**32**	**2269**	**323**	**1024**	**194**	**728**
14	37	13	7		17	1258	191	589	102	376
3	7		1	2	4	423	48	208	38	129
2	3				3	128	26	52	1	49
3	31	12	9	2	8	438	52	166	52	168
	2		2			22	6	9	1	6
3	**3**				**3**	**338**	**73**	**182**	**12**	**71**
3	3				3	338	73	182	12	71
	3			**2**	**1**	**127**	**23**	**66**	**3**	**35**
	3			2	1	127	23	66	3	35
4	**2**				**2**	**176**	**26**	**88**	**20**	**42**
3	2				2	91	11	46	12	22
1						84	15	41	8	20
						1		1		
1	**16**	**2**	**4**		**10**	**215**	**30**	**88**	**9**	**88**
	6		2		4	111	12	38	5	56
1	10	2	2		6	104	18	50	4	32
	30				**30**	**95**	**11**	**50**	**1**	**33**
	30				30	95	11	50	1	33
3	**9**		**6**		**3**	**86**	**7**	**55**	**6**	**18**
3	9		6		3	86	7	55	6	18
						340	**48**	**132**	**33**	**127**
						227	45	83	16	83
						113	3	49	17	44
	9		**6**		**3**	**206**	**27**	**90**	**17**	**72**
	9		6		3	149	21	56	4	68
						31	5	18	6	2
						26	1	16	7	2
1	**4**	**1**			**3**	**398**	**41**	**98**	**28**	**231**
1	4	1			3	398	41	98	28	231
	2	**1**			**1**	**51**	**1**	**27**	**1**	**22**
	2	1			1	51	1	27	1	22
1	**1**			**1**		**67**	**13**	**36**	**10**	**8**
1	1			1		65	13	34	10	8
						2		2		
1	**3**	**1**			**2**	**50**	**12**	**16**	**1**	**21**
1	3	1			2	50	12	16	1	21
5	**31**	**14**	**6**	**1**	**10**	**18**	**7**	**7**	**1**	**3**
5	31	14	6	1	10	18	7	7	1	3

7-1a 全省按现住地、户口登记地类型分的

现住地	省						
	青海省					宁夏回族	
	小计	乡	镇的村委会	镇的居委会	街道	小计	乡
合计	**1176**	**195**	**352**	**207**	**422**	**919**	**207**
兰州市	**761**	**132**	**231**	**132**	**266**	**537**	**93**
城关区	328	56	89	50	133	273	33
七里河区	151	24	37	26	64	92	27
西固区	44	3	13	4	24	57	17
安宁区	101	21	22	18	40	110	14
红古区	137	28	70	34	5	5	2
嘉峪关市	**51**	**14**	**21**	**3**	**13**	**26**	**6**
市辖区	51	14	21	3	13	26	6
金昌市	**17**	**1**	**5**	**4**	**7**	**10**	**3**
金川区	17	1	5	4	7	10	3
白银市	**32**	**5**	**8**	**6**	**13**	**115**	**42**
白银区	21	4	5	4	8	55	13
平川区	11	1	3	2	5	52	23
靖远县						8	6
天水市	**23**	**1**	**6**	**7**	**9**	**18**	**3**
秦州区	14		4	6	4	14	2
麦积区	9	1	2	1	5	4	1
武威市	**35**	**1**	**10**		**24**	**7**	**2**
凉州区	35	1	10		24	7	2
张掖市	**40**	**5**	**21**	**2**	**12**	**13**	**4**
甘州区	31	5	12	2	12	13	4
肃南裕固族自治县	9		9				
平凉市	**25**	**2**	**2**	**2**	**19**	**110**	**32**
崆峒区	25	2	2	2	19	86	29
华亭市						24	3
酒泉市	**94**	**19**	**20**	**36**	**19**	**29**	**7**
肃州区	32	2	10	6	14	17	2
玉门市	10	9			1	2	
敦煌市	52	8	10	30	4	10	5
庆阳市	**4**				**4**	**20**	**6**
西峰区	4				4	20	6
定西市	**7**	**1**	**1**	**1**	**4**	**7**	**4**
安定区	7	1	1	1	4	7	4
陇南市	**2**		**1**		**1**		
武都区	2		1		1		
康　县							
临夏回族自治州	**69**	**10**	**20**	**12**	**27**	**25**	**5**
临夏市	68	9	20	12	27	25	5
临夏县	1	1					
甘南藏族自治州	**16**	**4**	**6**	**2**	**4**	**2**	
合作市	16	4	6	2	4	2	

户口登记地在外乡镇街道的人口（城市）（续8）

单位：人

外							
自治区			新疆维吾尔自治区				
镇 的村委会	镇 的居委会	街道	小计	乡	镇 的村委会	镇 的居委会	街道
357	**113**	**242**	**827**	**117**	**192**	**131**	**387**
214	**75**	**155**	**424**	**69**	**101**	**87**	**167**
113	39	88	238	24	61	59	94
37	9	19	78	24	14	13	27
16	8	16	21	2	4	1	14
46	18	32	79	15	22	12	30
2	1		8	4		2	2
13	**2**	**5**	**66**	**12**	**17**	**9**	**28**
13	2	5	66	12	17	9	28
3		**4**	**12**	**4**	**5**	**1**	**2**
3		4	12	4	5	1	2
46	**16**	**11**	**24**		**4**	**8**	**12**
28	3	11	18		2	8	8
16	13		6		2		4
2							
8	**3**	**4**	**12**		**2**		**10**
7	2	3	8		2		6
1	1	1	4				4
2	**1**	**2**	**48**	**3**	**9**		**36**
2	1	2	48	3	9		36
4		**5**	**19**	**2**	**6**	**1**	**10**
4		5	19	2	6	1	10
37	**8**	**33**	**23**	**3**	**4**	**1**	**15**
22	3	32	23	3	4	1	15
15	5	1					
13	**1**	**8**	**136**	**14**	**22**	**10**	**90**
8	1	6	99	4	8	4	83
		2	24	10	7	1	6
5			13		7	5	1
10	**1**	**3**	**7**		**4**		**3**
10	1	3	7		4		3
1		**2**	**16**	**3**	**2**	**2**	**9**
1		2	16	3	2	2	9
			9	**1**	**1**	**5**	**2**
			9	1	1	5	2
6	**6**	**8**	**29**	**4**	**15**	**7**	**3**
6	6	8	27	4	15	7	1
			2				2
		2	**2**	**2**			
		2	2	2			

7-1b 全省按现住地、户口登记地类型分的

现住地	人口数					小计			
	合计	乡	镇的村委会	镇的居委会	街道	小计	乡	镇的村委会	镇的居委会
合计	**189818**	**59858**	**101362**	**16756**	**11842**	**172206**	**56957**	**93996**	**12103**
兰州市	**39851**	**9487**	**21956**	**2328**	**6080**	**33389**	**8384**	**18404**	**1862**
城关区	1319	184	458	73	604	1027	124	306	59
七里河区	3013	377	1646	225	765	2446	327	1229	190
西固区	427	125	187	43	72	357	107	155	33
安宁区									
红古区	548	99	333	84	32	367	55	223	62
永登县	5608	1907	3137	376	188	5427	1868	3034	357
皋兰县	2957	253	2245	220	239	2584	193	1990	193
榆中县	13555	4069	6846	659	1981	9783	3437	4944	407
兰州新区	12424	2473	7104	648	2199	11398	2273	6523	561
嘉峪关市	**181**	**99**	**55**	**2**	**25**	**119**	**57**	**38**	**2**
市辖区	181	99	55	2	25	119	57	38	2
金昌市	**4719**	**2478**	**1954**	**199**	**88**	**4546**	**2449**	**1866**	**164**
金川区	4		4			4		4	
永昌县	4715	2478	1950	199	88	4542	2449	1862	164
白银市	**14423**	**7471**	**5842**	**761**	**349**	**13982**	**7341**	**5654**	**683**
白银区	14		14			10		10	
平川区	596	263	226	25	82	559	254	207	24
靖远县	3499	1275	1854	279	91	3368	1235	1800	253
会宁县	5113	3213	1553	277	70	5025	3189	1518	264
景泰县	5201	2720	2195	180	106	5020	2663	2119	142
天水市	**11770**	**2593**	**7597**	**1283**	**297**	**11304**	**2545**	**7311**	**1193**
秦州区	56		27	23	6	39		23	11
麦积区	566	60	332	58	116	513	59	298	50
清水县	2400	626	1495	240	39	2335	622	1462	226
秦安县	3162	706	2201	231	24	3057	689	2140	208
甘谷县	2412	410	1600	367	35	2323	404	1540	350
武山县	1352	253	953	100	46	1256	235	888	89
张家川回族自治县	1822	538	989	264	31	1781	536	960	259
武威市	**8902**	**1473**	**6332**	**726**	**371**	**8513**	**1408**	**6150**	**646**
凉州区	1179	90	777	147	165	1073	77	731	120
民勤县	2798	550	2027	110	111	2682	518	1998	84
古浪县	2490	406	1783	222	79	2443	400	1761	214
天祝藏族自治县	2435	427	1745	247	16	2315	413	1660	228
张掖市	**12787**	**2914**	**9148**	**528**	**197**	**12444**	**2884**	**8930**	**466**
甘州区	88	39	39		10	80	35	35	
肃南裕固族自治县	321	198	89	9	25	319	198	88	9
民乐县	3869	158	3514	163	34	3796	154	3468	146
临泽县	1445	223	1092	88	42	1407	221	1076	75
高台县	3013	1136	1712	115	50	2922	1125	1654	99
山丹县	4051	1160	2702	153	36	3920	1151	2609	137
平凉市	**15549**	**4974**	**8617**	**601**	**1357**	**14936**	**4838**	**8324**	**549**
崆峒区	146	52	81	3	10	141	52	76	3
泾川县	2872	677	1762	95	338	2728	641	1686	94
灵台县	2549	779	1460	79	231	2474	756	1427	69
崇信县	1311	357	747	75	132	1229	336	724	70
庄浪县	3011	775	1886	143	207	2935	766	1846	135
静宁县	4919	2173	2274	134	338	4769	2139	2201	113
华亭市	741	161	407	72	101	660	148	364	65

户口登记地在外乡镇街道的人口（镇）

单位：人

省内										
	本县（市、区）					本省其他县（市、区）				
街道	小计	乡	镇的村委会	镇的居委会	街道	小计	乡	镇的村委会	镇的居委会	街道
9150	**135146**	**48248**	**75146**	**8315**	**3437**	**37060**	**8709**	**18850**	**3788**	**5713**
4739	**13936**	**4627**	**7578**	**667**	**1064**	**19453**	**3757**	**10826**	**1195**	**3675**
538	462	7	24	20	411	565	117	282	39	127
700	789	112	157	104	416	1657	215	1072	86	284
62	207	60	84	22	41	150	47	71	11	21
27	132	9	75	33	15	235	46	148	29	12
168	4690	1734	2705	227	24	737	134	329	130	144
208	1350	21	1234	74	21	1234	172	756	119	187
995	4961	2596	2133	142	90	4822	841	2811	265	905
2041	1345	88	1166	45	46	10053	2185	5357	516	1995
22	**13**				**13**	**106**	**57**	**38**	**2**	**9**
22	13				13	106	57	38	2	9
67	**4203**	**2377**	**1691**	**122**	**13**	**343**	**72**	**175**	**42**	**54**
						4		4		
67	4203	2377	1691	122	13	339	72	171	42	54
304	**12242**	**6571**	**5032**	**518**	**121**	**1740**	**770**	**622**	**165**	**183**
	2		2			8		8		
74	188	70	57	8	53	371	184	150	16	21
80	2961	1123	1637	191	10	407	112	163	62	70
54	4745	3077	1414	233	21	280	112	104	31	33
96	4346	2301	1922	86	37	674	362	197	56	59
255	**10583**	**2441**	**6938**	**1053**	**151**	**721**	**104**	**373**	**140**	**104**
5	34		22	8	4	5		1	3	1
106	341	27	218	33	63	172	32	80	17	43
25	2192	590	1402	188	12	143	32	60	38	13
20	2912	669	2060	176	7	145	20	80	32	13
29	2245	403	1478	338	26	78	1	62	12	3
44	1174	224	854	75	21	82	11	34	14	23
26	1685	528	904	235	18	96	8	56	24	8
309	**7368**	**1170**	**5512**	**498**	**188**	**1145**	**238**	**638**	**148**	**121**
145	649	34	441	70	104	424	43	290	50	41
82	2482	476	1911	59	36	200	42	87	25	46
68	2318	373	1708	198	39	125	27	53	16	29
14	1919	287	1452	171	9	396	126	208	57	5
164	**11529**	**2726**	**8464**	**281**	**58**	**915**	**158**	**466**	**185**	**106**
10	39	11	20		8	41	24	15		2
24	251	182	63	5	1	68	16	25	4	23
28	3488	124	3274	76	14	308	30	194	70	14
35	1252	177	1013	47	15	155	44	63	28	20
44	2739	1094	1573	59	13	183	31	81	40	31
23	3760	1138	2521	94	7	160	13	88	43	16
1225	**13917**	**4614**	**7892**	**451**	**960**	**1019**	**224**	**432**	**98**	**265**
10	130	51	67	2	10	11	1	9	1	
307	2510	602	1619	77	212	218	39	67	17	95
222	2349	738	1361	65	185	125	18	66	4	37
99	1104	306	683	54	61	125	30	41	16	38
188	2824	733	1807	119	165	111	33	39	16	23
316	4594	2092	2127	96	279	175	47	74	17	37
83	406	92	228	38	48	254	56	136	27	35

7-1b 全省按现住地、户口登记地类型分的

现住地	人口数								
						小计			
	合计	乡	镇的村委会	镇的居委会	街道	小计	乡	镇的村委会	镇的居委会
酒泉市	**9612**	**2795**	**2833**	**3677**	**307**	**5403**	**2262**	**2450**	**456**
肃州区	218	97	106	3	12	210	97	99	3
金塔县	1769	798	802	109	60	1705	772	780	101
瓜州县	2348	928	1172	158	90	2108	867	1035	139
肃北蒙古族自治县	256	89	108	31	28	224	83	87	29
阿克塞哈萨克族自治县	352	181	88	79	4	300	155	81	60
玉门市	943	294	439	120	90	750	265	318	92
敦煌市	3726	408	118	3177	23	106	23	50	32
庆阳市	**17749**	**7289**	**8057**	**1379**	**1024**	**16296**	**7057**	**7513**	**1215**
西峰区	104	32	47	18	7	90	29	38	16
庆城县	3928	1249	1925	330	424	3284	1180	1744	225
环　县	4272	2455	1497	167	153	4019	2371	1414	155
华池县	2366	1272	842	130	122	2235	1245	790	126
合水县	1589	862	484	110	133	1482	845	460	104
正宁县	1421	55	1132	174	60	1320	54	1049	165
宁　县	1343	203	874	214	52	1251	195	823	200
镇原县	2726	1161	1256	236	73	2615	1138	1195	224
定西市	**21106**	**5270**	**13204**	**2224**	**408**	**20086**	**5150**	**12585**	**2062**
安定区	226	35	162	12	17	182	34	119	12
通渭县	1771	1037	492	211	31	1706	1009	479	201
陇西县	5997	1234	3763	842	158	5607	1203	3507	785
渭源县	1772	295	1337	99	41	1703	287	1297	91
临洮县	7431	1886	4919	540	86	7161	1854	4742	500
漳　县	1369	332	901	104	32	1303	330	865	90
岷　县	2540	451	1630	416	43	2424	433	1576	383
陇南市	**13646**	**4301**	**7040**	**1717**	**588**	**12650**	**4158**	**6484**	**1580**
武都区	671	241	368	29	33	626	228	338	28
成　县	2985	421	1886	511	167	2773	403	1743	474
文　县	1343	548	608	84	103	1166	526	550	65
宕昌县	1206	489	447	181	89	1145	482	416	170
康　县	1142	71	976	64	31	1000	60	872	52
西和县	1594	576	669	286	63	1497	560	620	268
礼　县	1340	710	526	96	8	1273	704	479	83
徽　县	2837	965	1428	362	82	2679	922	1351	344
两当县	528	280	132	104	12	491	273	115	96
临夏回族自治州	**14611**	**6684**	**6748**	**741**	**438**	**14061**	**6523**	**6499**	**684**
临夏市	165	63	70	2	30	132	48	55	
临夏县	1165	572	509	72	12	1127	563	489	68
康乐县	2025	1232	693	75	25	1931	1184	662	70
永靖县	3732	791	2441	335	165	3578	764	2385	298
广河县	2086	559	1383	60	84	2001	545	1327	58
和政县	1745	613	1010	47	75	1674	597	968	45
东乡族自治县	1295	886	334	65	10	1290	886	330	64
积石山保安族东乡族撒拉族自治县	2398	1968	308	85	37	2328	1936	283	81
甘南藏族自治州	**4912**	**2030**	**1979**	**590**	**313**	**4477**	**1901**	**1788**	**541**
合作市	1	1				1	1		
临潭县	810	316	350	125	19	734	295	301	123
卓尼县	551	281	225	36	9	502	267	192	34
舟曲县	1023	309	534	145	35	963	306	500	128
迭部县	559	271	165	60	63	489	243	146	52
玛曲县	968	344	453	96	75	899	322	429	83
碌曲县	452	168	170	48	66	403	150	148	43
夏河县	548	340	82	80	46	486	317	72	78

户口登记地在外乡镇街道的人口（镇）（续1）

单位：人

省内										
	本县（市、区）					本省其他县（市、区）				
街道	小计	乡	镇的村委会	镇的居委会	街道	小计	乡	镇的村委会	镇的居委会	街道
235	**3648**	**1548**	**1755**	**247**	**98**	**1755**	**714**	**695**	**209**	**137**
11	50	6	38		6	160	91	61	3	5
52	1494	681	706	72	35	211	91	74	29	17
67	1533	626	802	87	18	575	241	233	52	49
25	115	55	45	9	6	109	28	42	20	19
4	152	107	20	25		148	48	61	35	4
75	262	63	131	36	32	488	202	187	56	43
1	42	10	13	18	1	64	13	37	14	
511	**14279**	**6476**	**6548**	**983**	**272**	**2017**	**581**	**965**	**232**	**239**
7	55	20	27	8		35	9	11	8	7
135	2518	929	1356	160	73	766	251	388	65	62
79	3785	2283	1326	132	44	234	88	88	23	35
74	1956	1181	646	94	35	279	64	144	32	39
73	1231	748	384	69	30	251	97	76	35	43
52	1171	50	940	144	37	149	4	109	21	15
33	1102	184	744	165	9	149	11	79	35	24
58	2461	1081	1125	211	44	154	57	70	13	14
289	**17111**	**4484**	**11005**	**1482**	**140**	**2975**	**666**	**1580**	**580**	**149**
17	161	30	105	12	14	21	4	14		3
17	1615	962	449	190	14	91	47	30	11	3
112	4557	937	2939	617	64	1050	266	568	168	48
28	1544	257	1206	72	9	159	30	91	19	19
65	5852	1579	4060	205	8	1309	275	682	295	57
18	1156	311	778	56	11	147	19	87	34	7
32	2226	408	1468	330	20	198	25	108	53	12
428	**10930**	**3800**	**5722**	**1217**	**191**	**1720**	**358**	**762**	**363**	**237**
32	551	209	311	10	21	75	19	27	18	11
153	1821	186	1319	307	9	952	217	424	167	144
25	1109	515	530	52	12	57	11	20	13	13
77	1065	467	398	137	63	80	15	18	33	14
16	907	53	815	29	10	93	7	57	23	6
49	1417	538	584	252	43	80	22	36	16	6
7	1215	690	447	75	3	58	14	32	8	4
62	2413	883	1219	283	28	266	39	132	61	34
7	432	259	99	72	2	59	14	16	24	5
355	**12237**	**6026**	**5597**	**483**	**131**	**1824**	**497**	**902**	**201**	**224**
29	52	1	27		24	80	47	28		5
7	1056	545	444	67		71	18	45	1	7
15	1789	1139	593	50	7	142	45	69	20	8
131	2801	590	2029	173	9	777	174	356	125	122
71	1769	495	1187	43	44	232	50	140	15	27
64	1367	546	752	32	37	307	51	216	13	27
10	1258	883	319	52	4	32	3	11	12	6
28	2145	1827	246	66	6	183	109	37	15	22
247	**3150**	**1388**	**1412**	**313**	**37**	**1327**	**513**	**376**	**228**	**210**
						1	1			
15	583	255	254	73	1	151	40	47	50	14
9	318	201	104	13		184	66	88	21	9
29	842	267	467	100	8	121	39	33	28	21
48	363	217	123	18	5	126	26	23	34	43
65	503	155	299	34	15	396	167	130	49	50
62	241	101	115	19	6	162	49	33	24	56
19	300	192	50	56	2	186	125	22	22	17

7-1b 全省按现住地、户口登记地类型分的

现住地	省								
	小计					北京市			
	小计	乡	镇的村委会	镇的居委会	街道	小计	乡	镇的村委会	镇的居委会
合计	**17612**	**2901**	**7366**	**4653**	**2692**	**80**	**7**	**25**	**14**
兰州市	**6462**	**1103**	**3552**	**466**	**1341**	**19**	**1**	**4**	**3**
城关区	292	60	152	14	66				
七里河区	567	50	417	35	65	2	1		
西固区	70	18	32	10	10				
安宁区									
红古区	181	44	110	22	5				
永登县	181	39	103	19	20	1			1
皋兰县	373	60	255	27	31	3			2
榆中县	3772	632	1902	252	986	12		4	
兰州新区	1026	200	581	87	158	1			
嘉峪关市	**62**	**42**	**17**		**3**				
市辖区	62	42	17		3				
金昌市	**173**	**29**	**88**	**35**	**21**				
金川区									
永昌县	173	29	88	35	21				
白银市	**441**	**130**	**188**	**78**	**45**	**4**		**3**	**1**
白银区	4		4						
平川区	37	9	19	1	8				
靖远县	131	40	54	26	11				
会宁县	88	24	35	13	16	3		3	
景泰县	181	57	76	38	10	1			1
天水市	**466**	**48**	**286**	**90**	**42**	**7**		**7**	
秦州区	17		4	12	1	1		1	
麦积区	53	1	34	8	10	2		2	
清水县	65	4	33	14	14				
秦安县	105	17	61	23	4				
甘谷县	89	6	60	17	6	4		4	
武山县	96	18	65	11	2				
张家川回族自治县	41	2	29	5	5				
武威市	**389**	**65**	**182**	**80**	**62**	**7**	**2**		**1**
凉州区	106	13	46	27	20	4	2		
民勤县	116	32	29	26	29	1			
古浪县	47	6	22	8	11	1			
天祝藏族自治县	120	14	85	19	2	1			1
张掖市	**343**	**30**	**218**	**62**	**33**	**4**			**2**
甘州区	8	4	4						
肃南裕固族自治县	2		1		1				
民乐县	73	4	46	17	6	1			
临泽县	38	2	16	13	7				
高台县	91	11	58	16	6				
山丹县	131	9	93	16	13	3			2
平凉市	**613**	**136**	**293**	**52**	**132**	**4**			
崆峒区	5		5						
泾川县	144	36	76	1	31				
灵台县	75	23	33	10	9	1			
崇信县	82	21	23	5	33	1			
庄浪县	76	9	40	8	19				
静宁县	150	34	73	21	22	1			
华亭市	81	13	43	7	18	1			

户口登记地在外乡镇街道的人口（镇）（续 2）

单位：人

外										
	天津市					河北省				
街道	小计	乡	镇的村委会	镇的居委会	街道	小计	乡	镇的村委会	镇的居委会	街道
34	**113**	**3**	**26**	**24**	**60**	**604**	**103**	**358**	**49**	**94**
11	**50**		**9**	**4**	**37**	**357**	**58**	**227**	**22**	**50**
						16		13		3
1	6		3	1	2	37		30		7
						9	1	5	3	
						2		2		
1	2		2			10	3	6		1
8	40		4	3	33	212	27	135	18	32
1	2				2	71	27	36	1	7
						7	**1**	**4**	**1**	**1**
						7	1	4	1	1
	8		**4**	**4**		**30**	**6**	**12**		**12**
						5				5
	2			2		4		3		1
	1		1			8	3			5
	5		3	2		13	3	9		1
	14	**3**	**4**	**4**	**3**	**10**	**1**	**9**		
	1			1						
	2		1		1	2		2		
	1				1	1		1		
	3			3		1		1		
	4		3		1					
	3	3				6	1	5		
4	**3**			**1**	**2**	**9**	**3**	**2**	**2**	**2**
2						3		1	1	1
1	3			1	2	4	3			1
1						1			1	
						1		1		
2	**1**		**1**			**11**	**3**	**8**		
1						2		2		
	1		1							
						1		1		
1						8	3	5		
4	**8**		**2**	**2**	**4**	**26**		**18**		**8**
	1		1							
	1				1	5		3		2
1										
1						6				6
	1				1	3		3		
1						4		4		
1	5		1	2	2	8		8		

7-1b 全省按现住地、户口登记地类型分的

现住地	省								
	小计					北京市			
	小计	乡	镇的村委会	镇的居委会	街道	小计	乡	镇的村委会	镇的居委会
酒泉市	**4209**	**533**	**383**	**3221**	**72**				
肃州区	8		7		1				
金塔县	64	26	22	8	8				
瓜州县	240	61	137	19	23				
肃北蒙古族自治县	32	6	21	2	3				
阿克塞哈萨克族自治县	52	26	7	19					
玉门市	193	29	121	28	15				
敦煌市	3620	385	68	3145	22				
庆阳市	**1453**	**232**	**544**	**164**	**513**	**9**	**2**	**4**	
西峰区	14	3	9	2					
庆城县	644	69	181	105	289	4		1	
环　县	253	84	83	12	74	1	1		
华池县	131	27	52	4	48				
合水县	107	17	24	6	60				
正宁县	101	1	83	9	8				
宁　县	92	8	51	14	19	1		1	
镇原县	111	23	61	12	15	3	1	2	
定西市	**1020**	**120**	**619**	**162**	**119**	**10**		**2**	**4**
安定区	44	1	43			2		2	
通渭县	65	28	13	10	14				
陇西县	390	31	256	57	46	4			1
渭源县	69	8	40	8	13				
临洮县	270	32	177	40	21	3			3
漳　县	66	2	36	14	14				
岷　县	116	18	54	33	11	1			
陇南市	**996**	**143**	**556**	**137**	**160**	**11**	**1**	**4**	**2**
武都区	45	13	30	1	1	1	1		
成　县	212	18	143	37	14	1		1	
文　县	177	22	58	19	78	4			
宕昌县	61	7	31	11	12				
康　县	142	11	104	12	15	1		1	
西和县	97	16	49	18	14	1			1
礼　县	67	6	47	13	1	2		2	
徽　县	158	43	77	18	20	1			1
两当县	37	7	17	8	5				
临夏回族自治州	**550**	**161**	**249**	**57**	**83**	**3**	**1**	**1**	
临夏市	33	15	15	2	1				
临夏县	38	9	20	4	5				
康乐县	94	48	31	5	10	1	1		
永靖县	154	27	56	37	34				
广河县	85	14	56	2	13	2		1	
和政县	71	16	42	2	11				
东乡族自治县	5		4	1					
积石山保安族东乡族撒拉族自治县	70	32	25	4	9				
甘南藏族自治州	**435**	**129**	**191**	**49**	**66**	**2**			**1**
合作市									
临潭县	76	21	49	2	4	1			
卓尼县	49	14	33	2					
舟曲县	60	3	34	17	6	1			1
迭部县	70	28	19	8	15				
玛曲县	69	22	24	13	10				
碌曲县	49	18	22	5	4				
夏河县	62	23	10	2	27				

户口登记地在外乡镇街道的人口（镇）（续3）

单位：人

外										
	天津市					河北省				
街道	小计	乡	镇的村委会	镇的居委会	街道	小计	乡	镇的村委会	镇的居委会	街道
	5			**3**	**2**	**24**	**4**	**15**	**4**	**1**
	1			1		1		1		
						4		4		
						3	2	1		
						1	1			
	2			1	1	11	1	9	1	
	2			1	1	4			3	1
3	**12**		**4**	**3**	**5**	**55**	**12**	**30**	**6**	**7**
	1		1							
3	1		1			25	6	17	1	1
	4		1		3	3		3		
	2			1	1					
	2			1	1	10	3		4	3
	1		1			6		6		
						6	1	2		3
	1			1		5	2	2	1	
4	**6**		**1**	**2**	**3**	**34**	**7**	**16**	**11**	
3	5		1	1	3	20	6	6	8	
						2			2	
	1			1		8	1	7		
1						4		3	1	
4	**3**		**1**		**2**	**22**	**3**	**8**	**3**	**8**
						2		2		
	1				1	11	1	4	3	3
4										
						1	1			
	1				1	4		1		3
	1		1			2	1			1
						2		1		1
1						**15**	**4**	**8**		**3**
						2	2			
						7	1	4		2
1						2		1		1
						4	1	3		
1	**3**			**1**	**2**	**4**	**1**	**1**		**2**
1						1		1		
	1				1					
	1			1						
						1	1			
	1				1	2				2

7-1b 全省按现住地、户口登记地类型分的

现住地	省								
	山西省					内蒙古自治区			
	小计	乡	镇的村委会	镇的居委会	街道	小计	乡	镇的村委会	镇的居委会
合计	**292**	**45**	**174**	**30**	**43**	**282**	**28**	**142**	**39**
兰州市	**137**	**24**	**69**	**11**	**33**	**146**	**10**	**69**	**18**
城关区	4		2		2	2			
七里河区	20	2	15	1	2	12	1	10	
西固区									
安宁区									
红古区	3	1	1	1					
永登县						2		2	
皋兰县	1				1	2		1	1
榆中县	83	14	40	8	21	121	9	52	17
兰州新区	26	7	11	1	7	7		4	
嘉峪关市						**2**		**2**	
市辖区						2		2	
金昌市	**7**	**2**	**5**			**7**			**7**
金川区									
永昌县	7	2	5			7			7
白银市	**4**	**1**	**2**	**1**		**16**	**4**	**8**	**3**
白银区									
平川区	1		1						
靖远县									
会宁县	2	1		1		1			
景泰县	1		1			15	4	8	3
天水市	**13**		**9**	**4**		**1**		**1**	
秦州区									
麦积区									
清水县									
秦安县	3		3						
甘谷县	4		1	3					
武山县	3		2	1		1		1	
张家川回族自治县	3		3						
武威市	**9**	**2**	**4**	**1**	**2**	**21**	**3**	**9**	**5**
凉州区	6	2	4			5		2	3
民勤县	2				2	12	2	4	2
古浪县	1			1		2		2	
天祝藏族自治县						2	1	1	
张掖市	**11**	**1**	**10**			**10**	**1**	**7**	**1**
甘州区									
肃南裕固族自治县									
民乐县	1	1				2		2	
临泽县	3		3			2	1		1
高台县	3		3			4		4	
山丹县	4		4			2		1	
平凉市	**17**	**4**	**8**	**1**	**4**	**5**		**2**	
崆峒区									
泾川县	8	2	5		1				
灵台县	2		1		1				
崇信县						2			
庄浪县									
静宁县	3	1	1	1		2		2	
华亭市	4	1	1		2	1			

户口登记地在外乡镇街道的人口（镇）（续4）

单位：人

外										
	辽宁省					吉林省				
街道	小计	乡	镇的村委会	镇的居委会	街道	小计	乡	镇的村委会	镇的居委会	街道
73	**166**	**26**	**61**	**19**	**60**	**147**	**20**	**66**	**10**	**51**
49	**112**	**11**	**43**	**8**	**50**	**99**	**10**	**46**	**5**	**38**
2	2		1		1	1				1
1	15		13	1	1	16		14	1	1
	2			2		3		3		
						2	2			
						2		1		1
	6	2	3		1					
43	75	8	22	2	43	61	5	22	4	30
3	12	1	4	3	4	14	3	6		5
	1	**1**								
	1	1								
	2	**1**		**1**						
	2	1		1						
1	**1**		**1**			**3**		**2**		**1**
						1		1		
1										
	1		1			2		1		1
	4	**1**	**2**	**1**		**2**	**1**	**1**		
						1		1		
	2		2							
	2	1		1		1	1			
4	**8**	**2**	**4**	**1**	**1**	**2**		**2**		
	4		3	1		1		1		
4	3	2			1					
						1		1		
	1		1							
1	**1**		**1**			**6**		**6**		
1	1		1			6		6		
3	**2**	**1**	**1**			**3**				**3**
	1		1							
2						3				3
1	1	1								

7-1b 全省按现住地、户口登记地类型分的

现住地	省								
	山西省					内蒙古自治区			
	小计	乡	镇的村委会	镇的居委会	街道	小计	乡	镇的村委会	镇的居委会
酒泉市	**34**	**4**	**21**	**8**	**1**	**20**	**3**	**10**	**3**
肃州区									
金塔县						8	2	2	3
瓜州县	4	2	2			6		6	
肃北蒙古族自治县						4		1	
阿克塞哈萨克族自治县									
玉门市	30	2	19	8	1	1		1	
敦煌市						1	1		
庆阳市	**11**	**2**	**7**	**1**	**1**	**20**		**12**	
西峰区									
庆城县	1		1			9		6	
环　县	2	1	1			6		3	
华池县						1		1	
合水县	2	1			1	1		1	
正宁县									
宁　县	1		1						
镇原县	5		4	1		3		1	
定西市	**30**		**27**	**2**	**1**	**21**	**6**	**13**	**1**
安定区						1		1	
通渭县						5	4	1	
陇西县	14		12	1	1	5		5	
渭源县	1		1						
临洮县	14		13	1		2		2	
漳　县						2			1
岷　县	1		1			6	2	4	
陇南市	**13**	**3**	**8**	**1**	**1**	**7**		**5**	**1**
武都区									
成　县	2		2			2		1	1
文　县						1			
宕昌县	1				1	1		1	
康　县	1		1			2		2	
西和县	5	2	3						
礼　县						1		1	
徽　县	2	1		1					
两当县	2		2						
临夏回族自治州	**3**	**2**	**1**			**3**		**3**	
临夏市						1		1	
临夏县	1		1			2		2	
康乐县									
永靖县									
广河县									
和政县	2	2							
东乡族自治县									
积石山保安族东乡族撒拉族自治县									
甘南藏族自治州	**3**		**3**			**3**	**1**	**1**	
合作市									
临潭县									
卓尼县									
舟曲县									
迭部县									
玛曲县									
碌曲县									
夏河县	3		3			3	1	1	

户口登记地在外乡镇街道的人口（镇）（续5）

单位：人

外										
	辽宁省					吉林省				
街道	小计	乡	镇 的村委会	镇 的居委会	街道	小计	乡	镇 的村委会	镇 的居委会	街道
4	**9**	**5**	**3**	**1**		**6**	**3**	**2**		**1**
1										
						3		2		1
3										
	6	5	1							
	3		2	1		3	3			
8	**10**		**4**	**3**	**3**	**10**	**2**	**1**		**7**
3	5		1	2	2	1				1
3	2		2			2		1		1
	1			1		5				5
	2		1		1	2	2			
2										
1	**8**	**1**	**1**	**2**	**4**	**2**		**2**		
						1		1		
	3	1		1	1					
	1			1						
1	3		1		2					
	1				1	1		1		
1	**6**	**3**	**1**	**1**	**1**	**8**		**3**	**5**	
	2	2				8		3	5	
1										
	1	1								
	1				1					
	1		1							
	1			1						
	2			**1**	**1**	**4**	**2**	**1**		**1**
	1				1	2		1		1
	1			1						
						2	2			
1						**2**	**2**			
						2	2			
1										

7-1b 全省按现住地、户口登记地类型分的

现住地	省								
	黑龙江省					上海市			
	小计	乡	镇的村委会	镇的居委会	街道	小计	乡	镇的村委会	镇的居委会
合计	**171**	**20**	**68**	**23**	**60**	**30**	**1**	**13**	**3**
兰州市	**104**	**11**	**35**	**8**	**50**	**8**		**1**	**1**
城关区	7		1		6				
七里河区	13		9	1	3				
西固区									
安宁区									
红古区	1	1							
永登县						1			
皋兰县	1		1						
榆中县	74	6	23	7	38	6		1	1
兰州新区	8	4	1		3	1			
嘉峪关市	**2**	**2**							
市辖区	2	2							
金昌市	**1**				**1**	**2**			
金川区									
永昌县	1				1	2			
白银市									
白银区									
平川区									
靖远县									
会宁县									
景泰县									
天水市	**2**		**1**	**1**		**5**	**1**	**4**	
秦州区									
麦积区						3		3	
清水县									
秦安县	1			1		2	1	1	
甘谷县									
武山县									
张家川回族自治县	1		1						
武威市	**12**	**5**	**1**	**2**	**4**	**2**			
凉州区	4			1	3	1			
民勤县	5	3	1		1	1			
古浪县									
天祝藏族自治县	3	2		1					
张掖市	**6**		**6**			**2**		**1**	
甘州区									
肃南裕固族自治县									
民乐县	3		3						
临泽县									
高台县	1		1			1			
山丹县	2		2			1		1	
平凉市	**5**		**4**		**1**				
崆峒区									
泾川县									
灵台县									
崇信县	1				1				
庄浪县	1		1						
静宁县	2		2						
华亭市	1		1						

户口登记地在外乡镇街道的人口（镇）（续6）

单位：人

外										
	江苏省					浙江省				
街道	小计	乡	镇的村委会	镇的居委会	街道	小计	乡	镇的村委会	镇的居委会	街道
13	**562**	**50**	**341**	**79**	**92**	**438**	**70**	**244**	**42**	**82**
6	**243**	**23**	**143**	**21**	**56**	**217**	**14**	**127**	**17**	**59**
	16	1	7		8	29	5	21		3
	36	5	25	3	3	13		10	1	2
	1		1			3		3		
1	14	3	10	1		7		6	1	
	13		6	6	1	9		8		1
4	130	8	80	4	38	115	5	61	10	39
1	33	6	14	7	6	41	4	18	5	14
						4		**4**		
						4		4		
2	**18**	**2**	**12**	**4**		**3**	**3**			
2	18	2	12	4		3	3			
	12	**1**	**7**	**3**	**1**	**16**	**9**	**4**	**1**	**2**
	1	1								
						1	1			
	2			1	1	5		3		2
	9		7	2		10	8	1	1	
	32	**3**	**22**	**5**	**2**	**14**	**6**	**5**	**2**	**1**
	2		1		1	1			1	
	4		1	2	1					
	6	2	4			4	3		1	
	13	1	10	2		5	1	3		1
	5		4	1		4	2	2		
	2		2							
2	**22**		**9**	**10**	**3**	**6**	**1**	**4**		**1**
1	7		5	2		1	1			
1	12		2	7	3	3		2		1
						2		2		
	3		2	1						
1	**22**	**2**	**18**	**2**		**14**	**2**	**7**	**4**	**1**
	3		3			4		2	2	
	4		3	1						
1	3		3			3	2			1
	12	2	9	1		7		5	2	
	24		**18**	**2**	**4**	**16**	**6**	**5**	**3**	**2**
	4		3		1	4		4		
	4		3		1	3	3			
	1		1							
	4		4			4			3	1
	6		3	2	1	4	3			1
	5		4		1	1		1		

7-1b 全省按现住地、户口登记地类型分的

现住地	省								
	黑龙江省					上海市			
	小计	乡	镇 的村委会	镇 的居委会	街道	小计	乡	镇 的村委会	镇 的居委会
酒泉市	**11**	**2**	**3**	**5**	**1**	**1**		**1**	
肃州区									
金塔县						1		1	
瓜州县	1				1				
肃北蒙古族自治县									
阿克塞哈萨克族自治县									
玉门市	2			2					
敦煌市	8	2	3	3					
庆阳市	**3**			**1**	**2**				
西峰区									
庆城县	1			1					
环　县	1				1				
华池县									
合水县	1				1				
正宁县									
宁　县									
镇原县									
定西市	**7**		**5**	**2**		**5**		**3**	**1**
安定区									
通渭县	1			1					
陇西县	4		3	1		2		2	
渭源县						1			
临洮县	1		1			1		1	
漳　县	1		1						
岷　县						1			1
陇南市	**9**		**5**	**4**		**4**		**2**	**1**
武都区						1		1	
成　县	2			2					
文　县	2		2						
宕昌县									
康　县									
西和县	1		1			1			1
礼　县						1		1	
徽　县	3		1	2		1			
两当县	1		1						
临夏回族自治州	**6**		**5**		**1**	**1**		**1**	
临夏市									
临夏县									
康乐县									
永靖县	4		4						
广河县						1		1	
和政县	1		1						
东乡族自治县									
积石山保安族东乡族撒拉族自治县	1				1				
甘南藏族自治州	**3**		**3**						
合作市									
临潭县									
卓尼县									
舟曲县									
迭部县									
玛曲县									
碌曲县									
夏河县	3		3						

户口登记地在外乡镇街道的人口（镇）（续7）

单位：人

外										
	江苏省					浙江省				
街道	小计	乡	镇的村委会	镇的居委会	街道	小计	乡	镇的村委会	镇的居委会	街道
	45	**1**	**32**	**11**	**1**	**16**	**6**	**7**	**3**	
	1		1			7	4	3		
	4		3	1		5	2	2	1	
	1		1			1			1	
	1			1						
	31		24	6	1	2		1	1	
	7	1	3	3		1		1		
	18	**1**	**12**	**1**	**4**	**34**	**6**	**22**	**3**	**3**
						1			1	
	8		8			4	1	3		
	6	1	1		4	3	1	2		
	1			1		4	4			
	1		1							
	2		2			5		3	2	
						8		5		3
						9		9		
1	**66**	**11**	**38**	**12**	**5**	**29**	**2**	**19**	**2**	**6**
						1		1		
	2	2				4	1		1	2
	14	1	10	2	1	11		9		2
1	6	3	2		1	5		2	1	2
	26	2	22	2		2	1	1		
	4		2		2					
	14	3	2	8	1	6		6		
1	**32**	**3**	**15**	**6**	**8**	**45**	**4**	**31**	**7**	**3**
	2		2							
	5		5			14		10	1	3
	5	1	2	2		5	3	2		
	7	2			5	8		4	4	
	1			1		1		1		
	7		1	3	3	8		7	1	
	1		1			3	1	2		
1	3		3			6		5	1	
	1		1							
	16	**2**	**10**		**4**	**17**	**7**	**7**		**3**
	2	2				11	5	6		
	2		2							
	6		3		3					
	1				1	5	2			3
	3		3							
	2		2			1		1		
	12	**1**	**5**	**2**	**4**	**7**	**4**	**2**		**1**
	2		2			2	2			
	1		1							
	4		2		2	1		1		
						1		1		
	5	1		2	2					
						1				1
						2	2			

7-1b 全省按现住地、户口登记地类型分的

现住地	省								
	安徽省					福建省			
	小计	乡	镇 的村委会	镇 的居委会	街道	小计	乡	镇 的村委会	镇 的居委会
合计	**588**	**95**	**377**	**35**	**81**	**323**	**36**	**191**	**29**
兰州市	**292**	**46**	**184**	**10**	**52**	**198**	**27**	**110**	**15**
城关区	10	4	4		2	15	4	10	
七里河区	26	1	20	1	4	9		8	1
西固区	14	7	6	1		1			1
安宁区									
红古区	12	2	10			4	4		
永登县	26	5	18		3	8	6		
皋兰县	12	2	10			38	7	28	1
榆中县	150	19	90	6	35	87	4	42	4
兰州新区	42	6	26	2	8	36	2	22	8
嘉峪关市	**3**		**3**						
市辖区	3		3						
金昌市	**7**		**7**			**6**			**2**
金川区									
永昌县	7		7			6			2
白银市	**18**	**3**	**10**	**1**	**4**	**4**	**3**	**1**	
白银区	4		4						
平川区	2	2							
靖远县	2		2						
会宁县	5		1		4	3	3		
景泰县	5	1	3	1		1		1	
天水市	**23**	**1**	**21**		**1**	**8**		**5**	**1**
秦州区	1		1						
麦积区									
清水县	3		3			5		5	
秦安县	1		1						
甘谷县	3		2		1	3			1
武山县	12	1	11						
张家川回族自治县	3		3						
武威市	**29**	**4**	**18**	**3**	**4**	**7**		**3**	**4**
凉州区	4			1	3	5		1	4
民勤县	8	3	4	1					
古浪县	2			1	1				
天祝藏族自治县	15	1	14			2		2	
张掖市	**17**		**11**	**6**		**2**		**2**	
甘州区	1		1						
肃南裕固族自治县									
民乐县	4		1	3		1		1	
临泽县									
高台县	7		4	3					
山丹县	5		5			1		1	
平凉市	**14**		**13**		**1**	**5**	**1**	**4**	
崆峒区	3		3						
泾川县	1		1			4		4	
灵台县						1	1		
崇信县	1				1				
庄浪县									
静宁县	9		9						
华亭市									

户口登记地在外乡镇街道的人口（镇）（续 8）

单位：人

外										
	江西省					山东省				
街道	小计	乡	镇 的 村委会	镇 的 居委会	街道	小计	乡	镇 的 村委会	镇 的 居委会	街道
67	**303**	**57**	**163**	**46**	**37**	**462**	**55**	**276**	**33**	**98**
46	**124**	**19**	**68**	**12**	**25**	**258**	**29**	**144**	**8**	**77**
1	5		3	1	1	8		8		
	17	1	13	1	2	28	1	20	1	6
	1				1	3		1		2
	1			1		3	1	1	1	
2	3		3			3	1		1	1
2	1			1		12	1	8		3
37	71	12	36	5	18	176	20	91	3	62
4	25	6	13	3	3	25	5	15	2	3
						3	**1**	**2**		
						3	1	2		
4	**5**		**5**			**11**	**3**	**8**		
4	5		5			11	3	8		
	3			**3**		**14**	**2**	**10**	**1**	**1**
						1	1			
						4		3		1
	3			3		2		2		
						7	1	5	1	
2	**24**	**2**	**21**	**1**		**10**		**7**	**2**	**1**
	4		4			4		3		1
	4		3	1						
2						4		3	1	
	16	2	14			1		1		
						1			1	
						9	**4**	**1**	**1**	**3**
						4	2			2
						2			1	1
						3	2	1		
	7	**1**		**6**		**12**	**1**	**4**	**6**	**1**
	1	1				2		2		
						1			1	
	6			6		4	1	1	1	1
						5		1	4	
	20	**8**	**8**		**4**	**11**	**2**	**5**	**1**	**3**
	11	7	4			3	1	2		
						1			1	
	4	1	3			2		2		
	5		1		4	2				2
						3	1	1		1

7-1b 全省按现住地、户口登记地类型分的

现住地	省								
	安徽省					福建省			
	小计	乡	镇 的村委会	镇 的居委会	街道	小计	乡	镇 的村委会	镇 的居委会
酒泉市	**29**	**7**	**17**	**4**	**1**	**5**		**5**	
肃州区	2		2						
金塔县						1		1	
瓜州县	12	4	7		1	4		4	
肃北蒙古族自治县	4		4						
阿克塞哈萨克族自治县	1	1							
玉门市	6	1	3	2					
敦煌市	4	1	1	2					
庆阳市	**32**	**17**	**13**	**1**	**1**	**11**		**10**	
西峰区	2	2							
庆城县	8	6	2			2		1	
环　县	6	4	2						
华池县	8	4	3		1				
合水县	1	1							
正宁县	3		3						
宁　县	4		3	1					
镇原县						9		9	
定西市	**53**	**5**	**38**	**4**	**6**	**44**	**3**	**28**	**5**
安定区									
通渭县	1	1							
陇西县	34	3	24	1	6	29	2	20	4
渭源县	8	1	7			1		1	
临洮县	5		5			6	1	4	1
漳　县	3		2	1					
岷　县	2			2		8		3	
陇南市	**25**	**6**	**14**	**2**	**3**	**15**		**11**	**2**
武都区									
成　县	5		4	1		5		4	1
文　县	3	1		1	1	2		1	1
宕昌县	6		6			2			
康　县	1		1			5		5	
西和县									
礼　县	1		1			1		1	
徽　县	7	3	2		2				
两当县	2	2							
临夏回族自治州	**10**	**2**	**2**	**1**	**5**	**10**	**1**	**5**	
临夏市									
临夏县									
康乐县	4				4				
永靖县	4	2	1	1					
广河县						6		5	
和政县	1		1						
东乡族自治县									
积石山保安族东乡族撒拉族自治县	1				1	4	1		
甘南藏族自治州	**36**	**4**	**26**	**3**	**3**	**8**	**1**	**7**	
合作市									
临潭县	7		7			6		6	
卓尼县	2			2		2	1	1	
舟曲县	12		12						
迭部县	10	2	5		3				
玛曲县	4	2	2						
碌曲县									
夏河县	1			1					

户口登记地在外乡镇街道的人口（镇）（续 9）

单位：人

外										
	江西省					山东省				
街道	小计	乡	镇的村委会	镇的居委会	街道	小计	乡	镇的村委会	镇的居委会	街道
	5	**4**	**1**			**33**	**4**	**23**	**4**	**2**
						5		5		
	4	4				10	3	7		
						1	1			
	1		1			12		9	2	1
						5		2	2	1
1	**20**	**4**	**13**	**3**		**27**	**2**	**19**	**3**	**3**
	1			1						
1	1		1			8		7	1	
						12	2	9		1
	1	1								
	2	2				3		1		2
	2		2			1		1		
	7		5	2		2		1	1	
	6	1	5			1			1	
8	**60**	**10**	**30**	**19**	**1**	**40**	**3**	**32**	**2**	**3**
						2		2		
	4		4			1		1		
3	22	5	14	3		11		11		
	2	2				2	1	1		
	18	3	7	7	1	21	2	15	2	2
	5		1	4		3		2		1
5	9		4	5						
2	**27**	**6**	**17**	**2**	**2**	**21**	**3**	**13**	**3**	**2**
	1	1				2	1	1		
	5		5			5		4	1	
	3		3							
2	9	2	7			2			1	1
	2			1	1	2		2		
	2		1		1	4		3		1
						1	1			
	4	3		1		3	1	1	1	
	1		1			2		2		
4	**3**	**3**				**7**		**3**	**2**	**2**
	3	3								
						4		2	2	
1						1				1
						1				1
3						1		1		
	5				**5**	**6**	**1**	**5**		
						1	1			
						2		2		
						1		1		
						1		1		
						1		1		
	5				5					

7-1b 全省按现住地、户口登记地类型分的

现住地	省								
	河南省					湖北省			
	小计	乡	镇的村委会	镇的居委会	街道	小计	乡	镇的村委会	镇的居委会
合计	**1641**	**437**	**961**	**94**	**149**	**801**	**154**	**481**	**77**
兰州市	**818**	**224**	**475**	**38**	**81**	**326**	**46**	**206**	**29**
城关区	89	36	42	5	6	17	4	9	4
七里河区	70	5	55	6	4	14		12	
西固区	16	4	11	1		2		2	
安宁区									
红古区	23	10	13			10		9	1
永登县	22	7	12	2	1	7	4		1
皋兰县	40	9	27	3	1	29		25	2
榆中县	419	119	229	15	56	158	32	78	12
兰州新区	139	34	86	6	13	89	6	71	9
嘉峪关市	**28**	**28**				**3**	**3**		
市辖区	28	28				3	3		
金昌市	**18**	**1**	**16**	**1**		**4**	**1**		
金川区									
永昌县	18	1	16	1		4	1		
白银市	**28**	**13**	**10**	**5**		**48**	**14**	**21**	**9**
白银区									
平川区	2	2							
靖远县	7	2	5			28	6	9	9
会宁县	5	3	1	1		7		7	
景泰县	14	6	4	4		13	8	5	
天水市	**59**	**3**	**39**	**12**	**5**	**24**	**4**	**12**	**5**
秦州区	6			6					
麦积区	1		1						
清水县	16		8	4	4	4	2	1	
秦安县	17	1	14	2		14	2	8	2
甘谷县	4	1	3			2			2
武山县	7		6		1	4		3	1
张家川回族自治县	8	1	7						
武威市	**39**	**14**	**19**	**3**	**3**	**13**	**2**	**6**	**5**
凉州区	13	5	7		1				
民勤县	11	3	3	3	2	3	2		1
古浪县	11	6	5			3		3	
天祝藏族自治县	4		4			7		3	4
张掖市	**17**		**14**		**3**	**26**		**21**	**1**
甘州区									
肃南裕固族自治县	1		1						
民乐县	4		3		1	2		2	
临泽县	1		1			1		1	
高台县	3		3			14		12	1
山丹县	8		6		2	9		6	
平凉市	**82**	**38**	**30**	**3**	**11**	**38**	**2**	**26**	**2**
崆峒区									
泾川县	30	13	14		3	7		7	
灵台县	8	6	2			1	1		
崇信县	16	7	3	1	5	7		6	
庄浪县	4	1	1		2	5		2	
静宁县	12	7	3	2		16	1	10	2
华亭市	12	4	7		1	2		1	

户口登记地在外乡镇街道的人口（镇）（续10）

单位：人

外										
	湖南省					广东省				
街道	小计	乡	镇的村委会	镇的居委会	街道	小计	乡	镇的村委会	镇的居委会	街道
89	**474**	**88**	**253**	**54**	**79**	**131**	**5**	**43**	**19**	**64**
45	**214**	**35**	**118**	**17**	**44**	**78**	**1**	**18**	**11**	**48**
	9	1	6		2	8		1		7
2	23		18	2	3	8		7	1	
						5				5
						3			3	
2	2		1		1	2			1	1
2	10	2	3	1	4					
36	152	32	77	13	30	49	1	10	5	33
3	18		13	1	4	3			1	2
3	**4**	**4**				**1**				**1**
3	4	4				1				1
4	**27**	**10**	**15**	**1**	**1**	**3**		**1**	**1**	**1**
4	13	7	6			1				1
	4		4			2		1	1	
	10	3	5	1	1					
3	**16**	**3**	**8**		**5**	**10**	**2**	**2**	**3**	**3**
	1				1	1			1	
	5	1	2		2	1		1		
1	5	1	2		2					
2	1		1			1				1
						3	1	1	1	
	3	1	2			2	1		1	
	1		1			2				2
	13		**12**		**1**					
	7		6		1					
	6		6							
4	**26**	**8**	**11**	**2**	**5**	**3**		**1**		**2**
	4	4								
	4		3	1		1				1
	5			1	4	1		1		
1	11	3	7		1					
3	2	1	1			1				1
8	**27**	**2**	**18**	**2**	**5**	**3**	**1**			**2**
	5	1	3		1	2	1			1
1	2		1		1					
3	14	1	9	1	3					
3	6		5	1		1				1
1										

7-1b 全省按现住地、户口登记地类型分的

现住地	省								
	河南省					湖北省			
	小计	乡	镇的村委会	镇的居委会	街道	小计	乡	镇的村委会	镇的居委会
酒泉市	**135**	**38**	**73**	**9**	**15**	**20**	**7**	**4**	**6**
肃州区	2		2						
金塔县	8	6	1	1		2			
瓜州县	45	6	37	2		6	2	3	
肃北蒙古族自治县	4		4						
阿克塞哈萨克族自治县	12	12				4	4		
玉门市	42	11	26		5	2	1	1	
敦煌市	22	3	3	6	10	6			6
庆阳市	**102**	**12**	**80**	**2**	**8**	**49**	**12**	**31**	
西峰区	1		1						
庆城县	19		14		5	14	1	11	
环　县	17	5	11		1	10	5	4	
华池县	13	2	11			3		2	
合水县	10	1	7		2	1			
正宁县	18		17	1		9		8	
宁　县	11	4	7			4	1	3	
镇原县	13		12	1		8	5	3	
定西市	**133**	**19**	**94**	**11**	**9**	**72**	**11**	**48**	**9**
安定区	5		5			2	1	1	
通渭县	15	3	1	6	5	5	4		
陇西县	50		47	3		19		16	1
渭源县	5		2		3	6		4	2
临洮县	40	11	27	1	1	23	2	19	2
漳　县	6		6			3	2		
岷　县	12	5	6	1		14	2	8	4
陇南市	**90**	**24**	**55**	**6**	**5**	**53**	**11**	**37**	
武都区	7	2	5			1		1	
成　县	24	4	18	2		8		7	
文　县	11	4	6	1		10	2	8	
宕昌县	1			1		1			
康　县	13	6	6		1	7		7	
西和县	11		6	1	4	11	8	3	
礼　县	7		6	1		10		10	
徽　县	16	8	8			5	1	1	
两当县									
临夏回族自治州	**56**	**11**	**36**	**1**	**8**	**73**	**19**	**47**	**5**
临夏市						6		6	
临夏县	4	1			3	15	2	10	3
康乐县	14	7	7			3		3	
永靖县	12	3	6	1	2	19	6	11	2
广河县	9		8		1	10	6	4	
和政县	14		13		1	13	3	8	
东乡族自治县									
积石山保安族东乡族撒拉族自治县	3		2		1	7	2	5	
甘南藏族自治州	**36**	**12**	**20**	**3**	**1**	**52**	**22**	**22**	**6**
合作市									
临潭县	11	4	7			16	12	2	
卓尼县	7	1	6			6		6	
舟曲县	2			2		14	3	8	3
迭部县	5	1	3	1		5	3	2	
玛曲县	1	1				1		1	
碌曲县	7	4	3			9	3	3	3
夏河县	3	1	1		1	1	1		

户口登记地在外乡镇街道的人口（镇）（续 11）

单位：人

外										
	湖南省					广东省				
街道	小计	乡	镇的村委会	镇的居委会	街道	小计	乡	镇的村委会	镇的居委会	街道
3	**8**		**4**	**1**	**3**	**2**			**2**	
2										
1	6		2	1	3	1			1	
	1		1							
	1		1							
						1			1	
6	**31**	**4**	**14**	**7**	**6**	**6**		**6**		
2	4		1		3	2		2		
1	9	1	6	2						
1	1		1							
1	3	3				2		2		
1	3		3							
	5		2		3					
	6		1	5		2		2		
4	**37**	**1**	**30**	**4**	**2**	**8**		**4**		**4**
1	2		1	1						
2	8	1	6	1		7		3		4
	7		7							
	11		10	1		1		1		
1	8		6		2					
	1			1						
5	**34**	**4**	**13**	**13**	**4**	**6**		**5**		**1**
	1	1								
1	6	1		4	1	1		1		
	1	1								
1	3			3						
	9		6	1	2	4		4		
	5		3	1	1					
	7		3	4						
3	1		1							
	1	1				1				1
2	**23**	**10**	**9**	**2**	**2**	**7**	**1**	**2**	**2**	**2**
	7	5	1	1						
	6	5		1						
						2				2
						2		2		
2	6		4		2	1	1			
	4		4			2			2	
2	**14**	**7**	**1**	**5**	**1**	**4**		**4**		
2										
	1	1								
	4			4						
	2		1	1						
	3	2			1					
	4	4				3		3		
						1		1		

7-1b 全省按现住地、户口登记地类型分的

现住地	省								
	广西壮族自治区					海南省			
	小计	乡	镇 的村委会	镇 的居委会	街道	小计	乡	镇 的村委会	镇 的居委会
合计	**169**	**31**	**80**	**16**	**42**	**55**	**2**	**24**	**12**
兰州市	**143**	**26**	**65**	**11**	**41**	**50**	**1**	**23**	**10**
城关区	2	2				2		2	
七里河区	5	1	4			3		3	
西固区									
安宁区									
红古区									
永登县									
皋兰县									
榆中县	132	23	58	11	40	41	1	18	7
兰州新区	4		3		1	4			3
嘉峪关市									
市辖区									
金昌市									
金川区									
永昌县									
白银市						**3**	**1**		**2**
白银区									
平川区									
靖远县									
会宁县						1	1		
景泰县						2			2
天水市	**5**	**1**	**3**	**1**					
秦州区									
麦积区									
清水县									
秦安县									
甘谷县	2		1	1					
武山县	3	1	2						
张家川回族自治县									
武威市	**1**			**1**					
凉州区									
民勤县									
古浪县									
天祝藏族自治县	1			1					
张掖市	**2**			**2**					
甘州区									
肃南裕固族自治县									
民乐县	2			2					
临泽县									
高台县									
山丹县									
平凉市	**2**		**2**			**1**			
崆峒区									
泾川县						1			
灵台县									
崇信县									
庄浪县									
静宁县	1		1						
华亭市	1		1						

户口登记地在外乡镇街道的人口（镇）（续12）

单位：人

外										
	重庆市					四川省				
街道	小计	乡	镇的村委会	镇的居委会	街道	小计	乡	镇的村委会	镇的居委会	街道
17	394	45	230	49	70	1556	361	868	154	173
16	213	34	122	17	40	603	150	370	28	55
						8	2	2	2	2
	15		10	3	2	67	24	37	3	3
						4	2	2		
	1			1		17	2	15		
	8		7		1	29	4	20	3	2
	20	3	14	2	1	81	17	57	2	5
15	111	23	48	6	34	246	57	141	11	37
1	58	8	43	5	2	151	42	96	7	6
						2	1			1
						2	1			1
	4		4			7	1	3	2	1
	4		4			7	1	3	2	1
	10	4	3	3		47	24	12	9	2
						9	3	5		1
	3	2	1			15	9	3	2	1
	1			1		2	1		1	
	6	2	2	2		21	11	4	6	
	6	1	2	1	2	44	1	34	7	2
						2		1	1	
	2				2	13		12		1
						3	1		2	
						18		15	3	
	2		2			2		2		
	1	1				5		3	1	1
	1			1		1		1		
	3	1	2			24	9	8	6	1
	1		1			5		3	1	1
						9	7	2		
						2			2	
	2	1	1			8	2	3	3	
	5		4		1	42	2	28	10	2
						1		1		
						1				1
	2		2			7	2	2	3	
						7		1	6	
						2		2		
	3		2		1	24		22	1	1
1	29		18	6	5	29	6	15		8
1	8		8			5		2		3
	13		6	6	1	2	1			1
	2		2			5		2		3
	2		1		1	3	2			1
	2				2	8	1	7		
	2		1		1	6	2	4		

7-1b 全省按现住地、户口登记地类型分的

现住地	省								
	广西壮族自治区					海南省			
	小计	乡	镇的村委会	镇的居委会	街道	小计	乡	镇的村委会	镇的居委会
酒泉市	**1**		**1**						
肃州区									
金塔县									
瓜州县									
肃北蒙古族自治县									
阿克塞哈萨克族自治县									
玉门市	1		1						
敦煌市									
庆阳市	**3**	**2**			**1**				
西峰区									
庆城县	2	2							
环　县									
华池县									
合水县									
正宁县									
宁　县									
镇原县	1				1				
定西市	**8**	**1**	**6**	**1**					
安定区									
通渭县									
陇西县	3		2	1					
渭源县	1		1						
临洮县	2	1	1						
漳　县	2		2						
岷　县									
陇南市	**4**	**1**	**3**						
武都区									
成　县	1		1						
文　县	1	1							
宕昌县									
康　县	2		2						
西和县									
礼　县									
徽　县									
两当县									
临夏回族自治州									
临夏市									
临夏县									
康乐县									
永靖县									
广河县									
和政县									
东乡族自治县									
积石山保安族东乡族撒拉族自治县									
甘南藏族自治州						**1**		**1**	
合作市									
临潭县						1		1	
卓尼县									
舟曲县									
迭部县									
玛曲县									
碌曲县									
夏河县									

户口登记地在外乡镇街道的人口（镇）（续13）

单位：人

外										
	重庆市					四川省				
街道	小计	乡	镇的村委会	镇的居委会	街道	小计	乡	镇的村委会	镇的居委会	街道
	32	**2**	**20**	**8**	**2**	**103**	**32**	**37**	**30**	**4**
	2	2				12	7		1	4
	14		11	1	2	20	7	11	2	
						8	3	4	1	
						10	3	2	5	
						20	3	13	4	
	16		9	7		33	9	7	17	
	34		**24**	**3**	**7**	**45**	**10**	**27**	**1**	**7**
	18		15	3		8		6	1	1
	3		3			11	4	6		1
						4	2	2		
	6				6	1				1
	6		5		1	10		10		
						1				1
	1		1			10	4	3		3
	22	**3**	**10**	**9**		**104**	**13**	**73**	**12**	**6**
						15		15		
						6	3	1		2
	3			3		46	7	33	5	1
						4		3	1	
	6	2	3	1		15	1	13	1	
	11		6	5		1		1		
	2	1	1			17	2	7	5	3
	29		**16**	**2**	**11**	**288**	**30**	**167**	**29**	**62**
						12	2	9		1
	11		11			50	5	40	5	
	10		2		8	101	8	27	14	52
	1				1	1			1	
	1				1	41	1	35	2	3
	1		1			20	5	14	1	
	3		2	1		17	2	12	3	
	2			1	1	42	5	29	2	6
						4	2	1	1	
	6		**4**		**2**	**104**	**47**	**46**	**4**	**7**
						20	12	7	1	
						2	1	1		
	1				1	35	22	10		3
	3		3			11	2	5	2	2
						20		18		2
	2		1		1	10	6	4		
						1			1	
						5	4	1		
	1		**1**			**114**	**35**	**48**	**16**	**15**
						18	1	14	2	1
						4	1	3		
						11		6	4	1
	1		1			36	22	2	3	9
						26	6	12	6	2
						16	4	11	1	
						3	1			2

7-1b 全省按现住地、户口登记地类型分的

现住地	省								
	贵州省					云南省			
	小计	乡	镇 的 村委会	镇 的 居委会	街道	小计	乡	镇 的 村委会	镇 的 居委会
合计	**252**	**62**	**134**	**19**	**37**	**225**	**48**	**121**	**16**
兰州市	**198**	**45**	**111**	**9**	**33**	**157**	**34**	**87**	**13**
城关区	3		3						
七里河区	15		13	1	1	9		9	
西固区									
安宁区									
红古区									
永登县	1		1						
皋兰县	2	1	1			8	2	5	1
榆中县	170	42	90	8	30	129	27	70	12
兰州新区	7	2	3		2	11	5	3	
嘉峪关市									
市辖区									
金昌市	**9**	**1**	**2**	**5**	**1**	**9**	**7**	**2**	
金川区									
永昌县	9	1	2	5	1	9	7	2	
白银市	**2**	**2**				**3**	**1**	**2**	
白银区									
平川区									
靖远县						1		1	
会宁县	1	1				1	1		
景泰县	1	1				1		1	
天水市	**7**	**3**	**2**	**2**		**5**		**4**	**1**
秦州区	2			2					
麦积区						1		1	
清水县	2		2			1			1
秦安县	3	3				1		1	
甘谷县									
武山县						2		2	
张家川回族自治县									
武威市	**2**	**1**	**1**			**2**	**1**	**1**	
凉州区									
民勤县						1	1		
古浪县	1		1						
天祝藏族自治县	1	1				1		1	
张掖市	**2**		**1**	**1**		**1**		**1**	
甘州区									
肃南裕固族自治县									
民乐县									
临泽县	2		1	1					
高台县						1		1	
山丹县									
平凉市	**2**	**1**	**1**						
崆峒区									
泾川县									
灵台县									
崇信县									
庄浪县									
静宁县									
华亭市	2	1	1						

户口登记地在外乡镇街道的人口（镇）（续 14）

单位：人

外										
	西藏自治区					陕西省				
街道	小计	乡	镇的村委会	镇的居委会	街道	小计	乡	镇的村委会	镇的居委会	街道
40	**128**	**25**	**55**	**24**	**24**	**1992**	**284**	**802**	**282**	**624**
23	**87**	**24**	**42**	**5**	**16**	**458**	**61**	**267**	**38**	**92**
						16	1	5	1	9
						62	6	41	5	10
						7		5	1	1
	2	1	1			11	2	3	3	3
						42	8	29	1	4
20	76	23	38	3	12	236	37	139	15	45
3	9		3	2	4	84	7	45	12	20
						13	**6**	**5**		**2**
						13	6	5		2
	1			**1**		**30**	**2**	**20**	**5**	**3**
	1			1		30	2	20	5	3
	3		**1**		**2**	**45**	**12**	**21**	**6**	**6**
						8		7		1
	1		1			14	6	7	1	
	2				2	8	1	4	2	1
						15	5	3	3	4
	5		**3**	**2**		**68**	**6**	**36**	**23**	**3**
						2		1	1	
						17		7	7	3
						4		2	2	
	3		1	2		8	3	2	3	
	2		2			19		13	6	
						10	3	4	3	
						8		7	1	
	8		**3**	**3**	**2**	**36**	**5**	**15**	**10**	**6**
						15		7	5	3
	2				2	8	3	1	4	
						2				2
	6		3	3		11	2	7	1	1
	3		**1**	**2**		**18**	**1**	**15**		**2**
						1		1		
						3		2		1
						9	1	8		
	3		1	2		5		4		1
	1			**1**		**152**	**36**	**62**	**16**	**38**
						1		1		
						33	8	11	1	13
						36	10	18	4	4
						30	12	8	3	7
						17		9	2	6
	1			1		12	3	5	2	2
						23	3	10	4	6

7-1b 全省按现住地、户口登记地类型分的

现住地	省								
	贵州省					云南省			
	小计	乡	镇的村委会	镇的居委会	街道	小计	乡	镇的村委会	镇的居委会
酒泉市						**5**		**4**	
肃州区									
金塔县									
瓜州县						1		1	
肃北蒙古族自治县									
阿克塞哈萨克族自治县									
玉门市						4		3	
敦煌市									
庆阳市	**6**	**1**	**5**			**5**	**1**	**3**	**1**
西峰区									
庆城县	2		2			3	1	2	
环　县	1	1							
华池县									
合水县									
正宁县	1		1						
宁　县	2		2			1		1	
镇原县						1			1
定西市	**8**	**3**	**5**			**3**		**3**	
安定区									
通渭县	1	1							
陇西县	4	1	3			1		1	
渭源县	1	1							
临洮县	2		2			2		2	
漳　县									
岷　县									
陇南市	**4**		**3**	**1**		**4**		**3**	**1**
武都区									
成　县	3		2	1		1		1	
文　县									
宕昌县									
康　县	1		1			1		1	
西和县									
礼　县						1			1
徽　县						1		1	
两当县									
临夏回族自治州	**9**	**5**		**1**	**3**	**1**			
临夏市									
临夏县									
康乐县									
永靖县	5	3		1	1				
广河县	1	1							
和政县									
东乡族自治县									
积石山保安族东乡族撒拉族自治县	3	1			2	1			
甘南藏族自治州	**3**		**3**			**30**	**4**	**11**	
合作市									
临潭县									
卓尼县	3		3			9	4	5	
舟曲县									
迭部县									
玛曲县						4		4	
碌曲县						4		2	
夏河县						13			

户口登记地在外乡镇街道的人口（镇）（续 15）

单位：人

外										
	西藏自治区					陕西省				
街道	小计	乡	镇的村委会	镇的居委会	街道	小计	乡	镇的村委会	镇的居委会	街道
1	**2**		**2**			**63**	**10**	**33**	**16**	**4**
						4	2		1	1
						25	3	19	3	
	1		1			1		1		
						3	1		2	
1	1		1			7	3	1	1	2
						23	1	12	9	1
	1				**1**	**776**	**104**	**163**	**112**	**397**
						8	1	7		
						473	51	74	91	257
						91	28	13	8	42
						82	14	31	1	36
						58	5	11		42
						29		17	6	6
						22		9	6	7
	1				1	13	5	1		7
	9		**1**	**7**	**1**	**109**	**6**	**51**	**23**	**29**
	1		1			1		1		
						4	1	1		2
	3			3		45	2	21	7	15
						15		8	2	5
	5			4	1	28	1	12	8	7
						4		2	2	
						12	2	6	4	
	3			**3**		**177**	**26**	**96**	**26**	**29**
						9	3	5	1	
						20	2	15	1	2
						15		4		11
						9		8		1
						39	4	25	4	6
	2			2		8		4	4	
						7	1	3	3	
	1			1		49	15	23	6	5
						21	1	9	7	4
1	**1**		**1**			**20**	**1**	**7**	**4**	**8**
						2		1	1	
						3		3		
	1		1			4	1		1	2
						9		2	2	5
						2		1		1
1										
15	**4**	**1**	**1**		**2**	**27**	**8**	**11**	**3**	**5**
						2	1	1		
						12	6	6		
						3			1	2
	1		1			7		2	2	3
	3	1			2	1		1		
2										
13						2	1	1		

7-1b 全省按现住地、户口登记地类型分的

现住地	省						
	青海省					宁夏回族	
	小计	乡	镇的村委会	镇的居委会	街道	小计	乡
合计	**4240**	**539**	**372**	**3206**	**123**	**484**	**133**
兰州市	**384**	**71**	**204**	**40**	**69**	**164**	**34**
城关区	13		7	1	5	2	
七里河区	13	2	7		4	6	
西固区	7	2	2	1	2	1	
安宁区							
红古区	90	21	52	13	4		
永登县	18	3	13	2		2	
皋兰县	23	2	15	4	2	7	1
榆中县	173	31	85	17	40	109	20
兰州新区	47	10	23	2	12	37	13
嘉峪关市	**1**		**1**				
市辖区	1		1				
金昌市	**3**			**1**	**2**	**1**	
金川区							
永昌县	3			1	2	1	
白银市	**13**	**1**	**4**	**7**	**1**	**44**	**14**
白银区							
平川区						6	
靖远县	5			5		26	7
会宁县	5		4	1		5	4
景泰县	3	1		1	1	7	3
天水市	**13**	**2**	**6**	**5**		**10**	**3**
秦州区							
麦积区							
清水县							
秦安县	8		4	4		3	2
甘谷县	3	2	1			3	
武山县	2		1	1			
张家川回族自治县						4	1
武威市	**58**	**2**	**40**	**8**	**8**	**16**	**3**
凉州区	8		5	2	1	12	3
民勤县	9		2	5	2	2	
古浪县	4				4		
天祝藏族自治县	37	2	33	1	1	2	
张掖市	**26**	**1**	**17**	**7**	**1**	**8**	**2**
甘州区	2		2				
肃南裕固族自治县							
民乐县	18		12	6			
临泽县	2		2			1	1
高台县	2		1		1	3	
山丹县	2	1		1		4	1
平凉市	**9**	**3**	**1**	**1**	**4**	**63**	**20**
崆峒区							
泾川县	3				3	5	2
灵台县						3	
崇信县						4	2
庄浪县	3	2			1	5	1
静宁县	3	1	1	1		43	15
华亭市						3	

户口登记地在外乡镇街道的人口（镇）（续16）

单位：人

外							
自治区			新疆维吾尔自治区				
镇　的 村委会	镇　的 居委会	街道	小计	乡	镇　的 村委会	镇　的 居委会	街道
201	**60**	**90**	**509**	**71**	**216**	**96**	**126**
86	**10**	**34**	**205**	**34**	**79**	**27**	**65**
1		1	8		4		4
5		1	7		6	1	
	1		2	2			
2			8	3	1	3	1
6			1				1
56	6	27	158	27	62	19	50
16	3	5	21	2	6	4	9
		1	**6**			**5**	**1**
		1	6			5	1
19	**9**	**2**	**32**	**5**	**15**	**8**	**4**
5	1		1				1
10	7	2	4		3		1
1			9	5	3	1	
3	1		18		9	7	2
2	**1**	**4**	**25**		**14**	**6**	**5**
			1		1		
			8		1	3	4
	1		2		1		1
2		1	5		5		
			3		2	1	
		3	6		4	2	
	8	**5**	**28**	**1**	**18**	**5**	**4**
	5	4	7		6	1	
	1	1	6	1	2	1	2
			6		2	2	2
	2		9		8	1	
6			**38**	**5**	**16**	**10**	**7**
			8		5		3
			4			2	2
3			13	4	4	5	
3			13	1	7	3	2
27	**10**	**6**	**15**	**5**	**5**	**2**	**3**
3			3	1	1		1
3			1	1			
		2					
2	2		4	1	3		
18	7	3	7	2	1	2	2
1	1	1					

7-1b 全省按现住地、户口登记地类型分的

现住地	省						
	青海省					宁夏回族	
	小计	乡	镇的村委会	镇的居委会	街道	小计	乡
酒泉市	**3528**	**390**	**43**	**3088**	**7**	**17**	**5**
肃州区						3	
金塔县	8	3	5				
瓜州县	36	21	14	1		8	5
肃北蒙古族自治县	5	1	4				
阿克塞哈萨克族自治县	8	2		6			
玉门市	4		3		1	1	
敦煌市	3467	363	17	3081	6	5	
庆阳市	**6**		**2**	**4**		**100**	**35**
西峰区							
庆城县	2			2		19	1
环　县	1			1		55	27
华池县						4	
合水县						3	1
正宁县	1		1			2	1
宁　县	2		1	1		5	
镇原县						12	5
定西市	**21**	**8**	**5**	**6**	**2**	**26**	**3**
安定区						3	
通渭县	6	6				5	2
陇西县	7		3	4		4	
渭源县							
临洮县	6	2	2		2	12	
漳　县	1			1		1	
岷　县	1			1		1	1
陇南市	**15**	**2**	**6**	**6**	**1**	**14**	**8**
武都区						1	1
成　县	4	1	2	1		5	1
文　县	1	1				1	
宕昌县							
康　县	6		3	3			
西和县	2			2		1	1
礼　县	1		1				
徽　县	1				1	5	4
两当县						1	1
临夏回族自治州	**115**	**34**	**32**	**27**	**22**	**20**	**6**
临夏市	1				1	1	1
临夏县	4		2		2		
康乐县	4	2	2				
永靖县	66	9	15	24	18		
广河县	6	2	3		1	14	5
和政县	3		2	1		5	
东乡族自治县							
积石山保安族东乡族撒拉族自治县	31	21	8	2			
甘南藏族自治州	**48**	**25**	**11**	**6**	**6**	**1**	
合作市							
临潭县	8		8				
卓尼县							
舟曲县							
迭部县							
玛曲县	20	9	3	5	3		
碌曲县	1				1	1	
夏河县	19	16		1	2		

户口登记地在外乡镇街道的人口（镇）（续 17）

单位：人

外							
自治区			新疆维吾尔自治区				
镇　的 村委会	镇　的 居委会	街道	小计	乡	镇　的 村委会	镇　的 居委会	街道
8	**4**		**50**	**6**	**14**	**11**	**19**
3			1				1
			3		2	1	
	3		21	2	2	3	14
			10	1	4	5	
1			6	2	2		2
4	1		9	1	4	2	2
31	**8**	**26**	**17**	**3**	**7**	**1**	**6**
5	3	10					
15	1	12	7	3			4
		4	1		1		
1	1						
1			2		2		
3	2		6		4	1	1
6	1		1				1
8	**5**	**10**	**45**	**4**	**26**	**6**	**9**
3			11		11		
	1	2	2		2		
1	2	1	12	2	3	4	3
			2		1		1
3	2	7	8	2	4	2	
1			8		3		5
			2		2		
1	**3**	**2**	**27**	**5**	**13**	**7**	**2**
			5	1	4		
	3	1	10	1	2	5	2
		1	1		1		
			7	1	5	1	
			1		1		
			1			1	
1			2	2			
13	**1**		**15**	**3**	**5**	**6**	**1**
			5		2	3	
			3	1		2	
8	1		2		1		1
5			2	1		1	
			1		1		
			2	1	1		
	1		**6**		**4**	**2**	
			6		4	2	
	1						

7-1c 全省按现住地、户口登记地类型分的

现住地	人口数								
						小计			
	合计	乡	镇的村委会	镇的居委会	街道	小计	乡	镇的村委会	镇的居委会
合计	**67294**	**19303**	**36305**	**4031**	**7655**	**55280**	**16606**	**29181**	**3380**
兰州市	**15765**	**3765**	**9291**	**821**	**1888**	**11934**	**3015**	**6656**	**664**
城关区	895	309	455	28	103	478	158	209	20
七里河区	3294	853	1770	218	453	2567	749	1259	182
西固区	754	157	487	41	69	524	124	298	40
安宁区									
红古区	397	58	283	21	35	222	32	146	18
永登县	852	250	470	59	73	593	181	305	50
皋兰县	1108	136	812	84	76	750	104	530	50
榆中县	2887	835	1573	110	369	2263	691	1163	78
兰州新区	5578	1167	3441	260	710	4537	976	2746	226
嘉峪关市	**594**	**128**	**392**	**23**	**51**	**389**	**82**	**252**	**9**
市辖区	594	128	392	23	51	389	82	252	9
金昌市	**1665**	**548**	**1008**	**53**	**56**	**1331**	**475**	**774**	**41**
金川区	278	43	210	2	23	178	27	134	2
永昌县	1387	505	798	51	33	1153	448	640	39
白银市	**4402**	**2171**	**1754**	**168**	**309**	**3945**	**1994**	**1539**	**135**
白银区	429	153	212	9	55	349	129	167	6
平川区	418	74	273	7	64	360	61	235	7
靖远县	1460	855	456	59	90	1311	774	397	56
会宁县	1431	860	496	32	43	1356	824	464	31
景泰县	664	229	317	61	57	569	206	276	35
天水市	**2587**	**397**	**1729**	**149**	**312**	**2061**	**336**	**1352**	**116**
秦州区	741	68	486	40	147	591	48	375	37
麦积区	341	30	232	16	63	273	28	185	14
清水县	446	90	326	24	6	398	85	296	14
秦安县	252	50	140	17	45	193	42	102	15
甘谷县	234	38	167	13	16	165	30	111	12
武山县	231	59	138	18	16	187	53	108	13
张家川回族自治县	342	62	240	21	19	254	50	175	11
武威市	**3800**	**678**	**2611**	**143**	**368**	**3254**	**594**	**2264**	**121**
凉州区	1854	342	1266	38	208	1561	284	1067	33
民勤县	400	125	203	17	55	356	121	175	13
古浪县	812	98	622	48	44	711	90	549	42
天祝藏族自治县	734	113	520	40	61	626	99	473	33
张掖市	**6579**	**1766**	**3676**	**424**	**713**	**6243**	**1680**	**3487**	**400**
甘州区	3838	1062	2017	128	631	3629	1007	1892	121
肃南裕固族自治县	404	157	146	83	18	377	143	135	83
民乐县	262	10	219	15	18	240	3	207	13
临泽县	135	21	93	8	13	117	19	79	6
高台县	397	116	247	12	22	374	109	238	12
山丹县	1543	400	954	178	11	1506	399	936	165
平凉市	**5985**	**2066**	**2704**	**366**	**849**	**5179**	**1892**	**2294**	**325**
崆峒区	973	512	259	48	154	862	463	204	48
泾川县	400	76	186	35	103	319	61	144	29
灵台县	602	184	307	24	87	439	157	204	12
崇信县	637	58	284	126	169	515	41	231	122
庄浪县	365	88	162	17	98	275	79	113	13
静宁县	2464	1041	1181	85	157	2332	1009	1124	73
华亭市	544	107	325	31	81	437	82	274	28

户口登记地在外乡镇街道的人口（乡村）

单位：人

省内										
	本县（市、区）					本省其他县（市、区）				
街道	小计	乡	镇的村委会	镇的居委会	街道	小计	乡	镇的村委会	镇的居委会	街道
6113	**31793**	**9861**	**16623**	**2135**	**3174**	**23487**	**6745**	**12558**	**1245**	**2939**
1599	**2525**	**671**	**1304**	**219**	**331**	**9409**	**2344**	**5352**	**445**	**1268**
91	69	7	3	4	55	409	151	206	16	36
377	563	124	196	96	147	2004	625	1063	86	230
62	155	30	55	27	43	369	94	243	13	19
26	39	3	23	5	8	183	29	123	13	18
57	285	102	142	25	16	308	79	163	25	41
66	132	4	103	13	12	618	100	427	37	54
331	845	309	462	42	32	1418	382	701	36	299
589	437	92	320	7	18	4100	884	2426	219	571
46	**44**	**3**	**12**	**1**	**28**	**345**	**79**	**240**	**8**	**18**
46	44	3	12	1	28	345	79	240	8	18
41	**1058**	**435**	**583**	**21**	**19**	**273**	**40**	**191**	**20**	**22**
15	29	2	20		7	149	25	114	2	8
26	1029	433	563	21	12	124	15	77	18	14
277	**3042**	**1694**	**1090**	**105**	**153**	**903**	**300**	**449**	**30**	**124**
47	129	39	48	3	39	220	90	119	3	8
57	172	19	123	4	26	188	42	112	3	31
84	1111	694	321	51	45	200	80	76	5	39
37	1208	780	386	22	20	148	44	78	9	17
52	422	162	212	25	23	147	44	64	10	29
257	**1565**	**262**	**1043**	**90**	**170**	**496**	**74**	**309**	**26**	**87**
131	430	17	264	34	115	161	31	111	3	16
46	185	18	128	10	29	88	10	57	4	17
3	369	82	276	10	1	29	3	20	4	2
34	112	29	64	10	9	81	13	38	5	25
12	101	25	69	5	2	64	5	42	7	10
13	147	48	84	11	4	40	5	24	2	9
18	221	43	158	10	10	33	7	17	1	8
275	**2266**	**303**	**1709**	**92**	**162**	**988**	**291**	**555**	**29**	**113**
177	965	103	712	22	128	596	181	355	11	49
47	201	42	130	10	19	155	79	45	3	28
30	574	73	460	28	13	137	17	89	14	17
21	526	85	407	32	2	100	14	66	1	19
676	**5113**	**1276**	**2928**	**337**	**572**	**1130**	**404**	**559**	**63**	**104**
609	2959	781	1552	81	545	670	226	340	40	64
16	195	50	61	81	3	182	93	74	2	13
17	199	1	178	12	8	41	2	29	1	9
13	55	6	37	5	7	62	13	42	1	6
15	265	55	190	12	8	109	54	48		7
6	1440	383	910	146	1	66	16	26	19	5
668	**4180**	**1684**	**1838**	**219**	**439**	**999**	**208**	**456**	**106**	**229**
147	777	436	156	48	137	85	27	48		10
85	215	48	94	24	49	104	13	50	5	36
66	344	125	171	3	45	95	32	33	9	21
121	199	21	72	51	55	316	20	159	71	66
70	215	76	79	9	51	60	3	34	4	19
126	2146	938	1080	65	63	186	71	44	8	63
53	284	40	186	19	39	153	42	88	9	14

7-1c 全省按现住地、户口登记地类型分的

现住地	人口数								
						小计			
	合计	乡	镇的村委会	镇的居委会	街道	小计	乡	镇的村委会	镇的居委会
酒泉市	**6978**	**1681**	**4120**	**504**	**673**	**5750**	**1361**	**3403**	**455**
肃州区	1946	333	1360	38	215	1771	311	1240	32
金塔县	849	292	449	31	77	700	240	375	25
瓜州县	1884	454	1207	104	119	1573	336	1052	90
肃北蒙古族自治县	393	100	218	3	72	197	53	96	2
阿克塞哈萨克族自治县	73	31	41		1	63	27	35	
玉门市	643	325	269	9	40	551	283	235	7
敦煌市	1190	146	576	319	149	895	111	370	299
庆阳市	**7307**	**2505**	**2724**	**633**	**1445**	**5873**	**2194**	**2181**	**514**
西峰区	3470	1273	1201	247	749	3033	1164	1057	212
庆城县	594	142	265	55	132	473	130	225	37
环　县	1091	510	349	130	102	892	473	267	98
华池县	797	262	293	80	162	564	221	211	62
合水县	391	89	137	58	107	290	84	110	56
正宁县	263	58	130	11	64	159	35	72	9
宁　县	332	80	157	22	73	206	27	103	22
镇原县	369	91	192	30	56	256	60	136	18
定西市	**3674**	**940**	**2319**	**179**	**236**	**3007**	**847**	**1866**	**124**
安定区	1471	546	780	52	93	1357	528	704	40
通渭县	131	49	70	7	5	110	44	56	5
陇西县	370	50	264	25	31	230	43	149	17
渭源县	320	44	251	9	16	272	36	215	7
临洮县	500	96	343	20	41	385	75	265	15
漳　县	322	87	192	31	12	236	73	146	17
岷　县	560	68	419	35	38	417	48	331	23
陇南市	**3924**	**999**	**2342**	**354**	**229**	**3061**	**790**	**1805**	**304**
武都区	957	222	506	160	69	860	202	455	145
成　县	266	24	204	22	16	234	23	177	21
文　县	699	181	437	35	46	415	146	231	21
宕昌县	262	158	93	7	4	159	96	54	7
康　县	273	49	187	15	22	201	37	135	13
西和县	312	49	191	35	37	272	46	164	30
礼　县	538	167	328	28	15	447	129	289	17
徽　县	496	102	338	40	16	404	74	281	38
两当县	121	47	58	12	4	69	37	19	12
临夏回族自治州	**2432**	**1065**	**971**	**71**	**325**	**1920**	**844**	**731**	**56**
临夏市	464	88	150	12	214	423	82	120	11
临夏县	437	202	171	26	38	303	141	112	16
康乐县	164	80	78	4	2	156	75	75	4
永靖县	294	81	175	8	30	221	66	133	8
广河县	191	75	107	1	8	153	63	84	
和政县	149	55	84		10	107	48	56	
东乡族自治县	158	74	74	5	5	109	35	64	5
积石山保安族东乡族撒拉族自治县	575	410	132	15	18	448	334	87	12
甘南藏族自治州	**1602**	**594**	**664**	**143**	**201**	**1333**	**502**	**577**	**116**
合作市	255	112	23	19	101	174	93	17	4
临潭县	253	102	110	9	32	182	68	90	5
卓尼县	108	26	75	2	5	88	21	62	2
舟曲县	504	119	302	72	11	469	111	282	65
迭部县	88	42	26	9	11	77	37	23	8
玛曲县	60	15	26	15	4	52	13	20	15
碌曲县	73	35	15	9	14	68	32	13	9
夏河县	261	143	87	8	23	223	127	70	8

户口登记地在外乡镇街道的人口（乡村）（续 1）

单位：人

	省内									
	本县（市、区）					本省其他县（市、区）				
街道	小计	乡	镇的村委会	镇的居委会	街道	小计	乡	镇的村委会	镇的居委会	街道
531	**2520**	**336**	**1581**	**317**	**286**	**3230**	**1025**	**1822**	**138**	**245**
188	1095	150	802	13	130	676	161	438	19	58
60	202	48	102	19	33	498	192	273	6	27
95	497	44	408	34	11	1076	292	644	56	84
46	2		1		1	195	53	95	2	45
1	1				1	62	27	35		
26	112	39	67	2	4	439	244	168	5	22
115	611	55	201	249	106	284	56	169	50	9
984	**2925**	**1120**	**1007**	**272**	**526**	**2948**	**1074**	**1174**	**242**	**458**
600	1030	329	312	41	348	2003	835	745	171	252
81	301	96	128	19	58	172	34	97	18	23
54	688	406	158	87	37	204	67	109	11	17
70	382	166	148	46	22	182	55	63	16	48
40	171	57	56	50	8	119	27	54	6	32
43	78	13	49	6	10	81	22	23	3	33
54	125	17	66	16	26	81	10	37	6	28
42	150	36	90	7	17	106	24	46	11	25
170	**2120**	**652**	**1293**	**80**	**95**	**887**	**195**	**573**	**44**	**75**
85	1097	436	571	19	71	260	92	133	21	14
5	69	39	28	1	1	41	5	28	4	4
21	156	32	99	16	9	74	11	50	1	12
14	133	20	102	6	5	139	16	113	1	9
30	189	35	143	10	1	196	40	122	5	29
	164	60	91	13		72	13	55	4	
15	312	30	259	15	8	105	18	72	8	7
162	**2447**	**657**	**1413**	**260**	**117**	**614**	**133**	**392**	**44**	**45**
58	687	176	331	126	54	173	26	124	19	4
13	169	11	135	17	6	65	12	42	4	7
17	337	133	177	17	10	78	13	54	4	7
2	143	88	47	7	1	16	8	7		1
16	148	26	97	13	12	53	11	38		4
32	203	36	123	27	17	69	10	41	3	15
12	377	105	252	11	9	70	24	37	6	3
11	338	56	242	32	8	66	18	39	6	3
1	45	26	9	10		24	11	10	2	1
289	**1159**	**492**	**424**	**31**	**212**	**761**	**352**	**307**	**25**	**77**
210	259	33	39	1	186	164	49	81	10	24
34	129	49	64	10	6	174	92	48	6	28
2	90	51	37	2		66	24	38	2	2
14	113	15	83	7	8	108	51	50	1	6
6	82	23	57		2	71	40	27		4
3	73	36	37			34	12	19		3
5	83	23	53	5	2	26	12	11		3
15	330	262	54	6	8	118	72	33	6	7
138	**829**	**276**	**398**	**91**	**64**	**504**	**226**	**179**	**25**	**74**
60	90	33	8		49	84	60	9	4	11
19	60	10	46	3	1	122	58	44	2	18
3	40	9	31			48	12	31	2	3
11	390	72	253	63	2	79	39	29	2	9
9	49	28	10	6	5	28	9	13	2	4
4	33	10	7	13	3	19	3	13	2	1
14	41	24	10	6	1	27	8	3	3	13
18	126	90	33		3	97	37	37	8	15

7-1c 全省按现住地、户口登记地类型分的

现住地	省								
	小计					北京市			
	小计	乡	镇 的村委会	镇 的居委会	街道	小计	乡	镇 的村委会	镇 的居委会
合计	**12014**	**2697**	**7124**	**651**	**1542**	**46**	**5**	**24**	**3**
兰州市	**3831**	**750**	**2635**	**157**	**289**	**2**			
城关区	417	151	246	8	12				
七里河区	727	104	511	36	76	1			
西固区	230	33	189	1	7				
安宁区									
红古区	175	26	137	3	9				
永登县	259	69	165	9	16				
皋兰县	358	32	282	34	10				
榆中县	624	144	410	32	38	1			
兰州新区	1041	191	695	34	121				
嘉峪关市	**205**	**46**	**140**	**14**	**5**	**1**			
市辖区	205	46	140	14	5	1			
金昌市	**334**	**73**	**234**	**12**	**15**				
金川区	100	16	76		8				
永昌县	234	57	158	12	7				
白银市	**457**	**177**	**215**	**33**	**32**	**2**	**1**	**1**	
白银区	80	24	45	3	8				
平川区	58	13	38		7				
靖远县	149	81	59	3	6				
会宁县	75	36	32	1	6	2	1	1	
景泰县	95	23	41	26	5				
天水市	**526**	**61**	**377**	**33**	**55**	**10**	**1**	**7**	**1**
秦州区	150	20	111	3	16	1			
麦积区	68	2	47	2	17	1		1	
清水县	48	5	30	10	3				
秦安县	59	8	38	2	11	4	1	3	
甘谷县	69	8	56	1	4	2		1	1
武山县	44	6	30	5	3				
张家川回族自治县	88	12	65	10	1	2		2	
武威市	**546**	**84**	**347**	**22**	**93**	**1**			**1**
凉州区	293	58	199	5	31	1			1
民勤县	44	4	28	4	8				
古浪县	101	8	73	6	14				
天祝藏族自治县	108	14	47	7	40				
张掖市	**336**	**86**	**189**	**24**	**37**	**5**		**3**	
甘州区	209	55	125	7	22	2		1	
肃南裕固族自治县	27	14	11		2				
民乐县	22	7	12	2	1				
临泽县	18	2	14	2					
高台县	23	7	9		7	1			
山丹县	37	1	18	13	5	2		2	
平凉市	**806**	**174**	**410**	**41**	**181**	**3**		**1**	**1**
崆峒区	111	49	55		7				
泾川县	81	15	42	6	18	1			1
灵台县	163	27	103	12	21	1		1	
崇信县	122	17	53	4	48				
庄浪县	90	9	49	4	28				
静宁县	132	32	57	12	31	1			
华亭市	107	25	51	3	28				

户口登记地在外乡镇街道的人口（乡村）（续2）

单位：人

外										
	天津市					河北省				
街道	小计	乡	镇的村委会	镇的居委会	街道	小计	乡	镇的村委会	镇的居委会	街道
14	**34**	**7**	**15**	**5**	**7**	**479**	**84**	**327**	**23**	**45**
2	**4**		**1**	**1**	**2**	**184**	**30**	**135**	**11**	**8**
						13	3	9		1
1						30	4	21	2	3
						27	7	20		
						12	3	7	1	1
						8		8		
	2			1	1	31		25	6	
1	2		1		1	27	8	18	1	
						36	5	27	1	3
1						**22**	**5**	**14**	**2**	**1**
1						22	5	14	2	1
						23		**21**	**2**	
						14		14		
						9		7	2	
						14	**6**	**8**		
						8	4	4		
						1		1		
						2	2			
						2		2		
						1		1		
1	**5**	**1**	**1**		**3**	**20**		**13**	**1**	**6**
1						11		5		6
	3				3	5		5		
						1		1		
	1	1				1		1		
	1		1							
						2		1	1	
	1		**1**			**17**	**3**	**10**	**1**	**3**
						8		7		1
	1		1							
						4		2		2
						5	3	1	1	
2						**21**	**5**	**14**	**1**	**1**
1						20	5	14	1	
1										
						1				1
1	**2**		**2**			**25**	**7**	**11**	**2**	**5**
	1		1			5	3	2		
						5	1	2	2	
						4	2	1		1
	1		1							
						5		5		
1						3	1			2
						3		1		2

7-1c 全省按现住地、户口登记地类型分的

现住地	省								
	小计					北京市			
	小计	乡	镇的村委会	镇的居委会	街道	小计	乡	镇的村委会	镇的居委会
酒泉市	**1228**	**320**	**717**	**49**	**142**				
肃州区	175	22	120	6	27				
金塔县	149	52	74	6	17				
瓜州县	311	118	155	14	24				
肃北蒙古族自治县	196	47	122	1	26				
阿克塞哈萨克族自治县	10	4	6						
玉门市	92	42	34	2	14				
敦煌市	295	35	206	20	34				
庆阳市	**1434**	**311**	**543**	**119**	**461**	**12**	**3**	**7**	
西峰区	437	109	144	35	149	3	1	1	
庆城县	121	12	40	18	51	1		1	
环　县	199	37	82	32	48				
华池县	233	41	82	18	92				
合水县	101	5	27	2	67				
正宁县	104	23	58	2	21				
宁　县	126	53	54		19	2		2	
镇原县	113	31	56	12	14	6	2	3	
定西市	**667**	**93**	**453**	**55**	**66**	**3**		**1**	
安定区	114	18	76	12	8	2			
通渭县	21	5	14	2					
陇西县	140	7	115	8	10	1		1	
渭源县	48	8	36	2	2				
临洮县	115	21	78	5	11				
漳　县	86	14	46	14	12				
岷　县	143	20	88	12	23				
陇南市	**863**	**209**	**537**	**50**	**67**	**5**		**3**	
武都区	97	20	51	15	11				
成　县	32	1	27	1	3				
文　县	284	35	206	14	29	1			
宕昌县	103	62	39		2				
康　县	72	12	52	2	6	1			
西和县	40	3	27	5	5				
礼　县	91	38	39	11	3	3		3	
徽　县	92	28	57	2	5				
两当县	52	10	39		3				
临夏回族自治州	**512**	**221**	**240**	**15**	**36**	**2**		**1**	
临夏市	41	6	30	1	4				
临夏县	134	61	59	10	4	1			
康乐县	8	5	3						
永靖县	73	15	42		16				
广河县	38	12	23	1	2				
和政县	42	7	28		7				
东乡族自治县	49	39	10			1		1	
积石山保安族东乡族撒拉族自治县	127	76	45	3	3				
甘南藏族自治州	**269**	**92**	**87**	**27**	**63**				
合作市	81	19	6	15	41				
临潭县	71	34	20	4	13				
卓尼县	20	5	13		2				
舟曲县	35	8	20	7					
迭部县	11	5	3	1	2				
玛曲县	8	2	6						
碌曲县	5	3	2						
夏河县	38	16	17		5				

户口登记地在外乡镇街道的人口（乡村）（续 3）

单位：人

外										
	天津市					河北省				
街道	小计	乡	镇的村委会	镇的居委会	街道	小计	乡	镇的村委会	镇的居委会	街道
	4		**1**	**3**		**36**	**12**	**19**		**5**
						5	1	4		
						14	1	12		1
						6	4			2
						2	2			
	4		1	3		9	4	3		2
2	**10**	**4**	**4**	**1**	**1**	**35**	**6**	**23**	**1**	**5**
1	6	3	1	1	1	14	4	6	1	3
	1	1				1		1		
	1		1							
	1		1			2		1		1
						12	2	10		
1	1		1			6		5		1
2	**4**	**1**	**2**		**1**	**43**		**39**	**2**	**2**
2	1	1				23		21	1	1
						5		4		1
	1				1	2		2		
	1		1			9		9		
						3		3		
	1		1			1			1	
2	**3**	**1**	**2**			**25**	**7**	**14**		**4**
						3	1	1		1
	1		1			5		3		2
1						9	3	5		1
						1		1		
1						1		1		
						3	2	1		
	1	1								
	1		1			1	1			
						2		2		
1	**1**		**1**			**8**	**3**	**3**		**2**
1	1		1			1	1			
						2		1		1
						2		1		1
						1	1			
						2	1	1		
						6		**3**		**3**
						2				2
						3		3		
						1				1

7-1c 全省按现住地、户口登记地类型分的

现住地	省								
	山西省					内蒙古自治区			
	小计	乡	镇的村委会	镇的居委会	街道	小计	乡	镇的村委会	镇的居委会
合计	**272**	**64**	**160**	**12**	**36**	**184**	**41**	**104**	**14**
兰州市	**103**	**31**	**56**	**6**	**10**	**29**	**7**	**14**	
城关区	1		1			5	4	1	
七里河区	31	7	21	3		7	2	3	
西固区	2		2			1			
安宁区									
红古区	2		2			1		1	
永登县	3	1	2			1	1		
皋兰县	16	5	10	1		1		1	
榆中县	20	8	7	2	3	3		3	
兰州新区	28	10	11		7	10		5	
嘉峪关市	**27**	**5**	**20**	**2**		**3**	**2**	**1**	
市辖区	27	5	20	2		3	2	1	
金昌市	**1**		**1**			**5**		**4**	**1**
金川区									
永昌县	1		1			5		4	1
白银市	**10**	**5**	**5**			**16**	**6**	**8**	
白银区									
平川区	4		4			2		2	
靖远县	5	5				5	2	3	
会宁县						3		2	
景泰县	1		1			6	4	1	
天水市	**5**		**3**	**1**	**1**	**10**	**1**	**9**	
秦州区	1		1						
麦积区						1		1	
清水县	1				1	1		1	
秦安县						1		1	
甘谷县	1		1						
武山县	1			1		5		5	
张家川回族自治县	1		1			2	1	1	
武威市	**5**		**2**		**3**	**21**	**4**	**11**	**4**
凉州区						6	1	5	
民勤县	1		1			10	2	2	4
古浪县	1		1			5	1	4	
天祝藏族自治县	3				3				
张掖市	**4**	**1**	**3**			**2**		**2**	
甘州区	3	1	2			2		2	
肃南裕固族自治县									
民乐县									
临泽县									
高台县									
山丹县	1		1						
平凉市	**14**	**2**	**6**	**1**	**5**	**13**	**2**	**6**	
崆峒区	2	1	1			2	2		
泾川县	2		2			1			
灵台县	2	1			1	2		2	
崇信县	3		1	1	1	2		2	
庄浪县	1		1			4		2	
静宁县	3				3	1			
华亭市	1		1			1			

户口登记地在外乡镇街道的人口（乡村）（续4）

单位：人

外										
	辽宁省					吉林省				
街道	小计	乡	镇的村委会	镇的居委会	街道	小计	乡	镇的村委会	镇的居委会	街道
25	95	16	47	6	26	100	16	61	2	21
8	14	1	10	2	1	38	4	31	1	2
	2		2							
2						1				1
1	1		1			4	2	2		
	1	1				10		10		
						7		6		1
	2		2			7		6	1	
	2			2		2		2		
5	6		5		1	7	2	5		
	1		1			1		1		
	1		1			1		1		
	2		2							
	1		1							
	1		1							
2	1	1				2	1			1
	1	1				1				1
1						1	1			
1										
	4		3		1	4		2		2
	1				1	2				2
	3		3			2		2		
2	11		8		3	3		3		
	2		1		1					
2										
	2		2			3		3		
	7		5		2					
	4	1	2		1	2			1	1
	1	1								
						1				1
	2		1		1					
	1		1							
						1			1	
5	10	1	2	1	6	1				1
1	1				1					
	3	1	1		1					
2	1		1							
1	1			1		1				1
1	4				4					

7-1c 全省按现住地、户口登记地类型分的

现住地	省								
	山西省					内蒙古自治区			
	小计	乡	镇的村委会	镇的居委会	街道	小计	乡	镇的村委会	镇的居委会
酒泉市	**39**	**6**	**21**		**12**	**29**	**8**	**17**	**2**
肃州区	4	2			2	4		3	
金塔县	7	2	5			8	5	2	1
瓜州县	6		6			7	1	5	1
肃北蒙古族自治县	6	2	3		1	6	2	3	
阿克塞哈萨克族自治县									
玉门市	1		1			2		2	
敦煌市	15		6		9	2		2	
庆阳市	**27**	**13**	**9**	**1**	**4**	**9**	**3**	**6**	
西峰区	7	3	2	1	1	1	1		
庆城县	2		2			4		4	
环　县	2	2				1		1	
华池县									
合水县	1		1						
正宁县						1		1	
宁　县	13	8	3		2	2	2		
镇原县	2		1		1				
定西市	**10**		**10**			**12**	**1**	**10**	**1**
安定区	1		1			3		3	
通渭县						1		1	
陇西县	6		6			2		1	1
渭源县						2		2	
临洮县	2		2						
漳　县	1		1						
岷　县						4	1	3	
陇南市	**23**	**1**	**20**	**1**	**1**	**14**	**2**	**5**	**6**
武都区	6		6						
成　县	7		7						
文　县	3		2		1	5		3	1
宕昌县									
康　县	1		1			1	1		
西和县	2		1	1					
礼　县	3	1	2			6		1	5
徽　县	1		1			2	1	1	
两当县									
临夏回族自治州						**18**	**3**	**11**	
临夏市						7	1	6	
临夏县						2	1	1	
康乐县									
永靖县						6		2	
广河县						1		1	
和政县									
东乡族自治县						1		1	
积石山保安族东乡族撒拉族自治县						1	1		
甘南藏族自治州	**4**		**4**			**3**	**2**		
合作市	4		4			2	2		
临潭县									
卓尼县						1			
舟曲县									
迭部县									
玛曲县									
碌曲县									
夏河县									

户口登记地在外乡镇街道的人口（乡村）（续5）

单位：人

	外									
	辽宁省					吉林省				
街道	小计	乡	镇 的 村委会	镇 的 居委会	街道	小计	乡	镇 的 村委会	镇 的 居委会	街道
2	**17**		**8**		**9**	**11**		**5**		**6**
1	4		2		2	2				2
	3		1		2	2				2
						2				2
1	2		2			5		5		
	4				4					
	4		3		1					
	13	**10**	**1**		**2**	**19**	**9**	**4**		**6**
	2	1			1	7	1	4		2
						1				1
	2	1	1							
	1				1	4	1			3
	8	8				7	7			
	2		**2**			**2**		**2**		
	1		1							
						2		2		
	1		1							
1	**7**		**5**	**2**		**7**	**1**	**5**		**1**
	1			1						
1						1		1		
	2		2			4		3		1
	1		1			1		1		
	1		1			1	1			
	2		1	1						
4	**7**	**2**	**2**	**1**	**2**	**10**	**1**	**8**		**1**
	2	1		1						
4	2				2	2		1		1
	1		1			4		4		
	1		1							
						1	1			
	1	1				3		3		
1	**2**		**1**		**1**					
	1				1					
	1		1							
1										

7-1c　全省按现住地、户口登记地类型分的

<table>
<tr><th rowspan="3">现住地</th><th colspan="9">省</th></tr>
<tr><th colspan="5">黑龙江省</th><th colspan="4">上海市</th></tr>
<tr><th>小计</th><th>乡</th><th>镇　的
村委会</th><th>镇　的
居委会</th><th>街道</th><th>小计</th><th>乡</th><th>镇　的
村委会</th><th>镇　的
居委会</th></tr>
<tr><td>合计</td><td>129</td><td>23</td><td>56</td><td>14</td><td>36</td><td>26</td><td>4</td><td>17</td><td></td></tr>
<tr><td>兰州市</td><td>42</td><td>4</td><td>26</td><td>3</td><td>9</td><td>3</td><td></td><td></td><td></td></tr>
<tr><td>城关区</td><td>1</td><td>1</td><td></td><td></td><td></td><td></td><td></td><td></td><td></td></tr>
<tr><td>七里河区</td><td>11</td><td>2</td><td>5</td><td>2</td><td>2</td><td></td><td></td><td></td><td></td></tr>
<tr><td>西固区</td><td>2</td><td></td><td>2</td><td></td><td></td><td></td><td></td><td></td><td></td></tr>
<tr><td>安宁区</td><td></td><td></td><td></td><td></td><td></td><td></td><td></td><td></td><td></td></tr>
<tr><td>红古区</td><td>4</td><td></td><td>4</td><td></td><td></td><td>2</td><td></td><td></td><td></td></tr>
<tr><td>永登县</td><td>3</td><td></td><td>2</td><td>1</td><td></td><td></td><td></td><td></td><td></td></tr>
<tr><td>皋兰县</td><td>7</td><td></td><td>5</td><td></td><td>2</td><td></td><td></td><td></td><td></td></tr>
<tr><td>榆中县</td><td>3</td><td>1</td><td>2</td><td></td><td></td><td>1</td><td></td><td></td><td></td></tr>
<tr><td>兰州新区</td><td>11</td><td></td><td>6</td><td></td><td>5</td><td></td><td></td><td></td><td></td></tr>
<tr><td>嘉峪关市</td><td>11</td><td></td><td>3</td><td>5</td><td>3</td><td></td><td></td><td></td><td></td></tr>
<tr><td>市辖区</td><td>11</td><td></td><td>3</td><td>5</td><td>3</td><td></td><td></td><td></td><td></td></tr>
<tr><td>金昌市</td><td>2</td><td></td><td></td><td>2</td><td></td><td></td><td></td><td></td><td></td></tr>
<tr><td>金川区</td><td></td><td></td><td></td><td></td><td></td><td></td><td></td><td></td><td></td></tr>
<tr><td>永昌县</td><td>2</td><td></td><td></td><td>2</td><td></td><td></td><td></td><td></td><td></td></tr>
<tr><td>白银市</td><td>5</td><td>4</td><td>1</td><td></td><td></td><td></td><td></td><td></td><td></td></tr>
<tr><td>白银区</td><td></td><td></td><td></td><td></td><td></td><td></td><td></td><td></td><td></td></tr>
<tr><td>平川区</td><td></td><td></td><td></td><td></td><td></td><td></td><td></td><td></td><td></td></tr>
<tr><td>靖远县</td><td>1</td><td>1</td><td></td><td></td><td></td><td></td><td></td><td></td><td></td></tr>
<tr><td>会宁县</td><td></td><td></td><td></td><td></td><td></td><td></td><td></td><td></td><td></td></tr>
<tr><td>景泰县</td><td>4</td><td>3</td><td>1</td><td></td><td></td><td></td><td></td><td></td><td></td></tr>
<tr><td>天水市</td><td>5</td><td>1</td><td>4</td><td></td><td></td><td>9</td><td>1</td><td>6</td><td></td></tr>
<tr><td>秦州区</td><td>2</td><td></td><td>2</td><td></td><td></td><td></td><td></td><td></td><td></td></tr>
<tr><td>麦积区</td><td>1</td><td>1</td><td></td><td></td><td></td><td>4</td><td></td><td>2</td><td></td></tr>
<tr><td>清水县</td><td></td><td></td><td></td><td></td><td></td><td>2</td><td></td><td>2</td><td></td></tr>
<tr><td>秦安县</td><td></td><td></td><td></td><td></td><td></td><td></td><td></td><td></td><td></td></tr>
<tr><td>甘谷县</td><td></td><td></td><td></td><td></td><td></td><td>3</td><td>1</td><td>2</td><td></td></tr>
<tr><td>武山县</td><td>2</td><td></td><td>2</td><td></td><td></td><td></td><td></td><td></td><td></td></tr>
<tr><td>张家川回族自治县</td><td></td><td></td><td></td><td></td><td></td><td></td><td></td><td></td><td></td></tr>
<tr><td>武威市</td><td>6</td><td></td><td>5</td><td></td><td>1</td><td></td><td></td><td></td><td></td></tr>
<tr><td>凉州区</td><td>5</td><td></td><td>4</td><td></td><td>1</td><td></td><td></td><td></td><td></td></tr>
<tr><td>民勤县</td><td></td><td></td><td></td><td></td><td></td><td></td><td></td><td></td><td></td></tr>
<tr><td>古浪县</td><td>1</td><td></td><td>1</td><td></td><td></td><td></td><td></td><td></td><td></td></tr>
<tr><td>天祝藏族自治县</td><td></td><td></td><td></td><td></td><td></td><td></td><td></td><td></td><td></td></tr>
<tr><td>张掖市</td><td>2</td><td>1</td><td>1</td><td></td><td></td><td></td><td></td><td></td><td></td></tr>
<tr><td>甘州区</td><td>1</td><td>1</td><td></td><td></td><td></td><td></td><td></td><td></td><td></td></tr>
<tr><td>肃南裕固族自治县</td><td></td><td></td><td></td><td></td><td></td><td></td><td></td><td></td><td></td></tr>
<tr><td>民乐县</td><td></td><td></td><td></td><td></td><td></td><td></td><td></td><td></td><td></td></tr>
<tr><td>临泽县</td><td></td><td></td><td></td><td></td><td></td><td></td><td></td><td></td><td></td></tr>
<tr><td>高台县</td><td></td><td></td><td></td><td></td><td></td><td></td><td></td><td></td><td></td></tr>
<tr><td>山丹县</td><td>1</td><td></td><td>1</td><td></td><td></td><td></td><td></td><td></td><td></td></tr>
<tr><td>平凉市</td><td>10</td><td>4</td><td>2</td><td></td><td>4</td><td>2</td><td>1</td><td>1</td><td></td></tr>
<tr><td>崆峒区</td><td>3</td><td></td><td>2</td><td></td><td>1</td><td></td><td></td><td></td><td></td></tr>
<tr><td>泾川县</td><td></td><td></td><td></td><td></td><td></td><td>1</td><td>1</td><td></td><td></td></tr>
<tr><td>灵台县</td><td>2</td><td>1</td><td></td><td></td><td>1</td><td></td><td></td><td></td><td></td></tr>
<tr><td>崇信县</td><td>2</td><td>2</td><td></td><td></td><td></td><td></td><td></td><td></td><td></td></tr>
<tr><td>庄浪县</td><td></td><td></td><td></td><td></td><td></td><td></td><td></td><td></td><td></td></tr>
<tr><td>静宁县</td><td>1</td><td></td><td></td><td></td><td>1</td><td></td><td></td><td></td><td></td></tr>
<tr><td>华亭市</td><td>2</td><td>1</td><td></td><td></td><td>1</td><td>1</td><td></td><td>1</td><td></td></tr>
</table>

户口登记地在外乡镇街道的人口（乡村）（续6）

单位：人

外										
	江苏省					浙江省				
街道	小计	乡	镇的村委会	镇的居委会	街道	小计	乡	镇的村委会	镇的居委会	街道
5	**427**	**62**	**282**	**21**	**62**	**197**	**45**	**113**	**9**	**30**
3	**164**	**25**	**126**	**3**	**10**	**84**	**29**	**40**	**3**	**12**
	22	8	12		2	14	10	4		
	19		17		2	10	4	5		1
	4	2	2			2		2		
2	2		1	1		3	3			
	4		4			17	9	5	1	2
	8		7		1	4		3		1
1	15	3	11		1	20	3	10	1	6
	90	12	72	2	4	14		11	1	2
	8	**5**	**1**	**2**						
	8	5	1	2						
	5		**3**		**2**	**2**		**2**		
	5		3		2					
						2		2		
	15	**4**	**5**	**4**	**2**	**6**	**6**			
	3		2		1					
	3	3								
	3		2		1	2	2			
	1	1				2	2			
	5		1	4		2	2			
2	**7**	**2**	**4**	**1**		**26**		**24**	**1**	**1**
	2	2				3		2		1
2	1		1			1		1		
	1			1						
	3		3			1		1		
						3		2	1	
						18		18		
	20	**3**	**14**		**3**	**18**	**2**	**12**		**4**
	18	3	12		3	9	2	7		
	1		1							
						6		5		1
	1		1			3				3
	6		**4**		**2**	**5**		**4**		**1**
	4		4			3		3		
						2		1		1
	2				2					
	69	**7**	**33**	**1**	**28**	**6**		**2**		**4**
	2		2							
	1		1							
	3		3			1		1		
	54	7	20		27					
	6		5	1		4				4
	3		2		1	1		1		

7-1c 全省按现住地、户口登记地类型分的

现住地	省								
	黑龙江省					上海市			
	小计	乡	镇的村委会	镇的居委会	街道	小计	乡	镇的村委会	镇的居委会
酒泉市	**17**	**2**	**5**	**2**	**8**				
肃州区									
金塔县	2		1		1				
瓜州县	7		4	2	1				
肃北蒙古族自治县	5	1			4				
阿克塞哈萨克族自治县									
玉门市	1	1							
敦煌市	2				2				
庆阳市	**14**	**2**	**5**	**2**	**5**	**6**		**6**	
西峰区	6	2	2		2				
庆城县	1		1						
环　县	5		1	1	3				
华池县						1		1	
合水县									
正宁县						5		5	
宁　县									
镇原县	2		1	1					
定西市	**2**	**1**	**1**			**3**	**2**	**1**	
安定区	1		1						
通渭县									
陇西县									
渭源县									
临洮县	1	1							
漳　县						1	1		
岷　县						2	1	1	
陇南市	**8**	**3**	**3**		**2**	**3**		**3**	
武都区	1		1						
成　县									
文　县	1				1				
宕昌县									
康　县	2		1		1				
西和县						1		1	
礼　县	1	1							
徽　县	3	2	1			2		2	
两当县									
临夏回族自治州	**4**	**1**			**3**				
临夏市									
临夏县									
康乐县									
永靖县	3				3				
广河县									
和政县									
东乡族自治县									
积石山保安族东乡族撒拉族自治县	1	1							
甘南藏族自治州	**1**				**1**				
合作市									
临潭县									
卓尼县									
舟曲县									
迭部县									
玛曲县									
碌曲县									
夏河县	1				1				

户口登记地在外乡镇街道的人口（乡村）（续7）

单位：人

	外									
	江苏省					浙江省				
街道	小计	乡	镇 的村委会	镇 的居委会	街道	小计	乡	镇 的村委会	镇 的居委会	街道
	47	**4**	**36**	**5**	**2**	**8**		**7**		**1**
	1		1			1		1		
	17	4	10	1	2					
	10		7	3		1				1
						6		6		
	19		18	1						
	24	**6**	**11**	**2**	**5**	**7**	**1**	**6**		
	6	3			3	2	1	1		
						2		2		
	4		3	1						
	1				1	2		2		
	1			1						
	8	1	6		1					
	2	1	1							
	2	1	1			1		1		
	22		**18**	**2**	**2**	**5**		**5**		
	7		5	1	1					
	1		1			2		2		
	7		7							
	5		4		1					
	2		1	1						
						3		3		
	20	**2**	**13**	**1**	**4**	**13**		**8**	**5**	
	2		1	1		8		3	5	
	3		2		1					
	2		1		1					
	7		5		2	4		4		
	2	1	1			1		1		
	4	1	3							
	19	**4**	**13**		**2**	**8**	**6**	**1**		**1**
	3		2		1					
	5	1	4			1	1			
	4	3	1							
						1				1
	3		3			6	5	1		
	2		2							
	2		1		1					
	1		**1**			**9**	**1**	**2**		**6**
						5				5
						1				1
	1		1							
						2		2		
						1	1			

7-1c 全省按现住地、户口登记地类型分的

现住地	省								
	安徽省					福建省			
	小计	乡	镇的村委会	镇的居委会	街道	小计	乡	镇的村委会	镇的居委会
合计	**349**	**61**	**252**	**20**	**16**	**190**	**26**	**132**	**21**
兰州市	**135**	**21**	**104**	**5**	**5**	**67**	**4**	**54**	**9**
城关区	5	2	3			10		6	4
七里河区	33	4	26	1	2	5		3	2
西固区	6	1	5			7		7	
安宁区									
红古区									
永登县	6	1	4	1		2		2	
皋兰县	6		5	1		32		30	2
榆中县	45	9	32	2	2	6	4	2	
兰州新区	34	4	29		1	5		4	1
嘉峪关市	**1**		**1**						
市辖区	1		1						
金昌市	**2**		**1**	**1**					
金川区									
永昌县	2		1	1					
白银市	**13**	**4**	**4**	**5**		**7**	**1**	**6**	
白银区	3	1	2						
平川区									
靖远县	2		2			6	1	5	
会宁县									
景泰县	8	3		5		1		1	
天水市	**10**		**7**	**2**	**1**	**4**		**3**	**1**
秦州区									
麦积区	4		3		1				
清水县									
秦安县	4		3	1					
甘谷县						1		1	
武山县	1		1			1			1
张家川回族自治县	1			1		2		2	
武威市	**42**	**6**	**32**		**4**	**8**		**6**	**1**
凉州区	38	6	29		3	4		4	
民勤县									
古浪县	1		1						
天祝藏族自治县	3		2		1	4		2	1
张掖市	**14**	**2**	**11**	**1**		**17**	**6**	**5**	**6**
甘州区	13	2	11			9	4	5	
肃南裕固族自治县						1	1		
民乐县									
临泽县									
高台县						1	1		
山丹县	1			1		6			6
平凉市	**23**	**2**	**20**	**1**		**8**	**4**	**4**	
崆峒区	4		4						
泾川县	1			1		2		2	
灵台县	8		8			1		1	
崇信县	5		5						
庄浪县	3		3			3	2	1	
静宁县	2	2							
华亭市						2	2		

户口登记地在外乡镇街道的人口（乡村）（续8）

单位：人

外										
	江西省					山东省				
街道	小计	乡	镇的村委会	镇的居委会	街道	小计	乡	镇的村委会	镇的居委会	街道
11	**131**	**27**	**85**	**6**	**13**	**457**	**97**	**275**	**28**	**57**
	79	**20**	**51**	**4**	**4**	**121**	**30**	**78**	**5**	**8**
	46	16	26	1	3	16	11	5		
	9	4	4		1	25	1	23		1
						2		2		
						5	4	1		
	2		2			10	3	6		1
	8		7	1		6		5	1	
	5		5			25	4	13	3	5
	9		7	2		32	7	23	1	1
						5	**1**	**4**		
						5	1	4		
						9		**6**		**3**
						9		6		3
	2		**2**			**34**	**20**	**8**	**2**	**4**
						6	1	2	2	1
						1				1
	2		2			23	18	3		2
						1		1		
						3	1	2		
	2		**2**			**19**	**2**	**12**		**5**
						4	1	3		
	2		2			1		1		
						1		1		
						7		3		4
						2	1	1		
						4		3		1
1	**8**		**2**	**1**	**5**	**19**	**7**	**10**		**2**
	3		2	1		17	7	9		1
						1		1		
1	5				5	1				1
	3	**2**	**1**			**27**	**15**	**7**		**5**
	3	2	1			18	12	2		4
						3	3			
						6		5		1
	6	**1**	**2**		**3**	**63**	**1**	**46**	**9**	**7**
	5	1	2		2	41		27	8	6
						3		2		1
	1				1	2		2		
						1	1			
						16		15	1	

7-1c 全省按现住地、户口登记地类型分的

现住地	省								
	安徽省					福建省			
	小计	乡	镇 的村委会	镇 的居委会	街道	小计	乡	镇 的村委会	镇 的居委会
酒泉市	**31**	**3**	**24**	**2**	**2**	**29**	**6**	**21**	**1**
肃州区	13		12		1	13		13	
金塔县	2	2				9	4	4	1
瓜州县	4		4						
肃北蒙古族自治县	1	1				6	2	3	
阿克塞哈萨克族自治县									
玉门市						1		1	
敦煌市	11		8	2	1				
庆阳市	**26**	**6**	**18**		**2**	**9**	**1**	**6**	**2**
西峰区	9	4	5			6	1	4	1
庆城县						1		1	
环　县	2		2			1			1
华池县	4	1	3						
合水县									
正宁县	5	1	3		1				
宁　县	6		5		1				
镇原县						1		1	
定西市	**20**		**20**			**12**		**8**	
安定区	1		1						
通渭县	1		1						
陇西县	15		15						
渭源县	1		1						
临洮县						6		6	
漳　县	1		1			3		2	
岷　县	1		1			3			
陇南市	**15**	**3**	**7**	**3**	**2**	**21**	**1**	**16**	
武都区	3	2		1		1	1		
成　县									
文　县	5		1	2	2	11		7	
宕昌县									
康　县	4	1	3						
西和县	1		1						
礼　县	2		2			6		6	
徽　县						2		2	
两当县						1		1	
临夏回族自治州	**15**	**14**	**1**			**8**	**3**	**3**	**1**
临夏市	1	1				2		1	
临夏县	5	5							
康乐县						1		1	
永靖县	1		1			1		1	
广河县	7	7				1			1
和政县									
东乡族自治县						3	3		
积石山保安族东乡族撒拉族自治县	1	1							
甘南藏族自治州	**2**		**2**						
合作市									
临潭县									
卓尼县	1		1						
舟曲县									
迭部县									
玛曲县									
碌曲县									
夏河县	1		1						

户口登记地在外乡镇街道的人口（乡村）（续9）

单位：人

外										
	江西省					山东省				
街道	小计	乡	镇的村委会	镇的居委会	街道	小计	乡	镇的村委会	镇的居委会	街道
1	**2**		**2**			**56**	**4**	**48**	**1**	**3**
	2		2			15	4	11		
						2		1		1
						10		9	1	
1						10		9		1
						4		4		
						15		14		1
	9	**3**	**6**			**46**	**4**	**23**	**3**	**16**
	6	3	3			12	3	5		4
						5		3	2	
	1		1			7	1	6		
						1			1	
						13		2		11
	1		1			7		7		
	1		1			1				1
4	**5**		**3**	**1**	**1**	**28**	**5**	**16**	**6**	**1**
						7	5	2		
	1			1		2		2		
	2		2			3		3		
	1		1			8		7		1
1						1			1	
3	1				1	7		2	5	
4	**10**		**10**			**18**	**4**	**12**	**1**	**1**
						1		1		
						1		1		
4	9		9			5	1	3	1	
						1		1		
						3	1	2		
						2		1		1
	1		1			5	2	3		
1	**4**	**1**	**3**			**9**	**3**	**5**		**1**
1										
						2	1	1		
	3		3							
						2	2			
	1	1				5		4		1
	1		**1**			**3**	**1**		**1**	**1**
						1				1
						1	1			
	1		1							
						1			1	

7-1c 全省按现住地、户口登记地类型分的

现住地	省								
	河南省					湖北省			
	小计	乡	镇的村委会	镇的居委会	街道	小计	乡	镇的村委会	镇的居委会
合计	**1586**	**413**	**1025**	**58**	**90**	**586**	**68**	**446**	**20**
兰州市	**683**	**193**	**454**	**15**	**21**	**208**	**16**	**170**	**6**
城关区	101	57	40	1	3	39	6	33	
七里河区	134	35	96	2	1	47	5	40	
西固区	78	11	66		1	21	1	20	
安宁区									
红古区	35	3	32			5		2	
永登县	30	9	18		3	2		2	
皋兰县	50	15	31	3	1	18		18	
榆中县	131	51	71	8	1	31	2	24	5
兰州新区	124	12	100	1	11	45	2	31	1
嘉峪关市	**100**	**20**	**79**	**1**		**2**		**2**	
市辖区	100	20	79	1		2		2	
金昌市	**27**	**8**	**14**	**2**	**3**	**34**		**33**	
金川区	22	8	11		3	8		7	
永昌县	5		3	2		26		26	
白银市	**57**	**22**	**33**	**2**		**25**	**7**	**17**	
白银区	23	7	15	1		3	1	2	
平川区	12	2	10			1		1	
靖远县	5	1	4			1		1	
会宁县	13	12	1			8	4	4	
景泰县	4		3	1		12	2	9	
天水市	**54**	**10**	**32**	**10**	**2**	**35**	**2**	**33**	
秦州区	16	2	12		2	21	1	20	
麦积区	5		5			3		3	
清水县	16	1	8	7					
秦安县	1		1			1		1	
甘谷县	1		1			4		4	
武山县	7	3	4						
张家川回族自治县	8	4	1	3		6	1	5	
武威市	**84**	**8**	**62**		**14**	**14**	**1**	**8**	**3**
凉州区	51	7	44			8	1	5	
民勤县	5		5						
古浪县	10		10			2			2
天祝藏族自治县	18	1	3		14	4		3	1
张掖市	**47**	**16**	**27**	**1**	**3**	**9**		**7**	
甘州区	30	10	17		3	5		3	
肃南裕固族自治县	2	2							
民乐县	1	1							
临泽县	5		5			1		1	
高台县	5	3	2						
山丹县	4		3	1		3		3	
平凉市	**74**	**16**	**44**	**1**	**13**	**19**	**4**	**13**	**1**
崆峒区	16	7	9			4	4		
泾川县	19	1	10		8				
灵台县	14	3	11			6		4	1
崇信县	2	1		1					
庄浪县	6		4		2	3		3	
静宁县	8	4	3		1	3		3	
华亭市	9		7		2	3		3	

户口登记地在外乡镇街道的人口（乡村）（续10）

单位：人

外										
	湖南省					广东省				
街道	小计	乡	镇的村委会	镇的居委会	街道	小计	乡	镇的村委会	镇的居委会	街道
52	**224**	**63**	**110**	**24**	**27**	**78**	**21**	**46**	**2**	**9**
16	**60**	**14**	**39**	**3**	**4**	**17**	**3**	**10**		**4**
	7	3	4			2	2			
2	10	3	4	2	1	3		3		
	2	2				6		5		1
3	3		3			1		1		
	2		1	1						
	3		3			1		1		
11	33	6	24		3	4	1			3
1	**3**	**1**	**1**	**1**						
1										
	3	1	1	1						
1	**11**	**1**	**10**			**3**	**1**	**2**		
	3		3							
	6		6			1		1		
	1	1				1	1			
						1		1		
1	1		1							
	19	**2**	**7**	**2**	**8**	**11**	**2**	**9**		
	1		1			1	1			
	9		1		8					
	1		1			2		2		
	5	2	3			6		6		
	2			2		1	1			
	1		1			1		1		
2	**4**				**4**	**2**		**2**		
2	1				1					
	2				2	2		2		
	1				1					
2	**2**		**1**		**1**	**2**	**2**			
2	2		1		1					
						2	2			
1	**8**	**3**	**2**		**3**	**8**	**1**	**6**		**1**
						2		2		
	2	1			1	3		3		
1	1		1							
	1	1								
	3		1		2	2		1		1
						1	1			
	1	1								

7-1c 全省按现住地、户口登记地类型分的

现住地	省								
	河南省					湖北省			
	小计	乡	镇的村委会	镇的居委会	街道	小计	乡	镇的村委会	镇的居委会
酒泉市	**165**	**38**	**120**	**4**	**3**	**25**	**3**	**19**	**3**
肃州区	38	9	29			8		5	3
金塔县	13	5	7	1					
瓜州县	14	2	11		1	1		1	
肃北蒙古族自治县	18	5	12		1	7	2	5	
阿克塞哈萨克族自治县	1	1							
玉门市	11	5	6						
敦煌市	70	11	55	3	1	9	1	8	
庆阳市	**109**	**34**	**60**	**6**	**9**	**71**	**9**	**56**	**2**
西峰区	47	13	29	4	1	41	9	29	2
庆城县	2		2			1		1	
环　县	18	3	10	2	3	2		2	
华池县	2		1		1	13		10	
合水县	7	2	5						
正宁县	9	1	5		3	1		1	
宁　县	12	8	3		1				
镇原县	12	7	5			13		13	
定西市	**63**	**7**	**35**	**8**	**13**	**23**	**3**	**17**	
安定区	22		17	4	1	6	1	5	
通渭县	3	3							
陇西县	7		2	1	4				
渭源县	5	2	3						
临洮县	20	1	13		6	8	2	5	
漳　县	5			3	2	9		7	
岷　县	1	1							
陇南市	**72**	**20**	**46**		**6**	**42**	**4**	**36**	**1**
武都区	13	1	10		2				
成　县						1		1	
文　县	25	2	22		1	26	2	22	1
宕昌县	4	1	3			1		1	
康　县	10	6	3		1	3		3	
西和县	2	1	1						
礼　县	5	1	4			2		2	
徽　县	13	8	3		2	7	1	6	
两当县						2	1	1	
临夏回族自治州	**40**	**15**	**17**	**7**	**1**	**53**	**16**	**30**	**3**
临夏市	3		3			6		6	
临夏县	24	10	7	7		8	2	5	1
康乐县									
永靖县	7		7			2	2		
广河县									
和政县	1				1	13	1	9	
东乡族自治县									
积石山保安族东乡族撒拉族自治县	5	5				24	11	10	2
甘南藏族自治州	**11**	**6**	**2**	**1**	**2**	**26**	**3**	**5**	**1**
合作市	6	3		1	2	17		2	
临潭县	1		1			1			
卓尼县	2	1	1						
舟曲县	2	2				1			1
迭部县						2	2		
玛曲县									
碌曲县									
夏河县						5	1	3	

户口登记地在外乡镇街道的人口（乡村）（续11）

单位：人

外										
	湖南省					广东省				
街道	小计	乡	镇的村委会	镇的居委会	街道	小计	乡	镇的村委会	镇的居委会	街道
	15	**2**	**12**		**1**	**2**		**2**		
	4	2	2			1		1		
	4		4							
	1		1			1		1		
	2		1		1					
	4		4							
4	**21**	**9**	**7**	**2**	**3**	**11**	**4**	**3**	**2**	**2**
1	9	2	5	2		2	1			1
	1				1					
	7	6			1					
3	1	1								
	1				1					
						5		3	2	
	2		2			4	3			1
3	**20**	**4**	**13**	**2**	**1**	**4**	**1**	**3**		
	7	1	3	2	1					
	2		2			1	1			
	2		2			1		1		
1	3		3							
2	3	3								
	3		3			2		2		
1	**18**	**1**	**15**		**2**	**6**	**3**	**3**		
	1				1	1		1		
						1		1		
1	5		4		1					
						2	2			
	5		5			1	1			
	1		1			1		1		
	1		1							
	5	1	4							
4	**15**	**12**	**3**			**11**	**4**	**6**		**1**
	3	2	1							
						2		2		
						2		1		1
3	2		2			3	1	2		
						1		1		
1	10	10				3	3			
17	**28**	**14**		**14**		**1**				**1**
15	28	14		14		1				1
1										
1										

7-1c 全省按现住地、户口登记地类型分的

现住地	省								
	广西壮族自治区					海南省			
	小计	乡	镇的村委会	镇的居委会	街道	小计	乡	镇的村委会	镇的居委会
合计	**50**	**8**	**38**	**1**	**3**	**9**	**1**	**4**	
兰州市	**16**		**12**	**1**	**3**	**2**		**1**	
城关区									
七里河区	1			1					
西固区	1		1						
安宁区									
红古区	8		8						
永登县									
皋兰县	1		1						
榆中县						2		1	
兰州新区	5		2		3				
嘉峪关市									
市辖区									
金昌市									
金川区									
永昌县									
白银市	**1**	**1**				**1**		**1**	
白银区									
平川区									
靖远县						1		1	
会宁县	1	1							
景泰县									
天水市	**4**		**4**			**1**		**1**	
秦州区									
麦积区									
清水县	1		1						
秦安县	1		1						
甘谷县	2		2						
武山县						1		1	
张家川回族自治县									
武威市	**1**		**1**			**1**			
凉州区									
民勤县						1			
古浪县									
天祝藏族自治县	1		1						
张掖市									
甘州区									
肃南裕固族自治县									
民乐县									
临泽县									
高台县									
山丹县									
平凉市	**2**		**2**			**1**	**1**		
崆峒区									
泾川县	1		1						
灵台县						1	1		
崇信县	1		1						
庄浪县									
静宁县									
华亭市									

户口登记地在外乡镇街道的人口（乡村）（续12）

单位：人

外										
	重庆市					四川省				
街道	小计	乡	镇的村委会	镇的居委会	街道	小计	乡	镇的村委会	镇的居委会	街道
4	**327**	**67**	**197**	**21**	**42**	**1537**	**334**	**1026**	**47**	**130**
1	**152**	**7**	**115**	**9**	**21**	**764**	**144**	**545**	**21**	**54**
	12		12			70	15	52	2	1
	45	1	29	5	10	165	15	114	14	22
	5	2		1	2	46	2	44		
	11		11			19	1	18		
	3		3			53	15	38		
	7		3	3	1	46	2	42	1	1
1	47	2	39		6	113	17	94	2	
	22	2	18		2	252	77	143	2	30
	7	**3**	**4**			**3**	**3**			
	7	3	4			3	3			
	4		**4**			**30**	**5**	**21**	**1**	**3**
	4		4			9	4	5		
						21	1	16	1	3
	6	**1**	**4**		**1**	**28**	**13**	**13**	**1**	**1**
	2	1	1			4	1	3		
						10	4	5		1
	1		1			9	5	4		
	3		2		1	1	1			
						4	2	1	1	
	11		**10**	**1**		**54**	**11**	**40**	**2**	**1**
	6		6			30	6	23		1
						3		3		
	1		1			3	3			
	2		2			5	2	3		
						3		3		
	2		1	1		10		8	2	
1	**1**		**1**			**51**	**5**	**37**	**2**	**7**
						24	4	15	2	3
1										
	1		1			15		15		
						12	1	7		4
	5		**1**	**2**	**2**	**29**	**3**	**17**	**5**	**4**
	5		1	2	2	18	1	14	3	
						4	1	3		
						2			2	
						4	1			3
						1				1
	4	**1**	**2**		**1**	**80**	**22**	**41**		**17**
	1		1			12	1	9		2
						2	1	1		
	1		1			25	8	15		2
	2	1			1	2		2		
						7		1		6
						12	1	11		
						20	11	2		7

7-1c　全省按现住地、户口登记地类型分的

现住地	省								
	广西壮族自治区					海南省			
	小计	乡	镇的村委会	镇的居委会	街道	小计	乡	镇的村委会	镇的居委会
酒泉市	**4**	**1**	**3**						
肃州区	2	1	1						
金塔县									
瓜州县	1		1						
肃北蒙古族自治县	1		1						
阿克塞哈萨克族自治县									
玉门市									
敦煌市									
庆阳市	**8**	**5**	**3**						
西峰区	4	2	2						
庆城县									
环　县									
华池县									
合水县	1		1						
正宁县									
宁　县									
镇原县	3	3							
定西市	**4**		**4**						
安定区									
通渭县									
陇西县	1		1						
渭源县									
临洮县									
漳　县	1		1						
岷　县	2		2						
陇南市	**9**	**1**	**8**			**3**		**1**	
武都区	1		1						
成　县									
文　县	2		2			2		1	
宕昌县									
康　县	3		3						
西和县									
礼　县									
徽　县	3	1	2			1			
两当县									
临夏回族自治州	**1**		**1**						
临夏市									
临夏县									
康乐县									
永靖县	1		1						
广河县									
和政县									
东乡族自治县									
积石山保安族东乡族撒拉族自治县									
甘南藏族自治州									
合作市									
临潭县									
卓尼县									
舟曲县									
迭部县									
玛曲县									
碌曲县									
夏河县									

户口登记地在外乡镇街道的人口（乡村）（续13）

单位：人

外										
	重庆市					四川省				
街道	小计	乡	镇的村委会	镇的居委会	街道	小计	乡	镇的村委会	镇的居委会	街道
	51	12	34	2	3	95	22	60	4	9
	7	1	6			15		11		4
	11	1	9		1	7	6			1
	7		6	1		5		5		
	18	9	8		1	24	6	16		2
						1		1		
	1				1	6	1	4		1
	7	1	5	1		37	9	23	4	1
	19	11	5		3	58	24	22		12
	16	9	4		3	30	13	9		8
						8		6		2
	2	2				2		1		1
						10	8	1		1
						1	1			
						7	2	5		
	1		1							
	5	1	2	2		117	8	96	6	7
						6	4	1	1	
						55		54		1
						3	1	2		
	4	1	1	2		8	2	6		
						17		16		1
	1		1			28	1	17	5	5
2	21		10	4	7	119	20	82	5	12
	6		4	1	1	15	4	7	1	3
						3		2		1
1	9		4	2	3	79	14	56	3	6
	2		1	1		7		5	1	1
						4		3		1
						3	1	2		
1	1		1			7	1	6		
	3				3	1		1		
	28	23	3	1	1	71	26	43		2
						7	2	4		1
	4		3		1	36	13	22		1
						8		8		
	14	14				2	2			
	10	9		1		18	9	9		
	13	8	2		3	38	28	9		1
	3				3					
	1	1				17	16	1		
						2	2			
						4	2	2		
						5	3	1		1
						2		2		
						3	1	2		
	9	7	2			5	4	1		

7-1c 全省按现住地、户口登记地类型分的

现住地	省								
	贵州省					云南省			
	小计	乡	镇的村委会	镇的居委会	街道	小计	乡	镇的村委会	镇的居委会
合计	**242**	**58**	**171**	**3**	**10**	**270**	**87**	**160**	**13**
兰州市	**108**	**16**	**88**	**2**	**2**	**69**	**15**	**51**	**2**
城关区	10	2	8			3	1	1	
七里河区	15	3	11	1		10	1	9	
西固区						8	1	7	
安宁区									
红古区									
永登县	6	5	1			21	1	19	1
皋兰县	34	1	32	1		3		2	1
榆中县	11	5	4		2	18	10	8	
兰州新区	32		32			6	1	5	
嘉峪关市									
市辖区									
金昌市	**51**	**11**	**40**			**94**	**44**	**48**	**2**
金川区	11		11			6		6	
永昌县	40	11	29			88	44	42	2
白银市	**6**	**4**	**1**	**1**		**15**		**9**	**6**
白银区	1	1							
平川区									
靖远县	1	1				9		9	
会宁县	1		1						
景泰县	3	2		1		6			6
天水市	**11**	**4**	**6**		**1**	**13**	**2**	**11**	
秦州区	4	2	1		1	3		3	
麦积区	2	1	1			1		1	
清水县									
秦安县						1		1	
甘谷县	1		1			3		3	
武山县	1	1				1	1		
张家川回族自治县	3		3			4	1	3	
武威市	**1**	**1**				**6**	**3**	**2**	**1**
凉州区	1	1				2		1	1
民勤县									
古浪县						1		1	
天祝藏族自治县						3	3		
张掖市	**3**		**3**			**7**	**2**	**3**	**1**
甘州区	2		2			2		2	
肃南裕固族自治县						1	1		
民乐县									
临泽县						1	1		
高台县									
山丹县	1		1			3		1	1
平凉市	**10**	**1**	**3**		**6**	**3**		**1**	
崆峒区	1		1						
泾川县	4		1		3				
灵台县	1	1				2			
崇信县									
庄浪县	2		1		1				
静宁县	2				2	1		1	
华亭市									

户口登记地在外乡镇街道的人口（乡村）（续 14）

单位：人

外										
	西藏自治区					陕西省				
街道	小计	乡	镇的村委会	镇的居委会	街道	小计	乡	镇的村委会	镇的居委会	街道
10	**71**	**29**	**36**		**6**	**1949**	**310**	**959**	**144**	**536**
1	**21**	**10**	**10**		**1**	**355**	**38**	**249**	**19**	**49**
1						16	1	15		
	1		1			90	7	59	1	23
						1	1			
						14	4	9		1
	19	9	9		1	29	6	17	1	5
						43		32	10	1
						64	13	45	1	5
	1	1				98	6	72	6	14
						8		**8**		
						8		8		
						23		**20**		**3**
						12		10		2
						11		10		1
	2	**1**	**1**			**62**	**29**	**20**	**1**	**12**
						17	2	10		5
						7		2		5
	1	1				28	25	2	1	
						8	1	5		2
	1		1			2	1	1		
	10	**3**	**6**		**1**	**87**	**3**	**67**	**3**	**14**
						31	1	28	1	1
						10		7	1	2
						12		9	1	2
	5	2	3			11	1	7		3
	4	1	3			11		7		4
						6		4		2
	1				1	6	1	5		
	11	**3**	**7**		**1**	**58**	**18**	**34**		**6**
	1		1			33	16	16		1
	2		2			9		7		2
	3	1	1		1	4	1	3		
	5	2	3			12	1	8		3
1						**44**	**5**	**33**	**3**	**3**
						25	1	20	1	3
						9	2	7		
						5	1	3	1	
						1		1		
1						4	1	2	1	
2	**1**	**1**				**172**	**23**	**102**	**10**	**37**
						17	2	15		
						25	5	16	1	3
2						32	5	23	2	2
						43	5	19	2	17
	1	1				9		5	1	3
						12		7	2	3
						34	6	17	2	9

7-1c 全省按现住地、户口登记地类型分的

现住地	省								
	贵州省					云南省			
	小计	乡	镇 的村委会	镇 的居委会	街道	小计	乡	镇 的村委会	镇 的居委会
酒泉市	**5**	**3**	**2**			**6**		**4**	**1**
肃州区						2			1
金塔县	5	3	2			2		2	
瓜州县									
肃北蒙古族自治县						2		2	
阿克塞哈萨克族自治县									
玉门市									
敦煌市									
庆阳市	**13**	**5**	**8**			**12**	**6**	**4**	
西峰区	7	2	5			5	4		
庆城县									
环　县						1		1	
华池县									
合水县									
正宁县									
宁　县	4	1	3			4	1	3	
镇原县	2	2				2	1		
定西市	**8**		**8**			**4**	**1**	**2**	
安定区	1		1			1		1	
通渭县						1		1	
陇西县	5		5						
渭源县						1	1		
临洮县	2		2						
漳　县									
岷　县						1			
陇南市	**10**	**3**	**7**			**23**	**4**	**17**	
武都区						3	1	2	
成　县	2	1	1						
文　县	7	1	6			13	1	10	
宕昌县	1	1							
康　县						2		2	
西和县						1		1	
礼　县						1		1	
徽　县						1		1	
两当县						2	2		
临夏回族自治州	**16**	**10**	**5**		**1**	**18**	**10**	**8**	
临夏市									
临夏县	9	6	2		1	4		4	
康乐县									
永靖县						10	8	2	
广河县									
和政县						2	1	1	
东乡族自治县	1	1				1		1	
积石山保安族东乡族撒拉族自治县	6	3	3			1	1		
甘南藏族自治州									
合作市									
临潭县									
卓尼县									
舟曲县									
迭部县									
玛曲县									
碌曲县									
夏河县									

户口登记地在外乡镇街道的人口（乡村）（续15）

单位：人

外										
	西藏自治区					陕西省				
街道	小计	乡	镇的村委会	镇的居委会	街道	小计	乡	镇的村委会	镇的居委会	街道
1	**3**	**3**				**111**	**17**	**79**	**1**	**14**
1						6		6		
						12	7	3		2
	3	3				9		8		1
						45	6	31	1	7
						20	2	15		3
						19	2	16		1
2	**1**				**1**	**698**	**84**	**168**	**87**	**359**
1	1				1	171	20	20	21	110
						88	9	15	16	48
						93	5	32	22	34
						182	22	59	18	83
						78		16		62
						39	18	19		2
						28	10	5		13
1						19		2	10	7
1	**6**	**2**	**4**			**89**	**21**	**45**	**11**	**12**
						11	2	7	1	1
						3		1	2	
	3		3			1		1		
	1		1			6	2	3	1	
	1	1				12	6	6		
						28	10	6	6	6
1	1	1				28	1	21	1	5
2						**159**	**25**	**121**	**7**	**6**
						16	3	8	4	1
						9		9		
2						39	3	32	2	2
						1		1		
						16	2	14		
						4		3		1
						4	1	3		
						29	9	17	1	2
						41	7	34		
	12	**6**	**6**			**41**	**34**	**5**		**2**
	2		2							
	7	5	2			10	8	2		
	1	1								
						3		1		2
	1		1							
	1		1			3	1	2		
						14	14			
						11	11			
	4		**2**		**2**	**42**	**13**	**8**	**2**	**19**
	1				1	12				12
	1				1	18	11		2	5
	2		2			4	1	3		
						1		1		
						1				1
						6	1	4		1

7-1c 全省按现住地、户口登记地类型分的

现住地	省						
	青海省					宁夏回族	
	小计	乡	镇 的村委会	镇 的居委会	街道	小计	乡
合计	**719**	**259**	**378**	**25**	**57**	**471**	**178**
兰州市	**178**	**46**	**109**	**11**	**12**	**76**	**26**
城关区	10	2	8			10	6
七里河区	10	2	7		1	8	2
西固区	3	1			2	1	
安宁区							
红古区	35	5	27	1	2	1	1
永登县	18	6	12			5	
皋兰县	19	9	8	1	1	3	
榆中县	13	1	7	4	1	12	3
兰州新区	70	20	40	5	5	36	14
嘉峪关市	**1**			**1**		**1**	
市辖区	1			1		1	
金昌市	**3**		**3**			**9**	**4**
金川区						8	4
永昌县	3		3			1	
白银市	**11**	**4**	**6**	**1**		**49**	**23**
白银区	4	3	1			1	1
平川区						9	4
靖远县	3	1	2			18	10
会宁县	2		2			10	8
景泰县	2		1	1		11	
天水市	**7**	**2**	**2**	**1**	**2**	**9**	**3**
秦州区	2	2				1	
麦积区	2			1	1		
清水县							
秦安县	2		1		1	1	1
甘谷县	1		1				
武山县							
张家川回族自治县						7	2
武威市	**20**	**1**	**18**		**1**	**26**	**9**
凉州区	1				1	17	7
民勤县	4		4				
古浪县	6		6			9	2
天祝藏族自治县	9	1	8				
张掖市	**39**	**15**	**21**	**1**	**2**	**4**	
甘州区	22	9	11		2	3	
肃南裕固族自治县	4	4					
民乐县	7		6	1			
临泽县	4	1	3				
高台县	1	1					
山丹县	1		1			1	
平凉市	**9**	**2**	**5**		**2**	**119**	**60**
崆峒区	1	1				35	26
泾川县						6	3
灵台县	1	1				5	2
崇信县	1				1		
庄浪县	3		2		1	12	6
静宁县	3		3			56	19
华亭市						5	4

户口登记地在外乡镇街道的人口（乡村）（续16）

单位：人

外							
自治区			新疆维吾尔自治区				
镇的村委会	镇的居委会	街道	小计	乡	镇的村委会	镇的居委会	街道
211	**35**	**47**	**779**	**223**	**367**	**74**	**115**
37	**8**	**5**	**53**	**16**	**19**	**7**	**11**
4			2	1			1
6			6	2	4		
1							
			1	1			
1	3	1	8	3	3		2
3							
9			5		2	1	2
13	5	4	31	9	10	6	6
1			**3**	**2**		**1**	
1			3	2		1	
5			**5**		**5**		
4							
1			5		5		
21	**3**	**2**	**53**	**11**	**29**	**7**	**6**
5			1		1		
8			19	4	10	2	3
1	1		15	4	9		2
7	2	2	18	3	9	5	1
4	**2**		**60**	**8**	**45**	**4**	**3**
	1		7	2	4	1	
			9		9		
			5	1	3	1	
			18	2	12	1	3
			10	1	9		
			5		5		
4	1		6	2	3	1	
11		**6**	**86**	**10**	**48**	**8**	**20**
8		2	43	3	29		11
			10	2	5		3
3		4	22	3	11	4	4
			11	2	3	4	2
3	**1**		**33**	**10**	**16**	**1**	**6**
3			16	6	6		4
			5	3	2		
			5		5		
			3	1			2
	1		4		3	1	
35	**9**	**15**	**41**	**7**	**16**	**4**	**14**
6		3	3	2			1
2		1	4	2	1	1	
	1	2	1		1		
4		2	12		7	2	3
23	8	6	20	3	6	1	10
		1	1		1		

7-1c　全省按现住地、户口登记地类型分的

现住地	省						
	青海省					宁夏回族	
	小计	乡	镇的村委会	镇的居委会	街道	小计	乡
酒泉市	**326**	**158**	**135**	**7**	**26**	**38**	**6**
肃州区	8	1	2	1	4	11	
金塔县	22	10	9	1	2	7	1
瓜州县	180	103	73	2	2	9	2
肃北蒙古族自治县	22	6	13		3	4	1
阿克塞哈萨克族自治县	2	1	1				
玉门市	34	32	2			2	
敦煌市	58	5	35	3	15	5	2
庆阳市	**13**	**3**	**8**		**2**	**107**	**38**
西峰区	4		4			7	1
庆城县	2	2				1	
环　县						45	16
华池县	3		2		1	12	8
合水县	1		1			1	
正宁县	1				1	2	
宁　县						10	1
镇原县	2	1	1			29	12
定西市	**15**	**3**	**7**	**2**	**3**	**21**	**6**
安定区	3	1	1		1	3	2
通渭县	2		2			2	
陇西县	4	2			2	4	
渭源县	3		2	1		1	
临洮县	3		2	1		9	4
漳　县							
岷　县						2	
陇南市	**11**	**1**	**9**		**1**	**3**	
武都区	1				1	1	
成　县							
文　县	5		5				
宕昌县	1	1					
康　县							
西和县	2		2				
礼　县	1		1			2	
徽　县	1		1				
两当县							
临夏回族自治州	**67**	**16**	**45**	**1**	**5**	**9**	**3**
临夏市	6	1	3	1	1		
临夏县	6	3	3			1	1
康乐县							
永靖县	20	4	15		1	1	1
广河县						6	
和政县	10		7		3	1	1
东乡族自治县	4	1	3				
积石山保安族东乡族撒拉族自治县	21	7	14				
甘南藏族自治州	**19**	**8**	**10**		**1**		
合作市							
临潭县	1	1					
卓尼县	1	1					
舟曲县							
迭部县							
玛曲县	6	2	4				
碌曲县	1	1					
夏河县	10	3	6		1		

户口登记地在外乡镇街道的人口（乡村）（续17）

单位：人

外							
自治区			新疆维吾尔自治区				
镇 的村委会	镇 的居委会	街道	小计	乡	镇 的村委会	镇 的居委会	街道
18	**5**	**9**	**56**	**10**	**15**	**6**	**25**
3	1	7	9	1	5		3
5	1		4	1	1		2
6	1		25	3	5	3	14
1		2	4	2			2
			2	2			
2			7	1		2	4
1	2		5		4	1	
54	**7**	**8**	**27**	**8**	**10**	**1**	**8**
3	1	2	6	2		1	3
1							
22	5	2	5	2			3
2		2					
1			2	1	1		
1		1	5		5		
8		1	1	1			
16	1		8	2	4		2
14		**1**	**115**	**26**	**65**	**12**	**12**
1			8	1	5	2	
2			8	2	6		
4			21	4	10	5	2
		1	7	2	5		
5			10	3	3	2	2
			10		7	3	
2			51	14	29		8
2		**1**	**175**	**102**	**54**	**14**	**5**
		1	14	7	5	2	
			1		1		
			19	8	9	2	
			91	57	32		2
			2		2		
			5			4	1
2			43	30	5	6	2
6			**17**	**5**	**10**	**1**	**1**
			4	1	3		
			2		1	1	
			2	1	1		
			1				1
6			1		1		
			4	1	3		
			2	1	1		
			1	1			
			55	**8**	**35**	**8**	**4**
			26	4	17	2	3
			2		1		1
			27	4	17	6	

7-2 全省按现住地、职业和性别分的

现住地	人口数			党的机关、国家机关、群众团体和社会组织、企事业单位负责人			
	合计	男	女	小计	男	女	小计
合计	**221048**	**133945**	**87103**	**3413**	**2718**	**695**	**37798**
兰州市	**75905**	**44886**	**31019**	**1220**	**929**	**291**	**14703**
城关区	32287	18315	13972	627	479	148	6575
七里河区	13487	7831	5656	249	188	61	2711
西固区	7537	4486	3051	95	72	23	1300
安宁区	6504	3694	2810	76	54	22	1739
红古区	1446	940	506	12	8	4	179
永登县	2383	1515	868	26	22	4	336
皋兰县	1606	1096	510	24	17	7	245
榆中县	4212	2695	1517	51	39	12	557
兰州新区	6443	4314	2129	60	50	10	1061
嘉峪关市	**6123**	**3926**	**2197**	**41**	**31**	**10**	**848**
市辖区	6123	3926	2197	41	31	10	848
金昌市	**7479**	**4561**	**2918**	**65**	**53**	**12**	**817**
金川区	5131	3146	1985	42	32	10	630
永昌县	2348	1415	933	23	21	2	187
白银市	**13264**	**8431**	**4833**	**157**	**129**	**28**	**1939**
白银区	5406	3408	1998	86	68	18	804
平川区	2234	1579	655	19	16	3	369
靖远县	1504	959	545	15	14	1	228
会宁县	2256	1258	998	16	14	2	348
景泰县	1864	1227	637	21	17	4	190
天水市	**11644**	**7158**	**4486**	**197**	**155**	**42**	**2022**
秦州区	5402	3223	2179	70	61	9	892
麦积区	2518	1600	918	68	51	17	435
清水县	684	418	266	10	5	5	97
秦安县	1163	703	460	14	11	3	195
甘谷县	836	518	318	9	7	2	163
武山县	559	381	178	15	13	2	109
张家川回族自治县	482	315	167	11	7	4	131
武威市	**12072**	**7221**	**4851**	**115**	**98**	**17**	**1903**
凉州区	8782	5226	3556	73	58	15	1502
民勤县	1363	783	580	18	17	1	140
古浪县	851	528	323	8	8		142
天祝藏族自治县	1076	684	392	16	15	1	119
张掖市	**13581**	**7987**	**5594**	**193**	**160**	**33**	**2012**
甘州区	7263	4254	3009	119	98	21	1332
肃南裕固族自治县	433	297	136	3	2	1	60
民乐县	1582	963	619	16	15	1	199
临泽县	670	384	286	12	10	2	92
高台县	1608	915	693	13	11	2	156
山丹县	2025	1174	851	30	24	6	173
平凉市	**14452**	**9026**	**5426**	**304**	**256**	**48**	**2370**
崆峒区	5550	3484	2066	152	131	21	915
泾川县	1155	693	462	32	25	7	250
灵台县	1123	697	426	17	14	3	231
崇信县	994	694	300	13	10	3	89
庄浪县	1460	720	740	22	18	4	319
静宁县	2278	1461	817	37	30	7	350
华亭市	1892	1277	615	31	28	3	216

户口登记地在本省其他乡镇街道的人口

单位：人

专业技术人员		办事人员和有关人员			社会生产服务和生活服务人员		
男	女	小计	男	女	小计	男	女
17561	**20237**	**21342**	**13190**	**8152**	**98843**	**55050**	**43793**
6433	**8270**	**7223**	**4030**	**3193**	**37362**	**21137**	**16225**
2763	3812	3711	2019	1692	16880	9408	7472
1148	1563	1095	606	489	7164	4088	3076
520	780	460	244	216	3812	2184	1628
787	952	832	462	370	2794	1555	1239
87	92	99	66	33	659	383	276
154	182	138	94	44	1117	638	479
118	127	117	73	44	634	396	238
288	269	198	119	79	2108	1260	848
568	493	573	347	226	2194	1225	969
389	**459**	**485**	**298**	**187**	**2486**	**1340**	**1146**
389	459	485	298	187	2486	1340	1146
357	**460**	**614**	**359**	**255**	**3090**	**1638**	**1452**
265	365	471	271	200	2175	1140	1035
92	95	143	88	55	915	498	417
919	**1020**	**923**	**552**	**371**	**5606**	**3348**	**2258**
356	448	493	278	215	2522	1518	1004
181	188	133	82	51	856	558	298
135	93	73	43	30	599	363	236
172	176	141	89	52	817	393	424
75	115	83	60	23	812	516	296
1009	**1013**	**1139**	**752**	**387**	**4735**	**2592**	**2143**
421	471	597	374	223	2175	1135	1040
199	236	240	168	72	1150	666	484
54	43	58	47	11	275	137	138
113	82	62	41	21	445	255	190
73	90	98	64	34	323	183	140
68	41	41	29	12	204	118	86
81	50	43	29	14	163	98	65
865	**1038**	**1062**	**697**	**365**	**5495**	**3059**	**2436**
647	855	802	518	284	4267	2400	1867
82	58	78	55	23	448	233	215
79	63	99	66	33	291	154	137
57	62	83	58	25	489	272	217
974	**1038**	**959**	**613**	**346**	**6031**	**3176**	**2855**
632	700	640	396	244	3600	1970	1630
34	26	45	34	11	126	78	48
109	90	49	33	16	588	291	297
43	49	35	17	18	277	155	122
83	73	109	75	34	693	329	364
73	100	81	58	23	747	353	394
1170	**1200**	**1509**	**999**	**510**	**5986**	**3217**	**2769**
451	464	598	385	213	2656	1483	1173
112	138	171	118	53	433	233	200
111	120	153	107	46	407	208	199
39	50	128	83	45	280	144	136
178	141	116	84	32	511	196	315
185	165	165	114	51	937	541	396
94	122	178	108	70	762	412	350

7-2 全省按现住地、职业和性别分的

现住地	人口数			党的机关、国家机关、群众团体和社会组织、企事业单位负责人			
	合计	男	女	小计	男	女	小计
酒泉市	**15285**	**9185**	**6100**	**297**	**228**	**69**	**1956**
肃州区	7720	4542	3178	161	123	38	1120
金塔县	1105	701	404	13	12	1	111
瓜州县	1924	1166	758	37	31	6	247
肃北蒙古族自治县	321	257	64	4	4		22
阿克塞哈萨克族自治县	219	148	71	7	7		19
玉门市	1862	1174	688	13	8	5	180
敦煌市	2134	1197	937	62	43	19	257
庆阳市	**14800**	**9268**	**5532**	**251**	**212**	**39**	**2697**
西峰区	7350	4403	2947	117	98	19	1463
庆城县	1612	1094	518	25	18	7	290
环　县	1975	1303	672	41	38	3	283
华池县	1099	742	357	32	26	6	198
合水县	678	425	253	5	4	1	69
正宁县	568	368	200	7	6	1	111
宁　县	484	313	171	13	13		115
镇原县	1034	620	414	11	9	2	168
定西市	**12800**	**7741**	**5059**	**204**	**159**	**45**	**2229**
安定区	5172	3203	1969	120	90	30	939
通渭县	569	343	226	6	6		101
陇西县	2147	1347	800	23	18	5	344
渭源县	757	414	343	3	3		127
临洮县	2633	1553	1080	29	24	5	453
漳　县	451	268	183	5	4	1	59
岷　县	1071	613	458	18	14	4	206
陇南市	**8596**	**5358**	**3238**	**145**	**116**	**29**	**1614**
武都区	3515	2107	1408	62	49	13	722
成　县	1006	620	386	21	16	5	179
文　县	621	387	234	8	6	2	113
宕昌县	445	270	175	4	3	1	56
康　县	422	257	165	14	11	3	106
西和县	599	393	206	10	7	3	139
礼　县	406	273	133	6	6		65
徽　县	1347	903	444	12	11	1	187
两当县	235	148	87	8	7	1	47
临夏回族自治州	**11657**	**7199**	**4458**	**146**	**124**	**22**	**2003**
临夏市	5881	3666	2215	79	66	13	1125
临夏县	704	465	239	11	9	2	86
康乐县	743	426	317	7	6	1	114
永靖县	1494	882	612	14	13	1	194
广河县	694	451	243	15	14	1	113
和政县	785	440	345	7	5	2	160
东乡族自治县	388	274	114	4	4		22
积石山保安族东乡族撒拉族自治县	968	595	373	9	7	2	189
甘南藏族自治州	**3390**	**1998**	**1392**	**78**	**68**	**10**	**685**
合作市	1136	628	508	22	18	4	220
临潭县	363	220	143	5	4	1	97
卓尼县	208	124	84	1	1		42
舟曲县	514	296	218	9	8	1	118
迭部县	288	189	99	8	8		57
玛曲县	412	257	155	20	19	1	54
碌曲县	201	120	81	3	2	1	47
夏河县	268	164	104	10	8	2	50

户口登记地在本省其他乡镇街道的人口（续1）

单位：人

专业技术人员		办事人员和有关人员			社会生产服务和生活服务人员		
男	女	小计	男	女	小计	男	女
923	**1033**	**1178**	**761**	**417**	**6752**	**3580**	**3172**
502	618	631	396	235	3708	1954	1754
54	57	62	41	21	367	218	149
138	109	120	78	42	689	347	342
19	3	33	22	11	97	66	31
10	9	25	15	10	80	43	37
85	95	147	101	46	695	401	294
115	142	160	108	52	1116	551	565
1297	**1400**	**1731**	**1185**	**546**	**6577**	**3751**	**2826**
654	809	849	554	295	3696	2096	1600
155	135	164	106	58	706	440	266
147	136	251	175	76	711	402	309
115	83	163	120	43	468	278	190
34	35	58	44	14	287	156	131
60	51	56	41	15	200	111	89
51	64	71	56	15	170	98	72
81	87	119	89	30	339	170	169
1151	**1078**	**1241**	**772**	**469**	**4777**	**2586**	**2191**
479	460	521	305	216	1899	1069	830
53	48	82	54	28	187	106	81
184	160	210	141	69	824	448	376
59	68	70	49	21	268	139	129
248	205	194	120	74	1085	546	539
29	30	60	38	22	157	74	83
99	107	104	65	39	357	204	153
777	**837**	**1028**	**690**	**338**	**3315**	**1780**	**1535**
340	382	414	261	153	1390	738	652
82	97	101	59	42	440	237	203
59	54	55	42	13	189	91	98
27	29	55	39	16	199	110	89
55	51	59	38	21	144	70	74
63	76	94	78	16	229	133	96
35	30	43	36	7	171	96	75
94	93	166	112	54	462	251	211
22	25	41	25	16	91	54	37
958	**1045**	**1571**	**1031**	**540**	**5248**	**3102**	**2146**
491	634	1081	684	397	2840	1822	1018
50	36	31	22	9	264	139	125
64	50	66	54	12	356	158	198
97	97	116	68	48	691	339	352
66	47	67	49	18	263	187	76
72	88	74	52	22	288	148	140
11	11	45	38	7	139	94	45
107	82	91	64	27	407	215	192
339	**346**	**679**	**451**	**228**	**1383**	**744**	**639**
94	126	277	178	99	472	230	242
60	37	49	27	22	107	57	50
23	19	25	12	13	96	54	42
44	74	121	86	35	176	97	79
31	26	59	48	11	110	63	47
29	25	67	54	13	221	126	95
25	22	47	29	18	83	51	32
33	17	34	17	17	118	66	52

7-2 全省按现住地、职业和性别分的户口登记地在本省其他乡镇街道的人口（续2）

单位：人

现住地	农、林、牧、渔业生产及辅助人员			生产制造及有关人员			不便分类的其他从业人员		
	小计	男	女	小计	男	女	小计	男	女
合计	**13878**	**8073**	**5805**	**45303**	**37033**	**8270**	**471**	**320**	**151**
兰州市	**1129**	**693**	**436**	**14129**	**11578**	**2551**	**139**	**86**	**53**
城关区	141	85	56	4256	3502	754	97	59	38
七里河区	110	60	50	2156	1739	417	2	2	
西固区	78	50	28	1788	1412	376	4	4	
安宁区	44	29	15	991	792	199	28	15	13
红古区	94	50	44	402	345	57	1	1	
永登县	169	112	57	597	495	102			
皋兰县	87	53	34	497	439	58	2		2
榆中县	306	189	117	987	795	192	5	5	
兰州新区	100	65	35	2455	2059	396			
嘉峪关市	**131**	**82**	**49**	**2030**	**1712**	**318**	**102**	**74**	**28**
市辖区	131	82	49	2030	1712	318	102	74	28
金昌市	**737**	**423**	**314**	**2154**	**1730**	**424**	**2**	**1**	**1**
金川区	174	103	71	1639	1335	304			
永昌县	563	320	243	515	395	120	2	1	1
白银市	**1622**	**945**	**677**	**3013**	**2536**	**477**	**4**	**2**	**2**
白银区	324	215	109	1176	972	204	1	1	
平川区	99	70	29	758	672	86			
靖远县	366	210	156	223	194	29			
会宁县	463	191	272	471	399	72			
景泰县	370	259	111	385	299	86	3	1	2
天水市	**653**	**388**	**265**	**2851**	**2228**	**623**	**47**	**34**	**13**
秦州区	103	61	42	1556	1165	391	9	6	3
麦积区	111	80	31	485	413	72	29	23	6
清水县	22	13	9	222	162	60			
秦安县	275	139	136	172	144	28			
甘谷县	54	35	19	185	154	31	4	2	2
武山县	56	43	13	133	109	24	1	1	
张家川回族自治县	32	17	15	98	81	17	4	2	2
武威市	**1348**	**768**	**580**	**2123**	**1713**	**410**	**26**	**21**	**5**
凉州区	618	360	258	1499	1225	274	21	18	3
民勤县	515	271	244	163	125	38	1		1
古浪县	114	70	44	195	150	45	2	1	1
天祝藏族自治县	101	67	34	266	213	53	2	2	
张掖市	**1702**	**975**	**727**	**2665**	**2075**	**590**	**19**	**14**	**5**
甘州区	608	382	226	950	765	185	14	11	3
肃南裕固族自治县	97	53	44	102	96	6			
民乐县	175	110	65	551	403	148	4	2	2
临泽县	184	103	81	70	56	14			
高台县	363	184	179	274	233	41			
山丹县	275	143	132	718	522	196	1	1	
平凉市	**901**	**489**	**412**	**3374**	**2891**	**483**	**8**	**4**	**4**
崆峒区	104	73	31	1120	959	161	5	2	3
泾川县	59	40	19	209	165	44	1		1
灵台县	127	95	32	188	162	26			
崇信县	32	21	11	451	396	55	1	1	
庄浪县	319	106	213	173	138	35			
静宁县	232	135	97	557	456	101			
华亭市	28	19	9	676	615	61	1	1	

7-2 全省按现住地、职业和性别分的户口登记地在本省其他乡镇街道的人口（续3）

单位：人

现住地	农、林、牧、渔业生产及辅助人员			生产制造及有关人员			不便分类的其他从业人员		
	小计	男	女	小计	男	女	小计	男	女
酒泉市	**2199**	**1293**	**906**	**2888**	**2391**	**497**	**15**	**9**	**6**
肃州区	742	448	294	1350	1114	236	8	5	3
金塔县	297	169	128	250	205	45	5	2	3
瓜州县	487	273	214	342	297	45	2	2	
肃北蒙古族自治县	22	14	8	143	132	11			
阿克塞哈萨克族自治县	31	20	11	57	53	4			
玉门市	361	218	143	466	361	105			
敦煌市	259	151	108	280	229	51			
庆阳市	**766**	**539**	**227**	**2766**	**2274**	**492**	**12**	**10**	**2**
西峰区	122	90	32	1096	905	191	7	6	1
庆城县	69	46	23	355	327	28	3	2	1
环　县	151	111	40	538	430	108			
华池县	40	31	9	197	171	26	1	1	
合水县	142	88	54	117	99	18			
正宁县	78	58	20	116	92	24			
宁　县	39	28	11	75	66	9	1	1	
镇原县	125	87	38	272	184	88			
定西市	**1519**	**824**	**695**	**2774**	**2215**	**559**	**56**	**34**	**22**
安定区	544	312	232	1131	934	197	18	14	4
通渭县	46	18	28	129	97	32	18	9	9
陇西县	203	127	76	540	426	114	3	3	
渭源县	178	85	93	109	78	31	2	1	1
临洮县	301	159	142	560	452	108	11	4	7
漳　县	51	28	23	118	95	23	1		1
岷　县	196	95	101	187	133	54	3	3	
陇南市	**418**	**265**	**153**	**2039**	**1703**	**336**	**37**	**27**	**10**
武都区	153	99	54	744	597	147	30	23	7
成　县	47	32	15	216	193	23	2	1	1
文　县	49	26	23	207	163	44			
宕昌县	35	21	14	96	70	26			
康　县	13	7	6	82	73	9	4	3	1
西和县	22	15	7	105	97	8			
礼　县	17	11	6	104	89	15			
徽　县	68	43	25	451	392	59	1		1
两当县	14	11	3	34	29	5			
临夏回族自治州	**605**	**308**	**297**	**2082**	**1674**	**408**	**2**	**2**	
临夏市	81	52	29	675	551	124			
临夏县	40	22	18	272	223	49			
康乐县	44	22	22	156	122	34			
永靖县	132	70	62	347	295	52			
广河县	145	70	75	90	64	26	1	1	
和政县	57	21	36	198	141	57	1	1	
东乡族自治县	44	25	19	134	102	32			
积石山保安族东乡族撒拉族自治县	62	26	36	210	176	34			
甘南藏族自治州	**148**	**81**	**67**	**415**	**313**	**102**	**2**	**2**	
合作市	6	4	2	138	103	35	1	1	
临潭县	36	17	19	69	55	14			
卓尼县	13	8	5	31	26	5			
舟曲县	42	23	19	48	38	10			
迭部县	25	18	7	29	21	8			
玛曲县	21	9	12	29	20	9			
碌曲县	4	1	3	17	12	5			
夏河县	1	1		54	38	16	1	1	

7-3 全省按现住地、职业和性别分的

现住地	人口数			党的机关、国家机关、群众团体和社会组织、企事业单位负责人			
	合计	男	女	小计	男	女	小计
合计	**35386**	**24975**	**10411**	**732**	**612**	**120**	**3466**
兰州市	**16439**	**11600**	**4839**	**293**	**250**	**43**	**1461**
城关区	7664	5160	2504	128	109	19	616
七里河区	2508	1799	709	68	55	13	279
西固区	1242	864	378	24	20	4	84
安宁区	1037	730	307	13	10	3	165
红古区	392	291	101	3	3		31
永登县	324	253	71	5	5		26
皋兰县	638	524	114	14	14		54
榆中县	1173	826	347	18	16	2	73
兰州新区	1461	1153	308	20	18	2	133
嘉峪关市	**1273**	**895**	**378**	**4**	**4**		**92**
市辖区	1273	895	378	4	4		92
金昌市	**904**	**622**	**282**	**7**	**7**		**59**
金川区	603	420	183	1	1		43
永昌县	301	202	99	6	6		16
白银市	**1182**	**844**	**338**	**15**	**14**	**1**	**111**
白银区	566	403	163	8	8		53
平川区	229	164	65	1	1		27
靖远县	180	141	39				9
会宁县	74	34	40	2	2		7
景泰县	133	102	31	4	3	1	15
天水市	**1305**	**929**	**376**	**50**	**35**	**15**	**136**
秦州区	477	354	123	13	9	4	50
麦积区	416	288	128	27	18	9	52
清水县	58	39	19	3	1	2	1
秦安县	92	58	34	4	4		7
甘谷县	83	53	30				11
武山县	81	49	32				7
张家川回族自治县	98	88	10	3	3		8
武威市	**1146**	**825**	**321**	**15**	**12**	**3**	**104**
凉州区	784	550	234	12	11	1	67
民勤县	119	88	31	2		2	19
古浪县	84	64	20				6
天祝藏族自治县	159	123	36	1	1		12
张掖市	**759**	**485**	**274**	**15**	**12**	**3**	**50**
甘州区	477	286	191	4	3	1	36
肃南裕固族自治县	32	24	8				1
民乐县	49	36	13	3	3		6
临泽县	28	17	11	1	1		1
高台县	54	36	18				1
山丹县	119	86	33	7	5	2	5
平凉市	**1578**	**1162**	**416**	**62**	**52**	**10**	**140**
崆峒区	580	410	170	33	27	6	51
泾川县	140	103	37	4	4		5
灵台县	179	140	39	8	6	2	8
崇信县	164	146	18	6	6		14
庄浪县	119	83	36	2	1	1	20
静宁县	142	86	56	3	2	1	8
华亭市	254	194	60	6	6		34

户口登记地在外省的人口

单位：人

专业技术人员		办事人员和有关人员			社会生产服务和生活服务人员		
男	女	小计	男	女	小计	男	女
2165	**1301**	**1588**	**1058**	**530**	**15372**	**9650**	**5722**
880	**581**	**552**	**368**	**184**	**7927**	**5001**	**2926**
334	282	299	198	101	4369	2683	1686
157	122	71	43	28	1123	744	379
48	36	15	10	5	732	466	266
106	59	57	38	19	486	319	167
19	12	12	10	2	145	92	53
18	8	6	5	1	81	50	31
46	8	16	12	4	131	94	37
47	26	25	17	8	579	378	201
105	28	51	35	16	281	175	106
64	**28**	**57**	**35**	**22**	**712**	**459**	**253**
64	28	57	35	22	712	459	253
45	**14**	**32**	**27**	**5**	**385**	**225**	**160**
31	12	26	21	5	285	166	119
14	2	6	6		100	59	41
64	**47**	**21**	**13**	**8**	**559**	**355**	**204**
35	18	13	7	6	297	186	111
12	15	3	2	1	113	77	36
6	3	2	1	1	63	44	19
3	4	1	1		36	16	20
8	7	2	2		50	32	18
90	**46**	**65**	**48**	**17**	**538**	**324**	**214**
33	17	29	22	7	181	109	72
35	17	24	15	9	199	129	70
1		4	3	1	20	9	11
4	3	6	6		34	16	18
7	4	1	1		43	25	18
4	3	1	1		46	26	20
6	2				15	10	5
73	**31**	**46**	**36**	**10**	**456**	**288**	**168**
46	21	27	21	6	350	223	127
15	4	13	10	3	25	16	9
4	2	1	1		18	9	9
8	4	5	4	1	63	40	23
23	**27**	**29**	**17**	**12**	**431**	**256**	**175**
14	22	17	6	11	290	170	120
1		2	1	1	13	8	5
4	2	2	2		18	13	5
1					15	10	5
1		5	5		33	18	15
2	3	3	3		62	37	25
102	**38**	**95**	**67**	**28**	**647**	**420**	**227**
34	17	30	20	10	293	190	103
3	2	4	3	1	61	39	22
5	3	10	8	2	73	48	25
11	3	19	18	1	33	27	6
17	3	4	2	2	52	34	18
5	3	5	2	3	61	37	24
27	7	23	14	9	74	45	29

7-3 全省按现住地、职业和性别分的

现住地	人口数			党的机关、国家机关、群众团体和社会组织、企事业单位负责人			
	合计	男	女	小计	男	女	小计
酒泉市	**3787**	**2545**	**1242**	**116**	**96**	**20**	**528**
肃州区	797	510	287	26	22	4	73
金塔县	159	110	49	2	1	1	3
瓜州县	331	239	92	15	15		34
肃北蒙古族自治县	215	188	27	7	7		9
阿克塞哈萨克族自治县	43	34	9	2	2		2
玉门市	316	244	72	12	10	2	8
敦煌市	1926	1220	706	52	39	13	399
庆阳市	**2681**	**1931**	**750**	**49**	**40**	**9**	**328**
西峰区	849	580	269	8	6	2	129
庆城县	571	412	159	17	15	2	70
环　县	346	263	83	6	4	2	47
华池县	288	209	79	6	5	1	51
合水县	179	138	41	5	5		13
正宁县	149	111	38				5
宁　县	152	116	36	4	2	2	8
镇原县	147	102	45	3	3		5
定西市	**1217**	**848**	**369**	**42**	**37**	**5**	**139**
安定区	263	190	73	21	18	3	51
通渭县	40	23	17	2	2		
陇西县	285	178	107	3	3		22
渭源县	76	51	25	2	2		5
临洮县	259	191	68	9	9		35
漳　县	112	87	25	5	3	2	15
岷　县	182	128	54				11
陇南市	**1400**	**1037**	**363**	**41**	**32**	**9**	**135**
武都区	356	239	117	14	11	3	40
成　县	127	92	35	5	3	2	9
文　县	346	281	65	5	4	1	47
宕昌县	88	59	29	1	1		2
康　县	109	71	38	5	3	2	8
西和县	77	56	21	3	2	1	5
礼　县	74	62	12	6	6		7
徽　县	159	122	37	1	1		8
两当县	64	55	9	1	1		9
临夏回族自治州	**1097**	**802**	**295**	**15**	**15**		**131**
临夏市	436	321	115	3	3		33
临夏县	146	114	32	2	2		28
康乐县	68	38	30	1	1		2
永靖县	95	67	28				12
广河县	86	61	25	3	3		16
和政县	80	58	22	3	3		5
东乡族自治县	29	22	7				13
积石山保安族东乡族撒拉族自治县	157	121	36	3	3		22
甘南藏族自治州	**618**	**450**	**168**	**8**	**6**	**2**	**52**
合作市	199	145	54	2	1	1	18
临潭县	111	82	29				6
卓尼县	57	49	8	2	2		6
舟曲县	42	30	12	1	1		1
迭部县	66	45	21	1	1		6
玛曲县	53	33	20				7
碌曲县	29	18	11				3
夏河县	61	48	13	2	1	1	5

户口登记地在外省的人口（续 1）

单位：人

专业技术人员		办事人员和有关人员			社会生产服务和生活服务人员		
男	女	小计	男	女	小计	男	女
297	**231**	**303**	**186**	**117**	**1285**	**756**	**529**
40	33	43	29	14	418	242	176
2	1	11	8	3	60	36	24
32	2	6	5	1	103	60	43
8	1	8	7	1	37	22	15
2		1	1		24	15	9
5	3	11	8	3	92	59	33
208	191	223	128	95	551	322	229
198	**130**	**241**	**159**	**82**	**751**	**495**	**256**
65	64	83	50	33	331	218	113
42	28	62	36	26	125	88	37
32	15	18	15	3	74	47	27
32	19	42	33	9	69	47	22
12	1	8	8		26	17	9
4	1	4	2	2	41	24	17
8		7	4	3	41	28	13
3	2	17	11	6	44	26	18
102	**37**	**30**	**18**	**12**	**486**	**307**	**179**
36	15	11	6	5	101	64	37
		1		1	21	10	11
12	10	4	3	1	128	82	46
2	3	1	1		32	21	11
31	4	5	3	2	94	58	36
12	3	5	3	2	43	32	11
9	2	3	2	1	67	40	27
95	**40**	**67**	**48**	**19**	**556**	**356**	**200**
26	14	19	14	5	198	124	74
6	3	1	1		66	43	23
36	11	21	11	10	77	51	26
2					37	24	13
4	4	4	4		57	29	28
4	1	5	4	1	26	18	8
6	1	1	1		23	17	6
6	2	9	8	1	60	40	20
5	4	7	5	2	12	10	2
97	**34**	**31**	**23**	**8**	**391**	**259**	**132**
20	13	15	13	2	216	143	73
24	4	1	1		10	6	4
	2				27	15	12
8	4	4	3	1	46	31	15
14	2				38	26	12
5					25	16	9
7	6	1	1		5	4	1
19	3	10	5	5	24	18	6
35	**17**	**19**	**13**	**6**	**248**	**149**	**99**
12	6	11	8	3	66	37	29
3	3				33	18	15
6					15	12	3
1		2	1	1	25	17	8
4	2	3	1	2	31	17	14
3	4				34	21	13
1	2	2	2		17	10	7
5		1	1		27	17	10

7-3 全省按现住地、职业和性别分的户口登记地在外省的人口（续2）

单位：人

现住地	农、林、牧、渔业生产及辅助人员			生产制造及有关人员			不便分类的其他从业人员		
	小计	男	女	小计	男	女	小计	男	女
合计	**942**	**503**	**439**	**13236**	**10947**	**2289**	**50**	**40**	**10**
兰州市	**126**	**65**	**61**	**6068**	**5026**	**1042**	**12**	**10**	**2**
城关区	36	20	16	2204	1806	398	12	10	2
七里河区	6	4	2	961	796	165			
西固区				387	320	67			
安宁区	6	5	1	310	252	58			
红古区	27	11	16	174	156	18			
永登县	22	4	18	184	171	13			
皋兰县	4	3	1	419	355	64			
榆中县	20	14	6	458	354	104			
兰州新区	5	4	1	971	816	155			
嘉峪关市	**18**	**9**	**9**	**382**	**317**	**65**	**8**	**7**	**1**
市辖区	18	9	9	382	317	65	8	7	1
金昌市	**79**	**40**	**39**	**342**	**278**	**64**			
金川区	19	7	12	229	194	35			
永昌县	60	33	27	113	84	29			
白银市	**74**	**48**	**26**	**401**	**349**	**52**	**1**	**1**	
白银区	12	10	2	182	156	26	1	1	
平川区	6	5	1	79	67	12			
靖远县	13	6	7	93	84	9			
会宁县	17	3	14	11	9	2			
景泰县	26	24	2	36	33	3			
天水市	**42**	**18**	**24**	**470**	**412**	**58**	**4**	**2**	**2**
秦州区	6	2	4	197	179	18	1		1
麦积区	8	5	3	104	84	20	2	2	
清水县	3	2	1	27	23	4			
秦安县	13	4	9	28	24	4			
甘谷县	4	2	2	23	18	5	1		1
武山县	4	1	3	23	17	6			
张家川回族自治县	4	2	2	68	67	1			
武威市	**52**	**27**	**25**	**463**	**381**	**82**	**10**	**8**	**2**
凉州区	24	11	13	302	237	65	2	1	1
民勤县	14	8	6	46	39	7			
古浪县	8	5	3	51	45	6			
天祝藏族自治县	6	3	3	64	60	4	8	7	1
张掖市	**39**	**22**	**17**	**193**	**153**	**40**	**2**	**2**	
甘州区	22	13	9	106	78	28	2	2	
肃南裕固族自治县	3	1	2	13	13				
民乐县	4	3	1	16	11	5			
临泽县	8	3	5	3	2	1			
高台县	2	2		13	10	3			
山丹县				42	39	3			
平凉市	**58**	**29**	**29**	**574**	**490**	**84**	**2**	**2**	
崆峒区	7	3	4	165	135	30	1	1	
泾川县	5	4	1	61	50	11			
灵台县	8	5	3	71	67	4	1	1	
崇信县				92	84	8			
庄浪县	13	5	8	28	24	4			
静宁县	22	10	12	43	30	13			
华亭市	3	2	1	114	100	14			

7-3 全省按现住地、职业和性别分的户口登记地在外省的人口（续3）

单位：人

现住地	农、林、牧、渔业生产及辅助人员			生产制造及有关人员			不便分类的其他从业人员		
	小计	男	女	小计	男	女	小计	男	女
酒泉市	**154**	**82**	**72**	**1399**	**1126**	**273**	**2**	**2**	
肃州区	29	13	16	206	162	44	2	2	
金塔县	14	8	6	69	55	14			
瓜州县	59	30	29	114	97	17			
肃北蒙古族自治县	3	2	1	151	142	9			
阿克塞哈萨克族自治县	7	7		7	7				
玉门市	21	11	10	172	151	21			
敦煌市	21	11	10	680	512	168			
庆阳市	**63**	**42**	**21**	**1247**	**995**	**252**	**2**	**2**	
西峰区	7	7		291	234	57			
庆城县	11	8	3	284	221	63	2	2	
环　县	3	2	1	198	163	35			
华池县	3	2	1	117	90	27			
合水县	14	8	6	113	88	25			
正宁县	14	9	5	85	72	13			
宁　县	1		1	91	74	17			
镇原县	10	6	4	68	53	15			
定西市	**117**	**58**	**59**	**400**	**324**	**76**	**3**	**2**	**1**
安定区	8	6	2	71	60	11			
通渭县	9	5	4	7	6	1			
陇西县	40	20	20	86	57	29	2	1	1
渭源县	10	3	7	26	22	4			
临洮县	13	4	9	102	85	17	1	1	
漳　县	5	3	2	39	34	5			
岷　县	32	17	15	69	60	9			
陇南市	**78**	**43**	**35**	**520**	**462**	**58**	**3**	**1**	**2**
武都区	10	4	6	73	59	14	2	1	1
成　县	3	2	1	42	37	5	1		1
文　县	7	4	3	189	175	14			
宕昌县	32	19	13	16	13	3			
康　县	5	3	2	30	28	2			
西和县	4	2	2	34	26	8			
礼　县	7	4	3	30	28	2			
徽　县	8	4	4	73	63	10			
两当县	2	1	1	33	33				
临夏回族自治州	**31**	**12**	**19**	**498**	**396**	**102**			
临夏市	4	3	1	165	139	26			
临夏县	5	1	4	100	80	20			
康乐县	2		2	36	22	14			
永靖县	9	4	5	24	21	3			
广河县	2		2	27	18	9			
和政县	4		4	43	34	9			
东乡族自治县	1	1		9	9				
积石山保安族东乡族撒拉族自治县	4	3	1	94	73	21			
甘南藏族自治州	**11**	**8**	**3**	**279**	**238**	**41**	**1**	**1**	
合作市	1		1	100	86	14	1	1	
临潭县	5	4	1	67	57	10			
卓尼县				34	29	5			
舟曲县	2	2		11	8	3			
迭部县	1	1		24	21	3			
玛曲县	2	1	1	10	8	2			
碌曲县				7	5	2			
夏河县				26	24	2			

7–4 全省按现住地、户口登记地类型、受教育程度分的

现住地	人口数					未上过学			
	合计	乡	镇 的 村委会	镇 的 居委会	街道	小计	乡	镇 的 村委会	镇 的 居委会
合计	**515467**	**127960**	**238130**	**38661**	**110716**	**17249**	**6029**	**8461**	**922**
兰州市	**163932**	**28363**	**64725**	**14165**	**56679**	**4247**	**1193**	**2006**	**278**
城关区	59968	8548	20348	5098	25974	1145	255	502	75
七里河区	29452	5021	9830	3349	11252	1060	331	426	82
西固区	16437	2106	5926	1273	7132	372	93	167	16
安宁区	18353	2745	6264	1852	7492	324	72	144	27
红古区	3262	415	1689	714	444	236	38	128	46
永登县	5856	1997	3238	401	220	366	145	196	19
皋兰县	3232	293	2444	233	262	80	9	60	4
榆中县	11742	4035	5932	473	1302	334	164	147	8
兰州新区	15630	3203	9054	772	2601	330	86	236	1
嘉峪关市	**11804**	**2158**	**5044**	**367**	**4235**	**75**	**19**	**34**	**2**
市辖区	11804	2158	5044	367	4235	75	19	34	2
金昌市	**15759**	**3853**	**7958**	**675**	**3273**	**533**	**161**	**264**	**24**
金川区	10186	1002	5526	476	3182	368	67	200	20
永昌县	5573	2851	2432	199	91	165	94	64	4
白银市	**34024**	**13058**	**13402**	**2616**	**4948**	**881**	**396**	**359**	**38**
白银区	11496	2607	4412	1302	3175	211	56	94	10
平川区	6276	1779	2565	551	1381	244	86	107	18
靖远县	4643	2005	2180	298	160	151	93	53	4
会宁县	6187	3894	1914	291	88	110	70	32	6
景泰县	5422	2773	2331	174	144	165	91	73	
天水市	**32205**	**5630**	**17897**	**2816**	**5862**	**1032**	**266**	**599**	**82**
秦州区	13899	1965	6587	1153	4194	332	76	169	19
麦积区	6677	988	3732	501	1456	92	18	55	7
清水县	2655	688	1710	230	27	170	47	113	10
秦安县	3184	717	2199	219	49	106	25	77	3
甘谷县	2415	423	1606	347	39	84	20	58	5
武山县	1407	281	971	102	53	37	6	28	3
张家川回族自治县	1968	568	1092	264	44	211	74	99	35
武威市	**28068**	**4251**	**17719**	**1407**	**4691**	**1287**	**286**	**817**	**63**
凉州区	19156	2645	11258	810	4443	629	126	358	29
民勤县	2979	629	2130	95	125	129	50	76	2
古浪县	3075	482	2253	249	91	204	50	149	4
天祝藏族自治县	2858	495	2078	253	32	325	60	234	28
张掖市	**31097**	**6511**	**18889**	**1589**	**4108**	**1003**	**236**	**611**	**78**
甘州区	16586	3091	8742	861	3892	418	102	208	35
肃南裕固族自治县	704	335	237	93	39	23	14	8	1
民乐县	3925	154	3574	153	44	168	10	154	4
临泽县	1467	231	1107	81	48	29	7	19	
高台县	3180	1200	1818	106	56	61	18	41	1
山丹县	5235	1500	3411	295	29	304	85	181	37
平凉市	**37191**	**12097**	**17552**	**1937**	**5605**	**1549**	**700**	**696**	**53**
崆峒区	15060	5331	5598	642	3489	525	302	161	7
泾川县	2948	676	1767	122	383	86	28	53	3
灵台县	2831	889	1586	77	279	93	24	68	
崇信县	1711	371	933	190	217	50	19	29	1
庄浪县	3097	815	1889	145	248	65	16	44	
静宁县	6897	3069	3223	178	427	489	250	214	5
华亭市	4647	946	2556	583	562	241	61	127	37

户口登记地在本省其他乡镇街道的人口

单位：人

街道	学前教育					小学				
	小计	乡	镇的村委会	镇的居委会	街道	小计	乡	镇的村委会	镇的居委会	街道
1837	**20793**	**5723**	**10141**	**1338**	**3591**	**105201**	**33806**	**53620**	**5273**	**12502**
770	**4544**	**748**	**1857**	**331**	**1608**	**21883**	**5199**	**10719**	**1341**	**4624**
313	1561	187	498	110	766	6964	1434	3022	464	2044
221	849	145	283	79	342	4354	1098	1808	372	1076
96	575	84	230	44	217	2422	441	1149	142	690
81	380	40	100	35	205	1509	249	643	117	500
24	83	13	43	19	8	706	114	400	105	87
6	232	89	125	9	9	1531	573	885	47	26
7	121	8	92	13	8	624	63	504	36	21
15	361	142	191	7	21	1938	860	935	31	112
7	382	40	295	15	32	1835	367	1373	27	68
20	**503**	**90**	**248**	**12**	**153**	**2110**	**472**	**987**	**56**	**595**
20	503	90	248	12	153	2110	472	987	56	595
84	**569**	**124**	**318**	**24**	**103**	**3679**	**1241**	**1948**	**105**	**385**
81	403	36	251	15	101	1846	266	1151	64	365
3	166	88	67	9	2	1833	975	797	41	20
88	**1666**	**716**	**674**	**90**	**186**	**7777**	**3646**	**3091**	**374**	**666**
51	490	128	197	44	121	1882	596	788	143	355
33	284	96	117	16	55	1436	477	630	90	239
1	204	78	108	13	5	1257	645	535	49	28
2	399	272	111	12	4	1798	1205	509	66	18
1	289	142	141	5	1	1404	723	629	26	26
85	**1303**	**257**	**737**	**121**	**188**	**7082**	**1492**	**4389**	**530**	**671**
68	499	76	237	46	140	2741	454	1569	222	496
12	234	43	142	15	34	1187	275	707	70	135
	129	33	82	14		885	220	596	66	3
1	134	39	87	5	3	750	178	511	46	15
1	122	14	84	20	4	550	90	398	54	8
	72	17	45	7	3	335	80	241	8	6
3	113	35	60	14	4	634	195	367	64	8
121	**1019**	**163**	**608**	**67**	**181**	**5659**	**1089**	**3811**	**183**	**576**
116	720	106	406	36	172	3358	597	2132	95	534
1	86	17	60	5	4	538	126	386	7	19
1	120	23	81	13	3	846	175	617	37	17
3	93	17	61	13	2	917	191	676	44	6
78	**1255**	**267**	**833**	**59**	**96**	**7050**	**1644**	**4715**	**220**	**471**
73	616	125	364	33	94	2669	560	1571	96	442
	25	10	9	6		179	90	79	7	3
	159	4	152	2	1	1360	52	1262	38	8
3	72	12	57	3		369	70	277	12	10
1	150	53	92	4	1	846	366	456	20	4
1	233	63	159	11		1627	506	1070	47	4
100	**1717**	**587**	**857**	**65**	**208**	**8640**	**3171**	**4393**	**310**	**766**
55	587	216	241	11	119	2969	1308	1127	90	444
2	133	33	87	3	10	667	186	405	20	56
1	140	43	74	6	17	637	224	381	7	25
1	61	20	29	5	7	323	86	211	11	15
5	165	43	101	6	15	998	290	636	26	46
20	428	184	212	10	22	1852	791	925	36	100
16	203	48	113	24	18	1194	286	708	120	80

7–4 全省按现住地、户口登记地类型、受教育程度分的

现住地	人口数					未上过学			
	合计	乡	镇的村委会	镇的居委会	街道	小计	乡	镇的村委会	镇的居委会
酒泉市	**29477**	**8245**	**14123**	**1987**	**5122**	**991**	**359**	**501**	**44**
肃州区	14580	3126	6646	541	4267	346	82	186	12
金塔县	2357	988	1137	124	108	105	49	49	2
瓜州县	3610	1182	2042	228	158	250	110	128	8
肃北蒙古族自治县	414	135	177	31	71	15	6	9	
阿克塞哈萨克族自治县	354	177	115	57	5	14	12	1	1
玉门市	3749	1358	1771	329	291	157	61	81	12
敦煌市	4413	1279	2235	677	222	104	39	47	9
庆阳市	**36542**	**13529**	**15981**	**2673**	**4359**	**765**	**370**	**316**	**35**
西峰区	18001	5702	7607	1208	3484	263	90	124	13
庆城县	3659	1282	1910	255	212	64	27	32	5
环　县	4773	2760	1632	249	132	180	127	45	3
华池县	2714	1413	974	183	144	124	76	43	3
合水县	1724	906	553	154	111	41	22	13	6
正宁县	1450	87	1101	170	92	36	4	30	1
宁　县	1432	216	910	221	85	18	2	15	1
镇原县	2789	1163	1294	233	99	39	22	14	3
定西市	**32239**	**8830**	**18595**	**2415**	**2399**	**1054**	**314**	**659**	**47**
安定区	11373	3583	5393	351	2046	460	160	270	5
通渭县	1762	1029	517	195	21	23	9	8	6
陇西县	5637	1197	3526	782	132	118	24	82	8
渭源县	1918	308	1476	93	41	46	6	37	2
临洮县	7302	1858	4847	503	94	179	67	104	7
漳　县	1494	394	980	102	18	41	14	26	1
岷　县	2753	461	1856	389	47	187	34	132	18
陇南市	**23906**	**7040**	**12310**	**3543**	**1013**	**1049**	**404**	**548**	**70**
武都区	10059	2618	5020	1893	528	489	172	277	27
成　县	2916	419	1860	478	159	54	5	39	7
文　县	1526	655	746	83	42	99	56	39	3
宕昌县	1282	569	465	170	78	118	60	35	18
康　县	1173	95	983	66	29	41	7	32	2
西和县	1731	595	771	287	78	78	35	36	4
礼　县	1687	820	753	95	19	90	42	45	2
徽　县	2983	968	1578	365	72	62	21	39	1
两当县	549	301	134	106	8	18	6	6	6
临夏回族自治州	**30594**	**11021**	**11126**	**1601**	**6846**	**2152**	**1056**	**784**	**71**
临夏市	15179	3754	4110	884	6431	635	213	170	29
临夏县	1941	990	811	83	57	171	85	66	19
康乐县	2019	1216	714	73	16	198	124	74	
永靖县	3663	798	2420	301	144	101	32	61	6
广河县	2066	579	1355	58	74	293	107	171	5
和政县	1726	626	991	43	66	192	72	112	4
东乡族自治县	1314	863	370	66	15	351	230	114	7
积石山保安族东乡族撒拉族自治县	2686	2195	355	93	43	211	193	16	1
甘南藏族自治州	**8629**	**3374**	**2809**	**870**	**1576**	**631**	**269**	**267**	**37**
合作市	3120	1110	518	232	1260	153	71	26	9
临潭县	895	354	384	124	33	39	21	16	1
卓尼县	579	285	247	35	12	17	6	11	
舟曲县	1391	406	760	187	38	95	20	71	4
迭部县	561	277	167	60	57	35	32	1	2
玛曲县	925	324	438	96	67	242	86	129	19
碌曲县	459	179	154	51	75	15	6	8	
夏河县	699	439	141	85	34	35	27	5	2

户口登记地在本省其他乡镇街道的人口（续1）

单位：人

街道	学前教育					小学				
	小计	乡	镇的村委会	镇的居委会	街道	小计	乡	镇的村委会	镇的居委会	街道
87	**1147**	**354**	**562**	**64**	**167**	**5880**	**2055**	**2857**	**281**	**687**
66	588	153	267	25	143	2429	641	1179	67	542
5	92	43	39	4	6	584	259	281	24	20
4	134	50	75	5	4	926	363	498	42	23
	7		5	1	1	73	36	27	6	4
	9	4	4	1		101	67	21	13	
3	144	60	67	11	6	1046	484	459	61	42
9	173	44	105	17	7	721	205	392	68	56
44	**1778**	**663**	**846**	**113**	**156**	**7892**	**3515**	**3583**	**363**	**431**
36	868	281	392	52	143	2974	1115	1361	151	347
	182	61	109	7	5	1009	422	527	36	24
5	217	131	80	5	1	1343	829	476	29	9
2	145	73	59	11	2	816	479	301	31	5
	87	46	35	4	2	456	245	172	27	12
1	64	5	50	8	1	315	14	259	31	11
	56	9	38	9		252	52	160	29	11
	159	57	83	17	2	727	359	327	29	12
34	**1947**	**545**	**1187**	**109**	**106**	**8476**	**2574**	**5200**	**370**	**332**
25	616	186	316	15	99	2684	989	1378	46	271
	106	66	30	9	1	455	250	158	42	5
4	394	95	257	38	4	1621	442	1059	101	19
1	115	16	93	6		452	77	357	11	7
1	461	119	318	22	2	2039	545	1402	77	15
	111	39	68	4		435	117	300	16	2
3	144	24	105	15		790	154	546	77	13
27	**1319**	**401**	**707**	**169**	**42**	**6147**	**2197**	**3236**	**520**	**194**
13	671	188	352	102	29	2683	854	1428	275	126
3	133	10	95	26	2	554	46	430	59	19
1	87	39	40	5	3	425	191	217	12	5
5	53	31	17	3	2	416	242	104	53	17
	61	4	54	1	2	303	36	251	12	4
3	78	26	38	11	3	443	167	221	41	14
1	69	45	20	4		514	269	227	14	4
1	141	41	85	14	1	689	306	335	43	5
	26	17	6	3		120	86	23	11	
241	**1741**	**699**	**615**	**78**	**349**	**10602**	**4439**	**3848**	**459**	**1856**
223	715	179	163	39	334	4705	1401	1266	265	1773
1	116	65	45	4	2	879	457	367	37	18
	165	99	59	5	2	763	493	251	15	4
2	188	41	138	7	2	1186	308	802	57	19
10	141	49	85	4	3	929	285	608	18	18
4	124	48	68	4	4	519	203	287	16	13
	115	71	36	7	1	568	395	147	24	2
1	177	147	21	8	1	1053	897	120	27	9
58	**285**	**109**	**92**	**36**	**48**	**2324**	**1072**	**843**	**161**	**248**
47	87	28	12	7	40	628	272	125	35	196
1	37	18	13	5	1	322	154	133	31	4
	18	12	6			196	98	91	6	1
	71	13	43	13	2	301	84	181	32	4
	4	3			1	148	73	53	10	12
8	24	8	13	2	1	275	102	146	18	9
1	22	12	4	3	3	121	52	53	2	14
1	22	15	1	6		333	237	61	27	8

7-4 全省按现住地、户口登记地类型、受教育程度分的

现住地	初中					高中			
	合计	乡	镇的村委会	镇的居委会	街道	小计	乡	镇的村委会	镇的居委会
合计	**140128**	**38398**	**73028**	**7940**	**20762**	**99482**	**21999**	**44259**	**8115**
兰州市	**39982**	**8220**	**19405**	**2849**	**9508**	**31135**	**4230**	**10672**	**3072**
城关区	14428	2716	6614	989	4109	11924	1375	3568	1127
七里河区	7198	1444	2891	762	2101	5721	681	1537	761
西固区	4920	767	2171	339	1643	3712	335	1129	312
安宁区	2737	419	994	251	1073	2874	267	742	321
红古区	1110	137	626	212	135	564	55	271	155
永登县	2039	744	1144	99	52	1037	328	565	101
皋兰县	1107	88	937	38	44	531	22	418	45
榆中县	3398	1325	1798	89	186	1975	734	843	73
兰州新区	3045	580	2230	70	165	2797	433	1599	177
嘉峪关市	**3209**	**706**	**1570**	**90**	**843**	**2518**	**401**	**930**	**87**
市辖区	3209	706	1570	90	843	2518	401	930	87
金昌市	**4953**	**1339**	**2747**	**170**	**697**	**2882**	**581**	**1416**	**119**
金川区	2969	292	1870	132	675	2048	176	1039	79
永昌县	1984	1047	877	38	22	834	405	377	40
白银市	**10469**	**4304**	**4405**	**576**	**1184**	**7179**	**2450**	**2925**	**574**
白银区	3321	866	1483	264	708	2585	507	1004	280
平川区	2054	630	914	137	373	1296	297	496	151
靖远县	1441	669	674	58	40	996	332	565	61
会宁县	1688	1115	481	68	24	1372	806	494	53
景泰县	1965	1024	853	49	39	930	508	366	29
天水市	**8981**	**1683**	**5308**	**728**	**1262**	**6445**	**1089**	**3403**	**550**
秦州区	3741	563	1975	327	876	2625	389	1053	229
麦积区	1867	353	1071	123	320	1503	128	831	130
清水县	674	154	467	46	7	570	197	320	47
秦安县	1043	244	730	53	16	718	144	529	40
甘谷县	700	120	487	82	11	511	137	306	61
武山县	458	106	300	35	17	241	21	194	14
张家川回族自治县	498	143	278	62	15	277	73	170	29
武威市	**8058**	**1275**	**5529**	**301**	**953**	**6198**	**712**	**4102**	**283**
凉州区	5557	809	3663	183	902	4160	429	2474	198
民勤县	909	197	657	27	28	884	160	673	19
古浪县	794	124	611	43	16	736	65	632	31
天祝藏族自治县	798	145	598	48	7	418	58	323	35
张掖市	**9529**	**2192**	**6202**	**346**	**789**	**5747**	**1159**	**3270**	**359**
甘州区	4490	826	2724	186	754	3553	770	1656	194
肃南裕固族自治县	210	134	48	21	7	116	42	48	21
民乐县	1131	48	1053	25	5	709	23	634	44
临泽县	487	90	369	18	10	260	27	212	14
高台县	1227	501	695	24	7	475	145	305	21
山丹县	1984	593	1313	72	6	634	152	415	65
平凉市	**11002**	**3846**	**5433**	**410**	**1313**	**7509**	**2430**	**3481**	**414**
崆峒区	4897	1961	1874	129	933	2956	932	1080	152
泾川县	837	204	556	19	58	659	121	447	19
灵台县	826	268	511	8	39	633	225	355	14
崇信县	472	118	282	32	40	407	73	220	70
庄浪县	705	207	440	22	36	596	177	349	19
静宁县	1878	821	940	36	81	1362	711	547	26
华亭市	1387	267	830	164	126	896	191	483	114

户口登记地在本省其他乡镇街道的人口（续2）

单位：人

街道	大学专科					大学本科				
	小计	乡	镇的村委会	镇的居委会	街道	小计	乡	镇的村委会	镇的居委会	街道
25109	**67129**	**12247**	**27457**	**6969**	**20456**	**60753**	**9313**	**20194**	**7592**	**23654**
13161	**28013**	**4357**	**10045**	**2719**	**10892**	**30411**	**4105**	**9276**	**3217**	**13813**
5854	10822	1447	3483	997	4895	11270	1019	2425	1174	6652
2742	4583	516	1294	598	2175	5198	769	1471	643	2315
1936	2525	275	722	249	1279	1782	105	348	157	1172
1544	2866	466	822	270	1308	6582	1084	2493	720	2285
83	374	41	144	118	71	183	16	75	59	33
43	353	67	179	60	47	289	51	140	63	35
46	506	87	302	50	67	252	16	126	46	64
325	1070	343	517	63	147	2626	466	1486	197	477
588	4914	1115	2582	314	903	2229	579	712	158	780
1100	**2199**	**382**	**984**	**81**	**752**	**1132**	**85**	**285**	**37**	**725**
1100	2199	382	984	81	752	1132	85	285	37	725
766	**1878**	**283**	**855**	**117**	**623**	**1212**	**119**	**397**	**109**	**587**
754	1491	106	696	81	608	1012	55	307	79	571
12	387	177	159	36	15	200	64	90	30	16
1230	**3545**	**977**	**1232**	**469**	**867**	**2424**	**551**	**697**	**479**	**697**
794	1739	307	553	269	610	1216	144	281	281	510
352	617	126	199	84	208	340	65	101	55	119
38	328	112	149	50	17	256	72	95	60	29
19	454	258	150	37	9	360	164	135	49	12
27	407	174	181	29	23	252	106	85	34	27
1403	**3655**	**371**	**1870**	**398**	**1016**	**3578**	**463**	**1559**	**391**	**1165**
954	1582	109	640	129	704	2291	292	925	174	900
414	1268	136	731	109	292	509	34	192	45	238
6	133	21	84	23	5	90	16	46	23	5
5	193	33	127	31	2	230	53	135	38	4
7	224	23	143	54	4	219	18	128	69	4
12	133	20	89	18	6	127	31	72	16	8
5	122	29	56	34	3	112	19	61	26	6
1101	**3671**	**513**	**2047**	**264**	**847**	**2096**	**208**	**785**	**237**	**866**
1059	2999	430	1632	148	789	1662	143	578	114	827
32	288	50	196	16	26	142	29	81	19	13
8	211	22	105	60	24	160	23	56	59	22
2	173	11	114	40	8	132	13	70	45	4
959	**3192**	**511**	**1685**	**253**	**743**	**3225**	**492**	**1538**	**266**	**929**
933	2172	320	1026	139	687	2595	381	1170	172	872
5	65	19	18	18	10	83	26	25	19	13
8	259	16	209	21	13	134	1	106	19	8
7	152	16	111	17	8	96	8	62	17	9
4	245	73	133	21	18	171	44	93	14	20
2	299	67	188	37	7	146	32	82	25	7
1184	**3821**	**881**	**1596**	**302**	**1042**	**2874**	**468**	**1072**	**377**	**957**
792	1843	414	702	127	600	1236	194	403	123	516
72	264	56	108	14	86	299	47	110	44	98
39	254	75	104	13	62	243	29	90	29	95
44	220	30	96	32	62	173	25	64	38	46
51	242	38	133	25	46	323	42	185	47	49
78	535	203	244	23	65	342	103	137	41	61
108	463	65	209	68	121	258	28	83	55	92

7-4 全省按现住地、户口登记地类型、受教育程度分的

现住地	初中					高中			
	合计	乡	镇的村委会	镇的居委会	街道	小计	乡	镇的村委会	镇的居委会
酒泉市	**9299**	**2855**	**4827**	**453**	**1164**	**5892**	**1546**	**2683**	**525**
肃州区	4169	1068	2054	111	936	3112	653	1373	108
金塔县	905	376	453	46	30	423	177	216	17
瓜州县	1127	388	664	47	28	603	145	385	35
肃北蒙古族自治县	145	42	79	4	20	71	23	22	7
阿克塞哈萨克族自治县	125	54	57	11	3	45	19	15	11
玉门市	1184	376	611	111	86	657	281	272	52
敦煌市	1644	551	909	123	61	981	248	400	295
庆阳市	**11312**	**4532**	**5528**	**473**	**779**	**7077**	**2508**	**3132**	**560**
西峰区	5522	2054	2657	195	616	3642	1069	1540	303
庆城县	1278	443	750	47	38	542	188	284	50
环　县	1344	786	508	36	14	896	558	289	36
华池县	796	452	304	27	13	383	193	138	26
合水县	586	308	198	52	28	309	198	56	34
正宁县	439	48	332	40	19	326	6	265	27
宁　县	422	74	277	45	26	429	53	311	48
镇原县	925	367	502	31	25	550	243	249	36
定西市	**8895**	**2554**	**5406**	**515**	**420**	**6312**	**1732**	**3617**	**515**
安定区	3167	1117	1611	80	359	1987	633	931	58
通渭县	479	265	166	43	5	432	310	79	38
陇西县	1582	317	1077	167	21	1003	171	617	177
渭源县	526	108	398	13	7	452	60	366	14
临洮县	2149	528	1490	116	15	1531	410	974	124
漳　县	407	118	268	19	2	311	83	210	15
岷　县	585	101	396	77	11	596	65	440	89
陇南市	**6826**	**2157**	**3788**	**648**	**233**	**4207**	**1020**	**2284**	**708**
武都区	2849	841	1542	350	116	1646	335	783	422
成　县	834	76	633	80	45	561	82	357	79
文　县	512	220	261	20	11	177	85	73	11
宕昌县	263	134	87	26	16	243	48	165	22
康　县	265	24	225	10	6	307	15	278	7
西和县	502	177	244	63	18	266	88	113	53
礼　县	460	223	208	25	4	335	162	161	12
徽　县	980	360	551	53	16	559	152	326	72
两当县	161	102	37	21	1	113	53	28	30
临夏回族自治州	**6460**	**2253**	**2456**	**302**	**1449**	**4799**	**1539**	**1816**	**263**
临夏市	3239	775	934	162	1368	2699	708	732	154
临夏县	410	236	143	14	17	243	98	127	7
康乐县	453	262	171	18	2	220	131	79	8
永靖县	964	204	671	68	21	720	153	462	66
广河县	328	86	222	8	12	192	27	146	7
和政县	343	114	205	10	14	285	110	167	4
东乡族自治县	198	140	49	8	1	25	11	9	4
积石山保安族东乡族撒拉族自治县	525	436	61	14	14	415	301	94	13
甘南藏族自治州	**1153**	**482**	**424**	**79**	**168**	**1582**	**602**	**528**	**86**
合作市	329	119	73	18	119	574	186	40	21
临潭县	122	58	52	9	3	174	48	106	16
卓尼县	79	26	47	4	2	156	100	46	9
舟曲县	199	68	107	20	4	372	135	211	18
迭部县	74	30	26	6	12	125	57	56	6
玛曲县	142	58	70	8	6	52	24	18	5
碌曲县	95	60	18	4	13	59	14	33	3
夏河县	113	63	31	10	9	70	38	18	8

户口登记地在本省其他乡镇街道的人口（续3）

单位：人

街道	大学专科					大学本科				
	小计	乡	镇的村委会	镇的居委会	街道	小计	乡	镇的村委会	镇的居委会	街道
1138	**3956**	**733**	**1866**	**344**	**1013**	**2247**	**331**	**812**	**264**	**840**
978	2596	374	1206	144	872	1299	150	369	72	708
13	170	60	62	24	24	75	22	36	7	10
38	315	85	167	43	20	250	40	124	47	39
19	61	19	19	4	19	41	9	16	9	7
	37	10	12	14	1	23	11	5	6	1
52	314	69	161	33	51	245	26	120	48	51
38	463	116	239	82	26	314	73	142	75	24
877	**3892**	**1017**	**1449**	**521**	**905**	**3720**	**903**	**1115**	**597**	**1105**
730	2293	529	835	236	693	2356	553	691	251	861
20	312	72	131	53	56	266	68	74	57	67
13	381	187	121	43	30	406	137	113	96	60
26	244	84	68	39	53	201	53	61	46	41
21	153	56	51	18	28	90	30	27	13	20
28	150	5	104	26	15	117	5	60	35	17
17	153	13	73	52	15	102	13	36	37	16
22	206	71	66	54	15	182	44	53	62	23
448	**2804**	**623**	**1364**	**364**	**453**	**2681**	**479**	**1143**	**483**	**576**
365	1216	284	478	61	393	1196	208	400	81	507
5	135	69	42	23	1	132	60	34	34	4
38	467	84	245	123	15	444	62	186	165	31
12	176	24	126	15	11	148	17	97	31	3
23	489	104	299	69	17	448	85	257	86	20
3	109	19	67	17	6	78	3	41	29	5
2	212	39	107	56	10	235	44	128	57	6
195	**2657**	**602**	**1137**	**756**	**162**	**1640**	**253**	**598**	**635**	**154**
106	933	125	382	359	67	759	100	253	338	68
43	596	185	248	134	29	168	15	53	83	17
8	138	39	76	16	7	87	25	40	15	7
8	119	37	35	32	15	69	17	21	16	15
7	113	5	88	15	5	79	4	53	18	4
12	214	61	74	66	13	145	39	45	47	14
	157	65	59	28	5	62	14	33	10	5
9	324	63	152	89	20	223	24	89	90	20
2	63	22	23	17	1	48	15	11	18	4
1181	**2801**	**660**	**1005**	**209**	**927**	**1958**	**365**	**589**	**210**	**794**
1105	1826	305	539	117	865	1296	167	295	115	719
11	83	33	46	1	3	39	16	17	1	5
2	142	73	48	18	3	76	32	32	9	3
39	300	37	193	46	24	195	23	91	48	33
12	86	15	57	6	8	96	9	66	10	11
4	146	39	89	3	15	117	40	63	2	12
1	37	13	11	8	5	18	3	4	6	5
7	181	145	22	10	4	121	75	21	19	6
366	**1045**	**337**	**322**	**172**	**214**	**1555**	**491**	**328**	**290**	**446**
327	307	81	55	23	148	1008	347	184	116	361
4	97	32	39	16	10	103	23	24	46	10
1	72	30	32	6	4	40	13	14	9	4
8	201	56	90	46	9	146	28	56	51	11
6	94	48	24	12	10	77	32	7	23	15
5	106	27	44	20	15	79	18	18	23	20
9	86	23	23	27	13	59	12	15	12	20
6	82	40	15	22	5	43	18	10	10	5

7–4 全省按现住地、户口登记地类型、受教育程度分的户口登记地在本省其他乡镇街道的人口（续4）

单位：人

现住地	硕士研究生					博士研究生				
	小计	乡	镇的村委会	镇的居委会	街道	小计	乡	镇的村委会	镇的居委会	街道
合计	**4253**	**405**	**926**	**466**	**2456**	**479**	**40**	**44**	**46**	**349**
兰州市	**3283**	**278**	**707**	**319**	**1979**	**434**	**33**	**38**	**39**	**324**
城关区	1581	92	211	141	1137	273	23	25	21	204
七里河区	455	35	117	50	253	34	2	3	2	27
西固区	114	6	9	11	88	15		1	3	11
安宁区	973	140	318	98	417	108	8	8	13	79
红古区	6	1	2		3					
永登县	9		4	3	2					
皋兰县	10		4	1	5	1		1		
榆中县	37	1	15	5	16	3				3
兰州新区	98	3	27	10	58					
嘉峪关市	**57**	**3**	**6**	**2**	**46**	**1**				**1**
市辖区	57	3	6	2	46	1				1
金昌市	**53**	**5**	**13**	**7**	**28**					
金川区	49	4	12	6	27					
永昌县	4	1	1	1	1					
白银市	**79**	**17**	**17**	**16**	**29**	**4**	**1**	**2**		**1**
白银区	50	3	10	11	26	2		2		
平川区	4	2	1		1	1				1
靖远县	9	3	1	3	2	1	1			
会宁县	6	4	2							
景泰县	10	5	3	2						
天水市	**125**	**9**	**32**	**15**	**69**	**4**			**1**	**3**
秦州区	85	6	19	6	54	3			1	2
麦积区	16	1	3	2	10	1				1
清水县	4		2	1	1					
秦安县	10	1	3	3	3					
甘谷县	5	1	2	2						
武山县	4		2	1	1					
张家川回族自治县	1		1							
武威市	**77**	**5**	**18**	**9**	**45**	**3**		**2**		**1**
凉州区	68	5	13	7	43	3		2		1
民勤县	3		1		2					
古浪县	4		2	2						
天祝藏族自治县	2		2							
张掖市	**92**	**10**	**34**	**7**	**41**	**4**		**1**	**1**	**2**
甘州区	69	7	22	5	35	4		1	1	2
肃南裕固族自治县	3		2		1					
民乐县	5		4		1					
临泽县	2	1			1					
高台县	5		3	1	1					
山丹县	8	2	3	1	2					
平凉市	**77**	**13**	**24**	**6**	**34**	**2**	**1**			**1**
崆峒区	46	4	10	3	29	1				1
泾川县	3	1	1		1					
灵台县	5	1	3		1					
崇信县	5		2	1	2					
庄浪县	3	2	1							
静宁县	10	5	4	1		1	1			
华亭市	5		3	1	1					

7-4 全省按现住地、户口登记地类型、受教育程度分的户口登记地在本省其他乡镇街道的人口（续5）

单位：人

现住地	硕士研究生					博士研究生				
	小计	乡	镇的村委会	镇的居委会	街道	小计	乡	镇的村委会	镇的居委会	街道
酒泉市	**62**	**11**	**15**	**11**	**25**	**3**	**1**		**1**	**1**
肃州区	41	5	12	2	22					
金塔县	3	2	1							
瓜州县	5	1	1	1	2					
肃北蒙古族自治县						1				1
阿克塞哈萨克族自治县										
玉门市	2	1		1						
敦煌市	11	2	1	7	1	2	1		1	
庆阳市	**93**	**19**	**11**	**11**	**52**	**13**	**2**	**1**		**10**
西峰区	70	9	6	7	48	13	2	1		10
庆城县	6	1	3		2					
环　县	6	5		1						
华池县	5	3			2					
合水县	2	1	1							
正宁县	3		1	2						
宁　县										
镇原县	1			1						
定西市	**65**	**9**	**19**	**10**	**27**	**5**			**2**	**3**
安定区	42	6	9	3	24	5			2	3
通渭县										
陇西县	8	2	3	3						
渭源县	3		2	1						
临洮县	6		3	2	1					
漳　县	2	1		1						
岷　县	4		2		2					
陇南市	**59**	**6**	**12**	**36**	**5**	**2**			**1**	**1**
武都区	28	3	3	19	3	1			1	
成　县	15		5	10		1				1
文　县	1			1						
宕昌县	1		1							
康　县	4		2	1	1					
西和县	5	2		2	1					
礼　县										
徽　县	5	1	1	3						
两当县										
临夏回族自治州	**78**	**8**	**13**	**9**	**48**	**3**	**2**			**1**
临夏市	62	5	11	3	43	2	1			1
临夏县										
康乐县	1	1				1	1			
永靖县	9		2	3	4					
广河县	1	1								
和政县										
东乡族自治县	2			2						
积石山保安族东乡族撒拉族自治县	3	1		1	1					
甘南藏族自治州	**53**	**12**	**5**	**8**	**28**	**1**			**1**	
合作市	34	6	3	3	22					
临潭县	1		1							
卓尼县						1			1	
舟曲县	6	2	1	3						
迭部县	4	2		1	1					
玛曲县	5	1		1	3					
碌曲县	2				2					
夏河县	1	1								

7-5 全省按现住地、户口登记地类型、

现住地	人口数					未上过学			
	合计	乡	镇的村委会	镇的居委会	街道	小计	乡	镇的村委会	镇的居委会
合计	**63281**	**11950**	**30762**	**8111**	**12458**	**1128**	**301**	**578**	**114**
兰州市	**31583**	**5595**	**16633**	**2597**	**6758**	**437**	**98**	**254**	**36**
城关区	12961	2484	6712	1028	2737	196	44	116	17
七里河区	4608	769	2449	400	990	78	18	44	5
西固区	2359	408	1252	161	538	34	9	21	
安宁区	3398	449	1435	438	1076	31	5	12	7
红古区	694	134	433	79	48	30	6	18	5
永登县	433	107	265	26	35	13	5	5	1
皋兰县	727	92	533	61	41	11	4	6	
榆中县	4354	765	2289	283	1017	29	5	20	
兰州新区	2049	387	1265	121	276	15	2	12	1
嘉峪关市	**2266**	**518**	**1230**	**118**	**400**	**14**	**3**	**9**	**1**
市辖区	2266	518	1230	118	400	14	3	9	1
金昌市	**1407**	**256**	**827**	**109**	**215**	**35**	**3**	**23**	**2**
金川区	1008	171	585	65	187	32	3	21	1
永昌县	399	85	242	44	28	3		2	1
白银市	**2184**	**585**	**1030**	**250**	**319**	**39**	**11**	**21**	**2**
白银区	997	197	518	95	187	20	6	10	1
平川区	455	126	202	46	81	9	1	6	1
靖远县	311	129	131	34	17	3	2	1	
会宁县	152	55	64	14	19	4	2	1	
景泰县	269	78	115	61	15	3		3	
天水市	**2211**	**291**	**1262**	**197**	**461**	**40**	**9**	**26**	**2**
秦州区	837	105	428	68	236	13	1	9	1
麦积区	680	102	370	35	173	6	1	5	
清水县	110	8	62	23	17				
秦安县	160	25	98	23	14	6	2	4	
甘谷县	156	13	116	17	10	4	2	1	
武山县	139	24	94	16	5	4		4	
张家川回族自治县	129	14	94	15	6	7	3	3	1
武威市	**1760**	**329**	**929**	**118**	**384**	**43**	**7**	**26**	**2**
凉州区	1249	251	656	54	288	25	3	18	
民勤县	154	36	56	30	32	3		1	1
古浪县	138	14	90	11	23	8	1	3	1
天祝藏族自治县	219	28	127	23	41	7	3	4	
张掖市	**1386**	**210**	**783**	**138**	**255**	**31**	**7**	**21**	
甘州区	929	154	504	61	210	21	7	12	
肃南裕固族自治县	37	14	20		3	1		1	
民乐县	87	11	53	17	6	3		3	
临泽县	55	4	30	15	6	1		1	
高台县	110	17	65	16	12	2		1	
山丹县	168	10	111	29	18	3		3	
平凉市	**2575**	**547**	**1239**	**169**	**620**	**55**	**16**	**25**	**3**
崆峒区	1104	283	500	53	268	18	5	6	
泾川县	214	48	113	6	47	5	1	3	
灵台县	229	49	131	21	28	2		2	
崇信县	199	35	76	9	79	1	1		
庄浪县	162	18	88	11	45	3		2	
静宁县	268	62	125	32	49	20	8	8	2
华亭市	399	52	206	37	104	6	1	4	1

受教育程度分的户口登记地在外省的人口

单位：人

街道	学前教育					小学				
	小计	乡	镇的村委会	镇的居委会	街道	小计	乡	镇的村委会	镇的居委会	街道
135	**1725**	**313**	**884**	**241**	**287**	**10523**	**2581**	**5873**	**964**	**1105**
49	**684**	**116**	**372**	**67**	**129**	**4581**	**1050**	**2818**	**234**	**479**
19	330	60	188	24	58	2099	522	1232	91	254
11	90	13	45	13	19	734	164	451	42	77
4	84	10	51	9	14	481	96	295	29	61
7	58	8	22	13	15	223	38	126	21	38
1	24	4	11	3	6	179	41	121	13	4
2	10	3	4	1	2	91	31	55	4	1
1	4		2	1	1	107	18	82	5	2
4	56	11	37	1	7	360	82	238	14	26
	28	7	12	2	7	307	58	218	15	16
1	**78**	**20**	**40**	**1**	**17**	**441**	**103**	**285**	**12**	**41**
1	78	20	40	1	17	441	103	285	12	41
7	**42**	**9**	**23**	**2**	**8**	**347**	**81**	**216**	**16**	**34**
7	32	8	17	2	5	222	43	141	9	29
	10	1	6		3	125	38	75	7	5
5	**99**	**10**	**55**	**17**	**17**	**427**	**152**	**208**	**30**	**37**
3	31	3	21	3	4	175	52	95	13	15
1	18	2	9	2	5	85	24	41	7	13
	26	2	14	5	5	79	36	34	5	4
1	8	1	4		3	36	14	17	1	4
	16	2	7	7		52	26	21	4	1
3	**51**	**2**	**33**	**7**	**9**	**354**	**46**	**234**	**25**	**49**
2	20	1	12	2	5	126	15	81	8	22
	18		15		3	87	17	50	2	18
	3	1	1		1	26	1	17	6	2
	7		4	3		38	6	26	2	4
1	2			2		25	1	23	1	
	1		1			26	3	21	2	
						26	3	16	4	3
8	**62**	**15**	**34**	**3**	**10**	**305**	**63**	**177**	**13**	**52**
4	38	12	20	1	5	205	49	108	6	42
1	5		3		2	26	5	13	3	5
3	8	1	5		2	25	4	16	2	3
	11	2	6	2	1	49	5	40	2	2
3	**57**	**9**	**33**	**8**	**7**	**284**	**46**	**170**	**31**	**37**
2	34	6	20	4	4	176	31	102	14	29
						12	4	7		1
	3		2	1		19	2	15	1	1
	2		1		1	20	1	13	5	1
1	11	3	5	2	1	25	4	14	5	2
	7		5	1	1	32	4	19	6	3
11	**91**	**19**	**52**	**4**	**16**	**441**	**143**	**218**	**26**	**54**
7	35	11	21	1	2	195	70	93	7	25
1	9	2	6		1	31	10	13	2	6
	5	1	3		1	45	14	28	2	1
	8	1	6		1	10	2	3	1	4
1	8	1	4	1	2	26	4	14	2	6
2	13	2	8	1	2	59	22	24	8	5
	13	1	4	1	7	75	21	43	4	7

7-5 全省按现住地、户口登记地类型、

现住地	人口数					未上过学			
	合计	乡	镇的村委会	镇的居委会	街道	小计	乡	镇的村委会	镇的居委会
酒泉市	**7297**	**1328**	**1858**	**3394**	**717**	**161**	**55**	**42**	**48**
肃州区	1449	262	639	66	482	25	7	8	
金塔县	212	78	96	14	24	12	8	2	
瓜州县	540	171	290	32	47	47	27	20	
肃北蒙古族自治县	228	53	143	3	29	5	2	3	
阿克塞哈萨克族自治县	62	30	13	19		2	1		1
玉门市	467	145	214	54	54	5	2	1	
敦煌市	4339	589	463	3206	81	65	8	8	47
庆阳市	**3830**	**762**	**1460**	**323**	**1285**	**48**	**15**	**22**	**2**
西峰区	1433	341	540	79	473	12	1	5	2
庆城县	756	79	219	123	335	7	3	4	
环　县	446	118	163	44	121	7	5	2	
华池县	356	65	132	22	137	10	5	5	
合水县	206	22	51	8	125	5		5	
正宁县	201	24	139	9	29	1			
宁　县	213	60	102	14	37	2	1		
镇原县	219	53	114	24	28	4		1	
定西市	**1897**	**264**	**1143**	**221**	**269**	**40**	**8**	**21**	**5**
安定区	409	74	214	24	97	6		4	
通渭县	83	32	27	12	12	1		1	
陇西县	511	37	357	63	54	4		3	1
渭源县	114	15	75	10	14	3	2	1	
临洮县	374	53	246	43	32	5	2	2	1
漳　县	151	16	82	27	26	9		4	3
岷　县	255	37	142	42	34	12	4	6	
陇南市	**2259**	**428**	**1297**	**255**	**279**	**100**	**47**	**43**	**2**
武都区	566	113	297	87	69	15	5	7	1
成　县	241	19	168	38	16	2		2	
文　县	455	56	261	33	105	14	4	10	
宕昌县	160	67	68	11	14	40	24	12	
康　县	213	23	157	13	20	6	1	5	
西和县	137	19	76	23	19	7	2	3	1
礼　县	156	43	86	23	4	12	7	4	
徽　县	244	71	129	20	24	4	4		
两当县	87	17	55	7	8				
临夏回族自治州	**1657**	**531**	**718**	**121**	**287**	**36**	**7**	**15**	**5**
临夏市	682	175	284	54	169	10		1	3
临夏县	180	70	81	15	14	4	2	1	
康乐县	101	53	33	5	10	1			1
永靖县	218	41	93	34	50	4		3	
广河县	119	25	76	3	15	3	2	1	
和政县	111	23	69	2	17	5	1	3	
东乡族自治县	54	39	14	1		1		1	
积石山保安族东乡族撒拉族自治县	192	105	68	7	12	8	2	5	1
甘南藏族自治州	**969**	**306**	**353**	**101**	**209**	**49**	**15**	**30**	**4**
合作市	354	105	84	42	123	5	4	1	
临潭县	146	55	69	6	16	9	2	7	
卓尼县	69	19	46	2	2				
舟曲县	91	11	51	23	6	17	1	13	3
迭部县	81	33	22	9	17	1	1		
玛曲县	77	24	30	13	10	15	7	7	1
碌曲县	52	20	24	4	4	2		2	
夏河县	99	39	27	2	31				

受教育程度分的户口登记地在外省的人口（续1）

单位：人

街道	学前教育					小学				
	小计	乡	镇的村委会	镇的居委会	街道	小计	乡	镇的村委会	镇的居委会	街道
16	**236**	**47**	**61**	**107**	**21**	**1238**	**304**	**421**	**428**	**85**
10	59	11	31	2	15	258	41	151	8	58
2	1	1				51	17	27	3	4
	19	5	11	2	1	177	78	92	3	4
						36	9	22		5
						13	6	5	2	
2	17	8	3	2	4	95	53	36	3	3
2	140	22	16	101	1	608	100	88	409	11
9	**98**	**22**	**51**	**7**	**18**	**505**	**144**	**257**	**22**	**82**
4	45	9	23	2	11	214	61	104	7	42
	14	1	5	2	6	86	21	41	7	17
	9	4	4		1	49	16	28	1	4
	6	3	3			60	21	33	1	5
	5	1	3	1		12	3	6		3
1	8		8			18	2	9	2	5
1	3		2	1		21	1	16	2	2
3	8	4	3	1		45	19	20	2	4
6	**76**	**10**	**49**	**10**	**7**	**388**	**65**	**247**	**37**	**39**
2	12	1	9		2	84	22	46	3	13
	4	3		1		25	5	10	4	6
	32	1	27	2	2	110	15	76	13	6
	3	1	2			18	2	12	1	3
	14	4	6	3	1	53	8	36	5	4
2	1			1		28	1	23	2	2
2	10		5	3	2	70	12	44	9	5
8	**76**	**12**	**48**	**4**	**12**	**496**	**122**	**314**	**33**	**27**
2	21	3	14	2	2	101	25	63	7	6
	13	1	11	1		33	3	27	3	
	11	1	3		7	114	17	84	4	9
4	3		3			43	18	22	2	1
	13	2	11			63	6	53	2	2
1	4	1	2		1	21	5	13	1	2
1	6	3	2	1		52	24	16	11	1
	5	1	2		2	56	19	30	3	4
						13	5	6		2
9	**62**	**20**	**26**	**2**	**14**	**453**	**163**	**201**	**44**	**45**
6	28	8	12		8	166	38	74	24	30
1	3	2			1	56	28	16	9	3
	8	2	4	1	1	22	14	5	2	1
1	10	3	2	1	4	54	13	31	5	5
	6	1	5			35	10	25		
1	2		2			19	7	8		4
						25	17	8		
	5	4	1			76	36	34	4	2
	13	**2**	**7**	**2**	**2**	**263**	**99**	**107**	**13**	**44**
	6	1	2	1	2	66	21	13	6	26
						57	17	36	1	3
	1			1		31	10	20		1
	3	1	2			17	5	10	2	
	1		1			26	18	3	1	4
	2		2			20	5	10	3	2
						21	10	11		
						25	13	4		8

7-5 全省按现住地、户口登记地类型、

现住地	初中					高中			
	合计	乡	镇的村委会	镇的居委会	街道	小计	乡	镇的村委会	镇的居委会
合计	**21673**	**4660**	**12598**	**2117**	**2298**	**10130**	**1732**	**4846**	**1530**
兰州市	**10406**	**2096**	**6631**	**615**	**1064**	**4625**	**767**	**2484**	**409**
城关区	4861	1045	3040	274	502	2171	392	1129	194
七里河区	1580	287	971	112	210	611	109	283	59
西固区	996	186	589	65	156	409	62	185	33
安宁区	548	93	333	54	68	332	47	151	40
红古区	277	52	189	19	17	94	13	56	15
永登县	149	35	99	8	7	126	24	84	3
皋兰县	349	45	277	17	10	152	10	116	18
榆中县	887	193	606	36	52	328	62	202	15
兰州新区	759	160	527	30	42	402	48	278	32
嘉峪关市	**846**	**225**	**483**	**42**	**96**	**412**	**88**	**215**	**24**
市辖区	846	225	483	42	96	412	88	215	24
金昌市	**577**	**110**	**380**	**36**	**51**	**217**	**39**	**115**	**23**
金川区	397	84	249	23	41	177	27	97	14
永昌县	180	26	131	13	10	40	12	18	9
白银市	**861**	**264**	**432**	**75**	**90**	**400**	**94**	**200**	**47**
白银区	397	82	236	26	53	190	30	108	17
平川区	189	66	91	10	22	92	22	38	16
靖远县	127	65	47	9	6	46	13	25	7
会宁县	40	16	13	4	7	34	16	14	1
景泰县	108	35	45	26	2	38	13	15	6
天水市	**822**	**112**	**556**	**57**	**97**	**392**	**55**	**202**	**40**
秦州区	265	39	178	15	33	130	20	55	13
麦积区	256	37	162	11	46	169	25	84	13
清水县	54	5	28	14	7	16		12	2
秦安县	56	11	40	2	3	22	4	13	4
甘谷县	70	8	53	6	3	19	2	12	4
武山县	57	6	41	7	3	23	4	17	1
张家川回族自治县	64	6	54	2	2	13		9	3
武威市	**658**	**148**	**388**	**25**	**97**	**322**	**64**	**163**	**29**
凉州区	498	109	304	8	77	225	51	104	17
民勤县	49	20	12	11	6	33	7	16	5
古浪县	32	5	22		5	36	3	25	5
天祝藏族自治县	79	14	50	6	9	28	3	18	2
张掖市	**465**	**72**	**303**	**41**	**49**	**233**	**37**	**128**	**16**
甘州区	289	46	190	13	40	164	33	81	6
肃南裕固族自治县	19	9	10			2	1		
民乐县	25	4	15	6		12		9	3
临泽县	16	3	7	6		10		7	1
高台县	32	6	19	2	5	20	1	15	3
山丹县	84	4	62	14	4	25	2	16	3
平凉市	**971**	**223**	**564**	**46**	**138**	**413**	**80**	**189**	**28**
崆峒区	403	120	222	14	47	191	47	78	8
泾川县	89	23	46	2	18	28	3	17	2
灵台县	105	25	70	5	5	20	2	13	1
崇信县	74	16	39	2	17	32	8	14	2
庄浪县	73	7	41	6	19	22	3	10	2
静宁县	99	18	55	9	17	37	8	17	3
华亭市	128	14	91	8	15	83	9	40	10

受教育程度分的户口登记地在外省的人口（续2）

单位：人

	大学专科					大学本科				
街道	小计	乡	镇的村委会	镇的居委会	街道	小计	乡	镇的村委会	镇的居委会	街道
2022	**6204**	**824**	**2225**	**1194**	**1961**	**10177**	**1325**	**3224**	**1747**	**3881**
965	**2537**	**372**	**1024**	**287**	**854**	**6814**	**901**	**2553**	**796**	**2564**
456	1152	169	426	133	424	1379	142	365	214	658
160	422	58	151	49	164	899	98	416	104	281
129	190	27	75	13	75	148	18	32	11	87
94	234	28	74	34	98	1489	174	542	219	554
10	44	7	25	9	3	46	11	13	15	7
15	28	6	12	6	4	16	3	6	3	4
8	67	11	38	10	8	37	4	12	10	11
49	133	20	90	10	13	2543	388	1087	205	863
44	267	46	133	23	65	257	63	80	15	99
85	**327**	**56**	**161**	**19**	**91**	**137**	**22**	**34**	**19**	**62**
85	327	56	161	19	91	137	22	34	19	62
40	**103**	**12**	**44**	**12**	**35**	**79**	**2**	**23**	**17**	**37**
39	77	4	35	8	30	65	2	22	8	33
1	26	8	9	4	5	14		1	9	4
59	**191**	**36**	**68**	**32**	**55**	**162**	**18**	**46**	**43**	**55**
35	90	15	29	14	32	90	9	19	18	44
16	38	6	12	4	16	23	5	5	5	8
1	19	9	6	3	1	11	2	4	5	
3	14	4	8	2		16	2	7	6	1
4	30	2	13	9	6	22		11	9	2
95	**223**	**18**	**112**	**21**	**72**	**291**	**44**	**89**	**44**	**114**
42	75	5	31	8	31	171	19	52	21	79
47	85	8	40	3	34	59	14	14	6	25
2	5	1	2		2	6		2	1	3
1	12	1	6	4	1	19	1	5	8	5
1	24		19	2	3	12		8	2	2
1	11	2	6	2	1	16	9	4	3	
1	11	1	8	2		8	1	4	3	
66	**217**	**24**	**100**	**27**	**66**	**147**	**8**	**38**	**19**	**82**
53	161	21	76	13	51	91	6	23	9	53
5	21	2	8	7	4	17	2	3	3	9
3	12		8	1	3	17		11	2	4
5	23	1	8	6	8	22		1	5	16
52	**131**	**18**	**57**	**18**	**38**	**178**	**21**	**69**	**23**	**65**
44	90	11	41	8	30	149	20	57	15	57
1	1		1			2		1		1
	14	5	5	2	2	10		3	4	3
2	6		1	3	2					
1	13	2	7	3	1	7	1	4	1	1
4	7		2	2	3	10		4	3	3
116	**296**	**36**	**114**	**33**	**113**	**293**	**29**	**72**	**29**	**163**
58	126	16	42	9	59	130	14	35	14	67
6	41	9	24		8	10		4		6
4	26	4	9	6	7	25	3	6	7	9
8	24	2	6	3	13	48	5	8	1	34
7	16	1	8		7	14	2	9		3
9	17		10	4	3	22	3	3	5	11
24	46	4	15	11	16	44	2	7	2	33

7–5 全省按现住地、户口登记地类型、

现住地	初中					高中			
	合计	乡	镇的村委会	镇的居委会	街道	小计	乡	镇的村委会	镇的居委会
酒泉市	**2382**	**474**	**821**	**934**	**153**	**1347**	**210**	**325**	**677**
肃州区	516	122	268	23	103	270	49	120	15
金塔县	75	33	35	4	3	38	9	18	5
瓜州县	164	34	110	7	13	67	11	40	7
肃北蒙古族自治县	118	31	81	1	5	39	7	24	1
阿克塞哈萨克族自治县	26	15	5	6		11	6	1	4
玉门市	179	49	100	22	8	115	23	64	12
敦煌市	1304	190	222	871	21	807	105	58	633
庆阳市	**1197**	**335**	**611**	**62**	**189**	**725**	**122**	**286**	**97**
西峰区	448	161	219	12	56	221	44	93	19
庆城县	189	26	88	22	53	165	17	39	45
环　县	153	55	69	9	20	99	25	39	15
华池县	76	25	35	4	12	73	7	31	1
合水县	49	9	19	4	17	46	6	11	2
正宁县	109	17	70	4	18	34	2	30	1
宁　县	84	18	52	5	9	48	18	21	2
镇原县	89	24	59	2	4	39	3	22	12
定西市	**692**	**104**	**469**	**59**	**60**	**328**	**42**	**197**	**43**
安定区	124	27	77	4	16	53	8	30	3
通渭县	29	13	8	6	2	14	8	5	
陇西县	203	8	164	17	14	81	8	52	13
渭源县	39	5	27	5	2	24	3	17	
临洮县	157	21	109	13	14	80	13	57	8
漳　县	53	14	27	4	8	29	1	15	8
岷　县	87	16	57	10	4	47	1	21	11
陇南市	**835**	**165**	**545**	**58**	**67**	**347**	**41**	**184**	**55**
武都区	225	56	130	19	20	100	10	51	20
成　县	105	7	87	10	1	42	1	27	7
文　县	127	19	80	6	22	72	7	33	13
宕昌县	44	16	22	2	4	16	4	7	3
康　县	90	14	64	5	7	20		14	1
西和县	65	9	44	8	4	20	2	8	4
礼　县	47	6	36	4	1	15	2	11	2
徽　县	99	31	61	2	5	48	12	24	5
两当县	33	7	21	2	3	14	3	9	
临夏回族自治州	**644**	**227**	**298**	**34**	**85**	**247**	**60**	**114**	**19**
临夏市	274	88	118	16	52	117	28	50	8
临夏县	82	20	53	3	6	16	7	6	2
康乐县	51	31	18		2	10	5	4	
永靖县	68	12	33	12	11	48	8	16	8
广河县	46	8	29	1	8	10	1	8	
和政县	41	10	28		3	23	4	17	1
东乡族自治县	22	18	4			5	4	1	
积石山保安族东乡族撒拉族自治县	60	40	15	2	3	18	3	12	
甘南藏族自治州	**317**	**105**	**117**	**33**	**62**	**122**	**33**	**44**	**23**
合作市	115	38	33	12	32	34	6	9	10
临潭县	42	19	21	1	1	24	14	4	2
卓尼县	14	3	10		1	10	3	6	1
舟曲县	24	2	14	7	1	18	2	9	6
迭部县	30	12	8	3	7	11		7	2
玛曲县	22	7	6	6	3	8	2	2	1
碌曲县	22	5	11	3	3	3	3		
夏河县	48	19	14	1	14	14	3	7	1

受教育程度分的户口登记地在外省的人口（续3）

单位：人

	大学专科					大学本科				
街道	小计	乡	镇的村委会	镇的居委会	街道	小计	乡	镇的村委会	镇的居委会	街道
135	**952**	**119**	**122**	**565**	**146**	**932**	**114**	**64**	**602**	**152**
86	166	20	48	10	88	150	11	13	8	118
6	30	10	11	2	7	5		3		2
9	48	10	12	10	16	18	6	5	3	4
7	15	3	8	1	3	13	1	5		7
	4	1		3		6	1	2	3	
16	25	6	8	5	6	29	4	2	10	13
11	664	69	35	534	26	711	91	34	578	8
220	**577**	**45**	**137**	**68**	**327**	**640**	**77**	**93**	**62**	**408**
65	176	18	48	12	98	300	46	46	24	184
64	176	6	25	30	115	116	4	17	16	79
20	53	7	14	12	20	70	6	7	7	50
34	81	3	15	8	55	49	1	9	8	31
27	21	1	2		18	57	2	5	1	49
1	18	1	16		1	12	2	6	1	3
7	32	6	10	1	15	23	16	1	3	3
2	20	3	7	5	5	13		2	2	9
46	**195**	**17**	**102**	**38**	**38**	**163**	**16**	**55**	**25**	**67**
12	61	7	32	8	14	64	8	15	5	36
1	7	2	2	1	2	3	1	1		1
8	43	1	25	8	9	34	3	10	7	14
4	13	1	9	1	2	12	1	7	2	2
2	40	3	21	9	7	25	2	15	4	4
5	12		8	2	2	18		4	7	7
14	19	3	5	9	2	7	1	3		3
67	**270**	**28**	**125**	**57**	**60**	**127**	**13**	**37**	**45**	**32**
19	61	6	23	22	10	41	8	9	15	9
7	35	7	12	10	6	11		2	7	2
19	81	4	38	5	34	32	4	12	5	11
2	10	4	2	2	2	4	1		2	1
5	13		8	2	3	8		2	3	3
6	13		6	5	2	6			4	2
	13	1	11	1		11		6	4	1
7	22	4	9	6	3	10		3	4	3
2	22	2	16	4		4		3	1	
54	**119**	**27**	**38**	**11**	**43**	**83**	**25**	**24**	**6**	**28**
31	47	9	16	1	21	34	4	11	2	17
1	16	10	5	1		1	1			
1	7		2	1	4	1				1
16	26	4	5	6	11	7		3	2	2
1	5		3	1	1	13	3	5	1	4
1	12		6	1	5	9	1	5		3
						1			1	
3	6	4	1		1	17	16			1
22	**66**	**16**	**21**	**6**	**23**	**131**	**35**	**27**	**17**	**52**
9	22	4	7	2	9	101	30	19	10	42
4	7	2	1	1	3	7	1		1	5
	8	2	6			5	1	4		
1	8		2	3	3	2		1	1	
2	9	2	3		4	2			2	
3	6	3	2		1	4		1	2	1
	1	1				3	1		1	1
3	5	2			3	7	2	2		3

7–5 全省按现住地、户口登记地类型、受教育程度分的户口登记地在外省的人口（续4）

单位：人

现住地	硕士研究生					博士研究生				
	小计	乡	镇的村委会	镇的居委会	街道	小计	乡	镇的村委会	镇的居委会	街道
合计	**1511**	**185**	**490**	**192**	**644**	**210**	**29**	**44**	**12**	**125**
兰州市	**1308**	**168**	**457**	**144**	**539**	**191**	**27**	**40**	**9**	**115**
城关区	623	87	181	75	280	150	23	35	6	86
七里河区	181	21	87	14	59	13	1	1	2	9
西固区	16		4	1	11	1				1
安宁区	458	53	171	50	184	25	3	4		18
红古区										
永登县										
皋兰县										
榆中县	17	4	9	1	3	1			1	
兰州新区	13	3	5	3	2	1				1
嘉峪关市	**11**	**1**	**3**		**7**					
市辖区	11	1	3		7					
金昌市	**7**		**3**	**1**	**3**					
金川区	6		3		3					
永昌县	1			1						
白银市	**5**			**4**	**1**					
白银区	4			3	1					
平川区	1			1						
靖远县										
会宁县										
景泰县										
天水市	**35**	**5**	**9**	**1**	**20**	**3**		**1**		**2**
秦州区	34	5	9		20	3		1		2
麦积区										
清水县										
秦安县										
甘谷县										
武山县	1			1						
张家川回族自治县										
武威市	**5**		**2**		**3**	**1**		**1**		
凉州区	5		2		3	1		1		
民勤县										
古浪县										
天祝藏族自治县										
张掖市	**7**		**2**	**1**	**4**					
甘州区	6		1	1	4					
肃南裕固族自治县										
民乐县	1		1							
临泽县										
高台县										
山丹县										
平凉市	**13**	**1**	**5**		**7**	**2**				**2**
崆峒区	5		3		2	1				1
泾川县	1				1					
灵台县						1				1
崇信县	2				2					
庄浪县										
静宁县	1	1								
华亭市	4		2		2					

7-5 全省按现住地、户口登记地类型、受教育程度分的户口登记地在外省的人口（续5）

单位：人

现住地	硕士研究生					博士研究生				
	小计	乡	镇 的村委会	镇 的居委会	街道	小计	乡	镇 的村委会	镇 的居委会	街道
酒泉市	**47**	**5**	**2**	**31**	**9**	**2**			**2**	
肃州区	5	1			4					
金塔县										
瓜州县										
肃北蒙古族自治县	2				2					
阿克塞哈萨克族自治县										
玉门市	2				2					
敦煌市	38	4	2	31	1	2			2	
庆阳市	**38**	**1**	**3**	**3**	**31**	**2**	**1**			**1**
西峰区	17	1	2	1	13					
庆城县	2			1	1	1	1			
环　县	6				6					
华池县	1		1							
合水县	10				10	1				1
正宁县	1			1						
宁　县										
镇原县	1				1					
定西市	**13**	**2**	**2**	**4**	**5**	**2**		**1**		**1**
安定区	5	1	1	1	2					
通渭县										
陇西县	4	1		2	1					
渭源县	1			1		1				1
临洮县										
漳　县						1		1		
岷　县	3		1		2					
陇南市	**6**			**1**	**5**	**2**		**1**		**1**
武都区	2			1	1					
成　县										
文　县	3				3	1		1		
宕昌县										
康　县										
西和县	1				1					
礼　县										
徽　县										
两当县						1				1
临夏回族自治州	**10**	**1**	**2**		**7**	**3**	**1**			**2**
临夏市	4		2		2	2				2
临夏县	2				2					
康乐县						1	1			
永靖县	1	1								
广河县	1				1					
和政县										
东乡族自治县										
积石山保安族东乡族撒拉族自治县	2				2					
甘南藏族自治州	**6**	**1**		**2**	**3**	**2**			**1**	**1**
合作市	4	1			3	1			1	
临潭县										
卓尼县										
舟曲县	1			1		1				1
迭部县	1			1						
玛曲县										
碌曲县										
夏河县										

7-6 全省按现住地和

现住地	出							生	
	人口数	省内			省				
		小计	本县市区	本省其他县市区	小计	北京市	天津市	河北省	山西省
合计	**2372848**	**2278173**	**2011526**	**266647**	**94675**	**759**	**591**	**5425**	**2805**
兰州市	**404421**	**356767**	**229674**	**127093**	**47654**	**476**	**385**	**2971**	**1559**
城关区	134530	114694	66977	47717	19836	215	167	1227	631
七里河区	65897	57934	34883	23051	7963	130	75	562	288
西固区	39007	33695	23153	10542	5312	61	47	353	139
安宁区	38825	33502	17023	16479	5323	43	63	365	280
红古区	13570	11985	8257	3728	1585	2	2	48	32
永登县	28546	27858	25849	2009	688	4		23	12
皋兰县	11488	10708	8431	2277	780	3	3	48	23
榆中县	43495	39196	32316	6880	4299	13	27	235	101
兰州新区	29063	27195	12785	14410	1868	5	1	110	53
嘉峪关市	**30029**	**24187**	**8944**	**15243**	**5842**	**35**	**23**	**431**	**185**
市辖区	30029	24187	8944	15243	5842	35	23	431	185
金昌市	**41797**	**37912**	**28767**	**9145**	**3885**	**16**	**29**	**296**	**101**
金川区	24541	21248	13098	8150	3293	15	27	261	82
永昌县	17256	16664	15669	995	592	1	2	35	19
白银市	**140152**	**135040**	**119977**	**15063**	**5112**	**23**	**24**	**379**	**198**
白银区	31717	28475	21855	6620	3242	11	13	280	68
平川区	19211	18124	13001	5123	1087	8	5	62	107
靖远县	34637	34313	32801	1512	324	4	3	8	12
会宁县	35649	35489	34997	492	160			9	2
景泰县	18938	18639	17323	1316	299		3	20	9
天水市	**277027**	**272879**	**262331**	**10548**	**4148**	**45**	**28**	**208**	**147**
秦州区	56228	54245	48971	5274	1983	27	15	90	76
麦积区	50736	49288	45851	3437	1448	5	10	96	54
清水县	22093	21974	21640	334	119	2	1	4	5
秦安县	42020	41824	41182	642	196	3	1	4	3
甘谷县	49058	48931	48617	314	127	6		5	3
武山县	34788	34667	34389	278	121	1		6	1
张家川回族自治县	22104	21950	21681	269	154	1	1	3	5
武威市	**140423**	**137895**	**131267**	**6628**	**2528**	**7**	**15**	**155**	**80**
凉州区	85374	83590	78935	4655	1784	7	14	137	70
民勤县	16916	16717	16256	461	199			5	4
古浪县	23667	23519	23058	461	148			5	4
天祝藏族自治县	14466	14069	13018	1051	397		1	8	2
张掖市	**111354**	**109269**	**101218**	**8051**	**2085**	**20**	**9**	**157**	**52**
甘州区	49961	48529	43587	4942	1432	13	8	142	33
肃南裕固族自治县	3058	2992	2562	430	66				1
民乐县	18753	18649	18207	442	104	3		1	3
临泽县	11354	11244	10335	909	110	1	1	1	5
高台县	12482	12320	11430	890	162	1		3	3
山丹县	15746	15535	15097	438	211	2		10	7
平凉市	**177047**	**173133**	**163446**	**9687**	**3914**	**40**	**20**	**148**	**106**
崆峒区	49396	47718	42986	4732	1678	16	8	82	61
泾川县	20567	20262	19635	627	305	7	1	11	8
灵台县	14752	14350	14056	294	402	7	2	10	8
崇信县	8065	7856	7332	524	209	1		8	6
庄浪县	31772	31564	31296	268	208	1		12	2
静宁县	34856	34305	33579	726	551	4	2	8	7
华亭市	17639	17078	14562	2516	561	4	7	17	14

出生地分的人口

单位：人

地									
外									
内蒙古自治区	辽宁省	吉林省	黑龙江省	上海市	江苏省	浙江省	安徽省	福建省	江西省
1453	**3162**	**1413**	**1914**	**796**	**4200**	**2244**	**3318**	**1538**	**1147**
698	**1559**	**813**	**1088**	**579**	**2495**	**1369**	**1693**	**943**	**661**
278	562	269	426	238	1260	774	738	347	299
111	318	134	215	136	413	178	282	111	127
38	321	138	154	115	277	103	169	214	50
99	168	90	146	69	223	89	166	82	74
13	59	73	34	6	45	19	51	3	1
9	17	18	3	1	21	29	32	7	5
4	12	8	8	1	22	15	21	66	9
125	80	66	89	10	138	124	173	77	69
21	22	17	13	3	96	38	61	36	27
119	**398**	**130**	**214**	**28**	**184**	**83**	**249**	**32**	**11**
119	398	130	214	28	184	83	249	32	11
118	**309**	**51**	**73**	**18**	**207**	**43**	**126**	**24**	**13**
102	302	49	65	15	179	38	110	18	8
16	7	2	8	3	28	5	16	6	5
57	**387**	**88**	**85**	**31**	**233**	**70**	**187**	**31**	**72**
19	345	69	55	26	168	29	118	23	67
18	33	15	27	5	35	16	40	2	2
	3				6	7	4	5	3
4	1	2			7	4	4		
16	5	2	3		17	14	21	1	
46	**220**	**71**	**120**	**42**	**147**	**130**	**117**	**66**	**74**
16	151	47	99	23	59	52	45	25	37
14	58	19	17	12	64	51	46	33	18
6	2		1	2	2	2	8		3
4	1			5	7	1	6	1	2
2	2	2	2		5	2	2	2	
2	3	1			3	4	5	2	14
2	3	2	1		7	18	5	3	
70	**35**	**30**	**32**	**11**	**107**	**68**	**126**	**49**	**32**
39	23	24	22	9	90	55	93	42	27
20	2		5	1	12	3	2		
6	1	4	1		2	7	3		
5	9	2	4	1	3	3	28	7	5
17	**28**	**29**	**28**	**17**	**64**	**37**	**124**	**45**	**20**
10	22	19	20	12	43	24	96	36	12
1		1				2		1	
2	2		3	2	1	2	3		1
	2			2	5	1			2
1		3	1	1	5	2	8	1	5
3	2	6	4		10	6	17	7	
28	**27**	**19**	**47**	**16**	**169**	**56**	**99**	**52**	**39**
9	14	10	30	10	68	30	68	36	13
2	1			1	6	4	5	5	10
2	3	1	1	2	11	3	8	3	3
3		3	3		54		5		
2	1		1		10	6	1	4	4
6		2	4	1	7	4	10	1	6
4	8	3	8	2	13	9	2	3	3

7-6 全省按现住地和

现住地	出生								
	人口数	省内			省				
		小计	本县市区	本省其他县市区	小计	北京市	天津市	河北省	山西省
酒泉市	**98180**	**90894**	**69773**	**21121**	**7286**	**14**	**15**	**255**	**157**
肃州区	42689	40593	33143	7450	2096	8	6	119	61
金塔县	10222	9966	8142	1824	256		1	15	7
瓜州县	12656	12003	6765	5238	653	1	2	12	10
肃北蒙古族自治县	1512	1246	773	473	266			5	7
阿克塞哈萨克族自治县	1002	888	491	397	114			3	1
玉门市	12330	11753	7792	3961	577	2	2	23	25
敦煌市	17769	14445	12667	1778	3324	3	4	78	46
庆阳市	**193429**	**189528**	**177132**	**12396**	**3901**	**22**	**25**	**148**	**69**
西峰区	45556	44215	36175	8040	1341	8	5	52	36
庆城县	20671	20194	18873	1321	477	1		25	3
环　县	26076	25628	25107	521	448	2	4	2	7
华池县	11344	10886	10228	658	458		2	1	1
合水县	12459	12144	11453	691	315	4	6	35	3
正宁县	15201	14988	14733	255	213	1		9	
宁　县	29507	29213	28729	484	294	3		18	16
镇原县	32615	32260	31834	426	355	3	8	6	3
定西市	**255721**	**253524**	**246118**	**7406**	**2197**	**18**	**5**	**127**	**57**
安定区	40270	39801	37914	1887	469	4	1	48	11
通渭县	40669	40558	40130	428	111			7	2
陇西县	41200	40424	38798	1626	776	5	2	42	20
渭源县	28126	28017	27465	552	109	1	1	2	1
临洮县	48145	47713	45417	2296	432	8	1	19	20
漳　县	15725	15593	15272	321	132			3	
岷　县	41586	41418	41122	296	168			6	3
陇南市	**225568**	**222690**	**217496**	**5194**	**2878**	**23**	**4**	**72**	**57**
武都区	52482	51902	50552	1350	580	2		19	18
成　县	23238	22910	21665	1245	328	1	1	20	11
文　县	18535	18047	17826	221	488	8		11	4
宕昌县	23397	23340	23117	223	57			1	1
康　县	15510	15013	14663	350	497	2	1	5	4
西和县	33127	32992	32708	284	135	1		4	5
礼　县	37260	37123	36807	316	137	4		4	4
徽　县	18019	17637	16725	912	382	5	2	4	6
两当县	4000	3726	3433	293	274			4	4
临夏回族自治州	**210796**	**208645**	**195315**	**13330**	**2151**	**16**	**6**	**50**	**24**
临夏市	35333	34596	26438	8158	737	4	1	18	13
临夏县	32484	32252	31120	1132	232	1	1	1	3
康乐县	25702	25598	25122	476	104				
永靖县	18407	17831	16329	1502	576	6	3	27	7
广河县	25674	25583	25098	485	91	3		2	
和政县	20492	20357	19533	824	135	1			
东乡族自治县	28531	28478	28111	367	53				
积石山保安族东乡族撒拉族自治县	24173	23950	23564	386	223	1	1	2	1
甘南藏族自治州	**66904**	**65810**	**60068**	**5742**	**1094**	**4**	**3**	**28**	**13**
合作市	10115	9712	6757	2955	403	2		9	9
临潭县	12027	11898	11332	566	129	1		2	
卓尼县	9665	9581	9127	454	84			5	
舟曲县	12886	12803	12488	315	83		1	3	
迭部县	5193	5077	4778	299	116		1	1	1
玛曲县	5229	5134	4623	511	95			1	
碌曲县	3389	3319	3014	305	70			2	
夏河县	8400	8286	7949	337	114	1	1	5	3

出生地分的人口（续 1）

单位：人

地									
外									
内蒙古自治区	辽宁省	吉林省	黑龙江省	上海市	江苏省	浙江省	安徽省	福建省	江西省
94	**68**	**68**	**82**	**16**	**256**	**108**	**234**	**106**	**37**
48	31	36	27	9	101	57	134	52	16
8	2	2	3		18	4	4	10	1
13		6	9	2	21	9	16	4	2
15	2	6	6		2	7	5	6	1
2					4		3		
3	10	4	3		43	5	13	5	3
5	23	14	34	5	67	26	59	29	14
45	**33**	**31**	**39**	**11**	**82**	**65**	**92**	**26**	**52**
8	8	7	22	1	39	35	44	11	23
6	6	3	6		14	7	6	3	5
14	4	2	6		9	2	8	1	3
3	4	6	1	1	4	2	11		1
4	1	2	2	1	3		3		3
1		1			5	2	7		2
2	10	10		4	5	7	11		9
7			2	4	3	10	2	11	6
38	**44**	**24**	**53**	**12**	**118**	**50**	**98**	**74**	**64**
7	10	6	5	3	29	11	10	17	5
5	2	1	1	1	9	6	1	2	5
10	26	10	44	5	29	14	63	27	24
4	1			3	12	6	6	1	2
1	1	2	2		27	5	11	13	21
2	2	1	1		3	2	4	3	3
9	2	4			9	6	3	11	4
31	**24**	**19**	**27**	**12**	**63**	**62**	**76**	**58**	**44**
4	9	3	11	1	8	19	27	23	8
2	6	5	3		12	17	5	5	7
8		2	3	2	4	7	7	13	14
					7	4	6		8
4	2	4	2	2	1	1	6	5	
		1	2	4	10	5	2	2	2
10	3	2		2	8	1	3	7	
3	3	2	6	1	6	7	19	2	4
	1				7	1	1	1	1
79	**25**	**36**	**18**	**3**	**55**	**70**	**56**	**24**	**17**
47	9	15	5	2	27	46	32	8	12
19	2				3	1	5		
					4	11	2	1	3
8	10	15	9	1	10	4	12	2	
	2	1			4		2	6	1
1	1		1			7	1		
1			1		3			3	
3	1	5	2		4	1	2	4	1
13	**5**	**4**	**8**		**20**	**33**	**41**	**8**	**11**
6	2	1	3		6	20	8		4
	1				2	3	6	6	2
3					1	1	3	2	1
1	1	1			5	4	11		
1			1			3	8		
	1				5		4		
		2							
2			4		1	2	1		4

7-6 全省按现住地和

现住地	出						生	
	省							
	山东省	河南省	湖北省	湖南省	广东省	广西壮族自治区	海南省	重庆市
合计	**6209**	**14255**	**3774**	**2175**	**693**	**500**	**186**	**1734**
兰州市	**3388**	**7394**	**2040**	**1070**	**420**	**328**	**122**	**897**
城关区	1365	3389	937	482	197	79	25	311
七里河区	575	1160	289	138	88	38	18	143
西固区	552	962	233	74	30	19	7	66
安宁区	490	671	214	116	47	33	24	97
红古区	82	272	23	17	3	11	1	16
永登县	27	75	6	9	4	1		14
皋兰县	27	89	44	16	3	3	1	28
榆中县	203	544	175	165	43	136	41	147
兰州新区	67	232	119	53	5	8	5	75
嘉峪关市	**360**	**1322**	**124**	**86**	**11**	**16**	**1**	**99**
市辖区	360	1322	124	86	11	16	1	99
金昌市	**456**	**679**	**101**	**126**	**17**	**13**	**5**	**78**
金川区	420	615	73	117	13	13	4	76
永昌县	36	64	28	9	4		1	2
白银市	**453**	**930**	**208**	**129**	**31**	**10**	**10**	**87**
白银区	327	622	132	86	13	4	6	56
平川区	67	243	22	16	9	4	1	15
靖远县	39	27	22	15	3	1	1	6
会宁县		14	13		5	1	1	5
景泰县	20	24	19	12	1		1	5
天水市	**234**	**632**	**138**	**132**	**36**	**24**	**10**	**66**
秦州区	105	309	47	33	17	12	7	50
麦积区	103	247	56	79	8	4	2	10
清水县	6	18	6	4	1			
秦安县	10	22	10	2	2			1
甘谷县	5	8	3	7	3	1	1	2
武山县	3	14	7	6	4	7		1
张家川回族自治县	2	14	9	1	1			2
武威市	**115**	**324**	**75**	**51**	**15**	**13**	**3**	**20**
凉州区	102	251	54	37	11	10	1	18
民勤县	4	23	3	4	2		1	
古浪县	2	23	7	7	1	1		
天祝藏族自治县	7	27	11	3	1	2	1	2
张掖市	**164**	**285**	**78**	**74**	**8**	**11**	**4**	**28**
甘州区	130	202	53	44	6	6	3	20
肃南裕固族自治县	4	5						
民乐县	3	12	1	3		4		1
临泽县	5	21	2	10		1		1
高台县	11	19	10	14	1			1
山丹县	11	26	12	3	1		1	5
平凉市	**187**	**383**	**150**	**59**	**22**	**13**	**5**	**53**
崆峒区	81	197	88	19	1	5	2	17
泾川县	14	38	9	7	7	2		6
灵台县	44	31	9	1	3	1	2	14
崇信县	3	15	6	5	1	2		5
庄浪县	3	11	8	14	3			1
静宁县	7	23	18	8	5	2		2
华亭市	35	68	12	5	2	1	1	8

出生地分的人口（续2）

单位：人

地									
外									港澳台或国外
四川省	贵州省	云南省	西藏自治区	陕西省	甘肃省	青海省	宁夏回族自治区	新疆维吾尔自治区	
8014	**773**	**795**	**418**	**13201**		**5116**	**3018**	**3016**	**33**
3864	**424**	**375**	**179**	**5680**		**1895**	**1000**	**1269**	**20**
1379	84	74	28	2626		491	433	490	15
672	45	45	6	1117		208	146	193	2
417	13	19	4	495		93	73	75	1
384	34	40	26	729		138	141	180	2
97		2	3	87		531	14	38	
86	7	23	41	66		106	10	32	
119	37	12	1	94		42	14	7	
352	168	146	68	294		171	122	197	
358	36	14	2	172		115	47	57	
345	**10**	**6**	**3**	**977**		**85**	**53**	**222**	
345	10	6	3	977		85	53	222	
203	**67**	**102**	**2**	**412**		**64**	**38**	**98**	
169	19	14	2	344		50	30	63	
34	48	88		68		14	8	35	
318	**26**	**34**	**6**	**542**		**62**	**312**	**86**	**3**
203	13	10	1	337		30	68	42	1
76	3	5		129		11	96	15	
16	2	11		38		6	72	8	2
1	3		1	9		6	53	15	
22	5	8	4	29		9	23	6	
283	**43**	**47**	**17**	**744**		**72**	**67**	**140**	**2**
139	17	7	5	375		28	22	48	
84	13	8	2	285		17	9	24	
7	3	2		21		1	5	6	1
23	1	4	6	20		22	8	27	
11	4	12	3	20		1	6	6	1
5	2	9	1	10		1	2	7	
14	3	5		13		2	15	22	
211	**21**	**16**	**76**	**261**		**275**	**55**	**180**	
152	17	9	27	207		59	42	135	
14		1	2	20		57	3	11	
17	1	1	6	7		11	9	22	
28	3	5	41	27		148	1	12	
162	**11**	**15**	**11**	**215**		**186**	**38**	**146**	**2**
107	9	8	6	161		83	17	86	1
5		1		12		29	1	2	1
7		3	1	4		24	4	14	
4	1		1	12		13	6	13	
11		1	2	16		28	4	10	
28	1	2	1	10		9	6	21	
263	**24**	**17**	**7**	**912**		**34**	**774**	**144**	**1**
140	7	6	4	329		22	256	48	1
8	4	1		102		1	33	12	
27	2	2		174			13	15	
9		3		65			11	1	
9	6	2	2	21		3	68	13	
21	3		1	30		7	318	44	
49	2	3		191		1	75	11	

7-6 全省按现住地和

现住地	出生省							
	山东省	河南省	湖北省	湖南省	广东省	广西壮族自治区	海南省	重庆市
酒泉市	**372**	**1017**	**163**	**118**	**25**	**11**	**5**	**176**
肃州区	133	321	67	48	12	5		53
金塔县	9	21	3		1		2	12
瓜州县	36	87	8	11	1	1		19
肃北蒙古族自治县	20	27	9	1	1	1		20
阿克塞哈萨克族自治县	9	31	3	1				2
玉门市	37	126	19	6	1		1	7
敦煌市	128	404	54	51	9	4	2	63
庆阳市	**140**	**354**	**174**	**96**	**45**	**25**	**9**	**65**
西峰区	56	180	101	41	19	15	3	34
庆城县	23	25	17	6	2	2	3	12
环　县	17	30	7	16	2	1	1	5
华池县	5	22	15	6	1			
合水县	9	24	2	4	4			8
正宁县	14	17	8	3	3	1		3
宁　县	10	27	5	14	10	2	2	2
镇原县	6	29	19	6	4	4		1
定西市	**140**	**302**	**103**	**53**	**18**	**12**	**2**	**21**
安定区	22	55	25	15	2	3	1	2
通渭县	1	8		1	1	1		
陇西县	61	131	21	6	8	4	1	3
渭源县	6	14	1	2	1			
临洮县	38	75	36	15	5	2		5
漳　县	4	11	11	11		2		10
岷　县	8	8	9	3	1			1
陇南市	**94**	**286**	**184**	**65**	**25**	**21**	**6**	**67**
武都区	24	68	65	19	5	4	1	21
成　县	20	44	11	9	2	3		10
文　县	4	38	37	5	2	3	1	18
宕昌县	3	5	4					5
康　县	12	38	15	15	8	8	2	2
西和县	6	19	21	3	3			2
礼　县	2	25	14	6	2	1	1	1
徽　县	13	38	14	7	3	2	1	3
两当县	10	11	3	1				5
临夏回族自治州	**66**	**229**	**145**	**56**	**16**	**2**	**3**	**58**
临夏市	16	86	39	11	6	1	2	24
临夏县	4	30	21	13	4			4
康乐县	1	7	3	4			1	1
永靖县	28	69	22	1	5	1		6
广河县	1	9	10		1			
和政县	3	18	24	10				2
东乡族自治县	4	1						13
积石山保安族东乡族撒拉族自治县	9	9	26	17				8
甘南藏族自治州	**40**	**118**	**91**	**60**	**4**	**1**	**1**	**19**
合作市	19	46	38	45		1		6
临潭县	2	10	17	1				2
卓尼县	3	16	6	1				
舟曲县	9	7	11	4				1
迭部县	5	20	5	2				1
玛曲县	1	3	1	2			1	
碌曲县	1	14	8	4	3			
夏河县		2	5	1	1			9

出生地分的人口（续3）

单位：人

地									
外									港澳台或国外
四川省	贵州省	云南省	西藏自治区	陕西省	甘肃省	青海省	宁夏回族自治区	新疆维吾尔自治区	
802	**25**	**23**	**20**	**754**		**1802**	**137**	**322**	**4**
227	12	7	11	267		45	40	143	
22	5	2	2	19		62	14	7	
34	2	1	1	50		211	37	47	
34		2		46		30	5	6	2
11				3		8	2	31	
69		6	1	62		63	9	29	
405	6	5	5	307		1383	30	59	2
239	**28**	**29**	**4**	**1422**		**40**	**397**	**93**	**1**
135	11	10	3	343		19	30	42	
32	4	4		229		6	21	6	
10	1	2		142		1	139	10	
19				324		4	20	5	
8	1			176			9	3	
19	1			106		2	5	3	
3	7	9		67		5	22	13	1
13	3	4	1	35		3	151	11	
248	**20**	**15**	**7**	**240**		**34**	**68**	**132**	
41	6	4		60		11	18	37	
12	2			8		4	11	20	
104	5	3	1	55		8	12	32	
4	3	1	2	18		1	5	11	
26	4	6	3	33		10	19	24	
18				35			1	5	
43		1	1	31			2	3	
593	**34**	**39**	**2**	**785**		**25**	**17**	**63**	
96	6	7	1	91		2	2	16	
54	4	2		46		6	3	19	
207	9	16		52		7	2	4	
4				5		1		3	
103	8	7		233		3		4	
22	3	1		14		1	1	1	
13	1	1		12		3	3	4	
62	2	3	1	149		1	4	9	
32	1	2		183		1	2	3	
255	**32**	**27**	**46**	**147**		**428**	**53**	**109**	
93	7	3	6	59		69	26	50	
39	9	5	24	14		23	2	4	
35		2	1	7		6	3	12	
36	5	11	1	36		227	1	13	
15	1			3		8	16	6	
14	1	3	4	3		28	4	9	
3				14		4		6	
20	9	3	10	11		63	1	9	
228	**8**	**50**	**38**	**110**		**114**	**9**	**12**	
49	7	19	29	40		27	4	3	
37		1	2	22		10	1	1	
9		10	3	15		2		3	
13				6		1	1	3	
53			2	11				1	
32		2	2	7		32	1		
24	1	4		1		4	2		
11		14		8		38		1	

7-7 全省按现住地和

现住地	五年前									
	人口数	省内			省					
		小计	本县市区	本省其他县市区	小计	北京市	天津市	河北省	山西省	内蒙古自治区
合计	**2219318**	**2184003**	**2099930**	**84073**	**35315**	**1094**	**545**	**1517**	**987**	**870**
兰州市	**383390**	**365865**	**321564**	**44301**	**17525**	**445**	**274**	**836**	**524**	**385**
城关区	127876	122722	111245	11477	5154	216	102	198	136	95
七里河区	62483	59890	52990	6900	2593	56	53	143	86	50
西固区	37097	36321	33871	2450	776	34	9	49	8	16
安宁区	36803	34219	26635	7584	2584	47	44	153	150	55
红古区	12838	12527	11955	572	311	4	3	17	12	4
永登县	27028	26626	26090	536	402	10	3	10	5	10
皋兰县	10801	10245	9070	1175	556	13	6	27	10	5
榆中县	41020	37680	33504	4176	3340	39	33	165	68	123
兰州新区	27444	25635	16204	9431	1809	26	21	74	49	27
嘉峪关市	**28043**	**27061**	**24112**	**2949**	**982**	**20**	**13**	**63**	**104**	**41**
市辖区	28043	27061	24112	2949	982	20	13	63	104	41
金昌市	**39795**	**38908**	**37287**	**1621**	**887**	**13**	**11**	**57**	**16**	**31**
金川区	23296	22683	21276	1407	613	12	9	47	12	17
永昌县	16499	16225	16011	214	274	1	2	10	4	14
白银市	**130884**	**129803**	**126384**	**3419**	**1081**	**24**	**16**	**43**	**27**	**31**
白银区	29817	29430	28024	1406	387	8	4	16	7	8
平川区	17904	17698	16938	760	206	2	1	9	10	6
靖远县	32226	32019	31314	705	207	4	5	5	9	3
会宁县	33274	33113	32839	274	161	5	4	8		8
景泰县	17663	17543	17269	274	120	5	2	5	1	6
天水市	**259232**	**257305**	**253043**	**4262**	**1927**	**113**	**30**	**55**	**70**	**36**
秦州区	52922	52326	50164	2162	596	45	7	16	33	5
麦积区	47691	47253	45864	1389	438	19	6	14	18	5
清水县	20482	20352	20258	94	130	1	4	10	4	11
秦安县	39666	39352	39036	316	314	24	8	5	4	8
甘谷县	45940	45787	45662	125	153	9	3	2	3	1
武山县	32459	32388	32293	95	71	2	1	7		1
张家川回族自治县	20072	19847	19766	81	225	13	1	1	8	5
武威市	**132214**	**130865**	**128213**	**2652**	**1349**	**24**	**21**	**66**	**28**	**56**
凉州区	80122	79209	77191	2018	913	18	15	49	24	33
民勤县	16202	16062	15861	201	140	3	4	5	3	15
古浪县	22261	22150	21970	180	111	2	2	6	1	7
天祝藏族自治县	13629	13444	13191	253	185	1		6		1
张掖市	**104951**	**104024**	**101250**	**2774**	**927**	**25**	**7**	**47**	**23**	**16**
甘州区	47134	46593	44568	2025	541	16	7	35	17	9
肃南裕固族自治县	2900	2857	2668	189	43			2		1
民乐县	17608	17516	17318	198	92	2		4	1	
临泽县	10725	10684	10592	92	41	2		1		
高台县	11789	11707	11550	157	82	2		3	1	1
山丹县	14795	14667	14554	113	128	3		2	4	5
平凉市	**165878**	**163673**	**160683**	**2990**	**2205**	**133**	**45**	**60**	**30**	**38**
崆峒区	46301	45623	44063	1560	678	43	7	22	9	3
泾川县	19143	18769	18552	217	374	34	22	8	3	8
灵台县	13880	13563	13393	170	317	25	8	4	3	7
崇信县	7571	7437	7228	209	134	1		7	3	3
庄浪县	29655	29490	29361	129	165	5	1	8	2	7
静宁县	32746	32449	32168	281	297	22	3	8	3	4
华亭市	16582	16342	15918	424	240	3	4	3	7	6

五年前常住地分的人口

单位：人

常住地										
外										
辽宁省	吉林省	黑龙江省	上海市	江苏省	浙江省	安徽省	福建省	江西省	山东省	河南省
562	**404**	**513**	**547**	**1522**	**968**	**867**	**673**	**585**	**1498**	**3142**
316	**248**	**304**	**245**	**796**	**479**	**494**	**374**	**330**	**859**	**1763**
93	52	75	115	325	158	154	106	95	272	584
42	48	63	40	104	63	74	34	60	132	237
14	11	11	20	25	18	28	45	13	32	127
57	39	52	22	82	46	85	42	60	204	266
3	12	4	5	10	1	7		4	7	51
4	9	8	3	9	24	9	11	5	10	35
7	7	8	3	18	9	8	33	6	9	54
72	57	68	16	120	102	91	67	54	146	250
24	13	15	21	103	58	38	36	33	47	159
23	**18**	**28**	**17**	**37**	**18**	**27**	**14**	**9**	**22**	**128**
23	18	28	17	37	18	27	14	9	22	128
14	**7**	**21**	**4**	**30**	**9**	**10**	**6**	**6**	**42**	**141**
13	7	18	4	27	7	10	5	6	31	133
1		3		3	2		1		11	8
21	**6**	**9**	**14**	**47**	**30**	**20**	**30**	**21**	**56**	**102**
9	3	6	7	18	7	11	15	12	18	49
4	1		1	4	2	1	3	2	8	22
1		2	1	8	6	1	8	3	23	9
6	1	1	5	9	7	2	2	2	4	13
1	1			8	8	5	2	2	3	9
23	**17**	**17**	**71**	**91**	**83**	**26**	**43**	**19**	**54**	**132**
9	12	7	12	18	34	8	7	7	18	51
5	1	4	26	25	21	11	20	5	18	37
2	1		19	10	2	2		1	6	11
1	1	2	11	22	9	2	4	3	8	3
3		3	1	7	8	1	5		2	6
			1	1	2		1	3	1	9
3	2	1	1	8	7	2	6		1	15
26	**11**	**21**	**13**	**54**	**42**	**54**	**22**	**22**	**49**	**104**
11	7	12	13	36	28	40	17	15	32	52
5		4		14	4	5			9	11
1	4	1		3	7	1			1	15
9		4		1	3	8	5	7	7	26
19	**18**	**9**	**21**	**23**	**16**	**35**	**24**	**13**	**45**	**56**
15	13	6	14	11	8	32	14	7	28	40
2	1			1			2	1	2	3
				3	3	1		2	4	5
			3						1	6
1		1	2	2	3		1	3	8	1
1	4	2	2	6	2	2	7		2	1
22	**10**	**24**	**38**	**119**	**38**	**33**	**15**	**33**	**118**	**118**
5	6	11	9	35	10	14	6	9	31	43
2		1	9	14	7	4	1	9	7	24
5	1	3	7	11	10	9	3	4	44	11
	3	2	2	28	1	2		6	4	4
3		1	1	9	2	1	2	2	4	6
1		1	7	11	5	3	1	3	6	6
6		5	3	11	3		2		22	24

7-7 全省按现住地和

现住地	五年前									
	人口数	省内			省					
		小计	本县市区	本省其他县市区	小计	北京市	天津市	河北省	山西省	内蒙古自治区
酒泉市	**93141**	**91565**	**87997**	**3568**	**1576**	**24**	**11**	**56**	**55**	**54**
肃州区	40520	40009	38140	1869	511	10	6	17	11	19
金塔县	9792	9649	9457	192	143	1		15	7	10
瓜州县	11936	11715	11217	498	221	3	1	8	7	10
肃北蒙古族自治县	1444	1261	1076	185	183	4		5	4	12
阿克塞哈萨克族自治县	943	910	773	137	33			2		
玉门市	11594	11406	11010	396	188	1	1	2	4	2
敦煌市	16912	16615	16324	291	297	5	3	7	22	1
庆阳市	**180566**	**178179**	**174341**	**3838**	**2387**	**119**	**63**	**104**	**40**	**81**
西峰区	42522	41807	39358	2449	715	43	15	23	17	7
庆城县	19347	19102	18823	279	245	5	2	7	1	7
环　县	24349	24060	23826	234	289	1	6	2	5	26
华池县	10574	10355	10148	207	219	3	3	1	1	5
合水县	11593	11428	11234	194	165	18	8	30	1	10
正宁县	14162	14017	13913	104	145	5		3		3
宁　县	27495	27141	26936	205	354	11	2	34	15	14
镇原县	30524	30269	30103	166	255	33	27	4		9
定西市	**238126**	**236656**	**233692**	**2964**	**1470**	**55**	**19**	**70**	**25**	**35**
安定区	37368	37088	36335	753	280	10	2	28	1	6
通渭县	38208	38034	37803	231	174	8	2	1	1	8
陇西县	38226	37897	37333	564	329	21	7	16	4	12
渭源县	26308	26220	26034	186	88	2	3		1	2
临洮县	44839	44480	43486	994	359	12	4	17	16	4
漳　县	14554	14442	14336	106	112	1	1	3		1
岷　县	38623	38495	38365	130	128	1		5	2	2
陇南市	**210536**	**209159**	**207467**	**1692**	**1377**	**80**	**23**	**34**	**30**	**32**
武都区	48780	48514	47973	541	266	4		5	8	1
成　县	21581	21433	20914	519	148	6	2	9	5	5
文　县	17325	16984	16893	91	341	8	1	6	6	9
宕昌县	21974	21925	21897	28	49	1		1		2
康　县	14542	14416	14341	75	126	3	5	1	1	2
西和县	30782	30674	30589	85	108	3	9	4	5	1
礼　县	34965	34846	34750	96	119	43	2	2	3	8
徽　县	16848	16678	16462	216	170	9	4	4	2	3
两当县	3739	3689	3648	41	50	3		2		1
临夏回族自治州	**190357**	**189280**	**184467**	**4813**	**1077**	**17**	**6**	**14**	**7**	**24**
临夏市	32593	32274	29118	3156	319	5	2	5	2	17
临夏县	29616	29434	29125	309	182	1	2		3	4
康乐县	23277	23212	23046	166	65					1
永靖县	17010	16858	16391	467	152	2		7		1
广河县	22659	22591	22426	165	68	3	1	1	1	
和政县	18420	18328	18085	243	92	3				
东乡族自治县	24815	24769	24655	114	46	1				
积石山保安族东乡族撒拉族自治县	21967	21814	21621	193	153	2	1	1	1	1
甘南藏族自治州	**62205**	**61660**	**59430**	**2230**	**545**	**2**	**6**	**12**	**8**	**10**
合作市	9417	9235	7957	1278	182	1	1	4	3	5
临潭县	11169	11059	10864	195	110			2		1
卓尼县	9020	8964	8804	160	56			3		
舟曲县	11973	11941	11834	107	32	1	2			2
迭部县	4922	4879	4793	86	43		1			
玛曲县	4803	4757	4571	186	46				2	1
碌曲县	3124	3105	3007	98	19		1			
夏河县	7777	7720	7600	120	57		1	3	3	1

五年前常住地分的人口（续1）

单位：人

常住地										
外										
辽宁省	吉林省	黑龙江省	上海市	江苏省	浙江省	安徽省	福建省	江西省	山东省	河南省
27	**19**	**19**	**10**	**72**	**46**	**38**	**35**	**15**	**61**	**179**
10	7	6	5	19	25	23	15	6	20	56
4	2	1		17	2	2	4	1	2	10
2	3	6	2	7	5	2	4	1	8	31
1	3	5	2	2	7	1	6		7	19
				2		1			6	
7	3	1		11	3	3	3	2	10	20
3	1		1	14	4	6	3	5	8	43
26	**15**	**16**	**43**	**95**	**42**	**39**	**22**	**40**	**65**	**135**
10	5	7	18	32	20	19	6	17	16	61
1		2	1	3	4		1	3	9	17
1	1	4	1	9	1	2	1	1	13	14
2	1	1	1	1	2	3		2		3
1	3	1	4	5			1	2	5	9
	3		2	21	1	7		3	14	8
9	2		9	16	12	8	1	6	8	10
2		1	7	8	2		12	6		13
22	**10**	**14**	**34**	**60**	**69**	**27**	**33**	**34**	**59**	**94**
5	2	3	1	12	13	4	3	4	15	21
1	1	4	3	10	5	2	2	5		5
5		5	21	15	35	14	1	6	9	15
1			4	7	3	1	2	1	2	3
6	3	2	4	8	11	4	15	13	28	36
3				3		1	3	3	1	4
1	4		1	5	2	1	7	2	4	10
13	**10**	**15**	**21**	**63**	**55**	**26**	**24**	**24**	**33**	**96**
4		7	1	13	10	5	7	4	8	29
	1		2	4	13	4	3	3	4	5
1	1	2	1	11	7	5	7	9	5	28
	1			3	5	2		2	1	1
3	4	2	4	7		2	4	3	2	8
1	1	1	6	9	8	2		2	3	9
2	1	2	4	6		1	1			5
2	1	1	3	8	11	5	1	1	9	11
				2	1		1		1	
7	**14**	**12**	**11**	**25**	**25**	**25**	**25**	**8**	**23**	**78**
2	8	2	2	10	15	12	9	6	8	22
2				3		5			2	30
				1	6	1	2	1	1	3
1	1	7	4	3	2		1		1	10
1	1		4	2		6	4		1	2
1			1	3	1		1	1		5
		1					3		2	
	4	2		3	1	1	5		8	6
3	**1**	**4**	**5**	**10**	**16**	**13**	**6**	**11**	**12**	**16**
2	1	1		5	8			2	8	4
1					1	2	4	3	2	3
			3	1			2	3		4
			1	1	3	4		1		2
					2	3		1	1	
				3	1	3		1	1	
			1		1					
		3				1				3

7-7 全省按现住地和

现住地	五年前								
	省								
	湖北省	湖南省	广东省	广西壮族自治区	海南省	重庆市	四川省	贵州省	云南省
合计	**1437**	**794**	**842**	**296**	**161**	**892**	**3190**	**535**	**582**
兰州市	**711**	**441**	**400**	**226**	**115**	**531**	**1763**	**341**	**287**
城关区	233	126	172	30	26	132	400	30	41
七里河区	110	53	67	16	11	96	328	37	30
西固区	46	9	17	7	6	15	85		7
安宁区	88	79	43	27	27	61	225	28	25
红古区	5	3	2	8		8	21		1
永登县	4	4	6			10	56	6	18
皋兰县	21	9	3		2	26	90	33	11
榆中县	122	112	61	129	37	127	231	168	141
兰州新区	82	46	29	9	6	56	327	39	13
嘉峪关市	**34**	**10**	**10**	**3**		**12**	**51**	**2**	**4**
市辖区	34	10	10	3		12	51	2	4
金昌市	**51**	**19**	**15**	**8**	**1**	**11**	**36**	**42**	**87**
金川区	23	16	15	7	1	11	21	9	10
永昌县	28	3		1			15	33	77
白银市	**55**	**22**	**28**	**3**	**3**	**26**	**68**	**16**	**22**
白银区	21	6	9	1	1	14	20	6	6
平川区	8	8	8		1	4	26	2	
靖远县	13	6	2	1		2	13	1	8
会宁县	10		5	1		2	2	3	1
景泰县	3	2	4		1	4	7	4	7
天水市	**70**	**52**	**75**	**8**	**10**	**39**	**128**	**17**	**27**
秦州区	25	14	27	2	7	24	62	8	8
麦积区	15	26	15		1	2	28	4	2
清水县		3	3			1	1		1
秦安县	6	3	9	1		7	18	1	3
甘谷县	3	3	15	2	1	2	4	2	4
武山县	1	2	3	3	1	1	1	2	5
张家川回族自治县	20	1	3			2	14		4
武威市	**42**	**21**	**27**	**7**	**3**	**16**	**121**	**17**	**15**
凉州区	29	13	26	6	3	13	80	15	9
民勤县	3	3	1			1	9		1
古浪县		3		1			14		1
天祝藏族自治县	10	2				2	18	2	4
张掖市	**14**	**26**	**16**	**4**	**1**	**25**	**48**	**8**	**5**
甘州区	12	12	9	3		14	27	6	4
肃南裕固族自治县						2	3		1
民乐县			3	1		3	3		
临泽县	1	5	1		1		2		
高台县	1	9	2			1	1		
山丹县			1			5	12	2	
平凉市	**65**	**40**	**48**	**6**	**11**	**21**	**152**	**21**	**15**
崆峒区	36	7	12	1	7	7	63	8	3
泾川县	5	5	21	1			6	4	5
灵台县	3	2	4	2		3	20	2	2
崇信县	4	2				2	7	1	1
庄浪县	4	15	4	1		2	10	2	1
静宁县	7	6	5		3	6	20	2	1
华亭市	6	3	2	1	1	1	26	2	2

五年前常住地分的人口（续2）

单位：人

常住地										
外										港澳台或国外
西藏自治区	陕西省	甘肃省	青海省	宁夏回族自治区	新疆维吾尔自治区	台湾	香港	澳门	国外	
333	**4220**		**1465**	**1462**	**2600**	**2**	**3**		**207**	**212**
151	**1636**		**733**	**547**	**841**		**2**		**128**	**130**
40	489		158	174	243		2		82	84
6	324		69	56	90				15	15
1	44		26	24	22				7	7
26	275		62	88	114				12	12
	37		69	2	9				2	2
	33		39	10	50				1	1
1	79		37	13	6				2	2
68	192		149	116	213				3	3
9	163		124	64	94				4	4
1	**144**		**20**	**12**	**92**				**5**	**5**
1	144		20	12	92				5	5
5	**108**		**17**	**10**	**54**				**5**	**5**
4	78		16	9	31				4	4
1	30		1	1	23				1	1
7	**138**		**29**	**103**	**53**	**1**			**10**	**11**
	40		13	28	20	1			3	4
1	43		1	25	3					
	35		5	23	9				1	1
3	9		5	21	17				5	5
3	11		5	6	4				1	1
17	**266**		**58**	**52**	**221**				**7**	**7**
4	83		12	7	20				4	4
	76		11	6	17					
	18			5	13				1	1
6	31		31	17	66					
5	27		4	2	23				2	2
2	1			3	17					
	30			12	65					
21	**111**		**67**	**38**	**225**	**1**			**4**	**5**
19	78		25	29	161	1			4	5
	13		9		18					
	5		2	8	26					
2	15		31	1	20					
17	**70**		**94**	**25**	**172**				**5**	**5**
10	44		44	15	64				5	5
	4		10	1	7					
4	7		22	2	22					
	2		7	1	8					
1	7		2	1	28					
2	6		9	5	43					
8	**428**		**30**	**309**	**175**				**2**	**2**
5	142		7	80	37					
	73		2	76	23					
	91		3	11	19					
	39		1	7	3				1	1
	13		7	34	18					
3	17		9	83	50				1	1
	53		1	18	25					

7-7 全省按现住地和

现住地	五年前								
	省								
	湖北省	湖南省	广东省	广西壮族自治区	海南省	重庆市	四川省	贵州省	云南省
酒泉市	**47**	**21**	**21**	**9**	**3**	**55**	**142**	**3**	**10**
肃州区	13	7	7	4	1	20	40	1	5
金塔县	3		3			8	17	2	
瓜州县	6	1	2	1		14	2		
肃北蒙古族自治县	7	1	3	1		5	18		3
阿克塞哈萨克族自治县	3	1					7		
玉门市	10	2	4			1	17		1
敦煌市	5	9	2	3	2	7	41		1
庆阳市	**91**	**43**	**94**	**11**	**4**	**47**	**114**	**14**	**22**
西峰区	41	20	29	7	4	25	62	4	9
庆城县	13	2	5			10	11	2	1
环　县	1	4	4			5	6		1
华池县	12		4	1			12		
合水县	2	3	5			3	2		1
正宁县	6	1	4			1	10		
宁　县	4	7	33			3	3	6	7
镇原县	12	6	10	3			8	2	3
定西市	**47**	**32**	**46**	**3**	**1**	**14**	**123**	**10**	**9**
安定区	11	8	2	1			28	2	
通渭县	4	3	2			1	5		1
陇西县		5	25	1			26	3	
渭源县	4		2			1	4		1
临洮县	17	4	11	1	1	4	24	4	6
漳　县	11	11				7	18		1
岷　县		1	4			1	18	1	
陇南市	**87**	**30**	**41**	**5**	**2**	**38**	**200**	**15**	**29**
武都区	28	8	5			13	33	2	4
成　县	5	3	9			2	22	2	
文　县	29	6	5	1	2	13	84	8	19
宕昌县	1		3			1	3		1
康　县	6	2	9	3		1	14	1	1
西和县	5	2				4	16		1
礼　县	7	4	2			1	3	1	2
徽　县	4	4	7	1		1	22	1	1
两当县	2	1	1			2	3		
临夏回族自治州	**79**	**23**	**20**	**1**	**7**	**42**	**132**	**23**	**19**
临夏市	14	2	7	1	7	13	31	3	
临夏县	11	4	7			4	34	9	4
康乐县	2	1					28		1
永靖县	3		3			3	10	4	10
广河县	8					1	5		
和政县	17	7	2			1	7	1	2
东乡族自治县						13	4		1
积石山保安族东乡族撒拉族自治县	24	9	1			7	13	6	1
甘南藏族自治州	**44**	**14**	**1**	**2**		**15**	**112**	**6**	**31**
合作市	14	13		1		2	25	6	18
临潭县	15	1				2	30		
卓尼县	6						7		9
舟曲县	2			1			3		
迭部县	1					2	22		1
玛曲县	1						12		
碌曲县							9		3
夏河县	5		1			9	4		

五年前常住地分的人口（续3）

单位：人

常	住	地								
外										港澳台或国外
西藏自治区	陕西省	甘肃省	青海省	宁夏回族自治区	新疆维吾尔自治区	台湾	香港	澳门	国外	
11	**165**		**126**	**49**	**183**				**10**	**10**
9	47		23	15	61				3	3
	15		1	6	10					
1	28		15	11	40					
1	30		22	3	8				3	3
	3		3		5					
	20		8	4	46				2	2
	22		54	10	13				2	2
4	**658**		**15**	**209**	**103**				**13**	**13**
2	142		4	17	29				4	4
	127		1	6	3				1	1
1	93		3	67	16					
	141		1	18	1					
	32		1	6	9				3	3
1	44			4	3				1	1
	55		5	49	23				2	2
	24			42	19				2	2
7	**167**		**21**	**63**	**266**		**1**			**1**
2	35		5	17	39					
	9		4	16	70		1			1
2	29		3	5	44					
	10			11	23					
3	26		8	12	55					
	30		1		9					
	28			2	26					
2	**210**		**17**	**14**	**105**				**3**	**3**
	32		5	2	27				1	1
	13		2	3	21					
1	45		6	2	12				1	1
	1				20					
	30		2	2	4					
	9			1	6					
	7			3	8				1	1
1	43		2	1	7					
	30									
43	**61**		**179**	**27**	**94**				**6**	**6**
10	23		37	12	30				2	2
17	14		17	2	7					
3	3		6		5					
1	2		65	4	5				2	2
2			3	9	12				1	1
4	3		16		15				1	1
	14		4		3					
6	2		31		17					
39	**58**		**59**	**4**	**16**				**9**	**9**
32	7		13	2					4	4
4	21		16		2					
	13				4				1	1
	3				6					
1	6				2					
2	1		16	1	1					
			3	1						
	7		11		1				4	4

第二部分　长表数据资料

第八卷　老年人口

8-1 各地区分性别、健康状况的

地区	60岁及以上人口			健康			
	合计	男	女	小计	男	女	小计
合计	**410723**	**201303**	**209420**	**166419**	**90491**	**75928**	**169596**
兰州市	**69489**	**33381**	**36108**	**34338**	**17770**	**16568**	**25978**
城关区	22893	10800	12093	12731	6384	6347	7894
七里河区	11598	5615	5983	5433	2831	2602	4596
西固区	8014	3803	4211	4959	2500	2459	2310
安宁区	5301	2499	2802	2718	1376	1342	1965
红古区	2503	1195	1308	954	494	460	1137
永登县	6449	3061	3388	2493	1322	1171	2803
皋兰县	2449	1224	1225	901	530	371	1103
榆中县	7776	3926	3850	3044	1711	1333	3134
兰州新区	2506	1258	1248	1105	622	483	1036
嘉峪关市	**4543**	**2188**	**2355**	**2455**	**1278**	**1177**	**1506**
市辖区	4543	2188	2355	2455	1278	1177	1506
金昌市	**7712**	**3640**	**4072**	**2582**	**1406**	**1176**	**3513**
金川区	4251	1976	2275	1459	772	687	2012
永昌县	3461	1664	1797	1123	634	489	1501
白银市	**27432**	**13317**	**14115**	**11235**	**6074**	**5161**	**11542**
白银区	6094	2893	3201	2536	1312	1224	2722
平川区	3064	1464	1600	1195	634	561	1309
靖远县	6591	3142	3449	2551	1369	1182	3054
会宁县	7948	3971	3977	3803	2101	1702	2856
景泰县	3735	1847	1888	1150	658	492	1601
天水市	**48538**	**24242**	**24296**	**19633**	**10864**	**8769**	**19985**
秦州区	9645	4775	4870	4033	2178	1855	3997
麦积区	9281	4650	4631	3408	1898	1510	4022
清水县	3680	1869	1811	1663	930	733	1246
秦安县	8291	4168	4123	3063	1767	1296	3407
甘谷县	8441	4162	4279	3412	1857	1555	3551
武山县	5711	2916	2795	2625	1471	1154	2322
张家川回族自治县	3489	1702	1787	1429	763	666	1440
武威市	**26336**	**12953**	**13383**	**10250**	**5748**	**4502**	**11001**
凉州区	15062	7361	7701	5920	3296	2624	6430
民勤县	3958	1972	1986	1736	973	763	1457
古浪县	4708	2330	2378	1788	1012	776	1996
天祝藏族自治县	2608	1290	1318	806	467	339	1118
张掖市	**19565**	**9567**	**9998**	**6096**	**3441**	**2655**	**9496**
甘州区	8328	4114	4214	2593	1461	1132	4069
肃南裕固族自治县	459	212	247	148	73	75	186
民乐县	3279	1606	1673	1014	567	447	1622
临泽县	2120	1077	1043	704	424	280	976
高台县	2417	1200	1217	824	477	347	1050
山丹县	2962	1358	1604	813	439	374	1593
平凉市	**34060**	**16862**	**17198**	**13019**	**7232**	**5787**	**14066**
崆峒区	8235	4017	4218	2579	1430	1149	3858
泾川县	4913	2420	2493	1769	995	774	2209
灵台县	3317	1683	1634	1201	711	490	1441
崇信县	1362	676	686	559	326	233	528
庄浪县	6208	3029	3179	3144	1645	1499	2107
静宁县	7255	3667	3588	2690	1538	1152	2769
华亭市	2770	1370	1400	1077	587	490	1154

60岁及以上老年人口

单位：人

基本健康		不健康，但生活能自理			不健康，生活不能自理		
男	女	小计	男	女	小计	男	女
78896	**90700**	**65469**	**28041**	**37428**	**9239**	**3875**	**5364**
11713	**14265**	**7647**	**3253**	**4394**	**1526**	**645**	**881**
3489	4405	1767	709	1058	501	218	283
2096	2500	1276	558	718	293	130	163
988	1322	612	264	348	133	51	82
871	1094	496	192	304	122	60	62
541	596	341	132	209	71	28	43
1260	1543	1031	432	599	122	47	75
503	600	394	170	224	51	21	30
1500	1634	1419	645	774	179	70	109
465	571	311	151	160	54	20	34
653	**853**	**477**	**201**	**276**	**105**	**56**	**49**
653	853	477	201	276	105	56	49
1604	**1909**	**1449**	**562**	**887**	**168**	**68**	**100**
902	1110	687	261	426	93	41	52
702	799	762	301	461	75	27	48
5318	**6224**	**4096**	**1692**	**2404**	**559**	**233**	**326**
1248	1474	712	277	435	124	56	68
605	704	503	193	310	57	32	25
1376	1678	864	356	508	122	41	81
1323	1533	1147	488	659	142	59	83
766	835	870	378	492	114	45	69
9505	**10480**	**7779**	**3425**	**4354**	**1141**	**448**	**693**
1897	2100	1389	611	778	226	89	137
1935	2087	1598	715	883	253	102	151
596	650	668	295	373	103	48	55
1624	1783	1613	708	905	208	69	139
1679	1872	1307	555	752	171	71	100
1093	1229	702	334	368	62	18	44
681	759	502	207	295	118	51	67
5114	**5887**	**4610**	**1878**	**2732**	**475**	**213**	**262**
2977	3453	2484	992	1492	228	96	132
685	772	678	268	410	87	46	41
932	1064	828	345	483	96	41	55
520	598	620	273	347	64	30	34
4438	**5058**	**3580**	**1511**	**2069**	**393**	**177**	**216**
1969	2100	1483	601	882	183	83	100
87	99	113	46	67	12	6	6
750	872	598	272	326	45	17	28
475	501	394	161	233	46	17	29
484	566	501	219	282	42	20	22
673	920	491	212	279	65	34	31
6629	**7437**	**6002**	**2626**	**3376**	**973**	**375**	**598**
1814	2044	1516	654	862	282	119	163
1023	1186	805	355	450	130	47	83
667	774	581	264	317	94	41	53
242	286	234	97	137	41	11	30
965	1142	841	374	467	116	45	71
1365	1404	1565	684	881	231	80	151
553	601	460	198	262	79	32	47

8-1 各地区分性别、健康状况的

地区	60岁及以上人口			健康			
	合计	男	女	小计	男	女	小计
酒泉市	**16707**	**8308**	**8399**	**5671**	**3220**	**2451**	**7240**
肃州区	7453	3599	3854	2609	1468	1141	3237
金塔县	2248	1153	1095	664	416	248	999
瓜州县	1769	907	862	588	340	248	737
肃北蒙古族自治县	153	83	70	39	28	11	68
阿克塞哈萨克族自治县	116	51	65	62	30	32	30
玉门市	1824	947	877	678	388	290	770
敦煌市	3144	1568	1576	1031	550	481	1399
庆阳市	**37079**	**18376**	**18703**	**12493**	**6985**	**5508**	**16035**
西峰区	6332	3080	3252	2160	1157	1003	2702
庆城县	3561	1742	1819	1116	624	492	1691
环　县	4758	2391	2367	1625	874	751	2023
华池县	1892	973	919	718	418	300	715
合水县	2417	1211	1206	816	473	343	983
正宁县	3338	1653	1685	1013	584	429	1498
宁　县	7376	3617	3759	2557	1430	1127	3196
镇原县	7405	3709	3696	2488	1425	1063	3227
定西市	**44552**	**21913**	**22639**	**19453**	**10676**	**8777**	**17306**
安定区	7929	3978	3951	4010	2194	1816	2675
通渭县	6813	3390	3423	2985	1713	1272	2615
陇西县	7393	3609	3784	3093	1718	1375	2928
渭源县	5032	2557	2475	1696	1000	696	2342
临洮县	9057	4440	4617	3615	1967	1648	3639
漳　县	2517	1241	1276	1199	640	559	919
岷　县	5811	2698	3113	2855	1444	1411	2188
陇南市	**37627**	**18875**	**18752**	**13466**	**7504**	**5962**	**16952**
武都区	8173	4188	3985	3312	1849	1463	3605
成　县	3543	1771	1772	1045	591	454	1653
文　县	3517	1787	1730	1106	639	467	1718
宕昌县	3726	1724	2002	1241	643	598	1881
康　县	2827	1471	1356	984	583	401	1236
西和县	5257	2655	2602	1800	1025	775	2302
礼　县	6490	3148	3342	2407	1286	1121	2846
徽　县	3262	1695	1567	1147	659	488	1411
两当县	832	436	396	424	229	195	300
临夏回族自治州	**28618**	**13827**	**14791**	**11776**	**6281**	**5495**	**11700**
临夏市	4916	2345	2571	2183	1129	1054	1889
临夏县	5421	2647	2774	2607	1387	1220	1961
康乐县	3420	1617	1803	1191	656	535	1558
永靖县	3260	1563	1697	1620	855	765	1182
广河县	2683	1293	1390	887	473	414	1232
和政县	2713	1336	1377	915	511	404	1213
东乡族自治县	3016	1438	1578	977	510	467	1448
积石山保安族东乡族撒拉族自治县	3189	1588	1601	1396	760	636	1217
甘南藏族自治州	**8465**	**3854**	**4611**	**3952**	**2012**	**1940**	**3276**
合作市	871	394	477	419	219	200	331
临潭县	1901	901	1000	894	464	430	728
卓尼县	1302	605	697	618	309	309	494
舟曲县	1888	880	1008	703	386	317	828
迭部县	725	309	416	297	146	151	307
玛曲县	368	150	218	173	81	92	152
碌曲县	331	137	194	181	80	101	110
夏河县	1079	478	601	667	327	340	326

60岁及以上老年人口（续）

单位：人

基本健康		不健康，但生活能自理			不健康，生活不能自理		
男	女	小计	男	女	小计	男	女
3525	**3715**	**3428**	**1420**	**2008**	**368**	**143**	**225**
1504	1733	1476	582	894	131	45	86
485	514	519	222	297	66	30	36
384	353	403	168	235	41	15	26
38	30	43	16	27	3	1	2
11	19	23	10	13	1	0	1
397	373	332	141	191	44	21	23
706	693	632	281	351	82	31	51
7673	**8362**	**7585**	**3286**	**4299**	**966**	**432**	**534**
1292	1410	1266	537	729	204	94	110
792	899	668	288	380	86	38	48
991	1032	986	469	517	124	57	67
348	367	399	180	219	60	27	33
465	518	549	240	309	69	33	36
725	773	740	302	438	87	42	45
1498	1698	1461	623	838	162	66	96
1562	1665	1516	647	869	174	75	99
7930	**9376**	**7009**	**2978**	**4031**	**784**	**329**	**455**
1226	1449	1115	501	614	129	57	72
1187	1428	1103	451	652	110	39	71
1285	1643	1234	535	699	138	71	67
1148	1194	909	376	533	85	33	52
1720	1919	1598	678	920	205	75	130
433	486	354	151	203	45	17	28
931	1257	696	286	410	72	37	35
8122	**8830**	**6194**	**2805**	**3389**	**1015**	**444**	**571**
1758	1847	1070	494	576	186	87	99
788	865	730	346	384	115	46	69
852	866	553	237	316	140	59	81
850	1031	547	207	340	57	24	33
603	633	508	242	266	99	43	56
1119	1183	1016	451	565	139	60	79
1320	1526	1103	488	615	134	54	80
679	732	580	296	284	124	61	63
153	147	87	44	43	21	10	11
5313	**6387**	**4570**	**2001**	**2569**	**572**	**232**	**340**
860	1029	734	311	423	110	45	65
893	1068	769	335	434	84	32	52
692	866	617	250	367	54	19	35
512	670	399	173	226	59	23	36
550	682	504	241	263	60	29	31
555	658	511	241	270	74	29	45
676	772	533	231	302	58	21	37
575	642	503	219	284	73	34	39
1359	**1917**	**1043**	**403**	**640**	**194**	**80**	**114**
136	195	102	33	69	19	6	13
328	400	249	97	152	30	12	18
210	284	163	68	95	27	18	9
338	490	300	128	172	57	28	29
126	181	98	32	66	23	5	18
58	94	33	8	25	10	3	7
42	68	33	13	20	7	2	5
121	205	65	24	41	21	6	15

8-1a 各地区分性别、健康状况的

地区	60岁及以上人口			健康			
	合计	男	女	小计	男	女	小计
合计	**99219**	**47309**	**51910**	**47848**	**24589**	**23259**	**38338**
兰州市	**45480**	**21570**	**23910**	**24704**	**12463**	**12241**	**15991**
城关区	22435	10573	11862	12476	6250	6226	7743
七里河区	9523	4587	4936	4663	2399	2264	3727
西固区	6688	3183	3505	4297	2152	2145	1840
安宁区	5301	2499	2802	2718	1376	1342	1965
红古区	1533	728	805	550	286	264	716
嘉峪关市	**4110**	**1974**	**2136**	**2324**	**1192**	**1132**	**1304**
市辖区	4110	1974	2136	2324	1192	1132	1304
金昌市	**3550**	**1645**	**1905**	**1257**	**659**	**598**	**1693**
金川区	3550	1645	1905	1257	659	598	1693
白银市	**6639**	**3157**	**3482**	**2716**	**1403**	**1313**	**3045**
白银区	4953	2350	2603	2028	1043	985	2329
平川区	1668	796	872	670	349	321	716
靖远县	18	11	7	18	11	7	
天水市	**9035**	**4407**	**4628**	**3924**	**2073**	**1851**	**3794**
秦州区	4970	2394	2576	2222	1160	1062	2082
麦积区	4065	2013	2052	1702	913	789	1712
武威市	**4729**	**2246**	**2483**	**2221**	**1163**	**1058**	**1937**
凉州区	4729	2246	2483	2221	1163	1058	1937
张掖市	**3576**	**1720**	**1856**	**1434**	**761**	**673**	**1651**
甘州区	3569	1718	1851	1429	760	669	1649
肃南裕固族自治县	7	2	5	5	1	4	2
平凉市	**5361**	**2585**	**2776**	**1801**	**972**	**829**	**2497**
崆峒区	4618	2230	2388	1390	759	631	2275
华亭市	743	355	388	411	213	198	222
酒泉市	**5682**	**2665**	**3017**	**2319**	**1228**	**1091**	**2378**
肃州区	4152	1928	2224	1794	956	838	1692
玉门市	503	245	258	199	105	94	196
敦煌市	1027	492	535	326	167	159	490
庆阳市	**2764**	**1356**	**1408**	**1005**	**524**	**481**	**1188**
西峰区	2764	1356	1408	1005	524	481	1188
定西市	**2151**	**1036**	**1115**	**1236**	**643**	**593**	**616**
安定区	2151	1036	1115	1236	643	593	616
陇南市	**1581**	**786**	**795**	**710**	**383**	**327**	**618**
武都区	1560	777	783	703	381	322	612
康　县	21	9	12	7	2	5	6
临夏回族自治州	**4150**	**1977**	**2173**	**1980**	**1014**	**966**	**1488**
临夏市	4042	1922	2120	1924	988	936	1464
临夏县	108	55	53	56	26	30	24
甘南藏族自治州	**411**	**185**	**226**	**217**	**111**	**106**	**138**
合作市	411	185	226	217	111	106	138

60岁及以上老年人口（城市）

单位：人

基本健康		不健康，但生活能自理			不健康，生活不能自理		
男	女	小计	男	女	小计	男	女
17337	**21001**	**10866**	**4423**	**6443**	**2167**	**960**	**1207**
7128	**8863**	**3777**	**1540**	**2237**	**1008**	**439**	**569**
3419	4324	1726	690	1036	490	214	276
1700	2027	898	382	516	235	106	129
798	1042	440	192	248	111	41	70
871	1094	496	192	304	122	60	62
340	376	217	84	133	50	18	32
564	**740**	**384**	**166**	**218**	**98**	**52**	**46**
564	740	384	166	218	98	52	46
756	**937**	**522**	**196**	**326**	**78**	**34**	**44**
756	937	522	196	326	78	34	44
1398	**1647**	**762**	**297**	**465**	**116**	**59**	**57**
1067	1262	509	199	310	87	41	46
331	385	253	98	155	29	18	11
1784	**2010**	**1132**	**475**	**657**	**185**	**75**	**110**
957	1125	565	234	331	101	43	58
827	885	567	241	326	84	32	52
864	**1073**	**501**	**186**	**315**	**70**	**33**	**37**
864	1073	501	186	315	70	33	37
758	**893**	**406**	**158**	**248**	**85**	**43**	**42**
757	892	406	158	248	85	43	42
1	1						
1174	**1323**	**907**	**383**	**524**	**156**	**56**	**100**
1076	1199	816	345	471	137	50	87
98	124	91	38	53	19	6	13
1053	**1325**	**869**	**339**	**530**	**116**	**45**	**71**
718	974	594	231	363	72	23	49
95	101	94	37	57	14	8	6
240	250	181	71	110	30	14	16
578	**610**	**492**	**208**	**284**	**79**	**46**	**33**
578	610	492	208	284	79	46	33
266	**350**	**260**	**111**	**149**	**39**	**16**	**23**
266	350	260	111	149	39	16	23
294	**324**	**216**	**89**	**127**	**37**	**20**	**17**
290	322	210	86	124	35	20	15
4	2	6	3	3	2		2
665	**823**	**587**	**258**	**329**	**95**	**40**	**55**
652	812	561	243	318	93	39	54
13	11	26	15	11	2	1	1
55	**83**	**51**	**17**	**34**	**5**	**2**	**3**
55	83	51	17	34	5	2	3

8-1b 各地区分性别、健康状况的

地区	60岁及以上人口			健康			
	合计	男	女	小计	男	女	小计
合计	**73809**	**35898**	**37911**	**30389**	**16381**	**14008**	**30386**
兰州市	**8370**	**4042**	**4328**	**3837**	**2037**	**1800**	**3301**
城关区	249	121	128	144	74	70	86
七里河区	761	363	398	318	172	146	286
西固区	656	307	349	374	190	184	205
安宁区							
红古区	316	155	161	116	57	59	170
永登县	2465	1169	1296	1094	571	523	1041
皋兰县	1068	507	561	410	226	184	492
榆中县	1850	921	929	872	468	404	664
兰州新区	1005	499	506	509	279	230	357
嘉峪关市	**64**	**26**	**38**	**29**	**15**	**14**	**28**
市辖区	64	26	38	29	15	14	28
金昌市	**1385**	**628**	**757**	**507**	**273**	**234**	**603**
金川区	25	12	13				22
永昌县	1360	616	744	507	273	234	581
白银市	**5179**	**2472**	**2707**	**2141**	**1135**	**1006**	**2128**
白银区	92	45	47	31	19	12	34
平川区	272	127	145	96	50	46	138
靖远县	2054	959	1095	820	430	390	920
会宁县	1362	658	704	632	328	304	504
景泰县	1399	683	716	562	308	254	532
天水市	**9143**	**4525**	**4618**	**3638**	**1985**	**1653**	**3919**
秦州区	729	366	363	261	141	120	327
麦积区	844	428	416	259	154	105	397
清水县	810	427	383	418	232	186	281
秦安县	1911	913	998	770	423	347	804
甘谷县	2470	1190	1280	932	476	456	1031
武山县	1660	836	824	753	421	332	699
张家川回族自治县	719	365	354	245	138	107	380
武威市	**4197**	**2035**	**2162**	**1595**	**880**	**715**	**1796**
凉州区	1374	661	713	476	274	202	606
民勤县	799	394	405	369	200	169	293
古浪县	1108	547	561	409	227	182	503
天祝藏族自治县	916	433	483	341	179	162	394
张掖市	**4116**	**1965**	**2151**	**1346**	**743**	**603**	**1993**
甘州区	258	144	114	76	50	26	128
肃南裕固族自治县	147	64	83	52	24	28	57
民乐县	1046	497	549	362	196	166	472
临泽县	637	319	318	200	123	77	322
高台县	824	397	427	314	172	142	355
山丹县	1204	544	660	342	178	164	659
平凉市	**5319**	**2618**	**2701**	**2191**	**1201**	**990**	**2224**
崆峒区	161	83	78	50	31	19	78
泾川县	1296	635	661	402	231	171	680
灵台县	658	322	336	225	135	90	335
崇信县	391	192	199	190	101	89	131
庄浪县	1100	534	566	588	306	282	355
静宁县	1250	612	638	584	309	275	423
华亭市	463	240	223	152	88	64	222

60岁及以上老年人口（镇）

单位：人

基本健康		不健康，但生活能自理			不健康，生活不能自理		
男	女	小计	男	女	小计	男	女
13915	**16471**	**11442**	**4896**	**6546**	**1592**	**706**	**886**
1470	**1831**	**1044**	**451**	**593**	**188**	**84**	**104**
41	45	13	4	9	6	2	4
122	164	134	59	75	23	10	13
85	120	66	25	41	11	7	4
83	87	22	9	13	8	6	2
463	578	286	115	171	44	20	24
206	286	140	66	74	26	9	17
314	350	266	120	146	48	19	29
156	201	117	53	64	22	11	11
9	**19**	**6**	**1**	**5**	**1**	**1**	
9	19	6	1	5	1	1	
256	**347**	**239**	**80**	**159**	**36**	**19**	**17**
11	11	3	1	2			
245	336	236	79	157	36	19	17
960	**1168**	**798**	**333**	**465**	**112**	**44**	**68**
16	18	23	7	16	4	3	1
62	76	34	12	22	4	3	1
410	510	278	106	172	36	13	23
229	275	209	94	115	17	7	10
243	289	254	114	140	51	18	33
1865	**2054**	**1405**	**598**	**807**	**181**	**77**	**104**
162	165	132	57	75	9	6	3
187	210	161	72	89	27	15	12
140	141	93	45	48	18	10	8
363	441	291	115	176	46	12	34
500	531	461	193	268	46	21	25
324	375	188	85	103	20	6	14
189	191	79	31	48	15	7	8
822	**974**	**732**	**299**	**433**	**74**	**34**	**40**
275	331	273	107	166	19	5	14
137	156	125	52	73	12	5	7
232	271	170	72	98	26	16	10
178	216	164	68	96	17	8	9
890	**1103**	**696**	**298**	**398**	**81**	**34**	**47**
68	60	51	24	27	3	2	1
25	32	34	13	21	4	2	2
213	259	196	82	114	16	6	10
152	170	101	40	61	14	4	10
155	200	143	65	78	12	5	7
277	382	171	74	97	32	15	17
1016	**1208**	**763**	**337**	**426**	**141**	**64**	**77**
36	42	26	11	15	7	5	2
312	368	173	75	98	41	17	24
144	191	83	37	46	15	6	9
63	68	60	25	35	10	3	7
157	198	136	60	76	21	11	10
197	226	211	94	117	32	12	20
107	115	74	35	39	15	10	5

8-1b 各地区分性别、健康状况的

地区	60岁及以上人口			健康			
	合计	男	女	小计	男	女	小计
酒泉市	**3389**	**1698**	**1691**	**1211**	**668**	**543**	**1479**
肃州区	433	221	212	143	85	58	182
金塔县	732	359	373	226	132	94	339
瓜州县	581	301	280	235	129	106	214
肃北蒙古族自治县	129	67	62	32	24	8	60
阿克塞哈萨克族自治县	114	50	64	60	29	31	30
玉门市	506	270	236	149	90	59	235
敦煌市	894	430	464	366	179	187	419
庆阳市	**7088**	**3457**	**3631**	**2490**	**1379**	**1111**	**3053**
西峰区	116	55	61	51	28	23	43
庆城县	828	397	431	225	129	96	403
环　县	1031	500	531	417	216	201	404
华池县	386	190	196	184	100	84	126
合水县	558	268	290	192	102	90	230
正宁县	1004	491	513	249	145	104	511
宁　县	1754	860	894	716	399	317	633
镇原县	1411	696	715	456	260	196	703
定西市	**10054**	**4869**	**5185**	**5024**	**2656**	**2368**	**3493**
安定区	506	245	261	246	136	110	159
通渭县	1136	598	538	571	342	229	397
陇西县	2754	1294	1460	1361	722	639	952
渭源县	1059	543	516	363	212	151	497
临洮县	2728	1287	1441	1494	736	758	885
漳　县	611	301	310	353	186	167	158
岷　县	1260	601	659	636	322	314	445
陇南市	**7954**	**3914**	**4040**	**3112**	**1659**	**1453**	**3383**
武都区	726	359	367	315	165	150	300
成　县	1370	663	707	410	211	199	654
文　县	728	360	368	275	152	123	322
宕昌县	824	399	425	325	174	151	354
康　县	547	281	266	194	107	87	248
西和县	1046	521	525	431	231	200	423
礼　县	1510	727	783	595	315	280	682
徽　县	927	462	465	373	203	170	344
两当县	276	142	134	194	101	93	56
临夏回族自治州	**5212**	**2542**	**2670**	**2047**	**1108**	**939**	**2188**
临夏市	181	93	88	17	9	8	103
临夏县	630	310	320	227	127	100	265
康乐县	524	243	281	231	126	105	215
永靖县	1358	639	719	692	355	337	496
广河县	826	407	419	308	171	137	336
和政县	668	332	336	262	145	117	283
东乡族自治县	554	270	284	129	70	59	275
积石山保安族东乡族撒拉族自治县	471	248	223	181	105	76	215
甘南藏族自治州	**2339**	**1107**	**1232**	**1221**	**642**	**579**	**798**
合作市	46	21	25	29	15	14	17
临潭县	535	261	274	299	155	144	160
卓尼县	402	204	198	222	117	105	118
舟曲县	474	219	255	191	100	91	198
迭部县	234	110	124	122	68	54	86
玛曲县	235	98	137	111	56	55	94
碌曲县	105	48	57	60	30	30	30
夏河县	308	146	162	187	101	86	95

60岁及以上老年人口（镇）（续）

单位：人

基本健康		不健康，但生活能自理			不健康，生活不能自理		
男	女	小计	男	女	小计	男	女
728	**751**	**636**	**276**	**360**	**63**	**26**	**37**
93	89	104	42	62	4	1	3
155	184	151	65	86	16	7	9
114	100	123	53	70	9	5	4
31	29	34	11	23	3	1	2
11	19	23	10	13	1		1
122	113	106	50	56	16	8	8
202	217	95	45	50	14	4	10
1407	**1646**	**1377**	**584**	**793**	**168**	**87**	**81**
18	25	16	7	9	6	2	4
182	221	182	78	104	18	8	10
196	208	184	73	111	26	15	11
55	71	66	29	37	10	6	4
108	122	118	51	67	18	7	11
233	278	220	99	121	24	14	10
287	346	365	154	211	40	20	20
328	375	226	93	133	26	15	11
1552	**1941**	**1363**	**581**	**782**	**174**	**80**	**94**
65	94	88	40	48	13	4	9
186	211	145	61	84	23	9	14
386	566	382	152	230	59	34	25
246	251	186	78	108	13	7	6
396	489	308	141	167	41	14	27
70	88	90	40	50	10	5	5
203	242	164	69	95	15	7	8
1598	**1785**	**1247**	**569**	**678**	**212**	**88**	**124**
136	164	96	52	44	15	6	9
307	347	267	128	139	39	17	22
155	167	92	41	51	39	12	27
170	184	135	50	85	10	5	5
122	126	89	42	47	16	10	6
208	215	165	72	93	27	10	17
316	366	205	89	116	28	7	21
158	186	175	82	93	35	19	16
26	30	23	13	10	3	2	1
1010	**1178**	**860**	**376**	**484**	**117**	**48**	**69**
59	44	58	23	35	3	2	1
125	140	120	50	70	18	8	10
85	130	70	28	42	8	4	4
220	276	141	53	88	29	11	18
150	186	163	77	86	19	9	10
125	158	103	55	48	20	7	13
136	139	140	61	79	10	3	7
110	105	65	29	36	10	4	6
332	**466**	**276**	**113**	**163**	**44**	**20**	**24**
6	11						
72	88	67	31	36	9	3	6
58	60	53	23	30	9	6	3
79	119	74	33	41	11	7	4
34	52	21	7	14	5	1	4
34	60	24	6	18	6	2	4
11	19	12	6	6	3	1	2
38	57	25	7	18	1		1

8-1c 各地区分性别、健康状况的

地区	60岁及以上人口			健康			
	合计	男	女	小计	男	女	小计
合计	**237695**	**118096**	**119599**	**88182**	**49521**	**38661**	**100872**
兰州市	**15639**	**7769**	**7870**	**5797**	**3270**	**2527**	**6686**
城关区	209	106	103	111	60	51	65
七里河区	1314	665	649	452	260	192	583
西固区	670	313	357	288	158	130	265
安宁区							
红古区	654	312	342	288	151	137	251
永登县	3984	1892	2092	1399	751	648	1762
皋兰县	1381	717	664	491	304	187	611
榆中县	5926	3005	2921	2172	1243	929	2470
兰州新区	1501	759	742	596	343	253	679
嘉峪关市	**369**	**188**	**181**	**102**	**71**	**31**	**174**
市辖区	369	188	181	102	71	31	174
金昌市	**2777**	**1367**	**1410**	**818**	**474**	**344**	**1217**
金川区	676	319	357	202	113	89	297
永昌县	2101	1048	1053	616	361	255	920
白银市	**15614**	**7688**	**7926**	**6378**	**3536**	**2842**	**6369**
白银区	1049	498	551	477	250	227	359
平川区	1124	541	583	429	235	194	455
靖远县	4519	2172	2347	1713	928	785	2134
会宁县	6586	3313	3273	3171	1773	1398	2352
景泰县	2336	1164	1172	588	350	238	1069
天水市	**30360**	**15310**	**15050**	**12071**	**6806**	**5265**	**12272**
秦州区	3946	2015	1931	1550	877	673	1588
麦积区	4372	2209	2163	1447	831	616	1913
清水县	2870	1442	1428	1245	698	547	965
秦安县	6380	3255	3125	2293	1344	949	2603
甘谷县	5971	2972	2999	2480	1381	1099	2520
武山县	4051	2080	1971	1872	1050	822	1623
张家川回族自治县	2770	1337	1433	1184	625	559	1060
武威市	**17410**	**8672**	**8738**	**6434**	**3705**	**2729**	**7268**
凉州区	8959	4454	4505	3223	1859	1364	3887
民勤县	3159	1578	1581	1367	773	594	1164
古浪县	3600	1783	1817	1379	785	594	1493
天祝藏族自治县	1692	857	835	465	288	177	724
张掖市	**11873**	**5882**	**5991**	**3316**	**1937**	**1379**	**5852**
甘州区	4501	2252	2249	1088	651	437	2292
肃南裕固族自治县	305	146	159	91	48	43	127
民乐县	2233	1109	1124	652	371	281	1150
临泽县	1483	758	725	504	301	203	654
高台县	1593	803	790	510	305	205	695
山丹县	1758	814	944	471	261	210	934
平凉市	**23380**	**11659**	**11721**	**9027**	**5059**	**3968**	**9345**
崆峒区	3456	1704	1752	1139	640	499	1505
泾川县	3617	1785	1832	1367	764	603	1529
灵台县	2659	1361	1298	976	576	400	1106
崇信县	971	484	487	369	225	144	397
庄浪县	5108	2495	2613	2556	1339	1217	1752
静宁县	6005	3055	2950	2106	1229	877	2346
华亭市	1564	775	789	514	286	228	710

60岁及以上老年人口（乡村）

单位：人

基本健康		不健康，但生活能自理			不健康，生活不能自理		
男	女	小计	男	女	小计	男	女
47644	**53228**	**43161**	**18722**	**24439**	**5480**	**2209**	**3271**
3115	**3571**	**2826**	**1262**	**1564**	**330**	**122**	**208**
29	36	28	15	13	5	2	3
274	309	244	117	127	35	14	21
105	160	106	47	59	11	3	8
118	133	102	39	63	13	4	9
797	965	745	317	428	78	27	51
297	314	254	104	150	25	12	13
1186	1284	1153	525	628	131	51	80
309	370	194	98	96	32	9	23
80	**94**	**87**	**34**	**53**	**6**	**3**	**3**
80	94	87	34	53	6	3	3
592	**625**	**688**	**286**	**402**	**54**	**15**	**39**
135	162	162	64	98	15	7	8
457	463	526	222	304	39	8	31
2960	**3409**	**2536**	**1062**	**1474**	**331**	**130**	**201**
165	194	180	71	109	33	12	21
212	243	216	83	133	24	11	13
966	1168	586	250	336	86	28	58
1094	1258	938	394	544	125	52	73
523	546	616	264	352	63	27	36
5856	**6416**	**5242**	**2352**	**2890**	**775**	**296**	**479**
778	810	692	320	372	116	40	76
921	992	870	402	468	142	55	87
456	509	575	250	325	85	38	47
1261	1342	1322	593	729	162	57	105
1179	1341	846	362	484	125	50	75
769	854	514	249	265	42	12	30
492	568	423	176	247	103	44	59
3428	**3840**	**3377**	**1393**	**1984**	**331**	**146**	**185**
1838	2049	1710	699	1011	139	58	81
548	616	553	216	337	75	41	34
700	793	658	273	385	70	25	45
342	382	456	205	251	47	22	25
2790	**3062**	**2478**	**1055**	**1423**	**227**	**100**	**127**
1144	1148	1026	419	607	95	38	57
61	66	79	33	46	8	4	4
537	613	402	190	212	29	11	18
323	331	293	121	172	32	13	19
329	366	358	154	204	30	15	15
396	538	320	138	182	33	19	14
4439	**4906**	**4332**	**1906**	**2426**	**676**	**255**	**421**
702	803	674	298	376	138	64	74
711	818	632	280	352	89	30	59
523	583	498	227	271	79	35	44
179	218	174	72	102	31	8	23
808	944	705	314	391	95	34	61
1168	1178	1354	590	764	199	68	131
348	362	295	125	170	45	16	29

8-1c 各地区分性别、健康状况的

地区	60岁及以上人口			健康			
	合计	男	女	小计	男	女	小计
酒泉市	**7636**	**3945**	**3691**	**2141**	**1324**	**817**	**3383**
肃州区	2868	1450	1418	672	427	245	1363
金塔县	1516	794	722	438	284	154	660
瓜州县	1188	606	582	353	211	142	523
肃北蒙古族自治县	24	16	8	7	4	3	8
阿克塞哈萨克族自治县	2	1	1	2	1	1	
玉门市	815	432	383	330	193	137	339
敦煌市	1223	646	577	339	204	135	490
庆阳市	**27227**	**13563**	**13664**	**8998**	**5082**	**3916**	**11794**
西峰区	3452	1669	1783	1104	605	499	1471
庆城县	2733	1345	1388	891	495	396	1288
环　县	3727	1891	1836	1208	658	550	1619
华池县	1506	783	723	534	318	216	589
合水县	1859	943	916	624	371	253	753
正宁县	2334	1162	1172	764	439	325	987
宁　县	5622	2757	2865	1841	1031	810	2563
镇原县	5994	3013	2981	2032	1165	867	2524
定西市	**32347**	**16008**	**16339**	**13193**	**7377**	**5816**	**13197**
安定区	5272	2697	2575	2528	1415	1113	1900
通渭县	5677	2792	2885	2414	1371	1043	2218
陇西县	4639	2315	2324	1732	996	736	1976
渭源县	3973	2014	1959	1333	788	545	1845
临洮县	6329	3153	3176	2121	1231	890	2754
漳　县	1906	940	966	846	454	392	761
岷　县	4551	2097	2454	2219	1122	1097	1743
陇南市	**28092**	**14175**	**13917**	**9644**	**5462**	**4182**	**12951**
武都区	5887	3052	2835	2294	1303	991	2693
成　县	2173	1108	1065	635	380	255	999
文　县	2789	1427	1362	831	487	344	1396
宕昌县	2902	1325	1577	916	469	447	1527
康　县	2259	1181	1078	783	474	309	982
西和县	4211	2134	2077	1369	794	575	1879
礼　县	4980	2421	2559	1812	971	841	2164
徽　县	2335	1233	1102	774	456	318	1067
两当县	556	294	262	230	128	102	244
临夏回族自治州	**19256**	**9308**	**9948**	**7749**	**4159**	**3590**	**8024**
临夏市	693	330	363	242	132	110	322
临夏县	4683	2282	2401	2324	1234	1090	1672
康乐县	2896	1374	1522	960	530	430	1343
永靖县	1902	924	978	928	500	428	686
广河县	1857	886	971	579	302	277	896
和政县	2045	1004	1041	653	366	287	930
东乡族自治县	2462	1168	1294	848	440	408	1173
积石山保安族东乡族撒拉族自治县	2718	1340	1378	1215	655	560	1002
甘南藏族自治州	**5715**	**2562**	**3153**	**2514**	**1259**	**1255**	**2340**
合作市	414	188	226	173	93	80	176
临潭县	1366	640	726	595	309	286	568
卓尼县	900	401	499	396	192	204	376
舟曲县	1414	661	753	512	286	226	630
迭部县	491	199	292	175	78	97	221
玛曲县	133	52	81	62	25	37	58
碌曲县	226	89	137	121	50	71	80
夏河县	771	332	439	480	226	254	231

60岁及以上老年人口（乡村）（续）

单位：人

基本健康		不健康，但生活能自理			不健康，生活不能自理		
男	女	小计	男	女	小计	男	女
1744	**1639**	**1923**	**805**	**1118**	**189**	**72**	**117**
693	670	778	309	469	55	21	34
330	330	368	157	211	50	23	27
270	253	280	115	165	32	10	22
7	1	9	5	4			
180	159	132	54	78	14	5	9
264	226	356	165	191	38	13	25
5688	**6106**	**5716**	**2494**	**3222**	**719**	**299**	**420**
696	775	758	322	436	119	46	73
610	678	486	210	276	68	30	38
795	824	802	396	406	98	42	56
293	296	333	151	182	50	21	29
357	396	431	189	242	51	26	25
492	495	520	203	317	63	28	35
1211	1352	1096	469	627	122	46	76
1234	1290	1290	554	736	148	60	88
6112	**7085**	**5386**	**2286**	**3100**	**571**	**233**	**338**
895	1005	767	350	417	77	37	40
1001	1217	958	390	568	87	30	57
899	1077	852	383	469	79	37	42
902	943	723	298	425	72	26	46
1324	1430	1290	537	753	164	61	103
363	398	264	111	153	35	12	23
728	1015	532	217	315	57	30	27
6230	**6721**	**4731**	**2147**	**2584**	**766**	**336**	**430**
1332	1361	764	356	408	136	61	75
481	518	463	218	245	76	29	47
697	699	461	196	265	101	47	54
680	847	412	157	255	47	19	28
477	505	413	197	216	81	33	48
911	968	851	379	472	112	50	62
1004	1160	898	399	499	106	47	59
521	546	405	214	191	89	42	47
127	117	64	31	33	18	8	10
3638	**4386**	**3123**	**1367**	**1756**	**360**	**144**	**216**
149	173	115	45	70	14	4	10
755	917	623	270	353	64	23	41
607	736	547	222	325	46	15	31
292	394	258	120	138	30	12	18
400	496	341	164	177	41	20	21
430	500	408	186	222	54	22	32
540	633	393	170	223	48	18	30
465	537	438	190	248	63	30	33
972	**1368**	**716**	**273**	**443**	**145**	**58**	**87**
75	101	51	16	35	14	4	10
256	312	182	66	116	21	9	12
152	224	110	45	65	18	12	6
259	371	226	95	131	46	21	25
92	129	77	25	52	18	4	14
24	34	9	2	7	4	1	3
31	49	21	7	14	4	1	3
83	148	40	17	23	20	6	14

8-2 全省分年龄、性别、健康状况的

年龄	60岁及以上人口			健康			
	合计	男	女	小计	男	女	小计
合计	**410723**	**201303**	**209420**	**166419**	**90491**	**75928**	**169596**
60–64岁	**108538**	**55687**	**52851**	**62710**	**34555**	**28155**	**36660**
60	19855	10258	9597	12696	7000	5696	5801
61	16119	8253	7866	9788	5379	4409	5086
62	21662	11330	10332	12512	6977	5535	7323
63	25674	13211	12463	14242	7883	6359	9176
64	25228	12635	12593	13472	7316	6156	9274
65–69岁	**116007**	**57351**	**58656**	**52601**	**28687**	**23914**	**48119**
65	25661	12956	12705	12869	7097	5772	9949
66	24659	12250	12409	11839	6401	5438	9884
67	23035	11415	11620	10430	5681	4749	9641
68	22918	11255	11663	9684	5310	4374	9872
69	19734	9475	10259	7779	4198	3581	8773
70–74岁	**83240**	**40129**	**43111**	**27471**	**14870**	**12601**	**38607**
70	19009	9326	9683	7081	3913	3168	8656
71	17895	8844	9051	6131	3421	2710	8233
72	15740	7737	8003	5117	2792	2325	7327
73	16063	7703	8360	4905	2566	2339	7553
74	14533	6519	8014	4237	2178	2059	6838
75–79岁	**56826**	**27029**	**29797**	**14780**	**7809**	**6971**	**26597**
75	12912	6037	6875	3559	1896	1663	6038
76	12706	6136	6570	3494	1852	1642	5995
77	11448	5475	5973	2952	1557	1395	5402
78	10409	4939	5470	2583	1367	1216	4867
79	9351	4442	4909	2192	1137	1055	4295
80–84岁	**31716**	**14689**	**17027**	**6542**	**3414**	**3128**	**13933**
80	8753	4131	4622	1915	987	928	3944
81	6864	3185	3679	1408	743	665	3111
82	6309	2911	3398	1289	682	607	2748
83	5436	2532	2904	1107	577	530	2343
84	4354	1930	2424	823	425	398	1787
85–89岁	**11685**	**5241**	**6444**	**1957**	**988**	**969**	**4681**
85	3424	1542	1882	591	292	299	1417
86	2842	1255	1587	504	253	251	1161
87	2409	1053	1356	383	202	181	948
88	1661	761	900	258	123	135	655
89	1349	630	719	221	118	103	500
90–94岁	**2251**	**1002**	**1249**	**305**	**146**	**159**	**836**
90	986	435	551	145	81	64	368
91	428	193	235	48	17	31	159
92	366	156	210	46	20	26	146
93	285	140	145	36	19	17	108
94	186	78	108	30	9	21	55
95–99岁	**408**	**164**	**244**	**49**	**20**	**29**	**143**
95	150	61	89	13	4	9	54
96	109	46	63	13	7	6	37
97	69	32	37	12	6	6	27
98	47	17	30	5	1	4	17
99	33	8	25	6	2	4	8
100岁及以上	**52**	**11**	**41**	**4**	**2**	**2**	**20**

60岁及以上老年人口

单位：人

基本健康		不健康，但生活能自理			不健康，生活不能自理		
男	女	小计	男	女	小计	男	女
78896	**90700**	**65469**	**28041**	**37428**	**9239**	**3875**	**5364**
16953	**19707**	**8343**	**3791**	**4552**	**825**	**388**	**437**
2627	3174	1230	572	658	128	59	69
2317	2769	1129	511	618	116	46	70
3503	3820	1664	771	893	163	79	84
4277	4899	2057	956	1101	199	95	104
4229	5045	2263	981	1282	219	109	110
22130	**25989**	**13923**	**5906**	**8017**	**1364**	**628**	**736**
4613	5336	2597	1117	1480	246	129	117
4565	5319	2662	1146	1516	274	138	136
4480	5161	2676	1132	1544	288	122	166
4503	5369	3086	1322	1764	276	120	156
3969	4804	2902	1189	1713	280	119	161
17927	**20680**	**15517**	**6613**	**8904**	**1645**	**719**	**926**
4019	4637	2963	1253	1710	309	141	168
3869	4364	3200	1410	1790	331	144	187
3489	3838	2983	1320	1663	313	136	177
3589	3964	3278	1385	1893	327	163	164
2961	3877	3093	1245	1848	365	135	230
12639	**13958**	**13595**	**5825**	**7770**	**1854**	**756**	**1098**
2774	3264	2957	1216	1741	358	151	207
2885	3110	2830	1232	1598	387	167	220
2631	2771	2750	1161	1589	344	126	218
2294	2573	2558	1123	1435	401	155	246
2055	2240	2500	1093	1407	364	157	207
6569	**7364**	**9329**	**3935**	**5394**	**1912**	**771**	**1141**
1897	2047	2472	1071	1401	422	176	246
1433	1678	1959	843	1116	386	166	220
1291	1457	1887	776	1111	385	162	223
1127	1216	1626	694	932	360	134	226
821	966	1385	551	834	359	133	226
2210	**2471**	**3879**	**1600**	**2279**	**1168**	**443**	**725**
671	746	1136	471	665	280	108	172
542	619	929	369	560	248	91	157
434	514	819	326	493	259	91	168
312	343	547	246	301	201	80	121
251	249	448	188	260	180	73	107
396	**440**	**744**	**318**	**426**	**366**	**142**	**224**
163	205	319	137	182	154	54	100
82	77	143	61	82	78	33	45
67	79	125	49	76	49	20	29
56	52	96	43	53	45	22	23
28	27	61	28	33	40	13	27
68	**75**	**123**	**50**	**73**	**93**	**26**	**67**
27	27	46	19	27	37	11	26
19	18	30	10	20	29	10	19
12	15	22	10	12	8	4	4
8	9	16	8	8	9	0	9
2	6	9	3	6	10	1	9
4	**16**	**16**	**3**	**13**	**12**	**2**	**10**

8-2a 全省分年龄、性别、健康状况的

年龄	60岁及以上人口			健康			
	合计	男	女	小计	男	女	小计
合计	**99219**	**47309**	**51910**	**47848**	**24589**	**23259**	**38338**
60-64岁	**28884**	**14260**	**14624**	**18525**	**9507**	**9018**	**8712**
60	5505	2714	2791	3750	1909	1841	1507
61	4737	2340	2397	3169	1610	1559	1324
62	6000	2981	3019	3872	1990	1882	1793
63	6580	3282	3298	4105	2153	1952	2080
64	6062	2943	3119	3629	1845	1784	2008
65-69岁	**27044**	**13256**	**13788**	**14523**	**7589**	**6934**	**10224**
65	6116	3050	3066	3508	1833	1675	2167
66	6122	3004	3118	3438	1783	1655	2233
67	5475	2667	2808	2974	1551	1423	2032
68	5034	2458	2576	2526	1346	1180	2027
69	4297	2077	2220	2077	1076	1001	1765
70-74岁	**17372**	**8169**	**9203**	**7295**	**3775**	**3520**	**7693**
70	4123	2022	2101	1888	994	894	1759
71	3764	1833	1931	1630	877	753	1633
72	3265	1551	1714	1367	724	643	1443
73	3277	1507	1770	1303	656	647	1490
74	2943	1256	1687	1107	524	583	1368
75-79岁	**12687**	**5410**	**7277**	**4232**	**2015**	**2217**	**5863**
75	2668	1175	1493	924	440	484	1217
76	2671	1140	1531	970	463	507	1211
77	2506	1054	1452	845	406	439	1181
78	2534	1057	1477	808	385	423	1152
79	2308	984	1324	685	321	364	1102
80-84岁	**8824**	**4087**	**4737**	**2373**	**1225**	**1148**	**4036**
80	2285	1086	1199	679	344	335	1069
81	1911	858	1053	490	261	229	920
82	1780	821	959	456	232	224	812
83	1575	753	822	415	221	194	689
84	1273	569	704	333	167	166	546
85-89岁	**3515**	**1666**	**1849**	**757**	**394**	**363**	**1492**
85	1024	477	547	230	116	114	431
86	862	396	466	201	107	94	394
87	700	341	359	132	69	63	307
88	508	247	261	97	47	50	207
89	421	205	216	97	55	42	153
90-94岁	**763**	**399**	**364**	**124**	**73**	**51**	**277**
90	328	175	153	62	40	22	125
91	156	82	74	19	9	10	54
92	111	54	57	15	10	5	44
93	97	53	44	14	9	5	32
94	71	35	36	14	5	9	22
95-99岁	**121**	**60**	**61**	**18**	**11**	**7**	**39**
95	40	21	19	5	2	3	13
96	36	17	19	6	5	1	13
97	27	14	13	4	3	1	8
98	10	6	4	2	1	1	4
99	8	2	6	1		1	1
100岁及以上	**9**	**2**	**7**	**1**		**1**	**2**

60岁及以上老年人口（城市）

单位：人

基本健康		不健康，但生活能自理			不健康，生活不能自理		
男	女	小计	男	女	小计	男	女
17337	**21001**	**10866**	**4423**	**6443**	**2167**	**960**	**1207**
3984	**4728**	**1465**	**673**	**792**	**182**	**96**	**86**
684	823	218	104	114	30	17	13
615	709	214	105	109	30	10	20
821	972	301	150	151	34	20	14
944	1136	353	165	188	42	20	22
920	1088	379	149	230	46	29	17
4642	**5582**	**2038**	**887**	**1151**	**259**	**138**	**121**
1006	1161	399	181	218	42	30	12
1023	1210	401	169	232	50	29	21
911	1121	407	176	231	62	29	33
907	1120	420	178	242	61	27	34
795	970	411	183	228	44	23	21
3440	**4253**	**2091**	**807**	**1284**	**293**	**147**	**146**
815	944	411	173	238	65	40	25
742	891	442	182	260	59	32	27
659	784	401	145	256	54	23	31
664	826	432	156	276	52	31	21
560	808	405	151	254	63	21	42
2462	**3401**	**2173**	**772**	**1401**	**419**	**161**	**258**
551	666	455	157	298	72	27	45
497	714	412	146	266	78	34	44
483	698	413	142	271	67	23	44
470	682	463	166	297	111	36	75
461	641	430	161	269	91	41	50
1888	**2148**	**1905**	**771**	**1134**	**510**	**203**	**307**
507	562	442	193	249	95	42	53
415	505	409	151	258	92	31	61
385	427	414	165	249	98	39	59
337	352	363	152	211	108	43	65
244	302	277	110	167	117	48	69
743	**749**	**918**	**379**	**539**	**348**	**150**	**198**
203	228	281	121	160	82	37	45
194	200	202	73	129	65	22	43
165	142	187	75	112	74	32	42
100	107	137	66	71	67	34	33
81	72	111	44	67	60	25	35
156	**121**	**238**	**116**	**122**	**124**	**54**	**70**
72	53	90	45	45	51	18	33
30	24	52	27	25	31	16	15
20	24	39	17	22	13	7	6
21	11	36	15	21	15	8	7
13	9	21	12	9	14	5	9
21	**18**	**36**	**17**	**19**	**28**	**11**	**17**
10	3	12	5	7	10	4	6
6	7	6	2	4	11	4	7
3	5	10	6	4	5	2	3
2	2	4	3	1			
	1	4	1	3	2	1	1
1	**1**	**2**	**1**	**1**	**4**		**4**

8-2b 全省分年龄、性别、健康状况的

年龄	60岁及以上人口			健康			
	合计	男	女	小计	男	女	小计
合计	**73809**	**35898**	**37911**	**30389**	**16381**	**14008**	**30386**
60-64岁	**20698**	**10401**	**10297**	**11884**	**6415**	**5469**	**7068**
60	3760	1902	1858	2377	1281	1096	1115
61	3072	1520	1552	1843	993	850	1003
62	4153	2133	2020	2393	1320	1073	1422
63	4940	2487	2453	2727	1440	1287	1777
64	4773	2359	2414	2544	1381	1163	1751
65-69岁	**20915**	**10284**	**10631**	**9581**	**5202**	**4379**	**8610**
65	4666	2321	2345	2397	1302	1095	1771
66	4468	2189	2279	2151	1140	1011	1763
67	4169	2083	2086	1876	1023	853	1782
68	4197	2070	2127	1783	993	790	1784
69	3415	1621	1794	1374	744	630	1510
70-74岁	**14733**	**7010**	**7723**	**4820**	**2594**	**2226**	**6886**
70	3406	1667	1739	1264	696	568	1550
71	3192	1556	1636	1035	566	469	1549
72	2734	1306	1428	904	495	409	1252
73	2831	1343	1488	857	450	407	1332
74	2570	1138	1432	760	387	373	1203
75-79岁	**9738**	**4612**	**5126**	**2636**	**1406**	**1230**	**4527**
75	2220	1025	1195	638	332	306	1037
76	2229	1046	1183	657	342	315	1016
77	1936	931	1005	510	267	243	915
78	1739	822	917	440	245	195	827
79	1614	788	826	391	220	171	732
80-84岁	**5312**	**2519**	**2793**	**1129**	**600**	**529**	**2298**
80	1438	681	757	322	165	157	631
81	1145	571	574	241	129	112	505
82	1075	493	582	242	137	105	448
83	917	431	486	182	95	87	398
84	737	343	394	142	74	68	316
85-89岁	**1937**	**856**	**1081**	**282**	**141**	**141**	**800**
85	562	237	325	81	43	38	255
86	464	203	261	67	30	37	174
87	409	189	220	62	31	31	170
88	284	120	164	42	18	24	112
89	218	107	111	30	19	11	89
90-94岁	**401**	**188**	**213**	**51**	**21**	**30**	**170**
90	158	75	83	22	13	9	64
91	83	40	43	12	4	8	29
92	80	40	40	6	2	4	41
93	45	20	25	4	1	3	23
94	35	13	22	7	1	6	13
95-99岁	**67**	**26**	**41**	**5**	**1**	**4**	**24**
95	31	11	20	3		3	12
96	16	8	8				5
97	8	3	5	1		1	4
98	6	1	5				1
99	6	3	3	1	1		2
100岁及以上	**8**	**2**	**6**	**1**	**1**		**3**

60岁及以上老年人口（镇）

单位：人

基本健康		不健康，但生活能自理			不健康，生活不能自理		
男	女	小计	男	女	小计	男	女
13915	**16471**	**11442**	**4896**	**6546**	**1592**	**706**	**886**
3199	**3869**	**1597**	**717**	**880**	**149**	**70**	**79**
495	620	246	114	132	22	12	10
433	570	205	87	118	21	7	14
657	765	314	141	173	24	15	9
850	927	409	184	225	27	13	14
764	987	423	191	232	55	23	32
3866	**4744**	**2475**	**1088**	**1387**	**249**	**128**	**121**
798	973	455	194	261	43	27	16
795	968	499	224	275	55	30	25
820	962	457	213	244	54	27	27
802	982	584	252	332	46	23	23
651	859	480	205	275	51	21	30
3127	**3759**	**2736**	**1157**	**1579**	**291**	**132**	**159**
721	829	529	223	306	63	27	36
722	827	557	247	310	51	21	30
566	686	528	226	302	50	19	31
619	713	579	235	344	63	39	24
499	704	543	226	317	64	26	38
2133	**2394**	**2263**	**936**	**1327**	**312**	**137**	**175**
458	579	491	208	283	54	27	27
482	534	481	191	290	75	31	44
457	458	447	183	264	64	24	40
377	450	416	173	243	56	27	29
359	373	428	181	247	63	28	35
1122	**1176**	**1564**	**659**	**905**	**321**	**138**	**183**
302	329	410	185	225	75	29	46
255	250	331	154	177	68	33	35
215	233	324	113	211	61	28	33
194	204	274	116	158	63	26	37
156	160	225	91	134	54	22	32
377	**423**	**660**	**272**	**388**	**195**	**66**	**129**
114	141	175	64	111	51	16	35
83	91	174	72	102	49	18	31
85	85	139	61	78	38	12	26
52	60	101	43	58	29	7	22
43	46	71	32	39	28	13	15
80	**90**	**124**	**58**	**66**	**56**	**29**	**27**
26	38	51	25	26	21	11	10
13	16	27	15	12	15	8	7
24	17	24	8	16	9	6	3
10	13	11	6	5	7	3	4
7	6	11	4	7	4	1	3
11	**13**	**21**	**9**	**12**	**17**	**5**	**12**
4	8	9	5	4	7	2	5
3	2	6	3	3	5	2	3
2	2	2		2	1	1	
1		2		2	3		3
1	1	2	1	1	1		1
	3	**2**		**2**	**2**	**1**	**1**

8-2c 全省分年龄、性别、健康状况的

年龄	60岁及以上人口			健康			
	合计	男	女	小计	男	女	小计
合计	**237695**	**118096**	**119599**	**88182**	**49521**	**38661**	**100872**
60-64岁	**58956**	**31026**	**27930**	**32301**	**18633**	**13668**	**20880**
60	10590	5642	4948	6569	3810	2759	3179
61	8310	4393	3917	4776	2776	2000	2759
62	11509	6216	5293	6247	3667	2580	4108
63	14154	7442	6712	7410	4290	3120	5319
64	14393	7333	7060	7299	4090	3209	5515
65-69岁	**68048**	**33811**	**34237**	**28497**	**15896**	**12601**	**29285**
65	14879	7585	7294	6964	3962	3002	6011
66	14069	7057	7012	6250	3478	2772	5888
67	13391	6665	6726	5580	3107	2473	5827
68	13687	6727	6960	5375	2971	2404	6061
69	12022	5777	6245	4328	2378	1950	5498
70-74岁	**51135**	**24950**	**26185**	**15356**	**8501**	**6855**	**24028**
70	11480	5637	5843	3929	2223	1706	5347
71	10939	5455	5484	3466	1978	1488	5051
72	9741	4880	4861	2846	1573	1273	4632
73	9955	4853	5102	2745	1460	1285	4731
74	9020	4125	4895	2370	1267	1103	4267
75-79岁	**34401**	**17007**	**17394**	**7912**	**4388**	**3524**	**16207**
75	8024	3837	4187	1997	1124	873	3784
76	7806	3950	3856	1867	1047	820	3768
77	7006	3490	3516	1597	884	713	3306
78	6136	3060	3076	1335	737	598	2888
79	5429	2670	2759	1116	596	520	2461
80-84岁	**17580**	**8083**	**9497**	**3040**	**1589**	**1451**	**7599**
80	5030	2364	2666	914	478	436	2244
81	3808	1756	2052	677	353	324	1686
82	3454	1597	1857	591	313	278	1488
83	2944	1348	1596	510	261	249	1256
84	2344	1018	1326	348	184	164	925
85-89岁	**6233**	**2719**	**3514**	**918**	**453**	**465**	**2389**
85	1838	828	1010	280	133	147	731
86	1516	656	860	236	116	120	593
87	1300	523	777	189	102	87	471
88	869	394	475	119	58	61	336
89	710	318	392	94	44	50	258
90-94岁	**1087**	**415**	**672**	**130**	**52**	**78**	**389**
90	500	185	315	61	28	33	179
91	189	71	118	17	4	13	76
92	175	62	113	25	8	17	61
93	143	67	76	18	9	9	53
94	80	30	50	9	3	6	20
95-99岁	**220**	**78**	**142**	**26**	**8**	**18**	**80**
95	79	29	50	5	2	3	29
96	57	21	36	7	2	5	19
97	34	15	19	7	3	4	15
98	31	10	21	3		3	12
99	19	3	16	4	1	3	5
100岁及以上	**35**	**7**	**28**	**2**	**1**	**1**	**15**

60 岁及以上老年人口（乡村）

单位：人

基本健康		不健康，但生活能自理			不健康，生活不能自理		
男	女	小计	男	女	小计	男	女
47644	**53228**	**43161**	**18722**	**24439**	**5480**	**2209**	**3271**
9770	**11110**	**5281**	**2401**	**2880**	**494**	**222**	**272**
1448	1731	766	354	412	76	30	46
1269	1490	710	319	391	65	29	36
2025	2083	1049	480	569	105	44	61
2483	2836	1295	607	688	130	62	68
2545	2970	1461	641	820	118	57	61
13622	**15663**	**9410**	**3931**	**5479**	**856**	**362**	**494**
2809	3202	1743	742	1001	161	72	89
2747	3141	1762	753	1009	169	79	90
2749	3078	1812	743	1069	172	66	106
2794	3267	2082	892	1190	169	70	99
2523	2975	2011	801	1210	185	75	110
11360	**12668**	**10690**	**4649**	**6041**	**1061**	**440**	**621**
2483	2864	2023	857	1166	181	74	107
2405	2646	2201	981	1220	221	91	130
2264	2368	2054	949	1105	209	94	115
2306	2425	2267	994	1273	212	93	119
1902	2365	2145	868	1277	238	88	150
8044	**8163**	**9159**	**4117**	**5042**	**1123**	**458**	**665**
1765	2019	2011	851	1160	232	97	135
1906	1862	1937	895	1042	234	102	132
1691	1615	1890	836	1054	213	79	134
1447	1441	1679	784	895	234	92	142
1235	1226	1642	751	891	210	88	122
3559	**4040**	**5860**	**2505**	**3355**	**1081**	**430**	**651**
1088	1156	1620	693	927	252	105	147
763	923	1219	538	681	226	102	124
691	797	1149	498	651	226	95	131
596	660	989	426	563	189	65	124
421	504	883	350	533	188	63	125
1090	**1299**	**2301**	**949**	**1352**	**625**	**227**	**398**
354	377	680	286	394	147	55	92
265	328	553	224	329	134	51	83
184	287	493	190	303	147	47	100
160	176	309	137	172	105	39	66
127	131	266	112	154	92	35	57
160	**229**	**382**	**144**	**238**	**186**	**59**	**127**
65	114	178	67	111	82	25	57
39	37	64	19	45	32	9	23
23	38	62	24	38	27	7	20
25	28	49	22	27	23	11	12
8	12	29	12	17	22	7	15
36	**44**	**66**	**24**	**42**	**48**	**10**	**38**
13	16	25	9	16	20	5	15
10	9	18	5	13	13	4	9
7	8	10	4	6	2	1	1
5	7	10	5	5	6		6
1	4	3	1	2	7		7
3	**12**	**12**	**2**	**10**	**6**	**1**	**5**

8-3 全省分性别、婚姻状况、

婚姻状况	60岁及以上人口			健康			
	合计	男	女	小计	男	女	小计
合 计	**410723**	**201303**	**209420**	**166419**	**90491**	**75928**	**169596**
未 婚	5374	4947	427	1599	1460	139	2133
有配偶	296538	164166	132372	136223	79684	56539	118457
离 婚	3422	1960	1462	1615	884	731	1274
丧 偶	105389	30230	75159	26982	8463	18519	47732

8-3a 全省分性别、婚姻状况、

婚姻状况	60岁及以上人口			健康			
	合计	男	女	小计	男	女	小计
合 计	**99219**	**47309**	**51910**	**47848**	**24589**	**23259**	**38338**
未 婚	376	249	127	144	87	57	114
有配偶	74811	40985	33826	40050	22422	17628	27627
离 婚	2005	981	1024	1040	498	542	703
丧 偶	22027	5094	16933	6614	1582	5032	9894

8-3b 全省分性别、婚姻状况、

婚姻状况	60岁及以上人口			健康			
	合计	男	女	小计	男	女	小计
合 计	**73809**	**35898**	**37911**	**30389**	**16381**	**14008**	**30386**
未 婚	806	724	82	225	202	23	283
有配偶	54094	29832	24262	25256	14697	10559	21437
离 婚	498	277	221	221	119	102	188
丧 偶	18411	5065	13346	4687	1363	3324	8478

8-3c 全省分性别、婚姻状况、

婚姻状况	60岁及以上人口			健康			
	合计	男	女	小计	男	女	小计
合 计	**237695**	**118096**	**119599**	**88182**	**49521**	**38661**	**100872**
未 婚	4192	3974	218	1230	1171	59	1736
有配偶	167633	93349	74284	70917	42565	28352	69393
离 婚	919	702	217	354	267	87	383
丧 偶	64951	20071	44880	15681	5518	10163	29360

健康状况的60岁及以上老年人口

单位：人

基本健康		不健康，但生活能自理			不健康，生活不能自理		
男	女	小计	男	女	小计	男	女
78896	**90700**	**65469**	**28041**	**37428**	**9239**	**3875**	**5364**
1994	139	1354	1253	101	288	240	48
62591	55866	37237	19402	17835	4621	2489	2132
741	533	471	298	173	62	37	25
13570	34162	26407	7088	19319	4268	1109	3159

健康状况的60岁及以上老年人口（城市）

单位：人

基本健康		不健康，但生活能自理			不健康，生活不能自理		
男	女	小计	男	女	小计	男	女
17337	**21001**	**10866**	**4423**	**6443**	**2167**	**960**	**1207**
81	33	73	49	24	45	32	13
14637	12990	6072	3274	2798	1062	652	410
340	363	222	120	102	40	23	17
2279	7615	4499	980	3519	1020	253	767

健康状况的60岁及以上老年人口（镇）

单位：人

基本健康		不健康，但生活能自理			不健康，生活不能自理		
男	女	小计	男	女	小计	男	女
13915	**16471**	**11442**	**4896**	**6546**	**1592**	**706**	**886**
251	32	231	213	18	67	58	9
11227	10210	6613	3466	3147	788	442	346
102	86	81	50	31	8	6	2
2335	6143	4517	1167	3350	729	200	529

健康状况的60岁及以上老年人口（乡村）

单位：人

基本健康		不健康，但生活能自理			不健康，生活不能自理		
男	女	小计	男	女	小计	男	女
47644	**53228**	**43161**	**18722**	**24439**	**5480**	**2209**	**3271**
1662	74	1050	991	59	176	150	26
36727	32666	24552	12662	11890	2771	1395	1376
299	84	168	128	40	14	8	6
8956	20404	17391	4941	12450	2519	656	1863

8-4 全省分性别、主要生活来源、

主要生活来源	60岁及以上人口			健康			
	合计	男	女	小计	男	女	小计
合计	**410723**	**201303**	**209420**	**166419**	**90491**	**75928**	**169596**
劳动收入	69867	46121	23746	43506	29674	13832	23415
离退休金/养老金	105784	58457	47327	49978	29032	20946	42191
最低生活保障金	20877	10678	10199	4231	2390	1841	8636
失业保险金	30	15	15	13	5	8	12
财产性收入	2796	1544	1252	1181	711	470	1169
家庭其他成员供养	181190	69506	111684	54911	21954	32957	81467
其他	30179	14982	15197	12599	6725	5874	12706

8-4a 全省分性别、主要生活来源、

主要生活来源	60岁及以上人口			健康			
	合计	男	女	小计	男	女	小计
合计	**99219**	**47309**	**51910**	**47848**	**24589**	**23259**	**38338**
劳动收入	3935	2934	1001	2803	2111	692	1012
离退休金/养老金	69276	36358	32918	34941	19149	15792	26749
最低生活保障金	2023	697	1326	491	199	292	765
失业保险金	10	4	6	2	1	1	5
财产性收入	498	267	231	266	142	124	185
家庭其他成员供养	19714	5424	14290	7634	2187	5447	8160
其他	3763	1625	2138	1711	800	911	1462

健康状况的60岁及以上老年人口

单位：人

基本健康		不健康，但生活能自理			不健康，生活不能自理		
男	女	小计	男	女	小计	男	女
78896	**90700**	**65469**	**28041**	**37428**	**9239**	**3875**	**5364**
14655	8760	2870	1750	1120	76	42	34
22410	19781	11669	5939	5730	1946	1076	870
4381	4255	6819	3401	3418	1191	506	685
7	5	5	3	2			
611	558	410	206	204	36	16	20
30826	50641	39421	14805	24616	5391	1921	3470
6006	6700	4275	1937	2338	599	314	285

健康状况的60岁及以上老年人口（城市）

单位：人

基本健康		不健康，但生活能自理			不健康，生活不能自理		
男	女	小计	男	女	小计	男	女
17337	**21001**	**10866**	**4423**	**6443**	**2167**	**960**	**1207**
740	272	116	79	37	4	4	
13481	13268	6309	3052	3257	1277	676	601
253	512	625	209	416	142	36	106
2	3	3	1	2			
101	84	40	20	20	7	4	3
2167	5993	3305	889	2416	615	181	434
593	869	468	173	295	122	59	63

8-4b 全省分性别、主要生活来源、

主要生活来源	60岁及以上人口			健康			
	合计	男	女	小计	男	女	小计
合计	**73809**	**35898**	**37911**	**30389**	**16381**	**14008**	**30386**
劳动收入	9024	6370	2654	5892	4262	1630	2770
离退休金 / 养老金	17785	11373	6412	8393	5621	2772	7152
最低生活保障金	3132	1500	1632	606	312	294	1329
失业保险金	8	5	3	2	1	1	4
财产性收入	741	399	342	341	200	141	276
家庭其他成员供养	36669	13111	23558	12444	4582	7862	16087
其他	6450	3140	3310	2711	1403	1308	2768

8-4c 全省分性别、主要生活来源、

主要生活来源	60岁及以上人口			健康			
	合计	男	女	小计	男	女	小计
合计	**237695**	**118096**	**119599**	**88182**	**49521**	**38661**	**100872**
劳动收入	56908	36817	20091	34811	23301	11510	19633
离退休金 / 养老金	18723	10726	7997	6644	4262	2382	8290
最低生活保障金	15722	8481	7241	3134	1879	1255	6542
失业保险金	12	6	6	9	3	6	3
财产性收入	1557	878	679	574	369	205	708
家庭其他成员供养	124807	50971	73836	34833	15185	19648	57220
其他	19966	10217	9749	8177	4522	3655	8476

健康状况的60岁及以上老年人口（镇）

单位：人

基本健康		不健康，但生活能自理			不健康，生活不能自理		
男	女	小计	男	女	小计	男	女
13915	**16471**	**11442**	**4896**	**6546**	**1592**	**706**	**886**
1875	895	353	229	124	9	4	5
4414	2738	1940	1144	796	300	194	106
605	724	1015	500	515	182	83	99
2	2	2	2				
140	136	115	56	59	9	3	6
5593	10494	7161	2577	4584	977	359	618
1286	1482	856	388	468	115	63	52

健康状况的60岁及以上老年人口（村）

单位：人

基本健康		不健康，但生活能自理			不健康，生活不能自理		
男	女	小计	男	女	小计	男	女
47644	**53228**	**43161**	**18722**	**24439**	**5480**	**2209**	**3271**
12040	7593	2401	1442	959	63	34	29
4515	3775	3420	1743	1677	369	206	163
3523	3019	5179	2692	2487	867	387	480
3							
370	338	255	130	125	20	9	11
23066	34154	28955	11339	17616	3799	1381	2418
4127	4349	2951	1376	1575	362	192	170

8-5 全省分性别、居住状况、

居住状况	60岁及以上人口			健康			
	合计	男	女	小计	男	女	小计
合计	**410723**	**201303**	**209420**	**166419**	**90491**	**75928**	**169596**
与配偶和子女同住	100652	56045	44607	46335	27300	19035	38890
与配偶同住	160665	89083	71582	72807	42608	30199	65950
与子女同住	88428	28052	60376	25637	9116	16521	38405
独居（有保姆）	410	191	219	90	47	43	139
独居（无保姆）	43111	18694	24417	14742	7555	7187	19289
养老机构	1204	852	352	149	110	39	432
其他	16253	8386	7867	6659	3755	2904	6491

8-5a 全省分性别、居住状况、

居住状况	60岁及以上人口			健康			
	合计	男	女	小计	男	女	小计
合计	**99219**	**47309**	**51910**	**47848**	**24589**	**23259**	**38338**
与配偶和子女同住	19946	11227	8719	11212	6478	4734	6743
与配偶同住	46918	25592	21326	24333	13580	10753	18152
与子女同住	16854	4507	12347	6398	1873	4525	6925
独居（有保姆）	235	103	132	43	18	25	69
独居（无保姆）	12026	4266	7760	4359	1824	2535	5351
养老机构	259	137	122	24	10	14	80
其他	2981	1477	1504	1479	806	673	1018

健康状况的60岁及以上老年人口

单位：人

基本健康		不健康，但生活能自理			不健康，生活不能自理		
男	女	小计	男	女	小计	男	女
78896	**90700**	**65469**	**28041**	**37428**	**9239**	**3875**	**5364**
20596	18294	13516	7118	6398	1911	1031	880
34995	30955	19728	10282	9446	2180	1198	982
11905	26500	20553	5992	14561	3833	1039	2794
70	69	104	46	58	77	28	49
7920	11369	8604	3060	5544	476	159	317
302	130	434	310	124	189	130	59
3108	3383	2530	1233	1297	573	290	283

健康状况的60岁及以上老年人口（城市）

单位：人

基本健康		不健康，但生活能自理			不健康，生活不能自理		
男	女	小计	男	女	小计	男	女
17337	**21001**	**10866**	**4423**	**6443**	**2167**	**960**	**1207**
3630	3113	1670	911	759	321	208	113
9579	8573	3842	2070	1772	591	363	228
1782	5143	2746	646	2100	785	206	579
38	31	63	25	38	60	22	38
1820	3531	2119	569	1550	197	53	144
39	41	69	41	28	86	47	39
449	569	357	161	196	127	61	66

8-5b 全省分性别、居住状况、

居住状况	60 岁及以上人口			健康			
	合计	男	女	小计	男	女	小计
合计	**73809**	**35898**	**37911**	**30389**	**16381**	**14008**	**30386**
与配偶和子女同住	19614	10960	8654	9377	5508	3869	7434
与配偶同住	26830	14857	11973	12159	7091	5068	10996
与子女同住	16596	5185	11411	5069	1761	3308	7226
独居（有保姆）	64	39	25	14	13	1	26
独居（无保姆）	7019	2833	4186	2348	1160	1188	3196
养老机构	375	290	85	51	46	5	141
其他	3311	1734	1577	1371	802	569	1367

8-5c 全省分性别、居住状况、

居住状况	60 岁及以上人口			健康			
	合计	男	女	小计	男	女	小计
合计	**237695**	**118096**	**119599**	**88182**	**49521**	**38661**	**100872**
与配偶和子女同住	61092	33858	27234	25746	15314	10432	24713
与配偶同住	86917	48634	38283	36315	21937	14378	36802
与子女同住	54978	18360	36618	14170	5482	8688	24254
独居（有保姆）	111	49	62	33	16	17	44
独居（无保姆）	24066	11595	12471	8035	4571	3464	10742
养老机构	570	425	145	74	54	20	211
其他	9961	5175	4786	3809	2147	1662	4106

健康状况的60岁及以上老年人口（镇）

单位：人

基本健康		不健康，但生活能自理			不健康，生活不能自理		
男	女	小计	男	女	小计	男	女
13915	**16471**	**11442**	**4896**	**6546**	**1592**	**706**	**886**
3954	3480	2455	1302	1153	348	196	152
5811	5185	3320	1752	1568	355	203	152
2179	5047	3644	1060	2584	657	185	472
16	10	16	7	9	8	3	5
1189	2007	1407	458	949	68	26	42
104	37	138	104	34	45	36	9
662	705	462	213	249	111	57	54

健康状况的60岁及以上老年人口（乡村）

单位：人

基本健康		不健康，但生活能自理			不健康，生活不能自理		
男	女	小计	男	女	小计	男	女
47644	**53228**	**43161**	**18722**	**24439**	**5480**	**2209**	**3271**
13012	11701	9391	4905	4486	1242	627	615
19605	17197	12566	6460	6106	1234	632	602
7944	16310	14163	4286	9877	2391	648	1743
16	28	25	14	11	9	3	6
4911	5831	5078	2033	3045	211	80	131
159	52	227	165	62	58	47	11
1997	2109	1711	859	852	335	172	163

8-6 各地区分性别、主要生活

地区	60岁及以上人口			劳动收入		
	合计	男	女	小计	男	女
合计	**410723**	**201303**	**209420**	**69867**	**46121**	**23746**
兰州市	**69489**	**33381**	**36108**	**5610**	**3841**	**1769**
城关区	22893	10800	12093	742	545	197
七里河区	11598	5615	5983	492	353	139
西固区	8014	3803	4211	338	237	101
安宁区	5301	2499	2802	123	82	41
红古区	2503	1195	1308	248	162	86
永登县	6449	3061	3388	936	665	271
皋兰县	2449	1224	1225	681	458	223
榆中县	7776	3926	3850	1858	1175	683
兰州新区	2506	1258	1248	192	164	28
嘉峪关市	**4543**	**2188**	**2355**	**274**	**205**	**69**
市辖区	4543	2188	2355	274	205	69
金昌市	**7712**	**3640**	**4072**	**938**	**664**	**274**
金川区	4251	1976	2275	375	247	128
永昌县	3461	1664	1797	563	417	146
白银市	**27432**	**13317**	**14115**	**5964**	**3681**	**2283**
白银区	6094	2893	3201	573	356	217
平川区	3064	1464	1600	339	234	105
靖远县	6591	3142	3449	1367	887	480
会宁县	7948	3971	3977	3057	1773	1284
景泰县	3735	1847	1888	628	431	197
天水市	**48538**	**24242**	**24296**	**7467**	**5158**	**2309**
秦州区	9645	4775	4870	1030	730	300
麦积区	9281	4650	4631	1024	771	253
清水县	3680	1869	1811	727	468	259
秦安县	8291	4168	4123	1732	1170	562
甘谷县	8441	4162	4279	1581	1084	497
武山县	5711	2916	2795	956	640	316
张家川回族自治县	3489	1702	1787	417	295	122
武威市	**26336**	**12953**	**13383**	**6540**	**4242**	**2298**
凉州区	15062	7361	7701	3948	2497	1451
民勤县	3958	1972	1986	1463	936	527
古浪县	4708	2330	2378	845	600	245
天祝藏族自治县	2608	1290	1318	284	209	75
张掖市	**19565**	**9567**	**9998**	**4323**	**2915**	**1408**
甘州区	8328	4114	4214	1811	1191	620
肃南裕固族自治县	459	212	247	71	47	24
民乐县	3279	1606	1673	501	374	127
临泽县	2120	1077	1043	806	530	276
高台县	2417	1200	1217	750	483	267
山丹县	2962	1358	1604	384	290	94
平凉市	**34060**	**16862**	**17198**	**6893**	**4676**	**2217**
崆峒区	8235	4017	4218	1037	748	289
泾川县	4913	2420	2493	1265	851	414
灵台县	3317	1683	1634	660	504	156
崇信县	1362	676	686	271	189	82
庄浪县	6208	3029	3179	1404	846	558
静宁县	7255	3667	3588	1855	1247	608
华亭市	2770	1370	1400	401	291	110

来源的 60 岁及以上老年人口

单位：人

离退休金 / 养老金			最低生活保障金		
小计	男	女	小计	男	女
105784	**58457**	**47327**	**20877**	**10678**	**10199**
42273	**21449**	**20824**	**1781**	**794**	**987**
18972	9260	9712	280	95	185
8547	4355	4192	199	84	115
6283	3154	3129	236	84	152
4245	2128	2117	73	27	46
1356	758	598	115	34	81
908	580	328	299	155	144
422	262	160	122	54	68
1169	730	439	388	222	166
371	222	149	69	39	30
3239	**1696**	**1543**	**45**	**21**	**24**
3239	1696	1543	45	21	24
3353	**1820**	**1533**	**258**	**98**	**160**
2623	1395	1228	90	26	64
730	425	305	168	72	96
6595	**3853**	**2742**	**992**	**483**	**509**
3748	1968	1780	180	70	110
1048	698	350	62	22	40
616	383	233	187	94	93
584	403	181	327	178	149
599	401	198	236	119	117
9618	**5401**	**4217**	**2312**	**1231**	**1081**
4028	2069	1959	349	177	172
2799	1588	1211	447	227	220
401	248	153	232	125	107
876	540	336	356	201	155
711	438	273	356	193	163
531	336	195	403	221	182
272	182	90	169	87	82
5599	**3259**	**2340**	**970**	**512**	**458**
4208	2378	1830	441	228	213
557	343	214	74	44	30
355	243	112	288	152	136
479	295	184	167	88	79
4440	**2478**	**1962**	**1209**	**620**	**589**
2817	1507	1310	464	248	216
98	59	39	46	20	26
295	194	101	178	104	74
272	158	114	113	52	61
342	217	125	236	115	121
616	343	273	172	81	91
5571	**3430**	**2141**	**2219**	**1142**	**1077**
2758	1553	1205	471	217	254
436	302	134	348	180	168
308	207	101	280	137	143
118	91	27	89	36	53
641	389	252	441	238	203
751	503	248	416	239	177
559	385	174	174	95	79

8-6 各地区分性别、主要生活

地区	60岁及以上人口			劳动收入		
	合计	男	女	小计	男	女
酒泉市	**16707**	**8308**	**8399**	**3823**	**2596**	**1227**
肃州区	7453	3599	3854	1602	1063	539
金塔县	2248	1153	1095	612	422	190
瓜州县	1769	907	862	449	313	136
肃北蒙古族自治县	153	83	70	27	20	7
阿克塞哈萨克族自治县	116	51	65	11	6	5
玉门市	1824	947	877	501	349	152
敦煌市	3144	1568	1576	621	423	198
庆阳市	**37079**	**18376**	**18703**	**8796**	**5662**	**3134**
西峰区	6332	3080	3252	993	693	300
庆城县	3561	1742	1819	856	539	317
环　县	4758	2391	2367	896	581	315
华池县	1892	973	919	612	395	217
合水县	2417	1211	1206	703	447	256
正宁县	3338	1653	1685	1181	726	455
宁　县	7376	3617	3759	1722	1110	612
镇原县	7405	3709	3696	1833	1171	662
定西市	**44552**	**21913**	**22639**	**11164**	**6933**	**4231**
安定区	7929	3978	3951	1971	1238	733
通渭县	6813	3390	3423	1616	1033	583
陇西县	7393	3609	3784	1799	1145	654
渭源县	5032	2557	2475	1452	896	556
临洮县	9057	4440	4617	2343	1469	874
漳　县	2517	1241	1276	511	319	192
岷　县	5811	2698	3113	1472	833	639
陇南市	**37627**	**18875**	**18752**	**4084**	**2841**	**1243**
武都区	8173	4188	3985	931	645	286
成　县	3543	1771	1772	425	309	116
文　县	3517	1787	1730	615	402	213
宕昌县	3726	1724	2002	539	326	213
康　县	2827	1471	1356	220	181	39
西和县	5257	2655	2602	295	220	75
礼　县	6490	3148	3342	510	352	158
徽　县	3262	1695	1567	435	323	112
两当县	832	436	396	114	83	31
临夏回族自治州	**28618**	**13827**	**14791**	**3136**	**2156**	**980**
临夏市	4916	2345	2571	354	269	85
临夏县	5421	2647	2774	492	363	129
康乐县	3420	1617	1803	468	298	170
永靖县	3260	1563	1697	419	297	122
广河县	2683	1293	1390	291	197	94
和政县	2713	1336	1377	488	302	186
东乡族自治县	3016	1438	1578	333	219	114
积石山保安族东乡族撒拉族自治县	3189	1588	1601	291	211	80
甘南藏族自治州	**8465**	**3854**	**4611**	**855**	**551**	**304**
合作市	871	394	477	73	45	28
临潭县	1901	901	1000	271	178	93
卓尼县	1302	605	697	97	64	33
舟曲县	1888	880	1008	168	114	54
迭部县	725	309	416	57	37	20
玛曲县	368	150	218	42	23	19
碌曲县	331	137	194	29	18	11
夏河县	1079	478	601	118	72	46

来源的 60 岁及以上老年人口（续 1）

单位：人

离退休金 / 养老金			最低生活保障金		
小计	男	女	小计	男	女
4912	**2696**	**2216**	**1118**	**428**	**690**
2753	1474	1279	440	152	288
344	196	148	222	94	128
274	165	109	145	60	85
40	28	12	5	3	2
51	25	26	11	6	5
344	187	157	108	43	65
1106	621	485	187	70	117
4662	**3024**	**1638**	**1792**	**906**	**886**
1660	1074	586	163	67	96
356	222	134	125	63	62
689	416	273	313	158	155
194	125	69	121	59	62
372	234	138	86	40	46
311	207	104	134	63	71
509	353	156	360	188	172
571	393	178	490	268	222
5234	**3208**	**2026**	**2802**	**1557**	**1245**
1163	718	445	409	232	177
614	415	199	365	207	158
1136	661	475	447	250	197
452	294	158	400	241	159
947	589	358	552	296	256
318	200	118	182	100	82
604	331	273	447	231	216
4898	**2937**	**1961**	**3032**	**1712**	**1320**
1261	761	500	663	396	267
475	293	182	309	169	140
489	291	198	246	135	111
387	208	179	404	205	199
252	157	95	321	197	124
843	504	339	386	222	164
642	379	263	461	239	222
408	261	147	184	121	63
141	83	58	58	28	30
4166	**2510**	**1656**	**1852**	**925**	**927**
1526	952	574	193	89	104
410	243	167	318	173	145
397	231	166	272	127	145
740	426	314	133	70	63
173	109	64	115	50	65
261	186	75	226	116	110
334	179	155	337	165	172
325	184	141	258	135	123
1224	**696**	**528**	**495**	**249**	**246**
143	80	63	45	19	26
184	107	77	140	85	55
203	126	77	67	35	32
364	208	156	119	58	61
100	61	39	50	25	25
30	17	13	35	10	25
23	11	12	5	2	3
177	86	91	34	15	19

8-6 各地区分性别、主要生活

地区	失业保险金			财产性收入		
	小计	男	女	小计	男	女
合计	**30**	**15**	**15**	**2796**	**1544**	**1252**
兰州市	**13**	**7**	**6**	**332**	**172**	**160**
城关区				108	50	58
七里河区	1	1		50	26	24
西固区	1		1	22	10	12
安宁区				13	7	6
红古区				6	5	1
永登县	7	4	3	23	13	10
皋兰县				5	2	3
榆中县				70	40	30
兰州新区	4	2	2	35	19	16
嘉峪关市				**26**	**9**	**17**
市辖区				26	9	17
金昌市				**404**	**196**	**208**
金川区				29	14	15
永昌县				375	182	193
白银市	**2**	**1**	**1**	**66**	**38**	**28**
白银区	1		1	12	6	6
平川区				18	8	10
靖远县	1	1		11	6	5
会宁县				23	16	7
景泰县				2	2	
天水市	**2**	**1**	**1**	**314**	**187**	**127**
秦州区				71	39	32
麦积区	1		1	56	35	21
清水县				15	12	3
秦安县	1	1		76	37	39
甘谷县				44	31	13
武山县				34	20	14
张家川回族自治县				18	13	5
武威市	**2**	**1**	**1**	**146**	**85**	**61**
凉州区	2	1	1	75	39	36
民勤县				13	8	5
古浪县				35	21	14
天祝藏族自治县				23	17	6
张掖市	**6**	**2**	**4**	**228**	**131**	**97**
甘州区	6	2	4	42	28	14
肃南裕固族自治县				24	8	16
民乐县				54	32	22
临泽县				48	31	17
高台县				16	8	8
山丹县				44	24	20
平凉市	**2**	**1**	**1**	**150**	**87**	**63**
崆峒区	1		1	36	20	16
泾川县				21	13	8
灵台县				25	15	10
崇信县	1	1		9	4	5
庄浪县				10	8	2
静宁县				35	18	17
华亭市				14	9	5

来源的 60 岁及以上老年人口（续 2）

单位：人

家庭其他成员供养			其他		
小计	男	女	小计	男	女
181190	**69506**	**111684**	**30179**	**14982**	**15197**
16722	**5839**	**10883**	**2758**	**1279**	**1479**
2302	637	1665	489	213	276
1854	582	1272	455	214	241
916	230	686	218	88	130
625	163	462	222	92	130
688	197	491	90	39	51
3854	1447	2407	422	197	225
1073	376	697	146	72	74
3819	1519	2300	472	240	232
1591	688	903	244	124	120
840	**206**	**634**	**119**	**51**	**68**
840	206	634	119	51	68
2300	**666**	**1634**	**459**	**196**	**263**
945	226	719	189	68	121
1355	440	915	270	128	142
11711	**4306**	**7405**	**2102**	**955**	**1147**
1377	425	952	203	68	135
1274	373	901	323	129	194
3782	1483	2299	627	288	339
3398	1328	2070	559	273	286
1880	697	1183	390	197	193
24260	**9925**	**14335**	**4565**	**2339**	**2226**
3474	1409	2065	693	351	342
4165	1635	2530	789	394	395
1956	845	1111	349	171	178
4626	1888	2738	624	331	293
4666	1867	2799	1083	549	534
3149	1348	1801	638	351	287
2224	933	1291	389	192	197
11211	**3900**	**7311**	**1868**	**954**	**914**
5482	1782	3700	906	436	470
1613	519	1094	238	122	116
2692	1047	1645	493	267	226
1424	552	872	231	129	102
8171	**2825**	**5346**	**1188**	**596**	**592**
2648	863	1785	540	275	265
158	48	110	62	30	32
2122	828	1294	129	74	55
742	238	504	139	68	71
924	313	611	149	64	85
1577	535	1042	169	85	84
17160	**6468**	**10692**	**2065**	**1058**	**1007**
3252	1133	2119	680	346	334
2458	878	1580	385	196	189
1771	669	1102	273	151	122
739	283	456	135	72	63
3444	1422	2022	268	126	142
4023	1569	2454	175	91	84
1473	514	959	149	76	73

8-6 各地区分性别、主要生活

地区	失业保险金			财产性收入		
	小计	男	女	小计	男	女
酒泉市	**1**	**1**		**173**	**97**	**76**
肃州区	1	1		81	39	42
金塔县				19	13	6
瓜州县				19	13	6
肃北蒙古族自治县				5	2	3
阿克塞哈萨克族自治县				18	9	9
玉门市				19	14	5
敦煌市				12	7	5
庆阳市	**1**	**1**		**356**	**202**	**154**
西峰区				88	55	33
庆城县				51	27	24
环　县				27	20	7
华池县				10	4	6
合水县				23	10	13
正宁县				13	9	4
宁　县	1	1		95	51	44
镇原县				49	26	23
定西市	**1**		**1**	**174**	**101**	**73**
安定区				59	32	27
通渭县				15	7	8
陇西县				17	11	6
渭源县	1		1	11	6	5
临洮县				39	22	17
漳　县				16	9	7
岷　县				17	14	3
陇南市				**240**	**139**	**101**
武都区				59	32	27
成　县				29	19	10
文　县				12	10	2
宕昌县				17	8	9
康　县				17	9	8
西和县				26	17	9
礼　县				59	30	29
徽　县				19	13	6
两当县				2	1	1
临夏回族自治州				**109**	**64**	**45**
临夏市				18	10	8
临夏县				21	15	6
康乐县				5	4	1
永靖县				11	7	4
广河县				4	3	1
和政县				12	9	3
东乡族自治县				10	6	4
积石山保安族东乡族撒拉族自治县				28	10	18
甘南藏族自治州				**78**	**36**	**42**
合作市				11	4	7
临潭县				2	2	
卓尼县				2	1	1
舟曲县				5	3	2
迭部县				3	2	1
玛曲县				18	8	10
碌曲县				22	9	13
夏河县				15	7	8

来源的60岁及以上老年人口（续3）

单位：人

家庭其他成员供养			其他		
小计	男	女	小计	男	女
5537	**1931**	**3606**	**1143**	**559**	**584**
2176	686	1490	400	184	216
810	304	506	241	124	117
777	302	475	105	54	51
30	9	21	46	21	25
16	1	15	9	4	5
719	277	442	133	77	56
1009	352	657	209	95	114
17977	**6858**	**11119**	**3495**	**1723**	**1772**
2996	992	2004	432	199	233
1706	666	1040	467	225	242
2409	994	1415	424	222	202
841	335	506	114	55	59
1030	374	656	203	106	97
1415	499	916	284	149	135
3918	1540	2378	771	374	397
3662	1458	2204	800	393	407
22479	**8782**	**13697**	**2698**	**1332**	**1366**
3887	1534	2353	440	224	216
3495	1376	2119	708	352	356
3719	1414	2305	275	128	147
2451	984	1467	265	136	129
4673	1811	2862	503	253	250
1287	517	770	203	96	107
2967	1146	1821	304	143	161
20960	**8905**	**12055**	**4413**	**2341**	**2072**
4486	1926	2560	773	428	345
1973	815	1158	332	166	166
1652	684	968	503	265	238
1937	768	1169	442	209	233
1761	764	997	256	163	93
3066	1340	1726	641	352	289
3702	1584	2118	1116	564	552
1927	819	1108	289	158	131
456	205	251	61	36	25
17284	**7137**	**10147**	**2071**	**1035**	**1036**
2588	912	1676	237	113	124
3689	1597	2092	491	256	235
2048	850	1198	230	107	123
1756	656	1100	201	107	94
1967	864	1103	133	70	63
1609	670	939	117	53	64
1711	728	983	291	141	150
1916	860	1056	371	188	183
4578	**1758**	**2820**	**1235**	**564**	**671**
454	169	285	145	77	68
1206	485	721	98	44	54
661	252	409	272	127	145
1057	414	643	175	83	92
405	139	266	110	45	65
189	65	124	54	27	27
166	59	107	86	38	48
440	175	265	295	123	172

8-6a 各地区分性别、主要生活

地区	60岁及以上人口			劳动收入		
	合计	男	女	小计	男	女
合计	**99219**	**47309**	**51910**	**3935**	**2934**	**1001**
兰州市	**45480**	**21570**	**23910**	**1261**	**912**	**349**
城关区	22435	10573	11862	690	509	181
七里河区	9523	4587	4936	232	164	68
西固区	6688	3183	3505	172	124	48
安宁区	5301	2499	2802	123	82	41
红古区	1533	728	805	44	33	11
嘉峪关市	**4110**	**1974**	**2136**	**134**	**105**	**29**
市辖区	4110	1974	2136	134	105	29
金昌市	**3550**	**1645**	**1905**	**133**	**97**	**36**
金川区	3550	1645	1905	133	97	36
白银市	**6639**	**3157**	**3482**	**219**	**167**	**52**
白银区	4953	2350	2603	154	112	42
平川区	1668	796	872	59	49	10
靖远县	18	11	7	6	6	
天水市	**9035**	**4407**	**4628**	**469**	**359**	**110**
秦州区	4970	2394	2576	244	176	68
麦积区	4065	2013	2052	225	183	42
武威市	**4729**	**2246**	**2483**	**219**	**165**	**54**
凉州区	4729	2246	2483	219	165	54
张掖市	**3576**	**1720**	**1856**	**137**	**99**	**38**
甘州区	3569	1718	1851	136	99	37
肃南裕固族自治县	7	2	5	1		1
平凉市	**5361**	**2585**	**2776**	**252**	**201**	**51**
崆峒区	4618	2230	2388	219	174	45
华亭市	743	355	388	33	27	6
酒泉市	**5682**	**2665**	**3017**	**360**	**259**	**101**
肃州区	4152	1928	2224	203	142	61
玉门市	503	245	258	62	45	17
敦煌市	1027	492	535	95	72	23
庆阳市	**2764**	**1356**	**1408**	**187**	**149**	**38**
西峰区	2764	1356	1408	187	149	38
定西市	**2151**	**1036**	**1115**	**148**	**103**	**45**
安定区	2151	1036	1115	148	103	45
陇南市	**1581**	**786**	**795**	**115**	**90**	**25**
武都区	1560	777	783	113	89	24
康　县	21	9	12	2	1	1
临夏回族自治州	**4150**	**1977**	**2173**	**262**	**202**	**60**
临夏市	4042	1922	2120	254	197	57
临夏县	108	55	53	8	5	3
甘南藏族自治州	**411**	**185**	**226**	**39**	**26**	**13**
合作市	411	185	226	39	26	13

来源的60岁及以上老年人口（城市）

单位：人

离退休金/养老金			最低生活保障金		
小计	男	女	小计	男	女
69276	**36358**	**32918**	**2023**	**697**	**1326**
37415	**18614**	**18801**	**615**	**198**	**417**
18717	9130	9587	265	87	178
7827	3970	3857	107	35	72
5596	2807	2789	115	38	77
4245	2128	2117	73	27	46
1030	579	451	55	11	44
3121	**1643**	**1478**	**29**	**12**	**17**
3121	1643	1478	29	12	17
2546	**1357**	**1189**	**65**	**14**	**51**
2546	1357	1189	65	14	51
4571	**2513**	**2058**	**120**	**33**	**87**
3649	1911	1738	98	30	68
922	602	320	22	3	19
5830	**3073**	**2757**	**156**	**62**	**94**
3634	1841	1793	67	23	44
2196	1232	964	89	39	50
2963	**1702**	**1261**	**49**	**13**	**36**
2963	1702	1261	49	13	36
2467	**1310**	**1157**	**79**	**28**	**51**
2467	1310	1157	79	28	51
2883	**1665**	**1218**	**242**	**102**	**140**
2565	1439	1126	224	94	130
318	226	92	18	8	10
3036	**1687**	**1349**	**328**	**89**	**239**
2425	1333	1092	260	68	192
194	109	85	28	8	20
417	245	172	40	13	27
1362	**853**	**509**	**31**	**8**	**23**
1362	853	509	31	8	23
912	**563**	**349**	**31**	**9**	**22**
912	563	349	31	9	22
604	**393**	**211**	**73**	**33**	**40**
603	392	211	72	33	39
1	1		1		1
1445	**911**	**534**	**169**	**80**	**89**
1427	898	529	166	78	88
18	13	5	3	2	1
121	**74**	**47**	**36**	**16**	**20**
121	74	47	36	16	20

8-6a 各地区分性别、主要生活

地区	失业保险金			财产性收入		
	小计	男	女	小计	男	女
合计	**10**	**4**	**6**	**498**	**267**	**231**
兰州市	**2**	**1**	**1**	**161**	**78**	**83**
城关区				101	47	54
七里河区	1	1		29	14	15
西固区	1		1	14	6	8
安宁区				13	7	6
红古区				4	4	
嘉峪关市				**16**	**3**	**13**
市辖区				16	3	13
金昌市				**16**	**9**	**7**
金川区				16	9	7
白银市	**1**		**1**	**21**	**9**	**12**
白银区	1		1	8	3	5
平川区				8	3	5
靖远县				5	3	2
天水市	**1**		**1**	**74**	**45**	**29**
秦州区				44	26	18
麦积区	1		1	30	19	11
武威市	**2**	**1**	**1**	**22**	**13**	**9**
凉州区	2	1	1	22	13	9
张掖市	**2**	**1**	**1**	**13**	**10**	**3**
甘州区	2	1	1	13	10	3
肃南裕固族自治县						
平凉市	**1**		**1**	**11**	**8**	**3**
崆峒区	1		1	8	5	3
华亭市				3	3	
酒泉市	**1**	**1**		**38**	**22**	**16**
肃州区	1	1		30	16	14
玉门市				3	3	
敦煌市				5	3	2
庆阳市				**57**	**33**	**24**
西峰区				57	33	24
定西市				**22**	**13**	**9**
安定区				22	13	9
陇南市				**29**	**14**	**15**
武都区				29	14	15
康　县						
临夏回族自治州				**17**	**9**	**8**
临夏市				17	9	8
临夏县						
甘南藏族自治州				**1**	**1**	
合作市				1	1	

来源的60岁及以上老年人口（城市）（续）

单位：人

家庭其他成员供养			其他		
小计	男	女	小计	男	女
19714	**5424**	**14290**	**3763**	**1625**	**2138**
4891	**1270**	**3621**	**1135**	**497**	**638**
2195	599	1596	467	201	266
1067	276	791	260	127	133
650	150	500	140	58	82
625	163	462	222	92	130
354	82	272	46	19	27
721	**175**	**546**	**89**	**36**	**53**
721	175	546	89	36	53
655	**125**	**530**	**135**	**43**	**92**
655	125	530	135	43	92
1404	**342**	**1062**	**303**	**93**	**210**
890	250	640	153	44	109
507	90	417	150	49	101
7	2	5			
1966	**616**	**1350**	**539**	**252**	**287**
729	215	514	252	113	139
1237	401	836	287	139	148
1284	**278**	**1006**	**190**	**74**	**116**
1284	278	1006	190	74	116
743	**203**	**540**	**135**	**69**	**66**
737	201	536	135	69	66
6	2	4			
1666	**466**	**1200**	**306**	**143**	**163**
1311	384	927	290	134	156
355	82	273	16	9	7
1602	**460**	**1142**	**317**	**147**	**170**
1004	273	731	229	95	134
182	58	124	34	22	12
416	129	287	54	30	24
976	**253**	**723**	**151**	**60**	**91**
976	253	723	151	60	91
921	**296**	**625**	**117**	**52**	**65**
921	296	625	117	52	65
637	**198**	**439**	**123**	**58**	**65**
621	191	430	122	58	64
16	7	9	1		1
2072	**692**	**1380**	**185**	**83**	**102**
2009	665	1344	169	75	94
63	27	36	16	8	8
176	**50**	**126**	**38**	**18**	**20**
176	50	126	38	18	20

8-6b 各地区分性别、主要生活

地区	60岁及以上人口			劳动收入		
	合计	男	女	小计	男	女
合计	**73809**	**35898**	**37911**	**9024**	**6370**	**2654**
兰州市	**8370**	**4042**	**4328**	**699**	**512**	**187**
城关区	249	121	128	9	6	3
七里河区	761	363	398	55	39	16
西固区	656	307	349	33	23	10
安宁区						
红古区	316	155	161	10	9	1
永登县	2465	1169	1296	233	170	63
皋兰县	1068	507	561	149	106	43
榆中县	1850	921	929	165	118	47
兰州新区	1005	499	506	45	41	4
嘉峪关市	**64**	**26**	**38**	**23**	**16**	**7**
市辖区	64	26	38	23	16	7
金昌市	**1385**	**628**	**757**	**59**	**51**	**8**
金川区	25	12	13			
永昌县	1360	616	744	59	51	8
白银市	**5179**	**2472**	**2707**	**746**	**500**	**246**
白银区	92	45	47	42	22	20
平川区	272	127	145	35	26	9
靖远县	2054	959	1095	274	198	76
会宁县	1362	658	704	281	170	111
景泰县	1399	683	716	114	84	30
天水市	**9143**	**4525**	**4618**	**1079**	**790**	**289**
秦州区	729	366	363	78	59	19
麦积区	844	428	416	106	79	27
清水县	810	427	383	91	59	32
秦安县	1911	913	998	267	194	73
甘谷县	2470	1190	1280	247	189	58
武山县	1660	836	824	209	146	63
张家川回族自治县	719	365	354	81	64	17
武威市	**4197**	**2035**	**2162**	**657**	**449**	**208**
凉州区	1374	661	713	341	219	122
民勤县	799	394	405	135	91	44
古浪县	1108	547	561	124	94	30
天祝藏族自治县	916	433	483	57	45	12
张掖市	**4116**	**1965**	**2151**	**523**	**387**	**136**
甘州区	258	144	114	105	71	34
肃南裕固族自治县	147	64	83	12	8	4
民乐县	1046	497	549	84	71	13
临泽县	637	319	318	107	78	29
高台县	824	397	427	114	78	36
山丹县	1204	544	660	101	81	20
平凉市	**5319**	**2618**	**2701**	**767**	**548**	**219**
崆峒区	161	83	78	21	16	5
泾川县	1296	635	661	219	167	52
灵台县	658	322	336	79	62	17
崇信县	391	192	199	63	45	18
庄浪县	1100	534	566	131	83	48
静宁县	1250	612	638	203	137	66
华亭市	463	240	223	51	38	13

来源的60岁及以上老年人口（镇）

单位：人

离退休金/养老金			最低生活保障金		
小计	男	女	小计	男	女
17785	**11373**	**6412**	**3132**	**1500**	**1632**
2886	**1745**	**1141**	**340**	**155**	**185**
178	93	85	8	3	5
338	186	152	49	21	28
469	246	223	26	9	17
222	119	103	33	13	20
600	406	194	86	40	46
298	188	110	46	16	30
619	405	214	72	45	27
162	102	60	20	8	12
6	**3**	**3**	**3**	**1**	**2**
6	3	3	3	1	2
576	**336**	**240**	**80**	**27**	**53**
13	6	7			
563	330	233	80	27	53
1159	**783**	**376**	**116**	**62**	**54**
2	2		4	3	1
55	41	14	2		2
413	259	154	41	19	22
214	161	53	42	26	16
475	320	155	27	14	13
1531	**985**	**546**	**323**	**177**	**146**
32	21	11	37	25	12
225	135	90	47	27	20
203	129	74	41	26	15
348	222	126	34	19	15
339	207	132	93	45	48
265	179	86	59	31	28
119	92	27	12	4	8
1146	**736**	**410**	**117**	**57**	**60**
420	224	196	31	15	16
280	196	84	9	4	5
193	141	52	46	25	21
253	175	78	31	13	18
1072	**683**	**389**	**246**	**122**	**124**
3	3		40	29	11
54	32	22	3	2	1
195	138	57	33	16	17
206	122	84	36	17	19
264	178	86	68	31	37
350	210	140	66	27	39
1191	**837**	**354**	**210**	**107**	**103**
8	5	3	5	2	3
290	202	88	52	26	26
150	112	38	26	13	13
68	56	12	17	5	12
250	172	78	60	32	28
323	216	107	20	12	8
102	74	28	30	17	13

8-6b 各地区分性别、主要生活

地区	60岁及以上人口			劳动收入		
	合计	男	女	小计	男	女
酒泉市	**3389**	**1698**	**1691**	**643**	**443**	**200**
肃州区	433	221	212	192	125	67
金塔县	732	359	373	96	71	25
瓜州县	581	301	280	99	71	28
肃北蒙古族自治县	129	67	62	20	15	5
阿克塞哈萨克族自治县	114	50	64	9	5	4
玉门市	506	270	236	139	100	39
敦煌市	894	430	464	88	56	32
庆阳市	**7088**	**3457**	**3631**	**1154**	**776**	**378**
西峰区	116	55	61	16	11	5
庆城县	828	397	431	108	76	32
环　县	1031	500	531	92	64	28
华池县	386	190	196	56	41	15
合水县	558	268	290	95	61	34
正宁县	1004	491	513	240	151	89
宁　县	1754	860	894	339	228	111
镇原县	1411	696	715	208	144	64
定西市	**10054**	**4869**	**5185**	**1350**	**919**	**431**
安定区	506	245	261	110	72	38
通渭县	1136	598	538	140	100	40
陇西县	2754	1294	1460	313	224	89
渭源县	1059	543	516	206	141	65
临洮县	2728	1287	1441	335	218	117
漳　县	611	301	310	87	55	32
岷　县	1260	601	659	159	109	50
陇南市	**7954**	**3914**	**4040**	**681**	**505**	**176**
武都区	726	359	367	69	48	21
成　县	1370	663	707	123	88	35
文　县	728	360	368	82	60	22
宕昌县	824	399	425	94	67	27
康　县	547	281	266	43	35	8
西和县	1046	521	525	80	60	20
礼　县	1510	727	783	100	77	23
徽　县	927	462	465	71	55	16
两当县	276	142	134	19	15	4
临夏回族自治州	**5212**	**2542**	**2670**	**455**	**339**	**116**
临夏市	181	93	88	15	13	2
临夏县	630	310	320	59	46	13
康乐县	524	243	281	44	32	12
永靖县	1358	639	719	92	67	25
广河县	826	407	419	59	44	15
和政县	668	332	336	83	56	27
东乡族自治县	554	270	284	59	42	17
积石山保安族东乡族撒拉族自治县	471	248	223	44	39	5
甘南藏族自治州	**2339**	**1107**	**1232**	**188**	**135**	**53**
合作市	46	21	25	4	2	2
临潭县	535	261	274	43	31	12
卓尼县	402	204	198	30	25	5
舟曲县	474	219	255	37	25	12
迭部县	234	110	124	18	14	4
玛曲县	235	98	137	22	13	9
碌曲县	105	48	57	6	5	1
夏河县	308	146	162	28	20	8

来源的60岁及以上老年人口（镇）（续1）

单位：人

离退休金/养老金			最低生活保障金		
小计	男	女	小计	男	女
1183	**675**	**508**	**311**	**108**	**203**
47	21	26	19	10	9
192	120	72	116	40	76
163	106	57	73	28	45
40	28	12	3	1	2
51	25	26	11	6	5
104	58	46	48	17	31
586	317	269	41	6	35
1194	**893**	**301**	**312**	**138**	**174**
22	12	10			
146	111	35	25	12	13
249	189	60	62	24	38
83	63	20	21	9	12
132	93	39	22	7	15
165	117	48	23	11	12
197	157	40	58	28	30
200	151	49	101	47	54
2531	**1596**	**935**	**320**	**163**	**157**
21	19	2	23	15	8
222	163	59	44	20	24
912	531	381	76	37	39
214	146	68	41	27	14
692	432	260	66	28	38
155	108	47	26	14	12
315	197	118	44	22	22
1838	**1155**	**683**	**407**	**213**	**194**
117	67	50	46	29	17
317	194	123	48	24	24
238	146	92	22	8	14
177	111	66	69	34	35
125	82	43	33	20	13
259	175	84	36	20	16
214	141	73	115	56	59
282	172	110	24	13	11
109	67	42	14	9	5
977	**632**	**345**	**244**	**120**	**124**
6	3	3	4	1	3
24	16	8	38	17	21
113	76	37	16	7	9
527	313	214	30	15	15
57	43	14	30	11	19
135	98	37	66	38	28
50	30	20	46	24	22
65	53	12	14	7	7
495	**314**	**181**	**103**	**50**	**53**
3	1	2	1	1	
87	53	34	25	16	9
102	71	31	15	8	7
114	78	36	20	10	10
55	35	20	5	2	3
30	17	13	21	7	14
14	9	5	4	2	2
90	50	40	12	4	8

8-6b 各地区分性别、主要生活

地区	失业保险金			财产性收入		
	小计	男	女	小计	男	女
合计	**8**	**5**	**3**	**741**	**399**	**342**
兰州市	**7**	**4**	**3**	**84**	**42**	**42**
城关区						
七里河区				7	3	4
西固区				8	4	4
安宁区						
红古区						
永登县	7	4	3	11	5	6
皋兰县				2	1	1
榆中县				44	23	21
兰州新区				12	6	6
嘉峪关市						
市辖区						
金昌市				**82**	**39**	**43**
金川区						
永昌县				82	39	43
白银市				**18**	**11**	**7**
白银区						
平川区				4	1	3
靖远县				5	2	3
会宁县				8	7	1
景泰县				1	1	
天水市				**131**	**73**	**58**
秦州区				3	1	2
麦积区						
清水县				9	7	2
秦安县				54	24	30
甘谷县				29	20	9
武山县				25	14	11
张家川回族自治县				11	7	4
武威市				**19**	**11**	**8**
凉州区				7	2	5
民勤县				2	1	1
古浪县				1	1	
天祝藏族自治县				9	7	2
张掖市				**47**	**21**	**26**
甘州区				1	1	
肃南裕固族自治县				8	1	7
民乐县				5	3	2
临泽县				1	1	
高台县				2	1	1
山丹县				30	14	16
平凉市	**1**	**1**		**29**	**15**	**14**
崆峒区						
泾川县				2	1	1
灵台县				4	2	2
崇信县	1	1		4	1	3
庄浪县				4	4	
静宁县				9	3	6
华亭市				6	4	2

来源的60岁及以上老年人口（镇）（续2）

单位：人

家庭其他成员供养			其他		
小计	男	女	小计	男	女
36669	**13111**	**23558**	**6450**	**3140**	**3310**
3767	**1305**	**2462**	**587**	**279**	**308**
49	15	34	5	4	1
251	91	160	61	23	38
87	16	71	33	9	24
39	9	30	12	5	7
1386	475	911	142	69	73
516	170	346	57	26	31
840	274	566	110	56	54
599	255	344	167	87	80
30	**6**	**24**	**2**		**2**
30	6	24	2		2
469	**126**	**343**	**119**	**49**	**70**
11	5	6	1	1	
458	121	337	118	48	70
2662	**899**	**1763**	**478**	**217**	**261**
41	16	25	3	2	1
140	47	93	36	12	24
1115	392	723	206	89	117
709	246	463	108	48	60
657	198	459	125	66	59
5063	**1980**	**3083**	**1016**	**520**	**496**
472	200	272	107	60	47
400	153	247	66	34	32
360	156	204	106	50	56
1163	430	733	45	24	21
1434	555	879	328	174	154
867	347	520	235	119	116
367	139	228	129	59	70
1922	**617**	**1305**	**336**	**165**	**171**
505	167	338	70	34	36
319	84	235	54	18	36
592	198	394	152	88	64
506	168	338	60	25	35
2007	**644**	**1363**	**221**	**108**	**113**
92	30	62	17	10	7
49	12	37	21	9	12
701	253	448	28	16	12
228	70	158	59	31	28
329	94	235	47	15	32
608	185	423	49	27	22
2796	**934**	**1862**	**325**	**176**	**149**
117	55	62	10	5	5
638	190	448	95	49	46
350	101	249	49	32	17
186	57	129	52	27	25
584	208	376	71	35	36
671	230	441	24	14	10
250	93	157	24	14	10

8-6b 各地区分性别、主要生活

地区	失业保险金			财产性收入		
	小计	男	女	小计	男	女
酒泉市				**49**	**28**	**21**
肃州区				6	2	4
金塔县				4	4	
瓜州县				13	10	3
肃北蒙古族自治县				5	2	3
阿克塞哈萨克族自治县				18	9	9
玉门市				2		2
敦煌市				1	1	
庆阳市				**69**	**38**	**31**
西峰区				2	1	1
庆城县				16	7	9
环　县				11	7	4
华池县				3	2	1
合水县				10	5	5
正宁县				2	1	1
宁　县				14	10	4
镇原县				11	5	6
定西市				**68**	**36**	**32**
安定区						
通渭县				8	3	5
陇西县				12	7	5
渭源县				7	4	3
临洮县				29	15	14
漳　县				6	2	4
岷　县				6	5	1
陇南市				**98**	**59**	**39**
武都区				5	4	1
成　县				25	16	9
文　县				5	4	1
宕昌县				6	1	5
康　县				12	7	5
西和县				10	6	4
礼　县				18	9	9
徽　县				15	11	4
两当县				2	1	1
临夏回族自治州				**23**	**15**	**8**
临夏市				1	1	
临夏县						
康乐县				4	3	1
永靖县				8	4	4
广河县				3	2	1
和政县				2	2	
东乡族自治县				3	2	1
积石山保安族东乡族撒拉族自治县				2	1	1
甘南藏族自治州				**24**	**11**	**13**
合作市						
临潭县				2	2	
卓尼县				2	1	1
舟曲县				3	2	1
迭部县				3	2	1
玛曲县				2		2
碌曲县				7	2	5
夏河县				5	2	3

来源的60岁及以上老年人口（镇）（续3）

单位：人

家庭其他成员供养			其他		
小计	男	女	小计	男	女
928	**315**	**613**	**275**	**129**	**146**
162	59	103	7	4	3
250	88	162	74	36	38
203	66	137	30	20	10
27	7	20	34	14	20
16	1	15	9	4	5
166	67	99	47	28	19
104	27	77	74	23	51
3573	**1229**	**2344**	**786**	**383**	**403**
49	17	32	27	14	13
459	155	304	74	36	38
550	186	364	67	30	37
183	57	126	40	18	22
252	78	174	47	24	23
433	139	294	141	72	69
954	344	610	192	93	99
693	253	440	198	96	102
5086	**1825**	**3261**	**699**	**330**	**369**
309	115	194	43	24	19
497	191	306	225	121	104
1374	463	911	67	32	35
527	198	329	64	27	37
1474	537	937	132	57	75
289	100	189	48	22	26
616	221	395	120	47	73
4019	**1533**	**2486**	**911**	**449**	**462**
415	169	246	74	42	32
690	261	429	167	80	87
314	110	204	67	32	35
411	152	259	67	34	33
289	110	179	45	27	18
563	208	355	98	52	46
753	297	456	310	147	163
462	178	284	73	33	40
122	48	74	10	2	8
3162	**1261**	**1901**	**351**	**175**	**176**
122	57	65	33	18	15
451	195	256	58	36	22
284	101	183	63	24	39
638	211	427	63	29	34
649	294	355	28	13	15
350	123	227	32	15	17
335	139	196	61	33	28
333	141	192	13	7	6
1185	**437**	**748**	**344**	**160**	**184**
12	4	8	26	13	13
339	141	198	39	18	21
161	57	104	92	42	50
251	80	171	49	24	25
121	43	78	32	14	18
118	38	80	42	23	19
44	16	28	30	14	16
139	58	81	34	12	22

8-6c 各地区分性别、主要生活

地区	60岁及以上人口			劳动收入		
	合计	男	女	小计	男	女
合计	**237695**	**118096**	**119599**	**56908**	**36817**	**20091**
兰州市	**15639**	**7769**	**7870**	**3650**	**2417**	**1233**
城关区	209	106	103	43	30	13
七里河区	1314	665	649	205	150	55
西固区	670	313	357	133	90	43
安宁区						
红古区	654	312	342	194	120	74
永登县	3984	1892	2092	703	495	208
皋兰县	1381	717	664	532	352	180
榆中县	5926	3005	2921	1693	1057	636
兰州新区	1501	759	742	147	123	24
嘉峪关市	**369**	**188**	**181**	**117**	**84**	**33**
市辖区	369	188	181	117	84	33
金昌市	**2777**	**1367**	**1410**	**746**	**516**	**230**
金川区	676	319	357	242	150	92
永昌县	2101	1048	1053	504	366	138
白银市	**15614**	**7688**	**7926**	**4999**	**3014**	**1985**
白银区	1049	498	551	377	222	155
平川区	1124	541	583	245	159	86
靖远县	4519	2172	2347	1087	683	404
会宁县	6586	3313	3273	2776	1603	1173
景泰县	2336	1164	1172	514	347	167
天水市	**30360**	**15310**	**15050**	**5919**	**4009**	**1910**
秦州区	3946	2015	1931	708	495	213
麦积区	4372	2209	2163	693	509	184
清水县	2870	1442	1428	636	409	227
秦安县	6380	3255	3125	1465	976	489
甘谷县	5971	2972	2999	1334	895	439
武山县	4051	2080	1971	747	494	253
张家川回族自治县	2770	1337	1433	336	231	105
武威市	**17410**	**8672**	**8738**	**5664**	**3628**	**2036**
凉州区	8959	4454	4505	3388	2113	1275
民勤县	3159	1578	1581	1328	845	483
古浪县	3600	1783	1817	721	506	215
天祝藏族自治县	1692	857	835	227	164	63
张掖市	**11873**	**5882**	**5991**	**3663**	**2429**	**1234**
甘州区	4501	2252	2249	1570	1021	549
肃南裕固族自治县	305	146	159	58	39	19
民乐县	2233	1109	1124	417	303	114
临泽县	1483	758	725	699	452	247
高台县	1593	803	790	636	405	231
山丹县	1758	814	944	283	209	74
平凉市	**23380**	**11659**	**11721**	**5874**	**3927**	**1947**
崆峒区	3456	1704	1752	797	558	239
泾川县	3617	1785	1832	1046	684	362
灵台县	2659	1361	1298	581	442	139
崇信县	971	484	487	208	144	64
庄浪县	5108	2495	2613	1273	763	510
静宁县	6005	3055	2950	1652	1110	542
华亭市	1564	775	789	317	226	91

来源的60岁及以上老年人口（乡村）

单位：人

离退休金/养老金			最低生活保障金		
小计	男	女	小计	男	女
18723	**10726**	**7997**	**15722**	**8481**	**7241**
1972	**1090**	**882**	**826**	**441**	**385**
77	37	40	7	5	2
382	199	183	43	28	15
218	101	117	95	37	58
104	60	44	27	10	17
308	174	134	213	115	98
124	74	50	76	38	38
550	325	225	316	177	139
209	120	89	49	31	18
112	**50**	**62**	**13**	**8**	**5**
112	50	62	13	8	5
231	**127**	**104**	**113**	**57**	**56**
64	32	32	25	12	13
167	95	72	88	45	43
865	**557**	**308**	**756**	**388**	**368**
97	55	42	78	37	41
71	55	16	38	19	19
203	124	79	146	75	71
370	242	128	285	152	133
124	81	43	209	105	104
2257	**1343**	**914**	**1833**	**992**	**841**
362	207	155	245	129	116
378	221	157	311	161	150
198	119	79	191	99	92
528	318	210	322	182	140
372	231	141	263	148	115
266	157	109	344	190	154
153	90	63	157	83	74
1490	**821**	**669**	**804**	**442**	**362**
825	452	373	361	200	161
277	147	130	65	40	25
162	102	60	242	127	115
226	120	106	136	75	61
901	**485**	**416**	**884**	**470**	**414**
347	194	153	345	191	154
44	27	17	43	18	25
100	56	44	145	88	57
66	36	30	77	35	42
78	39	39	168	84	84
266	133	133	106	54	52
1497	**928**	**569**	**1767**	**933**	**834**
185	109	76	242	121	121
146	100	46	296	154	142
158	95	63	254	124	130
50	35	15	72	31	41
391	217	174	381	206	175
428	287	141	396	227	169
139	85	54	126	70	56

8-6c 各地区分性别、主要生活

地区	60岁及以上人口			劳动收入		
	合计	男	女	小计	男	女
酒泉市	**7636**	**3945**	**3691**	**2820**	**1894**	**926**
肃州区	2868	1450	1418	1207	796	411
金塔县	1516	794	722	516	351	165
瓜州县	1188	606	582	350	242	108
肃北蒙古族自治县	24	16	8	7	5	2
阿克塞哈萨克族自治县	2	1	1	2	1	1
玉门市	815	432	383	300	204	96
敦煌市	1223	646	577	438	295	143
庆阳市	**27227**	**13563**	**13664**	**7455**	**4737**	**2718**
西峰区	3452	1669	1783	790	533	257
庆城县	2733	1345	1388	748	463	285
环　县	3727	1891	1836	804	517	287
华池县	1506	783	723	556	354	202
合水县	1859	943	916	608	386	222
正宁县	2334	1162	1172	941	575	366
宁　县	5622	2757	2865	1383	882	501
镇原县	5994	3013	2981	1625	1027	598
定西市	**32347**	**16008**	**16339**	**9666**	**5911**	**3755**
安定区	5272	2697	2575	1713	1063	650
通渭县	5677	2792	2885	1476	933	543
陇西县	4639	2315	2324	1486	921	565
渭源县	3973	2014	1959	1246	755	491
临洮县	6329	3153	3176	2008	1251	757
漳　县	1906	940	966	424	264	160
岷　县	4551	2097	2454	1313	724	589
陇南市	**28092**	**14175**	**13917**	**3288**	**2246**	**1042**
武都区	5887	3052	2835	749	508	241
成　县	2173	1108	1065	302	221	81
文　县	2789	1427	1362	533	342	191
宕昌县	2902	1325	1577	445	259	186
康　县	2259	1181	1078	175	145	30
西和县	4211	2134	2077	215	160	55
礼　县	4980	2421	2559	410	275	135
徽　县	2335	1233	1102	364	268	96
两当县	556	294	262	95	68	27
临夏回族自治州	**19256**	**9308**	**9948**	**2419**	**1615**	**804**
临夏市	693	330	363	85	59	26
临夏县	4683	2282	2401	425	312	113
康乐县	2896	1374	1522	424	266	158
永靖县	1902	924	978	327	230	97
广河县	1857	886	971	232	153	79
和政县	2045	1004	1041	405	246	159
东乡族自治县	2462	1168	1294	274	177	97
积石山保安族东乡族撒拉族自治县	2718	1340	1378	247	172	75
甘南藏族自治州	**5715**	**2562**	**3153**	**628**	**390**	**238**
合作市	414	188	226	30	17	13
临潭县	1366	640	726	228	147	81
卓尼县	900	401	499	67	39	28
舟曲县	1414	661	753	131	89	42
迭部县	491	199	292	39	23	16
玛曲县	133	52	81	20	10	10
碌曲县	226	89	137	23	13	10
夏河县	771	332	439	90	52	38

来源的60岁及以上老年人口（乡村）（续1）

单位：人

离退休金/养老金			最低生活保障金		
小计	男	女	小计	男	女
693	**334**	**359**	**479**	**231**	**248**
281	120	161	161	74	87
152	76	76	106	54	52
111	59	52	72	32	40
			2	2	
46	20	26	32	18	14
103	59	44	106	51	55
2106	**1278**	**828**	**1449**	**760**	**689**
276	209	67	132	59	73
210	111	99	100	51	49
440	227	213	251	134	117
111	62	49	100	50	50
240	141	99	64	33	31
146	90	56	111	52	59
312	196	116	302	160	142
371	242	129	389	221	168
1791	**1049**	**742**	**2451**	**1385**	**1066**
230	136	94	355	208	147
392	252	140	321	187	134
224	130	94	371	213	158
238	148	90	359	214	145
255	157	98	486	268	218
163	92	71	156	86	70
289	134	155	403	209	194
2456	**1389**	**1067**	**2552**	**1466**	**1086**
541	302	239	545	334	211
158	99	59	261	145	116
251	145	106	224	127	97
210	97	113	335	171	164
126	74	52	287	177	110
584	329	255	350	202	148
428	238	190	346	183	163
126	89	37	160	108	52
32	16	16	44	19	25
1744	**967**	**777**	**1439**	**725**	**714**
93	51	42	23	10	13
368	214	154	277	154	123
284	155	129	256	120	136
213	113	100	103	55	48
116	66	50	85	39	46
126	88	38	160	78	82
284	149	135	291	141	150
260	131	129	244	128	116
608	**308**	**300**	**356**	**183**	**173**
19	5	14	8	2	6
97	54	43	115	69	46
101	55	46	52	27	25
250	130	120	99	48	51
45	26	19	45	23	22
			14	3	11
9	2	7	1		1
87	36	51	22	11	11

8-6c 各地区分性别、主要生活

地区	失业保险金			财产性收入		
	小计	男	女	小计	男	女
合计	**12**	**6**	**6**	**1557**	**878**	**679**
兰州市	**4**	**2**	**2**	**87**	**52**	**35**
城关区				7	3	4
七里河区				14	9	5
西固区						
安宁区						
红古区				2	1	1
永登县				12	8	4
皋兰县				3	1	2
榆中县				26	17	9
兰州新区	4	2	2	23	13	10
嘉峪关市				**10**	**6**	**4**
市辖区				10	6	4
金昌市				**306**	**148**	**158**
金川区				13	5	8
永昌县				293	143	150
白银市	**1**	**1**		**27**	**18**	**9**
白银区				4	3	1
平川区				6	4	2
靖远县	1	1		1	1	
会宁县				15	9	6
景泰县				1	1	
天水市	**1**	**1**		**109**	**69**	**40**
秦州区				24	12	12
麦积区				26	16	10
清水县				6	5	1
秦安县	1	1		22	13	9
甘谷县				15	11	4
武山县				9	6	3
张家川回族自治县				7	6	1
武威市				**105**	**61**	**44**
凉州区				46	24	22
民勤县				11	7	4
古浪县				34	20	14
天祝藏族自治县				14	10	4
张掖市	**4**	**1**	**3**	**168**	**100**	**68**
甘州区	4	1	3	28	17	11
肃南裕固族自治县				16	7	9
民乐县				49	29	20
临泽县				47	30	17
高台县				14	7	7
山丹县				14	10	4
平凉市				**110**	**64**	**46**
崆峒区				28	15	13
泾川县				19	12	7
灵台县				21	13	8
崇信县				5	3	2
庄浪县				6	4	2
静宁县				26	15	11
华亭市				5	2	3

来源的60岁及以上老年人口（乡村）（续2）

单位：人

家庭其他成员供养			其他		
小计	男	女	小计	男	女
124807	**50971**	**73836**	**19966**	**10217**	**9749**
8064	**3264**	**4800**	**1036**	**503**	**533**
58	23	35	17	8	9
536	215	321	134	64	70
179	64	115	45	21	24
295	106	189	32	15	17
2468	972	1496	280	128	152
557	206	351	89	46	43
2979	1245	1734	362	184	178
992	433	559	77	37	40
89	**25**	**64**	**28**	**15**	**13**
89	25	64	28	15	13
1176	**415**	**761**	**205**	**104**	**101**
279	96	183	53	24	29
897	319	578	152	80	72
7645	**3065**	**4580**	**1321**	**645**	**676**
446	159	287	47	22	25
627	236	391	137	68	69
2660	1089	1571	421	199	222
2689	1082	1607	451	225	226
1223	499	724	265	131	134
17231	**7329**	**9902**	**3010**	**1567**	**1443**
2273	994	1279	334	178	156
2528	1081	1447	436	221	215
1596	689	907	243	121	122
3463	1458	2005	579	307	272
3232	1312	1920	755	375	380
2282	1001	1281	403	232	171
1857	794	1063	260	133	127
8005	**3005**	**5000**	**1342**	**715**	**627**
3693	1337	2356	646	328	318
1294	435	859	184	104	80
2100	849	1251	341	179	162
918	384	534	171	104	67
5421	**1978**	**3443**	**832**	**419**	**413**
1819	632	1187	388	196	192
103	34	69	41	21	20
1421	575	846	101	58	43
514	168	346	80	37	43
595	219	376	102	49	53
969	350	619	120	58	62
12698	**5068**	**7630**	**1434**	**739**	**695**
1824	694	1130	380	207	173
1820	688	1132	290	147	143
1421	568	853	224	119	105
553	226	327	83	45	38
2860	1214	1646	197	91	106
3352	1339	2013	151	77	74
868	339	529	109	53	56

8-6c 各地区分性别、主要生活

地区	失业保险金			财产性收入		
	小计	男	女	小计	男	女
酒泉市				**86**	**47**	**39**
肃州区				45	21	24
金塔县				15	9	6
瓜州县				6	3	3
肃北蒙古族自治县						
阿克塞哈萨克族自治县						
玉门市				14	11	3
敦煌市				6	3	3
庆阳市	**1**	**1**		**230**	**131**	**99**
西峰区				29	21	8
庆城县				35	20	15
环　县				16	13	3
华池县				7	2	5
合水县				13	5	8
正宁县				11	8	3
宁　县	1	1		81	41	40
镇原县				38	21	17
定西市	**1**		**1**	**84**	**52**	**32**
安定区				37	19	18
通渭县				7	4	3
陇西县				5	4	1
渭源县	1		1	4	2	2
临洮县				10	7	3
漳　县				10	7	3
岷　县				11	9	2
陇南市				**113**	**66**	**47**
武都区				25	14	11
成　县				4	3	1
文　县				7	6	1
宕昌县				11	7	4
康　县				5	2	3
西和县				16	11	5
礼　县				41	21	20
徽　县				4	2	2
两当县						
临夏回族自治州				**69**	**40**	**29**
临夏市						
临夏县				21	15	6
康乐县				1	1	
永靖县				3	3	
广河县				1	1	
和政县				10	7	3
东乡族自治县				7	4	3
积石山保安族东乡族撒拉族自治县				26	9	17
甘南藏族自治州				**53**	**24**	**29**
合作市				10	3	7
临潭县						
卓尼县						
舟曲县				2	1	1
迭部县						
玛曲县				16	8	8
碌曲县				15	7	8
夏河县				10	5	5

来源的60岁及以上老年人口（乡村）（续3）

单位：人

家庭其他成员供养			其他		
小计	男	女	小计	男	女
3007	**1156**	**1851**	**551**	**283**	**268**
1010	354	656	164	85	79
560	216	344	167	88	79
574	236	338	75	34	41
3	2	1	12	7	5
371	152	219	52	27	25
489	196	293	81	42	39
13428	**5376**	**8052**	**2558**	**1280**	**1278**
1971	722	1249	254	125	129
1247	511	736	393	189	204
1859	808	1051	357	192	165
658	278	380	74	37	37
778	296	482	156	82	74
982	360	622	143	77	66
2964	1196	1768	579	281	298
2969	1205	1764	602	297	305
16472	**6661**	**9811**	**1882**	**950**	**932**
2657	1123	1534	280	148	132
2998	1185	1813	483	231	252
2345	951	1394	208	96	112
1924	786	1138	201	109	92
3199	1274	1925	371	196	175
998	417	581	155	74	81
2351	925	1426	184	96	88
16304	**7174**	**9130**	**3379**	**1834**	**1545**
3450	1566	1884	577	328	249
1283	554	729	165	86	79
1338	574	764	436	233	203
1526	616	910	375	175	200
1456	647	809	210	136	74
2503	1132	1371	543	300	243
2949	1287	1662	806	417	389
1465	641	824	216	125	91
334	157	177	51	34	17
12050	**5184**	**6866**	**1535**	**777**	**758**
457	190	267	35	20	15
3175	1375	1800	417	212	205
1764	749	1015	167	83	84
1118	445	673	138	78	60
1318	570	748	105	57	48
1259	547	712	85	38	47
1376	589	787	230	108	122
1583	719	864	358	181	177
3217	**1271**	**1946**	**853**	**386**	**467**
266	115	151	81	46	35
867	344	523	59	26	33
500	195	305	180	85	95
806	334	472	126	59	67
284	96	188	78	31	47
71	27	44	12	4	8
122	43	79	56	24	32
301	117	184	261	111	150

8-7 全省分年龄、性别、

年龄	15 岁及以上人口			劳动收入		
	合计	男	女	小计	男	女
合计	**1910067**	**951148**	**958919**	**998358**	**598478**	**399880**
45 岁以下	**866679**	**432091**	**434588**	**520720**	**303044**	**217676**
45–49 岁	**212701**	**106882**	**105819**	**156780**	**90689**	**66091**
45	31963	15990	15973	23850	13783	10067
46	40020	20024	19996	29958	17192	12766
47	45346	22797	22549	33692	19383	14309
48	48132	24153	23979	35265	20406	14859
49	47240	23918	23322	34015	19925	14090
50–54 岁	**238822**	**119595**	**119227**	**155247**	**95240**	**60007**
50	51767	25458	26309	35472	21008	14464
51	47357	23820	23537	31495	19226	12269
52	51786	25844	25942	33657	20669	12988
53	41337	21015	20322	26059	16358	9701
54	46575	23458	23117	28564	17979	10585
55–59 岁	**181142**	**91277**	**89865**	**95744**	**63384**	**32360**
55	42507	21640	20867	24291	15822	8469
56	42350	21251	21099	22922	15111	7811
57	43158	21971	21187	22482	15204	7278
58	36095	18132	17963	18164	12099	6065
59	17032	8283	8749	7885	5148	2737
60–64 岁	**108538**	**55687**	**52851**	**33195**	**21777**	**11418**
60	19855	10258	9597	7315	4867	2448
61	16119	8253	7866	4998	3280	1718
62	21662	11330	10332	6427	4271	2156
63	25674	13211	12463	7560	4940	2620
64	25228	12635	12593	6895	4419	2476
65–69 岁	**116007**	**57351**	**58656**	**24141**	**15817**	**8324**
65	25661	12956	12705	6435	4241	2194
66	24659	12250	12409	5507	3585	1922
67	23035	11415	11620	4740	3103	1637
68	22918	11255	11663	4307	2840	1467
69	19734	9475	10259	3152	2048	1104
70–74 岁	**83240**	**40129**	**43111**	**8831**	**5986**	**2845**
70	19009	9326	9683	2626	1754	872
71	17895	8844	9051	2090	1433	657
72	15740	7737	8003	1582	1065	517
73	16063	7703	8360	1392	981	411
74	14533	6519	8014	1141	753	388
75–79 岁	**56826**	**27029**	**29797**	**2859**	**2001**	**858**
75	12912	6037	6875	844	618	226
76	12706	6136	6570	713	498	215
77	11448	5475	5973	573	400	173
78	10409	4939	5470	425	280	145
79	9351	4442	4909	304	205	99
80–84 岁	**31716**	**14689**	**17027**	**668**	**434**	**234**
80	8753	4131	4622	208	137	71
81	6864	3185	3679	153	100	53
82	6309	2911	3398	133	81	52
83	5436	2532	2904	95	65	30
84	4354	1930	2424	79	51	28
85–89 岁	**11685**	**5241**	**6444**	**150**	**97**	**53**
85	3424	1542	1882	50	39	11
86	2842	1255	1587	45	26	19
87	2409	1053	1356	23	16	7
88	1661	761	900	18	10	8
89	1349	630	719	14	6	8
90–94 岁	**2251**	**1002**	**1249**	**18**	**9**	**9**
90	986	435	551	8	5	3
91	428	193	235	3	1	2
92	366	156	210			
93	285	140	145	5	3	2
94	186	78	108	2		2
95–99 岁	**408**	**164**	**244**	**5**		**5**
95	150	61	89	2		2
96	109	46	63	1		1
97	69	32	37			
98	47	17	30	1		1
99	33	8	25	1		1
100 岁及以上	**52**	**11**	**41**			

主要生活来源人口

单位：人

离退休金 / 养老金			最低生活保障金		
小计	男	女	小计	男	女
140824	**65462**	**75362**	**41805**	**22567**	**19238**
51	**25**	**26**	**8282**	**4426**	**3856**
1668	**92**	**1576**	**4012**	**2304**	**1708**
127	13	114	594	325	269
226	15	211	734	407	327
316	14	302	906	527	379
399	27	372	901	521	380
600	23	577	877	524	353
12194	**1444**	**10750**	**4714**	**2889**	**1825**
2020	175	1845	1027	616	411
2315	240	2075	892	533	359
2800	291	2509	976	604	372
2195	264	1931	860	556	304
2864	474	2390	959	580	379
21127	**5444**	**15683**	**3920**	**2270**	**1650**
4243	924	3319	917	564	353
4826	1186	3640	888	534	354
5436	1349	4087	913	532	381
4277	1190	3087	786	422	364
2345	795	1550	416	218	198
27958	**15123**	**12835**	**3807**	**2061**	**1746**
4763	2459	2304	564	305	259
4541	2414	2127	494	253	241
5931	3215	2716	735	415	320
6459	3601	2858	994	525	469
6264	3434	2830	1020	563	457
28618	**16108**	**12510**	**5743**	**3013**	**2730**
6160	3457	2703	1169	641	528
6352	3574	2778	1216	660	556
5784	3286	2498	1111	582	529
5534	3122	2412	1199	604	595
4788	2669	2119	1048	526	522
19934	**11221**	**8713**	**5117**	**2617**	**2500**
4671	2696	1975	1075	577	498
4308	2479	1829	1096	560	536
3769	2111	1658	968	494	474
3726	2075	1651	1041	548	493
3460	1860	1600	937	438	499
14836	**7917**	**6919**	**3614**	**1827**	**1787**
3093	1703	1390	835	393	442
3144	1679	1465	834	458	376
2942	1559	1383	751	382	369
2961	1522	1439	608	301	307
2696	1454	1242	586	293	293
9842	**5431**	**4411**	**1801**	**834**	**967**
2651	1464	1187	535	273	262
2122	1171	951	396	184	212
1922	1064	858	375	148	227
1738	973	765	270	131	139
1409	759	650	225	98	127
3707	**2111**	**1596**	**642**	**272**	**370**
1095	605	490	198	87	111
885	497	388	157	65	92
759	434	325	120	48	72
523	311	212	86	31	55
445	264	181	81	41	40
760	**471**	**289**	**130**	**46**	**84**
327	206	121	60	22	38
157	94	63	17	5	12
114	67	47	21	8	13
94	63	31	20	7	13
68	41	27	12	4	8
124	**74**	**50**	**19**	**6**	**13**
48	29	19	3	1	2
32	18	14	5	2	3
24	17	7	5	2	3
11	8	3	2	1	1
9	2	7	4		4
5	**1**	**4**	**4**	**2**	**2**

8-7 全省分年龄、性别、

年龄	失业保险金			财产性收入		
	小计	男	女	小计	男	女
合计	**302**	**169**	**133**	**14516**	**8061**	**6455**
45 岁以下	**129**	**64**	**65**	**5528**	**3007**	**2521**
45–49 岁	**77**	**39**	**38**	**1917**	**1035**	**882**
45	14	6	8	282	145	137
46	12	6	6	366	198	168
47	15	7	8	378	199	179
48	22	13	9	463	254	209
49	14	7	7	428	239	189
50–54 岁	**50**	**40**	**10**	**2368**	**1342**	**1026**
50	11	8	3	488	269	219
51	5	3	2	496	292	204
52	12	11	1	519	295	224
53	10	8	2	399	234	165
54	12	10	2	466	252	214
55–59 岁	**16**	**11**	**5**	**1907**	**1133**	**774**
55	8	7	1	437	251	186
56	3	2	1	420	251	169
57	1	1		472	288	184
58	4	1	3	399	248	151
59				179	95	84
60–64 岁	**9**	**5**	**4**	**961**	**531**	**430**
60	2		2	187	106	81
61	3	2	1	144	81	63
62	1		1	157	89	68
63	2	2		241	138	103
64	1	1		232	117	115
65–69 岁	**9**	**3**	**6**	**954**	**532**	**422**
65	3	1	2	236	133	103
66	1		1	208	112	96
67	2	1	1	189	101	88
68	1		1	170	100	70
69	2	1	1	151	86	65
70–74 岁	**8**	**4**	**4**	**491**	**269**	**222**
70	2		2	147	87	60
71	2	2		115	54	61
72	2	2		96	53	43
73	1		1	78	48	30
74	1		1	55	27	28
75–79 岁	**2**	**1**	**1**	**256**	**143**	**113**
75	1	1		74	38	36
76	1		1	57	32	25
77				51	32	19
78				37	17	20
79				37	24	13
80–84 岁	**2**	**2**		**98**	**46**	**52**
80				20	10	10
81				37	17	20
82				21	9	12
83	1	1		9	4	5
84	1	1		11	6	5
85–89 岁				**31**	**22**	**9**
85				11	7	4
86				10	9	1
87				9	6	3
88				1		1
89						
90–94 岁				**4**	**1**	**3**
90						
91				1		1
92				2	1	1
93						
94				1		1
95–99 岁						
95						
96						
97						
98						
99						
100 岁及以上				**1**		**1**

主要生活来源的人口（续）

单位：人

家庭其他成员供养			其他		
小计	男	女	小计	男	女
565047	**184695**	**380352**	**149215**	**71716**	**77499**
266715	**90860**	**175855**	**65254**	**30665**	**34589**
30415	**4290**	**26125**	**17832**	**8433**	**9399**
4444	510	3934	2652	1208	1444
5432	679	4753	3292	1527	1765
6312	879	5433	3727	1788	1939
7042	1042	6000	4040	1890	2150
7185	1180	6005	4121	2020	2101
43914	**8830**	**35084**	**20335**	**9810**	**10525**
8419	1354	7065	4330	2028	2302
8121	1579	6542	4033	1947	2086
9447	1879	7568	4375	2095	2280
8210	1815	6395	3604	1780	1824
9717	2203	7514	3993	1960	2033
42813	**11209**	**31604**	**15615**	**7826**	**7789**
8961	2237	6724	3650	1835	1815
9598	2328	7270	3693	1839	1854
10224	2741	7483	3630	1856	1774
9305	2593	6712	3160	1579	1581
4725	1310	3415	1482	717	765
34284	**11910**	**22374**	**8324**	**4280**	**4044**
5427	1707	3720	1597	814	783
4729	1597	3132	1210	626	584
6704	2403	4301	1707	937	770
8531	3054	5477	1887	951	936
8893	3149	5744	1923	952	971
47588	**17396**	**30192**	**8954**	**4482**	**4472**
9685	3453	6232	1973	1030	943
9502	3402	6100	1873	917	956
9422	3435	5987	1787	907	880
9931	3711	6220	1776	878	898
9048	3395	5653	1545	750	795
42638	**16980**	**25658**	**6221**	**3052**	**3169**
9074	3521	5553	1414	691	723
8870	3604	5266	1414	712	702
8167	3408	4759	1156	604	552
8622	3476	5146	1203	575	628
7905	2971	4934	1034	470	564
31338	**13224**	**18114**	**3921**	**1916**	**2005**
7110	2838	4272	955	446	509
7103	3048	4055	854	421	433
6356	2717	3639	775	385	390
5649	2458	3191	729	361	368
5120	2163	2957	608	303	305
17422	**7052**	**10370**	**1883**	**890**	**993**
4814	1997	2817	525	250	275
3748	1511	2237	408	202	206
3464	1429	2035	394	180	214
3002	1202	1800	321	156	165
2394	913	1481	235	102	133
6465	**2454**	**4011**	**690**	**285**	**405**
1867	719	1148	203	85	118
1572	589	983	173	69	104
1355	491	864	143	58	85
940	372	568	93	37	56
731	283	448	78	36	42
1180	**407**	**773**	**159**	**68**	**91**
518	167	351	73	35	38
215	82	133	35	11	24
201	69	132	28	11	17
153	59	94	13	8	5
93	30	63	10	3	7
240	**78**	**162**	**20**	**6**	**14**
89	29	60	8	2	6
67	24	43	4	2	2
37	12	25	3	1	2
31	8	23	2		2
16	5	11	3	1	2
35	**5**	**30**	**7**	**3**	**4**

8-7a 全省分年龄、性别、

年龄	15岁及以上人口			劳动收入		
	合计	男	女	小计	男	女
合计	**544678**	**268230**	**276448**	**275258**	**165089**	**110169**
45岁以下	**284251**	**140074**	**144177**	**179052**	**100383**	**78669**
45–49岁	**57653**	**29180**	**28473**	**42687**	**25252**	**17435**
45	9401	4751	4650	7133	4178	2955
46	11062	5587	5475	8374	4913	3461
47	12304	6236	6068	9198	5386	3812
48	12710	6410	6300	9317	5530	3787
49	12176	6196	5980	8665	5245	3420
50–54岁	**57548**	**28889**	**28659**	**32873**	**22754**	**10119**
50	12754	6424	6330	8131	5304	2827
51	11801	5944	5857	6944	4740	2204
52	12691	6364	6327	7195	5036	2159
53	9457	4740	4717	5039	3642	1397
54	10845	5417	5428	5564	4032	1532
55–59岁	**46007**	**22778**	**23229**	**16711**	**13766**	**2945**
55	10756	5370	5386	4503	3565	938
56	10887	5447	5440	4178	3441	737
57	11435	5647	5788	4037	3410	627
58	8765	4304	4461	2874	2404	470
59	4164	2010	2154	1119	946	173
60–64岁	**28884**	**14260**	**14624**	**2318**	**1753**	**565**
60	5505	2714	2791	653	501	152
61	4737	2340	2397	389	294	95
62	6000	2981	3019	449	334	115
63	6580	3282	3298	463	341	122
64	6062	2943	3119	364	283	81
65–69岁	**27044**	**13256**	**13788**	**1132**	**840**	**292**
65	6116	3050	3066	336	259	77
66	6122	3004	3118	275	202	73
67	5475	2667	2808	216	167	49
68	5034	2458	2576	163	114	49
69	4297	2077	2220	142	98	44
70–74岁	**17372**	**8169**	**9203**	**316**	**224**	**92**
70	4123	2022	2101	113	75	38
71	3764	1833	1931	66	46	20
72	3265	1551	1714	49	37	12
73	3277	1507	1770	54	44	10
74	2943	1256	1687	34	22	12
75–79岁	**12687**	**5410**	**7277**	**105**	**77**	**28**
75	2668	1175	1493	23	18	5
76	2671	1140	1531	27	22	5
77	2506	1054	1452	24	17	7
78	2534	1057	1477	17	10	7
79	2308	984	1324	14	10	4
80–84岁	**8824**	**4087**	**4737**	**48**	**29**	**19**
80	2285	1086	1199	10	6	4
81	1911	858	1053	12	8	4
82	1780	821	959	11	5	6
83	1575	753	822	9	6	3
84	1273	569	704	6	4	2
85–89岁	**3515**	**1666**	**1849**	**14**	**10**	**4**
85	1024	477	547	7	6	1
86	862	396	466	4	3	1
87	700	341	359			
88	508	247	261	2	1	1
89	421	205	216	1		1
90–94岁	**763**	**399**	**364**	**2**	**1**	**1**
90	328	175	153			
91	156	82	74			
92	111	54	57			
93	97	53	44	1	1	
94	71	35	36	1		1
95–99岁	**121**	**60**	**61**			
95	40	21	19			
96	36	17	19			
97	27	14	13			
98	10	6	4			
99	8	2	6			
100岁及以上	**9**	**2**	**7**			

主要生活来源的人口（城市）

单位：人

离退休金 / 养老金			最低生活保障金		
小计	男	女	小计	男	女
96538	**41623**	**54915**	**6287**	**2829**	**3458**
35	**16**	**19**	**1510**	**698**	**812**
1287	**76**	**1211**	**937**	**409**	**528**
103	13	90	148	55	93
178	11	167	157	67	90
236	11	225	194	86	108
304	22	282	234	110	124
466	19	447	204	91	113
9377	**1054**	**8323**	**1066**	**592**	**474**
1510	118	1392	254	145	109
1806	178	1628	215	112	103
2174	217	1957	231	128	103
1689	189	1500	171	95	76
2198	352	1846	195	112	83
16563	**4119**	**12444**	**751**	**433**	**318**
3344	718	2626	190	109	81
3775	898	2877	180	109	71
4295	1032	3263	175	102	73
3320	871	2449	145	78	67
1829	600	1229	61	35	26
19638	**10189**	**9449**	**456**	**195**	**261**
3561	1761	1800	88	42	46
3317	1699	1618	66	30	36
4212	2179	2033	96	46	50
4427	2380	2047	112	35	77
4121	2170	1951	94	42	52
18530	**10020**	**8510**	**518**	**202**	**316**
4091	2226	1865	118	54	64
4191	2269	1922	123	49	74
3779	2031	1748	101	35	66
3479	1883	1596	101	32	69
2990	1611	1379	75	32	43
12034	**6421**	**5613**	**454**	**156**	**298**
2901	1586	1315	95	41	54
2564	1409	1155	106	41	65
2294	1221	1073	77	27	50
2238	1175	1063	99	25	74
2037	1030	1007	77	22	55
9020	**4343**	**4677**	**314**	**88**	**226**
1791	930	861	82	24	58
1835	879	956	75	24	51
1774	834	940	55	16	39
1906	876	1030	51	12	39
1714	824	890	51	12	39
6742	**3513**	**3229**	**187**	**42**	**145**
1770	938	832	47	13	34
1422	731	691	41	8	33
1353	700	653	40	8	32
1203	647	556	34	9	25
994	497	497	25	4	21
2657	**1464**	**1193**	**68**	**10**	**58**
774	410	364	18	3	15
653	352	301	25	4	21
538	304	234	8	1	7
368	218	150	8		8
324	180	144	9	2	7
567	**352**	**215**	**23**	**4**	**19**
250	157	93	11	2	9
121	73	48	4	1	3
79	46	33	3		3
67	44	23	3	1	2
50	32	18	2		2
85	**55**	**30**	**3**		**3**
30	20	10	1		1
26	15	11	1		1
18	13	5			
6	5	1			
5	2	3	1		1
3	**1**	**2**			

8-7a 全省分年龄、性别、

年龄	失业保险金			财产性收入		
	小计	男	女	小计	男	女
合计	**193**	**107**	**86**	**3212**	**1769**	**1443**
45 岁以下	**86**	**40**	**46**	**1213**	**651**	**562**
45–49 岁	**57**	**27**	**30**	**464**	**262**	**202**
45	11	5	6	63	38	25
46	6	1	5	84	48	36
47	11	5	6	95	59	36
48	18	10	8	98	52	46
49	11	6	5	124	65	59
50–54 岁	**32**	**30**	**2**	**605**	**333**	**272**
50	7	7		125	68	57
51	1		1	131	74	57
52	9	9		147	89	58
53	8	8		101	49	52
54	7	6	1	101	53	48
55–59 岁	**8**	**6**	**2**	**432**	**256**	**176**
55	3	3		108	55	53
56	3	2	1	94	60	34
57	1	1		110	69	41
58	1		1	86	54	32
59				34	18	16
60–64 岁	**3**	**2**	**1**	**205**	**107**	**98**
60				38	20	18
61	3	2	1	38	20	18
62				25	12	13
63				53	30	23
64				51	25	26
65–69 岁	**4**		**4**	**177**	**97**	**80**
65	1		1	45	29	16
66	1		1	35	20	15
67	1		1	40	17	23
68	1		1	34	19	15
69				23	12	11
70–74 岁	**1**	**1**		**64**	**34**	**30**
70				17	12	5
71	1	1		21	7	14
72				10	7	3
73				12	6	6
74				4	2	2
75–79 岁	**1**		**1**	**41**	**21**	**20**
75				17	10	7
76	1		1	11	4	7
77				1	1	
78				5	2	3
79				7	4	3
80–84 岁	**1**	**1**		**8**	**6**	**2**
80				3	2	1
81				3	3	
82				2	1	1
83	1	1				
84						
85–89 岁				**3**	**2**	**1**
85				1		1
86				1	1	
87				1	1	
88						
89						
90–94 岁						
90						
91						
92						
93						
94						
95–99 岁						
95						
96						
97						
98						
99						
100 岁及以上						

主要生活来源的人口（城市）（续）

单位：人

家庭其他成员供养			其他		
小计	男	女	小计	男	女
136674	**43318**	**93356**	**26516**	**13495**	**13021**
89102	**31634**	**57468**	**13253**	**6652**	**6601**
8672	**1325**	**7347**	**3549**	**1829**	**1720**
1390	183	1207	553	279	274
1609	211	1398	654	336	318
1814	287	1527	756	402	354
1949	302	1647	790	384	406
1910	342	1568	796	428	368
10161	**2198**	**7963**	**3434**	**1928**	**1506**
2001	380	1621	726	402	324
1957	427	1530	747	413	334
2216	460	1756	719	425	294
1854	438	1416	595	319	276
2133	493	1640	647	369	278
9025	**2737**	**6288**	**2517**	**1461**	**1056**
2016	598	1418	592	322	270
2050	571	1479	607	366	241
2206	669	1537	611	364	247
1840	606	1234	499	291	208
913	293	620	208	118	90
5150	**1490**	**3660**	**1114**	**524**	**590**
942	272	670	223	118	105
766	218	548	158	77	81
994	298	696	224	112	112
1260	380	880	265	116	149
1188	322	866	244	101	143
5568	**1568**	**4000**	**1115**	**529**	**586**
1266	353	913	259	129	130
1237	341	896	260	123	137
1122	311	811	216	106	110
1058	317	741	198	93	105
885	246	639	182	78	104
3811	**1054**	**2757**	**692**	**279**	**413**
845	247	598	152	61	91
854	265	589	152	64	88
703	201	502	132	58	74
738	202	536	136	55	81
671	139	532	120	41	79
2760	**718**	**2042**	**446**	**163**	**283**
653	157	496	102	36	66
631	171	460	91	40	51
561	152	409	91	34	57
471	129	342	84	28	56
444	109	335	78	25	53
1591	**411**	**1180**	**247**	**85**	**162**
383	104	279	72	23	49
382	91	291	51	17	34
324	91	233	50	16	34
285	73	212	43	17	26
217	52	165	31	12	19
659	**146**	**513**	**114**	**34**	**80**
193	49	144	31	9	22
152	28	124	27	8	19
128	29	99	25	6	19
113	22	91	17	6	11
73	18	55	14	5	9
141	**32**	**109**	**30**	**10**	**20**
57	13	44	10	3	7
23	6	17	8	2	6
21	5	16	8	3	5
24	6	18	2	1	1
16	2	14	2	1	1
30	**5**	**25**	**3**		**3**
8	1	7	1		1
9	2	7			
8	1	7	1		1
4	1	3			
1		1	1		1
4		**4**	**2**	**1**	**1**

8-7b 全省分年龄、性别、

年龄	15 岁及以上人口			劳动收入		
	合计	男	女	小计	男	女
合计	**433706**	**212123**	**221583**	**215198**	**129983**	**85215**
45 岁以下	**229007**	**110861**	**118146**	**128125**	**73362**	**54763**
45–49 岁	**46643**	**23533**	**23110**	**32981**	**19811**	**13170**
45	7419	3716	3703	5343	3196	2147
46	9085	4527	4558	6545	3883	2662
47	9872	4989	4883	6990	4180	2810
48	10328	5271	5057	7263	4392	2871
49	9939	5030	4909	6840	4160	2680
50–54 岁	**48864**	**24296**	**24568**	**29050**	**18928**	**10122**
50	10730	5260	5470	6845	4262	2583
51	9712	4873	4839	5989	3855	2134
52	10603	5293	5310	6357	4159	2198
53	8345	4182	4163	4763	3192	1571
54	9474	4688	4786	5096	3460	1636
55–59 岁	**35383**	**17535**	**17848**	**16018**	**11512**	**4506**
55	8221	4123	4098	4110	2883	1227
56	8317	4141	4176	3904	2809	1095
57	8450	4208	4242	3766	2743	1023
58	7135	3520	3615	2975	2183	792
59	3260	1543	1717	1263	894	369
60–64 岁	**20698**	**10401**	**10297**	**4586**	**3247**	**1339**
60	3760	1902	1858	1063	774	289
61	3072	1520	1552	689	472	217
62	4153	2133	2020	864	636	228
63	4940	2487	2453	1042	733	309
64	4773	2359	2414	928	632	296
65–69 岁	**20915**	**10284**	**10631**	**2976**	**2076**	**900**
65	4666	2321	2345	847	602	245
66	4468	2189	2279	686	472	214
67	4169	2083	2086	567	388	179
68	4197	2070	2127	536	380	156
69	3415	1621	1794	340	234	106
70–74 岁	**14733**	**7010**	**7723**	**1044**	**753**	**291**
70	3406	1667	1739	301	220	81
71	3192	1556	1636	257	178	79
72	2734	1306	1428	178	127	51
73	2831	1343	1488	171	126	45
74	2570	1138	1432	137	102	35
75–79 岁	**9738**	**4612**	**5126**	**303**	**219**	**84**
75	2220	1025	1195	79	58	21
76	2229	1046	1183	81	56	25
77	1936	931	1005	53	39	14
78	1739	822	917	52	37	15
79	1614	788	826	38	29	9
80–84 岁	**5312**	**2519**	**2793**	**84**	**56**	**28**
80	1438	681	757	24	17	7
81	1145	571	574	14	9	5
82	1075	493	582	27	15	12
83	917	431	486	8	6	2
84	737	343	394	11	9	2
85–89 岁	**1937**	**856**	**1081**	**26**	**18**	**8**
85	562	237	325	9	9	
86	464	203	261	7	6	1
87	409	189	220	4	3	1
88	284	120	164	3		3
89	218	107	111	3		3
90–94 岁	**401**	**188**	**213**	**5**	**1**	**4**
90	158	75	83	2	1	1
91	83	40	43	1		1
92	80	40	40			
93	45	20	25	1		1
94	35	13	22	1		1
95–99 岁	**67**	**26**	**41**			
95	31	11	20			
96	16	8	8			
97	8	3	5			
98	6	1	5			
99	6	3	3			
100 岁及以上	**8**	**2**	**6**			

主要生活来源的人口（镇）

单位：人

离退休金 / 养老金			最低生活保障金		
小计	男	女	小计	男	女
24384	**12767**	**11617**	**6954**	**3524**	**3430**
14	**7**	**7**	**1582**	**816**	**766**
351	**15**	**336**	**789**	**409**	**380**
23		23	122	67	55
44	3	41	152	67	85
68	3	65	171	81	90
92	5	87	168	93	75
124	4	120	176	101	75
2471	**313**	**2158**	**805**	**449**	**356**
444	42	402	182	93	89
446	52	394	157	85	72
561	57	504	173	99	74
435	59	376	135	89	46
585	103	482	158	83	75
3763	**1059**	**2704**	**646**	**350**	**296**
758	166	592	141	87	54
874	233	641	159	86	73
965	258	707	156	85	71
780	253	527	135	65	70
386	149	237	55	27	28
4964	**3042**	**1922**	**579**	**304**	**275**
799	460	339	94	52	42
777	473	304	70	31	39
1057	651	406	100	49	51
1146	725	421	158	90	68
1185	733	452	157	82	75
4953	**3203**	**1750**	**864**	**418**	**446**
1088	683	405	169	87	82
1081	700	381	182	95	87
1005	669	336	165	75	90
967	636	331	206	95	111
812	515	297	142	66	76
3301	**2167**	**1134**	**768**	**365**	**403**
809	548	261	162	82	80
733	488	245	181	87	94
590	382	208	131	62	69
604	398	206	156	80	76
565	351	214	138	54	84
2433	**1539**	**894**	**542**	**250**	**292**
534	334	200	123	48	75
523	323	200	121	57	64
484	301	183	117	53	64
447	282	165	86	46	40
445	299	146	95	46	49
1512	**999**	**513**	**261**	**119**	**142**
424	264	160	83	37	46
326	219	107	55	31	24
270	182	88	55	21	34
273	181	92	43	20	23
219	153	66	25	10	15
514	**346**	**168**	**96**	**34**	**62**
158	97	61	33	12	21
114	77	37	19	7	12
108	72	36	18	7	11
75	50	25	13	3	10
59	50	9	13	5	8
89	**68**	**21**	**20**	**9**	**11**
34	26	8	6	2	4
19	16	3	3	2	1
18	15	3	5	2	3
11	7	4	4	3	1
7	4	3	2		2
19	**9**	**10**	**2**	**1**	**1**
10	5	5	1		1
3	2	1	1	1	
4	2	2			
1		1			
1		1			

8-7b 全省分年龄、性别、

年龄	失业保险金			财产性收入		
	小计	男	女	小计	男	女
合计	**68**	**35**	**33**	**4297**	**2374**	**1923**
45 岁以下	**26**	**11**	**15**	**1900**	**1015**	**885**
45–49 岁	**13**	**6**	**7**	**533**	**301**	**232**
45	3	1	2	77	38	39
46	2	1	1	104	53	51
47	4	2	2	114	63	51
48	2	1	1	138	84	54
49	2	1	1	100	63	37
50–54 岁	**15**	**9**	**6**	**610**	**347**	**263**
50	3	1	2	141	75	66
51	3	2	1	116	75	41
52	3	2	1	137	75	62
53	2		2	93	58	35
54	4	4		123	64	59
55–59 岁	**6**	**4**	**2**	**513**	**312**	**201**
55	4	3	1	113	73	40
56				99	59	40
57				123	81	42
58	2	1	1	130	77	53
59				48	22	26
60–64 岁	**4**	**2**	**2**	**264**	**146**	**118**
60	1		1	53	33	20
61				38	21	17
62	1		1	49	28	21
63	1	1		68	38	30
64	1	1		56	26	30
65–69 岁	**2**	**2**		**245**	**126**	**119**
65	1	1		67	32	35
66				55	24	31
67	1	1		41	23	18
68				41	24	17
69				41	23	18
70–74 岁	**2**	**1**	**1**	**141**	**81**	**60**
70				44	20	24
71				29	15	14
72	1	1		26	15	11
73				23	19	4
74	1		1	19	12	7
75–79 岁				**52**	**30**	**22**
75				10	4	6
76				13	7	6
77				17	11	6
78				7	4	3
79				5	4	1
80–84 岁				**27**	**11**	**16**
80				6	2	4
81				11	4	7
82				3	1	2
83				3	1	2
84				4	3	1
85–89 岁				**10**	**5**	**5**
85				4	2	2
86				3	2	1
87				2	1	1
88				1		1
89						
90–94 岁				**1**		**1**
90						
91						
92				1		1
93						
94						
95–99 岁						
95						
96						
97						
98						
99						
100 岁及以上				**1**		**1**

主要生活来源的人口（镇）（续）

单位：人

家庭其他成员供养			其他		
小计	男	女	小计	男	女
146354	**46080**	**100274**	**36451**	**17360**	**19091**
79180	**27207**	**51973**	**18180**	**8443**	**9737**
7939	**992**	**6947**	**4037**	**1999**	**2038**
1205	114	1091	646	300	346
1478	163	1315	760	357	403
1672	220	1452	853	440	413
1756	237	1519	909	459	450
1828	258	1570	869	443	426
11455	**2107**	**9348**	**4458**	**2143**	**2315**
2195	333	1862	920	454	466
2123	382	1741	878	422	456
2411	450	1961	961	451	510
2122	412	1710	795	372	423
2604	530	2074	904	444	460
11111	**2663**	**8448**	**3326**	**1635**	**1691**
2295	510	1785	800	401	399
2487	566	1921	794	388	406
2663	647	2016	777	394	383
2468	637	1831	645	304	341
1198	303	895	310	148	162
8460	**2720**	**5740**	**1841**	**940**	**901**
1400	404	996	350	179	171
1216	386	830	282	137	145
1692	560	1132	390	209	181
2098	683	1415	427	217	210
2054	687	1367	392	198	194
10025	**3554**	**6471**	**1850**	**905**	**945**
2058	685	1373	436	231	205
2089	712	1377	375	186	189
2020	745	1275	370	182	188
2067	766	1301	380	169	211
1791	646	1145	289	137	152
8132	**2990**	**5142**	**1345**	**653**	**692**
1786	648	1138	304	149	155
1686	633	1053	306	155	151
1568	595	973	240	124	116
1607	597	1010	270	123	147
1485	517	968	225	102	123
5586	**2180**	**3406**	**822**	**394**	**428**
1282	489	793	192	92	100
1303	516	787	188	87	101
1105	456	649	160	71	89
982	376	606	165	77	88
914	343	571	117	67	50
3040	**1159**	**1881**	**388**	**175**	**213**
806	318	488	95	43	52
655	265	390	84	43	41
630	235	395	90	39	51
524	191	333	66	32	34
425	150	275	53	18	35
1132	**400**	**732**	**159**	**53**	**106**
322	106	216	36	11	25
275	95	180	46	16	30
241	96	145	36	10	26
170	60	110	22	7	15
124	43	81	19	9	10
248	**94**	**154**	**38**	**16**	**22**
99	36	63	17	10	7
51	20	31	9	2	7
50	21	29	6	2	4
27	9	18	2	1	1
21	8	13	4	1	3
40	**13**	**27**	**6**	**3**	**3**
18	6	12	2		2
11	4	7	1	1	
3		3	1	1	
4	1	3	1		1
4	2	2	1	1	
6	**1**	**5**	**1**	**1**	

8-7c 全省分年龄、性别、

年龄	15岁及以上人口			劳动收入		
	合计	男	女	小计	男	女
合计	**931683**	**470795**	**460888**	**507902**	**303406**	**204496**
45岁以下	**353421**	**181156**	**172265**	**213543**	**129299**	**84244**
45-49岁	**108405**	**54169**	**54236**	**81112**	**45626**	**35486**
45	15143	7523	7620	11374	6409	4965
46	19873	9910	9963	15039	8396	6643
47	23170	11572	11598	17504	9817	7687
48	25094	12472	12622	18685	10484	8201
49	25125	12692	12433	18510	10520	7990
50-54岁	**132410**	**66410**	**66000**	**93324**	**53558**	**39766**
50	28283	13774	14509	20496	11442	9054
51	25844	13003	12841	18562	10631	7931
52	28492	14187	14305	20105	11474	8631
53	23535	12093	11442	16257	9524	6733
54	26256	13353	12903	17904	10487	7417
55-59岁	**99752**	**50964**	**48788**	**63015**	**38106**	**24909**
55	23530	12147	11383	15678	9374	6304
56	23146	11663	11483	14840	8861	5979
57	23273	12116	11157	14679	9051	5628
58	20195	10308	9887	12315	7512	4803
59	9608	4730	4878	5503	3308	2195
60-64岁	**58956**	**31026**	**27930**	**26291**	**16777**	**9514**
60	10590	5642	4948	5599	3592	2007
61	8310	4393	3917	3920	2514	1406
62	11509	6216	5293	5114	3301	1813
63	14154	7442	6712	6055	3866	2189
64	14393	7333	7060	5603	3504	2099
65-69岁	**68048**	**33811**	**34237**	**20033**	**12901**	**7132**
65	14879	7585	7294	5252	3380	1872
66	14069	7057	7012	4546	2911	1635
67	13391	6665	6726	3957	2548	1409
68	13687	6727	6960	3608	2346	1262
69	12022	5777	6245	2670	1716	954
70-74岁	**51135**	**24950**	**26185**	**7471**	**5009**	**2462**
70	11480	5637	5843	2212	1459	753
71	10939	5455	5484	1767	1209	558
72	9741	4880	4861	1355	901	454
73	9955	4853	5102	1167	811	356
74	9020	4125	4895	970	629	341
75-79岁	**34401**	**17007**	**17394**	**2451**	**1705**	**746**
75	8024	3837	4187	742	542	200
76	7806	3950	3856	605	420	185
77	7006	3490	3516	496	344	152
78	6136	3060	3076	356	233	123
79	5429	2670	2759	252	166	86
80-84岁	**17580**	**8083**	**9497**	**536**	**349**	**187**
80	5030	2364	2666	174	114	60
81	3808	1756	2052	127	83	44
82	3454	1597	1857	95	61	34
83	2944	1348	1596	78	53	25
84	2344	1018	1326	62	38	24
85-89岁	**6233**	**2719**	**3514**	**110**	**69**	**41**
85	1838	828	1010	34	24	10
86	1516	656	860	34	17	17
87	1300	523	777	19	13	6
88	869	394	475	13	9	4
89	710	318	392	10	6	4
90-94岁	**1087**	**415**	**672**	**11**	**7**	**4**
90	500	185	315	6	4	2
91	189	71	118	2	1	1
92	175	62	113			
93	143	67	76	3	2	1
94	80	30	50			
95-99岁	**220**	**78**	**142**	**5**		**5**
95	79	29	50	2		2
96	57	21	36	1		1
97	34	15	19			
98	31	10	21	1		1
99	19	3	16	1		1
100岁及以上	**35**	**7**	**28**			

主要生活来源的人口（乡村）

单位：人

离退休金 / 养老金			最低生活保障金		
小计	男	女	小计	男	女
19902	11072	8830	28564	16214	12350
2	2		5190	2912	2278
30	1	29	2286	1486	800
1		1	324	203	121
4	1	3	425	273	152
12		12	541	360	181
3		3	499	318	181
10		10	497	332	165
346	77	269	2843	1848	995
66	15	51	591	378	213
63	10	53	520	336	184
65	17	48	572	377	195
71	16	55	554	372	182
81	19	62	606	385	221
801	266	535	2523	1487	1036
141	40	101	586	368	218
177	55	122	549	339	210
176	59	117	582	345	237
177	66	111	506	279	227
130	46	84	300	156	144
3356	1892	1464	2772	1562	1210
403	238	165	382	211	171
447	242	205	358	192	166
662	385	277	539	320	219
886	496	390	724	400	324
958	531	427	769	439	330
5135	2885	2250	4361	2393	1968
981	548	433	882	500	382
1080	605	475	911	516	395
1000	586	414	845	472	373
1088	603	485	892	477	415
986	543	443	831	428	403
4599	2633	1966	3895	2096	1799
961	562	399	818	454	364
1011	582	429	809	432	377
885	508	377	760	405	355
884	502	382	786	443	343
858	479	379	722	362	360
3383	2035	1348	2758	1489	1269
768	439	329	630	321	309
786	477	309	638	377	261
684	424	260	579	313	266
608	364	244	471	243	228
537	331	206	440	235	205
1588	919	669	1353	673	680
457	262	195	405	223	182
374	221	153	300	145	155
299	182	117	280	119	161
262	145	117	193	102	91
196	109	87	175	84	91
536	301	235	478	228	250
163	98	65	147	72	75
118	68	50	113	54	59
113	58	55	94	40	54
80	43	37	65	28	37
62	34	28	59	34	25
104	51	53	87	33	54
43	23	20	43	18	25
17	5	12	10	2	8
17	6	11	13	6	7
16	12	4	13	3	10
11	5	6	8	4	4
20	10	10	14	5	9
8	4	4	1	1	
3	1	2	3	1	2
2	2		5	2	3
4	3	1	2	1	1
3		3	3		3
2		2	4	2	2

8-7c 全省分年龄、性别、

年龄	失业保险金			财产性收入		
	小计	男	女	小计	男	女
合计	**41**	**27**	**14**	**7007**	**3918**	**3089**
45 岁以下	**17**	**13**	**4**	**2415**	**1341**	**1074**
45-49 岁	**7**	**6**	**1**	**920**	**472**	**448**
45				142	69	73
46	4	4		178	97	81
47				169	77	92
48	2	2		227	118	109
49	1		1	204	111	93
50-54 岁	**3**	**1**	**2**	**1153**	**662**	**491**
50	1		1	222	126	96
51	1	1		249	143	106
52				235	131	104
53				205	127	78
54	1		1	242	135	107
55-59 岁	**2**	**1**	**1**	**962**	**565**	**397**
55	1	1		216	123	93
56				227	132	95
57				239	138	101
58	1		1	183	117	66
59				97	55	42
60-64 岁	**2**	**1**	**1**	**492**	**278**	**214**
60	1		1	96	53	43
61				68	40	28
62				83	49	34
63	1	1		120	70	50
64				125	66	59
65-69 岁	**3**	**1**	**2**	**532**	**309**	**223**
65	1		1	124	72	52
66				118	68	50
67				108	61	47
68				95	57	38
69	2	1	1	87	51	36
70-74 岁	**5**	**2**	**3**	**286**	**154**	**132**
70	2		2	86	55	31
71	1	1		65	32	33
72	1	1		60	31	29
73	1		1	43	23	20
74				32	13	19
75-79 岁	**1**	**1**		**163**	**92**	**71**
75	1	1		47	24	23
76				33	21	12
77				33	20	13
78				25	11	14
79				25	16	9
80-84 岁	**1**	**1**		**63**	**29**	**34**
80				11	6	5
81				23	10	13
82				16	7	9
83				6	3	3
84	1	1		7	3	4
85-89 岁				**18**	**15**	**3**
85				6	5	1
86				6	6	
87				6	4	2
88						
89						
90-94 岁				**3**	**1**	**2**
90						
91				1		1
92				1	1	
93						
94				1		1
95-99 岁						
95						
96						
97						
98						
99						
100 岁及以上						

主要生活来源的人口（乡村）（续）

单位：人

家庭其他成员供养			其他		
小计	男	女	小计	男	女
282019	**95297**	**186722**	**86248**	**40861**	**45387**
98433	**32019**	**66414**	**33821**	**15570**	**18251**
13804	**1973**	**11831**	**10246**	**4605**	**5641**
1849	213	1636	1453	629	824
2345	305	2040	1878	834	1044
2826	372	2454	2118	946	1172
3337	503	2834	2341	1047	1294
3447	580	2867	2456	1149	1307
22298	**4525**	**17773**	**12443**	**5739**	**6704**
4223	641	3582	2684	1172	1512
4041	770	3271	2408	1112	1296
4820	969	3851	2695	1219	1476
4234	965	3269	2214	1089	1125
4980	1180	3800	2442	1147	1295
22677	**5809**	**16868**	**9772**	**4730**	**5042**
4650	1129	3521	2258	1112	1146
5061	1191	3870	2292	1085	1207
5355	1425	3930	2242	1098	1144
4997	1350	3647	2016	984	1032
2614	714	1900	964	451	513
20674	**7700**	**12974**	**5369**	**2816**	**2553**
3085	1031	2054	1024	517	507
2747	993	1754	770	412	358
4018	1545	2473	1093	616	477
5173	1991	3182	1195	618	577
5651	2140	3511	1287	653	634
31995	**12274**	**19721**	**5989**	**3048**	**2941**
6361	2415	3946	1278	670	608
6176	2349	3827	1238	608	630
6280	2379	3901	1201	619	582
6806	2628	4178	1198	616	582
6372	2503	3869	1074	535	539
30695	**12936**	**17759**	**4184**	**2120**	**2064**
6443	2626	3817	958	481	477
6330	2706	3624	956	493	463
5896	2612	3284	784	422	362
6277	2677	3600	797	397	400
5749	2315	3434	689	327	362
22992	**10326**	**12666**	**2653**	**1359**	**1294**
5175	2192	2983	661	318	343
5169	2361	2808	575	294	281
4690	2109	2581	524	280	244
4196	1953	2243	480	256	224
3762	1711	2051	413	211	202
12791	**5482**	**7309**	**1248**	**630**	**618**
3625	1575	2050	358	184	174
2711	1155	1556	273	142	131
2510	1103	1407	254	125	129
2193	938	1255	212	107	105
1752	711	1041	151	72	79
4674	**1908**	**2766**	**417**	**198**	**219**
1352	564	788	136	65	71
1145	466	679	100	45	55
986	366	620	82	42	40
657	290	367	54	24	30
534	222	312	45	22	23
791	**281**	**510**	**91**	**42**	**49**
362	118	244	46	22	24
141	56	85	18	7	11
130	43	87	14	6	8
102	44	58	9	6	3
56	20	36	4	1	3
170	**60**	**110**	**11**	**3**	**8**
63	22	41	5	2	3
47	18	29	3	1	2
26	11	15	1		1
23	6	17	1		1
11	3	8	1		1
25	**4**	**21**	**4**	**1**	**3**

8-8 全省分性别、婚姻状况、主要生活来源的60岁及以上老年人口

单位：人

婚姻状况	60岁及以上人口			劳动收入			离退休金/养老金			最低生活保障金		
	合计	男	女	小计	男	女	小计	男	女	小计	男	女
合 计	**410723**	**201303**	**209420**	**69867**	**46121**	**23746**	**105784**	**58457**	**47327**	**20877**	**10678**	**10199**
未 婚	5374	4947	427	495	466	29	390	303	87	2655	2540	115
有配偶	296538	164166	132372	62007	42041	19966	81535	50211	31324	11313	5952	5361
离 婚	3422	1960	1462	377	301	76	1941	963	978	340	255	85
丧 偶	105389	30230	75159	6988	3313	3675	21918	6980	14938	6569	1931	4638

8-8 全省分性别、婚姻状况、主要生活来源的60岁及以上老年人口（续）

单位：人

婚姻状况	失业保险金			财产性收入			家庭其他成员供养			其他		
	小计	男	女	小计	男	女	小计	男	女	小计	男	女
合 计	**30**	**15**	**15**	**2796**	**1544**	**1252**	**181190**	**69506**	**111684**	**30179**	**14982**	**15197**
未 婚				38	33	5	571	487	84	1225	1118	107
有配偶	25	15	10	2274	1356	918	117752	52958	64794	21632	11633	9999
离 婚				23	14	9	500	285	215	241	142	99
丧 偶	5		5	461	141	320	62367	15776	46591	7081	2089	4992

8-8a 全省分性别、婚姻状况、主要生活来源的60岁及以上老年人口（城市）

单位：人

婚姻状况	60岁及以上人口			劳动收入			离退休金/养老金			最低生活保障金		
	合计	男	女	小计	男	女	小计	男	女	小计	男	女
合 计	**99219**	**47309**	**51910**	**3935**	**2934**	**1001**	**69276**	**36358**	**32918**	**2023**	**697**	**1326**
未 婚	376	249	127	31	22	9	163	95	68	71	55	16
有配偶	74811	40985	33826	3562	2728	834	53882	31734	22148	1057	500	557
离 婚	2005	981	1024	80	61	19	1645	785	860	94	53	41
丧 偶	22027	5094	16933	262	123	139	13586	3744	9842	801	89	712

8-8a 全省分性别、婚姻状况、主要生活来源的60岁及以上老年人口（城市）（续）

单位：人

婚姻状况	失业保险金			财产性收入			家庭其他成员供养			其他		
	小计	男	女	小计	男	女	小计	男	女	小计	男	女
合 计	**10**	**4**	**6**	**498**	**267**	**231**	**19714**	**5424**	**14290**	**3763**	**1625**	**2138**
未 婚				1	1		40	24	16	70	52	18
有配偶	7	4	3	427	245	182	13163	4387	8776	2713	1387	1326
离 婚				6	3	3	126	55	71	54	24	30
丧 偶	3		3	64	18	46	6385	958	5427	926	162	764

8-8b 全省分性别、婚姻状况、主要生活来源的60岁及以上老年人口（镇）

单位：人

婚姻状况	60岁及以上人口			劳动收入			离退休金/养老金			最低生活保障金		
	合计	男	女	小计	男	女	小计	男	女	小计	男	女
合　计	**73809**	**35898**	**37911**	**9024**	**6370**	**2654**	**17785**	**11373**	**6412**	**3132**	**1500**	**1632**
未　婚	806	724	82	60	60		67	58	9	334	310	24
有配偶	54094	29832	24262	8137	5882	2255	14184	9820	4364	1699	892	807
离　婚	498	277	221	60	40	20	214	113	101	44	28	16
丧　偶	18411	5065	13346	767	388	379	3320	1382	1938	1055	270	785

8-8b 全省分性别、婚姻状况、主要生活来源的60岁及以上老年人口（镇）（续）

单位：人

婚姻状况	失业保险金			财产性收入			家庭其他成员供养			其他		
	小计	男	女	小计	男	女	小计	男	女	小计	男	女
合　计	**8**	**5**	**3**	**741**	**399**	**342**	**36669**	**13111**	**23558**	**6450**	**3140**	**3310**
未　婚				8	5	3	98	83	15	239	208	31
有配偶	7	5	2	611	362	249	24791	10376	14415	4665	2495	2170
离　婚				6	4	2	111	56	55	63	36	27
丧　偶	1		1	116	28	88	11669	2596	9073	1483	401	1082

8-8c 全省分性别、婚姻状况、主要生活来源的60岁及以上老年人口（乡村）

单位：人

婚姻状况	60岁及以上人口			劳动收入			离退休金/养老金			最低生活保障金		
	合计	男	女	小计	男	女	小计	男	女	小计	男	女
合 计	**237695**	**118096**	**119599**	**56908**	**36817**	**20091**	**18723**	**10726**	**7997**	**15722**	**8481**	**7241**
未 婚	4192	3974	218	404	384	20	160	150	10	2250	2175	75
有配偶	167633	93349	74284	50308	33431	16877	13469	8657	4812	8557	4560	3997
离 婚	919	702	217	237	200	37	82	65	17	202	174	28
丧 偶	64951	20071	44880	5959	2802	3157	5012	1854	3158	4713	1572	3141

8-8c 全省分性别、婚姻状况、主要生活来源的60岁及以上老年人口（乡村）（续）

单位：人

婚姻状况	失业保险金			财产性收入			家庭其他成员供养			其他		
	小计	男	女	小计	男	女	小计	男	女	小计	男	女
合 计	**12**	**6**	**6**	**1557**	**878**	**679**	**124807**	**50971**	**73836**	**19966**	**10217**	**9749**
未 婚				29	27	2	433	380	53	916	858	58
有配偶	11	6	5	1236	749	487	79798	38195	41603	14254	7751	6503
离 婚				11	7	4	263	174	89	124	82	42
丧 偶	1		1	281	95	186	44313	12222	32091	4672	1526	3146

8-9 全省分性别、居住状况、

居住状况	60岁及以上人口			劳动收入		
	合计	男	女	小计	男	女
合计	**410723**	**201303**	**209420**	**69867**	**46121**	**23746**
与配偶和子女同住	100652	56045	44607	19134	13125	6009
与配偶同住	160665	89083	71582	36070	23911	12159
与子女同住	88428	28052	60376	6636	3511	3125
独居（有保姆）	410	191	219	24	12	12
独居（无保姆）	43111	18694	24417	5583	3751	1832
养老机构	1204	852	352	12	9	3
其他	16253	8386	7867	2408	1802	606

8-9 全省分性别、居住状况、

居住状况	失业保险金			财产性收入		
	小计	男	女	小计	男	女
合计	**30**	**15**	**15**	**2796**	**1544**	**1252**
与配偶和子女同住	5	3	2	653	404	249
与配偶同住	19	11	8	1417	834	583
与子女同住	4	1	3	292	109	183
独居（有保姆）				2	1	1
独居（无保姆）	2		2	336	152	184
养老机构				3	1	2
其他				93	43	50

8-9a 全省分性别、居住状况、

居住状况	60岁及以上人口			劳动收入		
	合计	男	女	小计	男	女
合计	**99219**	**47309**	**51910**	**3935**	**2934**	**1001**
与配偶和子女同住	19946	11227	8719	1090	855	235
与配偶同住	46918	25592	21326	1761	1317	444
与子女同住	16854	4507	12347	303	195	108
独居（有保姆）	235	103	132	2	1	1
独居（无保姆）	12026	4266	7760	422	312	110
养老机构	259	137	122	1		1
其他	2981	1477	1504	356	254	102

主要生活来源的 60 岁及以上老年人口

单位：人

离退休金 / 养老金			最低生活保障金		
小计	男	女	小计	男	女
105784	**58457**	**47327**	**20877**	**10678**	**10199**
20744	13101	7643	3762	2009	1753
53150	32169	20981	6587	3440	3147
15231	5607	9624	4153	1287	2866
248	127	121	24	13	11
13314	5647	7667	4461	2582	1879
264	146	118	408	333	75
2833	1660	1173	1482	1014	468

主要生活来源的 60 岁及以上老年人口（续）

单位：人

家庭其他成员供养			其他		
小计	男	女	小计	男	女
181190	**69506**	**111684**	**30179**	**14982**	**15197**
49949	23842	26107	6405	3561	2844
52053	22648	29405	11369	6070	5299
56689	15643	41046	5423	1894	3529
91	28	63	21	10	11
16129	5060	11069	3286	1502	1784
152	76	76	365	287	78
6127	2209	3918	3310	1658	1652

主要生活来源的 60 岁及以上老年人口（城市）

单位：人

离退休金 / 养老金			最低生活保障金		
小计	男	女	小计	男	女
69276	**36358**	**32918**	**2023**	**697**	**1326**
12299	7520	4779	391	212	179
37179	21589	15590	569	256	313
8837	2812	6025	484	73	411
197	91	106	3		3
9044	3437	5607	463	104	359
143	76	67	20	10	10
1577	833	744	93	42	51

8–9a 全省分性别、居住状况、

居住状况	失业保险金			财产性收入		
	小计	男	女	小计	男	女
合计	**10**	**4**	**6**	**498**	**267**	**231**
与配偶和子女同住				188	113	75
与配偶同住	7	4	3	198	113	85
与子女同住	1		1	59	18	41
独居（有保姆）				1	1	
独居（无保姆）	2		2	42	19	23
养老机构				1	1	
其他				9	2	7

8–9b 全省分性别、居住状况、

居住状况	60岁及以上人口			劳动收入		
	合计	男	女	小计	男	女
合计	**73809**	**35898**	**37911**	**9024**	**6370**	**2654**
与配偶和子女同住	19614	10960	8654	2789	2035	754
与配偶同住	26830	14857	11973	4196	2981	1215
与子女同住	16596	5185	11411	873	503	370
独居（有保姆）	64	39	25	4	4	
独居（无保姆）	7019	2833	4186	713	497	216
养老机构	375	290	85	3	3	
其他	3311	1734	1577	446	347	99

8–9b 全省分性别、居住状况、

居住状况	失业保险金			财产性收入		
	小计	男	女	小计	男	女
合计	**8**	**5**	**3**	**741**	**399**	**342**
与配偶和子女同住				222	141	81
与配偶同住	6	4	2	339	193	146
与子女同住	2	1	1	74	31	43
独居（有保姆）				1		1
独居（无保姆）				80	28	52
养老机构				2		2
其他				23	6	17

主要生活来源的60岁及以上老年人口（城市）（续）

单位：人

家庭其他成员供养			其他		
小计	男	女	小计	男	女
19714	**5424**	**14290**	**3763**	**1625**	**2138**
5198	2096	3102	780	431	349
5814	1640	4174	1390	673	717
6480	1233	5247	690	176	514
25	6	19	7	4	3
1615	279	1336	438	115	323
65	25	40	29	25	4
517	145	372	429	201	228

主要生活来源的60岁及以上老年人口（镇）

单位：人

离退休金/养老金			最低生活保障金		
小计	男	女	小计	男	女
17785	**11373**	**6412**	**3132**	**1500**	**1632**
3804	2694	1110	557	296	261
8816	5971	2845	963	494	469
2377	1196	1181	664	185	479
32	22	10	2	1	1
2144	1059	1085	593	268	325
54	38	16	153	128	25
558	393	165	200	128	72

主要生活来源的60岁及以上老年人口（镇）（续）

单位：人

家庭其他成员供养			其他		
小计	男	女	小计	男	女
36669	**13111**	**23558**	**6450**	**3140**	**3310**
10716	4954	5762	1526	840	686
10333	4058	6275	2177	1156	1021
11402	2850	8552	1204	419	785
22	9	13	3	3	
2853	758	2095	636	223	413
41	23	18	122	98	24
1302	459	843	782	401	381

8-9c 全省分性别、居住状况、

居住状况	60岁及以上人口			劳动收入		
	合计	男	女	小计	男	女
合计	**237695**	**118096**	**119599**	**56908**	**36817**	**20091**
与配偶和子女同住	61092	33858	27234	15255	10235	5020
与配偶同住	86917	48634	38283	30113	19613	10500
与子女同住	54978	18360	36618	5460	2813	2647
独居（有保姆）	111	49	62	18	7	11
独居（无保姆）	24066	11595	12471	4448	2942	1506
养老机构	570	425	145	8	6	2
其他	9961	5175	4786	1606	1201	405

8-9c 全省分性别、居住状况、

居住状况	失业保险金			财产性收入		
	小计	男	女	小计	男	女
合计	**12**	**6**	**6**	**1557**	**878**	**679**
与配偶和子女同住	5	3	2	243	150	93
与配偶同住	6	3	3	880	528	352
与子女同住	1		1	159	60	99
独居（有保姆）						
独居（无保姆）				214	105	109
养老机构						
其他				61	35	26

主要生活来源的60岁及以上老年人口（乡村）

单位：人

离退休金/养老金			最低生活保障金		
小计	男	女	小计	男	女
18723	**10726**	**7997**	**15722**	**8481**	**7241**
4641	2887	1754	2814	1501	1313
7155	4609	2546	5055	2690	2365
4017	1599	2418	3005	1029	1976
19	14	5	19	12	7
2126	1151	975	3405	2210	1195
67	32	35	235	195	40
698	434	264	1189	844	345

主要生活来源的60岁及以上老年人口（乡村）（续）

单位：人

家庭其他成员供养			其他		
小计	男	女	小计	男	女
124807	**50971**	**73836**	**19966**	**10217**	**9749**
34035	16792	17243	4099	2290	1809
35906	16950	18956	7802	4241	3561
38807	11560	27247	3529	1299	2230
44	13	31	11	3	8
11661	4023	7638	2212	1164	1048
46	28	18	214	164	50
4308	1605	2703	2099	1056	1043

8-10 各地区分性别、居住状况的

地区	60岁及以上人口			与配偶和子女同住		
	合计	男	女	小计	男	女
合计	**410723**	**201303**	**209420**	**100652**	**56045**	**44607**
兰州市	**69489**	**33381**	**36108**	**15821**	**8777**	**7044**
城关区	22893	10800	12093	5177	2859	2318
七里河区	11598	5615	5983	2623	1485	1138
西固区	8014	3803	4211	1384	765	619
安宁区	5301	2499	2802	1205	669	536
红古区	2503	1195	1308	699	380	319
永登县	6449	3061	3388	1532	832	700
皋兰县	2449	1224	1225	424	236	188
榆中县	7776	3926	3850	1908	1064	844
兰州新区	2506	1258	1248	869	487	382
嘉峪关市	**4543**	**2188**	**2355**	**598**	**346**	**252**
市辖区	4543	2188	2355	598	346	252
金昌市	**7712**	**3640**	**4072**	**595**	**333**	**262**
金川区	4251	1976	2275	332	180	152
永昌县	3461	1664	1797	263	153	110
白银市	**27432**	**13317**	**14115**	**5978**	**3177**	**2801**
白银区	6094	2893	3201	712	384	328
平川区	3064	1464	1600	659	342	317
靖远县	6591	3142	3449	2043	1076	967
会宁县	7948	3971	3977	1660	889	771
景泰县	3735	1847	1888	904	486	418
天水市	**48538**	**24242**	**24296**	**12847**	**7232**	**5615**
秦州区	9645	4775	4870	2253	1281	972
麦积区	9281	4650	4631	2453	1380	1073
清水县	3680	1869	1811	976	546	430
秦安县	8291	4168	4123	2036	1142	894
甘谷县	8441	4162	4279	2564	1429	1135
武山县	5711	2916	2795	1604	918	686
张家川回族自治县	3489	1702	1787	961	536	425
武威市	**26336**	**12953**	**13383**	**5194**	**2945**	**2249**
凉州区	15062	7361	7701	2844	1636	1208
民勤县	3958	1972	1986	494	268	226
古浪县	4708	2330	2378	1059	589	470
天祝藏族自治县	2608	1290	1318	797	452	345
张掖市	**19565**	**9567**	**9998**	**2855**	**1632**	**1223**
甘州区	8328	4114	4214	1041	615	426
肃南裕固族自治县	459	212	247	76	42	34
民乐县	3279	1606	1673	716	398	318
临泽县	2120	1077	1043	337	197	140
高台县	2417	1200	1217	221	135	86
山丹县	2962	1358	1604	464	245	219
平凉市	**34060**	**16862**	**17198**	**7552**	**4190**	**3362**
崆峒区	8235	4017	4218	1751	991	760
泾川县	4913	2420	2493	682	380	302
灵台县	3317	1683	1634	442	249	193
崇信县	1362	676	686	278	155	123
庄浪县	6208	3029	3179	1998	1095	903
静宁县	7255	3667	3588	1801	983	818
华亭市	2770	1370	1400	600	337	263

60岁及以上老年人口

单位：人

与配偶同住			与子女同住		
小计	男	女	小计	男	女
160665	**89083**	**71582**	**88428**	**28052**	**60376**
31060	**16963**	**14097**	**12544**	**3347**	**9197**
10207	5566	4641	4160	1028	3132
5188	2846	2342	2066	542	1524
4186	2269	1917	1131	266	865
2478	1336	1142	917	213	704
976	537	439	508	140	368
2635	1428	1207	1309	369	940
1297	716	581	360	103	257
3212	1779	1433	1549	510	1039
881	486	395	544	176	368
2528	**1370**	**1158**	**558**	**139**	**419**
2528	1370	1158	558	139	419
4642	**2551**	**2091**	**786**	**170**	**616**
2587	1388	1199	400	86	314
2055	1163	892	386	84	302
12862	**6942**	**5920**	**4921**	**1558**	**3363**
3455	1849	1606	835	230	605
1492	807	685	504	156	348
2525	1337	1188	1321	410	911
3634	1996	1638	1617	562	1055
1756	953	803	644	200	444
17497	**9770**	**7727**	**10861**	**3738**	**7123**
4033	2221	1812	1884	643	1241
3460	1923	1537	1954	690	1264
1155	645	510	926	360	566
3147	1794	1353	1854	595	1259
2595	1463	1132	2139	717	1422
1847	1030	817	1341	484	857
1260	694	566	763	249	514
12332	**6984**	**5348**	**4632**	**1263**	**3369**
7254	4119	3135	2466	655	1811
2138	1222	916	664	163	501
2068	1147	921	881	269	612
872	496	376	621	176	445
9653	**5490**	**4163**	**3624**	**1036**	**2588**
4340	2482	1858	1424	399	1025
222	122	100	88	20	68
1317	737	580	789	251	538
982	574	408	461	154	307
1387	799	588	333	82	251
1405	776	629	529	130	399
13994	**7796**	**6198**	**7187**	**2314**	**4873**
3751	2047	1704	1482	446	1036
2317	1275	1042	917	287	630
1533	863	670	594	202	392
563	315	248	276	88	188
1829	1021	808	1689	569	1120
2826	1621	1205	1621	540	1081
1175	654	521	608	182	426

8-10 各地区分性别、居住状况的

地区	60岁及以上人口			与配偶和子女同住		
	合计	男	女	小计	男	女
酒泉市	**16707**	**8308**	**8399**	**2652**	**1522**	**1130**
肃州区	7453	3599	3854	980	570	410
金塔县	2248	1153	1095	313	175	138
瓜州县	1769	907	862	425	242	183
肃北蒙古族自治县	153	83	70	19	13	6
阿克塞哈萨克族自治县	116	51	65	17	9	8
玉门市	1824	947	877	367	216	151
敦煌市	3144	1568	1576	531	297	234
庆阳市	**37079**	**18376**	**18703**	**7670**	**4207**	**3463**
西峰区	6332	3080	3252	1444	803	641
庆城县	3561	1742	1819	603	334	269
环　县	4758	2391	2367	1195	640	555
华池县	1892	973	919	420	226	194
合水县	2417	1211	1206	449	246	203
正宁县	3338	1653	1685	694	375	319
宁　县	7376	3617	3759	1244	665	579
镇原县	7405	3709	3696	1621	918	703
定西市	**44552**	**21913**	**22639**	**12976**	**7178**	**5798**
安定区	7929	3978	3951	1788	965	823
通渭县	6813	3390	3423	1599	880	719
陇西县	7393	3609	3784	1978	1080	898
渭源县	5032	2557	2475	1628	919	709
临洮县	9057	4440	4617	3040	1695	1345
漳　县	2517	1241	1276	796	435	361
岷　县	5811	2698	3113	2147	1204	943
陇南市	**37627**	**18875**	**18752**	**10467**	**5859**	**4608**
武都区	8173	4188	3985	1948	1100	848
成　县	3543	1771	1772	1078	601	477
文　县	3517	1787	1730	651	367	284
宕昌县	3726	1724	2002	1328	726	602
康　县	2827	1471	1356	803	454	349
西和县	5257	2655	2602	1708	957	751
礼　县	6490	3148	3342	1992	1122	870
徽　县	3262	1695	1567	741	412	329
两当县	832	436	396	218	120	98
临夏回族自治州	**28618**	**13827**	**14791**	**12591**	**7051**	**5540**
临夏市	4916	2345	2571	1897	1109	788
临夏县	5421	2647	2774	2347	1334	1013
康乐县	3420	1617	1803	1432	790	642
永靖县	3260	1563	1697	1082	601	481
广河县	2683	1293	1390	1538	822	716
和政县	2713	1336	1377	1242	700	542
东乡族自治县	3016	1438	1578	1548	832	716
积石山保安族东乡族撒拉族自治县	3189	1588	1601	1505	863	642
甘南藏族自治州	**8465**	**3854**	**4611**	**2856**	**1596**	**1260**
合作市	871	394	477	359	200	159
临潭县	1901	901	1000	668	379	289
卓尼县	1302	605	697	422	236	186
舟曲县	1888	880	1008	618	340	278
迭部县	725	309	416	145	83	62
玛曲县	368	150	218	101	58	43
碌曲县	331	137	194	116	67	49
夏河县	1079	478	601	427	233	194

60岁及以上老年人口（续1）

单位：人

与配偶同住			与子女同住		
小计	男	女	小计	男	女
8587	**4949**	**3638**	**2730**	**797**	**1933**
3908	2239	1669	1197	334	863
1239	731	508	354	97	257
729	431	298	368	120	248
74	46	28	26	10	16
53	30	23	30	10	20
847	494	353	317	100	217
1737	978	759	438	126	312
16435	**8982**	**7453**	**7324**	**2585**	**4739**
2622	1426	1196	1220	375	845
1696	910	786	744	259	485
1893	1037	856	1140	448	692
845	461	384	365	140	225
1140	624	516	484	188	296
1550	845	705	567	196	371
3651	1998	1653	1248	416	832
3038	1681	1357	1556	563	993
14122	**7835**	**6287**	**11205**	**3605**	**7600**
3469	1894	1575	1497	520	977
2440	1382	1058	1622	514	1108
2662	1459	1203	1698	553	1145
1237	704	533	1440	495	945
2623	1485	1138	2262	659	1603
662	352	310	669	242	427
1029	559	470	2017	622	1395
10463	**5826**	**4637**	**10563**	**3836**	**6727**
2695	1526	1169	2022	738	1284
847	473	374	1062	395	667
1453	793	660	704	261	443
653	357	296	1298	415	883
556	316	240	921	344	577
1406	785	621	1501	555	946
1533	830	703	1989	709	1280
1072	603	469	855	332	523
248	143	105	211	87	124
5125	**2856**	**2269**	**8466**	**2791**	**5675**
1244	691	553	1326	360	966
904	509	395	1661	550	1111
517	291	226	1162	394	768
1045	591	454	752	212	540
241	129	112	796	285	511
364	203	161	898	323	575
376	203	173	884	314	570
434	239	195	987	353	634
1365	**769**	**596**	**3027**	**873**	**2154**
130	71	59	290	77	213
367	208	159	653	200	453
188	104	84	509	156	353
406	223	183	562	176	386
105	62	43	323	82	241
59	33	26	124	26	98
30	18	12	154	40	114
80	50	30	412	116	296

8-10 各地区分性别、居住状况的

地区	独居（有保姆）			独居（无保姆）		
	小计	男	女	小计	男	女
合计	**410**	**191**	**219**	**43111**	**18694**	**24417**
兰州市	**151**	**62**	**89**	**7695**	**3047**	**4648**
城关区	82	32	50	2576	971	1605
七里河区	22	9	13	1283	501	782
西固区	22	9	13	1087	401	686
安宁区	8	3	5	512	192	320
红古区	1	1		261	105	156
永登县	5	3	2	686	281	405
皋兰县	4	2	2	310	133	177
榆中县	6	2	4	870	422	448
兰州新区	1	1		110	41	69
嘉峪关市	**4**	**1**	**3**	**700**	**246**	**454**
市辖区	4	1	3	700	246	454
金昌市	**10**	**5**	**5**	**1511**	**487**	**1024**
金川区	7	4	3	849	275	574
永昌县	3	1	2	662	212	450
白银市	**13**	**6**	**7**	**2674**	**1166**	**1508**
白银区	4	2	2	901	334	567
平川区				295	105	190
靖远县	1		1	429	189	240
会宁县	8	4	4	741	386	355
景泰县				308	152	156
天水市	**46**	**19**	**27**	**4946**	**2248**	**2698**
秦州区	17	6	11	1092	431	661
麦积区	7	3	4	956	407	549
清水县	3	2	1	414	202	212
秦安县	10	5	5	899	454	445
甘谷县	5	1	4	709	321	388
武山县	2	1	1	587	308	279
张家川回族自治县	2	1	1	289	125	164
武威市	**12**	**9**	**3**	**3227**	**1223**	**2004**
凉州区	7	5	2	2088	722	1366
民勤县	2	1	1	508	230	278
古浪县	3	3		456	190	266
天祝藏族自治县				175	81	94
张掖市	**27**	**12**	**15**	**2692**	**1018**	**1674**
甘州区	12	3	9	1224	460	764
肃南裕固族自治县				58	23	35
民乐县	3	2	1	367	167	200
临泽县	5	2	3	250	104	146
高台县	3	3		370	119	251
山丹县	4	2	2	423	145	278
平凉市	**23**	**11**	**12**	**3913**	**1851**	**2062**
崆峒区	14	7	7	898	358	540
泾川县	2	1	1	731	347	384
灵台县	1		1	570	280	290
崇信县				165	79	86
庄浪县	1	1		501	240	261
静宁县	2	2		756	403	353
华亭市	3		3	292	144	148

60岁及以上老年人口（续2）

单位：人

养老机构			其他		
小计	男	女	小计	男	女
1204	**852**	**352**	**16253**	**8386**	**7867**
178	**105**	**73**	**2040**	**1080**	**960**
42	20	22	649	324	325
52	24	28	364	208	156
1		1	203	93	110
23	14	9	158	72	86
6	5	1	52	27	25
5	4	1	277	144	133
			54	34	20
42	31	11	189	118	71
7	7		94	60	34
34	**18**	**16**	**121**	**68**	**53**
34	18	16	121	68	53
32	**24**	**8**	**136**	**70**	**66**
10	7	3	66	36	30
22	17	5	70	34	36
42	**28**	**14**	**942**	**440**	**502**
25	17	8	162	77	85
6	2	4	108	52	56
1	1		271	129	142
6	5	1	282	129	153
4	3	1	119	53	66
90	**72**	**18**	**2251**	**1163**	**1088**
8	4	4	358	189	169
12	10	2	439	237	202
21	19	2	185	95	90
18	14	4	327	164	163
7	7		422	224	198
11	8	3	319	167	152
13	10	3	201	87	114
165	**127**	**38**	**774**	**402**	**372**
43	31	12	360	193	167
39	31	8	113	57	56
42	33	9	199	99	100
41	32	9	102	53	49
144	**97**	**47**	**570**	**282**	**288**
53	35	18	234	120	114
8	2	6	7	3	4
3	2	1	84	49	35
23	13	10	62	33	29
30	26	4	73	36	37
27	19	8	110	41	69
115	**86**	**29**	**1276**	**614**	**662**
7	6	1	332	162	170
36	25	11	228	105	123
24	22	2	153	67	86
5	2	3	75	37	38
15	13	2	175	90	85
9	3	6	240	115	125
19	15	4	73	38	35

8-10 各地区分性别、居住状况的

地区	独居（有保姆）			独居（无保姆）		
	小计	男	女	小计	男	女
酒泉市	**28**	**16**	**12**	**2182**	**753**	**1429**
肃州区	18	10	8	1096	334	762
金塔县	4	3	1	271	111	160
瓜州县	1	1		186	78	108
肃北蒙古族自治县				28	9	19
阿克塞哈萨克族自治县				15	1	14
玉门市	2	2		226	97	129
敦煌市	3		3	360	123	237
庆阳市	**34**	**22**	**12**	**4150**	**1870**	**2280**
西峰区	17	11	6	783	324	459
庆城县	4	2	2	337	149	188
环　县	3	3		338	173	165
华池县	2	2		174	97	77
合水县	1	1		273	119	154
正宁县	2	1	1	451	202	249
宁　县	2		2	917	397	520
镇原县	3	2	1	877	409	468
定西市	**29**	**12**	**17**	**4056**	**2106**	**1950**
安定区	2		2	879	437	442
通渭县	6	2	4	624	334	290
陇西县	6	1	5	799	388	411
渭源县	1	1		458	288	170
临洮县	9	6	3	696	361	335
漳　县	1	1		225	120	105
岷　县	4	1	3	375	178	197
陇南市	**21**	**12**	**9**	**3687**	**1947**	**1740**
武都区	7	2	5	950	501	449
成　县	2	2		369	194	175
文　县	2	2		507	249	258
宕昌县				212	100	112
康　县	1		1	312	196	116
西和县				369	207	162
礼　县	2	1	1	471	226	245
徽　县	4	3	1	392	222	170
两当县	3	2	1	105	52	53
临夏回族自治州	**9**	**3**	**6**	**1166**	**496**	**670**
临夏市	3	2	1	280	102	178
临夏县				232	102	130
康乐县	1		1	141	68	73
永靖县	3	1	2	210	77	133
广河县				30	17	13
和政县				79	40	39
东乡族自治县				81	34	47
积石山保安族东乡族撒拉族自治县	2		2	113	56	57
甘南藏族自治州	**3**	**1**	**2**	**512**	**236**	**276**
合作市				39	18	21
临潭县				130	66	64
卓尼县				71	34	37
舟曲县	2		2	139	59	80
迭部县				61	37	24
玛曲县	1	1		37	10	27
碌曲县				7	2	5
夏河县				28	10	18

60岁及以上老年人口（续3）

单位：人

养老机构			其他		
小计	男	女	小计	男	女
64	**35**	**29**	**464**	**236**	**228**
28	11	17	226	101	125
4	4		63	32	31
3	3		57	32	25
			6	5	1
			1	1	
11	6	5	54	32	22
18	11	7	57	33	24
79	**57**	**22**	**1387**	**653**	**734**
17	10	7	229	131	98
16	12	4	161	76	85
5	4	1	184	86	98
4	3	1	82	44	38
4	4		66	29	37
5	4	1	69	30	39
13	8	5	301	133	168
15	12	3	295	124	171
114	**96**	**18**	**2050**	**1081**	**969**
29	23	6	265	139	126
5	5		517	273	244
14	14		236	114	122
30	24	6	238	126	112
14	13	1	413	221	192
9	9		155	82	73
13	8	5	226	126	100
65	**53**	**12**	**2361**	**1342**	**1019**
19	16	3	532	305	227
2	2		183	104	79
4	3	1	196	112	84
15	13	2	220	113	107
7	7		227	154	73
2	2		271	149	122
13	8	5	490	252	238
			198	123	75
3	2	1	44	30	14
63	**43**	**20**	**1198**	**587**	**611**
13	7	6	153	74	79
11	10	1	266	142	124
1		1	166	74	92
3	3		165	78	87
3		3	75	40	35
28	20	8	102	50	52
1	1		126	54	72
3	2	1	145	75	70
19	**11**	**8**	**683**	**368**	**315**
2	1	1	51	27	24
			83	48	35
3	3		109	72	37
2	1	1	159	81	78
3	1	2	88	44	44
1	1		45	21	24
			24	10	14
8	4	4	124	65	59

8-10a 各地区分性别、居住状况的

地区	60岁及以上人口			与配偶和子女同住		
	合计	男	女	小计	男	女
合计	**99219**	**47309**	**51910**	**19946**	**11227**	**8719**
兰州市	**45480**	**21570**	**23910**	**9669**	**5380**	**4289**
城关区	22435	10573	11862	4998	2761	2237
七里河区	9523	4587	4936	1962	1116	846
西固区	6688	3183	3505	1149	641	508
安宁区	5301	2499	2802	1205	669	536
红古区	1533	728	805	355	193	162
嘉峪关市	**4110**	**1974**	**2136**	**535**	**309**	**226**
市辖区	4110	1974	2136	535	309	226
金昌市	**3550**	**1645**	**1905**	**245**	**133**	**112**
金川区	3550	1645	1905	245	133	112
白银市	**6639**	**3157**	**3482**	**910**	**486**	**424**
白银区	4953	2350	2603	645	348	297
平川区	1668	796	872	252	131	121
靖远县	18	11	7	13	7	6
天水市	**9035**	**4407**	**4628**	**2069**	**1171**	**898**
秦州区	4970	2394	2576	1031	582	449
麦积区	4065	2013	2052	1038	589	449
武威市	**4729**	**2246**	**2483**	**1026**	**582**	**444**
凉州区	4729	2246	2483	1026	582	444
张掖市	**3576**	**1720**	**1856**	**451**	**267**	**184**
甘州区	3569	1718	1851	451	267	184
肃南裕固族自治县	7	2	5			
平凉市	**5361**	**2585**	**2776**	**1053**	**592**	**461**
崆峒区	4618	2230	2388	912	510	402
华亭市	743	355	388	141	82	59
酒泉市	**5682**	**2665**	**3017**	**783**	**454**	**329**
肃州区	4152	1928	2224	544	316	228
玉门市	503	245	258	90	53	37
敦煌市	1027	492	535	149	85	64
庆阳市	**2764**	**1356**	**1408**	**703**	**394**	**309**
西峰区	2764	1356	1408	703	394	309
定西市	**2151**	**1036**	**1115**	**483**	**272**	**211**
安定区	2151	1036	1115	483	272	211
陇南市	**1581**	**786**	**795**	**382**	**221**	**161**
武都区	1560	777	783	375	217	158
康　县	21	9	12	7	4	3
临夏回族自治州	**4150**	**1977**	**2173**	**1503**	**886**	**617**
临夏市	4042	1922	2120	1449	855	594
临夏县	108	55	53	54	31	23
甘南藏族自治州	**411**	**185**	**226**	**134**	**80**	**54**
合作市	411	185	226	134	80	54

60岁及以上老年人口（城市）

单位：人

与配偶同住			与子女同住		
小计	男	女	小计	男	女
46918	**25592**	**21326**	**16854**	**4507**	**12347**
21202	**11531**	**9671**	**7877**	**1957**	**5920**
10042	5476	4566	4079	1006	3073
4460	2427	2033	1629	429	1200
3541	1917	1624	953	228	725
2478	1336	1142	917	213	704
681	375	306	299	81	218
2315	**1245**	**1070**	**492**	**124**	**368**
2315	1245	1070	492	124	368
2170	**1161**	**1009**	**317**	**69**	**248**
2170	1161	1009	317	69	248
3597	**1949**	**1648**	**982**	**284**	**698**
2704	1462	1242	723	202	521
891	486	405	259	82	177
2	1	1			
3972	**2165**	**1807**	**1536**	**496**	**1040**
2375	1290	1085	790	247	543
1597	875	722	746	249	497
2215	**1203**	**1012**	**795**	**211**	**584**
2215	1203	1012	795	211	584
1972	**1098**	**874**	**521**	**139**	**382**
1972	1098	874	516	138	378
			5	1	4
2634	**1439**	**1195**	**911**	**256**	**655**
2259	1232	1027	766	223	543
375	207	168	145	33	112
3002	**1676**	**1326**	**904**	**239**	**665**
2217	1238	979	626	164	462
228	127	101	98	30	68
557	311	246	180	45	135
1100	**604**	**496**	**484**	**138**	**346**
1100	604	496	484	138	346
876	**479**	**397**	**437**	**147**	**290**
876	479	397	437	147	290
620	**351**	**269**	**361**	**120**	**241**
617	349	268	352	118	234
3	2	1	9	2	7
1142	**635**	**507**	**1118**	**302**	**816**
1134	630	504	1086	295	791
8	5	3	32	7	25
101	**56**	**45**	**119**	**25**	**94**
101	56	45	119	25	94

8-10a 各地区分性别、居住状况的

地区	独居（有保姆）			独居（无保姆）		
	小计	男	女	小计	男	女
合计	**235**	**103**	**132**	**12026**	**4266**	**7760**
兰州市	**132**	**54**	**78**	**5212**	**1957**	**3255**
城关区	82	32	50	2556	964	1592
七里河区	19	9	10	1100	415	685
西固区	22	9	13	878	320	558
安宁区	8	3	5	512	192	320
红古区	1	1		166	66	100
嘉峪关市	**4**	**1**	**3**	**627**	**219**	**408**
市辖区	4	1	3	627	219	408
金昌市	**7**	**4**	**3**	**742**	**240**	**502**
金川区	7	4	3	742	240	502
白银市	**4**	**2**	**2**	**950**	**340**	**610**
白银区	4	2	2	738	269	469
平川区				212	71	141
靖远县						
天水市	**17**	**6**	**11**	**1050**	**373**	**677**
秦州区	13	4	9	609	203	406
麦积区	4	2	2	441	170	271
武威市	**6**	**5**	**1**	**574**	**187**	**387**
凉州区	6	5	1	574	187	387
张掖市	**11**	**3**	**8**	**499**	**156**	**343**
甘州区	11	3	8	497	155	342
肃南裕固族自治县				2	1	1
平凉市	**13**	**6**	**7**	**590**	**205**	**385**
崆峒区	11	6	5	527	181	346
华亭市	2		2	63	24	39
酒泉市	**19**	**10**	**9**	**782**	**207**	**575**
肃州区	17	9	8	617	155	462
玉门市	1	1		53	16	37
敦煌市	1		1	112	36	76
庆阳市	**16**	**11**	**5**	**322**	**126**	**196**
西峰区	16	11	5	322	126	196
定西市	**2**		**2**	**261**	**102**	**159**
安定区	2		2	261	102	159
陇南市	**2**		**2**	**135**	**53**	**82**
武都区	2		2	135	53	82
康　县						
临夏回族自治州	**2**	**1**	**1**	**249**	**87**	**162**
临夏市	2	1	1	248	86	162
临夏县				1	1	
甘南藏族自治州				**33**	**14**	**19**
合作市				33	14	19

60岁及以上老年人口（城市）（续）

单位：人

养老机构			其他		
小计	男	女	小计	男	女
259	**137**	**122**	**2981**	**1477**	**1504**
114	**54**	**60**	**1274**	**637**	**637**
42	20	22	636	314	322
47	19	28	306	172	134
1		1	144	68	76
23	14	9	158	72	86
1	1		30	11	19
33	**18**	**15**	**104**	**58**	**46**
33	18	15	104	58	46
6	**4**	**2**	**63**	**34**	**29**
6	4	2	63	34	29
28	**16**	**12**	**168**	**80**	**88**
22	14	8	117	53	64
6	2	4	48	24	24
			3	3	
4	**1**	**3**	**387**	**195**	**192**
3		3	149	68	81
1	1		238	127	111
8	**5**	**3**	**105**	**53**	**52**
8	5	3	105	53	52
12	**7**	**5**	**110**	**50**	**60**
12	7	5	110	50	60
14	**12**	**2**	**146**	**75**	**71**
6	6		137	72	65
8	6	2	9	3	6
16	**6**	**10**	**176**	**73**	**103**
7	1	6	124	45	79
9	5	4	24	13	11
			28	15	13
4	**2**	**2**	**135**	**81**	**54**
4	2	2	135	81	54
8	**2**	**6**	**84**	**34**	**50**
8	2	6	84	34	50
1	**1**		**80**	**40**	**40**
1	1		78	39	39
			2	1	1
10	**9**	**1**	**126**	**57**	**69**
			123	55	68
10	9	1	3	2	1
1		**1**	**23**	**10**	**13**
1		1	23	10	13

8-10b 各地区分性别、居住状况的

地区	60岁及以上人口			与配偶和子女同住		
	合计	男	女	小计	男	女
合计	**73809**	**35898**	**37911**	**19614**	**10960**	**8654**
兰州市	**8370**	**4042**	**4328**	**2120**	**1184**	**936**
城关区	249	121	128	90	50	40
七里河区	761	363	398	228	129	99
西固区	656	307	349	81	43	38
安宁区						
红古区	316	155	161	40	23	17
永登县	2465	1169	1296	618	342	276
皋兰县	1068	507	561	206	114	92
榆中县	1850	921	929	524	298	226
兰州新区	1005	499	506	333	185	148
嘉峪关市	**64**	**26**	**38**	**5**	**3**	**2**
市辖区	64	26	38	5	3	2
金昌市	**1385**	**628**	**757**	**109**	**63**	**46**
金川区	25	12	13	4	2	2
永昌县	1360	616	744	105	61	44
白银市	**5179**	**2472**	**2707**	**1443**	**764**	**679**
白银区	92	45	47	12	6	6
平川区	272	127	145	61	29	32
靖远县	2054	959	1095	606	314	292
会宁县	1362	658	704	373	200	173
景泰县	1399	683	716	391	215	176
天水市	**9143**	**4525**	**4618**	**2734**	**1544**	**1190**
秦州区	729	366	363	222	128	94
麦积区	844	428	416	208	115	93
清水县	810	427	383	226	134	92
秦安县	1911	913	998	534	296	238
甘谷县	2470	1190	1280	835	463	372
武山县	1660	836	824	483	276	207
张家川回族自治县	719	365	354	226	132	94
武威市	**4197**	**2035**	**2162**	**802**	**455**	**347**
凉州区	1374	661	713	206	121	85
民勤县	799	394	405	73	40	33
古浪县	1108	547	561	250	139	111
天祝藏族自治县	916	433	483	273	155	118
张掖市	**4116**	**1965**	**2151**	**739**	**411**	**328**
甘州区	258	144	114	21	13	8
肃南裕固族自治县	147	64	83	27	14	13
民乐县	1046	497	549	261	147	114
临泽县	637	319	318	96	56	40
高台县	824	397	427	61	37	24
山丹县	1204	544	660	273	144	129
平凉市	**5319**	**2618**	**2701**	**1360**	**761**	**599**
崆峒区	161	83	78	41	26	15
泾川县	1296	635	661	217	121	96
灵台县	658	322	336	115	66	49
崇信县	391	192	199	68	39	29
庄浪县	1100	534	566	403	223	180
静宁县	1250	612	638	405	221	184
华亭市	463	240	223	111	65	46

60岁及以上老年人口（镇）

单位：人

与配偶同住			与子女同住		
小计	男	女	小计	男	女
26830	**14857**	**11973**	**16596**	**5185**	**11411**
3376	**1841**	**1535**	**1730**	**511**	**1219**
101	57	44	38	7	31
274	151	123	157	39	118
371	197	174	73	23	50
130	73	57	70	22	48
984	524	460	512	144	368
506	276	230	195	52	143
647	360	287	452	152	300
363	203	160	233	72	161
34	**20**	**14**	**15**	**1**	**14**
34	20	14	15	1	14
776	**427**	**349**	**192**	**40**	**152**
18	9	9	1		1
758	418	340	191	40	151
2054	**1100**	**954**	**1103**	**360**	**743**
59	30	29	14	4	10
122	67	55	63	22	41
794	417	377	434	131	303
508	278	230	321	115	206
571	308	263	271	88	183
2935	**1636**	**1299**	**2094**	**666**	**1428**
244	136	108	165	54	111
351	196	155	173	62	111
237	131	106	198	77	121
648	355	293	449	133	316
628	357	271	642	190	452
563	311	252	328	109	219
264	150	114	139	41	98
1958	**1095**	**863**	**726**	**186**	**540**
681	392	289	190	44	146
449	248	201	115	32	83
499	271	228	200	54	146
329	184	145	221	56	165
1906	**1077**	**829**	**819**	**225**	**594**
112	68	44	54	20	34
70	38	32	28	6	22
409	224	185	256	77	179
314	181	133	110	40	70
494	282	212	128	32	96
507	284	223	243	50	193
2010	**1111**	**899**	**1123**	**346**	**777**
64	35	29	37	6	31
584	328	256	250	78	172
266	146	120	138	40	98
175	98	77	73	20	53
313	167	146	256	82	174
416	230	186	277	96	181
192	107	85	92	24	68

8-10b 各地区分性别、居住状况的

地区	60岁及以上人口			与配偶和子女同住		
	合计	男	女	小计	男	女
酒泉市	**3389**	**1698**	**1691**	**430**	**245**	**185**
肃州区	433	221	212	49	28	21
金塔县	732	359	373	57	32	25
瓜州县	581	301	280	107	63	44
肃北蒙古族自治县	129	67	62	15	10	5
阿克塞哈萨克族自治县	114	50	64	17	9	8
玉门市	506	270	236	90	51	39
敦煌市	894	430	464	95	52	43
庆阳市	**7088**	**3457**	**3631**	**1511**	**824**	**687**
西峰区	116	55	61	26	13	13
庆城县	828	397	431	167	93	74
环　县	1031	500	531	232	125	107
华池县	386	190	196	98	54	44
合水县	558	268	290	115	62	53
正宁县	1004	491	513	223	120	103
宁　县	1754	860	894	318	167	151
镇原县	1411	696	715	332	190	142
定西市	**10054**	**4869**	**5185**	**2853**	**1597**	**1256**
安定区	506	245	261	132	67	65
通渭县	1136	598	538	262	152	110
陇西县	2754	1294	1460	676	381	295
渭源县	1059	543	516	300	172	128
临洮县	2728	1287	1441	891	489	402
漳　县	611	301	310	193	106	87
岷　县	1260	601	659	399	230	169
陇南市	**7954**	**3914**	**4040**	**2584**	**1462**	**1122**
武都区	726	359	367	213	119	94
成　县	1370	663	707	489	266	223
文　县	728	360	368	224	125	99
宕昌县	824	399	425	295	168	127
康　县	547	281	266	143	85	58
西和县	1046	521	525	412	241	171
礼　县	1510	727	783	507	291	216
徽　县	927	462	465	230	128	102
两当县	276	142	134	71	39	32
临夏回族自治州	**5212**	**2542**	**2670**	**2230**	**1253**	**977**
临夏市	181	93	88	79	47	32
临夏县	630	310	320	287	163	124
康乐县	524	243	281	206	113	93
永靖县	1358	639	719	369	205	164
广河县	826	407	419	518	286	232
和政县	668	332	336	287	165	122
东乡族自治县	554	270	284	249	132	117
积石山保安族东乡族撒拉族自治县	471	248	223	235	142	93
甘南藏族自治州	**2339**	**1107**	**1232**	**694**	**394**	**300**
合作市	46	21	25	21	11	10
临潭县	535	261	274	166	97	69
卓尼县	402	204	198	108	61	47
舟曲县	474	219	255	123	66	57
迭部县	234	110	124	46	26	20
玛曲县	235	98	137	64	36	28
碌曲县	105	48	57	40	24	16
夏河县	308	146	162	126	73	53

60岁及以上老年人口（镇）（续1）

单位：人

与配偶同住			与子女同住		
小计	男	女	小计	男	女
1852	**1064**	**788**	**474**	**160**	**314**
205	124	81	85	33	52
449	253	196	88	24	64
281	162	119	89	31	58
64	40	24	24	9	15
51	29	22	30	10	20
237	141	96	81	31	50
565	315	250	77	22	55
3067	**1678**	**1389**	**1419**	**483**	**936**
38	24	14	20	6	14
351	187	164	167	49	118
420	224	196	250	88	162
157	86	71	88	27	61
256	141	115	109	38	71
454	245	209	183	63	120
833	465	368	293	98	195
558	306	252	309	114	195
3175	**1740**	**1435**	**2538**	**801**	**1737**
192	106	86	112	35	77
355	203	152	297	109	188
1009	534	475	651	204	447
300	170	130	286	104	182
844	460	384	637	174	463
190	101	89	133	42	91
285	166	119	422	133	289
2106	**1181**	**925**	**2208**	**748**	**1460**
231	128	103	169	55	114
335	185	150	378	136	242
243	136	107	152	50	102
178	101	77	258	87	171
139	81	58	178	61	117
246	135	111	296	97	199
319	176	143	478	158	320
321	185	136	239	83	156
94	54	40	60	21	39
1040	**578**	**462**	**1467**	**471**	**996**
11	6	5	61	23	38
101	58	43	197	64	133
99	59	40	165	46	119
490	270	220	319	94	225
72	41	31	217	69	148
124	69	55	182	56	126
68	34	34	197	77	120
75	41	34	129	42	87
541	**309**	**232**	**688**	**187**	**501**
8	4	4	15	5	10
136	78	58	170	54	116
98	55	43	106	34	72
139	78	61	131	38	93
62	35	27	76	19	57
46	25	21	60	9	51
15	9	6	39	10	29
37	25	12	91	18	73

8-10b 各地区分性别、居住状况的

地区	独居（有保姆）			独居（无保姆）		
	小计	男	女	小计	男	女
合计	**64**	**39**	**25**	**7019**	**2833**	**4186**
兰州市	**7**	**4**	**3**	**811**	**301**	**510**
城关区				13	3	10
七里河区	1		1	75	27	48
西固区				115	37	78
安宁区						
红古区				65	29	36
永登县	2	1	1	215	84	131
皋兰县	2	2		127	43	84
榆中县	2	1	1	172	70	102
兰州新区				29	8	21
嘉峪关市				**7**	**1**	**6**
市辖区				7	1	6
金昌市	**1**		**1**	**263**	**71**	**192**
金川区				1	1	
永昌县	1		1	262	70	192
白银市	**4**	**1**	**3**	**360**	**153**	**207**
白银区				6	4	2
平川区				18	6	12
靖远县	1		1	135	55	80
会宁县	3	1	2	86	37	49
景泰县				115	51	64
天水市	**5**	**3**	**2**	**843**	**363**	**480**
秦州区				60	24	36
麦积区				86	36	50
清水县	1		1	82	42	40
秦安县	3	2	1	215	91	124
甘谷县	1	1		215	89	126
武山县				143	65	78
张家川回族自治县				42	16	26
武威市	**2**	**2**		**518**	**180**	**338**
凉州区				259	81	178
民勤县	1	1		123	52	71
古浪县	1	1		78	27	51
天祝藏族自治县				58	20	38
张掖市	**6**	**4**	**2**	**495**	**171**	**324**
甘州区				45	21	24
肃南裕固族自治县				11	4	7
民乐县				112	45	67
临泽县	2	1	1	80	23	57
高台县	3	3		114	32	82
山丹县	1		1	133	46	87
平凉市	**3**	**1**	**2**	**523**	**241**	**282**
崆峒区				15	12	3
泾川县	1		1	159	62	97
灵台县	1		1	80	38	42
崇信县				41	20	21
庄浪县				78	32	46
静宁县	1	1		91	40	51
华亭市				59	37	22

60岁及以上老年人口（镇）（续2）

单位：人

养老机构			其他		
小计	男	女	小计	男	女
375	**290**	**85**	**3311**	**1734**	**1577**
26	**24**	**2**	**300**	**177**	**123**
			7	4	3
4	4		22	13	9
			16	7	9
5	4	1	6	4	2
1		1	133	74	59
			32	20	12
16	16		37	24	13
			47	31	16
			3	**1**	**2**
			3	1	2
17	**16**	**1**	**27**	**11**	**16**
			1		1
17	16	1	26	11	15
9	**7**	**2**	**206**	**87**	**119**
			1	1	
			8	3	5
1	1		83	41	42
4	3	1	67	24	43
4	3	1	47	18	29
32	**26**	**6**	**500**	**287**	**213**
1		1	37	24	13
1	1		25	18	7
13	13		53	30	23
8	6	2	54	30	24
2	2		147	88	59
3	2	1	140	73	67
4	2	2	44	24	20
60	**47**	**13**	**131**	**70**	**61**
			38	23	15
17	10	7	21	11	10
38	32	6	42	23	19
5	5		30	13	17
64	**40**	**24**	**87**	**37**	**50**
18	17	1	8	5	3
6		6	5	2	3
1		1	7	4	3
13	6	7	22	12	10
2	1	1	22	10	12
24	16	8	23	4	19
65	**51**	**14**	**235**	**107**	**128**
			4	4	
25	17	8	60	29	31
22	20	2	36	12	24
4	1	3	30	14	16
13	12	1	37	18	19
			60	24	36
1	1		8	6	2

8-10b 各地区分性别、居住状况的

地区	独居（有保姆）			独居（无保姆）		
	小计	男	女	小计	男	女
酒泉市	**5**	**3**	**2**	**535**	**175**	**360**
肃州区				74	26	48
金塔县	3	2	1	114	39	75
瓜州县	1	1		80	29	51
肃北蒙古族自治县				24	6	18
阿克塞哈萨克族自治县				15	1	14
玉门市				82	37	45
敦煌市	1		1	146	37	109
庆阳市	**7**	**6**	**1**	**727**	**292**	**435**
西峰区				17	5	12
庆城县	3	2	1	102	42	60
环　县	2	2		64	31	33
华池县				26	12	14
合水县	1	1		57	18	39
正宁县				114	53	61
宁　县				216	79	137
镇原县	1	1		131	52	79
定西市	**10**	**6**	**4**	**871**	**394**	**477**
安定区				39	18	21
通渭县	1	1		74	42	32
陇西县	3	1	2	310	117	193
渭源县				106	60	46
临洮县	6	4	2	212	100	112
漳　县				48	25	23
岷　县				82	32	50
陇南市	**8**	**6**	**2**	**649**	**308**	**341**
武都区				79	38	41
成　县	1	1		124	56	68
文　县				79	32	47
宕昌县				55	22	33
康　县	1		1	50	29	21
西和县				53	28	25
礼　县				87	43	44
徽　县	4	3	1	84	39	45
两当县	2	2		38	21	17
临夏回族自治州	**4**	**2**	**2**	**224**	**95**	**129**
临夏市	1	1		5	2	3
临夏县				22	11	11
康乐县				27	14	13
永靖县	3	1	2	115	38	77
广河县				8	4	4
和政县				20	9	11
东乡族自治县				14	8	6
积石山保安族东乡族撒拉族自治县				13	9	4
甘南藏族自治州	**2**	**1**	**1**	**193**	**88**	**105**
合作市						
临潭县				45	24	21
卓尼县				36	17	19
舟曲县	1		1	33	13	20
迭部县				31	20	11
玛曲县	1	1		32	10	22
碌曲县				3		3
夏河县				13	4	9

60岁及以上老年人口（镇）（续3）

单位：人

养老机构			其他		
小计	男	女	小计	男	女
5	**5**		**88**	**46**	**42**
1	1		19	9	10
1	1		20	8	12
3	3		20	12	8
			2	2	
			1	1	
			16	10	6
			10	4	6
18	**14**	**4**	**339**	**160**	**179**
10	6	4	5	1	4
			38	24	14
2	2		61	28	33
			17	11	6
2	2		18	6	12
2	2		28	8	20
			94	51	43
2	2		78	31	47
23	**20**	**3**	**584**	**311**	**273**
			31	19	12
2	2		145	89	56
8	8		97	49	48
11	9	2	56	28	28
			138	60	78
			47	27	20
2	1	1	70	39	31
7	**7**		**392**	**202**	**190**
			34	19	15
			43	19	24
			30	17	13
5	5		33	16	17
			36	25	11
			39	20	19
2	2		117	57	60
			49	24	25
			11	5	6
41	**27**	**14**	**206**	**116**	**90**
13	7	6	11	7	4
			23	14	9
			27	11	16
			62	31	31
			11	7	4
28	20	8	27	13	14
			26	19	7
			19	14	5
8	**6**	**2**	**213**	**122**	**91**
			2	1	1
			18	8	10
3	3		51	34	17
			47	24	23
2	1	1	17	9	8
1	1		31	16	15
			8	5	3
2	1	1	39	25	14

8-10c 各地区分性别、居住状况的

地区	60岁及以上人口			与配偶和子女同住		
	合计	男	女	小计	男	女
合计	**237695**	**118096**	**119599**	**61092**	**33858**	**27234**
兰州市	**15639**	**7769**	**7870**	**4032**	**2213**	**1819**
城关区	209	106	103	89	48	41
七里河区	1314	665	649	433	240	193
西固区	670	313	357	154	81	73
安宁区						
红古区	654	312	342	304	164	140
永登县	3984	1892	2092	914	490	424
皋兰县	1381	717	664	218	122	96
榆中县	5926	3005	2921	1384	766	618
兰州新区	1501	759	742	536	302	234
嘉峪关市	**369**	**188**	**181**	**58**	**34**	**24**
市辖区	369	188	181	58	34	24
金昌市	**2777**	**1367**	**1410**	**241**	**137**	**104**
金川区	676	319	357	83	45	38
永昌县	2101	1048	1053	158	92	66
白银市	**15614**	**7688**	**7926**	**3625**	**1927**	**1698**
白银区	1049	498	551	55	30	25
平川区	1124	541	583	346	182	164
靖远县	4519	2172	2347	1424	755	669
会宁县	6586	3313	3273	1287	689	598
景泰县	2336	1164	1172	513	271	242
天水市	**30360**	**15310**	**15050**	**8044**	**4517**	**3527**
秦州区	3946	2015	1931	1000	571	429
麦积区	4372	2209	2163	1207	676	531
清水县	2870	1442	1428	750	412	338
秦安县	6380	3255	3125	1502	846	656
甘谷县	5971	2972	2999	1729	966	763
武山县	4051	2080	1971	1121	642	479
张家川回族自治县	2770	1337	1433	735	404	331
武威市	**17410**	**8672**	**8738**	**3366**	**1908**	**1458**
凉州区	8959	4454	4505	1612	933	679
民勤县	3159	1578	1581	421	228	193
古浪县	3600	1783	1817	809	450	359
天祝藏族自治县	1692	857	835	524	297	227
张掖市	**11873**	**5882**	**5991**	**1665**	**954**	**711**
甘州区	4501	2252	2249	569	335	234
肃南裕固族自治县	305	146	159	49	28	21
民乐县	2233	1109	1124	455	251	204
临泽县	1483	758	725	241	141	100
高台县	1593	803	790	160	98	62
山丹县	1758	814	944	191	101	90
平凉市	**23380**	**11659**	**11721**	**5139**	**2837**	**2302**
崆峒区	3456	1704	1752	798	455	343
泾川县	3617	1785	1832	465	259	206
灵台县	2659	1361	1298	327	183	144
崇信县	971	484	487	210	116	94
庄浪县	5108	2495	2613	1595	872	723
静宁县	6005	3055	2950	1396	762	634
华亭市	1564	775	789	348	190	158

60岁及以上老年人口（乡村）

单位：人

与配偶同住			与子女同住		
小计	男	女	小计	男	女
86917	**48634**	**38283**	**54978**	**18360**	**36618**
6482	**3591**	**2891**	**2937**	**879**	**2058**
64	33	31	43	15	28
454	268	186	280	74	206
274	155	119	105	15	90
165	89	76	139	37	102
1651	904	747	797	225	572
791	440	351	165	51	114
2565	1419	1146	1097	358	739
518	283	235	311	104	207
179	**105**	**74**	**51**	**14**	**37**
179	105	74	51	14	37
1696	**963**	**733**	**277**	**61**	**216**
399	218	181	82	17	65
1297	745	552	195	44	151
7211	**3893**	**3318**	**2836**	**914**	**1922**
692	357	335	98	24	74
479	254	225	182	52	130
1729	919	810	887	279	608
3126	1718	1408	1296	447	849
1185	645	540	373	112	261
10590	**5969**	**4621**	**7231**	**2576**	**4655**
1414	795	619	929	342	587
1512	852	660	1035	379	656
918	514	404	728	283	445
2499	1439	1060	1405	462	943
1967	1106	861	1497	527	970
1284	719	565	1013	375	638
996	544	452	624	208	416
8159	**4686**	**3473**	**3111**	**866**	**2245**
4358	2524	1834	1481	400	1081
1689	974	715	549	131	418
1569	876	693	681	215	466
543	312	231	400	120	280
5775	**3315**	**2460**	**2284**	**672**	**1612**
2256	1316	940	854	241	613
152	84	68	55	13	42
908	513	395	533	174	359
668	393	275	351	114	237
893	517	376	205	50	155
898	492	406	286	80	206
9350	**5246**	**4104**	**5153**	**1712**	**3441**
1428	780	648	679	217	462
1733	947	786	667	209	458
1267	717	550	456	162	294
388	217	171	203	68	135
1516	854	662	1433	487	946
2410	1391	1019	1344	444	900
608	340	268	371	125	246

8-10c 各地区分性别、居住状况的

地区	60岁及以上人口			与配偶和子女同住		
	合计	男	女	小计	男	女
酒泉市	**7636**	**3945**	**3691**	**1439**	**823**	**616**
肃州区	2868	1450	1418	387	226	161
金塔县	1516	794	722	256	143	113
瓜州县	1188	606	582	318	179	139
肃北蒙古族自治县	24	16	8	4	3	1
阿克塞哈萨克族自治县	2	1	1			
玉门市	815	432	383	187	112	75
敦煌市	1223	646	577	287	160	127
庆阳市	**27227**	**13563**	**13664**	**5456**	**2989**	**2467**
西峰区	3452	1669	1783	715	396	319
庆城县	2733	1345	1388	436	241	195
环　县	3727	1891	1836	963	515	448
华池县	1506	783	723	322	172	150
合水县	1859	943	916	334	184	150
正宁县	2334	1162	1172	471	255	216
宁　县	5622	2757	2865	926	498	428
镇原县	5994	3013	2981	1289	728	561
定西市	**32347**	**16008**	**16339**	**9640**	**5309**	**4331**
安定区	5272	2697	2575	1173	626	547
通渭县	5677	2792	2885	1337	728	609
陇西县	4639	2315	2324	1302	699	603
渭源县	3973	2014	1959	1328	747	581
临洮县	6329	3153	3176	2149	1206	943
漳　县	1906	940	966	603	329	274
岷　县	4551	2097	2454	1748	974	774
陇南市	**28092**	**14175**	**13917**	**7501**	**4176**	**3325**
武都区	5887	3052	2835	1360	764	596
成　县	2173	1108	1065	589	335	254
文　县	2789	1427	1362	427	242	185
宕昌县	2902	1325	1577	1033	558	475
康　县	2259	1181	1078	653	365	288
西和县	4211	2134	2077	1296	716	580
礼　县	4980	2421	2559	1485	831	654
徽　县	2335	1233	1102	511	284	227
两当县	556	294	262	147	81	66
临夏回族自治州	**19256**	**9308**	**9948**	**8858**	**4912**	**3946**
临夏市	693	330	363	369	207	162
临夏县	4683	2282	2401	2006	1140	866
康乐县	2896	1374	1522	1226	677	549
永靖县	1902	924	978	713	396	317
广河县	1857	886	971	1020	536	484
和政县	2045	1004	1041	955	535	420
东乡族自治县	2462	1168	1294	1299	700	599
积石山保安族东乡族撒拉族自治县	2718	1340	1378	1270	721	549
甘南藏族自治州	**5715**	**2562**	**3153**	**2028**	**1122**	**906**
合作市	414	188	226	204	109	95
临潭县	1366	640	726	502	282	220
卓尼县	900	401	499	314	175	139
舟曲县	1414	661	753	495	274	221
迭部县	491	199	292	99	57	42
玛曲县	133	52	81	37	22	15
碌曲县	226	89	137	76	43	33
夏河县	771	332	439	301	160	141

60岁及以上老年人口（乡村）（续1）

单位：人

与配偶同住			与子女同住		
小计	男	女	小计	男	女
3733	**2209**	**1524**	**1352**	**398**	**954**
1486	877	609	486	137	349
790	478	312	266	73	193
448	269	179	279	89	190
10	6	4	2	1	1
2	1	1			
382	226	156	138	39	99
615	352	263	181	59	122
12268	**6700**	**5568**	**5421**	**1964**	**3457**
1484	798	686	716	231	485
1345	723	622	577	210	367
1473	813	660	890	360	530
688	375	313	277	113	164
884	483	401	375	150	225
1096	600	496	384	133	251
2818	1533	1285	955	318	637
2480	1375	1105	1247	449	798
10071	**5616**	**4455**	**8230**	**2657**	**5573**
2401	1309	1092	948	338	610
2085	1179	906	1325	405	920
1653	925	728	1047	349	698
937	534	403	1154	391	763
1779	1025	754	1625	485	1140
472	251	221	536	200	336
744	393	351	1595	489	1106
7737	**4294**	**3443**	**7994**	**2968**	**5026**
1847	1049	798	1501	565	936
512	288	224	684	259	425
1210	657	553	552	211	341
475	256	219	1040	328	712
414	233	181	734	281	453
1160	650	510	1205	458	747
1214	654	560	1511	551	960
751	418	333	616	249	367
154	89	65	151	66	85
2943	**1643**	**1300**	**5881**	**2018**	**3863**
99	55	44	179	42	137
795	446	349	1432	479	953
418	232	186	997	348	649
555	321	234	433	118	315
169	88	81	579	216	363
240	134	106	716	267	449
308	169	139	687	237	450
359	198	161	858	311	547
723	**404**	**319**	**2220**	**661**	**1559**
21	11	10	156	47	109
231	130	101	483	146	337
90	49	41	403	122	281
267	145	122	431	138	293
43	27	16	247	63	184
13	8	5	64	17	47
15	9	6	115	30	85
43	25	18	321	98	223

8-10c 各地区分性别、居住状况的

地区	独居（有保姆）			独居（无保姆）		
	小计	男	女	小计	男	女
合计	**111**	**49**	**62**	**24066**	**11595**	**12471**
兰州市	**12**	**4**	**8**	**1672**	**789**	**883**
城关区				7	4	3
七里河区	2		2	108	59	49
西固区				94	44	50
安宁区						
红古区				30	10	20
永登县	3	2	1	471	197	274
皋兰县	2		2	183	90	93
榆中县	4	1	3	698	352	346
兰州新区	1	1		81	33	48
嘉峪关市				**66**	**26**	**40**
市辖区				66	26	40
金昌市	**2**	**1**	**1**	**506**	**176**	**330**
金川区				106	34	72
永昌县	2	1	1	400	142	258
白银市	**5**	**3**	**2**	**1364**	**673**	**691**
白银区				157	61	96
平川区				65	28	37
靖远县				294	134	160
会宁县	5	3	2	655	349	306
景泰县				193	101	92
天水市	**24**	**10**	**14**	**3053**	**1512**	**1541**
秦州区	4	2	2	423	204	219
麦积区	3	1	2	429	201	228
清水县	2	2		332	160	172
秦安县	7	3	4	684	363	321
甘谷县	4		4	494	232	262
武山县	2	1	1	444	243	201
张家川回族自治县	2	1	1	247	109	138
武威市	**4**	**2**	**2**	**2135**	**856**	**1279**
凉州区	1		1	1255	454	801
民勤县	1		1	385	178	207
古浪县	2	2		378	163	215
天祝藏族自治县				117	61	56
张掖市	**10**	**5**	**5**	**1698**	**691**	**1007**
甘州区	1		1	682	284	398
肃南裕固族自治县				45	18	27
民乐县	3	2	1	255	122	133
临泽县	3	1	2	170	81	89
高台县				256	87	169
山丹县	3	2	1	290	99	191
平凉市	**7**	**4**	**3**	**2800**	**1405**	**1395**
崆峒区	3	1	2	356	165	191
泾川县	1	1		572	285	287
灵台县				490	242	248
崇信县				124	59	65
庄浪县	1	1		423	208	215
静宁县	1	1		665	363	302
华亭市	1		1	170	83	87

60岁及以上老年人口（乡村）（续2）

单位：人

养老机构			其他		
小计	男	女	小计	男	女
570	**425**	**145**	**9961**	**5175**	**4786**
38	**27**	**11**	**466**	**266**	**200**
			6	6	
1	1		36	23	13
			43	18	25
			16	12	4
4	4		144	70	74
			22	14	8
26	15	11	152	94	58
7	7		47	29	18
1		**1**	**14**	**9**	**5**
1		1	14	9	5
9	**4**	**5**	**46**	**25**	**21**
4	3	1	2	2	
5	1	4	44	23	21
5	**5**		**568**	**273**	**295**
3	3		44	23	21
			52	25	27
			185	85	100
2	2		215	105	110
			72	35	37
54	**45**	**9**	**1364**	**681**	**683**
4	4		172	97	75
10	8	2	176	92	84
8	6	2	132	65	67
10	8	2	273	134	139
5	5		275	136	139
8	6	2	179	94	85
9	8	1	157	63	94
97	**75**	**22**	**538**	**279**	**259**
35	26	9	217	117	100
22	21	1	92	46	46
4	1	3	157	76	81
36	27	9	72	40	32
68	**50**	**18**	**373**	**195**	**178**
23	11	12	116	65	51
2	2		2	1	1
2	2		77	45	32
10	7	3	40	21	19
28	25	3	51	26	25
3	3		87	37	50
36	**23**	**13**	**895**	**432**	**463**
1		1	191	86	105
11	8	3	168	76	92
2	2		117	55	62
1	1		45	23	22
2	1	1	138	72	66
9	3	6	180	91	89
10	8	2	56	29	27

8-10c 各地区分性别、居住状况的

地区	独居（有保姆）			独居（无保姆）		
	小计	男	女	小计	男	女
酒泉市	**4**	**3**	**1**	**865**	**371**	**494**
肃州区	1	1		405	153	252
金塔县	1	1		157	72	85
瓜州县				106	49	57
肃北蒙古族自治县				4	3	1
阿克塞哈萨克族自治县						
玉门市	1	1		91	44	47
敦煌市	1		1	102	50	52
庆阳市	**11**	**5**	**6**	**3101**	**1452**	**1649**
西峰区	1		1	444	193	251
庆城县	1		1	235	107	128
环　县	1	1		274	142	132
华池县	2	2		148	85	63
合水县				216	101	115
正宁县	2	1	1	337	149	188
宁　县	2		2	701	318	383
镇原县	2	1	1	746	357	389
定西市	**17**	**6**	**11**	**2924**	**1610**	**1314**
安定区				579	317	262
通渭县	5	1	4	550	292	258
陇西县	3		3	489	271	218
渭源县	1	1		352	228	124
临洮县	3	2	1	484	261	223
漳　县	1	1		177	95	82
岷　县	4	1	3	293	146	147
陇南市	**11**	**6**	**5**	**2903**	**1586**	**1317**
武都区	5	2	3	736	410	326
成　县	1	1		245	138	107
文　县	2	2		428	217	211
宕昌县				157	78	79
康　县				262	167	95
西和县				316	179	137
礼　县	2	1	1	384	183	201
徽　县				308	183	125
两当县	1		1	67	31	36
临夏回族自治州	**3**		**3**	**693**	**314**	**379**
临夏市				27	14	13
临夏县				209	90	119
康乐县	1		1	114	54	60
永靖县				95	39	56
广河县				22	13	9
和政县				59	31	28
东乡族自治县				67	26	41
积石山保安族东乡族撒拉族自治县	2		2	100	47	53
甘南藏族自治州	**1**		**1**	**286**	**134**	**152**
合作市				6	4	2
临潭县				85	42	43
卓尼县				35	17	18
舟曲县	1		1	106	46	60
迭部县				30	17	13
玛曲县				5		5
碌曲县				4	2	2
夏河县				15	6	9

60 岁及以上老年人口（乡村）（续 3）

单位：人

养老机构			其他		
小计	男	女	小计	男	女
43	**24**	**19**	**200**	**117**	**83**
20	9	11	83	47	36
3	3		43	24	19
			37	20	17
			4	3	1
2	1	1	14	9	5
18	11	7	19	14	5
57	**41**	**16**	**913**	**412**	**501**
3	2	1	89	49	40
16	12	4	123	52	71
3	2	1	123	58	65
4	3	1	65	33	32
2	2		48	23	25
3	2	1	41	22	19
13	8	5	207	82	125
13	10	3	217	93	124
83	**74**	**9**	**1382**	**736**	**646**
21	21		150	86	64
3	3		372	184	188
6	6		139	65	74
19	15	4	182	98	84
14	13	1	275	161	114
9	9		108	55	53
11	7	4	156	87	69
57	**45**	**12**	**1889**	**1100**	**789**
18	15	3	420	247	173
2	2		140	85	55
4	3	1	166	95	71
10	8	2	187	97	90
7	7		189	128	61
2	2		232	129	103
11	6	5	373	195	178
			149	99	50
3	2	1	33	25	8
12	**7**	**5**	**866**	**414**	**452**
			19	12	7
1	1		240	126	114
1		1	139	63	76
3	3		103	47	56
3		3	64	33	31
			75	37	38
1	1		100	35	65
3	2	1	126	61	65
10	**5**	**5**	**447**	**236**	**211**
1	1		26	16	10
			65	40	25
			58	38	20
2	1	1	112	57	55
1		1	71	35	36
			14	5	9
			16	5	11
6	3	3	85	40	45

8-11 全省分年龄、性别、

年龄	60岁及以上人口			与配偶和子女同住		
	合计	男	女	小计	男	女
合计	**410723**	**201303**	**209420**	**100652**	**56045**	**44607**
60–64岁	**108538**	**55687**	**52851**	**32154**	**17299**	**14855**
60	19855	10258	9597	6223	3328	2895
61	16119	8253	7866	4769	2540	2229
62	21662	11330	10332	6478	3527	2951
63	25674	13211	12463	7467	4098	3369
64	25228	12635	12593	7217	3806	3411
65–69岁	**116007**	**57351**	**58656**	**31327**	**16750**	**14577**
65	25661	12956	12705	7288	3901	3387
66	24659	12250	12409	6617	3530	3087
67	23035	11415	11620	6227	3337	2890
68	22918	11255	11663	6109	3297	2812
69	19734	9475	10259	5086	2685	2401
70–74岁	**83240**	**40129**	**43111**	**19855**	**11044**	**8811**
70	19009	9326	9683	4786	2605	2181
71	17895	8844	9051	4379	2489	1890
72	15740	7737	8003	3803	2190	1613
73	16063	7703	8360	3677	2049	1628
74	14533	6519	8014	3210	1711	1499
75–79岁	**56826**	**27029**	**29797**	**11201**	**6819**	**4382**
75	12912	6037	6875	2777	1604	1173
76	12706	6136	6570	2614	1568	1046
77	11448	5475	5973	2248	1387	861
78	10409	4939	5470	1957	1228	729
79	9351	4442	4909	1605	1032	573
80–84岁	**31716**	**14689**	**17027**	**4723**	**3105**	**1618**
80	8753	4131	4622	1525	961	564
81	6864	3185	3679	1074	686	388
82	6309	2911	3398	889	597	292
83	5436	2532	2904	744	514	230
84	4354	1930	2424	491	347	144
85–89岁	**11685**	**5241**	**6444**	**1226**	**901**	**325**
85	3424	1542	1882	409	292	117
86	2842	1255	1587	315	230	85
87	2409	1053	1356	229	169	60
88	1661	761	900	160	118	42
89	1349	630	719	113	92	21
90–94岁	**2251**	**1002**	**1249**	**136**	**103**	**33**
90	986	435	551	66	50	16
91	428	193	235	21	16	5
92	366	156	210	23	17	6
93	285	140	145	18	15	3
94	186	78	108	8	5	3
95–99岁	**408**	**164**	**244**	**28**	**23**	**5**
95	150	61	89	8	6	2
96	109	46	63	11	9	2
97	69	32	37	7	6	1
98	47	17	30			
99	33	8	25	2	2	
100岁及以上	**52**	**11**	**41**	**2**	**1**	**1**

居住状况的60岁及以上老年人口

单位：人

与配偶同住			与子女同住		
小计	男	女	小计	男	女
160665	**89083**	**71582**	**88428**	**28052**	**60376**
50023	**26268**	**23755**	**12830**	**4347**	**8483**
9093	4777	4316	2072	694	1378
7456	3897	3559	1835	600	1235
9958	5316	4642	2576	945	1631
11891	6243	5648	3108	1048	2060
11625	6035	5590	3239	1060	2179
51669	**27314**	**24355**	**17654**	**5682**	**11972**
11637	6150	5487	3490	1167	2323
11219	5885	5334	3565	1168	2397
10333	5453	4880	3420	1120	2300
9967	5298	4669	3725	1191	2534
8513	4528	3985	3454	1036	2418
32209	**18125**	**14084**	**18691**	**5696**	**12995**
7949	4387	3562	3594	1100	2494
7214	4024	3190	3705	1170	2535
6078	3436	2642	3525	1111	2414
5938	3426	2512	3983	1243	2740
5030	2852	2178	3884	1072	2812
17529	**10770**	**6759**	**17950**	**5560**	**12390**
4338	2551	1787	3569	1033	2536
4102	2538	1564	3751	1165	2586
3515	2170	1345	3634	1102	2532
3089	1917	1172	3495	1113	2382
2485	1594	891	3501	1147	2354
7244	**5067**	**2177**	**13423**	**4188**	**9235**
2292	1543	749	3316	1012	2304
1662	1171	491	2727	849	1878
1336	946	390	2794	878	1916
1137	812	325	2468	792	1676
817	595	222	2118	657	1461
1725	**1323**	**402**	**6219**	**2027**	**4192**
566	407	159	1667	545	1122
440	338	102	1509	460	1049
315	252	63	1349	431	918
220	175	45	942	324	618
184	151	33	752	267	485
234	**191**	**43**	**1357**	**463**	**894**
127	102	25	568	176	392
46	37	9	266	92	174
21	18	3	239	88	151
26	22	4	168	64	104
14	12	2	116	43	73
31	**24**	**7**	**264**	**82**	**182**
14	11	3	94	29	65
12	9	3	66	21	45
1	1		47	19	28
2	1	1	35	10	25
2	2		22	3	19
1	**1**		**40**	**7**	**33**

8-11 全省分年龄、性别、

年龄	独居（有保姆）			独居（无保姆）		
	小计	男	女	小计	男	女
合计	**410**	**191**	**219**	**43111**	**18694**	**24417**
60–64 岁	**35**	**20**	**15**	**8616**	**4871**	**3745**
60	4	4		1467	843	624
61	9	4	5	1311	768	543
62	5	2	3	1685	967	718
63	8	5	3	2094	1170	924
64	9	5	4	2059	1123	936
65–69 岁	**56**	**29**	**27**	**10568**	**4978**	**5590**
65	14	8	6	2187	1126	1061
66	8	4	4	2200	1080	1120
67	9	4	5	2106	984	1122
68	12	6	6	2160	974	1186
69	13	7	6	1915	814	1101
70–74 岁	**56**	**25**	**31**	**9202**	**3610**	**5592**
70	11	6	5	1949	857	1092
71	20	7	13	1898	801	1097
72	8	2	6	1734	684	1050
73	10	6	4	1804	652	1152
74	7	4	3	1817	616	1201
75–79 岁	**81**	**29**	**52**	**7768**	**2739**	**5029**
75	12	3	9	1680	585	1095
76	14	5	9	1715	608	1107
77	10	5	5	1581	576	1005
78	20	8	12	1446	481	965
79	25	8	17	1346	489	857
80–84 岁	**86**	**39**	**47**	**4773**	**1630**	**3143**
80	15	9	6	1221	441	780
81	14	3	11	1099	343	756
82	22	10	12	963	339	624
83	18	9	9	809	275	534
84	17	8	9	681	232	449
85–89 岁	**68**	**36**	**32**	**1794**	**690**	**1104**
85	18	10	8	591	217	374
86	10		10	419	167	252
87	14	9	5	361	142	219
88	12	8	4	223	93	130
89	14	9	5	200	71	129
90–94 岁	**25**	**11**	**14**	**343**	**156**	**187**
90	9	4	5	150	68	82
91	3	1	2	65	34	31
92	6	4	2	49	16	33
93	3	1	2	52	25	27
94	4	1	3	27	13	14
95–99 岁	**3**	**2**	**1**	**43**	**20**	**23**
95	1		1	17	6	11
96				10	5	5
97				9	5	4
98	2	2		4	3	1
99				3	1	2
100 岁及以上				**4**		**4**

居住状况的60岁及以上老年人口（续）

单位：人

养老机构			其他		
小计	男	女	小计	男	女
1204	**852**	**352**	**16253**	**8386**	**7867**
156	**126**	**30**	**4724**	**2756**	**1968**
21	14	7	975	598	377
19	16	3	720	428	292
34	28	6	926	545	381
41	35	6	1065	612	453
41	33	8	1038	573	465
291	**236**	**55**	**4442**	**2362**	**2080**
53	45	8	992	559	433
75	61	14	975	522	453
38	29	9	902	488	414
74	59	15	871	430	441
51	42	9	702	363	339
268	**205**	**63**	**2959**	**1424**	**1535**
54	41	13	666	330	336
69	52	17	610	301	309
53	38	15	539	276	263
49	40	9	602	287	315
43	34	9	542	230	312
222	**135**	**87**	**2075**	**977**	**1098**
50	27	23	486	234	252
51	29	22	459	223	236
53	38	15	407	197	210
39	24	15	363	168	195
29	17	12	360	155	205
172	**105**	**67**	**1295**	**555**	**740**
43	28	15	341	137	204
27	21	6	261	112	149
31	16	15	274	125	149
38	24	14	222	106	116
33	16	17	197	75	122
71	**34**	**37**	**582**	**230**	**352**
22	13	9	151	58	93
15	8	7	134	52	82
14	6	8	127	44	83
12	5	7	92	38	54
8	2	6	78	38	40
19	**10**	**9**	**137**	**68**	**69**
11	6	5	55	29	26
3	1	2	24	12	12
1	1		27	12	15
1	1		17	12	5
3	1	2	14	3	11
5	**1**	**4**	**34**	**12**	**22**
2		2	14	9	5
3	1	2	7	1	6
			5	1	4
			4	1	3
			4		4
			5	**2**	**3**

8-11a 全省分年龄、性别、

年龄	60岁及以上人口			与配偶和子女同住		
	合计	男	女	小计	男	女
合计	**99219**	**47309**	**51910**	**19946**	**11227**	**8719**
60-64岁	**28884**	**14260**	**14624**	**7601**	**4118**	**3483**
60	5505	2714	2791	1512	825	687
61	4737	2340	2397	1282	680	602
62	6000	2981	3019	1561	834	727
63	6580	3282	3298	1704	950	754
64	6062	2943	3119	1542	829	713
65-69岁	**27044**	**13256**	**13788**	**6224**	**3409**	**2815**
65	6116	3050	3066	1526	855	671
66	6122	3004	3118	1432	761	671
67	5475	2667	2808	1261	670	591
68	5034	2458	2576	1110	618	492
69	4297	2077	2220	895	505	390
70-74岁	**17372**	**8169**	**9203**	**3127**	**1805**	**1322**
70	4123	2022	2101	815	461	354
71	3764	1833	1931	725	434	291
72	3265	1551	1714	578	354	224
73	3277	1507	1770	553	312	241
74	2943	1256	1687	456	244	212
75-79岁	**12687**	**5410**	**7277**	**1746**	**1026**	**720**
75	2668	1175	1493	418	243	175
76	2671	1140	1531	396	233	163
77	2506	1054	1452	332	181	151
78	2534	1057	1477	329	197	132
79	2308	984	1324	271	172	99
80-84岁	**8824**	**4087**	**4737**	**903**	**606**	**297**
80	2285	1086	1199	284	181	103
81	1911	858	1053	201	128	73
82	1780	821	959	167	113	54
83	1575	753	822	145	105	40
84	1273	569	704	106	79	27
85-89岁	**3515**	**1666**	**1849**	**300**	**223**	**77**
85	1024	477	547	92	67	25
86	862	396	466	81	62	19
87	700	341	359	50	37	13
88	508	247	261	41	29	12
89	421	205	216	36	28	8
90-94岁	**763**	**399**	**364**	**39**	**35**	**4**
90	328	175	153	15	13	2
91	156	82	74	8	7	1
92	111	54	57	7	7	
93	97	53	44	6	6	
94	71	35	36	3	2	1
95-99岁	**121**	**60**	**61**	**6**	**5**	**1**
95	40	21	19	1	1	
96	36	17	19	1		1
97	27	14	13	3	3	
98	10	6	4			
99	8	2	6	1	1	
100岁及以上	**9**	**2**	**7**			

居住状况的60岁及以上老年人口（城市）

单位：人

与配偶同住			与子女同住		
小计	男	女	小计	男	女
46918	**25592**	**21326**	**16854**	**4507**	**12347**
14674	**7499**	**7175**	**3179**	**940**	**2239**
2722	1377	1345	593	158	435
2374	1204	1170	485	142	343
3056	1572	1484	713	239	474
3382	1743	1639	705	208	497
3140	1603	1537	683	193	490
14044	**7352**	**6692**	**3486**	**1019**	**2467**
3138	1620	1518	765	239	526
3182	1667	1515	765	226	539
2879	1506	1373	666	194	472
2608	1364	1244	678	205	473
2237	1195	1042	612	155	457
8682	**4753**	**3929**	**2968**	**727**	**2241**
2142	1168	974	592	160	432
1906	1053	853	632	170	462
1647	890	757	548	129	419
1599	885	714	612	148	464
1388	757	631	584	120	464
5372	**3021**	**2351**	**2917**	**654**	**2263**
1184	658	526	554	125	429
1156	653	503	595	119	476
1054	599	455	552	127	425
1053	585	468	616	141	475
925	526	399	600	142	458
3119	**2156**	**963**	**2572**	**647**	**1925**
920	619	301	586	136	450
709	478	231	497	114	383
573	405	168	563	143	420
525	371	154	495	146	349
392	283	109	431	108	323
880	**683**	**197**	**1310**	**371**	**939**
277	197	80	338	102	236
231	178	53	316	77	239
170	139	31	280	77	203
114	96	18	222	67	155
88	73	15	154	48	106
135	**117**	**18**	**346**	**122**	**224**
75	63	12	135	52	83
27	24	3	78	25	53
14	13	1	60	19	41
11	10	1	40	15	25
8	7	1	33	11	22
12	**11**	**1**	**68**	**25**	**43**
9	8	1	17	4	13
3	3		24	10	14
			17	8	9
			5	3	2
			5		5
			8	**2**	**6**

8-11a 全省分年龄、性别、

年龄	独居（有保姆）			独居（无保姆）		
	小计	男	女	小计	男	女
合计	**235**	**103**	**132**	**12026**	**4266**	**7760**
60-64 岁	**9**	**3**	**6**	**2322**	**1094**	**1228**
60				444	217	227
61	2	1	1	406	205	201
62	2		2	459	226	233
63	4	2	2	530	234	296
64	1		1	483	212	271
65-69 岁	**17**	**9**	**8**	**2448**	**1027**	**1421**
65	5	3	2	487	226	261
66	3	1	2	551	247	304
67	2	1	1	487	200	287
68	5	3	2	485	192	293
69	2	1	1	438	162	276
70-74 岁	**22**	**11**	**11**	**2122**	**658**	**1464**
70	5	4	1	451	172	279
71	5	3	2	401	131	270
72	4		4	405	134	271
73	5	3	2	430	119	311
74	3	1	2	435	102	333
75-79 岁	**41**	**10**	**31**	**2246**	**565**	**1681**
75	7	2	5	429	115	314
76	7	1	6	436	103	333
77	4	2	2	481	120	361
78	11	3	8	468	108	360
79	12	2	10	432	119	313
80-84 岁	**64**	**26**	**38**	**1858**	**524**	**1334**
80	8	4	4	424	124	300
81	13	3	10	429	106	323
82	14	5	9	387	124	263
83	15	8	7	331	95	236
84	14	6	8	287	75	212
85-89 岁	**59**	**32**	**27**	**823**	**290**	**533**
85	14	8	6	269	81	188
86	7		7	199	67	132
87	13	8	5	153	67	86
88	12	8	4	96	37	59
89	13	8	5	106	38	68
90-94 岁	**20**	**10**	**10**	**183**	**94**	**89**
90	8	3	5	77	36	41
91	3	1	2	36	22	14
92	4	4		20	8	12
93	3	1	2	30	15	15
94	2	1	1	20	13	7
95-99 岁	**3**	**2**	**1**	**24**	**14**	**10**
95	1		1	8	5	3
96				5	4	1
97				7	3	4
98	2	2		2	1	1
99				2	1	1
100 岁及以上						

居住状况的60岁及以上老年人口（城市）（续）

单位：人

养老机构			其他		
小计	男	女	小计	男	女
259	**137**	**122**	**2981**	**1477**	**1504**
26	**13**	**13**	**1073**	**593**	**480**
4	2	2	230	135	95
5	2	3	183	106	77
5	3	2	204	107	97
5	3	2	250	142	108
7	3	4	206	103	103
34	**23**	**11**	**791**	**417**	**374**
7	6	1	188	101	87
12	9	3	177	93	84
5	2	3	175	94	81
5	4	1	143	72	71
5	2	3	108	57	51
38	**24**	**14**	**413**	**191**	**222**
8	4	4	110	53	57
8	7	1	87	35	52
13	5	8	70	39	31
7	7		71	33	38
2	1	1	75	31	44
54	**24**	**30**	**311**	**110**	**201**
11	4	7	65	28	37
15	6	9	66	25	41
11	5	6	72	20	52
6	4	2	51	19	32
11	5	6	57	18	39
66	**33**	**33**	**242**	**95**	**147**
10	5	5	53	17	36
9	7	2	53	22	31
13	4	9	63	27	36
17	10	7	47	18	29
17	7	10	26	11	15
30	**14**	**16**	**113**	**53**	**60**
9	7	2	25	15	10
4	2	2	24	10	14
7	3	4	27	10	17
5	1	4	18	9	9
5	1	4	19	9	10
9	**6**	**3**	**31**	**15**	**16**
6	3	3	12	5	7
1	1		3	2	1
1	1		5	2	3
1	1		6	5	1
			5	1	4
2		**2**	**6**	**3**	**3**
1		1	3	3	
1		1	2		2
			1		1
			1		**1**

8-11b 全省分年龄、性别、

年龄	60岁及以上人口			与配偶和子女同住		
	合计	男	女	小计	男	女
合计	**73809**	**35898**	**37911**	**19614**	**10960**	**8654**
60-64 岁	**20698**	**10401**	**10297**	**6927**	**3723**	**3204**
60	3760	1902	1858	1327	693	634
61	3072	1520	1552	976	507	469
62	4153	2133	2020	1424	771	653
63	4940	2487	2453	1615	900	715
64	4773	2359	2414	1585	852	733
65-69 岁	**20915**	**10284**	**10631**	**6189**	**3360**	**2829**
65	4666	2321	2345	1467	773	694
66	4468	2189	2279	1354	743	611
67	4169	2083	2086	1215	676	539
68	4197	2070	2127	1224	673	551
69	3415	1621	1794	929	495	434
70-74 岁	**14733**	**7010**	**7723**	**3604**	**2046**	**1558**
70	3406	1667	1739	925	532	393
71	3192	1556	1636	784	461	323
72	2734	1306	1428	676	377	299
73	2831	1343	1488	642	370	272
74	2570	1138	1432	577	306	271
75-79 岁	**9738**	**4612**	**5126**	**1900**	**1148**	**752**
75	2220	1025	1195	495	277	218
76	2229	1046	1183	453	267	186
77	1936	931	1005	347	210	137
78	1739	822	917	327	207	120
79	1614	788	826	278	187	91
80-84 岁	**5312**	**2519**	**2793**	**773**	**524**	**249**
80	1438	681	757	252	157	95
81	1145	571	574	170	115	55
82	1075	493	582	149	104	45
83	917	431	486	121	93	28
84	737	343	394	81	55	26
85-89 岁	**1937**	**856**	**1081**	**195**	**141**	**54**
85	562	237	325	75	51	24
86	464	203	261	39	29	10
87	409	189	220	40	28	12
88	284	120	164	23	15	8
89	218	107	111	18	18	
90-94 岁	**401**	**188**	**213**	**22**	**14**	**8**
90	158	75	83	10	7	3
91	83	40	43	3	2	1
92	80	40	40	4	2	2
93	45	20	25	4	3	1
94	35	13	22	1		1
95-99 岁	**67**	**26**	**41**	**4**	**4**	
95	31	11	20	1	1	
96	16	8	8	3	3	
97	8	3	5			
98	6	1	5			
99	6	3	3			
100 岁及以上	**8**	**2**	**6**			

居住状况的60岁及以上老年人口（镇）

单位：人

与配偶同住			与子女同住		
小计	男	女	小计	男	女
26830	**14857**	**11973**	**16596**	**5185**	**11411**
8492	**4400**	**4092**	**2918**	**944**	**1974**
1541	802	739	461	154	307
1288	664	624	457	149	308
1678	890	788	562	184	378
2043	1052	991	727	230	497
1942	992	950	711	227	484
8428	**4505**	**3923**	**3580**	**1125**	**2455**
1912	1034	878	727	234	493
1818	951	867	739	227	512
1679	922	757	741	233	508
1662	880	782	738	247	491
1357	718	639	635	184	451
5384	**2971**	**2413**	**3457**	**1033**	**2424**
1352	728	624	664	200	464
1210	674	536	721	206	515
970	534	436	671	210	461
1001	562	439	714	219	495
851	473	378	687	198	489
2983	**1853**	**1130**	**3067**	**933**	**2134**
727	433	294	611	161	450
728	423	305	607	190	417
637	396	241	606	177	429
494	320	174	609	198	411
397	281	116	634	207	427
1227	**884**	**343**	**2233**	**697**	**1536**
370	256	114	535	156	379
319	231	88	429	143	286
212	161	51	487	150	337
187	134	53	421	131	290
139	102	37	361	117	244
267	**203**	**64**	**1048**	**343**	**705**
79	57	22	283	88	195
70	54	16	248	76	172
53	44	9	233	85	148
30	20	10	152	49	103
35	28	7	132	45	87
47	**39**	**8**	**239**	**94**	**145**
22	19	3	95	32	63
14	11	3	47	17	30
3	2	1	51	27	24
5	4	1	25	9	16
3	3		21	9	12
2	**2**		**48**	**16**	**32**
			26	9	17
1	1		8	2	6
1	1		4	1	3
			6	1	5
			4	3	1
			6		**6**

8-11b 全省分年龄、性别、

年龄	独居（有保姆）			独居（无保姆）		
	小计	男	女	小计	男	女
合计	**64**	**39**	**25**	**7019**	**2833**	**4186**
60–64 岁	**11**	**8**	**3**	**1342**	**722**	**620**
60	2	2		232	128	104
61	4	2	2	210	116	94
62	2	1	1	276	146	130
63	2	2		316	165	151
64	1	1		308	167	141
65–69 岁	**11**	**6**	**5**	**1676**	**718**	**958**
65	4	2	2	348	165	183
66				332	143	189
67	2	1	1	337	143	194
68	1	1		344	148	196
69	4	2	2	315	119	196
70–74 岁	**6**	**5**	**1**	**1561**	**567**	**994**
70				308	122	186
71	1		1	315	124	191
72	2	2		275	110	165
73	1	1		325	107	218
74	2	2		338	104	234
75–79 岁	**19**	**13**	**6**	**1291**	**419**	**872**
75				277	87	190
76	4	3	1	315	99	216
77	3	2	1	257	100	157
78	2	2		218	61	157
79	10	6	4	224	72	152
80–84 岁	**9**	**4**	**5**	**797**	**273**	**524**
80	4	2	2	205	74	131
81	1		1	168	54	114
82	3	1	2	166	47	119
83	1	1		142	46	96
84				116	52	64
85–89 岁	**6**	**3**	**3**	**290**	**111**	**179**
85	3	2	1	88	28	60
86	2		2	67	29	38
87				60	20	40
88				54	26	28
89	1	1		21	8	13
90–94 岁	**2**		**2**	**57**	**23**	**34**
90				22	12	10
91				9	5	4
92	1		1	15	4	11
93				7	2	5
94	1		1	4		4
95–99 岁				**5**		**5**
95				2		2
96				2		2
97						
98						
99				1		1
100 岁及以上						

居住状况的60岁及以上老年人口（镇）（续）

单位：人

养老机构			其他		
小计	男	女	小计	男	女
375	**290**	**85**	**3311**	**1734**	**1577**
54	**51**	**3**	**954**	**553**	**401**
7	6	1	190	117	73
7	7		130	75	55
13	13		198	128	70
14	13	1	223	125	98
13	12	1	213	108	105
96	**83**	**13**	**935**	**487**	**448**
19	17	2	189	96	93
21	15	6	204	110	94
9	8	1	186	100	86
26	24	2	202	97	105
21	19	2	154	84	70
93	**70**	**23**	**628**	**318**	**310**
14	10	4	143	75	68
30	23	7	131	68	63
15	12	3	125	61	64
18	13	5	130	71	59
16	12	4	99	43	56
74	**50**	**24**	**404**	**196**	**208**
15	11	4	95	56	39
21	15	6	101	49	52
15	12	3	71	34	37
14	6	8	75	28	47
9	6	3	62	29	33
39	**26**	**13**	**234**	**111**	**123**
16	10	6	56	26	30
5	4	1	53	24	29
7	5	2	51	25	26
6	4	2	39	22	17
5	3	2	35	14	21
12	**8**	**4**	**119**	**47**	**72**
3	1	2	31	10	21
3	3		35	12	23
1	1		22	11	11
4	2	2	21	8	13
1	1		10	6	4
5	**1**	**4**	**29**	**17**	**12**
			9	5	4
2		2	8	5	3
			6	5	1
			4	2	2
3	1	2	2		2
2	**1**	**1**	**6**	**3**	**3**
1		1	1	1	
1	1		1	1	
			3	1	2
			1		1
			2	**2**	

8-11c 全省分年龄、性别、

年龄	60岁及以上人口			与配偶和子女同住		
	合计	男	女	小计	男	女
合计	**237695**	**118096**	**119599**	**61092**	**33858**	**27234**
60-64岁	**58956**	**31026**	**27930**	**17626**	**9458**	**8168**
60	10590	5642	4948	3384	1810	1574
61	8310	4393	3917	2511	1353	1158
62	11509	6216	5293	3493	1922	1571
63	14154	7442	6712	4148	2248	1900
64	14393	7333	7060	4090	2125	1965
65-69岁	**68048**	**33811**	**34237**	**18914**	**9981**	**8933**
65	14879	7585	7294	4295	2273	2022
66	14069	7057	7012	3831	2026	1805
67	13391	6665	6726	3751	1991	1760
68	13687	6727	6960	3775	2006	1769
69	12022	5777	6245	3262	1685	1577
70-74岁	**51135**	**24950**	**26185**	**13124**	**7193**	**5931**
70	11480	5637	5843	3046	1612	1434
71	10939	5455	5484	2870	1594	1276
72	9741	4880	4861	2549	1459	1090
73	9955	4853	5102	2482	1367	1115
74	9020	4125	4895	2177	1161	1016
75-79岁	**34401**	**17007**	**17394**	**7555**	**4645**	**2910**
75	8024	3837	4187	1864	1084	780
76	7806	3950	3856	1765	1068	697
77	7006	3490	3516	1569	996	573
78	6136	3060	3076	1301	824	477
79	5429	2670	2759	1056	673	383
80-84岁	**17580**	**8083**	**9497**	**3047**	**1975**	**1072**
80	5030	2364	2666	989	623	366
81	3808	1756	2052	703	443	260
82	3454	1597	1857	573	380	193
83	2944	1348	1596	478	316	162
84	2344	1018	1326	304	213	91
85-89岁	**6233**	**2719**	**3514**	**731**	**537**	**194**
85	1838	828	1010	242	174	68
86	1516	656	860	195	139	56
87	1300	523	777	139	104	35
88	869	394	475	96	74	22
89	710	318	392	59	46	13
90-94岁	**1087**	**415**	**672**	**75**	**54**	**21**
90	500	185	315	41	30	11
91	189	71	118	10	7	3
92	175	62	113	12	8	4
93	143	67	76	8	6	2
94	80	30	50	4	3	1
95-99岁	**220**	**78**	**142**	**18**	**14**	**4**
95	79	29	50	6	4	2
96	57	21	36	7	6	1
97	34	15	19	4	3	1
98	31	10	21			
99	19	3	16	1	1	
100岁及以上	**35**	**7**	**28**	**2**	**1**	**1**

居住状况的60岁及以上老年人口（乡村）

单位：人

与配偶同住			与子女同住		
小计	男	女	小计	男	女
86917	**48634**	**38283**	**54978**	**18360**	**36618**
26857	**14369**	**12488**	**6733**	**2463**	**4270**
4830	2598	2232	1018	382	636
3794	2029	1765	893	309	584
5224	2854	2370	1301	522	779
6466	3448	3018	1676	610	1066
6543	3440	3103	1845	640	1205
29197	**15457**	**13740**	**10588**	**3538**	**7050**
6587	3496	3091	1998	694	1304
6219	3267	2952	2061	715	1346
5775	3025	2750	2013	693	1320
5697	3054	2643	2309	739	1570
4919	2615	2304	2207	697	1510
18143	**10401**	**7742**	**12266**	**3936**	**8330**
4455	2491	1964	2338	740	1598
4098	2297	1801	2352	794	1558
3461	2012	1449	2306	772	1534
3338	1979	1359	2657	876	1781
2791	1622	1169	2613	754	1859
9174	**5896**	**3278**	**11966**	**3973**	**7993**
2427	1460	967	2404	747	1657
2218	1462	756	2549	856	1693
1824	1175	649	2476	798	1678
1542	1012	530	2270	774	1496
1163	787	376	2267	798	1469
2898	**2027**	**871**	**8618**	**2844**	**5774**
1002	668	334	2195	720	1475
634	462	172	1801	592	1209
551	380	171	1744	585	1159
425	307	118	1552	515	1037
286	210	76	1326	432	894
578	**437**	**141**	**3861**	**1313**	**2548**
210	153	57	1046	355	691
139	106	33	945	307	638
92	69	23	836	269	567
76	59	17	568	208	360
61	50	11	466	174	292
52	**35**	**17**	**772**	**247**	**525**
30	20	10	338	92	246
5	2	3	141	50	91
4	3	1	128	42	86
10	8	2	103	40	63
3	2	1	62	23	39
17	**11**	**6**	**148**	**41**	**107**
5	3	2	51	16	35
8	5	3	34	9	25
			26	10	16
2	1	1	24	6	18
2	2		13		13
1	**1**		**26**	**5**	**21**

8-11c 全省分年龄、性别、

年龄	独居（有保姆）			独居（无保姆）		
	小计	男	女	小计	男	女
合计	**111**	**49**	**62**	**24066**	**11595**	**12471**
60-64 岁	**15**	**9**	**6**	**4952**	**3055**	**1897**
60	2	2		791	498	293
61	3	1	2	695	447	248
62	1	1		950	595	355
63	2	1	1	1248	771	477
64	7	4	3	1268	744	524
65-69 岁	**28**	**14**	**14**	**6444**	**3233**	**3211**
65	5	3	2	1352	735	617
66	5	3	2	1317	690	627
67	5	2	3	1282	641	641
68	6	2	4	1331	634	697
69	7	4	3	1162	533	629
70-74 岁	**28**	**9**	**19**	**5519**	**2385**	**3134**
70	6	2	4	1190	563	627
71	14	4	10	1182	546	636
72	2		2	1054	440	614
73	4	2	2	1049	426	623
74	2	1	1	1044	410	634
75-79 岁	**21**	**6**	**15**	**4231**	**1755**	**2476**
75	5	1	4	974	383	591
76	3	1	2	964	406	558
77	3	1	2	843	356	487
78	7	3	4	760	312	448
79	3		3	690	298	392
80-84 岁	**13**	**9**	**4**	**2118**	**833**	**1285**
80	3	3		592	243	349
81				502	183	319
82	5	4	1	410	168	242
83	2		2	336	134	202
84	3	2	1	278	105	173
85-89 岁	**3**	**1**	**2**	**681**	**289**	**392**
85	1		1	234	108	126
86	1		1	153	71	82
87	1	1		148	55	93
88				73	30	43
89				73	25	48
90-94 岁	**3**	**1**	**2**	**103**	**39**	**64**
90	1	1		51	20	31
91				20	7	13
92	1		1	14	4	10
93				15	8	7
94	1		1	3		3
95-99 岁				**14**	**6**	**8**
95				7	1	6
96				3	1	2
97				2	2	
98				2	2	
99						
100 岁及以上				**4**		**4**

居住状况的60岁及以上老年人口（乡村）（续）

单位：人

养老机构			其他		
小计	男	女	小计	男	女
570	**425**	**145**	**9961**	**5175**	**4786**
76	**62**	**14**	**2697**	**1610**	**1087**
10	6	4	555	346	209
7	7		407	247	160
16	12	4	524	310	214
22	19	3	592	345	247
21	18	3	619	362	257
161	**130**	**31**	**2716**	**1458**	**1258**
27	22	5	615	362	253
42	37	5	594	319	275
24	19	5	541	294	247
43	31	12	526	261	265
25	21	4	440	222	218
137	**111**	**26**	**1918**	**915**	**1003**
32	27	5	413	202	211
31	22	9	392	198	194
25	21	4	344	176	168
24	20	4	401	183	218
25	21	4	368	156	212
94	**61**	**33**	**1360**	**671**	**689**
24	12	12	326	150	176
15	8	7	292	149	143
27	21	6	264	143	121
19	14	5	237	121	116
9	6	3	241	108	133
67	**46**	**21**	**819**	**349**	**470**
17	13	4	232	94	138
13	10	3	155	66	89
11	7	4	160	73	87
15	10	5	136	66	70
11	6	5	136	50	86
29	**12**	**17**	**350**	**130**	**220**
10	5	5	95	33	62
8	3	5	75	30	45
6	2	4	78	23	55
3	2	1	53	21	32
2		2	49	23	26
5	**3**	**2**	**77**	**36**	**41**
5	3	2	34	19	15
			13	5	8
			16	5	11
			7	5	2
			7	2	5
1		**1**	**22**	**6**	**16**
			10	5	5
1		1	4		4
			2		2
			3	1	2
			3		3
			2		**2**

8-12 全省分性别、婚姻状况、

居住状况	60岁及以上人口			未婚			
	合计	男	女	小计	男	女	小计
合计	**410723**	**201303**	**209420**	**5374**	**4947**	**427**	**296538**
与配偶和子女同住	100652	56045	44607				100652
与配偶同住	160665	89083	71582				160665
与子女同住	88428	28052	60376	222	190	32	18808
独居（有保姆）	410	191	219	20	17	3	73
独居（无保姆）	43111	18694	24417	2597	2458	139	8734
养老机构	1204	852	352	541	502	39	195
其他	16253	8386	7867	1994	1780	214	7411

8-12a 全省分性别、婚姻状况、

居住状况	60岁及以上人口			未婚			
	合计	男	女	小计	男	女	小计
合计	**99219**	**47309**	**51910**	**376**	**249**	**127**	**74811**
与配偶和子女同住	19946	11227	8719				19946
与配偶同住	46918	25592	21326				46918
与子女同住	16854	4507	12347	16	9	7	4100
独居（有保姆）	235	103	132	2	1	1	33
独居（无保姆）	12026	4266	7760	177	118	59	2087
养老机构	259	137	122	32	23	9	78
其他	2981	1477	1504	149	98	51	1649

居住状况的60岁及以上老年人口

单位：人

有配偶		离婚			丧偶		
男	女	小计	男	女	小计	男	女
164166	**132372**	**3422**	**1960**	**1462**	**105389**	**30230**	**75159**
56045	44607						
89083	71582						
8935	9873	1169	563	606	68229	18364	49865
47	26	12	7	5	305	120	185
5713	3021	1814	1105	709	29966	9418	20548
115	80	27	21	6	441	214	227
4228	3183	400	264	136	6448	2114	4334

居住状况的60岁及以上老年人口（城市）

单位：人

有配偶		离婚			丧偶		
男	女	小计	男	女	小计	男	女
40985	**33826**	**2005**	**981**	**1024**	**22027**	**5094**	**16933**
11227	8719						
25592	21326						
1750	2350	628	221	407	12110	2527	9583
20	13	10	6	4	190	76	114
1365	722	1141	612	529	8621	2171	6450
46	32	11	9	2	138	59	79
985	664	215	133	82	968	261	707

8-12b 全省分性别、婚姻状况、

居住状况	60岁及以上人口			未婚			
	合计	男	女	小计	男	女	小计
合计	**73809**	**35898**	**37911**	**806**	**724**	**82**	**54094**
与配偶和子女同住	19614	10960	8654				19614
与配偶同住	26830	14857	11973				26830
与子女同住	16596	5185	11411	40	30	10	4219
独居（有保姆）	64	39	25	4	4		17
独居（无保姆）	7019	2833	4186	263	236	27	1636
养老机构	375	290	85	197	185	12	55
其他	3311	1734	1577	302	269	33	1723

8-12c 全省分性别、婚姻状况、

居住状况	60岁及以上人口			未婚			
	合计	男	女	小计	男	女	小计
合计	**237695**	**118096**	**119599**	**4192**	**3974**	**218**	**167633**
与配偶和子女同住	61092	33858	27234				61092
与配偶同住	86917	48634	38283				86917
与子女同住	54978	18360	36618	166	151	15	10489
独居（有保姆）	111	49	62	14	12	2	23
独居（无保姆）	24066	11595	12471	2157	2104	53	5011
养老机构	570	425	145	312	294	18	62
其他	9961	5175	4786	1543	1413	130	4039

居住状况的60岁及以上老年人口（镇）

单位：人

有配偶		离婚			丧偶		
男	女	小计	男	女	小计	男	女
29832	**24262**	**498**	**277**	**221**	**18411**	**5065**	**13346**
10960	8654						
14857	11973						
1937	2282	171	81	90	12166	3137	9029
12	5	2	1	1	41	22	19
1022	614	256	148	108	4864	1427	3437
35	20	7	6	1	116	64	52
1009	714	62	41	21	1224	415	809

居住状况的60岁及以上老年人口（乡村）

单位：人

有配偶		离婚			丧偶		
男	女	小计	男	女	小计	男	女
93349	**74284**	**919**	**702**	**217**	**64951**	**20071**	**44880**
33858	27234						
48634	38283						
5248	5241	370	261	109	43953	12700	31253
15	8				74	22	52
3326	1685	417	345	72	16481	5820	10661
34	28	9	6	3	187	91	96
2234	1805	123	90	33	4256	1438	2818

第二部分　长表数据资料

第九卷　住房

9-1 各地区按住所类型、建筑

地区	住所类型					
	合计	普通住宅	集体住所	工作地住所	其他住房	无住房
合计	**786909**	**764771**	**4170**	**7753**	**4323**	**5892**
兰州市	**142290**	**139006**	**1092**	**1181**	**436**	**575**
城关区	53235	52251	352	311	121	200
七里河区	24182	23606	263	145	61	107
西固区	15485	15336	20	54	27	48
安宁区	11865	11529	157	105	67	7
红古区	4843	4779	22	30	12	
永登县	10038	9710	57	108	43	120
皋兰县	3941	3813	22	49	16	41
榆中县	13059	12678	107	190	50	34
兰州新区	5642	5304	92	189	39	18
嘉峪关市	**11919**	**11627**	**116**	**89**	**62**	**25**
市辖区	11919	11627	116	89	62	25
金昌市	**17407**	**17097**	**110**	**89**	**59**	**52**
金川区	10304	10096	101	63	25	19
永昌县	7103	7001	9	26	34	33
白银市	**49719**	**47960**	**538**	**415**	**378**	**428**
白银区	12854	12558	139	72	34	51
平川区	6756	6273	230	58	78	117
靖远县	11090	10715	103	92	51	129
会宁县	12387	11958	32	134	143	120
景泰县	6632	6456	34	59	72	11
天水市	**87430**	**85316**	**198**	**351**	**290**	**1275**
秦州区	18834	18653	40	24	32	85
麦积区	16296	15898	58	110	27	203
清水县	7167	6730	12	41	50	334
秦安县	13024	12778	31	28	35	152
甘谷县	14967	14684	8	45	55	175
武山县	10862	10409	10	87	79	277
张家川回族自治县	6280	6164	39	16	12	49
武威市	**49758**	**48715**	**119**	**411**	**297**	**216**
凉州区	30054	29566	49	243	138	58
民勤县	6744	6610	12	54	53	15
古浪县	7903	7763	9	38	39	54
天祝藏族自治县	5057	4776	49	76	67	89
张掖市	**40777**	**39921**	**190**	**330**	**143**	**193**
甘州区	18423	18097	47	157	64	58
肃南裕固族自治县	1204	1098	49	10	13	34
民乐县	6145	6045	20	41	21	18
临泽县	4212	4129	29	21	8	25
高台县	5136	4997	42	82	6	9
山丹县	5657	5555	3	19	31	49
平凉市	**60627**	**58735**	**347**	**861**	**326**	**358**
崆峒区	16490	16154	49	100	64	123
泾川县	7971	7448	100	320	69	34
灵台县	5946	5708	57	108	61	12
崇信县	2650	2530	31	46	19	24
庄浪县	9775	9607	9	21	8	130
静宁县	11893	11609	25	159	85	15
华亭市	5902	5679	76	107	20	20

层数、承重类型分的家庭户户数

单位：户

建筑层数					承重类型	
合计	平房	多层（7层及以下）	高层（8—33层）	超高层（34层及以上）	合计	钢及钢筋混凝土结构
764771	**386102**	**249332**	**124909**	**4428**	**764771**	**350538**
139006	**23149**	**47115**	**64425**	**4317**	**139006**	**91499**
52251	2030	20586	28037	1598	52251	37582
23606	1952	7175	13752	727	23606	16743
15336	1134	5809	7566	827	15336	10013
11529	297	3270	7022	940	11529	9136
4779	1113	2374	1271	21	4779	3331
9710	6436	2599	675		9710	3536
3813	1820	1365	595	33	3813	1770
12678	6438	3533	2598	109	12678	6027
5304	1929	404	2909	62	5304	3361
11627	**654**	**9623**	**1350**		**11627**	**6828**
11627	654	9623	1350		11627	6828
17097	**4462**	**11645**	**989**	**1**	**17097**	**8322**
10096	1252	7961	882	1	10096	5658
7001	3210	3684	107		7001	2664
47960	**25355**	**18157**	**4435**	**13**	**47960**	**17209**
12558	1500	8993	2052	13	12558	7682
6273	2253	3631	389		6273	2343
10715	8562	1726	427		10715	2749
11958	9203	1733	1022		11958	2608
6456	3837	2074	545		6456	1827
85316	**54840**	**22804**	**7657**	**15**	**85316**	**36043**
18653	7087	7778	3787	1	18653	9252
15898	7945	6088	1865		15898	7343
6730	4858	1597	275		6730	2596
12778	9759	2455	564		12778	4086
14684	11992	2156	523	13	14684	6514
10409	8435	1503	470	1	10409	4408
6164	4764	1227	173		6164	1844
48715	**28134**	**14600**	**5979**	**2**	**48715**	**17167**
29566	15363	9764	4438	1	29566	10757
6610	4575	1576	459		6610	1906
7763	5686	1843	233	1	7763	2229
4776	2510	1417	849		4776	2275
39921	**16597**	**18247**	**5077**		**39921**	**21105**
18097	4810	9770	3517		18097	11602
1098	552	534	12		1098	445
6045	3578	2062	405		6045	2587
4129	2511	1278	340		4129	1689
4997	2650	2036	311		4997	2352
5555	2496	2567	492		5555	2430
58735	**35088**	**17420**	**6166**	**61**	**58735**	**24538**
16154	6094	6976	3040	44	16154	7601
7448	5472	1541	419	16	7448	3594
5708	3964	1407	337		5708	2812
2530	1562	702	266		2530	1522
9607	7476	1645	486		9607	2814
11609	7953	2747	908	1	11609	3745
5679	2567	2402	710		5679	2450

9-1 各地区按住所类型、建筑

地区	住所类型					
	合计	普通住宅	集体住所	工作地住所	其他住房	无住房
酒泉市	**37046**	**35954**	**139**	**563**	**272**	**118**
肃州区	16776	16432	56	161	99	28
金塔县	3882	3826	6	37	10	3
瓜州县	4211	4065	17	66	43	20
肃北蒙古族自治县	595	414	5	166	4	6
阿克塞哈萨克族自治县	337	313	2	9	13	
玉门市	4397	4210	24	41	78	44
敦煌市	6848	6694	29	83	25	17
庆阳市	**67988**	**64910**	**473**	**1531**	**619**	**455**
西峰区	15905	15277	122	256	114	136
庆城县	7411	6838	106	339	96	32
环　县	8938	8297	159	345	72	65
华池县	3685	3519	20	104	27	15
合水县	4289	4115	20	91	37	26
正宁县	5433	5211	12	108	68	34
宁　县	10686	10276	24	176	105	105
镇原县	11641	11377	10	112	100	42
定西市	**79383**	**76951**	**352**	**541**	**481**	**1058**
安定区	14144	13775	39	96	55	179
通渭县	11054	10689	34	43	63	225
陇西县	13335	13039	16	108	61	111
渭源县	8820	8552	7	39	131	91
临洮县	15003	14670	25	112	76	120
漳　县	5013	4836	11	42	27	97
岷　县	12014	11390	220	101	68	235
陇南市	**71758**	**69972**	**269**	**381**	**555**	**581**
武都区	16955	16646	36	107	67	99
成　县	7320	7174	24	41	61	20
文　县	6703	6590	9	17	23	64
宕昌县	6589	6413	15	22	9	130
康　县	5253	5181	7	25	11	29
西和县	9914	9614	37	69	117	77
礼　县	11560	11116	78	32	215	119
徽　县	6031	5862	56	45	43	25
两当县	1433	1376	7	23	9	18
临夏回族自治州	**52271**	**51065**	**108**	**541**	**273**	**284**
临夏市	9878	9671	27	116	40	24
临夏县	8117	7975	8	70	33	31
康乐县	6454	6321	12	68	30	23
永靖县	5781	5679	27	41	21	13
广河县	5352	5244	6	53	31	18
和政县	4927	4801	4	54	41	27
东乡族自治县	6033	5889	4	24	18	98
积石山保安族东乡族撒拉族自治县	5729	5485	20	115	59	50
甘南藏族自治州	**18536**	**17542**	**119**	**469**	**132**	**274**
合作市	2576	2434	25	80	25	12
临潭县	3433	3370	3	34	15	11
卓尼县	2592	2438	1	41	24	88
舟曲县	3781	3666	8	30	5	72
迭部县	1661	1462	13	112	28	46
玛曲县	1561	1405	32	107	10	7
碌曲县	907	830	10	34	10	23
夏河县	2025	1937	27	31	15	15

层数、承重类型分的家庭户户数（续 1）

单位：户

建筑层数					承重类型	
合计	平房	多层（7 层及以下）	高层（8—33 层）	超高层（34 层及以上）	合计	钢及钢筋混凝土结构
35954	**14322**	**18016**	**3616**		**35954**	**19756**
16432	4860	9065	2507		16432	10059
3826	2395	1368	63		3826	1342
4065	2467	1360	238		4065	1612
414	114	278	22		414	296
313	40	267	6		313	278
4210	2283	1805	122		4210	1737
6694	2163	3873	658		6694	4432
64910	**44821**	**14830**	**5258**	**1**	**64910**	**17197**
15277	5694	6508	3074	1	15277	5761
6838	4789	1800	249		6838	1564
8297	6578	1079	640		8297	1826
3519	2391	930	198		3519	1102
4115	3014	869	232		4115	1134
5211	3854	1140	217		5211	1309
10276	9105	889	282		10276	1948
11377	9396	1615	366		11377	2553
76951	**50361**	**19972**	**6603**	**15**	**76951**	**30416**
13775	6389	4542	2830	14	13775	6050
10689	8707	1520	462		10689	2035
13039	8195	3282	1561	1	13039	4655
8552	6834	1409	309		8552	2567
14670	9441	4347	882		14670	5736
4836	3852	915	69		4836	2217
11390	6943	3957	490		11390	7156
69972	**43283**	**22579**	**4109**	**1**	**69972**	**33958**
16646	7081	7617	1947	1	16646	10360
7174	4891	1795	488		7174	5416
6590	2975	3337	278		6590	3015
6413	3954	2083	376		6413	3181
5181	2805	2295	81		5181	3439
9614	7731	1609	274		9614	2737
11116	9089	1914	113		11116	2392
5862	3771	1547	544		5862	2849
1376	986	382	8		1376	569
51065	**34845**	**8385**	**7833**	**2**	**51065**	**21229**
9671	3025	2561	4083	2	9671	6424
7975	6908	745	322		7975	2136
6321	4742	1102	477		6321	1966
5679	3020	1183	1476		5679	2636
5244	4030	855	359		5244	2144
4801	3625	762	414		4801	1947
5889	5330	283	276		5889	1381
5485	4165	894	426		5485	2595
17542	**10191**	**5939**	**1412**		**17542**	**5271**
2434	964	857	613		2434	1299
3370	2681	571	118		3370	716
2438	1702	512	224		2438	696
3666	674	2752	240		3666	1316
1462	857	516	89		1462	430
1405	1176	196	33		1405	296
830	594	220	16		830	158
1937	1543	315	79		1937	360

9-1 各地区按住所类型、建筑数、承重类型分的家庭户户数（续2）

单位：户

地区	承重类型			
	混合结构	砖木结构	竹草土坯结构	其他结构
合计	**168844**	**209648**	**19500**	**16241**
兰州市	**35586**	**10462**	**677**	**782**
城关区	13652	888	23	106
七里河区	5681	924	49	209
西固区	4784	489	23	27
安宁区	2137	142	2	112
红古区	1156	275	9	8
永登县	3568	2331	191	84
皋兰县	685	1234	102	22
榆中县	2585	3615	245	206
兰州新区	1338	564	33	8
嘉峪关市	**4441**	**332**	**16**	**10**
市辖区	4441	332	16	10
金昌市	**5194**	**2753**	**731**	**97**
金川区	3605	815	14	4
永昌县	1589	1938	717	93
白银市	**9479**	**18342**	**1972**	**958**
白银区	3789	885	135	67
平川区	1945	1822	92	71
靖远县	1655	5823	272	216
会宁县	929	6684	1224	513
景泰县	1161	3128	249	91
天水市	**18823**	**24873**	**3542**	**2035**
秦州区	5238	3467	429	267
麦积区	4039	3773	514	229
清水县	829	2965	207	133
秦安县	2008	4941	1040	703
甘谷县	3470	3140	1117	443
武山县	2365	3254	183	199
张家川回族自治县	874	3333	52	61
武威市	**7534**	**18382**	**3687**	**1945**
凉州区	4798	10958	2325	728
民勤县	645	2374	827	858
古浪县	1195	3910	287	142
天祝藏族自治县	896	1140	248	217
张掖市	**5477**	**12031**	**927**	**381**
甘州区	2383	3458	474	180
肃南裕固族自治县	258	363	8	24
民乐县	555	2822	38	43
临泽县	491	1707	196	46
高台县	474	2018	111	42
山丹县	1316	1663	100	46
平凉市	**14186**	**17688**	**1269**	**1054**
崆峒区	5608	2778	71	96
泾川县	1581	1900	200	173
灵台县	1281	1401	139	75
崇信县	642	345	9	12
庄浪县	1281	5316	96	100
静宁县	2648	3943	719	554
华亭市	1145	2005	35	44

9-1 各地区按住所类型、建筑数、承重类型分的家庭户户数（续3）

单位：户

地区	承重类型			
	混合结构	砖木结构	竹草土坯结构	其他结构
酒泉市	**5970**	**8534**	**1145**	**549**
肃州区	3045	2851	280	197
金塔县	672	1636	71	105
瓜州县	486	1600	290	77
肃北蒙古族自治县	16	81	16	5
阿克塞哈萨克族自治县	28	7		
玉门市	936	1258	176	103
敦煌市	787	1101	312	62
庆阳市	**23094**	**21252**	**714**	**2653**
西峰区	7701	1630	64	121
庆城县	2838	1682	204	550
环　县	1697	3794	151	829
华池县	1674	365	77	301
合水县	1891	904	11	175
正宁县	1632	2185	42	43
宁　县	3889	4336	16	87
镇原县	1772	6356	149	547
定西市	**12669**	**28978**	**2709**	**2179**
安定区	2419	4624	480	202
通渭县	1098	6644	529	383
陇西县	2107	4794	896	587
渭源县	1549	3876	204	356
临洮县	3152	4962	506	314
漳　县	1049	1499	26	45
岷　县	1295	2579	68	292
陇南市	**12306**	**19350**	**1635**	**2723**
武都区	3623	1826	354	483
成　县	853	629	170	106
文　县	925	1702	85	863
宕昌县	1125	1914	63	130
康　县	1129	273	131	209
西和县	1575	5031	94	177
礼　县	1522	6341	386	475
徽　县	1234	1242	288	249
两当县	320	392	64	31
临夏回族自治州	**12301**	**16924**	**189**	**422**
临夏市	1932	1226	58	31
临夏县	2352	3223	46	218
康乐县	1702	2641	2	10
永靖县	985	1995	25	38
广河县	1448	1575	16	61
和政县	1557	1292		5
东乡族自治县	1046	3393	32	37
积石山保安族东乡族撒拉族自治县	1279	1579	10	22
甘南藏族自治州	**1784**	**9747**	**287**	**453**
合作市	253	853	14	15
临潭县	233	2280	110	31
卓尼县	98	1539	43	62
舟曲县	437	1660	96	157
迭部县	62	943	4	23
玛曲县	347	674	13	75
碌曲县	249	402	6	15
夏河县	105	1396	1	75

9-1a 各地区按住所类型、建筑

地区	住所类型					
	合计	普通住宅	集体住所	工作地住所	其他住房	无住房
合计	**240018**	**235019**	**1545**	**1580**	**788**	**1086**
兰州市	**100414**	**98652**	**689**	**504**	**241**	**328**
城关区	52038	51190	270	262	119	197
七里河区	20035	19558	244	99	40	94
西固区	13270	13184	11	32	13	30
安宁区	11865	11529	157	105	67	7
红古区	3206	3191	7	6	2	
嘉峪关市	**11110**	**10892**	**106**	**51**	**40**	**21**
市辖区	11110	10892	106	51	40	21
金昌市	**9263**	**9091**	**83**	**57**	**20**	**12**
金川区	9263	9091	83	57	20	12
白银市	**15773**	**15269**	**236**	**113**	**54**	**101**
白银区	11354	11096	131	46	34	47
平川区	4361	4162	104	23	18	54
靖远县	58	11	1	44	2	
天水市	**19615**	**19218**	**69**	**87**	**38**	**203**
秦州区	11538	11417	37	17	26	41
麦积区	8077	7801	32	70	12	162
武威市	**12637**	**12452**	**28**	**89**	**48**	**20**
凉州区	12637	12452	28	89	48	20
张掖市	**9231**	**9064**	**35**	**72**	**41**	**19**
甘州区	9206	9041	35	72	39	19
肃南裕固族自治县	25	23			2	
平凉市	**13440**	**13171**	**88**	**81**	**55**	**45**
崆峒区	10867	10671	41	62	49	44
华亭市	2573	2500	47	19	6	1
酒泉市	**15961**	**15714**	**56**	**87**	**79**	**25**
肃州区	11256	11138	40	32	37	9
玉门市	1629	1556	8	18	32	15
敦煌市	3076	3020	8	37	10	1
庆阳市	**9925**	**9497**	**69**	**186**	**59**	**114**
西峰区	9925	9497	69	186	59	114
定西市	**6358**	**6164**	**36**	**19**	**13**	**126**
安定区	6358	6164	36	19	13	126
陇南市	**5687**	**5532**	**5**	**64**	**39**	**47**
武都区	5643	5489	5	63	39	47
康　县	44	43		1		
临夏回族自治州	**8769**	**8586**	**23**	**101**	**41**	**18**
临夏市	8550	8380	23	92	37	18
临夏县	219	206		9	4	
甘南藏族自治州	**1835**	**1717**	**22**	**69**	**20**	**7**
合作市	1835	1717	22	69	20	7

层数、承重类型分的家庭户户数（城市）

单位：户

建筑层数					承重类型	
合计	平房	多层（7层及以下）	高层（8—33层）	超高层（34层及以上）	合计	钢及钢筋混凝土结构
235019	**12922**	**126823**	**91126**	**4148**	**235019**	**163973**
98652	**3401**	**35758**	**55422**	**4071**	**98652**	**72081**
51190	1929	20175	27528	1558	51190	36750
19558	727	5708	12398	725	19558	14364
13184	294	4828	7235	827	13184	9324
11529	297	3270	7022	940	11529	9136
3191	154	1777	1239	21	3191	2507
10892	**119**	**9423**	**1350**		**10892**	**6762**
10892	119	9423	1350		10892	6762
9091	**265**	**7943**	**882**	**1**	**9091**	**5608**
9091	265	7943	882	1	9091	5608
15269	**607**	**12252**	**2397**	**13**	**15269**	**9653**
11096	216	8858	2009	13	11096	7504
4162	386	3388	388		4162	2149
11	5	6			11	
19218	**2419**	**11297**	**5501**	**1**	**19218**	**12419**
11417	1124	6574	3718	1	11417	7330
7801	1295	4723	1783		7801	5089
12452	**419**	**7644**	**4388**	**1**	**12452**	**8578**
12452	419	7644	4388	1	12452	8578
9064	**309**	**6166**	**2589**		**9064**	**7105**
9041	308	6144	2589		9041	7083
23	1	22			23	22
13171	**1242**	**8204**	**3682**	**43**	**13171**	**7989**
10671	1101	6545	2982	43	10671	6205
2500	141	1659	700		2500	1784
15714	**625**	**12281**	**2808**		**15714**	**12673**
11138	168	8574	2396		11138	9080
1556	140	1301	115		1556	1125
3020	317	2406	297		3020	2468
9497	**976**	**5860**	**2660**	**1**	**9497**	**4766**
9497	976	5860	2660	1	9497	4766
6164	**119**	**3277**	**2754**	**14**	**6164**	**4892**
6164	119	3277	2754	14	6164	4892
5532	**250**	**3373**	**1908**	**1**	**5532**	**3851**
5489	236	3344	1908	1	5489	3813
43	14	29			43	38
8586	**1888**	**2524**	**4172**	**2**	**8586**	**6325**
8380	1888	2508	3982	2	8380	6119
206		16	190		206	206
1717	**283**	**821**	**613**		**1717**	**1271**
1717	283	821	613		1717	1271

9-1a 各地区按住所类型、建筑层数、承重类型分的家庭户户数（城市）（续1）

单位：户

地区	承重类型			
	混合结构	砖木结构	竹草土坯结构	其他结构
合计	**64657**	**5327**	**255**	**807**
兰州市	**24458**	**1670**	**58**	**385**
城关区	13449	865	23	103
七里河区	4534	483	25	152
西固区	3713	125	6	16
安宁区	2137	142	2	112
红古区	625	55	2	2
嘉峪关市	**4098**	**29**		**3**
市辖区	4098	29		3
金昌市	**3381**	**94**	**5**	**3**
金川区	3381	94	5	3
白银市	**5233**	**340**	**7**	**36**
白银区	3460	119	1	12
平川区	1763	220	6	24
靖远县	10	1		
天水市	**5848**	**842**	**44**	**65**
秦州区	3743	272	33	39
麦积区	2105	570	11	26
武威市	**3558**	**262**	**13**	**41**
凉州区	3558	262	13	41
张掖市	**1674**	**221**	**23**	**41**

9-1a 各地区按住所类型、建筑层数、承重类型分的家庭户户数（城市）（续2）

单位：户

地区	承重类型			
	混合结构	砖木结构	竹草土坯结构	其他结构
甘州区	1673	221	23	41
肃南裕固族自治县	1			
平凉市	**4799**	**351**	**4**	**28**
崆峒区	4179	262	2	23
华亭市	620	89	2	5
酒泉市	**2690**	**268**	**35**	**48**
肃州区	2002	53		3
玉门市	352	38	23	18
敦煌市	336	177	12	27
庆阳市	**4480**	**185**		**66**
西峰区	4480	185		66
定西市	**1197**	**68**		**7**
安定区	1197	68		7
陇南市	**1582**	**47**	**6**	**46**
武都区	1582	46	5	43
康　县		1	1	3
临夏回族自治州	**1427**	**751**	**55**	**28**
临夏市	1427	751	55	28
临夏县				
甘南藏族自治州	**232**	**199**	**5**	**10**
合作市	232	199	5	10

9-1b 各地区按住所类型、建筑

地区	住所类型					
	合计	普通住宅	集体住所	工作地住所	其他住房	无住房
合计	**176713**	**166626**	**1544**	**3626**	**2212**	**2705**
兰州市	**19036**	**18222**	**257**	**352**	**69**	**136**
城关区	744	659	67	15		3
七里河区	1572	1546	4	6	4	12
西固区	984	962	9	3	4	6
安宁区						
红古区	634	613	6	8	7	
永登县	4755	4566	40	62	12	75
皋兰县	2231	2154	18	25	4	30
榆中县	5114	4967	33	92	16	6
兰州新区	3002	2755	80	141	22	4
嘉峪关市	**144**	**116**	**8**	**6**	**13**	**1**
市辖区	144	116	8	6	13	1
金昌市	**3911**	**3877**		**10**	**20**	**4**
金川区	29	29				
永昌县	3882	3848		10	20	4
白银市	**12144**	**11388**	**253**	**164**	**230**	**109**
白银区	113	112		1		
平川区	717	524	123	25	42	3
靖远县	4118	3951	90	23	21	33
会宁县	3675	3407	30	61	110	67
景泰县	3521	3394	10	54	57	6
天水市	**20229**	**19032**	**84**	**180**	**139**	**794**
秦州区	1246	1226	2	1	3	14
麦积区	1460	1402	20	18	7	13
清水县	2281	1892	7	37	28	317
秦安县	3992	3835	25	12	13	107
甘谷县	5518	5358	4	26	31	99
武山县	4011	3643	3	78	53	234
张家川回族自治县	1721	1676	23	8	4	10
武威市	**9505**	**9081**	**36**	**218**	**119**	**51**
凉州区	2674	2536	2	84	33	19
民勤县	2273	2170	9	45	45	4
古浪县	2249	2189	3	23	22	12
天祝藏族自治县	2309	2186	22	66	19	16
张掖市	**10747**	**10421**	**87**	**126**	**60**	**53**
甘州区	529	505	5	6	4	9
肃南裕固族自治县	443	387	35	3	9	9
民乐县	2743	2663	20	34	19	7
临泽县	1852	1812	15	6	2	17
高台县	2412	2331	9	67	4	1
山丹县	2768	2723	3	10	22	10
平凉市	**12918**	**11968**	**113**	**472**	**191**	**174**
崆峒区	253	240	2	6	2	3
泾川县	2863	2528	59	206	49	21
灵台县	1851	1728	5	67	48	3
崇信县	1094	1055	5	18	9	7
庄浪县	2650	2495	8	17	6	124
静宁县	3225	3022	15	108	70	10
华亭市	982	900	19	50	7	6

层数、承重类型分的家庭户户数（镇）

单位：户

建筑层数					承重类型	
合计	平房	多层（7 层及以下）	高层（8—33 层）	超高层（34 层及以上）	合计	钢及钢筋混凝土结构
166626	**55861**	**81134**	**29354**	**277**	**166626**	**103658**
18222	**2961**	**7417**	**7600**	**244**	**18222**	**13120**
659	12	178	429	40	659	622
1546	202	425	919		1546	1129
962	147	533	282		962	365
613	140	443	30		613	540
4566	1420	2481	665		4566	2613
2154	358	1194	569	33	2154	1497
4967	452	2040	2366	109	4967	3964
2755	230	123	2340	62	2755	2390
116	**108**	**8**			**116**	**9**
116	108	8			116	9
3877	**445**	**3329**	**103**		**3877**	**2192**
29	29				29	1
3848	416	3329	103		3848	2191
11388	**4509**	**5063**	**1816**		**11388**	**5823**
112	104	8			112	2
524	332	192			524	128
3951	1975	1556	420		3951	1968
3407	1183	1317	907		3407	2113
3394	915	1990	489		3394	1612
19032	**9392**	**7580**	**2046**	**14**	**19032**	**11937**
1226	910	286	30		1226	397
1402	750	570	82		1402	526
1892	552	1072	268		1892	1444
3835	1299	1994	542		3835	2692
5358	3175	1653	517	13	5358	3559
3643	2063	1128	451	1	3643	2193
1676	643	877	156		1676	1126
9081	**2749**	**5054**	**1277**	**1**	**9081**	**5126**
2536	1348	1179	9		2536	852
2170	413	1299	458		2170	1572
2189	709	1319	160	1	2189	1176
2186	279	1257	650		2186	1526
10421	**1964**	**6977**	**1480**		**10421**	**7539**
505	200	304	1		505	287
387	78	297	12		387	228
2663	441	1855	367		2663	2180
1812	381	1101	330		1812	1347
2331	306	1719	306		2331	1850
2723	558	1701	464		2723	1647
11968	**3600**	**6134**	**2217**	**17**	**11968**	**8045**
240	203	37			240	71
2528	753	1343	416	16	2528	1840
1728	395	998	335		1728	1459
1055	212	578	265		1055	833
2495	738	1275	482		2495	1751
3022	909	1402	710	1	3022	1684
900	390	501	9		900	407

9-1b 各地区按住所类型、建筑

地区	住所类型					
	合计	普通住宅	集体住所	工作地住所	其他住房	无住房
酒泉市	**8018**	**7676**	**38**	**176**	**85**	**43**
肃州区	750	679		51	17	3
金塔县	1693	1670	4	11	5	3
瓜州县	1751	1674	12	29	27	9
肃北蒙古族自治县	406	344	1	56	3	2
阿克塞哈萨克族自治县	318	305	2	9	2	
玉门市	1201	1131	14	11	26	19
敦煌市	1899	1873	5	9	5	7
庆阳市	**17977**	**16519**	**150**	**776**	**363**	**169**
西峰区	253	221	10	13	9	
庆城县	2998	2672	51	193	72	10
环　县	3063	2839	37	124	17	46
华池县	1476	1408	15	42	10	1
合水县	1536	1442	6	49	26	13
正宁县	2192	1988	12	103	65	24
宁　县	3198	2862	17	158	91	70
镇原县	3261	3087	2	94	73	5
定西市	**24082**	**22543**	**278**	**334**	**329**	**598**
安定区	806	748		22	21	15
通渭县	3064	2793	30	23	38	180
陇西县	6676	6426	15	99	47	89
渭源县	2475	2293	3	34	114	31
临洮县	5766	5598	12	76	38	42
漳　县	1797	1654	7	37	12	87
岷　县	3498	3031	211	43	59	154
陇南市	**20011**	**19004**	**114**	**218**	**379**	**296**
武都区	1754	1648	22	35	15	34
成　县	3493	3371	20	35	58	9
文　县	2009	1947	6	13	14	29
宕昌县	1908	1799	8	20	3	78
康　县	1498	1452	3	18	2	23
西和县	2828	2637	32	40	94	25
礼　县	3429	3163	7	12	161	86
徽　县	2474	2406	13	24	23	8
两当县	618	581	3	21	9	4
临夏回族自治州	**11614**	**11031**	**44**	**300**	**142**	**97**
临夏市	283	269		12	2	
临夏县	1014	972		30	10	2
康乐县	1513	1408	9	56	27	13
永靖县	3151	3087	20	26	15	3
广河县	1755	1687	1	43	20	4
和政县	1481	1395	2	39	31	14
东乡族自治县	1169	1102		16	6	45
积石山保安族东乡族撒拉族自治县	1248	1111	12	78	31	16
甘南藏族自治州	**6377**	**5748**	**82**	**294**	**73**	**180**
合作市	66	66				
临潭县	1225	1173	2	27	15	8
卓尼县	989	879	1	41	6	62
舟曲县	1210	1116	7	23	3	61
迭部县	739	624	12	50	19	34
玛曲县	897	749	32	106	9	1
碌曲县	498	444	10	28	9	7
夏河县	753	697	18	19	12	7

层数、承重类型分的家庭户户数（镇）（续1）

单位：户

建筑层数					承重类型	
合计	平房	多层（7层及以下）	高层（8—33层）	超高层（34层及以上）	合计	钢及钢筋混凝土结构
7676	**2257**	**4810**	**609**		**7676**	**5139**
679	642	35	2		679	98
1670	303	1305	62		1670	1137
1674	329	1166	179		1674	1216
344	51	271	22		344	289
305	35	264	6		305	274
1131	656	468	7		1131	479
1873	241	1301	331		1873	1646
16519	**7191**	**7209**	**2119**		**16519**	**7860**
221	156	58	7		221	62
2672	826	1616	230		2672	1028
2839	1290	933	616		2839	1500
1408	398	813	197		1408	890
1442	451	761	230		1442	868
1988	846	928	214		1988	920
2862	1883	701	278		2862	944
3087	1341	1399	347		3087	1648
22543	**7537**	**11291**	**3714**	**1**	**22543**	**14234**
748	555	189	4		748	131
2793	1022	1329	442		2793	1639
6426	1826	3051	1548	1	6426	3934
2293	993	1006	294		2293	1340
5598	1253	3477	868		5598	3654
1654	820	766	68		1654	1095
3031	1068	1473	490		3031	2441
19004	**6858**	**10036**	**2110**		**19004**	**12405**
1648	431	1210	7		1648	1246
3371	1275	1609	487		3371	2660
1947	309	1364	274		1947	1288
1799	497	971	331		1799	1433
1452	323	1048	81		1452	949
2637	1398	966	273		2637	1375
3163	1776	1277	110		3163	1423
2406	611	1256	539		2406	1685
581	238	335	8		581	346
11031	**3823**	**3724**	**3484**		**11031**	**7443**
269	261	8			269	32
972	593	253	126		972	446
1408	341	590	477		1408	1083
3087	511	1105	1471		3087	2227
1687	744	595	348		1687	1165
1395	455	529	411		1395	931
1102	700	171	231		1102	607
1111	218	473	420		1111	952
5748	**2467**	**2502**	**779**		**5748**	**2786**
66	58	8			66	
1173	661	394	118		1173	486
879	324	331	224		879	532
1116	102	784	230		1116	716
624	195	340	89		624	388
749	535	184	30		749	213
444	240	188	16		444	114
697	352	273	72		697	337

9-1b 各地区按住所类型、建筑层数、承重类型分的家庭户户数（镇）（续2）

单位：户

地区	承重类型			
	混合结构	砖木结构	竹草土坯结构	其他结构
合计	**32843**	**26634**	**1617**	**1874**
兰州市	**3807**	**1204**	**39**	**52**
城关区	34	2		1
七里河区	342	53	3	19
西固区	468	126	3	
安宁区				
红古区	70	3		
永登县	1471	454	17	11
皋兰县	378	268	9	2
榆中县	733	248	4	18
兰州新区	311	50	3	1
嘉峪关市	**17**	**87**	**1**	**2**
市辖区	17	87	1	2
金昌市	**1287**	**343**	**39**	**16**
金川区	1	27		
永昌县	1286	316	39	16
白银市	**2262**	**3013**	**185**	**105**
白银区	30	77	2	1
平川区	125	258	4	9
靖远县	762	1067	87	67
会宁县	393	824	59	18
景泰县	952	787	33	10
天水市	**3616**	**2936**	**316**	**227**
秦州区	312	411	60	46
麦积区	515	298	38	25
清水县	200	235	6	7
秦安县	510	535	63	35
甘谷县	1131	503	131	34
武山县	740	624	14	72
张家川回族自治县	208	330	4	8
武威市	**1735**	**1775**	**291**	**154**
凉州区	442	966	210	66
民勤县	242	266	44	46
古浪县	525	450	27	11
天祝藏族自治县	526	93	10	31
张掖市	**1437**	**1348**	**51**	**46**
甘州区	41	151	10	16
肃南裕固族自治县	113	42		4
民乐县	122	351		10
临泽县	165	266	26	8
高台县	216	258	3	4
山丹县	780	280	12	4
平凉市	**2262**	**1468**	**77**	**116**
崆峒区	110	54	1	4
泾川县	432	215	24	17
灵台县	158	107	3	1
崇信县	184	33		5
庄浪县	362	368	5	9
静宁县	802	415	42	79
华亭市	214	276	2	1

9-1b 各地区按住所类型、建筑层数、承重类型分的家庭户户数（镇）（续3）

单位：户

地区	承重类型			
	混合结构	砖木结构	竹草土坯结构	其他结构
酒泉市	**947**	**1300**	**150**	**140**
肃州区	104	354	37	86
金塔县	284	242	6	1
瓜州县	209	228	4	17
肃北蒙古族自治县	13	34	7	1
阿克塞哈萨克族自治县	24	7		
玉门市	264	303	50	35
敦煌市	49	132	46	
庆阳市	**5043**	**3305**	**31**	**280**
西峰区	99	58	1	1
庆城县	1343	201	17	83
环　县	458	799		82
华池县	432	56		30
合水县	450	106		18
正宁县	641	422	3	2
宁　县	979	918	3	18
镇原县	641	745	7	46
定西市	**4373**	**3568**	**160**	**208**
安定区	167	434	8	8
通渭县	445	644	14	51
陇西县	1349	1023	74	46
渭源县	459	442	28	24
临洮县	1420	455	32	37
漳　县	334	220	1	4
岷　县	199	350	3	38
陇南市	**3284**	**2712**	**233**	**370**
武都区	258	99	26	19
成　县	507	144	29	31
文　县	316	215	9	119
宕昌县	169	178	3	16
康　县	421	40	16	26
西和县	449	732	30	51
礼　县	539	1058	72	71
徽　县	488	158	39	36
两当县	137	88	9	1
临夏回族自治州	**2018**	**1483**	**22**	**65**
临夏市	110	127		
临夏县	289	211	6	20
康乐县	159	166		
永靖县	507	331	2	20
广河县	319	186	2	15
和政县	376	87		1
东乡族自治县	160	317	12	6
积石山保安族东乡族撒拉族自治县	98	58		3
甘南藏族自治州	**755**	**2092**	**22**	**93**
合作市	2	64		
临潭县	100	575	5	7
卓尼县	52	285	7	3
舟曲县	125	250	3	22
迭部县	52	169	2	13
玛曲县	178	325		33
碌曲县	172	139	5	14
夏河县	74	285		1

9-1c 各地区按住所类型、建筑

地区	住所类型					
	合计	普通住宅	集体住所	工作地住所	其他住房	无住房
合计	**370178**	**363126**	**1081**	**2547**	**1323**	**2101**
兰州市	**22840**	**22132**	**146**	**325**	**126**	**111**
城关区	453	402	15	34	2	
七里河区	2575	2502	15	40	17	1
西固区	1231	1190		19	10	12
安宁区						
红古区	1003	975	9	16	3	
永登县	5283	5144	17	46	31	45
皋兰县	1710	1659	4	24	12	11
榆中县	7945	7711	74	98	34	28
兰州新区	2640	2549	12	48	17	14
嘉峪关市	**665**	**619**	**2**	**32**	**9**	**3**
市辖区	665	619	2	32	9	3
金昌市	**4233**	**4129**	**27**	**22**	**19**	**36**
金川区	1012	976	18	6	5	7
永昌县	3221	3153	9	16	14	29
白银市	**21802**	**21303**	**49**	**138**	**94**	**218**
白银区	1387	1350	8	25		4
平川区	1678	1587	3	10	18	60
靖远县	6914	6753	12	25	28	96
会宁县	8712	8551	2	73	33	53
景泰县	3111	3062	24	5	15	5
天水市	**47586**	**47066**	**45**	**84**	**113**	**278**
秦州区	6050	6010	1	6	3	30
麦积区	6759	6695	6	22	8	28
清水县	4886	4838	5	4	22	17
秦安县	9032	8943	6	16	22	45
甘谷县	9449	9326	4	19	24	76
武山县	6851	6766	7	9	26	43
张家川回族自治县	4559	4488	16	8	8	39
武威市	**27616**	**27182**	**55**	**104**	**130**	**145**
凉州区	14743	14578	19	70	57	19
民勤县	4471	4440	3	9	8	11
古浪县	5654	5574	6	15	17	42
天祝藏族自治县	2748	2590	27	10	48	73
张掖市	**20799**	**20436**	**68**	**132**	**42**	**121**
甘州区	8688	8551	7	79	21	30
肃南裕固族自治县	736	688	14	7	2	25
民乐县	3402	3382		7	2	11
临泽县	2360	2317	14	15	6	8
高台县	2724	2666	33	15	2	8
山丹县	2889	2832		9	9	39
平凉市	**34269**	**33596**	**146**	**308**	**80**	**139**
崆峒区	5370	5243	6	32	13	76
泾川县	5108	4920	41	114	20	13
灵台县	4095	3980	52	41	13	9
崇信县	1556	1475	26	28	10	17
庄浪县	7125	7112	1	4	2	6
静宁县	8668	8587	10	51	15	5
华亭市	2347	2279	10	38	7	13

层数、承重类型分的家庭户户数（乡村）

单位：户

建筑层数					承重类型	
合计	平房	多层（7层及以下）	高层（8—33层）	超高层（34层及以上）	合计	钢及钢筋混凝土结构
363126	**317319**	**41375**	**4429**	**3**	**363126**	**82907**
22132	**16787**	**3940**	**1403**	**2**	**22132**	**6298**
402	89	233	80		402	210
2502	1023	1042	435	2	2502	1250
1190	693	448	49		1190	324
975	819	154	2		975	284
5144	5016	118	10		5144	923
1659	1462	171	26		1659	273
7711	5986	1493	232		7711	2063
2549	1699	281	569		2549	971
619	**427**	**192**			**619**	**57**
619	427	192			619	57
4129	**3752**	**373**	**4**		**4129**	**522**
976	958	18			976	49
3153	2794	355	4		3153	473
21303	**20239**	**842**	**222**		**21303**	**1733**
1350	1180	127	43		1350	176
1587	1535	51	1		1587	66
6753	6582	164	7		6753	781
8551	8020	416	115		8551	495
3062	2922	84	56		3062	215
47066	**43029**	**3927**	**110**		**47066**	**11687**
6010	5053	918	39		6010	1525
6695	5900	795			6695	1728
4838	4306	525	7		4838	1152
8943	8460	461	22		8943	1394
9326	8817	503	6		9326	2955
6766	6372	375	19		6766	2215
4488	4121	350	17		4488	718
27182	**24966**	**1902**	**314**		**27182**	**3463**
14578	13596	941	41		14578	1327
4440	4162	277	1		4440	334
5574	4977	524	73		5574	1053
2590	2231	160	199		2590	749
20436	**14324**	**5104**	**1008**		**20436**	**6461**
8551	4302	3322	927		8551	4232
688	473	215			688	195
3382	3137	207	38		3382	407
2317	2130	177	10		2317	342
2666	2344	317	5		2666	502
2832	1938	866	28		2832	783
33596	**30246**	**3082**	**267**	**1**	**33596**	**8504**
5243	4790	394	58	1	5243	1325
4920	4719	198	3		4920	1754
3980	3569	409	2		3980	1353
1475	1350	124	1		1475	689
7112	6738	370	4		7112	1063
8587	7044	1345	198		8587	2061
2279	2036	242	1		2279	259

9-1c 各地区按住所类型、建筑

地区	住所类型					
	合计	普通住宅	集体住所	工作地住所	其他住房	无住房
酒泉市	**13067**	**12564**	**45**	**300**	**108**	**50**
肃州区	4770	4615	16	78	45	16
金塔县	2189	2156	2	26	5	
瓜州县	2460	2391	5	37	16	11
肃北蒙古族自治县	189	70	4	110	1	4
阿克塞哈萨克族自治县	19	8			11	
玉门市	1567	1523	2	12	20	10
敦煌市	1873	1801	16	37	10	9
庆阳市	**40086**	**38894**	**254**	**569**	**197**	**172**
西峰区	5727	5559	43	57	46	22
庆城县	4413	4166	55	146	24	22
环　县	5875	5458	122	221	55	19
华池县	2209	2111	5	62	17	14
合水县	2753	2673	14	42	11	13
正宁县	3241	3223		5	3	10
宁　县	7488	7414	7	18	14	35
镇原县	8380	8290	8	18	27	37
定西市	**48943**	**48244**	**38**	**188**	**139**	**334**
安定区	6980	6863	3	55	21	38
通渭县	7990	7896	4	20	25	45
陇西县	6659	6613	1	9	14	22
渭源县	6345	6259	4	5	17	60
临洮县	9237	9072	13	36	38	78
漳　县	3216	3182	4	5	15	10
岷　县	8516	8359	9	58	9	81
陇南市	**46060**	**45436**	**150**	**99**	**137**	**238**
武都区	9558	9509	9	9	13	18
成　县	3827	3803	4	6	3	11
文　县	4694	4643	3	4	9	35
宕昌县	4681	4614	7	2	6	52
康　县	3711	3686	4	6	9	6
西和县	7086	6977	5	29	23	52
礼　县	8131	7953	71	20	54	33
徽　县	3557	3456	43	21	20	17
两当县	815	795	4	2		14
临夏回族自治州	**31888**	**31448**	**41**	**140**	**90**	**169**
临夏市	1045	1022	4	12	1	6
临夏县	6884	6797	8	31	19	29
康乐县	4941	4913	3	12	3	10
永靖县	2630	2592	7	15	6	10
广河县	3597	3557	5	10	11	14
和政县	3446	3406	2	15	10	13
东乡族自治县	4864	4787	4	8	12	53
积石山保安族东乡族撒拉族自治县	4481	4374	8	37	28	34
甘南藏族自治州	**10324**	**10077**	**15**	**106**	**39**	**87**
合作市	675	651	3	11	5	5
临潭县	2208	2197	1	7		3
卓尼县	1603	1559			18	26
舟曲县	2571	2550	1	7	2	11
迭部县	922	838	1	62	9	12
玛曲县	664	656		1	1	6
碌曲县	409	386		6	1	16
夏河县	1272	1240	9	12	3	8

层数、承重类型分的家庭户户数（乡村）（续1）

单位：户

建筑层数					承重类型	
合计	平房	多层（7层及以下）	高层（8—33层）	超高层（34层及以上）	合计	钢及钢筋混凝土结构
12564	**11440**	**925**	**199**		**12564**	**1944**
4615	4050	456	109		4615	881
2156	2092	63	1		2156	205
2391	2138	194	59		2391	396
70	63	7			70	7
8	5	3			8	4
1523	1487	36			1523	133
1801	1605	166	30		1801	318
38894	**36654**	**1761**	**479**		**38894**	**4571**
5559	4562	590	407		5559	933
4166	3963	184	19		4166	536
5458	5288	146	24		5458	326
2111	1993	117	1		2111	212
2673	2563	108	2		2673	266
3223	3008	212	3		3223	389
7414	7222	188	4		7414	1004
8290	8055	216	19		8290	905
48244	**42705**	**5404**	**135**		**48244**	**11290**
6863	5715	1076	72		6863	1027
7896	7685	191	20		7896	396
6613	6369	231	13		6613	721
6259	5841	403	15		6259	1227
9072	8188	870	14		9072	2082
3182	3032	149	1		3182	1122
8359	5875	2484			8359	4715
45436	**36175**	**9170**	**91**		**45436**	**17702**
9509	6414	3063	32		9509	5301
3803	3616	186	1		3803	2756
4643	2666	1973	4		4643	1727
4614	3457	1112	45		4614	1748
3686	2468	1218			3686	2452
6977	6333	643	1		6977	1362
7953	7313	637	3		7953	969
3456	3160	291	5		3456	1164
795	748	47			795	223
31448	**29134**	**2137**	**177**		**31448**	**7461**
1022	876	45	101		1022	273
6797	6315	476	6		6797	1484
4913	4401	512			4913	883
2592	2509	78	5		2592	409
3557	3286	260	11		3557	979
3406	3170	233	3		3406	1016
4787	4630	112	45		4787	774
4374	3947	421	6		4374	1643
10077	**7441**	**2616**	**20**		**10077**	**1214**
651	623	28			651	28
2197	2020	177			2197	230
1559	1378	181			1559	164
2550	572	1968	10		2550	600
838	662	176			838	42
656	641	12	3		656	83
386	354	32			386	44
1240	1191	42	7		1240	23

9-1c 各地区按住所类型、建筑层数、承重类型分的家庭户户数（乡村）(续2)

单位：户

地区	承重类型			
	混合结构	砖木结构	竹草土坯结构	其他结构
合计	**71344**	**177687**	**17628**	**13560**
兰州市	**7321**	**7588**	**580**	**345**
城关区	169	21		2
七里河区	805	388	21	38
西固区	603	238	14	11
安宁区				
红古区	461	217	7	6
永登县	2097	1877	174	73
皋兰县	307	966	93	20
榆中县	1852	3367	241	188
兰州新区	1027	514	30	7
嘉峪关市	**326**	**216**	**15**	**5**
市辖区	326	216	15	5
金昌市	**526**	**2316**	**687**	**78**
金川区	223	694	9	1
永昌县	303	1622	678	77
白银市	**1984**	**14989**	**1780**	**817**
白银区	299	689	132	54
平川区	57	1344	82	38
靖远县	883	4755	185	149
会宁县	536	5860	1165	495
景泰县	209	2341	216	81
天水市	**9359**	**21095**	**3182**	**1743**
秦州区	1183	2784	336	182
麦积区	1419	2905	465	178
清水县	629	2730	201	126
秦安县	1498	4406	977	668
甘谷县	2339	2637	986	409
武山县	1625	2630	169	127
张家川回族自治县	666	3003	48	53
武威市	**2241**	**16345**	**3383**	**1750**
凉州区	798	9730	2102	621
民勤县	403	2108	783	812
古浪县	670	3460	260	131
天祝藏族自治县	370	1047	238	186
张掖市	**2366**	**10462**	**853**	**294**
甘州区	669	3086	441	123
肃南裕固族自治县	144	321	8	20
民乐县	433	2471	38	33
临泽县	326	1441	170	38
高台县	258	1760	108	38
山丹县	536	1383	88	42
平凉市	**7125**	**15869**	**1188**	**910**
崆峒区	1319	2462	68	69
泾川县	1149	1685	176	156
灵台县	1123	1294	136	74
崇信县	458	312	9	7
庄浪县	919	4948	91	91
静宁县	1846	3528	677	475
华亭市	311	1640	31	38

9-1c 各地区按住所类型、建筑层数、承重类型分的家庭户户数(乡村)(续3)

单位:户

地区	承重类型			
	混合结构	砖木结构	竹草土坯结构	其他结构
酒泉市	**2333**	**6966**	**960**	**361**
肃州区	939	2444	243	108
金塔县	388	1394	65	104
瓜州县	277	1372	286	60
肃北蒙古族自治县	3	47	9	4
阿克塞哈萨克族自治县	4			
玉门市	320	917	103	50
敦煌市	402	792	254	35
庆阳市	**13571**	**17762**	**683**	**2307**
西峰区	3122	1387	63	54
庆城县	1495	1481	187	467
环　县	1239	2995	151	747
华池县	1242	309	77	271
合水县	1441	798	11	157
正宁县	991	1763	39	41
宁　县	2910	3418	13	69
镇原县	1131	5611	142	501
定西市	**7099**	**25342**	**2549**	**1964**
安定区	1055	4122	472	187
通渭县	653	6000	515	332
陇西县	758	3771	822	541
渭源县	1090	3434	176	332
临洮县	1732	4507	474	277
漳　县	715	1279	25	41
岷　县	1096	2229	65	254
陇南市	**7440**	**16591**	**1396**	**2307**
武都区	1783	1681	323	421
成　县	346	485	141	75
文　县	609	1487	76	744
宕昌县	956	1736	60	114
康　县	708	232	114	180
西和县	1126	4299	64	126
礼　县	983	5283	314	404
徽　县	746	1084	249	213
两当县	183	304	55	30
临夏回族自治州	**8856**	**14690**	**112**	**329**
临夏市	395	348	3	3
临夏县	2063	3012	40	198
康乐县	1543	2475	2	10
永靖县	478	1664	23	18
广河县	1129	1389	14	46
和政县	1181	1205		4
东乡族自治县	886	3076	20	31
积石山保安族东乡族撒拉族自治县	1181	1521	10	19
甘南藏族自治州	**797**	**7456**	**260**	**350**
合作市	19	590	9	5
临潭县	133	1705	105	24
卓尼县	46	1254	36	59
舟曲县	312	1410	93	135
迭部县	10	774	2	10
玛曲县	169	349	13	42
碌曲县	77	263	1	1
夏河县	31	1111	1	74

9-2 各地区按住房建成时间

地区	户数	间数	面积	1949 年以前			
				户数	间数	面积	户数
合计	**764771**	**2915171**	**74618703**	**534**	**2254**	**47471**	**1160**
兰州市	**139006**	**363853**	**12151402**	**58**	**159**	**3747**	**501**
城关区	52251	110536	3955076	21	36	753	227
七里河区	23606	58026	1979883	7	17	381	185
西固区	15336	36970	1311049	9	30	802	47
安宁区	11529	28187	1105816				21
红古区	4779	13064	499402	2	5	190	
永登县	9710	36330	868088	5	14	225	5
皋兰县	3813	15748	370538	2	14	235	2
榆中县	12678	44319	1384878	11	36	981	12
兰州新区	5304	20673	676672	1	7	180	2
嘉峪关市	**11627**	**27956**	**1140405**				
市辖区	11627	27956	1140405				
金昌市	**17097**	**44509**	**1506405**	**2**	**3**	**110**	**11**
金川区	10096	25085	901217	2	3	110	9
永昌县	7001	19424	605188				2
白银市	**47960**	**151317**	**4509636**	**14**	**60**	**868**	**20**
白银区	12558	29347	1059285	2	8	150	2
平川区	6273	20311	600319	1	3	100	3
靖远县	10715	34274	1048611	3	5	70	3
会宁县	11958	39299	1100295	4	10	238	4
景泰县	6456	28086	701126	4	34	310	8
天水市	**85316**	**345235**	**8547526**	**155**	**521**	**11931**	**224**
秦州区	18653	70705	1723066	45	138	2386	39
麦积区	15898	70209	1766154	30	127	3089	46
清水县	6730	32235	654667	10	41	730	15
秦安县	12778	49066	1229542	24	64	1613	52
甘谷县	14684	58992	1550003	28	93	2595	52
武山县	10409	37550	1010418	8	23	710	14
张家川回族自治县	6164	26478	613676	10	35	808	6
武威市	**48715**	**207624**	**4561812**	**15**	**86**	**1475**	**40**
凉州区	29566	118908	2643246	8	21	370	28
民勤县	6610	34480	771361	2	9	170	6
古浪县	7763	37617	748288				1
天祝藏族自治县	4776	16619	398917	5	56	935	5
张掖市	**39921**	**125832**	**3990760**	**9**	**29**	**850**	**14**
甘州区	18097	52701	1746542	2	3	135	6
肃南裕固族自治县	1098	2982	105266	1	2	80	
民乐县	6045	19994	659702	4	17	465	3
临泽县	4129	14364	443006	1	5	90	
高台县	4997	16708	465705				2
山丹县	5555	19083	570539	1	2	80	3
平凉市	**58735**	**205640**	**5545686**	**24**	**73**	**1907**	**29**
崆峒区	16154	49237	1535254	5	13	355	10
泾川县	7448	33597	734809	4	12	320	1
灵台县	5708	24017	472762	1	4	105	2
崇信县	2530	10784	265423				1
庄浪县	9607	31101	882979	12	34	962	6
静宁县	11609	35343	1085932	1	3	60	7
华亭市	5679	21561	568527	1	7	105	2

分的家庭户住房状况

单位：户、间、平方米

1949—1959年		1960—1969年			1970—1979年		
间数	面积	户数	间数	面积	户数	间数	面积
3478	**77320**	**2975**	**9934**	**217739**	**12438**	**43408**	**946049**
1070	**22988**	**766**	**1678**	**39283**	**3367**	**7538**	**177110**
450	10474	239	423	9210	1336	2642	59605
379	7254	272	690	15565	690	1483	34192
91	2299	145	265	6813	592	1155	26648
44	934	39	71	1778	252	540	14743
		20	62	1868	55	136	4567
13	328	21	82	1452	201	638	13140
7	100	5	16	326	39	169	2708
38	849	20	55	1521	173	605	16298
48	750	5	14	750	29	170	5209
					15	**38**	**1399**
					15	38	1399
19	**500**	**96**	**205**	**5160**	**414**	**1179**	**31960**
12	350	69	133	3403	120	210	6463
7	150	27	72	1757	294	969	25497
66	**1270**	**118**	**403**	**9353**	**683**	**2070**	**51541**
9	165	28	83	1846	266	651	16324
4	165	6	24	530	71	239	5483
8	215	23	67	2024	150	446	12451
12	255	46	155	3523	123	427	11127
33	470	15	74	1430	73	307	6156
750	**16304**	**700**	**2378**	**52036**	**1984**	**7106**	**150902**
138	2481	162	477	8895	391	1315	25305
163	3141	124	388	9384	425	1536	30723
66	1628	45	217	3945	134	613	10793
147	3373	144	506	10387	380	1314	28292
169	4091	145	509	12233	409	1541	36528
48	1180	55	187	4846	168	474	12552
19	410	25	94	2346	77	313	6709
158	**3208**	**124**	**608**	**10720**	**1272**	**6774**	**116683**
88	2019	60	255	4124	808	3900	64588
34	688	47	280	5468	331	2134	40372
8	120	13	60	874	87	529	8236
28	381	4	13	254	46	211	3487
46	**1052**	**73**	**270**	**6701**	**571**	**2135**	**49496**
17	266	25	74	2018	364	1286	29600
		6	11	620	12	26	850
13	376	3	12	408	14	41	1630
		7	30	768	57	231	6144
8	180	7	21	492	42	165	3438
8	230	25	122	2395	82	386	7834
82	**2172**	**99**	**308**	**7774**	**529**	**1741**	**38900**
28	740	16	48	1149	130	356	8244
2	100	8	30	660	52	230	4424
13	270	4	12	210	47	192	3132
3	77	2	9	140	15	48	970
15	415	36	99	2735	85	249	6646
16	352	27	66	2165	89	249	6935
5	218	6	44	715	111	417	8549

9–2 各地区按住房建成时间

地区	户数	间数	面积	1949年以前			
				户数	间数	面积	户数
酒泉市	**35954**	**114751**	**3726704**	**3**	**8**	**490**	**15**
肃州区	16432	52213	1531525				8
金塔县	3826	13395	512445	1	3	200	2
瓜州县	4065	12797	425529				
肃北蒙古族自治县	414	1294	37680				
阿克塞哈萨克族自治县	313	970	37678				
玉门市	4210	12522	424737	2	5	290	2
敦煌市	6694	21560	757110				3
庆阳市	**64910**	**281603**	**6359850**	**33**	**133**	**3038**	**52**
西峰区	15277	52609	1546715	10	35	1103	10
庆城县	6838	28222	629990	4	6	180	10
环　县	8297	30452	770131	10	49	1040	10
华池县	3519	13126	327857	2	9	180	5
合水县	4115	14802	371524	1	5	115	3
正宁县	5211	27512	586625				
宁　县	10276	60006	1036379	2	11	165	2
镇原县	11377	54874	1090629	4	18	255	12
定西市	**76951**	**288054**	**7333400**	**36**	**129**	**2829**	**58**
安定区	13775	39974	1296709	1	3	90	4
通渭县	10689	30460	887473	7	17	396	14
陇西县	13039	39555	1339048	5	13	500	13
渭源县	8552	33618	738868	5	15	365	7
临洮县	14670	67179	1378740	11	49	772	11
漳　县	4836	17229	464183	4	19	380	4
岷　县	11390	60039	1228379	3	13	326	5
陇南市	**69972**	**386309**	**7653205**	**116**	**520**	**10668**	**116**
武都区	16646	77808	1777451	16	77	1807	12
成　县	7174	30885	691215	8	30	581	9
文　县	6590	30783	724449	36	131	3186	34
宕昌县	6413	38756	704690	6	38	550	4
康　县	5181	22253	593908	5	21	486	12
西和县	9614	76239	1123862	12	95	1353	9
礼　县	11116	82302	1305190	9	53	855	11
徽　县	5862	21933	590061	23	70	1749	23
两当县	1376	5350	142379	1	5	101	2
临夏回族自治州	**51065**	**299053**	**5627354**	**45**	**370**	**5327**	**38**
临夏市	9671	36066	1094002	14	86	1355	13
临夏县	7975	62084	894696	27	271	3498	
康乐县	6321	36775	664127				
永靖县	5679	24444	594649				8
广河县	5244	31514	609790				
和政县	4801	31214	528107				
东乡族自治县	5889	39635	620508	1	3	60	1
积石山保安族东乡族撒拉族自治县	5485	37321	621475	3	10	414	16
甘南藏族自治州	**17542**	**73435**	**1964558**	**24**	**163**	**4231**	**42**
合作市	2434	8142	283803	3	17	426	6
临潭县	3370	15033	381572	3	9	330	7
卓尼县	2438	12234	263735	5	17	752	2
舟曲县	3666	17218	441223	3	6	480	6
迭部县	1462	4893	168532				17
玛曲县	1405	3267	101623				
碌曲县	830	2228	77219				
夏河县	1937	10420	246851	10	114	2243	4

分的家庭户住房状况（续1）

单位：户、间、平方米

1949—1959年		1960—1969年			1970—1979年		
间数	面积	户数	间数	面积	户数	间数	面积
48	**1314**	**96**	**227**	**6793**	**594**	**2195**	**64400**
24	622	16	50	1003	173	691	15561
6	420	3	8	463	107	421	15245
		17	46	1540	54	178	4931
					2	8	180
4	96	48	91	2509	134	381	10850
14	176	12	32	1278	124	516	17633
211	**4619**	**146**	**634**	**13056**	**583**	**2269**	**47760**
53	1205	21	81	1944	116	432	9330
39	826	18	69	1512	185	601	14079
32	798	31	119	2538	52	185	4281
16	360	27	119	2390	46	222	4497
23	400	13	53	1056	21	65	1515
		4	14	255	14	71	1454
8	120	10	64	1050	67	388	6480
40	910	22	115	2311	82	305	6124
181	**4405**	**204**	**622**	**14307**	**713**	**2313**	**53340**
12	310	14	39	983	135	332	10057
40	1093	39	94	2491	72	189	5073
35	961	69	154	4413	225	569	16296
26	430	25	88	1745	97	385	6989
40	953	39	168	2924	127	637	10197
15	358	8	23	741	22	63	1799
13	300	10	56	1010	35	138	2929
477	**9897**	**357**	**1590**	**30104**	**1094**	**5123**	**96579**
42	907	55	204	3954	166	739	14663
34	764	23	76	1558	83	271	5541
149	3428	80	296	6623	200	821	18399
17	240	25	137	2233	44	207	3805
32	830	38	117	2803	87	265	6358
60	1018	32	233	3452	112	830	11301
75	1140	52	344	4885	180	1291	19175
59	1399	41	144	3530	159	507	12643
9	171	11	39	1066	63	192	4694
209	**4575**	**69**	**301**	**6336**	**237**	**1146**	**21685**
57	1668	33	129	3123	99	469	9870
		5	38	473	27	218	2682
21	536	13	30	944	61	161	4275
		3	19	350	24	136	2541
		2	13	156	4	18	290
6	48	13	72	1290	21	138	1947
125	2323				1	6	80
161	**5016**	**127**	**710**	**16116**	**382**	**1781**	**44294**
20	737	14	77	1953	33	109	3484
28	740	23	94	2183	65	271	6632
12	270	19	131	2415	45	274	5003
20	657	28	125	3236	90	410	11380
60	1813	16	64	1819	44	155	5210
		3	7	235	3	9	208
		2	2	100	24	77	2423
21	799	22	210	4175	78	476	9954

9-2 各地区按住房建成时间

地区	1980—1989年			1990—1999年			
	户数	间数	面积	户数	间数	面积	户数
合计	**62088**	**221734**	**5065254**	**131056**	**476977**	**11586759**	**230510**
兰州市	**14865**	**36239**	**917940**	**29392**	**75461**	**2176859**	**39560**
城关区	6411	12843	332847	13848	27936	870686	16492
七里河区	2429	5542	138784	4393	10635	315346	6741
西固区	2268	5133	133878	2977	7180	214454	3677
安宁区	675	1539	42231	1195	2894	94633	3398
红古区	479	1235	41024	855	2282	85885	1514
永登县	917	3067	67718	2197	8118	182636	3136
皋兰县	435	2036	35194	997	4186	87646	942
榆中县	1128	4170	107721	2360	8452	226803	2864
兰州新区	123	674	18543	570	3778	98770	796
嘉峪关市	**513**	**1034**	**34408**	**2057**	**4534**	**172884**	**4479**
市辖区	513	1034	34408	2057	4534	172884	4479
金昌市	**2490**	**6251**	**169783**	**3594**	**9085**	**273752**	**4624**
金川区	1518	3096	90986	1963	4699	146198	2758
永昌县	972	3155	78797	1631	4386	127554	1866
白银市	**4777**	**14220**	**365099**	**10939**	**36093**	**974106**	**14273**
白银区	1753	4297	113156	3330	7512	247729	3161
平川区	853	2516	61331	1517	5715	140226	2088
靖远县	1035	3201	90694	2459	7930	232061	3285
会宁县	676	2210	58912	1967	6619	174497	3559
景泰县	460	1996	41006	1666	8317	179593	2180
天水市	**7132**	**26319**	**584732**	**15282**	**58119**	**1370494**	**28048**
秦州区	1694	5341	114891	3463	11537	264689	6616
麦积区	1299	4870	104718	2935	11800	279271	5084
清水县	539	2586	47674	904	4570	83960	2269
秦安县	1222	4357	95416	2172	8122	183540	3782
甘谷县	1498	5850	143914	3111	12344	313376	4793
武山县	552	1896	47732	1816	6249	164933	3319
张家川回族自治县	328	1419	30387	881	3497	80725	2185
武威市	**7084**	**36291**	**653218**	**10616**	**47274**	**952518**	**11159**
凉州区	4592	21308	367631	7301	30204	614299	6908
民勤县	1830	11697	232098	1495	8560	178595	1200
古浪县	326	1865	29746	1159	5969	106173	1991
天祝藏族自治县	336	1421	23743	661	2541	53451	1060
张掖市	**3980**	**13860**	**357733**	**6859**	**22156**	**654181**	**10682**
甘州区	2069	6685	173565	3167	8900	278800	4238
肃南裕固族自治县	90	264	8850	241	731	24466	329
民乐县	205	752	22549	823	2839	88618	1974
临泽县	581	2290	61548	810	2980	87882	1225
高台县	677	2499	56220	909	3347	82147	1207
山丹县	358	1370	35001	909	3359	92268	1709
平凉市	**2576**	**9144**	**202780**	**7883**	**28081**	**659597**	**17868**
崆峒区	544	1861	42379	2012	6718	159113	4922
泾川县	528	2130	41353	1374	5739	120945	2053
灵台县	366	1552	26664	1022	4451	77350	1938
崇信县	87	410	7848	303	1250	28938	916
庄浪县	372	1098	28474	1232	3779	103348	3325
静宁县	478	1291	37862	1252	3537	105483	2903
华亭市	201	802	18200	688	2607	64420	1811

分的家庭户住房状况（续 2）

单位：户、间、平方米

2000—2009 年		2010—2014 年			2015 年以后		
间数	面积	户数	间数	面积	户数	间数	面积
902077	**23346095**	**190538**	**732868**	**19632741**	**133472**	**522441**	**13699275**
107426	**3717072**	**29619**	**78736**	**2979883**	**20878**	**55546**	**2116520**
34957	1355311	7709	17206	727120	5968	14043	589070
16975	603203	5829	14499	559900	3060	7806	305258
9430	364966	4073	9620	401942	1548	4066	159247
9471	368293	3325	7704	326467	2624	5924	256737
4391	166150	1078	3038	119835	776	1915	79883
12195	297190	1791	6978	174487	1437	5225	130912
4177	93715	853	3098	90050	538	2045	60564
10599	321381	3002	10265	356516	3108	10099	352808
5231	146863	1959	6328	223566	1819	4423	182041
11068	**461533**	**2881**	**6905**	**293413**	**1682**	**4377**	**176768**
11068	461533	2881	6905	293413	1682	4377	176768
13036	**448306**	**3674**	**9055**	**367451**	**2192**	**5676**	**209383**
7882	275399	2402	5881	251049	1255	3169	127259
5154	172907	1272	3174	116402	937	2507	82124
45655	**1420540**	**11025**	**33357**	**1079073**	**6111**	**19393**	**607786**
7581	301568	2841	6476	261627	1175	2730	116720
6574	212424	1314	3856	135997	420	1380	44063
10413	328631	2316	7511	235307	1441	4693	147158
11331	320725	3203	10576	302615	2376	7959	228403
9756	257192	1351	4938	143527	699	2631	71442
112315	**2820875**	**18913**	**79566**	**2065551**	**12878**	**58161**	**1474701**
24373	615084	3983	16257	407571	2260	11129	281764
22405	549818	3326	16271	434129	2629	12649	351881
10714	219744	1581	7215	158010	1233	6213	128183
14241	375345	2591	10067	273162	2411	10248	258414
18797	512902	3218	13522	365288	1430	6167	159076
12085	326477	2687	10006	273494	1790	6582	178494
9700	221505	1527	6228	153897	1125	5173	116889
49340	**1116704**	**10804**	**40395**	**1000328**	**7601**	**26698**	**706958**
28917	673742	6365	22063	573187	3496	12152	343286
5716	142454	927	3333	94577	772	2717	76939
10881	206046	2392	11319	236814	1794	6986	160279
3826	94462	1120	3680	95750	1539	4843	126454
35335	**1107691**	**12282**	**36027**	**1247615**	**5451**	**15974**	**565441**
12045	412427	5750	16398	578638	2476	7293	271093
912	32387	337	806	30152	82	230	7861
7133	217621	2155	6652	237654	864	2535	90381
4511	139951	932	2836	94456	516	1481	52167
4161	119604	1384	4154	132803	769	2353	70821
6573	185701	1724	5181	173912	744	2082	73118
63841	**1717815**	**15144**	**53930**	**1496588**	**14583**	**48440**	**1418153**
15847	482130	3993	12120	405762	4522	12246	435382
9519	209582	1808	8686	188378	1620	7249	169047
8235	165162	1365	5731	116204	963	3827	83665
4032	94370	826	3507	91062	380	1525	42018
10780	307871	2442	8198	232842	2097	6849	199686
8535	275391	2958	9266	283350	3894	12380	374334
6893	183309	1752	6422	178990	1107	4364	114021

9-2 各地区按住房建成时间

地区	1980—1989年			1990—1999年			
	户数	间数	面积	户数	间数	面积	户数
酒泉市	**4485**	**15645**	**479409**	**8265**	**27438**	**816072**	**10438**
肃州区	1535	5492	127433	3580	12610	311334	5934
金塔县	858	3597	139442	1027	3659	143213	853
瓜州县	363	1118	36206	790	2389	76525	970
肃北蒙古族自治县	31	122	3259	55	224	6268	140
阿克塞哈萨克族自治县				106	317	11339	72
玉门市	658	1764	58630	766	2278	75442	1041
敦煌市	1040	3552	114439	1941	5961	191951	1428
庆阳市	**3363**	**14626**	**305948**	**9876**	**45309**	**955942**	**19575**
西峰区	1058	4386	101475	2429	9155	233103	4808
庆城县	587	1891	44540	997	3860	84272	1938
环　县	180	616	14684	642	2185	57572	1817
华池县	152	595	14059	482	1738	42911	1039
合水县	103	378	8351	392	1346	32202	1520
正宁县	349	1834	36531	1488	7920	163417	1678
宁　县	531	3110	52568	2255	13485	233197	3775
镇原县	403	1816	33740	1191	5620	109268	3000
定西市	**3720**	**13112**	**293326**	**10499**	**38457**	**903278**	**21399**
安定区	672	1822	49698	1954	5418	162802	3777
通渭县	538	1500	38442	1389	3777	105352	2773
陇西县	882	2456	72095	2142	6458	196372	4002
渭源县	430	1559	30667	1271	4971	102270	2385
临洮县	878	4447	72555	2662	13326	236103	5165
漳　县	143	551	14281	335	1120	29842	1145
岷　县	177	777	15588	746	3387	70537	2152
陇南市	**4201**	**20320**	**387527**	**8531**	**46060**	**874555**	**29228**
武都区	813	3526	72813	1686	6904	165488	8283
成　县	429	1389	28793	756	2804	61211	2960
文　县	724	2993	69106	1090	4974	119078	2635
宕昌县	180	1048	17296	617	3707	62438	2252
康　县	215	660	17177	258	737	21172	3114
西和县	482	3541	50624	1511	12253	173894	3497
礼　县	671	4787	73850	1451	10673	164262	4010
徽　县	526	1837	44156	955	3292	87983	1813
两当县	161	539	13712	207	716	19029	664
临夏回族自治州	**1438**	**7533**	**139587**	**4512**	**25990**	**477181**	**13786**
临夏市	619	2773	59976	1329	5486	140546	3103
临夏县	225	1814	23608	839	6766	90879	2103
康乐县	39	223	4244	318	1861	33799	1469
永靖县	260	753	19532	618	2486	57274	1606
广河县	123	749	13284	540	3356	59492	1497
和政县	69	484	7684	291	1893	31672	1335
东乡族自治县	71	482	6936	352	2542	38238	1406
积石山保安族东乡族撒拉族自治县	32	255	4323	225	1600	25281	1267
甘南藏族自治州	**1464**	**7140**	**173764**	**2751**	**12920**	**325340**	**5391**
合作市	126	490	14755	318	1136	36439	779
临潭县	250	1123	27598	530	2301	59367	881
卓尼县	262	1470	28244	450	2635	50421	645
舟曲县	351	1827	43605	654	3403	82806	1283
迭部县	184	688	23780	344	1213	41370	452
玛曲县	12	37	1271	68	164	4770	447
碌曲县	101	314	8783	88	239	8183	247
夏河县	178	1191	25728	299	1829	41984	657

分的家庭户住房状况（续 3）

单位：户、间、平方米

2000—2009 年		2010—2014 年			2015 年以后		
间数	面积	户数	间数	面积	户数	间数	面积
32632	**1099506**	**7352**	**22121**	**761744**	**4706**	**14437**	**496976**
17694	579030	2638	7966	253855	2548	7686	242687
2867	105348	699	2002	76063	276	832	32051
3265	106749	1405	4392	150170	466	1409	49408
438	12178	133	350	10808	53	152	4987
206	8088	63	210	6433	72	237	11818
3230	111314	1032	3082	107972	527	1687	57634
4932	176799	1382	4119	156443	764	2434	98391
86735	**1955312**	**16405**	**69098**	**1630945**	**14877**	**62588**	**1443230**
16661	509905	4106	12751	406614	2719	9055	282036
8264	188467	1596	6955	155558	1503	6537	140556
6048	154070	2524	9462	240201	3031	11756	294947
3782	94943	879	3297	85049	887	3348	83468
5450	138573	1104	4004	104407	958	3478	84905
8878	189046	854	4772	102689	824	4023	93233
22507	384349	2196	12562	221788	1438	7871	136662
15145	295959	3146	15295	314639	3517	16520	327423
77949	**2068761**	**25184**	**102057**	**2559217**	**15138**	**53234**	**1433937**
11567	380827	3470	10164	343124	3748	10617	348818
8063	237062	3185	8901	268967	2672	7879	228597
12155	413403	3644	11320	412077	2057	6395	222931
9496	209599	2320	9484	211597	2012	7594	175206
23171	495588	3682	16315	361772	2095	9026	197876
3863	111474	2237	8239	219201	938	3336	86107
9634	220808	6646	37634	742479	1616	8387	174402
162677	**3262127**	**14843**	**82354**	**1684514**	**11486**	**67188**	**1297234**
40838	898010	3626	16078	402007	1989	9400	217802
13147	292272	1560	6890	160647	1346	6244	139848
12647	295528	1083	4904	123314	708	3868	85787
13492	248587	1858	11249	212659	1427	8861	156882
14262	380199	881	3861	103644	571	2298	61239
28419	409573	2075	16260	249244	1884	14548	223403
29988	477590	2409	17992	289326	2323	17099	274107
7164	188045	1157	4306	121054	1165	4554	129502
2720	72323	194	814	22619	73	316	8664
81820	**1548613**	**17758**	**102166**	**1969062**	**13182**	**79518**	**1454988**
11957	361644	3194	10911	366727	1267	4198	149093
17222	237613	2584	20057	297227	2165	15698	238716
8411	156096	2642	15649	276174	1853	10631	193814
7602	174870	1958	7889	210090	1155	5502	127128
9287	176896	1653	9696	190934	1404	8271	166293
8985	149486	1885	11726	205886	1215	8095	132933
9657	146765	1696	11811	179793	2328	14924	245431
8699	145243	2146	14427	242231	1795	12199	201580
22248	**601240**	**4654**	**17101**	**497357**	**2707**	**11211**	**297200**
2669	93464	863	2590	97581	292	1034	34964
3881	100098	865	3957	99655	746	3369	84969
3031	66721	609	2702	66561	401	1962	43348
6151	153314	810	3080	90993	441	2196	54752
1410	51148	275	817	27847	130	486	15545
1054	33036	528	1239	37995	344	757	24108
693	24680	236	585	21735	132	318	11315
3359	78779	468	2131	54990	221	1089	28199

9-2a 各地区按住房建成时间

地区	户数	间数	面积	1949年以前			
				户数	间数	面积	户数
合计	**235019**	**562005**	**20704483**	**98**	**282**	**6577**	**539**
兰州市	**98652**	**214834**	**7850419**	**29**	**60**	**1372**	**459**
城关区	51190	107207	3828845	20	35	738	227
七里河区	19558	43643	1569139	5	10	244	167
西固区	13184	28288	1048928	3	13	310	44
安宁区	11529	28187	1105816				21
红古区	3191	7509	297691	1	2	80	
嘉峪关市	**10892**	**26016**	**1069734**				
市辖区	10892	26016	1069734				
金昌市	**9091**	**19806**	**789187**	**2**	**3**	**110**	**9**
金川区	9091	19806	789187	2	3	110	9
白银市	**15269**	**33881**	**1319439**				**4**
白银区	11096	24343	940714				1
平川区	4162	9507	377735				3
靖远县	11	31	990				
天水市	**19218**	**55250**	**1801514**	**36**	**92**	**2135**	**38**
秦州区	11417	26516	904984	32	67	1271	19
麦积区	7801	28734	896530	4	25	864	19
武威市	**12452**	**30541**	**1169248**	**2**	**2**	**100**	**2**
凉州区	12452	30541	1169248	2	2	100	2
张掖市	**9064**	**22122**	**869876**	**2**	**3**	**135**	**2**
甘州区	9041	22065	867494	2	3	135	2
肃南裕固族自治县	23	57	2382				
平凉市	**13171**	**32168**	**1288968**	**1**	**2**	**130**	**2**
崆峒区	10671	26212	1056085	1	2	130	1
华亭市	2500	5956	232883				1
酒泉市	**15714**	**40195**	**1438757**				**3**
肃州区	11138	28170	993022				2
玉门市	1556	3691	139148				1
敦煌市	3020	8334	306587				
庆阳市	**9497**	**24728**	**878696**	**8**	**22**	**843**	**3**
西峰区	9497	24728	878696	8	22	843	3
定西市	**6164**	**14125**	**576339**				**1**
安定区	6164	14125	576339				1
陇南市	**5532**	**16483**	**517983**	**4**	**12**	**397**	**2**
武都区	5489	16278	510785	4	12	397	2
康　县	43	205	7198				
临夏回族自治州	**8586**	**27324**	**959361**	**14**	**86**	**1355**	**13**
临夏市	8380	26702	937576	14	86	1355	13
临夏县	206	622	21785				
甘南藏族自治州	**1717**	**4532**	**174962**				**1**
合作市	1717	4532	174962				1

分的家庭户住房状况（城市）

单位：户、间、平方米

1949—1959年		1960—1969年			1970—1979年		
间数	面积	户数	间数	面积	户数	间数	面积
1113	**25118**	**1024**	**2134**	**51402**	**3949**	**8068**	**198034**
900	**19765**	**674**	**1394**	**32280**	**2772**	**5462**	**127696**
450	10474	239	423	9210	1332	2627	59325
325	6348	245	613	14102	627	1259	29857
81	2009	133	232	5642	527	954	21161
44	934	39	71	1778	252	540	14743
		18	55	1548	34	82	2610
					4	**9**	**282**
					4	9	282
12	**350**	**69**	**133**	**3403**	**110**	**181**	**5630**
12	350	69	133	3403	110	181	5630
6	**225**	**10**	**19**	**526**	**187**	**323**	**9387**
2	60	9	17	436	144	222	6799
4	165	1	2	90	43	101	2588
88	**1902**	**166**	**322**	**8132**	**378**	**832**	**20538**
35	828	101	167	4024	197	346	9423
53	1074	65	155	4108	181	486	11115
7	**182**	**7**	**18**	**454**	**65**	**129**	**4128**
7	182	7	18	454	65	129	4128
4	**56**	**7**	**13**	**468**	**42**	**71**	**2336**
4	56	7	13	468	42	71	2336
6	**208**	**11**	**28**	**786**	**88**	**179**	**4913**
3	80	11	28	786	71	149	4030
3	128				17	30	883
6	**188**	**30**	**52**	**1531**	**54**	**114**	**3416**
4	146	1	2	76	27	45	1363
2	42	24	38	1137	10	18	534
		5	12	318	17	51	1519
19	**335**	**9**	**30**	**628**	**47**	**143**	**3107**
19	335	9	30	628	47	143	3107
2	**70**	**3**	**6**	**181**	**93**	**203**	**6919**
2	70	3	6	181	93	203	6919
4	**127**	**8**	**12**	**250**	**14**	**37**	**1068**
4	127	8	12	250	12	29	783
					2	8	285
57	**1668**	**30**	**107**	**2763**	**81**	**347**	**7719**
57	1668	30	107	2763	81	347	7719
2	**42**				**14**	**38**	**895**
2	42				14	38	895

9–2a 各地区按住房建成时间

地区	1980—1989 年			1990—1999 年			
	户数	间数	面积	户数	间数	面积	户数
合计	**20270**	**43370**	**1189920**	**46238**	**104205**	**3377751**	**73383**
兰州市	**11478**	**23451**	**613051**	**21870**	**45521**	**1421330**	**29227**
城关区	6400	12792	330510	13776	27651	860359	16284
七里河区	2185	4521	118084	3923	8577	265922	5435
西固区	1959	3983	102350	2457	5186	156834	3159
安宁区	675	1539	42231	1195	2894	94633	3398
红古区	259	616	19876	519	1213	43582	951
嘉峪关市	**345**	**657**	**21555**	**1736**	**3563**	**136905**	**4337**
市辖区	345	657	21555	1736	3563	136905	4337
金昌市	**1434**	**2734**	**83917**	**1819**	**3746**	**127750**	**2322**
金川区	1434	2734	83917	1819	3746	127750	2322
白银市	**1799**	**3628**	**107585**	**3826**	**8174**	**288103**	**4430**
白银区	1347	2736	79285	2994	6300	221392	2872
平川区	452	892	28300	824	1855	66046	1556
天水市	**1675**	**3764**	**103101**	**3821**	**9649**	**290363**	**6639**
秦州区	1098	2202	62574	2295	4908	152720	4284
麦积区	577	1562	40527	1526	4741	137643	2355
武威市	**649**	**1530**	**48618**	**2673**	**6490**	**232863**	**3308**
凉州区	649	1530	48618	2673	6490	232863	3308
张掖市	**494**	**984**	**31936**	**2126**	**4892**	**178233**	**2746**
甘州区	494	984	31936	2125	4885	178073	2728
肃南裕固族自治县				1	7	160	18
平凉市	**235**	**547**	**18255**	**1321**	**3255**	**103219**	**3890**
崆峒区	192	457	15092	991	2480	76153	3018
华亭市	43	90	3163	330	775	27066	872
酒泉市	**734**	**1557**	**47710**	**2779**	**6542**	**214293**	**6077**
肃州区	556	1112	33304	1804	4014	128325	4742
玉门市	60	128	4029	246	559	18791	500
敦煌市	118	317	10377	729	1969	67177	835
庆阳市	**395**	**1024**	**28004**	**1327**	**3706**	**112455**	**3276**
西峰区	395	1024	28004	1327	3706	112455	3276
定西市	**249**	**514**	**16857**	**901**	**1987**	**72836**	**1844**
安定区	249	514	16857	901	1987	72836	1844
陇南市	**156**	**437**	**11360**	**646**	**1745**	**57701**	**2089**
武都区	154	433	11160	646	1745	57701	2051
康　县	2	4	200				38
临夏回族自治州	**564**	**2358**	**52972**	**1175**	**4325**	**121814**	**2669**
临夏市	564	2358	52972	1175	4325	121814	2669
临夏县							
甘南藏族自治州	**63**	**185**	**4999**	**218**	**610**	**19886**	**529**
合作市	63	185	4999	218	610	19886	529

分的家庭户住房状况（城市）（续）

单位：户、间、平方米

2000—2009 年		2010—2014 年			2015 年以后		
间数	面积	户数	间数	面积	户数	间数	面积
181909	**6992451**	**55352**	**134611**	**5404860**	**34166**	**86313**	**3458370**
65661	**2576115**	**19568**	**43674**	**1841910**	**12575**	**28711**	**1216900**
34282	1336093	7272	15891	675034	5640	13056	547102
12308	477838	4516	10426	420129	2455	5604	236615
7256	299992	3675	7788	342888	1227	2795	117742
9471	368293	3325	7704	326467	2624	5924	256737
2344	93899	780	1865	77392	629	1332	58704
10722	**448994**	**2815**	**6758**	**288373**	**1655**	**4307**	**173625**
10722	448994	2815	6758	288373	1655	4307	173625
5234	**226144**	**2155**	**4934**	**221824**	**1171**	**2829**	**120059**
5234	226144	2155	4934	221824	1171	2829	120059
10391	**431673**	**3719**	**8409**	**352032**	**1294**	**2931**	**129908**
6681	278895	2670	5983	247237	1059	2402	106610
3704	152583	1048	2420	104665	235	529	23298
19005	**626802**	**4054**	**12889**	**444610**	**2411**	**8609**	**303931**
10316	361013	2293	5299	196673	1098	3176	116458
8689	265789	1761	7590	247937	1313	5433	187473
8426	**346566**	**3650**	**8445**	**321608**	**2096**	**5494**	**214729**
8426	346566	3650	8445	321608	2096	5494	214729
6490	**266795**	**2240**	**5529**	**227221**	**1405**	**4136**	**162696**
6450	265013	2240	5529	227221	1401	4126	162256
40	1782				4	10	440
9912	**398732**	**3617**	**8720**	**371608**	**4006**	**9519**	**391117**
7662	316019	2795	6850	289609	3591	8581	354186
2250	82713	822	1870	81999	415	938	36931
15853	**587034**	**3490**	**9039**	**337518**	**2547**	**7032**	**247067**
12196	449720	1961	5135	185805	2045	5662	194283
1256	48173	530	1205	47293	185	485	19149
2401	89141	999	2699	104420	317	885	33635
9057	**336867**	**2822**	**6759**	**252147**	**1610**	**3968**	**144310**
9057	336867	2822	6759	252147	1610	3968	144310
4760	**190692**	**1619**	**3524**	**149790**	**1454**	**3129**	**138994**
4760	190692	1619	3524	149790	1454	3129	138994
6460	**192117**	**1956**	**5802**	**192595**	**657**	**1974**	**62368**
6269	185494	1956	5802	192595	656	1972	62278
191	6623				1	2	90
8490	**306265**	**2958**	**8459**	**334792**	**1082**	**3095**	**130013**
8490	306265	2833	8082	321373	1001	2850	121647
		125	377	13419	81	245	8366
1448	**57655**	**689**	**1670**	**68832**	**203**	**579**	**22653**
1448	57655	689	1670	68832	203	579	22653

9-2b 各地区按住房建成时间

地区	户数	间数	面积	1949年以前			
				户数	间数	面积	户数
合计	**166626**	**573584**	**16860263**	**117**	**594**	**10961**	**138**
兰州市	**18222**	**50508**	**1719416**	**10**	**26**	**647**	**19**
城关区	659	1786	68296	1	1	15	
七里河区	1546	4491	146801	1	1	50	13
西固区	962	2751	88849	6	17	492	
安宁区							
红古区	613	1937	54871				
永登县	4566	12789	393107	2	7	90	4
皋兰县	2154	6805	209981				2
榆中县	4967	12882	472642				
兰州新区	2755	7067	284869				
嘉峪关市	**116**	**290**	**13457**				
市辖区	116	290	13457				
金昌市	**3877**	**8550**	**334013**				**1**
金川区	29	179	2835				
永昌县	3848	8371	331178				1
白银市	**11388**	**34334**	**1124871**	**5**	**10**	**148**	**4**
白银区	112	277	8066				
平川区	524	2262	43817				
靖远县	3951	11627	398692	3	5	70	
会宁县	3407	9682	321055	2	5	78	1
景泰县	3394	10486	353241				3
天水市	**19032**	**68413**	**2017743**	**22**	**60**	**1443**	**26**
秦州区	1226	6501	130133	3	11	200	5
麦积区	1402	5951	134352	1	5	75	
清水县	1892	6103	182355	3	7	175	2
秦安县	3835	13564	457441	1	1	40	5
甘谷县	5358	18671	585710	9	23	538	9
武山县	3643	12582	367305	4	10	305	4
张家川回族自治县	1676	5041	160447	1	3	110	1
武威市	**9081**	**30481**	**827312**	**4**	**53**	**955**	**16**
凉州区	2536	10172	205811				14
民勤县	2170	6749	226005	1	7	140	2
古浪县	2189	7881	209948				
天祝藏族自治县	2186	5679	185548	3	46	815	
张掖市	**10421**	**28471**	**1008062**	**1**	**5**	**90**	**3**
甘州区	505	1565	48176				
肃南裕固族自治县	387	931	36172				
民乐县	2663	6999	264557				1
临泽县	1812	4890	174792	1	5	90	
高台县	2331	6440	215146				1
山丹县	2723	7646	269219				1
平凉市	**11968**	**37836**	**1171912**	**2**	**5**	**140**	**3**
崆峒区	240	904	18946				
泾川县	2528	9340	272783	2	5	140	
灵台县	1728	5144	147436				
崇信县	1055	3295	109734				
庄浪县	2495	7799	261968				2
静宁县	3022	8090	281880				1
华亭市	900	3264	79165				

分的家庭户住房状况（镇）

单位：户、间、平方米

1949—1959 年		1960—1969 年			1970—1979 年		
间数	面积	户数	间数	面积	户数	间数	面积
427	**10018**	**369**	**1236**	**29817**	**1705**	**5624**	**135642**
54	**904**	**25**	**64**	**1531**	**230**	**586**	**13273**
36	516	11	31	476	29	81	1317
		6	12	381	42	90	2260
					6	16	304
11	288	3	8	193	123	283	6876
7	100	1	2	56	16	64	1103
		3	9	305	11	39	903
		1	2	120	3	13	510
					1	**2**	**120**
					1	2	120
5	**90**	**7**	**15**	**274**	**44**	**144**	**5228**
5	90	7	15	274	44	144	5228
11	**300**	**15**	**41**	**1147**	**124**	**391**	**9712**
					12	27	781
		1	5	160	5	28	448
		6	12	410	60	168	4718
5	110	3	9	220	13	73	1635
6	190	5	15	357	34	95	2130
71	**1780**	**84**	**258**	**6255**	**275**	**952**	**22513**
18	310	8	30	481	28	119	2195
		3	15	245	50	173	3037
4	208	4	18	320	13	36	930
10	300	11	25	690	41	115	3124
20	617	38	111	2942	95	341	8997
15	275	16	48	1337	32	105	2667
4	70	4	11	240	16	63	1563
44	**1237**	**18**	**89**	**1833**	**105**	**548**	**9157**
33	959	9	46	657	73	358	5058
11	278	6	30	1015	17	101	2486
		3	13	161	8	47	791
					7	42	822
6	**217**	**9**	**17**	**693**	**62**	**165**	**6151**
					20	56	2069
		4	7	340	4	9	289
2	82				4	9	340
		1	2	73	13	37	1447
3	90	3	6	240	7	18	379
1	45	1	2	40	14	36	1627
7	**180**	**6**	**36**	**716**	**100**	**257**	**6046**
					4	13	230
		1	8	150	13	34	575
					4	9	202
					9	19	505
6	160	2	4	116	13	50	1465
1	20	1	4	150	7	14	368
		2	20	300	50	118	2701

9-2b 各地区按住房建成时间

地区	户数	间数	面积	1949年以前			
				户数	间数	面积	户数
酒泉市	**7676**	**22020**	**747395**				**3**
肃州区	679	2933	69308				
金塔县	1670	4383	171790				
瓜州县	1674	4438	162947				
肃北蒙古族自治县	344	1056	31417				
阿克塞哈萨克族自治县	305	938	36654				
玉门市	1131	2994	104895				1
敦煌市	1873	5278	170384				2
庆阳市	**16519**	**61891**	**1587608**	**1**	**3**	**110**	**7**
西峰区	221	1203	23945				
庆城县	2672	7773	221370				3
环　县	2839	7662	238641	1	3	110	2
华池县	1408	4023	126457				
合水县	1442	4394	134610				
正宁县	1988	9230	224701				
宁　县	2862	15601	308180				1
镇原县	3087	12005	309704				1
定西市	**22543**	**69171**	**2330648**	**12**	**44**	**1058**	**12**
安定区	748	2708	74299				
通渭县	2793	7822	271314				
陇西县	6426	18830	748529	1	3	200	2
渭源县	2293	7535	209647				1
临洮县	5598	16500	555783	8	28	532	3
漳　县	1654	4762	146732				1
岷　县	3031	11014	324344	3	13	326	5
陇南市	**19004**	**91659**	**2134687**	**30**	**117**	**2699**	**31**
武都区	1648	9150	204943	2	6	145	3
成　县	3371	13133	330998	1	2	60	2
文　县	1947	7487	216298	11	33	963	4
宕昌县	1799	9684	222659	1	8	120	
康　县	1452	5114	159510	1	9	260	1
西和县	2637	17133	307054	4	23	367	4
礼　县	3163	20380	385508	3	18	290	7
徽　县	2406	7326	243480	7	18	494	9
两当县	581	2252	64237				1
临夏回族自治州	**11031**	**49788**	**1236847**	**26**	**262**	**3363**	**7**
临夏市	269	2175	34546				
临夏县	972	6251	107760	26	262	3363	
康乐县	1408	5427	151764				
永靖县	3087	9593	321254				7
广河县	1687	8710	213768				
和政县	1395	6837	154033				
东乡族自治县	1102	6328	127517				
积石山保安族东乡族撒拉族自治县	1111	4467	126205				
甘南藏族自治州	**5748**	**20172**	**606292**	**4**	**9**	**308**	**6**
合作市	66	336	11287				1
临潭县	1173	4988	135705	1	3	90	3
卓尼县	879	3161	92369	2	4	98	
舟曲县	1116	4230	127598	1	2	120	
迭部县	624	1686	64912				2
玛曲县	749	1763	59085				
碌曲县	444	1104	40255				
夏河县	697	2904	75081				

分的家庭户住房状况（镇）（续1）

单位：户、间、平方米

1949—1959年		1960—1969年			1970—1979年		
间数	面积	户数	间数	面积	户数	间数	面积
10	**150**	**39**	**96**	**2719**	**132**	**379**	**11644**
		6	17	355	15	63	1451
		1	2	75	19	56	2741
		4	14	507	11	25	727
					2	8	180
2	54	23	51	1272	67	165	4620
8	96	5	12	510	18	62	1925
23	**562**	**13**	**61**	**1229**	**140**	**427**	**10283**
					2	3	75
10	317	2	3	51	95	245	6654
5	110	2	10	230	10	31	646
		4	9	215	5	36	760
					3	7	140
		1	2	40	1	3	100
5	75	1	8	120	12	68	1105
3	60	3	29	573	12	34	803
31	**898**	**54**	**150**	**4128**	**143**	**345**	**10253**
		1	3	150			
6	208	28	60	1736	87	192	5959
2	45	6	14	422	10	27	634
8	285	9	23	837	18	55	1544
2	60	2	4	123	9	23	656
13	300	8	46	860	19	48	1460
134	**2803**	**64**	**278**	**5784**	**205**	**864**	**17385**
11	200	4	9	205	5	19	330
8	220	7	22	460	29	83	1720
27	620	6	22	575	25	74	2366
		4	19	395	17	67	1572
3	130	11	30	750	13	33	989
22	443	11	93	1509	30	194	2827
44	715	8	42	825	43	283	4605
14	385	9	24	620	28	63	1684
5	90	4	17	445	15	48	1292
11	**416**	**18**	**69**	**1495**	**82**	**308**	**6231**
		3	22	360	10	68	1080
		1	7	85	6	56	680
11	416	11	19	700	51	107	3141
		1	7	160	6	30	525
					2	3	100
		2	14	190	7	44	705
20	**481**	**17**	**62**	**2013**	**62**	**256**	**7646**
3	86	1	4	110	1	6	330
14	235	5	14	533	8	35	1150
		2	14	237	10	53	1027
		1	4	120	15	53	2176
3	160	2	9	278	6	19	583
		3	7	235	3	9	208
		2	2	100	12	33	1192
		1	8	400	7	48	980

9-2b 各地区按住房建成时间

地区	1980—1989 年			1990—1999 年			
	户数	间数	面积	户数	间数	面积	户数
合计	**9730**	**32176**	**802681**	**24564**	**84755**	**2268093**	**50844**
兰州市	**1215**	**3376**	**86218**	**2790**	**8077**	**232227**	**3991**
城关区	3	8	255	40	129	3710	157
七里河区	98	338	6711	105	376	9543	307
西固区	187	506	13638	276	738	22166	173
安宁区							
红古区	133	284	8980	135	335	10822	226
永登县	480	1192	30771	1028	2846	78532	1453
皋兰县	111	427	8377	501	1582	41542	531
榆中县	176	502	13695	615	1548	50911	1071
兰州新区	27	119	3791	90	523	15001	73
嘉峪关市	**5**	**12**	**643**	**72**	**187**	**8072**	**27**
市辖区	5	12	643	72	187	8072	27
金昌市	**276**	**617**	**18715**	**991**	**2002**	**71288**	**1009**
金川区	11	67	990	2	11	145	16
永昌县	265	550	17725	989	1991	71143	993
白银市	**893**	**2544**	**67063**	**1991**	**6621**	**191558**	**3902**
白银区	38	91	2700	22	58	1645	16
平川区	187	494	10358	139	741	13822	104
靖远县	376	1095	31074	848	2583	77895	1331
会宁县	66	204	6171	295	946	29975	1229
景泰县	226	660	16760	687	2293	68221	1222
天水市	**1146**	**3923**	**97687**	**2726**	**9575**	**260037**	**6722**
秦州区	100	460	8244	186	1025	17034	397
麦积区	176	535	11431	251	1002	21513	391
清水县	99	362	7813	137	496	12060	708
秦安县	161	515	13954	386	1346	39816	1432
甘谷县	339	1116	32406	958	3127	96016	2092
武山县	188	663	16886	593	2005	56343	1166
张家川回族自治县	83	272	6953	215	574	17255	536
武威市	**879**	**3414**	**70812**	**1847**	**6367**	**157561**	**2109**
凉州区	599	2321	41722	855	3148	64771	361
民勤县	175	756	21271	374	1275	39447	600
古浪县	41	189	4156	300	1070	27864	541
天祝藏族自治县	64	148	3663	318	874	25479	607
张掖市	**469**	**1413**	**42510**	**1443**	**4005**	**129657**	**2542**
甘州区	64	230	6138	73	225	6729	101
肃南裕固族自治县	32	90	3298	102	251	9431	119
民乐县	39	130	3884	268	679	24125	565
临泽县	113	352	10938	347	1011	32470	474
高台县	112	322	8587	254	697	20651	603
山丹县	109	289	9665	399	1142	36251	680
平凉市	**413**	**1237**	**31552**	**1565**	**4681**	**131278**	**3817**
崆峒区	6	22	628	48	173	3512	91
泾川县	98	359	7596	453	1457	39857	696
灵台县	30	110	2148	176	525	12612	673
崇信县	19	68	1572	110	348	9982	320
庄浪县	65	195	5975	308	933	27897	915
静宁县	128	275	9125	371	901	29433	861
华亭市	67	208	4508	99	344	7985	261

分的家庭户住房状况（镇）（续2）

单位：户、间、平方米

2000—2009年		2010—2014年			2015年以后		
间数	面积	户数	间数	面积	户数	间数	面积
181929	**5328231**	**49664**	**165135**	**5105580**	**29495**	**101708**	**3169240**
12033	**381417**	**5247**	**13559**	**507931**	**4695**	**12733**	**495268**
525	14778	256	610	25695	202	513	23843
976	29672	657	1731	63037	325	921	35479
524	18148	132	412	15592	140	452	16172
765	21784	95	404	10153	18	133	2828
4184	133516	866	2506	81760	607	1752	61081
1800	52805	592	1681	60750	400	1242	45248
2901	100915	1327	3185	122697	1764	4698	183216
358	9799	1322	3030	128247	1239	3022	127401
67	**3352**	**7**	**12**	**419**	**4**	**10**	**851**
67	3352	7	12	419	4	10	851
2360	**98033**	**979**	**2120**	**88562**	**570**	**1287**	**51823**
101	1700						
2259	96333	979	2120	88562	570	1287	51823
11523	**395944**	**2917**	**8582**	**296852**	**1537**	**4611**	**162147**
42	1188	13	31	951	11	28	801
594	10497	44	224	4575	44	176	3957
3787	137557	837	2423	91723	490	1554	55245
3131	107128	1099	3316	105732	699	1993	70006
3969	139574	924	2588	93871	293	860	32138
23865	**731859**	**5378**	**19340**	**588180**	**2653**	**10369**	**307989**
2379	51054	273	1450	27432	226	1009	23183
1712	38297	288	1373	31311	242	1136	28443
2273	69815	614	1850	59379	312	1057	31655
4765	170612	1156	4028	139812	642	2759	89093
7109	230666	1347	5074	158731	471	1750	54797
3981	117979	1075	3761	111172	565	1994	60341
1646	53436	625	1804	60343	195	664	20477
7349	**209733**	**2602**	**8161**	**237744**	**1501**	**4456**	**138280**
1839	32704	413	1671	39047	212	756	20893
1883	67284	631	1733	60115	364	953	33969
2082	56684	959	3305	89222	337	1175	31070
1545	53061	599	1452	49360	588	1572	52348
7352	**253885**	**4042**	**10565**	**390089**	**1850**	**4943**	**184770**
315	9797	233	694	22261	14	45	1182
278	11303	107	248	9751	19	48	1760
1477	55058	1270	3297	127025	516	1405	54043
1432	47962	516	1172	46910	347	879	34902
1720	59766	903	2463	84052	448	1211	41381
2130	69999	1013	2691	100090	506	1355	51502
12285	**385175**	**3466**	**11171**	**345276**	**2596**	**8157**	**271549**
335	6661	50	211	4171	41	150	3744
2659	80314	665	2531	72847	600	2287	71304
2023	58571	506	1520	41448	339	957	32455
1006	32377	401	1267	43586	196	587	21712
2866	99023	640	2053	67398	550	1692	59934
2337	81310	914	2533	90130	739	2025	71344
1059	26919	290	1056	25696	131	459	11056

9-2b　各地区按住房建成时间

地区	1980—1989 年			1990—1999 年			
	户数	间数	面积	户数	间数	面积	户数
酒泉市	**1233**	**3362**	**108010**	**2072**	**6117**	**187612**	**1546**
肃州区	137	542	12378	248	1159	26112	164
金塔县	177	576	26524	423	1072	39757	404
瓜州县	58	170	5775	295	806	28091	363
肃北蒙古族自治县	20	82	2205	36	161	4566	122
阿克塞哈萨克族自治县				102	304	10819	71
玉门市	344	730	25246	227	649	22161	211
敦煌市	497	1262	35882	741	1966	56106	211
庆阳市	**769**	**2680**	**59433**	**2622**	**10312**	**236131**	**5043**
西峰区	25	147	2801	42	273	4839	58
庆城县	366	861	23695	460	1197	31999	753
环　县	24	48	1081	305	796	23234	844
华池县	37	95	2588	208	565	16304	452
合水县	28	82	1932	122	350	9469	510
正宁县	92	477	9327	436	2124	45429	631
宁　县	122	686	12573	682	3647	71996	975
镇原县	75	284	5436	367	1360	32861	820
定西市	**685**	**2158**	**60338**	**2427**	**7763**	**233354**	**7767**
安定区	20	72	1616	115	394	9890	304
通渭县	15	44	1517	198	554	17763	824
陇西县	282	735	25063	729	2105	74640	2213
渭源县	70	243	4923	250	953	22063	809
临洮县	165	599	15168	773	2532	73008	2133
漳　县	50	163	4806	92	263	7416	529
岷　县	83	302	7245	270	962	28574	955
陇南市	**1106**	**4704**	**94087**	**2426**	**11623**	**251144**	**7538**
武都区	59	252	5016	83	403	9574	929
成　县	233	667	14539	435	1534	35353	1286
文　县	169	598	15149	332	1333	37206	765
宕昌县	33	199	3777	125	710	14844	738
康　县	58	144	4124	123	319	10063	820
西和县	165	1106	16359	453	3355	53512	814
礼　县	205	1232	21421	385	2478	44109	1235
徽　县	122	319	8559	377	1106	35531	715
两当县	62	187	5143	113	385	10952	236
临夏回族自治州	**333**	**1371**	**28737**	**886**	**4382**	**97127**	**2854**
临夏市	19	157	2294	49	406	7040	84
临夏县	31	240	3099	81	645	9025	199
康乐县	10	62	1145	59	264	7603	336
永靖县	198	410	13009	363	1039	31532	780
广河县	35	218	3935	139	828	17594	462
和政县	20	142	2501	94	546	10815	378
东乡族自治县	9	54	810	49	348	6883	276
积石山保安族东乡族撒拉族自治县	11	88	1944	52	306	6635	339
甘南藏族自治州	**308**	**1365**	**36876**	**706**	**3043**	**81047**	**1977**
合作市	4	22	1000	18	89	3888	15
临潭县	63	310	7342	163	736	17841	365
卓尼县	65	313	6867	116	520	13258	222
舟曲县	51	256	6431	144	775	19032	414
迭部县	57	182	8051	103	320	11641	255
玛曲县	11	35	1231	40	111	3025	284
碌曲县	26	70	2059	37	94	2949	133
夏河县	31	177	3895	85	398	9413	289

分的家庭户住房状况（镇）（续3）

单位：户、间、平方米

2000—2009年		2010—2014年			2015年以后		
间数	面积	户数	间数	面积	户数	间数	面积
4708	**161051**	**1727**	**4706**	**171594**	**924**	**2642**	**104615**
706	17262	72	278	7297	37	168	4453
1041	40314	508	1287	49033	138	349	13346
1009	37479	671	1719	63974	272	695	26394
373	10630	119	310	9722	45	122	4114
203	7954	63	210	6433	69	221	11448
624	23266	175	541	20292	83	232	7984
752	24146	119	361	14843	280	855	36876
19242	**490473**	**4449**	**16550**	**444546**	**3475**	**12593**	**344841**
313	5862	55	304	6300	39	163	4068
2337	70032	572	1738	50342	421	1382	38280
2117	61352	839	2363	75692	812	2289	76186
1249	39318	390	1199	37833	312	870	29439
1556	48844	478	1485	46132	301	914	28093
2851	73021	376	1823	44626	451	1950	52158
5554	108353	689	3589	73384	380	2044	40574
3265	83691	1050	4049	110237	759	2981	76043
23336	**804931**	**8057**	**24643**	**845033**	**3386**	**10701**	**370655**
1136	31386	150	533	14877	159	573	16530
2365	84860	1191	3054	109653	564	1802	57371
6325	248740	2288	6782	278816	796	2622	113167
2572	73228	685	2158	62699	462	1566	45633
6205	212209	1699	4778	171896	790	2272	80304
1519	51394	725	2144	64819	246	644	17458
3214	103114	1319	5194	142273	369	1222	40192
36916	**871583**	**4739**	**22360**	**543083**	**2865**	**14663**	**346119**
4860	111387	328	2006	44803	235	1584	33283
5264	131614	844	3265	87171	534	2288	59861
3044	88244	475	1610	50582	160	746	20593
4002	92444	643	3306	80016	238	1373	29491
3055	94263	309	1117	35634	116	404	13297
5248	92649	673	4056	79550	483	3036	59838
8097	155318	755	4813	92370	522	3373	65855
2370	77526	599	1703	59010	540	1709	59671
976	28138	113	484	13947	37	150	4230
14187	**338578**	**4183**	**17504**	**457247**	**2642**	**11694**	**303653**
673	10882	73	610	9051	31	239	3839
1555	23222	276	1710	30334	352	1776	37952
1369	40046	580	2170	56900	423	1562	46070
2735	86746	1194	3466	129384	483	1806	56326
2635	61405	572	2756	70244	472	2236	59905
1999	43488	646	2854	69989	255	1293	27140
1706	33181	363	2284	40511	396	1878	45237
1515	39608	479	1654	50834	230	904	27184
6706	**202217**	**1871**	**5862**	**189024**	**797**	**2849**	**86680**
71	2095	16	68	2200	10	73	1578
1572	42218	350	1427	39522	215	877	26774
769	21708	311	927	33605	151	561	15569
1494	44800	365	1106	38770	125	540	16149
662	25222	170	408	15776	29	83	3201
684	22596	270	598	20454	138	319	11336
340	12437	163	399	15467	71	166	6051
1114	31141	226	929	23230	58	230	6022

9-2c 各地区按住房建成时间

地区	户数	间数	面积	1949年以前			
				户数	间数	面积	户数
合计	**363126**	**1779582**	**37053957**	**319**	**1378**	**29933**	**483**
兰州市	**22132**	**98511**	**2581567**	**19**	**73**	**1728**	**23**
城关区	402	1543	57935				
七里河区	2502	9892	263943	1	6	87	5
西固区	1190	5931	173272				3
安宁区							
红古区	975	3618	146840	1	3	110	
永登县	5144	23541	474981	3	7	135	1
皋兰县	1659	8943	160557	2	14	235	
榆中县	7711	31437	912236	11	36	981	12
兰州新区	2549	13606	391803	1	7	180	2
嘉峪关市	**619**	**1650**	**57214**				
市辖区	619	1650	57214				
金昌市	**4129**	**16153**	**383205**				**1**
金川区	976	5100	109195				
永昌县	3153	11053	274010				1
白银市	**21303**	**83102**	**2065326**	**9**	**50**	**720**	**12**
白银区	1350	4727	110505	2	8	150	1
平川区	1587	8542	178767	1	3	100	
靖远县	6753	22616	648929				3
会宁县	8551	29617	779240	2	5	160	3
景泰县	3062	17600	347885	4	34	310	5
天水市	**47066**	**221572**	**4728269**	**97**	**369**	**8353**	**160**
秦州区	6010	37688	687949	10	60	915	15
麦积区	6695	35524	735272	25	97	2150	27
清水县	4838	26132	472312	7	34	555	13
秦安县	8943	35502	772101	23	63	1573	47
甘谷县	9326	40321	964293	19	70	2057	43
武山县	6766	24968	643113	4	13	405	10
张家川回族自治县	4488	21437	453229	9	32	698	5
武威市	**27182**	**146602**	**2565252**	**9**	**31**	**420**	**22**
凉州区	14578	78195	1268187	6	19	270	12
民勤县	4440	27731	545356	1	2	30	4
古浪县	5574	29736	538340				1
天祝藏族自治县	2590	10940	213369	2	10	120	5
张掖市	**20436**	**75239**	**2112822**	**6**	**21**	**625**	**9**
甘州区	8551	29071	830872				4
肃南裕固族自治县	688	1994	66712	1	2	80	
民乐县	3382	12995	395145	4	17	465	2
临泽县	2317	9474	268214				
高台县	2666	10268	250559				1
山丹县	2832	11437	301320	1	2	80	2
平凉市	**33596**	**135636**	**3084806**	**21**	**66**	**1637**	**24**
崆峒区	5243	22121	460223	4	11	225	9
泾川县	4920	24257	462026	2	7	180	1
灵台县	3980	18873	325326	1	4	105	2
崇信县	1475	7489	155689				1
庄浪县	7112	23302	621011	12	34	962	4
静宁县	8587	27253	804052	1	3	60	6
华亭市	2279	12341	256479	1	7	105	1

分的家庭户住房状况（乡村）

单位：户、间、平方米

1949—1959年		1960—1969年			1970—1979年		
间数	面积	户数	间数	面积	户数	间数	面积
1938	**42184**	**1582**	**6564**	**136520**	**6784**	**29716**	**612373**
116	**2319**	**67**	**220**	**5472**	**365**	**1490**	**36141**
					4	15	280
18	390	16	46	987	34	143	3018
10	290	6	21	790	23	111	3227
		2	7	320	15	38	1653
2	40	18	74	1259	78	355	6264
		4	14	270	23	105	1605
38	849	17	46	1216	162	566	15395
48	750	4	12	630	26	157	4699
					10	**27**	**997**
					10	27	997
2	**60**	**20**	**57**	**1483**	**260**	**854**	**21102**
					10	29	833
2	60	20	57	1483	250	825	20269
49	**745**	**93**	**343**	**7680**	**372**	**1356**	**32442**
7	105	19	66	1410	110	402	8744
		4	17	280	23	110	2447
8	215	17	55	1614	90	278	7733
7	145	43	146	3303	110	354	9492
27	280	10	59	1073	39	212	4026
591	**12622**	**450**	**1798**	**37649**	**1331**	**5322**	**107851**
85	1343	53	280	4390	166	850	13687
110	2067	56	218	5031	194	877	16571
62	1420	41	199	3625	121	577	9863
137	3073	133	481	9697	339	1199	25168
149	3474	107	398	9291	314	1200	27531
33	905	39	139	3509	136	369	9885
15	340	21	83	2106	61	250	5146
107	**1789**	**99**	**501**	**8433**	**1102**	**6097**	**103398**
48	878	44	191	3013	670	3413	55402
23	410	41	250	4453	314	2033	37886
8	120	10	47	713	79	482	7445
28	381	4	13	254	39	169	2665
36	**779**	**57**	**240**	**5540**	**467**	**1899**	**41009**
13	210	18	61	1550	302	1159	25195
		2	4	280	8	17	561
11	294	3	12	408	10	32	1290
		6	28	695	44	194	4697
5	90	4	15	252	35	147	3059
7	185	24	120	2355	68	350	6207
69	**1784**	**82**	**244**	**6272**	**341**	**1305**	**27941**
25	660	5	20	363	55	194	3984
2	100	7	22	510	39	196	3849
13	270	4	12	210	43	183	2930
3	77	2	9	140	6	29	465
9	255	34	95	2619	72	199	5181
15	332	26	62	2015	82	235	6567
2	90	4	24	415	44	269	4965

9-2c　各地区按住房建成时间

地区	户数	间数	面积	1949年以前			
				户数	间数	面积	户数
酒泉市	**12564**	**52536**	**1540552**	**3**	**8**	**490**	**9**
肃州区	4615	21110	469195				6
金塔县	2156	9012	340655	1	3	200	2
瓜州县	2391	8359	262582				
肃北蒙古族自治县	70	238	6263				
阿克塞哈萨克族自治县	8	32	1024				
玉门市	1523	5837	180694	2	5	290	
敦煌市	1801	7948	280139				1
庆阳市	**38894**	**194984**	**3893546**	**24**	**108**	**2085**	**42**
西峰区	5559	26678	644074	2	13	260	7
庆城县	4166	20449	408620	4	6	180	7
环　县	5458	22790	531490	9	46	930	8
华池县	2111	9103	201400	2	9	180	5
合水县	2673	10408	236914	1	5	115	3
正宁县	3223	18282	361924				
宁　县	7414	44405	728199	2	11	165	1
镇原县	8290	42869	780925	4	18	255	11
定西市	**48244**	**204758**	**4426413**	**24**	**85**	**1771**	**45**
安定区	6863	23141	646071	1	3	90	3
通渭县	7896	22638	616159	7	17	396	14
陇西县	6613	20725	590519	4	10	300	11
渭源县	6259	26083	529221	5	15	365	6
临洮县	9072	50679	822957	3	21	240	8
漳　县	3182	12467	317451	4	19	380	3
岷　县	8359	49025	904035				
陇南市	**45436**	**278167**	**5000535**	**82**	**391**	**7572**	**83**
武都区	9509	52380	1061723	10	59	1265	7
成　县	3803	17752	360217	7	28	521	7
文　县	4643	23296	508151	25	98	2223	30
宕昌县	4614	29072	482031	5	30	430	4
康　县	3686	16934	427200	4	12	226	11
西和县	6977	59106	816808	8	72	986	5
礼　县	7953	61922	919682	6	35	565	4
徽　县	3456	14607	346581	16	52	1255	14
两当县	795	3098	78142	1	5	101	1
临夏回族自治州	**31448**	**221941**	**3431146**	**5**	**22**	**609**	**18**
临夏市	1022	7189	121880				
临夏县	6797	55211	765151	1	9	135	
康乐县	4913	31348	512363				
永靖县	2592	14851	273395				1
广河县	3557	22804	396022				
和政县	3406	24377	374074				
东乡族自治县	4787	33307	492991	1	3	60	1
积石山保安族东乡族撒拉族自治县	4374	32854	495270	3	10	414	16
甘南藏族自治州	**10077**	**48731**	**1183304**	**20**	**154**	**3923**	**35**
合作市	651	3274	97554	3	17	426	4
临潭县	2197	10045	245867	2	6	240	4
卓尼县	1559	9073	171366	3	13	654	2
舟曲县	2550	12988	313625	2	4	360	6
迭部县	838	3207	103620				15
玛曲县	656	1504	42538				
碌曲县	386	1124	36964				
夏河县	1240	7516	171770	10	114	2243	4

分的家庭户住房状况（乡村）（续1）

单位：户、间、平方米

1949—1959年		1960—1969年			1970—1979年		
间数	面积	户数	间数	面积	户数	间数	面积
32	**976**	**27**	**79**	**2543**	**408**	**1702**	**49340**
20	476	9	31	572	131	583	12747
6	420	2	6	388	88	365	12504
		13	32	1033	43	153	4204
		1	2	100	57	198	5696
6	80	2	8	450	89	403	14189
169	**3722**	**124**	**543**	**11199**	**396**	**1699**	**34370**
34	870	12	51	1316	67	286	6148
29	509	16	66	1461	90	356	7425
27	688	29	109	2308	42	154	3635
16	360	23	110	2175	41	186	3737
23	400	13	53	1056	18	58	1375
		3	12	215	13	68	1354
3	45	9	56	930	55	320	5375
37	850	19	86	1738	70	271	5321
148	**3437**	**147**	**466**	**9998**	**477**	**1765**	**36168**
10	240	11	33	802	42	129	3138
40	1093	38	91	2341	72	189	5073
29	753	41	94	2677	138	377	10337
24	385	19	74	1323	87	358	6355
32	668	30	145	2087	109	582	8653
13	298	6	19	618	13	40	1143
		2	10	150	16	90	1469
339	**6967**	**285**	**1300**	**24070**	**875**	**4222**	**78126**
27	580	43	183	3499	149	691	13550
26	544	16	54	1098	54	188	3821
122	2808	74	274	6048	175	747	16033
17	240	21	118	1838	27	140	2233
29	700	27	87	2053	72	224	5084
38	575	21	140	1943	82	636	8474
31	425	44	302	4060	137	1008	14570
45	1014	32	120	2910	131	444	10959
4	81	7	22	621	48	144	3402
141	**2491**	**21**	**125**	**2078**	**74**	**491**	**7735**
					8	54	1071
		4	31	388	21	162	2002
10	120	2	11	244	10	54	1134
		2	12	190	18	106	2016
		2	13	156	2	15	190
6	48	11	58	1100	14	94	1242
125	2323				1	6	80
139	**4493**	**110**	**648**	**14103**	**306**	**1487**	**35753**
15	609	13	73	1843	18	65	2259
14	505	18	80	1650	57	236	5482
12	270	17	117	2178	35	221	3976
20	657	27	121	3116	75	357	9204
57	1653	14	55	1541	38	136	4627
					12	44	1231
21	799	21	202	3775	71	428	8974

9-2c 各地区按住房建成时间

地区	1980—1989年			1990—1999年			
	户数	间数	面积	户数	间数	面积	户数
合计	**32088**	**146188**	**3072653**	**60254**	**288017**	**5940915**	**106283**
兰州市	**2172**	**9412**	**218671**	**4732**	**21863**	**523302**	**6342**
城关区	8	43	2082	32	156	6617	51
七里河区	146	683	13989	365	1682	39881	999
西固区	122	644	17890	244	1256	35454	345
安宁区							
红古区	87	335	12168	201	734	31481	337
永登县	437	1875	36947	1169	5272	104104	1683
皋兰县	324	1609	26817	496	2604	46104	411
榆中县	952	3668	94026	1745	6904	175892	1793
兰州新区	96	555	14752	480	3255	83769	723
嘉峪关市	**163**	**365**	**12210**	**249**	**784**	**27907**	**115**
市辖区	163	365	12210	249	784	27907	115
金昌市	**780**	**2900**	**67151**	**784**	**3337**	**74714**	**1293**
金川区	73	295	6079	142	942	18303	420
永昌县	707	2605	61072	642	2395	56411	873
白银市	**2085**	**8048**	**190451**	**5122**	**21298**	**494445**	**5941**
白银区	368	1470	31171	314	1154	24692	273
平川区	214	1130	22673	554	3119	60358	428
靖远县	659	2106	59620	1603	5328	153501	1952
会宁县	610	2006	52741	1672	5673	144522	2330
景泰县	234	1336	24246	979	6024	111372	958
天水市	**4311**	**18632**	**383944**	**8735**	**38895**	**820094**	**14687**
秦州区	496	2679	44073	982	5604	94935	1935
麦积区	546	2773	52760	1158	6057	120115	2338
清水县	440	2224	39861	767	4074	71900	1561
秦安县	1061	3842	81462	1786	6776	143724	2350
甘谷县	1159	4734	111508	2153	9217	217360	2701
武山县	364	1233	30846	1223	4244	108590	2153
张家川回族自治县	245	1147	23434	666	2923	63470	1649
武威市	**5556**	**31347**	**533788**	**6096**	**34417**	**562094**	**5742**
凉州区	3344	17457	277291	3773	20566	316665	3239
民勤县	1655	10941	210827	1121	7285	139148	600
古浪县	285	1676	25590	859	4899	78309	1450
天祝藏族自治县	272	1273	20080	343	1667	27972	453
张掖市	**3017**	**11463**	**283287**	**3290**	**13259**	**346291**	**5394**
甘州区	1511	5471	135491	969	3790	93998	1409
肃南裕固族自治县	58	174	5552	138	473	14875	192
民乐县	166	622	18665	555	2160	64493	1409
临泽县	468	1938	50610	463	1969	55412	751
高台县	565	2177	47633	655	2650	61496	604
山丹县	249	1081	25336	510	2217	56017	1029
平凉市	**1928**	**7360**	**152973**	**4997**	**20145**	**425100**	**10161**
崆峒区	346	1382	26659	973	4065	79448	1813
泾川县	430	1771	33757	921	4282	81088	1357
灵台县	336	1442	24516	846	3926	64738	1265
崇信县	68	342	6276	193	902	18956	596
庄浪县	307	903	22499	924	2846	75451	2410
静宁县	350	1016	28737	881	2636	76050	2042
华亭市	91	504	10529	259	1488	29369	678

分的家庭户住房状况（乡村）（续2）

单位：户、间、平方米

2000—2009年		2010—2014年			2015年以后		
间数	面积	户数	间数	面积	户数	间数	面积
538239	**11025413**	**85522**	**433122**	**9122301**	**69811**	**334420**	**7071665**
29732	**759540**	**4804**	**21503**	**630042**	**3608**	**14102**	**404352**
150	4440	181	705	26391	126	474	18125
3691	95693	656	2342	76734	280	1281	33164
1650	46826	266	1420	43462	181	819	25333
1282	50467	203	769	32290	129	450	18351
8011	163674	925	4472	92727	830	3473	69831
2377	40910	261	1417	29300	138	803	15316
7698	220466	1675	7080	233819	1344	5401	169592
4873	137064	637	3298	95319	580	1401	54640
279	**9187**	**59**	**135**	**4621**	**23**	**60**	**2292**
279	9187	59	135	4621	23	60	2292
5442	**124129**	**540**	**2001**	**57065**	**451**	**1560**	**37501**
2547	47555	247	947	29225	84	340	7200
2895	76574	293	1054	27840	367	1220	30301
23741	**592923**	**4389**	**16366**	**430189**	**3280**	**11851**	**315731**
858	21485	158	462	13439	105	300	9309
2276	49344	222	1212	26757	141	675	16808
6620	190879	1478	5082	143454	951	3139	91913
8200	213597	2104	7260	196883	1677	5966	158397
5787	117618	427	2350	49656	406	1771	39304
69445	**1462214**	**9481**	**47337**	**1032761**	**7814**	**39183**	**862781**
11678	203017	1417	9508	183466	936	6944	142123
12004	245732	1277	7308	154881	1074	6080	135965
8441	149929	967	5365	98631	921	5156	96528
9476	204733	1435	6039	133350	1769	7489	169321
11688	282236	1871	8448	206557	959	4417	104279
8104	208498	1612	6245	162322	1225	4588	118153
8054	168069	902	4424	93554	930	4509	96412
33565	**560405**	**4552**	**23789**	**440976**	**4004**	**16748**	**353949**
18652	294472	2302	11947	212532	1188	5902	107664
3833	75170	296	1600	34462	408	1764	42970
8799	149362	1433	8014	147592	1457	5811	129209
2281	41401	521	2228	46390	951	3271	74106
21493	**587011**	**6000**	**19933**	**630305**	**2196**	**6895**	**217975**
5280	137617	3277	10175	329156	1061	3122	107655
594	19302	230	558	20401	59	172	5661
5656	162563	885	3355	110629	348	1130	36338
3079	91989	416	1664	47546	169	602	17265
2441	59838	481	1691	48751	321	1142	29440
4443	115702	711	2490	73822	238	727	21616
41644	**933908**	**8061**	**34039**	**779704**	**7981**	**30764**	**755487**
7850	159450	1148	5059	111982	890	3515	77452
6860	129268	1143	6155	115531	1020	4962	97743
6212	106591	859	4211	74756	624	2870	51210
3026	61993	425	2240	47476	184	938	20306
7914	208848	1802	6145	165444	1547	5157	139752
6198	194081	2044	6733	193220	3155	10355	302990
3584	73677	640	3496	71295	561	2967	66034

9–2c 各地区按住房建成时间

地区	1980—1989年			1990—1999年			
	户数	间数	面积	户数	间数	面积	户数
酒泉市	**2518**	**10726**	**323689**	**3414**	**14779**	**414167**	**2815**
肃州区	842	3838	81751	1528	7437	156897	1028
金塔县	681	3021	112918	604	2587	103456	449
瓜州县	305	948	30431	495	1583	48434	607
肃北蒙古族自治县	11	40	1054	19	63	1702	18
阿克塞哈萨克族自治县				4	13	520	1
玉门市	254	906	29355	293	1070	34490	330
敦煌市	425	1973	68180	471	2026	68668	382
庆阳市	**2199**	**10922**	**218511**	**5927**	**31291**	**607356**	**11256**
西峰区	638	3215	70670	1060	5176	115809	1474
庆城县	221	1030	20845	537	2663	52273	1185
环　县	156	568	13603	337	1389	34338	973
华池县	115	500	11471	274	1173	26607	587
合水县	75	296	6419	270	996	22733	1010
正宁县	257	1357	27204	1052	5796	117988	1047
宁　县	409	2424	39995	1573	9838	161201	2800
镇原县	328	1532	28304	824	4260	76407	2180
定西市	**2786**	**10440**	**216131**	**7171**	**28707**	**597088**	**11788**
安定区	403	1236	31225	938	3037	80076	1629
通渭县	523	1456	36925	1191	3223	87589	1949
陇西县	600	1721	47032	1413	4353	121732	1789
渭源县	360	1316	25744	1021	4018	80207	1576
临洮县	713	3848	57387	1889	10794	163095	3032
漳　县	93	388	9475	243	857	22426	616
岷　县	94	475	8343	476	2425	41963	1197
陇南市	**2939**	**15179**	**282080**	**5459**	**32692**	**565710**	**19601**
武都区	600	2841	56637	957	4756	98213	5303
成　县	196	722	14254	321	1270	25858	1674
文　县	555	2395	53957	758	3641	81872	1870
宕昌县	147	849	13519	492	2997	47594	1514
康　县	155	512	12853	135	418	11109	2256
西和县	317	2435	34265	1058	8898	120382	2683
礼　县	466	3555	52429	1066	8195	120153	2775
徽　县	404	1518	35597	578	2186	52452	1098
两当县	99	352	8569	94	331	8077	428
临夏回族自治州	**541**	**3804**	**57878**	**2451**	**17283**	**258240**	**8263**
临夏市	36	258	4710	105	755	11692	350
临夏县	194	1574	20509	758	6121	81854	1904
康乐县	29	161	3099	259	1597	26196	1133
永靖县	62	343	6523	255	1447	25742	826
广河县	88	531	9349	401	2528	41898	1035
和政县	49	342	5183	197	1347	20857	957
东乡族自治县	62	428	6126	303	2194	31355	1130
积石山保安族东乡族撒拉族自治县	21	167	2379	173	1294	18646	928
甘南藏族自治州	**1093**	**5590**	**131889**	**1827**	**9267**	**224407**	**2885**
合作市	59	283	8756	82	437	12665	235
临潭县	187	813	20256	367	1565	41526	516
卓尼县	197	1157	21377	334	2115	37163	423
舟曲县	300	1571	37174	510	2628	63774	869
迭部县	127	506	15729	241	893	29729	197
玛曲县	1	2	40	28	53	1745	163
碌曲县	75	244	6724	51	145	5234	114
夏河县	147	1014	21833	214	1431	32571	368

分的家庭户住房状况（乡村）（续3）

单位：户、间、平方米

2000—2009年		2010—2014年			2015年以后		
间数	面积	户数	间数	面积	户数	间数	面积
12071	**351421**	**2135**	**8376**	**252632**	**1235**	**4763**	**145294**
4792	112048	605	2553	60753	466	1856	43951
1826	65034	191	715	27030	138	483	18705
2256	69270	734	2673	86196	194	714	23014
65	1548	14	40	1086	8	30	873
3	134				3	16	370
1350	39875	327	1336	40387	259	970	30501
1779	63512	264	1059	37180	167	694	27880
58436	**1127972**	**9134**	**45789**	**934252**	**9792**	**46027**	**954079**
7291	167176	1229	5688	148167	1070	4924	133658
5927	118435	1024	5217	105216	1082	5155	102276
3931	92718	1685	7099	164509	2219	9467	218761
2533	55625	489	2098	47216	575	2478	54029
3894	89729	626	2519	58275	657	2564	56812
6027	116025	478	2949	58063	373	2073	41075
16953	275996	1507	8973	148404	1058	5827	96088
11880	212268	2096	11246	204402	2758	13539	251380
49853	**1073138**	**15508**	**73890**	**1564394**	**10298**	**39404**	**924288**
5671	158749	1701	6107	178457	2135	6915	193294
5698	152202	1994	5847	159314	2108	6077	171226
5830	164663	1356	4538	133261	1261	3773	109764
6924	136371	1635	7326	148898	1550	6028	129573
16966	283379	1983	11537	189876	1305	6754	117572
2344	60080	1512	6095	154382	692	2692	68649
6420	117694	5327	32440	600206	1247	7165	134210
119301	**2198427**	**8148**	**54192**	**948836**	**7964**	**50551**	**888747**
29709	601129	1342	8270	164609	1098	5844	122241
7883	160658	716	3625	73476	812	3956	79987
9603	207284	608	3294	72732	548	3122	65194
9490	156143	1215	7943	132643	1189	7488	127391
11016	279313	572	2744	68010	454	1892	47852
23171	316924	1402	12204	169694	1401	11512	163565
21891	322272	1654	13179	196956	1801	13726	208252
4794	110519	558	2603	62044	625	2845	69831
1744	44185	81	330	8672	36	166	4434
59143	**903770**	**10617**	**76203**	**1177023**	**9458**	**64729**	**1021322**
2794	44497	288	2219	36303	235	1109	23607
15667	214391	2183	17970	253474	1732	13677	192398
7042	116050	2062	13479	219274	1430	9069	147744
4867	88124	764	4423	80706	672	3696	70802
6652	115491	1081	6940	120690	932	6035	106388
6986	105998	1239	8872	135897	960	6802	105793
7951	113584	1333	9527	139282	1932	13046	200194
7184	105635	1667	12773	191397	1565	11295	174396
14094	**341368**	**2094**	**9569**	**239501**	**1707**	**7783**	**187867**
1150	33714	158	852	26549	79	382	10733
2309	57880	515	2530	60133	531	2492	58195
2262	45013	298	1775	32956	250	1401	27779
4657	108514	445	1974	52223	316	1656	38603
748	25926	105	409	12071	101	403	12344
370	10440	258	641	17541	206	438	12772
353	12243	73	186	6268	61	152	5264
2245	47638	242	1202	31760	163	859	22177

9-3 各地区按住房设施

地区	家庭户户数	住房所在建筑有无电梯			主要炊事燃料			
		小计	有	无	小计	燃气	电	煤炭
合计	**764771**	**764771**	**117055**	**647716**	**764771**	**269835**	**162653**	**199549**
兰州市	**139006**	**139006**	**52615**	**86391**	**139006**	**99656**	**21344**	**14484**
城关区	52251	52251	20166	32085	52251	43720	5689	1181
七里河区	23606	23606	10262	13344	23606	19519	2482	1113
西固区	15336	15336	6667	8669	15336	14400	443	319
安宁区	11529	11529	7332	4197	11529	10459	782	150
红古区	4779	4779	1126	3653	4779	3366	581	777
永登县	9710	9710	675	9035	9710	1491	2467	5602
皋兰县	3813	3813	648	3165	3813	1185	1081	1442
榆中县	12678	12678	2684	9994	12678	2627	6811	2594
兰州新区	5304	5304	3055	2249	5304	2889	1008	1306
嘉峪关市	**11627**	**11627**	**1648**	**9979**	**11627**	**10955**	**75**	**429**
市辖区	11627	11627	1648	9979	11627	10955	75	429
金昌市	**17097**	**17097**	**1095**	**16002**	**17097**	**3835**	**9315**	**3678**
金川区	10096	10096	955	9141	10096	3533	5673	787
永昌县	7001	7001	140	6861	7001	302	3642	2891
白银市	**47960**	**47960**	**4782**	**43178**	**47960**	**16318**	**14411**	**11735**
白银区	12558	12558	2134	10424	12558	10545	1063	857
平川区	6273	6273	411	5862	6273	725	4177	1292
靖远县	10715	10715	470	10245	10715	291	5196	5103
会宁县	11958	11958	1207	10751	11958	2863	2408	1868
景泰县	6456	6456	560	5896	6456	1894	1567	2615
天水市	**85316**	**85316**	**7809**	**77507**	**85316**	**19220**	**25502**	**20811**
秦州区	18653	18653	3714	14939	18653	6034	7499	1436
麦积区	15898	15898	1889	14009	15898	5019	5762	1095
清水县	6730	6730	292	6438	6730	261	2582	1016
秦安县	12778	12778	600	12178	12778	1709	1702	4118
甘谷县	14684	14684	589	14095	14684	5660	3024	2641
武山县	10409	10409	523	9886	10409	526	2977	6416
张家川回族自治县	6164	6164	202	5962	6164	11	1956	4089
武威市	**48715**	**48715**	**6359**	**42356**	**48715**	**17738**	**3730**	**23903**
凉州区	29566	29566	4656	24910	29566	13132	1665	14262
民勤县	6610	6610	520	6090	6610	1640	735	1519
古浪县	7763	7763	284	7479	7763	1253	970	5500
天祝藏族自治县	4776	4776	899	3877	4776	1713	360	2622
张掖市	**39921**	**39921**	**5614**	**34307**	**39921**	**21458**	**4404**	**10819**
甘州区	18097	18097	3890	14207	18097	12675	1901	2635
肃南裕固族自治县	1098	1098	15	1083	1098	323	275	492
民乐县	6045	6045	446	5599	6045	2582	141	3264
临泽县	4129	4129	390	3739	4129	1660	479	989
高台县	4997	4997	355	4642	4997	1568	1006	1166
山丹县	5555	5555	518	5037	5555	2650	602	2273
平凉市	**58735**	**58735**	**6611**	**52124**	**58735**	**11007**	**18138**	**16733**
崆峒区	16154	16154	3333	12821	16154	5838	5918	3829
泾川县	7448	7448	443	7005	7448	739	1723	981
灵台县	5708	5708	356	5352	5708	622	2150	616
崇信县	2530	2530	283	2247	2530	206	1209	1050
庄浪县	9607	9607	527	9080	9607	418	2747	5992
静宁县	11609	11609	937	10672	11609	2486	1894	1965
华亭市	5679	5679	732	4947	5679	698	2497	2300

状况分的家庭户户数

单位：户

柴草	其他	住房内有无管道自来水			住房内有无厨房			
		小计	有	无	小计	独立使用	与其他户合用	无
123427	**9307**	**764771**	**677993**	**86778**	**764771**	**720135**	**8651**	**35985**
903	**2619**	**139006**	**127621**	**11385**	**139006**	**126445**	**949**	**11612**
3	1658	52251	46403	5848	52251	44316	333	7602
2	490	23606	21908	1698	23606	21993	115	1498
5	169	15336	14981	355	15336	14815	98	423
0	138	11529	11341	188	11529	11008	68	453
42	13	4779	4634	145	4779	4711	33	35
92	58	9710	9094	616	9710	9196	124	390
101	4	3813	3710	103	3813	3706	19	88
573	73	12678	10435	2243	12678	11610	76	992
85	16	5304	5115	189	5304	5090	83	131
80	**88**	**11627**	**11427**	**200**	**11627**	**11456**	**17**	**154**
80	88	11627	11427	200	11627	11456	17	154
206	**63**	**17097**	**16739**	**358**	**17097**	**16028**	**202**	**867**
54	49	10096	9963	133	10096	9750	26	320
152	14	7001	6776	225	7001	6278	176	547
5166	**330**	**47960**	**41922**	**6038**	**47960**	**45848**	**580**	**1532**
38	55	12558	12355	203	12558	12233	122	203
13	66	6273	5973	300	6273	6096	75	102
113	12	10715	9348	1367	10715	10293	132	290
4636	183	11958	8071	3887	11958	11188	148	622
366	14	6456	6175	281	6456	6038	103	315
19274	**509**	**85316**	**75060**	**10256**	**85316**	**82207**	**655**	**2454**
3588	96	18653	17437	1216	18653	17213	155	1285
3885	137	15898	14300	1598	15898	15585	59	254
2817	54	6730	5742	988	6730	6508	40	182
5223	26	12778	11540	1238	12778	12533	107	138
3194	165	14684	12667	2017	14684	14364	109	211
460	30	10409	8156	2253	10409	10073	150	186
107	1	6164	5218	946	6164	5931	35	198
2783	**561**	**48715**	**45981**	**2734**	**48715**	**47551**	**465**	**699**
44	463	29566	28349	1217	29566	29135	218	213
2704	12	6610	5819	791	6610	6476	33	101
30	10	7763	7507	256	7763	7497	136	130
5	76	4776	4306	470	4776	4443	78	255
2920	**320**	**39921**	**38828**	**1093**	**39921**	**38751**	**333**	**837**
703	183	18097	17738	359	18097	17764	51	282
7	1	1098	953	145	1098	1017	14	67
53	5	6045	5766	279	6045	5861	85	99
934	67	4129	4091	38	4129	4060	31	38
1216	41	4997	4902	95	4997	4839	28	130
7	23	5555	5378	177	5555	5210	124	221
12554	**303**	**58735**	**53408**	**5327**	**58735**	**55383**	**499**	**2853**
434	135	16154	14377	1777	16154	15175	121	858
3986	19	7448	6829	619	7448	7139	167	142
2306	14	5708	5169	539	5708	5322	81	305
57	8	2530	2304	226	2530	2462	5	63
442	8	9607	8971	636	9607	9439	28	140
5173	91	11609	10420	1189	11609	10581	54	974
156	28	5679	5338	341	5679	5265	43	371

9-3 各地区按住房设施

地区	家庭户户数	住房所在建筑有无电梯			主要炊事燃料			
		小计	有	无	小计	燃气	电	煤炭
酒泉市	**35954**	**35954**	**3921**	**32033**	**35954**	**19474**	**3675**	**9043**
肃州区	16432	16432	2686	13746	16432	10662	1307	3405
金塔县	3826	3826	82	3744	3826	586	1126	1541
瓜州县	4065	4065	256	3809	4065	1412	418	1736
肃北蒙古族自治县	414	414	28	386	414	301	7	87
阿克塞哈萨克族自治县	313	313	8	305	313	302	0	9
玉门市	4210	4210	138	4072	4210	1581	675	1494
敦煌市	6694	6694	723	5971	6694	4630	142	771
庆阳市	**64910**	**64910**	**5778**	**59132**	**64910**	**14253**	**10258**	**12588**
西峰区	15277	15277	3254	12023	15277	8065	2051	2297
庆城县	6838	6838	352	6486	6838	1688	1056	1529
环　县	8297	8297	762	7535	8297	848	1969	1524
华池县	3519	3519	215	3304	3519	466	1031	624
合水县	4115	4115	260	3855	4115	482	645	416
正宁县	5211	5211	229	4982	5211	414	696	1298
宁　县	10276	10276	305	9971	10276	486	1262	2636
镇原县	11377	11377	401	10976	11377	1804	1548	2264
定西市	**76951**	**76951**	**7267**	**69684**	**76951**	**11458**	**27566**	**26680**
安定区	13775	13775	3051	10724	13775	3703	6039	2785
通渭县	10689	10689	602	10087	10689	1530	3873	3039
陇西县	13039	13039	1671	11368	13039	2678	5973	2602
渭源县	8552	8552	375	8177	8552	1131	2337	2620
临洮县	14670	14670	935	13735	14670	2280	4708	5017
漳　县	4836	4836	73	4763	4836	90	2575	1485
岷　县	11390	11390	560	10830	11390	46	2061	9132
陇南市	**69972**	**69972**	**4011**	**65961**	**69972**	**9300**	**13967**	**16488**
武都区	16646	16646	1779	14867	16646	3969	3147	2413
成　县	7174	7174	507	6667	7174	805	1875	623
文　县	6590	6590	225	6365	6590	1687	1102	199
宕昌县	6413	6413	442	5971	6413	975	483	4490
康　县	5181	5181	102	5079	5181	224	690	178
西和县	9614	9614	330	9284	9614	495	2404	4367
礼　县	11116	11116	169	10947	11116	512	2108	3559
徽　县	5862	5862	456	5406	5862	481	1781	562
两当县	1376	1376	1	1375	1376	152	377	97
临夏回族自治州	**51065**	**51065**	**7995**	**43070**	**51065**	**11959**	**8645**	**25407**
临夏市	9671	9671	4102	5569	9671	5096	3697	780
临夏县	7975	7975	353	7622	7975	364	1585	5024
康乐县	6321	6321	496	5825	6321	392	1554	3896
永靖县	5679	5679	1493	4186	5679	3124	326	2182
广河县	5244	5244	378	4866	5244	1188	254	3773
和政县	4801	4801	402	4399	4801	361	690	2191
东乡族自治县	5889	5889	309	5580	5889	711	216	4629
积石山保安族东乡族撒拉族自治县	5485	5485	462	5023	5485	723	323	2932
甘南藏族自治州	**17542**	**17542**	**1550**	**15992**	**17542**	**3204**	**1623**	**6751**
合作市	2434	2434	667	1767	2434	981	428	490
临潭县	3370	3370	142	3228	3370	318	269	2650
卓尼县	2438	2438	241	2197	2438	328	229	1352
舟曲县	3666	3666	232	3434	3666	691	462	1041
迭部县	1462	1462	107	1355	1462	335	122	42
玛曲县	1405	1405	48	1357	1405	189	35	365
碌曲县	830	830	23	807	830	164	21	206
夏河县	1937	1937	90	1847	1937	198	57	605

状况分的家庭户户数（续 1）

单位：户

		住房内有无管道自来水			住房内有无厨房			
柴草	其他	小计	有	无	小计	独立使用	与其他户合用	无
3188	**574**	**35954**	**35249**	**705**	**35954**	**34110**	**666**	**1178**
706	352	16432	16090	342	16432	15819	202	411
544	29	3826	3767	59	3826	3733	67	26
464	35	4065	3971	94	4065	3828	100	137
18	1	414	366	48	414	359	22	33
0	2	313	309	4	313	310	0	3
323	137	4210	4170	40	4210	3996	109	105
1133	18	6694	6576	118	6694	6065	166	463
26994	**817**	**64910**	**49557**	**15353**	**64910**	**60327**	**785**	**3798**
2430	434	15277	14073	1204	15277	13621	133	1523
2452	113	6838	4344	2494	6838	6399	50	389
3897	59	8297	4116	4181	8297	7054	104	1139
1390	8	3519	1541	1978	3519	3301	42	176
2543	29	4115	3538	577	4115	3873	157	85
2794	9	5211	4332	879	5211	5075	78	58
5822	70	10276	8828	1448	10276	10006	152	118
5666	95	11377	8785	2592	11377	10998	69	310
10791	**456**	**76951**	**66036**	**10915**	**76951**	**71927**	**1458**	**3566**
1180	68	13775	12866	909	13775	12977	203	595
2176	71	10689	9849	840	10689	10067	243	379
1699	87	13039	11581	1458	13039	12420	287	332
2420	44	8552	7513	1039	8552	8095	137	320
2572	93	14670	13044	1626	14670	13830	116	724
664	22	4836	3351	1485	4836	4194	170	472
80	71	11390	7832	3558	11390	10344	302	744
29302	**915**	**69972**	**55193**	**14779**	**69972**	**65012**	**1154**	**3806**
6826	291	16646	14684	1962	16646	14957	294	1395
3828	43	7174	5250	1924	7174	6667	79	428
3574	28	6590	6271	319	6590	6321	149	120
410	55	6413	5186	1227	6413	5904	173	336
4071	18	5181	3716	1465	5181	4725	79	377
2116	232	9614	7666	1948	9614	9348	96	170
4724	213	11116	6384	4732	11116	10385	205	526
3011	27	5862	4815	1047	5862	5398	54	410
742	8	1376	1221	155	1376	1307	25	44
4881	**173**	**51065**	**45757**	**5308**	**51065**	**49976**	**300**	**789**
23	75	9671	9236	435	9671	9508	45	118
993	9	7975	5928	2047	7975	7732	27	216
478	1	6321	6320	1	6321	6239	48	34
43	4	5679	5343	336	5679	5595	23	61
23	6	5244	4932	312	5244	5212	7	25
1552	7	4801	4384	417	4801	4721	29	51
297	36	5889	5055	834	5889	5741	59	89
1472	35	5485	4559	926	5485	5228	62	195
4385	**1579**	**17542**	**15215**	**2327**	**17542**	**15114**	**588**	**1840**
283	252	2434	2222	212	2434	2118	90	226
133	0	3370	3104	266	3370	3218	76	76
442	87	2438	2321	117	2438	2331	40	67
1444	28	3666	2973	693	3666	3373	66	227
961	2	1462	1301	161	1462	1164	52	246
367	449	1405	861	544	1405	677	159	569
251	188	830	755	75	830	726	22	82
504	573	1937	1678	259	1937	1507	83	347

9-3 各地区按住房设施

地区	住房内有无厕所				
	小计	水冲式卫生厕所	水冲式非卫生厕所	卫生旱厕	普通旱厕
合计	**764771**	**392287**	**10903**	**113128**	**214919**
兰州市	**139006**	**111198**	**2888**	**7972**	**8761**
城关区	52251	44835	1340	256	412
七里河区	23606	20428	409	615	730
西固区	15336	14035	228	222	652
安宁区	11529	11118	182	27	49
红古区	4779	4129	56	193	376
永登县	9710	4644	104	2525	2193
皋兰县	3813	2484	38	254	1003
榆中县	12678	5743	303	3546	2423
兰州新区	5304	3782	228	334	923
嘉峪关市	**11627**	**11213**	**30**	**43**	**228**
市辖区	11627	11213	30	43	228
金昌市	**17097**	**13896**	**110**	**524**	**1952**
金川区	10096	9623	14	77	264
永昌县	7001	4273	96	447	1688
白银市	**47960**	**23774**	**315**	**6038**	**15825**
白银区	12558	11164	57	411	790
平川区	6273	4373	30	438	1269
靖远县	10715	2437	48	1871	6058
会宁县	11958	2771	143	2451	5699
景泰县	6456	3029	37	867	2009
天水市	**85316**	**26416**	**1457**	**23397**	**31943**
秦州区	18653	9745	476	3530	4134
麦积区	15898	7038	212	3939	4416
清水县	6730	1643	48	3042	1816
秦安县	12778	2404	236	3027	6831
甘谷县	14684	1990	230	4928	7324
武山县	10409	2036	116	3218	4864
张家川回族自治县	6164	1560	139	1713	2558
武威市	**48715**	**35661**	**703**	**3733**	**7258**
凉州区	29566	22884	478	1583	4073
民勤县	6610	4522	60	587	1170
古浪县	7763	4673	142	1295	1378
天祝藏族自治县	4776	3582	23	268	637
张掖市	**39921**	**25560**	**437**	**5115**	**7943**
甘州区	18097	14046	137	1225	2427
肃南裕固族自治县	1098	631	29	126	237
民乐县	6045	2725	16	1540	1654
临泽县	4129	2016	80	571	1287
高台县	4997	2821	90	979	1003
山丹县	5555	3321	85	674	1335
平凉市	**58735**	**27548**	**711**	**9900**	**18270**
崆峒区	16154	10722	396	1393	2986
泾川县	7448	2627	59	867	3670
灵台县	5708	1926	29	1612	1854
崇信县	2530	1676	4	458	327
庄浪县	9607	2827	35	3879	2780
静宁县	11609	3685	127	1369	5598
华亭市	5679	4085	61	322	1055

状况分的家庭户户数（续2）

单位：户

	住房内有无洗澡设施				
无	小计	统一供热水	家庭自装热水器	其他	无
33534	**764771**	**11180**	**431903**	**44678**	**277010**
8187	**139006**	**3691**	**100053**	**1910**	**33352**
5408	52251	1423	39543	527	10758
1424	23606	691	18202	595	4118
199	15336	371	12616	79	2270
153	11529	479	9819	95	1136
25	4779	199	3667	22	891
244	9710	209	4066	226	5209
34	3813	6	1939	75	1793
663	12678	87	7012	193	5386
37	5304	226	3189	98	1791
113	**11627**	**65**	**10555**	**145**	**862**
113	11627	65	10555	145	862
615	**17097**	**538**	**11536**	**687**	**4336**
118	10096	479	7798	340	1479
497	7001	59	3738	347	2857
2008	**47960**	**881**	**25321**	**2493**	**19265**
136	12558	131	9720	212	2495
163	6273	318	3633	776	1546
301	10715	32	4731	568	5384
894	11958	357	3793	729	7079
514	6456	43	3444	208	2761
2103	**85316**	**1085**	**46548**	**7670**	**30013**
768	18653	215	10897	983	6558
293	15898	172	10912	1188	3626
181	6730	147	3183	434	2966
280	12778	179	5967	998	5634
212	14684	273	7288	1621	5502
175	10409	51	4663	1279	4416
194	6164	48	3638	1167	1311
1360	**48715**	**291**	**26681**	**2048**	**19695**
548	29566	191	17177	837	11361
271	6610	53	2846	383	3328
275	7763	14	4058	709	2982
266	4776	33	2600	119	2024
866	**39921**	**1277**	**26159**	**1936**	**10549**
262	18097	870	12707	799	3721
75	1098	16	693	70	319
110	6045	137	3903	200	1805
175	4129	43	2600	325	1161
104	4997	55	3018	254	1670
140	5555	156	3238	288	1873
2306	**58735**	**519**	**31575**	**2467**	**24174**
657	16154	196	10489	902	4567
225	7448	177	3696	181	3394
287	5708	6	2212	214	3276
65	2530	56	1392	140	942
86	9607	18	4830	472	4287
830	11609	36	5690	276	5607
156	5679	30	3266	282	2101

9-3 各地区按住房设施

地区	住房内有无厕所				
	小计	水冲式卫生厕所	水冲式非卫生厕所	卫生旱厕	普通旱厕
酒泉市	**35954**	**24216**	**297**	**3927**	**6216**
肃州区	16432	12205	125	771	2793
金塔县	3826	2359	60	441	811
瓜州县	4065	1689	7	1178	986
肃北蒙古族自治县	414	307	0	44	14
阿克塞哈萨克族自治县	313	304	0	0	4
玉门市	4210	2421	41	903	612
敦煌市	6694	4931	64	590	996
庆阳市	**64910**	**22983**	**902**	**7268**	**28982**
西峰区	15277	9789	276	589	3602
庆城县	6838	2453	50	705	2917
环　县	8297	2053	151	813	3852
华池县	3519	1402	71	470	1231
合水县	4115	1384	36	503	1949
正宁县	5211	1468	105	763	2734
宁　县	10276	2144	83	1729	5957
镇原县	11377	2290	130	1696	6740
定西市	**76951**	**23813**	**1181**	**16422**	**32470**
安定区	13775	7186	204	3041	2886
通渭县	10689	2106	248	3886	4124
陇西县	13039	4606	89	2138	5759
渭源县	8552	1839	28	2069	4301
临洮县	14670	5097	342	2517	6234
漳　县	4836	1260	141	962	2072
岷　县	11390	1719	129	1809	7094
陇南市	**69972**	**23390**	**1240**	**9660**	**30585**
武都区	16646	6691	433	1393	6831
成　县	7174	3155	124	1513	1941
文　县	6590	2545	120	831	2617
宕昌县	6413	1715	90	965	3232
康　县	5181	2366	36	407	1669
西和县	9614	1190	117	2321	5751
礼　县	11116	1585	244	1417	6929
徽　县	5862	3116	63	648	1541
两当县	1376	1027	13	165	74
临夏回族自治州	**51065**	**16542**	**459**	**14669**	**18736**
临夏市	9671	7854	214	552	992
临夏县	7975	1057	15	3419	3276
康乐县	6321	1090	7	2403	2820
永靖县	5679	3070	33	1514	1032
广河县	5244	1042	78	1695	2424
和政县	4801	889	39	2036	1788
东乡族自治县	5889	650	21	1410	3733
积石山保安族东乡族撒拉族自治县	5485	890	52	1640	2671
甘南藏族自治州	**17542**	**6077**	**173**	**4460**	**5750**
合作市	2434	1533	39	403	340
临潭县	3370	582	33	1297	1420
卓尼县	2438	680	6	1160	576
舟曲县	3666	1299	57	640	1505
迭部县	1462	558	16	284	551
玛曲县	1405	246	3	154	604
碌曲县	830	585	12	53	128
夏河县	1937	594	7	469	626

状况分的家庭户户数（续3）

单位：户

无	住房内有无洗澡设施				
	小计	统一供热水	家庭自装热水器	其他	无
1298	**35954**	**573**	**25196**	**3442**	**6743**
538	16432	334	11535	2093	2470
155	3826	14	2474	309	1029
205	4065	51	2386	465	1163
49	414	9	297	2	106
5	313	0	303	3	7
233	4210	27	2984	225	974
113	6694	138	5217	345	994
4775	**64910**	**572**	**32953**	**2562**	**28823**
1021	15277	192	9751	326	5008
713	6838	35	3680	420	2703
1428	8297	136	2868	260	5033
345	3519	49	1803	162	1505
243	4115	5	2085	263	1762
141	5211	42	2237	130	2802
363	10276	59	4817	462	4938
521	11377	54	5712	539	5072
3065	**76951**	**639**	**29909**	**4520**	**41883**
458	13775	87	7607	674	5407
325	10689	219	3301	1366	5803
447	13039	126	5943	606	6364
315	8552	17	2851	414	5270
480	14670	101	6004	665	7900
401	4836	17	1491	272	3056
639	11390	72	2712	523	8083
5097	**69972**	**328**	**31722**	**5778**	**32144**
1298	16646	71	7863	1198	7514
441	7174	23	3316	414	3421
477	6590	10	3985	480	2115
411	6413	27	2291	783	3312
703	5181	10	2403	228	2540
235	9614	30	4101	909	4574
941	11116	109	3506	1394	6107
494	5862	47	3334	298	2183
97	1376	1	923	74	378
659	**51065**	**464**	**25010**	**7992**	**17599**
59	9671	275	7457	262	1677
208	7975	53	2828	992	4102
1	6321	5	2411	1775	2130
30	5679	52	3701	329	1597
5	5244	37	2614	1521	1072
49	4801	7	1576	625	2593
75	5889	23	2003	1489	2374
232	5485	12	2420	999	2054
1082	**17542**	**257**	**8685**	**1028**	**7572**
119	2434	66	1448	159	761
38	3370	9	1067	187	2107
16	2438	22	1517	205	694
165	3666	5	2032	167	1462
53	1462	40	791	11	620
398	1405	29	280	82	1014
52	830	1	591	81	157
241	1937	85	959	136	757

9–3a 各地区按住房设施

地区	家庭户户数	住房所在建筑有无电梯			主要炊事燃料			
		小计	有	无	小计	燃气	电	煤炭
合计	**235019**	**235019**	**80634**	**154385**	**235019**	**182033**	**43213**	**5113**
兰州市	**98652**	**98652**	**43468**	**55184**	**98652**	**86615**	**7996**	**1700**
城关区	51190	51190	19609	31581	51190	43001	5492	1048
七里河区	19558	19558	9044	10514	19558	17576	1249	347
西固区	13184	13184	6380	6804	13184	12818	149	54
安宁区	11529	11529	7332	4197	11529	10459	782	150
红古区	3191	3191	1103	2088	3191	2761	324	101
嘉峪关市	**10892**	**10892**	**1648**	**9244**	**10892**	**10725**	**37**	**44**
市辖区	10892	10892	1648	9244	10892	10725	37	44
金昌市	**9091**	**9091**	**955**	**8136**	**9091**	**3510**	**5347**	**187**
金川区	9091	9091	955	8136	9091	3510	5347	187
白银市	**15269**	**15269**	**2494**	**12775**	**15269**	**11109**	**3808**	**234**
白银区	11096	11096	2086	9010	11096	10386	569	88
平川区	4162	4162	408	3754	4162	723	3230	144
靖远县	11	11		11	11		9	2
天水市	**19218**	**19218**	**5402**	**13816**	**19218**	**10490**	**8058**	**400**
秦州区	11417	11417	3621	7796	11417	5945	5128	239
麦积区	7801	7801	1781	6020	7801	4545	2930	161
武威市	**12452**	**12452**	**4582**	**7870**	**12452**	**11166**	**846**	**246**
凉州区	12452	12452	4582	7870	12452	11166	846	246
张掖市	**9064**	**9064**	**2773**	**6291**	**9064**	**8469**	**357**	**140**
甘州区	9041	9041	2773	6268	9041	8447	356	140
肃南裕固族自治县	23	23		23	23	22	1	
平凉市	**13171**	**13171**	**3972**	**9199**	**13171**	**6361**	**6169**	**503**
崆峒区	10671	10671	3261	7410	10671	5691	4439	427
华亭市	2500	2500	711	1789	2500	670	1730	76
酒泉市	**15714**	**15714**	**3043**	**12671**	**15714**	**13860**	**1196**	**273**
肃州区	11138	11138	2571	8567	11138	9925	899	25
玉门市	1556	1556	129	1427	1556	1189	256	33
敦煌市	3020	3020	343	2677	3020	2746	41	215
庆阳市	**9497**	**9497**	**2769**	**6728**	**9497**	**7108**	**1515**	**400**
西峰区	9497	9497	2769	6728	9497	7108	1515	400
定西市	**6164**	**6164**	**2962**	**3202**	**6164**	**3445**	**2599**	**88**
安定区	6164	6164	2962	3202	6164	3445	2599	88
陇南市	**5532**	**5532**	**1728**	**3804**	**5532**	**3213**	**1858**	**174**
武都区	5489	5489	1726	3763	5489	3213	1847	174
康　县	43	43	2	41	43		11	
临夏回族自治州	**8586**	**8586**	**4171**	**4415**	**8586**	**4998**	**3030**	**482**
临夏市	8380	8380	3973	4407	8380	4889	2933	482
临夏县	206	206	198	8	206	109	97	
甘南藏族自治州	**1717**	**1717**	**667**	**1050**	**1717**	**964**	**397**	**242**
合作市	1717	1717	667	1050	1717	964	397	242

状况分的家庭户户数（城市）

单位：户

柴草	其他	住房内有无管道自来水			住房内有无厨房			
		小计	有	无	小计	独立使用	与其他户合用	无
314	**4346**	**235019**	**223261**	**11758**	**235019**	**218745**	**1161**	**15113**
2	**2339**	**98652**	**91679**	**6973**	**98652**	**88937**	**543**	**9172**
2	1647	51190	45465	5725	51190	43413	327	7450
	386	19558	18749	809	19558	18550	89	919
	163	13184	12975	209	13184	12792	53	339
	138	11529	11341	188	11529	11008	68	453
	5	3191	3149	42	3191	3174	6	11
1	**85**	**10892**	**10752**	**140**	**10892**	**10806**	**15**	**71**
1	85	10892	10752	140	10892	10806	15	71
6	**41**	**9091**	**8983**	**108**	**9091**	**8813**	**17**	**261**
6	41	9091	8983	108	9091	8813	17	261
	118	**15269**	**14976**	**293**	**15269**	**14974**	**50**	**245**
	53	11096	10918	178	11096	10896	27	173
	65	4162	4047	115	4162	4067	23	72
		11	11		11	11		
103	**167**	**19218**	**18228**	**990**	**19218**	**17807**	**161**	**1250**
51	54	11417	10956	461	11417	10205	123	1089
52	113	7801	7272	529	7801	7602	38	161
	194	**12452**	**12275**	**177**	**12452**	**12314**	**21**	**117**
	194	12452	12275	177	12452	12314	21	117
	98	**9064**	**8927**	**137**	**9064**	**8899**	**14**	**151**
	98	9041	8904	137	9041	8876	14	151
		23	23		23	23		
7	**131**	**13171**	**12557**	**614**	**13171**	**12486**	**41**	**644**
5	109	10671	10128	543	10671	10171	40	460
2	22	2500	2429	71	2500	2315	1	184
38	**347**	**15714**	**15435**	**279**	**15714**	**15212**	**61**	**441**
	289	11138	10911	227	11138	10799	42	297
25	53	1556	1538	18	1556	1498	8	50
13	5	3020	2986	34	3020	2915	11	94
83	**391**	**9497**	**8550**	**947**	**9497**	**8086**	**97**	**1314**
83	391	9497	8550	947	9497	8086	97	1314
	32	**6164**	**5978**	**186**	**6164**	**5799**	**50**	**315**
	32	6164	5978	186	6164	5799	50	315
66	**221**	**5532**	**4921**	**611**	**5532**	**4604**	**34**	**894**
34	221	5489	4886	603	5489	4561	34	894
32		43	35	8	43	43		
3	**73**	**8586**	**8419**	**167**	**8586**	**8443**	**41**	**102**
3	73	8380	8213	167	8380	8237	41	102
		206	206		206	206		
5	**109**	**1717**	**1581**	**136**	**1717**	**1565**	**16**	**136**
5	109	1717	1581	136	1717	1565	16	136

9–3a 各地区按住房设施

地区	住房内有无厕所				
	小计	水冲式卫生厕所	水冲式非卫生厕所	卫生旱厕	普通旱厕
合计	**235019**	**214550**	**3493**	**2593**	**4046**
兰州市	**98652**	**89139**	**1866**	**373**	**756**
城关区	51190	44018	1251	192	363
七里河区	19558	18258	247	119	108
西固区	13184	12633	169	31	181
安宁区	11529	11118	182	27	49
红古区	3191	3112	17	4	55
嘉峪关市	**10892**	**10805**	**13**	**2**	**15**
市辖区	10892	10805	13	2	15
金昌市	**9091**	**8921**	**6**	**7**	**78**
金川区	9091	8921	6	7	78
白银市	**15269**	**14795**	**72**	**49**	**117**
白银区	11096	10839	49	9	82
平川区	4162	3949	23	36	35
靖远县	11	7		4	
天水市	**19218**	**15367**	**569**	**1418**	**1032**
秦州区	11417	9287	419	579	485
麦积区	7801	6080	150	839	547
武威市	**12452**	**12094**	**47**	**96**	**161**
凉州区	12452	12094	47	96	161
张掖市	**9064**	**8812**	**77**	**24**	**61**
甘州区	9041	8812	55	24	60
肃南裕固族自治县	23		22		1
平凉市	**13171**	**11891**	**254**	**153**	**526**
崆峒区	10671	9525	238	134	503
华亭市	2500	2366	16	19	23
酒泉市	**15714**	**15071**	**63**	**31**	**193**
肃州区	11138	10798	39	4	42
玉门市	1556	1477	1	1	15
敦煌市	3020	2796	23	26	136
庆阳市	**9497**	**8036**	**151**	**138**	**347**
西峰区	9497	8036	151	138	347
定西市	**6164**	**5799**	**92**	**20**	**85**
安定区	6164	5799	92	20	85
陇南市	**5532**	**4670**	**106**	**17**	**96**
武都区	5489	4658	104	14	71
康　县	43	12	2	3	25
临夏回族自治州	**8586**	**7711**	**139**	**219**	**473**
临夏市	8380	7506	138	219	473
临夏县	206	205	1		
甘南藏族自治州	**1717**	**1439**	**38**	**46**	**106**
合作市	1717	1439	38	46	106

状况分的家庭户户数（城市）（续）

单位：户

	住房内有无洗澡设施				
无	小计	统一供热水	家庭自装热水器	其他	无
10337	**235019**	**6221**	**191051**	**5516**	**32231**
6518	**98652**	**2973**	**79067**	**988**	**15624**
5366	51190	1401	38791	489	10509
826	19558	604	16201	367	2386
170	13184	303	11490	32	1359
153	11529	479	9819	95	1136
3	3191	186	2766	5	234
57	**10892**	**65**	**10199**	**130**	**498**
57	10892	65	10199	130	498
79	**9091**	**475**	**7421**	**303**	**892**
79	9091	475	7421	303	892
236	**15269**	**417**	**12011**	**819**	**2022**
117	11096	110	9333	173	1480
119	4162	307	2671	646	538
	11		7		4
832	**19218**	**370**	**14607**	**832**	**3409**
647	11417	204	8404	367	2442
185	7801	166	6203	465	967
54	**12452**	**133**	**11635**	**122**	**562**
54	12452	133	11635	122	562
90	**9064**	**633**	**7490**	**388**	**553**
90	9041	633	7467	388	553
	23		23		
347	**13171**	**176**	**10574**	**387**	**2034**
271	10671	163	8599	299	1610
76	2500	13	1975	88	424
356	**15714**	**419**	**13658**	**868**	**769**
255	11138	276	9572	802	488
62	1556	21	1395	24	116
39	3020	122	2691	42	165
825	**9497**	**161**	**6819**	**209**	**2308**
825	9497	161	6819	209	2308
168	**6164**	**77**	**5217**	**179**	**691**
168	6164	77	5217	179	691
643	**5532**	**65**	**3952**	**119**	**1396**
642	5489	65	3923	119	1382
1	43		29		14
44	**8586**	**195**	**7123**	**155**	**1113**
44	8380	164	6952	155	1109
	206	31	171		4
88	**1717**	**62**	**1278**	**17**	**360**
88	1717	62	1278	17	360

9–3b 各地区按住房设施

地区	家庭户户数	住房所在建筑有无电梯			主要炊事燃料			
		小计	有	无	小计	燃气	电	煤炭
合计	**166626**	**166626**	**31165**	**135461**	**166626**	**66318**	**56113**	**32791**
兰州市	**18222**	**18222**	**7743**	**10479**	**18222**	**10065**	**5484**	**2536**
城关区	659	659	477	182	659	547	82	23
七里河区	1546	1546	818	728	1546	1034	301	202
西固区	962	962	230	732	962	810	87	63
安宁区								
红古区	613	613	17	596	613	418	67	127
永登县	4566	4566	661	3905	4566	1445	1783	1283
皋兰县	2154	2154	622	1532	2154	1111	662	375
榆中县	4967	4967	2445	2522	4967	2276	2345	295
兰州新区	2755	2755	2473	282	2755	2424	157	168
嘉峪关市	**116**	**116**		**116**	**116**	**9**	**16**	**76**
市辖区	116	116		116	116	9	16	76
金昌市	**3877**	**3877**	**132**	**3745**	**3877**	**241**	**3222**	**396**
金川区	29	29		29	29		1	28
永昌县	3848	3848	132	3716	3848	241	3221	368
白银市	**11388**	**11388**	**1997**	**9391**	**11388**	**4269**	**4359**	**2365**
白银区	112	112		112	112		24	86
平川区	524	524	2	522	524	1	333	190
靖远县	3951	3951	459	3492	3951	279	2754	904
会宁县	3407	3407	1037	2370	3407	2106	354	621
景泰县	3394	3394	499	2895	3394	1883	894	564
天水市	**19032**	**19032**	**2216**	**16816**	**19032**	**6172**	**7400**	**4107**
秦州区	1226	1226	43	1183	1226	36	649	152
麦积区	1402	1402	98	1304	1402	323	559	203
清水县	1892	1892	274	1618	1892	217	1298	176
秦安县	3835	3835	562	3273	3835	1652	1004	1002
甘谷县	5358	5358	573	4785	5358	3462	1079	595
武山县	3643	3643	495	3148	3643	477	1553	1567
张家川回族自治县	1676	1676	171	1505	1676	5	1258	412
武威市	**9081**	**9081**	**1391**	**7690**	**9081**	**4908**	**1409**	**2507**
凉州区	2536	2536	18	2518	2536	842	285	1257
民勤县	2170	2170	515	1655	2170	1405	470	204
古浪县	2189	2189	190	1999	2189	1073	417	696
天祝藏族自治县	2186	2186	668	1518	2186	1588	237	350
张掖市	**10421**	**10421**	**1634**	**8787**	**10421**	**7055**	**1687**	**1321**
甘州区	505	505	8	497	505	239	113	122
肃南裕固族自治县	387	387	15	372	387	124	186	77
民乐县	2663	2663	405	2258	2663	2192	63	397
临泽县	1812	1812	375	1437	1812	1288	182	149
高台县	2331	2331	346	1985	2331	1315	760	149
山丹县	2723	2723	485	2238	2723	1897	383	427
平凉市	**11968**	**11968**	**2335**	**9633**	**11968**	**3575**	**5275**	**2235**
崆峒区	240	240		240	240	1	67	166
泾川县	2528	2528	441	2087	2528	721	1137	301
灵台县	1728	1728	349	1379	1728	564	874	125
崇信县	1055	1055	280	775	1055	202	732	114
庄浪县	2495	2495	516	1979	2495	392	1326	763
静宁县	3022	3022	731	2291	3022	1674	660	379
华亭市	900	900	18	882	900	21	479	387

状况分的家庭户户数（镇）

单位：户

		住房内有无管道自来水			住房内有无厨房			
柴草	其他	小计	有	无	小计	独立使用	与其他户合用	无
9226	**2178**	**166626**	**153683**	**12943**	**166626**	**156209**	**1563**	**8854**
23	**114**	**18222**	**17578**	**644**	**18222**	**16999**	**116**	**1107**
	7	659	645	14	659	566	5	88
	9	1546	1481	65	1546	1491	5	50
	2	962	953	9	962	945	2	15
	1	613	595	18	613	590	10	13
5	50	4566	4448	118	4566	4293	34	239
3	3	2154	2131	23	2154	2086	5	63
15	36	4967	4605	362	4967	4374	13	580
	6	2755	2720	35	2755	2654	42	59
14	**1**	**116**	**95**	**21**	**116**	**97**		**19**
14	1	116	95	21	116	97		19
5	**13**	**3877**	**3782**	**95**	**3877**	**3632**	**5**	**240**
		29	29		29	29		
5	13	3848	3753	95	3848	3603	5	240
249	**146**	**11388**	**10249**	**1139**	**11388**	**10463**	**115**	**810**
	2	112	112		112	99	13	
		524	514	10	524	491	15	18
7	7	3951	3714	237	3951	3762	25	164
199	127	3407	2670	737	3407	3000	43	364
43	10	3394	3239	155	3394	3111	19	264
1168	**185**	**19032**	**16979**	**2053**	**19032**	**18520**	**186**	**326**
350	39	1226	1094	132	1226	1186	7	33
315	2	1402	1196	206	1402	1388	4	10
163	38	1892	1698	194	1892	1845	10	37
157	20	3835	3673	162	3835	3748	50	37
159	63	5358	4575	783	5358	5213	69	76
23	23	3643	3228	415	3643	3557	38	48
1		1676	1515	161	1676	1583	8	85
92	**165**	**9081**	**8762**	**319**	**9081**	**8748**	**99**	**234**
5	147	2536	2432	104	2536	2503	25	8
87	4	2170	2114	56	2170	2101	16	53
	3	2189	2142	47	2189	2102	49	38
	11	2186	2074	112	2186	2042	9	135
238	**120**	**10421**	**10286**	**135**	**10421**	**10108**	**55**	**258**
27	4	505	501	4	505	504	1	
		387	372	15	387	376		11
8	3	2663	2643	20	2663	2613	19	31
133	60	1812	1799	13	1812	1797	1	14
70	37	2331	2290	41	2331	2289	4	38
	16	2723	2681	42	2723	2529	30	164
803	**80**	**11968**	**11334**	**634**	**11968**	**11093**	**78**	**797**
6		240	232	8	240	239	1	
357	12	2528	2482	46	2528	2459	24	45
153	12	1728	1551	177	1728	1577	28	123
	7	1055	1026	29	1055	1012	2	41
7	7	2495	2423	72	2495	2447	10	38
269	40	3022	2771	251	3022	2547	13	462
11	2	900	849	51	900	812		88

9-3b 各地区按住房设施

地区	家庭户户数	住房所在建筑有无电梯			主要炊事燃料			
		小计	有	无	小计	燃气	电	煤炭
酒泉市	**7676**	**7676**	**664**	**7012**	**7676**	**4365**	**1314**	**1332**
肃州区	679	679	3	676	679	48	20	436
金塔县	1670	1670	80	1590	1670	575	845	176
瓜州县	1674	1674	194	1480	1674	1188	203	213
肃北蒙古族自治县	344	344	28	316	344	294	5	44
阿克塞哈萨克族自治县	305	305	8	297	305	298		5
玉门市	1131	1131	9	1122	1131	324	235	401
敦煌市	1873	1873	342	1531	1873	1638	6	57
庆阳市	**16519**	**16519**	**2433**	**14086**	**16519**	**5383**	**5207**	**3448**
西峰区	221	221	14	207	221	71	27	103
庆城县	2672	2672	325	2347	2672	1443	566	342
环　县	2839	2839	729	2110	2839	729	1349	601
华池县	1408	1408	213	1195	1408	401	766	178
合水县	1442	1442	256	1186	1442	464	529	140
正宁县	1988	1988	225	1763	1988	393	625	522
宁　县	2862	2862	294	2568	2862	429	719	971
镇原县	3087	3087	377	2710	3087	1453	626	591
定西市	**22543**	**22543**	**4080**	**18463**	**22543**	**7265**	**10248**	**4362**
安定区	748	748	8	740	748	33	409	261
通渭县	2793	2793	570	2223	2793	1441	821	422
陇西县	6426	6426	1653	4773	6426	2523	3165	632
渭源县	2293	2293	351	1942	2293	967	732	426
临洮县	5598	5598	901	4697	5598	2189	2348	891
漳　县	1654	1654	72	1582	1654	79	1247	307
岷　县	3031	3031	525	2506	3031	33	1526	1423
陇南市	**19004**	**19004**	**2114**	**16890**	**19004**	**5188**	**7396**	**3577**
武都区	1648	1648	15	1633	1648	512	486	245
成　县	3371	3371	504	2867	3371	796	1478	407
文　县	1947	1947	203	1744	1947	1246	530	36
宕昌县	1799	1799	381	1418	1799	886	144	740
康　县	1452	1452	92	1360	1452	222	593	97
西和县	2637	2637	322	2315	2637	451	1152	859
礼　县	3163	3163	143	3020	3163	459	1329	904
徽　县	2406	2406	453	1953	2406	471	1383	227
两当县	581	581	1	580	581	145	301	62
临夏回族自治州	**11031**	**11031**	**3592**	**7439**	**11031**	**5761**	**2385**	**2615**
临夏市	269	269		269	269	19	215	34
临夏县	972	972	138	834	972	185	336	402
康乐县	1408	1408	493	915	1408	381	743	278
永靖县	3087	3087	1488	1599	3087	2785	111	188
广河县	1687	1687	365	1322	1687	935	113	633
和政县	1395	1395	396	999	1395	332	582	347
东乡族自治县	1102	1102	259	843	1102	447	50	568
积石山保安族东乡族撒拉族自治县	1111	1111	453	658	1111	677	235	165
甘南藏族自治州	**5748**	**5748**	**834**	**4914**	**5748**	**2062**	**711**	**1914**
合作市	66	66		66	66			36
临潭县	1173	1173	142	1031	1173	311	151	710
卓尼县	879	879	238	641	879	325	182	302
舟曲县	1116	1116	208	908	1116	561	187	182
迭部县	624	624	103	521	624	335	85	23
玛曲县	749	749	37	712	749	177	32	269
碌曲县	444	444	23	421	444	164	21	143
夏河县	697	697	83	614	697	189	53	249

状况分的家庭户户数（镇）（续 1）

单位：户

柴草	其他	住房内有无管道自来水			住房内有无厨房			
		小计	有	无	小计	独立使用	与其他户合用	无
529	**136**	**7676**	**7571**	**105**	**7676**	**7425**	**70**	**181**
173	2	679	666	13	679	657	9	13
58	16	1670	1655	15	1670	1660	2	8
36	34	1674	1656	18	1674	1583	13	78
	1	344	333	11	344	326	1	17
	2	305	302	3	305	303		2
93	78	1131	1116	15	1131	1056	29	46
169	3	1873	1843	30	1873	1840	16	17
2238	**243**	**16519**	**14395**	**2124**	**16519**	**14972**	**145**	**1402**
14	6	221	218	3	221	186	3	32
222	99	2672	2178	494	2672	2400	18	254
128	32	2839	2461	378	2839	2135	36	668
56	7	1408	1037	371	1408	1267	5	136
283	26	1442	1284	158	1442	1342	56	44
443	5	1988	1902	86	1988	1932	13	43
708	35	2862	2569	293	2862	2772	9	81
384	33	3087	2746	341	3087	2938	5	144
461	**207**	**22543**	**20629**	**1914**	**22543**	**20492**	**288**	**1763**
45		748	687	61	748	691	5	52
65	44	2793	2545	248	2793	2461	47	285
47	59	6426	6094	332	6426	6149	98	179
162	6	2293	2166	127	2293	2082	40	171
124	46	5598	5271	327	5598	5041	20	537
18	3	1654	1369	285	1654	1325	15	314
	49	3031	2497	534	3031	2743	63	225
2523	**320**	**19004**	**16303**	**2701**	**19004**	**17720**	**229**	**1055**
388	17	1648	1583	65	1648	1407	32	209
670	20	3371	2598	773	3371	3079	46	246
116	19	1947	1924	23	1947	1871	34	42
12	17	1799	1642	157	1799	1723	27	49
532	8	1452	1327	125	1452	1369	9	74
60	115	2637	2280	357	2637	2512	27	98
370	101	3163	2169	994	3163	2961	27	175
303	22	2406	2221	185	2406	2233	21	152
72	1	581	559	22	581	565	6	10
231	**39**	**11031**	**10431**	**600**	**11031**	**10846**	**29**	**156**
1		269	155	114	269	267		2
46	3	972	778	194	972	932	3	37
6		1408	1408		1408	1384	3	21
	3	3087	3070	17	3087	3065	1	21
2	4	1687	1590	97	1687	1677		10
130	4	1395	1335	60	1395	1374	8	13
37		1102	1084	18	1102	1082	5	15
9	25	1111	1011	100	1111	1065	9	37
652	**409**	**5748**	**5289**	**459**	**5748**	**5094**	**148**	**506**
26	4	66	63	3	66	65		1
1		1173	1111	62	1173	1124	20	29
28	42	879	849	30	879	861	5	13
161	25	1116	1044	72	1116	1052	11	53
179	2	624	596	28	624	566	7	51
151	120	749	582	167	749	425	74	250
66	50	444	393	51	444	378	18	48
40	166	697	651	46	697	623	13	61

9-3b 各地区按住房设施

地区	住房内有无厕所				
	小计	水冲式卫生厕所	水冲式非卫生厕所	卫生旱厕	普通旱厕
合计	**166626**	**112398**	**3274**	**16446**	**28679**
兰州市	**18222**	**15178**	**362**	**892**	**1289**
城关区	659	561	81	8	
七里河区	1546	1289	27	66	103
西固区	962	825	29	7	97
安宁区					
红古区	613	598		4	8
永登县	4566	3411	62	518	436
皋兰县	2154	1817	1	119	210
榆中县	4967	4165	157	166	203
兰州新区	2755	2512	5	4	232
嘉峪关市	**116**	**38**		**11**	**67**
市辖区	116	38		11	67
金昌市	**3877**	**3492**	**8**	**37**	**119**
金川区	29	27		2	
永昌县	3848	3465	8	35	119
白银市	**11388**	**7414**	**137**	**842**	**2281**
白银区	112	12		55	45
平川区	524	244	4	78	170
靖远县	3951	2242	32	358	1258
会宁县	3407	2245	78	289	476
景泰县	3394	2671	23	62	332
天水市	**19032**	**9058**	**634**	**4099**	**4935**
秦州区	1226	140	2	301	771
麦积区	1402	540	13	455	381
清水县	1892	1291	10	302	259
秦安县	3835	2235	222	600	734
甘谷县	5358	1906	218	1481	1603
武山县	3643	1744	65	836	970
张家川回族自治县	1676	1202	104	124	217
武威市	**9081**	**7684**	**106**	**369**	**762**
凉州区	2536	1887	22	111	495
民勤县	2170	2002	24	33	85
古浪县	2189	1794	56	190	126
天祝藏族自治县	2186	2001	4	35	56
张掖市	**10421**	**8745**	**89**	**622**	**758**
甘州区	505	323	3	48	130
肃南裕固族自治县	387	325		13	26
民乐县	2663	2238	1	256	155
临泽县	1812	1486	7	59	189
高台县	2331	2070	4	128	81
山丹县	2723	2303	74	118	177
平凉市	**11968**	**8517**	**122**	**1034**	**1735**
崆峒区	240	56	6	106	71
泾川县	2528	1780	25	160	490
灵台县	1728	1298	6	126	168
崇信县	1055	914	3	62	41
庄浪县	2495	1787	10	377	313
静宁县	3022	2024	64	133	513
华亭市	900	658	8	70	139

状况分的家庭户户数（镇）（续 2）

单位：户

	住房内有无洗澡设施				
无	小计	统一供热水	家庭自装热水器	其他	无
5829	**166626**	**3610**	**115827**	**7633**	**39556**
501	**18222**	**609**	**13306**	**239**	**4068**
9	659	7	514	35	103
61	1546	48	1146	51	301
4	962	64	676		222
3	613	9	485	8	111
139	4566	206	2730	31	1599
7	2154	6	1660	43	445
276	4967	50	3923	39	955
2	2755	219	2172	32	332
	116		**50**	**15**	**51**
	116		50	15	51
221	**3877**	**57**	**3028**	**247**	**545**
	29		26	1	2
221	3848	57	3002	246	543
714	**11388**	**414**	**7183**	**400**	**3391**
	112		31		81
28	524	11	200	41	272
61	3951	20	2570	134	1227
319	3407	344	1944	165	954
306	3394	39	2438	60	857
306	**19032**	**584**	**13168**	**1728**	**3552**
12	1226	1	456	138	631
13	1402	2	1022	137	241
30	1892	126	1369	110	287
44	3835	156	2942	161	576
150	5358	244	3587	524	1003
28	3643	35	2472	470	666
29	1676	20	1320	188	148
160	**9081**	**63**	**6466**	**298**	**2254**
21	2536	27	1320	129	1060
26	2170	6	1788	36	340
23	2189	4	1636	118	431
90	2186	26	1722	15	423
207	**10421**	**357**	**8358**	**456**	**1250**
1	505	10	333	21	141
23	387	1	322	9	55
13	2663	129	2243	79	212
71	1812	32	1388	154	238
48	2331	50	1994	80	207
51	2723	135	2078	113	397
560	**11968**	**269**	**8369**	**264**	**3066**
1	240		123	7	110
73	2528	172	1738	64	554
130	1728	3	1215	39	471
35	1055	54	792	23	186
8	2495	11	2011	30	443
288	3022	16	2032	75	899
25	900	13	458	26	403

9-3b 各地区按住房设施

地区	住房内有无厕所				
	小计	水冲式卫生厕所	水冲式非卫生厕所	卫生旱厕	普通旱厕
酒泉市	**7676**	**5851**	**61**	**519**	**997**
肃州区	679	150	12	114	387
金塔县	1670	1440	31	32	148
瓜州县	1674	1359	1	163	88
肃北蒙古族自治县	344	299		18	7
阿克塞哈萨克族自治县	305	300			
玉门市	1131	640	15	138	217
敦煌市	1873	1663	2	54	150
庆阳市	**16519**	**9560**	**359**	**1479**	**4169**
西峰区	221	84	20	20	87
庆城县	2672	1856	17	218	344
环　县	2839	1646	123	349	498
华池县	1408	1036	31	76	130
合水县	1442	977	32	95	233
正宁县	1988	1106	78	65	711
宁　县	2862	1094	21	326	1358
镇原县	3087	1761	37	330	808
定西市	**22543**	**14447**	**589**	**2451**	**4244**
安定区	748	235	30	159	306
通渭县	2793	1711	149	445	317
陇西县	6426	4277	56	767	1220
渭源县	2293	1399	8	366	469
临洮县	5598	4224	152	305	768
漳　县	1654	988	101	150	211
岷　县	3031	1613	93	259	953
陇南市	**19004**	**11579**	**533**	**1997**	**4059**
武都区	1648	953	119	156	373
成　县	3371	2171	98	376	539
文　县	1947	1451	46	87	269
宕昌县	1799	1252	17	183	299
康　县	1452	1120	9	81	128
西和县	2637	919	67	496	1076
礼　县	3163	1314	149	434	1138
徽　县	2406	1904	19	152	211
两当县	581	495	9	32	26
临夏回族自治州	**11031**	**7507**	**213**	**1310**	**1947**
临夏市	269	17	56	46	148
临夏县	972	505	5	223	235
康乐县	1408	1047	2	197	162
永靖县	3087	2805	14	199	62
广河县	1687	952	51	190	494
和政县	1395	855	36	252	249
东乡族自治县	1102	474	12	156	454
积石山保安族东乡族撒拉族自治县	1111	852	37	47	143
甘南藏族自治州	**5748**	**3328**	**61**	**784**	**1317**
合作市	66			43	23
临潭县	1173	523	29	304	302
卓尼县	879	564	4	166	135
舟曲县	1116	796	10	80	204
迭部县	624	421	9	43	145
玛曲县	749	226	3	89	292
碌曲县	444	315	2	12	91
夏河县	697	483	4	47	125

状况分的家庭户户数（镇）（续3）

单位：户

无	住房内有无洗澡设施				
	小计	统一供热水	家庭自装热水器	其他	无
248	**7676**	**83**	**6034**	**432**	**1127**
16	679	4	208	196	271
19	1670	9	1450	45	166
63	1674	49	1352	85	188
20	344	8	290	2	44
5	305		299		6
121	1131	3	695	55	378
4	1873	10	1740	49	74
952	**16519**	**248**	**10837**	**545**	**4889**
10	221		113	1	107
237	2672	5	1873	126	668
223	2839	117	1605	52	1065
135	1408	42	970	36	360
105	1442	5	959	92	386
28	1988	10	1309	27	642
63	2862	40	1775	68	979
151	3087	29	2233	143	682
812	**22543**	**470**	**14414**	**801**	**6858**
18	748		427	49	272
171	2793	184	1657	148	804
106	6426	118	4502	254	1552
51	2293	10	1400	30	853
149	5598	83	3883	228	1404
204	1654	11	892	47	704
113	3031	64	1653	45	1269
836	**19004**	**213**	**12553**	**1213**	**5025**
47	1648	1	1032	126	489
187	3371	23	2095	145	1108
94	1947	4	1645	41	257
48	1799	20	1300	174	305
114	1452	4	1025	52	371
79	2637	24	1591	200	822
128	3163	97	1592	355	1119
120	2406	39	1794	100	473
19	581	1	479	20	81
54	**11031**	**99**	**8328**	**783**	**1821**
2	269		117	40	112
4	972	3	592	67	310
	1408	4	1086	78	240
7	3087	48	2734	85	220
	1687	22	1284	132	249
3	1395	5	912	121	357
6	1102	14	684	174	230
32	1111	3	919	86	103
258	**5748**	**144**	**3733**	**212**	**1659**
	66		26	16	24
15	1173	9	719	40	405
10	879	8	697	53	121
26	1116	3	823	42	248
6	624	37	454	1	132
139	749	19	227	21	482
24	444	1	310	28	105
38	697	67	477	11	142

9-3c 各地区按住房设施

地区	家庭户户数	住房所在建筑有无电梯			主要炊事燃料			
		小计	有	无	小计	燃气	电	煤炭
合计	**363126**	**363126**	**5256**	**357870**	**363126**	**21484**	**63327**	**161645**
兰州市	**22132**	**22132**	**1404**	**20728**	**22132**	**2976**	**7864**	**10248**
城关区	402	402	80	322	402	172	115	110
七里河区	2502	2502	400	2102	2502	909	932	564
西固区	1190	1190	57	1133	1190	772	207	202
安宁区								
红古区	975	975	6	969	975	187	190	549
永登县	5144	5144	14	5130	5144	46	684	4319
皋兰县	1659	1659	26	1633	1659	74	419	1067
榆中县	7711	7711	239	7472	7711	351	4466	2299
兰州新区	2549	2549	582	1967	2549	465	851	1138
嘉峪关市	**619**	**619**		**619**	**619**	**221**	**22**	**309**
市辖区	619	619		619	619	221	22	309
金昌市	**4129**	**4129**	**8**	**4121**	**4129**	**84**	**746**	**3095**
金川区	976	976		976	976	23	325	572
永昌县	3153	3153	8	3145	3153	61	421	2523
白银市	**21303**	**21303**	**291**	**21012**	**21303**	**940**	**6244**	**9136**
白银区	1350	1350	48	1302	1350	159	470	683
平川区	1587	1587	1	1586	1587	1	614	958
靖远县	6753	6753	11	6742	6753	12	2433	4197
会宁县	8551	8551	170	8381	8551	757	2054	1247
景泰县	3062	3062	61	3001	3062	11	673	2051
天水市	**47066**	**47066**	**191**	**46875**	**47066**	**2558**	**10044**	**16304**
秦州区	6010	6010	50	5960	6010	53	1722	1045
麦积区	6695	6695	10	6685	6695	151	2273	731
清水县	4838	4838	18	4820	4838	44	1284	840
秦安县	8943	8943	38	8905	8943	57	698	3116
甘谷县	9326	9326	16	9310	9326	2198	1945	2046
武山县	6766	6766	28	6738	6766	49	1424	4849
张家川回族自治县	4488	4488	31	4457	4488	6	698	3677
武威市	**27182**	**27182**	**386**	**26796**	**27182**	**1664**	**1475**	**21150**
凉州区	14578	14578	56	14522	14578	1124	534	12759
民勤县	4440	4440	5	4435	4440	235	265	1315
古浪县	5574	5574	94	5480	5574	180	553	4804
天祝藏族自治县	2590	2590	231	2359	2590	125	123	2272
张掖市	**20436**	**20436**	**1207**	**19229**	**20436**	**5934**	**2360**	**9358**
甘州区	8551	8551	1109	7442	8551	3989	1432	2373
肃南裕固族自治县	688	688		688	688	177	88	415
民乐县	3382	3382	41	3341	3382	390	78	2867
临泽县	2317	2317	15	2302	2317	372	297	840
高台县	2666	2666	9	2657	2666	253	246	1017
山丹县	2832	2832	33	2799	2832	753	219	1846
平凉市	**33596**	**33596**	**304**	**33292**	**33596**	**1071**	**6694**	**13995**
崆峒区	5243	5243	72	5171	5243	146	1412	3236
泾川县	4920	4920	2	4918	4920	18	586	680
灵台县	3980	3980	7	3973	3980	58	1276	491
崇信县	1475	1475	3	1472	1475	4	477	936
庄浪县	7112	7112	11	7101	7112	26	1421	5229
静宁县	8587	8587	206	8381	8587	812	1234	1586
华亭市	2279	2279	3	2276	2279	7	288	1837

状况分的家庭户户数（乡村）

单位：户

柴草	其他	住房内有无管道自来水			住房内有无厨房			
		小计	有	无	小计	独立使用	与其他户合用	无
113887	**2783**	**363126**	**301049**	**62077**	**363126**	**345181**	**5927**	**12018**
878	**166**	**22132**	**18364**	**3768**	**22132**	**20509**	**290**	**1333**
1	4	402	293	109	402	337	1	64
2	95	2502	1678	824	2502	1952	21	529
5	4	1190	1053	137	1190	1078	43	69
42	7	975	890	85	975	947	17	11
87	8	5144	4646	498	5144	4903	90	151
98	1	1659	1579	80	1659	1620	14	25
558	37	7711	5830	1881	7711	7236	63	412
85	10	2549	2395	154	2549	2436	41	72
65	**2**	**619**	**580**	**39**	**619**	**553**	**2**	**64**
65	2	619	580	39	619	553	2	64
195	**9**	**4129**	**3974**	**155**	**4129**	**3583**	**180**	**366**
48	8	976	951	25	976	908	9	59
147	1	3153	3023	130	3153	2675	171	307
4917	**66**	**21303**	**16697**	**4606**	**21303**	**20411**	**415**	**477**
38		1350	1325	25	1350	1238	82	30
13	1	1587	1412	175	1587	1538	37	12
106	5	6753	5623	1130	6753	6520	107	126
4437	56	8551	5401	3150	8551	8188	105	258
323	4	3062	2936	126	3062	2927	84	51
18003	**157**	**47066**	**39853**	**7213**	**47066**	**45880**	**308**	**878**
3187	3	6010	5387	623	6010	5822	25	163
3518	22	6695	5832	863	6695	6595	17	83
2654	16	4838	4044	794	4838	4663	30	145
5066	6	8943	7867	1076	8943	8785	57	101
3035	102	9326	8092	1234	9326	9151	40	135
437	7	6766	4928	1838	6766	6516	112	138
106	1	4488	3703	785	4488	4348	27	113
2691	**202**	**27182**	**24944**	**2238**	**27182**	**26489**	**345**	**348**
39	122	14578	13642	936	14578	14318	172	88
2617	8	4440	3705	735	4440	4375	17	48
30	7	5574	5365	209	5574	5395	87	92
5	65	2590	2232	358	2590	2401	69	120
2682	**102**	**20436**	**19615**	**821**	**20436**	**19744**	**264**	**428**
676	81	8551	8333	218	8551	8384	36	131
7	1	688	558	130	688	618	14	56
45	2	3382	3123	259	3382	3248	66	68
801	7	2317	2292	25	2317	2263	30	24
1146	4	2666	2612	54	2666	2550	24	92
7	7	2832	2697	135	2832	2681	94	57
11744	**92**	**33596**	**29517**	**4079**	**33596**	**31804**	**380**	**1412**
423	26	5243	4017	1226	5243	4765	80	398
3629	7	4920	4347	573	4920	4680	143	97
2153	2	3980	3618	362	3980	3745	53	182
57	1	1475	1278	197	1475	1450	3	22
435	1	7112	6548	564	7112	6992	18	102
4904	51	8587	7649	938	8587	8034	41	512
143	4	2279	2060	219	2279	2138	42	99

9-3c 各地区按住房设施

地区	家庭户户数	住房所在建筑有无电梯			主要炊事燃料			
		小计	有	无	小计	燃气	电	煤炭
酒泉市	**12564**	**12564**	**214**	**12350**	**12564**	**1249**	**1165**	**7438**
肃州区	4615	4615	112	4503	4615	689	388	2944
金塔县	2156	2156	2	2154	2156	11	281	1365
瓜州县	2391	2391	62	2329	2391	224	215	1523
肃北蒙古族自治县	70	70		70	70	7	2	43
阿克塞哈萨克族自治县	8	8		8	8	4		4
玉门市	1523	1523		1523	1523	68	184	1060
敦煌市	1801	1801	38	1763	1801	246	95	499
庆阳市	**38894**	**38894**	**576**	**38318**	**38894**	**1762**	**3536**	**8740**
西峰区	5559	5559	471	5088	5559	886	509	1794
庆城县	4166	4166	27	4139	4166	245	490	1187
环　县	5458	5458	33	5425	5458	119	620	923
华池县	2111	2111	2	2109	2111	65	265	446
合水县	2673	2673	4	2669	2673	18	116	276
正宁县	3223	3223	4	3219	3223	21	71	776
宁　县	7414	7414	11	7403	7414	57	543	1665
镇原县	8290	8290	24	8266	8290	351	922	1673
定西市	**48244**	**48244**	**225**	**48019**	**48244**	**748**	**14719**	**22230**
安定区	6863	6863	81	6782	6863	225	3031	2436
通渭县	7896	7896	32	7864	7896	89	3052	2617
陇西县	6613	6613	18	6595	6613	155	2808	1970
渭源县	6259	6259	24	6235	6259	164	1605	2194
临洮县	9072	9072	34	9038	9072	91	2360	4126
漳　县	3182	3182	1	3181	3182	11	1328	1178
岷　县	8359	8359	35	8324	8359	13	535	7709
陇南市	**45436**	**45436**	**169**	**45267**	**45436**	**899**	**4713**	**12737**
武都区	9509	9509	38	9471	9509	244	814	1994
成　县	3803	3803	3	3800	3803	9	397	216
文　县	4643	4643	22	4621	4643	441	572	163
宕昌县	4614	4614	61	4553	4614	89	339	3750
康　县	3686	3686	8	3678	3686	2	86	81
西和县	6977	6977	8	6969	6977	44	1252	3508
礼　县	7953	7953	26	7927	7953	53	779	2655
徽　县	3456	3456	3	3453	3456	10	398	335
两当县	795	795		795	795	7	76	35
临夏回族自治州	**31448**	**31448**	**232**	**31216**	**31448**	**1200**	**3230**	**22310**
临夏市	1022	1022	129	893	1022	188	549	264
临夏县	6797	6797	17	6780	6797	70	1152	4622
康乐县	4913	4913	3	4910	4913	11	811	3618
永靖县	2592	2592	5	2587	2592	339	215	1994
广河县	3557	3557	13	3544	3557	253	141	3140
和政县	3406	3406	6	3400	3406	29	108	1844
东乡族自治县	4787	4787	50	4737	4787	264	166	4061
积石山保安族东乡族撒拉族自治县	4374	4374	9	4365	4374	46	88	2767
甘南藏族自治州	**10077**	**10077**	**49**	**10028**	**10077**	**178**	**515**	**4595**
合作市	651	651		651	651	17	31	212
临潭县	2197	2197		2197	2197	7	118	1940
卓尼县	1559	1559	3	1556	1559	3	47	1050
舟曲县	2550	2550	24	2526	2550	130	275	859
迭部县	838	838	4	834	838		37	19
玛曲县	656	656	11	645	656	12	3	96
碌曲县	386	386		386	386			63
夏河县	1240	1240	7	1233	1240	9	4	356

状况分的家庭户户数（乡村）（续1）

单位：户

		住房内有无管道自来水			住房内有无厨房			
柴草	其他	小计	有	无	小计	独立使用	与其他户合用	无
2621	**91**	**12564**	**12243**	**321**	**12564**	**11473**	**535**	**556**
533	61	4615	4513	102	4615	4363	151	101
486	13	2156	2112	44	2156	2073	65	18
428	1	2391	2315	76	2391	2245	87	59
18		70	33	37	70	33	21	16
		8	7	1	8	7		1
205	6	1523	1516	7	1523	1442	72	9
951	10	1801	1747	54	1801	1310	139	352
24673	**183**	**38894**	**26612**	**12282**	**38894**	**37269**	**543**	**1082**
2333	37	5559	5305	254	5559	5349	33	177
2230	14	4166	2166	2000	4166	3999	32	135
3769	27	5458	1655	3803	5458	4919	68	471
1334	1	2111	504	1607	2111	2034	37	40
2260	3	2673	2254	419	2673	2531	101	41
2351	4	3223	2430	793	3223	3143	65	15
5114	35	7414	6259	1155	7414	7234	143	37
5282	62	8290	6039	2251	8290	8060	64	166
10330	**217**	**48244**	**39429**	**8815**	**48244**	**45636**	**1120**	**1488**
1135	36	6863	6201	662	6863	6487	148	228
2111	27	7896	7304	592	7896	7606	196	94
1652	28	6613	5487	1126	6613	6271	189	153
2258	38	6259	5347	912	6259	6013	97	149
2448	47	9072	7773	1299	9072	8789	96	187
646	19	3182	1982	1200	3182	2869	155	158
80	22	8359	5335	3024	8359	7601	239	519
26713	**374**	**45436**	**33969**	**11467**	**45436**	**42688**	**891**	**1857**
6404	53	9509	8215	1294	9509	8989	228	292
3158	23	3803	2652	1151	3803	3588	33	182
3458	9	4643	4347	296	4643	4450	115	78
398	38	4614	3544	1070	4614	4181	146	287
3507	10	3686	2354	1332	3686	3313	70	303
2056	117	6977	5386	1591	6977	6836	69	72
4354	112	7953	4215	3738	7953	7424	178	351
2708	5	3456	2594	862	3456	3165	33	258
670	7	795	662	133	795	742	19	34
4647	**61**	**31448**	**26907**	**4541**	**31448**	**30687**	**230**	**531**
19	2	1022	868	154	1022	1004	4	14
947	6	6797	4944	1853	6797	6594	24	179
472	1	4913	4912	1	4913	4855	45	13
43	1	2592	2273	319	2592	2530	22	40
21	2	3557	3342	215	3557	3535	7	15
1422	3	3406	3049	357	3406	3347	21	38
260	36	4787	3971	816	4787	4659	54	74
1463	10	4374	3548	826	4374	4163	53	158
3728	**1061**	**10077**	**8345**	**1732**	**10077**	**8455**	**424**	**1198**
252	139	651	578	73	651	488	74	89
132		2197	1993	204	2197	2094	56	47
414	45	1559	1472	87	1559	1470	35	54
1283	3	2550	1929	621	2550	2321	55	174
782		838	705	133	838	598	45	195
216	329	656	279	377	656	252	85	319
185	138	386	362	24	386	348	4	34
464	407	1240	1027	213	1240	884	70	286

9-3c 各地区按住房设施

地区	住房内有无厕所				
	小计	水冲式卫生厕所	水冲式非卫生厕所	卫生旱厕	普通旱厕
合计	**363126**	**65339**	**4136**	**94089**	**182194**
兰州市	**22132**	**6881**	**660**	**6707**	**6716**
城关区	402	256	8	56	49
七里河区	2502	881	135	430	519
西固区	1190	577	30	184	374
安宁区					
红古区	975	419	39	185	313
永登县	5144	1233	42	2007	1757
皋兰县	1659	667	37	135	793
榆中县	7711	1578	146	3380	2220
兰州新区	2549	1270	223	330	691
嘉峪关市	**619**	**370**	**17**	**30**	**146**
市辖区	619	370	17	30	146
金昌市	**4129**	**1483**	**96**	**480**	**1755**
金川区	976	675	8	68	186
永昌县	3153	808	88	412	1569
白银市	**21303**	**1565**	**106**	**5147**	**13427**
白银区	1350	313	8	347	663
平川区	1587	180	3	324	1064
靖远县	6753	188	16	1509	4800
会宁县	8551	526	65	2162	5223
景泰县	3062	358	14	805	1677
天水市	**47066**	**1991**	**254**	**17880**	**25976**
秦州区	6010	318	55	2650	2878
麦积区	6695	418	49	2645	3488
清水县	4838	352	38	2740	1557
秦安县	8943	169	14	2427	6097
甘谷县	9326	84	12	3447	5721
武山县	6766	292	51	2382	3894
张家川回族自治县	4488	358	35	1589	2341
武威市	**27182**	**15883**	**550**	**3268**	**6335**
凉州区	14578	8903	409	1376	3417
民勤县	4440	2520	36	554	1085
古浪县	5574	2879	86	1105	1252
天祝藏族自治县	2590	1581	19	233	581
张掖市	**20436**	**8003**	**271**	**4469**	**7124**
甘州区	8551	4911	79	1153	2237
肃南裕固族自治县	688	306	7	113	210
民乐县	3382	487	15	1284	1499
临泽县	2317	530	73	512	1098
高台县	2666	751	86	851	922
山丹县	2832	1018	11	556	1158
平凉市	**33596**	**7140**	**335**	**8713**	**16009**
崆峒区	5243	1141	152	1153	2412
泾川县	4920	847	34	707	3180
灵台县	3980	628	23	1486	1686
崇信县	1475	762	1	396	286
庄浪县	7112	1040	25	3502	2467
静宁县	8587	1661	63	1236	5085
华亭市	2279	1061	37	233	893

状况分的家庭户户数（乡村）（续2）

单位：户

无	住房内有无洗澡设施				
	小计	统一供热水	家庭自装热水器	其他	无
17368	**363126**	**1349**	**125025**	**31529**	**205223**
1168	**22132**	**109**	**7680**	**683**	**13660**
33	402	15	238	3	146
537	2502	39	855	177	1431
25	1190	4	450	47	689
19	975	4	416	9	546
105	5144	3	1336	195	3610
27	1659		279	32	1348
387	7711	37	3089	154	4431
35	2549	7	1017	66	1459
56	**619**		**306**		**313**
56	619		306		313
315	**4129**	**6**	**1087**	**137**	**2899**
39	976	4	351	36	585
276	3153	2	736	101	2314
1058	**21303**	**50**	**6127**	**1274**	**13852**
19	1350	21	356	39	934
16	1587		762	89	736
240	6753	12	2154	434	4153
575	8551	13	1849	564	6125
208	3062	4	1006	148	1904
965	**47066**	**131**	**18773**	**5110**	**23052**
109	6010	10	2037	478	3485
95	6695	4	3687	586	2418
151	4838	21	1814	324	2679
236	8943	23	3025	837	5058
62	9326	29	3701	1097	4499
147	6766	16	2191	809	3750
165	4488	28	2318	979	1163
1146	**27182**	**95**	**8580**	**1628**	**16879**
473	14578	31	4222	586	9739
245	4440	47	1058	347	2988
252	5574	10	2422	591	2551
176	2590	7	878	104	1601
569	**20436**	**287**	**10311**	**1092**	**8746**
171	8551	227	4907	390	3027
52	688	15	348	61	264
97	3382	8	1660	121	1593
104	2317	11	1212	171	923
56	2666	5	1024	174	1463
89	2832	21	1160	175	1476
1399	**33596**	**74**	**12632**	**1816**	**19074**
385	5243	33	1767	596	2847
152	4920	5	1958	117	2840
157	3980	3	997	175	2805
30	1475	2	600	117	756
78	7112	7	2819	442	3844
542	8587	20	3658	201	4708
55	2279	4	833	168	1274

9-3c 各地区按住房设施

地区	住房内有无厕所				
	小计	水冲式卫生厕所	水冲式非卫生厕所	卫生旱厕	普通旱厕
酒泉市	**12564**	**3294**	**173**	**3377**	**5026**
肃州区	4615	1257	74	653	2364
金塔县	2156	919	29	409	663
瓜州县	2391	330	6	1015	898
肃北蒙古族自治县	70	8		26	7
阿克塞哈萨克族自治县	8	4			4
玉门市	1523	304	25	764	380
敦煌市	1801	472	39	510	710
庆阳市	**38894**	**5387**	**392**	**5651**	**24466**
西峰区	5559	1669	105	431	3168
庆城县	4166	597	33	487	2573
环　县	5458	407	28	464	3354
华池县	2111	366	40	394	1101
合水县	2673	407	4	408	1716
正宁县	3223	362	27	698	2023
宁　县	7414	1050	62	1403	4599
镇原县	8290	529	93	1366	5932
定西市	**48244**	**3567**	**500**	**13951**	**28141**
安定区	6863	1152	82	2862	2495
通渭县	7896	395	99	3441	3807
陇西县	6613	329	33	1371	4539
渭源县	6259	440	20	1703	3832
临洮县	9072	873	190	2212	5466
漳　县	3182	272	40	812	1861
岷　县	8359	106	36	1550	6141
陇南市	**45436**	**7141**	**601**	**7646**	**26430**
武都区	9509	1080	210	1223	6387
成　县	3803	984	26	1137	1402
文　县	4643	1094	74	744	2348
宕昌县	4614	463	73	782	2933
康　县	3686	1234	25	323	1516
西和县	6977	271	50	1825	4675
礼　县	7953	271	95	983	5791
徽　县	3456	1212	44	496	1330
两当县	795	532	4	133	48
临夏回族自治州	**31448**	**1324**	**107**	**13140**	**16316**
临夏市	1022	331	20	287	371
临夏县	6797	347	9	3196	3041
康乐县	4913	43	5	2206	2658
永靖县	2592	265	19	1315	970
广河县	3557	90	27	1505	1930
和政县	3406	34	3	1784	1539
东乡族自治县	4787	176	9	1254	3279
积石山保安族东乡族撒拉族自治县	4374	38	15	1593	2528
甘南藏族自治州	**10077**	**1310**	**74**	**3630**	**4327**
合作市	651	94	1	314	211
临潭县	2197	59	4	993	1118
卓尼县	1559	116	2	994	441
舟曲县	2550	503	47	560	1301
迭部县	838	137	7	241	406
玛曲县	656	20		65	312
碌曲县	386	270	10	41	37
夏河县	1240	111	3	422	501

状况分的家庭户户数（乡村）（续3）

单位：户

	住房内有无洗澡设施				
无	小计	统一供热水	家庭自装热水器	其他	无
694	**12564**	**71**	**5504**	**2142**	**4847**
267	4615	54	1755	1095	1711
136	2156	5	1024	264	863
142	2391	2	1034	380	975
29	70	1	7		62
	8		4	3	1
50	1523	3	894	146	480
70	1801	6	786	254	755
2998	**38894**	**163**	**15297**	**1808**	**21626**
186	5559	31	2819	116	2593
476	4166	30	1807	294	2035
1205	5458	19	1263	208	3968
210	2111	7	833	126	1145
138	2673		1126	171	1376
113	3223	32	928	103	2160
300	7414	19	3042	394	3959
370	8290	25	3479	396	4390
2085	**48244**	**92**	**10278**	**3540**	**34334**
272	6863	10	1963	446	4444
154	7896	35	1644	1218	4999
341	6613	8	1441	352	4812
264	6259	7	1451	384	4417
331	9072	18	2121	437	6496
197	3182	6	599	225	2352
526	8359	8	1059	478	6814
3618	**45436**	**50**	**15217**	**4446**	**25723**
609	9509	5	2908	953	5643
254	3803		1221	269	2313
383	4643	6	2340	439	1858
363	4614	7	991	609	3007
588	3686	6	1349	176	2155
156	6977	6	2510	709	3752
813	7953	12	1914	1039	4988
374	3456	8	1540	198	1710
78	795		444	54	297
561	**31448**	**170**	**9559**	**7054**	**14665**
13	1022	111	388	67	456
204	6797	19	2065	925	3788
1	4913	1	1325	1697	1890
23	2592	4	967	244	1377
5	3557	15	1330	1389	823
46	3406	2	664	504	2236
69	4787	9	1319	1315	2144
200	4374	9	1501	913	1951
736	**10077**	**51**	**3674**	**799**	**5553**
31	651	4	144	126	377
23	2197		348	147	1702
6	1559	14	820	152	573
139	2550	2	1209	125	1214
47	838	3	337	10	488
259	656	10	53	61	532
28	386		281	53	52
203	1240	18	482	125	615

9–4 各地区按住房来源分的家庭户户数

单位：户

地区	户数	租赁廉租房／公租房	租赁其他住房	购买新建商品房	购买二手房	购买原公有住房	购买经济适用房／两限房	自建住房	继承或赠予	其他
合计	**764771**	**12159**	**55463**	**148202**	**36277**	**46418**	**31492**	**403782**	**6044**	**24934**
兰州市	**139006**	**3565**	**23354**	**33464**	**11808**	**21353**	**12653**	**24829**	**1564**	**6416**
城关区	52251	1843	13113	13587	5698	9924	4068	1789	622	1607
七里河区	23606	594	3922	4462	2159	4537	3374	2328	335	1895
西固区	15336	325	2035	2578	1189	4048	2685	1389	229	858
安宁区	11529	456	1509	3562	667	1567	1783	446	149	1390
红古区	4779	140	267	1724	587	517	302	1058	29	155
永登县	9710	46	503	1370	845	359	25	6399	36	127
皋兰县	3813	18	172	1018	254	202	117	1967	44	21
榆中县	12678	50	1065	3005	355	197	98	7447	118	343
兰州新区	5304	93	768	2158	54	2	201	2006	2	20
嘉峪关市	**11627**	**172**	**878**	**6188**	**1524**	**1098**	**1119**	**442**	**59**	**147**
市辖区	11627	172	878	6188	1524	1098	1119	442	59	147
金昌市	**17097**	**345**	**1439**	**5147**	**1934**	**3182**	**838**	**3743**	**156**	**313**
金川区	10096	191	904	3162	1406	2631	526	1028	103	145
永昌县	7001	154	535	1985	528	551	312	2715	53	168
白银市	**47960**	**469**	**2520**	**8947**	**2633**	**4552**	**3678**	**23607**	**305**	**1249**
白银区	12558	134	937	2951	1340	2966	2669	1292	112	157
平川区	6273	90	321	1636	495	1112	308	1935	86	290
靖远县	10715	95	274	1004	257	153	324	8292	40	276
会宁县	11958	85	626	1788	115	72	232	8704	38	298
景泰县	6456	65	362	1568	426	249	145	3384	29	228
天水市	**85316**	**916**	**3925**	**9263**	**1600**	**4811**	**2749**	**58722**	**761**	**2569**
秦州区	18653	517	2281	3020	758	2326	870	7648	223	1010
麦积区	15898	144	594	1733	415	1763	988	9233	183	845
清水县	6730	60	177	800	100	214	163	5093	34	89
秦安县	12778	64	257	1132	96	173	282	10621	38	115
甘谷县	14684	97	274	990	92	83	109	12672	143	224
武山县	10409	6	130	1162	83	99	131	8532	103	163
张家川回族自治县	6164	28	212	426	56	153	206	4923	37	123
武威市	**48715**	**588**	**1409**	**10068**	**1930**	**1846**	**3347**	**26358**	**377**	**2792**
凉州区	29566	390	860	7411	1345	1486	1401	15044	156	1473
民勤县	6610	42	136	1038	163	60	514	4322	12	323
古浪县	7763	52	136	743	131	142	763	5040	110	646
天祝藏族自治县	4776	104	277	876	291	158	669	1952	99	350
张掖市	**39921**	**774**	**1485**	**15366**	**1899**	**1491**	**1541**	**16050**	**229**	**1086**
甘州区	18097	412	849	8811	1027	1027	588	4727	76	580
肃南裕固族自治县	1098	5	39	99	104	27	218	509	15	82
民乐县	6045	107	149	1547	165	107	301	3536	48	85
临泽县	4129	65	60	955	195	76	119	2546	24	89
高台县	4997	87	117	1700	186	48	229	2554	28	48
山丹县	5555	98	271	2254	222	206	86	2178	38	202
平凉市	**58735**	**1077**	**3661**	**11894**	**2591**	**1398**	**1084**	**35589**	**285**	**1156**
崆峒区	16154	562	1289	5303	1402	662	580	5881	79	396
泾川县	7448	39	176	1000	237	14	87	5747	28	120
灵台县	5708	58	379	959	152	24	45	3898	42	151
崇信县	2530	38	98	520	95	41	111	1570	17	40
庄浪县	9607	95	99	1056	78	71	57	7838	77	236
静宁县	11609	195	1073	1855	237	40	24	8092	13	80
华亭市	5679	90	547	1201	390	546	180	2563	29	133

9-4 各地区按住房来源分的家庭户户数（续）

单位：户

地区	户数	租赁廉租房/公租房	租赁其他住房	购买新建商品房	购买二手房	购买原公有住房	购买经济适用房/两限房	自建住房	继承或赠予	其他
酒泉市	**35954**	**1332**	**1764**	**11154**	**3117**	**2687**	**697**	**12892**	**258**	**2053**
肃州区	16432	824	913	5871	1552	2034	395	4550	62	231
金塔县	3826	8	75	1015	327	43	118	2156	32	52
瓜州县	4065	52	221	961	276	99	54	2254	17	131
肃北蒙古族自治县	414	80	16	135	52	16	21	88	3	3
阿克塞哈萨克族自治县	313	34	11	109	46	41	0	71	0	1
玉门市	4210	236	214	1059	450	267	44	1865	21	54
敦煌市	6694	98	314	2004	414	187	65	1908	123	1581
庆阳市	**64910**	**686**	**5477**	**10016**	**1955**	**1251**	**870**	**42536**	**527**	**1592**
西峰区	15277	322	2641	4509	989	701	216	5579	66	254
庆城县	6838	69	645	731	365	223	184	4435	65	121
环　县	8297	90	1106	1067	128	73	90	5459	47	237
华池县	3519	54	355	583	130	36	131	2045	24	161
合水县	4115	27	191	661	99	64	61	2880	27	105
正宁县	5211	18	155	574	117	52	79	4080	41	95
宁　县	10276	37	126	751	37	59	56	8946	58	206
镇原县	11377	69	258	1140	90	43	53	9112	199	413
定西市	**76951**	**827**	**3817**	**11460**	**1881**	**1106**	**969**	**54950**	**329**	**1612**
安定区	13775	243	1043	3438	789	351	330	7121	56	404
通渭县	10689	59	389	941	37	164	114	8718	72	195
陇西县	13039	127	559	2625	397	305	145	8634	40	207
渭源县	8552	58	312	909	28	46	50	6909	32	208
临洮县	14670	96	844	2275	412	113	244	10161	56	469
漳　县	4836	103	301	438	93	61	28	3770	15	27
岷　县	11390	141	369	834	125	66	58	9637	58	102
陇南市	**69972**	**589**	**3594**	**6009**	**779**	**865**	**419**	**55812**	**596**	**1309**
武都区	16646	134	1742	2071	283	328	112	11466	89	421
成　县	7174	186	493	587	64	165	72	5505	39	63
文　县	6590	59	315	478	98	61	29	5415	72	63
宕昌县	6413	14	65	594	50	34	23	5407	22	204
康　县	5181	65	179	321	33	66	23	4390	24	80
西和县	9614	23	251	464	32	45	46	8552	69	132
礼　县	11116	34	138	445	49	62	42	9956	193	197
徽　县	5862	69	380	936	92	59	31	4099	71	125
两当县	1376	5	31	113	78	45	41	1022	17	24
临夏回族自治州	**51065**	**630**	**1441**	**7228**	**1971**	**391**	**835**	**36146**	**472**	**1951**
临夏市	9671	320	991	3666	1334	66	81	2508	192	513
临夏县	7975	14	18	245	20	13	124	7336	25	180
康乐县	6321	50	69	537	39	12	205	5333	12	64
永靖县	5679	94	190	1406	378	231	114	3027	17	222
广河县	5244	23	51	366	39	10	110	4328	50	267
和政县	4801	36	52	516	77	25	60	3941	31	63
东乡族自治县	5889	13	19	27	17	6	22	5143	129	513
积石山保安族东乡族撒拉族自治县	5485	80	51	465	67	28	119	4530	16	129
甘南藏族自治州	**17542**	**189**	**699**	**1998**	**655**	**387**	**693**	**12106**	**126**	**689**
合作市	2434	71	252	470	277	212	147	849	28	128
临潭县	3370	24	65	267	63	18	43	2860	19	11
卓尼县	2438	21	34	298	40	19	116	1848	9	53
舟曲县	3666	9	158	388	29	37	67	2858	14	106
迭部县	1462	17	61	276	45	36	60	954	1	12
玛曲县	1405	26	64	77	82	18	68	789	45	236
碌曲县	830	7	33	35	20	10	160	471	6	88
夏河县	1937	14	32	187	99	37	32	1477	4	55

9-4a 各地区按住房来源分的家庭户户数（城市）

单位：户

地区	户数	租赁廉租房/公租房	租赁其他住房	购买新建商品房	购买二手房	购买原公有住房	购买经济适用房/两限房	自建住房	继承或赠予	其他
合计	**235019**	**7650**	**34960**	**83488**	**25306**	**38274**	**20961**	**11690**	**2377**	**10313**
兰州市	**98652**	**3254**	**19577**	**24757**	**10041**	**19841**	**11668**	**3002**	**1226**	**5286**
城关区	51190	1830	12908	13163	5642	9924	4042	1536	615	1530
七里河区	19558	560	3250	3859	2082	4416	3038	614	245	1494
西固区	13184	312	1754	2548	1142	3558	2629	268	201	772
安宁区	11529	456	1509	3562	667	1567	1783	446	149	1390
红古区	3191	96	156	1625	508	376	176	138	16	100
嘉峪关市	**10892**	**172**	**742**	**6187**	**1472**	**1026**	**1090**	**9**	**54**	**140**
市辖区	10892	172	742	6187	1472	1026	1090	9	54	140
金昌市	**9091**	**190**	**848**	**3157**	**1389**	**2618**	**522**	**137**	**90**	**140**
金川区	9091	190	848	3157	1389	2618	522	137	90	140
白银市	**15269**	**220**	**1156**	**4569**	**1795**	**3969**	**2829**	**213**	**169**	**349**
白银区	11096	131	858	2936	1336	2965	2540	86	101	143
平川区	4162	89	293	1633	457	1004	289	123	68	206
靖远县	11		5		2			4		
天水市	**19218**	**648**	**2680**	**4582**	**1142**	**3911**	**1587**	**2976**	**276**	**1416**
秦州区	11417	511	2135	2963	750	2325	846	928	156	803
麦积区	7801	137	545	1619	392	1586	741	2048	120	613
武威市	**12452**	**294**	**678**	**6785**	**1213**	**1058**	**999**	**374**	**103**	**948**
凉州区	12452	294	678	6785	1213	1058	999	374	103	948
张掖市	**9064**	**311**	**693**	**5270**	**996**	**997**	**324**	**87**	**54**	**332**
甘州区	9041	311	693	5270	996	997	307	81	54	332
肃南裕固族自治县	23						17	6		
平凉市	**13171**	**626**	**1562**	**6351**	**1612**	**1120**	**582**	**920**	**67**	**331**
崆峒区	10671	557	1211	5256	1360	651	464	828	57	287
华亭市	2500	69	351	1095	252	469	118	92	10	44
酒泉市	**15714**	**920**	**1187**	**8226**	**2112**	**2176**	**484**	**289**	**82**	**238**
肃州区	11138	801	834	5431	1462	1916	388	90	49	167
玉门市	1556	55	137	914	264	108	40	10	7	21
敦煌市	3020	64	216	1881	386	152	56	189	26	50
庆阳市	**9497**	**321**	**2369**	**4106**	**954**	**608**	**185**	**742**	**55**	**157**
西峰区	9497	321	2369	4106	954	608	185	742	55	157
定西市	**6164**	**240**	**788**	**3248**	**701**	**338**	**305**	**300**	**30**	**214**
安定区	6164	240	788	3248	701	338	305	300	30	214
陇南市	**5532**	**78**	**1455**	**2031**	**277**	**326**	**103**	**1028**	**42**	**192**
武都区	5489	78	1455	2031	277	326	103	985	42	192
康　县	43							43		
临夏回族自治州	**8586**	**305**	**979**	**3749**	**1330**	**74**	**136**	**1433**	**122**	**458**
临夏市	8380	296	974	3644	1328	66	79	1433	122	438
临夏县	206	9	5	105	2	8	57			20
甘南藏族自治州	**1717**	**71**	**246**	**470**	**272**	**212**	**147**	**180**	**7**	**112**
合作市	1717	71	246	470	272	212	147	180	7	112

9-4b 各地区按住房来源分的家庭户户数（镇）

单位：户

地区	户数	租赁廉租房/公租房	租赁其他住房	购买新建商品房	购买二手房	购买原公有住房	购买经济适用房/两限房	自建住房	继承或赠予	其他
合计	**166626**	**3771**	**15092**	**54904**	**9494**	**7245**	**7707**	**59140**	**1549**	**7724**
兰州市	**18222**	**261**	**2362**	**7556**	**1688**	**1455**	**892**	**3178**	**163**	**667**
城关区	659	12	120	347	56		26	61		37
七里河区	1546	21	140	285	59	115	329	273	60	264
西固区	962	12	113	29	43	488	30	175	8	64
安宁区										
红古区	613	41	76	52	68	134	125	72	10	35
永登县	4566	46	479	1353	831	357	21	1374	27	78
皋兰县	2154	18	128	1001	250	201	117	411	18	10
榆中县	4967	44	811	2753	332	158	73	586	38	172
兰州新区	2755	67	495	1736	49	2	171	226	2	7
嘉峪关市	**116**		**23**		**7**			**83**	**1**	**2**
市辖区	116		23		7			83	1	2
金昌市	**3877**	**143**	**351**	**1721**	**475**	**524**	**289**	**213**	**38**	**123**
金川区	29							29		
永昌县	3848	143	351	1721	475	524	289	184	38	123
白银市	**11388**	**229**	**1119**	**4014**	**728**	**557**	**570**	**3675**	**60**	**436**
白银区	112	1	3				5	103		
平川区	524		21	1	34	107	19	297	4	41
靖远县	3951	92	252	986	235	143	190	1924	17	112
会宁县	3407	73	486	1476	68	66	213	797	23	205
景泰县	3394	63	357	1551	391	241	143	554	16	78
天水市	**19032**	**250**	**904**	**4434**	**378**	**871**	**1061**	**10535**	**154**	**445**
秦州区	1226		54	28	1	1	16	1049	8	69
麦积区	1402	3	33	90	15	170	208	794	23	66
清水县	1892	55	62	776	85	203	148	536	1	26
秦安县	3835	63	242	1090	92	171	277	1862	10	28
甘谷县	5358	96	251	963	88	81	102	3596	49	132
武山县	3643	6	92	1105	48	97	108	2038	53	96
张家川回族自治县	1676	27	170	382	49	148	202	660	10	28
武威市	**9081**	**161**	**569**	**2801**	**657**	**728**	**1252**	**2394**	**58**	**461**
凉州区	2536	48	98	259	117	409	172	1331	9	93
民勤县	2170	5	108	982	156	40	375	277	7	220
古浪县	2189	44	112	694	116	138	395	621	9	60
天祝藏族自治县	2186	64	251	866	268	141	310	165	33	88
张掖市	**10421**	**339**	**540**	**5682**	**783**	**370**	**647**	**1687**	**88**	**285**
甘州区	505		6	257	4		23	209		6
肃南裕固族自治县	387	2	23	61	87	27	62	56	9	60
民乐县	2663	105	139	1433	155	100	187	429	39	76
临泽县	1812	65	56	863	184	75	114	409	4	42
高台县	2331	86	106	1455	173	39	194	239	17	22
山丹县	2723	81	210	1613	180	129	67	345	19	79
平凉市	**11968**	**259**	**1320**	**4775**	**768**	**226**	**310**	**3854**	**54**	**402**
崆峒区	240	1	3	10	7		10	209		
泾川县	2528	34	159	977	229	14	86	939	15	75
灵台县	1728	54	217	843	113	22	43	344	10	82
崇信县	1055	37	77	508	71	15	65	242	10	30
庄浪县	2495	95	93	1017	75	71	55	946	13	130
静宁县	3022	20	641	1326	163	32	10	785	5	40
华亭市	900	18	130	94	110	72	41	389	1	45

9-4b 各地区按住房来源分的家庭户户数（镇）（续）

单位：户

地区	户数	租赁廉租房/公租房	租赁其他住房	购买新建商品房	购买二手房	购买原公有住房	购买经济适用房/两限房	自建住房	继承或赠予	其他
酒泉市	**7676**	**355**	**308**	**2183**	**708**	**333**	**145**	**1850**	**103**	**1691**
肃州区	679		9	24	16	5		616	3	6
金塔县	1670	8	48	982	250	41	64	237	13	27
瓜州县	1674	50	113	800	186	67	52	270	14	122
肃北蒙古族自治县	344	78	16	130	52	15	21	28	1	3
阿克塞哈萨克族自治县	305	34	11	108	45	41		65		1
玉门市	1131	180	68	129	144	157	4	421	9	19
敦煌市	1873	5	43	10	15	7	4	213	63	1513
庆阳市	**16519**	**330**	**2296**	**5139**	**835**	**489**	**518**	**5914**	**239**	**759**
西峰区	221		39	39	2		1	139		1
庆城县	2672	61	577	641	333	216	138	635	30	41
环　县	2839	73	843	998	103	65	63	538	33	123
华池县	1408	52	265	516	108	25	120	195	13	114
合水县	1442	27	156	627	87	44	58	389	7	47
正宁县	1988	15	132	557	110	50	71	961	19	73
宁　县	2862	35	107	691	23	57	26	1829	20	74
镇原县	3087	67	177	1070	69	32	41	1228	117	286
定西市	**22543**	**556**	**2594**	**7790**	**1074**	**735**	**564**	**8419**	**111**	**700**
安定区	748	1	58	15	33	1		583	2	55
通渭县	2793	48	382	897	33	162	107	1070	9	85
陇西县	6426	127	519	2581	389	304	142	2240	27	97
渭源县	2293	56	245	845	27	44	39	950	5	82
临洮县	5598	93	774	2209	405	100	207	1462	25	323
漳　县	1654	91	295	429	82	60	21	660	4	12
岷　县	3031	140	321	814	105	64	48	1454	39	46
陇南市	**19004**	**482**	**1931**	**3891**	**444**	**513**	**282**	**10662**	**228**	**571**
武都区	1648	47	190	26	2	1		1241	7	134
成　县	3371	185	488	586	62	162	72	1741	27	48
文　县	1947	51	270	462	83	59	22	963	21	16
宕昌县	1799	7	60	590	40	32	11	1013	2	44
康　县	1452	62	175	320	32	66	23	719	8	47
西和县	2637	22	232	458	29	45	45	1743	9	54
礼　县	3163	34	135	430	43	58	40	2205	108	110
徽　县	2406	69	351	908	80	52	28	772	38	108
两当县	581	5	30	111	73	38	41	265	8	10
临夏回族自治州	**11031**	**297**	**406**	**3406**	**615**	**312**	**686**	**4272**	**195**	**842**
临夏市	269	1	1	4	2			260		1
临夏县	972	5	11	127	10	5	62	636	4	112
康乐县	1408	50	65	529	37	12	205	460	4	46
永靖县	3087	94	181	1401	372	231	114	475	16	203
广河县	1687	23	47	354	37	10	109	902	34	171
和政县	1395	36	47	510	74	20	56	613	18	21
东乡族自治县	1102	10	11	23	16	6	22	662	114	238
积石山保安族东乡族撒拉族自治县	1111	78	43	458	67	28	118	264	5	50
甘南藏族自治州	**5748**	**109**	**369**	**1512**	**334**	**132**	**491**	**2404**	**57**	**340**
合作市	66		1					65		
临潭县	1173	24	62	267	58	14	43	697	6	2
卓尼县	879	21	25	298	34	18	116	321	5	41
舟曲县	1116	9	106	373	26	37	17	480	6	62
迭部县	624	17	59	276	44	6	55	163	1	3
玛曲县	749	24	59	76	76	18	68	229	33	166
碌曲县	444	7	32	35	16	10	160	137	6	41
夏河县	697	7	25	187	80	29	32	312		25

9-4c 各地区按住房来源分的家庭户户数（乡村）

单位：户

地区	户数	租赁廉租房/公租房	租赁其他住房	购买新建商品房	购买二手房	购买原公有住房	购买经济适用房/两限房	自建住房	继承或赠予	其他
合计	**363126**	**738**	**5411**	**9810**	**1477**	**899**	**2824**	**332952**	**2118**	**6897**
兰州市	**22132**	**50**	**1415**	**1151**	**79**	**57**	**93**	**18649**	**175**	**463**
城关区	402	1	85	77				192	7	40
七里河区	2502	13	532	318	18	6	7	1441	30	137
西固区	1190	1	168	1	4	2	26	946	20	22
安宁区										
红古区	975	3	35	47	11	7	1	848	3	20
永登县	5144		24	17	14	2	4	5025	9	49
皋兰县	1659		44	17	4	1		1556	26	11
榆中县	7711	6	254	252	23	39	25	6861	80	171
兰州新区	2549	26	273	422	5		30	1780		13
嘉峪关市	**619**		**113**	**1**	**45**	**72**	**29**	**350**	**4**	**5**
市辖区	619		113	1	45	72	29	350	4	5
金昌市	**4129**	**12**	**240**	**269**	**70**	**40**	**27**	**3393**	**28**	**50**
金川区	976	1	56	5	17	13	4	862	13	5
永昌县	3153	11	184	264	53	27	23	2531	15	45
白银市	**21303**	**20**	**245**	**364**	**110**	**26**	**279**	**19719**	**76**	**464**
白银区	1350	2	76	15	4	1	124	1103	11	14
平川区	1587	1	7	2	4	1		1515	14	43
靖远县	6753	3	17	18	20	10	134	6364	23	164
会宁县	8551	12	140	312	47	6	19	7907	15	93
景泰县	3062	2	5	17	35	8	2	2830	13	150
天水市	**47066**	**18**	**341**	**247**	**80**	**29**	**101**	**45211**	**331**	**708**
秦州区	6010	6	92	29	7		8	5671	59	138
麦积区	6695	4	16	24	8	7	39	6391	40	166
清水县	4838	5	115	24	15	11	15	4557	33	63
秦安县	8943	1	15	42	4	2	5	8759	28	87
甘谷县	9326	1	23	27	4	2	7	9076	94	92
武山县	6766		38	57	35	2	23	6494	50	67
张家川回族自治县	4488	1	42	44	7	5	4	4263	27	95
武威市	**27182**	**133**	**162**	**482**	**60**	**60**	**1096**	**23590**	**216**	**1383**
凉州区	14578	48	84	367	15	19	230	13339	44	432
民勤县	4440	37	28	56	7	20	139	4045	5	103
古浪县	5574	8	24	49	15	4	368	4419	101	586
天祝藏族自治县	2590	40	26	10	23	17	359	1787	66	262
张掖市	**20436**	**124**	**252**	**4414**	**120**	**124**	**570**	**14276**	**87**	**469**
甘州区	8551	101	150	3284	27	30	258	4437	22	242
肃南裕固族自治县	688	3	16	38	17		139	447	6	22
民乐县	3382	2	10	114	10	7	114	3107	9	9
临泽县	2317		4	92	11	1	5	2137	20	47
高台县	2666	1	11	245	13	9	35	2315	11	26
山丹县	2832	17	61	641	42	77	19	1833	19	123
平凉市	**33596**	**192**	**779**	**768**	**211**	**52**	**192**	**30815**	**164**	**423**
崆峒区	5243	4	75	37	35	11	106	4844	22	109
泾川县	4920	5	17	23	8		1	4808	13	45
灵台县	3980	4	162	116	39	2	2	3554	32	69
崇信县	1475	1	21	12	24	26	46	1328	7	10
庄浪县	7112		6	39	3		2	6892	64	106
静宁县	8587	175	432	529	74	8	14	7307	8	40
华亭市	2279	3	66	12	28	5	21	2082	18	44

9-4c 各地区按住房来源分的家庭户户数（乡村）（续）

单位：户

地区	户数	租赁廉租房/公租房	租赁其他住房	购买新建商品房	购买二手房	购买原公有住房	购买经济适用房/两限房	自建住房	继承或赠予	其他
酒泉市	**12564**	**57**	**269**	**745**	**297**	**178**	**68**	**10753**	**73**	**124**
肃州区	4615	23	70	416	74	113	7	3844	10	58
金塔县	2156		27	33	77	2	54	1919	19	25
瓜州县	2391	2	108	161	90	32	2	1984	3	9
肃北蒙古族自治县	70	2		5		1		60	2	
阿克塞哈萨克族自治县	8			1	1			6		
玉门市	1523	1	9	16	42	2		1434	5	14
敦煌市	1801	29	55	113	13	28	5	1506	34	18
庆阳市	**38894**	**35**	**812**	**771**	**166**	**154**	**167**	**35880**	**233**	**676**
西峰区	5559	1	233	364	33	93	30	4698	11	96
庆城县	4166	8	68	90	32	7	46	3800	35	80
环　县	5458	17	263	69	25	8	27	4921	14	114
华池县	2111	2	90	67	22	11	11	1850	11	47
合水县	2673		35	34	12	20	3	2491	20	58
正宁县	3223	3	23	17	7	2	8	3119	22	22
宁　县	7414	2	19	60	14	2	30	7117	38	132
镇原县	8290	2	81	70	21	11	12	7884	82	127
定西市	**48244**	**31**	**435**	**422**	**106**	**33**	**100**	**46231**	**188**	**698**
安定区	6863	2	197	175	55	12	25	6238	24	135
通渭县	7896	11	7	44	4	2	7	7648	63	110
陇西县	6613		40	44	8	1	3	6394	13	110
渭源县	6259	2	67	64	1	2	11	5959	27	126
临洮县	9072	3	70	66	7	13	37	8699	31	146
漳　县	3182	12	6	9	11	1	7	3110	11	15
岷　县	8359	1	48	20	20	2	10	8183	19	56
陇南市	**45436**	**29**	**208**	**87**	**58**	**26**	**34**	**44122**	**326**	**546**
武都区	9509	9	97	14	4	1	9	9240	40	95
成　县	3803	1	5	1	2	3		3764	12	15
文　县	4643	8	45	16	15	2	7	4452	51	47
宕昌县	4614	7	5	4	10	2	12	4394	20	160
康　县	3686	3	4	1	1			3628	16	33
西和县	6977	1	19	6	3		1	6809	60	78
礼　县	7953		3	15	6	4	2	7751	85	87
徽　县	3456		29	28	12	7	3	3327	33	17
两当县	795		1	2	5	7		757	9	14
临夏回族自治州	**31448**	**28**	**56**	**73**	**26**	**5**	**13**	**30441**	**155**	**651**
临夏市	1022	23	16	18	4		2	815	70	74
临夏县	6797		2	13	8		5	6700	21	48
康乐县	4913		4	8	2			4873	8	18
永靖县	2592		9	5	6			2552	1	19
广河县	3557		4	12	2		1	3426	16	96
和政县	3406		5	6	3	5	4	3328	13	42
东乡族自治县	4787	3	8	4	1			4481	15	275
积石山保安族东乡族撒拉族自治县	4374	2	8	7			1	4266	11	79
甘南藏族自治州	**10077**	**9**	**84**	**16**	**49**	**43**	**55**	**9522**	**62**	**237**
合作市	651		5		5			604	21	16
临潭县	2197		3		5	4		2163	13	9
卓尼县	1559		9		6	1		1527	4	12
舟曲县	2550		52	15	3		50	2378	8	44
迭部县	838		2		1	30	5	791		9
玛曲县	656	2	5	1	6			560	12	70
碌曲县	386		1		4			334		47
夏河县	1240	7	7		19	8		1165	4	30

9-5 各地区按月租房费用分的家庭户户数

单位：户

	合计	200元以下	200—499元	500—999元	1000—1999元	2000—2999元	3000—3999元	4000—5999元	6000—7999元	8000—9999元	10000元及以上
合计	**67622**	**11626**	**25684**	**12749**	**13671**	**2540**	**556**	**291**	**180**	**82**	**243**
兰州市	**26919**	**2572**	**10080**	**3579**	**8199**	**2001**	**347**	**92**	**18**	**4**	**27**
城关区	14956	1170	6388	1650	4134	1293	243	64	7	1	6
七里河区	4516	433	1336	617	1790	295	30	10	3	2	
西固区	2360	316	582	615	792	43	10				2
安宁区	1965	94	677	182	608	343	50	9	1		1
红古区	407	203	75	59	63	2		3	1	1	
永登县	549	139	249	104	44	5	6	1			1
皋兰县	190	71	55	45	16	1		1	1		
榆中县	1115	132	606	139	221	4	6	2	2		3
兰州新区	861	14	112	168	531	15	2	2	3		14
嘉峪关市	**1050**	**92**	**223**	**427**	**297**	**7**	**2**	**2**			
市辖区	1050	92	223	427	297	7	2	2			
金昌市	**1784**	**628**	**514**	**568**	**55**	**9**		**4**	**5**		**1**
金川区	1095	249	294	501	38	5		3	4		1
永昌县	689	379	220	67	17	4		1	1		
白银市	**2989**	**591**	**977**	**1043**	**317**	**20**	**21**	**10**	**1**	**1**	**8**
白银区	1071	153	174	575	162	5	1	1			
平川区	411	64	104	209	28	2	1				3
靖远县	369	53	204	91	18	1				1	1
会宁县	711	244	287	77	73	10	9	7	1		3
景泰县	427	77	208	91	36	2	10	2			1
天水市	**4841**	**906**	**1954**	**885**	**867**	**125**	**25**	**50**	**11**	**3**	**15**
秦州区	2798	500	1208	470	490	96	6	18	2		8
麦积区	738	85	255	181	198	13	4		1		1
清水县	237	11	139	59	19	1	2	3	2		1
秦安县	321	68	137	69	37	2	3	3		2	
甘谷县	371	115	80	47	86	5	6	26	2		4
武山县	136	41	39	37	11	2	3		2		1
张家川回族自治县	240	86	96	22	26	6	1		2	1	
武威市	**1997**	**350**	**544**	**515**	**520**	**21**	**1**	**6**	**1**	**9**	**30**
凉州区	1250	109	280	380	449	11		4		4	13
民勤县	178	80	73	14	8	3					
古浪县	188	45	45	71	14	2		1		2	8
天祝藏族自治县	381	116	146	50	49	5	1	1	1	3	9
张掖市	**2259**	**386**	**769**	**807**	**223**	**11**	**9**	**14**	**22**	**9**	**9**
甘州区	1261	153	372	522	184	9	2	4	6	2	7
肃南裕固族自治县	44	3	9	25	2	1	4				
民乐县	256	36	74	114	18		1	3	7	3	
临泽县	125	10	62	41	3	1	2	5	1		
高台县	204	34	110	46	8			1	3		2
山丹县	369	150	142	59	8			1	5	4	
平凉市	**4738**	**1247**	**1918**	**891**	**591**	**23**	**13**	**10**	**21**	**9**	**15**
崆峒区	1851	437	566	436	366	11	4	4	10	6	11
泾川县	215	39	59	78	37	2					
灵台县	437	137	196	80	18	1	2		1	1	1
崇信县	136	18	59	32	12	1	1	4	8	1	
庄浪县	194	8	113	45	21	3	3				1
静宁县	1268	465	585	97	109	3	2	2	2	1	2
华亭市	637	143	340	123	28	2	1				

9-5 各地区按月租房费用分的家庭户户数（续）

单位：户

	合计	200 元以下	200—499 元	500—999 元	1000—1999 元	2000—2999 元	3000—3999 元	4000—5999 元	6000—7999 元	8000—9999 元	10000 元及以上
酒泉市	**3096**	**924**	**1225**	**436**	**440**	**21**	**15**	**5**	**5**	**8**	**17**
肃州区	1737	464	812	159	285	10	3			1	3
金塔县	83	18	33	21	6	3	2				
瓜州县	273	81	106	55	19	2	4		1	3	2
肃北蒙古族自治县	96	40	37	11	8						
阿克塞哈萨克族自治县	45	4	26	8	7						
玉门市	450	212	80	127	25		2	1	1	1	1
敦煌市	412	105	131	55	90	6	4	4	3	3	11
庆阳市	**6163**	**924**	**3071**	**1105**	**843**	**126**	**15**	**16**	**9**	**10**	**44**
西峰区	2963	273	1552	598	437	80	4	5	4	1	9
庆城县	714	126	283	144	144	8	2	1	1		5
环　县	1196	288	603	141	133	24	4	1	1		1
华池县	409	76	244	42	38	4	1			2	2
合水县	218	42	114	33	21	1		4	1		2
正宁县	173	40	72	31	15	2	2	4		2	5
宁　县	163	30	61	30	33	4	1	1	1	2	
镇原县	327	49	142	86	22	3	1		1	3	20
定西市	**4644**	**1246**	**1826**	**920**	**473**	**68**	**37**	**22**	**13**	**10**	**29**
安定区	1286	254	501	323	191	7	5		1	1	3
通渭县	448	121	212	90	20	4	1				
陇西县	686	153	259	141	90	20	6	4	4	3	6
渭源县	370	172	124	29	20	9	7	5	2	1	1
临洮县	940	290	391	160	61	15	6	2	5	4	6
漳　县	404	182	177	18	17			7			3
岷　县	510	74	162	159	74	13	12	4	1	1	10
陇南市	**4183**	**1216**	**1745**	**719**	**236**	**74**	**56**	**38**	**55**	**11**	**33**
武都区	1876	465	865	354	108	24	12	11	15	4	18
成　县	679	317	209	110	16	6	4	3	6	4	4
文　县	374	138	146	62	19	4	1		1	1	2
宕昌县	79	6	15	12	23	11	2	4		2	4
康　县	244	36	122	65	11	2	5	2	1		
西和县	274	81	86	20	28	6	12	13	25		3
礼　县	172	71	33	11	19	16	18	2	2		
徽　县	449	86	260	78	9	4	2	3	5		2
两当县	36	16	9	7	3	1					
临夏回族自治州	**2071**	**331**	**485**	**701**	**492**	**12**	**10**	**15**	**7**	**5**	**13**
临夏市	1311	236	209	415	426	7	8	4	1	1	4
临夏县	32	1	5	20	5					1	
康乐县	119	8	41	63	6			1			
永靖县	284	53	101	104	25	1					
广河县	74	2	22	36	5	1		4	1		3
和政县	88	13	32	27	4	2		2	5	1	2
东乡族自治县	32	6	7	11	6	1	1				
积石山保安族东乡族撒拉族自治县	131	12	68	25	15		1	4		2	4
甘南藏族自治州	**888**	**213**	**353**	**153**	**118**	**22**	**5**	**7**	**12**	**3**	**2**
合作市	323	44	133	33	86	13	1	4	8	1	
临潭县	89	43	17	23	4	1		1			
卓尼县	55	10	18	22	2			1	2		
舟曲县	167	50	78	34	1	1		1	1	1	
迭部县	78	24	39	7	5	1			1		1
玛曲县	90	27	40	10	6	2	3			1	1
碌曲县	40	10	11	9	8	2					
夏河县	46	5	17	15	6	2	1				

9-5a 各地区按月租房费用分的家庭户户数（城市）

单位：户

	合计	200 元以下	200—499 元	500—999 元	1000—1999 元	2000—2999 元	3000—3999 元	4000—5999 元	6000—7999 元	8000—9999 元	10000 元及以上
合计	**42610**	**4995**	**15319**	**8390**	**11012**	**2215**	**368**	**136**	**62**	**23**	**90**
兰州市	**22831**	**2045**	**8243**	**2919**	**7262**	**1937**	**322**	**82**	**11**	**3**	**7**
城关区	14738	1159	6248	1633	4118	1268	238	62	7	1	4
七里河区	3810	402	878	510	1695	286	27	8	3	1	
西固区	2066	284	389	565	780	39	7				2
安宁区	1965	94	677	182	608	343	50	9	1		1
红古区	252	106	51	29	61	1		3		1	
嘉峪关市	**914**	**62**	**175**	**373**	**293**	**7**	**2**	**2**			
市辖区	914	62	175	373	293	7	2	2			
金昌市	**1038**	**209**	**282**	**498**	**38**	**5**		**1**	**4**		**1**
金川区	1038	209	282	498	38	5		1	4		1
白银市	**1376**	**168**	**237**	**776**	**185**	**6**		**1**			**3**
白银区	989	112	142	570	160	4		1			
平川区	382	55	91	206	25	2					3
靖远县	5	1	4								
天水市	**3328**	**510**	**1369**	**627**	**675**	**109**	**9**	**17**	**3**		**9**
秦州区	2646	439	1128	464	486	96	6	17	2		8
麦积区	682	71	241	163	189	13	3		1		1
武威市	**972**	**44**	**138**	**333**	**432**	**9**		**2**		**3**	**11**
凉州区	972	44	138	333	432	9		2		3	11
张掖市	**1004**	**134**	**285**	**405**	**158**	**6**	**1**	**3**	**6**	**2**	**4**
甘州区	1004	134	285	405	158	6	1	3	6	2	4
肃南裕固族自治县											
平凉市	**2188**	**498**	**740**	**525**	**378**	**12**	**4**	**4**	**10**	**6**	**11**
崆峒区	1768	423	523	422	356	10	3	4	10	6	11
华亭市	420	75	217	103	22	2	1				
酒泉市	**2107**	**491**	**901**	**290**	**381**	**14**	**6**	**3**	**4**	**3**	**14**
肃州区	1635	425	769	151	279	8	1				2
玉门市	192	14	39	113	20		2	1	1	1	1
敦煌市	280	52	93	26	82	6	3	2	3	2	11
庆阳市	**2690**	**179**	**1435**	**572**	**421**	**66**	**2**	**4**	**2**	**1**	**8**
西峰区	2690	179	1435	572	421	66	2	4	2	1	8
定西市	**1028**	**176**	**359**	**302**	**180**	**4**	**3**		**1**	**1**	**2**
安定区	1028	176	359	302	180	4	3		1	1	2
陇南市	**1533**	**212**	**822**	**324**	**104**	**20**	**10**	**9**	**13**	**3**	**16**
武都区	1533	212	822	324	104	20	10	9	13	3	16
康　县											
临夏回族自治州	**1284**	**223**	**202**	**415**	**420**	**7**	**8**	**4**	**1**		**4**
临夏市	1270	223	199	408	416	7	8	4	1		4
临夏县	14		3	7	4						
甘南藏族自治州	**317**	**44**	**131**	**31**	**85**	**13**	**1**	**4**	**7**	**1**	
合作市	317	44	131	31	85	13	1	4	7	1	

9-5b 各地区按月租房费用分的家庭户户数（镇）

单位：户

	合计	200元以下	200—499元	500—999元	1000—1999元	2000—2999元	3000—3999元	4000—5999元	6000—7999元	8000—9999元	10000元及以上
合计	**18863**	**4824**	**7682**	**3477**	**2119**	**228**	**142**	**127**	**105**	**48**	**111**
兰州市	**2623**	**417**	**961**	**440**	**738**	**42**	**15**	**5**	**2**	**1**	**2**
城关区	132	11	80	9	8	18	4				2
七里河区	161	15	46	58	38	2		1		1	
西固区	125	18	71	29	7						
安宁区											
红古区	117	75	15	25	1	1					
永登县	525	135	239	101	40	4	5	1			
皋兰县	146	48	40	43	14				1		
榆中县	855	108	430	112	195	2	5	2	1		
兰州新区	562	7	40	63	435	15	1	1			
嘉峪关市	**23**	**17**	**3**	**3**							
市辖区	23	17	3	3							
金昌市	**494**	**210**	**202**	**63**	**15**	**3**			**1**		
金川区											
永昌县	494	210	202	63	15	3			1		
白银市	**1348**	**297**	**668**	**236**	**107**	**8**	**17**	**8**	**1**	**1**	**5**
白银区	4	1	2	1							
平川区	21	7	11	1	1		1				
靖远县	344	46	194	84	18					1	1
会宁县	559	167	255	60	53	7	6	7	1		3
景泰县	420	76	206	90	35	1	10	1			1
天水市	**1154**	**313**	**395**	**209**	**169**	**10**	**13**	**29**	**7**	**3**	**6**
秦州区	54	43	7	2	2						
麦积区	36	6	11	12	7						
清水县	117	1	47	44	17	1	1	3	2		1
秦安县	305	65	133	63	36	2	2	2		2	
甘谷县	347	102	78	44	84	3	6	24	2		4
武山县	98	21	35	24	10	2	3		2		1
张家川回族自治县	197	75	84	20	13	2	1		1	1	
武威市	**730**	**255**	**266**	**119**	**61**	**9**	**1**	**3**	**1**	**5**	**10**
凉州区	146	55	75	10	4	1		1			
民勤县	113	66	35	6	4	2					
古浪县	156	34	35	65	10	1		1		2	8
天祝藏族自治县	315	100	121	38	43	5	1	1	1	3	2
张掖市	**879**	**188**	**367**	**259**	**29**	**1**	**3**	**9**	**16**	**5**	**2**
甘州区	6	1	3	1	1						
肃南裕固族自治县	25	2	7	16							
民乐县	244	36	71	108	15		1	3	7	3	
临泽县	121	9	61	40	2	1	2	5	1		
高台县	192	28	107	44	7			1	3		2
山丹县	291	112	118	50	4				5	2	
平凉市	**1579**	**360**	**709**	**301**	**173**	**8**	**6**	**6**	**10**	**3**	**3**
崆峒区	4		1	1	2						
泾川县	193	26	55	75	35	2					
灵台县	271	78	107	66	17		2			1	
崇信县	114	7	50	30	12	1	1	4	8	1	
庄浪县	188	8	113	42	20	3	1				1
静宁县	661	196	301	68	85	2	2	2	2	1	2
华亭市	148	45	82	19	2						

9–5b 各地区按月租房费用分的家庭户户数（镇）（续）

单位：户

	合计	200元以下	200—499元	500—999元	1000—1999元	2000—2999元	3000—3999元	4000—5999元	6000—7999元	8000—9999元	10000元及以上
酒泉市	**663**	**316**	**175**	**116**	**43**	**2**	**4**			**4**	**3**
肃州区	9	3	4				1				1
金塔县	56	4	24	18	6	2	2				
瓜州县	163	61	36	45	15		1			3	2
肃北蒙古族自治县	94	40	36	11	7						
阿克塞哈萨克族自治县	45	4	26	8	7						
玉门市	248	196	37	12	3						
敦煌市	48	8	12	22	5					1	
庆阳市	**2626**	**386**	**1334**	**447**	**361**	**35**	**8**	**9**	**5**	**7**	**34**
西峰区	39	16	8	10	3	1					1
庆城县	638	91	267	133	134	5	2	1	1		4
环　县	916	141	527	113	115	16	3		1		
华池县	317	44	208	28	30	3	1			1	2
合水县	183	23	106	27	19	1		4	1		2
正宁县	147	20	70	31	13	2	1	3		2	5
宁　县	142	26	55	27	27	4		1	1	1	
镇原县	244	25	93	78	20	3	1		1	3	20
定西市	**3150**	**927**	**1301**	**551**	**228**	**51**	**28**	**20**	**12**	**7**	**25**
安定区	59	29	21	4	3	1					1
通渭县	430	112	210	84	19	4	1				
陇西县	646	149	253	135	72	14	6	4	4	3	6
渭源县	301	133	113	24	13	6	5	4	2		1
临洮县	867	256	376	142	57	14	6	1	5	4	6
漳　县	386	180	172	11	13			7			3
岷　县	461	68	156	151	51	12	10	4	1		8
陇南市	**2413**	**908**	**863**	**360**	**109**	**47**	**41**	**26**	**40**	**7**	**12**
武都区	237	209	21	4	3						
成　县	673	315	208	109	16	6	3	3	6	4	3
文　县	321	111	127	60	16	4	1		1	1	
宕昌县	67	6	13	11	14	11	2	4		2	4
康　县	237	34	118	65	10	2	5	2	1		
西和县	254	78	84	16	22	4	10	12	25		3
礼　县	169	70	33	11	17	16	18	2	2		
徽　县	420	69	251	77	8	3	2	3	5		2
两当县	35	16	8	7	3	1					
临夏回族自治州	**703**	**81**	**266**	**266**	**57**	**5**	**2**	**10**	**6**	**3**	**7**
临夏市	2	1	1								
临夏县	16		2	12	1					1	
康乐县	115	7	40	61	6			1			
永靖县	275	49	97	104	24	1					
广河县	70		22	34	5	1		4	1		3
和政县	83	11	31	27	3	2		2	5		2
东乡族自治县	21	5	7	4	3	1	1				
积石山保安族东乡族撒拉族自治县	121	8	66	24	15		1	3		2	2
甘南藏族自治州	**478**	**149**	**172**	**107**	**29**	**7**	**4**	**2**	**4**	**2**	**2**
合作市	1		1								
临潭县	86	42	17	21	4	1		1			
卓尼县	46	10	10	22	2				2		
舟曲县	115	34	48	28	1	1		1	1	1	
迭部县	76	23	38	7	5	1			1		1
玛曲县	83	26	37	10	4	1	3			1	1
碌曲县	39	10	11	9	8	1					
夏河县	32	4	10	10	5	2	1				

9-5c 各地区按月租房费用分的家庭户户数（乡村）

单位：户

	合计	200元以下	200—499元	500—999元	1000—1999元	2000—2999元	3000—3999元	4000—5999元	6000—7999元	8000—9999元	10000元及以上
合计	**6149**	**1807**	**2683**	**882**	**540**	**97**	**46**	**28**	**13**	**11**	**42**
兰州市	**1465**	**110**	**876**	**220**	**199**	**22**	**10**	**5**	**5**		**18**
城关区	86		60	8	8	7	1	2			
七里河区	545	16	412	49	57	7	3	1			
西固区	169	14	122	21	5	4	3				
安宁区											
红古区	38	22	9	5	1				1		
永登县	24	4	10	3	4	1	1				1
皋兰县	44	23	15	2	2	1		1			
榆中县	260	24	176	27	26	2	1		1		3
兰州新区	299	7	72	105	96		1	1	3		14
嘉峪关市	**113**	**13**	**45**	**51**	**4**						
市辖区	113	13	45	51	4						
金昌市	**252**	**209**	**30**	**7**	**2**	**1**		**3**			
金川区	57	40	12	3				2			
永昌县	195	169	18	4	2	1		1			
白银市	**265**	**126**	**72**	**31**	**25**	**6**	**4**	**1**			
白银区	78	40	30	4	2	1	1				
平川区	8	2	2	2	2						
靖远县	20	6	6	7		1					
会宁县	152	77	32	17	20	3	3				
景泰县	7	1	2	1	1	1		1			
天水市	**359**	**83**	**190**	**49**	**23**	**6**	**3**	**4**	**1**		
秦州区	98	18	73	4	2			1			
麦积区	20	8	3	6	2		1				
清水县	120	10	92	15	2		1				
秦安县	16	3	4	6	1		1	1			
甘谷县	24	13	2	3	2	2		2			
武山县	38	20	4	13	1						
张家川回族自治县	43	11	12	2	13	4			1		
武威市	**295**	**51**	**140**	**63**	**27**	**3**		**1**		**1**	**9**
凉州区	132	10	67	37	13	1		1		1	2
民勤县	65	14	38	8	4	1					
古浪县	32	11	10	6	4	1					
天祝藏族自治县	66	16	25	12	6						7
张掖市	**376**	**64**	**117**	**143**	**36**	**4**	**5**	**2**		**2**	**3**
甘州区	251	18	84	116	25	3	1	1			3
肃南裕固族自治县	19	1	2	9	2	1	4				
民乐县	12		3	6	3						
临泽县	4	1	1	1	1						
高台县	12	6	3	2	1						
山丹县	78	38	24	9	4			1		2	
平凉市	**971**	**389**	**469**	**65**	**40**	**3**	**3**		**1**		**1**
崆峒区	79	14	42	13	8	1	1				
泾川县	22	13	4	3	2						
灵台县	166	59	89	14	1	1			1		1
崇信县	22	11	9	2							
庄浪县	6			3	1		2				
静宁县	607	269	284	29	24	1					
华亭市	69	23	41	1	4						

9-5c 各地区按月租房费用分的家庭户户数（乡村）（续）

单位：户

	合计	200元以下	200—499元	500—999元	1000—1999元	2000—2999元	3000—3999元	4000—5999元	6000—7999元	8000—9999元	10000元及以上
酒泉市	**326**	**117**	**149**	**30**	**16**	**5**	**5**	**2**	**1**	**1**	
肃州区	93	36	39	8	6	2	1			1	
金塔县	27	14	9	3		1					
瓜州县	110	20	70	10	4	2	3		1		
肃北蒙古族自治县	2		1		1						
阿克塞哈萨克族自治县											
玉门市	10	2	4	2	2						
敦煌市	84	45	26	7	3		1	2			
庆阳市	**847**	**359**	**302**	**86**	**61**	**25**	**5**	**3**	**2**	**2**	**2**
西峰区	234	78	109	16	13	13	2	1	2		
庆城县	76	35	16	11	10	3					1
环　县	280	147	76	28	18	8	1	1			1
华池县	92	32	36	14	8	1				1	
合水县	35	19	8	6	2						
正宁县	26	20	2		2		1	1			
宁　县	21	4	6	3	6		1			1	
镇原县	83	24	49	8	2						
定西市	**466**	**143**	**166**	**67**	**65**	**13**	**6**	**2**		**2**	**2**
安定区	199	49	121	17	8	2	2				
通渭县	18	9	2	6	1						
陇西县	40	4	6	6	18	6					
渭源县	69	39	11	5	7	3	2	1		1	
临洮县	73	34	15	18	4	1		1			
漳　县	18	2	5	7	4						
岷　县	49	6	6	8	23	1	2			1	2
陇南市	**237**	**96**	**60**	**35**	**23**	**7**	**5**	**3**	**2**	**1**	**5**
武都区	106	44	22	26	1	4	2	2	2	1	2
成　县	6	2	1	1			1				1
文　县	53	27	19	2	3						2
宕昌县	12		2	1	9						
康　县	7	2	4		1						
西和县	20	3	2	4	6	2	2	1			
礼　县	3	1			2						
徽　县	29	17	9	1	1	1					
两当县	1		1								
临夏回族自治州	**84**	**27**	**17**	**20**	**15**			**1**		**2**	**2**
临夏市	39	12	9	7	10					1	
临夏县	2	1		1							
康乐县	4	1	1	2							
永靖县	9	4	4		1						
广河县	4	2		2							
和政县	5	2	1		1					1	
东乡族自治县	11	1		7	3						
积石山保安族东乡族撒拉族自治县	10	4	2	1				1			2
甘南藏族自治州	**93**	**20**	**50**	**15**	**4**	**2**		**1**	**1**		
合作市	5		1	2	1				1		
临潭县	3	1		2							
卓尼县	9		8					1			
舟曲县	52	16	30	6							
迭部县	2	1	1								
玛曲县	7	1	3		2	1					
碌曲县	1					1					
夏河县	14	1	7	5	1						

9-6 各地区按住房来源分的同时拥有厨房和厕所的家庭户户数

单位：户

地区	家庭户户数	租赁廉租房/公租房	租赁其他住房	购买新建商品房	购买二手房	购买原公有住房	购买经济适用房/两限房	自建住房	继承或赠予	其他
合计	**712996**	**10933**	**32354**	**147916**	**35746**	**45865**	**31388**	**379863**	**5484**	**23447**
兰州市	**126112**	**3124**	**13347**	**33447**	**11761**	**21210**	**12645**	**23001**	**1463**	**6114**
城关区	44267	1471	6243	13582	5681	9863	4063	1333	571	1460
七里河区	21748	560	2601	4461	2147	4479	3374	1992	307	1827
西固区	14856	325	1636	2576	1188	4034	2684	1364	217	832
安宁区	11044	442	1110	3562	666	1562	1782	398	149	1373
红古区	4726	139	243	1723	586	516	302	1040	29	148
永登县	9199	37	331	1369	836	358	25	6099	34	110
皋兰县	3696	17	104	1017	254	200	117	1925	43	19
榆中县	11415	44	350	3005	350	196	97	6935	111	327
兰州新区	5161	89	729	2152	53	2	201	1915	2	18
嘉峪关市	**11437**	**172**	**733**	**6188**	**1524**	**1096**	**1118**	**413**	**58**	**135**
市辖区	11437	172	733	6188	1524	1096	1118	413	58	135
金昌市	**16015**	**317**	**854**	**5144**	**1883**	**3160**	**837**	**3374**	**153**	**293**
金川区	9735	169	637	3160	1395	2623	526	988	102	135
永昌县	6280	148	217	1984	488	537	311	2386	51	158
白银市	**45174**	**380**	**1524**	**8929**	**2581**	**4479**	**3660**	**22164**	**285**	**1172**
白银区	12306	87	807	2950	1339	2962	2669	1239	110	143
平川区	6058	90	248	1636	485	1069	308	1878	82	262
靖远县	10213	79	139	1003	254	152	308	7971	40	267
会宁县	10819	71	215	1777	108	70	230	8022	36	290
景泰县	5778	53	115	1563	395	226	145	3054	17	210
天水市	**81846**	**819**	**2427**	**9236**	**1586**	**4764**	**2749**	**57086**	**701**	**2478**
秦州区	17133	460	1177	3016	750	2310	870	7357	210	983
麦积区	15490	112	419	1729	415	1741	988	9100	164	822
清水县	6468	56	129	799	98	212	163	4895	32	84
秦安县	12446	61	242	1131	96	168	282	10316	36	114
甘谷县	14320	97	243	990	91	82	109	12367	134	207
武山县	10123	6	93	1145	80	98	131	8324	89	157
张家川回族自治县	5866	27	124	426	56	153	206	4727	36	111
武威市	**46895**	**570**	**1098**	**10056**	**1907**	**1829**	**3343**	**25009**	**364**	**2719**
凉州区	28856	382	740	7405	1336	1484	1399	14522	155	1433
民勤县	6272	41	94	1036	159	47	514	4057	10	314
古浪县	7402	48	109	742	128	142	763	4722	108	640
天祝藏族自治县	4365	99	155	873	284	156	667	1708	91	332
张掖市	**38479**	**737**	**1145**	**15331**	**1852**	**1472**	**1538**	**15230**	**192**	**982**
甘州区	17649	381	695	8791	1019	1013	587	4546	65	552
肃南裕固族自治县	982	5	32	99	100	27	216	421	12	70
民乐县	5862	107	126	1538	165	107	301	3392	46	80
临泽县	3941	65	57	953	186	76	119	2376	21	88
高台县	4799	86	72	1697	179	46	229	2421	24	45
山丹县	5246	93	163	2253	203	203	86	2074	24	147
平凉市	**54877**	**975**	**1854**	**11832**	**2546**	**1380**	**1079**	**33946**	**253**	**1012**
崆峒区	15023	531	877	5299	1386	649	580	5286	70	345
泾川县	7155	33	121	996	228	14	86	5549	25	103
灵台县	5227	53	126	925	142	23	43	3755	34	126
崇信县	2427	38	59	518	90	41	109	1524	12	36
庄浪县	9459	89	80	1053	78	71	57	7740	76	215
静宁县	10322	166	323	1842	235	38	24	7621	9	64
华亭市	5264	65	268	1199	387	544	180	2471	27	123

9–6 各地区按住房来源分的同时拥有厨房和厕所的家庭户户数（续）

单位：户

地区	家庭户户数	租赁廉租房/公租房	租赁其他住房	购买新建商品房	购买二手房	购买原公有住房	购买经济适用房/两限房	自建住房	继承或赠予	其他
酒泉市	**33934**	**1306**	**1200**	**11144**	**3013**	**2571**	**671**	**11823**	**222**	**1984**
肃州区	15762	823	619	5867	1548	2007	395	4233	62	208
金塔县	3652	8	66	1015	312	40	92	2048	27	44
瓜州县	3780	49	123	956	258	81	54	2126	15	118
肃北蒙古族自治县	353	76	9	135	47	16	21	45	2	2
阿克塞哈萨克族自治县	307	34	9	109	46	41	0	67	0	1
玉门市	3898	234	153	1059	392	202	44	1748	17	49
敦煌市	6182	82	221	2003	410	184	65	1556	99	1562
庆阳市	**58296**	**531**	**2507**	**9958**	**1907**	**1214**	**858**	**39441**	**461**	**1419**
西峰区	13523	224	1256	4490	987	688	216	5379	59	224
庆城县	5986	63	339	729	364	222	184	3957	43	85
环　县	6227	51	325	1059	110	69	82	4309	44	178
华池县	3108	50	171	576	114	33	131	1859	23	151
合水县	3825	27	113	646	94	52	61	2710	21	101
正宁县	5020	18	112	573	114	51	78	3941	38	95
宁　县	9867	29	63	749	36	59	53	8634	53	191
镇原县	10740	69	128	1136	88	40	53	8652	180	394
定西市	**71617**	**762**	**2041**	**11438**	**1860**	**1092**	**955**	**51683**	**294**	**1492**
安定区	12921	238	622	3437	786	350	330	6719	53	386
通渭县	10161	53	179	936	35	162	111	8443	69	173
陇西县	12388	123	409	2622	394	302	143	8164	34	197
渭源县	8012	54	192	906	27	44	49	6521	27	192
临洮县	13656	82	346	2269	409	113	244	9707	53	433
漳　县	4203	75	41	436	86	61	28	3445	12	19
岷　县	10276	137	252	832	123	60	50	8684	46	92
陇南市	**63114**	**467**	**1950**	**5998**	**763**	**834**	**418**	**51019**	**483**	**1182**
武都区	14646	64	678	2065	281	317	112	10673	71	385
成　县	6526	144	332	587	63	165	72	5075	33	55
文　县	6037	58	228	478	96	57	29	4977	56	58
宕昌县	5814	14	52	593	49	34	23	4845	19	185
康　县	4345	65	122	319	32	65	22	3639	15	66
西和县	9283	21	162	463	31	42	46	8328	66	124
礼　县	9978	31	55	445	48	60	42	8967	150	180
徽　县	5229	65	293	936	89	54	31	3590	59	112
两当县	1256	5	28	112	74	40	41	925	14	17
临夏回族自治州	**49876**	**613**	**1294**	**7227**	**1966**	**390**	**835**	**35188**	**451**	**1912**
临夏市	9515	310	915	3666	1331	66	81	2456	189	501
临夏县	7638	14	18	245	20	13	124	7019	10	175
康乐县	6286	50	49	537	39	12	205	5318	12	64
永靖县	5600	91	170	1405	377	230	114	2981	17	215
广河县	5215	23	50	366	39	10	110	4301	50	266
和政县	4710	35	45	516	76	25	60	3860	31	62
东乡族自治县	5757	11	19	27	17	6	22	5017	129	509
积石山保安族东乡族撒拉族自治县	5155	79	28	465	67	28	119	4236	13	120
甘南藏族自治州	**15324**	**160**	**380**	**1988**	**597**	**374**	**682**	**10486**	**104**	**553**
合作市	2170	67	131	470	263	211	147	745	22	114
临潭县	3272	24	36	267	63	18	43	2795	19	7
卓尼县	2363	21	21	298	40	19	116	1790	8	50
舟曲县	3330	6	90	387	29	37	67	2612	11	91
迭部县	1178	7	48	276	44	32	60	702	1	8
玛曲县	760	17	18	68	57	14	64	329	34	159
碌曲县	740	5	12	35	16	10	153	423	6	80
夏河县	1511	13	24	187	85	33	32	1090	3	44

9–6a 各地区按住房来源分的同时拥有厨房和厕所的家庭户户数（城市）

单位：户

地区	家庭户户数	租赁廉租房/公租房	租赁其他住房	购买新建商品房	购买二手房	购买原公有住房	购买经济适用房/两限房	自建住房	继承或赠予	其他
合计	**218266**	**6835**	**21254**	**83439**	**25184**	**38003**	**20953**	**10506**	**2239**	**9853**
兰州市	**88788**	**2842**	**11243**	**24749**	**10011**	**19717**	**11662**	**2361**	**1148**	**5055**
城关区	43360	1459	6179	13158	5625	9863	4037	1090	564	1385
七里河区	18411	533	2384	3858	2071	4373	3038	480	229	1445
西固区	12796	312	1425	2546	1141	3544	2629	257	190	752
安宁区	11044	442	1110	3562	666	1562	1782	398	149	1373
红古区	3177	96	145	1625	508	375	176	136	16	100
嘉峪关市	**10806**	**172**	**674**	**6187**	**1472**	**1024**	**1089**	**6**	**53**	**129**
市辖区	10806	172	674	6187	1472	1024	1089	6	53	129
金昌市	**8812**	**168**	**626**	**3156**	**1381**	**2613**	**522**	**125**	**89**	**132**
金川区	8812	168	626	3156	1381	2613	522	125	89	132
白银市	**14914**	**173**	**987**	**4568**	**1784**	**3923**	**2829**	**161**	**166**	**323**
白银区	10892	84	750	2935	1335	2961	2540	55	100	132
平川区	4011	89	232	1633	447	962	289	102	66	191
靖远县	11		5		2			4		
天水市	**17689**	**561**	**1508**	**4579**	**1134**	**3873**	**1587**	**2807**	**253**	**1387**
秦州区	10162	455	1130	2960	742	2309	846	793	145	782
麦积区	7527	106	378	1619	392	1564	741	2014	108	605
武威市	**12303**	**287**	**577**	**6783**	**1206**	**1056**	**998**	**357**	**103**	**936**
凉州区	12303	287	577	6783	1206	1056	998	357	103	936
张掖市	**8879**	**280**	**583**	**5267**	**993**	**992**	**324**	**79**	**49**	**312**

9-6a 各地区按住房来源分的同时拥有厨房和厕所的家庭户户数(城市)(续)

单位:户

地区	家庭户户数	租赁廉租房/公租房	租赁其他住房	购买新建商品房	购买二手房	购买原公有住房	购买经济适用房/两限房	自建住房	继承或赠予	其他
甘州区	8856	280	583	5267	993	992	307	73	49	312
肃南裕固族自治县	23						17	6		
平凉市	**12401**	**572**	**1022**	**6346**	**1605**	**1108**	**582**	**805**	**61**	**300**
崆峒区	10091	526	830	5252	1353	639	464	718	51	258
华亭市	2310	46	192	1094	252	469	118	87	10	42
酒泉市	**15209**	**912**	**791**	**8223**	**2082**	**2164**	**484**	**256**	**77**	**220**
肃州区	10836	800	553	5428	1462	1916	388	81	49	159
玉门市	1463	55	90	914	234	96	40	8	6	20
敦煌市	2910	57	148	1881	386	152	56	167	22	41
庆阳市	**8079**	**223**	**1149**	**4088**	**952**	**595**	**185**	**708**	**49**	**130**
西峰区	8079	223	1149	4088	952	595	185	708	49	130
定西市	**5820**	**235**	**486**	**3248**	**700**	**337**	**305**	**272**	**30**	**207**
安定区	5820	235	486	3248	700	337	305	272	30	207
陇南市	**4547**	**48**	**578**	**2026**	**276**	**316**	**103**	**997**	**34**	**169**
武都区	4505	48	578	2026	276	316	103	955	34	169
康　县	42							42		
临夏回族自治州	**8459**	**295**	**904**	**3749**	**1327**	**74**	**136**	**1407**	**120**	**447**
临夏市	8253	286	899	3644	1325	66	79	1407	120	427
临夏县	206	9	5	105	2	8	57			20
甘南藏族自治州	**1560**	**67**	**126**	**470**	**261**	**211**	**147**	**165**	**7**	**106**
合作市	1560	67	126	470	261	211	147	165	7	106

9–6b 各地区按住房来源分的同时拥有厨房和厕所的家庭户户数（镇）

单位：户

地区	家庭户户数	租赁廉租房/公租房	租赁其他住房	购买新建商品房	购买二手房	购买原公有住房	购买经济适用房/两限房	自建住房	继承或赠予	其他
合计	**155626**	**3428**	**8370**	**54766**	**9218**	**7088**	**7681**	**56328**	**1421**	**7326**
兰州市	**17018**	**239**	**1467**	**7548**	**1673**	**1438**	**891**	**2965**	**156**	**641**
城关区	570	11	37	347	56		26	58		35
七里河区	1465	21	114	285	58	102	329	244	55	257
西固区	945	12	103	29	43	488	29	173	8	60
安宁区										
红古区	599	40	64	52	67	134	125	72	10	35
永登县	4290	37	312	1352	823	356	21	1287	27	75
皋兰县	2089	17	75	1000	250	199	117	406	17	8
榆中县	4365	38	278	2753	328	157	73	536	37	165
兰州新区	2695	63	484	1730	48	2	171	189	2	6
嘉峪关市	**97**		**5**		**7**			**82**	**1**	**2**
市辖区	97		5		7			82	1	2
金昌市	**3618**	**137**	**157**	**1720**	**449**	**522**	**289**	**186**	**38**	**120**
金川区	29							29		
永昌县	3589	137	157	1720	449	522	289	157	38	120
白银市	**10298**	**187**	**405**	**3998**	**698**	**531**	**569**	**3455**	**50**	**405**
白银区	112	1	3				5	103		
平川区	485		11	1	34	106	19	282	3	29
靖远县	3774	76	119	986	235	142	190	1902	17	107
会宁县	2963	59	159	1465	63	65	212	715	22	203
景泰县	2964	51	113	1546	366	218	143	453	8	66
天水市	**18517**	**243**	**720**	**4418**	**373**	**863**	**1061**	**10269**	**141**	**429**
秦州区	1188		34	27	1	1	16	1032	8	69
麦积区	1388	2	26	90	15	170	208	793	19	65
清水县	1836	52	43	776	83	201	148	509	1	23
秦安县	3774	60	228	1090	92	166	277	1824	9	28
甘谷县	5179	96	222	963	87	81	102	3456	46	126
武山县	3571	6	71	1090	46	96	108	2011	48	95
张家川回族自治县	1581	27	96	382	49	148	202	644	10	23
武威市	**8778**	**152**	**393**	**2795**	**649**	**726**	**1251**	**2312**	**56**	**444**
凉州区	2510	48	95	259	116	409	172	1310	9	92
民勤县	2103	4	71	980	152	40	375	261	7	213
古浪县	2136	41	86	693	115	138	395	601	9	58
天祝藏族自治县	2029	59	141	863	266	139	309	140	31	81
张掖市	**10038**	**336**	**374**	**5676**	**749**	**366**	**647**	**1540**	**80**	**270**
甘州区	504		6	257	4		23	208		6
肃南裕固族自治县	362	2	17	61	85	27	62	49	8	51
民乐县	2624	105	121	1433	155	100	187	410	38	75
临泽县	1734	65	53	861	175	75	114	346	4	41
高台县	2265	85	65	1452	167	37	194	230	15	20
山丹县	2549	79	112	1612	163	127	67	297	15	77
平凉市	**11000**	**233**	**562**	**4750**	**749**	**225**	**307**	**3748**	**49**	**377**
崆峒区	239	1	2	10	7		10	209		
泾川县	2433	32	113	975	222	14	86	904	14	73
灵台县	1546	50	91	836	108	21	41	314	10	75
崇信县	1000	37	39	508	66	15	64	237	8	26
庄浪县	2455	89	75	1014	75	71	55	941	12	123
静宁县	2523	7	194	1313	161	32	10	766	4	36
华亭市	804	17	48	94	110	72	41	377	1	44

9-6b 各地区按住房来源分的同时拥有厨房和厕所的家庭户户数（镇）（续）

单位：户

地区	家庭户户数	租赁廉租房/公租房	租赁其他住房	购买新建商品房	购买二手房	购买原公有住房	购买经济适用房/两限房	自建住房	继承或赠予	其他
酒泉市	**7301**	**346**	**218**	**2178**	**660**	**277**	**145**	**1708**	**96**	**1673**
肃州区	651		6	23	12	5		596	3	6
金塔县	1647	8	43	982	242	39	64	234	11	24
瓜州县	1565	47	57	796	180	66	52	241	12	114
肃北蒙古族自治县	318	74	9	130	47	15	21	19	1	2
阿克塞哈萨克族自治县	300	34	9	108	45	41		62		1
玉门市	968	178	54	129	120	104	4	358	6	15
敦煌市	1852	5	40	10	14	7	4	198	63	1511
庆阳市	**14755**	**286**	**1018**	**5116**	**808**	**484**	**517**	**5625**	**217**	**684**
西峰区	186		7	38	2		1	137		1
庆城县	2323	58	310	641	332	215	138	585	21	23
环　县	2120	44	251	994	98	64	62	487	33	87
华池县	1219	48	113	515	95	25	120	183	13	107
合水县	1316	27	103	616	83	44	58	337	3	45
正宁县	1920	15	89	556	109	49	71	941	17	73
宁　县	2767	27	45	690	22	57	26	1808	19	73
镇原县	2904	67	100	1066	67	30	41	1147	111	275
定西市	**20591**	**504**	**1262**	**7775**	**1055**	**723**	**557**	**7963**	**103**	**649**
安定区	689	1	32	15	31	1		557	2	50
通渭县	2503	42	173	892	31	160	104	1025	9	67
陇西县	6195	123	375	2579	386	301	140	2174	24	93
渭源县	2113	52	128	844	26	42	38	903	4	76
临洮县	5046	79	306	2205	402	100	207	1409	25	313
漳　县	1322	71	35	427	76	60	21	620	4	8
岷　县	2723	136	213	813	103	59	47	1275	35	42
陇南市	**17593**	**391**	**1238**	**3885**	**434**	**496**	**281**	**10143**	**190**	**535**
武都区	1427	7	49	25	2			1206	6	132
成　县	3063	144	327	586	61	162	72	1645	24	42
文　县	1822	50	200	462	83	55	22	915	20	15
宕昌县	1733	7	47	589	40	32	11	963	2	42
康　县	1319	62	119	318	31	65	22	657	5	40
西和县	2506	20	145	457	28	42	45	1710	8	51
礼　县	2946	31	53	430	43	57	40	2101	85	106
徽　县	2220	65	271	908	77	49	28	690	32	100
两当县	557	5	27	110	69	34	41	256	8	7
临夏回族自治州	**10849**	**290**	**345**	**3405**	**613**	**311**	**686**	**4168**	**194**	**837**
临夏市	265	1	1	4	2			256		1
临夏县	932	5	11	127	10	5	62	597	4	111
康乐县	1387	50	46	529	37	12	205	458	4	46
永靖县	3062	91	164	1400	371	230	114	474	16	202
广河县	1677	23	46	354	37	10	109	893	34	171
和政县	1382	35	41	510	73	20	56	608	18	21
东乡族自治县	1084	8	11	23	16	6	22	646	114	238
积石山保安族东乡族撒拉族自治县	1060	77	25	458	67	28	118	236	4	47
甘南藏族自治州	**5173**	**84**	**206**	**1502**	**301**	**126**	**480**	**2164**	**50**	**260**
合作市	65		1					64		
临潭县	1134	24	33	267	58	14	43	689	6	
卓尼县	862	21	20	298	34	18	116	311	5	39
舟曲县	1055	6	60	372	26	37	17	475	5	57
迭部县	572	7	46	276	43	6	55	136	1	2
玛曲县	465	15	15	67	52	14	64	107	27	104
碌曲县	390	5	11	35	13	10	153	122	6	35
夏河县	630	6	20	187	75	27	32	260		23

9-6c 各地区按住房来源分的同时拥有厨房和厕所的家庭户户数（乡村）

单位：户

地区	家庭户户　数	租赁廉租房/公租房	租赁其他住房	购买新建商品房	购买二手房	购买原公有住房	购买经济适用房/两限房	自建住房	继承或赠予	其他
合计	**339104**	**670**	**2730**	**9711**	**1344**	**774**	**2754**	**313029**	**1824**	**6268**
兰州市	**20306**	**43**	**637**	**1150**	**77**	**55**	**92**	**17675**	**159**	**418**
城关区	337	1	27	77				185	7	40
七里河区	1872	6	103	318	18	4	7	1268	23	125
西固区	1115	1	108	1	4	2	26	934	19	20
安宁区										
红古区	950	3	34	46	11	7	1	832	3	13
永登县	4909		19	17	13	2	4	4812	7	35
皋兰县	1607		29	17	4	1		1519	26	11
榆中县	7050	6	72	252	22	39	24	6399	74	162
兰州新区	2466	26	245	422	5		30	1726		12
嘉峪关市	**534**		**54**	**1**	**45**	**72**	**29**	**325**	**4**	**4**
市辖区	534		54	1	45	72	29	325	4	4
金昌市	**3585**	**12**	**71**	**268**	**53**	**25**	**26**	**3063**	**26**	**41**
金川区	894	1	11	4	14	10	4	834	13	3
永昌县	2691	11	60	264	39	15	22	2229	13	38
白银市	**19962**	**20**	**132**	**363**	**99**	**25**	**262**	**18548**	**69**	**444**
白银区	1302	2	54	15	4	1	124	1081	10	11
平川区	1562	1	5	2	4	1		1494	13	42
靖远县	6428	3	15	17	17	10	118	6065	23	160
会宁县	7856	12	56	312	45	5	18	7307	14	87
景泰县	2814	2	2	17	29	8	2	2601	9	144
天水市	**45640**	**15**	**199**	**239**	**79**	**28**	**101**	**44010**	**307**	**662**
秦州区	5783	5	13	29	7		8	5532	57	132
麦积区	6575	4	15	20	8	7	39	6293	37	152
清水县	4632	4	86	23	15	11	15	4386	31	61
秦安县	8672	1	14	41	4	2	5	8492	27	86
甘谷县	9141	1	21	27	4	1	7	8911	88	81
武山县	6552		22	55	34	2	23	6313	41	62
张家川回族自治县	4285		28	44	7	5	4	4083	26	88
武威市	**25814**	**131**	**128**	**478**	**52**	**47**	**1094**	**22340**	**205**	**1339**
凉州区	14043	47	68	363	14	19	229	12855	43	405
民勤县	4169	37	23	56	7	7	139	3796	3	101
古浪县	5266	7	23	49	13	4	368	4121	99	582
天祝藏族自治县	2336	40	14	10	18	17	358	1568	60	251
张掖市	**19562**	**121**	**188**	**4388**	**110**	**114**	**567**	**13611**	**63**	**400**
甘州区	8289	101	106	3267	22	21	257	4265	16	234
肃南裕固族自治县	597	3	15	38	15		137	366	4	19
民乐县	3238	2	5	105	10	7	114	2982	8	5
临泽县	2207		4	92	11	1	5	2030	17	47
高台县	2534	1	7	245	12	9	35	2191	9	25
山丹县	2697	14	51	641	40	76	19	1777	9	70
平凉市	**31476**	**170**	**270**	**736**	**192**	**47**	**190**	**29393**	**143**	**335**
崆峒区	4693	4	45	37	26	10	106	4359	19	87
泾川县	4722	1	8	21	6			4645	11	30
灵台县	3681	3	35	89	34	2	2	3441	24	51
崇信县	1427	1	20	10	24	26	45	1287	4	10
庄浪县	7004		5	39	3		2	6799	64	92
静宁县	7799	159	129	529	74	6	14	6855	5	28
华亭市	2150	2	28	11	25	3	21	2007	16	37

9-6c 各地区按住房来源分的同时拥有厨房和厕所的家庭户户数（乡村）（续）

单位：户

地区	家庭户户数	租赁廉租房/公租房	租赁其他住房	购买新建商品房	购买二手房	购买原公有住房	购买经济适用房/两限房	自建住房	继承或赠予	其他
酒泉市	**11424**	**48**	**191**	**743**	**271**	**130**	**42**	**9859**	**49**	**91**
肃州区	4275	23	60	416	74	86	7	3556	10	43
金塔县	2005		23	33	70	1	28	1814	16	20
瓜州县	2215	2	66	160	78	15	2	1885	3	4
肃北蒙古族自治县	35	2		5		1		26	1	
阿克塞哈萨克族自治县	7			1	1			5		
玉门市	1467	1	9	16	38	2		1382	5	14
敦煌市	1420	20	33	112	10	25	5	1191	14	10
庆阳市	**35462**	**22**	**340**	**754**	**147**	**135**	**156**	**33108**	**195**	**605**
西峰区	5258	1	100	364	33	93	30	4534	10	93
庆城县	3663	5	29	88	32	7	46	3372	22	62
环　县	4107	7	74	65	12	5	20	3822	11	91
华池县	1889	2	58	61	19	8	11	1676	10	44
合水县	2509		10	30	11	8	3	2373	18	56
正宁县	3100	3	23	17	5	2	7	3000	21	22
宁　县	7100	2	18	59	14	2	27	6826	34	118
镇原县	7836	2	28	70	21	10	12	7505	69	119
定西市	**45206**	**23**	**293**	**415**	**105**	**32**	**93**	**43448**	**161**	**636**
安定区	6412	2	104	174	55	12	25	5890	21	129
通渭县	7658	11	6	44	4	2	7	7418	60	106
陇西县	6193		34	43	8	1	3	5990	10	104
渭源县	5899	2	64	62	1	2	11	5618	23	116
临洮县	8610	3	40	64	7	13	37	8298	28	120
漳　县	2881	4	6	9	10	1	7	2825	8	11
岷　县	7553	1	39	19	20	1	3	7409	11	50
陇南市	**40974**	**28**	**134**	**87**	**53**	**22**	**34**	**39879**	**259**	**478**
武都区	8714	9	51	14	3	1	9	8512	31	84
成　县	3463		5	1	2	3		3430	9	13
文　县	4215	8	28	16	13	2	7	4062	36	43
宕昌县	4081	7	5	4	9	2	12	3882	17	143
康　县	2984	3	3	1	1			2940	10	26
西和县	6777	1	17	6	3		1	6618	58	73
礼　县	7032		2	15	5	3	2	6866	65	74
徽　县	3009		22	28	12	5	3	2900	27	12
两当县	699		1	2	5	6		669	6	10
临夏回族自治州	**30568**	**28**	**45**	**73**	**26**	**5**	**13**	**29613**	**137**	**628**
临夏市	997	23	15	18	4		2	793	69	73
临夏县	6500		2	13	8		5	6422	6	44
康乐县	4899		3	8	2			4860	8	18
永靖县	2538		6	5	6			2507	1	13
广河县	3538		4	12	2		1	3408	16	95
和政县	3328		4	6	3	5	4	3252	13	41
东乡族自治县	4673	3	8	4	1			4371	15	271
积石山保安族东乡族撒拉族自治县	4095	2	3	7			1	4000	9	73
甘南藏族自治州	**8591**	**9**	**48**	**16**	**35**	**37**	**55**	**8157**	**47**	**187**
合作市	545		4		2			516	15	8
临潭县	2138		3		5	4		2106	13	7
卓尼县	1501		1		6	1		1479	3	11
舟曲县	2275		30	15	3		50	2137	6	34
迭部县	606		2		1	26	5	566		6
玛曲县	295	2	3	1	5			222	7	55
碌曲县	350		1		3			301		45
夏河县	881	7	4		10	6		830	3	21

9-7 全省按户主的受教育程度、住房来源分的家庭户户数

单位：户

受教育程度	户数	租赁廉租房/公租房	租赁其他住房	购买新建商品房	购买二手房	购买原公有住房	购买经济适用房/两限房	自建住房	继承或赠予	其他
合　计	**704049**	**11953**	**54648**	**144893**	**35441**	**44781**	**30684**	**352110**	**5658**	**23881**
未上过学	40780	377	1579	1667	692	1118	625	32670	489	1563
学前教育	514	10	34	56	19	40	9	327	3	16
小　学	201245	1982	9557	12846	4646	5522	4048	155098	1484	6062
初　中	236772	4644	23127	36994	11217	12302	9004	129813	1756	7915
高　中	103821	2701	10046	30005	7922	12758	7331	27942	994	4122
大学专科	63010	1310	5881	30319	5700	7067	5062	4976	534	2161
大学本科	53461	838	4009	31107	4733	5285	4149	1252	364	1724
硕士研究生	3735	71	349	1726	446	497	370	29	27	220
博士研究生	711	20	66	173	66	192	86	3	7	98

9-7a 全省按户主的受教育程度、住房来源分的家庭户户数（城市）

单位：户

受教育程度	户数	租赁廉租房/公租房	租赁其他住房	购买新建商品房	购买二手房	购买原公有住房	购买经济适用房/两限房	自建住房	继承或赠予	其他
合　计	**230126**	**7552**	**34586**	**81973**	**24816**	**36899**	**20573**	**11314**	**2309**	**10104**
未上过学	4238	207	689	800	381	887	283	656	49	286
学前教育	112	6	15	30	12	27	7	9	3	3
小　学	25381	1027	4615	5631	2486	4245	1863	3778	287	1449
初　中	66702	2944	13953	18228	7213	10017	5374	4869	717	3387
高　中	54156	1933	7023	18607	5815	10759	5421	1514	643	2441
大学专科	39964	837	4606	18423	4537	5833	3826	322	352	1228
大学本科	35643	527	3309	18651	3885	4481	3369	156	233	1032
硕士研究生	3251	52	312	1446	424	463	346	8	18	182
博士研究生	679	19	64	157	63	187	84	2	7	96

9-7b 全省按户主的受教育程度、住房来源分的家庭户户数（镇）

单位：户

受教育程度	户数	租赁廉租房/公租房	租赁其他住房	购买新建商品房	购买二手房	购买原公有住房	购买经济适用房/两限房	自建住房	继承或赠予	其他
合　计	**158810**	**3695**	**14858**	**53833**	**9278**	**7048**	**7545**	**53540**	**1491**	**7522**
未上过学	6690	143	629	666	245	195	247	3943	137	485
学前教育	107	4	11	22	7	7	2	48		6
小　学	36268	800	3489	5536	1689	1051	1385	19950	443	1925
初　中	55305	1397	6631	14633	3465	1992	2557	21664	443	2523
高　中	25597	640	2417	9998	1945	1856	1577	5768	216	1180
大学专科	18280	423	1044	10994	1090	1156	1073	1605	133	762
大学本科	16125	272	603	11722	814	763	681	554	110	606
硕士研究生	414	15	32	250	20	27	21	7	9	33
博士研究生	24	1	2	12	3	1	2	1		2

9-7c 全省按户主的受教育程度、住房来源分的家庭户户数（乡村）

单位：户

受教育程度	户数	租赁廉租房/公租房	租赁其他住房	购买新建商品房	购买二手房	购买原公有住房	购买经济适用房/两限房	自建住房	继承或赠予	其他
合　计	**315113**	**706**	**5204**	**9087**	**1347**	**834**	**2566**	**287256**	**1858**	**6255**
未上过学	29852	27	261	201	66	36	95	28071	303	792
学前教育	295		8	4		6		270		7
小　学	139596	155	1453	1679	471	226	800	131370	754	2688
初　中	114765	303	2543	4133	539	293	1073	103280	596	2005
高　中	24068	128	606	1400	162	143	333	20660	135	501
大学专科	4766	50	231	902	73	78	163	3049	49	171
大学本科	1693	39	97	734	34	41	99	542	21	86
硕士研究生	70	4	5	30	2	7	3	14		5
博士研究生	8			4		4				

9–8　全省按户主的受教育程度、月租房费用分的家庭户户数

单位：户

受教育程度	户数	200 元以下	200—499 元	500—999 元	1000—1999 元	2000—2999 元	3000—3999 元	4000—5999 元	6000—7999 元	8000—9999 元	10000 元及以上
合　计	**66601**	**11439**	**25420**	**12530**	**13422**	**2473**	**540**	**284**	**177**	**77**	**239**
未上过学	1956	715	716	276	195	21	11	3	7	4	8
学前教育	44	11	28	3	2						
小　学	11539	2954	4994	1954	1253	190	67	51	30	12	34
初　中	27771	4889	12478	5122	4237	581	151	105	71	33	104
高　中	12747	2012	4428	2644	2920	511	88	44	35	11	54
大学专科	7191	571	1903	1532	2484	514	86	41	19	11	30
大学本科	4847	261	823	930	2096	553	119	38	13	6	8
硕士研究生	420	22	40	52	212	75	14	2	2		1
博士研究生	86	4	10	17	23	28	4				

9–8a　全省按户主的受教育程度、月租房费用分的家庭户户数（城市）

单位：户

受教育程度	户数	200 元以下	200—499 元	500—999 元	1000—1999 元	2000—2999 元	3000—3999 元	4000—5999 元	6000—7999 元	8000—9999 元	10000 元及以上
合　计	**42138**	**4917**	**15236**	**8304**	**10857**	**2157**	**358**	**135**	**62**	**22**	**90**
未上过学	896	219	368	148	135	16	3	2	3		2
学前教育	21	4	14	1	2						
小　学	5642	960	2521	1102	873	128	23	13	10	3	9
初　中	16897	2146	7545	3350	3240	441	68	39	19	9	40
高　中	8956	1104	2914	1916	2449	455	60	19	12	5	22
大学专科	5443	305	1314	1084	2129	488	73	26	8	3	13
大学本科	3836	158	520	644	1824	529	113	34	9	2	3
硕士研究生	364	17	30	43	184	72	14	2	1		1
博士研究生	83	4	10	16	21	28	4				

9-8b 全省按户主的受教育程度、月租房费用分的家庭户户数（镇）

单位：户

受教育程度	户数	200 元以下	200—499 元	500—999 元	1000—1999 元	2000—2999 元	3000—3999 元	4000—5999 元	6000—7999 元	8000—9999 元	10000 元及以上
合 计	**18553**	**4752**	**7582**	**3407**	**2066**	**225**	**141**	**124**	**103**	**45**	**108**
未上过学	772	346	272	90	39	5	7	1	3	3	6
学前教育	15	2	11	2							
小 学	4289	1388	1825	656	273	39	35	33	18	7	15
初 中	8028	1998	3518	1412	783	92	59	53	49	17	47
高 中	3057	720	1191	600	401	48	22	22	21	6	26
大学专科	1467	212	496	381	308	21	12	11	8	8	10
大学本科	875	82	261	259	234	17	6	4	4	4	4
硕士研究生	47	4	8	6	26	3					
博士研究生	3			1	2						

9-8c 全省按户主的受教育程度、月租房费用分的家庭户户数（乡村）

单位：户

受教育程度	户数	200 元以下	200—499 元	500—999 元	1000—1999 元	2000—2999 元	3000—3999 元	4000—5999 元	6000—7999 元	8000—9999 元	10000 元及以上
合 计	**5910**	**1770**	**2602**	**819**	**499**	**91**	**41**	**25**	**12**	**10**	**41**
未上过学	288	150	76	38	21		1		1	1	
学前教育	8	5	3								
小 学	1608	606	648	196	107	23	9	5	2	2	10
初 中	2846	745	1415	360	214	48	24	13	3	7	17
高 中	734	188	323	128	70	8	6	3	2		6
大学专科	281	54	93	67	47	5	1	4	3		7
大学本科	136	21	42	27	38	7					1
硕士研究生	9	1	2	3	2				1		
博士研究生											

9–9 全省按户主的职业、住房来源分的家庭户户数

单位：户

职业大类	户数	租赁廉租房/公租房	租赁其他住房	购买新建商品房	购买二手房	购买原公有住房	购买经济适用房/两限房	自建住房	继承或赠予	其他
合 计	**432242**	**6573**	**37574**	**99789**	**23373**	**18356**	**17837**	**213672**	**2745**	**12323**
党的机关、国家机关、群众团体和社会组织、企事业单位负责人	6988	61	428	3220	483	466	347	1731	44	208
专业技术人员	44156	783	3899	22154	3971	3731	3032	4820	281	1485
办事人员和有关人员	34420	688	1738	18169	2757	2937	2370	4281	278	1202
社会生产服务和生活服务人员	118483	3232	20384	33833	10142	6032	6526	33168	998	4168
农、林、牧、渔业生产及辅助人员	141871	278	1203	5527	1174	545	1317	128917	568	2342
生产制造及有关人员	85771	1520	9863	16717	4810	4611	4184	40604	573	2889
不便分类的其他从业人员	553	11	59	169	36	34	61	151	3	29

9–9a 全省按户主的职业、住房来源分的家庭户户数（城市）

单位：户

职业大类	户数	租赁廉租房/公租房	租赁其他住房	购买新建商品房	购买二手房	购买原公有住房	购买经济适用房/两限房	自建住房	继承或赠予	其他
合 计	**138296**	**3975**	**25812**	**54505**	**16762**	**14289**	**11729**	**5126**	**1098**	**5000**
党的机关、国家机关、群众团体和社会组织、企事业单位负责人	3360	30	300	1890	359	368	249	58	18	88
专业技术人员	25006	469	3015	11983	3058	2942	2244	265	168	862
办事人员和有关人员	18533	411	1304	9732	2020	2276	1693	289	163	645
社会生产服务和生活服务人员	58832	2160	14535	20068	7613	4851	4471	2406	529	2199
农、林、牧、渔业生产及辅助人员	3020	52	238	1254	365	153	247	589	7	115
生产制造及有关人员	29218	847	6373	9457	3314	3667	2777	1500	212	1071
不便分类的其他从业人员	327	6	47	121	33	32	48	19	1	20

9-9b 全省按户主的职业、住房来源分的家庭户户数（镇）

单位：户

职业大类	户数	租赁廉租房/公租房	租赁其他住房	购买新建商品房	购买二手房	购买原公有住房	购买经济适用房/两限房	自建住房	继承或赠予	其他
合 计	**96792**	**2190**	**8269**	**38746**	**5745**	**3570**	**4444**	**28986**	**760**	**4082**
党的机关、国家机关、群众团体和社会组织、企事业单位负责人	2043	29	99	1218	117	88	83	303	17	89
专业技术人员	14445	284	709	9480	857	742	678	1154	81	460
办事人员和有关人员	12135	250	361	8013	700	617	575	1101	74	444
社会生产服务和生活服务人员	31459	888	4179	11642	2258	1071	1632	8217	294	1278
农、林、牧、渔业生产及辅助人员	16603	160	632	2572	528	209	469	11260	124	649
生产制造及有关人员	20002	574	2279	5777	1282	841	1002	6921	168	1158
不便分类的其他从业人员	105	5	10	44	3	2	5	30	2	4

9-9c 全省按户主的职业、住房来源分的家庭户户数（乡村）

单位：户

职业大类	户数	租赁廉租房/公租房	租赁其他住房	购买新建商品房	购买二手房	购买原公有住房	购买经济适用房/两限房	自建住房	继承或赠予	其他
合 计	**197154**	**408**	**3493**	**6538**	**866**	**497**	**1664**	**179560**	**887**	**3241**
党的机关、国家机关、群众团体和社会组织、企事业单位负责人	1585	2	29	112	7	10	15	1370	9	31
专业技术人员	4705	30	175	691	56	47	110	3401	32	163
办事人员和有关人员	3752	27	73	424	37	44	102	2891	41	113
社会生产服务和生活服务人员	28192	184	1670	2123	271	110	423	22545	175	691
农、林、牧、渔业生产及辅助人员	122248	66	333	1701	281	183	601	117068	437	1578
生产制造及有关人员	36551	99	1211	1483	214	103	405	32183	193	660
不便分类的其他从业人员	121		2	4			8	102		5

9-10 全省按户主的职业、月租房费用分的家庭户户数

单位：户

职业大类	户数	200 元以下	200—499 元	500—999 元	1000—1999 元	2000—2999 元	3000—3999 元	4000—5999 元	6000—7999 元	8000—9999 元	10000 元及以上
合 计	**44147**	**5405**	**17328**	**8731**	**9862**	**1852**	**405**	**209**	**117**	**49**	**189**
党的机关、国家机关、群众团体和社会组织、企事业单位负责人	489	24	77	88	202	60	22	7	1	2	6
专业技术人员	4682	322	1210	995	1634	393	62	28	19	5	14
办事人员和有关人员	2426	288	627	498	779	170	39	14	5	2	4
社会生产服务和生活服务人员	23616	2557	9160	4758	5560	1012	239	124	65	17	124
农、林、牧、渔业生产及辅助人员	1481	438	582	248	165	19		8	3	9	9
生产制造及有关人员	11383	1768	5650	2128	1506	193	40	28	24	14	32
不便分类的其他从业人员	70	8	22	16	16	5	3				

9-10a 全省按户主的职业、月租房费用分的家庭户户数（城市）

单位：户

职业大类	户数	200 元以下	200—499 元	500—999 元	1000—1999 元	2000—2999 元	3000—3999 元	4000—5999 元	6000—7999 元	8000—9999 元	10000 元及以上
合 计	**29787**	**2465**	**11235**	**5974**	**8002**	**1601**	**278**	**103**	**47**	**13**	**69**
党的机关、国家机关、群众团体和社会组织、企事业单位负责人	330	3	37	53	151	56	18	7	1	1	3
专业技术人员	3484	159	786	687	1387	373	57	20	9	2	4
办事人员和有关人员	1715	166	381	310	649	159	32	11	4		3
社会生产服务和生活服务人员	16695	1334	6270	3359	4602	864	143	48	25	5	45
农、林、牧、渔业生产及辅助人员	290	30	92	85	66	9		5			3
生产制造及有关人员	7220	765	3652	1472	1134	136	25	12	8	5	11
不便分类的其他从业人员	53	8	17	8	13	4	3				

9-10b 全省按户主的职业、月租房费用分的家庭户户数（镇）

单位：户

职业大类	户数	200元以下	200—499元	500—999元	1000—1999元	2000—2999元	3000—3999元	4000—5999元	6000—7999元	8000—9999元	10000元及以上
合 计	**10459**	**2058**	**4216**	**2168**	**1495**	**173**	**91**	**84**	**60**	**28**	**86**
党的机关、国家机关、群众团体和社会组织、企事业单位负责人	128	15	30	31	45	1	3			1	2
专业技术人员	993	126	337	262	220	17	5	5	9	3	9
办事人员和有关人员	611	89	212	165	120	11	7	3	1	2	1
社会生产服务和生活服务人员	5067	885	1987	1111	756	99	69	62	33	8	57
农、林、牧、渔业生产及辅助人员	792	264	348	110	52	4		2	3	6	3
生产制造及有关人员	2853	679	1297	482	299	41	7	12	14	8	14
不便分类的其他从业人员	15		5	7	3						

9-10c 全省按户主的职业、月租房费用分的家庭户户数（乡村）

单位：户

职业大类	户数	200元以下	200—499元	500—999元	1000—1999元	2000—2999元	3000—3999元	4000—5999元	6000—7999元	8000—9999元	10000元及以上
合 计	**3901**	**882**	**1877**	**589**	**365**	**78**	**36**	**22**	**10**	**8**	**34**
党的机关、国家机关、群众团体和社会组织、企事业单位负责人	31	6	10	4	6	3	1				1
专业技术人员	205	37	87	46	27	3		3	1		1
办事人员和有关人员	100	33	34	23	10						
社会生产服务和生活服务人员	1854	338	903	288	202	49	27	14	7	4	22
农、林、牧、渔业生产及辅助人员	399	144	142	53	47	6		1		3	3
生产制造及有关人员	1310	324	701	174	73	16	8	4	2	1	7
不便分类的其他从业人员	2			1		1					

9-11 全省按户主的职业分的家庭户住房状况

职业大类	家庭户户数（户）	家庭户人数（人）	平均每户住房间数（间/户）	人均住房建筑面积（平方米/人）	人均住房间数（间/人）
合计	**432242**	**1340525**	**3.71**	**31.76**	**1.20**
党的机关、国家机关、群众团体和社会组织、企事业单位负责人	6988	20837	3.38	37.81	1.13
专业技术人员	44156	122353	2.73	35.77	0.99
办事人员和有关人员	34420	97722	2.89	36.75	1.02
社会生产服务和生活服务人员	118483	352092	3.13	31.13	1.05
农、林、牧、渔业生产及辅助人员	141871	469681	4.70	31.02	1.42
生产制造及有关人员	85771	276272	3.73	29.80	1.16
不便分类的其他从业人员	553	1568	3.11	33.34	1.10

9-11a 全省按户主的职业分的家庭户住房状况（城市）

职业大类	家庭户户数（户）	家庭户人数（人）	平均每户住房间数（间/户）	人均住房建筑面积（平方米/人）	人均住房间数（间/人）
合计	**138296**	**372086**	**2.36**	**32.95**	**0.88**
党的机关、国家机关、群众团体和社会组织、企事业单位负责人	3360	9337	2.63	40.13	0.95
专业技术人员	25006	65436	2.37	36.66	0.90
办事人员和有关人员	18533	49581	2.48	38.03	0.93
社会生产服务和生活服务人员	58832	157388	2.27	30.76	0.85
农、林、牧、渔业生产及辅助人员	3020	9716	3.26	33.43	1.01
生产制造及有关人员	29218	79761	2.30	30.15	0.84
不便分类的其他从业人员	327	867	2.59	35.42	0.98

9-11b 全省按户主的职业分的家庭户住房状况（镇）

职业大类	家庭户户数（户）	家庭户人数（人）	平均每户住房间数（间/户）	人均住房建筑面积（平方米/人）	人均住房间数（间/人）
合计	**96792**	**304501**	**3.31**	**32.56**	**1.05**
党的机关、国家机关、群众团体和社会组织、企事业单位负责人	2043	6226	3.22	37.55	1.06
专业技术人员	14445	42578	2.82	35.30	0.96
办事人员和有关人员	12135	36479	2.93	35.82	0.97
社会生产服务和生活服务人员	31459	97870	3.20	32.05	1.03
农、林、牧、渔业生产及辅助人员	16603	55287	4.22	31.61	1.27
生产制造及有关人员	20002	65746	3.35	30.08	1.02
不便分类的其他从业人员	105	315	3.03	32.74	1.01

9-11c 全省按户主的职业分的家庭户住房状况（乡村）

职业大类	家庭户户数（户）	家庭户人数（人）	平均每户住房间数（间/户）	人均住房建筑面积（平方米/人）	人均住房间数（间/人）
合计	**197154**	**663938**	**4.85**	**30.72**	**1.44**
党的机关、国家机关、群众团体和社会组织、企事业单位负责人	1585	5274	5.19	34.02	1.56
专业技术人员	4705	14339	4.40	33.13	1.44
办事人员和有关人员	3752	11662	4.81	34.24	1.55
社会生产服务和生活服务人员	28192	96834	4.83	30.80	1.41
农、林、牧、渔业生产及辅助人员	122248	404678	4.80	30.88	1.45
生产制造及有关人员	36551	130765	5.08	29.46	1.42
不便分类的其他从业人员	121	386	4.57	29.16	1.43

9-12 全省按户主的职业、

职业大类	合计	人均住房		
		8 及以下	9—12	13—16
合 计	**432242**	**8514**	**16823**	**32536**
党的机关、国家机关、群众团体和社会组织、企事业单位负责人	6988	37	110	250
专业技术人员	44156	323	948	1714
办事人员和有关人员	34420	196	532	1130
社会生产服务和生活服务人员	118483	3907	6738	9485
农、林、牧、渔业生产及辅助人员	141871	1201	4079	12628
生产制造及有关人员	85771	2844	4395	7285
不便分类的其他从业人员	553	6	21	44

9-12a 全省按户主的职业、

职业大类	合计	人均住房		
		8 及以下	9—12	13—16
合 计	**138296**	**4353**	**7480**	**8545**
党的机关、国家机关、群众团体和社会组织、企事业单位负责人	3360	12	41	76
专业技术人员	25006	194	577	962
办事人员和有关人员	18533	107	301	557
社会生产服务和生活服务人员	58832	2449	4253	4585
农、林、牧、渔业生产及辅助人员	3020	50	87	167
生产制造及有关人员	29218	1539	2209	2177
不便分类的其他从业人员	327	2	12	21

人均住房建筑面积分的家庭户户数

单位：户

建筑面积（平方米）						
17—19	20—29	30—39	40—49	50—59	60—69	70 及以上
22387	**110316**	**86558**	**56203**	**30361**	**23409**	**45135**
248	1449	1535	1158	613	548	1040
1753	10297	10219	6711	3826	2508	5857
1250	7666	8346	5509	3028	2261	4502
6377	30538	22290	13888	7710	5241	12309
7573	36967	27330	19048	10010	9136	13899
5156	23272	16737	9824	5122	3686	7450
30	127	101	65	52	29	78

人均住房建筑面积分的家庭户户数（城市）

单位：户

建筑面积（平方米）						
17—19	20—29	30—39	40—49	50—59	60—69	70 及以上
7014	**32570**	**28236**	**18617**	**9721**	**6142**	**15618**
118	633	753	602	317	264	544
973	5442	5721	4071	2150	1363	3553
698	3734	4423	3187	1686	1221	2619
3333	14594	10903	6945	3700	2147	5923
196	823	624	381	213	137	342
1683	7272	5744	3390	1620	988	2596
13	72	68	41	35	22	41

9-12b 全省按户主的职业、

职业大类	合计	人均住房		
		8 及以下	9—12	13—16
合 计	**96792**	**2266**	**3157**	**5632**
党的机关、国家机关、群众团体和社会组织、企事业单位负责人	2043	15	24	49
专业技术人员	14445	84	217	414
办事人员和有关人员	12135	59	138	313
社会生产服务和生活服务人员	31459	973	1316	2127
农、林、牧、渔业生产及辅助人员	16603	376	535	1254
生产制造及有关人员	20002	756	921	1468
不便分类的其他从业人员	105	3	6	7

9-12c 全省按户主的职业、

职业大类	合计	人均住房		
		8 及以下	9—12	13—16
合 计	**197154**	**1895**	**6186**	**18359**
党的机关、国家机关、群众团体和社会组织、企事业单位负责人	1585	10	45	125
专业技术人员	4705	45	154	338
办事人员和有关人员	3752	30	93	260
社会生产服务和生活服务人员	28192	485	1169	2773
农、林、牧、渔业生产及辅助人员	122248	775	3457	11207
生产制造及有关人员	36551	549	1265	3640
不便分类的其他从业人员	121	1	3	16

人均住房建筑面积分的家庭户户数（镇）

单位：户

建 筑 面 积（平方米）						
17—19	20—29	30—39	40—49	50—59	60—69	70 及以上
4626	**25187**	**20848**	**12401**	**7441**	**5170**	**10064**
59	477	481	338	167	167	266
549	3642	3646	2085	1338	809	1661
399	3002	3232	1813	1078	767	1334
1568	8233	6371	3705	2281	1540	3345
838	4233	3146	2218	1259	1045	1699
1206	5576	3953	2232	1310	838	1742
7	24	19	10	8	4	17

人均住房建筑面积分的家庭户户数（乡村）

单位：户

建 筑 面 积（平方米）						
17—19	20—29	30—39	40—49	50—59	60—69	70 及以上
10747	**52559**	**37474**	**25185**	**13199**	**12097**	**19453**
71	339	301	218	129	117	230
231	1213	852	555	338	336	643
153	930	691	509	264	273	549
1476	7711	5016	3238	1729	1554	3041
6539	31911	23560	16449	8538	7954	11858
2267	10424	7040	4202	2192	1860	3112
10	31	14	14	9	3	20

9-13 各地区按拥有全部家用汽车总价分的家庭户户数

单位：户

地区	合计	不满10万元	10万元以上，不满20万元	20万元以上，不满30万元	30万元以上，不满50万元	50万元以上，不满100万元	100万元以上	没有汽车
合计	**764771**	**140968**	**85186**	**17549**	**7164**	**2524**	**621**	**510759**
兰州市	**139006**	**19900**	**18701**	**5990**	**2428**	**910**	**277**	**90800**
城关区	52251	4573	7333	3040	1268	453	172	35412
七里河区	23606	2834	2802	879	322	105	32	16632
西固区	15336	1800	2036	576	182	80	19	10643
安宁区	11529	1327	2079	811	344	134	26	6808
红古区	4779	751	565	65	31	18	5	3344
永登县	9710	2443	860	130	63	23	2	6189
皋兰县	3813	891	409	72	43	12	4	2382
榆中县	12678	3660	1546	273	114	68	11	7006
兰州新区	5304	1621	1071	144	61	17	6	2384
嘉峪关市	**11627**	**1628**	**3174**	**650**	**227**	**71**	**18**	**5859**
市辖区	11627	1628	3174	650	227	71	18	5859
金昌市	**17097**	**2651**	**3305**	**605**	**225**	**67**	**17**	**10227**
金川区	10096	1524	2201	456	156	46	10	5703
永昌县	7001	1127	1104	149	69	21	7	4524
白银市	**47960**	**10452**	**4278**	**698**	**299**	**138**	**28**	**32067**
白银区	12558	1624	1342	269	96	43	9	9175
平川区	6273	1574	872	124	48	25	3	3627
靖远县	10715	2784	669	94	43	22	7	7096
会宁县	11958	2615	583	63	32	15	3	8647
景泰县	6456	1855	812	148	80	33	6	3522
天水市	**85316**	**12439**	**5912**	**994**	**398**	**149**	**43**	**65381**
秦州区	18653	2303	1494	272	140	50	23	14371
麦积区	15898	2595	1499	247	90	41	8	11418
清水县	6730	1109	548	60	24	8	3	4978
秦安县	12778	2233	666	90	32	12	2	9743
甘谷县	14684	1599	634	107	39	20	3	12282
武山县	10409	1628	658	134	33	9	2	7945
张家川回族自治县	6164	972	413	84	40	9	2	4644
武威市	**48715**	**9533**	**6193**	**875**	**321**	**142**	**32**	**31619**
凉州区	29566	5168	3831	575	207	93	21	19671
民勤县	6610	1355	907	111	45	18	7	4167
古浪县	7763	1915	781	82	28	17	3	4937
天祝藏族自治县	4776	1095	674	107	41	14	1	2844
张掖市	**39921**	**8367**	**7949**	**1126**	**492**	**175**	**29**	**21783**
甘州区	18097	3663	3714	570	245	100	18	9787
肃南裕固族自治县	1098	339	258	54	8	3	1	435
民乐县	6045	1490	1489	129	37	16	2	2882
临泽县	4129	1061	691	92	64	11	1	2209
高台县	4997	758	868	128	79	28	4	3132
山丹县	5555	1056	929	153	59	17	3	3338
平凉市	**58735**	**13267**	**5164**	**788**	**308**	**111**	**24**	**39073**
崆峒区	16154	3455	1640	352	127	43	11	10526
泾川县	7448	1263	463	36	20	6	1	5659
灵台县	5708	895	393	31	19	8	1	4361
崇信县	2530	556	263	32	14	2		1663
庄浪县	9607	2271	778	119	48	12	3	6376
静宁县	11609	3560	928	108	51	28	7	6927
华亭市	5679	1267	699	110	29	12	1	3561

9-13 各地区按拥有全部家用汽车总价分的家庭户户数（续）

单位：户

地区	合计	不满10万元	10万元以上，不满20万元	20万元以上，不满30万元	30万元以上，不满50万元	50万元以上，不满100万元	100万元以上	没有汽车
酒泉市	**35954**	**7000**	**6470**	**1404**	**505**	**142**	**31**	**20402**
肃州区	16432	3253	3109	643	215	58	15	9139
金塔县	3826	874	637	150	38	5	3	2119
瓜州县	4065	790	525	109	28	12	2	2599
肃北蒙古族自治县	414	84	119	20	4			187
阿克塞哈萨克族自治县	313	57	92	23	8	5	1	127
玉门市	4210	809	629	114	47	14	2	2595
敦煌市	6694	1133	1359	345	165	48	8	3636
庆阳市	**64910**	**15894**	**7277**	**1463**	**631**	**199**	**39**	**39407**
西峰区	15277	3884	2863	755	334	105	24	7312
庆城县	6838	2245	734	146	52	19	1	3641
环　县	8297	2527	864	193	59	22	5	4627
华池县	3519	902	428	98	28	14	1	2048
合水县	4115	1061	338	39	13	5		2659
正宁县	5211	940	539	63	27	18	1	3623
宁　县	10276	2026	870	90	49	10	5	7226
镇原县	11377	2309	641	79	69	6	2	8271
定西市	**76951**	**16042**	**5527**	**756**	**353**	**99**	**21**	**54153**
安定区	13775	2985	1187	185	75	24	6	9313
通渭县	10689	1807	591	85	69	5		8132
陇西县	13039	2457	908	107	61	18	2	9486
渭源县	8552	1903	621	58	13	6	1	5950
临洮县	14670	3316	1256	211	83	31	10	9763
漳　县	4836	972	294	27	10	3	1	3529
岷　县	11390	2602	670	83	42	12	1	7980
陇南市	**69972**	**11101**	**5364**	**1025**	**496**	**174**	**25**	**51787**
武都区	16646	2186	1291	302	133	63	11	12660
成　县	7174	1279	587	84	44	19	4	5157
文　县	6590	784	481	108	58	19		5140
宕昌县	6413	1308	369	52	20	4	1	4659
康　县	5181	733	473	83	27	6	2	3857
西和县	9614	1592	685	137	66	23	2	7109
礼　县	11116	1801	742	174	77	21	2	8299
徽　县	5862	1173	584	74	64	18	1	3948
两当县	1376	245	152	11	7	1	2	958
临夏回族自治州	**51065**	**9367**	**3989**	**703**	**286**	**104**	**26**	**36590**
临夏市	9671	2113	1255	235	107	31	12	5918
临夏县	7975	1704	431	52	28	10	2	5748
康乐县	6321	1041	468	90	27	9	3	4683
永靖县	5679	1096	662	125	44	8	5	3739
广河县	5244	896	267	54	55	30	3	3939
和政县	4801	906	308	39	10	9	1	3528
东乡族自治县	5889	630	160	19	2	2		5076
积石山保安族东乡族撒拉族自治县	5485	981	438	89	13	5		3959
甘南藏族自治州	**17542**	**3327**	**1883**	**472**	**195**	**43**	**11**	**11611**
合作市	2434	561	430	168	50	15	2	1208
临潭县	3370	752	312	38	21	6	3	2238
卓尼县	2438	517	329	65	45	5	1	1476
舟曲县	3666	459	323	67	28	2	5	2782
迭部县	1462	216	167	46	18	6		1009
玛曲县	1405	274	111	39	4	3		974
碌曲县	830	168	73	28	20	3		538
夏河县	1937	380	138	21	9	3		1386

9-13a 各地区按拥有全部家用汽车总价分的家庭户户数（城市）

单位：户

地区	合计	不满10万元	10万元以上，不满20万元	20万元以上，不满30万元	30万元以上，不满50万元	50万元以上，不满100万元	100万元以上	没有汽车
合计	**235019**	**30390**	**37872**	**10371**	**4034**	**1442**	**397**	**150513**
兰州市	**98652**	**9319**	**13902**	**5175**	**2063**	**756**	**246**	**67191**
城关区	51190	4377	7109	2943	1216	438	168	34939
七里河区	19558	1834	2406	818	298	94	30	14078
西固区	13184	1385	1883	550	178	75	18	9095
安宁区	11529	1327	2079	811	344	134	26	6808
红古区	3191	396	425	53	27	15	4	2271
嘉峪关市	**10892**	**1439**	**3056**	**628**	**223**	**67**	**17**	**5462**
市辖区	10892	1439	3056	628	223	67	17	5462
金昌市	**9091**	**1281**	**2050**	**438**	**152**	**42**	**9**	**5119**
金川区	9091	1281	2050	438	152	42	9	5119
白银市	**15269**	**2392**	**1994**	**357**	**131**	**61**	**10**	**10324**
白银区	11096	1444	1291	265	89	42	7	7958
平川区	4162	944	702	92	40	18	3	2363
靖远县	11	4	1		2	1		3
天水市	**19218**	**2096**	**2186**	**398**	**172**	**76**	**23**	**14267**
秦州区	11417	989	1158	223	112	45	18	8872
麦积区	7801	1107	1028	175	60	31	5	5395
武威市	**12452**	**1862**	**2287**	**458**	**133**	**58**	**14**	**7640**
凉州区	12452	1862	2287	458	133	58	14	7640
张掖市	**9064**	**1305**	**2033**	**425**	**171**	**69**	**11**	**5050**

9-13a 各地区按拥有全部家用汽车总价分的家庭户户数（城市）(续)

单位：户

地区	合计	不满 10 万元	10 万元以上，不满 20 万元	20 万元以上，不满 30 万元	30 万元以上，不满 50 万元	50 万元以上，不满 100 万元	100 万元以上	没有汽车
甘州区	9041	1304	2028	420	171	69	11	5038
肃南裕固族自治县	23	1	5	5				12
平凉市	**13171**	**2688**	**1893**	**404**	**139**	**40**	**7**	**8000**
崆峒区	10671	2092	1349	312	113	33	6	6766
华亭市	2500	596	544	92	26	7	1	1234
酒泉市	**15714**	**2184**	**3402**	**771**	**310**	**89**	**20**	**8938**
肃州区	11138	1465	2448	561	180	48	12	6424
玉门市	1556	255	357	79	32	11	2	820
敦煌市	3020	464	597	131	98	30	6	1694
庆阳市	**9497**	**1910**	**2003**	**595**	**252**	**77**	**18**	**4642**
西峰区	9497	1910	2003	595	252	77	18	4642
定西市	**6164**	**1153**	**794**	**143**	**55**	**19**	**3**	**3997**
安定区	6164	1153	794	143	55	19	3	3997
陇南市	**5532**	**545**	**637**	**194**	**83**	**45**	**5**	**4023**
武都区	5489	543	630	194	83	45	5	3989
康　县	43	2	7					34
临夏回族自治州	**8586**	**1930**	**1238**	**225**	**104**	**31**	**12**	**5046**
临夏市	8380	1851	1210	223	104	30	12	4950
临夏县	206	79	28	2		1		96
甘南藏族自治州	**1717**	**286**	**397**	**160**	**46**	**12**	**2**	**814**
合作市	1717	286	397	160	46	12	2	814

9-13b 各地区按拥有全部家用汽车总价分的家庭户户数（镇）

单位：户

地区	合计	不满 10 万元	10 万元以上，不满 20 万元	20 万元以上，不满 30 万元	30 万元以上，不满 50 万元	50 万元以上，不满 100 万元	100 万元以上	没有汽车
合计	**166626**	**32588**	**22707**	**4136**	**1796**	**545**	**103**	**104751**
兰州市	**18222**	**4167**	**2814**	**563**	**223**	**93**	**21**	**10341**
城关区	659	75	130	73	38	10	3	330
七里河区	1546	311	164	24	5	4	1	1037
西固区	962	109	98	20	1			734
安宁区								
红古区	613	86	29	4			1	493
永登县	4566	1045	520	93	41	12	2	2853
皋兰县	2154	499	312	64	22	10	3	1244
榆中县	4967	1321	883	173	67	45	6	2472
兰州新区	2755	721	678	112	49	12	5	1178
嘉峪关市	**116**	**27**	**20**	**3**	**1**	**3**		**62**
市辖区	116	27	20	3	1	3		62
金昌市	**3877**	**590**	**783**	**117**	**51**	**17**	**7**	**2312**
金川区	29	9	9					11
永昌县	3848	581	774	117	51	17	7	2301
白银市	**11388**	**2793**	**1246**	**195**	**120**	**36**	**7**	**6991**
白银区	112	7	4					101
平川区	524	169	64	10	4	1		276
靖远县	3951	1005	328	44	22	9	2	2541
会宁县	3407	756	346	42	23	8	2	2230
景泰县	3394	856	504	99	71	18	3	1843
天水市	**19032**	**2758**	**1551**	**330**	**111**	**37**	**4**	**14241**
秦州区	1226	214	44	6	3	1		958
麦积区	1402	221	109	26	10		1	1035
清水县	1892	362	270	27	11	5	1	1216
秦安县	3835	610	304	46	19	8		2848
甘谷县	5358	501	322	74	25	11	2	4423
武山县	3643	548	365	101	24	6		2599
张家川回族自治县	1676	302	137	50	19	6		1162
武威市	**9081**	**1749**	**1541**	**219**	**79**	**33**	**9**	**5451**
凉州区	2536	412	289	21	10	11	1	1792
民勤县	2170	381	460	74	24	7	6	1218
古浪县	2189	519	365	40	13	10	1	1241
天祝藏族自治县	2186	437	427	84	32	5	1	1200
张掖市	**10421**	**1809**	**2364**	**369**	**192**	**55**	**9**	**5623**
甘州区	505	129	89	4		2	1	280
肃南裕固族自治县	387	118	100	25	4	2	1	137
民乐县	2663	485	755	80	29	12	1	1301
临泽县	1812	353	389	66	53	10	1	940
高台县	2331	280	553	93	67	18	3	1317
山丹县	2723	444	478	101	39	11	2	1648
平凉市	**11968**	**2837**	**1582**	**198**	**91**	**26**	**4**	**7230**
崆峒区	240	60	11	3				166
泾川县	2528	467	256	22	12	3	1	1767
灵台县	1728	301	240	20	12	3		1152
崇信县	1055	230	161	25	10	1		628
庄浪县	2495	658	422	75	31	7	1	1301
静宁县	3022	909	433	45	24	11	2	1598
华亭市	900	212	59	8	2	1		618

9-13b 各地区按拥有全部家用汽车总价分的家庭户户数（镇）（续）

单位：户

地区	合计	不满10万元	10万元以上，不满20万元	20万元以上，不满30万元	30万元以上，不满50万元	50万元以上，不满100万元	100万元以上	没有汽车
酒泉市	**7676**	**1301**	**1607**	**438**	**113**	**28**	**6**	**4183**
肃州区	679	240	75	8	3	2		351
金塔县	1670	304	362	115	29	5	2	853
瓜州县	1674	257	320	74	19	7	2	995
肃北蒙古族自治县	344	55	103	16	4			166
阿克塞哈萨克族自治县	305	54	90	22	8	5	1	125
玉门市	1131	216	111	18	11	1		774
敦煌市	1873	175	546	185	39	8	1	919
庆阳市	**16519**	**3612**	**2467**	**432**	**205**	**60**	**7**	**9736**
西峰区	221	60	22	1	14	1		123
庆城县	2672	737	443	106	30	10	1	1345
环　县	2839	728	503	109	33	15	5	1446
华池县	1408	279	285	76	20	9		739
合水县	1442	361	181	28	9	5		858
正宁县	1988	389	316	43	23	13		1204
宁　县	2862	574	386	22	21	5		1854
镇原县	3087	484	331	47	55	2	1	2167
定西市	**22543**	**4577**	**2412**	**365**	**193**	**46**	**11**	**14939**
安定区	748	180	41	1	2		2	522
通渭县	2793	492	249	53	65	1		1933
陇西县	6426	1202	582	84	41	12	2	4503
渭源县	2293	546	298	20	5	1	1	1422
临洮县	5598	1148	771	143	53	24	6	3453
漳　县	1654	352	150	17	7	2		1126
岷　县	3031	657	321	47	20	6		1980
陇南市	**19004**	**3260**	**2004**	**392**	**218**	**55**	**10**	**13065**
武都区	1648	223	99	15	8	1	1	1301
成　县	3371	645	392	60	30	17	4	2223
文　县	1947	233	252	52	25	4		1381
宕昌县	1799	405	143	33	9	1	1	1207
康　县	1452	237	191	50	18	1	2	953
西和县	2637	446	211	39	28	9		1904
礼　县	3163	527	270	87	50	13	1	2215
徽　县	2406	433	348	50	48	9	1	1517
两当县	581	111	98	6	2			364
临夏回族自治州	**11031**	**2150**	**1423**	**295**	**112**	**38**	**4**	**7009**
临夏市	269	35	23	4	1			206
临夏县	972	246	54	18	10	3		641
康乐县	1408	300	231	62	14	2	1	798
永靖县	3087	565	525	108	36	5	2	1846
广河县	1687	355	117	31	38	23		1123
和政县	1395	306	211	30	5	2	1	840
东乡族自治县	1102	86	32	7				977
积石山保安族东乡族撒拉族自治县	1111	257	230	35	8	3		578
甘南藏族自治州	**5748**	**958**	**893**	**220**	**87**	**18**	**4**	**3568**
合作市	66	27	1	1	1			36
临潭县	1173	239	172	26	16	3	1	716
卓尼县	879	143	218	41	21	2	1	453
舟曲县	1116	119	154	46	16	1	2	778
迭部县	624	58	111	31	12	4		408
玛曲县	749	137	87	34	4	3		484
碌曲县	444	91	68	26	12	3		244
夏河县	697	144	82	15	5	2		449

9-13c 各地区按拥有全部家用汽车总价分的家庭户户数（乡村）

单位：户

地区	合计	不满 10 万元	10 万元以上，不满 20 万元	20 万元以上，不满 30 万元	30 万元以上，不满 50 万元	50 万元以上，不满 100 万元	100 万元以上	没有汽车
合计	**363126**	**77990**	**24607**	**3042**	**1334**	**537**	**121**	**255495**
兰州市	**22132**	**6414**	**1985**	**252**	**142**	**61**	**10**	**13268**
城关区	402	121	94	24	14	5	1	143
七里河区	2502	689	232	37	19	7	1	1517
西固区	1190	306	55	6	3	5	1	814
安宁区								
红古区	975	269	111	8	4	3		580
永登县	5144	1398	340	37	22	11		3336
皋兰县	1659	392	97	8	21	2	1	1138
榆中县	7711	2339	663	100	47	23	5	4534
兰州新区	2549	900	393	32	12	5	1	1206
嘉峪关市	**619**	**162**	**98**	**19**	**3**	**1**	**1**	**335**
市辖区	619	162	98	19	3	1	1	335
金昌市	4129	780	472	50	22	8	1	2796
金川区	976	234	142	18	4	4	1	573
永昌县	3153	546	330	32	18	4		2223
白银市	**21303**	**5267**	**1038**	**146**	**48**	**41**	**11**	**14752**
白银区	1350	173	47	4	7	1	2	1116
平川区	1587	461	106	22	4	6		988
靖远县	6753	1775	340	50	19	12	5	4552
会宁县	8551	1859	237	21	9	7	1	6417
景泰县	3062	999	308	49	9	15	3	1679
天水市	**47066**	**7585**	**2175**	**266**	**115**	**36**	**16**	**36873**
秦州区	6010	1100	292	43	25	4	5	4541
麦积区	6695	1267	362	46	20	10	2	4988
清水县	4838	747	278	33	13	3	2	3762
秦安县	8943	1623	362	44	13	4	2	6895
甘谷县	9326	1098	312	33	14	9	1	7859
武山县	6766	1080	293	33	9	3	2	5346
张家川回族自治县	4488	670	276	34	21	3	2	3482
武威市	**27182**	**5922**	**2365**	**198**	**109**	**51**	**9**	**18528**
凉州区	14578	2894	1255	96	64	24	6	10239
民勤县	4440	974	447	37	21	11	1	2949
古浪县	5574	1396	416	42	15	7	2	3696
天祝藏族自治县	2590	658	247	23	9	9		1644
张掖市	**20436**	**5253**	**3552**	**332**	**129**	**51**	**9**	**11110**
甘州区	8551	2230	1597	146	74	29	6	4469
肃南裕固族自治县	688	220	153	24	4	1		286
民乐县	3382	1005	734	49	8	4	1	1581
临泽县	2317	708	302	26	11	1		1269
高台县	2666	478	315	35	12	10	1	1815
山丹县	2832	612	451	52	20	6	1	1690
平凉市	**33596**	**7742**	**1689**	**186**	**78**	**45**	**13**	**23843**
崆峒区	5243	1303	280	37	14	10	5	3594
泾川县	4920	796	207	14	8	3		3892
灵台县	3980	594	153	11	7	5	1	3209
崇信县	1475	326	102	7	4	1		1035
庄浪县	7112	1613	356	44	17	5	2	5075
静宁县	8587	2651	495	63	27	17	5	5329
华亭市	2279	459	96	10	1	4		1709

9-13c 各地区按拥有全部家用汽车总价分的家庭户户数（乡村）(续)

单位：户

地区	合计	不满10万元	10万元以上，不满20万元	20万元以上，不满30万元	30万元以上，不满50万元	50万元以上，不满100万元	100万元以上	没有汽车
酒泉市	**12564**	**3515**	**1461**	**195**	**82**	**25**	**5**	**7281**
肃州区	4615	1548	586	74	32	8	3	2364
金塔县	2156	570	275	35	9		1	1266
瓜州县	2391	533	205	35	9	5		1604
肃北蒙古族自治县	70	29	16	4				21
阿克塞哈萨克族自治县	8	3	2	1				2
玉门市	1523	338	161	17	4	2		1001
敦煌市	1801	494	216	29	28	10	1	1023
庆阳市	**38894**	**10372**	**2807**	**436**	**174**	**62**	**14**	**25029**
西峰区	5559	1914	838	159	68	27	6	2547
庆城县	4166	1508	291	40	22	9		2296
环　县	5458	1799	361	84	26	7		3181
华池县	2111	623	143	22	8	5	1	1309
合水县	2673	700	157	11	4			1801
正宁县	3223	551	223	20	4	5	1	2419
宁　县	7414	1452	484	68	28	5	5	5372
镇原县	8290	1825	310	32	14	4	1	6104
定西市	**48244**	**10312**	**2321**	**248**	**105**	**34**	**7**	**35217**
安定区	6863	1652	352	41	18	5	1	4794
通渭县	7896	1315	342	32	4	4		6199
陇西县	6613	1255	326	23	20	6		4983
渭源县	6259	1357	323	38	8	5		4528
临洮县	9072	2168	485	68	30	7	4	6310
漳　县	3182	620	144	10	3	1	1	2403
岷　县	8359	1945	349	36	22	6	1	6000
陇南市	**45436**	**7296**	**2723**	**439**	**195**	**74**	**10**	**34699**
武都区	9509	1420	562	93	42	17	5	7370
成　县	3803	634	195	24	14	2		2934
文　县	4643	551	229	56	33	15		3759
宕昌县	4614	903	226	19	11	3		3452
康　县	3686	494	275	33	9	5		2870
西和县	6977	1146	474	98	38	14	2	5205
礼　县	7953	1274	472	87	27	8	1	6084
徽　县	3456	740	236	24	16	9		2431
两当县	795	134	54	5	5	1	2	594
临夏回族自治州	**31448**	**5287**	**1328**	**183**	**70**	**35**	**10**	**24535**
临夏市	1022	227	22	8	2	1		762
临夏县	6797	1379	349	32	18	6	2	5011
康乐县	4913	741	237	28	13	7	2	3885
永靖县	2592	531	137	17	8	3	3	1893
广河县	3557	541	150	23	17	7	3	2816
和政县	3406	600	97	9	5	7		2688
东乡族自治县	4787	544	128	12	2	2		4099
积石山保安族东乡族撒拉族自治县	4374	724	208	54	5	2		3381
甘南藏族自治州	**10077**	**2083**	**593**	**92**	**62**	**13**	**5**	**7229**
合作市	651	248	32	7	3	3		358
临潭县	2197	513	140	12	5	3	2	1522
卓尼县	1559	374	111	24	24	3		1023
舟曲县	2550	340	169	21	12	1	3	2004
迭部县	838	158	56	15	6	2		601
玛曲县	656	137	24	5				490
碌曲县	386	77	5	2	8			294
夏河县	1240	236	56	6	4	1		937

第三部分　附　录

附录 1　第七次全国人口普查公报

甘肃省第七次全国人口普查公报[1]（第一号）

——人口情况

甘肃省统计局

甘肃省第七次全国人口普查领导小组办公室

2021 年 5 月 24 日

根据甘肃省第七次全国人口普查结果，现将 2020 年 11 月 1 日零时全省人口的基本情况公布如下：

一、常住人口

全省常住人口[2]为 25019831 人。

二、人口增长

全省常住人口与 2010 年第六次全国人口普查的 25575254 人相比，减少 555423 人，年平均增长率为 –0.22% 。

三、户别人口

全省共有家庭户[3]8422836 户，集体户 346835 户。家庭户人口为 23345176 人，集体户人口为 1674655 人。平均每个家庭户的人口为 2.77 人，比 2010 年第六次全国人口普查的 3.49 人减少 0.72 人。

四、民族人口

全省常住人口中，汉族人口为 22363438 人，占 89.38 %；各少数民族人口为 2656393 人，占 10.62 %。

图 1–1 甘肃省历次人口普查总人口[4]

单位：人

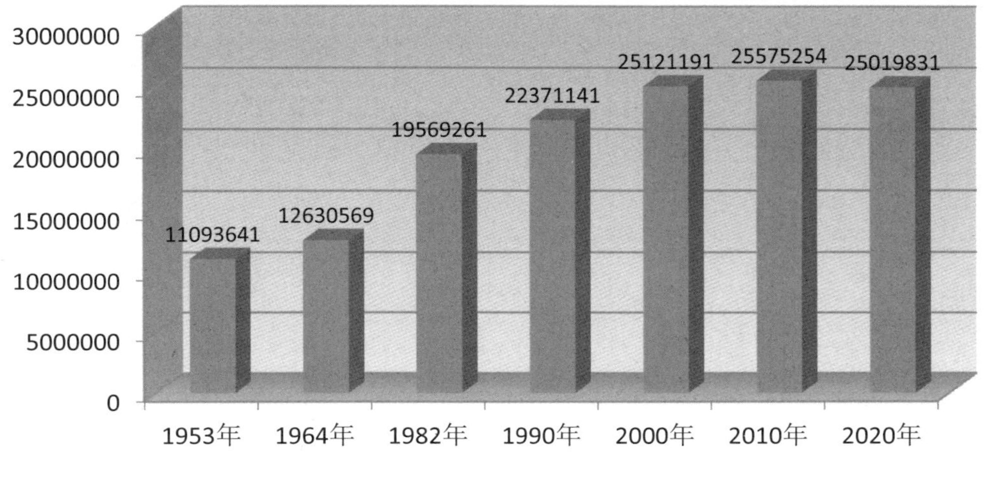

图 1-2 甘肃省历次人口普查人口年均增长率

单位：%

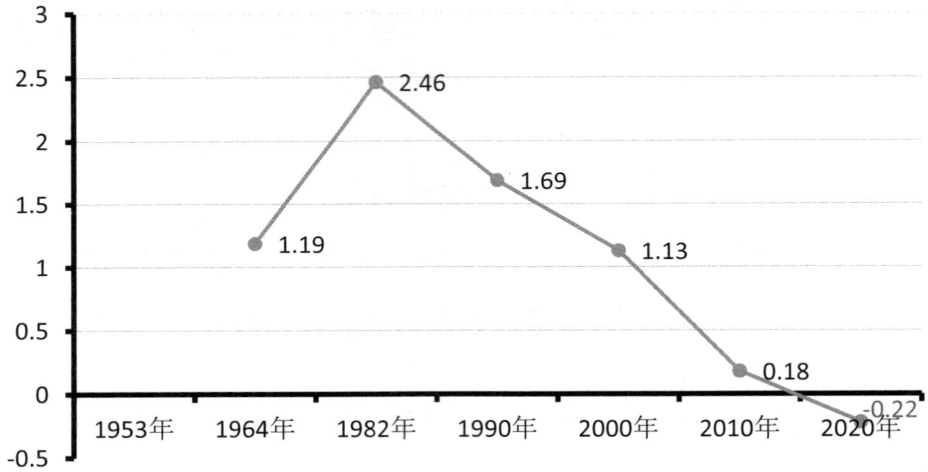

与2010年第六次全国人口普查相比，汉族人口减少801318人；各少数民族人口增加245895人，比重上升1.19个百分点。

注释：

[1] 本公报数据均为初步汇总数据。

[2] 常住人口包括：居住在本乡镇街道且户口在本乡镇街道或户口待定的人；居住在本乡镇街道且离开户口登记地所在的乡镇街道半年以上的人；户口在本乡镇街道且外出不满半年或在境外工作学习的人。

[3] 家庭户是指以家庭成员关系为主、居住一处共同生活的人组成的户。

[4]1953年“一普”数据不包括非现属甘肃行政区划的区域数据，如银川、西海固、海东等；2000年以后为常住人口。

甘肃省第七次全国人口普查公报[1]（第二号）

——地区人口情况

甘肃省统计局

甘肃省第七次全国人口普查领导小组办公室

2021年5月24日

根据甘肃省第七次全国人口普查结果，现将2020年11月1日零时全省14个市（州）的常住人口[2]有关数据公布如下：

一、地区常住人口

全省14个市（州）中，常住人口超过400万人的只有兰州市，占全省常住人口的比重为17.42%；在200万人至300万人之间的有5个市（州），人口合计占全省常住人口的比重为48.78%；在100万人至200万人之间的有5个市，人口合计占全省常住人口的比重为28.03%；少于100万人的有3个市（州），人口合计占全省常住人口的比重为5.77%。

表2-1 各市（州）常住人口

单位：人、%

地区	人口数	占全省常住人口的比重	
		2020年	2010年
全省	25019831	100.00	100．00
兰州市	4359446	17.42	14.14
嘉峪关市	312663	1.25	0.91
金昌市	438026	1.75	1.81
白银市	1512110	6.04	6.68
天水市	2984659	11.93	12.76
武威市	1464955	5.86	7.10
张掖市	1131016	4.52	4.69
平凉市	1848607	7.39	8.09
酒泉市	1055706	4.22	4.29
庆阳市	2179716	8.71	8.65
定西市	2524097	10.09	10.55
陇南市	2407272	9.62	10.04
临夏州	2109750	8.43	7.61
甘南州	691808	2.77	2.69

二、地区常住人口变化

与2010年第六次全国人口普查相比，全省14个市（州）中，有4个市（州）常住人口增加。常住人口增长较多的3个市（州）依次为：兰州市、临夏州和嘉峪关市，分别增加743283人、163073人和80810人，占全省常住人口比重分别上升3.28、0.82和0.34个百分点。

表2–2　各市（州）常住人口变化情况

单位：人

	2020年	2010年	增减
全省	25019831	25575254	–555423
兰州市	4359446	3616163	743283
嘉峪关市	312663	231853	80810
金昌市	438026	464050	–26024
白银市	1512110	1708751	–196641
天水市	2984659	3262548	–277889
武威市	1464955	1815054	–350099
张掖市	1131016	1199515	–68499
平凉市	1848607	2068033	–219426
酒泉市	1055706	1095947	–40241
庆阳市	2179716	2211191	–31475
定西市	2524097	2698622	–174525
陇南市	2407272	2567718	–160446
临夏州	2109750	1946677	163073
甘南州	691808	689132	2676

注释：

[1] 本公报数据均为初步汇总数据。

[2] 常住人口包括：居住在本乡镇街道且户口在本乡镇街道或户口待定的人；居住在本乡镇街道且离开户口登记地所在的乡镇街道半年以上的人；户口在本乡镇街道且外出不满半年或在境外工作学习的人。

甘肃省第七次全国人口普查公报[1]（第三号）

——人口性别构成情况

甘肃省统计局
甘肃省第七次全国人口普查领导小组办公室

2021 年 5 月 24 日

根据甘肃省第七次全国人口普查结果，现将 2020 年 11 月 1 日零时全省 14 个市（州）常住人口性别构成情况公布如下：

一、全省常住人口性别构成

全省常住人口[2]中，男性人口为 12700948 人，占 50.76 %；女性人口为 12318883 人，占 49.24 %。常住人口性别比（以女性为 100，男性对女性的比例）由 2010 年第六次全国人口普查的 104.42 下降为 103.10。

图 3–1　甘肃省历次人口普查人口性别构成

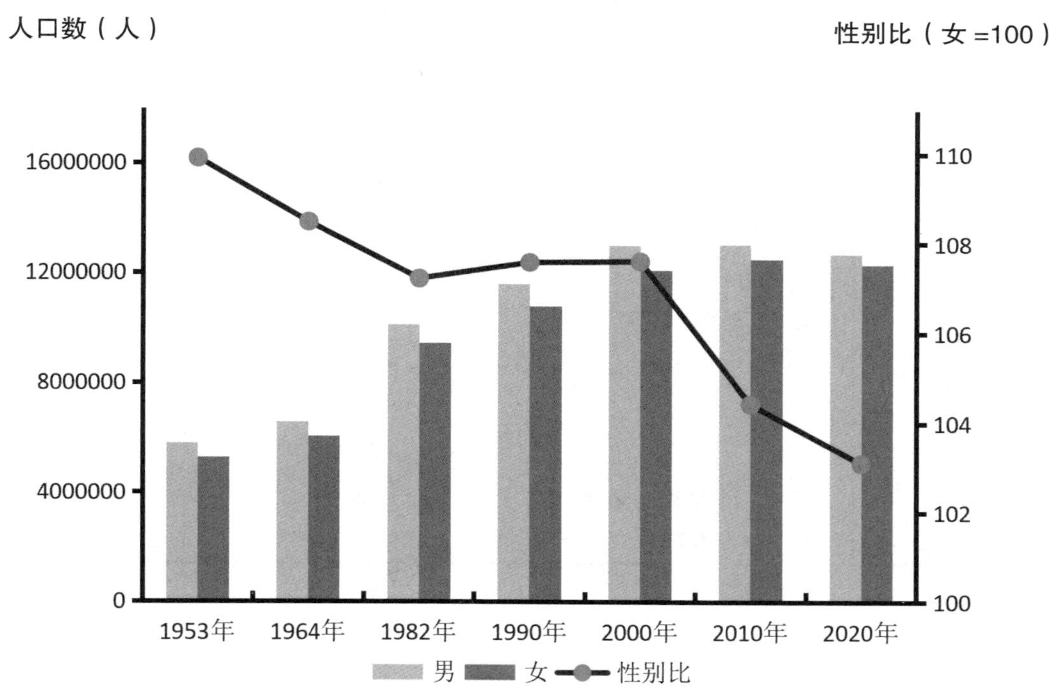

表 3-1　甘肃省历次人口普查人口性别构成

单位：人

普查年份	总人口			性别比（女 =100）
	合计	男	女	
1953	11093641	5808023	5285618	109.88
1964	12630569	6571652	6058917	108.46
1982	19569261	10124577	9444684	107.20
1990	22371141	11592811	10778330	107.56
2000	25121191	13020007	12101184	107.59
2010	25575254	13064127	12511127	104.42
2020	25019831	12700948	12318883	103.10

二、地区常住人口性别构成

全省 14 个市（州）中，常住人口性别比在 103 以下的市（州）有 6 个，在 103 至 105 之间的市（州）有 4 个，在 105 以上的市有 4 个。

表 3-2　各市（州）常住人口性别构成

单位：%

地区	占常住人口比重		人口性别比
	男	女	
全省	50.76	49.24	103.10
兰州市	51.38	48.62	105.69
嘉峪关市	51.93	48.07	108.02
金昌市	51.44	48.56	105.92
白银市	50.98	49.02	103.99
天水市	50.24	49.76	100.96
武威市	50.53	49.47	102.16
张掖市	50.44	49.56	101.76
平凉市	50.03	49.97	100.10
酒泉市	51.55	48.45	106.42
庆阳市	50.94	49.06	103.85
定西市	50.62	49.38	102.50
陇南市	51.00	49.00	104.07
临夏州	50.06	49.94	100.23
甘南州	50.79	49.21	103.21

注释：

[1] 本公报数据均为初步汇总数据。

[2] 常住人口包括：居住在本乡镇街道且户口在本乡镇街道或户口待定的人；居住在本乡镇街道且离开户口登记地所在的乡镇街道半年以上的人；户口在本乡镇街道且外出不满半年或在境外工作学习的人。

甘肃省第七次全国人口普查公报[1]（第四号）

——人口年龄构成情况

甘肃省统计局

甘肃省第七次全国人口普查领导小组办公室

2021 年 5 月 24 日

根据甘肃省第七次全国人口普查结果，现将 2020 年 11 月 1 日零时全省 14 个市（州）的常住人口年龄构成情况公布如下：

一、全省常住人口年龄构成

全省常住人口[2]中，0–14 岁[3]人口为 4853543 人，占 19.40%；15–59 岁人口为 15905297 人，占 63.57%；60 岁及以上人口为 4260991 人，占 17.03%，其中，65 岁及以上人口为 3147817 人，占 12.58%。与 2010 年第六次全国人口普查相比，0–14 岁人口的比重上升 1.24 个百分点，15–59 岁人口的比重下降 5.83 个百分点，60 岁及以上人口的比重上升 4.59 个百分点，其中 65 岁及以上人口的比重上升 4.35 个百分点。

表 4–1　全省常住人口年龄构成

单位：人、%

年 龄	人口数	比重
总 计	25019831	100.00
0–14 岁	4853543	19.40
15–59 岁	15905297	63.57
60 岁及以上	4260991	17.03
其中：65 岁及以上	3147817	12.58

二、地区常住人口年龄构成

全省 14 个市（州）常住人口中，15–59 岁常住人口比重在 65% 以上的市（州）有 6 个，在 60%–65% 之间的市有 7 个，在 60% 以下的市（州）有 1 个。

全省 14 个市（州）常住人口中，65 岁及以上老年人口比重均超过 7%，其中，1 个市的 65 岁及以上老年人口比重超过 14%。

表 4-2　各市（州）人口年龄构成

单位：%

地区	占常住人口比重[4]			
	0–14 岁	15–59 岁	60 岁及以上	其中：65 岁及以上
全省	19.40	63.57	17.03	12.58
兰州市	14.19	69.24	16.56	11.70
嘉峪关市	15.91	68.86	15.24	11.17
金昌市	14.14	67.70	18.16	13.68
白银市	18.90	62.07	19.03	13.96
天水市	20.78	62.22	17.00	12.90
武威市	17.64	63.72	18.64	13.57
张掖市	16.81	65.26	17.94	13.15
平凉市	19.59	61.42	18.99	14.38
酒泉市	15.01	68.15	16.84	12.06
庆阳市	21.78	60.19	18.03	13.02
定西市	20.01	62.14	17.85	13.44
陇南市	21.53	62.06	16.41	12.59
临夏州	28.22	58.21	13.58	10.13
甘南州	22.36	65.10	12.54	9.63

注释：

[1] 本公报数据均为初步汇总数据。

[2] 常住人口包括：居住在本乡镇街道且户口在本乡镇街道或户口待定的人；居住在本乡镇街道且离开户口登记地所在的乡镇街道半年以上的人；户口在本乡镇街道且外出不满半年或在境外工作学习的人。

[3]0–15 岁人口为 5124793 人，16–59 岁人口为 15634047 人。

[4] 表中的合计数和部分计算数据因小数取舍而产生的误差，均未作机械调整。

甘肃省第七次全国人口普查公报[1]（第五号）

——人口受教育情况

甘肃省统计局

甘肃省第七次全国人口普查领导小组办公室

2021 年 5 月 24 日

根据甘肃省第七次全国人口普查结果，现将 2020 年 11 月 1 日零时全省 14 个市（州）的人口受教育基本情况公布如下：

一、受教育程度人口

全省常住人口[2]中，拥有大学（指大专及以上）文化程度的人口为 3629350 人；拥有高中（含中专）文化程度的人口为 3236918 人；拥有初中文化程度的人口为 6861224 人；拥有小学文化程度的人口为 7457904 人（以上各种受教育程度的人包括各类学校的毕业生、肄业生和在校生）。与 2010 年第六次全国人口普查相比，每 10 万人中拥有大学文化程度的由 7520 人上升为 14506 人；拥有高中文化程度的由 12687 人上升为 12937 人；拥有初中文化程度的由 31213 人下降为 27423 人；拥有小学文化程度的由 32504 人下降为 29808 人。

表 5–1　各市（州）每 10 万常住人口中拥有的各类受教育程度人数

单位：人 /10 万人

地区	大学（大专及以上）	高中（含中专）	初中	小学
全省	14506	12937	27423	29808
兰州市	28584	18718	27113	16612
嘉峪关市	27604	20850	26829	16359
金昌市	19408	16733	29819	23539
白银市	14769	15003	29679	28726
天水市	10462	11758	29636	32187
武威市	12628	14194	31180	28547
张掖市	14538	13588	31051	29465
平凉市	11998	12084	27195	31321
酒泉市	17466	15625	32013	23975
庆阳市	10338	11883	31139	32607
定西市	9996	10541	26888	35892
陇南市	8429	9351	26029	33276
临夏州	6625	7268	19020	41781
甘南州	14517	7394	14092	43602

二、平均受教育年限[3]

与2010年第六次全国人口普查相比，全省常住人口中，15岁及以上人口的平均受教育年限由8.19年上升至9.13年。

全省14个市（州）中，平均受教育年限在9年以上的市有7个，在8年至9年之间的市有4个，在8年以下的市（州）有3个。

表5-2　各市（州）15岁及以上常住人口平均受教育年限

单位：年

地区	2020年	2010年
全省	9.13	8.19
兰州市	11.33	10.58
嘉峪关市	11.59	10.48
金昌市	10.05	9.21
白银市	9.61	8.66
天水市	8.60	7.68
武威市	9.13	8.27
张掖市	9.41	8.62
平凉市	8.57	7.60
酒泉市	9.88	8.93
庆阳市	8.88	7.94
定西市	8.34	7.60
陇南市	7.55	6.55
临夏州	7.17	6.62
甘南州	7.97	6.76

三、文盲人口

全省常住人口中，文盲人口（15岁及以上不识字的人）为1680299人。与2010年第六次全国人口普查相比，文盲人口减少541902人；文盲率[4]由8.69％下降为6.72%，下降1.97个百分点。

注释：

[1] 本公报数据均为初步汇总数据。

[2] 常住人口包括：居住在本乡镇街道且户口在本乡镇街道或户口待定的人；居住在本乡镇街道且离开户口登记地所在的乡镇街道半年以上的人；户口在本乡镇街道且外出不满半年或在境外工作学习的人。

[3] 平均受教育年限是将各种受教育程度折算成受教育年限计算平均数得出的，具体的折算标准是：小学=6年，初中=9年，高中=12年，大学（大专及以上）=16年。

[4] 文盲率是指全省常住人口中15岁及以上不识字人口所占比例。

甘肃省第七次全国人口普查公报[1]（第六号）

——城乡人口和流动人口情况

甘肃省统计局

甘肃省第七次全国人口普查领导小组办公室

2021 年 5 月 24 日

根据甘肃省第七次全国人口普查结果，现将 2020 年 11 月 1 日零时全省人口城乡分布及流动情况公布如下：

一、城乡[2]人口

全省常住人口[3]中，居住在城镇的人口为 13067332 人，占 52.23%；居住在乡村的人口为 11952499 人，占 47.77%。与 2010 年第六次全国人口普查相比，城镇人口增加 3830750 人，乡村人口减少 4386173 人，城镇人口比重上升 16.11 个百分点。

图 6–1 甘肃省历次人口普查城镇人口比重

单位：%

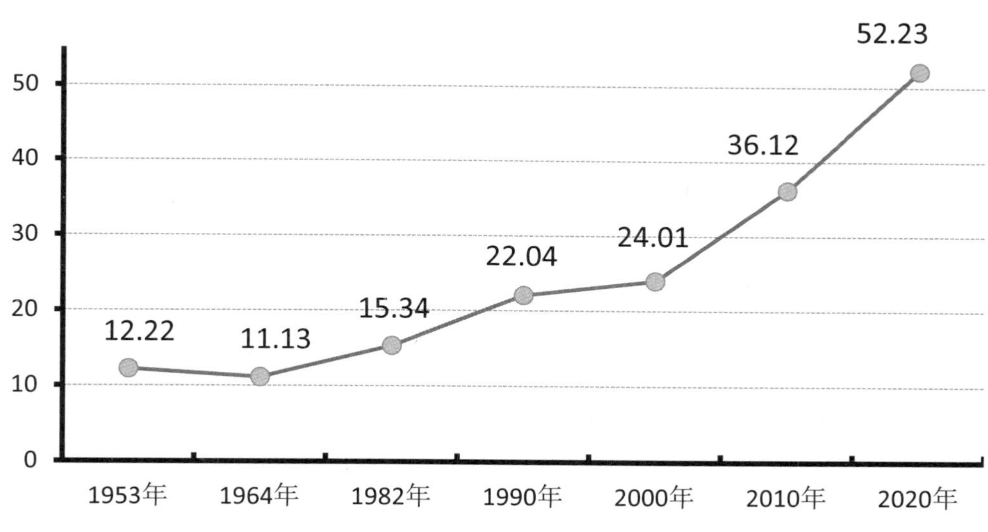

二、流动人口[4]

全省常住人口中，人户分离人口[5]为 7352465 人，其中，市辖区内人户分离[6]人口为 2010870 人，流动人口为 5341595 人。流动人口中，外省流入人口为 765648 人，省内流动人口为 4575947 人。

与 2010 年第六次全国人口普查相比，全省人户分离人口增加 4239743 人，年均增长 8.98%；市辖区内人户分离人口增加 1496695 人，年均增长 14.61%；流动人口增加 2743048 人，年均增长 7.47%。

注释：

[1] 本公报数据均为初步汇总数据。

[2] 城镇、乡村是按国家统计局《统计上划分城乡的规定》划分的。

[3] 常住人口包括：居住在本乡镇街道且户口在本乡镇街道或户口待定的人；居住在本乡镇街道且离开户口登记地所在的乡镇街道半年以上的人；户口在本乡镇街道且外出不满半年或在境外工作学习的人。

[4] 流动人口是指人户分离人口中扣除市辖区内人户分离的人口。

[5] 人户分离人口是指居住地与户口登记地所在的乡镇街道不一致且离开户口登记地半年以上的人口。

[6] 市辖区内人户分离人口是指一个直辖市或地级市所辖的区内和区与区之间，居住地和户口登记地不在同一乡镇街道的人口。

第三部分 附 录

附录 2 全国人口普查条例

中华人民共和国国务院令

第 576 号

《全国人口普查条例》已经 2010 年 5 月 12 日国务院第 111 次常务会议通过，现予公布，自 2010 年 6 月 1 日起施行。

总理 温家宝

二〇一〇年五月二十四日

全国人口普查条例

第一章 总 则

第一条 为了科学、有效地组织实施全国人口普查，保障人口普查数据的真实性、准确性、完整性和及时性，根据《中华人民共和国统计法》，制定本条例。

第二条 人口普查的目的是全面掌握全国人口的基本情况，为研究制定人口政策和经济社会发展规划提供依据，为社会公众提供人口统计信息服务。

第三条 人口普查工作按照全国统一领导、部门分工协作、地方分级负责、各方共同参与的原则组织实施。

国务院统一领导全国人口普查工作，研究决定人口普查中的重大问题。地方各级人民政府按照国务院的统一规定和要求，领导本行政区域的人口普查工作。

在人口普查工作期间，各级人民政府设立由统计机构和有关部门组成的人口普查机构（以下简称普查机构），负责人口普查的组织实施工作。

村民委员会、居民委员会应当协助所在地人民政府动员和组织社会力量，做好本区域的人口普查工作。

国家机关、社会团体、企业事业单位应当按照《中华人民共和国统计法》和本条例的规定，参与并配合人口普查工作。

第四条 人口普查对象应当按照《中华人民共和国统计法》和本条例的规定，真实、准确、完整、及时地提供人口普查所需的资料。

人口普查对象提供的资料，应当依法予以保密。

第五条 普查机构和普查机构工作人员、普查指导员、普查员（以下统称普查人员）依法独立行使调查、报告、监督的职权，任何单位和个人不得干涉。

地方各级人民政府、各部门、各单位及其负责人，不得自行修改普查机构和普查人员依法搜集、整理的人口普查资料，不得以任何方式要求普查机构和普查人员及其他单位和个人伪造、篡改人口普查资料，不得对依法履行职责或者拒绝、抵制人口普查违法行为的普查人员打击报复。

第六条 各级人民政府应当利用报刊、广播、电视、互联网和户外广告等媒介，开展人口普查的宣传动员工作。

第七条 人口普查所需经费，由国务院和地方各级人民政府共同负担，并列入相应年度的财政预算，按时拨付，确保足额到位。

人口普查经费应当统一管理、专款专用，从严控制支出。

第八条 人口普查每10年进行一次，尾数逢0的年份为普查年度，标准时点为普查年度的11月1日零时。

第九条 国家统计局会同国务院有关部门制定全国人口普查方案（以下简称普查方案），报国务院批准。

人口普查应当按照普查方案的规定执行。

第十条 对认真执行本条例，忠于职守、坚持原则，做出显著成绩的单位和个人，按照国家有关规定给予表彰和奖励。

第二章　人口普查的对象、内容和方法

第十一条 人口普查对象是指普查标准时点在中华人民共和国境内的自然人以及在中华人民共和国境外但未定居的中国公民，不包括在中华人民共和国境内短期停留的境外人员。

第十二条 人口普查主要调查人口和住户的基本情况，内容包括姓名、性别、年龄、民族、国籍、受教育程度、行业、职业、迁移流动、社会保障、婚姻、生育、死亡、住房情况等。

第十三条 人口普查采用全面调查的方法，以户为单位进行登记。

第十四条 人口普查采用国家统计分类标准。

第三章　人口普查的组织实施

第十五条 人口普查登记前，公安机关应当按照普查方案的规定完成户口整顿工作，并将有关资料提交本级人口普查机构。

第十六条 人口普查登记前应当划分普查区，普查区以村民委员会、居民委员会所辖区域为基础划分，每个普查区划分为若干普查小区。

第十七条 每个普查小区应当至少有一名普查员，负责入户登记等普查工作。每个普查区应当至少有一名普查指导员，负责安排、指导、督促和检查普查员的工作，也可以直接进行入户登记。

第十八条 普查指导员和普查员应当具有初中以上文化水平，身体健康，责任心强。

第十九条 普查指导员和普查员可以从国家机关、社会团体、企业事业单位借调，也可以从村民委员会、居民委员会或者社会招聘。借调和招聘工作由县级人民政府负责。

国家鼓励符合条件的公民作为志愿者参与人口普查工作。

第二十条 借调的普查指导员和普查员的工资由原单位支付，其福利待遇保持不变，并保留其原有工作岗位。

招聘的普查指导员和普查员的劳动报酬，在人口普查经费中予以安排，由聘用单位支付。

第二十一条 普查机构应当对普查指导员和普查员进行业务培训，并对考核合格的人员颁发全国统一的普查指导员证或者普查员证。

普查指导员和普查员执行人口普查任务时，应当出示普查指导员证或者普查员证。

第二十二条 人口普查登记前，普查指导员、普查员应当绘制普查小区图，编制普查小区户主姓名底册。

第二十三条 普查指导员、普查员入户登记时，应当向人口普查对象说明人口普查的目的、法律依据以及人口普查对象的权利和义务。

第二十四条 人口普查对象应当按时提供人口普查所需的资料，如实回答相关问题，不得隐瞒有关情况，不得提供虚假信息，不得拒绝或者阻碍人口普查工作。

第二十五条 人口普查对象应当在普查表上签字或者盖章确认，并对其内容的真实性负责。

第二十六条 普查人员应当坚持实事求是，恪守职业道德，拒绝、抵制人口普查工作中的违法行为。

普查机构和普查人员不得伪造、篡改普查资料，不得以任何方式要求任何单位和个人提供虚假的普查资料。

第二十七条 人口普查实行质量控制岗位责任制，普查机构应当对人口普查实施中的每个环节实行质量控制和检查，对人口普查数据进行审核、复查和验收。

第二十八条 国家统计局统一组织人口普查数据的事后质量抽查工作。

第四章 人口普查资料的管理和公布

第二十九条 地方各级普查机构应当按照普查方案的规定进行数据处理，并按时上报人口普查资料。

第三十条 人口普查汇总资料，除依法应当保密的外，应当予以公布。

全国和各省、自治区、直辖市主要人口普查数据，由国家统计局以公报形式公布。

地方人民政府统计机构公布本行政区域主要人口普查数据，应当报经上一级人民政府统计机构核准。

第三十一条 各级人民政府统计机构应当做好人口普查资料的管理、开发和应用，为社会公众提供查询、咨询等服务。

第三十二条 人口普查中获得的原始普查资料，按照国家有关规定保存、销毁。

第三十三条 人口普查中获得的能够识别或者推断单个普查对象身份的资料，任何单位和个人不得对外提供、泄露，不得作为对人口普查对象作出具体行政行为的依据，不得用于人口普查以外的目的。

人口普查数据不得作为对地方人民政府进行政绩考核和责任追究的依据。

第五章 法律责任

第三十四条 地方人民政府、政府统计机构或者有关部门、单位的负责人有下列行为之一的，由任免机关或者监察机关依法给予处分，并由县级以上人民政府统计机构予以通报；构成犯罪的，依法追究刑事责任：

（一）自行修改人口普查资料、编造虚假人口普查数据的；

（二）要求有关单位和个人伪造、篡改人口普查资料的；

（三）不按照国家有关规定保存、销毁人口普查资料的；

（四）违法公布人口普查资料的；

（五）对依法履行职责或者拒绝、抵制人口普查违法行为的普查人员打击报复的；

（六）对本地方、本部门、本单位发生的严重人口普查违法行为失察的。

第三十五条 普查机构在组织实施人口普查活动中有下列违法行为之一的，由本级人民政府或者上级人民政府统计机构责令改正，予以通报；对直接负责的主管人员和其他直接责任人员，由任免机关或者监察机关依法给予处分：

（一）不执行普查方案的；

（二）伪造、篡改人口普查资料的；

（三）要求人口普查对象提供不真实的人口普查资料的；

（四）未按照普查方案的规定报送人口普查资料的；

（五）违反国家有关规定，造成人口普查资料毁损、灭失的；

（六）泄露或者向他人提供能够识别或者推断单个普查对象身份的资料的。

普查人员有前款所列行为之一的，责令其停止执行人口普查任务，予以通报，依法给予处分。

第三十六条 人口普查对象拒绝提供人口普查所需的资料，或者提供不真实、不完整的人口普查资料的，由县级以上人民政府统计机构责令改正，予以批评教育。

人口普查对象阻碍普查机构和普查人员依法开展人口普查工作，构成违反治安管理行为的，由公安机关依法给予处罚。

第三十七条 县级以上人民政府统计机构应当设立举报电话和信箱，接受社会各界对人口普查违法行为的检举和监督。

第六章 附 则

第三十八条 中国人民解放军现役军人、人民武装警察等人员的普查内容和方法，由国家统计局会同国务院有关部门、军队有关部门规定。

交通极为不便地区的人口普查登记的时间和方法，由国家统计局会同国务院有关部门规定。

第三十九条 香港特别行政区、澳门特别行政区的人口数，按照香港特别行政区政府、澳门特别行政区政府公布的资料计算。

台湾地区的人口数，按照台湾地区有关主管部门公布的资料计算。

第四十条 为及时掌握人口发展变化情况，在两次人口普查之间进行全国 1% 人口抽样调查。全国 1% 人口抽样调查参照本条例执行。

第四十一条 本条例自 2010 年 6 月 1 日起施行。

第三部分　附　录

附录 3　国务院关于开展第七次全国人口普查的通知

国务院关于开展第七次全国人口普查的通知

国发〔2019〕24 号

各省、自治区、直辖市人民政府，国务院各部委、各直属机构：

根据《中华人民共和国统计法》和《全国人口普查条例》规定，国务院决定于 2020 年开展第七次全国人口普查。现将有关事项通知如下：

一、总体要求

（一）指导思想。以习近平新时代中国特色社会主义思想为指导，全面贯彻党的十九大和十九届二中、三中、四中全会精神，认真落实党中央、国务院关于统计改革发展的决策部署，坚持实事求是、改革创新，科学设计、精心组织，周密部署、依法实施，确保第七次全国人口普查数据真实准确，全面客观反映我国人口发展状况。

（二）普查目的。第七次全国人口普查是在中国特色社会主义进入新时代开展的重大国情国力调查，将全面查清我国人口数量、结构、分布、城乡住房等方面情况，为完善人口发展战略和政策体系，促进人口长期均衡发展，科学制定国民经济和社会发展规划，推动经济高质量发展，开启全面建设社会主义现代化国家新征程，向第二个百年奋斗目标进军，提供科学准确的统计信息支持。

二、普查对象、内容和时间

普查对象是普查标准时点在中华人民共和国境内的自然人以及在中华人民共和国境外但未定居的中国公民，不包括在中华人民共和国境内短期停留的境外人员。

普查主要调查人口和住户的基本情况，内容包括：姓名、公民身份号码、性别、年龄、民族、受教育程度、行业、职业、迁移流动、婚姻生育、死亡、住房情况等。

普查标准时点是 2020 年 11 月 1 日零时。

三、组织实施

第七次全国人口普查涉及范围广、参与部门多、技术要求高、工作难度大，各地区、各部门要按照“全国统一领导、部门分工协作、地方分级负责、各方共同参与”的原则，认真做好普查的宣传动员和组织实施工作。

为加强组织领导，国务院决定成立第七次全国人口普查领导小组，负责普查组织实施中重大问题的研究和决策。普查领导小组办公室设在国家统计局，具体负责普查的组织实施。各成员单位要按照职能分工，各负其责、通力协作、密切配合，共同做好普查工作。对普查工作中遇到的困难和问题，要及时采取措施予以解决。

地方各级人民政府要设立相应的普查领导小组及其办公室，认真做好本地区普查工作。要充分发挥街道办事处和乡镇政府、居民委员会和村民委员会的作用，广泛引导、动员和组织社会力量积极参与并认真配合做好普查工作。

地方普查机构可根据工作需要，招聘或者从有关单位借调符合条件的普查指导员和普查员。为稳定普查工作队伍，确保普查工作顺利进行，应及时支付招聘人员的劳动报酬，保证借调人员在原单位的工资、福利及其他待遇不变，并保留其原有工作岗位。

四、经费保障

第七次全国人口普查所需经费，由中央和地方各级人民政府共同负担，并列入相应年度的财政预算，按时拨付、确保到位。

五、工作要求

（一）坚持依法普查。各地区、各部门要按照《中华人民共和国统计法》、《中华人民共和国统计法实施条例》、《全国人口普查条例》等法律法规要求，认真做好普查各项工作。普查取得的数据，严格限定用于普查目的，不得作为任何部门和单位对各级行政管理工作实施考核、奖惩的依据。普查中获得的能够识别或者推断单个普查对象身份的资料，不得作为对普查对象实施处罚等具体行政行为的依据。

（二）确保数据质量。建立健全普查数据质量追溯和问责机制，各级人民政府统计机构要加大对普查工作中违纪违法行为的查处和通报曝光力度，坚决杜绝人为干扰普查工作的现象，确保普查工作顺利进行和普查数据真实准确。对普查中发现应当给予党纪政务处分或组织处理的统计违纪违法责任人，由统计机构按规定提出处分处理建议并及时移送任免机关、纪检监察机关或组织（人事）部门。

（三）提升信息化水平。采取电子化方式开展普查登记，探索使用智能手机采集数据。广泛应用部门行政记录，推进大数据在普查中的应用，提高普查数据采集处理效能。全流程加强对公民个人信息的保护，各级普查机构及其工作人员必须严格履行保密义务，严禁向任何机构、单位、个人泄露或出售公民个人信息。

（四）加强宣传工作。各级普查机构要会同宣传部门认真做好普查宣传的策划和组织工作。采用多种手段，广泛深入宣传第七次全国人口普查的重要意义和要求，引导广大普查对象依法配合普查，如实申报普查项目，为普查工作顺利实施创造良好舆论环境。

附件：国务院第七次全国人口普查领导小组组成人员名单（略）

国务院

2019 年 10 月 31 日

（此件公开发布）

第三部分 附 录

附录 4 第七次全国人口普查方案

第七次全国人口普查方案

国家统计局
国务院第七次全国人口普查领导小组办公室

第一部分　总说明

根据《中华人民共和国统计法》《中华人民共和国统计法实施条例》《全国人口普查条例》和《国务院关于开展第七次全国人口普查的通知》，制定本方案。

一、普查目的

全面查清我国人口数量、结构、分布、城乡住房等方面情况，为完善人口发展战略和政策体系，促进人口长期均衡发展，科学制定国民经济和社会发展规划，推动经济高质量发展，开启全面建设社会主义现代化国家新征程，向第二个百年奋斗目标进军，提供科学准确的统计信息支持。

二、普查时点

普查的标准时点是 2020 年 11 月 1 日零时。

三、普查对象

普查对象是指普查标准时点在中华人民共和国境内的自然人以及在中华人民共和国境外但未定居的中国公民，不包括在中华人民共和国境内短期停留的境外人员。

四、普查内容和普查表

普查登记的主要内容包括：姓名、公民身份号码、性别、年龄、民族、受教育程度、行业、职业、迁移流动、婚姻生育、死亡、住房情况等。

根据不同的普查对象和普查内容，具体分为四种普查表。

（一）第七次全国人口普查短表

普查短表包括反映人口基本状况的项目，由全部住户（不包括港澳台居民和外籍人员）填报。

（二）第七次全国人口普查长表

普查长表包括所有短表项目和人口的经济活动、婚姻生育和住房等情况的项目，在全部住户中抽取

10% 的户（不包括港澳台居民和外籍人员）填报。

（三）第七次全国人口普查港澳台居民和外籍人员普查表

港澳台居民和外籍人员普查表包括反映人口基本状况的项目以及入境目的、居住时间、身份或国籍、就业情况等项目，由在境内居住的港澳台居民和外籍人员填报。

（四）第七次全国人口普查死亡人口调查表

死亡人口调查表包括死亡人口的基本信息，由 2019 年 11 月 1 日至 2020 年 10 月 31 日期间有死亡人口的户填报。

五、普查方法

普查采用全面调查的方法，以户为单位进行登记。

普查采用按现住地登记的原则，每个人必须在现住地进行登记。普查对象不在户口登记地居住的，户口登记地要登记相应信息。

普查登记采用普查员入户询问、当场填报，或由普查对象自主填报等方式进行。

普查数据采集原则上采用电子化的方式。采取普查员使用电子采集设备（PAD 或智能手机）登记普查对象信息并联网实时上报，或由普查对象通过互联网自主填报等方式进行。

普查员应按照工作要求，在户口整顿基础上对所负责普查小区进行全面摸底，掌握普查小区内的人口和居住情况，编制《户主姓名底册》，根据《户主姓名底册》进行入户登记工作，并参考部门行政记录等资料进行比对复查，确保普查登记真实准确、不重不漏。

六、普查数据处理

各级普查机构负责普查数据处理。国务院人口普查办公室统一编制数据采集、审核、编辑、汇总程序。

国务院人口普查办公室集中部署数据采集处理环境。各级普查机构应保障必要的数据处理办公环境和网络条件，采取必要的安全措施，确保数据处理工作安全、顺利地进行。

七、普查组织实施

（一）全国统一领导

国务院第七次全国人口普查领导小组负责普查组织实施中重大问题的研究和决策。普查领导小组办公室设在国家统计局，具体负责普查的组织实施。

（二）部门分工协作

领导小组各成员单位要按照职能分工，各负其责、通力协作、密切配合，共同做好普查工作。对普查工作中遇到的困难和问题，要及时采取措施予以解决。

（三）地方分级负责

地方各级人民政府设立相应的普查领导小组及其办公室，领导和组织实施本区域内的普查工作。村民委员会和居民委员会设立人口普查小组，协助街道办事处和乡镇政府动员和组织社会力量，做好本区域内的普查工作。

普查指导员和普查员可以从国家机关、社会团体、企业事业单位借调，也可以从村民委员会、居民委员会或者社会招聘。借调和招聘工作由县级人民政府负责。

（四）各方共同参与

国家机关、社会团体、企业事业单位应当按照《中华人民共和国统计法》《中华人民共和国统计法实施条例》和《全国人口普查条例》的规定，参与并配合普查工作。

八、普查质量控制

普查实行严格的质量控制制度，建立健全普查数据质量追溯和问责机制，确保普查数据可核查、可追溯、可问责。国务院人口普查办公室统一领导、统筹协调普查全过程质量控制的有关工作。地方各级普查机构主要负责人对本行政区域普查数据质量负总责，确保普查数据真实、准确、完整、及时。各级普查办公室必须严格执行各阶段工作要求，保证各阶段工作质量达到规定标准，确保普查工作质量与数据质量合格达标。

九、普查宣传

各级宣传部门和普查机构应制定宣传工作方案，深入开展普查宣传。

各级宣传部门应组织协调新闻媒体及有关部门，通过报刊、广播、电视、互联网、手机和户外广告等多种渠道，充分利用微博、微信、短视频等新媒体传播手段，宣传普查的重大意义、政策规定和工作要求，积极营造良好的普查氛围。

各级普查机构要组织开展形式多样的宣传活动，动员社会各界支持、参与普查。

十、普查法规与纪律要求

坚持依法普查，普查工作要严格按照《中华人民共和国统计法》《中华人民共和国统计法实施条例》《全国人口普查条例》《国务院关于开展第七次全国人口普查的通知》及相关规定组织开展。

普查对象应当依法履行普查义务，如实提供普查信息，不得虚报、瞒报、拒报。拒绝提供普查所需的资料，或者提供不真实、不完整的普查资料的，由县级以上人民政府统计机构责令改正，予以批评教育，情节严重的依法严肃处理。普查取得的数据，严格限定用于普查目的，不得作为任何部门和单位对各级行政管理工作实施考核、奖惩的依据。普查中获得的能够识别或者推断单个普查对象身份的资料，任何单位和个人不得对外提供、泄露，不得作为对普查对象实施处罚等具体行政行为的依据，不得用于普查以外的目的。各级普查机构及其工作人员，必须严格履行保密义务。

十一、普查主要工作阶段

普查工作分三个阶段进行：

一是准备阶段（2019 年 10 月—2020 年 10 月）。这一阶段的主要工作是：组建各级普查机构，制定普查方案和工作计划，进行普查试点，落实普查经费和物资，准备数据采集处理环境，开展普查宣传，选聘培训普查指导员和普查员，普查区域划分及绘图，进行户口整顿，开展摸底等。

二是普查登记阶段（2020 年 11 月—12 月）。这一阶段的主要工作是：普查员入户登记，进行比对复查，开展事后质量抽查等。

三是数据汇总和发布阶段（2020 年 12 月—2022 年 12 月）。这一阶段的主要工作是：数据处理、汇总、评估，发布主要数据公报，普查资料开发利用等。

十二、其他

（一）香港特别行政区、澳门特别行政区的人口数，按照香港特别行政区政府、澳门特别行政区政府公布的资料计算。

台湾地区的人口数，按照台湾地区有关主管部门公布的资料计算。

（二）因交通极为不便等特殊因素，需采用其他登记时间和方法的地区，须报请国务院人口普查办公室批准。

（三）对认真执行本方案，忠于职守，坚持原则，在普查工作中做出显著成绩的单位和个人，按照国家有关规定给予表彰奖励。

（四）本方案由国务院人口普查办公室负责解释。

第二部分　普查表式

第七次全国人口普查短表

经国务院批准进行第七次全国人口普查
人口普查的标准时点为 2020 年 11 月 1 日零时
人口普查的原始资料不向任何单位和个人提供，
仅供汇总使用
公民应履行如实申报普查项目的义务

表　　号：R601表
制定机关：国家统计局
　　　　　国务院人口普查办公室
批准文号：国发〔2019〕24号
有效期至：2021年3月

地址：_____ 省（区、市）_____ 市（地、州、盟）_____ 县（市、区、旗）_____ 乡（镇、街道）_____ 普查区 _____ 普查小区 _____ 户编号

一、住户项目

H1. 户别

1. 家庭户
2. 集体户

H2. 本户应登记人数

2020 年 10 月 31 日晚居住本户的人数 _____ 人

户口在本户，2020 年 10 月 31 日晚未住本户的人数 _____ 人

H3. 本户 2019 年 11 月 1 日至 2020 年 10 月 31 日期间的出生人口

男 _____ 人 女 _____ 人

H4. 本户 2019 年 11 月 1 日至 2020 年 10 月 31 日期间的死亡人口

男 _____ 人 女 _____ 人

H5. 住所类型

1. 普通住宅
2. 集体住所
3. 工作地住所
4. 其他住房
5. 无住房

（选择 2—5 的，跳至个人项目。）

H6. 本户现住房建筑面积

_____ 平方米

H7. 本户现住房间数

_____ 间

二、个人项目

每个人都填报的项目

D1. 姓名

____

D2. 与户主关系

0. 户主
1. 配偶
2. 子女
3. 父母
4. 岳父母或公婆
5. 祖父母
6. 媳婿
7. 孙子女
8. 兄弟姐妹
9. 其他

D3. 公民身份号码

□□□□□□□□□□□□□□□□□□

D4. 性别

1. 男
2. 女

D5. 出生年月

出生于：_______ 年 _______ 月

D6. 民族

_______ 族

D7. 普查时点（2020 年 11 月 1 日零时）居住地

1. 本普查小区
2. 本村（居）委会其他普查小区
3. 本乡（镇、街道）其他村（居）委会
4. 本县（市、区、旗）其他乡（镇、街道）
5. 其他县（市、区、旗），请在下面填写地址

_______ 省（区、市）

_______ 市（地、州、盟）

_______ 县（市、区、旗）

6. 香港特别行政区、澳门特别行政区、台湾地区
7. 国外

D8. 户口登记地

1. 本村（居）委会
2. 本乡（镇、街道）其他村（居）委会
3. 本县（市、区、旗）其他乡（镇、街道）
4. 其他县（市、区、旗），请在下面填写地址

_______ 省（区、市）

_______ 市（地、州、盟）

_______ 县（市、区、旗）

5. 户口待定 D11

D9. 离开户口登记地时间

1. 没有离开户口登记地 D11
2. 不满半年
3. 半年以上，不满一年
4. 一年以上，不满二年
5. 二年以上，不满三年
6. 三年以上，不满四年
7. 四年以上，不满五年
8. 五年以上，不满十年
9. 十年以上

D10. 离开户口登记地原因

0. 工作就业
1. 学习培训

2. 随同离开 / 投亲靠友
3. 拆迁 / 搬家
4. 寄挂户口
5. 婚姻嫁娶
6. 照料孙子女
7. 为子女就学
8. 养老 / 康养
9. 其他

3 周岁及以上（2017 年 10 月 31 日以前出生）的人填报的项目

D11. 受教育程度

1. 未上过学
2. 学前教育
3. 小学
4. 初中
5. 高中
6. 大学专科
7. 大学本科
8. 硕士研究生
9. 博士研究生

15 周岁及以上（2005 年 10 月 31 日以前出生）的人填报的项目

D12. 是否识字

1. 是
2. 否

第七次全国人口普查长表

经国务院批准进行第七次全国人口普查
人口普查的标准时点为 2020 年 11 月 1 日零时
人口普查的原始资料不向任何单位和个人提供，仅供汇总使用
公民应履行如实申报普查项目的义务

表　　号：R602 表
制定机关：国家统计局
　　　　　国务院人口普查办公室
批准文号：国发（2019）24 号
有效期至：2021 年 3 月

地址：_____ 省（区、市）_____ 市（地、州、盟）_____ 县（市、区、旗）_____ 乡（镇、街道）_____ 普查区 _____ 普查小区 _____ 户编号

一、住户项目

H1. 户别

1. 家庭户
2. 集体户

H2. 本户应登记人数

2020 年 10 月 31 日晚居住本户的人数 _____ 人

户口在本户，2020 年 10 月 31 日晚未住本户的人数 _____ 人

H3. 本户 2019 年 11 月 1 日至 2020 年 10 月 31 日期间的出生人口

男 _____ 人 女 _____ 人

H4. 本户 2019 年 11 月 1 日至 2020 年 10 月 31 日期间的死亡人口

男 _____ 人 女 _____ 人

H5. 住所类型

1. 普通住宅
2. 集体住所
3. 工作地住所
4. 其他住房
5. 无住房

（选择 2—5 的，跳至个人项目。）

H6. 本户现住房建筑面积

_____ 平方米

H7. 本户现住房间数

______ 间

H8. 住房所在建筑的总层数

1. 平房
2. 多层（7 层及以下）
3. 高层（8—33 层）
4. 超高层（34 层及以上）

H9. 承重类型

1. 钢及钢筋混凝土结构
2. 混合结构
3. 砖木结构
4. 竹草土坯结构
5. 其他结构

H10. 住房建成年代

1. 1949 年以前
2. 1949—1959 年
3. 1960—1969 年
4. 1970—1979 年
5. 1980—1989 年
6. 1990—1999 年
7. 2000—2009 年
8. 2010—2014 年
9. 2015 年以后

H11. 住房所在建筑有无电梯

1. 有
2. 无

H12. 主要炊事燃料

1. 燃气
2. 电
3. 煤炭
4. 柴草
5. 其他

H13. 住房内有无管道自来水

1. 有
2. 无

H14. 住房内有无厨房

1. 独立使用
2. 与其他户合用
3. 无

H15. 住房内有无厕所

1. 水冲式卫生厕所
2. 水冲式非卫生厕所
3. 卫生旱厕
4. 普通旱厕
5. 无

H16. 住房内有无洗澡设施

1. 统一供热水
2. 家庭自装热水器
3. 其他
4. 无

H17. 住房来源

1. 租赁廉租房 / 公租房
2. 租赁其他住房
3. 购买新建商品房
4. 购买二手房
5. 购买原公有住房
6. 购买经济适用房 / 两限房
7. 自建住房
8. 继承或赠予
9. 其他

（选择 3—9 的，跳至 H19。）

H18. 月租房费用

0. 200 元以下
1. 200—499 元

2. 500—999 元

3. 1000—1999 元

4. 2000—2999 元

5. 3000—3999 元

6. 4000—5999 元

7. 6000—7999 元

8. 8000—9999 元

9. 10000 元以上

H19. 拥有全部家用汽车的总价

1. 不满 10 万元

2. 10 万元以上，不满 20 万元

3. 20 万元以上，不满 30 万元

4. 30 万元以上，不满 50 万元

5. 50 万元以上，不满 100 万元

6. 100 万元以上

7. 没有汽车

二、个人项目

每个人都填报的项目

C1. 姓名

____

C2. 与户主关系

0. 户主

1. 配偶

2. 子女

3. 父母

4. 岳父母或公婆

5. 祖父母

6. 媳婿

7. 孙子女

8. 兄弟姐妹

9. 其他

C3. 公民身份号码

□□□□□□□□□□□□□□□□□□

C4. 性别

1. 男
2. 女

C5. 出生年月

出生于：_______ 年 _______ 月

C6. 民族

_______ 族

C7. 普查时点（2020 年 11 月 1 日零时）居住地

1. 本普查小区
2. 本村（居）委会其他普查小区
3. 本乡（镇、街道）其他村（居）委会
4. 本县（市、区、旗）其他乡（镇、街道）
5. 其他县（市、区、旗），请在下面填写地址

_______ 省（区、市）

_______ 市（地、州、盟）

_______ 县（市、区、旗）

6. 香港特别行政区、澳门特别行政区、台湾地区
7. 国外

C8. 户口登记地

1. 本村（居）委会
2. 本乡（镇、街道）其他村（居）委会
3. 本县（市、区、旗）其他乡（镇、街道）
4. 其他县（市、区、旗），请在下面填写地址

_______ 省（区、市）

_______ 市（地、州、盟）

_______ 县（市、区、旗）

5. 户口待定→ C12

C9. 离开户口登记地时间

1. 没有离开户口登记地→ C12

2. 不满半年
3. 半年以上，不满一年
4. 一年以上，不满二年
5. 二年以上，不满三年
6. 三年以上，不满四年
7. 四年以上，不满五年
8. 五年以上，不满十年
9. 十年以上

C10. 离开户口登记地原因

0. 工作就业
1. 学习培训
2. 随同离开 / 投亲靠友
3. 拆迁 / 搬家
4. 寄挂户口
5. 婚姻嫁娶
6. 照料孙子女
7. 为子女就学
8. 养老 / 康养
9. 其他

C11. 户口登记地类型

1. 乡
2. 镇的村委会
3. 镇的居委会
4. 街道

C12. 是否有农村土地承包经营权

1. 有
2. 无

C13. 出生地

1. 本县（市、区、旗）
2. 本省其他县（市、区、旗）
3. 省外：_______ 省（区、市）

5 周岁及以上（2015 年 10 月 31 日以前出生）的人填报的项目

C14. 五年前常住地

2015 年 11 月 1 日常住地：

1. 本县（市、区、旗）

2. 其他地区，请在下面填写地址

_____ 省（区、市）

_____ 市（地、州、盟）

_____ 县（市、区、旗）

3 周岁及以上（2017 年 10 月 31 日以前出生）的人填报的项目

C15. 受教育程度

1. 未上过学→ C17

2. 学前教育→ C17

3. 小学

4. 初中

5. 高中 9

6. 大学专科

7. 大学本科

8. 硕士研究生

9. 博士研究生

C16. 学业完成情况

1. 在校

2. 毕业

3. 肄业

4. 辍学

5. 其他

15 周岁及以上（2005 年 10 月 31 日以前出生）的人填报的项目

C17. 是否识字

1. 是

2. 否

C18. 工作情况

10 月 25—31 日是否为取得收入而工作了一小时以上（包括临时工、依托互联网平台灵活就业、家庭经营无酬帮工等）

1. 是，上周工作时间 _______ 小时

2. 在职休假、在职学习培训、临时停工（保留工资）

3. 未做任何工作→ C22

C19. 工作单位或生产经营活动所属类型

1. 企业、事业、机关或社会团体等法人单位

2. 个体经营户

3. 经营农村家庭承包地（家庭农林牧渔生产经营活动）

4. 自由职业 / 灵活就业

C20. 行业

单位详细名称：________________________________

主要产品或主要业务：________________________________

C21. 职业

本人从事的具体工作：________________________________ → C23

C22. 未工作原因

1. 在校学习

2. 离退休

3. 料理家务

4. 丧失工作能力

5. 其他

C23. 主要生活来源

1. 劳动收入

2. 离退休金 / 养老金

3. 最低生活保障金

4. 失业保险金

5. 财产性收入

6. 家庭其他成员供养

7. 其他

C24. 婚姻状况

1. 未婚→ C28

2. 有配偶

3. 离婚

4. 丧偶

C25. 初婚年月

_______ 年 _______ 月

15 至 64 周岁（1955 年 11 月 1 日—2005 年 10 月 31 日出生）的妇女填报的项目

C26. 生育子女数

1. 未生育→ C28

2. 有生育（请填报生育的子女数）

生过几个孩子：

男 _______ 人

女 _______ 人

其中现在存活几个孩子：

男 _______ 人

女 _______ 人

15 至 50 周岁（1969 年 11 月 1 日—2005 年 10 月 31 日出生）的妇女填报的项目

C27. 过去一年（2019 年 11 月 1 日—2020 年 10 月 31 日）的生育状况

1. 一年内未生育（结束）

2. 一年内有生育（请填报生育时间和孩子性别）

生育时间：

____ 月

婴儿性别：

1. 男

2. 女

一年内生育两个以上孩子的，请填报第二个孩子的状况。

生育时间：

____ 月

婴儿性别：

1. 男

2. 女

60 周岁及以上（1960 年 10 月 31 日以前出生）的人填报的项目

C28. 居住状况

1. 与配偶和子女同住

2. 与配偶同住

3. 与子女同住
4. 独居（有保姆）
5. 独居（无保姆）
6. 养老机构
7. 其他

C29. 身体健康状况

1. 健康
2. 基本健康
3. 不健康，但生活能自理
4. 不健康，生活不能自理

第七次全国人口普查港澳台居民和外籍人员普查表

The Seventh National Population Census Form for Residents from Hong Kong, Macao, Taiwan and from Foreign Countries

中国政府决定进行第七次全国人口普查
人口普查标准时点为 2020 年 11 月 1 日零时
我们将对您在普查表中填写的信息给予
保密，敬请合作。

The Government of China has decided to conduct the 7th National Population Census, with zero hour on 1 November 2020 as the reference time. Information provided will be kept confidential. Your cooperation is highly appreciated.

表　　号：R603 表
制定机关：国家统计局
国务院人口普查办公室
批准文号：国发〔2019〕24 号
有效期至：2021 年 3 月

Form number:	R603
Form issued by:	National Bureau of Statistics Office of the State Council for the Seventh National Population Census
Approval number:	〔2019〕24
Valid until:	March 2021

地址 Address：

________省（区、市）Province

________市（地、州、盟）City (prefecture)

________县（市、区、旗）County (city, district)

________乡（镇、街道）Town (township, street)

________普查区 Enumeration area (village/community committee)

________普查小区 Enumeration block

________户编号 Household number

一、住户项目
Household Information

F1. 户别

Type of household

1. 家庭户 Family household

2. 集体户 Collective household

F2. 住所类型

Type of dwelling

1. 普通住宅 Conventional dwellings

2. 集体住所 Collective living quarters

3. 工作地住所 Living in work places

4. 其他住房 Other dwellings

5. 无住房 With no dwellings

（选择 2—5 的，跳至个人项目。）

(If the answer is 2–5, then skip to ‘Individual Information’.)

F3. 本户现住房建筑面积

Floor space for this household

_____ 平方米 m2

F4. 本户现住房间数

Number of rooms for this household

_____ 间 rooms

二、个人项目
Individual Information

R1. 姓名 **Full name**

____

R2. 与户主关系

Relationship with head of household

0. 户主 Head of household

1. 配偶 Spouse

2. 子女 Son or daughter

3. 父母 Parent

4. 岳父母或公婆 Parent-in-law

5. 祖父母 Grandparent

6. 媳婿 Son-in-law or daughter-in-law

7. 孙子女 Grandchild

8. 兄弟姐妹 Brother or sister

9. 其他 Other relationship

R3. 性别

Sex

1. 男 Male

2. 女 Female

R4. 出生年月

Date of birth

出生于 Born in：_______ 年 year_______ 月 month

R5. 来内地（大陆）或来华目的

Purpose for stay in the mainland of China

1. 商务 Business
2. 就业 Work
3. 学习 Study
4. 定居 Residence
5. 探亲 Visiting relatives
6. 其他 Others

R6. 已在内地（大陆）或在华居住时间

Duration of stay in the mainland of China

1. 不满三个月 Less than 3 months
2. 三个月以上，不满半年 3 months to less than 6 months
3. 半年以上，不满一年 6 months to less than 12 months
4. 一年以上，不满二年 1 year to less than 2 years
5. 二年以上，不满五年 2 years to less than 5 years
6. 五年以上 5 years or more

R7. 受教育程度

3 周岁及以上（2017 年 10 月 31 日以前出生）的人填报

Educational attainment

For persons aged 3 and over（Born before 31st Oct. 2017）

1. 未上过学 No schooling
2. 学前教育 Pre-primary education
3. 小学 Primary education
4. 初中 Junior secondary education
5. 高中 Senior secondary education
6. 大学专科 College
7. 大学本科 University
8. 硕士研究生 Master
9. 博士研究生 Doctor

R8. 身份或国籍

Citizenship

1. 香港特别行政区居民 Hong Kong SAR resident
2. 澳门特别行政区居民 Macao SAR resident
3. 台湾地区居民 Taiwan resident
4. 外国人 Foreigner：国籍 Country________（结束）(End)

15 周岁及以上（2005 年 10 月 31 日以前出生）港澳台居民填报的项目

For persons aged 15 and over (Born before 31st Oct. 2005) from Hong Kong, Macao and Taiwan

R9. 工作情况

10 月 25—31 日是否为取得收入而工作了一小时以上

1. 是
2. 在职休假、在职学习培训、临时停工（保留工资）
3. 未做任何工作→ R12

R10. 行业

1. 农、林、牧、渔业
2. 采矿业
3. 制造业
4. 电力、热力、燃气及水生产和供应业

5. 建筑业
6. 批发和零售业
7. 交通运输、仓储和邮政业
8. 住宿和餐饮业
9. 信息传输、软件和信息技术服务业
10. 金融业
11. 房地产业
12. 租赁和商务服务业
13. 科学研究和技术服务业
14. 水利、环境和公共设施管理业
15. 居民服务、修理和其他服务业
16. 教育
17. 卫生和社会工作
18. 文化、体育和娱乐业
19. 公共管理、社会保障和社会组织
20. 国际组织

R11. 职业

1. 党的机关、国家机关、群众团体和社会组织、企事业单位负责人
2. 专业技术人员
3. 办事人员和有关人员
4. 社会生产服务和生活服务人员
5. 农、林、牧、渔业生产及辅助人员
6. 生产制造及有关人员
7. 不便分类的其他从业人员

R12. 婚姻状况

1. 未婚
2. 有配偶
3. 离婚
4. 丧偶

第七次全国人口普查死亡人口调查表

（2019 年 11 月 1 日至 2020 年 10 月 31 日死亡的人口登记）

经国务院批准进行第七次全国人口普查
人口普查的标准时点为 2020 年 11 月 1 日零时
人口普查的原始资料不向任何单位和个人提供，
仅供汇总使用
公民应履行如实申报普查项目的义务

表　　号：R 6 0 4 表
制定机关：国 家 统 计 局
　　　　　国务院人口普查办公室
批准文号：国 发（2019）24 号
有效期至：2 0 2 1 年 3 月

地址：_____ 省（区、市）_____ 市（地、州、盟）_____ 县（市、区、旗）_____ 乡（镇、街道）_____ 普查区 _____ 普查小区 _____ 户编号

每个死亡人口都登记的项目

S1. 姓名

____

S2. 公民身份号码

□□□□□□□□□□□□□□□□□□

S3. 性别

1. 男
2. 女

S4. 出生年月

出生于：_______ 年 _______ 月

S5. 死亡时间

死亡于：_______ 月

S6. 民族

_______ 族

死亡时满 3 周岁的人登记的项目

S7. 受教育程度

1. 未上过学
2. 学前教育
3. 小学

4. 初中

5. 高中

6. 大学专科

7. 大学本科

8. 硕士研究生

9. 博士研究生

死亡时满 15 周岁的人登记的项目

S8. 婚姻状况

1. 未婚

2. 有配偶

3. 离婚

4. 丧偶

第三部分　普查表填写说明

一、普查表的种类

第七次全国人口普查表分为《第七次全国人口普查短表》《第七次全国人口普查长表》《第七次全国人口普查港澳台居民和外籍人员普查表》和《第七次全国人口普查死亡人口调查表》四种表。

二、标准时点

第七次全国人口普查的标准时点为2020年11月1日零时。

普查员在掌握普查标准时点时，应注意以下两点：

（一）2020年11月1日零时以后出生的人不登记；2020年11月1日零时以后死亡的人仍要在普查短表中登记。

（二）2020年11月1日零时以后居住地发生变化的人，仍在原居住地登记。

三、普查对象

普查对象是指普查标准时点在中华人民共和国境内的自然人以及在中华人民共和国境外但未定居的中国公民，不包括在中华人民共和国境内短期停留的境外人员。

（一）普查短表和普查长表的普查对象具体是指2020年10月31日晚住本普查小区的人，以及户口登记在本普查小区但2020年10月31日晚未住本普查小区的人。

1.2020年10月31日晚住本普查小区的人，无论其户口登记在何处。

2.户口登记在本普查小区，但2020年10月31日晚未住本普查小区的人，无论其外出时间长短、外出原因如何。

（二）港澳台居民和外籍人员普查表的普查对象具体是指2020年10月31日晚住本普查小区的港澳台居民和外籍人员。

（三）死亡人口调查表的登记对象具体是指2019年11月1日至2020年10月31日期间本普查小区的死亡人口。

四、登记原则

人口普查采用按现住地登记的原则，每个人必须在现住地进行登记。普查对象不在户口登记地居住的，户口登记地要登记相应信息。

人口普查以户为单位进行登记，户分为家庭户和集体户。集体户以一个住房单元为一户进行普查登记。

为便于理解登记对象，并考虑到普查中可能遇到的特殊情况，普查员在入户登记时可采取以下方式询问住户：

应在您家普查登记的人包括：

•2020 年 10 月 31 日晚住在您家里的人。

• 经常居住在您家，由于临时出差、探亲、旅游或值夜班等原因，2020 年 10 月 31 日晚未住在您家的人（视为 2020 年 10 月 31 日晚住在您家）。

• 幼儿园全托孩子，小学、初中住校生（视为 2020 年 10 月 31 日晚住在您家）。

• 户口登记在现住房地址的其他人。

不包括：

• 现役军人和武警。

• 由于临时出差、探亲、旅游等原因，2020 年 10 月 31 日晚暂住在您家的人。

•2020 年 11 月 1 日零时以后出生的人。

五、普查项目

（一）普查短表

按户填报的项目有：户别、本户应登记人数、本户 2019 年 11 月 1 日至 2020 年 10 月 31 日期间的出生人口、本户 2019 年 11 月 1 日至 2020 年 10 月 31 日期间的死亡人口、住所类型、本户现住房建筑面积、本户现住房间数。

按人填报的项目有：姓名、与户主关系、公民身份号码、性别、出生年月、民族、普查时点（2020 年 11 月 1 日零时）居住地、户口登记地、离开户口登记地时间、离开户口登记地原因、受教育程度、是否识字。

（二）普查长表

按户填报的项目有：户别、本户应登记人数、本户 2019 年 11 月 1 日至 2020 年 10 月 31 日期间的出生人口、本户 2019 年 11 月 1 日至 2020 年 10 月 31 日期间的死亡人口、住所类型、本户现住房建筑面积、本户现住房间数、住房所在建筑的总层数、承重类型、住房建成年代、住房所在建筑有无电梯、主要炊事燃料、住房内有无管道自来水、住房内有无厨房、住房内有无厕所、住房内有无洗澡设施、住房来源、月租房费用、拥有全部家用汽车的总价。

按人填报的项目有：姓名、与户主关系、公民身份号码、性别、出生年月、民族、普查时点（2020 年 11 月 1 日零时）居住地、户口登记地、离开户口登记地时间、离开户口登记地原因、户口登记地类型、是否有农村土地承包经营权、出生地、五年前常住地、受教育程度、学业完成情况、是否识字、工作情况、经常工作单位或生产经营活动所属类型、行业、职业、未工作原因、主要生活来源、婚姻状况、初婚年月、生育子女数、过去一年（2019 年 11 月 1 日—2020 年 10 月 31 日）的生育状况、居住状况、身体健康状况。

（三）港澳台居民和外籍人员普查表

按户填报的项目有：户别、住所类型、本户现住房建筑面积、本户现住房间数。

按人填报的项目有：姓名、与户主关系、性别、出生年月、来内地（大陆）或来华目的、已在内地（大陆）或在华居住时间、受教育程度、身份或国籍、工作情况、行业、职业、婚姻状况。

（四）死亡人口调查表

填报的项目有：姓名、公民身份号码、性别、出生年月、死亡时间、民族、受教育程度、婚姻状况。

六、普查表的填写方法

（一）普查表以户为单位进行登记。普查短表、死亡人口调查表采用普查员入户询问、当场填报，或由普查对象通过互联网自主填报等方式进行。普查长表、港澳台居民和外籍人员普查表采用普查指导员和普查员入户询问、当场填报的登记方式。

（二）普查小区中的每一户有且只有一个户编号，为“001”开始的3位顺序码，在《户主姓名底册》编制完成后自动生成，普查表上的户编号与其一致，不可修改。

（三）普查表的填写顺序：先填写住户项目，再逐人填写个人项目。

普查员填写普查短表时，填写按人登记的项目时，表内第一人应填户主，然后依次填户主的配偶和其他关系的人。全户死亡的户，只填写“H4. 本户2019年11月1日至2020年10月31日期间的死亡人口”，其他住户项目和个人项目均不再登记。

普查员填写普查长表时，与普查短表相同的项目直接代入短表信息，经向普查对象核实确认后，再填报其他项目。

（四）普查表每户最多可以填写20人。对于超过20人的大集体户，可酌情分成若干集体户填写。

（五）有标准选项的项目，根据实际情况选填，并且每个问题只能选择一个标准选项。民族、普查时点（2020年11月1日零时）居住地、户口登记地、出生地、五年前常住地等项目可根据列表栏进行选择。没有标准选项的项目，用文字或阿拉伯数字据情填报。

（六）如果填写错误或发生逻辑关系异常，数据采集程序会给出审核提示。审核类型分为强制性审核和确认性审核，若为强制性审核错误，必须根据提示信息对错误项目进行修改；若为确认性审核提示，应根据提示信息对异常项目进行核实，确认无误后，继续进行填报。

（七）普查员每填完一户，应即刻进行审核，将通过审核的信息向申报人当面宣读，核对无误后，由申报人签字确认。

第四部分 指标解释

一、普查短表

（一）住户项目

H1. 户别——按家庭户、集体户的类别填报。

1. 家庭户：以家庭成员关系为主，居住一处共同生活的人口，作为一个家庭户。单身居住独自生活的，也作为一个家庭户。

2. 集体户：相互之间没有家庭成员关系，集体居住共同生活的人口作为一个集体户。

H2. 本户应登记人数——包括两个部分。一部分是 2020 年 10 月 31 日晚居住本户的人数，既包括户口在本户、2020 年 10 月 31 日晚居住本户的人数，也包括户口不在本户、2020 年 10 月 31 日晚居住本户的人数，填写 H2 的第一项；另一部分是户口在本户，2020 年 10 月 31 日晚未居住本户的人数，填写 H2 的第二项。

H3. 本户 2019 年 11 月 1 日至 2020 年 10 月 31 日期间的出生人口——填写本户在 2019 年 11 月 1 日至 2020 年 10 月 31 日期间出生的人数。分别填写男、女的合计数。若本户在此期间没有出生人口，请填写“0”。

H4. 本户 2019 年 11 月 1 日至 2020 年 10 月 31 日期间的死亡人口——填写本户在 2019 年 11 月 1 日至 2020 年 10 月 31 日期间死亡的人数。分别填写男、女的合计数。若本户在此期间没有死亡人口，请填写“0”。

填写 H3、H4 时应注意：

不要漏掉出生时有某种生命现象（如在胎儿脱离母体时，有呼吸或心跳，脐带搏动、随意肌收缩等）不久即死亡的婴儿，既要填写出生人数，也要填写死亡人数。

H5. 住所类型——按居住的住所类型填报。

1. 普通住宅：指人工建造的，有墙、顶、门、窗等结构，具有独立入口，专门供人居住的房屋或场所。如单元房、平房、四合院、独栋别墅、筒子楼、窑洞等传统意义上的住宅。

2. 集体住所：指学生宿舍、职工宿舍、工棚、养老院、福利院、宗教场所等。

3. 工作地住所：指居住在办公楼、发廊、商铺、餐馆等工作场所。

4. 其他住房：指居住在上述场所以外的其他房屋或场所。

5. 无住房：指本户没有住房，居无定所（如流动人口中那些睡在桥下、公园、车站或睡在运载货物、商品车辆上的人等）。

H6. 本户现住房建筑面积——本户现住房的建筑面积以房屋所有权证（不动产权证）或租赁凭证上的相关信息为准。

若只知道使用面积的，可用使用面积乘以 1.33，换算成建筑面积。填写本项目时应注意：

1. 在租借房屋居住的户，按租借住房的实际情况填写其住房建筑面积。

2. 合住在同一所住房里的住户，其建筑面积为各户所独立使用的房间面积加上公共使用面积（包括厨房、厕所、门厅、阳台等）的分摊部分：两户合住的，各按二分之一计算；三户合住的，各按三分之一计算，依此类推。

3. 建筑面积应填写整数，不为整数时四舍五入获得。

H7. 本户现住房间数——指除厨房、厕所、过道和厅以外的所有自然间数（包括扩建的房间）。填写本项目时应注意：

1. 在租借房屋居住的户，按租借住房的实际居住情况填写其住房间数。

2. 合住同一所住房的，在填写住房间数时，填写其独立使用的房间数。

（二）个人项目

D1. 姓名——填写被登记人的正式姓名。没有正式姓名的可填小名或某某氏，但不能填笔名、代号等。婴儿未起名的，可填“未取名”。

D2. 与户主关系——指被登记人与本户户主的关系。申报人不是户主的，不要将被登记人与申报人的关系错填为与户主的关系。

0. 户主：按家庭日常生活习惯确定户主。

1. 配偶：指户主的妻子或丈夫。

2. 子女：指户主的子女。

3. 父母：指户主的父母或继父母、养父母。

4. 岳父母或公婆：指户主配偶的父母或继父母、养父母。

5. 祖父母：指户主或配偶的祖父母、外祖父母、曾祖父母、外曾祖父母。

6. 媳婿：指户主子女的配偶。

7. 孙子女：指户主的孙子女、外孙子女、孙媳婿、外孙媳婿、重孙子女、重孙媳婿、重外孙子女、重外孙媳婿。

8. 兄弟姐妹：指户主及其配偶的兄弟姐妹以及他们的配偶。

9. 其他：指以上九种人以外的成员。

在登记家庭户时，户主应登记为第一人，选填“0. 户主”。如果户主的配偶也在本户登记，应登记为第二人，选填“1. 配偶”，然后再登记该户的其他成员；如果户主没有配偶，或户主配偶不在本户登记，第二人登记本户其他成员。

在登记集体户时，任选一人登记为户主，选填“0. 户主”，本户其他成员与户主关系一律登记为其他，选填“9. 其他”。

D3. 公民身份号码——指 18 位公民身份号码。无公民身份号码的填写 18 位 0。

D4. 性别——指被登记人的性别。

D5. 出生年月——指被登记人的出生年、月。

出生年月按公历填写，只知道农历的，要换算成公历。按照一般的规律，农历的月份与公历的月份相差一个月左右，换算时农历的月份加 1 即可作为公历的月份，但要注意农历的 12 月应当是公历下一年的 1 月。

D6. 民族——指被登记人的民族。

外国人加入中国籍，其民族和我国的某一民族相同的，就选填某一民族；没有相同民族的，按外国人加入中国籍填写，选填“入籍”。

D7. 普查时点（2020 年 11 月 1 日零时）居住地——指被登记人在普查标准时点居住的地址。

1. 本普查小区：指普查时点居住在本普查小区的人。如果本户在本普查小区拥有一套以上的住房，可确定其中一处进行登记。

2. 本村（居）委会其他普查小区：指户口登记地在本普查小区，普查时点居住在本村（居）委会其他普查小区的人。

3. 本乡（镇、街道）其他村（居）委会：指户口登记地在本普查小区，普查时点居住在本乡（镇、街道）其他村（居）委会的人。

4. 本县（市、区、旗）其他乡（镇、街道）：指户口登记地在本普查小区，普查时点居住在本县（市、区、旗）的其他乡（镇、街道）的人。

5. 其他县（市、区、旗）：指户口登记地在本普查小区，普查时点居住在本县（市、区、旗）以外地区的人。填报本选项的人还需选填普查时点居住地所在省（区、市）、市（地、州、盟）、县（市、区、旗）的具体名称。

6. 香港特别行政区、澳门特别行政区、台湾地区：指户口登记地在本户，普查时点居住在香港特别行政区、澳门特别行政区、台湾地区的人。

7. 国外：指户口登记地在本户，普查时点居住在国外的人。

D8. 户口登记地——指被登记人的居民户口薄上的地址。

1. 本村（居）委会：指户口登记地在本村（居）委会的人。

2. 本乡（镇、街道）其他村（居）委会：指普查时点居住本普查小区，户口登记地在本乡（镇、街道）其他村（居）委会的人。

3. 本县（市、区、旗）其他乡（镇、街道）：指普查时点居住本普查小区，户口登记地在本县（市、区、旗）的其他乡（镇、街道）的人。

4. 其他县（市、区、旗）：指普查时点居住本普查小区，户口登记地在本县（市、区、旗）以外地区的人。填报本选项的人还需填写户口登记地所在省（区、市）、市（地、州、盟）、县（市、区、旗）的具体名称。

5. 户口待定：指普查时点居住本普查小区，在任何地方都没有登记户口的人。包括手持户口迁移证、出生证、退伍证等情况。

D9. 离开户口登记地时间——指到普查标准时点为止，被登记人离开户口登记地（居住地与户口登记地不一致）的时间。

没有离开户口登记地是指户口登记地在本村（居）委会，普查标准时点居住在本普查小区或本村（居）委会其他普查小区。

若常年外出的人由于农忙、节假日等原因偶尔回家的，或回家后因疫情原因推迟外出的，还应该从第一次离开户口登记地的时间开始计算。

D10. 离开户口登记地原因——指被登记人离开户口登记地（居住地与户口登记地不一致）的原因。

0. 工作就业：指十五周岁及以上因务工经商、工作招聘、调动等原因离开户口登记地的人。

1. 学习培训：指六周岁及以上因考入各级各类学校或参加各种学习班、培训班而离开户口登记地的人。

2. 随同离开 / 投亲靠友：指因跟随亲属、投亲靠友而离开户口登记地的人。

3. 拆迁 / 搬家：指因房屋拆迁、改造或者搬家而离开户口登记地的人。

4. 寄挂户口：指户口落在集体户或没有在户口登记地居住过、只落户口的人。

5. 婚姻嫁娶：指十五周岁及以上因结婚而离开户口登记地的人。

6. 照料孙子女：指为照料孙子女而离开户口登记地的人。

7. 为子女就学：指为子女就学而离开户口登记地的人。

8. 养老 / 康养：指因旅游（度假）养老 / 康养、候鸟式养老 / 康养、回籍贯地养老 / 康养、居住在养老院而离开户口登记地的人，不包括跟随子女养老。

9. 其他：指上述几种以外的原因。

凡具有两种以上原因的，按其主要的原因选填一个标准选项。

D11. **受教育程度**——指按照国家教育体制，被登记人接受教育的情况。通过自学或成人学历教育经国家统一考试合格的，分别归入相应的受教育程度。

1. 未上过学：指从未接受过各级各类学校教育。包括参加过各种扫盲班或成人识字班学习，且以后再没有接受过各级各类学校教育的人。

2. 学前教育：指仅接受过或正在接受专门学前教育机构教育，即在幼儿园或附设幼儿班接受保育和教育。

3. 小学：指接受的最高一级教育为小学，无论其是否在校、毕业、肄业或辍学。

4. 初中：指接受的最高一级教育为初中，无论其是否在校、毕业、肄业或辍学。

5. 高中：指接受的最高一级教育为普通高中、成人高中和中等职业学校，无论其是否在校、毕业、肄业或辍学。

6. 大学专科：指接受的最高一级教育为大学专科。在普通高等学校学习大学专科的，无论其是否在校、毕业、肄业或辍学，都填报此项。

凡国家授权承认学历的开放大学、广播电视大学、职工大学等成人高校和普通高等学校举办的函授大学、夜大学和其他形式的大学，按教育部颁布的大学专科教学大纲进行授课的，其毕业生选填此项；其肄业生、在校生按原有受教育程度填报。含成人专科和网络专科。

通过自学，经国家统一举办的自学考试合格，并取得大学专科毕业证书的，也选填此项。

7. 大学本科：指接受的最高一级教育为大学本科。在普通高等学校学习大学本科的，无论其是否在校、毕业、肄业或辍学，都填报此项。

凡国家授权承认学历的开放大学、广播电视大学、职工大学等成人高校和普通高等学校举办的函授大学、夜大学和其他形式的大学，按教育部颁布的大学本科教学大纲进行授课的，其毕业生选填此项；其肄业生、在校生按原有受教育程度填报。含成人本科和网络本科。

通过自学和进修大学课程，经考试合格，并取得大学本科毕业证书的，也选填此项。

8. 硕士研究生：指接受的最高一级教育为硕士研究生，无论其是否在校、毕业、肄业或辍学。含 2016 年 12 月 1 日以后录取的非全日制硕士研究生。

在职接受硕士研究生教育的，其毕业生选填此项；肄业生和在校生按原有受教育程度填报。

9. 博士研究生：指接受的最高一级教育为博士研究生，无论其是否在校、毕业、肄业或辍学。含 2016 年 12 月 1 日以后录取的非全日制博士研究生。

在职接受博士研究生教育的，其毕业生选填此项；肄业生和在校生按原有受教育程度填报。

凡是没有按教育部的教学大纲培养或只学单科的人，不能填报“大学专科”“大学本科”“硕士研究生”或“博士研究生”，一律按原有受教育程度填报。

D12. **是否识字**：指被登记人是否达到国家规定的脱盲标准（城镇居民和企、事业单位职工识字 2000 个，农村居民识字 1500 个）。登记时可询问，日常生活中是否能读懂简单的书信或书写简短的句子。如果能阅读通俗书报、能写便条就认为具有识字能力。

二、普查长表

（一）住户项目

H1. 户别——与短表 H1 相同。

H2. 本户应登记人数——与短表 H2 相同。

H3. 本户 2019 年 11 月 1 日至 2020 年 10 月 31 日期间的出生人口——与短表 H3 相同。

H4. 本户 2019 年 11 月 1 日至 2020 年 10 月 31 日期间的死亡人口——与短表 H4 相同。

H5. 住所类型——与短表 H5 相同。

H6. 本户现住房建筑面积——与短表 H6 相同。

H7. 本户现住房间数——与短表 H7 相同。

H8. 住房所在建筑的总层数——层数是指建筑物的自然层数，一般按室内地坪以上计算。

采光窗在室外地坪以上的半地下室，其室内层高在 2.20m 以上（不含 2.20m）的，计算自然层数；假层、附层（夹层）、插层、阁楼（暗楼）、装饰性塔楼，以及突出屋面的楼梯间、水箱间不计层数。

其中，平房是指只有一层的房子。

H9. 承重类型——指在房屋建筑中，由各种构件（屋架、梁、板、柱等）组成的能够承受各种作用的体系。

1. 钢及钢筋混凝土结构：指承重的主要构件是用钢及钢筋混凝土建造的。它包括“钢结构”“钢、钢筋混凝土”和“钢筋混凝土”三种结构类型。

钢结构：承重的主要构件是钢材料建成的，包括悬索结构。

钢、钢筋混凝土结构：承重的主要构件是用钢、钢筋混凝土建造的。如一幢房屋一部分梁柱采用钢、钢筋混凝土构架建成。

钢筋混凝土结构：承重的主要构件是用钢筋混凝土建造的。包括薄壳结构、大模板现浇结构及使用滑模、升板等建造的钢筋混凝土结构的建筑物。

2. 混合结构：指承重的主要构件是用钢筋混凝土和砖木建造的。如一幢房屋的梁是用钢筋混凝土制成，以砖墙为承重墙，或者梁是用木材建造，柱是用钢筋混凝土建造。

3. 砖木结构：指承重的主要构件是用砖、木材建造的。如一幢房屋是木制房架、砖墙、木柱建成的。

4. 竹草土坯结构：指承重的主要构件是用竹、草、土坯等建造的。如竹楼、土窑洞等。

5. 其他结构：指不属于上述类型的结构。

H10. 住房建成年代——指本户住房所属建筑物的建成年份。

本户住房所属建筑物翻修过的，按翻修时的年份选填。经过改建的，如改建面积大于原面积的，按改建时的年份选填；如改建面积小于原面积的，按原建成年份选填。

H11. 住房所在建筑有无电梯——指本户住房所属建筑物内部、外部是否安装电梯。

H12. 主要炊事燃料——指本户用于炊事的主要燃料。

如果本户用于炊事的燃料有两种以上，选填主要的一种。

H13. 住房内有无管道自来水——指本户住房内是否有经过公用设施净化处理的管道输送水。

在院子里自己打的机井不能算作有自来水。

H14. 住房内有无厨房——指本户住房内是否有专供做饭使用的房间，无论是否装有上下水道及固定灶具。

在公用过道、客堂等处烧饭的和在庭院、路边搭建的、临时简陋设施中做饭的都不算有厨房。

H15. 住房内有无厕所——指本户住房内是否有厕所。

1. 水冲式卫生厕所：指有上下水系统，或厕间有备水桶（瓢冲），坐便或蹲便器有水封或无水封的厕所，且粪便及污水冲入到下水道、化粪池和厕坑，无蝇，不会造成环境污染。

2. 水冲式非卫生厕所：指虽然是水冲式厕所，但是粪便被冲到开放的水渠、沟塘等开放水体或者不确定冲到何处，会污染环境。

3. 卫生旱厕：指有固定盖板的厕所，粪便基本无暴露，保持无蝇。比如通风改良厕所、堆肥厕所、双坑交替厕所、粪尿分集厕所、阁楼厕所、深坑防冻厕所等。

4. 普通旱厕：包括无盖板的敞开式旱厕，有或无防渗处理。通常粪便暴露、有蛆蝇。

5. 无：指没有厕所。

H16. 住房内有无洗澡设施——指住房内是否有固定浴缸（浴盆）或淋浴龙头等能使用的洗浴设施。

1. 统一供热水：指本户洗浴用热水由社区、物业管理部门或其他公共设施统一供应。

2. 家庭自装热水器：指本户洗浴用热水是由自己安装的各种热水器，如电热水器、燃气（罐装、管道）热水器等。

3. 其他：指上述两种以外的洗浴设施。

4. 无：指住房内没有洗浴设施。

H17. 住房来源——指本户获取现住房的方式。

1. 租赁廉租房 / 公租房：指向政府相关部门申请并租住廉租房、公租房。

2. 租赁其他住房：指通过私人、单位或房屋中介等渠道租住住房。

3. 购买新建商品房：指按市场价购买的新建商品房。

4. 购买二手房：指购买那些进入房屋市场进行交易，第二次及以上进行产权登记的住房，包括二手商品房、允许上市交易的已售公房、经济适用房等。

5. 购买原公有住房：指个人以成本价或优惠价购买的、原作为福利分配给本单位职工的住房。

6. 购买经济适用房 / 两限房：指向政府相关部门申请并购买经济适用房、两限房。

7. 自建住房：指个人建造的住房，其产权属于个人所有。

8. 继承或赠予：指从亲属处继承而来或者受他人赠予而获取住房。

9. 其他：指上述几种住房来源以外的情况。

H18. 月租房费用——指最近用于交纳房租的单月金额，不包括水电费、物业费、取暖费等附加费用。月租房费用不为整数时，按四舍五入计算。

若多人合租作一户登记时，则需将每人月租费加总计算。

H19. 拥有全部家用汽车的总价——是指住户拥有的全部供家庭生活使用的汽车价格之和。

汽车价格按汽车实际购买价格（含税）的方式计算。

若住户有多辆家用汽车，则按全部家用汽车的价格总和选填。

（二）个人项目

C1. 姓名——与短表 D1 相同。

C2. 与户主关系——与短表 D2 相同。

C3. 公民身份号码——与短表 D3 相同。

C4. 性别——与短表 D4 相同。

C5. 出生年月——与短表 D5 相同。

C6. 民族——与短表 D6 相同。

C7. 普查时点（2020 年 11 月 1 日零时）居住地——与短表 D7 相同。

C8. 户口登记地——与短表 D8 相同。

C9. 离开户口登记地时间——与短表 D9 相同。

C10. 离开户口登记地原因——与短表 D10 相同。

C11. 户口登记地类型——指离开户口登记地（居住地与户口登记地不一致）时的户口登记地类型。

若离开时户口登记地的类型是“乡”，而现在已改成“镇”，应选填“1. 乡”，不要填报“2. 镇的村委会”或“3. 镇的居委会”。

C12. 是否有农村土地承包经营权——指被登记人户口所在的户是否有农村土地承包经营权。

户口所在的户应以被登记人的户口簿为准。拥有农村土地承包经营权是指被登记人户口登记地在农村地区或以前的农村地区，目前户口所在的户与集体经济组织签订了农村土地承包合同。

拥有农村土地承包经营权的户，目前可能实际经营承包地，也可能因各种原因不再经营承包地，包括以转包、出租、入股、托管等方式流转所承包土地经营权。

C13. 出生地——指被登记人的出生地点。

1. 本县（市、区、旗）：指出生在本县、县级市、区、旗。

2. 本省其他县（市、区、旗）：指出生在本省的其他县、县级市、区、旗。

3. 省外：指出生在本省（区、市）以外其他地区，并选填出生地所在省（区、市）的名称。在港、澳、台或国外出生的，根据实际情况选填 “香港特别行政区” “澳门特别行政区” “台湾地区”或“国外”。

C14. 五年前常住地——指被登记人在普查标准时点的五年前，即 2015 年 11 月 1 日零时的常住地。

五年前居住在本县（市、区、旗）以外其他地区的人，还需选填五年前常住地的地址。

五年前居住在港、澳、台或国外的，根据实际情况选填“香港特别行政区”“澳门特别行政区”“台湾地区”或“国外”。

C15. 受教育程度——与短表 D11 项相同。

C16. 学业完成情况——指受教育程度为小学及以上的人完成学业的情况。

1. 在校：正在接受各级各类学校教育并有学籍。

2. 毕业：已修完全部课程，并经过考试鉴定合格。

3. 肄业：修完全部课程，但考试不及格或因种种原因未取得毕业资格。

4. 辍学：未能修完所规定的全部课程，中途退学。

5. 其他：私塾、自学等其他方式。

C17. 是否识字——与短表 D12 项相同。

C18. 工作情况——指被登记人在 10 月 25—31 日期间，即普查标准时点前一周，是否为取得收入而工作了 1 小时以上，包括临时工、互联网灵活就业、家庭经营无酬帮工。

工作是指为获取工资、实物报酬或经营收入而从事的各种生产、经营或服务性活动，其目的是为了取得收入，无论实际是否取得。不包括义务劳动和公益性劳动。

1. 是：指在 10 月 25—31 日期间，为取得收入而干过固定的、临时的或兼职的工作，并且工作时间超过 1 小时。在校学生利用课余或假期以及退休人员为取得收入而从事了工作，也选填此项。

家庭成员在自家或亲属经营的公司、企业、商铺或网店工作，即使本人没有劳动报酬，也选填此项。

选填“1. 是”的人，还需填写工作时间。工作时间按在10月25—31日期间实际的工作时间填写，而不是按国家或企业规定的制度工作时间填写。

计算工作时间，要注意把握以下几种情况：

（1）从事一种以上有收入工作的，几项工作时间相加计算。

（2）在规定的工作时间以外加班工作的，加班时间一并计算在内。

（3）农村既干家务又从事农业或其他有收入工作的人，家务劳动时间除外。

2. 在职休假、在职学习培训、临时停工（保留工资）：

在职休假是指在10月25—31日期间，因各种休假或请假临时未工作，包括公休假、年休假、空勤人员、船员、火车乘务人员的轮休假、病假、工伤假、产假、事假、探亲假、婚丧假等。个人档案、人事关系已在某单位，但因各种原因尚未到新单位报到上班，如军人转业或工作调动等，也视为休假。

在职学习培训是指有工作单位，在10月25—31日期间参加脱产学习或培训。

临时停工（保留工资）是指在10月25—31日期间，由于机械或电力故障、原料或燃料短缺、天气或其他灾害等原因导致的暂时未工作，但仍可以有工资收入。

打零工、计件工等临时就业或灵活就业的人，因为上述原因停工并且没有收入，不填此项，应填“3. 未做任何工作”。

3. 未做任何工作：指在10月25—31日期间，没有工作单位，也未从事过任何可以有收入的工作。

对于下岗、内退人员，如果未与原单位解除劳动合同，仍有工资性收入的，选填“2. 在职休假、在职学习培训、临时停工”；如果没有工资性收入，选填“3. 未做任何工作”。对于承包土地的农民，在10月25—31日期间，如果干农活或其他有收入的工作超过1小时，选填“1. 是”；如果外出打工，未从事任何工作，选填“3. 未做任何工作”；如果正处于农业生产季节，没有外出打工，期间临时没有干农活，选填“2. 在职休假、在职学习培训、临时停工”。

对于从事季节性生产经营的人，如果生产经营仍在进行中，只是在10月25—31日期间没有工作，选填“2. 在职休假、在职学习培训、临时停工”；如果正处于季节性歇业，选填“3. 未做任何工作”。

C19. 工作单位或生产经营活动所属类型——指普查标准时点前一周的主要工作单位或生产经营活动类型。

1. 企业、事业、机关或社会团体等法人单位：法人单位指依法成立，有自己的名称、组织机构和场所，能够独立承担民事责任，独立拥有和使用（或授权使用）资产承担负债，有权与其他单位签订合同，会计上独立核算，能够编制资产负债表的单位。包括企业、事业、机关、社会团体、民办非企业单位、基金会、居委会、村委会、农民专业合作社、农村集体经济组织和其他组织机构。

2. 个体经营户：指资产归个人所有，以个体劳动为基础，劳动成果归劳动者个人占有和支配的一种经济组织。既包括在各级工商行政管理机关登记注册、领取《营业执照》的个体工商户，也包括没有领取《营业执照》，但实际从事个体经营活动的人。

3. 经营农村家庭承包地（家庭农林牧渔生产经营活动）：指在自家承包的耕地、林地、草地、池塘以及其他合法用于农业的土地上，从事农林牧渔业生产经营活动，也包括家庭在转包和租用他人农业用地上从事农林牧渔业生产经营活动，所从事的农业生产活动以自营劳动为主，不雇佣长期雇工，但可能雇佣临时短工。

农业生产季节在承包土地上从事农业生产，但上周未做任何工作的人，也选填此项。

普查标准时点前一周未在自家承包土地上工作而从事其他生产经营活动的人，或外出务工经商的人不填此项，选填上周实际工作单位或生产经营活动。

4. 自由职业 / 灵活就业：指除个体经营户以外的自雇就业或自主型的个体就业。包括律师、自由撰稿人、歌手、模特等自主就业人员，也包括家庭自雇家政服务、街头小贩、其他类型打零工的临时就业人员，还包括依赖平台承接工作任务、不隶属于任何雇主的劳动者。

C20. 行业——指普查标准时点前一周主要工作所在单位的生产经营活动。如果前一周从事两项不同工作，按工作时间长短确定主要工作；如果工作时间相同，再按报酬高低确定主要工作。

行业是按照经济活动的同一性进行分类的，不是按其所属的行政管理系统来分的。产业活动单位是划分行业的分类标准。产业活动单位是指：（1）具有一个场所、从事一种或主要从事一种经济活动；（2）单独组织生产、经营或业务活动；（3）掌握收入和支出的会计核算资料。

填写行业时要注意以下情况：

有工作单位的，既要填写单位名称，也要填写单位的主要产品或从事的主要业务。单位名称要具体到分厂、分公司或营业部，即产业活动单位，不能笼统地只填写总厂名称。最重要的是单位的主要产品或主要业务要详细填写，要用动宾词组表达，如“生产服装”或“销售服装”，不能简写为“服装”。保密单位，填写其公开使用的名称和公开的主要产品或主要业务。

没有工作单位的，只填写主要产品或主要业务，如“送外卖”“当滴滴司机”。务农人员不能笼统地填写“农业”，要根据其具体的农业生产活动或农户具体从事的主要业务填写。如“种粮食”“养猪”等。

C21. 职业——指普查标准时点前一周主要工作具体是干什么。如果前一周从事两项不同工作，按工作时间长短确定主要工作；如果工作时间相同，再按报酬高低确定主要工作。

职业分类是以工作性质的同一性为基本原则。所谓“同一性”，是指不论其所在工作单位是什么经济类型，不论用工形式是固定工还是临时工，也不论其隶属于哪个行业，凡是从事同一性质工作的人都划分为同一类。

填写职业时应注意以下情况：

填写职业要具体、详细。不能笼统地写“工人”“农民”“公务员”“工程师”等，而应具体填写其实际工作种类，如“铸轧工”“捕鱼”“统计人员”“通信工程技术员”等。具有专业技术职称的行政领导人员，应按行政领导职务填写其职业；同时担任两个以上职务的领导干部，应按主要职务填写其职业。工种尚未确定，暂时又无具体工作岗位的，要填写“工种未定”。

C22. 未工作原因——指被登记人在普查标准时点前一周没有工作的主要原因。

1. 在校学习：指在各级各类学校学习，并有正式学籍的人员。不包括有工作单位，脱产学习的人员。

2. 离退休：指已办理离休、退休手续，定期领取离退休生活费，且未从事任何有收入劳动的人。

3. 料理家务：指主要在自己家里从事家务劳动，且没有劳动收入的人。离、退休人员从事家务劳动的，选填“2. 离退休”。为自家经营的摊位、商店、门市部、工厂工作的人，农村中既料理家务又务农或从事家庭副业的人，在别人家干家务活的临时工或小时工，均属于有工作的人，不选填此项。

4. 丧失工作能力：指经专门机构鉴定或虽未鉴定但本人或其法定监护人认为，其因生理或心理疾患已丧失了从事劳动的能力。包括年老体弱生活不能自理的人员，但不包括离休、退休人员，这些人不论是身体残疾还是年老体弱生活不能自理，均选填“2. 离退休”。

5. 其他：指上述几种以外的原因。

C23. 主要生活来源——指被登记人主要依靠什么生活。

如果被登记人同时有几种生活来源，选填其认为最主要的一项。

1. 劳动收入：指主要依靠劳动报酬、经营利润或家庭收益（包括现金和实物收入）生活。

2. 离退休金 / 养老金：指办理了离休、退休或退职手续，主要依靠从原工作单位或社会保险经办机构领取的离退休金（包括退职费）生活。

3. 最低生活保障金：指建立最低生活保障制度的地区，家庭人均收入低于当地规定的最低生活保障线，主要依靠从政府有关部门或集体领取最低生活保障金生活，以及依靠民政部门发放的烈军属、五保户、残疾人等的生活抚恤金生活。

4. 失业保险金：指失业保险经办机构依法支付给符合条件的失业人员的基本生活费用，是对失业人员在失业期间失去工资收入的一种临时补偿。

5. 财产性收入：指以资金储蓄、借贷入股以及财产运营、房屋租赁等所取得的利息、股息、红利、租金等收入。

6. 家庭其他成员供养：指主要依靠家庭其他成员或亲属的供养和资助生活。

7. 其他：指上述几种以外的情况。

C24. 婚姻状况——指被登记人在普查标准时点的实际婚姻状况。

1. 未婚：指从未结过婚。

2. 有配偶：指有配偶，处于婚姻中。

3. 离婚：指曾经结过婚，但已办理了离婚手续且没有再婚，或正在办理离婚手续。

4. 丧偶：指配偶已去世，且没有再婚。

人口普查的婚姻是指事实婚姻，不是单指法律意义上的婚姻，对不到法定结婚年龄，或未办理结婚手续而同居、实际结婚的人，应根据其在普查标准时点的实际情况，按照被登记人的申报选填。

C25. 初婚年月——指被登记人第一次结婚时的年、月。

C26. 生育子女数——指截止到普查标准时点，15 至 64 周岁妇女的生育状况。

1. 未生育：指被登记妇女没有生育过子女。

2. 有生育：指被登记妇女生育过子女，需分别填写生过和存活的子女数。

生过几个孩子：指生育的活产男孩和女孩数，包括产后不久就死亡的婴儿。胎儿脱离母体时（不管孕期长短），凡有过呼吸或心跳、脐带搏动、随意肌收缩等生命现象的，都视为“活产”。这里所说的“子女”是指该妇女的亲生子女，不包括丈夫前妻的子女和领养的子女，但鉴于有些家庭不愿公开领养关系，可尊重申报人的意愿，按亲生子女填报。

其中现在存活几个孩子：指活产子女中，仍然存活的男孩和女孩数，无论是否与父母一起居住。在普查标准时点前已死亡的孩子不包括在内。无存活子女的填写“0”。

C27. 过去一年（2019 年 11 月 1 日—2020 年 10 月 31 日）的生育状况——指普查标准时点前 12 个月内，15 至 50 周岁被登记妇女的生育状况。

1. 一年内未生育：指过去一年内没有生育过子女。

2. 一年内有生育：指过去一年内生育过子女，需选填生育时间和孩子性别。

一年内生育两个以上孩子的，包括两次生育或生育多胞胎，还需填报第二个孩子的状况，第三个或以上的孩子不用填报。

C28. **居住状况**——指普查标准时点前一个月，60 周岁及以上被登记人的主要居住状况。

1. 与配偶和子女同住：指与配偶和子女住在一起。

2. 与配偶同住：指子女不在身边，与配偶住在一起。

3. 与子女同住：指配偶不在身边，与子女住在一起。

4. 独居（有保姆）：指本户中只有老人和保姆。

5. 独居（无保姆）：指独身一人居住。

6. 养老机构：指在提供养老服务的场所，包括敬老院、老年公寓等居住的情况。凡在养老机构居住的老年人，不论与谁同住。

7. 其他：指上述几种以外的状况。

C29. **身体健康状况**——指 60 周岁及以上被登记人根据自身健康状况，对普查标准时点前一个月能否保证正常生活做出的自我判断。

1. 健康：指过去一个月健康状况良好，完全可以保证日常的生活。

2. 基本健康：指过去一个月健康状况一般，可以保证日常的生活。

3. 不健康，但生活能自理：指普查标准时点前一个月健康状况不是太好，但可以基本保证正常的生活。

4. 不健康，生活不能自理：指普查标准时点前一个月健康状况较差，不能照顾自己日常的生活起居，如吃饭、穿衣、自行走动等。

三、港澳台居民和外籍人员普查表

（一）住户项目

F1. **户别**——与短表 H1 相同。

F2. **住所类型**——与短表 H5 相同。

F3. **本户现住房建筑面积**——与短表 H6 相同。

F4. **本户现住房间数**——与短表 H7 相同。

（二）个人项目

R1. **姓名**——填写被登记人的正式姓名。婴儿未起名的，可填“未取名”。外籍人员的姓名最好用中文填写，也可以用其它文字填写。

R2. **与户主关系**——与短表 D2 相同。

R3. **性别**——与短表 D4 相同。

R4. **出生年月**——与短表 D5 相同。

R5. **来内地（大陆）或来华目的**——指被登记人来中华人民共和国境内居住的原因。

1. 商务：指进行各种商务活动的人。

2. 就业：指已有工作或正在寻找工作的人。

3. 学习：指已经或准备在各类学校学习的人。

4. 定居：指在中华人民共和国境内定居但没有工作或上学的人。包括在中华人民共和国境内工作人士的家属。

5. 探亲：指探望亲戚或朋友的人。

6. 其他：指上述以外的其他原因。

R6. 已在内地（大陆）或在华居住时间——指到普查标准时点为止，被登记人在中华人民共和国境内居住的时间。

R7. 受教育程度——指被登记人接受教育情况。按照被登记人的申报选填。

R8. 身份或国籍——指被登记人是香港特别行政区居民、澳门特别行政区居民还是台湾地区居民。如果是外国人，还应填写国籍。

R9. 工作情况——参照长表 C18。

R10. 行业——指被登记人的工作单位主要生产的产品或提供的服务类别，参照《国民经济行业分类（GB/T4754—2017）》，按标准选项据情选填。

R11. 职业——指被登记人所从事的工作类别，按标准选项据情选填。

1. 党的机关、国家机关、群众团体和社会组织、企事业单位负责人：指在中国共产党机关，国家机关，民主党派和工商联，人民团体和群众团体、社会组织及其工作机构，基层群众自治组织，企业、事业单位中担任领导职务并具有决策、管理权的人员。

2. 专业技术人员：指从事科学研究和专业技术工作的人员。

3. 办事人员和有关人员：指在公共管理和社会组织机构中从事行政业务、行政事务、行政执法和仲裁、安全保卫、消防和应急救援等工作的人员。

4. 社会生产服务和生活服务人员：指从事商品批发零售、交通运输、仓储、邮政和快递、信息传输、软件和信息技术、住宿和餐饮以及金融、房地产、租赁和商务技术辅助、生态保护、文化、体育和娱乐等社会生产服务与生活服务工作的人员。

5. 农、林、牧、渔业生产及辅助人员：指从事农、林、牧、渔业生产活动及辅助生产的人员。

6. 生产制造及有关人员：指从事产品生产及设备制造，矿产开采，工程施工和运输设备操作的人员及有关人员。

7. 不便分类的其他从业人员。

R12. 婚姻状况——参照长表 C24。

四、死亡人口调查表

凡在普查短表户记录 H4 中，登记了 2019 年 11 月 1 日至 2020 年 10 月 31 日期间有死亡人口的户，还要登记死亡人口的具体情况。

S1. 姓名——与短表 D1 相同。

S2. 公民身份号码——与短表 D3 相同。

S3. 性别——与短表 D4 相同。

S4. 出生年月——与短表 D5 相同。

S5. 死亡时间——指死亡人口死亡时的月份。

S6. 民族——与短表 D6 相同。

S7. 受教育程度——与短表 D11 相同。

S8. 婚姻状况——与长表 C24 相同。

为保证死亡人口的登记质量，普查员在入户登记时应注意以下几点：

1. 登记死亡人口时，一般以死亡前的常住地为登记地，而不以死亡发生时的地点（如医院等）为登记地。

2. 本户常住人口中有死亡的，不论其与该户有无亲属关系，都应作为该户死亡人口予以登记。

3. 对于无法确定死亡人口常住地，或登记时与死亡人口常住地联系不上的，如孤寡老人、流动人口等，一律在死亡发生地登记。

第五部分　普查业务流程

普查的业务流程主要包括：制定普查方案，普查区域划分及绘图，户口整顿，整理部门数据，普查指导员和普查员选聘及培训，普查摸底，普查登记复查，普查数据质量检查、审核与验收，普查事后质量抽查，行职业编码，普查数据汇总，普查数据评估与发布，普查资料开发与共享，普查总结等14个环节。

一、制定普查方案

1. 制定《第七次全国人口普查方案（初稿）》。

2. 制定《第七次全国人口普查方案（征求意见稿）》，征求专家、部门、各级统计机构及基层意见。

3. 组织实施普查专项试点和综合试点。

4. 制定普查各项具体工作实施细则。

5.《第七次全国人口普查方案》定稿。

二、普查区域划分及绘图

普查区域划分坚持地域原则，做到不重不漏、完整覆盖。普查区域包括省级（省、区、市）、市级（市、地、州、盟）、县级（县、市、区、旗）、乡级（乡、镇、街道）区域，以及普查区（居委会、村委会）和普查小区共六级。普查区及以上区域与同时期统计用行政区划一致，普查区按照完整地域原则划分成若干个普查小区。

1. 国务院人口普查办公室统一准备相关基础地图资料，开发普查区域划分和地图绘制软件。普查机构开展相关培训。

2. 省市县三级普查机构对辖区边界进行确认。县级普查机构以村级单位管辖的地域范围为基础组织划分普查区，标绘建筑物，采集建筑物相关信息。

3. 县级普查机构组织实施普查小区划分。普查小区的规模原则上按一个普查员所能承担的工作量确定，一般控制在80户或250人左右。

4. 普查员绘制普查小区图。

具体按照《普查区域划分、地址编码和地图绘制工作细则》组织实施。

三、户口整顿

在普查机构统一领导下，公安部门按照普查方案的要求进行户口整顿。户口整顿应当按照普查区域的范围，清理和掌握各地以普查区为单位的常住户口、暂住户口、人户分离人员、无户口人员和应销未销户口等情况。户口整顿资料提交同级普查机构，供普查登记时参考。

具体按照《第七次全国人口普查户口整顿工作方案》组织实施。

四、整理部门数据

普查期间，市、县级卫生健康、教育、民政、人社、医保、出入境管理等相关部门应向同级普查机构提供住院分娩、出生医学证明、在校学生、死亡、社保、境外人员等方面的行政登记个体资料。资料整理后，供普查登记时参考。

五、普查指导员和普查员选聘及培训

每个普查小区至少配备 1 名普查员，每个普查区至少配备 1 名普查指导员，较大的普查区每 4—5 个普查小区配备 1 名普查指导员。普查员负责普查的入户登记等工作，普查指导员负责安排、指导、督促和检查普查员的工作，也可以直接进行入户登记。

1. 人员选聘。县级人民政府负责普查指导员和普查员选聘工作。普查指导员和普查员可以从党政机关、社会团体、企业事业单位借调，也可以从村民委员会、居民委员会或者社会招聘。普查指导员和普查员应当由具有初中以上文化水平、身体健康、经培训能够使用电子采集设备，工作认真负责、能够胜任普查工作的人员担任。

2. 业务培训。县级普查机构统一组织对普查指导员、普查员进行业务培训，明确人员职权、职责和工作任务。担当培训的教员必须经过县级以上普查机构的培训，并通过考核。普查指导员和普查员经过培训、考核合格并签订保密协议后，由县级以上普查机构颁发全国统一的证件。

具体按照《普查指导员和普查员选聘、培训和管理工作细则》组织实施。

六、普查摸底

1. 绘制普查小区图。普查员通过实地勘察，明确普查小区的地域范围，核实建筑物的用途、数量和分布情况，掌握每个建筑物内住房单元的数量。

2. 普查告知。普查员在摸底过程中，要向负责区域内的所有住户发放《致住户的一封信》，开展人口普查宣传，询问住户希望选择哪种登记方式，告知入户登记的相关安排，提醒住户做好相应准备工作。对于选择参加互联网自主填报的住户，普查员应即时提供该住户使用的帐号信息，讲解填报流程和注意事项。

3. 编制《户主姓名底册》。普查员使用电子采集设备对普查小区内的建筑物和住房单元逐一入户进行摸查，掌握人口和居住情况，并编制《户主姓名底册》。

4. 上报摸底数据。普查员通过电子采集设备及时上报摸底数据，2020 年 10 月 31 日前完成全部数据上报。

具体按照《普查摸底工作细则》组织实施。

七、普查登记复查

普查的登记复查工作，分为短表登记、长表登记和比对复查，从 2020 年 11 月 1 日开始到 12 月 10 日结束。

1. 短表登记。短表登记采用普查员入户询问、当场填报，或普查对象通过互联网自主填报的方式进行。

选择互联网自主填报的住户在获取帐号信息后即可进行填报，并应于 2020 年 11 月 5 日前完成普查表的填报和提交。对在规定时间内没有完成自主填报的住户，普查员将于 2020 年 11 月 6 日开始入户进行登记。有死亡人口的户同时填写死亡人口调查表。

短表登记期间，在境内居住的港澳台居民和外籍人员，在现住地由普查员进行登记，填写港澳台居民和外籍人员普查表。

普查指导员应做好登记的指导检查工作，组织普查员对采集完成的数据进行自查、互查、议查，督促普查员及时上报数据。各级普查办公室在短表数据上报期间要密切跟踪基层数据上报进度，并对数据进行随报随审，及时发现、核实数据差错。短表登记工作应于2020年11月15日前完成。

2. 长表登记。短表登记完成后，国务院人口普查办公室统一进行普查长表抽样，在短表住户中抽取10%的户填报长表。长表登记采用普查指导员入户询问、当场填报的方式进行。长表登记工作应于2020年11月30日前完成。

3. 比对复查。短表和长表登记结束后，国务院人口普查办公室依据部门行政记录等资料分别对普查短表、长表登记数据进行比对，并将比对结果反馈至各级普查办公室。基层普查办公室应当组织普查指导员、普查员按照比对结果进行查疑补漏，确保普查登记真实准确、不重不漏。比对复查工作应于2020年12月10日前完成。

4. 其他人员的登记办法。

4.1 中国人民解放军现役军人、武警部队人员，以及军队管理的离退休人员，由军委机关相关业务部门统一进行普查、汇总。

军队和武警部队各类单位中服务的职工、文职人员、非现役公勤人员以及家属、保姆等，在军队和武警部队营院内居住的，由当地普查机构负责协调，军队和武警部队负责普查；不在军队和武警部队营院内居住的，由地方普查机构负责普查。

4.2 依法被判处徒刑的人员，由当地公安机关和监狱进行普查，填写指定格式的电子普查表，并移交所在地县级普查办公室。

具体按照《普查登记工作细则》和《比对复查工作细则》组织实施。

八、普查数据质量检查、审核与验收

1. 现场检查。在普查各阶段，各级普查办公室应组织人员到现场检查、督导，梳理工作中存在的问题，收集、整理、分析工作质量情况。

2. 数据审核。各级普查办公室通过行政记录比对和平台监管等方式对普查数据进行审核和分析，发现问题返回核实，据实修改。

3. 数据验收。在普查摸底、登记复查、编码等环节实行质量验收。验收不合格的必须返工，直至达到规定的质量验收标准。

具体按照《普查质量控制工作细则》组织实施。

九、普查事后质量抽查

登记复查工作完成后，国务院人口普查办公室统一组织事后质量抽查。事后质量抽查结果只作为评价全国普查数据质量的依据。

具体按照《普查事后质量抽查工作细则》组织实施。

十、行职业编码

登记复查工作结束后，县级普查办公室负责组织普查长表的行业和职业编码工作。编码前应对编码人员进行严格培训。

具体按照《普查行职业编码工作细则》组织实施。

十一、普查数据汇总

1. 主要数据汇总。各级普查办公室对普查登记的人口数量、分布和主要结构数据进行汇总，获得发布公报的数据。

2. 全部数据汇总。各级普查办公室对全部数据进行汇总，获得人口、住户及居住等方面的详细结构信息。

十二、普查数据评估与发布

1. 数据质量评估。通过对事后质量抽查结果的分析，评估普查基础数据质量。结合相关历史数据、部门行政记录，对主要人口指标和分地区数据进行比较分析，评估普查数据的真实性、一致性和准确性。

2. 数据发布。按照有关规定，以公报的形式及时向社会发布普查主要成果。各省、自治区、直辖市的主要数据应于国家公报发布之后发布。

十三、普查资料开发与共享

1. 建立人口数据库和人口地理信息系统。建立国家、省、市、县各级人口普查相关数据库，全面更新覆盖全部普查小区和建筑物的人口地理信息系统，充实和完善统计电子地理信息系统。

2. 开展分析研究。各级普查机构应制定普查数据开发利用规划，充分动员社会各方面的研究力量，围绕各级党委政府和社会各界关心的热点问题，有重点、有步骤地对普查数据进行全面、系统、深入的分析研究。

3. 编印普查资料。编辑出版国家以及小区域人口普查汇总资料，以及专题普查汇总资料。

4. 资料整理。各级普查机构整理普查过程文件，编辑出版文件汇编、画册、报告选编和论文汇编等资料，对文件、资料、出版物进行整理归档等。

5. 数据共享。根据普查数据结果和部门履行职责的需求，普查相关数据可以依法在有关部门之间共享。

十四、普查总结

1. 编制报告书。国务院人口普查办公室和各省、自治区、直辖市人口普查办公室应编制普查报告书，分别向国务院和各省、自治区、直辖市人民政府报告工作。

2. 组织进行技术业务总结。各级普查机构对普查工作进行技术业务总结，按要求上报上级普查机构。

3. 总结表彰。各级普查机构按有关规定进行普查工作综合考评，开展普查表彰工作。

第六部分　普查主要工作时间安排

一、制定普查方案，2019 年 1 月至 2020 年 5 月。

二、普查区域划分及绘图，2019 年 6 月至 2020 年 10 月。

三、户口整顿，2019 年 10 月至 2020 年 9 月。

四、整理部门数据，2020 年 5—12 月。

五、普查指导员和普查员选聘及培训，2020 年 7—10 月。

六、普查摸底，2020 年 10 月。

七、普查登记复查，2020 年 11—12 月。

八、普查数据质量检查、审核与验收，2020 年 10 月至 2021 年 1 月。

九、普查事后质量抽查，2020 年 12 月。

十、行职业编码，2020 年 12 月。

十一、普查数据汇总，2020 年 12 月至 2021 年 12 月。

十二、普查数据评估与发布，2021 年 2—12 月。

十三、普查资料开发与共享，2021 年 5 月至 2022 年 12 月。

十四、普查总结，2021 年 1 月至 2022 年 12 月。

附录 5 第七次全国人口普查工作进度安排

工作项目	序号	工作内容	时间安排
一、建立各级普查机构	1	成立国务院第七次全国人口普查领导小组	2019.09–2019.10
	2	成立省级人口普查领导小组和办公室	2019.10–2019.12
	3	成立地级人口普查领导小组和办公室	2019.11–2020.02
	4	成立县级人口普查领导小组和办公室	2019.12–2020.03
	5	成立乡、镇、街道人口普查领导小组和办公室	2020.03–2020.05
	6	设立村（居〉委会人口普查小组	2020.06–2020.07
	7	成立第七次全国人口普查专家咨询机构	2019.09–2019.11
二、制定工作计划	8	制定工作计划 8 国家制定第七次全国人口普查工作进度	2019.10–2020.01
	9	各省制定人口普查工作进度	2019.12–2020.02
	10	各省工作进度报国务院人口普查办公室	2020.02–2020.03
	11	地、市制定人口普查工作进度	2020.02–2020.03
	12	县、区制定人口普查工作进度	2020.03–2020.04
三、制定普查方案及普查表	13	制定普查方案及普查表 13 召开专家、部门、基层和统计系统座谈会征求意见	2018.06–2019.12
	14	设计普查方案及普查表	2019.01–2019.06
	15	修订普查方案及普查表	2019.07–2019.10
	16	普查方案及普查表定稿	2019.11–2020.05

（续一）

工作项目	序号	工作内容	时间安排	2017						2018						2019						2020						2021						2022					
				1 2月	3 4月	5 6月	7 8月	9 10月	11 12月	1 2月	3 4月	5 6月	7 8月	9 10月	11 12月	1 2月	3 4月	5 6月	7 8月	9 10月	11 12月	1 2月	3 4月	5 6月	7 8月	9 10月	11 12月	1 2月	3 4月	5 6月	7 8月	9 10月	11 12月	1 2月	3 4月	5 6月	7 8月	9 10月	11 12月
四、制定工作细则	17	制定普查表填写说明	2019.06–2020.05																																				
	18	制定区域划分、地址编码和绘图工作细则 则	2019.06–2020.05																																				
	19	制定普夺员和指导员选聘、培训和管理工作细则	2019.06–2020.05																																				
	20	制定摸底工作细则	2019.06–2020.05																																				
	21	制定登记复查工作细则	2019.06–2020.05																																				
	22	制定行业、职业编码工作细则	2019.06–2020.05																																				
	23	制定质量控制工作细则	2019.06–2020.05																																				
	24	制定事后质量抽查工作细则	2019.06–2020.05																																				
五、试点	25	国家进行专项试点	2017.09–2019.12																																				
	26	国家进行综合试点	2020.04–2020.05																																				
	27	省级试点	2019.01–2020.07																																				
	28	地、县级试点	2019.01–2020.07																																				
六、工作部署	29	不定期召开名省人口普查办公室主任会议 议	2019.11–2021.12																																				
	30	召开国务院人口普查领导小组会议	2020.01																																				
	31	召开全国人口普查工作会议	2020.04–2020.06																																				
	32	各省召开人口普查工作会议	2020.05–2020.07																																				
	33	地（市）、县召开人口普查工作会议	2020.05–2020.08																																				

（续二）

工作项目	序号	工作内容	时间安排	2017						2018						2019						2020						2021						2022					
				1 2月	3 4月	5 6月	7 8月	9 10月	11 12月	1 2月	3 4月	5 6月	7 8月	9 10月	11 12月	1 2月	3 4月	5 6月	7 8月	9 10月	11 12月	1 2月	3 4月	5 6月	7 8月	9 10月	11 12月	1 2月	3 4月	5 6月	7 8月	9 10月	11 12月	1 2月	3 4月	5 6月	7 8月	9 10月	11 12月
七、普查区域划分及绘图	34	相关基础地图资料准备	2019.06–2020.05																																				
	35	开展全国区划变动专项管理	2020.07–2020.11																																				
	36	核定村级及以上区划名称、地址代码和村级城乡属性	2020.05–2020.06																																				
	37	核实修订普查区及以上各级区域边界	2020.06–2020.07																																				
	38	普查区建筑物标绘	2020.07–2020.08																																				
	39	划分普查小区、编制普查小区码	2020.07–2020.08																																				
	40	准备普查小区底图	2020.09–2020.10																																				
八、宣传动员	41	制订宣传工作规划	2019.06–2019.12																																				
	42	制作宣传材料	2019.11–2020.06																																				
	43	召开宣传工作会议	2020.6																																				
	44	开展人口普查宣传月活动	2020.10																																				
	45	国家领导人做电视动员	2020.10																																				
	46	组织开展普查登记阶段宣传工作	2020.11–2020.12																																				
九、户口整顿	47	制定户口整顿方案	2019.10–2020.05																																				
	48	全面户口整顿	2020.05–2020.09																																				
	49	户口整顿资料移交各级人口普查办公室	2020.09																																				

（续三）

工作项目	序号	工作内容	时间安排
十、整理部门数据	50	有关部门行政登记资料移交市、县人口普查机构	2020.05–2020.12
	51	整理行政登记资料	2020.06–2020.12
十一、数据处理准备工作	52	制定普查表逻辑审核规则	2019.06–2020.05
	53	制定汇总表式	2020.01–2020.06
	54	制定数据处理方案	2019.06–2020.05
	55	准备与开发普查区划分与标绘系统	2019.06–2020.04
	56	准备与开发数据采集报送系统	2019.06–2020.05
	57	准备与开发数据处理系统	2019.06–2020.05
	58	准备与开发数据处理系统	2020.06–2020.05
	59	准备与开发资料开发系统	2020.02–2020.12
	60	搭建数据处理环境	2020.02–2020.08
	61	培训技术人员	2020.05–2020.10
	62	下发程序	2020.07–2020.08

（续四）

工作项目	序号	工作内容	时间安排	2017						2018						2019						2020						2021						2022					
				1 2月	3 4月	5 6月	7 8月	9 10月	11 12月	1 2月	3 4月	5 6月	7 8月	9 10月	11 12月	1 2月	3 4月	5 6月	7 8月	9 10月	11 12月	1 2月	3 4月	5 6月	7 8月	9 10月	11 12月	1 2月	3 4月	5 6月	7 8月	9 10月	11 12月	1 2月	3 4月	5 6月	7 8月	9 10月	11 12月
十二、经费及其物资准备	63	财政部门下达经费预算指标	每年年初																																				
	64	各省落实所需电子采集设备及相关配件	2019.06–2020.05																																				
	65	国家和各省进行普查物资准备	2019.06–2020.05																																				
	66	国家和各省进行普查物资准备	2020.01–2020.06																																				
	67	普查文件及普查用品发到县	2020.06–2020.09																																				
	68	普查文件及普查用品发到乡	2020.08–2020.09																																				
	69	普查文件及普查用品发到乡	2020.10																																				
十三、普查人员的选聘和培训	70	普查文件及普查用品发到乡	2019.12–2020.05																																				
	71	普查文件及普查用品发到乡	2020.05–2020.06																																				
	72	普查文件及普查用品发到乡	2020.06–2020.07																																				
	73	地市培训县级普查工作人员	2020.07–2020.08																																				
	74	选聘普查指导员和普查员	2020.07–2020.08																																				
	75	县培训普查员	2020.09–2020.10																																				
十四、摸底	76	县培训普查员	2020.10.11–10.31																																				
	77	县培训普查员	2020.10.11–10.31																																				
	78	编制、上报户主姓名底册	2020.10.11–10.31																																				

（续五）

工作项目	序号	工作内容	时间安排	2017						2018						2019						2020						2021						2022					
				1 2月	3 4月	5 6月	7 8月	9 10月	11 12月	1 2月	3 4月	5 6月	7 8月	9 10月	11 12月	1 2月	3 4月	5 6月	7 8月	9 10月	11 12月	1 2月	3 4月	5 6月	7 8月	9 10月	11 12月	1 2月	3 4月	5 6月	7 8月	9 10月	11 12月	1 2月	3 4月	5 6月	7 8月	9 10月	11 12月
十五、登记复查	79	短表登记、上报	2020.11.01–11.15																																				
	80	长表抽样、登记、上报比对复查	2020.11.16–11.30																																				
	81	比对复查	2020.11.16–12.10																																				
十六、质量抽查	82	事后质量抽查	2020.12.11–12.20																																				
	83	质量抽查结果汇总	2020.12.21–12.25																																				
十七、编码	84	县级集中培训编码员	2020.12																																				
	85	长表行、职业编码	2020.12																																				
十八、数据处理	86	审核、验收摸底数据	2020.10.16–10.31																																				
	87	审核、验收短表数据	2020.11																																				
	88	审核、验收长表数据	2020.11–2020.12																																				
	89	主要数据国家级汇总	2020.12–2021.03																																				
	90	主要数据省级以下汇总	2021.01–2021.05																																				
	91	全部数据汇总	2021.05–2021.12																																				
	92	人口数据库的研制和建立	2021.12–2022.05																																				

（续六）

工作项目	序号	工作内容	时间安排	2017						2018						2019						2020						2021						2022					
				1 2月	3 4月	5 6月	7 8月	9 10月	11 12月	1 2月	3 4月	5 6月	7 8月	9 10月	11 12月	1 2月	3 4月	5 6月	7 8月	9 10月	11 12月	1 2月	3 4月	5 6月	7 8月	9 10月	11 12月	1 2月	3 4月	5 6月	7 8月	9 10月	11 12月	1 2月	3 4月	5 6月	7 8月	9 10月	11 12月
十九、公布普查数据	93	对普查主要数据进行评估																										■	■										
	94	发表主要数据公报																											■										
	95	主要数据的印刷出版																												■	■								
	96	人口普查年鉴的印刷出版																															■						
	97	人口普查专题资料的印刷出版																															■	■	■	■			
二十、普查资料的开发利用和分析	98	建立人口地理信息系统																												■	■	■	■	■	■	■	■	■	■
	99	建立地、省、国家级数据库																															■	■	■	■			
	100	普查课题招标																															■	■					
	101	对普查数据进行分析研究																															■	■	■	■	■	■	■
	102	分析研究成果汇编出版																																■	■	■	■	■	■
二十一、工作总结	103	普查工作总结																										■	■	■									
	104	国家总结表彰																													■								
	105	普查方法的技术业务总结																													■	■	■						
	106	数据处理工作总结																																■	■	■			
	107	普查文件的归档																																■	■	■	■	■	■
	108	省、地、县普查机构开展总结、表彰																										■	■	■	■	■	■	■	■	■	■	■	■